ENCYCLOPÉDIE THÉOLOGIQUE,

OU

SÉRIE DE DICTIONNAIRES SUR TOUTES LES PARTIES DE LA SCIENCE RELIGIEUSE,

OFFRANT EN FRANÇAIS, ET PAR ORDRE ALPHABÉTIQUE,

LA PLUS CLAIRE, LA PLUS FACILE, LA PLUS COMMODE, LA PLUS VARIÉE
ET LA PLUS COMPLÈTE DES THÉOLOGIES.

CES DICTIONNAIRES SONT CEUX

D'ÉCRITURE SAINTE, — DE PHILOLOGIE SACRÉE, — DE LITURGIE, — DE DROIT CANON, —
DES HÉRÉSIES, DES SCHISMES, DES LIVRES JANSÉNISTES, DES PROPOSITIONS ET DES LIVRES CONDAMNÉS,
— DES CONCILES, — DES CÉRÉMONIES ET DES RITES, —
DE CAS DE CONSCIENCE, — DES ORDRES RELIGIEUX (HOMMES ET FEMMES), — DES DIVERSES RELIGIONS, —
DE GÉOGRAPHIE SACRÉE ET ECCLÉSIASTIQUE, — DE THÉOLOGIE MORALE, ASCÉTIQUE ET MYSTIQUE,
— DE THÉOLOGIE DOGMATIQUE, CANONIQUE, LITURGIQUE, DISCIPLINAIRE ET POLÉMIQUE,
— DE JURISPRUDENCE CIVILE-ECCLÉSIASTIQUE,
— DES PASSIONS, DES VERTUS ET DES VICES, — D'HAGIOGRAPHIE, — DES PÈLERINAGES RELIGIEUX, —
D'ASTRONOMIE, DE PHYSIQUE ET DE MÉTÉOROLOGIE RELIGIEUSES, —
D'ICONOGRAPHIE CHRÉTIENNE, — DE CHIMIE ET DE MINÉRALOGIE RELIGIEUSES, — DE DIPLOMATIQUE CHRÉTIENNE, —
DES SCIENCES OCCULTES, — DE GÉOLOGIE ET DE CHRONOLOGIE CHRÉTIENNES.

PUBLIÉE

PAR M. L'ABBÉ MIGNE,

ÉDITEUR DE LA BIBLIOTHÈQUE UNIVERSELLE DU CLERGÉ,

OU

DES COURS COMPLETS SUR CHAQUE BRANCHE DE LA SCIENCE ECCLÉSIASTIQUE.

PRIX : 6 FR. LE VOL. POUR LE SOUSCRIPTEUR A LA COLLECTION ENTIÈRE, 7 FR., 8 FR., ET MÊME 10 FR. POUR LE
SOUSCRIPTEUR A TEL OU TEL DICTIONNAIRE PARTICULIER.

52 VOLUMES, PRIX : 312 FRANCS.

TOME DIX-SEPTIÈME.

DICTIONNAIRE DES CÉRÉMONIES ET DES RITES SACRÉS.

TOME TROISIÈME.

3 VOL. PRIX : 21 FRANCS.

S'IMPRIME ET SE VEND CHEZ J.-P. MIGNE, ÉDITEUR,
AUX ATELIERS CATHOLIQUES, RUE D'AMBOISE, AU PETIT-MONTROUGE,
BARRIÈRE D'ENFER DE PARIS.

1847

Imprimerie Migne, au Petit-Montrouge.

DICTIONNAIRE
ALPHABÉTICO-MÉTHODIQUE
DES
CÉRÉMONIES
ET DES
RITES SACRÉS

CONTENANT TEXTUELLEMENT,
AVEC UNE TRADUCTION FRANÇAISE LITTÉRALE, SOMMAIRE OU AMPLIFIÉE,

1° LES RUBRIQUES GÉNÉRALES DU BRÉVIAIRE; 2° LES RUBRIQUES GÉNÉRALES DU MISSEL;
3° LE RITUEL EN ENTIER; 4° LE PONTIFICAL EN ENTIER; 5° LE CÉRÉMONIAL EN ENTIER;
DE PLUS, LE CATALOGUE UNIVERSEL DES SAINTS HONORÉS DANS L'ÉGLISE, BEAUCOUP D'ARTICLES
DÉTACHÉS, AINSI QUE PLUSIEURS TRAITÉS COMPLETS SUR LES MATIÈRES
LES PLUS IMPORTANTES DE L'EUCHARISTIE, DES INDULGENCES,
DE L'AGIOGRAPHIE, DE LA HIÉRARCHIE, DE LA LITURGIE, DU DROIT CANON
ET DE LA DISCIPLINE, DANS LEURS RAPPORTS AVEC
LES RUBRIQUES, LES CÉRÉMONIES
ET LES RITES,

LE TOUT D'APRÈS LA LITURGIE ROMAINE,
AVEC LES VARIÉTÉS DE LA PLUPART DES AUTRES LITURGIES;
OUVRAGE NÉCESSAIRE POUR L'ÉTUDE ET LA PRATIQUE DU CULTE DIVIN.

RÉDIGÉ
PAR M. L'ABBÉ BOISSONNET,
PROFESSEUR D'ÉCRITURE SAINTE ET DE RITES SACRÉS AU GRAND SÉMINAIRE DE ROMANS.

PUBLIÉ
PAR M. L'ABBÉ MIGNE,
ÉDITEUR DE LA BIBLIOTHÈQUE UNIVERSELLE DU CLERGÉ,
OU
DES COURS COMPLETS SUR CHAQUE BRANCHE DE LA SCIENCE ECCLÉSIASTIQUE.

TOME TROISIÈME.

3 VOL. PRIX : 21 FRANCS

CHEZ L'ÉDITEUR,
AUX ATELIERS CATHOLIQUES DU PETIT-MONTROUGE,
BARRIÈRE D'ENFER DE PARIS.

1847

PRÉFACE.

Entre les diverses branches de la science ecclésiastique, la connaissance de la liturgie est sans contredit l'une des plus importantes. Si l'Ecriture sainte est la voix de Dieu même, les prières de la liturgie sont la voix de l'Eglise, qui s'adresse à Dieu par le mouvement de l'Esprit-Saint : c'est là que se trouve en partie le dépôt de la tradition ; c'est là qu'on peut puiser des connaissances sûres ; car tout est vrai dans ce que l'Eglise affirme, même par forme de prières.

Certe non est quod dicamus aliquid in Ecclesia pie solum et non vere dici ; neque enim Ecclesia falsi aliquid per errorem decepta publice decantat aut tradit. Absint hæc ab ea, quam Apostolus appellat columnam et firmamentum veritatis. Ainsi parle un théologien distingué, Azor, tom. I *Instit. moral.* liv. x, c. 22, n. 8, cité et appuyé par Benoît XIV, *de Sacrif. miss.* liv. 1, c. 9, n. 5.

Cette voix de l'Eglise est reproduite fidèlement dans ce Dictionnaire, dont le titre exprime bien le contenu. Il suffit de donner ici quelques développements pour faire bien connaître l'ouvrage et en faire ressortir le prix et l'importance.

1° L'ordre alphabétique fera trouver sur-le-champ tout ce qu'on désire, fonctions cléricales, sacerdotales, pontificales, sacrements, bénédictions, processions, etc.

2° Cet ordre n'exclut pas la méthode ; car les matières les plus importantes y sont en forme de traités complets, divisés et subdivisés.

3° Cet ouvrage a pour objet principal les cérémonies et les rites sacrés, considérés surtout sous le rapport pratique, ce qui n'exclut pas des recherches sur leur origine, leur signification, leurs différentes phases en divers temps et lieux.

4° La voix de l'Eglise, qui parle, soit à Dieu dans les prières qu'elle lui adresse, empruntant souvent les paroles mêmes de l'Esprit-Saint, qu'elle sait adapter aux divers objets du culte, soit à ses ministres, dans les règles qu'elle leur trace, soit à tous ses enfants, dans certaines allocutions ; cette voix, dis-je, devait être reproduite textuellement, dans la langue même qui lui est propre, afin qu'on puisse peser toutes ses paroles, qui souvent sont des lois inviolables. Mais, pour un dictionnaire français, il fallait une traduction fidèle de ces mêmes lois. On la trouve souvent en regard du latin ; quelquefois elle est amplifiée par les développements des bons auteurs, d'autres fois accompagnée de notes explicatives. Mais, quant aux prières mêmes et aux formules consacrées par l'Eglise, l'auteur, plein de soumission aux règles qu'elle a prescrites et à l'Esprit qui la dirige, n'a pas voulu prendre sur lui de donner une traduction littérale en langue vulgaire de tout ce qui n'a pas encore été publié de cette manière ; il s'est souvent borné à signaler dans des notes placées au bas des pages l'objet de ces formules, les grâces que l'Eglise demande, les vérités qu'elle exprime. Ce mode de procéder peut être même plus intéressant pour un grand nombre de lecteurs : s'ils connaissent la langue latine, ils pourront voir par eux-mêmes les richesses qu'on leur indique ; s'ils ne la connaissent pas, ils trouveront encore assez d'aliments à leur piété et à leurs méditations dans ces traductions sommaires.

5° Il fallait présenter un cours complet de science liturgique pratique : elle est renfermée dans les livres qu'on appelle Bréviaire, Missel, Rituel, Pontifical, Cérémonial ; ces trois derniers sont reproduits en entier ; les deux autres y sont quant à leurs règles qu'on appelle rubriques, avec ce qui s'y rattache, comme le calendrier, le chant, etc.

6° Il fallait présenter, non pas un amas informe de cérémonies incohérentes, mais un tout bien coordonné, un tableau fidèle des cérémonies pratiquées le plus universellement ; et ce sont les cérémonies romaines. L'auteur s'estime heureux d'avoir ce moyen de les propager, et de tendre ainsi à l'unité liturgique, objet des vœux de l'Eglise romaine et du Vicaire de Jésus-Christ. Il a cependant indiqué en notes, ou sous le titre de *Variétés*, les différences un peu importantes de la plupart des liturgies anciennes et nouvelles, sans applaudir aux innovations que les souverains pontifes tolèrent seulement pour ne pas causer un plus grand mal.

7° On trouve, dans bien des articles détachés, non-seulement ce qui concerne les cérémonies, mais encore beaucoup de choses qui y ont rapport dans le droit canonique et la discipline générale de l'Eglise.

8° Dans une encyclopédie théologique, on doit trouver ce qui concerne les indulgences. Quoique cette matière ne se rattache pas directement aux cérémonies, elle présente cependant aussi la voix de l'Eglise dans les prières auxquelles elle a attaché ces précieuses faveurs. On en trouvera ici un recueil très-authentique, d'une date bien récente.

9° Ce qui concerne les saints dont on peut célébrer les fêtes, imposer les noms au baptême, rentre encore dans le domaine des cérémonies. On trouve ici les formalités de la canonisation et le catalogue le plus complet des saints vénérés quelque part que ce soit dans l'Eglise.

DICTIONNAIRE
DES
CÉRÉMONIES
ET DES
RITES SACRÉS.

P (Suite.)

PRÊTRE.

Voyez Assistant.

PRÊTRES.
(Indulgences authentiques.)

§ I. Indulgence pour tous les prêtres séculiers et réguliers, qui récitent *avec dévotion* l'oraison suivante, avant la célébration de la sainte messe.

Indulgence de cinquante ans pour chaque fois (1).

Je veux célébrer la messe et consacrer le corps et le sang de Notre-Seigneur Jésus-Christ, selon les règles de la sainte Eglise romaine, à la louange de Dieu tout-puissant et de toute la cour céleste, pour mon avantage et celui de toute l'Eglise militante, pour tous ceux qui se sont recommandés à mes prières, en général et en particulier, et pour la prospérité de la sainte Eglise romaine. Ainsi soit-il.

Que la joie, la paix, la correction de nos vices, le temps de faire une vraie pénitence, la grâce et la consolation du Saint-Esprit, la persévérance dans les bonnes œuvres nous soient accordés par le Seigneur tout-puissant et miséricordieux. Ainsi soit-il.

Ego volo celebrare missam et conficere corpus et sanguinem Domini nostri Jesu Christi, juxta ritum sanctæ Romanæ Ecclesiæ, ad laudem omnipotentis Dei totiusque curiæ triumphantis, ad utilitatem meam totiusque curiæ militantis, pro omnibus qui se commendarunt orationibus meis in genere et in specie, ac pro felici statu sanctæ Romanæ Ecclesiæ. Amen.

Gaudium cum pace, emendationem vitæ, spatium veræ pœnitentiæ, gratiam et consolationem sancti Spiritus, perseverantiam in bonis operibus tribuat nobis omnipotens et misericors Dominus. Amen.

§ II. Indulgence accordée à perpétuité à tous les prêtres séculiers et réguliers qui récitent *avec dévotion*, avant la célébration de la sainte messe, la prière suivante en l'honneur de saint Joseph, le très-chaste époux de la sainte Vierge.

Indulgence d'un an pour chaque fois (2).

(1) Grégoire XIII.
(2) Pie VII, rescrit du cardinal vicaire, 25 septembre

Heureux saint Joseph ! l'Homme-Dieu que beaucoup de rois ont voulu voir et n'ont pas vu, entendre et n'ont pas entendu, il vous a été donné non-seulement de le voir et de l'entendre, mais encore de le porter, de l'embrasser, de le vêtir et le garder.

℣ Priez pour nous, bienheureux Joseph, ℟ Afin que nous soyons dignes des promesses de Jésus-Christ.

Prions.

O Dieu, qui nous avez donné un sacerdoce royal, faites, nous vous en prions, que, comme saint Joseph a eu le bonheur de toucher et porter respectueusement dans ses bras votre Fils unique né de la vierge Marie, nous portions au service de vos saints autels une telle pureté de cœur, une telle innocence de vie, qu'aujourd'hui nous recevions dignement le très-saint corps et le précieux sang de votre Fils, et que nous méritions pour le siècle à venir une récompense éternelle. Par Jésus-Christ Notre-Seigneur. Ainsi soit-il.

O felicem virum beatum Joseph, cui datum est Deum, quem multi reges voluerunt videre et non viderunt, audire et non audierunt, non solum videre et audire, sed portare, deosculari, vestire et custodire!

℣ *Ora pro nobis, beate Joseph,* ℟ *Ut digni efficiamur promissionibus Christi.*

Oremus.

Deus, qui dedisti nobis regale sacerdotium, præsta, quæsumus, ut, sicut beatus Joseph unigenitum Filium tuum natum ex Maria virgine suis manibus reverenter tractare meruit et portare, ita nos facias cum cordis munditia et operis innocentia tuis sanctis altaribus deservire, ut sacrosanctum Filii tui corpus et sanguinem hodie digne sumamus, et in futuro sæculo præmium habere mereamur æternum. Per Christum Dominum nostrum. Amen.

1802, dont on voit l'original à la secrétairerie du vicariat, à Rome.

§ III. Indulgence accordée à perpétuité à tous les prêtres séculiers et réguliers qui récitent *avec dévotion* la prière suivante, en l'honneur de saint Joseph.

Un an d'indulgence pour chaque fois (1).

N. B. Cette indulgence peut s'appliquer aux âmes du purgatoire.

Oraison.

Saint Joseph, père et gardien des vierges, qui avez été le gardien fidèle de Jésus-Christ l'innocence même, et de Marie, vierge des vierges, je vous prie et je vous conjure par ces deux précieux gages, Jésus et Marie, de faire en sorte que, préservé de toute impureté, je serve toujours Jésus et Marie dans la plus grande chasteté d'esprit, de cœur et de corps. Ainsi soit-il.

Oratio.

Virginum custos et pater, sancte Joseph, cujus fideli custodiæ ipsa innocentia Christus Jesus, et Virgo virginum Maria commissa fuit : te per hoc utrumque carissimum pignus, Jesum et Mariam, obsecro et obtestor, ut me ab omni immunditia præservatum, mente incontaminata, puro corde et casto corpore, Jesu et Mariæ semper facias castissime famulari. Amen.

§ IV. Concession de Léon X, qui a accordé à toutes les personnes obligées à réciter l'office divin ou celui de la sainte Vierge, la rémission de toutes les fautes commises par fragilité en le récitant, pourvu qu'après l'office elles disent, *à genoux et avec dévotion*, la prière suivante avec un *Pater* et un *Ave*.

N. B. Une telle concession n'étant pas, à proprement parler, une *indulgence*, mais plutôt une compensation, un supplément, on ne doit pas la regarder comme suspendue, avec les autres indulgences, pendant l'année sainte.

Oraison.

A la très-sainte et indivisible Trinité, à l'humanité de Notre-Seigneur Jésus-Christ crucifié, à la fécondité virginale de la très-heureuse, très-glorieuse et toujours vierge Marie, à l'assemblée de tous les saints, louange éternelle, honneur, puissance de la part de toute créature ; et à nous, rémission de tous les péchés pendant la succession infinie des siècles. Ainsi soit-il.

℣ Heureux le sein de la vierge Marie, qui a porté le Fils du Père éternel. ℟ Heureuses mamelles qui ont nourri le Seigneur Jésus.

Notre Père. Je vous salue, Marie.

Oratio (2).

Sacrosanctæ et individuæ Trinitati, crucifixi Domini nostri Jesu Christi humanitati, beatissimæ et gloriosissimæ semperque virginis Mariæ fecundæ integritati, et omnium sanctorum universitati sit sempiterna laus, honor, virtus et gloria ab omni creatura, nobisque remissio omnium peccatorum, per infinita sæcula sæculorum. Amen.

℣ *Beata viscera Mariæ virginis, quæ portaverunt æterni Patris Filium ;* ℟ *Et beata ubera quæ lactaverunt Christum Dominum.*

Pater noster. Ave, Maria.

PRIÈRES.

Voyez PROCESSIONS.

PROCESSION.

(Explication du P. Lebrun.)

De la procession qui se fait le dimanche avant la messe.

Le mot procession vient du verbe latin *procedere*, qui signifie aller, et l'on entend ici par procession une marche que le clergé et le peuple font en prières, pour quelque sujet religieux, ayant la croix devant les yeux comme dans l'église.

L'Ancien Testament parle de beaucoup de processions faites pour transporter l'arche d'un lieu en un autre ; et dès que l'Eglise a été en paix, on a fait beaucoup de processions, pour aller aux tombeaux des martyrs, pour transporter leurs reliques, pour faire aller les fidèles tous ensemble les jours de jeûne aux lieux de station (3), et y demander des grâces particulières. On sait l'origine de toutes ces processions (4) ; mais on a oublié presque partout pour quelle raison on fait une procession le dimanche avant la messe.

Cette procession a une double origine, parce qu'elle s'est faite premièrement pour honorer Jésus-Christ ressuscité, qui alla de Jérusalem en Galilée, et en second lieu pour asperger les lieux voisins de l'église.

Premièrement on voit dans la règle de saint Césaire d'Arles, au VIe siècle, dans plusieurs autres Règles de moines et de chanoines, et dans Rupert, qu'on allait le dimanche en procession à des oratoires ou chapelles particulières (5). Cette procession se faisait à la fin de matines, et dès le point du jour (6), pour imiter les saintes femmes, qui allèrent de grand matin au tombeau, et les disciples, à qui elles dirent, de la part de l'ange, que Jésus-Christ allait les précéder en Galilée, et que c'était là qu'ils le verraient, comme il le leur avait dit lui-même (7). De là vient, selon la remarque de l'abbé Rupert, qu'à ces processions du dimanche matin les prélats et les supérieurs allaient devant, comme pour représenter Jésus-Christ qui avait précédé les disciples.

Cette procession se fait encore en plusieurs églises le jour de Pâques (8). On y chante, *Sedit Angelus*, etc. *Dicite discipulis*, etc. ; et

---

(1) Rescrit du 25 septembre 1802, cité ci-dessus.
(2) Cette prière a été composée par saint Bonaventure.
(3) Quoiqu'il y eût à Rome des stations en divers autres jours de l'année, le peuple n'allait en procession d'une église à une autre que les jours de jeûne, auxquels on voulait que les fidèles s'appliquassent plus longtemps à la prière. *Voy.* le P. Mabillon sur *l'Ordre romain,* n. 5.
(4) *Voy.* Serrarius, Gretser, Meurier, *Traité des processions à Reims,* 1584 ; Evcillon, *de Process. Eccles.,* Paris, 1641 ; le *Catéchisme de Montpellier* ; Vatar, *des Processions,* etc.
(5) *Voyez* la Règle de saint Césaire, n. 69, ap. Boll. 12 janv. ; celle du Maître, *Cod. Regul.,* et plusieurs autres dans le P. Martène, *de Antiq. Mon. Rit.,* l. II, c. 2 ; l'abbé Rupert, *De Div. Offic.,* l. v, c. 8, et l. vII, c. 20 et 21.
(6) Durand a reconnu que la procession du dimanche se faisait en l'honneur de la résurrection. Il a cru même que dès le commencement de l'Eglise on l'avait faite le dimanche et le jeudi, et que le pape Agapet, mort l'an 536, l'avait fixée au dimanche seulement (*Ration.,* l. IV, c. 6, n. 21). Mais cela n'est avancé que sur l'autorité de fausses pièces. Il suffit de dire que la procession se faisait au VIe siècle le dimanche.
(7) *Marc.* XIV, 28, et XVI, 7.
(8) A Agde avant matines, à Clermont en Auvergne à la fin de matines, à Saint-Quentin à l'issue de prime.

Il est marqué dans beaucoup d'anciens Missels et Processionnaux qu'on chante ces antiennes et ces répons à la procession des dimanches jusqu'à la Pentecôte. Quoiqu'on ne répète pas durant tout le reste de l'année ce qui se chante à Pâques, on sait que tous les dimanches sont, pour ainsi dire, une suite ou un renouvellement de la fête de Pâques, qu'on se propose toujours d'y honorer la résurrection de Jésus-Christ, et qu'ainsi le premier motif des processions du dimanche avant la messe a été le même que celui de la procession du jour de Pâques.

Une seconde raison de faire une procession le dimanche avant la messe a été d'asperger les lieux voisins de l'église. Au commencement du IXe siècle les Capitulaires de Charlemagne et de Louis le Pieux ordonnèrent que tous les prêtres, c'est-à-dire les curés, feraient chaque dimanche une procession autour de leur église en portant de l'eau bénite. Hérard, archevêque de Tours, prescrivit la même chose dans ses Capitulaires, en 858. Les églises cathédrales et collégiales furent sans doute les premières à pratiquer cet usage, et cela fut observé presque dès le même temps dans les monastères. Il est marqué dans un ancien Ordinaire des bénédictins, à qui le P. Mabillon donne neuf cents ans d'antiquité, que *le dimanche de Pâques on allait porter de l'eau bénite par tout le monastère en chantant* (1). Les coutumes de Cluny et de plusieurs autres abbayes marquent en détail tous les lieux qu'on allait asperger chaque dimanche (2).

Mais dès le Xe siècle, en quelques églises, on jugea seulement à propos de députer un prêtre avec quelques clercs précédés de la croix pour aller faire l'aspersion à l'évêché et au cloître des frères, c'est-à-dire des chanoines (3). Ainsi la procession s'est arrêtée à l'entrée du cloître, ou même dans l'église, et on a insensiblement oublié pour quel sujet on la faisait.

Cependant les usages qui se sont conservés en divers endroits nous rappellent l'ancien motif de la procession. A Vienne en Dauphiné, on fait encore fort solennellement la bénédiction de l'eau dans la nef de l'église, et l'aspersion processionnellement autour du cloître et du cimetière. A Châlons-sur-Saône les chanoines font aussi une procession tous les dimanches avant tierce autour du cloître. Le semainier asperge d'eau bénite les portes par où l'on entrait autrefois au réfectoire et aux autres lieux claustraux, quand les chanoines vivaient en commun; et l'on chante encore des répons qui font entendre qu'on bénissait le sel, les viandes et plusieurs au-

tres choses. A Châlons sur-Marne la procession va au petit cloître, et le célébrant asperge le chapitre, où il entre précédé de la croix, de l'eau bénite, du diacre et du sous-diacre. Dans l'ordre des prémontrés un religieux en aube, se tenant auprès de la croix, asperge tous les lieux où va la procession. A la cathédrale de Liége un ecclésiastique en aube fait la même chose (4). On a mis à la fin du Processionnal de l'ordre de Saint-Benoît, imprimé à Paris en 1659, toutes les oraisons qui se disaient pendant la procession en faisant l'aspersion au cloître, au chapitre, au dortoir, à l'infirmerie (5), etc., et les Cérémoniaux de Saint-Vannes (6) et de Saint-Maur (7) marquent qu'on doit faire cette aspersion. Les Processionnaux de Paris et les Missels de Rouen, de Meaux, de Laon et d'Orléans veulent aussi qu'à la procession du dimanche matin on porte le bénitier, ce qui est encore un reste de l'ancien usage.

Mais rien ne prouve mieux cette seconde origine de la procession du dimanche, que les prières qu'on trouve dans les anciens livres des Eglises aussi éloignées les unes des autres que le sont celles d'Allemagne et d'Espagne. A la cathédrale de Liége, au lieu de dire l'oraison *Exaudi nos*, etc., qui a été faite pour les maisons qu'on allait asperger, on dit, avant de commencer la procession : *Visitez, Seigneur, et bénissez tout ce que nous allons visiter et bénir*. Cette oraison est marquée dans tous les anciens Missels manuscrits de cette Eglise, d'Aix-la-Chapelle, de Cambrai, de Sainte-Gudule de Bruxelles, de Strasbourg, et de plusieurs autres Eglises d'Allemagne. Selon l'*Agenda* de Spire, imprimé en 1512, et le Manuel de Pampelune en 1561, la procession sortant de l'église chante ces paroles : *Mettez, Seigneur, un signe de salut à nos maisons, afin qu'elles soient préservées de la main de l'ange exterminateur.*

Nous voyons par là qu'on avait en vue de préserver des embûches du démon les maisons des fidèles, en les aspergeant d'eau bénite, comme les maisons des Hébreux avaient été préservées du glaive de l'ange, par le sang de l'agneau dont le haut des portes avait été marqué. C'en est assez pour voir qu'outre la vue d'honorer les mystères de Jésus-Christ ressuscité, on a fait la procession pour asperger les lieux voisins de l'église.

Dans les endroits où l'on n'a pensé qu'à l'aspersion, on a fait la procession immédiatement avant la messe, après tierce. Mais les Eglises qui ont toujours conservé l'ancien motif de la procession l'ont faite de plus

---

(1) Item Dominico die vadunt cum antiphona et aqua sancta per singulas mansiones. *Annal.* tom. IV, p. 456.
(2) Spicil. tom. IV, p. 6.
(3) *Voyez* le plus ancien Ordinaire des Eglises d'Arras et de Cambrai, écrit vers la fin du Xe siècle, dans le temps que ces deux diocèses étaient encore unis. Il est imprimé avec le *Codex canonum* de M. Pithou, p. 568. *Voyez* aussi l'Ordinaire du Mont-Cassin écrit vers la fin du XIe siècle, conservé à l'institution de l'Oratoire de Paris. Selon l'Ordinaire des dominicains, écrit en 1254, et suivant les anciens statuts des Chartreux, imprimés en 1509, on députait quelqu'un des frères pour aller asperger d'eau bénite les cellules et les lieux où les religieux s'assemblaient. Cet usage a été apparemment interrompu à cause du soin qu'on a de tenir partout des bénitiers.
(4) On le faisait de même à Saint-Quiriace de Provins il y a dix ou douze ans.
(5) Diebus Dominicis circa claustrum orationes privatæ... In ingressu claustri: *Omnipotens et misericors Deus... quæsumus immensam clementiam tuam, ut quidquid modo visitamus visites*, etc.
(6) *Cærem. monast.* Tulli Leuc. 1695.
(7) *Cæremon. S. Mauri.* Paris, 1680.

grand matin, d'abord après prime (1), afin de réunir en une seule la procession qui se faisait anciennement dès le point du jour pour la résurrection, et celle qu'on devait faire ensuite avant la messe pour l'aspersion.

Ceux donc qui veulent entrer dans l'esprit de l'Eglise doivent dans ces processions demander à Dieu de les purifier de toutes souillures, et se proposer d'honorer la résurrection et les apparitions de Jésus-Christ. Les fidèles invités solennellement à ces processions doivent y venir avec un saint empressement. Le concile de Frisingue, l'an 1440, recommandant la procession après l'eau bénite, accorde quarante jours d'indulgence à ceux qui y assisteront. La croix et les bannières des saints qu'on y voit à la tête sont pour eux un grand sujet de joie. Sous ces glorieux étendards ils font un petit corps d'armée qui est formidable au démon, et qui acquiert en quelque manière un droit aux grâces de Dieu, s'ils marchent avec la modestie, la piété et le recueillement qui conviennent à la milice de Jésus-Christ.

Si la procession va dans les rues, comme on fait en plusieurs endroits, on doit se proposer le fruit que produisirent les apparitions de Jésus-Christ. Il alla en Galilée se montrer à plus de cinq cents frères, et leur donna par cette apparition une extrême joie. Il faut aussi que les processions soient un sujet de consolation pour les malades et pour tous ceux qui ne peuvent quitter leurs maisons; afin que, touchés du chant que ceux de la procession font retentir, ils s'unissent à eux et souhaitent de participer au saint sacrifice qu'on va célébrer.

Ajoutons à ces réflexions que, comme on chante presque tous les dimanches de nouveaux répons avec beaucoup de notes de plain-chant, et qu'ordinairement les assistants n'entendent rien de ce qui se chante à la procession, il serait à souhaiter qu'on dît la prière marquée dans un grand nombre d'anciens Missels, Rituels, Processionnaux, et qui se disait en rentrant dans l'église (2). Nous la mettrons ici. Chacun pourra du moins la dire en son particulier

Seigneur Jésus-Christ, la voie de tous les saints, qui avez donné l'éternelle joie du ciel à ceux qui sont venus à vous, répandez la lumière du Saint-Esprit dans l'enceinte de ce temple, que vous avez consacré sous le nom de notre saint patron N.; nous vous supplions que ceux qui croient en vous obtiennent ici le pardon de leurs fautes; qu'ils soient délivrés de leurs peines; qu'ils puissent être toujours agréables à vos yeux; afin qu'avec le suffrage des saints ils méritent le séjour céleste, par vous le Sauveur du monde, qui étant Dieu vivez, etc.	Via sanctorum, Domine Jesu Christe, qui ad te venientibus æternæ claritatis gaudia contulisti : ambitum templi istius Spiritus sancti luce perfunde; qui locum istum in honorem S. N., consecrasti, præsta, quæsumus, ut omnes isti in te credentes obtineant veniam pro delictis; ab omnibus liberentur angustiis; placere semper prævaleant coram oculis tuis quatenus per te omnium sanctorum tuorum intercessionibus muniti, aulam paradisi mereantur introire, Salvator mundi, qui cum Patre, etc.

Cette prière et toutes les processions doivent nous faire penser que nous sommes voyageurs sur la terre, que le ciel est notre patrie, que nous avons besoin de Jésus-Christ pour y tendre et pour y arriver. Il est *la voie, la vérité et la vie : la voie par où l'on marche, la vérité où l'on tend, et la vie où l'on demeure éternellement* (3).

PROCESSIONS.
TITRE PREMIER.

1. Les processions publiques usitées dans l'Eglise, suivant une tradition très-ancienne, soit pour exciter la piété des fidèles par la considération des mystères qu'elles représentent, soit pour rendre grâces à Dieu des bienfaits reçus, ou pour implorer son secours dans les nécessités, doivent être célébrées avec dévotion, surtout par les ecclésiastiques qui sont souvent obligés d'enseigner au peuple, de paroles et d'exemples, la manière de s'y bien comporter (4).

2. Il y a deux sortes de processions, les unes sont communes et ordinaires, qu'on fait par toute l'Eglise en certains jours de l'année, comme à la fête de la Purification, au dimanche des Rameaux, aux litanies majeures, le jour de Saint-Marc, aux litanies des Rogations, trois jours avant l'Ascension, et au jour de la fête du saint sacrement; à quoi l'on peut ajouter les processions qu'on fait les dimanches avant la messe solennelle, et en d'autres jours de fêtes, selon la coutume des églises. Les autres processions sont extraordinaires, lesquelles sont ordonnées par les évêques, en des occasions importantes pour le bien public de l'Eglise. Et de ces deux sortes de processions, quelques-unes sont plus solennelles, comme celle du saint sacrement, de la translation des reliques, celles qu'on fait pour action de grâces de quelque grand bienfait, ou en quelques fêtes principales de l'année; d'autres sont moins solennelles, comme certaines

(1) Elle se fait après prime à Metz, Verdun, Cambrai, Arras, Noyon, etc.
(2) On la dit encore à Narbonne, à Châlons-sur-Marne, etc.
(3) Ipse est quo itur, et ubi permanetur. Aug. *in tract. in Joan.* c. 69.
(4) Elles contiennent des mystères grands et divins, selon que s'exprime le Rituel romain dont le texte est ci-après; elles sont très-salutaires à ceux qui y assistent avec piété; c'est aux pasteurs à faire connaître et rappeler aux fidèles, en temps convenable, les fruits que la piété chrétienne en retire. C'est à eux aussi à détruire l'usage de boire et de manger, ou de porter avec soi des provisions de bouche aux processions religieuses qui se font en parcourant les champs, ou visitant les églises voisines. C'est surtout le dimanche qui précède les Rogations que les curés feront bien remarquer aux fidèles combien cet abus est intolérable. On doit d'abord faire la procession, puis célébrer une messe solennelle, à moins que pour une cause grave l'ordinaire ou le clergé décident autrement dans certains cas.

processions plus fréquentes et ordinaires, selon la coutume des églises; et celles-ci se font avec un moindre appareil d'officiers et d'ornements que les précédentes, comme il est dit ci-après.

3. La croix doit être portée devant la procession entre les deux acolytes, soit par un sous-diacre, revêtu de tunique sans manipule, comme dans les processions solennelles, et en quelques autres ci-après spécifiées, soit par un sous-diacre ou par un clerc en surplis, comme dans les processions non solennelles. L'image du crucifix doit avoir le dos tourné au clergé qui suit, comme si Notre-Seigneur marchait devant. On excepte toutefois 1° la croix du pape et celle de l'archevêque, dont l'image est tournée vers eux, selon le Cérémonial du pape, liv. III, ch. 20, et le Cérémonial des évêques, liv. xv, ch. 2. 2° Quand la procession demeure arrêtée en quelque lieu, l'image du crucifix doit être tournée vers le clergé. 3° Lorsque, par un long usage universellement reçu en certains lieux, on tourne l'image du crucifix vers le clergé, on doit s'y conformer dans les processions générales et autres, où plusieurs églises étant assemblées chacune avec sa croix, la diversité en ce point pourrait choquer la vue des assistants. Outre la croix, on porte encore devant, selon la coutume des lieux, une bannière sur laquelle l'image du saint patron ou titulaire de l'église est dépeinte.

4. Après la croix, tout le clergé, revêtu de surplis ou d'autres habits sacrés, couvert seulement de la barrette, hors le cas de nécessité, marche d'un pas égal, deux à deux, les moins dignes les premiers, avec gravité et modestie, sans parler ensemble, sans sourire, sans regarder de côté et d'autre, et si attentifs aux prières sacrées, que leur exemple invite le peuple à prier avec piété et dévotion; ils laissent environ trois pas de distance entre eux; et si le nombre des personnes est inégal, le plus digne marche au milieu des deux derniers, ou bien il marche seul après tous, particulièrement s'il est supérieur du lieu, ou élevé en quelque dignité au-dessus des autres.

5. Dans les processions de la fête de la Purification, du dimanche des Rameaux et dans les processions solennelles, dont il est parlé au numéro 2, le thuriféraire marche devant la croix avec la navette et l'encensoir fumant; et dans celles du saint sacrement, deux thuriféraires doivent marcher immédiatement devant, comme lui préparant le chemin par la bonne odeur de l'encens. Mais dans les processions qu'on fait pour les nécessités de l'Église ou du peuple, et dans les autres communes et ordinaires où il n'y a rien de prescrit sur ce sujet dans le Rituel, le thuriféraire n'y porte point d'encensoir.

6. Le cérémoniaire marche ordinairement derrière celui qui porte la croix entre les deux rangs du clergé; mais comme il doit veiller à ce que tous gardent l'ordre requis en cette action, il est à propos qu'il se trouve aussi dans divers endroits de la procession, s'arrêtant seul pour voir marcher les autres, et retournant ensuite avec modestie auprès du porte-croix. Les chantres qui sont en surplis se tiennent ordinairement vers le milieu du clergé, afin qu'ils soient plus aisément entendus de tous. Ils peuvent se diviser et se placer, les uns plus loin que le milieu, les autres plus en arrière, pour former deux chœurs; ceux qui ont des chapes doivent être près du célébrant.

7. Dans les processions solennelles qu'on fait immédiatement avant ou après la messe, le diacre marche à la droite du célébrant, et le sous-diacre à la gauche, tous deux étant revêtus des ornements qui leur sont propres, sans manipules, et chacun levant de son côté le devant de la chape du célébrant; un autre sous-diacre, revêtu de la même façon que celui de la messe, porte la croix, comme il a été dit ci-dessus. Dans les processions moins solennelles qu'on fait en certains jours de l'année avant la messe, comme celles de la Purification, des Rameaux, etc., le sous-diacre de la messe, revêtu de ses ornements, porte la croix, et alors le diacre se tient à la gauche du célébrant. Pour les processions qu'on fait hors de la messe, il ne faut point de diacre ni de sous-diacre auprès de l'officiant; si elle ne sont pas solennelles, ou si l'on va fort loin, il suffit que le porte-croix soit revêtu de surplis, comme le reste du clergé. Mais si elles sont solennelles, l'officiant et les chantres sont revêtus de chapes, les deux derniers élevant les côtés de celle de l'officiant; en ce cas, il est convenable que le sous-diacre qui porte la croix soit revêtu d'aube et de tunique. On excepte de cette règle les processions du très-saint sacrement et celles où l'on porte avec solennité quelque insigne relique, dans lesquelles, outre le porte-croix qui a l'aube et la tunique, les ministres sacrés, revêtus de leurs ornements sans manipules, doivent, en quelque temps que ce soit, assister aux côtés du célébrant.

8. La couleur des ornements des officiers de la procession doit être conforme au mystère ou à la fête, ou autres sujets pour lesquels on la fait, conformément aux rubriques générales du Missel, tit. 18, n. 5. Selon cela, on se sert d'ornements blancs aux processions qu'on fait pour action de grâces, et en celles du saint sacrement, excepté le vendredi saint, auquel le célébrant et les ministres sacrés sont revêtus de noir, quoique le dais et le voile qu'on met sur les épaules du célébrant doivent être blancs. Si la procession se fait pour porter quelque insigne relique, les ornements doivent être de la couleur que requiert l'office du saint. Si c'est pour invoquer l'assistance du Saint-Esprit, dont on célèbre ensuite la messe; ou si c'est en l'honneur de quelque saint apôtre ou martyr, la couleur doit être rouge. Enfin si c'est pour les nécessités publiques, comme au temps du jubilé, de la famine, de la peste, etc., comme aussi à la fête de la Purification, aux Rogations, etc., on se sert d'ornements violets. Mais si la procession avait été ordonnée

par l'évêque tous les dimanches après tierce, le célébrant et ses ministres se revêtiraient des ornements de la couleur convenable à la messe suivante, ainsi qu'on le pratique à Rome.

9. La procession doit marcher de la droite à la gauche, sortant par le côté de l'Evangile et retournant par celui de l'Epître, comme on l'infère de la plupart des processions ordonnées dans le Pontifical à la consécration d'une église. On excepte néanmoins le cas où la situation ou l'usage des lieux serait entièrement contraire.

10. Lorsqu'on passe par quelque lieu étroit, le moins digne marche le premier, et ensuite attend l'autre pour aller ensemble, comme auparavant ; ce qu'observent aussi en pareille occasion les acolytes à l'égard du porte-croix, et les ministres sacrés à l'égard de l'officiant. Tous doivent aussi faire attention à garder, tant que faire se peut, durant la procession et à leur retour dans le chœur, le même côté qu'ils tenaient auparavant ; et s'il est nécessaire pour cela de faire entre eux quelque changement d'un côté à un autre, cela se doit faire à l'entrée ou à la sortie de quelque porte désignée par le cérémoniaire ou par le supérieur, en sorte que les plus dignes soient à la droite, et les moins dignes à la gauche.

11. Si l'on passe devant le saint sacrement, soit enfermé dans le tabernacle, soit exposé dans un soleil, ou sur l'autel après la consécration, soit entre les mains du prêtre qui fait l'élévation ou qui l'administre au peuple, ou qui le porte aux malades, tous font deux à deux une simple génuflexion à mesure qu'ils se trouvent vis-à-vis, sans s'arrêter depuis l'élévation de l'hostie jusqu'à celle du calice (*S. C.* 1 *Martii* 1682), pour ne pas troubler l'ordre.

12. Si le clergé porte des cierges ou des rameaux, ceux qui marchent au côté droit les tiennent de la main droite, et ceux qui sont au côté gauche les portent de la main gauche, les uns et les autres tenant l'autre main appuyée sur la poitrine, si elle n'est point occupée à porter le Rituel ou le Processionnal, ou bien leur barrette lorsqu'ils sont découverts. S'ils viennent à changer de côté, ils doivent aussi prendre leurs cierges ou leurs rameaux de l'autre main, en sorte qu'ils soient toujours en dehors.

13. Dans les processions générales et autres où plusieurs ordres ecclésiastiques, tant séculiers que réguliers, sont assemblés, les moins dignes marchent devant, et les plus dignes après, selon l'ordre suivant prescrit dans le Cérémonial, liv. II, ch. 33, si la coutume des lieux n'est contraire. 1° Les confréries des laïques marchent devant, et s'il y en a plusieurs, elles gardent entre elles l'ordre d'ancienneté : les nouvelles marchent devant les anciennes. 2° Les ordres religieux viennent après, gardant aussi entre eux le rang que l'ancienneté, le droit ou la coutume leur donnent. 3° Après les religieux, suit le clergé du séminaire, celui des églises paroissiales, puis des collégiales et enfin de la cathédrale, et le peuple vient ensuite, dont les plus dignes sont les plus proches du clergé, les femmes séparées des hommes. S'il y a quelque prélat, il suit immédiatement l'officiant. Pour garder l'ordre et l'uniformité qui est surtout requise dans ces processions, il est à propos de consulter auparavant les maîtres de cérémonies de l'église cathédrale et autres bien expérimentés, et se conformer à l'usage qu'ils observent (1).

14. L'ordre particulier qu'on doit garder au commencement, dans la suite et à la fin de la procession, outre ce qui a été dit, consiste dans les choses suivantes. Pour le commencement, 1° le porte-croix et les deux acolytes se placent devant le milieu de l'autel, vers la lampe, celui-là prenant garde de ne la pas toucher avec la croix, et ils attendent, tous trois la face tournée vers l'autel, qu'il soit temps de partir. 2° Dans les processions solennelles, l'officiant s'étant revêtu d'une chape, vient au bas de l'autel, entre les ministres sacrés ou entre les chapiers auxquels le thuriféraire se joint ; et tous ayant fait la génuflexion, l'officiant met de l'encens dans l'encensoir de la manière ordinaire ; ensuite le thuriféraire, ayant reçu la navette, fait la génuflexion au bas des degrés de l'autel, et va se mettre devant la croix. L'officiant et ses ministres ou assistants font aussi la génuflexion au-dessous du dernier degré, puis reçoivent leurs barrettes et se tournent vers le chœur, quand il commence à partir, s'avançant peu à peu du côté de l'Evangile. 3° Aussitôt que le chœur a chanté ce qu'il doit dire avant le départ de la procession, le porte-croix et les acolytes partent sans faire aucune révérence à l'autel, et le thuriféraire marche devant, ayant fait auparavant la génuflexion. Si le porte-croix n'est qu'en surplis, il fait la révérence comme les autres dans tous les cas, selon le petit Rituel de Benoît XIII : on peut s'y conformer, si l'usage n'est pas contraire. 4° Lorsqu'on chante les litanies, deux chantres les commencent au milieu du chœur à genoux, et le reste du clergé répète tous les premiers versets jusqu'à *Pater de cœlis Deus*, auquel et aux suivants il répond seulement sans répéter les mêmes paroles que les chantres entonnent, sinon au cas spécifié ci-après, n. 17. Tous ceux du chœur, excepté le porte-croix et les acolytes, demeurent à genoux à leurs places jusqu'à ce verset : *Sancta Maria, ora pro nobis*, inclusivement, et s'étant levés au verset suivant, le porte-croix et les acolytes partent en même temps, et le clergé les suit deux à deux, faisant auparavant la génuflexion à l'autel. L'officiant se couvre dès le commencement de la procession, sinon dans les cas exprimés au numéro

---

(1) En France, dans bien des paroisses, tous les laïques précèdent le clergé, excepté les magistrats ; il est bien convenable que les plus dignes de la procession, c'est-à-dire le clergé avec le célébrant, en occupent le milieu, ou que du moins quelques-uns soient après eux comme pour les protéger ; à défaut des magistrats, ce peuvent être des chantres laïques ou autres notables, suivant l'usage local.

suivant ; mais tous les autres demeurent découverts dans l'église, excepté les ministres sacrés et les chapiers qui se conforment à l'officiant, si ce n'est quand la procession se fait seulement autour de l'église par dedans, et en quelques cas spécifiés en leur propre lieu.

15. Durant la procession, 1° tous étant sortis de l'église se couvrent, excepté le thuriféraire, le porte-croix et les acolytes, qui demeurent toujours découverts, si ce n'est que la pluie ou la chaleur du soleil, ou la longueur du chemin les obligent de se couvrir. Mais aux processions du saint sacrement, tous demeurent découverts dans l'église et au dehors, comme aussi à la translation de quelque insigne relique de la passion de Jésus-Christ (1752). 2° Ceux qui vont les premiers doivent faire attention à marcher posément, surtout au commencement de la procession, dès qu'ils sont sortis de l'église, afin de donner aux autres le loisir de les suivre dans une égale distance et sans précipitation. 3° Si l'on visite quelque église, tous font deux à deux la génuflexion devant le tabernacle où repose le saint sacrement, excepté le porte-croix et les acolytes qui vont près des degrés de l'autel sans le saluer. Les deux premiers qui les suivent s'arrêtent dans une distance convenable de l'autel, et ceux qui viennent après s'avancent des deux côtés immédiatement au delà des premiers, et ainsi des autres ; en sorte que les plus dignes soient les plus proches de l'autel : tous font une inclination à l'officiant lorsqu'il passe devant eux. 4° L'officiant étant arrivé à l'autel, on interrompt le chant de la procession, et les chantres commencent l'antienne du saint titulaire de l'église, que le clergé continue debout, tourné en chœur jusqu'à la fin ; puis les mêmes chantres entonnent le verset, et l'officiant dit l'oraison ; il peut y ajouter quelques autres oraisons sous une même et courte conclusion, suivant le sujet pour lequel on fait la procession. Si le saint sacrement était exposé, on chanterait à genoux l'antienne et le verset du saint sacrement avec un verset du saint titulaire, et l'officiant dirait ensuite l'oraison du saint sacrement et celle du saint sous une même conclusion ; mais il encenserait auparavant le saint sacrement pendant qu'on chanterait l'antienne. S'il devait dire la messe au même lieu, il se revêtirait des ornements pendant qu'on chanterait l'antienne, sans dire l'oraison à la fin ; et le clergé, ayant salué l'autel en arrivant, comme il a été dit, se placerait d'abord, chacun selon son rang, proche des sièges du chœur. 5° Si l'on chantait l'office divin dans l'église que l'on visite, ou que l'on jouât des orgues, le clergé de la procession se tiendrait en silence, ou bien, si cela se pouvait commodément, les chantres réciteraient d'une voix médiocre l'antienne et le verset du saint titulaire, et l'officiant dirait l'oraison du même ton. 6° Tout étant achevé, on continue le chant de la procession qui avait été interrompu, et l'on s'en retourne dans le même ordre qu'auparavant, ayant fait tous ensemble ou deux à deux la génuflexion à l'autel en partant, excepté ceux qui ne l'ont pas faite en arrivant.

16. Au retour de la procession, 1° tous font la même révérence à l'autel qu'ils ont faite au commencement, puis se retirent à leurs places ordinaires du chœur, si ce n'est que l'officiant eût porté le saint sacrement à la procession, et qu'il dût donner la bénédiction, auquel cas le clergé demeurerait à genoux autour de l'autel s'il y a assez de place. 2° Le thuriféraire, le porte-croix et les acolytes se placent devant le milieu de l'autel, comme auparavant, sans gêner le passage, ces trois derniers ne faisant aucune révérence, et le premier se conformant en cela et dans la posture qu'il doit tenir ensuite, au reste du clergé. 3° L'hymne, ou le répons que l'on chante pour lors, étant achevée avec le verset, l'officiant dit debout, les mains jointes, l'oraison, si l'on ne doit point dire d'autres prières immédiatement après. Pendant cela les ministres sacrés, s'il y en a, ou les chapiers, soutiennent le livre devant lui. 4° Si les prières qu'on doit chanter au retour de la procession sont un peu longues, le porte-croix et les acolytes, étant arrivés devant l'autel, se retirent sans aucune révérence à la crédence, où ceux-ci ayant mis leurs chandeliers, se conforment aux autres ; celui-là, ayant laissé sa croix en quelque lieu proche, va à la gauche de l'officiant pour soutenir le livre avec le diacre, mais s'il y a un autre sous-diacre, le porte-croix demeure à la crédence ; à la fin il prend sa croix, et les acolytes leurs chandeliers, pour retourner à la sacristie. 5° Si les litanies n'étaient pas achevées quand on est rentré dans l'église, on les continuerait à genoux avec le psaume *Deus, in adjutorium*, etc., que l'officiant doit commencer, le clergé le continuant en deux chœurs, et l'officiant disant ensuite les versets sans se lever, jusqu'à *Dominus vobiscum*, qu'il dit debout avec les oraisons suivantes, les autres demeurant à genoux. 6° Après que tout est achevé, on s'en va dans le même ordre qu'on a gardé durant la procession.

17. Remarquez, 1° que durant la procession l'on chante des antiennes, des hymnes, des psaumes, des cantiques, ou les litanies, selon qu'il est marqué dans le Rituel. Quant aux antiennes et aux répons, les chantres les commencent, et le clergé les continue ; mais les versets des répons avec le *Gloria Patri* sont dits par les chantres seuls. Les psaumes et les cantiques sont commencés par les mêmes chantres et continués ensuite par le clergé en deux chœurs, comme à l'office divin ; sur quoi il est à remarquer que ceux qui sont à la droite représentent le premier chœur, et ceux qui sont à la gauche, le second ; c'est pourquoi si les chantres n'entonnent le premier verset du psaume que jusqu'à la médiation, ceux qui sont à la droite le doivent achever ; mais si les chantres entonnent le premier verset tout entier pour donner le ton aux autres, suivant ce qui est dit art. Vêpres solennelles, alors

ceux qui sont à la gauche doivent chanter le second verset. Lorsque les extrémités sont trop éloignées pour que toute une ligne s'accorde à chanter en un seul chœur, le premier peut se former des chapiers et autres qui sont près de l'officiant; et le second, des autres chantres avec tous ceux qui les précèdent : c'est au cérémoniaire à régler cela. Pour les hymnes, les chantres commencent toutes les strophes, et le clergé les continue ensemble jusqu'à la fin. Les mêmes chantres commencent chaque verset des litanies, comme il a été dit, et tous les achèvent ensemble; ou si la procession doit aller loin, les chantres disent entièrement chaque verset, et tout le clergé répète le même; après qu'on a achevé les litanies jusqu'aux prières exclusivement, on ajoute, s'il est nécessaire, quelques-uns des psaumes pénitentiaux ou graduels, si la procession a été ordonnée pour un sujet de pénitence ou pour quelque nécessité publique; car en ces occasions on ne doit jamais dire des hymnes et des cantiques d'allégresse. Au verset *Gloria Patri* et aux dernières strophes des hymnes où il est fait mention des trois personnes de la sainte Trinité par leur nom ordinaire, tous se découvrent sans s'incliner en marchant. Les chantres se découvrent aussi quand ils commencent ou chantent quelque chose tout seuls; néanmoins quoiqu'ils commencent chaque strophe des hymnes, ils se découvrent seulement à la première.

18. Remarquez, 2° que lorsqu'on porte en procession quelques insignes reliques ou images des saints avec une solennité particulière, comme à leur translation, etc., on porte des flambeaux allumés, on chante ce qui est marqué dans le Rituel (*Voy.* ci-après, titre second, n. 14), les prêtres et les ministres de l'autel étant revêtus de leurs ornements; mais il est strictement défendu de porter ces objets sous un dais, quand même on porterait en même temps des reliques de la vraie croix (*Léon XII*, 1826); on tolère seulement que les instruments de la passion, comme le bois de la sainte croix, la couronne d'épines, qui ont touché immédiatement le corps de Notre-Seigneur, ou qui ont été arrosés de son sang, soient portés sous un dais par l'officiant, s'il le peut commodément, ou par deux prêtres ou diacres revêtus de chapes ou de dalmatiques immédiatement avant l'officiant. Deux thuriféraires et des porte-flambeaux de chaque côté les précèdent, comme à la procession du saint sacrement. L'officiant les encense de trois coups avant de partir, comme aussi au retour, étant debout et faisant une inclination profonde avant et après; mais avant de les encenser il fait à genoux une courte prière avec tous les autres. On bénit le peuple avec une relique de la vraie croix, quand elle a été portée en procession ou exposée pendant quelque temps. (*S. R. C.* 1736 *et* 1817.) Hors de ces cas, on n'encense les reliques ou images des saints que quand on encense l'autel (1602).

19. Remarquez, 3° que dans les processions qu'on fait pour actions de grâces, l'officiant, ayant mis et bénit l'encens au bas des degrés de l'autel, commence au même lieu l'hymne *Te Deum*, et l'on fait ensuite la procession; mais si l'on doit dire solennellement cette hymne sans faire la procession, l'officiant vient au chœur avec ses officiers, faisant une courte prière sur le dernier degré de l'autel, de la même manière que pour vêpres, et étant monté à sa place, il entonne *Te Deum laudamus;* puis les chantres revêtus de chapes se retirent à leurs places et ne reviennent devant son siège avec les acolytes qu'un peu avant qu'il dise les versets et oraisons, comme à la fin des vêpres, après quoi ils s'en retournent avec lui de la manière ordinaire. Si l'on chante cette hymne immédiatement après vêpres, l'officiant, sans changer d'ornements, la commence de sa place, après que les chapiers ont dit *Benedicamus Domino,* et que le chœur y a répondu; il se comporte ensuite comme il a été dit ci-dessus. Si l'on chante cette même hymne à la fin de la messe, le célébrant, ayant quitté la chasuble et le manipule au coin de l'Epître, est revêtu d'une chape de même couleur par les ministres sacrés; puis il vient devant le milieu de l'autel, où, ayant fait avec les chapiers et les acolytes qui le sont venus joindre la révérence à l'autel, il va au chœur avec eux; pendant ce temps les ministres sacrés sont conduits par le thuriféraire dans la sacristie, où ils quittent leurs ornements.

20. Remarquez, 4° que lorsque la procession de l'église cathédrale ou principale du lieu va dans une autre église, le clergé de celle-ci doit aller au-devant, hors de l'église, avec la croix, si c'est la coutume, suivant le Cérémonial, liv. II, ch. 32; étant arrivé au lieu désigné pour la recevoir, le porte-croix et les acolytes s'arrêtent les premiers, et tous ceux qui suivent saluent la croix en passant par devant, et s'avancent au delà, selon leur rang, les moins dignes étant les plus proches de la croix, afin de partir ensuite les premiers, et les plus dignes en étant les plus éloignés, selon l'ordre qu'ils gardent en marchant. Dès que la procession qu'ils vont recevoir s'est jointe à eux, ils la conduisent, marchant devant jusqu'à l'église, où, s'étant rangés de part et d'autre à l'entrée, les moins dignes demeurent les plus proches de la porte, et les plus dignes s'avançant vers le milieu plus avant que le porte-croix et les acolytes, ils laissent passer entre eux le clergé de la procession; puis l'antienne et l'oraison du saint titulaire étant dites, ils le reconduisent de la même manière, marchant devant jusqu'au lieu désigné, où ils s'arrêtent comme au commencement, pendant qu'il passe outre au milieu d'eux. Ensuite, si l'on retourne par le même chemin, le porte-croix et les moins dignes s'avancent les premiers au milieu des autres. Si l'officiant de la procession porte le saint sacrement ou quelque insigne relique, le supérieur de l'église où elle fait une station encense le saint sacrement à genoux et la relique debout avec une inclination profonde avant et après, au lieu où le clergé va

recevoir la procession, et en celui où il la reconduit avant de se séparer.

VARIÉTÉS.

Dans beaucoup de paroisses rurales, il y a une procession tous les dimanches avant la messe, depuis le trois mai jusqu'au 14 septembre.

Le célébrant, suivant le Cérémonial de Lyon, n. 840, ayant quitté l'étole violette qu'il avait pour réciter la Passion, et pris celle de la couleur du jour, à cause de la bénédiction qu'il doit donner avec la croix, tenant en main une petite croix et son Rituel, se rend au pied de l'autel, se met à genoux, ainsi que ses clercs. Il entonne le *Veni, Creator*; après la première strophe il se lève, et la procession se met en marche pour aller jusqu'à la croix extérieure placée, ou dans le cimetière, ou non loin de l'église. A la suite de la bannière marchent les jeunes gens et les hommes, deux à deux, puis les chantres et la croix, avec les clercs, s'il y en a, et M. le curé, suivi des magistrats et des fabriciens, et des femmes, qui vont aussi deux à deux. La procession se range en demi-cercle autour de la croix; alors, tout le monde à genoux, on chante la strophe *O crux, ave;* le célébrant se lève, chante les versets et oraisons marqués au Processionnal, donne la bénédiction avec la croix qu'il tenait à la main par trois signes de croix, en chantant les versets marqués dans le petit Rituel, et l'on retourne à l'église, dans le même ordre, en chantant l'*Ave, maris stella*. En certains lieux les femmes sont en tête des processions.

TITRE DEUXIÈME.

Nous venons d'exposer les règles générales sur les processions. On en trouvera de particulières aux articles CIERGES, EUCHARISTIE, RAMEAUX, VISITES ÉPISCOPALES, RÉCEPTION.

Voici maintenant réuni tout ce que contient à ce sujet le Rituel romain, avec des renvois aux articles qui y ont rapport.

Sommaire.

1. Des processions. *Voy.* le commencement du titre premier.
2. De la procession qui se fait le jour de la Purification de la bienheureuse vierge Marie. *Voy.* CIERGES.
3. Procession du jour des Rameaux. *Voy.* RAMEAUX.
4. Ordre à observer à la procession des litanies majeures et aux Rogations. *Voy.* LITANIES.
5. Procession le jour de la fête du très-saint sacrement. *Voy.* EUCHARISTIE.
6. Procession pour demander la pluie.
7. Procession pour demander la sérénité.
8. Prières au moment de la tempête. *Voy.* CLOCHE.
9. Prières pour un temps de disette et de famine.
10. Procession en temps de mortalité et de peste.
11. Prières à ajouter aux litanies en temps de guerre.
12. Procession pour une tribulation quelconque.
13. Prières à dire dans une procession pour action de grâces.
14. Procession pour la translation des saintes reliques. *Voy.* le commencement et le n° 18 du titre premier.

1. *De processionibus.*
2. *De processione in die festo Purificationis B. M. Virginis.*
3. *De processione in die Palmarum.*
4. *Ordo servandus in litaniarum majorum processione et Rogationibus.*
5. *De processione in die festo sanctissimi corporis Christi.*
6. *De processione ad petendam pluviam.*
7. *De processione ad postulandam serenitatem.*
8. *Preces ad repellendam tempestatem.*
9. *Preces dicendæ tempore penuriæ et famis.*
10. *Processio tempore mortalitatis et pestis.*
11. *Preces ateendæ in litaniis tempore belli.*
12. *Processio in quacunque tribulatione.*
13. *Preces dicendæ in processione pro gratiarum actione.*
14. *De processione in translatione sacrarum reliquiarum.*

La réunion de toutes ces processions dans un seul article facilitera la recherche de celles qu'on pourrait avoir à faire, sans savoir bien dans quel article il faudrait les chercher. Le titre de ces processions indique le sens des prières qu'on y récite. On commence par les litanies des saints, par lesquelles on demande toute sorte de grâces. *Voy.* EGLISE. On y ajoute des versets, psaumes et oraisons relatifs à la circonstance.

I. De processionibus.

Publicæ sacræque processiones, seu supplicationes, quibus ex antiquissimo sanctorum Patrum instituto, catholica Ecclesia, vel ad excitandam fidelium pietatem, vel ad commemoranda Dei beneficia, eique gratias agendas, vel ad divinum auxilium implorandum uti consuevit, qua par est religione celebrari debent; continent enim magna ac divina mysteria, et salutares Christianæ pietatis fructus eas pie exsequentes a Deo consequuntur, de quibus fideles præmonere et erudire, quo tempore magis opportunum fuerit, parochorum officium est.

Videant in primis sacerdotes, aliique ecclesiastici ordinis, ut in his processionibus ea modestia ac reverentia, tum ab ipsis, tum ab aliis adhibeatur, quæ piis et religiosis hujusmodi actionibus maxime debetur.

Omnes decenti habitu, superpelliceis vel aliis sacris vestibus, sine galeris, nisi pluvia cogente, induti, graviter, modeste ac devote bini suo loco procedentes, sacris precibus ita sint intenti, ut remoto risu, mutuoque colloquio, et vago oculorum aspectu, populum etiam ad pie devoteque precandum invitent.

Laici a clericis, feminæ a viris separatæ orantes prosequantur.

Præferatur crux, et ubi fuerit consuetudo, vexillum sacris imaginibus insignitum, non tamen factum militari seu triangulari forma.

Edendi ac bibendi abusum, secumve esculenta et poculenta deferendi in sacris processionibus, agrisque lustrandis, et suburbanis ecclesiis visitandis tollere parochi studeant; ac fideles, præsertim die Dominica quæ proxime Rogationes antecedit, quam hæc dedeceat corruptela sæpius admoneant.

Processiones prius fieri debent, deinde missa solemniter celebrari, nisi aliter ob gravem causam interdum ordinario vel clero videatur.

Processiones autem quædam sunt ordinariæ, quæ fiunt certis diebus per annum, ut in festo Purificationis B. Mariæ semper virginis, in Dominica Palmarum, et in litaniis majoribus in festo sancti Marci, et in minoribus Rogationum triduo ante Ascensionem Domini, et in die festo Corporis Christi, vel aliis diebus pro consuetudine ecclesiarum.

Quædam vero sunt extraordinariæ, ut quæ variis ac publicis ecclesiæ de causis in dies indicuntur.

II. De processione in die festo Purificationis B. Mariæ semper virginis (1).

Completa benedictione et distributione candelarum, ut in Missali romano reformato, fit processio. Et primo celebrans imponit incensum in thuribulum; deinde diaconus vertens se ad populum dicit:

Procedamus in pace.

Et chorus respondet:

In nomine Christi. Amen.

Præcedit thuriferarius cum thuribulo fumigante: deinde subdiaconus paratus deferens crucem medius inter duos acolythos cum candelabris et candelis accensis; sequitur clerus per ordinem, ultimo celebrans cum diacono a sinistris, omnes cum candelis accensis in manibus: et cantantur antiphonæ sequentes:

Ant. Adorna thalamum tuum, Sion, etc.

Alia ant. Responsum accepit Simeon., etc., *comme à l'art.* CIERGES, *part.* III, *chap.* 2, § 3.

Et ingrediendo ecclesiam cantatur:

℟ Obtulerunt pro eo Domino, etc., *comme à l'endroit indiqué ci-dessus.*

Finita processione, celebrans et ministri, depositis violaceis, accipiunt paramenta alba pro missa. Et candelæ tenentur in manibus accensæ, dum legitur Evangelium, et iterum ad elevationem sacramenti usque ad communionem.

III. De processione in die Palmarum (2).

In Dominica Palmarum, facta benedictione et distributione palmarum seu olivarum, post ultimam orationem, Omnipotens sempiterne Deus, etc., fit processio, ac primum celebrans imponit incensum in thuribulum, et diaconus vertens se ad populum dicit:

Procedamus in pace.

Et chorus respondet:

In nomine Christi. Amen.

Præcedit thuriferarius cum thuribulo fumigante: deinde subdiaconus paratus deferens crucem medius inter duos acolythos cum candelabris et candelis accensis; sequitur clerus per ordinem, ultimo celebrans cum diacono a sinistris, omnes cum ramis in manibus; et cantantur sequentes antiphonæ, vel omnes, vel aliquæ, quousque dur. t processio.

Ant. Cum appropinquaret, etc., *comme ci-dessous, art.* RAMEAUX.

Alia ant. Cum audisset populus, etc., *ibid.*
Alia ant. Ante sex dies, etc., *ibid.*
Alia ant. Occurrunt turbæ, etc., *ibid.*
Alia ant. Cum angelis, etc., *ibid.*
Alia ant. Turba multa, etc., *ibid.*

In reversione processionis duo vel quatuor cantores intrant in ecclesiam, et clauso ostio stantes versa facie ad processionem incipiunt. ℣ Gloria, laus, et decantant duos primos versus. Sacerdos vero cum aliis extra ecclesiam repetit eosdem. Deinde qui sunt intus cantant versus sequentes, vel omnes, vel partem, prout videbitur; et qui sunt extra, ad quoslibet duos versus respondent, Gloria, laus, sicut a principio.

Postea subdiaconus hastili crucis percutit portam, qua statim aperta, processio intrat ecclesiam cantando responsum.

Ingrediente Domino, etc. (*Voy. art.* RAMEAUX), sine Gloria Patri.

Deinde dicitur Missa, et rami tenentur in manibus dum cantatur passio et Evangelium tantum.

IV. Ordo servandus in litaniarum majorum processione, quæ die festo sancti Marci celebratur.

Clerus et populus, hora statuta, mane in ecclesia congregati, omnes contrito et humili corde Deum flexis genibus paulisper precentur. Sacerdos pluviali cum ministris vel saltem superpelliceo et stola violacei coloris sit indutus; cujus coloris habitu in reliquis processionibus semper utatur, præterquam in processionibus corporis Christi, et quæ fiunt solemnibus diebus, vel in gratiarum actionem, quibus diebus utitur colore propriæ solemnitati congruenti. Cæteri vero sacerdotes et clerici superpelliceis induti sequentem antiphonam stantes concinant:

Ant. Exsurge, Domine, adjuva nos, et libera nos propter nomen tuum.

Psalm. Deus, auribus nostris audivimus; patres nostri annuntiaverunt nobis. Gloria.

Repetitur antiphona Exsurge, Domine, etc. Deinde genuflectant omnes, et duo clerici ante altare majus genuflexi devote litanias cantare incipiant, cæteris eadem voce respondentibus. Cum autem cantatum erit:

Sancta Maria, ora pro nobis,

Surgunt omnes et ordinatim procedunt, egredientes, litaniasque prosequentes, præcedente cruce et sequente clero, ultimo loco sacerdos paratus, ut supra dictum est, cum ministris, prout res vel locus postulet, sacris vestibus indutis.

Si processio sit longior, vel repetantur litaniæ, vel litaniis absolutis usque ad preces exclusive, dicantur aliqui psalmi ex pœniten-

---

(1) *Voyez* à l'art. CIERGES la traduction française et les explications.

(2) *Voy.* la traduction et l'explication à l'article RAMEAUX.

tialibus seu gradualibus. Hymni vero vel cantica lætitiæ in iis vel in Rogationibus aut aliis pœnitentiæ causa institutis processionibus non dicantur.

Si ad unam vel plures ecclesias in via sit divertendum, ingressis ecclesiam, intermissisque litaniis vel psalmis, cantatur antiphona cum versu et oratione sancti patroni illius ecclesiæ. Deinde egredientes, resumptis precibus, eodem ordine procedunt usque ad ecclesiam, ubi cum precibus et orationibus omnibus processio terminatur ut in fine Breviarii romani post psalmos pœnitentiales.

In litaniis minoribus Rogationum serventur omnia, ut supra in litaniis majoribus.

V. De processione in festo sanctissimi corporis Christi (1).

Decenter ornentur ecclesiæ et parietes viarum per quas est transeundum, tapetibus et aulæis, et sacris imaginibus, non autem profanis aut vanis figuris seu indignis ornamentis.

Sacerdos primum missam celebret, in qua duas hostias consecret, et sumpta una, alteram in tabernaculum in processione deferendum ita reponat, ut per vitrum seu crystallum, quo ipsum tabernaculum circumseptum esse debet, exterius adorantibus appareat, veloque operiatur, donec auferatur ab altari. Peracto autem sacrificio et processione jam inchoata, ordine quo jam supra dictum est in litaniis majoribus, sacerdos pluviali albo indutus ter incenset sacramentum genuflexus.

Deinde diaconus oblongum ac decens velum circumponit scapulis sacerdotis, qui parte veli ante pectus pendente, utraque manu cooperta, ostensorium seu tabernaculum a diacono sibi porrectum reverenter suscipit in supremo altaris gradu ; mox ad altare ascendit, et sacramentum ante faciem tenens vertit se ad populum, inde descendit sub umbellam comitantibus ministris, et duo acolythi vel clerici cum thuribulis effumantibus præcedunt.

Omnes procedunt nudo capite accensos cereos gestantes, et sequentes hymnos pro longitudine processionis devote concinentes. Dum vero sacerdos discedit ab altari, clerus vel sacerdos cantare incipit sequentem hymnum.

Hymne.

Chantez, ma langue, chantez le mystère du corps glorieux et du précieux sang que le Roi des nations et le Fils d'une vierge de race royale a répandu pour la rédemption du monde.

Envoyé par le Père céleste, et né pour nous d'une Vierge sans tache, après avoir vécu dans le monde et y avoir répandu sa divine parole, il termina enfin d'une manière admirable son séjour sur la terre.

Dans la nuit de la dernière cène, étant à table avec ses frères, après avoir pleinement accompli la loi, en mangeant ce qu'elle prescrivait, il se donna lui-même, de ses propres mains, à ses douze apôtres, pour être leur nourriture.

Le Verbe fait chair, change par sa parole le pain en son corps et le vin en son sang ; et si les sens y sont trompés, la foi seule suffit pour affermir un cœur sincère dans la croyance de ce mystère adorable.

Prosternons-nous donc et adorons un si grand sacrement ; que ce nouveau mystère prenne la place des anciennes observances, et qu'une foi vive supplée au défaut des sens.

Louange, action de grâce, salut, honneur, puissance et bénédiction soit au Père et au Fils, ainsi qu'au Saint-Esprit, qui procède de l'un et de l'autre. Ainsi soit-il.

Hymne.

Célébrons avec joie la solennité de ce grand mystère, et que nos louanges partent du fond du cœur ; dépouillons-nous du vieil homme, et que tout soit nouveau en nous, les affections, les paroles et les œuvres.

Nous célébrons la mémoire de la nuit en laquelle Jésus-Christ a fait la Pâque avec ses disciples, avec des pains sans levain, selon le commandement que Dieu en avait fait aux Juifs.

Après avoir soupé et avoir mangé l'agneau pascal, qui était une figure de ce grand sacrement, il se donna lui-même à tous et à chacun d'eux, en leur donnant pour nourriture son propre corps.

Il leur donna son corps pour nourriture, afin de les fortifier ; il leur présenta son sang pour dissiper leur tristesse, et leur dit : Prenez ce calice, et buvez-en tous.

C'est ainsi qu'il institua le sacrifice de la nouvelle alliance, dont il a voulu que les prêtres seuls fussent les ministres, afin de le distribuer, après s'en être nourris eux-mêmes.

Le pain des anges devient le pain des hommes ; et ce pain descendu du ciel succède aux figures qui l'avaient précédé. O merveille inouïe ! le serviteur, tout vil qu'il est, mange le Dieu qui l'a créé.

O Dieu unique en trois personnes, daignez visiter ceux qui vous adorent. Faites-nous marcher dans vos les sentiers qui conduisent à vous ; afin que nous jouissions, pendant toute l'éternité, de cette lumière que vous habitez. Ainsi soit-il.

Hymne.

Le Verbe éternel, qui est sorti du sein de Dieu, sans abandonner la droite de son Père, est arrivé à la fin de sa vie et achève l'ouvrage de son Père.

Sur le point d'être livré à ses ennemis et à la mort par un apôtre infidèle, il voulut

Verbum caro, panem verum,
Verbo carnem efficit :
Fitque sanguis Christi merum,
Et si sensus deficit,
Ad firmandum cor sincerum
Sola fides sufficit.

Tantum ergo sacramentum
Veneremur cernui ;
Et antiquum documentum
Novo cedat ritui :
Præstet fides supplementum
Sensuum defectui.

Genitori Genitoque
Laus et jubilatio,
Salus, honor, virtus quoque
Sit et benedictio,
Procedenti ab utroque
Compar sit laudatio. Amen.

Hymne.

Sacris solemniis
Juncta sint gaudia
Et ex præcordiis
Sonent præconia
Recedant vetera,
Nova sint omnia,
Corda, voces et opera.

Noctis recolitur
Cœna novissima,
Qua Christus creditur
Agnum et azyma
Dedisse fratribus,
Juxta legitima
Priscis indulta patribus.

Post agnum typicum
Expletis epulis,
Corpus Dominicum
Datum discipulis,
Sic totum omnibus,
Quod totum singulis,
Ejus fatemur manibus.

Dedit fragilibus
Corporis ferculum,
Dedit et tristibus
Sanguinis poculum,
Dicens : Accipite
Quod trado vasculum ;
Omnes ex eo bibite.

Sic sacrificium
Istud instituit,
Cujus officium
Committi voluit
Solis presbyteris,
Quibus sic congruit
Ut sumant et dent cæteris.

Panis angelicus
Fit panis hominum ;
Dat panis cœlicus
Figuris terminum ;
O res mirabilis !
Manducat Dominum
Pauper, servus, et humilis.

Te, trina Deitas
Unaque, poscimus ;
Sic nos tu visita
Sicut te colimus,
Per tuas semitas
Duc nos quo tendimus,
Ad lucem quam inhabitas
Amen.

Hymne.

Verbum supernum prodiens,
Nec Patris linquens dexteram,
Ad opus suum exiens,
Venit ad vitæ vesperam.

In mortem a discipulo
Suis tradendus æmulis,
Prius in vitæ ferculo

(1) Voy. les art. EUCHARISTIE et SACREMENT (Saint).

auparavant se donner lui-même à ses disciples, sous la forme de nourriture, pour être en eux le principe de la vie.

Il le fit en cachant sa chair et son sang sous la double espèce du pain et du vin, pour nourrir l'homme selon tout ce qu'il est, en donnant à l'âme la justice, et au corps un gage de son immortalité.

En naissant, il devint notre frère; en mangeant avec ses disciples, il se donna pour nourriture; en mourant, il offre à son Père le prix de notre rançon, et dans le royaume du ciel, il est notre récompense.

O victime du salut! qui nous ouvrez le ciel; l'ennemi nous livre de rudes combats, fortifiez-nous contre ses attaques.

Gloire éternelle au seul Dieu en trois personnes, qui nous réserve une vie sans fin dans notre véritable patrie.

Se tradidit discipulis.

Quibus sub bina specie Carnem dedit et sanguinem: Ut duplicis substantiæ Totum cibaret hominem.

Se nascens dedit socium, Convescens in edulium, Se moriens in pretium, Se regnans dat in præmium.

O salutaris hostia! Quæ cœli pandis ostium, Bella premunt hostilia: Da robur, fer auxilium.

Uni trinoque Domino Sit sempiterna gloria, Qui vitam sine termino Nobis donet in patria. Amen.

Hymnus vetus (1).

Jesu, nostra redemptio,
Amor et desiderium,
Deus creator omnium,
Homo in fine temporum.

Quæ te vicit clementia,
Ut ferres nostra crimina?
Crudelem mortem patiens,
Ut nos a morte tolleres?

Inferni claustra penetras,
Tuos captivos rediments,
Victor triumpho nobili
Ad dextram Patris residens.

Ipsa te cogat pietas
Ut mala nostra superes,
Parcendo, et voti compotes
Nos tuo vultu saties.

Tu esto nostrum gaudium,
Qui es futurus præmium;
Sit nostra in te gloria
Per cuncta semper sæcula. Amen.

Hymnus novus.

O Jésus, auteur du salut des hommes, délices de nos cœurs, restaurateur de l'univers, lumière pure de ceux qui vous aiment.

Quelle bonté vous a contraint de vous charger de nos crimes, de mourir, quoique innocent, pour nous arracher à la mort?

Vous pénétrez dans les profondeurs ténébreuses, vous brisez les chaînes des captifs, vous les menez en triomphe, allant vous asseoir à la droite du Père.

Que votre indulgence vous fasse réparer nos pertes et nous admette à jouir de votre présence dans la splendeur du bienheureux séjour.

Vous êtes notre guide pour nous conduire aux cieux; que nos cœurs y tendent sans cesse; soyez notre joie dans les larmes et notre précieuse récompense dans la vie éternelle. Ainsi soit-il.

Salutis humanæ sator,
Jesu voluptas cordium,
Orbis redempti conditor
Et casta lux amantium.

Qua victus es clementia
Ut nostra ferres crimina?
Mortem subires innocens,
A morte nos ut tolleres?

Perrumpis infernum
[chaos,
Vinctis catenas detrahis,
Victor triumpho nobili,
Ad dexteram Patris sedes.

Te cogat indulgentia
Ut damna nostra sarcias
Tuique vultus compotes,
Dites beato lumine.

Tu dux ad astra et semita,
Sis meta nostris cordibus,
Sis damna nostra gaudium,
Sis dulce vitæ præmium.
Amen.

Hymnus vetus.

Æterne rex altissime,
Redemptor et fidelium,
Quo mors soluta deperit,

Datur triumphus gratiæ.
Scandens tribunal dexteræ
Patris, potestas omnium
Collata Jesu cœlitus
Quæ non erat humanitus.

Ut trina rerum machina,
Cœlestium, terrestrium,
Et infernorum condita
Flectat genu jam subdita.

Tremunt videntes angeli,
Versa vice mortalium:
Culpat caro, purgat caro,
Regnat Deus, Dei caro.

Tu esto nostrum gaudium,
Manens olympo præmium;
Mundi regis qui fabricam,
Mundana vincens gaudia.

Hinc te precantes, quæsumus,
Ignosce culpis omnibus,
Et corda sursum subleva
Ad te superna gratia.

Ut cum repente cœperis
Clarere nube judicis,
Pœnas repellas debitas,
Reddas coronas perditas.

Gloria tibi, Domine,
Qui scandis super sidera,
Cum Patre et sancto Spiritu,
In sempiterna sæcula. Amen.

Hymnus novus.

Roi éternel, Dieu Très-Haut, Rédempteur des fidèles, vous avez détruit la mort, vous avez triomphé, vous avez droit à une gloire infinie.

Vous vous élevez au-dessus des astres, là où vous appelait la domination sur toutes choses, que vous avez reçue du ciel et non des hommes.

Que tout, dans le ciel, sur la terre et dans les enfers vous rende hommage et vous soit assujetti.

Pleins de respect, les anges voient le changement opéré en faveur de l'homme; la chair est souillée de péché, une autre chair en efface la tache; Dieu qui règne est un Dieu fait chair.

Soyez vous-même notre joie, vous qui êtes la récompense qui nous attend dans le ciel; vous qui, dans la direction de ce monde, l'emportez sur tous les biens qu'on y goûte.

C'est de là que nous vous adressons nos prières; pardonnez toutes les fautes; tenez nos cœurs élevés vers vous, par le secours de la grâce céleste.

Lorsque vous paraîtrez inopinément sur une nuée éclatante pour venir nous juger, remettez les châtiments bien mérités, rendez les couronnes perdues.

Gloire soit à vous, ô Jésus qui montez en vainqueur dans le ciel, uni au Père et à l'Esprit consolateur, pendant les siècles éternels. Ainsi soit-il.

Æterne Rex altissime,
Redemptor et fidelium,
Cui mors perempta detulit
Summum triumphum gloriæ.

Ascendis orbes siderum
Quo te vocabat cœlitus
Collata non humanitus
Rerum potestas omnium.

Ut trina rerum machina
Cœlestium, terrestrium,
Et infernorum condita
Flectat genu jam subdita.

Tremunt videntes angeli
Versam vicem mortalium;
Peccat caro, mundat caro,
Regnat Deus, Dei caro.

Tu esto nostrum gaudium,
Manens olympo præmium,
Mundi regis qui fabricam,
Mundana vincens gaudia.

Hinc te precantes, quæsu-
[mus,
Ignosce culpis omnibus,
Et corda sursum subleva
Ad te superna gratia.

Ut cum repente cœperis
Clarere nube judicis,
Pœnas repellas debitas,
Reddas coronas perditas.

Jesu tibi sit gloria,
Qui victor in cœlum redis,
Cum Patre et almo Spiritu,
In sempiterna sæcula. Amen.

Te Deum laudamus, *etc.* Benedictus Dominus Deus Israel, *etc.* Magnificat, *etc.*

Peractâ processione et sanctissimo sacramento ad ecclesiam reportato et super altare deposito, omnes ecclesiastici, qui adsunt, hinc

---

(1) Nous mettons ici deux hymnes telles qu'elles étaient avant la dernière réforme, sous ce titre : *Hymnus vetus*, et, telles qu'elles ont été réformées, sous celui-ci : *Hymnus* *novus*. C'est un exemple des améliorations apportées par le pape Urbain VIII dans les hymnes romaines. Nous donnons la traduction de ces nouvelles hymnes.

inde ordine genuflexi illud reverenter adorantes, dum sacerdos de more incensat, sequentem hymni partem concinant :

Tantum ergo sacramentum,
. . . .
Compar sit laudatio. Amen.

Postea duo clerici dicant :

℣ Vous nous avez nourris du pain du ciel, alleluia; ℟ Et remplis de toutes sortes de délices, alleluia.

℣ Panem de cœlo præstitisti eis. Alleluia. ℟ Omne delectamentum in se habentem. Alleluia.

Deinde sacerdos stans dicit :

Que le Seigneur soit avec vous; ℟ Et avec votre esprit.

Dominus vobiscum; ℟ Et cum spiritu tuo.

Prions.

O Dieu, qui nous avez conservé le souvenir de votre passion dans cet admirable sacrement, accordez-nous de révérer tellement ces sacrés mystères de votre corps et de votre sang, que nous ressentions sans cesse dans nos âmes le fruit de la rédemption que vous nous avez méritée, vous qui vivez et régnez pendant tous les siècles. Ainsi soit-il.

Oremus.

Deus, qui nobis sub sacramento mirabili passionis tuæ memoriam reliquisti, tribue, quæsumus, ita nos corporis et sanguinis tui sacra mysteria venerari, ut redemptionis tuæ fructum in nobis jugiter sentiamus. Qui vivis et regnas per omnia sæcula sæculorum. Amen.

Tunc sacerdos, facta genuflexione, semel benedicat populum in modum crucis, nihil dicens; postea illud reverenter reponat.

Hic autem modus benedicendi servatur etiam in aliis processionibus faciendis cum sanctissimo sacramento.

VARIÉTÉS.

Dans certains lieux, au lieu de la strophe *Uni trinoque*, qui termine, dans le Rituel romain, l'hymne *Verbum supernum*, on chante celle-ci :

Gloire vous soit rendue, ô bon Pasteur, qui nous nourrissez de votre propre chair; qu'elle soit aussi rendue au Père et au Saint-Esprit, dans tous les siècles des siècles. Ainsi soit-il.

Qui carne nos pascis tua, Sit laus tibi, Pastor bone, Cum Patre cumque Spiritu In sempiterna sæcula. Amen.

A la fin de la procession on chante ce qui suit.

Hymne.

Je vous adore prosterné, ô Dieu vraiment caché sous ces espèces! Mon cœur se soumet à vous entièrement, parce qu'en vous contemplant, il reconnaît son néant devant vous.

La vue, le toucher et le goût sont ici trompés; l'ouïe seule, qui entend la parole de la foi, ne trompe point; je crois tout ce qu'a dit le Fils de Dieu; il n'y a rien de plus vrai que cette parole de la Vérité même.

Adoro te supplex, latens [Deitas! Quæ sub his figuris vere [latitas; Tibi se cor meum totum sub- [jicit, Quia, te contemplans, totum [deficit. Visus, tactus, gustus in te [fallitur; Sed auditu solo tuto credi- [tur; Credo quidquid dixit Dei [Filius, Nil hoc veritatis verbo ve- [rius.

La divinité seule était cachée sur la croix. Ici, la Divinité et l'humanité le sont également; c'est en reconnaissant et en y confessant l'une et l'autre, que je vous demande, Seigneur, ce que vous demanda le larron pénitent.

Je ne vois pas vos plaies, comme Thomas les a vues; cependant je vous reconnais pour mon Dieu : faites que ma foi croisse de plus en plus, que je n'espère qu'en vous et que je n'aime que vous.

O pain, qui renouvelez la mémoire de la mort du Seigneur; pain vivant, qui donnez la vie à l'homme; faites à mon âme la grâce de ne vivre que de vous et de trouver toujours en vous sa joie et ses délices.

O source de toute pureté! Seigneur Jésus, qui êtes venu pour nous sauver, purifiez-moi par votre sang, ce sang dont une seule goutte suffit pour effacer tous les péchés du monde.

O Jésus, que je vois maintenant caché sous ces espèces, faites que, selon le désir ardent de mon cœur, un jour je jouisse à découvert de la vue de votre gloire qui me rendra parfaitement heureux. Ainsi soit-il.

Je vous adore, ô vrai corps, né de la Vierge Marie;
Qui avez vraiment souffert et avez été immolé sur la croix pour le salut des hommes;
Dont le côté percé d'une lance a versé du sang avec de l'eau.
Accordez-nous la grâce de vous recevoir à l'heure de la mort.
O Jésus, plein de tendresse! ô Jésus, plein de bonté! ô Jésus, fils de Marie, faites-nous miséricorde! Ainsi soit-il.

Après l'hymne on chante l'antienne suivante :

Ant. O banquet sacré, où l'on reçoit Jésus-Christ, où sa mort est renouvelée, où l'âme est remplie de grâces, et où il nous est donné le gage de la gloire future Louez Dieu.

℣ Vous nous avez nourris du pain du ciel, ℟ Et remplis de toutes sortes de délices.

℣ Sauvez votre peuple, Seigneur, ℟ Et bénissez votre héritage.

In cruce latebat sola Dei- [tas; At hic latet simul et huma- [nitas; Ambo tamen credens atque [confitens, Peto quod petivit latro [pœnitens.

Plagas sicut Thomas non [intueor; Deum tamen meum te con- [fiteor; Fac me tibi semper magis [credere, In te spem habere, te dili- [gere.

O memoriale mortis Do- [mini! Panis vivus, vitam præstans [homini; Præsta meæ menti de te [vivere, Et te illi semper dulce sa- [pere.

O fons puritatis, Jesu [Domine! Me immundum munda tuo [sanguine, Cujus una stilla salvum fa- [cere Totum quit ab omni mun- [dum scelere.

Jesu, quem velatum nunc [aspicio, Oro fiat illud quod tam [sitio, Ut, te revelata cernens [facie, Visu sim beatus tuæ gloriæ. [Amen.

Ave, verum corpus, natum de Maria Virgine;
Vere passum, immolatum in cruce pro homine·
Cujus latus perforatum undam fluxit cum sangui- ne;
Esto nobis prægustatum mortis in examine.
O Jesu dulcis!
O Jesu pie!
O Jesu, fili Mariæ, tu nobis miserere! Amen.

Ant. O sacrum convivium in quo Christus sumitur, recolitur memoria passionis ejus, mens impletur gratia, et futuræ gloriæ nobis pignus datur! Alleluia.

℣ Panem de cœlo præstitisti eis, ℟ Omne delectamentum in se habentem.

℣ Salvum fac populum tuum, Domine, ℟ Et benedic hæreditati tuæ.

Oremus. Deus, qui nobis, *etc.*, ci-dessus, col. 33.

VI. De processione ad petendam pluviam.

Aguntur omnia ut in litaniis majoribus usque ad finem litaniarum, in quarum precibus bis dicitur :

Ut congruentem pluviam fidelibus tuis concedere digneris, Te rogamus audi nos.

In fine postea dicitur :

Pater noster, *secreto.*

℣ Et ne nos inducas in tentationem; ℟ Sed libera nos a malo.

Psaume 146.

Laudate Dominum, quoniam bonus est psalmus; Deo nostro sit jucunda decoraque laudatio.

Ædificans Jerusalem Dominus; dispersiones Israelis congregabit.

Qui sanat contritos corde; et alligat contritiones eorum.

Qui numerat multitudinem stellarum, et omnibus eis nomina vocat.

Magnus Dominus noster, et magna virtus ejus; et sapientiæ ejus non est numerus.

Suscipiens mansuetos Dominus; humilians autem peccatores usque ad terram.

Præcinite Domino in confessione; psallite Deo nostro in cithara.

Qui operit cœlum nubibus; et parat terræ pluviam.

Qui producit in montibus fenum; et herbam servituti hominum.

Qui dat jumentis escam ipsorum, et pullis corvorum invocantibus eum.

Non in fortitudine equi voluntatem habebit; nec in tibiis viri beneplacitum erit ei.

Beneplacitum est Domino super timentes eum; et in eis qui sperant super misericordia ejus.

Gloria Patri.

Quo finito dicantur preces.

℣ Seigneur, couvrez le ciel de nuages; ℟ Et préparez la pluie dont la terre a besoin;

℣ Afin qu'elle produise de l'herbe sur les montagnes; ℟ Et les plantes à l'usage des hommes.

℣ Arrosez les montagnes du haut des cieux; ℟ Et la terre sera couverte des fruits que vous aurez produits.

℣ Seigneur, exaucez ma prière; ℟ Et que mes cris s'élèvent jusqu'à vous.

℣ Le Seigneur soit avec vous; ℟ Et avec votre esprit.

Oraison.

O Dieu, en qui nous avons la vie, le mouvement et l'être,

℣ Operi, Domine, cœlum nubibus; ℟ Et para terræ pluviam;

℣ Ut producat in montibus fenum. ℟ Et herbam servituti hominum.

℣ Riga montes de superioribus tuis; ℟ Et de fructu operum tuorum satiabitur terra.

℣ Domine, exaudi orationem meam; ℟ Et clamor meus ad te veniat.

℣ Dominus vobiscum. ℟ Et cum spiritu tuo.

Oratio.

Deus, in quo vivimus, movemur et sumus, pluviam nobis

accordez-nous une pluie convenable, afin que, suffisamment pourvus des biens présents, nous cherchions avec plus d'assurance les biens éternels.

Oraison.

Dieu tout-puissant, nous nous confions à votre bonté dans nos afflictions; daignez nous protéger sans cesse contre toutes les adversités.

Oraison.

Nous vous prions, Seigneur, de nous donner une pluie salutaire; que le ciel la répande abondamment sur la terre desséchée. Par, etc.

℣ Le Seigneur soit avec vous; ℟ Et avec votre esprit.

℣ Bénissons le Seigneur. ℟ Rendons grâces à Dieu.

℣ Que le Seigneur tout-puissant et miséricordieux nous exauce. ℟ Ainsi soit-il.

℣ Que les âmes des fidèles reposent en paix par la miséricorde de Dieu. ℟ Ainsi soit-il.

tribue congruentem, ut præsentibus auxiliis sufficienter adjuti, sempiterna fiducialius appetamus.

Oratio.

Præsta, quæsumus, omnipotens Deus, ut qui in afflictione nostra de tua pietate confidimus, contra adversa omnia tua semper protectione muniamur.

Oratio.

Da nobis, quæsumus, Domine, pluviam salutarem; et aridam terræ faciem fluentis cœlestibus dignanter infunde. Per Dominum nostrum.

℣ Dominus vobiscum; ℟ Et cum spiritu tuo.

℣ Benedicamus Domino. ℟ Deo gratias.

℣ Exaudiat nos omnipotens et misericors Dominus. ℟ Amen.

℣ Fidelium animæ per misericordiam Dei requiescant in pace. ℟ Amen

VII. Processio ad postulandam serenitatem.

Omnia fiant ut in litaniis majoribus, et in litaniarum precibus bis dicitur :

Ut fidelibus tuis aeris serenitatem concedere digneris, Te rogamus, audi nos.

Ad finem obsecrationum dicitur :

Pater noster, *etc.*

℣ Et ne nos inducas in tentationem; ℟ Sed libera nos a malo.

Psaume 66

Deus misereatur nostri et benedicat nobis; illuminet vultum suum super nos et misereatur nostri.

Ut cognoscamus in terra viam tuam, in omnibus gentibus salutare tuum.

Confiteantur tibi populi, Deus; confiteantur tibi populi omnes.

Lætentur et exsultent gentes : quoniam judicas populos in æquitate, et gentes in terra dirigis.

Confiteantur tibi populi, Deus; confiteantur tibi populi omnes : terra dedit fructum suum.

Benedicat nos Deus, Deus noster, benedicat nos Deus; et metuant eum omnes fines terræ.

Gloria Patri.

℣ Seigneur, vous avez envoyé votre esprit sur la terre; ℟ Et les eaux du ciel ont cessé de tomber.
℣ Quand j'aurai couvert le ciel de nuages, ℟ Mon arc apparaîtra, et je me souviendrai de mon alliance.
℣ Seigneur, découvrez votre visage à vos serviteurs; ℟ Et bénissez ceux qui espèrent en vous.
℣ Seigneur, exaucez ma prière; ℟ Et que mes cris s'élèvent jusqu'à vous.
℣ Le Seigneur soit avec vous; ℟ Et avec votre esprit.

Oraison.
O Dieu, que le péché irrite et que la pénitence apaise, écoutez avec bonté les prières et les supplications de votre peuple, et détournez les fléaux de votre colère, que nous avons mérités par nos crimes.

Oraison.
Nous crions vers vous, Seigneur, exaucez-nous, afin qu'étant justement affligés pour nos péchés, votre miséricorde nous fasse sentir ce qu'on peut attendre de votre clémence.

Oraison.
Dieu tout-puissant, nous prions votre clémence de retenir la surabondance des pluies et de daigner nous réjouir par les effets de votre bonté. Par Notre-Seigneur.

VIII. Preces ad repellendam tempestatem (2).
Pulsantur campanæ, et qui adesse possunt, in ecclesiam convocatis, dicuntur litaniæ ordinariæ, in quibus bis dicitur :

℣ Adduxisti, Domine, spiritum tuum super terram; ℟ Et prohibitæ sunt pluviæ de cœlo.
℣ Cum obduxero nubibus cœlum, ℟ Apparebit arcus meus, et recordabor fœderis mei.
℣ Illustra faciem tuam, Domine, super servos tuos; ℟ Et benedic sperantes in te.
℣ Domine, exaudi orationem meam; ℟ Et clamor meus ad te veniat.
℣ Dominus vobiscum; ℟ Et cum spiritu tuo.

Oratio (1).
Deus, qui culpa offenderis, pœnitentia placaris, preces populi tui supplicantis propitius respice, et flagella tuæ iracundiæ, quæ pro peccatis nostris meremur, averte.

Oratio.
Ad te nos, Domine, clamantes exaudi, et aeris serenitatem nobis tribue supplicantibus, ut qui juste pro peccatis nostris affligimur, misericordia tua præveniente, clementiam sentiamus.

Oratio.
Quæsumus, omnipotens Deus, clementiam tuam, ut inundantiam coerceas imbrium, et hilaritatem vultus tui nobis impertiri digneris. Per Dominum.

A fulgure et tempestate.
Et post litanias orationemque Dominicam : Psaume 147.

Lauda, Jerusalem, Dominum: lauda Deum tuum, Sion.
Quoniam confortavit seras portarum tuarum; benedixit filiis tuis in te.
Qui posuit fines tuos pacem, et adipe frumenti satiat te.
Qui emittit eloquium suum terræ, velociter currit sermo ejus.
Qui dat nivem sicut lanam, nebulam sicut cinerem spargit.
Mittit crystallum suam sicut buccellas; ante faciem frigoris ejus quis sustinebit?
Emittet verbum suum, et liquefaciet ea; flabit spiritus ejus, et fluent aquæ.
Qui annuntiat verbum suum Jacob justitias et judicia sua Israel.
Non fecit taliter omni nationi, et judicia sua non manifestavit eis.
Gloria Patri.

℣ Notre secours est dans le nom du Seigneur, ℟ Qui a fait le ciel et la terre.
℣ Montrez-nous, Seigneur, votre miséricorde; ℟ Et donnez-nous votre salut.
℣ Aidez-nous, ô Dieu notre Sauveur; ℟ Et pour la gloire de votre nom, Seigneur, délivrez-nous.
℣ Que l'ennemi ne gagne rien sur nous; ℟ Et que le fils d'iniquité ne nous soit plus nuisible.
℣ Répandez votre miséricorde sur nous, Seigneur, ℟ Selon que nous avons espéré en vous.
℣ Sauvez votre peuple, Seigneur; ℟ Et bénissez votre héritage.
℣ Vous ne priverez pas de biens ceux qui marchent dans l'innocence. ℟ Seigneur, Dieu des vertus, bienheureux l'homme qui espère en vous.
℣ Seigneur, exaucez

℣ Adjutorium nostrum in nomine Domini, ℟ Qui fecit cœlum et terram.
℣ Ostende nobis, Domine, misericordiam tuam; ℟ Et salutare tuum da nobis.
℣ Adjuva nos, Deus, salutaris noster; ℟ Et propter gloriam nominis tui, Domine, libera nos.
℣ Nihil proficiat inimicus in nobis; ℟ Et filius iniquitatis non apponat nocere nobis.
℣ Fiat misericordia tua, Domine, super nos, ℟ Quemadmodum speravimus in te.
℣ Salvum fac populum tuum, Domine; ℟ Et benedic hæreditati tuæ.
℣ Non privabis bonis eos qui ambulant in innocentia; ℟ Domine, Deus virtutum, beatus homo qui sperat in te.
℣ Domine, exaudi

---

(1) Dans ces prières, on rappelle comment Dieu fit cesser la pluie, lors du déluge, fit souffler le vent, et fit paraître l'arc en ciel en signe de son alliance et de sa promesse. Le peuple reconnaît qu'il a irrité le Seigneur par ses péchés, qu'il en est justement puni, et le prie humblement de détourner ces fléaux dans sa clémence.

(2) Selon le Rituel romain, quand on est menacé de la tempête, il faut sonner les cloches, et ceux qui peuvent venir à l'église, y étant rassemblés, on dit les litanies ordinaires, répétant la prière par laquelle nous demandons à Dieu qu'il nous préserve de la foudre et de la tempête. A la fin, le prêtre fait un signe de croix avec la main et une aspersion d'eau bénite, s'étant tourné vers la porte de l'église, et même s'en étant approché. (*Voy. Barruf-*

fald., Comment. in Rit. rom.)
Dans les prières de la bénédiction des cloches, on voit qu'elles sont principalement destinées à convoquer les fidèles; il n'est pas nécessaire pour cela de prolonger la sonnerie tant qu'il y a danger. On voit aussi que l'Église attend du son des cloches l'éloignement de la foudre, de la tempête et de tout ce que l'ennemi des hommes peut susciter contre eux, non comme un effet naturel du son, mais par la vertu de la prière. On ne doit donc pas craindre un mauvais effet du son des cloches, quand on les sonne conformément aux intentions de l'Église; les prières qu'elle fait ne sont pas vaines, et peuvent bien surpasser les effets naturels du son.

ma prière, ℟ Et que mes cris s'élèvent jusqu'à vous.
℣ Le Seigneur soit avec vous ; ℟ Et avec votre esprit.

orationem meam. ℟ Et clamor meus ad te veniat.
℣ Dominus vobiscum ; ℟ Et cum spiritu tuo.

Oremus.

Deus, qui culpa offenderis, etc., *comme ci-dessus, col.* 37.

Oraison.

Nous vous en prions, Seigneur, que les esprits méchants soient repoussés loin de votre maison, et que les orages malfaisants se dissipent.

Oratio.

A domo tua, quæsumus, Domine, spirituales nequitiæ repellantur, et aerearum discedat malignitas tempestatum.

Oraison.

Dieu tout-puissant et éternel, pardonnez à ceux qui sont dans la crainte, soyez attentif à nos prières, afin que les feux du ciel, la fureur des tempêtes et tous les maux dont nous sommes menacés nous servent à célébrer vos louanges.

Oratio.

Omnipotens sempiterne Deus, parce metuentibus, propitiare supplicibus ; ut post noxios ignes nubium et vim procellarum in misericordiam transeat laudis comminatio tempestatum.

Oraison.

Seigneur Jésus, qui avez commandé aux vents et à la mer, et il se fit un grand calme, exaucez les prières de votre famille, et faites qu'à ce signe de la sainte croix † toute la fureur des tempêtes soit dissipée.

Oratio.

Domine Jesu, qui imperasti ventis et mari, et facta fuit tranquillitas magna, exaudi preces familiæ tuæ, et præsta ut hoc signo sanctæ crucis † omnis discedat sævitia tempestatum.

Oraison.

Dieu tout-puissant et miséricordieux, qui guérissez en châtiant et conservez en pardonnant, accordez à nos humbles prières qu'une tranquillité tant désirée nous console et nous réjouisse, et que nous jouissions toujours des effets de votre bonté. Par Notre-Seigneur.

On jette de l'eau bénite.

Oratio.

Omnipotens et misericors Deus, qui nos et castigando sanas, et ignoscendo conservas, præsta supplicibus tuis ut et tranquillitatibus optatæ consolationis lætemur, et dono tuæ pietatis semper utamur. Per Dominum.

Aspergatur aqua benedicta.

IX. *Preces dicendæ tempore penuriæ et famis.*

Aguntur omnia ut in litaniis majoribus usque ad finem litaniarum, in quarum precibus bis dicitur :

Ut fructus terræ dare et conservare digneris.

Post litanias dicitur :

Pater noster, *etc.*

Psaume 22.

Dominus regit me, et nihil mihi deerit ; in loco pascuæ ibi me collocavit.

Super aquam refectionis educavit me ; animam meam convertit.

Deduxit me super semitas justitiæ, propter nomen suum.

Nam si ambulavero in medio umbræ mortis, non timebo mala, quoniam tu mecum es.

Virga tua et baculus tuus, ipsa me consolata sunt.

Parasti in conspectu meo mensam, adversus eos qui tribulant me.

Impinguasti in oleo caput meum, et calix meus inebrians quam præclarus est !

Et misericordia tua subsequetur me omnibus diebus vitæ meæ ;

Ut inhabitem in domo Domini, in longitudinem dierum.

Gloria, etc.

℣ Seigneur, ne nous traitez pas selon nos péchés. ℟ Et ne nous punissez pas selon nos iniquités.

℣ Domine, non secundum peccata nostra facias nobis. ℟ Neque secundum iniquitates nostras retribuas nobis.

℣ Tous les yeux sont tournés vers vous, Seigneur. ℟ Et vous donnez la nourriture au temps convenable.

℣ Oculi omnium in te sperant, Domine. ℟ Et tu das illis escam in tempore opportuno.

℣ Souvenez-vous de votre famille. ℟ Elle a été à vous dès le commencement.

℣ Memento congregationis tuæ, ℟ Quam possedisti ab initio.

℣ Le Seigneur manifestera sa tendresse. ℟ Et notre terre donnera son fruit.

℣ Dominus dabit benignitatem ; ℟ Et terra nostra dabit fructum suum.

℣ Seigneur, exaucez ma prière ; ℟ Et que mes cris s'élèvent jusqu'à vous.

℣ Domine, exaudi orationem meam ; ℟ Et clamor meus ad te veniat.

℣ Le Seigneur soit avec vous. ℟ Et avec votre esprit.

℣ Dominus vobiscum. ℟ Et cum spiritu tuo.

Prions.

Seigneur, ayez la bonté de faire éclater votre ineffable miséricorde ; affranchissez-nous de tout péché, et délivrez-nous des peines qu'ils nous ont méritées.

Oremus.

Ineffabilem nobis, Domine, misericordiam tuam clementer ostende, ut simul nos et a peccatis omnibus exuas, et a pœnis quas pro his meremur eripias.

Oraison.

Nous vous en prions, Seigneur, rendez efficaces nos humbles supplications, et daignez nous préserver de la famine, afin que les mortels comprennent et sentent que de tels fléaux procèdent de votre indignation et cessent par votre miséricorde.

Oratio.

Da nobis, quæsumus, Domine, piæ supplicationis effectum, et famem propitiatus averte, ut mortalium corda cognoscant, et te indignante talia flagella prodire, et te miserante cessare.

Oraison.

Un peuple qui vous est soumis est puni de ses péchés par la fa-

Oratio.

Populum tibi subditum pro peccatis suis fame laborantem ad

mine; daignez, Seigneur, le convertir à vous qui avez dit que rien ne manquerait à ceux qui cherchent votre royaume, vous qui vivez et régnez avec Dieu le Père, etc.

X. *Processio tempore mortalitatis et pestis.*

Fiat ut in litaniis majoribus, et in litaniarum precibus dicatur bis :
A peste et fame libera nos, Domine.
Et infra suo loco :
Ut a pestilentiæ flagello nos liberare digneris, etc.
In fine litaniarum dicitur :
Pater, *etc.* Et ne nos inducas, *etc.*
Psal. Domine, ne in furore tuo arguas me, *etc.*, art. ABBÉ, n. 32.

℣ Seigneur, ne nous traitez pas selon nos péchés ; ℟ Et ne nous punissez pas selon nos iniquités.

℣ Aidez-nous, ô Dieu notre Sauveur : ℟ Et pour la gloire de votre nom, Seigneur, délivrez-nous.

℣ Seigneur, ne vous souvenez pas de nos anciennes iniquités. ℟ Que vos miséricordes nous préviennent sans délai, parce que nous sommes réduits à la dernière misère.

℣ Priez pour nous, saint Sébastien, ℟ Afin que nous puissions obtenir les promesses de Jésus-Christ.

℣ Seigneur, exaucez ma prière, ℟ Et que mes cris s'élèvent jusqu'à vous.

℣ Le Seigneur soit avec vous ; ℟ Et avec votre esprit.

Prions.
Exaucez-nous, ô Dieu notre Sauveur, et par l'intercession de la bienheureuse et glorieuse Marie, mère de Dieu toujours vierge, et du bienheureux Sébastien, votre martyr, et de tous les saints, délivrez votre peuple des terreurs de votre indignation, et rassurez-le par les dons de votre miséricorde.

te, Domine, converte propitius, qui quærentibus regnum tuum omnia adjicienda esse dixisti. Qui vivis et regnas cum Deo Patre, etc.

℣ Domine, non secundum peccata nostra facias nobis. ℟ Neque secundum iniquitates nostras retribuas nobis.

℣ Adjuva nos, Deus, salutaris noster ; ℟ Et propter gloriam nominis tui, Domine, libera nos.

℣ Domine, ne memineris iniquitatum nostrarum antiquarum. ℟ Cito anticipent nos misericordiæ tuæ, quia pauperes facti sumus nimis.

℣ Ora pro nobis, sancte Sebastiane, ℟ Ut digni efficiamur promissionibus Christi.

℣ Domine, exaudi orationem meam ; ℟ Et clamor meus ad te veniat.

℣ Dominus vobiscum ; ℟ Et cum spiritu tuo.

Oremus.
Exaudi nos, Deus, salutaris noster, et intercedente beata et gloriosa Dei genitrice Maria semper virgine, et beato Sebastiano martyre tuo, et omnibus sanctis, populum tuum ab iracundiæ tuæ terroribus libera, et misericordiæ tuæ fac largitate securum.

Oraison.
Soyez propice, Seigneur, à nos supplications, et remédiez aux langueurs de nos corps et de nos âmes, afin que, délivrés de ces maux, nous soyons toujours dans la joie par un effet de votre bénédiction.

Oraison.
Nous vous prions, Seigneur, de nous accorder l'effet de notre humble prière, et d'éloigner avec bonté la peste et la mortalité, afin que les mortels comprennent et sentent que de tels fléaux procèdent de votre indignation et cessent par votre miséricorde. Par Notre-Seigneur, etc.

XI. *Preces dicendæ in litaniis tempore belli.*

Peractis omnibus, ut in litaniis majoribus, ad finem litaniarum dicitur :
Pater noster, *etc.* Et ne nos inducas in tentationem ; ℟ Sed libera nos a malo.
Psal. Deus noster refugium et virtus, *etc.* (*Voy.* art. DÉDICACE, *t.* I, col. 1084).
Gloria Patri, et Filio, et Spiritui, *etc.*

℣ Levez-vous, Seigneur, aidez-nous ; Et délivrez-nous à cause de votre nom.

℣ Sauvez votre peuple, Seigneur ; ℟ Mon Dieu, il espère en vous.

℣ Que la paix soit dans vos forteresses ; ℟ Et l'abondance dans vos tours.

℣ Soyez pour nous, Seigneur, une tour très-fortifiée. ℟ En la présence de l'ennemi.

℣ Rompez l'arc et brisez les armes ; ℟ Et jetez les boucliers dans le feu.

℣ Secourez-nous, Seigneur, du haut de votre sanctuaire, ℟ Et de Sion protégez-nous.

℣ Seigneur, exaucez ma prière, ℟ Et que mes cris s'élèvent jusqu'à vous.

℣ Le Seigneur soit avec vous ; ℟ Et avec votre esprit.

Prions.
O Dieu, qui étei-

Oratio.
Propitiare, Domine, supplicationibus nostris, et animarum et corporum medere languoribus, ut remissione percepta in tua semper benedictione lætemur.

Oratio.
Da nobis, quæsumus, Domine, piæ petitionis effectum, et pestilentiam mortalitatemque propitiatus averte, ut mortalium corda cognoscant a te indignante talia flagella prodire, et te miserante cessare. Per Dominum nostrum Jesum Christum, etc.

℣ Exsurge, Domine, adjuva nos. ℟ Et libera nos propter nomen tuum.

℣ Salvum fac populum tuum, Domine, ℟ Deus meus, sperantem in te.

℣ Fiat pax in virtute tua ; ℟ Et abundantia in turribus tuis.

℣ Esto nobis, Domine, turris fortitudinis, ℟ A facie inimici.

℣ Arcum contere et confringe arma ; ℟ Et scuta combure igni.

℣ Mitte nobis, Domine, auxilium de sancto ; ℟ Et de Sion tuere nos.

℣ Domine, exaudi orationem meam ; ℟ Et clamor meus ad te veniat.

℣ Dominus vobiscum ; ℟ Et cum spiritu tuo.

Oremus.
Deus, qui conteris

gnez les dissensions, et chassez les ennemis en défendant par votre puissance ceux qui espèrent en vous, venez au secours de vos serviteurs qui implorent votre miséricorde, afin que la barbarie de leurs ennemis étant réprimée et abattue, nous vous rendions sans cesse des actions de grâces.

bella, et impugnatores in te sperantium potentia tuæ defensionis expugnas, auxiliare famulis tuis implorantibus misericordiam tuam, ut inimicorum suorum feritate depressa, incessabili te gratiarum actione laudemus.

Oraison.

Ô Dieu, de qui procèdent les saints désirs, les bons desseins et les œuvres justes, donnez à vos serviteurs la paix que le monde ne peut pas donner, afin que nos cœurs soient dévoués à vos ordres, et que n'ayant rien à craindre de nos ennemis, nous vivions tranquillement sous votre protection.

Oratio.

Deus, a quo sancta desideria, recta consilia et justa sunt opera, da servis tuis illam quam mundus dare non potest pacem, ut et corda nostra mandatis tuis dedita, et hostium sublata formidine, tempora sint tua protectione tranquilla.

Prions.

Nous vous en prions, Seigneur, écrasez l'orgueil de nos ennemis, et que leur opiniâtreté soit anéantie par la force de votre bras. Par Notre-Seigneur etc.

Oratio.

Hostium nostrorum, quæsumus, Domine, elide superbiam, et eorum contumaciam dexteræ tuæ virtute prosterne. Per Dominum nostrum Jesum Christum, etc.

Si vero bellum est contra Turcas et alios infideles vel hæreticos, inter preces litaniarum bis dicatur:

« Afin que vous daigniez humilier les ennemis de la sainte Église, nous vous prions, exaucez-nous. »

Ut inimicos sanctæ Ecclesiæ humiliare digneris. Te rogamus, etc.

Et addatur:

« Afin que vous daigniez réprimer les efforts des Turcs (ou des hérétiques) et les anéantir, nous vous prions, exaucez-nous. »

Ut Turcarum (vel hæreticorum) conatus reprimere, et ad nihilum redigere digneris, Te rogamus, etc.

Et dicto Pater noster, *dicatur:*
Psaume 78.

Deus, venerunt gentes in hæreditatem tuam, polluerunt templum sanctum tuum; posuerunt Jerusalem in pomorum custodiam.

Posuerunt morticinia servorum tuorum escas volatilibus cœli; carnes sanctorum tuorum bestiis terræ.

Effuderunt sanguinem eorum tanquam aquam in circuitu Jerusalem; et non erat qui sepeliret.

Facti sumus opprobrium vicinis nostris; subsannatio et illusio his qui in circuitu nostro sunt.

Usquequo, Domine, irasceris in finem, accendetur velut ignis zelus tuus?

Effunde iram tuam in gentes, quæ te non noverunt; et in regna quæ nomen tuum non invocaverunt.

Quia comederunt Jacob, et locum ejus desolaverunt.

Ne memineris iniquitatum nostrarum antiquarum; cito anticipent nos misericordiæ tuæ, quia pauperes facti sumus nimis.

Adjuva nos, Deus salutaris noster, et propter gloriam nominis tui, Domine, libera nos, et propitius esto peccatis nostris propter nomen tuum

Ne forte dicant in gentibus: Ubi est Deus eorum? et innotescat in nationibus coram oculis nostris.

Ultio sanguinis servorum tuorum qui effusus est: introeat in conspectu tuo gemitus compeditorum.

Secundum magnitudinem brachii tui posside filios mortificatorum.

Et redde vicinis nostris septuplum in sinu eorum; improperium ipsorum, quod exprobraverunt tibi, Domine.

Nos autem populus tuus et oves pascuæ tuæ: confitebimur tibi in sæculum.

In generationem et generationem annuntiabimus laudem tuam.

Gloria Patri.

℣ Sauvez vos serviteurs; ℟ Mon Dieu, ils espèrent en vous.

℣ Salvos fac servos tuos, ℟ Deus meus, sperantes in te.

℣ Soyez pour nous, Seigneur, une tour bien fortifiée, ℟ En présence de l'ennemi.

℣ Esto nobis, Domine, turris fortitudinis, ℟ A facie inimici.

℣ Que l'ennemi ne gagne rien sur nous; ℟ Et que le fils d'iniquité ne nous soit plus nuisible.

℣ Nihil proficiat inimicus in nobis; ℟ Et filius iniquitatis non apponat nocere nobis.

℣ Seigneur, brisez l'orgueil des ennemis de votre nom; ℟ Et que leur opiniâtreté soit abattue par la force de votre bras.

℣ Hostium nominis tui, Domine, elide superbiam; ℟ Et eorum contumaciam dexteræ tuæ virtute prosterne.

℣ Qu'ils soient comme de la poussière jetée au vent; ℟ Et que l'ange du Seigneur les poursuive.

℣ Fiant tanquam pulvis ante faciem venti; ℟ Et angelus Domini persequatur eos.

℣ Répandez votre colère sur les nations qui ne vous connaissent pas; ℟ Et sur les royaumes qui n'invoquent pas votre nom.

℣ Effunde iram tuam in gentes quæ te non noverunt; ℟ Et in regna quæ nomen tuum non invocaverunt.

℣ Secourez-nous, Seigneur, du haut de votre sanctuaire; ℟ Et de Sion protégez-nous.

℣ Mitte nobis, Domine, auxilium de sancto; ℟ Et de Sion tuere nos.

℣ Seigneur, exaucez ma prière; ℟ Et que mes cris s'élèvent jusqu'à vous.

℣ Le Seigneur soit avec vous; ℟ Et avec votre esprit.

Prions.

Nous vous en supplions, ô Dieu plein de miséricorde, faites que votre Eglise étant assemblée sous la direction du Saint-Esprit, aucune incursion des ennemis ne vienne la troubler.

Oraison.

O Dieu que le péché irrite, etc. (comme ci-dessus, *col. 37*).

Oraison.

Dieu tout-puissant et éternel, qui tenez dans votre main toutes les puissances, qui disposez de tous les droits des royaumes, daignez venir au secours des chrétiens, afin que les nations turques (*ou* hérétiques) qui se confient dans leur férocité soient écrasées par la puissance de votre droite. Par Notre-Seigneur.

℣ Que le Seigneur nous exauce. ℟ Ainsi soit-il.

℣ Domine, exaudi orationem meam; ℟ Et clamor meus ad te veniat.

℣ Dominus vobiscum; ℟ Et cum spiritu tuo.

Oremus.

Da, quæsumus, Ecclesiæ tuæ, misericors Deus, ut sancto Spiritu congregata, hostili nullatenus incursione turbetur.

Oratio.

Deus, qui culpa offenderis, etc.

Oratio.

Omnipotens sempiterne Deus, in cujus manu sunt omnium potestates et omnium jura regnorum, respice in auxilium christianorum, ut gentes Turcarum (*seu hæreticorum*) quæ in sua feritate confidunt, dexteræ tuæ potentia conterantur. Per Dominum nostrum Jesum Christum, etc.

℣ Exaudiat nos Dominus. ℟ Amen.

XII. *Processio in quacumque tribulatione.*

Servatis omnibus ut in litaniis majoribus, finitisque litaniis dicitur:

Pater noster, etc.

℣ Et ne nos inducas in tentationem; ℟ sed libera nos a malo.

Psaume 19.

Exaudiat te Dominus in die tribulationis: protegat te nomen Dei Jacob.

Mittat tibi auxilium de sancto, et de Sion tueatur te.

Memor sit omnis sacrificii tui, et holocaustum tuum pingue fiat.

Tribuat tibi secundum cor tuum, et omne consilium tuum confirmet.

Lætabimur in salutari tuo, et in nomine Dei nostri magnificabimur.

Impleat Dominus omnes petitiones tuas; nunc cognovi quoniam salvum fecit Dominus Christum suum.

Exaudiet illum de cœlo sancto suo: in potentatibus salus dexteræ ejus.

Hi in curribus, et hi in equis; nos autem in nomine Dei nostri invocabimus.

Ipsi obligati sunt et ceciderunt; nos autem surreximus et erecti sumus.

Domine, salvum fac regem, et exaudi nos in die qua invocaverimus te.

Gloria Patri.

Vel psal. sequentem.

Psaume 90.

Qui habitat in adjutorio Altissimi, in protectione Dei cœli commorabitur.

Dicet Domino: Susceptor meus es tu et refugium meum: Deus meus, sperabo in eum.

Quoniam ipse liberavit me de laqueo venantium, et a verbo aspero.

Scapulis suis obumbrabit tibi: et sub pennis ejus sperabis.

Scuto circumdabit te veritas ejus: non timebis a timore nocturno:

A sagitta volante in die, a negotio perambulante in tenebris: ab incursu et dæmonio meridiano.

Cadent a latere tuo mille, et decem millia a dextris tuis; ad te autem non appropinquabit.

Verumtamen oculis tuis considerabis, et retributionem peccatorum videbis.

Quoniam tu es, Domine, spes mea; altissimum posuisti refugium tuum.

Non accedet ad te malum, et flagellum non appropinquabit tabernaculo tuo.

Quoniam angelis suis mandavit de te, ut custodiant te in omnibus viis tuis.

In manibus portabunt te, ne forte offendas ad lapidem pedem tuum.

Super aspidem et basiliscum ambulabis, et conculcabis leonem et draconem.

Quoniam in me speravit, liberabo eum; protegam eum, quoniam cognovit nomen meum.

Clamabit ad me, et ego exaudiam eum; cum ipso sum in tribulatione; eripiam eum et glorificabo eum.

Longitudine dierum replebo eum, et ostendam illi salutare meum.

Gloria Patri.

Quo finito dicuntur versus:

℣ Dieu est notre refuge et notre force; ℟ Il est notre secours dans les tribulations.

℣ Sauvez vos serviteurs, Seigneur; ℟ Mon Dieu, ils espèrent en vous.

℣ Dieu trois fois saint, la force même et l'immortalité, ℟ Ayez pitié de nous.

℣ Aidez-nous, ô Dieu notre Sauveur; ℟ Et pour la gloire de votre nom, Seigneur, délivrez-nous.

℣ Seigneur exaucez ma prière, ℟ Et que mes cris s'élèvent jusqu'à vous.

℣ Le Seigneur soit avec vous; ℟ Et avec votre esprit.

℣ Deus refugium nostrum et virtus; ℟ Adjutor in tribulationibus.

℣ Salvos fac servos tuos, Domine; ℟ Deus meus, sperantes in te.

℣ Sanctus Deus, sanctus fortis, sanctus et immortalis; ℟ Miserere nobis.

℣ Adjuva nos, Deus salutaris noster; ℟ Et propter gloriam nominis tui, Domine, libera nos.

℣ Domine, exaudi orationem meam; ℟ Et clamor meus ad te veniat.

℣ Dominus vobiscum; ℟ Et cum spiritu tuo.

Prions.
Ne dédaignez pas, Seigneur, votre peuple qui crie vers vous dans son affliction; mais pour la gloire de votre nom, laissez-vous fléchir et secourez-le dans ses tribulations.

Oraison.
Seigneur, ayez la bonté de montrer votre ineffable miséricorde; dépouillez-nous de tout péché, et délivrez-nous des peines que nous méritons pour les avoir commis.

Oraison.
Seigneur notre Dieu, nous vous prions d'accorder toujours à vos serviteurs le libre exercice de leurs facultés spirituelles et corporelles; et par l'intercession de la glorieuse Marie toujours vierge délivrez-nous de la tristesse présente, et faites-nous goûter la joie pendant l'éternité.

Oraison.
Nous vous prions, Seigneur, de regarder avec bonté notre état de tribulation, et de détourner les effets de votre indignation que nous avons bien mérités.

Oraison.
O Dieu, notre refuge et notre force, exaucez les prières que votre Eglise vous adresse avec une piété dont vous êtes vous-même l'auteur, et faites que nos prières pleines de confiance obtiennent leur effet. Par Notre-Seigneur.

XIII. Preces dicendæ in processione pro gratiarum actione.

Initio processionis cantatur hymnus Te Deum (1).

Deinde dici poterunt psalmi qui sequuntur, prout tempus feret.

Psaume 65.
Jubilate Deo, omnis terra; psalmum dicite nomini ejus; date gloriam laudi ejus.
Dicite Deo : Quam terribilia sunt opera tua, Domine; in multitudine virtutis tuæ mentientur tibi inimici tui.

(1) *Voy.* cette hymne et sa traduction à l'art. Mourants, t. II, col. 715.

Oremus.
Ne despicias, omnipotens Deus, populum tuum in afflictione clamantem, sed propter gloriam nominis tui tribulatis succurre placatus.

Oratio.
Ineffabilem misericordiam tuam, Domine, nobis clementer ostende, ut simul nos et a peccatis omnibus exuas, et a pœnis quas pro his meremur eripias.

Oratio.
Concede nos famulos tuos, quæsumus, Domine Deus, perpetua mentis et corporis sanitate gaudere, et gloriosa beatæ Mariæ semper Virginis intercessione, a præsenti liberari tristitia, et æterna perfrui lætitia.

Oratio.
Tribulationem nostram, quæsumus, Domine, propitius respice, et iram tuæ indignationis quam juste meremur averte.

Oratio.
Deus refugium nostrum et virtus, adesto piis Ecclesiæ tuæ precibus, auctor ipse pietatis, et præsta, ut quod fideliter petimus, efficaciter consequamur. Per Dominum nostrum Jesum Christum, etc.

Omnis terra adoret te et psallat tibi; psalmum dicat nomini tuo.
Venite, et videte opera Dei; terribilis in consiliis super filios hominum.
Qui convertit mare in aridam, in flumine pertransibunt pede; ibi lætabimur in ipso.
Qui dominatur in virtute sua in æternum, oculi ejus super gentes respiciunt; qui exasperant, non exaltentur in semetipsis.
Benedicite, gentes, Deum nostrum; et audiam facite vocem laudis ejus.
Qui posuit animam meam ad vitam, et non dedit in commotionem pedes meos.
Quoniam probasti nos, Deus; igne nos examinasti, sicut examinatur argentum.
Induxisti nos in laqueum, posuisti tribulationes in dorso nostro; imposuisti homines super capita nostra.
Transivimus per ignem et aquam; et eduxisti nos in refrigerium.
Introibo in domum tuam in holocaustis; reddam tibi vota mea, quæ distinxerunt labia mea.
Et locutum est os meum, in tribulatione mea.
Holocausta medullata offeram tibi cum incenso arietum; offeram tibi boves cum hircis.
Venite, audite, et narrabo, omnes qui timetis Deum, quanta fecit animæ meæ.
Ad ipsum ore meo clamavi; et exaltavi sub lingua mea.
Iniquitatem si aspexi in corde meo, non exaudiet Dominus.
Propterea exaudivit Deus, et attendit voci deprecationis meæ.
Benedictus Deus, qui non amovit orationem meam et misericordiam suam a me.
Gloria Patri.

Psaume 80.
Exsultate Deo adjutori nostro : jubilate Deo Jacob.
Sumite psalmum et date tympanum: psalterium jucundum cum cithara.
Buccinate in neomenia tuba, in insigni die solemnitatis vestræ.
Quia præceptum in Israel est, et judicium Deo Jacob.
Testimonium in Joseph posuit illud, cum exiret de terra Ægypti; linguam quam non noverat audivit.
Divertit ab oneribus dorsum ejus; manus ejus in cophino servierunt.
In tribulatione invocasti me, et liberavi te; exaudivi te in abscondito tempestatis, probavi te apud aquam contradictionis.
Audi, populus meus, et contestabor te; Israel, si audieris me, non erit in te Deus recens, neque adorabis deum alienum.
Ego enim sum Dominus Deus tuus, qui eduxi te de terra Ægypti; dilata os tuum, et implebo illud.
Et non audivit populus meus vocem meam, et Israel non intendit mihi.
Et dimisi eos secundum desideria cordis eorum : ibunt in adinventionibus suis.
Si populus meus audisset me, Israel si in viis meis ambulasset;

Pro nihilo forsitan inimicos eorum humiliassem, et super tribulantes eos misissem manum meam.

Inimici Domini mentiti sunt ei, et erit tempus eorum in sæcula.

Et cibavit eos ex adipe frumenti, et de petra, melle saturavit eos.

Gloria Patri.

Psaume 95.

Cantate Domino canticum novum; cantate Domino, omnis terra.

Cantate Domino, et benedicite nomini ejus: annuntiate de die in diem salutare ejus.

Annuntiate inter gentes gloriam ejus; in omnibus populis mirabilia ejus.

Quoniam magnus Dominus et laudabilis nimis; terribilis est super omnes deos.

Quoniam omnes dii gentium dæmonia; Dominus autem cœlos fecit.

Confessio et pulchritudo in conspectu ejus; sanctimonia et magnificentia in sanctificatione ejus.

Afferte Domino, patriæ gentium, afferte Domino gloriam et honorem, afferte Domino gloriam nomini ejus.

Tollite hostias, et introite in atria ejus; adorate Dominum in atrio sancto ejus.

Commoveatur a facie ejus universa terra; dicite in gentibus quia Dominus regnavit.

Etenim correxit orbem terræ, qui non commovebitur; judicabit populos in æquitate.

Lætentur cœli et exsultet terra: commoveatur mare et plenitudo ejus; gaudebunt campi et omnia quæ in eis sunt.

Tunc exsultabunt omnia ligna silvarum a facie Domini, quia venit; quoniam venit judicare terram

Judicabit orbem terræ in æquitate, et populos in veritate sua.

Gloria Patri.

Psaume 99.

Jubilate Deo, omnis terra; servite Domino in lætitia.

Introite in conspectu ejus, in exsultatione.

Scitote quoniam Dominus ipse est Deus; ipse fecit nos, et non ipsi nos.

Populus ejus, et oves pascuæ ejus; introite portas ejus in confessione, atria ejus in hymnis; confitemini illi.

Laudate nomen ejus, quoniam suavis est Dominus, in æternum misericordia ejus; et usque in generationem et generationem veritas ejus.

Gloria Patri.

Psaume 102.

Benedic, anima mea, Domino, et omnia quæ intra me sunt nomini sancto ejus.

Benedic, anima mea, Domino, et noli oblivisci omnes retributiones ejus.

Qui propitiatur omnibus iniquitatibus tuis; qui sanat omnes infirmitates tuas.

Qui redimit de interitu vitam tuam; qui coronat te in misericordia et miserationibus.

Qui replet in bonis desiderium tuum; renovabitur ut aquilæ juventus tua.

Faciens misericordias Dominus, et judicium omnibus injuriam patientibus.

Notas fecit vias suas Moysi; filiis Israel voluntates suas.

Miserator et misericors Dominus; longanimis et multum misericors.

Non in perpetuum irascetur, neque in æternum comminabitur.

Non secundum peccata nostra fecit nobis; neque secundum iniquitates nostras retribuit nobis.

Quoniam secundum altitudinem cœli a terra, corroboravit misericordiam suam super timentes se:

Quantum distat ortus ab occidente, longe fecit a nobis iniquitates nostras.

Quomodo miseretur pater filiorum, misertus est Dominus timentibus se; quoniam ipse cognovit figmentum nostrum.

Recordatus est quoniam pulvis sumus; homo sicut fenum dies ejus, tanquam flos agri sic efflorebit.

Quoniam spiritus pertransibit in illo, et non subsistet, et non cognoscet amplius locum suum.

Misericordia autem Domini ab æterno et usque in æternum super timentes eum.

Et justitia illius in filios filiorum, his qui servant testamentum ejus.

Et memores sunt mandatorum ipsius ad faciendum ea.

Dominus in cœlo paravit sedem suam, et regnum ipsius omnibus dominabitur.

Benedicite Domino, omnes angeli ejus; potentes virtute, facientes verbum illius, ad audiendam vocem sermonum ejus.

Benedicite Domino, omnes virtutes ejus; ministri ejus qui facitis voluntatem ejus.

Benedicite Domino, omnia opera ejus; in omni loco dominationis ejus, benedic, anima mea, Domino.

Gloria Patri.

Psaume 116.

Laudate Dominum, omnes gentes; laudate eum, omnes populi.

Quoniam confirmata est super nos misericordia ejus, et veritas Domini manet in æternum.

Gloria Patri.

Psal. Laudate Dominum de cœlis, *cum duobus sequentibus.*(1).

Canticum Benedicite, omnia opera Domini, *etc.*, *ut supra*, art. ENTERREMENT, *n.* 52.

Cantique de Zacharie.

Benedictus Dominus Deus Israel, quia visitavit et fecit redemptionem plebis suæ.

Et erexit cornu salutis nobis, in domo David pueri sui.

Sicut locutus est per os sanctorum, qui a sæculo sunt, prophetarum ejus.

Salutem ex inimicis nostris, et de manu omnium qui oderunt nos.

Ad faciendam misericordiam cum patribus nostris, et memorari testamenti sui sancti.

Jusjurandum quod juravit ad Abraham patrem nostrum, daturum se nobis.

Ut sine timore de manu inimicorum nostrorum liberati, serviamus illi,

(1) *Voyez* ces trois psaumes à l'art. CLOCHES, t. I, col. 891.

In sanctitate et justitia coram ipso, omnibus diebus nostris.

Et tu puer, propheta Altissimi vocaberis ; præibis enim ante faciem Domini, parare vias ejus ;

Ad dandam scientiam salutis plebi ejus, in remissionem peccatorum eorum ;

Per viscera misericordiæ Dei nostri, in quibus visitavit nos Oriens ex alto;

Illuminare his qui in tenebris et in umbra mortis sedent, ad dirigendos pedes nostros in viam pacis.

Hæc autem prædicta, prout longitudo itineris postulaverit, vel omnia, vel ex parte cantari possunt. Deinde in ecclesia ubi fit statio, ante altare dicuntur sequentes versus et orationes.

℣ Vous êtes béni, Seigneur, Dieu de nos pères. ℟ Vous êtes loué et glorifié dans tous les siècles.

℣ Bénissons le Père et le Fils, avec le Saint-Esprit. ℟ Louons-le et exaltons-le dans tous les siècles.

℣ Seigneur notre Dieu, vous êtes béni dans le firmament. ℟ Vous êtes loué, glorifié et exalté dans tous les siècles.

℣ Mon âme, bénis le Seigneur ; ℟ Et n'oublie aucun de ses bienfaits.

℣ Seigneur, exaucez ma prière ; ℟ Et que mes cris s'élèvent jusqu'à vous.

℣ Le Seigneur soit avec vous ; ℟ Et avec votre esprit.

Prions.

O Dieu, dont la miséricorde n'a point de bornes, et dont la bonté est un trésor inépuisable , nous rendons grâces à votre aimable majesté des biens qu'elle nous a faits, ne cessant de recourir à votre clémence ; vous qui accordez ce qu'on vous demande, ne nous abandonnez pas, et disposez-nous aux biens à venir.

Oraison.

O Dieu, qui avez instruit les cœurs de vos fidèles par les lumières du Saint-Esprit, faites que le même Esprit dirige toujours nos sentiments et nous remplisse de consolation.

℣ Benedictus es, Domine, Deus patrum nostrorum. ℟ Et laudabilis et gloriosus in sæcula.

℣ Benedicamus Patrem, et Filium cum sancto Spiritu. ℟ Laudemus et superexaltemus eum in sæcula.

℣ Benedictus es, Domine Deus, in firmamento cœli. ℟ Et laudabilis, et gloriosus, et superexaltatus in sæcula.

℣ Benedic, anima mea, Domino ; ℟ Et noli oblivisci omnes retributiones ejus.

℣ Domine, exaudi orationem meam; ℟ Et clamor meus ad te veniat.

℣ Dominus vobiscum; ℟ Et cum spiritu tuo.

Oremus.

Deus, cujus misericordiæ non est numerus, et bonitatis infinitus est thesaurus, piissimæ majestati tuæ pro collatis donis gratias agimus, tuam semper clementiam exorantes, ut qui petentibus postulata concedis, eosdem non deserens ad præmia futura disponas.

Oratio.

Deus, qui corda fidelium sancti Spiritus illustratione docuisti, da nobis in eodem spiritu recta sapere , et de ejus semper consolatione gaudere.

Oraison.

O Dieu, qui mettez des bornes aux afflictions de ceux qui espèrent en vous, et qui prêtez l'oreille avec bonté aux prières qu'on vous adresse ; nous vous rendons grâces de nous avoir accordé l'objet de nos prières et de nos vœux, vous suppliant instamment de nous préserver toujours de toute adversité. Par Notre-Seigneur Jésus-Christ

Oratio.

Deus, qui neminem in te sperantem nimium affligi permittis, sed pium precibus præstas auditum, pro postulationibus nostris votisque susceptis gratias agimus, te, piissime, deprecantes, ut a cunctis semper muniamur adversis. Per Dominum nostrum Jesum Christum Filium tuum, etc.

votre Fils qui, étant Dieu avec vous en l'unité du Saint-Esprit, vit et règne pendant tous les siècles des siècles. ℟ Ainsi soit-il.

XIV. De processione in translatione sacrarum reliquiarum insignium.

Ecclesiæ et viæ per quas transeundum est, quam fieri potest decentius ornentur. Sacerdotes et ministri vestibus induti albi vel rubei coloris, prout sancti quorum reliquiæ transferuntur exposcunt, et cum luminaribus accensis omnes procedant, decantantes litanias cum invocatione sanctorum quorum reliquiæ deferuntur, et hymnum Te Deum, etc. (T. II, col. 715), *et psalm.* Laudate Dominum de cœlis, etc., *cum duobus sequentibus (* Tom. I, col. 891 *), et alios psalmos et hymnos de Proprio vel de communi eorum sanctorum quorum reliquiæ transferuntur.*

PROMESSES CLÉRICALES.

Le jour de la Purification, dans bien des séminaires, ou bien à d'autres jours, et à la suite des retraites ecclésiastiques, il est d'usage de faire le renouvellement des promesses cléricales ; le jour choisi pour cette cérémonie est élevé au rite solennel majeur, presque comme une fête de première classe. La cérémonie se fait de cette manière, d'après le Cérémonial de Lyon, n. 1035 :

Le célébrant, après avoir entonné l'*Oremus* de l'Offertoire, fait une génuflexion, se met à genoux sur la plus haute marche, et prononce ces paroles : *Dominus pars hæreditatis meæ et calicis mei ; tu es qui restitues hæreditatem meam mihi :* « Le Seigneur est lui-même la part qui m'est échue ; c'est vous, mon Dieu, qui me rétablirez dans mon héritage. » En disant cela, il tient de sa main droite le flambeau que lui présente le premier acolyte à genoux sur la marche de l'autel ; il fait ensuite la génuflexion et va s'asseoir à son siège. Après lui les prêtres induts. Le diacre et le sous-diacre d'office, les diacres et sous-diacres induts, viennent successivement prononcer les mêmes paroles, deux à deux, tenant en même temps de la main qui est en dehors le flambeau présenté par les deux acolytes à genoux de chaque côté ; ils font une génuflexion avant et après, et vont s'asseoir. Les acolytes se plaçant alors en face de l'autel, prononcent à leur tour la formule de consécration, et, après avoir fait la génuflexion, ils remportent leurs flambeaux. Tous les ecclésiastiques viennent ensuite deux à deux par le milieu du chœur, précédés des chantres en chape, s'il y en a, tenant de la main qui est en dehors le cierge bénit qu'ils ont reçu et gardé (si c'est le jour de la bénédiction des cierges; si c'est un autre jour, les acolytes ont dû rester avec leurs flambeaux); deux clercs ont eu soin de rallumer les cierges avant l'Offertoire. Ils font tous, sur la marche inférieure de l'autel, la même cérémonie que les officiants. De retour à leurs places ils éteignent leurs cierges, ou bien les deux clercs qui les ont allumés se tiennent de chaque côté du sanctuaire, les reçoivent après la rénovation des promesses, les éteignent et les emportent à la sacristie. (Suivant le Rituel romain, il faut encore les tenir allumés depuis l'élévation du saint sacrement jusqu'à la communion.)

Pendant toute cette cérémonie on chante, sur le sixième ton, le psaume suivant:

Psaume 15.

Conserva me, Domine, quoniam speravi in te.

Dixi Domino: Deus meus es tu, quoniam bonorum meorum non eges.

Sanctis, qui sunt in terra ejus, mirificavit omnes voluntates meas in eis.

Multiplicatæ sunt infirmitates eorum, postea acceleraverunt.

Non congregabo conventicula eorum de sanguinibus; nec memor ero nominum eorum per labia mea.

Dominus pars hæreditatis meæ, et calicis mei; tu es, qui restitues hæreditatem meam mihi.

Funes ceciderunt mihi in præclaris; etenim hæreditas mea præclara est mihi.

Benedicam Dominum, qui tribuit mihi intellectum; insuper et usque ad noctem increpuerunt me renes mei.

Providebam Dominum in conspectu meo semper; quoniam a dextris est mihi, ne commovear.

Propter hoc lætatum est cor meum, et exsultavit lingua mea; insuper et caro mea requiescet in spe.

Quoniam non derelinques animam meam in inferno; nec dabis sanctum tuum videre corruptionem.

Notas mihi fecisti vias vitæ, adimplebis me lætitia cum vultu tuo; delectationes in dextera tua usque in finem.

On chante encore sur le même ton le psaume *Domini est terra* (T. I, col. 1192); ensuite *Gloria Patri.* (Cérém. de Lyon, n. 1036.)

Si le prélat officie, ou s'il est présent, il s'assied dans un fauteuil sur le marchepied de l'autel, pour recevoir les promesses du clergé. La cérémonie a lieu de la même manière, avec cette différence qu'on met la main qui ne tient pas le cierge dans celle du prélat, et qu'on baise son anneau. Si on porte un cierge, on ne doit pas le baiser avant de le livrer, parce qu'on n'en fait pas une offrande comme à l'ordination. Quand le très-saint sacrement est exposé, on a soin de le voiler pendant cette cérémonie. Si le prélat était seulement présent, on lui porterait à son trône une étole, la chape et la mitre, et le célébrant ayant renouvelé seul les promesses cléricales, le pontife viendrait s'asseoir, accompagné de ses assistants, dans un fauteuil placé sur le marchepied de l'autel, et recevrait, comme il a été dit, les promesses cléricales. (*Ibid.*, n. 1037 et 1038.)

PROPRETÉ.

DE LA PROPRETÉ DES LIEUX SAINTS, DES VASES, DES HABITS SACRÉS ET DES ORNEMENTS DE L'AUTEL.

(*Ce ne sont point ici des règles nouvelles; on les trouve dans les conciles et les bons auteurs, surtout saint Charles et Gavantus; elles sont consignées dans le Cérémonial des franciscains, donné à Rome en 1750.*)

1. Deux fois l'année par un temps sec, on dépouille les autels depuis la messe jusqu'à vêpres; on enlève le marchepied, et l'on nettoie partout. On nettoie aussi les autels avec un petit balai, quand on en change le devant ou les nappes. On frotte légèrement la toile cirée qui couvre la pierre sacrée, soit qu'elle n'occupe que le milieu de l'autel, soit qu'elle en couvre toute la table; s'il arrivait qu'elle ne fût pas ainsi couverte, on n'y toucherait pas par respect pour le saint chrême.

2. Chaque mois on nettoie, avec une brosse de poils flexibles ou un petit balai, les tableaux et leurs ornements, l'extérieur du tabernacle, les dorures de l'autel et le baldaquin placé au-dessus.

3. Chaque jour on nettoie le marchepied de l'autel, si l'on doit y dire la messe.

4. S'il y a des crachoirs, on les nettoie au moins tous les huit jours; on approprie aussi souvent la place des burettes.

5. Les chandeliers, croix, encensoirs et autres objets argentés ne doivent pas être touchés avec la main nue, quand on peut l'éviter; on se sert d'une étoffe, ou bien on les prend par l'endroit qui n'est pas argenté. Avant de les renfermer, s'il y a de la poussière, de la cire ou quelque saleté, on les frotte légèrement avec un linge ou une étoffe molle. Si cela ne suffit pas, on les frotte légèrement avec un linge fin et de la paille brûlée. S'il y a beaucoup de cire collée, si l'encensoir est noirci par le feu, on le nettoie avec un pinceau rude dans la lessive bouillante mêlée de sel; il faut cependant prendre garde à ne pas altérer les dorures, et consulter plutôt les hommes de l'art.

6. Deux calices et deux patènes, servant tous les jours au moins à douze prêtres, doivent être frottés légèrement avec la main dans l'eau tiède tous les quinze jours, et avec du savon tous les mois. Dans ce dernier cas, après les avoir fait sécher au soleil ou au feu pendant un quart d'heure, on les lave bien avec la lessive chaude, on les frotte avec une brosse pour en bien ôter le savon, surtout s'ils sont ciselés; on peut y employer du son bouilli, et les laver de suite deux ou trois fois dans l'eau propre. Tout cela doit

être fait par un clerc dans les ordres sacrés et dans le vase destiné à laver les corporaux et les purificatoires ; ces diverses ablutions doivent être jetées dans la piscine. On le fait plus rarement à proportion quand il y a moins de prêtres.

7. Les pièces d'argenterie ou dorées qui sont toujours exposées doivent être légèrement frottées tous les huit jours avec un linge fin ; s'il faut les renfermer, c'est en ce moment qu'on les nettoie ; on peut aussi y employer le savon ou le son, comme il a été dit au sujet des calices.

8. Les chandeliers et autres objets en cuivre doivent être touchés au moyen d'une étoffe, ou saisis par la pointe en fer. S'ils servent continuellement, il faut en ôter tous les trois jours la poussière et la cire qui a coulé dessus ; on les nettoie de même quand il faut les renfermer. De plus, tous les quatre mois, il faut les nettoyer soigneusement avec de la pierre ponce pulvérisée ou du tripoli (qui éloigne les mouches pendant l'été), en se servant d'un cuir de buffle ; à défaut de cela, on se sert de brique bien pulvérisée et d'une étoffe rude, mais jamais d'eau. On rend ces objets plus brillants, mais pour peu de temps, en se servant de marbre pulvérisé avec du suc d'orange ou de citron, qu'on peut remplacer par celui des raisins sauvages ou des herbes acides ; on n'emploie jamais le vinaigre. Lorsque ces objets ne sont pas exposés, il faut les serrer dans des étuis de carton ou des sacs de toile propres à les préserver de la poussière et à les conserver propres et brillants.

9. Les lampes en verre qui servent tous les jours doivent être nettoyées deux fois par mois avec du son et de l'eau chaude.

10. Les burettes, outre le nettoiement de chaque jour, doivent être rincées tous les mois avec des coquilles d'œuf bien brisées, et nettoyées avec un instrument en bois qu'on y introduit, ou avec d'autres moyens, si l'on en trouve de plus efficaces. Leurs couvercles doivent être essuyés chaque jour quand on les renferme.

11. Le plat des burettes doit être nettoyé et essuyé tous les jours ; s'il est d'étain, il faut le laver tous les trois mois dans la lessive chaude, le frotter avec de l'avoine ou d'autres graines qui ont des enveloppes, ou avec des coquilles d'œufs pilées, les laver de nouveau avec de l'eau claire, le faire sécher et l'essuyer avec un linge propre.

12. Les vases de cuivre qui servent pour laver les calices, etc., doivent être bien nettoyés avant et après ; deux fois chaque année il faut les laver avec soin, employant, s'il le faut, de la brique pilée ou du sable ; s'ils sont étamés, on emploie du son avec de l'eau.

13. Quand le sacristain ou un autre a confectionné des hosties, il doit graisser le moule avec de l'huile, mettre un papier entre les deux parties avant de les unir, racler la suie qui est à l'extérieur, le nettoyer avec un linge grossier, et le placer dans un lieu décent.

14. Tous les linges, aubes, amicts, surplis, nappes, étoffes et autres objets destinés au culte divin, doivent être lavés séparément des linges et habits domestiques ; il ne s'agit pas des mouchoirs et essuie-mains.

15. La nappe supérieure de chaque autel doit être changée au moins tous les mois ; les deux autres, quatre fois dans l'année.

16. Les corporaux doivent être changés toutes les trois semaines ; les aubes, tous les quinze jours ; les cordons, tous les deux mois ; les manuterges de l'autel, les amicts, tous les huit jours ; du moins lorsque deux de ces objets servent tous les jours à une douzaine de prêtres. On le fait plus ou moins souvent, si le nombre est plus ou moins grand.

17. Les purificatoires de chaque prêtre (car il convient que chacun ait le sien) doivent être changés tous les huit ou quinze jours au plus. On suit à peu près les règles précédentes pour les surplis qui servent aux prêtres et aux clercs. Le marchepied de l'armoire ou de la crédence où le prêtre s'habille doit être toujours couvert d'un tapis, afin que l'aube ne se salisse point.

18. Les essuie-mains de la sacristie sont changés une ou deux fois la semaine ; en temps humide, on les fait sécher au feu tous les jours.

19. Les petites nappes de communion doivent être changées deux fois par mois ; les grandes, tous les deux mois. Ces règles n'empêchent pas de les changer plus souvent, quand il y a quelque saleté ou d'autres raisons. Dans les grandes solennités, on ne se sert que du linge propre et du plus beau.

20. Quand les messes sont finies, les nappes des autels seront couvertes de leurs tapis, après qu'on y aura passé légèrement une brosse ordinaire destinée à cet usage. Chaque semaine ces tapis ou couvertures seront bien secoués et nettoyés de la poussière, outre que chaque matin on les secoue légèrement ; on les expose à l'air tous les trois mois.

21. Les corporaux et les purificatoires qui ont servi doivent être mis dans un coffre ou une corbeille uniquement destinée à cet usage. Avant de les donner à blanchir, il faut les faire laver par un clerc dans les ordres sacrés, dans les vases dont on a parlé, d'abord avec de la lessive et du savon, ensuite deux fois dans l'eau seule. Toute cette eau doit être versée dans la piscine.

22. Quand les surplis et les aubes ont été blanchis, on les fait plisser ; toutes les fois qu'on les renferme après qu'ils ont servi, si on ne les plisse pas, il faut au moins les plier convenablement.

23. Il faut aussi que les corporaux soient empesés et pliés en trois ; le temps le plus propre à ce travail est du mois de mai à celui d'octobre. Lorsque tous ces linges sont bien secs, on les plie et on les met dans des boîtes séparées, afin qu'on les trouve facilement. On y renferme des roses sèches, de la lavande ou d'autres choses semblables, soit

pour la bonne odeur et la propreté, soit pour éloigner les insectes.

24. Aucun prêtre ne doit monter à l'autel avec des souliers sales ; il faudrait donc en avoir toujours à la sacristie pour cette fin. Il doit y avoir aussi une brosse pour nettoyer les habits ordinaires des prêtres avant qu'ils prennent les habits sacrés. En outre, tous les ornements et les linges, classés selon la différence de leur couleur, leur richesse et leur usage, doivent avoir leurs armoires distinguées par une étiquette.

25. Les chasubles doivent être étendues sans plis ni rides avec leurs accessoires et les couvertures des Missels, si on s'en sert, dans des tiroirs à coulisses, qui aient du gros papier au fond, avec des roses sèches ou des herbes odoriférantes. On en met plusieurs, selon la grandeur des tiroirs. On place de même les tuniques et les dalmatiques. On recouvre le tout d'un gros papier ou d'une toile pour conserver ces choses plus propres. Il faut placer une étoffe entre les deux parties de ce qui est tissu ou brodé d'or ou d'argent, afin que le frottement ne cause aucune détérioration.

26. Les chapes, surtout si elles sont en or ou en argent, devraient être étendues dans une grande armoire ; s'il faut les plier, on doit éviter de faire porter les plis sur le chaperon, et mettre une toile entre les parties opposées. Toutes les fois qu'on tire ces ornements des armoires, il faut les déposer sur une nappe propre, et même les couvrir d'une toile, s'ils doivent y rester quelque temps. Il faut de temps en temps, quand le ciel est serein, exposer à l'air, mais non au soleil, les ornements qui servent rarement, pour les empêcher de moisir ou de contracter une mauvaise odeur ; on pourra le faire au mois de mai et de septembre, et une fois en hiver, quand le temps est convenable.

27. Chaque devant d'autel doit rester étendu fixé à son cadre, s'il est possible ; on peut y en ajuster deux de diverses couleurs, afin que dans le besoin d'en changer, on n'ait qu'à tourner le cadre. On les place dans une grande armoire, après en avoir ôté les franges placées en long au-dessous de la partie supérieure, sans y être cousues. Pour ne pas les détériorer par le frottement, on interpose toujours une toile, soit dans l'armoire, soit devant l'autel. Il sera commode d'avoir une toile assez ample pour couvrir les deux côtés ou un seulement à volonté, étant fixée par le milieu. S'il faut plier un devant d'autel où il se trouve une croix ou une image brodée, on évite de la froisser, et l'on interpose une toile.

28. Avant de renfermer les tapis et grosses étoffes destinées à être étendues par terre, on doit en ôter la cire et autres choses qui s'y seraient attachées ; on les expose à l'air, on les secoue avec soin pour en ôter la poussière, on les nettoie bien avec une brosse ; après cela on les plie et on les met à leur place.

29. Les fenêtres de la sacristie doivent être ouvertes souvent par un ciel sec et serein ; on sort un peu les tiroirs, afin que ce qu'ils contiennent profite aussi du renouvellement de l'air.

(*Tout ceci est littéralement dans Gavantus.*)

PROSE.

(Explication du P. Lebrun.)

Origine et auteurs des Proses.

On appelle Prose l'hymne qu'on chante aux jours solennels après l'*Alleluia*, dans laquelle on se propose depuis plusieurs siècles d'exprimer les caractères particuliers du mystère ou de la fête du saint que l'Église célèbre.

Prose signifie un discours libre, qui n'est pas gêné comme les vers ; et l'on a eu raison d'appeler ainsi ces hymnes, qui la plupart ont été faites d'un style fort libre, quoique rimées. Elles ont commencé un peu avant le milieu du IXe siècle ; et ce n'étaient d'abord que quelques versets, dont les syllabes répondaient aux notes des *a* redoublés de l'*Alleluia*, afin de faire chanter des paroles à la place de cette longue suite de notes, qu'on appelait neume ou séquence, c'est-à-dire suite de l'*Alleluia*. De là vient que les Proses mêmes ont été appelées neumes, et que le Missel romain et plusieurs autres les appellent encore séquences. De là vient aussi qu'on ne les disait qu'aux messes où l'on chantait, et auxquelles on disait *Alleluia*. Il est marqué dans les Missels des carmes (1) et des dominicains qu'on n'en dira pas aux messes privées. Notker, moine de Saint-Gal, qui écrivait vers l'an 880, est regardé comme le premier auteur des séquences. Il dit pourtant, dans sa préface, qu'il avait vu quelques versets sur les notes des séquences dans un Antiphonaire qu'un prêtre avait apporté de Jumiège, ravagée par les Normands (2). C'étaient là des espèces de Proses ; mais il en composa de plus longues ; d'autres auteurs en firent à son exemple ; et, dans un grand nombre d'anciens Missels manuscrits et imprimés, il y en a pour tous les dimanches et pour toutes les fêtes de l'année, excepté depuis la Septuagésime jusqu'à Pâques. Il s'en fit une si grande quantité, et avec tant de négligence, qu'on a souvent loué les chartreux et l'ordre de Cîteaux (3) de n'avoir pas chanté les Proses, et que les conciles de Cologne en 1536, et de Reims en 1564, ordonnèrent qu'on les examinerait et qu'on supprimerait celles qui étaient mal faites. L'Église de Rome n'en admet que quatre : celles de Pâques, *Victimæ paschali* ; celle de la Pentecôte, *Veni, sancte*, la troisième du saint sacrement, *Lauda, Sion*, et

---

(1) Prosam similiter non dicat. *Miss.* carm. Rubr. 44.
(2) Jumiège est une abbaye de l'ordre de Saint-Benoît, à cinq lieues de Rouen, qui fut brûlée par les Normands en 841, et rétablie en 917.
(3) *Voy.* Raoul de Tongres, *de Observ. can.* prop. 23.;

et Grunez, *de Offic. miss.* tract. 2, l. II, c. 5. Ces deux auteurs écrivaient au commencement du XVe siècle. Les chartreux et les cisterciens n'ont admis aucune prose jusqu'à présent.

la quatrième pour les morts, *Dies iræ*. La prose *Victimæ paschali* se trouve dans les Missels depuis plus de six cents ans, et il y en avait une autre plus ancienne, *Salve, festa dies* (1), qui se disait à la procession de Pâques.

La Prose *Véni, Sancte*, est attribuée par Durand (*Ration. l.* IV) au roi Robert (qui régnait au commencement du XI° siècle). Mais il y a plutôt lieu d'attribuer à ce pieux roi la Prose du Saint-Esprit. *Sancti*, etc., qui se disait avant celle-là (2), comme en effet l'historien Brompton, plus ancien que Durand, la lui attribue. Cette ancienne Prose a été dite au premier jour de la Pentecôte à Rome jusqu'au saint pape Pie V, et à Paris et dans presque toutes les Eglises de France et d'Allemagne, jusqu'au commencement du XVII° siècle : où l'on voit cependant la Prose *Veni, Sancte*, parmi celles qui se disaient pendant l'octave; et les beautés que tout le monde y a trouvées l'ont fait substituer à toutes les autres. Elle est attribuée à Hermanus Contractus, qui écrivait vers l'an 1040.

Saint Thomas est l'auteur de la Prose *Lauda, Sion*. Le *Dies iræ* a été composé par le cardinal latin Frangipani (3), appelé aussi Malabranca, docteur de Paris, de l'ordre des dominicains, qui mourut à Pérousse l'an 1294. Cette Prose n'a été dite à la messe, selon les Missels de Paris et de plusieurs autres Eglises, qu'au commencement du XVII° siècle (4). Maldonat (5) écrivait en 1569 que quelques prêtres la disaient par un goût particulier. Durand avait déjà remarqué qu'on ne devait point dire de prose quand il n'y avait point d'*Alleluia*, parce qu'elle tient lieu de neume; et les notes que les dominicains firent à Salamanque, en 1576, sur l'ordinaire de leur Missel, portent qu'on ne doit point chanter (6) cette Prose des morts, parce qu'elle est contre la rubrique. Mais, sans faire attention aux raisons de l'institution des Proses, qu'on avait perdues de vue, on ne les a plus regardées que comme une marque de solennité qu'on ne voulait pas ôter aux grandes messes des morts, où il se trouve souvent une nombreuse assemblée. C'est pourquoi le Missel de Paris ne prescrit pas de dire aux messes basses la Prose *Dies iræ*.

PSALMISTE.

(Extrait du Pontifical romain.)

Office de psalmiste.	De officio psalmistatus.
Un psalmiste, c'est-à-dire, un chantre peut être institué par l'ordre seul d'un prêtre qui lui dit :	*Psalmista, id est cantor potest sola jussione presbyteri officium suscipere cantandi, dicente sibi presbytero :*
Ayez soin de croire de cœur ce que vous chantez de bouche, et de manifester par vos œuvres ce que vous croyez intérieurement.	*Vide ut quod ore cantas, corde credas; et quod corde credis, operibus comprobes.*
Il serait très-bien que l'évêque fît cela en ordonnant des clercs.	*Et si episcopus clericos ordinans hæc faciat, bene facit.*
S'il s'agit de dégrader quelqu'un qui a reçu autrefois la fonction de chantre ou de psalmiste, après l'avoir dégradé de la tonsure, le pontife lui dit, s'il le veut :	*Si officium psalmistatus collatum olim fuerit degradando, post degradationem a prima tonsura, si velit, pontifex dicit :*
Parce que vous n'avez pas cru de cœur ce que vous avez chanté de bouche, et vous ne l'avez pas accompli dans vos œuvres, nous vous privons du droit de chanter dans l'église.	*Quia quod ore cantasti, corde non credidisti, nec opere implevisti; ideo cantandi officium in ecclesia Dei a te amovemus.*

PSAUMES.

(Indulgences authentiques.)

Indulgences accordées à tout fidèle qui récite, *avec dévotion*, les psaumes graduels (7) ou ceux de la pénitence.

1° Indulgence de cinquante jours pour ceux qui, y étant obligés, réciteront ces psaumes les jours prescrits par les rubriques du Missel romain (8).

2° Indulgence de quarante jours pour tout fidèle, chaque fois qu'il récitera ces psaumes par pure dévotion, et en quelque temps que ce soit (9).

---

(1) Elle est dans un Missel d'Utrecht, écrit vers l'an 94., et conservé dans les archives d'Aix-la-Chapelle.
(2) Cette Prose *Sancti Spiritus adsit nobis gratia* s'est dite dans l'ordre de Cluny dès le XI° siècle. Elle est dans un Missel de Cologne, écrit l'an 1133, et dans le Missel romain sous Grégoire X, en 1270. *Ordo rom.* XIII, p. 240. Les jacobins la disent encore le jour de la Pentecôte, et *Veni, sancte*, les deux jours suivants.
(3) Ciacon. *Vit. pontif. et card.* tom. II, p. 222.
(4) Elle est pourtant dans les Missels de Narbonne de 1528 et de 1576, dans celui de Cambrai de 1527; et elle est marquée à dévotion dans les Missels de Sens de 1556 et de 1575, avec une autre Prose qui n'est qu'une paraphrase du *De profundis*, et qui est seule dans le Missel de Bayeux de 1501.
(5) *Voy.* son traité manuscrit des *cérémonies de la messe dicte à Paris*, où on lit : *Colligo curiositate privata aliquorum sacerdotum fuisse additum prosam in missis quæ pro defunctis dicuntur, ut dicant Dies illa, dies iræ. Quod fit extra rationem et antiquos Missales libros, qui tantum habent sequentiam in diebus lætis*.
(6) *Annot. in rubr. ordin. prædic.* Venet. 1582.
(7) On nomme ainsi ces psaumes parce qu'ils se suivent sans interruption depuis le psaume 88 jusqu'au psaume 99. On en compte quinze, qui sont les suivants : *Ad Dominum cum tribularer*, etc. ; *Levavi oculos meos*, etc. ; *Lætatus sum*, etc. ; *Ad te levavi*, etc.; *Nisi quia Dominus*, etc. ; *Qui confidunt in Domino*, etc. ; *In convertendo*, etc. ; *Nisi Dominus*, etc. ; *Beati omnes*, etc. ; *Sæpe expugnaverunt*, etc. ; *De profundis*, etc.; *Domine, non est exaltatum*, etc. ; *Memento, Domine, David*, etc. ; *Ecce quam bonum*, etc. ; *Ecce nunc benedicite Dominum*, etc.
(8) Cette indulgence a été accordée par le pape saint Pie V, dans sa bulle *Quod a nobis*, en date du 9 juillet 1568.
(9) Saint Pie V, bulle *Superni omnipotentis*, en date du 5 avril 1571.

PURGATOIRE

(Indulgences authentiques.)

§ I. Indulgences accordées à tout fidèle qui récitera avec dévotion l'Office des morts.

1° Indulgence de cent jours pour celui qui, *y étant obligé*, le récitera les jours prescrits par les rubriques du Bréviaire romain (1).

2° Indulgence de cinquante jours pour tout fidèle chaque fois que *par dévotion* il récitera cet office (2).

§ II. Indulgences accordées à perpétuité à tout fidèle qui, une heure après l'*Angelus* du soir, récitera, *avec dévotion, à genoux et au son de la cloche*, le psaume *De profundis* et le *Requiem æternam*, etc. (3).

1° Indulgence de cent jours pour chaque fois.

2° Indulgence plénière une fois par an pour celui qui l'aura ainsi récité tous les jours, le jour, à son choix, où, s'étant confessé et ayant communié, il priera pour les intentions de l'Eglise (4).

N. B. 1° Ceux qui ne savent pas le *De profundis* peuvent gagner les mêmes indulgences, en récitant, à la même heure et de la même manière, un *Pater* et un *Ave* avec le *Requiem æternam* (5).

2° On peut gagner les mêmes indulgences, en récitant le *De profundis* ou le *Pater* et l'*Ave*, au son de la cloche, même dans les lieux où l'on sonnerait à cette intention plus tôt ou plus tard que l'heure marquée plus haut (6).

Enfin dans des lieux où l'on ne sonne pas la cloche, on gagnera les mêmes indulgences en récitant les mêmes prières vers l'heure indiquée (7).

Psaume 129. *De profundis*, etc. (*Voy. t. I, col.* 40).

§ III. Indulgences accordées à perpétuité à tout fidèle qui récitera pour les âmes du purgatoire, *avec un cœur contrit et en réfléchissant avec dévotion à la passion de N. S. J.-C.*, cinq *Pater* et cinq *Ave*, avec les versets *Te ergo quæsumus* et *Requiem æternam*, que l'on trouve plus bas.

1° Indulgence de trois cents jours, pour chaque fois.

2° Indulgence plénière, une fois par mois, pour celui qui récitera ces prières chaque jour du mois, le jour, à son choix, où s'étant confessé et ayant communié, il priera pour les intentions de l'Eglise et pour le repos éternel des âmes du purgatoire (8).

N. B. Ces indulgences sont applicables à ces âmes souffrantes.

PRIÈRES.

Cinq *Pater* et cinq *Ave*.

VERSETS.

℣ Nous vous en conjurons, hâtez-vous de secourir vos serviteurs que vous avez rachetés par votre sang précieux.

℟ Donnez-leur Seigneur, le repos éternel, et que la lumière luise à jamais sur eux.

Qu'ils reposent en paix.

Ainsi soit-il.

℣ Te ergo, quæsumus, famulis tuis subveni, quos pretioso sanguine redemisti.

℟ Requiem æternam dona eis, Domine, et lux perpetua luceat eis.

Requiescant in pace.

Amen.

§ IV. Indulgence accordée à perpétuité à tout fidèle qui récitera, *avec dévotion et un cœur contrit*, une des prières marquées plus bas, suivant le jour, avec un *Pater*, un *Ave* et le psaume *De profundis*.

Cent jours d'indulgence une fois par jour (9).

N. B. Cette indulgence est aussi applicable à ces âmes souffrantes.

LE DIMANCHE.

Seigneur Dieu tout-puissant, je vous en supplie par le sang précieux que votre divin Fils Jésus a répandu dans le jardin des Oliviers, daignez délivrer les âmes du purgatoire : j'ose vous adresser plus particulièrement ma prière pour celle d'entre elles qui est la plus délaissée, afin qu'il vous plaise de la conduire au sein de votre gloire, où elle puisse vous louer et vous bénir dans tous les siècles des siècles. Ainsi soit-il.

Pater, Ave, De profundis, etc.

LE LUNDI.

Seigneur Dieu tout-puissant, je vous en supplie par le sang précieux que votre divin Fils Jésus a répandu dans sa cruelle flagellation, daignez délivrer les âmes du purgatoire. J'ose vous prier plus particulièrement pour celle d'entre elles qui doit être admise la première au sein de votre gloire, afin qu'elle puisse bientôt commencer à vous louer et vous bénir pour toute la suite des siècles. Ainsi soit-il.

Pater, Ave, De profundis, etc.

LE MARDI.

Seigneur Dieu tout-puissant, je vous en prie par le sang précieux que votre divin Fils Jésus a répandu lorsqu'il fut si cruellement couronné d'épines, daignez délivrer les âmes du purgatoire. J'ose vous supplier plus particulièrement pour celle d'entre elles qui est condamnée à sortir la dernière de ce redoutable lieu d'épreuves, afin qu'elle ne tarde pas aussi longtemps à être admise au

---

(1) Cette indulgence a été accordée par Pie V, dans sa bulle *Quod a nobis*, en date du 9 juillet 1568.

(2) Accordée par le même, dans sa bulle *Superni omnipotentis Dei*, du 5 avril 1571.

(3) Dans la Vie de saint Gaëtan, écrite par le P. Magénis, d'après les documents les plus authentiques, il est dit que, vers l'an 1546, il établit à Naples l'usage de sonner la cloche une heure après l'*Angelus* du soir, pour la récitation du *De Profundis* en faveur des âmes du purgatoire. Cette coutume déjà établie à Rome au XVII° siècle, comme le prouve un bref d'Innocent XI, en date du 28 janvier 1688, se répandit peu à peu dans une grande partie de l'univers catholique. Nous regrettons que la France n'ait pas encore adopté ce pieux usage; mais, comme il est dit au *N. B.*, on peut gagner également dans ce royaume les indulgences attachées à cette pratique.

(4) Accordée par Clément XII, dans son bref *Cœlestis Ecclesiæ thesauros*, en date du 14 août 1736. Ce bref parle de l'indulgence plénière *une fois par an* pour celui qui récite tous les jours le *De profundis* de la manière indiquée, et non pas *une fois par mois*, comme le disent quelques livres de piété.

(5) Même bref.

(6) Clément XII, déclaration du 12 décembre 1736.

(7) Rescrit de Pie VI, 18 mars 1781.

(8) Bref universel et perpétuel, du 7 février 1817, accordé par Pie VII, à la demande de l'évêque d'Arezzo.

(9) Accordée par Léon XII, dans un rescrit de la sacrée congrégation des Indulgences, en date du 18 novembre 1826.

sein de votre gloire, pour vous y louer et vous y bénir dans toute la suite des siècles. Ainsi soit-il.

Pater, Ave, De profundis, etc.

LE MERCREDI.

Seigneur Dieu tout-puissant, je vous en conjure par le sang précieux que votre divin Fils Jésus a répandu lorsqu'il parcourait les rues de Jérusalem, portant la croix sur ses épaules sacrées, daignez délivrer les âmes du purgatoire : j'ose vous recommander plus particulièrement celle qui est la plus riche en mérites devant vous, afin que, parvenue au poste glorieux qui lui est réservé au céleste séjour, elle y chante vos louanges et ne soit occupée qu'à vous bénir dans toute la suite des siècles. Ainsi soit-il.

Pater, Ave, De profundis, etc.

LE JEUDI.

Seigneur Dieu tout-puissant, je vous en conjure par le corps et par le sang de votre divin Fils Jésus, qu'il donna lui-même en nourriture et en breuvage à ses bien-aimés disciples la veille de sa passion, et qu'il laissa à toute son Eglise pour être le sacrifice perpétuel et l'aliment vivifiant des fidèles, daignez délivrer les âmes du purgatoire, et particulièrement celle qui est le plus attachée à ce mystère d'amour sans bornes, afin qu'elle vous loue, pour un si grand bienfait, avec votre divin Fils et le Saint-Esprit, au sein de votre gloire, pendant toute l'éternité. Ainsi soit-il.

Pater, Ave, De profundis, etc.

LE VENDREDI.

Seigneur Dieu tout-puissant, je vous en supplie par le sang précieux que votre divin Fils Jésus répandit sur la croix, et notamment par celui qui coula de ses mains et de ses pieds sacrés, daignez délivrer les âmes du purgatoire : permettez-moi, Seigneur, d'oser vous prier particulièrement pour celle d'entre elles pour qui je suis plus obligé de le faire, afin de n'avoir pas à me reprocher de ne point avoir hâté le jour où vous la mettrez en possession de votre gloire pour y célébrer vos louanges et vous bénir pendant toute l'éternité. Ainsi soit-il.

Pater, Ave, De profundis, etc.

LE SAMEDI.

Seigneur Dieu tout-puissant, je vous en conjure par le sang précieux qui jaillit du côté de votre divin Fils Jésus, en présence de sa sainte mère accablée de douleur, daignez délivrer les âmes du purgatoire, et particulièrement celle entre toutes qui s'est fait le plus remarquer par sa dévotion à cette grande souveraine, afin qu'elle soit dès cette heure admise au sein de votre gloire, pour vous y louer en elle et la louer en vous, dans toute la suite des siècles. Ainsi soit-il.

Pater, Ave, De profundis, etc.

§ V. Toutes les indulgences applicables, pendant l'année sainte, aux âmes du purgatoire.

Toutes les indulgences, sauf quelques-unes que nous avons indiquées aux divers articles précédés de cette formule : *Indulgences authentiques*, sont suspendues pendant l'année sainte ou jubilé de Rome; mais on peut les appliquer toutes aux âmes du purgatoire, sans excepter même celles qui ne leur sont point applicables en temps ordinaire (1).

PURIFICATION.
(Explication du P. Lebrun.)

RUBRIQUE.

Après la réception du sang, le prêtre dit secrètement : Quod ore sumpsimus; *il présente le calice aux clercs, et aux grandes messes au sous-diacre, qui lui met du vin dans le calice pour le purifier.*

EXPLICATION.

Purifier un vase, c'est en ôter ce qui n'est pas de ce vase; c'est pourquoi l'ablution du calice et de la bouche du prêtre, qui se fait afin qu'il n'y reste rien du corps et du sang de Jésus-Christ, s'appelle purification.

Durant les douze premiers siècles, cette ablution ne se faisait pas communément. Les liturgistes, jusqu'au Traité des Mystères, par le cardinal Lothaire, qui fut fait pape, sous le nom d'Innocent III à la fin du xiie siècle, marquent seulement que le prêtre lavait ses mains, qu'on jetait l'eau dans un lieu propre et honnête qu'on appelait la piscine ou le lavoir, et qu'on jetait aussi dans le même endroit ce qui avait servi à laver le calice (2). Mais, pour un plus grand respect et une plus grande précaution, les prêtres ont jugé à propos de prendre l'ablution, dans laquelle il peut y avoir quelque particule du corps ou du sang de Jésus-Christ. Le pape Innocent III, quinze ou seize ans après son Traité des Mystères, écrivit l'an 1212, à l'évêque de Maguelone (3), que le prêtre doit toujours faire l'ablution avec du vin (4), et la prendre, à moins qu'il ne dût dire une autre messe ce jour-là.

Cette ablution était en usage depuis longtemps parmi les ordres religieux. On voit, dans les anciennes coutumes de Cluny, et de Saint-Benigne de Dijon (5), que le prêtre prenait le vin avec lequel il purifiait le calice; qu'il lavait aussi ses doigts dans un autre calice, et qu'après avoir pris cette ablution, il purifiait encore le calice avec du vin qu'il prenait aussi. Ces trois ablutions sont marquées dans l'ancien Ordinaire de Prémontré (6), et l'on en voit deux dans

---

(1) Cette faculté, accordée par Benoît XIII, dans sa bulle *Salvatoris*, en date du 28 avril 1725, a été confirmée par Benoît XIV, Clément XIV et Léon XII, dans les bulles publiées relativement aux indulgences suspendues pendant l'année sainte. Ces bulles seront citées à l'article SACREMENT (Saint), § V.

(2) Véritablement on lit dans le dixième Ordre romain qu'au vendredi saint et aux messes des morts le prêtre fait l'ablution dans le calice et la prend : *Feria sexta præsenti, et quando celebratur pro defunctis, perfusionem facit in calice, et ipse sumit.* Ord. x, n. 15. Le P. Mabillon a cru que cet Ordre avait été écrit avant le xie siècle, et qu'on pourrait le placer au xie. Mais il a reconnu que rien n'en fixe précisément le temps. Il peut avoir été écrit vers l'an 1200.

(3) Le siége fut transféré à Montpellier l'an 1536.

(4) Semper sacerdos vino perfundere debet, etc. Cap. *Ex ore, de Celebr. miss.*

(5) Ap Marten. *de Rit. Monach.*, p. 189 et seq.

(6) *Ordin. Miss. et in Bibl. Præmonstr.*

les Us de Cîteaux (1). Ces ablutions avec le vin n'empêchaient pas que le prêtre se lavât les mains ou les doigts dans la piscine (2), qu'on voit encore auprès de l'autel en plusieurs églises.

On s'en tient presque partout aux deux ablutions prescrites dans la rubrique du Missel romain : l'une de vin pur dont nous venons de parler, l'autre de vin et d'eau pour purifier en même temps les doigts et le calice avec les deux liqueurs communes les plus propres à nettoyer. Cette dernière ablution est ainsi marquée dans la rubrique : *Le prêtre met les deux premiers doigts de chaque main un peu au dedans du calice sur lesquels le clerc verse du vin et de l'eau. Il les essuie avec le purificatoire, et cependant il dit* : Corpus tuum quod sumpsi, *etc.*

L'Eglise fournit ici des prières au prêtre pour continuer la communion spirituelle, qui doit tenir l'âme en union avec Dieu par une vive reconnaissance de sa grâce et par une grande attention à tout ce qui peut la conserver. Le prêtre dit donc pour ce sujet dès qu'il a reçu le précieux sang :

Faites, Seigneur, que nous recevions avec un cœur pur ce que nous avons pris par la bouche, et que ce don temporel devienne pour nous un remède éternel.	Quod ore sumpsimus (3), Domine, pura mente capiamus, et de munere temporali fiat nobis remedium sempiternum.

Cette prière est très-ancienne. Elle était à la fin de la messe de la nuit de Noël, dans le Missel des Goths (4) avant Charlemagne. Elle servait de Postcommunion au jeudi de la semaine de la Passion, dans les Sacramentaires de Trèves et de Cologne (5) ; et elle est marquée dans les plus anciens Ordres romains, aussi bien que dans Amalaire, pour être dite par le prêtre après avoir communié. Il n'est pas dit dans ces Ordres si cette prière devait être récitée secrètement ou à voix haute. Mais le Micrologue, au XIe siècle, marque (6) que, suivant l'Ordre romain, le prêtre la dit en silence. Ce n'est pas que cette oraison ne convienne parfaitement à tous ceux qui ont communié, et qu'ainsi il n'y eût lieu de la dire à haute voix. Mais le profond recueillement que le moment de la communion doit inspirer s'accommode mieux avec le silence, et porte à considérer intérieurement que le divin sacrement, que nous recevons par la bouche, n'est utile qu'autant que l'âme le reçoit et s'en nourrit spirituellement.

(1) Il paraît qu'à Prémontré et à Cîteaux ces ablutions se faisaient dans un même calice.
(2) Selon un grand nombre d'anciens Missels, de Chartres, d'Auxerre, de Troyes, de Meaux, etc., le prêtre, allant de l'autel à la piscine, disait : *Agimus tibi gratias*, etc., et le cantique *Nunc dimittis*.
(3) Il paraît par les heures de Charles le Chauve qu'au IXe siècle, les fidèles disaient cette oraison après avoir communié, et comme chacun se l'appliquait en particulier, on y lit au singulier : *Quod ore sumpsi, Domine, mente capiam*. On lit de même au singulier : *Quod ore sumpsi*, dans un Missel du XIIe siècle de l'abbaye de Marchienne au diocèse d'Arras, dans ceux de Saint-Vaast d'Arras vers le même temps, dans les anciens imprimés de Meaux, etc., peut-être parce que les prêtres récitant cette oraison se-

Nous demandons que notre âme s'en nourrisse, afin de tirer de cette divine nourriture la force qui nous est nécessaire contre nos faiblesses naturelles, nos penchants et toutes nos misères, et d'y trouver ainsi un remède qui nous soutienne durant toute cette vie jusqu'à l'éternité.

En prenant du vin et de l'eau pour l'ablution du calice et des doigts, il ajoute :

Que votre corps que j'ai reçu, ô Seigneur, et que votre sang que j'ai bu, demeurent attachés à mes entrailles ; faites par votre sainte grâce qu'il ne reste en moi aucune tache de mes péchés, après avoir été nourri par des sacrements si purs et si saints, vous qui vivez et régnez dans tous les siècles des siècles. Amen	Corpus tuum, Domine, quod sumpsi, et sanguis quem potavi, adhæreat visceribus meis; et præsta ut in me non remaneat scelerum macula, quem pura et sancta refecerunt sacramenta. Qui vivis et regnas in sæcula sæculorum. Amen.

CORPUS TUUM... *Que votre corps que j'ai reçu, et que votre sang que j'ai bu.* Cette prière est présentement pour le prêtre seul, qui reçoit la sainte Eucharistie sous les deux espèces. Elle est tirée d'une Postcommunion de l'ancien Missel des Goths (7), avant Charlemagne, et alors elle se disait au pluriel au nom de tous les fidèles qui communiaient ordinairement sous les deux espèces.

Le prêtre, après avoir demandé à Jésus-Christ, dans l'oraison précédente, que son corps et son sang lui soient un remède pour l'éternité, le prie dans celle-ci de faire qu'ils soient pour lui une nourriture qui rétablisse toutes ses forces.

ADHÆREAT VISCERIBUS MEIS, *demeurent attachés à mes entrailles.* Les aliments naturels que nous prenons pour nourrir nos corps ne nous serviraient de rien, s'ils ne faisaient que passer. Il faut qu'ils s'arrêtent dans notre estomac pour y être digérés et y produire les sucs qui se distribuent dans toutes les autres parties du corps. Il faut aussi que le corps et le sang de Jésus-Christ, qui sont l'aliment de nos âmes, s'attachent à ce qu'il y a de plus intérieur en nous, à nos affections, qui sont nos entrailles spirituelles ; et que par notre amour cette divine nourriture se répande et se communique à toutes les facultés de notre âme, pour les faire vivre de la vie de la grâce.

UT IN ME... *afin qu'il ne reste en moi aucune*

crètement, se la sont appliquée en particulier.
(4) On y lit..... *Domine, mentibus capiamus.* Miss. Goth. (*Cod. Sacr.* p. 265), et dans le IVe Ord. rom.
(5) Elle est de même dans nos Missels, quoiqu'elle ne soit pas dans les Sacramentaires donnés par Rocca et par Ménard.
(6) *Postquam omnes communicaverint, dicit sacerdos hanc orationem sub silentio, juxta romanum Ordinem: Quod ore sumpsimus, etc. Microl.* c. 19.
(7) *Corpus tuum, Domine, quod accepimus, et calicem tuum quem potavimus, hæreat in visceribus nostris ; præsta, Deus omnipotens, ut non remaneat macula, ubi pura et sancta intraverunt sacramenta. Miss. Goth* (*Codic Sacr.* p. 392.)

tache du péché. La nourriture corporelle bien digérée rétablit le corps de telle sorte qu'après les plus grands maux, il ne paraît aucune marque de maladie. Le prêtre demande de même que ses forces spirituelles soient réparées de telle manière, par la vertu de la chair sacrée, qu'il ne reste plus en lui aucune marque de péchés et de crimes, qui sont les maux de notre âme.

Quand le prêtre disait cette prière au nom de tous les fidèles, il ne disait pas ce mot *scelerum*, qui signifie crime; mais quelques prêtres ont été portés à s'appliquer en particulier cette prière à chaque messe et ont ajouté ce mot. Les prêtres ne craignent jamais de parler trop humblement d'eux-mêmes à l'autel, au lieu qu'ils parlent toujours de l'assemblée des fidèles avec beaucoup de réserve. Comme ils doivent être plus purs que le commun des fidèles, ils regardent leurs péchés comme de grands crimes.

PURIFICATION DES FEMMES.

Voy. l'art. MARIAGE, et au Supplément, l'art. BAPTÊME, § 12.

PURIFICATOIRE.

(Traité des SS. Mystères, par Collet.)

Le purificatoire n'est qu'un linge propre à essuyer le calice et les doigts du célébrant. Il ne doit point être trop fin, parce que cela le rend inutile. Il n'est pas nécessaire qu'il soit bénit, et on ne le bénit effectivement point en plusieurs diocèses, parce que ni le droit ni la rubrique ne le demandent, et que les Rituels ne marquent aucune bénédiction qui lui soit propre. Il est cependant très-convenable qu'il soit bénit, 1° parce que, comme le dit saint Thomas, le sacrement ne doit être touché que par les choses saintes, et ce n'est que pour cette raison qu'on bénit le corporal, le ciboire, etc.; 2° parce que les rubriques veulent qu'on bénisse les nappes d'autel, qui cependant ne touchent presque jamais l'eucharistie : pourquoi donc le purificatoire ne le sera-t-il pas, lui qui ne touche peut-être que trop souvent les restes du sang précieux de Jésus-Christ? 3° parce qu'on pourrait dire que la rubrique, en prescrivant la bénédiction des linges de l'autel, paraît en quelque sorte prescrire celle du purificatoire. Au reste, on peut le bénir en général avec les autres linges qui servent au sacrifice. Si on le bénit en particulier, il faudra, dit Merati, changer dans la seconde oraison le mot *altare* en celui de *calix*.

QUAM OBLATIONEM.

(Explication du P. Lebrun.)

Observations sur cette prière et sur les paroles de la consécration.

Avant que d'expliquer les paroles de la consécration, et la prière *Quam oblationem*, dans laquelle l'Eglise demande que le corps de Jésus-Christ *soit produit*, il paraît nécessaire d'exposer ce que les Pères de l'Eglise et les professions de foi nous apprennent touchant les paroles de la consécration, afin d'en mieux comprendre la force et la vertu.

L'auteur du *Traité des sacrements*, qu'on a cru depuis neuf cents ans être saint Ambroise, regarde toutes les paroles de cette prière *Quam oblationem* comme des paroles célestes, qui servent à la consécration du corps de Jésus-Christ. « Voulez-vous voir, dit-il (1), que la consécration se fait par des paroles célestes? Voici quelles sont ces paroles. Le prêtre dit : accordez-nous que cette oblation soit admise, stable, raisonnable, » etc. Cet auteur ajoute que « le changement du pain et du vin au corps et au sang est opéré au moment qu'on prononce les paroles de Jésus-Christ. Avant la consécration, poursuit-il, c'est du pain; mais dès que les paroles de Jésus-Christ surviennent, c'est le corps de Jésus-Christ. »

Saint Ambroise s'énonce presque en mêmes termes sur le changement dans le traité *des Initiés*, qui est incontestablement de lui. Il ajoute beaucoup d'exemples pour faire mieux comprendre la merveille du changement; et il fait remarquer (2) que *la bénédiction a plus de force que la nature*, puisque *la bénédiction change même la nature*. On voit, par les remarques de ces traités, que le changement vient essentiellement des paroles de Jésus-Christ, et qu'elles doivent néanmoins être accompagnées de celles de l'Eglise, qui attirent et qui expriment la bénédiction en demandant le changement.

Quoique la seule bénédiction, ou la seule prière de Jésus-Christ, mentale ou vocale, ait sans doute pu produire le changement du pain en son corps, comme sa seule volonté changea l'eau en vin aux noces de Cana, ou comme sa bénédiction multiplia des pains, les Pères nous disent sans aucune ambiguïté que Jésus-Christ consacra son corps par ces paroles : *Ceci est mon corps*; Jésus-Christ *prenant du pain*, dit Tertullien (3), *et le distribuant à ses disciples, il en fit son corps en disant : Ceci est mon corps*. Saint Ambroise, saint Augustin ont parlé de même, et c'est ainsi que l'Eglise veut que nous parlions.

Il en faut dire de même de la consécration qui se fait tous les jours sur nos autels, avec cette réflexion, que l'Eglise doit faire ce que Jésus-Christ a fait. C'est un ordre : *Hoc facite*, faites ceci en mémoire de moi. Or, Jésus-Christ a prié, béni et prononcé ces paroles : *Ceci est mon corps*; il faut donc aussi prier, bénir et prononcer ces mêmes paroles. Ces prières, que le prêtre doit faire, sont venues de la plus haute tradition à

---

(1) *De Sacram.* l. IV, c. 4.
(2) Ambr. de Myst. c. 9.
(3) Acceptum panem et distributum discipulis corpus illum suum fecit: *Hoc est corpus meum* dicendo. Tert. adv. Marc. l. IV, c. 40.

toutes les grandes Eglises. Saint Basile, voulant montrer qu'il y a des dogmes non écrits : « Qui est-ce, dit-il, qui nous a laissé par écrit les paroles qui servent à la consécration de l'eucharistie? » car, poursuit-il (1), « nous ne nous contentons pas des paroles qui sont rapportées par l'Apôtre et par l'Evangile; mais nous y en ajoutons d'autres devant et après, comme ayant beaucoup de force pour les mystères, lesquelles nous n'avons apprises que de cette doctrine non écrite. »

Saint Justin dit (2) que *nous savons que ces aliments*, destinés à être notre nourriture ordinaire, *sont changés par les prières au corps et au sang de Jésus-Christ*, parce qu'en effet ces prières renferment les paroles de Jésus-Christ et tout ce qui doit les accompagner.

Origène joint (3) aussi à la parole de Dieu la prière qu'il appelle la consécration. C'est le nom que lui donne saint Augustin, lorsqu'il dit (4) que l'eucharistie est faite par une certaine consécration. Et il dit encore plus distinctement qu'elle est faite par la prière mystique (5). Le septième concile général parle le même langage. Et dans la profession de foi que le concile de Rome fit faire à Bérenger en 1079, on lui fit professer que la transsubstantiation était faite par la prière sacrée et par les paroles de Jésus-Christ (6) : « Moi Bérenger je crois de cœur et je confesse de bouche que le pain et le vin qu'on met sur l'autel sont substantiellement changés en la vraie, propre et vivifiante chair de Jésus-Christ, et en son sang par le moyen de la prière sacrée et par les paroles de notre Rédempteur. »

Est-ce que les prières de l'Eglise ont la même vertu que les paroles de Jésus-Christ? Ce n'est point ce que les Pères et les conciles veulent nous faire entendre, puisqu'ils nous disent ouvertement en beaucoup d'endroits que les paroles de Jésus-Christ renferment essentiellement la vertu qui change les dons en son corps et en son sang, comme le concile de Florence l'a déclaré après eux, et comme les Grecs l'ont reconnu, suivant le rapport même de ceux qui sont demeurés dans le schisme (7). Mais tous les anciens auteurs joignaient toujours avec soin aux paroles de Jésus-Christ les prières de l'Église, *comme ayant beaucoup de force dans la consécration*, suivant l'expression de saint Basile. Pourquoi cela? parce que dans les sacrements l'intention de l'Eglise doit être exprimée. Or, les prières qui accompagnent les paroles de Jésus-Christ marquent l'intention, les désirs et les vues qu'a l'Eglise en faisant prononcer ces paroles, qui sans cela pourraient être regardées comme une lecture historique. C'est l'Eglise qui par l'autorité de Jésus-Christ consacre les prêtres, à qui elle marque ce qu'ils doivent faire dans la plus grande action du sacrifice. Le prêtre est le ministre de Jésus-Christ et de l'Eglise. Il doit parler en la personne de Jésus-Christ et comme député de l'Eglise. Il commence au nom de l'Eglise à invoquer la toute-puissance sur le pain et le vin, afin qu'ils soient changés au corps et au sang de Jésus-Christ ; et d'abord après, comme ministre de Jésus-Christ, il ne parle plus en son propre nom, disent les Pères. Il prononce les paroles de Jésus-Christ, et c'est par conséquent la parole de Jésus-Christ qui consacre, c'est-à-dire la parole de celui par qui toutes choses ont été faites. Ainsi c'est Jésus-Christ qui consacre, comme disent aussi plusieurs fois saint Chrysostome et les autres Pères ; mais il le fait par la bouche des prêtres (8), et à leurs prières (9), dit saint Jérôme. Il le fait par les prêtres, qui prient et qui bénissent avec des signes de croix, disent les auteurs ecclésiastiques (10) et les conciles (11). Admirons donc toutes ces paroles sacrées que les prêtres prononcent, et disons avec saint Chrysostome, au troisième livre du Sacerdoce : « Quand vous voyez le prêtre appliqué au saint sacrifice, faisant les prières, environné du saint peuple qui a été lavé du précieux sang, et le divin Sauveur qui s'immole sur l'autel, pensez-vous être encore sur la terre, et ne vous croyez-vous pas plutôt élevé jusqu'au ciel? O miracle! ô bonté! celui qui est assis à la droite du Père se trouve dans un instant entre nos mains et va se donner à ceux qui veulent le recevoir. »

RUBRIQUE.

Le prêtre fait trois fois le signe de la croix conjointement sur le calice et sur l'hostie en disant : Benedictam, ascriptam, ratam. *Il fait ensuite un signe de croix sur l'hostie lorsqu'il dit* : Ut nobis corpus, *et un autre sur le calice en disant* : Sanguis ; *après quoi, élevant et joignant les mains devant la poitrine, il dit* : Fiat dilectissimi Filii tui Domini nostri Jesu Christi. Tit. VIII, n. 4.

REMARQUES.

1. *Le prêtre fait trois signes de croix.* On a déjà remarqué que l'Eglise ne demande des grâces que par les mérites de la croix de Jésus-Christ, et que les sacrements ne s'opèrent pas sans ce sacré signe, comme dit saint Augustin (12). Mais le nombre des signes

---

(1) S. Basil. l. de *Spiritu sancto*, c. 27.
(2) Justin. Apol. II, ad *Anton*.
(3) Edimus de pane verbo Dei et per consecrationem sanctificato. Orig. hom. 15, in *Matth*.
(4) Noster autem panis et calix... certa consecratione mysticus sit nobis. L. xx, contra Faust. c. 13.
(5) Prece mystica consecratum. L. III de Trinit. c. 4, n. 10.
(6) Ego Berengarius, corde credo et ore confiteor panem et vinum quæ ponuntur in altari, per mysterium sacræ orationis et verba nostri Redemptoris substantialiter converti in veram ac propriam et vivificatricem carnem et sanguinem Jesu Christi Domini nostri. Ex Bertoldo, in Reg. Gregorii VII, l. VI.

(7) Syropul. Hist. Conc. Florent. c. 8, sess. 10.
(8) Absit. ut de his quidquam sinistrum loquar. Qui apostolico gradui succedentes, Christi corpus sacro ore conficiunt. Hier. ep. ad Heli d.
(9) Ad quorum preces Christi corpus sanguisque conficitur. Hier. ep. ad Evagr.
(10) Presbyteri cum pontifice verbis et manibus conficiunt. Amal. l. 1, c. 12.
(11) Per orationem et crucis signum conficere corporis Christi et sanguinis sacramentum. Synod. Carisiac. an. 855, apud Hincm.
(12) Quod signum nisi adhibeatur, sive frontibus credentium.... sive sacrificio quo aluntur, nihil eorum recte perficitur. Tract. 118, in Joan. Serm. 18, de Temp.

de croix n'est pas essentiel. Il suffirait absolument de le faire une fois pour la consécration, dit Amalaire. Le prêtre pourrait le faire ici cinq fois à cause des cinq mots, *benedictam, ascriptam, ratam, rationabilem, acceptabilemque,* auxquels le signe de la croix convient également. Mais, selon la remarque du Micrologue (1), l'Eglise se restreint assez communément au nombre de trois, à cause des trois divines personnes.

2. *Il fait un signe de croix sur l'hostie en disant :* UT NOBIS CORPUS, *et un sur le calice en disant :* SANGUIS, pour exprimer que c'est par les mérites de la croix que nous demandons le changement du pain et du vin au corps et au sang de Jésus-Christ.

3. *Il élève et joint les mains devant la poitrine en disant :* FIAT DILECTISSIMI, parce que cette expression doit exciter un mouvement d'amour et de tendresse envers ce très-cher Fils notre Sauveur, et engager le prêtre à marquer par son geste qu'il voudrait l'embrasser, s'il lui était possible.

EXPLICATION.

Nous vous prions, ô Dieu, qu'il vous plaise de faire que cette oblation soit en toutes choses bénie, admise, ratifiée, raisonnable et agréable, afin qu'elle devienne pour nous le corps et le sang de votre très-cher Fils, Notre-Seigneur Jésus-Christ.

Quam oblationem, tu, Deus, in omnibus, quæsumus, bene†dictam, ascri†ptam, ra†tam, rationabilem, acceptabilemque facere digneris; ut nobis cor†pus et san†guis fiat dilectissimi Filii tui, Domini nostri Jesu Christi.

QUAM OBLATIONEM, *laquelle oblation.* Pour comprendre toute la signification et l'étendue de cette prière, il faut se souvenir que l'Eglise a en vue non-seulement l'oblation du pain et du vin, qui vont devenir le corps de Jésus-Christ, mais encore l'oblation d'elle-même, celle du prêtre et des assistants (2), qui, comme nous avons vu, se joignent à l'oblation des saints du ciel et de la terre.

TU, DEUS, IN OMNIBUS, QUÆSUMUS, BENEDICTAM. Quand Jésus-Christ bénit le pain en instituant l'eucharistie, il le changea en son corps; nous demandons que Dieu, par sa toute-puissance, *répande sa bénédiction* sur le pain et sur le vin pour les changer au corps et au sang de Jésus-Christ, et qu'ainsi l'oblation qui est sur l'autel devienne la divine victime comblée de toutes les bénédictions célestes, et qu'elle nous les communique, afin que l'oblation de nous-mêmes soit aussi bénie par la bonté infinie de Dieu. L'Eglise renferme en général tout ce qu'elle peut souhaiter touchant l'oblation de l'autel, en demandant qu'elle soit bénie en toutes choses, *in omnibus benedictam*; mais, pour mieux marquer cette grande grâce qu'elle attend, elle détaille dans les quatre mots suivants tout ce qu'elle espère de Dieu.

ASCRIPTAM, que l'oblation qui est sur l'autel soit *admise*, qu'il lui plaise de ne la pas rejeter; et que l'oblation que nous faisons de nous-mêmes ne soit pas non plus rejetée, mais qu'il veuille l'admettre avec celle de Jésus-Christ et des saints.

RATAM, que l'oblation de l'autel soit *ratifiée* pour être permanente et irrévocable, c'est-à-dire qu'elle devienne cette victime qui ne changera point, ni comme les anciens sacrifices d'animaux, qui ont été révoqués, ni comme tous les autres corps qui se détruisent et ne doivent avoir qu'un temps; que notre oblation soit aussi stable et irrévocable en nous attachant à Dieu de telle manière que nous n'ayons jamais le malheur de nous en séparer.

RATIONABILEM, *raisonnable*. On n'avait jamais fait une semblable demande avant Jésus-Christ, parce qu'on n'offrait en sacrifice que le sang des animaux destitués de raison. Nous demandons que l'hostie qui est sur l'autel devienne une victime humaine, la seule et unique douée de raison, la seule digne de nous réconcilier à Dieu, et de l'adorer comme il le mérite. Nous demandons en même temps pour notre oblation qu'elle soit accompagnée de raison (3) et d'intelligence, et que nous devenions des victimes raisonnables (4), sans déguisement ; c'est-à-dire que notre esprit, notre volonté, notre cœur et tout ce qu'il y a en nous soit parfaitement soumis et assujetti à Dieu, pour lui rendre le culte raisonnable et spirituel que saint Pierre et saint Paul demandent des fidèles.

ACCEPTABILEMQUE FACERE DIGNERIS, *qu'elle soit agréable* : qu'ainsi l'oblation de l'autel devienne la seule victime digne d'être infiniment agréable à Dieu par elle-même, en devenant le corps du son Fils bien-aimé Jésus-Christ Notre-Seigneur, en qui il met toute sa complaisance. Nous demandons aussi enfin pour nous que notre oblation devienne de jour en jour plus agréable aux yeux de notre souverain Seigneur, par l'application exacte à remplir nos devoirs et à accomplir avec plus d'amour ses saintes volontés. Ce sont là des grâces que nous demandons par le mérite et en considération de l'oblation du corps et du sang de Jésus-Christ, à laquelle nous joignons celle de nous-mêmes.

UT NOBIS CORPUS ET SANGUIS FIAT DILECTISSIMI FILII TUI DOMINI NOSTRI JESU CHRISTI, *afin qu'elle devienne le corps et le sang de votre très-cher Fils, Notre-Seigneur Jésus-Christ.* L'Eglise demande le grand miracle du changement du corps et du sang de Jésus-Christ avec autant de simplicité que l'Ecri-

---

(1) *Microl.* c. 14.

(2) Paschase applique tous ces termes à l'oblation de nous-mêmes au livre du Corps et du Sang de Jésus-Christ, cap. 12. « Rogamus hanc oblationem benedictam, per quam nos benedicamur; ascriptam, per quam nos omnes in cœlo conscribamur; ratam, per quam in visceribus Christi censeamur; rationabilem, per quam a bestiali sensu exuamur; acceptabilemque facere digneatur, quatenus et nos per quod in nobis displicuimus, acceptabiles in ejus unico Filio simus. » Il est à propos d'observer avec Antonius Augustinus, le cardinal Bona et MM. Pithou, dans leurs corrections du corps du droit canonique, que ces paroles de Paschase avaient été citées par Gratien et par saint Thomas, comme étant de saint Augustin.

(3) Rationabile obsequium. *Rom.* XII, 1.

(4) Rationabile sine dolo lac concupiscite. I *Petr.* II, 2.

ture exprime la création, *fiat lux*, que la lumière soit faite, et l'incarnation du Sauveur dans Marie (1), *qu'il me soit fait selon votre parole*. Nous ne demandons pas seulement que cette oblation devienne le corps et le sang de Jésus-Christ, mais qu'elle le devienne *pour nous, ut nobis fiat*; c'est-à-dire pour nous communiquer les dons que Jésus-Christ (2) a mérités par le sacrifice de son corps et de son sang, la grâce du pardon entier de nos péchés, et tous les secours dont nous avons besoin pour avancer l'ouvrage de notre salut. Et comme, quand il est dit dans Isaïe (3) : *Un enfant nous est né, un enfant nous est donné*, on entend qu'il est né et donné pour notre salut, nous demandons aussi que cette oblation devienne le corps de Jésus-Christ pour notre sanctification et pour notre consommation (4) ou perfection

QUARANTE HEURES.

Voy. EUCHARISTIE.

R

RAMEAUX.

TITRE PREMIER.

(Extrait du Cérémonial des évêques, t. II, c. 21 par Dumolin.)

DE LA BÉNÉDICTION DES RAMEAUX PAR L'ÉVÊQUE.

1. La bénédiction et distribution des rameaux et la procession qu'on fait ensuite, est toute semblable à la bénédiction des cierges qu'on fait le jour de la Purification de Notre-Dame, excepté qu'au retour de la procession quelques chantres étant entrés dans l'église, et ayant fermé les portes, le reste de la procession demeurant dehors chante, *Gloria laus et honor*, etc., ceux du dedans y répondant. Ces versets étant chantés, le sous-diacre qui porte la croix frappe avec le bâton de la croix la porte qu'on ouvre aussitôt, et la procession entre dans l'église.

2. Il reste encore ce qui concerne la Passion, qui ne se dit pas au jour de la Purification, et je prie le lecteur de voir le reste audit jour de la Purification. (*Voy.* art. CIERGES.)

3. Quand on dit l'Epître, les trois qui doivent chanter la Passion se rendent dans la sacristie, et y prennent l'amict, l'aube, la ceinture, le manipule et l'étole violette, qu'ils mettent sur l'épaule gauche et l'attachent sous le bras droit.

4. Vers la fin du Trait ils sortent de la sacristie en cet ordre : le maître des cérémonies marche le premier, ensuite celui qui fait l'évangéliste portant le livre ; puis celui qui représente le peuple, et en dernier lieu celui qui représente Jésus-Christ marchant après eux, trois chapelains en surplis sans chandeliers ni encens.

5. Etant entrés dans le chœur, et arrivés à l'autel tous trois sur une même ligne, et les chapelains derrière eux, ils le saluent en même temps, puis l'évêque, et s'étant approchés de lui, ceux qui doivent chanter la Passion, s'ils ne le sont pas étant à genoux, baisent l'un après l'autre la main de l'évêque, sans pourtant demander la bénédiction.

6. Etant au bas des degrés, ils saluent tous ensemble l'évêque, et vont au lieu destiné pour chanter la Passion, qui doit être au côté de l'Evangile, au plain de la chapelle sur un pupitre, les trois diacres étant devant ledit pupitre, celui qui a porté le livre étant au milieu et servant pour tous trois ; les chapelains sont derrière le pupitre en face des diacres, et s'il n'y a point de pupitre, celui qui est au milieu tient le livre ; ils se le donnent les uns aux autres quand on dit la Passion, sur l'avis du maître des cérémonies.

7. Quand on commence la Passion, le célébrant tenant son rameau à la main, étant au côté de l'Epître, lit la Passion tout bas avec les diacres et sous-diacres ; l'évêque et tous ceux du chœur étant debout et découverts, tiennent leur rameau à la main, jusqu'à la fin de la Passion.

8. A ces paroles, *Jesus autem exclamans voce magna emisit spiritum*, l'évêque, le célébrant, le diacre, le sous-diacre, tous les ecclésiastiques et séculiers en leurs places, même ceux qui chantent la Passion, étant à genoux et profondément inclinés, font une petite pause.

9. L'évêque se levant, tous se lèvent, et on poursuit la Passion, laquelle étant finie, les trois diacres avec les chapelains, après avoir salué l'autel et l'évêque, s'en retournent à la sacristie dans le même ordre qu'ils en sont venus.

10. L'évêque s'assied et reçoit la mitre. Le diacre de l'Evangile ayant quitté la chasuble pliée, et en ayant pris une autre, ou se servant de la même mise en double sur l'épaule gauche, et attachée sous le bras droit, prend le livre des Evangiles des mains du maître des cérémonies, ou lui-même le va prendre sur la crédence et le porte sur l'autel.

11. Il va ensuite à l'évêque, accompagné du maître des cérémonies, le salue au bas des degrés ; il monte ensuite, et étant incliné s'il est chanoine, sinon à genoux, il lui baise la main, salue encore l'évêque et s'en retourne à l'autel, où, se mettant à genoux sur le plus haut degré, dit étant incliné : *Munda cor meum*, etc. ; cependant l'évêque bénit l'encens à l'ordinaire.

---

(1) *Fiat mihi secundum verbum tuum. Luc.* I, 33.
(2) *Per quem maxima et pretiosa nobis promissa donavit, ut per hæc efficiamini divinæ consortes naturæ.* II *Petr.* I, 4.

(5) *Puer natus est nobis, et filius datus est nobis. Isai.* IX, 6.
(4) *Hoc et oramus vestram consummationem.* II *Cor.* XIII, 9.

12. Le diacre, accompagné du sous-diacre, de deux acolytes et du maître des cérémonies, portant le livre des Évangiles, salue l'autel en même temps qu'eux; puis ils vont à l'évêque, et quand ils l'ont salué au bas des degrés du trône, le diacre monte sur le premier degré et lui demande la bénédiction, étant profondément incliné s'il est chanoine, et à genoux s'il ne l'est pas.

13. A l'élévation du saint sacrement l'évêque seul tient sa palme ou son rameau à la main, et on poursuit le reste comme aux autres messes.

14. Dans les églises cathédrales, l'évêque étant absent, ou dans les collégiales et paroissiales, on fait de la même façon que ci-devant en la bénédiction des cierges. (*Voy.* Cierges.)

TITRE DEUXIÈME.

DU DIMANCHE DES RAMEAUX DANS LES GRANDES ÉGLISES, EN L'ABSENCE DE L'ÉVÊQUE.

§ I. Ce qu'on doit préparer en ce jour.

1. La cérémonie de la bénédiction et de la distribution des rameaux, et de la procession est peu différente de celle qui se fait le jour de la Purification : c'est pourquoi, supposant ce qui a été dit ailleurs (*Voy. art.* Cierges), nous nous contenterons d'ajouter ce qu'il y a de particulier à ce dimanche.

2. Le sacristain doit, 1° parer l'autel d'un ornement violet des plus beaux, et mettre six cierges sur l'autel, sans tableaux ni bouquets; mais il peut mettre des rameaux entre les chandeliers (*Rit. Bened. XIII*), après qu'ils sont bénits. 2° Il prépare au coin de l'Épître, dans une corbeille sur une petite table couverte d'une nappe blanche, autant de rameaux qu'il en faut pour les personnes à qui on en doit distribuer. 3° Outre les ornements pour le célébrant, les ministres sacrés et les chapiers, semblables à ceux de la bénédiction des cierges, il prépare de plus deux manipules pour le diacre et le sous-diacre; mais si l'on commence l'office par l'aspersion de l'eau bénite, il les met sur le siège des ministres sacrés avec la chasuble et le manipule du célébrant; il prépare encore les ornements de trois diacres qui doivent chanter la passion; sans dalmatiques. 4° Il met dans le sanctuaire, au côté de l'Évangile, trois pupitres nus, et proche de la crédence la croix des processions, couverte d'un voile violet.

§ II. De la bénédiction et distribution des rameaux.

1. Le célébrant s'étant revêtu à la sacristie avec ses officiers comme au jour de la Purification, fait premièrement l'aspersion de l'eau bénite, et après l'oraison *Exaudi*, etc., le diacre et le sous-diacre ayant pris leurs manipules que les acolytes leur apportent, montent avec lui à l'autel et font la génuflexion quand il le baise, puis ils vont au côté de l'Évangile, où le célébrant, ayant le diacre à sa droite et le sous-diacre à sa gauche, lit, sans faire le signe de la croix, l'antienne *Hosanna*, pendant qu'on la chante au chœur; lorsqu'elle est achevée, il chante l'oraison qui suit ayant les mains jointes.

2. Pendant cette oraison, le sous-diacre, après avoir fait la génuflexion vers la croix, descend à la crédence, et reçoit du cérémoniaire le livre de l'Épître qu'il chante avec les cérémonies ordinaires de la messe solennelle : il reçoit ensuite la bénédiction du prêtre; après avoir rendu le livre au cérémoniaire, il retourne à la gauche du célébrant, où il fait la génuflexion en arrivant. Le célébrant lit l'Épître et le répons suivants, pendant que le sous-diacre chante l'Épître; il lit aussi l'Évangile au même lieu, ayant dit auparavant *Munda cor meum*, un peu incliné vers le livre.

3. Après l'Épître le thuriféraire va préparer l'encensoir; le diacre ayant reçu du cérémoniaire le livre des Évangiles, le porte sur l'autel comme à la messe solennelle, puis il retourne au côté droit du célébrant, où il fait bénir l'encens; après quoi il va se mettre à genoux au milieu de l'autel sur le bord du marchepied pour dire *Munda cor meum*; ensuite il prend le livre des Évangiles, s'approche du célébrant et se met à genoux pour demander la bénédiction. Le célébrant se tourne en même temps vers le côté de l'Évangile, le bénit et lui présente sa main à baiser; le diacre se lève ensuite, et, sans tourner le dos au célébrant, il descend les degrés et va chanter l'Évangile accompagné de tous les autres officiers comme à la messe.

4. Après l'Évangile le diacre encense le célébrant à l'ordinaire, et le sous-diacre lui porte le livre à baiser; puis ils retournent, le premier à la droite, et le second à la gauche du célébrant, qui chante les oraisons et la Préface, les mains jointes et sans changer les termes latins, quoique les rameaux ne soient ni de palme ni d'olivier. Les ministres sacrés disent avec lui le *Sanctus* médiocrement inclinés, et font le signe de la croix à *Benedictus*.

5. Les autres cérémonies de la bénédiction et de la distribution des rameaux sont les mêmes qu'au jour de la Purification, excepté qu'à la fin de la distribution le chœur ne chante pas *Exsurge*, mais continue les antiennes jusqu'à ce que le célébrant ait lavé ses mains. Quand il dit ensuite l'oraison *Omnipotens*, les ministres sacrés quittent leurs manipules entre les mains du cérémoniaire, et se disposent à la procession.

§ III. De la procession du dimanche des Rameaux.

1. Cette procession est la même pour les cérémonies que celle du jour de la Purification; nous nous contenterons de marquer ce qu'il y a de particulier. *Voy.* Cierges.

2. Au retour de la procession, lorsque le thuriféraire, qui marche le premier, approche de la porte de l'église, deux ou quatre clercs y entrent et ferment la porte. Le thuriféraire, le sous-diacre et les acolytes arrivant devant la porte, s'arrêtent et se tiennent dans le même ordre qu'ils gardaient. Le sous-diacre tourne alors l'image du crucifix vers le célébrant, le clergé se range de part et d'autre, nu-tête, et le célébrant se tient au

milieu seul couvert, ayant le diacre à sa gauche, qui pour lors se découvre ; ou bien tout le clergé reste couvert, puisque c'est une procession hors de l'église (*Bralion*, *Baldeschi*).

3. Quand le clergé a cessé de chanter, ceux qui sont entrés dans l'église chantent, étant tournés vers la procession, le verset *Gloria, laus*, qui est ensuite répété par ceux qui sont dehors, ainsi qu'il est prescrit dans le Missel et dans le Processionnal ou Rituel. Lorsqu'on a achevé, le sous-diacre, sans rien dire, frappe une fois le bas de la porte de l'église avec le bout du bâton de la croix, qu'il ne sépare point, et les chantres du dedans l'ayant aussitôt ouverte, les chapiers entonnent le répons *Ingrediente Domino*. Le clergé entre ensuite dans l'église nu-tête, et va droit au chœur ; le célébrant et le diacre restent couverts ; celui-là ayant fait la révérence au bas des degrés de l'autel avec les officiers sacrés, va à son siège quitter la chape et prendre les ornements de la messe.

4. Si le mauvais temps contraint de faire la procession dans l'église, il faut pratiquer devant la porte du chœur ce qui aurait dû se faire à celle de dehors.

5. Le sacristain ôte pendant la procession ce qui ne doit pas servir à la messe solennelle, comme le bassin, l'aiguière, la petite table, la corbeille ; et dans les églises où l'on se sert de chasubles pliées à la grand' messe, il prépare trois étoles larges pour ceux qui doivent chanter la Passion.

§ IV. De la Passion qu'on chante le dimanche des Rameaux.

1. Voici ce qu'il y a de particulier à la messe de ce jour : on ne dit qu'une oraison ; on omet même celle qui serait commandée pour quelque nécessité publique (*S. R. C.* 1822), et même à la messe basse on omet la commémoraison d'un simple qu'on aurait faite à l'office (*Rubr. de Commem.*); quand le sous-diacre chante ces paroles de l'Épître, *In nomine Jesu*, lui et tous ceux du chœur, même le célébrant, s'il ne lit pas le Graduel ou le Trait, fléchissent le genou jusqu'à *infernorum* inclusivement. Les trois diacres qui doivent chanter la Passion étant allés pendant l'Épître prendre à la sacristie les ornements de diacre que le sacristain a dû préparer, en sortent nu-tête ou couverts (*Baldeschi*) sur la fin du Trait, dans l'ordre qui suit : le second cérémoniaire marche le premier les mains jointes ; le diacre faisant l'historien les suit portant le livre de la Passion appuyé sur sa poitrine ; celui qui représente le peuple ou la Synagogue vient après, et enfin celui qui représente Notre-Seigneur, ces deux derniers les mains jointes ; ou s'il y a, comme il convient, trois livres de la Passion, chacun porte le sien appuyé sur sa poitrine, et trois clercs en surplis les suivent l'un après l'autre.

2. En entrant dans le chœur, les diacres donnent leurs barrettes au cérémoniaire, qui les dépose ensuite près du pupitre ; étant arrivés au bas des degrés de l'autel, celui des diacres qui représente Notre-Seigneur passe au milieu des deux autres, et les trois clercs s'étant rangés en droite ligne derrière eux, ils font tous ensemble la génuflexion sur le pavé, et ensuite une courte prière à genoux, si l'on n'a pas achevé le Trait, les diacres et le cérémoniaire sur le dernier degré, et les clercs sur le pavé. Cette prière achevée, ils font encore une génuflexion, et passant au côté de l'Évangile dans le même ordre qu'ils sont venus, ils s'y placent, l'évangéliste au milieu, celui qui représente Notre-Seigneur à sa droite, et celui qui représente le peuple à sa gauche : le cérémoniaire se met un peu derrière eux et a soin de tourner les feuillets ; les trois clercs se mettent vis-à-vis d'eux derrière les pupitres, et tiennent des deux mains les deux côtés du livre de chaque diacre.

3. Le Trait fini, l'évangéliste commence la Passion sans dire *Dominus vobiscum*, sans signe de croix et sans encenser le livre ; les deux autres diacres chantent à leur tour selon qu'il est marqué par la distribution des figures † C. S. qui se trouvent dans le Missel, et qui signifient, † Notre-Seigneur, C. le chantre où l'évangéliste, S. la Synagogue ou le peuple.

4. Le célébrant, qui a dû s'asseoir avec ses ministres pendant qu'on a chanté le Trait, se lève un peu avant que la Passion commence, et va par le plus court chemin au coin de l'Épître, où il reçoit son rameau présenté par le diacre avec les baisers ordinaires, et lit à voix basse toute la passion, étant un peu tourné vers les diacres, ayant la main droite appuyée sur le livre, et tenant son rameau de la gauche aussi appuyée sur l'autel. Lorsqu'il est arrivé à ces paroles *Emisit spiritum*, il ne se met pas à genoux, mais il continue la Passion jusqu'à l'endroit où il faut dire le *Munda cor meum* ; et pour lors il se tourne vers le diacre qui chante la Passion, tenant son rameau de la main droite qu'il appuie sur l'autel.

5. Pendant que le célébrant lit la Passion, les deux ministres sacrés ayant reçu leurs rameaux du premier cérémoniaire, se tiennent à la droite du célébrant comme pendant l'Introït de la messe, et le diacre a soin de tourner les feuillets. Quand il l'a achevée, ils descendent au-dessous de lui, chacun à sa place ordinaire, et se tiennent tournés vers les diacres jusqu'à ce que la Passion soit finie ; les autres officiers qui ne sont pas occupés et tout le clergé tiennent pareillement leurs rameaux pendant toute la Passion et l'Évangile qui suit.

6. Lorsque l'évangéliste chante ces paroles *Emisit spiritum*, tous se mettent à genoux, et s'inclinent profondément, les diacres qui chantent la Passion vers leurs livres, et tous les autres vers l'autel. On ne baise point la terre. Le célébrant et les ministres sacrés se mettent à genoux à l'endroit où ils sont (*Cærem. l.* II, *c.* 21, *n.* 16) ; ou bien, ayant rendu leurs rameaux au premier cérémoniaire ou aux clercs qui les leur

avaient donnés, ils vont un peu avant ces paroles au milieu de l'autel, où ils font, l'un derrière l'autre, une inclination de tête à la croix ; le célébrant descend et les deux ministres montent sur le second degré, et ils se mettent tous trois à genoux sur le bord du marchepied, s'inclinant profondément.

7. Après l'espace d'un *Pater*, le cérémoniaire ayant fait signe au diacre qui représente l'évangéliste de se lever, chacun se lève, et l'évangéliste continue la Passion ; le thuriféraire va préparer son encensoir.

8. Le célébrant avec ses ministres se placent comme auparavant (*Baldeschi*) ; ou bien le célébrant monte seul sur le marchepied, où il dit au milieu de l'autel *Munda cor meum*. Les ministres sacrés font la génuflexion sur le bord du marchepied ; puis le diacre s'avance sur son degré vis-à-vis du coin de l'Epître, pour recevoir le livre des Evangiles qu'il porte sur l'autel selon la manière accoutumée ; le sous-diacre va cependant en diligence par le plus court chemin prendre le Missel qu'il transporte de la manière ordinaire au coin de l'Evangile, où le célébrant lit *Altera autem die*, sans faire de signe de croix sur lui ni sur le livre, qu'il ne baise pas à la fin, et les ministres répondent *Laus tibi, Christe*. Ensuite le célébrant s'approche du milieu de l'autel et fait une inclination de tête à la croix, et ses ministres qui sont derrière lui font la génuflexion ; puis ils retournent tous trois au coin de l'Epître, et se tournent comme auparavant vers les diacres ayant repris leurs rameaux.

9. La Passion étant finie, le chœur peut s'asseoir (*Baldeschi*) ; les trois diacres, conduits par le second cérémoniaire et suivis des trois clercs, vont faire la génuflexion au bas des degrés de l'autel et une inclination au célébrant, et retournent à la sacristie dans le même ordre qu'ils en sont sortis.

10. Lorsque les diacres de la Passion sont partis, si le célébrant n'est allé plus tôt dire *Munda cor*, etc., il donne son rameau au diacre, le cérémoniaire prend les trois rameaux et l'on fait comme il est marqué ci-dessus n. 8 ; si cela est déjà fait, le célébrant se tourne vers l'autel, et le diacre monte à sa droite au coin de l'Epître, pour faire bénir l'encens ; le premier acolyte supplée en cette occasion au cérémoniaire, s'il n'y en a pas un second, et avertit le thuriféraire qu'il aide en cette cérémonie. Le diacre ensuite va au lieu ordinaire dire *Munda cor meum*, prend le livre des Evangiles, et reçoit là bénédiction du célébrant qui est toujours au coin de l'Epître, baise sa main, et étant descendu en bas sans tourner le dos au célébrant, il fait la génuflexion avec tous les officiers, et va ensuite avec eux au côté de l'Evangile ; il encense d'abord le livre et chante l'Evangile à l'ordinaire, excepté qu'il ne dit point *Dominus vobiscum*, qu'il ne fait point le signe de la croix sur le livre ni sur lui, et que les acolytes y portent leurs rameaux au lieu de chandeliers, si c'est l'usage, ou bien ils tiennent les mains jointes (*Bauldry*). Le célébrant tient en même temps son rameau qui lui a été présenté par le clerc désigné pour cela, lequel vient le reprendre avant que le sous-diacre lui porte le livre à baiser. Quand on a fini l'Evangile, tous quittent leurs rameaux pour ne les reprendre qu'en sortant ; les officiers sacrés vont à la sacristie sans rameaux (*Baldeschi*).

11. Aux messes basses, le prêtre ayant dit le Trait, passe au côté de l'Evangile en faisant au milieu de l'autel une inclination de tête à la croix, et commence la Passion sans dire *Dominus vobiscum*, ni faire aucun signe de croix. A ces paroles *Emisit spiritum*, il se met à genoux sur le bord du marchepied tourné vers le livre et s'incline profondément pendant l'espace d'un *Pater*. Ensuite il se relève et continue la Passion jusqu'à l'endroit où il faut dire *Munda cor meum*. Pour lors il va au milieu de l'autel pour le dire, et fait le reste à l'ordinaire, baisant le livre comme de coutume. A la fin de la messe, au lieu de l'Evangile de saint Jean, il dit celui qui est marqué à la bénédiction des rameaux *Cum appropinquasset*.

TITRE TROISIÈME.
DU DIMANCHE DES RAMEAUX DANS LES PETITES ÉGLISES (d'après *Benoît XIII*).

SOMMAIRE.

Dans les églises où il n'y a pas assez d'officiers pour pratiquer tout ce qui vient d'être dit, il faut observer à la bénédiction, à la distribution des rameaux et à la procession ce qui a été dit à la fête de la Purification, avec ce qui suit. Premièrement, s'il n'y a point de ministres sacrés, un clerc chante l'Epître de la bénédiction des rameaux, et le célébrant qui doit avoir pris le manipule, selon Bauldry (ou sans manipule surtout s'il a la chape, conformément à la rubrique du Missel, tit. 19, n. 4, selon Baldeschi), ayant dit *Munda cor meum* et *Jube*, etc., au côté de l'Epître, chante l'Evangile au même lieu et continue la bénédiction. 2° Le clerc qui porte la croix frappe la porte de l'église après le verset *Gloria laus*, comme il est marqué ci-dessus, § 3, n. 2, 3. Le célébrant chante seul la Passion au côté de l'Evangile ; ou bien un diacre, s'il y en a, en étole et en manipule violet, pourrait la chanter seul jusqu'à ces paroles *Altera autem die*, etc., que le célébrant chanterait ensuite au côté de l'Evangile après avoir dit *Munda cor meum*, etc., au milieu de l'autel, et sans avoir encensé le livre : mais si ce diacre sert à la messe, il doit chanter la Passion et l'Evangile. La coutume de quelques lieux de faire la distribution de la Passion entre le célébrant, le diacre et le sous-diacre ne peut être approuvée dans le rite romain, moins encore celle de la partager entre le prêtre et les laïques, non plus que l'abus de ceux qui éteignent les cierges de l'autel pendant la Passion. Remarquez que si dans ce jour le célébrant qui fait la bénédiction des rameaux est obligé de dire seulement une messe basse par le défaut de chantres, il dit néanmoins à la fin l'Evangile de saint Jean comme aux messes solennelles, parce qu'il a lu auparavant celui qui est propre à la bénédiction des rameaux.

CHAP. I. — *Choses à préparer pour ce jour.*

Sur la crédence du grand autel.

1. Le calice pour la messe avec le voile et la bourse de couleur violette. 2. Le manipule et la chasuble de même couleur. 3. L'encensoir et la navette avec de l'encens. 4. Le bassin et le vase d'eau pour laver les mains. 5. L'essuie-main. 6. Le bassin avec les burettes et le manuterge. 7. Le livre pour chanter les antiennes pendant la procession.

A l'autel.

1. Le devant d'autel violet. 2. Le Missel et son pupitre au côté de l'Epître. 3. Des rameaux d'oliviers ou autres arbres verts entre les chandeliers, en place de fleurs.

Au côté de l'Epître sur le pavé.

1. Une petite table couverte d'une nappe, et dessus, les rameaux qu'on doit bénir. 2. La croix processionnelle couverte d'un voile violet, et un ruban violet, pour attacher un rameau au sommet de la croix.

A la sacristie.

1. Trois surplis pour les clercs. 2. L'amict, l'aube, le cordon, l'étole et la chape de couleur violette pour le célébrant. 3. Un réchaud avec du feu et des pincettes. 4. Le bénitier avec l'aspersoir.

CHAP. II. — *Ce qu'il faut faire le dimanche des Rameaux.*

§ I. Bénédiction des rameaux.

1. Tout étant disposé, l'heure convenable étant arrivée, on rassemble le peuple en sonnant les cloches comme aux jours de fête.
2. Dans la sacristie le célébrant, assisté du second et du troisième clerc, prend sur le surplis l'amict, l'aube, le cordon, l'étole et la chape violettes.

Nota. Quand on ne peut pas avoir commodément une chape, le célébrant ne prend que l'amict, l'aube, le cordon et l'étole.

3. Il fait la bénédiction de l'eau pour l'aspersion, comme elle est dans le Missel, et en même temps le premier clerc allume les cierges de l'autel.
4. Tous vont ensuite à l'autel dans cet ordre : le premier clerc est devant, portant le bénitier ; le célébrant vient après, la tête couverte, au milieu du second et du troisième clerc. Arrivés à l'autel, ils se mettent à genoux sur le plus bas degré pour faire l'aspersion de l'eau bénite.
5. On fait l'aspersion à l'ordinaire, après quoi le premier clerc met le missel sur son pupitre au côté de l'Epître sur l'autel.
6. Le troisième clerc prend le manipule à la crédence (*Bauldry, p. IV, cap. 6, art. 4, n. 1*), et l'attache au bras gauche du célébrant.

Nota. Il semble qu'on ne doit pas prendre le manipule, cela étant contraire à la rubrique du Missel (*Tit. 19, n. 4, de Qualit. paramnt.*), qui s'exprime ainsi : *Cum celebrans utitur pluviali, semper deponit manipulum, et ubi pluviale haberi non potest, in benedictionibus quæ fiunt in altari, celebrans stat sine planeta cum alba et stola* (*Baldeschi*). Il y a ici une raison d'exception : c'est l'Evangile qui va suivre.

7. Le célébrant, étant entre les clercs devant l'autel, y monte et le baise au milieu ; ensuite au coin de l'Epître, il dit d'une voix haute et uniforme l'antienne *Hosanna*, que les clercs continuent.
8. Il dit encore au même lieu, les mains jointes : *Dominus vobiscum*, puis l'oraison *Deus, quem diligere*, etc.
9. Il lit ensuite l'Epître, après laquelle il récite avec les clercs le répons : *Collegerunt*, ou bien *In monte Oliveti*.
10. Ayant dit au même lieu *Munda cor meum*, il lit l'Evangile, baise le livre quand il a fini, et dépose le manipule. (*Voy. la note précédente.*)
11. Puis il dit *Dominus vobiscum*, l'oraison et la Préface, tenant toujours les mains jointes, aussi bien qu'à cette oraison et aux suivantes.
12. Les clercs disent *Sanctus*, etc.
13. Le célébrant, ayant dit *Dominus vobiscum*, récite les cinq autres oraisons.
14. En même temps le premier clerc met du feu dans l'encensoir et prend la navette.
15. Pendant la cinquième oraison, le troisième clerc fait la génuflexion à l'autel, prend le bénitier à la crédence, et vient avec le thuriféraire auprès du célébrant.
16. Celui-ci, assisté du second clerc, met l'encens dans l'encensoir et le bénit, sans qu'on omette les baisers accoutumés.
17. Ensuite il asperge trois fois les rameaux, disant à voix basse *Asperges me*, sans ajouter *Miserere*, et les encense trois fois.
18. Le célébrant dit encore *Dominus vobiscum*, et récite la sixième oraison.
19. Le premier clerc dépose l'encensoir, et le troisième va à la gauche du célébrant.
20. Celui-ci va s'asseoir et fait un discours analogue à la solennité.

§ II. Distribution des rameaux.

1. Le premier clerc prend à la crédence des rameaux pour le célébrant et pour les clercs, et les met sur l'autel.
2. Le célébrant fait l'inclination à la croix, et se met à genoux devant le milieu de l'autel.
3. Etant ainsi à genoux, il prend son rameau sur l'autel, le baise et le donne à garder au premier clerc.

(Si quelque prêtre est présent, il doit présenter le rameau au célébrant, de la manière qu'on a dite [*Voy.* CIERGES] en parlant des cierges, le jour de la Purification.)

4. Le célébrant va au coin de l'Epître, et récite avec les clercs l'antienne *Pueri Hebræorum*, etc.
5. Ensuite il va au milieu de l'autel, fait l'inclination à la croix, se tourne vers le peuple et distribue les rameaux, d'abord aux prêtres, s'il y en a, ensuite aux clercs à genoux sur le bord du marchepied, tous baisant le rameau, puis la main du célébrant.

les plus dignes étant plus près, du côté de l'Epître.

6. Le célébrant descend de l'autel, le salue et va au balustre vers le côté de l'Epître.

7. Là, recevant les rameaux du premier clerc qui est à sa gauche, il les distribue au peuple, d'abord aux hommes, puis aux femmes.

8. Après la distribution, le célébrant se lave les mains au bas des degrés du côté de l'Epître, assisté par les clercs.

9. Il monte ensuite par le plus court chemin au côté de l'Epître où il dit : *Dominus vobiscum*, et la dernière oraison.

10. En même temps le premier clerc met au sommet de la croix processionnelle un des rameaux bénits, et le fixe avec un ruban violet.

11. L'oraison étant terminée, le premier clerc présente au célébrant et aux autres clercs les rameaux et les livres pour chanter les antiennes pendant la procession.

§ III. De la procession.

1. Le célébrant, tenant son rameau à la main, se tourne vers le peuple, et dit du milieu de l'autel : *Procedamus in pace*; les clercs répondent : *In nomine Christi. Amen*; puis le célébrant commence l'antienne *Cum appropinquaret*, etc.

Nota. On suppose toujours les saluts convenables à l'autel, quand on arrive au milieu, et quand on en part.

2. La procession s'avance, précédée du premier clerc avec la croix, et suivie du célébrant au milieu des deux autres clercs, récitant alternativement avec eux à haute voix les antiennes suivantes disposées en versets.

3. On va par le côté droit du célébrant hors de la porte principale, en chantant toutes les antiennes comme il suit :

Antiphona.

Cum appropinquaret Dominus Jerosolymam, misit duos ex discipulis suis dicens :
Ite in castellum quod contra vos est : et invenietis pullum asinæ alligatum, super quem nullus hominum sedit.
Solvite eum : et adducite mihi.
Si quis vos interrogaverit, dicite : Opus Domino est.
Solventes adduxerunt ad Jesum : et imposuerunt illi vestimenta sua et sedit super eum.
Alii expandebant vestimenta sua in via : alii ramos de arboribus sternebant.
Et qui sequebantur, clamabant : Hosanna, benedictus qui venit in nomine Domini.
Benedictum regnum Patris nostri David : hosanna in excelsis; miserere, fili David.

Alia antiphona (1).

Cum audisset populus quia Jesus venit Je-

(1) Ces antiennes renferment l'histoire de l'entrée triomphante de Jésus-Christ dans Jérusalem, aux termes des évangélistes; on suppose que la foule portait des fleurs avec des branches d'arbres, et que les louanges du Fils de Dieu retentissaient dans les airs, de la bouche même des gentils. Les fidèles demandent d'être associés aux anges et aux enfants pour louer ensemble le triomphateur de la mort.

rosolymam, acceperunt ramos palmarum.
Exierunt ei obviam : et clamabant pueri dicentes :
Hic est qui venturus est in salutem populi.
Hic est salus nostra, et redemptio Israel.
Quantus est iste cui throni et dominationes occurrunt.
Noli timere, filia Sion; ecce Rex tuus venit tibi sedens super pullum asinæ : sicut scriptum est.
Salve, Rex, fabricator mundi : qui venisti redimere nos.

Alia antiphona.

Ante sex dies solemnis Paschæ : quando venit Dominus in civitatem Jerusalem.
Occurrerunt ei pueri; et in manus portabant ramos palmarum.
Et clamabant voce magna, dicentes : Hosanna in excelsis.
Benedictus qui venisti in multitudinem misericordiæ tuæ : hosanna in excelsis.

Alia antiphona.

Occurrunt turbæ cum floribus et palmis Redemptori obviam, et victori triumphanti digna dant obsequia.
Filium Dei ore gentes prædicant, et in laudem Christi voces tonant per nubila : Hosanna in excelsis.

Alia antiphona.

Cum angelis et pueris fideles inveniamur, triumphatori mortis clamantes : Hosanna in excelsis.

Alia antiphona.

Turba multa quæ convenerat ad diem festum clamabat Domino : Benedictus qui venit in nomine Domini, hosanna in excelsis.

1. Le premier clerc portant la croix s'arrête devant la porte principale, sans se retourner, mais tournant la face du crucifix vers le célébrant.

2. Le second et le troisième clercs entrent dans l'église; on en ferme la porte, et tournés vers la procession ils disent :

Gloria (2), laus et honor tibi sit, rex Christe Redemptor,
Cui puerile decus prompsit hosanna pium.

3. Le célébrant hors de l'église, tourné vers la porte et la tête couverte, répète :

Gloria, laus et honor tibi sit, rex Christe Redemptor;
Cui puerile decus prompsit hosanna pium.

Les clercs qui sont dedans répondent :

Israel es tu rex, Davidis et inclyta proles;
Nomine qui in Domini, Rex benedicte, venis.

Le célébrant :

Gloria laus, etc.

Les clercs :

Cœtus in excelsis te laudat cœlicus omnis;
Et mortalis homo et cuncta creata simul :

Le célébrant :

Gloria, laus, etc.

(2) On attribue cette poésie à un évêque d'Orléans, à qui elle valut sa mise en liberté. *Voy.* Baronius. L'Eglise, en se l'appropriant, s'en sert pour relever en Jésus-Christ les qualités de Roi et de Rédempteur, pour s'associer aux louanges que les Juifs lui rendirent avant sa passion, et que les bienheureux avec toutes les créatures lui rendent dans son état de gloire.

Les clercs :

Pueri Hebræa tibi cum palmis obvia venit ;
Cum prece, voto, hymnis, adsumus ecce tibi.

Le célébrant :

Gloria, laus, etc.

Les clercs :

Hi tibi passuro solvebant munia laudis ;
Nos tibi regnanti pangimus ecce melos.

Le célébrant :

Gloria, laus, etc.

Les clercs :

Hi placuere tibi, placeat devotio nostra,
Rex bone, Rex clemens, cui bona cuncta placent.

Le célébrant :

Gloria, laus, etc.

4. Les versets étant terminés, le premier clerc frappe une seule fois, avec l'extrémité du bâton de la croix, le bas de la porte, de manière à faire un petit bruit ; les clercs qui sont dedans, ouvrent la porte et se placent aux deux côtés.

5. Le premier clerc portant la croix entre dans l'église, suivi du célébrant qui récite le répons : *Ingrediente Domino*, etc.

6. Le second et le troisième clerc prennent le célébrant au milieu d'eux, et continuent avec lui le répons suivant.

Ingrediente Domino in sanctam civitatem, Hebræorum pueri resurrectionem vitæ pronuntiantes (1).

Cum ramis palmarum : Hosanna clamabant in excelsis.

Cumque audissent quod Jesus veniret Jerosolymam, exierunt obviam ei.

Cum ramis palmarum : Hosanna clamabant in excelsis.

7. On termine la procession et le répons devant le grand autel.

8. Le premier clerc dépose la croix, et reprend les rameaux du célébrant et des autres clercs.

9. Le célébrant va vers le lieu où l'on s'assied à la grand'messe, dépose la chape, prend le manipule et la chasuble, et s'assied un moment.

10. Le premier clerc porte le calice à l'autel, étend le corporal au milieu, et met le calice dessus.

11. Le célébrant va à l'autel et commence la messe, observant la rubrique placée au dimanche de la Passion ; il ne dit qu'une oraison, omettant la commémoraison d'un simple, quand même il l'aurait faite à l'office (*Rubr. de Commem. art.* 7), et l'oraison qui pourrait être commandée, comme l'a déclaré la congrégation des Rites le 10 avril 1822 ; les clercs peuvent avoir leurs rameaux à la main pendant la passion. A la fin de la messe on dit l'Evangile de saint Jean, *In principio*, etc.

12. Pendant que le célébrant dit l'antienne appelée *Communion*, le premier clerc ôte le calice de dessus l'autel, et le porte à la crédence.

13. La messe étant finie, le célébrant, précédé des clercs, retourne à la sacristie, les mains jointes.

14. Il y dépose ses ornements, et fait son action de grâces.

15. Les clercs ôtent de l'autel et de la crédence les burettes et le reste, remettent tout à sa place, et se retirent avec modestie.

VARIÉTÉS.

I. A Besançon et ailleurs, au retour de la procession, les ecclésiastiques s'étant avancés, forment comme deux demi-cercles de part et d'autre, en sorte que le célébrant et ses ministres puissent être vus du peuple. Si le sous-diacre porte la croix, le diacre se met pour lors à la gauche du célébrant avec le thuriféraire.

Les chantres qui sont entrés dans l'église ayant achevé le verset *Gloria, laus*, etc., ceux du chœur le répètent, après quoi ceux qui sont dans l'église poursuivent les autres versets, à chacun desquels ceux du chœur répondent toujours le verset *Gloria, laus*. Après qu'ils ont achevé, le célébrant prend la croix que le clerc lui présente, et chante le verset *Attollite portas*, etc., après lequel il frappe d'un seul coup le bas de la porte de l'église avec le bout du bâton de la croix ; ceux qui sont dans l'église répondent le verset *Quis est iste?* etc. Ensuite le célébrant répond seul : *Dominus fortis*, etc. Le célébrant frappe une seconde fois, élevant un peu plus la voix, et chante : *Attollite portas*, ceux qui sont dans l'église répondent : *Quis est iste?* etc., et lui répond : *Dominus fortis*, etc. Il chante pour la troisième fois : *Attollite portas*, etc., élevant encore plus haut la voix, et frappe ensuite la porte d'un coup ; ceux qui sont dans l'église répondent : *Quis est iste?* etc., et le célébrant répond : *Dominus virtutum*, etc.

Pour lors on ouvre aussitôt la porte, et la procession entre ; le thuriféraire passe le premier, après lui les acolytes et le porte-croix, à qui le diacre a rendu la croix ; le clergé suit, et en dernier lieu le célébrant, précédé de ses ministres ; on chante d'abord en entrant dans l'église : *Ingrediente Domino*. Le reste jusqu'à la messe s'observe comme au jour de la Purification, tant pour entrer au chœur, pour chanter l'oraison, que pour retourner à la sacristie, où les ministres sacrés doivent laisser leurs rameaux. (*Voy.* CIERGES.)

II. *De la messe de ce jour.* — Le célébrant étant à la sacristie, se revêt d'ornements rouges pour la messe ; le diacre prend aussi un manipule et une étole rouge sans dalmatique, et le sous-diacre un manipule sans tunique ; étant ainsi revêtus, ils viennent à l'autel précédés du thuriféraire et des acolytes pour commencer la messe ; le célébrant fait l'encensement de l'autel avant l'Introït.

Pendant l'Epître, lorsque le sous-diacre prononce ces paroles : *Et in nomine Jesu*, il fait la génuflexion, ce que font aussi tous les autres ministres inférieurs et ceux du chœur, et non le célébrant ni le diacre, à moins que le célébrant n'ait achevé le Trait.

Lorsque le chœur chante le pénultième verset, le sous-diacre porte le Missel du

---

(1) On suppose ici que les enfants juifs, en criant *Hosanna in excelsis*, prédisaient la résurrection.

prêtre au coin de l'Evangile, où le prêtre va sans dire *Munda*, faisant seulement inclination à la croix en passant, le diacre va au pupitre, qui est préparé du côté de l'Evangile, et le sous-diacre revient à celui du côté de l'Epître, faisant génuflexion en passant devant le milieu de l'autel; les acolytes et le thuriféraire demeurent à la crédence et tiennent leurs palmes à la main pendant la Passion, pendant laquelle ils laissent les cierges allumés tant sur l'autel que sur la crédence; ceux du chœur tiennent aussi leurs palmes pendant la Passion.

Si le célébrant, après avoir récité le Trait, veut aller s'asseoir, il y va avec ses ministres, par le plus court chemin, et pour lors un peu avant que le chœur ait achevé de chanter le Trait, le sous-diacre se lève et va porter le Missel du célébrant au coin de l'Evangile; le célébrant et le diacre se lèvent un peu après et viennent faire génuflexion devant l'autel; le sous-diacre, s'il a déjà posé le livre, la fait avec eux; ensuite le célébrant monte à l'autel et passe au coin de l'Evangile, et le diacre et le sous-diacre vont chacun à leur pupitre.

Le chœur ayant achevé le Trait, le diacre commence la Passion, et dit tout ce qui est marqué par la lettre C; le prêtre dit ce qui est marqué par la croix, et le sous-diacre ce qui est marqué par la lettre S. Etant arrivés à ces paroles: *Emisit spiritum*, le prêtre se met à genoux sur le marchepied de l'autel, le diacre et le sous-diacre se mettent à genoux au lieu où ils chantent tournés du côté de leurs livres et tous trois profondément inclinés demeurent ainsi l'espace d'environ un *Pater*, tout le clergé et le peuple faisant de même. Etant relevés, le diacre et le sous-diacre continuent de chanter au même ton le reste jusqu'à *Altera autem die*, qui sert d'Evangile, pendant quoi le célébrant poursuit à basse voix le reste de la Passion, et étant arrivé à ces paroles: *Altera autem die*, il va au milieu de l'autel dire *Munda cor meum* et *Jube*, puis il vient achever le reste.

Quand le diacre est arrivé à ces paroles: *Altera autem die*, il prend son Missel entre ses mains, et va le porter sur l'autel, faisant génuflexion avant que d'y monter; le thuriféraire, qui est allé prendre du feu, immédiatement après qu'on s'est relevé de la prostration, s'avance pour lors, et ayant donné la navette au diacre, il présente l'encensoir au célébrant qui est resté au milieu de l'autel, un peu du côté de l'Evangile; le célébrant bénit l'encens à l'ordinaire; ensuite le diacre dit le *Munda cor meum*, et demande la bénédiction; les acolytes prennent leurs chandeliers et se rangent avec le diacre, le sous-diacre et le thuriféraire; puis, ayant fait la génuflexion, ils vont chanter l'Evangile à la manière ordinaire; le diacre encense le livre et commence à chanter dans le ton ordinaire de l'Evangile, sans dire *Dominus vobiscum*.

Pendant l'Evangile le célébrant est au coin de l'Epître, tourné vers le diacre qui le chante; quand il est achevé, le sous-diacre lui porte à baiser le livre, le diacre l'encense et tous retournent en leurs places et se comportent pendant le reste de la messe comme aux autres messes solennelles.

III. *De l'office qui se fait dans les églises où il n'y a qu'un prêtre*. — Dans les églises où il n'y a qu'un prêtre, le célébrant se revêt et va à l'autel, comme il a été dit pour la bénédiction solennelle des rameaux; il chante l'Epître lui-même ou la fait chanter par un acolyte revêtu du surplis; après l'Epître il fait porter le Missel au coin de l'Evangile, et ayant béni l'encens et dit: *Munda cor meum*, au milieu de l'autel, il va chanter l'Evangile comme aux messes solennelles.

IV. Dans les rites lyonnais, viennois, etc., le diacre et le sous-diacre officient à la messe en dalmatiques violettes. En certains lieux, on a la couleur blanche à la procession, et on chante l'Evangile au lieu de la station.

RÉCEPTION.

Le Pontifical romain indique la manière de faire une réception solennelle à quelques grands personnages. On trouvera au mot VISITE ÉPISCOPALE ce qui concerne la réception des prélats. Voici ce qui concerne d'autres personnes de haute qualité

TITRE PREMIER.
Ordo ad recipiendum processionaliter imperatorem.

1. Quand l'empereur arrive dans quelque ville ou bourg considérable, le clergé du lieu lui va au-devant comme à la réception d'un prélat ou légat, seulement un peu plus loin qu'on ne le fait ordinairement pour ces derniers. L'empereur à cheval, ou (ce qui est plus convenable) étant descendu et s'étant mis à genoux sur un tapis étendu par terre, baise la croix qu'on lui présente; ensuite on le conduit sous le dais jusqu'à l'église. La procession précède immédiatement l'empereur et celui qui porte son épée est à cheval immédiatement après l'officiant. Si un légat apostolique faisait cette réception, ou s'il faisait en même temps son entrée dans la ville, ou bien s'il accompagnait l'empereur, l'épée de celui-ci serait portée à la gauche de la croix du légat, à cause du culte de latrie dû à la croix, et les deux ministres iraient de	1. *Quando imperator venit ad aliquam urbem vel oppidum insigne, clerus urbis obviam venit ei processionaliter, ut dictum est superius de receptione prælati vel legati: tamen extra portam aliquantulum magis remote quam prælato et legato fieri solet. Imperator ex equo, vel (quod magis convenit) descendens in terra super tapete stratum genuflexus osculatur ibidem crucem, et sub baldachino ducitur usque ad ecclesiam. Processio præcedit immediate imperatorem, et is qui gladium imperatori præfert, equitat immediate post prælatum processionis. Si vero legatus apostolicus imperatorem reciperet, aut cum eo urbem intraret, vel alias secum iret, vel equitaret, ille qui gladium imperatori præfert, et alius crucem legati portans, simul ire debent. Crux legati, quia debetur ei latria, erit a dexteris, et gladius imperatoris a*

front. En allant à l'église, on chante cette antienne du 8ᵉ ton :

Ecce mitto angelum meum, qui præparabit viam tuam ante faciem tuam.

2. Après cette antienne, on chante des hymnes ou autres pièces religieuses à volonté. Quand l'empereur est descendu à la porte de l'église, celui qui en est supérieur prend l'aspersoir, et fait l'aspersion sur l'empereur, puis sur les autres en commun, et l'on s'avance jusqu'au grand autel, devant lequel l'empereur ne manquera pas de se mettre à genoux au lieu qu'on lui aura préparé. Le supérieur de l'église monte à l'autel au côté de l'Epître, se tourne vers l'empereur en prière, et découvert :

sinistris. Interim dum procedunt ad ecclesiam, cantatur antiphona ton. 8 :

2. *Et post antiphonam prædictam cantantur hymni, vel alia cantica devota, prout magis placebit. Cum imperator descenderit et intrat ecclesiam, prælatus ecclesiæ, accepto aspersorio, aspergit eum, deinde alios in genere, et procedunt usque ad altare majus, coram quo imperator genuflectit super faldistorio ibidem sibi parato. Prælatus vero ecclesiæ ascendit ad cornu Epistolæ altaris, ubi stans versus ad orantem, detecto capite, dicit :*

℣ Deus, judicium tuum regi da ; ℟ Et justitiam tuam filio regis.

℣ Salvum fac N. imperatorem nostrum, Domine, ℟ Deus meus, sperantem in te.

℣ Mitte ei, Domine, auxilium de sancto ; ℟ Et de Sion tuere eum.

℣ Nihil proficiat inimicus in eo ; ℟ Et filius iniquitatis non apponat nocere ei.

℣ Fiat pax in virtute tua ; ℟ Et abundantia in turribus tuis.

℣ Domine, exaudi orationem meam ; ℟ Et clamor meus ad te veniat.

℣ Dominus vobiscum ; ℟ Et cum spiritu tuo.

Oremus.

Deus, in cujus manu sunt corda regum, inclina ad preces humilitatis nostræ aures misericordiæ tuæ, et imperatori nostro famulo tuo N. regimen tuæ sapientiæ appone, ut haustis de tuo fonte consiliis, et tibi placeat, et super omnia regna præcellat.

Prætende, Domine, quæsumus, famulo tuo N. imperatori nostro dexteram cœlestis auxilii, ut te toto corde perquirat, et quæ digne postulat, assequi mereatur, per Christum Dominum nostrum. ℟ Amen.

3. Ensuite si le supérieur de l'église est évêque ou d'une dignité plus élevée, étant debout devant l'autel, il bénit solennellement le peuple, en disant :

Sit nomen Domini benedictum, etc.

4. Si un légat était présent, ce serait à lui à bénir. Après

3. *Deinde si prælatus sit episcopus vel major, stans ante altare benedicit solemniter populo, dicens :*

4. *Intellige, si non sit præsens legatus, quia benedicet legatus,* cela il quitte les habits sacrés, et accompagne l'empereur jusqu'à son logis. Si la réception est faite par quelqu'un qui ne soit pas au moins évêque, après avoir terminé les oraisons, il quitte les habits sacrés et accompagne l'empereur, comme on vient de le dire.

si sit præsens ibi. Qua benedictione data, depositis sacris vestibus, associat imperatorem usque ad ejus hospitium. Si autem prælatus ipse non sit episcopus vel major, finitis orationibus prædictis, depositis vestibus sacris, associat, ut supra.

TITRE DEUXIÈME.

Ordo ad recipiendum processionaliter regem.

Le clergé va au-devant du roi hors de la porte du lieu ; le supérieur de l'église lui présente la croix à baiser, et l'on fait tout ce qui est marqué au titre précédent. On chante ce qui est particulier à celui-ci.

Quando rex ad aliquam urbem aut oppidum insigne venit, clerus processionaliter obviam vadit ei extra portam, ubi rex ex equo, vel (quod magis convenit) descendens in terra super tapete stratum genuflexus osculatur crucem, quæ per prælatum sibi porrigitur. Deinde sub baldachino ducitur usque ad ecclesiam ordine supradicto. Interim cantatur responsorium ton. 8 :

Elegit eum Dominus, et excelsum fecit illum præ regibus terræ. ℣ Glorificavit eum in conspectu regum, et non confundetur. Et excelsum. ℣ Gloria Patri, et Filio, et Spiritui sancto. Et excelsum.

Deinde cantantur hymni vel alia cantica magis placentia. Cum rex ecclesiam intrat, prælatus, accepto aspersorio aspergit eum, deinde alios in genere, et procedunt usque ad altare majus, coram quo rex genuflectit super faldistorio ibidem parato, et orat. Prælatus vero ascendit ad cornu Epistolæ altaris, ubi stans versus ad orantem, detecto capite, dicit :

℣ Deus judicium tuum regi da ; ℟ Et justitiam tuam filio regis.

℣ Salvum fac regem nostrum, Domine, ℟ Deus meus, sperantem in te.

℣ Mitte ei, Domine, auxilium de sancto ; ℟ Et de Sion tuere eum.

℣ Nihil proficiat inimicus in eo ; ℟ Et filius iniquitatis non apponat nocere ei.

℣ Fiat pax in virtute tua ; ℟ Et abundantia in turribus tuis.

℣ Domine, exaudi orationem meam ; ℟ Et clamor meus ad te veniat.

℣ Dominus vobiscum ; ℟ Et cum spiritu tuo.

Oremus.

Deus, cui omnis potestas et dignitas famulatur, da huic famulo tuo regi nostro N. prosperum suæ dignitatis effectum, in qua te semper timeat, tibique jugiter placere contendat. Per Christum Dominum nostrum. ℟ Amen.

Deinde prælatus, si sit episcopus vel major, accedit ad medium altaris, et ibi populo solemniter benedicit. Tum sacris dimissis vestibus, regem usque ad hospitium comitatur

TITRE TROISIÈME

Ordo ad recip. proccess. principem magnæ potentiæ (1).

Quando princeps magnæ potentiæ ad aliquam urbem aut insigne oppidum venit, clerus processionaliter ei obviam venit extra portam. Ubi princeps ex equo, vel (quod magis convenit) descendens in terra super tapete stratum genuflexus osculatur crucem, quæ per prælatum sibi porrigitur. Deinde sub baldachino ducitur usque ad ecclesiam ordine supradicto. Interim cantatur responsorium ton. 1:

Posui adjutorium super potentem, et exaltavi electum de plebe mea. Manus enim mea auxiliabitur ei. ℣ Inveni David servum meum, oleo sancto meo unxi eum. Manus enim mea. Gloria Patri, et Filio, et Spiritui sancto. Manus.

Deinde cantantur hymni vel alia cantica magis placentia. Cum princeps ecclesiam intrat, prælatus, accepto aspersorio aspergit eum, deinde alios in genere, et procedunt usque ad altare majus; coram quo princeps genuflectit super faldistorio ibidem sibi parato, et orat. Prælatus vero ascendit ad cornu Epistolæ altaris, ubi stans versus ad orantem, detecto capite, dicit:

℣ Salvum fac principem nostrum, Domine,
℟ Deus meus sperantem in te.

℣ Mitte ei, Domine, auxilium de sancto;
℟ Et de Sion tuere eum.

℣ Nihil proficiat inimicus in eo; ℟ Et filius iniquitatis non nocebit ei.

℣ Fiat pax in virtute tua; ℟ Et abundantia in turribus tuis.

℣ Domine, exaudi orationem meam; ℟ Et clamor meus ad te veniat.

℣ Dominus vobiscum; ℟ Et cum spiritu tuo.

Oremus.

Deus, cui omnis potestas et dignitas famulatur, da huic famulo tuo principi nostro N. prosperum suæ dignitatis effectum, in qua te semper timeat, tibique jugiter placere contendat. Per Christum Dominum nostrum. ℟ Amen.

Deinde prælatus, si sit episcopus vel major, accedit ad medium altaris, et ibi populo solemniter benedicit. Tum sacris dimissis vestibus, principem usque ad hospitium comitatur.

TITRE QUATRIÈME.

Ordo ad recipiendum processionaliter imperatricem v l reginam (2).

Quando imperatrix vel regina ad aliquam urbem aut insigne oppidum venit, clerus processionaliter ei obviam venit extra portam. Imperatrix vel regina ex equo, vel (quod magis convenit) descendens in terra super tapete stratum genuflexa osculatur crucem quæ per prælatum sibi porrigitur. Deinde sub baldachino ducitur usque ad ecclesiam in ordine consueto. Interim cantatur responsorium ton. 8:

Ista est speciosa inter filias Jerusalem. Sicut vidistis eam plenam charitate et dilectione in cubilibus et in hortis aromatum.

℣ Ista est speciosa quæ ascendit de deserto deliciis affluens. Sicut. Gloria Patri, et Filio, et Spiritui sancto. Sicut.

Deinde cantantur hymni vel alia cantica magis placentia. Cum imperatrix vel regina ecclesiam intrat, prælatus accepto aspersorio aspergit eam, deinde alios in genere, et procedunt usque ad altare majus, coram quo imperatrix vel regina genuflectit super faldistorio ibidem sibi parato, et orat. Prælatus vero ascendit ad cornu Epistolæ altaris, ubi stans versus ad orantem, detecto capite, dicit:

℣ Salvam fac ancillam tuam, Domine,
℟ Deus meus sperantem in te.

℣ Mitte ei, Domine, auxilium de sancto;
℟ Et de Sion tuere eam.

℣ Nihil proficiat inimicus in ea; ℟ Et filius iniquitatis non apponat nocere ei.

℣ Fiat pax in virtute tua; ℟ Et abundantia in turribus tuis.

℣ Domine, exaudi orationem meam; ℟ Et clamor meus ad te veniat.

℣ Dominus vobiscum; ℟ Et cum spiritu tuo.

Oremus.

Deus, cujus providentia in sui dispositione non fallitur, ineffabilem clementiam tuam supplices exoramus ut sicut Esther reginam Israeliticæ plebis causa salutis, ad regis Assueri thalamum, regnique sui consortium transire fecisti, ita hanc famulam tuam christianæ plebis salutis gratia, ad gratiam tuam transire facias, ut tibi super omnia jugiter placere desiderel, et te inspirante, quæ tibi placita sunt toto corde perficiat, et dextera tuæ potentiæ illam semper hic et ubique circumdet. Per Christum Dominum nostrum. ℟ Amen.

Deinde prælatus, si sit episcopus, vel major, accedit ad medium altaris, et ibi solemniter populo benedicit. Tum sacris dimissis vestibus imperatricem vel reginam usque ad hospitium comitatur.

TITRE CINQUIÈME.

Ordo ad recipiendum processionaliter principissam magnæ potentiæ (3).

Principissa magnæ potentiæ recipitur processionaliter eo modo et ordine prout supra de imperatrice vel regina dictum est, hoc solo excepto, quod loco orationis Deus cujus providentia, etc., dicitur hæc sequens:

Oremus.

Quæsumus, omnipotens Deus, ut hanc famulam tuam ubique sapientia tua doceat et confortet; atque eam Ecclesia tua fidelem semper agnoscat. Per Christum Dominum nostrum. ℟ Amen (4).

---

(1) On fait tout ce qui est indiqué dans les titres précédents. Voyez-y la traduction française.
(2) Tout comme aux titres précédents, excepté les prières. Voyez la note (4) ci-après.
(3) On ne change qu'une oraison au titre précédent.
(4) Dans les prières et le chant qui accompagnent cette réception processionnelle de quelque empereur ou roi, prince ou princesse, l'Église cite ces paroles qui annonçaient le saint précurseur : « Voici que j'envoie mon ange

qui vous préparera la voie. » Elle demande que le prince soit le ministre de la justice divine, que Dieu le protége, que l'ennemi, l'enfant d'iniquité n'ait pas le pouvoir de lui nuire, qu'il jouisse de la paix et de l'abondance, qu'il prospère dans sa dignité, qu'il ait toujours la crainte du Seigneur à qui toute dignité est soumise, et qu'il s'efforce constamment de lui plaire. L'Église rappelle l'élévation de David et l'onction qu'il a reçue de Dieu, quand il s'agit de recevoir un prince; quand il s'agit d'une princesse, elle

RÉCITATION.

RÉCITATION DE MATINES ET LAUDES
(Traité des SS. Mystères, de Collet.)

1. *La récitation de matines et laudes avant la messe est nécessaire.* — 2. *En quel degré ?* — 3. *Raisons qui en dispensent.* — 4. *Peut-on dire matines dès la veille ?* — 5. *Faut-il donner quelque temps à l'oraison avant que de célébrer ?* — 6. *Remarques sur le tumulte des sacristies.* — 7. *Les psaumes marqués dans les Missels pour être dits avant la messe ne sont pas de précepte.*

La rubrique prescrit au prêtre de ne célébrer qu'après avoir dit au moins matines et laudes, et donné quelque temps à l'oraison. Il s'agit de voir si l'un et l'autre sont si nécessaires qu'on ne puisse y manquer sans offenser Dieu.

1. Gavantus s'explique sur le premier point d'une manière qui paraît fort raisonnable. *Il y a,* dit ce savant rubricaire, *vingt auteurs qui soutiennent que c'est un péché mortel de dire la messe sans avoir dit matines et laudes, et parmi eux il en est deux que l'Eglise honore d'un culte public, savoir saint Antonin et saint Raimond de Pennafort. D'un autre côté il s'en trouve vingt autres (de compte fait) qui soutiennent l'opinion contraire. Que ferez-vous, pieux lecteurs, dans un cas si douteux ?* Le meilleur serait peut-être de prendre le plus sûr vis-à-vis de soi-même et de rester indécis pour les autres. Mais on veut à toute force que nous prononcions ; tâchons de le faire, et puisqu'il s'agit d'une affaire sur laquelle tant d'habiles gens sont partagés, commençons par examiner les motifs du pour et du contre.

Ceux qui soutiennent le sentiment le plus rigoureux se fondent, 1° sur une lettre d'Innocent IV où il est défendu aux prêtres, tant grecs que latins, d'oser dire la messe sans avoir récité en entier l'office de matines ; le mot *non præsumant* dont se sert ce pontife (1) marque une loi très-étroite ; 2° sur les statuts de plusieurs anciens évêques de France, dont les uns, comme Bertrand de Nîmes, ont défendu sous peine de suspense (2), les autres, comme Sigefroi de Paris (3), ont défendu sous peine d'excommunication, de dire la messe sans avoir dit matines ; 3° sur l'autorité de saint Antonin, qui se fonde lui-même sur la coutume générale de toute l'Eglise (4).

2. Ceux qui ne reconnaissent ici qu'un péché véniel s'appuient sur les raisons suivantes : 1° que l'opinion contraire n'est fondée sur aucun texte du droit qui fasse une loi générale. Les statuts particuliers, qui menacent de censure ceux qui y contreviendront, ne peuvent obliger que dans les diocèses pour lesquels ils sont portés. Il paraît même qu'ils n'y sont plus en vigueur quant à la quantité du péché, comme ils n'y sont plus d'usage quant à l'obligation de dire prime avant la messe. Et même à Paris, si l'on célèbre avant le lever du soleil, il suffit d'avoir dit matines sans avoir dit laudes (5).

2° S'il est vrai qu'à parler moralement il y ait dans l'Eglise une loi de réciter matines et laudes avant la messe, on peut dire, avec Silvestre de Prierio, qu'elle n'a été ni portée universellement, ni encore moins acceptée *sub reatu peccati mortalis.*

3° La coutume générale de l'Eglise, qui fait une des grandes preuves de saint Antonin, ne prouve pas une obligation qui aille au mortel. Si un homme disait constamment et sans raison vêpres à huit heures du matin, il irait contre la coutume générale de l'Eglise, et je ne pense pas, non plus que saint Antonin, qu'on dût le taxer de péché mortel.

Nous croyons donc, avec Soto, Silvestre, Tolet, Navarre, Bellarmin, Henri de saint Ignace, l'auteur des Conférences de la Rochelle (6), et Pontas même, quoiqu'il paraisse chez lui un peu d'embarras, qu'il n'y a pas de péché mortel à renverser l'ordre dont il s'agit, à moins qu'on ne le fît habituellement et de dessein formé ; mais nous croyons en même temps qu'on ne peut s'en écarter sans une faute vénielle. N'en déplaise à Quarti, c'est l'opinion des meilleurs théologiens, et si les motifs rapportés pour le premier sentiment ne le prouvent pas, ils prouvent au moins celui-ci. Le doute seul, doute qu'on ne peut combattre par des raisons solides, suffirait pour l'établir.

Il est bon de remarquer, 1° que l'obligation de dire matines avant la messe est plus forte pour les chanoines et autres qui ont des grandes messes à chanter, que pour les particuliers. Au chœur le renversement de l'ordre va naturellement au scandale, et le scandale va aisément au mortel (7). Mais un prébendé en semaine qui chanterait la messe

---

lui applique ce qui est dit de la beauté et de la charité de l'épouse dans le Cantique des cantiques; elle demande à Dieu que sa sagesse l'instruise et la fortifie en tout lieu, et qu'elle soit toujours fidèle à l'Eglise. Quand il s'agit d'une impératrice ou d'une reine, l'Eglise recourt humblement à la clémence ineffable de Dieu, dont la providence n'est jamais vaine, afin que, comme la reine Esther fut associée au roi Assuérus pour le salut du peuple d'Israël, sa servante trouve grâce auprès de lui en faveur du peuple chrétien, qu'elle désire par-dessus tout de lui plaire toute sa vie, que par son inspiration, elle accomplisse de tout son cœur ce qui lui est agréable, et que sa main puissante la protége en tout temps et en tout lieu. Les versets répétés après le chant sont traduits à l'art. Processions.

(1) Sacerdotes missam celebrare, priusquam officium matutinale compleverint, non præsumant. Innocentius IV, epist. 3, n. 11. Labb. tom. XI, part. I, p. 611.

(2) Prohibemus sub pœna suspensionis ne quis sacerdos missam ca:tare præsumat, nisi prius plene expleverit officium matutinum. Synod. Nemaus. Labb. tom. XI, part. I, p. 1251.

(3) Statuimus sub pœna excommunicationis ne aliquis sacerdos missam celebraverit. nisi prius plene dixerit matutinas et primam de die. Siffrid. Paris. ou *Sigofridus,* car je crois que c'est le même.

(4) Saint Antonin, p. IV, tit. 13, c. 3, etc.

(5) Sacerdos missam celebraturus... saltem nocturnis (aut etiam si sol ortus sit, laudibus) absolutis, etc. Rubr. Paris. part. II.

(6) Conférences de la Rochelle sur l'office divin, § 13, p. 268; Pontas, tv *Office du Bréviaire,* cas 25, p. 1587; Domin. Soto, lib. IV *de Justitia,* c. 3, art. 4.

(7) Si sermo sit de missa conventuali, videtur esse peccatum mortale eam ante matutinum et laudes celeb are. Benedict. XIV, in tract. de Sacrificio missæ, lib. III, cap. 15, n. 4. Si quis, nulla urgente causa, perpetuo *celebrare, non dictis matutino et laudibus, ut videretur statuisse an ne*

du chœur, sans avoir dit ses matines en particulier, pécherait-il mortellement, comme ferait le chapitre en pareil cas ? Je ne vois point de principe pour le soutenir, et je vois dans Quarti, dans Suarez (1), dans la lettre d'un habile homme de quoi le nier. Cependant j'aurais quelque peine à croire que sa faute ne fût pas plus grième que celle d'un autre.

3. 2° Qu'on peut célébrer sans avoir dit matines quand il y a des raisons de le faire. Nous regardons comme suffisantes non-seulement celles de donner le saint viatique à un homme qui se meurt, de passer une partie de la nuit à le fortifier en cette dernière heure, d'entendre les confessions un jour de fête, mais encore celle d'empêcher le murmure du peuple, qui se lasserait d'attendre, de remplir soi-même un devoir de religion ou de justice; comme si on ne peut, un jour de dimanche et de fête, entendre d'autre messe que la sienne propre, ou que l'on se soit chargé d'en dire une ou plusieurs pour une affaire qui presse. Ce serait autre chose, selon Juenin (2), si un prêtre qui, par exemple, va faire un voyage, ne voulait célébrer que pour satisfaire sa dévotion, parce que la dévotion particulière doit céder aux règles communes. Mais cette exception doit avoir les siennes : il y a voyage et voyage. Dieu trouvera-t-il mauvais qu'un homme qui s'embarque, ou dont la route doit être semée de pièges et de dangers, s'ouvre, au préjudice apparent d'une petite loi, la source de la force et des grâces, qui lui sera fermée pour longtemps s'il n'y puise le jour même de son départ ?

Si l'on avait dit un office pour un autre, cette méprise n'empêcherait pas qu'on ne fût censé avoir dit matines. Mais il faudrait répéter après ce qui fait la différence propre des deux offices, comme les antiennes, les répons, les leçons du second nocturne. Ainsi le pratiquent les plus sages et les plus éclairés. La prétendue règle *Officium pro officio* est un vieux proverbe qui ne prouve rien (pour celui qui a dit un office beaucoup plus court. *Voy.* OFFICE DIVIN).

4. Il n'y a point de doute qu'on ne puisse dire dès la veille les matines que prescrit l'Église pour la célébration de la messe. La prière du soir est un commencement de préparation pour le sacrifice du lendemain. Le temps pour cette anticipation d'office a ses bornes : la chambre apostolique a fait dresser une table qui le marque exactement. On n'a rien à craindre, ni l'été, ni l'hiver, quand pour commencer on prend le moment où le soleil a fait la moitié de sa course depuis midi. Avant ce point pris moralement on ne satisfait pas pour un office qui appartient au lendemain, comme on ne satisfait pas après minuit pour l'office du jour qui vient de finir.

5. A l'égard de la méditation à laquelle la rubrique veut que le prêtre donne un peu de temps avant que de célébrer, *orationi aliquantulum vacet*, il est plus clair que le jour que c'est moins une loi de l'Église qu'une loi du droit naturel. Si le Saint-Esprit prescrit à tout homme de préparer son âme avant la prière, de peur qu'il ne semble tenter Dieu (3), que n'exige-t-il pas d'un ministre chargé, malgré sa faiblesse, de continuer le sacrifice auquel l'Homme Dieu s'est lui-même si longtemps préparé ? Que fera à l'autel un prêtre qui n'y portera que les sécheresses de l'étude, le vide des conversations humaines, l'idée des discussions temporelles ? Sera-t-il, à l'exemple de son maître, *plus élevé que les cieux*, lui dont le cœur sera plein d'objets qui le porteront partout ailleurs ? Ne s'occupera-t-il que du besoin et des moyens d'unir son sacrifice au sacrifice de Jésus-Christ, après avoir donné la meilleure partie de son temps à des soins qui épuisent l'esprit en absorbant l'imagination ? Sera-t-il bien propre à chanter avec les séraphins : *Saint et trois fois saint est le Seigneur Dieu des armées*, quand il ne sentira au dedans de lui-même aucune étincelle de ce feu qui ne s'enflamme bien que par la méditation ? Pour en juger sainement, il n'y a qu'à s'en rapporter à l'expérience. Un prêtre qui ne monte à l'autel qu'après avoir animé dans l'oraison sa foi, son amour, sa reconnaissance, édifie, touche (4), convertit même ceux qui ont le bonheur de le voir célébrer. Un autre, qui ne s'occupe que superficiellement, ou point du tout, de la grande action qu'il va faire, communique aux assistants l'esprit de langueur et d'indévotion dont il est plein. On serait tenté de douter s'il croit ce qu'il fait profession de croire; et si on l'aime quelquefois à titre d'expéditif, on ne le respecte pas à titre de religieux. Ainsi, en supposant que l'oraison, parce qu'elle est un acte intérieur, ne peut être commandée par la loi humaine, ce qui n'est pas aussi sûr que le prétend Quarti, il sera toujours vrai de dire qu'elle est d'une nécessité indispensable pour un prêtre qui veut célébrer dignement.

Quand on est surpris par l'heure, il faut élever rapidement son cœur vers les saintes montagnes, et gémir de l'impuissance où l'on est de faire plus, profiter, dans le trajet, des moments qui restent (redoubler d'attention pendant la célébration. M. Gousset, *Théol. morale*, t. II, n. 347), suppléer après le sacrifice à ce qu'on n'a pu faire auparavant. L'âme est plus que le corps : si celui-ci reçoit après coup la nourriture qui

nunquam his persolutis celebrare... concludi posset hujusmodi sacerdotem peccare mortaliter. Id. ibid., p. 315.
(1) *Vide* Suarem in II p., disp. 82, se. 1. Quarti, part. II, tit. 1, sect. 1, dub 2. Ce dernier ne prend la faute que du côté du scandale, et il en conclut qu'un chapitre qui sans scandale chanterait la messe avant que d'avoir chanté matines, ne pécherait as. Benoît XIV fonde la faute sur la transgression de la coutume.

(2) Théorie, etc., des sacrements, tom. III; *Traité du Bréviaire*, chap. 5. § 5, q. 3.
(3) Ante orationem præpara animam tuam, et noli esse quasi homo qui tentat Deum. Eccli. XVIII. 13. Ante omnia oportet nos ab oratione incipere, sicut Deo nos ipsos tradentes et unientes. Auctor lib. *de Divinis Nominibus*, cap. 3.
(4) Vie de S. Vincent de Paul, liv. VII, § 7. Vie de dom Barthélemy des Martyrs, liv. III, chap 6, et liv. IV, ch. 27.

lui a manqué dans le temps, pourrait-on la refuser à celle-là ?

6. On me permettra bien de dire en passant que, comme les sacristies sont le lieu où la plupart des prêtres font leur préparation et leur action de grâces, ceux qui ont l'inspection sur ces lieux de prière sont tenus en conscience de veiller à ce que l'ordre et le silence y soient gardés. Un homme peu rigide (1) soutient que le tumulte et la confusion que l'on n'y voit que trop souvent irait au mortel dans les sacristies des réguliers qui font profession d'une observance plus étroite. Sans pousser les choses si loin, on ne peut disconvenir qu'il n'y ait un vrai mal à faire d'une portion de la maison du Seigneur un lieu de nouvelles, et quelquefois de débats indécents. Le pieux séculier qui au bas du sanctuaire se dispose à recevoir son maître, ou lui rend grâces de ce qu'il a bien voulu se donner à lui, entendra-t-il avec beaucoup d'édification à quatre pas de lui les voix tumultueuses d'une troupe de clercs, d'enfants de chœur, quelquefois de suisses et de bedeaux, qui gardent ici moins de mesure qu'ils ne feraient dans l'antichambre d'un grand du monde ? J'en fais juges tous ceux qui voudront y réfléchir, et je ne leur demande qu'une minute de réflexion.

7. Les cinq psaumes qui sont marqués dans les Missels comme une partie de la préparation au sacrifice ne sont pas de précepte. Les termes *pro opportunitate sacerdotis*, dont se sert la rubrique en les proposant, n'annoncent rien moins qu'une loi. La pratique des prêtres les plus timorés ne la reconnaît point. Dans les plus sages communautés on passe sans scrupule de la salle d'oraison à l'autel.

Cependant, comme il y a une bénédiction attachée aux conseils, à l'insinuation même de la sainte Eglise, il serait bon et avantageux de trouver quelquefois le temps de réciter avec goût ces psaumes et une partie des prières qui les suivent. Tout y respire la piété et les sentiments que doit avoir le ministre du Fils de Dieu prêt à s'immoler. A son exemple on joint le son de la voix aux mouvements du cœur : il se servit du premier dans le cénacle, *hymno dicto*; il employa le second dans le jardin des Oliviers ; *Factus in agonia prolixius orabat*

RECUEIL.

Recueil de prières et de pratiques de piété auxquelles les souverains pontifes ont attaché des indulgences

Tel est le titre de l'excellent ouvrage italien publié à Rome en 1807, par un vénérable membre de la sacrée congrégation des Indulgences, et qui nous a fourni les divers articles que nos lecteurs trouveront dans le cours de ce Dictionnaire, où nous les avons fait précéder de cette formule : *Indulgences*

(1) Quarti, part. II, tit. 1, sect. 1, dub. 6.
(2) Il faut chercher dans ce Dictionnaire les articles indiqués après chaque alinéa. Ces articles sont toujours

authentiques. Nous n'avons pas à faire ici l'éloge de ce livre, le seul qui, en matière d'indulgences, offre toutes les garanties désirables. Depuis son apparition il a eu onze éditions à Rome et dans diverses parties de l'Italie : la dixième y a été faite et approuvée en 1843 ; la onzième y parut l'année suivante. On trouvera à l'art. INDULGENCES le décret d'approbation de ce recueil, en date du 30 avril 1831. Nos lecteurs nous sauront donc bon gré de leur offrir dans ce Dictionnaire un ouvrage dont toutes les prières et les pratiques ont été approuvées par les souverains pontifes. Nous allons insérer ici le *Calendrier perpétuel des indulgences* dont le pieux auteur a enrichi son livre. C'est une sorte de table à l'aide de laquelle on trouve du premier coup d'œil les indulgences qui sont propres à certains jours.

CALENDRIER PERPÉTUEL DES INDULGENCES

Qui indique celles qu'on peut gagner chaque semaine, chaque mois, chaque année et dans les fêtes principales (2).

CHAQUE SEMAINE.

Indulgence de trois cents jours pour les prières à la sainte Vierge, pour chaque jour de la semaine. *Voy.* MARIE, XI.
Indulg. de cent jours pour les prières pour les âmes du purgatoire. *Voy.* PURGATOIRE, IV.
Indulgence plénière pour la prière : *Me voici*, etc., quand on a communié. *V.* PASSION, VII

Le Dimanche.

Indulgence de trois cents jours pour ceux qui récitent trois fois la prière : *Saint, saint, saint*, etc. *V.* TRINITÉ, I.
Indulg. de sept ans et sept quarantaines pour dire sept *Gloria Patri*. *Ibid.* II.
Indulg. de sept ans et sept quarantaines pour réciter le *Salve Regina* et le *Sub tuum*. *V.* MARIE, VI.
Indulg. de sept ans et sept quarantaines pour ceux qui assistent à l'explication de l'Evangile. *V.* EVANGILE.
Indulg. de cinq ans pour la communion. *V.* SACREMENT *Saint*, III.
Indulg. de cinq ans pour les croix, chapelets, etc., bénits par le souverain pontife. *V.* BÉNITS (*Objets*), *au Supplément*

Le mercredi

Indulgence de trois cents jours pour un exercice de piété en l'honneur des sept douleurs et des sept allégresses de saint Joseph. *V.* JOSEPH (*Saint*), III.

Le jeudi.

Indulgence de trois cents jours pour ceux qui diront trois fois : *Que le très-saint*, etc. *V.* SACREMENT (*Saint*), X
Indulgence de trois cents jours pour une heure de pieux exercices. *Ibid.*, II.
Indulg. de sept ans et sept quarantaines

précédés de ces mots : *Indulgences authentiques*. On y trouve les conditions prescrites pour gagner les indulgences marquées dans ce Calendrier pour la récitation de l'oraison : *Respice, Domine*. *V*. SACREMENT (*Saint*), VIII.

Le vendredi.

Indulgence de trois cents jours pour de pieux exercices envers Notre-Dame de douleurs. *V*. DOULEURS DE MARIE, VII, *au Supplément*.

Indulg. de deux cents jours pour de pieux exercices en l'honneur de l'agonie de Jésus-Christ. *V*. PASSION, III.

Le samedi.

Indulgence de cent ans et cent quarantaines pour la récitation de l'oraison *Pietate tua*. *V*. DIEU, V.

CHAQUE MOIS.

Le premier jeudi, indulgence plénière pour la récitation de l'oraison *Respice*. *V*. SACREMENT (*Saint*), VIII.

Deux dimanches à volonté, indulg. plén. pour dire sept *Gloria Patri*. *V*. TRINITÉ (*Sainte*), II.

Indulg. plén. pour la récitation du *Salve Regina* et du *Sub tuum*. *V*. MARIE, VI.

Le 25 du mois, indulg. plén. pour l'exercice en l'honneur des douze mystères de la sainte enfance. *V*. JÉSUS (*Enfant*), III.

Le dernier vendredi, indulg. plén. pour l'exercice des trois heures d'agonie. *V*. PASSION, III.

Le dernier samedi, ou le jour précédent, indulg. plén. pour l'exercice en l'honneur des douleurs de Marie. *V*. DOULEURS DE MARIE, VII, *au Supplément*.

Un des trois derniers jours du mois, indulg. plén. pour les prières à Dieu. *V*. DIEU, IV.

Indulg. plén. pour la récitation de l'oraison *Deus, qui pro redemptione*. *V*. PASSION, VI.

Un des derniers jours à volonté, indulg. plén. pour trois prières. *V*. MARIE, XIV.

Indulg. plén. pour l'offrande du précieux sang. *V*. SANG, V.

N. B. Outre ces indulgences, qui ne se gagnent qu'aux jours marqués ci-dessus, il y a de plus *trente* autres pieuses pratiques à l'exercice journalier desquelles a été attachée une indulgence plénière par mois, le jour que chaque fidèle peut choisir. Ceux qui font un usage fréquent des sacrements peuvent, dès le commencement du mois, choisir celles de ces pratiques qu'ils voudront exercer chaque jour, afin de gagner, par ce moyen, plusieurs indulgences plénières. Nous donnerons à la fin de ce Calendrier la liste des *trente* exercices de piété dont nous venons de parler.

CHAQUE ANNÉE
Le jour que chaque fidèle peut choisir.

Indulgence plénière pour une heure de pieux exercices en l'honneur des douleurs de Marie. *V*. DOULEURS DE MARIE, *au Supplément*.

Indulg. plén. pour ceux qui récitent tous les jours l'oraison jaculatoire de résignation à la sainte volonté de Dieu. *V*. DIEU, VI.

Indulg. plén. pour ceux qui récitent tous les jours le chapelet. *V*. MARIE, II.

Indulg. plén. pour ceux qui récitent tous les jours, le soir, le ps. *De profundis*. *V*. PURGATOIRE, II.

Indulg. plén. pour ceux qui récitent dix fois la couronne de l'amour de Dieu. *V*. DIEU, III.

Indulg. plén. pour ceux qui récitent dix fois le mois, le *Pange lingua* ou le *Tantum ergo*. *V*. SACREMENT (*Saint*), IX.

Indulg. plén. pour ceux qui récitent quatre fois la semaine la couronne de Notre-Seigneur (*V*. JÉSUS-CHRIST, III), ou celle des sept douleurs de Notre-Dame. *V*. DOULEURS DE MARIE, II, *au Supplément*.

Indulg. plén. le jour de la fête principale du lieu où l'on demeure, pour les personnes qui fréquentent souvent la sainte table. *V*. SACREMENT (*Saint*), III.

Janvier.

N. B. Comme ce mois est dédié à la sainte enfance de Jésus, c'est entrer dans l'intention de l'Eglise que de réciter souvent les prières en l'honneur des douze mystères de cette divine enfance. *V*. JÉSUS (*Enfant*), IV.

Le premier ou le deuxième vendredi de ce mois commencent les treize vendredis de saint François de Paule. *V*. FRANÇOIS DE PAULE (*Saint*).

Le 1er. *Circoncision de Notre-Seigneur Jésus-Christ*.—Indulgence plénière pour la récitation fréquente des hymnes et psaumes en l'honneur du S. Nom de Jésus. *V*. JÉSUS-CHRIST, II.

Le 6. *Epiphanie*. — 1° Indulg. plén. pour ceux qui assistent à l'explication de l'Evangile. *V*. EVANGILE.

— 2° Indulg. plén. pour les croix, chapelets, etc., bénits par le souverain pontife. *V*. BÉNITS (*Objets*), *au Supplément*.

Le deuxième dimanche après l'Epiphanie. *Fête du S. N. de Jésus*.—Indulg. plén. pour les hymnes et psaumes. *V*. JÉSUS-CHRIST, II.

Le 18. *Chaire de saint Pierre à Rome*. — 1° Indulg. plén. pour ceux qui récitent tous les jours la prière aux saints apôtres. *V*. APÔTRES, I, *au Supplément*.

— 2° Indulg. plén. pour ceux qui récitent tous les jours le répons *Si vis patronum*. Ibid., II.

Le 24. Premier jour de la neuvaine avant la Purification. *V*. NEUVAINES.

Le 25. *Conversion de saint Paul*. — 1° Indulg. plén. pour ceux qui récitent tous les jours la prière aux saints apôtres. *V*. APÔTRES, I, *au Supplément*.

— 2° Indulg. plén. pour ceux qui récitent tous les jours le répons *Pressi malorum pondere*. Ibid., III.

Février.

N.B. Les pieux chrétiens gémissent pendant ce mois des désordres auxquels donnent lieu les fêtes païennes du carnaval. Ils savent qu'une touchante dévotion a fait consacrer ce temps à l'honneur des douleurs de la très-sainte Vierge, pour réparer autant que possible les offenses de tant d'enfants ingrats, qui l'oublient dans ces jours de divertissements profanes. Nous donnerons au Supplément, à l'article DOULEURS DE MARIE, les pieux exercices qui se rapportent à cette sainte pratique.

Le 2. *Purification de la sainte Vierge.* — 1° Indulgence plénière pour la sainte communion. V. SACREMENT (*Saint*), III.
— 2° Indulg. plén. pour les fidèles qui ont fait la neuvaine. V. NEUVAINES.
— 3° Indulg. plén. pour les croix, chapelets, etc., bénits par le souverain pontife. V. BÉNITS (*Objets*), au Supplément.
— 4° Indulg. plén. pour ceux qui réciteront tous les jours les litanies de la sainte Vierge. V. MARIE, IV.
— 5° Indulg. plén. pour ceux qui récitent tous les jours le *Salve, Regina*, etc. Ibid., VI.

Le 22. *Chaire de saint Pierre à Antioche.* — Indulg. plén. pour ceux qui récitent tous les jours la prière aux saints apôtres. V. APÔTRES, I, au Supplément.

Le 24 ou 25. *Saint Mathias apôtre.* — 1° Indulg. de dix ans pour la sainte communion. V. SACREMENT (*Saint*), III.
— 2° Indulg. plén. pour les croix, chapelets, etc., bénits par le souverain pontife. V. BÉNITS (*Objets*), au Supplément.

Les semaines de la Septuagésime, de la Sexagésime et de la Quinquagésime. Indulg. plén. pour la visite de l'église où est exposé le saint sacrement. V. SACREMENT (*Saint*), VI.

Indulgences diverses pour de pieuses pratiques durant les dix derniers jours du carnaval. V. DOULEURS DE MARIE, VI, au Supplément.

Mars.

N. B. Pour ce mois, qui est consacré à saint Joseph, *voyez* l'art. JOSEPH (*Saint*), où se trouvent des prières en son honneur.

Pour le carême, *voyez*, à l'art. PASSION, I, les prières et pieux exercices en l'honneur de la Passion de Notre-Seigneur.

Tous les vendredis de ce mois. Indul. plén. pour la récitation de la couronne de Notre-Seigneur. V. JÉSUS-CHRIST, III.

Un de ces vendredis, au choix de chacun. Indulg. plén. pour les fidèles qui récitent dix fois par mois la couronne des cinq plaies. V. PASSION, V.

Le 10. *Premier jour de la neuvaine de saint Joseph.* Indulg. de trois cents jours, chaque jour, pour ceux qui s'acquittent de ce pieux exercice. V. JOSEPH (*Saint*), III.

Le 16. *Premier jour de la neuvaine de l'Annonciation.* V. NEUVAINES.

Le 19. *Fête de saint Joseph.* — 1° Indulg. plén. pour la pratique de piété. V. JOSEPH (*Saint*), III.
— 2° Indulg. plén. pour les croix, chapelets, etc., bénits par le souverain pontife. V. BÉNITS (*Objets*), au Supplément.

Le 25. *Annonciation.* Mêmes indulgences qu'au 2 février.

Depuis le dimanche de la Passion jusqu'au samedi saint inclusivement. Indulg. de sept ans et sept quarantaines chaque jour, pour ceux qui récitent chaque jour les prières en l'honneur des cinq plaies de Notre-Seigneur. V. PASSION, IV

— La même indulgence pour ceux qui récitent la couronne des cinq plaies de N. S. *Ibid.*, V.

Le *jeudi saint.* — 1° Indulg. plén. pour l'adoration de Jésus dans le tombeau. V. SACREMENT (*Saint*), V
— 2° Indulg. plén. pour une heure passée à honorer la mémoire de l'institution de la très-sainte eucharistie. *Ibid.*, II.
— 3° Indulg. plén. pour ceux qui récitent tous les jours des prières à l'effet d'être préservés de la mort subite. V. MORT, II.

Depuis le vendredi saint à trois heures jusqu'au samedi saint à dix heures du matin. Indulg. plén. pour ceux qui consacrent une heure ou même une demi-heure à honorer les douleurs de Notre-Dame. V. DOULEURS DE MARIE, VII, au Supplément.

Avril.

N. B. Pour honorer les mystères ineffables que l'Église célèbre ordinairement en ce mois, pour ranimer notre ferveur et exciter notre amour et notre confiance en Dieu, nous recommandons particulièrement les prières contenues à l'art. DIEU.

Le *saint jour de Pâques.* — 1° Indulgence de dix ans pour la sainte communion. V. SACREMENT (*Saint*), III.
— 2° Indulg. plén. pour ceux qui assistent à l'explication de l'Évangile. V. ÉVANGILE.
— 3° Indulg. plén. pour les fidèles qui se sont fait une pieuse habitude d'assister à l'explication de la doctrine chrétienne, ou d'en instruire eux-mêmes les autres. V. DOCTRINE CHRÉTIENNE.
— 4° Indulg. plén. pour la récitation des prières en l'honneur des cinq plaies, depuis le dimanche de la Passion jusqu'au samedi saint. V. PASSION, IV.
— 5° Indulg. plén. pour les croix, chapelets, etc., bénits par le souverain pontife. V. BÉNITS (*Objets*), au Supplément.

Le *jour de la communion pascale.* Indulg. plén. pour la récitation de la couronne des cinq plaies, depuis le dimanche de la Passion jusqu'au samedi saint. V. PASSION, IV.

Le *premier vendredi après Pâques.* Premier jour de la neuvaine avant la fête de la Protection de saint Joseph Indulg. plén. de trois cents jours chaque jour, pour la pratique de piété. V. JOSEPH (*Saint*), III.

Le *troisième dimanche après Pâques*, fête de la Protection de saint Joseph. — 1° Indulg. plén. pour la pratique de piété. *Ibid.*
— 2° Indulg. plén. pour les cinq psaumes en l'honneur de saint Joseph. *Ibid.*, I.

Mai.

N. B. Parmi les prières et exercices de piété les plus propres à honorer dignement Marie, à laquelle ce beau mois est consacré, on peut choisir ceux qui se trouvent à l'art. MARIE.

Tous les jours de ce mois. Indulgence de trois cents jours pour les exercices du mois de Marie. V. MARIE, XVI.

Un des jours du mois, au choix de chaque fidèle. Indulg. plén. pour ceux qui font ces exercices tous les jours. *Ibid.*

Le 1er. *Saint Philippe et saint Jacques*, apôtres. Les mêmes indulgences qu'au 24 février.

Le 3. *Invention de la sainte Croix.* — 1° Indulg. plén. pour la récitation, dix fois par mois, des prières en l'honneur des cinq plaies. *V.* PASSION, IV.

— 2° Même indulgence pour la récitation de la couronne des cinq plaies. *Ibid.*

— 3° Indulg. plén. pour ceux qui récitent tous les jours des prières à l'effet d'être préservés de la mort subite. *V.* MORT, II.

Le 5. *Saint Pie V*, pape. Indulg. plén. pour la récitation de l'hymne *Belli tumultus. V.* PIE V (*Saint*).

Vers le milieu de ce mois, commencement des six dimanches avant le 21 juin, fête de saint Louis de Gonzague. Indulg. plén. chacun de ces six dimanches. *V.* GONZAGUE (*Saint Louis de*), II.

Le *jour de l'Ascension.* Indulg. de dix ans pour la sainte communion. *V.* SACREMENT (*Saint*), III.

Le *saint jour de la Pentecôte.* — 1° Indulg. plén. pour ceux qui assistent à l'explication de l'Evangile. *V.* EVANGILE.

— 2° Indulg. plén. pour les croix, chapelets, etc., bénits par le souverain pontife. *V.* BÉNITS (*Objets*), *au Supplément.*

— 3° Indulg. de trois cents jours pour la récitation du *Veni, Creator* et du *Veni, sancte Spiritus.* (Cette indulgence peut aussi se gagner tous les jours de l'octave.) *V.* ESPRIT (*Saint-*).

Juin.

N. B. Nous recommandons les prières et pieuses pratiques qui se trouvent à l'art. SANG (*Précieux*), pour honorer le précieux sang de Notre-Seigneur, auquel la piété des fidèles a consacré ce mois.

La *veille de la Fête-Dieu.* Indulgences diverses pour ceux qui jeûnent ce jour-là ou qui assistent aux premières vêpres. *V.* SACREMENT (*Saint*), I.

Le *jour de la Fête-Dieu.* — 1° Indulgences diverses pour ceux qui assistent aux divers offices ce jour-là et pendant l'octave. *Ibid.*

— 2° Indulg. pour la récitation de l'oraison jaculatoire: *Que le très-saint*, etc. *Ibid.*, X.

— 3° Indulg. plén. pour ceux qui consacrent une heure à honorer le saint sacrement. *Ibid.*, II.

— 4° Indulg. plén. pour les croix, chapelets, etc., bénits par le souverain pontife. *V.* BÉNITS (*Objets*), *au Supplément.*

— 5° Indulg. plén. ce jour-là ou un jour de l'octave pour ceux qui récitent dix fois par mois le *Pange lingua* ou le *Tantum ergo. V.* SACREMENT (*Saint*), IX.

Le *jour de la fête du Sacré-Cœur.* Indulg. plén. pour ceux qui visitent une église où cette fête est célébrée. *V.* SACRÉ-CŒUR, I.

Le 21. *Saint Louis de Gonzague.* Indulg. plén. pour ceux qui visitent une église où la fête de ce saint est célébrée. *V.* GONZAGUE (*Saint Louis de*).

Le 24. *Saint Jean-Baptiste.* — 1° Indulg. de dix ans pour la sainte communion. *V.* SACREMENT (*Saint*), III.

— 2° Indulg. plén. pour les croix, chapelets, etc., bénits par le souverain pontife. *V.* BÉNITS (*Objets*), *au Supplément.*

Le 29. *Saints apôtres Pierre et Paul.* — 1° Indulgence plénière pour ceux qui récitent tous les jours la prière aux saints apôtres. *V.* APÔTRES, I, *au Supplément.*

— 2° Indulg. plén. pour ceux qui assistent à l'explication de l'Evangile. *V.* EVANGILE.

— 3° Indulg. plén. pour ceux qui se sont fait une pieuse habitude d'assister à l'explication de la doctrine chrétienne ou d'en instruire eux-mêmes les autres. *V.* DOCTRINE CHRÉTIENNE.

— 4° Mêmes indulg. qu'au 24 février.

Juillet.

N. B. Le troisième dimanche de ce mois peut être consacré à l'adoration perpétuelle du saint sacrement, ce qui doit nous engager à honorer tout particulièrement pendant ce mois le saint sacrement et le sacré cœur de Jésus. Pour cet effet l'on trouvera aux art. SACREMENT (*Saint*) et SACRÉ-CŒUR les prières et pieux exercices analogues à ces deux dévotions.

Le 25. *Saint Jacques le Majeur.* — Mêmes indulgences qu'au 24 février.

Le 26. *Sainte Anne.* Indulgence plénière pour une courte prière dix fois par mois à la sainte Vierge et à sainte Anne sa mère, *V.* MARIE, XV.

Août.

N. B. Pour honorer le saint cœur de Marie, auquel ce mois est consacré, on peut réciter chaque jour la prière à ce saint cœur. *V.* MARIE, X.

Le 1er. *Saint Pierre aux liens.* Indulgence plénière pour ceux qui récitent chaque jour, soit la prière aux saints apôtres, soit le répons : *Si vis patronum. V.* APÔTRES, I, III, *au Supplément.*

Le 6. Premier jour de la neuvaine de l'Assomption. *V.* NEUVAINES.

Le 15. *Assomption.* Indulg. plén. pour ceux qui récitent tous les jours la prière au saint cœur de Marie. *V.* MARIE, X.

— Autres indulgences comme au 2 février. *Ibid.*

Le *jour de la fête du saint cœur de Marie.* — Même indulg. plén. pour la récitation de la prière au saint cœur de Marie. *Ibid.*

Le 24. *Saint Barthélemi*, apôtre. — Mêmes indulgences qu'au 24 février.

Le 30. Premier jour de la neuvaine de la Nativité. *V.* NEUVAINES.

Septembre.

N. B. Pour se préparer à la fête des saints anges, il est bon de les honorer pendant ce mois avec une dévotion toute particulière. A cet effet on peut réciter tous les jours l'hymne *Te splendor*, et choisir le 29 du mois pour gagner l'indulgence plénière accordée à ceux qui disent tous les jours cette hymne pendant un mois consécutif.

Vers le commencement de ce mois tombe le premier des dix dimanches qui précèdent la fête de saint Stanislas, laquelle a lieu le 13 novembre. Une indulgence de sept ans et sept quarantaines est attachée à chacun de ces dimanches. V. STANISLAS (*Saint*).

Le 8. *Nativité de la sainte Vierge*. — Mêmes indulgences qu'au jour de l'Assomption.

Le *dimanche dans l'octave de la Nativité*, fête du saint Nom de Marie. — Indulg. plén. pour la récitation fréquente des cinq psaumes en l'honneur de ce saint Nom. V. MARIE, VIII.

Le 14. *Exaltation de la sainte Croix*. — Mêmes indulgences qu'au jour de l'Invention, 3 mai.

Le 21. *Saint Matthieu, apôtre*. — Mêmes indulgences qu'au 24 février.

Octobre.

N. B. Nous recommandons pour ce mois les prières et exercices de piété en l'honneur de Notre-Seigneur Jésus-Christ, pour entrer dans l'esprit de l'Église, qui célèbre, le 23 de ce mois, une fête spéciale sous le titre de *Jésus de Nazareth*. V. JÉSUS-CHRIST.

Le *premier dimanche*, fête de Notre-Dame du Rosaire. V. MARIE, II.

Le 2. *Saints Anges gardiens*. — Indulg. plén. pour la récitation journalière, matin et soir, de la prière *Angele Dei*, etc. V. ANGES, II.

Le 8. *Sainte Brigitte*. Indulg. plén. pour ceux qui récitent le chapelet de sainte Brigitte. V. MARIE, III.

Le 23. *Fête de Jésus de Nazareth*. — Indulg. plén. pour ceux qui récitent les psaumes en l'honneur du saint Nom de Jésus. V. JÉSUS-CHRIST, II.

Le 28. *Saint Simon et saint Jude, apôtres*. — Mêmes indulgences qu'au 24 février.

Novembre.

N. B. Tous les hommes sont condamnés à mourir, et il y a, au sortir de la vie, des peines pour ceux qui ont encore des fautes à expier. Voilà les pensées salutaires que l'Église nous rappelle en ce mois. Pour répondre aux intentions de cette bonne mère, on recommande les prières pour la bonne mort et pour les âmes du purgatoire. V. MORT et PURGATOIRE.

Le 1ᵉʳ. *Fête de tous les saints*. — 1° Indulg. plén. pour ceux qui récitent tous les jours le *Salve, Regina*. V. MARIE, VI.

— 2° Indulg. plén. pour les croix, chapelets, etc., bénits par le souverain pontife. V. BÉNITS (*Objets*), au *Supplément*.

Le 4. Premier jour de la neuvaine de saint Stanislas. Indulg. de cent jours pour chaque jour. V. STANISLAS (*Saint*).

Le 13. *Saint Stanislas Kotska*. — Indulg. plén.

DICTIONNAIRE DES RITES SACRÉS. III.

pour ceux qui visitent une église où la fête est célébrée. *Ibid.*

Le 29. Premier jour de la neuvaine de la Conception. *Voyez* NEUVAINES. — C'est aussi le premier jour de la dévotion des quarante *Ave, Maria*. V. MARIE, IX.

Le 30. *Saint André, apôtre*. — Mêmes indulg. qu'au 24 février.

Décembre.

N. B. L'exercice des quarante *Ave, Maria*, qui, comme on l'a vu ci-dessus, commence le 29 novembre, est le plus propre à sanctifier le temps de l'Avent. V. MARIE, IX.

Le 4. *Conception*. — Mêmes indulgences qu'au 2 février.

Le 16. Premier jour de la neuvaine de Noël. V. JÉSUS (*Enfant*), I.

Le 21. *Saint Thomas, apôtre*. — Mêmes indulgences qu'au 24 février.

Le 24. *Veille de Noël*. — Indulgence de cent ans pour les premières vêpres. V. JÉSUS (*Enfant*), III.

Le 25. *Noël*. — 1° Indulgences diverses pour ceux qui assistent aux offices. *Ibid.*

— 2° Indulg. plén. pour la neuvaine. *Ibid.*, I.

— 3° Indulg. plén. pour ceux qui assistent à l'explication de l'Évangile. V. ÉVANGILE.

— 4° Indulg. plén. pour ceux qui se sont fait une pieuse habitude d'assister à l'explication de la doctrine chrétienne, ou d'en instruire eux-mêmes les autres. V. DOCTRINE CHRÉTIENNE.

— 5° Indulg. plén. pour les croix, chapelets, etc., bénits par le souverain pontife. V. BÉNITS (*Objets*), au *Supplément*.

Le 27. *Saint Jean, apôtre*. — Mêmes indulgences qu'au 24 février.

LISTE

De trente pratiques de piété à chacune desquelles est attachée une indulgence plénière par mois pour ceux qui y sont fidèles tous les jours du mois.

1. *Trisagium*, Saint, saint, saint. V. TRINITÉ, I.
2. Trois *Gloria Patri* trois fois par jour. *Ibid.*, II.
3. Prières de remerciement à la sainte Trinité. *Ibid.*, III.
4. Trois offrandes à la sainte Trinité pour obtenir une bonne mort. *Ibid.*, V.
5. Actes de foi, d'espérance et de charité. V. DIEU, I.
6. Hymnes et psaumes en l'honneur du saint Nom de Jésus. V. JÉSUS-CHRIST, I.
7. Couronne de Notre-Seigneur Jésus-Christ. *Ibid.*, III.
8. Couronne du précieux sang. *Voy.* SANG, I.
9. Sept offrandes du précieux sang au Père éternel. *Ibid.*, II.
10. Oraison jaculatoire en l'honneur du saint sacrement. V. SACREMENT (*Saint*), X.
11. Offrande au sacré Cœur de Jésus. V. SACRÉ-CŒUR, III.
12. Prières au sacré cœur. *Ibid.*, IV.
13. Couronne du sacré cœur de Jésus. *Ibid.*, V.
14. *Veni, Creator*, ou *Veni, sancte Spiritus*. V. ESPRIT (*Saint*).

15. Chapelet de sainte Brigitte. *V.* MARIE, III.
16. *Angelus. Ibid.*, V.
17. Cinq psaumes en l'honneur du saint Nom de Marie. *Ibid.*, VIII.
18. Prières à la sainte Vierge chaque jour de la semaine. *Ibid.*, XI.
19. Prière O très-sainte vierge Marie ! avec trois *Salve, Regina. Ibid.*, XII.
20. Couronne des sept douleurs de la sainte Vierge. *V.* DOULEURS DE MARIE, II, *au Supplément.*
21. Sept *Ave, Maria*, avec la strophe *Sancta mater. Ibid.*, VII.
22. Hymne *Te splendor* en l'honneur de saint Michel. *V.* ANGES (*Saints*), I, *au Supplément*.
23. Prière à l'ange gardien. *Ibid.*, II.
24. Cinq psaumes en l'honneur de saint Joseph. *V.* JOSEPH. (*Saint*), I.
25. Exercice en l'honneur des sept douleurs et des sept allégresses de saint Joseph. *Ibid.*, III.
26. Trois *Pater* et trois *Ave* pour les agonisants. *V.* MORT.
27. Litanies de la bonne mort. *Ibid.*, I.
28. Cinq *Pater* et cinq *Ave*, etc., pour les âmes du purgatoire. *Voy.* PURGATOIRE, III.
29. Faire chaque jour la méditation. *V.* MÉDITATION, I.
30. Enseigner aux autres ou apprendre soi-même à la faire. *Ibid.*, II.

LISTE

De huit indulgences plénières que l'on peut gagner à l'article de la mort (1).

1. Indulgence plénière pour ceux qui auront souvent récité pendant la vie l'oraison jaculatoire de résignation à la volonté divine. *V.* DIEU, VI.
2. Indulgence plénière pour ceux qui auront souvent récité pendant la vie la prière au saint Cœur de Marie. *V.* MARIE, X.
3. Indulgence plénière pour ceux qui auront souvent récité pendant la vie la prière *Angele Dei. V.* ANGES (*Saints*), II, *au Supplément.*
4. Indulgence plénière pour ceux qui auront eu la pieuse habitude d'invoquer fréquemment les noms de Jésus et de Marie, ou de se saluer, etc. *V.* JÉSUS-CHRIST, I.
5. Indulgence plénière pour ceux qui auront dit pendant leur vie, le matin le *Salve Regina*, et le soir le *Sub tuum*, etc. *V.* MARIE, VI.
6. Indulgence plénière pour ceux qui auront un chapelet de sainte Brigitte. *Ibid.*, III.
7. Indulgence plénière pour ceux qui auront des croix, chapelets, rosaires, etc., bénits par le souverain pontife, ou qui aient touché les lieux saints et reliques de Jérusalem.
8. Indulgence plénière pour celui qui, dans le cours de sa dernière maladie, aura récité une fois la couronne de Notre-Seigneur. *V.* JÉSUS-CHRIST, III.

RELIGIEUX.

Voyez, à l'art. OFFICE, le *Traité de l'Office divin*, par Collet, part. 1, chap. 1, § 3.

RIT ou RITE.

Voyez notre Dictionnaire de Liturgie.

RITUEL.

Le Rituel est un livre qui contient la forme de l'administration des sacrements, et le cérémonial de plusieurs autres fonctions ecclésiastiques. Il a existé, surtout en France, un grand nombre de Rituels, dont Beuvelet a fait un extrait accompagné d'explications sous le titre de *Manuel*, où nous avons pris des articles pour servir d'explications au Rituel romain. *Voyez* MANUEL.

Il a existé aussi en Italie un Rituel du cardinal Sanctorius, auquel Benoît XIV (*Bullar. t.* IV, n. 48, *die* 27 *Julii* 1755) donne des éloges, déclarant cependant qu'il n'a pas eu force de loi, n'ayant pas été approuvé par les souverains pontifes, et que le titre de Rituel romain convient uniquement à celui de Paul V, adressé par lui aux patriarches, archevêques et évêques, dans les termes suivants :

PAULUS PAPA V, *ad futuram rei memoriam.*

Apostolicæ sedi per abundantiam divinæ gratiæ, nullis suffragantibus meritis, præpositi, nostræ sollicitudinis esse intelligimus, super universam domum Dei ita invigilando intendere, ut opportunis in dies magis rationibus provideatur, quo, sicut admonet Apostolus, omnia in ea honeste et secundum ordinem fiant; præcipue vero quæ pertinent ad Ecclesiæ Dei sacramentorum administrationem, in qua religiose observari apostolicis traditionibus et sanctorum Patrum decretis constitutos ritus et cæremonias pro nostri officii debito omnino tenemur. Quamobrem fel. rec. Pius papa V, prædecessor noster, hujus nostri, tunc sui, officii memor, ad restituendam sacrorum rituum observationem in sacrosancto missæ sacrificio, divinoque officio, et simul ut catholica Ecclesia in fidei unitate ac sub uno visibili capite beati Petri successore rom. pont. congregata, unum psallendi et orandi ordinem, quantum cum Domino poterat, teneret, Breviarium primum, et deinde Missale romanum multo studio et diligentia elaborata, pastorali providentia edenda censuit. Cujus vestigia eodem sapientiæ spiritu secutus similis mem. Clemens papa VIII, etiam prædecessor noster, non solum episcopis et inferioribus Ecclesiæ prælatis accurate restituitum Pontificale dedit, sed etiam complures alias in cathedralibus et inferioribus ecclesiis cæremonias promulgato Cæremoniali ordinavit: His ita constitutis, restabat ut uno etiam volumine comprehensi sacri et sinceri Ecclesiæ catholicæ ritus, qui in sacramen-

---

(1) Nous réunissons ici en une seule liste huit exercices de piété contenus dans ce recueil, à la pratique desquels les souverains pontifes ont attaché une indulgence plénière à l'article de la mort pour ceux qui y auront été fidèles pendant la vie. On trouve à l'art. MORT les conditions requises pour mériter l'inestimable bienfait de cette indulgence, en ce moment terrible qui doit décider de notre éternité.

torum administratione, aliisque ecclesiasticis functionibus servari debent ab iis qui curam animarum gerunt, apostolicæ sedis auctoritate prodirent, ad cujus voluminis præscriptum in tanta Ritualium multitudine, sua illi ministeria tanquam ad publicam et obsignatam normam peragerent, unoque ac fideli ductu inoffenso pede ambularent cum consensu. Quod sane jampridem agitatum negotium posteaquam generalium Conciliorum græce latineque divina gratia editorum opus morari desivit, sollicite urgere nostri muneris esse existimavimus. Ut autem recte et ordine, ut par erat, res ageretur, nonnullis ex ven. fratribus nostris S. R. E. cardinalibus pietate doctrina et prudentia præstantibus, eam demandavimus, qui cum consilio eruditorum virorum, variisque præsertim antiquis, et quæ circumferuntur, Ritualibus consultis, eoque in primis, quod vir singulari pietatis zelo et doctrina bon. mem. Julius Antonius R. S. E. cardinalis Sanctæ Severinæ nuncupatus, longo studio, multaque industria et labore plenissimum composuerat, rebusque omnibus mature consideratis, demum divina aspirante clementia, quanta oportuit brevitate, Rituale confecerunt; in quo cum receptos, et approbatos catholicæ Ecclesiæ ritus suo ordine digestos conspexerimus, illud sub nomine Ritualis romani merito edendum publico Ecclesiæ Dei bono judicavimus. Quapropter hortamur in Domino ven. fratres, patriarchas, archiepiscopos, episcopos, et dilectos filios eorum vicarios, necnon abbates, parochos universos, ubique locorum existentes, et alios ad quos spectat, ut in posterum tanquam Ecclesiæ romanæ filii, ejusdem Ecclesiæ omnium matris et magistræ auctoritate constituto Rituali in sacris functionibus utantur, et in re tanti momenti, quæ catholica Ecclesia, et ab ea probatus usus antiquitatis statuit, inviolate observent.

Datum Romæ apud Sanctam Mariam Majorem, sub annulo Piscatoris, die 17 Junii 1614, Pontificatus nostri anno decimo.

S. COBELLUTIUS.

TRADUCTION.

PAUL V, PAPE, afin qu'on s'en souvienne, (ou bien : A la future mémoire, ou Pour en perpétuer la mémoire, ou Monument perpétuel, Constitution permanente, afin qu'on ne l'oublie pas. *Tout cela exclut l'idée d'une disposition transitoire.*) *Voy.* PONTIFICAL.

Elevé sur le siège apostolique par une abondance de la grâce divine, non par l'effet du mérite, nous comprenons que notre sollicitude et notre vigilance doit s'étendre sur toute l'Eglise de Dieu, afin de prendre des moyens toujours les plus efficaces pour que, selon l'avis de l'Apôtre, tout s'y fasse décemment et dans l'ordre ; c'est surtout dans ce qui concerne l'administration des sacrements de l'Eglise que nous sommes rigoureusement tenus de faire observer avec respect les rites et les cérémonies fondés sur les traditions apostoliques et sur les décrets des saints Pères. C'est dans la même vue que le pape Pie V, notre prédécesseur d'heureuse mémoire, se souvenant de ce devoir, alors le sien, maintenant le nôtre, voulant rétablir l'observation des rites sacrés dans la célébration du très-saint sacrifice de la messe et de l'office divin, voulant aussi que l'Eglise catholique unie dans l'unité de la foi, et sous un seul chef visible, sous le pontife romain successeur de saint Pierre, n'eût qu'une seule règle pour la psalmodie et la prière, autant qu'il était possible avec le secours du Seigneur, crut devoir publier d'abord le Bréviaire, ensuite le Missel romain, revus avec beaucoup d'application et de soin. Marchant sur ses traces et guidé par la même sagesse, le pape Clément VIII, aussi notre prédécesseur de semblable mémoire, non-seulement a donné aux évêques et aux prélats inférieurs de l'Eglise le Pontifical exactement corrigé, mais encore il a réglé beaucoup d'autres cérémonies pour les cathédrales et les églises inférieures en promulguant le Cérémonial. Cela étant ainsi réglé, il fallait encore qu'un volume renfermant les rites sacrés et sincères de l'Eglise catholique, qui doivent être observés dans l'administration des sacrements et autres fonctions ecclésiastiques par ceux qui ont le soin des âmes, fût publié par l'autorité apostolique, pour servir de règle authentique, sûre, uniforme dans l'exercice du ministère, parmi une si grande multitude de Rituels. Après avoir vu terminée, par la grâce divine, l'édition des Conciles généraux en grec et en latin, nous avons pensé que c'était pour nous un devoir urgent de donner nos soins à cette entreprise commencée depuis longtemps. Pour y mettre l'exactitude et l'ordre convenables, nous en avons chargé plusieurs de nos vénérables frères les cardinaux, distingués par leur piété, leur science et leur prudence; ceux-ci, aidés par le conseil d'hommes instruits, ont consulté les divers Rituels usités, surtout les anciens, et spécialement celui qu'un homme d'une piété, d'un zèle et d'une science remarquables, Jules Antoine, de bonne mémoire, révérendissime cardinal de la sainte Eglise du titre de Sainte-Séverine, avait composé avec beaucoup d'ordre, après beaucoup d'application et de travail; tout étant mûrement considéré, inspirés enfin par la clémence divine, ils ont confectionné un Rituel, avec toute la brièveté et la précision nécessaires; nous y avons trouvé rangés par ordre les rites reçus et approuvés de l'Eglise catholique, et nous avons jugé que, pour le bien public de l'Eglise de Dieu, il fallait le publier sous le nom de Rituel romain. C'est pourquoi nous exhortons dans le Seigneur nos vénérables frères les patriarches, archevêques, évêques, et nos chers fils leurs vicaires, aussi bien que les abbés et tous les curés, quelque part qu'ils soient, et tous ceux à qui il appartient, à ce que dans la suite, se montrant les enfants de l'Eglise romaine, mère et maîtresse de toutes les Eglises, ils se servent dans les fonctions sacrées du Rituel établi par son autorité, afin que, dans une chose d'une si grande importance, ils observent inviolablement ce qui a été établi par l'Eglise catholique, et par l'antique usage qu'elle a approuvé.

Donné à Rome à Sainte-Marie Majeure, sous l'anneau du Pêcheur, le 17 juin au 1614, de notre pontificat le dixième.

S. COBELLUTIUS.

Observation.

On peut remarquer dans ce qui précède et dans ce qui est à l'art. PONTIFICAL, combien les papes successeurs de S. Pie V ont recommandé ce qu'il a fait pour le Bréviaire et le Missel romain, et comme tous ont aspiré à l'uniformité dans le culte extérieur et les cérémonies.

Nous ajoutons ici les pièces suivantes pour montrer que le Rituel romain a été imprimé en France avec toutes les autorisations nécessaires, l'année même qui a suivi sa publication à Rome. C'est cette première édition de France que nous avons suivie, en la comparant avec celles de Rome plus récentes.

R. D. D. Thomæ de Meschatin la Faye, hujus libri imprimendi facultas.

Thomas de Meschatin la Faye, comes, canonicus et camerarius Ecclesiæ Lugdunensis, et vicarius generalis in archiepiscopatu Lugdunensi librum inscriptum : Rituale romanum Pauli Quinti pontificis maximi jussu editum, Romæ 1615, *ex typograph. camer. apostolicæ in lucem edendi facultatem concedimus. Lugduni die vigesima octava Decembris* 1615.

MESCHATIN LA FAYE.

Consensus procuratoris regis.

Hoc Rituale romanum jam ante Venetiis editum, et a summo pontifice Paulo V probatum, ego Jacobus Daveyne regis consiliarius et procurator typis mandari consentio.

DAVEYNE.

Permissio.

Typis mandari librum hunc D. Michaeli Chevalier, typographo concedimus; simul ne quis alius mandare præsumat interdicimus. Datum 28 Decembris 1615.

SEVE.

TRADUCTION.

Autorisation d'imprimer ce livre, donnée par M. Thomas de Meschatin la Faye.

Nous, Thomas de Meschatin la Faye, comte, chanoine et camérier de l'Eglise de Lyon, et vicaire général dans l'archevêché de Lyon, accordons la faculté de mettre au jour un livre intitulé : Rituel romain, *publié par l'ordre de Paul Cinq, souverain pontife,* à Rome en 1615, à la typographie de la chambre apostolique. Lyon, le vingt-neuf décembre 1615.

MESCHATIN LA FAYE.

Consentement du procureur du roi.

Ce Rituel romain, qui a été déjà auparavant publié à Venise, ayant été approuvé par le souverain pontife Paul V, je consens à ce qu'il soit imprimé.

JACQUES DAVEYNE,
Conseiller et procureur du roi.

Permission.

Nous permettons au libraire Michel Chevalier d'imprimer ce livre, et nous le défendons à tout autre. Donné le 28 décembre 1615.

SEVE.

Benoît XIV, dans la bulle en forme de bref que nous avons citée à l'art. PONTIFICAL, après avoir rapporté plusieurs bulles de ses prédécesseurs, entre autres celle de Paul V qu'on vient de lire, continue ainsi :

Quoniam autem pro paterna charitate vehementer cupientes ut Christi fidelibus in articulo mortis constitutis, quoad fieri posset, universis apostolica benedictio nostro nomine impertiretur, et plenaria omnium suorum peccatorum indulgentia elargiretur, per alias nostras sub plumbo litteras, anno Incarnationis Dominicæ MDCCXLVII, nonis Aprilis, pontificatus nostri anno septimo datas omnibus Ecclesiarum antistitibus hujusmodi facultatem sub certis modo et forma expressam tribuimus, atque insimul formulam benedictionis, et indulgentiæ hujusmodi dandæ præscripsimus; quemadmodum encyclicam etiam nostram epistolam die 19 mensis Martii, anno MDCCXLIV, ad dilectos filios generales ordinum regularium, quibus a S. sede indulta vel indulgenda erat facultas pontificiam benedictionem effundendi super populum statutis diebus scripseramus super modo et ritu, quibus prædicta benedictio danda est.

Præterea ad nonnullas lites et controversias exortas e medio tollendas itidem per alias nostras in simili forma brevis litteras confirmaveramus leges et instituta cæremonialia jussu nostro edita pro provinciarum præsidibus, gubernatoribus, prælatis, et apostolicis vicelegatis, quæ sunt tenoris sequentis :

Bulla Benedicti XIV, incip. *Quod Apostolus*, *pro Cæremoniali episcop.* (Hic omittitur.)

Insuper formulam itidem benedictionis, et traditionis pallii, ac jurisjurandi a procuratoribus absentium archiepiscoporum, antequam a dilecto filio nostro S. R. E. cardinali diacono idem pallium accipiant, ipsorum archiepiscoporum nomine præstandi, per nostram constitutionem die 12 mensis Augusti, anno MDCCXLVIII, sub plumbo expeditam statuimus :

Porro accedit ad hæc methodus quoque scholæ sacrorum rituum in Gregoriano collegio romano hujus almæ urbis nostræ nobis approbantibus institutæ non sine uberi per hoc tempus in sacris ritibus addiscendi profectu, aliarumque ad instar ejusdem scholæ, alibi jam erectarum, vel erigendarum, quæ methodus multis in libris, et præcipue in decimo Operum nostrorum volumine romanæ editionis reperitur inserta, plurimumque a nobis commendatur, eamque plurimum studiosis sacrorum rituum prodesse compertum est.

Ea propter cum nobis a quam plurimis supplicatum fuerit, ut typis iterum reimprimendi Rituale romanum, Cæremoniale episcoporum et Pontificale romanum hujusmodi, et non solum in iisdem ante dicta omnia a nobis statuta addendi, verum etiam nostro jussu in lucem emittendi, licentiam de apostolica benignitate et auctoritate concedere et indulgere dignaremur : Nos itaque probe scientes, et experientia edocti quantum prosit ut in uno volumine simul collecta ad manum sint ea omnia quæ sparsim ac divisim impressa inveniuntur; et considerantes quantam hujusmodi collectio utilitatem memoratæ scholæ liturgicæ in collegio Societatis Jesu ejusdem almæ urbis nostræ a nobis institutæ, aliisque ubique locorum erectis afferre possit, apostolica auctoritate tenore præsentium communibus tot insignium virorum ac præsulum votis et supplicationibus benigne annuentes, facultatem tribuimus et impartimur ut Rituale romanum, Cæremoniale episcoporum ac Pontificale romanum sub iisdem modo et forma quibus de præsenti impressa reperiuntur et usui sunt, una simul cum omnibus et singulis, quæ ut superius relatum est a nobis præscripta, ordinata et publici etiam juris facta sunt, necnon cum sæpe dicta methodo scholæ sacrorum rituum in operibus nostris jam editis inserta jussu nostro, non obstantibus quibuscunque in contrarium facientibus, typis reimprimantur, et in lucem emittantur.

Datum Romæ apud Sanctam Mariam Majorem sub annulo Piscatoris, die XXV *Martii, anno MDCCLII, pontificatus nostri anno* XII.

CAJETANUS AMATUS.

TRADUCTION.

Désirant ardemment étendre notre paternelle charité aux fidèles chrétiens qui sont à l'article de la mort, et voulant que tous, autant qu'il est possible, reçoivent en notre nom la bénédiction apostolique et l'indulgence plénière pour tous leurs péchés, par d'autres lettres scellées en date des nones d'Avril, l'an de l'incarnation du Seigneur 1747 et de notre pontificat le septième, nous avons accordé cette faveur à tous les prélats, en prescrivant la manière et la forme requises (*Voy.* l'art. MOURANTS) pour cette bénédiction et cette indulgence; comme aussi, dans notre lettre encyclique du 19 mars 1744, adressée à nos chers fils les généraux des ordres réguliers qui avaient reçu ou recevraient du saint-siège la faculté de donner au peuple la bénédiction pontificale à certains jours, nous avions tracé par écrit la manière et le rite à observer pour donner cette bénédiction. *Voy.* l'art. PAPALE (*Bénédiction*).

En outre, pour terminer certains différends, certaines contestations, nous avions confirmé par nos lettres en forme de bref les règles et le cérémonial publiés par notre ordre relativement aux présidents des provinces, gouverneurs, prélats et vice-légats apostoliques. (*Voy.* l'art. HONNEURS.)

On omet ici la bulle de Benoît XIV *concernant le Cérémonial de l'évêque.* (*Voy.* la fin de l'art. CÉRÉMONIAL.)

Nous avons aussi prescrit la formule de la bénédiction et de la tradition du *pallium*, ainsi que la forme du serment à prêter par les procureurs des archevêques absents et en leur nom, avant qu'ils reçoivent ledit *pallium* de notre cher fils le révérendissime cardinal diacre, par notre constitution du 12 août 1748, scellée en plomb.

Nous ajoutons une méthode pour l'école des rites sacrés, instituée avec notre approbation dans le collège Grégorien de cette illustre ville, qui vient de produire des fruits abondants pour la connaissance des rites sacrés, et peut en produire dans les autres écoles semblables érigées ou à ériger ailleurs; cette méthode se trouve dans beaucoup de livres, et surtout dans le tome dixième de nos OEuvres, édition de Rome; nous la recommandons beaucoup, et l'expérience a prouvé qu'elle est très-utile à ceux qui s'appliquent à la connaissance des rites sacrés.

Plusieurs nous ont supplié de faire réimprimer le Rituel romain, le Cérémonial des évêques et le Pontifical romain, avec toutes les additions que nous y avons faites, et de vouloir bien en autoriser la publication. Quant à nous, sachant bien par expérience combien il est avantageux de trouver réuni sous la main en un seul volume ce qui est épars et imprimé séparément; et considérant de quelle utilité cette collection peut être à ladite école liturgique instituée à Rome dans le collége de la Société de Jésus, ou partout ailleurs ; d'autorité apostolique et par la teneur des présentes, cédant aux vœux et aux supplications de tant de prélats, et personnages distingués, nous accordons volontiers la faculté de réimprimer et mettre au jour le Rituel romain, le Cérémonial des évêques et le Pontifical romain de la manière et sous la forme où on les trouve maintenant imprimés et répandus, avec tout ce que nous avons ordonné et publié à ce sujet qui est mentionné ci-dessus, aussi bien que la susdite méthode pour l'école des rites sacrés déjà insérée par notre ordre parmi nos OEuvres, nonobstant tout ce qui serait contraire.

Donné à Rome, à Sainte-Marie-Majeure, sous l'anneau du Pêcheur, le 25 mars de l'an 1752, de notre pontificat le douzième.

CAJÉTAN AMAT.

RUBRIQUES.

Tout le monde sait qu'on nomme rubriques certaines règles insérées dans les livres liturgiques souvent en caractères rouges, et souvent aussi en caractères italiques. On donne ce nom surtout aux règles générales du Bréviaire et du Missel. Nous avons donné les premières à l'art. BRÉVIAIRE, et des explications à l'art. OFFICE DIVIN.

Les rubriques du Missel sont divisées en trois parties. La première, sous le titre de *Rubricæ generales*, indique les différentes parties de la messe, quant à ce qu'on doit réciter; la seconde partie prescrit les cérémonies qui doivent accompagner la récitation; elle est intitulée : *Ritus servandus*, etc.; la troisième partie, intitulée *De Defectibus*, etc., indique des moyens à prendre dans certains cas qui peuvent survenir et embarrasser. Cette dernière partie est développée à divers articles; nous la mettons néanmoins ici pour la présenter dans son ensemble. La seconde partie est insérée et développée aux articles MESSE BASSE, MESSE SOLENNELLE, chaque chose en son lieu. Ainsi nous ne mettons dans cet article que la première et la dernière partie des rubriques latines du Missel romain ; celles du Rituel et du Pontifical se trouvent aux articles respectifs.

RUBRICÆ GENERALES MISSALIS.

Il y a chaque jour une messe conforme à l'office, soit d'une fête double, semi-double ou simple, soit du dimanche, de la férie, d'une veille ou d'une octave; quand la messe n'est pas conforme à l'office, elle est votive ou pour les défunts.

I. Des fêtes doubles.

On dit la messe sous le rite double les jours qui ont dans le calendrier cette qualification, *duplex*; et les jours de fêtes mobiles, toutes les fois que l'office est double. Dans ce cas on ne dit qu'une oraison, s'il n'y a pas quelque commémoraison à faire. On dit tout le reste comme il est marqué à chaque messe. Plus bas on verra quand il faut dire *Gloria in excelsis* et *Credo*, chaque chose en son lieu.

II. Des fêtes semi-doubles et simples.

On dit la messe sous le rite semi-double quand il y a dans le calendrier ce mot *semiduplex*, et en outre, les dimanches et les jours d'une octave. Aux semi-doubles, soit fêtes, soit dimanches, et pendant les octaves, on dit plusieurs oraisons, comme il sera marqué plus bas sous le titre des Oraisons. Pendant une octave on dit la messe comme au jour de la fête, s'il n'y a pas une messe propre pour quelqu'un des autres jours. Les messes des dimanches se disent comme elles sont marquées au propre du temps. On dit la messe d'une fête simple comme si elle était semi-double, ainsi qu'il est marqué en son lieu.

Missa quotidie dicitur secundum ordinem officii de festo duplici, vel semiduplici, vel simplici, de dominica, vel feria, vel vigilia, vel octava; et extra ordinem officii, votiva, vel pro defunctis.

I. De duplici.

Missa dicitur de duplici illis diebus, quibus in kalendario ponitur hæc nota duplex, et in festis mobilibus, quandocunque officium est duplex. *In duplicibus dicitur una tantum oratio, nisi aliqua commemoratio fieri debeat. Alia omnia dicuntur ut in propriis missis assignatum est. Quando dici debeat Gloria in excelsis, et Credo, inferius ponitur in propriis rubricis.*

II. De semiduplici et simplici.

Missa de semiduplici dicitur, quando in kalendario ponitur hæc vox semiduplex. *Præterea in dominicis et diebus infra octavas. In semiduplicibus tam festis quam dominicis et infra octavas, dicuntur plures orationes, ut infra dicetur in rubrica de orationibus. Infra octavam dicitur missa, sicut in die festi, nisi propriam missam habuerit; in dominicis vero sicut in propriis locis assignatur. De simplici dicitur missa sicut de semiduplici, ut suis locis ponitur.*

III. Des féries et des veilles.

1. On dit la messe de la férie, quand il ne se rencontre pas une fête, ou une octave, ou un samedi auquel il faille célébrer l'office de la bienheureuse vierge Marie. Mais aux féries du Carême, des Quatre-Temps, des Rogations et des veilles, quand l'office est double ou semi-double, ou d'une octave, dans les églises cathédrales et collégiales on chante deux messes, l'une de la fête après tierce, et l'autre de la férie après none.

2. Aux veilles, aux féries des Quatre-Temps et le lundi des Rogations, si c'est pendant une octave, on dit la messe de la veille ou des féries susdites avec mémoire de l'octave (1); excepté que pendant l'octave du Saint-Sacrement, dans les églises cathédrales et collégiales on chante deux messes, l'une de l'octave après tierce, l'autre de la veille après none ; mais les messes basses sont de l'octave avec mémoire de la veille. Si l'on célèbre l'office de quelque fête un jour de veille ou des féries susdites, la messe est de la fête avec mémoire de l'octave et de la veille, ou de l'une de ces féries qui se rencontre. Si la veille se rencontre un jour de fête solennelle de première classe, on n'en fait pas mémoire à la messe ni à l'office.

3. Lorsqu'une fête précédée d'une veille est célébrée le lundi, on en dit la messe le samedi aussi bien que l'office, excepté la

III. De feria et vigilia.

1. *Missa de feria dicitur quando non occurrit festum, vel octava, vel sabbatum, in quo fiat officium beatæ Mariæ. In feriis tamen Quadragesimæ, Quatuor Temporum, Rogationum, et vigiliarum, etiamsi duplex, vel semiduplex festum, vel octava occurrat, in ecclesiis cathedralibus et collegiatis cantantur duæ missæ, una de festo post tertiam, alia de feria post nonam.*

2. *In vigiliis autem et feriis Quatuor Temporum, vel feria secunda Rogationum, quæ veniunt infra octavam, missa dicitur de vigilia, vel feriis supradictis, cum commemoratione octavæ; præterquam infra octavam corporis Christi, in qua in ecclesiis cathedralibus et collegiatis cantantur duæ missæ, una de octava post tertiam, alia de vigilia post nonam ; in missis autem privatis dicitur missa de octava, cum commemoratione vigiliæ. Si autem in die vigiliæ vel prædictis feriis fiat officium de aliquo festo, tunc dicitur missa de festo, cum commemoratione octavæ et vigiliæ, vel feriarum prædictarum. Quod si vigilia occurrat in die alicujus festi ex majoribus primæ classis, in missa non fit commemoratio de ea, sicut nec in officio.*

3. *Si festum habens vigiliam celebretur feria secunda, missa vigiliæ dicitur in sabbato, sicut etiam de ea fit officium; excepta*

---

(1) Dans ce cas la messe ne s'accorde pas avec l'office sans qu'elle soit votive. Au lieu de répéter pendant une octave la messe de la fête qui a été dite une ou plusieurs fois, on préfère une messe qui serait omise cette année-là. Il n'y a pas les mêmes raisons pour l'office du Bréviaire qui n'est pas répété en entier chaque jour comme la messe, et d'ailleurs on n'omet pas ce qui est propre à une telle veille ou férie, quand on en fait mémoire.

veille de Noël et celle de l'Epiphanie.

4. Pendant l'Avent on dit la messe d'une veille qui se rencontre avec mémoire de la férie, quoique l'office soit de celle-ci ; il faut excepter la veille de Noël (1).

5. Pendant le Carême et les Quatre-Temps on dit la messe de la férie, avec mémoire de la veille qui s'y rencontre.

6. Dans le temps pascal il n'y a pas d'autre veille que celle de l'Ascension, qui cependant est affranchie du jeûne, aussi bien que la veille de l'Epiphanie.

IV. *Des messes votives de sainte Marie, et autres.*

1. Les samedis qui ne sont pas occupés par une fête double ou semi-double, ou par quelque octave, veille, férie de Carême ou de Quatre-Temps, ou par l'office de quelque dimanche surnuméraire transféré au samedi précédent, on dit la messe de sainte Marie assignée pour divers temps à la fin du Missel.

2. Aux samedis de l'Avent, quoiqu'on ne célèbre pas l'office de sainte Marie, on en dit cependant la messe principale, avec mémoire de l'Avent, si ce n'est pas un jour de Quatre-Temps ou une veille, comme il vient d'être dit.

3. Pendant la semaine, quand on fait l'office de la férie, si ce n'est pas un jour où il faille reprendre la messe du dimanche qui aurait été empêchée (ni une férie d'Avent, de Carême, de Quatre-Temps, de Rogations ou une veille), on peut choi-

(1) Ici encore, comme dans le numéro 2, la messe n'a p. s le même objet que l'office, pour des raisons alléguées dans la note précédente; on tâche de ne p s omet-

vigilia Nativitatis Domini et Epiphaniæ.

4. *Missa vigiliæ in Adventu occurrentis, dicitur cum commemoratione feriæ adventus, licet de ea non sit factum officium; vigilia Nativitatis excepta.*

5. *Si in Quadragesima et Quatuor Temporibus occurrat vigilia, dicatur missa de feria cum commemoratione vigiliæ.*

6. *Tempore paschali non dicitur missa de vigilia, nisi in vigilia Ascensionis; quæ tamen non jejunatur, sicut nec vigilia Epiphaniæ.*

IV. *De missis votivis sanctæ Mariæ, et aliis.*

1. *In sabbatis non impeditis festo duplici, vel semiduplici, octava, vigilia, feria Quadragesimæ vel Quatuor Temporum, vel officio alicujus Dominicæ, quæ supersit, in præcedens sabbatum translato, dicitur missa de sancta Maria secundum varietatem temporum, ut in fine Missalis ponitur.*

2. *In Adventu autem, licet officium non fiat de sancta Maria in sabbato, dicitur tamen missa principalis de ea, cum commemoratione de Adventu, nisi fuerint Quatuor Tempora vel vigilia, ut supra.*

3. *Aliis diebus infra hebdomadam, quando officium fit de feria, et non est resumenda missa dominicæ præcedentis, quæ fuerit impedita (exceptis feriis Adventus, Quadragesimæ, Quatuor Temporum, Rogationum, et vigiliarum), dici potest aliqua ex*

sir, même pour la messe principale qu'on appelle conventuelle, quelqu'une des messes votives fixées à certains jours à la fin du Missel, en faisant mémoire de la férie dont on a célébré l'office. Cependant ces messes, et toutes les autres votives, peuvent se dire à volonté toutes les fois que l'office n'est pas double ou d'un dimanche, en faisant mémoire de l'office qu'on a récité, et aussi d'une fête simple, s'il s'en rencontre quelqu'une dont il faille faire mémoire à l'office de ce jour. Mais cela ne doit pas se faire à tout propos et sans une cause raisonnable ; quand il est possible, la messe doit être conforme à l'office.

V. *Des messes pour les défunts.*

1. Le premier jour de chaque mois (excepté l'Avent, le Carême et le temps pascal) non occupé par un office double ou semi-double, on dit la messe principale pour les défunts en général, prêtres, bienfaiteurs et autres. Mais si ce jour-là est une fête simple ou une férie qui ait une messe propre, ou s'il faut reprendre la messe du dimanche précédent qui a été empêchée, et qu'il n'y ait pas pour cela un autre jour libre pendant la semaine, dans les églises cathédrales et collégiales on dit deux messes, l'une pour les défunts, l'autre de la fête simple ou de la férie susdite. Mais dans les églises non cathédrales ni collégiales on dit la messe du jour, avec mémoire, une messe, et on se dispense d'en répéter une autre.

missis votivis, etiam in principali missa quæ vocatur conventualis, secundum ordinem dierum in fine Missalis assignatum, cum commemoratione feriæ, de qua factum est officium. Quæ tamen missæ, et omnes aliæ votivæ, in missis privatis dici possunt pro arbitrio sacerdotum, quocunque die officium non est duplex, aut dominica, cum commemoratione ejus de quo factum est officium, et commemoratione item festi simplicis, si de aliquo occurrat eo die fieri commemorationem in officio. Id vero passim non fiat, nisi rationabili de causa. Et quoad fieri potest, missa cum officio conveniat.

V. *De missis defunctorum.*

1. *Prima die cujusque mensis (extra Adventum, Quadragesimam et tempus paschale) non impedita officio duplici, vel semiduplici, dicitur missa principalis generaliter pro defunctis sacerdotibus, benefactoribus, et aliis. Si vero in ea fuerit festum simplex, vel feria, quæ propriam habeat missam, aut resumenda sit missa dominicæ præcedentis, quæ fuit impedita, et infra hebdomadam non occurrat alius dies, in quo resumi possit, in ecclesiis cathedralibus et collegiatis dicantur duæ missæ, una pro defunctis, alia de festo simplici vel feria prædicta. Sed in ecclesiis non cathedralibus nec collegiatis dicatur missa de die, cum commemoratione generaliter pro defunctis.*

moire des défunts en général.

2. Outre cela le lundi de chaque semaine, quand l'office est celui de la férie, on peut dire la messe principale pour les défunts. Mais s'il y a une messe propre de la férie ou d'une fête simple, ou bien s'il faut reprendre la messe du dimanche précédent dans le cas précité, on fait à la messe mémoire des défunts, comme il vient d'être dit. Il faut excepter cependant le Carême et tout le temps pascal; et pendant l'année, tous les jours qui ont un office du rite double ou semi-double. Dans ces temps-là on ne dit pas la messe conventuelle pour les défunts (si ce n'est pas le jour de la sépulture ou un anniversaire pour les morts), et l'on n'en fait pas mémoire (à la grand' messe). Mais on peut dire des messes privées pour les défunts, quelque jour que ce soit, excepté les fêtes doubles et les dimanches (ainsi que les jours qui n'admettraient pas un office double (1). Voyez l'article MESSE BASSE pour les morts, art. 12).

3. Le jour de la Commémoration de tous les défunts, le jour de la sépulture et le jour anniversaire, on ne dit qu'une oraison; de même le troisième, le septième et le trentième jour, et toutes les fois qu'on célèbre solennellement pour les défunts; aux autres messes, on en dit plusieurs, comme on le marquera plus loin, en parlant des féries et des simples, au titre des oraisons.

4. La Prose ou Séquence se dit le jour de la Commémoration de tous les fidèles défunts, le jour de la sépulture, et toutes

2. *Præterea feria secunda cujusque hebdomadæ, in qua officium fit de feria, missa principalis dici potest pro defunctis. Si autem fuerit propria missa de feria vel de festo simplici, vel resumenda sit missa dominicæ præcedentis, ut supra, in missa de die fiat commemoratio (ut dictum est) pro defunctis. Excipitur tamen Quadragesima et totum tempus paschale, et quando per annum officium est duplex, vel semiduplex; quibus temporibus non dicitur missa conventualis pro defunctis (nisi in die depositionis defuncti, et in anniversario pro defunctis), neque pro eis fit commemoratio. Missæ autem privatæ pro defunctis quocunque die dici possunt, præterquam in festis duplicibus, et dominicis diebus.*

3. *In die commemorationis omnium defunctorum, et in die depositionis, et in anniversario defuncti, dicitur una tantum oratio; et similiter in die tertia, septima, trigesima, et quandocunque pro defunctis solemniter celebratur; in aliis missis, plures, ut de feriis, et simplicibus dicetur infra in rubrica de orationibus.*

4. *Sequentia pro defunctis dicitur in die commemorationis omnium fidelium defunctorum et depositionis defuncti, et*

les fois qu'on ne dit qu'une oraison à la messe; aux autres messes pour les défunts, le prêtre est libre de la dire.

VI. De la translation des fêtes.

Dans la célébration de la messe, il faut observer l'ordre du Bréviaire par rapport à la translation des fêtes doubles et semi-doubles, quand elles sont empêchées par quelque fête supérieure ou par un dimanche. Mais dans les églises où la fête qu'on doit transférer est titulaire, ou bien si le peuple accourt pour la célébrer, on peut chanter deux messes, l'une du jour, l'autre de la fête (dont l'office est transféré); il faut excepter le premier dimanche de l'Avent, le mercredi des Cendres, le premier dimanche de Carême, le dimanche des Rameaux avec toute la semaine sainte, le dimanche de Pâques et celui de la Pentecôte avec les deux jours suivants, le jour de Noël, la fête de l'Epiphanie, celle de l'Ascension et celle du Saint-Sacrement.

VII. Des commémoraisons.

1. Les commémoraisons se font à la messe comme à l'office. On fait mémoire d'une fête simple à la messe, lorsque dans l'office on en a fait mémoire aux premières vêpres. Quand on n'en fait mémoire qu'à laudes, cette mémoire s'omet à la messe solennelle, et ne se fait qu'aux messes privées. Il faut excepter le dimanche des Rameaux et la veille de la Pentecôte; car ces jours-là, même aux messes privées, on ne fait point mémoire d'un simple qui se

quandocunque in missa dicitur una tantum oratio; in aliis autem missis pro defunctis dicatur ad arbitrium sacerdotis.

VI. *De translatione festorum.*

In dicendis missis servetur ordo Breviarii de translatione festorum duplicium et semiduplicium, quando majori aliquo festo seu dominica impediuntur. In ecclesiis autem ubi titulus est ecclesiæ vel concursus populi ad celebrandum festum quod transferri debet, possunt cantari duæ missæ, una de die, alia de festo: excepta dominica prima Adventus, feria quarta Cinerum, dominica prima Quadragesimæ, dominica Palmarum cum tota hebdomada majori, dominica Resurrectionis, et dominica Pentecostes cum duobus diebus sequentibus, die Nativitatis Domini, Epiphaniæ, Ascensionis et festo Corporis Christi.

VII. *De commemorationibus.*

1. *Commemorationes in missis fiunt, sicut in officio. De festo simplici fit commemoratio in missa, quando de eo in officio facta est commemoratio in primis vesperis. Quando autem de eo fit commemoratio tantum ad laudes, in missa solemni non fit commemoratio de eo, sed in missis tantum privatis. Excipitur dominica Palmarum et vigilia Pentecostes, in quibus nulla fit commemoratio etiam in missis privatis de festo simplici occurrente, licet facta sit in officio.*

---

(1) Pour ne pas confondre les rubriques avec autre chose, on a souligné et mis entre parenthèses les explications surajoutées, et prises ordinairement dans les décrets de la S. C. des Rites.

rencontre, quand même on l'aurait faite à l'office. On fait mémoire du dimanche, quand il cède à une fête double. On fait mémoire d'une octave, lorsqu'on célèbre une fête pendant cette octave, à moins que cette fête ne soit au nombre de celles qui font exception dans la rubrique du Bréviaire, au titre des commémoraisons. On fait aussi mémoire d'une octave à la messe du dimanche qu'on célèbre pendant cette octave.

2. On fait mémoire de la férie pendant l'Avent et le Carême, les jours de Quatre-Temps, de Rogations et de veilles, quand il faut dire la messe d'une fête qui s'y rencontre. Mais dans les églises cathédrales et collégiales, où plusieurs prêtres célèbrent chaque jour, aux féries, Rogations et veilles susdites, qui ont des messes propres, on dit deux messes, l'une de la fête, l'autre de la férie ou des Rogations, ou de la veille, sans qu'à l'une on fasse mémoire de l'autre; cependant, aux fêtes solennelles de première classe, on ne fait rien de la veille qui se rencontre, comme il a été dit plus haut.

3. Lorsque, pendant la semaine, on dit des messes votives, il faut toujours ajouter à la première oraison celle de l'office de ce jour, comme il a été expliqué ci-dessus en son lieu.

4. Pour faire mémoire d'une férie de Quatre-temps, on dit la première oraison de cette férie; c'est celle qui est conforme à l'office.

5. Quand on doit faire des commémoraisons, il faut observer l'ordre du Bréviaire, dire : 1° celle du dimanche avant celle d'une octave ; 2° celle-ci avant celle des féries susdites ; 3° celle de ces féries ; 4° celle d'un simple, avant celles qui sont indiquées pour servir de seconde ou troisième, et celles-ci se disent avant les oraisons votives : parmi les oraisons votives, il faut observer l'ordre de la dignité, placer celles de la sainte Trinité, du Saint-Esprit, du Saint-Sacrement, de la sainte Croix, avant une oraison votive de la bienheureuse Marie, et faire mémoire des anges, de saint Jean-Baptiste (de saint Joseph) avant d'en faire de même des autres évangélistes. Voir les rubriques du Bréviaire romain, titre XI, De la concurrence des offices, n. 2).

6. Quand on doit faire mémoire des morts, c'est toujours avant la dernière oraison ; mais aux messes pour les morts on n'ajoute aucune oraison pour les vivants, pas même celle qui est commune pour les vivants et pour les morts.

7. Lorsqu'on dit plusieurs oraisons, la première seulement et la dernière sont suivies chacune de la conclusion qui lui est propre; avant la première et avant la seconde seulement, on dit *Oremus*; avant la première on dit de plus *Dominus vobiscum*.

8. Quand il faut dire plusieurs oraisons, et que la même est prescrite deux fois (à des titres différents), on en prend une différente au commun ou au propre; on observe la même chose pour les Secrètes et les oraisons, après la Communion, sans changer celles qui sont différentes entre elles.

VIII. *De l'Introït, du Kyrie eleison et du*

De dominica fit commemoratio, quando in ea agitur de festo duplici. De octava fit commemoratio, quando infra octavam celebratur aliquod festum, nisi illud festum fuerit de exceptis in rubrica Breviarii de commemorationibus. Item quando infra octavam fit de dominica.

2. *De feria fit commemoratio in Adventu, Quadragesima, Quatuor Temporibus, Rogationibus et vigiliis, quando missa dicenda est de festo illis temporibus occurrente. Sed in ecclesiis cathedralibus et collegialis, ubi plures sacerdotes quotidie celebrant, in feriis, Rogationibus et vigiliis prædictis, quæ habent missas proprias, dicuntur duæ missæ, una de festo, alia de feria, Rogationibus et vigilia, absque ulla utrorumque commemoratione ; in festis tamen majoribus primæ classis nihil fit de vigilia occurrente, ut dictum est supra.*

3. *Quando infra hebdomadam dicuntur missæ votivæ, post primam orationem semper dicatur oratio ejus, de quo fit officium, ut supra explicatum est in propria rubrica.*

4. *Quando fit commemoratio de feria Quatuor Temporum, pro feriæ Commemoratione dicitur prima oratio, quæ concordat cum officio.*

5. *In faciendis commemorationibus servetur ordo ut in Breviario : de dominica, ante diem infra octavam ; de die infra octavam, ante ferias prædictas ; de feriis prædictis, ante festum simplex; de festo simplici, ante orationes quæ secundo vel tertio loco dicendæ assignantur, et hæ dicantur ante orationes votivas ; in quibus votivis servetur deinde dignitas orationum, ut de sancta Trinitate, de Spiritu sancto, de sacramento, de sancta cruce ante votivam de B. Maria, et de angelis, et de S. Joanne Baptista ante apostolos, et similiter in aliis.*

6. *Si facienda sit commemoratio pro defunctis, semper ponitur penultimo loco. In missis autem defunctorum nulla fit commemoratio pro vivis, etiamsi oratio esset communis pro vivis et defunctis.*

7. *Quando dicuntur plures orationes, prima tantum et ultima cum sua conclusione terminantur; et ante primam et secundam orationem tantum dicitur* Oremus; *ante primam dicitur etiam* Dominus vobiscum.

8. *Cum vero dicuntur plures orationes, et una oratio eadem sit cum alia ibidem dicenda, oratio hujusmodi, illa scilicet quæ eadem est, non aliæ, commutetur cum alia de communi, vel propria, quæ sit diversa. Idem servetur in Secretis et orationibus post Communionem.*

VIII. *De Introitu, Kyrie eleison, et Glo-*

Gloria in excelsis.
(*Voir ces mots, et ceux des titres suivants, chacun en son lieu.*)

1. L'Introït se dit toujours avec *Gloria Patri*, comme on le voit en son lieu, excepté le temps de la Passion et les messes pour les défunts, où l'on marque ce qu'il faut dire.

2. Après l'Introït le *Kyrie eleison* se dit neuf fois alternativement avec le ministre, c'est-à-dire, trois fois *Kyrie eleison*, trois fois *Christe eleison*, et trois fois *Kyrie eleison*.

3. On dit *Gloria in excelsis* toutes les fois qu'à matines on a dit l'hymne *Te Deum*, excepté à la messe du jeudi saint et du samedi saint, où l'on dit *Gloria in excelsis*, quoique à l'office on n'ait pas dit *Te Deum*.

4. On ne le dit pas aux messes votives, même dans le temps pascal et pendant les octaves, si ce n'est le samedi à la messe de la bienheureuse vierge Marie, et à celle des anges ; on ne dirait si la messe votive était célébrée solennellement pour une cause grave, ou pour l'utilité publique de l'Eglise, pourvu que ce ne soit pas avec les ornements violets. On ne le dit pas aux messes pour les défunts.

IX. *Des oraisons*. (*Voy.* ce mot.)

1. Aux fêtes doubles, il n'y a qu'une oraison, à moins qu'il ne faille faire quelque commémoraison, comme on l'a dit plus haut.

2. Aux fêtes semi-doubles qui se rencontrent depuis l'octave de la Pentecôte jusqu'à l'Avent, et de la Purification au Carême, on dit pour seconde oraison *A cunctis*, la troisième à volonté.

3. Aux fêtes semi-doubles placées entre l'octave de l'Epiphanie et la Purification, on dit pour seconde oraison *Deus, qui salutis*, et pour troisième *Ecclesiæ*, ou celle du pape, *Deus, omnium fidelium*.

4. Aux fêtes semi-doubles, depuis le mercredi des Cendres jusqu'au dimanche de la Passion, la seconde oraison est celle de la férie, la troisième *A cunctis*.

5. Aux semi-doubles, depuis le dimanche de la Passion jusqu'au dimanche des Rameaux, la seconde oraison est celle de la férie, la troisième pour l'Eglise ou pour le pape.

6. Aux fêtes semi-doubles depuis l'octave de Pâques jusqu'à l'Ascension, la seconde oraison est celle de la sainte Vierge, la troisième pour l'Eglise ou le pape.

7. Aux fêtes semi-doubles qui surviennent pendant les octaves, la seconde oraison est celle de l'octave, et la troisième celle qui est désignée pour être la seconde pendant cette octave.

8. Pendant l'octave de Pâques et celle de la Pentecôte, à la messe de l'octave, on ne dit que deux oraisons, celle du jour, et une autre pour l'Eglise ou pour le pape.

9. Dans les autres octaves et aux veilles où l'on jeûne (excepté la veille de Noël et celle de la Pentecôte) on dit trois oraisons, celle du jour, la seconde de sainte Marie, la troisième pour l'Eglise ou pour le pape. Mais dans les octaves de la sainte

ria in excelsis.

1. *Introitus semper eodem modo dicitur cum Gloria Patri, ut in ordinario, præterquam tempore Passionis et in missis defunctorum, ut etiam ibi annotatum est.*

2. *Kyrie eleison dicitur novies post Introitum, alternatim cum ministro, id est, ter Kyrie eleison, ter Christe eleison, ter Kyrie eleison.*

3. *Gloria in excelsis dicitur quandocunque in matutino dictus est hymnus Te Deum, præterquam in missa feriæ quintæ in Cœna Domini, et sabbati sancti, in quibus Gloria in excelsis, dicitur, quamvis in officio non sit dictum Te Deum.*

4. *In missis votivis non dicitur, etiam tempore Paschali, vel infra octavas, nisi in missa B. Mariæ in sabbato et angelorum; et nisi missa votiva solemniter dicenda sit pro re gravi, vel pro publica Ecclesiæ causa, dummodo non dicatur missa cum paramentis violaceis. Neque dicitur in missis defunctorum.*

IX. *De orationibus.*

1. *In festis duplicibus dicitur una tantum oratio, nisi facienda sit aliqua commemoratio, ut dictum est supra.*

2. *In festis semiplicibus occurrentibus ab octava Pentecostes usque ad Adventum, et a Purificatione usque ad Quadragesimam, dicitur secunda oratio A cunctis, tertia ad libitum.*

3. *In festis semiplicibus occurrentibus ab octava Epiphaniæ usque ad Purificationem, dicitur secunda oratio Deus, qui salutis, tertia Ecclesiæ vel pro papa, Deus omnium fidelium.*

4. *In festis semiduplicibus, a feria quarta Cinerum usque ad dominicam Passionis, secunda oratio de feria, tertia A cunctis.*

5. *In semiduplicibus, a dominica Passionis usque ad dominicam Palmarum, secunda oratio de feria, tertia Ecclesiæ, vel pro papa.*

6. *In festis semiduplicibus ab octava Paschæ usque ad Ascensionem, secunda oratio de sancta Maria Concede nos, tertia Ecclesiæ vel pro papa.*

7. *In festis semiduplicibus infra octavas occurrentibus, secunda oratio dicitur de octava, tertia, quæ secundo loco infra octavam ponitur.*

8. *Infra octavas Paschæ et Pentecostes in missa de octava dicuntur duæ tantum orationes, una de die, alia Ecclesiæ vel pro papa.*

9. *Infra alias octavas, et in vigiliis quæ jejunantur (excepta vigilia Nativitatis Domini et Pentecostes) dicuntur tres orationes, una de die, secunda de sancta Maria, tertia, Ecclesiæ vel pro papa. Sed infra octavas sanctæ Mariæ et in vigilia, et*

Vierge, la veille et l'octave de tous les saints, la seconde oraison est du Saint-Esprit, la troisième pour l'Eglise ou pour le pape.

10. Les dimanches renfermés dans les octaves, on dit deux oraisons, celle du dimanche et celle de l'octave; le dernier jour de l'octave on ne dit qu'une oraison, à moins qu'il ne faille faire quelque mémoire.

11. Les dimanches en ont trois, indiquées au propre. Il y a quelques exceptions qui y sont aussi marquées.

12. Aux fêtes simples et aux féries pendant l'année, si le contraire n'est pas indiqué, on en dit trois comme aux semi-doubles, ou bien cinq; on peut aussi en dire sept à volonté.

13. Aux féries des Quatre-Temps, et quand on dit plusieurs leçons, on ajoute ces oraisons à la dernière qui précède l'Epître, comme il est marqué en son lieu dans le propre des messes du temps.

14. Aux messes votives, quand on les célèbre solennellement pour un objet grave, ou pour un motif de bien public par rapport à l'Eglise, on ne dit qu'une oraison, mais à la messe pour action de grâces, on en ajoute une autre indiquée en son lieu. Aux autres messes votives on dit plusieurs oraisons, comme aux fêtes simples.

15. Aux messes votives de la bienheureuse vierge Marie, la seconde oraison est celle de l'office de ce jour, et la troisième du Saint-Esprit; mais le samedi, quand on en a fait l'office, la seconde oraison sera du Saint-Esprit, et la troisième pour l'Eglise ou pour le pape. Aux messes votives des apôtres, si c'est un jour où l'oraison *A cunctis* est prescrite, on dit à la place l'oraison de la sainte Vierge (qui la précède dans le Missel).

16. Quand on dit plusieurs oraisons, s'il faut faire mémoire de quelque saint, on la place en second lieu, et la troisième oraison est celle qui autrement aurait été la seconde.

17. A la conclusion des oraisons, on observe cette règle : si l'oraison est adressée au Père, sa conclusion est *Per Dominum nostrum*, etc. Si c'est au Fils, on dit : *Qui vivis et regnas cum Deo Patre*. Si au commencement de l'oraison on fait mention du Fils, la conclusion est *Per eumdem Dominum nostrum*. Si l'on en fait mention à la fin de l'oraison, elle se termine par *Qui tecum vivit*. S'il est fait mention du Saint-Esprit, on dit à la conclusion : *In unitate ejusdem Spiritus sancti*, etc. On observe aussi tout ce qui a été dit ci-dessus sous le titre des commémoraisons.

X. *Epître, Graduel, Alleluia, Trait, Evangile.*

1. Après la dernière oraison on dit l'Epître ; quand elle est finie, les ministres répondent *Deo gratias*. De même quand il y a plusieurs leçons, on dit après chacune *Deo gratias*, excepté à la fin de la cinquième leçon de Daniel le samedi des Quatre-Temps, et à la fin des leçons du vendredi saint et du samedi saint.

---

infra octavam omnium sanctorum, secunda oratio dicitur de Spiritu sancto, Deus, qui corda, tertia Ecclesiæ vel pro papa.

10. *In Dominicis infra octavas occurrentibus dicuntur duæ orationes, una de dominica, secunda de octava; et in die octava dicitur una tantum oratio, nisi facienda sit aliqua commemoratio.*

11. *In Dominicis dicuntur tres, ut in Ordinario assignantur, quibusdam exceptis, ut suis etiam locis notatur.*

12. *In festis simplicibus et feriis per annum, nisi aliter in propriis locis notetur, dicuntur tres, ut in semiduplicibus, aut quinque; possunt etiam dici septem ad libitum.*

13. *In feriis Quatuor Temporum et ubi plures leguntur lectiones, hujusmodi plures orationes dicuntur post ultimam orationem ante Epistolam, ut suis locis in proprio missarum de tempore.*

14. *In missis votivis, quando solemniter dicuntur pro re gravi, vel pro publica Ecclesiæ causa, dicitur una tantum oratio ; sed in missa pro gratiarum actione additur alia oratio, ut in proprio loco notatur. In aliis autem dicuntur plures, ut in festis simplicibus.*

15. *In votivis B. Mariæ secunda oratio dicitur de officio illius diei, et tertia de Spiritu sancto ; sed in sabbato, quando de ea factum est officium, secunda oratio erit de Spiritu sancto, tertia Ecclesiæ vel pro papa. In votivis de apostolis, quando ponitur oratio A cunctis, ejus loco dicitur oratio de sancta Maria Concede nos famulos.*

16. *Si cum plures dicuntur orationes, occurrat fieri commemorationem alicujus sancti, ea ponitur secundo loco, et tertia oratio dicitur, quæ alias secundo loco dicenda erat.*

17. *In conclusione orationum hic modus servatur. Si oratio dirigatur ad Patrem, concluditur Per Dominum nostrum, etc. Si ad Filium, Qui vivis, et regnas cum Deo Patre. Si in principio orationis fiat mentio Filii, concluditur Per eumdem Dominum nostrum. Si in fine orationis ejus fiat mentio, Qui tecum vivit. Si facta sit mentio Spiritus sancti, in conclusione dicitur; In unitate ejusdem Spiritus sancti, etc. Alia quoque in dicendis orationibus serventur, quæ superius in rubrica de commemorationibus dicta sunt.*

X. *De Epistola, Graduali, Alleluia et Tractu, ac de Evangelio.*

1. *Post ultimam orationem dicitur Epistola, qua finita a ministris respondetur Deo gratias. Et similiter quando leguntur plures lectiones, post singulas dicitur Deo gratias, præterquam in fine quintæ lectionis Danielis in sabbatis Quatuor Temporum, et in fine lectionum feriæ sextæ in Parasceve et sabbati sancti.*

2. Après l'Epître vient le Graduel qu'on dit toujours, excepté dans le temps pascal; alors on le remplace par deux versets, comme cela se voit le samedi de l'octave de Pâques.

3. Après le Graduel on dit deux fois *Alleluia*, ensuite un verset, puis une fois *Alleluia*. Dans le temps pascal, quand on ne dit point de Graduel, on dit un autre *Alleluia* après le second verset, et quand il y a une Prose ou Séquence, on ne le dit pas après le second verset, mais après la Prose ou Séquence.

4. On ne dit pas *Alleluia* depuis la Septuagésime jusqu'au samedi saint; ni aux messes de la férie pendant l'Avent, ni les jours de Quatre-Temps et les veilles qui portent jeûne, excepté la veille de Noël si elle arrive un dimanche, les veilles de Pâques et de la Pentecôte, et les Quatre-Temps qui suivent cette fête. On ne le dit pas à la fête des saints Innocents, à moins qu'elle n'arrive le dimanche.

5. Depuis la Septuagésime jusqu'à Pâques, au lieu d'*Alleluia* on dit un Trait, lequel s'omet à certaines féries, comme il est marqué en son lieu; on ne le dit pas aux féries de la Septuagésime au Carême, quand on répète la messe du dimanche.

6. Après le Graduel, ou l'*Alleluia* ou le Trait, on dit l'Evangile. On commence par *Dominus vobiscum*, etc.; ensuite *Sequentia*, etc. A la fin le ministre répond *Laus tibi, Christe*, même à cette partie de la Passion qui tient lieu d'Evangile, excepté le ven-

2. *Post* Epistolam *dicitur* Graduale, *quod semper dicitur, præterquam tempore paschali, cujus loco tunc dicuntur duo versus, ut habetur in sabbato in albis.*

3. *Post Graduale dicuntur duo Alleluia, deinde versus, et post versum unum Alleluia. Tempore paschali, quando non dicitur Graduale, dicitur aliud Alleluia post secundum versum, et quando dicitur Sequentia, non dicitur post ultimum versum, sed post Sequentiam.*

4. *A Septuagesima usque ad sabbatum sanctum non dicitur Alleluia, neque dicitur in missis de feria, in Adventu, Quatuor Temporibus et vigiliis quæ jejunantur, exceptis vigilia Nativitatis Domini, si venerit in dominica, et vigilia Paschæ, et Pentecostes, ac Quatuor Temporibus Pentecostes. Nec dicitur in festo SS. Innocentium, nisi venerit in dominica.*

5. *A Septuagesima usque ad Pascha ejus loco dicitur Tractus, qui tractus prædicto tempore in aliquibus feriis non dicitur, ut suis locis ponitur; nec dicitur in feriis a Septuagesima usque ad Quadragesimam, quando repetitur missa Dominicæ.*

6. *Dicto Graduali seu* Alleluia, *seu* Tractu, *dicitur Evangelium. Et in principio Evangelii dicitur Dominus vobiscum, ℟ Et cum spiritu tuo. Deinde Sequentia sancti Evangelii secundum N. Gloria tibi, Domine. In fine Evangelii a ministro respondetur Laus tibi,*

dredi saint. Puis on dit le *Credo*, s'il faut le dire.

XI. Du Symbole.

(*La traduction de ce paragraphe se trouve aux mots* MESSE BASSE, *art.* 9, *n.* 6)

Christe, *quod etiam dicitur in fine illius partis Passionis quæ legitur in tono Evangelii, præterquam in Parasceve. Postea, si dicendum est, dicitur Credo.*

XI. De Symbolo.

Symbolum dicitur post Evangelium in omnibus dominicis per annum, etiamsi in illis sit de festo in quo alias non diceretur, vel dominica vacet. In tribus missis de nativitate Domini, et deinceps usque ad octavam sancti Joannis apostoli inclusive. In Epiphania et per octavam. (In festo SS. Nominis Jesu.) In feria quinta in Cœna Domini. In Paschate resurrectionis, et per octavam. In Ascensione Domini, et per octavam. In Pentecoste et per octavam. In festo Corporis Christi, et per octavam. In omnibus festis B. Mariæ, et per octavam. In festis duodecim apostolorum et Evangelistarum, et per octavam. In utraque cathedra S. Petri, et in festo S. Petri ad Vincula. In festis Conversionis et Commemorationis S. Pauli apostoli. In festo S. Joannis ante portam Latinam. In festo S. Barnabæ apostoli. In festis Inventionis et Exaltationis S. Crucis. In Transfiguratione Domini. In festis Angelorum. In festo S. Mariæ Magdalenæ. In festis quatuor doctorum, videlicet, Gregorii, Ambrosii, Augustini, et Hieronymi; addito festo S. Thomæ de Aquino, S. Bonaventuræ, S. Isidori, S. Anselmi, S. Leonis et S. Petri Chrysologi. Item in festis doctorum, Athanasii, Basilii, Gregorii Nazianzeni, et Joannis Chrysostomi. In die octavarum S. Joannis Baptistæ, et sancti Laurentii. In festo Omnium Sanctorum, et per octavam. In dedicationibus sancti Salvatoris, et SS. apostolorum Petri et Pauli. In anniversario Dedicationis propriæ ecclesiæ, et per octavam. In die Consecrationis ecclesiæ vel altaris. In festis SS. quibus dedicata est ecclesia, et ubi habetur corpus vel insignis reliquia sancti de quo agitur. In die creationis et coronationis summi pontificis, et in anniversario ejusdem diei. In die et in anniversario electionis et consecrationis episcopi. Item in omnibus festis quæ in dominicis et infra octavas celebrantur; in quibus ratione dominicæ et octavæ dici debet. Item in festo patroni alicujus loci vel tituli ecclesiæ (non autem alicujus capellæ vel altaris), et in festis principalibus ordinum, et per eorum octavas, in ecclesiis tantum illius ordinis. Item dicitur Credo in missis votivis quæ solemniter pro re gravi, vel pro publica ecclesiæ causa celebrantur, etiamsi dicantur in paramentis violaceis in dominica.

XII. Offertoire, Secrètes, Préface et Canon.

1. Après le symbole, ou, s'il ne faut pas le dire, après l'Evangile on dit *Domi-*

XII. De Offertorio, Secretis, Præfationibus, et Canone.

1. *Post symbolum, vel, si non sit dicendum, post Evangelium dicitur* Dominus

nus vobiscum, Oremus, ensuite l'Offertoire, puis on fait l'oblation avec les oraisons qui sont à l'ordinaire de la messe. Après cela on dit les oraisons secrètes en même nombre que les oraisons dites à haute voix au commencement de la messe ; avant la première Secrète on ne dit pas *Dominus vobiscum*, ni autre chose ; mais après *Suscipiat*, etc., on les commence sans préambule ; on ne dit pas non plus *Oremus* avant la seconde. On termine la première et la dernière Secrète comme il a été dit au titre des oraisons ; on les dit tout bas jusqu'à ces mo's de la conclusion, *Per omnia sæcula*, etc., qui sont prononcés à haute voix et suivis de la Préface.

(Les n. 2, 3, 4 et 5 sont contenus aux mots MESSE BASSE, art. 7, n. 23.)

2. *Præfationes autem dicuntur ut in ordine missæ annotatum est, et quæ in Quadragesima, tempore Passionis et paschali, et infra octavas propriæ assignantur, dicuntur etiam in dominicis et festis quæ illis temporibus celebrantur, nisi illa festa propriam præfationem habeant.*

3. *Si infra octavam alicujus festi, quod habet Præfationem propriam, occurrat festum ex majoribus, non habens propriam Præfationem, dicitur Præfatio de octava, quamvis de ea nulla fiat commemoratio in missa.*

4. *In missis votivis dicitur etiam Præfatio propria, si propriam habeant ; si vero non habuerint, dicitur Præfatio de tempore vel octavæ infra quam contigerit hujusmodi missas celebrari ; alioquin Præfatio communis. Et quando aliqua missa votiva pro causa publica solemniter celebratur, dicitur in cantu solemni ut in duplicibus. In missis defunctorum quocunque tempore, semper dicitur Præfatio communis.*

5. *In dominicis per annum, quando non habeatur Præfatio propria, dicitur Præfatio de Trinitate, ut annotatum jam est in ordine missæ.*

6. Après la préface on commence le Canon tout bas, observant ce qui est marqué à l'ordinaire de vobiscum, Oremus, deinde Offertorium, postea fit oblatio cum orationibus, ut in ordine missæ. Qua oblatione facta, dicuntur Orationes secretæ, secundum numerum orationum, quæ clara voce in principio dictæ sunt : sed ante primam orationem non dicitur Dominus vobiscum, nec aliquid aliud, sed dicto Suscipiat Dominus sacrificium, absolute dicuntur, neque etiam ante secundam orationem dicitur Oremus. Terminantur autem prima et ultima oratio ut dictum est supra in rubrica de orationibus, et secreto dicuntur usque ad illa verba in conclusione, Per omnia sæcula sæculorum, quæ clara voce proferuntur, et incipitur* Præfatio.

. . .

6. *Post Præfationem incipitur* Canon Missæ *secreto, in quo serventur omnia, ut in ordine missæ. Ubi vero* la messe ; quand il y a quelque variation pour les prières *Communicantes* et *Hanc igitur*, cela est marqué aux messes particulières qui l'exigent.

XIII. Communion, Oraisons après la Communion, *Ite missa est*, ou *Benedicamus Domino*, Bénédiction et Évangile de saint Jean.

1. Après le Canon et ce qui suit, le prêtre ayant communié dit la Communion et les oraisons suivantes, de la même manière et dans le même ordre qu'au commencement de la messe. Il répète *Dominus vobiscum* et dit *Ite missa est*, toutes les fois qu'il a dit *Gloria in excelsis*, et dans les autres cas *Benedicamus Domino*. ℟ *Deo gratias*. Aux messes pour les défunts on dit *Requiescant in pace*. ℟ *Amen*.

2. Après *Placeat* on donne la bénédiction ; le célébrant la donne toujours, excepté aux messes pour les défunts. Ensuite il lit l'Évangile selon saint Jean *In principio*, commençant par *Dominus vobiscum* et *Initium*, à l'ordinaire.

infra actionem, *Communicantes*, et *Hanc igitur*, *vel alia variari contingit*, *suo loco propriis missis annotatur.*

XIII. De Communione, Orationibus post Communionem, *Ite missa est, vel Benedicamus Domino, de Benedictione et Evangelio sancti Joannis.*

1. *Expleto Canone, et aliis omnibus usque ad Communionem, ea peracta, dicitur* Communio *et* Orationes post Communionem, *eodem modo et ordine ut in principio missæ ; et repetito* Dominus vobiscum, *dicitur* Ite Missa est, *vel* Benedicamus Domino, *pro temporis ratione.* Ite Missa est *dicitur quandocunque dictum est* Gloria in excelsis. *Cum non dicitur, ejus loco dicitur* Benedicamus Domino. ℟ Deo gratias. *In missis defunctorum dicitur* Requiescant in pace. ℟ Amen.

2. *Dicto* Placeat, *datur* Benedictio, *quæ a celebrante semper datur in missa, præterquam in missis defunctorum. Deinde legitur* Evangelium sancti Joannis In principio, *præmisso* Dominus vobiscum, *et* Initium, *ut moris est* (1) :

Quod Evangelium nunquam prætermittitur in missa, nisi quando fit de festo in aliqua dominica vel feria quæ habet Evangelium proprium, quod legitur ejus loco. Excipitur dominica quarta Adventus, cujus Evangelium non legitur in fine missæ, quando in ea occurrit vigilia Nativitatis Domini, quia nec in officio lectum est. In tertia missa de die Nativitatis Domini legitur in fine Evangelium de Epiphania, Cum natus esset Jesus. *Et in dominica Palmarum in missis privatis legitur Evangelium quod ponitur in benedictione Palmarum, quod etiam lectum est in officio. In vigiliis quæ occurrunt in Quadragesima vel Quatuor Temporibus, non legitur Evangelium vigiliæ in fine missæ. Et similiter in*

(1) La traduction de ce qui suit se trouve aux mots MESSE BASSE, art. 11, n. 10.

missis votivis nunquam legitur in fine aliud Evangelium, nisi sancti Joannis.

XIV Manière de prévoir la messe d'après ces rubriques.

Connaissant les rubriques précédentes, si quelqu'un veut prévoir la messe du jour, il doit recourir aux messes du temps ou des saints, selon la qualité de l'office. S'il n'y en a pas de propre, on a recours au commun des saints. S'il faut dire la messe de la férie, et que cette férie n'en ait pas de propre, on dit la messe du dimanche précédent, omettant *Gloria in excelsis* et le *Symbole*; au temps pascal, on dit toujours *Gloria in excelsis*, excepté à la messe des Rogations; dans l'Avent, après le Graduel, on omet l'*Alleluia* et son verset. S'il faut dire une messe votive, on la cherchera après le commun des saints. S'il y a plusieurs oraisons à dire, on les cherchera après les messes votives, où l'objet de chacune est désigné par son titre. S'il faut dire une messe pour les défunts, elle se trouve après les messes votives avec diverses collectes, à la fin du Missel. L'ordre de toute la messe, avec les Préfaces, le Canon et le reste, est inséré dans le propre des messes du temps.

XV. Heure de la célébration de la messe.

1. Après avoir récité au moins matines et laudes, on peut dire une messe privée à toute heure, depuis l'aurore jusqu'à midi.

2. Mais la messe conventuelle et solennelle doit se dire dans l'ordre suivant. Aux fêtes doubles et semi-doubles, les dimanches et pendant les octaves, c'est quand on a dit en chœur l'heure de tierce. Aux fêtes simples et aux féries pendant l'année, c'est quand on a dit sexte. Dans l'Avent, le Carême, aux Quatre-Temps, même pendant l'octave de la Pentecôte et aux veilles qui portent jeûne, quoique ce soient des jours solennels, la messe du temps doit être chantée après none.

3. La messe pour les défunts doit se dire après prime du jour; dans les lieux où l'on en dit l'office le matin après matines du jour, on peut dire la messe pour les défunts immédiatement après qu'on a dit pour eux matines et laudes. Mais le jour de la Commémoration de tous les fidèles défunts, on en dit la messe après none, parce que ce jour-là, c'est la messe conventuelle ou principale. Le jour de la sépulture d'un défunt (*ou le jour où il est déposé dans l'église*), le troisième, le septième, le trentième jour, l'anniversaire solennel, où il y a concours du peuple, on peut aussi placer cette messe au dernier lieu après none.

4. Il faut excepter de cet ordre, prescrit pour la messe conventuelle, les messes de Noël, dont la première se dit après minuit, quand on a fini *Te Deum* à matines; la seconde à l'aurore, quand on a dit laudes et prime; la troisième dans le jour après tierce; on peut faire autrement avec dispense du siège apostolique.

5. Les messes votives ne correspondant pas à l'office, si on les célèbre solennellement pour un objet grave, ou utile au

XIV. De ordinanda missa ex supradictis rubricis.

Supradictis rubricis cognitis, si quis velit ordinare missam diei, recurrat ad ordinarium missarum de tempore, vel de sanctis, secundum qualitatem officii. Si proprium non habeat, recurrat ad commune sanctorum. Si de feria agendum sit, et propria missa non fuerit de feria, dicatur missa præcedentis dominicæ, omissis Gloria in excelsis *et* Symbolo, *præterquam tempore paschali, in quo semper dicitur* Gloria in excelsis, *ut supra, excepta missa Rogationum; et in Adventu prætermittitur* Alleluia *post* Graduale *cum suo versu. Si dicenda sit missa votiva, requiratur post commune sanctorum suo loco. Si plures orationes dicendæ sint, requirantur post missas votivas, suo loco de singulis rebus singulæ. Si pro defunctis dicenda sit missa, habetur post missas votivas, cum collectis diversis circa finem Missalis. Ordo totius missæ, cum Præfationibus, Canone, et aliis dicendis, habetur suo loco cum proprio missarum de tempore.*

XV. De hora celebrandi missam.

1. *Missa privata saltem post matutinum et laudes quacunque hora ab aurora usque ad meridiem dici potest.*

2. *Missa autem conventualis et solemnis sequenti ordine dici debet. In festis duplicibus et semiduplicibus, in dominicis, et infra octavas dicta in choro hora tertia. In festis simplicibus, et in feriis per annum dicta sexta. In Adventu, Quadragesima, Quatuor Temporibus, etiam infra octavam Pentecostes, et vigiliis quæ jejunantur, quamvis sint dies solemnes, missa de tempore debet cantari post nonam.*

3. *Missa autem defunctorum dici debet post primam diei; ubi vero dicuntur corum vigiliæ mane post matutinum dici, dictis hujusmodi vigiliis cum laudibus, immediate dici potest missa pro defunctis. Sed in die commemorationis omnium fidelium defunctorum missa conventualis dicitur post nonam, quia eo die est principalis. In die autem depositionis defuncti vel tertio, septimo, trigesimo, aut anniversario solemni, in quo fit concursus populi, poterit similiter dici ultimo loco post nonam.*

4. *Excipiuntur ab hoc ordine dicendi missam conventualem, missæ in Nativitate Domini, quarum prima dicitur post mediam noctem, finito* Te Deum laudamus, *in matutino; secunda in aurora, dictis laudibus et prima; tertia vero in die post tertiam, vel ubi ali.er ex dispensatione apostolica disponatur.*

5. *Missæ votivæ, quia non correspondent officio, si solemniter celebrentur pro re gravi, vel publica Ecclesiæ causa cum*

bien public de l'Eglise, avec affluence du peuple, sont dites après none

XVI. Ce qu'on doit dire à haute voix, ou tout bas à la messe.

populi frequentia, dicantur post nonam.

XVI. De iis quæ clara voce aut secreto dicenda sunt in missa.

(*La traduction du n. 1 se trouve aux mots* MESSE BASSE, *art.* 16, *vers la fin.*)

1. In missa privata, clara voce dicitur Antiphona et Psalmus ad Introitum, Confessio, et quæ sequuntur, excepta oratione Aufer a nobis, et Oramus te, Domine, per merita sanctorum tuorum, etc. Item Introitus, Kyrie eleison, Gloria in excelsis, Dominus vobiscum, Oremus, Flectamus genua, Levate, Oratio vel Orationes, Prophetiæ, Epistola, Graduale, Versus, Tractus, Sequentia, Evangelium, Credo, Offertorium, Orate fratres, *solum hæc duo verba*; Præfatio, Nobis quoque peccatoribus, *solum hæc tria verba*. Item Per omnia sæcula sæculorum, etc., cum Pater noster; Per omnia sæcula sæculorum, cum Pax Domini, Agnus Dei, Domine non sum dignus, *hæc quatuor verba tantum*; Communio, Oratio, vel Orationes post Communionem, Humiliate capita vestra Deo, Ite Missa est, *vel* Benedicamus Domino, *vel* Requiescant in pace, Benedictio, *et* Evangelium In principio, *vel aliud* Evangelium. Alia omnia dicuntur secreto.

2. Le prêtre doit avoir un très-grand soin de prononcer distinctement et posément ce qui doit être dit à voix haute, assez lentement pour pouvoir faire attention à ce qu'il dit, sans ennuyer les assistants par une lenteur excessive; il ne doit pas élever la voix de manière à troubler les autres qui célébreraient en même temps dans la même église, ni prononcer si bas qu'il ne puisse pas être entendu de ceux qui l'environnent; il doit prononcer d'une voix médiocre et grave qui porte à la dévotion, et telle que les assistants puissent comprendre ce que le prêtre lit tout haut. Ce qu'il doit dire tout bas doit se prononcer de manière qu'il puisse s'entendre lui-même, sans être entendu des assistants.

2. Sacerdos autem maxime curare debet ut ea quæ clara voce dicenda sunt, distincte et apposite proferat, non admodum festinanter, ut advertere possit quæ legit, nec nimis morose, ne audientes tædio afficiat: neque etiam voce nimis elata, ne perturbet alios, qui fortasse in eadem ecclesia tunc temporis, celebrant, neque tam submissa, ut a circumstantibus audiri non possit, sed mediocri et gravi, quæ et devotionem moveat, et audientibus ita sit accommodata, ut quæ leguntur intelligant. Quæ vero secreto dicenda sunt ita pronuntiet ut et ipsemet se audiat, et a circumstantibus non audiatur.

3. A la messe solennelle, quand on

3. In missa solemni quando dici debet a

doit dire Gloria in excelsis et Credo, le célébrant entonne cela ; il chante aussi Dominus vobiscum et les oraisons qui précèdent l'Epître, Oremus avant les oraisons et avant l'Offertoire, la Préface, le Pater, Per omnia sæcula sæculorum avant le Pater et avant Pax Domini, et les oraisons après la Communion. Pour les autres choses qui se disent tout haut à la messe basse, le célébrant les dit presque tout bas à la messe solennelle. (*Il faut cependant qu'il se fasse entendre à ses ministres quand ils doivent lui répondre.*)

XVII. Règles pour fléchir les genoux, s'asseoir et se tenir debout, à la messe privée, et à la messe solennelle.

1. A la messe basse, le prêtre fait la génuflexion à ces mots de l'Evangile selon saint Jean : Et Verbum caro factum est ; à ces mots de l'Evangile pour l'Epiphanie : Et procidentes adoraverunt eum ; le mercredi après le quatrième dimanche de Carême, vers la fin de l'Evangile, à ces mots : Et procidens adoravit eum ; le dimanche des Rameaux et aux messes de la Croix, à ces mots de l'Epître : In nomine Jesu omne genu flectatur, etc. ; et quand il dit la Passion, au mot exspiravit ou emisit spiritum ; chacune de ces génuflexions est marquée en son lieu. Il en est de même quand il dit Flectamus genua ; dans le Carême à ces mots du Trait : Adjuva nos, etc., et à toutes les messes du Saint-Esprit, quand il dit : Veni, sancte Spiritus, etc. Quand le saint sacrement paraît à découvert sur l'autel,

celebrante Gloria in excelsis et Credo, intonantur; et cantantur Dominus vobiscum et orationes ante Epistolam, Dominus vobiscum, Oremus ante orationes et ante Offertorium, Præfatio, Per omnia sæcula sæculorum, cum Pater noster, Per omnia sæcula sæculorum, cum Pax Domini, et orationes post Communionem. Alia quæ in missa privata dicuntur clara voce, in missa solemni a celebrante dicuntur submissa voce.

XVII. De ordine genuflectendi, sedendi, et standi in missa privata et solemni.

1. In missa privata sacerdos genuflectit, quando legit Evangelium sancti Joannis In principio, ad illa verba Et Verbum caro factum est, et in Evangelio Epiphaniæ, Cum natus esset Jesus, ad illa verba Et procidentes adoraverunt eum. Item in Evangelio fer. quart. post dominicam quartam Quadragesimæ, ad illa verba in fine, Et procidens adoravit eum. Item genuflectit in dominica Palmarum, et in missis de Cruce, ad illa verba in Epistola, In nomine Jesu omne genu flectatur, etc., et quando legitur Passio, ad illa verba exspiravit, vel emisit spiritum, ut suis locis notatur. Item genuflectit, cum dicit Flectamus genua. Item quando in Quadragesima dicit in tractu ÿ Adjuva nos, Deus, etc., et in omnibus missis de Spiritu sancto, cum dicit ÿ Veni, sancte Spiritus, reple, etc. Item quan-

il fait la génuflexion toutes les fois qu'il passe devant le milieu de l'autel (*et toutes les fois qu'il y arrive ou qu'il en part*). Enfin il la fait chaque fois que dans l'ordinaire de la messe et dans la partie des rubriques où l'on prescrit les cérémonies à observer dans la messe, la génuflexion est indiquée.

2. Ceux qui assistent aux messes privées sont toujours à genoux, même pendant le temps pascal, excepté à la lecture de l'Évangile.

3. A la messe solennelle, le célébrant fléchit le genou comme il est dit ci-dessus, excepté à *Flectamus genua*; alors il est seul debout; le diacre, le sous-diacre et tous les autres font la génuflexion. Aux versets *Adjuva nos*, et *Veni, sancte Spiritus*, il reste à genoux jusqu'à la fin. Il en fait autant le jour de l'Annonciation de la vierge Marie et aux trois messes de Noël, quand on chante dans le chœur : *Et incarnatus est*, etc. Les autres jours, s'il est assis pendant qu'on chante ces mots, il ne se met pas à genoux; il se découvre seulement la tête et l'incline profondément ; s'il n'est pas assis, il se met à genoux.

4. Les ministres font toujours la génuflexion avec le célébrant, excepté le sous-diacre qui tient le livre pendant l'Évangile, et les acolytes qui tiennent les chandeliers, lesquels alors ne font pas la génuflexion.

(*Les n.* 5 *et* 7 *sont traduits et expliqués au mot* CHŒUR, *sous ce titre* : Cérémonies du chœur pendant la messe solennelle.)

do sacramentum in altari discoopertum apparet, genuflectit quoties ante illud transit in medio altaris ; et quandocumque in ordine missæ et in ritu servando in celebratione missæ notatur, quod debeat genuflectere.

2. *Circumstantes autem in missis privatis semper genua flectunt, etiam tempore paschali, præterquam dum legitur Evangelium.*

3. *In missa solemni celebrans genuflectit ad omnia supradicta, præterquam ad Flectamus genua, et tunc ipse solus stat ; diaconus vero et subdiaconus, et omnes alii genuflectunt. Ad versum vero Adjuva nos Deus, et ad versum Veni, sancte Spiritus, etc., genuflectit usque ad finem. Item genuflectit in die Annuntiationis beatæ Mariæ, et in tribus missis Nativitatis Domini, quando cantatur in choro Et incarnatus est, etc. Aliis diebus, si sedeat, cum cantantur ea verba, non genuflectit, sed caput tantum profunde inclinat apertum : si non sedet, genuflectit.*

4. *Ministri semper genuflectunt cum celebrante, præterquam subdiaconus tenens librum ad Evangelium, et acolythi tenentes candelabra, qui tunc non genuflectunt. Et cum diaconus cantat illa verba, ad quæ est genuflectendum, ipse versus librum, celebrans, et omnes alii versus altare genuflectunt.*

5. In chœur genuflectitur ab iis qui non sunt prælati, ad confessionem cum suo psalmo. In missis autem feriarum Adventus, Quadragesimæ, Quatuor Temporum et vigiliarum quæ jejunantur, ac in missis defunctorum, genuflectunt omnes etiam ad orationes, et dicto per celebrantem *Sanctus*, usque ad *Pax Domini*, et ad *orationes post Communionem*, et *super populum*, excepta vigilia Paschæ, et Pentecostes, ac Nativitatis Domini, et Quatuor Temporibus Pentecostes. Et similiter ab omnibus genuflectitur quando elevatur sacramentum.

6. A la messe solennelle le célébrant peut être assis entre le diacre et le sous-diacre, au côté de l'Épître près de l'autel, pendant qu'on chante *Kyrie eleison*, *Gloria in excelsis* et *Credo* ; le reste du temps il est debout devant l'autel, ou à genoux comme on l'a dit ci-dessus.

6. *In missa item solemni celebrans medius inter diaconum et subdiaconum sedere potest a cornu Epistolæ, juxta altare cum cantantur Kyrie eleison, Gloria in excelsis et Credo ; alio tempore stat ad altare, vel genuflectit, ut supra.*

7. In choro non sedent qui actu cantant ; reliqui autem possunt sedere quando celebrans sedet, et præterea dum cantatur *Epistola* et *Prophetia*, *Graduale*, *Tractus* vel *Alleluia*, cum *Versu* ac *Sequentia*, et ab *Offertorio* usque ad incensationem chori, et si non incensatur, usque ad *Præfationem*, et ad *antiphonam quæ dicitur Communio*. Ad alia stant, vel genuflectunt ut supra.

XVIII. De la couleur des ornements.

XVIII. De coloribus paramentorum.

1. Les ornements de l'autel, du célébrant et des ministres doivent être d'une couleur convenable à l'office et à la messe du jour, selon l'usage de l'Église romaine, qui se sert de cinq couleurs, le blanc, le rouge, le vert, le violet et le noir.

1. *Paramenta altaris, celebrantis et ministrorum debent esse coloris convenientis officio et missæ diei, secundum usum romanæ Ecclesiæ, quæ quinque coloribus uti consuevit, albo, rubeo, viridi, violaceo, et nigro.*

Ces couleurs sont indiquées chaque jour dans le Bref ou Ordo *diocésain, et pour le rite romain, voyez l'art.* CALENDRIER, *vers la fin. Quant aux messes votives dont la couleur peut être différente de celle du jour, voyez l'art.* VOTIVES (Messes.)

2. *Albo colore utitur a vesperis vigiliæ Nativitatis Domini, usque ad octavam Epiphaniæ inclusive, exceptis festis martyrum, quæ infra ea veniunt. In festo SS. Nominis Jesu. Feria quinta in Cœna Domini, et sabbato sancto in officio missæ, et ab illo die usque ad sabbatum in vigilia Pentecostes ad nonam, in officio de tempore, præterquam in missa Lita-*

niarum et Rogationum. *In festo SS. Trinitatis. In festo Corporis Christi. In festo Transfigurationis Domini. In festis B. M. Virginis*, præterquam in benedictione candelarum et processione quæ fit in festo Purificationis ejusdem. *In festis Angelorum. In Nativitate sancti Joannis Baptistæ. In principali festo sancti Joannis evangelistæ*, quod celebratur infra octavam Nativitatis Domini. *In utraque Cathedra sancti Petri. In festo sancti Petri ad Vincula. In Conversione sancti Pauli. In festo Omnium Sanctorum. In festo confessorum pontificum et non pontificum, et doctorum. In festis SS. virginum non martyrum, et nec virginum nec martyrum. In Dedicatione et Consecratione ecclesiæ vel altaris, ac in consecratione summi pontificis, et in anniversario creationis et coronationis ejusdem, et electionis, et consecrationis episcopi. Item per octavas prædictorum festorum*, quæ octavas habent, quando dicitur missa de octava, et in dominicis infra eas occurrentibus, quando in eis fit officium de dominica, præterquam in illis dominicis quibus tributus est color violaceus. *In missis votivis supradictorum festorum*, quocunque tempore dicantur, et in missa pro sponso et sponsa.

3. *Rubeo colore utitur a vigilia Pentecostes in missa usque ad sabbatum sequens finita nona et missa. In festis sanctæ Crucis. In Decollatione sancti Joannis Baptistæ. In Natali apostolorum Petri et Pauli, et in festis aliorum apostolorum (exceptis festo principali sancti Joannis evangelistæ post Nativitatem, et festis Conversionis sancti Pauli, et Cathedræ sancti Petri, et ejus Vinculorum). In festo sancti Joannis ante portam Latinam. In Commemoratione sancti Pauli apostoli. In festis martyrum*, excepto festo SS. *Innocentium, quando non venerit in dominica*; si autem in dominica venerit, utitur rubeo; in ejus vero die octava semper utitur rubeo, quocunque die occurrat. *In festis SS. virginum martyrum, et martyrum non virginum. Item per octavas prædictorum festorum*, quæ octavas habent, quando fit de octava, et in dominicis infra eas octavas occurrentibus, eodem modo ut dictum est supra de colore albo. *Item in missis votivis supradictorum festorum, et in missa pro eligendo summo pontifice.*

4. *Viridi colore utitur ab octava Epiphaniæ usque ad Septuagesimam, et ab octava Pentecostes usque ad Adventum exclusive, in officio de Tempore*, excepta dominica Trinitatis, ut supra, ac exceptis dominicis infra octavas occurrentibus, in quibus color octavarum servatur; exceptis etiam vigiliis et Quatuor Temporibus ut infra.

5. *Violaceo colore utitur a prima dominica Adventus in primis vesperis usque ad missam vigiliæ Nativitatis Domini inclusive; et a Septuagesima usque ad sabbatum sanctum ante missam inclusive, in officio de Tempore*, excepta feria quinta in Cœna Domini, in qua utitur albo; et feria sexta in Parasceve, in qua utitur nigro, ut infra; et benedictione cerei in sabbato sancto, in qua diaconus illius Præfationem dicens, solus utitur albo; ea autem finita, violaceo, ut prius. *Item in vigilia Pentecostes ante missam a prima prophetia usque ad benedictionem fontis inclusive. In Quatuor Temporibus et vigiliis quæ jejunantur*, exceptis vigiliis et Quatuor Temporibus Pentecostes. *In missa Litaniarum, in die sancti Marci evangelistæ et Rogationum, et in processionibus quæ his diebus fiunt. In festo SS. Innocentium, quando non venerit in dominica. In benedictione candelarum in die Purificationis beatæ Mariæ, et in benedictione cinerum ac palmarum, et in ipsa dominica in Palmis, et in eorumdem, ac generaliter in omnibus processionibus; exceptis processionibus SS. sacramenti, et quæ fiunt in diebus solemnibus, vel pro gratiarum actione. In missis de Passione Domini; pro quacunque necessitate; pro peccatis; pro infirmis, et ad postulandam gratiam bene moriendi; ad tollendum schisma; contra paganos; tempore belli; pro pace; pro vitanda mortalitate; pro iter agentibus et pro infirmis.*

6. *Nigro colore utitur feria sexta in Parasceve, et in omnibus officiis et missis defunctorum.*

XIX. Qualité des ornements.

1. A la messe, le célébrant se sert toujours de la chasuble par-dessus l'aube.

2. Mais s'il est évêque, et qu'il célèbre solennellement, il a par-dessous la dalmatique et la tunique.

3. Il se sert de la chape aux processions et aux bénédictions qui se font à l'autel; à l'office de laudes et de vêpres, quand on les célèbre solennellement, celui qui assiste le célébrant à la messe pontificale se sert de la chape, ainsi que le célébrant quand il fait l'absoute, à la fin d'une messe pour les défunts.

4. Lorsque le célébrant se sert de la chape (*autrement appelée pluvial*). il quitte toujours le manipule; quand on ne peut avoir une chape pour les bénédictions qui se font à l'autel, le célébrant est sans chasuble, avec l'aube et l'étole.

5. La dalmatique et la tunique sont à l'usage du diacre et du sous-diacre, à la

XIX. De qualitate paramentorum.

1. *In officio missæ celebrans semper utitur planeta super albam.*

2. *Si autem sit episcopus et solemniter celebret, super dalmaticam et tunicellam.*

3. *Pluviali utitur in processionibus et benedictionibus quæ fiunt in altari. Item in officio laudum et vesperarum, quando solemniter dicuntur. Eodem utitur assistens celebranti in missa pontificali. Item quando celebrans post missam defunctorum facit in fine absolutionem.*

4. *Cum celebrans utitur pluviali, semper deponit manipulum, et ubi pluviale haberi non potest, in benedictionibus quæ fiunt in altari, celebrans stat sine planeta cum alba et stola.*

5. *Dalmatica et tunicella utuntur diaconus et subdiaconus in missa solemni, et*

messe solennelle, aux processions et aux bénédictions, quand ils servent le prêtre.

processionibus, et benedictionibus, quando sacerdoti ministrant.

Pour le n. 6, voy. l'art. AVENT.

6. In diebus vero jejuniorum (præterquam in vigiliis sanctorum) et in dominicis et feriis Adventus et Quadragesimæ, ac in vigilia Pentecostes ante missam (exceptis dominica *Gaudete*, etiamsi ejus missa infra hebdomada repetatur, et dominica *Lætare*, et vigilia Nativitatis Domini, sabbato sancto in benedictione cerei, et in missa ac in Quatuor Temporibus Pentecostes); item in benedictione candelarum et processione in die Purificationis B. M., et in benedictione cinerum, ac benedictione palmarum et processione; in cathedralibus et præcipuis ecclesiis utuntur planetis plicatis ante pectus; quam planetam diaconus dimittit cum lecturus est Evangelium, eaque tunc super sinistrum humerum super stolam complicatur, aut ponitur aliud genus stolæ latioris in modum planetæ plicatæ, et facta communione resumit planetam ut prius. Similiter subdiaconus dimittit eam, cum lecturus est Epistolam, quam legit in alba; et ea finita, osculataque celebrantis manu, planetam resumit ut prius.

7. Dans les petites églises, les jours de jeûne susdits, on n'a que l'aube pour servir à l'autel. Le sous-diacre a le manipule, et le diacre a de plus l'étole qui descend de l'épaule gauche sous le bras droit.

7. In minoribus autem ecclesiis, prædictis diebus jejuniorum alba tantum amicti ministrant. Subdiaconus cum manipulo, diaconus etiam cum stola ab humero sinistro pendente sub dextrum.

XX. De la préparation et la décoration de l'autel (1).

XX. De præparatione altaris, et ornamentorum ejus.

Altare in quo sacrosanctum missæ sacrificium celebrandum est, debet esse lapideum, et ab episcopo sive abbate facultatem a sede apostolica habente consecratum; vel saltem ara lapidea, similiter ab episcopo vel abbate ut supra consecrata, in eo inserta, quæ tam ampla sit, ut hostiam et majorem partem calicis capiat. Hoc altare operiatur tribus mappis, seu tobaleis mundis, ab episcopo vel alio habente potestatem, benedictis superiori saltem oblonga, quæ usque ad terram pertingat, duabus aliis brevioribus, vel una duplicata. Pallio quoque ornetur coloris, quoad fieri potest, diei festo vel officio convenientis. Super altare collocetur crux in medio, et candelabra saltem duo cum candelis accensis hinc et inde in utroque ejus latere. Ad crucis pedem ponatur tabella secretarum appellata. In cornu Epistolæ cussinus supponendus Missali, et ab eadem parte Epistolæ paretur cereus, ad elevationem sacramenti accendendus, parva campanula, ampullæ vitreæ vini et aquæ, cum pelvicula et manutergio mundo in fenestella seu in parva mensa ad hæc præparata. Super altare nihil omnino ponatur quod ad missæ sacrificium vel ipsius altaris ornatum non pertineat.

OBSERVATION.

Ce qui précède forme la première partie des rubriques du Missel; on y indique seulement ce qu'il faut dire à la messe, et quelques autres choses; mais les nombreuses cérémonies qu'on doit y observer font l'objet de la seconde partie des rubriques, sous ce titre : *Ritus servandus in celebratione missæ*. Cette partie est fractionnée dans les articles MESSE BASSE et MESSE SOLENNELLE, et accompagnée de fort amples explications. Reste la dernière partie sous le titre *De defectibus*, comme il suit. Elle est aussi développée dans plusieurs articles que nous indiquerons. Il y a pour cette partie peu de différence dans les rites divers qui sont en usage.

DE DEFECTIBUS IN CELEBRATIONE MISSARUM OCCURRENTIBUS. (*Voy.* INCIDENTS.)

I.

Le prêtre qui va célébrer doit employer tous ses soins pour qu'il ne manque rien à la confection du sacrement de l'eucharistie. Il peut y avoir défaut dans la matière à consacrer, dans la forme à employer et dans le ministre qui célèbre. Si une seule de ces choses manque, savoir, la matière requise, la forme avec l'intention, et l'ordre sacerdotal dans le ministre, il n'y a pas sacrement; et tout cela s'y trouvant, quoi que ce soit qui manque d'ailleurs, il y a vrai sacrement. Il peut survenir d'autres incidents pendant la célébration de la messe, lesquels, sans empêcher qu'il y ait vrai sacrement, ne sont pourtant pas exempts de péché ou de scandale.

I.

Sacerdos celebraturus omnem adhibeat diligentiam ne desit aliquid ex requisitis ad sacramentum eucharistiæ conficiendum. Potest autem defectus contingere ex parte materiæ consecrandæ, et ex parte formæ adhibendæ, e, ex parte ministri conficientis. Quidquid enim horum deficit, scilicet materia debita, forma cum intentione; et ordo sacerdotalis in conficiente, non conficitur sacramentum. Et his existentibus, quibuscunque aliis deficientibus, veritas adest sacramenti. Alii vero sunt defectus qui in missæ celebratione occurrentes, etsi veritatem sacramenti non impediant, possunt tamen aut cum peccato aut cum scandalo contingere.

II. Défauts de la matière.

Il peut y avoir défaut dans la matière, c'est quand il y manque quelqu'une des choses requises, savoir, que le pain soit de froment, que le vin provienne de la vigne,

II. De defectibus materiæ.

Defectus ex parte materiæ possunt contingere si aliquid desit ex iis quæ ad ipsam requiruntur. Requiritur enim ut sit panis triticeus et vinum de vite; et ut

(1) Ce titre des rubriques générales est commenté à l'art. PRÉPARATION DE L'AUTEL.

III. Défauts du pain. (Voy. PAIN.)

1. Si le pain n'est pas de froment, ou si le froment est mêlé à d'autres espèces de grains en telle quantité que ce ne soit plus du pain de froment, ou bien s'il est corrompu d'une autre manière, il n'y a pas sacrement.

2. S'il est fait avec de l'eau rose ou autre distillation, il y a doute sur la validité.

3. S'il commence à se corrompre, sans être déjà corrompu; s'il n'est pas azyme, selon l'usage de l'Église latine, il y a sacrement; mais le ministre commet un péché grave.

4. Si avant la consécration le célébrant s'aperçoit que l'hostie est corrompue, ou qu'elle n'est pas de froment, il doit mettre de côté cette hostie, en prendre une autre, l'offrir, au moins mentalement, et reprendre à l'endroit où il s'était arrêté.

5. S'il s'en aperçoit après la consécration, même après avoir pris cette hostie, il doit s'en procurer une autre, l'offrir comme on l'a dit, et commencer la consécration à ces paroles : *Qui pridie*, etc., et s'il n'a pas pris la première, il doit la prendre après la communion sous les deux espèces, ou la faire prendre à d'autres, ou la réserver quelque part avec respect.

6. Si le prêtre reconnaît cela après la communion sous l'espèce du vin, il doit se procurer de nouveau du pain, du vin et de l'eau, faire l'oblation comme on l'a dit, reprendre la consécration à ces mots *Qui pridie*, communier de suite et continuer la messe; on agit ainsi pour ne pas laisser le sacrement imparfait, et pour observer l'ordre requis.

7. Si l'hostie consacrée disparaît par miracle ou autrement, si elle est emportée par le vent ou par quelque animal, sans qu'on puisse la retrouver, il faut en consacrer une autre en recommençant à *Qui pridie*, après l'avoir offerte comme on l'a dit.

IV. Défaut du vin. (Voy. VIN.)

1. Si le vin est devenu tout à fait aigre, ou s'il est entièrement gâté, s'il provient de raisins acerbes cueillis avant la maturité, si l'on y a mêlé tant d'eau qu'il soit tout autre que ce qu'il était, il n'y a pas sacrement.

2. Si le vin a commencé à s'aigrir ou à se corrompre, s'il est un peu acerbe, si c'est du moût tout récemment exprimé des raisins, si l'on n'y a pas mêlé de l'eau, ou si l'on y a mis de l'eau rose ou autre distillation, le sacrement existe, mais le ministre qui se sert d'une telle matière commet un péché grave.

3. Si avant la consécration du sang, quoique ce soit après la consécration du corps, le célébrant s'aperçoit qu'il n'y a pas du vin ou de l'eau dans le calice, ou qu'il n'y a ni l'un ni l'autre, il doit y mettre aussitôt du vin et de l'eau, l'offrir au

III. De defectu panis.

1. *Si panis non sit triticeus, vel, si triticeus, admixtus sit granis alterius generis in tanta quantitate, ut non maneat panis triticeus, vel sit alioqui corruptus, non conficitur sacramentum.*

2. *Si sit confectus de aqua rosacea, vel alterius distillationis, dubium est an conficiatur.*

3. *Si cœperit corrumpi, sed non sit corruptus; similiter si non sit azymus, secundum morem Ecclesiæ latinæ, conficitur, sed conficiens graviter peccat.*

4. *Si celebrans ante consecrationem advertit hostiam esse corruptam, aut non esse triticeam, remota illa hostia, aliam ponat, et facta oblatione saltem mente concepta, prosequatur ab eo loco ubi desivit.*

5. *Si id advertit post consecrationem, etiam post illius hostiæ sumptionem, posita alia, faciat oblationem ut supra, et a consecratione incipiat, scilicet ab illis verbis Qui pridie quam pateretur, et illam priorem si non sumpsit, sumat post sumptionem corporis, et sanguinis, vel aliis sumendam tradat, vel alicubi reverenter conservet. Si autem sumpserit, nihilominus sumat eam quam consecravit: quia præceptum de perfectione sacramenti majoris est ponderis quam quod a jejunis sumatur.*

6. *Quod si hoc contingat post sumptionem sanguinis, apponi debet rursus novus* hujusmodi materia consecranda in actu consecrationis sit coram sacerdote.

panis, et vinum cum aqua; et facta prius oblatione, ut supra, sacerdos consecret, incipiendo ab illis verbis Qui pridie, ac statim sumat utrumque et prosequatur missam, ne sacramentum remaneat imperfectum, et ut debitus servetur ordo.

7. *Si hostia consecrata dispareat, vel casu aliquo, aut vento, aut miraculo, vel ab aliquo animali accepta, nequeat reperiri, tunc altera consecretur ab eo loco incipiendo Qui pridie quam pateretur, facta ejus prius oblatione, ut supra.*

IV. De defectu vini.

1. *Si vinum sit factum penitus acetum, vel penitus putridum, vel de uvis acerbis, seu non maturis expressum, vel ei admixtum tantum aquæ, ut vinum sit corruptum, non conficitur sacramentum.*

2. *Si vinum cœperit acescere vel corrumpi, vel fuerit aliquantum acre, vel mustum de uvis tunc expressum, vel non fuerit admixta aqua vel fuerit admixta aqua rosacea, seu alterius distillationis, conficitur sacramentum, sed conficiens graviter peccat.*

3. *Si celebrans ante consecrationem sanguinis, quamvis post consecrationem corporis, advertat aut vinum, aut aquam, aut utrumque non esse in calice, debet statim apponere vinum cum aqua, et facta oblatione ut supra, consecrare incipiendo ab illis ver-*

moins mentalement, et commencer la consécration à ces paroles : *Simili modo*, etc.

4. S'il aperçoit, après les paroles de la consécration, qu'on n'a pas mis du vin, mais de l'eau, il doit déposer cette eau dans quelque vase, mettre de nouveau du vin et de l'eau dans le calice, et consacrer, en reprenant à ces paroles : *Simili modo*.

5. S'il s'en aperçoit après avoir pris l'hostie, et même cette eau, il peut prendre une autre hostie pour la consacrer ; il doit mettre du vin et de l'eau dans le calice, offrir le tout et le consacrer, puis le prendre, quoiqu'il ne soit pas à jeun. S'il célèbre dans un lieu public en présence de plusieurs personnes, pour éviter le scandale, il pourra se borner à mettre du vin et de l'eau dans le calice ; l'ayant offert comme on l'a dit, et consacré, il doit le prendre aussitôt et continuer le reste de la messe.

6. Si quelqu'un s'aperçoit avant ou après la consécration que le vin est tout à fait aigri où gâté d'une autre manière, il faut faire ce qui vient d'être dit pour le cas où l'on s'apercevrait qu'il n'y a pas de vin ou qu'il n'y a que de l'eau dans le calice.

7. Si le célébrant reconnaît avant la consécration du calice qu'on n'y a pas mis de l'eau, il doit en mettre à l'instant et proférer les paroles de la consécration ; s'il le reconnaît après la consécration du calice, il ne doit nullement en mettre, parce que cela n'est pas nécessaire au sacrement.

8. Si dans ces cas on ne peut absolument se procurer le pain ou le vin nécessaires, et qu'on n'ait pas consacré le corps, on ne doit pas passer outre ; si après la consécration du pain ou du vin on reconnaît que l'une des espèces est invalide, et que l'autre soit consacrée, il faut avancer et terminer la messe, en omettant cependant les paroles et les signes qui ont rapport à l'espèce qui manque. Si on peut se la procurer en attendant un peu, il faut attendre, afin que le sacrifice ne demeure pas imparfait.

V. *Défauts de la forme*. (*Voyez* CONSÉCRATION).

1. Il peut y avoir défaut dans la forme, s'il manque quelqu'une des paroles requises pour la consécration. Voici les paroles de la consécration qui sont la forme de ce sacrement : *Hoc est enim corpus meum. Hic est enim.... in remissionem peccatorum*. Si quelqu'un faisait un changement ou retranchait quelque chose à la forme de la consécration du corps et du sang, de manière que les paroles n'eussent plus la même signification, il n'y aurait pas sacrement ; mais si l'on ajoutait quelque chose sans changer la signification, le sacrement existerait, mais il y aurait un péché très-grave.

2. Si le célébrant ne se rappelle pas avoir dit ce qu'on dit communément à la consécration, il ne doit pas s'en troubler, cependant s'il était certain d'avoir omis quelque chose de ce qui est nécessaire à l'existence du sacre-

bis : Simili modo, etc. : *Simili modo*, etc.

4. *Si post verba consecrationis advertat vinum non fuisse positum, sed aquam, deposita aqua in aliquod vas, iterum vinum cum aqua ponat in calice, et consecret resumendo a verbis prædictis* : Simili modo.

5. *Si hoc advertat post sumptionem corporis, vel hujusmodi aquæ, apponat aliam hostiam iterum consecrandam, et vinum cum aqua in calice, offerat utrumque, et consecret, et sumat, quamvis non sit jejunus. Vel, si missa celebretur in loco publico, ubi plures adsint ad evitandum scandalum poterit apponere vinum cum aqua, et facta oblatione ut supra, consecrare, et statim sumere, et prosequi cætera.*

6. *Si quis percipiat ante consecrationem vel post consecrationem totum vinum esse acetum, vel alias corruptum, idem servetur quod supra, ac si deprehenderet non esse positum vinum, vel solam aquam fuisse appositam in calice.*

7. *Si autem celebrans ante consecrationem calicis advertat non fuisse appositam aquam, statim ponat eam, et proferat verba consecrationis. Si id advertat post consecrationem calicis, nullo modo apponat, quia non est de necessitate sacramenti.*

8. *Si materia quæ esset apponenda, ratione defectus vel panis, vel vini, non pos-* *set ullo modo haberi, si id sit ante consecrationem corporis, ulterius procedi non debet: si post consecrationem corporis aut vini, deprehenditur defectus alterius speciei, altera jam consecrata, tunc, si nullo modo haberi possit, procedendum erit, et missa absolvenda, ita tamen ut prætermittantur verba et signa quæ pertinent ad speciem deficientem. Quod si exspectando aliquandiu haberi possit, exspectandum erit, ne sacrificium remaneat imperfectum.*

V. *De defectibus formæ*.

1. *Defectus ex parte formæ possunt contingere, si aliquid desit ex iis quæ ad integritatem verborum in ipsa consecratione requiruntur. Verba autem consecrationis, quæ sunt forma hujus sacramenti, sunt hæc :* Hoc est enim corpus meum; *et*, Hic est enim calix sanguinis mei, novi et æterni testamenti; mysterium fidei; qui pro vobis et pro multis effundetur in remissionem peccatorum. *Si quis autem aliquid diminueret, vel immutaret de forma consecrationis corporis et sanguinis, et in ipsa verborum immutatione verba idem non significarent, non conficeret sacramentum. Si vero aliquid adderet quod significationem non mutaret, conficeret quidem, sed gravissime peccaret.*

2. *Si celebrans non recordetur se dixisse ea quæ in consecratione communiter dicuntur, non debet propterea turbari. Si tamen certo ei constet se omisisse aliquid eorum quæ sunt de necessitate sacramenti, id est formam conse-*

ment, c'est-à-dire la forme de la consécration ou une partie, il doit reprendre la forme entière et continuer le reste à l'ordinaire. S'il doute avec beaucoup de probabilité qu'il ait omis quelque chose d'essentiel, il doit le réitérer, au moins sous condition tacite. S'il ne s'agit pas de choses nécessaires au sacrement, il ne faut rien répéter, mais avancer.

VI. *Défauts du ministre.*

Il peut manquer au ministre quelqu'une des choses requises. Ce sont d'abord l'intention, ensuite la disposition de l'âme, celle du corps, les vêtements; il peut aussi survenir des incidents pendant la célébration.

VII. *Défaut d'intention.*

1. Si quelqu'un se propose, non de consacrer, mais une espèce de dérision; si par oubli quelques hosties sont restées sur l'autel; si quelque peu de vin ou quelque hostie est cachée, tandis que le ministre ne se propose de consacrer que ce qu'il voit; s'il a devant lui onze hosties, ayant l'intention de n'en consacrer que dix sans déterminer lesquelles il a en vue; dans ces cas-là il ne consacre pas, faute d'intention suffisante. Ce serait autre chose si, croyant qu'il y a dix hosties, il avait cependant l'intention de consacrer toutes celles qui sont devant lui; car alors toutes seront consacrées; c'est pourquoi chaque prêtre devrait toujours avoir l'intention de

crationis, seu partem, resumat ipsam formam, et cætera prosequatur per ordinem. Si vero valde probabiliter dubitet se aliquid essentiale omisisse, iteret saltem sub tacita conditione. Si autem non sunt de necessitate sacramenti; non resumat, sed procedat ulterius.

VI. *De defectibus ministri.*

Defectus ex parte ministri possunt contingere quoad ea quæ in ipso requiruntur. Hæc autem sunt. In primis intentio, deinde dispositio animæ, dispositio corporalis, dispositio vestimentorum, dispositio in ministerio ipso quoad ea quæ in ipso possunt occurrere.

VII. *De defectu intentionis.*

1. *Si quis non intendit conficere, sed delusorie aliquid agere; item si aliquæ hostiæ ex oblivione remaneant in altari, vel aliqua pars vini, vel aliqua hostia lateat, cum non intendat consecrare nisi quas videt; item si quis habeat coram se undecim hostias, et intendat consecrare solum decem, non determinans quas decem intendit: in his casibus non consecrat, quia requiritur intentio. Secus si putans quidem esse decem, tamen omnes voluit consecrare quas coram se habebat: nam tunc omnes erunt consecratæ, atque ideo quilibet sacerdos talem semper intentionem habere deberet, scilicet consecrandi eas omnes quas ante se ad consecrandum positas habet.*

consacrer toutes les hosties qui sont placées devant lui à cette fin.

2. Si un prêtre, ayant cru tenir une seule hostie, reconnaît après la consécration qu'il y en a deux réunies, il doit les prendre l'une et l'autre à la communion. Si, après avoir pris le corps et le sang et même l'ablution, il aperçoit des restes d'hosties qu'il vient de consacrer, que les parcelles soient grandes ou petites, il doit les prendre, parce qu'elles appartiennent au même sacrifice.

3. Mais si une hostie entière consacrée a été laissée, il doit la renfermer avec les autres dans le tabernacle; s'il ne le peut pas, il la laissera décemment couverte dans le corporal sur l'autel, et le prêtre qui y célébrera ensuite la prendra avec celle qu'il doit consacrer; si l'on ne peut faire ni l'un ni l'autre, il faut la conserver décemment dans le calice ou sur la patène, jusqu'à ce qu'elle soit mise dans un tabernacle, ou prise par un autre; s'il n'y a pas moyen de la conserver honorablement; il peut la prendre lui-même.

4. Si l'esprit divague au moment de la consécration, et que l'intention ne soit pas actuelle, mais virtuelle, le prêtre ayant eu, en approchant de l'autel, l'intention de faire ce que fait l'Eglise, il consacre validement; mais il doit faire en sorte d'avoir même l'intention actuelle.

VIII. *Défaut de disposition dans l'âme.*

1. Si quelqu'un célèbre étant suspens, excommunié, dégradé, irrégulier ou

2. *Si sacerdos putans se tenere unam hostiam post consecrationem invenerit fuisse duas simul junctas, in sumptione sumat simul utramque. Quod si deprehendat post sumptionem corporis et sanguinis, aut etiam post ablutionem, reliquias aliquas relictas consecratas, eas sumat, sive parvæ sint, sive magnæ, quia ad idem sacrificium spectant.*

3. *Si vero relicta sit hostia integra consecrata, eam in tabernaculo cum aliis reponat; si hoc fieri nequit, sequenti sacerdoti ibi celebraturo in altari, supra corporale decenter operiam sumendam una cum altera, quam est consecraturus, relinquat; vel, si neutrum horum fieri possit, in ipso calice seu patena decenter conservet, quousque vel in tabernaculo reponatur, vel ab altero sumatur; quod si non habeat quomodo honeste conservetur, potest eam ipsemet sumere.*

4. *Si intentio non sit actualis in ipsa consecratione propter evagationem mentis, sed virtualis, cum accedens ad altare intendat facere quod facit Ecclesia, conficitur sacramentum, etsi curare debeat sacerdos ut etiam actualem intentionem adhibeat.*

VIII. *De defectibus dispositionis animæ.*

1. *Si quis suspensus, excommunicatus, degradatus, irregularis, vel alias canonice im-*

frappé de quelqu'autre empêchement canonique, le sacrement existe, il est vrai, mais il y a un péché très-grave, soit parce qu'il communie indignement, soit parce que l'exercice des ordres lui était interdit.

2. Si quelqu'un, sans être dépourvu de confesseur, célèbre en péché mortel, il commet un péché grave.

3. Si quelqu'un, en cas de nécessité, étant dépourvu de confesseur, célèbre en péché mortel sans contrition, il commet un péché grave; c'est autre chose s'il a la contrition; il doit cependant se confesser le plus tôt qu'il le pourra.

4. Si pendant la célébration même de la messe, un prêtre se souvient qu'il est en péché mortel, il doit s'exciter à la contrition, et avoir l'intention de se confesser et de satisfaire.

5. S'il se souvient qu'il est excommunié ou suspens, ou que le lieu est interdit, il doit s'exciter de même à la contrition, et se proposer de demander l'absolution. Dans ces cas, s'il s'en souvient après la consécration, et qu'il n'y ait pas de scandale à craindre, il doit laisser la messe déjà commencée.

IX. *Défaut de disposition corporelle.*

1. Si quelqu'un n'est pas à jeun, ayant pris après minuit seulement de l'eau, ou quelque autre boisson ou nourriture, même par forme de médecine, en quelque petite quantité que ce soit, il ne peut pas communier ni célébrer.

2. Mais s'il a bu ou mangé avant minuit, quoiqu'il n'ait

peditus, celebret, conficit quidem sacramentum, sed gravissime peccat, tam propter communionem, quam indigne sumit, quam propter exsecutionem ordinum, quæ sibi erat interdicta.

2. *Si quis habens copiam confessoris, celebret in peccato mortali, graviter peccat.*

3. *Si quis autem in casu necessitatis non habens copiam confessoris, in peccato mortali absque contritione celebret, graviter peccat. Secus si conteratur: debet tamen, cum primum poterit, confiteri.*

4. *Si in ipsa celebratione missæ sacerdos recordetur se esse in peccato mortali, conteratur cum proposito confitendi et satisfaciendi.*

5. *Si recordetur se esse excommunicatum, vel suspensum, aut locum esse interdictum, similiter conteratur cum proposito petendi absolutionem. Ante consecrationem autem in supradictis casibus, si non timetur scandalum, debet missam inceptam deserere.*

IX. *De defectibus dispositionis corporis.*

1. *Si quis non est jejunus post mediam noctem, etiam post sumptionem solius aquæ vel alterius potus aut cibi, per modum etiam medicinæ, et in quantumcunque parva quantitate, non potest communicare, nec celebrare.*

2. *Si autem ante mediam noctem cibum aut potum sumpserit,*

pas dormi ensuite, et que la digestion ne soit pas faite, il n'y a pas péché à célébrer ; mais à cause du trouble de l'âme qui empêche la dévotion, on conseille quelquefois de s'en abstenir.

3. S'il y a dans la bouche quelques restes d'aliments, ils n'empêchent pas la communion, quand on les avale non comme de la nourriture, mais comme de la salive (sans advertance, selon saint Alphonse de Ligori). Il faut dire la même chose de celui qui, en se lavant la bouche, avale une goutte d'eau sans en avoir l'intention.

4. Quand on célèbre plusieurs messes en un même jour, comme cela arrive à Noël, à chaque messe il faut se laver les doigts dans quelque vase propre et prendre la purification seulement à la dernière messe.

(Pour le n. 5, voyez l'art. PRÉPARATION, d'après Collet).

5. *Si præcesserit pollutio nocturna, quæ causata fuerit ex præcedenti cogitatione quæ sit peccatum mortale, vel evenerit propter nimiam crapulam, abstinendum est a communione et celebratione, nisi aliud confessario videatur. Si dubium est an in præcedenti cogitatione fuerit peccatum mortale, consulitur abstinendum; extra tamen casum necessitatis. Si autem certum est non fuisse in illa cogitatione peccatum mortale, vel nullam fuisse cogitationem, sed evenisse ex naturali causa aut ex diabolica illusione, potest communicare et celebrare, nisi ex illa corporis commotione tanta evenerit perturbatio mentis ut abstinendum videatur.*

X. *Défauts dans la célébration de la messe.*

1. Il peut y avoir des défauts qui concernent la célébration même, quand il y manque quelqu'une des choses requises, comme si on célèbre dans un lieu non sacré, ou non destiné à cela par l'évêque; si l'autel n'est pas consacré, ou s'il n'est

etiamsi postmodum non dormierit, nec sit digestus, non peccat, sed ob perturbationem mentis ex qua devotio tollitur, consulitur aliquando abstinendum.

3. *Si reliquiæ cibi remanentes in ore transglutientur, non impediunt communionem, cum non transglutientur per modum cibi, sed per modum salivæ. Idem dicendum, si lavando os deglutiatur stilla aquæ præter intentionem.*

4. *Si plures missas in una die celebret, ut in Nativitate Domini, in unaquaque missa abluat digitos in aliquo vase mundo, et in ultima tantum percipiat purificationem.*

X. *De defectibus in ministerio ipso occurrentibus.*

1. *Possunt etiam defectus occurrere in ministerio ipso, si aliquid ex requisitis ad illud desit; ut si celebretur in loco non sacro, vel non deputato ab episcopo, vel in altari non consecrato, vel tribus mappis non cooperto; si non adsint luminaria*

pas couvert de trois nappes, s'il n'y a pas de luminaires en cire; si l'on célèbre à une heure indue, c'est-à-dire avant l'aurore ou après midi pris moralement; si le célébrant n'a pas dit au moins matines et laudes; s'il manque quelqu'un des habits sacerdotaux; si ces habits et les nappes ne sont pas bénits par l'évêque ou par quelqu'un muni de ce pouvoir; s'il n'y a pas un clerc ou un autre qui serve la messe; si c'est quelqu'un qui ne doit pas la servir, comme une femme; si l'on n'a pas un calice avec sa patène, dont la coupe doit être d'or, ou d'argent, ou d'étain, non en cuivre ni en verre; si les corporaux ne sont pas propres, s'ils ne sont pas de lin (ou de chanvre) sans ornements en soie au milieu, bénits par l'évêque ou par un autre qui en a le pouvoir, comme on l'a déjà dit; s'il célèbre la tête couverte, sans dispense; s'il n'y a pas un Missel, quand même il saurait de mémoire la messe qu'il se propose de dire.

2. Quand l'église est violée pendant la célébration de la messe, si c'est avant le Canon, le prêtre doit la laisser; si le Canon est commencé, il doit continuer.

S'il y a à craindre une incursion d'ennemis, ou une inondation, ou la chute de l'édifice où l'on célèbre, avant la consécration, on laisse la messe; après la consécration le prêtre pourra accélérer la tre tout le reste.

3. Si avant la consécration le prêtre tombe dans une infirmité grave, ou en syncope, ou s'il meurt, on laisse la messe; si cela arrive après la consécration du corps seulement, avant la consécration du sang, ou bien après l'une et l'autre, il faut qu'un autre prêtre reprenne la messe à l'endroit où elle a été laissée, quand même il ne serait pas à jeun, dans le cas de nécessité. Si le premier prêtre n'est pas mort, mais malade, et dans le cas de communier, et qu'il n'y ait pas d'autre hostie consacrée, le prêtre qui achève la messe dont il s'agit, doit diviser l'hostie, en donner une partie au malade, et prendre l'autre lui-même. Si le prêtre meurt après avoir prononcé à moitié la forme de la consécration du corps, aucune consécration n'étant faite, il n'est pas nécessaire que la messe soit achevée par un autre. Mais s'il meurt après avoir prononcé à moitié la forme de la consécration du sang, un autre doit achever la messe, et répéter sur le même calice la forme entière depuis ces mots : *Simili modo*, etc. Il pourrait aussi préparer un autre calice, prononcer prendre l'hostie consacrée par l'autre prêtre, le sang qu'il a consacré lui-même, puis le calice resté à demi consacré.

4. Hors de ces cas de nécessité, c'est un péché très-grave que de ne pas prendre en entier les espèces sacramentelles.

5. S'il tombe dans le calice une mouche, ou une araignée, ou quelque autre chose avant la consécration, le prêtre peut jeter ce vin dans un lieu décent, en mettre d'autre dans le calice, l'offrir comme on l'a dit, et continuer la messe. Si après la consécration il tombe

cerea; si non sit tempus debitum celebrandi, quod est ab aurora usque ad meridiem, communiter; si celebrans saltem matutinum cum laudibus non dixerit; si omittat aliquid ex vestibus sacerdotalibus; si vestes sacerdotales et mappæ non sint ab episcopo vel ab alio hanc habente potestatem benedictæ; si non adsit clericus vel alius deserviens in missa; vel adsit qui deservire non debet, ut mulier; si non adsit calix cum patena conveniens cujus cuppa debet esse aurea, vel argentea, vel stannea, non ærea vel vitrea; si corporalia non sint munda, quæ debent esse ex lino (vel cannabe), nec serico in medio ornata, et ab episcopo vel ab alio hanc habente potestatem benedicta, ut etiam superius dictum est; si celebret capite cooperto sine dispensatione; si non adsit Missale, licet memoriter sciret missam quam intendit dicere.

2. *Si, sacerdote celebrante, violetur ecclesia ante Canonem, dimittatur missa: si post Canonem non dimittatur. Si timeatur incursus hostium, vel alluvionis, vel ruina loci ubi celebratur, ante consecrationem dimittatur missa, post consecrationem vero sacerdos accelerare poterit sumptionem sacramenti, omissis omnibus aliis.*

3. *Si sacerdos ante consecrationem graviter infirmetur, vel in syncopem inciderit, aut moriatur, prætermittitur missa: si post consecrationem corporis tantum, ante consecrationem sanguinis, vel utroque consecrato id accidit, missa per alium sacerdotem expleatur ab eo loco ubi ille desiit, et in casu necessitatis etiam per non jejunum. Si autem non obierit, sed fuerit infirmus, adeo tamen ut possit communicare, et non adsit alia hostia consecrata, sacerdos qui missam supplet dividat hostiam, et unam partem præbeat infirmo, aliam ipse sumat. Si autem semiprolata forma corporis obiit sacerdos, quia non est facta consecratio, non est necesse ut missa per alium suppleatur. Si vero obierit semiprolata forma sanguinis, tunc alter prosequatur missam, et super eumdem calicem repetat integram formam, ab eo loco: Simili modo postquam cœnatum est; vel posset super alium calicem præparatum integram formam proferre, et hostiam primi sacerdotis, et sanguinem a se consecratum sumere, ac deinde calicem relictum semiconsecratum.*

la forme en entier,

4. *Si quis extra hujusmodi casus necessitatis integra sacramenta non sumpserit, gravissime peccat.*

5. *Si musca, vel aranea, vel aliquid aliud ceciderit in calicem ante consecrationem, projiciat vinum in locum decentem, et aliud ponat in calice, misceat parum aquæ, offerat ut supra, et prosequatur missam; si post consecrationem ceciderit musca aut aliquid ejusmodi, et*

une mouche ou autre chose de ce genre, et que le prêtre ait de la répugnance à l'avaler, il extraira cet objet, le lavera avec du vin, le brûlera après la messe, et jettera dans la piscine l'objet brûlé avec ce qui a servi à le laver. S'il n'y a ni répugnance ni danger, il peut prendre avec le précieux sang l'objet qui y est tombé.

6. S'il est tombé dans le calice quelque chose de venimeux ou qui provoquerait le vomissement, il faut déposer le vin consacré dans un autre calice, et en mettre d'autre pour le consacrer; après la messe il faut imbiber dans le précieux sang du linge ou de l'étoupe, le garder jusqu'à ce que les espèces soient desséchées, puis brûler l'étoupe (ou la charpie, ou le coton), et jeter les cendres dans la piscine.

7. Si quelque chose de venimeux a touché l'hostie consacrée, il faut en consacrer une autre, et s'en communier comme on l'a dit pour d'autres cas; il faut conserver la première hostie dans le tabernacle en un lieu séparé, jusqu'à ce que les espèces soient corrompues, et qu'en cet état on les jette dans la piscine.

8. Si, quand on prend le précieux sang, la particule reste au fond du calice, on peut l'amener au bord avec le doigt, et la prendre avant la purification, ou bien y mettre du vin pour la prendre.

9. Lorsque avant la consécration on trouve que l'hostie est rompue, mais de manière que le peuple ne le voie pas, il faut consacrer une telle hostie; si le peuple peut s'en scandaliser, il faut prendre une autre hostie et l'offrir;

fiat nausea sacerdoti, extrahat eam, et lavet cum vino; finita missa comburat, et combustio ac lotio hujusmodi in sacrarium projiciatur. Si autem non fuerit ei nausea, nec ullum periculum timeat, sumat cum sanguine.

6. Si aliquid venenosum ceciderit in calicem, vel quod provocaret vomitum, vinum consecratum reponendum est in alio calice, et aliud cum aqua apponendum denuo consecrandum; et finita missa sanguis repositus in panno lineo vel stuppa tandiu servetur, donec species vini fuerint desiccatæ, et tunc stuppa comburatur, et combustio in sacrarium projiciatur.

7. Si aliquid venenosum contigerit hostiam consecratam, tunc alteram consecret, et sumat modo quo dictum est, et illa servetur in tabernaculo, loco separato, donec species corrumpantur, et corruptæ deinde mittantur in sacrarium.

8. Si sumendo sanguinem, particula remanserit in calice, digito ad labium calicis eam adducat, et sumat ante purificationem, vel infundat vinum et sumat.

9. Si hostia ante consecrationem inveniatur fracta, nisi populo evidenter appareat, talis hostia consecretur; si autem scandalum populo esse possit, alia accipiatur et offeratur; quod si illius hostiæ jam erat facta oblatio, eam

si la première hostie a déjà été offerte, on la prend après l'ablution. Si c'est avant l'oblation qu'on aperçoit la rupture de l'hostie, il faut s'en procurer une entière, si on le peut sans scandale et sans un long délai.

10. Si, à cause du froid ou de la négligence, l'hostie consacrée tombe dans le calice; il ne faut rien réitérer pour cela, mais le prêtre poursuit la messe en faisant les cérémonies et les signes ordinaires avec la portion d'hostie qui n'est pas imbibée, s'il le peut commodément. Mais si elle est toute imbibée, il ne doit pas l'extraire; il doit tout réciter, omettant les signes (qui ont rapport à l'hostie), et prendre tout à la fois le corps et le sang, faisant le signe de la croix avec le calice, en disant: *Corpus et sanguis Domini*, etc.

11. Quand le froid fait congeler le précieux sang, on peut envelopper le calice de linges chauds; si cela ne suffisait pas, on le mettrait dans l'eau chaude, près de l'autel, jusqu'à ce que la glace soit fondue, ayant soin que l'eau n'entre pas dans le calice.

12. Si par négligence on laisse tomber quelque peu du précieux sang par terre ou sur la table de l'autel, il faut recueillir ce qu'on peut avec la langue, racler l'endroit autant qu'il est nécessaire, faire brûler ce qu'on a enlevé, et en jeter les cendres dans la piscine. S'il en est tombé sur la pierre de l'autel, le prêtre absorbe ce qu'il peut; on lave l'endroit avec soin, et l'on jette cette ablution dans la piscine. S'il est tombé

post ablutionem sumat. Quod si ante oblationem hostia appareat confracta, accipiatur altera integra si citra scandalum, aut longam moram fieri poterit.

10. Si propter frigus vel negligentiam hostia consecrata dilabatur in calicem, propterea nihil est reiterandum, sed sacerdos missam prosequatur, faciendo cœremonias et signa consueta cum residua parte hostiæ quæ non est madefacta sanguine, si commode possit. Si vero tota fuerit madefacta, non extrahat eam, sed omnia dicat, omittendo signa, et sumat pariter corpus et sanguinem, signans se cum calice, et dicens: Corpus et sanguis Domini, etc.

11. Si in hieme sanguis congeletur in calice, involvatur calix pannis calefactis; si id non proficeret, ponatur in ferventi aqua prope altare, dummodo aqua in calice non intret; donec liquefiat. (His deficientibus, sumat digitis partes congelatas. Collet, etc.)

12. Si per negligentiam aliquid de sanguine Christi ceciderit, si quidem super terram, seu super tabulam, lingua lambatur, et locus ipse radatur quantum satis est, et abrasum comburatur, cinis vero in sacrario recondatur. Si vero super lapidem altaris ceciderit, sorbeat sacerdos stillam, et locus diligenter abluatur, et ablutio in sacrarium projiciatur. Si super linteum altaris, et ad aliud linteum stilla pervenerit, si usque ad

sur la nappe de l'autel, s'il est parvenu à la seconde ou à la troisième nappe, il faut laver trois fois ces linges, en mettant le calice par dessous, et jeter dans la piscine l'eau qui a servi à les laver. S'il n'est tombé que sur le corporal ou sur les habits sacerdotaux, il faut de même les laver et mettre ensuite l'ablution dans la piscine; s'il en est tombé sur le tapis étendu par terre, il faut le laver avec soin de la même manière.

13. S'il arrive que le précieux sang soit répandu avant la communion sous l'espèce du pain, et qu'il en reste même très-peu, on prendra ce qui reste; il faut faire, pour celui qui est répandu, comme on vient de le dire. S'il n'en est pas du tout resté, il faut se procurer du vin et de l'eau, offrir le calice comme il a été dit, et reprendre la consécration à *Simili modo*.

14. Si le prêtre vomit l'eucharistie, et que les espèces paraissent entières, il faut les reprendre avec respect, s'il n'y a pas de la répugnance; car dans ce cas il faut séparer avec soin les espèces consacrées, les placer dans un lieu sacré jusqu'à ce qu'elles soient corrompues, et ensuite les mettre dans la piscine; on y mettrait les cendres de la matière vomie, si les espèces ne paraissaient pas.

15. Si une hostie consacrée ou une parcelle tombe par terre, il faut la prendre avec respect, racler un peu l'endroit où elle est tombée, en

tertium, linteamina ter abluantur ubi stilla ceciderit, calice supposito, et aqua ablutionis in sacrarium projiciatur. Quod si solum super corporale (super barbam, GAV.) aut super vestes ipsas sacerdotales ceciderit, debet similiter ablutio fieri et postea in sacrarium projici. Si in substrato pedibus panno, vel tapete, diligenter abluatur, ut supra (Si quid ablutionis, saltem primæ ceciderit, locus saltem semel abluatur. COLLET, etc.).

13. *At si contingat sanguinem post consecrationem effundi, si quidem aliquid vel parum remanserit, illud sumatur, et de effuso reliquo sanguine fiat ut dictum est. Si vero nihil omnino remanserit, ponat iterum vinum et aquam, et consecret ab eo loco, Simili modo, facta prius calicis oblatione, ut supra.*

14. *Si sacerdos evomat eucharistiam, si species integræ appareant, reverenter sumantur, nisi nausea fiat; tunc enim species consecratæ caute separentur, et in loco sacro reponantur, donec corrumpantur, et postea in sacrarium projiciantur. Quod si species non appareant, comburatur vomitus, et cineres in sacrario mittantur.*

15. *Si hostia consecrata, vel aliqua ejus particula dilabatur in terram, reverenter accipiatur, et locus quo cecidit mundetur et aliquantum abra-*

recueillir la poussière et la mettre dans la piscine. Si elle est tombée hors du corporal sur la nappe ou sur quelque linge, il faut laver avec soin la nappe ou le linge, et mettre l'eau dans un lieu saint.

16. La célébration peut aussi être défectueuse, si le prêtre ignore les rites mêmes et les cérémonies qu'on doit y observer, et qui sont contenus dans la seconde partie des rubriques. (*Voy.* MESSE BASSE, MESSE SOLENNELLE.)

datur; et pulvis abrasus in sacrario immittatur. Si ceciderit extra corporale in mappam, seu in aliquod linteum, mappa vel linteum diligenter lavetur, et lotio ipsa in sacrario effundatur.

16. *Possunt etiam defectus in ministerio ipso occurrere, si sacerdos ignoret ritus et cæremonias ipsas in eo servandas; de quibus omnibus in superioribus rubricis dictum est.*

OBSERVATION.

Quoique dans cette traduction on ait souvent employé les mots *il faut, on doit*, et autres semblables, cela n'exprime pas toujours une obligation rigoureuse, mais une obligation de convenance ou un conseil, qui est exprimé en latin par le subjonctif. *V.* le titre suivant.

DIFFICULTÉS SUR LES RUBRIQUES EN GÉNÉRAL.
(Traité des SS. Mystères, de Collet.)

1. *Notion des rubriques.* — 2. *Elles obligent en conscience.* — 3. *Suites de ce principe.* — 4. *Conséquences fâcheuses.* — 5. *Observations importantes.* — 6. *La nécessité dispense-t-elle de suivre les rubriques?* — 7. *Rubriques purement directives.* — 8. *Force des décrets de la congrégation des Rites.*

1. On appelle *rubriques* des observations écrites en caractères rouges. Ce mot a passé de l'ancien droit romain, où les sommaires des chapitres étaient écrits en rouge, aux règles de la liturgie, soit parce que ceux qui les ont mises en ordre, les ont écrites de cette manière, soit plutôt (1) parce qu'on a jugé qu'il était aussi nécessaire à un prêtre d'en être bien instruit qu'il l'est à un jurisconsulte de savoir les principales décisions des lois romaines.

Mais les rubriques, c'est-à-dire ce corps de règles qui marque les rites du sacrifice, forment-elles des lois proprement dites, ou ne sont-elles qu'un amas d'instructions qu'il est bon de suivre, mais dont on peut s'écarter sans offenser Dieu? Sont-ce de vraies ordonnances ou de purs conseils? C'est une question d'une grande importance par rapport à ses suites, et nous ne pouvons la traiter avec trop d'exactitude.

Quelques théologiens ont cru que les rubriques n'obligent point par elles-mêmes, et que par conséquent on ne pèche jamais précisément parce qu'on ne les suit pas. Je dis *précisément*, car comme il y a des rubriques

---

(1) Gavantus remarque qu'il n'a vu dans les Missels du Vatican que très-peu de livres où ce que nous appelons aujourd'hui rubriques fût en rouge. Il ajoute qu'il n'a trouvé aucun Missel avant 1557 où l'on donnât le nom de rubriques à l'ordre des cérémonies de la messe.

dont les unes regardent l'essence du sacrifice, et les autres des usages prescrits par les anciens canons, personne n'a jamais douté qu'on ne fût alors obligé en conscience de s'y conformer; mais en ce cas, disait-on, ce n'est pas la rubrique qui commande, mais ou la nature des choses, ou le canon proposé par la rubrique. On cite pour ce sentiment Fagundez, Silvestre, Mozolin et Azor; ces deux derniers (1) me paraissent cités mal à propos. Nous verrons dans un moment que cette opinion est absolument insoutenable.

D'autres ont cru au contraire que chaque rubrique est une loi qui de sa nature oblige sous peine de péché mortel, quoiqu'il arrive souvent qu'à raison de la légèreté de la matière, ou de l'inadvertance, sa transgression, ainsi que celle des autres lois, ne soit que vénielle. Suarez est de ce sentiment, et comme il n'en admet point à la légère, il a toujours beaucoup de sectateurs (2).

La plupart des autres ont distingué les rubriques qui prescrivent les rites qu'on doit garder dans la célébration même du sacrifice, de celles qui ne marquent que ce que le prêtre doit faire avant ou après la messe. Ils ont regardé les premières comme de vraies lois qui obligent en conscience, et les secondes comme des règles purement directives, que l'on suit utilement, mais que l'on n'est pas absolument obligé de suivre. Ainsi pense Paul-Marie Quarti, célèbre théatin (3), que nous citons sans cesse, mais sur la foi duquel nous ne jurons pas toujours.

2. Ce dernier sentiment nous paraît juste à tous égards, et nous regardons comme incontestable la première partie, qui est la plus essentielle.

Notre première preuve se tire du suffrage commun des plus habiles docteurs. Tous, si vous en exceptez deux ou trois de ces casuistes décriés dont le vœu ne peut tirer à conséquence, tous ont pensé comme nous, que les rites qui appartiennent à l'action même du sacrifice sont obligatoires. Or, il n'y a régulièrement ni sagesse ni sûreté à quitter le chemin par où le plus grand nombre des sages a marché.

La bulle de Pie V, qu'on lit à la tête de tous les Missels, nous fournit un second argument, qui n'est pas moins solide. Ce pontife, si digne de l'être, y commande à tous les prêtres en général, et à chacun en particulier, et cela en vertu de la sainte obéissance, de dire ou de chanter la messe selon le rite, la manière et les règles que prescrit le Missel (4). Or, un supérieur qui commande en vertu de l'obéissance ne se borne pas à une instruction de conseil. Aussi la bulle de ce saint pape a-t-elle toujours été regardée comme quelque chose de très-sérieux; et nous verrons en son lieu que quand l'amour de la nouveauté a porté des particuliers, soit à s'en écarter, soit à l'éluder par de fausses interprétations, les évêques et les plus sages docteurs s'y sont constamment opposés.

Le concile de Trente n'est pas moins décisif en faveur de la proposition que nous avons avancée. Après avoir vengé dans ses canons les cérémonies de la messe du mépris insensé qu'en font les protestants, il veut que les évêques décernent des peines contre ceux de leurs prêtres qui célébreraient à heure indue, et qui aux rites approuvés par l'Eglise et consacrés par un saint et fréquent usage, oseraient en substituer d'autres au gré de leur imagination (5). Or, ces peines peuvent aller jusqu'à l'anathème : car quoique le concile n'en frappe que ceux qui ont la témérité de soutenir qu'on peut sans péché, dans l'administration des sacrements, ou ne pas suivre les anciennes cérémonies, ou s'en former de nouvelles (6), il est sûr que l'on tombe souvent dans cette manière de dogmatiser par la pratique comme par les paroles.

Il suit de cette première partie de notre règle, qu'un prêtre qui en fait de paroles ou d'actions omet, soit de propos délibéré, soit, ce qui en morale revient à peu près au même, par une coupable négligence, ce qui est prescrit par la rubrique, commet un péché grief de sa nature, à moins qu'il ne devienne véniel par la légèreté de la matière.

3. Or, quoique dans une action aussi grande que l'est celle du sacrifice il soit extrêmement difficile de déterminer ce qui est ou ce qui n'est pas matière grave, on convient cependant assez qu'à l'égard des paroles de la liturgie on doit regarder comme quelque chose de fort important : 1° la confession que fait le prêtre *in plano* au commencement de la messe, 2° l'Epître, et plus encore l'Evangile; 3° l'action d'offrir le pain et le vin, avec les paroles qui y répondent; 4° la Préface.

Ce serait autre chose si on ne manquait qu'une ou deux Collectes, le Trait, le Graduel, ou quelques autres articles moins intéressants. Cependant, si quelqu'un s'avisait de passer ici et là tant de versets qu'il en résultât une omission considérable, on ne peut douter qu'il ne se rendît coupable

---

(1) *Voy.* Azor, part. I, lib. x, c. 6, edit. Colon. 2613, p. 713; Silvestre de Prierio, v° *Missa*, n. 2, edit. Lugdun. 1594, pag. 233.
(2) Suarez, t. III, in III part., disp. 2, sect. 83 et disp. 2, sect. 84 ; Bonacina, Henriquez, Valentia, etc.
(3) Paulus Maria Quarti, in Quæst. fundamentali seu proœmiali, sect. 2, punct. 2, edit. Venet. 1727, p. 6. (*Je ne citerai que cette édition, parce que c'est la plus belle.*)
(4) Mandantes et stricte omnibus et singulis præcipientes in virtute sanctæ obedientiæ, ut missam juxta ritum, modum et normam in Missali præscriptam, decantent aut legant, etc. Pius V.
(5) Edicto et pœnis propositis caveant *episcopi* ne sacerdotes aliis quam debitis horis celebrent, neve ritus alios aut alias cæremonias aut preces in missarum celebratione adhibeant, præter eas quæ ab Ecclesia probatæ ac frequenti et laudabili usu receptæ fuerint. Concil. Trid., sess. 22, in Decreto *de Observandis et evitandis in celebratione missæ.*
(6) Si quis dixerit receptos et approbatos Ecclesiæ catholicæ ritus, in solemni sacramentorum administratione adhiberi consuetos, aut contemni, aut sine peccato a ministris pro libito omitti, aut in novos alios per quemcunque Ecclesiarum pastorem mutari posse, anathema sit. Trid. sess. 7, *de Sacram. in genere.*, c. 13.

d'un péché mortel. Or, dans une affaire comme celle-ci, les théologiens qui sont les moins rigoureux regardent comme une quantité considérable celle qui répond à une Épître qui n'est ni trop longue ni trop courte.

A l'égard du grand Canon (1) qui, selon le sentiment le plus reçu, commence à *Te igitur*, et se termine à la petite Préface du *Pater*, tout le monde convient que des six oraisons qui le composent (2), il n'y en a pas une qui puisse sans crimes s'omettre en entier ; il y a même dans chacune d'elles des paroles si pleines de sens et de mystères, que leur omission ne pourrait être que considérable. Hors de ce cas il n'y aurait pas de péché mortel à passer cinq ou six mots. Ce qui s'ajoute au *Communicantes* (3) dans les cinq principales solennités de l'année est communément regardé comme une matière dont l'omission n'induit pas une faute grièvre. Mais à Dieu ne plaise dans la sainte action qu'on puisse concevoir un prêtre tombe de propos délibéré, sous prétexte que sa chute ne sera pas mortelle.

Quoique les prières depuis le *Pater* jusqu'à la Communion n'appartiennent pas au Canon proprement dit, elles lui sont cependant comparées pour la dignité et pour l'importance. Aussi convient-on qu'on ne pourrait, sans pécher grièvement, omettre ni l'Oraison dominicale, ni la prière *Libera nos* qui la suit, ni ce peu de paroles qui se récitent quand on met une portion de l'hostie dans le calice, ni tout l'*Agnus Dei* (4), ni les oraisons qui précèdent la communion, quoique la première qu'on omet aux messes des morts ne paraisse pas une matière grave ; ni enfin le *Domine, non sum dignus* en entier, et l'oraison *Quid retribuam*.

Les prières qui suivent la communion du prêtre vont à peu près de pair avec celles qui précèdent le Canon ; ainsi il faut en porter le même jugement. On n'est pas tout à fait d'accord si l'Evangile de saint Jean fait une partie intégrante de la messe. Suarez le pense ainsi, et il faut s'en tenir là dans la pratique ; car quoique la lecture de cet Evangile soit une des dernières additions qu'on ait faites à la messe, il n'en est pas moins vrai que de simple coutume elle a passé en loi, et l'objet de cette loi est, au jugement des fidèles, quelque chose de si grand, qu'avant qu'elle fût établie, ils demandaient expressément, dans les fondations de messes, que l'Evangile de saint Jean y fût récité (*Lebrun*). Aussi fut-il jugé à Rome, le 5 juillet 1631, qu'un prêtre qui, à cause de je ne sais quel empêchement de langue ne pouvait dire l'Evangile *In principio*, serait suspens de la célébration de la messe jusqu'à ce qu'il se fût accoutumé à le dire comme il faut (5).

Je n'ai point parlé des paroles de la consécration : elles impriment par elles-mêmes tant de respect et de frayeur, que personne n'en omettra jamais aucune de propos délibéré. Le mot *enim* est le seul que bien des gens croient pouvoir s'omettre sans péché mortel ; encore veut-on que cela se fasse sans méprise, et je ne sais trop si l'on peut, sans une sorte de mépris, passer un mot qui, d'un côté coûte fort peu à dire, et de l'autre fait une liaison très-importante.

Il faut juger des rites qui consistent en actions comme de ceux qui consistent en paroles, c'est-à-dire que leur omission est plus ou moins coupable, selon que la cérémonie négligée est plus ou moins importante, surtout par rapport à sa signification, qui est la principale chose qu'on doit envisager ici.

De ce principe on infère communément qu'il y a péché mortel à négliger, 1° de mettre quelques gouttes d'eau dans le calice avec le vin pour la consécration ; 2° de faire l'élévation de l'hostie et du calice ; 3° de rompre une partie de l'hostie pour la mêler avec le précieux sang ; 4° de communier sous les deux espèces ; 5° de purifier la patène après la communion. En effet, les trois premières de ces saintes cérémonies renferment de grands mystères, la quatrième pourvoit à l'intégrité du sacrifice, et la dernière tend à empêcher la profanation du corps de Jésus-Christ.

Pour ce qui est des autres cérémonies d'action, telles que sont les signes de croix, les génuflexions, les inclinations de tête, l'élévation des mains ou des yeux, et autres semblables, nous ne voyons pas que quelques omissions en ce genre puissent être traitées de péché mortel. Ce serait autre chose si ces sortes d'omissions, à force d'être multipliées, se montaient à un tout considérable.

4. De ces maximes, où je n'ai été l'écho que des théologiens les plus mitigés, on peut inférer qu'il y a beaucoup à craindre pour ce grand nombre de ministres qui, dans le dessein de plaire à la multitude et surtout aux grands, qu'une messe un peu longue met aux abois, ne font presque pas une cérémonie comme il faut, prononcent ou plutôt balbutient avec tant de rapidité, qu'ils ne s'entendent pas eux-mêmes ; ne joignent presque aucune action aux paroles qui y

---

(1) Quelques anciens liturgistes appellent *Canon minor* tout ce qui se dit depuis l'Offertoire jusqu'à *Te igitur*, et *Canon major* ce qui se récite depuis *Te igitur* jusqu'au *Pater*. Le mot de liturgie signifie l'œuvre, ou l'action publique, c'est-à-dire le service divin. On appelle *liturgistes* ceux qui travaillent sur cette matière.

(2) Ces six oraisons sont : *Te igitur* ; *Hanc igitur oblationem* ; *Quam oblationem*, qui précèdent la consécration ; *Unde et memores* ; *Memento etiam* ; *Nobis quoque peccatoribus*, qui la suivent. Il n'y a dans le grand Canon que six prières qui aient la conclusion propre des oraisons, *Per Christum Dominum nostrum*.

(3) Ces deux mots *infra actionem* qui précèdent le *Com-municantes* signifient la même chose que *intra Canonem*, comme *infra octavam* signifie *intra octavam*. On les a mis dans les Missels pour avertir le prêtre que le *Communicantes* change quelquefois, savoir aux grandes fêtes, comme à Noël, où il y faut ajouter, *Et diem sacratissimum celebrantes*, etc. Au reste, le Canon s'appelle *Action*, parce que c'est dans cette partie de la messe que s'opère la consécration du corps de Jésus-Christ, la plus grande de toutes les actions. (*Lebrun*.)

(4) Je dis tout l'*Agnus Dei*, car on ne convient pas qu'il y eût un péché mortel à ne le dire qu'une ou deux fois. Il en est de même du *Domine, non sum dignus*.

(5) *Voy.* Merati sur Gavantus, part. II, tit. 2.

répondent, ou plutôt joignent toujours les paroles à des actions ou à des mouvements qui doivent en être séparés; disent au côté de l'Epître ce qui ne doit se réciter qu'au milieu de l'autel; font, quoique pleins de force et de vigueur, des demi-génuflexions qu'un homme infirme ne se pardonnerait pas, agitent plutôt les mains qu'ils ne font des signes de croix, et ce que j'ai vu de mes yeux et n'ai pu voir sans horreur, croient purifier la patène en l'essuyant avec le purificatoire, comme si ces parcelles précieuses qui renferment le Dieu du ciel n'étaient qu'une vile poussière qu'on pût sans scrupule jeter à droite et à gauche.

Au reste, il ne sera pas inutile d'observer que les rubriques du Missel obligent encore d'une manière plus étroite à la messe solennelle qu'aux messes privées, comme l'office qui se dit au chœur doit être récité avec plus de précaution que celui qui se dit en particulier. Dieu qui veut être servi partout comme il faut, veut l'être parfaitement dans les lieux et les temps qu'il a destinés à l'édification de son peuple. Ainsi les fautes qui se commettent alors, sans changer absolument de nature, deviennent plus grièves à raison de l'indécence et de la publicité. On ne croit pas néanmoins que l'omission de certains rites qui ne sont propres que de la messe solennelle, tels que sont l'encensement et les prières qui doivent l'accompagner, aillent au delà du péché véniel.

5. Mais, et c'est une seconde observation à faire, il faut poser pour principe qu'en matière de rubriques, comme en toute autre, ce qui n'est que léger de sa nature peut devenir mortel, 1° à raison du mépris, comme lorsqu'on néglige les cérémonies parce que l'on mésestime ou que l'on se fait un plaisir d'avilir l'autorité dont elles sont émanées; et c'est ici qu'a lieu cette maxime de saint Bernard (1) : *Contemptus convertit in crimen gravis rebellionis nævum satis levem simplicis transgressionis.* Une disposition si criminelle ferait une faute grièves de la simple omission d'une rubrique qui ne serait que de conseil, parce que, quoique le conseil ne soit pas une loi, il y a une loi qui oblige à ne le pas mépriser. 2° A raison du scandale. Et qui doute qu'un prêtre ne péchât mortellement si la manière libre et dissipée dont il célébrerait les saints mystères donnait lieu de penser qu'il n'y croit pas, ou qu'en se tournant vers le peuple il fixât d'un œil indécent des objets dangereux, ou que le jour de Pâques il dît une messe de *Requiem?* 3° A raison du danger, comme en disant la messe sans Missel, il s'exposerait à mutiler la liturgie. 4° A raison de la fin criminelle, qui serait le motif de sa négligence, comme s'il ne disait la messe avec tant de vitesse que pour enlever la place d'un pieux aumônier qui déplaît par son exactitude et par sa noble et sainte gravité.

Il y a des théologiens qui croient que l'habitude de négliger les rubriques devient un mépris interprétatif, et que par cette raison elle opère une faute mortelle On cite saint Antonin (2) pour ce sentiment, et dom François Lami, célèbre bénédictin de la congrégation de Saint-Maur, l'a adopté dans ses Lettres théologiques (3), où il soutient qu'*un religieux qui, par une négligence grossière, viole habituellement quelques-unes de ses observances régulières, dont il n'a nul soin de se corriger, pèche mortellement.* Il y a longtemps que nous nous sommes déclaré contre cette opinion; mais il faut avouer que celle qui lui est opposée ne doit pas rassurer beaucoup dans la pratique, puisque, de l'aveu de saint Thomas, qui nous favorise davantage, l'habitude dispose au mépris (4), et qu'en fait de mal ce qui dispose au terme y conduit très-rapidement.

6. On propose ici une question intéressante : il s'agit de savoir si la nécessité ou l'impuissance sont des raisons d'omettre les rites que prescrivent les rubriques.

Sans entrer dans un détail qui viendra dans la suite (*Voy.* INCIDENTS), il faut remarquer, 1° qu'il y a des rites essentiels et d'autres qui ne le sont pas, et ces derniers se nomment communément, cérémonies; 2° que la nécessité et l'impuissance peuvent ou se prévoir, avant qu'un prêtre commence la messe, ou survenir quand elle est commencée.

S'il s'agit d'un rite essentiel, c'est-à-dire qui appartienne à la substance du sacrifice, il n'y a ni nécessité ni impuissance qui soient capables d'en dispenser, quand même la messe serait commencée, pourvu que la consécration ne soit pas encore faite. Ainsi un prêtre qui apprend à l'Offertoire qu'il ne pourra avoir de vin, ou qui prévoit qu'à cause d'un vomissement subit il ne pourra communier, doit s'arrêter tout court et se retirer. Que s'il ne s'aperçoit de l'un ou de l'autre qu'après la consécration du pain, il doit continuer autant qu'il lui sera possible. Dans le premier cas, au moins communicarait-il sous une espèce; dans le second, peut-être obtiendra-t-il par une prière vive de communier sous les deux; que si le mal presse, la nécessité n'a point de loi.

Si au contraire il s'agit d'un rite accidentel, il y a une distinction à faire : car ou ce rite est du nombre de ceux que l'Eglise regarde comme très-importants, tel qu'est le mélange de l'eau avec le vin, et alors il ne faut ni continuer, ni même commencer, dès qu'on s'aperçoit du défaut d'eau. Ou ce rite est de moindre conséquence, comme si le pain a quelque tache, ou que le vin, sans cesser d'être de vrai vin, commence à s'aigrir beaucoup, et alors il vaut mieux continuer; mais

---

(1) Lib. *de Dispensatione et præcepto* cap. 11.
(2) Saint Antonin, II part., tit. 9, c. 5.
(3) *Lettres théologiques et morales,* etc. Paris, Pralard, 1708.
(4) Quando *quis* propter aliquam particularem causam, puta concupiscentiam vel iram, inducitur ad aliquid faciendum contra statuta legis vel regulæ, non peccat. ex contemptu, sed ex alia causa, etiamsi frequenter ex eadem causa vel alia simile peccatum iteret.... Frequentia tamen peccati dispositive inducit ad contemptum, secundum illud Prov. XVIII : *Impius cum in profundum venerit peccatorum, contemnit.* S. Thom., q. 185, art. 9, ad. c. 4.

pour commencer en pareil cas, il faut avoir des raisons plus ou moins grandes, selon que le rite dont on s'écarte est plus ou moins important, car en général il ne faut célébrer que quand on le peut faire dans toutes les règles prescrites par l'Eglise.

7. Pour nous rapprocher de la proposition que nous avons avancée dès le commencement de ce titre, il faut ajouter que les rubriques qui règlent ce que le prêtre doit faire avant et après l'action du sacrifice, comme aussi celles qui concernent les *défauts* qui peuvent survenir dans la célébration, ne sont, dans le sentiment le plus commun, que des instructions de conduite : en effet, on aurait peine à se persuader qu'un prêtre pèche parce qu'il manque à disposer les signets du Missel, quoiqu'en y manquant il aille contre la rubrique. Nous prétendons cependant qu'il y a dans cette partie même de la rubrique des lois très-indispensables, parce qu'elles ne sont qu'une expression du droit naturel ou des anciens canons.

8. Mais il est à propos d'examiner si les décrets de la congrégation des Rites, ou de celle qui est chargée d'expliquer le concile de Trente, que nous citons souvent, obligent en conscience. Quoique cette question nous regarde moins en France que partout ailleurs, parce que ces sortes de décisions n'ont lieu chez nous que quand elles y sont proposées par les évêques, il est pourtant à propos de savoir ce qu'en pensent les étrangers, tant parce qu'un jugement émané d'une autorité aussi sage que légitime fait toujours beaucoup d'impression, que parce qu'il y a une infinité de cas où la connaissance d'une décision fixerait le doute des supérieurs.

Le célèbre commentateur de Gavantus répond en deux mots que ces sortes de décrets (1) imposent une loi rigoureuse quand ils sont portés en forme de commandement, mais que lorsque ce ne sont que des réponses à des doutes proposés par des évêques, par des communautés religieuses, etc., comme il arrive souvent, ils n'ôtent pas à l'opinion contraire la probabilité qu'elle pouvait avoir. C'est le jugement d'un tribunal qui mérite toujours beaucoup d'égards, mais qui en a assez lui-même pour ne pas vouloir gêner les consciences. Il faut cependant avouer que dans le partage des sentiments il est de la sagesse et d'une certaine équité de préférer à ses propres lumières les lumières d'un corps qu'une longue expérience met à portée de voir bien des choses qui échappent aux particuliers.

Au reste, comme l'on attribue souvent aux congrégations établies à Rome des *résolutions* qui n'en sont pas, il faut, pour éviter la surprise, n'ajouter foi qu'à celles qui paraissent en forme authentique, c'est-à-dire, qui sont scellées du sceau de la congrégation, et signées tant du cardinal-préfet que du secrétaire. Celles que nous rapporterons dans la suite doivent paraître incontestables, puisqu'elles sont tirées d'un ouvrage imprimé au Vatican, et dont l'auteur fût un des plus habiles consulteurs de la congrégation des Rites.

SACRE .(ou CONSÉCRATION D'UN ÉVÊQUE). *Voyez* ÉVÊQUE.

SACRE-COEUR.
(Indulgences authentiques.)

Indulgences accordées aux membres de la pieuse union du Sacré-Cœur de Jésus, à Rome, ou de quelqu'une des associations érigées hors de Rome en l'honneur du Sacré-Cœur, pourvu qu'elle soit affiliée à la susdite union de Rome (2).

N. B. Les associés doivent réciter chaque jour, *avec dévotion et en l'honneur du sacré cœur de Jésus*, un Pater, un Ave et un Credo, avec la courte prière suivante : *Aimable cœur de mon Jésus, faites que je vous aime toujours de plus en plus*. C'est une condition de rigueur pour gagner les indulgences suivantes:

1° Indulgence plénière le jour de l'entrée dans la confrérie, pourvu que, s'étant confessé et ayant communié, l'on prie selon les intentions de l'Eglise (3).

2° Indulgence plénière le vendredi après l'octave du jeudi de la Fête-Dieu, jour de la fête du Sacré-Cœur de Jésus, ou bien le dimanche suivant, aux conditions ci-dessus indiquées.

3° Deux indulgences plénières chaque mois : l'une, le premier vendredi ou le premier dimanche du mois ; l'autre, le jour du mois qu'on choisira, pourvu que ces jours-là, s'étant confessé et ayant communié, on prie selon les intentions de l'Eglise.

4° Indulgence plénière à l'article de la mort pour tous ceux qui auront récité, pendant leur vie, les prières ci-dessus indiquées, et qui, *étant vraiment contrits, et acceptant la mort avec résignation*, invoqueront le saint nom de Jésus de cœur, s'ils ne peuvent le faire de bouche.

5° Indulgence de sept ans et sept quarantaines pour chacun des quatre dimanches qui précèdent la fête du Sacré-Cœur de Jésus.

6° Indulgence de soixante jours pour les associés qui feront quelque bonne œuvre, dans un esprit de dévotion (4).

---

(1) Cajétan, Marie Merati, Théatin, dans son beau commentaire sur Gavantus, barnabite ou clerc régulier de la congrégation de Saint-Paul. Son ouvrage a été imprimé en 1737 chez Salvioni, imprimeur du Vatican. *Voyez*-le sur le tit. 11 de la III° partie des rubriques. *Voyez* aussi Pikler dans ses Prolégomènes du droit canon, n. 46.

(2) La pieuse union de Rome, érigée le 14 février 1801, à Sainte-Marie-in-Capella, a depuis été transférée à Sainte-Marie-de-la-Paix. Tous les brefs et rescrits cités plus bas sont conservés dans ses archives.

(3) C'est probablement par une omission involontaire que l'auteur du recueil italien ne dit rien de cette indulgence. Elle a été accordée, avec plusieurs des suivantes, par le rescrit de Pie VII, du 7 mars 1801, cité plus bas.

(*Note de l'Éditeur.*)

(4) Ces indulgences ont été accordées par Pie VII, rescrits des 7 mars 1801, 20 mars et 15 novembre 1802, 12 et 15 juillet 1803, 7 juillet 1815, et 26 septembre 1817.

7° Les associés du Sacré-Cœur peuvent, en visitant l'église de leur confrérie, aux jours des stations de Rome, qui sont indiqués dans le Missel romain, et en y priant selon les intentions de l'Eglise, gagner les mêmes indulgences que les fidèles de Rome, en visitant l'église indiquée comme station pour chacun de ces jours (1).

8° Indulgence plénière aux fêtes de la Conception, de la Nativité, de l'Annonciation, de la Purification, de l'Assomption de la sainte Vierge, comme aussi aux fêtes de saint Joseph, des saints apôtres Pierre et Paul, de saint Jean l'évangéliste, de la Toussaint et de la Commémoration des morts, pourvu que, s'étant confessé et ayant communié, on visite l'église de la confrérie, et qu'on y prie selon les intentions de l'Eglise.

9° Indulgence de sept ans et sept quarantaines à toutes les autres fêtes de la sainte Vierge et aux fêtes des autres apôtres, pourvu qu'on visite l'église de la confrérie. (Il n'est point fait mention de la confession et de la communion pour ces indulgences partielles.)

10° Indulgence de sept ans et sept quarantaines chaque jour de la neuvaine qui précède la fête du Sacré-Cœur de Jésus, pour tout associé qui, sanctifiant cette neuvaine par quelques exercices de piété, visitera chaque jour, *avec un cœur contrit*, une église ou chapelle publique, où ladite fête soit célébrée, et y priera pour les besoins de l'Eglise.

11° Indulgence plénière chacun des six dimanches ou des six vendredis qui précèdent la fête du Sacré-Cœur, pourvu que, chacun de ces dimanches ou vendredis, les associés visitent, après *s'être confessés et avoir communié*, une église ou chapelle publique, où cette fête soit célébrée, et y prient pour les besoins de l'Eglise.

12° Les associés qui, pour cause de maladie, d'éloignement ou de quelqu'autre empêchement légitime, ne pourront visiter l'église de leur confrérie, comme cela est prescrit pour gagner les indulgences des n°s 7, 8 et 9, ou qui, soit pendant la neuvaine du Sacré-Cœur de Jésus, soit les six dimanches ou les six vendredis qui précèdent sa fête, ne pourront faire la visite de l'église ou de la chapelle où ladite fête est célébrée, gagneront les mêmes indulgences, *pourvu que, les jours ci-dessus désignés, ils fassent en compensation quelque œuvre de piété qui leur sera prescrite par leur confesseur* (2).

13° Il faut remarquer sur les indulgences ci-dessus accordées pour les affiliés à la pieuse union du Sacré-Cœur de Jésus, qu'elles peuvent aussi être gagnées par tous les fidèles, dans toutes les parties du monde, même dans les lieux où l'on ne peut ériger des confréries du Sacré-Cœur, ou bien, lorsque, par quelque autre raison, il leur est difficile de s'affilier à la susdite pieuse union établie à Rome, *pourvu qu'ils accomplissent exactement les diverses œuvres prescrites qui sont indiquées ci-dessus* (3).

14° Indulgence de sept ans et sept quarantaines à tout affilié à la pieuse union, chacun des trois jours qui précèdent la fête du Sacré-Cœur, pourvu qu'il s'y prépare dévotement pendant ces trois jours, qu'il visite chaque jour, *avec un cœur contrit*, une église ou chapelle où cette fête se célèbre, et qu'il y prie selon les intentions de l'Eglise (4).

15° Ceux des affiliés qui se seront fait inscrire *au Culte perpétuel* du Sacré-Cœur de Jésus, et qui auront choisi un jour ou plusieurs jours fixes dans le cours de l'année, pour les consacrer au culte de ce saint cœur, pourront gagner une indulgence plénière chacun des jours qu'ils auront choisis, pourvu qu'ils les sanctifient de la manière suivante :

1° Recevoir les sacrements de pénitence et d'eucharistie ;

2° Visiter une église ou chapelle publique, et y prier quelque temps, selon les intentions

---

Nous ne parlons pas ici des indulgences accordées par Pie VII, le 10 septembre 1814, aux associés du Sacré-Cœur qui réciteront, trois fois par jour, trois *Gloria Patri* pour remercier la sainte Trinité des privilèges accordés à la sainte Vierge, dans son assomption, attendu que, le 11 juillet 1815, le même souverain pontife a étendu à perpétuité ces indulgences à tous les fidèles. On les trouve parmi les exercices de piété en l'honneur de la sainte Trinité. (*Voy.* TRINITÉ.)

(1) Nous avons déjà parlé des indulgences des stations de Rome, au sujet de la couronne de Notre-Seigneur (*Voy.* JÉSUS CHRIST). Nous avons même donné l'indication des jours où l'on y fait ces stations. Nous croyons cependant devoir répéter ici ces indications, en y ajoutant celles des indulgences propres aux différents jours, telles qu'elles ont été réglées par Pie VI, par un décret de la sacrée congrégation des Indulgences, en date du 9 juillet 1777.

Le premier, le second et le quatrième dimanche de l'Avent, indulgence de dix ans et dix quarantaines.

Le troisième dimanche, indulgence de quinze ans et quinze quarantaines.

La veille de Noël, à la messe de minuit et à celle de l'aurore, indulgence de quinze ans et quinze quarantaines.

Le jour de Noël, indulgence plénière, pourvu que l'on se soit confessé et que l'on ait communié.

Les trois jours de fête suivants, le jour de la Circoncision, celui de l'Epiphanie, les dimanches de la Septuagésime, de la Sexagésime et de la Quinquagésime, indulgence de trente ans et trente quarantaines.

Le mercredi des Cendres, et le quatrième dimanche du Carême, indulgence de quinze ans et quinze quarantaines.

Le dimanche des Rameaux, indulgence de vingt-cinq ans et vingt-cinq quarantaines.

Le jeudi saint, indulgence plénière, pourvu que l'on se soit confessé et que l'on ait communié.

Le vendredi et le samedi saints, indulgence de trente ans et trente quarantaines.

Tous les autres jours du Carême, indulgence de dix ans et dix quarantaines.

Le saint jour de Pâques, indulgence plénière, pourvu que l'on se soit confessé et que l'on ait communié.

Chaque jour de l'octave, jusqu'au dimanche de Quasimodo inclusivement, indulgence de trente ans et trente quarantaines.

Le jour de saint Marc, et les trois jours des Rogations, indulgence de trente ans et trente quarantaines.

Le jour de l'Ascension, indulgence plénière, pourvu que l'on se soit confessé et que l'on ait communié ; la veille de la Pentecôte, indulgence de dix ans et dix quarantaines.

Le jour de la Pentecôte, et chacun des jours dans l'octave de cette fête, jusqu'au samedi inclusivement, indulgence de trente ans et trente quarantaines.

Chacun des jours des Quatre-Temps, indulgence de dix ans et dix quarantaines.

(2) Pie VII, deux brefs du 2 avril 1805, et rescrit du 4 mars 1806.

(3) Pie VII, rescrit de la secrétairerie des Mémoires, du 15 mai 1816.

(4) Léon XII, rescrit de la sacrée congrégation des Indulgences, du 21 mai 1828.

du souverain pontife, pour tous les ministres du sanctuaire, pour la conversion des pécheurs, pour tous ceux qui sont inscrits au culte perpétuel du Sacré-Cœur, et pour les âmes du purgatoire;

3° Faire environ une heure d'oraison mentale ou vocale, de suite ou en plusieurs fois, si l'on s'y trouve forcé par quelque motif juste et légitime;

4° Faire fréquemment, dans le cours de la journée, quelque oraison jaculatoire en l'honneur du Sacré-Cœur de Jésus;

5° Renouveler les vœux du baptême et les promesses particulières que l'on pourrait avoir faites au Seigneur (1).

N. B. 1° Toutes les indulgences ci-dessus sont applicables aux âmes du purgatoire.

2° Par un décret de Pie VII, en date du 30 janvier 1802, rendu par l'organe de Son Éminence le cardinal préfet de la sacrée congrégation des Rites, il a été accordé à tous les prêtres inscrits, à l'époque de la publication du décret, à la pieuse union du Sacré-Cœur de Jésus, ou à quelqu'une des associations qui lui sont affiliées, ainsi qu'à tous ceux qui s'y feront inscrire dans la suite, la faculté de dire, chaque année, le jour de la fête du Sacré-Cœur de Jésus, l'office de ce cœur divin, et d'en célébrer la messe, tels qu'ils ont été approuvés le 21 janvier 1778, pour le royaume de Portugal et des Algarves, sous le rite double-majeur (2).

Indulgence plénière accordée à tout fidèle, une fois par an, pourvu que, *vraiment repentant, s'étant confessé et ayant communié,* il récite *avec piété* le saint rosaire et d'autres prières, *pendant l'heure qui leur aura été assignée* (3).

N. B. Cette indulgence est applicable aux âmes du purgatoire (4).

PRIÈRES ET PRATIQUES DE PIÉTÉ
En l'honneur du sacré cœur de Jésus (5).

§ I. Indulgence accordée à tous les fidèles à perpétuité le jour de la fête du Sacré-Cœur, soit qu'elle se célèbre le vendredi après l'octave du jeudi de la Fête-Dieu, soit qu'elle ait été remise à tout autre jour par l'évêque diocésain.

Indulgence plénière pour quiconque, s'étant confessé et ayant communié, visite quelque église ou oratoire public où cette fête est célébrée, et y prié pour les besoins de l'Église (6).

N. B. Cette indulgence est applicable aux âmes du purgatoire.

§ II. Indulgence accordée à perpétuité à tout fidèle qui visitera *avec dévotion et un cœur contrit* l'image du Sacré-Cœur, *exposée à la vénération publique dans quelque église ou chapelle,* et y priera pendant quelque temps selon les intentions de l'Église.

Sept ans et sept quarantaines d'indulgence pour chaque fois (7).

N. B. Cette indulgence est applicable aux âmes du purgatoire.

§ III. Indulgences accordées à perpétuité à tout fidèle qui récitera *avec un cœur contrit* l'offrande suivante au sacré cœur de Jésus, devant son image.

1° Indulg. de cent jours, une fois par jour.

2° Indulgence plénière, une fois par mois, pour quiconque l'aura récitée tous les jours du mois, le jour où, s'étant confessé et ayant communié, il priera pour les besoins de l'Église (8).

N. B. Ces indulgences sont applicables aux âmes du purgatoire.

Offrande.

O mon aimable Jésus, moi, *N. N.*, pour vous témoigner ma reconnaissance et réparer mes infidélités, je vous donne mon cœur, je me consacre à vous entièrement, et je me propose, avec le secours de votre grâce, de ne plus pécher à l'avenir.

§ IV. Indulgences accordées à perpétuité à tout fidèle qui récitera *avec dévotion* les prières suivantes au sacré Cœur de Jésus, avec trois *Pater, Ave* et *Gloria.*

1° Indulgence de trois cents jours, une fois par jour.

2° Indulgence plénière, une fois par mois, pour celui qui les aura récitées tous les jours du mois, le jour, à son choix, où, s'étant confessé et ayant communié, il priera pour les besoins de l'Église (9).

N. B. Ces indulgences sont applicables aux âmes du purgatoire.

PRIÈRES EN L'HONNEUR DU SACRÉ CŒUR.
Le Verbe s'est fait chair, et il a habité parmi nous.

Verbe éternel, incarné pour notre amour,

---

(1) Léon XII, décret perpétuel de la sacrée congrégation des Indulgences, en date du 18 février 1826, accordé sur la demande des prêtres de la susdite pieuse union.

(2) On a pu remarquer qu'aucune visite d'église n'est prescrite pour gagner les indulgences des six premiers numéros : que la visite de l'église de la confrérie est exigée pour gagner celles des numéros 6, 7, 8 et 9; et que pour les indulgences des numéros 10 et 11, il suffit de visiter une église ou chapelle publique, où la fête du Sacré-Cœur soit célébrée.

Il faut encore observer qu'on ne peut gagner les indulgences ci-dessus, si l'association dont on fait partie n'est point affiliée à celle de Rome. C'est une formalité indispensable pour tous ceux qui ne se trouvent pas dans les cas d'exception du n° 13. Messieurs les directeurs de ces associations doivent donc avoir bien soin d'adresser une supplique aux supérieurs de la pieuse union à Rome, pour en obtenir un billet d'affiliation. (*Note de l'Éditeur.*)

(3) Nous avions supprimé cette indulgence avec celles du sacré cœur : nous avons cru devoir la rétablir en rétablissant ces dernières. (*Note de l'Éditeur.*)

(4) En dernier lieu le souverain pontife Grégoire XVI, par un bref du 20 juin 1834, que l'on conserve dans les archives de la susdite pieuse union, a confirmé de nouveau à perpétuité toutes les indulgences sus-mentionnées

en faveur des associés dûment inscrits comme il est dit ci-dessus; en outre, il a accordé une indulgence plénière à ceux qui, à la fête de saint Grégoire le Grand (12 mars), à commencer par les premières vêpres, s'étant confessés, ayant communié, visiteront l'église ou un oratoire de leur congrégation, et prieront pour le salut de la mère l'Église catholique, etc.

Ceci est dans la onzième édition de l'ouvrage italien. Rome, 1844. (*Note de l'Éditeur.*)

(5) On sait que la vénérable sœur Marguerite-Marie Alacoque, religieuse de la Visitation, du monastère de Paray-le-Monial, diocèse d'Autun, reçut de Jésus-Christ lui-même la mission de faire connaître et de propager la dévotion au sacré cœur. Cette dévotion, approuvée par les souverains pontifes, est maintenant connue dans toute la catholicité.

(6) Pie VII, rescrit de la secrétairerie des Mémoires, du 7 juillet 1815, conservé dans les archives de la pieuse union du Sacré-Cœur, à Rome, ainsi que tous les autres décrets relatifs à cette dévotion, que nous citerons dans la suite.

(7) Pie VI, rescrit donné à Florence, le 2 janvier 1799.

(8) Pie VII, rescrits de la secrétairerie des Mémoires, du 9 juin 1807, et du 26 septembre 1817.

(9) Pie VII, rescrit du 12 février 1808.

prosternés humblement à vos pieds, nous vous adorons avec le plus profond respect, et, voulant réparer notre ingratitude pour un si grand bienfait, nous nous unissons à tous ceux qui vous aiment pour vous offrir nos plus humbles et nos plus affectueuses actions de grâces. Touchés de l'excès d'humilité, de bonté et de douceur que nous découvrons dans votre divin Cœur, nous vous conjurons de nous accorder la grâce d'imiter ces vertus qui vous sont si chères.

Pater, Ave, Gloria.

Il a été crucifié pour nous, a souffert sous Ponce Pilate et a été enseveli.

O Jésus, notre aimable Sauveur, prosternés humblement à vos pieds, nous vous adorons avec le plus profond respect, et, voulant vous prouver combien nous regrettons notre insensibilité aux outrages et aux tourments que votre Cœur plein de tendresse vous engagea à endurer pour notre salut dans votre douloureuse passion et à votre mort, nous nous unissons à tous ceux qui vous aiment, pour vous rendre grâces de toute notre âme. Nous admirons la patience infinie et la générosité sans bornes de votre divin Cœur, et nous vous conjurons de remplir les nôtres de cet esprit de mortification qui nous fera accepter courageusement des souffrances, et chercher désormais dans votre croix toute consolation et toute notre gloire.

Pater, Ave, Gloria.

Vous nous avez préparé un pain du ciel qui renferme toutes sortes de délices.

O Jésus, brûlant d'amour pour les hommes, prosternés humblement devant vous, nous vous adorons avec le plus profond respect, et, voulant vous dédommager des outrages que votre divin Cœur reçoit tous les jours dans le très-saint sacrement de l'autel, nous nous unissons à tous ceux qui vous aiment et qui sont le plus reconnaissants de vos bienfaits. Nous aimons dans votre Cœur divin ce feu incompréhensible d'amour dont il est embrasé pour votre Père céleste, et nous vous supplions d'enflammer les nôtres d'une ardente charité envers vous et envers notre prochain.

Pater, Ave, Gloria.

Enfin, ô très-aimable Jésus, nous vous conjurons, par la douceur de votre divin Cœur, de daigner convertir les pécheurs, consoler les affligés, secourir les agonisants, et soulager les âmes du purgatoire. Unissez nos cœurs par le lien de la charité et de la paix ; préservez-nous de la mort imprévue, et accordez-nous de mourir dans une sainte paix. Ainsi soit-il.

℣ Cœur de Jésus, brûlant d'amour pour nous, ℟ Embrasez nos cœurs d'amour pour vous.

Prions.

Faites, nous vous en conjurons, ô Dieu tout-puissant, que, comme en nous glorifiant dans le très-saint Cœur de votre divin Fils, nous avons honoré de nouveau les principaux bienfaits de sa charité en nous, nous puissions nous réjouir également et de les avoir reçus, et des fruits qu'ils auront opérés en nous : par le même Notre-Seigneur Jésus-Christ, qui vit et règne, etc. Ainsi soit-il.

O divin Cœur de mon Jésus ! je vous adore, je vous consacre toutes les puissances de mon âme, toutes mes pensées, mes paroles, mes actions et tout moi-même. Je voudrais que mes actes d'adoration, d'amour et de louanges fussent, autant que cela est possible, semblables à ceux que vous rendez au Père éternel. Daignez être, je vous en conjure, le réparateur de mes fautes, le protecteur de ma vie, mon refuge et mon asile à l'heure de la mort. Accordez-moi (je vous en supplie par les afflictions et les amertumes dont vous avez été abreuvé pour l'amour de moi pendant le cours de votre vie mortelle), accordez-moi une sincère contrition de mes péchés, le mépris des choses de la terre, un ardent désir de la gloire éternelle, une confiance sans borne en vos mérites infinis, et la persévérance finale dans votre grâce.

O Cœur de Jésus, qui êtes tout amour, je vous adresse ces humbles prières pour moi et pour tous ceux qui s'unissent à moi pour vous adorer ; daignez les exaucer dans votre infinie bonté, surtout pour celui d'entre nous qui terminera le premier sa vie mortelle. Cœur très-doux de mon Rédempteur, versez sur son âme, au moment de son agonie, vos consolations intérieures ; recevez-le dans vos sacrées plaies, purifiez-le de toute souillure dans cette fournaise d'amour, et admettez-le dans votre gloire, et faites qu'il y devienne l'intercesseur de tous ceux qui demeureront encore sur cette terre.

Cœur très-saint de mon aimable Sauveur, je veux renouveler à chaque instant, tant que je respirerai, ces actes d'adoration et ces prières, et vous les offrir non-seulement pour moi, misérable pécheur, mais pour tous ceux qui se sont associés pour vous adorer. Je vous recommande, ô mon Jésus, la sainte Église, votre épouse bien-aimée et notre véritable mère, les âmes justes, les pécheurs, les affligés, les agonisants et en général tous les hommes ; ne permettez pas que le sang que vous avez répandu pour eux leur devienne inutile ; daignez enfin agréer ces prières pour le soulagement des âmes du purgatoire, et particulièrement de celles qui ont eu pendant leur vie la sainte dévotion de vous adorer.

Très-aimable cœur de Marie, le plus pur parmi les cœurs de toutes les créatures, le plus embrasé d'amour pour celui de Jésus et le plus rempli de miséricorde pour nous, pauvres pécheurs, obtenez-nous du Cœur de notre Sauveur Jésus les grâces que nous vous demandons. Un seul élan, un seul mouvement de votre cœur enflammé vers celui de votre divin Fils, peut nous procurer une entière consolation, ô mère de miséricorde ; ne nous refusez donc pas cette grâce, et ce divin Cœur de Jésus, mû par l'amour filial qu'il eut et qu'il aura toujours pour vous, nous exaucera certainement. Ainsi soit-il.

§ V. Indulgences accordées à perpétuité à tout fidèle qui récitera, *avec dévotion et un cœur contrit*, la petite couronne suivante en l'honneur du Sacré-Cœur de Jésus (1).

1° Indulgence de trois cents jours pour chaque fois.

2° Indulgence plénière une fois par mois pour tout fidèle qui l'aura récitée une fois chaque jour pendant le cours du mois, le jour, à son choix, où, s'étant confessé et ayant communié, il priera pour les besoins de l'Eglise (2).

N. B. Ces indulgences sont applicables aux âmes du purgatoire.

COURONNE DU SACRÉ-CŒUR.

Deus, in adjutorium meum intende;
Domine, ad adjuvandum me festina.
Gloria Patri, et Filio, etc.

1. Quand je considère la bonté de votre Cœur, ô mon aimable Jésus, et que je le vois tout plein de compassion et de douceur pour les pécheurs, je sens le mien tressaillir d'allégresse, et je me laisse aller à l'espérance que vous daignerez m'accueillir favorablement. J'ai commis, il est vrai, un grand nombre de péchés, mais je les déteste maintenant et je les pleure, à l'exemple de Pierre et de Madeleine, parce qu'ils vous ont offensé, vous qui êtes le souverain bien; accordez-m'en le pardon général, et faites, je vous en conjure par votre Cœur plein de charité, que je meure avant de vous offenser, et que je ne vive que pour vous aimer.

Ici l'on récite un *Pater*, cinq *Gloria Patri* et l'aspiration : Aimable Cœur de mon Jésus, faites que je vous aime toujours de plus en plus.

2. Je bénis, ô mon Jésus, votre Cœur très-humble, et je vous rends grâces de ce qu'en me le donnant pour modèle, non-seulement vous m'excitez puissamment à l'imiter, mais encore vous m'en montrez et m'en aplanissez tout à la fois le chemin par vos humiliations. Ingrat et insensé que j'étais, combien de fois ne me suis-je pas égaré? Pardonnez-moi : non, plus d'orgueil, plus d'ambition, je veux vous suivre désormais dans les humiliations avec un cœur humble, et obtenir par ce moyen la paix et le salut. Donnez-moi vous-même la force qui m'est nécessaire, et je bénirai à jamais votre divin Cœur.

Pater. Cinq *Gloria*. Aimable Cœur, etc.

3. J'admire, ô mon Jésus, la patience de votre Cœur, et je vous rends grâces de nous avoir laissé tant d'exemples d'une patience invincible. Ils me reprochent, mais hélas ! ça a été inutilement jusqu'ici, ma délicatesse qui ne peut rien souffrir. Ah! mon Sauveur, mettez dans mon cœur un amour ardent et constant pour les tribulations, les croix, la mortification et la pénitence, afin que vous suivant au Calvaire, je puisse parvenir avec vous à la gloire du ciel.

(1) Cette couronne a été revue et approuvée par la sacrée congrégation des Rites.
(2) Pie VII, décret *Urbis et orbis* de la sacrée congré-

DICTIONNAIRE DES RITES SACRÉS. III.

Pater. Cinq *Gloria*. Aimable Cœur, etc.

4. A la vue de votre Cœur si plein de douceur, divin Jésus, j'ai horreur du mien, qui est, hélas ! si différent du vôtre. Il n'est que trop vrai qu'un geste, une parole piquante, un rien suffit pour m'affliger et me troubler; pardonnez-moi, je vous en conjure, mes emportements, et faites-moi la grâce d'imiter à l'avenir, dans les contrariétés, votre douceur inaltérable, et de jouir toujours ainsi d'une sainte paix.

Pater. Cinq *Gloria*. Aimable Cœur, etc.

5. Oui, mon Jésus, que l'on chante les louanges de votre Cœur magnanime, vainqueur de l'enfer et de la mort; il en est bien digne. Pour moi, je suis plus confus que jamais en voyant le mien pusillanime au point de craindre le moindre mot, la moindre injure, mais il n'en sera plus ainsi désormais. C'est de vous que j'implore le courage qui m'est nécessaire pour combattre et vaincre sur la terre les ennemis de mon salut, afin de triompher ensuite avec vous dans la joie du ciel.

Pater. Cinq *Gloria*. Aimable Cœur, etc.

Tournons-nous maintenant vers Marie, et, pleins de confiance dans son Cœur maternel, disons-lui, en nous consacrant à son service d'une manière toute spéciale :

Sainte vierge Marie, mère de Dieu, qui êtes aussi ma mère, je vous en conjure par les mérites immenses de votre Cœur très-doux, obtenez-moi la grâce d'une vraie et constante dévotion au sacré Cœur de votre divin Fils, afin que, lui consacrant toutes mes pensées et toutes mes affections, je remplisse constamment mes devoirs et que je m'applique toujours, mais surtout aujourd'hui, à servir Jésus avec une sainte allégresse.

℣ Cœur de Jésus, brûlant d'amour pour nous. ℟ Embrasez nos cœurs du feu de votre amour.

Prions

Nous vous en supplions, Seigneur, que le Saint-Esprit nous enflamme de ce feu sacré que Notre Seigneur Jésus-Christ a tiré du fond de son Cœur pour l'apporter sur la terre, et qu'il désire avec ardeur y voir allumé : lui qui, étant Dieu, vit et règne avec Dieu le Père, en l'unité du même Saint-Esprit, dans tous les siècles des siècles. Ainsi soit-il.

SACRÉ-CŒUR (FÊTE DU).

Voy. l'art. précédent et notre Dictionnaire liturgique.

SACREMENT (SAINT)

Voy. EUCHARISTIE.

(Indulgences authentiques.)

PRIÈRES ET PRATIQUES DE PIÉTÉ

En l'honneur du très-saint sacrement de l'autel.

§ I. Indulgences accordées à tous les fidèles pour le jour et l'octave de la Fête-Dieu.

1° La veille de la fête, indulgence de deux

ation des Indulgences, du 20 mars 1815, et rescrit de la secrétairerie des Mém ires, du 25 septembre 1817.

rents jours pour tout fidèle qui, vraiment contrit et s'étant confessé, jeûnera ce jour-là, ou fera à la place quelqu'autre œuvre de piété, d'après l'avis de son confesseur.

2° Les indulgences suivantes sont accordées à ceux qui assisteront, avec dévotion, le jour de la Fête-Dieu, aux offices publics :

Pour les premières vêpres, 400 jours. — Pour matines et laudes, ensemble, 400 j. — Pour la sainte messe, 400 j. — Pour prime, 160 j. — Pour tierce, 160 j. — Pour sexte, 160 j. — Pour none, 160 j. — Pour vêpres, 400 j. — Pour complies, 160 j. — Total, 2400 jours.

3° Pendant tous les jours de l'octave, il est accordé la moitié des indulgences ci-dessus indiquées à ceux qui assisteront aux offices publics ; savoir, deux cents jours pour matines et laudes, la sainte messe et vêpres, et quatre-vingts jours pour chacune des petites heures.

4° Indulgence de deux cents jours pour tout fidèle qui, après avoir communié, suivra le jour de la fête ou pendant l'octave, la procession du saint sacrement (1).

N. B. Toutes ces indulgences sont applicables aux âmes du purgatoire (2).

§ II. Indulgences accordées à perpétuité, le jeudi saint, le jour de la Fête-Dieu, et tous les jeudis de l'année, à tout fidèle qui, ces jours-là, consacrera une heure à honorer, par quelques pieux exercices, en public ou en particulier, la mémoire de l'institution de la divine eucharistie.

1° Indulgence plénière le jeudi saint pour tout fidèle qui se confesse et communie ce jour-là, ou l'un des jours de la semaine de Pâques.

2° Pareillement, indulgence plénière le jour de la Fête-Dieu pour tout fidèle qui se confesse et communie ce jour-là.

3° Indulgence de trois cents jours, tous les jeudis de l'année, pour celui qui fera les mêmes exercices, ces jours-là, avec le cœur contrit [la confession et la communion ne sont pas exigées pour gagner cette dernière indulgence (3)].

N. B. Toutes ces indulgences sont applicables aux âmes du purgatoire.

§ III. Indulgences accordées à perpétuité à tout fidèle qui s'approchera de la sainte table à certains jours.

1° Indulgence de cinq ans toutes les fois que, s'étant confessé, on communiera les jours de dimanches et de fêtes en priant selon les intentions de l'Eglise.

2° Indulgence de dix ans chaque fois à tous ceux qui sont dans la pieuse habitude de communier au moins une fois par mois, aux fêtes de Notre-Seigneur Jésus-Christ, à celles de la sainte Vierge, à celles des saints apôtres et le jour de la Nativité de saint Jean-Baptiste, pourvu qu'après avoir communié, ils prient pour les besoins de l'Eglise.

3° Indulgence plénière, une fois par an, pour ceux qui sont dans l'habitude de communier aux jours indiqués plus haut, le jour où l'on célèbre la fête principale du lieu où ils se trouvent, pourvu que, ce jour-là, s'étant confessés et ayant communié, ils prient selon les intentions de l'Eglise (4).

§ IV. Indulgences accordées à perpétuité à tout fidèle qui adorera Notre-Seigneur Jésus-Christ dans le saint sacrement de l'autel, au son de la cloche annonçant l'élévation d'une grand'messe, d'une messe basse paroissiale, ou d'une messe conventuelle.

1° Indulgence d'un an, toutes les fois qu'*au son de cette cloche* on se mettra *à genoux*, dans quelque lieu que l'on se trouve, et pour adorer Jésus-Christ en récitant quelque prière.

2° Indulgence de deux ans, chaque fois que, au lieu d'adorer Notre-Seigneur du lieu où l'on se trouve, on se rendra dans l'église ou se dit la messe chantée, conventuelle ou paroissiale, pour adorer Jésus-Christ pendant l'élévation de cette messe (5).

§ V. Indulgences accordées à tout fidèle qui accompagnera le saint sacrement, lorsqu'on le porte aux malades et aux infirmes.

1° Indulgence de sept ans et sept quarantaines pour tout fidèle qui accompagne le saint sacrement, *avec dévotion, et en portant un cierge allumé ou toute autre lumière.*

2° Indulgence de cinq ans et cinq quarantaines pour ceux qui l'accompagnent avec dévotion, sans lumière.

3° Indulgence de trois ans et trois quarantaines pour celui qui ne pouvant, à raison de quelque empêchement légitime, accompagner personnellement le saint sacrement, y envoie à sa place quelqu'un portant un cierge allumé ou toute autre lumière.

4° Indulgence de cent jours pour celui qui, ne pouvant accompagner le saint sacrement, à raison de quelque empêchement légitime, récite pendant ce temps-là un *Pater* et un *Ave* selon les intentions des souverains pontifes (6).

N. B. 1° Ces indulgences sont applicables aux âmes du purgatoire (7).

2° Elles sont du petit nombre de celles qui ne sont point suspendues pendant l'année sainte du jubilé de Rome (8).

§ VI. Indulgences accordées à perpétuité à tout fidèle qui vient adorer le saint sacrement, soit lorsqu'il est exposé pendant les oraisons des quarante heures, soit pendant le temps qu'il est renfermé dans le tombeau, les jeudi et vendredi saints (9).

1° Indulgence de dix ans et dix quarantaines toutes les fois que l'on visite le saint sa-

---

(1) Ces indulgences ont été accordées par Urbain IV, qui institua la fête du Saint-Sacrement, en 1264, constitution *Transiturus* ; par Martin V, constitution *Ineffabile*, du 26 mai 1429 ; par Eugène IV, constitution *Excellentissimum*, du 26 mai 1433.
(2) Déclaration de Benoît XIV, du 13 septembre 1749.
(3) Pie VII, rescrits du 4 février 1815, et du 16 avril 1816, qui existent dans la secrétairerie de la sacrée congrégation des Indulgences.
(4) Grégoire XIII, constitution *Ad excitandum*, du 10 avril 1580.
(5) Grégoire XIII, même constitution.

(6) Paul V, décret du 3 novembre 1606 ; Clément X, décret de la sacrée congrégation des Indulgences du 25 avril 1676 ; le vénérable Innocent XI, décret du 1er octobre 1688 ; et Innocent XII, constitution *Debitum pastoralis officii*, du 5 janvier 1695.
(7) Concession de Benoît XIV, du 13 septembre 1749.
(8) Ainsi l'ont déclaré Benoît XIV, dans la bulle du 17 mai 1749, pour l'année sainte de 1750 ; Clément XIV, dans la bulle du 15 mai 1774, pour l'année sainte de 1775 ; et Léon XII, dans la bulle du 20 mai 1824, pour l'année sainte de 1825. *Voyez* ce qui est dit, art. Purgatoire, § 5, sur la suspension des indulgences pendant l'année sainte.
(9) L'usage d'exposer le saint sacrement pendant qua-

crement exposé dans une église, pendant les oraisons des quarante heures, *avec un cœur contrit et la ferme résolution de se confesser*, pourvu que l'on y prie pendant quelque temps selon les intentions de l'Eglise.

2° Indulgence plénière pour tout fidèle qui visitera le saint sacrement, exposé pendant les quarante heures, *après s'être confessé et avoir communié*, et y priera selon les intentions de l'Eglise (1).

[Il faut remarquer ici que cette seconde indulgence ne peut se gagner qu'une seule fois dans le cours des quarante heures ; la première peut se gagner à chaque visite (2).]

3° Les mêmes indulgences sont accordées aux mêmes conditions à tout fidèle qui viendra adorer, les jeudi et vendredi saints, le saint sacrement renfermé dans le tombeau : c'est-à-dire, une fois l'indulgence plénière, et l'indulgence partielle de dix ans et dix quarantaines à chaque visite ; la communion exigée pour l'indulgence plénière doit être faite le jeudi saint ou le jour de Pâques (3).

N. B. 1° Toutes ces indulgences sont applicables aux âmes du purgatoire (4).

2° Tous les autels de l'église où se font les quarante heures sont *privilégiés* pour les âmes du purgatoire, pendant toute la durée de ces quarante heures (5).

§ VII. Indulgences accordées à perpétuité à tout fidèle qui viendra adorer le saint sacrement, exposé pendant les derniers jours du carnaval (6).

1° Indulgence plénière pour tout fidèle qui s'étant confessé et ayant communié, visitera le saint sacrement, exposé pendant trois jours d'une ou de chacune des semaines de la *Septuagésime*, de la *Sexagésime*, et de la *Quinquagésime*, jusqu'au mercredi des Cendres exclusivement.

2° Autre indulgence plénière pour tout fidèle qui visitera le saint sacrement, lorsqu'il sera exposé seulement le jeudi de la Sexagésime, vulgairement dit *jeudi gras* (7).

§ VIII. Indulgences accordées à tout fidèle qui récitera la prière suivante, pour implorer la miséricorde divine, *avec un cœur contrit, à genoux et devant le saint sacrement*, soit qu'il soit exposé, soit qu'il soit renfermé dans le tabernacle (8).

1° Le premier jeudi de chaque mois, indulgence plénière pour celui qui la récitera après s'être confessé et avoir communié, pourvu qu'il prie ensuite pour les besoins de l'Eglise.

2° Indulgence de sept ans et sept quarantaines, tous les autres jeudis, pour la réciter rante heures, en mémoire des quarante heures que le corps de Notre-Seigneur resta renfermé dans le tombeau, a commencé à Milan en 1534.

(1) Clément VIII, constitution *Graves et diuturnæ*, du 25 novembre 1592; et Paul V, bref *Cum felicis recordationis*, du 10 mai 1606.

(2) Pendant l'année sainte on peut, en visitant le saint sacrement comme ci-dessus, gagner pour soi une indulgence de sept ans et sept quarantaines.

Bulles sur l'année sainte, citées plus haut.

(3) Pie VII, décret de la sacrée congrégation des Indulgences, du 7 mars 1815.

(4) Pie VII, rescrit du 12 mai 1817, qui existe dans la secrétairerie de Son Eminence le cardinal-vicaire.

(5) Pie VII, même rescrit. On entend par *autel privilégié* un autel auquel le pape a attaché un privilège tel, que tout prêtre qui célèbre le saint sacrifice pour les

de même, après s'être confessé et avoir communié, à genoux, devant le saint sacrement.

3° Indulgence de cent jours, tous les autres jours, pour réciter la même prière, à genoux, devant le saint sacrement, et avec un cœur contrit. [La confession et la communion ne sont point exigées pour cette dernière indulgence (9).]

N. B. Toutes ces indulgences sont applicables aux âmes du purgatoire.

Oratio.

Regardez, Seigneur, de votre sanctuaire et du lieu où vous habitez au plus haut des cieux ; voyez cette sainte victime, que vous offre notre grand prêtre, votre divin Fils Jésus, pour expier les péchés de ses frères, et pardonnez-nous nos iniquités sans nombre. La voix du sang de notre frère Jésus crie vers vous de la croix. Exaucez-nous, Seigneur ; Seigneur, apaisez votre courroux, jetez les yeux sur nous, et agissez. Ne différez pas, mon Dieu, pour l'amour de vous-même, car votre saint nom a été invoqué sur cette ville et sur ce peuple, et traitez nous selon votre miséricorde. Ainsi soit-il.	Respice, Domine, de sanctuario tuo (*Deut.* xxvi, 15) et de excelso cœlorum habitaculo, et vide hanc sacrosanctam hostiam, quam tibi offert magnus pontifex noster sanctus Puer tuus Dominus Jesus pro peccatis fratrum suorum; et esto placabilis super multitudinem malitiæ nostræ. Ecce vox sanguinis fratris nostri Jesu clamat ad te de cruce. Exaudi, Domine (*Dan.* ix, 19); placare Domine, attende, et fac : ne moreris propter temetipsum, Deus meus, quia nomen tuum invocatum est super civitatem istam et super populum tuum: et fac nobiscum secundum misericordiam tuam. Amen.

§ IX. Indulgences accordées à perpétuité à tout fidèle qui récitera, *avec un cœur contrit*, l'hymne *Pange, lingua*, ou le *Tantum ergo*, etc.

1° Indulgence de trois cents jours, une fois par jour, pour la récitation de l'hymne *Pange, lingua*, avec le verset et oraison qui suivent.

2° Indulgence de cent jours seulement, une fois aussi par jour, pour ceux qui ne réciteront que les deux dernières strophes de cette hymne, *Tantum ergo Sacramentum*, etc., et

âmes du purgatoire gagne pour ces âmes, par manière de suffrage, une indulgence plénière. (*Note de l'éditeur*.)

(6) L'usage d'exposer le saint sacrement pendant le temps du carnaval, et d'y venir faire amende honorable pour réparer en quelque sorte les offenses qui se commettent en ce temps contre la majesté divine, est assez ancien. On ne saurait trop exhorter les fidèles à s'acquitter fidèlement d'une œuvre de piété si agréable à Dieu, et si propre à attirer sur nous l'abondance de ses miséricordes.

(7) Clément XIII, décret de la sacrée congrégation des Indulgences, du 25 juillet 1765.

(8) On croit que cette prière a été composée par saint Gaétan.

(9) Pie VI, rescrit de la secrétairerie des Mémoires, du 17 octobre 1796, que l'on conserve dans les archives des clercs réguliers, dits théatins, de Saint-André de la Valle, à Rome.

Genitori, Genitoque, etc., avec les mêmes verset et oraison.

3° Indulgence plénière, trois fois par an, pour celui qui récitera ainsi, au moins dix fois chaque mois, soit le *Pange lingua* entier, soit le *Tantum ergo* seulement, savoir : le jeudi saint, le jour de la Fête-Dieu ou un des jours de l'octave de cette fête; un troisième jour, au choix de chacun. Pour gagner ces indulgences plénières, on devra ces jours-là se confesser, communier, visiter quelque église, et y prier selon les intentions de l'Eglise (1).

N. B. Ces indulgences sont applicables aux âmes du purgatoire.

Voy. à l'art. PROCESSION, tit 2, § 5, l'hymne *Pange, lingua*, et l'oraison *Deus qui nobis*, etc.

§ X. Indulgences accordées à perpétuité à tout fidèle qui récitera, avec dévotion et un cœur contrit, l'oraison jaculatoire suivante, en l'honneur du saint sacrement.

1° Indulgence de cent jours, une fois par jour.

2° Cette indulgence de cent jours peut se gagner trois fois dans la journée, tous les jeudis de l'année et tous les jours de l'octave de la Fête-Dieu.

3° Indulgence plénière, une fois par mois, pour ceux qui l'auront récitée tous les jours pendant le mois, le jour où, s'étant confessés et ayant communié, ils prieront pour les besoins de l'Eglise.

4° Quoique l'indulgence de cent jours rapportée plus haut ne puisse se gagner qu'une seule fois par jour, on peut, en outre, gagner une autre indulgence de cent jours, chaque fois qu'on récite avec *dévotion et un cœur contrit* la même oraison jaculatoire dans les deux circonstances suivantes, pourvu qu'on adore en même temps Notre-Seigneur Jésus-Christ dans le saint sacrement :

A l'élévation de la messe à laquelle on assiste; au son de la cloche qui indique que l'on donne la bénédiction du saint sacrement dans quelque église.

N. B. Toutes ces indulgences sont applicables aux âmes du purgatoire (2)

Oraison jaculatoire.

Que le très-saint et très-divin sacrement soit loué et béni dans tous les moments.

§ XI. Indulgence accordée à perpétuité à tout fidèle qui récitera, *avec dévotion*, les actes suivans d'adoration et de réparation, avec cinq *Pater, Ave* et *Gloria Patri*.

Trois cents jours d'indulgence pour chaque fois (3).

N. B. Cette indulgence est applicable aux âmes du purgatoire.

Actes d'adoration et de réparation:

1. Je vous adore très-humblement, ô mon Sauveur, caché dans le très-saint sacrement de l'autel; je vous y reconnais présent comme vrai Dieu et vrai homme tout ensemble; je voudrais suppléer, par cet acte d'adoration, à la froideur de tant de chrétiens qui, en passant devant vos temples et quelquefois même devant les saints tabernacles où vous résidez à toutes les heures du jour, brûlant du désir de vous communiquer à vos fidèles, ne daignent pas même vous saluer, et, comme autrefois les Israélites dans le désert, prouvent par leur indifférence qu'ils n'ont que du dégoût pour cette manne céleste; je vous offre, en réparation de cette révoltante tiédeur, le sang précieux qui sortit de la plaie de votre pied gauche; et, caché dans cette plaie, je répéterai mille et mille fois :

Que le très-saint et très-divin sacrement soit loué et béni dans tous les moments.

Pater, Ave, Gloria.

2. Je vous adore profondément, ô mon Sauveur; je confesse votre présence réelle dans le saint sacrement; je voudrais pouvoir réparer par cet acte d'adoration, l'ingratitude de tant de chrétiens qui ne vous accompagnent pas lorsque l'on vous porte chez de pauvres malades que vous allez fortifier pour le grand voyage de l'éternité, et qui même daignent à peine vous rendre alors un acte extérieur d'adoration; je vous offre, en expiation de tant de froideur, le sang précieux qui sortit de la plaie de votre pied droit; et, caché dans cette plaie, je répéterai mille et mille fois : Que le très-saint, etc.

Pater, Ave, Gloria.

3. Je vous adore profondément, ô mon Sauveur, vrai pain de la vie éternelle; je voudrais adoucir par cet acte d'adoration les douleurs que cause chaque jour à votre divin cœur la profanation des églises où vous voulez demeurer sous les espèces sacramentelles, pour y recevoir de tous les fidèles le tribut d'adoration et d'amour; je vous offre, en expiation de tant d'irrévérences, le sang précieux qui sortit de la plaie de votre main gauche; et, caché dans cette plaie, je répéterai à chaque instant : Que le très-saint, etc.

Pater, Ave, Gloria.

4. Je vous adore profondément, ô mon Sauveur, pain vivant descendu du ciel; je voudrais réparer, par cet acte d'adoration, tant d'irrévérences qui se commettent chaque jour pendant la sainte messe où vous daignez, par un excès d'amour, renouveler d'une manière non sanglante le sacrifice que vous avez offert sur la croix pour notre salut; je vous offre, en expiation de tant d'ingratitude, le sang précieux qui sortit de la plaie de votre main droite; et, caché dans cette plaie, j'unirai ma voix à celles des anges qui vous entourent, en disant avec eux : Que le très-saint, etc.

---

(1) Pie VII, décret *Urbis et orbis* de la sacrée congrégation des Indulgences, du 23 août 1818.

(2) Pie VI, rescrit de la secrétairerie des Mémoires, du 24 mai 1776; et Pie VII. décrets *Urbis et orbis* de la sacrée congrégation des Indulgences, du 30 juin 1818, et du 7 décembre 1819.

(3) Pie VII a accordé cette indulgence par un rescrit du 26 août 1814, après avoir approuvé ces actes par l'organe de Son Eminence le cardinal préfet de la sacrée congrégation des Rites, qui conserve dans ses archives l'original du rescrit, dont une copie authentique est déposée à la secrétairerie de la sacrée congrégation des Indulgences.

Pater, Ave, Gloria.

5. Je vous adore profondément, ô mon Sauveur, vraie victime d'expiation pour nos péchés ; je vous offre cet acte d'adoration en réparation des outrages sacriléges que vous recevez de tant de chrétiens ingrats qui ne craignent pas de vous recevoir dans la sainte communion avec la conscience chargée de péchés mortels ; je vous offre encore, en expiation de ces abominables sacriléges, les dernières gouttes de votre sang précieux qui coulèrent de la plaie de votre côté ; et, caché dans cette plaie, je vous adorerai, je vous bénirai et je vous aimerai, en répétant avec toutes les âmes qui ont de la dévotion au très-saint sacrement : Que le très-saint, etc.

Pater, Ave, Gloria.

On termine par le *Tantum ergo sacramentum*, etc., avec les verset et oraison, que l'on trouvera à l'art. PROCESSION, tit. 2, § 5.

§ XII. Indulgences accordées à perpétuité à tout fidèle qui récitera, *avec dévotion et un cœur contrit*, l'amende honorable suivante au saint sacrement, et les trois oraisons jaculatoires qui la suivent (1).

1° Indulgence de deux cents jours, chaque fois que l'on récitera l'amende honorable avec les trois oraisons jaculatoires susdites.

2° Indulgence de cent jours, lorsqu'on récite seulement les trois oraisons jaculatoires, pourvu qu'on le fasse de même avec une vraie contrition, et que l'on y ajoute cette autre oraison jaculatoire :

Que le très-saint et très-divin sacrement soit connu, adoré et remercié par tous les hommes et dans tous les moments (2).

N.B. Ces indulgences sont applicables aux âmes du purgatoire.

Amende honorable.

Je vous adore avec le respect sans borne que m'inspire la foi, ô mon Dieu et mon sauveur Jésus, vrai Dieu et vrai homme, et je vous adore de tout mon cœur, renfermé dans le très-auguste sacrement de l'autel, pour réparer non-seulement les irrévérences, les profanations et les sacriléges que j'ai eu le malheur de commettre moi-même jusqu'à ce jour, mais encore de tous ceux qui ont été commis contre vous, ou qui pourraient, ce qu'à Dieu ne plaise ! se commettre à l'avenir ; je vous adore, ô mon Dieu, non comme vous méritez de l'être, ni même comme je le devrais, mais au moins autant que je le puis ; et je voudrais pouvoir le faire avec toute la perfection dont une créature est susceptible : je me propose enfin de vous adorer maintenant et toujours, non-seulement pour ces catholiques qui ne savent vous rendre ni adoration ni amour,

---

(1) Ces indulgences ont été accordées aux instances des *Adoratrices perpétuelles* du saint sacrement, du monastère de Rome, qui sont dans l'usage de réciter cette amende honorable pendant leur heure d'adoration.

(2) Pie VII, rescrit du 21 janvier 1815, et Léon XII, rescrit écrit de sa propre main, du 15 août 1828, qui se conserve dans les archives du monastère des Adoratrices perpétuelles, à Rome.

(3) Pie VI, rescrit du 7 novembre 1787, que l'on conserve dans les archives de la pieuse union du Sacré-Cœur

---

mais encore pour tous les hérétiques, les schismatiques, les impies, les athées, les blasphémateurs, les magiciens, les mahométans, les juifs et les idolâtres, afin d'obtenir leur conversion. Oh ! oui, mon Jésus, soyez connu, adoré, aimé et remercié dans le très-saint et très-divin sacrement, par tous les hommes et dans tous les moments. Ainsi soit-il.

On ajoute ensuite les trois oraisons jaculatoires suivantes :

1. Je vous adore dans tous les instants, ô pain vivant du ciel, sacrement admirable !

2. Bénissez mon âme, ô Jésus, l'unique objet de l'amour de Marie !

3. A vous seul je donne mon cœur, divin Jésus, mon Sauveur !

§ XIII. Indulgence accordée à perpétuité à tout fidèle qui récitera *avec dévotion* la prière suivante.

Cent jours d'indulgence, une fois par jour (3).

Prière au saint sacrement.

Voilà donc, ô mon aimable Jésus, jusqu'où est allée votre excessive charité : vous m'avez préparé une table divine où vous vous donnez tout à moi, en me donnant votre adorable chair à manger et votre précieux sang à boire. Qui a pu vous porter à un tel excès d'amour ? Ah ! c'est sans doute votre Cœur. O Cœur adorable de mon Jésus, fournaise ardente du divin amour, recevez mon âme dans votre plaie sacrée, afin qu'elle apprenne à cette école de charité à rendre amour pour amour à ce Dieu qui lui a donné des preuves si admirables du sien. Ainsi soit-il

SACREMENTS.

DES SACREMENTS EN GÉNÉRAL.

Les prêtres, étant en cette qualité les ministres et les dispensateurs des sacrements, doivent en connaître la nature : sans la connaissance exacte de ces salutaires remèdes, ils sont exposés à *donner ce qui est saint aux indignes ;* s'ils ignorent l'excellence et l'efficace de ces moyens que le Seigneur a préparés pour notre sanctification, ils n'auront pas pour eux la vénération qu'ils méritent ; ils n'inspireront pas aux peuples le dessein de s'en approcher avec les dispositions convenables pour en profiter ; ils s'exposeront eux-mêmes à faire des sacriléges.

DOCTRINE DE L'ÉGLISE SUR LES SACREMENTS EN GÉNÉRAL (4).

Décret d'Eugène IV.

Dans la loi nouvelle, il y a sept sacrements, savoir : le baptême, la confir-	Novæ legis septem sunt sacramenta, videlicet, baptismus, confirmatio, eucharis-

de Jésus, à Sainte-Marie de la Paix, à Rome. Pie VII a confirmé cette indulgence, et l'a déclarée perpétuelle par un rescrit de la secrétairerie des Mémoires, du 9 février 1818, par lequel il permet de réciter cette prière en quelque langue que ce soit, pourvu que la traduction soit fidèle.

(4) Cette exposition de la doctrine de l'Eglise sur les sacrements est développée plus loin en français. Nous donnons la traduction littérale.

mation, l'eucharistie, la pénitence, l'extrême-onction, l'ordre et le mariage. Ils diffèrent beaucoup des sacrements de l'ancienne loi, qui n'étaient pas la cause de la grâce, ceux-ci signifiaient seulement la grâce qui devait être donnée par la passion de Jésus-Christ, au lieu que nos sacrements contiennent la grâce, et la confèrent à ceux qui les reçoivent dignement. Les cinq premiers sont destinés à la perfection spirituelle de chaque personne en particulier; les deux derniers sont destinés au gouvernement de l'Eglise et à la multiplication de ses membres. Car, par le baptême nous renaissons spirituellement; par la confirmation nous augmentons la grâce et nous nous fortifions dans la foi; après cela nous trouvons un aliment divin dans l'eucharistie. Si le péché blesse notre âme, la pénitence en est le remède spirituel; un autre remède spirituel, et même corporel, quand cela est utile à notre âme, nous est conféré par l'extrême-onction : par le moyen de l'ordre, l'Eglise se gouverne et s'étend sous le rapport spirituel; par le mariage, elle s'augmente corporellement. Tous ces sacrements consistent en trois choses, ce qui en est comme la matière, les paroles qui servent de forme, et la personne du ministre conférant le sacrement avec l'intention de faire ce que fait l'Eglise; si l'une de ces choses manque, il n'y a pas de sacrement. Trois de ces sacrements, le baptême, la confir-

tia, pœnitentia, extrema unctio, ordo, et matrimonium. Quæ multum a sacramentis differunt antiquæ legis. Illa enim non causabant gratiam, sed eam solum per passionem Christi dandam esse figurabant : hæc vero nostra et continent gratiam, et ipsam digne suscipientibus conferunt. Horum quinque prima ad spiritualem uniuscujusque hominis in seipso perfectionem, duo ultima, ad totius Ecclesiæ regimen multiplicationemque ordinata sunt. Per baptismum enim spiritualiter renascimur; per confirmationem augemur in gratia et roboramur in fide; renati autem et roborati, nutrimur divina eucharistiæ alimonia. Quod si per peccatum ægritudinem incurrimus animæ, per pœnitentiam spiritualiter sanamur; spiritualiter etiam et corporaliter, prout animæ expedit, per extremam unctionem; per ordinem vero Ecclesia gubernatur et multiplicatur spiritualiter; per matrimonium corporaliter augetur. Hæc omnia sacramenta tribus perficiuntur, videlicet, rebus tanquam materia, verbis tanquam forma, et persona ministri conferentis sacramentum cum intentione faciendi quod facit Ecclesia: quorum si aliquod desit, non perficitur sacramentum. Inter hæc sacramenta, tria sunt, baptismus, confirmatio et ordo, quæ characterem, id est, spirituale quoddam signum a cæteris distinctivum imprimunt in anima indelebile. Unde in eadem persona non reiterantur. Reliqua vero quatuor characterem non imprimunt et reiterationem admittunt.

mation et l'ordre, impriment un caractère dans l'âme, c'est-à-dire une espèce de signe distinctif et ineffaçable. C'est pour cela qu'on ne les réitère pas pour la même personne. Les quatre autres n'impriment pas un caractère et peuvent se réitérer.

Concile de Trente.

1. Si quelqu'un dit que les sacrements de la loi nouvelle n'ont pas tous été institués par Notre-Seigneur Jésus-Christ, ou qu'il y en a plus ou moins de sept, qui sont le baptême, la confirmation, l'eucharistie, la pénitence, l'extrême-onction, l'ordre et le mariage; ou même que quelqu'un de ces sept n'est pas vraiment et proprement un sacrement, qu'il soit anathème.

2. Si quelqu'un dit que ces mêmes sacrements de la loi nouvelle ne diffèrent de ceux de l'ancienne que parce que les cérémonies sont différentes, et les rites extérieurs différents, qu'il soit anathème.

3. Si quelqu'un dit que ces sept sacrements sont si égaux entre eux que sous tous les rapports l'un n'est pas plus digne que l'autre, qu'il soit anathème.

4. Quoique les sacrements de la nouvelle loi ne soient pas tous nécessaires à chaque personne, si quelqu'un dit qu'ils sont pour le salut une chose superflue, et que, sans les recevoir ou les désirer, les hommes obtiennent de Dieu, par la foi seule, la grâce de la justification, qu'il soit anathème.

5. Si quelqu'un dit que ces sacrements n'ont été institués que pour nourrir la foi, qu'il soit anathème.

6. Si quelqu'un dit que les sacrements de la loi nouvelle ne contiennent pas la

1. *Si quis dixerit sacramenta novæ legis non fuisse omnia a Jesu Christo Domino nostro instituta, aut esse plura vel pauciora quam septem, videlicet baptismum, confirmationem, eucharistiam, pœnitentiam, extremam unctionem, ordinem et matrimonium ; aut etiam aliquod horum septem non esse vere et proprie sacramentum, anathema sit.*

2. *Si quis dixerit ea ipsa novæ legis sacramenta a sacramentis antiquæ legis non differre, nisi quia cæremoniæ sunt aliæ, et alii ritus externi, anathema sit.*

3. *Si quis dixerit hæc septem sacramenta ita esse inter se paria, ut nulla ratione aliud sit alio dignius, anathema sit.*

4. *Si quis dixerit sacramenta novæ legis non esse ad salutem necessaria, sed superflua : et sine eis aut eorum voto, per solam fidem homines a Deo gratiam justificationis adipisci, licet omnia singulis necessaria non sint, anathema sit.*

5. *Si quis dixerit hæc sacramenta propter solam fidem nutriendam instituta fuisse, anathema sit.*

6. *Si quis dixerit sacramenta novæ legis non continere gratiam quam significant,*

grâce qu'ils signifient, ou ne confèrent pas cette grâce à ceux qui n'y mettent pas obstacle, mais qu'ils sont une espèce de signe extérieur de la grâce ou de la justice qu'on a reçue par la foi, et des marques de christianisme qui servent à discerner extérieurement les fidèles des infidèles,

7. Si quelqu'un dit que par ces mêmes sacrements la grâce n'est pas accordée toujours à tous ceux qui les reçoivent convenablement, mais quelquefois, et à quelques-uns, qu'il soit anathème.

8. Si quelqu'un dit que dans les sacrements de la nouvelle loi la grâce n'est pas conférée par l'action même (*ex opere operato*), mais que la foi à la promesse divine suffit seule pour obtenir la grâce, qu'il soit anathème.

9. Si quelqu'un dit que ces trois sacrements, le baptême, la confirmation et l'ordre n'impriment pas dans l'âme un caractère, c'est-à-dire une certaine marque spirituelle et ineffaçable qui empêche de les réitérer, qu'il soit anathème.

10. Si quelqu'un dit que tous les chrétiens ont le pouvoir de prêcher et d'administrer tous les sacrements, qu'il soit anathème.

11. Si quelqu'un dit que l'intention au moins générale de faire ce que fait l'Eglise n'est pas requise dans les ministres, lorsqu'ils opèrent ou confèrent les sacrements, qu'il soit anathème.

12. Si quelqu'un dit qu'un ministre en état de péché mortel, quoiqu'il observe tout ce

aut gratiam ipsam non ponentibus obicem non conferre, quasi signa tantum externa sint acceptæ per fidem gratiæ vel justitiæ, et notæ quædam christianæ professionis, quibus apud homines discernuntur fideles ab infidelibus, anathema sit.

qu'il soit anathème.

7. *Si quis dixerit non dari gratiam per hujusmodi sacramenta semper et omnibus, quantum est ex parte Dei, etiamsi rite ea suscipiant; sed aliquando, et aliquibus*, anathema sit.

8. *Si quis dixerit per ipsa novæ legis sacramenta ex opere operato non conferri gratiam, sed solam fidem divinæ promissionis ad gratiam consequendam sufficere*, anathema sit.

9. *Si quis dixerit in tribus sacramentis, baptismo scilicet, confirmatione et ordine, non imprimi characterem in anima, hoc est, signum quoddam spirituale et indelebile, unde ea iterari non possunt*, anathema sit.

10. *Si quis dixerit christianos omnes, in verbo et omnibus sacramentis administrandis, habere potestatem*, anathema sit.

11. *Si quis dixerit, in ministris, dum sacramenta conficiunt et conferunt, non requiri intentionem saltem faciendi quod facit Ecclesia*, anathema sit.

12. *Si quis dixerit ministrum in peccato mortali existentem, modo omnia essentia-*

qui est essentiel pour opérer ou conférer le sacrement, ne fait pas ou ne confère pas un sacrement, qu'il soit anathème.

13. Si quelqu'un dit que les rites reçus et approuvés dans l'Eglise catholique, usités dans l'administration solennelle des sacrements, peuvent être dédaignés ou omis sans péché au gré des ministres, ou changés en d'autres nouveaux pas les pasteurs de chaque église, qu'il soit anathème.

(Rituel romain.)

DE CE QU'IL FAUT GÉNÉRALEMENT OBSERVER DANS L'ADMINISTRATION DES SACREMENTS.

1. Pour faire conserver avec soin et respect, pour faire exécuter fidèlement en tout lieu les rites et les cérémonies contenues dans ce livre au sujet des sacrements, d'après les anciennes institutions de l'Eglise catholique, les décrets des conciles et des souverains pontifes, il faut avant tout savoir et observer ce que le très-saint concile de Trente a décrété au sujet de ces rites.

2. (*Voyez ce canon au n. 13 précédent.*)

3. Puis donc que, dans l'Eglise de Dieu, rien n'est plus saint, plus utile, plus excellent, plus divin que les sacrements institués par Jésus-Christ pour le salut du genre humain, un curé, ou tout autre prêtre chargé de les administrer, doit avant tout se souvenir que ce sont des choses saintes, et qu'il doit être disposé à s'acquitter saintement d'une fonction qui peut se présenter à tous les instants.

4. C'est pourquoi il

lia, quæ ad sacramentum conficiendum aut conferendum pertinent, servaverit, non conficere aut conferre sacramentum, anathema sit.

13. *Si quis dixerit receptos et approbatos Ecclesiæ catholicæ ritus, in solemni sacramentorum administratione adhiberi consuetos, aut contemni, aut sine peccato a ministris pro libitu omitti, aut in novos alios per quemcunque Ecclesiarum pastorem mutari posse,* anathema sit. (Sess. 7, can. 13.)

DE IIS QUÆ IN SACRAMENTORUM ADMINISTRATIONE GENERALITER SERVANDA SUNT.

1. *Ut ea quæ ex antiquis catholicæ Ecclesiæ institutis, et sacrorum canonum summorumque pontificum decretis de sacramentorum ritibus ac cæremoniis hoc libro præscribuntur, qua par est diligentia ac religione custodiantur, et ubique fideliter serventur, illud ante omnia scire et observare convenit, quod sacrosancta Tridentina synodus de iis ritibus decrevit in hæc verba, can. 13.*

3. *Cum igitur in Ecclesia Dei nihil sanctius aut utilius, nihilque excellentius aut magis divinum habeatur, quam sacramenta ad humani generis salutem a Christo Domino instituta, parochus vel quivis alius sacerdos, ad quem eorum administratio pertinet, neminisse in primis debet, se sancta tractare, atque omni fere temporis momento ad tam sanctæ administrationis officium paratum esse oportere.*

4. *Quamobrem illud*

aura une attention continuelle à vivre d'une manière intègre, chaste et pieuse: car, quoique les sacrements ne puissent pas être souillés, ni leurs effets arrêtés par l'impureté et la perversité de ceux qui les administrent, cependant, s'ils les administrent indignement par défaut de bonnes dispositions, ils encourent la peine d'une mort éternelle. Si donc un prêtre a sa conscience chargée d'un péché mortel (ce qu'à Dieu ne plaise!), il n'aura pas la témérité de s'ingérer dans l'administration des sacrements sans avoir le repentir dans le cœur; mais s'il peut, si le temps et le lieu le permettent, il fera bien de se confesser.

5. A quelque heure du jour et de la nuit qu'on l'appelle pour administrer les sacrements, il doit s'acquitter de ce devoir sans délai (surtout s'il y a nécessité pressante). Il faut donc qu'il avertisse souvent le peuple, selon que l'occasion s'en présentera, de l'appeler au plus tôt quand on aura besoin de son ministère sacré, sans égard au temps et aux incommodités quelconques.

6. De son côté, avant d'exercer son ministère, il donnera quelques moments, s'il le peut convenablement, à la prière et à la méditation de l'action sainte qu'il va faire; s'il en a le temps, il aura soin de prévoir et parcourir dans son livre l'ordre et la suite des cérémonies.

7. Toutes les fois qu'il administre les sacrements il doit se revêtir d'un surplis, et avoir par-dessus une étole de la couleur qui convient à la nature du sacrement, si ce n'est que, pour l'administration du sacrement de pénitence, l'occasion, ou la coutume, ou la qualité du lieu n'autorisent quelquefois à s'en dispenser.

8. Il s'adjoindra aussi, s'il peut en avoir, un ou plusieurs clercs, selon que l'exige l'usage du lieu et la nature du sacrement; ils auront un habit décent, et seront aussi revêtus d'un surplis.

9. Il veillera encore à ce que tout ce qui est nécessaire au ministère sacré, les habits, les ornements, les linges, les vases soient en bon état, propres et décents.

10. Dans l'administration des sacrements, quand il le pourra commodément, il en expliquera avec soin la vertu, l'usage, l'utilité et le sens des cérémonies, d'après la doctrine des Pères et celle du Catéchisme romain, comme le concile de Trente l'a ordonné.

11. En administrant quelque sacrement, il prononcera attentivement, distinctement, avec piété et d'une voix intelligible, les paroles qui appartiennent à la forme et à l'administration. Il dira pareillement les autres prières avec dévotion et respect; il ne se fiera pas facilement à sa mémoire, qui est souvent en défaut, mais il récitera tout en lisant. Il fera les autres actions et les cérémonies avec tant de décence et de gravité qu'il donne aux assistants la pensée des choses célestes, et les rende attentifs.

12. En se disposant à son ministère et sur le point de l'exercer il doit être occupé de

---

perpetuo curabit, ut integre, caste pieque vitam agat; nam etsi sacramenta ab impuris coinquinari non possunt, neque a pravis ministris eorum effectus impediri, impure tamen et indigne ea ministrantes in æternæ mortis reatum incurrunt. Sacerdos ergo si fuerit peccati mortalis sibi conscius (quod absit) ad sacramentorum administrationem non audeat accedere, nisi prius corde pœniteat: sed si habeat copiam confessarii, et temporis locique ratio ferat, convenit confiteri.

5. Quacunque diei ac noctis hora ad sacramenta ministranda vocabitur, nullum officio suo præstando (præsertim si necessitas urgeat) moram interponat. Ac propterea populum sæpe, prout sese offeret occasio, præmonebit, ut sacro ministerio opus fuerit, se quam primum advocet, nulla temporis aut cujuscunque incommodi habita ratione.

6. Ipse vero antequam ad hujusmodi administrationem accedat, paululum, si opportunitas dabitur, orationi et sacræ rei quam acturus est, meditationi vacabit, atque ordinem ministrandi, et cæremonias pro temporis spatio prævidebit et perleget.

7. In omni sacramentorum administratione superpelliceo sit indutus, et desuper stola ejus coloris quem sacramenti ritus exposcit, nisi in sacra-mento pœnitentiæ ministrando occasio, vel consuetudo, vel locus interdum aliter suadeat.

8. Adhibebit quoque unum saltem, si habeat, vel plures clericos, prout loci et sacramenti ratio postulabit, decenti habitu et superpelliceo pariter indutos.

9. Curabit etiam ut sacra supellex, vestes, ornamenta, linteamina et vasa ministerii integra nitidaque sint et munda.

10. In sacramentorum administratione, eorum virtutem, usum ac utilitatem, et cæremoniarum significationes, ut concilium Tridentinum præcipit, ex sanctorum Patrum et Catechismi romani doctrina, ubi commode fieri poterit, diligenter explicabit.

11. Dum sacramentum aliquod ministrat, singula verba, quæ ad illius formam et ministerium pertinent, attente, distincte et pie atque clara voce pronuntiabit. Similiter et alias orationes et preces devote ac religiose dicet; nec memoriæ, quæ plerumque labitur, facile confidet; sed omnia recitabit ex libro. Reliquas præterea cæremonias ac ritus ita decenter graviquæ actione peraget, ut astantes ad cœlestium rerum cogitationem erigat et attentos reddat.

12. Ad ministrandum procedens, rei quam tracturus est intentus sit, nec de iis

ce qu'il va faire, sans parler avec d'autres de rien qui y soit étranger ; pendant l'administration, il tâchera d'avoir une attention actuelle, ou au moins virtuelle avec l'intention de faire ce que fait en cela l'Eglise.

13. Il aura grand soin, dans l'administration des sacrements, de ne rien exiger ou demander, directement ou indirectement, sous quelque prétexte que ce soit ; il les administrera gratuitement, repoussant bien loin tout sentiment et même tout soupçon de simonie et d'avarice. Quand le sacrement est conféré, si les fidèles offrent spontanément quelque chose à titre d'aumône ou par dévotion, il lui est permis de le recevoir, conformément à la coutume des lieux, à moins que l'évêque n'en juge autrement.

14. Il n'administrera pas les sacrements aux fidèles d'une autre paroisse, si ce n'est à cause de la nécessité, ou avec la permission du curé ou de l'ordinaire.

15. Il avertira en temps et lieu tous ceux qui reçoivent les sacrements, d'éloigner les discours inutiles, d'avoir un extérieur et des habits décents, d'assister avec piété et dévotion, et de recevoir les sacrements avec le respect qui leur est dû.

16. Pendant l'administration il aura toujours avec lui ce Rituel (dans les moments où il est nécessaire) ; il observera avec soin les rites et les cérémonies qu'il prescrit.

17. Au reste il n'y a dans ce Rituel que ce qui concerne les sacrements dont l'ad-

quæ ad ipsam non pertinent quidquam cum alio colloquatur; in ipsaque administratione actualem attentionem habere studeat, vel saltem virtualem cum intentione faciendi quod in eo facit Ecclesia.

13. *Illud porro diligenter caveat, ne in sacramentorum administratione aliquid quavis de causa vel occasione directe vel indirecte exigat aut petat; sed ea gratis ministret, et ab omni simoniæ atque avaritiæ suspicione, nedum crimine, longissime absit. Si quid vero nomine eleemosynæ aut devotionis studio, peracto jam sacramento, sponte a fidelibus offeratur, id licite pro consuetudine locorum accipere poterit, nisi aliter episcopo videatur.*

14. *Fidelibus alienæ parochiæ sacramenta non ministrabit, nisi necessitatis causa, vel de licentia parochi seu ordinarii.*

15. *Omnes autem qui sacramenta suscipiunt, loco et tempore opportuno monebit ut remoto inani colloquio et habitu actuque indecenti, pie ac devote sacramentis intersint, et ea qua par est reverentia suscipiant.*

16. *Librum hunc Ritualem (ubi opus fuerit) semper cum ministrabit secum habebit, ritusque et cæremonias in eo præscriptas diligenter servabit.*

17. *Cæterum illorum tantum sacramentorum quorum administratio ad pa-*

ministration appartient aux curés, tels que sont le baptême, la pénitence, l'eucharistie, l'extrême onction et le mariage. Les deux autres sacrements, la confirmation et l'ordre, étant réservés aux évêques, les rites en sont prescrits dans le Pontifical. Ce que les curés doivent savoir, observer et enseigner au sujet des autres sacrements est contenu dans d'autres livres, et surtout dans le Catéchisme romain. Le but de ce Rituel est de traiter presque uniquement de ce qui concerne les cérémonies et le rite de ces cinq sacrements.

18. Enfin quiconque est tenu d'administrer les sacrements doit avoir les livres nécessaires à cette fonction, surtout ceux où l'on note les diverses fonctions curiales pour en perpétuer la mémoire, selon le modèle qui est à la fin de ce Rituel.

rochos pertinet, ritus hoc opere præscribuntur; cujusmodi sunt baptismus, pœnitentia, eucharistia, extrema unctio et matrimonium. Reliqua vero duo sacramenta confirmationis et ordinis, cum propria sint episcoporum, ritus suos habent in Pontificali præscriptos. Et ea quæ de iis atque aliis sacramentis scire, servare et docere parochi debent, cum ex aliis libris, tum præcipue ex Catechismo romano sumi possunt. Siquidem hic de iis fere tantum agere instituti operis ratio postulat, quæ ad ipsorum quinque sacramentorum ritus pertinent.

18. *Postremo quisquis sacramenta administrare tenetur, habeat libros necessarios ad officium suum pertinentes, eosque præsertim, in quibus variarum parochialium functionum notæ ad futuram rei memoriam describuntur, ut ad finem hujus Ritualis habetur*

(Extrait du Rituel de Toulon.)

DE L'EXCELLENCE DE LA NATURE DES SACREMENTS

Les sacrements de la loi nouvelle sont des signes sensibles de la grâce invisible, institués par Jésus-Christ pour la sanctification de nos âmes. Ils ont la vertu de donner la sainteté intérieure et surnaturelle, par les mérites de Jésus-Christ, qu'ils contiennent et qu'ils nous appliquent. C'est par les sacrements, comme dit le concile de Trente, que toute vraie justice, ou prend son commencement, ou s'augmente lorsqu'elle est commencée, ou se répare quand elle est perdue. Ils produisent la grâce, comme s'exprime l'Eglise, *ex opere operato*, c'est-à-dire, précisément par l'application légitime du sacrement, ou du signe extérieur auquel Jésus-Christ a bien voulu l'attacher; non en vertu des mérites de celui qui les administre ou de celui qui les reçoit, mais par les mérites de Jésus-Christ qui leur a communiqué cette vertu.

Ce n'est pas que pour recevoir cette grâce il ne faille certaines dispositions dans les adultes; mais elles ne sont que des conditions sans lesquelles les sacrements ne la produiraient pas, et avec lesquelles ils la produisont toujours infailliblement. Nous disons dans les adultes : car pour les enfants, ils sont sanctifiés par la seule application du sacrement de baptême, sans aucune disposition de leur part.

Ces signes mystiques, que Dieu a institués, n'ont pas été destinés à signifier une seule chose, mais même plusieurs ensemble, comme on peut le remarquer dans chaque sacrement. Car ils ne signifient pas seulement la sainteté et la justice qui nous sont communiquées, mais encore deux choses qui sont inséparables de notre sanctification : 1° la passion de Notre-Seigneur Jésus-Christ, qui en est la cause et le principe; 2° la vie et la béatitude éternelle, à laquelle notre sainteté doit se rapporter, comme à son unique fin.

C'est Jésus-Christ qui est l'auteur de nos sacrements; parce que c'est lui qui, comme Homme-Dieu et médiateur entre Dieu et les hommes, a attaché à certains signes sensibles la vertu de produire la grâce par les mérites de sa mort. Il en a fait dans son Eglise des fontaines publiques, où nous devons puiser avec joie cette eau salutaire qui rejaillit jusque dans la vie éternelle.

Ces signes sacrés ont été établis pour plusieurs principales raisons : 1° Jésus-Christ en cela s'est accommodé à la nature et aux besoins de l'homme. Si vous étiez un pur esprit, dit saint Chrysostome, Dieu se serait contenté de vous faire des dons purement spirituels; mais, parce que votre âme est unie à un corps, il vous donne sa grâce, qui est toute spirituelle, sous des signes sensibles et corporels; 2° il fallait nécessairement qu'il y eût de certaines marques qui pussent faire reconnaître et distinguer les fidèles; et c'est ce qui se fait parfaitement par les sacrements de la loi nouvelle : car ils distinguent les fidèles des infidèles, et ils unissent les fidèles entre eux par un lien tout divin; 3° c'est proprement par l'usage des sacrements que nous faisons une profession publique de la foi; 4° les sacrements étant comme les remèdes salutaires du Samaritain de l'Evangile, Dieu a voulu que nous puissions toujours y avoir recours, ou pour rétablir la santé de nos âmes, ou pour la conserver. Car si la vertu de la passion de Jésus-Christ, c'est-à-dire la grâce qu'il nous a méritée sur l'arbre de la croix, ne coule dans nous par le moyen des sacrements, comme par autant de canaux, il n'y a aucune espérance de salut pour nous. C'est pourquoi Notre-Seigneur, par un effet de sa charité infinie, a laissé dans l'Eglise des sacrements établis sur sa parole et sur sa promesse, afin que nous ne puissions douter que le fruit de sa passion nous est communiqué, pourvu que chacun de nous use de ces souverains remèdes avec piété et religion.

Ainsi, il n'y a rien dans l'Eglise de plus excellent, de plus saint, de plus utile que nos sacrements : ils sont le fruit précieux de la passion et de la mort de Jésus-Christ. Il n'est rien aussi de plus nécessaire, puisque c'est par eux que nous sont appliqués les mérites de Jésus-Christ, sans lesquels il n'y a point de salut à espérer.

Les prêtres auront soin d'expliquer ces vérités aux peuples, afin de leur donner une haute idée des sacrements qu'ils ont à recevoir. En leur enseignant ce qui regarde la nature, l'excellence, les effets et les cérémonies des sacrements, on doit s'appliquer surtout à leur bien faire comprendre quel usage ils doivent faire des vérités qu'ils apprendront sur cette importante matière. En leur expliquant ces vérités, on doit tâcher principalement de leur faire sentir : 1° l'honneur, le respect, la profonde vénération que méritent ces dons célestes et divins ; 2° que, puisque Dieu a établi des sacrements pour notre salut, nous devons y avoir recours avec piété et avec religion, désirant avec tant d'ardeur la perfection chrétienne qu'ils communiquent, que nous regardions comme une perte digne de nos larmes et de tous nos regrets la privation des sacrements de pénitence et d'eucharistie : c'est ce qu'il sera très-facile de persuader aux fidèles, si, en leur parlant souvent de la dignité des sacrements et des fruits qu'ils produisent, on leur représente que c'est Notre-Seigneur Jésus-Christ, de qui il ne peut venir rien que de très-parfait, qui les a institués; que le Saint-Esprit, présent lorsqu'on les administre, pénètre, par sa vertu toute-puissante et efficace, le cœur de ceux qui les reçoivent dignement ; qu'ils renferment une vertu admirable et divine qui guérit alors infailliblement les maladies de l'âme ; que c'est par eux que nous avons part aux trésors infinis de la passion de Jésus-Christ ; et que, si l'édifice de notre salut n'est soutenu par le fréquent usage des sacrements, il est très à craindre qu'étant affaibli de tous côtés il ne se ruine peu à peu et ne tombe enfin entièrement.

DE LA MATIÈRE ET DE LA FORME DES SACREMENTS.

Les sacrements sont composés essentiellement de matière et de forme. Les théologiens ont nommé *matière* les choses ou les actions sensibles qui font partie des sacrements; ils ont nommé *forme* les paroles que prononce le ministre en appliquant la matière. La chose sensible qui est appliquée s'appelle *matière éloignée;* et l'usage ou l'application qui s'en fait se nomme *matière prochaine.* Dans le baptême, par exemple, l'eau est la matière éloignée ; et l'effusion sur le corps du baptisé, la matière prochaine. Les choses qui ne peuvent être aperçues par les sens, et qui entrent dans la composition des sacrements, n'en sont la matière que lorsqu'elles sont jointes à quelque signe extérieur qui les rend sensibles et les fait apercevoir ; par exemple, la contrition, qui de soi est insensible, étant spirituelle, devient la matière du sacrement de pénitence, en tant qu'elle est manifestée et rendue sensible par quelque signe extérieur.

Le sacrement étant une espèce de tout moral, composé de matière et de forme, il faut nécessairement qu'elles soient unies ensemble : l'une sans l'autre ne fait point le sacrement. Elles doivent être unies de telle sorte que l'application de la matière et la prononciation de la forme concourent en même temps, moralement parlant; c'est-à-dire, qu'il y ait si peu de distance entre l'application de l'une et la prononciation de l'autre, que, selon la manière ordinaire d'agir, un homme raisonnable juge que le ministre qui prononce la forme et applique la matière a intention de faire un tout composé de l'une de l'autre. S'il y a une distance ou une interruption si notable entre l'application de la matière et la prononciation des paroles de la forme qu'elles ne soient pas censées se rapporter à une même cérémonie, on ne fait point de sacrement.

Comme la matière et la forme sont de l'essence du sacrement, on ne peut les changer essentiellement sans rendre le sacrement nul. Dans la matière, le changement est essentiel quand elle est d'une espèce différente, suivant l'usage commun et le sentiment des hommes, de celle que Jésus-Christ a déterminée et dont l'Église a coutume de se servir; comme si, pour baptiser, on prenait du vin, ou une autre liqueur qui ne fût pas de l'eau naturelle.

On a dit : *Selon l'usage commun et le sentiment des hommes*, parce que le changement de la matière est jugé être substantiel, non-seulement lorsque la matière dont on se sert est, dans ses qualités essentielles, d'une espèce différente de celle que Jésus-Christ a prescrite, mais encore lorsqu'elle n'a plus le même usage pour lequel Jésus-Christ a destiné celle qu'il a établie; lorsqu'elle ne conserve plus le même nom, et que, selon le sentiment commun des hommes, elle ne passe plus pour une matière de même espèce que celle que Jésus-Christ a déterminée; par cette raison la glace, quoiqu'elle ne soit que de l'eau gelée, ne peut être la matière du baptême, à moins qu'on ne la fasse résoudre en eau qui puisse laver.

Le changement de la matière est accidentel, quand la chose déterminée par Jésus-Christ pour la matière du sacrement, et dont l'Eglise a coutume de se servir, est altérée, mais si légèrement qu'elle ne change pas d'espèce; comme si on se servait, pour baptiser, d'eau chaude ou froide, d'eau de mer ou d'eau de fontaine.

Dans la forme du sacrement, le changement est essentiel quand les paroles ont un autre sens que celui qu'elles doivent avoir par l'institution de Jésus-Christ, ou qu'elles en ont un contraire, ou un qui ne convient pas avec celui que l'Eglise leur attribue. Le changement est accidentel lorsqu'il n'empêche pas que les paroles de la forme n'aient le même sens et leur véritable signification ordinaire.

Le changement accidentel de la forme ne rend pas nul le sacrement, parce qu'il n'ôte rien à la forme du sacrement qui soit de son essence, n'ôtant pas aux paroles le sens qu'elles doivent avoir. Cependant un changement dans les paroles de la forme, qui ne serait qu'accidentel d'ailleurs, peut devenir substantiel par la mauvaise intention du ministre qui le fait; cela arrive quand ce changement fait un double sens, dont l'un est véritable et le même que celui que les paroles ont par leur institution, l'autre est faux, et différent de celui que les paroles ont par leur institution, ou y est contraire. Alors la mauvaise intention du ministre, en prononçant les paroles de la forme du sacrement, détermine le sens, qui était équivoque, à celui qui est faux et différent de celui de l'institution: ce qui rend le changement essentiel et le sacrement nul. C'est sur ce principe que le pape Zacharie décida valide le baptême qu'un prêtre, qui ne savait pas la langue latine, avait conféré en disant: *Baptizo te in nomine Patria, et Filia, et Spiritua sancta*; parce que ce prêtre avait prononcé les paroles de la forme du baptême de cette manière par pure ignorance et sans aucune mauvaise intention. Si, en pareil cas, on ne pouvait s'assurer de l'intention du ministre, il faudrait réitérer le baptême sous condition, parce qu'il ne serait pas certain qu'il fût valide. Lorsque le changement accidentel de la forme d'un sacrement, quoique fait par un ministre infecté d'erreur, n'altère en aucune manière le sens véritable et ordinaire de la forme, lequel demeure le même, la mauvaise intention du ministre ne rend pas le changement essentiel; parce que le sens des paroles ne dépend pas de la seule intention du ministre qui les profère, mais de l'usage ordinaire que tout le monde a coutume d'en faire; et que l'intention particulière du ministre ne peut nuire à l'intention générale de l'Eglise, par laquelle il est présumé vouloir faire ce que fait l'Eglise.

On peut encore faire du changement dans la forme des sacrements, par addition, par omission, par transposition, par interruption, ou par corruption. Le changement par addition est essentiel, lorsqu'on ajoute à la forme du sacrement, soit au commencement, soit à la fin, soit au milieu, quelque mot qui détruit le véritable sens dans lequel l'Eglise entend les paroles sacramentelles. Saint Thomas en donne cet exemple : *Puta, si aliquis dicat : ego te baptizo in nomine Patris majoris, et Filii minoris; sicut ariani baptizabant*. Le changement sera accidentel par addition, si on ajoute des paroles qui ne détruisent point le véritable sens de la forme. C'est pourquoi le pape Etienne II déclara valide le baptême qu'un prêtre avait administré en disant par ignorance : *In nomine Patris mergo, et Filii mergo, et Spiritus sancti mergo*.

L'omission cause un changement substantiel dans la forme d'un sacrement quand on retranche quelque parole essentielle à la forme, de sorte qu'elle n'a plus le même sens qu'elle avait ; par exemple, si en baptisant on omettait le nom d'une des personnes de la sainte Trinité. Mais si le retranchement d'une parole n'ôte pas à la forme son sens ordinaire, comme si en baptisant on n'omettait que le pronom *ego*, le changement ne serait qu'accidentel.

Si on transpose de telle manière les paroles de la forme d'un sacrement, qu'elles n'aient plus le sens qu'elles doivent avoir, le changement est essentiel ; par exemple, celui qui baptiserait ainsi, *Filii, ego te baptizo in nomine Patris et Spiritus sancti*, ne baptiserait pas validement. Au contraire celui qui baptiserait ainsi, *In nomine Patris et Filii et Spiritus sancti, ego te baptizo*, donnerait un baptême valide, parce que cette transposition ne change pas la signification essentielle de la forme.

Lorsque l'interruption, dans la prononciation des paroles de la forme d'un sacrement, est si considérable que ces paroles ne paraissent plus, en jugeant prudemment, faire une même proposition, ou une même suite de discours ; que l'action ne peut être censée moralement la même, et que l'intention de celui qui prononce doit être regardée comme interrompue, le changement doit être jugé essentiel : par exemple, si entre les paroles il s'écoule beaucoup de temps, ou qu'on tienne quelques discours. Mais si le ministre ne faisait qu'une petite pause entre les paroles, comme pour respirer, pour tousser, pour cracher, pour éternuer, l'interruption ne serait pas considérable. On remarquera que si l'interruption se faisait entre deux syllabes d'un même mot, il faudrait bien moins de temps pour qu'elle produisît un changement substantiel que si elle se trouvait entre deux mots.

On peut corrompre en différentes manières les paroles sacramentelles. 1° En les prononçant en une autre langue que celle qui est en usage dans l'Eglise. Quoique ce changement ne soit qu'accidentel, il n'est permis que dans l'administration du baptême donné dans le cas de nécessité, pour éviter le danger de manquer dans ce qui est essentiel à un sacrement si nécessaire au salut. Il faut avertir les laïques qui ne savent pas le latin, de prononcer la forme du baptême en langue vulgaire, lorsqu'ils se trouveront obligés d'administrer ce sacrement dans le cas de nécessité. 2° En changeant les paroles ordinaires de la forme en d'autres synonymes de la même langue dont l'Eglise se sert. Si les paroles substituées ont le même sens dans l'usage commun et ordinaire, ce changement n'est qu'accidentel ; par exemple, si quelqu'un en baptisant disait : *Ego te abluo, tingo, lavo*, le baptême serait valide, comme s'il disait : *Ego te baptizo*. Il n'en serait pas de même si l'on substituait des paroles d'une signification différente, ou qui ne fût pas aussi distincte et aussi claire que l'est celle des paroles dont l'Eglise se sert ; par exemple, si en baptisant on disait : *Te mundo, purgo, refrigero*, parce que l'effet du baptême qui est de purifier des péchés, doit être exprimé par des termes qui signifient laver. Il en faut juger de même si on disait : *Je te baptise au nom de la très-sainte Trinité*, parce que Jésus-Christ a ordonné l'invocation claire, distincte et expresse du Père, du Fils et du Saint-Esprit, en baptisant. Le changement serait pareillement essentiel par corruption, si l'on disait en baptisant : *In nomine matris* au lieu de *Patris*, ou *baptizor* au lieu de *baptizo*. Toutes les fois qu'on change de propos délibéré les paroles usitées par l'Eglise, en d'autres qui n'ont pas entièrement le même sens, on doit juger que le sacrement ne se fait point, parce que le sens des paroles ne subsiste plus, et qu'il y a lieu de croire que le ministre qui fait ce changement n'a point intention de faire ce que fait l'Eglise, mais d'introduire quelque erreur. 3° En ne prononçant pas bien les paroles par inadvertance, ou par ignorance, ou par un défaut de langue, comme il arrive à ceux qui sont bègues. Quand cette corruption altère le commencement d'un mot de la forme, elle est plus sujette à causer un changement substantiel que quand elle tombe sur la fin du mot, parce que, dans le premier cas, le sens des paroles demeure rarement le même.

Le changement n'est qu'accidentel, lorsque les paroles, prononcées par un ministre qui articule mal les mots, impriment le même sens dans l'esprit des auditeurs et selon le jugement commun, que si elles étaient bien prononcées, et que, par la manière avec laquelle il les prononce, dans telle circonstance, et pour faire une telle action, on voit qu'il veut et entend dire la même chose que dit la forme du sacrement.

On doit, dans l'administration des sacrements, faire une attention particulière à n'apporter aucun changement ni dans la matière, ni dans la forme, ni même dans les rites ou manières avec lesquels on les joint ensemble. Il n'est jamais permis à aucun particulier de changer volontairement la matière ou la forme des sacrements ; quelque peu considérable que soit ce changement, s'il est volontaire, il est toujours péché.

Le péché est mortel et un sacrilége, si l'on fait par mépris, par une négligence grossière, ou par une ignorance criminelle, un changement à la matière ou à la forme, qui rende le sacrement nul. L'ignorance des ministres des sacrements sur ce point est censée volontaire, et ne peut les excuser de péché mortel devant Dieu, parce qu'elle regarde une matière très-importante, qui est la validité ou la nullité d'un sacrement, et qu'ils sont tenus, par le devoir de leur charge, d'être pleinement instruits de ce qu'il est nécessaire d'observer pour l'administration des sacrements. Pour un laïque qui manquerait dans la matière ou dans la forme du baptême, l'ignorance le pourrait excuser de péché, à moins que, par sa profession, il ne fût obligé de savoir la manière d'administrer ce sacrement, comme sont les sages-femmes.

Le péché serait pareillement mortel si, hors du cas d'une extrême nécessité, on se servait d'une matière douteuse et incertaine, quand même il serait probable que cette matière est valable, parce que dans l'administration des sacrements, il ne suffit pas de suivre une opinion probable, il faut encore qu'elle soit la plus sûre; autrement on traiterait indignement un sacrement, en l'exposant de nul : car il est toujours à craindre qu'on ne fasse pas ce que Jésus-Christ a institué, lorsqu'il est seulement probable qu'on emploie ce qui a été fixé et déterminé par Jésus-Christ. Il n'est pas permis de laisser le certain pour suivre des opinions probables, touchant la validité des sacrements, comme il paraît par la censure qu'Innocent XI et l'assemblée du clergé de 1700 ont faite de cette proposition : *Non est illicitum, in sacramentis conferendis, sequi opinionem probabilem de validitate sacramenti, relicta tutiore.*

Cela n'empêche pas que, dans le cas d'une extrême nécessité, lorsqu'il s'agit de donner un sacrement absolument nécessaire au salut, comme le baptême et la pénitence, on ne doive se servir d'une matière douteuse quand on n'en a point de certaine, parce qu'il vaut mieux exposer un sacrement à être nul, qu'un homme à la damnation éternelle.

Celui-là pèche aussi mortellement, qui par mépris fait dans la forme ou dans la matière un changement même accidentel ; il faut en dire de même de celui qui fait un changement un peu considérable dans la manière dont l'Eglise applique la forme à la matière : par exemple, celui qui par mépris ne met pas de l'eau avec le vin dans le calice; qui, dans la consécration du vin, omet ces paroles : *Novi et æterni Testamenti.* Il n'est pas nécessaire que le mépris soit formel et actuel pour rendre mortel ce péché ; il suffit que ce changement soit fait de propos délibéré et volontairement. Néanmoins un changement très-léger, de peu de conséquence, auquel le mépris n'aurait aucune part, et qui ne causerait aucun scandale, ne serait qu'un péché véniel.

Un prêtre doit suivre exactement, dans l'administration des sacrements, ce qui est marqué par le Rituel de son église, sans y rien ajouter ou en rien retrancher. S'il n'y trouve point de forme conditionnelle prescrite pour d'autres sacrements que pour le baptême, il ne doit pas de son chef ajouter une condition dans la forme ordinaire. S'il réitère un sacrement, parce qu'il est en doute de la validité de l'administration qu'il en a faite; par exemple, quand il doute s'il a prononcé ou non en entier, ou dans les règles, la forme d'un sacrement; ou quand il doute s'il l'a prononcée, ou quand il doute si un moribond qui a perdu l'usage de tous les sens est capable d'absolution; alors il suffit qu'il ait intention de ne faire ou de n'administrer ce sacrement que sous condition.

Il est important de remarquer que, lorsqu'on réitère en certains cas un sacrement, il est nécessaire d'examiner s'il y a un juste sujet de douter : l'examen doit être encore plus exact quand il s'agit d'un sacrement qui imprime caractère.

DU NOMBRE ET DES EFFETS DES SACREMENTS.

Il y a sept sacrements dans la loi nouvelle, savoir : le baptême, la confirmation, l'eucharistie, la pénitence, l'extrême-onction, l'ordre et le mariage. Ainsi on ne doit pas mettre au nombre des sacrements plusieurs choses qui sont en usage dans l'Eglise, quoiqu'elles soient pour le bien spirituel des fidèles ; comme le signe de la croix, l'eau bénite, le pain bénit, les cendres, les rameaux, etc. L'Eglise les sanctifie par des prières, et Dieu accorde souvent des grâces aux fidèles par ces moyens; mais il n'y a nulle promesse spéciale, nul engagement de sa part, nul ordre fixe et invariable, nulle loi divine qui en prescrive l'observation : ce sont des pratiques d'institution ecclésiastique que tout fidèle doit respecter et observer dans le même esprit de religion qui les a fait établir. A l'égard du lavement des pieds dont Jésus-Christ a fait un commandement à ses disciples, on ne doit pas le regarder comme un sacrement : l'Eglise a toujours entendu ces paroles du Sauveur de la disposition où l'on doit être, à son exemple, de rendre à ses frères les services les plus bas dans la vue de leur salut.

Tous les sacrements contiennent la grâce qu'ils signifient et la confèrent à ceux qui n'y mettent point d'obstacles. Cette grâce, qu'on nomme habituelle et sanctifiante, et qui est commune à tous les sacrements, a ses degrés de perfection ; elle est plus ou moins grande, et peut augmenter de plus en plus.

Les sacrements institués pour effacer le péché mortel, savoir : le baptême et la pénitence, produisent par eux-mêmes le premier degré de la grâce sanctifiante ou la première grâce; on les appelle pour cela sacrements des morts, parce qu'ils donnent ou rendent la vie spirituelle à ceux qui ne l'ont pas, étant morts par le péché originel ou par le péché actuel.

Les cinq autres sacrements, qui sont nommés sacrements des vivants, donnent la seconde grâce, parce qu'ils supposent en ceux qui les reçoivent la vie spirituelle qu'ils augmentent et fortifient. On ne doit donc les recevoir qu'en état de grâce : c'est de quoi les prêtres auront soin d'avertir ceux qui s'y présentent.

Chaque sacrement, outre la grâce sanctifiante qu'il produit, donne en même temps droit à certaines grâces actuelles, que Dieu s'engage de donner en temps et lieu à celui qui le reçoit avec les dispositions requises. C'est ce qu'on appelle grâces sacramentelles, parce qu'elles correspondent à la nature de chaque sacrement et en sont les effets propres et spécifiques. Ce sont des secours que Dieu donne à ceux qui reçoivent les sacrements dans les dispositions requises pour parvenir à la fin du sacrement qu'on a reçu, pour s'acquitter dignement et avec bénédiction des obligations auxquelles le sacrement engage, et pour surmonter tous les obstacles qui pourraient s'y trouver. Ainsi le baptême donne droit aux grâces nécessaires pour vivre en enfant de Dieu et conformément à l'Évangile; il nous donne une nouvelle naissance et une nouvelle vie : la confirmation, pour professer et défendre la foi dans les occasions; elle nous remplit de force et de courage : l'eucharistie, pour se nourrir et croître dans la vie spirituelle; par elle nous demeurons en Jésus-Christ et Jésus-Christ demeure en nous : la pénitence, pour se purifier du péché et éviter la rechute; elle nous fait recouvrer la vie que le péché nous a fait perdre : l'extrême-onction, pour se fortifier contre les douleurs de la maladie, les craintes de la mort, et les tentations du démon en ce dernier passage; elle achève de nous purifier pour paraître devant Dieu : l'ordre, pour s'acquitter dignement des fonctions sacrées, et travailler avec zèle au salut des âmes; il consacre les ministres de l'Église : le mariage, pour purifier l'amour conjugal, porter chrétiennement les charges de cette société, et élever saintement les enfants; il sanctifie l'union de l'homme et de la femme.

Des sept sacrements, il y en a trois, savoir, le baptême, la confirmation et l'ordre, qui impriment dans l'âme un caractère ou une marque spirituelle qui fait qu'on ne peut les réitérer : cette marque ne s'efface jamais; elle distingue des autres tous ceux qui ont reçu le sacrement qui la produit, et les consacre d'une façon particulière au service de Dieu et à certains devoirs de la religion. Un baptisé, par le caractère du baptême, devient l'enfant et le temple de Dieu, et capable de recevoir les autres sacrements. Un confirmé, par la confirmation est mis en état de combattre les ennemis de la foi et de l'Église. Un ministre qui a reçu le sacrement de l'ordre est consacré au service des autels et a le pouvoir d'administrer les sacrements.

DU MINISTRE DES SACREMENTS.

Dieu pouvait par lui-même sauver les hommes, sans employer aucune créature aux merveilles qu'il a voulu opérer en notre faveur; cependant il a mieux aimé se servir, pour leur salut, des hommes mêmes, et cela par un effet admirable de sa puissance et de sa bonté : de sa puissance, en produisant par la faiblesse humaine des chefs-d'œuvre de la force de son bras; et de sa bonté, en associant aux fonctions sacrées des hommes semblables à nous, auxquels nous puissions avoir recours avec facilité et avec confiance.

Tous les hommes indifféremment ne sont pas ministres de tous les sacrements. Il y en a que les évêques seuls peuvent conférer; d'autres, les seuls prêtres. Tout le monde peut en cas de nécessité administrer le baptême. On expliquera ceci davantage dans le détail de chaque sacrement.

Pour administrer validement un sacrement, il faut avoir au moins l'intention de faire ce que fait l'Église : pour avoir cette intention, il n'est pas nécessaire de dire intérieurement ou extérieurement : je veux conférer un tel sacrement; mais il suffit, avec la volonté de faire un tel sacrement ou de faire ce que fait l'Église, d'avoir l'esprit appliqué et attentif à l'action qu'on fait. On doit tâcher d'éloigner les distractions : si néanmoins, par infirmité, on se trouvait distrait en appliquant la matière et prononçant les paroles, le sacrement ne laisserait pas d'être valide, pourvu que l'intention qu'on a eue au commencement soit la cause de ce que l'on fait dans la suite. On ne peut pas dire la même chose de celui qui, dans le délire, dans un rêve ou dans l'ivresse, administrerait un sacrement par habitude; car, n'ayant pas en cet état l'usage de la raison, il ne pourrait avoir l'intention suffisante; et, en cas qu'il eût un doute bien fondé si la raison était éteinte, il faudrait, surtout dans les sacrements nécessaires au salut, recommencer sous condition. On ne pourrait pas dire que celui qui, en administrant un sacrement, agirait par inadvertance et sans délibération, ne faisant aucune réflexion à l'action qu'il fait, n'ayant point formé le dessein de la faire, eût l'intention nécessaire pour la validité du sacrement. Il n'est pas nécessaire que le ministre des sacrements ait intention d'en produire l'effet, autrement l'Église n'approuverait pas le baptême donné par des hérétiques qui ne croient pas que ce sacrement confère la grâce et remette le péché originel.

La foi et la sainteté sont fort à désirer dans le ministre du sacrement; cependant ni son indignité ni sa mauvaise disposition n'empêchent qu'un sacrement soit valide, quand ce ministre n'omet rien de tout ce qui est essentiel; et elles ne peuvent nuire à ceux qui reçoivent le sacrement de sa main, s'ils ne connaissent pas son crime; ou, si, le connaissant, ils ont droit de s'adresser à lui, surtout dans le cas de nécessité, et s'ils n'ont pas la commodité de s'adresser à un autre. Ce n'est pas en vertu des mérites du ministre, mais par ceux de Jésus-Christ, que les sacrements produisent leurs effets; le sacrement est toujours le même; il tire sa vertu et sa force uniquement de Notre-Seigneur Jésus-Christ; soit que le ministre soit catholique ou hérétique, soit qu'il soit un saint ou un impie, pourvu qu'il fasse ce que Jésus-Christ a institué. C'est pourtant un grand sacrilège à un ministre des sacrements d'en administrer quelqu'un avec la conscience chargée de quelque péché mortel; puisque par là il traite indignement ce qu'il y a de plus sacré dans la religion, les canaux de la grâce, et les instruments par lesquels le sang et les mérites de Jésus-Christ sont appliqués aux hommes, et dont il est le ministre et le dispensateur.

Les prêtres ne peuvent donc être trop attentifs à mener une vie pure, chaste et pleine de piété, pour être préparés à exercer le saint ministère à toute heure et en tout temps. Avant d'en faire les fonctions, ils sonderont leurs cœurs, et s'ils se sentent coupables de péché mortel (ce dont nous prions Dieu de préserver toujours tous les prêtres de ce diocèse et de toute l'Église), ils ne doivent conférer aucun sacrement qu'ils ne se soient auparavant confessés avec les dispositions nécessaires.

Si un curé ou un autre prêtre chargé du soin des âmes, appelé pour administrer un sacrement dans le temps où sa conscience lui reprocherait un péché mortel, ne pouvait alors recourir à un confesseur, à cause d'une nécessité pressante qui ne lui permettrait pas de différer cette fonction, il devrait, s'il était possible, se sentant indigne de l'exercer, en charger un autre prêtre en état de suppléer à son défaut. Celui qui, en pareil cas, n'a aucun prêtre dont il puisse disposer, doit, avant que d'administrer le sacrement qu'on lui demande avec instance, gémir sur son malheur dans le secret de son âme; faire tous ses efforts pour produire du fond de son cœur des actes de la contrition la plus parfaite; s'assurer, autant qu'il est en lui, de la sincérité de son repentir et de sa douleur, et former une forte résolution non-seulement de ne plus retomber, mais encore d'expier et de réparer au plus tôt sa faute, selon les lois et l'esprit de l'Église. Malheur à lui, si l'extrémité où il se trouve alors ne lui sert pas désormais de leçon pour exciter sa vigilance et pour l'engager à vivre toujours dans la sainteté que son état exige.

Quand les curés et les prêtres sont appelés pour donner les sacrements, même à des heures incommodes, ils doivent être toujours prêts, et ne point témoigner de chagrin, pour ne pas ôter aux peuples la confiance et la liberté de s'adresser à eux, ils doivent même n'avoir jamais plus de joie, s'ils ont l'esprit de leur état, que quand ils seront occupés dans ces fonctions sacrées; parce que rien ne peut être plus agréable à un vrai pasteur que le salut des âmes et leur progrès dans la vertu. C'est pourquoi ils doivent avoir soin d'avertir leurs peuples de ne pas se priver, par la crainte de les incommoder, des fruits qu'ils peuvent recevoir en s'approchant souvent des sacrements, et que ni la rigueur du temps, ni la longueur et la difficulté des chemins, ni aucune autre incommodité ne les empêcheront jamais de leur donner tous les secours dont ils auront besoin pour le bien de leurs âmes. Il faut qu'ils leur fassent même souvent connaître qu'il faut les avertir promptement quand on aura besoin de leur ministère. Ils doivent administrer les sacrements avec une égale charité, et sans aucune distinction, aux pauvres et aux riches; ils ne doivent pas y apporter le moindre délai, surtout si la nécessité est pressante.

Avant d'administrer les sacrements, autant que faire se pourra, ils doivent se mettre à genoux, pour demander au Seigneur avec contrition le pardon de leurs péchés; pour se recueillir, dresser leur intention, réfléchir un peu sur la sainteté de l'action qu'ils vont faire, et pour obtenir de Dieu, par une humble prière, la grâce de s'acquitter dignement d'une fonction si sainte; et, pour les personnes qui doivent recevoir les sacrements, la grâce d'en profiter. Ils doivent avoir soin que ceux qui se présenteront pour recevoir les sacrements le fassent avec toute la piété et la dévotion possibles; et, pour y réussir, ils expliqueront souvent aux peuples leur nécessité, leur institution, leur vertu, leur excellence, leur usage, leurs effets, et surtout les grâces qu'ils opèrent dans ceux qui les reçoivent bien préparés, et les dispositions nécessaires pour s'en approcher dignement. Ils doivent avertir aussi ceux qui sont présents lors de l'administration des sacrements, de se tenir dans le respect et la modestie que demandent les choses saintes, et de n'y paraître qu'en habit décent, de n'y jamais parler sans nécessité et de faire voir, par leur retenue et leur gravité extérieure, les sentiments d'estime et de vénération qu'ils ont dans le cœur pour les mystères de notre sainte religion.

Pour entretenir dans les fidèles la haute idée qu'ils doivent avoir de l'excellence des sacrements, il faut que les curés, comme il est ordonné par le dernier concile œcuménique, leur en expliquent les cérémonies, suivant la doctrine des saints Pères et du catéchisme romain (nommé communément le Catéchisme du concile de Trente), ce qu'il est à propos qu'ils fassent quelquefois lorsqu'ils les administrent; et cela, autant que le lieu et le temps le permettront; ce qu'ils feront encore fort brièvement, en termes intelligibles, et d'une manière grave et dévote.

Pendant l'administration, ils s'y appliqueront uniquement, et y feront paraître beaucoup de dévotion et de modestie. Ils prononceront distinctement, posément, dévotement et à voix claire, mais sans affectation, la forme et les oraisons prescrites; ils liront exactement dans le Rituel, autant qu'il se pourra, sans se fier à leur mémoire souvent infidèle. Durant l'action, ils ne salueront personne, ils ne parleront à personne, et ne donneront aucune marque de respect humain; en un mot, ils tâcheront d'honorer et de faire honorer leur ministère, comme il convient à des ministres de Jésus-Christ et à des dispensateurs des mystères de Dieu.

Après avoir administré le sacrement, ils se mettront à genoux pour remercier Dieu d'avoir bien voulu se servir d'eux pour une fonction si sainte, pour le prier d'en conserver le fruit en ceux qui viennent de le recevoir, et pour demander pardon des fautes qu'ils y auraient commises.

Il leur est expressément défendu de rien exiger par paroles ou par signes, ni directement ni indirectement, pour l'administration des sacrements, sous quelque prétexte que ce puisse être. Ils doivent être infiniment éloignés de tout soupçon de simonie et d'avarice; mais il leur est permis de recevoir ce que les fidèles offrent de leur bon gré par aumône ou par dévotion, sans aucune exaction précédente. C'est ainsi que l'ordonne le concile de Latran, tenu sous Innocent III, en 1215. D'une part, il défend toutes les exactions, lesquelles ne peuvent être que mauvaises, quand il s'agit de l'administration des sacrements ; de l'autre, il ordonne d'observer les louables coutumes que la piété et la dévotion des fidèles a introduites, en faisant des offrandes à ceux qui servent à l'autel. Mais il n'est jamais permis de rien recevoir pour le sacrement de pénitence, quand même on offrirait volontairement.

Les fidèles doivent l'entretien nécessaire aux ministres du Seigneur; mais ceux-ci de leur côté doivent prendre garde à ne faire aucune convention de prix, ni tirer aucune assurance de payement; ni différer ou refuser les sacrements parce qu'on ne leur paye pas les louables coutumes ; ni témoigner plus d'empressement à ceux qui leur donnent plus ; ni taxer d'avarice les personnes qui, après l'administration des sacrements, leur donnent peu; ni rien demander au delà des taxes réglées par l'autorité légitime : bien plus, ils doivent avoir attention à ne pas obliger les peuples avec dureté et trop de rigueur à leur payer ces droits de louables coutumes, de crainte qu'on ne croie qu'ils les demandent comme le prix des sacrements.

Enfin, tous ceux qui seront chargés de l'administration des sacrements doivent se pourvoir des livres dans lesquels ils pourront apprendre plus à fond toutes les fonctions de leur ministère; ils doivent avoir soin, surtout ceux qui seront nouvellement établis pour les fonctions curiales, de lire souvent le Rituel de leur diocèse tout entier, afin d'être stylés à bien administrer les sacrements, et à faire comme ils doivent les autres fonctions qui y sont prescrites

DU SUJET DES SACREMENTS.

Comme Jésus-Christ a institué les sacrements seulement pour les hommes, eux seuls en sont les sujets, c'est-à-dire qu'eux seuls peuvent les recevoir. Le baptême est pour tous, et il faut nécessairement l'avoir reçu, pour recevoir tous les autres. Tous ceux néanmoins qui sont baptisés ne sont pas capables de les recevoir tous : une femme, par exemple, ne peut recevoir l'ordre ; les enfants, le mariage avant l'âge de puberté, ni la pénitence avant l'âge de raison.

Il faut aussi, dans les adultes, l'intention véritable et intérieure, ou la volonté de recevoir les sacrements ; et on ne peut en administrer aucun à celui qui n'aurait donné jamais aucun signe qu'il voulût les recevoir, quoiqu'il eût pu témoigner sa volonté là-dessus : si l'on conférait un sacrement à un adulte contre sa volonté, le sacrement serait nul et n'aurait aucun effet.

Il faut excepter cependant de cette règle, quant à la nullité du sacrement en pareil cas, le sacrement de l'eucharistie, qui ne consiste pas dans l'usage et dans l'application que l'on fait du sacrement, mais dans une chose permanente et qui existe indépendamment de la volonté de celui qui le reçoit, quoiqu'il ne produise point son effet à l'égard des adultes, sans leur intention.

Il faut que celui à qui l'on administre le baptême et la pénitence, s'il a perdu l'usage de la raison, ait voulu être baptisé ou se confesser, et que cette volonté, n'ayant point été rétractée, soit réputée persévérer.

L'intention de recevoir les sacrements n'est nécessaire que dans les adultes, car pour les enfants on les baptise sans qu'il soit besoin d'attendre ou de présupposer leur consentement, et d'en exiger aucune préparation; autrefois même on leur administrait les sacrements de confirmation et d'eucharistie. Il faut dire la même chose des insensés qui ont toujours été privés de l'usage de la raison ; pour ceux qui ont de bons intervalles, on tâchera de les étudier, et d'en profiter pour leur faire recevoir les sacrements ; et à l'égard de ceux qui sont sourds et muets de naissance, on doit consulter l'évêque ou ses grands vicaires avant de les y admettre.

DES CÉRÉMONIES DES SACREMENTS

L'Eglise a institué plusieurs cérémonies qu'elle veut être observées dans l'administration des sacrements, ce sont des actions pleines de religion et de mystère, qui rendent le culte de Dieu plus majestueux et plus vénérable. L'Eglise se sert de cérémonies dans l'administration des sacrements, pour nous faire comprendre l'excellence et la sainteté des sacrements ; pour inspirer de la dévotion à ceux qui les reçoivent et qui les administrent; pour exciter la piété de ceux qui assistent à cette administration ; pour représenter plus sensiblement l'effet de chaque sacrement et les obligations que l'on contracte en les recevant. Enfin, ces cérémonies élèvent l'esprit de ceux qui les observent exactement et qui les considèrent avec attention à la contemplation des choses les plus sublimes, et elles excitent et augmentent en eux le foi et la charité. C'est ce qui oblige les pasteurs à apporter plus de soin pour faire connaître aux fidèles ce que signifient les cérémonies dont l'Eglise se sert dans l'administration de chaque sacrement. Tout est raisonnable, tout est saint, tout est auguste dans la pompe extérieure des sacrements : on ne peut en être blessé que par défaut de lumière ; et, si les pasteurs étaient éclairés et appliqués à instruire, le peuple serait toujours plein de vénération pour toutes les cérémonies de l'Eglise. C'est parce que les pasteurs ont oublié leur devoir, que le peuple oublie son rang : il ne mépriserait, il ne censurerait rien, si on lui expliquait tout ce qu'il doit savoir.

Quoique ces cérémonies ne soient pas essentielles aux sacrements, on ne peut néanmoins, sans péché, les omettre ou les changer de sa propre autorité, soit en ajoutant, soit en diminuant. Voici de quelle manière s'en explique le concile de Trente (sess. 7, can. 13, de Sacrament.) : *Si quelqu'un dit que les cérémonies reçues et approuvées dans l'Eglise catholique, et qui sont d'usage dans l'administration des sacrements, peuvent être méprisées sans péché, ou omises selon qu'il plaît aux ministres, ou qu'elles peuvent* être changées en d'autres nouvelles par tout pasteur, quel qu'il soit, qu'il soit anathème.

On ne peut donc sans irréligion négliger ou mépriser ces cérémonies. Et que n'aurait-on pas à craindre, si on les abandonnait aux idées et au caprice de chaque ministre? On commence des changements qu'on croit de petite conséquence; mais on ne sait point où l'on s'arrêtera, quand on quitte les principes et qu'on ose censurer quelque chose de ce que l'Eglise pratique et commande.

Ainsi, avant que d'administrer les sacrements, les prêtres doivent avoir soin d'en prévoir les cérémonies, de les apprendre et de s'y exercer, afin d'acquérir la facilité de les faire avec toute la bienséance et la gravité requises. Ils s'instruiront aussi de leur signification, afin de pouvoir quelquefois les expliquer aux peuples.

Hors le cas de nécessité, ils ne doivent administrer aucun sacrement qu'ils ne soient revêtus d'une soutane, d'un surplis et d'une étole de couleur convenable, excepté le sacrement de pénitence, qu'on peut administrer sans étole à l'église, et même sans surplis dans les maisons aux infirmes. Pour ce qui est du baptême, de l'eucharistie, du mariage et de l'extrême-onction, ils doivent, outre le surplis, mettre encore l'étole, et se faire accompagner, si cela se peut, d'un ou plusieurs clercs, selon le besoin et la commodité; et il est bon que les clercs soient revêtus d'habits longs et de surplis, si cela se peut. A défaut de clerc, ils doivent tâcher d'employer avec eux des laïques sages, en état de les aider et de leur répondre pendant ces saintes fonctions. Ce serait même une bonne œuvre, digne du zèle des curés, dans les campagnes, de choisir dans leurs paroisses des jeunes gens modestes et pieux, pour les instruire et les former, de manière qu'ils pussent aider les pasteurs dans ce qui leur serait prescrit lors de l'administration des sacrements.

L'attention des prêtres doit encore s'étendre sur tout ce qui sert à l'administration des sacrements, tenant dans une grande décence et propreté les vases sacrés, les calices, les ciboires, les ornements et les linges, prenant garde surtout qu'ils ne soient ni troués, ni sales, ni déchirés.

DISPOSITIONS REQUISES POUR L'ADMINISTRATION DES SACREMENTS.

(Résumé d'un grand nombre de Rituels, par Beuvelet.)

Quelles sont les dispositions que doit avoir un prêtre pour administrer quelque sacrement?

Il y en a de trois sortes: les unes qui précèdent, les autres qui accompagnent, et celles qui suivent.

Quelles sont les dispositions précédentes?

Les unes sont éloignées, les autres prochaines.

Quelles sont les dispositions éloignées?

La première, c'est de mener une vie si pure, que l'on soit toujours en état de pouvoir traiter les choses saintes et les dispenser aux fidèles.

La seconde, c'est d'être toujours prêt, à toute heure du jour et de la nuit, pour aller, au moindre besoin, secourir, même au péril de sa vie, ceux qui l'en feront avertir, sans exception de personnes : disposition que les curés doivent souvent témoigner dans l'occasion, afin que chacun puisse en prendre la liberté.

La troisième, c'est d'avoir une très-haute estime des mystères que l'on traite et des cérémonies qui les accompagnent.

Sur quoi est fondée cette estime de nos mystères.

Sur ce qu'il n'y a rien de si grand dans l'Eglise que les sacrements, qui contiennent, comme dans sept admirables canaux, institués par la sagesse infinie et l'inépuisable bonté de Jésus-Christ, la naissance, l'accroissement, la guérison, la nourriture, la conservation, la sanctification, et la persévérance du chrétien, et qui ont pour fin de nous unir à Dieu et de nous faire participants de la nature divine. C'est ainsi qu'en parlent les Manuels; *Cum igitur in Ecclesia Dei nihil sanctius aut utilius, nihilque excellentius aut magis divinum habeatur quam sacramenta ad humani generis salutem instituta, parochus,* etc.

Sur quoi est fondée cette estime des cérémonies?

1° Sur leur antiquité, sur leurs significations mystérieuses et sur le prix que toute l'Eglise y a attaché dans la suite, comme étant des marques visibles, des actes extérieurs très-parfaits de la religion que nous professons, et les moyens les plus propres et les plus proportionnés pour faire connaître au peuple les secrets adorables cachés sous ces symboles, et la sainteté que requiert le nom et la qualité de chrétien.

2° Sur ce que le concile de Trente en dit : *Si quis dixerit receptos et approbatos Ecclesiæ ritus in solemni sacramentorum administratione adhiberi consuetos, aut contemni, aut sine peccato a ministris pro libito omitti, aut in novos alios per quemcunque ecclesiarum pastorem mutari posse, anathema sit.* Sess. 7, c. 13.

Quelles sont les dispositions prochaines?

Il y en a trois:

La première c'est la pureté de conscience, qui ne doit être souillée d'aucun péché mortel; autrement on en commettrait un nouveau en administrant un sacrement dans ce malheureux état.

Que doit faire un prêtre sur le point d'administrer un sacrement, si par malheur il se sent coupable d'un péché mortel?

Il doit se confesser sur-le-champ, ou (si la commodité lui manque) former au moins un acte de contrition le plus parfait qu'il pourra. Quand même il n'aurait que des péchés véniels, il est bon de s'en purifier devant Dieu, car il ne saurait manier des choses si saintes avec des mains trop pures : *Necesse est ut sit munda sacerdotis manus, qui diluere sordes curat.* Saint Ambroise

Quelle est la seconde disposition intérieure prochaine?

DICTIONNAIRE DES RITES SACRÉS. III.

C'est de réfléchir un peu de temps, mais attentivement, sur ce qu'on va faire, s'il n'y a nécessité d'ailleurs de se hâter, pour demander à Dieu sa grâce, tant pour soi que pour celui auquel on va conférer le sacrement, afin de l'administrer et de le recevoir dignement.

Comment faut-il faire cette prière?

Il est bon de la faire à genoux, en présence du saint sacrement, se servant de l'une de ces deux prières.

La première est de saint Charles et est insérée en plusieurs Manuels : *Veni, sancte*, etc. Iterum : *Veni, sancte Spiritus*: puis dire, *Dominus vobiscum. Oremus, Domine Deus omnipotens, qui me indignum, propter tuam misericordiam, ministrum fecisti sacerdotalis officii, propitius esto mihi peccatori, ut condigne possim divina clementiæ tuæ sacramenta fidelibus ad ea confugientibus ministrare. Per Dominum,* etc.

Ou bien : *Adesto, Domine, supplicationibus nostris, et me qui primus gratia tua indigeo, clementer exaudi, et cui, non electione meriti, sed dono gratiæ tuæ hujus operis ministerium contulisti, da fiduciam muneris exsequendi, atque ipse in nostro ministerio quod tuæ pietatis est operare. Per Christum*, etc. En même temps on adore Notre-Seigneur comme l'auteur du sacrement qu'on va administrer; on s'applique même à le considérer en quelque état particulier qui ait du rapport avec l'action qu'on va faire. Ainsi, quand on va administrer le baptême, on adore Jésus-Christ dans le Jourdain; quand on va entendre les confessions, on l'adore comme s'étant fait péché pour les hommes et ayant daigné devenir leur médecin ; quand on donne la sainte eucharistie, on l'adore comme souverain prêtre et victime tout ensemble; quand on applique les saintes huiles en l'extrême-onction, on le considère comme étant la vertu du Très-Haut et la force des chrétiens; enfin, quand on célèbre un mariage, on l'adore comme l'Epoux de l'Eglise.

Quelle est la troisième disposition prochaine intérieure?

La pureté d'intention, qui consiste à dégager son cœur de tout motif de vanité, de curiosité, d'avarice et d'amour-propre, afin de faire cette action conformément aux desseins de Jésus-Christ et de l'Eglise, et de ne prétendre autre chose en cela que la pure gloire de Dieu et le salut de la personne qui s'adresse à nous, ainsi que nous le recommande saint Pierre : *Pascite qui in vobis est gregem Dei, providentes non coacte, sed spontanee secundum Deum, neque turpis lucri gratia, sed voluntarie*. Et saint Paul : *Oportet episcopum irreprehensibilem esse, non turpis lucri cupidum*. Voilà pourquoi il disait de lui-même : *Argentum et aurum et vestem nullius concupivi, sicut ipsi scitis, quoniam ad ea quæ mihi opus erat et his qui mecum sunt, ministraverunt manus istæ*; et qu'il écrivait aux Corinthiens: *Non quæro quæ vestra sunt, sed vos.* Aussi c'est un point sur lequel les conciles ont élevé le plus de plaintes, et c'est la cause de tant de défenses qu'ils ont portées à ce sujet. Le concile de Latran, l'an 1215 : *Ad apostolicam Ecclesiam frequenti relatione pervenit quod quidam clerici pro exsequiis mortuorum, et benedictionibus nubentium, et similibus, pecuniam exigunt et extorquent. Et si forte cupiditati eorum non fuerit satisfactum, impedimenta fictitia fraudulenter opponunt. E contra vero quidam laici laudabilem consuetudinem erga sanctam Ecclesiam pia devotione introductam, ex fermento hæreticæ pravitatis nituntur infringere, sub prætextu canonicæ pietatis. Quapropter et pravas exactiones, super his fieri prohibemus, et pias consuetudines observari statuentes, ut libere conferantur ecclesiastica sacramenta; sed per episcopum loci veritate cognita compescantur qui malitiose nituntur laudabilem consuetudinem immutare*.

Firmiter inhibemus ne pro aliqua pecunia denegetur sepultura, vel baptismus, vel aliquod ecclesiasticum sacramentum, aut aliquod matrimonium contrahendum impediatur, quoniam si quid pia devotione fidelium consueverit erogari, super hoc volumus postmodum per ordinarium in loco Ecclesiæ justitiam exhiberi. Concil. Oxoniens. can. 29, an. 1222.

Obscenam illorum abominationem præsentis constitutionis oraculo detestantes, qui vendere dicuntur benedictiones nubentium et sepulturas mortuorum, talia de cætero fieri prohibemus omnino, et qui contra fecerit, cum Giesi in die tremendi judicii accipiat portionem. Nec per hoc intendimus quod laudabiles consuetudines locorum, seu ecclesiarum habentium cœmeteria infringi debeant, quando possint rectores earumdem ecclesiarum ejusmodi recipere licite, si nubentes post benedictionem, et consanguinei vel alii pro defunctis post sepulturam aliquid offerre voluerint devotionis intuitu et etiam pietatis. Concil. Herpiholens. 1287.

Mais que faire dans les lieux où la coutume est d'offrir quelque chose?

Quant à ce qui est de droit ou de coutume, il faut recevoir ce que les pauvres mêmes offriront, leur rendant d'ailleurs par aumône deux fois autant que l'on en aurait reçu; c'est le moyen, d'un côté d'entretenir ce qui est introduit louablement pratiqué, et de l'autre, de se mettre à l'abri de tout soupçon d'avarice. Tel refuse un sou qui ne se fait pas scrupule de prendre plus tard une grosse somme : c'est bien souvent orgueil et vanité de refuser, par exemple à confesse, une petite aumône, et de n'être pas honteux d'en recevoir ensuite une grande. Il ne faut pourtant jamais exiger avec trop de rigueur, ni même se plaindre de l'avarice de ses paroissiens, en quelque occasion que ce soit.

Quelles sont les dispositions prochaines et extérieures qui doivent précéder?

Le prêtre doit, 1° se rendre de suite au lieu où il est appelé, revêtu du surplis et de l'étole (où elle est nécessaire), accompagné d'un clerc pareillement en surplis, selon que le sacrement le demandera. 2° Dans le chemin il doit marcher gravement et modestement (s'il n'y a raison de se hâter), récitant des psaumes; ne saluer personne ni s'entretenir avec qui que ce soit, et, s'il y a nécessité de parler, le faire en peu de mots : *Nihil cum alio colloquetur*, dit saint Charles, *nisi necessitatis causa et quam brevissime, neque salutationibus in via vacabit*. 3° Il doit avoir soin que tout ce qui est nécessaire pour le sacrement, comme les vases, les habits sacrés et autres ustensiles, soit préparé avant que de se mettre en chemin, et surtout n'administrer aucun de ces trois sacrements, le baptême, l'extrême-onction et le mariage, sans avoir son Rituel en main; il doit même avoir prévu, s'il en a besoin et si le temps le permet, ce qu'il aura à faire et à dire.

Quelles sont les dispositions qui doivent accompagner l'administration des sacrements?

La première chose que le prêtre doit faire, c'est de s'enquérir si celui qui se présente est de la paroisse : d'autant qu'on ne peut pas administrer licitement les sacrements à ceux qui ne sont pas nos sujets, sinon avec licence de leur propre curé ou de l'ordinaire, s'il n'y a nécessité

La seconde chose que le prêtre doit faire, c'est d'avertir les assistants de la révérence et de la modestie avec laquelle ils doivent se comporter en cette action, leur en faisant d'abord connaître la grandeur par quelques petits discours. Et pour en donner l'exemple tout le premier et exciter les autres à la dévotion, il doit, pour

La troisième chose, avoir, pendant qu'il fait les cérémonies, le corps bien composé, les yeux bien réglés, les gestes gravement doux, se donnant bien de garde qu'il ne lui échappe aucune parole d'impatience ou tant soit peu revêche. *Ut autem sacramentis debitus religionis cultus etiam externus ab iis tribuatur qui ea suscipiunt, non patietur quemquam ad illa accedere nisi exteriore quoque habitu, vestiumque modestia debitam illis venerationem præ se ferat* (Rit. de Milan et autres). *Videbit ergo ut viri, armis depositis, atque mulieres, recte velato capite, procedant; ut omnes restitu et toto corporis habitu modesto, humilitatem et reverentiam præ se ferant* (Rit. de Paris, de Châlons, etc).

Omnes qui sacramenta suscipiunt, iisque ministrandis assistunt, loco et tempore opportuno monebit ut, remoto inani colloquio et habitu actuque indecenti, pie ac devote sacramentis intersint, et ea qua par est reverentia suscipiant (Rit. de Milan, d'Angers, etc.).

La quatrième, c'est de n'administrer aucun sacrement en présence des hérétiques, des infidèles, des excommuniés, ni même en présence des catéchumènes, comme il sera encore dit ci-après.

La cinquième, c'est de prononcer toutes les paroles attentivement et distinctement, d'une voix grave et médiocre, en sorte que les assistants conçoivent le sens et la dévotion de cette savoureuse théologie, tâchant pour lors d'avoir une intention actuelle de faire au moins ce que l'Eglise fait; et pour éviter les inconvénients, lire dans le Manuel les oraisons et les exorcismes, etc., sans se fier à sa mémoire, le tout dans un esprit recueilli et appliqué aux mystères qu'on traite, comme l'enseigne saint Denis, chap. 1 de la Hiérarch. ecclés.

La sixième, c'est d'expliquer au peuple, selon les occurrences, clairement, brièvement et avec énergie, la nature et l'efficace des sacrements, c'est-à-dire les effets salutaires qu'ils produisent dans les âmes qui s'en approchent dignement, et les châtiments épouvantables réservés au contraire à ceux qui les profanent; et cela en termes graves, intelligibles, et proférés avec plus de zèle et d'affection que d'étude et d'éloquence, dont l'affectation en ce moment est ridicule et dommageable. Enfin, dans les cérémonies, on doit suivre exactement tout ce qui est marqué dans le Rituel, sans y rien ajouter ni retrancher.

Que faut-il faire après avoir administré quelque sacrement?

Il faut, 1° remercier Dieu de la grâce qu'il a faite, par notre ministère, à la personne qui a reçu ce sacrement; 2° faire un petit examen pour voir les fautes qu'on pourrait avoir commises dans l'administration, afin d'en demander pardon à Dieu et de s'en proposer l'amendement : ce qui se peut faire en fort peu de temps, s'imposant quelque petite pénitence quand on reconnaît y avoir manqué. Ainsi, pour parler le langage de saint Denis, le prêtre qui vient de célébrer les saints mystères, après être en quelque sorte sorti de chez lui pour passer à des objets qui sont au-dessous de lui, doit s'élever de nouveau à la contemplation des choses les plus sublimes et de la plus haute importance, et ne pas oublier que jamais, sous quelque prétexte que ce soit, il ne doit se livrer à d'autres occupations, s'appliquer à d'autres emplois qu'à ceux qui rentrent proprement dans son ministère, passant des choses divines à des objets également surnaturels, mû par le Saint-Esprit, qui le transporte des unes aux autres sans cesse et sans intermission. *Sacra actione peracta*, disent les Rituels, *rursus ad orationem redeat, Deo gratias agens, et fructum ministerii sui commendans.*

Pourquoi l'Eglise demande-t-elle tant de dispositions aux prêtres pour administrer les sacrements, et exige-t-elle en eux tant d'exactitude à remplir toutes les cérémonies prescrites?

1° C'est afin que la dignité de nos mystères soit connue et respectée par les fidèles qui les reçoivent, parce qu'il n'y a rien qui rende nos sacrements plus augustes et plus dignes de vénération que nos cérémonies bien faites, et que le prêtre lui-même en tire pour soi quelque profit spirituel; 2° parce que toutes les fautes en cette matière, principalement si elles se font par ignorance ou par négligence, ne sont jamais légères, mais importantes : soit à l'égard du saint fondateur, dont on viole les volontés; soit à l'égard de l'Eglise dont on méprise les ordonnances; soit à l'égard des fidèles, que l'on prive de ce qui leur appartient; soit à l'égard des ministres, qui se rendent coupables par des fonctions, qui devraient leur procurer de nouvelles grâces.

Est-ce assez d'administrer les sacrements en la manière susdite?

Non : il faut de plus que le prêtre qui les administre sache leur nature, leurs effets et la manière de les recevoir dignement; car comment peut-il concevoir le respect qui leur est dû et en faire l'usage qu'il faut, s'il n'en a pas la connaissance?

De tout ce qui vient d'être dit, que devons-nous recueillir?

Deux résolutions principales : la première, d'apprendre ce qui regarde la doctrine et la pratique des sacrements : et pour cela étudier le Manuel, considérer les cérémonies qui s'y font et leurs significations, le lire entièrement et avec attention au moins une fois chaque année; la seconde, de pratiquer ces cérémonies avec toute l'exactitude, la ponctualité, l'attention, la dévotion et toutes les autres dispositions intérieures qui viennent d'être marquées.

SACRIFICE.

DU SACRIFICE EN GÉNÉRAL, ET DE CELUI DE JÉSUS-CHRIST.

(Explication du P. Lebrun.)

Nécessité du sacrifice dans tous les temps. Cessation de ceux de l'ancienne loi. Excellence de l'unique sacrifice de Jésus-Christ sur la croix et sur nos autels, qui renferme tous les autres et qui ne cessera jamais.

La religion est un culte qui nous lie à Dieu par un assujettissement parfait de nous-mêmes à l'Etre suprême, et qui nous fait rapporter à sa gloire tout ce que nous sommes et tout ce que nous faisons. Or elle nous fait particulièrement remplir ce devoir indispensable par le sacrifice, qui est une oblation faite à Dieu pour reconnaître son souverain domaine sur tout ce qui est créé.

Cette oblation doit être faite intérieurement, parce que *Dieu est esprit, et qu'il faut que ceux qui l'adorent, l'adorent en esprit et en vérité* (1). Mais les hommes, composés de corps et d'esprit, doivent encore extérieurement cette oblation, parce qu'ils doivent donner des marques visibles et publiques de la disposition de leur cœur envers la souveraine majesté, et par conséquent ils doivent joindre au sacrifice intérieur le sacrifice extérieur (2), qui n'est autre chose qu'un signe sensible de l'oblation intérieure de nous-mêmes, que nous devons faire à Dieu comme à notre créateur et notre conservateur.

La religion ne peut donc subsister sans le sacrifice intérieur et extérieur, puisqu'elle ne consiste qu'à réunir les hommes dans les marques extérieures qu'ils doivent donner à Dieu de leur dépendance et de leur amour.

Aussi les lumières naturelles ont toujours inspiré aux hommes le sacrifice, comme le premier de tous les actes essentiels à la religion. L'histoire sainte nous apprend ce qu'ils ont offert dès le commencement du monde (3); et nous voyons qu'ils ont compris que le sacrifice était nécessaire et qu'il ne pouvait être offert qu'à la Divinité.

La loi écrite a confirmé ce que la nature avait inspiré, et elle nous a déclaré que de détourner les hommes du sacrifice, ou de sacrifier à quelque autre qu'à Dieu seul, c'était d'eux crimes énormes. *Le péché des enfants d'Héli était très-grand devant le Seigneur*, dit le texte sacré (4), *parce qu'ils détournaient les hommes du sacrifice*. Et lorsque les hommes, aveuglés par leurs passions, ont craint et révéré des créatures, des anges ou des démons, jusqu'à leur offrir des sacrifices, la loi, pour leur donner de l'horreur de ce sacrilège, a dit : *Quiconque immolera aux dieux ou à quelque autre qu'à Dieu seul, sera mis à mort* (5).

Le sacrifice extérieur consiste à offrir à Dieu une chose sensible et extérieure pour être détruite ou pour souffrir quelque changement; et cela se fait pour quatre raisons qui sont les quatre fins du sacrifice : la première, pour reconnaître le souverain domaine de Dieu sur tous les êtres créés; la seconde, pour le remercier de ses bienfaits; la troisième, pour obtenir le pardon des péchés et pour marquer ce que nous devons à la justice divine; la quatrième, pour demander les secours nécessaires.

La destruction ou le changement de la chose offerte exprime parfaitement deux des principales fins du sacrifice, qui sont d'honorer le souverain domaine de Dieu, et de reconnaître ce que nous méritons par nos péchés. Car premièrement les hommes marquent par cette destruction et par ce changement que Dieu est le maître absolu de toutes choses; qu'il n'a besoin d'aucune créature, puisqu'on les détruit en les lui offrant. Secondement, ils marquent par cette destruction que comme pécheurs ils ont mérité la mort par leurs offenses, et que la victime est substituée à leur place. C'est pourquoi ceux qui offraient le sacrifice mettaient la main sur la tête de la victime.

Les hommes devaient aussi remercier Dieu de tous ses bienfaits et lui demander de nouvelles grâces. Or, pour remplir tous ses devoirs, la loi établit plusieurs sacrifices : l'holocauste, l'hostie pour le péché, et les pacifiques (6).

L'holocauste consistait à brûler toute la victime sans que personne en pût manger, pour rendre par cette entière consomption

---

(1) *Joan.* IV, 24.
(2) Aug. *de Civit. Dei*, l. x, c. 19.
(3) Caïn et Abel offrirent à Dieu des fruits de la terre et des animaux. (*Gen.* IV. 3 et 4.) Noé sortant de l'arche dressa un autel, prit de tous les animaux purs, et les offrit au Seigneur en holocauste sur cet autel (*Gen.* VIII, 29.)
(4) Erat ergo peccatum puerorum grande nimis coram Domino, quia retrahebant homines a sacrificio Domini. I *Reg.* II, 17.
(5) Qui immolat diis, occidetur, præter quam Domino soli. *Exod.* XXII, 20. Aug. *de Civit. Dei*, l. XIX, c. 23.
(6) *Voy.* le cinquième traité de Maïmonides *de Ratione sacrificiorum faciendorum*, traduit d'hébreu en latin par Compiègne de Veil.

un hommage plein et sans réserve au souverain domaine de Dieu.

L'hostie pour le péché était souvent jointe à l'holocauste (1), et on la divisait en trois parties, dont l'une était consumée sur l'autel des holocaustes, l'autre était brûlée hors du camp, et la troisième était mangée par les prêtres (2). Ceux qui offraient les victimes pour leurs péchés ne pouvaient pas en manger : ainsi, quand les prêtres offraient pour eux-mêmes, nul n'en mangeait. Tout ce qui n'était pas brûlé sur l'autel des holocaustes était brûlé hors du camp.

Les hosties pacifiques offertes, ou pour remercier Dieu des bienfaits reçus, ou pour en obtenir de nouveaux, n'étaient distinguées des hosties pour le péché qu'en ce que le peuple aussi bien que les prêtres devaient y participer en mangeant une partie de la victime.

Quoique ces sacrifices fussent ordonnés par la loi divine, ils n'étaient encore que des signes incapables par eux-mêmes de plaire à Dieu. Ils n'avaient ni force ni vertu, que par la foi de ceux qui les offraient et qui avaient en vue la divine victime, l'*Agneau sans tache qui efface les péchés* (3), *et qui est immolé depuis le commencement du monde* (4).

Quand ces sacrifices ont été offerts par des saints tels qu'ont été Abel (5), Abraham, Job et tous ces hommes de foi qui vivaient dans l'attente du Messie, alors ces sacrifices étaient agréables à Dieu, qui les recevait comme un doux parfum, selon l'expression de l'Ecriture (6).

Mais lorsque les prêtres ne se sont arrêtés qu'à la cérémonie extérieure, et que le commun des sacrificateurs et du peuple ont séparé du sacrifice l'esprit, qui en faisait tout le mérite, les holocaustes n'ont pu plaire à Dieu (7).

Quelque soin que les prêtres pussent prendre de choisir des animaux sans tache et sans défaut, ce n'étaient plus que de simples figures tout à fait vides et inanimées, parce qu'ils ne faisaient pas attention qu'il ne fallait choisir des animaux sans tache et sans défaut, comme remarque saint Augustin (8), que pour annoncer et pour faire attendre l'immolation de celui qui seul a été exempt de toute tache de péché.

L'esprit qui devait animer toutes les cérémonies de la religion diminua de jour en jour quand il n'y eut plus de prophètes, et l'irréligion et la stupidité se trouvèrent à leur comble immédiatement avant la venue du Messie. Qu'attendre en effet des pharisiens qui ne s'arrêtaient qu'au dehors de la loi, et surtout des sadducéens (9) qui dominaient dans le temple, qui présidaient aux sacrifices, et qui ne croyaient point la résurrection ? C'était donc là le temps que les figures devaient cesser, et que, selon la prédiction du prophète-roi (10), Dieu devait rejeter les sacrifices qui avaient été offerts jusqu'alors dans le seul temple de Jérusalem.

Il fallait un nouveau sacrifice qui fût nécessairement offert en esprit et en vérité ; et c'est ce que Jésus-Christ annonça à la Samaritaine, lorsqu'elle lui proposa la question touchant le lieu où il fallait adorer (11), c'est-à-dire sacrifier ; car les Juifs et les Samaritains n'étaient en différend que touchant le lieu du culte extérieur, des oblations et des sacrifices, et non pas sur le lieu de la prière et du sacrifice intérieur, tous étant bien persuadés qu'on pouvait prier et s'offrir à Dieu partout. Jésus-Christ entra dans la pensée de la Samaritaine, et lui dit, *que le temps allait venir qu'on n'adorerait plus*, c'est-à-dire qu'on ne sacrifierait plus, *ni sur la montagne* de Garizim, *ni dans Jérusalem ;* mais qu'il y aurait *de vrais adorateurs qui adoreraient en esprit et en vérité*, et qui ne seraient plus restreints à un lieu particulier. La réponse de Jésus-Christ confirma la nécessité du sacrifice, et annonça la vérité de celui de la loi nouvelle qui devait s'offrir dans tout le monde, et qui sera toujours offert en esprit et en vérité par celui qui est la vérité même.

Ce que Jésus-Christ annonçait était l'accomplissement de la célèbre prophétie de Malachie adressée au peuple juif (12). *Mon affection n'est point en vous, dit le Seigneur Dieu des armées ; et je ne recevrai point de présents de votre main : car depuis le lever du soleil jusqu'au coucher on me sacrifie en tout lieu, et l'on offre en mon nom une oblation toute pure ; parce que mon nom est grand dans toutes les nations.*

On ne peut disconvenir que les plus anciens docteurs de l'Eglise, saint Justin (13), saint Irénée (14), Tertullien (15), saint Cyprien (16), etc., n'aient appliqué cette prophétie à l'eucharistie, et qu'ils n'aient dit que l'Eglise avait appris de Jésus-Christ et des apôtres à offrir par toute la terre ce nouveau sacrifice. Et en effet comment ne pas voir dans cette prophétie que Dieu rejette les sacrifices des Juifs, et qu'il substitue en leur place par toute la terre le sacrifice d'une oblation pure

---

(1) *Levit.* xiv et xvi.
(2) *Ibid.*, vi et vii.
(3) *Joan.* i, 29.
(4) *Apoc.* xiii, 8.
(5) Fide plurimam hostiam Abel, etc., *Hebr.* ii, 4.
(6) *Genes.* viii, 21.
(7) Holocautomata pro peccato non tibi placuerunt. *Hebr.* x, 6.
(8) Ut speraretur immolandus esse pro nobis qui solus immaculatus fuerat a peccatis. August. *contr. adversar. leg. et proph.* l. 1, c. 13.
(9) On voit dans l'histoire de Josèphe qu'avant et après Hérode, c'est-à-dire au temps de la venue de Jésus-Christ, les grands prêtres étaient sadducéens ; que certainement Caïphe, Anne, son prédécesseur et son beau-père, et le second Anne ou Ananus, successeur de Caïphe, l'étaient. Cela n'est pas moins clair par les Actes des apôtres, où l'on voit que le grand prêtre et tous ceux qui firent emprisonner les apôtres, étaient sadducéens. *Alors, dit saint Luc, le grand prêtre et tous ceux qui étaient comme lui de la secte des sadducéens, furent remplis de colère.* (*Act.* v, 17.)
(10) *Psal.* xxxix, 7.
(11) *Joan.* iv, 20 seq.
(12) *Malac.* i, 10.
(13) *Dial. cum Tryphon.*
(14) *Lib.* iv, c. 32.
(15) *Adversus Marcion.*, l. iii, c. 21.
(16) *Adversus Jud.* l. i, n. 16.

et sainte ? Il ne s'agit pas ici du sacrifice intérieur de notre cœur ; ce n'est pas là un sacrifice nouveau, puisque ça été le sacrifice de tous les justes depuis le commencement du monde. Or, quel autre sacrifice a-t-on vu substitué que celui de Jésus-Christ sur la croix et sur nos autels ? Mais le sacrifice sanglant de la croix n'a été opéré que sur le Calvaire. C'est donc le sacrifice non sanglant de nos autels qui est offert en tout lieu, et qui est substitué aux anciennes victimes.

Saint Augustin expose merveilleusement cette vérité en expliquant ce verset du psaume (1) : *Vous n'avez pas voulu d'oblation ni de sacrifice* : « Eh quoi ! s'écrie-t-il (2), allons-nous donc être sans sacrifice ? A Dieu ne plaise ! Ecoutons la suite de la prophétie : *Mais vous m'avez formé un corps.* Voici une nouvelle victime, qu'est-ce donc que Dieu rejettera ? Les figures Qu'est-ce que Dieu acceptera et nous prescrira pour remplir les figures ? Le corps qui remplit toutes les figures, le corps adorable de Jésus-Christ sur nos autels : ce corps que les fidèles connaissent, que les catéchumènes ne connaissent pas, poursuit saint Augustin ; ce corps que nous recevons, nous qui le connaissons, et que vous reconnaîtrez, vous, *catéchumènes*, qui ne le connaissez pas encore ; et plaise à Dieu que quand vous le connaîtrez, vous ne le receviez jamais pour votre condamnation ! .... »

Voilà donc, pour sacrifice de la nouvelle loi, le corps de Jésus-Christ offert et mangé sur nos autels par toute la terre. Il n'y a qu'à remarquer, quand a commencé ce sacrifice adorable, sa perfection, les grandeurs qu'il renferme, et comment il remplit toutes les figures et toutes les conditions qui accompagnaient les anciens sacrifices.

Dans les malheureux temps d'irréligion que nous avons marqués, Jésus-Christ, qui était la vérité de toutes les figures, vient s'offrir lui-même et suppléer à l'imperfection de tous les anciens sacrifices. Il dit à son Père (3) : *Vous n'avez point voulu d'hostie pour le péché ; mais vous m'avez formé un corps : me voici, je viens.* Ne trouvant rien dans le monde, dit saint Augustin (4), qui fût assez pur pour l'offrir à Dieu, il s'est offert lui-même. Et c'est par cette oblation, qui sera permanente et éternelle, que les hommes ont été sanctifiés (5). Car il s'est offert une fois pour toujours (6). Sa vie a été un continuel sacrifice, jusqu'à ce qu'il ait répandu tout son sang sur la croix. Alors la figure des sacrifices sanglants d'Aaron a été remplie ; et tous les sacrifices, qu'il avait fallu multiplier à cause de leur imperfection (7), ont dû disparaître, pour ne plus laisser recourir les fidèles qu'au vrai et unique sacrifice de notre divin Médiateur, qui seul expie les péchés (8).

C'est là où l'on trouve réellement dans le seul sacrificateur tout ce qu'on peut souhaiter et considérer dans tous les sacrifices, Dieu à qui il faut offrir, le prêtre qui offre, le don qu'il faut offrir, puisque ce divin Médiateur, prêtre et victime, est un avec Dieu à qui il offre ; et qu'il est réuni, ou plutôt qu'il s'est fait un avec tous les fidèles, qu'il offre pour les réconcilier à Dieu, dit le même Père (9). Il est certain qu'il a été en même temps sur la croix le prêtre et la victime (10). Les Juifs et les gentils qui l'ont mis à mort ont été ses bourreaux et non pas ses sacrificateurs : c'est donc lui qui s'est offert en sacrifice et qui nous a offerts avec lui sur la croix (11).

Mais parce qu'il est prêtre éternel selon l'ordre de Melchisédech, qui offrit du pain et du vin et les donna à Abraham et à ceux de sa famille qui venaient de remporter une grande victoire, le pain et le vin doivent toujours être la matière du sacrifice de Jésus-Christ, et devenir son corps et son sang (12), pour être une vraie nourriture et un vrai breuvage pour les vrais enfants d'Abraham, afin qu'ils puissent être unis intimement à leur Sauveur, et être offerts avec lui en sacrifice.

Ce sont là les merveilles de l'eucharistie, que Jésus-Christ institua immédiatement avant que d'aller s'offrir sur la croix. Il l'institua *par l'amour, qu'il avait pour les siens, sachant,* dit saint Jean (13), *que toute puissance lui avait été donnée par son Père.* Et certainement il fallait et une telle puissance, et un amour infini, pour changer le pain et le vin en son corps et en son sang, et pour faire avant sa mort, par anticipation, une effusion de son sang, selon l'expression de l'Evangile dans le texte grec : *Ceci est mon corps qui est donné pour vous.... Ce calice de la nouvelle alliance est mon sang qui est répandu pour vous* (14); effusion réelle et mys-

---

(1) Psal. xxxix, 7.
(2) « Quid ergo? nos jam hoc tempore sine sacrificio dimissus sumus? Absit. *Corpus autem perfecisti mihi*... Quid est quod datum est completivum? corpus quod nostis, quod non omnes nostis. Hujus corporis participes sumus; quod accepimus, novimus ; et qui (catechumeni) non nostis, noveritis; et cum didiceritis, utinam non ad judicium accipiatis : qui enim manducat et bibit indigne, judicium sibi manducat et bibit.» August. *in Psal.* xxxix, n. 12.
(3) *Hebr.* x, 5 et seq., et psal. xxxix, 7.
(4) Cum in mundo non inveniret mundum quod offerret, seipsum obtulit. *In psal.* cxxxv, n. 7.
(5) In qua voluntate sanctificati sumus per oblationem corporis Jesu Christi semel. *Hebr.* x, 10.
(6) Una enim oblatione consummavit in æternum sanctificatos. *Hebr.* x, 14.
(7) Pro quibus sacrificiis unum nos habemus. August. *in psal.* lxxiv, n. 12.
(8) Unde et in ipso verissimo et singulari sacrificio Domino Deo nostro agere gratias admonemur. August. *de Spir. et Litter.*, c. 2.
(9) Idem ipse unus verusque Mediator, per sacrificium pacis reconcilians nos Deo, unum cum illo maneret cui offerebat, unum in se faceret pro quibus offerebat, unus ipse esset qui offerebat, et quod offerebat. August. *de Trin.* l. iv, n. 19.
(10) Per hoc et sacerdos est ipse offerens, ipse et oblatio. August. *de Civit. Dei,* l. x, c. 20. Quis est iste sacerdos, nisi qui fuit victima et sacerdos? *In psal.* cxxxii, 7.
(11) *Hebr.* ix, 14.
(12) Nam quis magis sacerdos Dei summi, quam Dominus noster Jesus Christus, qui sacrificium Deo Patri obtulit? Et obtulit hoc idem quod Melchisedech obtulerat, id est panem et vinum, suum scilicet corpus et sanguinem S. Cypr. epist. 63, ad Cecilian.
(13) Cum dilexisset suos qui erant in mundo, in finem dilexit eos..... Sciens Jesus quia omnia dedit ei Pater in manus. Joan. xiii, 1, 3.
(14) *Luc.* xxii, 19, 20.

térieuse dans le corps et dans le cœur des communiants, avant que ce sang sortît visiblement de son corps sur la croix.

Jésus-Christ, usant de son pouvoir suprême dans le changement du pain en son corps, et du vin en son sang, exerça en même temps la puissance sacerdotale, qu'il ne s'était pas donnée, dit saint Paul (1), mais qu'il avait reçue de son Père, pour être le prêtre éternel selon l'ordre de Melchisédech. Comme sa prêtrise est éternelle, il offrira éternellement ce sacrifice ; et il n'aura point de successeur. Il sera toujours sur nos autels, quoique invisiblement, le prêtre et le don, *l'offrant et la chose offerte* (2). Mais afin que ce sacrifice soit visible, il établit pour ses ministres les apôtres et leurs successeurs, à qui il donne le pouvoir de faire ce qu'il vient de faire lui-même : *Faites ceci en mémoire de moi* (3) ; ils l'ont fait, et ils le feront en sa personne par toute la terre. *On offre partout, sous le grand pontife Jésus-Christ, ce qu'offrit Melchisédech*, dit saint Augustin (4). Et pour montrer que ce sacrifice ne finira jamais sur la terre, il nous est ordonné d'y participer, et d'annoncer ainsi sa mort jusqu'à son dernier avènement (5).

Ces merveilles de la toute-puissance de Jésus-Christ dans l'eucharistie sont rapportées par les évangélistes avec la même simplicité qu'il est dit dans la Genèse, que Dieu créa le monde et qu'il fit le firmament en disant qu'il soit fait. Jésus-Christ avait dit à ses disciples à Capharnaüm (6), qu'il fallait manger sa chair et boire son sang pour avoir la vie ; et pour opérer ce grand miracle, il dit simplement ici (7) : *Prenez et mangez, ceci est mon corps ; prenez et buvez, ceci est mon sang.* Voilà la consommation de ce divin sacrifice, et l'accomplissement de tous les mystères. Il y renouvelle sa mort, sa résurrection, sa vie glorieuse ; il y nourrit son Église de sa propre chair, pour en faire un corps saint et toujours vivant, et lui donner le germe de l'immortalité glorieuse.

Le renouvellement et la consommation de ces grands mystères dans l'eucharistie ne doivent pas être inconnus aux chrétiens. Il faut qu'ils sachent que Jésus-Christ, changeant le pain en son corps, offre ce corps adorable comme il l'a offert sur la croix ; l'eucharistie renferme sa passion (8). Nous n'annonçons sa mort en le mangeant, selon l'expression de saint Paul (9), que parce qu'il offre sur nos autels sa mort précieuse. Et il est vrai de dire, avec saint Cyprien (10), que le sacrifice que nous offrons est la passion même du Sauveur.

Tout l'appareil extérieur du Calvaire, qui manque à l'autel, n'avait rien de commun avec l'action du sacrificateur. L'essentiel du sacrifice de la croix consistait en l'oblation que Jésus-Christ fit de son corps. Il continue d'offrir sur l'autel ce même corps ; et mettant la dernière perfection à ce divin sacrifice, qui ne pouvait pas être mangé par les fidèles sur le Calvaire, *il nous nourrit tous les jours réellement de ce sacrement de la passion*, comme parle saint Ambroise (11) ; la manducation de la victime manquait à l'autel de la croix, et elle fait la perfection du sacrifice de nos autels. *Nous avons un autel*, dit saint Paul (12), *dont ceux qui rendent encore un culte au tabernacle judaïque n'ont pas le pouvoir de manger.* Voilà ce qui manquait à l'autel de la croix, et c'est à l'autel de l'Église que cette manducation s'accomplit par la communion. La même victime est offerte sur le Calvaire et sur nos autels ; mais au Calvaire, elle n'est qu'offerte ; ici, elle est offerte et distribuée, selon l'expression de saint Augustin (13), en parlant de l'assiduité de sa mère au sacrifice de l'autel. Nous assistons à ce divin autel, *d'où nous savons qu'est distribuée la sainte victime, par laquelle la cédule du péché a été effacée.* Jésus-Christ s'offre donc à l'autel, comme il s'est offert en mourant sur la croix, n'y ayant de différence qu'en la seule manière de l'offrir, ainsi que le dit le concile de Trente (14), après saint Augustin et les autres Pères.

Il s'y offre aussi comme à la résurrection, puisqu'il y offre son corps immortel et glorieux ; il s'y offre comme à son ascension, puisqu'il monte encore de l'autel de la terre au sublime autel du ciel, selon l'expression du canon, pour y aller résider et interpeller pour nous, offrant ainsi toujours une même hostie (15). C'est pourquoi nous disons à la messe, que nous offrons ce sacrifice pour renouveler la mémoire de la passion, de la résurrection et de l'ascension de Notre-Seigneur Jésus-Christ.

Voilà donc la réunion de tous les mystères qui ont été les diverses parties ou la continuation du sacrifice de Jésus-Christ, et la vérité de ce que nous chantons dans les psaumes (16) : que Dieu, en nous donnant la vraie nourriture, a renouvelé la mémoire de toutes ses merveilles.

Il reste à voir comment la divine victime

---

(1) Christus non semetipsum clarificavit ut pontifex fieret, sed qui locutus est ad eum... Tu es sacerdos in aeternum secundum ordinem Melchisedech. *Hebr.* v, 5.
(2) Offerens et oblatio. August. *de Civit. Dei*, l. x, c. 20.
(3) Hoc facite in meam commemorationem. *Luc.* xxii, 19.
(4) Ubique offertur sub sacerdote Christo quod protulit Melchisedech. August. *de Civi. Dei*, l. xvi, c. 17.
(5) Quotiescunque manducabitis panem hunc et calicem bibetis, mortem Domini annuntiabitis donec veniat. *I Cor.* ii, 16.
(6) Nisi manducaveritis carnem Filii hominis et biberitis ejus sanguinem, non habebitis vitam in vobis. *Joan.* vi, 54.
(7) *Matth.* xxvi, 26.
(8) Cœnam suam dedit, passionem suam dedit. August.

in psal. xxi, enar. 2, n. 27.
(9) I Cor. ii, 26.
(10) Passio est enim Domini sacrificium quod offerimus. Cypr. ep. 63, ad Cecil.
(11) Significans passionem Domini Jesu, cujus quotidie vescimur sacramento. Ambr. *in psal.* xliii.
(12) Habemus altare, de quo edere non habent potestatem qui tabernaculo deserviunt. *Hebr.* xiii, 11.
(13) *Confess.* lib. ix, c. 12, 13.
(14) Una enim eademque est hostia, idem nunc offerens sacerdotum ministerio, qui se ipsum tunc in cruce obtulit, sola offerendi ratione diversa. Conc. Trid. sess. 22, cap. 2.
(15) Hic autem unam pro peccatis offerens hostiam, in sempiternum sedet in dextera Dei. *Hebr.* x, 12.
(16) Memoriam fecit mirabilium suorum. **Psal.** cx, 4.

de ce sacrifice adorable remplit toutes les conditions qui convenaient aux victimes de l'ancienne loi dans les sacrifices les plus parfaits.

Il fallait quatre conditions, qui formaient quatre parties du sacrifice.

1° L'acceptation de la victime par les prêtres ; 2° l'oblation à Dieu ; 3° le changement ou la destruction de la victime ; 4° la consomption ou la communion de la victime.

Premièrement il fallait une hostie choisie, agréée ou acceptée par les prêtres, suivant l'ordre de Dieu, qui leur avait marqué ce qu'ils devaient admettre pour le sacrifice, et ce qu'ils devaient rejeter. Les prêtres du Nouveau Testament acceptent le pain et le vin destinés à être le corps et le sang de Jésus-Christ, et ils font cette acceptation après le choix du Père éternel, qui a déclaré son Fils bien-aimé prêtre selon l'ordre de Melchisédech, et par conséquent offrant du pain et du vin, mais un pain qui doit être changé au corps que Dieu a destiné pour être la vraie victime (1).

Secondement, l'hostie était offerte à Dieu par les prêtres de la loi, et tirée par là de l'état commun ; les prêtres du Nouveau Testament, représentant Jésus-Christ, offrent à Dieu le pain et le vin, comme devant devenir le corps et le sang de Notre-Seigneur pour notre salut.

Troisièmement, dans les holocaustes et dans les sacrifices pour les péchés et pour les *délits*, la victime était immolée et égorgée ; elle changeait d'état. Ici, le pain et le vin sont changés au corps et au sang de Jésus-Christ qui est immolé et comme en état de mort sur l'autel, parce qu'il y est privé des fonctions de la vie naturelle qu'il avait sur la terre, et parce qu'il y est avec des signes de mort par la séparation mystique de son corps d'avec son sang, ainsi que saint Jean (2) vit devant le trône du ciel l'Agneau vivant, puisqu'il était debout, mais en même temps comme immolé et comme mort, à cause des cicatrices de ses plaies et des marques de son immolation sanglante, qu'il conserve même dans la gloire.

Quatrièmement enfin la consomption de l'hostie était nécessaire. Si l'on offrait un holocauste, tout était brûlé en l'honneur de Dieu. Dans les autres sacrifices, une partie était consumée pour Dieu ; le reste était distribué aux prêtres et à ceux qui avaient présenté l'hostie. Ici, la victime est toute pour Dieu et toute consommée par les hommes qui la lui offrent ; elle se communique tout entière à tous sans aucune division, et elle est consommée en tous sans cesser d'être.

Le sacrifice de cette divine victime renferme encore toutes les vérités des sacrifices figuratifs.

Premièrement, il est un holocauste qui est formé par la destruction du pain et du vin. Comme dans les holocaustes, le feu matériel dévorait et consumait l'hostie avec les pains et les liqueurs, pour rendre hommage au souverain domaine de Dieu, de même le feu du Saint-Esprit, que l'Eglise invoque (3) pour ce sujet, consume en un sens le pain et le vin, les changeant au corps et au sang de Jésus-Christ, qui rend à Dieu son Père l'hommage infini qu'il mérite.

Secondement, il est un sacrifice de propitiation pour les péchés, puisqu'il est la victime qui les expie.

Troisièmement, il renferme par excellence tous les sacrifices des hosties pacifiques, destinées à obtenir des grâces, puisqu'il contient la vraie hostie pacifique, Jésus-Christ, par qui nous demandons et nous obtenons tous les dons.

Quatrièmement, il est sacrifice d'action de grâces, parce qu'il a été institué par Jésus-Christ, en rendant grâces au Père de tous les dons qu'il avait reçus pour l'Eglise, et que d'ailleurs nous donnons par ce sacrifice des marques de notre reconnaissance dignes de Dieu, en lui offrant sur l'autel son propre Fils, qui est le don le plus excellent qu'il nous ait fait, et que nous puissions lui présenter pour toutes les grâces que nous avons reçues. Quel plus saint sacrifice de louange y a-t-il, s'écrie saint Augustin (4), que celui d'action de grâces, et quelle plus grande action de grâces que celle qu'on rend à Dieu pour sa grâce par Jésus-Christ Notre-Seigneur, comme on le fait dans le sacrifice de l'Eglise, que les fidèles connaissent, et dont tous les anciens sacrifices n'ont été que des ombres !

Voilà comment le sacrifice adorable de l'eucharistie, quoique infiniment élevé au-dessus de tous les anciens sacrifices, en remplit toutes les parties et toutes les conditions. Nous n'avons plus qu'à remarquer que ce sacrifice, qui est celui de Jésus-Christ, est en même temps le sacrifice de toute l'Eglise, qui est offerte avec Jésus-Christ ; que c'est le sacrifice de tous les prêtres qui l'offrent, et de tous ceux qui veulent y participer, qui doivent par conséquent s'offrir eux-mêmes en sacrifice, comme Jésus-Christ et son Eglise s'offrent à Dieu. Ecoutons saint Augustin, qui nous instruit merveilleusement sur cette vérité (5) : « Toute la cité rachetée, c'est-à-dire l'Eglise et la société des saints, est le sacrifice universel offert à Dieu par le grand prêtre, qui s'est offert aussi lui-même pour nous dans sa passion ; c'est elle qu'il a offerte à Dieu, et c'est en elle qu'il a été offert : parce que c'est selon elle qu'il est le médiateur, le prêtre et le sacrifice.... » Et pour continuer à parler ici avec

---

(1) Corpus autem aptasti mihi. *Hebr.* x, 5.
(2) Et vidi, et ecce in medio throni... Agnum stantem tanquam occisum. *Apoc.* v, 6.
(3) Fulgent. *Admon.* l. II, 6 et seq. Optat. Milev. l. VI. Isidor. Pelus. epist. 109 et 513. *Miss. Goth.*, Miss. 12.
(4) Quod est autem sacratius laudis sacrificium quam in actione gratiarum, et unde majores agendæ sunt gratiæ quam pro ipsius gratia per Jesum Christum Dominum nostrum ? quod totum fideles in Ecclesiæ sacrificio sciunt, cujus umbræ fuerunt omnia priorum genera sacrificiorum. August. *contra Adversar. leg. et proph.* l. II, c. 18.
(5) *De Civit. Dei*, l. x, c. 6.

saint Augustin (1), « elle voit dans le sacrement de l'autel connu des fidèles, et si souvent renouvelé, qu'elle est offerte dans la chose même qu'elle offre. »

Comme c'est Jésus-Christ prêtre qui offre et qui est lui-même le don offert, l'Eglise a dû aussi s'offrir en l'offrant; et Dieu lui fait voir « ce mystère, dit encore saint Augustin (2), dans le sacrifice qu'elle offre tous les jours; car comme elle est le corps d'un tel chef, elle apprend à s'offrir elle-même par lui. » Le sacrifice de la messe est donc celui de Jésus-Christ et de l'Eglise, le seul sacrifice extérieur qu'il faut offrir à Dieu, le vrai et l'unique sacrifice qui renferme l'idée de tous les autres, l'unique qui expie les péchés, qui nous mérite les grâces, et qui sera continué jusqu'à la fin des siècles.

DIFFICULTÉS SUR LE SACRIFICE.

(Traité des SS. Mystères, de Collet.)

I. DIFFICULTÉS SUR CEUX POUR QUI L'ON PEUT OFFRIR LE SACRIFICE.

1. *Le sacrifice s'offre pour tous les fidèles,* — 2. *S'ils ne sont retranchés de la communion de l'Eglise.* — 3. *Adoucissement à cette loi.* — 4. *Règle pour les catéchumènes et pour les infidèles.* — 5. *Peut-on célébrer pour les réprouvés?* — 6. *Le peut-on pour les âmes des justes décédés?* — 7. *Objection.* — 8. *En quel sens peut-on sacrifier pour les saints?*

Nous ne dirons que peu de choses sur cette matière, tant parce qu'elle est du ressort de la théologie dogmatique que parce qu'il n'y a vraisemblablement point de prêtre qui ne sache là-dessus ce qu'il en doit savoir.

1. **Règle 1re.** On offre le sacrifice de la messe pour tous les fidèles, justes ou pécheurs, à moins qu'ils ne soient retranchés de la communion de l'Eglise.

On l'offre pour tous les fidèles, parce que le sacrifice de l'autel est de sa nature un bien qui appartient à toute l'Eglise. On l'offre pour les pécheurs, parce que l'office du prêtre est d'être médiateur entre Dieu et les hommes, et que le pontife est principalement établi afin d'offrir des dons et des victimes pour les péchés (3). De là cette prière générale du Canon : *Nous vous offrons, Seigneur, ce sacrifice sans tache pour votre sainte Eglise catholique et pour tous les orthodoxes qui sont attachés à la foi* (4). Or, parmi ceux qui font profession de la vraie foi, il n'en est que trop qui ont perdu la justice et la charité;

(1) Quod etiam sacramento altaris fidelibus noto frequentat Ecclesia ubi ei demonstratur quod in ea re quam offert, ipsa offeratur. *Ibid.*
(2) Cujus rei sacramentum quotidianum esse voluit Ecclesiæ sacrificium quæ cum ipsius capitis corpus sit, seipsam per ipsum discit offerre. *Ibid.*, c. 20.
(3) Omnis pontifex constituitur... ut offerat dona et sacrificia pro peccatis. Hebr. v, 2.
(4) Offerimus tibi pro Ecclesia tua sancta catholica... et omnibus orthodoxis atque catholicæ et apostolicæ fidei cultoribus. *Liturg.*
(5) Si quis dixerit, amissa per peccatum gratia, simul et fidem semper amitti, aut fidem quæ remanet non esse veram fidem, licet non sit viva, aut eum qui fidem sine charitate habet, non esse christianum, anathema sit. Trident. sess. 6, can. 28.

car tout le monde sait que la foi et une véritable foi peut rester dans une âme qui a perdu Dieu et sa grâce par le péché (5). Donc, etc.

2. Mais on n'offre le sacrifice ni pour ceux qui sont engagés dans le schisme ou dans l'hérésie, ni pour ceux que l'Eglise a retranchés de son sein par le glaive de l'excommunication. C'est que le premier effet de cette formidable censure, telle qu'on la décerne depuis plusieurs siècles, est de priver celui qui en est frappé de tous les suffrages dont le Fils de Dieu a laissé la dispensation à son Eglise. Le nom d'excommunié est même si odieux à cette pieuse mère des fidèles que, quoique le vendredi saint, imitant la charité de son Epoux qui dans ce grand jour pria pour ses ennemis, elle suspende la rigueur de ses propres lois et fasse une mention expresse des juifs, des païens et des hérétiques, elle ne parle pas néanmoins des excommuniés.

C'est de ces principes que Suarez, le père Alexandre (6) et une infinité d'autres concluent qu'un prêtre qui appliquerait à un excommunié les prières qui se font au nom de l'Eglise, pécherait mortellement, parce qu'il violerait une loi importante en elle-même et pour ses suites. Navarre et Besombes, prêtre de la doctrine chrétienne (7), ajoutent qu'il encourrait l'excommunication mineure, si la censure de celui pour qui il oserait prier avait été dénoncée.

Nous supposons ici que les excommuniés tolérés ne peuvent se prévaloir de la bulle *Ad evitanda scandala.* C'est en effet le sentiment le plus probable, et il est suivi par Suarez, par Covarruvias, par Bellarmin, par Avila, par Habert et par un grand nombre d'autres. On peut les consulter ou recourir à ce que j'en ai dit dans mon traité des Censures (8).

3. Mais, et c'est un adoucissement à la sévérité de la loi, un prêtre peut en son propre et privé nom prier au *Memento* ou ailleurs pour les excommuniés même dénoncés. A Dieu ne plaise, dit saint Bernard (9), que nous cessions de prier pour des personnes qui ont un si grand besoin de nos prières! S'il ne nous est pas permis de le faire d'une manière publique, il sera toujours permis à notre cœur de le faire par ses gémissements et par ses soupirs.

4. **Règle IIe.** Quoique les catéchumènes et les infidèles n'aient pas droit au sacrifice, on peut cependant l'offrir pour eux.

(6) Suarez, disp. 9, sect 1, n. 4; Nat. Alexand. tom. I, pag. 671.
(7) Navar. cap. 17, num. 36; Besombes. *Moral. Christ.* tom. V, pag. 184.
(8) *Contin. Theol. Tournel.*, tom. IV, part. II, q. I, art. 3, sect. I.
(9) In quanto periculo sunt pro quibus Ecclesia palam orare non audet, quæ fidenter etiam pro judæis, pro hæreticis, pro gentibus orat? cum enim in Parasceve nominatim oretur pro quibuslibet malis, nulla tamen mentio fit de excommunicatis. Absit tamen ut etiam pro talibus, etsi palam non præsumimus, vel in cordibus nostris orare cessemus S. Bernard., *de Gradu humil.*, cap. 22.

Qu'ils n'y aient pas droit, c'est un principe avoué : le sacrifice a été laissé par Jésus-Christ à sa famille qui est l'Eglise, et il n'a été laissé qu'à elle ; et c'est pour cela que dans la Liturgie il s'appelle l'oblation de la famille de Jésus-Christ. Or les catéchumènes mêmes n'en sont pas, parce que pour appartenir à une famille il faut y être né, et que le baptême est la seule voie par laquelle on puisse y naître. Ce motif, dont la discussion appartient au traité de l'Eglise, est encore plus décisif contre les infidèles.

Qu'on puisse cependant offrir le sacrifice, et pour les infidèles et pour les catéchumènes, c'est ce qui paraît, 1° par l'ancienne loi, où l'on voit assez souvent (1) des hosties offertes pour les gentils, par exemple, pour Darius et ses enfants, pour Héliodore, etc. ; 2° par l'avertissement que saint Paul donne à Timothée (2) de prier instamment pour les rois et pour tous ceux qui sont dans un haut rang. Car il est sûr d'un côté que du temps de saint Paul les princes n'étaient que de malheureux idolâtres, et il est sûr de l'autre que la plupart des Pères ont compris le sacrifice sous le nom des prières recommandées par ce grand apôtre. *Nous sacrifions pour le salut de l'empereur,* disait Tertullien (3). Il faut offrir pour un prince païen, dit saint Chrysostome (4). *Nous vous prions, Seigneur,* dit la Liturgie attribuée aux apôtres (5), *nous vous prions pour votre sainte Eglise..., pour tout l'épiscopat..., pour le roi, pour ceux qui sont dans les premières places, pour les armées,* etc. 3° Rien de plus juste que d'offrir le sacrifice de paix pour la paix et pour la multiplication de la famille de l'Homme-Dieu. Or on l'offre à cette double fin quand on l'offre pour les méchants princes. On prie la souveraine majesté, ou d'en faire des Constantin qui embrassent la foi, ou du moins d'en faire des Marc-Aurèle qui protègent ceux qui l'ont embrassée. Après tout, le sacrifice de l'autel est, quant à la substance, le même que celui de la croix, et il ne diffère de celui-ci que dans la manière de l'oblation. Puis donc que le sacrifice de la croix a été offert pour le monde entier, quoique ce monde, comme ennemi de Dieu, n'y eût aucun droit, pourquoi exclurions nous du sacrifice de la messe des malheureux qui en ont un si grand besoin ?

Les deux règles que nous venons de proposer regardent les vivants ; en voici trois qui regardent les morts.

5. *Règle* 1ʳᵉ. On ne doit ni on ne peut offrir le sacrifice de la messe pour les réprouvés. La raison est également courte et terrible : c'est qu'il n'y a point de rédemption pour l'enfer ni pour ses habitants, et que, selon saint Augustin (6), on ne prie pas plus pour eux que pour les démons dont ils partagent le feu et les tourments. Il est vrai que le saint docteur semble n'improuver pas absolument l'opinion de certains origénistes mitigés qui, quoique convaincus de l'éternité des peines de l'enfer, croyaient qu'elles peuvent être adoucies par le suffrage des fidèles, et que c'est en ce sens qu'il est dit dans l'Ecriture (7) que Dieu dans sa colère même se souvient de ses miséricordes. Il est encore vrai que ce sentiment n'a pas déplu à saint Antonin, à Vincent de Beauvais et au célèbre Gerson (8). Mais il est vrai aussi que saint Augustin ne l'a jamais admis, et que l'Ange de l'Ecole, qui ne censure qu'avec précaution, l'a traité d'opinion téméraire, vaine, contraire au commun enseignement des saints Pères, destituée de fondement et même déraisonnable (9). En effet, il y a surtout deux choses qui font contre : l'une, que les peines diminuant peu à peu à proportion des suffrages, peu à peu elles se réduiraient à rien, surtout à l'égard de ceux qui n'auraient mérité l'enfer que par un ou deux péchés mortels ; l'autre, que dans ce système l'Eglise aurait tort de défendre à ses enfants de prier pour les damnés : car pourquoi refuser impitoyablement au mauvais riche une goutte d'eau, quand on peut, sans qu'il en coûte beaucoup, lui en procurer deux ? Or l'Eglise défend ce genre de prières et par ses conciles (10), et par sa pratique aussi constante qu'uniforme (11).

6. *Règle* 11ᵉ. Le sacrifice de la messe, ainsi que les autres suffrages de l'Eglise, s'offre utilement pour les âmes des justes, à qui reste quelque chose à expier après la mort.

Nous ne prouverons pas au long cette vérité, que tous nos controversistes ont traitée avec étendue. Il nous suffira de dire que la prière pour les morts est très-formellement établie dans le second livre des Machabées, où le pieux et vaillant défenseur du

---

(1) I Esdræ vi, 2 ; Machab. i.
(2) Obsecro igitur fieri obsecrationes, orationes... pro regibus et omnibus qui in sublimitate sunt. I *Timoth.* ii.
(3) Sacrificamus pro salute imperatoris. Tertul. lib. *ad Scapulam.*
(4) Chrysost., homil. 6 *in Epist. ad Tim.* Il paraît par quelques autres endroits que saint Chrysostome n'offrait point le sacrifice pour les catéchumènes ; mais il est sûr que saint Ambroise l'offrit pour le jeune Valentinien.
(5) Etiam rogamus te, Domine, pro sancta tua Ecclesia, pro omni episcopatu, pro rege et pro iis qui sunt in sublimitate constituti, proque omni exercitu. *Constit. apost.* lib. viii, cap. 18.
(6) Nunquid pro talium *in peccato* defunctorum spiritibus orat Ecclesia ? Quid ita, nisi quia jam in parte diaboli computantur ? August. l. xxi *de Civit. Dei,* c. xxiv.
(7) Frustra nonnulli, imo quamplurimi æternam damnatorum pœnam et cruciatus sine intermissione perpetuos humano miserantur affectu : atque ita futurum esse non credunt, non quidem Scripturis divinis adversando, sed pro suo motu dura quæque molliendo. Non enim, inquiunt obliviscetur misereri Deus, aut continebit in ira sua mise rationes suas. Aug. *Enchir.* cap. 112.
(8) Antonin., part. i Chron. tit. 7, c. 3, § 2 ; Vincent. Bellov. *Spec. histor.* l. x, c. 68 ; Gerso, Serm. *ad reg. Franciæ pro pace,* consid. 4.
(9) Est prædicta opinio præsumptuosa, utpote sanctorum dictis contraria, et vana, nulla auctoritate fulta, et irrationabilis. D. Thom. in iv Sentent., dist. 14, q. 2, art. 2.
(10) Si inventus fuerit quis furtum aut rapinam exercere, et in ipso diabolico actu mortem mereatur incurrere, nullus pro eo præsumat orare, aut eleemosynam dare ; et eleemosyna pro eo data in memoriam nec clericorum, nec pauperum veniat, sed exsecrabilis sordescat. Conc. Tribur. can. 31.
(11) Noli credere, nec dicere, nec docere, sacrificium christianorum pro iis qui non baptizati de corpore exierint, offerendum, si vis esse catholicus. S. Aug. lib. iii de *Origine animæ,* cap. 12.

peuple de Dieu envoya à Jérusalem douze mille drachmes pour le repos de ceux qui étaient morts en combattant (1). Je sais que les protestants ont retranché du Canon des divines Ecritures les deux livres des Machabées. Il le fallait bien, puisque l'on y trouve un purgatoire, et que ces messieurs n'en veulent point ; mais ils ne peuvent nier que l'auteur de cet ouvrage ne mérite autant de foi quand il avance un fait public et qu'il n'avait aucun intérêt d'imaginer, qu'en méritent Josèphe, Salluste, Tacite et les autres historiens, quand ils écrivent ce qui s'est passé sous leurs yeux, ou qu'ils nous instruisent des cérémonies qui se pratiquaient de leur temps.

D'ailleurs, il est de règle chez saint Augustin (2), qu'on regarde comme d'institution apostolique ce qui s'observe dans toute l'Eglise de Jésus-Christ, sans qu'on puisse en trouver l'époque, ni dans les conciles, ni dans aucune loi postérieure au temps des apôtres. Or les prétendus réformés auront beau se mettre l'esprit à la torture, ils ne trouveront certainement, ni synode, ni concile, ni rien de semblable, qui ait introduit une nouvelle loi d'offrir la victime de propitiation pour le repos des fidèles, et cependant ils en trouveront l'usage en pleine vigueur dès les plus beaux jours de l'Eglise. Saint Augustin, saint Chrysostome, Eusèbe de Césarée, saint Cyprien, Tertullien et tous ceux qui ont eu occasion d'en dire un mot, en parleront comme d'une coutume inviolablement observée dans le christianisme. Si Ærius, ou quelque autre de même trempe, ose s'élever contre, tout l'univers criera au novateur. Saint Augustin, saint Epiphane, saint Jean de Damas se hâteront de lui porter les premiers coups, et ils enseveliront son erreur avec lui. Concluons donc que la foi de l'Eglise d'aujourd'hui est la foi de tous les temps, et que dès lors ce ne peut être que celle de l'Evangile.

7. Mais pourrait-on nous dire si les âmes qui dans l'autre vie expient leurs péchés sont soulagées par les prières de l'Eglise, et surtout par l'oblation du sacrifice, il faut, eu égard au nombre prodigieux de messes qui se disent du matin au soir dans toutes les parties du monde, que le purgatoire soit évacué tous les jours : car enfin chaque sacrifice doit diminuer une partie de leurs peines, et celles-ci, puisque elles sont finies selon la nature du sujet qui les souffre, peuvent-elles tenir une semaine contre des secours aussi efficaces qu'ils sont multipliés? Pourquoi donc des anniversaires, et, qui plus est, des fondations à perpétuité ?

Un grand nombre de savants théologiens croient avec Sylvius (3) que, quoique la messe soit d'une dignité infinie quant à la substance et au principal sacrificateur qui est Jésus-Christ, elle n'est cependant que d'une vertu limitée quant à ses effets, 1° parce que le sacrifice de l'autel n'a été établi que comme un instrument pour nous appliquer la vertu du sacrifice de la croix, et que les instruments ne produisent que des effets finis ; 2° parce que le sacrifice même de la croix n'a eu qu'une efficace limitée, quoique sa force intrinsèque et sa suffisance fût infinie. Ce sentiment, qui est très-reçu, très-commun dans les écoles, lève toute la difficulté. Le Fils de Dieu a voulu que son sacrifice ne produisît qu'un effet borné, parce qu'il a voulu qu'il fût offert fréquemment, et qu'une propitiation aussi abondante qu'elle pouvait l'être, en présentant la facilité de l'indulgence, eût pu ouvrir la porte à l'iniquité.

Ceux qui sont persuadés, pour des raisons que nous avons tâché de développer ailleurs (4), que la vertu agissante du sacrifice est infinie en tout sens, c'est-à-dire, et qu'il produit, comme les sacrements, en chaque sujet tout ce qu'il y peut produire eu égard à ses dispositions, et qu'il n'opère pas moins quand il est appliqué à dix personnes que quand il n'est appliqué qu'à une seule, sont nécessairement obligés de donner une autre solution à la difficulté proposée.

Pignatelli, dans un de ces ouvrages qui sont presque inconnus, et qui renferment d'excellentes choses (5), la leur fournit. Ils pensent donc, avec ce savant et judicieux théologien, qu'il faut diviser en deux classes les âmes justes qui souffrent dans le purgatoire. Il en est qui, détachées du péché, ont obtenu, ou dans le sacrement, ou hors du sacrement, par une contrition parfaite, la rémission de toutes leurs fautes, sans avoir pu y satisfaire d'une manière proportionnée, et celles-ci sont très-aisément délivrées par le sacrifice et par les autres suffrages de l'Eglise. Mais il en est d'autres, et il est bien à craindre que le nombre n'en soit infiniment plus grand, qui, quoique purifiées de tout péché mortel, sont tombées entre les mains du souverain Juge dans le temps qu'elles gardaient une secrète attache à plusieurs imperfections volontaires, en sorte qu'elles sont redevables à la justice de Dieu, et des fautes, et des peines qui y répondent. Or, nous pouvons bien assurer que celles-ci font un long et terrible séjour dans cet étang de feu, dont un ancien (6) nous a fait un portrait si effrayant, et que pour les en délivrer il faut un nombre prodigieux de sacrifices. La raison en est claire, et plût à Dieu qu'elle le fût beaucoup moins ! c'est que le sacrifice, ainsi que les sacrements, n'a un effet infaillible quant à la rémission des peines que lorsqu'il ne trouve point d'obstacles. Or il en trouve partout où il trouve des fautes qui subsistent et n'ont point été pardonnées.

---

(1) Duodecim millia drachmas (id est, teste Menochio, mille et ducenta scuta monetæ romanæ) misit Jerosolymam, offerri pro peccatis mortuorum sacrificium, bene et religiose de resurrectione cogitans... Sancta ergo et salubris est cogitatio pro defunctis exorare, ut a peccatis solvantur. II Machab. xii, 45.

(2) August. lib. iv de Bapt. c. 24.
(3) Sylvius, in iii p., q. 83, art. 1, Quæritur 15
(4) Contin. T urnel, tom. IX.
(5) Mons propitiatorius, lib. v, q. 7, num. 27.
(6) Per fluvium igneum, per vada ferventibus globis horrenda transeunt. Euseb. Emiss. hom. 3 de Epiphan.

Ainsi, comme la peine demeure toujours tant que demeure la faute qui l'a méritée, et que le sacrifice n'est pas établi pour remettre directement les peines dont la cause n'est pas ôtée, il est sûr qu'on ne peut trop multiplier les suffrages pour couper le mal en coupant sa racine. Savoir comment cette racine, qui est le péché, peut enfin être détruite en conséquence des actes d'amour, de patience, de soumission, de reconnaissance même, que produisent ces âmes affligées, c'est une discussion qui n'est pas de notre objet. Peut-être même que c'est un chiffre dont la clef ne se trouve que dans les trésors de Dieu : *Signata sunt hæc in thesauris.*

De ces principes aussi simples qu'ils sont incontestables, on peut conclure, en passant, qu'aux yeux d'une foi éclairée l'attache aux péchés véniels est aussi dangereuse qu'elle est commune parmi ceux mêmes qui font profession de vertu. Enfants des hommes, ne raisonnerons-nous jamais deux minutes de suite sur nos vrais intérêts, nous qui raisonnons à ne point finir sur des bagatelles qui passeront avec nous, et peut-être beaucoup plus tôt!

8. *Règle* IIIe. On ne peut offrir aux saints le sacrifice de la messe, mais on peut l'offrir, soit pour honorer Dieu en eux, soit pour obtenir leur intercession auprès de sa divine majesté, soit pour satisfaire à ce qu'ils doivent à la miséricorde de Dieu, soit même pour leur procurer un certain genre de gloire.

1° On n'offre point le sacrifice aux saints, parce que l'idée du sacrifice emporte celle d'un culte destiné à reconnaître l'indépendant et souverain domaine du Créateur. Or, ce culte de latrie, ce culte suprême ne peut se rendre qu'à Dieu. *Non*, disait saint Augustin (1), *ce n'est pas à Etienne que nous dressons des autels, c'est des reliques d'Etienne que nous faisons un autel à Dieu;* et encore : *qui des fidèles a jamais entendu un prêtre dire dans les saintes prières de la liturgie : Pierre, Paul, Cyprien, je vous offre ce sacrifice?... Ce que nous offrons, nous ne l'offrons qu'à celui qui a couronné les martyrs et non aux martyrs mêmes, quoique nous l'offrions sur leurs monuments* (2). On peut voir sur cette matière le saint concile de Trente (3). Rien de plus aisé que d'en conclure qu'il n'y a que futilité, que vaine et frivole déclamation dans les reproches que nous font à ce sujet les protestants.

2° L'on peut offrir, et l'on offre effectivement le sacrifice à Dieu pour l'honorer dans les saints, et pour obtenir leur intercession par les mérites infinis de celui par lequel ils ont vaincu, et par lequel ils peuvent encore nous apprendre à vaincre. L'Eglise sainte, qui combat sur la terre, est en communion, en société avec l'Eglise qui triomphe dans le ciel. Celle-ci, sûre de son sort, inquiète du nôtre, se réjouit de nos succès; n'est-il pas juste que par un retour de charité, nous la félicitions de son bonheur et de sa gloire? et pouvons-nous mieux le faire qu'en offrant à Dieu la victime qui l'a, ou préservée de la contagion du siècle, ou purifiée des souillures qu'elle a pu y contracter?

Par là nous lui demandons en même temps sa protection. Nous faisons mémoire des saints à l'autel, dit la Liturgie de saint Basile, avec laquelle toutes les autres sont d'accord, afin qu'ils ne cessent jamais d'intercéder pour nous : *Ut assiduas preces pro nobis offerant.* Nous nous souvenons des martyrs dans l'action du sacrifice, dit saint Augustin (4), non pour prier pour eux, mais afin qu'ils prient pour nous.

3° On offre à Dieu, et on offre au nom et de l'aveu des saints, le sacrifice de la messe comme satisfactoire pour eux. Il est vrai qu'il ne reste aux habitants de la sainte Sion ni coulpe ni peine à expier, mais il leur reste, en conséquence des grâces qu'ils ont reçues sur la terre, et de la félicité dont ils jouissent dans le ciel, une dette de reconnaissance, qui s'augmente par les efforts mêmes qu'ils pourraient faire pour s'en acquitter. Or le sacrifice, dont la victime est infinie, acquitte cette dette pour tous ceux qui sont de la famille de Dieu, où les saints figurent d'une manière si distinguée. Ils y ont donc un droit certain, et ils participent à ce genre de satisfaction, parce qu'ils en sont capables.

4° On offre à Dieu le sacrifice pour procurer aux saints, non cette gloire essentielle et primitive qui consiste à voir Dieu et à l'aimer, mais ce genre de gloire accidentelle qui consiste, ou dans l'honneur qu'on leur rend sur la terre, ou dans la joie qu'ils ressentent en voyant ceux auxquels ils s'intéressent, marcher dans les sentiers de la paix, de la vérité, de la justice. Mais quelque grandes, quelque nobles que soient ces idées, qui, développées avec plus d'étendue, mettraient dans un beau jour l'union et les rapports de l'Eglise triomphante avec l'Eglise militante, nous sommes obligés de renvoyer à ceux qui ont traité ce sujet d'une manière plus digne de lui (5).

II. DIFFICULTÉS SUR CEUX POUR QUI L'ON DOIT OFFRIR LE SACRIFICE.

1. *En quel temps les pasteurs sont obligés de célébrer pour leurs peuples.—2. Remarques importantes.—3. Obligations des chanoines par rapport au sacrifice. — 4. Que dire de ceux dont les revenus sont très-médiocres. — 5. Nécessité de célébrer pour les fondateurs. —6. Règles pour les bénéfices simples. — 7. Les supérieurs sont-ils tenus d'offrir le sacrifice pour ceux qui*

---

(1) Non aram fecimus Stephano, sed de reliquiis Stephani, aram Deo. Aug. serm. 318.
(2) Nos martyribus non constituimus templa, sacerdotia, sacrificia... Quis audivit aliquando fidelium stantem sacerdotem ad altare dicere in precibus : Offero tibi sacrificium, Petre, vel Paule, Cypriane? etc. Idem, l. VIII de Cir. c. 27.
(3) Trident., sess 22, cap. 3.
(4) Non sic martyres commemoramus... ut etiam pro iis oremus, sed magis ut orent pro nobis. August. tract. 84 in Joan.
(5) *Vide* Pignatelli, lib. III, q. 8.

sont sous leur conduite. — 8. *Remarques sur l'application de la messe.*

Nous verrons dans le chapitre suivant qu'un prêtre doit célébrer pour ceux dont il reçoit une rétribution (*Voy.* ce chapitre de Collet à l'art. HONORAIRES). Nous allons voir dans celui-ci qu'on se trompe en ne regardant pas comme rétribution ce qui en est une véritable. On voit du premier coup d'œil que la difficulté regarde principalement les pasteurs, soit évêques ou curés, les chanoines, les supérieurs d'ordres et les chapelains. Parlons de chacun d'eux en particulier, et remarquons bien que demander si les recteurs ou ceux qui ont des obligations semblables sont tenus de célébrer en certains jours pour leurs paroissiens, c'est demander si ces jours-là ils peuvent sans injustice appliquer à d'autres le fruit spécial du sacrifice, soit à titre gratuit, soit, ce qui fait la grande tentation, à titre d'honoraire. Sur quoi

1. Je dis d'abord qu'un prêtre doit dire la messe pour son peuple toutes les fois que celui-ci est obligé de l'entendre; d'où il suit que si les jours de fête ou de dimanche il prend des rétributions, il pèche contre la justice et est tenu à restitution. Ce sentiment, qui est celui des meilleurs théologiens, se prouve 1° par l'autorité du concile de Trente, qui déclare (1) que ceux qui ont charge d'âmes sont obligés par le droit divin de connaître leurs ouailles et d'offrir le saint sacrifice pour elles. Or ces paroles ne doivent ni ne peuvent s'entendre d'une application générale, puisque, outre que tous les prêtres sont obligés à celle-ci, il s'agit d'une application qui réponde à cette connaissance spéciale que le pasteur doit avoir de son troupeau.

(1) Cum præcepto divino mandatum sit omnibus quibus animarum cura commissa est oves cognoscere, sacrificium pro his offerre, etc. Trid., sess. 23, cap. 1, *de Reform.*
(2) Merati, part. III, tit. 12, ad num. 5 Gavanti.
(3) Stat. imus quod iis etiam festis diebus quibus populus missae interesse debet, et servilibus operibus vacare potest, omnes animarum curam gerentes missam pro populo celebrare et applicare teneantur. Bened. XIV, 19 Aug. 1744.

Observation du nouvel éditeur.

Benoît XIV a seulement exigé que les curés offrissent le saint sacrifice pour leurs paroissiens les jours auxquels ceux-ci sont obligés d'y assister; ces deux obligations vont de pair, mais peuvent être séparées; elles le sont en effet tous les jours pour les aumôniers de certaines chapelles, et tous les dimanches et les fêtes pour d'autres. Aux uns on demande la célébration de la messe sans leur demander l'application du fruit spécial, les jours mêmes auxquels la communauté ou tous les fidèles sont obligés de l'entendre; aux autres on demande cette application, lors même que personne n'est obligé d'y assister; ce qui a lieu toutes les fois qu'un honoraire est donné à cette fin.

Ainsi, lors de la grande révolution française, l'obligation d'assister à la messe fut supprimée pour un certain nombre de fêtes observées en France comme ailleurs. Le motif de cette suppression n'était pas de décharger les curés de l'application de la messe : comme on ne dit rien là-dessus, comme au contraire l'autorité ecclésiastique voulut expressément que les divins offices continuassent d'être célébrés dans l'intérieur des églises ces jours-là comme auparavant, il s'ensuit qu'on a laissé subsister l'obligation où étaient les curés par rapport à l'application du sacrifice; on n'a d'ailleurs les fidèles à y assister. C'est ainsi qu'il a été répondu de Rome plusieurs fois dans ces dernières années aux consultations des évêques de France. On peut voir dans le Manuel de M. Lequeux sur

Le même sentiment se prouve encore par les déclarations des cardinaux établis par les papes Pie IV, Pie V, et Sixte V, pour interpréter les décrets du concile de Trente en ce qui regarde la discipline et les mœurs. Le point que nous examinons actuellement a été tant de fois décidé par cette fameuse et respectable congrégation, qu'il n'y a que l'avarice ou une prodigieuse insensibilité qui puisse se raidir contre. On voit dans Merati (2) un très-grand nombre de ces sortes de résolutions. Il y en a du 20 août 1628, du 1er septembre 1629, du 13 février 1639, du 21 mars 1643, du 17 juillet 1649, du 7 juin et du 20 décembre 1692, du 31 août 1696, du 14 février 1699, du 5 juin 1700, du 18 novembre 1702, du 31 mars et du 28 juin 1704, du 21 mars 1708 et du 8 février 1716. Et toutes déclarent qu'un curé SIVE HABEAT CONGRUAM, SIVE NON, est obligé à célébrer pour ses paroissiens toutes les fois que ceux-ci sont obligés d'entendre la messe (3), parce que c'est une charge fondée, non sur la suffisance de ses revenus, mais sur la nature de son office; et c'est pour cela, continue Merati, que la sacrée congrégation n'a jamais admis l'excuse de la modicité des revenus.

Or ces décrets, qui par eux-mêmes ont une très-grande autorité (4), en ont encore acquis une nouvelle par l'approbation que le saint-siége y a donnée. L'évêque de Pistoie, qui l'est en même temps de Prato, s'étant adressé à Innocent XII pour mettre un frein salutaire à l'avidité de quelques curés de son diocèse qui ne disaient de messes pour leurs peuples que quand ils n'en avaient point à acquitter pour d'autres, ce sage pontife confirma la décision déjà donnée par le droit canonique les difficultés qu'on oppose à ces réponses.

Mais pour s'y conformer il ne faut plus que savoir quelles étaient, à cette époque, en 1802, dans le lieu où l'on se trouve, les fêtes obligatoires pour les fidèles, quant à l'audition de la messe. Le nombre de ces fêtes n'était pas le même partout. Dans le diocèse de Vienne, en 1702, il y en avait 31 outre celles des patrons et des dimanches; dans celui de Valence, en 1728, 25; dans celui de Viviers, en 1754, 23; dans celui de Saint-Paul-trois-Châteaux, en 1751, 19. Vers la fin du même siècle, les nouveaux Bréviaires en supposaient encore moins. Ils indiquaient, dans le Calendrier, par des lettres majuscules, les fêtes obligatoires pour le peuple. Voilà ce qui peut maintenant servir de règle pour l'application de la messe. Si l'on n'a pas une telle règle, ou si l'on prétend qu'il y a été dérogé pour certaines fêtes supprimées en beaucoup d'endroits, même à Rome, on saura bien aisée de connaître celles qui sont actuellement obligatoires dans cette capitale du monde chrétien. En 1811 et 1812, le Calendrier romain indiquait seulement les suivantes : la Circoncision, l'Épiphanie, la Purification, le 19 mars S. Joseph, l'Annonciation, l'Ascension, la fête du Saint-Sacrement, S. Jean-Baptiste, S Pierre et S. Paul, l'Assomption et la Nativité de Marie, la fête de S. Michel et celle de tous les Saints, la Conception de Marie et la fête de Noël. C'est en tout quinze fêtes outre les dimanches. En France, S. Joseph et S Michel ne paraissent pas avoir été partout des fêtes d'obligation. A Rome on n'observe le jeûne tous les vendredis et samedis de l'Avent; peut-être est-ce à cette condition qu'on l'a supprimée la veille des fêtes qui ne sont plus d'obligation. Quand le 25 mars est le vendredi saint ou le samedi saint, l'obligation de la fête est transférée avec l'office au second lundi après Pâques.

(4) Voyez-en la preuve dans Fagnan, sur le ch. *Quoniam, de Constitut.*, et dans la préface de Garcias, tom. I *de Beneficiis.*

la congrégation du Concile, et déclara le 24 avril 1699, comme elle avait fait le 4 février précédent, que tout curé est obligé en conscience d'appliquer à ses ouailles le sacrifice de la messe les jours de dimanche et de fête, sans pouvoir, ces mêmes jours, recevoir d'honoraire, soit que son bénéfice lui suffise pour vivre, soit qu'il ne lui suffise pas (1).

Après tout, c'est une dernière preuve, qui ferait taire la cupidité, si la cupidité pouvait se taire, l'opinion que nous soutenons est évidemment fondée sur la charité et même sur la justice qu'un pasteur doit à son troupeau. Il est sans doute de l'équité naturelle que, puisqu'il mange le lait de ses brebis, il leur rende le spirituel pour le temporel qu'il reçoit d'elles. Si ces brebis maigres et décharnées lui donnent moins que celles d'un canton plus fertile ne donnent à son voisin, ce n'est pas leur faute, et quand cela serait, moins elles seraient équitables, plus elles auraient besoin de prières. Ce sentiment est suivi par Fagnan, par Barbosa, par Leuren, par Reiffenstuel et par plusieurs autres que cite Mérati. Il est enseigné par Pontas (2), et chez lui par Sylvius, Diana, etc. Enfin notre saint-père Benoît XIV l'a confirmé par sa bulle du 19 août 1744. C'en est plus qu'il ne faut pour ceux qui ont le cœur droit ; ceux qui prennent leur parti tête baissée ne se rendraient pas à une plus longue induction.

2. Ce que nous venons de dire doit, selon la même congrégation, s'entendre du curé qui serait amovible comme de celui qui est perpétuel, du régulier comme du séculier, de celui qui, comme il arrive souvent dans des collégiales où il y a des cures desservies par les chanoines, serait obligé un jour de fête ou de dimanche à dire la messe du chapitre ; car s'il est en même temps chargé de la paroisse, il faut qu'il applique la messe *conventuelle* aux bienfaiteurs, et qu'il fasse à ses dépens célébrer la messe paroissiale pour les habitants du lieu (3). Merati croit pourtant qu'il peut la transférer à un jour où il sera libre ; mais il me semble qu'on ne doit permettre ces sortes de translations que lorsqu'on ne peut faire autrement. Le peuple profite toujours plus d'une messe qui se dit pour lui, quand il y assiste que quand il n'y assiste pas. Il faut cependant avouer que Benoît XIV a permis d'autoriser les pauvres curés à recevoir un honoraire les dimanches et fêtes, pourvu qu'ils remplacent pendant le cours de la semaine les messes qu'ils auront manqué d'acquitter ces saints jours (4).

Mais un curé n'est-il jamais obligé à célébrer pour ses paroissiens plus souvent que les dimanches et les fêtes ?

Il y a des diocèses, comme celui de Milan depuis le temps de saint Charles Borromée, où les recteurs sont obligés de célébrer trois fois dans le cours de la semaine. Mais nous ne croyons pas qu'ils soient alors tenus par justice à célébrer pour leur paroisse, à moins que le revenu de leur bénéfice ne soit, je ne dis pas très-abondant, mais très-honnête, et, toutes choses pesées, très-suffisant pour leur entretien. C'est ainsi que l'a décidé la sacrée congrégation. Et cela paraît bien juste aux yeux de la religion. Pourquoi recevoir un nouvel honoraire d'un peuple qui pourvoit au delà du nécessaire à tous vos besoins ? Ou, ce qui revient au même, pourquoi ne pas tout donner à une paroisse qui ne vous laisse manquer de rien (5) ?

Si cependant un pasteur est obligé par un titre inhérent à son bénéfice, d'appliquer quelques-unes de ses messes à des particuliers, soit pour un anniversaire fondé, soit pour un enterrement, il n'est pas tenu de faire suppléer celles qu'il n'a pu dire ces jours-là pour tout son troupeau. On n'a rien à se reprocher quand on acquitte les charges de son bénéfice ; d'ailleurs il est juste qu'il y ait de la part de tous les citoyens une cession de droit, de laquelle chacun puisse profiter à son tour. Je parle ici selon le sentiment le plus commun : quelque persuadé que je sois que le sacrifice offert pour l'âme d'un particulier ne sert pas moins au reste de la paroisse que s'il était offert sans application personnelle, je n'oserais m'en faire une règle de conduite.

Ce que nous venons de dire des curés, Antoine Naldi et plusieurs autres cités par Merati l'étendent au souverain pontife pour toute l'Eglise, aux évêques pour leurs diocèses, aux prélats réguliers pour ceux que la Providence a commis à leurs soins. L'article des réguliers souffre cependant des difficultés particulières, et comme l'un d'eux, dont j'honore profondément la vertu, a souhaité que je l'examinasse avec quelque soin, j'en parlerai plus bas. Disons auparavant un mot des chanoines et des autres bénéficiers d'un rang inférieur.

3. A l'égard des chanoines dont l'emploi, quand on l'examine au poids du sanctuaire, est aussi terrible qu'il est ambitionné, il est constant qu'ils sont très-étroitement obligés à dire tous les jours la messe du chœur pour les bienfaiteurs, et qu'ainsi ils ne peuvent recevoir des fidèles l'aumône que ceux-ci ont coutume de donner afin qu'on offre la messe pour eux. La congrégation du Concile l'a déclaré vingt fois, et souvent pour des chapitres dont les prébendes étaient si modiques, qu'il y en avait qui ne produisaient pas plus de dix, trente ou quarante écus. Il y a de l'apparence qu'il s'agit ici d'écus romains ; mais dix de ceux-ci ne font pas vingt des nôtres, et c'est toujours bien peu.

Il est sûr encore que quand un chapitre a charge d'âmes et qu'il l'exerce par un ou

---

(1) Ce décret d'Innocent XII est rapporté tout au long par Merati dans l'end oit que je viens de citer.
(2) Pontas, v° *Curé*, cas 5.
(3) *Voyez* encore Merati, qui rapporte sept ou huit décrets qui ont donné cette décision.
(4) Il faut que l'ordinaire dispense. *Ibid.*

(5) Benoît XIV, fatigué des plaintes qu'on faisait en Italie contre la prétendue dureté de ce dernier décret, l'a révoqué en 1744. Mais comme il n'a ni pu ni voulu changer l'essence des choses, reste à savoir si ce qui était de droit naturel avant son pontificat n'en est pas encore aujourd'hui. Bened. XIV, *ibid.*, n. 6.

plusieurs prêtres, soit amovibles, soit ayant la qualité de vicaires perpétuels, il doit avoir soin que ceux-ci célèbrent pour leur troupeau au moins les dimanches et les fêtes, parce qu'un prêtre, même amovible, étant pasteur pour un temps, doit remplir toutes les fonctions qui sont attachées à la charge du pasteur. Et c'est ce qui se fait avec beaucoup d'exactitude dans la capitale du monde chrétien, où l'on marque sur le registre des messes que celles qui ont été dites dans ces saints jours ont été dites à l'intention de la paroisse.

Enfin il est hors de doute et nous l'avons déjà observé, que les chanoines, qui tour à tour font dans leurs églises la fonction de curés, ne peuvent, par l'oblation du même sacrifice, satisfaire à ce qu'ils doivent, et à la paroisse, et aux fondateurs du chapitre. Un chapitre de Viterbe ayant proposé le 31 mars 1718, les doutes suivants : 1° *An parochi cathedralium et collegiatarum, qui sunt primæ dignitatis vel membra earumdem, excusentur ab applicatione sacrificii diebus dominicis et festis, per missam conventualem, quæ in choro quotidie canitur, aut ultra prædictam conventualem prædicti parochi teneantur celebrare et applicare supradictis diebus pro parochianis ?* 2° *An quando per turnum ad supradictos parochos spectat missam conventualem cantare diebus dominicis et festis, teneantur iidem celebrare facere pro parochianis alteram missam propriis sumptibus.* La congrégation, qui est très-laconique dans ses décisions répondit en ces termes : *Ad primum dubium negative quoad primam partem, affirmative quoad secundum* (1). *Ad secundum dubium affirmative*

La raison de ces décisions est évidente : un chapitre qui est chargé d'une cure a deux obligations de justice, l'une par rapport aux fondateurs, l'autre par rapport aux paroissiens ; or un seul payement n'acquitte pas deux dettes. Puis donc que la messe conventuelle est pour les premiers comme la plus noble portion de l'office qu'ils ont fondé, il faut qu'il y en ait une autre pour les paroissiens.

4. Mais quoi ! n'y a-t-il point de ressource pour de pauvres chapitres à qui le laps et le malheur des temps ont enlevé presque tous leurs fonds, et dont tous les membres vivent dans la plus gênante médiocrité ?

Un célèbre docteur de Sorbonne (2), consulté sur un cas pareil, 1° que quelque perte qu'ait fait un chapitre, il ne peut jamais ni omettre la messe conventuelle, qui est la messe de fondation, et qui comme telle lui est intrinsèque, ni priver cette messe à l'intention d'acquitter des fondations particulières ; 2° que si les fonds destinés pour ces dernières fondations sont *péris*, on peut cesser de dire les messes dont ces mêmes fonds étaient l'honoraire ; mais que s'il en reste encore quelque chose, on doit réduire ces messes à un moindre nombre et le régler sur ce que ces fonds peuvent produire ; 3° que cette réduction, ayant pour objet une matière où le public est intéressé, ne peut se faire que par une juridiction publique, c'est-à-dire par l'autorité de l'évêque, ainsi qu'l'a réglé le concile de Trente (3), à moins que le chapitre n'eût ce droit, ou par un privilège particulier, ou par une possession légitime.

J'ajoute que si tous les biens donnés par les fondateurs pour la donation d'un chapitre étaient anéantis, sans qu'il y eût de sa faute, et qu'il n'eût plus pour sa subsistance que les fondations postérieures, il ne faudrait ni oublier les premiers fondateurs, tant parce que le chapitre leur devrait au moins son église que parce qu'ils auraient été l'occasion de tous les biens qui lui ont été faits dans la suite, ni se croire obligé à faire pour eux tout ce qui est porté par le contrat de fondation, parce qu'il est de principe dans les contrats onéreux, que les charges suivent la nature des choses auxquelles elles ont été attachées : *Qui suum*, dit une loi (4), *deplorant patrimonium diminutum, alieno saltem functionis onere liberentur*. Il paraîtrait donc juste alors de substituer, surtout dans le sacrifice, une intention à une autre. Il semble même que si les fonds des derniers bienfaiteurs s'étaient considérablement améliorés, on devrait y avoir un très-grand égard pour la multiplication des messes. Si on les réduit quand les biens périssent, pourquoi n'en pas augmenter le nombre quand la découverte d'une mine, le voisinage d'un nouveau canal, et autres circonstances semblables, leur font passer de beaucoup leur valeur primitive ?

5. Au reste l'obligation de célébrer pour les fondateurs est quelque chose de si sacré, qu'elle est censée stipulée de droit, quand il n'en est pas fait mention dans le contrat d'établissement. De là ce décret émané de la congrégation du Concile : *Canonici, non obstante contraria consuetudine, et quamvis in fundatione non habeant onus celebrandi et applicandi sacrificium, non possunt diebus, quibus per turnum juxta tabellam ecclesiæ missas celebrant, applicare sacrificium pro sibi elargientibus eleemosynas* (5). A quoi, pour finir cette matière, nous joindrons cet autre décret, donné par la congrégation des évêques au sujet du chapitre d'une ancienne cathédrale : *Censuit congregatio canonicos ecclesiæ cathedralis civitatis Castellanæ anniversariæ celebrationi non satis-*

---

(1) Sæpe alias sacra Congregatio censuit parochos teneri pro parochianis sacrificium applicare, atque ea cum distinctione ut, si reditus pingues sint, singulis diebus; si vero tenues, saltem festivis diebus. Idem nunc censet, etc. Apud Reiffenstuel. in tit. *de Celebr. miss.* n. 22.

(2) Fromageau, v° *Messe*, cas 14.

(3) Trid., sess. 18, cap. 4, *de Reform*. Le concile veut que quand on fait des réductions, on n'oublie pas pour cela ceux qui avaient fait les fondations que l'on est obligé de réduire ; « Ita ut eorum semper defunctorum commemoratio fiat, qui pro suarum animarum salute legata ad pios usus reliquerunt. »

(4) Leg. *Hi quos*, 2, cod. *de Alluvionibus*, lib. VII, tit. 41.

(5) Il y a deux décrets là-dessus, l'un du 17 avril 1685, l'autre du 7 février 1604. Tous ces décrets sont dans Merati, part. II, tit. 12.

facere celebratione missæ conventualis. In missa vero quam iidem canonici celebrant in aurora, si non habeant onus illam celebrandi ratione canonicatus, legati Capellaniæ et Salarii, posse manualem eleemosynam recipere, et pro ea sacrificium missæ applicare. Benoît XIV ajoute que quand un chapitre il y a deux ou trois messes conventuelles, on ne doit que la première aux bienfaiteurs, à moins que la coutume n'ait réglé le contraire. *Ibid.*, n. 22.

6. Pour ce qui est de ceux qui ont des prieurés simples, des chapelles et autres semblables bénéfices, qui demandent un certain nombre de messes par semaine, par mois ou par année, ils doivent, autant qu'il est moralement possible, suivre à la lettre toutes les clauses portées par le titre de fondation, soit pour le jour, l'heure et le lieu, soit plus encore pour le nombre, qui est la partie la plus intéressante. Si quelque changement survenu dans la substance ou dans les circonstances des choses ne leur permet pas de s'y conformer, ils doivent avoir recours à l'évêque, et surtout ne s'ingérer jamais de réduire les messes de leur propre autorité. Ils ne le peuvent en conscience, ainsi que l'observe Pontas (1), et tout ce qu'ils feraient de contraire étant nul de plein droit, ne pourrait les décharger.

Comme nous avons développé ailleurs une partie des difficultés qui peuvent survenir dans cette matière, nous n'en proposerons qu'une ici. Elle regarde les bénéficiers et ceux qui ne le sont pas. On demande si, lorsqu'un ecclésiastique est obligé en faveur d'une fondation ou de tout autre contrat à dire la messe dans un lieu libre ou prescrit, sans qu'il soit stipulé qu'il la dira pour ses auteurs, il peut recevoir une rétribution manuelle pour l'appliquer à Pierre ou à Paul ?

Gavantus (2), qui se propose cette difficulté, y répond qu'un prêtre ne peut en ce cas recevoir d'honoraire, et que cela fut ainsi décidé sous Urbain VIII par la congrégation du Concile. Mais il ajoute que la même congrégation déclara, le 13 juillet 1640, qu'un bénéficier peut recevoir une nouvelle rétribution, lorsqu'il est EXPRESSÉMENT marqué dans l'acte de fondation qu'il ne sera pas tenu de célébrer pour ceux qui l'ont faite, et qu'ainsi par un seul sacrifice il acquitte deux obligations, celle de dire la messe et celle de la dire pour ceux qui lui en donnent l'honoraire.

De là il conclut que les aumôniers des religieuses, et ceux principalement dont les appointements ne suffisent pas, peuvent de leur consentement formel recevoir des honoraires, soit des étrangers, soit même des particuliers de la maison où ils célèbrent.

Merati confirme cette résolution par un autre décret de la même congrégation, qui régla, le 13 avril 1628, que six chapelains à qui un abbé de l'ordre de Saint-Benoît donnait chaque mois une certaine quantité de blé, sans les obliger à aucune obligation particulière, pouvaient de son consentement appliquer leurs messes pour ceux qui leur feraient l'aumône ordinaire : POSSE DE CONSENSU ABBATIS *applicare sacrificium pro iis a quibus ipsi recipiebant stipendium.* D'où il suit que sans le consentement du même abbé ils ne l'auraient pu faire. Pontas, qui est du même avis (3), en rend cette raison d'après Cabassut (4), que dans les causes obscures ou douteuses il faut se conformer à ce qui se pratique le plus ordinairement, et faire ce qu'il est le plus vraisemblable qu'on a exigé de nous, selon cette règle du droit civil, que Boniface VIII a si justement adoptée : *Inspicimus in obscuris quod est verisimilius, vel quod plerumque fieri consuevit* (5). Or il est bien plus probable que le fondateur n'a pas doté une chapelle à charge de messes, pour qu'on le laissât de côté et qu'on priât pour d'autres. Ce serait supposer en lui un désintéressement dont il n'y a peut-être point d'exemples.

Ce que nous avons dit au chapitre XI (*Voy.* au Supplément, art. CÉLÉBRATION, ce chapitre de Collet), qu'un prêtre obligé à célébrer tous les jours n'est pas tenu à faire suppléer les messes qu'il omet quelquefois, soit pour ne pas accabler sa piété, soit pour cause de maladie, n'a pas lieu pour le premier de ces deux cas dans les bénéficiers qui ne doivent que cinq ou six messes par semaine. Ceux-ci ont un jour où, à l'exemple de dom Barthélemy des Martyrs, ils peuvent, en se servant un peu des embrassements de l'Epoux, s'en rendre plus dignes. Ce jour suffit, comme l'a remarqué Cabassut, et par conséquent le surplus serait à leur charge. Pour ce qui est du cas de maladie, je n'oserais, non plus que ce théologien, l'étendre à plus de quinze jours

Au reste, et ce sera si l'on veut une digression, je n'ai pu encore comprendre sur quoi fondés quelques-uns de ceux qui acquittent pour un bénéficier simple les messes qu'il ne peut acquitter, exigent de lui une rétribution plus forte que celle qui est réglée par la loi du diocèse. Qu'ils en agissent ainsi, lorsqu'ils sont obligés été et hiver à se transporter à une chapelle éloignée, cela est dans l'ordre : c'est ce qu'on appelle un travail extrinsèque, et s'il est estimable à prix pour un artisan, il doit l'être pour un prêtre. Je leur passerai même quelque chose au-dessus de la taxe ordinaire, lorsque accablés de messes, ils ne donnent à l'étranger la préférence qu'aux dépens du voisin et de l'ami. Mais que, célébrant à leur porte et manquant de messes comme les trois quarts de leur pays, ils vous *salent un pauvre chrétien* (c'est leur mot, et je permets qu'on le trouve ridicule) ; qu'ils le pompent, parce qu'il a besoin d'eux, c'est

---

(1) Pontas, v° *Messe*, cas 33.
(2) Gavantus, part. III, tit. 12, édit. Paris. an. 1642, p. 221 Je cite cette édition, parce que ce texte manque dans la première et dans la seconde édition de Gavantus.

(3) Pontas, v° *Bénéficier*, cas 5.
(4) Cabassut, *Theol. et prax.* lib. II, cap. 28, n. 8. La citation de Pontas est fausse.
(5) Reg. 55 Juris, in 6.

vendre un terrain au-dessus de son plus haut prix, parce que l'acheteur ne peut s'en passer. Au reste, quand la vexation est portée à un certain point, je ne vois pas ce qui empêcherait l'évêque de faire acquitter les fondations dans sa cathédrale ou ailleurs. Elles le seront toujours très-mal, quand elles le seront par des ministres plus dévoués à l'intérêt qu'à la justice.

7. Il ne nous reste plus qu'à examiner ce que doivent, en genre de messes, les prélats réguliers à ceux que Dieu a mis sous leur conduite.

On sent d'abord qu'il ne peut être question de savoir si un supérieur doit prier et à la messe et en toute autre occasion pour ses frères. Il y a sans doute entre le chef et les membres un rapport mutuel qui les oblige à se secourir de toutes leurs forces; on peut même dire, dans un sens très-vrai et trop vrai, que les enfants doivent plus à leur père parce que ses besoins sont plus grands. Chaque religieux ne répond que de soi, et pourvu qu'il sache obéir avec simplicité, lors même qu'on lui commande par un principe de dureté et de mauvaise humeur, il peut compter que tout va bien pour lui. Le prélat au contraire est chargé de son âme, qui souvent serait déjà de trop, et de l'âme de tous ses inférieurs. Toute brebis qui périra dans son troupeau périra à ses frais; son sang lui sera redemandé : *Sanguinem vero ejus de manu tua requiram* (1). L'humble et le petit se sauveront dans les trous de la pierre. Les grands, ou, pour parler plus juste, ceux qui se sont imaginé l'être, n'en seront pas quittes à si bon compte : ce qu'il y a de dur, de sévère dans la loi, semble avoir été fait pour eux. *Horrende et cito apparebit vobis, quoniam judicium durissimum his qui præsunt fiet. Exiguo enim conceditur misericordia; potentes autem potenter tormenta patientur* (2). Ainsi c'était d'une obéissance mêlée de tendresse, d'inquiétude et de prière, que le saint apôtre disait : *Obedite præpositis vestris, et subjacete eis; ipsi enim pervigilant, quasi rationem pro animabus vestris reddituri* (3).

En supposant donc cette obligation générale d'un secours mutuel, toute la difficulté se réduit à savoir si un supérieur est obligé à prier pour ses confrères, comme un curé pour ses paroissiens ; en sorte que s'il célèbre pour d'autres, soit à titre gratuit, soit à titre onéreux, il soit censé manquer à un devoir de justice.

Merati, après avoir prouvé par vingt décisions de la sacrée Congrégation, qu'un curé doit célébrer dimanches et fêtes pour son peuple, cite plusieurs théologiens qui, selon lui, raisonnent des prélats réguliers comme des curés. Le premier est Antoine Naldi (4), dont il rapporte ces paroles : *Revera non magis debet de jure divino obligari parochus in hoc pro suis ovibus, quam prælatus regularis pro suis subditis, episcopus pro sua diœcesi, atque etiam summus pontifex pro universali Ecclesia, in quibus proportionaliter esset dicendum quod de parocho.*

Le second est Suarez, qui compare en tout le supérieur au curé : *Superior religionis*, ce sont ses termes (5), *subit in omnibus munus parochi respectu suorum subditorum, altiori et perfectiori modo.* Il dit quelque chose de semblable dans son traité de la Religion (6). Voici ses paroles, mais qui n'ont point de rapport particulier à la célébration du sacrifice : *Hæc autem jura generaliter loquuntur de omnibus dignitatibus ecclesiasticis habentibus curam animarum annexam, sub quibus sine dubio comprehenduntur etiam prælationes regulares; magnam enim sine dubio habent curam animarum ordinariam, et ex officio vere prælationes et dignitates ecclesiasticæ sunt.*

Le troisième est Tamburini (7), dans son excellent ouvrage sur le droit des abbés. Son texte paraît formel. Le voici : *Si sermo erit de abbate prout prælati personam gerit, dico præcepto divino teneri sacrificium offerre pro ovibus suis; quia, ut ait sanctus Paulus (Hebr. v), omnis pontifex ex hominibus assumplus, etc. Ex quo sequitur, cum præcepta affirmativa obligent data opportunitate, ex sancto Thoma 2-2, q. 33, art. 2, teneri abbatem celebrare pro ovibus suis juxta opportunitatem; quibus autem diebus, et an quotidie teneatur celebrare, nullam invenio determinationem : hoc unum scio, quod abbas tenetur de levissima culpa, etc.*

Le quatrième, car il y en a que je ne puis vérifier, est Van-Espen (8), qui dit que les abbés réguliers et les prieurs conventuels doivent être prêtres, parce que les uns et les autres ont charge d'âmes, et qu'ainsi cette dignité est mise au nombre des bénéfices-cures. *Quod de abbatibus hic statuitur (eos nimirum presbyteros esse debere juxta hodiernam disciplinam), idem quoque in priore conventuali eadem ratione obtinere receptum est, ut pote cui non minus quam abbati cura animarum imminet; atque ita beneficiis curatis annumeratur, quæ presbyteratum requirere nullus ambigit.* Voilà tout ce que je trouve dans ce fameux canoniste qui ait rapport à la question présente ; car la citation de Merati n'est pas tout à fait exacte.

On ne peut guère prendre de ces auteurs que le principe par lequel ils comparent les prélats réguliers aux curés : car Suarez, par exemple, qui n'avait point vu les décrets des congrégations romaines, prétend qu'un curé n'est obligé de célébrer pour ses paroissiens que selon la coutume des lieux, ou selon le jugement, soit de l'évêque, soit de sa propre prudence. Mais le principe étant admis, la conséquence va de suite. Si le supérieur subit en tout les charges de curé, il doit célébrer pour ses frères comme un

---

(1) *Ezech.* III, 18 et 20.
(2) *Sap.* VI, 6 et 7.
(3) *Hebr.* XIII, 17.
(4) Naldus, v° *Parochus*, num. 19.
(5) Suarez, in III p., disp. 80, sect. 1.
(6) Idem, tom. IV, *de Relig.*, tract. 8, lib. I, c. 1, num. 7.
(7) Tamburinus, *de Jure abbat.*, tom. II, disp. 5, q. 1.
(8) Van-Espen, *Jus eccl. univ.*, tom. I, part. II, tit. 35 num. 8 et 9.

curé pour ses paroissiens. Or celui-ci doit célébrer pour eux au moins les dimanches et les fêtes ; il en sera donc de même du supérieur.

Cependant je doute, et j'ai raison de douter, que la pratique y soit conforme. Y aurait-il donc sur ce point un abus presque universel auquel il fallût remédier ? C'est sur quoi, puisqu'on le veut ainsi, je vais dire mon sentiment, en le soumettant de grand cœur au jugement de ceux qui doivent être plus instruits, que je ne le puis être sur ces matières.

Je crois donc que dans les communautés telles qu'elles sont aujourd'hui, il faut distinguer deux sortes de supérieurs : il y en a qui n'ont point d'autre privilége que celui de se trouver les premiers à tous les exercices, de souffrir la bizarrerie et la mauvaise humeur de leurs frères, de les remplacer dans leurs offices, quand une maladie ou réelle ou de commande ne leur permet pas de les remplir ; en un mot, dont la supériorité bien évaluée consiste dans une vraie et parfaite dépendance.

Il y en a au contraire qui ont leur mense et leur quartier à part ; et ceux-ci, quant à l'usage, ne diffèrent en rien des bénéficiers séculiers.

Cela posé, je croirais volontiers que les supérieurs du premier genre ne doivent pas plus à leurs frères que leurs frères ne leur doivent ; et cela paraît d'autant plus juste, que communément ils partagent avec eux l'acquit des messes dont la sacristie est chargée. Il est cependant de l'ordre que le supérieur célèbre en certaines occasions nommément pour sa communauté, et sa communauté pour lui, si les besoins et les charges de la maison ne s'y opposent pas.

Pour ce qui est des supérieurs de la seconde classe, qui aux yeux des hommes est éminemment la première, comme c'est leur communauté qui se dépouille jusqu'à un certain point, pour faire en leur faveur ce que font les paroissiens en faveur de leur curé, il me semble qu'ils contractent par rapport à elle les obligations qu'un curé contracte envers ses paroissiens, et qu'ainsi s'ils ont ce que nous appelions ci-dessus, *Beneficium omnibus inspectis sufficientissimum*, ils doivent appliquer une partie de leurs messes pour les fondateurs, s'il n'y est pourvu d'ailleurs, et une partie pour ceux de la conduite desquels ils doivent un jour répondre au tribunal du souverain Juge. Tout ceci est fondé sur ce principe du droit naturel : Où la condition est égale, les obligations doivent être les mêmes.

8. Je finirai ce chapitre par quelques remarques sur l'application des messes : 1° On peut la faire avant que de monter à l'autel, et c'est le parti que propose Benoît XIV ; 2° quelque sentiment qu'on prenne sur l'essence du sacrifice, il faut, pour ne rien risquer, en faire l'application avant que de consacrer : celle qui ne se ferait qu'au *Memento* des morts serait pour le moins très-douteuse ; 3° l'application une fois faite dure toujours, jusqu'à ce qu'elle soit révoquée ; 4° il est cependant bon de la renouveler de temps à autre. Le cardinal Bona croit que le sacrifice profite plus à ceux qui y sont nommément exprimés. J'y consens, mais il faut prendre garde de donner à cette revue des vivants et des morts un temps si long, qu'on ennuie les assistants. 5° Un prêtre en mauvais état applique comme il consacre ; et il consacre validement. La victime, de quelque main qu'elle soit immolée, a toujours son mérite devant Dieu. Mais que celui qui l'offre en mauvais état se prépare un terrible jugement !

SACRISTAIN.

(Cérémonial des évêques, l. 1, c. 6.)

DE L'OFFICE DU SACRISTAIN.

§ I. Avis généraux.

1. Le sacristain doit être prêtre, selon le Cérémonial des évêques, livre 1er, chap. 6, ou au moins dans les ordres sacrés. Il doit y avoir dans les grandes églises quelqu'un qui puisse l'aider.

2. Il doit avoir grand soin que le tabernacle où repose le saint sacrement soit bien propre et bien fermé, et que les lampes soient toujours allumées. Il doit renouveler ou faire renouveler les saintes hosties une fois chaque semaine, selon le Cérémonial et les décisions de la congrégation des Rites. Il doit veiller à ce que tout ce qui sert à l'autel soit d'une grande propreté ; que les saintes huiles, le saint chrême et l'huile des infirmes soient mis dans un lieu assuré, hors du tabernacle, et dans des vases séparés sur lesquels il doit faire mettre des lettres distinctives, de peur qu'on ne les confonde. Chaque année, vers la fête de Pâques, il doit les renouveler, après avoir bien nettoyé les vases et consumé ce qui est resté de l'année précédente, le faisant brûler dans les lampes de l'église devant le saint sacrement, selon le Pontifical, ou bien avec des étoupes ou du coton dont il jette les cendres dans la piscine ; de même il doit avoir grand soin que les reliques des saints soient conservées dans un lieu sûr et convenable.

3. Le sacristain doit renouveler l'eau bénite au moins toutes les semaines. Il en fait la bénédiction dans la sacristie, ayant un surplis et une étole violette, lorsque le prêtre qui célèbre la grand'messe ne la fait pas lui-même. Il doit avoir soin qu'il y en ait toujours dans les endroits où l'on a coutume d'en mettre, particulièrement à l'entrée de l'église et de la sacristie, et que les bénitiers soient propres et bien nets ; quand il renouvelle l'eau bénite, il jette dans la piscine ce qui reste de la première. Les eaux baptismales doivent être dans un lieu convenable et bien fermé où elles puissent être conservées proprement.

4. Il doit y avoir dans la sacristie ou dans un lieu propre et commode une piscine qui soit toujours nette et bien fermée, qui conduise ce qu'on y verse dans une fosse sous terre, comme l'eau qui sert à laver les corporaux, pales et purificatoires, l'ablution du prêtre après avoir touché la sainte hostie

hors de la messe, et même les ablutions de Noël que le prêtre n'aurait pas pu prendre, les cendres bénites et toutes les choses sacrées qu'on aurait brûlées, parce qu'elles auraient été corrompues, ou trop vieilles et trop usées.

5. Le sacristain doit mettre les corporaux, pales et purificatoires dans des endroits séparés des autres linges de l'église ; et lorsqu'ils sont sales, il les lave trois fois avant de les donner à blanchir. Il ne doit pas permettre qu'on se serve de linge et d'ornements déchirés.

6. Il doit y avoir dans la sacristie ou dans quelque autre lieu voisin une fontaine toujours pleine d'eau pour laver les mains, et à côté trois essuie-mains : l'un pour les seuls prêtres avant la messe, le second pour les seuls prêtres après la messe, et le troisième pour les ministres de l'autel ; il faut nettoyer la fontaine au moins deux fois la semaine, et tous les jours les burettes et petits bassins.

7. Le sacristain doit faire en sorte qu'il y ait dans la sacristie quelques prie-dieu, sur lesquels les prêtres puissent se mettre à genoux pour faire leur préparation et leur action de grâces ; il fait mettre dessus des cartes où sont imprimées les prières que les prêtres récitent avant et après la messe ; il met aussi dans un lieu convenable, des brefs ou *Ordo* pour réciter l'office divin et dire la sainte messe.

8. Le sacristain, après avoir lavé ses mains, prépare dès le soir ou de grand matin les ornements de la couleur conforme à l'office du jour pour la célébration des messes basses. Il les doit mettre sur une table couverte d'un tapis, et les disposer dans l'ordre que les prêtres les doivent prendre. Aux jours solennels il donne des ornements plus beaux qu'aux autres jours, selon la qualité des fêtes. Aux jours de féries, et lorsqu'on peut dire la messe des défunts, il prépare quelque ornement noir.

9. Les parements des autels doivent être tous de la couleur conforme à l'office du jour, même aux vigiles et aux Quatre-Temps qui se rencontrent dans les octaves, où les prêtres qui célèbrent les messes basses ont des ornements violets. Si l'on dit ces jours-là une messe solennelle, il met au grand autel un parement violet pour la grand'-messe qui exige cette couleur ; de même quand on célèbre quelque messe votive solennelle, on met un parement d'autel conforme aux ornements des officiers sacrés.

10. Le sacristain donne pour la messe du vin pur et bien conditionné, que l'on ne doit tirer que le matin de la bouteille ou du tonneau ; il met à la burette du vin une marque qui la distingue de celle de l'eau.

11. Le sacristain fait en sorte que les prêtres qui doivent célébrer, viennent dire la messe à l'heure marquée ou convenable ; on ne doit point dire de messe au grand autel quand on chante ou qu'on récite au chœur quelque office, cela étant défendu par la congrégation des Rites.

12. Lorsqu'on lui demande de faire dire des messes, il y satisfait le plus tôt qu'il peut, conformément à l'intention de ceux qui les font dire, mais surtout il doit faire acquitter les messes de fondation à l'autel, au jour et à l'heure qu'elles doivent être dites ; et si la rubrique ne permet pas de les dire aux jours marqués, il les doit faire acquitter quelques jours auparavant. Il doit aussi avoir un registre exact de ces fondations, et même un tableau qui doit être exposé dans la sacristie.

13. Il avertit de bonne heure ceux qui doivent servir les messes basses, et leur marque les autels auxquels ils doivent conduire les prêtres. Il ne souffre pas que des gens immodestes et malpropres les servent ; il aide à habiller et déshabiller les prêtres, et prend garde que les aubes soient assez longues pour couvrir entièrement leurs soutanes, pourvu qu'elles ne traînent pas à terre ; il doit aussi faire attention à ce que les ornements qui sont sur la table de la sacristie ne soient point mêlés, roulés, ou pendant malproprement.

14. Le sacristain doit recevoir avec beaucoup d'honnêteté les prêtres qui veulent célébrer la sainte messe ; mais il ne reçoit aucun inconnu ou passant, sans voir ses lettres et la permission de célébrer dans le diocèse, et s'ils ont une soutane, les cheveux modestes et la tonsure faite ; enfin, il pratiquera à leur égard ce qui est ordonné par l'évêque du lieu. Il est même convenable que dans la sacristie où des religieux et des prêtres passants viennent ordinairement, il y ait quelques paires de pantoufles pour leur présenter avant la messe.

15. Il ne parlera dans la sacristie que dans la nécessité, à voix basse et en peu de paroles, ainsi que dans l'église, et il doit empêcher que d'autres n'y parlent. S'il remarque qu'on y soit immodeste, il en avertira avec beaucoup de douceur, particulièrement pendant les offices qu'on chante au chœur, et lorsque le saint sacrement est exposé ; il doit aussi prier les mères de se retirer lorsque leurs enfants crient dans l'église, comme aussi donner ordre qu'on n'y souffre point de chiens.

16. Après que les messes sont dites, il nettoie les nappes de l'autel, les couvre de leurs tapis et met dessous la carte des secrètes, celle de l'Evangile de saint Jean, et l'autre dite communément *lavabo*. Il ôte les ordures qui pourraient être sur les gradins ou aux environs de l'autel ; il reporte à la sacristie les burettes, les bassins et les essuie-mains, et doit avoir grand soin de fermer les armoires où sont les ornements, l'argenterie, le linge, etc., mais particulièrement le tabernacle, comme aussi les chapelles qui sont environnées de balustres, et les portes de l'église aux heures marquées, faisant auparavant la visite pour voir si quelqu'un n'est pas resté dans l'église.

17. Il fait enfermer en quelque endroit près de l'église les choses qui n'y doivent pas être, comme la représentation pour les services des défunts, les pupitres portatifs et autres choses semblables, ainsi que les ba-

lais, et autres choses qui servent à nettoyer l'église et la sacristie. Il fait balayer au moins une fois chaque semaine l'église avec les chapelles, prenant pour cela le temps de l'après-midi; il ôte ou fait ôter les ordures ou araignées qui sont aux environs des images ou tableaux avec un balai de plumes; deux fois par an au moins il fait nettoyer l'église depuis le haut jusqu'en bas; il ouvre aussi de temps en temps les fenêtres de l'église et celles de la sacristie.

18. Il visitera souvent les choses les plus précieuses qui servent à l'église, dont il aura un mémoire exact, et les renouvellera, si elles ne sont plus en état de servir; il donnera de temps en temps de l'air aux armoires et aux tiroirs, et même il exposera à l'air, dans les temps sereins, les ornements qui ne servent que rarement.

19. Le sacristain doit être fort exact à faire sonner les offices aux heures prescrites, et l'*Angelus* trois fois le jour, le matin, à midi et le soir; il doit aussi faire sonner avant chaque messe basse, si c'est l'usage, et à l'élévation de la grand'messe, selon le Cérémonial (1, 6, 3), afin d'avertir le peuple.

20. Dans les lieux où le sacristain n'est pas dans les ordres sacrés, ou du moins acolyte, il doit se servir de gants pour toucher les vases sacrés, à moins qu'il n'ait la permission de l'évêque pour les toucher à nu.

§ II. *Ce que le sacristain doit faire pour l'ornement de l'autel et de l'église.*

1. Le sacristain doit orner de bonne heure l'autel et l'église, et préparer tout ce qui est nécessaire pour la célébration des offices divins, ayant égard au temps, au lieu et aux personnes, c'est-à-dire à la solennité du jour, à la dignité de l'église et du clergé, et à la qualité des personnes qui officient ou qui assistent aux offices divins, comme l'explique le Cérémonial des évêques, liv. I, c. 12.

2. Il a soin de changer les ornements des autels, selon que le jour et l'office le demandent; lorsque l'office commence par les premières vêpres ou même par le capitule, il doit changer les parements avant les vêpres; mais quand on fait seulement mémoire de la fête dont on doit faire l'office le lendemain, il ne change les parements qu'avant matines. Il est à propos que les parements d'autel soient attachés sur des châssis de bois, afin d'être étendus plus proprement: il prend garde de ne jamais mettre les pieds sur la pierre sacrée, s'il est possible, et quand il a besoin de monter sur l'autel, il doit ôter ses souliers.

3. Le sacristain ayant ôté les parements et les nappes, s'il est nécessaire, nettoie le dessus de l'autel avant d'en mettre d'autres. Il étend sur chaque autel trois nappes bénites qui doivent être de lin ou de chanvre; les deux de dessous peuvent être plus courtes que celle de dessus, qui doit être souvent changée; mais pour celles de dessous, il suffit de les changer trois ou quatre fois l'année, à moins que l'humidité du lieu n'oblige de les changer plus souvent.

4. Il place au milieu de chaque autel une croix avec l'image du crucifix; elle doit y être mise quand même l'image du crucifix serait peinte sur le tableau de l'autel ou sur le tabernacle, ou qu'il y en aurait quelque figure relevée en bosse, et aussi lorsque le saint sacrement est enfermé dans le tabernacle; mais elle ne doit pas y être quand le saint sacrement est exposé, si ce n'est pas l'usage.

5. Il met sur l'autel, aux côtés de la croix, autant de chandeliers avec des cierges de cire blanche, que la solennité de la fête le requiert, prenant garde que les plus hauts soient les plus proches de la croix, et qu'elle soit plus élevée que tous les chandeliers, selon le Cérémonial des évêques, liv. I, chap. 12, n. 11. Aux fêtes de la première et de la seconde classe, et aux dimanches des Rameaux et de Quasimodo, il met six chandeliers, quatre aux dimanches et fêtes, soit doubles, soit semi-doubles, comme aussi aux féries de l'avent, du carême, des Quatre-Temps et des vigiles, et deux seulement aux fêtes simples et aux féries ordinaires, conformément au Cérémonial. (*Ibid.*, n. 24.) Outre les chandeliers de l'autel, il en doit faire attacher un à la muraille du côté de l'Epître pour l'élévation, comme il est marqué dans la rubrique du Missel.

6. Aux fêtes solennelles il peut mettre entre les chandeliers des reliques ou des images des saints (mais non pas de Notre-Seigneur en croix), et des vases avec des fleurs. Il couvre d'un tapis les degrés de l'autel, et met de part et d'autre, en quelque lieu commode qui ne soit pas exposé en vue, une baguette avec sa bougie et un éteignoir pour allumer et éteindre les cierges.

7. Quand on couvre le tabernacle, ce doit être d'un pavillon de même couleur que l'ornement de l'autel (*Cærem.* 1, 12, 13), si ce n'est aux offices des morts; car en ce cas le pavillon doit être violet. Il faut mettre devant le milieu de l'autel où est le saint sacrement au moins une lampe. Elle doit être disposée de telle sorte qu'elle n'incommode ni le célébrant ni les officiers. Le sacristain a soin que toutes les lampes soient bien propres, et s'il y en a plusieurs devant le saint sacrement, qu'une au moins brûle jour et nuit: pour les autres, elles doivent être allumées au moins pendant les vêpres et la messe solennelle, ou plus souvent, selon la coutume des lieux: si on met plusieurs lampes devant le grand autel, elles doivent être en nombre impair.

8. Lorsque la fête de quelque saint titulaire d'un autel arrive, on le doit orner en ce jour mieux qu'à l'ordinaire.

§ III. *Ce que le sacristain doit faire quand il expose les reliques ou les fait voir.*

1. Quand on doit exposer les reliques, le sacristain, s'il est prêtre, prend une étole de la couleur convenable, et fait allumer un cierge ou un flambeau. Après avoir ouvert l'armoire où elles sont, il se met à genoux et fait une courte prière; avant de les prendre il fait une inclination profonde, et les porte au lieu préparé, récitant tout bas le psaume *Laudate Dominum de cœlis*, etc., ou quelque

autre; s il ne les porte pas toutes ensemble, il commence par les plus dignes, ajoutant d'autres psaumes ou hymnes, selon la longueur du chemin : après les avoir exposées au lieu destiné, il fait la révérence convenable à l'autel. Il doit y avoir continuellement deux cierges allumés. (*S. C.* 1701.)

2. Quand on expose des reliques hors des autels, et en quelques lieux où il y aurait sujet de craindre qu'elles ne fussent pas en sûreté, il prie quelque ecclésiastique d'être présent en habit décent : on ne les doit jamais exposer à l'entrée de l'église, mais dans quelque chapelle, ou plutôt sur quelque autel. En les rapportant et les serrant dans leurs armoires, il observe la même chose qu'en les portant sur l'autel; ensuite, ayant fait une courte prière, il fait une inclination profonde, les ferme à clef sans y mettre autre chose.

3. Si l'on doit exposer quelque insigne relique qui soit en très-grande vénération, le sacristain, outre les choses qu'il pratique à l'ordinaire, doit être précédé de deux clercs en surplis qui portent chacun un cierge ou un flambeau, et avoir soin que le lieu où elle doit être exposée soit plus orné que les autres, et qu'il y ait toujours un ou deux ecclésiastiques pour la garder.

4. Quand le sacristain montre les reliques en particulier, il doit avoir un surplis en cas qu'il les doive toucher. Après avoir ouvert les armoires et fait une courte prière, il les salue; ensuite, pour ne les point toucher, il se sert d'une petite baguette avec laquelle il fait connaître de quels saints sont ces reliques, quelle partie du corps, et les autres particularités, et ne permet pas qu'on les touche ni qu'on les baise, à moins qu'elles ne soient enfermées dans un cristal.

§ IV. *Ce que le sacristain doit préparer pour les vêpres solennelles, pour celles du saint sacrement ou pour celles des morts.*

1. Le sacristain doit, avant les vêpres, orner l'autel et l'église, selon que le demande la solennité de la fête; il prépare deux chandeliers et des cierges de cire blanche pour les acolytes, un encensoir et la navette avec de l'encens pour le thuriféraire, et autant de chapes qu'il doit y avoir de chapiers; savoir : six aux fêtes de Noël, de l'Epiphanie, de Pâques, de l'Ascension, de la Pentecôte, du Saint-Sacrement, de saint Pierre et de saint Paul apôtres, de l'Assomption de la sainte Vierge, de la Toussaint, du saint titulaire, de la Dédicace de l'église propre, et du patron principal du lieu; à quoi l'on doit ajouter pour la messe du jeudi et le samedi saints. Il en met quatre aux fêtes qui suivent immédiatement les jours de Noël, de Pâques et de la Pentecôte, comme aussi aux fêtes de la Circoncision, de la Purification, de l'Annonciation, de la Conception et de la Nativité de la sainte Vierge, de la Trinité, de saint Jean-Baptiste, de saint Laurent, et à toutes les fêtes de la seconde classe qui ont une octave; il n'en met que deux aux dimanches et aux doubles-majeurs; les autres jours il n'est pas nécessaire d'avoir des chapes, ni de faire l'encensement à vêpres (*Cœrem. l.* II, *c.* 3, *n.* 17).

2. Il prépare dans la sacristie des surplis bien propres pour l'officiant, les chapiers et autres officiers, et plusieurs autres en nombre suffisant pour tout le clergé. Il dispose de plus la première stalle d'un des côtés du chœur pour l'officiant, c'est à-dire selon la situation ordinaire des chœurs de France, la plus éloignée de l'autel du côté de l'Epître, si c'est le supérieur qui officie; ou celle qui lui correspond du côté de l'Evangile, si c'est quelque autre qui lui soit inférieur; il met un coussin sur son siège, et un tapis sur l'accoudoir ou le banc qui est devant, avec un coussin et un grand Bréviaire ou Diurnal; mais si la coutume ne permet pas de l'orner ainsi, il met au moins un pupitre devant son siège et un Diurnal dessus.

3. Il prépare dans le chœur au devant du lutrin un ou plusieurs bancs couverts de tapis ou bien des escabeaux, selon le nombre des chapiers; il couvre aussi d'un tapis le lutrin, si ce n'est qu'il soit de cuivre ou d'autre matière bien ouvragée : il met ensuite les livres de plain-chant sur les pupitres, si quelque autre n'a ce soin là; enfin il doit faire sonner les vêpres aux heures précises.

4. Outre ce qui a été dit ci-dessus, le sacristain fait, pour les vêpres du saint sacrement, ce qui suit : 1° Il orne l'autel comme en un jour de fête de la première classe, ou de la seconde pour le moins; 2° il ôte la croix de l'autel sur lequel il ne doit point y avoir de tapis; 3° il met au moins six cierges sur l'autel ou un plus grand nombre, s'il se peut; 4° il met sur le tabernacle un petit dais avec un corporal dedans, le disposant de telle façon qu'on y puisse mettre commodément le saint sacrement. Enfin il met au coin de l'Epître sur le pavé un petit escabeau pour celui qui doit poser et ôter le saint sacrement.

5. Pour les vêpres des morts, le sacristain pare l'autel d'un ornement noir, sur lequel, aussi bien que sur les autres, il ne doit y avoir aucune représentation d'ossements des morts ou de larmes. S'il y a un tabernacle, il le couvre d'un pavillon violet, et il ne met sur l'autel, ni bouquets, ni tableaux, ni autres ornements propres aux fêtes, mais seulement une croix et quatre ou six chandeliers selon la solennité de l'office, avec des cierges de cire commune (*Cœrem.* liv. II, ch. 10); les degrés de l'autel, le banc des chantres et le lutrin doivent être nus, ainsi que le siège de l'officiant. Le sacristain prépare de plus, dans la sacristie, deux chandeliers avec des cierges de cire commune, pour les acolytes, et une chape noire ou du moins une étole pour l'officiant. Si l'on dit les vêpres ou les matines des morts immédiatement après les vêpres ou les laudes du jour, dès que les chapiers ont chanté *Benedicamus Domino*, le sacristain change les ornements de l'autel et des officiers du chœur par le moyen de quelques clercs, faisant reporter à la sacristie

la chape de l'officiant avec celles des chapiers (s'ils ne sortent du chœur pour les quitter à la sacristie); ce qu'il doit faire avec tant de diligence, qu'on puisse commencer bientôt la première antienne de vêpres ou de matines.

§ V. Ce que le sacristain doit préparer pour la messe solennelle ordinaire.

1. Le sacristain doit auparavant orner l'autel et l'église, selon que le requiert la solennité de l'office, et observer ce qui a été dit ci-dessus au § 4, pour ce qui est du nombre de chapes et des chandeliers de l'autel et des autres choses qui sont communes aux vêpres et à la messe solennelle; il prépare de plus, dans la sacristie, les ornements du célébrant, qu'il met au milieu d'une table, ceux du diacre à la droite, et ceux du sous-diacre à la gauche, selon l'ordre dans lequel ils les doivent prendre; les ornements du célébrant sont un amict, une aube, un cordon blanc ou de la même couleur que les ornements, un manipule, une étole et une chasuble; ceux des deux ministres sacrés sont de même sorte, excepté que le diacre au lieu de la chasuble a une dalmatique, et le sous-diacre une tunique sans étole. S'il y a aspersion d'eau bénite avant la messe, il prépare un bénitier avec un aspersoir, et une chape de la couleur convenable à l'office, et porte la chasuble du prêtre avec son manipule et ceux des ministres sacrés, sur le banc qui est près de l'autel au côté de l'Epître, supposé que les officiers ne doivent pas retourner à la sacristie après l'aspersion, ce qu'on fait d'ordinaire aux fêtes de la première classe; s'il doit y avoir procession, il prépare la croix et des Processionnaux en nombre suffisant.

2. Il prépare le calice avec un grand voile pour le sous-diacre, le Missel, le livre des Epîtres et celui des Evangiles, un bassin avec les burettes en verre ou en cristal, ayant du vin et de l'eau, couvertes d'un petit essuie-main bien plié, et une clochette pour sonner au *Sanctus* et à l'élévation. Si le clergé ou le peuple doivent communier, il prépare des hosties dans un ciboire fermé et couvert d'un pavillon par-dessus; si l'on doit donner la paix avec l'instrument à ce destiné, il le prépare aussi avec un voile de lin ou de soie attaché au manche.

3. Du côté de l'Epître, sur le pavé du sanctuaire, il dresse une crédence, laquelle il couvre d'une nappe non bénite qui doit pendre de tous côtés, sans gradins, ni croix, ni images; il met du même côté un siége couvert d'un tapis pour le célébrant et ses deux ministres, quand ils voudront s'asseoir, et aux côtés de la crédence, des tabourets ou quelques petits bancs fort bas et non couverts pour les acolytes et le thuriféraire; et si c'est la coutume du lieu de chanter l'Epître ou l'Evangile sur des pupitres, il les doit couvrir de beaux tapis de couleur convenable aux autres ornements; il prépare aussi des flambeaux pour l'élévation, un réchaud plein de charbons allumés avec des pincettes pour les prendre, et un soufflet pour entretenir le feu.

§ VI. Ce que le sacristain doit préparer pour l'exposition et la bénédiction du saint sacrement.

1. Lorsqu'on doit exposer le saint sacrement, le sacristain prépare ce qui a été marqué ci-dessus au § 4, n. 4; ayant fait consacrer une hostie à une messe basse, il dispose dans la sacristie un surplis, une étole blanche et une chape pour l'officiant et aussi une étole blanche pour lui, le soleil avec un petit croissant, une bourse avec un corporal (quand on doit poser le saint sacrement sur l'autel avant de le mettre sous le petit dais), deux flambeaux, un encensoir où il y ait du feu, le Rituel, la clef du tabernacle et des cierges en nombre suffisant pour le clergé; il doit de plus avoir soin qu'il y ait six cierges allumés sur l'autel pendant que le saint sacrement est exposé (*Congr. episc.* 1602).

2. Pour la bénédiction il prépare, outre ce qui vient d'être dit, une écharpe blanche pour mettre sur les épaules de l'officiant avant qu'il donne la bénédiction, et met la croix de l'autel dans quelque lieu commode pour la remettre à sa place sur l'autel, après que le saint sacrement sera renfermé dans le tabernacle.

3. Il doit avoir soin que pendant tout le temps que le saint sacrement demeure exposé, deux ecclésiastiques revêtus de surplis soient continuellement en prière devant l'autel, et que durant ce temps-là, s'il est possible, aucun laïque n'entre dans le sanctuaire, soit pour allumer ou éteindre les cierges, soit pour quelque autre sujet; les clercs même n'en doivent approcher qu'avec le surplis.

4. Comme on fait l'ouverture de l'oraison des quarante heures par une messe solennelle et la procession ensuite, outre les choses qui ont coutume de servir aux messes solennelles ordinaires, le sacristain prépare le soleil couvert d'un petit voile blanc, une seconde hostie pour mettre dedans, laquelle doit être si juste qu'elle puisse y entrer facilement, et qu'elle ne touche, s'il se peut, ni au bord du soleil, ni au cristal de côté ni d'autre; et afin que le célébrant ne se trouve point en peine quand il voudra la mettre dans le petit croissant qui doit être dans le soleil, le sacristain l'éprouve exprès avant l'office; si l'hostie ne peut entrer facilement parce qu'elle est trop grande, il en coupera à l'entour avec des ciseaux et le plus proprement qu'il sera possible.

5. Il préparera de plus la croix de la procession (si on doit la faire), une tunique blanche, une aube, un cordon et un amict pour le sous-diacre qui doit la porter; il pourra faire cela pendant la grand'messe; il prépare un second encensoir, des flambeaux, des Processionnaux, le dais, qui doit être blanc, quatre chapes pour les prêtres qui doivent le porter, outre celle du célébrant qu'il met au côté de l'Epître sur le banc. Vers la fin de la messe il tient prêts des cierges de cire blanche pour le clergé. Si les ministres sacrés ne se sont pas servis d'ornements blancs à la messe, il prépare dans la sacristie une chape et une étole blanche pour le célébrant, une dalmatique de la même couleur avec une étole pour le diacre, et une tunique pour le sous-diacre. Si on ne retourne pas à la sacristie, tous les ornements sont de la couleur de la messe, excepté l'écharpe, qui doit toujours être blanche (S. C. 1806).

6. Lorsque le temps prescrit pour l'exposition du saint sacrement est expiré, le sacristain doit consumer ou avoir soin qu'un autre prêtre consume le jour suivant l'hostie qui est dans le soleil, ce qu'il fait immédiatement après avoir pris le précieux sang de Notre-Seigneur, n'étant pas convenable de la donner aux personnes laïques.

§ VII. Ce que le sacristain fait quand il assiste l'officiant à l'exposition et à la bénédiction du saint sacrement.

1. Quand on expose le saint sacrement hors le temps de quelque office solennel, le sacristain, s'il est prêtre ou diacre, assiste l'officiant dans cette cérémonie; il prend un surplis et porte la bourse du corporal, s'il doit s'en servir, et la clef du tabernacle. Il se met à la droite de l'officiant, et après avoir salué la croix de la sacristie par une inclination profonde, et l'officiant par une médiocre, il le précède la tête découverte; s'il passe devant le clergé, il le salue à la droite de l'officiant, et étant arrivé au bas de l'autel, il reçoit la barrette de l'officiant avec les baisers ordinaires, tant de la main que de la barrette, la mettant aussitôt entre les mains du cérémoniaire; puis, ayant fait la génuflexion sur le pavé, il se met à genoux sur le dernier degré, où il fait une courte prière.

2. Ensuite le sacristain prend une étole blanche, monte à l'autel, où il étend le corporal, s'il est nécessaire de mettre le saint sacrement dessus, suivant ce qui est dit ci-après au numéro suivant, puis il ôte la croix de dessus l'autel et ouvre le tabernacle, fait la génuflexion d'un seul genou sans tourner entièrement le dos à l'officiant (ce qu'il observe dans les autres rencontres); et si le saint sacrement est dans le soleil élevé sur son pied, en sorte qu'il paraisse assez à l'entrée du tabernacle, il ne le tire pas dehors, mais descend aussitôt sur le pavé; le cérémoniaire reçoit la navette du thuriféraire et présente la cuiller à l'officiant sans aucun baiser et sans dire *Benedicite, pater reverende*.

3. Remarquez que si le soleil ne peut être enfermé tout entier dans le tabernacle, il suffit de le séparer de son pied, si cela se peut aisément, et le mettre dedans sur un corporal, sans en retirer la sainte hostie, en sorte que pour l'exposer il n'y ait qu'à rejoindre ensemble les deux parties du soleil; mais s'il ne peut être séparé de son pied, on peut envelopper la sainte hostie jointe au croissant dans le corporal et l'enfermer ainsi dans le tabernacle, afin que sans y toucher on la puisse mettre dans le soleil quand on veut l'exposer; ou enfin, si cela ne se pouvait faire commodément, on mettrait l'hostie toute préparée dans le ciboire, d'où on la tirerait pour l'exposer, sans omettre ensuite de laver le bout des doigts dont on l'aurait touchée. Or, en tous ces cas le sacristain doit toujours étendre en arrivant le corporal sur l'autel pour y mettre le soleil, avant de faire encenser le saint sacrement par l'officiant.

4. L'officiant ayant mis de l'encens dans l'encensoir, s'il n'y a pas un cérémoniaire, le sacristain sans étole reçoit l'encensoir, et s'étant mis à genoux sur le dernier degré à la droite de l'officiant, il lui présente l'encensoir, et incline profondément la tête avant et après l'encensement, pendant lequel il soulève le devant de sa chape.

5. Le sacristain, ayant repris son étole, monte à l'autel, où après avoir fait la génuflexion, il met le saint sacrement au lieu où il doit être exposé avec un corporal dessous; ensuite ayant fait la génuflexion, il retourne au bas des degrés. Lorsque l'officiant a dit l'oraison, le sacristain sans étole monte à l'autel pour reprendre le corporal, s'il a été obligé de s'en servir, y faisant la génuflexion avant et après; il descend ensuite avec l'officiant au bas des degrés, où il fait la génuflexion à deux genoux, donne la barrette à l'officiant sans aucun baiser, et s'en retourne à la sacristie dans le même ordre qu'il est venu.

6. Pour la bénédiction du saint sacrement, le sacristain sort de la sacristie, ainsi qu'il vient d'être dit pour l'exposition; étant arrivé au bas de l'autel, il reçoit la barrette de l'officiant sans aucun baiser; la donne en même temps au cérémoniaire, et fait la génuflexion à deux genoux sur le pavé avec une inclination de tête; ensuite il monte sur le marche-pied, où, ayant fait la génuflexion d'un seul genou, il étend le corporal sur l'autel, après quoi il fait une seconde génuflexion, et se met à genoux à la droite de l'officiant.

7. Un peu avant que les chantres commencent à chanter *Tantum ergo*, ou après *Veneremur cernui*, le sacristain se lève et fait mettre de l'encens dans l'encensoir, observant ce qui vient d'être dit aux numéros 2 et 4. L'encensement fini, le sacristain prend une étole blanche, s'approche de l'autel, où il fait une génuflexion; puis étant monté, s'il est besoin, sur un escabeau que le cérémoniaire lui présente, il ôte le saint sacrement du lieu où il était exposé, et le met au milieu de l'autel sur le corporal; et après avoir fait une autre génuflexion, il retourne au bas des degrés, se mettant à genoux comme auparavant.

8. Lorsque l'officiant a dit l'oraison ou les oraisons, le sacristain sans étole, à défaut de cérémoniaire, met le grand voile sur les épaules de l'officiant, et se tient à genoux à sa place pendant la bénédiction, durant laquelle il s'incline médiocrement. Après la bénédiction, le sacristain, s'étant levé, reprend l'étole, monte sur le marchepied, y fait la génuflexion, remet le saint sacrement dans le tabernacle, et avant de fermer, il fait une autre génuflexion; ensuite il remet la croix sur l'autel; plie le corporal qu'il remet dans la bourse, et descend au bas des degrés, où après avoir quitté l'étole et fait la génuflexion d'un seul genou sur le pavé, il rend sa barrette à l'officiant avec les baisers ordinaires; après avoir salué le clergé, il s'en

retourne à la sacristie dans le même ordre qu'il est venu.

9. Remarquez que si l'on expose et que l'on renferme ensuite le saint sacrement durant une même action, comme à un salut qu'on célèbre exprès, le sacristain fait encenser deux fois le saint sacrement, l'une au commencement, et l'autre avant de dire les oraisons. On peut encore l'encenser après la bénédiction quand on chante quelque chose avant de le renfermer, et quand il doit rester exposé. (*Gardellini.*)

§ VIII. *Ce que le sacristain doit préparer pour la messe des morts et pour un enterrement.*

1. L'ornement de l'autel et du chœur est le même qui sera rapporté aux Vêpres *pour les morts.* (Voy. ce mot.) Le sacristain doit mettre de plus pour la messe un banc nu au côté de l'Epître pour les officiers sacrés ; la crédence ne doit être couverte que d'une petite nappe qui pende seulement trois ou quatre doigts à l'entour ; il met dessus tout ce qui a été dit à la messe solennelle et ordinaire, excepté le voile du sous-diacre, l'instrument de paix, s'il n'y a point d'offrande, et ce qui sert pour la communion du clergé ou du peuple, si on ne la donne pas à cette messe ; mais au lieu de ces choses, il y met le bénitier avec de l'eau bénite, et l'aspersoir dedans, la croix ordinaire des processions en quelque lieu proche, si l'on doit faire l'absoute après la messe ; et de plus une bière ou représentation de cercueil couverte d'un drap mortuaire, avec quatre grands chandeliers aux quatre coins, et des cierges conformes à ceux de l'autel, qui demeurent allumés durant toute la messe. Enfin il prépare des ornements noirs dans la sacristie avec des aubes sans dentelle pour les officiers sacrés, et une chape noire pour le célébrant, s'il y a absoute, mais non point d'autres, si la coutume n'oblige d'en donner aux deux chantres.

2. Remarquez que la représentation peut être dans le chœur lorsque l'absoute se fait pour un ecclésiastique, et dans la nef pour les laïques devant le grand crucifix, ou même au lieu de leur sépulture, si cela se peut commodément.

3. Pour les enterrements, le sacristain prépare les mêmes choses qui ont été marquées ci-dessus au numéro premier, et doit de plus lire exactement ce qui est dit au tome Ier, art. Enterrements.

SALUTS.

Voy. Chœur.

SAMEDI SAINT.

(Cérémonial des évêques l. II, c. 27 et 28, et petit Rituel de Benoît XIII.)

TITRE PREMIER.

DU SAMEDI SAINT DANS LES GRANDES ÉGLISES.

§ I. *Ce que l'on doit préparer en ce jour.*

1. Le sacristain doit orner le grand autel d'un parement blanc par devant, s'il y en a habituellement un d'étoffe, et le couvrir d'un autre parement violet, accommodé de manière qu'on puisse l'ôter facilement à la fin des litanies. Il met sur l'autel six chandeliers garnis de cierges de cire blanche, qu'on ne doit allumer que pour la grand'messe. Il laisse la porte du tabernacle ouverte, et met au coin de l'Epître un Missel ouvert à l'endroit où l'office commence. Il met sur la crédence tout ce qui est nécessaire pour la grand'messe, le tout couvert d'une écharpe blanche, et d'une autre violette par-dessus. Il met aussi trois carreaux violets auprès de la crédence, et, au côté de l'Epître, le banc des officiers, qui doit être nu, et sur lequel il met la chasuble violette du célébrant avec son manipule et celui du diacre. Le diacre et le sous-diacre y mettent aussi leurs barrettes, et les acolytes leurs chandeliers sur la crédence, si l'on doit faire la bénédiction des fonts.

2. Le sacristain met au côté de l'Evangile un pupitre couvert d'un voile blanc, et un peu plus près de l'autel le cierge pascal sur un grand chandelier ; auprès de l'autel, un pied de bois ou de quelque autre matière pour soutenir le roseau du cierge triangulaire. Il met aussi au milieu du chœur un pupitre nu pour y chanter les prophéties.

3. Il prépare dans la sacristie, pour la messe solennelle, des ornements blancs ; et pour l'office qui la précède, il prépare la croix des processions, le bénitier, l'encensoir, une chape violette, deux étoles de la même couleur, et dans les églises considérables deux chasubles pliées aussi violettes.

4. Il prépare pour la bénédiction du feu nouveau, dans le vestibule ou à la porte de l'église, une table couverte d'une nappe blanche sur laquelle il met une dalmatique blanche avec l'étole et le manipule pour le diacre, un manipule violet pour le sous-diacre, un Missel et le bassin dans lequel sont les cinq grains d'encens. A côté de cette table il met un réchaud plein de charbons qu'on doit allumer au moyen d'un briquet peu de temps avant l'office, des pincettes, quelques allumettes, de la bougie, et même une lanterne, lorsqu'il y a lieu de craindre que le vent n'empêche de conserver la lumière. Il met aussi tout proche en quelque lieu convenable, le cierge à trois branches qui doit être au bout d'un roseau orné de fleurs. Outre cela le sacristain a soin d'accommoder les lampes de manière qu'elles puissent être facilement allumées.

5. Si on fait la bénédiction des fonts, le sacristain met proche de l'endroit où ils sont une table couverte d'une nappe blanche, sur laquelle il met un Missel, et quelques serviettes pour essuyer les mains du célébrant, plusieurs étoles violettes pour les prêtres qui doivent faire l'aspersion de l'eau bénite, avec des bénitiers et des aspersoirs. Il fait mettre aussi une aiguière et un grand vase dans lequel on met de l'eau bénite des fonts, avant qu'on fasse l'infusion des saintes huiles dans les eaux baptismales ; enfin, il porte lui-même l'huile des catéchumènes et le saint chrême, qu'il présente lorsqu'il en est besoin.

§ II. *De la bénédiction du feu nouveau.*

1. Le célébrant prend dans la sacristie par-dessus l'aube, une étole et une chape

violettes, le diacre une étole de même couleur, et le sous-diacre est en aube seulement ; mais dans les églises considérables, le diacre et le sous-diacre prennent des chasubles pliées. On se salue dans le chœur à l'ordinaire.

2. L'heure étant venue et le signal donné, tout le clergé se rend dans l'ordre qui suit au lieu où l'on doit faire la bénédiction du feu nouveau : tous ayant salué la croix de la sacristie, le premier acolyte marche seul le premier, portant le bénitier et l'aspersoir, le thuriféraire ayant l'encensoir vide d'une main et de l'autre la navette, marche ensuite ayant à sa gauche le second acolyte qui a les bras croisés ; le sous-diacre suit portant la croix des processions, et ensuite le clergé qui marche deux à deux, les moins dignes les premiers, et enfin le célébrant qui seul est couvert, le diacre marchant à sa gauche les mains jointes et la tête nue. Lorsqu'on passe devant la croix du grand autel, tous font la génuflexion excepté le célébrant, qui fait seulement une inclination profonde, et le sous-diacre qui ne fait aucune révérence.

3. Le sous-diacre, étant arrivé au lieu où se doit faire la bénédiction du feu nouveau, s'arrête et tourne l'image du crucifix vers le lieu où le célébrant se doit mettre. Les acolytes et le thuriféraire se rangent en droite ligne proche du côté de la table, ils se tournent du côté de la croix, et se placent en sorte que le célébrant étant arrivé, ils se trouvent tous à sa droite. L'acolyte qui est destiné pour porter les grains d'encens, prend en arrivant sur la crédence le bassin dans lequel on les a mis, le porte-bénitier dépose son vase sur la crédence et se met à sa gauche, à la droite du thuriféraire. Ceux du chœur qui suivent, font, deux à deux en arrivant, une inclination profonde à la croix de la procession, les plus jeunes se placent auprès du sous-diacre et les plus dignes ferment le cercle du côté du célébrant. Le célébrant et le diacre ayant pareillement salué la croix s'approchent de la table et se tournent vers la croix ; le diacre passe aussitôt à la droite du célébrant dont il reçoit la barrette et la donne au cérémoniaire qui la met sur la crédence et se place à la gauche du célébrant ; le diacre a soin de lever la chape du célébrant, quand il fait les signes de croix.

4. Le célébrant, ayant les mains jointes, bénit le feu nouveau qui est dans le réchaud, lisant tout haut les trois oraisons marquées dans le Missel qui est pour lors sur un pupitre, ou soutenu par quelque clerc ou par le porte-bénitier devant le célébrant. Après la bénédiction du feu il bénit les cinq grains d'encens ; l'acolyte qui les porte s'avance devant lui et tient le bassin élevé à la hauteur de sa poitrine ; en même temps le thuriféraire prend les pincettes et met du feu bénit dans l'encensoir.

5. L'oraison étant finie, le thuriféraire s'approche du célébrant, qui met de l'encens dans l'encensoir et le bénit à l'ordinaire ; puis le diacre prend l'aspersoir et le présente au célébrant, qui jette trois fois de l'eau bénite sur les cinq grains d'encens, et ensuite sur le feu nouveau, au milieu, à leur droite et puis à leur gauche, disant à voix basse l'antienne *Asperges me*, etc., sans dire le psaume *Miserere* ni le *Gloria Patri*. Ensuite il rend l'aspersoir au diacre ; ayant reçu de lui l'encensoir, il encense de trois coups les cinq grains d'encens et le feu nouveau de la même manière qu'il les a aspergés d'eau bénite. Le diacre observe les baisers ordinaires en donnant et en recevant l'aspersoir et l'encensoir.

6. La bénédiction des cinq grains d'encens et du feu nouveau étant achevée, le premier acolyte allume une bougie au feu nouveau ; le sous-diacre aidé du cérémoniaire prend un manipule violet, et le diacre, après avoir quitté l'étole violette, prend une étole, un manipule et une dalmatique de couleur blanche ; ensuite il fait bénir l'encens à l'ordinaire, et donne la barrette au célébrant, puis il prend le roseau où est le cierge triangulaire.

7. Tout étant ainsi disposé, on va posément au chœur dans cet ordre. Le thuriféraire portant l'encensoir, et le second acolyte portant les cinq grains d'encens à sa droite, marchent les premiers ; ils sont suivis du sous-diacre, qui marche seul portant la croix ; après lui vient le clergé deux à deux, et le cérémoniaire au milieu pour avoir soin que chacun marche dans le rang et la distance convenable ; enfin le diacre qui porte le cierge triangulaire, ayant à sa gauche le premier acolyte qui tient la bougie allumée. Le célébrant marche le dernier, les mains jointes et couvert.

8. Quand le célébrant entre dans l'église, toute la procession s'arrête, et pour lors le diacre baissant le roseau fait allumer par l'acolyte qui l'accompagne une des branches du cierge qu'il porte, et l'ayant ensuite élevé, il fait la génuflexion en chantant d'un ton de voix grave et médiocre *Lumen Christi*. Tous, excepté le porte-croix, font en même temps la génuflexion, et répondent du même ton *Deo gratias*.

9. Le clergé entre ensuite au chœur, et sans faire d'autre génuflexion que celles qu'il fait lorsque le diacre chante *Lumen Christi*, chacun prend sa place, et demeure debout tourné vers l'autel. Le thuriféraire et l'acolyte qui porte les grains d'encens s'avancent vers l'autel ; étant arrivés au bas des degrés ils se retirent un peu du côté de l'Evangile, et le sous diacre se met entre eux deux.

10. Le diacre s'arrête au milieu de l'église, et ayant allumé une seconde branche de son cierge, il fait la génuflexion, et chante plus haut que la première fois *Lumen Christi*. Enfin il allume la troisième branche à deux ou trois pas des degrés de l'autel, et fait la génuflexion en chantant encore plus haut *Lumen Christi*.

11. Le diacre donne ensuite le roseau à l'acolyte qui tenait la bougie, et qui a dû la porter en diligence sur la crédence, et se retire avec lui un peu du côté de l'Epître pour donner lieu au célébrant de se rendre au milieu, où étant arrivé, il donne sa bar-

rette au diacre qui la donne au cérémoniaire, et fait une inclination profonde à la croix de l'autel; tous les officiers, à l'exception du sous-diacre et de l'acolyte qui tient le roseau, font en même temps la génuflexion, étant rangés sur une même ligne en cet ordre : le diacre à la droite du célébrant, puis le cérémoniaire, et ensuite l'acolyte qui tient le roseau ; et à la gauche du célébrant, premièrement l'acolyte qui porte les cinq grains d'encens, ensuite le sous-diacre, et enfin le thuriféraire.

§ III. Du cantique *Exsultet* et des prophéties.

1. Le célébrant, étant monté à l'autel, le baise, et se retire au côté de l'Epître. Le cérémoniaire, ayant mis la barrette du célébrant sur son siége, prend le livre sur la crédence et le présente avec les cérémonies ordinaires au diacre, qui, le tenant appuyé sur sa poitrine, fait la génuflexion au milieu sur le dernier degré de l'autel, et monte sur le marchepied, où il se met à genoux tourné vers le célébrant, à qui il demande la bénédiction ; après qu'il l'a reçue sans avoir baisé sa main (*Cærem. l.* II, *c.* 27, *n.* 9), il descend au bas des degrés, et s'étant placé entre l'acolyte qui tient le roseau et le cérémoniaire qui est à la droite de celui qui porte les grains d'encens, il fait la génuflexion avec tous les officiers, à l'exception cependant du sous-diacre et de l'acolyte qui tient le roseau ; puis il va avec eux au côté de l'Evangile dans l'ordre qui suit : le cérémoniaire marche le premier suivi du thuriféraire et de l'acolyte qui porte les grains d'encens, ensuite le sous-diacre ayant à sa gauche l'acolyte qui tient le roseau, et enfin le diacre seul portant le livre appuyé sur sa poitrine.

2. Lorsqu'ils sont tous arrivés au côté de l'Evangile, ils se rangent sur une même ligne devant le pupitre, le diacre au milieu, ayant à sa droite, 1° le cérémoniaire, 2° le sous-diacre qui tourne l'image du crucifix vers le célébrant, 3° le thuriféraire ; et à sa gauche, 1° l'acolyte qui tient le roseau, 2° celui qui porte les cinq grains d'encens.

3. Tout étant ainsi rangé, le diacre met le livre sur le pupitre, le cérémoniaire reçoit du thuriféraire l'encensoir et le présente au diacre, lequel encense le livre comme à l'Evangile avec une inclination avant et après, et chante ensuite, les mains jointes, le cantique *Exsultet*, que le célébrant et tous ceux du chœur écoutent debout et tournés vers le diacre.

4. Après ces paroles, *Curvat imperia*, le diacre, accompagné du cérémoniaire et de l'acolyte qui porte les grains d'encens, s'approche du cierge pascal, y met les cinq grains d'encens en forme de croix, savoir, le premier en haut, le second au milieu, le troisième en bas, le quatrième à la droite du cierge, et le cinquième à la gauche. Le cérémoniaire ôte le cierge pascal du chandelier, afin que le diacre y puisse mettre plus commodément les cinq grains ; si cependant il y avait du risque à l'ôter, le diacre monterait sur un escabeau ou sur une petite échelle double. L'acolyte qui avait les grains d'encens porte ensuite le bassin à la crédence ; ayant pris une bougie, il revient au côté de l'Evangile à la place où il était auparavant, faisant en passant devant le milieu de l'autel la génuflexion et une inclination au célébrant.

5. Le diacre retourne au pupitre pour continuer le cantique; à ces paroles *Rutilans ignis accendit*, il allume le cierge pascal avec une des trois branches du cierge triangulaire qui lui est présenté par l'acolyte qui le porte ; ou bien si le cierge pascal est élevé, il se sert d'une longue baguette au bout de laquelle est une bougie qu'il allume au cierge triangulaire. Le cérémoniaire aide le diacre en tout ceci.

6. Le diacre continue ensuite à chanter; et s'étant arrêté à ces mots, *Apis mater eduxit*, l'acolyte qui tient la bougie ayant pris de la lumière au cierge triangulaire, en allume la lampe qui est devant le grand autel, et se retire à la crédence après avoir fait la génuflexion à l'autel et l'inclination au célébrant. Le sacristain allume en même temps les autres lampes de l'église avec la lumière bénite : puis le diacre achève le cantique. Il doit se souvenir de ne point faire mention du pape ou de l'évêque lorsque le siége est vacant, et de faire une inclination seulement au nom du pape. Il dit aussi en France ces paroles : *Respice ad Christianissimum regem nostrum N.* au lieu de dire *devotissimum imperatorem*, ainsi qu'il est marqué dans le Missel romain ; s'il n'est pas couronné, il doit dire *electum imperatorem* ou *regem nostrum N.* (*Cærem. l.* II, *c.* 27, *n.* 10, *Miss. rom.*)

7. Le cantique étant achevé, le diacre ferme le livre et le laisse sur le pupitre ; alors le cérémoniaire marche le premier, le thuriféraire ensuite, puis le sous-diacre, et enfin le diacre qui fait la génuflexion au milieu entre le cérémoniaire et le thuriféraire, le sous-diacre étant pour lors debout derrière eux, en même temps l'acolyte qui tient le roseau, le met dans le pied qui est proche du cierge pascal, et prend ensuite le pupitre sur lequel le diacre a chanté le cantique, le porte au milieu du chœur, en ôte le voile et y met le livre des prophéties, puis il se retire à la crédence. Le chœur a pu s'asseoir à chaque fois que le diacre a cessé de chanter. (*Baldeschi*.)

8. Après que les officiers ont fait la génuflexion au bas de l'autel, le thuriféraire porte l'encensoir à la sacristie et revient à la crédence ; les ministres sacrés vont au côté de l'Epître, où le sous-diacre, après avoir quitté la croix, aide le célébrant à ôter la chape et à prendre le manipule et la chasuble violette ; le diacre quitte les ornements blancs, et prend une étole et un manipule violets. Le cérémoniaire va pendant ce temps-là au chœur, et conduit au pupitre celui qui doit chanter la première prophétie.

9. Le célébrant, ayant pris la chasuble, va par le plus court chemin au coin de l'Epître, où il lit les prophéties qui se chantent

au chœur; les ministres sacrés se tiennent à sa droite, comme à l'Introït de la messe. Si le célébrant s'assied avec ses ministres, après avoir lu quelque prophétie, en attendant qu'elle soit finie au chœur, le cérémoniaire a soin, vers la fin de la prophétie qui se chante, de s'avancer un peu vers lui, pour l'avertir, par une inclination médiocre, de se lever et d'aller par le plus court chemin au coin de l'épître chanter l'oraison qui suit. Le célébrant chante les oraisons en ton férial et les mains étendues comme à la messe. Les ministres sacrés sont alors derrière lui, et le diacre, après *Oremus*, chante *Flectamus genua*, faisant la génuflexion d'un seul genou (*Gav.*, *Baldeschi*), et le sous-diacre répond *Levate*; tous, excepté le célébrant, font cette génuflexion, et s'asseyent quand on chante les prophéties.

10. Les cérémonies qui s'observent par ceux qui chantent les prophéties sont celles-ci. Le cérémoniaire les ayant invités par une inclination, ils lui rendent le salut et vont avec lui, la barrette à la main, devant le pupitre, où, après avoir fait la génuflexion à sa droite en arrivant, ils lui donnent leur barrette et chantent la prophétie ayant les mains appuyées sur le livre. Lorsqu'elle est achevée, ils font ensemble la génuflexion, lorsque le diacre dit *Flectamus genua*; ayant reçu leur barrette, ils retournent à leur place conduits par le cérémoniaire, lequel avertit tout de suite celui qui doit chanter la prophétie suivante. Mais après la quatrième, la huitième et la onzième prophétie, après avoir reconduit ceux qui les ont chantées, il fait la génuflexion à l'autel, et se retire à sa place ordinaire au côté de l'Epître, pendant que le chœur chante le Trait qui suit, et il ne va inviter celui qui doit chanter la prophétie suivante que pendant l'oraison qui se dit après le Trait.

IV. De la bénédiction des fonts.

1 La dernière prophétie étant achevée, un clerc ôte le pupitre, et les deux acolytes allument leurs cierges. Après la dernière oraison, le célébrant descend à son siége avec ses ministres, où, ayant quitté la chasuble et le manipule, il prend une chape violette, aidé de ses officiers qui quittent aussi leurs manipules. Le sous-diacre prend ensuite la croix des processions et va entre les deux acolytes portant leurs chandeliers, au haut du chœur vis-à-vis le milieu de l'autel; enfin le thuriféraire prend en même temps des deux mains le cierge pascal allumé, et se met devant le porte-croix qu'il précède toujours en marchant.

2. Ils demeurent ainsi tous quatre rangés pendant que le célébrant et le diacre font la révérence convenable à l'autel, et sans en faire aucune, ils marchent ensuite vers les fonts baptismaux, étant suivis du cérémoniaire et de tout le clergé qui marche deux à deux, et enfin du célébrant qui seul est couvert, et du diacre à sa gauche qui marche nu-tête et les mains jointes. Quand la procession commence à marcher, les chantres entonnent le trait *Sicut cervus*, etc.

3. Le sous-diacre et les acolytes, étant arrivés aux fonts baptismaux, se placent de manière que les fonts soient entre eux et le célébrant, qui doit avoir la face tournée vers l'autel des fonts, et s'il n'y en a pas, vers le côté gauche de l'église; avant d'entrer dans la chapelle des fonts, il dit l'oraison *Omnipotens*, etc. Ensuite, s'étant approché des fonts, et le diacre et le thuriféraire qui porte le cierge pascal étant à sa droite, le Missel un peu à sa gauche, auprès duquel le cérémoniaire se met, et tout le clergé aux environs des fonts, il dit la seconde oraison, et chante ensuite, toujours les mains jointes, la Préface, et observe dans la bénédiction de l'eau toutes les bénédictions marquées en détail dans le Missel, le diacre levant le côté droit de sa chape, et lui présentant, quand il faut, la serviette, le cierge pascal, l'huile des catéchumènes et le saint chrême.

4. La préface finie, avant que le célébrant fasse l'infusion des saintes huiles dans les fonts, on a soin d'en tirer de l'eau bénite dont on verse une partie dans un grand vase, et dans les bénitiers, et le célébrant, ou bien un ou plusieurs prêtres ayant pris des étoles violettes, font l'aspersion de cette eau bénite sur le peuple, sans rien dire, suivis chacun d'un clerc portant un bénitier. Ce qui reste de cette eau doit être conservé pour faire le lendemain l'aspersion avant la messe et pour être distribué au peuple.

5. Le célébrant achève la bénédiction des fonts en y mettant de l'huile des catéchumènes et du saint chrême. Si, à cause de la distance des lieux, on n'a pas encore pu recevoir les saintes huiles, le célébrant omet cette dernière cérémonie et supplée dans la suite, ainsi qu'il est prescrit dans le Rituel. Dans ce cas on a dû réserver de l'eau baptismale ancienne; s'il y a quelqu'un à baptiser, il le fait pour lors avec les cérémonies accoutumées. *Voy.* ci-après, col. 264.

6. La bénédiction des fonts étant achevée, le clergé retourne au chœur en procession sans rien dire et dans le même ordre qu'on est venu. Le thuriféraire remet le cierge pascal sur son chandelier, et les acolytes leurs chandeliers sur la crédence; après en avoir éteint les cierges, ils prennent avec le thuriféraire les trois carreaux violets, sur lesquels les officiers sacrés doivent se prosterner, les mettant sur le bord du marchepied à égale distance, et retournent à la crédence, faisant la génuflexion avant et après. Le sous-diacre met la croix proche de la crédence, et y attend le célébrant, qui, après avoir salué l'autel avec le diacre, va au côté de l'Epître, où il quitte sa chape. Ensuite il retourne avec les ministres sacrés au bas des degrés de l'autel qu'ils saluent de nouveau, et puis se prosternent sur les carreaux qui leur ont été préparés. Tous les autres se mettent en même temps à genoux, et deux chantres commencent au milieu du chœur les litanies des saints, le clergé répétant chaque verset.

IV. Des litanies, de la messe et des vêpres du samedi saint.

1. Dans les églises où il n'y a point de fonts baptismaux, aussitôt que la dernière prophétie est achevée, un clerc ôte le pupitre, les acolytes et le thuriféraire portent les trois carreaux sur le bord du marchepied, et après l'oraison qui suit, le célébrant et ses ministres descendent à leurs sièges, où ils quittent les manipules et la chasuble, et vont ensuite, comme il vient d'être dit au § précédent, se prosterner sur les degrés pendant que l'on chante les litanies.

2. Lorsqu'on chante *Peccatores*, le célébrant et ses ministres se lèvent ; les acolytes, le thuriféraire et le cérémoniaire s'étant unis à eux, ils font tous la révérence à l'autel ; après que les officiers sacrés ont reçu leurs barrettes, ils vont tous à la sacristie sans saluer le chœur.

3. Aussitôt après les acolytes allument les cierges de leurs chandeliers (qu'ils retournent chercher à la crédence, si l'on a fait la bénédiction des fonts), et le sacristain, aidé de quelques clercs, ôte de l'autel et de la crédence tout ce qui ne doit pas servir à la messe solennelle, comme les ornements violets, la croix des processions, les trois carreaux, etc. Ensuite il fait allumer les cierges de l'autel et découvrir tous les tableaux ; afin qu'il y ait du temps pour cela, il faut chanter si posément les litanies depuis le verset *Peccatores*, que les officiers soient en état d'entrer à l'autel, quand elles finissent.

4. Lorsqu'on chante au chœur *Agnus Dei*, etc., les chapiers y entrent ; après avoir salué l'autel par une inclination profonde, ils vont à leurs sièges sans saluer le chœur parce qu'on est à genoux. Aussitôt que les litanies sont finies, tous se lèvent ; les chantres entonnent fort posément le *Kyrie eleison* comme aux fêtes de la première classe, lorsque le célébrant est entré avec tous les officiers ; il ne fait qu'une inclination profonde à l'autel pendant que les ministres font la génuflexion. Après l'encensement, il dit au coin de l'épître le *Kyrie*, comme aux grand'messes ordinaires.

5. Pendant que le célébrant récite le *Gloria in excelsis* après qu'il l'a entonné, le premier acolyte sonne la petite clochette ; pendant que le chœur le chante, les orgues jouent, et on sonne toutes les cloches.

6. Vers la fin de l'Epître le second cérémoniaire, ayant fait la génuflexion à l'autel, se tourne vers le chœur qu'il salue, et va inviter le premier chapier à venir annoncer *Alleluia* au célébrant. Aussitôt le chapier ayant salué le chœur, va dans le sanctuaire avec le cérémoniaire, et après avoir fait une inclination profonde à l'autel au bas des degrés, il se tourne vers le célébrant qu'il salue pareillement, et lui annonce d'un ton bas *Alleluia*. Ensuite, après avoir salué premièrement le célébrant, puis l'autel et le chœur, il retourne à sa place étant accompagné du second cérémoniaire.

7. Après l'Epître, le sous-diacre va recevoir comme à l'ordinaire la bénédiction du célébrant, qui se tourne ensuite avec ses ministres vers le premier chapier pendant qu'il lui annonce *Alleluia*, puis s'étant retourné vers l'autel, il chante trois fois *Alleluia*, élevant sa voix d'un ton à chaque fois : le chœur répète chaque fois sur le même ton debout tourné vers l'autel, et ne s'assied qu'après le verset *Confitemini*, etc., que tout le clergé chante étant tourné en chœur.

8. Les acolytes assistent les mains jointes à l'évangile ; on ne dit ni *Credo*, ni *Offertoire*, ni *Agnus Dei*, etc., et on ne donne point le baiser de paix.

9. Les fidèles peuvent communier à cette messe, et satisfaire au précepte de la communion pascale (*S. R. C.* 1806) ; mais si personne ne communie, quand le célébrant a mis la parcelle de l'hostie dans le calice, le diacre l'ayant couvert, change de place, et lui et le sous-diacre font chacun leur office. Dès que le célébrant a pris le précieux sang, le plus digne du chœur commence l'antienne de vêpres *Alleluia*, qui lui a été annoncée par un chantre accompagné du cérémoniaire (*Gav., Merati, Cærem. l.* II. *c.* 27, *n.* 26) ; quand elle est chantée, les chantres entonnent le psaume *Laudate Dominum, omnes gentes*.

10. Après que le célébrant a pris l'ablution, le sous-diacre reporte à l'ordinaire le calice sur la crédence, et le thuriféraire va préparer l'encensoir pour le *Magnificat*. Le célébrant récite vêpres au coin de l'Épître avec les ministres sacrés qui sont à sa droite comme à l'Introït.

11. Après le *Gloria Patri* du psaume *Laudate Dominum*, etc., le cérémoniaire conduit le premier chapier, comme on a fait après l'Epître, au bas des degrés de l'autel, pour annoncer au célébrant l'antienne *Vespere autem sabbati*, etc. Après que le cérémoniaire a reconduit le chapier au chœur il revient à sa place.

12. Lorsque le chapier est arrivé au bas des degrés, le célébrant se tourne vers lui avec ses ministres, comme il a fait après l'Epître ; puis, s'étant retourné vers l'autel, il entonne l'antienne *Vespere autem sabbati*, etc., qu'il continue à voix basse, et récite le *Magnificat* avec ses ministres. Quand les chantres entonnent *Magnificat*, il fait le signe de la croix et va au milieu de l'autel ayant le diacre à sa droite et le sous-diacre à sa gauche ; ayant fait avec eux la révérence convenable à l'autel, il bénit l'encens et fait l'encensement à l'ordinaire, après lequel il est encensé par le diacre, et demeure ensuite au coin de l'Épître.

13. Le diacre, accompagné du cérémoniaire, va au chœur pour l'encenser, comme il a fait après l'offrande de l'hostie et du calice ; ayant fait au retour la génuflexion sur le pavé au milieu de l'autel, il encense de cette place le sous-diacre, qui, après l'encensement de l'autel, est descendu sur le pavé derrière le célébrant à la place où il se met pendant l'Introït. Le diacre rend ensuite l'encensoir au cérémoniaire, et étant monté sur le second degré entre le célébrant et le sous-diacre, le cérémoniaire l'encense et

rend ensuite l'encensoir au thuriféraire, lequel, après avoir encensé le cérémoniaire et les acolytes à l'ordinaire, reporte l'encensoir à la sacristie et revient ensuite à la crédence. Si le célébrant chante *Dominus vobiscum* avant que l'encensement soit achevé, le diacre doit aussitôt rendre l'encensoir et retourner derrière le célébrant comme le sous-diacre, chacun à sa place ordinaire : après l'oraison il chante *Ite missa est*, ajoutant deux fois *Alleluia*.

14. Après la messe un prêtre en étole et écharpe blanches, précédé de deux porte-flambeaux, reporte le ciboire au tabernacle du grand autel, et le sacristain ôte le cierge triangulaire, qui ne doit plus servir.

15. Le cierge pascal doit brûler aux messes et aux vêpres solennelles pendant les trois fêtes de Pâques, le samedi suivant, tous les dimanches et toutes les fêtes de précepte jusqu'à l'Ascension; on peut l'allumer à toutes les fonctions du temps pascal, dans les lieux où c'est l'usage (*S. R. C.* 1607, *Memoriale rituum*). Il convient de l'allumer aux complies de ce jour et à tous les offices qui se chantent pendant l'octave de Pâques, et le jour de l'Ascension, à tous les offices qui se chantent avant la messe solennelle; on ne l'éteint qu'après ces paroles de l'Évangile, *Assumptus est*, etc. Le sacristain doit l'ôter après la messe. On ne doit pas l'allumer quand on ne fait que réciter un office, ou dire une messe basse, à moins qu'elle ne tienne lieu de messe de paroisse ou conventuelle; on ne le doit pas non plus allumer à aucun office des morts si solennel qu'il puisse être; ni même à la messe des Rogations, si ce n'est pas l'usage, et aux messes votives où l'on se sert de la couleur violette (*Merati*).

16. Ceux qui ont le privilége de dire en ce jour une messe privée, laisseront les prophéties et les litanies, et commenceront à l'ordinaire (*S. R. C.* 1821). Dès que le célébrant est monté à l'autel et qu'il l'a baisé, il dit le *Kyrie* et le *Gloria*. Ceux qui sont obligés de dire les vêpres de ce jour en particulier, disent le *Pater noster*, l'*Ave Maria*, et sans dire *Deus, in adjutorium*, font le signe de la croix en commençant l'antienne *Alleluia*, le reste se dit comme dans le Missel; et au lieu d'*Ite missa est*, on dit *Benedicamus Domino* avec deux *Alleluia*, et ensuite *Fidelium animæ*, etc., et le *Pater noster*, sans ajouter aucune antienne de la Vierge.

TITRE SECOND.

DU SAMEDI SAINT DANS LES PETITES ÉGLISES.

Sommaire.

Dans les églises où il n'y a point d'officiers sacrés, il faut que le prêtre y supplée avec quelques clercs. Ainsi toutes choses étant préparées pour l'office, à peu près comme il a été rapporté dans le § premier du titre précédent, le célébrant, précédé de quelques clercs portant le bénitier, l'encensoir et la croix, va en chape, ou au moins en étole violette croisée sur la poitrine, à la porte de l'église, bénir le feu nouveau et les grains d'encens. Après cette bénédiction, il quitte la chape et l'étole violettes, et prenant les ornements blancs de diacre, il entre dans l'église le roseau à la main et précédé des clercs. Il allume le cierge triangulaire comme on a marqué que le diacre doit faire, et chante trois fois *Lumen Christi*. Étant arrivé au bas des degrés de l'autel, il donne le roseau à un clerc; et se mettant à genoux sur le marchepied, il dit : *Jube, Domine, benedicere*; *Dominus sit in corde meo*, etc., et va ensuite, accompagné des clercs, au côté de l'Évangile, où il chante le cantique *Exsultet*, après lequel il passe au côté de l'Épître, descend vers son siége, où il quitte les ornements blancs; ayant pris le manipule, l'étole et la chasuble violettes, il va par le plus court chemin au coin de l'Épître, pour lire les prophéties qui sont chantées par des clercs, s'il y en a un nombre suffisant. Il chante au même endroit les oraisons, et dit auparavant *Flectamus genua*, faisant la génuflexion d'un seul genou, et un clerc répond *Levate*. Après les prophéties, s'il y a des fonts baptismaux, il quitte la chasuble et le manipule, prend une chape violette, s'il y en a, et va processionnellement aux fonts précédé d'un clerc portant le cierge pascal et d'un autre qui porte la croix. Il y observe toutes les cérémonies prescrites dans le Missel pour la bénédiction des fonts; quand elle est achevée, il retourne auprès de l'autel au côté de l'Épître, où il quitte la chape, et va ensuite au milieu de l'autel, où il se prosterne pendant qu'on chante les litanies : à ce mot *Peccatores*, il se lève et va à la sacristie prendre des ornements blancs pour célébrer la messe. S'il n'y a personne qui puisse chanter les litanies, il les récite à genoux sur les degrés de l'autel. Quand les cierges sont allumés et l'autel préparé, il célèbre la messe solennelle, ainsi qu'il est marqué dans le Missel. Après la messe, il remet le ciboire dans le tabernacle, étant accompagné d'un ou de deux acolytes portant des flambeaux ou des cierges.

CHAPITRE I. — *Choses à préparer pour ce jour.*

Hors de la porte principale de l'église.

1. Une petite table avec une nappe, et par-dessus les choses suivantes. 2. Un petit pupitre avec le Missel. 3. Un bassin d'argent avec cinq grains d'encens. 4. L'encensoir et sa navette garnie d'encens. 5. Le bénitier avec l'aspersoir. 6. Le manipule, l'étole et la dalmatique de couleur blanche. 7. La lanterne avec une bougie. 8. Près de cette table, un réchaud avec des charbons pour les allumer au feu nouveau. 9. Des pincettes en fer. 10. Le roseau préparé pour supporter trois cierges.

Au grand autel.

1. La croix et les chandeliers, comme aux solennités. 2. Deux devants d'autel, l'un blanc dessous, l'autre violet dessus. 3. Un pied de bois ou une base de marbre au côté de l'Évangile, pour y placer le roseau. 4. Un pupitre pour chanter l'*Exsultet*. 5. Un chandelier au côté de l'Évangile pour le

cierge pascal qui doit avoir le lumignon prêt à être allumé, et cinq trous en forme de croix.

6. Les lampes doivent être préparées.

Sur la crédence du grand autel.

1. Une nappe blanche étendue. 2. Le Missel pour l'*Exsultet* et pour la messe. 3. Le calice avec les ornements blancs. 4. Le bassin avec les burettes et le manuterge.

Dans la sacristie.

1. Quatre surplis pour les clercs, un amict, une aube, un cordon, un manipule, une étole, une chape et une chasuble de couleur violette. 2. Un manipule, une étole et une chasuble de couleur blanche. 3. L'écharpe blanche. 4. Les cierges pour le transport du ciboire.

Aux fonts baptismaux (s'il y en a).

1. Une petite table couverte d'une nappe blanche. 2. Deux essuie-mains. 3. Le bénitier et l'aspersoir. 4. Un vase pour puiser l'eau des fonts. 5. Les vases du saint chrême et de l'huile des catéchumènes. 6. Un vase pour se laver les mains, et de la mie de pain. 7. Du coton pour essuyer les doigts qui auront touché les saintes huiles.

Pour le baptême, si on doit l'administrer.

1. Le Rituel romain. 2. Un petit vase avec du sel. 3. Les vases de l'huile des catéchumènes et du saint chrême avec du coton. 4. L'étole et la chape de couleur blanche. 5. Un linge pour essuyer la tête après le baptême. 6. Un autre linge pour servir de vêtement blanc. 7. Le cierge qu'on doit tenir allumé.

CHAP. II. — *Cérémonies à observer le samedi saint.*

§ I. Commencement de l'office jusqu'à la bénédiction du cierge.

1. On fait du feu nouveau hors de l'église, avec le briquet ou le fusil, et l'on allume les charbons dans le réchaud.

2. A l'heure convenable, quatre clercs prennent des surplis à la sacristie, et disposent chaque chose à sa place.

3. On donne le signal avec la crécelle; le célébrant se lave les mains, prend sur son surplis l'amict, l'aube, le cordon, l'étole et la chape de couleur blanche.

4. Tous marchent vers la grande porte dans cet ordre: le premier clerc, les mains jointes; le troisième clerc avec la croix processionnelle; le célébrant entre le second et le quatrième clerc.

5. Le clerc qui porte la croix s'arrête sur le seuil de la porte, et tourne la face du crucifix vers le célébrant qui est en dedans, se tournant lui-même vers l'autel.

6. Le célébrant s'arrête devant la petite table qui est entre lui et la croix.

7. Etant ainsi placé, ayant devant lui le Missel sur un pupitre, il bénit le feu avec les trois oraisons marquées, et les grains d'encens avec une seule oraison.

8. Pendant que le célébrant bénit l'encens, le premier clerc prend avec les pincettes des charbons du feu nouveau, et les met dans l'encensoir.

9. Le célébrant met de l'encens dans l'encensoir avec la bénédiction et les baisers requis; ensuite il asperge trois fois les grains d'encens, en disant: *Asperges me*, etc., sans ajouter *Miserere*, et les encense de trois coups.

10. Le thuriféraire ayant repris l'encensoir, y met encore du feu bénit.

11. Le célébrant quitte la chape et l'étole violettes, prend le manipule, l'étole sur l'épaule gauche, et la dalmatique de couleur blanche.

12. En même temps le second clerc allume une bougie au feu nouveau, et la met dans la lanterne; le quatrième prend le bassin avec les grains d'encens.

13. Le célébrant met de nouveau de l'encens dans l'encensoir, le bénit, et prend le roseau.

14. On procède à la bénédiction du cierge dans l'ordre suivant: un clerc avec les grains d'encens à droite, et le thuriféraire à gauche; le troisième clerc avec la croix; le célébrant avec le roseau, et le second clerc à sa gauche avec la lanterne.

15. Les clercs qui portent les grains, l'encensoir et la croix, entrent dans l'église, et s'arrêtent dès que le célébrant s'est un peu éloigné de la porte.

16. Le célébrant s'étant avancé, abaisse le roseau, et allume le cierge, à l'aide du second clerc, l'un des trois cierges; il se met à genoux, et tous avec lui, excepté seulement le clerc qui porte la croix.

17. Le célébrant à genoux dit d'une voix distincte: *Lumen Christi*; ensuite il se lève, et les clercs se levant avec lui répondent: *Deo gratias*.

18. On va au milieu de l'église, on allume un second cierge, et l'on fait pour la seconde fois toutes les choses susdites, mais le ton de voix doit être plus élevé.

19. Enfin on va devant les degrés de l'autel, on allume le troisième cierge, et pour la troisième fois on fait les mêmes choses, élevant encore plus la voix.

§ II. Bénédiction du cierge.

1. Les clercs ayant répondu pour la troisième fois *Deo gratias*, tous se lèvent et forment une même ligne avec le célébrant qui est au milieu d'eux devant l'autel.

2. Le second clerc se retire, dépose la lanterne sur la crédence, prend le Missel pour l'*Exsultet*, et le présente au célébrant qui lui donne le roseau.

3. Le célébrant tenant le Missel des deux mains se met à genoux sur le plus bas degré de l'autel, et sans dire le *Munda cor meum*, il dit seulement: *Jube, Domine, benedicere. Dominus sit in corde meo et in labiis meis, ut digne et competenter annuntiem suum paschale præconium. Amen.*

4. Ensuite il se lève, et tous ayant fait la génuflexion à l'autel, vont ensemble dans l'ordre suivant, au lieu préparé pour l'*Exsultet*, sur le pavé du côté de l'Evangile: le thuriféraire à la gauche du quatrième clerc qui porte les grains d'encens; le troisième clerc avec la croix, ayant à sa gauche le

second clerc avec le roseau; le célébrant avec le Missel.

Arrivés au pupitre, tous se placent auprès en ligne directe, la face tournée comme le célébrant.

1° Le célébrant met le Missel sur le pupitre.
2° Le clerc portant la croix se met à la droite du célébrant.
3° Le thuriféraire à la droite du clerc qui porte la croix.
4° Le clerc avec le roseau à la gauche du célébrant.
5° Le clerc portant les grains d'encens à la gauche de celui qui porte le roseau.
6° Le célébrant ayant reçu l'encensoir du thuriféraire, encense le Missel ouvert sur le pupitre, et commence l'*Exsultet* d'une voix haute et distincte.
7° A ces mots, *Curvat imperia*, il place les grains d'encens dans les trous du cierge de cette manière :

```
    1
  4 2 5
    3
```

8° Le quatrième clerc dépose sur la crédence le bassin où étaient les grains d'encens, prend un roseau avec une mèche au bout, et retourne à sa première place (*Bauldry*, pag. 4, cap. 11, art. 3, n. 7), à la droite du clerc qui tient le roseau.
9° A ces mots, *Rutilans ignis accendit*, le célébrant allume le cierge avec le roseau.
10° A ces mots, *Apis mater eduxit*, il s'arrête jusqu'à ce que le quatrième clerc ait allumé les lampes avec sa mèche ou bougie.
11° L'*Exsultet* étant terminé, le célébrant ferme le Missel; le second clerc fixe le roseau dans la base qui lui a été préparée au côté de l'Evangile, et le troisième dépose la croix au côté de l'Epître.
12° Ensuite le thuriféraire ayant à sa gauche le clerc qui a porté les grains d'encens, le second et le troisième clerc suivis du célébrant, font la génuflexion à l'autel, et retournent à la sacristie.
13° Il y dépose les ornements blancs, prend le manipule, l'étole et la chasuble de couleur violette.

§ III. Des prophéties.

1. Le célébrant ainsi revêtu va à l'autel précédé par les clercs.
2. Il salue la croix, monte à l'autel, le baise au milieu, et va au côté de l'Epître.
3. Il lit à haute voix les douze prophéties avec les traits et les oraisons, fléchissant le genou avec tous les autres lorsqu'avant chaque oraison (excepté la dernière) il dit : *Flectamus genua*, et le second clerc en se levant répond : *Levate*.
4. La dernière oraison étant terminée, le célébrant fait au même lieu la révérence à la croix, descend vers le siège au côté de l'Epître, et quitte la chasuble et le manipule.
5. Si l'église a des fonts baptismaux, le célébrant prend la chape et s'assied; sinon, ayant quitté la chasuble, il va devant l'autel pour dire les litanies, comme il est dit ci-après, § 6.

Passons maintenant à la bénédiction des fonts, afin qu'il ne manque rien dans cet abrégé.

§ IV. Bénédiction des fonts.

1. Le célébrant étant assis, le premier clerc ôte du candélabre le cierge allumé, et va devant l'autel.
2. Le troisième clerc prend la croix et vient aussi devant l'autel.
3. Les autres vont aux côtés du célébrant.
4. Le célébrant s'étant levé commence à haute voix le Trait *Sicut servus*, etc., comme ci-après, et le continue lentement avec les clercs.
5. Dès que le Trait est commencé, tous ayant fait la révérence à l'autel, la procession se dirige vers les fonts dans cet ordre : le clerc portant le cierge pascal; le clerc portant la croix; le célébrant au milieu des deux autres clercs, la tête couverte, récitant le Trait :

℣ Sicut cervus desiderat ad fontes aquarum, ita desiderat anima mea ad te, Deus.

℣ Sitivit anima mea ad Deum vivum : quando veniam, et apparebo ante faciem Dei?

℣ Fuerunt mihi lacrymæ meæ panes die ac nocte : dum dicitur mihi per singulos dies : ubi est Deus tuus?

6. Tous s'arrêtent devant l'enceinte des fonts baptismaux, le célébrant ayant la croix en face; quand le Trait est terminé, il dit : *Dominus vobiscum* et l'oraison *Omnipotens*, le quatrième clerc soutenant le livre.
7. Les clercs qui portent le cierge et la croix entrent dans l'enceinte des fonts, si le lieu le permet, et sont toujours en face du célébrant.
8. Le célébrant s'approche des fonts, et dit la seconde oraison avec la Préface (comme dans le Missel), tenant toujours les mains jointes.
9. Durant la Préface il fait les choses suivantes, comme il est prescrit par la rubrique dans cet endroit :
1° Après les mots *gratiam de Spiritu sancto*, il divise l'eau en forme de croix avec la main droite, et s'essuie immédiatement la main.
2° Après les mots *non inficiendo corrumpat*, il touche l'eau avec la main, et s'essuie.
3° Après les mots *indulgentiam consequantur*, il fait trois signes de croix sur l'eau avec la main droite.
4° Après les mots *super te ferebatur*, il divise l'eau avec la main droite en la jetant vers les quatre parties du monde; l'orient, l'occident, le septentrion et le midi, de cette manière :

```
    1
  3   4
    2
```

5° Après les mots *in nomine Patris*, il change de voix, et prend le ton des leçons.
6° Après les mots *tu benignus aspira*, il souffle trois fois dans l'eau en forme de croix.
7° Après les mots *purificandis mentibus efficaces*, il enfonce un peu le cierge dans l'eau en disant: *Descendat in hanc plenitudinem*, etc., et le retire. Il l'enfonce une seconde fois davantage, répète d'un ton plus élevé *Descendat*, etc., et le retire de nouveau

Il l'enfonce une troisième fois jusqu'au fond, et d'une voix encore plus haute, il répète *Descendat*, etc., et ne le retire pas.

8° Immédiatement ensuite, il souffle trois fois sur l'eau en forme d'un ψ (*psi*) grec, comme il y a dans le Missel, et continue, *totamque hujus aquæ*.

9° Après les mots *fecundet effectu*, il retire le cierge qu'on essuie avec un linge.

10° Il poursuit la Préface, qu'il termine d'une voix plus basse, en disant : *Per Dominum nostrum*, etc., et les assistants répondent : *Amen*.

11° Le second clerc prend le bénitier, et puise de l'eau dans les fonts.

12° Le célébrant prend l'aspersoir trempé dans l'eau, s'asperge lui-même et les assistants. Ensuite, au milieu des clercs, il asperge tous ceux qui sont dans l'église avec la même eau bénite, et retourne vers les fonts.

13° On prend de l'eau bénite pour remplir les bénitiers de l'église, pour la bénédiction des maisons, des aliments, et pour faire l'aspersion le jour de Pâques.

14° Le célébrant s'approche des fonts, verse de l'huile des catéchumènes dans l'eau, en forme de croix, disant : *Sanctificatur*, etc.

15° Ensuite il verse du saint chrême de la même manière, en disant : *Infusio Chrismatis*, etc.

16° Enfin il verse en même temps du saint chrême et de l'huile des catéchumènes en forme de croix, disant : *Commixtio chrismatis*, etc.

17° Il divise avec sa main l'huile qu'il a versée dans l'eau, et l'écarte sur toute la surface.

18° Il nettoie ses mains avec du coton et de la mie de pain; puis les lave et les essuie.

Nota. Si l'eau qu'on a bénite était, non dans les fonts, mais dans un grand vase portatif, on en puise pour servir d'eau baptismale, et c'est dans celle-ci qu'on mêle les saintes huiles de suite, si on a pu les avoir, ou plus tard quand on les aura; en attendant on se sert de l'ancienne eau baptismale, ou bien on en fait provisoirement avec les huiles anciennes. Quand on a reçu les nouvelles, on fait brûler les anciennes dans la lampe qui est devant le saint sacrement, ou avec du coton, selon le Pontifical (*De Off. in fer.* v *Cœnæ Domini, in fine*).

§ V. Baptême des enfants.

Il y a surtout deux jours (dit le Rituel romain) où, selon l'ancien usage de l'Église, il est très-convenable d'administrer ce sacrement avec solennité, savoir : le samedi saint, et la veille de la Pentecôte, qui sont les jours où l'on bénit l'eau des fonts baptismaux avec les cérémonies prescrites. C'est pourquoi le célébrant ayant terminé la bénédiction des fonts, baptisera solennellement dans l'ordre suivant, les enfants qu'il y aurait à baptiser.

1. Vers la fin de la bénédiction on tient prêts, hors de la porte de l'église, les enfants à baptiser, assistés de leurs parrains.

2. Le célébrant s'étant lavé les mains, s'approche de la porte de l'église, précédé du clerc qui porte la croix (celui qui tient le cierge demeurant auprès des fonts), et accompagné des deux autres clercs.

3. Le célébrant interroge et exorcise l'enfant hors de l'église (s'il y en a plusieurs, il fait comme il est marqué dans le Rituel romain).

4. Ensuite il lui met dessus l'extrémité de son étole (celle qui descend de son épaule gauche), et l'introduit dans l'église, en disant : *N., ingredere in templum Dei*, etc.).

5. Ensuite ayant dit le *Credo* et le *Pater noster*, tournant les épaules du côté des fonts baptismaux, il prononce l'exorcisme; il touche avec de la salive les oreilles et les narines de l'enfant, et lui fait avec l'huile des catéchumènes une onction à la poitrine et aux épaules.

6. Étant hors de l'enceinte des fonts, le célébrant quitte la chape et l'étole de couleur violette, et prend l'étole et la chape de couleur blanche.

7. Il entre à la suite de la croix dans l'enceinte des fonts où entrent aussi les parrains avec les enfants.

8. Le célébrant, debout devant les fonts, demande à chacun d'eux : *N., credis*, etc. Les parrains répondent : *Credo. N., vis baptizari ?*

9. Les parrains répondent *volo*, et le célébrant baptise par *immersion* ou par *infusion*, selon l'usage des églises. Il baptise par *immersion*, s'il n'y a dans le baptistère que le seul bassin contenant l'eau bénite. Il baptise par *infusion*, s'il y a deux bassins, l'un contenant l'eau baptismale, l'autre vide pour recevoir l'eau qu'on verse en baptisant, et la conduire par un trou dans la piscine.

10. Pour baptiser par immersion, le célébrant prend l'enfant, et le tenant lui seul, il lui plonge la tête trois fois avec précaution, disant en même temps une seule fois : *N., ego te baptizo*, etc., et dès qu'il a achevé, il le donne au parrain, ou à la marraine, ou à tous les deux (*Rit. rom.*).

11. Si l'on baptise par *infusion*, le parrain ou la marraine, ou tous les deux ensemble tiennent l'enfant sur le bassin vide, le célébrant prend de l'eau baptismale dans un vase, en verse trois fois en forme de croix sur la tête de l'enfant, proférant en même temps une seule fois distinctement et attentivement ces paroles : *N., ego te baptizo*, etc.

12. Dès qu'on a essuyé la tête de l'enfant, le célébrant disant : *Deus omnipotens*, e.c., lui fait une onction du saint chrême au sommet de la tête.

13. Ensuite il le revêt de l'habit blanc (mettant un linge blanc sur sa tête selon le Rituel), donne à lui ou au parrain le cierge allumé, dit : *N., vade in pace*, etc., donne aux parrains et fait donner aux parents de l'enfant les avis contenus dans le Rituel.

14. Le célébrant se lave les mains, quitte la chape et l'étole de couleur blanche, et reprend l'étole avec la chape violette.

§ VI. Les litanies, la messe et les vêpres.

1. Le célébrant, précédé du clerc qui porte le cierge, et de celui qui porte la croix processionnelle, étant au milieu des deux autres clercs, retourne devant l'autel.

2. On met le cierge sur son candélabre, et la croix au côté de l'Épitre.

3. Le célébrant étant devant l'autel, quitte seulement la chape, se met à genoux avec tous les autres et récite les litanies sur le Missel posé devant lui sur un escabeau.

4. Les clercs répondent en répétant tout ce que dit le célébrant.

5. Au verset *Peccatores* on ôte le devant d'autel violet, on allume les cierges, et on place les vases de fleurs entre les chandeliers.

6. Le célébrant poursuit les litanies jusqu'aux mots *Christe, exaudi nos*, inclusivement.

7. Ensuite il se lève, et les clercs le précèdent vers la sacristie; là il quitte l'étole violette, prend le manipule, l'étole et la chasuble de couleur blanche.

8. Le célébrant, précédé des clercs, retourne à l'autel; il commence la messe au bas des degrés selon l'usage, sans omettre le psaume *Judica me*, etc., et le *Gloria Patri*.

9. Il monte à l'autel, au milieu duquel ayant terminé l'oraison *Aufer a nobis*, etc., il dit immédiatement: *Kyrie eleison* à l'ordinaire, parce qu'il n'y a pas d'*Introït*.

10. Au *Gloria in excelsis*, on sonne les cloches, pourvu que le signal en ait été donné à l'église principale.

11. Après l'Épître le célébrant dit trois fois: *Alleluia*, élevant graduellement la voix; les clercs le répètent à chaque fois sur le même ton, et le célébrant poursuit le verset et le trait.

12. On ne dit pas le *Credo*, et, après *Dominus vobiscum*, il n'y a point d'Offertoire. On ne dit pas l'*Agnus Dei*, et l'on ne donne pas la paix.

13. Au lieu de l'antienne appelée *Communion*, on dit les vêpres, comme il y a dans le Missel.

14. Ainsi le célébrant au côté de l'Épître dit l'antienne *Alleluia*, etc.; il récite avec les clercs le psaume *Laudate*, etc.; à la fin on répète la susdite antienne.

15. On ajoute ensuite l'antienne *Vespere autem*, etc., avec le cantique *Magnificat*.

16. Quand on a répété l'antienne *Vespere*, etc., le célébrant va au milieu de l'autel, le baise, et, tourné vers le peuple, il dit *Dominus vobiscum*, puis l'oraison à l'ordinaire au côté de l'Épître.

17. On ajoute à l'*Ite missa est* deux fois *Alleluia*.

18. Après l'Évangile de saint Jean le célébrant retourne à la sacristie, et quitte les ornements de la messe.

§ VII. Transport du ciboire.

1. Le célébrant prend l'étole blanche sur son surplis; et précédé de deux clercs avec des cierges, et d'un autre qui porte la bourse du corporal et l'écharpe, il se rend au lieu où l'on a réservé les petites hosties dans le ciboire.

2. Là, après les génuflexions requises, il prend le ciboire avec les mains couvertes de l'écharpe et le porte dans le tabernacle, où l'on conserve ordinairement le saint sacrement.

3. Il retourne à la sacristie où il dépose les vêtements sacrés, récite l'antienne *Trium puerorum*, etc., avec l'*Alleluia*, le cantique, le psaume et les oraisons destinées à l'action de grâces.

4. En même temps les clercs éteignent les cierges de l'autel.

5. On éteint pareillement les trois cierges qui sont au sommet du roseau; comme on ne doit plus les allumer, on emporte le roseau et sa base.

6. On éteint aussi le cierge pascal, mais on le laisse sur son candélabre, et on l'allume aux messes de tous les dimanches et fêtes de précepte, soit fêtes du Seigneur, soit fêtes des saints, jusqu'à l'Évangile du jour de l'Ascension de Notre-Seigneur, inclusivement; quand l'Évangile est achevé, on l'éteint, et la messe étant finie on l'ôte du chandelier, et on le conserve pour l'allumer la veille de la Pentecôte à la bénédiction des fonts.

Nota. Selon les rubriques particulières du Missel, on peut faire la bénédiction des cierges, des cendres, des rameaux et du feu nouveau sans chape, mais toujours sans chasuble. Le Rituel romain ne prescrit pas la chape pour la bénédiction de l'eau chaque dimanche, mais pour l'aspersion qu'on fait ensuite.

VARIÉTÉS.

(Extrait du Cérémonial de Besançon.)

De la messe et des vêpres.

Dès que le célébrant est arrivé avec ses ministres à la sacristie, le sacristain a soin de faire ôter le devant d'autel et le pavillon rouge, et de préparer sur la crédence ce qui est nécessaire pour la messe solennelle comme à l'ordinaire. Dans les églises où il y a des fonts, il a soin de préparer toutes ces choses pendant qu'on fait la bénédiction des fonts.

Le célébrant étant arrivé à la sacristie, se revêt d'abord des ornements blancs pour la messe; le diacre et le sous-diacre se revêtent de dalmatique et de tunique de même couleur; ceux qui doivent faire choristes vont aussi prendre des chapes blanches à la sacristie. Le célébrant étant revêtu met l'encens dans l'encensoir et le bénit à la manière ordinaire; puis quand on a achevé de chanter les litanies, si on les chante au chœur, il sort de la sacristie précédé du thuriféraire portant son encensoir, des acolytes portant leurs chandeliers allumés, et de ses autres ministres.

A l'entrée du chœur, le diacre et le sous-diacre se découvrent, et le diacre chante *Accendite*, comme il est porté au Missel; puis, avançant d'un pas ou deux, il le chante une seconde fois d'un ton un peu plus élevé, et avançant encore un peu, il le chante une troisième fois, élevant encore plus sa voix, pendant que le sacristain ou un autre clerc revêtu du surplis, allume les cierges qui sont sur l'autel dans le même ordre qu'il l'a fait à la messe solennelle.

Après que le diacre a chanté trois fois *Accendite*, les choristes ou l'orgue commencent les *Kyrie* de la messe, n'y ayant pas d'Introït ce jour-là. Cependant le célébrant dit au bas de l'autel le psaume *Judica* et le verset *Gloria Patri*, fait la confession, monte à l'autel, le baise, l'encense à l'ordinaire, et quand il l'a encensé, il dit au coin de l'Epître les *Kyrie*, et quand le chœur a achevé de les chanter il va au milieu de l'autel entonner solennellement le *Gloria in excelsis Deo*, que le premier choriste est venu lui annoncer à l'ordinaire.

Pendant qu'on chante au chœur les *Kyrie* de la messe, on sonne solennellement les cloches, et il est à remarquer qu'on ne doit point les sonner dans aucune église, ni séculière, ni régulière, avant qu'on ne les ait sonnées à la métropolitaine dans la cité, et autre part dans la principale église paroissiale, comme il est porté dans le décret du concile de Latran, sess. 2, sous Léon X. Si néanmoins dans les églises particulières on commençait la messe avant qu'on sonnât à la métropolitaine, ou à la principale paroisse, on pourrait sonner les petites cloches qui sont au dedans de l'église.

L'Epître se chante à l'ordinaire, et, après qu'elle est chantée, les deux choristes entonnent l'*Alleluia* et le verset, étant debout et découverts; l'Evangile se dit comme aux autres messes solennelles, excepté que les acolytes y assistent les mains jointes sans porter leurs chandeliers comme aux messes des morts. Le célébrant dit *Gloria Patri* à la fin du psaume *Lavabo*; il dit aussi *Pax Domini*, etc.; mais il ne donne point de baiser de paix, et ne dit pas *Agnus Dei* ni la Communion. Le sous-diacre, après l'ablution, essuie et couvre le calice à l'ordinaire, et le reporte à la crédence; puis il vient se mettre au côté du célébrant.

Pendant que le célébrant prend l'ablution, le premier choriste va à l'autel pour lui annoncer l'antienne *Alleluia*, qu'il lui annonce aussitôt après l'ablution en la manière qu'il a fait pour le *Gloria in excelsis*; le célébrant ensuite étant tourné vers l'autel sans sortir du coin de l'Epître, entonne *Alleluia*, après avoir attendu quelque temps pour donner le loisir au choriste de retourner à sa place et commencer le psaume *Laudate*; le célébrant, ayant entonné l'antienne *Alleluia*, récite le psaume *Laudate*, alternativement avec le diacre et le sous-diacre, qui se mettent pour ce sujet à sa droite, et poursuit le reste avec eux jusqu'à l'antienne du *Magnificat*; si le célébrant veut, il peut aller s'asseoir.

Après que le chœur a achevé de chanter le *Laudate*, les choristes répètent le premier *Alleluia* de l'antienne que le chœur poursuit; le premier choriste entonne l'antienne du second *Laudate*, et le second choriste entonne le psaume; l'antienne répétée comme ci-dessus, le second choriste entonne l'antienne du troisième *Laudate*, que le premier choriste entonne; après quoi celui-ci va annoncer l'antienne du *Magnificat* au célébrant, lequel va au coin de l'Epître, s'il était assis.

Le célébrant, après que l'antienne lui a été annoncée, demeure au coin de l'Epître, et, tourné vers l'autel, il entonne l'antienne *Vespere autem sabbati*, ayant le diacre et le sous-diacre derrière lui; le chœur poursuit l'antienne, et les deux choristes ou l'orgue entonnent le *Magnificat*; le célébrant poursuit à basse voix l'antienne et dit le *Magnificat* avec ses ministres, qui se remettent pour ce sujet à son côté droit. Dès qu'il a répété l'antienne, il va au milieu de l'autel, le diacre et le sous diacre se mettent à ses côtés; le thuriféraire s'étant approché donne la navette au diacre, et le célébrant met de l'encens dans l'encensoir, le bénit et encense l'autel à l'ordinaire; après l'encensement de l'autel, le diacre encense le célébrant, puis s'étant mis derrière lui avec le sous-diacre, ils sont encensés par le thuriféraire, qui va ensuite encenser le chœur, comme à l'Offertoire.

Après que le chœur a répété l'antienne du *Magnificat*, le célébrant va au milieu de l'autel, le baise et dit : *Dominus vobiscum*, tourné vers le peuple; puis retourne au côté de l'Epître pour dire l'oraison, et va derechef dire *Dominus vobiscum*, après lequel le diacre ayant chanté *Benedicamus Domino*, il donne la bénédiction, finit la messe, et s'en retourne avec ses ministres comme aux autres messes.

Il est à remarquer que le cierge pascal doit être placé au côté de l'Evangile, et doit être allumé aux complies du samedi saint, à tout l'office du dimanche, du lundi et du mardi de Pâques, à la messe solennelle et aux premières et secondes vêpres tant du dimanche de *Quasimodo* que des autres dimanches et fêtes de commandement depuis l'octave de Pâques jusqu'à l'Ascension, jour auquel on l'éteint après l'Evangile.

De l'office du samedi saint dans les églises où il n'y a qu'un prêtre.

Le prêtre prépare ou fait préparer tout ce qui est dit ci-dessus pour la bénédiction du feu nouveau, de l'encens, du cierge pascal et des fonts baptismaux. Il se revêt à l'heure convenable de l'aube, du manipule et de l'étole rouge croisée devant la poitrine sans chape; puis va à l'autel, précédé des acolytes et d'un thuriféraire; là il fait la bénédiction du feu et des grains d'encens comme ci-dessus, après laquelle, mettant son étole en diacre, et se revêtant même d'une dalmatique s'il en a une, il va dire l'*Exsultet* pour la bénédiction du cierge sur le pupitre qui est préparé au côté de l'Evangile, observant ce qui est dit ci-devant pour le diacre; les acolytes l'assistent comme il est dit ci-dessus.

Après la bénédiction du cierge, il va faire la révérence à l'autel, reçoit son bonnet et s'en retourne à la sacristie, où, ayant mis bas sa dalmatique, il croise son étole devant sa poitrine, et se revêt de chape, s'il en a une. Si la sacristie est éloignée, il pourra préparer sa chape au côté de l'Epître sur une petite table ou crédence, et s'y aller revêtir; étant revêtu de chape, il revient à l'autel, où étant monté il va au coin de l'Epître pour chanter les leçons ou prophéties et les oraisons. Ceux du chœur chantent les Traits;

s'il y a des clercs revêtus de surplis, ils peuvent chanter les prophéties à la manière dite ci-dessus.

Les prophéties et les oraisons achevées, si l'église a des fonts baptismaux, le célébrant y va processionnellement, précédé d'un clerc qui porte le cierge pascal, d'un porte-croix, des deux acolytes et des chantres; il commence lui-même les litanies, s'il n'y a pas de chantres qui les puissent commencer; après les litanies il bénit les fonts. Après la bénédiction des fonts, il s'en retourne au chœur de la même manière qu'il en est parti, et, après avoir fait la révérence à l'autel, il va à la sacristie prendre des ornements blancs pour dire la messe, pendant laquelle il se comporte comme aux autres messes solennelles, observant néanmoins ce qui est particulier pour cette messe, comme il est marqué ci-devant. Il observe aussi pour les vêpres ce qui est dit ci-dessus.

DU SAMEDI SAINT.

(Extrait du rite viennois.)

§ I. Des litanies et de la bénédiction du feu nouveau.

Les petites heures se disent au chœur comme hier. Après none on découvre les images et les tableaux, on orne les autels, et on place le grand chandelier du cierge pascal, au coin de l'autel, du côté de l'Evangile. Aujourd'hui le clergé entre au chœur, en se saluant comme à l'ordinaire, à l'office du matin. Après lui viennent, 1° le maître des cérémonies, le thuriféraire, l'aquiféraire et un clerc portant cinq grains d'encens, lesquels se mettent à genoux sous la lampe; 2° les acolytes et le cruciger, qui se tiennent debout entre la lampe et la balustrade; 3° les choristes en chapes blanches, lesquels se rendent au lutrin; 4° le célébrant, également en chape blanche, puis le diacre et le sous-diacre en dalmatiques de même couleur; ils se mettent tous trois à genoux sur le plus bas degré de l'autel. Après la prière accoutumée, faite à genoux, on chante les premières litanies, comme il suit, tout le monde étant à genoux jusqu'à l'invocation *Sancta Maria*; les choristes commencent *Kyrie eleison*, et tout le chœur répète *Kyrie eleison*, et on fait de même pour chaque invocation. A *Sancta Maria*, si on ne bénit pas le feu nouveau à la sacristie, le clergé, précédé du maître des cérémonies, se rend en procession à la grande porte de l'église; à *Propitius esto* exclusivement, on suspend le chant des litanies, et le célébrant bénit le feu nouveau en chantant sur le ton des oraisons les prières marquées dans le Missel, qui doit être placé sur un pupitre, et autour duquel tous les officiers se rangent comme pour le chant de l'Evangile à la messe. Le thuriféraire garnit son encensoir en prenant avec des pincettes, dans un réchaud, des charbons qu'on y a allumés avec le feu nouveau extrait préalablement d'un caillou au moyen d'un briquet. On peut aussi, si le local le permet, faire cette bénédiction à la sacristie, pendant qu'on chante au chœur les premières litanies.

§ II. Du cantique *Exsultet*, ou de la bénédiction du cierge pascal.

1. Après la bénédiction du feu et de l'encens, on continue le chant des premières litanies en retournant à l'autel, dans le même ordre; et aussitôt on procède comme il suit au chant de l'*Exsultet*: 1° le maître des cérémonies, les mains jointes; 2° le thuriféraire portant de la main droite l'encensoir fumant, et de l'autre la navette; 3° un clerc portant sur une petite assiette une bougie et quelques allumettes avec les cinq grains d'encens bénits; 4° un acolyte en rochet portant le cierge pascal; 5° un acolyte en chape blanche portant la croix processionnelle découverte; 6° les deux acolytes ordinaires avec leurs cierges éteints; 7° les ministres sacrés en chasubles et dalmatiques blanches. Tous les officiers étant rangés sur deux lignes comme au commencement de la messe, le maître des cérémonies porte les bonnets des ministres sacrés sur leurs sièges, remet au diacre le livre des Evangiles et va rejoindre les autres officiers qui sont demeurés debout sous la lampe. Cependant le célébrant monte à l'autel et le baise au milieu. Aussitôt le diacre monte sur le marchepied, où, sans dire *Munda cor meum*, il demande à l'ordinaire la bénédiction du célébrant dont il baise aussi la main. Mais le célébrant en la lui donnant dit : *Annunties paschale præconium*, au lieu d'*Evangelium suum*. Cependant le diacre s'étant levé, se tourne sur sa gauche sans faire aucune révérence à l'autel, descend *in plano*, fait avec le sous-diacre la génuflexion sur le plus bas degré; ensuite, précédé de tous les officiers qui ont refait la génuflexion sous la lampe, excepté le cruciger, les acolytes et le céroféraire, il se rend à l'ordinaire au pupitre autour duquel on se place comme pour l'Evangile, le céroféraire se tenant toutefois à la droite du maître des cérémonies, et le clerc qui porte les cinq grains d'encens à la gauche du thuriféraire. Aussitôt le diacre, sans encenser le livre, chante absolument, et les mains jointes, tout le monde étant debout et tourné vers lui, le cantique ou la Préface *Exsultet*, comme il est marqué dans le Missel, dont le maître des cérémonies tourne au besoin les feuillets avec la main droite, tenant l'autre appuyée sur la poitrine. Le diacre place ensuite au cierge pascal les cinq grains d'encens comme il suit : 1° au haut de la croix du cierge; 2° au milieu; 3° en bas; 4° à la droite du cierge; 5° à la gauche.

2. Aussitôt après le chant de l'*Exsultet*, le chœur s'assied et se couvre, tandis que tous les officiers et même les choristes s'en retournent à la sacristie dans le même ordre qu'ils en étaient sortis, quittent leurs ornements blancs, et reprennent aussitôt leurs places respectives au chœur. Cependant le sacristain place sur l'autel, du côté de l'Epître, un Missel ouvert et un petit pupitre au chœur comme la veille pour le chant des

leçons; mais auparavant il a eu soin de mettre sur son chandelier le cierge pascal qui doit brûler jusqu'à la fin de l'office, et dorénavant à la messe et à vêpres jusqu'à la messe du samedi suivant inclusivement; puis tous les jours pendant le temps pascal à la messe, et de plus à matines et à vêpres, dans les fêtes doubles et au-dessus.

§ III. Des leçons, des Traits et des oraisons.

Après le chant de l'*Exsultet*, les ministres sacrés se revêtent à la sacristie des ornements violets, et reviennent à l'autel, précédés seulement du maître des cérémonies et des acolytes portant leurs cierges allumés, et enfin des coadjuteurs, adjuteurs et choristes, seulement en habit de chœur. Sitôt après la génuflexion ordinaire à l'autel, les choristes saluent le chœur et se rendent au lutrin, et les acolytes à la crédence, tandis que le célébrant monte seul à l'autel qu'il baise au milieu, et va de suite au côté de l'Épître avec ses ministres sacrés, lire comme la veille les leçons, les Traits et oraisons, pendant qu'on les chante au chœur comme hier à l'invitation du maître des cérémonies; et durant ce temps-là le chœur se comporte aussi tout comme hier; ensuite il s'assied et se couvre tandis que tous les officiers rentrent à la sacristie où les ministres sacrés quittent leurs ornements violets et les choristes prennent des chapes blanches, puis reviennent aussitôt au lutrin pour chanter les litanies suivantes.

§ IV. Des secondes litanies et de la bénédiction des fonts.

1. Dans les églises où il n'y a pas de fonts baptismaux, on omet ces secondes litanies et tout ce qui suit jusqu'aux troisièmes litanies exclusivement, lesquelles se chantent au chœur comme les premières, pendant que les ministres sacrés reprennent aussi à la sacristie des ornements blancs; mais s'il y a des fonts baptismaux, tout le monde étant à genoux, on chante les secondes litanies comme les premières. Cependant les officiers sortent de la sacristie comme il suit : 1° le maître des cérémonies, les mains jointes; 2° un acolyte portant le cierge pascal qu'il va prendre sur son chandelier; 3° un sous-diacre cruciger, en dalmatique blanche; 4° les deux acolytes, portant leurs chandeliers avec des cierges blancs allumés; 5° deux prêtres ou deux diacres, en chapes blanches, portant, l'un l'huile des catéchumènes, et l'autre le saint chrême; 6° le diacre et le sous-diacre en dalmatiques blanches; 7° enfin le célébrant en chape de même couleur. Ils s'agenouillent tous sur le plus bas degré de l'autel, excepté le cruciger, le céroféraire à sa gauche, et les deux acolytes aux extrémités, lesquels demeurent debout sous la lampe. Dès que le chœur chante *Omnes sancti martyres*, ils partent précédés du céroféraire et marchent de front à la tête de la procession, si l'espace le permet. Ils sont suivis, 1° du clergé marchant deux à deux, les moins dignes les premiers; 2° des choristes précédés du maître des cérémonies, les mains jointes, et marchant au milieu des rangs; 3° enfin du célébrant, seul couvert, entre le diacre et le sous-diacre.

2. Arrivés aux fonts, les acolytes avec le cruciger se placent entre les fonts et le célébrant, lequel doit avoir la face tournée vers le grand autel. A la droite du célébrant sont le diacre et le prêtre qui porte l'huile des catéchumènes, puis le céroféraire. Le pupitre sur lequel est le Missel doit être à la gauche du célébrant, de même que le sous-diacre avec le prêtre qui porte le saint chrême, et enfin le maître des cérémonies, lequel tourne au besoin les feuillets avec la main droite, appuyant l'autre sur la poitrine. Le clergé environne les fonts par derrière les officiers, si l'espace le permet; sinon, il demeure au chœur, debout et tourné en face. Le verset *Ut catechumenos* doit être chanté une première fois, d'abord par le célébrant seul, ensuite par tout le chœur ensemble. Après quoi on achève à l'ordinaire le reste des litanies. Ensuite le célébrant fait ce qui est marqué dans le Missel, le diacre lui présentant, quand il faut, la serviette, le cierge pascal, l'huile des catéchumènes et le saint chrême.

3. Après la bénédiction des fonts, le célébrant, sans rien dire, asperge à l'ordinaire l'autel, la croix, le clergé et le peuple, avec l'eau bénite qu'il faut extraire des fonts en quantité suffisante pour l'usage de la paroisse, avant que le célébrant y verse les saintes huiles. Pendant ce temps-là les choristes chantent les troisièmes et dernières litanies que le chœur seulement répète, et à ces mots : *Sancte Jacobe Zebedæi*, la procession rentre au chœur dans le même ordre qu'elle en était sortie, en poursuivant les litanies après lesquelles on allume les cierges de l'autel pour la messe.

§ V. Des troisièmes litanies, de la messe et des vêpres.

1. S'il n'y a pas de fonts baptismaux dans l'église, sitôt après le chant des leçons, Traits et oraisons, tous les officiers étant rentrés à la sacristie, les deux premiers choristes seulement prennent des chapes blanches et reviennent de suite tout seuls au lutrin, où ils chantent à genoux jusqu'à l'invocation *Sancta virgo virginum*; le chœur répétant toujours chaque invocation.

2. A la fin des troisièmes litanies on allume les cierges de l'autel et les deux choristes commencent de suite gravement la messe par les *Kyrie* ordinaires pendant que les ministres sacrés, revêtus d'ornements blancs, sortent de la sacristie précédés du maître des cérémonies, les mains jointes, du thuriféraire portant la navette avec son encensoir garni, mais non fumant, et enfin des deux acolytes avec leurs chandeliers et cierges allumés. Après avoir fait la génuflexion devant l'autel comme de coutume, ils commencent la messe à l'ordinaire, sans toutefois ajouter *Gloria Patri* après le psaume *Judica me*. Ensuite ils montent à l'autel, que le célébrant baise; après quoi, omettant le premier encensement, il dit au milieu, avec

ses ministres sacrés les *Kyrie*, et entonne le *Gloria in excelsis*, que le premier choriste lui a annoncé comme de coutume, et que le célébrant récite aussi avec le diacre et le sous-diacre pendant qu'on sonne toutes les cloches. Cependant la messe se continue à l'ordinaire, sauf les exceptions suivantes : 1° après le chant de l'Epître, l'évêque seul, s'il est présent, ou en son absence, le célébrant chante seul, à l'autel, le premier *Alleluia* annoncé par le choriste, le chœur étant debout jusqu'au Trait, auquel il s'assied à l'ordinaire et se couvre ; 2° les acolytes assistent à l'Evangile, les mains jointes, ayant laissé leurs chandeliers à la crédence, et faisant alors les mêmes mouvements que les autres officiers libres, au commencement de l'Evangile. Mais le diacre demande la bénédiction, encense et fait tout le reste comme de coutume ; 3° on omet le *Credo*, l'Offertoire, le *Gloria Patri* après le psaume *Lavabo*, le baiser de paix, l'*Agnus Dei* et l'antienne dite Communion ; 4° on encense à l'ordinaire avant le *Lavabo*, les oblations, l'autel et le célébrant, mais non le chœur ; 5° il y a une Préface, un *Communicantes* et un *Hanc igitur* propres.

SANCTUS.

(Explication du P. Lebrun.)

Saint, saint, saint est le Seigneur, Dieu des armées. Votre gloire remplit les cieux et la terre. Hosanna au plus haut des cieux.

Sanctus, sanctus, sanctus Dominus Deus Sabaoth. Pleni sunt cœli et terra gloria tua. Hosanna in excelsis.

Cette hymne est dans toutes les plus anciennes liturgies (1). Elle est dans saint Cyrille de Jérusalem (2), dans les Constitutions apostoliques (3) et dans la *Hiérarchie* de saint Denys (4). Saint Grégoire de Nysse disait aux catéchumènes (5) : « Que ne vous hâtez-vous de recevoir le baptême, pour pouvoir chanter avec les fidèles ce que chantent les séraphins ? » On voit dans les Vies des papes, recueillies vers la fin du VI° siècle, que le pape saint Sixte Ier ordonna que tout le peuple chanterait cette hymne aussi bien que le prêtre. Saint Chrysostome suppose cet usage en plusieurs de ses sermons (6), lorsqu'il demande comment des chrétiens peuvent proférer des paroles et des chansons impudiques avec cette même bouche qui a fait retentir le saint cantique : *Saint, saint*, etc. Il semble qu'en quelques églises on voulait le réserver pour les messes solennelles, puisque le concile de Vaison, en 529 (7), ordonna « qu'à toutes les messes, soit à celles du grand matin, soit à celles du Carême ou des Morts, on dirait : *Saint, saint, saint*, tout de même qu'aux messes publiques, parce qu'un cantique si doux et si souhaitable ne peut jamais causer d'ennui, quand on le dirait nuit et jour. » Il est évident par là qu'on a toujours eu une grande dévotion pour cette hymne, et qu'elle vient des premiers temps.

RUBRIQUE.

Le prêtre, ayant les mains jointes devant la poitrine, se tient incliné, et dit ce cantique d'une voix médiocrement élevée. En même temps celui qui répond à la messe sonne la petite cloche. Rubr. Tit. VII, n. 8.

REMARQUES.

1. Le prêtre abaisse le ton sur lequel il a dit la Préface, parce que la variété de ton soulage celui qui récite, et sert aussi à réveiller l'attention, qui est la principale vue de l'Eglise ; mais quoique le prêtre récite le *Sanctus* un peu plus bas, il doit pourtant parler d'une voix intelligible, parce que le peuple a toujours été invité à dire ce cantique. Autrefois le prêtre ne le disait point seul. Il est marqué dans les anciens Capitulaires, autorisés et publiés par Charlemagne, l'an 789 (8), « que le prêtre se joindra aux saints anges et au peuple de Dieu, pour chanter tout d'une voix le *Sanctus*. » Ce règlement fut renouvelé dans d'autres Capitulaires (9), et par Hérard, archevêque de Tours (10), l'an 858. De là vient qu'aux grand'messes il est encore chanté par tout le chœur. Ce n'est que pour avancer que le prêtre n'attend plus qu'il soit chanté pour commencer le Canon.

2. Le prêtre joint les mains et se tient incliné, pour marquer un plus grand respect en récitant ce saint cantique.

3. On sonne une petite cloche, qui a d'abord été introduite pour le moment de l'élévation, comme nous le verrons, mais qu'on a jugé à propos de faire aussi sonner au *Sanctus*, pour avertir tous les assistants que le prêtre va entrer dans la grande prière du Canon, qui doit opérer la consécration du corps de Jésus-Christ, et pour les porter à redoubler leur attention et leur respect dès qu'on commence le saint cantique des anges, dont voici l'origine et l'explication.

EXPLICATION.

L'Eglise a emprunté du ciel même ce cantique. Saint Jean (11) dit que les saints le chanteront éternellement. Isaïe, ravi en es-

---

(1) Liturg. S. Jacob., Chrys., Basil., etc.
(2) Catech. 5 myst.
(3) Lib. v, c. 16.
(4) Hier. Eccl. c. 3.
(5) Orat. de non differ. Bapt.
(6) Hom. 14 in Ep. ad Ephes. Hom. 19 in Matth., etc.
(7) Can. 3.
(8) « Ipse sacerdos cum sanctis angelis et populo Dei communi voce *Sanctus, sanctus* decantet. » Capitul. c. 68, t. II, col. 236.
(9) Lorsque le prêtre a discontinué de chanter le *Sanctus* avec le peuple, il a fait du moins durant longtemps une prière en particulier, en attendant qu'on l'eût chanté. On lit après la Préface dans un Sacramentaire de Saint-Germain des Prés : *Oratio, interim Sanctus canitur, Suscipe*, etc. Dans plusieurs autres rapportés par le P. Martène : *Deus, qui non mortem*, etc. Dans un Missel de Fréjus du XII° siècle, on lit en lettres rouges : ANTE TE IGITUR : *Aperi, Domine, os meum ad benedicendum nomen tuum, mundaque cor meum ab omnibus variis et nequissimis cogitationibus, ut exaudiri merear deprecans te pro populo tuo, quem elegisti. Per Dominum nostrum. Amen.* Cette prière se trouve en divers autres Missels manuscrits plus et moins anciens.
(10) Cap. 16
(11) Die ac nocte dicentia : *Sanctus, sanctus, sanctus Dominus Deus omnipotens. Apoc.* IV, 8.

prit, l'entendit chanter alternativement par les séraphins ; et c'est de ce prophète que l'Eglise a tiré ces propres termes : *Saint, saint, saint est le Seigneur Dieu des armées. Votre gloire remplit toute la terre.* Saint Ambroise fait remarquer sur ces paroles comment on reconnaît en Dieu l'unité et la trinité des personnes (1). Les trois divines personnes de la très-sainte Trinité y sont louées, le Père saint, le Fils saint, le Saint-Esprit saint ; et, parce que ces trois divines personnes ne sont qu'un seul Dieu, on dit en même temps *le Seigneur Dieu des armées.*

SABAOTH est un de ces mots hébreux qui n'ont pas été traduits dans l'ancienne Vulgate, et qui a été conservé encore en trois endroits (2) dans la nouvelle version de saint Jérôme. *Saba* signifie armée, et *sabaoth* au pluriel *des armées.* Et, comme le Missel romain a toujours suivi l'ancienne version italique, il a conservé le mot *sabaoth,* au lieu qu'il est traduit dans notre Vulgate par *exercituum,* qui signifie *des armées !* Dieu est appelé le Dieu des armées, parce qu'il est le Seigneur et le prince de tous ces millions d'anges (3) qui forment la milice céleste. Il est le Seigneur de tout ce qu'il y a de fort et de grand dans les cieux et sur la terre, et le souverain arbitre de tous les événements de l'univers, où tout fait éclater sa sagesse, sa puissance, sa gloire : *Pleni sunt cœli et terra gloria tua.*

L'Eglise chante avec joie ce saint cantique des anges, pour commencer, comme dit Tertullien (4), à faire ici-bas ce que nous espérons de faire éternellement dans le ciel. Mais l'amour qu'elle a pour Jésus-Christ ne lui permet pas de chanter un cantique en l'honneur de la Trinité sainte, sans y joindre ce qu'elle doit à Jésus-Christ son rédempteur. Elle emprunte de l'Evangile pour ce sujet les louanges qui lui furent solennellement données peu de jours avant la consommation de son sacrifice.

SANG (PRÉCIEUX).
(Indulgences authentiques.)
PRIÈRES ET PRATIQUES DE PIÉTÉ
En l'honneur du précieux sang de Notre-Seigneur Jésus-Christ.

§ I. Indulgences accordées à perpétuité à tout fidèle qui récitera *avec dévotion* la couronne suivante, en l'honneur du précieux sang de Notre-Seigneur Jésus-Christ (5).

1° Indulgence de sept ans et sept quarantaines, une fois le jour.

2° Indulgence plénière, une fois chaque mois, pour celui qui l'aura récitée tous les jours dans le cours du mois, le jour où, s'étant confessé et ayant communié, il priera selon les intentions de l'Eglise.

3° Indulgence de trois cents jours, une fois par jour, pour celui qui ne récitera que la seule prière qui termine la couronne : O très-précieux sang, etc., col. 278 (6).

N. B. Toutes ces indulgences sont applicables aux âmes du purgatoire.

COURONNE DU PRÉCIEUX SANG.

℣ O Dieu, venez à mon aide ; ℟ Seigneur, hâtez-vous de me secourir.
Gloire soit au Père, etc.

Ier Mystère.

Notre aimable Rédempteur répandit les premières gouttes de son sang précieux, le huitième jour après sa naissance, lorsqu'il fut circoncis pour accomplir la loi de Moïse : considérons que c'est pour expier nos excès et nos impuretés que Jésus se soumet à la douloureuse cérémonie de la circoncision ; détestons-les du fond de notre cœur, et promettons-lui d'être à l'avenir, avec le secours tout-puissant de sa grâce, vraiment chastes de corps et d'esprit.

Cinq *Pater* et un *Gloria.*

℣ Seigneur, nous vous conjurons de venir au secours de vos serviteurs que vous avez rachetés par votre sang précieux.

IIe Mystère.

Jésus-Christ à la vue de l'ingratitude par laquelle les hommes devaient répondre à son amour, éprouve, dans le jardin des Oliviers, une sueur de sang si abondante, que la terre en est arrosée ; repentons-nous donc, enfin, d'avoir si mal répondu jusqu'ici aux innombrables bienfaits de cet aimable Sauveur, et prenons la ferme résolution de mettre à profit désormais ses grâces et ses saintes inspirations.

Cinq *Pater* et un *Gloria.* ℣ Seigneur, etc.

IIIe Mystère.

Jésus-Christ, dans sa cruelle flagellation, répand en abondance son sang précieux qui sort par ruisseaux de son corps déchiré ; il l'offre à son Père céleste dans le but de satisfaire à sa justice pour nos impatiences et nos délicatesses. Quand mettrons-nous donc un frein à notre vivacité et à notre amour-propre ? Ah ! faisons désormais tout ce qui dépendra de nous pour supporter avec plus de patience les tribulations et les mépris, et pour recevoir sans nous troubler les injures et les outrages.

Cinq *Pater* et un *Gloria.* ℣ Seigneur, etc.

---

(1) « Cherubin et Seraphim indefessis vocibus laudant et dicunt : *Sanctus, sanctus, sanctus Dominus Deus sabaoth.* Non semel dicunt, ne singularitatem credas ; non bis dicunt, ne spiritum excludas ; non sanctos dicunt, ne pluralitatem æstimes : sed ter repetunt, et idem dicunt, ut etiam in hymno distinctionem Trinitatis, et divinitatis intelligas unitatem. » Ambros. *de Spirit. sanct.* l. III, c. 16, n. 110.
(2) *Jerem.* II, 20 ; *Rom.* IX, 29 ; *Jac.* V, 4.
(3) Millia millium ministrabant ei, et decies millies centena millia assistebant ei. *Dan.* VII, 10.
(4) *De Orat.,* c. 3.
(5) Cette couronne, revue et approuvée par la sacrée congrégation des Rites, est composée de méditations sur les sept mystères dans lesquels Jésus-Christ a daigné répandre son sang pour l'amour de nous ; après chaque méditation, on dit cinq *Pater* et un *Gloria,* excepté après la dernière, où l'on ne dit que trois *Pater* et un *Gloria,* afin d'achever le nombre de trente-trois *Pater* en l'honneur des trente-trois années pendant lesquelles le sang précieux de Jésus-Christ demeura renfermé dans ses veines, avant d'être répandu jusqu'à la dernière goutte pour le salut du genre humain.
(6) Pie VII, rescrits du 31 mai 1809 et du 18 octobre 1815. On conserve le premier dans les archives de la sacrée congrégation des Rites, et le second dans celles de l'archiconfrérie de Précieux-Sang de Jésus-Christ, érigée à Rome dans l'église de Saint-Nicolas *in Carcere.*

IVe Mystère.

Le sang ruissela du chef adorable de Jésus-Christ, quand il se laissa couronner d'épines pour expier notre orgueil et nos mauvaises pensées; comment pourrions-nous encore, à cette vue, nourrir dans notre esprit des pensées de vanité et des images déshonnêtes? Ah! plutôt ayons toujours présents à la mémoire notre néant, notre misère et notre fragilité, et résistons avec courage aux infâmes suggestions du démon.

Cinq *Pater* et un *Gloria*. ℣ Seigneur, etc.

Ve Mystère.

Ah! que de sang répandit notre aimable Sauveur, dans le trajet douloureux qu'il eut à faire pour monter au Calvaire, chargé du pesant fardeau de sa croix! Les rues de Jérusalem et tous les lieux par où il passa en furent arrosés. Et ce fut pour expier les mauvais exemples et les scandales par lesquels ses propres créatures devaient en entraîner tant d'autres dans les voies de la perdition. Ne serions-nous pas nous-mêmes du nombre de ces malheureux? Combien d'âmes nos mauvais exemples ont peut-être précipitées dans l'enfer? et cependant, nous ne cherchons pas à nous corriger! Ah! prenons ici la ferme résolution de faire désormais tout ce qui dépendra de nous pour contribuer au salut des âmes par nos bons avis, et surtout par nos bons exemples.

Cinq *Pater* et un *Gloria*. ℣ Seigneur, etc.

VIe Mystère.

Ce fut dans son cruel crucifiement que notre divin Rédempteur répandit avec le plus d'abondance son sang précieux. Les clous ayant déchiré les veines et les artères, ce baume salutaire pour la vie éternelle jaillit, comme un torrent, de ses mains divines et de ses pieds adorables, pour laver les crimes et les iniquités des hommes. Comment pourrait-il se trouver encore quelqu'un qui veuille continuer à crucifier de nouveau le Fils de Dieu par le péché! Ah! en nous rappelant que notre salut éternel a coûté tant de sang à Jésus, pleurons amèrement nos fautes, avouons-les humblement aux pieds du prêtre, réformons nos mœurs et qu'à l'avenir notre vie soit vraiment chrétienne.

Cinq *Pater* et un *Gloria*. ℣ Seigneur, etc.

VIIe Mystère.

Enfin, Jésus nous donna, après sa mort, les dernières gouttes de son sang, lorsque la lance lui ouvrit le côté et perça son divin cœur: il sortit alors du sang mêlé d'eau, pour nous faire comprendre que ce Sang précieux avait été entièrement versé pour notre salut. O bonté infinie de notre Sauveur! qui pourrait ne pas vous aimer? quel cœur ne se fondrait pas d'amour au souvenir de tout ce que vous avez fait pour nous racheter? Ici les expressions manquent à nos sentiments; mais nous inviterons du moins toutes les créatures de la terre, tous les anges et tous les saints du ciel, et surtout notre bonne mère, la bienheureuse Vierge Marie, à louer et à bénir votre très-précieux sang. Oui, vive le sang de Jésus! vive le sang de Jésus, maintenant et toujours, et dans tous les siècles des siècles. Ainsi soit-il.

Trois *Pater* et un *Gloria*. ℣ Seigneur, etc.

Prière.

O très-précieux sang, gage de la vie éternelle, rançon du genre humain, breuvage salutaire de nos âmes, qui plaidez continuellement la cause des hommes auprès du trône de la souveraine miséricorde, je vous adore humblement; et je voudrais pouvoir vous dédommager des injures et des outrages que vous recevez sans cesse de la part de vos créatures, surtout de celles qui ne craignent pas de blasphémer contre vous. Qui ne bénira ce sang d'une valeur infinie? qui ne se sentira tout embrasé d'amour pour Jésus qui le répandit? Que serais-je devenu, si ce sang divin ne m'avait pas racheté? qui a pu le tirer jusqu'à la dernière goutte des veines de mon Sauveur? ah! c'est l'amour. O amour sans bornes, qui nous as donné ce baume salutaire! ô baume inestimable, sorti de la source d'un amour immense! faites que tous les cœurs et toutes les langues vous louent, vous bénissent et vous rendent d'humbles actions de grâces, maintenant, et toujours, et pendant l'éternité. Ainsi soit-il.

℣ Vous nous avez rachetés, Seigneur, par votre sang; ℟ Et vous avez établi le royaume de Dieu dans nos cœurs.

Prions.

Dieu tout-puissant et éternel, qui nous avez donné votre Fils unique pour être le Rédempteur du genre humain, et qui avez daigné recevoir son sang en expiation de nos péchés, faites-nous, s'il vous plaît, la grâce de vénérer, comme nous le devons, ce sang précieux, prix de notre salut, et d'être protégés sur la terre par sa vertu toute-puissante, contre les maux de la vie présente, afin d'en goûter dans le ciel les heureux fruits pendant toute l'éternité. Ainsi soit-il.

§ II. Indulgences accordées à perpétuité à tout fidèle qui récitera, avec un cœur contrit, et dans l'intention de réparer les outrages qui sont faits au Sang adorable de Jésus, les sept offrandes de ce précieux sang au Père éternel, en ajoutant à chaque offrande un *Gloria Patri* et l'oraison jaculatoire : Que Jésus soit à jamais, etc.

1° Indulgence de trois cents jours pour chaque fois.

2° Indulgence plénière, une fois par mois, pour celui qui aura récité ces offrandes tous les jours dans le cours du mois, le jour, à son choix, où, s'étant confessé et ayant communié, il priera selon les intentions de l'Église (1).

N. B. Ces indulgences sont applicables aux âmes du purgatoire.

OFFRANDES.

I. Père éternel, je vous offre les mérites du précieux sang de Jésus, votre Fils bien-aimé et mon divin Sauveur, pour la propagation et l'exaltation de la sainte Église,

---

(1) Pie VII, rescrit de la secrétairerie des Mémoires, du 22 septembre 1817, que l'on garde dans les archives de l'archiconfrérie du Précieux-Sang.

notre mère; pour la conservation et la prospérité de son chef visible, le souverain pontife; pour les cardinaux, les évêques, les pasteurs des âmes, et pour tous les ministres du sanctuaire. *Gloria Patri.*

Oraison jaculatoire. Que Jésus soit à jamais béni et remercié pour nous avoir sauvés au prix de tout son sang.

II. Père éternel, je vous offre les mérites du sang précieux de Jésus, votre Fils bien-aimé et mon divin Rédempteur, pour la paix et la concorde entre les rois et les princes catholiques, l'abaissement des ennemis de la sainte foi, et la félicité du peuple chrétien. *Gloria Patri.*

Or. jac. Que Jésus soit à jamais, etc.

III. Père éternel, je vous offre les mérites du sang précieux de Jésus, votre Fils bien-aimé et mon divin Rédempteur, pour dissiper l'aveuglement des incrédules, pour l'extirpation de toutes les hérésies et la conversion des pécheurs. *Gloria Patri.*

Or. jac. Que Jésus soit à jamais, etc.

IV. Père éternel, je vous offre les mérites du sang précieux de Jésus, votre Fils bien-aimé et mon divin Rédempteur, pour tous mes parents, amis et ennemis, pour les indigents, les malades, les affligés, et pour tous ceux pour lesquels je suis plus particulièrement obligé de prier. *Gloria Patri.*

Or. jac. Que Jésus soit à jamais, etc.

V. Père éternel, je vous offre les mérites du sang précieux de Jésus, votre Fils bien-aimé et mon divin Rédempteur, pour tous ceux qui passeront aujourd'hui à l'autre vie, afin que vous daigniez les délivrer des peines de l'enfer et les mettre le plus tôt possible en possession de votre gloire. *Gloria Patri.*

Or. jac. Que Jésus soit à jamais, etc.

VI. Père éternel, je vous offre les mérites du sang précieux de Jésus-Christ, votre Fils bien-aimé et mon divin Rédempteur, pour tous ceux qui apprécient un si grand trésor, pour ceux qui sont unis avec moi pour honorer et adorer ce sang précieux, enfin pour ceux qui travaillent à propager cette sainte dévotion. *Gloria Patri.*

Or. jac. Que Jésus soit à jamais, etc.

VII. Père éternel, je vous offre les mérites du sang précieux de Jésus, votre Fils bien-aimé et mon divin Rédempteur, pour tous mes besoins spirituels et temporels, et pour le soulagement des âmes du purgatoire, mais spécialement de celles qui ont eu le plus de dévotion à ce sang adorable, prix de notre rédemption, et aux douleurs de la sainte vierge Marie, notre bonne mère. *Gloria Patri.*

Or. jac. Que Jésus soit à jamais, etc.

Vive le sang de Jésus, maintenant et toujours, et dans tous les siècles des siècles. Ainsi soit-il.

§ III. Indulgence accordée à perpétuité à tout fidèle qui récitera, *avec dévotion*, les pieuses aspirations suivantes.

Cent jours d'indulgence, une fois par jour (1).

N. B. Cette indulgence est applicable aux âmes du purgatoire.

ASPIRATIONS (2).

Vive Jésus, cette hostie divine, qui daigna répandre pour nous tout son sang sur la croix ! C'est dans ce sang divin que nous avons puisé la vie... Pour exalter sa bonté, réunissons nos voix.

Que ce sang précieux soit loué dans tous les âges; c'est lui qui acquitta la rançon du genre humain; c'est le divin breuvage, le bain sacré, la guérison de nos âmes.

Oui, le sang divin de Jésus comble nos espérances et apaise le courroux du Père éternel : le sang d'Abel criait vengeance, mais le sang de Jésus crie grâce pour les hommes.

Si nos cœurs présentent quelque image de ce sang précieux, l'ange exterminateur prend aussitôt la fuite; si l'on rend à ce sang un juste tribut d'hommage, le ciel tressaillit de joie, et l'enfer vaincu rugit de sa défaite.

Chantons donc du fond de notre cœur, et d'une voix unanime : Gloire soit à jamais rendue au sang de notre Rédempteur !

§ IV. Indulgences accordées à perpétuité à tout fidèle qui récitera l'offrande suivante du précieux sang de Notre-Seigneur Jésus-Christ au Père éternel.

Cent jours d'indulgence, pour chaque fois (3).

Offrande.

Père éternel, je vous offre le précieux sang de Jésus-Christ en expiation de mes péchés et pour les besoins de la sainte Eglise.

§ V. Indulgences accordées à perpétuité à tout fidèle qui récitera dévotement cette autre offrande du très-précieux sang de Notre-Seigneur Jésus-Christ au Père éternel, pour obtenir sa bénédiction, avec un *Pater, Ave* et *Gloria* à la très-sainte Trinité, en actions de grâces de tous les bienfaits que nous avons reçus de lui.

1° Cent jours d'indulgence pour chaque fois.

2° Indulgence plénière, pour celui qui l'aura récitée tous les jours pendant un mois, *un des derniers jours de ce mois, à son choix,* pourvu que, s'étant confessé et ayant communié, il prie selon les intentions de l'Eglise (4).

N. B. Ces indulgences sont applicables aux âmes du purgatoire.

Offrande.

Père éternel, nous vous offrons le précieux sang qui coula pour nous de la plaie de la main droite de Jésus, et, par les mérites de ce sang précieux, nous conjurons votre divine majesté de nous accorder sa sainte bénédiction, afin que nous soyons protégés

---

(1) Pie VII, rescrit déjà cité du 18 octobre 1815, que l'on conserve dans les archives de l'archiconfrérie du Précieux-Sang.

(2) Ces aspirations sont en vers dans l'ouvrage italien, nous avons cru inutile de les traduire ici en vers français; mais nous avons mis un soin tout particulier à ce que notre traduction fût d'une exactitude rigoureuse, seule condition nécessaire pour ne pas faire perdre à ces pieuses aspirations les indulgences qui y sont attachées (*Note de l'Editeur.*)

(3) Pie VII, rescrit du 29 mars 1817, signé de sa propre main, qui se conserve dans les archives de la congrégation des Pères passionistes, à Rome.

(4) Léon XII, rescrit du 25 octobre 1823, qui se conserve dans les archives des Pères mineurs observantins, au couvent d'*Aracœli*, à Rome.

contre nos ennemis et délivrés de tous les maux : que la bénédiction du Dieu tout-puissant, du Père, du Fils et du Saint-Esprit descende sur nous et y demeure toujours. Ainsi soit-il.

Pater, Ave, Gloria.

SATISFACTION.

Voy. Pénitence.

SCRUTIN.

Le Pontifical romain appelle scrutin du soir une cérémonie qui se pratiquait autrefois le soir envers un élu qui allait être élevé le lendemain à l'épiscopat. Nous n'indiquons ici que sommairement cette cérémonie, parce qu'elle n'est plus usitée, et que d'ailleurs elle ressemble en plusieurs choses à la consécration d'un évêque telle qu'on la pratique actuellement. (*Voy.* Évêque.) On verra ci-après, d'après le Pontifical romain, tout le détail des cérémonies et des prières usitées alors en pareil cas. On trouvera aussi dans le Dictionnaire de liturgie la traduction française des règles de conduite que le métropolitain donnait par écrit à l'évêque qu'il avait consacré, dans la forme rapportée à la fin de cet article.

Le métropolitain et au moins deux suffragants venaient s'asseoir, à l'entrée de l'église ou ailleurs, avec leurs ornements pontificaux. L'archiprêtre ou l'archidiacre de l'église qui n'avait pas d'évêque, revêtu de ses ornements accoutumés, accompagné de deux chanoines, venait demander la bénédiction au métropolitain en fléchissant les genoux à divers intervalles, en s'approchant à chaque fois.

Après trois bénédictions, le métropolitain faisait diverses interrogations sur l'élu et ses qualités, et on lisait le décret d'élection. On allumait les cierges; l'élu, encore à jeun, revêtu d'un surplis et d'une chape blanche, était amené processionnellement, accompagné de l'archidiacre et de l'archiprêtre de l'église métropolitaine, et précédé des chanoines de l'église pour laquelle il était élu. Il recevait à genoux la bénédiction du métropolitain à trois intervalles différents, et répondait à ses questions. Il en recevait l'ordre de rester à jeun pour être consacré le lendemain; mais si le métropolitain le jugeait à propos, il le dispensait de ce précepte, lui permettait de prendre des aliments, et chargeait un confesseur pris parmi son clergé d'entendre la confession de l'élu. Aussitôt celui-ci se prosternait devant le métropolitain qui était assis avec la mitre. On disait une antienne avec le psaume *Exsurgat Deus*, etc.; puis le métropolitain se levait et récitait des prières, étant découvert et tourné vers l'élu prosterné. Ensuite il donnait la bénédiction au peuple, et chacun se retirait.

DE SCRUTINIO SEROTINO

Quo antiqui utebantur antequam electus in episcopum consecraretur.

1. *Scrutinii serotini ordo hic erat. Sabbato ante Dominicam statutam, hora vespertina*, metropolitanus residebat super faldistorium in atrio ecclesiæ, vel in alio solito, vel quo maluerat loco paratum. Et suffraganei episcopi duo ad minus ad hoc specialiter convocati, a dextris et sinistris ejus super faldistoria similiter residebant, parati supra rochetum, vel (si essent regulares) supra superpelliceum, amictu, alba, cingulo, stola, pluviali, coloris tempori convenientis, mitra, baculum pastoralem in sinistra, et libros Pontificales ante se tenentes.

2. *Tunc archipresbyter vel archidiaconus ecclesiæ ad quam in crastino consecrandus erat electus, vel alius juxta morem ecclesiæ, paratus amictu, alba, cingulo et pluviali, vel casula, si moris erat, deductus medius inter duos canonicos ejusdem ecclesiæ veniebat coram metropolitano, et flexis a remoto genibus, a metropolitano benedictionem petebat, dicens in tono lectionis :*

Jube, domne, benedicere.

Respondebat metropolitanus sedens eodem tono, voce minori,

Nos regat et salvet cœlestis conditor aulæ (1).

3. *Deinde idem archipresbyter vel archidiaconus surgens appropinquabat se paululum, iterum genuflectens benedictionem simili modo petebat dicens :*

Jube, domne, benedicere.

Et metropolitanus respondebat :

Nos Dominus semper custodiat atque gubernet.

4. *Tertio propinquius metropolitano genuflexus coram illo tertiam benedictionem petebat, dicens :*

Jube, domne, benedicere.

Respondebat metropolitanus :

Gaudia cœlorum det nobis rector eorum.

5. *Benedictione itaque completa interrogabat eum metropolitanus coram se genuflexum,*

Fili mi, quid postulas?

Respondebat archidiaconus :

Ut Deus et Dominus noster concedat nobis pastorem.

Interrog. Est de vestra Ecclesia, vel de alia? ℞ De nostra.

Interrog. Quid vobis complacuit in illo? ℞ Modestia, humilitas, patientia et cæteræ virtutes.

Interrog. Habetis decretum? ℞ Habemus.

Metropolitanus dicebat :

Legatur.

6. *Tunc proferebatur, et legebatur decretum hoc modo.*

Reverendissimo in Christo patri domino N. metropoliticæ sedis dignitate conspicuo, capitulum N. Ecclesiæ totius devotionis famulatum. Credimus non latere vestram celsitudinem quod nostra ecclesia suo sit viduata pastore. Qua siquidem solatio proprii destituta rectoris, ne grex dominicus perfidorum luporum morsibus pateret, et ne improbi fieret præda raptoris, communi voto atque consensu elegimus nobis in pontificem N., presbyterum nostræ ecclesiæ (vel N. ecclesiæ

(1) On peut voir dans notre Dictionnaire de liturgie, par l'abbé Pascal, la traduction française de ces interrogations et de ces bénédictions.

si non sit de ipsa), virum utique prudentem, hospitalem, moribus ornatum, castum, sobrium et mansuetum, Deo et hominibus per omnia placentem, quem ad celsitudinis vestræ dignitatem deducere curavimus, unanimiter postulantes et obsecrantes a vestra reverendissima paternitate nobis illum pontificem ordinari; quatenus auctore Domino, nobis velut idoneus pastor præesse valeat et prodesse, nosque sub ejus sacro regimine Domino semper militare condigne possimus. Ut autem omnium nostrum vota in hanc electionem convenire noscatis, huic canonico decreto propriis manibus roborando nos subscripsimus.

Et quilibet scribens dicebat :
Ego N. scripsi et subscripsi;
et sic de aliis. Lecto decreto, prosequebatur metropolitanus et dicebat :

Videte ne aliquam promissionem vobis fecerit, quia simoniacum et contra canones est.
℞ Absit.

Et metropolitanus dicebat :
Ducatur.

7. *Tunc archidiaconus vel archipresbyter, exhibito dicto decreto ipsi metropolitano, revertebatur cum canonicis sicut venerant ad vestiarium, et ibi deponebant vestes. Accensis autem cereis, electus adhuc jejunus pluviali albi coloris supra superpelliceum paratus ducebatur processionaliter coram metropolitano, præcedentibus eum canonicis ecclesiæ ad quam erat electus, archidiacono et archipresbytero ecclesiæ metropolitanæ hinc et inde ipsum deducentibus, qui stans convenienter remotus a metropolitano, flexis genibus, petebat intelligibili voce benedictionem, dicens :*

Jube, domne, benedicere.
Metropolitanus sedens, in eodem tono, voce minori dicebat :

Lux de luce Patris sacro vos lumine lustret.
8. *Deinde surgens et procedens paululum, iterum genua flectebat, dicens :*
Jube, domne, benedicere.
Metropolitanus respondebat :
Protegat et salvet nos Christus conditor orbis.
9. *Rursum surgens adhuc paululum appropinquans, et genuflectens, dicebat tertio,*
Jube, domne, benedicere.
Metropolitanus respondebat :
Sedibus a superis veniat benedictio nobis.
℞ Amen.
Tunc interrogabat eum coram se genuflexum metropolitanus :
Fili mi, quid postulas?
Respondebat electus :
Reverendissime pater, confratres mei elegerunt me (licet indignum) sibi esse pastorem.
Interrog. Quo honore fungeris? ℞ Presbyteratus (*vel talis*).
Interrog. Quot annos habes in presbyteratu? ℞ Decem (*vel tot*).
Si vero forsan ipsa die vel infra breve tempus fuerat ab eo in presbyterum ordinatus respondebat :
Tu scis, domine.

Interrog. Habuisti conjugium? ℞ Minime.
Si forte habuerat, et per ipsum consecratorem ejus electio examinata, et confirmata fuerat, tunc respondebat :
Tu scis, domine.
Interrog. Disposuisti domui tuæ? ℞ Disposui.
Interrog. Qui libri leguntur in Ecclesia tua? ℞ Pentateuchus, Prophetæ, Evangelium, Epistolæ Pauli, Apocalypsis, et reliqui.
Interrog. Nosti canones? ℞ Doce me, domine.

Vide cum ordinationes feceris, certis temporibus facias, jejunio primi, quarti, septimi et decimi mensis. Bigamos, sive spurios, aut curiales, aut de servili conditione ad sacros ordines non promoveas. A simoniaca vero hæresi te omnino custodias. Dabitur tamen tibi edictum de scrinio nostro, qualiter debeas conversari. Vide autem ne aliquam promissionem propterea feceris, quia simoniacum et contra canones est.
℞ Absit.
Metropolitanus dicebat :
Tu videris. Quia ergo omnium in te vota conveniunt, hodie abstinebis, et cras, Deo annuente, consecraberis. ℞ Præcepisti, domine.

10. *Sed si expediebat, metropolitanus dispensabat cum illo ut comederet, et deputabat ei aliquem discretum de sua ecclesia confessorem, cui consecrandus peccata sua confitebatur, et mox consecrando ad terram prostrato, metropolitanus sedens cum mitra incipiebat, schola prosequente, antiphonam ton. 8.*

Confirma hoc, Deus, quod operatus es in nobis, a templo sancto tuo, quod est in Jerusalem.

Psalmus 67.
Exsurgat Deus, et dissipentur, etc. (*Voy. Dédicace. n. 111*).
Goria Patri. Sicut erat, *etc.*
Deinde repetebatur antiphona.

11. *Qua dicta metropolitanus, deposita mitra, surgebat, et stans versus ad consecrandum prostratum, dicebat :*
℣ Salvum fac servum tuum, Domine,
℞ Deus meus, sperantem in te.
℣ Esto ei, Domine, turris fortitudinis, ℞ A facie inimici.
℣ Nihil proficiat inimicus in eo, ℞ Et filius iniquitatis non apponat nocere ei.
℣ Domine, exaudi orationem meam; ℞ Et clamor meus ad te veniat.
℣ Dominus vobiscum; ℞ Et cum spiritu tuo.

Oremus.
Omnipotens sempiterne Deus, miserere huic famulo tuo N., et dirige eum secundum tuam clementiam in viam salutis æternæ, ut, te donante, tibi placita cupiat, et tota virtute perficiat.

Actiones nostras, quæsumus, Domine, aspirando præveni, et adjuvando prosequere, ut cuncta nostra oratio et operatio a te semper incipiat, et per te cœpta finiatur.

Per Christum Dominum nostrum. ₰ Amen.

12. *Deinde metropolitanus detecto capite crucem ante se habens benedicebat populo, dicens :*

Sit nomen Domini, *etc.*

Qua data, singuli ad propria revertebantur.

13. *Die dominica, qua consecratio fieri debebat, parabantur ecclesia et capellæ, credentia, paramenta et omnia alia supra in principio consecrationis electi posita. Deinde veniebant metropolitanus, electus et episcopi assistentes ad ecclesiam, et in capellis suis se induebant, ut supra* (art. Evêque); *quibus paratis, et metropolitano in faldistorio ante altare sedente, adducebatur electus medius inter assistentes episcopos, et facta reverentia metropolitano, senior assistentium episcoporum stans deposita mitra, dicebat :*

Reverendissime pater, postulat sancta mater Ecclesia catholica ut hunc præsentem presbyterum ad onus episcopatus sublevetis.

Metropolitanus dicebat :

Scitis illum esse dignum?

Respondebat episcopus :

Quantum humana fragilitas nosse sinit, et scimus, et credimus illum dignum esse.

Metropolitanus respondebat :

Deo gratias.

14. *Tunc omnibus sedentibus, ut supra dictum est, metropolitanus intelligibili voce, et assistentes episcopi submissa voce faciebant examinationem supra scriptam, videlicet :*

Antiqua sanctorum, *etc., et omnia alia suo ordine, prout supra sunt ordinata* (art. Evêque). *Quo completo et manu metropolitani per electum osculata, idem electus ante metropolitanum genuflexus ante se habens schedulam scriptam jurabat, et præstabat fidelitatis debitæ solitum juramentum metropolitano in hunc modum.*

Ego N. ecclesiæ N. vocatus episcopus, promitto in conspectu omnipotentis Dei atque totius Ecclesiæ, quod ab hac hora in antea fidelis et obediens ero perpetuo more prædecessorum meorum, beato N., sanctæ ecclesiæ N. (*nominando ecclesiam metropolitanam*), et vobis domino meo N., Dei gratia ejusdem ecclesiæ archiepiscopo, vestrisque successoribus intrantibus, prout est a sanctis Patribus institutum, et ecclesiastica ac romanorum pontificum commendat auctoritas. Non ero in consilio, aut consensu vel in facto, ut vitam perdatis aut membrum, aut capiamini mala captione. Consilium quod mihi per vos, aut per litteras, vel per nuntium credituri estis, ad damnum vestrum, me sciente, nulli pandam. Vocatus ad synodum veniam, nisi præpeditus fuero canonica præpeditione. Vos quoque, et nuntios vestros, ac ecclesiæ N. (*nominando ecclesiam metropolitanam*), quos certos esse cognovero, in eundo, stando et redeundo, honorifice tractabo, et in suis necessitatibus adjuvabo; possessiones vero ad mensam mei episcopatus pertinentes non vendam, neque donabo, neque de novo infeudabo, vel aliquo modo contra jus, vel consuetudinem ecclesiæ meæ alienabo; vobis vel vestris successoribus inconsultis.

15. *Deinde librum Evangeliorum, quem metropolitanus coram eo apertum super genibus tenebat, electus ambabus manibus supra scripturam tangebat, dicens :*

Sic me Deus adjuvet, et hæc sancta Dei Evangelia.

16. *Quo facto sigillum suum litteræ juramenti hujusmodi pro majori illius robore appendebat, seu appendi faciebat, et eam metropolitano tradebat.*

17. *Tunc deposita mitra, surgebat metropolitanus, et faciebat confessionem, et procedebatur in omnibus et per omnia, prout supra ordinatum est* (art. Evêque, n. 76), *usque Ad multos annos inclusive.*

18. *Quo per consecratum dicto, metropolitanus tradebat consecrato edictum scriptum hujusmodi tenoris :*

Dilecto nobis fratri (1), et coepiscopo N. salutem in Domino sempiternam. Quoniam, ut credimus, divino te nutu vocante, capitulum N. ecclesiæ unanimiter elegerunt rectorem, et ad nos usque perducentes petierunt episcopum consecrari; et ideo, auxiliante Domino, testimonium illis reddentibus et conscientia tua, ob utilitatem ipsius Ecclesiæ, per manus nostræ impositionem te episcopum consecravimus. Amodo, frater charissime, scias te maximum pondus suscepisse laboris, quod est sarcina regiminis animarum, et commodis servire multorum, omniumque fieri minimum atque ministrum, et pro credito tibi talento in die examinis et judicii rationem redditurum. Nam si Salvator noster dicit : Non veni ministrari, sed ministrare, et animam suam posuit pro ovibus suis; quanto magis nos inutiles servi summi patrisfamilias debemus maximo cum sudore incumbere, oves dominicas a summo nobis pastore consignatas ad ovile dominicum, suffragante divina gratia, absque morbo vel macula perducere? Exhortamur ergo dilectionem tuam ut fidem, quam in exordio tuæ consecrationis breviter lucideque digessimus, illibatam et inviolabiliter custodias, quia fides omnium virtutum fundamentum est. Scimus quod ab infantia sacris es litteris eruditus, et canonicis institutis edoctus; attamen breviter ad te nobis dirigendus est sermo Ordinationes ergo cum feceris, secundum canones atque apostolicam Ecclesiam aptis temporibus fac, id est, mensis primi, quarti, septimi et decimi. Vide ut manus cito nemini imponas, neque communices peccatis alienis; bigamos, vel curiales, aut servum cujuslibet ad sacrum ordinem nequaquam promoveas, nec neophytum, ne secundum Apostoli sententiam in superbiam elatus, in judicium incidat diaboli; sed eos in sacrosancta Ecclesia ordinare stude, qui ætatem habeant maturitatis, et apud Deum et homines fideliter vixerint et deinceps vivere studeant.

---

(1) *Voy.* la traduction française de cette pièce dans les *Origines de la liturgie*, tome VIII° de cette Encyclopédie, à la fin de l'art. Evêque.

Et hoc cavendum est tibi, et quasi venenum pestiferum rejiciendum, ne avaritia surripiat cor tuum, ut per quodlibet munus acceptum manus impositionem alicui tribuas, et in simoniacam hæresim, quam Salvator noster omnimode detestatur, in præceps ruas. Memento quia gratis accepisti, gratis et da; secundum enim vatis eloquium, qui projicit avaritiam, et excutit manus suas ab omni munere, iste in excelsis habitabit, munimenta saxorum sublimitas ejus, panis ei datus est, aquæ ejus fideles sunt, regem in decore videbunt oculi ejus. Temetipsum mitem castumque custodias. In habitaculum tuum aut raro aut nunquam mulieri sit ingressus. Omnes puellas et virgines Christi aut æquanimiter ignora, aut æquanimiter dilige, nec de præterita castitate confidas, quia neque Samsone fortior, nec David sanctior, nec Salomone poteris esse sapientior. Quando autem ob animarum lucrum visitationis causa in collegium, vel intra septa ingressus fueris ancillarum Dei, non solus introeas, sed tales tecum adhibe socios, de quorum contubernio non diffameris : quia oportet episcopum irreprehensibilem esse, et testimonium habere bonum ad omnes; ut ne quis ex eo scandalum sumat; scandalizanti enim unum de pusillis sua quanta animadversio a Domino comparetur. Prædicationi insta; verbum Dei plebi tibi commissæ affluenter, et mellifluæ, ac distincte, in quantum rore cœlesti perfusus fueris, prædicare non desinas. Scripturas divinas sæpius lege ; imo (si potest fieri) lectio sancta in manibus tuis, maximeque in pectore tuo semper inhæreat; ipsam vero lectionem oratio interrumpat ; ad instar namque speculi anima tua in ipsam sedulo respiciat, ut vel quæ incorrecta sunt corrigat, vel quæ pulchra sunt amplius exornet. Disce quod sapienter doceas , amplectens cum qui secundum doctrinam est fidelem sermonem, ut possis exhortari in doctrina sana, et eos qui contradicunt arguere. Permane in his quæ didicisti , et credita sunt tibi eloquia divinæ dispensationis. Paratus semper esto ad satisfactionem. Nec confundant opera tua sermonem tuum , ne cum in ecclesia tua loqueris, tacitus quilibet respondeat : Cur ergo ipse non facis quod jubes? Recognosce, magister, qui turgidum ventrem ferre videris, quomodo nihil de jejuniis prædicas ? Furta atque perjuria possunt etiam detestari latrones, et avaritiam cupidi. Vita igitur tua irreprehensibilis fiat; in ipsa filii tui regulam sumant; ex ipsa quidquid in eis minus correctum fuerit corrigant ; ex ipsa videant quod diligant ; cernant quod imitari festinent; ut ad exemplum tuum omnes fideli studio vivere compellantur. Sit erga subjectos tuos sollicitudo laudabilis. Exhibeatur cum mansuetudine disciplina , cum discretione correctio. Iram benignitas mitiget, benignitatem zelus exacuat; ita et alterum ex altero condiatur, ut nec immoderata ultio ultra quam oportet affligat, neque iterum frangat rectorem remissio disciplinæ. Itaque boni te dulcem, pravi asperum sentiant correptorem; in qua videlicet correctione hunc esse ordinem noveris observandum, ut personas diligas, et vitia persequaris, ne si aliter agere fortasse volueris transeat in crudelitatem correctio, et perdas per irremissam iram, quos emendare per discretionem debueras. Sic enim vulnera convenit te abscindere, ut non facias ulcerari, quod sanum esse videtur ; neque si plus quam res exegerit ferrum incisionis impresseris, noceas cui prodesse festinas. Nec dicimus ut in te delinquentibus non te ostendas ultorem, et vitia nutriri permittas; sed hortamur ut in judicio semper misericordia misceatur, ut possis cum propheta fiducialiter dicere : Misericordiam et judicium cantabo tibi, Domine. Sit in te pastoris pietas, amabilisque dulcedo, et secundum canonicas regulas severa districtio; videlicet ut innocenter viventes leniter foveas, et inquietos perfidosque feriendo a pravitate compescas. Nullius faciem in judicio aspicias, ut nec divitem potentia sua apud te extollere possit, nec pauperem, propter paupertatem humilitatemque ipsius, exasperatio tua de re quam suggerat humiliorem reddat. Substantiam Ecclesiæ, quam ad dispensandum suscipis, fideliter ac discrete erogare ne dissimules. Scias te alienum esse dispensatorem, ut in te dominicum impleatur eloquium, dicens : Fidelis servus et prudens quem constituit Dominus super familiam suam, ut det illis escam in tempore. Hospitalitatem sectare. Misericordem, prout vires suppetunt, pauperibus te exhibe; quia qui obturat aurem ad clamorem eorum ut non exaudiat, ipse clamabit et non exaudietur. Viduæ, orphani pupilliquæ te benignissimum pastorem ac tutorem se habere gaudeant. Oppressis defensio tua subveniat. Illis autem qui opprimunt, vigor tuus efficaciter contradicat. Et ita cuncta Deo adjuvante præmunias, ut lupus sæviens, sequacesve illius adhuc in carne vitam agentes, huc illucque debacchantes et animas innocentium laniare cupientes, in ovile Dominicum ingrediendi ad perdendas animas locum non habeant. Nullus te favor extollat, nulla adversitas atterat, id est, ut nec in prosperis cor tuum elevetur, neque in adversis in aliquo dejiciatur; sed omnia et in omnibus caute et cum discretione agere te volumus ut absque reprehensione ab omnibus vivere comproberis. Sancta Trinitas fraternitatem tuam sua protectione incolumem custodiat, ut dum tali moderamine in Deo nostro onus quod suscepisti peregeris in die æternæ retributionis, eo directe, audire merearis : Euge, serve bone et fidelis, quia super pauca fuisti fidelis, supra multa te constituam , intra in gaudium Domini tui. Quod ipse tibi præstare dignetur qui cum Patre et Spiritu sancto vivit et regnat Deus in sæcula sæculorum. ℟ Amen.

Quo tradito, ibant omnes, quilibet ad locum suum ad se exuendum.

SECRÈTE.

(Explication du P. Lebrun.)

RUBRIQUE.

Le prêtre récite l'oraison ou les oraisons secrètes sans dire Oremus. Tit. VII, n. 7.

REMARQUE ET EXPLICATION.

Le prêtre ne dit pas *Oremus* parce qu'il l'a dit au commencement de l'Offertoire, et que, selon l'Ordre romain, tout ce qui suivait avait rapport à cette prière, qui était la seule qu'on disait, et qui est appelée indifféremment dans les Sacramentaires *la Secrète*, ou *l'Oraison sur les oblations* [*Secreta* (1) *super oblata* (2)]. Cependant l'*Oremus* de l'Offertoire se trouvant suivi de diverses prières, et si éloigné de la Secrète, plusieurs Missels, vers l'an 1100, firent répéter ici l'*Oremus*, et y joignirent même, *Domine, exaudi*, ou *Dominus vobiscum*. Les Us de Cîteaux (3) et l'Ordinaire des chartreux (4) marquent l'*Oremus*. Les carmes (5) et les jacobins, conformément à leur Missel de l'an 1254 (6), font précéder l'*Oremus* du *Domine, exaudi*; ce que les prémontrés observaient aussi autrefois. Durand (7), au XIII° siècle, le fait précéder du *Dominus vobiscum* (8). Mais la rubrique romaine, qui est appuyée sur l'antiquité, l'est aussi sur la raison. En effet, l'*Orate fratres* est une invitation suffisante à prier, sans dire encore *Oremus*, ni par conséquent *Domine, exaudi*, etc., avant la Secrète.

Les plus savants commentateurs des liturgies disent que cette oraison s'appelle *Secrète* « parce qu'elle se dit secrètement (9). » *L'Église entre dans le secret*, dit M. de Harlay, archevêque de Rouen (10); *c'est ici l'intérieur de l'Église : elle n'est plus entendue que de Dieu ;* le prêtre prie de son côté, et les assistants sont exhortés à prier du leur. Ils doivent demander à Dieu d'exaucer les oraisons du prêtre ; et si l'on veut faire à peu près la même prière qu'il fait, quand on n'a pas devant les yeux l'oraison qu'il lit dans le Missel, on doit remarquer que presque toutes les secrètes se réduisent à demander à Dieu qu'il reçoive favorablement les dons qui sont sur l'autel, et que par sa grâce il nous mette en état de lui être nous-mêmes présentés comme une hostie qui lui soit agréable.

Le prêtre élève la voix en disant à la fin de l'oraison : *Per omnia sæcula sæculorum.* (Par tous les siècles des siècles.) Dans la prière qu'il a faite en secret, le feu de l'amour divin a dû se rallumer (11) dans son cœur, et, comme s'il sortait d'une extase, pressé d'engager tous les assistants à prendre part à la prière qu'il vient de faire, il rompt le silence et finit la prière secrète par cette exclamation, qui invite toute l'assemblée à se joindre à lui et à lui répondre *Amen*. On a toujours fait cette réponse avec ardeur, et saint Jérôme nous dit (12) qu'on entendait cet *Amen* retentir de toutes parts dans les églises comme un tonnerre. Les fidèles donnent par là leur consentement à tout ce que le prêtre vient de demander à Dieu en secret ; et ils doivent être bien *persuadés*, dit Théodoret (13), *qu'en répondant* Amen *ils participent aux prières que le prêtre a faites seul*.

Comme les Sacramentaires ont marqué qu'on dirait à haute voix ces mots : *par tous les siècles des siècles*, aussi bien que la Préface, et qu'en les notant en plain-chant on s'est insensiblement accoutumé à les regarder comme le commencement de la Préface, quoiqu'ils soient certainement la conclusion de la Secrète.

Il faudrait dire ici que le mot de Secrète se trouve souvent employé pour signifier le Canon ; mais il y a sur ce point beaucoup de remarques à faire que nous renvoyons aux dissertations (14).

SECRÈTES.

(Traité des SS. Mystères, par Collet.)

1. *Disputes survenues sur la récitation des Secrètes.* — 2. *Usage de la prononciation basse gardé depuis le* X° *siècle.* — 3. *Le même usage connu et très-exactement pratiqué pendant les dix premiers siècles de l'Église.* — 4. *Pratique des Églises d'Orient ; innovation de Justinien.* — 5. *Quand la loi du secret ne serait pas plus ancienne que le concile de Trente, il faudrait encore y obéir. Belles réflexions de MM. Le Tourneux et Nicole.* — 6. *La publication de l'ordinaire de la messe n'empêche pas la loi du secret.* — 7. *Sentiment de Bellarmin, de Sylvius, de dom Mabillon, du P. Martène. Décrets des Congrégations de Cluny et de Saint-Maur.* — 8. *Nature du péché de ceux qui contre la rubrique disent le Canon à voix haute.* — 9. *Défaut de ceux qui disent tout si bas, qu'on ne les entend point.* — 10. *Précipitation blâmable de plusieurs autres.* — 11. *Pourrait-on se servir d'un Missel français à défaut d'un Missel ordinaire ?*

1. Pour peu qu'on soit au fait des matières ecclésiastiques, on n'ignore pas qu'il s'éleva vers le commencement du siècle passé une contestation très-vive sur le ton dont il faut réciter le Canon et les prières secrètes de la

---

(1) Sacram. S. Gelasii.
(2) Sacram. S. Gregorii.
(3) « Dicens sub silentio *Oremus* ad primam Secretam, et ad secundam, si una vel plures sequuntur. » *Us. Cisterc. in monast. Cist.*
(4) Ordin. Carthus. cap. 26.
(5) Cærem. Carmel., l. II, rubr. 53, et Miss. 1601, p. 1, n. 57.
(6) Miss. convent. mss.
(7) Ration., l. IV, c. 32.
(8) On lit : *Domine, exaudi*, dans les Missels de Langres 1491, de Bayeux 1501, de Cambrai 1527, de Liége 1513, de Sens 1556 et 1575, etc. On lit : *Dominus vobiscum*, dans le Missel de Chartres de 1489, et dans le Missel manuscrit de Saint-Paul de Léon.
(9) *Secreta, quia secreto dicitur.* Amal., l. III.
(10) Dans *La vraie manière d'entendre la messe*.
(11) Obmutui,... et in meditatione mea exardescet ignis. Psal. XXXVIII.
(12) Præfat. in Epist. ad Galat.
(13) In Epist. II ad Corinth. I.
(14) Dans le chapitre extrait du Traité des saints Mystères, de Collet, que nous donnons à la suite de l'explication du P. Lebrun, chapitre qui traite des *difficultés sur la manière de réciter le Canon*, on va lire le résumé de la dissertation à laquelle le savant oratorien renvoie ici ses lecteurs.

(*Note de l'Éditeur.*)

messe. François Le Dieu, chanoine de la cathédrale de Meaux, ayant été chargé de veiller à l'impression du nouveau missel de ce diocèse, mit des ℞ rouges avant les *Amen* de la *Secrète* ; il en ajouta même après les paroles de l'une et de l'autre consécration, afin qu'ils fussent répondus, soit par le diacre ou le servant, soit par tout autre des fidèles. C'est ce qu'il avait marqué dans la rubrique, en avertissant, de peur qu'on ne s'y méprît, que ces mots *submissa voce* ne voulaient dire autre chose que *sine cantu*.

Comme Le Dieu pressentit que ce commentaire, qui du premier abord ne paraît pas bien naturel, passerait dans l'esprit de bien des gens pour une innovation, d'autant plus dangereuse que la matière en est plus intéressante, il fit paraître en même temps un ouvrage intitulé : *Lettre sur les* Amen *du nouveau Missel de Meaux*, dans lequel il s'efforça de justifier sa conduite. L'ancienne Église ne lui manqua pas : c'est la ressource éternelle de ceux qui attaquent ou le dogme ou les usages de celle de nos jours.

Le Missel et la Lettre qui en faisait l'apologie eurent un grand retentissement dans la capitale et dans les provinces. Henri de Thyard de Bissy, évêque de Meaux et depuis cardinal (1), défendit dès le 22 janvier 1710 la lecture de la *Lettre*, et sous peine de suspense l'usage du nouveau Missel, jusqu'à ce que les corrections déjà par lui ordonnées y eussent été faites. Un des principaux motifs de sa censure fut que *toutes ces nouveautés* étaient *contraires à l'usage immémorial de son diocèse et de tous ceux de sa métropole*. Le chapitre de Meaux joignit sa voix à celle de son évêque, et déclara, le 29 janvier suivant, par un acte public, que l'Amen *précédé d'un* ℞ *rouge aux paroles de la consécration et de la communion du prêtre, et les* ℞ *rouges avant tous les* Amen *des oraisons du Canon, aussi bien que l'explication des paroles* submissa voce, *par celles-ci,* id est sine cantu, *avaient été mises dans le Missel à son insu et sans sa participation*.

Un gros ouvrage qui parut quelque temps après sous le nom de *Traité du secret des mystères* (2), et dans lequel, au jugement d'un sage et modeste critique (3), il y a bien des *choses hors d'œuvre et hasardées*, anima le zèle du docteur Dupin, qui n'aimait pas infiniment la rubrique du secret. Un chanoine de Laval, nommé Baudouin, entra dans la même carrière. Il publia en 1712 une Apologie (4) de dom Claude de Vert, où l'auteur du *Secret des mystères* n'est pas bien traité. Un écrivain moderne nous renvoie à ce dernier ouvrage pour apprécier celui de M. de Vallemont. Nous le renvoyons à celui du P. Lebrun, pour juger de celui de M. Baudouin.

Si la dissertation de ce savant et judicieux prêtre de l'oratoire était moins connue, le plus court et le plus sûr serait de la donner ici tout entière ; mais comme son ouvrage sur la messe, duquel elle fait partie, est aussi répandu qu'il est estimé, nous nous contenterons d'en faire un petit abrégé. Ceux qui aiment à voir les choses traitées dans toute leur étendue auront recours à la source. Je puis les assurer d'avance qu'un homme qui ne peut leur être suspect, ni à titre de faiblesse d'esprit, ni moins encore à titre d'une excessive docilité, après avoir lu le P. Lebrun, a rendu hommage à la vérité, et s'est fait gloire de préférer en ce point la voix de l'Église aux visions de ceux qui se croient plus éclairés qu'elle. Mais il est temps d'entrer en matière : nous le ferons, en établissant trois propositions.

2. Première proposition. Depuis le xe siècle l'Église a constamment voulu que le Canon fût récité à voix basse, c'est-à-dire de manière que le prêtre s'entendît lui-même et ne fût point entendu de l'assemblée (5).

Preuve. Le concile de Trente a ordonné que le prêtre prononçât le Canon à voix basse, dans le sens que nous venons d'exprimer et que nous supposerons désormais. Or en cela il n'a fait que confirmer la pratique qui était en usage depuis le xe siècle. Donc, etc. La conséquence va toute seule ; prouvons en détail les deux principes qui lui servent de base.

Je dis donc, en premier lieu, que le saint concile de Trente a très-expressément commandé aux prêtres de prononcer le Canon à voix basse. *Propterea*, dit-il au chap. 5 de la 22e session, *pia mater Ecclesia ritus quosdam, ut scilicet quædam submissa voce, alia vero elatiore in missa pronuntiarentur, instituit.* Et dans le canon 11 : *Si quis dixerit Ecclesiæ Romanæ ritum, quo submissa voce pars Canonis et verba consecrationis proferuntur, damnandum esse, aut lingua tantum vulgari missam celebrari debere.... anathema sit.* Ces paroles submissa voce, dont le sens précis doit résoudre la difficulté, signifient nécessairement, ou une récitation simplement opposée au chant, comme le prétendait le chanoine de Meaux, ou un ton de voix moins élevé, mais toujours intelligible, comme le veut le chanoine de Laval (6), ou enfin ce que nous appelons parler tout bas, parler à voix basse, et de manière à n'être entendu que de ceux qui seraient à côté de nous, comme nous le prétendons. Or, de ces trois sens les deux premiers sont absolument insoutenables.

Le premier a quelque chose qui révolte. Depuis neuf ou dix siècles il se dit beaucoup plus de messes sans chant qu'avec le chant. Comment donc soutenir qu'au xvie siècle, où presque toutes les messes se disaient sans

---

(1) Il fut fait cardinal le 29 mai 1715.
(2) Cet ouvrage, divisé en trois parties, est de Pierre le Lorrain, plus connu sous le nom de Vallemont. Les deux premières parurent en 1710. La dernière, qui est contre ces réflexions de M. Dupin, ne parut qu'en 1715.
(3) Le P. Lebrun. *Voyez* l'avertissement qu'il a mis à la tête de sa 15e et dernière dissertation.
(4) *Apologie des cérémonies de l'Église, expliquées dans leur sens naturel et littéral*, par dom Claude de Vert, trésorier de l'abbaye de Cluny, à Bruxelles, c'est-à-dire à Paris.
(5) Je dis *de l'assemblée* ; car je ne puis pas prononcer bien distinctement, de manière à m'entendre moi-même, sans que le diacre et le sous-diacre, qui sont à mes côtés, m'entendent en tout ou en partie. C'est à peu près la réflexion du P. Lebrun, 5e dissertation, p. 14.
(6) Apologie de M. de Vert, part. iv, § 24.

chant comme aujourd'hui, une assemblée aussi grave que l'est un concile général ait décidé sérieusement, et très-inutilement, que dans ces messes basses où il ne se chante rien du tout l'on en dirait une partie sans chant (1)? Le second sens, quoique plus spécieux, n'est pas plus raisonnable. Pour s'en convaincre il n'y a que trois choses à faire : chercher le dessein et l'intention du saint concile ; consulter ceux qui en ont écrit l'histoire ; interroger l'Eglise de Rome, à laquelle le concile renvoie la révision et l'explication du Missel.

Le dessein du concile n'est pas difficile à trouver. Il en veut aux calvinistes et aux luthériens, qui reprochaient à l'Eglise qu'elle faisait parler ses ministres comme des magiciens, dont on n'entend point les paroles. Tels sont les ennemis que le saint concile frappe de ses anathèmes. Or ces novateurs ont-ils jamais blâmé l'Eglise de ce qu'elle ne chante pas toute la messe? Trouvaient-ils mauvais qu'on dît le Canon d'un ton plus ou moins élevé, pourvu qu'on le dît assez haut pour se faire entendre des assistants? Non sans doute. Ils prétendaient uniquement que réciter en secret certaines paroles, et surtout celles de la consécration, c'est aller contre l'institution de Jésus-Christ, et qu'il y a du ridicule à dire en secret les paroles d'une action qu'on exerce d'une manière publique. C'est ce qu'on voit dans Kemnitius, et sur quoi il a été sagement relevé par Bellarmin (2). De là ce raisonnement aussi solide que précis : le concile ne commande dans son chapitre 5 que ce qu'il venge dans son neuvième canon, et il ne venge dans ce canon que ce qui était attaqué par les novateurs de son temps. Or ceux-ci n'attaquaient que la récitation secrète, dans le sens auquel nous l'entendons, c'est-à-dire une récitation faite à voix basse. Donc cette sorte de récitation est la seule que le concile veut établir.

Mais interrogeons les deux historiens du concile. On sait qu'ils n'avaient pas fait vœu d'être toujours d'accord, et dès lors leur concert ne peut former un heureux préjugé en notre faveur. Ecoutons d'abord Fra-Paolo : Ce *protestant déguisé en moine* (3), en justifiant à son ordinaire les calvinistes, nous développera et l'idée du concile et la pratique que le concile voulait autoriser. Les protestants, dit-il (4), *trouvaient contradictoire de dire que la messe contient de grandes instructions pour le peuple fidèle, et puis d'approuver qu'une partie en soit prononcée tout bas... On leur répondait qu'il y a dans la messe deux sortes de choses, les unes mystérieuses qui doivent toujours être cachées au peuple à cause de son ignorance, et pour cela sont dites tout bas, et en langue inconnue, etc.* Il n'y a rien là d'équivoque ; les protestants ne pouvaient souffrir qu'une partie de la messe fût *prononcée tout bas* ; les catholiques soutenaient le contraire, et le soutenaient par de meilleures raisons que celles que leur prête Fra-Paolo, comme nous le verrons dans un moment.

Le cardinal Palavicin ne nous est pas moins favorable. Il convient d'abord (5) que les Pères de Trente approuvent par leur décret l'usage de dire une partie de la messe en silence; c'est tout ce qu'il nous faut. Mais il ajoute, et cela ne peut nous nuire, que si les Pères de cette auguste assemblée ont confirmé cette pratique, ce n'est pas, ainsi que le disait malignement Fra-Paolo, pour cacher au peuple les mystères, mais pour d'autres raisons très-considérables, qui sont et la vénération que le secret procure aux choses divines, et ce vif sentiment de piété que le silence fait germer et à qui il donne de l'aliment. Il remarque ensuite que le silence et le secret conviennent aux sacrifices; que Dieu l'avait lui-même prescrit dans son ancienne loi ; que le grand prêtre entrait seul dans le *saint des saints;* qu'il y priait non-seulement sans être entendu, mais encore sans être vu du peuple; que cette coutume, bien loin d'être contraire au sentiment des anciens Pères, se trouve marquée dans les anciennes liturgies de saint Basile et de saint Chrysostome; qu'enfin elle est en usage dans l'Eglise grecque qui, séparée depuis si longtemps de l'Eglise romaine, ne l'a pu adopter par complaisance pour elle. Voilà donc le sens du *submissa voce* pleinement constaté et par les amis et par les ennemis publics ou couverts du saint concile : tous conviennent que les Pères de Trente veulent une récitation secrète; et les mauvaises raisons de Fra-Paolo ne l'établissent pas moins que les raisons solides de Palavicin. Il ne nous reste plus qu'à consulter celle de toutes les Eglises qui a dû mieux entendre le sens du concile, puisque le concile (6) nous renvoie à elle sur le fait du Missel, c'est-à-dire et de la Liturgie et de la manière de célébrer.

Or l'Eglise de Rome, dans le Missel que Pie V publia en 1570, s'explique d'une manière si précise sur le secret d'une partie des prières, et particulièrement du Canon, qu'il n'y a qu'un homme né pour forcer les textes les plus clairs, qui puisse se débarrasser de

---

(1) Lebrun, dissert. 5, p. 16.
(2) Kemnitius, part. u. *Examin.*; Bellarm., lib. ii de *Missa*, cap. 12.
(3) C'est le nom que lui donne Bossuet dans son *Histoire des variations*, liv. vi, n. 108.
(4) Fra-Paolo, *Hist. du conc. de Trente*, traduite par Amelot de la Houssaye.
(5) « Quod quædam sacrificii partes submissa voce proferantur, qui ritus ibidem a concilio comprobatur, non ea sunt in causa quæ comminiscitur Suavis... Sed sunt revera major illa veneratio quæ rebus divinis oritur ex arcano, et major ille pietatis sensus qui excitatur et alitur a silentio : unde fit ut qui celebrant et intersunt, possint attentius quæ aguntur mysteria meditari. Hæc autem arcani silentiique decentia in sacrificiis ostenditur quoque ex institutione divina in sua lege veteri, ubi, præsertim in capite xvi Levitici, cum solemne sacrificium thuris describitur, jubetur solus sacerdos ultra velum pergere, ibique precari, non modo non auditus, sed ne visus quidem a populo... Quod si hujusmodi consuetudo sensui veterum Patrum non consonaret, sicut Suavis (frater Paulus) blaterat, certe non exstaret apud Ecclesiam Græcam, jam tot sæcula sejunctam ab obedientia Romani pontificis. Præterquam quod expressa ea legitur consuetudo in vetustissimis liturgiis S. Basilii et S. Chrysostomi, etc. » Pallavic., lib. xvii Hist. concil. Trid., cap. 10, n. 5.
(6) Trident., continuat. sess. 23, § *de Indice... et Missali*

ceux que nous lui opposons. C'est ainsi que la rubrique marque que le prêtre, après avoir fini la Secrète, dit d'une voix intelligible (*convenienti et intelligibili voce*) le *Per omnia* et la Préface : c'est ainsi qu'elle ajoute qu'il commence le Canon en secret : *Incipit Canonem secreto*, et qu'à deux mots près (1) qui se trouvent dans le cours de l'action, il ne sort de ce mystérieux silence pour faire entendre sa voix qu'au *Per omnia* qui précède le *Pater. Dicit intelligibili voce : Per omnia sæcula*, etc.

Pour mettre le comble à la démonstration, nous n'avons qu'à produire les termes de la rubrique générale, qui est relative à ces articles particuliers. Nous la rapporterons en entier, parce que, comme l'observe le P. Lebrun, elle ne saurait être trop présente aux prêtres qui veulent remplir leurs fonctions avec exactitude. La voici.

« Le prêtre (2) doit être soigneux de prononcer distinctement et d'une manière convenable ce qui doit être dit à voix claire ; ni trop vite, afin qu'il puisse faire attention à ce qu'il lit ; ni trop lentement, de peur de causer de l'ennui à ceux qui entendent la messe ; ni d'une voix trop élevée, de peur de troubler ceux qui pourraient célébrer en même temps dans la même église ; ni trop basse, qui ne puisse être entendue des assistants. Mais il doit prononcer d'une voix médiocre et grave qui donne de la dévotion, et qui soit si fort à la portée de ceux qui l'écoutent, qu'ils entendent ce qu'on lit. Quant à ce qui doit être dit secrètement, qu'il le prononce de manière à s'entendre lui-même et à n'être pas entendu de ceux qui sont autour de lui. » Tel est le rite de l'Église romaine, et comme on ne peut le blâmer dans la spéculation sans encourir ses censures, on ne peut le blâmer dans la pratique sans les mériter.

Or ce rite de l'Église, *mère et maîtresse de toutes les Églises*, a été si universellement adopté par toutes les Églises particulières, que jusqu'au temps du Missel de Meaux, Missel dont la correction a suivi de si près l'édition, on n'en trouvera pas une dans tout l'Occident qui s'en soit départie. On le verra suivi par le premier concile de Milan sous saint Charles en 1565, malgré la différence qui est entre le rite ambrosien et celui de l'Église de Rome. On le verra respectueusement embrassé par les conciles de Rouen en 1581, de Bordeaux en 1582, de Bourges en 1584, d'Aix en 1585, de Malines en 1607, de Narbonne en 1607 (3). On le verra enfin dans tous les Missels, dont aucun n'a supprimé la règle du secret, quoique quelques-uns n'aient pas suivi en tout les autres parties de la rubrique.

Mais peut-être que l'Église de Rome, en introduisant le rite du silence, s'est elle-même écartée ou de sa propre pratique ou au moins de celle des autres Églises. Nous verrons plus bas qu'en admettant cette supposition il ne resterait encore d'autre parti à prendre que celui d'obéir. Mais il s'en faut bien qu'elle soit juste.

Je dis donc en second lieu que Pie V, en commandant que le Canon fût récité à voix basse, n'a transmis à ses successeurs que ce qu'il avait reçu de ceux qui l'avaient précédé. Le Pontifical romain imprimé à Rome sous Innocent VIII en 1485, et réimprimé plusieurs fois sous Alexandre VI, Léon X et Clément VII, ce Pontifical, dis-je, qui n'est qu'un composé des anciens usages qui s'observaient à Rome et ailleurs (4), s'exprime de manière à fermer la bouche à tous les faux interprètes du *submissa voce*. Voici ses propres paroles : *Prædicta omnia celebranti ordinata, excepto* Aufer a nobis, *etc., dici debent per eum intelligibili voce, ita quod ab interessentibus missæ intelligibiliter audiantur, et* Introitus cum psalmo, *et* Gloria Patri, Kyrie eleison, Gloria in excelsis Deo, *etc.*, Dominus vobiscum, Oremus, Flectamus genua, Levate. *Orationes, Prophetiæ, Epistola*, Graduale, Alleluia, *Tractus cum suis versibus*, Evangelium, Credo, Dominus vobiscum, *Offertorium*, Orate fratres, Per omnia sæcula sæculorum, *Præfatio*, Sanctus, *etc.*, Nobis quoque peccatoribus, Per omnia sæcula sæculorum, Pax Domini, *etc.*, Agnus Dei, *etc.*, Pax tecum, Domine non sum dignus, *Communio*, Dominus vobiscum, Ite missa est, Benedicamus Domino, Requiescant in pace, Benedicat, *etc*. Omnia alia quæ in missa dicuntur, dici debent secreto, ita quod a circumstantibus seu interessentibus missæ non audiantur.

Or ce que vient de nous dire l'ancien Pontifical, c'est précisément ce qu'on trouve dans Vincent Gruner, docteur de Prague en Bohême, dans Eggeling de Brunswick, dans Bernard de Parentinis, dans Gui de Mont-Rocher, auteurs du XIV° et du XV° siècle. On peut y joindre les Missels du même temps ; car quoiqu'il soit rare d'en trouver d'anciens où il y ait des rubriques, il est constant : 1° qu'on n'en voit pas un seul qui prescrive de dire les Secrètes et le Canon à voix haute ; 2° que le peu de rubriques qu'on y lit recommandent toujours la récitation silencieuse dont nous parlons. Les Missels d'Aix, d'Arles, de Vienne, de Saint-Jean de Jérusalem, de Nîmes, de Châlons-sur-Marne, de Bayeux, de Sens, de Bâle, de Valence, de Langres, de Salisbury, de Meaux et autres, cités par le P. Lebrun, en sont une preuve sans réplique. Il semble que dans le dernier

---

(1) Nobis quoque peccatoribus, et non, comme font quelques-uns, à Te igitur et aux Memento.

(2) « Sacerdos maxime curare debet ut ea quæ clara voce dicenda sunt distincte et apposite proferat ; non admodum festinanter, ut advertere possit quæ legit, nec nimis morose, ne audientes tædio afficiat ; neque etiam voce nimis elata, ne perturbet alios qui fortasse in eadem ecclesia tunc temporis celebrant ; neque tam submissa ut a circumstantibus audiri non possit, sed mediocri et gravi, quæ devotionem moveat, et audientibus ita sit accommodata, ut ea quæ leguntur intelligant. QUÆ VERO SECRETE DICENDA SUNT, ITA PRONUNTIET, UT ET IPSEMET SE AUDIAT, ET A CIRCUMSTANTIBUS NON AUDIATUR.» *Rubric.*, part. II, tit. 16, n. 2.

(3) Je prie qu'on lise sur tout ceci le P. Lebrun, pag. 25 et suiv. Je ne puis en donner ici qu'un très-court abrégé.

(4) Lebrun, pag. 33.

qui fut imprimé pour la première fois en 1492, on ait voulu prévenir la pensée de ceux qui pourraient un jour s'imaginer que l'*alta voce* signifiait le chant, et le *submissa* une récitation haute, mais unie. La plus courante lecture de la rubrique qui précède l'*Orate, fratres*, suffit pour en convaincre. *Que le prêtre*, ce sont ses termes, *s'étant tourné entièrement, dise à voix basse les Secrètes jusqu'à* Per omnia *exclusivement: mais qu'il dise* Per omnia *à voix haute, soit qu'il chante ou qu'il ne chante pas* (1). L'antithèse d'*alta voce*, *submissa voce*, paraît ici dans tout son jour, et on y voit que le *submissa* est synonyme du *tacita voce*, dont se servent d'autres anciens Missels, et nommément celui de Salisbury. Quand après cela l'apologiste de M. de Vert vient nous dire froidement que rien n'est plus nouveau que le mot de Secrète, pris pour une oraison dite à voix basse, ne mérite-t-il pas qu'un homme dont la modération fit le caractère dise de lui qu'*il n'aurait jamais cru sans l'inadvertance pût produire autant de méprises et de faussetés qu'il s'en trouve dans son livre* (2).

Tous les ordres religieux établis depuis l'an 1000 ne prouvent pas moins évidemment la proposition que nous avons avancée. L'ancien Missel de la congrégation de saint Ruf, instituée en 1038, oppose ce qui se dit en secret à ce qui se dit de manière à être entendu. *Secreto dicat* Te igitur... *Vocem mutat ut audiatur dicendo* Nobis quoque peccatoribus... *Sub silentio dicit sacerdos :* Libera nos, quæsumus, *etc.*

Les chartreux établis en 1034, et aussi constants dans leurs usages primitifs que fermes dans la pratique des vertus de leur état, prirent le Missel de Grenoble, et ils ne nous ont transmis que ce qu'ils ont observé dès le commencement. Or dans l'Ordinaire des chartreux, ce qui se dit secrètement est opposé à ce qui se dit à voix intelligible : *Quæcunque a circumstantibus audienda sunt, celebrans intelligibili voce proferat, reliqua vero secreto.* Il en est de même des cisterciens établis en 1078, des guillemites, des prémontrés, des religieux de saint François, de ceux de saint Dominique et des carmes. Nous ne parlerons que des deux derniers ordres.

Le Missel des carmes, qui est aussi ancien que celui de l'Église de Jérusalem rétabli en 1099 par le célèbre Godefroi de Bouillon, et qui fut imprimé à Venise en 1514, ce Missel porte en propres termes que le prêtre dira le Canon distinctement, mais de sorte qu'il ne pourra être entendu de ceux qui sont autour de lui : *Dicat sub silentio Secretas..... Canonem vero distincte et perfecte dicat ; ac sic submisse quod audiri non possit a circumstantibus.*

Le Directoire des dominicains, que ces religieux avaient toujours conservé dans leur couvent de Saint-Jacques à Paris, et qui fut écrit sur du vélin en 1254, lorsque saint Thomas était dans cette maison ; ce Directoire, qui *est un trésor sans prix*, n'est pas moins décisif que tous les autres monuments que nous avons cités jusqu'ici ; voici ses paroles : elles ne sont point difficiles à entendre : In voce mediocritatem servet, ne nimis alte clamando conturbet alios celebrantes, vel nimis submisse dicat, quod intelligi non possit a circumstantibus (3).

A ces autorités, que l'entêtement pourra éluder, mais que la bonne foi ne déclinera jamais, nous pourrions joindre celles de Durand, évêque de Mende, d'Albert le Grand, de saint Thomas, de saint Bonaventure et d'une nuée d'autres écrivains du XI°, du XII° et du XIII° siècle, qui tous déposent en faveur de la discipline du secret, et veulent que le Canon soit récité en silence, *secrete, occulte, sub silentio* ; ce sont leurs expressions.

L'apologiste de M. de Vert ne les a pas ignorées : mais il trouve du ridicule à les prendre dans leur sens naturel, et il croit que pour faire honneur à ceux qui les ont employées on ne doit entendre le silence dont ils parlent que d'un ton de voix opposé au chant, *sans cela*, dit-il, *il faudrait parler sans parler, prononcer sans prononcer, réciter sans réciter, parler et se taire en même temps*. C'est à la lueur de ces faibles raisonnements qu'on s'élève contre les pratiques de l'Église, qu'on y met le trouble et la division, qu'on détruit l'uniformité, qu'on s'expose intrépidement aux censures portées en certains diocèses contre les infracteurs d'une loi aussi ancienne que la liturgie, et qu'on se croit innocent, pourvu qu'on sache traiter d'un ton ferme la loi d'imprudence, et ceux qui la portent d'ignorants. Plaise à Dieu de juger dans sa miséricorde ceux qui s'écartent de la voie commune ; mais ils sont à plaindre si, pour s'excuser à son tribunal, ils n'ont pas de plus solides objections que celles de l'apologiste. En effet, pouvait-il ignorer qu'on peut parler, réciter, prononcer d'une voix si basse, qu'on ne soit point entendu des assistants, et que cette voix s'appelle *une prononciation en silence*; qu'on peut dire quelque chose très-distinctement à l'oreille d'une personne, sans que les voisins l'entendent ; qu'on voit dans l'Evangile Marthe parler en silence à Marie, sa sœur ; Silentio dicens : *Magister adest et vocat te*, où, selon la remarque de saint Augustin (4), l'Evangile appelle silence ce qui s'était dit à voix étouffée : *Vocem suppressam silentium nuncupavit*; et qu'enfin il y a tous les jours dans les églises des personnes pieuses qui récitent des prières vocales sans interrompre ceux qui sont autour d'elles ? Ces personnes prononcent très-réel-

---

(1) « Facto integro turno, dicat submissa voce Secretas missæ usque ad *Per omnia* exclusive ; et dicat alta voce, sive cum cantu, sive sine cantu, *Per omnia sæcula*. » Vid. Lebrun, pag. 41.
(2) Le P. Lebrun penchait à croire, sur l'autorité de quelques personnes, que Le Dieu était l'auteur de cette Apologie. M. l'abbé Goujet l'attribue au sieur Baudouin, chanoine de Laval.
(3) *Missale conventuale et minorum altar.* an. 1254. Lebrun, pag. 55 et seq.
(4) August., tract. 49 in Joan., n. 16. Lebrun, pag. 65.

lement et prient en silence, comme faisait Judith dans la tente d'Holopherne, où elle ne voulait point du tout être entendue : *Orans cum lacrymis, et labiorum motu in silentio dicens,* etc., (*Judith*, XIII, 6). Et certes, si la récitation des prières était incompatible avec le silence, si parler et ne se pas faire entendre était la même chose que *parler et se taire en même temps,* comme le veut l'apologiste, que feraient donc des ecclésiastiques qui, se trouvant dans le même lieu et souvent à la même lumière, auraient différentes parties de l'office à réciter ? Faudrait-il qu'en leur disant de réciter en silence ils comprissent qu'ils doivent parler haut et s'abstenir seulement de chanter ?

Quelque envie que j'aie d'abréger, le plaisir de suivre mon auteur m'entraîne. Je dirai donc encore d'après lui un mot des liturgies orientales. Je remarque d'abord que quand même quelques Eglises d'Orient diraient toute la messe à voix haute, il ne serait pas pour cela permis à un prêtre latin de s'y conformer. Chaque particulier doit suivre le rite de son Eglise ; et il ne serait pas plus permis en Occident de dire les Secrètes et le Canon à voix haute, parce qu'on le dirait ainsi à Constantinople et à Jérusalem, qu'il ne le serait d'y consacrer avec du pain levé, parce qu'on s'en sert dans ces deux Eglises. Mais allons plus loin, et enlevons à nos adversaires la faible ressource que quelques-uns d'eux ont cru trouver dans les liturgies étrangères. On est à plaindre lorsque, dans un point important, on ne trouve pas dans le monde entier une seule Eglise sur le suffrage de laquelle on puisse s'appuyer.

Il est sûr que quoique les Orientaux, par un usage qui leur est propre, disent à haute voix (1) ces paroles : *Ceci est mon corps*, ils ont un très-grand nombre de prières qui se récitent *mysticôs*. Or ce mot, qui signifie *en mystère et en secret*, signifie par conséquent une prononciation qui ne doit être entendue que de celui qui la fait et de ceux qui se tiennent à ses côtés à l'autel. C'est ce dont on ne pourra douter, si on fait attention, 1° que *mysticôs* est partout chez les Grecs opposé à *ecphonôs*, terme qui signifie un son extérieur, et qui se fait entendre au dehors ; 2° que ce même mot a été entendu dans le sens que nous lui donnons, par des gens d'un mérite distingué, et à qui on n'oserait comparer ni les de Vert ni leur apologiste, tels que furent les cardinaux Bellarmin et du Perron (2) ; que ceux qui ont traduit ce mot des liturgies orientales, comme Démétrius Ducas, le savant Bona, Cabasilas et M. Renaudot, l'ont toujours rendu par *secreto* ou *tacite*; 3° enfin que la rubrique *ecphonôs* précède toujours les prières auxquelles le peuple doit répondre, et la rubrique *mysticôs* celles qui ne doivent point être répondues. Il est donc clair que la pratique de toutes les Eglises depuis le X° siècle dépose en notre faveur.

(1) Le même P. Lebrun, pag. 76, dit que la consécration se fait absolument en silence chez les Nestoriens.

3. *Seconde proposition.* La loi du secret a été connue et très-exactement pratiquée pendant les dix premiers siècles de l'Eglise.

Avant que d'entrer en preuve il ne sera pas hors de propos de donner une légère idée des différents partis qu'ont pris sur la matière présente ceux avec qui nous avons affaire.

Il y a quelques années que ceux qui disent le Canon à haute voix et se font répondre les *Amen* prétendaient que ce n'était que depuis environ cent ans que l'ignorance des rubricaires avait introduit l'usage de réciter le Canon d'une voix non entendue de l'assemblée. Il ne fut pas difficile de leur prouver par beaucoup de monuments manuscrits et imprimés avant le concile de Trente, que la loi du secret n'était pas à beaucoup près si récente qu'ils le prétendaient. On remonta de siècle en siècle, et ceux qui n'ont pas le funeste talent de ne voir partout que ce qu'ils veulent voir, passèrent condamnation sur sept ou huit cents ans ; mais ils soutinrent que dans l'Occident comme dans l'Orient la liturgie avait été récitée à voix haute pendant les dix premiers siècles de l'Eglise.

Deux écrivains d'une très-grande et très-juste réputation contribuèrent à ce nouveau système : le premier fut le cardinal Bona, qui, sans penser le moins du monde à réformer l'usage établi, dit historiquement dans son Traité de la liturgie (3), que l'Eglise latine prononçait autrefois tout haut les paroles de la consécration ; que les fidèles y répondaient *Amen* ; que cet usage n'avait changé qu'au X° siècle, où l'on commença à dire la messe à voix basse. Sur cette autorité, M. le Tourneux, dans sa *Meilleure manière d'entendre la messe*, écrivit que pendant les dix premiers siècles toutes les prières de la liturgie s'étaient dites à voix haute, et plusieurs autres le crurent avec lui.

Le second fut Jacques-Bénigne Bossuet, évêque de Meaux. Ce prélat, dans son *Explication de quelques difficultés sur la messe*, après avoir remarqué qu'on a dit *missa*, congé, renvoi, pour *missio*, comme *remissa*, rémission, pardon, pour *remissio*, *oblata*, oblation pour *oblatio*, ajoute, *et peut-être même secreta pour secretio, séparation, parce que c'était la prière qu'on faisait sur l'oblation, après qu'on avait séparé d'avec le reste ce qu'on avait réservé pour le sacrifice, ou après la séparation des catéchumènes.*

Le *peut-être* de Bossuet disparut bientôt. Claude de Vert, pour qui la nouveauté en matière de cérémonies eut toujours un attrait invincible, changea la conjecture en assertion pure et simple. M. Thérèse fit la même chose dans ses *Questions sur la messe*, et dès lors bien des gens furent aussi persuadés que *secreta* est un substantif, qu'ils le sont encore aujourd'hui que l'usage des encensements à l'Eglise ne doit son origine qu'à la mauvaise odeur des lieux souterrains, où

(2) Le même, *Réponse à quelques difficultés*, pag. 511.
(3) Bona, *Rerum liturgic.* lib. II, cap. 13.

les premiers chrétiens étaient obligés de célébrer les divins mystères.

Cette nouvelle idée de *secreta* pour *secretio* ou *separatio* n'était pas difficile à renverser : il fut moins aisé de décider au juste si l'Eglise n'avait jamais récité à voix haute toutes les prières de la liturgie. Quelques-uns jugèrent que le secret n'avait commencé qu'à l'occasion d'un événement prodigieux, que Jean Mosch raconte ainsi dans son *Pré spirituel*, chap. 196.

« Il y avait, dit-il, dans la province d'Apamée en Syrie, près de la ville de Thorax, un champ qu'on nommait Gonage... où de jeunes garçons menaient paître leurs troupeaux. Or, comme, selon la coutume des personnes de cet âge, ils se mirent à jouer, quelques-uns d'entre eux commencèrent à dire : Célébrons la messe, offrons le sacrifice, et communions comme fait le prêtre dans la sainte Eglise. Cela ayant été agréé de tous, ils choisirent l'un d'eux pour représenter le prêtre, et deux autres pour l'assister en qualité de diacre et de sous-diacre; et se servant pour l'autel d'une pierre élevée au milieu de la plaine, ils mirent dessus du pain et du vin dans un vaisseau de terre; puis celui qui faisait le prêtre, se mettant à l'autel et ayant les deux autres à ses côtés, prononça les paroles de la sainte oblation... Et il ne faut pas trouver étrange que cet enfant les sût, parce que la coutume de l'Eglise était que les enfants qui assistaient à la messe se tinssent devant l'autel et participassent les premiers après le clergé aux saints et adorables mystères de Jésus-Christ, ce qui faisait que les prêtres prononçant tout haut en quelques lieux les paroles de la consécration, les enfants qui étaient les plus proches d'eux les avaient si souvent entendu réciter, qu'ils les avaient retenues. Enfin, lorsqu'ils étaient près de communier, il tomba du ciel un feu qui réduisit en cendres et la pierre et ce qui était dessus, en sorte qu'il n'en resta rien. » L'auteur ajoute que l'évêque du lieu, ayant été informé de ce miracle, se transporta sur le lieu avec ses clercs; qu'il y fit bâtir un monastère, et qu'on plaça l'autel de l'Eglise à l'endroit même où le feu du ciel était tombé. « C'est, dit-il, ce que m'a raconté Grégoire, gouverneur de la province d'Afrique, homme d'une exacte probité et d'une parfaite sincérité, lequel, comme il me le disait, avait vu un de ces bergers moine dans le monastère même qu'on avait bâti au lieu où s'était fait ce miracle. »

Voilà, selon M. de Vallemont (1), ce qui a beaucoup contribué à établir ou plutôt à étendre l'usage de dire à voix basse ce qu'il y a de plus saint dans la liturgie. Je dis *à étendre*, car ces paroles de Jean Mosch, *quibusdam in locis alta voce consueverunt presbyteri sancti sacrificii orationes pronuntiare*, font assez connaître qu'il y avait des églises, et de celles-ci plus que des autres, où on les récitait secrètement.

(1) Vallemont, *Du secret des mystères*, part. 1, ch. 17, pag. 295 et suiv.

Je ne porterai point de jugement critique sur cette histoire. Que ce soit une pure vision, comme le prétend l'apologiste de M. de Vert, ou que ce soit, comme le croit Bellarmin (2), et nous avec lui, un fait véritable rendu fidèlement par un homme d'honneur et de probité, qui le savait, à n'en pouvoir douter, et écrit avec la même fidélité par un auteur qui était peut-être assez crédule pour être trompé, mais qui ne pouvait guère l'être par des gens d'une vertu et d'un mérite distingué, c'est un point qui m'est assez indifférent, parce que dans la dernière supposition il ne formera qu'une très-légère difficulté.

Car, 1° Jean Mosch fait assez entendre que la pratique de dire à voix haute les prières dont il parle était beaucoup moins connue que l'autre. C'est ce que marquent ces paroles : *Quibusdam in locis*. On ne dira point, par exemple, qu'en quelques églises de France on met à l'offertoire le vin et l'eau dans le calice, parce que c'est l'usage commun. Mais on dira bien qu'en quelques églises, *quibusdam in locis*, on met le vin et l'eau dans le calice, avant de commencer la messe, parce qu'il y a très-peu d'églises où cela se fasse ainsi; 2° de ce qu'en quelques endroits les prêtres consacraient à voix haute, on ne peut légitimement conclure, ni qu'ils ne récitassent aucune prière en secret, ni moins encore que cette pratique fût autorisée par l'Eglise de leur temps. Le Canon se *crie* aujourd'hui *en certains lieux*, comme autrefois à Anières : en conclura-t-on que cette manière de le dire soit approuvée de l'Eglise? On aurait grand tort ; 3° il est fort probable que la loi de Justinien dont nous parlerons plus bas fut cause de l'innovation qui se fit dans les églises dont parle Jean Mosch. Or, dès lors elle ne peut tirer à conséquence.

Aussi un grand nombre de savants écrivains ont pris un parti différent de celui de Vallemont. Et c'est avec eux qu'on doit soutenir que l'histoire d'Apamée n'a rien changé dans la liturgie, et que la loi du secret a été très-connue et très-pratiquée dès les premiers siècles.

Pour le prouver, je n'ai qu'à poursuivre la méthode du P. Lebrun, remonter avec lui du X° siècle aux siècles précédents, et consulter les monuments qui ont du rapport au sacrifice. On sent bien que je ne traiterai qu'en peu de mots ce que ce savant homme a dû traiter avec beaucoup d'étendue.

L'auteur du livre des Offices divins, communément attribué à Alcuin, mais qui ne peut être de lui (3), dit en propres termes qu'après les louanges et les actions de grâces qui sont contenues dans la Préface, *toute l'Eglise se tenant dans un silence qui fait cesser tout bruit de paroles, pour ne laisser élever à Dieu que les vues de l'esprit... le prêtre commence la prière par laquelle le mystère du corps et du sang du Seigneur est consacré. Il faut en effet qu'au temps de cette sainte et*

(2) Bellarmin., *de Missa*, lib. II, cap. 12.
(3) Voyez-en les preuves chez le P. Lebrun, p. 102.

divine action l'âme s'élevant par la grâce de Dieu au-dessus de toutes les pensées terrestres, l'assemblée avec le prêtre, et le prêtre avec l'assemblée entrent par leurs désirs spirituels dans l'éternel et sublime sanctuaire de Dieu. Or, peut-on ne pas voir l'usage du silence de toute l'Eglise dans ces paroles, *facto totius Ecclesiæ silentio*, silence qui exclut tout bruit de paroles, *cessante omni strepitu verborum*; silence si profond, qu'il n'y a en quelque sorte que l'esprit et le cœur qui parlent. *Sola ad Deum dirigitur intentio et devotio cordium?* Nous n'insistons pas sur les paroles qui suivent le texte que nous venons de citer : *Idcirco, ut ferunt, venit consuetudo in Ecclesia Dei, ut tacite ista obsecratio atque consecratio a sacerdote cantetur, ne verba tam sacra et ad tantum mysterium pertinentia, per vicos et plateas, aliisque in locis ubi non conveniret, ea decantarent*, etc., parce qu'il est clair par la simple lecture du texte, que c'est une addition qui en coupe le tissu et qui n'a aucun rapport ni avec ce qui suit ni avec ce qui précède. Mais enfin cette addition est ancienne, puisqu'on ne produit aucun manuscrit où elle ne se trouve pas, et elle parle de la prononciation secrète des saintes prières et du Canon comme d'une chose passée en coutume. Voyons si cette coutume était bien nouvelle dans le temps du faux Alcuin ou de celui qui a brodé son texte.

Bernon, qui était moine de Prum en 1000, qui, huit ans après, fut abbé d'Auge ou de Richenau (1), à une lieue de Constance, Bernon, dis-je, homme qui savait parfaitement et qui aimait à suivre les anciens usages, non-seulement ne nous apprend nulle part que la discipline du secret se soit introduite de son temps, comme le suppose le cardinal Bona, mais il nous enseigne précisément le contraire, premièrement parce qu'il loue Amalaire, comme très-instruit des usages de l'antiquité : *Amalarius divinorum officiorum indagator solertissimus, cujus dicta catholicorum virorum sententiis fulgent munita*. Or nous verrons bientôt Amalaire se déclarer en faveur du silence commandé par la rubrique ; 2° parce que, dès l'entrée de son livre, il examine comment on disait la messe dans les premiers temps, *Qualiter priscis apostolorum temporibus missarum celebritas agerentur*, et il ne trouve rien à remarquer sur la récitation secrète, si ce n'est que dans la plus haute antiquité la communion et même l'oblation se faisaient en silence : *Cum veraciter credi possit priores sanctos silentio obtulisse vel communicasse* (2).

Remi d'Auxerre, qui, après avoir enseigné à Reims, enseigna à Paris avec beaucoup d'éclat, vers 882, et eut pour disciple saint Odon, second abbé de Cluny ; Remi, dis-je, n'est pas moins précis pour le secret que les autres écrivains du temps. C'est de lui que le compilateur de l'ouvrage faussement attribué à Alcuin a pris ces belles paroles : *Facto totius Ecclesiæ silentio, cessante omni strepitu verborum, incipit sacerdos orationem fundere..... Te igitur*, etc. (3).

Hérard, archevêque de Tours, dans ses statuts de 858, donne aux prières du Canon le nom de *Secrètes*, sans doute parce qu'on ne les laissait pas entendre au peuple : *Ut secretas presbyteri non inchoent antequam Sanctus finiatur*. Le *secretio* de dom Claude de Vert pour *secreta* ne viendrait pas bien ici.

Le pape Nicolas Ier, qui fut élu la même année, dit dans une de ses réponses aux difficultés sur lesquelles il avait été consulté par les Bulgares, que les livres où était la messe ne devaient point être communiqués aux laïques, non plus que ceux qui contenaient les pénitences : *Sæculares tale quid (judicium pœnitentiæ) habere non convenit... Similiter et de codice ad faciendas missas asserimus* (4).

Il est vrai que l'auteur de la *Coutume de prier debout* dit bien assertivement qu'on voit encore un *Formulaire de prières composé par l'ordre de Charles le Chauve pour l'usage des peuples*, dans lequel on trouve toutes les oraisons du *Canon* que le peuple doit dire conjointement avec le prêtre. Il est vrai encore qu'un homme qui parle d'un ton si ferme est présumé ne parler que pièces en main. Mais enfin il est vrai aussi que tout cela est faux. Les grandes et les petites Heures de Charles le Chauve subsistent encore, et il n'y a pas un iota du Canon, et moins encore du Canon comme devant être dit par le peuple conjointement avec le prêtre.

Flore, diacre de Lyon, qui vivait sous Agobard, évêque de cette ville, mort en 840, est celui dont Remi d'Auxerre et le prétendu Alcuin ont tiré ces paroles : *Facto totius Ecclesiæ silentio, in quo cessante omni strepitu verborum, sola ad Deum dirigitur intentio, incipit sacerdos*, etc. Ainsi on doit lui appliquer ce que nous avons dit de ces deux auteurs. Mais afin qu'on ne s'imagine pas que Flore ne parle que du silence des assistants pendant le Canon, et non pas de celui du prêtre, il est bon d'ajouter que cet illustre diacre dit quelques lignes plus bas que le prêtre prie avec l'assemblée, non en faisant entendre sa voix, mais en parlant du cœur : *Clamat sacerdos cum Ecclesia, non voce, sed corde dicens:*Te igitur. *Clamat cum Ecclesia*: voilà le prêtre de niveau avec le reste des assistants. Or ceux-ci après le *Sanctus* gardaient un profond silence. Sans doute que la plupart, et surtout le peuple, faisaient alors comme aujourd'hui des prières vocales ; mais ils étaient censés ne parler que du cœur, parce qu'il n'y avait que Dieu qui pût les entendre : *Clamat non voce, sed corde*. Amalaire va dans un moment nous démontrer la justesse de cette réflexion.

Ce savant homme, qui fut diacre, peut-être

---

(1) *Augia dives*, ou *Richenovia*.
(2) Lib. *de Officio missæ, seu de rebus ad officium missæ pertinentibus*, cap. 1, tom. XVIII Biblioth. PP.

(3) *De Celebrat. missæ*, tom. VI Biblioth. PP.
(4) Nicolaus I, an. 866, *Resp. ad consult. Bulgaror.* n 76 et 77. Tom. VIII Conc.

même chorévêque de Metz, et qui, du temps de Guillaume de Malmesbury, était encore celui de tous les auteurs qui avait le mieux écrit sur les rites ecclésiastiques (1), dont l'étude occupait les plus habiles gens de son siècle, parce que Charlemagne et Louis le Débonnaire n'auraient voulu qu'un seul office partout, Amalaire, dis-je, dans le savant traité qu'il a composé sur cette matière, décide la question pour ceux qui ont le cœur droit et qui ne cherchent que la vérité. Il marque d'abord fort clairement dans sa préface que le prêtre fait l'oblation de l'hostie par une prière secrète : *Facit panem transire per suam secretam orationem ad modum hostiæ*. Au chapitre 120 du livre III, il dit que la Secrète s'appelle ainsi, parce qu'on la dit s crètement : *Secreta ideo nominatur, quia secreto dicitur*. Au chapitre 23, qui a pour titre : *De Te igitur*, il examine pourquoi cette prière se dit en secret, et il répond avec saint Cyprien que c'est : 1° parce que Jésus-Christ nous a appris à prier en secret : *Magisterio suo Dominus secreto nos orare præcepit*; 2° parce que cette manière de prier convient à la foi, qui nous apprend que Dieu pénètre les choses cachées : *Quod magis convenit... fidei, ut sciamus Dominum... in abdita quoque et occulta penetrare*; 3° que Dieu qui voit les pensées des hommes écoute la prière du cœur et non pas le son de la voix : *Quia Deus non vocis, sed cordis auditor est, qui cogitationes hominum videt*; 4° parce qu'Anne, mère de Samuel, qui était la figure de l'Eglise, priait sans faire entendre ce qu'elle prononçait. Elle remuait ses lèvres, dit l'Ecriture, mais ses paroles qui n'étaient que du cœur ne pouvaient être entendues que de Dieu : *Quod Anna Ecclesiæ typum portans custodit et servat, quæ Deum non clamosa petitione, sed tacite ac modeste intra ipsas pectoris latebras precabatur, et loquebatur prece occulta, sed manifesta fide : loquebatur non voce, sed corde... ut declarat Scriptura divina quæ dicit :* « *Loquebatur in corde suo, et labia ejus movebantur, et vox ejus non audiebatur.* » (I *Reg*. I.)

Je ne sais (2) ce qu'on pourrait apporter de plus précis pour marquer que par prière secrète on entend celle qui se fait d'une voix non entendue des assistants, et où le prêtre remue les lèvres sans entendre ce qu'il dit. Cependant Amalaire tire tout cela de saint Cyprien (3), tant il était persuadé que l'usage de son temps, qui était tout semblable au nôtre, était très-ancien. Il est vrai que l'ouvrage d'Amalaire fut critiqué par l'archevêque Agobard et par le diacre Flore, mais cette censure devient une preuve pour nous. Car, outre que ni l'un ni l'autre ne le reprit sur le fait que nous examinons, personne ne lui imputa jamais d'avoir manqué d'exactitude en rapportant les usages et les coutumes de son siècle.

A tant d'autorités qui prouvent clairement que le pieux et savant cardinal Bona s'est mépris quand il a cru que la loi du secret ne s'est introduite qu'au X° siècle, nous pourrions joindre celles d'un grand nombre de Missels du VII° et du VIII° siècle ; mais comme cela nous mènerait trop loin, nous nous contenterons de rapporter un ancien Ordre romain monastique écrit depuis mille ans, lequel a été donné par les Pères Martène et Durand. La manière de réciter le Canon y est si bien exprimée, qu'il ne reste ni subterfuge ni réplique à ceux qui prétendent que réciter en secret c'est ne pas chanter. En voici les paroles : *Dicat orationem et secreto, nullo alio audiente, nisi tantum ut venerit ad hoc verbum*, « *Per omnia sæcula sæculorum*. »

Sur quoi le P. Martène dans une note dit assez vivement que cet endroit suffit pour réfuter les amateurs de nouveautés, lesquels, contre l'usage universel de l'Eglise romaine, disent à haute voix, de leur propre autorité, les prières secrètes et tout le canon (4). Certainement l'Ordre que nous venons de citer n'exprime que l'ancien usage que l'Eglise romaine avait reçu des saints Pères : *Sicut in sancta ac Romana Ecclesia sapientibus ac venerabilibus Patribus traditum fuit* ; c'est ce que marque l'espèce de préface qui est à la tête.

Merati parle d'un autre Ordre romain qui, quoique également décisif, n'a été cité ni par Vallemont ni par le P. Lebrun. Mais il le cite lui-même d'une manière si vague et si peu juste, qu'on ne peut en profiter.

4. Quoique tout ce que nous avons dit jusqu'ici soit plus que suffisant pour rappeler à l'uniformité ceux que l'autorité et le ton imposant de quelques nouveaux auteurs ont pu en écarter, nous croyons cependant devoir dire un mot de l'usage des anciennes Eglises d'Orient, non que nous pensions que les prêtres qui ne voudraient pas consacrer avec du pain levé, quoique ce soit l'usage des Grecs, voulussent, contre la disposition de leur propre Eglise, ne pas dire à voix basse ce que les Orientaux prononceraient d'un ton élevé ; mais parce que le concert des deux Eglises, s'il était une fois bien constaté, prouverait que la loi du secret se perd dans les premiers siècles, et que, selon la règle de saint Augustin (5), qui veut qu'on rapporte à l'autorité aposto-

---

(1) « Cœterum de varietatibus officiorum alium frustra desiderabis quam Amalarium. Fuerit fortasse aliquis qui scripserit disertius, nemo certe peritius. » Villiel. Malmesbur. apud Guillelm. Cave, ad an. 812.

(2) Lebrun, *ibid.*, p. 128.

(3) Cyprian., *de Orat. Domin.*

(4) « Qui locus sufficere debet ad refutandos nonnullos novitatum amatores, qui contra universalis Romanæ Ecclesiæ consuetudinem, propria auctoritate integram missam, secretas orationes, Canonemque ipsum eodem vocis sono, hoc est alte pronuntiant. Nam quod respondent variis antiquisque auctoribus Secretas et Canonem sub silentio recitari præscribentibus ; quod, inquam, aiunt, silentium apud illos cautum tantum, non altæ voci opponi, omnino falsi convincitur, ut nullus sit amplius effugiendi locus, cum *secreto, nullo alio audiente*, ante annos mille in Ecclesia Romana, aliisque ipsius Ordinem sequentibus, hæc dicerentur. » Martène, *Thesaur. anecdot.* tom. V, pp. 101, 102. Les mots *nullo audiente* sont à la page 105 A.

(5) « Quod universa tenet Ecclesia, nec conciliis Institutum, sed semper retentum est, non nisi apostolica auctoritate traditum rectissime creditur. » August. lib. *de Bapt.*, cap. 24.

lique ce qui se trouve pratiqué dans toute l'Eglise sans avoir été établi par aucun concile, il faudrait le faire descendre des premiers disciples de Jésus-Christ.

Or, sans répéter ce que nous avons dit touchant le *mysticós*, si souvent rebattu dans les anciennes liturgies, qu'on le trouve dix-neuf fois dans celle de saint Basile, et jusqu'à trente fois quant au sens dans celle des Arméniens, il ne nous faut, pour prouver l'antiquité du secret, que la loi même par laquelle l'empereur Justinien s'efforça de le détruire. Ce prince, qui faisait le pape et l'évêque, publia, en 541, une ordonnance. (1) par laquelle il enjoignit, sous peine de punition, aux évêques et aux prêtres, de faire la divine oblation et la prière du saint baptême, non en secret, mais d'une voix qui fût entendue du peuple fidèle, afin, dit-il, que les assistants soient portés à louer et à bénir Dieu avec une plus vive dévotion, selon ce mot de saint Paul dans son Epître aux Corinthiens : *Si vous ne bénissez Dieu qu'en esprit, comment ceux du simple peuple répondront-ils ce saint* Amen *à votre action de grâces, puisqu'ils ne sauront ce que vous dites ?* et cet autre précepte du même apôtre dans son Epître aux Romains : *Il faut croire de cœur pour être justifié, et confesser de bouche pour être sauvé.*

Voilà l'ordonnance de Justinien, et voici nos remarques.

1° Il suit de la loi de cet empereur qu'on disait alors une partie de la messe, et sans doute la plus essentielle, la plus capable de piquer la curiosité d'un prince qui voulait tout savoir, non simplement d'un ton opposé au chant, mais d'une voix qui n'était point entendue. Car c'est précisément cet usage qu'il veut abroger : *Non in secreto, sed ea voce quæ exaudiatur.*

2° Il est encore aisé de conclure de la même novelle que cette récitation secrète qui déplaisait à Justinien était en vigueur partout. En effet cet empereur, dont Trithème, Possevin et plusieurs autres louent beaucoup l'esprit et l'érudition, ne justifie le nouveau rite qu'il voulait introduire ni par aucun canon ecclésiastique, ni par l'usage des anciennes basiliques, ni même par la discipline de quelque Eglise, petite ou grande, de son temps. Or à qui persuadera-t-on que ce prince ou ses flatteurs eussent négligé des moyens si propres à justifier sa témérité et son innovation, s'ils en eussent eu la moindre connaissance, connaissance d'ailleurs si facile à avoir dans le système de ceux que nous combattons ?

3° Justinien est donc obligé de recourir à deux textes de saint Paul. Or de ces deux textes, le premier, que les protestants rebattent sans cesse pour nous obliger à chanter les hymnes de Marot et à célébrer en langage vulgaire, ne conclut rien du tout. Saint Paul y parle contre ceux qui dans les assemblées disaient ce que l'esprit de Dieu leur suggérait, mais dans une langue tout à fait étrangère aux assistants, et qu'ils n'avaient pas le don d'interpréter (2) ; d'où il arrivait que ceux qui étaient présents ne savaient pas même de quoi il était question, et qu'ils étaient par conséquent hors d'état de le confirmer par l'*Amen*, acclamation commune chez les Juifs, dont les chrétiens l'ont empruntée. Or il est constant que tous les chrétiens, à qui l'on répète sans cesse que par les prières du Canon, le prêtre consacre le corps et le sang de Jésus-Christ, sont parfaitement en état d'y donner leur approbation par un Amen solennel, soit que ces prières se fassent haut ou bas, dans une langue connue ou dans une langue étrangère. Le prêtre dit admirablement le P. Lebrun (3), a demandé le consentement du peuple avant que de commencer le Canon ; ce consentement lui a été donné par toute l'assemblée ; elle ne fait que le ratifier à la fin de la prière, comme les Israélites ratifiaient ce que le grand prêtre disait dans le sanctuaire, quoiqu'il leur fût impossible de l'entendre.

Le second texte cité par le même empereur ne fait pas plus à son sujet. *Il faut croire de cœur et confesser de bouche* ; donc il faut que le prêtre récite tout le Canon à haute voix : belle conséquence !

Les motifs de Justinien sont donc la faiblesse même, et on ne peut s'empêcher de dire avec M. de Marca (4) qu'en renversant l'ancien et solennel usage de l'Eglise, il était aussi téméraire que mal fondé.

Malgré cela il serait aisé de faire voir que la novelle de Justinien n'a eu qu'une partie de son effet, qu'après lui on récita encore à l'autel plusieurs prières en silence ; que la coutume de fermer sur le prêtre les portes du sanctuaire, et de tirer sur lui les rideaux qui le séparaient du commerce des hommes, pour le forcer en quelque sorte de ne parler qu'à Dieu, coutume si magnifiquement décrite par saint Chrysostome, a subsisté comme auparavant. Mais je m'aperçois qu'il est temps de finir cet article. Je me contenterai donc d'ajouter qu'il n'y a rien de solide dans l'objection que les ennemis du *secret* tirent de ce que les fidèles ont répondu Amen aux paroles de la consécration jusqu'au X° siècle, 1° parce que ce fait est très-incertain et même très-faux, au jugement d'un homme qui l'a bien examiné (5) et qui soutient que les fidèles ne répondaient cet Amen

---

(1) « Jubemus omnes episcopos ac presbyteros non in secreto, sed cum ea voce quæ a fidelissimo populo exaudiatur, divinam oblationem et precationem quæ fit in sancto baptismate facere ; ut inde audientium animi in majorem devotionem et Dei laudationem et benedictionem efferantur. Sic enim et divinus Apostolus docet, etc. » Justinian. Novel. 257, alias 123, cap. 6. Cette loi est de près d'un siècle américain à Jean Mosch, qui florissait en 620 ; mais l'histoire d'Apamée suivit de très-peu l'innovation de Justinien, et Dieu voulut la confondre par un miracle.

(2) Et ideo qui loquitur lingua, oret ut interpretetur I Cor. xiv, 13.

(3) Lebrun, *ibid.*, p. 148.

(4) « Præterquam quod de ritu sacrificiorum decernere tentat Justinianus, quæ pars disciplinæ solis sacerdotibus competit, antiquos Ecclesiæ mores sollicitat : qui, ut reverentia mysteriis conciliaretur, preces mysticas demissa voce proferri induxerant, ut testatur Basilius. » Marca, *Concord. sacerd. et imperii,* lib. II, cap. 6.

(5) Lebrun, *ibid.*, p. 218.

qu'à la fin des actions de grâces ou du grand Canon, comme nous le faisons encore avant la petite préface du *Pater* : 2° parce que si le peuple répondait *Amen*, ce n'était pas, comme dit M. de l'Aubépine, *après et pour avoir entendu les paroles* de la consécration, puisqu'il était trop éloigné du sanctuaire, et que le prêtre y était comme enseveli sous deux rangs de rideaux, mais parce que le diacre qui était en station près du sanctuaire faisait signe à celui qui était *in ambone*, au jubé ou dans un lieu éminent, d'avertir les séculiers de ce *qu'il fallait répondre, ou demander, ou dire* (1).

5. *Troisième proposition.* Quand même la loi du silence n'aurait été établie qu'au X° siècle, comme l'a cru le cardinal Bona, ou plus tard, comme l'ont pensé d'autres, il n'y a point de particulier qui pût en conscience se dispenser d'y obéir.

Preuve. Tout particulier est obligé en conscience de céder à une loi portée par une autorité légitime et qu'on ne peut sans erreur accuser d'avoir outrepassé ses pouvoirs. Or telle est incontestablement la loi du secret dont nous parlons.

1° Elle a été portée par une autorité légitime. En est-il dans le monde de plus respectable, de plus décisive que celle du premier des pasteurs et de tous les évêques, qui, quoiqu'ils n'aient pas tous adopté toutes les rubriques du Missel romain, parce qu'il y en avait quelques-unes sur des matières indifférentes, qui étaient contraires à l'usage immémorial de leurs diocèses, ont tous sans exception adopté la rubrique du silence, souvent dans les conciles, et toujours dans les règles de la célébration, qu'ils ont fait mettre à la tête de leurs Missels?

2° On ne peut sans erreur accuser le pape et les évêques d'avoir passé leurs pouvoirs. Le concile de Trente, c'est-à-dire, si en ce genre il y a du plus ou du moins, la plus sage et la plus savante assemblée qui se soit jamais tenue, a déclaré bien formellement (2) que l'Eglise a toujours eu le pouvoir de régler et de changer ce qu'elle jugerait à propos dans l'administration des sacrements sans toucher à leur substance, et c'est de là qu'il infère qu'on a pu retrancher aux simples fidèles l'usage de la coupe, quoiqu'elle leur eût été fréquemment accordée dans les premiers siècles. Or je ne crois pas que personne soit assez insensé pour prétendre que la récitation secrète d'une partie de la liturgie touche à la substance du sacrifice. M. de Vert avoue lui-même qu'aujourd'hui que la messe ne se dit plus en langue vulgaire, il est assez inutile de dire le Canon à voix haute Quel autre parti reste-t-il donc à prendre, que celui de l'obéissance et de la soumission? Car enfin, dit M. le Tourneux lui-même(3), *quelle que soit l'origine de dire bas certaines choses à la messe*, ON NE PEUT NIER *qu'elle ne soit autorisée présentement par l'Eglise, et principalement depuis le concile de Trente, dont les paroles qui distinguent ce qui se dit haut et ce qui se dit bas dans le sacrifice, ont été entendues simplement par plusieurs conciles provinciaux* (c'est-à-dire par tous ceux qui ont traité cette matière), *et non dans le sens de ceux qui croient que dire bas se peut entendre, dire sans chant.*

Il y a des personnes, dit le même auteur (4), *qui dès qu'elles savent qu'une chose se pratiquait autrement dans les premiers siècles qu'elle ne se pratique présentement, condamnent aussitôt le changement qui a été fait par l'Eglise; se plaignent amèrement de ce qu'on ne rétablit pas l'usage ancien, et parlent souvent de la même manière que les hérétiques, qui, pour justifier leur séparation, reprochent sans cesse aux catholiques le changement qui s'est introduit en des choses qui sont purement de discipline: eux qui n'ont pas craint d'en introduire dans les choses mêmes de la foi. Tous les enfants de l'Eglise doivent avoir ce respect pour elle de ne la condamner jamais, mais de s'efforcer de connaitre son esprit, afin d'y conformer leur jugement. Il y a des choses qu'elle tolère, il faut les tolérer avec elle. Il y a des règlements par lesquels elle change quelque pratique, il ne faut pas condamner ces règlements, mais s'instruire des vues et des raisons, pour lesquelles elle les a faits : non afin de les censurer témérairement, mais pour entrer soi-même dans ses raisons et ses vues ; et si on ne voit pas pourquoi elle a fait une telle ordonnance, ne laisser pas d'être persuadé qu'elle l'a faite très-sagement, et se conformer à la pratique commandée ou autorisée par cette ordonnance.*

De ces principes que la sagesse a dictés, et que la vérité avouera toujours, il résulte clairement que quand la discipline du secret ne remonterait pas au delà du concile de Trente, on ne pourrait ni la blâmer sans témérité, ni s'en écarter sans une très-haute imprudence. Combien d'anciens usages que de bonnes raisons avaient introduits, et auxquels de bonnes raisons en ont substitué de contraires! *C'était*, dit M. Nicole dans sa Perpétuité de la foi (5), *une chose fort convenable à ce que nous croyons de l'eucharistie, de ne la renfermer que dans des vases d'or et d'argent; mais saint Exupère jugeait aussi avec raison que c'était une chose fort convenable de renfermer l'eucharistie dans un panier d'osier, pour distribuer aux pauvres l'or et l'argent des vases sacrés.*

C'est une chose fort convenable d'exposer le corps de Jésus-Christ, afin que les chrétiens soient excités à lui rendre leurs hommages, et c'est une chose fort convenable aussi de ne l'exposer point, afin d'entretenir les hommes dans un plus grand respect envers les mystères.....

---

(1) Vallemont, part. III, pag. 153.
(2) « Declarat sancta synodus hanc potestatem perpetuo in Ecclesia fuisse, ut in sacramentorum dispensatione, salva illorum substantia, ea statueret vel mutaret quæ suscipientium utilitati seu ipsorum sacramentorum veneratione, pro rerum, locorum et temporum varietate, magis expe-

dire judicaret. » Trident., sess. 21, cap. 2.
(3) Le Tourneux, *De la meilleure Manière d'entendre la Messe*, pag. 218.
(4) *Id. ibid.*, pag. 216 et 217.
(5) *Perpétuité de la foi*, tom. I, liv. X, ch.

C'est une chose fort convenable de ne permettre pas aux laïques de toucher le corps de Jésus-Christ, pour leur en donner plus de respect; c'était aussi une chose fort convenable autrefois, que de leur permettre de le toucher et de l'emporter; puisque c'est un présent que Dieu leur a fait, et que la main d'un homme qui est l'image de Dieu est infiniment plus noble que les vases les plus précieux, comme le dit un concile; aussi cette coutume se pratique-t-elle en quelques-unes des sociétés d'Orient.

C'est une chose fort convenable de communier à genoux, pour témoigner l'état d'abaissement où l'on doit être devant la majesté de Jésus-Christ, et c'est une chose fort convenable de communier debout, pour représenter par cette posture du corps la résurrection de Jésus-Christ qui ne veut donner son corps ressuscité qu'à des âmes ressuscitées.

C'est une chose fort convenable de communier sous une espèce pour éviter les inconvénients qui arrivent de l'usage du calice, et c'était aussi une chose fort convenable que de communier sous les deux espèces lorsque l'Eglise était dans cette pratique, pour imprimer plus fortement la mort de Jésus-Christ dans l'esprit de ceux qui communient, par l'image de la séparation du corps et du sang.

Il serait aisé de pousser cette induction plus loin. Tout le monde sait qu'on a longtemps baptisé par immersion, et il est sûr que cette cérémonie représentait parfaitement aux nouveaux fidèles la manière dont ils doivent être ensevelis en Jésus-Christ. On sait aussi que de grandes Eglises se sont servies et se servent encore de pain levé pour la consécration; et les Orientaux ne manquent pas de convenances pour autoriser cet usage. On sait enfin, ou peut-être ne sait-on pas que le prêtre consacrait vers le VII° siècle, pour la communion des fidèles, de grands pains que lui ou les diacres rompaient en petits morceaux, afin de les distribuer au peuple (1). Or il n'y a point de particulier qui osât faire revivre ces différentes coutumes, sous prétexte qu'elles étaient, au moins pour la plupart, de la première antiquité, et que ceux qui les avaient établies valaient bien ceux qui les ont abrogées. Pourquoi la récitation secrète du Canon ne suivra-t-elle donc pas la règle générale? Si elle est nouvelle aujourd'hui, comme on le suppose de gaieté de cœur (2), quelques-uns des usages dont nous venons de faire l'énumération n'ont-ils pas été nouveaux en leurs temps? Et si alors on a regardé comme des brouillons ceux qui, contre les dispositions actuelles de l'Eglise, s'opiniâtraient à les maintenir, peut-on, quelque aversion qu'on ait pour des qualifications un peu dures, ne pas regarder avec le P. Martène comme *amateurs de la nouveauté* ceux qui heurtent de front un usage très-propre à nourrir la paix?

Mais, dira-t-on peut-être, à quoi bon un secret qui aujourd'hui n'aboutit à rien? De nos jours l'ordinaire de la messe est entre les mains de tout le monde. Hommes, femmes, enfants, tous peuvent le lire et le lisent en effet. Pourquoi le prêtre n'osera-t-il pas réciter devant moi simple fidèle ce que je pourrais au besoin réciter devant lui?

Voilà l'objection la plus rebattue sur cette matière; faisons voir qu'elle n'a aucune solidité. Et 1° quand je dirais que lors même qu'on ne voit pas pourquoi l'Eglise a fait une ordonnance, il ne faut pas laisser d'être persuadé qu'elle l'a faite très-sagement, et se conformer à la pratique commandée ou autorisée par cette ordonnance, je pense qu'on n'aurait rien de juste à me répliquer, non plus qu'à celui dont je viens d'emprunter les paroles.

1° C'est une erreur de croire que la récitation secrète n'ait été commandée que pour dérober au simple peuple la connaissance des divins mystères. On peut assurer qu'il n'y avait très-souvent aux offices des moines, et de ceux surtout qui vivaient à l'écart, que des prêtres ou des gens qui se disposaient à le devenir; et cependant l'ancien Ordre romain monastique que nous a donné le P. Martène prescrit sans restriction quelconque la récitation à voix basse?

Mais sans nous arrêter à des conjectures, je remarque d'abord que le concile de Trente, dans l'endroit même où il nous donne la loi du secret comme établie par l'Eglise, ne dit pas un mot du prétendu besoin de cacher les saints mystères au commun des fidèles. Il se contente de faire cette remarque, confirmée par l'expérience de tous les siècles, que l'homme étant fait de manière à ne pouvoir que difficilement s'élever à la méditation des choses célestes, s'il n'est soutenu par un secours extérieur, l'Eglise a sagement institué des rites qu'elle veut être observés par ceux qui célébreront, tel qu'est celui de dire certaines prières à voix haute, et quelques autres à voix basse (3). Le concile aura-t-il voulu nous cacher le vrai motif de sa décision, et nous leurrer par un motif apparent? *Non causam pro causa* se pardonne à un novice en philosophie; mais on ne le suppose pas dans une sainte et nombreuse assemblée.

Je remarque en second lieu que les plus anciens auteurs qui ont rendu raison de la

---

(1) « Sacerdotes confringant ipsas oblationes super altare, si necesse fuerit. Diaconi vero juxta altare et confringant ipsas oblationes, canentibus interim fratribus, *Agnus Dei.* » *Vetus Ordo Romanus,* tom. V *Anecdotor.* pag. 105. Sur quoi le P. Martène dit : « Hinc colliges non minores oblatas pro populi consecratione, olim consecratas fuisse, sed maximas quas diaconi in plures particulas confringebant. »

(2) Le P. Lebrun, qu'on voit menacé de *mille témoignages* contre son sentiment, répond en ces termes, qui sont remarquables : « J'en ai agi honnêtement avec ces messieurs. Je leur ai fait grâce de *neuf cent quatre-vingt-dix-neuf* témoignages; je ne leur en ai demandé qu'un qui prouvât clairement qu'on a prononcé le Canon à haute voix... mais j'ai attendu en vain. Tom. IV, Dissert. 15, pag. 559.

(3) « Cumque natura hominum ea sit ut non facile queat sine adminiculis exterioribus ad rerum divinarum meditationem sustolli, propterea pia mater Ecclesia ritus quosdam, ut scilicet quaedam submissa voce, alia vera clatiore, in missa pronuntiarentur, instituit. » Trident., sess. 21, cap. 5.

récitation secrète des principales parties de la messe l'ont fondée sur des motifs tout à fait différents de celui qu'on nous objecte. On le voit dans le texte d'Amalaire que nous avons cité plus haut. Il est vrai que depuis que l'histoire des pâtres d'Apamée se fut répandue en Occident, on joignit assez communément aux autres causes du secret la crainte d'une profanation semblable à celle de ces jeunes Syriens; mais ce nouveau motif, qui était frappant, ne fit pas disparaître les raisons primitives, et on crut toujours, comme l'avait cru saint Chrysostome (1), que le *redoutable silence*, qui dans la société des fidèles succédait tout à coup à une sainte confusion de voix, et qui était lui-même interrompu lorsqu'on tirait les rideaux du sanctuaire, et que le diacre d'une voix terrible s'écriait : *Les choses saintes sont pour les saints*, était tout propre à saisir le cœur et à l'élever au-dessus de lui-même.

Enfin, sans vouloir faire de leçon à personne, je remarque que rien n'est plus affligeant que la manière dont l'ordinaire de la messe est traité aujourd'hui. A force de le mettre presque sans exception à tous les livres de piété qui paraissent, on l'a rendu si commun, on l'a si fort avili, que, mis de niveau avec les plus misérables livrets, il traîne dans les places publiques. Ce n'est pas sans doute l'intention de ceux qui le multiplient; mais quand on voit de pareils désordres, on peut, ce me semble, regretter la discipline qui ne confiait qu'aux ministres sacrés de si saintes et si sublimes prières (2).

7. Si on nous objectait encore que ceux que quelques-uns des nôtres appellent des *crieurs de messes* sont gens habiles qui en savent autant que leurs adversaires, il ne nous serait pas difficile de leur en opposer d'autres qui en savent un peu plus qu'eux. Bellarmin était absolument très-habile, et il a justifié la pratique du secret contre les protestants, qui étaient alors les seuls ennemis qui la combattissent (3). Gavantus et Quarti ne peuvent passer pour ignorants sur le fait des cérémonies, et ils prouvent tous deux qu'il faut dire à voix basse ce que la rubrique marque devoir se dire *submissa voce* (4). Sylvius, qui n'était pas ultramontain, car il faut quelquefois avoir égard aux délicatesses les plus mal placées, Sylvius était constamment très-habile, et il montre par de solides raisons que l'usage du silence est très-ancien, et que le respect dû aux saints mystères l'exige (5). Van-Espen n'était ni ignorant ni suspect d'une obéissance à toute épreuve. Il déclare cependant en termes très-précis qu'aucun prêtre ne peut de son autorité privée changer les rites qui sont prescrits dans son Eglise, sous prétexte que le rite contraire est plus conforme à la discipline de l'Eglise primitive, et qu'il semble plus propre à exciter la dévotion des peuples et à le faire entrer dans le sens des mystères. *Neque presbyteris aliisve Ecclesiæ ministris, privata auctoritate ritum præscriptum immutare licet, eo etiam prætextu quod contrarius ritus pristinæ Ecclesiæ disciplinæ esset conformior, videreturque magis ad excitandam populi devotionem, necnon explicanda mysteria aptior et convenientior* (6).

Juénin traite en deux de ses ouvrages (7) la question qui nous arrête depuis si longtemps, et il décide que *le prêtre doit prononcer secrètement, même dans les messes solennelles, tout ce que les rubriques disent devoir être prononcé à basse voix; comme au contraire il doit prononcer à haute voix, clairement et distinctement, même dans les messes qui ne seraient pas solennelles, tout ce que les mêmes rubriques disent devoir être prononcé à haute voix. Et en ce point*, ajoute-t-il, *les rubriques ne sont pas seulement directives, mais encore préceptives*. Il le prouve, 1° parce que c'est là une des cérémonies de la messe qui n'est pas des moins importantes, puisque, outre qu'elle honore le silence de Jésus-Christ sur la croix, où il proféra fort peu de paroles, elle est propre à faire rentrer le ministre en lui-même, et à lui inspirer aussi bien qu'au peuple plus de respect pour la sainteté et la grandeur du sacrifice. 2° Par l'autorité expresse des conciles de Milan et de Bordeaux; nous les avons déjà cités. 3° Parce que cette manière de réciter est *un point de discipline prescrit par toutes les liturgies, tant latines que grecques, et reçu généralement partout; et par conséquent*, dit cet auteur, *il y a pour les prêtres particulière obligation de s'y conformer*.

Enfin je crois qu'on voudra bien faire au P. Mabillon la grâce de le regarder comme un savant et comme un savant aussi distingué par sa prodigieuse érudition que par sa profonde humilité. Or, ce grand homme avouait au P. Martène que *la témérité de quelques prêtres, qui disaient le Canon de la messe à haute voix, lui était insupportable... Et je lui ai ouï dire*, poursuit le P. Martène, *que dans l'Eglise latine on n'avait jamais dit le Canon à haute voix* (8).

C'est sur ces principes que les chapitres généraux de Cluny en 1725, et de Saint-Maur en 1726, ont très-étroitement ordonné à tous leurs prêtres de dire à basse voix ce que les rubriques marquent devoir être ainsi pro-

---

(1) « Magna voce, terribili clamore, tanquam præco manum tollens in altum, stans excelsus, omnibus manifestu-, et in TREMENDO ILLO SILENTIO vehementer vociferans, alios quidem vocal, alios vero arcet sacerdos. » Chrysost. homil. 17 in Epist. ad Hebr. Vide et homil. 4 in Epist. ad Ephesios.
(2) « Judicium pœnitentiæ quod postulastis, episcopi nostri quos in patriam vestram misimus, in scriptis secum utique deferent.... Nam secularem tale quid habere non convenit... Similiter et de codice ad faciendas missas asserimus. » Nicolaus I, *Resp. ad Bulgar.* n. 76 et 77. Tom. VIII Concil. p. 542.
(3) Bellarm. l. II *de Missa*, cap. 12.
(4) Gavantus et Quarti, *ubi infra*.
(5) Sylvius, in III p., q. 83, art. 4.
(6) Van-Espen, part. II *Juris*, cap. 1, num. 24.
(7) Juenin, *Théor. et Pratiq. des sacrements*, tom. I, chap. 12, *du Sacr. de l'Eucharistie*. Idem, dissert. 5 *de Euchar.* q. 8, c. 6.
(8) *Voyez* la lettre de P. Martène au P. Lebrun, chez ce dernier, p. 331, et les arrêtés des chapitres de Cluny et de Saint-Maur, p. 333.

noncé. Or, tout homme sage qui y réfléchira un moment devant Dieu conviendra que tant et de si grandes autorités l'emportent de beaucoup sur celles qu'on nous oppose. A l'égard des autres objections qu'on pourrait faire et qui ne sont ni bien vives ni en grand nombre, nous renvoyons à la troisième partie de M. de Vallemont, où il y a de bonnes choses, mais un peu trop noyées dans des digressions étrangères, et plus volontiers à la savante dissertation du P. Lebrun, que nous avons tant de fois citée.

8. Il suit des maximes que nous avons établies jusqu'ici qu'un prêtre ne peut sans péché désobéir à la rubrique du secret. Mais ce péché est-il grief ou n'est-il que léger? C'est sur quoi il est difficile que tout le monde soit d'accord.

Quarti dit trois choses sur ce point : 1° qu'il n'y a vraisemblablement qu'un péché véniel *ex genere suo* à réciter haut ce qui se doit dire à basse voix (quand cela ne va pas trop loin, comme nous le verrons dans un moment); 2° qu'on peut plus aisément tomber dans le péché mortel en récitant tout haut ce qui se doit dire en secret, qu'en récitant en secret ce qui se doit dire tout haut, parce qu'un homme qui dit tout à voix basse peut s'excuser ou sur la faiblesse de sa poitrine ou sur la crainte de troubler ceux qui célèbrent en même temps que lui, au lieu que celui qui dit tout d'un ton élevé, n'ayant point de pareilles raisons, ne peut agir que de propos délibéré; d'où il suit, ou qu'il méprise la loi de l'Eglise, ou qu'il veut introduire un rite différent du sien; or, l'un et l'autre est très-propre à donner du scandale. Je ne vois pas même, qu'abstraction faite du scandale, le mépris de la loi de l'Eglise, ou l'intention d'établir un rite opposé au sien dans une matière qui, comme nous le disait tout à l'heure Juénin, *n'est pas des moins importantes*, ne suffise pas pour un péché mortel. Enfin Quarti ajoute qu'il y a péché mortel à lire tout le Canon à haute voix, et c'est, poursuit-il, *le commun sentiment des docteurs, ainsi que l'enseigne Gavantus.* Il faut, selon lui (1), porter le même jugement de ceux qui réciteraient tout haut une partie notable du Canon ou des autres prières qui doivent être dites en silence, supposé qu'ils aient dessein d'introduire un nouveau rite, ou qu'ils donnent un grand scandale aux assistants : scandale qu'on ne manque guère de donner, soit à ceux qui, connaissant les vraies règles, ne peuvent, comme le disait lui-même le P. Mabillon, supporter la *témérité* de ceux qui les violent; soit à de jeunes prêtres qui s'imaginent, surtout quand ils sont dans la dépendance, n'avoir rien de mieux à faire que de se régler sur les anciens.

Je voudrais pouvoir tempérer la rigueur de cette décision; mais, toutes réflexions faites, cela me paraît bien difficile. Il n'y a ici, comme ailleurs, que le cas d'une bonne foi invincible qui puisse excuser. Mais cette bonne foi, qui doit naître d'une ignorance non coupable, peut-elle se supposer, au moins longtemps, dans des personnes qui doivent savoir? Et en général est-il aucun docteur particulier dont l'autorité doive l'emporter sur celle des rubriques travaillées par les ordres et sous les yeux d'un pontife aussi éclairé qu'il était saint, autorisées par le suffrage d'un grand nombre de conciles, et adoptées par tous les évêques?

Plaise à Dieu de faire, par son infinie miséricorde, que nous ayons tous les mêmes sentiments et les mêmes pratiques! Celle du silence a un avantage. De l'aveu de tout le monde on peut le suivre sans péché : il y a au moins du doute sur la pratique contraire. En faut-il davantage pour décider un prêtre qui ne veut déplaire ni à Dieu ni aux hommes?

9. Après avoir si longtemps parlé de ceux qui récitent à pleine voix ce qu'il faut lire en silence, il faut dire un mot de ceux qui, tombant dans l'extrémité opposée, lisent tout d'une voix si basse qu'on ne peut les entendre. Presque tout le monde convient qu'ils pèchent en cela, parce qu'ils violent une loi aussi ancienne que la liturgie et qui, quand elle serait beaucoup plus récente, mériterait les plus grands égards, à raison de l'autorité dont elle est émanée. Navarre et Cajétan croient même qu'il y a péché mortel à en user ainsi. Bonacina, Quarti et presque tous les autres n'y mettent qu'une faute vénielle, et ils ont raison. Il n'y a là ni une irrévérence notable contre le sacrifice, ni une vraie intention d'établir un rite opposé à celui de l'Eglise. Tout ce qu'on peut y trouver de plus répréhensible, c'est une crainte excessive de s'incommoder, ou quelque suite d'une habitude contractée dans de petits vaisseaux, où il fallait parler bas pour ne pas interrompre ceux qui célébraient en même temps; or cela est fort éloigné du péché mortel. Mais enfin, puisqu'un homme de bien doit s'abstenir des fautes les plus légères, ceux qui ont contracté la mauvaise habitude de dire tout d'un ton bas doivent s'en déprendre au plus tôt. Comment prêchera-t-on l'Evangile, si on se ménage jusqu'au point de ne pas lire à voix haute?

Ce serait encore un plus grand mal de réciter si bas les choses mêmes qui doivent être dites en silence, qu'on ne s'entendît pas soi-même. Et Quarti, qui de son naturel était indulgent, croit qu'il y aurait péché mortel à prononcer ainsi les paroles de la consécration. Castro-Palao, qui cite pour lui Médina et quelques autres, va plus loin encore, et il soutient qu'en ce cas un prêtre ne consacrerait point. Navarre pense différemment, je pense comme lui. On peut très-bien articuler les paroles sans s'entendre, et il ne faut pour la consécration que des paroles réellement prononcées (2). Mais il les faut, et tout le monde convient qu'une expression mentale ne suffirait pas.

10. Grâce à Dieu, il y a peu de prêtres qui

(1) Quarti, part. 1, tit. 16, dub. 1.
(2) *Voyez* Quarti sur toute cette matière, dub. 1, 2 *et seqq.*

parlent assez bas pour ne se point entendre, lorsque rien ne les empêche; mais il n'y en a que trop qui disent la messe et leur office d'une manière si vive, si précipitée, *mangeant les mots et bredouillant*, qu'ils ne prononcent distinctement rien de tout ce qui doit être entendu. Or ceux-ci pèchent évidemment, et contre cette loi de la rubrique: *Sacerdos maxime curare debet, ut ea quæ clara voce dicenda sunt, distincte et apposite proferat* (1), et contre le respect infini qui est dû au sacrifice. Et quand on dira que ce péché est grief, si cela arrive souvent, comme il est d'usage par rapport à ceux qui s'en forment l'habitude, on ne dira rien qui n'ait été soutenu par Lessius, par Bonacina, par Filliucius et par un grand nombre d'autres, d'ailleurs très-éloignés de multiplier les péchés mortels (2). Il en est de même, et par la même raison, de ceux qui estropient une quantité considérable de mots jusqu'à en rompre le sens. Ce que nous disons de la messe doit, proportion gardée, s'étendre à l'office du Bréviaire, comme nous le disons ailleurs.

Pour finir cette matière, qui nous a menés plus loin que nous ne pensions, il faut encore examiner s'il est permis à un prêtre de dire la messe en langue vulgaire, surtout lorsqu'il ne peut avoir qu'un Missel traduit.

Le P. Juénin, qui se propose cette question, y répond que cela n'est pas permis, 1° parce que le concile de Trente, qui en ce point a été religieusement suivi par les conciles provinciaux de France, le défend expressément (3), parce qu'on ne dit la messe en langue vulgaire ni en Orient, ni en Occident. Le grec des liturgies orientales n'est pas entendu par le commun du peuple. Les pays septentrionaux n'entendaient point le latin quand ils se convertirent à la foi; cependant leurs premiers apôtres ne laissèrent pas d'établir chez eux la liturgie latine. 2° Comme les langues vivantes changent souvent, il faudrait souvent changer les liturgies qui se célébreraient dans ces mêmes langues. Or de là quel danger pour la foi! Sans parler du reste, combien de versions du Nouveau Testament qui substitueraient le langage de l'homme, peut-être même celui du novateur, au langage de l'Esprit-Saint! Combien de traductions qui dans l'espace d'un siècle deviendraient ridicules! On peut en juger par les vers de Clément Marot, dont l'élégante plume fut si souvent célébrée. Y reconnaîtra-t-on le beau, le tendre, le divin du psaume *Miserere*?

Lave-moi, Sire, et relave bien fort
De ma commise iniquité mauvaise;
Et du péché, qui m'a rendu si ord,
D'eau de grâce, me nettoyer te plaise.

Et encore:

D'hyssope donc par toi purgé serai:
Lors me verrai plus net que chose nulle.

Tu laveras ma trop noire macule,
Lors en blancheur la neige passerai.

L'Eglise n'a point de raisons qui l'engagent à un usage contraire. L'inconvénient de n'entendre pas les prières que fait l'Eglise dans une langue peu connue est suffisamment réparé par l'explication familière que les pasteurs doivent en faire (4) aux fidèles. Nous renverrions à ce que nous avons dit ailleurs avec plus d'étendue sur cette matière, si on ne la trouvait traitée par tous nos controversistes.

Malgré cette décision, je crois fort qu'un ecclésiastique qui n'aurait actuellement qu'un Bréviaire grec ou français pourrait et devrait s'en servir, et qu'il satisferait ainsi à son obligation. Hors ce cas de nécessité il aurait tort de parler une autre langue que celle de l'Eglise. Le baptême conféré en langue vulgaire serait un vrai baptême; mais un prêtre qui l'administrerait ainsi à l'église serait coupable. Il faut, quand on le peut, remplir les préceptes et quant à la substance et quant à la manière. Ainsi raisonne un théologien qui, quoique fort peu cité, ne laisse pas d'avoir son mérite (5).

SERVANT.

On donne communément ce nom au ministre qui sert le prêtre à une messe basse. La rubrique du Missel romain indique quelques-unes de ses fonctions. Nous les avons distinguées par des guillemets.

SOMMAIRE.

ARTICLE I. Ce que le servant doit faire avant que le prêtre s'habille.
ART. II. Ce qu'il doit faire lorsque le prêtre s'habille.
ART. III. De la sortie de la sacristie pour aller à l'autel.
ART. IV. Du commencement de la messe jusqu'à l'Offertoire.
ART. V. De l'Offertoire jusqu'au Canon.
ART. VI. Depuis le commencement du Canon jusqu'après la Communion.
ART. VII. Depuis la Communion jusqu'à la fin.
ART. VIII. Ce qu'on doit observer lorsqu'il y a deux servants à la messe.
ART. IX. Ce qu'il y a de particulier à observer quand on sert la messe à un autel où le saint sacrement est exposé.
ART. X. Ce qu'il y a de particulier pour le servant aux messes des défunts.
ART. XI. D'un clerc servant la messe devant un cardinal, en quelque lieu que ce soit, ou un légat dans le lieu de sa légation, ou devant l'archevêque de la province, ou l'évêque diocésain, ou un abbé bénit dans son monastère, ou un prince souverain ou du sang royal.
ART. XII. D'un aumônier ou chapelain servant l'évêque à la messe basse, soit dans son diocèse, soit ailleurs.
ART. XIII. De deux clercs servant à la messe d'un évêque, dans son diocèse ou ailleurs.

ARTICLE PREMIER.

Ce que le servant doit faire avant que le prêtre s'habille.

1. Celui qui veut servir la sainte messe doit avant toutes choses laver ses mains, s'il ne les a lavées peu de temps auparavant; et

---

(1) *Rubr. part.* I, tit. 16, n. 2.
(2) *Quarti, ibid.*, dub. 4.
(3) « Etsi missa magnam contineat populi fidelis eruditionem, non tamen expedire visum est Patribus, ut vulgari passim lingua celebraretur. » Trid., sess. 22, cap. 8.
(4) « Quamobrem... mandat sancta synodus pastoribus et singulis curam animarum gerentibus, ut frequenter inter missarum celebrationem, vel per se, vel per alios, ex iis quæ in missa leguntur, aliquid exponat, etc. » *Id. ibid.*
(5) *De Horis canonicis tractatus...* Auctore Barthol. a S. Fausto, alias Pyrrho Siculo, lib. II, q. 132, edit. Lugduni 1620.

puis, s'il est clerc, « se revêtir d'un surplis, » disant tout bas cette oraison : *Indue me, Domine, novum hominem, qui secundum Deum creatus est in justitia et sanctitate veritatis.* Ensuite il est bien à propos qu'il se mette à genoux pour offrir à Dieu l'action sainte qu'il va faire, unissant son intention à celle de l'Église et à celle du prêtre.

2. Après sa prière il prépare ce qui est nécessaire pour la messe, si cela n'est déjà fait, commençant par les ornements qu'il dispose en cette façon : 1° Il étend sur une table la chasuble, repliant le derrière à moitié; mais si elle est des plus précieuses, il la laisse étendue bien avant sur la table, de peur qu'elle ne coule à terre, et il ne la touche, s'il se peut, que par la doublure, mettant pour cet effet les mains par dedans lorsqu'il la veut étendre ou la transporter. 2° Il pose les bouts de l'étole aux deux côtés, et le haut en travers sur la chasuble. 3° Il met le manipule en croix par-dessus l'étole. 4° Il dispose le cordon en guirlande, ou mieux encore en cette forme M. 5° Il met par-dessus, l'aube dont il croise les manches par-dessous, ou les laisse allongées; il relève à moitié la partie postérieure. 6° Il étend l'amict sur l'aube, l'ourlet en dessous et les cordons en arrière ramenés devant par-dessus. 7° Enfin, si le célébrant, étant prélat séculier, veut se servir d'un rochet, ou si étant prélat régulier ou prêtre séculier, il veut se servir d'un surplis (*Rubr. miss. p.* ii, *tit.* 1, *n.* 2), le servant le met sur l'amict, le relevant par derrière comme l'aube; il faut prendre garde que les ornements soient élevés de terre d'un bon demi-pied pour le moins. Il met de plus à la droite un bonnet carré ou barrette et un mouchoir, si le prêtre n'en a point qui lui soient propres; mais il ne doit jamais les mettre sur le livre.

3. Ensuite il prépare les burettes, si elles ne sont déjà préparées, remplissant l'une de vin et l'autre d'eau, et choisissant pour le vin celle qui est marquée à cette fin; puis il les couvre avec le petit essuie-main, si elles n'ont point d'autre couvercle, et les met dans un bassin; il prépare aussi une sonnette et met toutes ces choses sur la crédence ou en quelque autre lieu commode au côté de l'Épître, et non pas sur les gradins de l'autel.

4. Si l'autel n'est pas découvert, il ôte le tapis de dessus, ou, s'il est attaché (ce qui n'est pas à propos), il le roule contre les gradins, et nettoie la nappe avec les vergettes s'il est besoin; puis il dresse les cartons, chacun à sa place.

5. Il a soin aussi qu'il y ait une baguette avec une bougie attachée au bout pour allumer les cierges, et un éteignoir pour les éteindre.

6. Si quelqu'un veut communier, il a soin de mettre sur la crédence une boîte où il y ait de petites hosties, et une nappe de communion, si cela n'est déjà préparé (*Rubr. ead. tit.* 10, *n.* 6). Le linge ou voile blanc qu'on doit étendre devant les communiants doit être destiné à cet usage; ce ne doit pas être le voile du calice, encore moins l'essuie-main ou *lavabo*, selon un décret émané de la congrégation de la Visite apostolique, sous le pontificat d'Urbain VIII, cité par Merati (*Comment. in locum cit.*, n. 29). Un décret de la congrégation des Rites du 15 mai 1819, approuvé et déclaré obligatoire par le souverain pontife le 18 du même mois, défend de faire à l'avenir des amicts, aubes, nappes, manuterges (*mappulæ*), en un mot, des linges et ornements sacrés (*sacra indumenta ac supellectilia*), avec du coton ou autre matière que le lin ou le chanvre, quand même ils en seraient plus brillants, plus propres et plus fins. Le mot *supellectilia* doit comprendre la nappe de communion; elle doit donc être de lin ou de chanvre.

7. S'il fait grand froid, il saura du prêtre s'il désire qu'on mette un réchaud sur l'autel; s'il a besoin de lumière pour lire dans le Missel, il allumera une bougie dans un chandelier au côté du livre.

8. Remarquez, 1° qu'en toutes les actions qu'il fait seul, il doit toujours se servir de la main droite, et jamais de la gauche, si ce n'est quand la droite est occupée ou qu'elle n'est pas suffisante toute seule; quand il fait quelque chose de la droite seule, il tient la gauche étendue et appuyée sur sa poitrine.

9. Remarquez, 2° qu'allant et venant par l'église, il doit marcher modestement et tenir les bras croisés sans contrainte sur la poitrine. S'il passe devant le grand autel et que le saint sacrement soit dans le tabernacle, il fait la génuflexion, et s'il n'y est point, il fait seulement une inclination profonde à la croix qui est dessus; mais il n'en fait aucune aux autres, quoiqu'on y dise la messe, si ce n'est que le saint sacrement y soit présent, devant lequel il fait toujours la génuflexion, ou s'il n'y a quelque insigne relique d'un saint qui soit solennellement exposée le jour où l'on en fait l'office, auquel cas il doit faire une inclination profonde, et même une génuflexion, si c'est une relique de la vraie croix. (*S. C.* 1749.)

10. Remarquez, 3° que lorsqu'il fait quelque révérence, il ne la doit pas faire comme en chemin faisant, mais en s'arrêtant et se tournant vers la chose qu'il salue; quand il fait la génuflexion d'un genou, il ne doit pas faire une inclination de tête ensuite, ni en même temps, selon les bons auteurs.

ARTICLE II.
Ce qu'il doit faire lorsque le prêtre s'habille.

1. Le prêtre étant tout prêt à s'habiller, le servant reçoit sa robe ou son manteau long, avec son chapeau, s'il en a, et les met dans quelque lieu commode destiné à cela; puis il lui présente le Missel, pour y marquer la messe qu'il doit dire; ensuite il l'accompagne au lavoir, à l'entrée duquel il ôte la poussière de dessus sa soutane avec des vergettes, principalement vers le collet; si les souliers sont crottés, il les nettoie avec un torchon, ou bien il lui donne des pantoufles, s'il y en a; puis il le laisse laver les mains, s'il y a quelque fontaine, et ensuite il lui présente l'essuie-main, faisant en tout cela, s'il se

peut commodément, une inclinaison médiocre avant et après, aussi bien qu'en toutes les autres rencontres où il lui rend quelque service. S'il n'y avait pas de fontaine, il mettrait une serviette sur son bras gauche, et prendrait de la main gauche un bassin, et de la droite lui verserait de l'eau sur les mains avec une aiguière ou autre vase.

2. Pendant que le prêtre essuie ses mains, il va prendre la boîte des hosties, et étant à sa gauche, il la lui présente toute ouverte et un peu penchée, soutenant de la droite avec le couvercle les hosties qui en sortent, afin qu'il en prenne une; puis il l'aide à se vêtir des ornements l'un après l'autre de la manière qui suit. Premièrement il ajuste par derrière le surplis du prêtre; puis quand le prêtre ajuste l'amict, s'il ne couvre pas entièrement le collet et la soutane, le servant l'en avertit respectueusement, sans s'ingérer de l'enfoncer lui-même.

3. Ensuite il l'aide à prendre l'aube, la mettant sur lui proprement, ou au moins élevant les manches, premièrement la droite, et puis la gauche, afin qu'il y passe les bras plus aisément. Il se retire derrière lui pour lui donner le cordon, lui mettant le côté des glands dans la main droite; « si l'aube est trop longue, il la relève au-dessus du cordon, en sorte qu'elle soit également élevée de terre, environ un travers de doigt seulement. » Il lui présente des épingles, s'il en a besoin, pour les manches; puis étant à sa droite, il lui offre un mouchoir pour mettre à sa ceinture.

4. Après cela, ayant passé à sa gauche, il lui présente le manipule, qu'il baise un peu plus bas que la croix du milieu, et lui donne une épingle pour l'arrêter, s'il n'y a pas des cordons pour cela; s'il y a des cordons ou des rubans, il les attache autour du bras, au-dessus du coude, sans les serrer trop. Ensuite il lui offre l'étole, la tenant des deux mains par le haut, et tournant de son côté la garniture de toile ou de dentelle qui s'y trouve ordinairement. Enfin, il lui donne, s'il le peut commodément, la chasuble, en sorte que le prêtre s'en trouve revêtu sans se baisser; pour cet effet, il la lui présente de côté, écartant la partie du devant d'avec celle de derrière, qu'il élève ensuite un peu pendant que le prêtre se ceint avec les cordons de la chasuble; puis il considère si elle n'est pas repliée vers les épaules, et si tout est proprement accommodé.

ARTICLE III.

De la sortie de la sacristie pour aller à l'autel.

1. Le servant, étant assuré que rien ne manque à l'autel, nettoie la barrette ou le bonnet du prêtre, s'il ne l'a fait auparavant, et le lui présente à sa droite, tournant l'ouverture en bas; « puis il prend le Missel » qu'il soutient des deux mains par le bas, le haut étant appuyé sur sa poitrine, et la tranche tournée vers sa gauche; il fait au côté du prêtre le plus près de la porte et un peu derrière lui une inclinaison profonde à la croix de la sacristie et une médiocre au prêtre.

2. Il marche devant le prêtre d'un pas grave et modeste, les yeux baissés et la tête nue, le devançant de deux ou trois pas. En entrant dans l'église, il lui présente de l'eau bénite.

3. S'il va au grand autel, et que la sacristie soit derrière, il sort par le côté de l'Evangile, et rentre par le côté de l'Epître, lorsqu'il y a ouverture des deux côtés.

4. S'il doit passer par quelque porte qu'il faille refermer, il marche le premier et se tient près de la porte pour la fermer; s'il y a quelque pas à monter ou à descendre, il le lui montre, quand c'est quelque personne de dehors qui ne le sache pas.

5. S'il passe devant le grand autel, il fait, à côté du prêtre, un peu derrière lui, une inclinaison profonde ou une génuflexion; mais il ne fait aucune révérence aux autres autels, ni aux personnes qu'il rencontre en son chemin, sinon dans les mêmes cas où le prêtre la doit faire, comme il a été remarqué à l'art. 2 de la messe basse; à quoi il faut seulement ajouter, 1° que lorsque le prêtre se met à deux genoux en passant devant quelque autel pour adorer le saint sacrement à l'élévation ou à la communion, le servant s'agenouille à sa droite, un peu derrière lui, recevant sa barrette quand il la présente, et la lui présentant avant qu'il se lève (*Baldeschi*, etc.); 2° qu'en passant devant un cardinal, ou légat apostolique, ou l'archevêque de la province, ou l'évêque diocésain, il fait la génuflexion ou, si c'est la coutume, une inclinaison profonde, quoique le prêtre n'en fasse qu'une médiocre quand il porte le calice.

6. Si l'entrée de l'autel est du côté de l'Epître, il se retire un peu en arrière quand il arrive, afin de laisser entre lui et le marchepied, un passage libre au prêtre, auquel il fait pour lors une inclinaison médiocre.

7. Etant arrivé au bas des degrés ou du marchepied de l'autel (s'il n'y a point d'autre degré), il se place à la droite du prêtre, « reçoit sa barrette » de la main droite, la baisant à demi, et la mettant après dans sa main gauche ou sur un degré de l'autel; puis il fait la génuflexion sur le pavé, si le saint sacrement est dans le tabernacle, ou une inclinaison profonde, s'il n'y est pas; car quoique, selon les rubriques du Missel, tit. 4, n. 7, le diacre et le sous-diacre fassent toujours la génuflexion à la croix de l'autel à la messe solennelle, et qu'on pût de là inférer la même obligation pour le clerc qui sert la messe basse, néanmoins, selon l'usage communément reçu, il ne fait qu'une inclinaison profonde à la croix, lorsque le saint sacrement n'est pas dans le tabernacle.

8. Remarquez qu'il doit faire une semblable inclinaison ou génuflexion dans la suite de la messe toutes les fois qu'il passe devant le milieu de l'autel; s'il y a néanmoins plusieurs degrés, il fait ordinairement la génuflexion sur le dernier; mais lorsqu'il trans-

porte le Missel d'un côté de l'autel à l'autre, il descend seulement sur le second et y fait la révérence; s'il n'y a que le marchepied, il la fait toujours sur le pavé.

9. Ensuite il monte à l'autel, non par le devant, mais par le côté de l'Epître, et il pose le livre fermé sur le coussin ou pupitre, tournant l'ouverture vers le milieu de l'autel; puis il met la barrette en quelque lieu propre, mais non sur la crédence, et beaucoup moins sur l'autel, où l'on ne doit mettre aucune chose qui ne serve au sacrifice de la messe ou à l'ornement de l'autel, suivant la rubrique gén., tit. 20. S'il y a plusieurs degrés qui soient fort longs, le servant monte pour lors à l'autel par le devant, un peu après le prêtre, afin de ne pas marcher de pair avec lui.

10. Si les cierges ne sont pas allumés, il va prendre de la lumière à la lampe qui est devant le saint sacrement, ou à quelque autre destinée à cet effet, mais non aux cierges des autels on l'on célèbre la messe, sans quelque nécessité particulière, et il allume le cierge du côté de l'Epître le premier. S'il manque quelque chose à la crédence, il y pourvoit au plus tôt; puis, s'il y a un balustre autour de l'autel, il le ferme; et si quelque laïque se place au côté de l'Epître ou de l'Evangile, en sorte qu'il soit trop proche du prêtre, ou qu'il le voie en face, il le prie de se mettre derrière lui ou au bas des degrés, ce qu'il doit encore plus soigneusement observer à l'égard des femmes.

11. « Il se met à genoux sur le pavé devant les degrés du côté de l'Evangile, un peu derrière le prêtre, » et il observe, dans la suite de la messe, de ne se mettre jamais à genoux du côté où est le Missel.

12. Il évite tant qu'il peut de faire du bruit, soit en marchant, soit en crachant, soit même en priant; si d'autres en font, il les avertit doucement par signes ou par paroles de se tenir dans le silence et le respect que requiert une si sainte action.

13. Il ne doit point ordinairement lire durant la messe; mais il peut s'entretenir dans quelques pensées et affections pieuses sur les mystères qui y sont représentés, ou faire d'autres prières, prenant garde néanmoins de ne pas appliquer si fort son esprit à quoi que ce soit, qu'il en puisse être détourné de l'attention nécessaire pour se bien acquitter de son office.

14. Il jette les yeux de fois à autres sur les cierges, pour voir s'ils s'éteignent ou s'ils ne coulent point; à quoi il tâche de remédier au plus tôt.

15. Il ne quitte point le prêtre depuis le commencement de la messe jusqu'à la fin, sans mettre quelque autre à sa place pour le servir; s'il s'apercevait néanmoins que quelque chose manquât pour le sacrifice, et qu'il ne pût la faire apporter par d'autres, il l'irait chercher lui-même, au temps que le prêtre n'aurait pas besoin de lui.

16. Il répond au célébrant distinctement et posément, attendant toujours qu'il ait entièrement achevé les paroles auxquelles il doit répondre; il observe en cela un ton de voix intelligible, ni trop haut ni trop bas, mais à peu près comme celui du prêtre.

17. Il ne fait point d'inclination au célébrant lorsqu'il se tourne vers le peuple pour dire *Dominus vobiscum* ou *Orate, fratres*, mais il fait une inclination de tête à la croix ou à l'autel aux endroits marqués dans l'article suivant; lorsqu'il y a deux servants, ils doivent tâcher d'être uniformes en cela et dans les autres actions qui leur sont communes, comme aussi de répondre tous deux ensemble sans s'attendre l'un l'autre.

ARTICLE IV.
Du commencement de la messe jusqu'à l'Offertoire.

1. Le servant étant à genoux les mains jointes, fait une inclination profonde en même temps que le célébrant fait la génuflexion ou l'inclination; puis il forme le signe de la croix sur lui, tournant le dedans de la main droite vers sa face; quand le célébrant dit *In nomine Patris*, il touche du bout des doigts son front, *et Filii*, sa poitrine, *et Spiritus sancti*, son épaule gauche, et puis sa droite; et quand le prêtre dit *Amen*, il rejoint les mains devant sa poitrine, ayant le pouce droit croisé sur le gauche, et le bout des autres doigts étendu et élevé obliquement.

2. Il observe toujours les mêmes choses quand il tient les mains jointes et lorsqu'il fait le signe de la croix, excepté aux deux Evangiles, comme il sera dit ci-après. Il fait le signe de la croix toutes les fois que le prêtre le fait sur lui avec la main ou avec la patène, et il tient les mains jointes durant toute la messe, quand elles ne sont pas occupées.

3. « Il récite alternativement avec le prêtre le psaume *Judica*, » comme il est dans le Missel. Au *Gloria Patri* il incline la tête vers la croix; à ces mots *Adjutorium nostrum*, etc., il fait le signe de la croix sur lui, et rejoint les mains en répondant *Qui fecit cœlum et terram*.

4. Le célébrant ayant dit le *Confiteor*, le servant ne répond pas *Amen*, « mais il dit immédiatement après *Misereatur tui*, etc., un peu incliné et tourné vers lui; quand il dit le *Confiteor*, il est incliné profondément et tourné vers l'autel; en disant, *et tibi, pater, et te, pater*, il se tourne un peu vers le célébrant sans séparer les mains. » A ces paroles, *Mea culpa*, il frappe trois fois sa poitrine de la main droite avec l'extrémité des doigts joints ensemble, tenant la gauche étendue sur sa poitrine, au-dessous de l'endroit où il frappe.

5. Il demeure incliné jusqu'à la fin du *Misereatur* que dit le prêtre, auquel il répond *Amen*; puis il se relève et fait le signe de la croix lorsqu'il dit *Indulgentiam*, répondant à la fin *Amen*. Il s'incline médiocrement lorsque le prêtre dit *Deus, tu conversus*, etc., et lui répond en cette posture, ne se redressant point que le prêtre n'ait dit *Oremus*.

6. Il se lève en même temps que le prêtre monte à l'autel, et de la main droite il relève

tant soit peu le devant de son aube; s'il y a plusieurs degrés, il se met à genoux sur le plus bas; mais s'il n'y a que le marchepied, il relève le bas de l'aube, demeurant à genoux sur le pavé, comme il était auparavant.

7. Il fait le signe de la croix au commencement de l'Introït, puis il tient les mains jointes, incline la tête vers la croix au *Gloria Patri*, et répond au *Kyrie*, au *Dominus vobiscum*, et à la fin des oraisons, sans s'incliner.

8. Il est à remarquer que pour ne se point troubler au *Kyrie*, « le servant doit se souvenir qu'il faut répondre deux fois *Kyrie* et deux fois *Christe*; savoir, *Kyrie eleison* à la première et à la dernière fois, et les deux autres fois *Christe eleison.* »

9. Durant le *Gloria in excelsis*, il incline la tête six fois en même temps que le prêtre, savoir, au commencement du *Gloria*, quand il dit *Deo*; à ces paroles, *Adoramus te*, *Gratias agimus tibi*, *Jesu Christe*, *Suscipe deprecationem nostram*, et au dernier *Jesu Christe*, faisant le signe de la croix à la fin comme lui. Aux oraisons il incline pareillement la tête autant de fois que le célébrant prononce *Oremus*, ou le nom de Jésus, celui de la sainte Vierge, celui du saint dont on fait l'office ou mémoire particulière, et le nom du pape; ce qu'il observe encore durant l'Epître et l'Evangile. Au nom de Jésus, il s'incline toujours vers la croix, comme à *Gloria Patri* et à *Oremus*; mais à tous les autres il s'incline devant lui, sans se tourner de côté ni d'autre. Dans l'oraison *A cunctis* et dans sa Postcommunion, il n'incline la tête qu'au nom de Marie, et non pas au nom des autres saints dont il fait mention, parce que ce n'est qu'une mémoire commune. Dans ces inclinations de tête, il pratique exactement ce qui a été marqué pour le célébrant dans l'article 16.

10. « Lorsqu'en Carême et aux Quatre-Temps le célébrant dit avant les oraisons *Flectamus genua*, le servant répond *Levate.* » A la fin de chaque prophétie ou Epître, « il répond *Deo gratias*, » excepté à la fin de la cinquième leçon de Daniel qu'on dit aux samedis des Quatre-Temps; il ne se lève point pour aller transporter le livre jusqu'à ce que le prêtre ait achevé la dernière Epître, laquelle il ne dit qu'après *Dominus vobiscum* et les oraisons suivantes.

11. Le servant, ayant répondu *Deo gratias* après l'Epître, se lève incontinent et va tout droit par le pavé au milieu de l'autel faire une inclination ou une génuflexion, selon la règle ci-dessus rapportée; puis il monte par le plus court chemin au coin de l'Epître; si le célébrant fait la génuflexion à quelque verset du Graduel, il la fait aussi. S'il y a une Prose après le Graduel, ou un Trait qui soit long, il se lève seulement vers la fin pour monter au coin de l'Epître.

12. Il attend debout un peu derrière le prêtre jusqu'à ce qu'il ait quitté le livre, et alors « il le transporte à l'autre coin, » avec le pupitre qu'il tient aussi des deux mains par-dessous à la hauteur de la ceinture, faisant une révérence convenable au milieu de l'autel, en passant par le second degré, s'il y en a plusieurs, ou par le pavé, s'il n'y a que le marchepied.

13. « Il pose obliquement le Missel au côté de l'Evangile, de manière que le dos soit tourné vers l'angle du gradin; » puis, étant descendu d'une marche ou s'étant un peu écarté du livre, il répond du même lieu au commencement de l'Evangile.

14. Quand le prêtre dit *Initium* ou *Sequentia sancti Evangelii*, etc., il fait le signe de la croix comme lui, avec le dedans du pouce droit au front, à la bouche et sur la poitrine, répondant *Gloria tibi Domine*, sans faire d'inclination.

15. Quand il a répondu au commencement de l'Evangile, il fait une inclination au mot Jésus qui se trouve ordinairement après les premiers mots du texte sacré, « il va au bas des degrés du côté de l'Epître, » faisant en passant la révérence convenable, et là il reste debout, les mains jointes, la face tournée du côté de l'Evangile; s'il est obligé de s'incliner à quelques paroles de l'Evangile, avant d'être arrivé au côté de l'Epître, il s'arrête au lieu où il se trouve. Si le célébrant prononce le nom de Jésus ou des saints dont il a été parlé ci-dessus, n. 9, le servant fait autant de fois inclination, comme il a été dit au même lieu; et si le prêtre fait la génuflexion, il la fait avec lui, non pas vers le livre, mais vers la croix, « à la fin de l'Evangile, » il répond, *Laus tibi, Christe*, sans faire aucune inclination. Il répond de même à la fin de la dernière partie de la Passion qui tient lieu de l'Evangile, excepté le vendredi saint.

16. L'Evangile étant fini, il se met à genoux; si le célébrant dit le *Credo*, il incline la tête aux mêmes endroits que lui, savoir, à *Deum*, à *Jesum Christum*, et à *Adoratur*; lorsqu'il dit *Et incarnatus est de Spiritu Sancto*, etc., il s'incline profondément; à la fin il fait le signe de la croix avec lui, lorsqu'il dit *Et vitam venturi*, etc.

ARTICLE V.
De l'Offertoire jusqu'au Canon.

1. Le servant, ayant fait inclination à l'*Oremus* de l'Offertoire, se lève et, s'il est en surplis, du moins s'il peut plier le voile décemment, il va saluer l'autel comme après l'Epître, monte à l'autel, salue le prêtre et en reçoit le voile, passant la main gauche sous la droite du prêtre, pour prendre le voile par le bord supérieur, et mettant sa main droite à l'extrémité du voile qui est de son côté; il le plie en trois de manière que la doublure ne paraisse point, et le met contre le gradin, entre les deux cartons, de manière qu'il n'y ait pas de danger que les cierges découlent dessus; c'est pourquoi s'il y a peu d'espace, il replie encore la longueur du voile; s'il est brodé en or ou en argent, le servant ne le plie pas, mais il le pose étendu sur la crédence ou autre lieu convenable. Après cela, ou dès qu'il est levé,

s'il ne doit pas recevoir le voile, il va à la crédence ou bien au lieu où sont les burettes, lesquelles il découvre, et laissant l'essuie-main, il porte seulement le bassin avec les burettes dedans, prenant garde qu'elles ne tombent, et les disposant en sorte que leurs anses soient tournées en dehors vers le célébrant; puis étant monté ou s'étant suffisamment approché, il met le bassin sur le coin de l'autel sans faire aucune révérence, et prend des deux mains les burettes, qu'il tient élevées sur le bassin, de peur qu'elles ne dégouttent sur l'autel.

2. Lorsque le prêtre s'approche, il lui fait une inclination médiocre, « et lui présente la burette de vin, la baisant à demi, et non pas la main du prêtre; » puis il prend de la droite la burette de l'eau qu'il tenait en sa gauche, et reçoit avec celle-ci la burette du vin, qu'il baise comme auparavant. Ensuite il présente la burette de l'eau, ainsi qu'il a présenté celle du vin, sans la remuer pendant que le prêtre la bénit; l'ayant reçue de la main droite, il fait une inclination médiocre au prêtre.

3. Remarquez qu'en présentant et recevant les burettes il les tient par le pied, afin que sa main soit toujours au-dessous de celle du célébrant, vers lequel les anses des burettes doivent être tournées. Il faut qu'il prenne bien garde de ne pas présenter la burette de l'eau pour celle du vin, surtout quand le vin est blanc ou fort paillet.

4. Pendant que le prêtre offre le calice, le servant laisse la burette de l'eau dans le bassin sur l'autel, et reporte celle du vin à la crédence; y ayant pris l'essuie-main, il revient à l'autel. Il tient l'essuie-main plié de la main gauche, de manière qu'un de ses bouts soit tout entier entre le petit doigt et l'annulaire, qu'une partie de l'autre bout soit entre l'index et le doigt du milieu; il met dans cette même main gauche le bassin, qu'il tient avec le pouce, et prend de la droite la burette de l'eau par l'anse, si elle en a, ou bien par le pied; ayant fait une inclination au célébrant, lorsqu'il s'approche de lui, « il verse l'eau sur ses doigts »sans faire aller la burette de côté et d'autre, et attend pour cesser qu'il lui fasse quelque signe, soit en élevant un peu les doigts, soit autrement; puis il redresse la burette, l'appuie sur une extrémité du bassin, la hausse un peu sans se presser, afin que le prêtre prenne plus aisément l'essuie-main; lorsqu'il l'a pris, le servant le laisse aller par le bout qu'il tenait avec l'index et le doigt du milieu. Pendant que le prêtre essuie ses doigts, il a soin de tenir le bassin bien droit, comme aussi quand il l'a haussé. Quand le prêtre a achevé d'essuyer ses mains, il le salue et se retire à la crédence.

5. Remarquez qu'il donne à laver hors de l'autel devant le coin de l'Epître, tenant la burette élevée au-dessus du bassin environ huit pouces, et le bassin à la hauteur de la ceinture du prêtre, à quelque distance de l'autel, de peur que l'eau ne rejaillisse dessus.

6. Ayant versé toute l'eau du bassin dans un vase destiné à cela, ou dans quelque lieu à l'écart, et non pas contre la muraille, il rapporte les burettes dans le bassin sur la crédence, où il replie l'essuie-main comme auparavant. S'il y a une cuvette distinguée du bassin pour y mettre les burettes plus en sûreté, il ne doit pas la porter sur l'autel, mais la laisser sur la crédence. Ensuite il retourne à l'autel, au côté de l'Epître, tenant la clochette à la main, évitant qu'elle ne sonne, et s'étant agenouillé, il la met auprès de lui.

7. Si l'on doit donner la communion pendant la messe à un autel où il n'y ait point de tabernacle, et qu'on n'y ait pas déjà porté des hosties, il va à la crédence pendant que le prêtre dit l'Offertoire, et met de petites hosties dans le couvercle de la boîte où elles sont enfermées, autant qu'il y a de communiants; puis il les présente au prêtre, afin qu'il les offre avec la grande.

8. « Il répond *Suscipiat*, etc., après *Orate fratres*, » quand le prêtre est entièrement tourné vers l'autel; si le servant n'est pas encore retourné à sa place, lorsqu'il faut répondre, il doit se mettre à genoux au lieu où il se trouve, et répondre *Suscipiat*, etc. Il ne s'incline point pendant cette prière et ne dit point *Amen* à la fin.

9. « Au commencement de la Préface, il répond comme il est marqué dans le Missel,» et incline la tête à *Deo nostro*, après *Gratias agamus*.

10. Aux trois *Sanctus* il ne frappe pas sa poitrine, mais étant incliné médiocrement, « il tinte » de la main droite trois fois distinctement la clochette, sonnant deux coups à chaque fois; et après la troisième, il continue jusqu'à *Benedictus* exclusivement, pendant lequel ayant mis la clochette sur le marchepied, il fait le signe de la croix avec la droite en même temps que le célébrant. On ne doit pas sonner à une messe basse pendant la grand'messe, la procession, l'absoute ou autre office qu'on célèbre tout près dans la même église, ni même pendant l'exposition du saint sacrement, suivant l'instruction du pape, obligatoire à Rome.

ARTICLE VI.
Depuis le commencement du Canon jusqu'après la Communion.

1. Le célébrant ayant dit *Benedictus*, etc., le servant se lève sans faire inclination et prend la baguette où est la bougie, avec laquelle, ayant pris de la lumière au cierge qui est sur l'autel du côté de l'Epître, il allume le cierge qui est destiné pour l'élévation, sans tourner le dos à l'autel; puis, ayant quitté la baguette, il va par le pavé faire une révérence convenable au milieu de l'autel, et ensuite il se met à genoux sur le marchepied derrière le prêtre, un peu du côté de l'Epître pour ne le point empêcher dans ses génuflexions. S'il y a deux cierges pour l'élévation, et que ce soit la coutume de les allumer tous deux aux jours de fêtes, il allume celui de l'Epître le premier.

2. Quand le célébrant est sur le point de faire la génuflexion pour adorer l'hostie, « il lève le derrière de sa chasuble de la main gauche, » et quand le prêtre a fait la seconde génuflexion, il quitte la chasuble sans la baiser; pendant ces deux génuflexions il tinte la clochette à plusieurs coups de suite; « mais durant l'élévation de l'hostie il la tinte à trois coups bien distingués. » Il observe les mêmes choses à l'élévation du calice; pendant que le prêtre élève l'hostie ou le calice, il adore le saint sacrement, étant médiocrement incliné.

3. « Remarquez que la rubrique du Missel exige seulement qu'on sonne trois fois, ou d'une manière continue, à chaque élévation; » l'usage est de faire l'un et l'autre comme on vient de le marquer; et même d'agiter légèrement la clochette pour avertir les fidèles, dès que le prêtre s'incline sur l'autel pour consacrer l'hostie.

4. L'élévation du calice étant finie, le servant ayant remis la clochette à côté, ou la portant avec lui, se lève, fait la génuflexion au bas des degrés, se remet à la place où il était pendant le *Sanctus*, et y demeure à genoux jusqu'à la communion du célébrant.

5. Il fait le signe de la croix sur lui quand le prêtre le fait en disant *omni benedictione cœlesti*, et encore après, quand il le fait avec la patène. Il frappe une fois sa poitrine à *Nobis quoque peccatoribus*, sans s'incliner, et trois fois à l'*Agnus Dei*, et au *Domine, non sum dignus*, étant médiocrement incliné; mais si c'est l'usage de sonner à ces derniers mots pour avertir ceux qui doivent communier, il sonne comme au *Sanctus*, à chaque fois que le prêtre se frappe la poitrine.

6. S'il faut donner la paix, suivant ce qui a été dit à l'art. 10, n. 9, de la messe basse, « il se lève aussitôt après l'*Agnus Dei*, » va prendre sur la crédence l'instrument de la paix de la main droite, et un voile ou linge de la main gauche (s'il n'est pas attaché au même instrument), « il monte à la droite du prêtre où il se met à genoux, » tenant la main droite avec l'instrument sur l'autel; quand le célébrant baise l'autel, « il lui présente l'instrument à baiser, et le prêtre lui ayant dit *Pax tecum*, il répond *Et cum spiritu tuo*, » puis il se lève, fait au même lieu la génuflexion au saint sacrement, et va tout droit présenter cet instrument à ceux qui le doivent baiser, l'essuyant chaque fois auparavant de la main gauche avec le voile ou avec le linge, particulièrement si ce sont des prélats ou des princes, ou autres personnes de grande condition; lorsqu'il fait baiser l'instrument, il dit à chacun *Pax tecum*, sans faire aucune révérence avant, mais seulement après selon la qualité des personnes; puis il reporte l'instrument avec le voile sur la crédence.

7. Pendant la communion du célébrant il s'incline profondément. « Si quelques-uns doivent communier, il étend devant eux un linge blanc aussitôt que le célébrant a pris la sainte hostie; puis s'étant mis à genoux à sa même place, il dit tout haut le *Confiteor*, » comme au commencement de la messe, aussitôt que le prêtre a pris le précieux sang, et répond *Amen* à la fin du *Misereatur* et d'*Indulgentiam*, faisant le signe de la croix à *Indulgentiam*. Il frappe trois fois sa poitrine au *Domine, non sum dignus*.

8. Si ce sont des clercs en surplis qui doivent communier, et qu'il y ait plusieurs degrés à l'autel, après que le prêtre a dit *Indulgentiam*, il les avertit (s'il est besoin) de faire la génuflexion deux à deux sur le pavé, et de monter ensuite et se mettre à genoux sur le bord du plus haut degré; alors seulement il leur présente la nappe de la communion. S'ils ne sont pas en surplis et s'il n'y a pas de balustre, il les fait demeurer sur le pavé au bas des degrés; ce qu'il observe encore à l'égard des laïques. Si le prêtre a besoin d'être éclairé, ou si c'est l'usage de l'accompagner avec un chandelier, il se tient à sa gauche, tourné vers lui, et le précède quand il revient (1).

9. Si le servant communie avec d'autres, il se met le premier en rang, quand même quelqu'un des communiants fût d'un ordre supérieur (S. C. 1658), si ce n'est pas un prêtre en étole (*Caron*); il fait la génuflexion comme les autres, avant de monter. Après que tous ont communié, le servant fait retomber la nappe du côté de l'autel, si elle est fixée à la balustrade; sinon, il la reprend, et la plie, s'il en a le temps, pendant que le célébrant renferme le ciboire dans le tabernacle; ou bien il la pose sur la crédence ou autre endroit convenable, pour la plier plus tard, quand il aura transporté le Missel. S'il communie tout seul, il se lève aussitôt que le prêtre a dit *Indulgentiam*, fait la génuflexion au milieu de l'autel sur le dernier degré, et se met à genoux sur le bord du plus haut degré (s'il est clerc), non pas tout à fait au milieu, mais un peu du côté de l'Épître. Lorsque le prêtre lui présente la sainte hostie, il tient la tête droite, les yeux modestement baissés, et avance tant soit peu le bout de la langue sur la lèvre d'en bas, l'ayant reçue, il descend les degrés, fait une inclination ou génuflexion, suivant la règle ordinaire, et va à la crédence.

10. Si personne ne communie, il se lève aussitôt que le célébrant ramasse les fragments, emporte la sonnette, et sans saluer l'autel, il va prendre le bassin avec les burettes, comme à l'Offertoire, excepté que les anses des burettes doivent être pour lors tournées vers lui. « Il monte ainsi au coin de l'Épître, » ayant fait la génuflexion en arrivant, si le saint sacrement est sur l'autel, ou entre les mains du prêtre ou dans le tabernacle; il met d'abord le bassin sur l'autel, puis il prend la burette du vin, et s'ô-

---

(1) Ici la rubrique romaine prescrit au servant de se tenir un peu derrière le prêtre, ayant à la main droite un vase qui contient du vin et de l'eau, et à la gauche un petit linge pour essuyer la bouche de ceux qui auront communié, quand ils auront pris la purification qu'il leur présente. Cela n'est guère d'usage que le jour de l'ordination dans certaines églises.

tant avance vers le prêtre autant qu'il faut pour verser commodément du vin, sans s'approcher trop près de lui, il demeure profondément incliné vers l'autel, pendant que le prêtre prend le précieux sang. Après il se relève, fait une inclination médiocre au prêtre « et verse du vin dans le calice, » tenant la burette élevée trois ou quatre doigts au-dessus, puis aussitôt que le prêtre lui fait signe de cesser en élevant le calice, il redresse la burette avant de la retirer; ayant fait la révérence au prêtre, il va au coin de l'Epître où il prend la burette de l'eau avec la main gauche, retenant toujours celle du vin de la droite.

11. Quand le célébrant vient vers lui, portant le calice pour purifier ses doigts dessus, il lui fait une inclination médiocre; il verse posément et tout droit sur les doigts au milieu du calice, premièrement le vin par le petit conduit de la burette, si elle en a ; puis, l'ayant mise aussitôt dans le bassin, il prend de la main droite la burette de l'eau, et verse l'eau de la même façon que le vin dans le calice, jusqu'à ce que le prêtre lui fasse signe en élevant un peu les doigts ou le calice. Ensuite il fait une inclination médiocre au célébrant, et reporte le bassin avec le reste à la crédence, où il remet tout comme auparavant.

ARTICLE VII.

Depuis la Communion jusqu'à la fin.

1. « Le servant monte au côté de l'Evangile, prend le livre et le transporte au côté de l'Epître, où il le place comme il était au commencement de la messe, » le laissant ouvert au même endroit, si ce n'est qu'il puisse facilement trouver le feuillet où le prêtre doit lire la Communion et les oraisons suivantes; il prend ensuite le voile, s'il l'a reçu à l'Offertoire, et le lui présente à peu près comme il l'a reçu ; ou bien il le laisse plié comme il était, tournant du côté du prêtre la partie qui était du côté des gradins, et va, s'il en a le temps, lui présenter à sa gauche la bourse ouverte pour y recevoir le corporal ; il la tourne ensuite pour la lui donner, de manière que l'ouverture soit du côté du prêtre quand il portera le calice ; il salue ensuite le prêtre, puis il éteint le cierge de l'élévation, et plie la nappe de la communion, si l'on s'en est servi, et qu'il n'ait pas eu le temps de la plier; après cela « il va se mettre à genoux au côté de l'Evangile, » faisant toujours en passant la révérence convenable au milieu de l'autel.

2. Lorsque le servant ne donne point le voile, il prend garde de ne pas mettre le pupitre dessus, et descend aussitôt; il répond aux dernières oraisons comme il a fait aux Collectes. En Carême il incline la tête lorsque le prêtre dit *Humiliate capita vestra Deo*, et reste incliné pendant l'oraison qui suit.

3. A la bénédiction il s'incline médiocrement, et fait le signe de la croix sur lui, puis il se lève, et répond de sa place au commencement du second Evangile, où il fait les mêmes signes de croix qu'au premier ; puis « il passe au côté de l'Epître » sur le pavé, où il se tient debout, tourné vers le prêtre : à ces paroles, *Et Verbum caro factum est*, il fait la génuflexion au milieu ; « et ayant répondu *Deo gratias*, il va » premièrement « éteindre le cierge » qui est au côté de l'Evangile, puis l'autre, faisant en passant la révérence requise ; ensuite il prend le Missel et la barrette du prêtre, sans le faire attendre que le moins qu'il est possible. Si un autre est chargé d'éteindre les cierges, il reste au côté de l'Epître.

4. Quand le prêtre laisse le Missel ouvert après les oraisons, à cause qu'il faut dire un autre évangile que celui de saint Jean, le servant se lève aussitôt qu'il a répondu *Deo gratias* avant la bénédiction, et va prendre le livre avec le pupitre ; s'il n'a pas eu le temps de le déposer, il se met à genoux sur le marchepied un peu du côté de l'Evangile pour y recevoir la bénédiction, après laquelle il se lève et porte le livre sur l'autel au coin de l'Evangile, où il répond au prêtre ; puis il passe du côté de l'Epître, et fait le reste comme il est dit ci-dessus.

5. Il descend au bas des degrés du côté de l'Epître, soutenant le Missel de la main gauche, et tenant de la droite la barrette du prêtre ; puis, ayant fait l'inclination ou la génuflexion, comme en arrivant à l'autel, « il lui présente la barrette, et avance » trois pas devant lui, marchant ainsi « jusqu'à la sacristie, comme il a fait avant la messe. »

6. Lorsqu'il est entré dans la sacristie il s'arrête devant la croix qu'il salue profondément avec le prêtre, étant du côté le plus éloigné de la porte, ou si le local le permet, à son côté gauche un peu derrière lui ; puis il le salue, et après avoir mis le livre à sa place, il l'aide à se déshabiller, et arrange les ornements de sorte qu'ils soient tout disposés pour un autre prêtre qui voudra s'habiller, ou bien il les met à leur place.

7. Si le prêtre veut laver ses mains, il le conduit au lavoir comme au commencement ; s'il a une robe ou un manteau long, il le lui met ensuite sur les épaules, lui présentant son bonnet ou son chapeau en le saluant.

8. Il retourne encore à l'autel, s'il y a quelque chose à ranger, ou bien il en avertit le sacristain ; puis il quitte son surplis, s'il est clerc, et fait quelque prière avant de s'en aller.

9. Si pour quelque cause raisonnable on donne la communion après la messe, le servant allume deux cierges de l'autel, s'ils ne sont déjà allumés ; il étend la nappe de la communion devant les communiants, se met à genoux du côté de l'Epître, et fait le reste qui est marqué ci-dessus. Après que le prêtre a donné la bénédiction à ceux qui ont communié, il répond *Amen*. Ensuite, ou auparavant, suivant la volonté du prêtre, il lui présente de l'eau pour purifier ses doigts sur un bassin (s'il n'y a pas sur l'autel un vase particulier avec de l'eau dedans pour y tremper les doigts), et il a soin de verser l'eau de l'ablution dans la piscine ; puis il éteint les

cierges, presente la barrette au prêtre, et retourne à la sacristie.

10. Si, au défaut de sacristie ou même de table pour mettre les ornements, le prêtre est contraint de les quitter à l'autel, il les doit mettre au côté de l'Evangile et non pas au milieu. Si le saint sacrement était exposé à cet autel, il faudrait les déposer ailleurs. (*Tunell.*, etc.)

ARTICLE VIII
Ce qu'on doit observer lorsqu'il y a deux servants à la messe.

1. Quelle que soit la dignité d'un prêtre, chanoine, vicaire général, etc., il ne peut pas exiger deux servants à la messe basse. (*S. C.* 1627 et 1659.) Si on en admet deux à une messe basse, parce qu'elle tient lieu d'une messe solennelle, on observe ce qui suit :

Quand le prêtre se revêt de ses ornements, les servants se tiennent à ses côtés, le premier à sa droite, le second à sa gauche, et l'aident à s'habiller. Le premier, lui ayant présenté la barrette, prend le Missel, à moins qu'il ne soit déjà sur l'autel ; ils saluent tous deux ainsi la croix de la sacristie, et ensuite le célébrant ; puis le second marche le premier les mains jointes, ou bien ils marchent de front ; le premier à droite du second lui présente de l'eau bénite, après l'avoir présentée au prêtre.

2. Si le prêtre entre à l'autel par le côté de l'Evangile, le second servant en y arrivant se retire un peu en arrière pour laisser passer le célébrant entre lui et le marchepied, et lui fait une inclination lorsqu'il passe ; s'il entre par le côté de l'Epître, c'est au premier à observer ce qui vient d'être dit.

3. Le prêtre étant arrivé au bas de l'autel, le premier servant reçoit sa barrette, et le second demeure au côté de l'Evangile.

4. Ils répondent ensemble du même ton que le prêtre, sans anticiper l'un sur l'autre.

5. Quand l'Epître est finie, le premier servant se lève seul, va par le plus long chemin à la droite du prêtre ; puis il transporte le Missel, par le plus court chemin, au côté de l'Evangile, sans s'y arrêter pour répondre au célébrant, et sans changer de place ensuite avec l'autre. (*Baldeschi.*)

6. Après l'*Oremus* de l'Offertoire, ils se lèvent et font ensemble la génuflexion au milieu ; le second monte à l'autel pour recevoir le voile, puis il va se mettre à la gauche du premier qui présente la burette du vin ; il présente celle de l'eau, et prend ensuite le bassin de la main gauche, le premier tenant l'essuie-main, après avoir porté la burette du vin à la crédence ; le premier étant à la droite du second, quand le célébrant vient à eux, ils lui font une inclination médiocre, puis le second lui verse de l'eau sur les doigts, et le premier tenant des deux mains l'essuie-main plié, le présente au prêtre quand il est temps, laissant aller sur les doigts du prêtre les plis de l'essuie-main qu'il retient seulement par les deux bouts ; quand le prêtre le quitte, ils lui font tous deux ensemble une inclination et vont à la crédence, où ayant mis les burettes et l'essuie-main comme ils étaient auparavant, le premier prend la clochette, et tous deux vont faire la génuflexion sur le pavé au milieu ; puis ils se mettent à genoux à leurs places ordinaires.

7. Au *Sanctus*, le premier servant sonne la clochette, aussi bien qu'à l'élévation.

8. Si c'est la coutume d'allumer un cierge de chaque côté pour l'élévation aux jours de fêtes, ils se lèvent tous deux au commencement du Canon, sans faire la révérence à l'autel, et chacun allume le cierge qui est de son côté ; puis se réunissant tous deux au bas des degrés, ils font ensemble au milieu l'inclination ou la génuflexion, selon la règle générale, et se mettent à genoux sur le plus haut degré, derrière le prêtre, laissant entre eux quelque espace pour ne le point empêcher dans ses génuflexions. S'ils n'allument pas des cierges, ils se lèvent, se réunissent et font la génuflexion quand le prêtre prend l'hostie avant la consécration.

9. A l'élévation ils lèvent chacun de leur côté l'extrémité de la chasuble du prêtre ; quand l'élévation est faite, ils se lèvent, se tournent en face, et font en bas la génuflexion, puis ils vont à leurs places. S'il y a communion, ils tiennent la nappe de chaque côté avec des cierges.

10. Après la communion, le premier donne seul le vin et l'eau au prêtre, puis le second, qui est resté à genoux au côté de l'Evangile, transporte le livre au côté de l'Epître par le plus court chemin, présente le voile, et retourne à sa place en passant derrière le premier ; ou bien, ayant déposé le livre, il descend au milieu par le plus court chemin ; tous deux font la génuflexion et montent pour présenter au prêtre, le second la bourse, et le premier le voile ; s'il y a deux cierges allumés pour l'élévation, ils les éteignent en même temps, après avoir fait ce qu'on vient de dire, et se remettent à genoux ; aucun d'eux ne tient la carte de l'Evangile de saint Jean lorsque le célébrant le lit ; s'il y a un autre Evangile, l'un des servants transporte le livre comme au premier Evangile ; ensuite le premier présente la barrette au célébrant, ils vont à la sacristie, font avec lui l'inclination à la croix ; le premier l'aide à se déshabiller, et le second va éteindre les cierges.

ARTICLE IX.
Ce qu'il y a de particulier à observer quand on sert la messe à un autel où le saint sacrement est exposé.

1. Le servant reçoit la barrette du prêtre dès qu'il entre au lieu où le saint sacrement est exposé ; étant arrivé au bas des degrés, il se met à deux genoux avec lui sur le pavé, inclinant profondément la tête ; dans la suite il fait la génuflexion d'un seul genou.

2. Il présente les burettes du vin et de l'eau sans les baiser, mais il fait les révérences accoutumées au célébrant.

3. Pour donner à laver, il attend au côté de l'Epître, au bas des degrés, que le prêtre soit tourné vers le peuple; alors il s'approche de lui en face et lui verse l'eau sur les doigts.

4. Après la messe il n'éteint pas les cierges, mais il prend la barrette du prêtre, et s'étant mis à deux genoux comme au commencement sur le pavé, il se lève, et lui doit présente la barrette qu'au même lieu où il l'a reçue de lui.

ARTICLE X
Ce qu'il y a de particulier pour le servant aux messes des défunts.

1. Il ne fait pas le signe de la croix au commencement de l'Introït.

2. Quand le prêtre n'a dit qu'une oraison, c'est une marque qu'il dira la prose *Dies iræ*, etc.; c'est pourquoi il ne doit se lever pour transporter le livre que sur la fin de la même prose, quand le célébrant dit *Oro supplex et acclinis*, etc.

3. « Il ne baise point les burettes ni les autres choses qu'il présente au prêtre, » quoiqu'il lui fasse les révérences ordinaires.

4. Il ne frappe point sa poitrine aux trois *Agnus Dei*, et il ne donne point l'instrument de la paix à baiser.

5. A la fin de la messe, quand le prêtre a dit *Dominus vobiscum*, il dit *Requiescant in pace*, tourné vers l'autel; alors le servant doit répondre *Amen*.

ARTICLE XI.
D'un clerc servant la messe devant un cardinal, en quelque lieu que ce soit, ou un légat dans le lieu de sa légation, ou devant l'archevêque de la province, ou l'évêque diocésain, ou un abbé bénit dans son monastère, ou un prince souverain ou du sang royal.

1. Il fait la génuflexion au prélat, si c'est l'usage du diocèse, ou une inclination profonde en arrivant à l'autel, en même temps que le célébrant le salue; il ne fait qu'une inclination profonde à un prince; il réitère les mêmes saluts toutes les fois qu'il passe par devant, quoiqu'il doive éviter d'y passer, autant qu'il est possible.

2. Il fait aussi toujours la génuflexion quand il passe devant le milieu de l'autel, et lorsqu'il y arrive ou qu'il s'en retire, afin de ne pas faire plus d'honneur au prélat qu'à la croix.

3. Il se met à genoux au commencement de la messe du côté où le prélat ou le prince n'est pas.

4. Au *Misereatur* et au *Confiteor*, il se tourne vers le célébrant à l'ordinaire, et non pas vers le prélat, quand même ce serait le souverain pontife. (*Rubr. miss.* p. II, tit. 3, n. 9.)

5. Après l'Epître, ayant porté le livre au côté de l'Evangile, il demeure debout au bas des degrés du même côté, et l'Evangile étant fini, il prend le même livre, qu'il présente à baiser au prélat sans lui faire aucune révérence auparavant; mais après il lui fait une génuflexion ou inclination suivant l'usage; puis il reporte le livre sur l'autel ouvert au même endroit, et passe au côté de l'Epître, faisant les révérences convenables. Si néanmoins il y avait un chapelain revêtu d'un surplis, le servant lui laisserait présenter le livre à baiser, et se tiendrait pour lors à sa place ordinaire.

6. S'il y a quelque prélat présent plus considérable que l'évêque diocésain, ou lui porte le livre à baiser, sans le présenter à aucun autre; s'ils sont plusieurs d'égale dignité, on ne le présente à personne, et le célébrant même ne le baise pas; c'est pourquoi le servant se tient alors durant l'Evangile au côté de l'Epître.

7. Pour ce qui est d'un prince revêtu de la dignité royale ou impériale (*S. C.* 1593), si c'est la coutume de lui donner à baiser le livre des Evangiles, on doit lui en présenter un autre que celui du célébrant, lequel en ce cas doit toujours baiser le sien. (*Gardellini, Collect. decr.* n. 307.)

8. L'*Agnus Dei* étant dit, s'il faut donner la paix, il observe ce qui est marqué ci-dessus, art. 6, n. 6.

9. La messe étant finie, il salue le prélat ou le prince, comme au commencement, si ce n'est qu'ils s'en allassent avant, ou de suite après la fin du second Evangile, auquel cas il se tourne pour les saluer quand ils passent.

10. S'il sert la messe en présence de prélats ou princes autres que les précédents, il se comporte comme s'ils n'y étaient pas, si ce n'est qu'il leur fait une inclination en passant devant eux; et, si c'est la coutume, il leur présente à baiser l'instrument de paix, mais non pas le livre des Evangiles, qu'on ne doit porter qu'aux personnes ci-dessus spécifiées. On doit dire la même chose d'une princesse de très-grande considération.

ARTICLE XII.
D'un aumônier ou chapelain servant l'évêque à la messe basse, soit dans son diocèse, soit ailleurs.

1. L'évêque disant la messe basse doit être assisté de deux chapelains prêtres, ou au moins d'un qui soit revêtu d'un surplis.

2. L'autel doit être préparé avant que l'évêque y arrive, et les ornements mis au milieu; savoir, la chasuble, l'étole, la croix pectorale (si ce n'est que l'évêque l'ait au cou), la ceinture, l'aube et l'amict. Ces ornements doivent être de la couleur convenable à l'office du jour, proprement accommodés, et couverts, s'il se peut, d'une toile ou écharpe de la couleur des autres ornements; il n'est pas nécessaire que la ceinture ou cordon soit de la même couleur. (*S. C.*)

3. Si le saint sacrement était exposé sur l'autel où l'évêque doit célébrer, il faudrait préparer une table ou crédence du côté de l'Evangile pour y mettre les ornements, et l'évêque les prendrait un peu à côté, et non pas au milieu de l'autel, si ce n'est qu'il aimât mieux les prendre à la sacristie,

ce qui serait plus à propos ; et en ce cas on porterait le manipule à l'autel.

4. On doit toujours mettre sur l'autel au côté de l'Evangile, le manipule séparé des autres ornements, aussi bien que l'anneau, de peur qu'il ne se perde, supposé que l'évêque ne l'ait pas déjà à sa main droite.

5. Aux messes des morts, le manipule doit être mis avec les autres ornements ; l'évêque le prend alors avant la croix pectorale.

6. Il faut aussi préparer du côté de l'Epître une petite table ou crédence couverte d'une nappe blanche sans croix ni chandeliers, et sur cette table un calice avec le purificatoire, la patène et deux hosties dessus (si c'est la coutume), la pale, le voile et la bourse par-dessus ; de plus les burettes pleines de vin et d'eau dans un petit bassin sans essuie-main, et un autre grand bassin avec un vase ou aiguière où il y ait de l'eau et trois serviettes pour essuyer les mains aux trois diverses fois que l'évêque les lave, ou au moins une grande serviette au lieu des trois autres.

7. On y doit encore préparer un bougeoir ou chandelier à manche avec une bougie (si l'évêque s'en sert), une clochette, et même le Missel avec son coussin, ou le pupitre, s'il y a assez de place, sinon on le met sur le côté de l'Epître ; on peut couvrir ce qui est sur la crédence d'une écharpe, pourvu qu'elle soit de la couleur des ornements. Il est aussi à propos qu'il y ait un tapis sur le marchepied de l'autel, et un carreau sur le plus bas degré.

8. L'évêque, revêtu de son camail et de son rochet, qu'il doit avoir pris dans sa chambre ou dans la sacristie, étant arrivé au lieu où il doit célébrer la messe, se met à genoux sur un carreau au bas des degrés de l'autel, et fait sa prière, pendant laquelle son chapelain et ses autres officiers sont à genoux à ses côtés sur le pavé ; si l'évêque veut lire les préparations à la messe, l'un d'eux tient à sa droite le Missel devant lui, et un autre le bougeoir avec la bougie allumée à sa gauche (s'il a coutume de s'en servir). Sa prière étant finie, il se lève et se couvre, si le saint sacrement n'est pas exposé ; le chapelain ayant fait mettre le Missel et le bougeoir sur le côté de l'Epître, il lui ôte sa croix ordinaire et son camail, et le carreau ayant été retiré par un de ses domestiques, il lave ses mains, son écuyer ou autre domestique présentant le bassin et l'aiguière, et le chapelain la serviette qu'il a prise sur l'aiguière, où il la remet après que l'évêque a essuyé ses mains. S'il y a deux clercs pour le servir outre l'aumônier, ils lui doivent donner à laver, mais l'aumônier tient la serviette (*Cærem. Episc. liv.* I. *ch.* 29, *n.* 5) ; pendant cette action, tous les bas officiers de l'évêque sont à deux genoux.

9. L'évêque ayant lavé ses mains, le chapelain monte à l'autel où il fait la génuflexion à la croix, encore que le saint sacrement ne soit pas présent, s'il doit la faire devant l'évêque ; ce qu'il observe durant la messe toutes les fois qu'il vient à l'autel ou qu'il en part, ou qu'il passe par devant, pour la raison ci-dessus rapportée, art. 11, n. 2. Il découvre les ornements et les porte des deux mains l'un après l'autre à l'évêque, qu'il salue chaque fois d'une inclination ou génuflexion avant de les lui présenter, et d'une autre après : il a soin de les faire bien ajuster sur lui.

10. Il serait à propos que l'évêque se découvrît lui-même et donnât sa barrette à son chapelain ou à quelque autre de ses domestiques, quand on lui présente l'amict, et qu'il ne se recouvrît pas pendant qu'il prend les ornements, à cause qu'il dit les oraisons propres à chacun ; si néanmoins il a coutume d'être couvert pendant qu'il s'habille, le chapelain a soin de le faire couvrir par un des acolytes, s'il y en a, ou par un des domestiques aussitôt qu'il a pris quelque ornement.

11. L'évêque étant revêtu de tous ses ornements, le chapelain lui donne l'anneau (s'il ne l'a déjà), en le baisant et ensuite la main de l'évêque ; et ayant pris sur l'autel le manipule, il se met à genoux, s'il n'est qu'en surplis, à son côté gauche un peu derrière lui sur le pavé. (*Bauldry, Cærem. episc.* l. I, c. 29, n. 2, et l. II, c. 8, n. 32).

12. Toutes les fois que l'évêque fait la génuflexion, le chapelain lui soutient le bras, pour l'aider à se relever.

13. Le chapelain qui a le manipule se lève pendant que l'évêque dit *Indulgentiam*, et l'ayant baisé à côté, il le lui présente à baiser à la croix, et le met au bras après qu'il a dit *Indulgentiam*, lui baisant en même temps la main, et il l'attache en sorte qu'il ne puisse glisser ; puis il se remet à genoux.

14. L'évêque ayant achevé les prières qu'on dit au pied de l'autel, le chapelain se lève et monte après lui, élevant son aube et sa soutane par devant ; quand l'évêque baise l'autel, le chapelain fait derrière lui la génuflexion.

15. L'évêque allant au côté de l'Epître, pour dire l'Introït, le chapelain se met au même coin hors du marchepied, s'il le peut commodément, et, se tenant proche du Missel, il montre à l'évêque ce qu'il doit dire, avec la main droite qu'il baise à demi auparavant ; il tourne aussi les feuillets quand il en est besoin ; si l'évêque désire se servir du bougeoir, il le tient avec la bougie allumée, ou le fait tenir par le premier des acolytes, s'il y en a, sinon il le met sur l'autel proche du livre lorsqu'il ne peut commodément le tenir durant la messe.

16. Après l'Epître, quand l'évêque va au milieu de l'autel dire *Munda cor meum*, le chapelain prend le livre avec le coussin ou pupitre, le porte au côté de l'Evangile où il le met tout ouvert, et il tient le bougeoir au côté gauche de l'évêque, s'il s'en sert.

17. Après que l'évêque a dit l'Evangile, le chapelain prend le Missel des deux mains, et lui fait baiser le commencement du texte de l'Evangile, puis il l'approche avec le coussin ou pupitre près du corporal.

18. Immédiatement après l'Evangile, s'il

n'y a point de *Credo*, ou s'il y a *Credo*, après ces paroles *Et homo factus est*, le chapelain va à la crédence, où il prend le calice couvert de son voile avec la bourse dessus, et le porte sur l'autel au côté de l'Epître, faisant la génuflexion en partant et en arrivant; puis il tire le corporal, l'étend au milieu de l'autel, et met la bourse vers le côté de l'Evangile, sans faire retirer l'évêque de sa place; on peut aussi placer la bourse au milieu ou ailleurs où elle ne gêne pas, selon le cérémonial du pape. Si l'Evangile est long, il peut faire ces choses pendant que l'évêque le lit, lorsqu'il n'y a point de *Credo*, afin de ne le pas faire attendre à l'Offertoire.

19. Il découvre le calice, ôtant le voile qu'il plie à l'ordinaire, puis la pale, il prend la patène et l'hostie qu'il présente à l'évêque, baisant le bord de la patène et la main de l'évêque de la même façon que le diacre fait à la messe solennelle. S'il y a deux hosties sur la patène, il retire celle que l'évêque désigne.

20. Ensuite il nettoie le calice avec le purificatoire; ayant reçu la burette du vin de l'un des acolytes (s'il y en a), ou de quelqu'un des domestiques de l'évêque, il met du vin dans le calice, puis il prend la burette de l'eau qu'il présente à l'évêque, en lui disant un peu incliné, *Benedicite, pater reverendissime*; l'évêque ayant fait la bénédiction dessus, il verse quelques gouttes d'eau dans le calice, rend la burette à celui qui la lui a donnée, et présente le calice à l'évêque, baisant le pied du calice et la main du prélat.

21. L'évêque lave ses mains au côté de l'Epître, de la même manière que nous avons dit ci-dessus au n. 8. Le chapelain lui ôte l'anneau, s'il est nécessaire, et le lui remet après avec les baisers ordinaires; ensuite il passe au côté de l'Evangile pour tourner les feuillets, se tenant toujours en cette action un peu tourné vers l'évêque, et plus éloigné de l'autel que lui.

22. Vers la fin de la Préface, il a soin que deux autres chapelains ou clercs (s'il y en a), sinon deux des domestiques de l'évêque, aillent prendre des flambeaux à la sacristie ou ailleurs, et viennent se mettre à genoux sur le pavé aux deux côtés de l'autel, devant les degrés, ayant fait auparavant la génuflexion au milieu; ils demeurent là seulement jusqu'à l'élévation du calice, après laquelle ils se lèvent, font la génuflexion à l'autel, comme en arrivant, et retournent à la sacristie où ils éteignent leurs flambeaux; mais si l'évêque devait donner la communion, ils demeureraient là jusqu'à ce que le ciboire fût remis dans le tabernacle. S'il n'y a personne pour tenir les flambeaux, on peut les placer sur deux grands chandeliers (*Cærem. episc.* l. 1, c. 29, n. 7).

23. Quand l'évêque prend l'hostie pour la consacrer, le chapelain se met à genoux à sa gauche plutôt qu'à sa droite, tant à cause du livre qu'à cause du manipule, auquel il doit porter la main pendant l'élévation du calice; il découvre le calice et remet la pale par-dessus, quand il en est besoin, et se relève après l'élévation du calice.

24. Durant le *Pater* il passe à la droite de l'évêque pour lui présenter la patène, laquelle il baise, et puis la main de l'évêque; il demeure au même lieu jusqu'après l'*Agnus Dei*, et pour lors il retourne à la gauche.

25. A la communion de l'évêque il passe au côté de l'Epître et se met à genoux, s'il n'est qu'en surplis (*Bauldry*); quand il est temps, il ôte la pale de dessus le calice, et donne à l'évêque le vin et l'eau pour la purification et l'ablution; puis il se retire un peu, et tient la serviette quand l'évêque se lave les mains.

26. Aussitôt que l'évêque s'est lavé, le chapelain prend le livre avec le coussin ou pupitre, et le porte au côté de l'Epître; après avoir montré à l'évêque l'antienne dite Communion, il retourne au côté de l'Evangile et nettoie le calice avec le purificatoire qu'il met dessus, puis la patène et la pale; il plie le corporal et le met dans la bourse, couvre le calice avec le voile, et le porte sur la crédence, faisant la révérence à l'autel en passant; puis il revient auprès du livre, le ferme quand il faut, et se met à genoux pendant la bénédiction, s'il n'est pas chanoine.

27. Quand l'évêque dit l'Evangile à la fin de la messe, le chapelain tient le carton où il est écrit, si c'est nécessaire pour la commodité du prélat.

28. S'il y a un autre Evangile à dire que celui de saint Jean, le chapelain, ayant pris le Missel pour le porter au côté de l'Evangile, se met à genoux sur le marchepied pour recevoir la bénédiction avant de déposer le Missel, s'il n'en a pas le temps.

29. L'évêque ayant dit l'Evangile, le chapelain va avec lui au milieu de l'autel, où il fait une inclination, descend avec lui au bas des degrés, où il lui ôte ses ornements, et les remet sur l'autel l'un après l'autre, saluant l'évêque et l'autel toutes les fois qu'il s'en approche, ou qu'il s'en retire, et lui donnant ensuite son camail et sa croix ordinaire, s'il la lui avait ôtée, et sa barrette. L'évêque étant mis à genoux sur un carreau, il lui tient le Missel ouvert pendant qu'il fait son action de grâces, et le bougeoir, s'il est besoin; ou bien il les fait tenir par un acolyte, s'il y en a, et a soin de reporter les ornements à la sacristie, ou de les y faire reporter.

30. Si l'évêque doit donner la communion et que le saint sacrement soit dans le tabernacle, le chapelain, ayant dit ou fait dire le *Confiteor*, ouvre le tabernacle seulement; s'il fallait qu'il en tirât et remît le ciboire, il devrait avoir une étole; durant la communion il accompagne l'évêque à sa droite, tenant la patène de la main droite, relevant l'aube et les habits de l'évêque de la main gauche lorsqu'il remonte les degrés, et ferme ensuite le tabernacle.

31. S'il y a deux chapelains, ce qui est très-convenable (*Cærem. episc. ibid.* n. 2), ils s'aident l'un l'autre, et le plus ancien est d'ordinaire à la droite de l'évêque du côté de l'Epître; ils se donnent le Missel l'un à l'autre (*Cærem. Paris.*); ou bien celui qui est auprès le transporte et revient à sa place.

ARTICLE XIII.

De deux clercs servant à la messe d'un évêque, dans son diocèse ou ailleurs

1. Ce qu'il y a de particulier pour eux, outre ce qui est marqué ci-dessus pour les servants, c'est qu'ils aident l'aumônier ou chapelain à transporter les ornements, s'il est besoin, de la sacristie sur l'autel, et à préparer au côté de l'Epître une crédence assez grande pour y ranger tout ce qu'il faut.

2. Cette crédence doit être couverte de tous côtés d'une nappe blanche sans croix ni chandeliers; le calice doit être au milieu tout préparé, et au côté droit vers l'autel, les burettes avec le bassin sans essuie-main, et de l'autre un grand bassin, une aiguière pleine d'eau, et par-dessus une grande serviette pliée pour essuyer les mains de l'évêque, ou même au lieu de celle-là, trois autres serviettes médiocrement grandes, et la clochette. De plus, si l'aumônier le juge à propos, on y peut mettre le Missel avec le coussin ou le pupitre, au cas qu'il y ait assez de place, et un chandelier à manche avec sa bougie blanche; on couvre tout cela d'une écharpe de la couleur des ornements.

3. Ils étendent un tapis sur le marchepied de l'autel, mettent un carreau violet sur le plus bas degré, et avertissent le sacristain de tenir prêts deux flambeaux pour l'élévation.

4. Ils font la génuflexion en passant devant la croix de l'autel où l'évêque célèbre la messe, quoique le saint sacrement ne soit pas présent, si c'est l'usage de saluer ainsi l'évêque; dans ce cas, ils font une génuflexion toutes les fois qu'ils s'approchent ou se retirent de lui, ou qu'ils passent par devant; si ce n'est pas l'usage, ou s'il ne l'approuve pas, ils font une inclination profonde.

5. Tout étant préparé et l'évêque arrivant à l'autel, ils se tournent vers lui, et le saluent comme il a été dit. Ensuite le premier servant se présente à l'aumônier pour tenir le Missel, s'il est besoin, pendant que l'évêque y lit les préparations pour la messe; ce qu'il fait étant à genoux presque devant l'évêque un peu à sa droite, et soutenant le Missel ouvert appuyé sur son front; en même temps le second servant allume les cierges de l'autel, savoir quatre aux fêtes solennelles, et deux aux fêtes moins solennelles et aux féries (*Cærem. episc. l.* I, *c.* 29, *n.* 14), si ce n'est qu'en quelques lieux on ait accoutumé d'en allumer toujours quatre.

6. L'évêque ayant lu les préparations, le premier servant se lève, lui fait la génuflexion, et ayant remis le Missel sur la crédence ou sur l'autel, il prend aussitôt l'essuie-main et le donne au chapelain; il prend aussi le vase plein d'eau, et l'autre clerc le grand bassin, et tous deux se mettent à genoux pour lui donner à laver. Le premier servant verse l'eau posément sur les mains de l'évêque, tenant de la droite l'aiguière élevée trois ou quatre doigts au-dessus, et le second soutient le bassin au-dessous.

7. Ensuite ils se lèvent, et font la génuflexion à l'évêque, aussitôt le premier, ayant pris les ornements sur l'autel, les présente à l'aumônier, ou bien les ajuste proprement sur l'évêque, lorsque l'aumônier l'en a revêtu; et l'autre, étant à côté de l'évêque, lui ôte sa barrette ou son bonnet carré de dessus la tête, à mesure qu'on lui met quelque ornement (si l'évêque a coutume d'être couvert pendant ce temps-là), et il le lui remet aussitôt après, prenant garde de le poser droit sans tourner la calotte.

8. Il est à remarquer qu'on ne donne pas le manipule avec les autres ornements, et qu'après la ceinture ou cordon on donne la croix pectorale, puis l'étole, et on ne la croise point par devant. Aux messes des morts le manipule doit être mis avec les autres ornements, et on le présente à l'évêque avant la croix pectorale.

9. Depuis le commencement de la messe jusqu'à l'Offertoire, les clercs n'ont rien de particulier à observer.

10. A l'Offertoire ils donnent à laver à l'évêque avec l'aiguière et le grand bassin, comme ils ont fait au commencement de la messe au bas du marchepied.

11. Après le *Sanctus* ils font ensemble la génuflexion au milieu de l'autel, et, sans allumer les cierges de l'élévation, ils vont prendre deux flambeaux. Le premier porte son flambeau de la main droite, et le second le tient de la gauche; étant arrivés au milieu de l'autel au bas des degrés, ils font ensemble la génuflexion, puis se mettent à genoux sur le pavé de part et d'autre vis-à-vis des deux coins de l'autel.

12. L'élévation du calice étant faite, si l'évêque ne doit pas donner la communion, ils se lèvent, reportent leurs flambeaux, et étant revenus, ils font encore la génuflexion au milieu de l'autel; puis se mettent à genoux à leurs places ordinaires, et donnent à laver à l'évêque pour la troisième et dernière fois après l'ablution des doigts, comme après l'Offertoire.

13. L'évêque ayant fini la messe, ils aident l'aumônier à le déshabiller, portant les ornements sur l'autel; ensuite l'un met le carreau au bas du marchepied; si l'évêque veut lire les prières de l'action de grâces qui sont dans le Missel, l'un d'eux le tient ouvert devant lui, comme au commencement, et l'autre transporte à la sacristie tous les ornements, remettant l'argenterie, s'il y en a, entre les mains du sacristain; puis si l'évêque doit sortir bientôt de l'église, ils attendent qu'il ait fait ses prières, pour le conduire au lieu où il a pris son rochet, après quoi ils le saluent et quittent leurs surplis.

SIÉGES.

(Extrait du Cérémonial des évêques, l. I, c. 13.)

Siéges de l'évêque, d'un légat, des cardinaux, les prélats, des princes, des magistrats et des personnages distingués: leur place dans les églises; manière de les décorer.

1. Le siége de l'évêque se place de diverses manières selon la diversité des autels auprès desquels on le met; si l'autel est

placé au milieu sous la tribune, assez loin du mur pour que le chœur soit dans cet espace, le siége de l'évêque sera appliqué au mur vis-à-vis, en sorte que l'évêque y étant assis ait en face le milieu de l'autel, et les siéges des chanoines de chaque côté de lui.

2. Mais si le chœur est au milieu de l'église, et l'autel adhérent au mur, ou très-peu éloigné, le siége épiscopal doit être placé au côté de l'Evangile.

3. Dans l'un et l'autre cas, on y montera par trois degrés couverts d'étoffe ou de tapis. Le siége sera élevé, d'un ouvrage en bois, en marbre ou autre matière, façonné en forme de chaire et d'un trône immobile, tel que nous en voyons dans beaucoup d'églises anciennes; on doit le couvrir d'une étoffe conforme à la couleur des autres ornements, en soie et non en or, si l'évêque n'est pas cardinal. On peut suspendre au-dessus une ombrelle ou baldaquin de même étoffe et même couleur, pourvu que sur l'autel il y en ait un semblable ou plus somptueux, s'il n'y a pas au-dessus un ciboire ou tabernacle en marbre ou en pierre, parce qu'alors le baldaquin serait superflu, et qu'on ne pourrait pas facilement l'adapter. L'évêque se servira de ce siége quand il célèbrera lui-même solennellement la messe et les vêpres. Mais lorsque l'évêque assiste aux messes non solennelles, à matines et aux autres heures, si le chœur est au milieu de l'église devant l'autel, il pourra s'y placer à un siége préparé pour lui et permanent, plus ou moins éloigné de l'autel, selon la coutume de l'église. Si l'autel est sous la tribune, l'évêque peut être au siége épiscopal placé comme on l'a dit, à tous les offices soit solennels, soit non solennels.

4. Si quelque cardinal légat *a latere* ou non légat assiste à l'office divin, il convient qu'il se place au siége épiscopal susdit: et l'évêque, s'il célèbre, sera assis sur un fauteuil au côté de l'Epitre; s'il ne célèbre pas, et que le chœur soit dans le presbytère sous la tribune, il sera assis au côté le plus digne du chœur.

5. Si l'évêque aussi était cardinal, et que le légat fût assis au côté de l'Evangile, l'évêque-cardinal, s'il ne célébrait pas, serait assis au même côté près du légat, ayant un siége semblable, sans degrés.

6. S'il y a plusieurs cardinaux, ils seront placés de la même manière, pourvu que le cardinal-évêque soit le dernier de tous; le célébrant doit être au fauteuil, comme on l'a dit.

7. Si un légat était au siége épiscopal sous la tribune, l'évêque-cardinal, et les autres cardinaux, s'il y en a, seront assis près du légat, comme on l'a dit; et un simple évêque se placerait à l'opposite sur un siége plus bas, ou au côté le plus digne du chœur, ou sur un fauteuil, comme il a été dit du cas où un cardinal légat ou non légat serait présent, eu égard aux diverses situations du chœur, selon que l'évêque est ou n'est pas célébrant.

8. Si l'évêque est cardinal, et qu'il y ait un ou plusieurs cardinaux non légats, ils pourront s'asseoir tous au côté de l'Evangile, à la place ordinaire du siége épiscopal, sur des siéges égaux, ou au côté le plus digne du chœur, quand il est sous la tribune, pourvu que l'évêque-cardinal soit le dernier de tous. Il déférera l'honneur des fonctions épiscopales au cardinal présent, et s'il y en a plusieurs, à celui qui a la priorité. Si le cardinal présent s'y refuse, l'évêque-cardinal pourra déférer ces fonctions au célébrant, ou les faire lui-même; et à la fin, quand il devra donner la bénédiction solennelle, il montera à l'autel, et bénira le peuple, comme il a été dit en son lieu. *Voy.* Cérémonial, l. 1, c. 4.

9. Le métropolitain, en l'absence d'un légat ou d'un autre cardinal, aura son siége à l'opposé du siége épiscopal, orné de la même manière, au côté de l'Epître; les autres évêques étrangers auront leurs siéges à l'endroit le plus digne après l'évêque diocésain, avant tous les chanoines. Les abbés diocésains bénits, ayant l'usage de la mitre et de la crosse, auront une place convenable, selon que l'évêque en jugera dans sa prudence, pourvu qu'ils ne soient pas au-dessus des chanoines ni parmi eux.

10. Les nonces apostoliques, ayant dans ce lieu les pouvoirs de légat *a latere*, auront un siége orné, comme il a été dit du métropolitain, non pas cependant le siége propre de l'évêque, et ils seront préférés, quant aux honneurs, à l'évêque non célébrant. Les autres nonces apostoliques, n'ayant pas les pouvoirs de légat, ou les ayant dans un autre lieu, et pendant qu'ils sont en voyage, s'il leur arrive de passer par quelques villes, ou églises cathédrales, ou métropolitaines, seront placés sur un siége élevé, le plus digne du chœur, et recevront les honneurs après l'évêque; dans les processions et autres actions semblables, ils auront la prééminence sur tous les protonotaires, et sur les chanoines.

11. Un visiteur apostolique, s'il est évêque, aura son siége comme un nonce qui n'a pas les pouvoirs de légat; si un tel nonce était présent, il lui céderait l'honneur, et siégerait après lui.

12. Le vicaire général aura sa place ordinaire, selon la coutume des diverses églises. Les protonotaires apostoliques non participants suivront les abbés; s'ils sont participants, ils précèdent les abbés. Après les protonotaires, viennent les généraux d'ordres, ensuite les autres prélats apostoliques.

13. Les siéges des nobles et des laïques illustres, des magistrats, des princes, quelle que soit leur grandeur et l'ancienneté de leur noblesse, plus ou moins ornés selon la dignité et le grade des personnes, doivent être placés hors du chœur et du presbytère selon la prescription des saints canons, et les célèbres documents de l'ancienne discipline, introduite depuis les commencements du christianisme, et observée pendant long-

SORTIE DE LA SACRISTIE.
Voy. MESSE.

DE LA SORTIE DE LA SACRISTIE POUR ALLER A L'AUTEL.
(Explication du P. Lebrun.)

RUBRIQUE.

Le prêtre, revêtu des ornements, précédé d'un ministre en surplis portant le Missel, va de la sacristie à l'autel, la tête couverte, d'un pas grave, le corps droit et les yeux baissés. Rubr. tit. II.

REMARQUES

Sur l'ordre prescrit de s'habiller à la sacristie, de marcher gravement et de ne pas dire la messe seul.

1. *Le prêtre va de la sacristie à l'autel.* Les Ordres romains jusqu'au XIII° siècle marquent que le célébrant, sans excepter l'évêque ni le pape, va se préparer et s'habiller à la sacristie, pour aller de là processionnellement à l'autel (1). Dans la plupart des églises cathédrales de France cette procession aux jours solennels est tout à fait majestueuse (2); et les auteurs, qui ont écrit depuis le IX° siècle jusqu'à la fin du XIII° (3), ont regardé le célébrant, précédé des diacres, des sous-diacres et des autres officiers, comme Jésus-Christ entrant dans le monde, précédé par des prophètes, et même par les apôtres dans ses missions, tandis que ce qu'on chantait au chœur exprimait les désirs des peuples qui attendaient le Messie. Ce n'est que depuis le XIV° siècle que cette procession est quelquefois supprimée, et que l'Ordre romain de Gaëtan a marqué l'alternative de la sacristie ou du sanctuaire pour le lieu où il plaît aux évêques de prendre leurs ornements (4). A l'égard des prêtres, ils doivent toujours s'habiller à la sacristie, si ce n'est dans les chapelles où le défaut de sacristie les contraint de prendre les habits sacerdotaux à l'autel.

2. *Il va d'un pas grave.* L'Église veut que la manière grave et modeste avec laquelle le prêtre va de la sacristie à l'autel annonce la grande action qu'il va faire.

3. *Le prêtre marche la tête couverte.* Il y a sept ou huit cents ans qu'on était toujours découvert en allant à l'autel. Cet usage s'est conservé en plusieurs églises, à Trèves, à Toul, Metz, Verdun, Sens, Laon, Tournai, le célébrant et les ministres vont à l'autel la tête nue. A Cambrai le prêtre seul est couvert du capuchon d'une aumusse, et chez les prémontrés, d'un bonnet carré; le diacre et le sous-diacre qui l'accompagnent sont découverts; ce qui est généralement observé par les ministres inférieurs, aussi bien que par les enfants de chœur. Depuis quelques siècles, selon nos manières, se couvrir seul dans une assemblée est une marque d'autorité et de prééminence. Le prêtre allant à l'autel, revêtu des ornements sacerdotaux, est en même temps revêtu de l'autorité de Jésus-Christ et de l'Église pour offrir le saint sacrifice. Il a la prééminence sur toute l'assemblée. Il ne salue personne, et ne se découvre que pour se mettre à genoux quand il passe devant un autel, si le saint sacrement y est exposé, si l'on fait l'élévation, ou si l'on donne la communion. Il n'est occupé que de Jésus-Christ son maître, et il ne se découvre que quand il le voit.

4. *Il est précédé d'un ministre,* parce qu'il est plus décent qu'il ne marche pas seul, étant revêtu des habits sacrés, et il a besoin d'un ministre qui réponde à la messe, parce que l'Église lui défend de dire la messe seul (5). Les conciles veulent qu'il y ait du moins une personne avec lui pour représenter le peuple, qui avec le prêtre forme l'assemblée des fidèles. La messe est en effet ce qu'on a anciennement nommé la synaxe, c'est-à-dire l'assemblée; et il était bien convenable qu'on en faisant des prières aussi saintes et aussi efficaces que celles de la messe on observât ce que Jésus-Christ a marqué en nous promettant sa sainte présence : *Si deux d'entre vous s'unissent ensemble sur la terre, quelque chose qu'ils demandent, elle leur sera accordée par mon Père qui est dans le ciel. Car..... je me trouve au milieu d'eux* (6).

D'un ministre en surplis. La rubrique ne marque ici que ce qui a été expressément ordonné par les conciles depuis cinq ou six siècles. Ils veulent que ce ministre soit un clerc revêtu d'un habit qui convienne à l'autel; et l'on peut dire même que c'est par tolérance qu'on a laissé approcher de l'autel un simple clerc. Car, si l'on remonte à l'antiquité, on voit que c'est le diacre qui est proprement le ministre du prêtre, qui devait l'accompagner pour célébrer les saints mystères dans les endroits mêmes où l'on ne pouvait dire que des messes basses sans solennité. Saint Cyprien, qui durant la persécution prenait tant de soin d'envoyer des prêtres dans toutes les prisons, et d'empêcher

---

(1) Cum vero ecclesiam introierit pontifex, non ascendit e ntimo ad altare, sed prius intrat in secretarium. *Ordo Rom.* I, pag. 6; *Ordo* II, pag. 42; *Ordo* III, pag. 51. Intrat sacrarium... et processionaliter vadunt ad altare sicut est moris. *Ordo Rom.* XII, pag. 168, *Mus. Ital.*

(2) Dans l'église de Lyon Mgr l'archevêque est accompagné de plus de quarante officiers. A Saint-Gatien et à Saint-Martin de Tours, aux grandes fêtes, qu'ils appellent de Sept-Chandeliers, il y a sept acolytes, sept sous-diacres et sept diacres. Et à Soissons les officiers qui accompagnent le célébrant sont au moins au nombre de trente, en comptant les curés cardinaux, qui assistent en chasuble.

(3) Amal. l. III, c. 5; Alcuin. *de div. Offic.* Rupert. l. I, c. 28. Honorius. *Gemm. an.* c. 84; Innocent. III, *Myster.* l. II, c. 1 et seq.; Albert. Magn. *de Sacrif. miss.* tract. I, c. 1; Durand, *Ration.* l. IV, c. 5.

(4) Quod si pontifex juxta altare induatur, non oportet hujusmodi processionem fieri. *Ordo Rom.* XIV, p. 295.

(5) Le concile de Mayence, l'an 813, c. 43; les Capitulaires de France, l. v, c. 159; le concile de Paris, l'an 829, l. I. c. 4; le pape Léon IV, l'an 850 (*Conc.* tom. VIII, col. 34); les Constitutions de Riculfe de Soissons l'an 889; et le concile de Nantes, dans Burchard, liv. III, chap. 68, et Ives de Chartres, part. III, c. 70, défendent expressément au prêtre de dire la messe seul. Véritable ment on voit dans les Capitulaires attribués à Théodore de Cantorbéry, c. 49, et dans Étienne d'Autun (*de Sacram. altar.*, c. 15), qu'on a quelquefois permis aux solitaires et aux moines même qui habitaient dans les monastères, de dire la messe seuls; mais le concile de Nantes a dit qu'il fallait abolir cet abus. Le pape Alexandre III a aussi déclaré que le prêtre ne pouvait pas dire la messe seul, (*Decret.*, l. I, tit. 17, c. *Proposuit*) et il ne paraît pas qu'on l'ait souffert depuis le XIII° siècle.

(6) *Matth.* XVIII, 19 et 20.

qu'on y allât en foule (1), et qu'on y fît du bruit de peur qu'on n'en refusât l'entrée, voulait néanmoins que celui des prêtres qui allait y dire la messe fût toujours accompagné d'un diacre (2). C'était sur cet usage, d'être assisté d'un diacre à la messe, que saint Laurent disait au saint pape Sixte, lorsqu'on le menait au martyre : *Où allez-vous, saint pontife, sans diacre? vous n'avez pas accoutumé d'offrir le sacrifice sans ministre* (3). Il s'est dit dans la suite un si grand nombre de messes, que chaque prêtre n'a pas toujours pu être accompagné d'un diacre; mais les conciles ont voulu que le ministre qui tiendrait lieu de diacre fût un clerc tonsuré, revêtu d'un surplis. C'est ce qui est expressément marqué dans les statuts de Paris d'Eudes de Sully, vers l'an 1200 (4); au concile d'Oxford, l'an 1222 (5); et dans plusieurs autres (6). Le concile d'Aix, de l'an 1585, veut que, dans les églises qui n'ont pas le moyen d'avoir un clerc, le prêtre ne dise pas la messe sans avoir obtenu sur ce point une permission par écrit de l'évêque (7). Enfin le concile d'Avignon, en 1594, ordonne qu'aucun laïque ne serve la messe que dans le besoin (8). Voilà le dernier concile qui explique la rubrique. On doit donc dans chaque église faire servir les messes par un clerc, si cela est possible, ou, comme l'on fait en plusieurs endroits, par de jeunes garçons sages, revêtus en clerc; et si l'on est obligé de se servir d'un laïque, il serait du moins à souhaiter qu'on choisît une personne dont la modestie et la piété pussent inspirer du respect.

Portant le Missel. Le clerc ne porte à présent le Missel qu'en cas qu'il ne soit pas déjà sur l'autel. On l'y met pour les grandes messes; et la rubrique, pour cette raison, ne prescrit pas au sous-diacre de le porter. Mais, selon tous les anciens Ordres romains (9) et Amalaire (10), le célébrant ne sortait pas de la sacristie qu'il ne fût précédé du livre des Évangiles, qu'on portait et qu'on accompagnait avec respect; ce qui s'observe encore dans plusieurs cathédrales, où le sous-diacre découvert le porte et le présente à baiser au prêtre avant que de commencer la messe. Le Missel de Paris (11) veut seulement qu'aux fêtes solennelles, en arrivant à l'autel, le sous-diacre fasse baiser le livre au prêtre. Il serait à souhaiter qu'on portât toujours avec respect devant le prêtre ce saint livre, qui contient le pouvoir que Jésus-Christ, instituant l'eucharistie, donna aux prêtres de célébrer la messe, en leur disant : Faites ceci en mémoire de moi : *Hoc facite*, etc

---

(1) Caute, et non glomeratim.
(2) Ita ut presbyteri quoque qui illic apud confessores offerunt, singuli cum singulis diaconis per vices alternent. Cypr. epist. 5.
(3) Ambros. *de Offic.* l. 1, c. 41.
(4) Nulli clerico permittatur servire altari, nisi in superpelliceo aut cappa clausa. Synodic. Eccles. Paris. c. 7.
(5) Ut qui altari ministrant, superpelliciis induantur. Conc. Oxon. c. 10.
(6) Conc. Nemaus. an. 1298; Conc. Bud. an. 1279, c. 22; synod. Colon. an 1280; conc. Lambeth. an. 1330.
(7) Sacerdos ne se conferat ad altare, nisi clericum in

SOUS-DIACRE.

Le ministre qui, à une messe solennelle, sert principalement le diacre à l'autel, est appelé sous-diacre. On peut voir, au mot ORDINATION, les prières et les cérémonies avec lesquelles cet ordre lui est conféré. Ici nous allons décrire ses différentes fonctions, d'après le Cérémonial des évêques et les bons auteurs; quelques-unes même sont mentionnées dans le Missel, nous les distinguerons par des guillemets.

DU SOUS-DIACRE.
(Extrait du Cérémonial des évêques, l. 1, c. 10.)

§ I. *Avis généraux.*

1. Le sous-diacre salue toujours d'une génuflexion l'autel devant lequel on célèbre, quoiqu'il n'y ait que la croix sur l'autel sans tabernacle, et que le célébrant ne fasse qu'une inclination profonde. Cette génuflexion se fait jusqu'à terre, la première fois qu'on arrive avant la messe, et la dernière fois, lorsqu'on s'en va. (S. C.) Quand il la fait à côté de l'officiant, il se conforme à lui.

2. Le sous-diacre doit faire la génuflexion durant la messe : 1° toutes les fois qu'il passe par devant la croix de l'autel, si le contraire n'est exprimé en son propre lieu. 2° Quand de sa place il monte au côté du célébrant qui est au milieu de l'autel, ou que de ses côtés il descend derrière lui à sa place, il fait la génuflexion au lieu d'où il part, sans en faire au lieu où il arrive, même après la consécration ou lorsque le saint sacrement est exposé. 3° Quand de quelque autre part que des côtés du célébrant, il va à sa place vis-à-vis le milieu de l'autel derrière le célébrant ou qu'il en part pour aller ailleurs, il doit faire la génuflexion à sa place, lorsqu'il y arrive ou qu'il en part, si ce n'est qu'il marche conjointement avec le célébrant; car, en ce cas, il doit se conformer à lui. 4° Quand il va d'un côté du célébrant qui est au milieu de l'autel à l'autre côté, il fait la génuflexion à ses deux côtés ou bien au milieu, avant la consécration et après la communion, observant le diacre pour se conformer à lui; mais quand il va d'un coin de l'autel à l'autre, il fait seulement la génuflexion en passant au milieu sans en faire aux extrémités, même après la consécration ou en présence du saint sacrement exposé. De ces règles générales, on excepte quelques cas particuliers, savoir : au commencement de la messe, où le célébrant baisant l'autel, quoiqu'il ne fasse pas la génuflexion, le sous-diacre la fait néanmoins à son côté, parce que c'est la première fois qu'il arrive devant la croix. De plus,

---

decenti habitu et cum superpellicio mundo cum manicis sibi inservientem habuerit. Quibus vero in locis propter inopiam clericus ita commode haberi non poterit, caveat ne celebret absque hujusmodi clerico, nisi facultatem ab episcopo in scriptis impetraverit Conc. Aqu. tit. *de Celebr. miss.*

(8) Laicus, si fieri potest, nullo modo ministret altari Tit. 22.
(9) *Ordo Rom.* 1, Mus. Ital. pag. 8. *Ordo* II, p. 43 et 44 *Ordo* III, p. 56.
(10) L. III, cap. 5.
(11) An 1685, 1706 et 1738.

lorsqu'il porte le livre des Evangiles à baiser au célébrant, il ne fait en passant aucune révérence à la croix ni même au saint sacrement exposé; et après avoir porté la patène, à la fin du *Pater*, il fait la génuflexion en partant du coin de l'autel, et non pas en arrivant en bas à sa place au milieu ; de plus, après avoir donné la paix au cérémoniaire, il fait la génuflexion quand il est monté à côté du célébrant, selon la pratique de Rome.

3. Toutes les fois que le célébrant fait la génuflexion, et qu'il est à son côté, il la fait comme lui, et le soutient d'une main par-dessous le coude, tenant l'autre main appuyée sur la poitrine; pendant l'encensement de l'autel, il soutient la chasuble.

4. Toutes les fois qu'il salue le célébrant, le chœur ou les chapiers, c'est toujours par une inclination médiocre.

5. Lorsqu'il fait quelque action qui lui est commune avec un autre ministre, il tâche de la faire en même temps et avec uniformité, comme les génuflexions, les inclinations, et quand il faut s'asseoir, se couvrir, se lever, monter aux côtés du célébrant.

6. Lorsqu'il est debout, il a toujours les mains jointes, à moins qu'elles ne soient occupées, et jamais il ne les appuie sur l'autel; lorsqu'il a une main occupée, il appuie l'autre sur sa poitrine.

7. Il récite avec le célébrant le *Kyrie* alternativement; le *Gloria in excelsis*, le *Credo*, le *Sanctus* et l'*Agnus Dei*, simultanément, faisant les mêmes inclinations et signes de croix que lui. Il ne répond pas au célébrant quand le chœur le fait.

§ II. *De l'office du sous-diacre à la messe solennelle.*

1. Le sous-diacre doit d'abord prévoir l'Epître, et avoir soin de mettre ou de faire mettre le livre sur la crédence; ensuite, après avoir lavé ses mains, il met une hostie sur la patène, et, au défaut du cérémoniaire, il porte le calice tout préparé, qu'il met sur le devant de la crédence; puis il se revêt des ornements qui lui sont destinés. Il est à propos qu'en les prenant il récite les oraisons qui sont marquées pour chacun dans le Missel, et qu'il baise l'amict et le manipule; mais il ne doit prendre ce dernier qu'après que le célébrant est entièrement habillé.

2. Lorsque le célébrant s'approche des ornements, le sous-diacre lui fait une inclination médiocre, et l'aide avec le diacre à se revêtir de tous les ornements sacerdotaux; quand il l'a tout à fait habillé, il prend son manipule.

3. Lorsque le célébrant bénit l'encens, le sous-diacre s'approche de la droite du célébrant; ensuite il retourne à sa place, et prend sa barrette après que le célébrant a reçu la sienne; quand le signal pour partir est donné, il salue la croix de la sacristie par une inclination profonde, et le célébrant par une médiocre; il reçoit de l'eau bénite découvert et fait le signe de la croix; puis s'étant couvert, il marche au chœur les mains jointes après le cérémoniaire.

4. Si en allant au chœur il passe devant quelque autel où l'on dise la messe, depuis la consécration jusqu'à la communion ou sur lequel le saint sacrement soit renfermé, il fait la génuflexion d'un seul genou à la gauche du célébrant; si l'on donne la communion, ou s'il y a exposition, il fléchit les deux genoux jusqu'à terre; si on élève le saint sacrement, il demeure à genoux jusqu'à ce que le calice soit posé sur l'autel; puis s'étant levé, il fait la génuflexion et se couvre aussitôt, excepté lorsque le saint sacrement est exposé; car en ce cas il ne se couvre que lorsqu'il est sorti du lieu où il est exposé. S'il est devant le grand autel, il fait aussi la génuflexion à la croix; devant les autres autels, il ne fait aucune inclination; s'il rencontre en son chemin un prêtre vêtu des ornements sacrés, il se découvre et lui fait une inclination médiocre.

5. En entrant au chœur il le salue à la gauche du célébrant, puis il va dans le même ordre, sans se couvrir, au milieu de l'autel s'il est proche, ou devant le diacre s'il est éloigné, comme lorsqu'on entre par la grande porte qui est au bas du chœur; étant arrivé au bas de l'autel, il donne sa barrette au cérémoniaire et fait la génuflexion sur le pavé. Pendant la messe il fléchit le genou sur le dernier degré quand il est devant (*S. C.* 1831).

6. « Lorsque le célébrant commence la messe, le sous-diacre se tient debout à sa gauche et lui répond » d'un ton semblable, faisant le signe de la croix quand il le fait sur lui. « Il s'incline médiocrement vers lui, en disant le *Misereatur*, » et profondément vers l'autel pendant le *Confiteor*; il se tourne un peu vers le célébrant à ces paroles : *Et tibi, pater*, *Et te, pater*, sans se relever entièrement; puis s'étant redressé à *Indulgentiam*, il s'incline médiocrement à *Deus tu conversus*, etc., jusqu'après *Oremus*.

7. « Ensuite le sous-diacre monte à l'autel avec le célébrant, » levant de sa main droite le devant de son aube et de sa soutane, et après avoir fait la génuflexion pendant qu'il baise l'autel, il s'approche de sa droite pour assister à la bénédiction de l'encens; après quoi il retourne à la gauche, « et fait la génuflexion avec le célébrant, » mettant la main droite sous son coude pour le soutenir; ensuite il prend le derrière de la chasuble vers les épaules, qu'il élève un peu et qu'il ne quitte point pendant tout l'encensement, si ce n'est pour faire la génuflexion toutes les fois que le célébrant salue l'autel.

8. L'encensement de l'autel étant fini, le sous-diacre descend sur le pavé, où il demeure devant le coin de l'Epître pendant que le diacre encense le célébrant. Ensuite il « s'avance sur le pavé à la droite du diacre, tourné vers le milieu de l'autel, où il reste jusqu'à ce que le chœur chante le dernier *Kyrie*; » il doit partir un moment avant, afin qu'étant en droite ligne derrière le célébrant et le diacre, ils aillent tous trois ensemble au milieu de l'autel; il y va par le pavé sans faire la génuflexion en arrivant.

9. Si le célébrant désire s'asseoir pendant qu'on chante au chœur le *Kyrie eleison*, le sous-diacre le précède à son siège après avoir fait une inclination médiocre vers l'autel; aussitôt que le célébrant est arrivé, il lève le derrière de sa chasuble; ensuite, ayant pris sa barrette, il lui fait une inclination médiocre avec le diacre, et s'assied à sa gauche, levant le derrière de sa tunique, et se couvre. Pendant qu'il est assis, il tient les mains étendues sur les genoux; lorsqu'on chante le dernier *Kyrie*, il se découvre, se lève, met sa barrette sur le banc, et va les mains jointes, par le plus long chemin au milieu de l'autel, où il fait en arrivant la génuflexion sur le dernier degré à la gauche du célébrant; après quoi il monte sur le même degré en élevant les vêtements du célébrant, et descend aussitôt sur le pavé à sa place ordinaire.

10. « Lorsque le célébrant chante *Gloria in excelsis*, le sous-diacre fait une inclination à ce mot, *Deo*; ensuite il fait la génuflexion et monte avec le diacre aux côtés du célébrant, où il continue l'hymne avec lui » sans le prévenir, faisant les mêmes inclinations que lui, et le signe de la croix à la fin.

11. Après que le célébrant a dit l'hymne, s'il veut s'asseoir, le sous-diacre fait la génuflexion et le précède au siège, marchant à la droite du diacre et observant ce qui a été dit ci-dessus au numéro 9. Lorsque le chœur chante quelque verset du *Gloria* auquel le clergé se découvre et s'incline, le sous-diacre doit aussi s'incliner vers l'autel, quand même il serait en chemin, et s'il est assis, il se découvre tenant sa barrette d'une main sur le genou droit, et s'incline en ce cas comme le clergé.

12. Vers la fin de l'hymne, à ces paroles: *Cum sancto Spiritu*, le sous-diacre se découvre et retourne à l'autel, comme il a été dit ci-dessus au numéro 9. Si le célébrant ne va pas s'asseoir, le sous-diacre demeure debout sur le marchepied à sa gauche un peu derrière, s'inclinant avec lui aux mêmes versets que le chœur; et lorsqu'on chante le dernier, il fait la génuflexion « et descend à sa place ordinaire. »

13. « Après que le célébrant a chanté *Dominus vobiscum*, le sous-diacre, sans faire de génuflexion ni d'inclination, suit le célébrant au côté de l'Épître, marchant en droite ligne avec le diacre, et y demeure derrière lui pendant les oraisons, » faisant les mêmes inclinations que le célébrant. « Lorsque le diacre dit: *Flectamus genua*, le sous-diacre fléchit le genou et aussitôt il chante: *Levate*, en se relevant le premier. » Lorsqu'il y a plusieurs Épîtres, comme aux Quatre-Temps, le sous-diacre ne chante ordinairement que la dernière; pendant les autres, il demeure à la droite du diacre comme à l'Introït, et pendant les oraisons, il se met derrière lui.

14. « Vers la fin de la dernière oraison, s'il y en a plusieurs, le sous-diacre reçoit du cérémoniaire le livre des Épîtres, le prend avec les deux mains » par le bas, ayant l'ouverture du livre à sa gauche, et « appuyant le haut sur sa poitrine; » il fait une inclination de tête avant et après; puis, s'étant retourné vers l'autel, il demeure à sa place jusqu'après ces paroles: *Jesum Christum*, de la conclusion de l'oraison, auxquelles il s'incline vers la croix, ou jusqu'à *Qui vivis*, ou autres semblables; et alors « il va faire la génuflexion au milieu de l'autel » sur le plus bas degré, ayant le cérémoniaire à sa gauche; « puis, étant de retour à sa place, d'où il était parti, il chante l'Épître » à haute voix, tenant lui-même le livre, aidé du cérémoniaire, ou le mettant sur le pupitre, et étendant les deux mains dessus. S'il chante ces paroles: *Ut in nomine Jesu omne genu flectatur*, etc., il fléchit le genou jusqu'à *infernorum* inclusivement.

15. « L'Épître étant achevée, le sous-diacre va faire la génuflexion au milieu de l'autel; puis il va » par le plus long chemin « au coin de l'Épître; il se met à genoux » sur le bord du plus haut ou du second degré « devant le célébrant; il baise sa main qu'il met sur le haut du livre des Épîtres; ayant reçu la bénédiction, il se lève, » et rend le livre au cérémoniaire avec une inclination de tête avant et après; « ensuite il prend le Missel qui est sur l'autel, » et va faire par le plus court chemin la génuflexion au milieu de l'autel: « puis, ayant mis le livre sur le coin de l'Évangile, il se retire à côté et comme derrière le livre, où il répond au célébrant. » Si le célébrant n'avait pas achevé de lire le Trait ou la Prose lorsque l'Épître est chantée, il attendrait debout au même lieu jusqu'à ce que le célébrant eût achevé.

16. Le célébrant ayant achevé de lire l'Évangile, le sous-diacre approche le Missel du milieu de l'autel, laissant assez d'espace pour mettre le corporal; puis il demeure là, se tournant vers le célébrant, à la bénédiction de l'encens, après quoi il descend sur le pavé; mais si l'on chante quelque Prose, et que le célébrant veuille s'asseoir, aussitôt que l'Évangile est fini, le sous-diacre fait la génuflexion au milieu de l'autel à la gauche du célébrant, et le précède à son siège, observant les mêmes choses qui sont prescrites ci-dessus après le *Kyrie* et le *Gloria*, excepté qu'il doit revenir assez tôt avec le célébrant pour faire ce qui est nécessaire avant de chanter l'Évangile.

17. Aux fériés du Carême il se met à genoux à la gauche du célébrant sur le bord du marchepied lorsque le chœur chante le verset *Adjuva nos, Deus*, etc. Il observe la même chose aux messes du Saint-Esprit, où l'on chante le verset *Veni, sancte Spiritus*, etc.

18. « Lorsque le diacre a reçu la bénédiction du célébrant, le sous-diacre fait la génuflexion à sa gauche sur le dernier degré, et marche à côté de lui au lieu où l'on doit chanter l'Évangile; il s'y place entre les deux acolytes, et reçoit du diacre le livre, qu'il soutient » des deux mains par le bas devant sa poitrine, appuyant le haut sur son front selon la commodité du diacre, et

restant immobile. Si c'est la coutume du lieu de chanter l'Evangile sur un pupitre, le sous-diacre se place derrière, touchant des mains les côtés du livre, sans faire aucune inclination ni génuflexion.

19. Le diacre ayant achevé de chanter l'Evangile, le sous-diacre baisse un peu le livre, afin que le diacre lui en indique le commencement; « ensuite il va droit au célébrant, auquel il porte le livre » ouvert et élevé, sans lui faire aucune révérence en arrivant, ni même à l'autel en passant au milieu, quoique le saint sacrement y fût exposé; puis il indique avec sa main droite au célébrant le commencement de l'Evangile, et le lui fait baiser; ayant aussitôt fermé le livre, il fait au célébrant une inclination médiocre, s'étant un peu retiré de lui; ensuite il descend au bas des degrés, il rend le livre au cérémoniaire avec une inclination de tête avant et après, et demeure au même endroit tourné vers l'autel jusqu'à ce que le célébrant ait été encensé, après quoi il retourne au milieu à sa place ordinaire, où il fait la génuflexion en même temps que le diacre et le thuriféraire, si ces trois ne l'ont pas faite depuis leur retour à l'autel : c'est ainsi qu'on le pratique à Rome (*Voy. Baldeschi*).

20. Lorsque le célébrant entonne le *Credo*, le sous-diacre fait une inclination de tête à ce mot *Deum*; ensuite il fait la génuflexion et « monte avec le diacre aux côtés du célébrant, où il continue avec lui le Symbole » sans le prévenir. Au verset *Et incarnatus est*, il fait la génuflexion d'un seul genou sans s'appuyer sur l'autel, ce qu'il observe toujours en pareille occasion, et à la fin il fait le signe de la croix; puis il demeure debout sur le marchepied, ou bien, si le célébrant désire s'asseoir, il fait la génuflexion et le précède à son siège, ainsi qu'il a fait au *Gloria in excelsis*.

21. Quand on chante au chœur *Et incarnatus est*, etc., le sous-diacre se découvre et s'incline médiocrement sans se lever ; mais aux trois messes de Noël et à la fête de l'Annonciation il va se mettre à genoux sur le plus bas degré du côté de l'Epître à la gauche du célébrant. Quand le verset est chanté, le sous-diacre se lève et demeure debout pendant que le diacre va mettre le corporal sur l'autel, du moins jusqu'à ce qu'il ait passé devant lui; lorsqu'il est de retour, il s'assied.

22. Si le célébrant n'est pas assis quand on chante au chœur *Et incarnatus est*, etc., le sous-diacre, qui est demeuré debout sur le marchepied, descend sur le second degré et se met à genoux à la gauche du célébrant sur le bord du marchepied; ensuite il se lève et remonte sur le marchepied; mais si le célébrant veut s'asseoir, il fait la génuflexion et le précède à son siège, comme il a été dit ci-dessus.

23. Lorsque le chœur chante le pénultième verset du Symbole, si le célébrant est assis, le sous-diacre se lève et retourne à l'autel comme au *Kyrie* et au *Gloria in excelsis*; mais s'il est debout à l'autel, il fait alors la génuflexion sur le marchepied où il est, et descend sur le pavé à sa place ordinaire.

24. Après que le célébrant a dit *Dominus vobiscum*, le sous-diacre fait une inclination de tête au mot *Oremus*; ensuite, ayant fait la génuflexion sur le dernier degré, « il va à la crédence, où le cérémoniaire lui étend le grand voile sur les épaules, » de telle sorte que la partie qui pend par le côté droit soit plus longue que l'autre; puis il ôte lui-même le petit voile qui couvre le calice, et le donne au second acolyte, « et prenant le calice à nu de la main gauche par le nœud, après qu'il l'a couvert et tout ce qui est dessus avec le bout du grand voile, qui pend à son côté droit, il met encore la main droite par-dessus tout cela, de peur que rien ne tombe, » monte de la sorte à l'autel par les degrés du côté de l'Epître à la droite du diacre, sans faire aucune révérence, et lui met entre les mains sur l'autel le calice ainsi couvert du grand voile, qu'il prend aussitôt de dessus. S'il n'y a point eu de *Credo*, le sous-diacre porte aussi la bourse; et aussitôt que le diacre l'a prise, il ôte le petit voile et le donne à l'acolyte qui l'a suivi à l'autel, s'il ne l'a pas ôté à la crédence.

25. Le diacre ayant ôté la pale de dessus le calice, le sous-diacre lui présente la patène des deux mains, le haut de l'hostie étant de son côté; « ensuite il prend le calice de la main gauche » par la coupe, et sans l'appuyer sur l'autel « il enfonce avec deux ou trois doigts le purificatoire jusqu'au fond, » mettant le pouce sur la partie qui pend en dehors, « et le fait passer légèrement une fois ou deux tout autour de la coupe pour la purifier; » ensuite il le présente au diacre, tenant le purificatoire appliqué à la coupe avec le pouce droit, et au pied avec le pouce gauche; « puis il lui donne la burette du vin, » qu'il reprend après de la main gauche, « et tenant en même temps la burette de l'eau de la main droite, il l'élève un peu pour la montrer au célébrant, lui disant, la tête inclinée : *Benedicite, pater reverende;* lorsqu'il l'a bénite, il en verse quelques gouttes dans le calice » et rend ensuite les deux burettes à l'acolyte.

26. « Après l'oblation du calice, le diacre met la patène dans la main nue du sous-diacre, et la couvre de l'extrémité du voile qui pend à son côté droit. » Le sous-diacre l'ayant reçue de sorte que le dedans soit tourné vers lui, l'appuie sur sa poitrine (ce qu'il observe toujours en marchant ou faisant quelque action), et « descend par le plus court chemin à sa place ordinaire au milieu de l'autel sur le pavé, fait la génuflexion sur le dernier degré, et demeure debout tenant la patène couverte du voile, tournée vers lui et élevée à la hauteur de ses yeux, jusqu'à ces paroles de l'Oraison dominicale : *Et dimitte nobis debita nostra*, etc., » sans faire aucune génuflexion pendant tout ce temps-là, si ce n'est lorsqu'il doit sortir de sa place au *Sanctus*, pour monter à l'autel et durant l'élévation.

27. Si le peuple vient à l'offrande, cela se doit faire immédiatement après que le célébrant a dit l'Offertoire; alors le sous-diacre, qui est encore à sa place ordinaire, si le clergé ne vient pas à l'offrande, fait la génuflexion avec le diacre et monte du côté de l'Épître sur le dernier degré, où il se met à la gauche du célébrant, et tient le bassin pour recevoir les offrandes du peuple; s'il fallait aller jusqu'au balustre, il ferait à côté du célébrant la génuflexion sur le plus bas degré de l'autel avant de le quitter; cela étant achevé, le sous-diacre fait la génuflexion sur le plus bas degré et porte le bassin à la crédence, où il prend le calice qu'il porte à l'autel, comme il a été dit ci-dessus.

28. Lorsque le diacre est de retour du chœur, après l'encensement, le sous-diacre se tourne vers lui pour être encensé, et lui fait une inclination médiocre avant et après, tenant la patène appuyée sur sa poitrine : il la tient de la même manière quand il répond *Suscipiat*, etc., et lorsqu'il s'incline à ces paroles : *Gratias agamus*, etc. Aux dernières paroles de la Préface, il fait la génuflexion à sa place en même temps que le diacre; et « étant monté à la gauche du célébrant, il s'incline et dit avec lui le *Sanctus*, etc. » A *Benedictus*, il se redresse et ne fait point le signe de la croix, ayant la main droite occupée à tenir la patène; ensuite il tourne de la main gauche le feuillet du Missel pour le Canon; ayant fait la génuflexion, « il descend au bas des degrés à sa place ordinaire. » Dans les lieux où ce n'est pas l'usage que le sous-diacre monte au côté du célébrant pour dire *Sanctus*, il peut s'en dispenser (S. C. 1831).

29. « Un peu avant la consécration, lorsque le diacre passe de la gauche du célébrant à sa droite pour se mettre à genoux, le sous-diacre s'y met en même temps que lui sur le plus bas degré, » tenant la patène appuyée sur sa poitrine jusqu'à ce qu'il se relève; pendant les deux élévations, il s'incline médiocrement, et lorsque le célébrant a fait la génuflexion « après l'élévation du calice, il se lève et se tient debout comme auparavant. »

30. « A ces paroles de l'Oraison dominicale : *Et dimitte nobis debita nostra*, le sous-diacre fait la génuflexion, monte au côté de l'Épître à la droite du diacre, lui donne la patène, » laisse entre les mains du thuriféraire ou d'un acolyte le grand voile qu'il avait sur les épaules; « et faisant aussitôt la génuflexion, il retourne sur le pavé à sa place ordinaire, » sans y faire une seconde génuflexion.

31. Lorsque le célébrant fait le signe de la croix sur soi avec la patène, le sous-diacre le fait en même temps. « A ces paroles : *Pax Domini*, il fait la génuflexion sur le dernier degré, monte à la gauche du célébrant, fait la génuflexion avec lui et dit *Agnus Dei*, frappant sa poitrine à *Miserere nobis*, étant incliné médiocrement vers le saint sacrement; ensuite il fait la génuflexion et descend sur le pavé à sa place ordinaire, » où il demeure debout.

32. « Le sous-diacre, ayant reçu la paix, fait la génuflexion » sur le dernier degré en même temps que le diacre la fait en arrivant à la gauche du célébrant; « il va au chœur, » sans le saluer; « il donne la paix au premier de chaque rang, » commençant par les chapiers s'il n'y a point de chanoines, et ensuite par les plus dignes du chœur, faisant une inclination après et non pas avant; puis, s'étant avancé vers le milieu, il salue le chœur, commençant par le côté droit, « s'en retourne à l'autel, fait la génuflexion au milieu du dernier degré et donne la paix à celui qui l'a accompagné; ensuite il monte à la droite du célébrant, » où il fait la génuflexion si le célébrant n'est pas sur le point de la faire; il s'incline médiocrement vers le saint sacrement et frappe sa poitrine à *Domine non sum dignus*. « Pendant que le célébrant communie, il s'incline profondément, tourné vers l'autel, » mais non durant l'espace qui est entre l'une et l'autre communion. S'il y a dans le chœur quelque évêque, ou autre personne considérable à qui on doive donner la paix, le sous-diacre lui met les mains sous les coudes en l'embrassant; ou bien, ayant reçu du diacre l'instrument destiné à cet usage, il le porte des deux mains, élevé à la hauteur de la poitrine, et l'ayant essuyé avec le voile qui y est attaché, il le présente à baiser à l'évêque, qu'il ne salue point auparavant, mais seulement après; puis il rend l'instrument au cérémoniaire, et donne ensuite la paix au chœur de la manière ci-dessus marquée.

33. « Le sous-diacre découvre le calice » quand le célébrant commence à séparer les mains, faisant aussitôt après la génuflexion avec lui; « ensuite il verse du vin dans le calice, quand le célébrant le lui présente pour la purification; » puis, s'étant retiré au coin de l'Épître et ayant reçu de l'acolyte la burette de l'eau de la main gauche, il verse le vin et l'eau de la droite, rendant pour cet effet la burette du vin à l'acolyte dès qu'il s'en est servi, et observant en cette action les révérences requises au prêtre avant et après, et les baisers des burettes seulement, comme fait le servant de la messe basse.

34. Quand le sous-diacre a rendu les burettes à l'acolyte, il met le purificatoire sur les doigts du célébrant; il change de place avec le diacre, faisant derrière lui la génuflexion seulement au milieu sur le plus bas degré; « étant arrivé au côté de l'Évangile, il essuie le calice avec le purificatoire, qu'il met ensuite dessus; il le couvre de la patène et de la pale; » prenant les angles du corporal du côté des gradins, il relève et secoue un peu cette partie, qu'il étend de nouveau; il prend de même la partie opposée, qu'il plie ainsi que la première; le corporal entièrement plié, il le met dans la bourse; puis ayant mis le voile sur le calice et la bourse par-dessus, il le prend de la main gauche par le nœud, tenant la droite dessus,

« et le porte ainsi jusqu'à la crédence » par le plus court chemin, faisant la génuflexion seulement au milieu sur le dernier degré; et « ensuite il retourne derrière le diacre » sans faire la génuflexion, à moins que ce ne soit au milieu de l'autel.

35. En Carême, aux messes de la férie, le sous-diacre s'incline lorsque le diacre dit ces paroles : *Humiliate capita vestra Deo*.

36. Après que le diacre a dit *Ite, missa est*, ou *Benedicamus Domino*, le sous-diacre monte sur le second degré, et s'étant mis à genoux à la gauche du diacre, quand le célébrant dit *Benedicat vos*, il s'incline et fait sur soi le signe de la croix pendant la bénédiction; puis il se lève et va en diligence au coin de l'Evangile, où « il soutient la carte de l'Evangile » de saint Jean ; il la doit tenir des deux mains appuyée par le bas sur l'autel, sans la quitter ni faire la génuflexion.

37. S'il y a un autre Evangile à dire que l'ordinaire de saint Jean, dès que le diacre a achevé *Ite, missa est*, ou *Benedicamus Domino*, « le sous-diacre prend le Missel » des mains du cérémoniaire, fait la génuflexion à sa place, va le déposer, s'il en a le temps, avant de se mettre à genoux à la gauche du diacre, où il reçoit la bénédiction. L'Evangile fini, « il ferme le livre » et le laisse sur l'autel, à moins que le célébrant ne s'en doive servir pour chanter quelque oraison après la messe; car, en ce cas, il doit le porter au bas des degrés à sa place ordinaire, où le cérémoniaire le vient prendre pour le porter au côté de l'Epître.

38. Après le dernier Evangile, si on dit quelques prières pour le roi ou pour les nécessités publiques, le sous-diacre descend sur le pavé, fait au milieu derrière le diacre une génuflexion (*Rubr.* II, *p.*, *tit.* 4, *n.* 7), va au côté de l'Epître, où il demeure à sa place ordinaire derrière le diacre pendant que le célébrant chante les versets et les oraisons ; après quoi il revient au milieu de l'autel, un peu du côté de l'Evangile, pour faire place au célébrant lorsqu'il descend.

39. S'il n'y a point d'oraison à chanter après la messe, le célébrant ayant dit l'Evangile, le sous-diacre va sur le marchepied au milieu de l'autel, où il fait une inclination de tête, étant à la gauche du célébrant ; il descend avec lui au bas des degrés, où, après avoir fait la génuflexion sur le pavé, il reçoit sa barrette, se tourne vers le chœur, qu'il salue comme en entrant, et retourne à la sacristie dans le même ordre qu'il est venu. S'il retourne à la sacristie conjointement avec le clergé, il le salue seulement en arrivant dans la sacristie. Etant arrivé devant la croix, il la salue et ensuite le célébrant, après quoi il quitte son manipule, et conjointement avec le diacre, il aide le célébrant à se déshabiller, lui donnant à baiser les ornements qu'il a baisés en s'habillant; quand il est entièrement déshabillé, il lui fait une inclination médiocre.

§ III. *De l'office du sous-diacre à l'aspersion de l'eau bénite.*

1. Lorsqu'on doit faire l'aspersion de l'eau bénite avant la messe, le sous-diacre prend les ornements ordinaires, à la réserve du manipule, et donne au célébrant une chape au lieu de la chasuble ; ensuite ayant pris sa barrette, il salue la croix de la sacristie et le célébrant, et après s'être couvert, il marche à la gauche du célébrant pour aller au chœur, élevant de la main droite le devant de sa chape, ayant la gauche appuyée sur sa poitrine ; si l'entrée des portes est trop étroite, le sous-diacre passe le premier.

2. Il salue le chœur en passant, et l'autel quand il y arrive, de la manière qui a été dite au § précédent, au commencement de la messe solennelle ; puis il se met à genoux sur le plus bas degré, et ne se lève qu'après avoir été aspergé ; alors il fait la génuflexion et se tourne vers le chœur sans quitter la gauche du célébrant ; il salue le chœur en y entrant, et accompagne le célébrant pendant l'aspersion, étant toujours à sa gauche, tenant le devant de sa chape et faisant les mêmes révérences que lui. Il récite alternativement avec lui le psaume *Miserere* ou *Confitemini*, à la fin duquel il ajoute *Gloria Patri*, etc., excepté aux dimanches de la Passion et des Rameaux. Si un évêque en rochet et en camail assiste à l'aspersion de l'eau bénite, le sous-diacre demeure à genoux sur le plus bas degré de l'autel pendant que le célébrant va présenter l'aspersoir à l'évêque ; il y reste même debout pendant toute l'aspersion, si c'est l'évêque diocésain ou quelqu'un supérieur.

3. L'aspersion du clergé et du peuple étant finie, il retourne à l'autel avec le célébrant, où, après avoir fait la génuflexion, il se tourne avec lui vers les ministres inférieurs qui sont à la crédence ; et après qu'ils ont été aspergés, il demeure debout vers l'autel, jusqu'après l'oraison que dit le célébrant, pendant laquelle il aide le diacre à tenir le Missel ou autre livre.

4. Après que le célébrant a dit l'oraison, le sous-diacre l'aide à quitter sa chape, lui donne son manipule et l'aide à se revêtir de sa chasuble, après quoi il prend lui-même son manipule. Si l'on doit retourner à la sacristie pour prendre les ornements, il fait la génuflexion au bas des degrés, et après avoir salué le chœur, il retourne à la sacristie comme il est venu.

5. Lorsqu'on doit faire la procession après l'aspersion de l'eau bénite, avant la messe, il ne prend point son manipule, mais après l'oraison il va prendre la croix de la procession qui doit être proche de la crédence, et vient entre les acolytes au milieu du chœur sans faire aucune révérence ; ce qu'il observe pendant tout le temps qu'il tient la croix. Quand il est arrêté, l'image du crucifix doit être tournée vers le clergé ; mais lorsqu'il marche, elle doit avoir le dos tourné au clergé, comme si Notre-Seigneur mar-

chait devant. Le sous-diacre commence à marcher au signal du cérémoniaire; il va par le côté de l'Évangile et revient par celui de l'Épître, si l'on ne sort pas de l'église. Au retour de la procession il se met au même lieu où il était avant de partir, et y demeure jusqu'à ce que le célébrant ait achevé les versets et l'oraison, puis il retourne à la sacristie. Mais si le célébrant n'y retourne pas, le sous-diacre doit, au retour de la procession, porter la croix au lieu où il l'avait prise, et ensuite aller au bas des degrés se mettre à la gauche du célébrant, faisant en arrivant la génuflexion et se comportant pour le reste comme il est dit après l'aspersion. Si quelque autre que le sous-diacre porte la croix à la procession, le sous-diacre ne quitte point le côté gauche du célébrant et tient le devant de sa chape toujours élevé; si l'on sort de l'église, il se couvre aussitôt qu'il a quitté l'autel, et se découvre au retour à l'entrée du chœur, ou du moins près de l'autel, où il fait en arrivant la génuflexion, et observe pour le reste ce qui vient d'être dit après l'aspersion.

§ IV. *De l'office du sous-diacre à la communion générale.*

1. Lorsque le célébrant a pris le précieux sang, le sous-diacre ayant couvert le calice avec la pale, passe du côté de l'Épître à celui de l'Évangile, faisant la génuflexion aux deux côtés du célébrant, ou seulement au milieu : si le diacre était passé au côté de l'Épître avant que le sous-diacre fût revenu du chœur, le sous-diacre monterait à son retour au côté de l'Évangile.

2. S'il faut tirer le ciboire du tabernacle, le sous-diacre se met à genoux sur le bord du marchepied vers le coin de l'Évangile pendant que le diacre ouvre le tabernacle, et ensuite il se lève en même temps que le célébrant et se tient debout au même endroit, pendant que le diacre dit le *Confiteor*, la face tournée du côté de l'Épître. S'il ne faut pas tirer le ciboire du tabernacle, le sous-diacre ne se met point à genoux, mais il demeure à la gauche du célébrant, et lorsque le diacre a découvert le ciboire, il fait la génuflexion avec le célébrant et se retire vers le coin de l'Évangile, où il se tient debout sur le second degré pendant que le diacre dit le *Confiteor*.

3. Après que le célébrant a dit *Indulgentiam*, etc., le sous-diacre descend pour faire la génuflexion sur le dernier degré, et monte ensuite au côté de l'Épître sur le marchepied, où il demeure pendant la communion à la gauche du célébrant.

4. Si le sous-diacre doit communier, il peut se mettre à genoux pendant le *Confiteor*, sur le bord du marchepied, au lieu où il doit communier, un peu retiré vers le côté de l'Évangile. Lorsqu'il a communié, il fait la génuflexion au même lieu sur le bord du marchepied, sans faire aucune révérence au célébrant, et passe au côté de l'Épître, prenant en passant la nappe de la communion des mains de celui qui la tient, et la lui rendant aussitôt qu'il est monté sur le marchepied ; il ne fait point d'autre génuflexion en arrivant, mais il assiste debout à côté du célébrant durant la communion.

5. Tous ayant communié, le sous-diacre retourne à l'autel (levant les vêtements du célébrant, s'il était descendu en bas), et fait la génuflexion avec lui; il passe au côté de l'Évangile (s'il n'y est passé en montant ou en revenant); et se met à genoux sur le bord du marchepied, comme il a fait avant la communion. Lorsque le tabernacle est fermé, il se lève, fait la génuflexion à la gauche du célébrant pour passer à sa droite, où il fait encore la génuflexion (ou bien il ne la fait qu'au milieu); puis il donne la purification et l'ablution comme à l'ordinaire.

6. Il est à remarquer que le sous-diacre, s'il ne doit pas communier, ne frappe point sa poitrine quand le diacre dit le *Confiteor*, ni quand le célébrant dit *Domine, non sum dignus*. Il ne fait point non plus le signe de la croix à *Indulgentiam*, etc.; le diacre seul s'incline au *Confiteor*, et répond au célébrant au nom de tous les communiants.

§ V. *De l'office du sous-diacre à la messe, lorsqu'il y a un prêtre assistant.*

1. Après que le sous-diacre est habillé, il se retire un peu du célébrant pour faire place au diacre, à la gauche duquel il salue la croix de la sacristie, comme aussi le chœur en entrant et l'autel en y arrivant, et demeure toujours à sa gauche jusqu'à ce qu'après être monté à l'autel avec le célébrant, il fasse la génuflexion lorsqu'il baise l'autel ; ensuite il assiste à la bénédiction de l'encens et à l'encensement de l'autel comme à l'ordinaire.

2. Quand le sous-diacre a reçu la bénédiction après l'Épître, il ne transporte pas le Missel au côté de l'Évangile ; mais après avoir rendu au cérémoniaire le livre des Épîtres, il va par le plus long chemin sur le pavé au milieu de l'autel, où il fait la génuflexion ; il s'avance avec le célébrant vers le côté de l'Évangile, sans monter sur les degrés de l'autel. Lorsqu'on chante au chœur le verset *Veni, sancte Spiritus*, etc., il se met à genoux sur le plus bas degré.

3. A la fin du Symbole, lorsque le célébrant retourne de son siège à l'autel, le sous-diacre fait à l'ordinaire la génuflexion à sa gauche sur le dernier degré; mais il ne lève pas ses vêtements lorsqu'il monte, laissant cela à faire au prêtre assistant, qui passe incontinent à la gauche du célébrant, et le sous-diacre l'ayant laissé passer, se met à sa place ordinaire.

4. Le sous-diacre ne porte pas la paix au chœur; mais après qu'il l'a reçue du diacre, il fait avec lui la génuflexion sur le dernier degré et monte à la droite du célébrant, où il demeure jusqu'à ce que le prêtre assistant, étant revenu du chœur, fasse la génuflexion sur le dernier degré ; alors le sous-diacre la fait aussi à côté du célébrant et descend à sa place ordinaire : si néanmoins il avait commencé à donner la purification

lorsque le prêtre assistant est de retour, il continuerait et donnerait l'ablution.

5. Lorsque le prêtre assistant porte le Missel du côté de l'Evangile à celui de l'Epître, le sous-diacre fait la génuflexion derrière lui à sa place ordinaire, et monte au coin de l'Evangile pour accommoder le calice.

6. Le sous-diacre reçoit la bénédiction à genoux sur le dernier degré, et suit le célébrant au côté de l'Evangile sans monter. Il observe pour le reste tout ce qui a été marqué à la messe solennelle ordinaire.

§ VI. *De l'office du sous-diacre à la messe, devant le saint sacrement exposé.*

1. Dès que le sous-diacre entre au chœur il se découvre, il fait la génuflexion à deux genoux sur le pavé avec une inclination de tête; il ne la fait plus dans la suite que d'un seul genou, si ce n'est en sortant après la messe. (*S. C.* 1831.)

2. Après la confession il monte sur le marchepied, où il fait la génuflexion en même temps que le célébrant, sans en faire d'autre lorsqu'il baise ensuite l'autel à ces paroles : *Quorum reliquiæ hic sunt* ; sur quoi il doit observer cette règle générale, que toutes les fois qu'il arrive au milieu de l'autel, ou qu'il en part ou qu'il passe par devant, même en compagnie du célébrant, soit à côté, soit derrière lui, il fait la génuflexion d'un seul genou ; mais lorsqu'il monte à l'autel pour dire avec le célébrant le *Gloria*, le *Credo*, le *Sanctus*, ou pour faire quelque autre chose, il fait seulement la génuflexion au lieu où il a coutume de la faire dans les messes solennelles où le saint sacrement n'est pas exposé : de plus, quand le célébrant fait la génuflexion avant de se tourner vers le peuple pour dire *Dominus vobiscum*, le diacre qui est en bas sur le pavé demeure à sa place sans se remuer ; mais si le célébrant, après avoir dit : *Dominus vobiscum*, doit aller au côté de l'Epître, alors le sous-diacre fait seulement la génuflexion quand le célébrant la fait étant retourné au milieu de l'autel pour en partir incontinent après.

3. Après que le célébrant a baisé l'autel, le sous-diacre assiste à l'ordinaire à la bénédiction de l'encens ; puis, sans faire la génuflexion, il descend sur le second degré et se met à genoux à la gauche du célébrant, et fait avec lui une inclination profonde avant et après l'encensement, pendant lequel il tient la chasuble élevée. Ensuite il monte à l'autel, fait la génuflexion, et accompagne le célébrant pendant l'encensement comme à l'ordinaire.

4. Si le célébrant ne s'assied pas au *Gloria* ni au *Credo*, le sous-diacre demeure à sa gauche, et observe ce qui a été dit en pareille occasion à la messe solennelle. A la fin de l'Epître il baise à l'ordinaire la main du célébrant. Quand le célébrant est près de chanter *Et incarnatus est*, le sous-diacre descend avec le célébrant sur le second degré où il se met à genoux à sa gauche sur le bord du marchepied.

5. Le sous-diacre, avant d'être encensé, fait la génuflexion à sa place lorsque le diacre la fait à sa droite en revenant du chœur ; ensuite il se retire un peu au côté de l'Evangile, où il est encensé ; étant retourné au milieu, il fait une seconde génuflexion en même temps que le diacre la fait en arrivant à sa place.

6. Quand le célébrant fait la génuflexion pour aller au côté de l'Epître recevoir la dernière ablution, le sous-diacre qui est à sa droite (et qui doit avoir rendu à l'acolyte la burette du vin) la fait aussi avec lui, et va aussitôt au côté de l'Epître pour lui donner le vin et l'eau sans aucun baiser ; ensuite il descend en bas, où il fait la génuflexion sur le dernier degré en même temps que le diacre la fait à sa place, pour aller accommoder le calice au côté de l'Evangile de la manière accoutumée.

7. Lorsque le diacre dit *Ite, missa est*, le sous-diacre demeure debout, à sa place, sans faire aucune génuflexion ; puis il la fait en même temps que les autres et monte sur le second degré à la gauche du diacre, où il reçoit à genoux la bénédiction, et assiste au dernier Evangile comme aux autres messes solennelles. Après que l'Evangile est dit, il fait la génuflexion à la gauche du célébrant au milieu de l'autel, et descend au bas des degrés sans tourner le dos au saint sacrement, se retirant à cet effet un peu vers le côté de l'Evangile ; puis il fait la génuflexion à deux genoux sur le pavé, et s'étant levé il reçoit sa barrette et s'en retourne de la même façon qu'il est venu, se couvrant seulement à la sortie du chœur.

8. Si l'on doit chanter après la messe quelque prière pour le roi ou pour les nécessités publiques, l'Evangile étant fini, le sous-diacre descend à sa place derrière le célébrant, et va au côté de l'Epître, faisant la génuflexion en passant au milieu ; étant retourné après les oraisons, il fait une autre génuflexion et tout le reste qui a été dit.

9. Si l'on doit exposer le saint sacrement avant la messe et ensuite le renfermer, le sous-diacre n'y fait aucune fonction particulière ; mais il se tient à genoux à la gauche du célébrant, excepté quand il met de l'encens dans l'encensoir : car pour lors il se lève avec lui. Quand on doit donner à la fin de la messe la bénédiction du saint sacrement, le sous-diacre doit laisser la bourse et le corporal étendu sur l'autel, et porter seulement le calice avec son voile à la crédence.

§ VII. *De l'office du sous-diacre à la messe des morts.*

1. « Le sous-diacre ne baise aucune des choses qu'il présente au célébrant, » quoiqu'il lui rende toujours les saluts ordinaires à la sacristie et à l'autel ; ce qu'il ne fait pas à l'égard des autres ministres, ni même au chœur quand il passe par devant soit en entrant, soit en sortant.

DICTIONNAIRE DES RITES SACRÉS. III.

12

2. Après la confession, le sous-diacre ne monte pas avec le célébrant sur le marchepied, mais élève à l'ordinaire ses vêtements jusque sur le plus bas degré, et quand le célébrant baise l'autel, il fait la génuflexion derrière lui à sa place ordinaire; puis il va au côté de l'Epître à la droite du diacre pour assister à l'Introït, au commencement duquel il ne fait point le signe de la croix.

3 « Le sous-diacre, ayant chanté l'Epître et fait ensuite la génuflexion au milieu du plus bas degré, rend le livre à celui qui le lui a donné, et va transporter le Missel du célébrant au côté de l'Evangile, sans baiser auparavant sa main, ni recevoir sa bénédiction. » Quand le célébrant a lu l'Evangile, il descend sur le pavé, si l'on ne va pas s'asseoir. Lorsque le diacre descend pour aller chanter l'Evangile, le sous-diacre fait la génuflexion à sa gauche sur le plus bas degré.

4. Si le célébrant est assis pendant la Prose, le sous-diacre se lève en même temps que le diacre, et va transporter le livre du célébrant, s'il n'a pas lu son Evangile ; s'il l'a lu, le sous-diacre laisse aller seul le diacre à l'autel pour dire : *Munda cor meum*, etc. Lorsque le diacre se lève ensuite pour aller prendre le livre sur l'autel, le sous-diacre quitte sa barrette, salue le célébrant, et va par le pavé au milieu de l'autel, où il fait la génuflexion sur le plus bas degré à la droite du diacre, et marche seul après lui (*Cœrem. episc.*).

5. « Lorsque l'Evangile est fini, le sous-diacre ferme le livre qu'il rend au cérémoniaire, » et retourne dans le même ordre qu'il est venu au milieu de l'autel, où il fait la génuflexion sur le dernier degré à la gauche du diacre, et demeure ensuite à sa place ordinaire.

6. Le célébrant ayant chanté *Oremus* avant l'Offertoire, le sous-diacre fait la génuflexion et va prendre le calice couvert du petit voile et de la bourse qu'il porte sur l'autel sans aucun voile sur ses épaules. Quand le diacre a pris la bourse, le sous-diacre ôte le petit voile, qu'il donne au second acolyte ; puis il verse de l'eau sans demander la bénédiction, et il ne tient point la patène derrière le célébrant.

7. Si le clergé va à l'offrande, le sous-diacre fait la génuflexion à l'ordinaire sur le plus bas degré après que le célébrant s'est tourné, et monte aussitôt sur le marchepied au côté de l'Evangile. Après que le célébrant a lu l'Offertoire, il fait avec lui une inclination de tête à la croix, et descend avec le diacre sur le plus bas degré ; et ayant fait la génuflexion à l'autel et une inclination médiocre au célébrant, il baise après le diacre l'instrument de la paix étant monté sur le second degré, et met la monnaie qu'il a reçue dans le bassin que le cérémoniaire ou quelque autre tient pour lors. Ensuite, ayant fait les mêmes révérences, il monte à la gauche du célébrant et prend le bassin pour recevoir les offrandes. Après l'offrande du clergé il descend sur le dernier degré avec le célébrant pour recevoir celle du peuple, ou, s'il est nécessaire, il va jusqu'au balustre, et fait en ce cas la génuflexion à côté du célébrant sur le dernier degré, avant de partir et en revenant : le reste se fait à l'ordinaire.

8. Le sous-diacre ayant rendu la burette de l'eau à l'acolyte, passe à la gauche du célébrant, faisant la génuflexion au milieu de l'autel sur le second degré ; après quoi il assiste à la bénédiction de l'encens et à l'encensement de l'autel comme à l'ordinaire. Après l'encensement il descend sur le pavé et demeure vis-à-vis le coin de l'Epître pendant que le diacre encense le célébrant : sitôt que le diacre a rendu l'encensoir, le sous-diacre monte au côté de l'Epître, et ayant reçu du second acolyte la burette et le bassin, il donne à laver au célébrant, faisant une inclination médiocre avant et après. Ayant rendu la burette et le bassin à l'acolyte, il descend sur le pavé à sa place ordinaire, y fait la génuflexion s'il n'y arrive pas en même temps que le célébrant arrive au milieu de l'autel, et demeure au bas des degrés jusqu'au *Sanctus*.

9. Quand le diacre fait la génuflexion à ces paroles *Quam oblationem*, pour passer de la gauche du célébrant à sa droite, « le sous-diacre fait la génuflexion à sa place et va au côté de l'Epître, où il se met à genoux sur le plus bas degré, étant tourné vers le côté de l'Evangile ; ayant reçu l'encensoir du thuriféraire, il encense le saint sacrement » de trois coups à chaque élévation, avec une inclination profonde avant et après. Il rend l'encensoir au thuriféraire après l'élévation du calice et retourne à sa place derrière le célébrant, où il fait la génuflexion (en même temps que le diacre la fait au côté de l'Evangile), et y demeure debout jusqu'à *Pax Domini*.

10. Le sous-diacre ne frappe point sa poitrine en disant *Agnus Dei* ; aussitôt qu'il est dit, il passe à la droite du célébrant faisant la génuflexion avant et après, et fait le reste de son office comme aux autres messes. Le sous-diacre ne se met point à genoux à la fin, parce que le célébrant ne donne point la bénédiction ; mais aussitôt qu'il a baisé l'autel, il monte sans faire la génuflexion au coin de l'Evangile, où il assiste pendant l'Evangile de saint Jean, après lequel il se retire à l'ordinaire sans saluer le chœur.

§ VIII. *De l'office du sous-diacre à l'absoute et à un enterrement.*

1. Lorsqu'on doit faire l'absoute après la messe, le célébrant ayant achevé l'Evangile de saint Jean, le sous-diacre fait avec lui la génuflexion sur le marchepied au milieu de l'autel, et va par le plus court chemin au coin de l'Epître ; étant descendu sur le pavé, il aide le diacre à ôter la chasuble du célébrant et à lui mettre une chape noire, « après quoi il quitte son manipule et prend la croix ordinaire des processions, » l'image du crucifix tournée du côté où il va.

2. Ensuite le sous-diacre part de la crédence entre les deux acolytes, précédé du

thuriféraire et du ministre de l'eau bénite, » et va au milieu du sanctuaire, où il demeure tourné vers l'autel jusqu'à ce que le célébrant ait fait la révérence convenable à l'autel avec ses officiers, et sans en faire aucune lui-même, il va par le côté de l'Evangile, et « se place à l'autre bout de la représentation ayant la face tournée vers l'autel, » et laissant entre lui et la représentation un espace de quatre ou cinq pieds, afin que le célébrant et le diacre puissent passer à l'entour pendant l'encensement et l'aspersion. « Lorsque l'absoute est faite, il retourne à la sacristie » sans faire aucune révérence.

3. A un enterrement, le sous-diacre se met à la tête du défunt, et il ne retourne pas à la sacristie après l'absoute, mais il va à la fosse dans le même ordre qu'à la représentation.

DES HABITS PARTICULIERS DES SOUS-DIACRES, LA TUNIQUE ET LE MANIPULE.

(Explication du P. Lebrun.)

Le sous-diacre a toujours le manipule quand il sert à l'autel ; il prend la tunique aux jours de fêtes. Il prend le manipule comme un signe du travail auquel tous les officiers de l'Église sont destinés, et il se revêt de la tunique, comme d'un signe de joie que la solennité des fêtes inspire.

Quand le manipule servait de mouchoir, il convenait à ceux qui étaient en aube et qui agissaient dans l'église. Or les sous-diacres ont été revêtus d'aubes comme le prêtre et le diacre, et ils ont dû agir pendant la messe, garder les portes de la sacristie ou des sacristies où étaient les vases et les ornements sacrés, et fournir tout ce qui était nécessaire à l'autel pendant le sacrifice. Le concile de Laodicée (1) au IVe siècle leur avait défendu de porter l'*orarium*, apparemment parce qu'il était devenu une marque convenable aux diacres. C'est cet ornement qui a distingué le diacre d'avec le sous-diacre. C'est pourquoi le premier concile de Bretagne ordonne aux diacres de ne point cacher leur *orarium* (2), parce que, quand ils le cachaient, on ne pouvait pas les distinguer d'avec les sous-diacres. Mais on n'a jamais défendu à ceux-ci de porter le manipule ; au contraire, il a été porté longtemps, comme nous avons dit, par tous ceux qui étaient en aube. Cet usage s'est conservé à Cluny et en quelques autres églises, et, au XIe siècle plusieurs évêques de France donnèrent à l'ordination le manipule aux seuls sous-diacres. Lanfranc, vers l'an 1070 (3), s'en étonnait, ne voyant pas sur quelles autorités cet usage pouvait être fondé. Cependant le concile de Poitiers, sous le pape Paschal II, l'an 1100, ordonna de ne pas laisser porter le manipule aux moines qui n'étaient pas sous-diacres (4) ; et depuis ce temps-là presque tous les Pontificaux ont marqué l'usage de donner le manipule aux sous-diacres (5) en les ordonnant, près de deux siècles avant qu'on leur ait donné le livre des Epîtres. Dans le Pontifical romain de Durand de Mende, qui éditait en 1286, on ne voit pourtant pas encore de prière pour le manipule à l'ordination des sous-diacres.

A l'égard de la tunique, ce mot est un terme générique, qui signifie simplement un vêtement, en effet, il a été donné quelquefois à la dalmatique et à la chasuble ; mais il se prend communément pour un vêtement long et étroit qu'on met sur l'aube. Comme à l'égard des habits du grand prêtre la tunique d'hyacinthe se mettait sur la tunique étroite de lin, les évêques et quelquefois les prêtres ont mis sur l'aube une tunique de couleur, et on l'a donnée ensuite aux sous-diacres comme un vêtement d'honneur et de joie, de même que la dalmatique aux diacres.

Les sous-diacres n'ont pas porté la tunique dans toutes les églises. A la fin du Ve siècle ou du VIe, un pape leur avait donné la tunique. Saint Grégoire le Grand (6) ne savait qui était ce pape, et il jugea plus à propos de les laisser en aube sans tunique. Depuis ce temps-là il y a eu de la variété sur ce point dans les églises. On les a laissés en quelques endroits en aube, comme a fait saint Grégoire. Le concile de Coyac, au diocèse d'Oviédo, en 1050 (7), marque tous les habits du prêtre et du diacre, et n'en met point pour le sous-diacre. En d'autres, on leur a donné des tuniques, au moins aux jours de fêtes, parce qu'on a regardé cet habit comme un vêtement d'honneur et de joie ; et aux jours de pénitence on leur a fait prendre la chasuble, qui était un habit ordinaire et moins dégagé.

STANISLAS KOTSKA (SAINT) (8).

(Indulgences authentiques.)

Indulgences attachées à divers exercices de piété en l'honneur de S. Stanislas Kotska.

1° Indulgence plénière le 13 novembre, jour de la fête de saint Stanislas, ou le dimanche auquel cette fête aurait été remise

---

(1) Can. 22.
(2) Conc. Brac. I, can. 27.
(3) « Porro quod in dandis ordinibus soli subdiacono dari manipulum perhibuistis, ubi hoc acceperitis, rogo me vestris litteris instruatis ; a quibusdam enim id fieri audio, sed utrum id fieri sacris auctoritatibus præcipiatur, meminisse non valeo. » Lanfranc., *Epistola ad Joan. archiepisc. Rothom.*
(4) Conc. Pictav. can. 5.
(5) Le Pontifical de Sens, qui a plus de quatre cents ans, dans l'ordination du sous-diacre, ne parle point du livre des Epîtres, mais il marque la prière qu'on dit en donnant le manipule : *Accipe manipulum in manibus tuis ad extergendas sordes cordis et corporis tui. In nomine Patris*, etc.
(6) Epist. ad Joan. Syracus.

(7) Conc. tom. IX, col. 1084.
(8) La dévotion à saint Stanislas Kotska est inséparable de celle que les fidèles portent à saint Louis de Gonzague. Morts tous deux à la fleur de l'âge, ils sont les patrons de la jeunesse, dont ils ont été les modèles. C'est pour encourager et propager cette dévotion à saint Stanislas, c'est aussi pour accroître la piété des fidèles envers la bienheureuse Mère de Dieu, à laquelle cet aimable saint avait voué un amour si tendre, que les souverains pontifes Pie VII et Léon XII ont attaché des indulgences à divers exercices de piété en l'honneur de saint Stanislas Kotska. On trouvera aussi une neuvaine en son honneur dans un petit ouvrage que nous avons indiqué à l'article de saint Louis de Gonzague, note 5.

(*Note de l'Editeur.*)

avec la permission de l'ordinaire, à tout fidèle qui, ce jour-là, s'étant confessé et ayant communié, visitera l'église ou chapelle publique où cette fête sera célébrée, et y priera selon les intentions de l'Eglise.

2° Cent jours d'indulgence, chaque jour de la neuvaine qui précède la fête, pour tout fidèle qui assistera aux exercices de cette neuvaine avec dévotion et un cœur contrit, et y priera pour les intentions de l'Eglise.

3° Indulgence de sept ans et de sept quarantaines, chacun des dix dimanches (1) qui précédent sa fête, pour tout fidèle qui visitera l'église ou la chapelle où se pratique cette dévotion des dix dimanches, et qui y priera pour les intentions de l'Eglise.

4° Indulgence de cent jours chaque fois que l'on assistera à un exercice public en l'honneur de saint Stanislas, dans les lieux où ce pieux exercice se pratiquera régulièrement une fois par semaine. Cette indulgence est différente de celle du n° précédent.

5° Cent jours d'indulgence une fois par jour pour tout fidèle qui récitera, devant l'image du saint placée dans quelque église ou chapelle publique, un *Pater* et un *Ave*, et y priera aussi pour les intentions de l'Eglise.

En outre, indulgence plénière, une fois par mois, pour tout fidèle qui récitera ainsi chaque jour ce *Pater* et cet *Ave* pendant un mois, le jour, à son choix, où, s'étant confessé et ayant communié, il priera pour les intentions de l'Eglise (2).

N. B. 1° Cette dernière indulgence de cent jours peut se gagner aussi les jours où, pour quelque empêchement légitime, on ne pourrait se rendre à l'église, en récitant dans tout autre lieu le *Pater* et l'*Ave* : ce qui n'empêchera pas de gagner l'indulgence plénière du mois.

2° Toutes les indulgences ci-dessus sont applicables aux âmes du purgatoire.

SUPPLÉANTS.

(Cérémonial des évêques, l. i, c. 26.)

Manière de suppléer au défaut de chanoines et autres ministres.

1. Il arrive souvent que parmi ceux qui ont des fonctions à remplir dans la célébration des divins offices, dignitaires, chanoines ou ministres inférieurs, quelqu'un en est légitimement empêché; l'absence, l'infirmité, la vieillesse, ou d'autres causes, peuvent les mettre dans l'impossibilité de remplir leurs fonctions. Dans ce cas, il ne faut pas négliger ou refuser de porter le fardeau les uns des autres; il faut que d'autres suppléent à ceux qui manquent, afin que le ministère n'en souffre pas; et néanmoins, si quelques-uns manquent sans une juste cause, on retranchera quelque chose de la part qu'il a aux rétributions, selon la décision de l'évêque ou la coutume de l'Eglise. Régulièrement ceux d'un rang supérieur ne remplacent pas les inférieurs, si ce n'est par nécessité; au contraire les inférieurs remplacent les supérieurs, excepté dans ce qui est propre à l'ordre, si par exemple dans une église on distinguait en différents ordres les dignitaires, les chanoines prêtres, diacres et sous-diacres, les bénéficiers et les clercs.

2. A défaut du premier dignitaire ou du premier chanoine prêtre, l'office de prêtre assistant sera rempli par le dignitaire ou le chanoine prêtre placé immédiatement après; à défaut de celui-ci on se servira des autres prêtres qui suivent. De même si l'un des diacres assistants ou tous les deux manquent, les diacres suivants y suppléeront; s'il n'y avait qu'un diacre ou qu'un sous-diacre, il est nécessaire que le dernier prêtre, quoique supérieur, remplace le diacre ou le sous-diacre qui manquent; et s'il fallait assister l'évêque célébrant, avoir par conséquent les habits sacrés, ce dernier prêtre doit avoir la dalmatique comme l'aurait le diacre qu'il remplace; mais dans ce cas, le diacre qui est présent sera assis à la droite de l'évêque, parce qu'il exerce le ministère qui lui est propre, ôtant et remettant la mitre; et le prêtre aidera ce chanoine, se tenant à gauche à la place du second diacre.

3. Si tous les diacres et sous-diacres manquaient sans exception, les deux derniers prêtres en tiendraient lieu. Mais les diacres ne suppléent en rien au défaut des prêtres dignitaires ou chanoines.

4. S'il n'y avait aucun prêtre chanoine outre les dignitaires, quelqu'un de ceux-ci, revêtu de la dalmatique, comme un diacre, suppléerait à celui qui manque; mais dans ce cas le dignitaire resterait à la droite de l'évêque; le diacre, placé à sa gauche, remplirait ses fonctions de mettre et ôter la mitre à l'évêque.

5. Ce que nous avons dit est applicable aux lieux où les prébendes sont distinguées; dans le cas contraire les deux chanoines, placés immédiatement après celui qui sert de prêtre assistant, assisteront l'évêque à la place des diacres (ou serviront de diacres assistants).

6. Par la même raison et suivant la même règle parmi ceux du chapitre qui sont d'un rang inférieur, comme les bénéficiers et les clercs, chacun remplacera celui qui le précède immédiatement, quand il sera nécessaire.

A ces dispositions du Cérémonial, on peut ajouter que, d'après un décret de la congrégation des rites du 4 juillet 1698, *à défaut de sous-diacre pour la messe solennelle, en cas de nécessité, les supérieurs peuvent permettre à un*

---

(1) Ces dix dimanches sont consacrés à honorer les dix derniers mois de la vie de saint Stanislas, qui les passa au noviciat de la compagnie de Jésus.

(2) Ces indulgences furent d'abord accordées pour le royaume des Deux-Siciles, puis étendues aux États de l'Église, par des décrets de Pie VII, en date du 3 avril et du 1er mai 1821, et de Léon XII, en date du 21 janvier et du 25 février 1826. Enfin, ce dernier souverain pontife, par un décret de la sacrée congrégation des Indulgences, du 5 mars 1827, étendit ces mêmes indulgences à tout l'univers catholique, et même aux églises ou chapelles intérieures des séminaires, collèges, couvents, maisons d'éducation, etc.

clerc minoré de chanter l'Epître avec les ornements ordinaires sans manipule, et de faire le reste des fonctions du sous-diacre, ajoute Romsée, t. II, partie 1re, art. 7. D'autres exceptent la fonction de mettre de l'eau dans le calice, et prétendent qu'on deviendrait irrégulier si on le faisait; il est au moins plus sûr de s'en abstenir.

SUPPLICES TE ROGAMUS.
DE LA PRIÈRE *Supplices te rogamus.*
(Explication du P. Lebrun.)

RUBRIQUE.

Lorsque le prêtre dit: Supplices te rogamus, *il s'incline les mains jointes et appuyées sur l'autel.* A ces mots, ex hac altaris participatione, *il pose les mains de chaque côté sur le corporal et baise l'autel.* Lorsqu'il dit, sacrosanctum Filii tui, *il joint les mains, pose la gauche sur le corporal, et fait avec la droite un signe de croix sur l'hostie,* en disant corpus, *et un autre signe sur le calice en disant* sanguinem, *et il fait sur soi le signe de la croix en disant*, omni benedictione cœlesti. Tit. IX, n. 1.

REMARQUES.

1. *Le prêtre s'incline lorsqu'il dit* : SUPPLICES, *etc.* L'inclination convient aux suppliants. C'est pour cela qu'elle a été jointe depuis longtemps à cette prière. On la voit aussi dans Amalaire (1) et dans le Micrologue, qui ne marque dans le Canon de l'Eglise de Rome que deux inclinations (2), l'une à *Hanc igitur*, et l'autre à cette prière *Supplices*. Ces inclinations étaient alors très-profondes.

2. *Il tient les mains jointes et appuyées sur l'autel.* Elles expriment ainsi l'état de suppliant. Autrefois, pour mieux marquer cet état de suppliant, on s'inclinait profondément sans s'appuyer, et dans presque toutes les Eglises de France et d'Allemagne, en s'inclinant on tenait les bras croisés devant soi (3), comme font encore les chartreux (4), les carmes (5) et les jacobins (6). L'Eglise de Rome même a fait tenir les bras croisés durant quelque temps, comme il paraît par l'*Ordo* du XIVe siècle (7).

3. *A ces mots*, EX HAC ALTARIS PARTICIPATIONE, *il baise l'autel*, qui mérite un si grand respect, et pour exprimer le désir de participer aux grâces qu'il peut répandre, contenant alors l'auteur même de la grâce.

4. *Et il pose les mains sur le corporal*, pour se courber plus décemment et plus commodément sur l'autel, qu'il baise; et il les pose *sur le corporal*, afin que les doigts qui ont touché le corps de Jésus-Christ ne touchent plus que ce qui est destiné à toucher les dons sacrés.

(1) Lib. III, c. 25.
(2) Inclinatur usque ad altare... Hic inclinat se juxta altare dicens: *Supplices*, etc. *Microl.* c. 23.
(3) Tous les Missels de Paris, jusqu'en 1615, marquent : *Manibus cancellatis quasi de ipsis crucem faciens;* et un Missel d'Aix-la-Chapelle, d'environ trois cents ans, s'exprime ainsi : *Superpositis brachiis in modum crucis;* et un autre de la même Eglise du XIe siècle : *Cancellet manum sinistram supra dexteram.*
(4) *Ordin. Carthus.* c. 27.

5. *Il fait avec la droite un signe de croix avec l'hostie en disant* CORPUS, *et un autre sur le calice en disant* SANGUINEM, *pour* marquer que c'est ici le même *corps* qui a été attaché à la croix, et le même *sang* qui y a été répandu.

6. *Il fait sur soi le signe de la croix en disant*, OMNI BENEDICTIONE COELESTI; parce que nous ne pouvons espérer ces *bénédictions* que par les mérites de Jésus-Christ crucifié.

EXPLICATION.

Nous vous supplions, ô Dieu tout-puissant, de commander que ces choses soient portées à votre autel sublime en présence de votre divine majesté, par les mains de votre saint ange, afin que nous tous, qui, en participant à cet autel, aurons reçu le saint et sacré corps, et le sang de votre Fils, nous soyons remplis de toute bénédiction céleste et de grâce; par le même Jésus-Christ Notre-Seigneur. Ainsi soit-il.

Supplices te rogamus, omnipotens Deus, jube hæc perferri per manus sancti angeli tui, in sublime altare tuum in conspectu divinæ majestatis tuæ; ut quotquot ex hac altaris participatione sacrosanctum Filii tui corpus et sanguinem sumpserimus, omni benedictione cœlesti et gratia repleamur; per Christum Dominum nostrum. Amen.

On a été fort longtemps sans développer le sens de cette admirable prière, et quand on a tâché de l'expliquer avec le reste du Canon, il y a environ neuf cents ans, on y a aperçu tant de grandeur, qu'on n'a pas osé se flatter de le pouvoir faire entendre. « Qui peut comprendre, dit Flore (8), des paroles si profondes, si admirables, si étonnantes, et qui peut en parler dignement? Pour faire entendre ce qu'elles signifient, la vénération et la crainte conviennent ici mieux que la discussion. »

Les auteurs postérieurs n'ont presque fait que copier Flore, et le pape Innocent III (9) dit encore que ces paroles sont d'une si grande profondeur, que l'entendement humain peut à peine en pénétrer le sens. Si l'on prend en effet à la lettre ces mots : *Commandez que ces choses soient portées au sublime autel*, il faudrait entendre que les dons sacrés doivent être transportés au ciel. Il faudrait faire considérer que le corps de Jésus-Christ, qui vient en nous par la sainte communion, et qui y demeure quelque temps sous les espèces du pain et du vin ne doit pas être anéanti; et sur cela (10) « Il faudrait penser de telle manière qu'on tâchât d'atteindre à tout ce qu'on peut concevoir de plus grand et de plus sublime. » On se trou-

(5) *Cærem. Carmel.* p. 358.
(6) *Miss.* an. 1687.
(7) Cancellatis manibus ante pectus. Ordo XIV, p. 305
(8) Flor. in can. miss.
(9) *De Myst.* l. v, c. 6.
(10) « Sic ergo ista cogitanda sunt, ut aliquid quo nihil fit melius atque sublimius illa cogitatione concemur attingere.» Flor. *de Act. miss.*

verait engagé à exposer des choses qui sont beaucoup au-dessus de la portée de la plupart des fidèles, et l'on donnerait bientôt lieu de dire encore avec le même Flore (1) : « Il y a donc dans cette prière et dans cette oblation de la consécration quelque chose d'incompréhensible, d'ineffable et de plus merveilleux que tout ce que nous avons dit. »

Ives de Chartres a aperçu une partie des merveilles qu'il faudrait faire considérer, et il nous dit que, « si on lui fait des questions, il répondra brièvement que c'est ici le sacrement de la foi, qu'il est utile de le croire, et qu'on ne peut le trop approfondir sans danger. »

Adorons en silence tout ce que nous ne saurions comprendre. L'intelligence du grand mystère, appelé le mystère par excellence, n'est pas donnée à tous. Mais tous peuvent adorer Jésus-Christ présent sur l'autel et dans tous les états où il lui plaira d'être.

Cependant, avec ces dispositions, examinons, suivant notre méthode, la valeur de chaque terme de la prière, pour en prendre exactement le sens.

SUPPLICES TE ROGAMUS, *Nous vous supplions.* L'Eglise fait faire cette prière au nom de tous ceux qui doivent communier. Le prêtre la fait de leur part, en tenant les mains jointes et le corps fort incliné. Il la fait en suppliant très-humblement, *Supplices.*

OMNIPOTENS DEUS. On s'adresse *à Dieu comme tout-puissant,* quand on lui demande quelque chose de grand, qui doit être l'effet de la toute-puissance.

JUBE HÆC PERFERRI, *commandez que ces choses soient portées.* Ces choses, *hæc,* signifient ce qu'on voit ou ce qu'on montre actuellement, et désignent par conséquent le corps et le sang de Jésus-Christ, que le prêtre a sous les yeux sur l'autel, lorsqu'il fait cette prière.

L'Eglise croit que Jésus-Christ seul est digne de présenter des dons si saints ; elle souhaite ardemment qu'il les présente lui-même, afin que l'oblation ne puisse pas manquer d'être agréable, et de la part du don, et de la part de celui qui le présente. Cet ardent désir de l'Eglise lui fait dire avec un saint empressement, *jube,* ô Seigneur Dieu, vous êtes tout-puissant, commandez. Mais à qui commander ? l'Eglise, par respect pour Jésus-Christ, Fils de Dieu, n'ose pas dire : Commandez à Jésus-Christ, votre Fils ; elle dit simplement, commandez, *hæc perferri,* que ce corps et ce sang précieux soient portés et vous soient présentés.

PER MANUS SANCTI ANGELI TUI, *par les mains de votre saint Ange.* Présenter par ses propres mains, c'est présenter soi-même. On demande que le saint Ange les présente, l'Ange par excellence, le saint Ange de Dieu, l'Ange du grand conseil, l'Ange du Testament (2), c'est Jésus-Christ Notre-Seigneur L'ancienne liturgie des constitutions apostoliques (3) ne laisse aucun doute là-dessus ; car elle dit distinctement : *Le Verbe de Dieu, l'Ange de votre grand conseil, votre pontife.* Véritablement la liturgie de l'auteur du Traité des sacrements, imprimé parmi les ouvrages de saint Ambroise, met ici *par les mains des anges;* mais comme Jésus-Christ à l'autel, suivant la doctrine des plus anciens Pères, est accompagné des anges, ainsi qu'il l'était à son ascension, il y a lieu de croire que cet auteur ou son église a jugé plus respectueux de nommer les ministres, que le Seigneur, qui agit avec eux pour exécuter un ordre.

C'est aussi par respect que l'Eglise, n'osant nommer distinctement Jésus-Christ, le désigne simplement par ces mots, *votre Ange.* Le mot d'ange signifie envoyé. Jésus-Christ est l'envoyé par excellence. Il est le Messie, qui signifie l'envoyé ; et, comme il s'agit de la fonction d'un envoyé. L'Eglise nomme Jésus-Christ le saint Ange de Dieu, *Angeli tui sancti.*

IN SUBLIME ALTARE TUUM... *jusqu'au sublime autel, en présence de votre divine majesté.* L'autel est le ciel, considéré comme le trône de la divine majesté. Nous demandons que Jésus-Christ présente son corps et son sang dans le ciel même, afin, comme dit saint Paul (4), *qu'il se montre maintenant pour nous à son Père.*

UT QUOTQUOT EX HAC ALTARIS PARTICIPATIONE...... *afin que nous tous qui, en participant à cet autel, aurons reçu le saint et sacré corps et le sang de votre Fils.* Ces mots, *afin que nous qui aurons reçu,* font voir que cette prière ne regarde que ceux qui communient sacramentellement. Ils participent au sacrement de l'autel de nos temples : et l'Eglise désire qu'ils participent aux grâces de l'autel du ciel. Voilà deux autels bien marqués : l'autel sublime et invisible, qui est le ciel, et cet autel d'ici-bas que nous voyons. Saint Irénée (5) parle de ces deux autels, et saint Augustin (6) les a parfaitement distingués. Il dit que « les bons et les méchants approchent de l'autel qui est sur la terre (7), mais que les méchants sont invisiblement rejetés de l'autel invisible et céleste, tandis que les justes seuls en approchent et y reçoivent les célestes bénédictions. »

Le prêtre, qui juge favorablement des fidèles, suppose, ce qu'il désire avec l'Eglise, que parmi tous ceux qui vont lui demander

---

(1) « Fit ergo in ista oratione et oblatione sacræ consecrationis aliquid incomprehensibile et ineffabile, et multo his omnibus mirabilius. » Flor. *de Act. miss.*

(2) « Quis est iste angelus, nisi Angelus magni consilii, qui propriis manibus, id est singulari dignitate præditis operibus cœlos meruit ascendere, et in sublime altare, id est ad dexteram Patris, pro nobis, interpellans seipsum sublevare. » Ivo Carn. *de Reb. eccles.* Voyez Etienne d'Autun, Alger et saint Thomas.

(3) Lib. VIII, c. 12.
(4) Sed in ipsum cœlum, ut appareat nunc vultui Dei pro nobis. Hebr. IX, 24.
(5) Advers. Hær. l. IV, c. 34.
(6) In Psal. XXV et XLII.
(7) Est enim quoddam sublime altare invisibile, quo non accedit injustus. Ad illud altare ille solus accedit qui ad istud securus accedit. *Ibid.*

la communion, il n'y ait que des justes qui entrent dans de telles communications avec le corps adorable de Jésus-Christ, qu'il ne puisse être présenté dans le ciel à la divine majesté, sans lui être présentés eux-mêmes.

OMNI BENEDICTIONE COELESTI ET GRATIA REPLEAMUR, *nous soyons remplis de toute bénédiction céleste et de la grâce.* La présence de Dieu est la source de toutes les grâces. Rien n'approche du trône céleste sans être comblé de bénédictions. C'est pour ce sujet que dans les anciens sacrifices on brûlait la victime, afin que la fumée s'élevât, pour ainsi dire, jusqu'au trône de Dieu, et qu'elle attirât des bénédictions sur ceux qui l'avaient offerte.

Cette fumée des animaux, qui montait vers le ciel, ne pouvait être qu'une simple figure, et n'était pas capable d'elle-même d'attirer aucune bénédiction. Mais le corps et le sang de Jésus-Christ se présentant à la majesté de Dieu, son Père, comme un doux parfum, attirent par eux-mêmes toutes les bénédictions et toutes les grâces, et en rendent participants ceux qui ont reçu ce corps adorable, et qui lui ont été infiniment unis en le recevant avec beaucoup de foi et d'amour. Ce sont ceux-là à qui l'Eglise fait demander toutes les bénédictions célestes et la grâce. Les bénédictions célestes sont tous les dons que nous recevons pour remplir nos devoirs et notre ministère, et toutes les marques de la protection de Dieu. Mais, parmi toutes les bénédictions célestes, la grâce qui nous sanctifie est le don que nous devons le plus souhaiter. C'est pourquoi, en demandant, en général, toutes les bénédictions, nous demandons en particulier d'être remplis de la grâce, *et gratia.*

PER EUMDEM CHRISTUM DOMINUM NOSTRUM, *Par le même Jésus-Christ Notre-Seigneur*, par lequel nous viennent toutes les grâces.

Quoique le *saint Ange* signifie Jésus-Christ, et que ce mot *hæc* désigne les dons qui sont sur l'autel, et par conséquent le corps et le sang de Jésus-Christ, le saint pape Innocent III, craignant qu'on ne se laisse éblouir par la profondeur du mystère, ajoute que (1), « sans toucher au sacrement secret du céleste oracle, on peut entendre ces paroles plus simplement et plus sûrement de cette manière : *Jube hæc*, commandez que ces choses (c'est-à-dire les vœux des fidèles, leurs supplications et leurs prières) *soient portées par les mains de votre saint Ange*, c'est-à-dire par le ministère des anges, selon ce que l'ange Raphaël dit à Tobie, qu'il présentait à Dieu ses prières et ses larmes au sublime autel en présence de la divine majesté. » Il vaudrait, en effet, bien mieux ne pas entendre tout ce que renferme cette prière, que de risquer de parler peu exactement de ce grand mystère.

Quelques-uns pourront donc se contenter d'entendre ici les vœux des fidèles qui sont présentés par les anges, puisque la tradition des églises (2) nous apprend qu'un ange ou plusieurs anges président invisiblement aux prières des assemblées chrétiennes, et que c'est pour ce sujet que nous demandons, à la Préface, que nos voix soient jointes avec celles des bienheureux.

Ceux qui savent que Jésus-Christ présente son corps à son Père, et que les saints anges présentent les vœux des fidèles, pourront dire, selon ces deux vérités : Faites, ô Dieu tout-puissant, que ce corps et ce sang de Jésus-Christ vous soient offerts par lui-même, comme le seul digne de vous l'offrir. N'ayez aucun égard à notre indignité ; ne regardez que la dignité infinie de ce Médiateur, notre souverain pontife, afin que rien n'empêche que son sacrifice ne soit accepté de votre divine majesté en faveur de ceux qui désirent d'en recevoir le fruit. Faites encore que les saints anges présentent à votre divine majesté nos vœux, nos prières, nous-mêmes qui avons eu l'honneur d'être offerts avec notre Sauveur, afin qu'en participant à l'autel visible par la réception du corps de Jésus-Christ, votre Fils, nous ne soyons pas rejetés de votre autel invisible, mais que nous soyons comblés de vos célestes bénédictions. *V.* la suite à l'art. MEMENTO.

SUPRA QUÆ.

(Explication du P. Lebrun.)

De la prière *Supra quæ*, pour demander que notre oblation soit favorablement reçue, comme l'ont été celles d'Abel, d'Abraham et de Melchisédech.

Sur lesquels daignez jeter un regard favorable et propice et les avoir agréables, comme il vous a plu avoir agréables les présents du juste Abel, votre serviteur, et le sacrifice d'Abraham, notre patriarche ; celui que vous a offert Melchisédech, votre grand prêtre, sacrifice saint, hostie sainte et sans tache.

Supra quæ propitio ac sereno vultu respicere digneris, et accepta habere, sicuti accepta habere dignatus es munera pueri tui justi Abel, et sacrificium patriarchæ nostri Abrahæ, et quod tibi obtulit summus sacerdos tuus Melchisedech sanctum sacrificium, immaculatam hostiam.

SUPRA QUÆ.... *Sur lesquels ayant jeté un regard propice et favorable.* Le don qui est sur l'autel est l'objet de la complaisance du Père éternel, et ne peut par lui-même qu'être reçu avec complaisance ; mais il est offert par les mains des hommes pécheurs qui peuvent déplaire. Car Dieu a égard à ceux qui offrent aussi bien qu'aux présents qui lui sont offerts : *Le Seigneur regarda Abel et ses présents*, dit l'Écriture (*Genes.* IV).

Nous supplions la bonté de Dieu de ne nous point séparer du don de la victime que nous lui offrons sur l'autel ; c'est-à-dire que, comme il n'y a que des regards favorables pour cette victime qui lui plaît infiniment, il lui plaise, à sa considération, d'en avoir aussi de favorables pour ceux qui ont l'hon-

---

(1) Salvo tamen occulto cœlestis oraculi sacramento, possunt hæc verba simpliciter, tamen securius intelligi *Jube hæc*, id est vota fidelium, etc. *De Myst. miss.*

(2) *Voy.* Origène, *Traité de la prière* ; Tertullien, *de Orat.* cap. 12 ; saint Ambroise sur saint Luc.

neur de .à lui offrir. Dieu jette sur nous ses regards favorables, quand il nous fait sentir les effets de sa bonté. Son visage, dit saint Augustin, *est sa présence* (*in psal.* XLV). Il le fait luire sur nous, quand il nous donne des marques de sa présence, c'est-à-dire lorsqu'il exerce envers nous sa miséricorde.

ET ACCEPTA HABERE SICUTI..... *et les avoir agréables comme il vous a plu avoir agréables les présents du juste Abel, votre serviteur*. Par cette prière, l'Eglise demande à Dieu qu'il lui plaise de recevoir aussi favorablement le don que les prêtres lui offrent sur l'autel qu'il a reçu les présents d'Abel, le sacrifice d'Abraham et l'oblation de Melchisédech. Ces saints hommes ont été très-agréables à Dieu, et les dispositions saintes avec lesquelles ils lui faisaient leurs oblations lui ont rendu ces oblations agréables. Heureux les prêtres et les fidèles qui, par les saintes dispositions de leur cœur, plaisent de même à Dieu, lorsqu'ils lui offrent en sacrifice la victime qui lui plaît toujours par elle-même.

Mais comment faire quelque comparaison entre les oblations des anciens patriarches et le sacrifice de l'Eglise, qui offre Jésus-Christ Notre-Seigneur? C'est ici un grand mystère qu'il faut tâcher de développer. La doctrine de l'Eglise est que Jésus-Christ a toujours été offert sur la terre; qu'il n'y a qu'une religion, qu'il n'y a qu'un seul Sauveur, dans lesquels les hommes aient pu être réconciliés avec Dieu; que les anciens sacrifices ne pouvaient être agréables qu'autant qu'ils représentaient ce divin Sauveur; que les saints patriarches de l'ancienne loi, éclairés de la lumière de Dieu, ne perdaient point de vue le Messie; que les Juifs dans le désert, quelque grossiers qu'ils fussent, *buvaient d'un même breuvage spirituel : car ils buvaient*, dit saint Paul (1 *Cor.* x, 4), *de l'eau de la pierre spirituelle qui les suivait, et Jésus-Christ était cette pierre*; de sorte que la différence de l'ancienne loi et de la nouvelle consiste en ce que dans l'ancienne on n'offrait Jésus-Christ qu'en figure, et que nous l'offrons réellement. On pourrait marquer un grand nombre de ces figures du sacrifice de Jésus-Christ, qui étaient fort expresses. En effet la liturgie des Constitutions apostoliques en marque un assez grand nombre ; mais l'Eglise dans le Canon choisit les sacrifices d'Abel, d'Abraham et de Melchisédech, qui représentent excellemment le divin sacrifice. Abel, offrant les premiers-nés de son troupeau, exprime l'oblation de Jésus-Christ, qui s'offre comme le premier-né (1) par excellence, et le sang même d'Abel juste et innocent, mis à mort par son frère Caïn, ne représente pas moins Jésus-Christ immolé par les Juifs, ou plutôt, comme l'Ecriture et les Pères le font entendre, c'est en la personne d'Abel que Jésus-Christ, l'Agneau sans tache, a été immolé dès le commencement du monde. L'Eglise marque assez combien Abel a été agréable aux yeux de Dieu, en l'appelant juste, et par excellence le serviteur de Dieu, *pueri tui*. Ce titre le relève d'autant plus que le Père éternel l'a donné à Jésus-Christ même, en disant dans Isaïe et dans saint Matthieu : *Voilà mon serviteur que j'ai choisi* (*Matth.* XII, 18; *Isai.* XLII, 1).

ET SACRIFICIUM..... *Et le sacrifice d'Abraham, notre patriarche*. Abraham éleva des autels partout où il demeura (*Genes.* XII, XIII), et il offrit beaucoup de sacrifices ; mais l'Eglise n'a en vue que le grand et admirable sacrifice qu'il fit de son fils unique Isaac (*Genes.* XXII, 10, 11), en le liant, le mettant sur l'autel, et levant le glaive pour obéir à Dieu, sans raisonner sur les promesses qui lui avaient été faites touchant son fils, et sans s'ébranler dans la foi contre tout sujet humain d'espérer et de croire (*Rom.* IV, 17). Isaac, immolé sans perdre la vie, était la figure de Jésus-Christ mourant pour reprendre une nouvelle vie; et il y a bien lieu de croire qu'Abraham a eu en vue ce mystère, puisque Jésus-Christ a dit de lui qu'*il avait vu son jour*, et qu'*il s'en était réjoui* (2).

Il est appelé *patriarche*, parce qu'à cause de sa foi et de son obéissance, Dieu l'établit le père de plusieurs nations et d'une postérité sans nombre ; il est spécialement notre patriarche, parce qu'il est devenu le père des fidèles qui ont imité sa foi, et qui sont indifféremment nommés les enfants d'Abraham, ou les enfants de Dieu.

ET QUOD TIBI OBTULIT...... *et celui que vous a offert Melchisédech, votre grand prêtre*. Ce patriarche est distingué de tous les anciens sacrificateurs, avant Moïse et Aaron, par cette qualité de *souverain prêtre, summus sacerdos tuus*. Cette expression était dans le Canon (3) au milieu du IV° siècle, et elle convient parfaitement à Melchisédech, à cause de l'excellence de son sacerdoce, et de sa conformité avec celui de Jésus-Christ. Il est représenté dans l'Ecriture sans généalogie, roi de justice, roi de paix, prêtre du Très-Haut, offrant du pain et du vin, *et ressemblant au Fils de Dieu*, dit saint Paul (*Hebr.* VII). Ce qu'il offre est quelque chose de plus qu'une figure du sacrifice de Jésus-Christ sur nos autels, puisque c'est selon l'ordre de son sacerdoce que Jésus-Christ est fait prêtre éternel, le Seigneur ayant juré : *Vous êtes prêtre éternel*, SELON L'ORDRE DE MELCHISÉDECH.

SANCTUM SACRIFICIUM..... *sacrifice saint, hostie sans tache*. On ne fait point ici de signes de croix ; et il est bon de remarquer que, si ces paroles désignaient le sacrifice de Jésus-Christ, on ne manquerait pas d'en faire, comme il est prescrit d'en faire à ces mots, *hostiam sanctam, hostiam immaculatam*, qui regardent les dons sacrés. Valfride assure que saint Léon le Grand ajouta ces quatre mots (4) au Canon, qui relèvent mer-

---

(1) Primogenitus in multis fratribus. *Rom.* VIII, 29.
(2) Abraham vidit diem meum, vidit et gavisus est. *Joan.* VIII, 56.
(3) Hilaire le diacre fait mention de ces mots dans les questions sur le Nouveau Testament : Summus sacerdos Melchisedech, ut in oblatione præsummat sacerdotes. Inter Op. S. Aug. tom. III.
(4) Sanctum sacrificium, immaculatam hostiam.

veilleusement le sacrifice de Melchisédech au-dessus de tout ce qui a été offert dans l'ancienne loi; et plusieurs auteurs demandent depuis longtemps comment on peut appeler saint et sans tache un autre sacrifice que celui de Jésus-Christ. Mais ce que nous avons déjà dit doit servir pour faire résoudre cette difficulté. Premièrement le sacrifice de Melchisédech est différent de tous les autres sacrifices en ce que tous les autres portaient les marques de nos péchés, et devaient être détruits en tout ou en partie. Celui de Melchisédech n'avait aucune marque du péché; il n'avait aussi rien qui dût être détruit; il était tout entier à l'usage des hommes, comme il aurait pu l'être dans l'état d'innocence. Il était donc en cela saint et sans tache, figurant parfaitement celui de l'eucharistie, qui est tout entier offert à Dieu pour l'usage des fidèles.

En second lieu le sacrifice de Melchisédech est appelé par préférence un saint sacrifice, une hostie sans tache, parce qu'il n'est pas simplement un des sacrifices anciens qui ont figuré celui de Jésus-Christ, mais qu'il est le sacrifice même que Jésus-Christ a pour ainsi dire continué, et dont il a rempli entièrement et parfaitement la figure, puisque la matière de cette oblation a été continuée dans l'exercice du sacerdoce de Jésus-Christ, établi prêtre éternel selon l'ordre de Melchisédech.

Une si vive représentation du sacrifice que Jésus-Christ a institué pour son Église a dû être nommée un sacrifice saint, une hostie pure et sans tache, pour mieux faire connaître la sainteté et l'excellence infinie du sacrifice de l'Église chrétienne. C'est ce que nous a fait remarquer saint Léon même, à qui les anciens attribuent l'addition de ces mots : car il dit que « Melchisédech a si bien représenté Jésus-Christ, qu'il n'a pas offert des hosties judaïques, mais qu'il a offert en sacrifice les symboles que notre Rédempteur a consacrés en les changeant en son corps et en son sang (1). Nous avons donc bien raison de souhaiter que Dieu regarde favorablement notre oblation, comme il a regardé celles d'Abel, d'Abraham et de Melchisédech, non-seulement parce que les sacrifices qu'ils ont offerts étaient de vives figures du sacrifice de Jésus-Christ, mais encore à cause de ces grands sentiments de foi et d'amour qui ont accompagné leurs sacrifices, et que l'excellence de la divine victime de notre oblation demande encore en nous de plus saintes dispositions et une plus grande perfection, que Dieu seul peut produire en jetant sur nous les yeux de sa miséricorde. N'oublions pas aussi qu'Abel, Abraham et Melchisédech nous ont montré quels doivent être nos sacrifices. Abel offrit ce qu'il avait de meilleur, Abraham immole ce qu'il avait de plus cher (2); Melchisédech, n'offrant que des choses aussi communes que le sont le pain et le vin; éloigne du sacrifice toute ostentation, n'offrant que pour la seule gloire de Dieu. *V.* la suite à l'art. Supplices.

SUSCIPE, SANCTA TRINITAS.
(Explication du P. Lebrun.)

De la prière *Suscipe, sancta Trinitas*, où l'on voit une nouvelle oblation, ou de nouveaux motifs du sacrifice en mémoire des mystères de Jésus-Christ, et en l'honneur des saints.

RUBRIQUE.

Le prêtre, ayant levé ses mains, vient au milieu de l'autel, sur lequel tenant les mains jointes, un peu incliné, il dit secrètement l'oraison : Suscipe, sancta Trinitas, *etc.* Tit. VII, n. 7.

REMARQUES.

Le Micrologue, qui écrivait vers l'an 1090, nous apprend (3) que cette prière n'était écrite ni dans l'Ordre romain, ni dans le gallican, et que les prêtres la disaient par une coutume ecclésiastique. Elle est en substance dans les liturgies grecques (4). Elle est presque en mêmes termes dans le Missel ambrosien (5), et elle se trouve avec quelques différences dans plusieurs Missels et Sacramentaires plus anciens que le Micrologue (6). Cependant, comme elle n'était que de dévotion, plusieurs Églises ne l'ont point dite. Les chartreux ne la disent pas encore: ce qui montre qu'au temps de leur institution, en 1084, on ne la disait point dans l'église de Grenoble, dont ils prirent le Missel. Elle n'a pas été en usage dans toutes les églises de la même manière. On ne la disait d'abord qu'aux jours solennels ; et il y en avait de particulières en d'autres jours pour les malades, pour les morts, pour les besoins de l'Église, pour les princes, pour le peuple, pour le prêtre, etc. Celle qu'on disait ordinairement aux jours de fêtes était plus longue ; car on y faisait mention des mystères de l'Incarnation, de la Nativité, et des saints qu'on honorait particulièrement : telle est celle que le Sacramentaire de Trèves appelle *la commune* (7), qui s'est conservée

---

(1) « Ipse est cujus formam Melchisedech pontifex præferebat, non judaicas hostias offerens Deo, sed illius sacramenti immolans sacrificium, quod Redemptor noster in suo corpore et sanguine consecravit. » Serm. 9, in anniv. assump. suæ.

(2) In filii misericordia sortem custodivit. *Sap.* x, 5.

(3) Deinde inclinatus ante altare dicet hanc orationem non ex aliquo ordine, sed ex ecclesiastica consuetudine: Suscipe, sancta Trinitas, etc. *Microl.* c. 11.

(4) *Voy.* saint Maxime, saint Germain dans sa *Théorie*, et Cabasilas dans l'*Exposition de la liturgie grecque*.

(5) C'est apparemment ce qui a fait attribuer cette prière à saint Ambroise dans un Missel d'Auxerre du XII° siècle: *Levando calicem dicat orationem sancti Ambrosii*, Suscipe, sancta Trinit s, etc.

(6) Elle a été mise au IX° siècle dans les Heures de Char-

les le Chauve pour les fidèles qui faisaient leurs offrandes à la messe : *Suscipe, sancta Trinitas, atque individua unitas, hanc oblationem, quam tibi offero per manus sacerdotis tui pro me peccatore*, etc. Mais elle est marquée pour le prêtre dans le Pontifical de saint Prudence, évêque de Troyes, dans un Sacramentaire de Tours sur la fin du IX° siècle, dans celui de Moissac du même temps, dans la Messe d'Illyrie, vers l'an 900, dans deux Missels d'Utrecht vers le même temps, dans le Sacramentaire de Trèves du X° siècle, dans celui d'Alby du XI°, dans le Pontifical de Séez, vers l'an 1045, et dans un Missel de Troyes en 1060.

(7) *Oblatio communis. Oblatio pro rege et omni populo christiano. Oblatio pro semetipso. Oblatio pro salute vivorum. Oblatio pro infirmis, pro defunctis*, etc. Sacrament. Trev. mss.

dans un grand nombre de Missels des églises de France. Quelques-unes l'avaient fort abrégée, n'y faisant mention que du mystère de la Passion. C'est celle que les jacobins ont conservée. Mais on voit, par le Micrologue, qu'on la disait de son temps en plusieurs églises par une pieuse coutume, de la manière que nous la disons aujourd'hui, en se tenant un peu incliné, et dans les termes suivants :

| Recevez, Trinité sainte, cette oblation que nous vous offrons en mémoire de la Passion, de la Résurrection, et de l'Ascension de Jésus-Christ Notre-Seigneur ; et en honorant la bienheureuse Marie toujours vierge, saint Jean-Baptiste, les apôtres saint Pierre et saint Paul, ceux-ci et tous les saints : afin qu'elle serve à leur honneur et à notre salut, et que ceux dont nous faisons mémoire sur la terre daignent intercéder pour nous dans le ciel. Par Jésus-Christ Notre-Seigneur. Ainsi soit-il. | Suscipe, sancta Trinitas, hanc oblationem, quam tibi offerimus ob memoriam Passionis, Resurrectionis, et Ascensionis Jesu Christi Domini nostri ; et in honorem beatæ Mariæ semper virginis, et B Joannis Baptistæ, et sanctorum apostolorum Petri et Pauli, et istorum et omnium sanctorum : ut illis proficiat ad honorem, nobis autem ad salutem, et illi pro nobis intercedere dignentur in cœlis, quorum memoriam agimus in terris. Per eumdem Christum Dominum nostrum. Amen. |

EXPLICATION.

SUSCIPE, SANCTA TRINITAS, *Recevez, Trinité sainte.* Selon l'usage des quatre premiers siècles, les prières de l'Eglise ne devaient être adressées qu'à Dieu le Père. Cela fut ordonné par un concile de Carthage (1). Comme on s'appliquait alors à détruire l'erreur des gentils qui admettaient la pluralité des dieux, on ne voulait pas nommer la très-sainte Trinité, disent Vigile de Tapse et Flore de Lyon (2), de peur que la pluralité des dieux ne nous fût aussi attribuée par ceux qui ne connaissaient pas le mystère des trois personnes divines. Mais, ajoutent ces anciens auteurs, les fidèles ont toujours su qu'on n'adore pas le Père sans adorer le Fils et le Saint-Esprit ; qu'il n'y a entre les divines personnes ni séparation ni distance ; *que le Fils est dans le Père, et le Père dans le Fils* (3) ; *qu'on n'honore pas le Père si l'on n'honore le Fils, et si on ne l'honore comme le Père* (4) ; que le Père par conséquent ne reçoit aucun culte qui n'appartienne également au Fils et au Saint-Esprit, et que, comme le sacrement de notre régénération vient également des trois personnes, puisque nous sommes baptisés au nom du Père, du Fils et du Saint-Esprit, on ne peut pas douter que le sacrifice que nous offrons ne soit également offert aux trois divines personnes, qui sont un seul Dieu.

C'est pourquoi, en parlant devant des personnes bien instruites, l'Eglise grecque et l'Eglise latine n'ont pas craint de dire distinctement en offrant le sacrifice : *Recevez, ô Trinité sainte.*

HANC OBLATIONEM, *cette oblation.* Après que le prêtre, au nom de l'Eglise, a offert le pain et le vin, et que lui et les fidèles se sont offerts eux-mêmes pour reconnaître le souverain domaine de Dieu, et pour l'expiation de leurs péchés, il présente à la Trinité sainte cette oblation en mémoire des mystères de Jésus-Christ, et en l'honneur des saints.

OB MEMORIAM PASSIONIS. Nous l'offrons premièrement en mémoire de la passion, selon le précepte de Jésus-Christ, parce que *ce sacrifice est le même que celui de la Passion,* comme dit saint Cyprien.

RESURRECTIONIS. Nous l'offrons secondement en mémoire de la *Résurrection,* parce que Jésus-Christ a continué son sacrifice à sa résurrection, offrant la même vie qu'il y a prise.

ET ASCENSIONIS..... Troisièmement, en l'honneur de son *Ascension,* par laquelle le divin Sauveur a consommé son sacrifice, entrant alors par son propre sang dans le vrai saint des saints, dans le ciel qu'il nous a ouvert.

ET IN HONORE... SANCTORUM. Dans plusieurs nouveaux Missels, aussi bien que dans les canons qu'on met en une seule feuille sur l'autel, et dans la plupart des ordinaires de la messe qu'on imprime tous les jours, on lit *in honorem* (5) ; mais anciennement on lisait *in honore.* Dans les Missels d'Utrecht vers l'an 800, et dans le Sacramentaire de Trèves du Xe siècle, où cette oraison est à la tête, il y a *in honore.* On lit de même dans le livre sacerdotal imprimé pour la première fois sous Léon X à Rome, et ensuite à Venise; dans les Missels de Pie V, de Clément VIII, d'Urbain VIII, et dans les Missels romains qui ont été imprimés avec quelque soin jusqu'à présent, aussi bien que dans les anciens Missels (6) des autres églises, et dans l'ancien Ordinaire (7) des carmes. Il n'y a donc pas lieu de douter qu'il ne faille lire *in honore.* Ceux qui ont mis *in honorem* ont cru que cette expression était plus latine, ou qu'il était indifférent de mettre *in honore* ou *in hono-*

---

(1) « Ut in altari semper ad Patrem dirigatur oratio. Conc. Carth. vulgo III, c. 23.
(2) *De Actione missæ.*
(3) Ego in Patre, et Pater in me est.
(4) Ut omnes honorificent Filium, sicut honorificant Patrem. Qui non honorificat Filium, non honorificat Patrem Joan. v, 25. Aug., tract. 19 in Joan. n. 6.
(5) C'est ainsi qu'on lit dans les Missels de Paris, de 1625, 1654, 1685, 1706, d'Orléans 1696, de Laon 1702, de Meaux 1709 etc. Dans le Missel de Paris, imprimé pour la première fois en 1481, on met *In commemorationem B. M. V.*, et on a continué à le mettre ainsi jusqu'à ce qu'on ait pris le Missel romain en 1615. Mais dans les Missels précédents qui sont manuscrits on lit : *In commemoratione B. M. V. et in honore omnium sanctorum.*
(6) Missal. Fiscamnense mss. Antissiodor. an. 1100 ; Meldens. 1492 (1517, *in honorem*) ; Àduense 1495, Laudunense 1557.
(7) *Missal. Carmelit.* Venetiis 1514

rem ; cependant ces deux expressions sont également latines, et le sens en est différent. L'Eglise en effet ne voudrait pas dire deux fois la même chose dans une oraison si courte. Or si nous disions ici *in honorem*, en l'honneur, nous le répéterions d'abord après, puisque nous disons aussitôt, *ut illis proficiat ad honorem*, afin qu'elle serve à leur honneur. Il faut donc remarquer la différence. Dans l'ancienne latinité on lit quelquefois *in honore deorum*, non pas pour dire *en l'honneur des dieux*, mais pour dire dans la fête des dieux, dans la célébrité des jours qui leur étaient consacrés, ou dans l'exhibition du culte qu'on leur rendait. C'est en ce sens, par rapport aux saints, que l'Eglise dit *in honore*, c'est-à-dire que, dans la mémoire ou dans la fête que nous faisons d'eux, nous demandons à Dieu de recevoir l'oblation en célébrant leur fête ou leur mémoire : comme dans la préface de la Vierge, le samedi, nous disons qu'il est (1) bien juste de louer Dieu en la révérant.

C'est là précisément le sens de l'Eglise. Car, en premier lieu, il y a des Missels qui dans cette oraison *Suscipe* ont mis *in veneratione* (2), ou *in commemoratione*, au lieu de mettre *in honore*. En second lieu on lit quelquefois dans les plus anciens Sacramentaires aux titres des messes des saints (3), *missa in veneratione*, *missa in honore*, c'est-à-dire, messe pour la fête du saint (4), dont on célèbre la mémoire. Et en troisième lieu, il est si clair que par *in honore* on a entendu, dans la fête des saints, que, selon l'ancien rite de Milan (5), on ne dit cette oraison qu'aux jours de fêtes ; ce qui est aussi marqué de même dans le Manuel de Chartres (6) de l'an 1500. La plupart des églises néanmoins disent cette oraison chaque jour à la messe depuis sept ou huit cents ans, parce qu'on fait tous les jours la mémoire des saints à la messe, comme on le voit dans le Canon, sur le mot *Communicantes*. Nous disons donc dès l'Offertoire que nous présentons ce sacrifice à la sainte Trinité, en même temps que nous célébrons la mémoire des saints.

BEATÆ MARIÆ VIRGINIS. Nous nommons d'abord la sainte Vierge, comme la reine des saints et des anges, qui a eu l'honneur de donner au Verbe éternel le corps de la victime sacrifiée, et qui s'offre elle-même d'autant plus en actions de grâces, qu'elle est plus élevée en grandeur et en gloire.

ET BEATI JOANNIS BAPTISTÆ (7), ce saint précurseur, qui a fait connaître la victime sainte, l'Agneau qui efface les péchés du monde ;

ET SANCTORUM APOSTOLORUM PETRI ET PAULI, *Les saints apôtres Pierre et Paul*, comme les premiers chefs qui l'ont annoncé.

(1) *In veneratione B. M.... collaudare.*
(2) Le Missel d'Evreux de 1497.
(3) *Missa in veneratione beati præcursoris Joannis, Missa in veneratione B. Petri. Missa in honore omnium apostolorum.* Sacram. Sylvan. mss. Bibl. sanctæ Genovefæ, fol. 29, 30.
(4) C'est ainsi qu'à la Secrète de la messe de sainte Geneviève, qui est très-ancienne, on lit : *Offerimus, Domine, preces et munera in honore sanctæ Genovefæ gaudentes.*

ET ISTORUM, *Et de ceux-ci.* On entendait autrefois ceux dont on fait la mémoire ou la fête, comme les anciens Sacramentaires nous l'expliquent ; et l'on entend à présent ceux encore dont les reliques reposent ici, qui ont l'honneur, dit un ancien auteur (8), *de reposer dans l'autel, où Dieu reçoit et offre le sacrifice* ; ajoutons, et qui ne sont placés sous l'autel de l'église comme ils le sont sous l'autel du ciel, suivant saint Jean, que parce qu'ils se sont eux-mêmes immolés à Dieu, et qu'ils ont participé à ce divin sacrifice.

ET OMNIUM SANCTORUM, *Et de tous les saints* qui vous ont plu depuis le commencement du monde, et qui depuis Abel ont été comme lui des victimes agréables à vos yeux.

UT ILLIS PROFICIAT AD HONOREM, *afin que cette oblation serve à leur honneur.* Rien n'est plus honorable aux saints que d'être unis au sacrifice de Jésus-Christ ; et nous ne pouvons rien faire qui leur soit plus agréable, que de célébrer leur mémoire dans le sacrifice qui a fait tout leur honneur et toute leur gloire. Mais cet article arrête des personnes qui n'entrent pas facilement dans les mystères, et qui ne connaissent pas l'étendue du saint sacrifice. Quelques catholiques ne portent pas leurs vues assez loin, et les ennemis de l'Eglise voudraient faire trouver ici un sujet de scandale ; comme si l'Eglise égalait les saints à Dieu, et les préférait même à Jésus-Christ. Ne passons pas sous silence ce qu'ils disent de plus spécieux sur ce point.

Offrir, dit-on, le sacrifice de Jésus-Christ, afin qu'il serve à l'honneur des saints, n'est-ce pas honorer les saints plus que Jésus-Christ, puisqu'on fait servir Jésus-Christ à les honorer ; et n'est-ce pas même les égaler ou les préférer à Dieu, puisqu'on s'adresse à Dieu pour rendre honneur aux saints ?

Cette difficulté, quelque spécieuse qu'elle paraisse, ne consiste que dans le tour et le mauvais sens qu'on donne aux termes ; et elle tombe d'elle-même, si l'on fait attention que l'Eglise est bien éloignée de faire servir Dieu et Jésus-Christ à honorer les saints ; mais qu'en adorant Dieu par le sacrifice elle honore les saints en les joignant à Jésus-Christ, avec qui ils s'offrent eux-mêmes en sacrifice à Dieu. Développons ces vérités.

Premièrement, il est évident que l'Eglise n'offre le sacrifice qu'à Dieu seul, puisque dans les deux oblations précédentes, qu'on fait séparément, de l'hostie et du calice, on adresse à Dieu seul l'hostie sans tache et la coupe du salut pour l'expiation des péchés. Il n'est pas moins visible que tout ce qui appartient au sacrifice n'est point rapporté aux saints ; qu'on est bien éloigné de leur offrir des sacrifices, et que l'Eglise a toujours fait profession de dire ce que dit saint Au-

Missal. Paris. an. 1559, 1654, 1709.
(5) *Ordo Missal. Ambros.* an. 1548 et 1666.
(6) In magnis solemnitatibus fit oblatio talis. *Ordo Miss. Manual. Carnot.* an. 1500.
(7) Saint Jean-Baptiste n'est pas dans le Micrologue, ni dans aucun Missel avant le XIIe siècle.
(8) « Quid honorabilius dici potest, quam sub illa ara requiescere, in qua Deo sacrificium celebratur, in qua Dominus est sacerdos ? » Aug. t. V, App. serm. 221.

gustin (1) : « Nous sacrifions au Dieu des martyrs, lorsque nous érigeons des autels en leur mémoire ; car quel est le prêtre qui ait jamais dit à l'autel : Nous offrons à vous, Pierre, ou Paul, ou Cyprien ; mais ce qu'on offre est offert à Dieu qui a couronné les martyrs, dans les lieux destinés à honorer ceux que Dieu a couronnés. »

Quelque honneur que nous rendions aux saints, nous dirons toujours avec ce grand docteur (2) : « Nous ne donnons pas aux saints des temples, des prêtres et des sacrifices : parce que ce ne sont pas les saints, mais leur Dieu, qui est notre Dieu. » Les temples ont été dédiés à Dieu sous le nom des saints, dont les reliques y sont conservées comme des hosties toujours immolées à Dieu leur Seigneur ; et dans l'oraison que nous expliquons, on ne s'adresse qu'à la Trinité sainte pour recevoir le sacrifice : *Suscipe, sancta Trinitas, hanc oblationem*: Recevez, ô Trinité sainte, cette oblation.

Secondement, nous n'offrons pas Jésus-Christ à la sainte Trinité pour honorer les saints ; après avoir dit que nous offrons à Dieu le sacrifice de Jésus-Christ, nous ne continuons pas d'offrir : mais ensuite nous expliquons ce que contient ce saint sacrifice et ce que nous devons y considérer, savoir : les mystères de Jésus-Christ, et les victoires des saints, qui font tout leur honneur : *Ob memoriam Passionis, et in honore beatæ*, etc.

Les fidèles bien instruits de l'étendue du sacrifice savent que l'Eglise ne peut pas séparer ici l'honneur que nous devons aux saints d'avec l'honneur que nous devons à Jésus-Christ, parce que le sacrifice de Jésus-Christ, que nous offrons, est le sacrifice de toute l'Eglise, du chef et des membres ; le sacrifice universel de tous les saints qui se sont immolés à Dieu. « C'est ainsi, dit saint Augustin (3), que toute la cité rachetée, c'est-à-dire l'assemblée des fidèles, et la société des saints, qui est le sacrifice universel, est offert à Dieu par le grand prêtre, qui s'est offert pour nous dans sa passion. Le sacrifice que nous offrons chaque jour, dit encore le même Père (4), est le sacrifice de l'Eglise, laquelle étant le corps du Sauveur, qui en est le chef, apprend par lui à s'offrir elle-même. C'est à ce sacrifice où les saints martyrs, ces hommes de Dieu, qui en le confessant ont vaincu le monde, sont nommés à leur rang par celui qui sacrifie. Ce n'est pourtant pas à eux qu'il offre le sacrifice, quoiqu'il sacrifie en leur mémoire ; c'est à Dieu qu'il s'adresse,

parce qu'il est le prêtre de Dieu, et non le leur. Le sacrifice est le corps (entier) de Jésus-Christ, qui ne leur est pas offert, parce qu'ils sont eux-mêmes ce sacrifice (5). »

Le fondement de ces solides réflexions de saint Augustin nous a été donné par Jésus-Christ même, puisqu'il nous a dit qu'il ne s'est offert en sacrifice qu'afin que les saints fussent consacrés véritablement en hostie sainte : *Je me sanctifie moi-même pour eux*, dit Jésus-Christ (6), *afin qu'ils soient aussi sanctifiés dans la vérité*. On sait que sanctifier se prend ici pour sacrifier, et non pas pour acquérir la sainteté, puisque Jésus-Christ est la sainteté même, et qu'il ne peut l'acquérir. Comme il faut donc célébrer le sacrifice en mémoire et en l'honneur des mystères de Jésus-Christ, il faut aussi le célébrer en mémoire et en l'honneur des saints, qui, après avoir passé toute leur vie mortelle en action de grâces, se joignent continuellement à Jésus-Christ pour s'immoler en action de grâces à cause des biens infinis dont ils sont comblés. C'est ce que les plus savants auteurs grecs (7) font remarquer dans leur liturgie, aussi bien que nous dans la latine.

Troisièmement, cette union des saints au sacrifice étant bien entendue, comment n'aurions-nous pas en vue d'honorer les saints dans le sacrifice, puisque nous y célébrons l'honneur qu'ils ont eu d'être reçus de Dieu comme des victimes très-agréables ; honneur qu'ils ont continuellement, puisqu'ils s'offrent sans cesse ? D'ailleurs l'honneur que nous devons à Dieu nous oblige d'honorer ses favoris, ses enfants, ses héritiers, les cohéritiers de Jésus-Christ, qui sont incomparablement plus unis avec Dieu, que des enfants et des favoris ne peuvent l'être avec leur père et leur roi ; puisqu'ils sont unis en Dieu comme le Père, le Fils et le Saint-Esprit sont un entre eux, suivant la prière de Jésus-Christ (8). Nous devons donc honorer les saints ; et où pourrions-nous mieux placer l'honneur que nous leur devons, que dans le sacrifice qui a fait tout leur mérite et toute leur gloire ?

Quatrièmement, puisque cet honneur que nous rendons aux saints vient des dons qu'ils ont reçus de Dieu, et qu'il ne se termine point à eux, il ne diminue rien par conséquent de l'honneur que nous devons à Dieu. On voit dans une infinité d'oraisons du Missel, qu'offrir pour les saints, ou à l'honneur des saints, c'est célébrer la grandeur et la puissance de Dieu dans les grâces qu'ils ont re-

---

(1) « Ita tamen ut nulli martyrum, quamvis in memoriis martyrum constituamus altaria. Quis enim antistitum in locis sanctorum assistens a tari id quando dixit : Offerimus tibi, Petre, aut Paule, aut Cypriane ; sed quod offertur, offertur Deo, qui martyres coronavit apu l memorias eorum quos coronavit. » Aug. contra Faust. l. xx, cap. 21.

(2) « Nec tamen nos iisdem martyribus templa, sacerdotia, sacra et sacrificia constituimus ; quoniam non ipsi, sed Deus eorum nobis est Deus. » Aug. *de Civit*. l. viii, c. 27.

(3) « Profecto efficitur ut tota ipsa redempta civitas, hoc est, congregatio societasque sanctorum, universale sacrificium offeratur Deo per sacerdotem magnum, qui etiam seipsum obtulit in passione pro nobis, ut tanti capitis corpus essemus, secundum formam servi. Hanc enim obtulit, in hac oblatus est ; quia secundum hanc mediator est, in h c s..cerdos, in hac sacrificium est. » Aug. *de Civit*. l. x, c. 6.

(4) « Cujus rei sacramentum quotidianum esse voluit Ecclesiæ sacrificium : quæ cum ipsius capitis corpus sit, se ipsam per ipsum discit offerre. » Ibid., cap. 20.

(5) » Ad quod sacrificium, sicut homines Dei, qui mundum in ejus confessione vicerunt, suo loco et ordine nominantur, non tamen a sacerdote, qui sacrificat, invocantur. Deo quippe, non ipsis sacrificat, quamvis in memoria sacrificet eorum ; quia Dei sacerdos est, non illorum. Ipsum vero sacrificium corpus est Christi, quod non offertur ipsis, quia hoc sunt et ipsi. » Aug. *de Civit*. l. xii c. 10.

(6) Pro eis ego sanctifico me ipsum, ut sint et ipsi sanctificati in veritate. *Joan*. xvii, 19.

(7) Cabasilas, *Liturg. exposit*. cap. 48.

(8) Ut et ipsi in nobis unum sint. *Joan*.

çues par le sacrifice même (1) : *Nous vous offrons, ô Seigneur*, dit l'Eglise, *dans la mort précieuse de vos martyrs, ce sacrifice d'où le martyre même a pris sa source,* parce que les martyrs ont tiré du pain céleste de l'eucharistie la force invincible qui les a fait triompher du démon, du monde et du péché ; les vierges tirent leur honneur et leur force du pain du ciel, du *froment des élus* (2) *et du vin qui est le germe de la virginité.*

En un mot, à l'honneur des saints, qui ont consommé leur vie pour Dieu, nous offrons la divine victime qui s'est immolée pour rendre tous ces saints des victimes agréables à Dieu. Nous l'offrons pour honorer leurs victoires, qui sont celles de Jésus-Christ, et par conséquent pour honorer Jésus-Christ dans ses saints, et les saints dans Jésus-Christ dont ils ont l'honneur d'être les membres Ainsi, loin de dire que nous nous servons de Dieu et de Jésus-Christ pour honorer les saints, comme s'ils étaient supérieurs (ce qui est une horrible impiété, qui ne peut être imputée à l'Eglise que par une ignorance grossière ou une affreuse malice), nous n'adressons au contraire le sacrifice de Jésus-Christ à Dieu, que pour faire honorer Dieu par Jésus-Christ et par les saints qui se sont sacrifiés avec lui, et qui, par l'union au sacrifice du Sauveur, ont eu la force et l'honneur de triompher du monde et du démon ; honneur que toute l'Eglise ne cessera jamais de célébrer.

Nobis autem ad salutem, *Et à nous pour le salut.* Le sacrifice qui a procuré tant d'honneur aux saints doit être la source de notre salut, pour nous rendre saints comme eux. C'est ce que nous demandons ici, afin d'entrer dans une parfaite communion avec les saints.

Et illi pro nobis intercedere dignentur in coelis, *Et qu'ils daignent intercéder pour nous dans le ciel.* « Quand nous faisons mention des saints à la table du Seigneur, dit saint Augustin (3), nous avons toujours principalement en vue qu'ils prient pour nous, afin qu'ils nous obtiennent la grâce de marcher sur leurs traces ; nous voulons les engager à intercéder pour nous dans le ciel, par la mémoire que nous en faisons sur la terre, quorum memoriam agimus in terris. » Nous avons l'honneur d'être unis intimement aux saints, et d'être leurs frères par la communion de tous ceux qui croient en Jésus-Christ et qui sont dans son Eglise. Nous espérons donc qu'ils intercéderont dans les cieux, tandis que nous célébrons leur mémoire sur la terre. Peut-on expliquer plus clairement ce que c'est que l'honneur que nous rendons ici aux saints, que par les paroles de cette prière même, qui finit en disant que ce n'est qu'une mémoire d'eux que nous y faisons ?

Per eumdem Christum Dominum nostrum, *Par le même Jésus-Christ Notre-Seigneur.* Comme nous ne faisons mémoire des saints que pour obtenir leur intercession, nous demandons cette grâce par Jésus-Christ, parce que ce n'est qu'en lui et par lui, comme l'unique médiateur, qu'ils peuvent être nos intercesseurs. *V.* la suite à l'art. Orate.

SYMBOLE.

Voy. Rubriques.

DU *CREDO* ou SYMBOLE DE LA FOI.

(Explication du P. Lebrun.)

§ I. Ce que c'est que le symbole ; d'où vient la différence des divers symboles qu'on récite dans l'Eglise ; pourquoi et depuis quand l'on dit à la messe celui de Constantinople.

Le *Credo* est l'abrégé de la doctrine chrétienne, et il s'appelle le Symbole des Apôtres, le Symbole de la foi. Le mot de *symbole* signifie un signe duquel on convient pour distinguer une chose d'avec une autre. Dans les troupes, le mot du guet est un symbole qui fait distinguer le soldat de l'armée d'avec l'ennemi, et dans la milice chrétienne, la *récitation* du *Credo* a fait distinguer les chrétiens d'avec ceux qui ne l'étaient pas (4). De là est venue cette ancienne manière de parler : *Donnez le signe* du chrétien, *dites le Symbole* (5). Il est nommé par ce sujet Symbole de la foi, ou des chrétiens ; et il est aussi appelé le Symbole des apôtres, parce qu'il vient d'eux. C'est là le Symbole qu'on récite plusieurs fois chaque jour dans les prières. Il n'y en eut point d'autre durant les trois premiers siècles (6). Les chrétiens l'apprenaient par cœur, et ne l'écrivaient pas (7), de peur de le faire connaître aux gentils.

Mais, au IVe siècle, lorsqu'Arius eut attaqué la divinité du Verbe, les Pères du premier concile général, tenu à Nicée en 325, pour faire rejeter l'hérésie arienne, expliquèrent et étendirent le second article du Symbole des apôtres touchant le Fils, et dressèrent le Symbole (8) qui finit par ces paroles, *Et in Spiritum sanctum.*

Peu de temps après, Macédonius, évêque de Constantinople, attaqua la divinité du Saint-Esprit ; ce qui obligea les Pères du second concile général en 381 d'expliquer l'article *Et in Spiritum sanctum* ; et de faire plusieurs additions au concile de Nicée, et c'est ce qui a formé un troisième Symbole (9), qui devrait, ce semble, être toujours nommé le Symbole de Constantinople ; cependant on le nomme souvent, depuis le VIe siècle (10),

---

(1) « In tuorum, Domine, pretiosa morte justorum sacrificium illud offerimus, de quo martyrium sumpsit omne principium. Per Dominum nostrum, etc. » Fer. v post dominic. 3 Quadrag.
(2) Frumentum electorum, et vinum germinans virgines. *Zach.* ix, 17.
(3) « Ideo quippe ad ipsam mensam Domini non sic eos commemoramus, quemadmodum alios qui in pace requiescunt ut etiam pro eis oremus ; sed magis ut ipsi pro nobis, ut eorum vestigiis adhæreamus. » Aug. tract. 84 in Joan.
(4) Rufin. *in Symbol.* ; Maxim. Taurin. serm. 3 in trad. Symb. ; Augus., etc.
(5) Da signum, da symbolum.
(6) In ea regula incedimus. Tertull. *de Præscript.*
(7) Hier. epist. ad Pammach.
(8) Ap. Athanas.; *Decr. Nic. syn.* tom. I, p. 233 ; Socrat., l. II, c. 5. Theodoret., l. I, c. 12.
(9) On trouve ces deux Symboles séparément dans les actes du quatrième concile général. *Conc. Chalced.* tom. IV, col. 551. Mais on a inséré à celui de Nicée quelques mots qui ne sont pas ailleurs.
(10) Théodore le Lecteur, qui vivait en ce siècle, l'appelle ainsi.

le Symbole de Nicée, à cause qu'il le renferme entièrement et qu'il n'en est qu'une extension.

Enfin, depuis les hérésies qui attaquèrent l'essence et les propriétés de l'humanité de Jésus-Christ, quelque saint et savant auteur inconnu fit un quatrième Symbole, plus étendu que tous les autres, qui fut trouvé si beau, qu'on l'attribua à saint Athanase, le plus illustre des défenseurs de la foi. Ce Symbole se trouve écrit et cité depuis le VII° siècle. Théodulphe, évêque d'Orléans vers l'an 800, l'expliqua, et Ahyton, évêque de Bâle, qui lui était contemporain, prescrivit aux clercs de le dire à prime. On voit aussi dans plusieurs auteurs (1), qu'au XII° siècle on le récitait tous les jours à prime dans la plupart des églises. Celles de Milan et de Sens et les chartreux ont conservé cet usage, que les cluniciens n'ont quitté qu'en 1685. A Vienne et à Orléans on le dit tous les dimanches ; à Rome, à Lyon, et dans plusieurs autres églises, on n'en excepte que quelques-uns. Rathérius, évêque de Vérone vers l'an 930, voulait que les prêtres de son diocèse sussent par cœur le Symbole des apôtres, celui qu'on dit à la messe, et celui qui est attribué à saint Athanase (2).

A l'égard de la messe, on n'y a point récité de Symbole durant les cinq premiers siècles. Cela en effet ne paraissait convenir ni aux catéchumènes, à qui on ne voulait faire connaître le Symbole que peu de jours avant leur baptême, ni aux fidèles, qui étaient censés bien instruits des vérités de la foi, lorsqu'ils assistaient au saint sacrifice.

Mais Théodore le Lecteur nous apprend (3) que les erreurs des macédoniens faisant quelques progrès, Timothée, évêque de Constantinople, ordonna, l'an 510, de réciter à toutes les assemblées le Symbole où est expliqué l'article du Saint-Esprit, qu'il nomme le *Symbole des trois cent dix-huit Pères*, c'est-à-dire des Pères de Nicée : au lieu qu'auparavant on ne le récitait en public que le vendredi saint pendant l'instruction que l'évêque faisait à ceux qui devaient être baptisés. On a donc fait chanter ce symbole à la messe préférablement aux deux premiers, parce que l'erreur touchant le Saint-Esprit y est évidemment proscrite. Les Eglises voisines suivirent bientôt cet exemple, et le III° concile de Tolède, en 589, ordonna (4) *que dans toutes les Eglises d'Espagne on chanterait le Symbole de Constantinople, selon la forme des Eglises d'Orient*, pour munir et précautionner les fidèles contre les restes des erreurs des Goths ariens et des priscillianistes. Sur la fin du VIII° siècle, et au commencement du IX°, la coutume de le chanter à la messe s'introduisit dans les églises de France et d'Allemagne, pour l'opposer à l'hérésie de Félix d'Urgel, qui voulait que Jésus-Christ ne fût que le Fils adoptif de Dieu. On ne le disait pas à Rome au commencement du XI° siècle. L'empereur saint Henri, qui y alla en 1014, en fut surpris et demanda pourquoi l'on ne chantait pas à Rome ce qui se chantait en Allemagne et en France. Les clercs de Rome lui dirent qu'on ne le chantait pas dans cette Eglise, à cause qu'il n'y avait point eu d'hérésie. Cependant à sa prière le pape Benoît VIII le fit chanter : ce qui a été continué jusqu'à présent (5).

§ II. Rubrique touchant les jours auxquels on dit le *Credo*.

On dit le Symbole après l'Evangile tous les dimanches de l'année, soit qu'on fasse la fête d'un saint, ou non. On le dit aux messes de Noël, de l'Epiphanie, etc. Part. I, tit. II.

REMARQUE.

Il y a deux raisons principales qui ont déterminé à dire le *Credo* en certains jours. La première est le concours du peuple, la seconde est le rapport qu'a le Symbole avec la fête qu'on célèbre. On le dit tous les dimanches, qui de tout temps ont été les jours de l'assemblée des chrétiens. On le dit aux jours des mystères de Jésus-Christ, et à cause du concours des fidèles, et parce qu'il en est parlé dans le Symbole. On le dit aux fêtes de la Vierge, parce qu'elle y est nommée, et principalement à cause du concours du peuple ; car le pape Innocent III régla qu'on ne le dirait point aux messes votives de la Vierge. On le dit aux fêtes des apôtres, qui nous ont prêché la foi, et à celles des docteurs qui l'ont expliquée et défendue. En diverses Eglises on a mis le *Credo* aux fêtes qu'on a voulu rendre plus solennelles, et auxquelles on a trouvé quelque rapport avec le Symbole.

§ III. Rubrique touchant le lieu et la manière de dire le *Credo*.

Après l'Evangile, le prêtre, étant au milieu de l'autel vers la croix, commence le Credo *(s'il faut le dire), élève et étend les mains, les réunit en disant* in unum Deum, *fait une inclination de tête à la croix, et tient toujours les mains jointes en continuant le* Credo. Tit. VI, n. 3.

Si l'on prêche, on dit le Credo, *après le sermon, qui doit se faire à la fin de l'Evangile.* N. 6.

1. *Le prêtre se tient au milieu de l'autel, vis-à-vis de la croix*, où il est plus à portée de le saluer quand il faut.

2. *Il élève les mains*. On doit élever son esprit et son cœur vers le ciel, quand on s'adresse à Dieu, et l'élévation extérieure des mains est le signe de l'élévation intérieure. Il les réunit en disant *in unum Deum*, ou, selon les anciens Ordres romains, d'abord après avoir dit *Deum* (6), pour repren-

---

(1) Honorius, *Gemm.*, l. II, c. 59 ; Beleth. *Div. Offic.* c. 11.
(2) Rather. Veron. Synodic. t. II Spicileg., et tom. IX Conc., col. 1268.
(3) Lib. II Collectan.
(4) « Ut per omnes ecclesias Hispaniæ vel Gallæciæ, secundum formam orientalium ecclesiarum concilii Constantinopolitani, hoc est et episcoporum Symbolum fidei recitetur. » Conc. Tolet. III, can. 2.
(5) Ce fait est rapporté par Bernon, témoin oculaire, au traité *de Rebus ad miss. spect.*, c. 2. Il y a pourtant des preuves qu'on le disait à Rome au IX° siècle.
(6) Incipiat Credo, et cum dixerit *Deum*, jungat manus suas ad pectus, et prosequatur. Ord. Rom. XIV, p. 289.

dre sa situation ordinaire, qui est de tenir les mains jointes, lorsque rien ne le détermine à agir. Voyez, pour l'intelligence de toute cette rubrique, ce qui a été dit sur celle du *Gloria in excelsis*.

3. La rubrique marque que le *Credo* est dit à la fin du sermon qui se fait après l'Evangile. Le sermon est placé après l'Evangile, parce qu'il en doit être l'explication. C'est en cet endroit de la messe que saint Ambroise, saint Augustin, saint Léon, saint Grégoire et les autres Pères prêchaient. C'est aussi le vrai temps de faire le prône (1). Le Symbole n'a pas toujours été placé au même endroit de la messe. Les Eglises grecques le chantaient (2) immédiatement avant la Préface (3). Les Eglises d'Espagne, sur la fin du VIᵉ siècle, le firent dire après la consécration, immédiatement avant l'Oraison dominicale, afin que personne n'allât à la communion sans avoir fait publiquement une entière profession de foi. Mais les Eglises de France le placèrent après l'Evangile, ce qui a été suivi à Rome, en Angleterre et en Allemagne; et il est bien convenable qu'après l'Evangile et le sermon, qui est l'explication des vérités de la foi, on en fasse une profession publique, et qu'on termine ainsi tout ce qui sert à préparer les assistants au sacrifice.

4. L'Ordre romain marque (4) que tout le chœur chante le Symbole depuis *Patrem* jusqu'à la fin. Le troisième concile de Milan (5) ordonne qu'il soit chanté tout entier par le chœur sans orgues. L'Agenda de Spire en 1512 le recommande de même, et le concile de Cambrai en 1565 (6) ajoute qu'on ne le chantera pas même en musique, à moins qu'elle ne soit simple, sans répétition, et telle qu'elle ne puisse empêcher d'entendre tous les mots. Les chapitres généraux de l'ordre de saint Dominique (7) tenus à Barcelone, à Salamanque et ailleurs, ont ordonné non-seulement que tout le Symbole serait chanté par le chœur, mais que l'orgue ne jouerait point alors. A Sens, à Paris, à Meaux, et chez les chartreux, les deux chœurs se réunissent pour chanter ensemble le *Credo*. Cela s'observe aussi selon le rite lyonnais, et à l'église primatiale, où il n'y a jamais de musique, le *Credo* est chanté simplement par les deux chœurs réunis, et l'on n'y admet de chant composé qu'aux messes qu'on dit à d'autres autels qu'à celui du chœur. La raison de se réunir pour chanter tous ensemble est que le *Credo* est la profession de foi qui doit être faite par tout le monde.

Ce qu'il y a d'essentiel est que nous nous appliquions à bien entendre les vérités contenues dans le Symbole, pour faire une profession de foi pure et éclairée.

§ IV. Le Symbole de Nicée et de Constantinople.

Je crois en un seul Dieu, le Père tout-puissant, qui a fait LE CIEL (8) ET LA TERRE et toutes les choses visibles et invisibles.

Credo in unum Deum, Patrem omnipotentem, factorem COELI ET TERRÆ, visibilium omnium et invisibilium.

Et en un seul Seigneur Jésus-Christ, Fils unique de Dieu, qui est né du Père, AVANT TOUS LES SIÈCLES; Dieu de Dieu, lumière de lumière, vrai Dieu de vrai Dieu, qui n'a pas été fait, mais engendré; consubstantiel au Père; par lequel toutes choses ont été faites. Qui est descendu DES CIEUX pour nous autres hommes et pour notre salut; et qui a pris chair DE LA VIERGE MARIE PAR L'OPÉRATION DU SAINT-ESPRIT; et a été fait Homme. QUI A ÉTÉ AUSSI CRUCIFIÉ POUR NOUS SOUS PONCE PILATE; QUI A SOUFFERT; QUI A ÉTÉ MIS DANS LE SÉPULCRE; qui est ressuscité le troisième jour, SELON LES ÉCRITURES, et qui est monté au ciel, QUI EST ASSIS A LA DROITE DU PÈRE; et qui viendra encore AVEC GLOIRE pour juger les vivants et les morts; ET DONT LE RÈGNE N'AURA POINT DE FIN.

Et in unum Dominum Jesum Christum, Filium Dei unigenitum; et ex Patre natum ANTE OMNIA SÆCULA; Deum de Deo, lumen de lumine, Deum verum de Deo vero; genitum, non factum; consubstantialem Patri, per quem omnia facta sunt. Qui propter nos homines et propter nostram salutem descendit DE COELIS, et incarnatus est DE SPIRITU SANCTO EX MARIA VIRGINE, et Homo factus est. CRUCIFIXUS ETIAM PRO NOBIS SUB PONTIO PILATO, PASSUS ET SEPULTUS EST; et resurrexit tertia die, SECUNDUM SCRIPTURAS, et ascendit in cœlum, SEDET AD DEXTERAM PATRIS, et iterum venturus est CUM GLORIA judicare vivos et mortuos, CUJUS REGNI NON ERIT FINIS.

Je crois au Saint-Esprit, SEIGNEUR ET VIVIFIANT; QUI PROCÈDE DU PÈRE (ET DU FILS); QUI EST ADORÉ ET GLORIFIÉ CONJOINTEMENT AVEC LE PÈRE ET LE FILS; QUI A PARLÉ PAR LES PROPHÈTES.

Et in Spiritum sanctum, DOMINUM ET VIVIFICANTEM; QUI EX PATRE (FILIOQUE) PROCEDIT; QUI CUM PATRE ET FILIO SIMUL ADORATUR ET CONGLORIFICATUR; QUI LOCUTUS EST PER PROPHETAS.

JE CROIS L'EGLISE QUI EST UNE, SAINTE, CATHOLIQUE ET APOSTOLIQUE. JE CONFESSE QU'IL Y A UN BAPTÊME POUR LA RÉMISSION DES PÉCHÉS, ET J'ATTENDS

ET UNAM, SANCTAM, CATHOLICAM ET APOSTOLICAM ECCLESIAM. CONFITEOR UNUM BAPTISMA IN REMISSIONEM PECCATORUM, ET EXSPECTO RESURRECTIO-

---

(1) *Voy.*, touchant le prône, les Rituels, entre autres ceux d'Orléans, 1642; de Rouen, 1650; Verdun, 1690; Paris, 1697; Toul, 1700; Metz, 1713, etc., le *Traité de la Messe de paroisse*; le *Catéchisme de Montpellier*, et les *Anciennes Liturgies*, par M. Grandcolas.
(2) *Euch. Græc.* p. 75.
(3) Dans le Missel ambrosien le *Credo* est placé après l'oblation, immédiatement avant l'oraison *Super oblata*, qui précède la Préface.

(4) Omnis chorus incipiens *Patrem omnipotentem*, ad fi nem usque perducat. *Ord.* VI, p. 75.
(5) « Symbolum fidei totum a choro, non alternatim or gano canatur. » Conc. Mediol. III, cap. 11.
(6) Conc. Camerac. tit. 6, can. 3.
(7) *Annot. in Rubricis Ordin. Prædic.* Venet. 1582.
(8) On met en petites majuscules ce qui a été ajouté par le concile de Constantinople.

LA RÉSURRECTION DES MORTS, ET LA VIE DU SIÈCLE A VENIR. AMEN. NEM MORTUORUM, ET VITAM VENTURI SÆ-CULI. AMEN.

EXPLICATION.

CREDO IN UNUM DEUM, *Je crois en un Dieu :* c'est-à-dire je crois très-fermement, non-seulement qu'il y a un Dieu, ce qu'on exprimerait simplement par *credo Deum*, je crois que Dieu est ; je crois non-seulement à ce que Dieu a dit, ce que nous exprimerions par *credo Deo*, je crois à Dieu ; mais je crois en Dieu, je mets ma confiance en Dieu, ce qui nous fait en même temps professer la croyance de l'existence de Dieu, de son infaillible vérité, et l'entière confiance que nous devons avoir en lui, voulant nous y attacher comme à notre souverain bien.

Dieu étant l'Etre infiniment parfait et souverainement indépendant, l'unité lui est essentielle, *in unum Deum*. On professait cette vérité dans les temps qui ont précédé le Messie, suivant ce que nous lisons dans l'Ecriture : *Ecoutez, ô Israël; le Seigneur notre Dieu est le seul et unique Seigneur* (1). Mais après les lumières de l'Evangile, il faut professer distinctement qu'en Dieu il y a trois personnes, le Père, le Fils et le Saint Esprit.

Par la foi, qui nous fait croire en la première personne, nous professons dans le Symbole les vérités qui dépendent de la création. Par la foi en la seconde personne, nous confessons les mystères de la rédemption; et par la foi en la troisième personne, nous professons les moyens de la sanctification des fidèles.

PREMIÈRE PARTIE DU SYMBOLE.

DU PÈRE ET DE LA CRÉATION, etc.

PATREM : La première personne est Dieu le Père, *Patrem*, père des esprits, comme dit saint Paul (*Hebr.* XII, 9), et père de tous les hommes par la création. Aussi Dieu prend-il souvent ce nom dans l'Ecriture. Il est le père et la cause de tout être, le principe de toute paternité (2) ; mais comme Dieu n'est notre père qu'en Jésus-Christ et par Jésus-Christ, c'est-à-dire parce que nous sommes membres de cette société d'hommes dont Jésus-Christ est le chef, l'Eglise, selon tous les anciens docteurs, ne nous fait regarder ce mot *Patrem* que comme le Père de Jésus-Christ Notre-Seigneur ; comme Dieu, principe sans principe, engendrant de toute éternité son Verbe, la seconde personne divine ; et par conséquent toujours Père, comme il est toujours Dieu, *Patrem*.

OMNIPOTENTEM, *Tout-Puissant*. Nous épuiserions toutes nos expressions, sans pouvoir jamais assez marquer ce qui peut faire connaître Dieu, et ce qui convient au souverain Etre qui exclut toute imperfection. L'Eglise choisit le terme de *Tout-Puissant*, qui est très-souvent attribué à Dieu dans l'Ecriture et qui exprime non-seulement que Dieu gouverne toutes choses, mais encore qu'il peut tout ce qu'il veut, qu'il a toutes les perfections, sans aucune borne.

La toute-puissance est commune aux trois divines personnes ; mais on l'attribue principalement au Père, parce qu'il est l'origine et le principe, la communiquant au Verbe en l'engendrant de toute éternité, et avec le Verbe au Saint-Esprit.

La notion de la toute-puissance renferme le pouvoir de tout créer, FACTOREM CŒLI ET TERRÆ. Les Pères de Nicée et de Constantinople entendaient par *factorem* ce que le Symbole des apôtres nous fait entendre par *creatorem*. En effet, faire ce qui n'est pas, c'est créer et tirer du néant. Aussi l'Ecriture emploie indifféremment le terme de créer et de faire : *Il a parlé, et toutes choses ont été faites; il a commandé, et elles ont été créées* (3).

CŒLI ET TERRÆ : *Le ciel et la terre* renferment généralement toutes les créatures, tout ce qui entre dans le composé du monde. Mais de peur qu'on exceptât quelque chose, comme l'ont fait les manichéens et divers autres hérétiques, les Pères de Nicée ont ajouté, VISIBILIUM ET INVISIBILIUM, s'énonçant comme saint Paul : *Tout a été créé par lui dans le ciel et dans la terre, les choses visibles et invisibles, soit les trônes, les dominations*, etc. (4). Rien n'est plus propre que ces termes pour exclure toute exception, puisqu'il n'est rien certainement qui ne soit visible ou invisible. Or, ce peu de paroles nous fournit un grand nombre d'instructions.

Car, premièrement, Dieu est l'auteur de tout ce qui est, et par conséquent de nos actes libres comme de nos pensées, de nos désirs, de nos sentiments, puisqu'ils sont quelque chose. Nous devons donc nous tenir dans une continuelle dépendance de Dieu dans tout ce que nous faisons, puisque (5) nous ne faisons qu'en lui, par lui et avec lui : notre dépendance est donc réelle et nécessaire, aussi bien dans l'ordre naturel que dans le surnaturel.

Secondement, Dieu est tout-puissant ; donc il faut le craindre, et ne craindre que ce qu'il veut que nous craignions ; car que peuvent le monde et les démons contre la volonté de celui qui peut tout ?

Troisièmement, Dieu est tout-puissant, et nous sommes ses créatures ; donc notre espérance doit être vive et inébranlable ; donc nos faiblesses et nos défauts ne doivent jamais nous jeter dans le découragement, parce que nous pouvons tout par son secours. Gardons-nous seulement de le tenter ; suivons ses inspirations et ses ordres.

Quatrièmement, Dieu est tout-puissant ; donc je dois croire sans hésiter tout ce qu'il me propose par l'Eglise ; je croirai qu'il y a

---

(1) Audi, Israel, Dominus Deus noster, Dominus unus est. *Deut.* VI, 14.
(2) Ex quo omnis paternitas in cœlo et in terra nominatur. *Ephes.* III, 15.
(3) Ipse dixit, et facta sunt ; ipse mandavit, et creata

sunt. *Psal.* XXXII, 9.
(4) In ipso condita sunt universa in cœlo et in terra, visibilia et invisibilia, sive throni, sive dominationes, etc. *Coloss.* I, 16.
(5) In ipso vivimus, movemur et sumus. *Act.* XVII 28

beaucoup de choses qu'il peut faire, et que je ne puis concevoir, parce que mon esprit est fini et limité, et que sa puissance est sans bornes. Ainsi je croirai fermement et sans hésiter tout ce qui se fait de grand et de merveilleux au saint sacrifice; la transsubstantiation, l'existence d'un même corps en plusieurs endroits, et le reste.

Enfin, Dieu est tout-puissant, nous sommes ses créatures, et tout ce qui est en nous, jusque dans la partie la plus intime de nous-mêmes, vient de lui et dépend de lui. Je ne me confierai donc ni en moi-même, ni en aucune autre chose qu'en Dieu; je n'espère qu'en Dieu, et je mets en lui toute ma confiance. *Credo in unum Deum, Patrem omnipotentem.*

Voilà les vérités que nous devons tirer de la connaissance de Dieu créateur. Le Symbole va nous apprendre les vérités que nous devons savoir de Dieu rédempteur.

SECONDE PARTIE DU SYMBOLE.

DU FILS DE DIEU ET DE LA RÉDEMPTION.

L'homme par son péché a interrompu tous les rapports et toutes les liaisons qu'il devait avoir avec son Créateur. Il avait besoin d'un réparateur, en qui il mît toute sa confiance. ET IN UNUM..... *Et en un seul Seigneur Jésus-Christ.* Ce réparateur est Dieu et homme, le Fils de Dieu, la seconde personne de la sainte Trinité, Jésus (1), que Dieu a ainsi nommé parce qu'il devait sauver son peuple. Il est Dieu et homme, mais un seul Seigneur, *unum Dominum*, parce qu'il n'est qu'une personne; Seigneur comme Dieu, parce qu'il est égal au Père; Seigneur comme Homme-Dieu, parce qu'il nous a rachetés, parce que toute puissance lui a été donnée dans le ciel et sur la terre, et que son nom est au-dessus de tous les noms, afin qu'au nom de Jésus tout genou fléchisse dans le ciel, sur la terre et dans les enfers (*Philipp.* II, 9, 10).

CHRISTUM : Ce Jésus est *le Christ* par excellence, l'oint de Dieu, bien au-dessus de tous ceux qui ont porté le nom de christ. Il est dit (2) que Jésus-Christ a été oint de l'Esprit-Saint, et Jésus-Christ dit lui-même (3) : *L'Esprit du Seigneur est sur moi; il m'a consacré par son onction.*

Les prêtres, les rois et les prophètes ont été souvent appelés christs, parce qu'ils étaient oints et consacrés par leurs fonctions. Mais Jésus-Christ est le Christ par excellence, parce qu'il est le prêtre, le prophète, le roi par excellence; ou plutôt le seul prêtre, le seul prophète, le seul roi: les prêtres, les prophètes, et les rois ne tirant leurs pouvoirs et leurs lumières que de lui.

Jésus étant Dieu et homme, nous confessons qu'il est *le Fils unique de Dieu*, FILIUM DEI UNIGENITUM ; seul engendré du Père, non pas Fils adoptif, comme le disaient Photin et les ébionites, mais propre Fils, qui a la même nature que le Père, fécond comme lui, produisant avec lui le Saint-Esprit, en quoi il est distingué du Saint-Esprit, qui n'est pas produisant.

Toutes les autres expressions ont été mises par les Pères de Nicée contre l'impiété arienne. EX PATRE NATUM, *né de la substance du Père*, et non pas d'une autre substance, ni tiré du néant; ANTE OMNIA SÆCULA, *avant tous les temps*, et non pas dans les temps. DEUM DE DEO, *Dieu de Dieu*, et non pas créature de Dieu. LUMEN DE LUMINE, *lumière de lumière*, c'est-à-dire lumière coexistante, coéternelle à Dieu son père et son principe, qui est la source de la lumière incréée; comme la lumière créée et coexistante au corps lumineux est aussi ancienne que le corps qui la produit.

Cette expression est tout à fait propre pour nous faire connaître, autant que nous le pouvons, une génération d'ailleurs ineffable : car dans l'Ecriture, le Verbe ou le Fils est appelé la lumière (4) ; et pour marquer que dans le Père nous voyons le Fils, le Psalmiste dit (5) : *Dans votre lumière nous voyons la lumière;* et saint Paul nous fait remarquer que Jésus *est la splendeur de la gloire* (6); le Fils unique est donc la lumière de la lumière, coéternel à son Père.

DEUM VERUM.... *Vrai Dieu du vrai Dieu.* Non pas Dieu, comme on appelle dieux les envoyés de Dieu, ceux qui exercent son autorité, comme les rois et les juges ; mais vrai Dieu de vrai Dieu, ayant les mêmes caractères essentiels de divinité que son Père, et ainsi égal à son Père.

GENITUM.... *Engendré, et non fait.* Ce qui est fait, et non engendré, n'est pas de la même substance que celui qui le fait. Le Fils de Dieu est produit par voie de génération ; il procède de son Père, semblable à lui, vraiment fécond avec son Père; et ainsi non-seulement procédant du Père, mais seul engendré du Père.

CONSUBSTANTIALEM PATRI, *Consubstantiel au Père.* Vérité décisive contre les ariens; et vérité que Jésus-Christ nous avait apprise en disant (7) : *Mon Père et moi nous sommes une même chose* (comme presque tous les Pères du IVe siècle l'ont remarqué), et comme saint Augustin le dit plusieurs fois dans ses livres contre Maximin, en expliquant *homousion*, c'est-à-dire consubstantiel : « car que signifie *homousion*, sinon une seule et même substance? que signifie, dis-je, *homousion*, sinon mon Père et moi nous sommes une même chose (8)?» Le Verbe est donc consubstantiel à son Père.

PER QUEM.... *Par qui toutes choses ont été faites.* C'est l'expression de saint Jean (*Joan.* I, 3). Le Verbe ne peut donc avoir été fait,

---

(1) Vocabis nomen ejus Jesum; ipse enim salvum faciet populum suum a peccatis eorum. *Matth.* I, 21.
(2) Propterea unxit te Deus oleo lætitiæ præ consortibus tuis. *Psal.* XLIV.
(3) Spiritus Domini super me, propter quod unxit me. *Luc.* IV, 18.
(4) Erat lux vera. *Joan.* I, 9.

(5) In lumine tuo videbimus lumen. *Psal.* XXXV, 10.
(6) Qui cum sit splendor gloriæ. *Hebr.* I, 3.
(7) Ego et Pater unum sumus. *Joan.* X, 30.
(8) «Quid est enim *homousion*, nisi unius ejusdemque substantiæ? Quid est *homousion*, nisi ego et Pater unum sumus?» August. contra Maxim. Arian., l. II, c. 14.

ni être au nombre des créatures : car puisque tout a été fait par le Verbe, s'il était créé, ou s'il avait été fait, il faudrait qu'il se fût fait lui-même (1); et comme pour agir il faut être, il aurait été avant que d'être.

Mais comment tout a-t-il été fait par le Verbe, puisque nous avons déjà confessé, au commencement du Symbole, que le Père, qui est tout-puissant, est l'auteur de toutes choses, *factorem cœli et terræ?*

C'est que le Fils fait tout ce que le Père fait : *Tout ce que le Père fait, le Fils le fait aussi comme lui* (2). Le Saint-Esprit fait aussi tout ce que le Père et le Fils font, puisqu'ils sont également puissants. Aussi l'Ecriture nous dit indifféremment, en divers endroits, que tout vient du Père, que tout vient du Fils, que tout vient du Saint-Esprit, que tout a été fait par le Père, par le Fils, par le Saint-Esprit. Mais le Père est toujours regardé comme principe agissant par sa sagesse, qui est le Verbe, dans le Saint-Esprit, qui est l'union subsistante, l'amour personnel du Père et du Fils : c'est pourquoi saint Augustin dit (3) que tous ceux qui y font attention entendent ainsi du Père, du Fils et du Saint-Esprit ce que saint Paul dit dans l'Epître aux Romains (11, 36), sans désigner le Père plutôt que le Fils, ni le Saint-Esprit : *De lui, par lui, en lui toutes choses ont été faites.* Et nous devons ajouter qu'on trouve en effet plus communément dans l'Ecriture, *du Père par le Fils,* dans *le Saint-Esprit.* Ce qui marque que dans l'exercice d'une même souveraine puissance, le principe, le milieu et la fin sont souvent donnés au Père, au Fils et au Saint-Esprit : au Père comme principe, au Fils comme milieu, et au Saint-Esprit comme fin.

Voilà notre foi développée; voilà quelle doit être notre admiration, quelle doit être notre reconnaissance, en considérant que le vrai Dieu de Dieu, la lumière de la lumière descend pour nous sur la terre, et veut bien se revêtir d'un corps semblable au nôtre!

QUI PROPTER NOS HOMINES.... *Il descend pour nous hommes, et pour notre salut ;* car nous avons tous péché, et nous avons tous besoin de la gloire de Dieu (4); nous ne pouvons être sauvés que par celui qui descend des cieux. Dieu a tellement aimé les hommes, qu'il leur a donné son Fils unique; et tel est l'amour et la bonté de ce Fils adorable, qu'il s'offre pour nous en sacrifice, et qu'il s'assujettit à nos misères pour guérir tous nos maux.

L'homme ne peut être sauvé sans aimer son Dieu; et devenu tout terrestre et charnel depuis son péché, son cœur, son esprit, son imagination ne courent qu'après les objets sensibles. Dieu se rend sensible pour l'attirer, et de peur que sa lumière ne nous éblouisse, il prend un corps pour tempérer sa lumière et venir à nous : son infinie miséricorde l'abaisse jusqu'à la terre, pour nous élever au ciel. Elle lui fait prendre nos misères, pour nous faire participer à ses grandeurs; et sa sagesse, unissant la nature humaine à sa divine personne, fait que nous trouvons Dieu dans le corps même d'un homme.

Oui, le Sauveur se revêt de notre humanité, passe par tous les états où passent les hommes, depuis le sein de leur mère jusqu'à ce qu'ils soient arrivés à la perfection qui convient à leur nature ; afin que, dans tous ces différents états, nous puissions toujours adorer et contempler la Divinité : « Soit que je le voie à la crèche, ou entre les bras de sa mère, ou prêchant sur la montagne, ou attaché à la croix, dit saint Bernard, partout je vois et je contemple mon Dieu et mon Sauveur (5). Heureux si la facilité que Dieu nous donne de le trouver dans tous ces états nous engage à en remplir notre cœur, notre esprit et notre imagination, et à lui en rendre de continuelles actions de grâces. »

Nous professons qu'il descend des cieux, et qu'il ne reçoit pas d'un homme le principe de sa génération temporelle, comme il arrive dans la conception des autres hommes : il prend seulement de la sainte Vierge, par l'opération du Saint-Esprit (qui donne la perfection à tous les mystères), la substance nécessaire pour la formation d'un corps humain. ET INCARNATUS EST (6) DE SPIRITU

---

(1) August. l. *de Trin.* c. 6.
(2) Quæcunque ille (Pater) fecerit, hæc et Filius similiter facit. Joan. v, 19.
(3) « Quæro itaque de quo dicat alio loco : *Quoniam ex ipso, et per ipsum, et in ipso sunt omnia, ipsi gloria in sæcula sæculorum.* Amen. Si enim de Patre, et Filio, et Spiritu sancto ut singulis personis singula tribuantur, *ex ipso,* ex Patre, *per ipsum,* per Filium, *in ipso,* in Spiritu sancto : manifestum quod Pater et Filius et Spiritus sanctus unus Deus est, quando singulariter intulit : *Ipsi gloria in sæcula sæculorum.* Unde enim cœpit hunc sensum, non ait : *O altitudo divitiarum sapientiæ et scientiæ* Patris aut Filii, aut Spiritus sancti, sed *sapientiæ et scientiæ* Dei? (*De Trinit.* lib. i, cap. 6, n. 12.) Trinitatem ipsam videntur agnoscere qui legunt attentius, cum dicitur : *Quoniam ex ipso, et per ipsum, et in ipso sunt omnia.* Ex ipso, tanquam ex eo qui nulli debet quod est ; *per ipsum,* tanquam per mediatorem; *in ipso,* tanquam in eo qui continet, id est, copulatione conjungit. » *De Fide et Symb.* n. 19.
(4) Omnes peccaverunt, et egent gloria Dei. *Rom.* ii, 23. Non est in alio aliquo salus. *Act.* iv, 12. Sic Deus dilexit mundum. *Joan.* iii, 16.
(5) « Quidquid horum cogito, Deum cogito, et per omnia ipse est Deus meus. » Bern. serm. in Nat. B. Mar. æ Virg., n. 11.
(6) Le prêtre aux messes basses fait la génuflexion à ces mots : *Et homo factus est.* Aux messes hautes, quand le prêtre est à l'autel, il se met à genoux, et tout le chœur en fait de même, selon le Missel romain, à ces mots : *Et incarnatus est,* pour ne se lever qu'après avoir dit : *Et homo factus est,* ou, selon le Missel parisien, le chœur se tourne et s'incline vers l'autel.

Dans plusieurs diocèses on se met à genoux dès qu'on dit *descendit,* et l'on s'y tient jusqu'à ce qu'on ait dit *sepultus est,* pour adorer dans cette posture humiliante l'abaissement de Jésus-Christ, par sa venue au monde, son incarnation, sa naissance, sa mort sur la croix, et sa sépulture. Cela se voit dans les anciens Missels de Bayeux, de Chesal-Benoît, etc. On l'observe encore à Clermont, à Lisieux, chez les prémontrés, et chez les religieux de Sainte-Croix.

On lit dans les statuts de l'église collégiale de Saint-Paul de Liége, en 1437, qu'il faut se mettre à genoux depuis *incarnatus* jusqu'à *scendit.* Ce n'est que depuis peu qu'à Saint-Lambert, la cathédrale de Liége, on ne se met à genoux qu'à *incarnatus est,* et qu'on se relève après *homo factus est,* pour suivre en cela le Missel romain.

Raoul de Tongres, vers la fin du xive siècle, a prétendu qu'on ne devrait pas se mettre à genoux, à cause que le concile de Nicée défend de prier à genoux les dimanches et le temps pascal. Mais on n'a pas cru qu'il fût contraire à ce décret d'adorer quelques moments à genoux les mys-

sancto ex Maria Virgine ; ainsi, *prenant chair de la Vierge Marie par l'opération du Saint-Esprit* (1), *il s'est fait homme,* Et homo factus est.

Ici nous ne saurions assez nous prosterner d'esprit et de cœur pour adorer la profondeur de la bonté et de la sagesse de Dieu, qui a su allier tant de grandeur avec notre bassesse. Mais il n'a pas seulement pris nos infirmités et nos bassesses; il a voulu encore se revêtir de la ressemblance du péché, et satisfaire pleinement pour nous à la divine justice en s'immolant sur la croix : Crucifixus etiam pro nobis sub Pontio Pilato, *qui a été aussi crucifié sous Ponce-Pilate.* Les apôtres en ont marqué l'époque sous un juge païen, pour rendre ce fait plus authentique, et pour montrer qu'il a été mis à mort par les gentils aussi bien que par les Juifs, selon les prophéties. Passus et sepultus est, *Il a souffert et il a été enseveli;* son âme se sépara de son corps qui fut mis dans le tombeau, mais la divinité ne quitta jamais ni son corps, qui demeura jusqu'au troisième jour dans le sépulcre; ni l'âme, qui alla visiter les patriarches dans les limbes, comme saint Pierre nous l'apprend (*I Petr.* iii, 19). Et parce que Jésus-Christ n'est mort que pour faire mourir le péché (2) et pour nous donner la vie de la grâce et une assurance de notre résurrection glorieuse, il réunit son âme à son corps, pour reprendre une nouvelle vie (3), ressuscitant le troisième jour, ainsi qu'il avait été prédit par les Ecritures : Et resurrexit tertia die secundum Scripturas. Nous disons, *selon les Ecritures,* avec saint Paul, pour autoriser davantage ce grand miracle de la résurrection, qui est le fondement de toute la religion et de toutes nos espérances; pour l'autoriser, dis-je, par les livres sacrés, qui l'ont prédit avant qu'il arrivât, et qui après l'événement en ont marqué toutes les circonstances.

Et ascendit.... *Et il est monté au ciel, il est assis à la droite du Père.* Jésus-Christ ayant remporté par le sacrifice de la croix la victoire sur le péché, sur la mort et sur l'enfer, il monte triomphant dans le ciel (4), et se place, quant à son humanité, à la droite du Père, c'est-à-dire qu'étant comme Dieu égal à son Père, il est comme homme, par la grandeur de sa gloire et de sa puissance, au-dessus de toutes les créatures. C'est de là qu'il distribue toutes les grâces (5); c'est de là qu'il exerce ce pouvoir souverain qui lui a été donné dans le ciel et sur la terre (6).

Inde venturus est...... *D'où il viendra juger les vivants et les morts.* C'est de là qu'il viendra exercer le dernier jugement sur ceux qui seront morts, et sur ceux qui, se trouvant en vie, mourront alors pour ressus- citer et pour être jugés (7); c'est là enfin qu'il trouve un règne éternel, cujus regni non erit finis, ainsi qu'il avait été prédit par les prophètes et annoncé par l'ange à Marie sa mère (8).

Voilà les suites admirables de l'incarnation, qui doivent être d'autant plus connues par ceux qui s'approchent de l'autel, qu'elles sont tous les jours renouvelées au saint sacrifice ; car Jésus-Christ y prend un corps, en changeant la substance terrestre du pain en la substance de sa chair; et avec ce corps il renouvelle les mystères de sa passion; il y porte, pour ainsi dire, l'état de mort dans lequel les Juifs l'ont mis sur la croix, parce qu'il est privé des fonctions de la vie naturelle qu'il avait sur la terre, sa vie dans l'eucharistie étant une vie toute nouvelle qu'il a prise par sa résurrection.

Serait-il possible que nous fussions insensibles en professant ou méditant de si grands mystères qui ont été opérés pour notre salut? Ne craindrons-nous pas d'attirer sur nous la vengeance de Jésus-Christ, qui jugera tous les hommes? ou plutôt ne travaillerons-nous pas à attirer sur nous le fruit des mystères qu'il a opérés pour notre salut, pour croître de plus en plus dans sa grâce et dans sa connaissance (9)?

TROISIÈME PARTIE DU SYMBOLE.

DU SAINT-ESPRIT ET DE LA SANCTIFICATION.

On a exposé, dans la première partie du Symbole, les vérités qui ont rapport à Dieu le Père comme créateur ; on a vu dans la seconde celles qui ont rapport à Dieu le Fils comme rédempteur ; et voici celles qui ont rapport au Saint-Esprit comme sanctificateur. Et in Spiritum sanctum, *et au Saint-Esprit.*

Jésus-Christ nous a appris à distinguer les trois divines personnes par les noms de Père, de Fils et de Saint-Esprit. Les deux premières personnes sont appelées Père et Fils, parce que la première produit, et la seconde est produite par voie de génération. La troisième, qui n'est ni Père, ni Fils, mais qui procède de l'un et de l'autre par voie d'amour, d'une manière que les créatures ne peuvent exprimer, n'a point d'autre nom que celui qui convient à Dieu, qui est d'être un esprit, ou plutôt l'Esprit par excellence, *Spiritus est Deus* (*Joan.* iv, 24). On ajoute Saint parce que la sanctification lui est attribuée, comme la création au Père, et la rédemption au Fils. Il convient donc proprement aux hommes d'appeler la troisième personne divine *Esprit-Saint*, parce que c'est elle principalement qui est la source et la cause de notre sanctification, *et in Spiritum sanctum.* C'est ainsi que finit le Symbole de Nicée, et

---

(1) Spiritus sanctus superveniet in te. *Luc.* i, 26.
(2) Traditus est propter delicta nostra, resurrexit propter justificationem nostram. *Rom.* iv, 25.
(3) Mortuus est pro peccatis nostris secundum Scripturas, et quia sepultus est, et quia resurrexit tertia die secundum Scripturas. I *Cor.* xv, 3, 4.
(4) Ascendens in altum, captivam duxit captivitatem. *Ephes.* iv, 8.
(5) Dedit dona hominibus. *Ibid.*
(6) Data est mihi omnis potestas in cœlo et in terra. *Matth.* xxviii, 18.
(7) Omne judicium dedit Filio. *Joan.* iv, 22.
(8) Et regni ejus non erit finis. *Luc.* i, 33.
(9) Crescite in gratia et in cognitione Domini nostri et Salvatoris Jesu Christi. II *Petr.* iii, 18.

le Symbole des apôtres nous fait dire aussi simplement, par rapport au Saint-Esprit, *Credo in Spiritum sanctum*, parce qu'il suffit à ceux qui ont été baptisés au nom du Père, du Fils, et du Saint-Esprit, ou qui doivent l'être, de déclarer qu'ils mettent toute leur confiance en Dieu Père, Fils et Saint-Esprit. Ce qui leur fait confesser en même temps la distinction et l'égalité des trois personnes divines, qui sont deux vérités essentielles touchant le Saint-Esprit : l'une, que cet Esprit-Saint est une personne distincte du Père et du Fils; l'autre, qu'il est Dieu comme le Père et le Fils, distingué seulement de l'un et de l'autre en ce qu'il n'est ni Père, ni Fils, mais qu'il est procédant du Père et du Fils, comme d'un seul principe.

La première de ces vérités, c'est-à-dire la distinction des personnes, fut attaquée par les anciens hérétiques Praxéas, Noël, et les sabelliens. Et il est constant par l'Ecriture que le Saint-Esprit est distingué du Père et du Fils.

Premièrement il n'est pas le Père, car il procède du Père (1), et il est envoyé du Père (2). Secondement il n'est pas le Fils, car il reçoit du Fils (3), comme parle Jésus-Christ, et il est aussi envoyé du Fils (4). Troisièmement le Saint-Esprit n'est pas le Père et le Fils; car l'Ecriture nous fait voir souvent dans une même action les trois personnes divines fort distinctement, comme au baptême de Jésus-Christ (*Luc.* III, 22); le Saint-Esprit descend sur lui, le Père déclare que c'est son Fils bien-aimé, et nous lisons dans saint Paul : *Dieu a envoyé dans vos cœurs l'esprit de son Fils, qui crie : Mon Père, mon Père* (5)! Voilà le Père qui envoie l'esprit de son Fils ; voilà le Saint-Esprit recevant du Fils et envoyé par le Père, et par conséquent distingué de l'un et de l'autre : c'en est assez pour faire détester l'hérésie des sabelliens.

La seconde vérité, que le Saint-Esprit est Dieu comme le Père et le Fils, a été si universellement reconnue, que, dès qu'elle fut ouvertement attaquée après le milieu du IV° siècle, tous les fidèles rejetèrent d'abord cette erreur avec exécration. Les ariens, qui, niant la divinité du Fils, étaient portés à nier la divinité du Saint-Esprit, ne parlaient pas si clairement sur ce point. Et Macédonius, évêque de Constantinople, n'osa ouvertement combattre cette vérité, qu'après avoir été déposé pour plusieurs crimes.

Les Pères du concile de Constantinople expliquèrent la foi de l'Eglise sur la divinité du Saint-Esprit, en ajoutant DOMINUM.... *Seigneur, et vivifiant, qui procède du Père : qui est adoré et glorifié conjointement avec le Père et le Fils; qui a parlé par les prophètes.* Ces paroles nous montrent l'égalité du Saint-Esprit avec le Père et le Fils.

Premièrement, en nous déclarant que le nom de *Seigneur*, DOMINUM, appartient au Saint-Esprit, comme au Fils; secondement, en lui donnant le nom de *vivifiant*, VIVIFICANTEM, selon l'expression de l'Ecriture (6), dans le sens qu'il est dit de Dieu, qu'il est vivifiant (7), *qu'il ranime les morts appelant ce qui n'est point, comme ce qui est;* et encore dans le sens qu'il est dit du Fils de Dieu, qu'il est vivifiant comme le Père : *car comme le Père ressuscite les morts, et leur rend la vie, le Fils donne la vie à qui il lui plaît* (8); troisièmement, en disant qu'*il procède du Père* (9), comme l'Ecriture nous l'enseigne expressément, nous reconnaissons qu'il est Dieu de Dieu aussi bien que le Fils; en quatrième lieu, les Pères du concile nous montrent son égalité avec le Père et le Fils par l'égalité de la gloire qui lui est due : QUI CUM PATRE ET FILIO SIMUL ADORATUR ET CONGLORIFICATUR; enfin ils ajoutent : QUI LOCUTUS EST PER PROPHETAS, *qui a parlé par les prophètes*; suivant ce que dit saint Pierre : *Ce n'a point été par la volonté des hommes que les prophéties nous ont été anciennement apportées; mais ça été par le mouvement du Saint-Esprit que les saints hommes de Dieu ont parlé* (10); d'où il suit clairement qu'il est Dieu, puisque l'Ecriture nous dit en plusieurs endroits que c'est Dieu qui parle par les prophètes (11).

Outre ces vérités, qui sont en termes formels dans les livres saints, et qu'il suffisait alors aux Pères grecs d'ajouter comme une explication au Symbole, les églises latines, pour confesser plus distinctement tout ce qui convenait au Saint-Esprit, ont encore ajouté qu'il procède aussi *du Fils*, FILIOQUE : vérités qu'elles ont prises dans l'Ecriture. Car, en premier lieu, comme les livres sacrés disent du Saint-Esprit qu'il est *l'Esprit du Père* (12), qu'il est *l'Esprit de Dieu* (13), d'où il s'ensuit qu'il procède du Père; la même Ecriture nous marque aussi que le Saint-Esprit procède du Fils, en nous disant que le Saint-Esprit est *l'Esprit du Fils* (14), l'esprit de Jésus-Christ. C'est pourquoi saint Augustin déclare, après plusieurs écrivains latins, qu'on ne peut pas se dispenser de reconnaître que le Saint-Esprit procède aussi du Fils : « Nous ne saurions dire que le Saint-Esprit ne procède pas du Fils, dit-il (15),

---

(1) Qui a Patre procedit. *Joan.* xv, 26.
(2) Spiritus sanctus, quem mittet vobis Pater. *Joan.* x v. 26.
(3) Cum venerit Spiritus veritatis, ille me clarificabit, quia de meo accipiet. *Joan.* xvi, 26.
(4) Si non abiero, Paraclitus non veniet ad vos ; si autem abiero, mittam eum ad vos. *Joan.* xvi, 7.
(5) Misit Deus spiritum Filii sui in corda vestra clamantem, Abba Pater. *Galat.* iv, 6.
(6) Spiritus est qui vivificat. *Joan.* vi, 64.
(7) Vivificat mortuos, et vocat ea quæ non sunt tanquam ea quæ sunt. *Rom.* iv, 17.
(8) Sicut enim Pater suscitat mortuos et vivificat, sic et Filius quos vult vivificat. *Joan.* v. 21.
(9) Qui ex Patre procedit. *Joan.* xv, 26.
(10) Non enim voluntate humana allata est aliquando prophetia, sed Spiritu sancto inspirati locuti sunt sancti Dei homines. II *Petr.* I, 21.
(11) Hæc dicit Dominus.
(12) Spiritus Patris. *Matth.* x, 10.
(13) Spiritus Dei. *Matth.* III, 16; *Luc.* III, 22; I *Cor* III, 16.
(14) Spiritus Filii. *Galat.* iv, 6.
(15) « Nec possumus dicere quod Spiritus sanctus et a Filio non procedat. Neque enim frustra idem Spiritus Patris

puisque ce n'est point sans sujet qu'il est nommé l'Esprit du Père et du Fils. » Ce qui fait dire à saint Fulgence : « Croyez fermement et sans aucun doute que le même Esprit-Saint, qui est l'Esprit du Père et du Fils, procède aussi du Père et du Fils (1). » En second lieu, nous disons que le Saint-Esprit procède du Père, parce que l'Évangile nous dit qu'il est envoyé par le Père; disons de même que le Saint-Esprit procède aussi du Fils, puisque nous trouvons dans l'Évangile qu'il est envoyé par le Fils. Aussi le professons-nous distinctement dans le Symbole attribué à saint Athanase (2) : *Spiritus sanctus a Patre et Filio..... procedens*.

Remarquons ici qu'avant le concile de Constantinople plusieurs églises particulières d'Orient avaient déjà ajouté comme une explication au Symbole de Nicée ce que le concile de Constantinople y a mis depuis pour toute l'Église. On en a usé de même en Occident touchant l'addition du mot *Filioque*. Les églises d'Espagne, au VIe siècle, commencèrent d'exprimer dans le Symbole que le Saint-Esprit procède du Fils. Dans la suite les autres églises d'Occident les ont imitées; et cette addition a été confirmée par les conciles où les Grecs se sont réunis avec les Latins.

Mais nous devons principalement remarquer, pour notre édification, qu'en professant que nous croyons au *Saint-Esprit*, nous devons mettre notre confiance en lui ; premièrement comme l'*Esprit de notre sanctification*, ainsi que parle saint Paul (3), parce que c'est le Saint-Esprit qui allume en nous le feu sacré, qui éclaire notre esprit, qui échauffe notre cœur, le détachant de l'amour des créatures, pour l'attacher à son créateur, et qui dissipe ainsi ce qui nous rend impurs aux yeux de Dieu. C'est le Saint-Esprit qui nous met dans le cœur (4) ce que Jésus-Christ nous a dit dans l'Évangile. C'est encore le Saint-Esprit qui se choisit entre les hommes des ministres dont il se sert (5) pour sanctifier les fidèles par toutes les différentes fonctions du ministère (6); et c'est au Saint-Esprit à placer tous ceux qui doivent gouverner l'Église (7).

En second lieu, nous devons nous consacrer entièrement au Saint-Esprit, comme Seigneur, *Dominum*, à qui appartiennent toutes nos pensées, nos affections, nos actions, tous les mouvements de notre âme et de notre corps; il n'y a en nous rien de bon pour le ciel, que ce qui vient de lui ; il n'y a de vrais enfants de Dieu que ceux qui sont poussés et conduits par son Esprit (8). Prions-le donc de nous faire agir d'une manière digne de la qualité d'enfants de Dieu : d'être le principe de toutes nos pensées, de nos affections; d'être, pour parler ainsi, l'esprit de notre esprit, l'âme de notre âme, afin qu'il soit en tout notre seigneur et notre maître.

En troisième lieu, nous devons croire au Saint-Esprit comme vivifiant, *vivificantem*, parce qu'il donne et entretient la vie de nos âmes. La vie de l'âme créée pour Dieu consiste dans son union avec Jésus-Christ Homme-Dieu, le chef des chrétiens, et par Jésus-Christ avec Dieu. Les membres d'un corps ne sont vivants que quand ils sont unis au chef et qu'ils en reçoivent des influences. Or, cette union se fait par la charité, et c'est le Saint-Esprit qui la répand dans tous les cœurs; et, comme il est le lien de la Trinité sainte, il est aussi notre lien et notre union en Dieu, puisque c'est en lui par Jésus-Christ (9) que nous nous approchons de Dieu le Père. Ainsi le Saint-Esprit est vraiment vivifiant, la source et le principe de notre vie spirituelle, et pour nous conserver cette vie, il nous incorpore dans l'Église, qui est le corps mystique de Jésus-Christ. C'est dans ce corps que cette vie spirituelle se conserve et s'augmente, en vivant sous les lois de cette sainte épouse de Jésus-Christ, que nous faisons profession de croire dans la suite de notre Symbole.

ET UNAM, SANCTAM, CATHOLICAM ET APOSTOLICAM ECCLESIAM. L'Église est l'assemblée des chrétiens. Cette Église est une, *unam*, parce qu'elle est le corps mystique de Jésus-Christ. Or, Jésus-Christ n'a qu'un corps mystique composé de plusieurs membres; c'est ce qu'il nous a marqué lorsqu'il a dit que toutes ses ouailles seraient réunies (10), et qu'*il n'y aurait qu'un troupeau et un pasteur*. D'où vient que les Pères ont souvent dit (11) que l'Église était l'unique colombe, l'unique bien-aimée, qu'elle est la seule maison où l'on puisse manger l'agneau, et l'arche où l'on puisse être sauvé du déluge. Comme il n'y a qu'un Dieu, qu'un Jésus-Christ, qu'une foi, qu'un baptême, il n'y a qu'une seule assemblée. Les églises particulières ne peuvent avoir qu'un évêque, et toutes les églises se réunissent dans le siège de saint Pierre, qui est le centre de communion et d'unité : « Je me tiens uni à la chaire de saint Pierre,

---

et Filii dicitur. » August. *de Trin.* lib. IV, cap. 20, tom. VIII. « Credimus, et tenemus, et fideliter prædicamus... quod Spiritus sanctus simul et Patris et Filii sit Spiritus. » *De Civit.* lib. XI, cap. 24.

(1) « Firmissime tene, et nullatenus dubites eumdem Spiritum sanctum, qui Patris et Filii unus Spiritus est, de Patre et Filio procedere. » Fulg. *de Fide ad Petr.*

(2) Aujourd'hui ce dogme ne se trouve clairement établi parmi les Grecs que dans saint Cyrille d'Alexandrie, combattu même en ce point par Théodoret, qui, piqué contre lui, censurait aisément ses expressions : ce qui a été cause, dans les siècles suivants, que les Grecs, indisposés contre les Latins, nous ont aussi censurés sur cet article.— (Saint Basile, saint Chrysostôme, la tradition tout entière démontrent irréfragablement que le Saint-Esprit procède du Père et du Fils. Cette vérité fut victorieusement établie par les Latins, dans le concile de Florence, en 1438, et les Grecs, après de vives contestations, furent obligés de le reconnaître. (*Note de l'Éditeur.*)

(3) Spiritum sanctificationis. Rom. I, v. 1.
(4) Suggeret vobis omnia quæcunque dixero vobis. Joan. XIV, 16.
(5) Ad consummationem sanctorum in opus ministerii, in ædificationem corporis Christi. Ephes. X, 12.
(6) Hæc omnia operatur unus atque idem Spiritus, I Cor. XII, 11.
(7) Posuit episcopos regere Ecclesiam Dei. Act. XX, 28.
(8) Qui Spiritu Dei aguntur, ii sunt filii Dei. Rom. VIII, 14
(9) Per ipsum habemus accessum in uno Spiritu ad l'atrem. Ephes. II, 18.
(10) Fiet unum ovile et unus pastor. Joan. X, 16
(11) Iren. l. I, c. 3; Cypr. *de Unit. Eccl.*; Optat. l. II, ad Parmen. ; Aug. *de Unit. Eccl.* c. 2; Fulgent. l. t. *de Rem. pecc.*, c. 18 et seq.

dit saint Jérôme, sachant que l'Eglise est bâtie sur cette pierre (1). »

Secondement elle est essentiellement sainte, *sanctam*, parce qu'elle a été lavée (2) et sanctifiée par Jésus-Christ : sainte par l'union avec son divin Epoux et avec le Saint-Esprit qui ne l'abandonneront jamais ; sainte par les sacrements, et surtout par la participation à la divine eucharistie ; sainte dans plusieurs de ses membres, qui conservent la charité, et qui en donnent des marques éclatantes.

Troisièmement elle est essentiellement catholique, *catholicam :* c'est le titre singulier qui distingue la vraie Eglise d'avec toutes les sectes, comme saint Cyrille de Jérusalem (3) et saint Augustin (4) l'ont remarqué (5). Elle est catholique, c'est-à-dire universelle, par les diverses raisons qui ont été expliquées par Vincent de Lérins. 1° Par l'universalité de communion avec les fidèles de toute la terre ; 2° par l'universalité de temps, parce qu'elle a toujours été sans interruption dans tous les siècles depuis Jésus-Christ ; 3° par l'universalité de doctrine, qui embrasse toutes les vérités enseignées par Jésus-Christ, et attestées par le consentement unanime de tous les docteurs de l'Eglise depuis les apôtres, tant pour les dogmes de la foi que pour les principes des mœurs. Enfin elle est catholique ou universelle, par son union avec ceux qui ont été, qui sont, et qui seront les membres de Jésus-Christ sur la terre et dans le ciel. C'est ce que le Symbole appelle la communion des saints.

Quatrièmement elle est apostolique, *apostolicam*, par la doctrine des apôtres qu'elle enseignera toujours, et de là infaillible dans tous les points où elle se donne pour telle, parce que la doctrine des apôtres est celle de Jésus-Christ même, qui leur dit : *Je serai toujours avec vous jusqu'à la fin du monde* (*Matth.* XXVIII, 20). L'Eglise se montre évidemment apostolique par la succession visible des pasteurs, qui succèdent aux apôtres avec leur autorité pour gouverner l'Eglise. Il est très-certain que l'Eglise de Rome est l'Eglise de saint Pierre, par la succession non interrompue que les Pères font fait remarquer dans tous les autres siècles ; qu'elle est par conséquent apostolique, et que toutes les autres églises, par l'union continuelle qu'elles entretiennent avec l'Eglise de Rome, sont en même temps l'Eglise apostolique et romaine.

CONFITEOR UNUM BAPTISMA. *Je confesse un baptême pour la rémission des péchés.* Il y avait eu beaucoup d'erreurs et de disputes touchant le baptême avant cette profession de foi. Un grand nombre d'hérétiques ariens changeait la forme observée par l'Eglise, et plusieurs catholiques avaient cru, après saint Cyprien, que de quelque manière que les hérétiques donnassent le baptême, il était nul, et qu'il fallait le réitérer. Cet article de la foi nous fait rejeter ces erreurs, et nous fait en même temps professer trois vérités :

La première est que le baptême efface les péchés. C'est par le baptême que Jésus-Christ sanctifie son Eglise, *la purifiant*, dit saint Paul, *par l'eau et la parole de vie* (6). La seconde est qu'il n'y a qu'un baptême, qui a été prescrit par Jésus-Christ, et qui est donné au nom du Père, et du Fils, et du Saint-Esprit. Tout baptême donné d'une autre manière est rejeté. *Il n'y a qu'un Dieu, qu'une foi, qu'un baptême* (7). La troisième est que le baptême donné par qui que ce soit, selon la forme de l'Eglise, ne peut être réitéré.

ET EXSPECTO..... *Et j'attends la résurrection des morts.* L'attente de la résurrection est un pressant motif pour nous exciter à travailler à notre sanctification, parce qu'elle nous porte à nous détacher de tout ce qui est périssable et de tout ce qui peut nous séduire dans ce monde ; pour nous faire dire souvent dans notre cœur avec saint Paul : Nous n'avons pas ici une demeure permanente, mais nous marchons pour arriver à celle que nous attendons (8). En second lieu la résurrection rassure l'âme fidèle contre tous les troubles. Dans quel embarras ne devait pas se trouver Abraham, quand il reçut l'ordre d'immoler son fils Isaac, après que Dieu lui avait promis qu'il serait, par Isaac même, le père d'une postérité sans nombre ? La vue de la résurrection ne le laissa ni se troubler, ni hésiter un moment sur l'immolation de son fils, *sachant*, dit saint Paul, *que Dieu pouvait le ressusciter d'entre les morts* (9). Enfin la résurrection est la consolation des chrétiens dans tous les maux qui peuvent les affliger : *Si nous n'avions l'espérance en Jésus-Christ que pour cette vie, nous serions les plus misérables de tous les hommes* (10), puisque la religion chrétienne ne nous promet que des croix et des mortifications sur la terre : *mais la résurrection des morts est certaine; nous revivrons en Jésus-Christ* (11).

Avec cette vue, loin de s'affliger des maux de cette vie, les vrais chrétiens pleins de foi les regardent comme un moyen d'obtenir plus sûrement la récompense. La perte des biens et des honneurs du siècle, le martyre même ne les étonne point ; et quand ils seraient exposés aux plus grandes misères, et qu'ils verraient, comme un autre Job, tous les membres de leurs corps tomber en pourriture, la foi de la résurrection leur ferait trouver une vraie consolation au milieu de

---

(1) «Cathedræ Petri communione consocior : super illam petram ædificatam Ecclesiam scio. » Hier. epist. ad Damas.
(2) Christus dilexit Ecclesiam, et seipsum tradidit pro ea, ut illam sanctificaret, mundans eam. *Ephes.* v, 26.
(3) Catech. vers. 18, *Illumin.*
(4) *De vera Relig.* c. 6.
(5) *Voyez* les *T. ailés de l'Eglise*, par M. Ferraud, Paris, 1686 ; et de l'*Unité de l'Eglise*, par M. Nicole, 1687.
(6) Mundans eam lavacro aquæ in verbo vitæ. *Ephes.* v, 26.

(7) Unus Deus, una fides, unum baptisma. *Ephes.* IV, 5.
(8) Non habemus hic manentem civitatem, sed futuram inquirimus. *Hebr.* xv, 14.
(9) Arbitrans quia potest est Deus suscitare eum a mortuis. *Hebr.* xi, 19.
(10) Si in hac vita tantum in Christo sperantes sumus, miserabiliores sumus omnibus hominibus. 1 *Cor.* xv, 19.
(11) Et per hominem resurrectio mortuorum... in Christo omnes vivificabuntur. *Ibid.*, 21 et 22.

tant de sujets de tristesse, en leur faisant dire avec ce saint homme : « Je sais que mon Rédempteur est vivant, et que je ressusciterai au dernier jour ; que je verrai dans ma chair mon Dieu, mon Sauveur, et que je le contemplerai de mes propres yeux. C'est là l'espérance qui subsistera toujours dans mon âme (*Job.* xix, 25). » *J'attends la résurrection des morts.*

ET VITAM VENTURI (1) SÆCULI. *Et la vie du siècle à venir.* Tous les hommes bons et méchants ressusciteront (2) ; mais la résurrection des méchants sera une résurrection de jugement et de mort (3). La résurrection que les fidèles attendent est la résurrection à la vie. Ce n'est pas qu'après la résurrection et le jugement personne doive cesser de vivre. Les esprits sont immortels. Les démons vivront, et les damnés ressusciteront sans pouvoir jamais perdre la vie. Mais cette vie est une mort continuelle, parce qu'elle ne sert qu'à éterniser leurs peines et leur désespoir. La seule résurrection des bienheureux est suivie d'une vraie vie qui ne finira jamais. La vie de l'âme consiste essentiellement à connaître et à aimer, et la vie éternelle consiste à connaître Dieu tel qu'il est, et à l'aimer éternellement. Voilà la vie que nous espérons, et que les méchants n'auront jamais. *La résurrection à la vie n'est point pour vous,* disaient les saints Machabées au roi Antiochus (4). *Mais Dieu, pour qui nous donnons nos vies, nous ressuscitera pour la vie éternelle* (5). C'est ce que les chrétiens qui vivent selon leur état font profession d'attendre, et c'est ce qu'ils doivent demander de tout leur cœur, *la résurrection à la vie du siècle futur* qui ne finira jamais. AMEN.

REMARQUES
Sur le signe de la croix que le prêtre fait à la fin du *Credo*.

Le prêtre fait sur soi le signe de la croix en prononçant ces dernières paroles : *Et vitam,* etc. On voit dans Rufin qu'au iv° siècle tous les chrétiens faisaient sur eux le signe de la croix en finissant la récitation du Symbole des apôtres. Ce Symbole finissait alors dans la plupart des églises par *carnis resurrectionem,* comme nous l'apprennent le même Rufin, saint Jérôme, saint Augustin et plusieurs autres. On commençait ce signe en disant *carnis*, et comme l'on portait la main au front, on était déterminé à dire *carnis hujus resurrectionem,* pour montrer que c'était cette même chair qu'on touchait qui ressusciterait. Quelque temps après on ajouta ces mots : *Vitam œternam. Amen,* qui marquaient quelle est la résurrection que nous croyons et que nous espérons. Saint Cyprien au iii° siècle, et saint Cyrille de Jérusalem au milieu du iv°, avaient marqué cette addition ou cette explication, et elle devait être assez commune en 381, lorsque les Pères du second concile mirent, dans le Symbole que nous expliquons, *Et vitam venturi sæculi.* Comme les chrétiens étaient accoutumés à finir la récitation du Symbole par le signe de la croix, le prêtre a observé cet usage à la messe. On marque par là que nous n'attendons la résurrection et la vie future que par la vertu de la croix de Jésus-Christ, qui est ressuscité à la vie glorieuse pour faire ressusciter de même les fidèles, qui sont ses membres, et les faire monter dans le ciel, qu'il leur a ouvert par son ascension (6).

SYNODE.

L'Eglise emploie ce mot pour désigner un concile particulier formé des évêques d'un royaume ou d'une province ecclésiastique, ou même une réunion de prêtres d'un même diocèse, sous la présidence de leur évêque. C'est en ce sens que le mot *synode* est employé dans l'article suivant, extrait du Pontifical romain.

ORDRE A OBSERVER DANS UN SYNODE.	ORDO AD SYNODUM.
1. Les prêtres et les clercs que le droit ou la coutume obligent à se rendre au synode se réunissent dans la ville ou autre lieu que le pontife aura déterminé.	1. *Sacerdotes et clerici universi qui ad synodum de jure vel consuetudine venire tenentur, conveniunt in civitate, vel alio loco, prout pontifex ordinaverit.*
2. Au premier jour du synode, le pontife, revêtu d'une chape, accompagné de tout le clergé en surplis, se rend de grand matin à l'église ; il est habillé à son siége, dit la messe du Saint-Esprit, et donne au clergé la sainte communion. Après la messe on prépare un fauteuil vis-à-vis le milieu de l'autel, devant le bas des degrés par où l'on y monte ; on prépare un autre siége sur le marchepied de l'autel (on pourrait cependant y placer le fauteuil quand il en sera temps, au lieu d'avoir un second siége). Le pontife prend sur le rochet, ou s'il	2. *Prima autem die synodi, pontifex summo mane cappam indutus, ab universo clero cum superpelliceis comitatus ad ecclesiam pergit, paratur in sede; celebrat missam de Spiritu sancto, et præbet clero sacram communionem. Qua finita, paratur faldistorium ante medium altaris, juxta inferiorem gradum, per quem ad altare ascenditur ; et alia sedes in plano altaris (poterit tamen faldistorium suo tempore, loco secundæ sedis, cum tempus erit, poni). Pontifex vero supra rochetum, vel si sit regularis, supra superpelliceum amictu, stola, pluviali rubeo, et mitra pretiosa induitur, quibus pa-*

(1) Dans le Sacramentaire de Trèves du x° siècle, dans le Missel de Cologne de 1133, et dans un très-grand nombre d'anciens manuscrits on ne lit pas *venturi,* mais *futuri sæculi,* conformément à l'ancienne version du Symbole, qui est dans les actes du concile de Chalcédoine, faite littéralement sur le grec. (*Conc.* tom. IV, col. 563 et 564.) C'est une variété qui ne change rien dans le sens. En cet endroit *venturi* ou *futuri* est la même chose.

(2) Alii in vitam æternam, et alii in opprobrium. *Dan.* xii, 2.
(3) Qui vero mala egerunt, in resurrectionem judicii. *Joan.* xii, 29.
(4) II *Mach.* vii, 14.
(5) Defunctos nos pro suis legibus in æternæ vitæ resurrectione suscitabit. *Ibid.,* 9.
(6) *Voy.* la suite à l'art. OFFERTOIRE.

est religieux, sur le surplis, l'amict, l'étole, et une chape rouge ; il se couvre de la mitre précieuse, et tient le bâton pastoral en main ; il s'approche de l'autel, accompagné d'un diacre et d'un sous-diacre qui ont des ornements rouges, comme s'ils devaient remplir leurs fonctions à la messe ; il se met à genoux devant le fauteuil qu'on y a placé, et commence, sans mitre, cette antienne que le chœur continue sur le 8ᵉ ton :

« Exaucez-nous, Seigneur, selon l'étendue de votre clémence ; jetez les yeux sur nous selon la grandeur de vos miséricordes. »

ratus, baculum pastoralem manu ferens, accedit coram altari; diacono, et subdiacono paratis rubeis ornamentis, ac si in missa servire deberent, ipsum hinc et inde associantibus, et ibi ante faldistorium sibi paratum genuflexus, deposita mitra, incipit, schola prosequente, antiphonam ton. 8.

Exaudi nos, Domine, quoniam benigna est misericordia tua : et secundum multitudinem miserationum tuarum respice nos, Domine.

Psaume 68.

Salvum me fac, Deus, quoniam intraverunt aquæ usque ad animam meam.

3. Quand le psaume est commencé, le pontife est assis avec la mitre, jusqu'à ce que le psaume soit fini, et qu'on ait répété l'antienne.

3. Incepto psalmo sedet pontifex, accepta mitra, et sic manet quousque finiatur psalmus, et antiphona repetatur.

Infixus sum in limo profundi, et non est substantia.

Veni in altitudinem maris, et tempestas demersit me.

Laboravi clamans, raucæ factæ sunt fauces meæ ; defecerunt oculi mei, dum spero in Deum meum.

Multiplicati sunt super capillos capitis mei, qui oderunt me gratis.

Confortati sunt qui persecuti sunt me inimici mei injuste ; quæ non rapui tunc exsolvebam.

Deus, tu scis insipientiam meam, et delicta mea a te non sunt abscondita.

Non erubescant in me qui exspectant te, Domine, Domine virtutum.

Non confundantur super me, qui quærunt te, Deus Israel.

Quoniam propter te sustinui opprobrium ; operuit confusio faciem meam.

Extraneus factus sum fratribus meis, et peregrinus filiis matris meæ.

Quoniam zelus domus tuæ comedit me, et opprobria exprobrantium tibi ceciderunt super me.

Et operui in jejunio animam meam, et factum est in opprobrium mihi.

Et posui vestimentum meum cilicium, et factus sum illis in parabolam.

Adversum me loquebantur qui sedebant in porta, et in me psallebant qui bibebant vinum.

Ego vero orationem meam ad te, Domine ; tempus beneplaciti, Deus.

In multitudine misericordiæ tuæ exaudi me, in veritate salutis tuæ.

Eripe me de luto, ut non infigar ; libera me ab iis qui oderunt me, et de profundis aquarum.

Non me demergat tempestas aquæ ; neque absorbeat me profundum ; neque urgeat super me puteus os suum.

Exaudi me, Domine, quoniam benigna est misericordia tua ; et secundum multitudinem miserationum tuarum respice in me.

Et ne avertas faciem tuam a puero tuo : quoniam tribulor, velociter exaudi me.

Intende animæ meæ, et libera eam : propter inimicos meos eripe me.

Tu scis improperium meum, et confusionem meam, et reverentiam meam.

In conspectu tuo sunt omnes qui tribulant me : improperium exspectavit cor meum, et miseriam.

Et sustinui qui simul contristaretur, et non fuit ; et qui consolaretur, et non inveni.

Et dederunt in escam meam fel, et in siti mea potaverunt me aceto.

Fiat mensa eorum coram ipsis in laqueum, et in retributiones, et in scandalum.

Obscurentur oculi eorum ne videant, et dorsum eorum semper incurva.

Effunde super eos iram tuam, et furor iræ tuæ comprehendat eos.

Fiat habitatio eorum deserta, et in tabernaculis eorum non sit qui inhabitet.

Quoniam quem tu percussisti, persecuti sunt, et super dolorem vulnerum meorum addiderunt.

Appone iniquitatem super iniquitatem eorum, et non intrent in justitiam tuam.

Deleantur de libro viventium, et cum justis non scribantur.

Ego sum pauper et dolens ; salus tua, Deus, suscepit me.

Laudabo nomen Dei cum cantico, et magnificabo eum in laude.

Et placebit Deo super vitulum novellum, cornua producentem et ungulas.

Videant pauperes et lætentur, quærite Deum, et vivet anima vestra.

Quoniam exaudivit pauperes Dominus, et vinctos suos non despexit.

Laudent illum cœli et terra, mare et omnia reptilia in eis.

Quoniam Deus salvam faciet Sion, et ædificabuntur civitates Juda.

Et inhabitabunt ibi, et hæreditate acquirent eam.

Et semen servorum ejus possidebit eam, et qui diligunt nomen ejus, habitabunt in ea.

Gloria Patri, *etc.* Sicut erat, *etc.*

4. Quand on a fini le psaume et répété l'antienne, le pontife dépose la mitre, se lève, et dit, tourné vers l'autel :

4. Finito psalmo et repetita antiphona, pontifex surgit, deposita mitra, et versus ad altare, dicit :

Adsumus (1), Domine sancte Spiritus, adsumus, peccati quidem immanitate detenti, sed in nomine tuo specialiter aggregati; veni ad nos, adesto nobis, dignare illabi cordibus nostris; doce nos quid agamus; quo gradiamur ostende, quid efficiamus operare. Esto solus et suggestor et effector judiciorum nostrorum, qui solus cum Deo Patre et ejus Filio nomen possides gloriosum : non nos patiaris perturbatores esse justitiæ, qui summe diligis æquitatem; sinistrum nos non ignorantiæ trahat; non favor inflectat; non acceptio muneris vel personæ corrumpat : sed junge nos tibi efficaciter solius tuæ gratiæ dono, ut simus in te unum, et in nullo deviemus a vero; quatenus in nomine tuo collecti, sic in cunctis teneamus cum moderamine pietatis justitiam, ut hic a te in nullo dissentiat sententia nostra, et in futuro pro bene gestis consequamur præmia sempiterna.

Tous répondent : Amen. — ℟ Respondetur ab omnibus : Amen.

Oremus (2).

Omnipotens sempiterne Deus, qui misericordia tua nos incolumes in hoc loco specialiter aggregasti; mentes nostras, quæsumus, Paraclitus, qui a te procedit, illuminet, et inducat in omnem, sicut tuus promisit Filius, veritatem; cunctosque in tua fide et charitate corroboret; ut excitati a temporali synodo, proficiamus ad æternæ felicitatis augmentum. Per eumdem Dominum nostrum Jesum Christum Filium tuum, qui tecum vivit et regnat in unitate ejusdem Spiritus sancti Deus, per omnia sæcula sæculorum. ℟ Amen.

5. Après cette oraison le pontife reçoit la mitre, se met à genoux, appuyé sur son fauteuil ; tous les autres se mettent aussi à genoux, et l'on chante les litanies comme elles sont à l'article ORDINATIONS. Après ces mots : *Ut omnibus fidelibus*, etc., il se lève, et, tenant le bâton pastoral à la main gauche, il bénit toute l'assemblée, sur qui il fait un signe de croix en disant :

« Daignez visiter, disposer et bénir le présent synode. ℟.

5. *Finita oratione, pontifex, accepta mitra, procumbit supra faldistorium prædicatum, aliis omnibus genuflectentibus, et cantores dicunt litanias, prout habentur supra. Et postquam dictum fuerit : Ut omnibus fidelibus defunctis, etc., ℟ Te rogamus audi nos, pontifex surgit, et baculum pastoralem in sinistra tenens, stans versus ad synodum dicit :*

Ut hanc præsentem synodum visitare, disponere et bene † di-

Nous vous en prions, exaucez-nous. »

Après cela il se met encore à genoux, et les chantres achèvent les litanies. Ensuite tous se lèvent, et le pontife, ayant déposé la mitre, dit ce qui suit, étant debout, tourné vers l'autel.

Oremus (3).

Les ministres : « Fléchissons les genoux. ℟ Levez-vous. »

Da, quæsumus, Ecclesiæ tuæ, misericors Deus, ut Spiritu sancto congregata, secura tibi devotione servire mereatur. Per Dominum nostrum Jesum Christum Filium tuum, qui tecum vivit et regnat in unitate ejusdem Spiritus sancti Deus, per omnia sæcula sæculorum. ℟ Amen.

6. Le pontife, ayant reçu la mitre, monte au siége qu'on lui a préparé sur le marchepied de l'autel; il s'y assied, tourné vers l'assemblée. Il met de l'encens dans l'encensoir, et le bénit à l'ordinaire. Le diacre, ayant reçu la bénédiction du pontife, précédé du thuriféraire et de deux céroféraires, va chanter l'Evangile au lieu accoutumé; le sous-diacre précède aussi, ayant, comme le diacre, les ornements rouges.

« Suite du saint Evangile selon saint Luc.

Chap. 9.

« En ce temps-là, Jésus, ayant assemblé ses douze apôtres, leur donna l'autorité sur tous les démons, et le pouvoir de guérir les maladies. Il les envoya prêcher le royaume de Dieu et

cere digneris, ℟ Te rogamus, audi nos.

Producens signum crucis pariter super omnes ; quo facto, iterum accumbit, cantoribus litanias perficientibus. Quibus dictis, surgunt omnes, et pontifex, deposita mitra, dicit stans versus ad altare.

Oremus (3).

Et ministri. Flectamus genua. ℟ Levate.

6. *Deinde pontifex, accepta mitra, ascendit ad sedem sibi paratam in plano altaris, ita ut in ea sedens dorsum suum vertat ad altare. Et imponit incensum in thuribulum, et benedicit more solito. Diaconus dalmatica indutus, præcedentibus thuriferario et duobus ceroferariis, et subdiacono tunicella induto, paramentis rubeis, benedictione accepta a pontifice, cantat in loco convenienti :*

Sequentia sancti Evangelii † secundum Lucam.

Cap. 9.

In illo tempore, convocatis Jesus duodecim apostolis, dedit illis virtutem et potestatem super omnia dæmonia, et ut languores curarent. Et misit illos prædicare regnum Dei, et sanare

---

(1) Cette prière est adressée au Saint-Esprit qu'on appelle Seigneur ; on s'y reconnaît coupable de péché, et cependant assemblé en son nom. On lui demande qu'il vienne à nous, qu'il nous assiste, qu'il daigne se répandre dans nos cœurs ; qu'il nous apprenne ce que nous devons faire, qu'il nous montre la voie où nous devons marcher, qu'il agisse avec nous. On le prie d'être le seul principe de nos jugements, lui qui seul avec le Père et le Fils possède un nom glorieux ; de ne pas souffrir que nous manquions à la justice, lui qui aime souverainement l'équité ; que nous soyons égarés par l'ignorance, ou fléchis par la complaisance, ou corrompus par les présents, ou par la considération des personnes ; nous le prions de nous joindre efficacement à lui par sa seule grâce, afin que nous soyons un en lui, sans nous détourner en rien de la vérité ; afin que, réunis en son nom, nous unissions tellement en tout la bonté avec la justice, que notre sentence ne diffère en rien de la sienne, et que nous obtenions par nos bonnes œuvres les récompenses éternelles.

(2) Dieu tout-puissant nous a réunis en ce lieu malgré tous les obstacles ; on lui demande que le consolateur qui procède de lui éclaire nos âmes, et nous manifeste toute vérité, selon la promesse de son Fils ; qu'il nous fortifie dans la foi et la charité ; afin qu'excités par ce synode célébré dans le temps, nous augmentions notre bonheur éternel.

(3) On demande que l'Eglise assemblée par l'Esprit-Saint serve Dieu avec liberté et dévouement.

guérir les infirmes, et il leur dit : N'ayez en chemin ni pain, ni bâton, ni besace, ni argent, ni deux habits. Dans quelque maison que vous entriez, demeurez-y, sans chercher à vous mieux loger ; si l'on ne vous reçoit pas dans une ville, retirez-vous en secouant même la poussière de vos pieds, pour servir de témoignage contre eux. Etant sortis, ils parcouraient les bourgades, prêchant et guérissant partout les malades. »

7. Après cet Evangile, le sous-diacre emporte le livre ouvert au pontife qui le baise, et qui est encensé ensuite. Puis le pontife se met à genoux devant son siége sans mitre, tourné vers l'autel, et tous les autres sont à genoux à leur place. Alors le pontife ainsi à genoux entonne cette hymne que le chœur continue :

Veni, creator Spiritus (1).

8. Quand on a fini le premier verset, le pontife se lève, et reste debout, sans mitre, jusqu'à la fin de l'hymne ; tous les autres se lèvent aussi en même temps.

9. Après l'hymne, tous sont assis en silence : le pontife, ayant reçu la mitre, étant assis sur le marchepied de l'autel, leur fait cette allocution, s'il le juge à propos :

« Vénérables coopérateurs de notre sacerdoce et frères bien-aimés, après avoir adressé à Dieu nos prières, ayant à traiter ce qui concerne les divins offices, ou les ordres sacrés, ou notre conduite et les besoins de l'Eglise, il est néces-

infirmos. Et ait ad illos : Nihil tuleritis in via, neque panem, neque virgam, neque peram, neque pecuniam, neque duas tunicas habeatis. Et in quamcunque domum intraveritis, ibi manete, et inde ne exeatis. Et quicunque non receperint vos, exeuntes de civitate illa, etiam pulverem pedum vestrorum excutite in testimonium super illos. Egressi autem circuibant per castella evangelizantes et curantes ubique.

7. Quo finito, liber Evangeliorum apertus per subdiaconum portatur pontifici per eum osculandus, qui et deinde incensatur. Quo facto pontifex ipse ante sedem suam prædictam, deposita mitra, versus ad altare, atque alii omnes in locis suis genuflectunt. Tum pontifex sic genuflexus incipit cantando, schola prosequente, hymnum

Veni, creator Spiritus (1).

8. Finito primo versu, pontifex surgit, stans versus ad altare, sine mitra, usque ad finem hymni ; similiter omnes alii cum pontifice surgunt.

9. Expleto hymno, omnes sedent in silentio, et pontifex, accepta mitra, sedens in sede prædicta supra ; in plano altaris posita, eos, si placet, in hanc sententiam alloquitur :

Venerabiles consacerdotes, et fratres nostri charissimi, præmissis Deo precibus, oportet ut ea quæ de divinis officiis, vel sacris ordinibus, aut etiam de nostris moribus et necessitatibus ecclesiasticis a nobis conferenda sunt, cum cha-

saire que chacun de vous reçoive ce que nous aurons réglé, avec charité, avec bonté et avec le plus grand respect dont il soit capable avec l'aide de Dieu ; et que chacun s'applique à corriger fidèlement et de tout son pouvoir ce qui mérite correction ; et s'il arrive que ce qu'on dira ou fera déplaise à quelqu'un, qu'il le dise hautement en présence de tous, sans crainte d'être contredit, afin que le Seigneur amène cela même à l'état de perfection ; de sorte qu'on bannisse toute discorde et contention injuste, et que la sollicitude et la vigueur sacerdotale ne néglige pas la recherche de la vérité

10. Après cette allocution, ou auparavant, si le pontife le préfère, quelqu'un savant et habile fait un discours, sur la discipline ecclésiastique, sur les divins mystères, sur la réforme des mœurs du clergé, selon que le pontife l'aura jugé convenable. Après quoi, s'il y a des plaintes, on les écoute.

11. Ensuite l'archidiacre lit tout haut en chaire les décrets du saint concile de Trente au sujet de la résidence, et de la profession de foi, qui sera ensuite prononcée dans la forme qui suit, entre les mains du pontife, par tous ceux qui y sont obligés. On lit encore ce qui concerne les examinateurs ; on les choisit ; ils sont aussitôt nommés et approuvés, et font serment entre les mains du pontife. Puis on lit ce qui a pour objet le choix des juges, à quoi l'on procède de la même manière.

12. Enfin tous sont

ritate et benignitate unusquisque vestrum suscipiat, summaque reverentia, quantum valet Domino adjuvante, percipiat, vel quæ emendatione digna sunt, omni devotione unusquisque fideliter studeat emendare ; et si cui forte quod dicetur aut agetur displiceat, sine aliquo scrupulo contentionis, palam coram omnibus confiterat ; quatenus Domino mediante et hoc ad optimum statum perveniat, ita ut nec discordans contentio ad subversionem justitiæ locum inveniat, neque iterum in perquirenda veritate vigor nostri ordinis, vel sollicitudo tepescat.

10. Post allocutionem hujusmodi, vel prius, prout magis placuerit pontifici, fit per aliquem virum doctum idoneum sermo, in quo tractatur de disciplina ecclesiastica, de divinis mysteriis et de correctione morum in clero, secundum ea quæ pontifici videbuntur. Et post sermonem, querelæ, si quæ sint, audiuntur.

11. Deinde archidiaconus ex suggestu alta voce legit decreta sacri concilii Tridentini de residentia et de professione fidei, quam tunc emittent omnes, qui ad eam tenentur, in manibus pontificis, juxta formam infra positam ; item de eligendis examinatoribus, qui statim nominantur et approbantur, et jurant in manibus pontificis ; demum de eligendis judicibus causarum, qui similiter proponuntur ut supra.

12. Postremo cha-

(1) Voyez cette hymne et sa traduction à l'art. Esprit-Saint ou à l'art. Ordination.

avertis charitablement, d'avoir des procédés honnêtes, pendant la tenue du synode, au dedans et au dehors, de manière qu'on puisse avec raison proposer à tous leur conduite pour modèle. Après quoi le pontife se lève et bénit solennellement les assistants, en disant à l'ordinaire: *Sit nomen*, etc. Puis tous se retirent.

FORME DU SERMENT.

« Moi N., je crois d'une ferme foi, et je professe toutes et chacune des choses qui sont contenues dans le Symbole de la foi dont l'Eglise romaine se sert, savoir : Je crois en un seul Dieu, etc. » (*Voyez* cette traduction à l'art. SYMBOLE.)

ritative monentur omnes quod durante synodo honeste se habeant in domibus et extra; itaquod eorum conversatio cœteris sit merito in exemplum, Quo facto surgit pontifex, et solemniter omnibus benedicit, dicens :

Sit nomen Domini benedictum, etc., more consueto, qua data discedunt omnes.

FORMA JURAMENTI.

Ego N., firma fide credo et profiteor omnia et singula quæ continentur in Symbolo fidei, quo sancta romana Ecclesia utitur videlicet, Credo in unum Deum, Patrem omnipotentem. Factorem cœli et terræ, visibilium omnium et invisibilium. Et in unum Dominum Jesum Christum, Filium Dei unigenitum. Et ex Patre natum, ante omnia sæcula. Deum de Deo, lumen de lumine, Deum verum de Deo vero. Genitum, non factum, consubstantialem Patri, per quem omnia facta sunt. Qui propter nos homines, et propter nostram salutem descendit de cœlis. Et incarnatus est de Spiritu sancto ex Maria virgine ; et homo factus est. Crucifixus etiam pro nobis sub Pontio Pilato, passus et sepultus est. Et resurrexit tertia die, secundum Scripturas. Et ascendit in cœlum; sedet ad dexteram Patris. Et iterum venturus est cum gloria judicare vivos et mortuos ; cujus regni non erit finis. Et in Spiritum sanctum Dominum et vivificantem; qui ex Patre Filioque procedit. Qui cum Patre et Filio simul adoratur et conglorificatur; qui locutus est per prophetas. Et unam sanctam catholicam et apostolicam Ecclesiam. Confiteor unum baptisma in remissionem peccatorum. Et exspecto resurrectionem mortuorum. Et vitam venturi sæculi. Amen.

« J'admets et embrasse très-fermement les traditions apostoliques et ecclésiastiques, et les autres observances et constitutions de la même Eglise.

« J'admets la sainte Ecriture selon le sens adopté par notre mère la sainte Eglise à qui il appartient de juger du sens et de l'interprétation des saintes Ecritures; je ne l'entendrai et l'expliquerai jamais contre le sentiment unanime des Pères.

« Je proteste qu'il y a dans la nouvelle loi des sacrements vrais et proprement dits, au nombre de sept, institués par Jésus-Christ, Notre-Seigneur, pour le salut du genre humain, quoique tous ne soient pas nécessaires à chaque personne ; ce sont, le baptême, la confirmation, l'eucharistie, la pénitence, l'extrême-onction, l'ordre et le mariage; je confesse qu'ils produisent la grâce, et que ces trois, le baptême, la confirmation et l'ordre, ne peuvent être réitérés sans sacrilége. Je reçois et admets les rites reçus et approuvés de l'Eglise catholique dans l'administration solennelle des susdits sacrements. Je reçois et embrasse toutes et chacune des choses définies et déclarées par le très-saint concile de Trente concernant le péché originel et la justification.

« Je professe pareillement qu'à la messe on offre à Dieu vraiment et proprement un sacrifice propitiatoire pour les vivants et les morts ; et que dans le très-saint sacrement de l'eucharistie, il y a vraiment, réellement et substantiellement le corps et le sang avec l'âme et la divinité de Notre-Seigneur Jésus-Christ, et qu'il se fait un changement de toute la substance du pain en son corps, et de toute la substance du vin en son sang; changement que l'Eglise catholique appelle transsubstantiation.

crarum Scripturarum admitto ; nec eam unquam nisi juxta unanimem consensum Patrum accipiam et interpretabor.

Profiteor quoque septem esse vere et proprie sacramenta novæ legis, a Jesu Christo Domino nostro instituta, atque ad salutem humani generis, licet non omnia singulis necessaria , scilicet baptismum, confirmationem, eucharistiam, pœnitentiam, extremam unctionem, ordinem et matrimonium; illaque gratiam conferre, et ex his baptismum , confirmationem et ordinem, sine sacrilegio reiterari non posse. Receptos quoque et approbatos Ecclesiæ catholicæ ritus , in supradictorum omnium sacramentorum solemni administratione recipio et admitto; omnia et singula quæ de peccato originali et de justificatione in sacrosancta Tridentina synodo definita et declarata fuerunt, amplector et recipio.

Profiteor pariter in missa offerri Deo verum , proprium et propitiatorium sacrificium, pro vivis et defunctis; atque in sanctissimo eucharistiæ sacramento esse vere, realiter et substantialiter corpus et sanguinem, una cum anima et divinitate Domini nostri Jesu Christi, fierique conversionem totius substantiæ panis in corpus, et totius substantiæ vini in sanguinem, quam conversionem catholica Ecclesia transsubstantiationem appellat.

« Je confesse qu'on reçoit Jésus-Christ tout entier et un vrai sacrement, même sous une seule espèce. Je tiens pour constant qu'il existe un purgatoire, et que les âmes qui y sont détenues sont soulagées par les suffrages des fidèles. Je tiens pareillement que les saints qui règnent avec Jésus-Christ sont dignes de vénération et méritent d'être invoqués; qu'ils offrent à Dieu des prières pour nous, et que leurs reliques sont vénérables. Je crois très-fermement que les images de Jésus-Christ, celles de la Mère de Dieu toujours vierge et des autres saints ne doivent pas être proscrites, qu'il faut en conserver l'usage et leur rendre l'honneur et la vénération qu'elles méritent. J'affirme que le pouvoir d'accorder des indulgences a été laissé par Jésus-Christ à l'Eglise; que l'usage en est très-salutaire au peuple chrétien. Je reconnais pour sainte, catholique et apostolique, l'Eglise romaine, mère et maîtresse de toutes les Eglises. Je promets et jure une vraie obéissance au pontife romain, successeur du bienheureux Pierre, prince des apôtres, et vicaire de Jésus-Christ. Je reçois et professe sans hésiter toutes les autres choses transmises, définies et déclarées par les saints canons, les conciles œcuméniques, et surtout par le très-saint concile de Trente; en même temps je condamne, rejette et anathématise tout ce qui y est contraire, toutes les hérésies condamnées, rejetées et anathéma-

Fateor etiam sub altera tantum specie totum atque integrum Christum, verumque Sacramentum sumi. Constanter teneo purgatorium esse, animasque ibi detentas fidelium suffragiis juvari. Similiter et sanctos una cum Christo regnantes, venerandos atque invocandos esse; eosque orationes Deo pro nobis offerre; atque eorum reliquias esse venerandas. Firmissime assero imagines Christi ac Deiparæ semper virginis, necnon aliorum sanctorum, habendas et retinendas esse, atque eis debitum honorem ac venerationem impertiendam. Indulgentiarum etiam potestatem a Christo in Ecclesia relictam fuisse; illarum usum christiano populo maxime salutarem esse affirmo. Sanctam catholicam et apostolicam romanam Ecclesiam, omnium Ecclesiarum matrem et magistram agnosco; romanoque pontifici, beati Petri apostolorum principis successori, ac Jesu Christi vicario veram obedientiam spondeo ac juro. Cætera item omnia a sacris canonibus et œcumenicis conciliis, ac præcipue a sacrosancta Tridentina synodo tradita, definita et declarata, indubitanter recipio atque profiteor; simulque contraria omnia atque hæreses quascunque ab Ecclesia damnatas, et rejectas, et anathematizatas, ego pariter damno, rejicio et anathematizo. Hanc veram catholicam fidem, extra quam nemo salvus esse potest, quam in præsenti sponte profiteor et veraciter teneo, eamdem integram et

tisées par l'Eglise. Cette foi catholique hors de laquelle personne ne peut être sauvé, que je professe en ce moment de moi-même, et que je tiens dans le cœur, je la tiendrai et la professerai constamment entière et sans tache (avec l'aide de Dieu), jusqu'au dernier soupir de ma vie; et j'aurai soin, autant qu'il dépendra de moi, que mes sujets, ou ceux dont le soin me sera confié, la conservent par l'instruction et par la prédication. Moi encore N., je le promets, j'en fais vœu et serment. Que pour cela Dieu me soit en aide, et ces saints Evangiles. »

13. Le second jour, tous retournent à l'église; quand la messe est finie, le pontife, revêtu comme on l'a dit, s'approche de l'autel, accompagné du diacre et du sous-diacre, qui ont aussi leurs ornements; il se met à genoux, sans mitre, devant le fauteuil placé au bas des marches de l'autel, où il commence, et le chœur continue cette antienne sur le 8ᵉ ton :

« Soyez propice à nos péchés, Seigneur, afin que les nations ne disent pas : Où est leur Dieu ? »

14. Quand on a fini l'antienne et commencé le psaume, le pontife, ayant repris la mitre, est assis jusqu'à la fin du psaume.

inviolatam, usque ad extremum vitæ spiritum, constantissime (Deo adjuvante) retinere et confiteri, atque a meis subditis, vel illis quorum cura ad me in munere meo spectabit teneri, doceri et prædicari, quantum in me erit, curaturum. Ego idem N. spondeo, voveo ac juro. Sic me Deus adjuvet, et hæc sancta Dei Evangelia.

13. Secunda die convenientibus iterum omnibus in ecclesia, finita missa, pontifex paratus ut supra procedit coram altari, diacono et subdiacono paratis ut supra ipsum associantibus, et ibi in faldistorio ante medium altaris juxta inferiorem gradum sibi parato genuflexus, deposita mitra, inchoat, schola prosequente, antiphonam ton. 8 :

Propitius esto peccatis nostris, Domine, nequando dicant gentes : Ubi est Deus eorum ?

14. Finita antiphona et incepto psalmo, sedet pontifex, reassumpta mitra, usque ad finem psalmi.

Psaume 78.

Deus, venerunt gentes in hæreditatem tuam : polluerunt templum sanctum tuum : posuerunt Jerusalem in pomorum custodiam.

Posuerunt morticina servorum tuorum escas volatilibus cœli ; carnes sanctorum tuorum bestiis terræ.

Effuderunt sanguinem eorum tanquam aquam in circuitu Jerusalem, et non erat qui sepeliret.

Facti sumus opprobrium vicinis nostris ; subsannatio et illusio his qui in circuitu nostro sunt.

Usquequo, Domine, irasceris in finem ; accendetur velut ignis zelus tuus?

Effunde iram tuam in gentes quæ te non noverunt, et in regna quæ nomen tuum non invocaverunt.

Quia comederunt Jacob, et locum ejus desolaverunt.

Ne memineris iniquitatum nostrarum antiquarum, cito anticipent nos misericordiæ tuæ, quia pauperes facti sumus nimis.

Adjuva nos, Deus salutaris noster, et propter gloriam nominis tui, Domine, libera nos, et propitius esto peccatis nostris, propter nomen tuum.

Ne forte dicant in gentibus : Ubi est Deus eorum ? et innotescat in nationibus coram oculis nostris,

Ultio sanguinis servorum tuorum, qui effusus est; introeat in conspectu tuo gemitus compeditorum.

Secundum magnitudinem brachii tui, posside filios mortificatorum.

Et redde vicinis nostris septuplum in sinu eorum; improperium ipsorum, quod exprobraverunt tibi, Domine.

Nos autem populus tuus et oves pascuæ tuæ, confitebimur tibi in sæculum.

In generationem et generationem annuntiabimus laudem tuam.

Gloria Patri, et Filio, et Spiritui sancto. Sicut erat in principio, *etc.*

15. Quand on a fini le psaume et répété l'antienne, le pontife dépose la mitre, se lève, se tourne vers l'autel, et dit :

Prions.

Nous vous supplions, Seigneur, en fléchissant les genoux par la disposition de nos cœurs, de nous faire exécuter le bien que vous exigez de nous, afin que, marchant avec vous par une active sollicitude, nous voyions juste dans ce qu'il est difficile de discerner, et que, portés à la clémence, nous réussissions à vous plaire dans nos déterminations. Par J.-C. Notre-Seigneur. Ainsi soit-il

Prions.

Daignez, Seigneur, répandre votre Esprit-Saint dans nos âmes, afin que, réunis en votre nom, nous tempérions tellement la justice par la bonté, que notre volonté ne s'écarte en rien de la vôtre; mais que, nous proposant toujours des choses raisonnables, nous accomplissions en paroles et en actions ce qui vous est agréable. Par Notre-Seigneur, etc.

Prions.

Les ministres: «Fléchissons les genoux. ℟ Levez-vous.»

O Dieu! qui nous ordonnez de parler selon la justice et de juger selon l'équité, accordez-nous de bannir l'iniquité de notre bouche et la perversité de notre esprit, afin qu'ayant un cœur pur, nos paroles y soient conformes ; que l'on voie la justice dans nos actions, la sincérité dans notre bouche et la vérité dans notre cœur. Par Notre-Seigneur, etc.

16. Après cela, le pontife, ayant reçu la mitre, monte sur le marchepied de l'autel, et s'y assied au fauteuil qu'on y a placé.

17. Alors le diacre approche avec le thuriféraire, le pontife met de l'encens, puis il bénit le diacre qui va chanter l'Évangile au lieu accoutumé, comme le jour précédent, sans omettre les signes de croix et l'encensement ; le pontife est debout, sans mitre, devant le même siége, tourné vers le diacre.

« Suite du saint Évangile selon † saint Luc.

Chap. 10.

« En ce temps-là, le Seigneur choisit encore soixante-douze autres disciples, et il les envoya devant lui, deux à deux, dans toutes les villes et dans tous les lieux sed semper rationabilia meditantes, quæ tibi sunt placita et dictis exsequamur et factis. Per Dominum nostrum Jesum Christum Filium tuum, qui tecum vivit et regnat in unitate ejusdem Spiritus sancti, Deus, per omnia sæcula sæculorum. Amen.

Oremus.

Et ministri dicunt : Flectamus genua. ℟ Levate.

Deus, qui nos justitiam loqui, et quæ recta sunt præcipis judicare, tribue nobis ut neque iniquitas in ore, nec pravitas inveniatur in mente; ut puro cordi purior sermo consentiat, ostendatur in opere justitia, neque appareat dolus in lingua, sed ex corde veritas proferatur. Per Dominum nostrum Jesum Christum Filium tuum, qui tecum vivit et regnat in unitate Spiritus sancti Deus, per omnia sæcula sæculorum. ℟ Amen.

16. *Post hæc pontifex, accepta mitra, ascendit ad planum altaris, et sedet in sede, seu faldistorio ibidem sibi parato.*

17. *Tum accedit diaconus cum thuriferario, et pontifex imponit incensum, deinde diacono benedicit, qui procedens ad locum consuetum signat, incensat et cantat Evangelium ut heri, pontifice ante sedem prædictam sine mitra verso ad diaconum stante.*

Sequentia sancti Evangelii secundum † Lucam.

Cap. 10.

In illo tempore, designavit Dominus et alios septuaginta duos; et misit illos binos ante faciem suam in omnem civitatem et locum quo erat ipse venturus.

Oremus.

Nostrorum tibi, Domine, curvantes genua cordium, quæsumus, ut bonum quod in nobis a te requiritur exsequamur; scilicet, ut prompta tecum sollicitudine gradientes, discretionis arduæ subtile judicium faciamus, ac misericordiam diligentes, clareamus studiis tibi placitæ actionis. Per Christum Dominum nostrum. ℟ Amen.

Oremus.

Mentibus nostris, quæsumus, Domine, Spiritum sanctum benignus infunde, quatenus in nomine tuo collecti, sic in cunctis teneamus cum moderamine pietatis justitiam, ut hic a te in nullo dissentiat voluntas nostra,

où lui-même devait aller. Et il leur disait : La moisson est grande ; mais il y a peu d'ouvriers. Priez donc le maître de la moisson qu'il envoie des ouvriers en sa moisson. Allez donc, voilà que je vous envoie comme des agneaux au milieu des loups. Ne portez ni bourse, ni sac, ni souliers, et ne saluez personne en chemin. En quelque maison que vous entriez, dites d'abord : La paix soit en cette maison ; et s'il s'y trouve quelque enfant de paix, votre paix reposera sur lui ; sinon, elle retournera sur vous. Demeurez en la même maison, mangeant et buvant de ce qu'il y aura chez eux ; car celui qui travaille mérite sa récompense. Ne passez point de maison en maison ; et dans quelque ville que vous entriez et où l'on vous aura reçus, mangez ce qu'on vous présentera, et guérissez les malades qui s'y trouveront, et dites-leur : Le royaume de Dieu est proche de vous. »

Et dicebat illis : Messis quidem multa, operarii autem pauci. Rogate ergo dominum messis ut mittat operarios in messem suam. Ite : ecce ego mitto vos sicut agnos inter lupos. Nolite portare sacculum, neque peram, neque calceamenta, et neminem per viam salutaveritis. In quamcunque domum intraveritis, primum dicite : Pax huic domui ; et si ibi fuerit filius pacis, requiescet super illum pax vestra ; sin autem, ad vos revertetur. In eadem autem domo manete, edentes et bibentes quæ apud illos sunt ; dignus est enim operarius mercede sua. Nolite transire de domo in domum. Et in quamcunque civitatem intraveritis et susceperint vos, manducate quæ apponuntur vobis ; et curate infirmos qui in illa sunt, et dicite illis : Appropinquavit in vos regnum Dei.

18-19. On fait tout le reste comme le premier jour, et on lit les constitutions qui doivent être confirmées dans le synode par la voie du scrutin. (*Voy.* les n. 7-11 qui précèdent.)

Veni, creator Spiritus.

Et dicitur totus, ut supra, col. 411, *quem schola prosequitur, ut in primo die. Finito primo versu, pontifex surgit, stans versus ad altare, detecto capite usque ad finem hymni : Simili modo faciunt omnes alii. Expleto hymno, omnes sedent in silentio. Tunc pontifex sedens in sede prædicta cum mitra, synodum his verbis alloquitur, si velit* (1).

Venerabiles et dilectissimi fratres nostri, oportet ut sicut hesterna die admonuimus benignam mansuetudinem vestram, de divinis officiis et sacris altaris gradibus ; aut etiam de moribus et necessitatibus ecclesiasticis, quæcunque emendanda vel renovanda sunt, charitas omnium vestrum, ubicunque

18. *Quo finito, et per pontificem libro osculato, et ipso incensato, pontifex sine mitra ante sedem prædictam versus ad altare, ac aliis omnibus in suis locis genuflexis, incipit, schola prosequente hymnum*

noverit aliqua emendatione condigna, in medium proferre non ambigat ; ut per vestræ charitatis studium, Domino largiente, ad optimum perveniant statum, ad laudem et gloriam nominis Jesu Christi Domini nostri.

19. *Post allocutionem hujusmodi, vel prius, si magis placet pontifici, fit sermo per aliquem doctum idoneum, in quo iterum tractetur de disciplina ecclesiastica, et aliis, de quibus pontifici videbitur. Deinde archidiaconus alta voce legit apostolicas Constitutiones ibi non promulgatas, vel alias, pro pontificis arbitrio. Quo finito, leguntur Constitutiones per synodum approbandæ ; quibus lectis, habito scrutinio, quæ placent, per Patres confirmantur. His peractis, pontifex surgens benedicit omnibus solemniter, ut heri. Deinde omnes discedunt.*

20-23. Le troisième jour, les cérémonies sont encore les mêmes. A la fin, le pontife se recommande aux prières de l'assemblée : on fait l'appel nominal de tous ceux qui ont dû assister au synode ; s'ils sont présents, chacun se lève et répond : Adsum. On note les absents, et le pontife leur inflige une peine.

20. *Die tertia conventione facta in ecclesia, finita missa, pontifex paratus ut heri, assistentibus sibi diacono et subdiacono paratis, genuflexus in faldistorio juxta inferiorem gradum ante medium altaris sibi parato, deposita mitra, incipit, schola prosequente, antiphonam :*

Puis le pontife, encore assis avec la mitre peut leur faire une exhortation, dont on voit ci-après le modèle

Exaudi nos, Domine, quoniam benigna est misericordia tua ; et secundum multitudinem miserationum tuarum respice nos, Domine.

Psalmus. Salvum me fac, Deus, quoniam intraverunt aquæ usque ad animam meam. *Et dicitur totus, prout habetur supra in primo die*, col. 407. *Deinde repetitur antiphona. Incepto psalmo, pontifex sedet et accipit mitram, sic manens quousque psalmus finiatur et antiphona repetatur ; qua repetita, deposita mitra, surgit, et stans versus ad altare, dicit :*

Prions.

Seigneur, nous crions intérieurement vers vous, demandant tous que, raffermis par votre grâce, nous devenions des prédicateurs intrépides de la vérité, et nous puissions annoncer votre parole en toute confiance. Par Notre-Seigneur Jésus-Christ, etc.

Oremus.

Ad te, Domine, interni clamoris vocibus proclamantes, unanimiter postulamus ut respectu tuæ gratiæ soliditi præcones veritatis efficiamur intrepidi, tuumque valeamus verbum cum omni fiducia loqui. Per Dominum nostrum Jesum Christum Filium tuum, qui tecum vivit et regnat in unitate Spiritus sancti, Deus, per omnia sæcula sæculorum. ℞ Amen.

(1) Cette allocution est au fond la même que celle du numéro 9 précédent.

Prions.

Dieu tout-puissant et éternel, qui avez promis, par la bouche sacrée de votre Fils, que lorsque deux ou trois seraient assemblés en votre nom, vous seriez au milieu d'eux, daignez assister à notre réunion, ayez la bonté d'éclairer notre cœur, afin que nous ne nous écartions en rien de ce qui est bon, et que nous suivions en tout le sentier droit de la justice. Par Notre-Seigneur J.-C., etc.

Spiritus sancti Deus, per omnia sæcula sæculorum. ℟ Amen.

Prions.

Les ministres disent : « Fléchissons les genoux. ℟ Levez-vous. »

O Dieu, qui dirigez et gouvernez les peuples avec indulgence et avec amour, donnez votre esprit de sagesse à ceux qui doivent régir les autres, afin que le profit des saintes âmes fasse la joie éternelle de leurs pasteurs. Par Notre-Seigneur Jésus-Christ, etc.

Spiritus sancti, Deus, per omnia sæcula sæculorum. ℟ Amen.

21. *Post hæc pontifex, accepta mitra, ascendit ad planum altaris, sedens in sede, seu faldistorio ibidem sibi parato. Tum accedit diaconus cum thuriferario, et pontifex imponit incensum : deinde benedicit diacono, qui procedens ad locum consuetum signat, incensat, et cantat Evangelium, ut heri, pontifice ante sedem prædictam sine mitra verso ad diaconum, stante.*

« Suite du saint Evangile selon † saint Matthieu.

Chap. 18.

« En ce temps-là Jésus dit à ses disciples : Si votre frère a péché contre vous, allez lui représenter sa faute en particulier entre vous et lui: s'il vous écoute, vous aurez gagné votre frère ; mais s'il ne vous écoute pas, prenez encore avec vous une ou deux personnes, afin que toutes vos paroles soient confirmées par l'autorité de deux ou trois témoins. S'il ne les écoute pas, dites-le à l'Eglise, et s'il n'écoute pas l'Eglise même, qu'il soit pour vous comme un païen et un publicain. En vérité je vous le dis, tout ce que vous lierez sur la terre sera lié dans le ciel, et tout ce que vous délierez sur la terre sera délié dans le ciel. Je vous dis encore que si deux d'entre vous s'unissent ensemble sur la terre, quelque chose qu'ils demandent, elle leur sera accordée par mon Père qui est dans les cieux. Car en quelque lieu que se trouvent deux ou trois personnes assemblées en mon nom, je m'y trouve au milieu d'elles. Alors Pierre, s'approchant de Jésus, lui dit : Seigneur, combien de fois pardonnerai-je à mon frère lorsqu'il aura péché contre moi ? sera-ce jusqu'à sept fois ? Jésus lui répondit : Je ne vous dis pas jusqu'à sept fois, mais jusqu'à septante fois sept fois. »

22. *Quo finito, et per pontificem libro osculato et ipso incensato, pontifex sine mitra ante sedem prædictam versus ad altare, atque aliis omnibus in locis suis genuflexis, incipit, schola prosequente, hymnum*

Veni, creator Spiritus.

Et dicitur totus, ut supra col. 457. Finito primo versu, pontifex surgens stat versus ad altare, detecto capite usque ad finem hymni. Simili modo faciunt omnes alii. Expleto hymno, omnes sedent in silentio. Tunc pontifex sedens in sede prædicta cum mitra, concilium seu synodum his verbis alloquitur, si velit. Poterit tamen hujusmodi allocutionem omittere, et quod ejus loco, si placebit, per aliquem doctum idoneum, de his quæ in allocutione continentur, et aliis opportunis sermo fiat, committere.

« Frères vénérables et bien-aimés, il convient que, par rapport aux offices ecclésiastiques, aux degrés du sacerdoce ou aux fonctions canoniques, si nos diverses occupations, ou (ce dont il faut convenir) not e

Oremus.

Omnipotens sempiterne Deus, qui sacro verbi tui oraculo promisisti, ubi duo vel tres in nomine tuo congregati essent, te medium fore, adesto cœtui nostro propitius, et cor nostrum illumina misericors, ut a bono misericordiæ tuæ nullatenus aberremus, sed rectum justitiæ tuæ tramitem in omnibus teneamus. Per Dominum nostrum Jesum Christum Filium tuum, qui tecum vivit et regnat in unitate

Oremus.

Et ministri dicunt : Flectamus genua. ℟ Levate.

Deus, qui populis tuis et indulgentia consulis, et amore dominaris, da spiritum sapientiæ tuæ quibus dedisti regimen disciplinæ, ut de profectu sanctarum ovium fiant gaudia æterna pastorum. Per Dominum nostrum Jesum Christum Filium tuum, qui tecum vivit et regnat in unitate ejusdem

Sequentia sancti Evangelii secundum † *Mattheum.*

Cap. 18.

In illo tempore, dixit Jesus discipulis suis : Si peccaverit in te frater tuus, vade, et corripe eum inter te et ipsum solum : si te audierit, lucratus eris fratrem tuum; si autem te non audierit, adhibe tecum adhuc unum vel duos, ut in ore duorum vel trium testium stet omne verbum. Quod si non audierit eos, dic Ecclesiæ; si autem Ecclesiam non audierit, sit tibi sicut ethnicus et publicanus. Amen dico vobis, quæcunque alligaveritis super terram, erunt ligata et in cœlo ; et quæcunque solveritis super terram, erunt soluta et in cœlo. Iterum dico vobis, quia si duo ex vobis consenserint super terram, de omni re quamcunque petierint, fiet illis a Patre meo qui in cœlis est. Ubi enim sunt duo vel tres congregati in nomine meo, ibi sum in medio eorum. Tum accedens Petrus, ad eum dixit: Domine, quoties peccabit in me frater meus, et dimittam ei ? usque septies ? Dicit illi Jesus : Non dico tibi usque septies, sed usque septuagies septies.

Venerabiles et dilectissimi fratres, convenit ut ea quæ de ecclesiasticis officiis, et sacerdotalibus gradibus, vel etiam canonicis sanctionibus, propter diversas occupationes, aut (quod negare non

négligence et celle des autres ont empêché de régler tout ce qui était nécessaire, nous nous appliquions tous unanimement et spontanément à le découvrir, et nous vous le proposions avec humilité et charité, afin que ce qui mérite correction soit amélioré, avec le secours du Seigneur. Et si quelque chose de ce qui a été réglé déplaît à quelqu'un, qu'il ne diffère pas de s'en ouvrir avec bonté et modestie à ses chers confrères ; de manière que tout ce qui aura été statué ou renouvelé dans notre réunion synodale ne rencontre aucune contrariété, soit observé et exécuté par tous sans distinction dans la concorde d'une sainte paix, pour augmenter le bonheur éternel de nous tous.

23. *Post hæc leguntur Constitutiones, si quæ sint, per synodum approbandæ; quibus lectis, et per Patres, si placet, confirmatis, atque omnibus terminatis, pontifex sedens cum mitra omnium orationibus se commendat. Deinde leguntur nomina omnium qui synodo interesse debent, et præsentes ad sua nomina surgunt, et respondent singuli : Adsum. Absentes vero notantur, et per pontificem debita pœna mulctantur. Demum pontifex adhuc in sede prædicta cum mitra sedens, si placet, congregatos admonet, et exhortatur, sub hujusmodi verbis :*

« Très-chers frères et prêtres du Seigneur, vous êtes les coopérateurs de notre ordre. Quoique indignes, nous tenons la place d'Aaron, et vous celle d'Éléazar et d'Ithamar. Nous succédons aux douze apôtres, et vous ressemblez aux soixante-douze disciples. Nous sommes vos pasteurs, et vous êtes les pasteurs des âmes qui vous sont confiées. Nous devons rendre compte de vous au souverain Pasteur Notre-Seigneur Jésus-Christ ; vous lui rendrez compte des peuples placés sous votre direction. Voyez donc, frères bien-aimés, ce que vous avez à craindre. Nous vous avertissons et nous vous conjurons comme des frères de ne pas oublier ce que nous vous suggérons, et de vous appliquer à le réaliser. Nous vous avertissons surtout de vivre et converser d'une manière irréprochable. Que les femmes ne cohabitent pas dans vos maisons. Chaque nuit levez-vous pour réciter les nocturnes. Ayez des heures fixes pour chanter l'office. Que personne ne célèbre sans être à jeun, ni avec des habits communs, mais avec des habits sacrés et propres, l'amict, l'aube, le cordon, le manipule, l'étole et la chasuble, qui ne servent pas à d'autres usages. Célébrez la messe avec religion ; prenez le corps et le sang de Notre-Seigneur Jésus-Christ avec crainte et le plus grand respect. Que les corporaux soient très-propres. Lavez les vases sacrés de vos propres mains, et nettoyez-les avec soin. Qu'aucune femme n'approche de l'autel du Seigneur, et ne touche le calice. Que l'autel soit couvert de divers linges propres, au moins de trois ; et qu'on n'y mette dessus que des reliques, des choses sacrées et convenables au sacrifice. Que chacun ait un Missel, un Bréviaire et un Martyrologe. Que vos églises soient bien couvertes et propres. Qu'il y ait dans les sacristies, ou près de l'autel, un lieu destiné à recevoir l'eau qui aura lavé les corporaux, les vases

possumus) propter nostram aliorumque desidiam, non tam plene ut oportet exsecuta sunt, omnium nostrum unanimi consensu et voluntate requirantur, et humiliter coram charitate vestra recitentur, ut quæ digna sunt emendatione ad meliorem statum, auxiliante Domino, perducantur. Et cui fortasse aliquid quod digestum est displicet, charitati vestræ cum benignitate et modestia intimare non differat ; quatenus totum quod synodali conventione nostra statutum fuerit vel renovatum, absque omni contrarietate, concordia sanctæ pacis ab omnibus æque custodiatur ac teneatur, ad augmentum æternæ beatitudinis omnium nostrum.

Fratres dilectissimi et sacerdotes Domini, cooperatores ordinis nostri estis. Nos, quamvis indigni, locum Aaron tenemus, vos autem locum Eleazari et Ithamari. Nos vice duodecim apostolorum fungimur, vos ad formam septuaginta duorum discipulorum estis. Nos pastores vestri sumus, vos autem pastores animarum vobis commissarum. Nos de vobis rationem redditurri sumus summo Pastori nostro Domino Jesu Christo, vos de plebibus vobis commendatis. Et ideo, fratres dilectissimi, videte periculum vestrum. Admonemus itaque et obsecramus fraternitatem vestram, ut quæ vobis suggerimus, memoriæ commendetis et opere exercere studeatis. In primis admonemus ut vita et conversatio vestra sit irreprehensibilis. In domibus vestris mulieres non cohabitent. Omni nocte ad nocturnas horas surgite. Officium vestrum horis certis decantate. Nullus, nisi jejunus missam celebret, et non in vestibus communibus, sed sacris et nitidis, amictu, alba, cingulo, manipulo, stola et casula, quæ ad alios usus non serviant. Missas religiose celebrate ; corpus et sanguinem Domini nostri Jesu Christi cum omni reverentia et tremore sumite. Corporalia mundissima sint. Vasa sacra propriis manibus abluite et extergite diligenter. Nulla femina ad altare Domini accedat, nec calicem Domini tangat. Altare sit coopertum mundis linteis, saltem tribus diversis. Et desuper nihil ponatur, nisi reliquiæ ac res sacræ et pro sacrificio opportunæ. Missale, Breviarium et Martyrologium unusquisque habeat. Ecclesiæ vestræ bene sint coopertæ et mundæ. In sacristiis sive secretariis, aut juxta altare majus, sit locus præparatus ad infundendum aquam ablutionis corporalium et vasorum sacrorum, ac manuum, postquam sanctum chrisma aut oleum catechumenorum vel infirmorum tractaveritis. Ibique pendeat

sacrés et les mains, quand elles ont touché le saint chrême, ou l'huile des catéchumènes, ou l'huile des infirmes. Qu'on trouve suspendu un vase d'eau pour laver les mains des prêtres et des autres qui doivent remplir des fonctions saintes, et tout près, un linge propre pour les essuyer. Que les portes de l'Eglise ferment bien. Que personne ne soit chargé d'une église par la puissance séculière, à notre insu et sans notre consentement. Que personne n'abandonne une église dont le titre lui est conféré, et ne passe à une autre en vue du gain. Que personne ne présume posséder plusieurs églises sans titre et contre les dispositions des saints canons. Que d'ailleurs aucune église ne soit divisée entre plusieurs. Que personne ne célèbre hors de l'église dans des lieux non consacrés. Que personne n'admette à la communion le paroissien d'un autre, si ce n'est qu'il voyage et qu'il ait l'agrément de son recteur. Que personne ne célèbre la messe dans la paroisse d'un autre, sans l'agrément du propre prêtre. Que pendant la célébration chacun fasse les signes de croix et les bénédictions sur le calice et sur les oblations, non en cercle ou par un simple mouvement des doigts, comme font quelques-uns, mais que, les doigts unis et étendus, il trace une croix et bénisse de la même manière. Que le calice et la patène soient d'or ou d'argent, et non d'airain ou de cuivre, de verre ou de bois. Que chaque prêtre ait un clerc ou un écolier pour chanter avec lui les psaumes, lire l'Epître et les leçons, et répondre à la messe. Que le prêtre visite lui-même les infirmes et les réconcilie; qu'il les communie de sa propre main et leur fasse les onctions saintes dont parle l'apôtre saint Jacques. Que personne ne s'avise de confier la communion à un laïque ou à une femme pour la porter à un malade. Que personne n'exige rien pour baptiser les enfants ou les adultes, réconcilier les infirmes ou ensevelir les morts. Qu'aucun enfant ne meure sans baptême par votre négligence, et aucun adulte sans communion. Qu'aucun de vous ne soit enclin à la boisson ni aux procès. Qu'aucun ne porte les armes. Qu'aucun ne s'occupe à des jeux de chiens ou d'oiseaux, et ne boive dans les tavernes. Que chacun de vous, selon sa capacité, dise quelque chose au peuple sur l'Evangile, le dimanche et les autres jours de fête. Prêchez la parole du Seigneur. Ayez soin des pauvres, des étrangers, des veuves et des orphelins; invitez même les étrangers à votre table. Soyez hospitaliers, donnant en cela aux autres le bon exemple. Chaque dimanche avant la messe, bénissez de l'eau pour asperger le peuple; ayez un vase réservé à cet usage. Ne donnez pas en gage les vases sacrés et les habits sacerdotaux à quelque négociant ou aubergiste. Si quelqu'un n'est pas vraiment pénitent que rien ne

vas cum aqua munda, pro lavandis manibus sacerdotum et aliorum qui rem sanctam et officium divinum sunt peracturi, et prope, linteum mundum ad illas abstergendum. Atria ecclesiæ sint bene munita. Nullus sine scitu et consensu nostro, per potestatem sæcularem ecclesiam obtineat. Nullus ecclesiam ad quam intitulatus est dimittat, et ad aliam quæstus gratia se transferat. Nullus plures ecclesias sine titulo et contra sacrorum canonum dispositiones nancisci præsumat. Nullatenus etiam una ecclesia inter plures dividatur. Nullus extra ecclesiam in locis non consecratis celebret. Nullus alterius parochianum, nisi itinerantem, et tunc de rectoris sui licentia ad communionem recipiat. Nullus in alterius parochia absque proprii sacerdotis licentia missam celebret. In celebratione quisque calicem et oblata non circulo aut digitorum vacillatione, ut quidam faciunt, sed junctis et extensis digitis cruce signet, sicque benedicat. Calix et patena sint aurei vel argentei, non ærei aut aurichalcei, vitrei vel lignei. Quisque presbyter clericum habeat vel scholarem qui cum eo psalmos cantet, Epistolam et lectionem legat, et in missa respondeat. Ipse quoque presbyter infirmos visitet et reconciliet, et juxta Apostolum propria manu communicet, oleo sancto inungat. Nullus præsumat tradere communionem laico aut feminæ, ad deferendum infirmo. Nullus pro baptizandis infantibus sive adultis, aut infirmis reconciliandis, aut mortuis sepeliendis, præmium vel munus exigat. Per negligentiam vestram nullus infans sine baptismo, et adultus sine communione pereat. Nullus vestrum sit ebriosus aut litigiosus. Nullus arma ferat. Nullus canum aut avium jocis inserviat, nullus in tabernis bibat. Quisque vestrum, quantum sapit, de Evangelio Dominico et cæteris festivis diebus suæ plebi annuntiet. Verbum Domini prædicate. Curam pauperum, peregrinorum, viduarum et orphanorum habete, ipsosque peregrinos ad prandium vestrum vocate. Estote hospitales, aliis exinde bonum exemplum præbentes. Singulis diebus Dominicis ante missam, aquam qua populus aspergatur benedicite, ad quod vas proprium habete. Vasa sacra et vestimenta sacerdotalia nolite negotiatori aut tabernario in pignus dare. Minus digne pœnitentem cujuscunque rei gratia ad reconciliationem non adducite, neque ei reconciliationis testimonium perhibete. Usuras non exigite. Nec facultates vestras post ordinationem vestram acquisitas alienate, quoniam Ecclesiæ sunt. Nullus etiam res, possessiones aut mancipium Ecclesiæ vendere, commutare, aut quocunque ingenio præsumat alienare. Nullus decimam alterius recipiat. Nullus pœnitentem, carnem manducare aut vinum bibere invitet, nisi pro eo tunc eleemosynam fecerit. Quisque fontes baptismales lapideos habeat

vous décide à le réconcilier et à lui en donner une attestation. N'exigez point l'usure. N'aliénez pas vos biens acquis après votre ordination, parce qu'ils appartiennent à l'Eglise. Que personne aussi ne s'avise de vendre, échanger ou aliéner en aucune manière ce que possède l'Eglise. Qu'aucun ne reçoive les dîmes d'un autre. Qu'aucun n'invite un pénitent à manger ou à boire, s'il ne lui fait actuellement l'aumône. Que chacun ait des fonts baptismaux en pierre bien propres; s'il ne le peut pas, qu'il ait un vase uniquement destiné à cet usage. Apprenez à tous vos paroissiens le Symbole et l'Oraison dominicale. Avertissez d'observer les jeûnes des Quatre-Temps et les autres commandements de l'Eglise. Le mercredi avant le Carême, invitez le peuple à se confesser, et après la confession enjoignez une pénitence proportionnée aux crimes. Trois fois l'année, à Noël, à Pâques et à la Pentecôte, avertissez les fidèles de recevoir la sainte communion, et de ne pas y manquer, du moins à Pâques. Exhortez les époux à la continence en certains temps. Qu'aucun de vous ne se serve d'habits rouges ou verts, ou d'habits laïques. Enseignez l'obligation de célébrer le jour du Seigneur et les autres fêtes, en s'abstenant d'œuvres serviles d'une nuit à l'autre. Empêchez les chants et les danses au devant de l'Eglise. Défendez les superstitions usitées de nuit concernant les morts, en prenant à témoin

bene mundos; quos si habere non poterit, vas aliud ad hoc opus solum deputatum teneat. Omnibus parochianis vestris Symbolum et Orationem Dominicam insinuate. Jejunia Quatuor Temporum et alia Ecclesiæ mandata significate observanda. Ante Quadragesimam quarta feria populum ad confessionem invitate, et confessis juxta qualitatem criminum pœnitentiam injungite. Tribus temporibus in anno, id est Nativitate Domini, Pascha et Pentecoste, omnes fideles accedere ad communionem corporis Domini nostri Jesu Christi admonete, et ne omittat quin saltem in Pascha communicet. Certis temporibus conjugatos abstinere ab uxoribus exhortamini. Nullus vestrum rubeis, aut viridibus, vel laicalibus vestibus utatur. Diem Dominicam et cæteras festivitates absque opere servili, a vespera in vesperam celebrari docete. Cantus et choreas mulierum in atrio ecclesiæ prohibete. Incantationes super mortuos nocturnis horis a vulgo fieri consuetas sub contestatione Dei omnipotentis vetate. Cum excommunicatis nolite communicare; nec quis vestrum in eorum præsentia celebrare præsumat, quod etiam plebi nuntiate. Et nullus ex plebe uxorem domum ducat, nisi prius nuptiæ temporibus ab Ecclesia permissis, publice fuerint celebratæ. Quod nullus ad raptam vel consanguineam accedat, aut alterius sponsam ducat omnimodis prohibete. Porcarios et alios

le Dieu tout-puissant. Ne communiquez pas avec les excommuniés. Qu'aucun de vous ne présume pouvoir célébrer en leur présence; faites-le savoir au peuple. Qu'aucun du peuple n'habite avec son épouse avant que les noces aient été célébrées publiquement dans les temps où l'Eglise le permet. Empêchez par tous les moyens que personne n'épouse celle qu'il a ravie, ou sa parente, ou celle qui est promise à un autre. Faites venir à la messe, au moins le dimanche, les gardiens de pourceaux et les autres bergers. Exhortez les parrains à enseigner ou faire enseigner à leurs filleuls le Symbole et l'Oraison dominicale. Veillez avec soin sur le sacrement de l'eucharistie, le saint chrême, l'huile des catéchumènes et l'huile sainte ou huile des infirmes; que tout soit enfermé à clef dans l'église, en un lieu propre, orné et en sûreté. Que chacun de vous ait à son usage une explication du Symbole et de l'Oraison dominicale, conforme aux traditions des Pères orthodoxes; qu'il comprenne bien aussi les oraisons de la messe, les Epîtres, les Evangiles et le Canon; qu'il s'en serve dans ses prédications pour instruire avec soin le peuple qui lui est confié, surtout ceux qui n'ont pas bien la foi. Qu'il prononce d'une voix haute et intelligible l'Introït de la messe, les Oraisons, l'Epître, le Graduel, l'Evangile, le Symbole et tout ce qu'on ne doit pas dire tout bas. Qu'il lise les Secrètes

pastores, saltem Dominica die faciatis venire ad missam. Patrinos ut filiolos Symbolum et Orationem Dominicam doceant, aut doceri faciant, exhortamini. Sacramentum eucharistiæ, sanctum chrisma, et oleum catechumenorum, ac sanctum, seu infirmorum, in ecclesia in loco mundo, condecenti et securo, sub sera et fida custodia diligenter servate. Quisque vestrum expositionem Symboli et Orationis Dominicæ juxta orthodoxorum Patrum traditiones penes se habeat, easque atque orationes missarum, et Epistolas, Evangelia et Canonem bene intelligat, ex quibus prædicando, populum sibi commissum sedulo instruat, et maxime non bene credentem. Introitum missæ, Orationes, Epistolam, Graduale, Evangelium, Symbolum, et cætera non secreta, alta et intelligibili voce proferat. Secreta vero et Canonem morose et distincte submissa voce legat. Psalmorum verba et distinctiones regulariter cum canticis consuetis intelligibiliter pronuntiet. Symbolum sancti Athanasii de Trinitate et fide catholica memoriter teneat. Exorcismos et orationes ad catechumenos faciendos, ac reliquas preces super masculum et feminam, pluraliter vel singulariter respective distincte proferat. Ordinem baptizandi, et ad succurrendum infirmis, reconciliationis et commendationis animæ, et in agendis exsequiis defunctorum, juxta modum canonicum observet. Exorcismos et bene-

et le Canon sans se presser et distinctement à voix basse. Qu'il prononce régulièrement les psaumes et les cantiques usités, d'une manière distincte et intelligible. Qu'il sache de mémoire le symbole de saint Athanase sur la Trinité et la foi catholique. Qu'il prononce distinctement les exorcismes, les oraisons pour les catéchumènes, et les autres prières au masculin ou au féminin, au singulier ou au pluriel quand il le faut. Qu'il observe les règles canoniques dans la manière de baptiser, d'assister les malades, de les réconcilier, de faire la recommandation de l'âme et les cérémonies de la sépulture. Qu'il lise comme il faut les exorcismes et les bénédictions du sel et de l'eau. Qu'il sache la prière du matin et du soir. Qu'il n'ignore pas la manière de trouver la lettre dominicale, le temps du premier et du dernier terme de la fête de Pâques et des grandes fêtes mobiles. Nous voulons, frères bien-aimés, que vous opériez le bien selon nos enseignements, avec la grâce de Notre-Seigneur Jésus-Christ, à qui soit, avec le Père et le Saint-Esprit, honneur et gloire dans les siècles des siècles. »

dictiones salis et aquæ pertinenter legat. Canticum diurnum et nocturnum sciat. Computum etiam minorem ad inveniendum litteram dominicalem, tempus intervalli diei Paschæ et majorum mobilium festorum non ignoret. Volumus autem, fratres dilectissimi, quatenus quæ nostra percepistis traditione, bonis studeatis operibus adimplere, præstante Domino nostro Jesu Christo, cui cum Patre et Spiritu sancto est honor et gloria in sæcula sæculorum.

24. Alors le pontife quitte la mitre, se lève, se tourne vers l'autel, et dit sans autre préambule :

Prions.

Seigneur, l'homme n'a point assez de vertu pour être à l'épreuve de votre jugement ; ô Dieu plein de miséricorde, qui voyez nos imperfections, que notre désir d'une bonne fin soit à vos yeux une perfection ; venez d'abord au-devant de nous, puis à la fin pardonnez notre ignorance, nos erreurs, et accordez un heureux résultat à nos ardents désirs. Pendant que notre conscience nous fait craindre d'être tombés dans l'erreur par ignorance, ou de nous être écartés de la justice par un zèle précipité, si nous vous avons offensé en quelque manière sous ce rapport pendant la tenue du synode, nous vous le demandons, nous vous en prions, nous l'espérons de votre miséricorde, traitez-nous avec indulgence ; qu'avant de nous séparer nous soyons déliés de tous nos péchés ; que nos transgressions soient oubliées, et que notre confession soit suivie d'une récompense éternelle. Par Jésus-Christ Notre-Seigneur. Ainsi soit-il.

24. *Tum pontifex, dimissa mitra, surgit, et stans versus ad altare, dicit absolute :*

Oremus.

Nulla est, Domine, humanæ conscientiæ virtus, quæ inoffense possit tuæ voluntatis judicia experiri, et ideo, quia imperfectum nostrum vident oculi tui, perfectionem deputa, misericors Deus, quod perfecto æquitatis fine concludere peroptamus ; te in nostris principiis occursorem poposcimus, te in hoc fine judiciorum nostrorum indultorem nostris excessibus speramus, scilicet, ut ignorantiæ parcas, errori indulgeas, ut perfectis votis perfectam operis efficaciam largiaris ; et quia conscientia remordente tabescimus, ne aut ignorantia nos traxerit in errorem, aut præceps forsitan voluntas impulerit justitiam declinare ; hoc te poscimus, te rogamus, ut si quid offensionis in hac synodi celebritate contraximus, te miserante, indulgentiam sentiamus : ut in eo, quod soluturi sumus aggregatam synodum, a cunctis primum absolvamur nostrorum nexibus delictorum ; qualiter, et transgressores venia, et confitentes tibi, subsequatur remuneratio sempiterna. Per Christum Dominum nostrum. Amen.

25. Ensuite il donne la bénédiction solennelle en disant : « Que le nom du Seigneur soit béni, » etc., et il accorde l'indulgence. Puis l'archidiacre, debout auprès du pontife, dit à haute voix :

« Retirons-nous en paix. »

Et tous répondent : « Au nom de Jésus-Christ. »

25. *Deinde benedicit solemniter omnibus dicens :* Sit nomen Domini benedictum, *etc., et dat indulgentiam. Quibus peractis, archidiaconus, stans juxta pontificem, dicit alta voce :*

Recedamus cum pace.

Et respondent omnes :

In nomine Christi.

26. Tous se lèvent en même temps, et, sans quitter leurs surplis, ils accompagnent jusqu'à son palais le pontife, qui est en chape ou manteau long. Si le premier ou le second jour on a expédié toutes les affaires et terminé le synode, on fait comme il est marqué aux n. 23 et suivants.

26. *Tunc omnes pariter surgentes, pontificem cappa indutum cum superpelliceis ad domum reducunt. Si vero in primo die vel in secundo omnia negotia synodi expediuntur, approbatis omnibus, et conclusione synodi facta, pontifex sedens cum mitra, ut supra, commendat se omnium orationibus, et leguntur nomina interesse debentium, admonentur per pontificem congregati, et alia fiunt prout supra sunt ordinata.*

OBSERVATION.

Il est aisé de voir dans cette allocution des traces de la simple et vénérable antiquité.... Combien d'avertissements en peu de mots sur les matières les plus importantes ! Quels effets ne pourraient pas produire maintenant parmi nous de semblables réunions !

Si l'on veut de grands détails sur les synodes tels qu'on les tenait en Italie dans le xviie siècle, on peut consulter un opuscule de Gavantus intitulé : *Praxis exactissima synodi diœcesanœ*, ou bien le Rituel de Belley, pour les temps modernes.

Pendant le synode (à quoi ressemblent un peu les retraites ecclésiastiques en France), l'évêque, à la messe basse, peut se servir de la mitre en allant de son siége à l'autel et quand il se lave les mains ; il est assisté par deux chanoines en dalmatiques et un prêtre en chape comme à la messe solennelle (*Gavantus, ibidem*). Il paraît qu'on doit en dire autant d'une messe basse dans les occasions solennelles, comme celle de l'ordination, etc.

T

TABERNACLE.

(Extrait du Cérémonial de Lyon, n. 120, et des Actes de l'Eglise de Milan.)

Le tabernacle dans lequel repose le très-saint sacrement doit être garni en dedans d'étoffes précieuses et de couleur blanche, jamais de papiers peints. Gavantus, d'après les Actes de l'Eglise de Milan, exige qu'il soit revêtu à l'intérieur de planches de peuplier pour préserver de l'humidité la très-sainte eucharistie. Il doit être élégamment travaillé, avoir des sculptures qui représentent les mystères de la Passion de Jésus-Christ. Il peut être de forme ronde ou carrée, ou bien à six ou huit faces. Le haut peut représenter Jésus-Christ ressuscité ou montrant ses plaies sacrées. La clef doit bien fermer, être même dorée (*Gavantus*). Elle ne doit jamais rester au tabernacle hors le temps de la messe, et elle ne doit être confiée qu'à un prêtre. C'est au prêtre qui célèbre à la rapporter en quittant l'autel ; elle ne doit pas être placée au tabernacle ni enlevée par un sacristain laïque (*Cérém. de Lyon*). Il y a des diocèses où cette clef est en argent ; dans d'autres il est d'usage qu'elle soit ornée d'un petit gland en or. La porte du tabernacle doit, autant que possible, représenter l'image de Jésus-Christ ou crucifié, ou ressuscité, ou sous la forme du bon pasteur, ou montrant son côté blessé, ou quelque autre image pieuse. Le tabernacle doit être éloigné du bord antérieur de l'autel au moins d'une coudée et deux tiers (près d'un mètre), selon Gavantus, afin qu'on puisse aisément étendre le corporal et placer le ciboire quand il est nécessaire. Il ne doit pas y avoir au-dessous un lieu destiné aux livres ou autres meubles de l'Eglise. Cela ne paraît pas convenable. (*Ibid.*, n. 121).

Il ne doit pas y avoir, devant la porte du tabernacle, un vase de fleurs ou quelque chose de semblable ; on peut cependant placer de tels objets dans un lieu plus bas et convenablement. (*S. C.* 22 *Jan.* 1701).

Il n'est pas permis de placer sur le tabernacle où l'on conserve le très-saint sacrement des reliques de saints ou des images, de manière que le tabernacle leur serve de base (*S. C.* 31 *Mart.* 1821). Il semble aussi qu'on ne peut pas y mettre des fleurs et autres objets, parce que le Pontifical romain exige que le tabernacle soit *ab omni re vacuum*, qu'il n'y ait que la sainte eucharistie. *Voy.* les *Ordo* romains ; celui de 1845, etc., *Monita advertenda*, n. 30, à l'art. CALENDRIER. *Voy.* l'art. suivant, où l'on voit que la croix n'est pas sur le tabernacle.

TABLE DES SECRÈTES.

La rubrique du Missel romain, part. I, tit. 20, prescrit de placer au pied de la croix ce qu'on appelle *table des secrètes*, c'est-à-dire une feuille de papier qui contient ce que le prêtre doit dire étant tourné vers l'autel, afin qu'il ne soit pas obligé de tourner la tête pour le voir sur le livre ; on applique cette feuille à un carton ou à une planche mince, richement encadrée aux jours de solennité.

TE IGITUR.

(Explication du P. Lebrun.)

ARTICLE PREMIER.

De la prière Te igitur, *qui est le commencement du Canon.*

§ I. Le nom, l'antiquité et l'excellence du Canon.

La prière qui commence par *Te igitur*, et qui est suivie du *Pater*, s'appelle Canon (1), parce qu'elle a été prescrite comme la règle qu'on doit suivre en offrant le sacrifice, et qu'on ne doit jamais changer (2). Le pape Vigile l'appelle la *prière canonique* (3). Saint Cyprien (4), le saint pape Innocent Iᵉʳ (5) et saint Augustin, la nomment tout court et par excellence *la prière*, parce qu'on y demande le plus grand de tous les dons, qui est Jésus-Christ Notre-Seigneur, qu'on y renouvelle les actions de grâces que Jésus-Christ a rendues à son Père, et que, comme parle le concile de Trente (6), il n'y a rien dans le Canon qui n'élève l'âme à Dieu.

Le Canon a été aussi nommé *l'action, le*

---

(1) Canon est un mot grec qui signifie littéralement une canne qu'on suppose bien droite, et de là ce mot a toujours été employé pour signifier un ordre ou une règle qui a force de loi, à laquelle il faut se conformer. Ainsi le Canon de la messe est la règle qu'il faut suivre nécessairement en disant la messe.

(2) L'ancien Missel de Mâcon, 1532, met le titre de *Canon missæ* avant le *Sanctus*, et l'on pourrait de même renfermer dans le Canon toutes les prières qu'on dit avant la communion, et qui ne changent point. Mais le *Sanctus* n'étant pas une prière, le Canon ne commence proprement qu'à *Te igitur*, et, suivant les anciens, il finit immédiatement avant le *Pater*, où commencent les préparations pour la communion. *Orationem dominicam mox post Canonem dici statuistis*, dit saint Grégoire le Grand (*Lib.* VII, ep. 64). C'est ainsi qu'il finissait presque partout au temps de saint Augustin : *Totam petitionem fere omnis Ecclesia Dominica Oratione concludit* (*Ep.* 149).

(3) « Ipsius canonicæ precis textum direximus. » Vigil. Papa, epist. ad Profut. Bracar.

(4) « Præfatione præmissa ante orationem. » Cypr. *de Orat. Domin.*

(5) « De omnibus recitandis antequam precem sacerdos faciat, etc. » Innoc. I, ep. ad Decent.

(6) Sess. 22, c. 4.

mystère de la très-sainte action (1), ou l'action du sacré mystère (2), parce que c'est dans cette partie de la messe que les divins sacrements sont produits, dit Valfride (3). On a toujours supposé que le sacrifice était la plus grande de toutes les actions : c'est pourquoi agir, faire ou sacrifier, l'action ou le sacrifice, sont une même chose dans les anciens livres sacrés et profanes. C'est aussi le langage des conciles de Carthage (4), de saint Augustin (5), de Théodore, dans son Pénitentiel (6), et du pape saint Léon, qui dit que dans l'église où l'on AGIT (7) on doit réitérer le sacrifice autant de fois qu'un nouveau peuple remplit l'église.

Le concile de Trente dit avec raison que les prières du Canon sont tirées des paroles de Jésus-Christ, des traditions des apôtres et de l'institution des saints papes ou évêques. Un catalogue manuscrit des livres sacrés, qui a mille ans d'antiquité, met le livre qui contient ces prières, qu'on appelait les sacrements (8), au nombre des livres du Nouveau Testament. Mais on ne sait pas le nom de celui qui les a mises par écrit selon tous les termes qui les composent. Saint Grégoire dit seulement qu'elles avaient été écrites par quelque scolastique, c'est-à-dire, selon l'ancienne signification de ce mot (9), par quelque habile homme exercé à parler et à écrire. Avant saint Grégoire, le pape Vigile se contenta de dire (10) qu'on les tenait de la tradition apostolique ; et avant ces papes, saint Cyrille, dans ses *Catéchèses* ou instructions, et saint Basile, au *Traité du Saint-Esprit*, aussi bien que l'auteur du *Traité des Sacrements*, attribué à saint Ambroise, regardent les prières de la consécration comme venant de la plus ancienne tradition. Des prières si respectables demandent beaucoup d'attention pour être bien entendues.

§ II. Rubrique.

Le prêtre élève les mains et les yeux au ciel, et les abaisse d'abord après ; baise l'autel, fait trois signes de croix conjointement sur l'hostie et sur le calice en disant : Hæc dona, *etc.*

REMARQUES

Sur les gestes du prêtre, sur le baiser de l'autel, et sur les signes de croix qu'il fait.

1. *Le prêtre élève les mains et les yeux au ciel*, parce qu'il va s'adresser au Père céleste, en disant : *Te igitur*.

2. *Il baisse aussitôt dévotement les yeux*, joint les mains et se tient incliné pour entrer dans la posture du suppliant, qui répond au mot *Supplices*.

3. *Il baise l'autel* (11). Le prêtre doit être porté à donner ce nouveau signe de respect et d'amour envers l'autel en voyant approcher le moment où il va être le siège du corps et du sang de Jésus-Christ.

4. Il fait sur l'hostie et sur le calice des signes de croix en disant ces mots : *Benedicas hæc dona*, etc., parce que nous ne demandons et n'obtenons les bénédictions que par les mérites de la croix de Jésus-Christ ; et il en fait trois pour bénir les oblations comme dons, comme présents et comme sacrifices.

Il y a plusieurs remarques à faire sur ces signes de croix : la première est que ce sont là les premiers que les Ordres romains, jusqu'au XIe siècle, aient ordonné de faire sur l'oblation de l'autel ; la seconde est que les signes de croix du Canon ont paru si importants que, vers l'an 740, saint Boniface, archevêque de Mayence, consulta sur ce point le pape Zacharie, et que ce pape lui marqua (12) dans un rouleau le nombre des signes de croix et l'endroit où il fallait les faire ; et la troisième, que le pape Léon IV, en 847 (13), recommande aux prêtres de faire ces signes en droite ligne, de telle manière qu'ils marquent distinctement une croix, et non de faire des espèces de cercles avec les doigts.

5. Le prêtre poursuit le reste de la prière les mains étendues à la hauteur des épaules, comme on l'a remarqué aux autres prières.

§ III. Explication de la prière *Te igitur*, qui comprend l'oblation du sacrifice pour l'Eglise, le pape, l'évêque, le roi et tous les fidèles.

Nous vous prions donc avec une humi- | Te igitur, clementissime Pater, per Je-

(1) « Sanctissimæ actionis mysterium. » Flor. *de Act. miss.*
(2) « In actione sacri mysterii. » S. Pelag. in epist. Agobardi ad Ludov. imp.
(3) « Actio dicitur ipse Canon, quia in eo sacramenta conficiuntur Dominica. » Valfrid. *de Reb. Eccl.* c. 21.
(4) Concil. Carthag. III.
(5) « Ordo agendi. » Aug. ep. 54, al. 118.
(6) « Licet presbytero agere, etc. » Pœnit. Theod. c. 2.
(7) « Ut quoties basilicam in qua AGITUR, præsentia novæ plebis impleverit, toties sacrificium subsequens offeratur. » S. Leo, ep. 11. Et in antiqua synopsi hujus epistolæ : « De festivitatibus, ut si una AGENDA, id est missæ celebratio, populi non suffecerit, nulla sit dubitatio iterari sacrificium. »
(8) *Actus apostolorum. Evangelia libri quatuor. Sacramentorum uno. De Novo sunt lib. viginti octo. Cod. Bobiens. Mus. Ital.* tom. I, p. 397.
(9) Saint Jérôme et Gennadius, dans le Catalogue des écrivains ecclésiastiques, parlent de plusieurs savants qui avaient régi les écoles chrétiennes, et qui avaient mérité le titre de scolastique à cause de leur rare doctrine. *Serapion episcopus... ob ingenii elegantiam cognomen scholastici meruit.* Hieron. *Vos scholastici*, dit Sulpice-Sévère, pour dire *Vous autres savants* (Dial. II). Saint Grégoire relève aussi une personne très-considérable par le titre de scolastique : *Viro clarissimo scholastico* (*Lib.* X *Registr.*, ep. 2).
(10) Epist. ad Profut.
(11) Cette cérémonie n'est pas observée par les chartreux, les carmes et les dominicains, parce que les Eglises dont ils suivirent les rites dès leur institution ne l'avaient pas marquée dans leurs Missels. Mais elle est très-ancienne à Rome et ailleurs ; elle est marquée dans Durand au XIIIe siècle (*Ration. lib.* IV, c. 36) : dans l'Ordre romain du XIVe siècle (p. 304) ; dans plusieurs anciens Missels manuscrits et imprimés de diverses églises : *Hic debet osculari altare.* Miss. mss. et Goth. Lexov. Carnot. an. 1489; Meldense 1492; Æduense 1493 et 1523; Viennense 1519; Bysuntinum 1526.
(12) Le pape Zacharie écrivit à saint Boniface en ces termes : « ...Flagitasti a nobis, sanctissime frater, in sacri Canonis celebratione quoti in locis cruces fieri debeant, ut tuæ significemus sanctitati. Votis autem tuis clementer inclinati, in rotulo dato Lul. religioso presbytero tuo, per loca signa sanctæ crucis quanta fieri debeant infiximus. »
(13) « Calicem et oblatam recta cruce signate, id est non in circulo et variatione digitorum, ut plurimi faciunt... istud signum † recte facere studete. » Leo IV, hom. ad presbyt. Conc. tom. VIII col. 34

lité profonde, Père très-clément, et nous vous demandons par Jésus-Christ, votre Fils Notre-Seigneur, d'avoir agréables et de bénir ces dons, ces présents, ces sacrifices saints et sans tache, que nous vous offrons premièrement pour votre sainte Eglise catholique, afin qu'il vous plaise de lui donner la paix, de la garder, de la tenir dans l'union et de la gouverner par toute la terre : aussi avec notre pape N., votre serviteur, notre prélat N., notre roi N., et tous ceux dont la créance est orthodoxe, et qui cultivent la foi catholique et apostolique.

sum Christum Filium tuum Dominum nostrum supplices rogamus ac petimus uti accepta habeas et benedicas hæc † dona, hæc † munera, hæc † sancta sacrificia illibata; imprimis quæ tibi offerimus pro Ecclesia tua sancta catholica, quam pacificare, custodire, adunare, et regere digneris toto orbe terrarum : una cum famulo tuo papa nostro N., et antistite nostro N., et rege nostro N., et omnibus orthodoxis atque catholicæ et apostolicæ fidei cultoribus.

EXPLICATION.

TE IGITUR, *Vous donc*. De tout ce qui a été dit dans la Préface, et de la déclaration que les assistants ont faite qu'ils tenaient leurs esprits élevés à Dieu, le prêtre en conclut qu'il est temps de demander à Dieu la bénédiction et la consécration du sacrifice.

CLEMENTISSIME PATER. Il s'adresse au Père, comme a fait Jésus-Christ, et il l'appelle *Père très-clément*, parce que, par une bonté et une miséricorde infinies, il nous a aimés jusqu'à donner son Fils, que nous devons lui offrir en sacrifice pour être notre réconciliation et la source de toutes sortes de grâces.

PER JESUM CHRISTUM DOMINUM NOSTRUM. Nous ne devons rien demander que *par Jésus-Christ*, notre médiateur; et c'est principalement par lui que nous pouvons obtenir la grâce nécessaire pour l'offrir lui-même en sacrifice.

SUPPLICES ROGAMUS AC PETIMUS, *nous prions très-humblement et nous demandons*. Quand on n'a point droit d'exiger ce qu'on souhaite, on prie seulement; et quand on a droit, on demande. Les hommes n'ont par eux-mêmes aucun droit d'obtenir du Père éternel ce qu'ils souhaitent. Ils ne peuvent rien espérer que par grâce et par miséricorde; et il ne leur convient que de lui marquer vivement leurs souhaits par leurs très-humbles prières, *Supplices rogamus*. Mais les prêtres, qui sont en cette qualité députés de Dieu et de l'Eglise pour offrir le sacrifice, et à qui Jésus-Christ a dit : *Faites ceci*, ont droit de demander, parce qu'ils agissent au nom de Jésus-Christ. C'est pourquoi après avoir dit : *Nous supplions très-humblement*, ils ajoutent : *Et nous demandons, ac petimus*.

UTI ACCEPTA HABEAS ET BENEDICAS HÆC † DONA, HÆC † MUNERA, *d'avoir pour agréables et de bénir ces dons, ces présents*. C'est aux prêtres à offrir des dons (*Hebr.* v, 1), et c'est à Dieu à les bénir (*Num.* vi, 17). Les anciens auteurs ecclésiastiques (1) ont remarqué la différence qu'on met entre les dons et les présents, *dona* et *munera*. Ce qu'un supérieur donne à un inférieur, le Créateur à la créature, un roi à son sujet, s'appelle don; et ce que les sujets présentent à leur roi, les inférieurs aux supérieurs et à ceux à qui ils ont obligation, se nomme présent. Le pain et le vin qui sont sur l'autel sont appelés dons, *dona*, par rapport à Dieu, de qui nous viennent tous les biens; et ils sont nommés présents, *munera*, par rapport aux hommes qui les présentent à Dieu. Nous ne pouvons lui offrir que ses dons : *Toutes choses sont à vous, Seigneur, et nous vous offrons ce que nous avons reçu de vos mains*, disait David (2) à la tête du peuple d'Israël.

HÆC † SANCTA SACRIFICIA ILLIBATA. Ces dons et ces présents sont appelés des *sacrifices saints et sans tache* : premièrement, parce qu'ils sont choisis et séparés de tout autre usage pour être consacrés à Dieu, comme l'étaient les anciens sacrifices de la loi; secondement, parce qu'on envisage alors ces dons comme le corps futur de Jésus-Christ, qui est l'unique hostie sainte et sans tache. C'est en ce sens que saint Cyprien dit à ceux qui ne portaient pas leur offrande de (3) : « Vous êtes riches, et vous venez à l'assemblée du Seigneur sans sacrifice? »

IMPRIMIS QUÆ TIBI OFFERIMUS PRO ECCLESIA TUA SANCTA CATHOLICA. *Nous offrons* le saint sacrifice *pour l'Eglise* de Dieu, *Ecclesia tua*, pour cette Eglise sainte, par Jésus-Christ, qui l'a lavée dans son sang pour la rendre sainte et sans tache (4), *sancta;* pour cette Eglise répandue par toute la terre suivant les prophéties, *catholica*. Dieu ne peut pas manquer de protéger cette Eglise, qui est son ouvrage; mais Dieu veut que ceux qui la composent montrent l'amour qu'ils ont pour elle, en demandant les secours dont elle aura toujours besoin contre le monde et contre les puissances de l'enfer, qui ne cesseront de l'attaquer jusqu'à la fin des siècles.

QUAM PACIFICARE, CUSTODIRE... Nous demandons que Dieu la fasse jouir de la paix *par toute la terre*, malgré les efforts de tous ses ennemis.

1. *Pacificare :* Qu'il la délivre des persécutions des tyrans et de toutes les guerres, d'où naissent tant de troubles et de désordres.

2. *Custodire :* Qu'il la *garde* et la soutienne contre les efforts des hérétiques et de tous ses ennemis, visibles ou invisibles, qui attaquent les fondements de sa foi, et que les portes de l'enfer ne prévalent jamais contre elle.

3. *Adunare :* Qu'il la préserve des schismes

---

(1) Steph. Æduensis, *de Sacram. alt.;* Rob. Paulul., *de Offic. eccl.*, l. ii, c. 29.
(2) Tua sunt omnia, et quæ de manu tua accepimus dedimus tibi. I *Par.* xxix, 14.

(3) « Locuples et dives es... et in Dominicum sine sacrificio venis? » Cypr. *de Op. et Eleem.*
(4) Ut sit sancta et immaculata. *Ephes.* v, 27.

ou qu'il les fasse cesser. Nous prions ici indirectement pour tous ceux qui ont le malheur d'être dans l'hérésie ou dans le schisme. L'Eglise ne prie ouvertement pour eux que le vendredi saint, dans ces belles oraisons dont le pape saint Célestin fait mention (1), écrivant, l'an 426, aux évêques des Gaules. Mais les saints Pères nous ont souvent exhortés à prier pour les schismatiques : « Priez, dit saint Augustin (2), pour ces brebis dispersées, afin qu'elles viennent, qu'elles s'instruisent, qu'elles aiment, et qu'il n'y ait qu'un troupeau et qu'un pasteur. Donnez-vous bien de garde, dit-il ailleurs (3), d'insulter ceux qui sont hors de l'Eglise ; mais priez plutôt pour eux, afin qu'ils y entrent. Il y en a qui sont dehors et qui reviennent quand ils en trouvent l'occasion, » dit encore le même Père : nous devons prier pour leur réunion, *adunare*. Nous demandons aussi que Dieu unisse tous les enfants de l'Eglise et qu'il les maintienne dans une parfaite unanimité (4), de sorte qu'ils tiennent le même langage et qu'il n'y ait point de division (5) parmi eux.

4. *Regere*. Nous demandons que, afin que l'Eglise se conserve contre les divisions et contre toutes sortes de désordres, Dieu daigne *conduire* l'esprit et le cœur de tous ceux qui la composent ; c'est-à-dire qu'il inspire à tous les pasteurs les mêmes vues, les mêmes sentiments, les mêmes règles conformes aux vérités de l'Evangile, le même amour de l'ordre et de la discipline ; et aux fidèles une entière soumission pour leurs pasteurs, qui les conduisent dans l'esprit de l'unanimité.

UNA CUM FAMULO TUO,... *avec notre pape N. votre serviteur.* Saint Paul nous recommande de prier pour nos pasteurs (6.) Nous nommons en particulier et en premier lieu l'évêque du premier siège, qu'on appelle seul par honneur et par distinction le saint-père, *notre pape*, c'est-à-dire notre père. Il est bien juste qu'en priant pour l'unité de l'Eglise on prie pour celui qui est le centre de la communion, qui préside à cette Eglise, dit saint Irénée (7), avec laquelle il faut que toute autre Eglise convienne. Il préside comme vicaire de Jésus-Christ, comme le successeur de saint Pierre (8), sur lequel l'Eglise a été établie. Dieu l'établit sur celui-là seul, dit saint Cyprien (9), afin de montrer dès l'origine même de l'Eglise l'unité qui lui est essentielle. Les Grecs, comme les Latins, ont observé anciennement et fort longtemps cet usage de prier pour le pape dans la liturgie. Ils nommaient le pape (10), et ensuite leur patriarche.

On remarque au v° siècle (en 449), comme un fait énorme, que Dioscore, patriarche d'Alexandrie, eût osé ôter des diptyques, ou des tables, le pape saint Léon. D'autres Orientaux ont fait de pareilles entreprises, ce qui supposait la coutume de nommer les papes à l'autel. Nicéphore (11) rapporte qu'au v° siècle Acace, évêque de Constantinople, osa le premier effacer des diptyques le nom du pape (Félix II). L'empereur Constantin Pogonat, dans la lettre qui est à la tête du sixième concile général, et qui est adressée à ce pape, dit qu'il a résisté au patriarche, qui avait voulu ôter des diptyques le nom du pape. On le trouve en effet dans les liturgies écrites après cette époque. Le schisme de Photius fit sans doute interrompre cet usage ; mais dès qu'on a travaillé à la réunion, les Grecs ont toujours convenu de mettre le pape dans le canon, et de le nommer avant les patriarches. A l'égard des Latins, de peur qu'on y manquât dans les Gaules, le second concile de Vaison, en 529 (12), ordonna qu'on nommât le pape qui présidait au siège apostolique ; et le saint pape Pélage (13), peu d'années après, écrit fortement aux évêques de Toscane que manquer à cette pratique c'était se séparer de l'Eglise universelle.

ET ANTISTITE (14) NOSTRO N., *et notre prélat N.* Après le pape, on nomme l'évêque qui gouverne le diocèse où l'on est ; car, comme le successeur de saint Pierre est le centre de l'unité de toutes les églises du monde, l'évêque est le centre d'unité de tout son troupeau, qui avec lui forme une Eglise, comme dit saint Cyprien (15). Cette union des fidèles avec l'évêque fait une église particulière, comme l'union de tous les fidèles et de tous les évêques entre eux fait l'Eglise universelle, ainsi que le dit encore le même saint docteur (16). Saint Paul recommande aux Hébreux de prier pour lui et pour les pasteurs. Il est

(1) Cœlest., epist. ad episc. Gall. contra Pelag.
(2) « Orate et pro dispersis ovibus : veniant et ipsi, agnoscant et ipsi, ament et ipsi : ut sit unus grex et unus pastor. » Aug., serm. 138, al. 50, *de Verb. Dom.*
(3) « Quicunque in Ecclesia estis, nolite insultare eis qui non sunt intus ; sed orate potius ut ipsi intus sint. » Aug. in Psal. LXV, n. 5.
(4) Qui habitare, facit unius moris (unanimes) in domo. *Psal.* LXVII, 7.
(5) Ut idipsum discatis omnes, et non sint in vobis schismata. *I Cor.* 1, 10.
(6) Mementote præpositorum vestrorum. *Hebr.* XIII, 7.
(7) L. III adv. Hæres.
(8) Tu es Petrus, etc. *Matth.* XVI, 18.
(9) Lib. *de Unit. Eccl.*
(10) Gregoras. *Hist.* l. v ; Pachymer. *Hist.* l. v, c. 22.
(11) Lib. XVI, c. 17.
(12) « Nobis justum visum est, ut nomen Domini papæ, quicunque apostolicæ sedi præfuerit, in nostris ecclesiis recitetur. » Conc. Vasien., can. 4.
(13) Les paroles de ce pape ont été citées par Agobard, archevêque de Lyon, dans une lettre à l'empereur Louis le Pieux :

« Beatus Pelagius papa, cum quosdam redargueret episcopos, eo quod nomen ejus reticerent in actione mysterii, id est in solemniis missarum, in principio scilicet, ubi dicere solemus : *Imprimis quæ tibi offerimus pro Ecclesia tua sancta catholica, quam pacificare, custodire, adunare et regere digneris toto orbe terrarum; una cum famulo tuo papa nostro,* ait ad eosdem episcopos : Divisionem vestram a generali Ecclesia, quam tolerabiliter ferre non possum, vehementer stupeo.... Quomodo vos ab universi orbis communione separatos esse non creditis, si mei inter sacra mysteria, secundum consuetudinem, nominis memoriam reticetis? » Agobard., tom. II, p. 49.

Il n'y a nt dispute ni dissension sur le pape qui doive jamais faire omettre son nom à la messe, comme le remarquent saint Isidore (*in Chron. Hug. Flavin.*, p. 228), Flore dans l'*Explication du Canon*, et l'auteur des *Divins Offices*, sous le nom d'Alcuin.

(14) Dans quelques endroits on ne nommait que le pape. On lit dans le Sacramentaire d'Albi du XI° siècle : *Papa nostro N. et omnibus orthodoxis*, etc.
(15) Illi sunt Ecclesia plebs sacerdoti adunata, et pastori suo grex adhærens. » Cypr., ep. 66.
(16) Ecclesia catholica una est... cohærentibus

bien juste de prier pour ceux *qui veillent*, dit-il (1), *pour le bien de vos âmes, comme en devant rendre compte à Dieu*. Il faut prier pour eux, parce qu'ils ont besoin de lumière et de force pour conduire saintement leur troupeau.

ET REGE NOSTRO (2), *Et notre roi*. Saint Paul a expressément recommandé de prier pour les rois ; et l'on est obligé de satisfaire à ce devoir dans les assemblées chrétiennes, 1° parce qu'ils sont les ministres de Dieu, et que l'exercice de leur grande autorité a besoin de grands secours du ciel ; 2° parce que c'est d'eux que dépend principalement la paix de l'Eglise. On prie pour le roi, parce qu'*il est le ministre de Dieu pour nous favoriser dans le bien et pour exécuter sa vengeance en punissant celui qui fait mal ; car ce n'est pas en vain qu'il porte l'épée*, dit saint Paul (3). C'est dans cette vue que les Juifs, captifs en Babylone, demandèrent à leurs frères de Jérusalem des prières et des sacrifices pour Nabuchodonosor et Balthasar, son fils (*Baruch* I, 11, 12). C'était dans la même vue que les anciens chrétiens disaient dans l'Apologétique de Tertullien : « Nous prions pour les empereurs, et nous demandons à Dieu qu'il leur donne une longue vie ; que leur empire jouisse d'une profonde paix, leur maison d'une heureuse concorde ; que leurs armées soient invincibles ; qu'ils soient assistés de bons conseils ; que les peuples demeurent dans leur devoir ; que dans le monde il ne s'élève aucun trouble contre leur autorité : enfin, nous n'oublions rien de ce que le prince peut souhaiter, et comme homme et comme empereur (*Apolog. c.* 30). » On voit dans les lettres de saint Denys d'Alexandrie, rapportées par Eusèbe (*Hist. eccles. l.* VII, *c.* 1), qu'ils faisaient de ferventes prières pour la santé de l'empereur Gallus, quoiqu'il eût persécuté les chrétiens, et pour les empereurs Valérien et Gallien (*Ibid., c.* 10), afin que leur empire fût stable et ne pût être ébranlé. « Et si, selon saint Paul, dit Optat de Milève, nous devons prier pour l'empereur, quand même il serait païen, à plus forte raison doit-on prier pour lui s'il est chrétien, s'il craint Dieu, s'il vit dans la paix, s'il est miséricordieux et charitable (*Advers. Parmen. lib.* VI). »

L'amour même que nous devons avoir pour l'Eglise nous engage à prier pour les princes, parce qu'ils peuvent beaucoup contribuer à la paix et au bon ordre de cette même Eglise. En effet, comme le pape saint Léon l'écrivait à l'empereur Léon : « La puissance leur est principalement donnée pour la défense de l'Eglise, afin qu'ils empêchent les entreprises des méchants, qu'ils soutiennent ce qui est bien établi, et qu'ils ramènent la paix où l'on avait mis le trouble (4). »

C'est pour ces raisons que saint Paul conjure son disciple Timothée (5) de faire prier pour les rois et pour tous ceux qui sont élevés en dignité, afin que nous menions une vie paisible et tranquille dans toute sorte de piété et d'honnêteté.

N. Cette lettre marque qu'il faut exprimer le nom du roi, ce qui était désigné dans les anciens manuscrits par *Ill.* L'Eglise ne se contente pas de faire prier en général pour le roi ; elle veut qu'on prononce son nom, pour marquer distinctement pour qui l'on prie.

Depuis que les empereurs ont été chrétiens, c'est-à-dire depuis Constantin, on les a toujours nommés expressément dans la liturgie, ainsi que le pape Nicolas Ier l'écrit à l'empereur Michel. Saint Ambroise menaçait l'empereur Théodose d'omettre la prière qu'on faisait pour lui, et, sur les instances du pape Hormisdas, l'empereur Léon fit effacer des diptyques le nom de l'empereur Anastase, son prédécesseur, aussi bien que celui de Zénon, qui avaient favorisé les hérétiques.

Ces noms des papes, des évêques, des princes, étaient anciennement marqués sur des tables pliées en deux, qu'on appelait pour ce sujet diptyques ; et outre ces noms que nous venons de voir, on y marquait aussi les noms de divers évêques et de plusieurs autres personnes fort respectables.

ET OMNIBUS ORTHODOXIS (6), *Et tous ceux dont la créance est orthodoxe*. Enfin, après avoir prié pour l'unité de l'Eglise, il est encore juste de prier en général pour tous ceux qui se maintiennent dans la pureté de la foi. Les orthodoxes (7) sont ceux qui ont une foi pure, et dont la vie répond à leur foi.

ATQUE CATHOLICÆ ET APOSTOLICÆ FIDEI CULTORIBUS, et pour tous ceux qui travaillent à la conservation et à l'accroissement de la foi, de cette foi que les apôtres ont enseignée et répandue dans toutes les Eglises (8).

ARTICLE SECOND.

Conclusion du Canon par ces mots, Per quem hæc omnia, *etc.*

I. Rubrique et remarque sur les trois premiers signe de croix.

Le prêtre fait trois signes de croix conjointement sur l'hostie et sur le calice, en disant : SANCTIFICAS, VIVIFICAS, BENEDICIS, pour mar-

---

cem sacerdotum glutino copulata. » Cypr., ep. 66.

(1) Ipsi enim pervigilant, quasi rationem pro animabus vestris reddituri, ut cum gaudio hoc faciant et non gementes; hoc enim non expedit vobis : Orate pro nobis. *Hebr.* XIII, 17.

(2) Le Missel romain ne met pas ces mots. *Voyez* le Missel de Pie V, imprimé à Rome en 1570, de Clément VIII en 1604; et depuis Urbain VIII, les Missels imprimés chez Plantin à Anvers 1615, etc. On ne les trouve pas non plus dans quelques anciens Sacramentaires, et en quelques-uns le roi est nommé avant l'évêque.

(3) Dei enim minister est tibi in bonum..., vindex in iram ei qui male agit. *Rom.* XIII, 4.

(4) Epist. 75, ad Leon. imp.

(5) Obsecro igitur primum omnium fieri obsecrationes, postulationes, gratiarum actiones pro omnibus hominibus; pro regibus, et pro omnibus qui in sublimitate sunt, ut quietam et tranquillam vitam agamus in omni pietate et castitate. I Tim. I, 1.

(6) Ces deux mots, non plus que les suivants, n'ont été mis qu'à la marge dans un Sacramentaire de Worms, écrit vers l'an 900. Ils ne sont point du tout dans le Sacramentaire de Trèves du Xe siècle, ni dans quelques autres anciens. Le Micrologue les a omis en décrivant le Canon (cap. 23), après avoir avancé qu'ils sont superflus, parce qu'ils sont suivis du *Memento*, où l'on peut prier pour qui l'on veut (*cap.* 13) ; mais sa raison n'a pas été approuvée. Le *Memento* n'est que pour les bienfaiteurs, ou pour ceux qui ont quelque liaison avec le prêtre, ou pour les assistants.

(7) Isid., Orig. I VII, c. 14.

(8) *V.* la suite, à l'art. MEMENTO.

quer que toutes choses sont sanctifiées, vivifiées, bénies pour nous par les mérites de la croix de Jésus-Christ. Il ne fait point de signe de croix en disant CREAS, parce que toutes choses ont été créées par Jésus-Christ, comme Sagesse du Père, Verbe éternel, et non comme incarné et immolé sur la croix. Le bien de la création est antérieur à celui de la rédemption. La régénération, qui nous vient de la croix, suppose la création et la première naissance.

EXPLICATION.

Per quem hæc omnia, Domine, semper bona creas, sanctificas †, vivificas †, benedicis †, et præstas nobis. Per † ipsum, et cum † ipso, et in † ipso est tibi Deo Patri † omnipotenti in unitate Spiritus † sancti omnis honor et gloria. Per omnia sæcula sæculorum. Amen.

Par qui, Seigneur, vous créez toujours tous ces biens, vous les sanctifiez, vous les vivifiez, vous les bénissez, et vous nous les donnez. C'est par lui, et en lui que tout honneur et gloire vous appartiennent, ô Dieu Père tout-puissant, en l'unité du Saint-Esprit, dans tous les siècles des siècles. Amen.

PER QUEM, *Par lequel*. En finissant le Canon nous marquons la raison pour laquelle nous avons fait toutes nos demandes par Jésus-Christ : c'est que Dieu nous accorde par lui tous les biens et toutes les grâces.

HÆC OMNIA SEMPER BONA CREAS (1).... *Vous créez toujours tous ces biens, vous les vivifiez, vous les bénissez, et vous nous les donnez.* Toutes ces paroles ont été expliquées en détail au IXe siècle par Amalaire, Flore et Remi d'Auxerre. C'est par Jésus-Christ, disent-ils (2), que Dieu le Père a créé toutes choses, le pain et le vin devenus le corps et le sang de Jésus-Christ, non-seulement en les créant au commencement du monde, mais en les renouvelant continuellement, et faisant produire tous les ans à la terre de nouveaux grains et de nouveaux raisins ; ce qui fait dire à Jésus-Christ, ajoute Flore : *Mon Père jusqu'aujourd'hui ne cesse point d'opérer, et j'opère aussi continuellement.* C'est en Jésus-Christ que ces dons offerts à l'autel deviennent les dons sacrés séparés de l'usage commun, SANCTIFICAS. C'est par Jésus-Christ que Dieu les vivifie, en les changeant au corps et au sang précieux, qui sont la vraie nourriture de vie, VIVIFICAS. C'est par Jésus-Christ sanctifiant et vivifiant que Dieu le Père répand sur le pain de vie les bénédictions célestes, et qu'après l'avoir ainsi béni, il

(1) Omnia per ipsum facta sunt, et sine ipso factum est nihil. *Joan.* 1, 3. In ipso condita sunt universa. *Coloss.* 1, 16.
. (2) Nous suivons ordinairement les explications les plus anciens auteurs, et en cet endroit surtout il était nécessaire d'emprunter leur langage, parce que des auteurs récents ont cru que ces paroles, *Per quem hæc omnia*, n'ont été mises dans le Canon que pour bénir de nouveaux fruits ou un agneau à Pâques. Ces auteurs se trompent. Ils devaient dire simplement qu'autrefois en certaines églises on crut devoir bénir les nouveaux fruits avant la fin des prières de la consécration du corps de Jésus-Christ, qui attire la bénédiction sur toutes choses, comme l'on bénit encore en cet endroit les saintes huiles le jeudi

nous le donne pour être en nous notre véritable vie, BENEDICIS ET PRÆSTAS NOBIS.

PER IPSUM, ET CUM IPSO, ET IN IPSO EST TIBI DEO PATRI OMNIPOTENTI, IN UNITATE SPIRITUS SANCTI, OMNIS HONOR ET GLORIA ; PER OMNIA SÆCULA SÆCULORUM. C'est aussi par *Jésus-Christ, en lui et avec lui que tout honneur et toute gloire est rendue à Dieu Père tout-puissant.* « Par lui, dit Flore, comme par le vrai médiateur entre Dieu et les hommes, Jésus-Christ Dieu et homme ; *avec lui* comme Dieu égal à Dieu ; *en lui* comme consubstantiel à son Père. » Tout honneur et toute gloire est donc rendue à Dieu le Père par le Fils, avec le Fils, et dans le Fils, en l'unité du Saint-Esprit, qui, procédant du Père et du Fils, est également adoré avec le Père et le Fils *dans tous les siècles des siècles*. Le prêtre prononce ces dernières paroles à haute voix, afin que tous les assistants répondent *Amen*, et qu'ils souscrivent ainsi à tout ce que contient le Canon.

AMEN. « Cet *Amen*, que toute l'Eglise répond, dit Flore, signifie, il est vrai. Les fidèles le disent pour la consommation de ce grand mystère, en y souscrivant, comme ils ont accoutumé de faire dans toutes les prières légitimes. »

Les prières légitimes sont celles qui sont prescrites par les lois et les règles de l'Eglise ; et Flore dit que le peuple y répond *Amen* pour la consommation des mystères, parce que ceux qui composent l'assemblée doivent prier et parler dans un même esprit, et consentir par conséquent à ce que le président de l'assemblée a dit en leur nom, sans quoi ils ne seraient pas censés de l'assemblée

II. Rubrique et remarques sur les derniers signes de croix du Canon et sur la petite élévation de l'hostie et du calice.

Après ces mots, et præstas nobis, *le prêtre découvre le calice et fait la génuflexion pour adorer. Il se relève et prend l'hostie, avec laquelle il fait trois signes de croix sur le calice d'un bord à l'autre en disant :* Per † ipsum, et cum † ipso, et in † ipso.

Il fait de même avec l'hostie deux autres signes de croix entre le bord du calice et sa poitrine, en disant : Est tibi Deo Patri † omnipotenti, in unitate Spiritus † sancti.

Ensuite, tenant l'hostie avec la main droite sur le calice, qu'il tient par le nœud avec la gauche, il élève un peu l'hostie et le calice à ces mots : Omnis honor et gloria.

Il remet aussitôt le calice et l'hostie sur l'autel, couvre le calice avec la pale, fait la génuflexion pour adorer, se relève et dit à

saint ; mais cette bénédiction ne se faisait pas par ces paroles, *Per quem hæc omnia.* Elle consistait dans une prière particulière qui finissait comme toutes les autres, *Par Jésus-Christ Notre-Seigneur.* Ce qui les liait ainsi aux paroles suivantes, *Per quem hæc omnia*, etc., qu'on disait toujours, quoiqu'il n'y eût point de nouveaux fruits à bénir. Nous parlerons plus amplement ailleurs de cette nouvelle explication, et l'on peut remarquer par avance qu'il serait assez étrange que l'Eglise eût toujours laissé dans le Canon des paroles qui, selon cette nouvelle pensée, n'auraient rapport qu'à certaines choses qu'on ne bénissait que deux ou trois fois l'année, et qu'on ne bénit plus qu'en très-peu d'endroits.

voix intelligible, ou en chantant : Per omnia sæcula sæculorum.

1. *Le prêtre fait avec l'hostie trois signes de croix sur le calice, en disant :* PAR LUI, AVEC LUI ET EN LUI, pour montrer par le geste même que toutes les fois que nous disons *lui*, nous entendons que l'hostie et le calice contiennent indivisiblement ce même Jésus-Christ qui s'est sacrifié sur la croix.

2. *Il fait deux autres signes de croix avec l'hostie hors du calice, en disant :* EST TIBI DEO PATRI OMNIPOTENTI, etc. Quand on nomme Dieu le Père et le Saint-Esprit, qui ne sont pas unis personnellement au corps et au sang précieux, on ne fait pas le signe de la croix dans le calice, mais dehors, parce qu'il suffit d'exprimer que le sacrifice de la croix de Jésus-Christ est tout ce que nous pouvons offrir de plus grand à l'honneur et à la gloire des divines personnes.

3. *Il élève un peu l'hostie et le calice en disant :* OMNIS HONOR ET GLORIA (1), afin que l'exaltation des dons sacrés accompagne les mots qui expriment l'honneur et la gloire que nous devons rendre à Dieu.

Autrefois, on faisait cette élévation en disant : *Per ipsum*, etc. C'est pourquoi ces mots ni les suivants ne sont joints à aucun signe de croix dans les Sacramentaires écrits avant la fin du IX° siècle, ni même dans quelques-uns qui sont postérieurs. Ce que le prêtre exprime aujourd'hui par les signes de croix, il l'exprimait alors par l'élévation, marquant ainsi, en disant *Per ipsum*, que c'était le même Jésus-Christ qui était sur l'autel et qu'il prenait entre ses mains. Mais, pour mieux exprimer que c'est le même Jésus-Christ qui a été immolé sur la croix, le prêtre a fait avec l'hostie, qu'il tenait à la main ; un signe de croix aux mots, *Per ipsum, cum ipso et in ipso* : ce qui n'a pu se faire qu'en laissant le calice sur l'autel. Ainsi on n'a plus pensé à l'élever qu'après tous les mots auxquels on joint les signes de croix.

4. *Après avoir couvert le calice et fait la génuflexion, il dit à voix intelligible*, PER OMNIA SÆCULA SÆCULORUM, pour porter tous les assistants à souscrire à tout ce qui s'est dit dans le Canon, et à le confirmer en répondant *Amen*.

Selon les anciens Ordres romains, le Micrologue vers l'an 1090, Durand en 1286, et un assez grand nombre de Missels romains écrits depuis ce temps-là, le prêtre disait ces mots, *Per omnia*, etc., en continuant de tenir l'hostie et le calice. Mais, depuis près de cinq cents ans, quelques églises de France ont fait couvrir le calice avant les mots *Per omnia*, qu'on a joints à *Oremus, præceptis*, apparemment à cause des notes du plainchant qui joignent tous ces mots. Un des plus anciens manuscrits où cela paraît est le Missel des jacobins, écrit et noté à Paris l'an 1254. Cet usage, que les jacobins ont toujours suivi, se voit dans les Missels manuscrits et imprimés des provinces de Reims, de Sens, de Tours, de Bourges, de Rouen ; dans ceux d'Angleterre (2), de Navarre (3) ; et il passa à Rome même vers l'an 1400, comme il paraît par le quatorzième Ordre romain, par *l'Ordo missæ* de Burcard, imprimé vers l'an 1500, et copié presque de mot à mot par le saint pape Pie V. Cependant l'ancien usage s'est toujours conservé chez les chartreux (4), dont l'Ordinaire marque qu'en disant *Per omnia sæcula sæculorum*, le prêtre élève l'hostie et le calice, pour les remettre sur l'autel quand on a répondu *Amen*. Cela a été aussi marqué dans l'Ordinaire de Prémontré, dans les Us de Cîteaux, dans l'Ordinaire des guillemites en 1279. Plusieurs églises d'Allemagne ont retenu cette pratique jusqu'au XVI° siècle. Elle est marquée comme la pratique commune dans Grunez (5), qui écrivait en 1410, à Leipsick, au diocèse de Merspurg, où il était allé de Prague ; dans Biel (6), qui écrivait à Spire et à Thubinge vers l'an 1480 ; dans le Missel de Cologne, de 1509 ; dans celui de Munster, de 1520, et d'Augsbourg, de 1555. En quelques églises de France encore, au XVI° siècle, le prêtre tenait l'hostie et le calice un peu élevés, en disant : *Per omnia sæcula sæculorum*. Et, selon un grand nombre de Missels romains imprimés au même siècle sur les anciens, le prêtre ne remettait l'hostie et le calice sur l'autel qu'après qu'on avait répondu *Amen* (7).

Il serait à souhaiter que cet usage fût rétabli partout (8). Les fidèles concevraient ainsi plus facilement que le *Per omnia sæcula sæculorum* et l'*Amen* ne sont que la conclusion et la confirmation de tout le Canon, c'est-à-dire de la prière qui commence par *Te igitur*, et l'on distinguerait mieux cette partie de la messe qui renferme les prières de la consécration, d'avec une

---

(1) A Paris, et en plusieurs autres églises, on sonne une petite cloche, le chœur se découvre en quittant la calotte, et se tourne vers l'autel à ces mots, *Omnis honor et gloria*, et à Narbonne on encense comme à l'élévation. A Noyon, le diacre et le sous-diacre, après avoir tiré le rideau de l'autel, se mettent à genoux, l'un d'un côté, l'autre de l'autre, et adorent.
(2) Miss. de Sarisberi de 1506 et 1556, et le Man. de 1555.
(3) Manuel de Pampelune de 1561.
(4) Ordin. Carthus. c. 27, n, 9.
(5) Grunez. *de Officio miss.*
(6) « Sacerdos tenet corpus Domini super calicem, et parum elevato calice cum ambabus manibus, dicit, *Per omnia sæcula sæculorum* ; et dicendo *Oremus*, reponit eum in loco suo super corporale. » Biel. lect. 60 in Can. miss.
(7) On lit dans le Missel de Vienne de 1519 : *Hic dextera manu tenens hostiam, calicem parum erigat cum utraque manu, dicens* : Per omnia sæcula sæculorum. Dans celui de Grenoble, de 1522 : *Teneat hostiam super calicem, dicens altius* : Per omnia sæcula sæculorum. R. Amen.

Les Missels romains imprimés à Rouen en 1525, à Lyon en 1526, à Paris en 1542, marquent la même chose. Et celui qui est imprimé magnifiquement à Venise en 1563 marque plus précisément qu'il ne faut remettre l'hostie sur le corporal, et couvrir le calice qu'après qu'on a répondu, *Amen*. *Hic cum dextera manu hostiam tenens super calicem, erigat cum utraque manu aliquantulum dicens*, Per omnia sæc. sæc. R. Amen. *Hic reponat hostiam super corporale, et calicem ipsum cooperiat dicens* : Oremus.

(8) Il y a plusieurs prêtres qui tiennent le calice élevé et découvert en disant : *Per omnia*, etc. Mais il ne convient pas à des particuliers de changer les rubriques. Il faut espérer que ce renouvellement de l'ancien usage viendra des évêques, qui feront imprimer de nouveaux Missels. On l'a déjà rétabli dans le Missel de Meaux de 1709, sans que personne y ait trouvé à redire, quoique ce Missel ait trouvé d'abord beaucoup de censeurs, qui y ont fait faire plusieurs corrections.

nouvelle partie qui commence par le *Pater*, et qui est la préparation à la communion.

THURIFÉRAIRE.
(Extrait du Cérémonial romain.)

§ I. *Avis généraux.*

1. Le thuriféraire fait toujours la génuflexion sur le pavé lorsqu'il passe devant l'autel, lorsqu'il y arrive et lorsqu'il en part, quand même le saint sacrement ne serait pas dans le tabernacle; lorsqu'il marche dans l'enceinte du sanctuaire, et toutes les fois qu'il est à genoux, s'il n'a pas les mains occupées, il les joint; hors du sanctuaire il croise les bras.

2. Lorsque le thuriféraire porte son encensoir avec quelque solennité, marchant processionnellement, il le tient de la main droite ayant le pouce dans le gros anneau, et le doigt annulaire dans le petit, par lequel il élève un peu la chaînette du couvercle, afin que le feu se conserve mieux; et de la gauche il porte la navette par le pied: elle doit être fermée et l'ouverture tournée vers sa poitrine; il tient ainsi l'un et l'autre des deux mains également élevées à la hauteur de la poitrine, en sorte que l'encensoir ne touche pas ses vêtements; mais quand il porte l'encensoir au célébrant pour faire bénir l'encens, soit à la sacristie, soit à l'autel, il tient l'encensoir de la main gauche, et de la droite la navette à moitié ouverte, la présentant toujours de cette main au diacre, ou au prêtre assistant, ou au chapier, sans aucun baiser; puis ayant fait une inclination médiocre au célébrant, la main droite appuyée sur sa poitrine, il lève de cette main le couvercle de son encensoir, en tirant l'anneau de la chaînette qui y est jointe, et de la même main il prend toutes les autres chaînettes ensemble par le milieu, élevant ainsi l'encensoir proche de la navette, et demeurant debout, la main gauche appuyée sur sa poitrine pendant que le célébrant met de l'encens et le bénit (s'il le faut bénir); après quoi, et non pas plus tôt, il abaisse le couvercle de l'encensoir, salue le célébrant comme auparavant, reçoit de la gauche la navette de la main du diacre, auquel il donne de la droite seule l'encensoir, si le célébrant doit pour lors encenser; sinon il reçoit de la main droite la navette sans quitter l'encensoir; ayant fait les saluts convenables, il se retire et se dispose pour marcher, prenant de la gauche la navette et de la droite l'encensoir, ainsi qu'il a été dit ci-dessus.

3. Il a soin qu'il y ait toujours du feu dans un lieu commode, afin que, pendant les offices, tout soit prêt pour les encensements.

II. *De l'office du thuriféraire à vêpres.*

1. Le thuriféraire entre au chœur dans son rang avec le clergé; vers la fin de l'hymne ou plus tôt, s'il est besoin, il sort du chœur la barrette aux mains, faisant les révérences requises à l'autel et au chœur, et va à la sacristie prendre l'encensoir.

2. Lorsque l'officiant part de sa place pour aller encenser pendant le *Magnificat*, le thuriféraire sort de la sacristie ayant l'encensoir et la navette à la main, et va se placer au bas des degrés de l'autel entre le chapier et l'acolyte le plus proche de la porte par où il entre; après avoir fait la génuflexion, il monte sur le marchepied, du côté de l'Epître à la droite du cérémoniaire, où, sans faire la génuflexion, il donne la navette au chapier pour faire bénir l'encens. Après la bénédiction, il donne l'encensoir au même chapier, et se retire avec le cérémoniaire au bas des degrés du côté de l'Epître, où il demeure pendant l'encensement la face tournée du côté de l'Evangile, tenant la navette de la main droite à la hauteur de sa poitrine. S'il n'y avait point de chapiers, le cérémoniaire suppléerait au premier, et le thuriféraire au second, aux côtés du célébrant; ils feraient la génuflexion à la croix quand le célébrant s'incline profondément.

3. L'encensement de l'autel étant achevé, le thuriféraire reprend l'encensoir; étant descendu au bas des degrés à la gauche du premier acolyte, il fait la génuflexion et salue le chœur, avec tous les officiers rangés en droite ligne. Ensuite il part le premier et marche en cérémonie vers le siège de l'officiant, où étant arrivé, il se retire un peu du côté droit pour laisser passer les acolytes et les chapiers.

4. L'officiant étant arrivé à sa place, le thuriféraire donne l'encensoir au premier chapier, et s'étant mis à sa droite un peu derrière lui, il lève le devant de sa chape pendant qu'il encense l'officiant, et fait avec lui une inclination profonde avant et après.

5. Après l'encensement des chanoines de chaque côté, s'il y en a, le thuriféraire s'avance à la droite du cérémoniaire devant les sièges des chapiers; puis, commençant par le côté où il se trouve, il encense les chapiers et les prêtres, chacun d'un coup double, après une inclination particulière ou commune selon leur position et l'usage, et puis tous les autres sans s'arrêter. Il fait la génuflexion et va encenser l'autre côté de la même manière, faisant une inclination médiocre en passant devant l'officiant; après quoi s'étant un peu avancé vers le milieu du chœur, il le salue de part et d'autre, commençant par le côté où est l'officiant, ou par sa droite, s'il est au milieu; il fait la génuflexion devant le milieu de l'autel et se retire à la sacristie; ensuite il revient au chœur la barrette aux mains, faisant les révérences requises à l'autel et au chœur, et se remet à sa place.

6. Remarquez premièrement que si, pendant l'encensement, on chante le *Gloria Patri*, le thuriféraire s'arrête au lieu où il se trouve, et demeure médiocrement incliné vers l'autel jusqu'à *Sicut erat* exclusivement. Secondement, que si l'encensement n'est pas achevé lorsque l'officiant dit *Dominus vobiscum* avant l'oraison, le thuriféraire doit cesser et se retirer en même temps, saluant

l'autel et le chœur à l'ordinaire. Troisièmement que, dans les églises cathédrales et dans les collégiales, le premier chapier ou le thuriféraire encense les dignités et les chanoines selon leur rang, chacun de deux coups séparément, avec une inclination avant et après; puis il encense les bénéficiers inférieurs d'un coup seulement, avec une inclination commune à tous, et les autres sans s'arrêter. Dans les autres églises on suit la coutume louable des lieux, en plusieurs desquels, excepté le supérieur et autres personnes considérables, qui sont encensées de deux coups après les chapiers, on encense tous les autres de la manière ci-dessus exprimée, afin que l'encensement du chœur soit achevé avant l'oraison. Dans certaines églises on encense tous les prêtres d'un coup chacun sans inclination particulière avant et après, et tous les autres sans s'arrêter. On peut voir ce qui est marqué à l'art. ENCENSEMENT.

7. Le thuriféraire n'a rien à faire à matines; il se comporte à laudes comme il vient d'être marqué pour les vêpres.

8. Lorsque le saint sacrement est exposé, il fait la génuflexion à deux genoux avec une inclination de tête toutes les fois qu'il entre au chœur ou qu'il en sort, et quand il va de l'autel au chœur ou du chœur à l'autel; lorsqu'il est monté sur le marchepied de l'autel, pour la bénédiction de l'encens à *Magnificat*, il y fait la génuflexion à la droite du cérémoniaire, en même temps que l'officiant la fait. Après la bénédiction, lorsque l'officiant descend sur le second degré, le thuriféraire y descend aussi et présente son encensoir au premier chapier; il se retire au côté de l'Epître, où il se met à genoux pendant qu'on encense le saint sacrement, sans faire aucune inclination.

§ III. *De l'office du thuriféraire à la messe.*

1. Le thuriféraire se rend de bonne heure à la sacristie, et prépare le feu et l'encensoir; il conduit le célébrant au lavoir comme fait le servant de la messe basse. Quand le célébrant est habillé, il fait bénir l'encens, si on doit le bénir; après quoi il se dispose pour aller au chœur en cérémonie; ensuite il salue la croix de la sacristie par une inclination profonde, étant à la gauche du premier acolyte, puis le célébrant par une médiocre, et marche au chœur à la tête de tous les officiers. Si l'on n'a pas bénit l'encens, le thuriféraire s'approche quand on monte à l'autel.

2. Si en allant au chœur il passe devant quelque autel où on dise la messe, depuis la consécration jusqu'à la communion, ou sur lequel le saint sacrement soit renfermé, il fait la génuflexion d'un seul genou sur le pavé; si le saint sacrement y est exposé, ou si on y donne la communion, c'est à deux genoux; si on y élève le saint sacrement, il demeure à genoux jusqu'à ce que le calice soit remis sur l'autel; puis s'étant levé, il marche au chœur. Si la messe doit se dire dans une chapelle particulière, et qu'il passe devant le grand autel, il y fait la génuflexion en passant; il doit de même faire une inclination médiocre aux prêtres revêtus des ornements sacrés qu'il rencontre en son chemin.

3. En entrant au chœur, il salue au milieu des acolytes le clergé par une inclination médiocre, commençant par le côté de l'Epître, si c'est la place des plus dignes; ensuite il se retire au bas des degrés vis-à-vis le coin de l'Epître sans faire aucune révérence en passant, et demeure à la gauche du premier acolyte la face tournée vers le second, jusqu'à ce que les officiers sacrés soient arrivés; alors il fait la génuflexion sur le pavé, étant en droite ligne avec tous les officiers; puis il va au côté de l'Epître, où il se met à genoux à la droite du cérémoniaire; il agite doucement l'encensoir qu'il tient de la main gauche par le haut des chaînettes et de la droite un peu au-dessus du couvercle; pendant ce temps-là il ne fait aucune inclination ni signe de croix.

4. Si l'entrée se fait processionnellement avec le clergé, le thuriféraire marche le premier, comme il vient d'être dit; après avoir fait la génuflexion devant le bas de l'autel proche du dernier degré, il se retire vis-à-vis le coin de l'épître à la gauche du premier acolyte la face tournée vers le second, et demeure là jusqu'à ce que les officiers sacrés soient arrivés; alors il se comporte comme il a été dit au numéro précédent.

5. Lorsque le célébrant monte à l'autel, le thuriféraire se lève et monte en même temps sur le marchepied au côté de l'Epître pour faire bénir l'encens, faisant avant et après une inclination médiocre au célébrant; ce qu'il observe toujours en pareil cas; ensuite il se retire au côté de l'Epître sur le pavé sans tourner le dos à l'autel, tenant la navette de la main droite, la gauche appuyée sur la poitrine. Lorsque le diacre encense le célébrant, le thuriféraire se met à sa droite un peu derrière, et fait les mêmes inclinations que lui. Ensuite, ayant reçu l'encensoir de la main droite, il va le porter au lieu destiné à cela, faisant la génuflexion s'il passe devant l'autel, sinon, en le quittant; il retourne aussitôt à la crédence, où il se place à la gauche du second acolyte, et se conforme à lui pour les postures, les inclinations, les génuflexions, etc.

6. Après l'Epître, le thuriféraire va mettre du feu dans l'encensoir, et revient à l'autel avant le dernier verset du graduel ou du trait, faisant en sortant et en rentrant la génuflexion sur le pavé, mais ordinairement il attend que le cérémoniaire l'avertisse pour venir à la bénédiction de l'encens. Il monte avec lui sur le marchepied, et après que l'encens est bénit, il descend sur le pavé, où il se prépare à marcher en cérémonie; lorsque le cérémoniaire s'avance pour aller au côté de l'Evangile, il fait la génuflexion sur le pavé à sa gauche derrière le sous-diacre, ou entre les acolytes devant le milieu de l'autel, et marche vers le côté de l'Evangile,

où il se place à la gauche du diacre et un peu derrière lui.

7. Après que le diacre a dit *Initium* ou *Sequentia sancti Evangelii*, etc., le thuriféraire donne l'encensoir au cérémoniaire, et fait une inclination profonde au livre des Evangiles en même temps que le diacre, avant et après l'encensement; ensuite il reprend l'encensoir, et le tenant de la main gauche par le haut des chaînettes, et de la droite par le bas au-dessus du couvercle, il l'agite doucement pour entretenir le feu. Si on prononce dans l'Evangile le nom de Marie ou celui du saint dont on fait la fête, le thuriféraire fait une inclination de tête vers le livre; mais il se tourne vers l'autel pour s'incliner au nom de Jésus et faire la génuflexion aux dernières paroles de quelques évangiles.

8. Il retourne après le diacre au côté de l'Evangile sans génuflexion, ou bien au milieu de l'autel, où il fait la génuflexion à gauche du diacre; il lui donne l'encensoir et fait avec lui une inclination profonde au célébrant avant et après l'encensement; puis il reprend l'encensoir, fait la génuflexion après que le célébrant a dit *Oremus*, et va renouveler le feu dans l'encensoir; mais si l'on dit le *Credo*, il fait une inclination derrière le sous-diacre à ce mot *Deum*, et après avoir fait la génuflexion, il rapporte l'encensoir à la sacristie et revient à la crédence.

9. Lorsque le célébrant a dit *Oremus* avant l'offertoire, le thuriféraire va préparer l'encensoir et revient à l'autel quand le cérémoniaire l'avertit; ayant fait à sa droite la génuflexion, il monte à l'autel pour faire bénir l'encens. Après avoir donné l'encensoir au diacre, et repris la navette, il va la mettre à la crédence, puis il reste sur le pavé au côté de l'Epître. Lorsque le diacre descend pour encenser le célébrant, le thuriféraire se met à sa gauche et fait avec lui une inclination profonde avant et après; ensuite il l'accompagne à l'encensement du chœur, marchant un peu devant lui à sa gauche, et se conforme à lui pour les génuflexions et les inclinations.

10. Le sous-diacre ayant été encensé au retour du chœur, le thuriféraire passe à la droite du diacre, reçoit l'encensoir et l'encense de deux coups lorsqu'il est arrivé à sa place, en lui faisant une inclination avant et après; puis il encense les deux acolytes d'un coup chacun tout de suite avec une inclination de tête avant et après. Si du sanctuaire où il est, ou de l'entrée du chœur, il peut voir aisément le peuple, il l'encense de trois coups, le premier au milieu, le second à la droite du peuple, et le troisième à la gauche, faisant avant et après une inclination médiocre; après quoi ayant fait la génuflexion à l'autel et salué le chœur, il va à la sacristie mettre du feu dans l'encensoir, et avertit qu'on allume les flambeaux pour l'élévation.

11. Lorsqu'il y a un prêtre assistant, le thuriféraire, ayant déposé la navette, reste à sa place ordinaire auprès de la crédence; lorsque le diacre a été encensé, il reprend l'encensoir, et se tournant vers le cérémoniaire, il le salue et l'encense d'un coup seulement avant que d'encenser les acolytes; ensuite le thuriféraire salue l'autel et le chœur, et va à la sacristie pour en revenir avec les porte-flambeaux après la préface.

12. Lorsque le chœur chante le *Sanctus*, le thuriféraire sort de la sacristie, portant l'encensoir en cérémonie et à la droite du cérémoniaire s'il y est; il salue le chœur (étant au milieu des porte-flambeaux s'il n'y en a que deux); ensuite il va faire la génuflexion derrière le sous-diacre au milieu des porte-flambeaux, qu'il doit attendre à cet effet; de là il se rend au coin de l'Epître, où il se met à genoux à la droite du cérémoniaire.

13. Le thuriféraire, un peu avant la consécration, fait mettre de l'encens dans l'encensoir par le cérémoniaire; il encense à genoux l'hostie et le calice de trois coups chacun durant l'élévation, et fait une inclination profonde avant et après chaque élévation, en même temps que le célébrant fait la génuflexion. Ensuite il se lève, et s'étant joint aux porte-flambeaux, ils font ensemble les révérences requises à l'autel et au chœur comme ils ont fait en arrivant, et vont porter l'encensoir et les flambeaux dans la sacristie; puis le thuriféraire revient à la crédence séparément ou avec les acolytes, s'ils ont porté les flambeaux. Aux messes auxquelles les porte-flambeaux demeurent à genoux jusqu'après la communion, le thuriféraire s'étant levé, fait la génuflexion au même lieu, s'il ne doit pas passer devant le milieu de l'autel, et va seul quitter son encensoir; étant revenu à la crédence, il y demeure debout les mains jointes tourné vers l'autel, ou à genoux si le clergé y est, jusqu'à la communion.

14. Lorsque le célébrant chante ces paroles : *Et dimitte nobis debita nostra*, si les acolytes tiennent des flambeaux, le thuriféraire monte par le plus court chemin au côté de l'Epître, et prend des deux mains l'écharpe de dessus les épaules du sous-diacre; ayant fait la génuflexion derrière lui, il va la plier à la crédence.

15. S'il y a communion du clergé, le thuriféraire, après avoir sonné à *Domine, non sum dignus*, et reçu la paix, va devant le milieu de l'autel sur le pavé, où il se met à genoux à la gauche du cérémoniaire. Après que le célébrant a dit *Indulgentiam*, etc., il se lève, reçoit du cérémoniaire un bout de la nappe de la communion, et après avoir fait avec lui la génuflexion au même lieu, il se retire au coin du marchepied, où se mettant à genoux la face tournée vers le cérémoniaire, il tient la nappe étendue devant les communiants; il doit communier le premier de son ordre, ayant soin de se faire relever par quelque autre clerc qui soit libre ou qui communiera après lui. Après la communion il plie la nappe avec le cérémoniaire, et la porte sur la crédence après avoir fait avec lui la génuflexion sur le pavé devant le milieu de l'autel.

16. Lorsque le célébrant est sur le point

de prendre le sang de Notre-Seigneur, ou après la communion du clergé et du peuple, le thuriféraire, au défaut des acolytes, porte les burettes sur le coin de l'Epître, sans faire aucune génuflexion, et les présente l'une après l'autre au sous-diacre sans aucun baiser; quand le sous-diacre vient au coin de l'Epître pour donner l'ablution, il se retire un peu derrière lui; après avoir repris les burettes, il les reporte à la crédence, ensuite ayant pris le petit voile du calice qui est sur la crédence, il le porte sur l'autel au côté de l'Evangile, faisant la génuflexion au milieu sur le pavé, tant en allant qu'en revenant.

17. La messe étant finie, il prend la barrette du célébrant et celle du diacre, lesquelles il donne à celui-ci, après avoir fait la génuflexion au bas des degrés de l'autel sur le pavé, avec tous les officiers à la gauche du premier acolyte; ayant ensuite salué le chœur avec eux, il marche le premier les mains jointes pour retourner à la sacristie, où il salue la croix et le célébrant comme il a fait avant la messe. Si le clergé sort conjointement avec les officiers, le thuriféraire ne le salue point en partant, mais à la sacristie; il fait en ce cas la génuflexion au milieu des acolytes derrière les officiers sacrés. Quand le célébrant est entièrement déshabillé, il lui présente sa robe ou son manteau, etc., comme fait le servant après la messe basse.

18. Si l'on fait l'aspersion de l'eau bénite avant la grand'messe, le thuriféraire entre au chœur à la manière ordinaire; mais au lieu de l'encensoir, il porte de la main droite le bénitier avec l'aspersoir dedans, ayant l'autre main appuyée sur la poitrine; après avoir fait la génuflexion au bas de l'autel sur le pavé, il se met à genoux sur le dernier degré à la droite du diacre, laissant un petit intervalle pour le cérémoniaire quand il présente le Missel; il donne l'aspersoir au diacre sans aucun baiser. Lorsque les ministres sacrés se lèvent, il se lève aussi; après avoir fait la génuflexion à l'autel, il se tourne en arrière vers le chœur, ou bien il passe derrière le célébrant, en sorte qu'il demeure toujours à la droite du diacre; il salue le chœur en y entrant, et accompagne le célébrant à l'aspersion du clergé et du peuple, étant toujours à la droite du diacre qu'il ne quitte point jusqu'à ce qu'il soit revenu à l'autel. Si un évêque en rochet et en camail assistait à l'aspersion de l'eau bénite, il irait seul avec le célébrant et le cérémoniaire pour présenter l'aspersoir à l'évêque, qu'il saluerait d'une inclination profonde avant et après; puis il reviendrait à l'autel, où il se mettrait à genoux pendant que le célébrant aspergerait le diacre et le sous-diacre; après quoi on ferait l'aspersion du clergé et du peuple à l'ordinaire. L'aspersion du clergé et du peuple étant finie, il fait la génuflexion au bas des degrés de l'autel; après avoir donné l'aspersoir au diacre, il se retire à la crédence à la droite du cérémoniaire et au milieu des acolytes pour y être aspergé, faisant avant et après une inclination médiocre au célébrant, après quoi il va reprendre l'aspersoir; après avoir salué l'autel et le chœur, s'il passe devant, il va préparer son encensoir pour le commencement de la messe. Si les officiers sacrés doivent retourner à la sacristie, le thuriféraire y retourne avec eux.

19. Lorsqu'on doit faire la procession après l'aspersion de l'eau bénite, le thuriféraire fait bénir l'encens si la procession est solennelle; après avoir fait la génuflexion à l'autel derrière le célébrant, il marche le premier devant la croix en cérémonie. Au retour de la procession, il va prendre le feu nouveau pour le commencement de la messe; mais si le célébrant doit retourner à la sacristie pour prendre la chasuble, le thuriféraire ayant fait seul la génuflexion en arrivant, se met devant le porte-croix au milieu du chœur, sans gêner le passage des officiers sacrés, dans le même endroit où il était avant de partir, et y demeure jusqu'à ce que le célébrant ait achevé les versets et l'oraison, après quoi il fait la génuflexion et marche le premier pour retourner à la sacristie.

§ IV. *De l'office du thuriféraire à la messe devant le saint sacrement exposé.*

1. Le thuriféraire fait la génuflexion à deux genoux la première fois qu'il entre au chœur, et la dernière fois qu'il en sort: hors ces cas il fait la génuflexion d'un seul genou, même quand il va derrière l'autel pour mettre du feu dans l'encensoir. Il la fait ainsi toutes les fois qu'il arrive sur les marches et qu'il en part, à moins qu'il ne la fasse immédiatement avant ou après.

2. Etant monté sur le marchepied de l'autel pour le premier encensement, il y fait la génuflexion à la droite du cérémoniaire en même temps que le célébrant la fait; lorsque le célébrant descend sur le second degré, le thuriféraire y descend aussi avec les ministres sacrés, et présente son encensoir au diacre; ayant fait la génuflexion, il descend au coin de l'Epître, où il se met à genoux sur le pavé ou sur le dernier degré pendant qu'on encense le saint sacrement sans faire aucune inclination: il se met de même à genoux pendant que le célébrant encense le saint sacrement après l'offertoire.

3. Lorsqu'on fait l'exposition ou qu'on donne la bénédiction du saint sacrement immédiatement avant ou après la messe, il demeure pendant ce temps-là à genoux au bas des degrés, et s'approche pour faire mettre de l'encens quand le cérémoniaire l'avertit.

§ V. *De l'office du thuriféraire à la messe des morts, à l'absoute et à un enterrement.*

1. Le thuriféraire ne salue point le chœur ni aucun des officiers, mais seulement le célébrant.

2. Il entre au chœur le premier, les mains jointes, à la tête des acolytes; après avoir fait la génuflexion au bas des degrés avec tous les officiers, il se retire à sa place auprès de la crédence, où il demeure jusqu'à l'Offertoire, parce qu'il n'y a point d'encensement à l'Introït ni à l'Evangile.

3. Il fait bénir l'encens à l'ordinaire après l'Offertoire; ayant repris l'encensoir sitôt que le célébrant a été encensé, il se retire à la sacristie et ne revient qu'au *Sanctus* avec le cérémoniaire.

4. Un peu avant la consécration, après avoir mis de l'encens dans l'encensoir, il le donne au sous-diacre qui est à genoux au côté de l'Epître pour encenser le saint sacrement; s'étant remis à genoux à la droite du cérémoniaire, il fait les mêmes inclinations que le sous-diacre, pendant qu'il encense l'hostie et le calice. Ensuite ayant repris l'encensoir, il fait la génuflexion, le reporte à la sacristie et revient à la crédence, où il se tient à genoux jusqu'à *Pax Domini*, etc.

5. Si l'on doit faire après la messe l'absoute pour les morts, le thuriféraire se rend à la crédence après le dernier évangile, ayant l'encensoir et la navette, et se place devant le porte-croix à la droite du ministre de l'eau bénite. Quand le célébrant est prêt à partir, il s'avance vers le milieu de l'autel, où il fait la génuflexion en même temps que le célébrant salue l'autel, et va se placer devant la représentation un peu vers le côté de l'Epître entre le cérémoniaire et le ministre de l'eau bénite. Quand le corps est présent, si l'on a un prêtre, il se place du côté de l'Evangile vers les pieds du défunt; ensuite il agite doucement l'encensoir pour conserver le feu; sur la fin du *Libera* il va à la gauche du diacre faire la génuflexion à l'autel derrière le célébrant, et donne ensuite la navette au diacre à l'ordinaire: puis ayant repris la navette, il fait de nouveau la génuflexion avec le diacre et retourne à sa place. Après que le célébrant a aspergé la représentation, il donne l'encensoir au diacre, et le reçoit après l'encensement sans sortir de sa place. Après que les chantres ont dit *Requiescant in pace*, il retourne à la sacristie, faisant en passant la génuflexion à l'autel à la droite du ministre de l'eau bénite, et marche devant la croix.

6. Lorsqu'on fait un enterrement, le thuriféraire ne va point à la levée du corps; il entre seulement au chœur pendant le répons *Libera*, se place à la gauche du cérémoniaire, et se comporte comme à l'absoute : lorsqu'il faut aller à la fosse, il y va à la droite du ministre de l'eau bénite et marche devant la croix; y étant arrivé, il se place à la gauche du cérémoniaire et fait bénir l'encens après l'oraison *Deus, cujus miseratione*. A la fin, quand l'officiant commence l'antienne *Si iniquitates*, il part pour retourner à la sacristie, ainsi qu'il a été dit au numéro précédent.

TITRE, TITULAIRE, ou PATRON.

La coutume universelle et la loi exigent que chaque église soit érigée en l'honneur de quelque mystère ou d'un saint dont les vertus soient proposées à l'imitation des habitants qui en reçoivent une protection continuelle. Pour inspirer aux fidèles une plus grande vénération envers le titre ou le patron de leur paroisse, et pour en obtenir plus efficacement une bienfaisante protection, l'Eglise a établi que la fête du patron serait observée par le peuple, et qu'elle serait célébrée sous le rite de première classe avec octave. Les clercs étant souvent réduits à régler d'eux-mêmes les octaves de leur patron, aussi bien que l'anniversaire de la dédicace de l'église à laquelle ils sont attachés, voici les règles qu'ils doivent observer. Cette matière étant sujette à plusieurs difficultés, pour l'examiner avec plus d'ordre et de clarté, nous la diviserons en plusieurs points.

I. *Différence entre le titre et le patron.*

On n'appelle patron qu'un saint, une sainte ou un ange. Quand une église est dédiée à la Trinité, au Sauveur, à la Croix ou à quelque mystère, ce n'est là que le titre de l'église, parce qu'on ne peut pas attribuer aux personnes divines la qualité de patron, qui appartient à un inférieur qui prie son supérieur. Quoique la bienheureuse vierge Marie puisse être proprement la patronne d'un lieu, quand on dédie une église à l'Assomption, à la Conception, à la Purification, à l'Annonciation, etc., ces objets en sont le titre. Bien plus, un saint est appelé *titre* ou *titulaire* quand il est patron de l'église seulement, et non du lieu.

Il y a une autre différence en ce que le patron d'un lieu doit être fêté par le peuple, et non le titre d'une église; le peuple n'est obligé de fêter celui-ci que quand il est en même temps le titre ou le patron du royaume, de la province ou patrie, de la ville, du bourg ou d'une paroisse rurale. Ainsi, dans les villes et bourgs composés de plusieurs paroisses, les églises n'ont qu'un patron titulaire non fêté par le peuple, s'il y a un patron commun. De même les chapelles comprises dans le territoire d'une paroisse rurale n'ont pas de patron, mais seulement un titulaire sans fête obligatoire pour le peuple.

On peut ajouter cette différence que régulièrement le patron ne donne pas son nom au lieu, ainsi le diocèse ne porte pas le nom de son patron. Il en est ainsi de bien des villes et bourgs. Mais bien souvent le titre d'une paroisse ou d'une chapelle lui donne son nom; il en est de même des chapelles rurales; on les appelle souvent du nom de leur titre; si quelques-unes en ont un autre, c'est que le lieu où elles sont situées l'avait déjà avant l'érection de ces chapelles, et que l'ancienne coutume a prévalu.

II. *Par qui et comment la fête du titre ou patron doit être célébrée.*

La fête du titre ou patron principal d'un lieu doit être observée par le peuple qui y réside, quant à l'obligation d'entendre la messe et de s'abstenir des œuvres serviles. La même obligation a lieu pour le patron du royaume ou de la province, outre le patron principal de la ville, du bourg ou du village, s'il en existe. Ainsi l'a déclaré la congrégation des Rites, le 13 septembre 1642. On sait qu'en France cette obligation est transférée au dimanche suivant, c'est-à-dire supprimée depuis 1801. Quant à l'office, s'il est question du patron principal du royaume, de la province, de la patrie, de la ville ou du bourg, il doit être récité sous le rite double de première classe avec octave par les clercs séculiers qui habitent ces lieux. S'il s'agit du patron ou titre d'une paroisse ou chapelle publique, quoiqu'elle ne soit pas consacrée, mais seulement bénite, l'office doit en être célébré sous le même rite par les clercs attachés à cette église. (*Décret de la S. C. du 21 juin* 1710.)

S'il s'agit du titre d'un autel et non d'une église ou chapelle, quand même ce titre serait celui d'un bénéfice, le bénéficier ne peut que suivre son bréviaire lorsque cette fête s'y trouve. Si elle ne s'y trouve pas, et que ce ne soit pas un jour qui exclue les messes votives, on peut en célébrer la messe à la manière des fêtes, avec *Gloria in excelsis*, mais sans *Credo*, et avec trois oraisons.

Si cependant l'autel auquel un bénéfice est annexé avait quelque relique insigne d'un saint reconnu par l'Eglise, et nommé dans le Martyrologe romain, le bénéficier dont il s'agit, attaché à l'église où est cette relique authentique, devrait en réciter l'office sous le rite double-mineur, et dire le symbole à la messe. (*S. C. 3 juin* 1617.) On appelle reliques insignes, la tête, le bras, la jambe ou la partie du corps dans laquelle le martyr a souffert, pourvu que cette partie soit entière, considérable, et légitimement approuvée par l'ordinaire. (*S. C. 8 avril* 1682.)

Les religieux sont obligés à réciter les offices suivants : 1° Celui du patron principal du lieu (non de la paroisse [*S. C. 5 juillet* 1693] s'il n'est pas en même temps patron du lieu, comme de la ville, du diocèse) où ils demeurent, et celui du patron du royaume, sous le rite double de première classe sans octave ; il faut que ces patrons aient été élus canoniquement, avec l'autorisation du siège apostolique, autrement ces religieux ne peuvent pas en réciter l'office ; 2° L'office du titulaire de l'église cathédrale du diocèse dans lequel ils demeurent, sous le rite double de première classe, sans octave ; 3° L'office de la Dédicace de l'église cathédrale sous le rite double de seconde classe sans octave, mais seulement s'ils demeurent dans la ville même où est la cathédrale, ou dans ses faubourgs ; car ils ne peuvent pas réciter cet office s'ils demeurent ailleurs dans ce même diocèse ; 4° L'office de la Dédicace de leur propre église, pourvu qu'elle soit consacrée, sous le rite double de première classe avec octave.

Romsée (*Opera liturgica*, t. III, art. 21) ajoute que pour se conformer aux autres, les religieux peuvent, sans y être obligés, réciter l'office des patrons secondaires du lieu, c'est-à-dire, du royaume, de la province, de la patrie, du diocèse, de la ville ou du bourg où ils demeurent.

Le curé de deux églises réunies doit réciter l'office du patron et du titulaire de l'une et de l'autre, conformément aux rubriques, surtout si les deux églises étaient indépendantes l'une de l'autre : *Maxime si ecclesiæ sint peræque unitæ*. (*S. C. 5 juillet* 1698.) On peut en dire autant de la dédicace pour la même raison.

S'il réside dans le chef-lieu d'une paroisse qui ait dans son territoire plusieurs églises ou chapelles dépendantes de l'église paroissiale, il ne peut célébrer avec octave que le patron de celle-ci, parce qu'il n'est pas attaché au service des autres, et qu'on suppose que ce ne sont pas plusieurs paroisses réunies comme dans le cas précédent. Si cependant il célébrait dans une de ces chapelles le jour de son titulaire, il le ferait sous le rite de première classe, parce qu'il faut se conformer à l'église où on célèbre quant au degré du rite. Quant à l'office, Romsée ajoute qu'il peut le réciter ce jour-là sans octave.

Quant à un prêtre qui dessert une chapelle rurale, Romsée fait la distinction suivante : ou bien il réside constamment dans le district de la chapelle dont il est chargé, ou bien il réside dans le district de l'église principale, et va seulement les dimanches et jours de fête exercer son ministère dans cette chapelle, tandis que les autres jours il l'exerce dans l'église paroissiale ; dans ce dernier cas, il est tenu à l'office du patron et de la dédicace de l'une et de l'autre, puisqu'il est censé attaché au service de ces deux églises ; mais il n'est tenu à l'office de la dédicace qu'autant qu'elles ont été consacrées. Dans le premier cas, quoi qu'en disent plusieurs auteurs, il n'est pas tenu aux offices propres de l'église paroissiale, si ce n'est celui du patron du lieu. La fête de la Dédicace des églises autres que la cathédrale ne doit être célébrée que dans l'église dont on célèbre la consécration. (*S. C. 18 décembre* 1629.) La même congrégation a déclaré le 17 août 1709, que « le jour de la consécration ou du titre d'une église paroissiale non cathédrale et pendant l'octave, on ne peut pas célébrer la messe de la dédicace ou du titulaire sous le même rite qu'à l'église paroissiale, dans les oratoires même dépendants de cette église paroissiale. » Elle ajoute sous la même date, que « les prêtres qui ne font point partie du clergé paroissial, quand même ils habitent la même paroisse, ne sont pas tenus à en célébrer le titulaire et la consécration, si elle n'est pas cathédrale. » *Voy.* DÉDICACE.

III. *Ce qu'il faut pour qu'un saint soit patron*

Le saint patron est celui que l'évêque avec le peuple ont choisi en cette qualité, soit parce qu'il a été le premier évêque du lieu, soit parce qu'il y a été inhumé, soit parce qu'il a habité ce lieu, soit parce qu'il a quelquefois secouru ce peuple dans ses nécessités par des miracles, soit pour d'autres causes semblables. L'élection doit en être faite conformément au décret suivant du 23 mars 1630, sous peine de nullité.

1° On ne peut élire pour patrons que les saints honorés comme tels par l'Eglise universelle ; il ne suffit pas qu'ils soient béatifiés.

2° L'élection du patron d'une ville doit

être faite par les suffrages secrets du peuple dans une assemblée générale de cette ville ou de ce lieu; les magistrats seuls ne suffiraient pas; il faut aussi le consentement de l'évêque et du clergé de ce lieu.

Il en est de même du patron d'un royaume; il doit être élu par les suffrages secrets du peuple de chacune des villes.

Les représentants du royaume, de la ville ou de la province n'ont aucun pouvoir pour l'élection des patrons, sans un mandat spécial, et sans le consentement des évêques et du clergé.

3° L'élection des nouveaux patrons doit être examinée, approuvée et confirmée par la sacrée Congrégation. Ce décret a été donné par l'ordre de Clément VIII.

La raison de la première condition est que les saints seulement béatifiés ne peuvent pas être titulaires des églises; ce n'est que dans la bulle de canonisation qu'on permet de construire des églises en leur honneur; ne pouvant pas être titulaires auparavant, ils ne peuvent pas être choisis pour patrons, ce qui est un titre plus relevé. La sacrée congrégation des Rites n'a coutume d'accorder en l'honneur des saints béatifiés qu'un office double majeur ordinaire, tandis que celui des patrons est double de première classe. Ce décret comprend aussi les patrons secondaires; il convient que ce soient des saints reconnus par l'Eglise universelle.

La raison de la seconde condition est que c'est d'abord au peuple à faire son choix, en vue des bienfaits qu'il a reçus de quelque saint; ensuite le clergé doit y consentir, pour être obligé à l'office et à la messe.

La raison de la troisième condition est que souvent la volonté des princes ou les artifices de quelques personnes extorquent sans raison les vœux des assemblées et le consentement des évêques, tandis qu'à Rome la censure est plus libre, et que l'autorité du siége apostolique la rend plus sûre et plus respectable. (*Extrait de Gavantus.*)

TRINITÉ (Sainte).

Dans les églises où cette fête est célébrée avec octave, il faut une autorisation spéciale pour la continuer pendant l'octave du Saint-Sacrement. Dans ce cas d'autorisation, on trouvera les leçons de l'office dans l'*Octavarium* de Gavantus.

(Indulgences authentiques.)
PRIÈRES ET PRATIQUES DE PIÉTÉ
En l'honneur de la très-sainte Trinité.

§ I. Indulgences accordées à perpétuité à tout fidèle qui, adorant la très-sainte Trinité, récitera, *avec dévotion et un cœur contrit*, la prière suivante, connue sous le nom de *Trisagium* (1).

1° Cent jours d'indulgence pour la dire une fois le jour.

(1) Le prophète Isaïe rapporte au verset 3 du sixième chapitre qu'il vit dans le ciel les séraphins entourant le trône de Dieu, louer et bénir le Père, le Fils et le Saint-Esprit, en répétant sans cesse : Saint, saint, saint, etc.; et les quatre animaux mystérieux dont saint Jean parle dans son Apocalypse répétaient aussi continuellement les mêmes paroles. Les fidèles doivent s'efforcer, à l'exemple de ces glorieux habitants de la Jérusalem céleste, d'honorer dignement le mystère de la très-sainte Trinité qu'ils font profession de croire.

DICTIONNAIRE DES RITES SACRÉS. III.

2° Indulgence plénière une fois par mois pour quiconque l'aura récitée une fois le jour dans le cours du mois; on gagnera cette indulgence plénière le jour du mois où, s'étant confessé et ayant communié, on priera selon les intentions de l'Eglise.

3° L'indulgence de cent jours, attachée à la récitation de cette prière, peut se gagner *trois fois* le jour de la fête de la sainte Trinité, tous les jours de l'octave de cette fête et tous les dimanches de l'année (2).

Prière.

Saint, saint, saint est le Seigneur, le Dieu des armées : la terre est remplie de sa gloire : gloire au Père, gloire au Fils, gloire au Saint-Esprit.

§ II. Indulgences accordées à perpétuité à tout fidèle qui fait partie d'une union de trois personnes, lesquelles conviennent mutuellement de réciter, ensemble ou séparément, *avec un cœur contrit, trois fois par jour, le matin, dans l'après-midi et le soir*, sept *Gloria Patri* et un *Ave, Maria*, pour honorer ainsi le mystère de la sainte Trinité, celui de l'Incarnation du Verbe, et la très-sainte vierge Marie (3).

1° Cent jours d'indulgence pour chaque jour.

2° Sept ans et sept quarantaines tous les dimanches.

3° Deux indulgences plénières par mois, pour quiconque récitera ainsi exactement trois fois par jour les sept *Gloria Patri* et l'*Ave, Maria*; on gagnera ces indulgences deux dimanches du mois, au choix, en priant, après s'être confessé et avoir communié, selon les intentions de l'Eglise (4).

N. B. Quand une des trois personnes composant cette sainte union vient à mourir ou à manquer de toute autre manière, les deux autres doivent chercher un nouvel associé, afin que la pieuse union des trois personnes puisse ainsi subsister à perpétuité.

§ III. Indulgences accordées à perpétuité à tout fidèle qui récite, *le matin, à midi et le soir*, trois *Gloria Patri* pour remercier la très-sainte Trinité des faveurs et des grâces singulières qu'elle a accordées à la bienheureuse vierge Marie, particulièrement dans sa glorieuse assomption.

1° Cent jours d'indulgence chaque fois que l'on récitera ces trois *Gloria Patri*, ce qui fait trois cents jours pour chaque jour.

2° Indulgence plénière une fois par mois, pour celui qui les aura récités exactement trois fois par jour dans le cours du mois, le jour, à son choix, où, s'étant confessé et ayant communié, il priera selon les intentions de l'Eglise (5).

N. B. Ces indulgences sont applicables aux âmes du purgatoire.

§ IV. Indulgences accordées à tout fidèle qui adressera les prières suivantes à la très-sainte Trinité, en action de

(2) Clément XIV, décret de la sacrée congrégation des Indulgences, du 26 juin 1770.
(3) Cette pieuse pratique a commencé en France avec l'approbation et sous les auspices de M. de Beaumont, archevêque de Paris.
(4) Pie VI, décret de la sacrée congrégation des Indulgences, du 15 mai 1784.
(5) Pie VII, rescrit de la sacrée congrégation des Indulgences, du 11 juillet 1815.

grâces des privilèges accordés à la glorieuse vierge Marie dans sa glorieuse assomption.

1° Indulgence de trois cents jours, *une fois par jour*.

2° Indulgence plénière une fois par mois pour quiconque les aura récitées chaque jour pendant le mois, le jour où, s'étant confessé et ayant communié, il priera selon les intentions de l'Eglise (1).

PRIÈRES.

On adorera le Père éternel, en récitant un *Pater*, un *Ave* et le *Gloria Patri*; puis on dira :

Je vous adore, ô Père éternel, en union avec toute la cour céleste, comme mon Dieu et mon Seigneur; je vous remercie du fond de mon cœur, au nom de la bienheureuse vierge Marie, votre fille bien-aimée, de toutes les grâces et faveurs dont vous l'avez comblée, et spécialement de la puissance que vous lui avez donnée depuis sa glorieuse assomption.

Pater, *Ave* et *Gloria*, pour adorer le Fils de Dieu.

Je vous adore, ô Fils éternel, en union avec toute la cour céleste, comme mon Dieu, mon Seigneur et mon Rédempteur; je vous remercie infiniment, au nom de la bienheureuse vierge Marie, votre Mère bien-aimée, de toutes les grâces et de toutes les faveurs dont vous l'avez comblée, et spécialement de cette souveraine sagesse dont vous l'avez enrichie depuis sa glorieuse assomption au ciel.

Pater, *Ave* et *Gloria Patri*, pour adorer le Saint-Esprit.

Je vous adore, ô Saint-Esprit consolateur, comme mon Dieu et mon Seigneur; je vous rends grâces en union avec toute la cour céleste, et au nom de la bienheureuse vierge Marie, votre Epouse bien-aimée, de toutes les grâces et de toutes les faveurs dont vous l'avez comblée, et en particulier de cette parfaite et divine charité dont vous embrasâtes son très-pur et très-saint cœur, au moment de sa glorieuse assomption. Je vous prie humblement, au nom de cette Epouse incomparable, de m'accorder le pardon de tous les péchés que j'ai eu le malheur de commettre depuis le moment où j'ai eu l'usage de ma raison, jusqu'à présent, comme aussi d'agréer le repentir sincère que j'en ai, et la ferme résolution où je suis de mourir plutôt que de vous offenser à l'avenir. Je vous supplie encore, par les mérites et la puissante intercession de cette Vierge sainte, votre digne Epouse, de m'accorder, ainsi qu'à *N*., le don précieux de votre grâce et de l'amour divin. Ne me refusez pas, ô Esprit-Saint, ces lumières et ces grâces spéciales, par le moyen desquelles votre divine Providence a résolu de toute éternité de me sauver.

On dira ensuite trois fois :

Saint Marie, et vous tous, saints et saintes, obtenez-nous, par votre intercession auprès du Seigneur, le secours de sa grâce et le salut éternel.

Prière à la très-sainte vierge Marie.

Je vous salue, Vierge sainte, Reine du ciel et de la terre; agréez les humbles hommages que je vous rends comme à la fille du Père éternel, à la Mère de son Fils bien-aimé et à l'Epouse chérie du Saint-Esprit. Prosterné à vos pieds, je vous conjure, avec la plus profonde humilité, par cette divine charité dont vous fûtes remplie dans votre glorieuse assomption, de vouloir bien me prendre sous votre puissante protection et m'admettre au nombre de ces heureux chrétiens que vous portez dans votre cœur maternel. Daignez recevoir le mien, tout misérable qu'il est; acceptez l'hommage de ma mémoire, de ma volonté, de toutes les puissances de mon âme et de tous les sens de mon corps. Je vous consacre mes yeux, mes oreilles, ma bouche, mes mains et mes pieds, pour que vous en régliez tous les mouvements selon le bon plaisir de votre divin Fils, et je désire, par chacun de ces mouvements, vous rendre l'honneur et la gloire qui vous sont dus; je vous supplie aussi, par cette sagesse profonde que vous tenez de votre divin Fils, de m'obtenir les lumières dont j'ai besoin, pour me bien connaître moi-même, pour connaître mon propre néant, mes péchés afin de les détester, les pièges et les attaques du démon afin de les surmonter. Mère pleine de miséricorde, je vous demande surtout telle ou telle grâce. (*Ici chacun désignera la grâce qu'il veut demander; puis on dira trois fois :*)

Vierge incomparable, d'une douceur sans égale, faites que, délivrés de nos péchés, nous soyons doux et chastes.	Virgo singularis, Inter omnes mitis, Nos culpis solutos, Mites fac et castos.

Prions.

Nous vous conjurons, Seigneur, de pardonner à vos serviteurs les péchés dont ils se sont rendus coupables, afin que, dans l'impuissance où nous sommes de vous plaire par nous-mêmes, nous soyons sauvés par l'intercession de la sainte Mère de votre Fils, Notre-Seigneur Jésus-Christ, qui, étant Dieu, vit et règne dans toute la suite des siècles. Ainsi soit-il.

Que le Seigneur tout-puissant et miséricordieux, Père, Fils et Saint-Esprit, nous bénisse et nous conserve. Ainsi soit-il.

§ V. Indulgences accordées à perpétuité à tout fidèle qui récite *dévotement*, en l'honneur de la très-sainte Trinité, et pour obtenir une bonne mort, trois *Pater*, trois *Ave* et trois *Gloria Patri*, avec les offrandes suivantes.

1° Indulgence de cent jours chaque fois qu'on les récite.

2° Indulgence plénière une fois par mois pour quiconque les aura récités tous les jours pendant le mois. On pourra gagner cette indulgence un des derniers jours du mois, choisi à volonté, où, s'étant confessé

---

(1) Pie VII, rescrit de la secrétairerie des Mémoires, du 19 juillet 1822, dont on conserve l'original dans la secrétairerie de la sacrée congrégation des Indulgences.

et ayant communié, on priera selon les intentions de l'Eglise (1).

N. B. Ces indulgences sont applicables aux âmes du purgatoire.

PRIÈRES.

1° Offrons à la très-sainte Trinité les mérites de Jésus-Christ, en action de grâces du sang précieux qu'il a voulu répandre pour nous dans le jardin des Olives, et prions-la de nous accorder, en vertu de ces mérites, le pardon de nos péchés.

Pater, Ave, Gloria.

2° Offrons à la très-sainte Trinité les mérites de Jésus-Christ, en action de grâces de la mort douloureuse qu'il a voulu endurer pour nous sur la croix, et conjurons-la de vouloir bien nous accorder, en vertu de ces mérites la rémission des peines qui sont dues à nos péchés.

Pater, Ave, Gloria.

3° Offrons à la très-sainte Trinité les mérites de Jésus-Christ, en action de grâces de la charité infinie qui l'a porté à descendre du ciel sur la terre, à se revêtir de notre nature, à souffrir et à mourir pour nous sur la croix; supplions-la, en vertu de ces mérites, d'admettre nos âmes dans la gloire du ciel après notre mort.

Pater, Ave, Gloria.

U

UNDE ET MEMORES.
(Explication du P. Lebrun.)

§ I. Rubrique et remarques sur la situation du prêtre et sur les signes de croix qu'il fait sur l'hostie et sur le calice.

1. *Le prêtre tient les bras élevés devant la poitrine comme auparavant.* Jusque vers la fin du XI° siècle, on ne voit point que le prêtre ait fait quelque geste particulier en commençant cette prière; cela paraît par les Ordres romains, et par Jean d'Avranches, qui écrivait vers l'an 1060. Mais depuis le XII° siècle, en diverses églises de France, les prêtres eurent la dévotion d'étendre les bras pour faire de leur corps une espèce de croix en commençant cette prière, à cause qu'on y fait mémoire de la Passion; ce qu'observent encore les églises de Lyon et de Sens, les chartreux, les carmes et les jacobins. Cet usage, quoique pieux, n'a pas été imité à Rome (2); et les paroles que le prêtre prononce ne l'exigent point, parce qu'il y fait mémoire de la Résurrection et de l'Ascension, aussi bien que de la Passion.

2. *Le prêtre fait un signe de croix en disant*, HOSTIAM PURAM, *etc.* Il faut bien distinguer ces signes de croix qui précèdent ou accompagnent la consécration d'avec les précédents. Les signes de croix qui précèdent ou accompagnent la consécration se font pour attirer des grâces, ou pour marquer qu'on les attend par les mérites de la croix de Jésus-Christ, et ils sont joints à des mots qui font connaître les grâces que nous attendons. Ainsi le prêtre, au commencement du Canon, fait un signe de croix en demandant à Dieu de bénir les dons, *benedicas hæc dona*, etc., mais depuis la consécration il n'y a point de mot qui détermine à bénir. Tout est bénit, nous offrons seulement, *offerimus hostiam*. Nous ne faisons plus de signes de croix sur les dons de l'autel, que pour montrer qu'ils sont le corps même de Jésus-Christ. L'Eglise n'oublie rien pour imprimer dans l'esprit des prêtres et des assistants que le sacrifice de l'autel est le même que celui de la croix. Elle voudrait que les prêtres, surtout depuis la consécration, se représentassent Jésus-Christ immolé sur la croix, comme saint Paul dit des Galates (3), qu'après ses prédications ils voyaient Jésus-Christ comme crucifié à leurs yeux. Or, pour produire cet effet, elle veut que tous les mots qui désignent le corps ou le sang de Jésus-Christ soient accompagnés d'un signe de croix, qui montre que l'hostie et ce qui est contenu dans le calice sont le même corps qui a été crucifié, et le même sang qui a été répandu sur la croix.

Ainsi, quand nous faisons dans cette prière cinq signes de croix, le premier, en disant *Hostiam* † *puram*, marque que c'est là cette même hostie pure qui a été attachée à la croix; le second, en disant *Hostiam* † *sanctam*, marque que c'est là l'hostie sainte qui s'est offerte sur la croix; le troisième, à *Hostiam* † *immaculatam*, que c'est là l'hostie sans tache qui a été immolée sur la même croix; le quatrième, à *Panem* † *sanctum*, que c'est là le pain saint de la vie, c'est-à-dire celui qui a dit: Je suis le vrai pain de vie, qui est descendu du ciel, et qui est mort sur la croix pour nous donner la vie; le cinquième, à *Calicem* † *salutis*, que le sang qui est dans le calice est le même qui a été répandu sur la croix pour le salut du monde. Ces cinq signes de croix, aussi bien que les cinq mots auxquels ils sont joints, ne sont que de vi-

---

(1) Léon XII, rescrit écrit de sa propre main, du 21 octobre 1825, dont on conserve l'original dans les archives des Pères mineurs de l'Observance, au couvent dit *Aracœli*, à Rome.

(2) M. de Vert, qui s'est fort étendu sur cet article, a cru qu'on s'y était toujours suivi cet usage à Rome jusqu'au temps de Pie V, qui l'avait changé. Il est fâcheux qu'on ne puisse se fier à ce que M. de Vert rapporte. Ce saint pape n'a fait que suivre l'Ordre romain, sans rien changer sur ce point. On lit dans le quatorzième Ordre, qui est du XIV° siècle : *Deposito calice, et collocato in loco suo, elevatis manibus ut prius, prosequatur illud,* UNDE ET MEMORES; et dans l'*Ordo missæ* imprimé à Rome en 1524 : *Celebrans stans ut prius ante altare, extensis manibus ante pectus more consueto, dicit secrete,* UNDE ET MEMORES. Cet *Ordo* imprimé à Rome est dans la bibliothèque de Sainte-Geneviève, où l'on a aussi un Missel romain de 1563, qui ne marque aucun geste particulier en disant : *Unde et memores.* Ce qu'on peut trouver touchant l'extension des bras dans des Missels romains imprimés en France ne conclut rien pour Rome, parce qu'on y a inséré quelquefois des usages locaux.

(3) *Ante quorum oculos Jesus Christus præscriptus est, in vobis crucifixus. Galat.* III, 1.

ves expressions qui doivent rappeler à l'esprit l'unité de la victime de l'autel et de la croix.

§ II. *Explication de la prière* Unde et memores, *où est renouvelée la mémoire des mystères de Jésus-Christ en offrant le sacrifice à Dieu son Père.*

C'est pourquoi, Seigneur, nous qui sommes vos serviteurs, et avec nous votre peuple saint, en mémoire de la très-heureuse passion du même Jésus-Christ, Notre – Seigneur (Dieu), et de sa résurrection des enfers, comme aussi de son ascension glorieuse au ciel, nous offrons à votre suprême majesté de vos dons et de vos bienfaits l'hostie † pure, l'hostie † sainte, l'hostie † sans tache, le pain saint † de la vie éternelle, et le calice † du salut perpétuel.

Unde et memores, Domine, nos servi tui, sed et plebs tua sancta, ejusdem Christi Filii tui Domini (1) nostri tam beatæ passionis, necnon et ab inferis resurrectionis, sed et in cœlos gloriosæ ascensionis, offerimus præclaræ majestati tuæ de tuis donis ac datis hostiam † puram, hostiam † sanctam, hostiam † immaculatam, panem sanctum † vitæ æternæ, et calicem † salutis perpetuæ.

Unde et memores. Le prêtre ayant fait la consécration en la personne et par les paroles de Jésus-Christ, continue sa prière en s'adressant au Père comme avant la consécration. Il lui représente que c'est pour obéir au commandement de Jésus-Christ même, que lui et les assistants sont tout occupés du souvenir de ce qu'il a souffert dans sa passion, de la gloire où il est entré par sa résurrection et son ascension, qui sont les récompenses convenables à ses humiliations et à ses souffrances ; et que c'est dans ce souvenir qu'il offre à sa divine majesté cette victime digne de lui.

Nos servi tui, *Nous vos serviteurs.* Les prêtres et les ministres de l'autel sont plus particulièrement par leur ministère les serviteurs de Dieu. Ils sont marqués au pluriel, parce qu'aux premiers siècles il n'y avait ordinairement qu'une messe, où tout le clergé se trouvait avec tous les fidèles ; sed et plebs tua sancta, *Et aussi votre peuple saint.* Ce dernier terme est remarquable. Les prêtres parlent toujours avec humilité d'eux-mêmes, et avec beaucoup de respect des assistants. Ils les nomment le peuple saint, parce qu'*ils sont appelés à la sainteté* (2), qu'*ils sont la nation sainte* (3), et qu'on suppose qu'ils vivent selon leur état. On suppose aussi en cet endroit qu'ils s'occupent des mystères de Jésus-Christ.

Tam beatæ passionis, *De la très-heureuse Passion.* Nous nous représentons les douleurs, les humiliations et tout ce qu'a souffert notre Sauveur. Sa passion est appelée très-heureuse, 1° parce qu'étant sans péché, elle a effacé le péché du monde, dit Flore. 2° Elle est très-heureuse, parce qu'elle a fait et qu'elle fera toujours trouver de la joie aux martyrs au milieu des supplices les plus terribles. Quelque cruel que fût le martyre de saint Laurent, il ne sentit pas les tourments, dit saint Augustin (4), parce qu'il avait communié au sacrifice de Jésus-Christ : et il sera toujours vrai de dire avec saint Paul, à l'égard de tous les fidèles, qu'à mesure que les souffrances de Jésus-Christ s'accroissent et se multiplient en nous, nos consolations s'accroissent et se multiplient par Jésus-Christ. Enfin, elle est très-heureuse, parce qu'elle est devenue la source de tous les vrais biens, et qu'en nous délivrant de nos péchés elle nous mérite la vie éternelle. Il faut s'occuper de ce mystère, parce que le sacrifice de l'autel est la passion même de Jésus-Christ, dit saint Cyprien.

Necnon resurrectionis, *Et de sa résurrection.* La passion de Jésus-Christ est exprimée sur l'autel par la séparation de son corps et de son sang consacrés séparément. Ce qui fait que ce divin Sauveur y est avec des signes de sa mort et de l'effusion de son sang. Mais cette séparation n'est que mystique : Jésus-Christ y est véritablement vivant : son corps et son sang sont réellement présents sous chacun des symboles du pain et du vin. Ainsi nous ne pouvons célébrer ce saint mystère sans être avertis de sa résurrection. Jésus-Christ ressuscité ne meurt plus, dit saint Paul : il est donc impossible que dans le saint sacrifice de l'autel il soit privé de vie. Il est tout entier sous chaque espèce, le même qu'il est ressuscité, plein de gloire et immortel.

Ab inferis, *Des enfers.* Le mot d'enfer signifie littéralement un lieu de la terre inférieur, c'est-à-dire bas ou profond. L'Ecriture et les plus anciens auteurs employaient ce terme pour désigner le lieu des damnés, les limbes, ou le tombeau. Il se prend ici pour le tombeau où le corps de Jésus-Christ fut enseveli, et pour les limbes où son âme descendit après sa mort, suivant le Symbole des apôtres et le témoignage de saint Pierre. *La résurrection des enfers* joint ces deux sens, pour marquer que Jésus-Christ ressuscita véritablement après qu'il eut été mis dans le tombeau et qu'il fut descendu dans les limbes.

Sed et in cœlos gloriosæ ascensionis, *Et aussi de son ascension glorieuse au ciel.* Le mystère de l'ascension est joint à celui de la

---

(1) On lit *Domini Dei nostri* dans les Sacramentaires de saint Gélase et de saint Grégoire, dans les Missels des chartreux, des carmes et des jacobins, dans tous ceux de Paris, jusqu'en 1615, et dans plusieurs autres. Ce mot *Dei* a disparu depuis environ trois cents ans, peut-être simplement par mégarde, du Missel romain, et de quelques-uns d'Allemagne : car il n'est pas dans le Missel de Bâle de 1501, dans un manuscrit des églises d'Allemagne d'environ trois cents ans. Ce mot paraît être de quelque conséquence, après le miracle de la transsubstantiation, qui se fait par la toute-puissance de Jésus-Christ vrai Dieu. Ainsi il ne serait pas inutile de le remettre dans les nouvelles éditions. On peut pourtant remarquer, en faveur du Missel romain d'aujourd'hui, que le mot *Dei* n'est pas dans le Sacramentaire de Bobio, ni dans le Missel des Francs.

(2) Vocatis sanctis. I *Cor.* 1, 2.

(3) Gens sancta. I *Petr.* II, 9.

(4) « Illa esca saginatus, et illo calice ebrius tormenta non sensit. » August., tract. 27 in Joan.

résurrection, comme une suite de ce qui était dû à Jésus-Christ ressuscité, et comme la consommation du sacrifice qu'il a offert à son Père. Jésus-Christ, par sa résurrection, entre dans une vie immortelle, impassible, pleine de gloire; mais il n'entre pas encore dans le lieu qui convenait à cet état de gloire digne du Fils de Dieu fait homme, mort et ressuscité. C'est par son ascension qu'il quitte la terre, qu'il monte au ciel, et qu'il est assis à la droite de son Père; ce qui met le comble à la gloire qu'il a méritée par ses souffrances. C'est là aussi où il achève son sacrifice, en s'offrant continuellement à son Père. Or, l'Eucharistie renferme tous ces mystères, parce que Jésus-Christ s'y offre comme il s'est offert sur la terre, et comme il s'offre dans le ciel. Ainsi, dès que Jésus-Christ est immolé sur l'autel par la consécration, nous devons célébrer la mémoire de sa passion, de sa résurrection et de son ascension glorieuse. La liturgie grecque des Constitutions apostoliques (*Lib.* VIII, c. 17) marque ici presque en mêmes termes ces trois mystères.

OFFERIMUS PRÆCLARÆ MAJESTATI TUÆ. Et nous devons dire, en continuant de nous adresser au Père éternel avec l'Eglise : C'est donc, ô mon Dieu! dans la vue de ces grands mystères, et pour vous en rendre grâces, que *nous offrons à votre divine majesté* une victime qui ne peut que vous être agréable, votre Fils Jésus-Christ Notre-Seigneur (1), lequel, instituant le rite du sacrifice perpétuel, s'est le premier offert à vous en hostie, et nous a le premier appris à vous l'offrir.

DE TUIS DONIS AC DATIS, *De vos dons et de vos bienfaits.* Mais nous reconnaissons que cette victime si excellente et si digne de vous est un don qu'il vous a plu nous faire par une bonté toute singulière. Nous ne pourrions pas vous la présenter, si vous ne l'aviez mise vous-même entre nos mains. Nous n'avons rien qui ne vienne de vous (2), et nous ne pouvons vous offrir que vos dons et vos bienfaits.

Le pain et le vin, qui sont la matière de l'eucharistie, sont un don de Dieu. Ce pain et ce vin, changés au corps et au sang de Jésus-Christ, sont aussi le don ou le bienfait par excellence : et c'est par ces dons et ces bienfaits que nous offrons :

HOSTIAM PURAM, *Une victime pure,* parce qu'elle a été formée par l'opération du Saint-Esprit, sans avoir jamais pu contracter la moindre souillure du péché originel;

HOSTIAM SANCTAM, *Une victime sainte,* parce qu'elle est unie substantiellement à la Divinité, qui est la source de toute sainteté;

HOSTIAM IMMACULATAM, *Une victime sans tache,* puisque par cette union elle est incapable de pouvoir être souillée d'aucun péché actuel;

PANEM SANCTUM VITÆ ÆTERNÆ, ET CALICEM SALUTIS PERPETUÆ. Une victime qui est *le pain saint et le breuvage excellent du salut éternel,* donnés de Dieu pour nous faire vivre de la vraie vie dans le monde, et pour nous faire arriver à la vie heureuse et éternelle, lorsque nous en sortirons. Ce *pain saint de la vraie vie* est la chair de Jésus-Christ sous le symbole du pain. Ce *calice du salut* est son sang sous le symbole du vin. L'un et l'autre ne font que le même sacrifice pour être offert à Dieu, et pour rassasier pleinement et pour l'éternité ceux qui ont faim et soif de la justice, et nous rendre dignes de la vie éternellement heureuse par cette divine nourriture (3).

VENDREDI SAINT.

TITRE PREMIER.

(Extrait du Cérémonial, l. II, c. 25 et 26, par Dumolin.)

CHAPITRE PREMIER.

DE L'OFFICE DU VENDREDI SAINT L'ÉVÊQUE OFFICIANT.

§ I. *Des préparatifs de l'église et de la sacristie.*

1. L'évêque désirant faire l'office le vendredi saint au matin, l'autel et le siège épiscopal et tout le chœur seront sans tapis ni ornements.

2. Sur l'autel il y aura la croix couverte de violet et six chandeliers avec des cierges de cire jaune non allumés.

3. La crédence sera couverte d'une petite nappe qui ne déborde point les côtés de la table; sur cette nappe on mettra les burettes du vin et de l'eau, avec son bassin et l'essuie-main; le Missel et son coussin couvert de noir; un autre Missel pour les ministres; une grande nappe pour mettre sur l'autel au commencement de l'office; un grand voile blanc ou écharpe pour mettre sur les épaules de l'évêque à la procession; les corporaux dans une bourse noire; un purificatoire, un bassin et une aiguière avec des serviettes quand l'évêque se lavera les mains; un autre bassin pour recevoir les aumônes à l'adoration de la croix.

4. On prépare aussi un grand tapis ou drap violet; un carreau de velours violet, et un voile blanc brodé de violet pour servir à y mettre le crucifix à l'adoration de la croix.

5. Un faldistoire au côté de l'Epître pour l'évêque.

6. A la sacristie on prépare tous les ornements pontificaux de couleur noire, excepté

---

(1) C'est ainsi que s'énonce excellemment l'ancien Missel des Goths de la Gaule Narbonnaise, dans la préface de la messe du dimanche : « Dignum et justum est, invisibilis, inæstimabilis, immense Deus et Pater Domini nostri Jesu Christi : qui formam sacrificii perennis instituens, hostiam se tibi primum obtulit, et primus docuit offerri. » Cod. Sacram. p. 39.

(2) Tua sunt omnia : quæ de manu tua accepimus, dedimus tibi. I *Paral.* XXIX, 13.

(3) *Voy.* la suite à l'art. SUMMA OUÆ

les sandales et les gants, dont l'évêque ne se sert pas.

7. Une chape noire pour le prêtre assistant, des amicts, aubes, ceintures, manipules, étoles et chasubles pliées pour le diacre et le sous-diacre, et même pour deux diacres d'honneur, si c'est la coutume d'en avoir ce jour là, l'évêque ne devant pas s'en servir, attendu qu'il est au faldistoire, et non en sa chaire, comme il est marqué au Cérémonial des évêques, liv. 1, chap. 8 ; mais parce que le même Cérémonial marque leurs fonctions dans le cours de l'office, nous ferons de même.

8. Des surplis ou aubes pour les acolytes et autres clercs qui doivent servir l'évêque.

9. Un fauteuil pour l'évêque, et des bancs ou des siéges pour les chanoines, si on dit none dans la sacristie.

§ II. *De l'entrée de l'évêque dans l'église, et commencement de l'office*

1. L'évêque, à l'heure ordinaire et compétente, vient à l'église, revêtu de sa chape, accompagné des chanoines, comme à ténèbres des jours précédents.

2. Entrant dans l'église, il reçoit l'aspersoir des mains du plus digne, puis prend et donne de l'eau bénite aux chanoines et autres qui sont autour de lui.

3. Il va ensuite à la chapelle où repose le saint sacrement ; il y fait sa prière, ainsi que les chanoines.

4. Puis ils vont devant le grand autel, où ils font pareillement leur prière.

5. La prière finie, il va pour s'habiller à la sacristie, où toutes choses sont sans ornements et où la croix doit être voilée ; y étant arrivé, il salue la croix, se met devant le fauteuil, et les chanoines d'un côté et d'autre aux bancs préparés ; tous étant debout et découverts, l'évêque dit secrètement *Pater noster*, après lequel le chœur dit none sans chanter.

6. Le premier psaume étant commencé, l'évêque s'assied et les chanoines aussi, excepté ceux qui doivent servir de diacre et de sous-diacre, lesquels prennent à l'écart, et hors de la vue de l'évêque s'il se peut, l'amict, l'aube et la ceinture ; puis, s'étant approchés de l'évêque et l'ayant salué, ils demeurent proche de lui d'un côté et d'autre, jusqu'à ce qu'il faille l'habiller.

7. Quand on dit à la fin de none *Christus factus est*, etc., l'évêque se découvre, se lève et va se mettre à genoux devant l'autel de la sacristie sur un prie-Dieu tout nu, avec le diacre et le sous-diacre ; tous les autres se découvrent, se lèvent et se mettent à genoux en leurs places ; après le *Miserere* achevé, l'évêque dit l'oraison *Respice*, etc.

8. Il retourne ensuite à son fauteuil, où il quitte sa chape, et s'étant assis et couvert, il se lave les mains.

9. Le maître des cérémonies avertit cependant les acolytes qui doivent porter les ornements, et les leur donne l'un après l'autre ; ceux-ci les donnent au diacre et au sous-diacre, qui habillent l'évêque comme en la messe pontificale, pendant quoi il dit les oraisons propres à chaque ornement ; ne disant pas celles pour les sandales et les gants, parce qu'il ne s'en sert pas, ne disant pas non plus les psaumes *Quam dilecta*, etc.; si c'était un archevêque qui fît l'office, il ne prend point le *pallium* ce jour-là.

10. L'évêque s'étant ainsi revêtu, s'assied, et le diacre lui donne la mitre simple ; le plus digne des prêtres après le premier prend le pluvial noir sur le surplis pour servir de prêtre assistant.

11. Le diacre et le sous-diacre prennent le manipule, l'étole et la chasuble pliée.

12. Les diacres d'honneur prennent aussi l'amict, l'aube, la ceinture et la chasuble pliée.

13. Tout étant prêt, le maître des cérémonies en avertit l'évêque, qui se lève, et tous les chanoines aussi ; ils saluent en sortant le crucifix qui est en la sacristie, et vont tous à l'autel dans le même ordre qui a été dit en la messe pontificale, excepté qu'il n'y a point de thuriféraire ni de sous-diacre portant la croix, à moins que l'officiant ne fût archevêque, auquel cas son chapelain porte sa croix voilée entre deux acolytes, portant les chandeliers avec des cierges de cire jaune non allumés.

14. Étant arrivé devant le grand autel, le sous-diacre ôte la mitre à l'évêque, qui se prosterne sur un prie-Dieu ou fauteuil nu, le prêtre assistant étant à sa droite, le diacre et le sous-diacre à sa gauche, et les diacres d'honneur par derrière, tous prosternés aussi, et ils font leur prière plus longue qu'à l'ordinaire. Les chanoines et autres ecclésiastiques étant arrivés au chœur font tous la génuflexion à la croix, et saluant l'évêque d'une inclination profonde, vont au chœur en leurs places.

(*Ces trois jours l'évêque et les chanoines font la génuflexion à la croix toutes les fois qu'ils sont obligés de la saluer, ce qui servira de remarque pour tout l'office.*)

15. Le maître des cérémonies ayant fait prendre à deux acolytes une nappe sur la crédence, ils l'étendent sur l'autel pendant que l'évêque fait sa prière.

16. L'évêque ayant fait sa prière se lève, monte à l'autel, ayant à ses côtés le diacre et le sous-diacre, pendant que le prêtre assistant va au côté de l'Épître ; quand il a baisé l'autel, le diacre lui donne la mitre ; alors il va à son fauteuil au côté de l'Épître, et il s'assied, en sorte qu'il regarde le côté de l'Évangile ; tous ceux du chœur s'asseyent aussi. L'évêque ne doit point s'asseoir en sa chaire pontificale le vendredi saint, si ce n'est à la fin de l'office, comme il sera dit ci-après.

17. Le prêtre assistant, suivant le Cérémonial, s'assied sur le premier degré aux pieds de l'évêque, le diacre et le sous-diacre après lui sur le même degré, et auprès d'eux les deux diacres d'honneur.

18. Ensuite un bénéficier en surplis est conduit par le maître des cérémonies au

lieu où l'on a accoutumé de dire l'Epître, et après avoir fait la génuflexion à l'autel, puis à l'évêque, tenant lui-même le livre il dit la première prophétie sans chanter et sans aller baiser la main de l'évêque.

19. La prophétie finie, il rend le livre au maître des cérémonies, et après avoir fait une génuflexion à l'autel, puis à l'évêque, il retourne à sa place, accompagné du maître des cérémonies.

20. L'évêque, quand le chœur chante le Trait, lit la prophétie, un de ses chapelains lui tenant le livre sans aucun bougeoir, et néanmoins l'acolyte du bougeoir et tous les autres ministres demeurant debout auprès de lui.

21. Le Trait fini, l'évêque se lève, ses assistants et tous ceux du chœur se découvrent et se lèvent aussi ; alors l'évêque tourné vers l'autel dit *Oremus*, le diacre dit *Flectamus genua* en fléchissant le genou, et tous les autres aussi, excepté l'évêque ; le sous-diacre dit *Levate* en se relevant, ainsi que tous les autres. L'évêque ayant quitté la mitre dit l'oraison.

22. Pendant que l'évêque dit l'oraison, le sous-diacre quitte la chasuble pliée, un peu à l'écart, aidé du maître des cérémonies, qui lui donne le livre et le conduit au lieu où se dit l'Epître ; après avoir fait une inclination à l'évêque et une génuflexion à l'autel, il chante l'Epître ou prophétie, après laquelle il rend le livre au maître des cérémonies, sans aller baiser la main de l'évêque ; saluant l'autel, il va prendre la chasuble et se rend auprès de l'évêque qu'il salue.

23. Quand le sous-diacre commence l'Epître, l'évêque s'assied et prend la mitre, ceux du chœur s'asseyent aussi et se couvrent, et l'acolyte du livre s'étant approché de l'évêque, celui-ci lit la leçon et le Trait.

24. Après la leçon le chœur chante le Trait, et pendant qu'on le chante trois chapelains prennent dans la sacristie l'amict, l'aube, la ceinture, le manipule et l'étole noire ; vers la fin du Trait le maître des cérémonies va au-devant d'eux et les conduit au lieu où doit être chantée la Passion. En sortant de la sacristie le maître des cérémonies marche le premier, puis le chapelain qui représente l'Evangéliste, portant le livre, puis celui qui représente la Synagogue, et en dernier lieu celui qui représente Jésus-Christ, ayant après eux trois autres chapelains en surplis, sans acolytes des chandeliers ni thuriféraire.

25. En entrant dans le chœur ils le saluent, puis étant arrivés à l'autel ils font une génuflexion à la croix et une autre à l'évêque ; ils vont ensuite au pupitre au côté de l'Evangile, sans aller baiser la main de l'évêque comme au jour des Rameaux, ni demander aucune bénédiction ; alors ils chantent la Passion comme au dimanche des Rameaux.

26. En même temps qu'on commence la Passion, le sous-diacre ôte la mitre à l'évêque qui se lève ; ceux du chœur se découvrent et se lèvent aussi.

27. L'évêque va à l'autel au côté de l'Epître, où il lit à voix basse la Passion et l'Evangile qui suit, le prêtre assistant étant à sa droite, le diacre et le sous-diacre étant proches de lui au même côté hors des degrés, personne ne se mettant à genoux quand il lit, *Et inclinato capite*, etc. ; ayant achevé la Passion et l'Evangile qui suit, il demeure au même côté de l'Epître, tourné vers ceux qui chantent la Passion.

28. Mais quand les chantres le disent, l'évêque et tous les autres se mettent à genoux à leurs places tournés vers l'autel ; les chantres se mettent aussi à genoux tournés vers le livre, et tous profondément inclinés et demeurent un peu de temps ; le diacre qui représente l'Evangéliste s'étant levé, tous se lèvent et poursuivent le reste de la Passion.

29. La Passion étant achevée, les trois diacres qui l'ont chantée avec les chapelains, après avoir salué l'autel et l'évêque par une génuflexion, accompagnés du maître des cérémonies, s'en retournent à la sacristie dans le même ordre qu'ils en sont venus, saluant le chœur s'ils passent devant.

30. L'évêque s'assied, et le sous-diacre lui donne la mitre ; le diacre s'étant retiré un peu à l'écart pour quitter la chasuble pliée et en prendre une autre pliée, ou plutôt une étole large qu'il met sur son épaule gauche et qu'il attache sous le bras droit, prend le livre des Evangiles des mains du maître des cérémonies, qui le conduit devant l'autel ; il salue l'évêque, puis l'autel en y arrivant, monte à l'autel, et met le livre dessus à l'ordinaire ; puis, se mettant à genoux sur le plus haut degré, il dit étant incliné *Munda cor meum*, etc., se lève ensuite, reprend le livre et descend les degrés ; le sous-diacre et les acolytes, sans chandeliers ni encensoir, s'y étant rendus, saluent l'évêque en partant d'auprès de lui, font tous une génuflexion à l'autel, et, sans aller demander aucune bénédiction, vont au côté de l'Evangile, où le diacre chante le reste de la Passion au ton de l'Evangile, pendant que l'évêque qui a quitté la mitre demeure debout et les mains jointes, tourné vers celui qui chante l'Evangile.

31. L'Evangile fini, sans porter le livre à baiser à l'évêque, on le rend au maître des cérémonies, et tous retournent à leurs places, saluant l'autel, puis l'évêque, en arrivant auprès de lui.

32. S'il y a prédication, le maître des cérémonies conduit celui qui la doit faire, en habit ordinaire, devant l'évêque, où, étant à genoux, ou, s'il est chanoine, profondément incliné, il lui demande des indulgences, mais point de bénédiction ; étant levé, il salue l'évêque et l'autel, monte en chaire et commence le sermon.

33. L'évêque entend la prédication assis avec la mitre au côté de l'Epître, en son faldistoire, entièrement tourné vers le prédicateur. Tous ceux qui sont auprès de l'évêque et au chœur s'asseyent et se couvrent.

34. Le sermon fini, le prédicateur publie les indulgences, et descend de la chaire ; l'e-

vêque ne donne aucune bénédiction, mais il se lève aussitôt ; le sous-diacre lui ayant ôté la mitre, on ôte le fauteuil, et restant au même côté de l'Epître il chante les oraisons, le prêtre assistant étant hors du marchepied à sa droite, le diacre et le sous-diacre derrière l'évêque, le diacre ayant soin de chanter *Flectamus genua*, et le sous-diacre *Levate*, quand il faudra, faisant la génuflexion et se relevant avec tous les autres, excepté l'évêque qui demeure droit.

35. Pendant qu'on dit les dernières oraisons, le maître des cérémonies donne ordre que les acolytes étendent devant les degrés de l'autel ou du presbytère le drap violet ou le tapis, et qu'on mette sur le dernier degré et sur le même tapis un carreau de velours couvert d'un voile sur lequel on mettra la croix pour l'adoration.

36. Les oraisons dites, l'évêque quitte en son faldistoire sa chasuble, retenant la dalmatique et la tunicelle, et va ensuite au coin de l'autel au côté de l'Epître sur le second degré, la face tournée vers le peuple.

37. Le sacristain, après avoir fait la génuflexion à la croix qui est sur l'autel couverte d'un voile, la prend et la donne au diacre, qui, après avoir fait une génuflexion, la reçoit et la présente à l'évêque sans le saluer ; celui-ci étant incliné la reçoit avec toute la dévotion possible, et découvre avec la main droite le plus haut de la croix, c'est-à-dire jusqu'au crucifix, et l'élevant un peu des deux mains, aidé du diacre et du sous-diacre qui sont à ses côtés, il chante seul d'un ton grave, suivant les notes du Missel : *Ecce lignum crucis*, le prêtre assistant lui tenant le livre ; le maître des cérémonies et autres chapelains qui sont autour de l'autel poursuivent en chantant : *In quo salus mundi pependit*, et le chœur répond : *Venite, adoremus*, auxquelles paroles tous se mettent à genoux, excepté l'évêque.

38. L'évêque monte ensuite les degrés de l'autel, et se met au coin de l'Epître sur le marchepied, tourné toujours vers le peuple, portant et élevant la croix des deux mains, puis découvre le bras droit et le chef du crucifix ; alors il chante d'un ton un peu plus haut que la première fois : *Ecce lignum crucis*; les mêmes que ci-dessus poursuivent : *In quo salus*, etc., et le chœur : *Venite, adoremus*, tous se mettant à genoux, excepté l'évêque.

39. L'évêque va enfin au milieu de l'autel, toujours sur le marchepied, tourné encore vers le peuple, et découvrant toute la croix. Le diacre donne le voile au maître des cérémonies, et l'évêque chante plus haut que les autres deux fois : *Ecce lignum crucis*; les mêmes que ci-dessus disent : *In quo salus*, etc., et le chœur : *Venite, adoremus*, tous se mettant à genoux comme ci-dessus.

40. Cela achevé, l'Evêque seul, sans assistants ni ministres, porte la croix des deux mains au lieu préparé, et y étant arrivé il se met à deux genoux, met le crucifix sur le voile et le carreau, l'accommode et l'attache, s'il en est besoin, à l'aide du maître des cérémonies, qui doit avoir mis un peu auparavant, près du carreau, à la gauche du crucifix, le bassin pour recevoir les aumônes.

§ III. *De l'adoration de la croix.*

1. L'évêque, ayant mis la croix sur le carreau, se lève, lui fait une génuflexion, et retourne à son faldistoire, où ses domestiques lui ôtent ses souliers ; il va ensuite vers la croix pour l'adorer, ayant à ses côtés ses deux diacres d'honneur ; arrivé au bout du tapis, il se met à genoux, ainsi que ses assistants qui se tiennent un peu derrière, et fait sa prière ; puis s'étant levé à l'aide de ses assistants chacun de son côté, il va au milieu du tapis, où il se met à genoux pour la seconde fois, et fait sa prière ; s'étant levé encore, il va pour la troisième fois se mettre à genoux au pied du crucifix, où il fait aussi sa prière, puis met ou fait mettre dans le bassin l'aumône qu'il désire faire, et baise le pied du crucifix. L'évêque et ses assistants, qui ne baisent pas pour lors le crucifix, s'étant levés, s'en retournent avec l'évêque par le chemin le plus court.

2. Le prêtre assistant, les deux diacres d'honneur, le diacre et le sous-diacre, ayant quitté leurs souliers, la chape et les chasubles pliées, font les mêmes génuflexions et prières, et baisent la croix, le prêtre assistant et les deux diacres d'honneur les premiers, puis le diacre et le sous-diacre.

3. L'évêque étant en son faldistoire reprend ses souliers et la chasuble, puis s'étant assis, le diacre lui donne la mitre s'il est de retour de l'adoration, et le ministre du livre lui ayant porté le Missel et le tenant devant lui, il lit les impropères que le chœur chante. Le prêtre assistant, les diacres d'honneur et de l'Evangile, et le sous-diacre ayant repris leurs souliers et leurs ornements, se remettent auprès de l'évêque.

4. Pendant que l'évêque et ses assistants adorent la croix, le maître des cérémonies va au chœur, et par une inclination médiocre à chaque côté convie les chanoines et autres ecclésiastiques à venir à l'adoration ; ceux-ci, ayant tous quitté leurs souliers, marchent deux à deux, et quand les premiers sont arrivés au bout du tapis où repose le crucifix, ils se mettent à genoux, font leur prière, puis se lèvent, et s'avançant jusqu'au milieu se mettent encore à genoux et font pour la seconde fois leur prière ; s'étant levés, ils vont jusqu'auprès du crucifix, l'un d'un côté et l'autre de l'autre, et s'étant mis à genoux et fait leur prière, ils font l'aumône, puis baisent la croix ; s'étant levés, ils font une génuflexion et s'en retournent, un d'un côté et l'autre de l'autre, laissant le milieu pour ceux qui viennent à l'adoration. Les autres qui viendront après feront les mêmes génuflexions et prières, et observeront que quand les premiers feront la seconde génuflexion, les seconds en rang fassent la première, quand les premiers feront la troisième, les seconds fassent la seconde, et ceux qui viennent au troisième

rang fassent la première, et ainsi des autres.

5. Les laïques y vont après, et sans être obligés de quitter leurs souliers; ils font néanmoins les trois génuflexions et prières.

6. Pendant qu'on adore la croix, le chœur chante *Populemeus*, etc., cessant quand l'adoration est finie.

7. S'il y avait quelque prince ou gouverneur à qui on a accoutumé de déférer les honneurs avant les chanoines, ils vont ce jour-là à l'adoration de la croix après les chanoines.

8. Vers la fin de l'adoration de la croix, le maître des cérémonies fait allumer les cierges de l'autel et de la crédence, et ayant donné au diacre la bourse du corporal avec le purificatoire, il le conduit à l'autel, faisant l'un et l'autre la révérence à l'évêque et à l'autel en y arrivant; puis le diacre étend le corporal au milieu de l'autel, mettant la bourse au côté de l'Évangile au lieu ordinaire, et le purificatoire au côté de l'Epître, près du corporal, et après avoir salué l'autel il retourne près de l'évêque par le chemin le plus court, le saluant en arrivant.

9. L'adoration de la croix étant finie, le diacre, accompagné du maître des cérémonies, va au lieu où est la croix, et après avoir fait une génuflexion, il la prend et la porte des deux mains sur l'autel sans saluer personne, tout le monde se tenant à genoux. Alors le maître des cérémonies fait plier le tapis par les acolytes et le fait porter avec le carreau et le voile à la sacristie.

10. Ensuite l'évêque s'étant assis lave ses mains et met de l'encens dans l'encensoir à l'ordinaire.

§ IV. *De la procession.*

1. Pour faire la procession on doit avoir déjà préparé des flambeaux et des cierges, le dais, qui doit être à la porte de la chapelle où repose le saint sacrement, avec ceux qui le doivent porter et qui doivent avoir pris à la sacristie le pluvial sur le surplis; enfin deux encensoirs avec du feu dedans et la navette avec de l'encens.

2. Le maître des cérémonies va à la sacristie pour emmener celui qui doit porter la croix et les deux acolytes avec les chandeliers, et étant au chœur il les place en lieu commode pour en sortir facilement; ils demeurent debout pendant que tous les autres sont à genoux.

3. Tout étant prêt, le maître des cérémonies fait marcher la procession, premièrement les deux acolytes portant chacun un encensoir avec du feu, sans y mettre de l'encens.

4. Puis le sous-diacre portant la croix, ayant à ses côtés les deux acolytes des chandeliers, et ensuite deux à deux les clercs bénéficiers et chanoines; le sous-diacre, s'il ne porte la croix, marche seul après, puis le prêtre assistant et le diacre, et enfin l'évêque avec la mitre au milieu des deux diacres d'honneur.

5. S'il est archevêque, il fait porter sa croix, sans être couverte devant les chanoines.

6. Avant que de partir tous font une génuflexion à la croix qui est sur l'autel, même l'évêque, après qu'il a quitté la mitre.

7. On va processionnellement par le chemin le plus court à la chapelle où repose le saint sacrement, sans rien dire, et tous se placent comme le jour précédent en la procession du jeudi saint.

8. Lorsque l'évêque arrive à la porte de la chapelle, il s'arrête, et le second diacre d'honneur lui ôte la mitre, qu'il donne à l'acolyte; entrant alors avec tous ses assistants, il fait aussitôt la génuflexion, et arrivé auprès de l'autel il se met à genoux sur un carreau et fait sa prière, ayant à ses côtés les deux diacres d'honneur, le prêtre assistant avec le diacre et le sous-diacre par derrière et aussi à genoux.

9. Cependant le maître des cérémonies fait approcher de l'évêque les deux acolytes des encensoirs; l'un d'eux donne la navette au prêtre assistant, qui prenant la cuiller s'approche de l'évêque; le premier diacre d'honneur se retirant et lui faisant place; étant debout et l'évêque aussi, il lui présente, sans aucun baiser, la cuiller, qu'il prend, et met de l'encens dans les deux encensoirs, sans rien dire.

10. L'évêque s'étant remis à genoux, le prêtre assistant lui donne un des encensoirs, et il encense le saint sacrement de trois coups; le maître des cérémonies fait distribuer cependant les flambeaux et les cierges à ceux qui en doivent porter et les fait allumer.

11. Il fait aussi donner aux diacres assistants le voile ou écharpe, qu'il mettent sur les épaules de l'évêque également pendante, et qu'ils attachent avec des épingles.

12. Le premier diacre assistant se lève, monte à l'autel, fait une génuflexion, et prend le calice où repose le saint sacrement, couvert de son voile, et le met entre les mains de l'évêque, qui le reçoit étant à genoux, le diacre lui faisant une génuflexion après l'avoir donné, et le couvrant du voile qu'il a sur ses épaules.

13. L'évêque se lève et tous se lèvent aussi, marchant en procession comme en venant, excepté les acolytes qui portent les encensoirs, lesquels s'arrêtent pour marcher immédiatement devant le dais, encensant continuellement le saint sacrement durant la procession.

14. L'évêque se met sous le dais portant des deux mains le calice où est le saint sacrement couvert de son voile, ayant à ses côtés les diacres d'honneur.

15. Les chantres entonnent l'hymne *Vexilla regis prodeunt*, etc., qui est poursuivie par tout le chœur durant la procession qu'on fait sans sortir de l'église.

16. Quand on arrive au balustre du presbytère, ou, s'il n'y a point de balustre, aux degrés du presbytère ou de l'autel, ceux qui portent le dais s'arrêtent et l'emportent ou le font emporter en sa place; le prêtre as-

sistant se met à la droite de l'évêque, le diacre et le sous-diacre à la gauche, et les diacres d'honneur par derrière.

17. Le diacre de l'Evangile se met à genoux devant l'évêque debout, et reçoit le calice avec le saint sacrement; puis s'étant levé il le porte sur l'autel avec toute la révérence possible.

18. Le prêtre assistant et le sous-diacre ôtent le voile de dessus les épaules de l'évêque, et le donnent au maître des cérémonies, qui le rapporte sur la crédence; l'évêque se met aussitôt à genoux sur le carreau, puis il se lève, et le prêtre assistant, ayant reçu la navette d'un des acolytes, donne la cuiller à l'évêque, qui prend et met de l'encens à trois fois dans l'encensoir, sans le bénir, et l'évêque s'étant remis à genoux, le prêtre assistant lui donne l'encensoir qu'il a reçu de l'acolyte; puis l'évêque encense de trois coups le saint sacrement.

19. Tous se mettent à genoux au retour de la procession, et y demeurent jusqu'après la communion, et ceux qui ont des flambeaux ou des cierges les tiennent allumés jusqu'à ce temps-là.

§ V. *De la continuation de l'office.*

1. L'évêque, après avoir encensé le saint sacrement, s'étant levé, monte à l'autel ayant le diacre à sa droite et le sous-diacre à sa gauche; le prêtre assistant passe au côté de l'Evangile, portant le Missel qui lui a été donné par le maître des cérémonies; tous font la génuflexion en y arrivant, les diacres d'honneur demeurant en bas à leurs places ordinaires et debout.

2. Le diacre ôte le voile du calice, qu'il met sur l'autel au côté de l'Epître, et ensuite la pale et la patène; il lève la patène sur le corporal, et l'évêque prenant le calice fait couler l'hostie qui est dedans sur la patène, puis remet le calice au milieu de l'autel; ensuite, prenant la patène du diacre, il met l'hostie sur le corporal au pied du calice, et la patène aussi sur le corporal et non dessous; le diacre couvre le calice de la pale, l'évêque prenant garde de toucher l'hostie en la sortant du calice; car s'il la touchait il devrait se purifier dans quelque vase, et cette ablution doit être prise par lui après la communion.

3. Le sous-diacre qui est au côté de l'Evangile passe au côté de l'Epître, en faisant les génuflexions ordinaires, et se met à la droite du diacre.

4. Le maître des cérémonies fait prendre à un acolyte les burettes du vin et de l'eau, et le diacre ayant ôté la pale prend le calice, et sans le nettoyer avec le purificatoire, ayant pris la burette du vin, il y en met, et le sous-diacre ayant pris celle de l'eau, y en met, sans que l'évêque la bénisse ni dise l'oraison ordinaire; mais prenant le calice des mains du diacre, sans qu'il lui baise la main ni sans rien dire, il le met sur le corporal, et le diacre le couvre de la pale. L'acolyte reporte les burettes sur la crédence, et le sous-diacre retourne au côté de l'Evangile, faisant les génuflexions comme ci-dessus.

5. Le maître des cérémonies avertit le thuriféraire d'approcher de l'autel par le côté de l'Epître, où, après avoir fait la génuflexion à l'autel, il présente la navette au diacre, qui donne la cuiller à l'évêque. L'évêque prend et met de l'encens dans l'encensoir tenu par l'acolyte à genoux sur le marchepied de l'autel, sans le bénir; puis il rend la cuiller au diacre, et le diacre la navette à l'acolyte.

6. Le diacre prend l'encensoir de l'acolyte et le donne, sans aucun baiser, à l'évêque, qui, après avoir fait la génuflexion, encense le saint sacrement et le calice à l'ordinaire, en disant : *Incensum istud*, etc. ; puis, sans encenser le saint sacrement ni la croix, il encense l'autel comme en la messe pontificale, faisant la génuflexion en passant et en repassant au milieu de l'autel.

7. L'autel étant encensé, l'évêque étant au côté de l'Epître rend l'encensoir au diacre, en disant, *Accendat in nobis*, etc., sans que l'évêque soit encensé; mais sortant un peu hors du marchepied de l'autel, sans mitre, la face tournée vers le peuple, il lave ses mains sans rien dire.

8. L'évêque va au milieu de l'autel, le diacre étant à sa droite, le prêtre assistant à sa gauche près du livre, et le sous-diacre derrière le célébrant, avec les diacres d'honneur; tous font la génuflexion en y arrivant, et l'évêque, médiocrement incliné, dit : *In spiritu humilitatis*, etc. ; puis, se tournant vers le peuple, sans pourtant tourner le dos au saint sacrement, il dit : *Orate, fratres*, etc., sans faire le tour ; il retourne au milieu de l'autel, faisant avant et après la génuflexion, et dit ensuite en chant férial, *Oremus : Præceptis salutaribus*, etc., tenant les mains étendues, et disant tout bas *Amen* à la fin. Le diacre, après avoir fait une génuflexion au côté de l'évêque, se met derrière lui.

9. L'évêque dit au même ton férial, *Libera nos, quæsumus*, etc., et tient les mains étendues, sans se signer avec la patène.

10. L'oraison dite, l'évêque fait une génuflexion et prend le saint sacrement de la main droite et la patène de la gauche, et étant à genoux, il l'élève d'une seule main, en sorte qu'il puisse être vu du peuple, le diacre et le sous-diacre étant à genoux sur le marchepied de l'autel, les diacres d'honneur sur le plan, et le prêtre assistant près du livre.

11. L'évêque se relève, remet le saint sacrement sur la patène, et fait la génuflexion ; les assistants s'étant relevés, le diacre monte à l'autel, et ayant fait la génuflexion en approchant de l'autel, il ôte la pale de dessus le calice ; l'évêque en même temps prenant l'hostie et la tenant sur le calice, la divise en trois parts à l'ordinaire, et laisse la plus petite dans le calice, sans rien bénir et sans rien dire.

12. Le diacre prenant la pale couvre le calice, puis fait la génuflexion.

13. L'évêque, tenant les extrémités des mains jointes sur l'autel, médiocrement incliné, dit : *Perceptio*, etc., après quoi il prend le saint sacrement de la droite, et de la gauche la patène, en disant : *Panem cœlestem*, etc. ; puis il dit, *Domine, non sum dignus*, etc., par trois fois, frappant aussi par trois fois sa poitrine ; tous les assistants restent inclinés jusqu'après la communion de l'évêque.

14. L'évêque, tenant le saint sacrement de la droite, fait le signe de la croix sur la patène, en disant : *Corpus Domini nostri*, etc., qu'il prend ensuite comme aux autres messes.

15. L'évêque omet ce que d'ordinaire on dit quand on reçoit le précieux sang de Notre-Seigneur. Le diacre ayant ôté la pale, l'évêque prend le calice et la portion de l'hostie qui est dans le calice, avec le vin sans rien dire, puis va avec le calice au côté de l'Epître, où il se purifie, et prend l'ablution au milieu de l'autel ; étant incliné, les mains jointes sur l'autel, il dit : *Quod ore sumpsimus*, etc., ne disant point *Corpus tuum, Domine*, etc., ni la Postcommunion, ni *Placeat tibi* ; il ne donne aucune bénédiction.

16. Après la communion, le maître des cérémonies fait éteindre les flambeaux et les cierges, que les acolytes prennent et portent à la sacristie.

17. Le prêtre assistant ferme le livre et le donne à quelqu'un qui le porte sur la crédence ; le sous-diacre monte à l'autel, plie le corporal et le porte avec le calice aussi sur la crédence.

18. L'évêque va au côté de l'Epître ; le diacre lui donne la mitre et il lave ses mains ; puis il retourne au milieu de l'autel, et ayant fait une génuflexion avec ses assistants, il va en sa chaire épiscopale, qui doit être sans tapis, et non au faldistoire, accompagné des diacres d'honneur et du prêtre assistant, le diacre et le sous-diacre demeurant en bas.

19. Au chœur on dit vêpres sans chanter ; l'évêque quitte ses ornements et prend sa chape de laine violette. Le prêtre assistant, les diacres d'honneur, le diacre de l'Evangile et le sous-diacre, après avoir salué l'évêque et l'autel, vont à la sacristie pour quitter leurs ornements, deux autres chanoines, avec leurs habits de chœur, se rendant auprès de l'évêque.

20. Quand le chœur dit : *Christus factus est*, l'évêque descend de son siége, se met à genoux devant l'autel, et le *Miserere* étant dit, il dit à genoux l'oraison *Respice*, puis s'en retourne accompagné de ses chanoines à l'ordinaire.

Chapitre II,

DE L'OFFICE DU VENDREDI SAINT, L'ÉVÊQUE PRÉSENT ET NON OFFICIANT, OU ABSENT, AUX ÉGLISES CATHÉDRALES, COLLÉGIALES OU PAROISSIALES.

1. Si l'évêque était présent et qu'il n'officiât pas, il faudrait préparer et observer tout ce qui a été dit au chapitre précédent si le célébrant est évêque, excepté les diacres d'honneur dont il ne se sert pas ; que s'il n'est pas évêque, mais que ce soit une dignité ou un chanoine qui fasse l'office, on préparera toutes les mêmes choses, excepté le faldistoire et la crédence, et le célébrant prendra ses ornements à la sacristie avec ses diacre et sous-diacre avant que l'évêque arrive à l'église.

2. Toutes choses étant préparées, et à l'heure ordinaire, l'évêque, revêtu de sa chape de laine violette, accompagné de ses chanoines, selon la coutume, vient à l'église ; il est de la décence qu'il aille faire sa prière à la chapelle où repose le saint sacrement, puis devant le grand autel, où se rendent en même temps le célébrant, le diacre et le sous-diacre, qui font tous ensemble la génuflexion à la croix ; après quoi le célébrant, le diacre et le sous-diacre saluent l'évêque d'une inclination profonde, le diacre et le sous-diacre d'une génuflexion s'ils ne sont chanoines ; l'évêque les salue d'une inclination médiocre.

3. Ensuite ils se mettent tous à genoux, l'évêque au milieu de l'autel sur un fauteuil nu, le célébrant à sa gauche, un peu en arrière, sur un escabeau nu, le diacre et le sous-diacre à la gauche du célébrant. Ils font leur prière plus longue qu'à l'ordinaire, pendant laquelle on prépare l'autel comme nous avons dit au chapitre précédent.

4. La prière finie, l'évêque et tous les autres se lèvent, font ensemble la génuflexion à l'autel ; l'évêque va à son siége accompagné de deux chanoines avec leurs habits ordinaires du chœur, qui doivent lui servir d'assistants ; les autres chanoines, après avoir fait leur prière comme les autres, et salué l'autel et l'évêque, s'en vont au chœur ; le célébrant avec ses ministres, ayant aussi salué l'évêque lorsqu'il va à son siége, monte à l'autel et le baise, ayant à ses côtés le diacre et le sous-diacre qui font la génuflexion en même temps ; puis il va s'asseoir au banc qui lui est préparé avec le diacre et le sous-diacre, et lit la prophétie pendant qu'on la chante.

5. Il retourne ensuite à l'autel pour dire *Oremus* et l'oraison après que le sous-diacre a dit *Levate*, et pendant que le sous-diacre dit la seconde prophétie, le célébrant s'assied et la lit, se levant à la fin et allant à l'autel au côté de l'Epître pour lire la Passion.

6. Jusqu'à l'adoration de la croix il n'y a rien de particulier ; lorsque le célébrant porte la croix au lieu où elle doit être adorée, il ne salue point l'évêque ni l'autel, et étant à genoux il la met sur le carreau et le tapis préparé ; le célébrant s'étant levé après, fait une génuflexion à la croix, et s'en retournant à sa place fait une inclination à l'évêque, puis à l'autel, et quitte ses souliers ou ses *mules*.

7. En même temps les domestiques de l'évêque lui ôtent ses souliers ; puis s'étant levé il descend de son siége, laissant traîner la queue de sa chape sans que personne la porte, lui-même élevant le devant de sa

chape, ayant ses deux assistants à ses côtés; lorsqu'il est arrivé au bout du tapis, il fait les génuflexions et prières marquées au chapitre précédent; les assistants ne baisent pas pour lors la croix, parce qu'ils iront après à l'adoration avec les autres chanoines en leur rang.

8. Après que l'évêque a adoré la croix, le célébrant ayant quitté la chasuble va pour adorer la croix, le diacre et le sous-diacre le suivant, et ensuite les chanoines deux à deux; les assistants de l'évêque y vont en leur rang, ainsi que les autres ecclésiastiques et laïques, comme il est marqué au chapitre précédent.

9. Pendant qu'on ordonne la procession comme il a été dit, l'évêque quitte sa chape et prend sur le rochet l'amict, l'étole, le pluvial noir, et la mitre simple; il marche à la procession le dernier, ayant à ses côtés ses assistants, et le célébrant seul devant l'évêque, ayant la chasuble; le diacre et le sous-diacre, s'il ne porte la croix, marchent devant lui.

10. Quand l'évêque est arrivé à la porte de la chapelle où est le saint sacrement, un de ses assistants lui ôte la mitre, qu'il donne à quelque acolyte; il entre après et fait une génuflexion, puis va se mettre à genoux devant l'autel sur un carreau, l'officiant se mettant à sa gauche avec le diacre et le sous-diacre, les assistants de l'évêque derrière.

11. Le maître des cérémonies fait approcher les deux acolytes des encensoirs, qui se mettent à genoux près de l'évêque; un d'eux ayant donné la navette à un des assistants, prend la cuiller et la présente à l'évêque, qui met par trois fois de l'encens dans les deux encensoirs, sans le bénir.

12. L'évêque ayant rendu la cuiller, et l'assistant la navette à l'acolyte qui lui donne l'encensoir, il le présente à l'évêque sans aucun baiser, et l'évêque s'étant mis à genoux encense le saint sacrement, les assistants relevant le devant du pluvial de l'évêque.

13. Le maître des cérémonies ayant donné le grand voile aux deux assistants, ceux-ci le mettent sur les épaules de l'évêque, et l'attachent en sorte qu'il pende également des deux côtés de devant.

14. Le célébrant se lève, monte à l'autel, fait une génuflexion, prend le saint sacrement, et le met, étant à genoux, entre les mains de l'évêque, couvrant le calice des extrémités du voile; le célébrant fait aussitôt après la génuflexion, et marche pour retourner à l'autel de la même façon qu'il en est venu.

15. L'évêque se lève, se tourne, et va se mettre sous le dais, puis retourne à l'autel dans le même ordre qu'il en est venu, et comme il est dit au chapitre précédent.

16. Quand ils sont arrivés à l'autel, le célébrant se met à genoux sur le marchepied de l'autel, reçoit le calice de l'évêque debout; puis s'étant levé il le porte sur l'autel; l'évêque se mettant après à genoux, ses assistants lui ôtent le voile de dessus les épaules et le donnent à quelque acolyte pour le mettre sur la table ou petite crédence.

17. Le maître des cérémonies ayant fait approcher un des acolytes de l'encensoir, l'évêque se lève et met de l'encens dans l'encensoir sans le bénir, et s'étant remis à genoux et ayant reçu l'encensoir des mains d'un de ses assistants, il encense le saint sacrement de trois coups, et après avoir rendu l'encensoir, se lève, fait une génuflexion avec ses assistants, et retourne à sa chaire.

18. Quand il est en sa chaire, un des thuriféraires, conduit par le maître des cérémonies, va vers l'évêque, salue l'autel en passant et l'évêque en arrivant, se met à genoux sur le plus haut degré, et l'évêque ayant reçu la cuiller d'un des assistants, met de l'encens dans l'encensoir sans le bénir; l'évêque se met ensuite à genoux sur un carreau, et y demeure jusqu'après la communion, de même que tous les autres, et ceux qui ont des flambeaux ou des cierges allumés ne les éteignent qu'après la communion.

19. Le célébrant, après que l'évêque s'est retiré de l'autel, continue l'office comme au chapitre précédent, et ayant pris la purification, et dit *Quod ore sumpsimus*, descend au bas des degrés avec le diacre et le sous-diacre, où, après avoir fait la génuflexion à la croix, ils se tournent vers l'évêque, qu'ils saluent d'une inclination profonde; puis ils s'en vont à la sacristie, où ils quittent leurs ornements, et vont ensuite au chœur en leurs places ordinaires.

20. L'évêque quitte aussi le pluvial, l'étole et l'amict, et reprend sa chape ordinaire.

21. Au chœur on commence vêpres quand le célébrant va à la sacristie, et à la fin l'évêque va se mettre à genoux devant l'autel, dit l'oraison *Respice*, etc., après laquelle, s'il n'y a point eu de sermon, on publie les indulgences, et l'évêque, ayant fait la génuflexion à la croix avec ses assistants, se retire accompagné à l'ordinaire.

L'évêque étant absent, aux cathédrales et aux collégiales ou paroissiales, une dignité, chanoine ou curé faisant l'office le vendredi saint, observera les mêmes cérémonies ci-dessus décrites, excepté celles qui appartiennent au seul évêque. *Voy.* le titre suivant.

TITRE DEUXIÈME.
(D'après le Cérémonial romain.)

ARTICLE PREMIER.
DU VENDREDI SAINT EN L'ABSENCE DE L'ÉVÊQUE.

§ I. *Ce que l'on doit préparer en ce jour.*

1. Le tabernacle doit être nu aussi bien que l'autel, sur lequel il ne doit y avoir que la croix couverte d'un voile noir ou violet (*Gav.*, *Merati*, *Bauldry*), attaché de manière qu'on puisse la découvrir, ainsi qu'il sera dit ci-après, et six chandeliers garnis de cierges de cire commune, comme tous ceux qui servent en ce jour; mais on ne les allume qu'après l'adoration de la croix.

2. Le sacristain met sur le second degré de l'autel trois grands carreaux violets également distants les uns des autres, un banc

nu au côté de l'Epître pour les officiers sacrés, et trois pupitres nus du côté de l'Evangile pour chanter la Passion. Il couvre la crédence d'une nappe simple, et il met dessus une grande nappe pliée pour couvrir l'autel, un Missel couvert d'un voile noir avec un coussin ou pupitre de même couleur, une bourse noire garnie d'un corporal et d'un purificatoire, le livre des Epîtres et des Evangiles, un bassin avec les burettes, un bassin pour recevoir les offrandes à l'adoration de la croix, et proche de la crédence un grand tapis violet avec un grand coussin de même couleur, un voile de soie blanche mêlée de violet pour y poser la croix à l'adoration.

3. Le sacristain prépare dans la sacristie des ornements noirs pour les officiers sacrés, une chasuble, deux étoles, trois manipules, et dans les églises considérables trois chasubles pliées pour le diacre, le sous-diacre, et celui qui doit porter la croix. Il prépare aussi trois aubes, trois étoles noires, trois manipules de même couleur, et trois livres pour ceux qui doivent chanter la Passion. Pour la procession il prépare une aube pour celui qui doit porter la croix, laquelle doit être découverte, deux chandeliers, deux encensoirs, deux flambeaux, des cierges pour le clergé, et enfin le dais de couleur blanche qu'il fait placer près de la porte de la chapelle où repose le saint sacrement. Si le concours du peuple est grand, il prépare aussi des étoles noires pour les prêtres qui feront adorer la croix à des chapelles particulières, comme aussi des bassins pour recevoir les offrandes du peuple.

§ II. *De l'office du vendredi saint jusqu'à l'adoration de la croix.*

1. Sitôt que l'office de none est achevé, le thuriféraire, les deux acolytes sans chandeliers, le cérémoniaire et les officiers sacrés entrent tous au chœur les mains jointes, sans saluer le clergé, et vont au bas des degrés, où, après que le cérémoniaire a reçu les barrettes, le célébrant et tous ses ministres font la génuflexion sur le pavé ; ensuite le célébrant et les deux officiers sacrés, s'écartant l'un de l'autre de deux pieds ou environ, se prosternent, les bras et la tête appuyés sur les carreaux qui sont sur le second degré ; les acolytes et le thuriféraire se retirent à la crédence et se mettent à genoux ; le cérémoniaire ayant porté les barrettes des officiers sacrés à leurs sièges, se met aussi à genoux à sa place ordinaire au côté de l'Epître ; et tout le clergé se met pareillement à genoux ayant la tête un peu inclinée.

2. Après une courte prière le cérémoniaire se lève et va à la crédence, où il prend le Missel et le coussin ou pupitre ; les deux acolytes se lèvent aussi, et le premier prend la grande nappe pliée qui doit être mise sur l'autel : ils vont ensuite tous trois, le cérémoniaire au milieu, faire la génuflexion sur le pavé derrière le célébrant ; et s'étant partagés, le cérémoniaire avec le premier acolyte montent à l'autel du côté de l'Epître, et le second du côté de l'Evangile, et ils étendent proprement la nappe sur l'autel, la faisant pendre un peu par devant. Le cérémoniaire met le Missel dessus et l'ouvre à l'endroit de l'office, puis ils descendent tous trois, les acolytes vont derrière le célébrant, où le thuriféraire les joint au milieu, et y font la génuflexion en même temps que le cérémoniaire la fait à la droite du célébrant, qu'il avertit de se lever après le temps d'un *Miserere* (selon *Marcellus*), et dont il retire le coussin, qu'il donne au thuriféraire, les acolytes prenant ceux des officiers sacrés.

3. Le cérémoniaire ayant donné le signal pour se lever, tous les officiers et le clergé se lèvent ; le célébrant monte à l'autel, les ministres élevant ses vêtements, savoir : le diacre jusque sur le second degré, et le sous-diacre sur le plus bas seulement ; quand le célébrant baise l'autel, ils font la génuflexion à leurs places l'un derrière l'autre, et vont de là au côté de l'Epître se placer comme à l'Introït de la messe. Pendant que le célébrant lit à voix basse la prophétie et le Trait, les mains appuyées sur le livre, le diacre s'approche de sa droite pour tourner les feuillets. Le thuriféraire et les acolytes qui ont pris les carreaux des officiers sacrés, font ensemble la génuflexion sur le pavé en même temps que le célébrant baise l'autel, et les reportent à la crédence, où ils se comportent, pendant la prophétie et les Traits, de la même manière qu'ils font à la messe solennelle ordinaire pendant l'Epître et le Graduel. Le diacre ne répond point *Deo gratias* à la fin des prophéties.

4. Après que le cérémoniaire a donné le signal pour se lever, il va au chœur inviter un lecteur à venir chanter la prophétie ; il lui présente le livre près de la crédence, et après avoir fait ensemble la génuflexion au bas des degrés de l'autel, il se tient auprès de lui pendant qu'il chante la prophétie sur le ton ordinaire des leçons, à la place où le sous-diacre a coutume de chanter l'Epître (le clergé est assis pendant ce temps-là) ; quand elle est finie, il fait la génuflexion avec lui au bas des degrés de l'autel, et reçoit le livre qu'il reporte à la crédence, le lecteur retournant au chœur.

5. Le célébrant, ayant lu la prophétie, va s'asseoir avec ses ministres, s'il le juge à propos ; il se lève lorsque le chœur achève le Trait, et retourne au coin de l'Epître par le plus court chemin ; le diacre et le sous-diacre se mettent derrière lui comme ils font pendant les oraisons de la messe solennelle, et chantent *Flectamus genua* et *Levate* avant l'oraison *Deus a quo*, etc. Le célébrant chante l'oraison, les mains étendues et au ton des oraisons de la messe ; quand il l'a finie, il lit à voix basse la prophétie et le Trait qui suit. Le chœur est tourné vers l'autel pendant l'oraison.

6. Au commencement de cette oraison, le sous-diacre reçoit du cérémoniaire le livre des Epîtres, sans inclination de part et d'autre, et chante la seconde prophétie au ton et

avec les cérémonies ordinaires de l'Epître; lorsqu'elle est achevée il fait la génuflexion et rend le livre au cérémoniaire, ensuite il va s'asseoir avec le célébrant.

7. La seconde prophétie étant achevée, les trois diacres qui doivent chanter la Passion vont prendre dans la sacristie les ornements qu'on leur a préparés, et vers la fin du Trait ils entrent au chœur dans le même ordre et avec les mêmes cérémonies qu'au dimanche des Rameaux.

8. Le célébrant et ses officiers observent pour la Passion les mêmes cérémonies que le dimanche des Rameaux, excepté, 1° que le sous-diacre ne transporte pas le Missel après ces paroles : *Tradidit spiritum*, le célébrant lisant au côté de l'Epître toute la Passion et ce qui tient lieu d'Evangile; 2° que le diacre ne demande point la bénédiction au célébrant pour chanter l'Evangile; 3° que les acolytes y assistent les mains jointes; 4° qu'il n'y a point d'encens; 5° que le célébrant ne baise point le livre à la fin.

9. L'Evangile étant fini, les officiers retournent à leurs places derrière le célébrant, et chantent *Flectamus genua* et *Levate* aux endroits marqués. Le célébrant chante la première partie des oraisons appelées monitions au ton de préface et les mains jointes, et les autres au ton des oraisons de la messe, et les mains étendues; il doit faire attention, dans la monition où il y a *imperatore*, de dire, *rege nostro*, et dans l'oraison suivante, *respice ad Gallicanum benignus imperium*, au lieu de *Romanum*. Le clergé est debout et tourné vers l'autel pendant ces oraisons.

§ III. *De l'adoration de la croix.*

1. Lorsque le célébrant est sur la fin des oraisons, les acolytes prennent le grand tapis violet, un grand coussin et un voile de soie blanche et violette, et vont faire la génuflexion devant les degrés de l'autel; ensuite ils étendent le tapis depuis le bord du marchepied de l'autel jusque sur le pavé, et mettent le coussin couvert du voile sur le second degré; puis ayant fait la génuflexion ils se retirent à la crédence.

2. Les oraisons étant finies, le célébrant descend avec ses ministres au côté de l'Epître où il quitte la chasuble, et se place ensuite à côté du coin de l'Epître hors du marchepied, le visage tourné vers le chœur; les officiers sacrés quittent aussi leurs chasubles, pliées, s'ils s'en servent, et le sous-diacre se met à la gauche du célébrant. Le diacre va ensuite, après avoir salué le célébrant, par le plus court chemin au milieu de l'autel sur le marchepied, fait la génuflexion, prend la croix étant aidé du cérémoniaire, le crucifix tourné vers lui (*Merati*), la porte au célébrant, à qui il la donne debout sans aucun baiser ni inclination; il se place à la droite du célébrant. Le cérémoniaire se met auprès du diacre, et le premier acolyte auprès de lui; le second acolyte se place à la gauche du sous-diacre, et le thuriféraire auprès de lui; ils ont tous les mains jointes et forment

un demi-cercle. En même temps le cérémoniaire prend le Missel de dessus l'autel, et le donne au thuriféraire, qui le tient appuyé sur son front, et tourné vers le célébrant, de manière cependant qu'il ne tourne point entièrement le dos au clergé.

4. Tous les officiers s'étant ainsi rangés, le célébrant tenant la croix, dont l'image du crucifix doit être tournée vers le peuple, en découvre de la main droite, avec l'aide du diacre, le sommet jusqu'au travers, sans néanmoins que la tête du crucifix paraisse, et l'élevant des deux mains à la hauteur des yeux, il commence d'un ton peu élevé : *Ecce lignum crucis*, qu'il chante tout seul, et tous les officiers qui l'environnent chantent ces paroles qui suivent : *In quo salus mundi pependit*. Ensuite tout le chœur se mettant à genoux, chante *Venite, adoremus*. Tous les officiers, excepté le célébrant, se mettent aussi à genoux et s'inclinent médiocrement vers la croix, ainsi que tout le clergé; le thuriféraire ferme le livre avant de se mettre à genoux. Après ces paroles chacun se lève, tous les officiers s'étant avancés dans le même ordre au coin de l'Epître; le célébrant et le diacre étant sur le marchepied, découvre le bras droit du crucifix, et élevant la croix plus haut que la première fois, il chante aussi d'un ton plus élevé et tout seul : *Ecce lignum crucis*. Les officiers et le chœur chantent, et se mettent à genoux comme la première fois. Enfin s'étant tous avancés dans le même ordre au milieu de l'autel sur le marchepied, le célébrant découvre entièrement la croix, l'élève plus haut que les autres fois, et chante encore d'un ton plus élevé : *Ecce lignum crucis*. Les officiers chantent comme les deux premières fois : *In quo salus mundi pependit*; et le chœur, *Venite, adoremus*; mais auparavant le sous-diacre a dû prendre le voile qui couvrait la croix et le donner au second acolyte.

4. Après que le chœur a chanté pour la troisième fois : *Venite, adoremus*, il demeure à genoux et tous les officiers aussi; le célébrant descend sur le pavé par le côté de l'Evangile, se met à genoux sur le dernier degré, et pose la croix sur le coussin; il se lève ensuite, et en même temps tous les officiers descendent; les ministres sacrés se mettent à ses côtés, le diacre à la droite et le sous-diacre à la gauche; les petits officiers se mettent derrière le célébrant, et tous ayant fait la génuflexion à la croix, le célébrant, le diacre et le sous-diacre, l'un après l'autre, vont à leurs sièges, quittent leurs manipules, s'ils les ont encore (*S. R. C.* 1736), et les susdits officiers vont à leurs places; le second acolyte ôte le voile de la croix processionnelle, et un autre clerc découvre toutes les autres croix (et non les images qui sont dans l'église et dans la sacristie. (*Bauldry, Merati*.) Le clergé se lève en même temps que le célébrant fait la génuflexion.

5. Le célébrant étant arrivé à son siège, quitte ses souliers, et va seul adorer la croix, la tête nue et les mains jointes. Il se met pour cela à genoux et prie un moment, in-

cliné profondément, en trois lieux ou stations différentes, à égale distance, que le cérémoniaire a dû marquer afin que tout le monde s'y conforme. À chaque station on peut dire ces paroles : *Adoramus te, Christe, et benedicimus tibi, quia per sanctam crucem tuam redemisti mundum.* Après la troisième station le célébrant baise les pieds du crucifix, puis il se lève, fait la génuflexion et retourne à son siége ; après avoir repris ses souliers, le manipule et la chasuble, il s'assied et se couvre.

6. Après que le célébrant s'est assis, le diacre et le sous-diacre quittent leurs souliers, font une inclination au célébrant, et vont ensemble adorer la croix de la même manière que le célébrant ; après avoir baisé les pieds du crucifix (le diacre le premier) et fait la génuflexion, ils retournent à leurs siéges et reprennent leurs souliers et leurs manipules ; le sous-diacre reprend aussi sa chasuble pliée, s'il s'en sert, mais le diacre ne la reprend qu'après avoir reporté la croix à sa place après l'adoration. Ils saluent ensuite le célébrant, s'asseyent, se couvrent et tiennent devant le célébrant le Missel que le cérémoniaire leur donne, dans lequel ils lisent tous trois ce qui est marqué pendant l'adoration de la croix.

7. Lorsque le diacre et le sous-diacre se mettent à genoux à la première station de l'adoration de la croix, les plus dignes du chœur sortent de leurs siéges deux à deux sans calotte ni souliers et les mains jointes ; lorsque les ministres sacrés se mettent à genoux pour la seconde station, les deux premiers du chœur s'y mettent pour faire la première adoration. Ceux-ci s'étant levés, les deux qui suivent prennent leurs places, et les autres deux à deux consécutivement. Ceux qui ont baisé la croix se lèvent, s'écartent, et avant de se retirer, ils font la génuflexion aux côtés des deux qui, prenant leurs places, se mettent à genoux pour faire la troisième adoration. Si le clergé n'est pas nombreux, il suffit d'aller seul à seul, afin qu'il reste toujours au chœur un nombre suffisant de chantres. Si quelque évêque assiste à cet office en rochet et en camail, il va adorer la croix, les pieds nus, avant le diacre et le sous-diacre, accompagné de ses aumôniers, ou du cérémoniaire qui va l'inviter lorsque le célébrant a fait la troisième adoration. C'est l'usage dans les grandes églises, qu'après que le clergé et les personnes distinguées ont fait l'adoration à trois stations comme le clergé, un prêtre en étole noire place un autre crucifix de la même manière dans un lieu convenable pour l'adoration du peuple (*Bauldry, Merati, Baldeschi*) ; ou bien un ou plusieurs prêtres ayant des étoles noires, présentent la croix à baiser au peuple qui est à genoux à la grande balustrade et dans les endroits qui conviennent. Si c'est la coutume de mettre auprès de la croix un bassin pour recevoir les offrandes du peuple, un clerc a soin de l'y porter.

8. Lorsque le célébrant part de son siége pour aller faire la première adoration ou chante au chœur : *Popule meus*, et ce qui est marqué ensuite dans le Graduel ; pendant ce temps le clergé est tourné vers l'autel. Voici la manière dont on doit chanter : premièrement deux chantres du premier chœur chantent entièrement le verset *Popule meus* et le suivant jusqu'à *Agios o Theos*, etc., que les deux chœurs chantent alternativement ; le premier chœur chante les paroles grecques, et le second chœur les latines. Ensuite deux chantres du second chœur chantent le verset : *Quia eduxi te per desertum*, etc., après lequel le premier chœur reprend *Agios o Theos*, comme ci-dessus, et le reste ainsi qu'il est marqué dans le Graduel et dans le Missel. Si l'adoration du clergé et du peuple est longue, on ajoute l'hymne *Pange, lingua*, dont les chantres des deux chœurs peuvent chanter alternativement les strophes, les deux chœurs reprenant toujours ensemble *Crux fidelis* ou seulement *Dulce lignum*, ainsi qu'il est marqué ; si cette hymne ne suffit pas, on la répète, mais on ne chante qu'une fois à la fin *Sempiterna sit beatæ*, etc. (*Voy.* ci-après ces chants et ces versets à l'art. 2, § 2.)

9. Sur la fin de l'adoration, le sous-diacre qui doit porter la croix à la procession, les deux thuriféraires et les autres officiers qui doivent y servir, vont se disposer dans la sacristie ; le sacristain doit avoir soin de tout préparer, et de faire allumer les flambeaux, les cierges des acolytes et ceux de l'autel. Le sacristain a soin aussi de faire distribuer des cierges au clergé, de faire allumer ceux de la chapelle où repose le saint sacrement, et d'y étendre un corporal sur l'autel. En même temps le diacre, ayant fait une inclination au célébrant, va à la crédence prendre la bourse du corporal, la porte sur l'autel par le plus court chemin, sans saluer la croix (ou après l'avoir saluée ; *Bauldry, Gavantus, Merati*) ; après avoir étendu le corporal et mis le purificatoire auprès, il transporte le Missel au côté de l'Évangile, retourne à son siége et salue le célébrant avec le sous-diacre, qui est toujours demeuré debout depuis son départ.

10. L'adoration de la croix étant finie, le diacre se lève, salue le célébrant, et va, accompagné du cérémoniaire, au lieu où est la croix, fait la génuflexion sur le pavé, se met à genoux sur le dernier degré, et prend des deux mains la croix qu'il élève à la hauteur des yeux, et qu'il reporte par le côté de l'Épître sur l'autel à sa place ordinaire. Tous les officiers se mettent à genoux lorsqu'il monte les degrés, le célébrant et le sous-diacre proche de leurs siéges, et les autres à leurs places. Le diacre fait ensuite la génuflexion et retourne auprès du célébrant, les acolytes ôtent le grand tapis, le coussin et le petit voile qui sont sur les degrés, faisant la génuflexion avant et après, et les portent à la sacristie ; ils prennent leurs chandeliers et se joignent au porte-croix.

§ IV. *De la procession et du reste de l'office de ce jour.*

1. Aussitôt que l'adoration de la croix est finie, les deux thuriféraires, ayant l'encensoir

et la navette à la main, entrent au chœur et vont se placer un peu au-dessous du sanctuaire, tournés vers l'autel ; les porte-flambeaux qui les suivent se rangent en droite ligne à leurs côtés ; ensuite vient un sous-diacre ou un clerc en surplis portant la croix, et les acolytes qui se placent derrière eux ; étant ainsi rangés, ils font tous la génuflexion, excepté le porte-croix et les acolytes, et vont dans le même ordre à la chapelle où est le saint sacrement, suivis de tout le clergé, qui marche deux à deux, les moins dignes les premiers, et enfin du célébrant entre les deux ministres sacrés, lesquels avant de partir laissent leurs barrettes sur leurs sièges, et viennent les mains jointes l'un après l'autre au bas des degrés de l'autel, où ils font tous trois ensemble la génuflexion.

2. Les thuriféraires et les porte-flambeaux font la génuflexion (à deux genoux, selon Merati), en arrivant dans la chapelle, et se rangent de part et d'autre auprès de l'autel, où ils attendent debout l'arrivée du célébrant. Le porte-croix et les acolytes se tiennent debout près de la porte, et ceux du chœur, après avoir fait en entrant la génuflexion comme les porte-flambeaux, se rangent de part et d'autre, les moins dignes les plus près de la croix, et allument leurs cierges. Le célébrant, étant arrivé près des degrés de l'autel, fait la génuflexion avec tous les officiers, et tous se mettent à genoux, le célébrant et les ministres sacrés sur le marchepied, et les autres sur le pavé.

3. Après une courte prière le diacre (et non un prêtre assistant, selon la rubrique et un décret de la congrégation des Rites de 1828), se lève, fait la génuflexion, ouvre le petit tabernacle, fait une seconde génuflexion et revient à la droite du célébrant, qui se lève avec le sous-diacre, et met, sans aucune bénédiction, de l'encens dans les encensoirs que les deux thuriféraires lui présentent de part et d'autre ; puis il se met à genoux, reçoit du diacre l'encensoir du premier thuriféraire et encense de trois coups le saint sacrement. Le diacre, ayant repris l'encensoir, le rend au thuriféraire ; ensuite le sous-diacre et le cérémoniaire ajustent le grand voile blanc sur les épaules du célébrant, et le diacre, ayant fait la génuflexion, prend le calice dans le tabernacle, et le donne debout au célébrant qui est à genoux. Le célébrant s'étant levé se tourne vers le clergé, et les ministres sacrés se mettent à ses côtés après avoir fait la génuflexion et changé de place, le diacre prenant la droite et le sous-diacre la gauche ; ils se mettent sous le dais qui est porté par des prêtres en surplis seulement (*S. R. C.* 1736), ou par d'autres personnes, selon l'usage des différentes églises (*Baldeschi*). Lorsque le célébrant s'est tourné, les chantres entonnent l'hymne *Vexilla regis prodeunt*, et la procession commence à marcher vers le grand autel dans le même ordre que celle du jeudi saint.

4. Quand on est arrivé au chœur, le porte-croix se retire proche de la crédence, où il met la croix et les acolytes leurs chandeliers ; ceux du chœur qui suivent vont se mettre à genoux à leur place (*Bauldry, Bralion, Merati*) ; ou bien, si le chœur est distant de l'autel, ils se partagent des deux côtés, les moins dignes les plus éloignés de l'autel, et forment un demi-cercle ; lorsque le saint sacrement passe, tous se mettent à genoux ; après l'encensement ils retournent à leur place. Les thuriféraires et les porte-flambeaux se mettent de part et d'autre au bas des degrés.

5. Le célébrant étant monté sur le second degré ; le diacre se met à genoux sur le marchepied devant le saint sacrement pour recevoir le calice : après avoir donné le temps au célébrant et au sous-diacre de se mettre à genoux et de l'adorer, il se lève et le met sur l'autel au milieu du corporal ; ensuite il fait la génuflexion et descend à la droite du célébrant, lequel, ayant quitté son écharpe, se lève avec le sous-diacre, met de l'encens dans l'encensoir du premier thuriféraire, et, après s'être mis à genoux sur le bord du marchepied, le reçoit des mains du diacre, et encense de trois coups le saint sacrement, faisant une inclination profonde avant et après. Le premier thuriféraire ayant reçu son encensoir descend au bas des degrés, où il tâche d'entretenir le feu pour le second encensement. Le second reporte son encensoir à la sacristie, revient au chœur avec un cierge et se met au rang des autres.

6. Après l'encensement le célébrant se lève avec ses deux ministres, monte à l'autel et fait la génuflexion ; le diacre ôte le voile, la patène et la pale de dessus le calice ; ensuite le célébrant fait la génuflexion avec ses ministres, et prenant le calice il fait tomber doucement l'hostie sans le toucher, s'il se peut, sur la patène que le diacre soutient des deux mains ; puis il met le calice sur l'autel, et, ayant reçu du diacre la patène, il pose l'hostie sur le corporal, sans faire aucun signe de croix, et met la patène à côté, dessus le corporal et non pas dessous, à cause des particules qui pourraient y être restées ; après quoi ils font la génuflexion ; le sous-diacre passe au côté de l'Epître pour donner les burettes, et fait la génuflexion en arrivant. Si le célébrant avait touché le saint sacrement, il devrait purifier ensuite ses doigts avec de l'eau sans s'éloigner du milieu de l'autel et les essuyer avec le purificatoire. Le sacristain doit pour cela préparer un vase, qu'il met avant l'office sur la crédence, et le cérémoniaire le porte sur l'autel lorsqu'il en est besoin.

7. En même temps que le célébrant monte à l'autel après avoir encensé le saint sacrement, les deux acolytes vont au coin de l'Epître, où le second reçoit des mains du diacre le voile qui couvrait le calice, et le porte à la crédence après avoir fait la génuflexion ; le premier acolyte présente les burettes au sous-diacre comme à la messe solennelle. Après que le célébrant a posé l'hostie sur le corporal, le diacre prend le calice qu'il n'essuie point, et verse du vin dedans sans l'appuyer sur l'autel, le sous-

diacre y verse de l'eau sans dire *Benedicite, pater reverende ;* ayant rendu les burettes à l'acolyte, il retourne à la gauche du célébrant, faisant en passant derrière lui la génuflexion sur le bord du marchepied. Le célébrant ne bénit point l'eau et ne dit point l'oraison *Deus, qui humanæ,* etc., mais ayant reçu du diacre le calice, il le met sur l'autel sans rien dire et sans faire le signe de la croix, et le diacre le couvre de la pale. Aussitôt le thuriféraire et le cérémoniaire, ayant fait la génuflexion, montent sur le marchepied, et le célébrant met de la manière ordinaire de l'encens dans l'encensoir sans le bénir ; ayant reçu l'encensoir, il fait la génuflexion avec ses ministres, et sans se mettre à genoux il encense le saint sacrement et le calice, disant les paroles ordinaires *Incensum istud.* Cet encensement se fait comme celui de l'Offertoire à la messe solennelle. Ensuite le célébrant fait la génuflexion, encense la croix et l'autel à l'ordinaire (*Cærem. episc. l.* II, c. 25, n. 19. *S. R. C.* 1707), le diacre et le sous-diacre étant à ses côtés et élevant un peu le derrière de la chasuble. Le cérémoniaire passe au côté de l'Evangile pour ôter le Missel lorsque le célébrant encense l'autel de ce côté-là ; ensuite il retourne au côté de l'Epître à sa place ordinaire.

8. Après l'encensement de l'autel, le célébrant rend au diacre l'encensoir en disant *Accendat,* etc., et sans être encensé il se retire hors du marchepied du côté de l'Epître, où il se tourne vers le peuple et lave ses doigts sans rien dire, le diacre lui présentant l'essuie-main, et le sous-diacre versant de l'eau comme à la messe des morts. Aussitôt que le thuriféraire a reçu l'encensoir, il fait la génuflexion et reporte l'encensoir à la sacristie ; ensuite il revient au chœur et se met à genoux proche de la crédence.

9. Le célébrant ayant essuyé ses doigts retourne au milieu de l'autel et fait la génuflexion en y arrivant. Le diacre et le sous-diacre le suivent et font en même temps que lui la génuflexion au milieu de l'autel, chacun sur son degré, après laquelle le diacre monte à sa gauche, et le sous-diacre reste au bas des degrés à sa place ordinaire. Le célébrant dit tout bas un peu incliné et les mains jointes appuyées sur l'autel : *In spiritu humilitatis,* etc., après quoi il baise l'autel, fait la génuflexion, et se retirant un peu du côté de l'Evangile, il se tourne vers le peuple et dit à l'ordinaire : *Orate, fratres,* sans tourner le dos au saint sacrement et sans achever le tour ; il retourne par le même chemin au milieu de l'autel, et fait la génuflexion. On ne répond point *Suscipiat,* etc., mais omettant tout ce qui se dit ordinairement, le célébrant chante d'abord, *Oremus, Præceptis,* etc., il tient alors les mains jointes et les étend lorsqu'il dit *Pater noster.* Quand le chœur a répondu, *Sed libera nos,* etc., il dit tout bas *Amen,* et chante en ton férial *Libera nos, quæsumus, Domine,* etc., les mains toujours étendues jusqu'à la fin sans faire le signe de la croix avec la patène. Lorsque le célébrant commence *Pater noster,* etc., le diacre fait la génuflexion, descend sur le second degré, et y demeure debout jusqu'à l'élévation de l'hostie.

10. L'oraison *Libera nos,* etc., étant finie, le chœur répond *Amen ;* le sous-diacre monte sur le second degré à la gauche du diacre et se met à genoux avec lui. Le célébrant fait la génuflexion, met l'hostie sur la patène, et la prenant de la main droite, il l'élève de cette main seule plus haut qu'à l'ordinaire pour être vue et adorée des assistants, ayant toujours les yeux dessus, et tenant la patène de la main gauche appuyée sur le corporal. Les officiers sacrés ne lèvent point la chasuble, on ne sonne point pendant ce temps-là, et on n'encense point le saint sacrement, mais on peut donner un signal avec l'instrument de bois (*Merati*).

11. Après l'élévation, le célébrant remet l'hostie sur la patène et fait la génuflexion : les ministres sacrés la font aussi sur le bord du marchepied en même temps que lui, et ils montent à ses côtés, le diacre à la droite et le sous-diacre à la gauche ; le diacre découvre d'abord le calice, et le célébrant divise l'hostie dessus en trois parties à l'ordinaire, mettant la plus petite partie dans le calice sans rien dire et sans faire aucun signe de croix. Le diacre couvre ensuite le calice, fait la génuflexion avec le célébrant et le sous-diacre, et changeant l'un et l'autre de place, ils réitèrent la génuflexion en arrivant.

12. Le célébrant ne dit point *Agnus Dei,* etc., ni les deux premières oraisons de la Communion, mais seulement la troisième, *Perceptio,* etc., qu'il récite à voix basse incliné et les mains jointes sur l'autel ; il fait ensuite la génuflexion avec ses ministres, et prend l'hostie comme à la messe ordinaire, tenant la patène dessous, et disant, *Panem cœlestem,* etc., puis ayant dit trois fois : *Domine, non sum dignus,* etc., incliné comme à l'ordinaire, et frappant sa poitrine, il fait le signe de la croix avec l'hostie, en disant : *Corpus Domini,* etc., et communie, ses officiers étant inclinés profondément. Si par quelque accident imprévu le célébrant ne pouvait pas communier, et qu'il n'y eût pas d'autre prêtre à jeun et disposé, on reporterait l'hostie avec les autres qui sont en réserve, pour être consumée à la messe du lendemain (*S. R. C.* 1825).

13. Lorsque le célébrant, après avoir pris l'hostie, sépare ses mains, le sous-diacre découvre le calice ; ensuite le célébrant fait avec ses ministres la génuflexion, et omettant ce qui se dit ordinairement avant de prendre le précieux sang, il fait la collection des fragments de l'hostie, les met dans le calice, et sans faire le signe de la croix il prend avec respect ce qui est dedans, les ministres étant inclinés comme à l'ordinaire. Ensuite le sous-diacre verse du vin et de l'eau sur les doigts du célébrant dans le calice, et il y verserait aussi l'eau avec laquelle le célébrant aurait purifié ses doigts au commencement, s'il avait été obligé de toucher l'hostie pour l'ôter du calice. Le célébrant ayant pris

l'ablution dit, incliné médiocrement et les mains jointes sur l'autel : *Quod ore sumpsimus*, etc., seulement, et non pas *Corpus tuum*, etc. Ensuite le diacre ferme le Missel.

14. La communion étant faite, on éteint les cierges du clergé ; les porte-flambeaux vont à la sacristie, et le clergé s'assied dans le chœur pour réciter les vêpres ; quand les ministres sacrés seront partis, pendant lesquelles il doit y avoir deux cierges allumés sur l'autel. Après que le diacre a fermé le Missel, il change de place avec le sous-diacre, faisant tous deux la génuflexion en partant et en arrivant ; puis le sous-diacre essuie et couvre le calice de son voile noir à la manière ordinaire, le porte à la crédence et revient à la gauche du célébrant, qui, après avoir attendu un peu de temps, fait une inclination à la croix et descend avec ses ministres au bas des degrés, où ils font la génuflexion ; après avoir reçu leurs barrettes, ils retournent à la sacristie sans saluer le chœur (si ce n'est pas l'usage avec des ornements noirs), étant précédés du porte-croix et des acolytes ; les petits officiers retournent aussitôt de la sacristie à l'autel pour en ôter la nappe et ce qui est dessus, n'y laissant que les chandeliers et la croix ; ils ôtent aussi tout ce qui est sur la crédence et le reportent à la sacristie.

15. La chapelle où était le saint sacrement doit être fermée de rideaux ou autrement, s'il est possible ; ou bien un prêtre en étole et écharpe blanche transporte après vêpres le ciboire en quelque autre chapelle à l'écart, d'où il ne doit être reporté dans le tabernacle du grand autel qu'après la messe du samedi saint ; il doit toujours y avoir un cierge ou une lampe allumée devant le saint sacrement.

ARTICLE II.

DU VENDREDI SAINT DANS LES PETITES ÉGLISES.

Sommaire.

Dans les églises où il y a peu d'ecclésiastiques, il faut garder à proportion les mêmes cérémonies que ci-dessus. Le célébrant va à l'autel avec des ornements noirs, se prosterne sur les degrés durant le temps d'un *Miserere* ; après que deux clercs ont couvert l'autel d'une nappe et ont mis le Missel dessus, il se lève, monte à l'autel, et l'ayant baisé, il passe au côté de l'Epître, où il lit la première prophétie, qui peut être chantée par un clerc. Il chante ensuite *Oremus*, *Flectamus genua*, et un clerc ayant répondu *Levate*, il dit l'oraison : *Deus*, *a quo*, etc. Il lit la prophétie qui suit, qu'un autre clerc chante ; après le Trait il chante la Passion au même côté, à moins que quelque diacre ne la chante. Il y dit pareillement *Munda cor meum*, etc., et il chante l'Evangile *Post hæc*, etc., et les oraisons qui suivent ; il quitte ensuite la chasuble et le manipule qu'il met sur son siège ; puis il va prendre à l'autel la croix, qu'il découvre de la même manière qu'il a été dit au § 3 de l'article précédent, et quelques clercs vont le joindre pour chanter : *In quo salus mundi pependit*. Il met ensuite la croix sur le carreau et le voile qui ont été mis sur un grand tapis étendu sur les degrés de l'autel, et il retourne à son siége. Après avoir quitté ses souliers, il va le premier adorer la croix et reprendre ensuite le manipule et la chasuble. L'adoration étant finie, il reporte la croix sur l'autel, il y étend le corporal ; et les cierges étant allumés, il va à la chapelle où repose le saint sacrement, précédé du porte-croix, de quelques flambeaux et du thuriféraire. Y étant arrivé, il fait la génuflexion, ouvre la porte du tabernacle ; après avoir fait une autre génuflexion, il descend sur le second degré, où il met de l'encens dans l'encensoir ; ensuite il encense le saint sacrement à genoux, reçoit l'écharpe sur ses épaules, monte à l'autel, fait la génuflexion, prend le calice où est le saint sacrement, et le porte en procession au grand autel, comme il a fait la veille ; y étant arrivé, il le pose sur le corporal, fait la génuflexion et descend sur le second degré où il quitte l'écharpe, et met de l'encens dans l'encensoir : après quoi il encense à genoux le saint sacrement. Ensuite il remonte à l'autel, fait la génuflexion, découvre le calice et fait couler doucement l'hostie sur la patène ; puis il la met sur le corporal, fait la génuflexion ; et prend le calice dans lequel, sans l'essuyer, il verse du vin et de l'eau au côté de l'Epître sans l'appuyer sur l'autel ; il le pose ensuite sur le corporal et fait la génuflexion en arrivant au milieu de l'autel. Il fait pour le reste de l'office ce qui est prescrit par le Missel. A la fin il essuie et couvre le calice de son voile noir, qu'il reporte à la sacristie après avoir dit, les mains jointes sur l'autel : *Quod ore sumpsimus*, etc. Après toute la cérémonie on donne avec la crécelle le signal de midi pour la Salutation angélique. (*Memoriale nerc etiam manipulum* (*S. C.* 15 *septembre* 1736).

§ I. *Choses à préparer pour ce jour.*

Sur le grand autel.

1. L'autel sera tout nu, avec six chandeliers et les cierges de cire commune. 2. Sur l'autel, la croix de bois couverte d'un voile qu'on puisse détacher et ôter facilement (et qui peut être de couleur noire en ce jour, selon Bauldry et d'autres). 3. Un coussin violet sur le second degré de l'autel.

Sur la crédence du grand autel.

1. Une nappe blanche de la largeur de la crédence. 2. Une nappe pliée, de la dimension de la table de l'autel. 3. Le pupitre avec le Missel. 4. Une bourse noire, avec un corporal, une pale et un purificatoire. 5. L'encensoir et la navette garnie d'encens. 6. Le voile noir pour couvrir le calice à la fin de l'office. 7. Un bassin avec les burettes et le manuterge. 8. Un bassin d'argent pour les offrandes.

Auprès de la crédence.

1. Un tapis, un carreau violet et un voile

blanc tissu de soie violette. 2. La croix processionnelle.

A la chapelle du sépulcre.

1. Le corporal étendu sur l'autel. 2. L'écharpe blanche. 3. Le dais ou l'ombrelle de couleur blanche. 4. Les flambeaux et les cierges pour la procession.

A la sacristie.

1. Trois surplis pour les clercs. 2. L'amict, l'aube, le cordon, le manipule, l'étole et la chasuble de couleur noire. 3. Un réchaud avec du feu et des pincettes.

§ II. *Cérémonies à faire le vendredi saint.*

I. Depuis le commencement de l'office jusqu'au dépouillement de la croix.

1. A l'heure convenable on donne le signal avec la crécelle, les clercs se revêtent du surplis à la sacristie, et l'on prépare tout ce qui est dit ci-dessus.

2. Le célébrant se lave les mains, prend l'amict, l'aube, le cordon, le manipule, l'étole et la chasuble de couleur noire.

3. Il va au grand autel, précédé des clercs, les mains jointes et la tête couverte.

4. Il se découvre, se met à genoux sur le pavé devant l'autel, et se prosterne sur le carreau placé au second degré ; il prie ainsi durant l'espace d'un *Miserere*.

5. Le premier clerc prend la nappe et l'étend sur la table de l'autel, avec l'aide du second clerc.

6. Le troisième clerc place le pupitre et le Missel au côté de l'Epître.

7. Le célébrant qui était prosterné se lève ; un clerc ayant ôté le carreau, il monte à l'autel et le baise au milieu.

8. Il va au côté de l'Epître et lit la première leçon avec le Trait.

9. Ensuite il dit *Oremus*, et faisant la génuflexion avec les autres il dit : *Flectamus genua*; le premier clerc, se levant avant tous, dit : *Levate*, et le célébrant récite l'oraison *Deus, a quo*, etc.

10. Ensuite il lit la seconde leçon avec le Trait, puis la Passion.

11. Ayant dit au même lieu *Munda cor meum*, etc., il lit de suite la partie qui devrait être chantée sur le ton de l'Evangile.

12. A la fin il ne baise pas le livre, mais dès qu'il a fini (s'il n'y a pas de discours sur la Passion), il commence, au même côté de l'Epître, les monitions et les oraisons, comme il y a dans le Missel.

13. Avant chaque oraison, excepté la huitième, le célébrant fait la génuflexion (et les autres aussi), en disant: *Flectamus genua*, et le second clerc se levant avant tous dit: *Levate*.

14. Vers la fin des oraisons, le premier clerc, aidé du troisième, étend un tapis sur les degrés de l'autel et dans le sanctuaire ; il met un coussin sur le premier degré, et étend par-dessus en long le voile blanc tissu de soie violette.

II. Dépouillement et adoration de la croix.

1. Ayant terminé les oraisons, le célébrant étant au côté de l'Epître quitte la chasuble seulement.

2. Ensuite il fait la génuflexion au milieu de l'autel, prend la croix, et le premier clerc prend le Missel.

3. Le célébrant se met vers la partie postérieure de l'extrémité de l'autel du côté de l'Epître, la face tournée vers le peuple, et le clerc soutient le Missel devant lui.

4. Le célébrant découvre de la main droite le sommet de la croix jusqu'au croisillon exclusivement, et élevant un peu la croix avec les deux mains, il dit d'une voix grave : *Ecce lignum crucis*: « Voici le bois de la croix ; » les clercs continuent du même ton : *In quo salus mundi pependit*: « Sur lequel a été attaché celui qui est le salut du monde; » et faisant tous la génuflexion, excepté le célébrant, les clercs ajoutent : *Venite, adoremus*; « Venez, adorons. » Ensuite ils se lèvent.

5. Le célébrant monte sur le marchepied devant la partie antérieure du côté de l'Epître (à l'endroit où l'on dit l'Introït de la messe), découvre le bras droit de la croix et la tête du crucifix, et élevant un peu plus la croix et la voix tout ensemble, il dit une seconde fois : *Ecce lignum crucis*.

6. Les clercs continuent : *In quo salus mundi pependit*, puis ils disent : *Venite, adoremus*, faisant tous la génuflexion comme auparavant.

7. Enfin le célébrant va au milieu de l'autel, et découvrant toute la croix, il l'élève plus haut et dit, d'un ton de voix plus élevé, pour la troisième fois : *Ecce lignum crucis*.

8. Les clercs, pour la troisième fois, continuent : *In quo salus mundi pependit*, ajoutent : *Venite*, etc., et font la génuflexion de la même manière.

9. Le premier clerc met le Missel sur le pupitre; le troisième clerc découvre la croix processionnelle et toutes les autres qui sont dans l'église.

10. Le célébrant descend par le côté de l'Evangile, et porte dévotement des deux mains la croix élevée, au lieu qui lui est préparé.

11. Là, étant à genoux, il place la croix sur le coussin recouvert du voile violet.

12. Il se lève, fait la génuflexion, va au côté de l'Epître, et là, étant assis sur un escabeau, les clercs l'aident à ôter ses souliers.

Nota. Il doit aussi quitter le manipule, d'après le décret suivant de la congrégation des Rites : *In adoratione crucis feria sexta in Parasceve, celebrans et ministri debent de potituum*, ou petit Rituel de Benoît XIII : ce qui suit en est extrait.)

13. Le célébrant va nu-pieds adorer la croix, se mettant à genoux par trois fois, en trois endroits différents, à égale distance, et à la troisième fois il baise la croix.

14. Il se lève, fait la génuflexion à la croix et retourne vers son siège au côté de l'Epître, où il reprend son manipule et ses souliers.

15. Les clercs quittent aussi leurs souliers et vont adorer la croix après le célébrant, de la même manière que lui, avant l'adoration du peuple ; ensuite ils retournent prendre leurs souliers à leur place.

16. Quand les clercs ont fait l'adoration, les confrères (s'il y en a), vêtus de leur habit, puis les hommes, enfin les femmes, viennent tous, deux à deux, avec dévotion et gravité, adorer la croix de la même manière.

17. Pendant ce temps le premier clerc reste auprès de la croix; le second et le troisième clercs vont aux côtés du célébrant, et d'une voix haute et intelligible ils récitent avec lui les impropères dans l'ordre suivant:

PREMIÈRE PARTIE.

Le célébrant. ℣ Mon peuple, que vous ai-je fait, et en quoi vous ai-je contristé? Répondez-moi.

℣ Est-ce parce que je vous ai retiré de la terre d'Egypte, que vous avez préparé une croix à votre Sauveur?

2 Clercs. ℟ O Dieu saint!

3 Cl. Dieu saint.

2 Cl. Dieu fort.

3 Cl. Dieu saint et fort.

2 Cl. Dieu saint et immortel, ayez pitié de nous.

3 Cl. Dieu saint et immortel, ayez pitié de nous.

Le cél. ℣ Durant quarante jours j'ai été votre conducteur dans le désert, je vous ai nourri de la manne, je vous ai introduit dans une terre excellente; et vous avez préparé une croix à votre Sauveur!

2 Cl. ℟ O Dieu saint!

3 Cl. Dieu saint.

2 Cl. Dieu fort.

3 Cl. Dieu saint et fort.

2 Cl. Dieu saint et immortel, ayez pitié de nous.

3 Cl. Dieu saint et immortel, ayez pitié de nous.

Le cél. ℣ Qu'ai-je dû faire de plus pour vous que je n'aie point fait? Vous étiez la vigne la plus belle, que j'ai plantée moi-même, et vous n'avez eu pour moi qu'une amertume excessive, car dans ma soif vous

Celebrans. ℣ Popule meus, quid feci tibi? aut in quo contristavi te? Responde mihi.

℣ Quia eduxi te de terra Ægypti, parasti crucem Salvatori tuo.

2 Cl. ℟ Agios o Theos!

3 Cl. Sanctus Deus.

2 Cl. Agios ischyros.

3 Cl. Sanctus fortis.

2 Cl. Agios athanatos, eleison imas.

3 Cl. Sanctus immortalis, miserere nobis.

Celebr. ℣ Quia eduxi te per desertum quadraginta annis, et manna cibavi te, et introduxi te in terram satis bonam: parasti crucem Salvatori tuo.

2 Cl. ℟ Agios o Theos!

3 Cl. Sanctus Deus.

2 Cl. Agios ischyros.

3 Cl. Sanctus fortis.

2 Cl. Agios athanatos, eleison imas.

3 Cl. Sanctus immortalis, miserere nobis.

Celebr. ℣ Quid ultra debui facere tibi, et non feci? Ego quidem plantavi te vineam meam speciosissimam, et tu facta es mihi nimis amara; aceto namque sitim meam potasti, et lancea perforasti latus

m'avez donné du vinaigre à boire, et vous avez percé d'une lance le côté de votre Sauveur.

2 Cl. ℟ O Dieu saint!

3 Cl. Dieu saint.

2 Cl. Dieu fort.

3 Cl. Dieu saint et fort.

2 Cl. Dieu saint et immortel, ayez pitié de nous.

3 Cl. Dieu saint et immortel, ayez pitié de nous.

DEUXIÈME PARTIE.

Le cél. ℣ J'ai frappé l'Egypte avec ses premiers-nés pour l'amour de vous; et vous m'avez livré à la mort tout déchiré de coups.

2 et 3 Cl. ℟ Mon peuple, que vous ai-je fait, et en quoi vous ai-je contristé? Répondez-moi.

Le cél. ℣ Je vous ai retiré de l'Egypte, ayant fait périr le Pharaon dans la mer Rouge; et vous m'avez livré aux princes des prêtres.

2 et 3 Cl. ℟ Mon peuple, que vous ai-je fait, et en quoi vous ai-je contristé? Répondez-moi.

Le cél. ℣ Je vous ai ouvert un passage dans la mer; et vous m'avez ouvert le côté avec une lance.

2 et 3 Cl. ℟ Mon peuple, que vous ai-je fait, et en quoi vous ai-je contristé? Répondez-moi.

Le cél. ℣ Je vous ai précédé dans une colonne de nuée; et vous m'avez mené au prétoire de Pilate.

2 et 3 Cl. ℟ Mon peuple, que vous ai-je fait, et en quoi vous ai-je contristé? Répondez-moi.

Le cél. ℣ Je vous ai nourri de manne dans le désert; et vous m'avez meurtri de soufflets et de coups de fouet.

2 et 3 Cl. ℟ Mon

Salvatori tuo.

2 Cl. ℟ Agios o Theos!

3 Cl. Sanctus Deus.

2 Cl. Agios ischyros.

3 Cl. Sanctus fortis.

2 Cl. Agios athanatos, eleison imas.

3 Cl. Sanctus immortalis, miserere nobis.

Celebr. ℣ Ego propter te flagellavi Ægyptum cum primogenitis suis; et tu me flagellatum tradidisti.

2 et 3 Cl. ℟ Popule meus, quid feci tibi? aut in quo contristavi te? Responde mihi.

Celebr. ℣ Ego eduxi te de Ægypto, demerso Pharaone in mare Rubrum; et tu me tradidisti principibus sacerdotum.

2 et 3 Cl. ℟ Popule meus, quid feci tibi? aut in quo contristavi te? Responde mihi.

Celebr. ℣ Ego ante te aperui mare; et tu aperuisti lancea latus meum.

2 et 3 Cl. ℟ Popule meus, quid feci tibi? aut in quo contristavi te? Responde mihi.

Celebr. ℣ Ego ante te praeivi in columna nubis; et tu me duxisti in praetorium Pilati.

2 et 3 Cl. ℟ Popule meus, quid feci tibi? aut in quo contristavi te? Responde mihi.

Celebr. ℣ Ego te pavi manna per desertum; et tu me cecidisti alapis et flagellis.

2 et 3 Cl. ℟ Popule

peuple, que vous ai-je fait, et en quoi vous ai-je contristé ? Répondez-moi.

Le cél. ℣ J'ai fait sortir d'une pierre des eaux salutaires pour vous désaltérer ; et vous m'avez abreuvé de fiel et de vinaigre.

2 et 3 Cl. ℟ Mon peuple, que vous ai-je fait, et en quoi vous ai-je contristé ? Répondez-moi.

Le cél. ℣ J'ai frappé les rois chananéens pour l'amour de vous ; et vous m'avez frappé à la tête avec un roseau.

2 et 3 Cl. ℟ Mon peuple, que vous ai-je fait, et en quoi vous ai-je contristé ? Répondez-moi.

Le cél. ℣ Je vous ai donné un sceptre royal ; et vous m'avez mis sur la tête une couronne d'épines.

2 et 3 Cl. ℟ Mon peuple, que vous ai-je fait, et en quoi vous ai-je contristé ? Répondez-moi.

Le cél. ℣ Je vous ai élevé à une haute puissance ; et vous m'avez attaché au gibet de la croix.

2 et 3 Cl. ℟ Mon peuple, que vous ai-je fait, et en quoi vous ai-je contristé ? Répondez-moi.

TROISIÈME PARTIE.

Le cél. ℣ Nous adorons votre croix, Seigneur, nous louons et glorifions votre sainte résurrection : car c'est par ce bois que vous avez apporté la joie à tout l'univers.

Psaume. Que Dieu ait pitié de nous et qu'il nous bénisse.

2 et 3 Cl. ℟ Qu'il fasse luire sur nous la lumière de son visage, et qu'il nous fasse miséricorde.

Le cél. ℣ Nous adorons votre croix, Seigneur ; nous louons

meus, quid feci tibi ? aut in quo contristavi te ? Responde mihi.

Celebr. ℣ Ego te potavi aqua salutis de petra ; et tu me potasti felle et aceto.

2 et 3 Cl. ℟ Popule meus, quid feci tibi ? aut in quo contristavi te ? Responde mihi.

Celebr. ℣ Ego propter te Chananæorum reges percussi ; et tu percussisti arundine caput meum.

2 et 3 Cl. ℟ Popule meus, quid feci tibi ? aut in quo contristavi te ? Responde mihi.

Celebr. ℣ Ego dedi tibi sceptrum regale ; et tu dedisti capiti meo spineam coronam.

2 et 3 Cl. ℟ Popule meus, quid feci tibi ? aut in quo contristavi te ? Responde mihi.

Celebr. ℣ Ego te exaltavi magna virtute ; et tu me suspendisti in patibulo crucis.

2 et 3 Cl. ℟ Popule meus, quid feci tibi ? aut in quo contristavi te ? Responde mihi.

Celebr. ℣ Crucem tuam adoramus, Domine, et sanctam resurrectionem tuam laudamus et glorificamus : ecce enim propter lignum venit gaudium in universo mundo.

Psalmus. Deus misereatur nostri et benedicat nobis.

2 et 3 Cl. ℟ Illuminet vultum suum super nos, et misereatur nostri.

Celebr. ℣ Crucem tuam adoramus, Domine, et sanctam re-

et glorifions votre sainte résurrection : car c'est par ce bois que vous avez apporté la joie à tout l'univers.

2 et 3 Cl. ℟ O croix la plus fidèle, arbre seul excellent ; nulle part on n'en voit un semblable par ses feuilles, ses fleurs et ses fruits.

Le cél. ℣ Chante, ô ma langue, le succès d'un combat glorieux ; célèbre ce grand triomphe sur le trophée de la croix, et la victoire qu'y a remportée le Rédempteur du monde, dans l'état d'immolation.

2 et 3 Cl. ℟ O croix la plus fidèle, arbre seul excellent ; nulle part on n'en voit un semblable par ses feuilles, ses fleurs et ses fruits.

Le cél. ℣ Dieu, voyant à regret que notre premier père, en mangeant le fruit fatal, avait encouru la mort, désigna lui-même un autre arbre pour réparer les maux causés par un fruit si funeste.

2 et 3 Cl. ℟ Quelle douceur dans ce bois, dans ces clous et le poids qu'ils soutiennent !

Le cél. ℣ L'ordre de la Providence demandait que la ruse du traître fût trompée, que notre salut s'opérât par l'instrument dont l'ennemi s'était servi pour nous blesser.

2 et 3 Cl. ℟ O croix la plus fidèle, arbre seul excellent ; nulle part on n'en voit un semblable par ses feuilles, ses fleurs et ses fruits.

Le cél. ℣ Lors donc que le moment prévu est arrivé, le Père envoie son Fils ; on voit naître le Créateur du monde qui se fait homme dans le sein d'une Vierge.

surrectionem tuam laudamus et glorificamus : ecce enim propter lignum venit gaudium in universo mundo.

2 et 3 Cl. ℟ Crux fidelis, inter omnes arbor una nobilis : nulla silva talem profert, fronde, flore, germine.

Celebr. ℣ Pange, lingua, gloriosi lauream certaminis, et super crucis trophæo dic triumphum nobilem : qualiter Redemptor orbis immolatus vicerit.

2 et 3 Cl. ℟ Crux fidelis, inter omnes arbor una nobilis : nulla silva talem profert, fronde, flore, germine.

Celebr. ℣ De parentis protoplasti fraude factor condolens, quando pomi noxialis in necem morsu ruit : ipse lignum tunc notavit, damna ligni ut solveret.

2 et 3 Cl. ℟ Dulce lignum, dulces clavos, dulce pondus sustinet !

Celebr. ℣ Hoc opus nostræ salutis ordo depoposcerat, multiformis proditoris ars ut artem falleret, et medelam ferret inde, hostis unde læserat.

2 et 3 Cl. ℟ Crux fidelis, inter omnes arbor una nobilis : nulla silva talem profert, fronde, flore, germine.

Celebr. ℣ Quando venit ergo sacri plenitudo temporis, missus est ab arce Patris Natus, orbis conditor, atque ventre virginali carne amictus prodiit.

2 et 3 Cl. ℟ Quelle douceur dans ce bois, dans ces clous et le poids qu'ils soutiennent !

Le cél. ℣ C'est un enfant qui vagit dans une pauvre étable ; la Vierge mère enveloppe ses membres et resserre dans des langes les mains et les pieds d'un Dieu.

2 et 3 Cl. ℟ O croix la plus fidèle, arbre seul excellent : nulle part on n'en voit un semblable par ses feuilles, ses fleurs et ses fruits.

Le cél. ℣ Ayant déjà parcouru six lustres de sa carrière mortelle ; le Rédempteur se dévoue de lui-même aux souffrances ; l'Agneau qui doit être immolé est élevé sur l'arbre de la croix.

2 et 3 Cl. ℟ Quelle douceur dans ce bois, dans ces clous et le poids qu'ils soutiennent !

Le cél. ℣ Le voilà tout languissant, abreuvé de fiel : ce corps délicat, percé d'épines et de clous, l'est encore d'une lance ; l'eau coule avec le sang : c'est un fleuve qui purifie la terre, la mer, les astres et le monde.

2 et 3 Cl. ℟ O croix la plus fidèle, arbre seul excellent : on n'en voit nulle part un semblable par ses feuilles, ses fleurs et ses fruits.

Le cél. ℣ Arbre élevé, fléchis tes branches ; aie des entrailles de compassion, quitte cette inflexibilité naturelle pour devenir souple sous les membres du Roi des cieux.

2 et 3 Cl. ℟ Quelle douceur dans ce bois, dans ces clous et le poids qu'ils soutiennent !

Le cél. ℣ Tu as seul été digne de porter la victime du monde, d'être l'arche qui le sauve du naufrage et le conduit au port, toi qui as été arrosé du sang précieux de l'Agneau, du Verbe fait chair.

2 et 3 Cl. ℟ O croix la plus fidèle, arbre seul excellent : nulle part on n'en voit un semblable par ses feuilles, ses fleurs et ses fruits.

Le Cél. ℣ Gloire éternelle à la bienheureuse Trinité ; honneur égal au Père, au Fils et à l'Esprit consolateur. Que le nom d'un seul Dieu en trois personnes soit loué dans tout l'univers. Ainsi soit-il.

2 et 3 Cl. ℣ Quelle douceur dans ce bois, dans ces clous et le poids qu'ils soutiennent !

2 et 3 Cl. ℟ Dulce lignum, dulces clavos, dulce pondus sustinet !

Celebr. ℣ Vagit infans inter arcta conditus præsepia : membra pannis involuta Virgo mater alligat, et Dei manus pedesque stricta cingit fascia.

2 et 3 Cl. ℟ Crux fidelis, inter omnes arbor una nobilis ; nulla silva talem profert fronde, flore, germine.

Celebr. ℣ Lustra sex qui jam peregit, tempus implens corporis, sponte libera Redemptor passioni deditus, Agnus in crucis levatur immolandus stipite.

2 et 3 Cl. ℟ Dulce lignum, dulces clavos, dulce pondus sustinet.

Celebr. ℣ Felle potus ecce languet : spina, clavi, lancea mite corpus perforatur ; unda manat et cruor ; terra, pontus, astra, mundus, quo lavantur flumine !

2 et 3 Cl. ℟ Crux fidelis, inter omnes arbor una nobilis ; nulla silva talem profert, fronde, flore, germine.

Celebr. ℣ Flecte ramos, arbor alta ; tensa luxa viscera, et rigor languescat ille, quem dedit nativitas ; et superni membra Regis tende miti stipite.

2 et 3 Cl. ℟ Dulce lignum, dulces clavos, dulce pondus sustinet.

Celebr. ℣ Sola digna tu fuisti ferre mundi victimam, atque portum præparare arca mundo naufrago, quam sacer cruor perunxit fusus Agni corpore.

2 et 3 Cl. ℟ Crux fidelis, inter omnes arbor una nobilis ; nulla silva talem profert, fronde, flores germine.

Celebr. ℣ Sempiterna sit beatæ Trinitati gloria ; æqua Patri Filioque, par decus Paraclito. Unius trinique nomen laudet universitas. Amen.

2 et 3 Cl. ℟ Dulce lignum, dulces clavos, dulce pondus sustinet.

18. Vers la fin de l'adoration de la croix, le premier clerc allume les cierges de l'autel.

19. Ensuite le second clerc porte la bourse à l'autel, le corporal dedans et le purificatoire dessus ; il tire le corporal, l'étend et met le purificatoire auprès, vers le côté de l'Epître.

20. Le premier clerc transporte (faisant la génuflexion à la croix) le Missel avec son pupitre au côté de l'Evangile, ouvert et tourné vers le milieu comme à la messe.

21. L'adoration étant finie, le célébrant reporte la croix à l'autel, faisant la génuflexion devant elle avant de la prendre, et après l'avoir remise sur l'autel.

22. Les clercs ôtent le tapis avec le coussin et son voile, et l'on met du feu dans l'encensoir.

23. Le célébrant va près de son siége au côté de l'Epître, reprend la chasuble, et vient à l'autel, la tête couverte.

Nota. S'il est d'usage que le célébrant présente lui-même la croix à baiser aux fidèles rangés le long du balustre, le premier clerc récite la partie qui est assignée ci-dessus au célébrant, à moins qu'on ne la chante.

III. Procession à la chapelle du sépulcre, et retour à l'autel avec le saint sacrement.

1. Le célébrant va devant l'autel, et sans baisers, sans bénédiction, il met de l'encens dans l'encensoir.

2. La procession se dirige vers la chapelle où repose le saint sacrement, dans l'ordre suivant : la bannière de la confrérie du saint sacrement ; les membres de cette confrérie, ou d'autres pieux laïques ; le thuriféraire ; la croix processionnelle découverte, portée

par le troisième clerc ; le célébrant en chasuble, ayant devant lui le second clerc.

3. En arrivant à la chapelle, ceux qui portent la bannière et la croix s'arrêtent à quelque distance de l'autel ; tous ceux qui sont en procession forment deux lignes aux côtés de la chapelle, les plus âgés plus près de l'autel.

4. Le célébrant fait la génuflexion sur le pavé de la chapelle, se met à genoux sur le premier degré de l'autel, et fait une courte prière avec tous les autres.

5. Il se lève, ouvre le sépulcre ou tabernacle, fait la génuflexion, revient sur le premier degré, où étant debout il met de l'encens dans l'encensoir, sans bénédiction et sans baisers. En même temps on allume les cierges pour la procession, et l'on prépare le dais ou l'ombrelle.

6. Le célébrant à genoux sur le bord du marchepied encense le saint sacrement, se lève, fait la génuflexion, sort le calice du sépulcre, et le met sur l'autel.

7. Il fait la génuflexion, ferme le sépulcre, où il laisse le ciboire avec les petites hosties, réitère la génuflexion et revient sur le plus haut degré.

8. Etant à genoux sur le bord du marchepied, il reçoit l'écharpe sur ses épaules, se lève, fait la génuflexion, prend le calice, étant debout, et le second clerc le couvre avec les extrémités de l'écharpe.

9. Le célébrant se tourne vers la procession et commence à haute voix l'hymne *Vexilla regis*, etc., que le second clerc continue comme il suit :

Voici l'étendard du Roi des cieux ; on voit briller la croix mystérieuse sur laquelle le Dieu vivant a souffert la mort, et par sa mort nous a donné la vie.	Vexilla Regis prodeunt, Fulget crucis mysterium, Quo vita mortem pertulit, Et morte vitam protulit.
Son côté, percé d'une lance préparée par nos crimes, laisse couler de l'eau et du sang pour nous laver de nos souillures.	Quæ vulnerata lanceæ Mucrone diro, criminum Ut nos lavaret sordibus, Manavit unda et sanguine.
On voit s'accomplir exactement les chants prophétiques de David, qui a dit aux nations : Dieu a régné par le bois.	Impleta sunt quæ concinit David fideli carmine, Dicendo nationibus : Regnavit a ligno Deus.
Arbre excellent et magnifique, décoré de pourpre royale, dont le tronc a mérité d'être choisi pour toucher des membres si saints !	Arbor decora et fulgida, Ornata regis purpura, Electa digno stipite Tam sancta membra tangere.)
Heureuses branches auxquelles a été suspendu le corps dont le prix a racheté le monde et arracha sa proie à l'enfer.	Beata cujus brachiis Pretium pependit sæculi, Statera facta corporis, Tulitque prædam tartari.
O croix ! notre unique espérance, sois honorée dans ce saint temps ; fais que les justes croissent en justice, et que les pécheurs reçoivent le pardon.	O crux ! ave, spes unica, Hoc passionis tempore, Piis adauge gratiam, Reisque dele crimina !
Sainte Trinité, source du salut, soyez louée de toutes les créatures ; vous nous rendez victorieux par la croix ; accordez-nous la récompense. Ainsi soit-il.	Te fons salutis, Trinitas, Collaudet omnis spiritus ; Quibus crucis victoriam Largiris, adde præmium. Amen

10. La procession retourne à l'autel dans l'ordre suivant : la bannière de la confrérie du saint sacrement ; les membres de cette confrérie, ou d'autres pieux laïques, avec des flambeaux allumés ; la croix processionnelle ; le thuriféraire, qui encense continuellement le saint sacrement (sans marcher en reculant) ; le célébrant sous le dais, ayant à sa gauche le second clerc.

11. On laisse à la chapelle quatre cierges allumés.

12. On met la bannière hors du balustre, et la croix processionnelle vers la crédence.

13. Les confrères et les personnes pieuses qui ont des cierges se placent hors du balustre, et les tiennent allumés jusqu'à la fin de cet office.

14. Ceux qui portent le dais ou l'ombrelle s'arrêtent devant le balustre et le déposent dans un lieu convenable.

15. Le célébrant monte à l'autel et dépose le calice sur le corporal ; ensuite il fait la génuflexion, se lève et vient sur le plus haut degré de l'autel.

16. Il quitte l'écharpe, et restant debout, il met de l'encens dans l'encensoir, sans bénédiction et sans baisers ; ensuite il se met à genoux et encense le saint sacrement.

IV. Fin de l'office.

1. Le célébrant se lève, s'approche de l'autel et fait la génuflexion ; ensuite il lève le voile du calice, et met la patène sur le corporal.

2. Il prend le calice et le penche pour amener l'hostie sur la patène ; il prend ensuite la patène des deux mains, met l'hostie sur le corporal, sans rien dire et sans faire aucun signe de croix ; puis il met la patène à sa place ordinaire, mais sur le corporal.

3. Le célébrant fait la génuflexion, prend le calice, s'approche du côté de l'Epître, et le tenant élevé de la main gauche, il y met du vin et de l'eau sans le bénir et sans rien dire.

4. Il n'essuie pas le calice, mais il le dépose sur le bord du corporal.

5. Le célébrant va au milieu de l'autel, met le calice à sa place ordinaire, sans faire un signe de croix, et le couvre de la pâle.

6. Etant debout au même lieu, il met de l'encens dans l'encensoir, sans le bénir et sans baisers.

7. Le célébrant prend l'encensoir, fait la génuflexion et encense comme à l'Offertoire de la messe, en disant : *Incensum istud*, etc.

8. Après cela il réitère la génuflexion, et (selon un décret de la congrégation des Rites du 14 mai 1707), il encense la croix en disant : *Dirigatur, Domine*, etc. ; puis il continue à l'ordinaire l'encensement de l'autel, faisant la génuflexion avant de quitter le milieu, et toutes les fois qu'il y repasse.

9. Ayant encensé l'autel, il rend l'encensoir au thuriféraire en disant : *Accendat in nobis*, etc. ; on n'encense pas le célébrant.

10. Le célébrant, sans tourner le dos au saint sacrement, descend immédiatement du marchepied sur le second degré, au côté de l'Epître, et, là, la face tournée vers le peuple, il se lave les mains sans rien dire.

11. Il retourne au milieu de l'autel, fait

la génuflexion, se lève, et tenant les mains jointes sur l'autel, médiocrement incliné, il dit d'une voix basse, mais intelligible : *In Spiritu humilitatis*, etc.

12. Le célébrant baise l'autel, fait la génuflexion, et tourné vers le peuple au côté de l'Évangile, il dit : *Orate, fratres* ; puis il retourne par le même côté sans achever le tour ; il fait une nouvelle génuflexion.

13. On ne répond pas *Suscipiat*.

14. Le célébrant, ayant les mains jointes devant la poitrine, dit d'un ton férial : *Oremus : Præceptis salutaribus*, etc., et pendant le *Pater* il a les mains étendues.

15. Les clercs répondent : *Sed libera nos a malo*, et le célébrant dit tout bas : *Amen* ; ensuite, tenant toujours les mains étendues, il ajoute sur le même ton férial : *Libera nos*, etc. ; à la fin les clercs répondent : *Amen*.

16. Le célébrant fléchit le genou, se relève, découvre le calice, met la patène sous l'hostie, et tenant de la main gauche la patène sur l'autel, il élève l'hostie de la droite, assez haut pour être vue de tous.

17. Le célébrant abaisse de suite l'hostie sur le calice découvert, et la divise en trois à l'ordinaire, sans rien dire ; puis il en laisse tomber la petite partie dans le calice, sans rien dire non plus et sans faire aucun signe de croix.

18. Il découvre le calice, fait la génuflexion, et s'étant relevé, les mains jointes sur l'autel et médiocrement incliné, il dit tout bas : *Perceptio corporis*, etc., laissant les deux autres oraisons.

19. Le célébrant fait de nouveau la génuflexion, ensuite prenant la patène et l'hostie comme à l'ordinaire, il dit : *Panem cœlestem*, etc. ; *Domine, non sum dignus*, etc., se frappant trois fois la poitrine selon l'usage.

20. Il fait le signe de la croix devant soi avec l'hostie en disant : *Corpus Domini*, etc., et communie.

21. Après une courte méditation, il découvre le calice et fléchit le genou.

22. Il se lève, recueille les parcelles selon l'usage, prend le calice avec les deux mains sans rien dire, et sans faire aucun signe il prend respectueusement la parcelle de l'hostie avec le vin.

23. Le célébrant, omettant la purification du calice, fait à l'ordinaire l'ablution des doigts sur le calice avec de l'eau et du vin.

24. En même temps tous se lèvent et on éteint les flambeaux.

25. Le célébrant ayant pris l'ablution au milieu de l'autel, essuie le calice, le couvre et l'accommode à l'ordinaire avec son petit voile noir ; et, médiocrement incliné, les mains jointes devant la poitrine, il dit tout bas : *Quod ore sumpsimus*, etc.

26. Le premier clerc porte le calice à la crédence.

27. Le célébrant descend au bas des degrés de l'autel, fait avec les clercs la génuflexion à la croix, se couvre et retourne à la sacristie.

28. Il dépose les ornements de la messe, et met sur son surplis une étole blanche.

V. Transport du ciboire.

1. Le célébrant, précédé du premier clerc avec l'écharpe et des deux autres avec des cierges, va à la chapelle où le ciboire était resté.

2. Il fait la génuflexion sur le pavé, se met à genoux sur le plus bas degré, et prie un moment.

3. Il se lève, monte à l'autel, ouvre le sépulcre, fait la génuflexion, prend le ciboire, le place sur le corporal et fléchit de nouveau le genou.

4. Il se retire sur le plus haut degré, se met à genoux sur le bord du marchepied, et reçoit du premier clerc l'écharpe sur ses épaules.

5. Le célébrant monte sur le marchepied, fait la génuflexion, prend le ciboire avec les mains couvertes de l'écharpe, et les clercs marchant devant avec des cierges allumés, il porte le ciboire dans un tabernacle placé sur l'autel de quelque chapelle plus reculée dans l'église, ou (ce qui est plus convenable) dans la sacristie.

6. Il fait les génuflexions requises et prend soin qu'il y ait une lampe continuellement allumée devant le saint sacrement, dans le lieu où il a mis le ciboire.

7. Ensuite tous se mettent à genoux, et l'on donne avec la crécelle le signal de midi pour la salutation angélique.

8. Enfin on éteint les cierges de l'autel, et l'on remet tout à sa place.

9. S'il n'y a pas de sacristie ou de chapelle isolée, comme il vient d'être dit, le ciboire reste au même lieu où avait été le calice, et il doit y avoir une lampe continuellement allumée (*Bauldry*, p. IV, cap. 10, art. 5, n. 11).

VARIÉTÉS.
(Extrait d'un Cérémonial viennois) (1).

DU VENDREDI SAINT.
§ I. Des Leçons, Traits, Passion, etc.

1. Dans les chapitres, les petites heures se disent au chœur comme hier les complies, et après none le clergé étant entré au chœur comme à l'ordinaire, sans toutefois se saluer, si ce n'est pour s'avertir (ce qu'on doit observer aujourd'hui pendant tout l'office), le célébrant, le diacre et le sous-diacre en chasuble et dalmatique noires sortent de la sacristie précédés du maître des cérémonies et des acolytes avec leurs chandeliers et leurs cierges éteints, et enfin de deux coadjuteurs, de deux adjuteurs, de deux choristes sans chape, mais seulement en habit de chœur, lesquels s'agenouillent avec les ministres sacrés sur le plus bas degré de l'autel, ce que fait aussi en même temps tout le clergé à sa place, et les acolytes seuls à la crédence, après avoir fait à l'ordinaire la génu-

---
(1) Plusieurs autres rites usités en France sont semblables à celui-ci.

flexion sous la lampe. Toutes les lampes et cierges de l'autel, lesquels aujourd'hui doivent être jaunes, de même que ceux des acolytes et des céroféraires pour la procession, sont éteints dans toute l'église, excepté au reposoir. L'autel doit être couvert d'une seule nappe, quoique non bénite, qui enveloppe même sa partie antérieure à peu près jusqu'à terre. Après une courte prière, le célébrant monte sur le marchepied qui doit être nu, ainsi que les pupitres, pour les leçons et la Passion, de même que le lutrin des choristes, et baise l'autel au milieu. Les ministres sacrés se mettent aussitôt en flèche derrière lui et l'accompagnent ainsi au coin de l'Epître où ils l'assistent comme à l'Introït de la messe pendant qu'il lit à voix médiocre les prophéties ou les leçons et les Traits qu'on chante alors comme il suit : le maître des cérémonies, ayant placé sur leurs sièges les bonnets des ministres sacrés, fait la génuflexion *in plano* devant l'autel, et va de suite inviter successivement les clercs désignés pour chanter les leçons ou prophéties, comme à matines, sans dire toutefois *Jube, domne, benedicere*, ni *Tu autem, Domine, miserere nostri*.

2. Après chaque leçon on chante le Trait comme le Graduel ordinaire de la messe, mais les coadjuteurs, adjuteurs et choristes, en chantent seuls alternativement tous les versets, jusqu'à la chute du dernier, que tout le chœur à la fois poursuit. Or, pendant le chant des leçons et des Traits, le chœur est assis et couvert, le siège des stalles étant abattu. Les ministres sacrés s'asseyent aussi après la lecture du célébrant, s'ils le jugent à propos ; mais pendant la Passion tout le monde est debout et tourné vers les diacres qui la chantent. Durant les monitions et oraisons, le chœur est debout et tourné vers l'autel, et les ministres sacrés en flèche derrière le célébrant ; le diacre de l'autel, averti chaque fois par le maître des cérémonies, chante seul *Flectamus genua*, et un peu après *Levate*, et dans l'intervalle tout le monde, même le célébrant, fléchit le seul genou droit jusqu'à terre et se relève aussitôt. Cependant, au défaut des ministres sacrés, le célébrant lui-même chante ces paroles.

3. Après le dernier Trait, trois diacres chantent la Passion comme au dimanche des Rameaux, mais en étoles et manipules noirs, et avec les différences suivantes : 1° le sous-diacre ne transporte pas le Missel après ces mots : *Tradidit spiritum*, le célébrant lisant au côté de l'Epître toute la Passion, même la dernière partie qui tient lieu d'Evangile ; 2° le diacre de l'autel ne demande point la bénédiction au célébrant pour chanter au lieu accoutumé l'Evangile, c'est-à-dire la dernière partie de la Passion, après avoir dit toutefois comme à l'ordinaire *Munda cor meum* ; 3° les acolytes avec le maître des cérémonies assistent au chant de l'Evangile, les mains jointes ; 4° il n'y a point d'encens, ni par conséquent de thuriféraire, mais toujours le cruciger ; 5° le célébrant ne dit pas *Munda cor meum*, et ne baise pas le livre à la fin de l'Evangile, mais le diacre le reportant fermé, et le haut appuyé sur la poitrine, le remet sous la lampe au maître des cérémonies.

4. Après le chant de la Passion les diacres rentrent à l'ordinaire à la sacristie où ils quittent leurs ornements pour reprendre de suite leurs places au chœur. Les officiers inférieurs au contraire retournent aussitôt à la crédence comme de coutume, sans faire aucune révérence à l'autel, et les ministres sacrés se mettent en flèche derrière le célébrant, lequel, assisté du maître des cérémonies, chante de suite du côté de l'Epître la première partie des oraisons appelée *monitions*, sur le ton des préfaces et les mains jointes, puis les oraisons sur le ton des collectes de la messe et les mains étendues.

§ II. De la procession et de l'adoration de la croix.

1. Lorsque le célébrant commence les oraisons à l'autel, tous les officiers de la procession solennelle de la croix se rendent du chœur à la sacristie pour s'habiller et repartir ensuite deux à deux à l'invitation du sacristain ou du portier, ordinairement vers la fin de la monition *Et pro perfidis judæis*, dans l'ordre suivant : 1° quatre clercs minorés en rochets ; 2° deux sous-diacres en aubes seulement ; 3° deux diacres en rochets et en chapes rouges ; 4° deux diacres en aubes avec manipules et étoles rouges, destinés à porter la croix couverte d'un voile noir, ou du moins d'un linge blanc, la face du crucifix tournée vers le chœur. Or ils doivent la tenir de la main antérieure par le pied, de chaque côté, et de l'autre par les bras qu'ils tiennent tant soit peu élevés ; 5° après eux enfin viennent deux autres diacres en rochets et en chapes noires.

2. Dès que les oraisons sont finies, le maître des cérémonies se rend à la crédence où il demeure avec les acolytes jusqu'à la procession, tandis que les ministres sacrés rentrent à la sacristie pour quitter, savoir : le célébrant, la chasuble, et le diacre avec le sous-diacre, la dalmatique. Ils viennent ensuite (seuls nu-pieds) se mettre à genoux sur le marchepied de l'autel, auquel ils tournent le dos après y avoir fait la génuflexion ordinaire en arrivant au bas. Puis, après le troisième impropère, ils descendent au bas de l'autel, où ils se tiennent debout, la face tournée vers la croix qu'on apporte, en fléchissant le genou droit également avec tout le chœur, à chaque *Venite, adoremus*, que chantent ensemble les trois ministres sacrés, en s'avançant tant soit peu par trois intervalles, si l'espace le permet, au-devant de la croix. Cependant, les oraisons étant achevées, les officiers de la procession entrent dans l'église par la grande porte, s'il est possible. Aussitôt les deux diacres en chapes noires chantent seuls pour première station le premier impropère *Popule meus*, tout le monde de l'église, même les ministres sacrés, étant à genoux et tournés vers la croix. Ensuite les seuls officiers de la procession se lèvent, et les deux diacres en chapes rouges chantent *Agios*, etc., en faisant aussi tout

seuls une nouvelle génuflexion chaque fois qu'ils prononcent ce même mot. Puis les quatre clercs et les deux sous-diacres chantent ensemble *Sanctus*, etc., en faisant également la génuflexion chaque fois à ce mot. Cela fait, la procession s'avance de quelques pas pour la seconde station. Alors les deux diacres en chapes noires chantent le second impropère *Ego sum*, etc. ; ceux en chapes rouges, *Agios*, et les quatre clercs avec les deux sous-diacres, *Sanctus* tout comme la première fois ; après quoi on s'avance encore de deux ou trois pas vers l'autel pour chanter le troisième impropère, comme les deux précédents, ainsi qu'*Agios et Sanctus*.

3. Après la troisième station les deux diacres, en chapes noires, se mettent au lutrin pour chanter pendant l'adoration de la croix ce qui est marqué dans le Graduel, dans le Processionnal ou la Semaine sainte, savoir : 1° les antiennes *Tuam crucem*, et *Dignus es*, qu'ils commencent, tout le chœur à la fois poursuivant ; 2° les hymnes *Pange, lingua*, et *Vexilla regis*, alternativement avec le chœur, qui répète la première strophe après chacune des autres, sans jamais omettre la doxologie ; on peut abréger ou allonger ces hymnes, chantant de préférence le *Vexilla*, selon que le requiert le temps de l'adoration de la croix que les deux choristes vont ensuite adorer après les ministres sacrés. Pour les quatre clercs, ils reprennent aussitôt leurs places respectives au chœur après avoir fait la génuflexion à l'autel, ce que font aussi les deux sous-diacres en aubes et les deux diacres en chapes rouges, après avoir quitté leurs ornements à la sacristie pour revenir ensuite tous faire aussi l'adoration de la croix à leur rang. Cependant les deux diacres qui portent la croix s'avancent un peu, et s'étant arrêtés ils découvrent le bras droit du crucifix, en chantant seuls et debout comme tout le chœur : *Ecce lignum crucis;* à quoi les trois ministres sacrés, debout devant l'autel, répondent, *Venite, adoremus*, en fléchissant le seul genou droit avec tout le chœur, excepté les deux diacres qui portent la croix. Ensuite ces deux diacres s'approchent encore d'un pas ou deux vers l'autel, s'arrêtent et chantent toujours un peu plus haut une seconde et une troisième fois : *Ecce lignum crucis*, et les ministres sacrés répondent de même *Venite, adoremus*, en fléchissant le genou comme auparavant, et s'avançant un peu chaque fois, si l'espace le permet. Avant de chanter pour la troisième fois, les deux diacres qui portent la croix la découvrent entièrement, l'élèvent et la tournent vers le peuple, sans se retourner eux-mêmes, et après que les ministres sacrés ont répondu pour la troisième fois : *Venite, adoremus*, les diacres déposent la croix sur le coussin, ou le tapis noir qui lui est préparé sur les degrés du marchepied de l'autel, ou dans un autre endroit du chœur, et s'agenouillent à droite et à gauche, *in plano*, tournés en face et les mains jointes jusqu'à la fin de l'adoration de la croix.

Après le troisième *Venite, adoremus*, le célébrant, suivi des ministres sacrés, descend, par le côté de l'Épître, devant le lutrin des choristes, se met trois fois à deux genoux en s'inclinant profondément à trois différents intervalles, et baise, la dernière fois, seulement les pieds du crucifix, en disant après : *Qui peccata nostra in corpore tuo super lignum pertulisti, miserere nostri ;* ensuite il se retire à la sacristie, où se rendent aussi le diacre et le sous-diacre, après avoir fait successivement et comme le célébrant l'adoration de la croix, le diacre ayant soin de faire sa première prostration lorsque le célébrant fait la seconde, et ainsi de suite. Cependant les ministres sacrés, ayant repris leurs souliers à la sacristie, reviennent au chœur, en passant, s'il est possible, par derrière l'autel, et vont s'asseoir à leurs sièges, où le célébrant assisté du diacre et du sous-diacre, lit, la tête découverte, ce que l'on chante au chœur. Le reste du clergé fait de même l'adoration de la croix dans l'ordre hiérarchique, mais deux à deux, et en baisant simultanément, s'il est possible, une main du crucifix, et enfin les deux diacres crucigers. Cependant le célébrant, escorté des ministres sacrés, ou un autre prêtre seul, porte une autre petite croix à la balustrade pour en faire aussi baiser au peuple seulement les pieds, ou une des mains, et la remettre ensuite au sacristain à son retour à l'autel. Quand tout le monde a adoré ou baisé la croix, le premier des deux diacres la dresse sur la table de l'autel ; après quoi ils se retirent tous les deux à la sacristie, où ils se déshabillent pour revenir prendre leurs places au chœur, tandis que le célébrant, avec ses ministres sacrés, à genoux, sur le plus bas degré de l'autel, entonne seul l'antienne *Super omnia ligna*, que le chœur également à genoux poursuit.

§ III. De la procession du saint sacrement et de la messe des présanctifiés.

1. Dès que l'antienne *Super omnia ligna* est achevée, le sacristain ayant enlevé la croix de dessus la table de l'autel, les ministres sacrés s'y revêtent de la chasuble et des dalmatiques noires préparées par le sacristain, et se mettent en flèche. Aussitôt le célébrant lave ses mains à l'ordinaire, au coin de l'Épître, mais sans rien dire, étend le corporal sur l'autel, à moins que le diacre ne le fasse, descend avec ses ministres sacrés *in plano* au milieu de l'autel, fait une simple génuflexion sur le premier degré, et commence cette messe par le *Confiteor*, auquel le diacre et le sous-diacre répondent comme de coutume, pendant que les thuriféraires et tous les officiers de la procession vont en diligence se préparer à la sacristie et reviennent aussitôt se placer comme hier devant l'autel. Après *Indulgentiam* les officiers inférieurs se rendent sous la lampe où ils font tous ensemble la génuflexion avec les autres, excepté les acolytes et le sous-diacre cruciger en dalmatique noire, et dont la croix doit être pour lors découverte, de même que toutes celles des autels particuliers. Ils partent comme hier, mais en silence, par le che-

min le plus court, et précédés des deux thuriféraires ; le maître des cérémonies marche au milieu des rangs, derrière le cruciger. Cependant le sacristain allume les lampes et les cierges des acolytes et de l'autel, où il place, du côté de l'Évangile, un Missel ouvert sur le pupitre, à l'endroit même de l'office.

2. Lorsqu'on est arrivé au reposoir, tout le monde se mettant à genoux, le célébrant s'agenouille lui-même avec les ministres sacrés, sur le plus bas degré, s'incline profondément et adore en silence le saint sacrement. Après quoi il se lève un instant avec ses officiers, pour mettre à l'ordinaire de l'encens dans les encensoirs, sans le bénir. Ensuite il encense comme de coutume, de trois coups, le saint sacrement, reçoit sur ses épaules, du maître des cérémonies ou du sous-diacre, l'écharpe, puis le calice des mains du diacre, comme la veille, et bénit trois fois le peuple, toujours sans rien dire. Aussitôt la procession se met en marche comme hier, mais en silence, et retourne, par le chemin le plus long, à l'autel du chœur, où le célébrant lui-même repose le calice après avoir béni encore le peuple comme auparavant, tout le monde étant à genoux. Ensuite, ayant fait la génuflexion, il descend *in plano*, laisse tomber l'écharpe entre les mains du sous-diacre ou du maître des cérémonies, met de l'encens dans l'encensoir, sans le bénir, s'agenouille sur le plus bas degré de l'autel et encense le saint sacrement comme au reposoir, toujours avec une inclination profonde avant et après. Pendant tout ce temps-là tous les officiers sont à genoux autour de lui, excepté le cruciger, qui est rentré de suite à la sacristie. Après l'encensement du saint sacrement, ils font tous ensemble la génuflexion sur le plus bas degré ; ensuite les thuriféraires avec les porte-dais, qui étaient restés à genoux au milieu du chœur, rentrent à la sacristie pour quitter leurs ornements et revenir aussitôt, le bonnet à la main, prendre leurs places au chœur ; mais le maître des cérémonies et les acolytes se rendent à l'ordinaire à la crédence, sur laquelle ils déposent leurs cierges allumés, et les céroféraires restent autour de l'autel avec leurs cierges allumés, jusqu'à la communion. Aussitôt le second acolyte va faire la génuflexion sur le second degré, au coin de l'Épître, reçoit des mains du diacre le voile du calice, et le porte à la crédence où il le plie en trois, tandis que le premier présente à l'ordinaire les burettes garnies au sous-diacre.

3. Cependant le célébrant, après avoir encensé le saint sacrement, remonte de suite à l'autel avec les ministres sacrés, savoir : le diacre à droite, et le sous-diacre à gauche, et fait la génuflexion avec eux sur le marchepied. Aussitôt le diacre remet le voile du calice au second acolyte, dépose la patène à droite, sur le corporal, et dresse la pale contre le tabernacle ; après quoi ils font de nouveau, tous ensemble, la génuflexion que refait le sous-diacre en arrivant sur le marchepied, au côté de l'Épître. Alors le célébrant fait tomber doucement sur la patène l'hostie qui est dans le calice, en le penchant, sans rien dire, et sans toucher, s'il est possible, le saint sacrement. Aussitôt le sous-diacre reçoit à l'ordinaire du premier acolyte la burette du vin et la présente au diacre, qui en verse dans le calice sans l'essuyer, ni l'appuyer sur l'autel. Le sous-diacre y verse aussi de l'eau sans la faire bénir, puis il rend les burettes à l'acolyte, fait la génuflexion et se met de suite en flèche, de même que le diacre qui couvre le calice de la pale, après l'avoir présenté sans aucun baiser au célébrant, lequel le met à sa place sur le corporal, sans faire le signe de croix et sans rien dire ; mais aussitôt il chante à l'ordinaire *Oremus : Præceptis salutaribus moniti*, avec le *Pater* ; puis l'oraison *Libera nos* sur le ton des collectes. Le chœur ayant répondu *Amen*, le célébrant prend l'hostie sur la patène, seulement de la main droite avec laquelle il l'élève à la hauteur ordinaire, la suivant des yeux, pour la faire adorer au peuple, tenant avec la gauche la patène appuyée sur le corporal. Cependant le chœur est à genoux depuis le retour de la procession jusqu'après la communion du célébrant. Les ministres sacrés s'agenouillent et s'inclinent profondément sur le bord du marchepied dès que le célébrant fait la génuflexion avant l'élévation de l'hostie, pendant laquelle ils ne relèvent point le derrière de la chasuble ; on ne sonne pas et on n'encense point.

4. Après l'élévation le célébrant remet l'hostie sur la patène et fait ensuite la génuflexion ; les ministres sacrés la font aussi sur le bord du marchepied en même temps que lui ; après quoi ils montent à ses côtés, savoir : le diacre à sa droite et le sous-diacre à sa gauche, pour l'assister au besoin. Cependant le diacre découvre le calice, et le célébrant divise l'hostie en trois parties à l'ordinaire, mettant la plus petite dans le calice, sans rien dire, et sans faire aucun signe de croix. Le diacre couvre ensuite le calice, fait la génuflexion avec le célébrant et le sous-diacre, et changeant l'un et l'autre de place, ils font de nouveau la génuflexion en arrivant. Le célébrant ne dit point *Agnus Dei*, ni les deux premières oraisons avant la Communion, mais seulement la troisième, qu'il récite à l'ordinaire à voix basse, incliné et les mains jointes sur l'autel, sans donner le baiser de paix ; il fait ensuite la génuflexion avec ses ministres sacrés et prend l'hostie à l'ordinaire en tenant la patène dessous et disant tout bas : *Panem cœlestem*, etc. ; puis, ayant dit trois fois comme de coutume : *Domine, non sum dignus*, il fait aussi le signe de la croix avec l'hostie sur la patène qu'il tient de la main gauche, en disant tout bas : *Corpus Domini nostri*, etc. ; après quoi il communie à l'ordinaire, tous les officiers étant profondément inclinés. Lorsque le célébrant, après avoir pris l'hostie, sépare ses mains, le sous-diacre découvre le calice, ensuite le célébrant fait avec ses ministres sacrés la génuflexion et omet ce

qui se dit ordinairement avant de prendre le précieux sang. Il recueille comme de coutume les fragments de l'hostie, les met dans le calice et, sans faire le signe de la croix, il prend avec respect ce qui est dedans, tous les officiers étant profondément inclinés. Ensuite le sous-diacre verse du vin et de l'eau dans le calice, sur les doigts du célébrant, lequel ayant pris l'ablution, dit tout bas, médiocrement incliné, et les mains jointes sur l'autel : *Quod ore sumpsimus*, etc., seulement, et non pas *Corpus tuum*, etc. Pendant ce temps-là le sous-diacre purifie le calice qu'il porte aussi sur la crédence pour revenir de suite à la gauche du célébrant. Les ministres sacrés et le second acolyte transportent à l'ordinaire le Missel, la pale et le voile.

§ IV. Des vêpres.

Le célébrant, après avoir pris l'ablution, attend le sous-diacre et fait la génuflexion sur le marchepied avec ses ministres sacrés; ensuite ils vont de front, et par le chemin le plus court, s'asseoir à leurs sièges, devant l'autel, du côté de l'Epître, de même que tout le clergé. Aussitôt le premier choriste commence absolument le premier psaume des vêpres, qui se récitent alternativement par les deux côtés du chœur, à part les antiennes, lesquelles se disent par tout le chœur à la fois, sans être annoncées. Pour les officiers inférieurs, ils se comportent comme hier. Pendant le *Magnificat* tout le monde est debout, et il n'y a point d'encensement; mais sitôt après l'antienne du cantique, les ministres sacrés retournent à l'ordinaire à l'autel, où le célébrant dit tout haut, au côté de l'Epître, et le diacre et le sous-diacre étant en flèche, l'oraison *Respice*, dont la conclusion se dit tout bas. Pendant l'oraison le chœur est à genoux, ainsi que les officiers inférieurs qui sont à la crédence. Ensuite on éteint les cierges de l'autel et tous les officiers rentrent à l'ordinaire à la sacristie. Le clergé se retire aussi comme de coutume, mais sans se saluer. Les complies se disent comme hier. Il faut remarquer qu'on doit découvrir toutes les croix après celle qu'on adore a été découverte, ou au plus tard à la fin de l'office; mais les tableaux demeurent voilés jusqu'après none du samedi saint. On doit aussi observer que s'il n'y a pas de chapelle particulière où l'on puisse laisser fermé le saint sacrement jusqu'après l'office du samedi saint, un prêtre le porte comme hier dans le tabernacle du grand autel, après les vêpres d'aujourd'hui.

APPENDICE
Pour le vendredi saint dans les petites églises.

Suivant le Cérémonial romain, après les monitions et oraisons, le célébrant se met à genoux sur le plus bas degré de l'autel, et si on ne peut chanter, il lit lui-même tout haut les impropères et ce qui suit, comme il est marqué dans le Missel; ensuite il va déposer sa chasuble et ses souliers à la sacristie, d'où il en revient tenant droit, dévotement et des deux mains, par el pied, un crucifix couvert d'un voile noir ou d'un linge blanc, ou bien il prend la croix de l'autel; tout le monde étant à genoux, il se place de suite sur le second degré de l'autel, du côté de l'Epître, la face tournée vers le peuple, et se tenant debout, il découvre avec la main droite le haut de la croix jusqu'au crucifix, et chante d'un ton bas, en lisant dans le Missel ou le Processionnal, qu'il fait tenir ouvert devant lui : *Ecce lignum crucis*, etc., et sans se mettre à genoux, il ajoute aussi lui-même, si le peuple ne peut pas répondre : *Venite, adoremus*. Ensuite, étant monté en silence sur le marchepied, toujours du côté de l'Epître et tourné vers le peuple, il découvre le bras droit et la tête du crucifix, et chante les mêmes paroles sur un ton un peu plus élevé. Enfin, s'étant avancé vers le milieu de l'autel, il découvre entièrement la croix, donne le voile au servant, et élevant la croix des deux mains, il chante *Ecce lignum*, etc., sur un ton encore plus haut; alors il porte dévotement la croix sur le tapis préparé à cet effet, fait l'adoration et le reste, comme il est marqué pour les autres églises.

VENI, SANCTIFICATOR.
Voy. INVOCATION.

VÊPRES.
TITRE PREMIER.
PRATIQUE DES CÉRÉMONIES DES VÊPRES PONTIFICALES SI L'ÉVÊQUE CÉLÈBRE LE LENDEMAIN. (Par Dumolin.)
(Cérémonial des évêques, l. II, c. 1.)

DES PRÉPARATIFS.

L'Eglise, l'autel et la chaire de l'évêque doivent être magnifiquement parés et ornés.

Les ornements épiscopaux se mettront au milieu de l'autel, savoir : l'anneau, la chape ou pluvial avec le pectoral (*qui est une pièce d'orfèvrerie ou de broderie enrichie de pierreries qu'on met sur la bille de la chape*), l'étole, la croix pectorale, la ceinture, l'aube et l'amict. Tout cela doit être proprement accommodé et couvert d'une toilette ou écharpe convenable à la couleur des ornements.

Il faut y mettre aussi deux mitres, l'une précieuse au côté de l'Evangile, et la simple au côté de l'Epître, une calotte (au cas que l'évêque n'en porte d'ordinaire qu'avec la mitre), qu'on mettra proche de la mitre précieuse, en sorte que la calotte ne paraisse point; et enfin le Bréviaire ou Diurnal pour les vêpres, que l'on mettra sur l'escabeau du prêtre assistant, s'il n'y a un acolyte destiné pour le porter.

La crosse se mettra proche de l'autel, au côté de l'Evangile.

Il faut aussi préparer du côté de l'Epître l'encensoir avec la navette, la cuiller et l'encens dedans, le thuriféraire ou le sacristain ayant le soin de préparer en quelque lieu à l'écart le feu dans un vase avec des charbons, et des pincettes pour prendre les charbons.

On préparera aussi deux chandeliers avec deux cierges blancs pour les acolytes, qu'on mettra sur les degrés de l'autel au côté de l'Epître, sans les allumer, en sorte qu'ils n'incommodent point.

A la sacristie on préparera les ornements

pour le prêtre assistant et les diacres d'honneur, comme aussi des chapes ou pluviaux pour les choristes, et des surplis pour les autres ministres qui doivent assister l'évêque.

L'évêque sera assisté d'un prêtre assistant, de deux diacres d'honneur, qui doivent être les plus dignes du chœur, soit dignités ou chanoines.

Et outre ceux-là il doit avoir sept autres ministres en habit et tonsure décente, avec surplis : le premier est celui qui tient le livre, le second celui qui tient le bougeoir, le troisième celui qui tient la crosse, le quatrième celui de la mitre, qui prendra à la sacristie le voile long ou écharpe, pour tenir la mitre de peur de la salir, le cinquième le thuriféraire, le sixième et le septième les acolytes portant les chandeliers. L'office de ces derniers est plus particulièrement décrit en la MESSE PONTIFICALE (*Voy.* ce mot).

Il est encore nécessaire qu'il y ait un ou deux maîtres des cérémonies revêtus de surplis, lesquels, instruits de tout ce que l'évêque et ses ministres doivent faire, les avertiront doucement quand il en sera besoin, et auront soin que tout ce qui est nécessaire pour les vêpres pontificales, à l'église, à l'autel et au chœur, soit préparé comme il faut.

§ I. *De l'entrée de l'évêque à l'église, et de la manière qu'on le revêt de ses ornements pontificaux.*

1. L'évêque désirant officier pontificalement à vêpres en son église, et principalement s'il doit célébrer le lendemain, l'heure étant venue, revêtu des habits qu'il porte d'ordinaire dans l'église, s'y rend en compagnie des chanoines revêtus de leurs habits de chanoine, qui, l'étant allés prendre au lieu accoutumé, marchent après lui deux à deux, les plus dignes les premiers, les gentilshommes, s'il y en a, et autres personnes de considération, marchant immédiatement devant l'évêque, et devant ceux-ci les domestiques de l'évêque.

2. Si c'est un archevêque dans son diocèse ou dans sa province, il fait porter sa croix par son chapelain immédiatement devant lui, l'image du crucifix tournée aussi vers lui.

3. Quand il vient à l'église on sonne les cloches, et quand il y entre on cesse de les sonner et on commence à jouer des orgues jusqu'à ce qu'il ait fait sa prière, pris ses ornements, et que l'office soit près de commencer.

4. Entrant dans l'église, tous s'arrêtent, et ceux qui marchent devant se tournent pour recevoir l'eau bénite ; l'évêque se découvre, tenant son bonnet de la main gauche, et le plus digne du chapitre, ayant reçu de l'acolyte qui a apporté le bénitier l'aspersoir avec de l'eau bénite, après avoir fait une profonde inclination à l'évêque, lui présente l'aspersoir, le baisant d'abord, puis la main de l'évêque, qui lui soulève avec sa main gauche. L'évêque s'asperge et ensuite asperge les chanoines, puis les autres qui sont autour de lui, commençant par les plus dignes.

5. L'évêque ayant rendu l'aspersoir à celui qui le lui a présenté et qui baise comme ci-dessus la main de l'évêque, puis l'aspersoir, ce dernier le rend à l'acolyte qui le lui avait donné, et le rapporte avec le bénitier à la sacristie.

6. L'évêque se couvre ensuite et marche dans le même ordre et la même compagnie que ci-dessus ; il va à l'autel où repose le saint sacrement, se découvre y étant arrivé, et après avoir fait la génuflexion d'un seul genou à terre, il se met à genoux sur un prie-Dieu ou sur un carreau, et les chanoines se mettent aussi à genoux à terre autour de l'évêque, ainsi que les autres qui l'accompagnent, en sorte qu'ils n'empêchent pas les ecclésiastiques de s'y mettre.

7. Sa prière finie, il se relève, fait une génuflexion à terre, et va devant le grand autel; l'ayant salué d'une inclination médiocre, il se met à genoux sur un carreau ou prie-Dieu, et fait sa prière, ainsi que les chanoines et autres qui l'accompagnent.

8. Si le saint sacrement reposait au grand autel, ou même qu'il fût encore en une chapelle particulière outre le grand autel, l'évêque irait directement faire sa prière devant le grand autel pour y adorer le saint sacrement, sans être obligé d'aller à la chapelle.

9. Pendant que l'évêque fait sa prière, le prêtre assistant et autres qui doivent assister l'évêque prennent leurs ornements dans le chœur suivant le Cérémonial (et suivant la coutume, et s'il semble plus commodément, dans la sacristie), et à ces fins le prêtre assistant, les deux diacres d'honneur, ceux qui doivent servir de choristes et de clercs, s'étant rendus à la sacristie un peu avant que l'évêque arrive à l'église, prennent leurs ornements, savoir : le prêtre assistant la chape sur le surplis, les deux diacres d'honneur l'amict, l'aube ou le surplis, et la dalmatique ; quatre ou six choristes la chape sur le surplis ; les ministres ou acolytes prennent le surplis et attendent, pour sortir de la sacristie, que l'évêque ait achevé sa prière, faisant en sorte qu'ils puissent arriver auprès de lui au même temps qu'il arrivera à son siège, le maître des cérémonies, qui a pris son surplis avant que l'évêque arrive, les venant chercher.

10. L'évêque, ayant fait sa prière se lève, fait une inclination à l'autel ou une génuflexion (s'il y a tabernacle), et s'étant un peu tourné, les chanoines debout le saluent tous ensemble d'une inclination ; il les salue aussi, puis ils font une inclination profonde à l'autel ou une génuflexion (s'il y a tabercle), et ils s'en vont au chœur. L'évêque va et monte à son siège, où arrivent en même temps le prêtre assistant, les diacres d'honneur et autres clercs ou acolytes. En arrivant au chœur, le prêtre assistant et les diacres d'honneur font une inclination profonde ou une génuflexion (s'il y a tabernacle), et les autres toujours une génuflexion : ce qui servira pour toutes les fois qu'il faudra saluer l'autel ou l'évêque, les chanoines ne faisant qu'une inclination profonde (à moins que le

saint sacrement ne fût à l'autel), et tous les autres faisant une génuflexion.

Ils vont ensuite au bas des degrés du trône; les premiers font une inclination profonde et montent à leurs places, les autres une génuflexion et demeurent debout au bas des degrés de côté et d'autre.

11. Si le prêtre assistant et les diacres d'honneur n'étaient pas sortis de la sacristie quand l'évêque monte à son siége, deux des premières dignités ou chanoines avec leurs habits du chœur se mettraient auprès de l'évêque jusqu'à ce qu'ils fussent arrivés, puis se retireraient après avoir salué l'évêque et l'autel. Si c'est un archevêque qui officie, quand il monte à son siége, celui qui lui porte la croix la met près de l'autel au côté de l'Epître.

12. Les choristes étant venus au chœur avec le prêtre assistant et autres, saluent l'autel, puis de la même place se tournent vers l'évêque et le saluent; ensuite ils se tournent entièrement vers le chœur, le saluent d'une inclination médiocre d'un côté et d'autre, commençant par la droite, et vont au banc qui leur est préparé au milieu du chœur devant le pupitre. Je fais mention ici des choristes, parce qu'il est d'usage dans toute la France qu'ils annoncent les antiennes et entonnent les psaumes, et non le sous-diacre, le Cérémonial des évêques le laissant à la coutume. Que si l'on voulait se servir du sous-diacre pour annoncer les antiennes, il serait revêtu de la tunicelle comme à la messe, et se tiendrait au côté de l'Epître, à l'escabeau qu'on lui aurait préparé, au même endroit qu'à la messe, et en ce cas deux chantres revêtus du surplis entonnent les psaumes au milieu du chœur.

13. Le maître des cérémonies monte aussi à l'autel, près duquel il se tient pour avertir les ministres d'apporter les ornements, ou pour suppléer à leur défaut quand il en sera besoin.

14. L'évêque étant arrivé à son siége s'assied un peu de temps et se couvre de son bonnet, comme aussi le prêtre assistant, les deux diacres d'honneur et ceux qui sont au chœur.

15. Le maître des cérémonies ayant fait signe que tout est prêt, l'évêque se découvre et se lève, ses assistants et ceux du chœur aussi; il donne son bonnet au diacre qui le remet à quelque acolyte, le prêtre assistant et les diacres d'honneur mettant les leurs sur leurs escabeaux.

16. Les diacres ôtent la chape à l'évêque, ou le camail s'il n'a point de chape; il prend de leurs mains ses ornements, qui lui sont donnés l'un après l'autre par les acolytes qui les apportent de l'autel après les avoir reçus du maître des cérémonies (qui prendra garde en les donnant de ne pas tourner le dos à l'évêque). Il reçoit premièrement l'amict, puis l'aube, la ceinture, la croix pectorale, l'étole, la chape avec le pectoral, l'évêque ne se servant à vêpres ni des tunicelles, ni des brodequins ou sandales, ni des gants, comme à la messe.

17. L'évêque étant revêtu s'assied; le premier diacre lui met la mitre précieuse que l'acolyte qui en a le soin lui a donnée, l'ayant apportée à l'autel avec la calotte (le diacre, avant de mettre la mitre à l'évêque, lui met la calotte, au cas qu'il ne la porte pas d'ordinaire). Le prêtre assistant, ayant reçu du maître des cérémonies l'anneau pontifical, le met au doigt annulaire de la main droite, baisant premièrement l'anneau, puis la main de l'évêque, sans que l'évêque soit obligé de dire aucunes oraisons pendant qu'il reçoit ses ornements.

18. Les acolytes allant à l'autel pour prendre les ornements, font une génuflexion avant que de recevoir l'ornement, et encore après, s'ils la peuvent faire commodément; ils les portent ensuite des deux mains et élevés de manière qu'ils ne traînent pas à terre; ils font aussi la génuflexion à l'évêque, s'ils peuvent commodément la faire, en arrivant auprès de lui; puis ils présentent les ornements aux diacres d'honneur, et après les leur avoir donnés, ils font une génuflexion à l'évêque et se retirent chacun en sa place; ou bien ils vont encore à l'autel recevoir quelque ornement, s'il n'y a pas assez d'acolytes pour chaque ornement, observant les mêmes cérémonies et prenant garde de ne se point empêcher les uns les autres.

§ II. *Du commencement des vêpres.*

1. L'évêque, revêtu de tous les ornements pontificaux, s'étant assis, le second diacre d'honneur lui ôte la mitre, qu'il rend à l'acolyte qui en a le soin, pour que celui-ci la tienne droite appuyée contre sa poitrine, entre ses mains couvertes du voile ou écharpe qu'il a sur les épaules; le premier diacre lui ôte la calotte (si l'évêque le veut quitter) et la garde pour la lui remettre quand il reprendra la mitre, lui aplanissant doucement les cheveux avec les bords de la même calotte pliée.

2. Ensuite l'évêque se lève, la face tournée vers l'autel, les mains jointes devant la poitrine, et dit secrètement et entièrement *Pater noster; Ave, Maria*, etc. Tous les assistants et ceux du chœur, debout aussi et tournés vers l'autel, disent *Pater* et *Ave*.

3. Puis, élevant les yeux au ciel, et les rabaissant aussitôt, il fait le signe de la croix sur soi, et chante à haute voix: *Deus, in adjutorium*, etc., touchant à chaque parole de toute la main droite ouverte, les doigts joints, tenant la gauche au-dessous de la poitrine, premièrement le front, ensuite la poitrine, puis l'épaule gauche, et en dernier lieu l'épaule droite, rejoignant alors les mains devant la poitrine, pendant que le premier diacre, lui élevant avec la main gauche le pluvial du côté droit, fait, ainsi que les autres assistants et ceux du chœur en même temps que l'évêque, le signe de la croix sur soi de la main droite.

4. Il s'incline médiocrement vers la croix de l'autel, quand le chœur chante *Gloria Patri*, etc., ce que les assistants et ceux du

chœur font aussi ; après qu'on a dit *Alleluia* ou *Laus tibi, Domine*, tous se remettent à leurs places, chaque côté du chœur tourné vers l'autre

5. Après que l'évêque a dit : *Deus, in adjutorium*, etc., le maître des cérémonies, ayant salué l'évêque et l'autel, va chercher le sous-diacre ou celui qui a coutume d'annoncer les antiennes. En France et en quelques églises, le chantre ou le précenteur (1) annonce les antiennes aux fêtes solennelles ; en d'autres ce sont les choristes qui entonnent aussi les psaumes, le cérémonial le laissant à la coutume.

6. Le maître des cérémonies arrivant au chœur, le salue d'une inclination médiocre, commençant à la droite, puis à la gauche, et s'approchant du premier choriste qui doit annoncer la première antienne, il lui fait une inclination médiocre ; les autres choristes, étant debout et découverts, y demeurent jusqu'à ce que le premier soit de retour. (*Si la coutume est que deux choristes, ou même tous les choristes, aillent à l'évêque pour lui annoncer la première antienne, l'hymne et l'antienne du* Magnificat, *elle doit être continuée, en observant ce qui sera dit ci-après pour un seul.*)

7. Le choriste allant à l'évêque, le maître des cérémonies le conduit en marchant à son côté gauche, un peu en avant ; ils saluent le chœur en sortant, et passant devant le grand autel, ils le saluent aussi, savoir : le choriste, s'il est chanoine, d'une inclination profonde ou d'une génuflexion (s'il y a tabernacle), et le maître des cérémonies, toujours d'une génuflexion ; puis, s'approchant de l'évêque jusqu'au bas des degrés du trône, ils le saluent, le choriste, d'une inclination profonde s'il est chanoine, et le maître des cérémonies d'une génuflexion, ce qui servira pour la suite quand nous dirons seulement de saluer l'autel ou l'évêque.

8. Le chœur ayant achevé de dire *Alleluia* ou *Laus tibi, Domine*, et non auparavant, le choriste lui annonce la première antienne, que l'évêque répète, le prêtre assistant lui présentant le livre, si l'évêque le trouve à propos ; le choriste et le maître des cérémonies restent à la même place, jusqu'à ce que l'évêque ait répété l'antienne, après quoi ils saluent l'évêque comme ci-dessus, puis l'autel, s'ils passent devant, et s'en retournent au chœur de la même façon qu'ils en sont venus, saluant encore le chœur en y entrant ; l'évêque demeure debout jusqu'à ce que l'antienne soit dite par le chœur.

9. Le choriste, étant arrivé à sa place, salue d'une inclination médiocre les autres choristes qui le lui rendent en même temps ; le maître des cérémonies les salue aussi d'une inclination médiocre, et s'en retourne près de l'évêque, saluant le chœur en sortant, puis l'autel, s'il passe devant, et enfin l'évêque en arrivant auprès de lui ; il se met en lieu commode pour être vu de l'évêque et de ceux qui sont au chœur, pouvant s'asseoir sur les degrés du siége épiscopal, ce que les autres ministres peuvent aussi faire.

10. L'antienne étant dite, les choristes entonnent le premier psaume jusqu'à la médiation, que le chœur poursuit alternativement, sans se prévenir, au ton et chant grégorien.

11. L'évêque s'assied ensuite ; s'il le trouve à propos, le premier diacre lui met la mitre simple, que l'acolyte a apportée de l'autel, en remettant en ce cas la précieuse au côté de l'Evangile ; puis tout le monde, assistants et chœur, s'asseyent et se couvrent, excepté les acolytes du livre et du bougeoir ; le premier, se mettant à genoux devant l'évêque, lui tiendra le livre ouvert, au cas que l'évêque en ait besoin, l'autre lui tiendra la bougie allumée. Les acolytes de la crosse et de la mitre s'asseyent sur les degrés, ainsi que ceux du livre et du bougeoir, quand ils n'auront plus rien à faire près de l'évêque. Le thuriféraire et les céroféraires demeurant assis tout près de l'autel, au côté de l'Evangile. (*Règle générale : quand l'évêque est debout, tous le doivent être, tant ceux qui sont auprès de lui que ceux qui sont au chœur ; mais quand quelqu'un des assistants de l'évêque est debout pour dire une antienne, pour être encensé ou autrement, les autres assistants et ministres qui sont près de l'évêque doivent être debout, sans que ceux du chœur soient obligés de l'être. De même, quand quelque dignité ou chanoine du chœur est debout pour dire une antienne, être encensé, etc., tous les autres, dignités, chanoines et clercs du chœur, doivent être aussi debout, sans que ceux qui sont auprès de l'évêque le soient.*)

12. Au *Gloria Patri*, etc., de chaque psaume, l'évêque, sans quitter la mitre, et tous les autres découverts et assis, ou comme ils se trouvent, demeurent profondément inclinés pendant qu'il se dit.

13. Quand on dit *Sicut erat*, etc., ils se redressent et se couvrent.

14. Sur la fin de chaque psaume, le maître des cérémonies, après avoir fait une génuflexion à l'évêque, en fait une autre en passant devant l'autel ; puis il va au chœur pour conduire le choriste qui doit annoncer les antiennes, observant les mêmes cérémonies que ci-dessus aux numéros 5, 6 et 7. Le choriste annonce les antiennes, savoir, la seconde au premier diacre d'honneur, la troisième au prêtre assistant, la quatrième au plus digne du chœur, soit dignité ou chanoine, et la cinquième au second diacre d'honneur.

15. Le choriste qui annonce les antiennes observera la même chose pour les quatre dernières que ce qui a été fait à la première, excepté que l'inclination qu'il fera à ceux qui diront les quatre dernières antiennes sera médiocre ; en approchant du siége de l'évêque, il lui fera une inclination profonde, et une médiocre à celui auquel il annonce l'antienne. Les autres psaumes seront en-

---

(1) *Précenteur* ou *préchantre* : ces deux mots ont vieilli ; l'un et l'autre désignent le premier chantre d'une église.

tonnés par les choristes, de la même façon que le premier.

§ III. *Du chapitre et de l'hymne.*

1. Un peu avant la fin du dernier psaume, le maître des cérémonies, après avoir salué l'évêque et l'autel comme nous avons dit plus haut, va au chœur pour conduire le sous-diacre ou celui qui a coutume de chanter le chapitre, et l'invite par une inclination médiocre ; tous deux ensemble vont au lieu où l'Epître a coutume d'être chantée à la messe ; là, après avoir salué l'autel, puis l'évêque sans sortir de cette place, celui qui doit dire le chapitre reçoit des mains du maître des cérémonies le livre qu'il tient lui-même, et chante le chapitre, le maître des cérémonies se tenant auprès de lui, à sa gauche et un peu en arrière.

2. Un peu avant qu'on chante le chapitre, l'évêque se lève avec sa mitre, les mains jointes devant la poitrine, et tous les autres, assistants et chœur, s'étant aussi découverts et levés, se tournent vers l'autel, tenant leurs bonnets des deux mains pendant qu'on dit le chapitre.

3. Le chapitre fini, le maître des cérémonies reprend le livre de celui qui l'a dit.

4. Le second maître des cérémonies, pendant qu'on dit le chapitre, va au chœur chercher un chanoine ou celui qui a coutume d'annoncer l'hymne à l'évêque ; en passant devant le grand autel, ils le saluent, ainsi que l'évêque, quand ils sont arrivés au bas des degrés de son siége.

5. L'évêque se lève, et étant debout avec la mitre, on lui annonce l'hymne ; après que le second diacre d'honneur lui a ôté la mitre, l'évêque répète le commencement de l'hymne, que le chœur poursuit, soit en plain-chant, soit en musique, pourvu qu'on entende distinctement les paroles, ou même avec les orgues, un chantre disant à haute voix les paroles que l'orgue chante.

6. Si c'est l'hymne *Veni, Creator*, ou *Ave, maris stella*, pendant que l'évêque l'entonne, tous sont à genoux, tournés vers l'autel ; lui-même, après l'avoir entonnée, se met à genoux sur un carreau à son siége, tous demeurant à genoux jusqu'à la fin de la première strophe ou du premier verset.

7. Pendant que le chœur chante l'hymne, l'évêque demeure debout sans mitre, les mains jointes, et tous les autres aussi, celui qui la lui a annoncée se retirant à sa place.

8. L'hymne dite, deux des choristes, ou, suivant la coutume presque générale, deux enfants de chœur disent le verset au milieu du chœur ; cependant le maître des cérémonies va chercher le premier choriste, qui, après les saluts ordinaires du chœur, de l'autel et de l'évêque, lui annonce l'antienne du *Magnificat*, l'évêque étant encore debout et sans mitre. L'évêque, ayant répété l'antienne, s'assied et reçoit la mitre précieuse ; tous les autres s'asseyent aussi, et le choriste, après avoir salué l'évêque, s'en retourne au chœur, saluant l'autel s'il passe devant.

9. Pendant que le chœur chante l'antienne, le maître des cérémonies conduit le thuriféraire qui porte l'encensoir de la main gauche et la navette de la main droite. Après avoir fait la génuflexion à l'autel en passant, le thuriféraire va au siége de l'évêque, et après lui avoir fait une génuflexion au bas des degrés, il présente au prêtre assistant la navette sans la baiser, puis se met à genoux devant l'évêque, sur le plus haut degré, et lui présente l'encensoir, l'élevant en sorte qu'il y puisse mettre l'encens commodément ; le prêtre assistant présente la cuiller et la navette à l'évêque pour prendre de l'encens, baisant la cuiller, puis la main de l'évêque, et lui disant : *Benedicite, pater reverendissime*; l'évêque, prenant par trois fois de l'encens, en met par trois fois dans l'encensoir en disant : *Ab illo benedicaris*, etc. Il rend ensuite la cuiller au prêtre assistant, qui lui baise la main, puis la cuiller, et l'évêque fait le signe de la croix sur l'encensoir.

10. L'évêque ayant béni l'encens qu'il a mis dans l'encensoir, l'acolyte le ferme, se relève, reçoit la navette du prêtre assistant, fait une génuflexion à l'évêque, et se tient debout au bas des degrés du siége épiscopal, la face tournée vers l'autel.

11. Les deux acolytes des chandeliers, pendant que le chœur chante l'antienne, vont à l'autel, le découvrent à moitié, et restent debout des deux côtés de l'autel.

§ IV. *Du Magnificat, encensement de l'autel, et fin des vêpres.*

1. Quand le chœur commence à chanter le *Magnificat*, l'évêque se lève avec la mitre ; tous les assistants et ceux du chœur se découvrent aussi et se lèvent, les assistants laissant leurs bonnets sur leurs siéges ; l'évêque ayant fait le signe de la croix sur soi, l'acolyte lui donne la crosse en se mettant à genoux, la baisant à l'endroit par où l'évêque doit la prendre, puis baisant sa main quand il l'a prise ; l'évêque la porte de la main gauche, la partie courbe tournée vers le peuple, marchant au milieu des deux diacres d'honneur qui lui élèvent le pluvial de chaque côté, et il va à l'autel. Le maître des cérémonies marche le premier avec le thuriféraire, le prêtre assistant après l'évêque, les acolytes de la crosse et de la mitre après le prêtre assistant, les acolytes des chandeliers restant à leur place près de l'autel.

2. L'évêque étant arrivé au bas des degrés de l'autel, le ministre de la crosse la reprend, et le second diacre d'honneur lui ôtant la mitre la donne à celui qui en a le soin, fait une inclination à la croix ou une génuflexion (s'il y a tabernacle), comme font aussi le prêtre assistant et les diacres d'honneur. Les acolytes font toujours la génuflexion.

3. L'évêque monte à l'autel, et le baise, ayant à ses côtés les deux diacres d'honneur ; le prêtre assistant, après avoir salué l'autel, s'en va avec le thuriféraire au côté de l'Epître, où, ayant reçu de lui l'encensoir, il s'approche du milieu de l'autel, présente l'encensoir à l'évêque, baisant le haut des chaî-

nettes et la main de l'évêque, puis se retire hors des degrés de l'autel jusqu'après l'encensement.

4. L'évêque, recevant l'encensoir des mains du prêtre assistant, tient de la main gauche le haut des chaînettes, et de la droite les chaînettes jointes au bas près de l'encensoir, afin qu'il puisse plus commodément et avec plus d'assurance faire l'encensement, durant lequel il ne dit aucune prière, ayant toujours à ses côtés les deux diacres d'honneur qui lui soutiennent le pluvial de chaque côté.

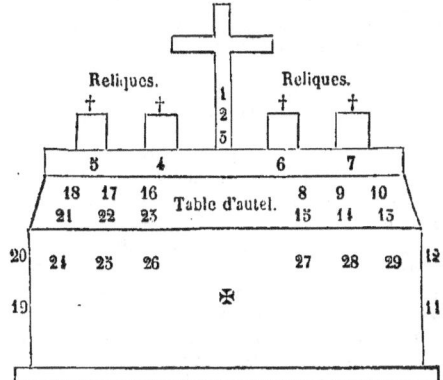

5. Il fait une inclination ou une génuflexion avec ses assistants, s'il y a tabernacle (*ce qu'il suffit d'avoir ici remarqué une fois pour toutes*), puis il encense la croix de trois coups d'encensoir aux chiffres 1, 2 et 3.

6. Il fait une inclination ou une génuflexion, et sans sortir du milieu de l'autel il encense les reliques, s'il y en a sur l'autel au côté de l'Evangile, de deux coups d'encensoir, le premier au chiffre 4 et le second au chiffre 5.

7. Les reliques du côté de l'Evangile encensées, il fait une inclination ou une génuflexion au milieu de l'autel, puis, sans se retirer du milieu, il encense les reliques qui sont au côté de l'Epître, de deux coups d'encensoir, le premier au chiffre 6, le second au chiffre 7.

8. Puis, sans autre révérence, il encense le derrière de l'autel, donnant trois coups d'encensoir d'une égale distance, de la façon que les chandeliers sont placés, soit qu'il y en ait plus ou moins, depuis le milieu jusqu'au coin de l'Epître, aux chiffres 8, 9, 10.

9. En abaissant la main il encense le côté de l'Epître, donnant un coup d'encensoir au chiffre 11, et un autre au chiffre 12.

10. Se tournant vers l'autel et levant la main, il encense le plan de l'autel, qui est le plus proche de lui, de trois coups d'encensoir, aux chiffres 13, 14, 15.

11. Il fait une inclination ou une génuflexion au milieu de l'autel, et encense le côté de l'Evangile, de trois coups d'encensoir, aux chiffres 16, 17, 18.

12. En abaissant la main il encense le côté de l'Evangile, donnant un coup d'encensoir au chiffre 19, et un autre au chiffre 20.

13. Sans quitter le coin de l'Evangile, élevant un peu l'encensoir, il encense le plan de l'autel de devant, comme il a fait au côté de l'Epître, de trois coups d'encensoir, aux chiffres 21, 22, 23.

14. Abaissant la main, il encense le devant de l'autel jusqu'au milieu, de trois coups d'encensoir, aux chiffres 24, 25, 26.

15. Il fait une inclination ou une génuflexion, et continue d'encenser le devant de l'autel jusqu'au coin de l'Epître, de trois coups, aux chiffres 27, 28, 29.

16. Aux reliques on donne toujours deux coups d'encensoir de chaque côté, soit qu'il y en ait plusieurs ou qu'il n'y en ait qu'une de chaque côté.

17. Que s'il n'y avait point de reliques, après avoir encensé la croix aux chiffres 1, 2, 3, on suivrait les chiffres 8, 9, 10, et les autres ensuite, et on omettrait d'encenser les chiffres 4, 5, 6, 7.

18. L'autel encensé, l'évêque étant au côté de l'Epître rend l'encensoir au prêtre assistant, qui baise en le recevant la main de l'évêque, puis le haut des chaînettes de l'encensoir, qu'il rend ensuite au thuriféraire.

19. L'évêque retourne alors au milieu de l'autel, et ayant fait une inclination ou une génuflexion, il reçoit la mitre des mains du premier diacre d'honneur, et la crosse de l'acolyte qui en a le soin, puis il s'en retourne à son siége par le chemin le plus court, ayant à ses côtés les deux diacres d'honneur; le prêtre assistant les suit comme en venant.

20. Les acolytes qui avaient découvert l'autel avant le *Magnificat*, le recouvrent après que l'évêque en est parti.

21. L'évêque étant arrivé à son siége, ayant la mitre et la crosse, y demeure debout; le prêtre assistant, qui s'est arrêté au bas des degrés du siége épiscopal, reçoit alors l'encensoir des mains du thuriféraire, et encense l'évêque de trois coups d'encensoir, lui faisant, avant et après l'encensement, une inclination profonde. L'évêque, après avoir été encensé, lui donne sa bénédiction.

22. Le prêtre assistant, ayant rendu l'encensoir au thuriféraire, se remet à sa place ordinaire, et y demeure debout comme les autres, tenant les mains jointes.

23. L'évêque ayant été encensé, le second diacre lui ôte la mitre, et l'évêque retenant la crosse la tient des deux mains jointes, demeurant debout jusqu'à ce que le cantique soit entièrement fini.

24. Pendant qu'on dit le cantique, et dès que le prêtre assistant s'est remis à sa place, celui qui a annoncé les antiennes, ayant reçu l'encensoir des mains du thuriféraire, encense en premier lieu le prêtre assistant, puis les diacres d'honneur, de deux coups d'encensoir chacun, leur faisant une inclination médiocre avant et après l'encensement.

25. Ceux-ci étant encensés, il salue l'évêque, ensuite l'autel, puis il va au chœur, portant l'encensoir des deux mains, accompagné du maître des cérémonies qui marche devant lui. En entrant au chœur, il salue les

chanoines d'un côté, puis de l'autre, d'une inclination médiocre; il va ensuite devant le plus digne du chœur, qu'il encense de deux coups d'encensoir, lui faisant une inclination médiocre avant et après, et tout de suite, et de la même façon, les autres chanoines. Après eux il encense les bénéficiers et autres clercs sans s'arrêter, faisant une inclination à la croix ou une génuflexion s'il y a tabernacle, en passant d'un côté à l'autre du chœur, le maître des cérémonies faisant l'inclination à ceux qui sont encensés, et une génuflexion en passant et repassant d'un chœur à l'autre.

26. Si les choristes sont chanoines et en chape, il les encense les premiers, chacun de deux coups d'encensoir, puis les dignités et chanoines; s'ils ne le sont pas, il les encense de deux coups d'encensoir après les chanoines, et avant les bénéficiers et autres clercs.

27. Quand le choriste veut encenser quelqu'un, celui-ci doit se tourner vers celui qui sera encensé après lui, en lui faisant une inclination médiocre, pour l'inviter à l'encensement, et ainsi des uns aux autres.

28. S'étant tournés vers le choriste qui doit encenser, s'ils sont d'égale qualité, ils font tous deux une inclination médiocre avant et après l'encensement; que si celui qui encense est moindre que l'encensé, il lui fait une profonde inclination avant et après, et l'encensé ne salue que fort peu ou point du tout, selon la qualité de celui qui encense; de même, quand celui qui encense est de plus grande qualité que l'encensé, il ne le salue que peu ou point du tout.

29. Si durant l'encensement on chante le *Gloria Patri*, il s'arrête, interrompt l'encensement, se tourne vers l'autel et s'incline pendant qu'on le dit, puis reprend l'encensement pendant qu'on répète l'antienne; mais il cesse tout à fait d'encenser lorsque l'évêque chante *Dominus vobiscum*, quoique tous n'aient pas été encensés.

30. L'encensement du chœur étant fini, il rend l'encensoir au thuriféraire.

31. Le cantique étant fini, et pendant qu'on répète l'antienne, l'évêque rend la crosse à l'acolyte, et il s'assied. Alors le premier diacre lui donne la mitre, les assistants et ceux du chœur s'étant assis aussi en même temps que l'évêque.

32. Le maître des cérémonies ayant fait prendre aux deux acolytes les chandeliers et allumé les cierges, les conduit devant l'évêque, faisant une génuflexion en passant devant l'autel et une autre en arrivant auprès de l'évêque au bas des degrés du siége épiscopal, où ils s'arrêtent aux deux coins du plus bas degré, la face tournée l'un vers l'autre.

33. L'antienne étant entièrement répétée par le chœur ou par les orgues, le second diacre ôte la mitre à l'évêque, qui se lève, et, tourné vers l'autel, les mains jointes, chante *Dominus vobiscum, Oremus*, puis l'oraison. Les assistants se lèvent en même temps que l'évêque, et ceux du chœur se tournent vers l'autel.

34. Après la conclusion de la dernière oraison, soit qu'il y en ait une ou plusieurs, l'évêque dit *Dominus vobiscum;* puis les acolytes des chandeliers, après avoir fait une génuflexion à l'évêque au bas des degrés et au milieu du trône, retournent à l'autel accompagnés du maître des cérémonies, et font une génuflexion en y arrivant au milieu, puis ils remettent leurs chandeliers à leurs places.

35. Les choristes, après que le chœur a répondu, *Et cum spiritu tuo*, chantent solennellement *Benedicamus Domino*, au lieu où l'on a coutume de le chanter.

36. Pendant que le chœur répond *Deo gratias*, l'évêque s'assied, et le premier diacre lui donne la mitre; alors il se lève, et avec le pouce de la main droite il fait le signe de la croix sur sa poitrine, tenant la gauche audessous, et chante tout haut : *Sit nomen Domini benedictum*, puis il joint les mains jusqu'à ce que le chœur ait répondu : *Ex hoc nunc et usque in sæculum*. Alors, disant d'un même ton : *Adjutorium nostrum in nomine Domini*, il fait sur soi le signe de la croix de la main droite, tenant la gauche sous sa poitrine, joint encore les mains jusqu'à ce que le chœur ait répondu : *Qui fecit cœlum et terram;* puis disant : *Benedicat vos omnipotens Deus*, il élève en même temps les yeux et les mains au ciel, et rejoint encore les mains devant la poitrine. Alors il prend de la main gauche la crosse qui lui est présentée par celui qui en a le soin et qui est à genoux sur le premier degré du trône à la gauche de l'évêque, et disant *Pater* sans sortir de sa place, il bénit le peuple qui est vers sa main gauche, disant *et Filius*, il bénit le peuple qui est devant lui, et enfin disant *et Spiritus sanctus*, il bénit le peuple qui est à sa main droite.

37. Si l'évêque ne pouvait être commodément vu du peuple à son siége, il irait à l'autel donner la bénédiction solennelle.

38. S'il est archevêque dans sa province, il donne la bénédiction de cette même manière, excepté que son chapelain est à genoux devant lui avec sa croix, un peu à côté, et que l'archevêque est tourné vers sa croix sans mitre quand il donne la bénédiction, non plus qu'au commencement quand il dit : *Sit nomen Domini benedictum*.

39. La bénédiction donnée, il quitte la crosse et la mitre, puis tous les ornements pontificaux, à l'aide des diacres d'honneur et des acolytes qui l'ont aidé à se revêtir, les acolytes rapportent les ornements à l'autel, avec les génuflexions ordinaires à l'évêque et à l'autel.

40. Ensuite les assistants et les choristes vont quitter leurs ornements, pendant que le plus digne du chœur fait l'office à complies, si elles se disent immédiatement après vêpres.

41. Que si les complies ne se disent pas avant que l'évêque quitte ses ornements, après la bénédiction il dira : *Pater noster*, et

celui-ci dit : *Dominus det nobis suam pacem.* Le chœur répondra: *Et vitam æternam. Amen.* Puis l'évêque commencera l'antienne de la Vierge debout ou à genoux selon le temps, et le chœur poursuivra sans chanter ; puis, s'étant levé au cas qu'il fût à genoux, il dit le verset et l'oraison, quitte les ornements comme ci-dessus, et est accompagné par les chanoines jusqu'à la porte de l'église.

V. *De complies, l'évêque officiant.*

1. Quand l'évêque désire assister et officier a complies, il doit être avec son habit ordinaire au chœur, et en sa chaire parée avec tapis et carreaux.

2. L'évêque étant debout et découvert, ainsi que tous les autres du chœur, le chantre qui est au milieu du chœur s'incline profondément vers l'évêque, les mains jointes, et dit : *Jube, domne, benedicere;* l'évêque répond : *Noctem quietam et finem*, etc.

3. Le chantre étant debout dit la leçon brève, *Fratres*, etc.; quand elle est finie, l'évêque dit : *Adjutorium nostrum in nomine Domini,* faisant sur soi le signe de la croix ainsi que le chœur, qui répond : *Qui fecit cœlum et terram;* il dit tout bas *Pater noster,* et l'ayant entièrement achevé, il dit d'un ton médiocre, *Confiteor,* etc. Le chœur dit : *Misereatur tui*, etc., *Confiteor,* etc., d'un même ton, s'inclinant médiocrement vers l'évêque à ces paroles, *et tibi, pater, et te pater*. L'évêque dit ensuite, *Misereatur vestri*, etc., *Indulgentiam*, etc., faisant le signe de la croix sur soi et sur ceux du chœur aussi.

4. Le chœur ayant répondu *Amen,* l'évêque, tenant les mains jointes, chante tout haut, *Converte nos, Deus salutaris noster;* le chœur ayant répondu, *Et averte iram tuam a nobis,* l'évêque fait sur soi le signe de la croix et dit tout haut : *Deus, in adjutorium meum intende.*

5. L'évêque et tous ceux du chœur inclinent la tête vers la croix de l'autel quand le chœur chante : *Gloria Patri, et Filio, et Spiritui sancto;* l'hebdomadier dira *Miserere* ou *Alleluia* sans que personne le lui annonce.

6. Le premier psaume étant commencé par le chantre, l'évêque s'assied et se couvre; tous ceux du chœur l'imitent, se découvrant et s'inclinant quand on chante le *Gloria Patri* de tous les psaumes.

7. Les psaumes finis, l'évêque se lève, et tous ceux du chœur aussi, avant qu'on commence l'hymne.

8. L'évêque ne dit point le chapitre, mais c'est le chanoine hebdomadier qui entonne aussi l'hymne et l'antienne *Salva nos,* et qui achève l'office, excepté l'oraison *Visita, quæsumus, Domine*, etc., que l'évêque dit tout haut avec la conclusion entière, puis *Dominus vobiscum, Benedicamus Domino*, au même ton.

9. En disant, *Benedicat et custodiat nos omnipotens Deus, Pater,* etc., d'une voix plus basse, il donne la bénédiction ordinaire, faisant le signe de la croix à son côté gauche, devant lui, et à son côté droit. Quand il serait archevêque, il n'aurait pas la croix devant lui, parce que ce n'est pas une bénédiction solennelle.

10. L'évêque se met à genoux ou demeure debout, de même que ceux du chœur (ayant égard au temps), quand on dit l'antienne de la Vierge; le chanoine hebdomadier entonne l'antienne et dit l'oraison à la fin.

11. Les complies finies, l'évêque descend de son siège, fait une inclination à l'autel, ou une génuflexion s'il y a tabernacle; les chanoines font de même et l'accompagnent en retournant, au moins jusque hors la porte de l'église.

TITRE DEUXIÈME.
DES VÊPRES PONTIFICALES, L'ÉVÊQUE NE CÉLÉBRANT PAS LE LENDEMAIN *(Auteur cité).*
(Cérémonial des évêques, l. II, c. 2.)

1. L'évêque ne pouvant ou ne voulant pas célébrer la sainte messe un jour solennel, et désirant néanmoins faire l'office aux premières ou aux secondes vêpres, observera presque les mêmes choses que s'il devait célébrer, et de la manière que nous avons dite dans le titre précédent.

2. Au lieu de s'habiller en son siège, il prendra les ornements pontificaux à la sacristie ou en un autre lieu préparé pour cela.

3. Le prêtre assistant et les deux diacres d'honneur assisteront avec leurs habits ordinaires du chœur.

4. Le choriste annoncera les antiennes, savoir, la première à l'évêque, et les autres aux chanoines par ordre, commençant aux plus dignes du chœur.

5. Le chapitre doit être dit à haute voix par un des choristes. Tout le reste se dira comme au titre précédent des vêpres pontificales.

Des vêpres solennelles en présence de l'évêque diocésain.

1. Le siège de l'évêque doit être disposé comme il a été dit art. 13 de la messe solennelle.

2. Il est reçu par le clergé à la porte de l'église, ainsi qu'il a été dit au même endroit; pendant qu'il fait sa prière devant l'autel, le clergé se place au chœur; puis, aussitôt qu'il monte à son siège, l'officiant et les chapiers partent de la sacristie, saluent l'autel, et font leur prière à l'ordinaire ; lorsqu'ils passent devant l'évêque, l'officiant et les chapiers le saluent par une inclination profonde, et les ministres inférieurs par une génuflexion, ce qu'observent tous ceux qui entrent au chœur, ou qui en sortent, ou qui passent devant l'évêque pendant qu'il est présent au chœur, les chanoines lui faisant une inclination profonde, et les autres la génuflexion. Dans plusieurs églises les prêtres ne lui font qu'une inclination profonde; il faut suivre l'usage louable des lieux.

3. L'officiant, avant de chanter *Deus, in adjutorium*, demande à l'évêque la permission de commencer, en s'inclinant profondément vers lui. Ensuite il entonne ce verset et continue avec le chœur les vêpres à l'ordinaire, excepté, 1° que le capitule n'est pas chanté par l'officiant, mais par un des chantres ou

choristes devant le lutrin, si la coutume n'est contraire; 2° que l'évêque bénit l'encens avant le *Magnificat*, pendant que le chœur chante l'antienne; et s'il n'a point d'ecclésiastique distingué qui lui serve de prêtre assistant, le plus digne du chœur, revêtu seulement d'un surplis, lui présente la navette et la cuiller avec les baisers accoutumés; 3° l'officiant est encensé de deux coups au coin de l'Epître comme à la messe solennelle, et incontinent après lui l'évêque est encensé de trois coups par son prêtre assistant, ou à son défaut, par le premier chapier qui a encensé l'officiant; 4° immédiatement après que les chapiers ont chanté le verset *Benedicamus Domino*, et que le chœur a répondu *Deo gratias*, sans ajouter *Fideliumanimœ*, etc., l'évêque étant debout et couvert de sa barrette, sans bâton pastoral, donne la bénédiction de son siège, s'il est assez exposé à la vue du peuple, sinon il la donne à l'autel, sans aucune publication d'indulgences; s'il est archevêque, il la donne découvert, faisant auparavant une inclination à la croix, qu'un de ses chapelains tient à genoux devant lui, l'image du crucifix étant tournée de son côté. Pendant cette bénédiction, tous, excepté l'officiant, sont à genoux et demeurent profondément inclinés; ensuite les principaux du clergé le conduisent au moins jusque hors de la porte de l'église.

4. Si l'évêque assiste à complies, l'hebdomadier dit au *Confiteor, et tibi, pater, et te, pater*, s'inclinant profondément vers l'évêque, au lieu de, *et vobis, fratres, et vos, fratres;* avant de dire *Indulgentiam*, etc., il fait une inclination profonde à l'évêque, ce qu'il observe encore à la fin de complies, avant de dire *Benedicat et custodiat*, etc.

5. On observe les mêmes choses à l'égard d'un archevêque dans sa province, d'un légat apostolique dans le lieu de sa légation, et d'un cardinal en tous lieux, pourvu qu'ils aient au moins le rochet et le camail; mais si eux ou l'évêque diocésain étaient seulement en manteau long (quoiqu'ils ne doivent point assister avec cet habit aux offices divins), il suffirait de les saluer en entrant et en sortant, et de les encenser de trois coups après l'officiant, et le reste de l'office se ferait comme en l'absence de l'évêque.

6. Si d'autres évêques assistent à vêpres étant revêtus du rochet et du camail, tous les saluent par une inclination profonde en entrant et en sortant, et toutes les fois qu'ils passent devant eux; le premier chapier les encense de trois coups immédiatement après l'officiant, qui est aussi encensé de trois coups, ce qu'on observe encore envers les princes, selon la coutume des lieux. On agirait de même, selon le sentiment de quelques cérémoniaires, envers les mêmes prélats, s'ils n'étaient qu'en manteau long; mais pour éviter cet inconvénient, il est à propos que dans les grandes sacristies on ait au moins un camail ou deux avec des rochets pour les leur prêter en cas de besoin, et même quelques autres rochets pour les abbés bénits qui se rencontrent, lesquels il suffit d'encenser de deux coups après les chapiers, hors de leur propre église.

TITRE TROISIÈME.

DES VÊPRES AUX ÉGLISES CATHÉDRALES EN L'ABSENCE DE L'ÉVÊQUE, OU AUX COLLÉGIALES ET PAROISSIALES OÙ IL Y A UN GRAND NOMBRE D'ECCLÉSIASTIQUES (*Auteur cité*).

(Cérémonial des évêques, I. II, c. 3.)

DES PRÉPARATIFS.

1. Le sacristain doit parer l'autel de ses ornements, et mettre dessus des chandeliers suivant la solennité de la fête, savoir, aux fêtes de la première et de la deuxième classe, six, aux dimanches, fêtes doubles et semi-doubles, quatre, avec des cierges de cire blanche. Il doit aussi préparer dans la sacristie des surplis et des chapes pour l'officiant et pour les assistants que nous appelons d'ordinaire choristes, savoir, aux fêtes de Noël, de l'Epiphanie, de Pâques, de l'Ascension, de la Pentecôte, de la Fête-Dieu, de saint Pierre et saint Paul apôtres, de l'Assomption, de tous les Saints, du titulaire de l'église, patron de la ville, ou Dédicace de l'église, six chapes de la couleur du jour pour six choristes; aux fêtes qui suivent Noël, Pâques et la Pentecôte, c'est-à-dire la Circoncision, la Purification, l'Annonciation de la sainte Vierge, la Trinité, saint Jean-Baptiste, quatre chapes de la couleur du jour pour quatre choristes; enfin, aux dimanches et autres fêtes, deux chapes de la couleur du jour pour deux choristes seulement.

2. Deux chandeliers avec des cierges pour deux acolytes.

3. L'encensoir avec la navette et l'encens, du charbon allumé en quelque lieu commode, avec des pincettes pour le prendre.

4. Dans le chœur il doit parer la chaire de l'officiant suivant le Cérémonial des évêques, liv. II, chap. 3, laquelle chaire doit être la première du chœur, y mettant d'un côté ou de l'autre un carreau et un tapis avec un autre carreau sur l'accoudoir ou banc qui est devant sa chaire, avec un Bréviaire ou Diurnal au-dessus des plus grands, couvert de la couleur des parements; s'il n'y a point d'accoudoir ou de banc, il y aura un pupitre qu'on puisse ôter quand il sera nécessaire.

(Il y a pourtant des églises, et c'est le plus grand nombre, où les officiants ne se mettent pas aux premières chaires, mais à celles où ils se placent d'ordinaire; dans d'autres, ils se mettent près de l'autel avec les assistants; dans d'autres, au milieu du chœur avec les choristes et à leurs côtés.)

5° Il prépare aussi au milieu du chœur un banc couvert d'un tapis vert, ou des escabeaux de même couleur pour les choristes.

§ I. *Du commencement des vêpres.*

1. L'heure étant venue et le signal donné, les officiers et le clergé se rendent à la sacristie, comme il a été dit au sujet de la messe solennelle, et tous prennent le surplis, par-dessus lequel l'officiant et les chapiers se revêtent de chapes un peu avant le départ du clergé. Les deux acolytes vont ensemble allumer les cierges du grand autel; l'officiant,

avant de prendre la chape, ou le préfet du chœur, ou autre à ce député, annonce tout haut l'office avec les mémoires et les autres choses particulières qu'on y doit observer ; puis, le signal étant donné pour partir, le clergé va au chœur, ainsi qu'il a été dit au sujet de la messe solennelle.

2. Si l'officiant et les chapiers vont au chœur processionnellement avec le clergé, comme il est convenable aux fêtes plus solennelles, les deux acolytes, suivis du cérémoniaire, ayant salué la croix de la sacristie par une inclination profonde, marchent les premiers la tête nue ; puis ils font la génuflexion sur le pavé devant l'autel, et se rangent en haie la face l'un vers l'autre en attendant l'officiant, le cérémoniaire étant à la gauche du premier acolyte. Le clergé vient après deux à deux. Si l'on n'entre pas processionnellement, tout étant prêt, les chanoines ou ecclésiastiques s'étant rendus au chœur, l'officiant étant dans la sacristie au milieu de ses assistants ou choristes, tenant leurs bonnets des deux mains, les acolytes avec leurs chandeliers, ces derniers étant en ligne droite, l'un d'un côté et l'autre de l'autre, ils font tous ensemble une inclination médiocre à la croix qui est dans la sacristie ; puis les assistants et les acolytes, se tournant, saluent l'officiant, qui les salue aussi d'une inclination médiocre ; l'officiant et les assistants se couvrent ensuite de leurs bonnets, le maître des cérémonies et les acolytes demeurant découverts.

3. Si la sacristie est trop petite, les acolytes se mettent derrière l'officiant, et même quelqu'un des assistants, quand il y en a plusieurs, lorsqu'il faut saluer le crucifix.

4. Allant à l'autel, les deux acolytes qui portent les chandeliers marchent les premiers : celui du côté droit tient le chandelier de la main droite au nœud du milieu, et de la gauche au pied, et au contraire celui qui est du côté gauche le tient de la main gauche au nœud, et de la droite au pied.

5. Après les acolytes le maître des cérémonies suit tout seul, puis les assistants ou choristes deux à deux, et en dernier lieu l'officiant s'avance, les mains jointes, entre les deux plus dignes qui relèvent le pluvial par devant de chaque côté, l'officiant et tous les assistants étant couverts, le maître des cérémonies et acolytes découverts ; s'ils passent devant l'évêque ou autre qu'on doive saluer, ils se découvrent et le saluent.

6. Etant arrivés devant l'autel, tous se rangent en ligne droite, les acolytes les derniers d'un côté et d'autre, puis les assistants, et au milieu de tous l'officiant. Tous se découvrent tenant leurs bonnets des deux mains devant leur poitrine et saluent l'autel, l'officiant et les assistants d'une inclination ou génuflexion d'un genou en terre si le saint sacrement est dans le tabernacle, les acolytes et le maître des cérémonies toujours d'une génuflexion. Après s'être levés, ils se mettent à genoux et font leur prière, pendant laquelle les acolytes posent leurs chandeliers sur les degrés ou sur le plan aux côtés de l'autel, et éteignent leurs cierges.

7. La prière finie, l'officiant et les assistants se relèvent, font une inclination profonde ou une génuflexion s'il y a tabernacle, vont au chœur conduits par le maître des cérémonies, les acolytes marchant les premiers, puis les assistants ou choristes deux à deux, s'il y en a plusieurs, et l'officiant au milieu des deux derniers et les plus dignes.

8. Arrivant au chœur, ils saluent les chanoines ou ecclésiastiques qui y sont d'une inclination médiocre d'un côté et d'autre, et tous ceux du chœur étant découverts et debout les saluent aussi.

(*Notez que quand je parle des chanoines, j'entends parler pour les églises cathédrales et collégiales ; quant aux paroissiales, sous ce mot de chanoines, je parle du curé et des autres ecclésiastiques ordinaires servant à l'église, avec cette différence, que les chanoines ne font qu'une inclination en saluant l'autel si le saint sacrement n'est dans le tabernacle, ou en demandant quelque bénédiction à l'officiant, et tous les autres ecclésiastiques font toujours une génuflexion à l'autel et se mettent à genoux quand ils demandent quelque bénédiction.*)

9. L'officiant étant arrivé à la place qui lui a été préparée, s'assied et se couvre ; les assistants, après avoir salué l'officiant d'une inclination, vont au milieu du chœur au banc qui leur a été préparé, où ils demeurent assis et couverts, et ceux du chœur aussi ; les acolytes vont en leurs places ordinaires.

10. Tout étant prêt pour commencer vêpres, le maître des cérémonies avertit l'officiant en s'approchant de lui et lui faisant une inclination médiocre ; l'officiant se découvre et se lève, donne son bonnet au maître des cérémonies et se tourne vers l'autel ; ceux du chœur se découvrent, se lèvent et se tournent vers l'autel en même temps que l'officiant, qui dit secrètement et entièrement *Pater noster, Ave Maria*, etc., que ceux du chœur disent aussi.

11. Puis le maître des cérémonies lui élevant un peu la chape du côté droit, il chante tout haut, *Deus, in adjutorium meum intende*, faisant en même temps le signe de la croix sur soi, touchant à chaque parole, de toute la main droite ouverte et les doigts joints, la gauche au-dessous de la poitrine, premièrement le front, ensuite la poitrine, puis l'épaule gauche, et en dernier lieu l'épaule droite ; les assistants et ceux du chœur font de même.

12. Il s'incline vers l'autel, et ceux du chœur aussi, quand ils chantent, *Gloria Patri, et Filio, et Spiritui sancto*.

13. Quand le chœur chante, *Sicut erat*, etc., le maître des cérémonies fait une inclination médiocre au premier assistant ou choriste, pour l'inviter à aller annoncer l'antienne ; puis, après avoir salué l'autel d'une inclination ou d'une génuflexion, s'il y a tabernacle, il le conduit à l'officiant, auquel ils font une profonde inclination, et après que le chœur a dit, *Alleluia*, ou *Laus tibi, Domine*, le cho-

riste lui annonce l'antienne à voix médiocre, et l'officiant l'ayant répétée (et non avant), le choriste et le maître des cérémonies lui font une autre inclination, saluent l'autel, puis le maître des cérémonies conduit le choriste à son banc, où il demeure debout comme les autres. Le maître des cérémonies, après avoir salué les choristes, s'en va en sa place.

(*Règle : Quand le maître des cérémonies vient pour conduire un des choristes, soit qu'il y en ait deux ou plusieurs, les autres choristes qui demeurent au banc se découvrent, se lèvent et demeurent ainsi, jusqu'à ce qu'il soit de retour. De même, quand on donne de l'encens à quelqu'un, les autres sont debout et découverts, sans que ceux du chœur soient pour lors obligés de l'être.*

Autre règle : Quand l'officiant est debout, tous ceux du chœur le doivent être. De même ceux du chœur doivent être debout quand un chanoine fait quelque action qui l'oblige à être debout, comme pour dire une antienne, etc. Mais quand c'est un bénéficier ou clerc dans les églises cathédrales ou collégiales qui dit quelque antienne, tous les bénéficiers et clercs doivent être debout sans que les chanoines soient obligés de se lever, si ce n'est qu'ils dussent l'être pour quelque autre raison.

Dans les paroisses on peut établir la même maxime, que quand l'officiant ou le curé est debout pour faire quelque chose concernant l'office, tous les ecclésiastiques soient aussi debout ; mais quand un ecclésiastique est debout pour dire une antienne ou pour faire quelque autre chose de l'office, l'officiant et le curé ne seront pas obligés de se lever.)

14. L'antienne étant achevée par le chœur, les choristes qui sont au milieu du chœur devant le pupitre entonnent le premier psaume, puis s'asseyent et se couvrent, de même que l'officiant et ceux du chœur.

15. Au *Gloria Patri* de chaque psaume, l'officiant et tous les autres qui sont assis se découvrent et demeurent médiocrement inclinés jusqu'à *Sicut erat*.

16. Vers la fin de chaque psaume, le maître des cérémonies va chercher le choriste qui doit annoncer les antiennes, observant les mêmes cérémonies que ci-dessus, n° 13. Il annonce les antiennes aux plus dignes du chœur de chaque côté, ceux qui reçoivent les antiennes faisant une inclination médiocre avant et après à celui qui la leur annonce.

(*Si dans le chœur se trouvaient des ecclésiastiques étrangers en surplis placés parmi les autres et des premiers, le maître des cérémonies leur demanderait doucement s'ils veulent qu'on leur annonce des antiennes, afin d'avertir les choristes de le faire en leur rang, ou, s'ils n'en veulent dire, de les annoncer aux subséquents.*)

§ II. *Du chapitre et de l'hymne.*

1. Vers la fin du dernier psaume, le maître des cérémonies fait prendre aux deux acolytes les chandeliers, dont les cierges ont été allumés un peu auparavant par le sacristain ou le thuriféraire ; il les conduit avec les choristes à l'officiant, à qui ils font en arrivant une inclination médiocre, puis il se placent les uns d'un côté, les autres de l'autre.

2. La dernière antienne étant entièrement dite, ou par le chœur ou par l'orgue, l'officiant se découvre, se lève, quitte son bonnet qu'il donne au maître des cérémonies, ou le laisse sur sa chaire ; puis les mains jointes il chante à haute voix le chapitre, ayant devant lui le Bréviaire sur le pupitre, ou, s'il n'y en a point, le Bréviaire étant tenu par quelque clerc. Tous ceux du chœur, debout et découverts, sont tournés vers l'autel.

3. Le chapitre fini, le chœur ayant répondu *Deo gratias*, un choriste s'avance devant l'officiant, et après lui avoir fait une inclination, lui annonce l'hymne.

4. L'hymne ayant été répétée par l'officiant, les acolytes et les choristes, après avoir fait une inclination médiocre à l'officiant, se retirent à leurs places accompagnés du maître des cérémonies, et y demeurent jusqu'à ce que l'hymne soit achevée. Les acolytes, quittant leurs chandeliers au milieu du chœur, ou, s'ils sont proches de l'autel, sur les degrés ou sur le balustre, s'il y en a, montent à l'autel, font une génuflexion et le découvrent à moitié, se retirant chacun aux coins de l'autel ; puis ils reviennent au milieu, où ils font une génuflexion ; de là ils retournent à leurs chandeliers, qu'ils prennent pendant qu'on dit le verset, s'ils ne le disent eux-mêmes, et s'en vont proche du célébrant, qu'ils saluent en arrivant.

5. Si c'est l'hymne *Veni, Creator*, ou *Ave, maris stella*, qu'on dit ce jour-là, pendant que l'officiant l'entonne debout, tous ceux du chœur sont à genoux, tournés vers l'autel, excepté les acolytes qui ont les chandeliers et qui demeurent debout. L'officiant se met à genoux après qu'il a entonné, et y demeure, ainsi que ceux du chœur, jusqu'à la fin de la première strophe.

6. Un peu avant la fin de l'hymne deux des choristes vont au milieu du chœur devant le pupitre, et après avoir fait une inclination ou une génuflexion à l'autel, ils chantent le verset, font une autre inclination, et s'en retournent à leurs places.

7. Si au lieu de ces deux choristes on se sert de deux acolytes pour dire le verset, comme l'on fait en plusieurs églises, ils le diront au lieu marqué ci-dessus, et feront les génuflexions avant et après l'avoir dit, sans avoir les chandeliers aux mains.

8. Pendant que le chœur chante le répons du verset, le plus digne des choristes va devant l'officiant, et après lui avoir fait une inclination, lui annonce l'antienne ; l'officiant l'ayant répétée, le choriste lui fait une autre inclination et s'en retourne à sa place.

9. Pendant que le chœur chante le reste de l'antienne, si on fait l'office double, l'officiant et ceux du chœur demeurent assis et couverts jusqu'à ce qu'elle soit entièrement dite.

§ III. *Du Magnificat, encensement de l'autel et fin des vêpres.*

1. L'antienne dite, l'officiant se découvre et se lève, donnant son bonnet au maître des

cérémonies ou le mettant sur son siége, comme aussi les choristes; tous ceux du chœur se découvrent aussi et se lèvent, puis les choristes entonnent le *Magnificat*.

2. Alors l'officiant va à l'autel, ayant à ses côtés les choristes conduits par le maître des cérémonies ; les deux acolytes marchent les premiers, puis les choristes deux à deux, l'officiant au milieu des deux derniers.

3. Arrivés à l'autel, l'officiant et les choristes font au bas des degrés une inclination profonde ou une génuflexion s'il y a tabernacle, le maître des cérémonies et les acolytes faisant toujours la génuflexion.

4. L'officiant avec les deux plus dignes assistants, l'un d'un côté et l'autre de l'autre, monte à l'autel, les autres demeurant au bas des degrés; y étant arrivé, il le baise au milieu, et sans sortir de ladite place se tourne vers le côté de l'Epître; alors le thuriféraire, ayant donné au premier assistant la navette de l'encens, présente l'encensoir à l'officiant, et l'élève en sorte qu'il puisse y mettre commodément de l'encens; l'assistant présente à l'officiant la cuiller qu'il baise d'abord, puis la main de l'officiant, et lui dit un peu incliné; *Benedicite, pater reverende*; l'officiant prend trois fois de l'encens dans la navette, et en met par trois fois dans l'encensoir en disant, *Ab illo benedicaris*; puis, ayant rendu la cuiller, à l'assistant qui lui baise la main et ensuite la cuiller, il fait le signe de la croix sur l'encensoir.

5. L'encens bénit, l'assistant rend la navette au maître des cérémonies ou au thuriféraire qui lui présente l'encensoir pour le donner après à l'officiant, baisant auparavant le haut des chaînettes et la main de l'officiant; celui-ci l'ayant reçu encense l'autel à l'ordinaire et comme il est dit au premier encensement de la messe solennelle.

6. Durant l'encensement les deux choristes accompagnent l'officiant et relèvent le bord de la chape de chaque côté par devant, les autres choristes et les acolytes demeurant au bas des degrés.

7. L'encensement fini, l'officiant étant au côté de l'Epître rend l'encensoir au premier assistant, qui le rend au thuriféraire.

8. L'officiant ayant rendu l'encensoir va au milieu de l'autel avec les deux assistants; après avoir fait une médiocre inclination, il descend avec eux au bas des degrés, et là, tournés vers l'autel avec les autres choristes s'il y en a plus de deux, ils font une inclination ou une génuflexion s'il y a tabernacle (et les acolytes une génuflexion) ; puis, conduits par le maître des cérémonies, ils s'en retournent au chœur dans le même ordre qu'ils étaient venus, saluant en y arrivant ceux qui y sont d'un côté et d'autre.

9. L'officiant étant arrivé à sa place du chœur, le premier des choristes prend l'encensoir des mains du thuriféraire et l'encense de trois coups, lui faisant avant et après une inclination médiocre, en présence des autres, qui s'en retournent tous ensemble à leurs places, après une inclination médiocre faite au célébrant.

10. Le thuriféraire reprend ensuite l'encensoir et encense les choristes l'un après l'autre de deux coups à chacun ; il encense ensuite ceux du chœur, savoir les chanoines qui sont aux hautes chaires, de deux coups, et les autres tout de suite sans s'arrêter.

11. Si c'est dans une cathédrale ou collégiale, on encense les choristes les premiers s'ils sont chanoines ; mais s'ils ne le sont pas on encenserait les chanoines les premiers, puis les choristes, et ensuite les bénéficiers, les prêtres et les clercs qui sont au chœur.

12. Les chantres et les organistes doivent faire en sorte de n'achever la répétition de l'antienne que quand l'encensement est terminé.

13. Quand on répète l'antienne, l'officiant est assis et ceux du chœur aussi, à moins qu'on n'encensât encore quelqu'un du chœur, suivant la règle ci dessus, § 1, n. 13.

14. L'antienne dite et répétée, les choristes font une inclination ou une génuflexion à l'autel, puis vont à l'officiant, qu'ils saluent d'une inclination médiocre ; celui-ci se découvrant se lève, et ceux du chœur aussi ; puis, ayant quitté son bonnet, les mains jointes et tourné vers l'autel, il chante, *Dominus vobiscum, Oremus*, et ensuite l'oraison avec sa conclusion, ou plusieurs, s'il y a des commémoraisons à faire, suivant les règles du Bréviaire.

15. La conclusion de la dernière dite, les choristes, après avoir salué l'officiant, conduits par le maître des cérémonies, vont au milieu du chœur, et après avoir fait une inclination médiocre vers l'autel, ou une génuflexion s'il y a tabernacle, ils chantent *Benedicamus Domino*, font ensuite une autre inclination ou une génuflexion, et s'en retournent vers l'officiant qu'ils saluent en arrivant.

16. L'officiant, après que le chœur ou les orgues ont répondu, *Deo gratias*, dit d'une voix médiocre, *Fidelium animæ*, etc.

17. Si ensuite on doit dire complies, l'officiant, prenant son bonnet et le tenant des deux mains devant la poitrine, les choristes prenant les leurs et les tenant de même, conduits par le maître des cérémonies, s'en retournent à la sacristie dans le même ordre qu'ils en sont venus ; ils saluent le chœur d'un côté et d'autre, puis l'autel s'ils passent devant, et se couvrent après être sortis du chœur, un autre faisant l'office à complies.

18. Si l'on ne doit pas dire pour lors complies, l'officiant, ayant dit, *Fidelium animæ*, etc., comme ci-dessus, et ensuite le *Pater noster* tout bas, ajoute d'une voix médiocre, *Dominus det nobis suam pacem*, à quoi le chœur répond, *Et vitam æternam, Amen*; puis l'officiant commence du même ton l'antienne de la Vierge, que tout le chœur continue sans chanter, tous étant cependant debout ou à genoux, selon que le temps le requiert ; l'officiant ajoute dans la même posture le verset, disant ensuite l'oraison, toujours debout ; puis d'un ton plus bas, *Divinum auxilium*, etc. Après quoi il retourne avec ses officiers à la sacristie, comme il a été dit au numéro précédent, soit avant le

clergé, s'ils ne sont pas venus ensemble, soit immédiatement après le clergé, s'ils sont venus conjointement, observant au retour dans la sacristie ce qui est rapporté à la fin de la messe solennelle, art. 10, n. 9.

§ IV. *Des complies.*
(Cérémonial des évêques, l. 11, c. 4.)

1. Si l'on dit complies immédiatement après vêpres, suivant la coutume de plusieurs lieux, l'officiant s'étant avancé pour s'en retourner, le premier chantre ou choriste se tourne vers l'hebdomadier, et lui dit d'un ton convenable avec une inclination médiocre, *Jube, domne, benedicere,* demeurant ainsi incliné jusqu'à la fin de la bénédiction, à laquelle le chœur répond *Amen,* étant tourné vers l'autel. Puis le même chantre dit la petite leçon *Fratres, sobrii estote,* etc., faisant la génuflexion à ces paroles, *Tu autem, Domine,* etc., et le chœur répond du même ton *Deo gratias ;* après quoi l'hebdomadier dit d'une voix médiocre *Adjutorium,* etc., faisant le signe de la croix avec tous ceux du chœur; ensuite il dit tout bas *Pater noster*, puis le *Confiteor,* etc., d'un ton grave et incliné médiocrement, se tournant vers le chœur (qui est tourné en face) à ces mots, *Et vobis, fratres, et vos, fratres ;* et le chœur observe les mêmes cérémonies, disant après lui le *Confiteor,* et faisant avec lui le signe de la croix à *Indulgentiam.*

2. Ensuite l'hebdomadier commence d'une voix haute, *Converte nos,* etc. Il peut alors, aussi bien que les assistants, tous tournés vers l'autel, faire un petit signe de croix avec le pouce droit sur sa poitrine ; puis il dit, *Deus, in adjutorium,* etc., faisant le signe de la croix avec tous ceux du chœur, et le reste comme à vêpres, excepté, 1° que le premier choriste ne va point lui annoncer l'antienne *Miserere* ou *Alleluia* avant le premier psaume, ni l'hymne, ni l'antienne *Salva nos* avant le cantique *Nunc dimittis ;* mais il l'avertit seulement par une inclination médiocre, sans quitter le lutrin, de les entonner quand il faut ; 2° que l'hebdomadier n'encense point l'autel, et que les acolytes ni les chantres ne viennent point devant lui au capitule qu'il dit après l'hymne ; mais aussitôt qu'il l'a achevé, et que le chœur a répondu *Deo gratias,* les deux chantres entonnent au milieu du chœur le répons *In manus tuas,* faisant la génuflexion au même lieu avant et après.

3. Après que le chœur a répété l'antienne *Salva nos ,* si l'office n'est pas double ou si ce n'est pas dans une octave, on dit les prières marquées à la fin des complies, soit debout, soit à genoux, selon le temps, l'hebdomadier disant tous les versets, et le chœur les répons, chacun s'inclinant médiocrement au verset *Benedicamus Patrem,* et après l'oraison à *Benedicat,* etc. ; ici on fait de plus le signe de la croix. Ensuite l'hebdomadier entonne l'antienne de la Vierge qu'on chante toujours à la fin des complies, quoiqu'on la récite seulement après les autres heures ; pendant qu'on la chante, tous sont à genoux, excepté les dimanches, depuis les premières vêpres jusqu'aux complies après les secondes inclusivement, et durant le temps pascal. Les deux chantres disent le verset à genoux, si le chœur est en cette posture, et l'hebdomadier dit l'oraison toujours debout ; puis il ajoute d'une voix médiocre *Divinum auxilium,* etc. ; après avoir dit tout bas avec le chœur le *Pater,* l'*Ave* et le *Credo,* il dit, si c'est la coutume, l'oraison *Sacrosanctæ,* etc., que tous disent avec lui d'un ton grave à genoux, avec un *Pater* et un *Ave* à voix basse ; après cela les acolytes, tenant leurs barrettes à la main, vont sans saluer le chœur éteindre les cierges de l'autel, faisant avant et après la génuflexion au milieu sur le pavé ; et enfin, le signal étant donné par le supérieur, tous s'en retournent à la sacristie.

4. Remarquez, 1° qu'aussitôt que les officiers de vêpres ont quitté leurs ornements à la sacristie, ils retournent au chœur, les moins dignes les premiers, avec les révérences convenables, sans se mettre auparavant à genoux pour faire aucune prière, et sans s'arrêter en chemin, sinon aux cas indiqués dans les cérémonies du Chœur (*Voy.* ce mot) ; 2° que les acolytes, ayant fait avant tous la génuflexion devant le plus bas degré de l'autel, vont éteindre les cierges, à la réserve des deux plus éloignés de la croix, suivant la pratique ordinaire ; puis, ayant réitéré la génuflexion au même lieu, ils saluent le chœur et se retirent à leurs places ; 3° que les chapiers des vêpres se placent à complies selon leur rang dans les sièges du chœur, s'ils sont libres ; 4° que l'officiant ne se met pas au même siége où il était à vêpres, mais sur celui qui lui convient selon son rang, si ce n'est qu'il soit le supérieur du lieu.

5. Si l'on dit complies quelque temps après vêpres, et non pas tout de suite, l'on va au chœur de même qu'aux autres offices moins solennels, sans acolytes et sans officiers revêtus de chapes ; après que tous ont fait en arrivant leur prière à genoux à leurs places, ils se lèvent, et l'on commence l'office sans s'asseoir ni se couvrir auparavant.

VARIÉTÉS SUR LE PARAGRAPHE PRÉCÉDENT.

N° 1. Les Bréviaires modernes n'ont pas tous le *Pater* et le *Confiteor* au commencement de complies ; le Viennois a une petite leçon pour chaque jour de l'année, excepté les quatre derniers jours de la semaine sainte, jusqu'au samedi suivant exclusivement.

N° 2. Plusieurs Bréviaires ont à complies des antiennes propres à certains temps et à certaines fêtes ; on les dit même aux offices différents qui se célèbrent ces jours-là ou dans ce temps-là, à moins que l'office qui prévaut n'en ait de propres, ou du moins une doxologie propre ; dans ce dernier cas on dit les antiennes ordinaires. Ainsi, dans l'octave de la Dédicace, qui a des antiennes propres, on les laisse pour prendre celles du Psautier, aux premières et aux secondes vêpres de la Présentation de Marie, parce que cet office a une doxologie propre; les complies ayant quelque chose de la fête occurrente ne gardent rien de l'octave. Cette distinction n'est pas dans les rubriques viennoises de 1782.

N° 3. Au lieu de la prière *Benedicat... Pater, et Filius*, etc., plusieurs Bréviaires modernes ont ces paroles de l'Ecriture : *Gratia Domini nostri Jesu Christi*, etc., auxquelles on joint le signe de la croix, quoique le Fils y soit désigné avant le Père. Quoique saint Paul ait dit *vobis* (II *Cor.* xiii), on y substitue *nobis* quand on récite seul ou en présence de l'évêque. Cependant on dit en sa présence *Benedicat vos*, et non pas *nos*, à la fin de la messe. Celui qui récite seul n'en récite pas moins un office public de sa nature; s'il ne pouvait pas s'adresser aux fidèles ou aux autres ministres en leur absence, il ne devrait pas dire et répéter *Venite, adoremus, Oremus*, etc., à moins que cela ne soit dans le contexte de l'Ecriture. *Voy*. saint Pierre Damien traitant de la prière *Dominus vobiscum*, faite en particulier. Ces formules ont l'avantage de rappeler à celui qui récite seul qu'il ne doit pas prier pour lui seul. On peut faire la même observation sur les mots *habitationem istam* changés en ceux-ci, *habitationem nostram*, dans l'oraison *Visita*. L'Eglise romaine a voulu désigner par là le lieu de la prière, comme à l'aspersion qui se fait sur les fidèles réunis dans le lieu saint, elle les désigne par ces mots: *Omnes habitantes in hoc habitaculo*. Ces Bréviaires ont une autre oraison à complies pendant la semaine; c'est: *Deus, qui illuminas*, etc. Ils manquent d'avertir que le pape Léon X a attaché à la récitation du *Sacrosanctæ* à genoux, suivi du *Pater* et de l'*Ave*, la remise des fautes commises par fragilité dans la récitation de l'office. Il est douteux si, pour obtenir cette faveur, il suffit de le dire une fois par jour; la probabilité n'assure pas une grâce qui dépend de la volonté de celui qui l'accorde; c'est le cas d'aller au plus sûr. Cette grâce dispense de répéter les parties peu notables qu'on aurait omises ou mal dites. L'énoncé de cette prière semble l'assimiler aux antiennes finales de la sainte Vierge; celles-ci doivent se réciter au chœur toutes les fois qu'on en sort immédiatement après une heure canoniale; il paraît donc à propos de dire aussi le *Sacrosanctæ* toutes les fois qu'on termine la récitation, en particulier ou en public.

TITRE QUATRIÈME.
DES VÊPRES SOLENNELLES DEVANT LE SAINT SACREMENT EXPOSÉ.
(Cérémonial des évêques, l. II, c. 4.)

1. L'autel doit être orné de la manière qui a été dite à l'art. EUCHARISTIE, tit. 5; il ne doit point y avoir de tapis par-dessus; les acolytes n'éteignent point les cierges de leurs chandeliers, et à complies ils en laissent au moins six allumés sur l'autel.

2. Les officiers se découvrent dès qu'ils entrent au chœur, et tous demeurent découverts durant l'office, quoique à raison de sa longueur ils puissent s'asseoir à l'ordinaire.

3. A l'entrée et à la sortie du chœur tous font au lieu accoutumé la génuflexion à deux genoux sur le pavé, puis inclinent la tête profondément; mais durant l'office ceux qui vont de leurs places au milieu du chœur pour chanter, soit les antiennes, soit les versets, ou qui passent d'un côté à un autre, font seulement la génuflexion d'un genou à l'ordinaire. Dans certains lieux, on observe aussi les révérences accoutumées à l'égard du chœur, quand on y entre ou qu'on en sort; mais il paraît préférable de s'en abstenir. (*Baldeschi*.)

4. A *Magnificat*, l'officiant étant arrivé au bas de l'autel au milieu des chapiers, fait avec eux la génuflexion à deux genoux avec l'inclination profonde de tête, comme ils ont fait au commencement, et étant monté avec les deux plus dignes sur le marchepied, il fait avec eux la génuflexion d'un seul genou; ce que font aussi le cérémoniaire et le thuriféraire, qui montent à l'ordinaire au côté de l'Epître; puis l'officiant baise l'autel, et s'étant un peu retiré vers le côté de l'Evangile, il met et bénit l'encens à l'ordinaire; mais le premier chapier ne baise ni la main de l'officiant, ni la cuiller, ni le bout des chaînes de l'encensoir, soit avant soit après l'encensement.

5. Ensuite, sans faire aucune génuflexion, ils descendent tous trois du marchepied, sur le bord duquel ils se mettent à deux genoux; le premier chapier ayant alors reçu l'encensoir du thuriféraire, le donne à l'officiant, lequel encense le saint sacrement de trois coups, faisant une inclination profonde avant et après avec ses deux chapiers, tous les autres officiers qui sont proche de l'autel étant à genoux sur le dernier degré sans faire aucune inclination; ce que le cérémoniaire et le thuriféraire observent aussi, s'étant retirés aussitôt à leurs places sans faire auparavant aucune génuflexion. L'officiant, s'étant relevé, monte à l'autel, fait la génuflexion et encense l'autel, comme il a été dit, art. 3 de la MESSE SOLENNELLE (*Voy*. ce mot).

6. L'encensement étant achevé, l'officiant rend l'encensoir au premier chapier, qui le donne aussitôt au thuriféraire; puis ils retournent tous trois au milieu de l'autel, où ils font la génuflexion. Ensuite l'officiant se retirant un peu vers le côté de l'Evangile avec le second chapier, et le premier vers le côté de l'Epître pour ne pas tourner directement le dos à l'autel, ils descendent ainsi au bas des degrés de l'autel, où ils font la génuflexion à deux genoux sur le pavé comme en arrivant, et retournent au chœur.

7. Excepté les choses particulières ci-dessus marquées, on observe tout ce qui a été dit aux deux premiers articles des vêpres solennelles ordinaires; s'il faut exposer le saint sacrement avant vêpres, ou le renfermer ensuite, on se comporte de la manière qui est indiquée pour l'exposition du saint sacrement (*Voy*. EUCHARISTIE).

VIERGES.
(Extrait du Pontifical romain.)

BÉNÉDICTION ET CONSÉCRATION DES VIERGES.

DE BENEDICTIONE ET CONSECRATIONE VIRGINUM.

1. Cette cérémonie doit se faire le jour de l'Epiphanie, ou dans l'octave de Pâques, ou à la fête principale des apôtres, ou un jour de dimanche. Le soir précédent, ou même le matin du même jour, avant que le pontife se prépare pour la messe, on lui présente, dans un lieu convenable, les vierges qu'il doit bénir; il demande à chacune si elle a vingt-cinq ans accomplis, si elle a l'intention et la volonté de conserver sa virginité ; il prend à part chacune d'elles, pour l'interroger sur sa conduite privée et l'intégrité de sa vie. Ensuite on place sur l'autel au côté de l'Epître les habits, les voiles, les anneaux, colliers ou couronnes qu'on donnera à ces vierges quand il en sera temps. On leur assigne pour paranymphes des dames âgées et leurs parents pour les accompagner, les précéder, les faire placer, les conduire devant le pontife, et les ramener. On prépare aussi dans l'église ou autre lieu convenable une tente où les vierges doivent se rendre et se revêtir des habits bénits quand il en est temps. Puis, à l'heure convenable, le pontife, revêtu de tous les ornements pontificaux, dit la messe à l'ordinaire jusqu'à *Alleluia*, ou au dernier verset du Trait ou de la Prose exclusivement.

2. On dit la messe du jour, avec cette Collecte pour les vierges, sous une seule conclusion :

Benedictio et consecratio virginum fieri debet in Epiphania Domini, vel in Albis paschalibus, aut in natalitiis apostolorum, seu in Dominicis diebus. Die vero præcedenti, hora vespertina, vel etiam mane, antequam pontifex ad missam se paret, in loco convenienti, præsentantur ei virgines benedicendæ; qui de earum ætate et proposito singulariter singulas, videlicet an annum vigesimum quintum compleverint, si voluntatem et propositum servandæ virginitatis habeant, diligenter inquirit; et insuper seorsum cum qualibet de vita et conscientia, et carnis integritate. Quo facto super altari in cornu Epistolæ locantur pro virginibus benedicendis vestes, vela, annuli et torques sive coronæ, tempore suo virginibus tradenda. Deputantur paranymphæ matronæ seniores, et propinquæ earum quæ virgines associant et præcedunt, collocant ac deducunt ad pontificem, et reducunt. Ordinatur etiam in ecclesia papilio, aut alius locus conveniens paratur, in quo virgines ipsæ conveniunt, et suo tempore se restiunt benedictis vestibus. Post hæc, hora congrua, pontifex paratus omnibus pontificalibus paramentis, procedit more consueto ad missam, et in ea usque ad Alleluia, sive ultimum versum Tractus vel Sequentiæ exclusive.

2. *Missa dicitur de die, cum Collecta pro virginibus, sub uno Per Dominum.*

Prière.

Seigneur, accordez à vos servantes décorées des honneurs de la virginité, la grâce de conduire à la perfection le dessein qu'elles ont formé. Par Notre-Seigneur Jésus-Christ, votre Fils, qui étant Dieu vit et règne avec vous, en l'unité du Saint-Esprit, dans tous les siècles des siècles. ℟ Ainsi soit-il.

3. Le pontife, ayant dit le Graduel, le Trait ou la Prose jusqu'au dernier verset exclusivement, s'assied avec la mitre sur le fauteuil qu'on place devant le milieu de l'autel. Les vierges, sans autre habit que celui dont elles se sont servies dans le monastère, sans voiles, ni manteaux, ni capuchons, sortent du monastère, accompagnées chacune de deux dames âgées, leurs parentes, dont le voile est abaissé ; elles entrent ainsi dans l'église, et l'archiprêtre, revêtu d'un surplis et d'une chape, chante à voix médiocre cette antienne du 4ᵉ ton :

« Vierges prudentes, préparez vos lampes; voici que l'époux vient, allez au-devant de lui. »

4. A la voix de l'archiprêtre, les vierges allument leurs cierges et s'avancent deux à deux. L'archiprêtre les précède et les fait placer hors du chœur, la face tournée vers l'autel, de manière à voir le pontife quand il y sera assis, et en être vues. Alors le même archiprêtre, debout près des vierges qui sont à genoux, dit au pontife à haute voix,

Oratio.

Da, quæsumus, Domine, his famulabus tuis quas virginitatis honore dignatus es decorare, inchoati operis consummatum effectum, et, ut perfectam tibi offerant plenitudinem, initia sua perducere mereantur ad finem. Per Dominum nostrum Jesum Christum, Filium tuum, qui tecum vivit et regnat in unitate Spiritus sancti Deus, per omnia sæcula sæculorum. ℟ *Amen.*

3. *Dicto Graduali, Tractu vel Sequentia, usque ad ultimum versum exclusive; pontifex sedet cum mitra super faldistorium, ante medium altaris præparatum. Virgines vero in vestibus, quibus in monasterio usæ sunt, sine velis, sine mantellis et sine cucullis e monasterio egressæ, associatæ singulæ a duabus matronis senioribus et propinquis, ac velis ante faciem demissis, ecclesiam ingrediuntur; et archipresbyter superpelliceo et pluviali indutus cantat competenti voce hanc antiphonam ton. 4 :*

Prudentes virgines, aptate vestras lampades : ecce sponsus venit, exite obviam ei.

4. *Virgines vero audientes vocem archipresbyteri, et accendentes cereos suos, progrediuntur binæ et binæ. Archipresbyter vero præcedens statuit eas extra chorum, ut facies ad altare majus vertant, et pontificem coram altari sedentem possint videre, et ipse eas. Tunc idem archipresbyter in parte virginum stans, dicit competenti voce, in tono lectionis, ad pon-*

sur le ton d'une leçon

« Révérendissime père, l'Eglise catholique notre sainte mère vous en prie, daignez bénir ces vierges ici présentes; daignez les consacrer et les dévouer à Notre-Seigneur Jésus-Christ, Fils du Très-Haut. »
Le pontife fait cette demande :
« Savez-vous si elles en sont dignes? »
L'archiprêtre répond :
« Autant que la fragilité humaine peut le connaître, je sais et j'atteste qu'elles en sont dignes. »
5. Le pontife, encore assis avec la mitre, dit aux assistants :
« Avec le secours du Seigneur notre Dieu, de notre Sauveur Jésus-Christ, nous nous décidons à bénir ces vierges ici présentes, à les consacrer et les dévouer comme épouses à Notre-Seigneur Jésus-Christ, Fils du Dieu très-haut. »
6. Ensuite le pontife appelle les vierges en chantant le mot : « Venez. »
Les vierges répondent : « Voici que nous suivons. »
Se levant aussitôt, elles viennent par ordre jusqu'à l'entrée du chœur, en dehors cependant, et s'y mettent à genoux.
8. Le pontife les appelle une seconde fois en chantant plus haut : « Venez. »
9. Les vierges se levant répondent de même en chantant : « Nous suivons de tout notre cœur. »
10. Ensuite elles s'avancent jusqu'au milieu du chœur, où elles se mettent à genoux. Le pontife les appelle une troisième fois en chantant d'une voix encore plus haute :
« Venez, mes filles, écoutez-moi ; je vous enseignerai la crainte du Seigneur. »
11. Les vierges se levant répondent en chantant cette antienne :
« Voici que nous suivons de tout notre cœur, nous vous révérons et nous cherchons à voir votre face ; Seigneur, ne nous confondez pas, mais agissez avec nous selon votre mansuétude et selon la grandeur de votre miséricorde. »
12. En chantant cela, les vierges s'approchent encore, entrent dans le sanctuaire, s'y mettent toutes à genoux devant le pontife, et inclinent profondément la tête, presque jusqu'à terre. Ensuite, relevant un peu la tête l'une après l'autre, elles chantent aussi ce verset :
« Accueillez-moi, Seigneur, selon votre parole ; que je ne sois dominée par aucune injustice. »
13. Lorsque chacune l'a dit, elles se lèvent toutes, et les dames susdites les font placer debout par ordre en forme de couronne devant le pontife, à une distance convenable. Alors le pontife les exhorte en commun à embrasser et à conserver le saint état de virginité ; puis il leur fait cette interrogation en commun :
« Voulez-vous persévérer dans le saint état de virginité ? »
Chacune répond :
« Nous le voulons. »
14. Ensuite chacune se met à genoux devant lui, tenant ses mains jointes entre les mains du pontife qui interroge ainsi

tificem, virginibus genuflectentibus :
Reverendissime pater, postulat sancta mater Ecclesia catholica ut has præsentes virgines dignemini benedicere et consecrare, ac Domino nostro Jesu Christo, summi Dei Filio, desponsare.
Pontifex interrogat, dicens :
Scis illas dignas esse ?
Respondet archipresbyter :
Quantum humana fragilitas nosse sinit, credo et testificor illas dignas esse.
5. *Tunc pontifex adhuc sedens cum mitra, dicit ad circumstantes :*
Auxiliante Domino Deo et Salvatore nostro Jesu Christo, eligimus has præsentes virgines benedicere et consecrare, ac Domino nostro Jesu Christo, summi Dei Filio, desponsare.
6. *Deinde pontifex vocat virgines in cantu dicens :* Venite.
Virgines respondent : Et nunc sequimur.
7. *Surgentes mox seriatim veniunt usque ad introitum chori, exterius tamen genua flectentes.*
8. *Tunc pontifex eas secundo altius vocat in cantu, dicens :* Venite.
9. *Virgines surgentes respondent similiter in cantu, dicentes :* Et nunc sequimur in toto corde.
10. *Deinde usque ad medium chori procedunt, et ibi genua flectunt. Tunc pontifex tertio altius vocat eas in cantu, dicens :*

Venite, filiæ, audite me, timorem Domini docebo vos.

11. *Virgines vero surgentes respondent cantantes antiphonam.*
Et nunc sequimur in toto corde, timemus te, et quærimus faciem tuam videre ; Domine, ne confundas nos, sed fac nobis juxta mansuetudinem tuam et secundum multitudinem misericordiæ tuæ.

12. *Et præmissa cantantes virgines, magis appropinquantes, ascendunt in presbyterium, ubi omnes coram pontifice genuflectunt ; et capita profunda, quasi usque ad terram, inclinant. Deinde singulæ successive caput aliquantulum erigentes, cantant etiam hunc versum :*

Suscipe me, Domine, secundum eloquium tuum, ut non dominetur mei omnis injustitia.

13. *Quo per singulas dicto, surgunt omnes, et a matronis prædictis seriatim ordinantur, stantes ibidem in modum coronæ coram pontifice, congruo tamen spatio distantes ab eo. Tunc pontifex hortatur illas publice ad amplectendum et servandum sanctæ virginitatis propositum ; et mox interrogat eas palam et communiter, dicens :*
Vultis in sanctæ virginitatis proposito perseverare ?
Et singulæ respondent :
Volumus.
14. *Tunc unaquæque sigillatim genuflectit coram eo, et immissis manibus junctis inter ambas manus pontificis,*

chacune d'elles : « Promettez-vous de garder toujours la virginité ? »

Elle répond :
« Je le promets. »
Le pontife dit :
« Rendons grâces à Dieu. »

15. Chacune baise les mains du pontife, se lève et va se remettre à genoux à sa place. Toutes ayant fait la même chose, et s'étant remises à genoux, le pontife leur fait cette interrogation en commun :

« Voulez-vous être bénies, consacrées et unies comme épouses à Notre-Seigneur Jésus-Christ, Fils du Dieu très-haut ? »
Toutes répondent :
« Nous le voulons. »

16. Puis le pontife en mitre se met à genoux devant le fauteuil ; les ministres s'y mettent des deux côtés ; les vierges se prosternent derrière le pontife sur des tapis en forme de cercle, et l'on chante les litanies comme à l'ORDINATION (*Voy.* ce mot).

Quand on a dit : *Ut omnibus*, etc., et que le chœur a répondu : *Te rogamus, audi nos*, le pontife se lève avec la mitre, et tourne vers les vierges prosternées, prend le bâton pastoral de la main gauche, et dit sur le même ton :

« Daignez bénir† vos servantes ici présentes. ℟ Nous vous prions de nous exaucer.

« Daignez bénir† et sanctifier vos servantes ici présentes. ℟ Nous vous prions

pontifex interrogat quamlibet, dicens :
Promittis tu virginitatem perpetuo servare?
Respondet illa :
Promitto.
Et pontifex dicit :
Deo gratias.

15. *Illa vero osculatur manus pontificis, surgitque, et ad suum locum revertitur et genuflectit. Omnibus autem sic per ordinem expeditis, et ad sua loca reversis et genuflexis, communiter omnes interrogat, dicens :*
Vultis benedici et consecrari, ac Domino nostro Jesu Christo, summi Dei Filio, desponsari?
Respondent omnes :
Volumus.

16. *Post hæc pontifex ante altare super faldistorium procumbit cum mitra ; et ministri hinc et inde genuflectunt ; virgines vero post pontificem super tapetia, in modum coronæ, se prosternunt ; et cantores incipiunt et prosequuntur litanias ut supra.*

Et postquam dictum fuerit, et a choro responsum : Ut omnibus fidelibus, etc.,
℟ Te rogamus, audi nos, *pontifex surgit cum mitra, vertens se ad virgines prostratas, tenens baculum pastoralem in sinistra, in pristino tono dicit, primo :*

Ut præsentes ancillas tuas bene†dicere digneris, ℟ Te rogamus, audi nos.

Ut præsentes ancillas tuas bene†dicere et sanctificare digneris, ℟ Te roga-

de nous exaucer. »

17. Après cela le pontife se remet à genoux, les chantres reprennent les litanies à l'endroit où ils s'étaient arrêtés, et les achèvent. Après quoi toutes se lèvent, et l'on dit l'hymne *Venez, Esprit créateur,* comme à l'ORDINATION. (*Voy.* ce mot.)

18. Le pontife commence à genoux devant l'autel, sans mitre, et le chœur continue jusqu'à la fin. Après le premier verset le pontife se lève et reste debout sans mitre jusqu'à la fin de l'hymne. Quand elle est finie, les vierges se retirent vers la tente ou autre lieu convenable qu'on a disposé tout près. Le pontife, debout devant l'autel, sans mitre, bénit les habits des vierges ; en disant ce qui suit :

℣ Le Seigneur soit avec vous ; ℟ Et avec votre esprit.

Oremus (1).

Deus æternorum bonorum fidelissime promissor, certissime persolutor, qui vestimentum salutis et indumentum æternæ jucunditatis tuis fidelibus promisisti, clementiam tuam suppliciter exoramus ut hæc indumenta, humilitatem cordis et contemptum mundi significantia, quibus famulæ tuæ sancto visibiliter sunt informandæ proposito, propitius bene†dicas ; ut beatæ castitatis habitum, quem, te inspirante suscipiunt, te protegente custodiant, et quas venerandæ vestibus promissionis induis temporaliter, beata facias immortalitate vestiri. Per Dominum nostrum Jesum Christum Filium tuum, qui tecum vivit et regnat in unitate Spiritus sancti Deus, per omnia sæcula sæculorum. ℟ Amen.

Oremus (2).

Domine Deus, bonarum virtutum dator et omnium benedictionum largus infusor, te obnixis precibus deprecamur ut has vestes bene†dicere et sancti†ficare digneris, quas famulæ tuæ pro indicio cognoscendæ religionis induere se volunt ; ut inter reliquas fe-

mus, audi nos.

17. *Quibus dictis, pontifex redit ad accubitum, cantoribus litanias, ubi dimiserant, reassumentibus et perficientibus. Quibus finitis, surgunt omnes, et dicitur hymnus* Veni, creator Spiritus, *etc., ut supra,*

18. *Pontifice, sine mitra ante altare genuflexo, incipiente, et choro illum prosequente usque ad finem, primo versu dicto, pontifice surgente et usque ad finem ejusdem hymni sine mitra stante. Hymno dicto, virgines ad papilionem, seu ad alium locum idoneum proximiorem ad hoc ordinatum, revertuntur. Pontifex vero coram altari stans, deposita mitra, benedicit virginum vestes, dicens :*

℣ Dominus vobiscum ; ℟ Et cum spiritu tuo.

---

(1) Dieu ne manque pas de nous promettre tout ce qui nous est nécessaire et d'accomplir ses promesses ; il a promis un vêtement de salut, un habit qui doit briller pendant l'éternité ; on le prie de bénir dans sa bonté ces vêtements qui signifient l'humilité du cœur et le mépris du monde, afin que celles à qui il inspire le désir de s'en revêtir en faisant profession de chasteté, obtiennent la protection qu'il a promise sur la terre, et ensuite le vêtement de la bienheureuse immortalité.

(2) Les vraies vertus, les bénédictions abondantes viennent de Dieu ; le pontife le prie instamment de daigner bénir et sanctifier ces habits dont ses servantes vont se revêtir, comme d'une marque distinctive de religion parmi les personnes qui lui sont consacrées.

minas tibi cognoscantur dicatæ. Per Christum Dominum nostrum. ⩍ Amen.

Oremus (1).

Exaudi, omnipotens Deus, preces nostras, et has vestes, quas famulæ tuæ ad seipsas operiendas exposcunt, uberrimæ benedictionis imbre perfunde, sicut perfudisti oram vestimentorum Aaron benedictione unguenti profluentis a capite in barbam, et sicut benedixisti vestes omnium religiosorum tibi per omnia placentium, ita eas bene†dicere et sancti†ficare digneris, ac præsta, clementissime Pater, ut supradictis famulabus tuis sint hæ vestes salutis protectio, hæ cognitio religionis, hæ initium sanctitatis, hæ contra omnia tela inimici robusta defensio, ut centesimi muneris opulentia, perseverante continentia, ditentur. Per Christum Dominum nostrum. ⩍ Amen.

19. Il asperge les habits d'eau bénite; on les porte à l'endroit où sont les vierges; elles quittent leurs habits ordinaires, et prennent ceux qu'on a bénits. Le pontife, debout comme auparavant, bénit les voiles des vierges, en disant:

19. *Et vestes aqua benedicta aspergit, quæ portantur virginibus ad locum ad quem divertunt; ubi dimissis quotidianis vestibus induunt benedictas.* Pontifex *autem stans, ut supra, benedicit vela virginum, dicens:*

Oremus (2)

Suppliciter te, Domine, rogamus, ut super has vestes ancillarum tuarum capitibus imponendas, bene†dictio tua benigna descendat, et sint hæ vestes benedictæ, consecratæ, immaculatæ et sanctæ. Per Christum Dominum nostrum. ⩍ Amen.

Oremus (3).

Caput omnium fidelium, Deus, et totius corporis salvator, hæc operimenta velaminum, quæ famulæ tuæ propter tuum, tuæque genitricis beatissimæ virginis Mariæ amorem suis capitibus sunt impositura, dextera tua sancti†fica, et hoc, quod per illa mystice datur intelligi, tua semper custodia, corpore pariter et animo incontaminato custodiant; ut quando ad perpetuam sanctorum remunerationem venerint, cum prudentibus et ipsæ virginibus præparatæ, te perducente, ad sempiternæ felicitatis nuptias introire mereantur. Qui vivis et regnas Deus, per omnia sæcula sæculorum. ⩍ Amen.

20. Le pontife asperge les voiles d'eau bénite. Puis, toujours debout comme auparavant, il bénit les anneaux, en disant:

20. *Et vela ipsa aqua benedicta aspergit. Post hæc stans adhuc, ut supra, pontifex benedicit annulos dicens:*

Oremus (4).

Creator et conservator humani generis, dator gratiæ spiritualis et largitor humanæ salutis; tu, Domine, emitte bene†dictionem tuam super hos annulos, ut quæ eos gestaverint, cœlesti virtute munitæ, fidem integram fidelitatemque sinceram teneant; sicut sponsæ Christi virginitatis propositum custodiant, et in castitate perpetua perseverent. Per Christum Dominum nostrum. ⩍ Amen.

21. Le pontife y jette de l'eau bénite. Puis, encore debout sans mitre, il bénit les couronnes en disant:

21. *Et aqua benedicta eos aspergit. Tum stans adhuc sine mitra pontifex, benedicit torques sive coronas, dicens:*

Prions.

Bénissez, Seigneur, ces ornements, et faites, par l'invocation de votre nom, que toutes celles qui les porteront, si elles vous servent fidèlement, méritent de recevoir dans le ciel la couronne représentée par ces ornements. Vous qui, étant Dieu, vivez et régnez dans une trinité parfaite pendant tous les siècles des siècles. ⩍ Ainsi soit-il.

Oremus.

Bene†dic, Domine, ornamenta ista; et præsta, per invocationem tui nominis, ut quæcumque ea portaverint, si tibi fideliter servierint, coronam quam illa designant in cœlo percipere mereantur. Qui in trinitate perfecta vivis et regnas, Deus, per omnia sæcula sæculorum. ⩍ Amen

22. Ensuite il y jette de l'eau bénite. Cela étant terminé, les vierges ayant pris les habits bénits, et non les voiles, retournent vers le pontife, en se suivant deux à deux, et chantant ce répons du 5ᵉ ton:

» J'ai méprisé le royaume du monde et tout l'ornement du

22. *Deinde eos aqua benedicta aspergit. His expletis, virgines, benedictis vestibus, exceptis velis, indutæ, binæ et binæ, seriatim redeunt ad pontificem, cantantes responsorium ton. 5:*

Regnum mundi et omnem ornatum sæculi contempsi pro-

---

(1) On prie le Tout-Puissant d'exaucer nos prières, et de répandre sur ces habits la plus abondante bénédiction, comme il le fit sur les habits d'Aaron par un baume répandu sur lui, et comme il a béni les habits de tous les religieux qui se sont empressés de lui plaire en tout. On conjure le Père céleste de sanctifier ces vêtements comme une protection salutaire, une marque de religion, un commencement de sainteté, une défense impénétrable à tous les traits de l'ennemi, afin qu'en persévérant dans la continence les vierges laissent produire le cent pour un à ces heureux commencements.

(2) Le pontife demande humblement au Seigneur que sa bénédiction descende sur les habits qui vont couvrir la tête de ses servantes; et que ces voiles soient bénits, consacrés, saints et sans tache.

(3) Dieu est le chef de tous les fidèles, le sauveur de tout son corps mystique; ses servantes vont être voilées par amour pour lui et pour la bienheureuse vierge Marie sa mère; on le prie de sanctifier ces voiles, et de faire qu'elles en réalisent la signification mystique dans un corps et une âme sans tache; afin qu'elles soient prêtes à se présenter avec les vierges prudentes pour la récompense éternelle des saints, et être intro luites par l'époux dans le festin des noces et du bonheur éternel.

(4) Dieu est le créateur et le conservateur du genre humain; il donne la grâce spirituelle, puis le salut aux hommes; on le prie d'envoyer sa bénédiction sur ces anneaux, afin que celles qui les porteront, fortifiées d'en haut, aient une fidélité entière et sincère; que comme des épouses de Jésus-Christ elles observent leur vœu de virginité et vivent dans une chasteté perpétuelle.

siècle par amour pour Jésus-Christ, que j'ai vu, que j'ai aimé, en qui je me suis confiée, que j'ai chéri. ℣ Mon cœur ne se contient plus, c'est au roi que je suis dévouée. Lui que j'ai vu.

23. Alors les paranymphes les font mettre à genoux en demi-cercle devant le pontife, la tête inclinée. Le pontife se lève et dit, sans mitre, tourné vers elles :

Prions.

Daignez, Seigneur, jeter les yeux sur vos servantes, afin qu'ayant fait, par votre inspiration, le saint vœu de virginité, elles l'observent sous votre direction. Par Notre-Seigneur Jésus-Christ, votre Fils, qui étant Dieu vit et règne avec vous dans l'unité du Saint-Esprit.

4. Puis il dit à haute voix, les mains étendues en avant de la poitrine, la Préface suivante :

« Pendant tous les siècles des siècles. ℟ Ainsi soit-il.

℣ Le Seigneur soit avec vous ; ℟ Et avec votre esprit.

℣ Elevez vos cœurs. ℟ Nous les tournons vers le Seigneur.

℣ Rendons grâces au Seigneur notre Dieu. ℟ Cela est juste et raisonnable.

« Il est vraiment juste et raisonnable, équitable et salutaire de vous rendre toujours et partout nos actions de grâces, Seigneur saint, Père tout-puissant, Dieu éternel, qui daignez habiter dans les corps chastes, et qui aimez les âmes sans tache, qui avez tellement réparé dans votre Verbe, par qui tout a été fait, la nature humaine viciée dans les premiers hommes par

pter amorem Domini nostri Jesu Christi, Quem vidi, quem amavi, in quem credidi, quem dilexi. ℣ Eructavit cor meum verbum bonum, dico ego opera mea regi. Quem vidi.

23. *Tum disponuntur a paranymphis ante altare genuflexæ coram pontifice, in modum coronæ, vultibus demissis. Pontifex vero surgit, mitra deposita, et versus ad eas, dicit :*

Oremus.

Respice, Domine, propitius super has famulas tuas, ut sanctæ virginitatis propositum, quod te inspirante susceperunt, te gubernante custodiant. Per Dominum nostrum Jesum Christum Filium tuum, qui tecum vivit et regnat in unitate Spiritus sancti Deus.

24. *Deinde dicit competenti voce extensis manibus ante pectus, Præfationem :*

Per omnia sæcula sæculorum. ℟ Amen.

℣ Dominus vobiscum ; ℟ Et cum spiritu tuo.

℣ Sursum corda. ℟ Habemus ad Dominum.

℣ Gratias agamus Domino Deo nostro. ℟ Dignum et justum est.

Vere dignum et justum est, æquum et salutare, nos tibi semper et ubique gratias agere, Domine sancte, Pater omnipotens, æterne Deus, castorum corporum benignus habitator, et incorruptarum Deus amator animarum ; qui humanam substantiam, in primis hominibus diabolica fraude vitiatam, ita in Verbo tuo, per quod omnia facta sunt, reparas,

la ruse du démon, que non-seulement vous la rappelez à l'innocence de sa première origine, mais encore vous la conduisez à la possession des biens éternels que l'on goûtera dans un monde nouveau ; et ceux qui sont encore retenus par les liens de la mortalité, sont déjà élevés à la ressemblance des anges. Jetez les yeux, Seigneur, sur vos servantes qui mettent dans votre main leur vœu de continence, qui offrent leur dévouement à vous de qui elles en ont reçu la volonté. Comment en effet l'esprit renfermé dans un corps mortel pourrait-il surmonter la loi de la nature, l'amour de la liberté, la force de la coutume, la vigueur de l'âge bouillant, si vous, ô mon Dieu, sans détruire le libre arbitre, n'allumiez en elles par votre grâce l'amour de la virginité, si vous n'aviez la bonté de fomenter ce désir dans leurs cœurs, et de leur communiquer la force ? Car vous avez répandu votre grâce sur toutes les nations de la terre, vous avez rendu innombrables comme les étoiles les héritiers adoptifs du Nouveau Testament ; mais outre les vertus infuses dans tous les enfants que vous avez engendrés, non de la chair et du sang, mais de votre Esprit-Saint, certaines âmes ont reçu un don spécial de votre bonté inépuisable : sans interdire à personne l'état honorable du mariage, sans en retirer votre bénédiction, vous avez voulu qu'il existât des âmes plus sublimes, qui, dédaignant l'union des

ut eam non solum ad primæ originis innocentiam revoces, sed etiam ad experientiam æternorum bonorum, quæ novo in sæculo sunt habenda, perducas, et obstrictos adhuc conditione mortalium, jam ad similitudinem provehas angelorum. Respice, Domine, super has famulas tuas, quæ in manu tua continentiæ suæ propositum collocantes, tibi devotionem suam offerunt, a quo et ipsæ vota assumpserunt. Quomodo enim animus mortali carne circumdatus, legem naturæ, libertatem licentiæ, vim consuetudinis, et stimulos ætatis evinceret, nisi tu, Deus, per liberum arbitrium hunc in eis amorem virginitatis clementer accenderes, tu hanc cupiditatem in earum cordibus benignus aleres, du fortitudinem ministrares ? Effusa namque in omnes gentes gratia tua ex omni natione quæ sub cœlo est, in stellarum innumerabilem numerum, Novi Testamenti hæredibus adoptatis, inter cæteras virtutes, quas filiis tuis non ex sanguinibus, neque ex voluntate carnis, sed de Spiritu sancto tuo genitis indidisti, etiam hoc donum in quasdam mentes de largitatis tuæ fonte defluxit ; ut cum honorem nuptiarum nulla interdicta minuissent, ac super sanctum conjugium nuptialis benedictio permaneret, existerent tamen sublimiores animæ, quæ in viri ac mulieris copula fastidirent connubium, concupiscerent sacramentum, nec imitarentur quod nuptiis agitur, sed diligerent quod nup-

deux sexes, désireraient et rechercheraient, non la réalité des noces, mais les biens signifiés par ce sacrement. La bienheureuse virginité reconnaît son auteur, et, jalouse de la pureté des anges, elle a voulu se dévouer et s'unir à celui qui est l'époux d'une virginité perpétuelle, comme il en est le fils. Protégez donc, Seigneur, celles qui implorent votre secours, désirant être affermies par votre bénédiction et votre consécration, contre l'ancien ennemi qui redouble ses pièges pour empêcher le plus grand bien, pour flétrir la palme d'une continence parfaite, cherchant à surprendre l'âme insouciante pour ôter à l'état de virginité la pureté qui convient même à celui du mariage. Qu'il y ait en elles, Seigneur, par un don de votre Esprit, une modestie prudente, une bonté sage, une douceur grave, une chaste liberté. Qu'elles brûlent de charité et n'aiment rien hors de vous. Que leur vie mérite des louanges, et qu'elles ne les désirent et ne les recherchent pas. Qu'elles vous glorifient dans la sainteté de leur corps, dans la pureté de leur âme. Qu'elles vous respectent et vous servent par amour. Qu'elles n'aient pas d'autre gloire, d'autre joie, d'autre volonté que vous; soyez leur consolation dans la tristesse, leur conseil dans l'embarras, leur défense dans l'oppression, leur patience dans la tribulation, leur abondance dans la pauvreté, leur nourriture dans le jeûne, leur médicament dans

tiis prænotatur. Agnovit auctorem suum beata virginitas, et æmula integritatis angelicæ, illius thalamo, illius cubiculo se devovit, qui sic perpetuæ virginitatis est sponsus, quemadmodum perpetuæ virginitatis est filius. Implorantibus ergo auxilium tuum, Domine, et confirmari se benedictionis tuæ consecratione cupientibus, da protectionis tuæ munimen et regimen, ne hostis antiquus, qui excellentiora studia subtilioribus infestat insidiis, ad obscurandam perfectæ continentiæ palmam, per aliquam mentis serpat incuriam, et rapiat de proposito virginum, quod etiam moribus decet inesse nuptiarum. Sit in eis, Domine, per donum Spiritus tui prudens modestia, sapiens benignitas, gravis lenitas, casta libertas. In charitate ferveant, et nihil extra te diligant. Laudabiliter vivant, laudarique non appetant. Te in sanctitate corporis, te in animæ suæ puritate glorificent. Amore te timeant, amore tibi serviant. Tu eis sis honor, tu gaudium, tu voluntas, tu in mœrore solatium, tu in ambiguitate consilium, tu in injuria defensio, in tribulatione patientia, in paupertate abundantia, in jejunio cibus, in infirmitate medicina. In te habeant omnia, quem diligere appetant super omnia; per te, quod sunt professæ, custodiant. Scrutatori pectorum non corpore placituræ, sed mente, transeant in numerum puellarum sapientum, ut cœlestem sponsum, virtutum accensis lampadibus,

l'infirmité. Qu'elles aient tout en vous, s'efforçant de vous aimer par-dessus tout; que par vous elles accomplissent ce qu'elles ont promis. Que, parvenant à plaire par la beauté de leur âme, et non de leur corps, au scrutateur des cœurs, elles soient comptées parmi les vierges sages, afin qu'elles attendent l'époux céleste, tenant allumée la lampe des vertus avec l'huile qu'elles auront préparée; que l'arrivée imprévue du souverain Roi ne le trouble point; mais que, pleines d'assurance et de joie, elles se présentent à lui avec leurs lampes, conjointement avec le chœur des vierges qui les ont précédées. Que, lorsque la porte se fermera, elles ne soient pas laissées dehors avec les vierges folles, mais qu'il leur soit permis d'entrer avec les vierges sages, de suivre toujours l'Agneau divin, et qu'elles reçoivent ainsi au centuple par votre grâce le fruit et la récompense de leur virginité. »

23. Il dit ce qui suit d'une voix plus basse, assez haute cependant pour être entendue de ceux qui l'entourent.

« Par Notre-Seigneur Jésus-Christ, votre Fils, qui, étant Dieu, vit et règne avec vous, dans l'unité de l'Esprit-Saint, pendant tous les siècles des siècles. ℟ Ainsi soit-il. »

26. Le pontife, ayant reçu la mitre, commence, et les chantres continuent ce répons du 2ᵉ ton :

« Venez, âme chérie, vous serez mon trône. Le roi a recherché votre union. ℣ Écoutez, ma fille, voyez, prêtez l'oreille. Le roi... »

27. Quand il est commencé, le pontife s'assied avec la mitre; dès qu'il est fini, les vierges se lèvent; les paranymphes présentent au pontife les deux premières; elles se mettent humble-

cum oleo præparationis exspectent; nec turbatæ improviso Regis adventu, sed securæ cum lumine et præcedentium virginum choro junctæ, jucundanter occurrant. Et ne excludantur cum stultis, sed regalem januam cum sapientibus virginibus licenter introeant, et in Agni tui perpetuo comitatu probabiles mansura castitate permaneant; quatenus centesimi fructus dono virginitatis decorari te donante mereantur.

25. *Quod sequitur, dicit submissa voce legendo, ita tamen quod a circumstantibus audiatur:*

Per Dominum nostrum Jesum Christum, Filium tuum, qui tecum vivit et regnat in unitate Spiritus sancti Deus, per omnia sæcula sæculorum. ℟ Amen.

26. *Tum pontifex, accepta mitra, incipit, schola prosequente, responsorium ton. 2:*

Veni, electa mea, et ponam in te thronum meum. Quia concupivit rex speciem tuam. ℣ Audi, filia, et vide, et inclina aurem tuam. Quia.

27. *Incepto responsorio sedet pontifex cum mitra, et eo finito surgunt virgines; et duæ primæ ex eis præsentantur a paranymphis pontifici, coram quo humiliter genua flectant,*

ment à genoux devant lui, chantant ensemble cette antienne du 2e ton :

« Je suis une servante de Jésus-Christ, je me présente pour le servir. »

28. Après cela le pontife leur fait cette interrogation commune :

« Voulez-vous demeurer dans la sainte virginité dont vous avez fait profession ? »

Elles répondent ensemble : « Nous le voulons. »

29. Alors le pontife met le voile sur la tête de chacune, le fait descendre sur les épaules et sur la poitrine, et l'avance jusqu'aux yeux, disant à chacune :

« Recevez le voile sacré pour preuve que vous avez méprisé le monde, et que vraiment, humblement et de toute l'affection de votre cœur, vous vous êtes irrévocablement constituée l'épouse de Jésus-Christ ; qu'il vous préserve de tout mal et vous conduise à la vie éternelle. ℟ Ainsi soit-il. »

30. Ces deux étant voilées, elles se mettent à genoux ensemble comme auparavant, et chantent cette antienne du 7e ton :

« Il a mis un signe sur mon front, afin que nul autre ne porte ses vues sur moi. »

31. Après cela elles sont ramenées par les dames à la place qu'elles occupaient d'abord ; les deux suivantes sont présentées au pontife, se mettent à genoux, chantent et reçoivent le voile, tout comme les premières. Toutes étant ainsi voilées, le pontife dépose la mitre, se lève et dit, tourné vers elles :

℣ Que le Seigneur

cantantes simul antiphonam ton. 2 :

Ancilla Christi sum, ideo me ostendo servilem habere personam.

28. Qua dicta pontifex interrogat illas palam, dicens :

Vultis persistere in sancta virginitate quam professæ estis ?

Et illæ simul respondent : Volumus.

29. Tum pontifex imponit velum super caput cujuslibet, quod dependeat super scapulas, et super pectus, et usque ad oculos, singulis dicens :

Accipe velamen sacrum, quo cognoscaris mundum contempsisse, et te Christo Jesu veraciter humiliterque, toto cordis annisu, sponsam perpetualiter subdidisse, qui te ab omni malo defendat, et ad vitam perducat æternam. ℟ Amen.

30. Ambabus velatis, ambæ simul genuflexæ, ut erant, cantant hanc antiphonam ton. 7 :

Posuit signum in faciem meam, ut nullum præter eum amatorem admittam.

31. Quo facto reducuntur a matronis prædictis ad loca ordinis sui, ubi prius erant ; et aliæ duæ, quæ post illas in ordine sequuntur, præsentantur pontifici, coram quo similimodo genua flectunt, cantant et velantur, ut primæ. Omnibus autem sic velatis, deposita mitra, surgit pontifex, et stans versus ad illas, dicit :

℣ Dominus vobis-

soit avec vous ; ℟ Et avec votre esprit.

Prions.

« Que vos servantes, Seigneur, soient gardées et fortifiées par votre grâce, afin qu'ayant fait, sous votre inspiration, le vœu de la sainte virginité, votre protection le conserve sans tache. Vous qui vivez et régnez avec le Père, Dieu comme lui, dans l'unité de l'Esprit-Saint, pendant tous les siècles des siècles. ℟ Ainsi soit-il.

32. Puis le pontife reçoit la mitre, appelle les vierges en commençant cette antienne, que les chantres continuent sur le 7e ton :

« Venez célébrer vos noces, âme chérie ; venez, l'hiver est passé, la tourterelle chante, les vignes en fleur exhalent leur parfum.

33. Quand il l'a commencée, le pontife s'assied avec la mitre ; dès qu'on l'a finie, les dames susdites présentent au pontife les deux qui ont reçu le voile les premières, de la même manière et dans le même ordre. Alors le pontife, prenant l'anneau dans sa main droite, et la main droite d'une vierge avec sa main gauche, il place l'anneau au doigt annulaire de cette main droite, et en fait ainsi des épouses de Jésus-Christ, en disant à chacune d'elles :

« Je vous unis à Jésus-Christ, Fils du souverain Père, afin qu'il vous conserve dans la virginité. Recevez donc l'anneau de l'engagement, le sceau de l'Esprit-Saint, afin que vous soyez appelée épouse de Dieu, et qu'après l'avoir fidèlement servi, vous soyez couronnée pour toujours.

cum ; ℟ Et cum spiritu tuo.

Oremus

Famulas tuas, Domine, tuæ custodia muniat pietatis, ut virginitatis sanctæ propositum, quod te inspirante susceperunt, te protegente illæsum custodiant. Qui vivis et regnas cum Deo Patre in unitate Spiritus sancti Deus, per omnia sæcula sæculorum. ℟ Amen.

32. Tum pontifex, accepta mitra, vocat virgines, incipiens antiphonam, schola prosequente, ton. 7 :

Desponsari, dilecta, veni, hiems transiit, turtur canit, vineæ florentes redolent.

33. Qua incepta sedet pontifex cum mitra, et ea finita illæ quæ primæ venerant ad recipiendum velum, præsentantur pontifici a matronis prædictis, eo modo et ordine sicut prius. Tunc pontifex accipiens annulum cum dextera sua, et dexteram manum virginis cum sinistra manu sua, et mittens annulum ipsum digito annulari dexteræ manus virginis, desponsat illas Jesu Christo, dicens singulis :

Desponso te Jesu Christo, Filio summi Patris, qui te illæsam custodiat. Accipe ergo annulum fidei, signaculum Spiritus sancti, ut sponsa Dei voceris, et si ei fideliter servieris, in perpetuum coroneris. In nomine Pa✝tris, et Fi✝lii, et Spiritus ✝ sancti. ℟ Amen.

Au nom du Père, et du Fils, et du Saint-Esprit. ℟ Ainsi soit-il. »

34. Après cela les deux étant à genoux ensemble, chantent cette antienne sur le 7ᵉ ton :

« Je suis devenue l'épouse de celui qui est servi par les anges, et dont le soleil et la lune admirent la beauté. »

35. Quand elles l'ont chantée, les dames susdites les ramènent à leur place; les deux suivantes sont présentées au pontife, se mettent à genoux devant lui, chantent, et on fait à leur égard comme aux premières. Toutes étant ainsi devenues épouses de Jésus-Christ, et ramenées à leur place, elles se mettent à genoux et tiennent toutes en même temps leur main droite élevée, en chantant cette antienne sur le 7ᵉ ton.

« Le Seigneur Jésus-Christ m'a engagée à lui par son anneau, et m'a décorée d'une couronne comme son épouse. »

36. Ensuite le pontife se lève avec la mitre, et dit, tourné vers elles :

« Qu'il vous bénisse, le Créateur du ciel et de la terre, Dieu le Père tout-puissant, qui a daigné vous associer à la bienheureuse Marie, mère de Notre-Seigneur Jésus-Christ, afin que vous conserviez intègre et sans tache, devant Dieu et devant ses anges, la virginité dont vous avez fait profession; tenez votre résolution, aimez la chasteté, gardez la patience, afin que vous méritiez de recevoir la couronne de la virginité. Par le même Jésus-Christ Notre-Seigneur.

37. Puis le pontife les appelle encore, étant debout avec la

34. Quo facto ambæ simul genuflexæ decantant antiphonam ton. 7 :

Ipsi sum desponsata, cui angeli serviunt, cujus pulchritudinem sol et luna mirantur.

35. Qua cantata reducuntur a matronis prædictis ad loca sua; aliæ duæ quæ illas sequuntur in ordine, præsentantur pontifici, coram quo genuflectunt, cantant, et desponsantur, modo præmisso. Omnibus ergo sic seriatim desponsatis, et ad loca sua reductis, omnes genuflexæ simul levant in altum, et ostendunt dexteras manus, cantantes hanc antiphonam ton. 7 :

Annulo suo subarrhavit me Dominus meus Jesus Christus, et tanquam sponsam decoravit me corona.

36. Deinde pontifex cum mitra surgit, et stans versus ad illas, dicit :

Bene✝dicat vos Conditor cœli et terræ, Deus Pater omnipotens, qui vos eligere dignatus est ad beatæ Mariæ matris Domini nostri Jesu Christi consortium, ut integram et immaculatam virginitatem, quam professæ estis, coram Deo et angelis ejus conservetis; propositum teneatis; castitatem diligatis; patientiam custodiatis, ut coronam virginitatis accipere mereamini. Per eumdem Christum Dominum nostrum. ℟ Amen.

℟ Ainsi soit-il.

37. Post hæc pontifex, cum mitra stans, iterum vocat illas in

mitre, et entonnant cette antienne que le chœur continue sur le 7ᵉ ton :

« Venez, épouse de Jésus-Christ, recevez la couronne que le Seigneur vous a préparée pour l'éternité. »

38. Dès qu'il l'a entonnée, le pontife s'assied avec la mitre; quand elle est finie, les paranymphes lui présentent les deux premières vierges à genoux, comme la première fois. Lui, prend la couronne et la met sur la tête de chaque vierge successivement, disant à chacune :

« Recevez la couronne due à l'excellence de la virginité, afin qu'étant couronnée par nos mains sur la terre, vous méritiez d'être aussi couronnée par Jésus-Christ de gloire et d'honneur dans les cieux. Par le même Jésus-Christ Notre-Seigneur. ℟ Ainsi soit-il. »

39. Aussitôt les deux chantent ensemble cette antienne sur le 7ᵉ ton :

« Le Seigneur m'a revêtue d'or, et m'a ornée de joyaux inappréciables. »

40. Après l'avoir chantée, elles sont ramenées à leur place par les dames susdites; on en présente d'autres qui se mettent à genoux, chantent et sont couronnées de la même manière. Toutes étant couronnées et ramenées à leur place, elles s'y tiennent debout; le pontife dépose la mitre, se lève, et dit, tourné vers elles :

℣ Que le Seigneur soit avec vous; ℟ Et avec votre esprit.

Prions.

Seigneur, Dieu tout-puissant, voici vos servantes qui dé-

cantu inchoans, schola prosequente, hanc antiphonam ton. 7 :

Veni, sponsa Christi, accipe coronam quam tibi Dominus præparavit in æternum.

38. *Incepta antiphona, sedet pontifex cum mitra, et ea finita præsentantur ei a paranymphis duæ primæ virgines ut prius, coram eo genuflexæ. Ipse autem torquem, sive coronam accipiens, imponit capiti cujuslibet virginis, seriatim singulis dicens :*

Accipe coronam virginalis excellentiæ, ut, sicut per manus nostras coronaris in terris, ita a Christo gloria et honore coronari merearis in cœlis. Per eumdem Christum Dominum nostrum. ℟ Amen.

39. *Et mox ambæ simul decantant hanc antiphonam ton. 7 :*

Induit me Dominus cyclade auro texta, et immensis monilibus ornavit me.

40. *Qua cantata reducuntur a matronis prædictis ad loca sua, et aliæ præsentantur, quæ simili modo genuflectunt, cantant, et coronantur. Omnibus coronatis et ad loca sua reductis, et stantibus, pontifex deposita mitra surgit, et stans versus ad illas dicit ;*

℣ Dominus vobiscum; ℟ Et cum spiritu tuo.

Oremus.

Da, quæsumus, omnipotens Deus, ut hæ famulæ tuæ, quæ pro

sirent vous être consacrées, dans l'espoir d'une récompense éternelle : faites, nous vous en prions, qu'elles persévèrent dans leur sainte résolution, avec foi et ferveur. Seigneur, donnez-leur l'humilité, la chasteté, l'obéissance, la charité et un dévoûment à toutes sortes de bonnes œuvres, afin qu'elles puissent mériter la vie éternelle Par Jésus-Christ Notre-Seigneur. ℟ Ainsi soit-il.

41. Ensuite, toutes étant à genoux, le pontife, debout sans mitre, comme auparavant, dit cette oraison.

Prions.

Nous vous invoquons, Seigneur saint, Père tout-puissant, Dieu éternel, en faveur de vos servantes qui se sont dévouées à votre service avec une intention droite et un cœur pur; daignez les associer aux cent quarante-quatre mille vierges, qui ont conservé la pureté, n'ont pas recherché l'autre sexe, et se sont abstenus de paroles trompeuses ; faites de même que vos servantes ici présentes persévèrent sans tache jusqu'à la fin. Par celui qui est éminemment sans tache, Notre-Seigneur Jésus-Christ, votre Fils, qui, étant Dieu, vit et règne avec vous dans l'unité de l'Esprit-Saint, pendant tous les siècles des siècles. ℟ Ainsi soit-il.

42. Quand elle est finie, les vierges se lèvent, et chantent ensemble cette antienne sur le 1er ton:

« Je vois maintenant ce que j'ai tant souhaité, je tiens ce que j'ai espéré, je suis unie dans le ciel à

spe retributionis æternæ tibi Domino Deo desiderant consecrari, plena fide animoque in sancto proposito permaneant. Tribue eis, Domine, humilitatem, castitatem, obedientiam, charitatem et omnium bonorum operum quantitatem, ut ad meritum æternæ gloriæ possint pervenire. Per Christum Dominum nostrum. ℟ Amen.

41. *Deinde, omnibus simul genua flectentibus, pontifex stans, ut prius, sine mitra dicit hanc orationem.*

Oremus.

Te invocamus, Domine sancte, Pater omnipotens, æterne Deus, super has famulas tuas, quæ tibi voverunt pura mente, mundoque corde servire, ut eas sociare digneris inter illos centum quadraginta quatuor millia, qui virgines permanserunt, et se cum mulieribus non coinquinaverunt; in quorum ore dolus non inventus : ita et has famulas tuas facias permanere immaculatas usque in finem. Per immaculatum Dominum nostrum Jesum Christum Filium tuum, qui tecum vivit et regnat in unitate Spiritus sancti Deus, per omnia sæcula sæculorum. ℟ Amen.

42. *Qua finita virgines surgentes simul cantant antiphonam ton. 1:*

Ecce quod concupivi jam video, quod speravi jam teneo, illi sum juncta in cœlis, quem in terris po-

celui que sur la terre j'ai aimé de toute mon affection. »

43. Puis, étant debout, humblement inclinées devant le pontife, celui-ci prononce sur elles cette bénédiction, ayant les mains jointes devant la poitrine :

« O Dieu, qui formez les corps et créez les âmes, qui ne méprisez aucun âge, qui ne rejetez aucun sexe, qui ne jugez aucune condition indigne de votre grâce, étant le créateur et le rédempteur de tous sans distinction, vous avez choisi vos servantes sur tout le troupeau, comme un bon pasteur, pour leur faire conserver la couronne de la virginité perpétuelle et la pureté d'âme, que votre protection les environne comme un bouclier, préparez-les par les leçons de votre sagesse à tout ce qui est vertueux et digne d'honneur, afin que, triomphant des attraits de la chair, rejetant les alliances désormais illicites, elles méritent d'être unies à votre Fils, Notre-Seigneur Jésus-Christ, par un lien indissoluble. Nous vous prions, Seigneur, de leur fournir, non des armes matérielles, mais les armes puissantes de votre esprit, afin que leurs sens et leurs facultés étant protégés par votre puissance, le péché ne puisse pas dominer dans leurs corps ni dans leurs âmes; et, pendant qu'elles désirent vivre sous la protection de votre grâce, que le protecteur des méchants, ennemi du bien, ne réussisse pas à se rien attribuer de ces vases consacrés à l'honneur de votre

sita, tota devotione dilexi.

43. *Post hæc pontifex, junctis ante pectus manibus, dicit super illas stantes, humiliter inclinatas, benedictionem:*

Deus plasmator corporum, afflator animarum, qui nullam spernis ætatem, nullum sexum reprobas, nullam conditionem gratia tua ducis indignam, sed omnium æqualis creator es et redemptor, tu has famulas tuas, quas ex omni numero gregis, ut bonus pastor, ad conservandam coronam perpetuæ virginitatis, et castimoniam animæ eligere dignatus es, tuæ protectionis scuto circumtege, et ad omne opus virtutis et gloriæ, magistrante sapientia, præpara, ut vincentes carnis illecebras, et illicita connubia recusantes, insolubilem Filii tui Domini nostri Jesu Christi copulam mereantur. His petimus, Domine, arma suggeras, non carnalia, sed spiritus virtute potentia, ut, te muniente earum sensus et membra, in earum corporibus et animabus non possit dominari peccatum; ac sub tua gratia vivere cupientibus, nihil sibi defensor malorum et inimicus bonorum de his vasis nomini tuo consecratis prævaleat vindicare. Omnem etiam nocivum calorem imber gratiæ tuæ cœlestis exstinguat, lumen vero perpetuæ castitatis accendat; facies pudica scandalis non pateat, neque incautis occasionem tribuat negligentia delinquendi. Sitque in eis casta virginitas; sint

nom. Que la pluie céleste de votre grâce éteigne tous les feux impurs, et fasse briller la lumière d'une perpétuelle chasteté ; que, la pudeur sur le front, et ne négligeant aucune précaution, elles ne soient pour personne une occasion de scandale et de chute. Que leur austérité protège leur virginité ; qu'elles soient tout à la fois ornées et armées d'une foi intègre, d'une espérance ferme, d'une charité sincère ; que leur âme, préparée à la continence, ait une force assez grande pour triompher de tous les pièges du démon ; qu'elles méprisent le présent, cherchent les biens futurs, préfèrent les jeûnes aux délices du corps, les lectures saintes et les prières aux repas et aux festins ; que, nourries de prières, remplies d'instruction, exercées aux veilles, elles rendent efficaces les grâces attachées à la virginité. Faites donc que vos servantes, munies intérieurement et extérieurement de ces armes de vertus, parcourent sans obstacle la carrière de la virginité. Par Jésus - Christ Notre - Seigneur. ℟ Ainsi soit-il. »

44. Alors elles se mettent à genoux, et le pontife, debout avec la mitre, prononce sur elles la bénédiction suivante :

« Que Dieu le Père, le Fils et le Saint-Esprit verse sur vous toutes sortes de bénédictions spirituelles, afin que, demeurant sans souillure et sans tache sous le vêtement de sainte Marie, mère de Notre - Seigneur Jésus-Christ, l'esprit de grâce se repose sur vous sous sept formes différentes, l'esprit de sagesse et d'intelligence, l'esprit de conseil et de force, l'esprit de science et de piété ; que l'esprit de la crainte du Seigneur vous remplisse, qu'il consolide la fra-

ornatæ pariter et armatæ fide integra, spe certa, charitate sincera ; ut præparato animo ad continentiam, virtus tanta præstetur, quæ superet diaboli universa figmenta ; et contemnendo præsentia, futura sectentur, jejunia epulis carnalibus præferant ; lectiones sacras et orationes conviviis et potationibus anteponant ; ut orationibus pastæ et eruditionibus expletæ, illuminatæ vigiliis, opus gratiæ virginalis exerceant. His igitur virtutum armis tuas famulas interius exteriusque communiens, præsta inoffensum cursum virginitatis implere. Per Christum Dominum nostrum. ℟ Amen.

44. Tum pontifex, accepta mitra, stans dicit sequentem benedictionem super illas genuflexas :

Benedicat vos Deus Pa†ter, et Fi†lius, et Spiritus†sanctus omni benedictione spirituali ; ut manentes semper incorruptæ, inviolatæ et immaculatæ, sub vestimento sanctæ Mariæ matris Domini nostri Jesu Christi, requiescat super vos spiritus septiformis gratiæ, spiritus sapientiæ et intellectus, spiritus consilii et fortitudinis, spiritus scientiæ et pietatis ; et repleat vos spiritus timoris Domini, fragiles solidet invalidasque confirmet,

gilité, qu'il affermisse les faibles, qu'il soulage par sa tendresse, qu'il gouverne les esprits, qu'il dirige les voies, qu'il donne de saintes pensées, qu'il rende les actions bonnes, qu'il conduise à la perfection ; qu'il édifie par la charité, éclaire par la sagesse, fortifie par la chasteté, instruise par sa science, affermisse dans la foi, multiplie les vertus, élève à une haute sainteté, prépare à la patience, soumette à l'obéissance, protège la sobriété et la pudeur ; qu'il visite dans l'infirmité, relève dans la douleur, garde dans la tentation, modère dans la prospérité, adoucisse dans la colère, purifie si l'on est coupable ; qu'il répande la grâce, remette l'offense, établisse la régularité. Qu'appuyées sur ces vertus et autres semblables, et décorées d'actions saintes, vous vous appliquiez toujours à mériter la récompense. Ayez pour témoin celui que vous devez avoir pour juge ; et préparez-vous pour vous présenter à lui avec joie, ayant en main une lampe ardente pour entrer dans la chambre nuptiale ; qu'il ne trouve en vous rien de rebutant, ni souillure ni déguisement, mais des âmes blanches comme la neige, des corps lumineux et brillants ; afin qu'au jour où il doit récompenser les justes et punir les méchants, il n'y ait en vous rien que la flamme vengeresse puisse brûler, mais ce que la bonté divine doit couronner ; que la vie religieuse vous purifie dans ce monde, afin qu'allant paraître au

pietate allevet et mentes regat, vias dirigat, cogitationes sanctas instituat, actus probet, opera perficiat, charitate ædificet, sapientia illuminet, castitate muniat, scientia instruat, fide firmet, in virtute multiplicet, in sanctitate sublimet, ad patientiam præparet, ad obedientiam subdat, sobrias protegat et pudicis ; in infirmitate visitet, in dolore relevet, in tentatione custodiat, in prosperitate temperet, in iracundia mitiget, in iniquitate emundet ; infundat gratiam, remittat offensam, tribuat disciplinam. Ut his et similibus virtutibus fultæ, et sanctis operibus illustratæ, illa semper studeatis agere, quæ digna fiant remuneratione. Illum habeatis testem, quem habituræ estis judicem, et vos aptetis, ut præfulgentem gestetis in manu lampadem, intraturæ sponsi thalamum, occurratis cum gaudio, et nihil in vobis reperiat fetidum, nihil sordidum, nihil occultum, nihil corruptum, nihil inhonestum, sed niveas et candidas animas, corporaque lucida atque splendida ; ut, cum ille dies tremendus remunerationis justorum, retributionisque malorum advenerit, non inveniat in vobis ultrix flamma quod urat, sed divina pietas quod coronet ; quas jam in hoc sæculo conversatio religiosa mundavit, ut ad tribunal æterni Regis ascensuræ, celsaque palatia, cum iisdem mercamini habere protectionem qui sequuntur Agnum, et cantant canticum novum sine cessatione, illic perceptura præ-

tribunal du Roi éternel, et vous approchant de ses palais, vous mériteriez qu'il vous prenne sous sa protection avec ceux qui suivent l'Agneau, et ne cessent de chanter un cantique nouveau ; vous y recevriez la récompense après le travail, et demeuriez pour toujours dans la région des vivants. Enfin, qu'il vous bénisse lui-même du haut des cieux, celui qui a daigné venir sur la terre pour racheter le genre humain en souffrant sur la croix, Jésus-Christ Notre-Seigneur qui, étant Dieu dans une unité parfaite avec le Père éternel et l'Esprit-Saint, vit et règne dans les siècles des siècles. ℟ Ainsi soit-il. »

45. Ensuite le pontife, assis avec la mitre, défend à haute voix, sous peine d'anathème, de détourner du service divin ces personnes enrôlées sous l'étendard de la chasteté, de s'emparer de leurs biens, ou d'en troubler la possession. Il se sert de cette formule :

« Par l'autorité de Dieu tout-puissant et de ses bienheureux apôtres Pierre et Paul, nous défendons expressément et sous peine d'anathème, de faire quitter le service divin à ces vierges ici présentes, à ces religieuses qui se sont enrôlées sous l'étendard de la chasteté ; que personne ne ravisse leurs biens, qu'elles les possèdent en paix. Si quelqu'un ose violer cette défense, qu'il soit maudit chez lui et ailleurs, dans la ville et dans la campagne, pendant la veille et pendant le sommeil, dans le boire et le manger, soit qu'il se promène, soit qu'il s'arrête ; qu'il soit maudit dans sa chair et dans ses os, et que de la tête

mium post laborem, semperque maneatis in viventium regione. Atque ipse benedicat vos de cœlis, qui per crucis passionem humanum genus est dignatus venire in terris redimere, Jesus Christus Dominus noster, qui cum æterno Patre et Spiritu sancto in unitate perfecta vivit et regnat Deus, in sæcula sæculorum. ℟ Amen.

45. *Deinde pontifex sedens cum mitra, publica voce anathema ponit, ne quis eas a divino servitio, quæ vexillo castitatis subjectæ sunt, abducat ; nullus earum bona surripiat, sed ea cum quiete possideant, in hanc formam :*

Auctoritate omnipotentis Dei et beatorum Petri et Pauli apostolorum ejus, firmiter et sub interminatione anathematis inhibemus ne quis præsentes virgines seu sanctimoniales a divino servitio, cui sub vexillo castitatis subjectæ sunt, abducat, nullus earum bona surripiat, sed ea cum quiete possideant. Si quis autem hoc attentare præsumpserit, maledictus sit in domo et extra domum ; maledictus in civitate et in agro ; maledictus vigilando et dormiendo ; maledictus manducando et bibendo, maledictus ambulando et sedendo ; maledicta sint caro ejus et ossa, et a planta pedis usque ad verticem non habeat sanitatem. Veniat super illum

aux pieds il n'ait rien de sain. Qu'il soit chargé de la malédiction dont a parlé Moïse au sujet des enfants d'iniquité. Que son nom soit effacé du livre des vivants, et qu'il ne soit pas inscrit avec les justes. Qu'il reçoive son partage avec le fratricide Caïn, avec Dathan et Abiron, avec Ananie et Saphire, avec Simon le Magicien et Judas le traître, avec ceux qui ont dit à Dieu : Retirez-vous de nous, nous ne voulons pas suivre vos voies. Qu'il périsse au jour du jugement ; qu'il soit dévoré d'un feu perpétuel avec le démon et ses anges, s'il ne restitue et ne se corrige. Soit, soit ! »

46. Alors on dit Alleluia ou le dernier verset du Trait ou de la Prose, et le reste jusqu'à l'Offertoire inclusivement, les vierges restant rangées à leur place.

47. Après avoir lu l'Offertoire, le pontife s'assied avec la mitre sur un fauteuil qu'on place au milieu de l'autel ; chacune des vierges consacrées, ayant le voile sur la tête, se met à genoux devant lui et lui offre un cierge allumé.

48. En même temps on prépare des hosties pour en faire consacrer à proportion de leur nombre. Après leur offrande, le pontife lave ses mains, quitte la mitre, se lève et continue la messe à l'ordinaire.

Secrète.

Par les hosties que nous vous offrons, Seigneur, nous vous prions d'accorder à vos servantes ici présentes le don de persévérance dans une perpétuelle virginité, afin qu'à l'arrivée du grand Roi elles trou-

maledictio hominis, quam per Moysen in lege filiis iniquitatis Dominus permisit. Deleatur nomen ejus de libro viventium, et cum justis non scribatur. Fiat pars et hæreditas ejus cum Cain fratricida, cum Dathan et Abiron, cum Anania et Saphira, cum Simone Mago et Juda proditore, et cum eis qui dixerunt Deo : Recede a nobis, semitam viarum tuarum nolumus. Pereat in die judicii ; devoret eum ignis perpetuus cum diabolo et angelis ejus, nisi restituerit et ad emendationem venerit. Fiat, fiat !

46. *Tum dicitur Alleluia, sive ultimus versus Tractus vel Sequentiæ, et cætera usque ad Offertorium inclusive, virginibus in ordine suo manentibus.*

47. *Offertorio dicto, singulæ virgines consecratæ, velatis capitibus, ad manus pontificis in faldistorio ante medium altaris cum mitra sedentis, offerunt, coram eo genuflexæ, quælibet candelam accensam.*

48. *Interim parantur pro eis tot hostiæ consecrandæ, quot sunt ipsæ numero. Facta oblatione, pontifex cum mitra sedens lavat manus ; deinde, deposita mitra, surgit et prosequitur missam more consueto.*

Secreta.

Oblatis hostiis, quæsumus, Domine, præsentibus famulabus tuis perseverantiam perpetuæ virginitatis accommoda ; ut apertis januis summi Regis adventu, regnum cœleste cum lætitia mereantur in-

vent les portes ouvertes, et méritent d'entrer avec joie dans le royaume céleste. Par Notre-Seigneur Jésus-Christ votre Fils, qui, étant Dieu avec vous dans l'unité de l'Esprit-Saint, vit et règne des siècles. ℟ Ainsi soit-il.

49. Quand le pontife a communié sous les deux espèces, les vierges viennent se mettre à genoux deux à deux sur le plus haut degré de l'autel ; le pontife leur donne la communion à toutes ; puis, étant à genoux comme pendant la messe, elles chantent ensemble cette antienne sur le 1er ton :

« J'ai reçu de sa bouche le lait et le miel ; son sang a décoré mes joues. »

50. En même temps le pontife prend l'ablution, puis reçoit la mitre, se lave les mains debout, et achève la messe.

Postcommunion.

« O Dieu, qui avez établi votre demeure dans un cœur où règne la pureté, jetez les yeux sur vos servantes, afin qu'elles aient la consolation de recevoir ce qu'elles vous demandent en pratiquant sans relâche la mortification. Par Notre-Seigneur, etc. »

51. A la fin de la messe le pontife donne solennellement la bénédiction.

52. Comme dans certains monastères, pour suppléer au défaut de diaconisses, il est d'usage qu'on permette aux vierges consacrées de commencer les heures canoniales et de lire l'office dans l'église, le pontife, debout devant

trare. Per Dominum nostrum Jesum Christum Filium tuum, qui tecum vivit et regnat in unitate Spiritus sancti Deus, per omnia sæcula sæculorum. ℟ Amen.

dans tous les siècles soit-il. »

49. *Postquam pontifex se de corpore et sanguine communicaverit, tum accedunt ad supremum gradum altaris virgines ipsæ binæ et binæ, et ibidem genuflectunt; pontifex vero singulas communicat, et omnibus communicatis, ipsæ virgines ante altare, ut in missa fuerunt genuflexæ, simul cantant antiphonam ton. 1 :*

Mel et lac ex ejus ore suscepi, et sanguis ejus ornavit genas meas.

50. *Interim pontifex ablutionem sumit; tum, accepta mitra, stans lavat manus, deinde perficit missam.*

Postcommunio.

Deus, qui habitaculum tuum in corde pudico fundasti, respice super has famulas tuas, et quæ castigationibus assiduis postulant, tua consolatione percipiant. Per Dominum nostrum Jesum Christum Filium tuum, qui tecum vivit et regnat in unitate Spiritus sancti Deus, per omnia sæcula sæculorum. ℟ Amen.

51. *Missa finita pontifex dat benedictionem solemnem.*

52. *Et quia in nonnullis monasteriis est consuetudo quod loco diaconissatus virginibus consecratis datur facultas incipiendi horas canonicas et legendi officium in ecclesia, pontifex stans ante altare sine mitra, virginibus con-*

l'autel sans mitre, dit ce qui suit, les vierges consacrées étant à genoux devant lui :

℣ Le Seigneur soit avec vous ; ℟ Et avec votre esprit.

Prions.

Exaucez, Seigneur, nos prières, et faites descendre votre bénédiction sur vos servantes ; afin qu'enrichies des dons célestes, elles puissent être agréables à votre majesté, et que leur vie soit un modèle pour les autres. Par Jésus-Christ Notre-Seigneur. ℟ Ainsi soit-il.

53. Alors le pontife s'assied, reçoit la mitre et leur livre le Bréviaire qu'elles touchent des deux mains pendant qu'il dit :

« Recevez ce livre, afin que vous commenciez les heures canoniales, et que vous lisiez l'office dans l'église. Au nom du Père, et du Fils †, et du Saint † Esprit. ℟ Ainsi soit-il. »

54. Le pontife se lève, et tourné vers l'autel sans mitre, il commence le *Te Deum* que le chœur continue (art. ÉVÊQUE); quand il est fini, deux religieuses du chœur disent :

℣ « Mon Dieu, confirmez ce que vous avez opéré en nous. »

Le chœur répond :

« De votre saint temple qui est dans Jérusalem. »

55. Le pontife, debout au côté de l'Epître, tourné vers l'autel, dit sur le livre qu'on y a placé :

« Seigneur, nous vous prions de nous accorder une grâce prévenante et concomitante qui inspire nos actions et nous aide à les faire, afin que toutes nos prières et toutes nos œuvres commencent et finissent toujours par

secratis coram eo genuflexis, dicit :

℣ Dominus vobiscum ; ℟ Et cum spiritu tuo.

Oremus.

Exaudi, Domine, preces nostras, et super has famulas tuas spiritum tuæ bene†dictionis emitte ; ut cœlesti munere ditatæ, et tuæ majestatis gratiam possint acquirere, et bene vivendi aliis exemplum præbere. Per Christum Dominum nostrum. ℟ Amen.

53. *Tunc sedet pontifex, accepta mitra, et tradit Breviarium illis, ambabus manibus ipsum tangentibus, dicens :*

Accipite librum, ut incipiatis horas canonicas, et legatis officium in ecclesia. In nomine Patris, et Fi†lii, et Spiritus † sancti. ℟ Amen.

54. *Surgit pontifex, mitra deposita, et conversus ad altare incipit hymnum* Te Deum laudamus, *quem chorus prosequitur usque ad finem, et eo finito, duæ ex choro dicunt :*

℣ Confirma hoc, Deus, quod operatus es in nobis.

Respondet chorus :

A templo sancto tuo, quod est in Jerusalem.

55. *Et pontifex stans in cornu Epistolæ altaris, conversus ad altare, ex libro ibidem super altari posito, dicit :*

Actiones nostras, quæsumus, Domine, aspirando præveni et adjuvando prosequere, ut cuncta nostra oratio et operatio a te semper incipiat, et per te cœpta finiatur. Per Christum Dominum nostrum Amen.

vous. Par Jésus Christ Notre-Seigneur. ℞ Ainsi soit-il.

56. Puis les vierges consacrées retournent à la porte du monastère, où elles se mettent à genoux devant le pontife, qui les présente à l'abbesse aussi à genoux, en disant :

« Voyez quel soin vous devez avoir de ces vierges consacrées à Dieu, pour les représenter sans tache; car vous en devez rendre compte devant le tribunal de leur époux qui doit être notre juge. »

57. Alors le pontife retourne à l'église en disant :

« Le Seigneur soit avec vous.

« Commencement du saint Evangile selon saint Jean.

« Au commencement, etc. »

58. Ayant quitté les habits sacrés, il se retire.

56. *Post hæc virgines consecratæ revertuntur ad portam monasterii, ubi pontifex eas coram se genuflexas præsentat abbatissæ similiter genuflexæ, dicens :*

Vide quomodo istas consecratas Deo serves, et repræsentes immaculatas; redditura pro eis rationem, ante tribunal sponsi earum, venturi judicis.

57. *Tum pontifex redit ad ecclesiam, dicens :*

Dominus vobiscum.

Initium sancti Evangelii secundum Joannem.

In principio, etc.

58. *Et sacris vestibus depositis, vadit in pace.*

VIN.

Voy. RUBRIQUES, *De defectibus*, tit. 4.

DU VIN EUCHARISTIQUE.

(Traité des SS. Mystères, par Collet.)

1 *Le vin matière du calice.* — 2. *Conséquences de ce principe.* — 3. *Le vin doux matière suffisante, mais impropre de la consécration.* — 4. *Remarques sur les vins étrangers,* — 5. *et sur le vin gelé.* — 6. *Le vin qui sert au sacrifice doit être mêlé d'eau; de quelle eau, et en quelle quantité ?* — 7. *Ce mélange se doit-il faire à l'autel, et par qui ?* — 8. *Conduite à garder quand on s'aperçoit qu'on a manqué de mettre, ou de l'eau, ou du vin, ou l'un et l'autre dans le calice.* — 9. *Belle rubrique du Missel de Paris.* — 10. *Deux autres règles proposées par la rubrique.* — 11. *Décisions sur la présence de la matière.* — 12. *Un prêtre aveugle peut-il célébrer, et qui peut le lui permettre ?* — 13. *La matière eucharistique doit être déterminée.* — 14. *Cas importants.* — 15. *Les gouttes de vin séparées du tout sont-elles consacrées ?*

1. Le vin qui naît de la vigne est indubitablement la matière du calice. L'église l'a cent fois défini contre les ébionites, et surtout contre les manichéens, qui, par un étourdissement que l'hérésie seule connaît, attribuaient au mauvais principe la production de cette liqueur, et la traitaient de fiel du dragon.

2. Il suit de ce principe qu'on ne peut se servir pour la consécration, ni du suc qui se tire des pommes, des poires, des cerises, des grenades, ni du vin cuit, ni de verjus, ni même de la grappe entière du raisin, tant que le jus n'en est pas exprimé. C'est que rien de tout cela n'est un vin naturel et proprement dit. Il en est de même du vinaigre, qui n'est tout au plus qu'un vin corrompu (1).

3. Il n'en serait pas ainsi du moût ou du vin doux; il est réputé vin, et dans l'Ecriture (2), et dans le langage commun, dès qu'il a été exprimé du grain qui le renfermait. Aussi s'en sert-on dans plusieurs églises le 6 d'août, jour de la Transfiguration. Mais on n'en prend que quelques gouttes; et la rubrique (3) taxe d'un péché grief ceux qui s'en serviraient en entier, aussi bien que du vin qui commencerait à s'aigrir ou à se gâter de quelque autre manière. Il n'y aurait que de fortes raisons qui permissent d'en agir autrement (4).

4. Quoique les vins étrangers, comme ceux de Syracuse et d'Espagne, soient par eux-mêmes très-bons pour la consécration, il n'est pas à propos d'en user, parce que les marchands y mêlent, pour les multiplier, différentes drogues qui quelquefois les altèrent considérablement. Si l'on mêlait du vin de France avec du vin étranger qu'on eût lieu de croire n'être point falsifié, la consécration n'en souffrirait point, quoiqu'elle puisse souffrir du mélange des différents grains dont on ferait un même pain. C'est que de différents vins mêlés ensemble il ne résulte que du vin proprement dit, et que ce qui résulte du froment et du seigle mêlés en égale mesure ne s'appelle nulle part proprement et simplement du pain.

5. On dispute si l'on peut consacrer du vin gelé. Les uns le pensent ainsi, les autres le nient. Ce partage d'opinions montre que la chose est douteuse : or dans le doute on ne peut risquer le sacrement. Il faut donc ou ne pas consacrer, ou substituer d'autre vin à celui qui s'est changé en glace, ou du moins le rendre à sa première forme en échauffant le calice; comme on le doit faire lorsque les espèces ne se sont gelées qu'après la consécration. Ceux qui, comme Gavantus et Quarti, croient que le vin, quoique gelé, peut être la matière du sacrifice, avouent qu'il y aurait péché mortel à le consacrer tant qu'il est dans cet état.

---

(1) « Sicut de pane totaliter corrupto non potest confici hoc sacramentum, ita nec de aceto (*quod ex vino fit per corruptionem*); potest tamen confici de vino acescente; sicut et de pane qui est in via ad corruptionem; licet peccet conficiens. » S. Thom. hic, q. 74, a. 3. « Si vinum sit factum penitus acetum, vel penitus putridum, vel de uvis acerbis seu non maturis expressum, vel ex admixtum tantum aqua ut vinum sit corruptum, non conficitur sacramentum. » Rubric. p. III, tit. 4, n. 1.

(2) Vinum de torcularibus sustuli. Jerem. XLVIII. Vid. Luc. v, 37, et nolam seq.

(3) « Si vinum cœperit acescere vel corrumpi, vel fuerit aliquantum acre, vel mustum de uvis tunc expressum, vel non fuerit admixta aqua, vel fuerit admixta aqua rosacea, seu alterius distillationis, confici ur sacramentum; sed conficiens graviter peccat. » Rubr., *ibid.*, n. 2.

(4) « Si necesse sit, botrus in calice comprimatur et aqua misceatur. » Can. *Cum omne crimen*, 7, dist. *de Conseer.*

Le vin eucharistique doit être mêlé d'eau. C'est une loi de l'Eglise qui est aussi ancienne que l'Eglise même. Chaque province du monde chrétien dépose en sa faveur (1). Il n'appartenait qu'aux luthériens de préférer en ce point à la pratique du reste de l'univers celle des arméniens, si souvent et si justement réprouvée (2).

Ce mélange de vin et d'eau est quelque chose de si considérable, au jugement de l'Eglise, que, du commun aveu de ses docteurs, il n'est pas plus permis de l'omettre pour donner le viatique à un malade, qu'il ne l'est de célébrer pour la même fin sans ornements sacerdotaux (3). C'est pour cela que les canons menacent de peines très-rigoureuses ceux qui contreviennent à une loi si sagement établie, et l'on convient qu'on ne peut la violer sans péché mortel (4).

C'est de l'eau naturelle ou élémentaire qu'il faut mêler avec le vin. De l'eau de rose ou toute autre eau artificielle ne vaudrait rien, ni en tout, ni en partie. L'usage est de la mettre froide ; on pourrait cependant en mettre de chaude, si l'on ne pouvait en avoir d'autre assez tôt, ou que sous une zone presque glacée cela fût nécessaire pour empêcher le vin de se congeler.

On convient qu'il faut mettre beaucoup moins d'eau que de vin dans le calice. Je ne connais qu'un auteur, et cet auteur est très-récent, qui ait cru qu'on ne risque rien à mettre l'un et l'autre en égale quantité (5). Quoique nous vivions dans un temps où la seule nouveauté d'une opinion est un passeport pour elle, j'ai peine à croire que celle-ci s'établisse contre l'autorité des canons (6) et du concile de Florence. Ce dernier ne veut qu'une très-petite quantité d'eau dans le calice (7), et la plupart des théologiens l'entendent tout au plus d'un cinquième (8). Un concile tenu à Tribur ou Trébur près Mayence, vers 895, en permet un tiers (9), et le P. Lebrun dit qu'*on ne doit point avoir de scrupule*, lorsqu'on a suivi cette règle (10): ce qui est plus sûr encore quand le vin est bon et qu'on a lieu de croire qu'il n'a pas été *baptisé* (11). Il serait à souhaiter, pour éviter tout embarras dans une action où il n'en faudrait jamais avoir, qu'on introduisît chez nous, comme je l'ai vu à Saint-Omer et ailleurs, l'usage de certaines petites cuillers d'argent, avec lesquelles on ne prend à coup sûr qu'autant d'eau qu'il en faut : les chartreux et les minimes s'en servent, et font bien. La mesure du vin pour la messe n'est pas réglée : il n'en faut ni trop, ce qui aurait l'air d'une sensualité très-déplacée (12), ni trop peu, parce qu'on ne remplirait pas exactement le mot *bibite*, qui dit plus que *gustate*.

7. C'est à l'autel, et dans le temps du sacrifice, que le mélange de l'eau avec le vin se doit faire, parce que c'est une cérémonie sainte et pleine de mystères (13). L'usage est de le faire avant l'oblation du calice, quoique les carmes et les dominicains le fassent avant que de commencer la messe. Il faut que ce soit le prêtre ou un ministre autorisé à cet effet par l'Eglise qui fasse cette mixtion. Si l'on ne l'avait pas faite en son temps, il faudrait la suppléer, et on le peut jusqu'à la consécration du calice ; passé ce temps, il n'y a plus rien à faire. C'est ce que dit la rubrique (14), et il est aisé d'en inférer que lorsqu'on remet après coup de l'eau dans le calice après l'oblation, il ne faut pas l'offrir une seconde fois. Il est de règle que le principal communique sa bénédiction à l'accessoire. Si l'eau se change au sang de Jésus-Christ immédiatement ou non, c'est une de ces questions dont l'examen ne nous regarde pas.

Il ne nous reste plus qu'à parcourir ce que nous n'avons pas encore expliqué de la rubrique au sujet *du défaut du vin* ; après ce que nous avons dit dans le n° précédent, il n'y a rien qui puisse nous arrêter beaucoup.

8. 1° Si le célébrant, avant la consécration du sang, quoique après la consécration du corps, s'aperçoit que dans le calice il n'y a point de vin ou point d'eau, ou ni l'un ni l'autre, il doit aussitôt y mettre ce qui y manque, l'offrir au moins mentalement, et consacrer, commençant à *Simili modo* (15). S'il ne pouvait avoir d'eau, ni même de vin, il

---

(1) « A Domino admoniti et instructi sumus, ut calicem Dominicum vino mixtum, secundum quod Dominus obtulit, offeramus. » S. Cyprian., epist. 63, ad Cæcil. *Vide* Bellarmin., lib. iv, c. 10.

(2) « Si quis episcopus vel presbyter aquam vino non miscens sacrificium offert, deponatur. » Concil. Trullan. an. 692, can. 32.

(3) *Vid.* Suarem, disp. 45, sect. 2 ; Vasq., disp. 176, n. 1 ; Quarti, n part. tit. 7, sect. 2, dub. 4.

(4) « Concil. Trullan., ubi statim, num. 8... Aquæ miscendæ ita graves rationes sunt, ut eam sine peccato mortali prætermittere non liceat. » Ca'ech. Rom. part. ii, n. 7.

(5) *De Re sacramentaria contra perduelles hæreticos, libri decem*, Venetiis 1737. L'Auteur de cet ouvrage, qui est fort bon, est un dominicain (le P. Drouin), docteur de Paris. — Quant à la validité, cet auteur le croit ainsi ; mais il reconnaît une faute très-grave à le faire de propos délibéré. (*Edit.*)

(6) « Pernicio-us in tuis partibus inolevit abusus, videlicet quod in majori quantitate de aqua ponitur in sacrificio quam de vino, cum secundum rationabilem consuetudinem Ecclesiæ generalis, plus in ipso sit de vino quam de aqua ponendum. » Honorius III, cap. 13, *de Celebrat. missar.*

(7) « Vino ante consecrationem aqua modicissima admisceri solet. » Decret. pro instru t. Armenor

(8) *Vid.* Quarti, *loc. cit.*, dub. 6.

(9) « Duæ sint partes vini, quia major est majestas sanguinis Christi quam fragilitas populi ; tertia aquæ, per quam intelligitur infirmitas humanæ naturæ. » Concil. Tribur. an. 895, can. 19, tom. IX *Concil.*, p. 431.

(10) Lebrun, *Explication littérale*, etc. (*art.* OBLATION, t. II, col. 776, *not.* 15).

(11) C'est l'expression de Henri de Saint-Ignace : si elle n'est pas noble, elle est intelligible.

(12) « Certum est non debere esse nimiam *quantitatem vini*, præsertim ad satisfaciendum gulæ et ventri ; quod enorme est in hoc sacrosancto mysterio. » Quarti, dub. 6.

(13) *Vid.* S. Thom., q. 74, a. 8, ad 5 ; Suarem, disp. 45 ; Lebrun, art. cité.

(14) « Si celebrans ante consecrationem calicis advertat non uisse appositam aquam, statim ponat eam, et proferat verba consecrationis. Si id advertat post consecrationem calicis, nullo modo apponat, quia non est de necessitate sacramenti. » Rubric. part. iii, tit. 4, n. 7.

(15) « Si celebrans ante consecrationem sanguinis, quamvis post consecrationem corporis, advertat, aut vinum, aut aquam, aut utrumque non esse in calice, debet statim apponere vinum cum aqua, et facta oblatione ut supra, consecrare, incipiendo ab illis verbis : *Simili modo*, etc. » *Ibid.*, n. 3.

faudrait poursuivre de la manière que nous l'avons déjà dit. 2° S'il ne s'aperçoit qu'on lui a servi de l'eau pour du vin qu'après avoir prononcé les paroles de la consécration, il doit mettre cette eau dans un vase, en remettre d'autre avec du vin en la manière accoutumée, et consacrer en reprenant aux mêmes paroles (1).

9. Le Missel de Paris fait ici une distinction qui me paraît extrêmement juste. Il prescrit bien avec la rubrique romaine que dans le cas précédent on verse l'eau dans un vase, lorsqu'on n'a pas encore mis dans le calice la portion de l'hostie qu'on y met avant l'*Agnus Dei*; mais il veut en même temps que si cette action est déjà faite on laisse dans le calice l'eau qui est avec cette même parcelle, et qu'on y mette du vin autant qu'il en faut pour la consécration (2). C'est ce que j'ai fait en semblable cas, et ce dont je ne vois guère qu'on puisse se dispenser, surtout quand on n'a qu'un calice. On peut verser une partie de cette eau, s'il y en a trop, comme le dit la rubrique romaine qu'on vient de citer.

3° Si le prêtre ne s'aperçoit de la méprise qu'après avoir pris le corps du Sauveur, et l'eau qu'on lui a donnée pour du vin, la rubrique marque qu'il consacrera une nouvelle hostie, du vin avec de l'eau, après en avoir fait l'oblation, et qu'il se communiera de l'un et de l'autre, quoiqu'il ne soit plus à jeun. Que s'il célèbre dans un lieu où il y a beaucoup de monde, il pourra, dit-elle, pour éviter le scandale, se contenter d'offrir et de consacrer du vin avec de l'eau (3).

Nous avons été informés que des écrivains qui ont de la réputation au delà des monts trouvent l'inconvénient à cette nouvelle consécration du pain et du vin. Le Missel de Paris la prescrit cependant aussi bien que celui de Rome, et même plus fortement, puisqu'il n'exclut point le cas du scandale; il dit seulement, et cela mérite d'être observé, que lorsque le prêtre ne reconnaît qu'au goût ou à l'usage qu'on lui a donné de l'eau pour du vin, il doit avaler ce qu'il en a mis dans la bouche, s'arrêter au moment même, et n'en pas avaler davantage, mettre du vin sur ce qui reste d'eau, l'offrir, le consacrer et le prendre (4). Cette remarque est judicieuse, et les rubricaires romains l'ont ajoutée au texte dans lequel ils ne la trouvaient pas. Il y aurait en effet du danger qu'en rejetant ce qu'on a dans la bouche on ne rejetât en même temps quelque particule de l'hostie qu'on vient de prendre. Ajoutez qu'il y a de l'indécence à cracher ainsi ce qu'on n'a pas encore avalé, et que de plus il est presque impossible de ne pas rompre le jeûne : ce qui serait néanmoins la seule raison qu'on pourrait avoir de ne pas avaler ce qu'on a déjà dans la bouche.

10. La rubrique ajoute encore deux articles aux précédents : le premier, que quand au lieu de vrai vin on a mis dans le calice du vinaigre ou du vin corrompu, il faut se conduire comme si on avait mis de l'eau (5); le second, que quand on s'aperçoit avant la consécration de l'hostie qu'on manque de vin, et qu'on ne peut s'en procurer, il ne faut pas passer outre; mais si l'on ne s'aperçoit du défaut d'une espèce qu'après la consécration de l'autre, il faut, si on ne peut se la procurer, ou absolument, ou sans trop faire attendre le peuple, continuer la messe, en omettant les paroles et les signes qui regardent l'espèce qu'on ne peut avoir (6). Nous l'avions déjà dit, et nous ne le répétons que pour suivre pas à pas les règles du Missel.

11. C'est ici le lieu d'examiner si et comment la matière de la consécration doit être présente au célébrant.

Pour résoudre cette difficulté, dont la décision peut être de quelque usage dans la pratique, il faut distinguer deux sortes de présences, l'une physique, quand un objet est à portée de quelqu'un des sens, l'autre morale, quand ce même objet, quoiqu'il ne puisse actuellement tomber sous les sens, est dans un lieu où il peut être montré, non en lui-même, mais à raison de quelque chose qui est destiné à le contenir et à le représenter. Un vaisseau que je vois à dix lieues sur la mer est physiquement présent à mes yeux, parce qu'il les affecte; du vin renfermé dans un vase, ou de l'argent dans une bourse, n'ont pour moi qu'une présence morale, parce que je ne puis les montrer qu'à raison de l'instrument qui les renferme.

Cela posé, je dis en premier lieu que la matière de la consécration doit être au moins en quelque sens présente au ministre sacré. Cela se prouve et par la pratique du Fils de

---

(1) « Si post verba consecrationis advertat vinum non fuisse positum, sed aquam, deposita aqua in aliquod vas, iterum vinum cum aqua ponat in calice, et consecret, resumendo a verbis prædictis: *Simili modo*, etc. » *Ibid.*, n. 4.

(2) « Si post verba consecrationis, sed ante commixtionem particulæ, advertat vinum non fuisse positum, sed aquam, deposita aqua in aliquod vas, etc., *et statim*. Si post commixtionem id advertat, aquam non effundat, sed vinum apponat in majori quantitate, offerat, consecret ut supra, et prosequatur. Si post sumptionem corporis, similiter faciat. Si in sumptione hujusmodi aquæ sorbeat quod in ore habet, ab ulteriori sumptione cesset, vinum superimponat in calice, offerat, consecret, et sumat ut supra. » Rubric. Paris. n. 4 et 5. *Voyez*, à la fin du traité de l'Office divin, ou dans les éditions subséquentes de celui-ci, les difficultés qu'on m'a faites contre cette rubrique.

(3) « Si hoc advertat post sumptionem corporis, hujusmodi aquæ apponat aliam hostiam iterum consecrandam, et vinum cum aqua in calice, offerat utrumque, et consecret, et sumat, quamvis non sit jejunus. Vel si missa celebretur in loco publico, ubi plures adsint, ad evitandum scandalum poterit apponere vinum cum aqua, et facta oblatione ut supra, consecrare ac statim sumere, et prosequi cætera. » Rubric. Rom., *ibid.*, n. 3.

(4) Rubrica Paris. 3, *ubi supra*.

(5) « Si quis præcipiat ante consecrationem, vel post consecrationem, totum vinum esse acetum vel alias corruptum, idem servetur quod supra, ut si deprehendere non esse positum vinum, vel solam aquam fuisse appositam in calice. » *Ibid.*, n. 6.

(6) « Si materia quæ esset apponenda, ratione defectus vel panis, vel vini, non posset ullo modo haberi ; si si ante consecrationem corporis, ulterius procedi non debet ; si post consecrationem corporis aut etiam vini, deprehendatur defectus alterius speciei, altera jam consecrata, tunc si nullo modo haberi possit, procedendum erit, et missa absolvenda, ita tamen ut prætermittantur verba et signa quæ per inent ad speciem deficientem. Quodsi exspectando aliquandiu haberi possit, exspectandum erit, ne sacrificium remaneat imperfectum. » *Ibid.*, n. 8.

Dieu, qui prit en ses mains le pain et le vin pour les changer en son corps et en son sang, et par l'usage de l'Eglise, qui ne prononce jamais ses paroles de l'institution que sur une matière présente, et enfin par la nature de la forme sacramentelle: le mot *ceci* deux fois répété marque quelque chose de très-présent.

Je dis en second lieu que la présence physique de la matière de l'eucharistie n'est ni nécessaire, ni suffisante pour la consécration. Elle n'est pas nécessaire, puisqu'on peut consacrer des pains enfermés dans le ciboire, quoiqu'on ne puisse ni les voir ni les toucher, ce qui exclut la présence physique, telle que nous l'entendons ici; elle n'est pas suffisante, parce qu'on ne peut consacrer que ce qui peut être désigné par le pronom *ceci*, et qu'on ne pourrait désigner par là un objet extrêmement éloigné, quoiqu'il fût sensible à raison de sa masse ou par le moyen d'un instrument.

Et de là on peut conclure avec de graves théologiens qu'il n'est point du tout sûr qu'un mauvais prêtre pût consacrer tous les pains qui se trouvent au marché, ainsi que nous l'objectent les protestants. Mais quand cela serait ainsi, qu'en pourraient-ils conclure? Le Fils de Dieu a-t-il fait sa religion de manière à ne pouvoir être profanée? Ne croira-t-on ni la Trinité, parce que Servet l'aura sacrilégement comparée à un monstre, ni le baptême, parce qu'un impie l'aura appliqué à une bête? Au reste, en portant les choses au plus fort, il y aurait un moyen d'arrêter les mauvais effets d'un pareil attentat, ce serait de donner à de petits enfants le pain qu'on soupçonnerait avoir été consacré; il faudrait faire la même chose d'une pièce de vin dans laquelle un insensé aurait mis quelques gouttes du précieux sang (ou bien il faudrait garder tout ce vin pour le consacrer peu à peu. *Lugo*, *Suarez*, etc.). Mais c'en est assez pour des cas dont la bonté de Dieu saura bien garantir son Eglise.

Je dis en troisième lieu qu'une présence morale est suffisante et nécessaire. Cela suit des deux principes que nous venons de poser: il n'est pas nécessaire, et il ne suffit pas qu'elle soit présente physiquement; la conséquence n'est pas difficile à tirer.

De là il suit 1° qu'il n'est pas nécessaire que la matière de la consécration tombe sous les sens: c'est pourquoi l'on consacrerait validement et le vin dans le calice, sans l'avoir découvert, et les pains dans le ciboire, quoiqu'on n'eût pas pensé à l'ouvrir, comme on le doit faire pour obéir à la rubrique; mais il faut que le pain et le vin soient enfermés dans un corps qui, par sa destination et l'estime commune, ait tant de rapport à eux, qu'en montrant l'un on soit censé montrer l'autre. C'est pourquoi s'il y avait du pain ou du vin, soit derrière l'autel, soit dans le tabernacle, soit sous le corporal, ou sous tout autre corps où l'on n'a pas coutume de les mettre relativement à la consécration, ils ne seraient point consacrés, parce qu'ils ne seraient sensibles ni en eux-mêmes ni à raison de leur contenant, et que d'ailleurs le ministre n'a ni ne doit avoir l'intention de les consacrer.

12. Il suit 2° qu'un prêtre aveugle peut absolument célébrer. Jean VIII le permit par grâce à Hincmar de Laon, dans un concile de Troyes, et le savant P. Alexandre l'a fait de nos jours.

Le saint-siége s'est si précisément réservé le pouvoir d'accorder la permission de dire la messe à un prêtre que Dieu prive de l'usage de ses yeux, qu'il ne permet pas aux congrégations qui travaillent sous ses ordres de dispenser en ce point. On le voit par un décret de la congrégation chargée d'expliquer le concile de Trente, lequel je rapporte tout entier dans les notes (1) pour faire sentir à ceux qui demandent de pareilles dispenses aux évêques qu'ils ne doivent pas trouver mauvais, ou qu'on ne les leur accorde qu'avec poids et mesure, ou qu'on les renvoie au père commun des fidèles, parce qu'il s'agit d'une loi publique de l'Eglise, et d'une loi qui regarde une matière très-importante. Au reste, quoique des personnes de piété croient qu'un prêtre qui est devenu entièrement aveugle fait mieux de ne penser plus à dire la messe, soit parce que la Providence semble le vouloir ainsi, puisqu'elle n'ôte pas les moyens quand elle veut la fin, soit parce qu'il est à craindre qu'il ne purifie pas la patène comme il faut, soit enfin parce que cette privation peut être compensée, tant par la résignation avec laquelle on la souffre, que par la communion de chaque jour, qui a si souvent été la seule ressource des plus saints prêtres, nous continuons à croire que cette dispense peut s'accorder à des personnes d'une piété distinguée, et qu'à moins qu'il n'y ait une coutume contraire dans le lieu, l'évêque peut, absolument parlant, l'accorder. Nous en connaissons cependant, et du premier ordre, qui, sur l'avis de plusieurs théologiens, ont mieux aimé ne dispenser que par *interim*, et jusqu'à ce que les suppliants se fussent pourvus à Rome. Cette digression paraîtra peut-être un peu longue, mais les plus longues ne sont pas toujours les plus inutiles.

Il suit encore du même principe ci-dessus

---

(1) « Die 19 Julii, an. 1717, sacra congregatio Em. S. R. E. cardinalium concilii Tridentini interpretum benigne commisit ordinario ut, veris existentibus causis narratis, et dummodo orator non sit omnino cæcus, memoriter non recitet, celebret in oratorio privato, ac etiam in publica ecclesia, hora tamen a populo minus frequentata, et cum ab assistente sacerdote, quatenus eo indigere videatur, petitam licentiam celebrandi diebus festis et duplicibus missam votivam SS. Virginis, diebus vero ferialibus missam defunctorum per triennium proximum; si tamen diu enuntiatus defectus perduraverit, pro suo arbitrio et conscientia, oratori gratis impertiatur, cum facultate hujusmodi licentiam prorogandi ac renovandi toties quoties opus fuerit, si facto experimento cognoverit oratorem in eadem visivæ potentiæ debilitate perdurare; viceque versa præfatam licentiam denegandi, si orator in sacro peragendo defecerit, aut omnino cæcus evaserit; super quibus ipsius ordinarii et oratoris conscientia onerata remaneat, A. cardinalis præfectus, etc. »

établi, qu'il n'est point du tout nécessaire que l'haleine et le son de la voix frappent physiquement la matière qu'on veut consacrer. C'est pourquoi, quelque envie que nous ayons de ne faire de procès à personne, nous ne pouvons que condamner la pratique de ceux qui mettent en quelque sorte sur le bout de leurs lèvres les dons proposés, et qui soufflent dessus avec autant d'indécence que d'opposition à la rubrique, qui veut que le prêtre, la tête penchée, prononce les saintes paroles d'un ton distinct, secret, respectueux. Encore un mot, et nous finissons cet article.

13. La matière eucharistique doit être déterminée par l'intention de celui qui veut la consacrer. Ainsi, comme on ne baptise pas quelqu'un sans vouloir le baptiser, on ne consacre pas tel ou tel pain sans le vouloir consacrer. Cette parole, ceci, marque par elle-même quelque chose de fixe, et ce qui est fixe ne peut être totalement indéterminé.

Il résulte de là qu'un prêtre qui de dix pains qu'il a sous les yeux n'en voudrait consacrer que neuf, sans désigner celui qu'il prétendrait exclure, n'en consacrerait aucun (1), et il y a toute apparence qu'il ne réussirait pas mieux, s'il laissait à Dieu cette détermination à faire. Dieu est trop sage pour entrer dans les bizarreries d'un homme qui l'offense.

14. Mais que faire donc si par hasard on mêlait avec plusieurs hosties consacrées un pain qui ne le fût pas, et qui ne pût plus être distingué? Ce cas, qui n'est pas nouveau, embarrasse nos maîtres. Quelques-uns veulent qu'on donne alors deux hosties à chacun de ceux qui se présenteront à la sainte table, parce qu'il y en aura toujours une de consacrée; que si au lieu d'un pain non consacré on en avait mêlé quinze ou vingt avec autant de pains consacrés, ils ajoutent que le prêtre devrait chaque jour, après avoir pris le précieux sang, en prendre cinq ou six, jusqu'à ce qu'il eût tout consommé. Voilà ce qu'a trouvé de mieux le cardinal de Lugo, et il a été suivi par Henri de Saint-Ignace (2).

Un théologien de Paris (3) y va plus uniment : il dit en deux mots que pour consacrer un pain qu'on ne peut plus distinguer des autres, il suffit que le prêtre prononce sur la totalité de la matière présente les paroles sacrées, avec intention de ne consacrer que ce qui ne l'est pas encore. Et pour aller audevant d'une objection qui s'offre d'abord à l'esprit, il ajoute que la matière du sacrifice ne demande pas à être déterminée jusqu'à la dernière précision, que la nuit de Noël le célébrant consacre très-bien le vin qu'il met à la seconde et à la troisième messe, quoiqu'il se mêle avec cette petite portion du précieux sang qui reste dans le calice, et dont

il n'est pas possible de le distinguer, et qu'après tout une telle hostie est *désignable* par elle-même, quoique par accident le prêtre ne la puisse désigner. Ce sentiment me paraît sûr, et je n'aurais point de peine à le suivre dans la pratique. Il faut cependant éviter autant qu'on le peut de mêler le sacré avec ce qui ne l'est pas, et c'est à quoi manquent ceux qui, sans avoir exactement purifié le ciboire, y mettent sans scrupule de nouveaux pains pour la consécration.

Une détermination virtuelle suffit pour consacrer validement, et elle est censée faite par l'intention générale que le prêtre doit avoir de consacrer tout ce qui lui est présenté selon la règle (4). Si donc il a deux pains à la main, et qu'il croie n'en avoir qu'un, il consacre l'un et l'autre (5). S'il pense n'avoir mis que cinq ou six petites formules, et qu'il en ait mis sept ou huit, toutes seront consacrées. Son erreur, qui n'est que de spéculation, ne nuit point à son intention pratique. Il en est de même lorsqu'il a mis sur l'autel un ciboire avec des pains à consacrer, et qu'il n'a pas pensé à l'ouvrir.

Mais que dire si l'on avait mis plusieurs petits pains sur le corporal à l'insu du prêtre, ou hors le corporal, de manière qu'il s'en fût aperçu dans le moment, mais qu'il n'y eût plus pensé dans la suite de l'action. La rubrique semble décisive : *Si aliquæ hostiæ ex oblivione remaneant in altari, vel aliqua hostia lateat, cum (sacerdos) non intendat consecrare quas non videt, non consecrat* (Rubric., p. III, tit. 7, n. 1). Cependant, comme la chose n'est pas sans difficulté, je ferais trois choses où personne ne pourrait trouver à redire : 1° Je traiterais avec tout le respect possible ces sortes d'hosties, comme pouvant renfermer le corps et le sang de mon Seigneur et mon Dieu ; 2° je ne les donnerais pas aux simples fidèles, mais bien à un moribond, si je n'en avais point d'autres, parce qu'il vaut mieux donner un sacrement douteux, que n'en point donner du tout ; 3° je les prendrais avec le précieux sang, ou, s'il y en avait un trop grand nombre, je les consacrerais le lendemain, ou les ferais consacrer par un autre, sous condition.

15. On est quelquefois si embarrassé à l'occasion des gouttes de vin qui ne font pas corps avec celles qui sont dans le calice, qu'il est à propos d'en dire un mot ici.

Nous croyons, 1° que celles qui sont hors du calice ne sont point consacrées, parce qu'un prêtre n'a ni ne pourrait sans crime avoir l'intention de les consacrer. Ce serait à pure perte s'exposer au danger de les profaner.

A l'égard de celles qui sont attachées à la coupe intérieure, on est plus partagé, parce qu'on ne sait trop si on doit avoir ou n'avoir

---

(1) « Si quis habeat coram se undecim hostias, et intendat consecrare solum decem, non determinans quas decem intendit... non consecrat, quia requiritur intentio. » Rubric. p. III, tit. 7, n. 3.
(2) Lugo, disp. 4, n. 136; *Ethica amoris*, cap. 9, n. 91 et 92.
(3) Graudin, *de Euchar.*

(4) « Quilibet sacerdos talem semper intentionem habere deberet (*Missal. Paris.* debet), scilicet consecrandi eas omnes *hostias* quas ante se ad consecrandum positas habet. » Rubric. part. III, tit. 7, n. 1.
(5) *Si sacerdos putans se tenere unam hostiam, post consecrationem invenerit fuisse duas simul junctas, in sumptione sumat simul utramque.* » Rubrica, *ibid.*, n. 2

pas intention de les consacrer. Sur quoi nous dirons en deux mots : 1° que le prêtre doit tâcher, mais sans scrupule, d'essuyer avec le purificatoire tout ce qui est séparé du contenu (c'est une pratique louable, a dit la S. C. en 1816); et il doit faire la même chose par rapport à la grande hostie, en y passant légèrement la main, pour en ôter toutes les particules qui n'y sont pas bien attachées ; 2° qu'il doit être dans le dessein de consacrer les gouttes qui seront réunies au tout, avant qu'il communie; que par rapport aux autres il lui suffit de vouloir ce que l'instituteur du sacrement exige qu'il veuille. Or, comme selon cette méthode il y a toujours lieu de douter si celles des gouttes qui doivent rester détachées sont consacrées ou ne le sont pas, il faut bien se donner de garde de les essuyer; on doit donc les prendre avec le précieux sang, sans trop s'embarrasser du jeûne naturel, dont l'infraction est alors beaucoup moins à craindre que le danger de manquer au respect si légitimement dû à tout ce qui peut être le corps et le sang de Jésus-Christ. Ainsi raisonne un théologien que nous avons déjà plus d'une fois cité (1).

VISITE.

A l'art. INFIRMES on a parlé fort au long de la visite des malades, comme étant l'un des principaux devoirs de la charge pastorale. Ici nous traiterons de la visite épiscopale, d'après le Cérémonial et le Pontifical romain, en commençant par les cérémonies de la réception d'un prélat.

VISITE ÉPISCOPALE.
TITRE PREMIER.
(Extrait du Cérémonial des évêques, l. 1, c. 2.)

1. Quand un évêque se dispose à faire son entrée dans son diocèse, ou un archevêque dans sa province, il peut obtenir de notre saint-père le pape quelques faveurs, quelques pouvoirs, et surtout une indulgence plénière pour le peuple qui assistera à sa première messe. Il préparera aussi ce qu'il faut pour le voyage, et pour faire son entrée, comme l'habit épiscopal ordinaire ; la chape pontificale violette (c'est-à-dire une espèce de manteau long, que l'on remplace en France par le prolongement de la soutane); le chapeau pontifical orné de cordons et de glands en soie de couleur verte ; les livres nécessaires, entre autres le Pontifical romain

(1) Henricus a Sancto Ignatio.
(2) Il peut n'être ni évêque ni prêtre.
(3) « La veille de la visite, dit le Cérémonial de Lyon, n. 1477, le curé fera nettoyer et orner l'église comme pour les grandes solennités; il donnera aussi les ordres nécessaires pour qu'on sonne toutes les cloches vers le soir, le lendemain matin, aussitôt que Monseigneur paraîtra sur le territoire et lorsqu'il s'en retournera...»
« La veille ou le matin du jour de la visite, le curé fera placer dans la sacristie ou dans quelque autre lieu de l'église une table où seront rangés par ordre les ornements, le linge, les livres et autres meubles destinés au service divin, afin que Monseigneur puisse facilement les visiter et en faire le dénombrement. Il mettra aussi les fonts baptismaux, les vaisseaux des saintes huiles, les vases sacrés et les reliques avec leurs authentiques dans l'état le plus convenable pour être visités.

et le Cérémonial; les habits sacrés nécessaires à son arrivée, savoir, une chape blanche avec l'étole et la mitre précieuse, l'amict, l'aube, le cordon, la croix pectorale et l'anneau; pour une plus grande commodité, il peut se faire apporter ces objets de l'église.

A son départ il récitera l'itinéraire avec ses clercs, dans l'église, s'il le peut commodément, du moins avant de monter à cheval (ou en voiture) ; ce qu'il observera chaque jour le matin après la messe, tant que durera le voyage ; et s'il est archevêque, dès qu'il entrera dans sa province, il fera porter devant lui une croix par l'un de ses chapelains, l'image du très-saint crucifix tournée vers lui. Ses sujets qu'il rencontrera devront se mettre à genoux, et il les bénira, en faisant sur eux le signe de la croix ; l'évêque en fera autant lorsqu'il entrera dans son diocèse.

2. Quand il ne sera plus qu'à une journée ou deux de sa ville épiscopale ou métropolitaine, il fera savoir à son vicaire, aux chanoines, au chapitre, aux magistrats et officiers de la ville, le jour et l'heure de son entrée, afin que tous puissent se préparer pour lui aller au-devant et lui rendre les honneurs qui lui sont dus. Il enverra aussi d'avance quelqu'un des siens pour avertir le clergé et les autres à qui il appartient de se mettre en procession pour le recevoir ; de faire préparer un baldaquin à la porte de la ville, et désigner ceux qui le porteront au-dessus de l'évêque, comme on le dira plus loin ; ils auront soin aussi de faire approprier les lieux par où il faudra passer, et de les faire joncher de fleurs ou de verdure en signe de joie.

Le reste de ce chapitre du Cérémonial est contenu dans les notes qui vont suivre, et sert d'explication au Pontifical qui est plus succinct. (Voyez l'article HONNEURS RELIGIEUX, *ch. 2.)*

TITRE DEUXIÈME.
(Extrait du Pontifical romain, part. III.)

CÉRÉMONIES POUR LA RÉCEPTION D'UN PRÉLAT OU D'UN LÉGAT (2).	ORDO AD RECIPIENDUM PROCESSIONALITER PRÆLATUM VEL LEGATUM.

(*Pour ne pas altérer le Pontifical, les explications sont mises dans les notes.*)

1. Lorsqu'un prélat ou un légat doit faire son entrée dans quelque ville ou dans quelque bourg considérable (3), le clergé,	1. *Cum prælatus vel legatus civitatem aliquam vel oppidum insigne est ingressurus, processio cleri ex more loci ordinata*

« Enfin, le jour de la visite, le curé fera placer au milieu du chœur, devant le grand autel, un prie-Dieu couvert d'un tapis et d'un carreau; sur l'autel, le Missel ouvert à l'endroit où est l'oraison du patron de l'église, et dans le sanctuaire du côté de l'Épître une table ou une crédence couverte d'une nappe blanche sur laquelle il y aura un bassin, de la mie de pain, une aiguière, des serviettes, une bourse avec un corporal, et une étole pour le prêtre qui tirera le saint sacrement du tabernacle. On préparera encore près de l'autel, du côté de l'Épître, un fauteuil avec un dais pour Monseigneur, et des sièges pour les ecclésiastiques qui l'accompagneront...... »

Au moment de son arrivée, le curé, s'étant revêtu d'un surplis et d'une chape blanche, sans étole, et portant entre ses mains une petite croix, l'a attendre, avec son clergé, à la porte de la ville, ou à l'entrée du lieu, dans l'ordre suivant.

disposé en procession selon l'usage du lieu, lui va au-devant hors de la porte. Lorsque ce prélat ou ce légat arrive, une croix lui est présentée par le prélat de ce lieu, qui a l'amict, l'étole, la chape et la mitre précieuse, ou bien par le premier dignitaire revêtu du surplis et d'une chape précieuse (1). Le légat ou le prélat qui arrive baise dévotement cette croix, s'étant mis à genoux sur un tapis étendu par terre (2). Alors, s'il est évêque ou d'une plus haute dignité, s'il est cardinal, prêtre ou évêque, les chantres entonnent l'antienne suivante du 2ᵉ ton :

« Prêtre et pontife rempli de vertus, pasteur plein de bonté envers le peuple, c'est ainsi que vous avez plu au Seigneur »

2. Ou bien on dit ce répons du 8ᵉ ton:

« Voici le grand prêtre qui pendant sa vie a plu à Dieu. C'est pourquoi Dieu a juré qu'il serait chef de son peuple. Il lui a promis que toutes les nations seraient bé-

cum cruce procedit illi obviam extra portam urbis, et cum legatus sive prælatus advenerit, prælatus ejus loci indutus amictu, stola, pluviali et mitra pretiosis, sive primam dignitatem habens indutus superpelliceo et pluviali pretioso, offert venienti crucem osculandam, quam legatus seu prælatus ex equo, vel, si maluerit, descendens in terram super tapetem stratum genuflexus devote osculatur Tum si intransest episcopus vel major, aut presbyter vel episcopus cardinalis, cantores incipiunt et prosequuntur antiphonam ton. 2:

Sacerdos et pontifex, et virtutum opifex, pastor bone in populo sic placuisti Domino.

2. Vel dicatur responsorium ton. 8 :

Ecce sacerdos magnus qui in diebus suis placuit Deo. Ideo jurejurando fecit illum Dominus crescere in plebem suam.

℣ Benedictionem omnium gentium de-

nies en lui, il l'a choisi pour confirmer son alliance. C'est pourquoi... Gloire au Père. C'est pourquoi... »

3. Si le légat est un cardinal-diacre, on chante ce répons du 7ᵉ ton :

« C'est un dispensateur fidèle et prudent que le grand père de famille avait constitué pour distribuer les aliments à ses collègues. »

℣ Le salut et l'augmentation du troupeau confié à ses soins étaient l'objet de sa vigilante sollicitude. Pour distribuer... »

4. S'il fallait recevoir plusieurs légats, quand même ils ne seraient pas cardinaux, évêques ou prêtres, on chanterait cette antienne du 8ᵉ ton :

« Vous êtes habitants de la cité sainte et de la maison de Dieu, faisant partie d'un édifice fondé par les apôtres et les prophètes. »

5. Quand le légat ou le prélat fait sa première entrée dans une ville, il est d'usage que les magistrats

dit illi, et testamentum suum confirmavit super caput ejus. Ideo. Gloria Patri. Ideo.

Si vero legatus recipiendus sit diaconus cardinalis, cantatur responsorium ton. 7 :

Fidelis namque et prudens dispensator in magni patris familias domo constitutus erat, ut conservis suis mensuram tritici erogaret.

℣ Pro salute, et augmento gregis sibi commissi cura pervigili sollicitus erat. Ut conservis.

4. Si autem duo vel plures reciperentur legati, etiam si non essent episcopi vel presbyteri cardinales, cantatur antiphona ton. 8 :

Vos estis cives sanctorum, et domestici Dei, superædificati supra fundamentum apostolorum et prophetarum.

5. In porta autem urbis consueverunt magistratus illius obviare legato vel prælato primo intranti, ac

---

Le thuriféraire, portant l'encensoir de la main droite et la navette de la main gauche, marchera le premier, ayant à gauche un clerc portant le bénitier et l'aspersoir. Un sous-diacre ou un clerc portant la croix marchera ensuite entre deux clercs portant chacun un flambeau allumé ; puis le reste du clergé, deux à deux, et le curé, suivi des magistrats et du peuple.

Si c'est la première visite, et dans un lieu où il y a plusieurs paroisses, tous doivent s'assembler à la principale église pour aller au-devant du prélat, s'il n'a pas témoigné une intention contraire. Pendant que la procession revient à l'église, on allume tous les cierges du grand autel.

(1) Selon le Rituel de Belley (Tom. II De la visite épiscop.), le curé debout présente à l'évêque la croix à baiser, sans lui faire d'inclination auparavant, par respect pour la croix qu'il tient entre les mains. L'évêque se lève ensuite, et le curé, ayant remis à l'un des assistants la croix qu'il portait, fait au prélat une profonde inclination, reprend la croix, et après que tout le clergé a salué le prélat par une génuflexion, et que les fidèles ont reçu la bénédiction à genoux, la procession se rend à l'église dans le même ordre qu'elle en est sortie. Le prélat marche sous le dais, immédiatement précédé par le curé et les porte-insignes, qui portent la mitre et la crosse, le livre et le bougeoir, et ayant à ses côtés un peu en arrière ses deux assistants en habit de chœur.

Si le curé désire adresser la parole au prélat, il le fait immédiatement après lui avoir présenté la croix.

Cependant les porte-insignes ne sont pas ordinairement les plus dignes de la procession ; le Cérémonial des évêques exige tout au plus qu'ils soient acolytes ; quand on va à l'autel pour la grand'messe, ils marchent après le pontife : il semble qu'il doit en être ainsi pour la procession, à moins qu'ils n'eussent des chapes, selon la coutume de certains lieux. (Voyez Cærem. episc., l. I, c. 11 et 16).

(2) Le Cérémonial des évêques, liv. I, ch. 2, n. 3 et suivant, prescrit de préparer, à quelque distance de la porte du lieu, une petite chapelle, ou un lieu convenable où le prélat quitte l'habit de voyage, et se revêt du manteau long et du chapeau pontifical, et vient avec sa suite dans ce costume jusqu'au lieu où on lui présente la croix à baiser. Ensuite il va à l'endroit préparé pour y prendre les habits sacrés, savoir : l'amict, l'aube, la ceinture, la croix pectorale, l'étole et la chape blanches, la mitre précieuse et l'anneau.

La procession sera disposée comme il suit : Les principaux du lieu, les domestiques de l'évêque, les officiers de la ville, les barons et les princes, s'il y en a, précéderont à cheval ; ensuite le clergé à pied, précédé de la croix et suivi des chantres, qui chantent ce qui est dans le Pontifical ; après eux viendront les chanoines et le chapitre (si c'est un archevêque qui fait son entrée, il n'y aura entre la croix archiépiscopale et lui que les dignitaires et les chanoines ; enfin le prélat en mitre marchera sous le dais, porté d'abord par les magistrats de la ville, ensuite par les nobles ou par ceux qui ont la coutume ou le privilège de le porter. L'évêque se souviendra de bénir souvent le peuple, faisant sur lui le signe de croix avec la main droite ouverte et étendue. Les prélats, s'il y en a, et autres gens de robe, togati, iront à cheval après l'évêque qui fait son entrée.

lui aillent au-devant, l'accompagnent, et portent le dais. Dès que le chant est commencé, la procession s'avance, marchant immédiatement devant la croix du prélat, s'il n'y a pas les chanoines de l'église cathédrale; après les antiennes et les répons indiqués ci-dessus, on chante des cantiques ou des hymnes à volonté, jusqu'à la porte de la principale église du lieu (1). Si les chanoines de l'église cathédrale sont présents, ils peuvent seuls marcher après la croix du légat immédiatement devant lui. Ceux qui sont à cheval doivent précéder la procession ; ceux qui sont en robe (*togati*) doivent suivre le légat ou prélat (2). Lorsque celui-ci entre dans l'église principale, le supérieur ou le premier dignitaire de cette église, revêtu comme il est dit plus haut, la tête découverte, présente l'aspersoir avec de l'eau bénite au prélat ou légat, qui s'asperge d'abord lui-même, ensuite les autres. Alors le supérieur ou dignitaire susdit lui présente la navette, quelque autre prêtre en surplis lui présen-

illum benigne suscipere et associare, ac baldachinum super eum deferre. Incepta Antiphona, processio, quæ locum habere debet immediate ante crucem prælati, nisi intersint canonici cathedralis ecclesiæ, ordine suo progreditur, et cantantur, post dictas antiphonas seu responsoria, alia cantica vel hymni, prout magis placebit, usque ad ecclesiam majorem, seu principalem loci. Si vero processioni intersint canonici ecclesiæ cathedralis, illi soli possunt ire post crucem legati immediate ante eum. Equitantes vero omnes equitare debent ante processionem; togati vero debent legatum, seu prælatum sequi. Cum prælatus seu legatus descenderit, et intrat portam majoris seu principalis ecclesiæ, prælatus ecclesiæ, seu majorem dignitatem habens, indutus ut supra, detecto capite offert illi aspersorium cum aqua benedicta, quod prælatus seu legatus accipiens aspergit primo seipsum, deinde alios. Tum idem prælatus ecclesiæ, seu primam dignitatem habens offert ei naviculam, aliquo alio sacerdote superpelliceo induto thuribulum porrigen-

te l'encensoir; le légat ou le prélat y met de l'encens, puis il est encensé debout, à tête couverte, à l'ordinaire, par le supérieur de l'église ou par le dignitaire (3).

Ensuite on se rend au maître-autel ; le légat ou prélat y prie à genoux au prie-Dieu qu'on lui a préparé devant le dernier degré de l'autel. En même temps le supérieur de l'église ou premier dignitaire, étant debout à l'autel au côté de l'Épître, la tête découverte, tourné vers le prélat en prière, dit ce qui suit :

℣ O Dieu notre protecteur, jetez les yeux sur nous; ℟ Et considérez la face de votre Christ.

6. Il ajoute les versets suivants. Il omettrait le précédent, s'il s'agissait de recevoir un cardinal-diacre, il ne dirait que ce qui suit :

℣ Sauvez votre serviteur; ℟ Mon Dieu, il espère en vous.

℣ Seigneur, envoyez-lui du secours du haut de votre sanctuaire; ℟ Et protégez-le de Sion.

℣ Que l'ennemi n'ait aucun avantage

te, et legatus seu prælatus imponit incensum, et statim prælatus ecclesiæ seu dignitatem habens incensat ipsum prælatum seu legatum stantem cooperto capite, more consueto. Deinde procedunt ad altare majus ecclesiæ, et ibi super faldistorio ante infimum gradum altaris parato procumbit, et orat prælatus seu legatus. Interim vero prælatus ecclesiæ seu dignitatem majorem habens stans in cornu Epistolæ altaris versus ad orantem, detecto capite dicit:

℣ *Protector noster aspice, Deus;* ℟ *Et respice in faciem Christi tui;*

6. *Cum omnibus sequentibus, si receptus sit prælatus aut legatus, episcopus vel presbyter cardinalis. Si vero sit diaconus cardinalis, omisso versu præcedente, dicit sequentes tantum:*

℣ *Salvum fac servum tuum,* ℟ *Deus meus, sperantem in te.*

℣ *Mitte ei, Domine, auxilium de sancto;* ℟ *Et de Sion tuere eum.*

℣ *Nihil proficiat inimicus in eo;* ℟ *Et fi-*

---

(1) Selon Gavantus, lorsqu'il s'agit de la visite de la paroisse, le clergé, les confréries et le peuple, réunis en procession, chantent des litanies, des hymnes, et surtout le cantique *Benedictus*.

(2) Selon le Rituel de Belley, lorsque la procession est arrivée à la porte de l'église, le thuriféraire et celui qui porte le bénitier, qui marchaient devant la croix, s'arrêtent là; le porte-croix et les céroféraires s'avancent jusque vers le milieu de la nef où ils s'arrêtent du côté droit, tandis que le reste du clergé se range sur deux lignes, en continuant de chanter le cantique *Benedictus* ou le psaume *Quam dilecta*, jusqu'au *Gloria Patri* inclusivement.

L'évêque étant arrivé à l'entrée de l'église, le curé s'approche entre les deux clercs qui portent l'encensoir et le bénitier, et ayant remis à un des assistants la croix qu'il portait, il prend l'aspersoir, et le lui présente, en baisant sa main ou son anneau, puis il remet l'aspersoir au clerc entre les mains duquel est le bénitier. Le curé reçoit ensuite la navette des mains du thuriféraire, et ayant fait une inclination profonde à l'évêque, il la lui présente de la cuiller et la lui présente en baisant sa main. L'évêque bénit l'encens et en met dans l'encensoir que le thurifé-

raire, à genoux, tient ouvert devant lui ; puis le curé encense trois fois le prélat, faisant une inclination profonde avant et après l'encensement, et il prend la croix. La procession se remet en marche, et s'avance vers le grand autel.

(3) Selon le Cérémonial (*Ibid.*, n. 8), un acolyte tient l'encensoir, l'évêque bénit l'encens, et celui qui encense lui fait auparavant une profonde inclination de tête ; il l'encense de trois coups, étant debout. Ensuite on va, en chantant le *Te Deum*, vers l'autel du saint sacrement, s'il est différent du grand autel ; alors on emporte le dais, un chapelain ou un chanoine ôte la mitre, l'évêque fait la génuflexion jusqu'à terre devant le saint sacrement, quoique renfermé dans le tabernacle : il prie à genoux sur le carreau qu'on y a préparé ; ensuite, après une semblable génuflexion, il reçoit sa mitre et se rend au maître-autel, là, devant le plus bas degré, il quitte la mitre, salue la croix qui est sur l'autel, en inclinant profondément la tête, et prie à genoux sur le carreau qu'on y a préparé. Quand on a fini le *Te Deum*, le plus digne dont on a parlé ci-dessus, debout ce qui est dans le Pontifical, lisant dans un livre placé sur l'autel au côté de l'Épître, étant presque tourné vers le prélat à genoux.

sur lui; ℟ Et que l'enfant d'iniquité ne lui soit point nuisible.

℣ Seigneur, exaucez ma prière; ℟ Et que mes cris s'élèvent jusqu'à vous.

℣ Le Seigneur soit avec vous; ℟ Et avec votre esprit.

Prions.

Dieu tout-puissant et éternel, qui seul opérez de grandes merveilles, étendez sur votre serviteur et sur toutes les portions de son troupeau l'esprit de grâce et de salut, et afin que dans la réalité il vous plaise toujours, ne cessez pas de répandre sur lui la rosée de votre bénédiction. Par Jésus - Christ Notre - Seigneur. ℟ Ainsi soit-il.

7. Après cela les chantres choisissent une des antiennes du patron de l'église, et la chantent avec un verset correspondant; pendant ce verset, le prélat ou légat se lève, monte à l'autel, le baise au milieu, va au côté de l'Épître; là, debout, tourné vers l'autel, il chante l'oraison du même saint; ensuite il retourne au milieu de l'autel, où, étant debout, il donne la bénédiction solennelle au peuple en disant:

lius iniquitatis non apponat nocere ei.

℣ Domine, exaudi orationem meam; ℟ Et clamor meus ad te veniat.

℣ Dominus vobiscum; ℟ Et cum spiritu tuo.

Oremus.

Omnipotens sempiterne Deus, qui facis mirabilia magna solus præstende super hunc famulum tuum et cunctas congregationes illi commissas spiritum gratiæ salutaris, et ut in veritate tibi complaceat, perpetuum ei rorem tuæ benedictionis infunde. Per Christum Dominum nostrum. ℟ Amen.

7. *His dictis cantores cantant aliquam antiphonam eis magis placentem de sancto patrono ecclesiæ cum versiculo de eodem sancto. Et cum dicitur versiculus, surgens prælatus-vel legatus ascendit ad altare, osculaturque illud in medio, deinde procedit ad cornu Epistolæ, ubi stans, ad ipsum altare versus, cantat orationem de dicto sancto; deinde ad medium altaris revertitur, ubi stans dat benedictionem solemnem populo, dicens:*

« Que le nom du Seigneur soit béni, etc. »

8. Quand il l'a donnée, il fait publier par un des siens, ou par un des bénéficiers de l'église, les indulgences qu'il accorde aux assistants; ensuite le supérieur de l'église et les autres quittent leurs ornements et accompagnent le prélat ou légat jusqu'au lieu où il doit loger.

Lorsqu'un nouveau prélat est reçu pour la première fois dans son église, au lieu de l'oraison précédente, *Dieu tout-puissant et éternel*, on dit la suivante:

Prions.

O Dieu, pasteur et conducteur de tous les fidèles, jetez un regard propice sur votre serviteur N., que vous avez voulu faire présider dans votre Église; faites que ses paroles et ses exemples forment à la vertu ceux qu'il a pour sujets, afin que lui et le troupeau qui lui est confié parviennent à la vie éternelle. Par Jésus-Christ Notre - Seigneur. ℟ Ainsi soit-il (1).

CÉRÉMONIES POUR LA VISITE DES PAROISSES.

9. Lorsque le pontife visite les paroisses de son diocèse, on le reçoit processionnellement dans chaque

« Sit nomen Domini benedictum, *etc.*

8. *Qua data facit promulgari per unum ex suis, sive ex beneficiatis ecclesiæ indulgentias, quas ipse interessentibus concedit; deinde prælatus ecclesiæ et alii, dimissis paramentis, associant illum usque ad diversorium suum. Cum vero novus prælatus primo ad ecclesiam suam renius recipitur, loco orationis prædictæ:* Omnipotens sempiterne Deus, *etc., dicitur sequens oratio:*

Oremus.

Deus, omnium fidelium pastor et rector, famulum tuum N., quem Ecclesiæ tuæ præesse voluisti, propitius respice; da ei, quæsumus, verbo et exemplo, quibus præest, proficere, ut ad vitam una cum grege sibi credito perveniat sempiternam. Per Christum Dominum nostrum. ℟ Amen.

MODO AD VISITANDAS PAROCHIAS.

9. *Pontifex visitaturus diœcesim et parochias suas, cum ad civitatem seu oppida suæ diœcesis pervene-*

---

(1) Après cette oraison, selon le Cérémonial (l. I, c. 1, n. 5), l'évêque se lève, salue l'autel, reçoit la mitre, se rend au siége pontifical, où s'étant assis, il admet au passer de sa main tous les dignitaires, les chanoines et les autres du chapitre, pendant qu'on chante une antienne, ou quelque psaume, ou qu'on joue de l'orgue. Ensuite l'évêque se rend à l'autel, quitte la mitre devant le plus bas degré, salue de nouveau la croix, baise l'autel au milieu, et quand on a chanté l'antienne du titre de l'église avec son verset et son répons, il chante lui-même l'oraison du même saint; l'ayant achevée, il reçoit la mitre, retourne au milieu de l'autel, et donne la bénédiction solennelle en chantant, comme quand il la donne à la fin de la messe.

Ensuite ayant salué la croix, il reprend la mitre, s'il est archevêque ou autre qui fait porter la croix devant lui, il dépose à son siége tous ses ornements, prend la chape à longue queue ou manteau long, et s'achemine vers sa habitation. Le plus digne du chapitre ayant quitté la chape, et les autres chanoines étant en habit de chœur, tous l'accompagnent jusqu'à sa demeure, si elle est contiguë à l'église ou très-rapprochée; si elle est éloignée, on l'accompagne jusqu'à la porte de l'église. S'il y avait quelque grand prince qui voulût accompagner l'évêque jusqu'à la porte de son logement, celui-ci devra un peu résister, mais non pas absolument refuser cet honneur et cet acte de déférence, surtout si son habitation n'est pas fort éloignée; mais il devra lui rendre grâce d'une telle attention. (*Ibid.*, n. 6.)

Si l'évêque, se rendant pour la première fois dans sa ville épiscopale, traversait quelque lieu remarquable de son diocèse, où il s'arrête pour loger, et que le clergé et les magistrats de ce lieu voulussent lui faire honneur, il permettrait seulement qu'on lui allât au-devant, même hors de lieu, et qu'on l'accompagnât jusqu'à la principale église où il ferait sa prière, et de là jusqu'au lieu de son logement: dans ce cas il ne quitte pas son habit de voyage, et l'on ne fait pas de procession (*Ibid.*, n. 7.)

Si, après son entrée dans la ville épiscopale, il veut ensuite visiter les autres villes et lieux principaux de son diocèse, il convient que pour la première fois il soit reçu processionnellement par le clergé séculier et régulier. Mais il lui sera, en cette entrée s'en mitre et sans chape, ayant le chapeau pontifical, on lui présentera la croix à baiser, et on fera à son église tout ce qui vient d'être dit pour la ville épiscopale (*Ibid.*, n. 8.)

Selon le Rituel de Belley, dans la seconde visite et dans les suivantes, on observe le même ordre que dans la première, avec cette différence qu'on ne porte pas le dais, et qu'on ne va point recevoir le prélat à la porte de la ville ou à l'entrée du lieu, mais on va le prendre en pro-

ville ou bourg, comme il vient d'être dit; seulement, au lieu de l'oraison *Dieu tout-puissant et éternel*, ou *O Dieu pasteur et conducteur*, on dit la suivante, pendant que le prélat est à genoux au fauteuil devant l'autel :

Prions.

O Dieu qui visitez les humbles, et les consolez avec une tendresse paternelle, étendez votre bienveillance sur notre société, afin que ceux en qui vous habitez nous fassent ressentir les effets de votre présence parmi nous. Par Jésus-Christ Notre-Seigneur. ℟ Ainsi soit-il.

10. Après cette oraison, le pontife se lève, monte à l'autel, le baise au milieu, et bénit solennellement le peuple (1).

11. Après cela, ou bien au milieu de la messe, il s'assied, tourné vers les fidèles, pour leur proposer l'objet de sa visite; il leur dit que les saints canons et les règles de l'Eglise ordonnent ces visites pour plusieurs raisons.

Premièrement, pour

rit, recipitur processionaliter eo ordine prout supra in receptione prælati seu legati dictum est. Hoc solo dempto, quod, loco orationis: Omnipotens sempiterne Deus, etc., seu Deus omnium, etc., ipso prælato ante altare in faldistorio genua flectente, dicitur sequens oratio :

Oremus.

Deus humilium visitator, qui eos paterna dilectione consolaris, prætende societati nostræ gratiam tuam, ut per eos in quibus habitas tuum in nobis sentiamus adventum. Per Christum Dominum nostrum. ℟ Amen.

10. *Qua finita pontifex surgens ascendit ad altare majus, osculaturque illud in medio, et ibidem populo solemniter benedicit.*

11. *Deinde, vel in medio missæ, versus ad populum sedens proponit populo causas adventus sui, quia sacri canones et ecclesiasticus ordo hoc fieri præcipiunt propter multa.*

Primo ad absol-

cession au presbytère. Arrivé à la porte de l'église, il se met à genoux sur un prie-Dieu couvert d'un tapis et d'un carreau ; le curé lui présente la croix à baiser, et lui offre l'eau bénite et l'encens, dès qu'il s'est relevé.

(1) *Préparatifs nécessaires pour recevoir cette visite, d'après Gavantus.*

1. On fait des prières publiques, et même l'exercice des quarante heures, s'il est possible, du moins dans les lieux les plus considérables; les curés ont soin de les annoncer.

2. On avertit le peuple que la visite doit avoir lieu ; on lui en fait connaître les raisons, les effets, la manière dont elle sera faite; on lit à la messe la lettre pastorale qui l'annonce; on avertit le peuple de révéler les désordres qui ont besoin de correction.

3. On invite le peuple au sacrement de pénitence, afin qu'il puisse recevoir la sainte eucharistie de la main de l'évêque.

4. On prépare ceux qui doivent être confirmés; on écrit, sur des billets, leurs noms, surnoms, ceux de leurs parrains et de la paroisse.

5. On appelle les fidèles par le son des cloches, surtout la veille de la visite.

6. On fait venir du voisinage des confesseurs approuvés, pour entendre les confessions.

7. On se pourvoit d'hosties grandes et petites, de vin, de nappes, de vases sacrés, nécessaires pour la communion.

8. On décore l'église, on prépare le lieu où la confirmation doit être administrée.

9. S'il y a quelque chose à bénir ou à consacrer, on le tient prêt.

10. On prépare pour les cérémonies épiscopales :
Un dais ou baldaquin à la porte des principaux lieux : les habitants les plus distingués doivent le porter; une croix sans bâton pour faire baiser à l'évêque ; un tapis et un coussin; un encensoir avec la navette; un vase d'eau bénite avec l'aspersoir; une chape et une étole de couleur blanche pour le recteur de l'église ; un prie-Dieu avec tapis et carreau devant le grand autel ; un siège élevé de trois marches, surmonté d'un baldaquin, s'il est possible, du côté de l'Evangile, avec un tapis sur les marches ; du coton pour essuyer le saint chrême, après la confirmation (si c'est le matin, dit le Rituel de Belley, et que le prélat désire célébrer ou entendre la sainte messe, il peut le faire en ce moment, et ne donner la bénédiction qu'à la fin de la messe) ; un vase d'eau avec des linges pour laver et essuyer le front de ceux qui ont été confirmés ; un autre vase pour recueillir le coton dont on s'est servi, six chandeliers au grand autel, avec des cierges d'environ six onces (*l'usage peut exiger davantage*) ; deux flambeaux pour différents usages.

11. A la sacristie, on dispose par ordre tous les ornements, afin qu'ils soient bientôt vus.

12. De même, les livres à l'usage de l'église, Missels, Bréviaires, Antiphonaires, Rituels.

13. Le catalogue des saintes reliques, avec leurs titres authentiques.

14. Ceux des indulgences, ou de l'autel privilégié.

15. L'inventaire des droits, privilèges et charges de l'église ; la description des limites de la paroisse.

16. Les statuts de l'église, si elle en a de propres ; sa manière de célébrer les divins offices, si elle est différente de celle des autres églises.

17. L'inventaire des ornements et linges sacrés.

18. L'inventaire des biens immeubles, des revenus de l'église, des dîmes et des offrandes.

19. La note des bénéfices situés dans les limites de la paroisse.

20. La note des églises, oratoires, chapelles qui s'y trouvent, avec leurs charges.

21. On indique les sociétés, confréries, lieux de dévotion.

22. Les monastères, tant d'hommes que de femmes, avec leurs titres respectifs et le nombre des personnes.

23. Les prêtres, diacres, sous-diacres, clercs séculiers de la même paroisse.

24. Ceux qui font des études pour entrer dans l'état ecclésiastique.

25. Les laïques qui servent à l'église dans les divins offices, les funérailles, etc.

26. S'il y a des biens usurpés à l'église par des laïques.

27. Les honoraires de messes acquittés et non acquittés.

28. Les legs pieux qu'on a payés, et ceux qu'on doit encore.

29. On tient prêts les registres de baptême, confirmation, mariages, de l'état des âmes et des défunts.

30. Les décrets synodaux, édits, bulles, etc. ; la note des cas réservés.

31. La note de ceux qui, dans la paroisse, sont suspects d'hérésie, blasphémateurs, maléfices, simoniaques, usuriers, concubinaires, adultères publics, et qui n'ont pas communié à Pâques ; on indique les époux qui vivent séparés, les excommuniés, interdits, ceux qui violent les fêtes, qui jouent à des jeux prohibés, qui ont des livres défendus.

32. La note des médecins, maîtres d'écoles, sages-femmes, peintres et sculpteurs, libraires, notaires, aubergistes, et autres personnes de ce genre dont l'évêque doit avoir connaissance.

33. Toutes ces choses doivent être préparées par tous ceux qui seront visités.

34. D'autres sont demandées à chaque clerc, comme ses lettres d'ordination, de nomination ; les permissions qu'on lui a données d'entendre les confessions, de prêcher, de célébrer la messe en certains lieux, d'habiter avec des laïques ou avec une servante, ou hors du presbytère, de le louer à d'autres, d'avoir un tronc pour ses aumônes.

35. Il s'agit enfin des livres personnels que chaque ecclésiastique doit ordinairement avoir, le Missel, le Bréviaire, le Calendrier, la sainte Bible, des homélies, le Catéchisme romain et autres semblables.

procurer du soulagement aux âmes des défunts.

Secondement, afin qu'il sache et qu'il voie comment sont administrés les biens spirituels et temporels de cette église, dans quel état sont les ornements, comment les sacrements y sont fréquentés, comment on y célèbre les divins offices, comment les serviteurs s'acquittent de leurs fonctions, quelle est la conduite des ministres et du peuple, afin de corriger et d'améliorer tout ce qui en a besoin, et dont il a dû prendre connaissance.

Troisièmement, afin que les adultères, les fornications, les sacriléges, les divinations et autres désordres publics soient punis; ce que ne peuvent pas toujours faire les recteurs des églises (il aura soin de faire sentir au peuple combien ces crimes sont pernicieux et détestables).

Quatrièmement, pour absoudre des cas que le droit ou la coutume réserve à l'évêque, qui sont énoncés dans les constitutions synodales, et dont aucun autre ne peut absoudre; il déclarera au peuple que si quelqu'un de l'un ou de l'autre sexe veut s'adresser à lui pour quelqu'un de ces cas ou pour tout autre, il est prêt à l'aider de ses conseils et à lui conférer l'absolution, après lui avoir imposé une pénitence convenable et salutaire.

Cinquièmement, pour conférer le sacrement de confirmation, dont l'évêque seul est le ministre ordinaire.

Ensuite il s'applique à exciter les fidèles à la pénitence; il les instruit des sacrements de l'Eglise et des articles de la foi; il leur montre la nécessité d'éviter le mal, de faire le bien, de fuir les vices, de pratiquer les vertus, de ne faire à personne ce qu'ils ne veulent pas qu'on leur fasse. Après ces avis, on dit le *Confiteor* au nom du peuple, qui reçoit ensuite du pontife l'indulgence et l'absolution générale. Après cela le pontife quitte le manteau long, prend l'amict, l'étole, une chape de couleur violette ou noire, et la mitre simple, et debout près de l'autel, tourné vers le peuple, il commence l'antienne *Si iniquitates*.

12. Ensuite il dit avec ses ministres ou chapelains le psaume *De profundis* tout entier (art. ABBÉ, n. 32), et à la fin :

℣ Donnez-leur, Seigneur, le repos éternel ; ℟ Et que la lumière luise à jamais sur eux.

13. Puis il dit toute l'antienne :

« Si vous avez égard à nos iniquités, Seigneur, Seigneur, qui subsistera ? »

14. Ensuite il dépose la mitre, et dit :

« Seigneur, ayez pitié de nous, Jésus-Christ, ayez de nous. Seigneur, ayez pitié de nous.

« Notre Père. »

15. Pendant qu'on l'achève tout bas, il reçoit l'aspersoir trempé dans l'eau bénite, et en jette trois fois devant lui ; ensuite il met de l'encens dans l'encensoir, le bénit, et encense de la même manière. Après cela, il dit les versets suivants :

℣ Ne nous induisez point en tentation ; ℟ Mais délivrez-nous du mal.

vendas animas defunctorum.

Secundo, ut sciat et videat qualiter Ecclesia ipsa spiritualiter et temporaliter gubernetur, quomodo se habeat in ornamentis, qualiter ibi ecclesiastica sacramenta ministrantur, et divina officia peraguntur, quale servitium ibi impenditur, qualis sit vita ministrorum et populi, ut ex officio inquisitionis suæ, per eum, si qua in præmissis corrigenda fuerint, corrigantur et emendentur.

Tertio ad adulteria, fornicationes, sacrilegia, divinationes et similia publica in populo punienda, ad quod interdum non sufficiunt ecclesiarum rectores, ostendens diligenter populo quam damnabilia et detestanda sunt crimina ipsa.

Quarto propter casus qui de jure vel consuetudine ad episcopum duntaxat pertinere noscuntur, qui in constitutionibus synodalibus continentur, in quibus nullus alius se intromittere potest, protestans plebi quod si quis vel si qua in aliquo ipsorum casuum, vel in quocunque alio, consilio ejus indiguerit, paratus sit benigne audire, et consilium et absolutionem impendere, ac pœnitentiam misericorditer injungere salutarem.

Quinto ad exhibendum sacramentum confirmationis, cujus solus episcopus ordinarius minister est.

Deinde inducit diligenter populum ad pœnitentiam, et instruit in ecclesiasticis sacramentis et in articulis fidei, et qualiter debent declinare a malo et facere bonum, fugere vitia et sectari virtutes, alteri non facere quod sibi fieri nolunt. His expletis fit populi confessio et absolutio generalis, et indulgentia datur per pontificem. Post hæc pontifex, deposita cappa, induitur amictu, stola, pluviali violacei vel nigri coloris et mitra simplici, et stans cum mitra juxta altare, versus ad populum incipit antiphonam Si iniquitates.

12. *Postea cum ministris seu capellanis suis dicit psalmum De profundis clamavi ad te, Domine, totum, et in fine.*

℟ *Requiem æternam dona eis Domine;* ℟ *Et lux perpetua luceat eis.*

13. *Tum dicit totam antiphonam :*

Si iniquitates observaveris Domine, Domine, quis sustinebit?

14. *Qua dicta, deposita mitra, dicit :*

Kyrie eleison. Christe eleison. Kyrie eleison.

Pater noster.

15. *Quod secrete completur. Et interim accepto aspersorio cum aqua benedicta, tertio aspergit ante se; deinde imposito incenso in thuribulo, et illo benedicto, eodem modo incensat. Quo facto, pronuntiat versus*

℣ *Et ne nos inducas in tentationem;* ℟ *Sed libera nos a malo.*

℣ On se souviendra éternellement des justes ; ℟ Ils n'auront à craindre aucun mal.

℣ A la puissance de l'enfer, ℟ Seigneur, arrachez leurs âmes.

℣ Donnez-leur le repos éternel, Seigneur ; ℟ Et que la lumière luise à jamais sur eux.

℣ Seigneur, exaucez ma prière ; ℟ Et que mes cris s'élèvent jusqu'à vous.

℣ Le Seigneur soit avec vous ; ℟ Et avec votre esprit.

Prions.

O Dieu, qui avez associé vos serviteurs aux successeurs des apôtres dans la dignité pontificale, faites, nous vous en prions, que nous leur soyons aussi réunis pour toujours. Par Jésus-Christ Notre-Seigneur. ℟ Ainsi soit-il.

16. Le pontife va ensuite au cimetière, précédé d'un clerc portant l'eau bénite, du thuriféraire, de deux céroféraires, de la croix et du clergé qui chante ce répons :

Vous qui avez fait sortir Lazare de la corruption du tombeau, Seigneur, donnez-leur le repos et le pardon. ℣. Vous qui viendrez juger les vivants et les morts, et détruire ce monde par le feu. Seigneur...

17. En même temps le pontife dit avec ses ministres : *Si iniquitates observaveris*, etc.

Ensuite le psaume *De profundis*, tout entier (art. ABBÉ, n. 32), et à la fin :

℣ Donnez-leur le repos éternel, Seigneur ; ℟ Et que la lumière luise à jamais sur eux.

Et l'on répète l'antienne :

« Si vous avez égard à nos iniquités, Sei-

℣ In memoria æterna erunt justi ; ℟ Ab auditione mala non timebunt.

℣ A porta inferi, ℟ Erue, Domine, animas eorum.

℣ Requiem æternam dona eis, Domine ; ℟ Et lux perpetua luceat eis.

℣ Domine, exaudi orationem meam ; ℟ Et clamor meus ad te veniat.

℣ Dominus vobiscum ; ℟ Et cum spiritu tuo.

Oremus.

Deus, qui inter apostolicos sacerdotes famulos tuos pontificali fecisti dignitate vigere, præsta, quæsumus, ut eorum quoque perpetuo aggregentur consortio. Per Christum Dominum nostrum. ℟ Amen.

16. *Deinde aqua benedicta, thuriferario, duobus ceroferariis, cruce et clero præcedentibus et cantantibus responsorium :*

Qui Lazarum resuscitasti a monumento fetidum, Tu eis, Domine, dona requiem et locum indulgentiæ. ℣ Qui venturus es judicare vivos et mortuos et sæculum per ignem. Tu eis, Domine.

17. *Pontifex cum mitra exit ad cœmeterium, interim dicens cum ministris suis antiphonam* Si iniquitates, etc.

Deinde psalmum De profundis clamavi, *totum, et in fine :*

℣ Requiem æternam dona eis, Domine ; ℟ Et lux perpetua luceat eis.

Et antiphona repetitur.

Si iniquitates observaveris, Domine,

gneur, Seigneur, qui subsistera ? »

18. Tout cela étant dit, quand on est au milieu du cimetière, chacun s'arrête à sa place, et le chœur chante ce répons :

« Délivrez-moi, Seigneur, de la mort éternelle, en ce jour terrible, qui doit ébranler les cieux et la terre, lorsque vous serez venu juger ce monde et le livrer au feu.

℣ Je tremble et je suis saisi de crainte à la pensée de ce jugement et de cette colère à venir, qui doit ébranler les cieux et la terre.

℣ En ce jour, jour de colère, de calamité et de misère, grand jour rempli d'amertume, lorsque vous serez venu.

℣ Donnez-leur le repos éternel, Seigneur, et que la lumière luise à jamais sur eux. »

19. Alors on répète le répons *Délivrez-moi, Seigneur*, jusqu'au premier verset.

Pendant qu'on le répète, le plus digne de l'église présente la navette, un autre des ministres présente l'encensoir au pontife qui y met de l'encens à l'ordinaire. Après la répétition du répons, le chœur chante :

« Seigneur, ayez pitié de nous. Jésus-Christ, ayez pitié de nous. Seigneur, ayez pitié de nous. »

20. Aussitôt le pontife, ayant déposé la mitre, dit d'une voix convenable : « Notre Père, » tout bas.

Ensuite il asperge et encense comme il a fait dans l'église.

21. Après cela il dit ces versets :

℣ Et ne nous induisez point en tentation ; ℟ Mais délivrez-nous du mal.

Domine, quis sustinebit ?

18. *Quibus omnibus dictis, cum fuerint in medio cœmeterii, subsistunt suo ordine, et chorus cantat responsorium :*

Libera me, Domine, de morte æterna, in die illa tremenda : Quando cœli movendi sunt et terra. Dum veneris judicare sæculum per ignem.

℣ Tremens factus sum ego, et timeo, dum discussio venerit, atque ventura ira. Quando cœli movendi sunt et terra.

℣ Dies illa, dies iræ, calamitatis et miseriæ, dies magna et amara valde. Dum veneris, *etc.*

℣ Requiem æternam dona eis, Domine, ℟ et lux perpetua luceat eis.

19. *Tum repetitur responsorium* Libera me, Domine, *etc., usque ad primum versum.*

Interim dum responsorium repetitur, offertur per digniorem ecclesiæ navicella, et per alium ex ministris thuribulum pontifici, qui imponit incensum more consueto. Responsorio repetito, chorus cantat :

Kyrie eleison. Christe eleison. Kyrie eleison.

20. *Mox pontifex, mitra deposita, convenienti voce, dicit* Pater noster, *secreto*.

Deinde aspergit et incensat prout fecit in ecclesia.

21. *Quo facto dicit versus :*

℣ Et ne nos inducas in tentationem ; ℟ Sed libera nos a malo.

℣ On se souviendra éternellement des justes; ℟ Ils n'auront à craindre aucun mal.

℣ De la puissance de l'enfer, ℟ Seigneur, arrachez leurs âmes.

℣ Donnez-leur le repos éternel, Seigneur; ℟ Et que la lumière luise à jamais sur eux.

℣ Seigneur, exaucez ma prière; ℟ Et que mes cris s'élèvent jusqu'à vous.

℣ Le Seigneur soit avec vous; ℟ Et avec votre esprit.

Prions.

O Dieu, qui avez associé vos serviteurs aux successeurs des apôtres dans la dignité sacerdotale, faites, nous vous en prions, que nous leur soyons aussi réunis pour toujours.

O Dieu, qui aimez à pardonner aux hommes et à les sauver, nous conjurons votre clémence de faire parvenir au bonheur éternel, par l'intercession de la bienheureuse Marie, toujours vierge, et de tous les saints, nos frères associés, nos proches et nos bienfaiteurs, qui ont passé de ce monde à l'autre.

O Dieu dont la tendresse accorde le repos aux âmes des fidèles, daignez pardonner les péchés à vos serviteurs et servantes qui reposent en Jésus-Christ ici et ailleurs; afin que, délivrés de toutes leurs peines, ils se réjouissent avec vous sans fin. Par Jésus-Christ Notre-Seigneur. ℟. Ainsi soit-il.

℣ Donnez-leur le repos éternel, Seigneur; ℟ Et que la lumière luise à jamais sur eux.

Alors deux chantres disent:

℣ Qu'ils reposent en paix. ℟ Ainsi soit-il.

℣ In memoria æterna erunt justi; ℟ Ab auditione mala non timebunt.

℣ A porta inferi, ℟ Erue, Domine, animas eorum.

℣ Requiem æternam dona eis, Domine; ℟ Et lux perpetua luceat eis.

℣ Domine, exaudi orationem meam; ℟ Et clamor meus ad te veniat.

℣ Dominus vobiscum; ℟ Et cum spiritu tuo.

Oremus.

Deus, qui inter apostolicos sacerdotes famulos tuos sacerdotali fecisti dignitate vigere, præsta, quæsumus, ut eorum quoque perpetuo aggregentur consortio.

Deus, veniæ largitor et humanæ salutis amator, quæsumus clementiam tuam ut nostræ congregationis fratres, propinquos et benefactores, qui ex hoc sæculo transierunt beata Maria semper virgine intercedente, cum omnibus sanctis tuis ad perpetuæ beatitudinis consortium pervenire concedas.

Deus, cujus miseratione animæ fidelium requiescunt, famulis et famulabus tuis omnibus hic et ubique in Christo quiescentibus da propitius veniam peccatorum, ut a cunctis reatibus absoluti tecum sine fine lætentur. Per Christum Dominum nostrum. ℟ Amen.

℣ Requiem æternam dona eis, Domine; ℟ et lux perpetua luceat eis.

Tum duo cantores dicunt:

℣ Requiescant in pace. ℟ Amen.

22. Alors le pontife, élevant la main droite, fait un signe de croix correspondant aux extrémités du cimetière. Ensuite il reçoit la mitre, et l'on retourne à l'église dans le même ordre qu'on avait observé en venant, le chœur disant sans chanter, d'une voix convenable, tout le psaume *Miserere mei, Deus* etc. (art. ABBÉ, n. 32).

℣ Donnez-leur le repos éternel, Seigneur; ℟ Et que la lumière luise à jamais sur eux.

23. Le pontife le dit aussi d'une voix médiocre, avec ses ministres ou chapelains; quand on l'a dit, et que l'on est arrivé au chœur, devant le grand autel, le pontife dépose la mitre, et se tenant debout au milieu, tourné vers l'autel, il dit:

« Seigneur, ayez pitié de nous. Jésus-Christ, ayez pitié de nous. Seigneur, ayez pitié de nous.

« Notre Père, » tout bas.

℣ Et ne nous induisez point en tentation; ℟ Mais délivrez nous du mal.

℣ De la puissance de l'enfer, ℟ Seigneur, arrachez leurs âmes.

℣ Seigneur, exaucez ma prière; ℟ Et que mes cris s'élèvent jusqu'à vous.

℣ Le Seigneur soit avec vous; ℟ Et avec votre esprit.

Prions.

Nous vous en supplions, Seigneur, affranchissez les âmes de vos serviteurs et servantes, rompez tous les liens de leurs péchés, afin qu'ils aient un jour part à la résurrection glorieuse parmi vos saints et vos élus. Par Jésus-Christ Notre-Seigneur. ℟ Ainsi soit-il.

22. *Et mox pontifex, elevata dextera, producit signum crucis ab omni parte super cœmeterium. Tum accepta mitra per pontificem, revertuntur omnes ad ecclesiam ordine quo venerunt, choro dicente congruenti voce sine nota totum psalmum* Miserere mei, Deus, *secundum magnum misericordiam tuam, etc.*

℣ Requiem æternam dona eis, Domine; ℟ Et lux perpetua luceat eis.

23. *Quem etiam pontifex ipse dicit voce demissa cum ministris, seu capellanis suis; quibus dictis, et cum ad chorum ante majus altare pervenerit pontifex, deposita mitra, stans ibidem in medio versus ad altare, dicit:*

Kyrie eleison. Christe eleison. Kyrie eleison.

Pater noster, *secreto.*

℣ Et ne nos inducas in tentationem; ℟ Sed libera nos a malo.

℣ A porta inferi, ℟ Erue, Domine, animas eorum.

℣ Domine, exaudi orationem meam; ℟ Et clamor meus ad te veniat.

℣ Dominus vobiscum; ℟ Et cum spiritu tuo.

Oremus.

Absolve, quæsumus, Domine, animas famulorum famularumque tuarum ab omni vinculo delictorum, ut in resurrectionis gloria inter sanctos et electos tuos resuscitati respirent. Per Christum Dominum nostrum. ℟ Amen.

| 24. Tout cela étant fait, le pontife quitte l'étole et la chape noires ou violettes, en prend de blanches, et commence par visiter la sainte (1) Eucharistie; puis le baptistère, les saintes huiles, les reliques des saints, les autels, les chapelles, les tableaux; il va aussi à la sacristie, au cimetière; il s' on les envoie chercher. Saintes huiles renouvelées. Anciennes brûlées. | 24. His peractis, depositis stola et pluviali nigris seu violaceis, et assumptis albis, incipit visitationem a sanctissima eucharistia ad baptisterium, inde ad sancta olea, ad sacras reliquias, tum ad altaria, et capellas, et sacras imagines; item ad sacristiam et cœmeterium se confert; post |

(1) Pour la visite du saint sacrement, d'après Gavantus (*Praxis compend. visit. episc.* § 8), il faut des flambeaux allumés; le pontife, ayant pris une étole et une chape blanches, l'encense avant et après. Voici ce que prescrit le Rituel de Belley. Le prélat se met à genoux sur la dernière marche de l'autel; le thuriféraire et deux céroféraires avec des flambeaux allumés, viennent se ranger derrière lui, font une génuflexion, puis se mettent à genoux, savoir : les céroféraires aux deux coins de l'autel, et le thuriféraire au milieu. Le curé prend une étole blanche, étend un corporal sur l'autel, ouvre le tabernacle, et après avoir fait une génuflexion, met le ciboire sur l'autel. L'évêque encense le saint sacrement, s'inclinant profondément avant et après; on entonne la strophe *Tantum ergo* et la suivante *Genitori*, etc., pendant lesquelles le prélat monte à l'autel, fait une génuflexion, visite le ciboire, le tabernacle et les autres vases dans lesquels on conserve le saint sacrement : puis ayant fait une génuflexion, il se remet à genoux sur la dernière marche de l'autel. Le chœur ayant achevé les deux strophes de l'hymne, un chantre à genoux ajoute : *Panem de cœlo*, etc. Puis le prélat s'étant levé dit l'oraison du saint sacrement. Il monte ensuite à l'autel, fait une génuflexion, prend le ciboire des deux mains, donne trois bénédictions en silence, et le remet sur le corporal; puis ayant fait une génuflexion, il descend et se met à genoux sur la dernière marche de l'autel, tandis que le curé remet le ciboire dans le tabernacle.

Après la bénédiction on va processionnellement aux fonts baptismaux, en chantant le psaume *Laudate, pueri, Dominum*. Le thuriféraire marche le premier, puis le porte-croix et les céroféraires, avec des flambeaux allumés, ensuite le clergé, et l'évêque couvert de la mitre, et tenant la crosse à la main.

La procession étant arrivée aux fonts, le thuriféraire se range du côté droit, le porte-croix et les céroféraires à côté des fonts, tournés vers le grand autel.

Le curé ouvre les fonts; puis le prélat, après avoir déposé la mitre et béni l'encens, encense les fonts de trois coups, et ayant repris la mitre, les examine et visite les vaisseaux du saint chrême et de l'huile des catéchumènes.

Ensuite la procession se remet en marche dans le même ordre pour faire le tour de l'église en dedans; à la suite du psaume *Laudate, pueri*, s'il ne suffit pas, on chante les psaumes suivants : *Ps.* 114, *Exaltabo te*; *Ps.* 121, *Lætatus sum*; *Ps.* 126, *Nisi Dominus*. En même temps l'évêque achève la visite de l'église et de la sacristie, avec les objets qui s'y trouvent.

Selon Gavantus, la visite des fonts baptismaux et celle des reliques se fait avec des flambeaux allumés, et l'on encense les reliques; mais après avoir encensé le saint sacrement, le prélat dépose les ornements pour continuer la visite, selon cet auteur; il examine s'il y a les objets suivants, et dans quel état ils sont.

Concernant la sainte Eucharistie.

Tabernacle en bois. Un ou plusieurs rideaux. Etoffe au dedans. Corporal étendu. Ciboire doré en dedans. Son voile. Particules consacrées. Fragments. Renouvellement des espèces. Clef dorée. Base vide sous le tabernacle. Lampe ardente. Tabernacle portatif pour la procession. Ciboire pour les infirmes. Bourse blanche avec des rubans. pour la suspendre au cou, en portant la communion dans la campagne. Dais ou ombrelle. Lanterne. Flambeaux. Voile pour mettre sur les épaules.

Concernant les fonts baptismaux.

Leur état. Rideaux. Baldaquin. Grille autour. Image de saint Jean baptisant Notre-Seigneur. Eau baptismale. Piscine voisine. Cuiller pour vider l'eau. Vase des saintes huiles. Sel bénit. Linge pour essuyer la tête.

Concernant les saintes huiles.

Armoire dans l'église au côté de l'Evangile, avec inscription, ornée intérieurement et extérieurement. Vase d'étain dans un étui de cuir ou de bois. Coton imbibé d'huile et sec par-dessus. Bourse violette. Vases pour apporter de la cathédrale les saintes huiles. Petit coffre fermé à clef,

Concernant les confessionnaux.

Lieu public. Séparation percée. Voile épais. Image de piété. Table des cas réservés. Porte pour empêcher les laïques de s'y asseoir.

Concernant les saintes reliques.

Armoire revêtue en dedans. Reliquaires propres, noms des reliques. Approbation. Exposition. Clefs. Offices et fêtes.

Concernant les autels.

Grand autel. Ses marches. Ses gradins. Pierre sacrée. Table entièrement consacrée. Toile cirée permanente. Aucune ouverture dessous. Trois nappes ou une doublée. Leur bénédiction. Croix. Chandeliers. Tableaux. Statues. Table des secrètes. Couverture. Changement de nappes. Devants d'autel de diverses couleurs. Baldaquin. Marchepied. Lieu pour les burettes. Balustrade. Candélabres. Lieu pour la barrette du prêtre. Pupitre d'autel. Carton pour le dernier évangile. Entretien de l'autel. Patron. Messes à dire. Titre du bénéfice. Fête. Office. Privilège pour les défunts.

Concernant l'église même.

Chœur. Grande croix avec le crucifix, élevée au milieu. Siége de l'évêque, avec ses marches et son baldaquin (Ce n'est qu'à la cathédrale que ce siège peut être permanent. S. C. 1834.) Nef de l'église. Murailles. Images des saints. Pupitre. Fenêtres. Sépulcres. Siéges des femmes et du peuple. Séparation des sexes. Toit. Pavé. Armoires. Troncs pour les aumônes. Vases de l'eau bénite. Porte. Image au-dessus. Croix au sommet. Cimetière. Clôture. Croix en bois. Aucun arbre. Clocher. Cloches, Leur bénédiction. Cordes. Echelles. Toit. Faîte et croix du clocher. Pavé. Porte. Clefs. Si les laïques s'en servent pour des usages profanes. Confession sous le grand autel. Patron. Si l'on y conserve des choses profanes. Epitaphes peu convenables. Sépulcre pour le clergé. Pour les enfants. Titre de l'église. Dédicace. Fête de l'un et de l'autre. Office, sous quel rite. Autres fêtes propres. Indulgences. Stations. Prières des quarante heures.

Au chœur.

Siéges. Pupitres. Antiphonaires. Bréviaires. Martyrologe. Calendriers. Pontifical. Cérémonial. Directoire du chœur. Processionnaux.

A la sacristie.

Armoires. Coffres. Bassins pour se laver les mains. Essuie-main. Prie-Dieu. Carton pour les prières, avant et après la messe. Missel. Calices. Patènes. Purificatoires. Corporaux et pales. Voiles. Bourses. Boîtes pour les hosties. Amicts. Aubes. Cordons. Etoles. Manipules et chasubles de cinq couleurs. Pour les fêtes. Pour les féries. Dalmatiques. Chapes. Devants d'autel. Diverses nappes. Manuterges. Nappes de communion. Surplis. Couvertures de Missels. Signets. Coussins pour le missel. Pour se mettre à genoux. Images de piété. Tableaux des fondations, des fêtes, des veilles. Burettes. Petits bassins. Clochettes. Vases pour présenter la purification aux laïques après la communion. Argenterie. Encensoir avec sa navette. Croix processionnelle. Bannières. Bénitier avec l'aspersoir. Instruments pour la paix. Instruments pour découper les hosties, grandes et petites. Crible pour faire tomber les particules. Vases de fleurs artificielles. Vases pour laver les corporaux. Piscine sacrée. Chandeliers triangulaires. Chandelier pour le cierge pascal. Catafalque. Draps mortuaires. Pupitres. Livres. Rituel. Messes non approuvées. Calendrier. Portes. Clefs. Pavé. Fenêtres sûres. Murailles. Toit. Inventaire des choses susdites. Lieu souterrain pour le vin de la messe.

On trouve dans le même ouvrage de Gavantus (*Praxis compendiosa visitationis episcopalis*) beaucoup d'autres détails concernant les lieux et les personnes à visiter. Ceux qui précèdent rappelleront aux curés ou recteurs des églises, ce qui peut ou doit s'y trouver.

visite ensuite la demeure des chanoines, les hospices, les confréries, et les autres lieux de dévotion. Il pourra confirmer les enfants, en observant tout ce qui est dit en son lieu de la CONFIRMATION. (Voyez ce mot.)

ad ædes canonicales, hospitalia, confraternitates, et alia loca pia. Poterit postea pontifex confirmare pueros, præmissa monitione, et aliis servatis prout in principio de confirmandis dictum est.

℣ Seigneur, exaucez ma prière; ℟ Et que mes cris s'élèvent jusqu'à vous.
℣ Le Seigneur soit avec vous; ℟ Et avec votre esprit.

℣ Domine, exaudi orationem meam; ℟ Et clamor meus ad te veniat.
℣ Dominus vobiscum; ℟ Et cum spiritu tuo.

Oremus (1).

Deus, cujus miseratione animæ fidelium requiescunt, famulis et famulabus tuis omnibus hic et ubique in Christo quiescentibus da propilius veniam peccatorum, ut a cunctis reatibus absoluti, tecum sine fine lætentur. Per Christum Dominum nostrum. ℟ Amen (2).

25. Après la confirmation et la bénédiction des ornements, s'il y en a à bénir, le pontife quitte les habits sacrés, entend les confessions, ensuite les sujets de plaintes, si quelqu'un en a. Puis il prend des informations exactes et complètes sur la conduite du clergé et du peuple, sur l'administration spirituelle et temporelle des biens de l'église, sur les livres et les ornements à son usage.

25. Expedita itaque confirmatione, et benedictis ornamentis, si qua benedicenda sunt, depositisque indumentis ecclesiasticis, confessiones, et deinde querelas, si quæ sunt, audit. Tum de conversatione cleri et populi, ac qualiter spiritualia et temporalia in ipsa ecclesia ministrantur, et de libris ac ornamentis diligenter de plano inquirit

Après cela il s'en va.   *His peractis vadit.*

VOILE.

Voile, morceau d'étoffe précieuse qui couvre le calice. *Voy.* l'art. MESSE, et au Supplément l'art. SERVANT, vers la fin.

VOILE (PRISE DE), ou VÊTURE.

Voy. VIERGES.

VOTIF (OFFICE).

Le souverain pontife accorde quelquefois la permission de réciter certains offices votifs, à des jours déterminés.

VOTIVES (MESSES).

26. Le pontife ayant achevé la visite du lieu et tout ce qu'il avait à y faire, et se disposant à partir, se rend à l'église en habit ordinaire; là, tourné vers l'autel, étant debout au côté de l'Epître, il dit le psaume *De profundis* tout entier (art. ABBÉ, n. 32), avec *Requiem æternam*, et l'antienne *Si iniquitates*, comme ci-dessus; puis il dit :
« Notre Père, » tout bas.

℣ Et ne nous induisez point en tentation; ℟ mais délivrez-nous du mal.
℣ De la puissance de l'enfer, ℟ Seigneur, arrachez leurs âmes.
℣ Qu'ils reposent en paix. ℟ Ainsi soit-il.

26. Peracta demum visitatione illius loci, et omnibus expeditis, cum discedere voluerit pontifex, in suo habitu communi accedit ad ecclesiam, et stans ante altare in cornu Epistolæ, versus ad illud, dicit psalmum De profundis clamavi ad te, *totum, cum* Requiem æternam, *et antiphonam* Si iniquitates observaveris; *deinde dicit* :

Pater noster, *secreto.*

℣ Et ne nos inducas in tentationem; ℟ Sed libera nos a malo.

℣ A porta inferi, ℟ Erue, Domine, animas eorum.
℣ Requiescant in pace. ℟ Amen.

On appelle *votive* la messe qu'un prêtre célèbre pour satisfaire sa propre dévotion ou le vœu des fidèles, quand elle diffère de la messe prescrite par la rubrique, et qu'elle ne s'accorde point avec l'office que l'Église récite ce jour-là. Il faut une raison légitime pour dire une messe votive, et on ne peut en dire tous les jours (3). Chacun doit consulter sur cela le Missel et l'*Ordo* de son diocèse.

Les messes des défunts sont rangées parmi les messes votives. Généralement, selon le rite romain, les messes de *Requiem* sont prohibées les dimanches, les fêtes doubles, les octaves de Noël, de l'Epiphanie, de Pâques, de la Pentecôte et de la Fête-Dieu; le mercredi des Cendres, la semaine sainte, les vigiles de Noël, de l'Epiphanie et de la Pentecôte.

Dans l'usage commun, toute messe votive est défendue les jours où l'on ne peut dire des messes de *Requiem*. Les nouveaux prêtres, que l'évêque charge de dire trois messes, l'une du Saint-Esprit, l'autre de la sainte Vierge, la troisième pour les défunts, après leur première messe, peuvent attendre des jours libres pour les acquitter; mais ils y satisfont en appliquant celle du jour à l'intention qui leur est prescrite, et disant, si la

---

(1) *Voy.* plus haut, col. 587, la traduction de cette prière.

(2) Il est à remarquer que la prière pour les défunts est un des objets de la visite des paroisses. L'évêque fait pour cela quatre absoutes différentes : la première dans l'église, où il prie, spécialement pour les évêques; la seconde au cimetière, où il prie d'abord pour les prêtres, ensuite pour les bienfaiteurs, enfin pour tous ceux qui, là ou ailleurs, reposent en Jésus-Christ. La troisième absoute se fait dans l'église au retour du cimetière, et la quatrième encore dans l'église au moment du départ; dans ces deux circonstances, il prie pour tous les défunts sans distinction. Ces prières, faites au nom de l'Eglise par l'un de ses principaux organes, ont un effet certain pour le soulagement des âmes du purgatoire, du moins celles qui s'y sont disposées pendant leur vie, selon saint Augustin.

(3) Quoique la messe doive être d'accord avec l'office, les jours de fêtes doubles, il y a cependant une exception pour les samedis des Quatre-Temps, où, en conférant les ordres, l'évêque dit toujours la messe de la férie, et non celle du saint qui peut tomber ce jour-là. C'est un usage ancien dans l'Eglise, sur lequel la congrégation des Rites, consultée plusieurs fois, a donné divers décrets. On en trouve trois dans la Collection générale, savoir : du 11 juillet 1739, du 21 mars 1744, et du 11 février 1764; n. 3942, 4094 et 4171.

rubrique le permet, l'oraison de la messe votive après celles qui sont de précepte ce jour-là. Il en est de même des messes votives que les fidèles demandent pour un jour fixe lorsque ce jour est empêché. On satisfait à leur intention par la messe du jour, comme il vient d'être dit.

On peut célébrer une messe de *Requiem*, le corps présent, tous les jours, excepté les fêtes doubles de première classe et les trois derniers jours de la semaine sainte (1). Quand il survient un enterrement ces jours-là, si on dit la messe, on prend celle de la fête, sans ajouter d'oraison pour le défunt.

Le mariage des chrétiens est une action si importante, que l'Église a cru devoir aussi donner plus de latitude pour dire la messe propre intitulée *Pro sponso et sponsa*, dans laquelle se confère la bénédiction nuptiale. Le décret rendu à ce sujet, le 20 décembre 1783, a été confirmé par le pape Pie VI le 7 janvier 1784, et ce pontife en a ordonné la publication et l'exécution dans tout l'univers catholique. En voici le texte : *In celebratione nuptiarum quæ fit extra diem Dominicum, vel alium diem festum de præcepto, seu in quo occurrat duplex primæ vel secundæ classis, etiamsi fiat officium et missa de festo duplici per annum, sive majori, sive minori, dicendam esse missam pro sponso et sponsa, in fine Missalis post alias missas votivas specialiter assignatam; in diebus vero Dominicis, aliisque diebus festis de præcepto, ac duplicibus primæ et secundæ classis, dicendam esse missam de festo, cum commemoratione missæ pro sponso et sponsa* (2). Un autre décret du 28 février 1818, en rappelant celui-ci, prescrit d'observer à la susdite messe les rubriques des messes votives, c'est-à-dire d'omettre le *Gloria in excelsis* et le *Credo*, et de dire trois oraisons.

Dans les messes votives autres que pour les défunts on dit toujours le psaume *Judica* et le *Gloria Patri* au *Lavabo*, même aux messes de la Passion ou de la Croix, qu'on célébrerait au temps de la Passion. Mais on omet ordinairement le *Gloria in excelsis* (3), excepté aux messes de la sainte Vierge qui se disent le samedi, à celles des anges, et à celles des saints le jour de leur mort, qui est considéré comme quasi-fête (4). On le dit aux messes votives solennelles célébrées pour quelque cause grave (5), à moins qu'on ne se serve d'ornements violets.

On dit ordinairement trois oraisons : la première est celle de la messe votive, la seconde celle de l'office, et la troisième celle qu'on aurait dite la seconde à la messe du jour, à moins qu'il n'y ait quelque mémoire à faire. Quand le saint sacrement est exposé, on en dit toujours l'oraison à la messe solennelle. *Voy.* EUCHARISTIE, tit. 4.

Pendant l'Avent on dit l'*Alleluia* et son verset aux messes votives, et au temps de la Septuagésime et du Carême on y dit le Trait, quoiqu'on ne dise ni l'un ni l'autre aux messes de la férie dans ces divers temps.

Le *Credo* s'omet généralement aux messes votives, excepté aux messes solennelles qu'on célèbre pendant une octave; alors on le dit à cause de cette octave; mais point aux messes basses (6).

Si la messe votive a une Préface propre, on la dit; sinon on dit la Préface commune, ou bien celle du temps ou d'une octave, s'il y en a une propre à l'un ou à l'autre.

On peut rapporter à cet article la messe qu'un prêtre célèbre dans une église dont l'office diffère du sien, et dont par conséquent la messe aussi est différente. Par exemple, quelle messe doit dire un prêtre qui voyage dans un diocèse où le Missel diffère, soit pour le rite des fêtes, soit pour le jour auquel elles sont fixées? S'il célèbre dans un oratoire privé, il doit dire la messe conformément à son office; il en est de même du cas où il célèbre une messe privée dans une église dont la couleur convient à l'office qu'il a dit (*Décret 1831*).

Celui qui dit la messe dans une église, le jour de la fête patronale ou de la Dédicace, doit se conformer au rite de cette église par rapport à la couleur des ornements et au nombre des oraisons. Il fait même mieux de dire la messe qu'on y célèbre, sans faire aucune mémoire de son office particulier, à moins que ce ne soit un dimanche ou une férie privilégiée dont la mémoire ne s'omet

---

(1) Décrets du 5 juillet 1698, du 11 août 1736 et du 21 janvier 1752; n. 3528, 3901, et 4074, *ad* 12 et 13. Un nouveau décret, du 8 avril 1808 (n. 4357, *ad* 1) permet de dire la messe de *Requiem*, le corps présent, aux fêtes de première classe qui ne sont point de précepte, pourvu que ce ne soit pas la fête du titulaire, et même à celles qui sont de précepte dans les églises où on les célèbre avec moins de pompe extérieure. *Voy.* MESSE BASSE, art. 1 et 12.

(2) Ce décret a été inséré dans le Rituel romain, à l'article du Sacrement de mariage; il est dans la Collection sous le n. 4260; l'autre décret est au n. 4394.

La rubrique du Missel de Paris (part. 1, cap. 1, art. 4, n. 9) permet aussi de dire la messe propre *in nuptiis* tous les jours, excepté les dimanches, les fêtes solennelles et au-dessus, les doubles majeurs de Notre-Seigneur, de la sainte Vierge et des apôtres (celles-ci sont de deuxième classe dans le rite romain, et par conséquent aussi exceptées dans le décret de Rome); le mercredi des Cendres, la quinzaine de Pâques, enfin les vigiles et les octaves de Noël et de la Pentecôte.

(3) La rubrique de Paris prescrit d'omettre au temps de la Passion le psaume *Judica* dans les messes votives de la Passion et de la Croix; on omet aussi le *Gloria in excelsis* à ces messes excepté au temps pascal; mais on le dit à toutes les messes votives de la Trinité, de Notre-Seigneur, du Saint-Esprit, de la sainte Vierge et des saints, et à quelques autres, sur lesquelles on peut consulter le Missel.

(4) Romsée, après Gavantus.

(5) Par messes votives *pro re gravi*, la Congrégation entend celles où assistent, outre l'évêque avec le clergé, les magistrats et le peuple (*Décr. du* 19 *mai* 1607 ; n. 204, *ad* 14). Mais la vêture et la profession religieuse ne sont point comptées parmi les causes graves qui autoriseraient la coutume d'y chanter une messe votive du Saint-Esprit, un jour de dimanche ou de fête double, et la Congrégation veut qu'on détruise entièrement un tel abus (*Décr. du* 21 *juillet* 1685 ; n. 2060, *ad* 5). Les rubricaires donnent la même décision touchant les premières messes des nouveaux prêtres, et celles de la cinquantième année. *Rit. sacr. ad usum Diæces. Mechlin*.

(6) Suivant le rite parisien, on dit le *Credo* aux messes qu'on célèbre en présence du saint sacrement exposé, même quand ce serait la messe de la férie. On le dit aussi aux messes votives de la Trinité, de Notre-Seigneur et du Saint-Esprit, et aux messes votives des saints que l'on célébrerait durant une octave.

point. S'il célèbre une grand'messe un jour d'obligation, ou même si la dévotion attire un concours de peuple, il est obligé de suivre entièrement le rite de l'église où il la dit, sans faire attention à l'office qu'il a récité.

Un prêtre qui par dévotion va dire la messe dans une église où l'on solennise la fête de quelque saint peut en dire la messe propre, si elle est accordée pour toute l'Eglise; ou du commun, si elle est particulière à cette église. Ceci est décidé, sauf quelques exceptions, par plusieurs décrets de la congrégation des Rites (1). Et même la coutume s'est étendue plus loin en France; car les prêtres les plus réguliers et les plus pieux disent la messe propre d'un saint, le jour de sa fête, dans l'église où ils vont satisfaire leur dévotion envers ce saint.

Dans les autres jours, le prêtre cherchera dans le Missel romain ou autre la messe qui se rapporte le plus à celle qu'il doit dire, conformément à son office.

Il fera très-bien, pour éviter la bigarrure, de se servir des ornements préparés dans cette église, quoique la couleur soit différente de celle des ornements de sa propre église; et si, dans le lieu où il dit la messe, on célèbre une fête double, il doit se confor-

(1) *Voyez* l'art. Messe basse, art. 12.
(2) Tout ceci est tiré des divers décrets que la congrégation des Rites a donnés sur cette matière, savoir : 11 juin 1701, 4 septembre 1745, 7 mai 1746, 29 janvier

mer à la couleur de cette église, et ne peut ce jour-là y dire une messe des défunts en ornements noirs, quoiqu'il n'ait fait qu'un office semi-double, ou même férial (2). Mais il doit dire une messe compatible avec la couleur dont il se sert. Ce ne peut pas être le blanc pour un martyr, ni le rouge pour les autres saints.

Voy. l'art. Rubriques.

VOYAGES DES PRÉLATS.

Voy. Itinéraire.

VULGATE.

On appelle ainsi la version des Livres saints autorisée dans l'Eglise latine. Plusieurs parties de la messe sont dans le Missel romain d'après l'ancienne Vulgate. Urbain VIII a fort blâmé ceux qui avaient voulu les rendre conformes à la Vulgate actuelle sans consulter le siége apostolique. Cette ancienne version mérite d'être conservée par fragments : elle peut quelquefois servir à l'intelligence de la Vulgate actuelle, à laquelle cependant sont conformes les capitules du Bréviaire romain, les leçons, les Epîtres et les Evangiles, qui sont des lectures publiques; cela est conforme au concile de Trente. *Voy.* Missel.

1752; n. 3437, ad 2 et 3 ; 4026, ad 8 ; 4052, ad 13 ; 4074, ad 10 et 11. — Les mêmes dispositions existent dans le Missel de Paris. *Rubric.*, part. 1, cap. 5, art. 2, n. 8.

SUPPLÉMENT

AU

DICTIONNAIRE DES CÉRÉMONIES ET DES RITES SACRÉS.

A

AGNUS DEI.

(Explication du P. Lebrun.)

RUBRIQUE.

Après avoir mis la particule dans le calice, nettoyé les doigts sur le bord, de peur qu'il n'y reste quelques fragments, couvert le calice et fait la génuflexion pour adorer le saint sacrement, le prêtre, ayant la tête inclinée vers le saint sacrement et les mains jointes devant la poitrine, dit d'une voix intelligible :

Agneau de Dieu, qui ôtez les péchés du monde, ayez pitié de nous.

Agnus Dei, qui tollis peccata mundi, miserere nobis.

Agneau de Dieu, qui ôtez les péchés du monde, ayez pitié de nous.

Agnus Dei, qui tollis peccata mundi, miserere nobis.

Agneau de Dieu, qui ôtez les péchés du

Agnus Dei, qui tol-lis peccata mundi,

monde, donnez-nous la paix.

dona nobis pacem.

Et en disant : Miserere nobis *et* Dona nobis pacem, *il se frappe la poitrine, de la main droite.*

Aux messes des morts, le prêtre, au lieu de Miserere nobis, *dit :* Dona eis requiem, *et ne se frappe pas la poitrine.*

REMARQUES.

1. Sergius Ier, qui fut élu pape en 687, établit (1) que pendant la fraction de l'hostie, le clergé et le peuple chanteraient : *Agneau de Dieu, qui ôtez les péchés du monde, ayez pitié de nous;* « afin, dit Valfride, que, quand on se dispose à donner la communion, ceux qui doivent recevoir Jésus-Christ, qui s'est offert pour eux, lui demandent la grâce de les préparer à recevoir dignement les gages du salut éternel.» Dans la suite on a chanté trois fois *Agnus Dei* (2) pour remplir tout

(1) « Hic statuit ut tempore confractionis Dominici corporis, *Agnus Dei, qui tollis peccata mundi, miserere nobis,* a clero et populo decantetur. » Lib. Pontific., Anast., Amal. l. III, c. 35; Va'frid. c. 22.
(2) Il est trois fois dans deux Sacramentaires écrits vers l'an 900, l'un de Saint-Gatien de Tours, et l'autre de l'ab-

baye de Moissac au diocèse de Cahors. On lit dans Jean d'Avranches, au XIe siècle : *Diaconus... casulam, choro Agnus bis repetente, iterum induat.* (Joan. Abrinc. *de divin. Offic.*, cap. 48). Et Beleth, au XIIe, dit qu'on le chante trois fois avec interruption. Dans un Missel d'Arles, écrit vers l'an 1100, il n'y a qu'un *Agnus Dei*, et dans les Missels

le temps jusqu'à la communion, et celui même de la communion, selon Ives de Chartres (1). Les prêtres à l'autel ont aussi souhaité de le dire (2). Ils ne peuvent voir approcher le moment de la réception du corps de Jésus-Christ, sans implorer la miséricorde de leur Sauveur qu'ils ont sous les yeux, ou qu'ils tiennent entre les mains, suivant le rite ancien des églises de France (3), que les jacobins suivent encore aujourd'hui, et sans lui dire, comme tout le chœur : *Ayez pitié de nous*.

2. Jusqu'au XIe siècle, les trois *Agnus Dei* finissaient par *Miserere nobis*, et l'Eglise de Saint-Jean de Latran a gardé cet usage jusqu'à présent (4). Mais, vers l'an 1100, dans la plupart des églises on dit : *Dona nobis pacem* au troisième *Agnus Dei*. Beleth (5), au XIIe siècle, en fait mention comme d'un usage commun; il ajoute qu'on ne le dit pas le jeudi saint (ce qui s'observe à Clermont et à Liège), apparemment parce qu'on ne donne pas la paix ce jour-là. Cependant, le pape Innocent III (6) dit qu'on introduisit cette prière à l'occasion de quelques troubles qui s'élevèrent dans l'Eglise. Robert du Mont fait entendre dans sa chronique que, l'an 1183, la sainte Vierge donna cette formule dans une apparition ; mais ce que disent Beleth et le pape Innocent III fait voir qu'elle est plus ancienne.

3. Aux messes des morts, au lieu de dire : *Miserere nobis*, on dit : *Dona eis requiem*. On ne sait pas l'origine de ces mots; mais Beleth, au XIIe siècle, et Durand après lui, en parlent comme d'une pratique généralement établie. Les mêmes mots se trouvent dans le Missel Ambroisien, qui ne met même d'*Agnus Dei* qu'aux messes des morts (7).

4. Le prêtre frappe sa poitrine en disant : *Miserere nobis*, pour marquer par ce signe la componction de son cœur, comme on l'a vu au *Confiteor*; et peut-être se frappe-t-il aussi la poitrine en disant : *Dona nobis pacem*, parce qu'on disait autrefois : *Miserere nobis*; mais rien ne détermine à ce geste en disant : *Dona eis requiem*.

EXPLICATION.

AGNUS DEI, *Agneau de Dieu*. Jésus-Christ, qui est la douceur et l'innocence même, a toujours été figuré par la douceur et l'innocence d'un agneau; et comme il n'y a point d'autre victime qui puisse être agréable à Dieu que Jésus-Christ qui s'est offert pour les péchés des hommes, saint Jean dit (*Apoc.* XVIII, 8) qu'il est l'Agneau qui a été immolé depuis le commencement du monde.

Toutes les victimes qui ont été égorgées dans l'Ancien Testament n'étaient que des signes extérieurs pour instruire les hommes de ce qu'ils doivent à Dieu. C'étaient là les victimes des hommes. Mais Jésus-Christ, qui était invisiblement immolé dans ces signes, était le seul objet que Dieu regardait avec complaisance, parce qu'il était le seul digne de lui : c'est pourquoi il est appelé la victime de Dieu, l'*Agneau de Dieu*.

Le sang de l'agneau que Moïse commanda aux Juifs de mettre sur le haut de leurs portes, pour être le signe de leur délivrance, n'était qu'une figure du sang de Jésus-Christ, qui seul peut plaire à Dieu, et nous tirer de la captivité du démon pour nous faire entrer dans la liberté des enfants de Dieu.

QUI TOLLIS PECCATA MUNDI, *qui ôtez les péchés du monde*. Nous avons appris cette expression de saint Jean-Baptiste, et le terme grec de l'Evangile (*Joan.* I, 29) signifie également *porter* et *ôter*, comme il le signifie dans le latin *qui tollis*. Les victimes étaient censées porter les péchés de ceux pour lesquels elles étaient offertes, parce que ceux qui les offraient leur mettaient la main sur la tête pour les substituer en leur place, et les charger des péchés qu'ils avaient commis et des peines qu'ils avaient méritées.

Isaïe nous représente Jésus-Christ comme un agneau chargé de nos iniquités, destiné à être immolé (*Isai.* LV); et saint Pierre nous dit qu'il a porté nos péchés en son corps sur la croix, afin qu'étant morts au péché *nous vivions pour la justice* (1 *Petr.*, II, 24).

Il ne porte nos péchés et ne s'en charge que pour les expier. Il les expie, soit en portant lui-même en son humanité les peines qui leur sont dues, soit en rendant par sa grâce les fidèles capables d'accomplir ce qui reste à souffrir pour l'entière expiation de leurs péchés. Le Messie n'est venu que pour ôter les péchés. Dieu avait annoncé la venue du Sauveur à Daniel, en lui disant que *l'iniquité serait effacée et le péché détruit* (8). Et c'est ainsi, comme le parlent Isaïe et saint Paul, que *la mort se trouve absorbée dans une victoire* (9) remportée sur elle. Elle l'est dans tous ceux qui seront lavés dans le sang du divin Agneau, et qui lui diront avec de continuelles actions de grâces : *Vous avez été immolé et vous nous avez rachetés par vo-*

---

postérieurs il y en a trois. Il n'y en a qu'un dans le Missel de Lyon de 1510.

(1) « Dum sacramenta sumuntur, ter *Agnus Dei* a choro cantatur. » Ivo Carnot., *de Convent. vet. et novi sacrif.*

(2) Selon les anciens Sacramentaires, celui de Trèves du Xe siècle, d'Albi du XIe ; selon Jean d'Avranches un peu après l'an 1060, et le Micrologue vers l'an 1090, l'*Agnus Dei* n'était dit encore que par le chœur. Ives de Chartres, vers l'an 1160, fait entendre la même chose dans l'endroit déjà cité. Mais peu d'années après, presque tous les prêtres le dirent à l'autel ; ce qui paraît par les Us de Cîteaux, l'Ordinaire de Prémontré, un Missel de Cambrai du XIIe siècle, un autre de Reims du même temps, un de Prémontré à Vicogne, qui paraît écrit vers l'an 1125, dès l'établissement de cette abbaye ; un de Cologne de 1135, un autre d'Aix-la-Chapelle vers le même temps, etc.

(3) C'est ce qui est marqué dans les Missels de Paris jusqu'en 1615.

(4) *Voyez* ce qu'en disent le pape Innocent III (*de Myst. miss.* l. VI, c. 4, ci-après, art. SAINTS MYSTÈRES); Durand (l. IV, c. 52), et l'*Ordo* qui s'imprime tous les ans pour cette célèbre église, où on lit au premier feuillet: *Ad Agnus Dei non dicitur : Dona nobis pacem, sed semper : Miserere nobis, Ecclesiæ ritu antiquo servato*.

(5) *De divin. Offic.* c. 48.

(6) *De Myst. miss.* l. VI, c. 4, article cité.

(7) On y lit au troisième *Agnus Dei : Dona eis requiem sempiternam, et locum indulgentiæ cum sanctis tuis in gloria*. Miss. Ambros. 1669.

(8) Et finem accipiet peccatum, et deleatur iniquitas, et adducatur justitia sempiterna. *Dan.* IX, 24.

(9) Absorpta est mors in victoria. 1 *Cor.* XV, 54.

tre sang (Apoc. v, 9). Il est donc également vrai que Jésus-Christ porte, efface et ôte les péchés du monde, c'est-à-dire les péchés que l'amour de nous-mêmes et du monde a fait commettre, parce que, quelque grands que soient ces péchés, ils sont absolument expiés par son sacrifice, sans qu'ils restent en aucune manière.

MISERERE NOBIS, *Ayez pitié de nous.* Cette divine victime est actuellement sur l'autel où l'a mis son amour pour nous ; c'est donc là où nous devons dire, avec les plus vifs sentiments de notre misère et de la confiance qu'il nous donne en ses miséricordes : *Agneau de Dieu, qui ôtez les péchés du monde, ayez pitié de nous.* Nous le répétons trois fois pour montrer par cette prière redoublée le besoin infini que nous avons de sa grâce et de sa miséricorde.

Au troisième *Agnus Dei,* dans des temps de trouble, comme on l'a vu, on fit dire : *Dona nobis pacem,* au lieu de *Miserere nobis ;* et depuis on a toujours laissé ces mots, parce que par la paix nous n'entendons pas simplement la fin des guerres, mais la paix du Seigneur qui nous est toujours nécessaire, et qui ne nous est donnée que lorsque les péchés nous sont remis.

Aux messes des morts, au lieu de dire : *Ayez pitié de nous,* on dit deux fois : *Donnez-leur le repos ;* et au troisième *Agnus Dei,* on ajoute : *Donnez-leur le repos éternel* (1), parce que l'Eglise n'est occupée dans cette prière que de procurer le repos et l'éternelle félicité aux âmes qui souffrent encore dans le purgatoire. L'Eglise demande deux fois pour elles le repos, c'est-à-dire la cessation de leur peine, et à la troisième fois elle demande le comble de la félicité, ce repos éternel dont les saints jouissent pour jamais dans le ciel.

ALLELUIA.
(Explication du P. Lebrun.)

Alleluia est un mot hébreu qui signifie *louez Dieu,* mais qui exprime en même temps un mouvement ou un transport de joie qu'on n'a pas cru pouvoir rendre par aucun mot grec ou latin, ce qui l'a fait conserver partout dans sa langue originale.

En tout temps nous devons louer Dieu ; et en effet, lors même que l'Eglise nous fait quitter l'*Alleluia* à la Septuagésime, elle nous fait dire : *Laus tibi, Domine, rex æternæ gloriæ* (Louange soit à vous, Seigneur, roi d'éternelle gloire), ce qui renferme le sens principal de l'*Alleluia,* mais non pas le transport ou l'effusion de joie qu'il inspire et qu'il exprime, transport de joie qui ne cessera jamais dans le ciel, mais qui est souvent interrompu dans cette vie. Tobie, voulant marquer la joie des derniers beaux temps de l'Eglise ou de la nouvelle Jérusalem, dit qu'on entendra retentir de tous côtés l'*Alleluia* (2). Saint Jean nous fait entendre dans l'Apocalypse (*Cap.* vi) que c'est le chant du ciel ; et il est pour ce sujet le chant des grandes solennités de l'Eglise, où nous tâchons de participer par avance à la joie céleste.

Les juifs récitent un psaume avec l'*Alleluia,* quand ils renouvellent tous les ans la mémoire de la manducation de l'agneau pascal, qu'ils immolaient à Jérusalem pendant que le temple subsistait. Les chrétiens peuvent bien avoir tiré de là l'usage de dire l'*Alleluia* au temps pascal, et tous les dimanches destinés à renouveler la mémoire de Jésus-Christ ressuscité, notre vraie pâque. Et, comme le verset que nous disons est précédé et suivi d'un *Alleluia,* on a bien pu encore en cela imiter les Israélites, qui dans leurs assemblées chantaient souvent des psaumes qui commençaient et finissaient par l'*Alleluia.*

Cette coutume de l'Eglise de chanter l'*Alleluia* est louée par saint Augustin en plusieurs endroits de son Commentaire sur les psaumes (3), comme un usage de la plus haute antiquité. « Nous ne disons pas *Alleluia* avant Pâques, parce que le temps de la passion de Jésus-Christ, dit ce saint docteur, marque le temps des afflictions de cette vie, et la résurrection désigne la béatitude dont nous jouirons un jour. C'est dans cette vie bienheureuse où l'on louera Dieu sans cesse ; mais, pour le louer éternellement, il faut commencer à le louer en ce monde. C'est pourquoi, dit encore saint Augustin, nous chantons plusieurs fois *Alleluia* (Louez le Seigneur) en nous excitant ainsi les uns les autres à louer Dieu ; mais faites que tout ce qui est en vous le loue, votre langue, votre voix, votre conscience, votre vie et vos actions. »

On peut remarquer ici que le premier *Alleluia* a toujours été regardé comme une exhortation à louer Dieu, et le second comme une exclamation pleine de joie, ou un transport de joie de tout le peuple qui s'anime à louer Dieu. On a joint à ce sujet, depuis mille ans, à la fin de l'*Alleluia,* un grand nombre de notes de plain-chant, qu'on appelle *neume* ou *jubilation,* qui donne à chacun la faculté de joindre sa voix et d'exprimer ouvertement la joie qu'il ressent en ces solennités.

AMEN.
(Explication du P. Lebrun.)

Origine et explication de l'Amen.

Le peuple répond *Amen,* et il ratifie par là tout ce que le prêtre vient de dire, suivant la

---

(1) Au commencement du ixe siècle la messe des morts était distinguée de la messe ordinaire par l'omission du *Gloria,* de l'*Alleluia,* et du baiser de paix. *Missa pro mortuis in hoc differt a consueta missa, quod sine Gloria et Alleluia et pacis osculo celebratur.* (Amal. l. iii, c. 44). Ce *Gloria* n'est autre que le *Gloria Patri,* qu'on omettait aussi au temps de la Passion. (Amal. l. iv, c. 20), et non pas le *Gloria in excelsis,* que les prêtres ne disaient point encore.

(2) *Et per vicos ejus Alleluia cantabitur. Tob.* xiii, 22.

(3) « Est enim *Alleluia,* et hoc *Alleluia,* quod nobis cantare certo tempore solemniter moris est, secundum Ecclesiæ antiquam traditionem. Neque enim et hoc sine sacramento certis diebus cantamus. » In psal. cvi. « Veneruut dies ut cantemus *Alleluia,* etc. » In psal. cx. « Illud tempus quod est an e Pascha significat tribulationem in qua modo sumus : quod vero nunc agimus post Pascha, significat beatitudinem in qua postea erimus... Illud tempus in jejuniis et orationibus exercemus, hoc vero tempus relaxatis jejuniis in laudibus agimus. Hoc est enim *Alleluia* quod cantamus... Nunc ergo, fratres, exhortamur vos, etc. » In psal. cxlviii, n. 1 et 2

coutume des Hébreux et des premiers chrétiens. *Amen* est un mot hébreu employé pour confirmer ce qu'on avance, et qui, selon le discours auquel il est joint, signifie *Cela est vrai*, ou *Que cela soit ainsi*, ou *J'y consens* : c'est une assertion, un souhait ou un consentement. 1° Quand l'*Amen* se dit après des vérités de foi, comme après le *Credo*, il se prend pour une simple assertion, qui veut dire *Cela est vrai*. 2° L'*Amen* n'est qu'un simple souhait quand il est dit après une prière qui ne nous engage pas à faire quelque chose, mais seulement à en souhaiter l'accomplissement, comme quand le prêtre prie pour la conversion des nations, pour le soulagement des morts, pour obtenir la santé de l'âme et du corps. 3° Quand le prêtre fait une prière qui nous engage à quelque chose, l'*Amen* signifie qu'on consent à cet engagement. Ainsi tous les *Amen* que le peuple juif répondit après les malédictions marquées par Moïse (*Deut.* XXII, 15 *seq.*), étaient un consentement à tout ce qui leur était proposé de faire ou d'éviter sous peine d'être maudits de Dieu; et les *Amen* qui suivaient les actions de grâces étaient un consentement à l'obligation de les rendre à Dieu (1). De même, en disant *Amen* à la fin du *Pater*, où l'on dit à Dieu : *Pardonnez-nous comme nous pardonnons*, etc., notre *Amen* est le consentement au pardon des injures. Quand au commencement du carême on demande d'observer le jeûne avec piété (2), l'*Amen* est un consentement tacite au jeûne; et quand le prêtre demande à Dieu que par sa grâce nous soyons fervents dans les bonnes œuvres, que nous n'aimions pas le monde, et que nous l'aimions lui seul, nous consentons par notre *Amen* à nous appliquer aux bonnes œuvres et à renoncer à l'amour du monde pour n'aimer que lui seul. Enfin nous souscrivons par l'*Amen* à tout ce que renferme la prière, soit qu'il faille croire, soit qu'il faille souhaiter ou faire quelque chose.

AMICT.

(Explication du P. Lebrun.)

L'amict tire son nom du mot latin *amicire*, qui signifie couvrir. Il fut introduit au VIII° siècle pour couvrir le cou, que les ecclésiastiques et les laïques portaient nu jusqu'alors. Il parut sans doute plus décent que dans l'église le cou fût couvert, et le clergé eut aussi en vue de conserver la voix et de la consacrer au Seigneur pour chanter ses louanges, ainsi qu'Amalaire (*Lib.* II, c. 17)

(1) Et dicat omnis populus amen, et hymnum Domino. I *Paral.* XVI, 36.
(2) Ut hoc solemne jejunium devoto servitio celebremus. *Sabb. post Cin.*
(3) Selon l'ancienne Messe donnée par Illyric, le prêtre disait en quittant les habits communs : *Conscinde, Domine, saccum meum, et circumda me lætitia salutari* : et selon les anciens Missels de Liége, d'Aix-la-Chapelle, de Rennes, etc., on faisait cette prière en prenant l'amict, mais c'était après avoir dit : *Exue me, Domine, veterem hominem*, en quittant les habits communs; ce que les évêques disent encore en quittant le camail. Les saints ont regardé les habits communs comme des sujets d'humiliation et de pénitence, parce qu'ils furent donnés à l'homme après son péché; c'est pourquoi l'Église ne veut faire trou-

et les prières de plusieurs Missels (*Camerac., Atreb.*, etc.) le font entendre. Peu de temps après l'amict fut regardé en plusieurs églises comme un ornement qui devait succéder au sac de la pénitence (3); en d'autres, comme un éphod ou superhuméral (4), à cause qu'il était assez grand pour entourer les épaules et la poitrine, quoique d'ailleurs il ne ressemblât pas à l'éphod des prêtres de l'ancienne loi. Mais à Rome et dans la plupart des églises, vers l'an 900, on le regarda comme un casque qu'on mit sur la tête pour l'y laisser jusqu'à ce qu'on fût entièrement habillé, et l'abattre autour du cou avant que de commencer la messe. Cet usage s'observe encore à Narbonne, à Auxerre, depuis la Toussaint jusqu'à Pâques, et chez les dominicains. Les anciens Missels manuscrits de l'église royale de Saint-Quentin, qui ont environ cinq cents ans, marquent la prière qu'on faisait en l'abaissant autour du cou. On peut l'avoir mis d'abord sur la tête pour une raison naturelle, avant que de prendre les autres ornements, afin de l'ajouter ensuite plus proprement autour du cou, après avoir pris la chasuble, et on l'a fait aussi pour une raison mystérieuse. On a voulu que le prêtre, allant à l'autel, se regardât comme armé contre les attaques du démon, suivant ce que dit saint Paul : *Revêtez-vous des armes de Dieu, et prenez le casque, qui est l'espérance du salut* (5). C'est de là qu'a été tirée la prière que nous disons encore en prenant l'amict : *Mettez, Seigneur, le casque de salut à ma tête* (6). Mais comme, selon le Missel romain et ceux d'un très-grand nombre d'églises, on ne met plus l'amict sur la tête que pour en entourer le cou dans l'instant, on ne doit pas perdre de vue la plus ancienne raison mystérieuse qu'on a eue de mettre l'amict autour du cou, qui est que l'amict est un signe de la retenue de la voix, c'est-à-dire que ceux qui prennent l'amict dans les sacristies, soit pour dire la messe, soit pour faire diacre, sous-diacre ou indut, doivent se souvenir que ce vêtement les avertit de ne plus ouvrir la bouche que pour le saint sacrifice, et de se dire chacun à soi-même ce qu'ont dit Amalaire et plusieurs autres depuis le IX° siècle : *J'ai mis une garde à ma bouche... Par ce premier vêtement on est averti de retenir sa voix* (7). C'est ce que les anciens Missels de Cambrai, dont on se sert encore quelquefois, ont parfaitement exprimé dans la prière qu'ils prescrivent pour l'amict : *Réprimez, Seigneur, et condui-*

ver de la joie que dans les habits qu'elle fait prendre pour le service divin; et c'est ce qui a fait tirer cette prière : *Conscinde, Domine,* etc., du psaume XXIX, où nous lisons : *Convertisti planctum meum in gaudium mihi; conscidisti saccum meum, et circumdedisti me lætitia*.
(4) « Ad ephod : *Humeros meos et pectus meum Spiritus sancti gratia protege, Domine,* etc. » Miss. Illyr.; Sacramus. Trevir., etc. *Voyez* les fragments attribués à Théodore de Cantorbéry, p. 53.
(5) Induite vos armaturam Dei..., et galeam salutis assumite. *Ephes.* VI, 11, 17.
(6) Impone, Domine, capiti meo galeam salutis, ad expugnandos diabolicos incursus.
(7) « Posui ori meo custodiam.... In isto primo vestimento admonetur castigatio vocis. » Amal., l. II, c. 17.

sez ma voix, afin que je ne pèche point par ma langue, et que je puisse mériter de ne prononcer que ce qui vous est agréable (1).

ANGES (SAINTS).

PRIÈRES EN L'HONNEUR DES SAINTS ANGES.
(Indulgences authentiques.)

§ I. Indulgences accordées à perpétuité à tout fidèle qui récitera, *avec dévotion et un cœur contrit*, en l'honneur de saint Michel archange, l'hymne *Te splendor et virtus Patris*, avec les antienne, verset et oraison qui suivent.

1° Indulgence de deux cents jours, *une fois par jour*.

2° Indulgence plénière une fois par mois, pour celui qui l'aura récitée tous les jours pendant le mois, le jour où, s'étant confessé et ayant communié, il priera selon les intentions de l'Eglise (2).

Hymne.

O Jésus, qui êtes la gloire et la vertu du Père éternel, ainsi que la vie de nos cœurs, nous vous louons avec les anges attentifs à recueillir les oracles qui sortent de votre bouche.

Des millions d'anges se pressent autour de vous en nombreux bataillons; à leur tête s'avance Michel, déployant l'étendard de la croix.

Michel refoule jusqu'au fond de l'abîme la tête du dragon infernal, et foudroie avec ses complices le chef des anges rebelles.

Rangeons-nous sous la bannière du chef de la milice céleste, et combattons avec lui le prince de l'orgueil, afin de recevoir la couronne de gloire et au trône de l'Agneau.

Gloire soit à jamais, comme elle a toujours été, au Père, au Fils, et à vous, ô Esprit-Saint! Ainsi soit-il.

Te, splendor et virtus Patris,
Te, vita, Jesu, cordium,
Ab ore qui pendent tuo,
Laudemus inter angelos.

Tibi mille densa millium
Ducum corona militat;
Sed explicat victor crucem
Michael salutis signifer.

Draconis hic dirum caput
In ima pellit tartara,
Ducemque cum rebellibus
Cœlesti ab arce fulminat.

Contra ducem superbiæ
Sequamur hunc nos principem,
Ut detur ex Agni throno
Nobis corona gloriæ.

Patri, simulque Filio,
Tibique, sancte Spiritus,
Sicut fuit, sit jugiter
Sæclum per omne gloria.
Amen.

Ant. Souvenez-vous de nous, glorieux archange saint Michel; priez le Fils de Dieu pour nous partout et toujours.

℣ Je chanterai des hymnes en la présence des anges, ô mon Dieu! ℟ Je vous adorerai dans votre saint temple, et je bénirai votre nom.

Ant. Princeps gloriosissime, Michael archangele, esto memor nostri : hic, et ubique semper precare pro nobis Filium Dei.

℣ In conspectu angelorum psallam tibi, Deus meus; ℟ Adorabo ad templum sanctum tuum, et confitebor nomini tuo.

Prions.

O Dieu, qui dispensez avec un ordre merveilleux les ministères des anges et des hommes, accordez-nous, dans votre bonté, d'être fortifiés sur la terre pendant notre vie, par l'assistance de ceux qui vous rendent incessamment leurs services dans le ciel. Par Notre Seigneur Jésus-Christ. Ainsi soit-il.

Oremus.

Deus, qui miro ordine angelorum ministeria hominumque dispensas ; concede propitius, ut a quibus tibi ministrantibus in cœlo semper assistitur, ab his in terra vita nostra muniatur.

Per Dominum, etc.

§ II. Indulgences accordées à perpétuité à tout fidèle qui récitera, *avec dévotion et un cœur contrit*, la prière suivante, dans quelque langue que ce soit, en l'honneur du saint ange gardien (3).

1° Indulgence de cent jours pour chaque fois.

2° Indulgence plénière une fois par mois pour celui qui l'aura récitée une fois chaque jour dans le cours du mois, le jour, à son choix, où, s'étant confessé et ayant communié, il priera selon les intentions de l'Eglise, *dans une église publique*.

3° Indulgence plénière, en outre, le 2 octobre, fête des saints anges gardiens, pour celui qui l'aura récitée toute l'année, matin et soir, pourvu que ce jour-là, s'étant confessé et ayant communié, il prie selon les intentions de l'Eglise, *dans une église publique*.

4° Indulgence plénière, *à l'article de la mort*, pour tout fidèle qui, pendant sa vie, aura récité fréquemment cette prière (4).

N. B. Toutes ces indulgences sont applicables aux âmes du purgatoire (5).

Prière.

Angele Dei, qui custos es mei, me tibi commissum pietate superna illumina, custodi, rege et guberna. Amen.

La même, en français.

Ange de Dieu, qui êtes mon gardien et aux soins duquel j'ai été confié par la bonté divine, éclairez-moi, gardez-moi, conduisez-moi, gouvernez-moi. Ainsi soit-il.

APOTRES.

LES SAINTS APOTRES PIERRE ET PAUL.
(Indulgences authentiques.)

§ I. Indulgences accordées à perpétuité à tout fidèle qui récitera, *avec un cœur contrit*, la prière suivante en l'honneur des saints apôtres Pierre et Paul, avec un *Pater, Ave* et *Gloria Patri*.

1° Indulg. de cent jours, une fois le jour.

2° Indulgence plénière pour celui qui la

---

(1) « Ad amictum, per quem admonetur castigatio vocis, castiget et moderetur vocem meam custodia tua, Deus, ut non deliquam in lingua mea, sed loqui merear quæ tibi sunt accepta. » Missal. Camerac. an. 1527 et 1542. Un Missel de l'abbaye de Saint-Martin de Tournay, écrit au milieu du XIII° siècle, marque aussi pour l'amict. *Pone, Domine, ori meo custodiam*, etc.

(2) Pie VII, rescrit de la sacrée congrégation des Indulgences, du 6 mai 1817.

(3) Le Seigneur a donné à chacun de nous un ange qu'il a chargé de ne nous perdre jamais de vue, d'être notre protecteur, notre gardien, notre défenseur, de nous aider et de nous porter, pour ainsi dire, dans ses mains, afin

que, sous sa protection et à l'aide de ses inspirations, nous puissions faire le bien et assurer notre salut. Si nous devons d'humbles actions de grâces à Dieu pour ce grand bienfait, nous devons aussi à notre ange gardien un tribut de respect, d'amour et de confiance; nous devons nous rappeler souvent sa présence et avoir sans cesse recours à lui. Aussi ne saurait-on trop engager les fidèles à répéter souvent la petite prière qu'ils trouveront ici.

(4) Pie VI, brefs du 2 octobre 1795, du 20 septembre 1796; et Pie VII, décret *Urbis et orbis* de la sacrée congrégation des Indulgences, du 15 mai 1821. *Voy.* art. MORT, t. II, col. 688.

(5) Déclaration de Pie VII, au décret cité plus haut.

récitera tous les jours, non-seulement le jour de la fête principale de ces saints apôtres, le 29 juin, mais encore tous les jours où l'Eglise célèbre quelque fête en l'honneur de saint Pierre ou de saint Paul (1), pourvu que, s'étant confessé et ayant communié, il visite une église ou du moins un autel qui leur soit dédié, qu'il y récite la prière suivante, et qu'il y prie selon les intentions de l'Eglise (2).

L'indulgence plénière du 29 juin peut aussi se gagner soit un des neuf jours qui précèdent la fête, soit un des jours de son octave.

Prière.

O saints apôtres Pierre et Paul, moi N. N., je vous choisis aujourd'hui et pour toujours pour mes protecteurs et mes avocats auprès du Seigneur. Je me réjouis humblement avec vous, saint Pierre, prince des apôtres, de ce que vous êtes cette pierre sur laquelle le Sauveur a établi son Eglise; je me réjouis avec vous, saint Paul, de ce que vous avez été élu de Dieu pour être un vase d'élection et le prédicateur de la vérité dans tout le monde. Obtenez-moi, saints apôtres, je vous en conjure, une foi vive, une ferme espérance, une charité parfaite, une complète abnégation de moi-même, le mépris du monde, la patience dans l'adversité, l'humilité dans la prospérité, l'attention dans la prière, la pureté du cœur, la droiture d'intention dans toutes mes actions, un saint empressement à remplir tous les devoirs de mon état, la constance dans mes résolutions, la résignation à la volonté de Dieu, et la persévérance finale; afin qu'après avoir triomphé, par votre intercession et vos glorieux mérites, des pièges du démon, du monde et de la chair, je sois digne de paraître devant le souverain et éternel Pasteur des âmes, Jésus-Christ, pour le posséder et l'aimer éternellement, lui qui vit et règne avec le Père et le Saint-Esprit dans tous les siècles des siècles. Ainsi soit-il.

Pater, Ave, Gloria Patri.

§ II. Indulgences accordées à perpétuité à tout fidèle qui récitera, *avec dévotion*, le répons suivant, en l'honneur du prince des apôtres, saint Pierre.

1° Indulg. de cent jours, une fois par jour.
2° Indulgence plénière le 18 janvier, fête de la Chaire de saint Pierre à Rome, et le 1er août, fête de saint Pierre aux liens, pour celui qui récitera ce répons tous les jours, pourvu que, vraiment contrit, s'étant confessé et ayant communié, il visite une église ou un autel dédié à saint Pierre, et qu'il y prie selon les intentions de l'Eglise (3).

Répons.

Si vous voulez vous procurer un protecteur, un puissant défenseur, comment pourriez-vous hésiter? Invoquez le prince des Apôtres.
Grand saint, à qui les clefs du ciel ont été confiées, accordez-nous le secours de vos prières, et ouvrez-nous les portes du royaume céleste.
O vous qui avez lavé votre faute par les larmes abondantes d'une sincère pénitence, faites, nous vous en conjurons, que nous expiions ainsi nos crimes par des pleurs continuels.
Grand saint, à qui, etc.
Vos chaînes furent brisées par un ange; daignez briser de même les liens de nos iniquités.
Grand saint, à qui, etc.
O fondement inébranlable de l'Eglise, colonne qui ne sauriez fléchir, obtenez-nous la force et la constance, et rendez notre foi inaccessible à l'erreur.
Grand saint, à qui, etc.
Protégez Rome, consacrée autrefois par l'effusion de votre sang: obtenez le salut aux nations qui mettent en vous leur espérance.
Grand saint, à qui, etc.
Protégez les peuples fidèles qui vous honorent; que jamais ils ne soient décimés par les contagions, ni divisés par la discorde.
Grand saint, à qui, etc.
Détruisez les pièges que nous tend l'ancien ennemi, et comprimez sa rage, afin que nous n'en devenions pas les victimes.
Grand saint, à qui, etc.
Donnez-nous, à l'heure de la mort, les forces nécessaires pour soutenir les assauts de cet ennemi furieux, afin que nous puissions sortir vainqueur de ce dernier combat.
Grand saint, à qui, etc.
Gloire soit au Père, etc.
Grand saint, à qui, etc.

Ant. Vous êtes le pasteur des brebis, le prince des apôtres; c'est à vous que les clefs du ciel ont été confiées.
ỹ Vous êtes Pierre, ℟ Et sur cette pierre j'édifierai mon Eglise.

Prions.

Accordez-nous, Seigneur, nous vous en conjurons, le secours du bienheureux Pierre, votre apôtre, afin que nous puissions, par le secours de son intercession, être aidés d'autant plus efficacement que notre faiblesse est plus grande, et qu'avec sa pro-
Tu nos precando subleva;
Tu redde nobis pervia
Aulæ supernæ limina.

Ut ipse multis pœnitens
Culpam rigasti lacrymis,
Sic nostra tolli posximus
Fletu perenni crimina.

O sancte cœli, etc.
Sicut fuisti ab angelo
Tuis solutus vinculis,
Tu nos injustis exue
Tot implicatos nexibus.
O sancte cœli, etc.
O firma petra Ecclesiæ,
Columna flecti nescia.
Da robur et constantiam,
Error fidem ne subruat.
O sancte cœli, etc.
Romam tuo qui sanguine
Olim sacrasti, protege:
In teque confidentibus
Præsta salutem gentibus.
O sancte cœli, etc.
Tu rem tuere publicam
Qui te colunt, fidelium,
Ne læsa sit contagiis,
Ne scissa sit discordiis.
O sancte cœli, etc.
Quos hostis antiquus dolis
Instruxit in nos, destrue;
Truces et iras comprime,
Ne clade nostra sæviat.
O sancte cœli, etc.
Contra furentis impetus
In morte vires suffice,
Ut et supremo vincere
Possimus in certamine.

O sancte cœli, etc.
Gloria Patri, etc.
O sancte cœli, etc.

Ant. Tu es pastor ovium, princeps apostolorum; tibi traditæ sunt claves regni cœlorum.
ỹ Tu es Petrus, ℟ Et super hanc petram ædificabo Ecclesiam meam.

Oremus.

Apostolicis nos, Domine, quæsumus, beati Petri apostoli tui attolle præsidiis, ut quanto fragiliores sumus, tanto ejus intercessione validioribus auxiliis foveamur; et jugiter apostolica defensione muniti, nec succumbamus vitiis, nec oppri-

---

(1) Comme, par exemple, le 18 janvier, fête de la Chaire de saint Pierre, à Rome; le 22 février, fête de la Chaire de saint Pierre à Antioche; le 1er août, fête de saint Pierre aux liens; le 25 janvier, fête de la Conversion de saint Paul, etc. (*Note de l'Educur.*)

(2) Pie VI, rescrit de la secrétairerie des Mémoires, du 28 juillet 1778.
(3) Pie VI, rescrit de la sacrée congrégation des Indulgences, du 19 janvier 1782.

lection, nous ne tombions pas dans le péché, et ne nous laissions pas abattre par l'adversité. Par Notre-Seigneur Jésus-Christ, qui vit et règne, etc. — mamur adversis Per Christum, etc.

§ III. Indulgences accordées à perpétuité à tout fidèle qui récitera, *avec dévotion*, le répons suivant en l'honneur de l'Apôtre des nations, saint Paul.

1° Indulgence de cent jours, une fois par jour.

2° Indulgence plénière le 25 janvier, fête de la Conversion de saint Paul, et le 30 juin, jour où l'Eglise célèbre sa commémoration, pour tout fidèle qui récitera chaque jour ce répons, pourvu que vraiment contrit, s'étant confessé et ayant communié, il visite quelque église ou autel dédié à ce saint apôtre, et qu'il y prie pour les fins de l'Eglise (1).

Répons.

O vous qui gémissez sous le poids de vos maux, adressez vos prières à saint Paul; il vous exaucera du haut des cieux, et vous donnera des gages assurés de salut.

O victime agréable au ciel, docteur chéri des nations, ô Paul! c'est vous que nous demandons pour défenseur et pour patron.

Par une heureuse transformation de l'amour divin, vous êtes devenu le défenseur et l'ami de ceux dont vous étiez l'ennemi et le persécuteur.

O victime, etc.

Ni les tempêtes, ni les coups, ni les chaînes, ni la rage de vos ennemis, ni la crainte d'une mort affreuse, n'ont pu vous éloigner des chrétiens persécutés.

O victime, etc.

Souvenez-vous, nous vous en conjurons, de votre ancien amour pour eux, et guérissez notre langueur spirituelle par une sainte espérance de la grâce céleste.

O victime, etc.

Que, sous vos auspices, les cruelles machinations de l'enfer soient déjouées, et que nos temples, désormais toujours pleins, retentissent de prières publiques.

O victime, etc.

Que par vos prières la charité, qui ignore le mal, règne à l'abri de toute contestation et de toute erreur.

O victime, etc.

Que tous les habitants de la terre soient unis par les liens de la paix, et que vos épîtres soient toujours pour eux comme un breuvage salutaire.

O victime, etc.

Daigne notre souverain maître nous donner la volonté et la force d'exécuter ses ordres, afin que nos esprits ne soient pas toujours flottants dans d'affreuses ténèbres.

O victime, etc.

Pressi malorum pondere, Adite Paulum supplices, Qui certa largus desuper Dabit salutis pignora.

O grata cœlo victima! Doctorque amorque gentium, O Paule! nos te vindicem, Nos te patronum poscimus.

Nam tu beato concitus Divini amoris impetu, Quos insecutor oderas, Defensor inde amplecteris.

O grata, etc.

Non te procellæ et verbera, Non vincla et ardor hostium, Non dira mors deterruit, Ne sancto adesses cœtui.

O grata, etc.

Amoris eia pristini Ne sis, precamur, immemor, Et nos supernæ languidos In spem reducas gratiæ.

O grata, etc.

Te destruantur auspice Sævæ inferorum machinæ, Et nostra templa publicis Petita votis insonent.

O grata, etc.

Te deprecante floreat Ignara damni caritas, Quam nulla turbent jurgia, Nec ullus error sauciet.

O grata, etc.

Qua terra cunque diditur, Jungatur uno fœdere, Tuisque semper effluat Salubre nectar litteris.

O grata, etc.

Det velle nos quod imperat, Let psse summus arbiter, Ne fluctuantes horridæ Caligo noctis obruat.

O grata, etc.

Gloire au Père, et au Fils, etc.

O victime, etc.

Ant. Celui-ci est un vase d'élection que je me suis choisi pour porter mon nom devant les nations, les rois et les enfants d'Israël.

℣. Priez pour nous, saint Paul apôtre; ℟. Afin que nous soyons rendus dignes des promesses de J.-C.

Prions.

Dieu tout-puissant et éternel, qui, par un effet de votre divine miséricorde, avez enseigné au bienheureux Paul, votre apôtre, ce qu'il devait faire pour être rempli du Saint-Esprit, faites que, suivant les leçons qu'il nous a laissées, et aidés par son intercession, nous puissions vous servir avec crainte et tremblement, et être remplis de la consolation des dons célestes. Par N.-S. J.-C. Ainsi soit-il.

Gloria Patri, et Filio, etc.

O grata, etc

Ant. Vas electionis est mihi iste, ut portet nomen meum coram gentibus, et regibus, et filiis Israel.

℣. Ora pro nobis, sancte Paule apostole; ℟ Ut digni efficiamur promissionibus Christi.

Oremus

Omnipotens sempiterne Deus, qui beato apostolo tuo Paulo, quid faceret ut adimpleretur Spiritu sancto, divina miseratione præcepisti, ejus dirigentibus monitis et suffragantibus meritis, concede ut, servientes tibi in timore et tremore, cœlestium donorum consolatione repleamur. Per Christum Dominum nostrum. Amen.

AUBE.

(Explication du P. Lebrun.)

Cette première tunique, que nous appelons *aube* (*alba*), à cause de sa couleur blanche, était un ornement assez particulier aux personnes de condition dans l'empire romain (2), et il devint fort commun au clergé dans l'exercice des fonctions ecclésiastiques.. Saint Jérôme dit qu'il n'y a rien que de convenable à l'honneur de Dieu, *si l'évêque, le prêtre, le diacre et tout l'ordre ecclésiastique est revêtu de blanc dans l'administration du sacrifice* (3). Les autres Pères parlent souvent du clergé revêtu de blanc dans l'église, et l'on trouvait cette couleur d'autant plus propre à ceux qui servent à l'autel où s'immole l'Agneau sans tache, que tous les esprits bienheureux sont représentés revêtus de robes blanches, pour marquer leur pureté. C'est dans cette vue que l'Eglise fait demander au prêtre, en se revêtant de l'aube, qu'*il puisse être blanchi dans le sang de l'Agneau, et mériter par là d'avoir part aux joies célestes* (4). On est blanchi par ce sang, parce qu'il ôte les taches du péché.

---

(1) Pie VII, rescrit de Son Eminence le cardinal-vicaire, du 25 janvier 1806, qui se conserve dans les archives de la pieuse union de Saint-Paul, à Rome.
(2) *Voy.* Vopiscus, in *Hist. August.*
(3) « Si episcopus, presbyter et diaconus et reliquus ordo ecclesiasticus in administratione sacrificiorum cum candida veste processerint. » Hieronymus, *adversus Pelagium*, l. I.
(4) Dealba me, Domine, et munda cor meum, ut in sanguine Agni dealbatus gaudiis perfruar sempiternis.

B

BAPTÊME (1).

DU SACREMENT DE BAPTÊME.

(Résumé d'un grand nombre de Rituels, par Bouvelet.)

Combien de choses sont nécessaires dans l'administration de chaque sacrement ?

Il s'en trouve de deux sortes : les unes qui sont absolument nécessaires et de droit divin, comme sont la matière, la forme et l'intention du ministre, que les théologiens appellent essentielles, parce qu'elles composent le sacrement, et en font un tout moral, ni plus ni moins que la matière et la forme font un tout physique et naturel ; les autres qui regardent seulement la solennité, comme les cérémonies que l'Eglise observe, cérémonies qu'elle a reçues de la tradition des apôtres et qu'on ne peut omettre sans nécessité.

§ I. De la matière du baptême.

Quelle est la matière du baptême ?

L'eau naturelle et élémentaire renouvelée et bénite solennellement le samedi saint ou la veille de la Pentecôte.

Pourquoi dites-vous naturelle et élémentaire ?

Pour exclure toutes les eaux artificielles, c'est-à-dire celles qui sont distillées par l'alembic, sophistiquées ou autrement mélangées, et toutes les autres liqueurs qui pourraient avoir quelque propriété de l'eau, comme laver et rafraîchir, mais qui pourtant n'en ont point la nature.

La sueur, les larmes, la salive, l'urine, la boue, un linge mouillé, ne peuvent-ils être la matière du baptême ?

Nullement, et cela passe sans contredit parmi tous les docteurs.

Du vin, ou de l'huile, ou du miel mêlé avec de l'eau, de la bière, ou du sel fondu, ne peuvent-ils être matière suffisante ?

De toutes ces liqueurs les docteurs en doutent.

Qu'appelez-vous donc eau naturelle ?

L'eau de fontaine, de rivière, de puits, de la mer, de pluie, de rosée, de neige, de glace, quoique minérale ou ensoufrée ; d'autres ajoutent même la lessive.

Pourquoi voulez-vous qu'elle soit bénite ?

C'est l'Eglise qui le commande, et hors le cas de nécessité, celui qui se servirait d'autre pécherait mortellement : car bien qu'elle ne soit pas de nécessité de sacrement, elle l'est néanmoins de nécessité de précepte (*Rit. d'Orléans, de Liége*).

Mais si l'eau du baptême vient à manquer ?

Il faut en aller quérir en la paroisse voisine, l'apporter secrètement, et y en mêler suffisamment d'autre, ou bien en bénir tout de nouveau, après avoir soigneusement nettoyé les fonts avec un linge ou une éponge, y appliquant de l'huile sainte et du saint chrême, comme il est marqué au Rituel, mais sans solennité.

Si l'eau vient à geler ?

Il faut prendre les glaçons et les faire fondre dans un vase bien net, et même, si l'on craint que la froidure trop grande de l'eau ne nuise à l'enfant, on peut, ou en faire chauffer de nouvelle, mais en moindre quantité, pour la mêler avec l'autre, ou même faire tiédir celle du baptistère.

§ II. De la forme du baptême.

Quelle est la forme du sacrement de baptême ?

Les paroles instituées par Notre-Seigneur Jésus-Christ : *Ego te baptizo, in nomine Patris, et Filii, et Spiritus sancti. Amen*

En quelle langue peut-on baptiser ?

Il n'importe, pour la validité du sacrement, en quelle langue on baptise ; toutefois en l'Eglise latine le prêtre est obligé d'exprimer la forme en termes latins.

En combien de façons peut être appliquée cette forme ?

En deux façons, absolument ou avec condition.

A qui doit-on l'appliquer sous condition ?

1° A ceux dont on doute probablement (après avoir pris conseil de personnes sages et avisées) s'ils ont été baptisés ou non, comme aux enfants exposés, *licet schedulam habeat colle appensam, qua illum baptizatum esse testetur*, ajoute un concile de Narbonne ; 2° à ceux qui ont été ondoyés à la maison par des personnes peu intelligentes et peu versées dans la forme du baptême : *Si enim talis fuerit persona quæ baptizavit cui ea de re tuto credi possit, non est etiam sub conditione baptizandus* ; 3° à ceux au baptême desquels on se serait servi de matière douteuse ; 4° à ceux qui ont été baptisés dans le ventre de la mère sur une autre partie que sur la tête ; 5° à ceux à qui l'eau n'a point touché certainement la chair, mais seulement les cheveux ; 6° à ceux qui ont quelque chose de si monstrueux que l'on a sujet de douter s'ils sont hommes ou non.

Le Rituel de Malines et d'Arras, conformément à un synode de Malines, approuvé par Paul V, ajoute ceux qui ont été baptisés par des hérétiques. *Quia nostri temporis hæretici, pro insatiabili suo in Ecclesiam odio, sacramentorum formam plerumque invertunt, materiam contemnunt, aut legitimam intentionem non habent, merito baptismus ab iis collatus de nullitate suspectus haberi debet, proinde ab iis baptizati sub conditione baptizentur, ac omissæ cæremoniæ suppleantur.* Ce qu'il ne faudrait pourtant point entreprendre sans avoir consulté l'évêque.

---

(1) *Voyez* le Catéchisme du concile de Trente, que nous avons donné en français dans le tome Ier de l'Histoire de ce saint concile, et où la doctrine de l'Eglise sur les sacrements se trouve si bien exprimée. EDIT.

Quelles sont les conditions avec lesquelles, dans les cas ci-dessus, on peut donner le baptême?

Elles se réduisent à quatre : *Si non es baptizatus. Si vivis. Si tu es homo. Si hæc materia est apta.*

Qu'arriverait-il si, hors de ces cas, un prêtre prétendait donner le baptême une seconde fois?

Outre qu'il commettrait un sacrilége énorme, il serait irrégulier.

En combien de façons peut-on baptiser?

En trois : par immersion, aspersion et infusion. Immersion lorsqu'on plonge l'enfant dans l'eau; aspersion quand on l'arrose seulement; infusion quand on verse l'eau sur lui : or il n'importe, pour rendre ce sacrement valable, de quelle manière l'eau soit appliquée, quoique pourtant on doive toujours, hors la nécessité, observer l'usage de l'église où l'on demeure.

Que faut-il observer en versant l'eau sur la tête de l'enfant?

1° De faire trois infusions consécutives en forme de croix, versant l'eau d'une cuiller ou autre vase, et non avec la main; 2° que la même personne qui prononce les paroles verse l'eau (1); 3° que la prononciation des paroles se fasse au même temps qu'elle verse l'eau; 4° que l'eau qui tombe de la tête de l'enfant soit reçue, ou dans la piscine, ou dans quelque vaisseau préparé pour cet usage, et jamais dans le baptistère; 5° tâcher d'avoir l'intention actuelle de baptiser, ou du moins de faire ce que l'Eglise fait.

Si celui qui baptise venait à expirer avant qu'il eût achevé ces paroles : Ego te baptizo, *etc.?*

Il faudrait qu'un autre recommençât à appliquer l'eau derechef, et prononçât tout au long lesdites paroles, à moins que le premier en fût demeuré à ce mot *Amen*; car pour lors il aurait vraiment conféré le baptême, ce mot *Amen* n'étant point de la nécessité du sacrement, ni dans le Rituel romain.

§ III. *Du ministre du baptême.*

Qui est-ce qui peut administrer ce sacrement de baptême?

Les ministres légitimes et ordinaires du baptême solennel sont l'évêque, le prêtre et le diacre par permission de l'un ou l'autre; mais quand il y a nécessité, toute personne le peut, de telle secte ou religion qu'elle puisse être, pourvu qu'elle ait intention de faire ce que fait l'Eglise.

En cas de nécessité, d'autres que l'évêque, le prêtre et le diacre peuvent-ils baptiser avec solennité?

Nullement : cela n'appartient qu'aux ministres de l'Eglise, députés spécialement à cet effet.

Une femme doit-elle baptiser en présence d'un homme?

Non, régulièrement parlant, pas plus qu'un laïque en présence d'un clerc, et un inférieur parmi les clercs devant son supérieur en ordre, si ce n'est au cas que la pudeur demande autrement, ou qu'une femme sache mieux la forme du baptême qu'un homme, ou que ce fût le père de l'enfant qui fût présent.

Le père ou la mère peuvent-ils baptiser leurs enfants?

Non, à cause de l'affinité spirituelle qui empêcherait le devoir du mariage, si ce n'est à l'article de la mort, et qu'il ne se trouvât personne, ni homme ni femme, pour le baptiser; et pour lors ils ne contractent aucune affinité.

Que doit faire un curé pour obvier à tous les inconvénients qui peuvent arriver dans l'administration du sacrement de baptême faite par les laïques?

1° Il doit avoir grand soin que tous ses paroissiens, mais principalement les femmes, sachent la forme de ce sacrement, leur enseignant quelquefois dans les prônes et même au confessionnal (comme le remarque le Manuel de Cologne) la façon de l'administrer, leur apprenant que ce doit être une même personne qui verse l'eau et prononce les mots en même temps. (Celui de Chartres et celui de Meaux veulent que ce soit tous les mois, et celui de Châlons au moins trois ou quatre fois l'an.)

2° Quand on présente un enfant au baptême et qu'on lui dit qu'il a été ondoyé, il doit soigneusement examiner le fait, surtout si ce sont des gens rustiques et sans instruction, leur demander de quelle manière, de quelles paroles et de quelle intention ils se sont servis; en un mot, ce qu'ils ont fait et dit, qui était présent, s'ils ont des témoins, qui a dit les paroles, qui a versé l'eau, parce qu'il en arrive souvent de grands abus.

3° Il doit s'informer des sages-femmes si elles savent ce qui concerne l'administration du sacrement de baptême.

Un curé doit-il prendre intérêt à l'élection qui se fait d'une sage-femme en sa paroisse?

Oui, parce que, comme elles se trouvent souvent obligées de baptiser en cas de nécessité, et que l'on s'en rapporte à leur jugement pour la validité du sacrement, elles pourraient beaucoup nuire, par malice, ignorance ou témérité, si l'Eglise n'avait soin d'y pourvoir.

Que doit donc faire un curé quand il est question de choisir dans sa paroisse une sage-femme?

Il doit faire assembler les plus honnêtes et les plus pieuses de ses paroissiennes, pour donner leurs suffrages à celle qu'elles jugeront la plus propre et la plus fidèle à se bien acquitter de cette charge, et surtout qui soit d'une vie irréprochable, et hors de tout soupçon d'hérésie, de sortilége, maléfice et infamie.

---

(1) Simplicissimi quippe sacramenti simplicissimus debet esse minister. *Rit. du Mans.*

De quoi le curé doit-il interroger et instruire une sage-femme?

De trois choses principales : 1° lui enseigner la manière d'administrer le sacrement de baptême, soit pour la forme, soit pour la matière ; 2° lui dire de ne baptiser jamais qu'en cas de nécessité extrême, et d'appeler au moins deux témoins, et surtout la mère de l'enfant, pour rendre témoignage à qui il appartiendra de la validité du baptême ; 3° lui faire entendre que c'est encore de son devoir d'avertir les parents de ne pas différer le baptême de leurs enfants, mais plutôt les solliciter qu'on les amène à l'église dès le jour même, si faire se peut ; enfin, qu'elles se gardent bien de porter jamais aucun enfant au prêche des hérétiques pour être baptisé.

Le Manuel de Cologne en ajoute une quatrième, savoir, que, le cas arrivant qu'une femme mourût en travail d'enfant, elle doit lui tenir la bouche ouverte, et avoir soin de la faire ouvrir au plus tôt pour tirer l'enfant, et le baptiser à l'heure même s'il se trouve avoir vie (1).

Ne serait-il pas à propos de leur faire prêter le serment ?

Oui, les Rituels le demandent expressément et en marquent la forme.

Qui doit recevoir ce serment ?

Le propre curé (qui sera accompagné, s'il se peut, du médecin ou du chirurgien de la paroisse), lequel, tenant en main les saints Évangiles, après le serment fait, les lui fera toucher et baiser, et prendra soin d'en tenir note sur son registre des baptêmes.

§ IV. *Des personnes capables de recevoir le baptême.*

A qui peut-on conférer le baptême ?

A toute créature raisonnable, sans aucune distinction d'âge ni de sexe, aux hommes et aux femmes, aux grands et aux petits, *quos aut sexus in corpore, aut ætas discernit in tempore, omnes in unam parit gratia mater infantiam.*

Quels soins doit avoir le curé pour les petits enfants de sa paroisse à qui il faut conférer le baptême ?

1° C'est d'instruire les pères et mères et les sages-femmes, comme il a déjà été dit, de présenter leurs enfants à l'église dès qu'ils sont nés, à cause du danger où ils sont de leur salut n'étant point baptisés, et ceux même qui dans le cas de nécessité auraient été baptisés à la maison, pour suppléer les cérémonies ; 2° avoir soin, s'ils sont éloignés de l'église, de porter de l'eau naturelle avec eux dans une aiguière, pour pouvoir donner le baptême en chemin en cas de danger ; 3° les avertir de ne pas présenter leurs enfants couverts de langes trop superbes, à un sacrement dans lequel ils renoncent aux pompes du monde.

Y a-t-il quelque peine à encourir par les parents qui négligent de faire baptiser leurs enfants ?

Oui, il y a peine d'excommunication menacée en plusieurs diocèses contre ceux qui diffèrent plus de huit jours, comme en ceux de Châlons, de Périgueux, de Grasse, d'Orléans, de Meaux, aux conciles et statuts provinciaux d'Aix, de Langres, de Rouen, de Bordeaux et de Tours. Saint Charles (*Conc. Mediol.* I, *Constitut.* p. 2) avait dit avant eux tous. *Natum infantem ii quorum est ea cura ante nonum diem ad suscipiendum baptismum in ecclesiam deferendum curent ; qui si neglexerint, excommunicationis pœnam subeant.* Celui de Liège ne veut pas qu'on diffère seulement au lendemain, sans permission de l'ordinaire.

Est-ce une louable coutume de conduire (comme on fait en quelques lieux) les enfants à l'église avec des violons et autres instruments ?

Non, et pour la retrancher le curé doit empêcher qu'ils n'entrent dans l'église, et avertir les parents de s'abstenir de cette dépense vaine et superflue et de toutes les autres, par la considération que celui qu'ils présentent au baptême est un criminel, et qu'il est fort malséant de lui faire commencer sa vie nouvelle par une magnificence qui tient du vieil Adam.

Quoniam autem in baptismo unusquisque pie ac religiose profitetur se operibus Satanæ renuntiare ejusque pompas deserere, illud parochus, cum usus venerit, populum doceat, præsertimque baptismi tempore, non solum quomodo et quam simplici amictu ad illud infans deferendus sit, sed quam religiosa in Deum pietate, quam humili spiritu et quanta etiam vestitus moderatione compatres commatresque adesse debeant (*Concil. Aquense*, 1585).

Nec vero ullum, vel ornamentum, vel aliud quidquam, quod mundi hujus pompam præ se ferat, adhiberi patiatur ; cum minime consentaneum sit, ipso vitæ christianæ ingressu statim iis rebus studeri, quibus potissimum solemni sponsione renuntiatur.

Curati sub gravi illis pœna arbitratu episcopi infligenda in posterum sacramentum baptismi ne ministrent iis qui ad ecclesiam accedent cum tympanis et aliis instrumentis, strepitum ac clamorem cum risu et aliis inanis lætitiæ signis excitantibus. (*Concil. Aquens.* tit. *de Bapt.* an. 1585.) Le même abus est défendu au concile de Narbonne de l'an 1609. (*Tit. de Baptismo.*)

Peut-on baptiser un enfant dans le ventre de sa mère ?

Oui, en cas de péril de mort, pourvu qu'il montre la tête ; car si on applique l'eau sur quelque autre partie du corps venant au monde, il faut le rebaptiser sous condition ; ce qui doit pareillement se faire si on doute que l'eau n'ait touché aucun membre, ou qu'on ait manqué aux paroles dans le trouble.

Si la mère meurt dans le travail, que faut-il faire ?

Il faut, suivant les constitutions synodales

---

(1) Cette précaution sert à faire échapper les mauvaises odeurs qui nuiraient à l'enfant si elles étaient concentrées, et non à lui fournir de l'air, parce qu'il ne respire pas avant de naître. Édit.

de Paris, sous Odon, en 1175, ouvrir la mère, si on croit que le fruit soit en vie, et en ce cas le baptiser, et s'il se trouve mort ne le point inhumer en terre sainte.

Si l'on présente plusieurs enfants tout à la fois?

Il faut faire sur chacun les exorcismes et les cérémonies, et dire les oraisons pour tous au nombre pluriel.

S'il y a un garçon et une fille?

Hors la nécessité, il faut baptiser celui-là avant celle-ci, à cause de la dignité du sexe, et mettre le garçon à la droite et la fille à la gauche.

Qu'arriverait-il si, pensant baptiser un enfant mâle, on avait baptisé une fille?

Il ne faudrait pas réitérer le baptême, mais seulement changer le nom (*Reims*, *Cologne*, *Liége*).

Si on présente un monstre humain pour être baptisé, que faut-il faire?

Il faut prendre garde si c'est une personne en deux, mâle ou femelle, et lorsqu'après une soigneuse recherche et une mûre délibération on doute s'il y a deux personnes, à cause qu'il ne paraît pas deux têtes ni deux poitrines bien distinctes, il faut en baptiser une absolument avec intention certaine, et l'autre avec condition. Si le monstre a deux têtes, deux poitrines et deux corps distincts, mais attachés l'un à l'autre, il faut les baptiser chacun absolument, et s'il y a danger que l'un ne meure lorsqu'on baptise l'autre, il faut les baptiser ensemble, disant : *Ego vos baptizo*. Quand il n'y a qu'une personne qui a plus de deux bras ou autres parties, il faut la baptiser comme seule. Que s'il n'y a point ou presque point de figure humaine, il faut en donner avis au supérieur.

S'il se présente quelque adulte, que faut-il faire avant que de le recevoir au baptême?

Il faut voir de quelle secte il a été, quelle religion il a professée jusqu'alors ; si c'est un juif, un turc, un infidèle ou un hérétique. Pour les hérétiques, si le baptême est censé valide parmi ceux d'où il vient, comme parmi les calvinistes et les luthériens, il ne faut pas les baptiser de nouveau, mais seulement suppléer les cérémonies après l'abjuration de leurs erreurs (si l'évêque, pour quelque cause raisonnable, n'en ordonne autrement (1). Et pour les autres, avant de leur accorder le baptême, il est à propos d'en avertir l'évêque, afin qu'il fasse faire les informations nécessaires pour empêcher les sacriléges qui se commettent quelquefois par des vagabonds qui se font baptiser plusieurs fois.

Que faut-il observer pour le baptême de ces adultes quand on en a reçu commission?

Il ne faut pas leur accorder cette grâce aussitôt qu'ils la demandent, mais les disposer par un espace de temps considérable pour la recevoir avec fruit.

Que faut-il faire pendant ce temps pour disposer un adulte au baptême?

1° Il faut l'instruire des principaux mystères de notre religion et des maximes de la vie chrétienne, lui faisant connaître la grandeur du christianisme, les obligations étroites qu'il contracte au baptême, et la vie nouvelle qu'il doit mener dorénavant, exempte de tous péchés et pleine de toutes les vertus dans lesquelles il doit déjà s'exercer par avance, afin qu'il sache ce qu'il demande. *Et prius dixi, et nunc dico, et dicere non desistam: si quis morum vitia non correxit, nec facilem sibi paravit virtutem, ne baptizetur* (Saint Chrysostome).

2° Il faut avec grand soin examiner la volonté et le désir qu'il témoigne d'être baptisé, de crainte que ce soit l'intérêt qui le lui fasse demander.

3° Lui faire produire souvent des actes de foi, d'espérance et de charité, de haine et de détestation de ses péchés, avec des résolutions fermes d'observer inviolablement les commandements de Dieu, qui sont les meilleures dispositions.

Le catéchumène étant ainsi disposé, que faut-il faire?

Il faut, 1° si cela se peut commodément, différer le baptême jusqu'à la veille de Pâques ou de la Pentecôte, pour plus grande solennité, afin de suivre la coutume ancienne de l'Eglise ; 2° que le prêtre et le catéchumène soient à jeun, à moins que, pour causes raisonnables, il fallût différer après midi ; 3° que le catéchumène réponde lui-même, et non le parrain, aux interrogations du ministre, suivant cette parole de l'Evangile : *Ætatem habet, ipse de se loquatur*, à moins qu'il ne soit sourd ou muet, ou d'un langage étranger ; 4° qu'il ait douleur de ses péchés et montre des signes de repentir pour sa vie passée : car saint Pierre dit : *Pœnitentiam agite...* (et après) *baptizetur unusquisque vestrum*. Enfin il faut faire toutes les cérémonies comme au baptême des enfants, sinon qu'à celui des adultes le Manuel enjoint, avant de les introduire dans l'église, de leur dire quelque chose de la vertu du sacrement, de l'unité et de la signification des cérémonies.

Mais s'il arrivait que l'adulte, avant d'être tout à fait disposé, tombât malade?

En ce cas il faudrait, en raison du péril ou de la nécessité, s'il le demandait, lui accorder le baptême.

Peut-on baptiser les adultes insensés, furieux ou malades de léthargie et de frénésie?

Si de tout temps ils ont été en cet état, on peut les baptiser, comme on fait pour les enfants, *in fide Ecclesiæ* ; s'ils ont quelque intervalle de raison, il ne faut pas le leur donner sans qu'ils le veuillent et qu'ils ne l'aient demandé auparavant.

§ V. Des parrains.

(*Voy.* ce paragraphe de Beuvelet à l'art. PARRAINS du Dictionnaire.)

§ VI. Du temps et du lieu où l'on peut donner le baptême.

En quel temps peut-on donner le baptême?

En tout temps, même pendant l'interdit et

---

(1) *Nisi rationabili de causa aliter episcopo videatur.* (*Ritual. Rom. e. omnia fere*)

la cessation qu'on appelle *a divinis*, principalement si l'enfant est en danger de mort. (Synod. Aquensis, 1585.)

A quelle heure du jour?

Quand le baptême se fait à l'église, il faut que ce soit de jour et non jamais de nuit; et quand c'est une fête ou un dimanche, il faut que ce soit une demi-heure avant ou après l'office divin (si la nécessité ne presse), afin que par ce moyen il ne soit pas interrompu.

En quel lieu se doit administrer le baptême?

En cas de nécessité, il peut s'administrer partout; mais sans nécessité il faut apporter les enfants aux églises, qui, pour cela, sont appelées dans les canons baptismales ou matrices, parce que là se trouvent les saints fonts du baptême, que saint Denys appelle μητέρα τῆς υἱοθεσίας, c'est-à-dire la mère d'adoption.

D'où vient donc qu'aujourd'hui on baptise si aisément à la maison, en attendant la commodité d'un parrain pour faire les cérémonies à l'église?

C'est un abus qui vient en suite d'un privilége accordé aux enfants des rois et des princes par le concile général de Vienne, et qui est défendu aux prêtres, dans un concile de Rouen et de Narbonne, sous peine d'excommunication et de suspension. *Ex antiquorum christianorum more et traditione præcipimus, quamprimum commode fieri poterit, natos pueros ad baptismum deferri, propter ejus necessitatem; nec nisi ad eorum salutem spectantia, et quæ pietatem christianam fidemque de sacramentis sapiant adhiberi; aliter sine justa causa agentes, cum curatis seu vicariis id fieri non improbantibus, excommunicatione et suspensione dignos judicamus, sicut sacerdotes privatis in domibus vel noctu (citra necessitatem) baptizantes.* (Conc. Rothomag. ann. 1581, tit. de Sacramentis). *Curatis autem, sacerdotibusve, extra casum necessitatis, sub pœna excommunicationis ad domum cujusquam, etiam magnatis ad baptismum ministrandum accedere prohibemus; necessitas autem illa intelligatur quæ mortem infantis minetur.* (Concil. Narbon. 1609, tit. de Baptismo.) *Idem statuunt Aquense* 1585 *et Burdegalense* 1582. Voilà pourquoi les curés doivent s'efforcer de retrancher cet abus de tout leur pouvoir, ayant pour cela recours aux supérieurs ecclésiastiques.

Præsenti edicto prohibemus ne quis de cæteris in aulis vel cameris aut aliis privatis domibus, sed duntaxat in ecclesiis, in quibus sunt ad hoc fontes specialiter deputati, aliquos (nisi regum vel principum quibus valent in hoc casu deferri, liberi exstiterint, aut talis necessitas emerserit, propter quam nequeant ad ecclesiam absque periculo propter hoc accessus haberi) audeat baptizare. Qui autem secus præsumpserit, aut suam in hoc præsentiam exhibuerit, taliter per episcopum suum castigetur, quod aliis attentare similia non præsumant. (Clementina unic. de Bapt.)

A cette exception des princes, les Manuels, expliquant l'intention du concile, ajoutent, *magnorum principum* (Rit. Rom. Paris, Meaux, Beauv., Chart.), pour montrer les précautions qu'il y faut apporter, et en ce cas ils veulent, 1° que cela ne se fasse qu'à l'instante prière qu'en pourront faire les parents; 2° que le baptême ne s'administre point dans les salles communes ou autres lieux profanes, mais dans leurs oratoires; 3° que l'on se serve de l'eau du baptistaire, laquelle aura été portée au logis dans un vase bien net, avec les saintes huiles, par un prêtre, un diacre ou un sous-diacre, revêtu de surplis. (C'est le Rituel de Chartres qui ajoute cette dernière circonstance touchant le port des saintes huiles.)

Peut-on administrer le baptême en présence des hérétiques?

Non, c'est une chose défendue par l'Eglise et renouvelée depuis peu dans un concile de Narbonne en ces termes : *In baptismi sacerdos aut parochus præsentem adesse non patiatur neque judæum, neque hæreticum, neque denique alium quemquam a fide christiana aversum; eo qui se doit encore étendre aux autres sacrements et au sacrifice, comme le déclare le même concile : Hæretici rei sacræ aut sacramentorum administrationi adesse non permittantur, sed prorsus ab ecclesiarum limitibus arceantur præterquam concionis tempore, ut pudore affecti et confusi aliquando resipiscant.* (Ann. 1609, tit. de Hæreticis, et tit. de Baptismo.)

Comment doivent être construits les fonts baptismaux?

Ils doivent être de marbre ou de pierre solide, élevés de terre, à l'entrée de l'église, du côté gauche (si la situation du lieu le permet), entourés, s'il se peut, de quelque balustre, couverts de quelque petit dôme, ou au moins de quelque tapis convenable, et fermés à la clef, que le curé doit très-soigneusement garder, afin que l'on ne puisse faire servir l'eau baptismale à des usages profanes, à des charmes, à des sortiléges, etc. Il doit y avoir auprès, s'il se peut, un tableau de saint Jean baptisant Notre-Seigneur.

§ VII. *Des choses nécessaires pour administrer le sacrement de baptême.*

Quelles choses sont nécessaires pour administrer le baptême?

Le prêtre qui doit administrer ce sacrement doit préparer auparavant, 1° une étole blanche ou violette, ou toutes les deux, selon la coutume des lieux; 2° les vases des saintes huiles, c'est-à-dire celle que nous appelons des catéchumènes et le saint chrême; 3° du sel bénit ou à bénir dans un autre petit vase; 4° une cuiller, coquille, burette ou autre chose semblable, d'argent, d'étain, de cristal ou autre matière, bien nette, pour verser l'eau sur la tête de l'enfant; 5° un bassin pour recevoir l'eau, à moins qu'elle ne tombe dans la piscine; 6° du coton ou des étoupes, ou quelque linge ou autre chose pour essuyer les lieux où se font les onctions; 7° un chrémeau blanc; 8° un cierge ardent, et enfin le Rituel avec le registre des baptêmes et un clerc pour l'assister.

De quelle huile se faut-il servir?

De celle qui aura été consacrée l'année dernière; car il n'est pas permis, au delà d'un an, de se servir des saintes huiles sans grande nécessité.

Comment faut-il donc se comporter pour la bénédiction des fonts, le samedi saint, aux paroisses de la campagne éloignées de la ville épiscopale, où on ne peut avoir en ce temps des huiles nouvelles?

Les Manuels de Chartres et de Beauvais disent qu'il faut omettre cette cérémonie de l'infusion des saintes huiles et du mélange du saint chrême, et faire au reste la bénédiction de l'eau, ainsi qu'il est prescrit dans le Manuel, avec la cérémonie du cierge bénit, etc., réservant la sanctification à faire avec les saintes huiles lorsqu'on aura distribué les nouvelles. Et de peur que dans cet intervalle il ne se présente quelque baptême, il faut, avant de vider les fonts, en puiser de l'eau de l'année précédente, et la réserver dans un vase pour servir à cette occasion. C'est la pratique qui s'observe aux diocèses d'Evreux, de Tarbes et de Saint-Brieuc.

Quand donc les huiles nouvelles ont été distribuées, que faut-il faire?

Le curé, revêtu de l'aube, ou du moins du surplis et de l'étole, précédé de deux acolytes avec chacun un cierge et la croix au milieu, va faire la sanctification de l'eau en la manière prescrite (ce qui se peut faire à huis clos).

Que faut-il faire des huiles de l'année précédente?

Il faut ou les consommer dans la lampe qui brûle devant le saint sacrement, ou les brûler avec des étoupes ou du coton dont on se sert pour les appliquer, et en jeter les cendres dans la piscine ou les enterrer dans un lieu saint.

Si les saintes huiles venaient à manquer, que faudrait-il faire?

Il faudrait tâcher d'en avoir de quelque paroisse voisine, ou bien, s'il en reste encore quelque peu, en mêler d'autre, quoique non bénite, mais en moindre quantité.

Par qui doivent être portées les saintes huiles, hors le cas de nécessité?

Par un prêtre, un diacre, ou du moins un sous-diacre, et jamais par un laïque; c'est ce que prescrivent tous les Rituels.

Que faut-il faire du sel bénit qui reste après le baptême?

Il ne faut pas le rendre à ceux qui l'ont apporté; il faut ou le réserver dans la même armoire que les saintes huiles, pour servir une autre fois, ou le jeter dans la piscine ou dans le bénitier.

§ VIII. Du registre des baptêmes.

Est-il nécessaire de tenir registre des baptêmes?

Oui (sous peine de péché grief, au sentiment des docteurs), non-seulement pour le commandement qui en est fait par les supérieurs et pour les significations mystérieuses de cette cérémonie, mais pour les inconvénients qui en peuvent résulter.

Comment faut-il écrire les noms?

En cette forme: « Le.... jour du mois.... de l'an (*ici l'année en toute lettre*) a été baptisé Jean, fils de Pierre *N.* et de Marie *N.*, sa femme, né le.... jour de.... du même mois et an. Le parrain a été Nicolas *N.*, la marraine Marguerite *N.*, fille ou femme de feu *N. N.* »

Si l'enfant n'est pas de légitime mariage, ou si le père ou la mère cèlent leurs noms?

Il faut écrire en cette sorte: « A été baptisé un enfant de père et de mère inconnus, etc. » Il faut pourtant faire diligente perquisition, et, si on le peut découvrir, mettre pour le moins le nom du père ou de la mère, tâchant d'éviter tout soupçon d'infamie.

Si l'enfant a été exposé et baptisé sous condition?

Il faut exprimer, s'il se peut, en quel jour, en quel lieu et par qui il a été trouvé, combien de jours il pourrait bien avoir, et mettre qu'il a été baptisé sous condition.

Si l'enfant a été baptisé en la maison ou ailleurs, à cause du péril?

Il faut mettre que l'enfant a été baptisé un tel jour, par telle personne et en tel lieu, et s'il survit et qu'on supplée les cérémonies de l'Eglise, il faut ajouter que les cérémonies ont été faites à un enfant né de tant de mois, à qui on a imposé tel nom, que tels ont été parrain et marraine au catéchisme seulement, et non au sacrement.

Si l'enfant a été baptisé hors de la paroisse?

Le prêtre doit obliger le parrain et la marraine d'en faire rapport à son propre curé, leur donnant pour ce sujet un mot de sa main par lequel il témoigne qu'un enfant a été baptisé par lui tel jour, etc., afin qu'il en prenne note pareillement sur son registre.

Est-ce assez d'écrire le nom de l'enfant, des père et mère, parrain et marraine?

Il faut, de plus, que celui qui administre le sacrement mette son seing au bas et fasse signer les parrain et marraine, comme il est expressément commandé en certains lieux, ce qui semble insinué suffisamment dans les autres Manuels par ces paroles qui se trouvent presque en tous: *Subsignetque saltem is qui ministrat.*

Qu'y a-t-il encore à remarquer sur la manière d'enregistrer?

C'est de mettre toujours les dates des jours, des mois, de l'année tout au long, et non en chiffre, v. g., l'an mil six cent cinquante-deux, et non 1652. Ce qui se doit observer pareillement pour les mariages, les mortuaires, les testaments, et tout autre acte public.

§ IX. Des cérémonies du baptême et leurs significations.

Qu'est-ce que cérémonie?

Cérémonie, en général, n'est autre chose qu'un acte extérieur de religion par lequel nous rendons à Dieu quelque culte et révérence, et qui signifie quelque chose d'intérieur sous des choses visibles.

Pourquoi l'Eglise a-t-elle institué des cérémonies dans l'administration des sacrements?

1° Pour servir de marques extérieures de la religion que nous professons, n'y ayant jamais eu de religion sans cérémonies ; 2° pour s'accommoder à la faiblesse des hommes, qui ne peuvent arriver à la connaissance des choses intérieures et spirituelles que par celles qui sont extérieures et sensibles ; 3° pour exciter la dévotion du peuple, lequel, voyant dans nos cérémonies comme dans un tableau, les plus grands mystères de notre religion représentés, prend de là occasion de produire des actes plus parfaits de religion intérieure ; 4° pour arrêter les efforts et la puissance du démon, qui fait tout son possible pour empêcher l'effet des sacrements.

Quelles sont les cérémonies qui s'observent au sacrement de baptême ?

On les distingue ordinairement en trois : les unes sont précédentes au sacrement, c'est-à-dire, avant que de s'approcher des fonts ; les autres se font au baptistère, et les troisièmes après que le sacrement est administré. Les premières sont pour ôter les empêchements et les obstacles que pourrait apporter le malin esprit à l'effet du baptême ; les secondes disposent pour en recevoir plus immédiatement l'effet, et les dernières donnent la force spéciale pour conserver la grâce baptismale.

Pourquoi tant de cérémonies ?

1° Pour rendre ce sacrement plus auguste et plus digne de vénération aux yeux des fidèles ; 2° pour marquer avec combien de préparation il faut s'approcher de ces fontaines adorables du Sauveur.

1° *Cérémonies qui précèdent le baptême.*

Quelles sont les cérémonies qui se font avant d'approcher des fonts baptismaux ?

Il y en a six, savoir : l'imposition du nom, le souffle que fait le prêtre par trois fois sur l'enfant, les signes de croix sur le front et sur la poitrine, la cérémonie du sel qu'on lui met dans la bouche, les exorcismes, l'attouchement des oreilles et des narines avec de la salive.

Où se doivent faire toutes ces cérémonies ?

A la porte de l'église, pour montrer que celui qui est souillé de péché ne mérite pas d'entrer dans la maison de Dieu.

D'où vient cette imposition du nom qui se fait au baptisé ?

Cela vient de ce qui s'observait autrefois en la cérémonie de la circoncision, qui était une figure du baptême où on avait coutume de donner ou de changer le nom de celui qui était circoncis, pour montrer par ce changement de nom le changement qu'il faisait de religion.

Que signifie ce souffle que le prêtre fait sur l'enfant ?

1° La renonciation qui se fait avec mépris du diable, son extrême faiblesse, puisqu'il est chassé comme une paille ou comme une plume au moindre souffle de vent, et la retraite honteuse qu'il est contraint de faire à ce commandement ; 2° ce souffle nous marque l'approche du Saint-Esprit, qui va prendre possession du catéchumène, et qui par le baptême lui va communiquer une vie toute nouvelle, une vie de grâce, qui est une participation de la nature divine, d'où vient qu'on dit : *Recede, diabole, ab hac imagine Dei,* pour le premier, *et da locum Spiritui sancto,* pour le second. Et dans les Rituels de Chartres et d'Evreux, aux baptêmes des adultes, après ces paroles il y a : *Halet super faciem ejus, et dicat : Accipe Spiritum novum, per istam insufflationem et Dei benedictionem.*

D'où vient cette cérémonie ?

Si nous voulons considérer cette cérémonie en la première signification et par rapport au démon que l'on chasse, elle vient de la coutume que l'on a de souffler sur une personne quand on veut se moquer d'elle. Ainsi saint Augustin, écrivant à Julien, lui dit : *Id tu commemorare timuisti, tanquam ipse ab orbe toto exsufflandus esses, si huic exsufflationi qua princeps mundi a parvulis ejicitur foras, contradicere voluisses;* ou bien, dit Tertullien, pour le faire souvenir du souffle qui allume le feu d'enfer, qui lui donne l'épouvante.

Si nous voulons considérer cette cérémonie en la seconde signification, elle peut se tirer, 1° de ce qui se passa en la formation du premier homme : car il est marqué que Dieu, soufflant sur Adam, *inspiravit in faciem ejus spiraculum vitæ;* 2° de ce que fit Notre-Seigneur en donnant le Saint-Esprit à ses apôtres et dont il est dit : *Insufflavit in eos,* pour montrer que dans le baptême, qui est une seconde génération et une réformation d'homme tout entier, le Saint-Esprit y est communiqué comme l'auteur de la nouvelle vie que doit mener un chrétien. *Si quis enim Spiritum Christi non habet, hic non est ejus.*

Que signifie le signe de la croix qui se fait tout d'abord, et pourquoi l'imprime-t-on si souvent au baptême ?

1° Pour montrer que nos sacrements n'ont leur vertu et ne tiennent leur efficace que des mérites de la croix ; 2° pour signifier que par le baptême nous sommes marqués d'un caractère divin, comme les brebis spirituelles de Jésus-Christ, caractère qui est imprimé en notre âme, et signifié par ce signe de croix extérieur, qui est le vrai signe du chrétien et le signe du salut ; 3° pour nous marquer que la vie d'un chrétien est une vie de croix et de souffrances continuelles, et que quiconque veut participer à la gloire que Notre-Seigneur possède dans le ciel doit porter sa croix avec lui sur la terre.

Pourquoi l'imprime-t-on sur le front ?

Pour lui faire entendre que comme le front est le lieu de la pudeur et de la honte, il ne doit jamais rougir de l'Evangile, c'est-à-dire de faire les actions chrétiennes pour des respects humains. *Usque adeo de cruce non erubesco, ut non in occulto loco habeam crucem Christi,* dit saint Augustin, *sed in fronte portem* (In Psal. CXLI). Et ailleurs : *Crucis signo in fronte hodie, tanquam in poste signandus es.*

D'où l'Eglise a-t-elle tiré cette cérémonie ?

Elle l'a tirée, dit le même saint Augustin, de ce qui se passa à la sortie des enfants d'Israël de la captivité d'Egypte : comme les maisons qui étaient marquées du sang de l'agneau furent alors préservées de la mort, ainsi nos âmes étant par le baptême marquées du sang du Fils de Dieu, qui est l'agneau immaculé, sont préservées des peines éternelles ; ou bien elle peut venir de ce que Dieu commande dans l'Apocalypse de marquer ses élus au front d'une certaine marque qu'Ezéchiel nous apprend être le signe *Tau*, figure de la croix : *Signa Tau super frontes virorum gementium et dolentium.*

Pourquoi le fait-on sur l'estomac ?

Pour montrer qu'il doit désirer, rechercher, aimer et prendre son repos en la croix : car le cœur est le siége des désirs, de l'amour, de la joie et du repos en ce que l'on a ardemment souhaité. *Signatur baptizandus*, dit Raban Maur, c. 6, de Bapt., *signaculo sanctæ crucis tam in fronte quam in corde, ut ab eo tempore ipse apostata diabolus, in vase suo pristino, suæ interemptionis cognoscens signaculum, jam sibi deinceps illud sciat esse alienum.*

Pourquoi le prêtre, pendant l'oraison qui suit : Omnipotens sempiterne Deus, *et les deux suivantes, met-il la main sur la tête de l'enfant ?*

Pour marquer la puissance qu'il tient de Jésus-Christ de désigner cette créature qui doit être comme une victime dédiée, offerte et consacrée par le baptême à l'honneur de la divine majesté.

Que signifie ce sel que l'on met dans la bouche de l'enfant ?

Il signifie deux choses principales : car comme le sel a deux qualités naturelles, l'une de préserver de corruption les choses où il est appliqué, l'autre d'assaisonner et faire trouver de bon goût les viandes ou autres choses dont on se sert, le sel que l'on met dans la bouche de l'enfant est un signe, 1° de la grâce qui lui est donnée pour préserver sa langue de toute corruption du péché, parce que *lingua est universitas malorum*, dit saint Jacques ; 2° que les choses qui avant le baptême lui avaient été difficiles et sans goût, comme sont l'oraison, la mortification, l'instruction, le pardon des ennemis, les peines et toutes les autres maximes de l'Evangile, lui sont après cela rendues faciles et agréables, et au contraire que tout ce qui est au monde lui est maintenant à dégoût : *Gustato spiritu desipit omnis caro* (S. Greg.).

Pourquoi ce sel est-il appelé sal sapientiæ ?

Parce que le sel est le symbole de la sagesse et de la prudence, qui doit comme assaisonner et accompagner toutes nos paroles et toutes nos actions pour être bonnes et agréables à Dieu. *Omnis sermo vester sale sit conditus* (Col. iv). *Quidquid obtulerit sacrificii sale condies* (Luc. ii). *Habete sal in vobis* (Matth. iv).

De quelle prudence et sagesse entend ici parler l'Eglise ?

Ce n'est point de la prudence humaine et charnelle, qui, comme dit l'Apôtre (Rom. viii), est ennemie de Dieu, et qui donne la mort à tous ceux qui le suivent, qu'un autre apôtre (Jac. iii) appelle encore terrestre, animale et diabolique ; mais de la prudence divine et céleste, qui est accompagnée de toutes les vertus de pureté, de douceur, de condescendance, de compassion, de simplicité, qui donne enfin la paix et la vie à ceux qui la recherchent.

Pourquoi fait-on des exorcismes ?

Pour chasser le démon et le dépouiller du droit qu'il pouvait prendre sur cette créature ; et il faut remarquer ici l'autorité et le pouvoir de l'Eglise à chasser impérieusement ces esprits immondes, c'est-à-dire, non par prières, promesses, ni par aucun pacte, comme font les sorciers et les magiciens, mais par une puissance divine, les forçant et les contraignant à sortir contre leur volonté, et, comme dit Tertullien, *non saucia conscientia, sed inimica scientia.*

Mais les enfants qui viennent au monde sont-ils en la puissance du démon ?

Oui, comme tous les saints Pères nous l'apprennent : *O si audire eos et videre velles*, dit saint Cyprien, *quando a nobis adjurantur, et torquentur spiritualibus flagris, et orationis flagellis exire coguntur !* D'où il faut remarquer le misérable état où se trouve pour lors un enfant, et le grand mal que font les mères qui ne se conservent point dans leurs grossesses, ou diffèrent de leur faire donner le baptême quand ils sont venus au monde.

Pourquoi finit-on tous les exorcismes par Per eum qui venturus est judicare, *etc.* ?

Parce qu'il n'y a point de jour que le malin esprit appréhende davantage, jour où il verra son empire détruit par l'établissement absolu du royaume de Jésus-Christ, qu'il sera contraint de reconnaître pour son juge et par qui il sera relégué pour l'éternité dans les enfers. *Iterum exorcizatur diabolus, ut suam nequitiam agnoscens, et justum super se judicium timens recedat ab homine ; nec jam contendat eum arte sua subvertere, ne baptismum consequatur, sed magis honorem Deo creatori suo exhibens reddat opus factori suo.* (S. Greg. hom. 29 in Evang.)

Pourquoi, en suppléant les cérémonies du baptême, soit aux enfants ondoyés à la maison, soit aux hérétiques qui reviennent à l'Eglise, fait-on les exorcismes, vu que le diable en a été chassé par le moyen du baptême ?

1° Pour garder l'uniformité dans l'administration des sacrements, ce qui a toujours été en très-grande recommandation dans l'Eglise, qui nous insinue par là que jamais les cérémonies ne se doivent faire séparément du baptême (*Rit. de Reims, d'Angers, Rouen, Arras, Cologne*) ; 2° pour empêcher les vexations du démon, qui, quoique déchu de ses prétentions pour l'âme, pourrait encore tourmenter le corps, s'il n'y était pourvu par les exorcismes, comme il est arrivé plusieurs fois ; 3° pour ne pas priver ceux qui auraient été ainsi baptisés des autres grands biens et avantages qui résultent des cérémonies et des prières de l'Eglise, toujours pleines de bénédictions pour les personnes à qui elles sont appliquées.

Pourquoi met-on de la salive aux oreilles et aux narines du baptisé?

Cette cérémonie se fait à l'imitation de ce que Notre-Seigneur fit au sourd et à l'aveugle, mettant au premier les doigts dans les oreilles, et criant *Ephpheta*, et mettant sur les yeux du second une espèce de boue faite de salive et d'un peu de poussière.

Pourquoi touche-t-on les oreilles?

Pour les déboucher et les ouvrir aux vérités de l'Evangile, et nous apprendre par cette cérémonie que désormais il nous faut écouter avec avidité la parole de Dieu et les divins avertissements qui nous sont donnés par nos pasteurs, et n'y jamais fermer l'oreille, de crainte d'être plus rigoureusement jugés. On touche encore les oreilles pour marquer qu'étant devenues par le baptême les ouailles de Jésus-Christ, il nous faut écouter sa voix, et non celle du démon, du monde ou de la chair, ne nous contentant point que les vérités de la foi aillent jusqu'à l'entendement, mais qu'elles pénètrent encore jusqu'à la volonté : *Multi sunt enim qui foris audiunt*, dit saint Augustin, *intus non audiunt id est non obediunt*; car ici *audire* veut dire *obedire*, comme l'a dit Notre-Seigneur : *Oves meæ vocem meam audiunt, id est ei obediunt.*

Tanguntur ei nares et aures cum saliva, et dicitur, Ephpheta, quod est adaperire; hoc enim sacramentum agitur hic ut per salivam typicam sacerdotis et tactum, sapientia et virtus divina salutem ejusdem catechumeni operetur, ut aperiantur illi aures ad recipiendum odorem notitiæ Dei, ut aperiantur illi aures ad audiendum mandata Dei, ut aperiantur ei sensus in intimo corde ad respondendum (S. Ambr. l. II de Sac. cap. 2).

Pourquoi touche-t-on les narines avec de la salive?

C'est, 1° pour apprendre au baptisé qu'il ne doit pas se plaire aux odeurs des choses de la terre, c'est-à-dire ne rien admirer ici-bas, ne rien estimer de grand de tout ce qui est au monde; ne pas s'attacher d'affection aux créatures, aux honneurs, aux commodités et aux plaisirs de la vie, après lesquels tous les hommes courent, comme après l'odeur d'un excellent parfum; mais qu'il doit courir et soupirer uniquement après la connaissance de Jésus-Christ, qui vaut mieux que tous les parfums les plus délicieux : *Curremus in odorem unguentorum tuorum;* 2° pour lui montrer que non-seulement il doit se plaire parmi le parfum des bonnes œuvres, mais qu'il doit être lui-même en tout lieu la bonne odeur de Jésus-Christ, comme parle l'Apôtre, c'est-à-dire servir d'exemple et d'édification à tout le monde : *Bonus odor Christi sumus in omni loco.*

Pourquoi se sert-on de cette cérémonie du baptême?

Parce que Notre-Seigneur commanda à l'aveugle qu'il avait guéri de laver ses yeux frottés de boue dans l'eau de Siloé, qui figurait les fonts du baptême, auxquels est aussitôt conduit le catéchumène.

Comment faut-il faire cette cérémonie pour la faire décemment?

Il faut se tourner un peu de côté, cracher doucement dans la main gauche, puis prendre de la salive avec le pouce de la droite, et appliquer les onctions comme on vient de dire. (*Trèves, Angers, Chartres, Malines, Metz, Lausan., Colog., Besançon.*)

Pourquoi touche-t-on ainsi tous les sens l'un après l'autre?

Parce que, comme toutes les puissances et tous les sens ont été viciés par le péché originel, ils ont besoin d'être réformés, ce qui s'accomplit parfaitement dans le baptême, qui est une réformation générale de tout le vieil homme, et qui nous rend, comme dit l'Apôtre, des créatures toutes nouvelles; en signe de quoi on touche la langue, les oreilles, les narines, et en plusieurs diocèses les yeux, avec ces paroles : *Signo tibi frontem, ut suscipias crucem Domini; signo tibi aures, ut audias divina præcepta; nares, ut odorem suavitatis Christi sentias; os, ut loquaris verba vitæ; oculos, ut videas claritatem Dei; pectus, ut credas in Deum; scapulas, ut suscipias jugum servitutis ejus. Signo te per totum corpus, in nomine Patris, et Filii, et Spiritus sancti, ut habeas vitam æternam in sæcula sæculorum. Amen.* (*Rome, Trèves, Bologne, Malines, Besançon, Chartres, Evreux.*)

2° *Cérémonies qui accompagnent le baptême.*

Quelles sont les cérémonies qui s'observent quand on est arrivé aux saints fonts du baptême?

Le prêtre, prenant l'enfant par les langes, l'introduit dans l'église, le fait approcher du baptistère et lui fait faire, par lui-même ou par son parrain, les renonciations accoutumées; puis il lui fait une onction sur la poitrine et sur les épaules, et après lui avoir fait faire la profession de foi et lui avoir demandé s'il veut être baptisé, il prononce les paroles sacrées, lui versant en même temps l'eau sur la tête.

Pourquoi le catéchumène n'est-il admis en l'église qu'après toutes les cérémonies précédentes?

Pour montrer que toutes les personnes qui ont quelque part aux œuvres du diable, qui rougissent de l'Evangile, qui n'aiment et ne désirent pas la croix, qui n'ont pas une sagesse divine, sont indignes de se présenter même à l'entrée de l'église et de prier avec les fidèles.

Quelles sont les renonciations que l'Eglise exige de nous avant de recevoir le baptême?

Il y en a trois, qui sont de renoncer à Satan, à ses pompes et à ses œuvres, c'est-à-dire au monde présent, qui consiste, selon l'apôtre saint Jean, en l'amour des plaisirs, des richesses et des honneurs.

Ces renonciations ont-elles été de tout temps observées en l'Eglise?

Oui, et si universellement reçues de toutes les provinces chrétiennes, qu'il ne se trouve pas un seul Père, soit entre les Grecs, soit entre les Latins, qui n'en fasse mention dans ses écrits, et qui n'insiste extrêmement là-dessus, pour faire voir aux chrétiens l'énormité de leurs crimes et les ramener à la pénitence.

Pourquoi oblige-t-on de renoncer à Satan avant que d'être baptisé?

Parce que l'Evangile nous apprend que nous ne saurions servir Dieu et le diable en même temps, et que notre cœur ne peut être tout ensemble le temple de Dieu et le repaire des démons.

Quelles sont les pompes de Satan?

Par les pompes de Satan, dit un célèbre concile de Paris, on entend les pompes du monde, c'est-à-dire l'ambition, l'arrogance, la vaine gloire, le faste, le luxe et la superfluité dans l'usage des choses temporelles, que l'on colore souvent du prétexte de nécessité ou de bienséance.

Quelles sont les œuvres de Satan?

Ce sont tous les péchés que nous pouvons commettre, et la concupiscence, qui en est la source et la racine.

Pourquoi oblige-t-on de renoncer aux œuvres de Satan avant le baptême?

Parce que le commencement de la justice chrétienne est de quitter le péché, et le premier degré de l'amour de Dieu est de quitter celui des créatures.

Pourquoi se font ces diverses onctions sur la poitrine, sur la tête et sur les épaules?

La raison générale de ces onctions qui se font sur le corps est, 1° pour nous signifier l'onction intérieure de la grâce que le Saint-Esprit répand dans nos âmes, d'où vient qu'elles se faisaient par tout le corps chez les Grecs; car l'huile est le symbole de la grâce de Jésus-Christ, laquelle, comme une huile sacrée, pénètre notre cœur, guérit les plaies de nos âmes et les fortifie contre les passions et les ardeurs de la concupiscence, pour faire des œuvres héroïques, dit saint Denys; 2° pour nous faire entendre que la vie d'un chrétien est une milice perpétuelle, et qu'entrant au christianisme on entre en un combat, comme les lutteurs avaient coutume de s'oindre tout le corps avant d'entrer dans l'arène, afin que leurs ennemis eussent moins de prise sur eux, et pour fortifier leurs nerfs.

Pourquoi sur la poitrine?

Pour nous marquer, par l'une des qualités de l'huile, qui est de fortifier, la force et le courage que reçoit le baptisé de résister puissamment à ses ennemis, et pour montrer qu'il est consacré à Jésus-Christ, comme on consacre les églises avec l'onction.

Pourquoi sur les épaules?

Pour montrer par une autre qualité de l'huile, qui est d'adoucir, que dans le baptême on se soumet volontairement au joug de Notre-Seigneur Jésus-Christ, lequel étant difficile à la nature corrompue, est rendu très-aisé par la grâce et l'onction qui nous y est donnée; d'où saint Bernard a pris sujet de dire que nos croix sont ointes c'est-à-dire faciles à porter.

Pourquoi toutes ces onctions se font-elles en forme de croix?

Afin que le baptisé sache que la vie chrétienne n'est pas une vie pleine de délices, mais plutôt de peines et de croix en ce monde; c'est pourquoi on l'imprime sur la tête, sur la poitrine, sur les yeux et sur tout le corps, pour lui faire connaître que durant cette vie il ne doit attendre que des souffrances, de quelque côté qu'il se tourne.

Pourquoi exige-t-on la profession de foi du catéchumène avant qu'il reçoive le baptême?

Parce que l'habitude de la foi, qui est infuse dans le baptême, suppose la foi actuelle dans celui qui s'en approche, ou du moins dans ceux qui le présentent au nom de l'Eglise si pour son âge il n'en est point capable : *Qui crediderit et baptizatus fuerit, salvus erit.* Ainsi saint Philippe disait à l'eunuque : *Si credis ex toto corde, licet.*

Comment se fait cette profession de foi?

Par la récitation du Symbole et la réponse aux interrogations du prêtre touchant les mystères principaux qui y sont contenus.

Pourquoi exprime-t-on les trois personnes de la sainte Trinité distinctement?

Il y a trois raisons principales :

La première, parce que le mystère de la Trinité est le principal objet de la foi, de laquelle l'homme fait la première profession en ce sacrement, pour être reçu au corps de l'Eglise; la seconde, pour montrer que par le baptême le chrétien est appliqué et dédié à la très-sainte Trinité, qui dans ce mystère, d'une manière toute particulière et très-divine, le consacre à son service et le destine a sa gloire; la troisième, pour marquer l'étroite alliance que contracte pour lors le chrétien avec les trois personnes divines, le Père, le Fils et le Saint-Esprit, lesquelles demeurant en lui d'une façon nouvelle, le font entrer en société avec elles, *Ut societas nostra sit cum Patre et cum Filio ejus Jesu Christo,* dit le disciple bien-aimé.

Quelle alliance contractons-nous avec le Père dans le baptême?

Nous sommes faits ses enfants, et ensuite ses héritiers. *Si enim filii, et hæredes.*

Quelle alliance contractons-nous avec le Fils?

Nous sommes faits ses membres, et il devient notre chair : *Ego in Patre, et vos in me, et ego in vobis.* Et saint Paul : *Nescitis quoniam corpora vestra membra sunt Christi,* I Cor. VI.

Quelle alliance contractons-nous avec le Saint-Esprit?

Nous sommes faits ses organes et son temple, pour n'être plus employés qu'à ce qui regarde le culte et les intérêts de Dieu, de même qu'une église, une fois dédiée, ou un vase une fois consacré, ne peuvent plus être employés aux usages séculiers et profanes.

Pourquoi demande-t-on à l'enfant s'il veut être baptisé?

1° Pour imiter en cela Notre-Seigneur, qui demanda à l'aveugle qu'il guérit, en saint

Luc, x: *Quid tibi vis faciam?* Et une autre fois à un paralytique: *Vis sanus fieri?* 2° Pour faire entrer le baptisé dans la considération de ce qu'il va faire et lui faire connaître la conséquence des obligations qu'il va contracter en recevant ce sacrement, comme si l'on voulait lui dire par là: Vous voyez les avantages que l'on reçoit par le baptême; vous voyez les grâces qui vous sont préparées; mais, d'un autre côté, si vous voyez les obligations que vous allez encourir, le joug auquel vous vous soumettez, ne faites rien témérairement ni à la légère dans une affaire de si grande importance. C'est un pacte et un contrat que vous allez faire avec Dieu. Pesez-en bien toutes les conditions, parce qu'il vaudrait mieux, si vous n'avez pas envie de garder les promesses de votre baptême, ne pas le recevoir: *Melius erat illi viam veritatis non agnoscere, quam post agnitam veritatem retrorsum reverti ab eo quod illis traditum est.* 3° Pour montrer que, comme disent les docteurs, *nemo salvatur invitus.* D'où vient qu'il n'est pas permis de forcer les Juifs ni les païens: *Religio enim vult suaderi, non cogi.* Une dernière raison, et la plus importante, c'est que, comme le péché est une aversion volontaire de Dieu, il faut aussi que nous retournions volontairement à lui, et comme nous nous étions privés du paradis pour avoir obéi volontairement au serpent, il est raisonnable, pour réparer cette faute, que, pour être de la milice de Notre-Seigneur et pour être sauvés, nous donnions notre consentement: *Sicut enim homo propria arbitrii libertate serpenti obediens periit, sic vocante se gratia Dei propria mentis conversione salvatur.* (Conc. Tolet.)

Qu'y a-t-il à remarquer touchant la cérémonie essentielle du baptême et sur ces paroles que le prêtre prononce: Ego te baptizo?

1° Que, comme c'est en cette action que consiste le sacrement, c'est aussi en ce temps que se contracte l'affinité spirituelle entre le parrain et l'enfant, le père et la mère de l'enfant; 2° que c'est au même moment que le Saint-Esprit se communique à l'âme du baptisé, qu'il la réforme tout entière et qu'il en fait une nouvelle créature en lui donnant les grâces et les vertus infuses de foi, d'espérance et de charité, avec les sept dons qui lui sont propres; c'est en ce temps qu'il est fait enfant héritier du Père, frère et membre du Fils, le temple et l'organe du Saint-Esprit; c'est enfin en ce moment que la très-auguste et très-sainte Trinité lui imprime pour jamais sa marque, que saint Cyrille appelle un caractère ineffaçable de sainteté, au moyen duquel elle le tire hors de soi-même et le dépouille du droit qu'il avait de disposer de soi pour se l'approprier, en faire son *peculium*, et le séparer encore de tous les usages communs et profanes du monde, pour n'être plus employé dorénavant qu'à son culte et à son honneur. Oh! si nous pouvions avoir des yeux assez pénétrants pour voir ce qui se passe alors intérieurement dans cet enfant, que de merveilles s'offriraient à nos regards!

3° *Cérémonies qui suivent le baptême.*

Quelles sont les cérémonies qui se font après le baptême?

Il y en a quatre principales: l'onction au sommet de la tête avec le saint chrême, la robe blanche, le cierge allumé et l'enregistrement du nom.

Que signifie cette onction au sommet de la tête qui se fait avec le saint chrême?

1° La pureté d'intention que nous devons avoir en toutes nos actions; 2° pour nous faire souvenir que nous sommes membres de Jésus-Christ et qu'il devient notre chef; car le nom de chrême vient de *Christus*, dit saint Ambroise; c'est pourquoi il nous avertit par ces paroles: *Memento cujus capitis et cujus corporis sis membrum;* 3° pour marque du sacerdoce royal dont Dieu nous fait participants au baptême: *Omnes in regnum Dei et in sacerdotium ungimur gratia spirituali.* (S. Ambros., l. de Initiand., cap. 6.)

Pourquoi se sert-on du saint chrême à cette onction?

Parce que l'huile et le baume dont cette liqueur est composée représentent par leurs propriétés la vie que doit mener un chrétien: l'huile dénotant l'effusion du Saint-Esprit et l'abondance de la grâce qui lui est donnée en ce sacrement pour le maintenir et l'entretenir toute sa vie dans une union étroite avec son chef Notre-Seigneur Jésus-Christ; et le baume indique que comme on embaume les corps après la mort, ainsi les âmes des chrétiens étant mortes au péché dans les eaux du baptême sont embaumées du Saint-Esprit et de tous ses dons, afin qu'elles ne puissent être corrompues par les mauvaises inclinations de notre nature et par les fausses maximes du monde. C'est encore pour faire voir que la vie d'un chrétien doit être si pure et si sainte, qu'il attire les pécheurs et les infidèles au service de Dieu par l'odeur de ses bons exemples.

Que signifie le chrémeau blanc?

Ce chrémeau, qui doit être bénit, suivant quelques Manuels, tient lieu de la robe blanche qu'on lui donnait autrefois, et par laquelle l'Eglise veut signifier au nouveau baptisé, 1° la vie sainte et exemplaire qu'il doit mener dorénavant; 2° son affranchissement du pouvoir du péché et de la captivité du diable, et la liberté qu'il acquiert; 3° la victoire et le glorieux triomphe qu'il remporte sur les démons. C'est ainsi que les Romains avaient coutume d'habiller de blanc les esclaves à qui ils donnaient la liberté, et que les conquérants entraient dans leur ville en triomphe. Et quand, le samedi d'après Pâques et le dimanche suivant, le néophyte quittait cette robe blanche de son baptême (et c'est pour ce sujet que ces deux jours s'appellent encore aujourd'hui le samedi et le dimanche *in Albis*), on lui donnait à la place un *Agnus Dei* blanc, fait de la cire du cierge pascal et bénit par le pape, et il le portait pendu au cou, afin d'avoir continuellement devant les yeux un symbole qui l'avertît de la pureté et de la sainteté de vie à laquelle il était obligé, et comment il devait apprendre de l'Agneau pascal et sans tache, Notre-Seigneur Jésus-Christ, à être doux, humble et innocent comme lui. 4° Cet habit blanc signifie la gloire de la résurrection, dont les bienheureux seront revêtus, suivant ce que dit saint Jean : *Datæ sunt singulis stolæ albæ* (*Apocal.* vi)

Que doit-on faire du chrémeau ?

Après qu'il a servi à l'enfant le temps nécessaire pour sécher le saint chrême, il faut le donner à l'église pour être employé à faire des purificatoires ou autres choses, s'il peut y servir ; sinon pour être brûlé ; mais jamais on ne s'en doit servir à un usage profane. Et tout au plus, si on le conserve, il faut que ce soit avec révérence et comme une marque qui nous fasse souvenir de conserver soigneusement notre innocence, pour nous servir de reproche si nous venons à violer nos promesses.

Que signifie le cierge ardent ?

Il signifie les trois vertus divines qui sont infuses dans nos âmes au saint baptême, savoir, la foi qui nous est signifiée par la lumière, la charité par le feu, et la chaleur et l'espérance par la droiture du cierge qui regarde le ciel, ou par la flamme qui tend toujours en haut.

Pourquoi le met-on à la main ?

Pour nous faire voir que ce n'est pas assez d'avoir ces vertus dans le cœur, mais qu'il faut les faire paraître au dehors par une vie véritablement sainte et chrétienne, conforme à celle de Jésus-Christ, par l'imitation de ses vertus. *Datur cereus ardens in manus baptizati, quatenus doceatur implere illud Evangelii : Sic luceat lux vestra coram hominibus, ut videant opera vestra bona, et glorificent Patrem vestrum, qui in cœlis est.* (Ivo Carnot. serm. de Sacram. neophytorum.)

Le cierge ne signifie-t-il pas autre chose ?

Oui ; il signifie encore : 1° que l'âme du baptisé est devenue par le baptême l'épouse de Jésus-Christ : ce qui fait que saint Cyrille donne à ces lumières ardentes le nom de lampes nuptiales (*sponsales lampades*), attribuant au signe le nom de la chose signifiée, pour désigner les noces spirituelles qui se contractent entre l'âme et Jésus-Christ par la grâce du baptême (*S. Cyril. Hieros. in Procatechesi ad baptizatos*) ; 2° que nous devons toujours être prêts à nous présenter devant notre juge, pour n'être pas du nombre des vierges folles, lesquelles, quand il fallut aller au-devant de l'époux, ne trouvèrent point d'huile dans leurs lampes ; 3° qu'étant faits enfants de lumière par le baptême, qui est le sacrement d'illumination, pour correspondre à cette qualité, nous ne devons plus avoir aucun commerce avec les péchés, qui sont les vraies œuvres de ténèbres et qui n'appartiennent qu'aux hommes des ténèbres.

Pourquoi, en donnant ce cierge, nous avertit-on si expressément : Custodi baptismum tuum, etc. ?

Pour montrer le grand soin et la vigilance que l'on doit apporter pour conserver la grâce baptismale, et la difficulté qu'il y a de la réparer une fois qu'elle est perdue, parce qu'il n'y a point de second baptême.

Pourquoi en certains lieux, aussitôt après l'onction, dit-on au néophyte : Pax tibi ?

Ces paroles, qui remplacent le baiser de paix qu'on lui donnait autrefois, marquent qu'il est entré en association avec nous de tous les avantages du christianisme, et qu'en cette qualité il est plus particulièrement notre frère ; ainsi tous les premiers chrétiens s'appelaient tous frères : *Unus est Pater vester, omnes autem vos fratres estis* (*Matth.* xxi).

Que signifie cet enregistrement du nom du baptisé ?

1° Qu'il est enrôlé en la milice chrétienne pour combattre sous les étendards de Jésus-Christ ; 2° que son nom est écrit au ciel dans le livre de vie s'il garde son baptême, c'est-à-dire l'innocence qu'il y a reçue. *Gaudete, quia nomina vestra scripta sunt in cœlis.*

Est-ce une cérémonie louable de mettre l'enfant sur l'autel après le baptême ?

C'est une coutume observée en quelques lieux et qui n'est improuvée par aucun Manuel ; au contraire, elle semble autorisée par celui de Reims, qui permet de le faire dans les lieux où elle existe ; et elle est expressément prescrite dans ceux d'Arras, de Liége et d'Orléans ; néanmoins quelques évêques l'ont défendue, comme il paraît par ceux de Meaux et de Périgueux, qui approuvent qu'on le porte devant l'autel, comme pour en faire une offrande à Dieu, ajoutant : *Sed nunquam ponatur super altare.*

Que signifie cette cérémonie ?

Cette station devant l'autel, dit saint Grégoire de Nazianze, *futuræ vitæ gloriam et ad Deum propinquitatem præsignat.*

Pourquoi enfin sonne-t-on les cloches ?

Pour témoigner la joie qui est dans le ciel de ce que cet enfant a quitté la famille d'Adam pour entrer en celle de Jésus-Christ. Voilà pourquoi, eu égard à la sainteté de cette cérémonie, on doit empêcher qu'elle soit profanée par ce concours de personnes qui se fait d'ordinaire en certains lieux pour sonner les cloches, afin d'obliger les parrains et marraines à donner le pourboire ; surtout ne jamais permettre que les femmes touchent aux cloches en ces occasions, non plus que dans toutes les autres, et employer tout son pouvoir à détruire cet autre abus signalé dans les Rituels de Rouen, de Chartres, de Beauvais et autres, lequel consiste à emporter l'enfant au sortir de l'église et à ne plus vouloir le rendre sans qu'on le *rachète* (comme on dit), c'est-à-dire sans qu'on donne de l'argent, qu'on va dépenser à l'heure même en débauches et en ivrogneries.

§ X. *Des cérémonies qui se faisaient anciennement après le baptême.*

Se faisait-il encore autrefois quelque autre cérémonie au baptême des adultes ?

Oui, car les saints Pères nous apprennent, 1° qu'aussitôt qu'ils étaient baptisés, l'évêque leur faisait un sermon, et c'est à cette occasion que nous voyons dans leurs écrits tant de discours adressés aux néophytes (S. Aug., S. Ambr., S. Chrysost., etc.).

2° Que pour action de grâces ils avaient coutume, pendant l'espace de sept jours, de se rendre à l'église, conduits par leurs parrains, et d'y entendre la messe avec la robe blanche et le cierge allumé, qu'ils tenaient à la main, une couronne de fleurs sur la tête. *Per septem dies in angelico castitatis habitu et luminibus cœlestis charitatis, sanctis assistere mysteriis solent* (Raban. Maurus, lib. de *Instit. cleric.* cap. 30).

3° Que pendant la messe ils étaient élevés sur un lieu éminent à côté de l'autel, pour leur apprendre qu'ils étaient de nouvelles étoiles placées dans le ciel de l'église, pour éclairer tous les autres par la lumière de leur sainte vie, et qu'ils ne pouvaient plus avoir de commerce avec les choses de la terre et du siècle, auxquelles ils avaient renoncé, sans perdre leur éclat et tomber en éclipse. *Elevant baptizatos ad altare, eisque dant mysteria eucharistiæ, et sertis coronat eos sacerdos* (Sever. Alex.).

4° Ils remarquent que tous les néophytes assistant en cet appareil à la messe participaient aux saints mystères tous les jours de l'octave, à la réserve des enfants, qui ne communiaient que le jour du baptême, leurs parents étant obligés de communier pour eux les autres jours de la semaine de Pâques, ainsi que l'observe l'Ordre romain : *De parvulis providendum est ne postquam baptizati fuerint, ullum cibum accipiant, neque lactentur sine summa necessitate antequam communicent sacramento corporis Christi ; et postea per totam hebdomadam Paschæ omnibus diebus ad missam veniant, et parentes eorum pro ipsis offerant et communicent* (Ordin. Rom. de sabb. S. in orat. 1 post Confirmat.). D'où il suit que les adultes faisaient eux-mêmes leurs offrandes et qu'ils communiaient tous les jours de cette octave.

5° Que les personnes riches, après leur baptême, faisaient des présents à l'Eglise, d'où vient que l'empereur Constantin, après son baptême, laissa un fonds pour acheter les luminaires et la robe blanche des pauvres qui se présentaient pour recevoir le baptême, ainsi que nous l'avons observé ci-dessus ; et nous voyons que Clovis, roi de France, après avoir reçu le saint baptême, fit de grands présents à l'église, au rapport d'Hincmar, archevêque de Reims : *Baptizatus rex cum gente integra plurimas possessiones per diversas provincias sancto Remigio tam ipse quam Franci potentes dederunt, quas ipse per diversas ecclesias tradidit, ne Franci eum rerum temporalium cupidum esse, ob id ad christianitatem vocasse putarent* (Hincmarus, *de Vita Remigii*). Et parce que le prince des ténèbres se transfigure souvent en ange de lumière pour nous séduire sous le voile de la piété, et que quelques personnes, dans le but de paraître avec éclat, se disputaient l'honneur d'avoir fait le plus beau et le plus riche présent pour son baptême, cet abus vint à un tel excès, que quelques-uns refusaient de recourir au baptême pour ne point découvrir, par la médiocrité de leurs présents, la honte et la pauvreté de leur famille ; ce qui obligea saint Grégoire de Nazianze à s'élever contre cette coutume : *Turpe est dicere, Ubi est munus quod propter baptismum offeram* (Orat. 4. in Bapt). Car le baptême était une école d'humilité et de mortification, et non de vanité et de superbe.

6° Que toute l'octave se passait en réjouissances spirituelles, sans mélange d'autres plaisirs, quoique licites et honnêtes, jusque là même que les nouveaux baptisés ne devaient point fréquenter les festins ni les assemblées des théâtres, et qu'ils étaient obligés de s'abstenir de l'usage de leurs femmes, selon le concile de Carthage, qui ordonne, *ut neophyti aliquandiu a lautioribus epulis et spectaculis vel conjugibus abstineant*, pour montrer qu'ils étaient morts au monde et à tous ses plaisirs.

7° Que le septième jour expiré ils rendaient le cierge à l'église avec la robe blanche qu'ils déposaient.

Enfin, pour ne point perdre le souvenir d'une grâce si signalée, outre que l'Eglise célébrait le saint sacrifice de la messe pendant l'octave pour les nouveaux baptisés, ainsi qu'elle fait encore à présent, comme il paraît par cette prière : *Hanc igitur oblationem servitutis nostræ quam tibi offerimus, pro his quoque quos regenerare dignatus es ex aqua et Spiritu sancto*, etc., elle ordonnait qu'on en célébrât la mémoire tous les ans, afin qu'en cette fête on renouvelât les bons desseins et les serments qu'on avait faits le jour du baptême, de renoncer à Satan, à ses pompes et à toutes ses œuvres ; d'où vient qu'au rapport d'un excellent auteur, les Romains célébraient une fête qu'ils appelaient *annotivum Pascha, quasi anniversarium Pascha, quia antiquitus apud illos qui in priori Pascha baptizati erant, in sequenti anno eodem die ad ecclesiam convenirent, suæque regenerationis anniversarium diem cum oblationibus solemniter celebrarent*, etc. *Sed quamvis hujuscemodi anniversarius uspiam a paucis observetur, authentici tamen libri ipsum observari debere innuunt, qui nobis electionem in Evangelium sub titulo Paschæ annotivi annuatim præscribunt. Si enim quilibet suum natalem quo ad mortalem natus, observat, quanto magis illum observare deberet quod ad æternam vitam regeneratus!* etc. (Micrologus, *de Ecclesiastic. observat.* cap. 50.)

§ XI. De la manière d'administrer le sacrement de baptême.

Que doit faire un prêtre lorsqu'il est appelé pour administrer le sacrement de baptême?

Il doit aussitôt se rendre à l'église, y saluer le saint sacrement, faire un acte de contrition en sa présence, et dire : *Veni, sancte Spiritus*, ou quelque autre prière, comme l'ordonnent les Rituels, et ensuite diriger son intention.

Quelle doit être l'intention du prêtre pour administrer ce sacrement?

Elle doit être de sanctifier cette âme, d'en bannir le démon et d'en faire le temple du Saint-Esprit, afin qu'elle soit membre de Jésus-Christ, vive de sa propre vie, n'agisse que par le mouvement du même Esprit. Il doit s'abandonner à Jésus-Christ pour faire cette fonction selon les saintes intentions qu'il avait en instituant le baptême, s'unissant à lui, comme principal ministre, pour entrer en toutes ses saintes dispositions.

Après avoir ainsi dressé son intention, que doit-il faire ?

Il doit préparer toutes les choses nécessaires pour le baptême, marquées au § 7 : puis, revêtu du surplis avec une étole-blanche ou violette, ou toutes les deux, l'une pour le commencement et l'autre pour la fin, selon la coutume des lieux, son Rituel en main, il doit se présenter à la porte de l'église, où toute la compagnie doit attendre, s'enquérir qui sont les parrain et marraine, et avant que de passer outre, voir si les assistants sont dans un maintien respectueux, les hommes séparés des femmes, s'il n'y a point d'immodestie, afin d'avertir chacun de son devoir, et recommander à tous d'être attentifs à un si haut mystère, et de prier Dieu pour le catéchumène, afin qu'en son temps il fasse usage de la grâce chrétienne qu'il va recevoir.

Que doit-il observer dans l'administration actuelle du sacrement ?

Les mêmes choses qui sont recommandées en l'administration des sacrements en général.

Y a-t-il obligation d'expliquer au peuple les significations des cérémonies du baptême ?

Oui, de même que pour les autres sacrements, selon le saint concile de Trente (*Sect.* 14, *c.* 7, *de Reform.*) et celui de Cologne (*Parte* VII, *cap.* 2), et cela non-seulement dans l'administration actuelle qu'on y peut faire, mais souvent dans les prônes et autres instructions.

Faut-il attendre après l'administration du sacrement pour expliquer les cérémonies ?

Il n'est pas toujours nécessaire, et il semble au contraire plus à propos et plus conforme au sentiment du concile de Metz de mêler l'instruction à chaque cérémonie, soit immédiatement avant de la faire, ou aussitôt après, s'arrêtant davantage à quelqu'une en particulier, selon le besoin et l'occasion, et passant les autres légèrement, ou les omettant tout à fait.

Que doit faire le prêtre après l'administration du baptême ?

La première chose, c'est d'enregistrer le nom du nouveau baptisé au lieu destiné pour cela, pendant qu'on rhabille l'enfant ; et après avoir dit l'Évangile de saint Jean, il doit avertir les parrain et marraine et les parents qui sont là, chacun de leur devoir.

Comment le prêtre doit-il dire l'Évangile de saint Jean ?

Il doit mettre l'étole sur la poitrine de l'enfant en forme de croix, se signer à l'ordinaire, puis signer l'enfant au front, à la bouche et à l'estomac, suivant le Rituel de Metz et d'Arras ; ou selon celui de Chartres, il doit former seulement un signe de croix sur le corps de l'enfant, avec la main étendue, sans le toucher, en disant : *Initium sancti*, etc., puis continuer jusqu'à la fin, sans faire autre chose à *Verbum caro* qu'une inclination profonde, et approcher ensuite l'extrémité droite de l'étole de la bouche de l'enfant pour la lui faire baiser.

De quoi doit-il donner avis aux parrain et marraine ?

1° De l'affinité qu'ils ont contractée avec le père, la mère et l'enfant ; 2° leur dire à quoi ils sont obligés en cette qualité envers leur filleul, et ce que saint Augustin demande d'eux, à savoir : *Ut infanti semper sollicitudinem veræ charitatis impendant, curentque ut is instituatur doctrinæ christianæ rudimentis, admoneantque ut idem usque ad nuptias castitatem custodiat, a maledicto atque perjurio linguam custodiat, cantica turpia et obscena non proferat, superbia non efferatur, non invideat, iracundiam, odium ut in corde non teneat, et alia id genus.* Il doit aussi leur recommander de ne pas laisser mettre, plus tard, leur filleul ou leur filleule en métier ou en service chez les hérétiques.

Pourquoi l'Église a-t-elle ainsi voulu qu'il y eût une affinité spirituelle entre le parrain et l'enfant, entre celui qui baptise et celui qui est baptisé ?

1° Afin que, les considérant comme leurs enfants spirituels, ils les aiment plus ardemment. *Non enim vehementior est natura ad diligendum quam gratia*, dit saint Ambroise ; 2° afin qu'à l'exemple des parents charnels ils leur procurent et leur amassent toutes sortes de biens et de richesses spirituels : *Parentum est enim*, dit l'Apôtre, *filiis thesaurisare.* Et réciproquement, afin que les enfants leur portent le respect et l'amour qu'ils doivent à leurs parents. C'est ainsi qu'en parle le pape Nicolas Ier, *respond. ad Bulgar.*: *Ita diligere debet homo eum qui se suscepit e sacro fonte, sicut patrem ; quinimmo quanto præstantior est spiritus carne, quod illud spirituale est patrocinium, et secundum Deum adoptio, eo magis spiritualis pater in omnibus est spirituali filio diligendus. Marcus enim evangelista Petri discipulus, et ex sacro fuit ejus baptismate filius, quem nisi dilexisset ut patrem, non in omnibus ei obedisset ut filius.* D'où vient que les conciles demandent que ce soient des personnes avancées en âge qui servent de parrains.

Quelles choses sont requises pour contracter cette affinité de la part du parrain ?

1° Il faut que celui qui fait office de parrain soit baptisé, parce que c'est une loi purement ecclésiastique, à laquelle les infidèles ne sont pas sujets ; 2° qu'il touche effectivement l'enfant au moment du baptême, sans quoi il n'y a point d'affinité, nonobstant qu'il eût intention de la contracter, ou qu'il le touchât après, parce que la loi fait toujours mention du toucher ; 3° qu'il ait été désigné par le prêtre ou les parents à cet effet, que le baptême soit solennel ou non : car le droit ne distingue point. D'où on doit nécessairement conclure qu'au baptême d'un enfant qui serait baptisé à la maison, même dans le péril de la vie, le parrain contracterait affinité à l'ordinaire : ce qui est confirmé par le Manuel de Reims (*Rubric. de sacram matrim.*) : *Quando quis domi baptizatur propter periculum, contrahitur cognatio spiritualis*; et par un concile de Narbonne : *Notetur in libro baptizatorum patrini nomen et ejus qui domi ad baptismum, et qui in ecclesia ad catechismum et exorcismum adhibitus est.* (An. 1609, tit. de Bapt.)

Mais pour obvier à cela un Rituel défend de servir de parrain au baptême, s'il n'est solennel.

Enfin, la dernière condition, c'est que le baptême soit valide, car autrement il n'y a point d'affinité.

De quoi le prêtre doit-il avertir les parents?

De ne point faire coucher l'enfant avec eux, qu'il n'ait un an passé sous peine d'excommunication ; d'autres mettent quinze mois, comme Paris, Châlons. Qu'ils le gardent soigneusement du feu et de l'eau et de tous autres périls jusqu'à l'âge de sept ans, et qu'ils ne lui donnent point pour nourriture, ou pour avoir soin de son éducation, une personne hérétique. Enfin, qu'ils marquent soigneusement le jour que leur enfant a été baptisé pour lui en rappeler le souvenir quand il sera en âge, afin que, selon la pratique ancienne des chrétiens, il emploie ce jour en bonnes œuvres, en prières, aumônes et autres actions de charité, selon sa condition, pour action de grâces d'un si grand bienfait.

Que peut-on dire aux assistants?

On doit leur rappeler le souvenir des promesses qu'ils ont faites autrefois au baptême et du compte très-exact que Dieu leur en demandera. Voilà pourquoi, dans le diocèse de Reims et en plusieurs autres, on jette de l'eau bénite aux assistants, comme pour leur remettre en mémoire celui qu'ils ont reçu autrefois.

Y a-t-il encore quelque autre chose à faire?

Tout ce qui reste, c'est de remercier Dieu de la grâce qu'il a faite à cet enfant; faire son examen sur les fautes qu'on pourrait avoir commises dans l'administration du sacrement, comme il a été dit en parlant des sacrements en général, se servant si l'on veut de cette oraison : *Omnipotens et misericors Deus, qui mihi indigno famulo tuo adesse dignatus es, ad sacrum istud ministerium peragendum, ne respicias peccata mea, sed fidem Ecclesiæ tuæ, et præsta ut in famulis tuis gratia tua illud intus operetur, quod exteriore opere a nobis exercetur et quos in hac re fragilitas nostra defectus admisit, tua benignus misericordia supplere digneris. Per Christum Dominum nostrum.*

§ XII. De la bénédiction ou purification des femmes après leurs couches (1).

D'où vient cette coutume que les femmes après leurs couches viennent se présenter à l'église pour être purifiées?

Elle vient de ce qui se pratiquait en l'ancienne loi, où il était défendu aux femmes, après l'enfantement, d'entrer dans le temple avant un certain temps expiré, savoir, quarante ou quatre-vingts jours, selon le fruit qu'elles avaient mis au monde, avec obligation d'offrir, quand elles y entraient, un sacrifice pour être purifiées des immondices qu'elles avaient contractées selon la loi.

Cette obligation est-elle encore maintenant en vigueur?

Nullement, car depuis que Notre-Seigneur est venu au monde toutes ces cérémonies légales se sont évanouies, et il n'y a rien qui empêche maintenant les femmes d'entrer dans les églises le jour même de leur enfantement, comme l'ont déclaré les papes saint Grégoire, Nicolas Ier et Innocent III, ni qui les oblige à faire dire la messe ni à offrir aucune chose.

Cette cérémonie est-elle donc à négliger?

Au contraire, il est bon de l'entretenir, la coutume étant d'elle-même fort louable, approuvée par l'Eglise, inspirée par le plus pur sentiment de religion et recommandée dans quelques statuts synodaux, comme pour honorer le sacrement de mariage et un témoignage de la légitimation des enfants.

Par qui se doit faire cette bénédiction, et en quel lieu?

Par le propre curé, ou quelque autre prêtre approuvé de lui, en l'église paroissiale, et jamais en celles des réguliers, ce qui leur est défendu en plusieurs Manuels, sous des peines arbitraires.

Que doit faire le prêtre dans cette cérémonie?

Il y a différentes manières en divers diocèses : en certains lieux on va les recevoir à la porte de l'église, en d'autres cela ne se pratique pas. Ce qui est généralement observé, c'est que le prêtre, revêtu du surplis et de l'étole, étant arrivé à l'autel, reçoit de la femme qui est à genoux devant le balustre et qui tient son enfant entre ses bras, suivant la coutume louable de quelques lieux, un petit pain dont il rompt, avec ses doigts ou avec un couteau, un morceau qu'il va bénir *ad cornu Epistolæ*, et qu'il donne ensuite à la femme; puis, lui mettant sur la tête l'extrémité de l'étole, il récite l'Evangile de saint Jean ou celui du jour de la Purification, et après avoir dit quelques autres prières marquées dans les Rituels, il lui donne à baiser l'extrémité de l'étole; selon d'autres, il lui jette de l'eau bénite.

Que doit éviter le prêtre en cette cérémonie?

1° Il ne doit jamais la faire dans les maisons, pour quelque cause ou nécessité que ce soit : néanmoins les Rituels de Reims et d'Orléans le permettent ; 2° il n'y doit faire d'autres prières que celles qui sont ordonnées dans les Rituels ; 3° il n'y doit pas célébrer de messe sèche (*Rit. de Malines*), dans laquelle se faisaient toutes les cérémonies de la messe, excepté la consécration et la communion ; 4° le pain qu'on y présente ne doit pas être azyme ni en forme de petite hostie; 5° il doit empêcher toute espèce de superstition, soit pour le nombre des bougies, soit (dans les lieux où cette coutume

---

(1) Dans le Rituel romain et plusieurs autres, cette bénédiction suit ce qui concerne le sacrement de mariage. Voy. au Dictionnaire l'article MARIAGE.

se pratique) pour la manière de baiser l'autel, pour l'ordre qu'on met dans la visite des autels, pour le choix des jours dont les femmes estiment quelques-uns heureux et d'autres malheureux ; 6° un autre abus qui résulte du même principe de vaine superstition, et qu'il ne doit pas souffrir, c'est que la femme étant morte avant d'avoir pu venir à l'église, une autre lui soit substituée pour être relevée à sa place ; 7° enfin il ne doit admettre à cette bénédiction ni les concubines, ni les adultères, ni même celles *quæ ex fornicatione notorie pepererunt.*

Quelle messe peut-on dire quand on demande cette bénédiction ?

Il y a d'anciens Manuels qui en ont une particulière, entre autres celui de Chartres ; les autres permettent de dire une messe votive *de Beata*, ou de la Purification, ou autre, pourvu que ce ne soit pas un dimanche ou une fête double.

BÉNÉDICTION A LA MESSE.

(Explication du P. Lebrun.)

RUBRIQUE.

Le prêtre ayant dit : Placeat, *baise l'autel, élève au ciel les yeux et les mains qu'il étend et qu'il joint ; et inclinant la tête à la croix il dit d'une voix intelligible :*

Que Dieu tout-puissant vous bénisse.	Benedicat vos omnipotens Deus.

Ensuite il se tourne vers le peuple, et, tenant la main droite étendue et les doigts joints, le bénit une fois en disant :

Le Père, le Fils † et le Saint-Esprit. Amen.	Pater, et Filius †, et Spiritus sanctus. Amen.

Aux messes des morts on ne donne point la bénédiction. Tit. XII, n. 1 et 4.

EXPLICATION ET REMARQUES.

1. BENEDICAT VOS.... *Que Dieu tout-puissant vous bénisse.* Les hommes ne peuvent bénir qu'en priant Dieu de bénir lui-même, comme on l'a vu ailleurs. C'est ainsi que Dieu avait dit à Moïse de bénir le peuple : *Que le Seigneur vous bénisse et vous conserve ; qu'il vous regarde d'un œil favorable et vous donne la paix* (1). Le prêtre demande que Dieu comble les assistants de ses bienfaits et de ses grâces, comme quand saint Paul disait aux Philippiens : *Que la paix de Dieu, qui surpasse toute pensée, garde vos cœurs et vos esprits en Jésus-Christ ; qu'il remplisse tous vos besoins selon les richesses de sa bonté* (Philipp. iv, 7, 19) !

2. *Le prêtre se tient tourné vers l'autel* en faisant ce souhait, parce qu'il implore la toute-puissance de Dieu ; et il l'achève étant tourné vers le peuple pour qui il prie, et sur qui il fait le signe de la croix.

3. *Il ne fait qu'un signe de croix,* parce qu'un seul suffit pour exprimer la croix de Jésus-Christ, qui est la source des grâces et de tout ce qui doit contribuer à la sanctification (2). On a pu en faire trois en l'honneur des trois personnes divines qu'on nomme, et en effet, dans un grand nombre de Missels, écrits ou imprimés depuis environ quatre cents ans, il y en a trois. Les chanoines de Notre-Dame d'Aix-la-Chapelle donnent tous les jours à la messe du chœur la bénédiction en chantant : *Adjutorium*, etc., et en faisant trois signes de croix, conformément aux anciens Missels de Liége, et à ceux de leur église, presque en tout semblables. La Glose sur le droit canonique avait marqué que la bénédiction solennelle était réservée aux évêques, et que cette bénédiction commençait par : *Sit nomen Domini.* Mais Biel, vers la fin du xv° siècle, citant la Glose, remarqua (*Lect.* 89) que *la bénédiction solennelle ou épiscopale ne consistait pas en ces paroles, parce qu'elles étaient dites par les prêtres selon l'usage commun,* et que par la bénédiction solennelle il ne fallait entendre que celle que les évêques donnent avant l'*Agnus Dei.* Dans la suite, les évêques ont jugé à propos qu'il y eût quelque distinction entre la bénédiction même qu'ils donnent à la fin de la messe et celle qui est donnée par les prêtres. Le concile de Narbonne, en 1609, ordonna qu'à la réserve des évêques et des abbés, tous les prêtres, sans exception, donneraient la bénédiction en disant seulement, d'une voix intelligible et un peu élevée : *Benedicat vos,* etc. (3). Cependant les prêtres, en quelques églises, jusqu'au siècle passé, ont encore donné la dernière bénédiction de la messe avec trois signes de croix, en chantant : *Adjutorium,* etc. Il y a eu sur ce point quelques variétés que nous marquerons après avoir vu l'origine de cette bénédiction.

Origine, antiquité et variété de la dernière bénédiction de la messe.

Cette bénédiction est la seconde addition qu'on ait faite à la messe depuis l'an 1000. Plusieurs églises cathédrales qui ont conservé les anciens usages ne l'ont pas encore admise. On ne la donne point à Lyon, à Autun, à Langres, à Sens, à Auxerre, à Troyes, à Besançon, à Verdun, à Reims, à Soissons, à Laon, ni chez les chartreux, et l'on se tromperait si l'on croyait qu'il manque à ces messes quelque chose d'essentiel pour bénir le peuple. Presque toutes les prières que le prêtre fait pendant le sacrifice sont autant de bénédictions pour les assistants, parce qu'on y demande continuellement que Dieu répande sur eux ses bénédictions et ses grâces ; et il ne sera peut-être pas inutile de remarquer ici que plusieurs personnes se trompent, ne discernant pas la source des grâces, et prenant quelquefois le chauge sur le mot de bénédiction (4). On

---

(1) Benedicat tibi Dominus. Num. c. vi, 24, etc. (Philip. iv, 7, 19.)
(2) « Hinc omnium justificationum exsurgit sublimitas. » Cyprian., *de Bapt.*
(3) « Sacerdotibus quacunque dignitate fulgentibus, nisi fuerint episcopi, aut abbates usum mitræ habentes, in fine missæ, hac sola benedicendi forma uti mandamus : *Benedicat vos omnipotens Deus, Pater, et Filius, et Spiritus sanctus. Amen.* Et hoc non admodum sonora, sed nihilo minus intelligibili voce fiat. » Conc. Narbon., cap. 19.
(4) En Flandre et en divers endroits de France et d'Allemagne, le prêtre donne la bénédiction du saint sacre-

voit tous les jours des chrétiens qui se déterminent à aller à une messe à cause qu'on y donne à la fin la bénédiction du saint sacrement, et qui manqueraient plutôt la messe que cette bénédiction. Ces personnes manquent certainement d'instruction ou d'attention. Le sacrifice de la messe est par lui-même le principal moyen de conférer des grâces. Nous savons qu'il a été institué pour cela. Jésus-Christ s'y offre pour la sanctification des fidèles, et le prêtre demande pour eux toutes les bénédictions célestes. Quand il offre l'hostie, c'est, dit-il, *pour tous les assistants; afin qu'elle leur profite pour le salut et pour la vie éternelle.* Il le prie *de nous faire jouir de sa paix, et de nous faire vivre éternellement parmi les élus* (1). Cette paix est la vraie source des bénédictions. Le prêtre la demande de nouveau à la fin du Pater ; et, *faisant un signe de croix avec une partie de l'hostie qu'il tient entre ses doigts, il dit à haute voix* à tous les fidèles : *Que la paix du Seigneur soit toujours avec vous.* Voilà la bénédiction du sacrement à laquelle on doit avoir le plus de dévotion, comme faisant partie du sacrifice d'où découlent toutes les grâces. Véritablement les fidèles sont louables d'aller avec empressement aux églises où le saint sacrement est exposé, parce qu'il est déplorable qu'on l'expose pour être adoré en des endroits où l'on ne voit point d'adorateurs ; mais ils ne doivent jamais confondre la bénédiction qu'on donne à un salut avec celles qui sont attachées au saint sacrifice. Il faut du discernement dans les diverses pratiques de piété. Le sacrifice est efficace par lui-même. A la bénédiction du saint sacrement Dieu bénit sans doute les vrais adorateurs qui adorent en esprit et en vérité, et quoique la dernière bénédiction de la messe ne fasse pas partie du sacrifice, on ne doit pas laisser de faire un très-grand cas d'une bénédiction donnée par un prêtre qui vient de consommer les saints mystères et de s'unir si particulièrement à Jésus-Christ par la sainte communion.

Les peuples ont toujours eu beaucoup de dévotion pour cette dernière bénédiction. On l'a donnée depuis les premiers siècles dans l'Eglise grecque. Il y en a une longue, qui est très-belle, dans la liturgie des constitutions apostoliques (2), immédiatement avant le congé du peuple. Il y en a une aussi dans les liturgies de saint Chrysostome (3) et de saint Basile (4), qui est placée après le congé, ou l'*Ite missa est*. Saint Isidore de Séville, vers l'an 600 (5), parle de la bénédiction que le célébrant devait donner, sans marquer en quel endroit de la messe. Mais le quatrième concile de Tolède, en 633, marque qu'elle devait être donnée entre l'Oraison dominicale et la Communion. C'est en cet endroit que saint Augustin dit que les évêques bénissaient les fidèles en étendant la main sur eux (6). On en usait de même dans les Gaules, et c'est là la bénédiction solennelle des évêques qui est encore en usage à Paris et en plusieurs cathédrales de France.

Si les églises des Gaules, d'Espagne et d'Afrique avaient pris originairement cet usage de l'Eglise de Rome, il ne s'observait plus dans cette Eglise au temps de saint Grégoire (7). On n'en voit aucun vestige dans son Sacramentaire, ni même cent ans auparavant dans celui de saint Gélase. Il n'y a que des oraisons intitulées : *Bénédiction sur le peuple après la communion* (8). De là vient sans doute que les auteurs liturgistes du ixe siècle, Amalaire, Flore, Raban Maur, Valfride, Remi d'Auxerre, etc., qui commentaient les Ordres romains, n'ont point parlé de ces bénédictions épiscopales, et n'ont même appelé bénédiction que la dernière oraison que le célébrant dit avant l'*Ite missa est*. On ne peut regarder que comme des bénédictions un grand nombre d'oraisons qui sont dans le Sacramentaire de saint Grégoire, intitulé : *Super populum*, après la Postcommunion. On lit dans une de ces oraisons, au dimanche après l'Epiphanie : *Conservez, Seigneur, votre famille, et purifiez-la par l'abondance de vos bénédictions.* Nous avons encore de semblables oraisons pour toutes les féries de carême qui ont pu être dites par les prêtres.

Outre ces oraisons ou ces bénédictions sur le peuple, on voit, dans les trois premiers Ordres romains (9), qu'à la fin de la messe le pape ou l'évêque allant de l'autel à la sacristie, les évêques ou les prêtres ou les ordres inférieurs demandaient sa bénédiction, et que le pontife répondait : *Que le Seigneur nous bénisse* ou *vous bénisse*. Selon le cinquième Ordre (10), c'était le chantre, à la tête

---

ment à ces mots du *Pange lingua* : *Sit et benedictio.* C'est comme si on voulait la donner à la fin des vêpres, en chantant : *Benedicamus Domino* ; car il est aisé de voir que ce mot de bénédiction s'adresse à Dieu, qu'on veut louer, et non pas aux hommes, à qui on dit pour les bénir : *Que Dieu tout-puissant vous bénisse*, etc. Il est à souhaiter qu'avant de donner la bénédiction on dise l'oraison marquée dans les Rituels : *Deus, qui nobis sub sacramento*, etc., et qu'on la donne ou en silence, ou en chantant des paroles qui conviennent.
(1) Pro omnibus circumstantibus... ut mihi et illis proficiat ad salutem in vitam æternam... Diesque nostros in tua pace disponas.
(2) Lib. viii, c. 15, p. 406.
(3) Euch. Græc. p. 83.
(4) Ibid., p. 175.
(5) Div. Offic. l. i, c. 17
(6) Epist. 119, al. 59, ad Paulin., n. 16.
(7) Véritablement il y a en France et en Allemagne un grand nombre de manuscrits intitulés : *Sacramentaires de saint Grégoire*, où sont les bénédictions solennelles épisco-
pales, qui finissent par : *Et pax Domini sit semper vobiscum.* Mais ces Sacramentaires sont mêlés de quelques usages de France ; car quoi que fit Charlemagne pour faire recevoir le rite purement romain, il ne put empêcher que des évêques ne retinssent des usages où ils leur paraissaient beaux et édifiants, tels qu'étaient les bénédictions avant l'*Agnus Dei*. On voit ces bénédictions dans le beau Sacramentaire qui est conservé dans le trésor de l'église cathédrale de Metz, et qui a été écrit sous Drogon, évêque de Metz, fils naturel de Charlemagne.
(8) « Benedictiones super populum post Communionem : *Domine sancte Pater*, etc. *Gregem tuum, Pastor bone*, etc. *Benedic, Domine, hanc familiam tuam*, etc. » Cod. sacram., p. 200.
(9) Ordo i, n. 21 ; ii, n. 15 ; iii, n. 18.
(10) «Peracta missarum solemnitate, procedente pontifice, occurrat ei cantor cum schola, et dicat : *Jube, domne, benedicere* ; respondeat que pontifex : *Benedicat nos Deus* ; et tota schola alta dicat voce : *Amen*. Simili etiam actione fiat dum ingredi in secretarium debet. » (Ord. v, c. 11.)

de tout le chœur, qui disait : *Jube, domne, benedicere*; et après que le pontife avait répondu : *Benedicat nos Deus*, tout le chœur chantait *Amen*, ce qui se faisait encore à l'entrée de la sacristie (1). Jusqu'au xie siècle, les prêtres ne tentèrent pas de donner la bénédiction; mais alors un canon du premier concile d'Orléans, qu'on n'entendait pas bien, fit croire que les prêtres, en l'absence des évêques, étaient obligés de bénir le peuple (2); et les fidèles furent si persuadés qu'on devait leur donner cette bénédiction, que, selon le Micrologue, « les prêtres ne pouvaient pas se dispenser sans scandale de la leur donner à la fin de la messe, à moins que le siége apostolique ne le défendît dans un concile (3). »

Tous les prêtres ne se crurent pas dans la même obligation, et les chartreux, qui, au temps du Micrologue, s'établirent en des lieux déserts, ne disant pas la messe devant le peuple, n'eurent pas occasion de la donner, et ne l'ont jamais donnée dans leurs propres églises. Les ordres de Cîteaux et de Prémontré, institués trente ans après le Micrologue, ne marquèrent pas de bénédiction à la fin de la messe dans leurs Ordinaires. Les jacobins mirent dans leur Missel de l'an 1254 qu'on donnerait la bénédiction, si c'était la coutume du pays (4). Les carmes firent de même (5), et les guillemites prescrivirent la même chose dans leur Ordinaire de l'an 1279 (6), ce qui montre que cet usage ne s'établit que peu à peu. Durand le justifie en 1286. Les chartreux mirent dans leurs nouveaux statuts (7) qu'ils le suivraient en disant la messe hors des Chartreuses, et il devint presque universel avec quelques variétés, soit dans les paroles, les uns disant : *Adjutorium*, etc. (8); les autres simplement : *Benedicat* ou *benedicat et custodiat*, etc. (9); soit dans les signes de croix, les uns n'en faisant qu'un, les autres en faisant trois (10), d'autres quatre (11); soit dans ce qui accom-

---

(1) Voilà deux bénédictions que les chanoines de la cathédrale de Liége ont, ce semble, conservées en quelque manière; car à la messe ils en donnent deux : l'une après l'*Ite missa est* et le *Placeat*, en disant : *Benedicat*, etc.; et l'autre sans rien dire, en quittant l'autel après l'Évangile de saint Jean. En divers endroits, des prêtres, après avoir fait leurs actions de grâces, donnaient une seconde fois la bénédiction au peuple.

(2) Le premier concile d'Orléans, en 511, avait ordonné que le peuple ne sortirait pas de l'église sans recevoir la bénédiction sacerdotale : *Cum ad celebrandas missas in Dei nomine conveniur, populus non ante discedat, quam mis æ solemnitas compleatur; et ubi episcopus fuerit, benedictionem accipiat sacerdotis*. (Conc. Aurel. I, c. 26.) Le mot *sacerdos* signifiait l'évêque durant les six premiers siècles. Au viie et au viiie, on s'est servi de ce terme pour signifier indifféremment l'évêque et le prêtre, et depuis le ixe siècle on n'a entendu communément par ce mot que le prêtre. C'est pourquoi, lorsqu'au xie siècle on lut dans le canon d'Orléans que si l'évêque était présent le peuple recevrait la bénédiction *sacerdotis*, du prêtre, ainsi qu'on expliquait ce mot, on crut qu'il y avait une faute, et qu'il fallait ajouter *non*, pour lire : *Quand l'évêque n'y est pas, on recevra la bénédiction du prêtre*. Gratien l'a mis ainsi dans son droit canon, ce qui a été suivi jusqu'au siècle passé, et c'est sur la foi de Gratien que Durand, citant ce canon, dit que *le peuple recevra la bénédiction de l'évêque, ou, s'il n'y est pas, du prêtre : Ut populus ante benedictionem episcopi, vel ubi, si ipse aderit, sacerdotis, de ecclesia non discedat* (Lib. iv, c. 56). Mais le P. Le Cointe, dans ses *Annales ecclésiastiques*; messieurs Pithou, dans leurs Notes sur le droit canon; le P. Sirmond, dans ses Notes sur les conciles de France, et le cardinal Bona, ont remarqué que la négation *non* n'était pas dans les anciens manuscrits. C'est l'ancienne et la véritable leçon qu'ont suivie les PP. Labbe et Cossat, dans leur riche édition des Conciles. D'ailleurs, le décret de ce concile, renouvelé dans le troisième d'Orléans en 538, canon 29, lève toute difficulté, et où y lit : *Et si episcopus præsens fuerit, ejus benedictio exspectetur*.

(3) « Adeo tamen in usum jam usquequaque devenit, ut nequaquam absque gravi scandalo a presbyteris in populis intermitti possit, nisi forte apostolica sedes generaliter et synodaliter prohibere voluerit. » Microl. c. 21.

(4) « Si consuetudo patriæ fuerit, et extranei adfuerint nec exspectandis, det benedictionem secundum modum patriæ. » Miss. mss.

(5) Le Missel des carmes, en 1514, marque encore que le prêtre ne donnera pas la bénédiction, à moins que ce ne soit la coutume du pays : *Si consuetudo patriæ fuerit, det benedictionem, et non aliter* (Miss. Carmel., Venet. 1514).

(6) Ord. miss.

(7) « Sacerdotes nostri ordinis dum celebrant in ecclesiis quæ non sunt de ordine nostro, conformiter se cum aliis sacerdotibus... in benedicendo populum post missam. » Stat. 7, compil. c. 1, p. 58.

(8) Selon un grand nombre de Missels des églises d'Allemagne, on disait ce qui se dit encore tous les jours à Notre-Dame d'Aix-la-Chapelle : *Adjutorium nostrum*, etc.

Sit nomen Domini, etc. *Oremus. Cœlesti benedictione benedicat nos et vos divina majestas et una deitas, Pater †, et Filius †, et Spiritus † sanctus. Amen.* On lit presque de même dans plusieurs anciens Missels de France : *Adjutorium*, etc. *Sit nomen*, etc. *Benedicat nos (vos, nos et vos) divina majestas et una deitas*, etc., au Missel de Chartres 1500, de Reims 1505, d'Autun 1523, de Besançon 1526, de Mâcon 1552, de Saint-Denis en France 1550, de Laon 1557, de Sens 1575, etc. Aux anciens Missels de Lisieux on lit : *Divina virtus, Pater*, etc.

(9) On disait en quelques endroits : *In unitate sancti Spiritus benedicat vos Pater et Filius*. Missel de Narbonne 1528 et 1576. Selon les Missels romains, jusqu'au saint pape Pie V, on lit : *Benedicat vos*, etc., ou *In unitate sancti Spiritus*, etc. Ce qu'on voit aussi dans le Missel de Grenoble de 1532.

(10) Il y a quelques siècles qu'on en faisait communément trois. Selon le Rituel de saint François de Sales, en 1612, les prêtres donnaient aussi la bénédiction du saint sacrement en faisant trois signes de croix, sans dire : *Adjutorium* ni *Sit nomen*, mais seulement : *Benedicat vos omnipotens Deus Pater †, et Filius †, et Spiritus † sanctus. Amen.* (Rit. Gebenn.. p. 326.) Et selon le rite de Paris, on fait aussi trois signes de croix en donnant la bénédiction du saint sacrement. A l'égard de la messe, tous les Missels de Paris depuis 1615 sont conformes en ce point au Missel romain, *Benedicat vos*, etc., avec un seul signe de croix. Mais le Cérémonial de 1662 dit que les curés chantent ce *Benedicat vos*, etc., sur la même note, à quoi le chœur répond : *Amen. Cærem.* Paris, p. 15; et le nouveau Cérémonial, aussi bien que les Missels de 1685 et de 1706, marquent qu'on suivra la coutume des lieux, et qu'on donnera la bénédiction *alta vel submissa voce*. En plusieurs paroisses de Paris, Saint-Benoît, Saint-Sulpice, Saint-Séverin, la Madeleine, Saint-Barthélemi, Sainte-Opportune, Saint-Leu, Saint-Sauveur, Saint-Eustache, Saint-Jacques-de-la-Boucherie, Saint-Nicolas-des-Champs, Saint-Jean-en-Grève (le curé de cette église fait trois signes de croix), Saint-Paul, à la fin de la messe de paroisse, les curés, et les vicaires, donnent la bénédiction en chantant : *Adjutorium, Sit nomen*, et faisant un signe de croix; c'est-à-dire que plusieurs curés ont conservé ce que faisaient tous les prêtres avant le Missel de 1615. A Saint-Jacques-du-Haut-Pas, à Saint-Étienne-du-Mont, à Saint-Nicolas-du-Chardonnet, à Saint-Louis-en-l'Île, Saint-Gervais, Saint-Laudry, Saint-Merri, aux Saints-Innocents, à Saint-Germain-l'Auxerrois et à Saint-Roch, on ne chante que le *Benedicat vos*, conformément au Cérémonial de 1662. Plusieurs curés ne paraissent pas avoir eu des usages fixes; Saint-André-des-Arcs a pris depuis peu l'*Adjutorium*. Saint-Côme, Saint-Josse, Saint-Martin, Saint-Hippolyte le chantent aux fêtes solennelles. Les autres, comme Saint-Pierre-des-Arcis, quelques paroisses de la Cité, et Saint-Médard, suivent exactement ce que prescrivent les Missels imprimés depuis 1615 jusqu'en 1685; et j'observent aussi les chanoines de Notre-Dame, où M. l'archevêque seul donne la bénédiction en chantant.

(11) Bechoffen, de l'ordre des augustins, qui écrivait en 1519, dit que parmi eux on ne donnait la bénédiction

pagne les signes de croix en tenant le calice, la patène (1) ou la croix (2).

L'*Ordo Missæ* qui fut dressé à Rome par Burcard, maître de cérémonies de la chapelle du pape, vers la fin du xv° siècle, ne contient point d'autres paroles de la bénédiction que celles que nous disons aujourd'hui : *Benedicat vos*, etc.; et à l'égard des signes de croix il en marque trois, pour bénir également ceux qui sont aux côtés de l'Epître et de l'Evangile et au milieu, ajoutant que si le peuple est seulement au milieu, il suffit de faire un signe de croix. On a enfin communément réservé trois signes de croix aux évêques, supposant peut-être que l'assemblée est plus nombreuse quand ils officient; et le saint pape Pie V n'a marqué dans son Missel qu'un seul signe de croix pour tous les prêtres sans exception.

Soit que cette bénédiction soit donnée avec trois signes de croix ou avec un seul, elle doit toujours être reçue avec beaucoup de respect de la main d'un prêtre qui vient de recevoir Jésus-Christ et qui le représente. Selon les Missels romains, les ministres de l'autel (s'ils ne sont pas chanoines) se mettent à genoux pendant que le prêtre donne la bénédiction, et en plusieurs diocèses, à Besançon, à Bayeux (3), etc., tous les ministres, sans excepter les chanoines.

Aux messes des morts on ne donne pas la bénédiction. Dans les anciens Sacramentaires manuscrits, où il y a un grand nombre de bénédictions épiscopales, on n'en voit aucune pour les morts. Durand avait fait cette même remarque, sur quoi il dit qu'aux messes des morts on omet les solennités, et qu'ayant principalement en vue à ces messes de procurer du soulagement aux morts, on omet cette bénédiction, qui ne peut leur servir, n'étant que pour les assistants. Cependant au diocèse de Clermont on donne également la bénédiction à toutes les messes; et, selon les anciens Missels, il y avait une bénédiction propre pour les morts (4), mais qui n'est plus en usage nulle part.

BENEDICTUS.

(Explication du P. Lebrun.)

Béni soit celui qui vient au nom du Seigneur, hosanna au plus haut des cieux.

Benedictus qui venit in nomine Domini, hosanna in excelsis.

RUBRIQUE.

Quand le prêtre dit : Benedictus qui venit, *il se lève et fait sur soi le signe de la croix.* Tit. VII, n. 8.

REMARQUES.

Le *Sanctus* est une espèce d'acte d'adoration qui doit être accompagné d'une posture humiliante. Le *Benedictus* est une acclamation de joie qui se fait debout. D'ailleurs il est plus séant de faire le signe de la croix étant debout, et le prêtre le fait sur soi (5), en disant : *Béni soit celui qui est venu*, parce que c'est par la croix que nous aurons part aux bénédictions et aux grâces qu'il vient répandre sur la terre.

EXPLICATION.

BENEDICTUS, *béni :* celui qui est venu au nom du Seigneur est le divin Sauveur, qui a dit hautement : *Je suis venu au nom de mon Père (Joan.* v, 43), c'est-à-dire avec son autorité, et qui nous a dit encore de lui-même : *Celui qui est venu du ciel est au-dessus de tous* (Joan. III, 31). Toutes les bénédictions et toutes les louanges lui sont dues; comment ne les donnerions-nous pas à celui qui est venu pour notre salut et pour nous mettre en état de chanter éternellement le saint cantique des anges?

HOSANNA (6) est un de ces mots hébreux qu'on a conservés dans toutes les églises sans les traduire, comme *Amen* et *Alleluia.* Ce mot *hosanna* signifie *sauvez maintenant*, ou *sauvez, je vous prie.* C'étaient les cris de joie

---

qu'avec un signe de croix, en disant: *In unitate sancti Spiritus*, etc.; que d'autres en faisaient quatre, à cause des quatre parties du monde auxquelles les apôtres ont annoncé la foi : ce qui, ajoute-t-il, conviendrait mieux aux évêques, qui sont les successeurs des apôtres. (*Expos. Offic. miss. Argentin.* 15 9.)

(1) Il est marqué dans les anciens Missels de Paris, écrits au xiv° et au xv° siècle, et dans un Missel de Bourges de 1416, qu'on donne la bénédiction en tenant à la main le calice ou la patène. Les Missels de Paris imprimés depuis 1481 jusqu'en 1615 ne marquent que la patène. Le signe de la croix se faisait aussi avec la patène, selon les Missels de Reims, de Chartres de 1500, de Beauvais de 1538, etc. Les Missels gothiques de Lisieux et le Manuel de 1507 ne le font faire qu'avec le calice. Quelques-uns même ont pris le corporal. On s'est volontiers servi de quelque chose qui eût touché le corps de Jésus-Christ : mais la main seule du prêtre, qui est son ministre, suffit, et elle vient de toucher ce corps adorable. Meurier, doyen de Reims, qui prêchait et écrivait en 1583, fait mention de la patène et d'une partie des variétés qu'on vient de marquer. *Il n'y a point d'autre différence*, dit-il, *entre l'évêque et le simple prêtre quant à cela, pour le moins en l'église de céans, sinon que l'évêque commence par ces mots :* Sit nomen Domini benedictum, *et le simple prêtre par ceux-ci :* Adjutorium nostrum; *selon l'usage romain, le prêtre omet ces deux versets :* Adjutorium et Sit nomen, *sans tenir même la patène, comme nous le pratiquons par deçà, et ne dit que ces mots :* Benedicat vos, etc. Serm. 63 sur la messe.

(2) A Narbonne, le célébrant donne la bénédiction avec la petite croix, que le sous-diacre porte au commencement de la messe et qu'il reporte à la fin.

L'archevêque arménien de Césarée en Cappadoce, et l'évêque de Sébaste en Arménie, qui officièrent en plusieurs églises de Paris en 1714 et 1715, donnaient en chantant, avec une croix à la main, la bénédiction au peuple à la fin de la messe.

(3) *Cérém. de Besançon de* 1707, *et de Bayeux* 1677. *A Besançon le prêtre chante :* Benedicat vos, etc.

(4) Cette bénédiction est en ces termes dans un Missel romain imprimé à Venise en 1563 : *In missa pro defunctis... benedicat populum, dicens :* Deus, vita vivorum, et resurrectio mortuorum, benedicat vos in sæcula sæculorum. R. Amen.

(5) Le Missel des jacobins marque que tous ceux qui sont au chœur doivent faire le signe de la croix pendant le chant du *Benedictus.*

(6) *Hosanna.* On trouve dans presque tous les anciens Missels manuscrits *osanna* sans *h*. Il est pourtant mieux d'écrire *hosanna* avec un *h*, comme il l'est dans tous les Missels d'à présent, parce que ce mot est écrit en hébreu avec un *he*. Si l'on voulait même s'en tenir rigoureusement aux lettres hébraïques, il faudrait dire *hosianna*, et même *hoschiana.* Mais on sait que les manières de prononcer ne sont pas absolument fixes, et que dans toutes les langues il se fait des élisions. Il n'est pas surprenant que l'*iod* étant suivi de l'*aleph* soit mangé, et qu'ainsi on dise *osanna*, au lieu d'*osianna.* C'est la remarque que fait saint Jérôme (*Ep.* 145, *ad Damas.*); à quoi l'on peut ajouter que cette élision n'est pas venue de l'ignorance des Grecs et des Latins, mais qu'elle a été en usage parmi les Hébreux; car Ligtfoot cite des rabbius, et la rubrique du Talmud, où l'on voit l'*hosanna* en hébreu sans *iod.* (Ligtfoot, *Hora Hebr. in Matth.*, p. 410.)

que les Juifs faisaient souvent à la fête des Tabernacles (1) en tenant des rameaux d'arbres à la main. Toute cette fête était destinée à rendre à Dieu des actions de grâces, et à lui demander son secours par ces cris redoublés : *Hosanna*

Lorsque Jésus-Christ entra dans Jérusalem, six jours avant sa passion, Dieu permit que les Juifs fissent une espèce de fête des Tabernacles en l'honneur du Sauveur reconnu pour le Messie, le Fils de David. Ils prirent des rameaux d'arbres, étendirent leurs habits, et crièrent : *Hosanna*. Mais, pour montrer que c'était en l'honneur de Jésus-Christ même, reconnu fils de David et le Messie, qu'ils s'adressaient à Dieu, ils ajoutent : *Hosanna au Fils de David*, comme s'ils disaient : C'est à l'occasion du Fils de David que nous crions : Sauvez-nous, *Hosanna*, sauvez maintenant par le Messie (2).

Saint Jérôme, qui s'est appliqué à traduire et à expliquer cet endroit en écrivant au pape Damase, et dans son commentaire sur saint Matthieu, fait remarquer que dans le psaume cxvii nous lisons : O Dieu, sauvez-nous; béni soit celui qui vient au nom du Seigneur, il montre que l'*Hosanna* de l'Evangile est tiré de ce psaume (3), que les Juifs disaient souvent dans les synagogues, sans pouvoir ignorer qu'ils l'entendaient clairement du Messie. On ne pouvait rien appliquer de plus juste à Jésus-Christ, et c'est ce qu'il fit sentir aux scribes qui s'en scandalisaient, en leur disant : *N'avez-vous jamais lu cette parole : Vous avez tiré la louange la plus parfaite de la bouche des enfants (Matth.* xxi, 16; *Psal.* viii, 3)?

L'Eglise joint ici fort à propos les deux *hosanna* : l'un adressé à Dieu seul, comme faisaient les anciens Juifs lorsqu'ils disaient, à la fête des Tabernacles : *Sauvez-nous, Seigneur, notre Dieu, afin que nous célébrions votre saint nom (Psal.* cv, 45); l'autre adressé à Jésus-Christ à son entrée dans Jérusalem. Par le premier *hosanna* nous demandons la force et le secours qui nous sont nécessaires pour chanter dignement le saint cantique avec les esprits célestes; et par le second *hosanna* nous demandons ce secours par Jésus-Christ, en bénissant ce divin Sauveur, qui est venu dans ce monde au nom et avec toute l'autorité de Dieu son Père, et qui vient actuellement se rendre présent sur l'autel, pour nous donner toutes sortes de secours et nous mettre en état de louer dignement la divine majesté.

Le premier *Hosanna in excelsis* signifie simplement : Sauvez-nous, vous qui êtes au plus haut des cieux; et le second ajoute au premier : Sauvez-nous par le Messie, vous qui l'avez envoyé du plus haut des cieux.

(1) *Rubr. Talmud.* apud Ligtfoot, *Hor. Hebraic.* p. 210.
(2) Ligtfoot *Hor. Hebraic. in Matth.* xxi, 9.
(3) Hier. ep. 145, et *in Matth.* c. 21.
(4) « Statuimus et ordinamus ut quilibet habens beneficium cum cura vel sine cura, si post sex menses ab obtento beneficio divinum officium non dixerit, legitimo impedimento cessante, beneficiorum suorum fructus suos non

BÉNÉFICIERS.

DE L'OBLIGATION DES BÉNÉFICIERS.

(Traité de l'Office divin, de Collet.)

1. *Les bénéficiers obligés au Bréviaire, et pourquoi.* — 2. *Il ne suffit ni d'être nommé ni d'avoir des provisions.* — 3. *Remarques importantes.* — 4. *Que dire de deux compétiteurs dont chacun a pris possession?* — 5. *Un bénéfice qui produit peu de chose oblige-t-il à l'office?* — 6. *Autre cas sur ce sujet.* — 7. *Doit-on autant d'offices qu'on possède de bénéfices?* — 8. *Doit-on au moins faire mémoire du patron ou du titre de chaque bénéfice?* — 9. *A quoi est tenu un homme qui a une pension ecclésiastique?* — 10. *Obligations de ceux qui ont des prestimonies.* — 11. *Celles qui ne durent qu'un temps sont très-différentes des bénéfices révocables.* — 12. *Un bénéficier qui ne l'est que malgré lui est-il obligé au Bréviaire?* — 13. *Epoque de l'obligation du bénéficier.* — 14. *Celui qui a plusieurs bénéfices commet-il plusieurs péchés lorsqu'il y manque?*

1. Nous avons prouvé par l'autorité et par la coutume que les ecclésiastiques qui sont dans les ordres sacrés sont tenus à la récitation de l'office. (*Voy.* au Dictionnaire, art. OFFICE DIVIN, t. II.) Or, ces mêmes raisons concluent pour les bénéficiers. Le concile de Bâle les renferme positivement dans sa loi, et l'usage, qu'une longue suite de siècles a confirmé, n'est pas moins formel. Il y a plus, c'est qu'en fait de bénéficiers les derniers temps viennent à l'appui des temps qui les ont précédés, et y viennent avec des peines rigoureuses. Le cinquième concile de Latran les avait expliquées d'une manière (4) un peu trop générale. Pie V les développa avec précision. Comme nous avons rapporté ailleurs et pesé toutes ses paroles, il serait superflu de les placer ici. *Voy.* t. II, col. 903.

Si cette importante vérité avait besoin de nouvelles preuves, nous la confirmerions par le sentiment unanime des docteurs. Le mot du concile que nous venons de citer : *Beneficium propter officium*, a passé en proverbe. Il porte sa preuve avec lui; il marque une obligation qui, fondée sur la loi naturelle, doit subsister jusqu'à ce que cette loi même en autorise la dispense.

Cette première décision est si constante qu'il serait inutile de s'y arrêter plus longtemps. Mais il se présente à son occasion un assez bon nombre de difficultés qui méritent d'être examinées.

On demande donc, en premier lieu, si un ecclésiastique est obligé au Bréviaire avant que d'avoir pris possession de son bénéfice en personne ou par procureur.

2. On convient d'abord qu'un homme qui est simplement présenté, nommé ou élu,

faciat pro rata omissionis recitationis officii et temporis ; sed eos fructus tanquam injuste perceptos, in fabricam hujusmodi beneficiorum, vel hospitalia eleemosynas, erogare teneatur : si vero ultra dictum tempus in simili negligentia contumaciter permanserit, legitima monitione precedente, beneficio ipso privetur, cum propter officium detur beneficium. » Concil. Later. sub Leone X, sess. 9

sans être encore confirmé, n'est obligé à rien. Et il en est de même de celui à qui on a conféré, mais qui n'a pas encore accepté. C'est qu'au fond dans tous ces cas un homme n'est pas encore bénéficier. Il a un droit à la chose, mais non sur la chose : *jus ad rem*, et non pas *jus in re*.

On convient encore que celui qui est titulaire et qui a des provisions n'est point tenu à l'office quand il n'a ni pouvoir ni espérance de prendre possession. Son bénéfice n'est alors qu'un titre sans réalité, et ce n'est pas à des chimères qu'un fardeau aussi considérable que celui du Bréviaire a été attaché.

Toute la difficulté se réduit donc à savoir si un clerc qui a déjà la collation ou l'institution canonique, et qui ne voit pas que sa prise de possession puisse être traversée, est dès ce moment même obligé à l'office.

Navarre, Garcias (1) et quelques autres l'ont cru ainsi : 1° parce que dans ce cas le sujet pourvu est vraiment maître du bénéfice : il a *jus in re* ; 2° parce qu'avant toute prise de possession un homme fait les fruits siens, et que dès qu'il l'aura prise il jouira et du présent et de tout ce qui est échu depuis ses provisions ; 3° parce qu'il ne convient pas que l'Eglise manque un seul jour du service qui lui est dû.

Le sentiment contraire est beaucoup plus commun, et je ne vois rien qui empêche de le suivre ; en effet, tout droit ne suffit pas pour rendre un homme absolument bénéficier, il faut pour cela un droit efficace. Or, ce droit plein et efficace, on ne l'a que par une possession paisible ou qui soit moralement présumée telle. D'ailleurs il est de règle que pour sentir les charges il faut jouir des avantages (2). Or, avant la possession un homme ne perçoit ni fruits ni commodités. Son droit, tout réel qu'il est, est actuellement stérile. Souvent même il est anéanti par des obstacles imprévus qui se trouvent à la prise de possession. Ainsi pensent Habert, Pontas (3), et d'autres qui ne sont pas moins judicieux.

Quelque solides que paraissent les raisons de Navarre, elles ne sont pas péremptoires, et nos preuves bien méditées les résolvent suffisamment. J'ajoute : 1° que les fruits d'un bénéfice qui a vaqué longtemps appartiennent de droit commun à celui qui l'obtient dans la suite ; cependant, quoiqu'il pût, sans se gêner beaucoup, dédommager l'Eglise jusqu'à concurrence du bien qu'il reçoit d'elle, on ne lui demande pas un office, comme aux autres ; 2° qu'il n'est pas surprenant qu'un bénéfice qui vaque n'ait point de service, et qu'un bénéfice vaque jusqu'à ce que le titulaire en ait pris possession. Après tout, si l'Eglise perd quelque chose dans ces occasions, elle gagne dans

d'autres, comme nous le verrons dans la suite.

3. Il y a ici quelques remarques à faire : la première, que si la coutume avait établi dans certaines églises qu'un bénéficier fût par le seul fait de ses provisions obligé aux heures canoniales, il faudrait s'y conformer ; la seconde, qu'un homme qui, pour se dispenser de l'office, différerait sa prise de possession, serait et très-coupable devant Dieu et obligé à restituer les fruits qui répondraient au temps de sa négligence : *Mora sua cuilibet est nociva* (4) ; la troisième, que ceux qui, avant d'avoir pris possession d'un bénéfice, en perçoivent des fruits considérables ne peuvent jouir de l'immunité que nous accordons aux autres. La grâce n'a pas lieu quand les raisons qui la fondent ne sont pas de mise.

4. On demande en second lieu si deux compétiteurs qui plaident pour un bénéfice dont ils ont pris possession sont tenus au Bréviaire.

Suarez, Azor, Navarre lui-même et la plupart des théologiens les en exemptent, parce qu'il n'y a alors ni possession paisible, ni droit certain. Flaminius Parisius ajoute que c'est l'usage de la cour de Rome. Le jurisconsulte Ménochius prétend que deux sentences conformes ne suffiraient pas pour y obliger celui des contendants qui les aurait obtenues, parce qu'il peut être évincé par la troisième. Je crois cependant qu'un homme qui, n'ayant en tête qu'un malheureux chicaneur, serait moralement sûr de son droit, ne devrait pas différer à se mettre en règle. Ses obligations sont alors aussi constantes que ses droits, et ceux-ci, malgré la mauvaise foi de celui qui le traverse, passent pour incontestables. Suarez et Bonacina, qui sont d'un avis contraire, obligent dans ce dernier cas l'injuste plaideur à la récitation de l'office, parce que c'est à lui à réparer le tort qu'il fait à l'Eglise.

Ceux à qui l'on a adjugé la récréance d'un bénéfice doivent en acquitter les charges, parce que, quand même ils succomberaient pour le pétitoire, les fruits qu'ils ont perçus ne laisseraient pas de leur appartenir.

On demande en troisième lieu si l'on doit obliger à l'office, soit un coadjuteur pendant la vie de celui qu'il doit remplacer, soit un pensionnaire à qui son brevet n'est pas encore expédié ; mais ce sont moins là de nouvelles difficultés que des questions déjà résolues par les principes que nous avons établis. Un simple coadjuteur n'est point titulaire ; il ne le devient que par la mort de celui auquel il a été associé (5). Un pensionnaire sans brevet est un homme nommé, mais qui n'a point encore de provisions : nous en parlerons un peu plus bas.

---

(1) Navarre, *de Orat.* cap. 7, n. 28 et 29 ; Garcias, *de Ben f.* part. III, cap. 1, n. 92.
(2) « Qui sentit onus, sentire debet et commodum. » Reg. 55 Juris, in 6.
(3) Habert, *de Contract.* cap. 11 ; Pontas, v° *Office du Bréviaire*, cas 8.
(4) Reg. 25 Juris, in 6.

(5) *Voyez* les *Mémoires du clergé*, tom. XI, pag. 678 et suiv. ; et remarquez qu'en France les coadjutoreries ne se souffrent que dans les bénéfices consistoriaux, qui sont de la nomination du roi ; et jamais pour les autres, comme sont les prébendes, les prieurés, les cures et les chapelles. *Ibid.*, tom. II, pag. 355... 367.

DICTIONNAIRE DES RITES SACRÉS. III.

5. On demande 4° si un homme dont le bénéfice ne produit rien ou presque rien ne laisse pas d'être obligé au Bréviaire.

Cette question est importante, parce que le cas arrive souvent. Par malheur les théologiens ne s'accordent pas sur sa décision. Il y en a qui croient qu'un bénéfice qui produit peu de chose n'oblige à rien. Leurs raisons sont : 1° que qui sert l'autel doit vivre de l'autel, et que par conséquent qui n'en vit pas n'est pas tenu de le servir ; 2° que rien et peu se compte pour même chose, et qu'ainsi un homme qui retire peu ne doit pas plus que celui qui ne retire rien. Il y en a qui pensent qu'un bénéfice dans ce cas oblige d'une manière proportionnée à sa valeur, par exemple, à dire l'office les dimanches et les fêtes, à moins qu'il n'ait quelque autre charge équivalente à son revenu, comme un certain nombre de messes à dire ou à faire dire par un autre.

Enfin d'autres soutiennent que tout bénéfice, quelque médiocre qu'il soit, oblige essentiellement à la récitation du Bréviaire. Ainsi pensent Fagnan, l'auteur de la *Morale de Grenoble*, le P. Alexandre, et Pontas qui cite le cardinal Tolet, les Conférences de Condom et celles de Périgueux. Barthélemy de Saint-Fauste, qui n'est point outré en morale, embrasse le même sentiment (1), et il paraît qu'il est le plus commun parmi les théologiens qui ne sont pas absolument décriés. Ces auteurs se fondent : 1° sur plusieurs conciles qui, sans distinction quelconque de petit et de grand, obligent à l'office divin tous ceux qui ont des bénéfices : Ii OMNES, dit le concile de Bordeaux de 1583, *ipso jure ad officium obligantur*, QUICUNQUE *beneficiis ecclesiasticis fruuntur*. Les termes d'*omnes* et de *quicunque* n'admettent point d'exception. 2° Sur l'autorité de saint Antonin, qui ne souffre ni explication ni réplique. *Tenentur*, dit ce savant archevêque (2), *ex præcepto ad horas canonicas quilibet clerici beneficiati, et non existentes in sacris ; nec excusare se possunt ratione tenuitatis beneficii, si ex eo non percipiant necessaria, sed imputent sibi ex quo se fecerunt ad illud intitulari*. 3° Sur plusieurs raisons capables de faire impression.

Ils disent en substance qu'un bénéfice, quelque petit qu'il soit, ne cesse pas d'être un vrai bénéfice ; que les charges primitives ne se mesurent pas sur les revenus, puisqu'un homme qui a plusieurs bénéfices ne dit pas plusieurs offices ; que comme la modicité du produit ne dispense pas de la résidence, elle ne peut dispenser du Bréviaire ; que le plus petit bénéfice a toujours de très-grands avantages, puisqu'il sert de titre et qu'il donne à un simple clerc le privilége du for, qui ne convient pas à un minoré ; qu'après tout il faudrait que les fruits d'une chapelle fussent bien peu de chose, s'il n'y avait entre eux et le peu de temps qu'exige l'office une sorte de proportion ; qu'il en est du bénéficier dont nous parlons comme d'un homme qui épouse une femme pauvre, et qui ne laisse pas de lui devoir tous les secours qu'exige son engagement ; qu'enfin la grande règle est de garder les clauses d'un contrat, et que puisque, de l'aveu de tout le monde, le bénéfice est pour l'office, il est juste de donner l'un quand on accepte l'autre. Qui vous force à le garder ? S'il vous gêne, il n'y a qu'à s'en défaire.

Ce sentiment a l'avantage du plus sûr, et les raisons qui l'appuient ne sont pas méprisables. Cependant je n'oserais en faire une loi générale. Je dirais donc en deux mots qu'un bénéfice qui donne des droits réels, tel que celui de *Committimus*, ou qui peut tenir lieu de titre pour les ordres, est sujet à l'office. J'en dirais autant de celui qui peut fournir la quatrième partie d'une honnête substance, ou quelque chose d'approchant. A l'égard de ceux qui ne vaudraient qu'une ou deux pistoles, je m'en rapporterais au jugement de mon évêque. A son défaut, j'examinerais la coutume au moins tacitement approuvée par les supérieurs, et je la suivrais, soit qu'elle fît une loi du tout, soit qu'elle se contentât de quelque partie ou de l'office de la sainte Vierge. Ces prières, jointes, comme il arrive souvent, à un certain nombre de messes, que les plus minces bénéfices ont coutume d'exiger, donnent pour le moins autant à l'Eglise qu'on reçoit d'elle. Ainsi pensent Habert et quelques autres, dont l'avis me paraît très-équitable. L'auteur des Conférences d'Angers dit, dans un endroit que nous citerons plus bas, qu'en France les évêques sont en possession de commuer la récitation du grand Bréviaire en celle du petit office de la Vierge, mais qu'ils ne le font ordinairement que lorsque le revenu du bénéfice est si modique qu'il n'excède pas la valeur du plus petit titre clérical, fixée par les ordonnances de leurs diocèses. C'est, ce me semble, porter les choses aussi loin qu'elles doivent aller.

6. Cette réponse peut servir à la décision d'une difficulté qui n'est ni tout à fait la même ni tout à fait différente. Elle consiste à savoir si un bénéficier est obligé au Bréviaire lorsque la stérilité, la guerre, l'inondation, les lois mêmes du corps où il est engagé, le privent absolument des revenus de son bénéfice.

Ce cas, tout simple qu'il paraît, est équivoque : car ou le bénéficier dont il s'agit est privé de son bien pour toujours, comme lorsqu'un prince infidèle s'est emparé de ses terres, qu'un torrent a emporté des maisons qui faisaient tout son revenu, etc., ou l'accident qui fait la non-valeur de son bien n'est qu'un orage qui passera avec le temps. Dans la première supposition il faut juger de lui comme nous avons fait d'un homme qui ne tire rien ou presque rien de son bénéfice ; dans la seconde il faut dire qu'il ne laisse pas d'être

---

(1) Barthol. a S. Fausto, *Tract. de Horis canon.* part. II, q. 50 ; Pontas *ubi supra*, cas 37 ; *Morale de Grenoble*, tom. II, tract. 1, cap. 10, etc.

(2) S. Antonin. III part. Summæ, tit. 13, cap. 4, § 1.

toujours très-étroitement obligé à l'office. Quand il est malade, il recueille sans semer; n'est-il pas juste qu'il sème quelquefois sans recueillir? D'ailleurs, quand son bénéfice lui rend le double de ce qu'il a coutume d'en tirer, personne ne l'oblige à doubler son Bréviaire. Pourquoi, quand il n'aura rien, se croira-t-il exempt de le réciter? On peut dire que comme les fondateurs l'ont dispensé du *plus* pour les années où il serait mieux partagé, il a renoncé au *moins* pour celles où il serait plus maltraité.

De ce principe, que la loi, la coutume, et souvent l'iniquité, rendent fécond en conséquences, il suit qu'un homme est tenu à l'office, lors même que la grêle ou le débordement à moissonné toutes ses espérances; lorsque la justice ou l'injustice ont saisi ses revenus; lorsqu'un voleur ou un parti de maraudeurs ont enlevé sa grange et son cellier; lorsqu'un père avide des biens du sanctuaire s'est approprié ceux de son fils; lorsqu'un résignataire s'est engagé avec dispense à payer une pension égale au produit de la chapelle qu'on lui a résignée; lorsqu'un chanoine ne reçoit rien pendant une ou plusieurs années, soit parce qu'il est absent pour faire ses études, et que tout le fruit de sa prébende ne consiste qu'en distributions manuelles, soit parce qu'il est d'usage dans son chapitre que les fruits de la première année s'emploient en œuvres pies, ou que les chanoines les partagent entre eux : car, sans faire observer que dans le premier de ces trois derniers cas son absence est volontaire, ou que dans le second il a part aux bonnes œuvres qui se font à ses dépens, que dans le troisième il aura son tour, et qu'ainsi il ne donne que pour recevoir, il est sûr qu'en prenant volontairement la chose, on prend les charges qui y sont attachées, et que, puisque le bénéficier en question n'est pas exempt des autres services qui sont dus à l'Eglise, il ne peut l'être de l'office, qui en est un des plus essentiels : savoir s'il est permis à un chapitre de s'adjuger le gros ou les distributions d'un nouveau-venu, et si ce qu'on appelle *droit de chape* en certaines églises est bien fondé, c'est une question dont l'éclaircissement n'a rien de commun avec l'objet de mon ouvrage. L'on peut voir ce qu'en dit Pontas, v° *Simonie*, cas 28.

7. On demande 1° si un homme qui est dans le cas de la pluralité doit réciter autant d'offices qu'il a de bénéfices.

Guillaume de Paris, Denys le Chartreux et quelque peu d'autres l'ont cru ainsi. Ils en donnaient pour raison : 1° que le bénéfice est pour l'office; 2° qu'un ecclésiastique qui a deux ou trois chapelles dont chacune demande un certain nombre de messes est obligé de les acquitter toutes, et qu'il doit en être du Bréviaire comme des messes; 3° que celui qui sent l'avantage doit porter les charges.

---

(1) Cap. *Non mediocriter*, 21, dist. 5, *de Consecrat*. Il n'est pas sûr qu'il soit de saint Jérôme.
(2) Gavantus in *Rubr. Breviarii*, sect. 5, cap. 18, n. 11; Sanchez in *Opere morali*, lib. v, cap. 1, n. 16; Bonacina, disp. 1, q. 1, punct. 4, n. 28; Pyrrus Seculus, seu Barth. a S. Fausto, lib. ii, q. 19.

Ce sentiment n'a jamais pris dans l'Eglise, et sa pratique constante forme contre lui une preuve qu'on ne peut éluder. D'ailleurs, la multiplication des titres peut bien faire qu'on doive une chose par différents motifs, mais elle ne multiplie pas toujours les obligations. Un abbé régulier est tenu à l'office comme prêtre, comme religieux, comme bénéficier : personne ne s'est jamais avisé de lui faire une loi de deux ou trois offices, comme on n'en fait pas une au simple fidèle d'entendre deux messes lorsqu'un jour de fête qui en demanderait une concourt avec un jour de dimanche qui en demande une autre.

Si on nous objectait que les fondateurs sont alors privés d'un office qu'ils ont voulu se procurer, il serait aisé de répondre que cette perte, si c'en est une, est compensée par les grands biens que peut faire, et que fait toujours un digne ministre de Jésus-Christ, biens auxquels ont une part très-considérable ceux dont la charité le met en état de les faire.

Je dis : *cette perte, si c'en est une*, car on peut dire avec saint Jérôme, cité par Gratien, que le fruit de la messe ou des sacrés cantiques de l'Eglise ne perd rien de sa force impétratoire pour être réparti en plusieurs. *Dum igitur pro cunctis animabus psalmus vel missa dicitur, nihil minus quam si pro uno quolibet ipsorum diceretur accipitur* (1). J'ai déjà insinué une partie de ce sentiment dans le *Traité des SS. Mystères*, mais comme il est sujet à des difficultés qui, comme il arrive souvent, se sentent beaucoup mieux que les réponses qu'on pourrait y faire, je ne m'y arrêterai pas.

8. Mais au moins un homme qui a plusieurs bénéfices n'est-il pas obligé de faire mémoire du patron de chacun d'eux?

Sanchez, Bonacina, Gavantus et Barthélemy de Saint-Fauste (2) soutiennent que tout bénéficier doit faire mémoire du patron de son bénéfice, et que celui qui en a plusieurs doit faire mémoire de chacun d'eux; à moins que cela ne devînt embarrassant à cause de la multitude : car alors, disent-ils, on pourrait mettre ensemble tous les saints d'une même classe, les martyrs avec les martyrs, les vierges avec les vierges, et leur faire, avec l'approbation du supérieur, une antienne, un verset et une oraison commune (3). Ils fondent cette décision : partie sur la coutume, qui ne permet pas d'oublier le saint à l'honneur duquel un bénéfice est érigé, et qui, en concluant pour un, conclut pour tous les autres; partie sur ce que les rubriques du Bréviaire romain veulent qu'on fasse mémoire du patron ou du titulaire.

De là ils infèrent 1° que, quoique l'omission d'un suffrage ne puisse être qu'un péché véniel, à cause de la légèreté de la matière, l'omission de plusieurs dans un homme qui au-

---

(3) L'église de Saint-Jean de Latran, qui est dédiée au Sauveur, au Précurseur et à saint Jean l'Évangéliste, n'a qu'une antienne et une oraison pour les trois; on la trouve dans Merati, sur l'endroit de Gavantus que nous venons de citer, tom. II, p. 110, edit. fol. n. 8.

rait une certaine quantité de bénéfices irait sûrement au mortel ; 2° que ce dernier serait tenu à restituer au *prorata* de son omission. Il est vrai que Gavantus rejette cette conséquence comme trop rigoureuse ; mais enfin elle paraît couler du principe.

Merati pense différemment ; il soutient, d'après Guyet (1), qu'un clerc qui a plusieurs bénéfices peut s'en tenir à la commémoration du saint de l'église dans laquelle il réside, ou du plus digne de ses patrons, ou, s'ils sont égaux, de celui qu'il jugera à propos, s'il n'est attaché à aucune église. Sa raison est qu'un bénéficier n'est pas plus tenu à faire les suffrages de ses différents patrons qu'à célébrer leurs fêtes, et que même il y est moins obligé, puisque la rubrique parle des fêtes au pluriel, et qu'elle ne parle de la commémoration qu'au singulier. Or, poursuit-il, l'on n'a point encore obligé un bénéficier, tel que celui dont nous parlons, à célébrer toutes les fêtes de ses différents titulaires : on ne lui demande que de faire celle du bénéfice où il fait sa résidence, ou du principal de ses différents patrons, s'il ne réside dans aucune église qui leur soit dédiée, etc. Et alors, dit Guyet (2), il suffit absolument que, quelque part qu'il se trouve, il en fasse l'office double mineur. Il faut même, pour que cette obligation ait lieu, selon ce savant écrivain, qu'il y ait un concours de peuple dans le lieu du bénéfice ; que ce même bénéfice ait un titre comme celui de prieuré, ou quelque autre semblable, et qu'enfin il soit d'un assez bon revenu.

Je n'aurais point de peine à suivre ce dernier sentiment, parce que le premier n'est fondé sur rien. Mais si je n'étais attaché à aucune église, je serais exact à faire mémoire du patron de mon bénéfice, et quelque modique qu'en fût le revenu, j'en ferais chaque année l'office double. La décence, la reconnaissance, le suffrage des théologiens les plus mitigés, et, selon eux, la pratique commune (3) des bénéficiers semble l'exiger ainsi. Si cet usage s'est affaibli chez nous, il n'y a qu'à le rétablir, comme plusieurs de ma connaissance ont déjà fait. Que cela occasionne peut-être une fois par an la translation d'un office double, qui ce même jour se trouvera en concours avec l'office de votre titulaire, c'est un très-petit inconvénient pour tout autre qu'un chanoine, et celui-ci je ne l'assujettirais pas à la règle, s'il ne pouvait la suivre sans quitter l'ordre de son église.

Il est bon de remarquer que tout ceci ne regarde point un simple pensionnaire. Dès que le titre sur lequel est fondée sa pension appartient à un autre, c'est à lui à en faire le service.

9. Mais puisque nous en sommes sur l'article des pensionnaires, il est à propos d'examiner quelles sont, quant à l'office, leurs obligations. Nous ne regardons ici comme pensionnaires que ceux qui le sont en qualité d'ecclésiastiques. Ce qu'une église, comme celle de Paris, donne à ce grand nombre de séculiers qui la servent, est moins pension que salaire proprement dit. Il s'agit donc de ceux en faveur desquels on détache d'un bénéfice une portion de ses fruits, qu'ils ne peuvent régulièrement (4) percevoir que comme membres du clergé. Sur quoi,

Je dis 1° que ces sortes de personnes ne sont point tenues à la récitation des heures canoniales. L'Eglise, quand elle y oblige à cause de la rétribution, n'y oblige que les bénéficiers en titre, et un pensionnaire ne l'est pas. Que sa portion soit plus ou moins grande que le fonds même où il puise, c'est un accident qui, incapable de rien changer, ne peut décider de rien. Je dis en second lieu qu'un pensionnaire est obligé à réciter l'office de la sainte Vierge. Pie V l'a très-expressément décidé en 1571, et son décret a paru si équitable à toutes les nations, qu'il fait loi en France comme en Italie (5). Au fond, il était juste qu'un homme qui profite de la libéralité d'un fondateur lui en témoignât sa reconnaissance. Traitera-t-on de fardeau onéreux une dette fort légère en elle-même, et qu'un grand nombre de personnes d'un rang distingué, et dès là sujets à beaucoup d'embarras, se sont volontairement imposée et s'imposent encore tous les jours ?

Si un pensionnaire avait consenti au rachat de sa pension, ce qui ne peut se faire sans l'agrément du pape, il n'en serait pas moins obligé à dire le petit office jusqu'à la fin de ses jours, quand même en comparant les années au revenu il serait vrai de dire qu'il ne reçoit plus rien. La raison en est qu'un payement total qui se fait par anticipation équivaut, dans l'estime commune des hommes, à un payement qui se fait par parties. D'ailleurs, comme un homme qui meurt au bout de deux ans, après avoir reçu le produit de dix années, a joui sans office proportionné, il est juste que s'il vit vingt ans il dise l'office sans jouir.

10. La cause de ceux qui ont des prestimonies est plus embarrassante que celle des pensionnaires. Pour prendre un parti sage dans une matière où l'on ne peut en prendre du faux sans danger, il faut supposer, 1° que les prestimonies sont des revenus

---

(1) Merati, *ibid.*, n. 10 ; Carolus Guyet in *Heottologia*, lib. III, cap. 17, q. 10.

(2) *Idem, ibid.*, q. 4. Le même auteur remarque, lib. I, cap. 4, q. 2, qu'il y a cette différence entre patron et titre, que *Patronus est persona aliqua, nempe angelus vel homo sanctus, cujus nomine nuncupatur ecclesia : v. g. S. Michael, S. Petrus, etc. Titulus vero personam proprie non sonat, sed potius mysticam, seu rem quamcumque ad personam pertinentem ; quo mysterio, seu re, ecclesia ipsa veluti inscribitur et appellatur, v. g. SS. Trinitas, Christi Domini Nativitas, Transfiguratio... Sacrosancta Hostia, sacer Sanguis*, etc.

(3) « Sic communi usu et moribus beneficiariorum receptum est. » Barth. a S. Fausto, *loc. cit.*

(4) Je dis *régulièrement*, parce que les chevaliers de Malte et ceux de Saint-Lazare, même mariés, ont été maintenus par arrêts dans les pensions qui leur avaient été constituées sur des bénéfices. *Voyez le Recueil de jurisprudence de la Combe*, v° *Pension*, p. 56, col. 1.

(5) « Quicumque pensionem, fructus aut alias res ecclesiasticas ut clericas percipit, eum.... ad dicendum officium parvum B. Mariæ virginis decernimus obligatum, et pensionum, fructuum, rerumque ipsarum amissioni obnoxium. » Pius V, bulla 135, *Ex proximo. Vid.* Pontas, v° *Pension*, cas 24.

affectés à des clercs, soit pour les aider dans le cours de leurs études, soit pour les attacher au service de l'Eglise. On dit communément que ces revenus ont été détachés des bénéfices pour gratifier un plus grand nombre de personnes, mais je crois que ce démembrement serait difficile à prouver : il y a de l'apparence, comme l'observe M. de la Combe (1), que ce qu'on nomme prestimonie dans un endroit n'est rien autre chose que ce qu'on nomme ailleurs *part*, *mépart*, et quelquefois *legs pieux*. Il y a en Espagne des prestimonies destinées pour ceux qui servent l'Etat contre les infidèles (2), et celles-ci ne peuvent être que séculières.

Il faut supposer en second lieu qu'il y a des prestimonies perpétuelles, et d'autres qui sont révocables à la volonté de ceux qui les confèrent (3). Il ne peut être ici question de ces dernières : bien loin de ressembler à un bénéfice, elles ne ressemblent pas même à une pension ecclésiastique. Toute la difficulté regarde donc les premières : or cette difficulté, en s'en tenant au droit commun, n'a rien qui puisse arrêter. Pie V les a formellement assujetties au grand office (4). D'ailleurs il ne leur manque que le nom de bénéfice, puisqu'elles en ont tous les caractères : elles sont irrévocables, elles se confèrent par l'évêque, elles ne sont susceptibles d'aucun pacte, elles tiennent lieu de titre ecclésiastique. Le nom seul serait-il suffisant pour les décharger d'une obligation que tant de motifs semblent leur assurer? Feu M. Babin, que je cite toujours volontiers, était bien éloigné de le croire (5).

Cependant on m'a autrefois écrit de Bretagne, où les prestimonies sont communes, qu'elles n'y obligent à rien. Est-ce abus, est-ce connaissance certaine du titre de fondation? C'est ce que je ne puis décider. Il est vrai que les fondateurs n'ont pas coutume de pousser le désintéressement jusqu'à s'oublier eux-mêmes; mais il est vrai aussi, qu'ils ont pu vouloir aider gratuitement de jeunes écoliers, dans la juste confiance que ceux-ci, élevés un jour au sacerdoce, les dédommageraient par une pleine association à toutes leurs bonnes œuvres de ce qu'ils auraient perdu pour un temps. Quoi qu'il en soit, je crois qu'un prestimonaire, dans le temps même de ses études, doit se souvenir devant Dieu de ceux qui lui fournissent en tout ou en partie le moyen de les faire. Charloteau, dans son *Abrégé des matières bénéficiales* (6), les oblige chaque jour à cinq *Pater* et cinq *Ave*. Il serait à propos que les évêques fissent là-dessus quelque règlement. Les enfants mêmes auraient une règle de conduite, et personne n'oserait la trouver trop rigoureuse.

11. En se tenant au droit commun, tel que Pie V l'a établi ou renouvelé, on pourrait demander pourquoi nous déchargeons de l'office une prestimonie non perpétuelle, puisque, de l'aveu de tout le monde, un bénéfice manuel, tel que sont les cures possédées par des chanoines réguliers, oblige au Bréviaire, quoiqu'il soit révocable (7), et qu'à ce titre on ne puisse le regarder comme véritablement perpétuel.

Cette difficulté n'est pas embarrassante : une prestimonie qui ne doit durer que six ou sept ans ressemble beaucoup plus à une bourse du collége qu'à un bénéfice. C'est donc une pieuse fondation, qui, par elle-même, et indépendamment de toute loi, n'exige rien que ce que prescrit la reconnaissance en faveur de ceux qui nous font du bien. Il n'en est pas ainsi d'un bénéfice manuel : il a le titre, les droits, les fonctions d'un vrai bénéfice. Il est même perpétuel en ce sens que celui qui le possède ne doit ni ne peut être révoqué au gré du caprice ou de la mauvaise humeur. Qu'il le puisse être pour cause de crime, ou pour les besoins de l'ordre, c'est un accident qui ne change pas le fond des choses. Un mauvais curé peut aussi être déplacé; un bon peut être appelé par son évêque à un autre emploi. Il est vrai que par le malheur des temps il faut bien des formalités contre le premier, et que par un nouveau malheur il se trouverait bien des prêtres qui compteraient pour peu la promesse solennelle qu'ils ont faite, le jour de l'ordination, d'obéir à celui qui leur a imposé ou fait imposer les mains. Mais il est plus clair que le jour que cela ne suffit pas pour renverser le principe général, qui oblige tout bénéficier à la récitation de l'office.

Nous finirons cet article par trois questions, qu'on ne nous permettrait pas de supprimer : la première est de savoir si un homme qui n'accepte un ou plusieurs bénéfices que par une crainte majeure est tenu au Bréviaire; la seconde, à quel moment commence cette obligation pour un bénéficier; la troisième, si celui qui manque à ce devoir commet autant de péchés qu'il a de bénéfices.

12. Lessius et Barthélemy de Saint-Fauste (8) croient qu'un bénéficier dans le premier cas est obligé à l'office, parce que la crainte n'ôtant pas la substance de la liberté, il ne laisse pas d'être véritablement titulaire; et que, comme on le suppose, il perçoit les fruits de son titre. Or, avons-nous dit plus d'une fois, qui reçoit les émoluments doit porter les charges.

Mais si un jeune homme n'avait consenti que de bouche à son institution, et qu'un

---

(1) *Recueil de jurispr.*, v° *Bénéfice*, n. 26, p. 85.
(2) *Voyez* Bengui, *de Beneficiis*, tit. 1, cap. 4, § 28.
(3) *Voyez* Poutas, v° *Titre ecclésiastique*, cas 5.
(4) « Declarantes præstimonia, præstimoniales portiones, et qualiacumque beneficia, etiam nullum omnino servitium habentia, cum prædictis *beneficiariis* omnino conveniri. » Pius V, bulla *Ex proximo*.
(5) Confér. d'Angers sur les Contrats, tom. II, q. 1; de Juin, pag. *mihi* 297.

(6) « Prestimonies sont bénéfices institués pour les étudiants, sans autre obligation que de cinq *Pater* et cinq *Ave*. » Husson Charloteau, édit. de 1687, pag. 4.
(7) C'est ce qui a plusieurs fois été jugé au grand conseil. Il faut néanmoins que le consentement de l'évêque y accède. *Voyez les Mémoires du clergé*, tom. III, p. 792, 815, 823, etc.
(8) Lessius, lib. II *de Just.*, cap. 31, dub 31, n. 174; Barth a S. Fausto, lib. II, q 17.

père avare, qu'il n'aurait osé contredire, reçût tout en son nom, je crois fort qu'il ne serait obligé à rien. Le seul parti qu'il aurait à prendre serait d'agir auprès des supérieurs, pour arrêter le mal, supposé qu'il le pût sans danger.

Du reste, il est aisé de voir pourquoi, dans l'hypothèse de Lessius, un homme forcé à prendre un bénéfice est obligé au Bréviaire, quoiqu'il n'y soit pas obligé quand il a reçu le sous-diaconat malgré lui. La perception volontaire des fruits est une acceptation virtuelle du titre qui les produit, et ces fruits demandent d'eux-mêmes que la condition à laquelle ils sont attachés soit remplie. Il n'y a rien de pareil dans le cas d'un sous-diacre forcé à l'être.

Il ne faut qu'un mot pour résoudre la seconde question. Un sous-diacre est obligé à l'heure qui répond au temps de son ordination; un religieux, à celle qui répond au temps de sa profession; un bénéficier, par la raison des semblables, doit l'être à celle qui répond au temps où il a pris possession. S'il la prend par procureur, je n'ai d'autre règle à lui proposer que celle de l'illustre réformateur de la Trappe : *Il vaut mieux être au chœur une heure entière avant le son de la cloche, qu'une minute après.* L'application n'est pas difficile à faire.

Pour ce qui est de la troisième question, il y a des théologiens qui croient qu'un homme qui omet son Bréviaire commet autant de péchés qu'il a de bénéfices, parce que chacun d'eux fait un titre particulier d'obligation, et que celui à qui l'on a plus donné doit davantage ce qu'il doit. Garcias, Azor (1) et plusieurs autres sont d'un avis contraire, parce que, lorsque des titres différents se réunissent dans une seule personne par manière de motif général, ils ne forment qu'un seul et unique devoir, dont par conséquent la transgression ne peut être qu'un seul et unique péché. Et c'est, disent-ils, par cette raison, qu'un mauvais chrétien qui omet la messe un jour de dimanche qui est en même temps jour de fête, ou qui ne jeûne pas le vendredi des Quatre-Temps, qui est tout à la fois le premier vendredi de carême, ne commet qu'un seul péché.

Sans trop approfondir ces différentes preuves, je crois volontiers qu'il n'y a qu'un péché dans l'espèce de transgression dont il s'agit; mais je crois en même temps que ce péché équivaut à plusieurs, comme le vol de cent écus, lorsqu'il se fait à une seule personne et par une seule action. Et de là je conclus qu'un homme obligé au Bréviaire à titre de prêtre, de religieux, de bénéficier, et surtout de dernier à titre de plusieurs bénéfices, fait très-bien, lorsqu'il se confesse à quelqu'un dont il n'est pas connu, de lui découvrir l'étendue et les différents principes de ses obligations. Si de là on inférait qu'un bénéficier de dix ou vingt mille livres de rentes, ou même tout bénéficier, doit donc, quand il a manqué son office, faire mention de la quotité de son revenu, sans admettre la proposition à titre de conséquence, je l'admettrais sans peine à titre de vérité. Est-il donc faux, ou n'est-il vrai qu'en matière spirituelle, que la mesure du péché répond à celle des grâces (2)? D'ailleurs, quelle restitution plus sagement réglée que celle qui l'est par un pieux et savant confesseur?

BÉNITS (Objets).
(Indulgences authentiques.)

Indulgences attachées aux rosaires, chapelets, croix, crucifix, médailles et petites statues qui ont reçu la bénédiction de N. S. P. le pape (3).

N. B. Les fidèles sont avertis que, pour gagner les indulgences dont Sa Sainteté enrichit par sa bénédiction apostolique les objets ci-dessus désignés, on doit porter sur soi, ou du moins l'avoir auprès de soi, un de ces objets.

On doit encore porter sur soi quelqu'un de ces objets lorsqu'on récite les prières indiquées plus bas comme conditions requises pour gagner les indulgences; ou bien si on ne les porte pas sur soi, on doit réciter ces prières devant lesdits objets, les conserver, soit dans sa chambre, soit dans un lieu décent de son habitation.

Le souverain pontife veut que les images des saints indulgenciées soient en métal, et non de simples gravures ou des peintures; il faut en outre qu'elles représentent des saints déjà canonisés, ou dont les noms soient inscrits dans le Martyrologe romain. Les croix, crucifix, statues et médailles ne doivent être ni de fer ni d'étain, ni de plomb ni d'autres matières qui puissent facilement se rompre ou s'altérer (4).

Le souverain pontife exige encore que, dans l'usage et la distribution de ces objets

---

(1) Gar ias, ri p., cap. 2, n. 142 ; Azor, part. i, lib. iv, cap. ", q. 5; Barth. a S. Fausto, lib. ii, q. 84.

(2) *Cum crescunt dona, rationes etiam crescunt donorum.* » S. Greg. r

(3) Quoique l'usage des souverains pontifes de bénir et de distribuer aux fidèles des objets de piété en or, en argent ou de quelque autre métal, soit fort ancien, et que de la vienne l'usage de la bénédiction et distribution des rosaires, chapelets, croix, etc., il est cependant hors de doute qu'avant le xvi° siècle les papes n'y attachaient pas d'indulgences. Cet usage ne commença que sous le pontificat de Sixte-Quint, lequel, dans sa constitution *Laudemus viros*, en date du 1er décembre 1587, accorda de grandes indulgences à ceux qui posséderaient quelqu'une des médailles d'or sur lesquelles était gravée l'image de la croix, que l'on avait trouvées en grand nombre dans les anciens murs de la basilique de Saint-Jean de Latran, à la restauration de laquelle on travaillait alors. On devait en outre, pour gagner ces indulgences, accomplir fidèlement les œuvres de piété prescrites par ladite constitution. Les souverains pontifes, ses successeurs, considérant que c'était là un moyen de ranimer la foi parmi les fidèles, et d'étendre le culte de la sainte Vierge et des saints, appliquèrent les mêmes indulgences non-seulement à toutes les médailles bénites par eux, mais encore aux rosaires, chapelets, croix, crucifix et statues qui auraient reçu leur bénédiction, ou celle de ceux à qui ils auraient accordé cette faculté. Ces indulgences, publiées de nouveau par notre saint-père le pape Grégoire XVI, sont confirmées par chaque souverain pontife nouvellement élu.

(4) Nous observerons que les rosaires et les chapelets ne sont pas compris dans cette énumération : aussi indulgencie-t-on à Rome, sans difficulté, les chapelets d'albâtre, de cristal et de composition, pourvu qu'ils ne soient pas trop fragiles. (*Note de l'Éditeur.*)

bénits par lui, on observe exactement les dispositions du décret d'Alexandre VII, en date du 6 février 1657 (1); ce décret porte:

1° Que les indulgences attachées à ces objets ne peuvent être gagnées que par *les personnes auxquelles ils auront été concédés*, ou par *ceux auxquels ces mêmes personnes les auront distribués pour la première fois*;

2° Que dans le cas où on viendrait à perdre un de ces objets, on ne peut pas lui en substituer un autre à son choix, nonobstant toute concession ou privilège à ce contraire;

3° Que ces objets ne peuvent se prêter à d'autres dans l'intention de leur communiquer les indulgences, et que dans ce cas ils perdent par là même celles qui y étaient attachées.

En outre, selon la teneur du décret de la sacrée congrégation des Indulgences, du 5 juin 1721, lesdits objets ne peuvent plus être vendus une fois qu'ils ont reçu la bénédiction du souverain pontife. De plus, le souverain pontife confirme le décret de Benoît XIV, du 19 août 1752, qui déclare expressément que les croix, médailles, etc., ainsi bénites, ne rendent pas *privilégiées* les messes dites à un autel sur lequel ces objets auraient été placés, ni celles qui seraient célébrées par un prêtre qui les porterait sur lui.

Le même décret défend à quiconque assiste les mourants de leur donner la bénédiction *in articulo mortis* avec ces crucifix ainsi bénits, à moins d'en avoir obtenu par écrit la faculté spéciale.

Toutes les indulgences attachées aux croix, crucifix, chapelets, médailles, etc., qui ont été bénis par le souverain pontife, peuvent aussi être gagnées par tout fidèle qui possède quelque crucifix, rosaire ou chapelet (ici l'indulgence ne s'étend pas aux médailles et statues) qui ait touché les lieux saints et les reliques de la terre sainte (2). Cela posé, nous allons donner la liste des indulgences accordées par Sa Sainteté notre saint-père le pape Grégoire XVI à tous ceux qui possèdent les susdits objets.

LISTE DES INDULGENCES

1° Quiconque récitera, *au moins une fois la semaine*, la couronne de Notre-Seigneur, ou celle des Sept-Douleurs de la sainte Vierge, ou le rosaire, ou seulement le chapelet de cinq dizaines, ou l'office divin, ou celui de la sainte Vierge, ou celui des morts, ou les psaumes de la pénitence, ou les psaumes graduels; quiconque aussi aura la sainte habitude, soit d'enseigner aux autres la doctrine chrétienne, soit de visiter les prisonniers ou les malades dans les hôpitaux, soit de soulager les pauvres, soit d'assister à la messe (et pour les prêtres, de la dire), pourra gagner indulgence plénière chacun des jours dont la liste suit, pourvu qu'il soit exact à remplir une des conditions énumérées ci-dessus, à son choix.

(1) Ce décret n'a fait que confirmer ce qui avait déjà été prescrit par Clément VIII.
(2) Concession perpétuelle du vénérable Innocent XI, résultant de son bref *Unigeniti Dei Filii*, du 28 janvier 1688.

Noël, l'Epiphanie, Pâques, l'Ascension, la Pentecôte, le dimanche de la Sainte-Trinité, la Fête-Dieu, les jours de la Conception, de la Nativité, de l'Annonciation, de la Purification et de l'Assomption de la sainte Vierge, la Nativité de saint Jean-Baptiste, la fête de tous les Saints, celle de saint Joseph, et enfin toutes les fêtes des saints apôtres.

Pour gagner ces indulgences plénières, il faut en outre être vraiment contrit, s'être confessé à un prêtre approuvé, communier le jour de la fête, et prier dévotement le même jour selon les intentions de l'Eglise.

2° Indulgence de sept ans et sept quarantaines, aux mêmes conditions que ci-dessus, pour *toutes les autres fêtes* de Notre-Seigneur et de la sainte Vierge.

3° Indulgence de cinq ans et cinq quarantaines, encore aux mêmes conditions, pour tous les dimanches de l'année.

4° Indulgence de cent jours, aux mêmes conditions, pour tous les autres jours.

5° Tout fidèle qui aura la pieuse habitude de réciter, *au moins une fois par semaine*, soit le rosaire ou le chapelet, soit l'office de la sainte Vierge, soit celui des morts, ou du moins les vêpres avec un nocturne de matines et laudes, soit enfin les sept psaumes de la pénitence, avec les litanies des saints et les prières et oraisons qui les accompagnent, gagnera chaque fois indulgence de cent jours.

6° Indulgence plénière à l'article de la mort pour tout fidèle qui possédera un des objets bénits par Sa Sainteté, pourvu que, conformément à l'instruction de Benoît XIV, contenue dans sa constitution *Pia Mater*, du 5 avril 1747, il recommande dévotement son âme à Dieu, qu'il soit disposé à recevoir la mort des mains du Seigneur avec résignation, et qu'en étant vraiment contrit, et, si cela est possible, s'étant confessé et ayant communié, il invoque de cœur, s'il ne le peut de bouche, le saint nom de Jésus.

7° Indulgence de deux cents jours chaque fois que l'on visitera les prisonniers ou les malades des hôpitaux, en les soulageant par quelque œuvre de charité; ou que l'on enseignera la doctrine chrétienne, soit à l'église, soit chez soi, à ses enfants, parents ou domestiques.

8° Indulgence de cent jours attachée à chacune des œuvres de piété suivantes : Réciter l'*Angelus Domini* au son de la cloche, le matin, ou à midi, ou le soir; ou, si on ne le sait pas, dire un *Pater* ou un *Ave*;

Dire, le vendredi, en pensant à la passion et à la mort de notre divin Sauveur, trois *Pater* et trois *Ave*;

Réciter, après avoir fait l'examen de sa conscience, et avec une vraie contrition de ses péchés et une ferme résolution de s'amender, trois *Pater* et trois *Ave* en l'honneur de la très-sainte Trinité, ou cinq *Pater* et *Ave* pour honorer les cinq plaies de Notre-Seigneur Jésus-Christ.

Innocent XIII l'a confirmée par un décret de la sacrée congrégation des Indulgences, du 5 juin 1721, qui interdit de vendre ces croix, rosaires et chapelets, de les échanger avec d'autres objets, de les prêter, etc.

9° Indulgence de cinquante jours chaque fois que l'on fera quelques prières préparatoires, soit avant la célébration de la sainte messe ou la communion, soit avant la récitation de l'office divin ou de celui de la sainte Vierge.

10° Indulgence aussi de cinquante jours chaque fois qu'on priera dévotement pour les fidèles agonisants, en disant au moins pour eux un *Pater* et un *Ave*.

N. B. Toutes ces indulgences sont applicables aux âmes du purgatoire.

Notre saint-père le pape Grégoire XVI a déclaré formellement qu'en accordant les indulgences précédentes, son intention n'était point de déroger à celles qui ont déjà été attachées par ses prédécesseurs, à quelques-unes des œuvres énumérées ci-dessus, voulant au contraire qu'elles conservent toute leur pleine et entière vigueur.

BRÉVIAIRE.

Voy. à l'art, OFFICE DIVIN du Dictionnaire, le Traité de Collet, 1re partie, chap. 3.

BULLES POUR LA PUBLICATION DU BRÉVIAIRE.

PIUS PAPA V, *ad perpetuam rei memoriam.*

Quod a nobis postulat ratio pastoralis officii, in eam curam incumbimus, ut omnes, quantum, Deo adjutore, fieri poterit, sacri Tridentini concilii decreta exsequantur, ac multo id etiam impensius faciendum intelligimus, cum ea quæ in mores inducenda sunt, maxime Dei gloriam ac debitam ecclesiasticarum personarum officium complectuntur. Quo in genere existimamus in primis numerandas esse sacras preces, laudes et gratias Deo persolvendas, quæ romano Breviario continentur. Quæ divini officii formula, pie olim ac sapienter a summis pontificibus, præsertim Gelasio ac Gregorio primis constituta, a Gregorio autem septimo reformata, cum diuturnitate temporis ab antiqua institutione deflexisset, necessaria visa res est quæ ad pristinam orandi regulam conformata revocaret ear. Alii enim præclaram veteris Breviarii constitutionem, multis locis mutilatam, alii incertis et advenis quibusdam commutatam deformarunt. Plurimi, specie Officii commodioris allecti, ad breviatem novi Breviarii a Francisco Quignonio, tituli Sanctæ Crucis in Hierusalem presbytero cardinali, compositi, confugerunt. Quin etiam in provincias paulatim irrepserat prava illa consuetudo, ut episcopi in ecclesiis quæ ab initio communiter cum cæteris veteri romano more horas canonicas dicere ac psallere consueviscent, privatum sibi quisque Breviarium conficerent, et illam communionem uni Deo, una et eadem formula preces et laudes adhibendi, dissimillimo inter se ac pene cujusque episcopatus proprio officio discerperent. Hinc illa tam multis in locis divini cultus perturbatio; hinc summa in clero ignorantia cæremoniarum ac rituum ecclesiasticorum, ut innumerabiles ecclesiarum ministri in suo munere indecore, non sine magna piorum offensione versarentur.

Hanc nimirum orandi varietatem gravissime ferens fel. record. Paulus papa quartus emendare constituerat; itaque provisione adhibita, ne ulla in posterum novi Breviarii licentia permitteretur, totam rationem dicendi ac psallendi horas canonicas ad pristinum morem et institutum redigendum suscepit. Sed eo, postea nondum iis quæ egregie inchoaverat, perfectis, de vita decedente, cum a piæ memoriæ Pio papa quarto Tridentinum concilium, antea varie intermissum, revocatum esset, Patres in illa salutari reformatione ab eodem concilio constituta, Breviarium ex ipsius Pauli papæ ratione restituere cogitarunt. Itaque quidquid ab eo in sacro opere collectum elaboratumque fuerat, concilii Patribus Tridentum a prædicto Pio papa missum est, ubi cum doctis quibusdam et piis viris a concilio datum esset negotium ut ad reliquam cogitationem, Breviarii quoque curam adjungerent, instante jam conclusione concilii, tota res ad auctoritatem judiciumque romani pontificis ex decreto ejusdem concilii relata est ; qui illis ipsis Patribus ad id munus delectis, Romam vocatis, nonnullisque in Urbe idoneis viris ad eum numerum adjunctis, rem perficiendam voluit. Verum eo etiam in viam universæ carnis ingresso, nos ita divina disponente clementia, licet immeriti, ad apostolatus apicem assumpti, cum sacrum opus, adhibitis etiam ad illud aliis peritis viris, maxime urgeremus, magna in nos Dei benignitate (sic enim accipimus) romanum hoc Breviarium vidimus absolutum, cujus ratione dispositionis ab illis ipsis qui negotio præpositi fuerant, non semel cognita, cum intelligeremus eos, in rei confectione, ab antiquis Breviariis nobilium Urbis ecclesiarum ac nostræ Vaticanæ bibliothecæ non decessisse, gravesque præterea aliquot eo in genere scriptores seculos esse, ac denique remotis iis quæ aliena et incerta essent, de propria summa veteris divini officii nihil omisisse ; opus probavimus, et Romæ imprimi impressumque divulgari jussimus.

Itaque, ut divini hujus operis effectus re ipsa consequatur, auctoritate præsentium tollimus in primis, et abolemus Breviarium novum a Francisco cardinale prædicto editum, et in quacunque ecclesia, monasterio, conventu, ordine, militia, et loco virorum et mulierum, etiam exempto, tam a primæva institutione quam aliter ab hac Sede permissum.

Ac etiam abolemus quæcunque alia Breviaria, vel antiquiora, vel quovis privilegio munita, vel ab episcopis in suis diœcesibus pervulgata, omnemque illorum usum de omnibus orbis ecclesiis, monasteriis, conventibus, militiis, ordinibus, et locis virorum ac mulierum, etiam exemptis, in quibus alias officium divinum romanæ Ecclesiæ ritu dici consuevit aut debet; illis tamen exceptis quæ ab ipsa prima institutione a sede apostolica approbata, vel consuetudine, quæ vel ipsa institutio ducentos annos antecedebat, aliis certis Breviariis usa fuisse constiterit; quibus, ut inveteratum illud jus dicendi et psallendi suum Officium non adimimus, sic eisdem si forte hoc nostrum, quod modo pervulgatum est, magis placeat, dummodo episcopus et universum ca-

pitulum in eo consentiant, ut id in choro dicere et psallere possint, permittimus.

Omnes vero et quascunque apostolicas et alias permissiones ac consuetudines et statuta, etiam juramento, confirmatione apostolica, vel alia firmitate munita, nec non privilegia, licentias et indulta precandi et psallendi, tam in choro quam extra illum more et ritu Breviariorum sic suppressorum, prædictis ecclesiis, monasteriis, conventibus, militiis, ordinibus et locis, nec non S. R. E. cardinalibus, patriarchis, archiepiscopis, episcopis, abbatibus, et aliis ecclesiasticis prælatis, cæterisque omnibus et singulis personis ecclesiasticis, sæcularibus et regularibus utriusque sexus, quacunque causa concessa, approbata, innovata, quibuscunque concepta formulis, ac decretis et clausis roborata, omnino revocamus; volumusque illa omnia vim et effectum de cætero non habere.

Omni itaque alio usu, quibuslibet, ut dictum est, interdicto, hoc nostrum Breviarium, ac precandi psallendique formulam, in omnibus universi orbis ecclesiis, monasteriis, ordinibus, et locis, etiam exemptis, in quibus officium ex more et ritu dictæ romanæ Ecclesiæ dici debet aut consuevit, salva prædicta institutione, vel consuetudine prædictos ducentos annos superante, præcipimus observari, statuentes Breviarium ipsum nullo unquam tempore, vel in totum, vel ex parte mutandum, vel ei aliquid addendum, vel omnino detrahendum esse; ac quoscunque qui horas canonicas ex more et ritu ipsius romanæ Ecclesiæ, jure vel consuetudine dicere vel psallere debent, propositis pœnis per canonicas sanctiones constitutis, in eos qui divinum officium quotidie non dixerint, ad dicendum et psallendum posthac in perpetuum horas ipsas diurnas et nocturnas ex hujus romani Breviarii præscripto et ratione omnino teneri, neminemque ex iis quibus hoc dicendi psallendique munus necessario impositum est, nisi hac sola formula satisfacere posse.

Jubemus igitur omnes et singulos patriarchas, archiepiscopos, episcopos, abbates, et cæteros ecclesiarum prælatos, ut omissis quæ sic suppressimus et abolevimus, cæteris omnibus etiam privatim per eos constitutis, Breviarium hoc in suis quisque ecclesiis, monasteriis, conventibus, ordinibus, militiis, diœcesibus et locis prædictis introducant; et tam ipsi quam cæteri omnes presbyteri et clerici, sæculares et regulares utriusque sexus, nec non milites et exempti, quibus officium dicendi et psallendi quomodocunque, sicut prædicitur, injunctum est, ut ex hujus nostri Breviarii formula, tam in choro quam extra illum, dicere et psallere procurent.

Quod vero in rubricis nostri hujus officii præscribitur, quibus diebus officium beatæ Mariæ semper virginis, et defunctorum, item septem psalmos pænitentiales et graduales dici ac psalli oporteat: nos, propter varia hujus vitæ negotia, multorum occupationibus indulgentes, peccati quidem periculum ab ea præscriptione removendum duximus, verum debito providentiæ pastoralis admoniti, omnes vehementer in Domino cohortamur ut remissionem nostram, quantum fieri poterit, sua devotione ac diligentia præcurrentes, illis etiam precibus, suffragiis et laudibus, suæ et aliorum saluti consulere studeant. Atque ut fidelium voluntas ac studium magis etiam ad salutarem hanc consuetudinem incitetur, de omnipotentis Dei misericordia, beatorumque Petri et Pauli apostolorum ejus auctoritate confisi, omnibus qui illis ipsis diebus, in rubricis præfinitis, beatæ Mariæ vel defunctorum officium dixerint, toties centum dies, qui vero septem psalmos vel graduales, quinquaginta, de injuncta ipsis pænitentia relaxamus. Hoc autem concedimus sine præjudicio sanctæ consuetudinis illarum ecclesiarum in quibus officium parvum beatæ Mariæ semper virginis in choro dici consueverat, ita ut in prædictis ecclesiis servetur ipsa laudabilis et sancta consuetudo celebrandi more solito prædictum officium.

Cæterum, ut præsentes litteræ omnibus plenius innotescant, mandamus illas ad valvas basilicæ principis apostolorum de Urbe, et cancellariæ apostolicæ, et in acie Campi Floræ publicari, earumque exemplar de more affigi. Volumusque et apostolica auctoritate decernimus quod post hujusmodi publicationem, qui in romana curia sunt præsentes, statim lapso mense, reliqui vero, qui intra montes, tribus, et qui ultra ubique locorum degunt, sex mensibus excursis, vel cum primum venalium hujus Breviarii voluminum facultatem habuerint, ad precandum et psallendum juxta illius ritum, tam in choro quam extra illum maneant obligati. Ipsarum autem litterarum exempla manu notarii publici, et sigillo alicujus prælati ecclesiastici, aut illius curiæ obsignata vel etiam ipsis voluminibus absque prædicto, vel alio quopiam adminiculo Romæ impressa, eamdem ubique locorum fidem faciant, quam ipsæ præsentes, si essent exhibitæ vel ostensæ. Sed ut Breviarium ipsum ubique inviolatum et incorruptum habeatur, prohibemus ne alibi usquam in toto orbe sine nostra, vel specialis ad id commissarii apostolici, in singulis christiani orbis regnis et provinciis deputandi, expressa licentia imprimatur, proponatur vel recipiatur. Quoscunque vero qui illud secus impresserint, proposuerint vel receperint, excommunicationis sententia eo ipso innodamus.

Nulli ergo omnino hominum liceat hanc paginam nostræ ablationis, abolitionis, permissionis, revocationis, jussionis, præcepti, statuti, indulti, mandati, decreti, relaxationis, cohortationis, prohibitionis, innodationis et voluntatis infringere, vel ei ausu temerario contraire. Si quis autem hoc attentare præsumpserit, indignationem omnipotentis Dei ac beatorum Petri et Pauli apostolorum ejus se noverit incursurum.

Datum Romæ apud Sanctum Petrum, anno Incarnationis Dominicæ MDLXVIII, septimo idus Julii, pontificatus nostri anno tertio.

M. Dat.
Cæs. Glorierius.
H. Cumyn.

Anno a nativitate Domini millesimo quingentesimo sexagesimo octavo, indictione undecima, die vero decima quinta mensis Julii, pontificatus sanctissimi in Christo patris, et D. N. D. Pii, divina providentia papæ quinti anno tertio, retroscriptæ litteræ apostolicæ, lectæ, affixæ et publicatæ fuerunt ad valvas basilicæ principis apostolorum de Urbe, cancellariæ apostolicæ, et in acie campi Floræ, dimissis ibidem præsentibus litteris per aliquantulum temporis spatium ut moris est, affixis, et deinde amotis per nos Julianum Parinum et Joannem Bornotum prælibati SS. D. N. papæ cursores.

ANTONIUS CLERICI,
Magister cursorum.

TRADUCTION.

PIE V, PAPE, pour en perpétuer la mémoire.

Le devoir de notre charge pastorale exigeant que nous mettions tous nos soins à procurer, autant qu'il est en nous, et moyennant la protection divine, l'exécution des décrets du saint concile de Trente, nous sentons qu'il est d'autant plus obligatoire pour nous d'en faire l'objet de notre sollicitude, que ces décrets intéressent spécialement la gloire de Dieu et la charge qui est imposée aux personnes ecclésiastiques. Nous pensons que parmi ces choses doivent être placées au premier rang les prières sacrées, les louanges et les actions de grâces qui sont contenues dans le Bréviaire romain. Cette forme de l'office divin, autrefois établie avec piété et sagesse par les souverains pontifes Gélase Ier et Grégoire Ier, puis réformée par Grégoire VII, s'étant, par la suite des temps, écartée de l'ancienne institution, nous a semblé devoir être ramenée à l'antique règle de la prière. En effet, les uns ont déformé l'admirable disposition du Bréviaire ancien, qui en plusieurs endroits a subi des mutilations, et l'on y a inséré certaines choses incertaines et étrangères qui l'ont altéré. Les autres, en grand nombre, flattés de l'avantage que leur offrait un office plus commode, ont adopté le Bréviaire nouveau et abrégé, qui a pour auteur François Quignonez, cardinal-prêtre du titre de Sainte-Croix en Jérusalem; en outre, dans les provinces, il s'était insensiblement glissé une perverse coutume, savoir que, dans les églises où dès le commencement on était dans l'usage de réciter et psalmodier les heures canoniales, selon l'antique manière de Rome, de concert avec les autres, chaque évêque se faisait un Bréviaire spécial, rompant ainsi, par ces offices différents entre eux et particuliers à chaque diocèse, cette communion qui consiste à payer à un seul Dieu, par la même formule, le tribut de prières et de louanges. De là avait résulté, dans un grand nombre de lieux, une grande perturbation dans le culte divin, de là dans le clergé une grande ignorance des cérémonies et des rites ecclésiastiques, en sorte que d'innombrables ministres des églises remplissaient leurs fonctions sans décence et au grand scandale des personnes pieuses.

Paul IV, d'heureuse mémoire, voyant avec un très-grand regret cette dissonance dans la prière publique, avait résolu d'y porter remède, et à cet effet, après avoir pris des mesures pour que l'usage du nouveau Bréviaire ne fût plus permis, il entreprit de ramener à l'ancienne forme et institution tout l'ordre de réciter et de psalmodier les heures canoniales. Mais ce pontife étant sorti de cette vie avant d'avoir terminé ce qu'il avait si bien commencé, et le concile de Trente, interrompu en diverses fois, ayant été repris par Pie IV, de pieuse mémoire, les Pères assemblés pour cette réforme salutaire jugèrent que le Bréviaire devait être restitué selon le plan tracé par le même pape Paul IV. C'est pourquoi tout ce que ce pontife avait recueilli et élaboré pour cette œuvre sacrée fut envoyé par le pape susdit Pie IV aux Pères du concile réunis à Trente. Le concile ayant confié le soin de cette affaire à plusieurs hommes savants et pieux, qui devaient adjoindre ce travail à leurs occupations habituelles, et la conclusion du concile étant prochaine, l'assemblée, par un décret, renvoya toute l'affaire à l'autorité et au jugement du pontife romain, qui, ayant appelé à Rome ceux d'entre les Pères antécédemment choisis pour cette charge, et leur ayant adjoint plusieurs hommes capables qui habitaient ladite ville, entreprit la consommation de cette œuvre. Mais ce pape étant aussi entré lui-même dans la voie de toute chair, et nous, quoique indigne, et par une disposition de la divine clémence, ayant été élevé au sommet de l'apostolat, nous avons pressé avec ardeur l'achèvement de l'œuvre sacrée, en nous environnant à notre tour d'autres hommes habiles; et enfin aujourd'hui, par un effet de la bonté divine (car c'est ainsi que nous le comprenons), nous voyons enfin terminé ce Bréviaire romain. Après nous être assuré plusieurs fois de la méthode suivie par ceux qui avaient été préposés à cette affaire, et après avoir reconnu qu'ils ne s'étaient point écartés des anciens Bréviaires des églises célèbres de Rome et de notre bibliothèque du Vatican, qu'ils avaient en outre suivi les auteurs les plus experts dans ce genre, et qu'en écartant les choses étrangères et incertaines, ils n'avaient rien omis de l'ensemble propre de l'ancien office divin, nous avons approuvé l'œuvre, et avons ordonné que l'impression s'en fît à Rome, et qu'elle fût divulguée en tous lieux.

Afin donc que cette œuvre divine puisse porter ses fruits, nous ôtons d'abord et abolissons, par l'autorité des présentes, le Bréviaire nouveau composé par le susdit cardinal François, en quelque église, monastère, couvent, ordre, milice et lieu, soit d'hommes et de femmes, même exempts que ce Bréviaire ait été permis par ce siège, tant depuis une institution primitive que de toute autre manière.

Et nous abolissons aussi tous autres Bréviaires, même plus anciens ou munis d'un privilège quelconque, même ceux que les évêques ont publiés dans leurs diocèses, prohibant leur usage dans toutes les églises du monde, ainsi que dans les monastères, couvents, ordres militaires et autres, et lieux (conventuels) d'hommes et de femmes, même exempts, où l'on a tant la coutume que l'obligation de réciter l'office divin de l'Eglise romaine, en exceptant ceux qui jouissent d'une approbation antérieure du siége apostolique ou d'une coutume, lesquelles ont été en vigueur pendant plus de deux cents ans, et pour lesquels il est constaté qu'ils ont fait usage d'autres Bréviaires. De même que nous n'enlevons pas à ces églises leur antique droit de réciter et de chanter leur office, nous leur permettons, si ce Bréviaire par nous approuvé leur convient davantage, de le réciter et de le chanter dans le chœur, pourvu que l'évêque et tout le chapitre y consentent.

Quant à toutes autres permissions quelconques, apostoliques ou autres, coutumes et statuts même munis de serment et de confirmation apostolique, ou toute autre, ainsi que privilèges, licences et indults, de prier ou de psalmodier soit dans le chœur soit ailleurs, selon l'usage et le rite des Bréviaires ainsi supprimés, concédés auxdites églises, monastères, couvents, milices, ordres et lieux, ou aux cardinaux de la sainte Eglise romaine, patriarches, archevêques et évêques, abbés et autres prélats des églises, enfin à toutes autres et chacune personnes ecclésiastiques, séculières et régulières, de l'un et de l'autre sexe, concédés pour quelque cause que ce soit, approuvés, renouvelés et revêtus de formalités quelconques, ou corroborés de décrets et de clauses, nous les révoquons entièrement, et voulons qu'à l'avenir toutes ces choses n'aient plus ni force ni effet.

Après avoir ainsi interdit à qui que ce soit tout autre Bréviaire, nous ordonnons que ce présent Bréviaire et forme de prier et de psalmodier soit en usage dans toutes les églises du monde, monastères, ordres et lieux, même exempts, dans lesquels l'office doit ou a coutume d'être récité selon le rite et la forme de l'Eglise romaine, en exceptant la susdite institution ou la coutume dépassant deux cents ans. Nous statuons que ce Bréviaire ne pourra être changé en aucun temps, soit en tout ou en partie, et qu'on ne pourra y rien ajouter ni rien en retrancher, et que tous ceux qui sont tenus par droit ou par coutume de dire ou de psalmodier les heures canoniales, suivant le rite et l'usage de l'Eglise romaine (les lois canoniques ayant établi des peines contre ceux qui ne s'acquitteraient pas chaque jour de ce devoir), sont entièrement obligés, à l'avenir et à perpétuité, de réciter et de psalmodier les heures nocturnes et diurnales, conformément à la prescription et au mode de ce Bréviaire romain, et qu'aucun de ceux auxquels ce devoir est strictement imposé ne peut satisfaire qu'en suivant cette seule forme.

Nous ordonnons à tous et à chacun des patriarches, archevêques, évêques, abbés et autres prélats des églises, d'introduire ce Bréviaire dans chacune d'elles, et, dans les monastères, couvents, ordres, milices, diocèses et lieux susnommés, en supprimant tous les autres Bréviaires, même par eux spécialement établis, comme nous les avons déjà supprimés et abolis. Enjoignons aussi, tant à eux qu'aux autres prêtres, clercs séculiers et réguliers de l'un et de l'autre sexe, ainsi qu'aux ordres militaires et exempts, auxquels est imposée l'obligation de dire ou psalmodier l'office, de prendre soin de le dire ou psalmodier, tant au chœur que dehors, conformément à la forme de notre présent Bréviaire.

Quant à ce qu'il est prescrit dans les rubriques, qu'à certains jours il faut réciter l'office de la bienheureuse Marie toujours vierge, celui des morts, les sept psaumes pénitentiaux et les psaumes graduels, eu égard aux diverses et nombreuses occupations de cette vie, nous avons cru devoir éloigner de cette prescription le danger de péché; mais, pressé par le devoir de la vigilance pastorale, nous faisons de vives exhortations de la part du Seigneur, afin que notre indulgence soit compensée par la dévotion de tous, et qu'ils s'empressent de pourvoir à leur salut et à celui des autres, par ces mêmes formules de prières et de louanges. Et pour exciter davantage le zèle et la volonté des fidèles à la conservation de cette salutaire coutume, appuyé sur la miséricorde de Dieu tout-puissant et sur l'autorité des bienheureux apôtres Pierre et Paul, nous accordons à tous ceux qui auront récité l'office de la Vierge ou des morts aux jours prescrits par les rubriques, une remise pour chaque fois de cent jours de la pénitence qui leur serait imposée, et de cinquante jours pour la récitation des sept psaumes ou des psaumes graduels. Nous faisons cette concession sans préjudice de la sainte coutume des églises où l'on dit en chœur le petit office de la vierge Marie, voulant qu'on y conserve ce louable et saint usage.

Afin que les présentes lettres soient pleinement connues de tous, nous ordonnons qu'elles soient publiées aux portes de la basilique du prince des apôtres dans la ville, aux portes de la chancellerie romaine, et sur la place du Champ de Flore; un exemplaire doit y être affiché selon l'usage. Nous voulons, et par l'autorité apostolique nous décrétons qu'après une telle publication, dans le délai d'un mois pour ceux qui sont présents à Rome, de trois mois pour ceux qui demeurent en deçà des monts, et de six mois pour les autres, quelque part qu'ils soient, du moins lorsqu'ils auront pu se procurer des exemplaires de ce Bréviaire, on soit obligé de prier et psalmodier suivant la forme qu'il présente, tant dans le chœur qu'au dehors. Les copies des présentes lettres soussignées de la main d'un notaire public, et munies du sceau de quelque prélat ecclésiastique ou de ceux qui ont ses pouvoirs; celles même qui seraient imprimées à Rome sans tout cela en tête des volumes, doivent faire foi en tout lieu comme si l'on montrait l'original. Mais afin que le Bréviaire même soit partout intact et sans altération, nous défendons que partout ailleurs, dans tout l'univers, il soit imprimé, présenté, ou reçu sans une permission expresse de nous, ou d'un commissaire apostolique spécial, qui sera député pour cela dans chaque royaume et chaque province du monde chrétien. Nous frappons d'excommunication par le seul fait tous ceux qui l'auraient imprimé, présenté ou reçu autrement.

Que personne donc n'ait la témérité de violer ou transgresser cette expression de notre volonté, cet écrit par lequel nous supprimons, abolissons, permettons, révoquons, ordonnons, prescrivons, statuons, accordons, commandons, décrétons, relâchons, exhortons, défendons et excommunions. Si quelqu'un ose le tenter, qu'il craigne l'indignation de Dieu tout-puissant et de ses bienheureux apôtres Pierre et Paul.

Donné à Rome, à Saint-Pierre, l'an de l'Incarnation du Seigneur 1568, le sept des ides de juillet, la troisième année de notre pontificat.   M. *Dat.*

Cæs. Glorierius.
H. Cumyn.

L'an de la nativité du Seigneur mil cinq cent soixante-huit, et le quinze de juillet, la troisième année du pontificat de notre très-saint père en Jésus-Christ Pie, cinquième pape de ce nom, par la Providence divine, les lettres apostoliques ci-jointes ont été lues, affichées et publiées aux portes de la basilique du prince des apôtres à Rome, et de la chancellerie apostolique, et sur la place du Champ de Flore; elles y sont demeurées affichées pendant quelque temps selon l'usage, et ensuite enlevées par nous Julien Parin et Jean Bornot, courriers de S. S. notre seigneur le pape susdit.

Antoine Clerici,
Maître des courriers.

Voilà dans toute son intégrité la bulle si décisive de Pie V, concernant le Bréviaire romain. Rien ne paraissait plus désirable à Grégoire XVI que de la voir observée parmi nous et partout; mais dans la crainte des graves dissensions qui pourraient s'ensuivre, il a cru devoir pour le moment s'abstenir d'en presser davantage l'exécution. (*Bref à Mgr l'archevêque de Reims, du 6 août 1842*).

CLEMENS PAPA VIII, *ad perpetuam rei memoriam.*

Cum in Ecclesia catholica a Christo Domino nostro sub uno capite, ejus in terris vicario instituta, unio et earum rerum quæ ad Dei gloriam et debitum ecclesiasticarum personarum officium spectant, conformatio semper conservanda sit, tum præcipue illa communio uni Deo, una et eadem formula preces adhibendi, quæ romano Breviario continetur, perpetuo retinenda est, ut Deus in Ecclesia per universum orbem diffusa, uno et eodem orandi et psallendi ordine a Christi fidelibus semper laudetur et invocetur.

Quamobrem ex decreto sacri concilii Tridentini fel. rec. Pius papa V, prædecessor noster, pie ac sapienter admodum varietatem illam Breviariorum quæ in singulis ecclesiis fere diversa habebantur, nonnullis tantum exceptis sustulit, ac ipsum Breviarium restituit, et Romæ accuratissime imprimi et promulgari curavit; quod ut integrum inviolatumque ab omnibus haberetur, debita provisione adhibita, inter alia statuit, ne ullo unquam tempore totum vel ex parte mutaretur, aut illi aliquid adderetur, vel omnino detraheretur, sub pœnis in ejusdem constitutione contentis.

Cum vero progressu temporis, typographorum negligentia et incuria, et nimia aliorum etiam, ea quæ ad ipsos non pertinent, temere sibi assumentium, audacia ac licentia, multi errores in illud irrepserint, ac tum in sacra Scriptura et lectionibus Patrum, tum in vitis sanctorum et rubricis, aliisque locis, sine nostra et romanorum pontificum prædecessorum nostrorum auctoritate, pro cujusque arbitrio pleraque addita et immutata fuerint, ita ut nulla jam reperiantur Breviaria quæ a prima editione ejusdem Pii in multis non discrepent atque dissentiant, et aliqua recognitione indigeant; nos, qui pro pastorali nostra sollicitudine in eam curam præcipue incumbimus, ut ea quæ a prædecessoribus nostris sancte ac pie instituta sunt, perpetuo integra et inviolata conserventur; quæ vero hominum culpa immutata sunt atque corrupta, et quæ recognitionem exigunt, in pristinum statum restituantur et reformentur; mandavimus nonnullis piis et eruditis viris, quorum consultatione et opera in hujusmodi rebus frequenter utimur, ut idem Breviarium nova adhibita diligentia accuratius inspicerent atque examinarent, et ea quæ depravata esse et recognitione indigere animadverterent, pro sua doctrina et pietate restituerent. Quod cum ab iis exacte ac profecto non mediocri cum emolumento præstitum sit, ita ut ex superiori illo incommodo per occasionem non parum utilitatis provenerit; nos illud in nostra typographia Vaticana quam emendatissime imprimi ac divulgari jussimus.

Ut autem illius usus in omnibus christiani orbis partibus, perpetuis futuris temporibus conservetur, ipsum Breviarium in alma Urbe nostra in eadem typographia tantum, et non alibi, imprimi posse decernimus; extra Urbem vero juxta exemplar in dicta typographia nunc editum, et non aliter, hac lege imprimi posse permittimus, ut nimirum typographis quibuscumque illud imprimere volentibus, id facere liceat, requisita tamen prius, et in scriptis obtenta dilectorum filiorum inquisitorum hæreticæ pravitatis in iis locis in quibus fuerint, ubi vero non fuerint, ordinariorum locorum licentia, alioquin si absque hujusmodi licentia dictum Breviarium sub quacunque forma de cætero ipsi imprimere, aut bibliopolæ vendere præsumpserint, typographi et bibliopolæ extra statum nostrum ecclesiasticum existentes excommunicationis latæ sententiæ, a qua nisi a romano pontifice, præterquam in mortis articulo constituti, absolvi nequeant, in alma vero Urbe ac reliquo Statu ecclesiastico commorantes, quingentorum ducatorum auri, de camera, ac amissionis librorum et typorum omnium, cameræ prædictæ applicandorum pœnas absque alia declaratione irremissibiliter incurrant eo ipso. Et nihilominus eorumdem Breviariorum per eos de cœtero absque hujusmodi licentia imprimendorum aut vendendorum usum ubique locorum et gentium sub eisdem pœnis perpetuo interdicimus et prohibemus. Ipsi autem inquisitores, seu ordinarii locorum, antequam hujusmodi licentiam concedant, Breviaria ab ipsis typographis imprimenda, et postquam impressa fuerint, cum hoc Breviario auctoritate nostra recognito et nunc impresso, diligentissime conferant, nec in illis aliquid addi vel detrahi permittant, et in ipsa licentia originali de collatione facta, et quod omnino concordent, manu propria attestentur, cujus licentiæ copia initio vel in calce cujusque Breviarii semper imprimatur; quod si secus fecerint, inquisitores videlicet privationis suorum officiorum, ac inhabilitatis ad illa, et alia in posterum obtinenda, antistites vero et ordinarii locorum suspensionis a divinis ac interdicti ab ingressu ecclesiæ, eorum vero vicarii, privationis similiter officiorum et beneficiorum suorum, et inhabilitatis ad illa et alia in posterum obtinenda, ac præterea excommunicationis, absque alia declaratione ut præfertur, pœnas incurrant eo ipso.

Cœterum pauperum clericorum et aliarum personarum ecclesiasticarum, ac typographorum et bibliopolarum quorumcunque indemnitatis ex benignitate apostolica rationem habentes, eisdem Breviaria hactenus impressa penes se habentibus, ut ea retinere, et illis uti eaque vendere respective possint, similiter permittimus et indulgemus; non obstantibus licentiis, indultis, et privilegiis quibuscunque typographis hactenus ab his seu romanos pontifices prædecessores nostros Breviarium prædictum Pii V imprimendi concessis, quæ per præsentes expresse revocamus et revocata esse volumus, nec non constitutionibus et ordinationibus apostolicis, generalibus et specialibus, in contrarium præmissorum quomodocunque concessis, confirmatis et approbatis, quibus omnibus etiam si de illis eorumque totis tenoribus specialis, specifica et expressa mentio habenda esset, tenores hujusmodi præsentibus pro expressis habentes, hac vice duntaxat specialiter et expresse derogamus, cœterisque contrariis quibuscunque. Volumus autem ut præsentium nostrarum litterarum exemplaribus etiam in ipsis Breviariis impressis, vel manu alicujus notarii publici subscriptis, et sigillo alicujus personæ in dignitate ecclesiastica constitutæ munitis, eadem prorsus fides habeatur, quæ ipsis præsentibus haberetur, si essent exhibitæ vel ostensæ.

Datum Romæ apud Sanctum Marcum, sub annulo Piscatoris, die decima Maii MDCII, pontificatus nostri anno undecimo.

M. Vestrius Barbianus.

TRADUCTION.

CLÉMENT VIII, PAPE, pour en perpétuer la mémoire.

Comme dans l'Eglise catholique instituée par Notre-Seigneur Jésus-Christ sous un seul chef, son vicaire sur la terre, l'union et l'uniformité doit toujours être conservée dans ce qui a rapport à la gloire de Dieu et aux devoirs des ministres de l'Eglise, on doit surtout retenir à perpétuité cette manière de s'unir à un seul Dieu, ces prières uniformes contenues dans le Bréviaire romain, afin que Dieu soit toujours loué et invoqué selon une même forme de prières et de psalmodie par les fidèles enfants de Jésus-Christ dans l'Eglise universelle.

C'est pour cela que, d'après un décret du saint concile de Trente, le pape Pie V, notre prédécesseur, d'heureuse mémoire, par une mesure pleine de piété et de sagesse, a fait disparaître cette variété de Bréviaires, qui étaient différents presque dans chaque église, n'en exceptant que quelques-uns, a réformé le Bréviaire romain, l'a fait imprimer avec beaucoup d'exactitude à Rome, et l'a fait promulguer, afin que tous l'eussent intact et sans altération; entre autres précautions nécessaires, il a statué que jamais dans la suite on ne le changerait en tout ou en partie, on n'y ferait ni addition ni retranchement, sans encourir les peines qu'il exprime dans sa constitution.

Mais comme avec le temps, par la négligence et l'insouciance des imprimeurs, par trop de hardiesse et de licence de la part d'autres personnes qui se sont attribué ce qui n'est pas de leur compétence, beaucoup de fautes s'y sont glissées; l'Ecriture sainte, les leçons des Pères, les vies des saints, les rubriques et autres choses ont reçu des additions, ont subi des changements au gré de chacun, sans notre autorité ou celle des pontifes romains, nos prédécesseurs, de sorte qu'on ne trouve plus de Bréviaires qui ne diffèrent en beaucoup de choses de la première édition donnée par le même Pie V, et n'aient besoin d'être revus en quelque chose : nous, que la sollicitude pastorale porte surtout à conserver intègres et inviolables les institutions saintes et pieuses de nos prédécesseurs, à réformer et rétablir dans leur premier état celles qui ont été altérées par la faute des hommes et qui ont besoin de quelque correction, nous avons chargé quelques hommes pieux et savants, dont les avis et le travail nous servent souvent sous ce rapport, de voir et examiner de nouveau ce même Bréviaire avec grand soin, et de rétablir selon leur science et leur piété ce qu'ils reconnaîtraient avoir été dépravé et exiger une réforme. Ils l'ont fait exactement et fort utilement, en sorte que le mal qui existait a été l'occasion d'un grand bien. Nous l'avons fait imprimer avec le plus grand soin dans notre imprimerie du Vatican.

Pour qu'il reste le même à perpétuité dans toutes les parties du monde chrétien, nous décrétons que ce Bréviaire ne peut être imprimé à Rome que dans notre susdite imprimerie, et hors de Rome que conformément à un exemplaire sorti de ladite imprimerie; nous le permettons à condition que les imprimeurs demanderont et obtiendront par écrit cette permission de nos chers fils les inquisiteurs de la perversité hérétique, dans les lieux où ils existent, et ailleurs on obtiendra la permission des ordinaires des lieux. A défaut de cette permission, ceux qui l'imprimeraient sous quelque forme que ce soit, et les libraires qui le vendraient, s'ils résident hors de l'État ecclésiastique, encourront sans rémission par le seul fait la sentence d'excommunication dont ils ne pourront être absous que par le souverain pontife, excepté à l'article de la mort; et ceux qui demeurent dans Rome et dans le reste de l'État ecclésiastique seront tenus, sans autre déclaration, à payer cinq cents ducats de l'or de la chambre, et perdront les livres et tous les caractères au profit de la même chambre. Nous interdisons à perpétuité, et nous prohibons sous les mêmes peines, l'impression et la vente de ces Bréviaires dans tous les pays et chez tous les peuples, s'il n'y a pas une telle permission. Les inquisiteurs de leur côté, ou les ordinaires des lieux, avant d'accorder cette permission, doivent avant et après l'impression comparer soigneusement les exemplaires avec celui qui est imprimé par notre autorité, ne pas permettre qu'on y ajoute ou retranche rien. La permission doit faire mention de cette comparaison et de cette conformité; elle doit être imprimée au commencement ou à la fin de chaque Bréviaire. Si on agit autrement, les inquisiteurs encourront par le seul fait la peine de la privation de leur charge et l'incapacité d'obtenir dans la suite la même ou d'autres; les évêques et les ordinaires des lieux seront sans autre déclaration suspens des fonctions saintes, privés de l'entrée de l'église; leurs vicaires généraux seront privés de leurs offices et bénéfices, et incapables d'en obtenir d'autres; il y a outre cela l'excommunication encourue par le seul fait.

Au reste, eu égard à la pauvreté de certains clercs et autres employés des églises, au dommage que pourraient en souffrir les imprimeurs et libraires quelconques, usant de l'indulgence et de la bonté apostolique, nous permettons à ceux qui ont les anciens Bréviaires tels qu'on les a imprimés jusqu'à présent, de les garder, de s'en servir, et aux libraires de les vendre. Nous révoquons expressément par les présentes les permissions, concessions et privilèges quelconques accordés jusqu'à présent aux imprimeurs par nous ou par les pontifes romains, nos prédécesseurs, d'imprimer le Bréviaire de Pie V; nous voulons que tout cela soit révoqué, aussi bien que les constitutions et dispositions apostoliques, générales et spéciales, concédées, confirmées et approuvées, dans tout ce qui serait contraire à ce qui est ici consigné. Nous dérogeons, pour cette fois seulement, spécialement et expressément, même aux dispositions dont il faudrait faire une mention spéciale, distincte et expresse, et à tout ce qui serait contraire aux présentes lettres. Nous voulons que les copies qui en seront imprimées dans les Bréviaires mêmes, ou qui seront souscrites de la main de quelque notaire public, et munies du sceau d'un ecclésiastique constitué en dignité, fassent foi tout comme si on montrait le présent original.

Donné à Rome à Saint-Marc, sous l'anneau du Pêcheur, le 10 mai de l'an 1602, et de notre pontificat le onzième.

M. VESTRIUS BARBIANUS.

URBANUS PAPA VIII, *ad perpetuam rei memoriam.*

Divinam psalmodiam sponsæ consolantis in hoc exsilio absentiam suam a sponso cœlesti, decet esse non habentem rugam neque maculam; quippe cum sit ejus hymnodiæ filia, quæ canitur assidue ante sedem Dei et Agni, ut illi similior prodeat, nihil, quantum fieri potest, præferre debet, quod psallentium animos, Deo ac divinis rebus, ut convenit, attentos avocare alio ac distrahere possit : qualia sunt, si quæ interdum in sententiis aut verbis occurrant non tam apte concinneque disposita, ut tantum tantique obsequii ac ministerii opus exigeret.

Quæ causæ quondam impulere summos pontifices prædecessores nostros felicis memoriæ Pium hujusce nominis quintum, ut Breviarium romanum incertis per eam ætatem legibus vagum, certa statuque orandi methodo intligaret, et Clementem VIII, ut illud ipsum lapsu temporis, ac typographorum incuria depravatum, decori pristino restitueret. Nos quoque in eamdem cogitationem traxere et sollicitudo nostra erga res sacras, quas primam et optimam partem muneris nostri censemus, et piorum doctorumque virorum judicia et vota, conquerentium in eo contineri non pauca, quæ sive a primo nitore institutionis excidissent, sive inchoata potius quam perfecta forent ab aliis, certe a nobis supremam imponi manum desiderarent. Nos itaque huic rei sedulam operam navavimus, et jussu nostro aliquot eruditi et sapientes viri suam serio curam contulerunt, quorum diligentia studioque perfectum opus est, quod gratum omnibus, Deoque et sanctæ Ecclesiæ honorificum fore speramus; si quidem in eo hymni (paucis exceptis) qui non metro, sed soluta oratione, aut etiam rhythmo constant, vel emendatioribus codicibus adhibitis, vel aliqua facta mutatione ad carminis et latinitatis leges, ubi fieri potuit, revocati, ubi vero non potuit, de integro conditi sunt; eadem tamen, quoad licuit, servata sententia. Restituta in psalmis et canticis interpunctio editionis Vulgatæ, et canentium commoditati, ob quam eadem interpunctio mutata interdum fuerat, additis asteriscis consultum ; Patrum sermones et homiliæ collatæ cum pluribus impressis editionibus et veteribus manuscriptis, ita multa suppleta, multa emendata atque correcta, sanctorum historiæ ex priscis et probatis auctoribus recognitæ; rubricæ, detractis nonnullis, quibusdam adjectis, clarius et commodius explicatæ; denique omnia magno et longo labore diligenter accurateque ita disposita et expolita, ut quod erat in votis, ad optatum exitum perductum sit.

Cum igitur tanta tamque exacta doctorum hominum industria, ne plane in irritum recidat, requirat typographorum fidem mandavimus dilecto filio Andreæ Brogiotto, typographiæ nostræ apostolicæ præfecto, procurationem hujus Breviarii in lucem primo edendi; quod exemplar, qui posthac romanum Breviarium impresserint, sequi omnes teneantur. Extra Urbem vero nemini licere volumus idem Breviarium in posterum typis excudere aut evulgare, nisi facultate in scriptis accepta ab inquisitoribus hæreticæ pravitatis, siquidem inibi fuerint sin minus, ab locorum ordinariis. Quod si quis quacunque forma contra præscriptam, Breviarium romanum aut typographus impresserit, aut impressum bibliopola vendiderit, extra ditionem nostram ecclesiasticam excommunicationis latæ sententiæ pænæ subjaceat, a qua nisi a romano pontifice (præterquam in mortis articulo constitutus) absolvi nequeat; in alma vero Urbe, ac reliquo Statu ecclesiastico commorantes, quingentorum ducatorum auri de camera, ac amissionis librorum et typorum omnium eidem cameræ applicandorum pænas, absque alia declaratione irremissibilitær incurrant; et nihilominus Breviaria sine prædicta facultate impressa, aut evulgata, eo ipso prohibita censeantur. Inquisitores vero, locorumque ordinarii facultatem hujusmodi non prius concedant, quam Breviarium tam ante quam post impressionem cum hoc ipso exemplari, auctoritate nostra vulgato, diligenter contulerint, et nihil in iis additum detractumque cognoverint. In ipsa autem facultate, cujus exemplum in fine aut initio cujusque Breviarii impressum semper addatur, mentionem manu propria faciant absolutæ hujusmodi collationis, repertæque inter utrumque Breviarium conformitatis, sub pæna inquisitoribus privationis suorum officiorum, ac inhabilitatis ad illa et alia in posterum obtinenda. Ordinariis vero locorum suspensionis a divinis, ac interdicti ab ingressu ecclesiæ; eorum vero vicariis privationis officiorum et beneficiorum suorum, et inhabilitatis ad illa et alia in posterum obtinenda, necnon excommunicationis absque alia declaratione incurrendæ.

Sub iisdem etiam prohibitionibus et pœnis comprehendi intendimus et volumus ea omnia, quæ a Breviario romano ortum habent, sive ex parte, sive in totum; cujusmodi sunt Missalia, Diurna, officia parva beatæ Virginis, officia majoris hebdomadæ, et id genus alia, quæ deinceps non imprimantur, nisi prævia illorum et cujuslibet ipsorum in dicta typographia per eumdem Andream impressione, ut omnino cum Breviario de mandato nostro edito concordent.

Injungimus autem nuntiis nostris ubique locorum degentibus, ut huic negotio diligenter invigilent, cunctaque ad præscriptum hujus voluntatis nostræ confici curent. Nolumus tamen his litteris Breviaria et alia prædicta, quæ impressa sunt hactenus, prohiberi, sed indemnitati omnium consulentes, tam typographis et bibliopolis vendere, quam ecclesiis, clericis aliisque retinere, atque iis uti apostolica benignitate permittimus et indulgemus;

non obstantibus licentiis, indultis et privilegiis Breviaria imprimendi quibuscunque typographis, per nos seu romanos pontifices prædecessores nostros hucusque concessis, quæ per præsentes expresse revocamus et revocata esse volumus; nec non constitutionibus et ordinationibus generalibus et specialibus in contrarium præmissorum quomodocunque editis, confirmatis et approbatis. Quibus omnibus, etiamsi de illis eorumque totis tenoribus specialis, specifica et expressa mentio habenda esset, tenores hujusmodi præsentibus pro expressis habentes, hac vice duntaxat specialiter et expresse derogamus, cæterisque contrariis quibuscunque. Volumus autem ut præsentium litterarum nostrarum exemplaribus, etiam in ipsis Breviariis impressis, vel manu alicujus notarii publici subscriptis, et sigillo alicujus personæ in dignitate ecclesiastica constitutæ munitis, eadem prorsus fides adhibeatur, quæ ipsis præsentibus adhiberetur si essent exhibitæ vel ostensæ.

Datum Romæ apud Sanctum Petrum, sub annulo piscatoris, die vigesima quinta Januarii MDCXXXI, pontificatus nostri anno octavo.

M. A. MARALDUS.
J. SAVENIER.

TRADUCTION.

URBAIN VIII, PAPE, pour en perpétuer la mémoire

La divine psalmodie de l'épouse qui tâche de se consoler dans cet exil, en l'absence de son époux céleste, ne doit point avoir de rides ni de taches; étant fille de cette hymnodie qu'on chante assidûment devant le trône de Dieu et de l'Agneau, elle doit lui paraître semblable, autant qu'il est possible, et par conséquent ne présenter rien qui puisse porter ailleurs et distraire les esprits appliqués à Dieu et aux choses divines comme il convient pendant la psalmodie.

Ces motifs ont porté notre prédécesseur Pie V, d'heureuse mémoire, à assujettir le Bréviaire romain, dont la forme était alors variée et les règles incertaines, à une manière de prier uniforme et permanente, et Clément VIII à lui rendre sa première beauté qu'il avait perdue par la succession du temps et la négligence des imprimeurs. Nous aussi, nous avons été préoccupés de la même pensée, par un effet de notre sollicitude pour les choses saintes, que nous croyons être le premier et le plus sublime devoir de notre charge, et par le vœu que nous ont exprimé des hommes pieux et savants au jugement desquels ce même Bréviaire contenait plusieurs choses qui étaient déchues de leur première beauté, ou qui, commencées et non perfectionnées par leurs auteurs, attendaient que nous y missions la dernière main. Nous nous y sommes donc appliqués avec maturité, et des hommes sages et instruits y ont donné leurs soins par notre ordre; nous espérons que le résultat de ce travail sera agréable à tous, honorable envers Dieu et la sainte Église. Car les hymnes (à l'exception d'un petit nombre) d'une composition libre, non mesurée, ou même rimée, soit par le recours à des exemplaires plus exacts, soit avec quelque changement, ont été ramenées, quand on l'a pu, aux règles de la poésie et de la latinité; et quand on ne l'a pas pu, elles ont été composées de nouveau sans qu'on ait changé le sens, autant qu'il était possible. On a rétabli dans les psaumes et les cantiques la ponctuation de la Vulgate; on y a joint des astérisques pour la commodité des chantres qu'on avait eus en vue dans quelques changements faits auparavant; les sermons et homélies des Pères ont été comparés à plusieurs exemplaires de diverses éditions et à d'anciens manuscrits; ainsi beaucoup de choses ont été suppléées, beaucoup d'autres rectifiées et corrigées; les histoires des saints ont été revues d'après des auteurs anciens et approuvés. Les rubriques ont eu quelques retranchements et quelques additions, et sont devenues plus claires et plus commodes. Enfin, avec beaucoup de temps, de travail et de soin, tout a été tellement disposé et perfectionné que l'objet des vœux est accompli.

Mais ce serait en vain que ces hommes doctes y auraient employé tant d'industrie, y auraient mis tant d'exactitude, si les imprimeurs n'étaient pas fidèles; c'est pourquoi nous avons chargé notre cher fils André Brogiotto, préfet de notre typographie apostolique, d'imprimer le premier ce Bréviaire romain; et tous les autres qui l'imprimeront ensuite seront tenus de se conformer à ce modèle....

(*Le pontife s'exprime ensuite comme Clément VIII ci-dessus, sur les conditions de l'impression hors de Rome, et prononce les mêmes peines contre les infracteurs.*)

Nous comprenons sous la même défense (*ajoute-t-il*) tout ce qui dérive du Bréviaire romain, soit en tout, soit en partie, tel que Missels, Diurnaux, petit office de la Vierge, office de la semaine sainte, et autres choses de ce genre, qui dans la suite ne seront imprimées que d'après l'édition de notre typographie, faite par le même André, afin que tout s'accorde parfaitement avec le Bréviaire imprimé par notre ordre....

(*Viennent ensuite les révocations et formules de la bulle précédente.*)

Donné à Rome, à Saint-Pierre, sous l'anneau du Pêcheur, le 25 janvier 1631, la huitième année de notre pontificat.

M. A. MARALDUS.
J. SAVENIER.

BULLE DU PAPE URBAIN VIII SUR LE MÊME SUJET.

URBAIN VIII, PAPE, à la perpétuelle mémoire.

(*Le pontife rappelle la correction des hymnes insérées par son ordre dans le Bréviaire, et ajoute:*)

Nous avons appris que ce Bréviaire et ces hymnes sont récités en particulier dans tout l'univers par la plus grande partie des fidèles qui sont tenus à cette récitation. Ayant fait faire une édition élégante et très-exacte de ces hymnes avec les notes du chant dans notre illustre ville, voulant que la récitation publique ne diffère pas de la récitation privée, et qu'en cela il y ait partout l'uniformité convenable, dans notre sollicitude pastorale, de science certaine, après une mûre délibération de notre part, par la plénitude du pouvoir apostolique, nous prescrivons et commandons par les présentes que dans la suite, à perpétuité, dans toutes et chacune des églises patriarcales, primatiales, métropolitaines, cathédrales, collégiales, paroissiales et autres, soit séculières, soit d'un ordre, congrégation ou institut quelconque, même de la société de Jésus, des religieux hospitaliers de Saint-Jean de Jérusalem et autres ordres militaires et religieux de l'un et l'autre sexe; dans les églises, basiliques, chapelles, oratoires des archiconfréries et confréries quelconques, même exemptes, et qui méritent une note spéciale et une mention individuelle, quand les uns ou les autres célébreront en chœur les divins offices, on récite et on chante les hymnes corrigées par notre ordre, ou composées de nouveau et imprimées comme il est dit ci-dessus; on ne doit plus y réciter et chanter les anciennes, soit dans notre illustre ville, soit dans toutes les autres parties du monde chrétien. Nous voulons absolument que notre précepte sur cela soit mis à exécution dans notre ville et son district après deux mois; dans les autres lieux en deçà des monts, après huit mois; et au delà, dans l'espace de douze mois. C'est pourquoi nous chargeons par les présentes nos chers fils, notre vicaire général dans l'ordre spirituel pour la ville de Rome et son district, et les ordinaires, pour les lieux soumis à leur juridiction, de publier solennellement les présentes avec toutes et chacune des choses qui y sont contenues; pour les lieux exempts, de le faire comme délégués de nous et du siège apostolique, et de les faire observer en tout inviolablement, contraignant les contradicteurs et les rebelles par les censures, les peines ecclésiastiques et autres remèdes convenables de droit et de fait, rejetant tout appel; et en outre, après avoir observé les délais et les formes nécessaires, en réitérant et aggravant les censures, invoquant même pour cela, s'il le faut, le secours du bras séculier....

(*Le pontife déclare ensuite dans les termes les plus expressifs que rien ne doit s'opposer à l'exécution des présentes, faisant pour cette fois toutes les dérogations nécessaires, même aux dispositions qui exigent une mention très-spéciale.*)

Donné à Rome, à Saint-Pierre, sous l'anneau du Pêcheur, le 27 avril 1643, la vingtième année de notre pontificat.

M. A. MARALDUS.

Nous ne donnons pas en latin cette bulle, qui est imprimée en tête d'un Bréviaire in-folio de 1,500 pages, publié à Paris en 1652 par la société typographique, avec une autorisation du même pape Urbain VIII, en date du 13 mars 1635.

A cette occasion nous transcrivons sans

discussion seize propositions développées et démontrées par dom Guéranger dans une lettre à M. l'archevêque de Reims, publiée en 1843.

1° L'immutabilité et l'inviolabilité de la liturgie importent au maintien du dépôt de la foi.

2° ...... de la hiérarchie ecclésiastique.

3° ...... de la religion chez les peuples.

4° L'unité liturgique est le vœu de l'Eglise, et Rome procure cette unité avec zèle et discrétion.

5° L'unité que se propose l'Eglise dans la liturgie n'est pas l'unité matérielle et judaïque, mais l'unité vivante, animée par un progrès légitime et sans péril.

6° Le droit des coutumes locales doit céder au principe d'unité, dans la mesure nécessaire au maintien et au développement de ce principe, fondamental en matière de liturgie.

7° Avant le décret du concile de Trente et la bulle de saint Pie V, la liturgie romaine était (presque) l'unique liturgie des Eglises d'Occident et de l'Eglise de France en particulier.

8° La bulle de saint Pie V, en resserrant l'unité liturgique, fut l'expression du vœu de l'Eglise; ses dispositions sont admirables de vigueur et de discrétion.

9° Les bulles de saint Pie V pour la publication du Bréviaire et du Missel romains de la réforme du concile de Trente ont été reçues dans l'Occident tout entier, et particulièrement dans l'Eglise de France.

10° Les églises qui ont adopté les livres romains de saint Pie V n'ont plus la liberté de reprendre leurs anciens livres ni de s'en donner de nouveaux; elles n'ont pas non plus le droit de corriger ou modifier les livres romains.

11° Les églises qu'une prescription de deux cents ans exempta, au seizième siècle, de l'obligation d'embrasser le Bréviaire et le Missel réformés de saint Pie V, n'en sont pas moins tenues à garder la liturgie romaine, et n'ont pas le droit de passer à une autre liturgie, à l'Ambroisienne par exemple, bien moins encore de s'en fabriquer une nouvelle.

12° Les églises non astreintes aux livres de saint Pie V, en même temps qu'elles demeurent inviolablement obligées au rite romain, comme on vient de le voir, exercent cependant un certain droit de correction sur leurs propres livres.

13° La prescription peut faire passer une église autrefois astreinte à la liturgie proprement dite de saint Pie V, dans la classe de celles qui sont tenues simplement à la forme romaine, avec un certain droit de correction, dans le sens exposé ci-dessus.

14° La solution des questions relatives au droit de la liturgie intéresse la conscience au plus haut degré.

15° Dans une église non astreinte aux livres de saint Pie V, quand l'ordinaire publie une nouvelle édition des livres du diocèse, et qu'il s'élève un doute s'il n'a point outre-passé ce qui lui est permis en fait de correction liturgique, dans ce doute, la présomption demeure pour l'ordinaire, et les clercs ne doivent point faire difficulté d'user des livres qu'il leur impose.

16° Dans une église astreinte aux livres de saint Pie V, la simple volonté de l'ordinaire ne peut rendre licite l'usage d'un Bréviaire ou d'un Missel différents de ceux de l'Eglise romaine.

RUBRIQUES DES BRÉVIAIRES MODERNES.

A l'article BRÉVIAIRE du Dictionnaire, nous avons donné les rubriques romaines, ajoutant sous le titre *Variétés* les principales différences de plusieurs rites modernes. Pour satisfaire un plus grand nombre de lecteurs, nous donnons ici les rubriques mêmes de quelques-uns de ces Bréviaires usités en France. On trouvera le texte entier des rubriques les plus récentes, et les différences de plusieurs autres indiquées en notes par la date des éditions. Ces dates désignent les Bréviaires suivants:

1699 Bréviaire de Vienne, donné par M. de Montmorin.
1732 — de Clermont, — Massillon.
1745 Bréviaire ecclésiastique, proposé au clergé par Robinet, et adapté au diocèse de Carcassonne.
1759 — Reims, — de Rohan.
1769 — Constance ou Coûtances, — de Talaru.
1770 — Toulouse, — de Brienne.
1783 — Vienne, — de Pompignan.
1828 — Paris.
1830 — Valence.

Les rubriques dont nous donnons le texte entier ont été rédigées pour le diocèse de Grenoble, et imprimées pour la première fois en 1835; elles sont comme une explication et un perfectionnement des précédentes.

Pour compléter le sens des notes, il faudra souvent à la lecture les joindre à ce qui précède ou ce qui suit dans le texte; c'est un tableau abrégé des variations de la liturgie livré à l'appréciation du lecteur, sans blâme ni éloge de notre part. On sait que les souverains pontifes ont toujours cherché à établir l'uniformité.

RUBRICÆ GENERALES BREVIARII.

Rubricæ vocantur leges quibus regitur officium, sive ordinandum, sive recitandum; in tres autem dividuntur partes: in prima agitur de officio in genere; in secunda, de singulis officii horis; et in tertia, de ipsis quibuslibet horarum partibus.

PARS PRIMA.

DE OFFICIO IN GENERE.

Officium novem habet ritus seu gradus: fit enim quotidie officium aut annuale majus aut annuale minus, aut solemne majus aut solemne minus, aut duplex majus aut duplex minus, quæ omnia (extra tempus paschale) novem sunt lectionum cum tribus nocturnis; aut semiduplex, aut simplex, aut feriale, quæ sunt (omni tempore) trium duntaxat lectionum, cum unico nocturno. Sub his autem variis gradibus comprehenditur officium aut de Dominica, aut de Feria, aut de Vigilia, aut de Festo, aut de Octava, aut de beata Virgine Maria in Sabbato (1). *Quia vero hi varii gradus officii possunt eodem die vel concurrere vel occurrere; dicetur etiam in hac prima parte de concurrentia, de occurrentia et translatione officii, nec non de commemorationibus. Sed prius hic exponenda est differentia graduum officii.*

Varii gradus officii a se invicem differunt ut sequitur :

1° *Annuale majus differt ab annuali minore in eo quod cum nullo alio concurrere potest officio.*

2° *Annuale minus differt a solemni majore per Gloria Patri in primis et secundis quibuslibet responsoriis ad matutinum, et per octavam qua sæpius carent solemnia majora* (2).

3° *Solemne majus quodcunque differt a solemni minore sanctorum, per antiphonas proprias ad completorium, et per psalmos proprios aut saltem dominicales ad omne officium. Plura solemnia majora Domini differunt etiam a cæteris solemnibus per octavam.*

4° *Solemne minus differt a duplici majore quocunque, per invitatorium ad matutinum; per omissionem suffragii pro Defunctis ad primam, et ordinarie, precum Ad opus manuum. Solemne minus quodcunque differt etiam a duplicibus majoribus sanctorum, per duplex Alleluia in responsoriis brevibus tertiæ, sextæ et nonæ (extra tempus a Septuagesima ad Pascha). Solemne minus plerumque insuper habet lectiones proprias in primo nocturno, quibus caret duplex majus quodcunque.*

5° *Duplex majus quodcunque, præter Dominicas, primam Quadragesimæ et Passionis, differt a duplici minore per responsorium ad primas vesperas. Duplicia majora Domini differunt etiam a duplici minore quocunque per duplex Alleluia, ut dictum est numero præcedenti* (3).

6° *Duplex minus quodcunque differt a semiduplici per primas vesperas, nec non per invitatorium, numerum antiphonarum et lectionum ad matutinum.*

7° *Officium duplex Dominicale differt a duplici quocunque in eo quod ordinarie non transfertur, nec omnino omittitur, ut videbitur cap. seq., n. 5.*

8° *Semiduplex differt a simplici per numerum lectionum propriarum ad matutinum, et antiphonarum ad laudes, nec non per secundas vesperas.*

9° *Simplex differt ab officio feriali per lectionem propriam ad matutinum, per omissionem precum* Kyrie *ad omnes horas, et commemorationis patroni ad laudes, nec non suffragii ad vesperas. Quoad differentiam officii feriæ ab officio vigiliæ, vide infra, cap.* 3, *n.* 5.

Caput I. De officio Dominicarum.

1. *Dominicæ in quatuor classes dividuntur, quarum prima earum est quæ excludunt quæcunque festa, etiam annualia, et sunt octo sequentes : primæ Dominicæ Adventus et Quadragesimæ, Dominicæ Passionis, Palmarum, Paschæ, in Albis depositis, Pentecostes et SS. Trinitatis. Hæ autem omnes Dominicæ eo gaudent privilegio quod de eis fit officium integrum a primis vesperis inclusive, quodcunque festum, etiam annuale, præcedat, usque ad secundas vesperas cum completorio pariter inclusive, nisi subsequatur festum solemne majus aut supra* (4).

2. *Secunda classis earum est quæ* (5) *solemnia majora aut supra admittunt* (6), *cætera vero excludunt, et sex sunt sequentes : secunda, tertia et quarta Adventus et Quadragesimæ* (7). *Hæ sex Dominicæ integrum pariter habent officium, nisi præcedat festum solemne majus aut supra, vel subsequatur solemne minus aut supra.*

3. *Tertia classis earum est quæ admittunt solemnia minora aut supra* (8), *cætera autem excludunt; et tres sunt sequentes : Dominicæ Septuagesimæ, Sexagesimæ et Quinquagesimæ. Hæ tres Dominicæ integrum quoque habent officium, nisi præcedat festum solemne minus aut supra, vel subsequatur duplex majus aut supra. Hæ vero tres primæ Dominicarum classes vocantur Privilegiatæ, quia excludunt festa etiam ritus superioris. Notandum est insuper quod primæ vesperæ ejusmodi Dominicarum magis sunt privilegiatæ quam secundæ vesperæ quæ tamen sunt primis solemniores.*

4. *Quarta classis continet cæteras per annum Dominicas quæ dicuntur Communes* (9), *quia excludunt tantum festa ritu æqualia aut inferiora, scilicet duplicia minora aut infra, præter festum SS. Innocentium, cui cedit Dominica in eo occurrens.* (10) *Hinc Dominicæ communes integrum non habent officium, si præcedat vel subsequatur festum duplex majus aut supra.*

5. *Officium dominicale fit ritu duplici ita proprio et privilegiato, ut nunquam totum transferatur, nec omnino omittatur die ipsa, nisi Dominica vacet, ut dicetur infra, n.* 7 *et* 8. *Si ergo in aliqua Dominica admittatur festum superius, fit commemoratio hujus Do-*

(1) Aut de sanctis Ecclesiæ in feria v (1732).
Officium duplex dividitur in duplex primæ classis, duplex secundæ classis, et duplex per annum (1699); in utrisque vesperis et laudibus duplicantur antiphonæ (*ibid.*, tit. 2, n. 3).
(2) In istis resumuntur tantum sextum et nonum responsorium (1713). In solemni minore resumitur nonum (*ibid.*).
(3) In duplicibus minoribus, sic ordinatur officium nocturnum. Dicuntur tres antiphonæ et tres psalmi cum versu in primo nocturno. In secundo, præter ea dicitur versus, deinde tres lectiones de Scriptura et tria responsoria. Tertium nocturnum simile est. Quarta et quinta lectio sunt de sancto; sexta est homilia; et si sit lectio septima, dicitur post sextum respons.; deinde *Te Deum* (1745).
(4) Solemne quodcunque (1752).
Quando festum feriatum transfertur a Dominica seu ► die feriato, non transfertur feriatio (1750).

(5) Sola annualia admittunt (1828).
(6) Si illud festum sit de principali titulo vel patrono (1.99).
(7) Notandum tamen quod , si incidat festum Conception's beatæ Mariæ Virginis in Dominicam secundam Adventus, fiet de festo juxta morem antiquum, cum commemoratione Dominicæ (1770, 1752).
(8) Festivata a populo de mandato episcopi (1785), ac etiam festum Præsentationis Domini (1752); cedunt annualibus et solemnibus majoribus (1828).
(9) De iis fit commemoratio. in duplicibus et supra (1752)
(10) Fit de Dominica quando in illis non occurrit festum duplex (1699); cedunt etiam duplicibus minoribus Domini (1828), dieique octavæ duplici minori (1770) etiam subsequente. Sola fit commemoratio in casu concurrentia officii cedentis (*ibid.*).

minicæ, *ad matutinum*, *laudes et utrasque vesperas*, *ut dicetur infra*, *cap. 13*, *de Commemorationibus*, *n. 3* (1).

6. *In Dominicis ab Adventu ad SS. Trinitatem*, nec non in Dominica intra octavam Corporis Christi, officium sumitur ut in proprio de tempore; in cæteris vero Dominicis per annum, fit ut in Psalterio, præter lectiones et responsoria, nec non antiphonas ad Benedictus et Magnificat, sicut orationem, quæ omnia sunt propria cuilibet Dominicæ.

7. Ita assignantur sex Dominicæ inter Epiphaniam et Septuagesimam, et viginti quatuor inter Pentecosten et Adventum, ut, si aliquæ earum suis locis celebrari nequeant, transponantur ab uno tempore ad aliud; unde vocantur Dominicæ errantes. Quæ ergo interdum, propter occursum Septuagesimæ, supersunt celebrandæ, ponuntur post vigesimam quartam post Pentecosten. Contingit tamen aliquando ut unum ex iis officiis, nec etiam ante ultimam Dominicam post Pentecosten, locum habere possit; tuncque sabbato (2) ante Septuagesimam, vel ante Dominicam vigesimam secundam post Pentecosten, non occupato festo semiduplici vel supra, fit ritu feriali officium Dominicæ omissæ cum solita commemoratione patroni ad laudes; aut si (3) occupetur sabbatum, fit de more commemoratio de hac dominica ad matutinum et laudes tantum cujuscunque festi semiduplicis vel supra in sabbato occurrentis, ut notatur in Breviario, sabbatis scilicet ante Dominicam secundam post Epiphaniam et vigesimam secundam post Pentecosten.

8. Sunt aliæ quædam Dominicæ vacantes, quarum officium vel anticipatur vel transfertur; sic 1° officium Dominicæ occurrentis diebus 25, 26, 27 vel 28 decembris, vel deficientis intra octavam Natalis Domini, transfertur in diem trigesimam decembris; 2° officium Dominicæ occurrentis in festo Circumcisionis, aut in vigilia vel in die ipsa Epiphaniæ Domini, ponitur die quarta januarii; 3° officium Dominicæ occurrentis in die octava Epiphaniæ Domini anticipatur sabbato præcedente. Die scilicet anticipationis vel translationis pro ultima lectione ad matutinum, fit commemoratio Dominicæ vacantis per expositionem Evangelii cum prima tantum lectione de homilia, etc., ut fusius exponitur in propriis Breviarii locis. Tunc autem dicuntur psalmi de feria in toto officio et oratio ejusdem Dominicæ ad omnes horas. In Vesperis tamen officii Dominicæ translati in diem 30 decembris dicuntur psalmi ut in secundis vesp. de Natali Domini, et omittuntur commemoratio de Patr. ad laudes et suffragium

ad vesperas. Si vero hæ Dominicæ incidant in aliis diebus, de ipsis totum fit officium ritu duplici proprio qui suo notatur loco.

9. *De Dominicis Paschæ et Pentecostes* fit officium sub ritu annuali majori: de Dominica SS. Trinitatis, ritu solemni minori; de reliquis vero Dominicis primæ classis, ritu duplici majori. De cæteris autem Dominicis fit tantum ritu duplici minori.

Cap. II. De officio feriarum.

1. *Dies hebdomadæ* sermone ecclesiastico vocantur feriæ, et unicuique tam in Psalterio quam in proprio de tempore, officium aliquod assignatum est, quod feriale dicitur, et incipit ubi desinit officium præcedens, sicut terminatur ubi incipit officium diei subsequentis. Iisdem tamen constat partibus ac cætera officia, et in eo semper dicuntur psalmi feriales, prout singulis feriis in Psalterio assignantur. Reliqua vero officii feriæ sumuntur unde sumptum est officium Dominicæ præcedentis, quæ suis notantur in Breviarii locis.

2. *Feriæ sunt aliæ majores seu privilegiatæ*, quia excludunt quædam officia, et habent aliquando commemorationem (4); aliæ minores seu communes, quia admittunt omne festum, nec ullam exigunt in Breviarii officio commemorationem.

3. *Feriæ majores in quatuor classes dividuntur*, quarum prima earum est quæ nullum admittunt festum, cujuscunque sit ritus et dignitatis, scilicet: Feria quarta Cinerum, feriæ majoris hebdomadæ et triduum Rogationum (5).

4. *Ad secundam classem pertinent feriæ omnes a feria quarta Cinerum exclusive ad sabbatum ante Dominicam Palmarum inclusive.* Hæ omnes feriæ excludunt duplex quodcunque aut infra, non de tempore (6). Anticipantur ergo ejusmodi duplicia, si occurrant ante medium Quadragesimæ; si vero post medium, transferuntur. Nil fit autem his diebus de semiduplici nec de simplici in officio Breviarii (7).

5. *In tertia classe collocantur feriæ Adventus*, a vesperis diei decimæ quintæ decembris inclusive ad vigiliam Natalis Domini exclusive; et excludunt omne festum semiduplex et infra (8).

6. *Feriæ majores quartæ classis* sunt dies quarta januarii, feria VI post octavam Ascensionis Domini, feriæ Quatuor Temporum septembris et feriæ Adventus usque ad nonam diei decimæ quintæ decembris inclusive. Hæ omnes feriæ cedunt cuicunque officio semiduplici aut supra. De simplici occurrente fit tantum commemoratio in missa. Fit autem commemoratio de quibusdam feriis privilegiatis, in festis scilicet quæ sunt iis superiora

---

(1) Dominicæ communes, licet sub ritu semiduplici celebrentur, excludunt duplicia minora (1732); ad utrasque vesperas et laudes fit tantum commemoratio de beata; et si non sit patrona ecclesiæ, additur commemoratio patroni (1743).

(2) Aut alia proximiore feria (1828).

(3) Feriæ omnes hebdomadis occupentur (1828, 1699).

(4) Inter majores, aliæ sunt privilegiatæ (1783).

(5) Feriæ Rogationum admittunt festa semiduplicia (1828), vel de octava (1699). Feria II, III et IV majoris hebdomadæ cedunt festo Annuntiationis et Incarnationis Domini (1732).

(6) Nullum admittunt festum nisi festive, ut a populo,

(1770-83); non cedunt nisi officio duplici vel superiori (1745), sicut feriæ Rogationum.

(7) Nisi tamen semper vel fere semper omittendum esset; tunc enim alicui diei ante vel post Quadragesimam in perpetuum affigi deberet, et sic in alio simili casu (1830). De his fit tantum commemoratio (1770, 1828).

(8) Officium feriale fit semper in feriis Adventus, Quadragesimæ, Quatuor Temporum et Vigiliarum, et tribus feriis Rogationum, quando infra hebdomadam non occurrit, festum duplex, vel semiduplex, vel de octava (1699, 1732)

Feriæ tertiæ classis (n. 5) excludunt duplex minus et infra (1830, 1828); cedunt festo semiduplici (1770, 1783)

feriis, ut dicetur infra, cap. 13, n. 4, de commemorationibus (1).

7. *Feriae* minores seu communes sunt caeterae per annum non supra memoratae, et cedunt cuicunque officio sive de festo simplici aut supra, sive de B. M. V. in sabbato; et quando omittuntur, ut dictum est supra, nullam habent commemorationem.

8. *Inter ferias* minores seu communes comprehenduntur etiam feriae a circumcisione ad Septuagesimam et totius temporis Paschalis. Hae autem feriae merito vocantur jubilatae, quia gaudent quasi ritu festi simplicis, utpote admittunt Te Deum ad matutinum et excludunt preces Kyrie ad omnes horas, etiam ad primam et completorium (2).

CAP. III. De officio vigiliarum.

1. *Vigiliae* nomen inditum est officio diei quae praecedit quaedam festa saltem solemnia minora aut supra. De vigilia ergo fit officium in diebus quibus in Breviario apponitur haec vox, Vigilia, nisi occurrat festum superius; quo in casu ad matutinum fit commemoratio de vigilia, ut dicetur infra, cap. 13, n. 4. Officium autem cujuslibet vigiliae incipit tantum a matutino, et terminatur semper ad nonam inclusive.

2. *Novem* (3) per annum numerantur vigiliae quae dividuntur in duplices et simplices, non quod gaudeant privilegio ritus festi duplicis aut simplicis, vel habeant plures aut pauciores ad matutinum lectiones, sed quia aliae majora et aliae minora excludunt festa.

3. *Vigiliae* duplices sunt : Vigiliae Natalis Domini, Paschae et Pentecostes, quae nullum admittunt festum ; vigilia Epiphaniae Domini, quae excludit omne duplex majus et infra; vigilia Ascensionis Domini, de qua nihil fit in officio Breviarii propter privilegium insigne tridui Rogationum ; et vigilia Assumptionis B. M. V., quae excludit festum duplex minus et infra, non autem quamcunque Dominicam.

4. *Vigiliae* simplices quae excludunt tantum festa simplicia, sunt : Vigiliae Natalis S. Joannis Baptistae, festi SS. apostolorum Petri et Pauli, nec non solemnitatis Omnium Sanctorum (4).

5. *Vigiliae* duplices, praeter vigiliam Ascensionis Domini, proprium habent officium, et excludunt preces Kyrie ad omnes horas, quo differunt a vigiliis simplicibus, quarum officium fit de feria, ut in Psalterio, cum solita commemoratione patroni ad laudes , additis Evangelio cum sua homilia et responsorio ad matutinum, loco tertii responsorii feriae, nec non versu cum antiphona ad Benedictus et oratione, quae omnia sunt singulis vigiliis simplicibus propria, et quibus distinguuntur a feriis quae his omnibus ordinarie carent.

6. *Vigiliae* Natalis et Epiphaniae Domini, nec non Paschae et Pentecostes a sua solemnitate nunquam separantur. Duae posteriores, fixis hebdomadae diebus, id est sabbatis semper alligantur; et de duabus prioribus fit quacunque die incidant, etiam Dominica, et quidem ritu duplici proprio, ut suis notatur locis.

7. *Sex vigiliis*, scilicet : Natalis Domini, Paschae, Pentecostes, Assumptionis B. M. V., SS. apostolorum Petri et Pauli, nec non Omnium Sanctorum, annexum est jejunium, quod semper anticipatur in sabbatum quando vigiliae occurrunt in Dominica qualibet, in qua nunquam jejunatur. Omnes insuper vigiliae simplices et etiam vigilia Assumptionis B. M. V. anticipantur ipsae in sabbatum quando occurrunt in Dominica quacunque.

CAP. IV. De officio annuali (5).

1. *Officium* annuale aliud est majus, aliud minus (6).

2. *Annualia* majora sunt : Natale Domini, Dominicae Paschae et Pentecostes ; ipsa dies dedicationis alicujus ecclesiae, et festa SS. Trinitatis, nec non mysteriorum Christi (in ecclesiis tantum sub eorum titulo dicatis) (7).

3. *Annualia* minora sunt : Assumptio B. M. V., et festum patroni primarii (vel etiam titularis, si a primario differat).

4. *De* annualibus festis majoribus quibuscunque totum fit semper officium a primis vesperis ad completorium crastinae diei inclusive (8), quia cum nullo alio concurrere possunt officio.

5. *De* annuali officio minori fit etiam a primis vesperis ad completorium crastinae diei inclusive, nisi aliter fieri debeat propter concurrentiam officii (9).

CAP. V. De officio solemni.

1. *Officium* solemne aliud est majus, aliud minus.

2. *Solemnia* majora sunt : Epiphania, Praesentatio, Annuntiatio incarnationis et Ascensio Domini, festum Corporis Christi, festum SS. Cordis D. N. J C., Nativitas (10) B. M. V., solemnitas SS. Rosarii, festum Omnium Sanctorum, anniversarium dedicationis ecclesiarum et alia, si quae notantur in Ordine (11).

3. *Solemnia* quaecunque incipiunt a primis vesperis ad completorium crastinae diei in-

---

(1) Feriae Quatuor Temporum et omnes vigiliae non cedunt nisi officio duplici (1745).

(2) Feriae temporis paschalis excludunt simplicia festa (1752), non tamen de beata in Sabbato (1769).

(3) Octo sunt per totum annum (1783 et 1830), quia non numeratur vigilia Paschae.

(4) De ista fit quacunque die etiam Dominica. Vigiliae majores, inter quas numeratur vigilia patroni, cedant tantum solemni minori (1770). Si occurrat duplex quodcunque, anticipatur vel transfertur post octavam. De semiduplici vel simplici fit tantum commemoratio in laudibus (ibid.).

(5) Et SS. Corporis Christi (1770).
Ad horas non dicitur hymnus (1752) in annualibus majoribus, nec in solemnibus majoribus Domini et B. M. V (Ibid.).

(6) Aliud est primae classis, aliud secundae classis (1830).

(7) Duplex primae classis dicitur etiam *Cantores* et 4 *Baudes*; fit in festis sancti Mauritii, Omnium Sanctorum... et Dedicationis ecclesiae (1699).

(8) Nisi aliter fieri debeat propter concurrentiam officii (1785, 1770, 1745); nisi concurrat cum alio annuali vel Dominica privilegiata primae classis (1752); nisi cum alio solemniori concurrat (1699).

(9) Alterius officii ritu et dignitate aequalis (1830-28).

(10) Et Conceptio (1850, 1752); SS. apostolorum Petri et Pauli (1830, 1752); Circumcisio Domini, Nativitas S. J. Bapt., festum SS. Trin. (1752).

(11) Festum primarium institutoris in proprio Ordine, vel qui in aliqua congregatione instar ejus habetur (1830, 1828); qui quasi patroni habentur (1770). Duplex secundae classis alias *Cantores* et 3 *Baudes* fit... in feriis, 2, 3 et 4 hebdomadae Paschae, et in feriis 2 et 3 hebdomadae Pentecostes (1699).

clusive, nisi aliter fieri debeat propter concurrentiam.

4. *Solemnia majora quæcunque, et etiam solemnia minora Domini proprias habent antiphonas ad utrumque complctorium* (1).

5. *Solemnia majora Domini hoc insuper gaudent privilegio, quod cum ipsis non possint concurrere festa sanctorum etiam ritus superioris* (2).

6. *Solemnia minora sunt : Circumcisio Domini, festum SS. Trinitatis, Conceptio B. M. V., festum S. Stephani protomartyris, Nativitas S. Joannis Baptistæ, festa SS. apostolorum Petri et Pauli, nec non patroni secundarii (si habeatur), et alia, si quæ notantur in Ordine* (3).

CAP. VI. De officio duplici.

1. *Officium duplex aliud est majus, aliud minus, ut videre est in Breviario vel in Ordine* (4).

2. *Festum duplex quodcunque integrum habet officium, nisi aliter fieri debeat propter concurrentiam.*

3. *Duplex majus quodcunque, præter Dominicas, primam Quadragesimæ, Passionis et Paschæ, magnum insuper habet responsorium in primis vesperis post capitulum* (5).

4. *Officium duplex majus Domini habet præterea duplex Alleluia in responsoriis brevibus tertiæ, sextæ et nonæ, extra tempus a Septuagesima ad Pascha.*

CAP. VII. De officio semiduplici.

Officium fit semiduplex in diebus quibus in Breviario vel in Ordine apponitur hæc vox, Semiduplex (6). *Hoc autem officium habet primas vesperas a capitulo tantum, et secundas integras, nisi aliter fieri debeat propter concurrentiam* (7). *Quoad commemorationem semiduplicis ad matutinum, vide infra, cap.* 13, n. 5.

CAP. VIII. De officio simplici.

Officium fit ritu tantum simplici in diebus quibus in Breviario vel in Ordine apponitur hæc vox, Simplex (8). *Hoc autem officium incipit tantum a capitulo primarum vesperarum, nisi præcedat festum semiduplex aut supra, et semper terminatur ad nonam inclusive, nec ullam habet in officio Breviarii commemorationem, si in eo occurrat officium quoquomodo superius* (9).

---

(1) Sola festa Domini et B. M. V. habent complctorium proprium (1752).

(2) De his sola fiat commemoratio (1770).

(3) Quibus addi debent dies octava cujuslibet festi annualis primæ classis (1828-30) ; atque etiam festa quæ ex voto vel consuetudine instituta sunt (1830) ; quæ de licentia superiorum solemniter celebrantur (1770), sicut festa patroni secundarii (1830).

(4) Duplex ma us sunt festa secundaria patroni principalis ac titularis ; festum sancti cujus habentur reliquiæ insignes cum concursu populi (1830, 1828) ; 'Dominicæ primæ Adventus et Quadragesimæ, Passionis, Palmarum et in albis (1735-1770). Duplex minus fit festum secundarium sanctorum quorum festum primarium est solemne majus (1828-30).

(5) Duplex alias *Cantores* fit... infra hebd. Paschæ et Pentec., et semiduplex in ultimo triduo hebdomadæ sanctæ (1699). Commemoratio omnium fidelium defunctorum nunquam habet primas vesperas (*ibid.*).

(6) Quibus addi debent festa sanctorum de quibus habentur reliquiæ insignes sine concursu populi, festa secundaria patroni minus principalis (1828-30, 1770, 1769).

(7) Habet totum officium integrum sicut duplex (1699).

CAP. IX. De officio octavarum.

1. *Octava nuncupatur series dierum quibus continuatur officium alicujus festi, salt solemnis minoris aut supra. Sex dies festum proxime sequentes vocantur* dies intra octavam, *ultima vero dicitur* dies octava (10).

2. *Octavæ omnes ad tres reducuntur ordines, et ad primum pertinent octavæ annualium quorumlibet majorum, scilicet, Natalis Domini, Paschæ, Pentecostes, diei ipsius Dedicationis alicujus ecclesiæ, nec non octavæ SS Trinitatis et mysteriorum Christi (in ecclesiis tantum sub eorum titulo dicatis).*

3. *Intra octavas Paschæ et Pentecostes triduum prius est duplex et posterius semiduplex. Hæc utraque octava excludit quælibet festa cujuscunque sint ritus et dignitatis* (11) : *earumque officium cum ritu proprio terminatur ad nonam sabbati sequentis inclusive.*

4. *Intra octavam Natalis Domini nullum pariter admittitur festum, nisi in priori triduo, festa SS. Stephani protomartyris, Joannis Evangelistæ, et Innocentium* (12). *Triduum vero posterius est semiduplex et ipsa dies octava fit sub ritu solemni minore. Quoad Dominicas a Natali ad octavam Epiphaniæ Domini inclusive, vide supra, cap.* 1, n. 8. *Dies autem inter circumcisionem et Epiphaniam Domini, eo quod ad octavam Natalis ejusdem censeantur pertinere, nonnullis octavarum privilegiis congaudent, cum habeant duplex* Alleluia *in responsoriis brevibus tertiæ, sextæ et nonæ, ut notatur in Proprio.*

5. *Officium dierum intra octavas cæterorum annualium majorum, fit ritu semiduplici et admittit* (13) *festum duplex minus aut supra occurrens, et cætera excludit. Dies autem octava ejusmodi festorum est duplex majus* (14), *et ei proinde cedit Dominica communis occurrens, cujus tunc fit tantum de more commemoratio.*

6. *Quæ pertinent ad secundum ordinem, sunt : Octavæ Epiphaniæ, Ascensionis et Corporis Christi, nec non Assumptionis B. M. V., et festi patroni primarii, ad quam tenentur etiam omnes clerici in sacris constituti. In his octavis (excepta, propter celebritatem, octava Corporis Christi, in qua non fit officium festi semiduplicis* (15), *sed tantum commemoratio de eo ad matutinum), admittitur omne festum*

---

(8) Et in festis sanctorum de quibus habentur reliquiæ minus insignes, sed certe talis sancti noti, quarum authenticitas a superioribus declarata sit (1828-30, 1769).

(9) In officio duplici minore et infra.... dicitur septima lectio de festo simplici (1748), non in annualibus (1752).

(10) Ultimum triduum Pentecostes admittit tantum commemorationes occurrentes (1828).

(11) Festa Nativit. S. Joannis Bapt. et SS. Petri et Pauli, extra proprias ecclesias, habent tantum diem octavam (16 9).

(12) Ultimum triduum admittit solemnia minora (1830, 1770), duplicia majora et commemorationes occurrentes (1828), festa semiduplicia (1752), ita tamen ut officium Dominicæ intra octavam in aliquo ex his diebus fiat. Die octava Nativitatis Domini et Epiphaniæ non fit de aliquo festo (1699).

(13) Duplicia majora (1830).

(14) Solemne minus (1830). In Dominica intra has octavas fit de octava ritu duplici majori (*ibid.*), duplici (1828).

(15) Non fit de ullo festo, nisi sit solemne minus aut supra (1770), primæ et secundæ classis (1699) ; semiduplex transfertur (1699).

semiduplex (1) *aut supra occurrens, non vero duplex translatum* (2). *De semiduplici ergo fit a capitulo in primis vesperis, ad* (3) *completorium crastinæ diei inclusive, nisi præcedat vel subsequatur festum illo superius. De simplici vero nil fit* (4). *Quælibet dies intra has octavas fit etiam ritu semiduplici; dies octava Epiphaniæ et Ascensionis Domini, nec non festi Corporis Christi, est duplex majus. Dies autem octava Assumptionis B. M. V. et patroni primarii est tantum duplex minus; ideoque Dominica quælibet occurrens præstat diei octavæ hujus postremi utriusque festi, cujus fit tantum commemoratio, ut dicetur infra, cap. 13, n. 6. Cæterum vero officium diei octavæ Assumptionis B. M. V. et patroni primarii, quando locum habet, fit ut in ipso die festo, sed cum psalmis de feria, in toto officio et dempto ritu annuali, servatis quoque lectionibus pro die octava notatis* (5).

7. *Ad tertium ordinem pertinent octavæ anniversarii Dedicationis ecclesiarum et cæterorum solemnium quæ habent octavam, qua tamen plura vacant, ut Annuntiatio et Præsentatio Domini, solemnitas SS. Cordis D. N. J. C. et SS. Rosarii B. M. V., nec non Conceptio et Nativitas ejusdem, festum Omnium Sanctorum, etc.; intra has octavas admittitur omne festum semiduplex aut supra, sive occurrens, sive translatum. De simplici vero nil fit in officio Breviarii. Dies intra ejusmodi octavas fiunt sub ritu simplici, et dies octava, semiduplici; de qua nunquam fit commemoratio ad matutinum Dominicæ occurrentis, vel alius festi superioris. Quando autem occurret officium intra octavam diei ipsius dedicationis alicujus ecclesiæ, sic celebrabitur: Lectio prima erit de Scriptura occurrente, tribus in unam junctis; pro secunda et tertia, dividetur ad asteriscum* ' *unica lectio de sermone illius sancti, quæ ponitur in Breviario pro singulis diebus intra octavam anniversarii Dedicationis. In die autem octava (extra tempus Paschale) tres lectiones primi nocturni erunt de Scriptura occurrente; in secundo nocturno, pro lectionibus dividetur ad* ' *sermo S. Cæsarii in tres partes, et in tertio nocturno, tres lectiones erunt propriæ* (6).

8. *Quomodo ordinandum sit officium per annum, habetur in propriis Breviarii locis. Si quæ insuper celebrentur octavæ patroni secundarii vel aliæ, ut notatur in communi patronorum. Cum autem sint festa quædam patronalia quorum officium intra octavam facile reduci non potest ad quoddam commune liturgiæ, v. g., festa transfigurationis D. N. J. C., sanctæ Crucis, B. M. V., S. Michaelis et SS. Angelorum, nec non S. Joannis Baptistæ, S. Josephi, etc., ordinabuntur ad instar octavæ Assumptionis B. M. V. ut sequitur:* 1° *Si fiat ritu semiduplici, prima lectio erit de more ex Scriptura occurrente, tribus in unam junctis; secunda autem et tertia fient ex una secundi vel tertii nocturni diei festi, divisione facta circiter versus medium uniuscujusque lectionis, incipiendo, prima die, a prima lectione secundi nocturni, et deinceps per ordinem aliis diebus. Si vero fiat ritu simplici, non dividentur lectiones quia tunc duæ priores erunt de Scriptura occurrente, prima scilicet sola, et duæ sequentes in unam junctæ, ut in cæteris festis simplicibus. Ad lectiones tamen desumptas e tertio nocturno, omittuntur hæc verba:* Lectio sancti Evangelii, *etc.; et loco vocis* Homilia, *dicitur* Sermo, *etc., pro titulo primæ lectionis ex hoc nocturno desumptæ: ad sequentes vero,* De sermone, *etc.* 2° *Si alia quædam festa intra has octavas admittantur, ita ut lectiones integræ secundi et tertii nocturni diei festi cujus octava decurrit, sufficerent pro diebus octavæ in quibus fit de ea, tunc omnes vel saltem quædam dicendæ essent integræ, id est, sine divisione: uno verbo, ita dici debent, ut sive integræ, sive divisæ, sufficiant pro omnibus et singulis diebus intra octavam in quibus fit de ea octava.* 3° *Ad completorium dicuntur antiphonæ ut sequitur: pro festis transfigurationis et sanctæ Crucis, antiphonæ de communi unius martyris, ad completorium; pro festis B. M. V., antiphonæ de communi virginum, pariter ad completorium; pro festis S. Michaelis et SS. Angelorum, antiphonæ quarta et quinta e secundis vesperis Angelorum custodum; pro festis S. Joannis Baptistæ, antiphonæ tertia et quarta e secundis vesperis Nativitatis ejusdem; pro festo S. Josephi, antiphonæ de communi Justorum, ad completorium. Alia autem festa habent antiphonas proprias, vel facile revocantur ad quoddam commune sanctorum. Quoad cæteras officii horas et partes, vide infra, secundam et tertiam partem Rubricarum.*

9. *Quando fit de aliquo superiore festo, vel de Dominica intra octavam quamcunque, vel in ipsa die octava, tunc de ea octava (si sequentia habeat propria) fit commemoratio ad Matutinum, ut notatur infra, cap. 13, n. 6; ad laudes vero, per canticum (in octavis tantum Domini); ad primam, per omissionem Symboli* Quicunque *(in Dominicis), nec non per versum in responsorio brevi et canonem, ad omnes hymnos ejusdem metri, per doxologiam; in responsoriis brevibus tertiæ, sextæ et nonæ, per duplex* Alleluia, *extra tempus Septuagesimæ (in octavis annualium quorumcunque et solemnium majorum Domini tantum); denique, ad utrumque completorium, per antiphonas octavæ, nisi festa intra octavas admissa præcedentia habeant propria.*

10. *A nona diei* 15 *decembris exclusive* (7)

---

(1) Duplex minus (1745, 1770).
(2) Nisi propter occurrentiam festi cujus octava decurrit, suo die fieri non potuit duplex majus aliquod (1830), occurrens in Dominica privilegiata aut in festo superioris gradus (1828).
(3) Capitulum secundarum vesperarum (1830-28, 1770).
(4) Etiam in missa (1785); fit tantum commemoratio (1745-70, 1752); semidupliciis transferuntur (1732).
(5) Si dies octava habeat officium proprium et occurrat in Dominica privilegiata, anticipabitur hoc officium sab-

bato præcedenti, et Dominica fiet commemoratio octavæ sicut aliis diebus intra octavam (1770).
(6) Officium infra octavas fit simplex cum uno nocturno De die octava cujuscunque festi, fit officium semiduplex (1599), duplex minus aut majus (1745).
(7) Nisi sit ipsa dies octava de qua dicentur vesperæ cum commemoratione Adventus per antiphonam O (1828). In Adventu et in Quadragesima, festa occurrentia octavas non habent (1732).

ad diem 13 januarii inclusive, a feria IV Cinerum inclusive, ad Dominicam in Albis depositis etiam inclusive, et (1) a Dominica quinta post Pascha exclusive ad Dominicam SS. Trinitatis inclusive, nullæ fiunt octavæ sanctorum; ideoque nihil amplius fit de ejusmodi octavis etiam nondum absolutis ante dies memoratas (2). Notandum est insuper octavam SS. Trinitatis (ubi fit) terminari ad nonam feriæ IV sequentis inclusive, nisi transferatur festum Corporis Christi.

Cap. X. De officio B. M. V. in Sabbato.

In omnibus sabbatis per annum (præterquam in Adventu, Quadragesima, vigiliis quibuscunque, tam occurrentibus quam anticipatis, intra quaslibet octavas, vel nisi fieri debeat de feria propter Quatuor Tempora, vel propter officium Dominicæ sabbato anticipandum, ut notatur in propriis Breviarii locis, vel denique nisi occurrat festum semiduplex aut supra), fit officium simplex de beata Virgine Maria in sabbato, ut disponitur in Breviario post proprium de Tempore. Illud autem officium sicut cætera simplicia, incipit pridie a capitulo vesperarum, sed tantum a matutino, si præcedat festum semiduplex aut supra, et terminatur semper ad nonam inclusive. De festo autem simplici in sabbato occurrente, nil fit in officio Breviarii (3).

Cap. XI. De concurrentia officii.

1. Concurrere dicuntur officia quoties secundæ vesperæ officii desinentis cum primis vesperis alterius officii incipientis simul forent recitandæ; sed quia id fieri non potest, unum alteri cedat necesse est, vel saltem dimidientur Vesperæ.

2. In concurrentia, et etiam occurrentia officiorum, duo sunt consideranda: gradus scilicet et dignitas; gradum indicat enuntiatio solemnitatis seu ritus posita in Breviario vel in Ordine; sic annuale majus est primi gradus, annuale minus est secundi, et sic de cæteris. Dignitas autem attendenda est ab eo cujus fit officium: sic inter festa æqualis gradus, officium SS. Trinitatis aut Domini dignius est cæteris officiis quæ non sunt alterutrius. Officium B. M. V. præstat officio cuicunque de sanctis et etiam de angelis (4): officium de angelis præstat officio de cæteris sanctis; officium S. Joannis Baptistæ et S. Josephi præstat officio apostolorum; officium apostolorum præstat officio evangelistarum; officium evangelistarum præstat cæteris officiis sanctorum, cætera vero officia, scilicet martyrum, pontificum, etc., sunt inter se ejusdem dignitatis, hoc tamen excipiendo quod festum commune seu generale præstat cuicumque festo particulari quamvis aliunde æquali Sciendum porro est festa Crucis, Coronæ spineæ et similia, Annuntiationem, Purificationem et Visitationem B. M. V., ipsam quoque dedicationem Ecclesiæ et ejusdem anniversarium, inter Domini festa annumerari. Si tamen dies octava Corporis Christi concurrat cum Visitatione B. M. V., vesperæ erunt integræ de octava, eo quod de ea fiat ritu quasi solemni.

3. Festa concurrentia quæ sunt inter se æqualis gradus et dignitatis dimidiant vesperas; id est, in vesperis fit de præcedente (5) usque ad capitulum exclusive, et de sequenti a capitulo usque ad finem (6). Si vero sint inter se inæqualis gradus vel tantum dignitatis, tunc vesperæ dicuntur integræ de festo gradus superioris, vel de digniori, cæteris paribus, sine ulla commemoratione de inferiori vel de minus digno, nisi sit officium Dominicale. Notandum tamen quod solemnia majora et supra Domini, hoc habeant privilegium, ut ipsorum vesperæ, sive primæ, sive secundæ, integræ sint, quodcunque festum (7) de sanctis præcedat vel sequatur.

4. Dominica quælibet nunquam dimidiat vesperas. Si ergo cum ea concurrat festum superius, vesperæ erunt integræ de festo cum commemoratione Dominicæ, et etiam Dominicarum occurrentium diebus 29 et 31 decembris, nec non 2, 7, 12 et 14 januarii.

5. Si duæ concurrant octavæ, et sint gradu æquales, vesperæ dicuntur integræ de digniori absque commemoratione alterius. Ubi autem octava peculiaris festi alicujus ecclesiæ concurret cum octava paris ordinis et dignitatis in tota diœcesi celebrata, vesperæ dicentur integræ de posteriori absque ulla commemoratione prioris; octavæ enim concurrentes nunquam dimidiant vesperas. Duæ autem octavæ gradu et dignitate pares, nec concurrere nec occurrere possunt.

6. In feriis privilegiatis, vesperæ non sunt participes privilegiorum ipsarum, ideoque admittunt vesperas festi etiam simplicis, dummodo postridie de eo fiat officium; si enim ejus officio non detur locus, tunc vesperæ erunt integræ feriales, non quod feria habeat primas vel secundas vesperas, sed quia nunquam incipiendum est officium quod persequi non licebit saltem usque ad nonam inclusive, exceptis tamen primis vesperis Dominicarum occurrentium in vigiliis Natalis et Epiphaniæ Domini (8).

Cap. XII. De occurrentia et translatione officii.

1. Occurrere dicuntur officia quæ in eumria Virgine, ut a Circumcisione ad Præsentationem Domini (Ibid.).

(4) In cæteris vero officiis ejusdem gradus, non attenditur dignitas (1732).

(5) Et nihil de sequenti, nisi aliter annotetur (1699).

(6) Cum commemoratione præcedentis (1828); si festum antecedens habuit primas vesperas, non habet secundas; si non habuit, et sequens debeat habere secundas, antecedens habet quoque secundas (1750).

(7) Patroni (1783, 1830).

(8) Si dies octava Purificationis B. Mariæ Virginis venerit feria IV in capite jejunii, præcedente die vesperæ erunt de feria sine precibus, quia hoc anno dies octava vacat (1699).

---

(1) A vigilia Pentecostes (1828).
(2) Cessat etiam officium octavæ cujuscunque feria VI post octavam Ascensionis ad completorium (1830).
De diebus intra octavas quæ celebrantur in Adventu, tantum fit commemoratio, sola Conceptionis beatæ Mariæ excepta (1769).
(3) Fit tantum commemoratio in missa (1783).
Cum officium de B. Maria in sabbato fieri non potest, nulla fit commemoratio de illo (1752, 1745); Circa missam servetur rubrica Missalis (1745); fit de ea commemoratio in vesperis feriæ VI et in laudibus sabbati, tanquam de festo simplici; non tamen in solemnibus minoribus et supra, neque intra octavas B. Mariæ et Omnium Sanctorum (1750) neque quando fit commemoratio alicujus de B. Maria

dem diem incidunt; ex his unum aut alterum, vel transfertur, vel habet commemorationem, vel tandem prorsus omittitur (1). Sequentia rem aperient :

2. Si plura ergo festa eodem die simul occurrant, fit prius officium de festo superioris gradus, et transferuntur festa gradus inferioris si sint transferenda. Si vero sint ejusdem gradus, officium fit de digniori, et transferuntur minus digna si sint transferenda. Si plura tandem festa translata sint prorsus æqualia et gradu et dignitate, de ipsis fit eo ordine quo occurrunt in calendario. Sed notandum est quod nullum ordinarie festum transferatur, n si sit saltem duplex minus aut supra.

3. Si duæ simul occurrant octavæ, fit pariter de octava superioris gradus, vel, cæteris paribus, de digniori, et transfertur vel anticipatur altera octava; quando autem transfertur festum habens octavam (2), transfertur cum sua octava, nisi sola transferatur festi solemnitas; nunquam vero transferuntur dies intra octavam quamcunque; nec ipsa quælibet dies octava, nisi in casu infra, n. 5. Hinc octava potest habere plures vel pauciores intra ipsam dies, prout plura vel pauciora occurrunt festa superiora.

4. Officium Dominicale non transfertur, nisi in casibus supra dictis, cap. 1, n. 7 et 8. Festum semiduplex aut simplex nunquam transfertur, nisi tamen semper, aut fere semper, omittendum esset, ut festum S. Adonis, propter antiphonas O tempore Adventus, et nunc temporis festum S. Eucherii, propter occurrentiam anniversarii Dedicationis ecclesiarum, et similia. Si ergo de eis non fit officium propter occurrentiam alterius officii superioris, fit commemoratio de semiduplici ad matutinum, ut dicetur cap. seq., n. 5; minime vero de simplici. Excipitur pariter a regula præcedenti festum S. Mamerti, quod, licet semiduplex, semper transfertur vel anticipatur in diem proximius præcedentem triduum Rogationum non impeditam.

5. In translatione festorum hoc maxime observandum est, ut de festo translato fiat officium die viciniori sequente non impedita (3); quia vero dierum impeditarum est aliquando longa series, quædam festa anticipantur die viciniori præcedente pariter libera seu non impedita. Nomine autem diei impeditæ, quæ festum translatum vel anticipatum non admitteret, intelligitur vel festum semiduplex (4) et supra, vel quæcunque Dominica, aut quælibet vigilia (5), vel feriæ majores primæ, secundæ et tertiæ classis, nec non Quatuor Temporum, vel dies intra octavas primi et secundi ordinis, vel dies octava quæcunque.

6. Sunt tamen aliqui casus in quibus dies impedita cederet festo translato vel anticipato, sic; 1° Festa solemnia majora et supra per totam diœcesim, et a fortiori per totum regnum celebrata, hoc gaudent privilegio, ut ordinarie quodcunque festum, etiam ritus superioris, sed tantum devotionis, aut particulare alicui ecclesiæ, in eis occurrens, transferatur, si sit transferendum (6). 2° Festo Annuntiationis Domini, translato e majori hebdomada in feriam II post Dominicam in Albis depositis, cedit quodcunque festum de sanctis, etiam annuale, quod transfertur in diem sequentem non impeditam, si sit transferendum. 3° Festa patronorum solemnia minora aut supra, suo die non celebrata, transferuntur (7) etiam in Dominicam quartæ, tertiæ et secundæ classis. Cætera vero solemnia minora et supra transferuntur in primam diem aliunde liberam intra octavas tertii et secundi ordinis, si die suo celebrari non poterint propter occurrentiam festi superioris cujus octava decurrit. Sic, quando Nativitas S. Joannis Baptistæ occurrit in festo Corporis Christi, transfertur in diem crastinam, id est, in feriam VI; vigilia autem (cum jejunio, si annectatur,) celebrabitur cum ipso feria IV præcedente. Idem fit quando hoc festum, vel etiam festum SS. apostolorum Petri et Pauli occurrit crastina die, id est, feria VI, scilicet propter solemnitatem octavæ Corporis Christi. 4° Duplicia quæcunque aut supra, tempore Adventus, transferuntur etiam in feriam majorem tertiæ classis. Cæteris vero anni temporibus, duplicia quæcunque transferuntur tantum in diem non impeditam, ut dictum est supra, n. 5. Ideoque duplicia quælibet occurrentia ante medium Quadragesimæ anticipantur in diem proximius feriam IV Cinerum præcedentem, non impeditum; quæ vero incidunt post medium Quadragesimæ, transferuntur in diem proximius octavam Paschæ sequentem, pariter non impeditum. 5° In diem proximiorem (sed aliunde liberam) intra octavas secundi ordinis, anticipandum erit officium diei ipsius octavæ duplicis majoris, ab officio festi diversum, ut dies octava Epiphaniæ, Ascensionis et Corporis Christi, etc., sed tantum quando in ea occurrit festum solemne minus aut supra, patroni scilicet, aut aliud publicum et generale festum, non vero festa privatæ devotionis aut fundationis quarumdam sodalitatum quæ in alium diem transferenda sunt, quia cedere debent, ut dictum est supra, publico et regulari officio.

---

(1) Transferuntur aut anticipantur in diem commodiorem. Annuale nunquam transfertur nec anticipatur. Festa patronorum transferuntur aut anti ipantur, si occurrant in Quadragesima, aut aliqua Dominica Adventus, aut per octavam festi annualis majoris, aut aliqua vigilia privilegiata (1730).

Anticipantur tantum festum S. Silvestri, Annuntiationis, vigilia aut Dominica in certis casibus (1752).

(2) Non transfertur octava (1828-30, 1743, 1769).

(3) Festum S. An Ireæ transferri potest in diem impeditam fes o semiduplici, ne longius distet a sua vigilia anticipata in sabbatum præcedens (1730).

(4) Si tamen intra hebdomadam non reperiretur aliqua feria libera aut festum simplex, in hoc casu fiet de festo translato prima die non impedita festo duplici minore et supra (1770).

(5) Vel feria aliqua privilegiata (1830) quæ nullum admittit festum (1785, 1770).

(6) Annualia t anslata celebrantur prima die non impedita festo a popu o festivato (1752). Festum solemne minus non Domini occurrens in festo annuali Domini transfertur p st oc tavam (Ibid).

(7) In proxim orum diem non impeditum festo solemni et supra (1828-30).

Festivantur eo die in quem transferuntur annualia aut solemnia; fes o annuali aut solemni majori alicubi festivato et translato, cedit quolcunque aliud festum gradus inferioris non festivatum (1783-1730).

7. *Quando festum S. Marci transfertur, non idcirco transfertur processio, nisi hoc festum incidat die sancto Paschæ* (1); *tunc enim processio cum litaniis transfertur in feriam* II *sequentem, quodcunque festum in ea celebretur.*

8. *Quando secunda dies novembris occurrit in Dominica, eo die fit officium de SS. episcopis provinciæ Viennensis cum commemoratione solita Dominicæ, et post secundas vesperas officii præfati, dicuntur vesperæ defunctorum quorum commemoratio transfertur hoc anno in feriam* II *subsequentem, ut notatur in Breviario.*

CAP. XIII. De commemorationibus (2).

1. *Quando aliquod officium propter concurrentiam vel occurrentiam alteri cedit, aliquoties non prorsus omittitur, sed quemdam, in officio ei præposito, servat locum qui vulgo dicitur* memoria *seu* commemoratio (3).

2. *Commemoratio fit vel in utrisque vesperis, matutino, laudibus et missa, vel in missa tantum; et quoties fit commemoratio ad matutinum, fit etiam ad missam (saltem privatam). Sed quandonam facienda sit commemoratio in missa, dicitur in rubricis Missalis; et quomodo faciendæ sint singulæ commemorationes in officio Breviarii, exponetur in secunda parte Rubricarum, ubi de matutino, laudibus et vesperis.*

3. *Officium Dominicale, ut dictum est supra, cap.* 1, n. 5, *nunquam prorsus omittitur, si enim totum cedit alteri officio etiam annuali, tunc fit commemoratio de Dominica in utrisque vesperis, in matutino et laudibus*(4), *exceptis tamen Dominicis incidentibus in vigiliis Natalis et Epiphaniæ Domini. Si vero cedat tantum in primis vel in secundis vesperis, fit commemoratio de illis vesperis, ut dicetur infra, cap.* 18, *n.* 3.

4. *In omnibus vigiliis simplicibus, et etiam in vigiliis duplicibus Epiphaniæ Domini et Assumptionis B. M. V., nec non in feriis majoribus secundæ classis et Quatuor Temporum, quando fit officium de festo superiori occurrente* (5), *fit commemoratio de vigilia vel de feria, ad matutinum, ut notatur infra, part.* III, *cap.* 9, *n.* 4 *et seq.*

5. *Quando officium semiduplex cedit festo superiori, de eo fit commemoratio ad matutinum, quæ tamen commemoratio omittitur intra octavas primi ordinis, in Dominicis primæ et secundæ classis* (6), *et etiam in cæteris Dominicis quarum facienda esset commemoratio propter occurrentiam festi superioris, nec non in feriis primæ, secundæ et tertiæ classis; denique, quoties pro ultima vel etiam penultima lectione, legendum est Evangelium cum sua homilia. De festo autem simplici nulla unquam fit commemoratio in officio Breviarii, ut supra dictum est* (7).

6. *Quando, propter occurrentiam festi superioris, non fit officium de die octava duplici minori, et quandoque majori, de ea fit commemoratio ad matutinum, ut notatur parte* III, *cap.* 9, *n.* 4. *De die vero octava semiduplici et de diebus intra octavas quascunque nulla unquam fit commemoratio ad matutinum, ut jam pariter dictum est. Quoad commemorationem cujuslibet octavæ ad cæteras horas, vide supra. cap.* 9, *n.* 9.

7. *A die* 15 *decembris inclusive usque ad vigiliam Natalis Domini exclusive, ad vesperas fit commemoratio de Adventu per antiphonum* O, *ut suo notatur loco; quando scilicet fit his diebus officium festi superioris.*

8. *In officio feriali, ad laudes ordinarie fit commemoratio patroni vel patronæ diœcesis propriæ. Ad vesperas autem fit suffragium de B. M. V., vel de sancta Cruce, de Cruce et Resurrectione Christi, de Ecclesia, secundum diversitatem temporum, ut notatur in ordinario Breviarii, et fusius exponitur in* III *part., cap.* 18 (8).

PARS SECUNDA.

DE SINGULIS OFFICII HORIS ET MODO RECITANDI.

1. *Singulæ horæ (nisi aliter notetur) inchoantur per* Deus in † adjutorium, *etc., cum* Gloria Patri *et* Sicut erat, *nec non* Alleluia, *vel* Laus tibi, *etc., secundum tempus, præmisso ad matutinum seu officium nocturnum,* Domine, labia, † *etc., et ad completorium,* Converte nos, † *etc.*

2. *Officium est nocturnum vel diurnum* (9).

3. *Officium nocturnum, quod etiam* Vigiliarum *nomine nuncupatur, institutum est ut celebretur noctu, ad exemplum Davidis, qui media nocte surgebat ad confitendum Domino; quia vero, plerisque locis, ex concessu Ecclesiæ, mane persolvitur, dicitur vulgato nomine,* matutinum.

4. *Officium diurnum (sic nuncupatum, quod per diem celebrari soleat, ad exemplum ejusdem Davidis, qui septies in die laudem dicebat Domino) in septem horas dividitur, quæ sunt:* Laudes, *sic dictæ a psalmis laudum*

---

(1) Aut in Dominicam communem (1830, 1828); abstinentia a carnibus cum litaniis fit feria secunda sequente (1745).

(2) Extra Adventum nunquam fiunt commemorationes in laudibus et vesperis, nisi de S. Mauritio et de Cruce, sed in missa tantum (1699).

(3) Commemoratio solemnis fit in concurrentia duorum annualium aut solemnium majorum; scilicet, additur psal. Laudate Dominum, omnes gentes (1770).

De die octava quacumque fit commemoratio in utris ue vesperis et laudibus festi cujuslibet etiam annualis (Ibid).

In secundis vesperis solemnium majorum non Domini, fit commemoratio de sequenti semiduplici (Ibid.).

In primis vesperis festi annualis nulla fit omnino commemoratio; nulla simplicis in Dominicis primæ classis (1750).

(4) In missa tantum (1699).

(5) In solemnibus minoribus non festivatis, et infra 1770).

(6) In Dominicis, in duplicibus quibuslibet et infra, fiunt commemorationes tam occurrentes quam concurrentes (1828).

(7) Si propter concurrentiam, alterutris vesperis carent semiduplex aut simplex, habent tamen commemorationem in vesperis officii concurrentis, dummodo solemnitas cum admittat (1828).

In officio novem lectionum, non legitur lectio semiduplicis aut simplicis de sancto, sed in officio trium aut sex lectionum, post tertium aut sextum responsorium, et sine responsori inchoatur Te Deum (1745).

(8) Singulis sabbatis, quando non fit officium de Beata, de ipsa tamen fit commemoratio ad laudes, in duplicibus minoribus et infra, extra octavas annualium Domini (1828).

In simplicibus et in feriis... ad laudes et vesperas fiunt commemorationes communes seu suffragia (1828).

(9) Cons'at divinum officium septem partibus seu horis... Laudes cum matutino usus conjunxit (1759).

qui hac in hora Deo cantantur, sed olim Matutinæ, quod mane persolverentur, appellatæ; Prima, quæ orto sole, ante officium capituli, id est, prima diei hora, correspondenti horæ circiter sextæ temporis matutini; Tertia, quæ inter solis ortum et meridiem, id est, tertia diei hora, correspondenti horæ nonæ etiam matutini temporis; Sexta, quæ meridie ante prandium, id est, sexta die hora; Nona, quæ inter meridiem et solis occasum, id est, nona diei hora, correspondenti tertiæ post meridiem horæ; Vesperæ, quæ occidente sole, seu advesperascente die, ante cœnam; Completorium denique, quod, completo die, ante cubitum, Deo persolvitur; sicque consummatur omne officium. Qui horarum ordo non est intervertendus, nisi ad se conformandum choro, quem sequi perfectius est; hinc qui in eo privatim et submissa voce officium recitant, non alios quam chori motus sibi permittere debent. Matutinum autem, laudes et vesperæ dicuntur Horæ majores; et prima, tertia, sexta et nona cum completorio vocantur Horæ minores; de quibus hic sigillatim agendum occurrit.

CAPUT I. De matutino seu officio nocturno.

1. Ad matutinum, dictis secreto Pater, Ave et Credo, clara sed demissa voce, dicitur (1): Domine, labia mea † aperies, etc., signando sibi os signo crucis pollice dextro. Deinde, manu semper extensa, signando se a fronte ad pectus, et ab humero sinistro ad dextrum (quod observatur initio cujuslibet horæ), alta voce dicitur: Deus †, in adjutorium meum intende, etc., et post Gloria Patri cum Sicut erat, dicto Alleluia, vel, Laus tibi, Domine, Rex æternæ gloriæ, secundum tempus, dicitur invitatorium conveniens cum psalmo Venite, adoremus, ritu præscripto in parte III, cap. 2. Postea dicitur hymnus, præterquam in die Epiphaniæ, in quo, post Pater, Ave et Credo, incipitur absolute a psalmo Afferte; sequuntur (eo ritu qui notatur in III parte) psalmi convenientes (2) cum antiphonis, lectionibus, etc., sed diversa ratione pro diversitate officii, ut sequitur.

2. In Dominicis nec non in festis duplicibus minoribus et supra (3), extra tempus paschale, dicuntur novem psalmi convenientes cum totidem antiphonis, tribus versiculis, Pater noster et absolutionibus; novem vero benedictionibus cum totidem lectionibus et responsoriis distinctis per tres nocturnos, in quorum scilicet quolibet dicuntur tres diversi psalmi cum tribus antiphonis, nimirum una post singulos psalmos (4). Antiphonam autem tertiam sequitur versiculus post quem dicitur Pater noster, etc.; sequitur absolutio; deinde tres lectiones, quarum singulas præcedit benedictio et sequitur responsorium. Tantummodo autem cum tres dicuntur nocturni, tribus horis separari possunt; et tunc absolute inchoantur secundum et tertium nocturnum, sicut absolute terminantur primum et secundum, id est absque ulla oratione ante vel post.

3. In feriis quibuscunque, in festis semiduplicibus et infra, nec non in omnibus vigiliis, præter vigilias Natalis et Epiphaniæ Domini, quando occurrunt in Dominica, unicum semper dicitur nocturnum, et (extra tempus paschale) ordinatum ut sequitur: dictis quæ notantur supra, n. 1, dicitur invitatorium conveniens cum psalmo Venite, eo ritu qui notatur in III parte, cap. 2, n. 4, et additur de more hymnus; sed deinde dicuntur novem semper psalmi feriales sub tribus tantum antiphonis convenientibus, una scilicet post tertium quemlibet psalmum. Tertiam autem antiphonam sequitur versiculus; postea Pater noster, absolutio, et tres lectiones sub tribus benedictionibus juxta feriam, ut notatur in ordinario Breviarii; et post singulas lectiones unum dicitur etiam responsorium.

4. Tempore paschali, id est, a Dominica Paschæ ad sabbatum post Pentecosten inclusive, tam in officio quocunque de Tempore quam de Sanctis, unicum dicitur nocturnum constans tribus psalmis convenientibus sub tribus antiphonis in duplicibus et supra, sub unica vero (5) in semiduplicibus et infra, quæ, in officio de Sanctis, si propria non adsit, est ultima e tribus in communi sanctorum positis. In fine omnium antiphonarum totius officii additur semel Alleluia, et bis ante versum cujuslibet responsorii sive magni, sive brevis. Ultimam antiphonam sequitur de more versiculus et Pater noster, etc.; deinde absolutio et tres benedictiones tempori paschali propriæ; tres etiam tantum in omni officio dicuntur lectiones cum totidem responsoriis.

5. Si pro ultima lectione facienda sit commemoratio ad matutinum, fiet ut notatur infra, part. III, cap. 9, n. 4 et seq.; ultimum autem responsorium, vel Te Deum, si sit dicendum, sequitur versus sacerdotalis; quo dicto communiter inchoantur absolute laudes; vel si continuo non dicantur, hic adduntur preces Kyrie, ad Tertiam positæ, si quæ dicendæ sint ad laudes. Deinde dicitur oratio de laudibus, eodem ritu quo ad cæteras horas, et terminatur matutinum, ut notatur cap. seq., n. 3.

CAP. II. De laudibus.

1. Ad laudes (dictis secreto Pater et Ave, si separantur laudes a matutino, secus vero, post versum sacerdotalem) dicitur absolute: Deus † in adjutorium, etc., ut notatur cap. præcedenti; deinde quatuor psalmi congruentes cum cantico ante ultimum, sub antiphonis

---

(1) Confessio generalis et absolutio. Tum) Sancti Spiritus adsit nobis gratia. R. Amen (1759, 1699)
(2) In semiduplicibus et supra (1732).
(3) In solemnibus minoribus Domini aut B. Mariæ, et supra (1828), in solemnibus majoribus sanctorum (1830) dicuntur psalmi proprii; vel, si desint, sumuntur de Dominica. Semper proprii notantur in festis Domini et B. Mariæ Virginis (1709).

(4) In Dominicis dicuntur 18 psalmi. Tempore paschali, in Dominicis et festis, et in festo S. Mariæ Magdalenæ, dicitur unum tantum nocturnum cum tribus psalmis. In feriis dicuntur duodecim psalmi, extra tempus paschale (1699).
(5) In solemnibus minoribus et infra (1828); tam in festis quam in feriis, exceptis quibusdam (1710).

officio pariter convenientibus (1), *quinque scilicet in festis semiduplicibus et supra*, *in vigiliis* duplicibus, *intra octavas primi ordinis, et etiam Corporis Christi, nec non in feriis a Dominica SS. Trinitatis ad Adventum, in feriis tertiæ classis et majoris hebdomadæ; sub unica vero antiphona in festis et vigiliis simplicibus, nec non in cæteris feriis et intra reliquas octavas.*

2. *Post ultimam super psalmos antiphonam (nisi aliter notetur), dicuntur capitulum, hymnus, versiculus et canticum* Benedictus *cum sua antiphona convenienti* (2). *Deinde oratio, eo ritu qui dicetur infra, cap.* 13, n. 2. *Quoad preces* Kyrie *feriales ante orationem aliquando dicendas et commemorationes post eam faciendas ad laudes*, *vide infra, cap.* 17 *et* 18 (3).

3. *Si alia non continuo sequatur hora, dicitur submissiori voce* (4) : Fidelium animæ per misericordiam Dei requiescant in pace, cui semper respondetur Amen. *Postea additur sine* Ave, Pater *totum secreto ; et sic terminatur quælibet hora ab officio sequenti separata, nisi aliter notetur.*

Cap. III. De prima.

1. *Ad primam incipitur ut supra ad laudes; deinde, nisi aliter notetur, dicitur statim hymnus cum doxologia convenienti. Postea tres semper psalmi congruentes, sub prima tantum antiphona de laudibus, nisi propria assignetur. Ante antiphonam vero, in Dominicis ordinarie dicitur Symbolum* Quicumque, *ut notatur infra, cap.* 14, n. 2.

2. *Antiphonam sequitur capitulum cum responsorio brevi, ut infra, cap.* 15 *et* 16. *Postea versiculus* Exsurge , *qui nunquam mutatur; deinde dicuntur, si dicendæ sint, preces* Kyrie, *ut infra, cap.* 17, n. 4. *Denique, nisi aliter notetur, dicitur semper eadem oratio, eodem ritu quo oratio officii ad cæteras horas* (5) : Domine Deus.

3. *Post* Benedicamus Domino, *præterquam in officio Defunctorum, et a feria* IV *majoris hebdomadæ ad Dominicam* in Albis depositis *exclusive. fit absolute, etiam privatim, ut notatur post primum in ordinario Breviarii, officium* Capituli *quod constat quatuor partibus :* 1* *semper versu* Pretiosa in conspectu, etc., *cum oratione* Sancta Maria, etc., *scilicet post lectionem Martyrologii, in cujus fine nihil respondetur, et quod, extra chorum,* *est ad libitum;* 2° *psalmo* De profundis *cum oratione* Absolve (6), *ad suffragium pro Defunctis, post lectionem Necrologii* (ubi mos est) ; 3° *precibus* Ad opus manuum (7) ; 4° *canone qui notatur infra, cap.* 14, n. 2 *et* 4 (8); *et deinde dicitur versus* Adjutorium, *etc.*, *et reliqua quæ habentur in eodem ordinario Breviarii, et denique terminatur ut supra ad laudes*, n. 3.

Cap. IV. De horis tertia, sexta et nona.

1. *Ad tertiam, sextam et nonam incipitur ut supra ad laudes. Deinde, nisi aliter notetur, statim dicitur hymnus cum doxologia conveniente, et tres semper diversi psalmi congruentes* (9) *sub una tantum antiphona, quæ, ad tertiam, est secunda de laudibus; ad sextam, tertia ; et ad nonam, quinta, nisi pro singulis horis assignetur propria* (10).

2. *Antiphonam sequitur capitulum conveniens cum responsorio brevi et versiculo, post quem, nisi dicendæ sint preces quæ notantur infra, cap.* 17, n. 3, *dicitur statim oratio de laudibus, et terminatur ex his quælibet hora, ut supra, ad laudes,* n. 3.

Cap. V. De vesperis (11).

1. *Ad vesperas incipitur, ut supra, ad laudes; deinde , nisi aliter notetur , dicuntur quinque psalmi congruentes* (12) *sub antiphonis convenientibus, quinque scilicet* (13) : 1° *In primis vesperis officii Defunctorum et Dominicæ* in Albis depositis, *nec non Dominicarum a SS. Trinitate ad Adventum;* 2° *in vesperis feriarum a Dominica SS. Trinitatis ad Adventum, nec non feriarum tertiæ classis et majoris hebdomadæ;* 3° *in utrisque vesperis festorum duplicium minorum et supra;* 4° *in secundis vesperis cujuslibet festi semiduplicis et Dominicæ, præterquam Pentecostes;* 5° *in diebus intra octavam Corporis Christi, nec non intra octavas primi ordinis, præterquam Paschæ et Pentecostes* (14). *Sub unica vero antiphona* (15) : 1° *In primis vesperis cujuslibet Dominicæ, præterquam Dominicarum* in Albis depositis *et Pentecostes;* 2° *in vesperis feriarum ab Adventu ad Dominicam SS. Trinitatis, præterquam feriarum tertiæ classis et majoris hebdomadæ, ut dictum est supra;* 3° *in vesperis intra octavas primi et tertii ordinis, præterquam intra octavam Corporis Christi*.

2. *Dicto ultimo psalmo cum antiphona, legitur capitulum quod in primis tantum vesperis* (16) *duplicium majorum et supra, præter*

---

(1) Vide cap. præced., n. 1. — Prima de communi in simplic. (1730).
(2) In solemnibus minoribus et supra, dicitur integra ante et post canticum (1770).
(3) In laudibus martyris, quando facienda est commemoratio alterius martyris, recurrendum est ad secundas vesperas ejudem communis, nisi anti, hona et versus sint propria, et sic in simili casu (1828).
In feriis Adventus, Nativitatis et temp. pasch., omittuntur suffr. (1750).
(4) Secreto (1785, 1828, 1770).
(5) In feriis Quadrages imæ, dicuntur in choro litaniæ sanctorum per ferias dispositæ (1699).
(6) In choro tantum (1828).
(7) Dicuntur etiam in Dominicis et festis (1828).
(8) In ecclesiis in quibus consuetum est legi canones (1699).
(9) De Dominica in annualibus et solemnibus Domini et B. M. V. (1715).
(10) In solemnibus, ad tertiam capitulum sumitur de pri-

mis vesperis, et ad sextam de laudibus (1750).
(11) In feriis Quadragesimæ, vesperæ dicuntur in choro ante comestionem (1769).
(12) In solemnibus et supra, isti psalmi sunt quatuor primi de Dominica, e* psal. Laudate Dominum, omnes gentes, nisi aliter notetur. In festis solemnibus minoribus et duplicibus, antiphonæ laudum dicuntur ad vesperas (1759).
(13) In duplicibus majoribus et supra (1732). Tempore paschali tres tantum dicuntur psalmi sub unica antiphona, in omnibus festis, Dominicis et feriis (Ibid.); tres primi de feria, vel Dominici, vel de B. M. V., etc. (Ibid.).
(14) Et quoties sequitur responsorium post capitulum (1830).
(15) In primis vesperis festorum solemnium et duplicium majorum, in utrisque vesperis duplicium minorum et semiduplicium, etc. (1752).
(16) Aliquot Dominicarum omniumque festorum duplicium et supra (1828).

Dominicas, primam Quadragesimæ, Passionis et Palmarum, sequitur responsorium magnum cum suo versu et reclamatione, quæ non resumitur post Gloria Patri (1). *Post hoc autem responsorium, vel, eo deficiente, post capitulum, dicitur hymnus cum suo versiculo; deinde canticum* Magnificat *cum sua antiphona convenienti* (2). *Sequuntur preces notatæ supra ad laudes, si sint dicendæ. Postea dicitur oratio quæ notatur infra*, cap. 13, n. 5; *et terminantur etiam vesperæ sicut laudes. Quoad suffragia et alias commemorationes, vide infra, cap.* 18, n. 2 et 3.

CAP. VI. De completorio.

1. *Ad completorium, lector incipit absolute per hæc verba :* Jube, domne, benedicere; *et accepta benedictione, legit lectionem e Novo Testamento singulis diebus assignatam, et in ejus fine dicitur semper :* Tu autem, Domine, miserere nostri, *cui respondetur:* Deo gratias. *Solus autem recitans incipit absolute a benedictione* Quicunque hanc regulam, *etc., ante lectionem Novi Testamenti, quam nihilominus dicit et cætera ut supra.*

2. *Dicendo versum* Converte nos†, Deus, etc., *signatur pectus pollice dextro* (3); *deinde dicitur :* Deus, in adjutorium, *etc , ut supra ad matutinum; et statim tres semper psalmi convenientes sub unica tantum antiphona quæ sumitur de Psalterio, de proprio autem vel de communi in festis tantum solemnibus majoribus quibuscunque et supra, nec non in solemnibus minoribus Domini, et intra octavas solemnium majorum quorumcunque et supra, sive fiat de ipsis, sive non* (4). *Antiphonam sequitur hymnus cum doxologia convenienti; deinde capitulum cum responsorio brevi, ut infra, cap.* 15 et 16. *Postea versiculus* Custodi me, Domine, qui nunquam mutatur.

3. *Post versiculum dicitur canticum* Nunc dimittis *cum sua antiphona convenienti, quæ scilicet in festis sumitur unde desumpta est antiphona super psalmos; sed in officio de Tempore variatur pro temporum diversitate, ut notatur in ordinario Breviarii. Post hanc autem antiphonam dicuntur, si dicendæ sint, preces notatæ infra, cap.* 17, n. 3 (5). *Deinde, eodem ritu quo ad cæteras horas, dicitur oratio quæ notatur infra, cap.* 13, n. 6 (6).

4. *Post* Benedicamus Domino, *dum additur* (7) *mediocri voce :* Gratia Domini, etc. †, *formatur super se signum crucis, sicut ad versum* Deus, in adjutorium, *in matutino. A solo autem recitante, et quando fit officium præsente episcopo, si non det ipse benedictionem,* loco vobis, *dicitur* nobis. *Tandem dicto, ut supra ad laudes, versu* Fidelium, *etc., additur una ex majoribus antiphonis* B. M. V., *ut*

(1) In annualibus post *Gloria Patri,* resumitur a principio usque ad versum..... In duplicibus fit sola reclamatio post *Gloria Patri* (1770).
In secundis vesperis solemnium minorum et supra, loco responsorii dicitur duplex *Alleluia* cum versu, in cujus fine repetitur semel *Alleluia,* præterquam a Septuagesima ad Pascha (*Ibid.*).
(2) In solemnibus minoribus et supra dicitur integra ante et post canticum (1770).
(3) Dicto *Converte nos,* fit confessio (1770).
(4) Nisi proprias habeant festa occurrentia, aut nisi habuerint propriam doxologiam; in quo casu antiphonæ completorii e Psalterio sumuntur (1830), cum festum occurrens

infra cap. 19, *et terminatur completorium, addendo semper et secreto :* Pater, Ave et. Credo, *etiamsi continuo aliud sequatur Officium.*

N. B. *Ab ordinario in hac parte* 11 *Rubricarum præscripto, totum excipitur officium a* vesp. feriæ 1v *majoris hebdomadæ, usque ad primas vesp. Dominicæ* in Albis *depositis exclusive, nec non officium Defunctorum, in quibus omnia fiunt ut notatur in propriis Breviarii locis.*

PARS TERTIA.

DE SINGULIS HORARUM PARTIBUS.

CAPUT I. De Oratione Dominica, Salutatione Angelica et Symbolo Apostolorum.

1. *Oratio Dominica* Pater noster, *et Salutatio Angelica* Ave, Maria, *dicuntur semper et secreto ante quamlibet horam, excepto completorio, in cujus tamen fine pariter dicuntur, etiamsi continuo inchoetur officium sequens. Si autem hora quælibet jungatur officio præcedenti, omittuntur ante ejus initium, nisi sit matutinum, cui semper præponuntur.*

2. *Quando, in omni officio alternatim dicto, Oratio Dominica dicitur cum precibus, alta voce pronuntiatur* Pater noster, *et cætera dicuntur secreto usque ad hæc verba :* Et ne nos inducas, *etc., quæ proferuntur alta voce; quod et observatur post versiculum cujusque nocturni, præterquam triduo ante Pascha, et in matutino Defunctorum ; tunc enim* Pater *dicitur totum secreto.*

3. *In fine cujuslibet horæ, nisi aliud officium immediate sequatur, dicto submissiori voce versu* Fidelium animæ, *etc., dicitur etiam totum secreto* Pater sine Ave. *Sed utrumque omittitur sive ante, sive post quamlibet horam officii Defunctorum et tridui ante Pascha, præterquam ante matutinum ejusdem tridui.*

4. *Symbolum Apostolorum* Credo in Deum, *etc., dicitur semper et secreto post* Ave, *ante matutinum* (8) *et post completorium, præterquam ante et post totum officium Defunctorum, et post completorium duntaxat quatridui ante Pascha* (9).

CAP. II. De invitatorio.

1. *Invitatorium dicitur ordinarie in quolibet officio nocturno cum psalmo* Venite ; *sed variatur pro qualitate officii, ut habetur in Psalterio, in proprio de Tempore, in proprio et in communi sanctorum. Variatur quoque modus quo dicitur tam ante quam post psalmum* Venite, *et ejus singulos versus, hoc ritu :*

2. *In solemnibus minoribus et supra invitatorium bis dicitur ante psalmum* Venite, *et post quemlibet psalmi versum repetitur*

nihil de octava sibi vindicet (1828). In Dominicis autem, quando officium non fit de octava, de ea nihil aliud sumitur quam doxologia (*Ibid.*).
(5) Preces non dicuntur in duplicibus et octavis solemnibus (1759), nec inter Circumcisionem et Epiphaniam, nec feria sexta post octavam Ascensionis (*Ibid.*).
(6) Postea in feriali officio dicitur psalmus pœnit. 112 *Domine, exaudi,* etc (1699).
(7) Secreto (1828), submissiori voce (1783).
(8) Primum (1732). Non dicitur ante matutinum (1699).
(9) Dicitur etiam secreto post *Pater,* ad preces primæ et completorii; sed in fine alta voce profertur *Carnis resurrecti onem* (1828).

integrum. Post Gloria Patri *vero cum* Sicut erat, *repetitur tantum a medio, quod designatur per asteriscum* * ; *et postea rursus integre dicitur.*

3. *In Dominicis et festis duplicibus* (1) *quibuscunque idem servatur ritus , nisi quod post secundum et quartum psalmi versum repetitur duntaxat a medio* (2).

4. *In festis semiduplicibus et simplicibus, nec non in feriis et in vigiliis quibuscunque, præterquam in vigiliis Natalis et Epiphaniæ Domini, quando occurrunt in Dominica, invitatorium dicitur semel integrum ante psalmum* Venite ; *post primum psalmi versum dicitur similiter integrum, sicut et post* Gloria Patri *cum* Sicut erat ; *post vero cæteros versus, a medio tantum repetitur.*

5. *In psalmo* Venite, *ad hæc verba :* Venite, adoremus, et procidamus (saltem in choro), genuflectitur.

6. *Tempore paschali, in fine invitatorii dicitur* Alleluia, *ut notatur in propriis Breviarii locis.*

7. *Non dicitur invitatorium in die ipsa Epiphaniæ Domini, nec triduo ante Pascha, nec in officio Defunctorum, nisi in commemoratione omnium fidelium defunctorum, die secunda novembris.*

Cap. III. De hymnis.

1. *Hymnus dicitur in qualibet hora, præterquam in die Natali Domini, ad laudes, ad matutinum diei Epiphaniæ et in omnibus horis a vesperis feriæ* IV *majoris hebdomadæ ad nonam sabbati ante Dominicam* in Albis depositis inclusive, *nec non in toto officio Defunctorum* (3).

2. *Ad matutinum hymnus dicitur post psalmum* Venite ; *ad laudes, post capitulum ; ad horas minores, ante psalmos ; ad vesperas, post capitulum vel responsorium, si dicatur ; et ad completorium, ante capitulum.*

3. *In officio de Tempore, ad matutinum, laudes et vesperas dicuntur hymni ut in Psalterio, quando proprii non habentur in proprio de Tempore ; et in officio sanctorum, dicuntur de proprio, vel si non adsint, desumuntur e communi. Ad horas vero minores hymni nunquam mutantur, nisi quod ad tertiam, loco hymni communis* O fons, *dicitur* Veni, Creator, *per totam octavam Pentecostes. Ad completorium autem hymnus variatur pro tempore, ut notatur in ordinario Breviarii.*

4. *Doxologia, id est, ultima strophe hymnorum, mutatur in propriam, quoties officium habet propriam, et dicitur ad omnes horas sive majores sive minores, in hymnis tantum ejusdem metri. Doxologia propria de octava dicitur insuper cunctis diebus intra octavam, etiam in Dominicis, et quidem in festis intra octavam admissis, nisi ipsa propriam quoque habeat doxologiam* (4).

(1) Et supra (1828).
(2) Eodem modo dicitur in solemnibus minoribus et infra (1745).
(3) In Adventu ad horas dicuntur hymni (1732); ad completorium tantum (1699).
(4) Excipitur tamen octava Natalis Domini, in qua doxologia Qui natus es non mutatur (1828). Doxologia quæ in

5. *Hymnus* Virgo, Dei genitrix, *dicitur ad completorium in omni officio de B. M. V., nec non intra octavas festorum ejusdem, etiam in Dominicis, et quidem in festis intra has octavas admissis, nisi ipsa propriam habeant doxologiam ; tunc enim ad completorium dicendus est hymnus de Tempore cum doxologia propria.*

6. *In hymnis* Veni, Creator, *et* Ave, maris stella, *etc., ad primam tantum strophen* (in choro) genua flectuntur ; *quod fit etiam ad strophen* O crux, ave, *hymni ad laudes et vesperas toto tempore Passionis , et ad* Tantum ergo *hymni* Pange, lingua, *per totam octavam Corporis Christi, et quoties hæc strophe cantatur in choro. Ad hanc autem strophen,* O digna cœlo Victima, *hymni vesperarum temporis paschalis, stat chorus versus altare.*

Cap. IV. De psalmis.

1. *Psalmi eo modo et ordine quo sunt in Psalterio distributi ordinarie dicuntur singulis diebus ad omnes horas tam majores quam minores , non solum in officio de Tempore, sed etiam in officio de sanctis* (5), *ut juxta antiquum Ecclesiæ usum singulis anni hebdomadis integrum recitetur Psalterium.*

2. *A regula tamen præcedenti excipiuntur officia solemnium minorum Domini, solemnium majorum quorumcunque et supra , nec non totius octavæ Paschæ et Pentecostes , tridui ante Puscha et etiam Defunctorum , in quibus ad matutinum et vesperas dicuntur psalmi proprii, vel , si desint, de Dominica ; et toties dicuntur etiam de Dominica ad cæteras horas, præterquam ad laudes tridui ante Pascha, et Defunctorum, nec non ad vesperas tantum intra octavam Natalis Domini, in quibus etiam assignantur proprii. Ad primas tamen vesperas solemn. min. Domini , nec non sol. maj. quorumcunque et supra sumuntur semper psalmi de feria, præterquam in primis vesp. Paschæ et Pentecostes, in quibus dicuntur etiam proprii.*

3. *In psalmorum et canticorum, nec non Symboli* Quicunque *recitatione tam communi quam privata, et a fortiori in cantu, observanda est versuum mediatio, designata per asteriscum* *, *qui pausam vocisque variationem denotat. Attendendum est etiam ad virgulas quæ indicant pariter tam sensum quam minorem quamdam pausam ; hæc autem pausa major fieri debet in fine cujusque versus, sicut ad quælibet puncta, in cæteris officii partibus, ut omnes gravius et uniformius psallent vel recitent.*

4. *In fine psalmorum et canticorum, nec non post quamlibet eorum divisionem, nisi indicentur cum suis divisionibus, dicitur semper* Gloria Patri *cum* Sicut erat, *casibus tamen exceptis sequentibus :* 1° *A vesperis feriæ* IV *majoris hebdomadæ ad completorium*

quibusdam temporibus propria habetur, dicitur etiam in festis occurrentibus, nisi propriam habeant (1830). Hymnus de Tempore dicitur in Dominicis intra octavas (1828), extra Adventum et Septuagesimam (1770).
(5) Iis exceptis pro quibus suo loco assignantur proprii (1828-30, 1732).

sabbati sancti inclusive, in fine psalmorum et canticorum nihil dicitur; 2° *in officio Defunctorum, loco* Gloria Patri, *dicitur* Requiem æternam, *etc., in fine cujuslibet psalmi vel cantici; sed post ultimum duntaxat ad horas minores;* 3° *in fine cantici* Benedicite *ad laudes Dominicarum, loco* Gloria Patri, *dicitur* Benedicamus Patrem, *etc.*

CAP. V. De canticis.

1. *Cantica evangelica, scilicet:* Benedictus ad laudes, Magnificat *ad vesperas, et* Nunc dimittis *ad completorium, nunquam mutantur, sed in quolibet officio, tam de Tempore quam de Sanctis, dicuntur ut habentur in ordinario Breviarii.*

2. *Canticum quod post tertium psalmum dicitur in laudibus, variatur secundum diversitatem officii: in Adventu enim et in Quadragesima* (1) *Dominicis assignatum est canticum proprium, quod dicitur etiam in festis quandoque in his Dominicis admissis, nisi ipsa suum habeant proprium; in cæteris vero per annum Dominicis, dicitur canticum* Benedicite *ut in Psalterio.*

3. *In officio feriali dicitur canticum pro feriis, ut in Psalterio. In feriis tamen a Circumcisione ad Septuagesimam, vel ad Præsentationem, si prius occurrat, et totius temporis paschalis, nec non omni tempore in festis proprium non habentibus, dicitur canticum pro festis ut in Psalterio, nisi hæc festa admittantur intra octavas Domini, vel aliter notetur.*

4. *Quibusdam festis assignatur in Breviario canticum proprium* (2), *quod dicitur etiam intra eorum octavas* (3), *nec non in festis intra octavas Domini admissis, nisi proprium etiam habeant. Intra octavas autem sanctorum dicitur eorum canticum proprium solummodo cum fit de ipsis octavis; cæteroquin, dicitur canticum pro festis, ut in Psalterio juxta feriam.*

5. *Canticum dici Ascensionis Domini dicitur feria* VI *post eamdem octavam, quocunque festo in ea feria admisso, proprium non habente. Quoad* Gloria Patri *post cantica, vide cap.* 4, n. 4.

CAP. VI. De antiphonis.

1. *Ad omnes horas sive majores sive minores, semper cum psalmis dicuntur antiphonæ, vel una cum pluribus psalmis, vel plures, pro diversitate officii et horarum, ut videre est* II *parte* (4).

2. *In omni officio nocturno trium duntaxat lectionum, cujus antiphonæ ex officio quocunque novem lectionum desumendæ sunt, hoc sumuntur ordine: Feria* II *et* V, *e primo nocturno; feria* III *et* VI, *e secundo nocturno; feria autem* IV *et sabbato (si fiat de eo), e tertio nocturno* (5). *In officio tamen feriali ab Adventu usque ad feriam* IV *majoris hebdomadæ inclusive, ad matutinum, antiphonæ sumuntur e primo nocturno, pro feriis* I, IV *et* VI; *e* II, *pro feriis* III, V *et sabbato (si fiat de eo). Intra vero octavam Natalis Domini et a feria* V *majoris hebdomadæ, ad Dominicam SS. Trinitatis, antiphonæ ad matutinum sumuntur ut notatur in propriis Breviarii locis* (6).

3. *Ad omnes horas, sive majores, sive minores officii de Dominicis et feriis a Dominica SS. Trinitatis ad Adventum, antiphonæ sumuntur e Psalterio, singulæ scilicet desumptæ e psalmo præcedenti. Omni vero tempore, in toto officio festorum de Tempore, dicuntur e proprio de Tempore; et in officio festorum de Sanctis, sumuntur e communi sanctorum, nisi propriæ habeantur.*

4. *Antiphonæ, in quocunque officio decantato, inchoantur tantum ante psalmos et cantica, et in eorum fine dicuntur integræ. In omni autem officio sine cantu recitato, tantum post psalmos et cantica integræ dicuntur absque ulla earum impositione.*

5. *A regula præcedenti excipiuntur antiphonæ majores Adventus, quæ* O *nuncupantur; in omni enim officio feriali earum tempore, sive publico, sive privato, bis integræ dicuntur, nimirum semel ante* Magnificat, *et semel post* Gloria Patri *cum* Sicut erat (7). *Ad commemorationem vero de Adventu per antiphonas* O, *in festis eo tempore admissis, dicuntur sicut cæteræ antiphonæ, id est semel tantum.*

6. *Ad primas vesperas Dominicæ Septuagesimæ dicitur semel* Alleluia *post ultimam super psalmos antiphonam; sed tantum post antiphonam ad* Magnificat *pro commemoratione Dominicæ, si in ea fiat de aliquo superiori festo; nec amplius dicitur* Alleluia *usque ad Pascha.*

7. *Tempore paschali, cuicunque antiphonæ additur* Alleluia, *iis etiam quibus deesset.*

CAP. VII. De versiculis.

1. *Ad matutinum, versiculus semper dicitur post antiphonam quæ sequitur ultimum psalmum cujusque nocturni; ad laudes et vesperas, post hymnum; et in commemorationibus ad hanc utramque horam, post antiphonam illius officii de quo fit commemoratio. Ad cæteras vero horas, post responsorium breve, et post antiphonam majorem de B. M. V. in fine completorii.*

2. *Versiculi ad primam et completorium nunquam variantur; ad cæteras vero horas*

---

(1) A Circumcisione ad Præsentationem Domini, et tempore paschali (1830).
(2) Sed dicitur tantum quando fiunt ritu saltem duplici minori, nisi aliter notetur (1830). Festa duplicia et supra habent suum canticum, sive in proprio, sive in communi assignatum (1828).
(3) Quascunque (1828) annualium et solemnium majorum Domini atque festi Omnium Sanctorum (1770); in octavis tam solemnibus quam non solemnibus (1780).
(4) Ad horas minores regulariter non dicitur antiphona (1732).
Post inceptam antiphonam, repetitur principium psalmi vel cantici, quando eadem sunt verba (Ibid.).
(5) In feriis autem Adventus, etc., quando et quo ordine e Dominica depromendæ sunt, notatur suis locis (1830, 1825).
(6) In officio semiduplici dicitur post tres psalmos una antiphona primi nocturni; post tres alios, una antiphona secundi nocturni; deinde tertii, secundum feriam (1745).
(7) Ter repetuntur integræ;... secundo ante *Gloria Patri*, tertio post *Sicut erat*. Vel si pro sola commemoratione dicantur, ter etiam hoc modo: primo ante *Gloria Patri*; secundo ante, tertio post *Sicut erat* (1828, 1745).

inde sumuntur unde sumptæ sunt antiphonæ eos præcedentes (1).

3. *Nullis unquam versiculis, nequidem versiculo* Benedicamus Domino, *tempore paschali, additur* Alleluia (2).

4. *A vesperis feriæ* iv *majoris hebdomadæ ad nonam sabbati ante Dominicam* in Albis *depositis inclusive, et in officio Defunctorum, non dicuntur versiculi, nisi ad matutinum.*

Cap. VIII. De absolutionibus et benedictionibus.

1. *Præterquam triduo ante Pascha, et in officio Defunctorum, ad matutinum post versiculum cujusque nocturni, dicto* Pater noster, etc., *sine* Amen, *fit absolutio et dantur benedictiones* (3), *ut disponuntur in ordinario Breviarii ad calcem Psalterii, etiam tempore paschali quo propriæ assignantur. Post vero quamlibet absolutionem et benedictionem semper respondetur* Amen.

2. *In omni alterna officii recitatione, ante quamlibet lectionem lector dicit :* Jube, domne, benedicere *(apud moniales, lectrix dicit :* Jube, domna, *etc.). Tum celebrans, quamvis non sit sacerdos, dicit absolutiones et benedictiones de more. Attamen, in his casibus, si lectio sit legenda a presbytero, conveniens est ut dicat ipse benedictionem, alio non sacerdote dicente :* Jube, domne, benedicere. *Si vero episcopus sit ipse lecturus lectionem* (4), *prius dicit :* Jube, Domine, benedicere; *et chorus statim respondet* Amen; *tum episcopo legente lectionem, omnes ex utraque parte chori stant versi facie ad faciem. Sed quando episcopus est ipse celebrans, ab ipso lector petit quamlibet benedictionem dicendo :* Jube, reverendissime pater, benedicere. *Solus autem, vel sola recitans, post absolutionem legit absolute benedictionem ante quamcunque lectionem.*

Cap. IX. De lectionibus.

1. *Lectiones, cum suis duntaxat titulis eorumdem characterum, dicuntur in quolibet nocturno post versiculum, præmisso semper* Pater noster, *cum supra dictis absolutionibus et benedictionibus.*

2. *In omni officio duplici minori* (5) *et supra, extra tempus paschale, novem dicuntur lectiones, tres nimirum in quolibet nocturno; in festis autem semiduplicibus et infra, omni tempore, in vigiliis quibuscunque, præterquam in vigiliis Natalis et Epiphaniæ Domini, quando occurrunt in Dominica; nec non in diebus intra quaslibet octavas, et in omnibus officiis toto tempore paschali, in quibus vnicum semper dicitur nocturnum, tres tantum leguntur lectiones, ut dictum est supra ad matutinum.*

3. *Ad officium novem lectionum, in primo nocturno tres semper dicuntur lectiones de Scriptura sacra quæ per ordinem et sua qualibet die in officiis de Tempore occurrunt legendæ, nisi aliæ in suis propriæ assignentur locis. In secundo nocturno leguntur semper ut assignantur in proprio, scilicet de aliquo sermone aut tractatu alicujus sancti cum titulo et nomine auctoris, aut de historia illius cujus fit officium. Tandem in tertio nocturno leguntur* (6) *ordinarie tres lectiones de homilia in Evangelium, ut pariter in proprio assignantur. Primæ autem tantum lectioni de homilia præponitur initium Evangelii quod eo die legitur in missa. Post vero expositionem evangelicam additur :* Et reliqua; *et ante primam tantum homiliam ipsius legitur titulus cum nomine ejus auctoris. Excipiuntur tamen ab hoc ordinario officia tridui ante Pascha et Defunctorum, in quibus non leguntur homiliæ.*

4. *Quando pro aliqua commemoratione ad matutinum ponenda est lectio de aliquo sancto vel sancta, aut de Evangelio Dominicæ, aut diei octavæ, aut vigiliæ, aut feriæ Quadragesimæ, aut Quatuor Temporum, ponitur loco ultimæ lectionis officii divini, quæ semper omittitur in officio novem lectionum; sed in officio trium duntaxat lectionum, præcedenti jungitur lectioni, modo tamen sit Scriptura sacra, aut historia alicujus sancti vel sanctæ, sub eodem titulo et ejusdem auctoris. Homiliæ enim et etiam sermones sive tractatus qui non sunt in formam historiæ sanctorum nunquam adunantur, sive in choro, sive extra chorum* (7).

5. *Si ergo ad matutinum fit commemoratio per Evangelium, legitur ejus expositio cum sua homilia prima tantum; si vero (quod interdum, extra tempus paschale, in aliqua die octava duplici minori aut supra, accidere potest) duæ sint commemorationes faciendæ, loco penultimæ lectionis, id est officii octavæ, quæ tunc etiam omittitur, ponitur Evangelium diei octavæ cum sua pariter prima tantum homilia, dummodo illud Evangelium sit diversum ab Evangelio diei festi; sed Evangelium pro commemoratione Dominicæ occurrentis in proprio de Tempore, semper legitur ultimo loco.*

6. *Si autem ad matutinum facienda sit commemoratio de aliquo sancto vel sancta, lectio ultima est de ejus vita, una tantum, vel duabus in unam junctis, si sint, ut jam dictum est, sub eodem titulo et ejusdem auctoris, nisi tamen agatur in singulis lectionibus de sanctis diversis, ut in lectionibus de SS. Fabiano et Sebastiano, aut in aliis similibus. Tunc enim etiam conjunctim leguntur, quamvis sint diversi auctoris, vel sub vario titulo. Hæc au-*

---

(1) Quando versiculum cantatur cum neumate in fine, ut observatur semper in medio nocturnorum, ad illud non respondetur alta voce, sed autem secreto, dum protrahitur neuma (1828).

(2) Additur duo *Alleluia* extra Septuagesimam (1699).

(3) De Dominica in officio de Tempore et in festis Domini; de beata Virgine, quando de ea fit officium; de sanctis vero in omni officio de sanctis (1828). Variantur hæ benedictiones pro diversitate officiorum, id est, sive novem, sive trium lectionum, etc. (*Ibid.*) In Visitatione, benedictiones sunt de B. Maria (*Ibid.*, c. 7, n. 3).

(4) Postquam ipse præmisit ex more *Jube, domne*, di-

gnior post ipsum dicit illi : *Ora pro nobis, pater;* ipse autem episcopus dicit pro benedictione : *Oro ut caritas*, etc. Et dicit lectionem. Idem observat ir ubi unicus est presbyter.. cum aliis clericis (1828-30).

(5) Et semidup'ici, dicuntur sex ; additur alia quando occurrit commemoratio; non additur decima nisi sit homilia (1745).

(6) Duæ lectiones iterum de Scriptura, ultima de homilia, in duplicibus majoribus et supra (1745).

(7) In officio de beata Maria in sabbato, si commemoratio alicujus sancti occurrat, omittitur ejus lectio.

tem commemoratio de sancto vel sancta omittitur quoties legendum est ultimo loco Evangelium cum sua homilia (1).

7. *Scriptura sacra pro qualibet die anni distributa, tota ordinarie legitur (primæ tantum cuique lectioni præmisso libri titulo), quia nulla prorsus debet esse dies per annum in qua ad matutinum non legatur de Scriptura sacra, vel propria, vel occurrente* (2). *Legitur autem Scriptura sacra in tres vel duas vel unam lect., prout plures aut pauciores assignantur. Si ergo fiat officium novem lectionum, tres lectiones primi nocturni erunt de Scriptura; si vero fit officium trium duntaxat lectionum, prima et secunda lectio, aut saltem prima erit de Scriptura; hinc, in quocunque officio semiduplici lectio prima erit de cunctis ex Scriptura occurrente lectionibus in unam junctis; secunda et tertia de festo* (3); *in officio autem simplici* (4), *nec non in plerisque vigiliis et Quatuor Temporibus septembris, aut in officio Dominicæ anticipato vel translato, etc., priores duæ lectiones erunt de tribus et Scriptura occurrente, prima videlicet sola, et secunda ex duabus aliis in unam junctis; tertia vero dicetur de officio diei Illa autem lectionum conjunctio spectat tantummodo officium sine cantu; quando enim cantatur officium, lectiones Scripturæ sacræ dicuntur sejunctæ, omissis duabus ultimis, vel una, prout officium est semiduplex aut simplex.*

8. *E contra, quando officium novem lectionum in feriis Quadragesimæ et Quatuor Temporum decembris, in vigiliis Natalis et Epiphaniæ Domini, nec non in diebus intra octavam Natalis et Corporis Christi, in quibus una vel duæ tantum assignantur lectiones de Scriptura occurrente, tunc pro primo nocturno hæ lectiones dividendæ sunt in duas vel tres, ubi scilicet asterisci notantur. Item est de homilia vigiliæ Natalis vel Epiphaniæ Domini in Dominica occurrentis.*

9. *Tempore paschali, intra hebdomadam, in festis solemnibus minoribus sanctorum et supra, prima lectio erit propria, vel, si desit, de Scriptura occurrente, tribus in unam junctis; secunda, de historia sancti vel de aliquo sermone in illius laudem; tertia, de Evangelio festi cum sua homilia. In duplicibus vero et infra, lectiones ordinabuntur, sicut alio quovis tempore, quando tres tantum dicuntur lectiones. Si autem tempore paschali in Dominica occurrat festum duplex majus aut supra sanctorum, prima lectio (nisi sit propria) erit de Scriptura occurrente; secunda de festo, duabus, si locus sit, in unam junctis; tertia erit de Evangelio cum homilia Dominicæ, omisso Evangelio cum homilia festi* (5). *Lectiones officiorum de Tempore ordinantur in proprio.*

10. *Initia librorum Scripturæ sacræ (quæ plerumque inchoantur in Dominicis) ordinarie non omittuntur. Quapropter, si die in qua ponitur initium libri, contingat fieri officium propriam habens Scripturam, tunc tres lectiones de initio libri omissæ legentur loco lectionum diei sequentis* (6). *Quod si tamen contingat etiam in hac die sequenti poni initium alterius libri, ut accidere interdum potest quando leguntur prophetæ minores* (7), *tunc prima lectio erit prima tantum de initio libri die præcedenti posito; secunda et tertia erunt prima et secunda tantum de initio libri hac ipsa die occurrenti, nisi sit Dominica quæcunque, in cujus officio lectiones assignatæ in Breviario nunquam mutantur. Itaque si sabbatis ante et post Dominicam vigesimam quartam post Pentecosten, celebretur aliquod festum propriam habens Scripturam, initia Michææ et Malachiæ, quæ duobus illis sabbatis assignantur, die præcedenti, id est, feria VI legentur, Michæas quidem pro tertia lectione post duas priores de initio Jonæ; Malachias autem loco trium lectionum de Zacharia.*

11. *Si tribus vel etiam pluribus continuis diebus ponuntur initia librorum quæ legi non possint propter officia propriam habentia scripturam, legentur partim die sequenti, vel etiam partim die præcedenti, dummodo semper legatur prius quod prius occurrit* (8). *Hinc, v. g., initium libri alicujus e Dominicis superabundantibus de quibus supra, parte* I, *cap.* 1, n. 9, *solum anticipari potest, non vero dici die sequenti, quia tunc terminatur tempus hujusmodi Dominicarum. Nunquam pariter anticipantur duo libri Paralipomenon, sed tantum transferuntur die sequenti, si locus sit; secus autem omittuntur hoc anno, sicut initium libri Baruch anticipandum in sabbato quod occupatur officio solemni majori aut supra. Omissæ autem lectiones de Scriptura nunquam resumuntur, nisi sint initia librorum, ut supra dictum est; et quoties eodem die leguntur duo vel plura initia librorum, non adunantur lectiones, etiam extra chorum, sed sejunctæ leguntur.*

12. *Quævis lectio, sive in choro, sive extra chorum, terminatur per hæc verba* : Tu autem, Domine, miserere nostri, *quibus semper respondetur* : Deo gratias. *Ab hac tamen regula excipiuntur* : 1° *Lectiones de solo Isaia, et duntaxat in Adventu, quæ etiam in officia de sanctis hoc tempore occurrentibus, sic concluduntur* : Hæc dicit Dominus : Convertimini ad me, et salvi eritis; *et nihil respondetur;* 2° *lectiones primi nocturni tridui ante Pascha, quæ ritu terminantur sequenti* : Jerusalem, Jerusalem, convertere ad Dominum Deum tuum; *et nihil pariter respondetur;* 3° *lectiones secundi et tertii nocturni*

---

(1) Jungitur cum homilia (1759) vel anteponitur (*Ibid.*).
(2) Lectiones propriæ assignantur in annualibus et solemnibus majoribus, ac etiam in quibusdam aliis festis, ut notatur suo loco (1830), in majoribus tantum solemnitatibus (1828).
(3) In semiduplicibus majoribus, tertia est Evangelium cum homilia (1759).
(4) Et octavis non solemnibus (1759).
(5) Si vero festum habeat Evangelium cum homilia, hæc leguntur pro secunda lectione, et altera lectio de ejus historia, aut alio tractatu, omittitur eo anno (1828-30).
(6) Initium ponitur die sequenti non imp dita, modo tamen de eodem libro Scripturæ legendum sit in lectionibus hujus diei; alioqui omittitur eo anno (1828).
(7) Initium præcedentis prorsus omittitur (1759).
(8) Lectiones officii semiduplicis in unam junguntur, modo sint ejusdem auctoris et sub eodem titulo; alias legetur tantum prima (1830).

tridui ante Pascha et omnes lectiones officii Defunctorum, quæ concluduntur absolute, id est, nihil addendo.

CAP. X. De responsoriis magnis.

1: *Post quamlibet lectionem ad matutinum, ac etiam post capitulum ad primas vesperas officii cujuscunque duplicis majoris et supra*(1), *præter Dominicas primam Quadragesimæ, Passionis et Paschæ, magnum dicitur responsorium*

2. *Sumuntur autem responsoria ad matutinum de Tempore, a Dominica SS. Trinitatis ad Adventum, ex eo loco ubi primo sunt posita, ordinarie scilicet die quo inchoatur aliquis e sacræ Scripturæ libris; et tandiu repetuntur quandiu sic notantur in propriis Breviarii locis*

3. *In officio de Tempore, ab Adventu ad Dominicam SS. Trinitatis, sumuntur e proprio de Tempore; quia vero tertium nocturnum cujuslibet Dominicæ propria habet responsoria, pro feriis, nisi etiam assignentur propria, sumuntur alternatim responsoria e primo et secundo tantum nocturno Dominicarum, ordine sequenti : Feria* II, IV, VI, *e primo nocturno; feria* III, V *et sabbato (si fiat de eo), e* II *nocturno. In officio tamen feriali Quadragesimæ ultimum responsorium est cuilibet diei proprium; et insuper, quando anticipatur vel transfertur aliqua lectio vel de initio alicujus libri Scripturæ sacræ, vel de homilia in Evangelium alicujus e Dominicis de quibus supra, part.* 1, *cap.* 1, *n.* 9 *et* 10, *dicitur responsorium eamdem sequens lectionem, ultimo responsorio officii omisso.*

4. *In festis, sumuntur de proprio vel de communi; in officio autem trium duntaxat lectionum, cujus responsoria ex officio novem lectionum sumenda sunt, sumuntur hoc ordine : Feria* II *et* V, *e primo nocturno; feria* III *et* VI, *e secundo nocturno; feria* IV *et sabbato, si fit de eo, e tertio nocturno. In quacunque enim commemoratione ad matutinum ordinarie non dicitur responsorium commemorationis, sed festi de quo fit officium.*

5. *In responsoriis tam magnis quam brevibus, tres distingui solent partes quarum prima initium, secunda reclamatio, et tertia versus dicitur. Reclamatio autem distinguitur ab initio per asteriscum* *, *et semper post versum integra repetitur. Post reclamationem quæ sequitur versum, additur Gloria Patri sine Sicut erat, ad ultimum, id est tertium cujusque nocturni responsorium, nisi aliter notetur; et post Gloria Patri, ordinarie terminatur. Præterea, in annualibus* (2) *quibuscunque dicitur Gloria Patri post quodlibet responsorium officii nocturni* (3).

6. *In Dominicis et festis duplicibus in quibus non dicitur Te Deum, in ultimo responsorio, post Gloria Patri, fit reclamatio per crucem* †, *aut per asteriscum* * *designata. In feriis autem, quamvis non dicatur Te*

(1) Post capitulum primarum vesperarum duplicium et supra, exceptis sabbatis quando vesperæ dicuntur de officio Dominicæ, nisi aliter notetur (1828-30).
(2) Majoribus (1823).
(3) Post *Gloria Patri* iterum repetitur reclamatio (1828). Sed præterea, ad ultimum R. cujusque nocturni, in aetualibus, fit resumpt o integra re ponsorii, id est, repet'tio

DICTIONNAIRE DES RITES SACRÉS. III.

Deum, non fit reclamatio, præterquam in vigilia Natalis Domini, nec non in feria IV *Cinerum et triduo Rogationum. In Dominicis tamen Passionis et Palmarum, in officio Compassionis B. M. V. et totius majoris hebdomadæ, nec non Defunctorum, in ultimo tantum responsorio, ad matutinum, post reclamationem quæ sequitur versum, fit resumptio responsorii usque ad versum, quia tunc non dicitur* Gloria Patri, *ut videre est infra, cap.* 16.

CAP. XI. De cantico seu hymno Te Deum.

1. *Ad matutinum, post ultimum responsorium dicitur duntaxat* Te Deum : 1° *in feriis a Circumcisione ad* (4) *Septuagesimam et totius temporis paschalis;* 2° *in vigiliis tantum Epiphaniæ et Pentecostes;* 3° *in omni officio de festo simplici et supra, exceptis tamen festis quinque Plagarum D. N. J. C., et Compassionis B. M. V., nec non* (5) *triduo Rogationum; exceptis etiam Dominicis Adventus et etiam a Septuagesima ad Pascha exclusive.*

2. *In choro, dum cantatur hic versus :* Te ergo, quæsumus, *etc., omnes genua flectunt.*

3. *Post* Te Deum *nunquam dicitur* Gloria Patri, *sed hic hymnus terminatur absolute.*

CAP. XII. De versu sacerdotali.

1. *Versus sacerdotalis (sic appellatus quia dicitur usque ad mediationem a solo celebrante qui censetur sacerdos) sumitur unde sumpta sunt responsoria, et dicitur post ultimum responsorium vel post* Te Deum *quando dicitur hic hymnus* (6).

2. *Omittitur versus sacerdotalis* 1° *quoties post matutinum celebratur missa major, ut in die Natali Domini;* 2° *triduo ante Pascha;* 3° *in officio Defunctorum.*

CAP. XIII. De collecta seu oratione

1. *Oratio dicitur ad matutinum post versum sacerdotalem, si non continuo sequantur laudes; ad laudes autem, utrasque vesperas et completorium, post antiphonas ad* Benedictus, Magnificat *et* Nunc dimittis*; ad cæteras vero horas minores, post versiculum qui sequitur responsorium breve. Oratio tamen cujuslibet horæ officii remittitur post preces* Kyrie, *si sint dicendæ.*

2. *Ad matutinum, laudes, tertiam, sextam et nonam, eadem semper oratio dicitur, præterquam in Natali Domini. Hæc autem oratio sumitur vel de proprio vel de communi.*

3. *In omnibus Dominicis assignatur oratio propria quæ in officio feriali repetitur per hebdomadam sequentem, nisi etiam propria assignetur, ut in feriis Quadragesimæ, Quatuor Temporum, etc. In vigiliis quibuscunque dicitur semper oratio propria quando fit de eis. In cæteris vero officiis sumitur oratio de proprio vel de communi sanctorum, quæ etiam repetitur in officio per octavas, nisi aliquando propria assignetur.*

4. *Ad primam nunquam mutatur oratio*

ab initio usque ad versum (1828).
(4) Ad Præsentationem (nisi præcedat Septuagesima, 1850). Non dicitur in feriis extra tempus paschale (1752).
(5) Feria secunda Rogationum (1828).
(6) Tempore paschali additur semel *Alleluia,* in fine responsionis (1732).

23

Domine Deus omnipotens, *etc.*, *quæ habetur in ordinario Breviarii, præterquam triduo ante Pascha et in officio Defunctorum, in quibus dicitur etiam ad primam oratio de laudibus.*

5. *Ad utrasque vesperas ejusdem officii dicitur etiam oratio quæ assignatur pro laudibus, præterquam 1° in feriis Quadragesimæ, in quibus assignatur semper oratio propria; 2° in feriis Quatuor Temporum septembris et decembris, nec non triduo Rogationum, quo dicitur oratio Dominicæ præcedentis. Si autem vesperæ sint de sequenti, etiam a capitulo tantum, ad has vesperas dicitur oratio de laudibus crastinis.*

6. *Ad completorium nunquam pariter mutantur orationes quæ habentur in ordinario Breviarii; sed dicitur* Visita, *quoties ad completorium dicti sunt psalmi de Dominica, et,* Deus, qui illuminas, *quoties dicti sunt psalmi de feria. Quatriduo tamen ante Pascha, et in officio Defunctorum dicitur etiam ad completorium oratio de laudibus.*

7. *Quælibet autem oratio, seu collecta, sic dicitur : ante orationem præponitur* Dominus vobiscum, *et respondetur :* Et cum spiritu tuo; *qui versus non tamen dicitur ab eo qui solus recitat, nec ab eo qui non est saltem diaconus, nec a diacono quidem præsente presbytero, nisi de illius licentia, nec denique a monialibus etiam consecratis; sed ab iis omnibus hujus versus loco dicitur :* Domine, exaudi orationem meam, *et respondetur :* Et clamor meus ad te veniat ; *deinde* Oremus, *a quibuscunque, et statim additur oratio conveniens officio, quæ semper terminatur cum magna conclusione tanquam in missa, scilicet, ut dicetur n. sequenti. Postquam responsum est* Amen, *in fine orationis, repetitur* Dominus vobiscum, *vel* Domine, exaudi, *etc.; postea dicitur* Benedicamus Domino, *et respondetur* Deo gratias, *quod semper observatur post primam orationem, sive unica, sive plures dicantur. Si enim plures dicendæ sint orationes, ratione scilicet commemorationis, ante quamlibet orationem dicitur antiphona cum versiculo; deinde oratio commemorationis, præmisso duntaxat* Oremus ; *sed post ultimam tantum orationem dicitur* Dominus vobiscum, *vel* Domine, exaudi, *etc., cum* Benedicamus Domino; *statimque submissiori voce* (1) *dicitur versus* Fidelium animæ, *etc., nisi aliud sequatur officium, ut officium capituli ad primam, vel officium parvum B. M. V., vel officium Defunctorum, vel psalmi pœnitentiales, aut statio, aut processio, aut etiam missa, aut hymnus, aut concio, aut psalmus sive canticum pro rege aut aliqua necessitate, aut aliud ejusmodi.*

8. *Quando oratio dirigitur ad Patrem, sic concluditur :* Per D. N. J. C. Filium tuum, qui tecum vivit et regnat in unitate Spiritus sancti, Deus, per omnia sæcula sæculo-

---

(1) Secreto (1828, 1745).
(2) In orationibus pro Defunctis, nisi aliter notetur, sic concluditur : *Per eum qui venturus est judicare vivos et mortuos, et sæculum per ignem.* R. Amen (1769).
(3) Cum magna conclusione (1830).
(4) Sic concluduntur : *Per Christum Dominum nostrum* vel cum alia brevi conclusione (1830).

rum. *Respondetur semper* Amen; *si ad Filium :* Qui vivis et regnas cum Deo Patre in unitate, *etc. Si in principio vel serie orationis, fiat mentio Filii, dicitur :* Per eumdem D. N. J. C. ; *si in fine orationis, dicitur :* Qui tecum vivit et regnat in unitate, *etc. Si tandem fiat mentio Spiritus sancti, dicitur :* Qui tecum vivit et regnat, in unitate ejusdem Spiritus sancti, Deus, *etc., ut supra* (2).

9. *Quando plures dicendæ sunt orationes, prima tantum et ultima concluduntur* (3) *ut in n. præcedenti; intermediæ autem* (4) *dicuntur sine ulla conclusione, sed unicuique tamen semper præponitur* Oremus *cum levi pausa, præterquam cum dicuntur conjunctim sub uno* Oremus, *scilicet ante primam, et sub una conclusione brevi post ultimam, ut in litaniis sanctorum et aliquando in officio Defunctorum extra diem commemorationis omnium fidelium defunctorum.*

10. *In orationibus et versiculis in quibus est littera* N. *pronuntiatur nomen baptismale ejus de quo fit mentio.*

CAP. XIV. De Symbolo *Quicunque* et de canone ad primam, nec non de lectione Novi Testamenti ad completorium.

1. *Ad primam, inter ultimum psalmum et antiphonam dicitur semper Symbolum* Quicunque *in Dominica in Albis depositis, nec non in Dominica SS. Trinitatis, et etiam in cæteris Dominicis* (5), *sed tantum quando fit de ipsis, nec incidunt intra octavas* (6) *aut in vigilias quascunque, vel non anticipatur aut transfertur earum officium* (7). *In fine autem Symboli* Quicunque *dicitur semper* Gloria Patri *cum* Sicut erat, *ut post psalmos et cantica.*

2. *Ad primam, in fine officii capituli legitur canon positus pro singulis anni diebus post lectiones de Scriptura occurrente, nisi proprius assignetur in quibusdam festis, quo in casu omittitur canon communis occurrens, sicut canones supernumerarii intra octavam Epiphaniæ Domini, quando scilicet Dominica prima post Epiphaniam occurrit ante diem octavam ejus festi. Item prorsus est de lectionibus supernumerariis ad completorium, servando tamen lectionem sabbato occurrentem. Omittitur autem canon ad primam triduo ante Pascha et in officio Defunctorum.*

3. *Ante completorium dicitur pariter singulis anni diebus lectio brevis Novi Testamenti, ut habetur in decursu Breviarii post canonem primæ; omittitur vero tantum quatriduo ante Pascha.*

4. *Ante lectionem canonis ad primam, et Novi Testamenti ad completorium, in qualibet recitatione alterna lector petit benedictionem per verba* Jube, domne, benedicere ; *solus vero recitans dicit absolute* Benedictionem, Quicunque hanc regulam, *etc., sicut post canonem ad primam :* Deus pacis, *etc. In fine autem sive canonis, sive lectionis, di-*

---

(5) Etiam intra octavas (1699), et quocumque festo occurrente (*Ibid.*).
(6) Annualium et solemnium majorum Domini (1770), non dicitur in Dominicis tempore Paschali (1752).
(7) Omittitur in Dominica inter Circumcisionem et Epiphaniam, quæ censetur pertinere ad octavam Natalis Domini (1828-30).

citur semper, Tu autem, Domine, miserere nostri, *et respondetur* Deo gratias.

Cap. XV. De capitulis.

1. *Capitulum dicitur ad laudes, ad utrasque vesperas et ad horas minores post ultimam antiphonam super psalmos; ad completorium vero post hymnum.*

2. *Ad laudes, utrasque vesperas, tertiam, sextam et nonam, capitulum sumitur unde sumptæ sunt antiphonæ. Ad primam vero et completorium non mutantur capitula quæ habentur in ordinario Breviarii, sed dicuntur de Dominica vel de feria, prout psalmi dicti sunt de alterutra, excepto tamen toto tempore paschali, quo dicuntur quotidie de Dominica, etiam quando dicti sunt psalmi de feria. Post capitulum autem quodcunque respondetur* Deo gratias.

3. *Nullum legitur capitulum ad laudes Natalis Domini, neque in toto officio a vesperis feriæ* iv *majoris hebdomadæ inclusive ad primas vesperas Dominicæ* in Albis depositis *exclusive, nec in officio Defunctorum.*

Cap. XVI. De responsoriis brevibus.

1. *Responsorium breve dicitur post capitulum ad omnes horas minores, præterquam a completorio feriæ* iv *majoris hebdomadæ ad nonam sabbati post Pascha inclusive* (1).

2. *Ad tertiam, sextam et nonam responsoria brevia sumuntur unde sumpta sunt capitula. Ad primam vero et completorium nunquam mutantur, præterquam in officio Defunctorum: dicuntur enim ut habentur in ordinario Breviarii. Versus tamen responsorii brevis ad primam variatur pro diversitate officii et temporis, ut notatur in propriis Breviarii locis.*

3. *A completorio sabbati ante Dominicam Passionis ad Pascha, in responsoriis tam magnis quam brevibus officii cujuscunque de Tempore, omittitur* Gloria Patri; *sed tunc post reclamationem quæ sequitur versum, ab initio repetitur responsorium tantum breve usque ad eumdem versum exclusive. Responsoria autem brevia omittuntur quoties capitula, præterquam in officio Defunctorum, in quo dicuntur etiam, sed sine* Gloria Patri, *et ut notatur in Proprio.*

4. *Extra tempus a Septuagesima ad Pascha, in omnibus festis solemnibus et supra* (2), *et etiam in duplicibus majoribus Domini, in diebus a Natali Domini ad octavam Epiphaniæ inclusive, et toto tempore paschali, sicut in diebus intra octavas primi et secundi ordinis,* (3) *nec non anniversarii Dedicationis ecclesiarum, et etiam in festis intra ejusmodi octavas admissis, in responsoriis brevibus tertiæ, sextæ et nonæ, scilicet ante versum, dicuntur duo* Alleluia, *quæ etiam post eumdem versum, loco solitæ reclamationis repetuntur. Ad responsoria vero primæ et completorii, nunquam additur* Alleluia, *nisi tempore paschali.*

(1) Solus recitans semel tantum dicit primam partem responsorii (1770).
(2) In festis Transfigurationis et Visitationis (1828).
(3) Non autem (1730, 1783).
(4) Etiam in vigilia Natalis Domini et Assumptionis B. M. V. nisi sit dies Dominica (1769).

5. *Initium brevis cujuslibet responsorii bis dicitur ante versum; et post eumdem versum fit reclamatio designata per asteriscum*. *Deinde, post* Gloria Patri *sine* Sicut erat, *adhuc repetitur usque ad versum exclusive; quod observatur etiam ab eo qui solus recitat. Nunquam vero additur* Alleluia *ad versiculum responsoriorum brevium; nec ad* Benedicamus Domino, *etiam tempore paschali. Quoad partes responsoriorum brevium, vide supra, cap. 10, n. 5, ubi de responsoriis magnis.*

Cap. XVII. De precibus.

1. *Preces constant ex verbis* Kyrie, eleison; Christe, eleison, *etc., cum Oratione Dominica* Pater noster, *etc., sine* Amen; *additis deinde pluribus vel paucioribus versiculis ante orationem officio convenientem dicendis, ut notatur in ordinario Breviarii pro qualibet hora. Ex illis precibus quædam spectant ad laudes et vesperas; quædam attinent ad primam et completorium; quædam vero dicendæ sunt quando locus est, in fine tertiæ, sextæ et nonæ, et etiam matutini, si separetur a laudibus* (4). *Nunquam autem dicuntur ejusmodi preces in toto officio Defunctorum et tridui ante Pascha.*

2. *Preces dicuntur ad laudes:* 1° *in omnibus feriis Adventus et Quadragesimæ, præterquam triduo ante Pascha;* 2° *in feriis Quatuor Temporum, præterquam Pentecostes;* 3° *in vigiliis tantum simplicibus, quando scilicet fit officium de iis feriis aut vigiliis. Hæ autem preces dicuntur ab omnibus, etiam privatim, et quidem flexis genibus, saltem in choro.*

3. *Quoties dictæ sunt preces ad laudes, dicuntur eodem modo preces notatæ ad singulas horas, etiam ad vesperas et completorium, nisi dicantur vesperæ de sequenti, et quidem a capitulo tantum, aut inceptæ sint majores antiphonæ* O, *tempore Adventus* (5). *Ad primam vero tunc adduntur versiculi intra parentheses inclusi.*

4. *Dicuntur insuper ad primam preces extra parentheses, in omni officio feriali, præterquam a Circumcisione ad* (6) *Septuagesimam, et toto tempore paschali; tunc autem dicuntur etiam ad completorium preces notatæ, nisi dictæ fuerint vesperæ de sequenti, et quidem a capitulo tantum* (7). *Hæ vero preces dicuntur pariter ab omnibus, etiam privatim, sed in choro dicuntur stando. Quoad suffragium pro Defunctis et preces* Ad opus manuum, *vide ordinarium Breviarii.*

5. *In precibus laudum et vesperarum ad versus pro pontifice nostro, pro pastore nostro et pro rege nostro, loco litteræ N, additur tantum nomen baptismale papæ, antistitis et regis sedentium; si vero sedes vacant, hi versus omittuntur. Notandum est etiam preces laudum et vesperarum easdem esse, nisi quod ad vesperas, loco psalmi* De profundis, *dicitur psalmus 50,* Miserere.

(5) In iis enim diebus propter solemnitatem antiphonæ non dicuntur preces ad vesperas; dicuntur tamen ad completorium, sed non flexis genibus.
(6) Ad Præsentationem (1830), ad Epiphaniam (1743).
(7) Non dicuntur in Dominicis primæ et secundæ classis et intra octavas (1752).

6. *Quando preces dicuntur in choro flexis genibus, cæteris genua flectentibus et parum conversis ad altare usque ad finem ejusdem horæ, celebrans solus genua flectit conversus ad chorum et incipit :* Kyrie, eleison ; *chorus respondet :* Christe, eleison; Kyrie eleison; *celebrans semper alta voce :* Pater noster ; *cætera vero dicuntur ab omnibus secreto usque ad* Et ne nos inducas in tentationem, *quem solus celebrans dicit mediocri voce et cui similiter chorus respondet :* Sed libera nos a malo, sine Amen; *et sic de cæteris. versibus. Post autem versum* Domine, exaudi orationem, *etc., solus celebrans surgit, et elevans vocem dicit :* Dominus vobiscum, *et postquam chorus respondit simili voce :* Et cum spiritu tuo, *celebrans dicit orationem officio convenientem eo ritu qui notatur supra, cap. 13, n. 7 : quod et observatur in omni recitatione alterna.*

Cap. XVIII. De commemorationibus communibus et aliis ad laudes et vesperas.

1. *Post* Benedicamus Domino *ad laudes, fit commemoratio communis de patrono vel patrona diæcesis quoties fit officium feriale, aut de Quatuor Temporibus, præterquam Pentecostes, aut de vigiliis (1) simplicibus. Omittitur tamen a die 16 decembris ad diem 13 januarii inclusive; a feria* II *post Dominicam Passionis ad primum sabbatum post Pascha inclusive, et a feria* II *Rogationum ad sabbatum ante Dominicam SS. Trinitatis pariter inclusive* (2).

2. *Post* Benedicamus Domino *ad vesperas feriales, fit pariter commemoratio communis, quæ vocatur suffragium, secundum diversitatem temporum, scilicet : de Incarnatione, tempore Adventus, usque ad diem 15 decembris exclusive; de Virgine Deipara, ab octava Epiphaniæ ad Septuagesimam vel Præsentationem, si prius occurrat; de Cruce, a Septuagesima ad Dominicam Passionis; de Resurrectione, a Dominica* In Albis *depositis ad triduum Rogationum exclusive, et de Ecclesia, a Dominica SS. Trinitatis ad Adventum pariter exclusive, ut notatur in ordinario Breviarii.*

3. *Quando in laudibus vel in vesperis fieri debet alia quævis commemoratio, fit modo sequenti : post* Benedicamus Domino *officii diei, dicuntur, si fiat in laudibus, antiphona ad* Benedictus *et versiculus hymni illius officii de quo fit commemoratio, deinde oratio ejusdem , præmittendo tantum* Oremus, *ut dictum est supra, cap. 13, n. 7. Si vero fiat in vesperis, etiam post* Benedicamus Domino, *dicitur antiphona ad* Magnificat *cum versiculo vesperarum de quibus fit commemoratio, et deinde dicitur oratio ut notatur supra.*

Cap. XIX. De majoribus antiphonis B. M. V. post completorium (3).

Antiphonæ majores B. M. V., variæ pro diversitate temporum, dicuntur de præcepto ab omnibus, etiam privatim, post completorium (4), *ut habentur in ordinario Breviarii. Dicuntur autem ab omnibus una, alta voce ; et quidem flexis genibus saltem in choro, præterquam ad completorium in omnibus sabbatis et Dominicis, in festis Domini, et intra ejusdem octavas et etiam in festis occurrentibus, nec non toto tempore paschali, in quibus dicuntur stando. Post antiphonam dicitur versiculus, deinde absolute* Oremus, *et statim oratio, quæ semper concluditur breviter et etiam absolute, respondendo nihilominus* Amen. *Prorsus tamen omittuntur hæ antiphonæ quatriduo ante Pascha.*

Cap. XX. De psalmis pœnitentialibus et litaniis sanctorum.

1. *Psalmi pœnitentiales positi in Breviario post commune patronorum dicuntur post nonam in choro tantum , feria* IV *Cinerum et feria* V *maj. hebd., ut notatur in Missali* (5).

2. *Litaniæ sanctorum , prout habentur post psalmos pœnitentiales, dicuntur de præcepto ab omnibus, etiam privatim, triduo tantum Rogationum, si processioni non intersunt. Dicuntur autem flexis genibus saltem in choro, cui tamen perfectius est se conformare privatim, licet nullus præscribatur corporis habitus pro qualibet recitatione privata officii, etiam alterna extra chorum. Sed notandum est quod eæ sanctorum litaniæ post laudes dicendæ, non tamen anticipari possunt in diem præcedentem, quamvis de more laudes anticipare liceat.*

C

CALICE.

DIFFICULTÉS SUR LE CALICE.

(Traité des SS. Mystères, par Collet.)

1. *Matière du calice.* — 2. *Nécessité de sa consécration et de celle de la patène.* — 3. *Un calice n'est pas consacré par l'usage.* — 4. *Cas où il perd sa consécration.* — 5. *La perd-il en perdant sa dorure ?* — 6. *Faut-il le consacrer de nouveau quand on le redore ?* — 7. *Matière et bénédiction du saint ciboire et du croissant, etc.* — 8. *Est-il permis à tout le monde de toucher les vases sacrés ?*

Puisque le sacrifice de la messe demande essentiellement du vin offert, consacré et répandu à sa manière, il est sûr qu'on ne peut célébrer sans coupe ou sans calice. Mais toute coupe est-elle bonne à cet usage, et

---

(1) Commemoratio de beata Virgine fit in toto Adventu exceptis festis solemnibus, et a die 14 januarii ad Præsentationem, sicut de Cruce tempore paschali; hæc cantatur a choro in navi ecclesiæ ante crucem (1732).

(2) Aut festis (1828), dempta Commemoratione de Cruce in festis simplicibus (Ibid.).

(3) Officium parvum B. Mariæ quando et quomodo dici debeat, habentur rubricæ propriæ suo loco, in fine Breviarii (1828).

(4) Et ad uniuscujusque devotionem, post cæteras horas (1828). Dicuntur autem ad devotionem tam in choro quam extra chorum, et juxta consuetudinem locorum et ecclesiarum (1745). In octava Paschæ dicitur antiphona *Regina cœli...* et in octava festi Omnium Sanctorum *Ave, Regina cœlorum*, etc. Aliis temporibus... ad devotionem (1732); in fine completorii tantum (1699).

(5) Et ad processiones litaniarum majorum die 25 aprilis (1828), et triduo Rogationum, ut habetur in Processionali (1830).

Post singulas horas... quando fit officium de feria ut in Psalterio, extra tempus paschale, dicitur unus ex septem psalmis pœnitentialibus cum versiculo et oratione (1699).

celle qui y a servi une fois peut-elle y servir dans tous les temps? C'est ce que nous allons examiner. Pour le faire avec quelque ordre, nous parlerons, 1° de la matière du calice; 2° de sa consécration; 3° des accidents qui la lui font perdre; 4° du respect avec lequel il doit être touché. Ces questions principales pourront en amener d'incidentes, mais jamais d'inutiles.

1. Pour commencer par la matière de la coupe, deux conciles nous apprennent qu'autrefois les prêtres étaient d'or et se servaient de calices de bois, mais qu'aujourd'hui ils sont de bois et se servent de calices d'or. Quoi qu'il en soit de cette assertion, que je ne voudrais pas garantir en ce qui concerne les calices, il y a longtemps qu'il est ordonné, et les mêmes Pères nous le disent encore, que le calice et sa patène soient d'or ou au moins d'argent. Tout calice d'airain, de cuivre, de bois, de verre est absolument interdit : l'airain et le cuivre, parce qu'ils se rouillent; le bois, parce qu'il a des pores, dont la pierre même n'est pas exempte; le verre, parce qu'il est trop fragile, et qu'il exposerait à un danger continuel. On permet cependant un calice d'étain à ces lieux misérables où l'extrême pauvreté ne permet pas d'en avoir d'autres (1). Ceux qui, sans être à leur aise, sont un peu moins à l'étroit, peuvent enter une coupe d'argent sur un pied d'une matière moins précieuse, c'est-à-dire sur le cuivre ou sur l'airain. Le dedans de la coupe et le dessus de la patène doivent être dorés : il n'appartient qu'à l'indigence de dispenser en ce point.

2. On ne peut sans péché mortel se servir pour la messe d'un calice ou d'une patène qui ne soit consacrée. La loi est précise (2), et la matière grave; c'en est assez pour notre décision. C'est à l'évêque à consacrer l'un et l'autre, et il ne peut en donner la commission à personne. Il y a des abbés qui tiennent le pouvoir du saint-siége, mais ils ne l'ont d'ordinaire que pour leurs propres églises. Ainsi les curés voisins ne peuvent avoir recours à eux, s'ils ne sont très-sûrs de leurs priviléges, et bien des gens soutiennent qu'il n'y en a point de cette espèce.

L'auteur des *Remarques* (3) sur la *Théologie de Bonal*, à l'occasion de ces paroles : *Les religieux ne peuvent bénir les ornements sacerdotaux que pour leurs églises*, ajoute qu'ils ne peuvent pas même bénir les ornements sacerdotaux pour les monastères des religieuses, sans une grande nécessité, comme il a été déclaré par une congrégation des cardinaux le 24 août 1609.

3. Il se présente ici une difficulté importante, et comme sa décision en résout plusieurs autres semblables, il est juste de l'examiner avec attention. Elle consiste à savoir si un calice est consacré par cela seul que quelqu'un s'en est servi pour le sacrifice. Sainte-Beuve est pour l'affirmative, et Pontas l'a suivi (4). Tous deux se fondent sur un texte de saint Augustin, que nous examinerons tout à l'heure. En attendant, nous croyons devoir embrasser l'opinion contraire, 1° parce qu'une consécration établie par l'Église ne peut se faire que par les cérémonies prescrites par l'Église, ou du moins par quelques autres qu'elle ait jugées équivalentes : or l'usage d'un calice relativement à sa consécration n'est ni du premier ni du second ordre; 2° parce que le corps de Jésus-Christ, quoique d'une dignité infinie, ne produit d'autres effets que ceux pour lesquels l'eucharistie a été instituée : or il est très-constant qu'elle n'a été instituée, ni pour consacrer les calices et les patènes, ni pour bénir les nappes ou les corporaux; 3° parce que si un calice était consacré par la seule union du sang de Jésus-Christ pendant la messe, il le serait aussi par une parcelle de son corps sacré, qui y serait mise hors le temps du sacrifice : conséquence insoutenable, et qui effectivement n'a jamais été admise par personne; 4° enfin parce que le texte de saint Augustin, qui fait toute la ressource de Sainte-Beuve, est trop obscur pour nous décider dans une affaire aussi importante. Voici les paroles du saint docteur (5) : *Nos pleraque instrumenta et vasa ex hujusmodi materia vel metallo habemus in usum celebrandorum sacramentorum, quæ ipso ministerio consecrata, sancta dicuntur.* Sur cela, voici comme je raisonne : Saint Augustin parle indubitablement d'une manière de consacrer qui était en usage de son temps, au moins en Afrique; donc, ou il entend par le *ministère qui consacre*, une action distinguée du contact des espèces eucharistiques, sens dont ses paroles sont très-capables, et alors il fait pour nous ; ou il entend le même contact, et alors il ne fait rien contre nous, parce qu'il y a des lois postérieures à son temps, qui demandent une autre forme de consécration, et qu'il n'y en a aucune qui déclare que ce qui suffisait alors suffise encore aujourd'hui. Ce sentiment nous paraît plus sûr et plus probable que l'autre, et nous en concluons, par identité de raison, que si on avait célébré dans une église non consacrée (et il en est de même de l'autel et de tout le reste), il faudrait la consacrer ou la bénir comme si on n'y avait jamais célébré. Aussi est-ce la pratique

---

1) « Quondam sacerdotes aurei ligneis calicibus utebantur; nunc e contrario lignei sacerdotes aureis utuntur calicibus. Statuimus ut calix Domini cum patena, si non ex auro, omnino ex argento fiat. Si quis autem tam pauper est, saltem vel stanneum calicem habeat. De ære aut aurichalco non fiat calix, quia ob vini virtutem æruginem parit, quæ vomitum provocat. Nullus autem in ligneo aut verreo calice præsumat missam cantare. » Concil. Tribur. an. 895, cap. 18, et Rhemense, cap. 6, apud Gratian. c. 44 et 45. *de Consecr. dist. 1. « Unusquisque sacerdos in aureo vel argenteo solum, aut saltem stanneo calice sacrificet. »

Innocent. IV, in bulla *Sub catholicæ*, 26 mart. 1254, t. I *Bullarii.* Cuppa debet esse..... vel stannea. Rubr. *de Def.* tit. 10, n. 1.

(2) « Ungitur præterea secundum ecclesiasticum morem, cum consecratur altare, cum dedicatur templum, cum benedicitur calix. » Innocent. III, cap. unic. *de sacra unctione*, lib. 1, tit. 15 *Voy.*, ci-après, art. Saints Mystères.

(3) Remarque 5, pag. 330.

(4) Sainte-Beuve, tome II, cas 78; Pontas, v° *Calice*, cas 3.

(5) August., *Enarr. in psalm.* cxxi, serm. 2, n. 6.

constante, et cette pratique, tant soit peu approfondie, forme une preuve très-solide en faveur du sentiment que nous embrassons ici.

4. Un calice perd sa consécration, 1° par les mêmes causes qui la font perdre à un autel ; 2° quand il y survient une fracture ou tel autre changement qui le rend inapte au sacrifice, comme s'il y avait un trou vers le fond, quelque petit qu'il pût être, ou que le pied fût par fraction séparé de sa coupe. Si la coupe ne tenait au pied que par une vis, la séparation qu'on pourrait en faire, ne changeant rien de la substance, ne changerait rien pour la consécration. Il en serait de même, 1° si pour redresser un calice il fallait lui donner quelques coups de marteau, ou même le mettre au feu ; 2° si des impies s'en servaient à des usages profanes, parce qu'il n'y a point alors de changement dans le fond des choses (1).

5. C'est une question si un calice qui perd sa dorure perd sa consécration. L'auteur des *Conférences d'Angers* s'en explique en ces termes (2) : *Un calice a perdu sa consécration quand toute la dorure du dedans est ôtée; mais s'il n'a perdu que peu de sa dorure, il n'a pas besoin d'être consacré de nouveau; cependant on ne doit pas être négligent à le faire redorer.* Sylvius n'est pas tout à fait du même avis. Selon lui, pour qu'un calice doré perde sa consécration, il faut que tout l'or s'en détache à la fois, *simul et semel*; s'il ne s'en va que peu à peu, il en reste toujours, ou du moins il en reste longtemps quelques parcelles, qui suffisent pour maintenir la consécration (3).

Nous pensons au contraire qu'un calice dans tous ces cas demeure toujours consacré. La raison en est que quoique l'onction qui le consacre ne touche physiquement que sa partie extérieure, toute sa masse est cependant consacrée. Or la masse subsiste, quoique l'accident s'en aille, comme il paraît à l'égard d'une église bien peinte ou bien blanchie, qui garde toujours sa consécration, quoique la peinture ou la blancheur disparaisse. Aussi, quoi qu'en dise Sylvius, ce sentiment est-il le plus commun, et on le trouvera dans Sylvestre Mozolin, Ange Clavasio, et la plupart des autres sommistes, sans parler de Suarez, Layman, Quarti (4), etc. Ceux qui n'oseraient le suivre feront bien de prendre celui des *Conférences d'Angers*. Après tout, ce n'est ni aucune crainte déplacée, ni des coutumes uniquement fondées sur le scrupule qui doivent former les décisions.

6. Il y a plus de difficulté à savoir si un calice, quand il est redoré, a besoin d'une nouvelle consécration. La plupart des théologiens, et ceux mêmes que nous avons suivis dans la décision précédente, le pensent ainsi (5). Leur raison est que le calice et la patène sont principalement consacrés par rapport au contact du corps et du sang de Jésus-Christ. Or ce contact ne se fait que dans la superficie, et celle-ci, dans la supposition présente, n'est pas consacrée, puisque l'or qui la forme tout entière ne l'a point été. Cet or, dit finement Suarez, est comme un nouveau vase extrêmement délié qu'on ajoute à l'ancienne coupe. Or un vase nouveau ne peut servir au sacrifice, si de profane il ne devient sacré. C'est autre chose, continue-t-il, quand la dorure se perd par l'usage ; alors si le calice perd quelque chose, au moins n'acquiert-il rien de commun qui puisse le profaner.

7. Le saint ciboire ayant tant de rapport avec le calice, il est juste d'en dire un mot. Nous disons donc, 1° qu'il est très à souhaiter que sa coupe soit d'argent doré en dedans, quoique l'Eglise ait toujours plus aisément passé les ciboires d'airain que les calices de même matière ; 2° qu'on se contente de bénir les ciboires, au lieu que l'on consacre les calices avec le saint chrême. Il y a même des docteurs qui croient qu'un ciboire n'a pas besoin de bénédiction, parce que le droit n'en parle pas; mais au défaut du droit, la coutume et les solides raisons qui l'appuient parlent suffisamment : car 1° le respect qui est dû au plus auguste de nos sacrements exige que tout ce qui le touche soit sanctifié à sa manière (6). 2° Si le corporal, sur lequel le corps du Fils de Dieu ne repose que très-peu de temps doit être bénit, n'est-il pas juste que le ciboire, où son amour pour nous le retient des jours et des semaines entières, le soit aussi? 3° Le droit veut très-expressément que les habits qui servent au saint ministère soient bénits, à raison du grand usage auquel ils sont destinés (7). Or, ce principe et son motif sont concluants pour le ciboire. Aussi la rubrique suppose-t-elle comme une chose certaine qu'il doit être bénit (8).

Il en est de même et pour les mêmes raisons du croissant qui touche le saint sacrement quand on l'expose. Au reste ces bénédictions se doivent faire par l'évêque ou par ceux qui ont droit de bénir les corporaux. C'est ainsi que le disent Gavantus et Sylvius, dont le premier surtout devait le savoir mieux qu'un autre.

8. Il n'est permis qu'à ceux qui sont dans les ordres sacrés de toucher le calice et le corporal dont le prêtre s'est déjà servi pour

---

(1) Il convient cependant de le laver avec de l'eau bénite, ou au moins de l'en asperger, comme on l'a dit d'une église qui aurait servi à des usages profanes.
(*Note de l'Editeur.*)
(2) *Confér. sur le sacrifice*, p. 187 et 188.
(3) « Si calici, cum esset deauratus, totum aurum simul et semel decidat, indiget is nova consecratione, non autem si paulatim deteratur, quia non sic deteritur quin adhæreant aliquæ auri particulæ. » Sylvius in III p., q. 83, art. 3.
(4) Sylvester, v° *Calix*; Suarez, disp. 81, sect. 7; Layman, l. v, tit. 3, c. 6; Quarti, part. II, tit. 1, dub. 5.

(5) La S. C. l'a décidé le 14 juin 1845 : « Calix et patena suam amittunt consecrationem per novam deaurationem. » *Ami de la relig.*, n. 4132. (*Note de l'Editeur.*)
(6) « In reverentiam hujus sacramenti a nulla re contingitur, nisi sacra. » S. Thom., III p., q. 82, a. 3.
(7) « Vestimenta quibus Domino ministrabunt, sacrata debent esse. » Cap. 14, dist. 1, *de Consecr.*
(8) « Si sacerdos est consecraturus plures hostias... locat eas super corporale ante calicem, aut in aliquo calice consecrato, vel vase mundo benedicto. » Rubric. p. II, tit. 3, n. 3.

le sacrifice. Un ancien canon (1) le défend aux religieuses, à qui la sainteté de leur état semblerait devoir donner plus de privilége. Un autre l'interdit aux simples lecteurs (2), et il fait loi chez nous. Il en est de même des purificatoires qui ont servi à l'autel. Cependant, quand ils ont été une fois lavés par un diacre ou par un sous-diacre, qui, pour le dire en passant, doivent jeter l'eau dans la piscine ou dans un autre lieu saint (3), on peut les faire blanchir ou raccommoder par des personnes du sexe, et surtout par des vierges. Tant qu'ils ne sont point notablement déchirés, ils gardent leur bénédiction.

L'opinion la plus commune est qu'une personne qui, sans permission de droit ou de fait, touche ces sortes de choses saintes ne pèche que véniellement, à moins qu'il ne le fasse avec mépris, ou avec scandale, ou pendant que le sang du Seigneur serait dans le calice. En général tout ce qui sert immédiatement au sacrifice ne doit être touché qu'avec respect, et ce qui est consacré avec le saint chrême, comme l'autel et le calice, en mérite encore davantage. C'est pourquoi Quarti (4) prétend que l'un et l'autre, avant même qu'on s'en soit servi pour la célébration des saints mystères, ne peuvent être touchés par les séculiers sans quelque nécessité. Il dit la même chose des *agnus* de cire, parce que le saint-père les consacre de la même façon.

CARDINAUX.

(Extrait du Cérémonial de l'Eglise romaine publié par Marcel, archevêque de Corcyre, tit. 8.)

I. *Temps choisis pour la création des cardinaux.*

Quoique le pontife romain, en vertu du souverain pouvoir, puisse élever, quand il le veut, à la dignité de cardinal de la sainte Eglise romaine ceux qu'il juge utiles au gouvernement du monde chrétien, il est dans l'usage de les créer à l'époque des Quatre-Temps, à l'imitation des saints Pères, qui ordonnaient alors les clercs de l'Eglise romaine, comme le font maintenant les autres évêques. Il l'a fait hors de ces temps-là dans certaines occasions. Il a observé de ne créer de nouveaux cardinaux qu'avec le consentement de la plus grande partie du sacré collège.

II. *Du premier consistoire, où l'on décide s'il faut créer des cardinaux, et combien.*

Lors donc que le pontife veut créer de nouveaux cardinaux, il propose à ses frères, les cardinaux de la sainte Eglise romaine, dans un consistoire secret le mercredi des Quatre-Temps, les motifs qui le portent à cette nouvelle création; ensuite il demande à chacun en particulier si elle lui paraît avantageuse. Chacun émet son sentiment, en liberté, à haute voix et par ordre de dignité et de priorité, savoir d'abord les évêques, ensuite les prêtres, enfin les diacres. Et quoique dans l'antiquité, hors le cas de l'élection du pontife, on procédât dans un ordre rétrograde, en sorte que le plus ancien des diacres donnait son vote le dernier, maintenant l'ordre est rétabli, et le moins ancien est le dernier. Si la plus grande partie du collége est du même avis que le pape, il s'agit ensuite de fixer le nombre des nouveaux cardinaux; si on en convient le même jour, l'assemblée est renvoyée, et l'on annonce un autre consistoire pour le vendredi; le pape avertit les cardinaux de penser à ceux qu'il faut créer, et à leurs qualités.

III. *Second consistoire; déclaration qu'un tel est cardinal.*

Les Pères s'assemblent de nouveau le vendredi, et le pontife propose les noms de ceux qu'il juge propres à une telle dignité, avec les motifs qui le déterminent, soit les mérites personnels, soit les justes demandes des princes. Il demande aux Pères leur avis, et ceux-là seulement qui obtiennent la plus grande partie des suffrages sont proclamés par le pape cardinaux de la sainte Eglise romaine en ces termes : « Par l'autorité de Dieu le Père tout-puissant, par celle des saints apôtres Pierre et Paul, et par la nôtre, nous délivrons N., évêque de N., du lien qui l'attachait à son église de N., et nous le constituons cardinal-prêtre de la sainte Eglise romaine; nous constituons N. protonotaire de N., cardinal-diacre de la sainte Eglise romaine; » et ainsi des autres. Si quelqu'un n'était pas déjà évêque, il ne dit pas *nous le délivrons du lien*, etc., mais simplement, *nous le constituons*.

IV. *Deux cardinaux recueillent les votes des infirmes.*

Il faut remarquer que s'il y a dans la cour romaine d'anciens cardinaux que l'infirmité empêche de venir au consistoire, le pontife a coutume d'envoyer deux autres cardinaux chez le malade pour lui demander son sentiment, le premier et le second jour, sur la nouvelle création, sur le nombre et sur les personnes; ils font sur tout cela un rapport fidèle au saint-père dans le consistoire secret, en présence des autres cardinaux. Les nouveaux cardinaux étant créés ce jour-là même, qui est le vendredi, le pape ou les anciens cardinaux les en avertissent par leurs nonces.

V. *Les nouveaux cardinaux ne doivent pas recevoir de visite officielle avant d'avoir reçu le chapeau et fait leur visite.*

Les nouveaux ne doivent pas être visités publiquement par les anciens, avant d'avoir reçu du pape le chapeau, et visité eux-mêmes les autres; ils peuvent cependant être visités secrètement par quelques amis, de nuit et sans appareil. Il est vrai que, du temps du pape Sixte IV, on s'écarta de cet usage; non-seulement on visita publiquement les nouveaux cardinaux au sortir du consistoire, mais encore quelques-uns qui étaient dans le palais furent accompagnés chez eux

---

(1) Cap. 25, dist. 1.
(2) « Non licet cuilibet ex lectoribus sacra altaris vasa asportare, nisi iis qui ab episcopo subdiaconi fuerint ordinati. » Concil. Bracar. 1, can. 28.
(3) On peut aussi jeter cette eau dans le feu, dit M. Babin, p. 190.
(4) Quarti, part. 11, tit. 1, dub. 6.

par tout le collége, ayant la chape de cardinal et le chapeau noir; mais cela fut blâmé par un grand nombre.

VI. *Du consistoire public, où l'on fait connaître les nouveaux cardinaux.*

Le samedi suivant, il y a un consistoire public : les nouveaux cardinaux viennent de grand matin dans le palais, avec l'habit qu'ils avaient auparavant ; ils attendent, dans quelque chambre qu'on leur a préparée, que les anciens cardinaux soient arrivés. Tous étant rassemblés, le pontife, en chape et en mitre précieuse, précédé de la croix et des cardinaux, se rend au consistoire public, monte à son trône, et admet les cardinaux à la révérence accoutumée. Ensuite, tous étant assis, le saint-père expose en termes convenables les motifs qui ont porté Sa Sainteté et le sacré collège à créer de nouveaux cardinaux ; il nomme ensuite en particulier ceux qu'il a élevés au cardinalat, louant les mérites et les qualités de chacun, selon que le temps et les circonstances paraîtront l'exiger. Après cela le souverain pontife ordonne qu'on amène les nouveaux cardinaux; les anciens cardinaux-diacres y vont en nombre suffisant, s'il se peut, pour que deux anciens en amènent un nouveau, et on les présentent devant le pontife : si le nombre n'est pas suffisant, un ancien seulement amènera un nouveau, se tenant à gauche de celui-ci, et même, s'il le faut, un ancien amène deux ou trois nouveaux. S'il n'y avait qu'un ou point d'ancien cardinal-diacre, un ou deux anciens cardinaux-prêtres doivent y suppléer, en sorte qu'il y ait au moins deux anciens pour introduire les nouveaux : cependant le cardinal-diacre doit tenir le premier rang. Arrivés devant le pontife, ils lui font, découverts, une profonde inclination, et se placent à mesure qu'ils sont nommés. Le pontife leur fait une allocution.

VII. *Avertissement du pontife aux nouveaux cardinaux.*

Le pape leur fait envisager l'excellence de leur dignité qui les établit ses conseillers, chargés de juger avec lui l'univers; il les appelle successeurs des apôtres, semblables à des rois, vrais pivots sur lesquels doit tourner la porte de l'Eglise militante ; il leur recommande en détail la fuite des vices, et de plus grandes vertus qu'auparavant ; d'avoir toujours les livres sacrés entre les mains, de s'occuper jour et nuit à apprendre quelque chose ou à l'enseigner, de faire briller la lumière de leurs bonnes œuvres, enfin d'être tels qu'ils réalisent l'idée qu'ils s'étaient formée des qualités nécessaires aux cardinaux avant qu'ils fussent élevés à cette haute dignité. Tels sont à peu près les termes dont se servit le souverain pontife Pie II, lorsqu'il créa ses premiers cardinaux: on peut varier ou ajouter suivant les personnes et les temps.

VIII. *Les nouveaux cardinaux sont admis au baiser de paix, et reçoivent le chapeau.*

Pendant l'allocution du pape, les diacres qui ont amené les nouveaux cardinaux sont assis ; ensuite ils les conduisent de nouveau dans le même ordre auprès du souverain pontife, à qui ils baisent le pied, puis la main : le pape les relève et les admet au baiser de la face ; les diacres les conduisent ensuite vers les anciens cardinaux dont ils reçoivent le baiser de paix, depuis le premier jusqu'au dernier. Les diacres leur donnent aussi le baiser, étant debout à leur siége, puis les conduisent à leurs places respectives de prêtres ou de diacres. Lorsque tous sont assis, les avocats peuvent proposer quelque cause qu'on puisse traiter brièvement, s'il plaît à Sa Sainteté ; après cela les cardinaux se lèvent, les chantres commencent *Te Deum;* on va à un autel préparé, les évêques marchant les premiers, puis les prêtres et les diacres. Arrivés devant l'autel, les nouveaux se prosternent sur des tapis, tenant la tête sur leurs bras : quand l'hymne est finie, le plus ancien des évêques lit sur un livre placé sur l'autel au côté de l'Epître quelques versets et oraisons. Tous les cardinaux retournent vers le saint-père, les anciens se rangent en cercle, debout, devant lui ; le premier des nouveaux qui est nommé se met à genoux devant le pontife, qui lui impose le chapeau rouge en disant : « A la gloire de Dieu tout-puissant, et pour l'ornement du saint-siége apostolique, recevez ce chapeau rouge, insigne propre du cardinalat, qui signifie l'obligation où vous êtes de vous montrer intrépide jusqu'à répandre votre sang et endurer la mort pour l'exaltation de la foi, la paix du peuple chrétien, la prospérité de l'Eglise romaine. » Chacun le reçoit ainsi, et ceux qui ont apporté le chapeau le reprennent jusqu'à ce que le nouveau cardinal soit à cheval.

Les nouveaux cardinaux sont accompagnés chez eux par les anciens, tous à cheval ; chacun arrivé devant sa porte se découvre et rend grâces à chacun des autres, et se tenant découvert devant sa porte, il les salue à mesure qu'ils partent.

Le lendemain, s'ils le peuvent, ils doivent visiter le souverain pontife, puis les anciens cardinaux, sans observer aucun ordre, mais selon leur commodité ; ceux-ci doivent les faire marcher à droite et passer les premiers pour entrer, malgré leur résistance, puis rendre la visite aux nouveaux, qui doivent observer les mêmes règles de déférence. Dans la suite, celui qui est visité fait toujours les honneurs à celui qui visite.

IX. *Manière de fermer et ouvrir la bouche aux nouveaux cardinaux.*

Dans le premier consistoire, le pontife défend aux nouveaux cardinaux de prendre la parole jusqu'à ce que, sur l'avis des autres, il ait jugé à propos de leur ouvrir la bouche, ce qui se fait ordinairement dans le second ou le troisième consistoire, de cette manière : lorsque tous sont assis, le pape fait sortir les nouveaux. Ils attendent dans un lieu convenable que le pape les fasse rentrer, après avoir obtenu le consentement de chacun des autres. Ils reçoivent debout des avis paternels sur leurs devoirs les plus importants, sur la manière de procéder dans leurs rapports entre eux, sur l'édification qu'on attend d'eux, etc. Puis le pape leur donne la parole en disant : « Nous vous ouvrons la bouche pour les conférences, les conseils, l'élection du souverain pontife, et tout ce qui concerne les cardinaux et leurs attributions, soit en consistoire, soit ailleurs. Au nom du Père †, et du Fils †, et du Saint-Esprit †. Ainsi soit-il. »

X. *Des titres et des anneaux.*

Après cela les nouveaux cardinaux vont l'un après l'autre se mettre à genoux devant le pape et en recevoir un anneau précieux. Le pape le met au doigt annulaire de la main droite du cardinal, et lui confère un titre en disant : « A l'honneur de Dieu tout-puissant, des saints apôtres Pierre et Paul, et de saint N., nous vous confions l'Eglise de saint N. avec le clergé et le peuple, et les chapelles qui dépendent de cette Eglise, comme tout cela a été confié aux cardinaux qui ont eu la même Eglise pour leur titre. » Quand c'est un cardinal-diacre, on ne fait pas mention de titre ni de chapelles.

Quand même les nouveaux cardinaux seraient prélats auparavant, ils ne doivent pas porter des anneaux avant d'en avoir reçu un du souverain pontife. Quand ils l'ont reçu, ils baisent le pied et la main du saint-père, qui les relève pour les embrasser, et ils retournent à leurs sièges. Il est aussi d'usage de conférer des titres aux nouveaux cardinaux absents. Tout cela peut se faire hors du consistoire, dans les cercles, les congrégations, ou quand les cardinaux sont appelés pour quelque sujet particulier, mais avec les cérémonies susdites. L'élévation au cardinalat étant censée dépouiller des bénéfices déjà obtenus, il est d'usage que le pape dispense par des lettres apostoliques, afin que le nouveau cardinal puisse garder tous les bénéfices dont il jouissait auparavant.

On ne voit pas que les souverains pontifes aient envoyé le chapeau rouge à de nouveaux cardinaux résidant hors de Rome, à moins qu'ils ne fussent chargés d'une légation importante; dans ce cas on le leur envoie pour leur concilier plus d'autorité et de respect.

XI. *Envoi du chapeau hors de Rome.*

Lorsque le souverain pontife fait porter un chapeau rouge à quelqu'un hors de Rome, il donne la commission au prélat le plus distingué du lieu de l'imposer au nouveau cardinal, après en avoir exigé le serment. Celui qui sera chargé de porter le chapeau au nom du souverain pontife, le portera en évidence à l'entrée de la ville où réside le nouveau cardinal, accompagné des nobles et des amis de celui-ci. Un jour de dimanche ou de fête on se rend chez le nouveau cardinal, on l'accompage à l'église; il porte l'habit rouge et le chapeau noir conforme à son état précédent; le chapeau rouge est porté devant lui par le nonce apostolique. Après avoir prié devant l'autel et entendu une messe solennelle ou simple, au gré du cardinal, l'évêque délégué, en rochet ou surplis, étole,

chapo et mitre précieuse, s'assied devant l'autel, tourné vers le peuple; le chapeau est déposé sur l'autel. L'évêque délégué ou le nonce, ou l'un après l'autre, exposent l'objet de la cérémonie, font part de la commission dont ils sont chargés, des motifs qui ont déterminé le choix du nouveau cardinal, de ses mérites personnels, parlent du prince qui a demandé pour lui cette dignité, etc. Après cela, le nouveau cardinal se met à genoux devant l'évêque délégué près de l'autel, et fait le serment. L'évêque, au coin de l'Épître, découvert, lit des versets et oraisons, le cardinal restant à genoux. L'évêque s'assied, impose le chapeau, donne le baiser de paix ; le nonce reprend le chapeau ; l'évêque délégué se met à genoux sans mitre, et commence *Te Deum*; il se lève après le premier verset. A la fin il dit une oraison, donne solennellement la bénédiction, quitte les habits sacrés, et accompagne chez lui le nouveau cardinal en chapeau rouge.

CATÉCHISME.

(Résumé d'un grand nombre de Rituels, par Beuvel. t.)

Qu'est-ce que le Rituel ordonne touchant le catéchisme ?

Il enjoint, 1° aux curés de faire par eux-mêmes, ou par d'autres ecclésiastiques capables, toutes les après-dînées des dimanches et fêtes, l'instruction familière touchant les rudiments de la foi, en langage vulgaire, aux enfants de l'un et de l'autre sexe, aux serviteurs et aux domestiques de leur paroisse, avant ou après vêpres, selon qu'ils jugeront plus à propos pour la commodité des personnes, et cela sans appareil, sans discours étudiés, sans monter dans la chaire où d'ordinaire se font les prônes et les prédications, mais *ex plano*, d'une façon claire et succincte. 2° Il leur enjoint d'avertir et de faire entendre aux pères et aux mères, aux maîtres et maîtresses, qu'ils sont obligés en conscience, non-seulement d'y envoyer leurs enfants, serviteurs et servantes, mais de les y mener en personne, s'ils se rendent négligents à y venir, et eux-mêmes de s'y rendre assidus, quand ils ont besoin d'instruction.

Cette obligation de faire le catéchisme est-elle très-étroite ?

Oui, et plus grande encore de la part du curé que de celle des pères et mères; ce qui a obligé le concile de Latran, sous Léon X, et le concile de Trente, de faire un décret tout exprès à ce sujet, et même de menacer de censures ecclésiastiques ceux qui s'y rendront négligents. Et les papes Pie V et Grégoire XIII ont donné des indulgences à ceux qui font, qui assistent ou qui envoient leurs domestiques aux catéchismes, ou qui s'enrôlent dans des confréries établies à ce dessein. *Cum omnis ætas ab adolescentia prona sit ad malum*, dit le concile de Latran, *et a teneris assuefieri ad bonum magni sit operis et effectus, statuimus et ordinamus ut magistri scholarum et præceptores, pueros suos, sive adolescentes nedum in grammatica, et rheto-*

rica et cæteris hujusmodi erudire et instruere debeant, verum etiam docere teneantur ea quæ ad religionem pertinent, ut sunt præcepta divina, articuli fidei, sacri hymni et psalmi, et sanctorum vitæ; diebus festivis nihil aliud eos docere possint, quam ex rebus ad religionem et bonos mores pertinentibus, eosque instruere hortari et cogere (in quantum possint) teneantur, ut nedum ad missas, sed etiam ad vesperas divinaque officia audienda, ad ecclesiam accedant, et similiter ad prædicationes et sermones audiendos impellant, nihilque contra bonos mores, aut quod ad impietatem inducat, eis legere possint. Sessione 9.

Episcopi pueros saltem Dominicis et aliis festis diebus, ajoute le concile de Trente, in singulis parochiis fidei rudimenta, obedientiam erga Deum et parentes diligenter ab eis ad quos spectabit, doceri curabunt, et si opus sit etiam per censuras ecclesiasticas compellent; non obstantibus privilegiis et consuetudinibus. Sess. 24, sub Pio IV.

N'y a-t-il rien à remarquer de particulier touchant les instructions qui seraient à faire aux enfants qui doivent communier pour la première fois?

Oui, il serait à propos que le curé, pour leur faire concevoir la grandeur de cette action et leur imprimer pour toute leur vie dans l'esprit la révérence envers ce divin sacrement, assemblât, dès le commencement du carême, ceux qui auraient l'âge de douze ou treize ans expirés, en certain lieu, pour leur faire instruction particulière et leur apprendre ce qui concerne la sainte eucharistie et les dispositions pour la bien recevoir, prenant certain jour, comme le lundi saint ou le samedi de Pâques, ou plutôt le lundi ou mardi de la semaine de Pâques, pour faire communier ceux qu'il aurait jugés capables de s'en approcher, à l'issue de la messe de paroisse, après en avoir averti à son prône, pour rendre cette cérémonie plus solennelle, et leur avoir fait au préalable quelque petit discours pour les mieux préparer à cette action si sainte.

C'est ce qui est expressément marqué dans les constitutions synodales de l'archevêque de Manfredonia, ville célèbre du royaume de la Pouille, près le mont Gargan, l'an 1567: *Juvenes qui prima vice ad sanctissimum eucharistiæ sacramentum sunt accessuri, per aliquot dies ante parochum adeant, a quo de ejusdem vi et virtute instruantur, et an ad suscipiendum habiles sint, judicentur.* Le même usage est ordonné dans le Manuel d'Arras: *Quod ad pueros attinet, non ii ad primam communionem admittantur, nisi per parochum ipsum fuerint probe examinati et instructi*, etc.

CEINTURE.
(Explication du P. Lebrun.)

Ceux qui se sont servis d'habits longs et larges ont toujours pris une ceinture pour marcher et pour agir plus commodément. *Prenez votre ceinture*, dit l'ange à saint Pierre, en l'éveillant (1). Bède et Raban disent qu'on serre l'aube avec une ceinture, *de peur qu'elle ne descende trop bas et qu'elle n'empêche de marcher* (2). Ces auteurs ne manquent pas de remarquer que l'aube et la ceinture doivent être un avertissement de conserver avec soin la pureté, et l'Eglise veut aussi qu'en prenant la ceinture le prêtre demande à Dieu de *mettre à ses reins une ceinture de pureté, pour conserver la chasteté* (3).

CÉLÉBRATION.

Voyez, au Dictionnaire, l'art. SACRIFICE.

DIFFICULTÉS SUR LE TEMPS, L'HEURE, LE JOUR ET LA RÉPÉTITION DU SACRIFICE.
(Traité des SS. Mystères, par Collet.)

Notre dessein est d'examiner dans ce chapitre, quand un prêtre doit célébrer, à quelle heure il peut le faire, quels jours de l'année il est obligé de s'en abstenir, et s'il le peut faire plus d'une fois dans un jour.

§ I. De l'obligation de célébrer en certains temps.

1. *Principes généraux sur la célébration.* Règle I. *Il est plus louable de célébrer souvent.* — 2. Règle II. *Il n'y a point de loi qui oblige un prêtre à célébrer tous les jours, et cela a lieu pour les pasteurs.* — 3. Règle III. *Un prêtre ne peut sans péché s'abstenir toujours de célébrer.* — 4. *Combien de fois le peut-il faire dans une année?* — 5. Règle IV. *Les pasteurs doivent célébrer plus souvent que les simples prêtres.* — 6. Règle V, *pour les chapitres.* — 7. Règle VI. *Un bénéficier doit s'en tenir aux termes de la fondation pour le lieu des messes;* — 8. *pour l'autel;* — 9. *pour le nombre.* — 10. *Questions importantes sur cette matière.* — 11. *Peut-on changer le jour stipulé par les fondateurs?* — 12. *Une messe omise le vendredi saint doit-elle être suppléée?*

La première des quatre questions qui se présentent ici est sans doute la plus importante, et celle qui veut être traitée avec plus de précaution. Pour la faire autant qu'il me sera possible, et sans vouloir ni plaire ni déplaire à personne, j'établirai un petit nombre de règles, et je tâcherai de n'en proposer aucune qui ne soit bien appuyée.

1. *Règle* I. En général, il est plus louable de célébrer souvent que de le faire rarement.

La raison en est qu'un prêtre qui célèbre souvent et qui, comme nous le sous-entendons, célèbre d'une manière digne de Dieu, doit vivre en vrai ministre de Jésus-Christ, c'est-à-dire craindre toutes ses œuvres, s'abstenir de l'apparence du mal, gémir de ses chutes connues et inconnues, recourir souvent au sacrement de pénitence, se maintenir dans cet esprit de ferveur qui exclut la routine d'une action où elle ne peut être que fort dangereuse, bannir de son cœur l'affection au péché véniel (4), aimer l'oraison,

---
(1) Præcingere. *Act.* XII, 8
(2) « Ne tunica ipsa defluat et gressum impediat. » Raban. Maur., *de Institut. cleric.* l. I, c. 17.

(3) Præcinge me, Domine, cingulo puritatis, etc.
(4) J'ai expliqué tout cela plus au long dans mon traité latin de l'Eucharistie.

s'en faire un degré pour approcher de l'autel, etc. Que l'on compare une conduite si sainte avec celle de la plupart des ecclésiastiques qui ne célèbrent presque jamais, il ne sera pas difficile de juger à laquelle des deux se doit la préférence. Etudier peu, prier encore moins, aimer le monde, et souvent le plus dangereux, être insensible à la plaie cruelle qui frappe la religion, n'oser ouvrir la bouche pour la défendre, s'unir quelquefois à ceux qui l'attaquent, parce qu'on ne veut pas rester muet, et qu'on ne peut venger ce qu'on n'a jamais bien étudié; se confesser à *tout le plus* une fois l'an, etc., voilà, pour nous tenir dans des bornes très-modérées, le train commun de ces hommes qu'*une sainte frayeur* éloigne des autels. Nous ne les exhorterons pas à s'en approcher, tant qu'ils seront dans une si funeste disposition. Nous demandons seulement si cet état est comparable à celui dont nous avons d'abord ébauché le portrait.

On nous répliquera peut-être que plusieurs de ceux qui sont dans le second cas célèbrent aussi hardiment que ceux qui sont dans le premier. Mais une pareille réponse est tout à fait étrangère à la question. Nous ne proposons pas à un mauvais ministre de ressembler à un autre qui vaut encore moins que lui ; nous lui demandons s'il n'est pas vrai que pour célébrer saintement et fréquemment il en coûte beaucoup, et si l'état d'un homme à qui il en coûte beaucoup pour être toujours intimement uni à Dieu, n'est pas plus louable que celui d'un homme qui ne s'éloigne du terme que parce que le chemin qui y conduit rebute sa mollesse et fatigue son indolence.

A ce premier motif on peut en joindre un autre qui, pour être rebattu, n'est pas moins solide : c'est qu'un prêtre qui célèbre rarement prive, autant qu'il est en lui, la sainte Trinité de la gloire et des louanges qui lui reviennent dans l'auguste sacrifice de nos autels ; les anges, de la joie sainte qu'il leur procure ; les pécheurs et les justes, des grâces qui obtiendraient, aux uns le pardon de leurs péchés, aux autres la fermeté dans le bien ; les âmes qui souffrent dans les flammes du purgatoire, de la consolation et du rafraîchissement dont elles ont besoin ; l'Eglise tout entière, de ces secours puissants qui découlent abondamment de la victime immolée, et qu'enfin il se prive lui-même du remède qui le soutiendrait contre les faiblesses de chaque jour. Telles sont, au jugement du vénérable Bède et de saint Bonaventure (1), ou plutôt du monde chrétien, les pertes que souffre et fait souffrir un prêtre que sa langueur écarte de la participation des divins mystères ; et par où pourra-t-il les compenser?

La pratique de presque tous les saints, et l'exemple de ceux qui ont fait plus d'honneur à l'ordre sacerdotal, vient à l'appui de notre décision. Quoiqu'il y en ait eu quelques-uns qui, saisis, à la vue de l'autel, d'une religieuse terreur, n'y sont montés que rarement, et cela dans le temps même qu'ils s'en rendaient dignes par leurs larmes, leurs pénitences, leurs travaux pour l'Eglise, il est constant que tous les autres, et ceux principalement qui ont le plus fait de ces sortes de biens qu'on ne peut attribuer qu'à l'opération de la grâce, ont célébré autant qu'ils l'ont pu. Tels ont été les Xavier, les Charles Borromée, les François de Sales, les Vincent de Paul et les Berulle. Tout le monde sait que ce dernier mourut à l'autel. Comme notre dessein est de décider en peu de mots, nous renvoyons à Pontas sur cette matière : il l'a très-bien traitée, v° *Messe*, cas 10.

2. *Règle* II. Il n'y a point de loi qui oblige un prêtre à dire la messe tous les jours.

La raison en est que cette loi ne se trouve ni dans l'Ecriture ni dans les canons ecclésiastiques, qui sont la grande source où les ministres du Fils de Dieu doivent puiser la connaissance de leurs obligations. Aussi les prêtres les plus vertueux, bien loin de se faire une règle inviolable de ne manquer jamais à célébrer, s'en sont quelquefois fait une d'y manquer de temps en temps. Dom Barthélemy des Martyrs, à qui on ne reprochera pas d'avoir ignoré ses devoirs, s'abstenait de monter à l'autel une fois par semaine, de crainte que l'usage trop suivi ne dégénérât en familiarité, et que celle-ci ne produisît le dégoût, la négligence, et ce défaut de reconnaissance qui tarit la source des grâces. Nous pourrions citer de pareils exemples, s'il en était besoin ; mais on a tant écrit de nos jours sur cette matière, qu'il serait inutile de s'y arrêter plus longtemps.

Ce que nous venons de dire d'un simple prêtre doit s'étendre aux curés : leur faire une étroite obligation de dire la messe tous les jours, ce serait outrer les choses à pure perte, et les exposer de temps en temps à faire plus de mal que de bien. On convient cependant qu'un pasteur, à raison de sa charge, doit célébrer plus souvent qu'un autre, lors même que son peuple, occupé aux travaux des campagnes, ne peut s'unir à lui que de cœur et d'affection. Plus ses enfants souffrent le poids cuisant de la chaleur et de l'indigence, plus, à l'exemple du Fils de Dieu, il doit se sanctifier pour eux, leur obtenir par l'application du sang de Jésus-Christ l'esprit de paix et de patience dont ils ont besoin. Aussi un théologien que je ne me lasse point d'admirer dit que régulièrement un pasteur ne peut, sans quelque cause raisonnable, omettre la célébration du sacrifice (2). Une maxime si sage, si conforme à l'équité, pourrait donner occasion

---

(1) « Sacerdos non legitime impeditus, celebrare omittens, quantum in ipso est, privat SS. Trinitatem laude et gloria, angelos lætitia, peccatores venia, justos subsidio et gratia, in purgatorio existentes refrigerio, Ecclesiam Christi speciali beneficio, et seipsum medicina et remedio contra quotidiana peccata et infirmitates. » S. Bonaventura, lib. *de Præparat. ad missam*, cap 5. *Vide* et S. Antoninum p., tit. 13, c. 6, § 15.

(2) Suarez, disp 80 sect. 2.

à une sortie vive : la douleur a son langage, et il plaît quelquefois à Dieu de le bénir.

3. *Règle* III. On ne peut excuser de péché un prêtre qui de son propre mouvement (1) ne célèbre jamais ou presque jamais.

En général, qui prend un emploi doit en acquitter les charges, et il est tenu *sub gravi*, lorsque la matière est importante. Or l'obligation de célébrer, au moins de temps en temps, est la première de celles dont un prêtre se charge dans son ordination. C'est, dit saint Paul (2), pour offrir des sacrifices, que le pontife est établi. Et quelle force auront ces paroles précises du législateur : *Faites ceci en mémoire de moi* (3), s'il est permis à un prêtre de n'y avoir aucun égard ? Le concile de Trente, qui en connaissait bien la valeur, les a regardées comme une loi faite non-seulement pour les chefs de la communauté, mais généralement et indistinctement pour ceux qui devaient leur succéder dans le sacerdoce (4).

Cette doctrine des Pères de Trente n'était pas nouvelle dans l'Eglise : il y avait longtemps que l'Ange de l'école (5) l'avait soutenue contre quelques particuliers qui prétendaient mal à propos qu'un prêtre sans charge d'âmes peut toute sa vie s'abstenir de célébrer. Cajétan n'osa pas aller si loin que ces téméraires écrivains : il jugea bien qu'un homme qui ne célèbre jamais pèche véritablement, mais il crut que ce péché n'était que véniel. Pie V, qui joignait à une sainteté éminente des lumières supérieures, fut affligé de voir donner sitôt atteinte aux décrets du dernier concile général, et quoiqu'il honorât la vertu et la science de Cajétan, son ancien confrère, il fit rayer de ses commentaires la glose qu'il avait si mal à propos cousue au texte de saint Thomas

4. A la bonne heure ! nous dira-t-on, un prêtre doit célébrer, mais quand et combien de fois doit-il le faire dans une année, pour se mettre à l'abri du péché ?

Nous n'avons rien de mieux à dire sur cette matière que ce que l'Eglise a bien voulu nous en apprendre. Elle enjoint aux évêques d'avoir soin que les prêtres disent la messe au moins les dimanches et les fêtes solennelles (6). Prétendre, comme ont fait quelques théologiens, que le décret n'a été fait qu'en vue des fidèles, à qui on a voulu procurer la facilité d'entendre la messe, c'est une illusion des plus marquées ; outre qu'il n'y a rien dans le texte qui conduise à un sens si peu naturel, il est évident que si l'Eglise n'avait envisagé que la commodité des peuples, elle ne se fût pas contentée de prescrire à chaque prêtre d'offrir le sacrifice les dimanches et les fêtes solennelles. Il y a en Italie comme en France plusieurs fêtes auxquelles, quoique de beaucoup inférieures à celles de Pâques, de la Pentecôte, etc., tout chrétien est obligé d'entendre la messe. Pourquoi donc le décret de Trente n'en parle-t-il pas et laisse-t-il en quelque sorte aux ministres de l'autel la liberté de n'y monter pas ces jours-là ?

Aussi les conciles postérieurs à celui de Trente lui ont-ils donné le sens que nous lui donnons, et si quelques-uns (7) ont étendu la loi à toutes les fêtes sans exception, ce que d'autres n'ont pas fait (8), aucun n'a allégué pour motif de ses ordonnances la commodité des peuples. Certainement quatre ou cinq messes bien distribuées suffiraient à une nombreuse paroisse sur laquelle il y aura quelquefois plus de vingt prêtres tant religieux que séculiers. Ce n'est donc pas le peuple seul, c'est le prêtre et les devoirs de son sacerdoce, que l'Eglise a eus en vue dans ses décrets

Au reste la maladie d'un respect affecté pour les saints mystères n'est pas nouvelle. Mais aussi les remèdes violents qu'on a employés pour la guérir font voir qu'on l'a toujours regardée comme sérieuse. *Nous avons appris avec beaucoup de douleur*, disait Innocent III, dans le concile général de Latran, *qu'il y a des prêtres qui disent à peine la messe quatre fois dans l'année, et qui, ce qui est encore pis, négligent d'y assister. Nous défendons ces excès et autres semblables sous peine de suspense* (9). Or, dit Merbes (10), la menace d'une peine aussi grave que l'est la suspense indéfiniment prise suppose un péché mortel ; il ne faut donc point douter, continue ce théologien, que, pour éviter ce genre de faute, un prêtre qui n'a aucun empêchement légitime ne soit obligé de célébrer les dimanches et les fêtes, principalement les plus solennelles, telles que sont la Nativité de Notre-Seigneur, Pâques, l'Ascension, la Pentecôte, la Fête-Dieu, la Tous-

---

(1) Je dis, *de son propre mouvement*, parce que je n'examine point ici les voies extraordinaires. S. Thomas, après avoir dit : « Quia secundum Gregorium, cum crescunt dona, rationes crescunt donorum, cum sacerdoti data sit potestas nobilissima, reus erit negligentiæ, nisi illa utatur ad honorem Dei et salutem suam et aliorum, vivorum et mortuorum » a la précaution d'ajouter : « Nisi forte aliquis ex speciali Spiritus sancti instinctu dimittat *celebrare*, sicut legitur de quodam sancto Patre, in Vitis Patrum, qui ordinatus nunquam postea celebravit. » S. Thom., in 4, dist. 13, q. 1, art. 2. quæst. 2, in corp.

(2) Omnis pontifex... pro hominibus constituitur in iis quæ sunt ad Deum, ut offerat sacrificia pro peccatis. *Hebr.* v.

(3) Hoc facite in meam commemorationem. *Luc.* XXII.

(4) « Apostolis eorumque in sacerdotio successoribus, ut offerrent præcepit per hæc verba : *Hoc facite*, etc. » Trident., sess. 22, cap. 1.

(5) « Quidam dixerunt quod sacerdos potest omnino a consecratione licite abstinere, nisi teneatur ex cura sibi commissa celebrare, et populo sacramenta præb. re ; sed hoc irrationabiliter dicitur, quia unusquisque tenetur uti gratia sibi data, cum fuerit opportunum : opportunitas autem sacrificium offerendi non solum attenditur per comparationem ad fideles Christi quibus oportet sacramenta ministrari, sed principaliter per comparationem ad Deum, cui sacrificium offertur. » S. Thom., III p., q. 82, art. 10.

(6) « Curet episcopus ut sacerdotes, saltem diebus Dominicis et festis solemnibus, missas celebrent. » Trident., sess. 52, *de Reform.*, cap. 14.

(7) Concil. Mediolan. 1, an. 1565, part. II, tit. 13 ; Tolosan. an. 1609, cap. 4, n. 1.

(8) « Sacerdotes non tantum diebus solemnibus, sed etiam Dominicis, sæpius que, si fieri potest, sacrificent. » Concil. Rhemense an. 1583, tit. *de Euchar.*, n. 8

(9) « Sunt alii (ecclesiarum prælati et sacerdotes) qui missarum solemnia vix celebrant quater in anno, et quod deterius est, interesse contemnunt. Hæc igitur et similia sub pœna suspensionis inhibemus. » Innoc. III, cap. 9, *de Ce'e'r. missar.*, can. 17 ; conc. Lateran.

(10) Summa... Boni Merbesii, pag. 627.

saint et les principales solennités de la Vierge, comme l'Annonciation, la Purification, l'Assomption et la Nativité. Juénin, un peu moins sévère, dans sa *Théorie et pratique des sacrements*, n'ose pas décider qu'il y ait péché mortel à *tous prêtres d'omettre quelques dimanches et quelques fêtes non solennelles de l'année, la célébration des saints mystères*; mais enfin il adopte les paroles de saint Thomas : *Sacerdoti etiam non habenti curam animarum in præcipuis festis, et maxime in illis diebus in quibus fideles communicare consueverunt* (1). Et c'est *sur ce principe qu'il veut que les prêtres qui demeurent dans les cours des princes, ou qui sont officiers dans les parlements, s'examinent pour juger si la négligence où ils sont de se mettre en état, par une vie sainte, de s'acquitter du devoir que leur impose leur caractère, n'est pas une faute très-considérable*.

Peut-être répliqueront-ils qu'il y a eu des saints, même de grands saints, qui n'ont jamais ou presque jamais célébré. Mais, outre que l'Eglise, en voyant le fréquent abus qu'on faisait d'un petit nombre d'exemples mal entendus, a fait des lois qui doivent être observées, l'éminente vertu de ces hommes extraordinaires forme un préjugé en leur faveur, et nous fait croire avec saint Thomas qu'ils ne sont sortis de l'ordre commun que par une inspiration particulière (2). Il y a eu des saintes qui d'elles-mêmes se sont précipitées dans les flammes : la contagion de l'exemple n'est pas beaucoup à craindre, mais un grand cœur oserait-il le suivre de son propre mouvement? Après tout, disait saint Bernard (3), que ceux qui s'étaient de l'autorité des saints leur ressemblent en tout, et alors, si nous ne jugeons pas comme eux, il ne sera pas difficile de les faire juger comme nous.

5. *Règle* IV. Les pasteurs sont obligés en conscience de célébrer plus souvent que les simples prêtres.

La raison en est qu'à parler moralement, ils sont obligés de célébrer toutes les fois que leur peuple est obligé d'entendre la messe. C'est ainsi que l'a décidé l'Eglise dans son dernier concile (4), et la voix de la nature avait suffisamment décidé avant lui. Si les fidèles sont obligés d'entendre la messe toutes les fêtes grandes et petites, il faut que quelqu'un soit obligé de la leur dire, et sur qui une pareille charge peut-elle mieux tomber que sur ceux à qui ces mêmes fidèles donnent, autant qu'il est en eux, un honoraire convenable, et ne le donnent que sous cette condition? D'ailleurs, le simple prêtre n'est pas de droit commun absolument obligé de célébrer à toutes les fêtes sans exception; il faut donc que cette charge tombe sur un autre.

Mais il ne suffit pas à un curé de célébrer tous les dimanches et toutes les fêtes : on peut dire qu'il ne remplit son devoir que d'une manière bien imparfaite quand il s'en tient là. Saint Charles Borromée, qui ne fit jamais de lois que la balance à la main, voulait que tous les curés de son diocèse célébrassent au moins trois fois par semaine (5), et l'on peut dire qu'un règlement si sage ne peut déplaire aux vrais pasteurs : Car, 1° s'ils sont obligés d'entendre leurs paroissiens, lors même qu'ils ne se confessent que par dévotion, pourquoi ce même motif de dévotion ne suffira-t-il pas pour les obliger de dire quelquefois la messe les jours ouvriers? 2° Un homme qui est à la tête d'une paroisse fait l'office de médiateur entre Dieu et le troupeau qui lui est confié ; or, je le demande, remplit-on ce devoir capital avec bien de la tendresse et du zèle, quand on n'offre le sacrifice de la médiation que lorsqu'on ne peut y manquer sans scandale? 3° Si Dieu voulut que la Synagogue eût son sacrifice perpétuel, n'est-il pas juste que l'Eglise ait au moins quelque chose d'approchant dans ses principaux temples, tels que sont ceux des paroisses? L'antiquité la plus éclairée en a jugé ainsi ; et sans donner la torture aux expressions des Irénée et des Cyprien (6), il est aisé d'en conclure qu'un pasteur dont la vie eût été, à mesures égales, partagée entre l'action et l'omission des divins mystères, se serait fait auprès de ces grands saints une très-faible réputation.

6. *Règle* V. Il doit y avoir chaque jour une messe solennelle dans toutes les églises, soit cathédrales, soit collégiales. C'est la disposition du droit (7), et elle oblige *sub gravi*, tant qu'il n'y a point d'empêchement canonique, tel que serait la maladie ou la désertion de presque tous les chanoines. Cette matière faisant un objet qui mérite d'être traité à part, et qui l'a été plusieurs fois, nous ne nous y arrêterons pas davantage. Nous remarquerons seulement avec messieurs Lamet et Fromageau, que la messe collégiale d'un chapitre, même très-pauvre, ne peut jamais se dire pour acquitter des fondations particulières, auxquelles les chanoines sont obligés d'un autre côté. On peut voir la résolution de ces deux savants docteurs, ou dans le Dictionnaire publié sous leur nom, v° *Messe*, ou dans le livre qui a pour titre : *Obligations des chanoines*, chap. 11, n. 3. La

(1) S. Thom., *ubi supra*.
(2) S. Thomas, *supra*, col. 573, not. (1).
(3) « Sanctis et bonæ memoriæ Patribus glo iantur; imitentur certe sanctitatem, quorum indulgentias dispensationes quæ pro lege defendunt. » S. Bern., epist. 91, n. 5.
(4) « Cu.et episcopus ut (sacerdotes) saltem diebus Dominicis et festis solemnibus, si autem curam habuerint animarum, tam frequenter, ut muneri suo satisfaciant, missas celebrent. *Trid.*, sess. 25, cap. 14.
(5) « Ep's opus Dominicis et reliquis festis diebus, nisi jure impediatur, missam celebret. Tridentini etiam co...

cilii auctoritatem secuti, præcipimus sacerdotibus reliquis, cujuscumque gradus, conditionis et dignitatis illi sint, ut iisdem diebus missam celebrare non omittant ; curatis vero, ut præterea ter in hebdomada, aut eo etiam sæpius, quo vel loci consuetudo, vel necessitas crebriorem divini sacrificii usum postulabit. »

(6) « Nos Deus offerre vult munus ad altare frequenter, et (imo) sine intermissione. » Irenæus, lib. IV, *adv. hæres.*, c. 18, alias 45. « Decimas accipientes(clerici) ab altari et sacrificiis non recedant. » Cypr., ep. 6. *Vide* et epist. 54.

(7) *Vide* cap. 11 de *Celebrat. mis ar.*

congrégation chargée d'interpréter le concile de Trente a plusieurs fois décidé la même chose, comme on le voit dans Merati (1).

Nous ne parlerons pas non plus de la messe de chœur des réguliers : sa nécessité dépend de leurs statuts ou d'une coutume qui, confirmée par un long usage, ait force de loi. Sans cela cette messe sera bien de décence, mais elle ne sera pas d'obligation (2).

7. *Règle* VI. Un bénéficier est obligé de suivre les clauses de la fondation de son bénéfice, pour le lieu, le temps et le nombre des messes. La raison en est aussi péremptoire qu'elle est simple, c'est que, de droit naturel comme de droit ecclésiastique, il faut exécuter à pur et à plein les justes dispositions des testateurs (3).

C'est sur ce principe que M. de Sainte-Beuve obligea à un nouvel acquit de messes un prêtre qui, tenu par le titre de son bénéfice à les dire dans un lieu marqué, les avait dites dans un autre ; sans quoi, dit ce savant casuiste, l'intention des bienfaiteurs périt peu à peu ; ce que le concile de Trente regarde avec raison comme une plaie faite à la justice et à la reconnaissance (4), et les fidèles sont scandalisés quand ils voient compter pour rien des conventions stipulées et acceptées.

Il faut néanmoins avouer que tout le monde n'est pas aussi rigide que Sainte-Beuve. Possevin et Bonacina dispensent celui dont il s'agit de toute restitution. De Graffiis, bénédictin, et Azor, célèbre jésuite, ne l'obligent qu'à la restitution de quelques parties des fruits ; et je pense comme eux. Qui a donné la substance, et n'a péché que dans la manière, ne doit pas répondre du tout. Et même si un homme ne changeait que très-rarement le lieu du sacrifice, et cela pour de pressantes raisons, je n'oserais lui en faire une faute. Les fondateurs veulent être obéis, cela est juste ; mais veulent-ils commander en tyrans, et a-t-on tort de présumer qu'ils n'ont pas voulu faire honorer Dieu aux dépens de la charité due au prochain? Cependant il faut bien se donner de garde d'étendre trop loin cette présomption. Lugo, qui n'outrait rien, n'excuse de péché mortel la substitution d'un lieu à un autre que quand elle se fait rarement (5).

8. Mais, comme on ne peut régulièrement dire une messe dans le lieu où elle a été fondée, ne peut-on la dire qu'à l'autel qu'il a plu au fondateur de désigner? C'est un cas qui se trouve fréquemment, et voici comment s'en tirent les théologiens : ou le fondateur, disent-ils, a désigné un autel plutôt qu'un autre pour une raison grave, soit en elle-même soit dans son idée, par exemple parce qu'il voulait établir le culte d'un saint, dont il portait le nom, ou perpétuer la mémoire de sa famille qui avait construit cet autel ; ou il l'a désigné pour des raisons qui ne subsistent plus : il avait, par exemple, son banc et sa tribune dans un tel endroit, d'où il était plus à portée de voir et de suivre le prêtre à cet autel-là qu'à celui-ci ; et aujourd'hui il a changé de domicile, ou il a fait avec tous les siens le voyage de l'éternité. Dans la première supposition, un chapelain ne peut changer l'autel à son gré ; comme infracteur d'une juste volonté, il pèche mortellement, s'il n'a, comme nous le disions dans la décision précédente, de très-rares et très-pressantes raisons de s'en écarter. Dans le second cas, disent Lugo et Quarti (6), ce changement peut plus aisément s'excuser de péché mortel, pourvu qu'on célèbre toujours dans la même église : car on ne pourrait, sans la priver d'un droit qui lui est acquis, transporter ailleurs la messe qui y a été fondée. Que si, continue Lugo, un prêtre acquittait à un autel privilégié la messe qui y a été fondée pour être dite à un autre, comme il n'y aurait qu'à gagner dans ce changement, on ne pourrait pas le blâmer ; mais il faut toujours supposer que le fondateur n'a eu aucune des raisons ci-dessus marquées, ni d'autres équivalentes, pour choisir un autel plutôt qu'un autre.

Ce que nous venons de dire des fondateurs doit, proportion gardée, s'étendre à ceux qui donnent des rétributions manuelles. S'ils en avaient donné de très-fortes pour aller à une chapelle éloignée que le débordement des eaux ou quelque semblable accident eût rendue inaccessible, il faudrait leur tenir compte de l'excès de l'honoraire. Il faudrait faire quelque chose de plus s'ils avaient demandé une ou plusieurs messes à un autel privilégié et qu'on les eût acquittées à un autre ; car alors on fait tort et au stipulateur et à ceux pour qui il a stipulé.

Si un autel, une église, une chapelle, où l'on doit célébrer tant de fois par semaine, étaient tombés en ruines, ou avaient été violés, il faudrait célébrer dans le lieu le plus voisin, et en cas que les réparations ne pussent se faire de sitôt, consulter l'évêque, à qui il appartient d'expliquer et de soutenir l'intention des défunts. Voilà ce que nous savons de plus important à l'égard du lieu où les messes doivent être acquittées.

9. Quant à ce qui regarde leur nombre, tout le monde convient qu'il est de droit strict, et ce que nous dirons dans la suite en est une bonne preuve. Mais on demande si un prêtre qui, étant obligé à célébrer tous les jours par le titre de son bénéfice, y a manqué dix à douze fois à cause d'une indisposition sérieuse, est obligé de commettre

---

(1) « In ecclesiis cathedralibus et collegiatis missa conventualis applicari debet quotidie pro benefactoribus (illis etiam diebus quibus juxta tabellam missa conventualis non habet onus certæ et particularis applicationis), non obstante tenuitate redituum et consuetudine etiam immemorabili. » Congreg. Concil. die 7 Aug. an. 1685 et 28 Junii 1701, apud Merati, part. IV, tit. 12, num. 2.

(2) *Voy.* Vericelli, tract. 8, q. 30, *Quest. moral. et legal.*; Suarez, disp. 80, sect. 2; Bonacina, etc.

(3) « Necesse est ut defuncti dispositio modis omnibus conservetur. » S. Greg., epist. 20, lib. IX.

(4) Sainte-Beuve, tom. III edit. in-4°, cas 77, pag. 264.

(5) Lugo, disp. 21, n. 36.

(6) « Facilius poterit excusari a peccato gravi variatio intra eamdem ecclesiam. » Lugo, *ibid.*; Quarti, in append. *de Sacrificio*, q. 4, punct. 4.

quelqu'un qui supplée pour lui pendant ou après sa maladie.

10. Un théologien de Paris dont les décisions méritent d'autant plus d'égards qu'il empruntait souvent les lumières de l'illustre et savante maison dont il était membre, répond à cette difficulté que si ce bénéficier est tenu à dire ses messes dans un lieu désigné, il doit faire absolument suppléer toutes celles qu'il n'a pu dire; de sorte qu'il n'y a dans toute l'année que les trois derniers jours de la semaine sainte où il soit véritablement libre. Mais, ajoute le même docteur, si ce prêtre est chargé d'une messe pour chaque jour, sans être chargé de la dire dans un lieu plutôt que dans un autre, il faut voir alors ce que porte le contrat de fondation. S'il est stipulé que celui qui jouira d'un tel bénéfice célébrera tous les jours par lui-même ou par un autre, il doit une messe tous les jours, et il doit de toute nécessité la faire acquitter, quand il ne peut l'acquitter lui-même. Que si le contrat porte simplement que tel chapelain sera tenu de dire la messe tous les jours, il est à présumer que cette clause s'entend, *salva tum infirmitate corporis, tum honestate et debita derotione*, ainsi que le dit Alexandre III, chap. 11, *de Præbendis*, etc. Et en effet, si un maître d'une vertu commune ne diminue pas les gages de son valet, parce qu'une maladie de huit ou dix jours l'aura empêché de le servir pendant ce temps-là, conviendrait-il qu'il retranchât l'honoraire d'un ministre de Jésus-Christ, lequel n'a manqué à son devoir que parce qu'une force majeure ne lui a pas permis de le remplir? Si cependant l'infirmité de ce même prêtre traînait en longueur, il serait obligé de se faire remplacer, à moins que la modicité des fruits de son bénéfice ne l'en empêchât. Telle est la décision du célèbre Habert (1).

J'y souscris volontiers, à cela près que je n'obligerais pas plus un chapelain tenu de célébrer par lui-même dans un lieu marqué, à suppléer les messes qu'il aurait omises à titre d'infirmité pendant huit ou dix jours, que tout autre à qui il serait libre de célébrer où il jugerait à propos, au cas que le bénéfice du premier fût aussi modique que l'on suppose celui du second. Les raisons de ne faire aucune différence entre deux hommes d'ailleurs si semblables sont, 1° qu'Alexandre III, au chap. 11, *de Præbendis*, etc., parle d'un homme obligé à dire tous les jours la messe dans une église désignée, et il veut cependant que l'infirmité et une juste dévotion soient quelquefois pour lui des motifs de s'en dispenser; 2° qu'il y aurait une dureté étonnante à vouloir qu'un homme qui en santé n'a que faiblement le nécessaire, ne l'eût pas dans la maladie. Ainsi raisonne l'auteur des *Conférences d'Angers*, qui néanmoins exige avec beaucoup de sagesse (2) que dans ces sortes de conjonctures on ait recours à l'évêque, afin de ne rien faire mal à propos. Cabassut ne donne que quinze jours de trêve pour cause de maladie, et qu'un jour par mois pour cause de dévotion.

Au reste l'indulgence que nous avons ici pour un bénéficier ne peut être réduite à des bornes trop étroites. Qu'obligé à dire la messe tous les jours pour les fondateurs, il y manque quelquefois, ou par respect pour le sacrifice, ou afin *de célébrer pour lui-même ou pour ses propres parents, ou pour un besoin pressant de l'église ou du peuple* (3), cela paraît raisonnable; mais on ne l'en dispensera jamais, ni pour des parties de plaisir, ni pour lui donner la liberté de recevoir d'un autre une plus ample rétribution que celle que lui donne son bénéfice (4). C'est que le fondateur a droit à toutes ses messes, et que s'il s'en relâche quelquefois, soit pour ne pas accabler la piété du ministre, soit pour lui donner lieu de remplir les devoirs de la nature en faveur d'un père ou d'une mère que la mort vient de lui enlever, son intention n'est pas de sacrifier ces mêmes droits à la dissipation ou à la cupidité. Il y a plus, c'est que quand un bénéfice n'est pas sacerdotal, et qu'il peut par conséquent être possédé par un simple clerc qui le fait desservir, il n'y a plus de vacances, ni d'infirmité, ni de décence, ni de dévotion qui dispense du nombre des messes porté par la fondation, parce que, dit Cabassut (5), *uno impedito nunquam deerit sacerdos substituendus. Et hac in re unanimes sunt doctores, Abbas, Imola, Sylvester, Angelus, Navarrus, Zerola, Suarez, Barbosa.*

11. On ne manquera pas de me demander si, quand la fondation du bénéfice porte que la messe sera acquittée tel ou tel jour, on peut en prendre un autre pour y satisfaire?

A cela nous répondons avec le cardinal de Lugo que si cette détermination de jour s'est faite *sans mystère*, parce qu'au fond le testateur a uniquement voulu qu'on offrît, une ou deux fois par semaine, le redoutable sacrifice pour lui et pour les siens, il ne paraît pas, sauf le scandale des fidèles, qu'il y ait grand mal à dire une messe marquée pour le jour d'après. Mais si le fondateur a eu de pieuses raisons de choisir un jour plutôt qu'un autre; si, par exemple, il a voulu honorer le vendredi les souffrances du Sauveur, ou le samedi les vertus de la sainte Vierge, il serait moins permis de s'écarter de ses intentions. Et quoique l'auteur

---

(1) Habert, *de Euch.*, cap. 11, q. 10.
(2) Babin, *sur le Sacrifice*; Cabassut, *ubi infra*.
(3) Ce sont les termes et l'extension de M. Babin. Ce théologien suppose qu'une messe dite pour un père, pour une mère, pour l'église, etc., profite moins au fondateur. que celle qui n'est dite que pour lui. Ce sentiment n'est pas bien certain, mais il est plus sûr dans la pratique.
(4) « Quam quotidianæ missæ institutionem eatenus confirmamus, ut prædictus sacerdos, nisi infirmitate corporis fuerit impeditus, assidue debeat oi sequium suum impendere ecclesiæ (insulensi), et quando frequens potest (salva honestate sua et debita devotione) missarum solemni celebrare, nec sibi liceat hoc illi subtrahere, sive causa voluptatis, sive ad aliam Ecclesiam se transferendo. » Alexand. III, cit. cap. 11, *de Præb.*
(5) Cabassut, *Theor. et prax.* l. II, cap. 28, n. 11.

que nous venons de citer estime qu'on ne peut guère en ce cas aller jusqu'au mortel, surtout, dit-il, quand on ne change de jour que rarement et avec cause, il est toujours bien plus sûr de s'en tenir aux termes de la fondation, et de remplir à la rigueur une charge que l'on a volontairement acceptée, et souvent même poursuivie.

Il suit de cette décision, prise dans toute son étendue et bien appréciée, qu'un prêtre chargé de dire quinze messes par mois, peut quelquefois en dire trente de suite, quinze pour le mois courant, et quinze pour le mois d'après, et que quelquefois il ne le peut pas. Il le peut, si le fondateur n'a eu d'autre dessein que de procurer la gloire de Dieu, et le repos de son âme; en pareil cas, le payement anticipé d'une dette ne fit jamais de mal à personne. Mais il ne le peut pas, s'il en naît du préjudice, soit au lieu où les messes doivent être célébrées, comme si le testateur a voulu que Dieu fût en quelque sorte perpétuellement honoré dans une certaine partie de ses terres, soit au prochain en faveur duquel les messes ont été fondées; car s'il y en a quinze chaque mois pour ceux qui viennent à mourir sur la paroisse, et que vous en disiez trente en janvier, il est clair que ceux qui mourront le mois suivant y perdront beaucoup.

12. Peut-être nous demandera-t-on si un prêtre qui, à titre de fondation ou de rétribution, est obligé de dire la messe tous les vendredis, doit suppléer celle qu'il n'a pu dire le vendredi de la semaine sainte.

Nous croyons que les messes dues à titre de fondation ne doivent pas être suppléées, tant parce que ceux qui les ont fondées savaient fort bien qu'on n'en dit point le vendredi saint, que parce qu'en exceptant ce seul jour dans l'année, la fondation a encore un objet très-considérable. Nous jugeons de même, et par la même raison, de celles dont l'honoraire consiste en rétributions manuelles, quand on les demande pour deux ou trois années, ou du moins pour une. Ce serait autre chose si on les demandait pour un temps assez court. Qui demande des messes chaque vendredi pendant un ou deux mois, en donnant la rétribution de dix, est censé en vouloir plus de neuf, et on a lieu de croire qu'il n'a pas plus fait d'attention aux jours empêchés qu'à l'indisposition où le prêtre pourrait se trouver une ou deux fois pendant neuf ou dix semaines. C'est par ce principe qu'un homme à qui on a donné pour pénitence de jeûner trois vendredis doit le faire un quatrième, quand un jeûne d'Eglise tombe sur l'un des trois, et qu'un autre chargé de jeûner tous les vendredis de l'année n'a rien à suppléer, même pour le carême. C'est que la pénitence du premier, par le concours du jeûne d'Eglise, se trouve diminuée d'un tiers, et que celle du second est toujours considérable, et ne souffre que des exceptions prévues par le confesseur.

Nous croyons devoir ajouter ici qu'en fait de supplément de messes on juge de celles qui ont été suspendues par un empêchement extrinsèque, tel qu'est l'interdit ou la cessation *a divinis*, comme de celles qui l'ont été par la maladie, c'est-à-dire, que si l'interdit dure longtemps, il faut, ou célébrer ailleurs, ou suppléer dans la suite ce qu'on a manqué. Que si l'interdit n'a duré que dix ou douze jours, il ne paraît pas qu'on soit tenu à une rigoureuse compensation, si elle n'est très-expressément et très-durement stipulée.

§ II. De l'heure, des jours et de la répétition du sacrifice.

1. *On peut commencer la messe dès l'aurore: que signifie ce terme?* — 2. *Etendue de l'heure de midi.* — 3. *Cas où l'on peut commencer la messe plus tard.* — 4. *On ne peut célébrer le vendredi saint : peut-on y donner la communion?* — 5. *Est-il permis de dire la messe le jeudi et le samedi saint?* — 6. *On disait autrefois plusieurs messes en un jour.* — 7. *Cela se fait encore à Noël : remarques importantes.* — 8. *On peut deux messes dans le cas de nécessité.* — 9. *Ces cas en France sont presque réduits à un seul.*

1. La rubrique ne dit que deux mots sur l'heure du sacrifice, et ces deux mots portent que les messes privées peuvent se dire à toute heure depuis l'aurore jusqu'à midi (1). Ce peu de paroles donne lieu à plusieurs questions assez intéressantes.

Et d'abord on est bien aise de savoir ce que signifie ici ce mot d'*aurore*. La réponse commune est qu'il ne marque pas ce moment précis où le soleil commence à éclairer notre hémisphère, mais cette lumière naissante qui est comme mitoyenne entre le jour et les ténèbres. Les ultramontains, qui se sont sévèrement attachés à la rubrique, ont dressé des tables qui marquent avec autant de précision le commencement de l'aurore, que nos éphémérides marquent l'état du ciel à midi. Ils observent tous que l'aurore précède le lever du soleil avec beaucoup d'inégalité dans les différentes saisons, de deux heures et un quart vers le solstice d'été, d'une heure et demie au mois de septembre, etc. Tout cela n'est pas d'un grand usage en France, comme nous le verrons plus bas.

Cependant, pour n'être pas absolument inutiles aux étrangers, nous dirons, en suivant les principes de leurs meilleurs écrivains, 1° que le précepte de ne pas célébrer avant l'aurore se prend chez eux dans un sens moral, et non dans une rigueur mathématique, de manière qu'un prêtre qui même sans privilège commence la messe pendant la nuit, mais la finit quand l'aurore commence, ne peut être regardé comme transgresseur de la loi. Ils se fondent, partie sur la coutume, qui est en possession d'interpréter, souvent même d'adoucir des préceptes plus rigoureux que celui dont il est question,

---

(1) « Missa privata, saltem post matutinum et laudes quacunque hora ab aurora usque ad meridiem dici potest. » Rubric. part. I, tit. 15, n. 1

partie sur ce qu'en commençant la messe une minute avant midi, on est censé obéir à la rubrique. Au reste, si l'on se trouvait dans un pays qui n'eût point d'aurore physique, on s'en ferait une morale, c'est-à-dire qu'on regarderait comme aurore le temps où les peuples quittent le sommeil pour se mettre à l'ouvrage. C'est ainsi que l'a réglé la congrégation des Rites (1). 2° Que ceux qui ont un privilège pour commencer la messe une heure avant l'aurore, peuvent la commencer une heure avant le temps où les théologiens permettent communément aux non privilégiés de monter à l'autel. Sans cela, dit Gavantus (2), leur privilège ne servirait à rien, ou ne servirait qu'en partie. 3° Que de droit commun il y a très-probablement péché mortel à commencer la messe avant l'aurore, prise selon l'étendue que nous venons de lui donner. La raison en est que la loi qui règle l'heure du sacrifice passe pour très-importante partout où elle est en usage. Le saint concile de Trente l'a jugé digne de son attention, et il a voulu que les évêques sévissent contre ceux qui n'y seraient pas fidèles (3).

En France, comme en plusieurs autres pays septentrionaux, on peut pendant l'hiver commencer la messe plusieurs heures avant le crépuscule. C'est un usage introduit au vu et au su des évêques, et il n'est point à propos d'y donner atteinte. Sans cela combien de pauvres ouvriers n'entendraient que les dimanches et les fêtes la messe, qu'ils ont le bonheur d'entendre tous les jours?

Au reste on peut partout commencer la messe avant le temps, 1° quand une cause publique l'exige, comme si une paroisse avait un long pèlerinage à faire, et qu'elle fût obligée de partir avant le jour; 2° lorsque cela est nécessaire pour donner le viatique à un malade. Il y a même un très-grand nombre d'habiles gens qui soutiennent qu'en ce dernier cas on peut, sans dispense de l'ordinaire, la commencer dès minuit (4). Je ne m'y opposerais point du tout dans les lieux où il n'y aurait point de règlement contraire.

2. L'heure de midi, qui est le terme des messes, nous intéresse autant que les étrangers, parce que la règle ne nous regarde pas moins qu'eux. Il faut en dire à peu près ce que nous avons dit de l'aurore, c'est-à-dire que le mot de *midi* ne signifie pas strictement ce point indivisible qui partage le jour, mais tout ce qui ne s'en éloigne pas beaucoup. C'est déjà quelque chose que cette première notion. Malheureusement la diversité des opinions ne permet presque pas de donner quelque chose de plus précis. Il y en a qui regardent avec Azor comme commencée à midi une messe qui ne se dit qu'un quart d'heure après. D'autres vont jusqu'à la demie, avec Layman. Le sage Sylvius est encore plus indulgent : il double ce dernier intervalle, et il croit que, sauf le scandale, on peut en sûreté de conscience commencer la messe à une heure (5).

Nous croyons avec Quarti qu'il faut se décider par la coutume, qui, approuvée ou du moins tolérée par les premiers supérieurs, a resserré en certains lieux et étendu en d'autres les limites de ce midi moral dont nous parlons. Il a communément plus de latitude dans les grandes villes, où des milliers de personnes, enchaînées par leurs emplois, et moins libres que ceux qui les servent, n'entendraient pas la messe, si elle ne se disait tard. Ainsi un prêtre ne sera point répréhensible, tant qu'il s'accommodera à l'usage établi. Malheur à lui s'il s'en écarte, à moins qu'il ne se trouve dans quelqu'un de ces cas qui dispense de la règle!

3. Ces cas sont, 1° le besoin de voler au secours d'un malade qui est dans un danger pressant, et Lugo prétend qu'on pourrait alors différer la messe jusqu'au soir. Un si long délai n'aura guère lieu si pour célébrer il faut n'avoir rien pris. Nous en avons parlé art. JEUNE. 2° Une solennité extraordinaire, ou quelque cérémonie publique qui, finie ou coupée par un long discours, n'aura fini que bien tard ; car comme le peuple compte alors sur une basse messe à l'issue de la grande, on peut la célébrer, fût-il déjà deux ou trois heures : ce sentiment, qui nous paraît singulier, est fort commun chez les étrangers (6). L'auteur des *Conférences d'Angers* rapporte à ces causes du retardement *une sépulture extraordinaire et une procession* (7) ; celle qui se fait dans cette capitale d'Anjou tous les ans à la Fête-Dieu était, au moins autrefois, une exception bien marquée à la règle (8). 3° Sylvius et plusieurs autres croient encore que la nécessité d'entendre la messe est, pour un voyageur qui la manquera, s'il ne la dit, une raison de célébrer une heure après le temps de midi, c'est-à-dire sur les deux heures, selon le sentiment du même Sylvius. Quarti et plusieurs autres pensent de même, et je ne vois pas qu'on puisse leur en faire un crime.

Je ne parle point des cas de privilège ou de dispense de la part du pape ou de l'évêque. Les lois les plus sages doivent être suspendues pour de bonnes raisons ; mais les privilèges qui porteraient un coup public à la discipline des lieux doivent être bien examinés.

---

(1) « Ubi non est aurora physice, attendatur en moraliter et politice, quando ibi terminari solet hominum quies, et inchoari labor juxta probatam regionum consuetudinem. » S. R. C. 18 sept. 1634.
(2) Gavant. in Rubr. part. 1, tit. n. 1.
(3) « Ne superstitioni locus aliquis detur, edicto et præmis propositis caveant (episcopi), ne sacerdotes aliis quam debitis horis celebrent. » Trident. sess. 22, in decr. de *Observandis*, etc. *Vide* Lugo, disp. 21. n. 36, et alios apud Quarti.
(4) Victoria. Vasques, Layman, Lugo, disp. 20, n. 16 ;

Salmanticenses, tr. 5 *de Miss.*, cap. 1, n. 27.
(5) Sylvius, q. 83, art. 2, quæst. 4 ; Soto, Azu, Layman. —Nav rre croit qu'on peut retarder jusqu'à trois heures après midi, quand on a quelque raison, comme un voyageur, et qu'il n'y a nulle crainte de scandale EDIT.
(6) Quarti, part. 1, tit. 15, dub. 4 ; Layman, Ledesma Suarez et alii apud Salmantic. ; ibid. n. 5.
(7) Babin, *sur le Sacrifice*, pag. 122.
(8) La messe n'y commençait que sur les quatre heures du soir.

La seconde question que nous avons à traiter dans ce chapitre consiste à savoir s'il n'y a point de jour dans l'année où il ne soit permis de célébrer. Sur cela il y a certains points dont on convient, et d'autres sur lesquels on est moins d'accord.

4. On convient qu'il est défendu de célébrer le vendredi saint. L'Eglise n'a point cru devoir immoler d'une manière mystique l'Agneau qui efface les péchés du monde, dans un jour où des yeux de la foi elle le voit réellement immolé sur le Calvaire (1). Elle se contente donc d'une messe des présanctifiés, où sans offrir de nouveaux dons, elle participe à ceux qui ont été consacrés la veille.

Mais peut-on ce jour-là donner la communion à ceux qui peuvent attendre au lendemain? car pour les malades qui pressent, il n'y a point de difficulté. Sylvius (2) croit que cela se peut, et il se fonde tant sur l'ancienne coutume, dont des monuments authentiques ne permettent pas de douter, que sur ce qu'il n'y a jamais eu de défense postérieure. Il ajoute cependant que, comme l'usage contraire a prévalu, un homme qui, se portant bien, voudrait communier le vendredi saint devait prendre des mesures pour n'offenser personne. Ce savant théologien ne savait pas que ce qu'il permet ici avait été défendu, comme il l'a encore été plusieurs fois depuis sa mort, par la congrégation des Rites, qui, pour le dire en passant, a aussi improuvé la coutume de certaines églises dans lesquelles on exposait le même jour le saint sacrement, au lieu de le mettre dans le sépulcre, et de plus a réglé qu'on ne pouvait ni garder d'hostie consacrée, ni faire l'office ordinaire du vendredi saint dans les églises qui ne sont pas en possession de garder habituellement le très-saint sacrement (3).

Pour ce qui est des diocèses où il est d'usage (4) d'administrer l'eucharistie ce jour-là, comme les autres (car il y en a encore plusieurs), on peut continuer à le suivre. L'Eglise romaine, en établissant l'uniformité autant qu'il est en elle, n'a pas intention d'éteindre des coutumes d'une très-haute antiquité. Il est défendu de dire la messe après midi sans des raisons extraordinaires, et cependant à Saint-André de Verceil, on dit, tous les ans, la veille de Noël, sur les quatre heures et demie du soir, la messe qui partout ailleurs se chante à minuit.

5. On est beaucoup moins d'accord sur le droit de dire la messe le jeudi et le samedi saints. La plupart de nos meilleurs théologiens (5) croient que tout prêtre peut célébrer le jeudi saint, tant parce qu'il n'y a, selon eux, aucune loi qui le défende, que parce que si le clergé communie ce jour-là de la main de son curé ou de tout autre supérieur, ce n'est que parce qu'il a la dévotion de vouloir représenter ce qui se passa la veille de la passion entre Jésus-Christ et ses apôtres.

A l'égard du samedi saint, un ancien canon, fondé sur une tradition encore plus ancienne, veut qu'on n'y célèbre pas plus que le jour d'auparavant (6). De là presque tous nos docteurs infèrent qu'on ne doit dire ce jour-là que la messe solennelle qu'un usage plus récent a substituée à celle qui se disait la veille de Pâques avant minuit (7). D'ailleurs, ajoutent-ils, cette messe n'a point d'Introït, et il ne convient d'en dire de telles que dans le cas d'une concession évidente.

Malgré cela, Sylvius estime qu'on peut le samedi saint dire une messe *de Beata vel de Sancto aliquo*. Il croit même qu'on peut dire celle du jour, quoique sans Introït, en observant toutefois d'attendre pour la commencer que la messe solennelle, s'il y en a dans le lieu, soit elle-même commencée.

Ce partage de sentiments sur les messes privées du samedi saint n'est pas nouveau. Ulric, dans ses Coutumes de Cluny, dit qu'elles étaient permises dans cette fameuse abbaye après l'Evangile de la messe solennelle. Au contraire les Us de Cîteaux les défendaient (8).

On peut dire que la division sur ce point de discipline subsiste de nos jours. La congrégation des Rites, ou plutôt les souverains pontifes, qui plusieurs fois ont approuvé ses décrets en cette partie, ne veulent dans chaque église qu'une seule messe le jeudi et le samedi saints (9). Et il semble que les diocèses où l'on fait le romain devraient s'en tenir la. Ceux qui suivent le rite parisien ne font aucune difficulté de monter à l'autel ces deux jours; les Allemands font la même chose, au rapport de Discatillo. Et le Canon de la messe du jeudi saint a, quoiqu'en peu de mots, quelque chose de si beau, qu'il invite à célébrer. Cependant j'ai peine à croire que cette coutume soit bien ancienne à Paris; ces paroles de la rubrique : *Si quæ forte sint missæ privatæ*, ne supposent rien moins qu'un usage constant et général. Mais enfin il paraît l'être devenu, et le défaut d'Introït qui faisait tant de peine à Suarez n'est compté pour rien dans un diocèse où il n'y en a point la veille de la Pentecôte.

6. Il y aurait de fort belles choses à dire sur la dernière question, qui consiste à sa-

---

(1) « Hoc sacramentum est figura quædam et exemplum Dominicæ passionis, et ideo in die quo ipsa passio Domini recolitur, prout realiter gesta est, non celebratur consecratio hujus sacramenti. » S. Thom., III p., q. 83, art. 1, ad 2.
(2) Sylvius. ad cit. q. 83.
(3) *Vide* Merati, in part. IV Rubric, tit. 9, n. 78.
(4) *Catéchisme de Montpellier*, part. II, sect. 4, chap. 2, § 10.
Dans la cathédrale de Clermont, on l'administre aux ecclésiastiques qui sont dans les ordres sacrés. Edit.
(5) Sylvius, cit. q. 83, art. 2, q. 1

(6) « Traditio Ecclesiæ habet isto biduo sacramenta penitus non celebrari. » Innoc. I, ep. ad Decent., apud Gratian. cap. 13, *de Conser*., dist. 5.
(7) *Vide* Grancolas, Traité de la messe, part. III, c. 10.
(8) Idem, ibid.
(9) « Non possunt feria v in Cœna Domini et sabbato sancto celebrari missæ privatæ, sed solum conventualis, juxta ritum S. R. E., et iteratia decreta sacræ Rituum congregationis. » Clemens XI, die 15 Martii 1712. Ce même pontife a fait une exception pour le cas où l'Annonciation tomberait le jeudi saint. *Voyez* l'Index de Merati, n. 634.

voir si un prêtre peut célébrer plusieurs fois dans un jour. Il est sûr qu'on le faisait autrefois. Le douzième concile de Tolède le suppose évidemment (1), et Walfride Strabon écrit que le pape Léon disait jusqu'à sept et neuf messes dans un jour (2), c'est-à-dire, comme l'entend M. Fleury, que lorsqu'il y avait plusieurs messes à célébrer, il avait la dévotion de les dire toutes. Un concile de Salingestadt réduisit à trois ce nombre que la cupidité ou un zèle mal entendu multipliait au delà des bornes. Alexandre II fit mieux : il défendit de dire plus d'une messe par jour, bien persuadé, comme il le dit dans sa décrétale (3), que ce n'est pas une petite affaire de célébrer dignement une fois tous les jours, et qu'heureux est celui qui s'en acquitte comme il le faut

Innocent III marcha sur les mêmes traces, et il régla que désormais aucun prêtre ne dirait plus d'une messe dans un jour, excepté la fête de Noël et le cas de nécessité (4). Cette décision, qui ailleurs ne fait que rétablir l'ancien usage, fait aujourd'hui loi dans toute l'Église. Mais ces deux exceptions donnent lieu à deux difficultés. La première regarde le jour de Noël, la seconde les cas de nécessité

7. Le premier article ne peut arrêter beaucoup. On convient assez, 1° qu'un prêtre peut dans ce grand jour dire trois messes, ou n'en dire qu'une ou deux ; 2° que quand il en dit deux ou trois, il ne doit prendre les ablutions qu'à la dernière, pour ne pas rompre le jeûne naturel ; 3° qu'il doit prendre à la première et à la seconde messe le précieux sang avec toute l'exactitude possible ; 4° que quoiqu'il en reste toujours quelques gouttes, qui font bientôt un tout sensible au fond du calice, il n'est pas d'usage de faire la génuflexion en arrivant au milieu de l'autel (5) ; 5° qu'à la dernière messe il prend d'abord l'ablution du vin dans le calice à l'ordinaire, ensuite celles qu'il a mises aux messes précédentes dans un vase d'argent ou de verre, et enfin celle avec laquelle il purifie ses doigts ; 6° que lorsqu'il ne dit qu'une messe, il doit dire celle qui répond au temps auquel il célèbre, c'est-à-dire celle de minuit quand il célèbre avant l'aurore, celle de l'aurore quand il célèbre vers le point du jour, et la troisième quand il célèbre un peu tard. S'il en dit deux, il prend les deux premières quand il célèbre avant l'aurore, et les deux dernières quand il célèbre après. C'est ainsi que le marque le Bref de Paris (6), et quoique Gavantus aimât mieux qu'on dît la dernière, même à minuit, parce qu'il la croyait plus conforme à l'esprit du mystère que l'Église honore dans cette auguste solennité, la plupart de ses confrères, tant du pays que de religion, se sont déclarés contre lui, et ils n'ont pas été les seuls. Quelques-uns ont cru qu'un prêtre qui ne dit qu'une messe ce jour-là doit toujours y faire mémoire de sainte Anastasie. D'autres pensent, avec plus de raison, qu'on ne la doit faire que lorsqu'on dit la messe de l'aurore (7).

Au reste, la congrégation des Rites (8) a souvent déclaré qu'un prêtre, après avoir ou chanté ou dit une messe basse à minuit, ne peut dire tout de suite les deux autres messes, ni y donner la communion au peuple. Ces décrets obligent où ils sont publiés, et ils ne le sont point en France ; il y a même des églises où le clergé est si nombreux, et d'ailleurs si longtemps occupé aux offices publics, que tous les prêtres auraient peine de célébrer depuis l'aurore jusqu'à midi.

8. Quant à ce qui concerne les cas de nécessité, si Innocent III avait jugé à propos de les détailler, il nous eût tirés d'un grand embarras. Pour suppléer à son silence, les théologiens en rapportent un grand nombre, parmi lesquels il y en a plusieurs qui ne sont rien moins que des cas de nécessité. Examinons-les en détail.

Le premier est lorsqu'un curé dessert deux paroisses, et il en est de même de tout autre prêtre ; car, dit-on, il vaut mieux biner que de laisser sans messe une paroisse dont le curé est absent ou malade. Il faut seulement avoir soin de ne prendre aucune ablution à la première messe. Suarez prétend qu'on peut faire la même chose les jours ouvriers en faveur de la dévotion du peuple, et Ledesma ajoute qu'on peut dire jusqu'à trois ou quatre messes, quand il y a trois ou quatre villages qui sont dans le même besoin. *La razon es la misma de dos que de tres, quando corre la misma necessidad.*

Le second cas est celui où il faudrait célébrer une seconde fois pour donner le viatique à un malade. M. de Sainte-Beuve et les Salamanques (9) remarquent fort bien que ce cas ne peut arriver que rarement, parce

---

(1) Relatum est nobis quosdam de sacerdotibus, non tot vicibus communionis sanctæ gratiam sumere, quot sacrificia in una die videntur offerre. » Concil. Tolet. xii, can. 1. tom. VI *Conc.* Le concile ne blâme que le défaut de communion à chaque messe.

(2) « Fidelium relatione virorum ad nostram usque pervenit notitiam, Leonem papam, sicut ipse fatebatur, una die septies vel nonies missarum solemnia sæpius celebrasse ; Bonifacium vero archiepiscopum et martyrem semel tantum per diem missam fecisse... Unusquisque in suo sensu abundet, dum fides concordet. » Walfrid. Strabo l. *de Reb. eccl.* c. 12.

(3) « Sufficit sacerdoti unam missam in die celebrare. Non modica res est unam missam facere, et valde felix est qui unam digne celebrare potest. » Alex. II, cap. 53, dist. 1, *de Consecr.*

(4) « Excepto die Nativitatis Dominicæ, nisi causa necessitatis suadet, sufficit sacerdoti semel in die unam missam solummodo celebrare. » Innoc. III, c. 3, *de missar. Celebr.*

(5) « In Natali Domini in tribus missis post sumptionem sanguinis, eundo et redeundo in medium altaris, non est facienda genuflexio, licet species vini non sint exsiccatæ in calice. » S. C. R. die 20 Julii 1626, Aug. 1608.

(6) « Qui unicam celebrat (missam), nocturnam dicit cum ante auroram celebrat, tertiam vero cum post auroram ; qui vero duplicem, duas priores cum ante auroram ; posteriores cum celebrat post auroram. » *Breve Paris.* Plusieurs théologiens étrangers prétendent qu'il faut dire trois messes ou n'en dire qu'une. Chacun peut suivre l'usage de son pays.

(7) Merati, part. iv, tit. 5, num. 18.
(8) *Vide* Indicem Merati, num. 282 et 458
(9) Sainte-Beuve, tom. II, cas 83, p. 267 édit. in-8°. Salmantic., tract. 5, cap. 4, n. 15.

que si le prêtre est averti avant la communion, il doit garder une parcelle de son hostie pour le malade, et s'il n'est averti qu'après l'ablution, il ne peut pas dire une seconde messe, vu qu'il n'est pas à jeun (1). Un très-grand nombre de docteurs, et entre autres saint Antonin, Sylvestre, Navarre, et plusieurs autres cités par les Salamanques, croient que dans ce cas un prêtre averti avant la première ablution peut commencer une seconde messe.

Le troisième est celui d'un concours extraordinaire de peuple, dont une grande partie perdra la messe, si le seul prêtre qui est dans le lieu n'en dit deux, parce que le mauvais temps ne permet pas de la dire dehors. Il en est à peu près de même dans les lieux où il se trouve plusieurs catholiques, mais qui, persécutés comme en Angleterre, ne peuvent venir que par pelotons, de crainte que leur nombre ne les fasse découvrir. Lugo, Layman et plusieurs autres sont de ce sentiment.

Le quatrième cas est celui où, après la messe du jour, il faut faire une sépulture ou recevoir une personne qualifiée qui veut entendre la messe. Ce cas est formellement admis dans un synode tenu à Langres (2) en 1404. Alexandre II, dans le canon que nous en avons cité, semble l'admettre, en ne l'improuvant pas ; mais il condamne fortement ceux qui disent plusieurs messes dans un jour, soit par intérêt, soit pour plaire aux séculiers (3).

Le cinquième cas, qui appartient moins à la nécessité qu'à la coutume, est celui où l'on a établi l'usage de célébrer plusieurs fois dans un jour : c'est ce qui se pratique le jour des Morts, aujourd'hui avec plus d'étendue que jamais en Espagne et en Portugal (4) ; du temps d'Amalaire, c'est-à-dire vers 820, on disait ordinairement trois messes le jour de saint Jean-Baptiste.

9. De tous ces cas, il n'y a que le premier qui soit d'usage en France, et on n'y bine qu'avec la permission de l'ordinaire. Sainte-Beuve croit cependant qu'il est probable qu'un prêtre, averti après la communion, mais avant l'ablution, pourrait commencer une seconde messe pour donner le saint viatique à un moribond. Il ajoute, et avec raison, que les cas admis par le synode de Langres sont abrogés. Un concile de Séville a défendu sous peine d'excommunication de recommencer la messe, *peracta confessione*, de quelque dignité que puisse être la personne qui survient pour l'entendre (5). Dans tous ces points, qui ne sont que de discipline, la coutume connue, et non combattue par les supérieurs, lève bien des difficultés.

CÉRÉMONIES.

Voy. au Dictionnaire les articles CÉRÉMONIAL et CÉRÉMONIES

CÉRÉMONIES LYONNAISES.

L'Eglise de Lyon a toujours cru qu'elle devait à saint Irénée, son second évêque, ses rites et sa liturgie. *Præsertim in officiis ecclesiasticis*, dit saint Bernard (*Epist.* 174), *haud facile unquam repentinis visa est novitatibus acquiescere*. Ce ne fut que vers la fin du siècle dernier que, malgré les représentations de son illustre chapitre, on voulut introduire dans l'Eglise de Lyon une nouvelle liturgie. Après une lutte soutenue d'une manière trop inégale devant le parlement de Paris, elle se vit dans la nécessité de la recevoir. Mais au moins elle ne voulut jamais renoncer à ses rites et à ses cérémonies, et malgré cette victoire remportée sur elle d'une manière si peu honorable, on ne put lui enlever cet air vénérable d'antiquité que lui avaient acquis seize siècles d'existence. C'est ainsi, qu'en parlait en 1838, M. l'archevêque d'Amasie, administrateur apostolique du diocèse de Lyon. Il importe donc, pour la satisfaction de nos lecteurs, de trouver ici un peu détaillées les principales cérémonies lyonnaises ; nous les donnons d'après une édition faite à Bourg en 1825. Un nouveau Cérémonial ayant été publié par le prélat qu'on vient de nommer, nous en avons extrait des notes désignées par cette date (1838) qui les termine. On voit à l'article MESSE SOLENNELLE, à la fin, les cérémonies lyonnaises qui concernent cette partie importante de l'office divin.

DES DIFFÉRENTES PARTIES DE L'OFFICE DIVIN.

CHAPITRE PREMIER.

CÉRÉMONIES DE LAUDES, VÊPRES, etc.

§ 1er. *Office du célébrant.*

1. Le célébrant, en habit de chœur (6), entonne à sa place ordinaire : *Deus, in adjutorium*, etc., plus ou moins gravement, selon la solennité. Il chante le capitule à la même place, sur le ton des leçons.

2. A l'avant-dernière strophe de l'hymne, ou lorsque le bâtonnier vient le saluer par

---

(1) Nous avons vu ci-dessus (art. JEUNE *du Dictionnaire*, n. 20) qu'il y a des casuistes qui croient qu'on peut célébrer sans être à jeun pour donner le viatique.

(2) « Item potest bis in die missam celebrare propter necessitatem infirmorum vel mortuorum ; ut si non habeatur hostia conserta pro communicando infirmo, vel dum fieri debet sepultura alicujus defuncti. Item propter aliquam magnam personam, puta episcopum qui supervenit, vel vult transire. » Concil. Lingon. an. 1404, 1452, 1455.

(5) « Quidam tamen pro defunctis unam faciunt, et alteram de die, si necesse fuerit. Qui vero pro pecuniis aut adulationibus sæcularium una die præsumunt plures facere missas, non æstimo evadere damnationem. » Alex. II, cit. cap. 55, dist. 1, *de Consecr.*

(4) Benoît XIV, par son bref du 21 août 1748, à l'instance de Ferdinand VI, roi d'Espagne, et de Jean V, roi de Portugal, a permis à tous les prêtres de ces deux royaumes de dire trois messes le jour de la Commémoration des fidèles trépassés ; mais il leur a très-sévèrement défendu d'y prendre aucune rétribution, si ce n'est pour la première. Il n'a excepté de cette défense que ceux qui, comme les prêtres d'Aragon, etc., étaient, avant son bref, dans l'usage de dire une, deux ou trois messes ; car les séculiers en disaient deux, et les réguliers trois.

(5) Granados, tract. 11, disp. 10, n. 4.

(6) On ne doit pas porter l'étole en cette occasion. C'est par erreur qu'on la regarde comme une marque de juridiction ; on cite à ce sujet plusieurs décrets de la congrégation des Rites. (*Cérémonial de Lyon* de 1838, n. 91.)

une génuflexion, il se rend derrière l'autel, par le milieu du chœur, portant le bonnet de la main droite, pendante sur le côté, et le livre de la gauche. Si le chœur est devant l'autel, il fait une inclination en entrant dans le presbytère, et de plus une génuflexion à l'angle du marchepied, si le saint sacrement est exposé ; puis il va derrière l'autel, en passant du côté où il se place au chœur, fait une génuflexion, quitte son bonnet, son livre et son camail, s'il s'en sert, et se revêt de la chape, sans prendre l'étole, à moins qu'il ne la porte ordinairement (1)

3. A la fin de l'hymne, il fait une génuflexion, monte à l'autel par le côté de l'Epître, les mains jointes, suivi du thuriféraire, fait une génuflexion, baise l'autel au milieu, prend la navette qui doit être sur l'autel, met de l'encens dans l'encensoir, le bénit et encense d'abord la croix de trois coups, et ensuite l'autel du côté de l'Epître, comme à la messe, en récitant le *Benedictus* ou le *Magnificat* alternativement avec le thuriféraire. De retour au milieu de l'autel, il fait une génuflexion sans encenser de nouveau la croix ; il va ensuite du côté de l'Evangile, où il donne seulement trois coups sur l'autel, et au lieu de revenir au milieu, il descend les degrés, et continue d'encenser autour de l'autel, tenant toujours l'encensoir des deux mains. Il encense trois fois en passant derrière l'autel : au milieu, faisant une génuflexion avant et après ; remet l'encensoir au thuriféraire, à l'angle du marchepied du côté de l'Epître, retourne derrière l'autel, où il quitte la chape, reprend le camail, et va s'asseoir devant l'autel, du côté où il était placé au chœur.

4. Si le saint sacrement est exposé, le célébrant monte à l'autel, fait une génuflexion profonde, met l'encens dans l'encensoir, et le bénit à l'ordinaire ; puis, ayant fait une seconde génuflexion, il se met à genoux sur la plus haute marche, reçoit alors l'encensoir du thuriféraire, et encense trois fois le saint sacrement, faisant une inclination profonde avant et après ; puis il fait l'encensement de l'autel, comme ci-dessus, sans encenser de nouveau le saint sacrement devant ni derrière l'autel. Il fait une génuflexion toutes les fois qu'il passe à l'angle du marchepied.

5. A la fin de l'antienne, il se rend devant le milieu de l'autel, fait une génuflexion, et chante : *Dominus vobiscum* et l'oraison sur le ton de la messe, ayant à sa droite le thuriféraire qui lui présente le livre, et le céroféraire à sa gauche. Il fait une génuflexion, en disant *Oremus*, et aux saints noms de *Jésus*, de *Marie* et du saint patron, le jour de sa fête, et seulement une inclination au nom des autres saints dont on fait la fête ou mémoire. Il se retire de côté, se tient en chœur pendant le *Benedicamus Domino*, et s'il y a quelque commémoraison, il revient après l'antienne chanter l'oraison à la même place.

6. Après la dernière oraison de vêpres, il fait une génuflexion, et retourne à sa place ordinaire pour entonner complies, ou, s'il ne peut s'y rendre assez tôt, il entonne au même endroit, et va ensuite à sa stalle. Après le *Nunc dimittis*, il va chanter l'oraison sur le ton des leçons, au milieu du chœur, vers l'ouverture des stalles ; et après avoir dit d'un ton plus bas : *Gratia Domini nostri*, etc., et *Fidelium animæ*, etc. (2), il se rend à la chapelle de la sainte Vierge, précédé des deux antiphoniers, fait une génuflexion, chante l'oraison et termine l'office, en disant à voix basse : *Pater*, *Ave*, *Credo*.

7. Les oraisons de laudes, de vêpres et de la bénédiction du saint sacrement se chantent toujours sur le ton de celles de la messe ; toutes les autres se chantent sur le ton des leçons, à moins qu'il ne soit marqué autrement

8. Lorsque Monseigneur l'évêque est présent, le célébrant le salue par une inclination lorsqu'il passe devant lui. Après avoir baisé l'autel au commencement du *Magnificat*, il se tient debout au milieu de l'autel, tandis que le thuriféraire va faire bénir l'encens au prélat, et il encense à l'ordinaire.

§ 2. *Office du thuriféraire à vêpres.*

1. Le thuriféraire est ordinairement le sous-diacre qui a officié à la grand'messe. A la cathédrale, c'est un clerc qui remplit cette fonction les dimanches, les doubles et les grands et petits solennels ; pour les très-grands solennels, c'est le chanoine qui a fait sous-diacre à la messe. Le thuriféraire se revêt de l'aube, du cordon (de l'orfroi (3) aux fêtes solennelles et lorsque le saint sacrement est exposé), et du camail ou du surplis par dessus. Il entre au chœur à *Deus, in adjutorium*, marchant d'un pas grave, les yeux baissés et le corps droit, tenant le bonnet de la main droite et le livre de la gauche ; s'il n'a point de bonnet, il porte le livre de la main droite, la gauche pendante du côté ou relevée sous le camail. Il s'arrête devant le milieu de l'autel, fait une inclination profonde, mais très-lente, pendant le *Gloria Patri*, ou une génuflexion médiocre, si le saint sacrement est exposé, et, se tournant du côté où il doit s'asseoir, il va à sa place ordinaire ou à une autre place désignée, s'il y en a une, fait une génuflexion, et se conforme aussitôt au chœur.

---

(1) En l'absence d'un prêtre, un diacre pourrait être chargé de chanter l'office ; mais il s'abstiendrait de prendre l'étole et la chape, d'encenser l'autel, et d'aller au milieu du chœur (1838, n 931).

(2) D'après la rubrique générale du Bréviaire, ancienne édition, in 12, part. II, chap. 7, n° 5, et la rubrique particulière de la partie d'été, nouvelle édition, page 33, le ? *Fidelium* doit précéder l'antienne à la sainte Vierge ; et c'est ce qui s'observe à la cathédrale de Lyon et à celle de Belley, où la chapelle de la sainte Vierge est éloignée du chœur.

(Ce verset suit l'antienne, dans le Cérémonial de 1838).

(3) L'orfroi n'est autre chose que la tunique du sous-diacre, dont on a conservé le bord des manches et les bandes de devant et derrière (1838).

2. A l'antépénultième strophe de l'hymne, il s'avance vers l'autel par le milieu du chœur, fait une inclination à l'entrée du presbytère, et une génuflexion à l'angle du marchepied, du côté où il est placé au chœur, si le saint sacrement est exposé; se rend derrière l'autel, où il fait une génuflexion, et dépose son camail ou son surplis, son livre et son bonnet sur la crédence. Il présente la chape au célébrant, et l'aide à s'en revêtir; se place à sa droite, fait avec lui une génuflexion, le suit pour aller à l'autel, et reçoit en passant, du céroféraire, l'encensoir qu'il porte de la main droite à la hauteur de l'épaule. Après avoir fait une génuflexion à l'autel, il ouvre l'encensoir pour recevoir l'encens, le ferme après que l'encens est bénit, et le présente au célébrant; il prend ensuite des deux mains le bord de la chape et la manche du surplis, si le prêtre s'en sert, et se tenant à sa droite et un peu en arrière, il l'accompagne pendant l'encensement, répondant au *Magnificat*, et faisant les mêmes génuflexions que lui.

3. Lorsque le saint sacrement est exposé, le thuriféraire ferme l'encensoir, après y avoir fait mettre l'encens, et ne le remet au prêtre que quand il est à genoux avec lui sur la plus haute marche, où il fait les mêmes inclinations que lui.

4. Si Monseigneur l'évêque est présent, le thuriféraire, après avoir salué l'autel avec le célébrant, prend la navette qu'il porte avec l'encensoir de la main droite, va auprès du prélat, fait une génuflexion, lui présente l'encensoir, s'incline pour recevoir la bénédiction, reprend la navette, fait une nouvelle génuflexion, et remonte à l'autel auprès du célébrant.

5. L'encensement autour de l'autel étant terminé, il reçoit l'encensoir des mains du célébrant, à l'angle du marchepied du côté de l'Épître, en faisant une génuflexion; et ayant salué l'autel ou le saint sacrement à l'ordinaire, il encense le chœur de la même manière que l'acolyte à la grand'messe. Il va ensuite encenser le célébrant, salue l'autel ou le saint sacrement en entrant dans le presbytère, et revient à la crédence, où il fait une génuflexion, dépose l'encensoir, prend un Bréviaire qu'il porte appuyé sur sa poitrine, et se met à la place ordinaire du premier acolyte, en face du céroféraire.

6. A la neume de l'antienne, il fait une génuflexion, et part de derrière l'autel avec le céroféraire; ils font ensemble une inclination à l'angle du marchepied, ou une génuflexion si le saint sacrement est exposé, en même temps que le célébrant fait la génuflexion devant le milieu de l'autel; puis ils s'approchent du célébrant, le saluent par une génuflexion, et le thuriféraire lui présente de la main gauche le livre ouvert, et lui montre l'oraison de la main droite renversée.

7. A la conclusion de l'oraison, ils saluent tous les deux l'autel, se tournent en face, baisent l'épaule du prêtre, font une génuflexion, et retournent derrière l'autel en faisant le salut ordinaire à l'angle du marchepied. S'il y a quelque mémoire, au lieu d'aller derrière l'autel, ils se tiennent en chœur pendant l'antienne, et s'approchent ensuite du célébrant, en faisant une génuflexion pour lui présenter l'oraison. Ils ne baisent l'épaule du célébrant qu'à la conclusion de la première et de la dernière, et ils font seulement une inclination à la petite conclusion des oraisons intermédiaires.

8. Après la dernière oraison, ils retournent derrière l'autel, font une génuflexion, et le thuriféraire, portant son camail ou son surplis sur le bras gauche, se rend à la sacristie, où il quitte l'aube et reprend l'habit de chœur pour assister à complies.

§ 3. *Office du céroféraire à vêpres.*

1. Le céroféraire se rend derrière l'autel pendant le capitule, faisant les saluts ordinaires à l'autel, quitte son camail et prépare l'encensoir, qu'il balance pour entretenir le feu, à la place ordinaire du premier acolyte. Lorsque le thuriféraire passe devant lui pour aller à l'autel, il lui remet l'encensoir en le saluant par une inclination, et se tient en chœur à la même place, les bras croisés pendant l'encensement.

2. Après l'encensement, il fait une génuflexion avec le célébrant, lui ôte la chape, qu'il remet sur le chapier, allume le cierge d'oraison, passe du côté de l'Évangile; et, debout en chœur, à la place du second acolyte, il tient le flambeau de la main droite, un peu en travers devant lui, de manière que le bas du cierge touche le genou gauche, et que la lumière ne dépasse pas la tête. Il part de derrière l'autel en même temps que le thuriféraire, et fait les mêmes inclinations et génuflexions que lui, à l'autel et au prêtre.

3. Pendant les oraisons, il se tourne un peu du côté du célébrant, tenant le cierge de la main gauche, et il élève la droite étendue à la hauteur de la lumière, afin qu'elle ne frappe pas les yeux du prêtre. Quoiqu'il fasse grand jour, il remplira la même fonction pour conserver le souvenir de l'ancienne discipline, suivant laquelle on ne chantait vêpres qu'après le coucher du soleil. Mais lorsqu'on chante vêpres après la messe en carême, on ne porte point de cierge aux oraisons.

4. Après la dernière oraison, il retourne derrière l'autel, fait une génuflexion, éteint le flambeau, présente le livre et le camail ou le surplis au thuriféraire, dégarnit l'encensoir et le remet à sa place; puis, ayant fait une génuflexion, il retourne à sa stalle, faisant les saluts ordinaires.

5. S'il n'est pas d'usage que le céroféraire prépare l'encensoir, il ne sort de sa place, pour aller derrière l'autel, que lorsque le thuriféraire termine l'encensement du chœur, et il fait avec lui l'inclination à l'entrée du presbytère, et la génuflexion à l'angle du marchepied, si le saint sacrement est exposé.

CHAPITRE II.

DE L'EXPOSITION ET DE LA BÉNÉDICTION DU SAINT SACREMENT (1).

L'autel où le saint sacrement est exposé doit être orné proprement; il doit y avoir, tout le temps, au moins quatre cierges allumés, et on aura soin qu'il y ait toujours des adorateurs (2). Il ne doit y avoir sur cet autel ni croix ni reliques des saints, ni tapis sur la nappe. L'ostensoir doit être voilé pendant l'aspersion de l'eau bénite, le sermon, et la bénédiction du pain à la grand'messe.

§ 1. *Manière d'exposer le saint sacrement.*

Le prêtre, revêtu de l'habit de chœur et d'une étole de la couleur du jour, se rend à l'autel précédé de deux céroféraires, d'un thuriféraire, et portant la bourse, la clef du tabernacle et l'ostensoir. Ils font tous ensemble la génuflexion au bas de l'autel; le thuriféraire se met à genoux à droite, sur le plus bas degré, et les céroféraires sur le pavé, de chaque côté; en même temps le prêtre monte à l'autel, étend le corporal, ouvre le tabernacle et fait une génuflexion; puis, ayant tiré respectueusement la custode, il l'ouvre, fait une seconde génuflexion, place la sainte hostie dans l'ostensoir au milieu du corporal; referme la custode et le tabernacle; et ayant fait une nouvelle génuflexion, il descend de l'autel, et se met à genoux sur le plus bas degré.

2. Il met de l'encens dans l'encensoir, le bénit à l'ordinaire (3), et encense trois fois le très-saint sacrement, faisant une inclination profonde avant et après. Ensuite il remonte à l'autel, fait une génuflexion, monte sur un escabeau, s'il est nécessaire, prend l'ostensoir et le place dans la niche de l'exposition, sur un corporal; puis, étant descendu de l'escabeau, il fait une génuflexion et retourne au bas de l'autel, où il se met à genoux, encense le saint sacrement, et commence aussitôt la messe, s'il doit la dire, ou bien il fait une génuflexion, et retourne à la sacristie dans le même ordre.

3. Pendant l'exposition on ne chante rien, et le prêtre ne donne point la bénédiction.

§ 2. *Manière de donner la bénédiction.*

1. Si la bénédiction se donne après la grand'messe, le célébrant, après avoir fait la génuflexion, descend de l'autel en récitant le dernier Evangile, et se met à genoux sur la plus basse marche. Si elle se donne le soir, il se revêt de l'étole et de la chape de la couleur du jour (4), se rend à l'autel les mains jointes, précédé de quatre clercs portant des flambeaux, du thuriféraire, et, si c'est l'usage, du diacre en habit de chœur, avec l'étole pendante au côté droit, fait une génuflexion avec ses ministres, et se met à genoux sur la plus basse marche.

2. A l'avant-dernière strophe du *Pange lingua*, il met de l'encens dans l'encensoir, le bénit et encense de trois coups le très-saint sacrement, en s'inclinant profondément avant et après, ce qu'il observe toutes les fois qu'il encense le saint sacrement.

3. A la fin de l'hymne, il se lève seul, et chante sans inflexion de voix les versets *Panem de cœlo*, etc., *Salvum fac populum*, etc., *Domine, salvum fac regem*, avec les oraisons qui suivent, sur le ton de celles de la messe, et sous une seule conclusion, faisant une génuflexion à ces mots de l'oraison du saint sacrement: *Corporis et sanguinis tui sacra mysteria venerari*. Aux bénédictions qui se donnent après la messe, on ne dit ordinairement que le ỹ et l'oraison du saint sacrement, à moins qu'il n'en soit prescrit quelque autre.

Nota. D'après la rubrique de la visite épiscopale, lorsque Monseigneur l'évêque donne la bénédiction, un chantre, à genoux, chante le ỹ *Panem de cœlo* et les suivants; puis le prélat chante *Dominus vobiscum* et les oraisons.

4. Il se met de nouveau à genoux, et pendant que les céroféraires chantent *O salutaris hostia*, ou *Panis angelicus*, etc., il met une seconde fois de l'encens et encense le saint sacrement; il monte ensuite à l'autel, fait une génuflexion, tourne l'ostensoir, et le prend de la main droite par le nœud et de la gauche par le pied; puis, se tournant vers le peuple par le côté de l'Epître, il s'arrête un instant devant le milieu de l'autel, et donne la bénédiction en silence, faisant trois signes de croix avec le saint sacrement: 1° du côté de l'Epître; 2° au milieu de l'autel; 3° du côté de l'Evangile; et ayant achevé le tour sans revenir au milieu (5), il le dépose respectueusement sur le corporal, retourne l'ostensoir, fait une génuflexion, descend, se met à genoux, et encense une troisième fois, mais sans mettre de l'encens.

Nota. Selon la même rubrique, on fait trois signes de croix, même en donnant la bénédiction avec le ciboire; c'est l'usage à la primatiale de Lyon.

5. Si l'on donne la bénédiction avec le ciboire, le prêtre ne prend pas la chape, il

---

(1) Le prêtre peut être assisté d'un diacre; mais celui-ci ne doit jam is exposer seul le saint sacrement (1838, n. 944). Le prêtre ne doit point avoir de prêtre assistant (*Ibid.*).

(2) En Italie, on exige qu'il y ait au moins douze cierges allumés quand le saint sacrement est exposé. *Bened.* XIV, *Instit.* nᵒˢ 17 et 18.

Il convient qu'outre les cierges de l'autel, il y ait au moins une bougie de chaque côté de la niche (1838, n. 945).

(3) Dans le romain on ne bénit pas l'encens, quand on ne doit encenser que le saint sacrement; mais dans le rite lyonnais on le bénit toujours, soit qu'on encense le saint sacrement seul, soit qu'on encense en même temps quelque autre chose, comme les *clata* ou l'autel. *Voyez*

dans le Processional, le Rituel ou le Vespéral, *l'ordre de la visite de Monseigneur l'archevêque*; la rubrique de la messe solennelle, chap. 10, nᵒ 8, et le Recueil des cérémonies de Lyon, page 85, nᵒ 2.

L'encens est l'image de nos vœux et de nos prières, et ce n'est que par la bénédiction du Seigneur que nous pouvons être agréables à ses yeux (1838, n. 946, *note*).

(4) Ou de la couleur blanche (1838, n. 945), si elle est séparée de l'office précédent (n. 954).

(5) *Voyez* le Rituel de M. Camille de Neuville, archevêque de Lyon, page 431.

On donne la bénédiction étant tourné vers le peuple, quand même un chœur de religieuses serait du côté opposé. (*Décret de 1773, approuvé par Pie VI. — 1838, n.* 955.)

dit seulement le verset et l'oraison du saint sacrement, et il ne fait qu'un seul signe de croix avec le ciboire, dont il ôte le pavillon.

Diacre. — 1. Le diacre, en habit de chœur, avec l'étole pendante au côté droit, précède le célébrant à l'autel, fait une génuflexion avec lui, et se met à genoux à sa gauche, et le thuriféraire à sa droite. Dans les églises où il y a un sacristain prêtre, c'est lui qui assiste le célébrant dans cette cérémonie ; il le suit en allant à l'autel, portant la bourse et le corporal, et se place au coin de l'Epître.

2. Si la bénédiction se donne après la messe, le diacre, après avoir fait avec le célébrant la génuflexion au commencement du dernier Evangile, se met à genoux sur la plus basse marche à sa gauche, et le sous-diacre à sa droite, laissant entre lui et le célébrant la place du thuriféraire. Ils font toutes les inclinations que fait le célébrant, et demeurent à genoux pendant les oraisons. S'il y a des induts, le diacre se met à genoux du côté de l'Evangile, en face du sous-diacre, qui se place comme à l'élévation ; les prêtres induts se placent à droite et à gauche du célébrant, les diacres et sous-diacres devant l'autel (1).

3. A ces mots : *Genitori Genitoque*, le diacre ou le sacristain prêtre monte à l'autel, fait une génuflexion, étend le corporal, monte sur l'escabeau, prend avec beaucoup de respect l'ostensoir dans le lieu où il est exposé ; et l'ayant mis sur le corporal, il descend de l'escabeau, fait une seconde génuflexion, et retourne à sa place où il se met à genoux.

4. Si l'on passe derrière l'autel pour transporter le saint sacrement, le diacre, après avoir étendu le corporal, fait une génuflexion, et va derrière l'autel par le côté de l'Epître, précédé des quatre céroféraires et du thuriféraire. Ayant fait tous ensemble une génuflexion, il prend l'ostensoir et le porte à l'autel par le côté de l'Evangile, précédé du thuriféraire et de deux céroféraires, et suivi des deux autres.

5. Après la bénédiction, le diacre monte à l'autel, fait une génuflexion, remet la sainte hostie dans la custode, et la renferme dans le tabernacle, après avoir fait une nouvelle génuflexion ; puis il plie le corporal, le remet dans la bourse, et l'emporte avec l'ostensoir et la clef du tabernacle. En même temps le chœur chante *Clementissime*, et tous les officiants ayant fait ensemble la génuflexion au bas de l'autel, retournent dans la sacristie dans le même ordre qu'ils en sont venus.

Thuriféraire. — 1. Le thuriféraire, en aube et orfroi (2), portant de la main droite l'encensoir par la boucle, et la navette par le pied, la main gauche pendante, précède le célébrant en allant à l'autel et au retour. Si le prêtre transporte le saint sacrement à un autre autel, il l'encense en balançant l'encensoir de la main droite, tenant la navette de la gauche.

2. En arrivant à l'autel, il fait une génuflexion, se met à genoux à la droite du célébrant, et balance continuellement l'encensoir entr'ouvert pendant toute la cérémonie.

3. Il présente la navette et l'encensoir au célébrant à *Tantum ergo* et après les oraisons, et seulement l'encensoir sans la navette après la bénédiction. Pendant que le prêtre encense, il relève des deux mains le bord de sa chape, faisant les mêmes inclinations que lui.

4. Si le diacre ou le sacristain passe derrière l'autel pour prendre l'ostensoir, il va devant lui derrière l'autel, sans balancer l'encensoir, et il revient par le côté de l'Evangile, en encensant le saint sacrement, faisant les mêmes génuflexions que le diacre (3).

Céroféraires. — 1. Si la bénédiction se donne après la messe, quatre clercs (4) se rendent deux à deux derrière l'autel, au *Dominus vobiscum* qui précède la Postcommunion ; font une génuflexion, quittent leurs camails, s'ils s'en servent, prennent chacun un flambeau, et se placent en chœur à la suite des acolytes, ou sur une même ligne, devant la crédence, suivant le local, tenant leurs flambeaux à terre. Quand le sous-diacre va prendre le Missel à l'autel, ils élèvent leurs flambeaux, et quand il l'a déposé sur la crédence, ils le précèdent pour aller devant l'autel, où ils se placent sur une même ligne devant les diacres induts, s'il y en a, les moins dignes au milieu ; ils font tous ensemble une génuflexion, déposent leurs flambeaux, et se mettent à genoux en même temps que le célébrant, laissant une égale distance entre eux.

2. Si la bénédiction se donne après vêpres, ils se rendent derrière l'autel au *Dominus vobiscum* de l'oraison de complies. Si elle se donne dans un autre temps, ils prennent les flambeaux derrière l'autel ou à la sacristie, selon l'usage.

3. Après les oraisons avant la bénédiction, ils chantent *O salutaris hostia!* ou une autre strophe ; ils ne s'inclinent pas pendant la bénédiction, mais ils baissent tant soit peu la tête et les yeux.

4. Le saint sacrement étant renfermé dans le tabernacle, ils se lèvent avec le célébrant, et les autres ministres font la génuflexion, et se rendent à la sacristie à la suite des acolytes.

5. Si l'on transporte le saint sacrement à un autre autel, ils marchent tous après le prêtre, et les acolytes devant ; s'ils sont seuls, les deux moins dignes marchent de-

---

(1) Rubr. de la messe de l'Assomption, page 588 du Missel. — Eglise primatiale de Lyon. — Recueil des cérémonies de Lyon. — Cérém. de Bourg.
(2) En surplis (1858, n. 959).
(3) Pendant la bénédiction, le thuriféraire demeure à genoux à la place où il était, continuant à balancer son encensoir. *Quia dignior, id est sacer' os, jam sacramento m. thurificavit, nec inferior debet postea thurificationem iteraré (Gardellini).* Suivant le rite lyonnais, le célébrant sert le droit d'encenser en face le saint sacrement (1853 n. 961).

(4) Au moins deux dans les petites églises (1858, n. 964).

vant le saint sacrement, et les deux autres derrière. Quand le prêtre a déposé le saint sacrement sur l'autel, ils font la génuflexion avec lui, se mettent à genoux, et le précèdent ensuite à la sacristie.

6. Si le diacre passe derrière l'autel pour descendre le saint sacrement, ils font avec lui une génuflexion, et marchent tous devant lui en allant derrière l'autel par le côté de l'Épître : là ils font une nouvelle génuflexion avec le diacre, et quand il transporte le saint sacrement par le côté de l'Évangile, ils marchent deux devant et deux derrière lui, retournent à leurs places, font la génuflexion lorsqu'il a déposé l'ostensoir sur l'autel, et se mettent à genoux.

7. Ils portent les flambeaux comme il a été dit des acolytes, et ils doivent avoir l'attention de marcher gravement, d'un pas égal et dans une grande modestie ; de se mettre à genoux sur une même ligne, et de faire toutes les génuflexions ensemble.

CHAPITRE III.
DES CÉRÉMONIES DU CHŒUR.

§ 1er. *Cérémonies du chœur en général.*

1. Dès que l'heure de l'office est venue, le clergé, en habit de chœur, se rend sans délai à l'église. L'habit de chœur consiste dans la soutane et le rabat, le rochet et le camail, ou le surplis à grandes manches et le bonnet carré. Tous doivent être vêtus proprement, mais sans affectation, et avoir la tonsure de leur ordre.

2. En entrant à l'église, chacun fait le signe de la croix avec de l'eau bénite, et se rend à sa place au chœur, faisant une génuflexion médiocre devant ou derrière l'autel, suivant la disposition des lieux, si le saint sacrement est dans le tabernacle, ou (1) s'il est exposé, et seulement une inclination à la croix, lorsque le saint sacrement n'est pas sur l'autel. Si l'on se sert de la calotte, on la lève de la main droite en faisant la génuflexion ; mais on ne l'ôte pas en faisant l'inclination (2).

3. Dans les églises où on le peut commodément, le clergé se rassemble avant l'office dans la sacristie ou dans quelque autre lieu convenable, d'où il se rend processionnellement au chœur en silence, ou en récitant le psaume *Miserere*, les moins dignes marchant les premiers, autant que possible. En entrant au chœur, on n'abat sa soutane (3), on fait la génuflexion ou l'inclination deux à deux ou quatre à quatre, selon l'usage ; puis chacun se rend à sa stalle, gravement, d'un pas égal, les yeux modestement baissés, tenant le bonnet de la main droite pendante, et le livre de la gauche.

4. On doit éviter, en allant à sa place, de passer par l'endroit des stalles où se trouve quelqu'un plus élevé en dignité ; mais on remonte à un des passages plus éloignés, et l'on salue par une légère inclination, sans se détourner ni s'arrêter, ceux devant qui l'on passe.

5. En arrivant à sa stalle, pour la première fois, on fait une génuflexion à l'autel ; ensuite on salue à droite et à gauche les prêtres qui sont déjà aux stalles, en commençant par les plus dignes ; puis on se met à genoux, et après une courte prière, on se lève pour le commencement de l'office.

Nota. On fait la génuflexion à l'autel toutes les fois qu'on arrive à sa place ; mais on ne salue le clergé que lorsqu'on y arrive pour la première fois. A la primatiale, les prêtres seuls se saluent ; les clercs ne se saluent pas.

6. Si quelqu'un entre au chœur après que l'office est commencé, il fait l'inclination ou la génuflexion à l'autel, comme ci-dessus, et se tournant du côté où il doit se placer, il se rend à sa stalle, fait la génuflexion, salue le clergé, et se conforme aussitôt au chœur. Sur quoi il faut observer qu'on ne peut entrer ni sortir pendant l'Évangile, la Préface et le *Pater*, à moins que ce ne soit pour remplir un office public (4). Lorsqu'on entre ou qu'on sort, on doit éviter de passer devant un officiant quelconque, même devant un enfant de chœur en fonctions.

7. Quand Monseigneur l'évêque est au chœur, on le salue par une inclination, après avoir salué l'autel, en passant devant lui, et par une génuflexion, s'il officie pontificalement. Quand il entre au chœur pour assister à l'office les jours où il n'officie pas, tout le clergé se découvre pour le saluer, et ne reprend le bonnet carré qu'après que le pontife a rendu, de sa place, le salut à son clergé, par une légère inclination.

8. Si les ecclésiastiques doivent pratiquer la modestie en tout lieu, c'est surtout dans le lieu saint qu'elle doit paraître dans tout son éclat. Ils doivent donc, pendant tout le temps des saints offices, se tenir dans une attitude grave et édifiante, ne point s'appuyer indécemment sur les stalles, tenir les pieds également posés à terre, sans les croiser ni les trop écarter, éviter de porter les yeux de côté et d'autre, de parler ou de sortir de leurs places sans nécessité, s'abstenir en un mot de tout ce qui pourrait les distraire ou scandaliser les fidèles.

9. Après la modestie, rien de plus important, pour donner au service divin la dignité convenable, que l'uniformité dans les cérémonies ; c'est pourquoi tous doivent être fort exacts à faire, en même temps et de la même manière, les actions communes à tout le chœur, comme de se lever, s'asseoir, se couvrir, s'incliner, etc.

10. Chacun doit aussi suivre, autant que possible, le chœur pour le chant, et ne point s'occuper de prières ou de lectures différentes, ni même réciter le Bréviaire en par-

---

(1) Profonde, s'il est exposé (1838, n. 457).
(2) Ni en faisant la génuflexion médiocre (1838, n. 460).
(3) Quand on n'est pas en communauté, si l'office n'est pas commencé, ni le saint sacrement exposé, on peut ne

pas abattre la soutane (1838, n. 459).
(4) Rit. miss. sol. cap. 12, 5.
Personne ne doit marcher pendant dans le chœur pendant qu'on chante *Gloria Patri*. Il faut alors s'arrêter et se tourner vers l'autel (1838, n. 462).

ticulier pendant l'office public (1). Si l'on était obligé, pour quelque raison pressante, de le dire en ce moment, il faudrait avoir l'attention de le dire à voix basse, et omettre toutes les cérémonies particulières, tels que les signes de croix et autres, qui ne seraient pas en harmonie avec les cérémonies générales du chœur.

11. Le clergé se tient ordinairement assis sur les stalles élevées, même pendant les cantiques évangéliques; on ne les abaisse que pendant l'Epître, les leçons, et en d'autres occasions fort rares; et l'on doit avoir l'attention de le faire sans bruit.

12. On doit toujours être découvert, au chœur, quand on est debout ou à genoux ; et en général, lorsqu'on est assis, on doit être couvert. On se découvre toujours avant de se lever, et on ne se couvre jamais qu'après s'être assis.

13. On se lève pour être encensé, tenant le bonnet des deux mains à la hauteur de la poitrine, et l'on salue le thuriféraire par une légère inclination. Toutes les fois que les officiants ou les chantres saluent le chœur, on se découvre pour leur rendre le salut.

14. Lorsqu'on prononce dans le chant les saints noms de *Jésus*, de *Marie* et du saint patron de l'église, le jour de sa fête, si l'on est assis, l'on se découvre et l'on s'incline; si l'on est debout, on fait une génuflexion. On fait une inclination et l'on se découvre, au nom du saint dont on fait l'office, et au nom du pape régnant (2).

15. Si l'on se sert de calotte, on la lève toujours de la main droite, en faisant la génuflexion au saint sacrement hors de sa place; en baisant le texte; à l'élévation de la messe jusqu'après la communion; à la bénédiction du saint sacrement, dès que l'ostensoir est descendu sur l'autel, et quand on agit pour une cérémonie, ou qu'on chante hors de sa place. On la garde en faisant l'inclination, lorsqu'on fait la génuflexion à sa place, quand on entonne ou qu'on chante sans sortir des stalles, lorsqu'on est encensé, et tandis que le saint sacrement est exposé; mais dans tous ces cas on quitte toujours le bonnet carré (3)

§ 2. *Cérémonies du chœur à la grand'messe.*

1. Lorsque le célébrant fait l'aspersion de l'eau bénite d'un côté du chœur, le côté opposé demeure assis et découvert. Au *Gloria Patri* et pendant l'oraison, tous sont debout et tournés du côté de l'autel. Lorsqu'on entonne la messe, tous s'asseyent et se couvrent, sans attendre que l'intonation soit finie. Quand le célébrant entre au chœur, on se découvre jusqu'à ce qu'il monte à l'autel; si c'est Monseigneur l'évêque qui officie, on se découvre et on se lève lorsqu'il entre.

2. Quand le prêtre entonne le *Gloria in excelsis*, le clergé se lève et se tourne vers l'autel jusqu'à la fin de l'intonation. A ces mots : *Adoramus te*, on fait une génuflexion du côté de l'autel; à *Jesu Christe*, on se découvre et l'on fait une inclination en chœur; et à ces mots : *Suscipe deprecationem nostram*, on se met à genoux et l'on s'incline (4). Si le prêtre ou le diacre chante *Flectamus genua*, on fait une génuflexion, et l'on se relève lorsqu'il dit *Levate*. A l'Epître on abaisse les stalles, et on les relève au Graduel; ce qu'on doit faire avec précaution et sans bruit.

3. Si le diacre passe par le chœur avec le texte pour aller chanter l'Evangile, le clergé se découvre par respect, et se tient debout ou appuyé sur les stalles élevées. Pendant l'Evangile tous se tiennent debout, découverts et tournés vers le diacre qui le chante; à *Gloria tibi, Domine*, on fait une génuflexion du côté de l'autel, et l'on fait en même temps le signe de la croix avec le pouce de la main droite, sur le front, la bouche et la poitrine.

4. Tous ceux qui sont dans les hautes stalles se lèvent pour baiser le texte, en disant *Credo et confiteor*, et rendent ensuite le salut au sous-diacre, chacun doit tenir le bonnet à la main, en baisant le texte, et l'on ne se couvre que lorsque le sous-diacre est descendu des stalles.

5. Le *Credo* est chanté par tout le chœur ensemble, et non alternativement, ou, si le clergé n'est pas assez nombreux, on peut le chanter à deux chœurs, mais tous doivent chanter ensemble *Amen*, pour marquer l'unité de la foi; on se découvre et l'on s'incline à *Jesum Christum* et à *simul adoratur*; on se met à genoux à ces mots : *et incarnatus est*, et l'on s'incline à *Homo factus est*. On est debout au *Dominus vobiscum*, et l'on s'assied après l'*Oremus* de l'Offertoire.

6. Pendant la Préface, on est debout, tourné du côté de l'autel; on s'assied au *Sanctus*, mais sans prendre le bonnet, et l'on se met à genoux pour l'élévation, en même temps que les officiants, la tête entièrement découverte (5). Tous s'inclinent également pendant l'élévation de l'hostie et celle du calice, et se redressent entre les deux élévations. On chante *Benedictus qui venit* après la strophe *O salutaris!* aux semi-doubles mineurs et au-dessus, et pendant le temps pascal aux féries et aux simples, et avant l'élévation les autres jours et aux messes de morts.

7. Le chœur se lève au troisième *Agnus Dei*, et se tient debout, en chœur, pendant le ℣ *Domine, salvum fac regem*, qui se chante les dimanches et les fêtes chômées (6). On s'assied en chantant la communion, après quoi l'on se tient debout du côté de l'autel, jusqu'à la fin de la messe. Lorsque le prêtre donne la bénédiction, tout le chœur s'incline et fait le signe de la croix; ce qu'on observe toutes les fois qu'on reçoit la bénédiction.

8. A la cathédrale, les dimanches et les grands solennels et au-dessus, le chapitre accompagne le célébrant à la sacristie, et

---

(1) *Cæremoniale episcoporum*, lib. I, cap. 5.
(2) Si l'on est assis et couvert, on ne se découvre pas (1858, n. 471).
(3) En sortant de l'église, le clergé ne prend pas de l'eau bénite (1858, n. 3).

(4) Le *Gloria in excelsis* doit être chanté par tout le chœur ensemble, et non alternativement (1858, n. 475).
(5) L'usage de la primatiale de Lyon est de ne pas fléchir les genoux à l'élévation (n. 479, *note*).
(6) Rubr. cap. 5, n. 12.

fait les mêmes saluts que les officiants.

9. Aux messes de morts le chœur se lève et fait une génuflexion lente, sans se mettre à genoux à ces mots *Pie Jesu* de la dernière strophe de la prose (1). A l'absoute, les chapiers et le clergé suivent le célébrant deux à deux, les plus dignes marchant les premiers (2). Lorsque Monseigneur l'évêque est présent, il se place du côté de l'Epître, vis-à-vis du célébrant. Les chantres se placent au-dessous du catafalque, tournés vers l'autel; le clergé se tient debout de chaque côté, face à face, ou dans les stalles, si l'absoute se fait dans le chœur. Ceux des hautes stalles jettent de l'eau bénite sur le catafalque après les officiants et les chantres, et se remettent mutuellement le goupillon, que le dernier rend au clerc.

§ 3. *Cérémonies du chœur aux différentes heures de l'office.*

1. Le clergé, étant rassemblé au chœur, récite à genoux et à voix basse le *Pater*, etc ; ensuite il se lève, se tourne du côté de l'autel, et fait le signe de la croix, avec le célébrant, à *Deus, in adjutorium meum*, au commencement de chaque heure. Quand on chante l'office, on se tient debout, tourné vers l'autel, pendant tous les *Gloria Patri*, à la fin des psaumes, et pendant la doxologie des hymnes; dans la psalmodie on ne fait que se découvrir. On est assis pendant les psaumes, les cantiques, les hymnes, les antiennes, les versets et les répons; mais si l'on a des bancs au lieu des stalles, on est debout pendant le *Te Deum* et les cantiques évangéliques *Benedictus, Magnificat* et *Nunc dimittis*. Pendant le *Benedicamus Domino*, on est debout en chœur; on est assis et l'on se découvre pendant le capitule.

2. A matines, on fait le signe de la croix avec le pouce, sur la bouche, au ℣ *Domine, labia mea aperies*. On est assis sur la miséricorde, ou debout devant les bancs, pendant l'invitatoire et le psaume *Venite, exsultemus*; et l'on fait la génuflexion à ces mots : *Venite, procidamus*. A chaque nocturne, on est debout du côté de l'autel, pendant le *Pater*, l'absolution et la lecture de l'Evangile; et l'on baisse les stalles pendant les leçons et les répons qui suivent. Pendant le *Te Deum*, on est assis sur la miséricorde, et découvert; on se tourne vers l'autel à ces mots : *Sanctus, sanctus,* etc., et l'on fait la génuflexion à ceux-ci : *Quos pretioso sanguine redemisti*.

3. Le dimanche à vêpres on se découvre et l'on s'incline à ces mots : *Sanctum et terribile* NOMEN *ejus*, du psaume *Confitebor*; *Sit* NOMEN *Domini benedictum*, du psaume *Laudate, pueri; Non nobis, Domine, non nobis, sed* NOMINI *tuo da gloriam*, de l'*In exitu*.

4. Au commencement de complies, on fait le signe de la croix sur la poitrine, à ces mots : *Converte nos;* on est debout, du côté de l'autel, pendant l'antienne de la sainte Vierge (3).

CHAPITRE IV.
DU CHANT (4.
§ 1er.

1. Le chant ayant été établi dans les offices divins pour célébrer les louanges de Dieu, il importe beaucoup qu'il soit toujours exécuté avec un grand respect et d'une manière édifiante. Chacun doit prendre un ton naturel, sans aucune affectation, et sans forcer sa voix pour dominer le chœur et se faire remarquer; prononcer distinctement toutes les syllabes, sans omettre ou tronquer les mots; observer avec soin les tons et les demi-tons, les accents et la quantité; en un mot, ne rien négliger pour chanter avec goût et intelligence, de manière que l'on puisse être bien entendu des assistants, et qu'ils soient par là excités à la piété (5).

2. Tous doivent chanter ensemble sur le même ton, et accorder si bien leurs voix, qu'elles paraissent n'en faire qu'une. Lorsque deux ou trois chantent ensemble une pièce de chant, tel que le Graduel ou le Trait, ils ne doivent pas commencer tous à la fois, mais laisser commencer celui qui est le plus exercé, lequel insiste un peu sur les premières notes, afin de donner le juste ton aux autres. Ils ne doivent point se devancer l'un l'autre, mais garder la même mesure,

---

(1) Le chœur ne doit pas s'incliner ni se découvrir à la strophe *Oro supplex et acclinis* (1858, n. 480, note).

(2) Si en allant ou en revenant on passe devant un autel, on ne fait aucun salut, à cause de la croix qui précède (1858, n. 482).

(3) Les litanies se chantent toujours à genoux, quand on ne fait pas la procession, et que ce ne sont pas des prières d'actions de grâces ou de réjouissance (1858, n. 486).

(4) « Le plain-chant, tel qu'il subsiste aujourd'hui, est un reste de l'ancienne musique grecque, laquelle, après avoir passé par la main des barbares, a perdu encore ses premières beautés; il lui en reste assez pour être de beaucoup préférable, même dans l'état où il est, et pour l'usage auquel il est destiné, à ces musiques efféminées et théâtrales, ou maussades et plates, qu'on y substitue en quelques églises, sans gravité, sans goût, sans convenance et sans respect pour le lieu qu'on ose ainsi profaner..... Malgré les grandes pertes que le plain-chant a faites, conservé d'ailleurs par les prêtres dans son caractère primitif, ainsi que tout ce qui est extérieur et cérémonie dans leurs églises, il offre encore aux connaisseurs de précieux fragments de l'ancienne mélodie et de ses divers modes, autant qu'elle peut se faire sentir sans mesure et sans rhythme, et par le seul genre diatonique, qu'on peut dire n'être dans sa pureté que le plain-chant. Ces modes, tels qu'ils nous ont été transmis dans les anciens chants ecclésiastiques, y conservent une beauté de caractère et une variété d'affections bien sensibles aux connaisseurs non prévenus. » Rousseau, *Dictionnaire de Musique*, art. PLAIN-CHANT.

« Les chants sacrés ne doivent point représenter le tumulte des passions humaines, mais seulement la majesté de celui à qui ils s'adressent, et l'égalité d'âme de ceux qui les prononcent. Quoi que puissent dire les paroles, toute autre expression dans le chant est un contre-sens. Il faut l'avouer, je ne dis pas aucune piété, mais je dis aucun goût, pour préférer dans les églises la musique au plain-chant. » *Id.* art. MOTET.

(5) « In choro ad psallendum instituto omnes hymnis et canticis Dei nomen revereantur, distincte devoteque laudare salagant, non parcentes vocibus, non præcipitent verba dimidia, non integra transilientes, sed virili, ut dignum est, sonitu et affectu voces Spiritus sancti promentes. Alta igitur psallatur voce, sonora, pari et nusquam præcipiti. Omnes syllabæ, servato accentu, plane, distincte et uniformiter cum cordis compunctione pronuntientur, ut et psallentium mens psalmorum dulcedine pascatur, et convenienti modulatione animus audientium ad affectum pietatis incitetur. » *Cæremi. parisiense*.

Lorsque les chartreux vinrent s'établir à Lyon, la colonie qui y fut envoyée eut ordre de s'appliquer spécialement à imiter la gravité du chant et des cérémonies de Lyon. Autrefois ce chant n'avait pas de notes brèves (1858, n. 497).

prononcer ensemble les mêmes syllabes, s'arrêter et prendre leur respiration aux mêmes endroits, autant que possible. Pour cela, il est à propos qu'ils prévoient d'avance ce qu'ils ont à chanter, et en général chacun doit préparer avec soin ce qu'il doit chanter en public, se pénétrer du sens des paroles, prévoir la quantité des syllabes, la valeur des notes, les différentes inflexions qu'il faut donner à sa voix, le ton qu'il faut prendre, afin de n'être pas exposé à se tromper et à troubler l'office divin; précaution surtout nécessaire et même indispensable pour ceux qui ne sont pas bien exercés dans le chant (1).

3. Il importe beaucoup pour la beauté du chant, de garder exactement la mesure, c'est-à-dire de donner à chaque note sa juste valeur; s'arrêtant également sur toutes les notes semblables, sans traîner plus sur l'une que sur l'autre, ou chanter plus vite les morceaux aisés et que l'on sait par routine; mais il faut, autant que faire se peut, garder le même mouvement dans la même pièce de chant.

4. Comme les fêtes ne doivent pas moins être distinguées par le chant que par les cérémonies, on doit chanter plus ou moins lentement, selon la solennité. D'après cette règle, la mesure doit être légère aux fêtes simples, grave aux dimanches et aux fêtes doubles; plus lente aux solennels majeurs et mineurs; très-grave aux très-grands solennels, sans que la lenteur devienne fatigante, ou que la vitesse fasse perdre au chant le ton d'une prière (2).

5. En général, on chante plus gravement la messe, laudes et vêpres, que matines, les petites heures et complies. Les intonations, les versets et tout ce qui se chante par une ou deux personnes, demandent généralement plus de gravité que ce qui est chanté par le chœur, sans néanmoins s'éloigner beaucoup de la mesure qui convient à la solennité. Enfin, on doit chanter plus solennellement les cantiques évangéliques, le *Te Deum*, le *Pange, lingua* et les autres prières pour la bénédiction du saint sacrement (3).

6. Il faut, autant que possible, éviter toute interruption dans le chant de la messe et des offices. Les dimanches et fêtes, l'Offertoire doit être chanté de manière à durer jusqu'à la Préface; s'il est trop court, on répète la fin. Le *Sanctus* avec l'*O salutaris* et le *Benedictus* doit durer jusqu'au *Pater*; l'*Agnus Dei* et le ♈ *Domine, salvum fac*, jusqu'à la Communion, et celle-ci, jusqu'aux dernières oraisons. En un mot, il faut si bien ménager le chant, que ni le prêtre ni le chœur ne soient obligés d'attendre.

7. Il y a trois sortes de pauses dans le chant : la grande, qui se fait au milieu des versets des psaumes et des cantiques, de manière qu'il règne pendant un instant un silence parfait dans le chœur, plus ou moins longtemps, selon la solennité; la moyenne, qui se fait à la fin de chaque verset, avant que l'autre côté du chœur chante le verset suivant; la petite, qui n'est autre chose qu'un léger repos ou une simple respiration que l'on fait, lorsqu'il y a une suite de mots ou de notes qu'on ne peut prononcer sans reprendre haleine. On ne doit jamais, régulièrement parlant, s'arrêter au milieu d'un mot, ni séparer les mots qui ont entre eux une liaison nécessaire, et qui dépendent les uns des autres, mais il faut s'arrêter seulement aux points et aux virgules, ou si l'on est obligé de respirer plus tôt, il faut du moins éviter de couper le sens des paroles. Par exemple, on ne doit pas dire : *Deus in adjutorium | meum intende ; Domine ad adjuvandum | me festina ;* ce qui fait une espèce de contre-sens ; mais si l'on ne peut prononcer tout d'un trait, il faut ménager le repos, de manière que le sens ne soit pas interrompu, et dire : *Deus in adjutorium meum | intende ; Domine, ad adjuvandum me | festina.*

8. Le chant des psaumes, faisant une partie considérable de l'office divin, demande une attention particulière, et chacun doit étudier les règles de la psalmodie, qui se trouvent à la fin du Bréviaire ou du Vespéral (4). Le choriste entonne le premier verset de chaque psaume jusqu'à la médiante, et le chœur continue. Celui qui impose l'antienne doit connaître la dominante du psaume, afin de donner le juste ton à l'intonateur. A la fin du psaume, tout le chœur reprend l'antienne sur le même ton, sans intonation. Tandis qu'un côté du chœur chante ou récite un verset, l'autre côté doit écouter en silence, et ne commencer le verset suivant qu'après que le premier est fini. Tous doivent de même garder un profond silence pendant les leçons, le capitule, et en général toutes les fois que quelqu'un chante seul, et prendre garde de ne pas le troubler en voulant le suivre à voix basse, ou en chantant après lui. Si l'on n'a pu suivre le chœur, et qu'on ait omis quelque chose de peu considérable, il faut continuer à l'endroit où en est le chœur, sans reprendre ce qu'on a omis.

9. Enfin il ne suffit pas de bien observer les règles du chant et de la psalmodie, on doit surtout s'appliquer à chanter avec une sincère dévotion et un profond respect, qui

---

(1) « Præ ideat quilibet serio, ac præmeditetur omnia quæ canenda publice habuerit vel legenda, ne in ipso cantu erret vel cunctetur; et qui memoriæ diffidit, librum præ manu us habeat. » *Cærem. paris.*

(2) Une personne s'étant arrêtée longtemps dans une église pendant un office, ne put jamais entendre que ces mots : *Non est Deus* (Psalm. xiii). « Cela est juste, disait-elle; si l'on croyait qu'il y a un Dieu, le servirait-on avec plus de respect et de dignité. »

Jean-Jacques Rousseau ayant assisté à Lyon à un service pour le repos de l'âme du roi Louis XV, aurait donné volontiers tout ce qu'il avait jamais composé de musique,

pour être l'auteur de cet office (1858, n. 501, note).

(3) Quand on chante le *Pange, lingua,* au chœur avant une bénédiction, il se chante assis et du même ton qu'aux vêpres du saint sacrement ; ensuite on se met à genoux à la strophe *Tantum ergo* et suivante qu'on chante fort gravement (1858, n. 504).

(4) A la médiation, on n'élève pas la dernière syllabe, quand même ce serait un monosyllabe ou un mot hébreu indéclinable ; on élève, suivant le ton, l'une des syllabes précédentes, qui ne soit pas la dernière d'un mot ni une brève (1858, n. 506 et 507).

se manifestent au dehors par une contenance grave et modeste. Il ne faut donc pas tellement s'occuper du chant, qu'on perde l'attention que l'on doit au sens des paroles; mais il faut au contraire se pénétrer des sentiments de piété qu'elles expriment, ne chanter jamais par vanité ou pour se faire admirer, mais uniquement pour la gloire de Dieu et l'édification des fidèles.

§ 2. *Du maître de chœur.*

1. Le maître de chœur est chargé de régler le chant des offices. Il doit être bien exercé, et prévoir d'avance ce qu'on doit chanter, afin d'être en état de diriger le chœur plus sûrement. Il doit veiller à ce qu'on n'entonne ni trop haut ni trop bas, mais d'une manière uniforme, et qu'on conserve un mouvement égal pendant l'office.

2. Si quelqu'un fait une faute qui ne soit pas de conséquence, comme si l'on annonce une antienne pour une autre, il faut la dissimuler par un modeste silence. Si l'intonateur a pris un ton faux, ou a entonné une chose pour une autre, il faut ne pas l'interrompre, mais aussitôt après l'intonation, le maître de chœur reprend le premier morceau omis, ou donne le véritable ton. Si tout le chœur détonne ou ne s'accorde pas, il attend qu'on soit arrivé à un repos, et après un léger signal, il donne le ton qui convient.

3. Il serait à souhaiter qu'il y eût de chaque côté quelques chantres habiles, qui eussent la voix juste et assez forte pour soutenir le chœur et l'empêcher de détonner.

§ 3. *De l'intonation, du Graduel,* etc.

Intonation. — 1. La messe doit être entonnée par deux chapiers, ou par un seul au milieu du chœur, les jours marqués dans la rubrique (1), et par un chantre placé dans les hautes stalles, les autres jours (2). Les chapiers entrent au chœur deux à deux, après le clergé, font une inclination devant le milieu de l'autel, ou une génuflexion si le saint sacrement est exposé, et se rendent gravement au milieu du chœur, où ils font une génuflexion, et se conforment au chœur.

2. Comme la parfaite exécution du chant dépend en grande partie de l'intonation, l'intonateur doit s'appliquer à chanter avec beaucoup de justesse, d'une voix ferme et d'un ton qui convienne à tout le chœur, et que l'on puisse soutenir sans peine jusqu'à la fin.

Graduel. — 1. Le Graduel, l'*Alleluia* ou le Trait, sont chantés par quatre chantres au milieu du chœur, à tous les solennels, et par deux ou trois ou un seul, les autres jours, suivant l'usage. Dès que le sous-diacre commence l'Épître, ils se lèvent tous ensemble et se rendent au milieu du chœur, où ils font une génuflexion, placés sur une même ligne, les moins dignes au milieu, quand ils sont quatre, et le plus digne au milieu, quand ils sont trois.

(1) Rit. missæ sol., cap. 1, 10.—Rit. missæ pontif., cap. 1, n. 3.
(2) On doit hausser la voix au *Gloria Patri*; c'est en l'honneur de la sainte Trinité, et pour avertir les officiants de partir de la sacristie (1838, n. 514).
(3) Ils retournent à leurs places, sans se saluer jamais

2. Quand ils ont fini, s'ils sont deux, ils se séparent de deux pas environ, et font quatre inclinations : 1° à l'autel; 2° au clergé à droite; 3° au clergé à gauche; 4° à l'autel, et ils y ajoutent une génuflexion si le saint sacrement est exposé; après quoi ils se saluent mutuellement, s'ils sont prêtres, et retournent à leurs places (3); si ce sont des clercs inférieurs, ils ne se saluent pas. Quand il y a trois ou quatre chantres, ils ne se séparent pas pour faire les saluts à l'autel et au chœur.

3. Si Monseigneur l'évêque est présent, ils ne saluent pas le chœur; ils font seulement une inclination à l'autel, ou une génuflexion si le saint sacrement est exposé; vont l'un après l'autre auprès du prélat, se placent tous devant lui sur une même ligne, et font une génuflexion; ils baisent ensuite son anneau, s'inclinent pour recevoir sa bénédiction, font une nouvelle génuflexion, et se retirent, le plus digne marchant le premier, soit en allant, soit en revenant.

Élévation. — 1. Au commencement de la Préface, les enfants de chœur se lèvent, quittent leurs calottes et leurs livres sur les bancs, croisent les bras et se tournent vers l'autel comme le chœur. A ces mots : *Vere dignum et justum est,* ou au commencement du *Sanctus,* ils partent, les plus petits les premiers, et vont se placer devant l'autel sur plusieurs lignes parallèles. Le premier chantre ayant donné le signal, ils font tous ensemble la génuflexion, demeurent debout jusqu'à ce que le sous-diacre soit arrivé au coin de l'autel, et se mettent à genoux avec les officiants. Si le chœur est devant l'autel, ils s'asseyent après la Préface, et ne partent de leurs places que lorsque les acolytes partent de derrière l'autel.

2. Lorsque le célébrant fait la génuflexion après la consécration de l'hostie, le premier chantre entonne la strophe *O salutaris,* que les autres continuent sans s'incliner, plus ou moins lentement, selon la solennité (4).

3. A l'élévation du *Pater,* ils s'inclinent tous, se lèvent, font la génuflexion avec les officiants, et retournent à leurs places, où ils font ensemble la génuflexion avant de se mettre à genoux.

4. Ils viennent dans le même ordre chanter le *Benedicamus Domino,* après la première oraison de laudes et de vêpres. S'il y a quelques mémoires, ils demeurent debout à la même place, et le chantent une seconde fois après la dernière oraison.

CÉRÉMONIES PARTICULIÈRES A CERTAINS JOURS DE L'ANNÉE.

CHAPITRE PREMIER.

DU PREMIER JOUR DE L'AN.

1. Le saint sacrement doit être exposé pendant la grand'messe. Les officiants en avant de se séparer, qu'ils soient prêtres ou non (1838, n. 5 6).

(4) C'est un abus de faire chanter des cantiques pendant l'élévation de la messe, ainsi que pendant la bénédiction du saint sacrement (n. 966). On devrait attendre qu'il fût renfermé dans le tabernacle (n. 974).

trent au chœur avant le commencement de la messe, se placent de suite comme pour la bénédiction du saint sacrement, font tous ensemble une génuflexion, et se mettent à genoux, ainsi que le chœur.

2. Le célébrant entonne le *Veni Creator*, et ensuite il se lève seul pour chanter le ℣ *Emitte Spiritum tuum et creabuntur*, et l'oraison *Deus, qui corda*, etc. A la fin, les officiants prennent leurs places ordinaires, font la génuflexion, et célébrant commence la messe, pendant laquelle il chante l'oraison *Ad impetranda bona opera*, sous la même conclusion que celle du jour.

3. A la fin de la messe, les officiants, précédés de quatre céroféraires, reprennent les mêmes places que pendant le *Veni Creator*, et le célébrant donne la bénédiction avec la seule oraison et le ℣ du saint sacrement (1).

CHAPITRE II

DE LA FÊTE DE LA PRÉSENTATION DE NOTRE-SEIGNEUR, ET DE LA PURIFICATION DE LA SAINTE VIERGE.

1. Deux ou quatre clercs préparent auprès de l'autel de la sainte Vierge, du côté de l'Epître, le Missel, le bénitier, l'encensoir avec la navette, et deux boîtes de cierges, suivant le nombre des personnes à qui on doit les distribuer; puis ils se placent sur une ligne du même côté, les bras croisés quand ils n'agissent pas.

2. Les officiants se rendent de bonne heure à la sacristie, s'y revêtent de leurs ornements, comme pour la messe, et se rendent processionnellement à la chapelle de la sainte Vierge, dans le même ordre qu'à l'entrée de la messe, suivis du clergé. Si le saint sacrement est exposé, on fait la génuflexion en passant devant l'autel (2).

3. Les acolytes se placent aux angles du marchepied de l'autel, les diacres et sous-diacres induts, de chaque côté en chœur; le diacre à la droite, le sous-diacre à la gauche, le célébrant et les prêtres induts devant l'autel au bas des marches, et ils font tous ensemble une génuflexion. Le clergé se place devant l'autel en chœur, fait une génuflexion quand tous sont arrivés, et se tient tourné vers l'autel pendant les oraisons.

4. Le célébrant ayant fait la génuflexion, monte à l'autel avec les prêtres induts, qui se placent de chaque côté, et quand le clergé est arrivé, il chante, du côté de l'Epître, les mains (3) étendues, les trois oraisons marquées dans le Missel, sur le ton de la messe. Ensuite il asperge trois fois avec de l'eau bénite, en forme de croix, et encense aussi trois fois les cierges du clergé; se tourne et fait la même chose sur ceux que les fidèles tiennent à la main.

5. Deux clercs présentent successivement au célébrant le goupillon, la navette et l'encensoir, en faisant la génuflexion; puis, ayant pris les boîtes des cierges, ils les distribuent, chacun de son côté, aux officiants et au clergé, en commençant par les plus dignes, et faisant en sorte de n'aller pas plus vite l'un que l'autre. Deux autres clercs suivent les deux premiers pour allumer les cierges, après qu'ils les ont distribués, et prennent ensuite leurs places ordinaires pour la procession. Le premier clerc présente d'abord le cierge au célébrant, et le place sur un chandelier auprès du Missel, où le célébrant le prend après la dernière oraison.

6. Dans quelques églises on chante pendant la distribution des cierges bénits l'antienne *Lumen* et le cantique *Nunc dimittis*, comme au Processionnal.

7. Après la distribution des cierges, le célébrant chante (4) l'oraison *Erudi*, etc.; après quoi l'on fait la procession, pendant laquelle on chante l'antienne *Cum inducerent*. Les officiants retournent à la sacristie; le clergé rentre au chœur et entonne la messe. Les deux premiers clercs, après avoir reporté à la sacristie le bénitier, l'encensoir, etc., vont au chœur recevoir les cierges du clergé, qu'ils éteignent et remettent dans les boîtes.

8. Dans les séminaires, les ecclésiastiques font aujourd'hui le renouvellement des promesses cléricales, de cette manière : après l'*Oremus* de l'Offertoire les acolytes, portant des flambeaux, viennent au coin de l'autel de chaque côté, font une génuflexion, montent les degrés et se mettent à genoux en chœur sur la plus haute marche. Le célébrant fait une génuflexion, se met à genoux sur la plus haute marche, et prononce ces paroles : *Dominus pars hæreditatis meæ et calicis mei; tu es qui restitues hæreditatem meam mihi*. Il tient en même temps de la main droite le flambeau de l'acolyte, fait ensuite une génuflexion et va s'asseoir. Les prêtres induts, le diacre et le sous-diacre en chef, les diacres et sous-diacres induts, les acolytes, l'assistant et le thuriféraire, viennent successivement prononcer les mêmes paroles, en tenant le flambeau et faisant la génuflexion avant et après; puis ils vont s'asseoir. Tous les ecclésiastiques viennent ensuite deux à deux par le milieu du chœur, les plus dignes les premiers, faire la même cérémonie. Pendant ce temps-là on chante sur le 7ᵉ ton en G les psaumes *Conserva me* et *Domini est terra*; et quand la cérémonie est finie, on chante le *Gloria Patri*, et l'on entonne l'Offertoire. Les acolytes font la génuflexion, déposent leurs flambeaux et vont donner à laver les mains au célébrant à son siège; après quoi le célébrant monte à l'autel, suivi du diacre et du sous-diacre portant le calice. Les induts demeurent assis, jusqu'après l'encensement, autour de l'autel.

Si Monseigneur l'évêque officie ou est présent, il s'assied dans un fauteuil sur le marchepied de l'autel, pour recevoir les pro-

---

(1) Si c'est un dimanche, et qu'il doive y avoir bénédiction à vêpres pour une autre raison, on ne la donne pas le matin, et le soir on y chante les trois versets et oraisons accoutumés (18 8, 9 1019).

(2) Rubr., miss. sol., cap. 10, n. 6.
(3) Jointes devant la poitrine (1858, n. 1027).
(4) Les mains étendues (1858, n. 1030).

messes du clergé; chacun tient un flambeau d'une main, met l'autre main dans celles du prélat, et baise ensuite son anneau (1).

CHAPITRE III.

DES PRIÈRES DES QUARANTE HEURES.

1. Ces prières se font les trois jours qui précèdent le carême, dans les églises où elles sont établies. Le saint sacrement demeure exposé pendant ces trois jours, depuis la première messe jusqu'à la bénédiction du soir, pourvu qu'il y ait continuellement quelques personnes pour l'adorer.

2. Chaque jour, sur le soir, on fait, autant que possible, une instruction au peuple; on chante à genoux le psaume *Miserere*, et l'on donne la bénédiction avec les cérémonies ordinaires. Le dimanche de la Quinquagésime, on chante les trois oraisons et celle *Pro remissione peccatorum*, qui se dit après la première; les deux jours suivants, on dit seulement l'oraison du saint sacrement et celle *Pro remissione peccatorum*.

3. On ne fait jamais ces prières dans d'autre temps que pour une cause grave et d'après un mandement de Monseigneur l'évêque, qui en prescrit l'ordre, ou du moins avec sa permission expresse. Le dimanche précédent, le curé doit annoncer cette cérémonie aux fidèles, leur en expliquer l'objet, et les inviter à s'y rendre assidûment, avec la dévotion convenable.

CHAPITRE IV.

LE MERCREDI DES CENDRES.

1. La bénédiction solennelle des cendres se fait immédiatement avant la grand'messe. On ne doit pas la faire à l'autel sur lequel on célèbre la grand'messe, mais dans une chapelle préparée à cet effet, ou du moins le vase des cendres ne doit pas être mis sur l'autel, mais le diacre ou un clerc le tient des deux mains à côté du célébrant, au coin de l'Épître.

2. Le sacristain prépare d'avance, 1° une quantité suffisante de cendres bien nettes et bien sèches, faites avec des rameaux bénits l'année précédente; 2° un prie-Dieu placé au milieu du chœur devant l'autel (2), sur lequel l'acolyte dépose son chandelier; 3° un chandelier de bois simple pour l'acolyte; 4° une chasuble et deux planètes de couleur cendrée ou au moins violette. On ne place pas le texte sur l'autel.

3. Le thuriféraire de la messe, assisté d'un autre clerc, prépare à la chapelle où la bénédiction doit se faire, le bénitier, la navette, l'encensoir, la burette d'eau avec le bassin et le manuterge; et ils demeurent l'un et l'autre du côté de l'Épître, pour présenter chaque objet au célébrant, en le saluant par une génuflexion. Ils vont recevoir les cendres à leur tour, reviennent à la même place où ils se tiennent les bras croisés (3), donnent à laver les mains au prêtre, et, après le départ du clergé, ils reportent à la sacristie ou à la crédence les objets qu'ils avaient apportés.

4. Le clergé se rend processionnellement au lieu où doit se faire la cérémonie, dans l'ordre suivant: 1° le bâtonnier avec son bâton d'argent; 2° l'acolyte avec son chandelier et un cierge allumé; 3° le sous-diacre portant le Missel, sans coussin, sur la poitrine; 4° le diacre portant le vase des cendres, des deux mains, à la hauteur de la poitrine, revêtus l'un et l'autre de planètes; 5° le célébrant en chasuble et les mains jointes; 6° l'assistant; 7° le clergé deux à deux.

5. Le CÉLÉBRANT fait une génuflexion au bas de l'autel avec ses ministres, monte à l'autel, va au coin de l'Épître, et quand le clergé est arrivé, il chante sur le ton de la messe, et les mains jointes, l'oraison *Deus, qui non mortem*; après quoi il asperge trois fois les cendres avec de l'eau bénite, en forme de croix, bénit l'encens, et les encense aussi trois fois.

Il reçoit le vase des mains du diacre, se met à genoux sur la plus haute marche, s'impose les cendres à lui-même sur la tonsure, sans rien dire; ensuite il se lève et se tient debout à la même place, s'il n'y a que deux marches à l'autel, ou il descend jusque sur la seconde, s'il y en a plusieurs, et impose les cendres sur la tonsure: 1° à Monseigneur l'évêque, qui les reçoit debout et incliné au bas des marches; 2° aux deux aumôniers à genoux à côté du prélat; 3° au diacre; 4° au sous-diacre; 5° à l'acolyte; 6° à l'assistant, qui viennent, l'un après l'autre, les recevoir à genoux sur la plus basse marche, en faisant une génuflexion avant et après; et il dit à chacun d'une voix intelligible: *Memento, homo, quia pulvis es et in pulverem reverteris*. Le chœur chante en même temps l'antienne *Exaudi*, etc., comme il est marqué dans le Processionnal ou le Graduel.

Le célébrant va ensuite à la balustrade ou au prie-Dieu placé devant l'autel, ayant le diacre à sa droite et le sous-diacre à sa gauche; et il impose les cendres, sur la tonsure, à tous les membres du clergé, qui viennent, les plus dignes les premiers, les recevoir à genoux, faisant deux à deux la génuflexion avant et après. Enfin, il les donne au bâtonnier et aux fidèles, sur le front, disant toujours les mêmes paroles: *Memento*, etc.

La distribution des cendres finie, il monte à l'autel, rend le vase au diacre au coin de l'Épître, se lave les mains et chante l'oraison *Concede*, sur le même ton que la première, mais les mains étendues. Après quoi le clergé revient au chœur en chantant l'antienne *Inter vestibulum*, suivi du célébrant et des ministres, qui retournent dans le même or-

---

(1) On ne doit pas baiser le clerge comme à l'ordination; alors on fait au prélat l'offrande de son cierge: ici il n'y a pas d'offrande (1838, n. 1057).

(2) Lorsque le chœur est derrière l'autel, c'est là qu'est 1 prie-Dieu, à l'usage de celui qui préside à l'office (1838, n. 1057).

(3) On les mains pendantes, s'ils sont en surplis (1838, n. 1048).

dre à la sacristie où ils demeurent jusqu'au *Gloria Patri* de l'Introït (1).

6. Le DIACRE porte le vase des cendres en allant à l'autel, fait une génuflexion au bas de l'autel, à la droite du célébrant, et passe au coin de l'Épître, où il tient le vase des deux mains, tourné vers le célébrant. Après la bénédiction il monte à l'autel, présente le vase au prêtre en faisant une génuflexion, descend et va, suivi du sous-diacre, recevoir les cendres sur le plus bas degré, en faisant une génuflexion avant et après. Si Monseigneur l'évêque est présent, il ne les reçoit qu'après lui et ses aumôniers. Pendant la distribution il se tient à la droite du célébrant, et quand le prêtre monte à l'autel, il retourne au coin de l'Épître, d'où il monte pour recevoir le vase qu'il porte ensuite à la sacristie.

A la messe, il chante *Flectamus genua* avant la première oraison. Il quitte la planète avant l'administration, va ensuite (2), les mains jointes et entrelacées, sans porter la navette, demander la bénédiction au célébrant; prend le livre sur le coin de l'autel, en faisant la prière ordinaire *Pax Christi*, etc., et se met à genoux en passant devant l'autel pendant le ℣ *Adjuva nos*; après s'être relevé, il attend l'acolyte et va à sa suite au pupitre de l'Évangile. Si l'acolyte ne chante pas le Trait, ils vont de suite au pupitre, et s'y mettent tous deux à genoux, tournés vers l'autel. Après la dernière Postcommunion, le célébrant chante pour la troisième fois *Oremus*, et le diacre, un peu incliné vers l'autel, chante *Humiliate capita vestra Deo*, avant l'oraison sur le peuple (3).

7. Le SOUS-DIACRE porte le Missel en allant à l'autel où l'on doit bénir les cendres, et ayant fait la génuflexion à la gauche du célébrant, il va à la suite du diacre, du côté de l'Épître *in plano*, d'où il monte à l'autel, met le Missel sur le pupitre, l'ouvre, fait une génuflexion avant et après, et revient à la gauche du diacre. Il reçoit les cendres après le diacre, et se place ensuite à la gauche du célébrant, pour l'accompagner pendant la distribution. Quand le prêtre remonte à l'autel, il retourne au côté de l'Épître, à la même place, et après l'oraison il prend le Missel, à moins qu'on ne doive célébrer la messe sur cet autel, fait une génuflexion et retourne à la sacristie. A la messe il observe les cérémonies marquées pour les féries majeures.

8. L'ACOLYTE se place au milieu du chœur pendant la bénédiction des cendres. Lorsque le célébrant se les est imposées, il dépose son chandelier, s'avance, les bras croisés, pour les recevoir après le sous-diacre, sur la plus basse marche, en faisant une génuflexion avant et après; revient à son chandelier, le reprend et le tient élevé pendant toute la cérémonie, après laquelle il retourne à la sacristie. A la messe, il officie comme aux féries majeures (4).

9. L'ASSISTANT montre les oraisons au célébrant pendant la bénédiction des cendres; il les reçoit après l'acolyte, et se tient derrière le célébrant pendant qu'il les distribue.

10. Le THURIFÉRAIRE fait ce qui a été dit ci-dessus, n° 3, pour la bénédiction et la distribution des cendres, et retourne à sa place, au chœur. Comme il n'y a point d'encensement à l'Évangile, il ne vient derrière l'autel qu'au *Gloria tibi, Domine*, préparer l'encensoir pour l'Offertoire, et les flambeaux pour l'élévation.

11. Dans les églises paroissiales, avant la première messe, ou à l'heure la plus convenable pour le peuple, on bénit une certaine quantité de cendres, que l'on partage dans de petits bassins propres, pour les distribuer avant chaque messe basse, en se conformant, autant que possible, à ce qui a été dit ci-dessus. Les deux clercs observent ce qui a été dit du diacre et du sous-diacre : le premier porte le vase des cendres; le second porte le Missel, et présente le goupillon et l'encensoir.

CHAPITRE V.
DU TEMPS DU CARÊME.

Pendant tout le carême jusqu'au mercredi saint inclusivement, les jours de féries, le second et le troisième dimanche, et le dimanche de la Passion, le diacre et le sous-diacre officient avec les planètes, ou seulement avec l'aube, l'étole et le manipule. Pendant le même temps, on se sert à la messe d'ornements de couleur cendrée, les jours de féries, et violette les dimanches (5).

2. Le premier dimanche de carême après vêpres, on voile les croix et les images, excepté les croix qu'on met sur les autels, et qu'on porte aux processions (6). Ensuite, tous les jours jusqu'à Pâques, les seuls dimanches exceptés, on dit vêpres avant le repas, sans cierge d'oraison, et complies après.

3. Chaque jour on fait, selon l'usage, la prière du soir à l'église, comme elle est marquée dans le Catéchisme. On aura soin d'éclairer suffisamment l'église, et l'on veillera à ce que tout se passe dans l'ordre et avec la piété convenable. Le prêtre récite, à haute voix et posément, la prière en chaire, et fait ensuite une exhortation sur quelque vérité de la religion. Il chante le *Stabat Mater*, à genoux sur la plus basse marche de l'autel, assisté, s'il se peut, de deux clercs en habit de chœur. S'il y a une relique de la vraie croix, il l'expose sur l'autel avec l'étole, au commencement de la prose. A la

---

(1) A la grand'messe on o mettrait la mémoire d'un saint qui se rencontrerait, pour pouvoir dire l'oraison *pro pœnitentibus* (1858, n. 1052).

(2) Portant le livre de l'Évangile que le sous-diacre lui avait remis après l'Épître (n. 1054).

(3) Pendant cette oraison, le chœur, le diacre, le sous-diacre et l'acolyte demeurent inclinés jusqu'à la fin de la conclusion (*Ibid.*).

(4) Si l'on distribue les cendres vers la table de communion, ou vers la barrière du chœur, l'acolyte se tient en chœur, pour ne pas tourner le dos au célébrant (1858, n. 1055).

(5) Le quatrième dimanche, la couleur de l'autel seulement est verte (1858, n. 1059).

(6) Le jour de l'Annonciation on découvre l'image ou statue de la sainte Vierge depuis les premières vêpres inclusivement (n. 1060).

fin, on chante deux fois *O crux!* *ave*, et une fois *Te summa, Deus*, etc. Un clerc chante d'un ton élevé le ℣ *Parce, Domine, parce populo tuo, ne in æternum irascaris nobis*, que l'on répète trois fois, et le prêtre donne la bénédiction en silence avec la relique ou avec la croix.

CHAPITRE VI.
1U DIMANCHE DES RAMEAUX.

1. Avant la messe (1), le clergé se rend processionnellement en silence au lieu où doit se faire la bénédiction des rameaux, dans l'ordre suivant : 1° le suisse; 2° le bâtonnier; 3° les deux acolytes en aube, portant des chandeliers sans cierges (2); 4° le sous-diacre en aube, portant la croix tournée vers le clergé; 5° le clergé, marchant deux à deux, les moins dignes les premiers; 6° le diacre, revêtu de l'aube et d'une chape violette, portant sur sa poitrine le texte sur un coussin; 7° le célébrant, revêtu des habits sacerdotaux, et de la chape au lieu de la chasuble.

2. La procession étant arrivée au lieu de la station, le célébrant bénit les rameaux sur l'autel, ou sur une table du côté de l'Epître, en chantant sur le ton de la messe, et les mains étendues, les oraisons marquées dans le Missel, sans *Dominus vobiscum*; puis il les asperge trois fois d'eau bénite, en forme de croix, et les encense trois fois.

3. Deux clercs se tiennent auprès du célébrant pendant la bénédiction, lui présentent le goupillon et l'encensoir, et distribuent les rameaux bénits au clergé, en commençant par les plus dignes (3).

4. Après la bénédiction des rameaux, la procession revient à l'église, en chantant les antiennes marquées dans le Processionnal, en tout ou en partie, selon la longueur du chemin. En rentrant dans l'église, on entonne l'avant-dernière antienne *Locuti sunt*, etc., que l'on chante dans la nef, tourné en chœur. Cette antienne finie, le clergé entre dans le chœur, et alors on chante l'antienne *Hosanna*; le diacre dépose le texte sur l'autel où il l'avait pris, et d'où on le porte à la crédence au commencement de la Passion; le célébrant chante au milieu du chœur l'oraison *Reminiscere*, et retourne à la sacristie (4).

5. A la cathédrale, c'est monseigneur l'évêque, ou le grand prêtre en son absence, qui fait la bénédiction des rameaux, et qui célèbre la grand'messe, avec six induts. L'église où le chapitre se rend doit être ornée ou solennel, et les cloches doivent sonner pour l'entrée et la sortie. M. le curé ou le supérieur du lieu, en chape, accompagné de son clergé, se tient à la porte, et présente de l'eau bénite au prélat et au chapitre. Un autre ecclésiastique, placé vis à-vis, balance l'encensoir de droite à gauche, pendant que la procession entre. Le prélat se revêt des ornements pontificaux, de la chape et de la mitre violette, et fait la bénédiction comme ci-dessus; après quoi il quitte les ornements, et reprend l'habit de chœur. Le grand prêtre ne prend de même l'aube et la chape qu'au lieu de la station. M. le curé, sans chape, revient à la porte avec son clergé, sans bénitier et sans encensoir, jusqu'à ce que le chapitre soit sorti. Un jeune enfant de chœur, placé sur une estrade ou sur un escabeau, à la porte de l'église, entonne l'antienne *Pueri Hebræorum* (5).

A LA MESSE. — 1. Les acolytes portent des cierges allumés à leurs chandeliers, et restent derrière l'autel pendant la Passion.

2. Le diacre et le sous-diacre officient avec la dalmatique et la tunique violettes. Après l'Epître, le sous-diacre dépose le Missel au coin de l'Epître. Après avoir porté le corporal et la pale à l'autel, il revient derrière l'autel, où il demeure pendant la Passion: et à la fin, il va recevoir du diacre le livre de l'Evangile, qu'il ne porte à baiser à personne.

3. Le diacre part de derrière l'autel après l'administration, prend le Missel sur l'autel, et va, sans demander la bénédiction au prêtre, chanter seul la Passion. Il ne dit point *Dominus vobiscum*, ni *Sequentia*; ne fait aucun signe de croix sur le livre, ni sur lui-même, mais il commence de suite *Passio Domini*, sur le ton de l'Evangile. A ces mots: *Emisit spiritum*, il se met à genoux du côté de l'autel, et baise la terre, ainsi que le célébrant et tous les assistants; mais il ne baise pas le livre à la fin de la Passion (6).

4. Le thuriféraire, portant la navette et l'encensoir de la main droite, fait bénir l'encens à l'ordinaire, et va au bas du chœur, en précédant le diacre, sans balancer l'encensoir. Il n'encense pas l'autel au commencement ni à la fin de la Passion, mais il balance tout le temps l'encensoir de droite

---

(1) Après l'aspersion de l'eau bénite, à laquelle le sous-diacre porte la croix au lieu du texte, en aube et sans manipule (1838, n. 1068).

(2) Sans cierges, seulement à la primatiale de Lyon (*Ibid.*).

(3) Si le pontife est présent, il vient recevoir du célébrant son rameau, avant la distribution (1838, n. 1070).

(4) On voit ici un précieux reste de l'ancienne discipline de l'Eglise. Les processions que l'on fait en esprit de pénitence et pour implorer la miséricorde de Dieu, telles que celles des Rogations, se terminent ordinairement dans la nef, devant le grand crucifix du jubé, à cause des catéchumènes et des pénitents publics, qui y étaient admis autrefois, et auxquels il n'était pas permis d'entrer dans le chœur. Les processions qui ne sont pas *preces flebiles*, telles que celles de l'Ascension, du Saint-Sacrement, etc., se terminent toujours dans le chœur. La solennité de ce jour est mêlée de tristesse et de joie; et voilà pourquoi, au retour de la procession, on s'arrête dans la nef, et l'on chante devant le Crucifix, en présence des catéchumènes et des pénitents, ces paroles du prophète, que Jésus-Christ semble leur adresser du haut de sa croix, pour leur reprocher leurs infidélités : *Locuti sunt adversum me lingua dolosa, et sermonibus odii circumdederunt me. Pro eo ut me diligerent, detrahebant mihi* (Psalm. cviii). Cette antienne finie, le clergé et les fidèles laissent les pénitents dans la méditation et les regrets; ils entrent dans le chœur, sans rien dire; et, n'étant plus en présence des catéchumènes et des pénitents, ils chantent les louanges de Dieu avec les enfants des Hébreux : *Hosanna filio David : Benedictus qui venit in nomine Domini*. (Réflex. sur l'autel de Saint-Jean.)

(5) Lorsque la croix sort de l'église (n. 1072).

(6) Le célébrant lit la Passion assis à son siège (n. 1076). Dans les petites églises, il doit la chanter, ou bien il faut dire messe basse. La Passion se chante sur le ton des Evangiles (n. 1079-80).

DICTIONNAIRE DES RITES SACRÉS. III.

à gauche. A la fin de la messe, il emporte le Missel à la sacristie, et présente au célébrant le dernier Evangile qui est propre.

5. On doit réciter la Passion à toutes les messes basses, quoiqu'il soit marqué autrement dans l'ancienne édition du Missel.

CHAPITRE VII.
DE L'OFFICE DE TÉNÈBRES.

1. L'office de Ténèbres est chanté comme il est marqué dans le bréviaire ou le Vespéral. Les chantres qui doivent chanter les Lamentations et les Leçons ne demandent pas la bénédiction au célébrant, et ne saluent pas le chœur; ils font seulement la génuflexion à l'autel, avant et après.

2. Après l'antienne du *Benedictus*, on se met à genoux; on dit le *Pater* entier tout bas, puis le psaume *Miserere*, d'une voix médiocre; après quoi l'officiant, à genoux, dit du même ton l'oraison *Respice*, par laquelle on termine l'office, sans ajouter le *Pater*, etc. (1). Quand elle est achevée, l'officiant frappe trois ou quatre coups sur sa stalle, si c'est l'usage, et après ce bruit chacun se lève et se retire en silence (2).

3. Outre les six cierges de l'autel, on allume quinze cierges de cire jaune sur un chandelier triangulaire, à la place ordinaire du diacre. Le clerc désigné pour éteindre les cierges les éteint successivement après chaque psaume de matines et de laudes, en commençant par celui qui est le plus bas du côté de l'Epître, puis du côté de l'Evangile; remet ensuite l'éteignoir auprès du chandelier et va s'asseoir au siége du côté de l'Epître, faisant une génuflexion toutes les fois qu'il vient devant l'autel, ou qu'il se retire. Il éteint ensuite les cierges de l'autel, après chaque deuxième verset du *Benedictus*. Au commencement de l'antienne, il prend le quinzième cierge, qui est resté allumé sur le chandelier triangulaire; et (3), s'étant mis à genoux au coin de l'Epître, il le cache de manière que la lumière ne paraisse point, tandis que le chœur récite les prières à genoux; et après que le célébrant a frappé sur sa stalle, il le place de nouveau sur le chandelier, le laisse brûler un moment, et l'éteint (4).

4. Le jeudi saint on allume deux cierges pendant les petites heures, et l'on chante à la fin l'antienne *Christus factus est*, comme dans le grand Antiphonier, ou dans la nouvelle édition du Vespéral. Les jours suivants on les récite sans chant et sans lumières ainsi que complies.

(1) *Breviar. et Vesper. Lugdun.* — Romsée, tom. III, art. 11, etc.
(2) Ce bruit que l'on fait dans l'église, après avoir éteint ou fait disparaître toutes les lumières, désigne les ténèbres qui se répandirent sur la terre à la mort de Jésus-Christ, et la confusion qui régna alors dans toute la nature. On comprend aisément combien on s'éloignerait de l'esprit de l'Eglise, en souffrant que des enfants dissipés fissent un tumulte indécent dans le lieu saint. Si cet abus existe dans quelques églises, on ne doit rien négliger pour le détruire.

CHAPITRE VIII.
DU JEUDI SAINT.

§ 1er. *De la messe* (5) *et de la procession.*

1. A la cathédrale, monseigneur l'évêque fait aujourd'hui la consécration du saint chrême, comme il est marqué dans le Pontifical. La messe où se fait cette consécration est du rite solennel; on se sert d'ornements blancs; on chante le *Gloria in excelsis*, le *Credo* et l'*Ite, missa est*. Aux autres messes on se sert d'ornements rouges, on ne chante pas le *Gloria*, ni le *Credo*, etc.; le sous-diacre indut, s'il y en a, ne porte pas le texte à l'Epître; le sous-diacre en chef ne fait baiser le texte après l'Evangile qu'au célébrant.

2. Le célébrant consacre deux grandes hosties, dont il réserve l'une pour le lendemain. Il ne dit point l'*Agnus Dei*, et ne donne pas la paix; il dit néanmoins les trois oraisons avant la Communion. Après *Pax Domini*, on sonne toutes les cloches pour le dernier coup de la messe, et on ne les sonne plus jusqu'au samedi saint (6). Après les ablutions, le célébrant remet, comme à l'ordinaire, le calice au diacre, revient au milieu de l'autel, met l'hostie qu'il a réservée dans l'ostensoir, l'élève sur le corporal, se met à genoux sur la plus haute marche, et encense trois fois le saint sacrement. Il remonte ensuite à l'autel, récite la Communion, et termine la messe à l'ordinaire, sans donner la bénédiction, observant les cérémonies prescrites devant le saint sacrement exposé.

3. Après l'élévation du *Pater*, les diacres et sous-diacres induts font tous ensemble une génuflexion, et vont deux à deux prendre le dais, qu'ils portent à l'entrée du chœur ou devant l'autel, pour accompagner le saint sacrement au reposoir.

4. Le thuriféraire prépare quatre flambeaux et l'encensoir, et lorsque le célébrant a remis le calice au diacre, il va devant l'autel, se met à genoux sur la plus haute marche, et présente au prêtre la navette et l'encensoir. Après l'encensement il descend *in plano*, où il se tient debout jusqu'au départ de la procession, et balance l'encensoir, tenant la navette de la main gauche contre la poitrine.

5. Quatre céroféraires se rendent derrière l'autel lorsqu'on entonne la Communion, et prennent des flambeaux; après la dernière oraison, ayant fait tous ensemble la génuflexion, ils précèdent le sous-diacre devant l'autel, où ils se placent sur une ligne, font la génuflexion et restent debout jusqu'au départ de la procession; alors ils se placent

(3) Il l'éteint à la fin de l'antienne du *Benedictus* (n. 1087).
(4) Cærem. episc., lib. II, cap. 22. Gavant. t. II, sect. 6. cap. 13. Merati. Bauldry, etc.
(5) L'usage étant, à Lyon, que chaque prêtre célèbre sa messe, il faut au moins qu'on n'en dise plus après la messe solennelle. C'est ce que dit de Lugo (n. 1089).
(6) Dans les Missels de Nevers, de Toulouse, de Vienne, on dit que c'est le dernier coup de vêpres. En certains lieux, on sonne pendant le *Pater*. Dans d'autres, on attend le moment de la procession (n. 1114).

aux quatre coins du dais, et chantent devant le reposoir la strophe *O Salutaris* après l'oraison *Respice*.

6. Le sous-diacre reçoit la croix derrière l'autel, et après la dernière oraison il va, précédé des acolytes et des céroféraires, se placer devant l'autel entre les deux acolytes.

7. Après le *Benedicamus Domino*, ou l'*Ite, missa est*, on entonne l'hymne *Pange, lingua*, et le célébrant porte processionnellement le saint sacrement au reposoir dans l'ordre suivant: 1° les deux acolytes; 2° le sous-diacre; 3° le diacre marchant devant le thuriféraire, s'il ne porte rien, ou après, s'il porte le ciboire (1); 4° le thuriféraire qui encense le saint sacrement; 5° les prêtres induts; 6° les diacres et les sous-diacres, portant le dais ayant à côté d'eux les céroféraires; 7° le célébrant sous le dais; 8° l'assistant marchant à la suite du célébrant avec le sacristain qui porte la bourse et le livre pour l'oraison (2).

8. Le célébrant dépose l'ostensoir sur l'autel, fait une génuflexion; et l'hymne étant finie, il chante sans *Oremus* et sans conclusion, l'oraison *Respice* sur le ton de celles de la messe; se met à genoux sur la plus basse marche, et, pendant que les céroféraires chantent *O Salutaris*, il encense trois fois le saint sacrement, et la strophe étant finie, il donne la bénédiction avec un seul signe de croix. Après quoi, le diacre ou le sacristain prêtre place l'ostensoir dans la niche de l'exposition, où il doit être voilé selon l'ancien usage.

9. Le clergé retourne ensuite au chœur, où l'on chante les vêpres, mais d'un ton plus bas qu'à l'ordinaire; le célébrant et les ministres rentrent à la sacristie. On n'encense pas l'autel au *Magnificat*.

10. Aussitôt après la messe on dépouille les autels, et on ne les orne pas avant le samedi saint.

11. Dans les petites églises le célébrant observe ce qui a été dit ci-dessus n° 2; après la messe, il porte le saint sacrement au reposoir, précédé du thuriféraire, qui encense pendant toute la marche, et au moins de deux céroféraires; et il place l'ostensoir comme il est marqué au n° 8. Quatre confrères du saint sacrement ou fabriciens portent le dais.

§ 2. *Du lavement des pieds.*

1. Cette cérémonie se fait à l'heure la plus convenable de l'après-midi. On prépare, 1° un fauteuil pour le prêtre devant l'autel, du côté de l'Épître; 2° du même côté, un banc couvert d'un tapis, sur lequel sont assis douze clercs ou douze pauvres (3), ayant tous le pied droit nu; 3° une table couverte d'une nappe, sur laquelle on place avec symétrie une corbeille contenant douze petits pains, quelques bouteilles de vin, une ou deux grandes coupes, un bassin où sont douze pièces de monnaie, une aiguière avec de l'eau, un bassin et deux ou trois serviettes; 4° le pupitre de l'Évangile couvert d'un évangélistaire, placé devant l'autel, tourné du côté de l'orient; l'encensoir et la navette. Tous les officiants doivent être pieds nus.

2. Le prêtre revêtu de l'aube, du cordon, de l'amict et de l'étole blanche, vient au chœur précédé de deux acolytes en aube avec l'habit de chœur par dessus, sans chandeliers, de deux sous-diacres ou de deux clercs en aube, des douze clercs à qui il doit laver les pieds, marchant deux à deux, en habit de chœur, et suivi de l'assistant. Les douze clercs vont se placer auprès du banc préparé, les plus grands du côté de l'autel (si ce sont des laïques à qui on lave les pieds, on les fait placer d'avance sur le banc); les acolytes et les autres officiants se placent sur une ligne, tournés vers les douze clercs; le prêtre va s'asseoir au fauteuil, où les officiants le saluent par une génuflexion, et l'assistant le ceint d'une longue serviette ou ceinture de toile.

3. Alors le prêtre s'approche des douze clercs ou pauvres, se met à genoux devant eux avec ses ministres, et lave à chacun le pied droit, l'essuie ensuite avec la serviette dont il est ceint, et le baise, après y avoir fait le signe de la croix avec le pouce. Le premier sous-diacre verse l'eau sur les pieds de chacun, et le second tient le bassin par-dessous (4).

4. Pendant cette cérémonie, le chœur chante les antiennes et les psaumes marqués dans le Processionnal; et quand elle est finie, le prêtre va s'asseoir et se lave les mains. En même temps les acolytes, le sous-diacre et le diacre, se rendent à la sacristie. Ensuite le prêtre, debout, dit trois fois, en élevant chaque fois le ton, le ℣ *Tu mandasti mandata tua custodiri nimis*, que le chœur répète aussi trois fois; puis il chante l'oraison sur le ton de celle de vêpres.

5. Après l'oraison, les deux acolytes en aube, avec des chandeliers et des cierges allumés; le sous-diacre revêtu de la tunique violette, portant l'encensoir et la navette; et le diacre, en dalmatique violette, portant le texte ou le livre des Évangiles sur un coussin, s'approchent du célébrant et le saluent par une génuflexion. Le sous-diacre présente la navette et l'encensoir; le prêtre y met l'encens et le bénit par à l'ordinaire.

Ils saluent de nouveau le prêtre, et se rendent auprès du pupitre; le diacre y dépose le livre, et tourné vers l'orient, il chante sur le ton des leçons, le *Mandatum*, ou le sermon après la cène, *Amen, amen dico vobis*, etc., sans dire *Dominus vobiscum*, ni *Sequentia*. Le sous-diacre et les acolytes se placent derrière le pupitre, la face tournée vers l'occi-

---

(1) Le diacre marche devant le dais, portant l'encensoir avec lequel il parfume la voie par laquelle le saint sacrement doit passer, encensant de toute la longueur de la chaîne (n. 109. et 10.15).

(2) Si l'on ne peut porter le dais, un clerc en surplis se tient derrière le célébrant, et soutient l'ombrelle au-dessus de lui, depuis l'autel jusqu'au reposoir (*Ibid.*)

(3) Ayant les pieds nus (n. 1101).

(4) Avant la grande révolution, on lavait les pieds à douze prêtres, à la primatiale de Lyon. On lavait les deux pieds (n. 1102).

cent, et le sous-diacre balance l'encensoir de droite à gauche.

6. A ces mots *Surgite, eamus hinc*, le prêtre bénit les pains, en disant, à voix basse et sans chant, l'oraison marquée dans le Processionnal, et les asperge avec de l'eau bénite. Un clerc, en habit de chœur, les distribue à ceux à qui on a lavé les pieds ; un autre clerc leur présente ensuite du vin à boire dans une coupe, avec une serviette pour s'essuyer les lèvres ; puis l'assistant ou aumônier leur donne à chacun une pièce de monnaie ; et si c'est l'usage, on distribue du pain et du vin à tout le clergé. En même temps le diacre continue le *Mandatum*, et quand il est fini on se retire.

7. Le lavement des pieds se fait à la cathédrale, avec des cérémonies particulières, marquées dans le Cérémonial de cette Église (1).

CHAPITRE IX.
DU VENDREDI SAINT.

§ 1er. *Office du matin*.

1. On ne célèbre point d'autre messe que celle des présanctifiés, et l'on ne donne la communion qu'aux malades.

2. L'autel doit être couvert d'une seule nappe, sans croix, ni cierges. On place un Missel sur l'autel du côté de l'Épître, un autre devant le siége du célébrant, un pupitre au bas du chœur pour le chant des prophéties, et le grand Graduel sur un pupitre au milieu du chœur, pour le chant des Traits.

3. Tous les officiants et les chantres se servent d'ornements violets, et doivent être pieds nus à l'office du matin, jusqu'après l'adoration de la croix. On étend des tapis dans les endroits où ils doivent passer (2).

4. Le célébrant (qui est Monseigneur l'évêque, assisté de ses officiers en habit de chœur, ou le grand prêtre en son absence), revêtu de l'aube, du cordon, de l'amict (3), de l'étole, du manipule, de la mitre ou du bonnet, se rend à l'autel, précédé du diacre en aube, étole et manipule, et du premier sous-diacre en aube, portant le manipule de la main gauche entre le doigt du milieu et le doigt annulaire, et le livre des Épîtres sur la poitrine.

5. Ils saluent tous ensemble l'autel par une simple inclination ; le célébrant, avec le diacre, va s'asseoir à son siège ; le sous-diacre va au bas du chœur, à l'endroit où l'on dit l'Épître, et chante la première prophétie, sans titre, sur le ton des leçons. Il laisse le Missel sur le pupitre, fait les quatre inclinations au milieu du chœur, retourne à la sacristie, et remet le manipule au second sous-diacre, qu'il rencontre à la sortie du chœur. Si Monseigneur l'évêque officie, il le salue par une génuflexion, après la leçon, sans

(1) On ne doit pas omettre les offices des jeudi, vendredi et samedi saints, dans les plus petites paroisses, pourvu que le prêtre puisse se procurer au moins trois enfants de chœur. Décret de la S. C. de 1821 (n. 1107).

( ) Si l'on ne quitte pas les bas, il faut au moins déposer les souliers ; tel est aujourd'hui l'usage de la primatiale (n. 1160).

(3) L'amict se mettait toujours autrefois sur l'aube ; cet usage ne s'est conservé que pendant la semaine sainte.

baiser son anneau et sans saluer le chœur.

6. Après la prophétie, un diacre en aube, et pieds nus, chante le Trait *Deus, laudem*, etc., reprend l'habit de chœur et sa chaussure, et revient à sa place (4)

7. Le célébrant monte à l'autel, et chante au coin de l'Épître, l'oraison *Deus juste*, et retourne à son siège. Le diacre va en même temps devant le milieu de l'autel, et revient s'asseoir avec le prêtre. Si Monseigneur l'évêque officie, il chante cette oraison et les suivantes à son siège.

8. Le second sous-diacre, vêtu comme le premier, sort de la sacristie pendant le Trait, reçoit le manipule à l'entrée du chœur, et va chanter la seconde prophétie. Il prend ensuite le Missel, salue le chœur ou Monseigneur l'évêque ; va déposer le Missel au coin de l'Épître, et retourne à la sacristie, où il demeure avec le premier jusqu'à l'adoration de la croix.

9. Deux prêtres en aube avec des chapes, et pieds nus, chantent alternativement le second Trait *Eripe me*, au milieu du chœur, et s'étant déshabillés, ils reviennent à leurs places.

10. Sur la fin du Trait, le diacre monte au coin de l'Épître, sans demander la bénédiction au célébrant, baise le Missel, le prend, et va seul chanter, sur le pupitre nu, la Passion, pendant laquelle le célébrant se tient au coin de l'autel, et Monseigneur l'évêque à son siège, tenant sa crosse à la main (5)

11. Aussitôt après la Passion, le célébrant chante les monitions et les oraisons ; il tient les mains jointes pendant les monitions, et étendues pendant les oraisons. Le diacre chante *Flectamus genua* avant chaque oraison, excepté celle pour les Juifs (6).

§ 2. *Adoration de la croix*.

1. Pendant les oraisons, un prêtre va à la sacristie, se revêt de l'aube, du cordon, de l'amict, de l'étole et de la chape violette, adore et baise la croix placée sur un prie-dieu, avec les sous-diacres et les céroféraires ; la reçoit ensuite des mains du sacristain, couverte d'un voile rouge, et la porte sur la main gauche, tenant la droite par-dessus. Sur la fin des oraisons, il se rend à l'autel, en passant par la grande porte du chœur, précédé du bâtonnier, des deux céroféraires en habit de chœur, avec des flambeaux allumés ; des deux sous-diacres qui ont chanté les prophéties, revêtus de planètes violettes, ou de deux clercs avec des bassins, pour recevoir les offrandes, si c'est l'usage. Il dépose la croix sur l'autel, fait une génuflexion avec les autres ministres, qui se placent au bas de l'autel, et il va à la sacristie, ou derrière l'autel, où il s'assied pendant l'adoration faite par le clergé.

Rubr. *Missæ priv.*, cap. 1, n. 4.

(4) On peut faire chanter ce Trait et le suivant par des clercs, si l'on n'a pas des diacres ni des prêtres (n. 1163).

(5) La passion finie, il laisse le livre sur le pupitre et revient à sa place, en face de l'autel (n. 1167).

(6) Il fait une génuflexion avec le chœur, chaque fois qu'il chante ces paroles ; mais le célébrant ne doit pas fléchir les genoux (n. 1168).

2. Après les oraisons, le célébrant, à genoux sur la plus haute marche de l'autel, et ayant à sa droite l'aumônier ou le diacre qui lui présente le Processionnal, tient la croix voilée sur la main gauche, et la découvre de la droite à trois reprises, en commençant par le bas; il entonne trois fois l'antienne *Ecce lignum crucis*, en élevant chaque fois le ton. Cela fait, il dépose la croix sur un coussin placé sur un prie-dieu au milieu du presbytère ou du chœur, selon le local, l'adore en faisant trois prostrations à différents intervalles, et la baise respectueusement. Ensuite, debout derrière le prie-dieu, le dos tourné à l'autel, et ayant les deux sous-diacres à ses côtés, les deux céroféraires placés en chœur à côté du prie-dieu, il donne la croix à baiser au diacre, aux autres ministres et à tout le clergé, qui viennent à l'adoration de la même manière, en faisant trois prostrations; et il l'essuie chaque fois avec un manuterge. Le diacre fait sa première prostration pendant que le célébrant fait la seconde, et pendant que le diacre fait la seconde, ceux qui suivent font la première, et ainsi de suite, ayant soin de se mettre à genoux, de s'incliner, de se lever tous en même temps. Pendant ce temps là, on chante dans le chœur ce qui est marqué dans le Processionnal ou le Graduel (1).

3. Le diacre, après avoir baisé la croix, va derrière l'autel, mettre du vin et de l'eau dans le calice, sans rien dire, et il le couvre avec le pavillon ou la pale, sans patène.

4. Sur la fin de l'adoration, on met sur l'autel une croix découverte (2), avec deux cierges de cire jaune, allumés, et la chasuble du côté de l'Évangile, le purificatoire, le corporal plié, avec un second corporal, dans lequel on met la patène; on prépare l'encensoir et deux flambeaux.

5. L'adoration finie, le prêtre qui a apporté la croix vient la recevoir des mains du célébrant, et va dans la nef avec les mêmes ministres, la faire baiser au peuple; en même temps, le célébrant chante au coin de l'Épître, et Monseigneur, à son siège, l'oraison *Deus, qui Unigeniti*, etc., sur le ton de celles de la messe.

§ 3. *Messe des présanctifiés.*

1. Après l'oraison, le célébrant reprend sa chaussure, ainsi que les ministres, se revêt de la chasuble à l'autel, se lave les mains du côté de l'Épître, descend au bas de l'autel, et dit seulement *Confiteor, Misereatur* et *Indulgentiam*, auxquels le diacre répond comme à l'ordinaire; puis il monte à l'autel, le baise au milieu, et y étend le corporal.

2. Alors le diacre ou le prêtre assistant apporte le calice, où il y a du vin mêlé avec de l'eau, et le présente au célébrant qui le couvre avec le corporal ou la pale, sans patène. S'il n'y a pas de diacre, le célébrant met lui-même le vin et l'eau dans le calice, sans rien dire, et le couvre.

3. Le célébrant se lave les mains pour la seconde fois, et va au reposoir par le chemin le plus court, dans l'ordre suivant : 1° deux céroféraires en habit de chœur; 2° le thuriféraire, portant l'encensoir et la navette; 3° le diacre; 4° le célébrant, portant la patène dans un corporal plié; 5° l'assistant et les autres ministres, s'il y en a.

4. Arrivés au reposoir, ils font tous ensemble une génuflexion, et se mettent à genoux; le célébrant encense trois fois le saint sacrement, prend la sainte hostie qui est dans l'ostensoir, la dépose sur la patène, qu'il enveloppe dans le corporal, et, sans donner la bénédiction, il revient à l'autel en silence par le même chemin et dans le même ordre (3).

5. Après avoir déposé le saint sacrement sur l'autel, il le découvre, se met à genoux, l'adore avec un profond respect, l'encense de trois coups, et se lave les mains pour la troisième fois. Ensuite il revient au milieu de l'autel, et prie quelques moments en silence, méditant principalement sur la passion de Jésus-Christ. Après quoi il découvre le calice sans faire la génuflexion, et, tenant la sainte hostie au-dessus, il dit à voix basse : *Per ip † sum, et cum ip † so*, etc.

6. Il continue ensuite sans chant, de manière cependant à être entendu des assistants : *Per omnia sæcula*, etc., et le *Pater*. A ces mots *sicut in cœlo*, etc., il élève des deux mains la sainte hostie sans le calice.

7. Il reçoit la patène à l'ordinaire, et dit du même ton le *Libera nos*, etc., pendant lequel il fait le signe de la croix avec la patène, la baise, et divise l'hostie en trois parties

8. Il ne dit point *Pax Domini*, ni *Agnus Dei*, et ne donne point la paix; mais il met de suite la particule de l'hostie dans le calice, sans rien dire; ensuite, les mains jointes sur l'autel, et incliné, il dit seulement l'oraison *Perceptio corporis tui*, etc.; après laquelle il dit, *Panem cœlestem*, et les autres prières pour la communion, comme elles sont marquées.

9. Il prend le vin avec la parcelle de l'hostie, reçoit de suite l'ablution sur les doigts, sans rien dire; et, ayant pris l'ablution et purifié le calice, il s'incline au milieu de l'autel, les mains jointes, et dit l'oraison *Quod ore sumpsimus*, etc.; il omet tout le reste, fait une génuflexion et retourne à la sacristie avec ses ministres. En même temps on récite les vêpres, sans chant, quoiqu'il soit marqué autrement dans le Missel (4). Après vêpres on découvre toutes les croix; mais on ne découvre les tableaux que le samedi saint avant les litanies.

10. Le diacre présente la patène au célébrant, comme à l'ordinaire, mais sans l'es-

---

(1) Le chœur demeure debout pendant l'antienne *Ecce lignum*, etc., et fait une génuflexion à *Venite, adoremus* (n. 1170).
(2) On la place au milieu ou sur le tabernacle (n. 1172).
(3) Avec la différence que le thuriféraire marche après le diacre, encensant la voie du saint sacrement que porte le célébrant (n. 1178).
(4) On laisse sur l'autel la croix et les deux cierges qui ont servi pour la messe des présanctifiés (n. 1181).

suyer avec le purificatoire ; il va du côté de l'Évangile pour le *Domine, non sum dignus*, monte à l'autel après la communion, plie le corporal, et reçoit le calice après l'ablution.

11. Les céroféraires et le thuriféraire précèdent le célébrant lorsqu'il va au reposoir, et qu'il en revient; ils restent à genoux devant l'autel jusqu'après la communion ; alors ils se lèvent, font la génuflexion et vont déposer l'encensoir et les flambeaux derrière l'autel.

12. Un clerc aide le prêtre à se chausser après l'adoration de la croix, et lui donne trois fois à laver les mains : 1° lorsqu'il s'est revêtu de la chasuble ; 2° lorsqu'il a reçu le calice du diacre ; 3° après qu'il est de retour du reposoir, et qu'il a encensé le saint sacrement. Après la confession, il transporte le Missel du côté de l'Évangile (1).

CHAPITRE X.

DU SAMEDI SAINT.

§ 1er *Office du matin.*

1. Avant l'office, le sacristain place avec symétrie sur la crédence un Missel ouvert, un bénitier avec le goupillon, un cierge à trois branches, un réchaud avec des charbons éteints, un briquet pour faire le feu nouveau, cinq grains d'encens dans un bassin, et une étole blanche. Il prépare aussi deux Missels (2), deux pupitres et le Graduel, comme hier ; un grand chandelier pour le cierge pascal, du côté de l'Évangile ; quatre sièges du côté de l'Épître pour le célébrant, le diacre, le sous-diacre et l'assistant, et de plus les sièges nécessaires aux acolytes et aux lecteurs, à moins qu'ils ne se placent dans les stalles.

2. Après les petites heures, toutes les lumières de l'église étant éteintes, on orne les autels en très-grand solennel. Dans les églises où il y a des fonts baptismaux, on orne proprement la chapelle des fonts.

3. Monseigneur l'évêque, ou le prêtre qui doit célébrer la messe, se rend derrière l'autel, en habit de chœur, prend l'étole, fait du feu avec le briquet, et allume aussitôt le cierge (3) et les charbons qui sont dans le réchaud ; puis il bénit le feu nouveau et les cinq grains d'encens, en récitant à voix basse les oraisons marquées dans le Missel, et il asperge le feu et l'encens, en forme de croix, avec de l'eau bénite.

4. Il se revêt ensuite de l'aube, du cordon, de l'amict, de l'étole, du manipule de couleur blanche, sans chasuble, et se rend à l'autel dans l'ordre suivant : 1° les deux acolytes, et les quatre lecteurs, tous en aube, avec le camail ou le surplis par-dessus, et tenant les bras croisés (4), excepté le premier lecteur qui est en aube, et porte le Missel sur la poitrine, et le manipule entre le doigt du milieu et le doigt annulaire ;

2° le sous-diacre en aube et manipule, sans tunique ; 3° le diacre en aube, étole et manipule, sans dalmatique ; 4° le célébrant ; 5° l'assistant en habit de chœur ; enfin le bedeau.

5° Le sous-diacre va de suite se placer du côté de l'Épître, comme pendant l'élévation ; le célébrant, le diacre et l'assistant, se placent devant l'autel ; ils font tous ensemble une génuflexion, et vont s'asseoir du côté de l'Épître. Les acolytes et les lecteurs s'asseyent à la suite sur des sièges préparés de chaque côté de l'autel, ou dans les premiers bas stalles du côté de l'Épître, si le chœur est derrière l'autel.

6. Le premier lecteur, après avoir salué l'autel, va de suite chanter la première leçon au bas du chœur (5); les trois autres chantent successivement les leçons suivantes et les Traits ; ils quittent auparavant leurs camails ou leurs surplis sur la crédence, font les quatre inclinations au chœur après chaque leçon et chaque Trait, et retournent à leurs places.

7. Pendant les oraisons, le diacre se tient devant l'autel à sa place ordinaire, et le sous-diacre du côté de l'Épître, où ils font une génuflexion en arrivant, et avant de retourner à leurs sièges.

§ 2. *Bénédiction du cierge pascal* (6).

1. Après la dernière oraison, deux chantres en habit de chœur, chantent la première litanie ; un clerc en aube et orfrois tient le livre devant eux, si c'est l'usage. Tous, excepté les chantres, se mettent à genoux au commencement de la litanie ; et après qu'on s'est relevé, les acolytes en habit de chœur sur l'aube, les quatre lecteurs portant leurs camails ou leurs surplis sur le bras, le sous-diacre, et le diacre député pour chanter l'*Exsultet*, se rendent à la sacristie. Les lecteurs quittent les aubes et rentrent au chœur.

2. Sur la fin de la litanie, le diacre, revêtu de la dalmatique blanche ou de couleur d'or, part de la sacristie, et se rend au pupitre de l'Évangile, dans le presbytère, précédé des acolytes en aube portant leurs chandeliers avec des cierges éteints ; du sous-diacre portant la croix (si l'on doit faire la procession aux fonts), et d'un clerc portant le cierge pascal. Un autre clerc va prendre à la crédence le cierge triangulaire allumé, et se place auprès du cierge pascal, avec le sacristain, portant le saint chrême, les grains d'encens et une petite spatule dans un bassin. Le sous-diacre se place derrière le pupitre, les acolytes de chaque côté, le diacre de la messe devant l'autel, le célébrant et le chœur comme pendant l'évangile.

3. Le diacre chante *Exsultet*, etc. A ces mots : *Curvat imperia*, il oint les grains d'encens avec du saint chrême, à l'aide d'une

---

(1) Après la communion, le clerc du côté droit verse sur les doigts du prêtre la dernière ablution (n. 1184).

(2) L'un sur l'autel, l'autre vers le siège du célébrant (n. 1211).

(3) Un cierge différent du cierge pascal et du cierge à trois branches (n. 1213).

(4) Ou les bras pendants, suivant qu'ils ont l'un ou l'autre habit de chœur (*Ibid.*).

(5) Les bras croisés (n. 1216).

(6) Il peut être intérieurement en bois ou en ferblanc ; mais il doit être garni de cire en dehors du haut en bas (n. 1236).

petite spatule, les présente au feu pour amollir la cire qu'on a mise autour, et les met au cierge pascal en forme de croix : le premier en haut, le second au milieu, le troisième en bas, le quatrième à gauche et le cinquième à droite ; puis il se lave les mains. A ces mots : *Ignis accendit*, il allume le cierge pascal avec les trois branches du cierge triangulaire, et continue. En même temps, on allume les cierges des acolytes et les lampes.

4. Le cierge pascal doit être allumé jour et nuit, jusqu'à la fin des complies du jour de Pâques, et ensuite seulement à matines, à la grand'messe et à vêpres, les dimanches et les fêtes doubles mineures, jusqu'au samedi de la Pentecôte inclusivement, ainsi que le jour et le lendemain de la Pentecôte; mais on ne l'allume jamais aux messes de morts (1).

5. Après la bénédiction du cierge, le diacre qui a chanté l'*Exsultet*, revient seul à la sacristie, et le clergé va en procession aux fonts ; si l'on ne fait pas la bénédiction des fonts (2), on chante de suite la troisième litanie, pendant laquelle le célébrant se rend à la sacristie avec tous ses ministres, comme il sera dit plus bas.

§ 3. *Bénédiction des fonts.*

1. Après le cantique *Exsultet*, on chante la seconde litanie, et l'on va processionnellement aux fonts, qu'on a dû nettoyer et parer d'avance.

2. Le célébrant chante ce qui est marqué dans le Missel. Aux endroits indiqués, il divise avec la main droite l'eau en forme de croix ; il jette un peu d'eau vers les quatre parties du monde ; il souffle trois fois sur l'eau en forme de croix ; il plonge à trois diverses reprises le cierge pascal dans l'eau ; il fait dégoutter, en forme de croix, de la cire du cierge dans l'eau, puis il asperge de l'eau bénite la croix et le clergé.

3. A la cathédrale, M. le curé ou le premier vicaire revêtu de la chape et de l'étole, apporte le saint chrême de la sacristie aux fonts, précédé de deux céroféraires et de deux chapelains en habit de chœur soutenant un voile rouge.

4. Deux clercs, en habit de chœur, prennent de l'eau bénite dans des vases, et en donnent à boire à tout le clergé, excepté au célébrant. En même temps, on distribue de la même eau au peuple, avant que le prêtre y ait mis le saint chrême.

5. Après la distribution de l'eau, le célébrant verse trois fois, en forme de croix, du saint chrême dans l'eau, qui reste dans les fonts ; ensuite le clergé retourne au chœur, et le célébrant se rend à la sacristie avec ses ministres.

(1) On l'allume aussi aux saluts et bénédictions du saint sacrement, même du ciboire... On le place de manière que la croix formée par les grains d'encens soit tournée vers le célébrant à l'autel... Il est inutile de porter à la bénédiction de l'eau qui se fait les dimanches (n. 1259).

(2) Elle est défendue dans les églises qui ne sont pas paroissiales, quand même on s'abstiendrait de répandre

§ 4. *Messe.*

1. Le clergé étant rentré au chœur, on chante la troisième litanie, au commencement de laquelle on sonne toutes les cloches. Le célébrant récite la même litanie avec ses ministres, à la sacristie, et prend la chasuble ; le diacre et le sous-diacre se revêtent en même temps de la dalmatique et de la tunique.

2. Après ces mots : *Fili Dei*, on allume tous les cierges de l'autel ; les officiants entrent au chœur (3), et font la confession à l'ordinaire. Le célébrant monte à l'autel, et le baise en disant : *Aufer a nobis*, etc.; puis il récite le *Kyrie eleison*, au milieu, et entonne le *Gloria in excelsis*, aussitôt après le dernier *Kyrie* de la litanie.

3. Le diacre ne fait pas le tour de l'autel pour répondre au *Kyrie* ; il va demander la bénédiction avant l'Evangile, et prend le Missel sur le coin de l'Epître. On ne met pas le texte sur l'autel. Il présente au célébrant l'instrument de paix, et chante *Ite, missa est*, à la fin de la messe.

4. Le sous-diacre, après l'Epître, dépose le Missel sur le coin de l'autel ; il porte le corporal comme à l'ordinaire, revient derrière l'autel, et vers la fin de l'évangile, il se rend auprès du diacre, reçoit le livre des Evangiles, et le porte à baiser au célébrant.

5. Les acolytes, après avoir salué l'autel, restent à la même place, et ne descendent au bas du chœur qu'après l'intonation du *Gloria in excelsis*, en faisant l'inclination à l'ordinaire. Ils ne portent pas leurs cierges à l'Evangile, mais le premier acolyte porte l'encensoir, et fait la fonction du thuriféraire ; l'autre reste derrière l'autel (4).

6. Après l'*Ite, missa est*, le célébrant entonne les vêpres au milieu de l'autel, et se rend à la sacristie, où il quitte les ornements, prend la chape, et le sous-diacre les orfrois ; il rentre de suite au chœur, encense l'autel pendant le *Magnificat*, et chante l'oraison sans cierge (5).

7. Aux MESSES BASSES, le prêtre, après avoir fait la confession et récité les oraisons *Aufer a nobis*, etc., et *Oramus te*, etc., dit de suite au milieu de l'autel *Kyrie eleison*, comme à l'ordinaire, et le *Gloria in excelsis*. Il omet le *Credo*, l'Offertoire, l'*Agnus Dei* et la Communion. A la fin il dit : *Ite, missa est*, bénit le peuple, et récite l'évangile *In principio*.

8. A complies, on n'allume pas les cierges de l'autel, mais seulement les deux cierges des acolytes, que l'on met sur l'autel avec leurs chandeliers après vêpres.

l'huile sainte dans l'eau. *Décret de la S. C. de* 1697 (n. 1240).

(3) De manière à ne pas mettre d'interruption entre la fin de la litanie et l'intonation du *Gloria in excelsis* (n. 1247).

(4) L'*Alleluia* est chanté par un clerc en orfroi, qui va se déshabiller seulement après l'Evangile (n. 1250).

(5) Il se place en chape au siège ordinaire pendant le reste du *Magnificat* et l'antienne (n. 1251).

CHAPITRE XI.

DU SAINT JOUR DE PAQUES ET DU TEMPS PASCAL.

LE JOUR DE PAQUES. — 1. Le clergé de la cathédrale prend l'habit de chœur d'été pour matines. A la messe pontificale, on fait la communion générale, et l'on chante entre le premier et le second *Agnus Dei*, l'antienne *Gustate et videte*.

2. A laudes, aux heures et à complies, on chante le Graduel *Hæc est dies*, avec la neume, quoiqu'il soit marqué autrement dans le Bréviaire et dans l'ancienne édition du Vespéral.

3. Dans les églises où il y a des fonts baptismaux, le célébrant, après avoir encensé l'autel pendant le *Magnificat*, chante l'oraison en chape. Les deux choristes vont, au milieu du *Magnificat*, prendre des chapes derrière l'autel (1), où ils se placent en chœur, et ils vont ensuite devant l'autel pour l'oraison, à la suite du thuriféraire et du céroféraire. Après l'oraison, le céroféraire va seul à la chapelle des fonts, où il attend le célébrant, et il se rend ensuite de la même manière aux autres stations. Après le ℣. *Benedicamus Domino*, on va processionnellement aux fonts, en chantant ce qui est marqué dans le Processionnal et le Vespéral. Le thuriféraire marche (2) à la tête du clergé, portant le livre des oraisons, et les chapiers après le célébrant. A chaque station le célébrant chante l'oraison au bas des marches de l'autel, ayant à ses côtés le thuriféraire et le céroféraire, et derrière lui les chapiers; ensuite les deux enfants de chœur, qui chantent les versets (3).

4. Dans les églises où il n'y a point de fonts, on chante les mêmes prières dans le chœur. Après l'oraison du *Magnificat*, le célébrant retourne à son siège, et revient chanter les oraisons des trois stations devant l'autel. Le thuriféraire retourne derrière l'autel avec le céroféraire qui y dépose son flambeau; ils s'asseyent pendant les psaumes et les répons, et reviennent devant l'autel pour les oraisons. Les deux choristes chantent au milieu du chœur le ℣. *Adorate Dominum*, pendant lequel on se tient debout, tourné vers l'autel (4).

LES TROIS JOURS DES ROGATIONS. — 1. Après tierce, on fait la procession pour demander à Dieu la rémission des péchés, et sa bénédiction sur les fruits de la terre. Les églises où l'on fait les stations doivent être ornées en solennel, et l'on sonne toutes les cloches pour l'entrée et la sortie.

2. En allant à la première station, on chante les psaumes de la pénitence, et lorsqu'on y est arrivé, on chante trois fois *Exaudi*, et *Miserere*, etc., en invoquant: 1° la sainte Vierge; 2° le saint patron de l'église où se fait la station; 3° tous les saints, après quoi le célébrant chante l'oraison *Deus qui culpa*, etc., et celle du saint patron, et l'on récite sexte.

3. En allant à la seconde station, on chante les antiennes marquées dans le Processionnal, et en arrivant on chante trois fois *Exaudi*, avec les trois invocations, comme à la première station; puis on dit none, et l'on célèbre la messe des Rogations, avec les oraisons du patron de l'église, de la croix, et pour les fruits de la terre. S'il n'y a qu'une messe, on dit l'oraison de la fête occurrente, avant celle du saint patron.

4. Le diacre (5) porte le texte à la procession, et le sous-diacre la croix, et ils officient sans dalmatique et sans tunique. L'acolyte officie comme aux féries majeures.

5. Au retour de la procession, on chante les litanies des saints; puis on chante au milieu de la nef l'antienne *Aufer a nobis*, et l'oraison suivante.

6. LE JOUR DE L'ASCENSION. — Avant la messe, on fait la procession, si c'est l'usage, en chantant ce qui est marqué dans le Processionnal.

7. LA VEILLE DE LA PENTECÔTE. — On fait la bénédiction des fonts, comme le samedi saint (6). A la messe basse, le célébrant ne dit point d'Introït; mais après la confession il dit de suite le *Kyrie eleison*.

8. LE SAINT JOUR DE LA PENTECÔTE. — A la grand'messe, pendant le ℣. *Veni, sancte Spiritus*, le célébrant et les ministres se mettent à genoux (7) près de leurs sièges, et le chœur se tient debout, tourné vers l'autel. A la messe pontificale, Monseigneur l'évêque se tient debout avec ses ministres. A la messe basse, on fait une génuflexion.

9. Tous les dimanches, depuis le 3 mai, fête de l'Invention de la croix, jusqu'au 14 septembre, fête de l'Exaltation de la croix, dans les paroisses de la campagne, on fait avant la messe, si c'est l'usage, la procession pour les fruits de la terre. En allant, on chante le *Veni, Creator;* on chante auprès de la croix *O crux! ave;* le célébrant donne la bénédiction de la croix, et l'on revient en chantant l'hymne *Ave, maris stella.*

CHAPITRE XII.

DE LA FÊTE ET DE LA PROCESSION DU SAINT SACREMENT.

1. Le sacristain ne doit rien négliger pour que cette procession se fasse avec beaucoup de solennité. Il doit tout prévoir d'avance, et orner l'église et l'autel le plus proprement qu'il pourra. Il préparera de bonne heure la croix processionnelle, les chandeliers des acolytes, les bannières de la paroisse et des confréries, le dais, quatre flambeaux pour les céroféraires, les encensoirs

---

(1) Si le chœur est devant l'autel, les choristes prennent la chape dans le chœur ou à la sacristie (n. 1302).
(2) Avec le céroféraire (n. 1303).
(3) Le cierge pascal reste dans la basse nef à la tête du clergé (*Ibid*).
(4) Au salut qui a lieu le soir dans quelques églises, on ne doit pas donner la bénédiction du saint sacrement ni l'exposer (n. 1305).

(5) En chape (n. 1316).
(6) Il est dans l'esprit de l'Eglise qu'on renouvelle en ce jour l'eau baptismale... afin de nettoyer et approprier ainsi deux fois par an les fonts baptismaux (n. 1325).
(7) C'est par erreur que le Missel le marque; l'Antiphonier lyonnais dit: *Toto tempore paschali non flectentur genua*. Le prêtre ne doit donc pas faire la génuflexion aux messes basses à ce même verset *Veni, sancte* (n. 1336).

pour les thuriféraires, les ornements nécessaires pour tous les officiants, un ruban, que le prêtre suspend à son cou pour porter plus facilement l'ostensoir, des gants blancs pour les thuriféraires et les porte-dais, et des cierges pour tout le clergé, si c'est l'usage.

2. Les rues par lesquelles la procession doit passer seront tapissées, ornées de tableaux de piété, et jonchées de fleurs et d'herbes odoriférantes. Il doit y avoir, d'espace en espace (1), des reposoirs ornés le plus proprement qu'il sera possible. On aura soin d'y préparer des pincettes et un réchaud plein de feu, pour renouveler celui des encensoirs.

3. La procession se fait ordinairement avant la grand'messe. Tout le clergé étant rassemblé, les officiants sortent de la sacristie dans cet ordre : 1° les acolytes; 2° le porte-croix en aube et orfrois; 3° quatre céroféraires; 4° deux enfants de chœur portant les navettes, pour mettre de l'encens dans les encensoirs à chaque reposoir; 5° les thuriféraires, en aube et en orfrois; 6° le sous-diacre et le diacre avec les induts, s'il y en a; 7° le célébrant en chasuble; 8° l'assistant et le sacristain; 9° deux clercs portant des cannes destinées aux maîtres des cérémonies, si c'est l'usage; 10° les diacres induts qui vont prendre le dais, et l'apportent à l'entrée du chœur, où ils font une génuflexion.

4. Les acolytes et le porte-croix se placent à la porte du chœur; les céroféraires à quelque distance devant l'autel, sur une même ligne; les porte-navettes aux angles du marchepied; les thuriféraires en demi-cercle devant les céroféraires; le diacre, le sous-diacre, à côté du célébrant, et les induts de chaque côté de l'autel, en chœur; ils font tous ensemble la génuflexion et se mettent à genoux; le célébrant encense le saint sacrement, et le diacre ou le sacristain le descend sur le corporal.

5. Alors on entonne le *Pange, lingua*, et la procession se met en marche dans l'ordre suivant : 1° La bannière de la cathédrale ou de la paroisse, suivie des enfants des petites écoles, des confréries, des communautés religieuses, marchant chacun à son rang, sans désordre ni confusion; 2° la bannière du saint sacrement, suivie des confrères avec des flambeaux; 3° les acolytes et le porte-croix, suivis du clergé, les moins dignes marchant les premiers; 4° les porte-navettes et les induts; 5° les thuriféraires au milieu des rangs (2); 6° le dais porté par des diacres en dalmatique ou par d'autres personnes, selon l'usage; 7° quatre céroféraires aux coins du dais; 8° quatre fabriciens à côté du dais avec des flambeaux; 9° le célébrant sous le dais, portant avec beaucoup de respect le très-saint sacrement, ayant le diacre à sa droite et le sous-diacre à sa gauche, et derrière lui l'assistant, et le sacristain portant la bourse et le corporal; 10° les magistrats et les habitants du lieu, portant des flambeaux; 11° les femmes marchant deux à deux. Si Monseigneur l'évêque assiste à la procession en habit de chœur, il marche devant le dais, un peu de côté, accompagné de ses aumôniers; si c'est un évêque étranger, il marche derrière le dais (3).

6. Les diacres portent le dais tour à tour; ils doivent le tenir toujours bien droit, et à même hauteur, et marcher de front, d'un pas égal, sans aller plus vite l'un que l'autre. Toutes les fois que le célébrant entre sous le dais, ou qu'il en sort, ils saluent tous ensemble le saint sacrement par une génuflexion. Quand ils ne portent rien, ils marchent deux à deux à la suite du dais (4).

7. Le maître des cérémonies se place au milieu des rangs, pour diriger la marche de la procession. Il doit avoir soin que chacun garde son rang, et que tous marchent gravement, avec modestie, d'un pas égal, sur deux lignes parallèles. Il recommandera au porte-bannière d'aller très-lentement en sortant de l'église, jusqu'à ce que toute la procession soit en marche; il veillera surtout à ce qu'il n'y ait point de lacune au tournant des rues. Il se transportera en différents endroits de la procession pour voir si tout se passe dans l'ordre; mais il évitera avec soin d'avoir un air trop empressé, qui ne conviendrait pas à une cérémonie si sainte. Lorsque la procession est nombreuse, il est à propos qu'il y ait quelques autres ecclésiastiques devant et derrière le dais, pour diriger le chant et la marche de la procession.

8. Lorsqu'on arrive aux reposoirs, le diacre ou le sacristain étend le corporal sur l'autel; le célébrant y dépose l'ostensoir, se met à genoux et encense le saint sacrement. Le second porte-navette, à genoux à sa gauche, lui présente la navette; et le premier thuriféraire, à genoux à sa droite, lui présente l'encensoir. En même temps les céroféraires ou le chœur chantent au moins une strophe de l'hymne *Adoro te*, ou une des antiennes marquées dans le Processionnal, et le célébrant donne la bénédiction en silence, sans chanter ni le verset ni l'oraison; puis il encense de nouveau.

9. Si Monseigneur l'évêque est présent, il se met à genoux sur un prie-dieu préparé du côté droit. Tous les assistants se mettent à genoux, sans changer de place et sans rompre les rangs; le porte-croix et les acolytes demeurent debout à la tête du clergé, et s'inclinent pendant la bénédiction.

10. Au retour de la procession, les acoly-

---

(1) Si le chemin est long, on pourra faire une station ou deux devant quelque autel qui aura été dressé à cet effet (n. 1335). *Sed semel tantum vel iterum arbitrio episcopi* (Gavsem. episc., l. II, c. 33, n. 22).

(2) Balançant leurs encensoirs de la main en dedans; c'est un abus de faire encenser le saint sacrement par des thuriféraires debout, tandis que le prêtre ne l'encense

jamais qu'à genoux (n. 1336).

(3) S'il est en soutane seulement (n. 1337). Dans cette circonstance le pontife ne bénit point sur son passage (*Ibid.*).

(4) La couleur doit être blanche; c'est par abus qu'on a introduit les dais de velours cramoisi; ils sont contraires aux règles (n. 1338).

tes et le porte-croix se rendent de suite à la sacristie ; les autres officiants se placent comme avant le départ, font une génuflexion avec le célébrant, lorsqu'il a déposé l'ostensoir sur l'autel, et se mettent à genoux. Le célébrant chante seulement le verset et l'oraison du saint sacrement, et donne la bénédiction (1) ; après quoi on expose le saint sacrement, et le célébrant ayant fait la génuflexion, retourne à la sacristie avec tous ses ministres.

11. A la cathédrale, après complies, on chante *O sacrum*, le psaume *Benedicam*, etc. ; le célébrant chante les trois oraisons avant de donner la bénédiction ; puis l'on chante l'antienne et l'oraison de la sainte Vierge.

12. Pendant l'octave de la Fête-Dieu, le maître autel est paré comme le jour de la fête. On peut laisser le saint sacrement exposé tout le jour, dans les églises où il y a un assez grand nombre de personnes de piété pour qu'il ne soit jamais sans adorateur ; dans toutes les autres églises, on l'expose seulement pendant la messe et les offices (2). A toutes les messes que l'on célèbre devant le saint sacrement exposé, on dit : *Ecce panis*, etc. (3). Tous les soirs au salut, on chante ce qui est marqué dans le Processionnal, et l'on donne la bénédiction. Le jour même de l'octave on fait la procession, comme le jour de la fête, avant la messe ou après complies.

13. Dans les églises où le clergé est peu nombreux, le dais sera porté par les fabriciens ou par les confrères du Saint-Sacrement. Toutes les filles de la confrérie du Rosaire ou de quelque autre association pieuse, seront vêtues de blanc et voilées. On exercera d'avance quelques enfants de chœur à encenser le saint sacrement (4), avec la modestie et la gravité convenables. D'autres enfants, habillés de blanc, jetteront en même temps des fleurs ; mais on n'en admettra aucun qui soit habillé d'une manière indécente ou ridicule, et l'on évitera avec soin, dans cette auguste cérémonie, tout ce qui aurait quelque chose de profane et de singulier, et qui serait capable de détourner l'attention des fidèles du mystère divin, qui doit être l'objet de leurs adorations (5).

CHAPITRE XIII.

DE LA BÉNÉDICTION DES FRUITS NOUVEAUX.

1. Le jour de la fête de Saint-Jacques, 25 juillet, à la grand'messe, dans les églises où c'est l'usage, le célébrant, avant de dire ces paroles du Canon : *Per quem hæc omnia, Domine*, fait la bénédiction des *fruits* nouveaux, placés du côté de l'Epître, en disant l'oraison marquée dans le Missel. Ensuite il asperge les fruits d'eau bénite en forme de croix ; et tandis qu'il continue : *Per quem hæc om-*

nia, etc., deux clercs prennent les bassins où sont les fruits bénits, et les distribuent au clergé dans le chœur, comme le pain bénit.

2. Le jour de la Transfiguration de Notre-Seigneur, 6 août, on fait de la même manière la bénédiction des *raisins* nouveaux.

CHAPITRE XIV.

DE LA FÊTE DE L'ASSOMPTION DE LA SAINTE VIERGE.

1. A la fin du *Libera nos*, avant ces mots : *Per eumdem Dominum*, etc., le célébrant fait une génuflexion, et se met à genoux sur la plus basse marche de l'autel. Le diacre se met en même temps à genoux, sur la même marche, du côté de l'Evangile, le sous-diacre du côté de l'Epître, et tous les autres officiants comme pendant l'élévation, tandis que le chœur, à genoux, chante l'antienne *Sub tuum*, etc.

2. Cette antienne finie, le célébrant se lève seul, monte à l'autel, fait une génuflexion, et chante le verset et l'oraison marqués dans le Missel ; puis il découvre le calice, fait une génuflexion, et divise la sainte hostie, comme à l'ordinaire, en disant : *Per eumdem Dominum*, etc.

3. Sur la fin de l'oraison, tous les officiants se lèvent, et font la génuflexion à ces mots : *Per eumdem Dominum Jesum Christum* ; le diacre et les sous-diacres retournent derrière l'autel, où ils font tous ensemble la génuflexion

4. Le chœur ne chante pas le verset *Domine, salvum fac regem*.

5. Après les secondes vêpres et les complies, on fait, hors de l'église, une procession solennelle pour le vœu de Louis XIII, pendant laquelle on chante les litanies de la sainte Vierge ; lorsqu'on est de retour à l'église, on chante le psaume *Exaudiat*, etc., comme dans le Processionnal ou le Vespéral.

CHAPITRE XV.

DE LA GRANDE COMMÉMORAISON DES MORTS, 2 NOVEMBRE (6).

1. Dans les paroisses on fait, avant la messe, la procession dans le cimetière, ou dans l'église si le temps est mauvais, en chantant ce qui est marqué dans le Processionnal. Le célébrant, revêtu de la chape noire, et ayant à sa droite un clerc qui porte le bénitier, asperge en marchant les tombeaux des défunts, et quand la procession est de retour, il chante au milieu du chœur le *Pater* et les autres prières prescrites.

2. A la grand'messe, on ne met pas l'instrument de paix sur l'autel. On y met le texte à l'ordinaire ; mais le sous-diacre indut ne le porte pas pour l'Epître. A ces mots de la Prose, *Oro supplex et acclinis*, le chœur se découvre et s'incline ; à la dernière strophe *Pie Jesu*, les officiants (hors de la cathé-

---

Après la strophe (n. 1342).

Rit. de Lyon, 1re partie, *des Processions du saint sacrement*.

(3) Si dans l'octave on fait un office semi-double majeur et au-dessus, on ne chante pas l'*Ecce panis*, mais on célèbre la messe du jour, avec mémoire (n. 1344, note 4).

(4) *Voy.* la note 2 de la col. 795.

(5) Il ne faut pas que les curés souffrent qu'il y ait des jeunes personnes représentant, par leur costume, quelques saints personnages, ni qu'on représente aucun mystère (n. 1545).

(6) Le Rituel de Lyon défend de sonner les cloches après huit heures du soir et avant six heures du matin, même pour la commémoration des morts (n. 1562).

drale) se mettent à genoux, et le chœur se tient debout tourné vers l'autel (1). Après la messe on fait l'absoute auprès de la représentation, qui doit être placée dans le chœur, parce que l'office se fait pour tous les défunts, ecclésiastiques et laïques; le sous-diacre et les acolytes se placent entre la représentation et l'autel, tournés vers le peuple (2).

3. Dans les églises où l'on fait l'octave pour les défunts, avec la permission de Monseigneur l'évêque, on n'expose le saint sacrement que pour la bénédiction du soir, et seulement après les prières pour les morts. On chante à l'ordinaire le *Pange, lingua*, le verset *Panem de cœlo*, et la seule oraison *Deus, qui nobis*, etc., avec une strophe en l'honneur du saint sacrement, et le *Clementissime*; et après que le saint sacrement est renfermé dans le tabernacle, on récite à voix basse le *De profundis*. On ne doit point laisser la représentation devant le saint sacrement exposé; et le célébrant ne se sert pas de la couleur noire, mais de celle du jour, pour donner la bénédiction (3).

CHAPITRE XVI.
DU SAINT JOUR DE NOEL.

§ 1ᵉʳ. *Des messes basses.*

1. On célèbre aujourd'hui trois messes : la première à minuit, avant laudes, du rite double majeur, avec des ornements violets; la seconde à l'aurore, avant prime, du rite solennel mineur, avec des ornements blancs; la troisième à l'heure ordinaire, après tierce, du rite très-grand solennel, avec des ornements rouges. On se sert aussi des ornements rouges à toutes les messes basses, et aux offices de la nuit et du jour.

2. A chaque messe, le célébrant fait la confession, et donne la bénédiction au peuple, comme à l'ordinaire; il dit l'évangile *In principio* à la fin de la première et de la seconde, et l'évangile propre à la fin de la troisième. A quelque heure qu'il célèbre, il doit dire le *Communicantes* propre à chaque messe. Il doit prendre garde à ne point faire la consécration avant minuit.

3. Le prêtre qui veut célébrer les trois messes de suite porte trois hosties à l'autel, une sur le calice et deux dans la bourse. Le clerc doit aussi préparer le vin et l'eau nécessaires, pour ne pas faire attendre le prêtre dans l'intervalle d'une messe à l'autre. Il doit encore mettre sur l'autel, du côté de l'Epître, un vase couvert d'un purificatoire pour les ablutions. Le prêtre ne prend pas la purification ni l'ablution aux deux premières messes; mais, après avoir pris le sang de Notre-Seigneur le plus exactement qu'il peut, il se lave les doigts avec du vin et de l'eau, dans un vase destiné à cet usage, en disant en même temps et de suite : *Corpus Domini*, etc., et *Quod ore*, etc.; et il garde ces deux ablutions pour les prendre avec celles de la dernière messe (4). Il met ensuite sur le calice la patène avec une hostie, sans purificatoire, le couvre de la pale et du voile, et termine la messe.

4. Il n'essuie le calice avec le purificatoire qu'à la fin de la dernière messe. Quoiqu'il y reste quelques gouttes du précieux sang, il ne fait pas la génuflexion lorsqu'il quitte le milieu de l'autel, ou qu'il y arrive. S'il ne dit pas les trois messes de suite, il met le calice dans le tabernacle, ou il le transporte dans un lieu décent, et le met sur un corporal. Tandis que le calice n'est pas purifié, il ne doit être touché que par des prêtres, ou par des ecclésiastiques dans les ordres sacrés (5).

5. Le prêtre qui ne dit qu'une messe doit dire celle de minuit s'il célèbre avant l'aurore, et celle du jour s'il célèbre après l'aurore. Celui qui dit deux messes dit les deux premières s'il célèbre avant l'aurore, et les deux dernières s'il célèbre après l'aurore.

§ 2. *De l'office solennel.*

1. L'église doit être éclairée suffisamment pour l'office de la nuit, et l'on doit veiller avec soin à ce que tout se passe dans l'ordre et avec la décence convenable à cette grande solennité.

2. Au commencement de matines, quatre chantres en habit de chœur, placés au milieu du chœur devant l'autel, sur une même ligne, les moins dignes au milieu, chantent gravement l'Invitatoire.

3. A la cathédrale, pendant que le chœur répète l'Invitatoire, Monseigneur l'évêque va baiser l'autel avec les quatre chantres, dans l'ordre suivant : le prélat vient devant le milieu de l'autel, sur les degrés du presbytère, ou à quelque distance des marches de l'autel; les deux premiers chantres viennent se placer à côté du prélat, qui fait avec eux une inclination, et s'avance vers l'autel; les deux autres chantres font ensuite une inclination au même endroit, et s'avancent vers l'autel, à la suite des premiers. Monseigneur l'évêque monte lentement à l'autel par le milieu des degrés; les quatre chantres montent de chaque côté par les marches collatérales, se placent à l'autel de manière que les plus dignes soient plus près du prélat; et lorsque le prélat baise l'autel au milieu, ils baisent eux-mêmes les côtés de l'autel, faisant tous ensemble une génuflexion avant et après; puis ils descendent tous dans le même ordre et par le même chemin, les plus dignes les premiers, et font une inclination au même endroit que ci-dessus; après quoi Monseigneur l'évêque va à son siège, ou au fauteuil

---

(1) C'est par erreur qu'on se découvre à *Oro supplex*. Ce n'est pas l'usage de la primatiale (n. 1364).

(2) Le clergé ne doit point avoir de cierges à l'absoute, si ce n'est *cor, ore præsente*; mais il doit toujours y avoir des flambeaux autour de la représentation (n. 1365).

(3) Ou de la couleur blanche. Il ne convient pas qu'il paraisse des objets lugubres dans un lieu où Jésus-Christ paraît dans sa gloire. Il faut donc que l'exposition se fasse dans une chapelle différente de celle où sont exposées les tentures (n. 1366).

(4) Les versant dans le calice, et ne buvant pas dans le vase (n. 1008).

(5) Gavant., part. IV, tit. 5, n. 4. Merati, ibid., n. 8. Fauldry, part. IV, cap. 2, n. 25. Romsée, tom. III, art. 2. Manuel des cérém. rom., t. II.

Le prêtre doit le tenir appuyé sur le corporal pour y mettre le vin et l'eau; le servant monte à l'autel pour lui présenter les burettes (n. 1009).

placé près de l'autel, du côté de l'Epître, et les chantres retournent à leurs places au milieu du chœur. Le prélat et les chantres reviennent baiser l'autel de la même manière, toutes les fois que le chœur répète l'Invitatoire entier.

Pendant qu'on chante le premier verset du psaume *Venite*, MM. les chanoines viennent deux à deux, les plus dignes les premiers, baiser les côtés de l'autel, en faisant une génuflexion avant et après. Ils font, en allant et en venant, une inclination à l'entrée du presbytère; ils montent et descendent par les marches collatérales; et afin d'éviter toute confusion, ceux qui vont à l'autel marchent en dedans, c'est-à-dire au milieu, et ceux qui retournent à leurs places, marchent en dehors. Ils font la même cérémonie à chaque verset du psaume *Venite*, c'est-à-dire six fois jusqu'au *Gloria Patri* inclusivement (1).

4. Dans les églises où il n'y a pas assez de prêtres pour cette belle cérémonie, on fait l'adoration de cette manière : tous les membres du clergé viennent deux à deux, les plus dignes les premiers, se mettre à genoux sur la plus basse marche de l'autel, où ils s'inclinent médiocrement. Les deux premiers, ayant fait leur adoration, se lèvent, se tournent aussitôt face à face, et s'éloignent de deux pas du marchepied, en s'écartant un peu, pour laisser passer entre eux ceux qui suivent immédiatement, lesquels viennent se mettre à genoux sur le marchepied. En même temps les deux suivants s'avancent, et les deux premiers font avec eux une génuflexion médiocre; puis, se tournant du côté des stalles, ils vont à leurs places dans le même ordre qu'ils sont venus (2).

5. Après la dernière antienne et le ℣ de chaque nocturne, le lecteur qui doit dire la première leçon se rend au milieu du chœur, où il fait une génuflexion ; après le *Pater* et l'*Absolution*, il s'incline vers le célébrant, en disant *recto tono* : *Jube, domne, benedicere*, se relève après avoir reçu la bénédiction, et chante la leçon sur le ton marqué dans le Processionnal. A la fin, il fait une génuflexion, et retourne à sa place sans autre salut.

6. A la messe de minuit, le célébrant, ayant reçu l'ablution dans un vase, qu'il couvre du purificatoire, laisse sur l'autel le calice couvert du corporal ou de la pale, s'il doit dire la seconde messe aussitôt après laudes, ou bien le diacre le renferme dans le tabernacle.

7. Après l'*Ite, missa est*, le célébrant entonne laudes au milieu de l'autel, en disant :

Deus, in adjutorium; puis, ayant fait une génuflexion avec ses ministres, il retourne à la sacristie, où il quitte les ornements, revient au chœur avec les autres officiants, et encense l'autel pendant le *Benedictus*.

8. A la grand'messe du jour, si l'on se sert d'un calice qui n'ait pas été purifié, on le met à la crédence sur un corporal (3). Le diacre et le sous-diacre ne l'essuient point avec le purificatoire, et ils doivent y mettre le vin et l'eau avec précaution, de peur que quelques gouttes ne rejaillissent contre la coupe.

9. Si l'on fait la communion générale, on chante l'antienne *Gustate*, entre le premier et le second *Agnus Dei* (4).

CHAPITRE XVII.
I U I ERNIER DIMANCHE DE L'ANNÉE.

Le saint sacrement doit être exposé pendant la grand'messe (5). Le célébrant dit les oraisons *Pro gratiarum actione*, et du saint sacrement. Après la messe, debout au bas de l'autel, avec le diacre et le sous-diacre à ses côtés, il entonne le *Te Deum* pour remercier Dieu de toutes les grâces reçues pendant l'année, et il donne ensuite la bénédiction du saint sacrement.

ORAISONS
QUE LES PRÊTRES ET LES MINISTRES DOIVENT RÉCITER EN PRENANT LES ORNEMETNS A LA GRAND'MESSE ET AUX MESSES BASSES.

En se lavant les mains. — *Amplius lava me, Domine, ab iniquitate mea, ut innocens manibus et mundo corde tibi servire valeam.*

A l'amict. — *Impone, Domine, capiti meo galeam salutis, ad expugnandos diabolicos incursus.*

A l'aube. — *Dealba me, Domine, et munda cor meum; ut in sanguine Agni dealbatus, gaudiis perfruar sempiternis.*

A la ceinture. — *Præcinge me, Domine, cingulo puritatis, et exstingue in lumbis meis ardorem libidinis; ut maneat in me virtus continentiæ et castitatis.*

Au manipule. — *Merear, Domine, portare manipulum fletus et doloris; ut cum exsultatione recipiam mercedem laboris.*

A l'étole. — *Redde mihi, Domine, stolam immortalitatis, quam perdidi in prævaricatione primi parentis; et quamvis indignus accedo ad tuum sacrum mysterium, merear tamen gaudium sempiternum.*

A la chasuble. — *Domine, qui dixisti: Jugum meum suave est et onus meum leve; fac ut istud portare sic valeam, quod consequar tuam gratiam. Amen.*

A LA GRAND'MESSE, le sous-diacre dit en prenant la tunique : *Tunica jucunditatis*,

---

(1) Cinq fois jusqu'au *Gloria Patri* exclusivement. Si le chœur est derrière l'autel, ils retournent à leur place au dernier verset (n. 995).

(2) Le président du chœur monte à l'autel par le milieu, les chantres y montent par les côtés et le baisent ensemble chaque fois que le chœur répète l'invitatoire (n. 995).

(3) Voir les auteurs cités plus haut, col. 798, note 5.

(4) Le jour de Noël, on célèbre la première messe avec des ornements violets, la seconde avec des ornements blancs, la troisième avec des ornements rouges, comme toutes les messes basses (n. 999-1006). On ne peut exposer ni donner la bénédiction du saint sacrement (n. 1005), si ce n'est pas dimanche.

(5) Après l'aspersion, par le célébrant en chape, ou au moins en étole, ou bien par le diacre qui l'assiste, s'il y en a un.

Dans les églises où il y a un sacristain prêtre, il fait l'exposition pendant que les officiants retournent à la sacristie. On ne doit entonner l'Introït qu'après l'exposition faite (n. 1013).

et indumento lætitiæ induat me Dominus.

Le diacre dit en prenant la dalmatique : *Indue me, Domine, indumento salutis, et vestimento lætitiæ, et dalmatica justitiæ circumda me semper.*

OBSERVATIONS DE L'ÉDITEUR.

Les courtes notes extraites du nouveau Cérémonial de Lyon, relatant le numéro correspondant, mettront bien facilement le lecteur en état de voir par lui-même les additions considérables faites à ce Cérémonial. La commission qui fut chargée de ce travail présentait des hommes choisis parmi les membres du chapitre de la primatiale, versés dans la connaissance des cérémonies et des usages de l'Eglise de Lyon, zélés pour la maison du Seigneur; quelques-uns d'entre eux avaient vu l'ancien chapitre; plusieurs avaient exercé le saint ministère dans de grandes et dans de petites paroisses, et savaient comment les cérémonies peuvent et doivent s'y exécuter. Voilà bien des garanties ; mais il manque un tribunal permanent comme les congrégations romaines, pour résoudre de nouvelles difficultés qui peuvent surgir. Les notes que nous avons mises ci-devant feront souvent apercevoir des différences importantes entre deux Cérémoniaux du même rite, publiés à treize ans d'intervalle l'un de l'autre. C'est ce qui arrivera à toutes les liturgies particulières qui ne seront pas réglées par une autorité supérieure aux ordinaires des lieux. Avec la liturgie romaine, on aurait des garanties contre l'instabilité, et des moyens de résoudre toutes les difficultés

EXTRAIT DU CÉRÉMONIAL DE BESANÇON (1).

DE L'OFFICE DU JEUDI SAINT.

§ 1er. *De la messe et de la communion du clergé.*

1. Tous ceux du clergé doivent communier à la messe solennelle de ce jour, auquel on ne doit point dire de messe privée, non plus qu'aux deux jours suivants. On doit parer l'autel de blanc, avec des fleurs et bouquets comme aux fêtes solennelles, et y mettre un vase pour purifier les doigts du célébrant en cas de besoin; on doit mettre sur la crédence, outre le calice pour la messe sur lequel on prépare deux grandes hosties, un autre calice couvert de la patène et de la pale, pour conserver l'hostie qui doit être réservée pour l'office du lendemain. On y met aussi de petites hosties dans un ciboire pour la communion du clergé et du peuple, et en outre un grand voile ou écharpe blanche pliée pour servir au célébrant lorsqu'il portera le saint sacrement. Le sacristain doit de plus avoir paré le plus proprement et le plus richement qu'il se peut un lieu propre pour y poser l'hostie consacrée, qu'on doit réserver pour le lendemain dans quelque chapelle de l'église ou un autel qui soit différent de celui où on a célébré. Il tiendra aussi des étoles prêtes pour les prêtres qui doivent communier avec le reste du clergé.

2. L'heure de la messe étant venue, le célébrant, revêtu d'une chasuble blanche, le diacre d'une dalmatique, et le sous-diacre d'une tunique de même couleur, vont à l'autel précédés du thuriféraire et des acolytes, à l'ordinaire. On observe les mêmes cérémonies qu'aux messes des jours solennels ; on ne dit pas le psaume *Judica*, ni le *Gloria Patri* après le psaume *Lavabo*, on dit la Préface de la Croix comme les jours précédents ; on ne dit point d'*Agnus Dei*, et l'on ne donne pas la paix.

3. Les choristes se revêtent de chapes blanches, et lorsqu'on commence l'Introït, on sonne les cloches solennellement jusqu'à l'oraison qui se dit avant l'Epître; et depuis ce moment on ne les sonne plus, jusqu'à ce que l'on commence le *Gloria in excelsis* à la messe du samedi saint ; pendant ces jours-là on peut se servir de quelque instrument de bois pour avertir le peuple de venir aux offices.

4. Le célébrant offre en ce jour deux grandes hosties sur la patène; il offre aussi les petites qui sont préparées pour la communion du clergé et du peuple, et les consacre toutes ensemble; il ne fait néanmoins l'élévation qu'avec une des grandes, laissant celle qu'il doit réserver pour le lendemain sur le corporal du côté de l'Evangile.

5. Le diacre et le sous-diacre montent au côté du célébrant sur la fin du *Pater*, à l'ordinaire, et y demeurent jusqu'à la communion. Après que le célébrant a communié sous les espèces du pain, le sous-diacre fait une génuflexion, va par le plus court chemin prendre le calice qui est sur la crédence, et le porte au diacre couvert de la patène, de la pale, et du voile qui couvrait l'autre calice ; l'ayant mis sur l'autel, il fait une génuflexion, et repasse au côté gauche du célébrant, où il fait de nouveau une génuflexion. Le célébrant, après avoir pris le précieux sang, met son calice sur le corporal sans y faire verser du vin pour la purification. Le diacre le couvre de la pale, et le met un peu au delà du milieu du corporal vers le côté de l'Evangile ; puis il découvre le calice que le sous-diacre a apporté, et le met sur le corporal ; le célébrant fait une génuflexion avec ses ministres, met dedans la grande hostie qu'on doit réserver ; le diacre le couvre de la pale et de la patène renversée par-dessus, et du voile, et le recule sur le derrière du corporal, puis il ouvre le ciboire dans lequel on a consacré les petites hosties : ils font de nouveau tous trois la génuflexion ; le célébrant et le sous-diacre se retirent incontinent vers le côté de l'Evangile ; le sous-diacre se met à genoux sur le marchepied ; le célébrant demeure debout la face tournée vers le côté de l'Epître ; le diacre se retire au coin de l'Epître sur le second degré, où, debout, les mains jointes, et médiocrement

---

(1) On va voir ici un mélange de liturgie romaine et d'usages locaux.

incliné vers le célébrant, il récite le *Confiteor* d'une voix intelligible.

6. Après que le diacre a achevé le *Confiteor*, le célébrant dit d'une voix intelligible : *Misereatur vestri*, etc., *Indulgentiam*, etc. En disant *Indulgentiam, absolutionem*, etc., il fait le signe de la croix de la main droite sur les communiants, tenant la gauche appuyée sur la poitrine. Le diacre seul répond au nom de tous avec les mêmes cérémonies ordinaires, de même qu'il a dit pour tous le *Confiteor*; c'est pourquoi il n'est pas nécessaire que les autres le récitent en particulier, ni fassent ensuite le signe de la croix, ni frappent la poitrine, soit au *Confiteor*, soit au *Domine, non sum dignus*; puis le diacre se met à genoux sur le bord du marchepied vers le milieu de l'autel, à la droite du sous-diacre.

7. Le célébrant ayant dit *Indulgentiam*, etc., retourne au milieu de l'autel, fait une génuflexion, prend le ciboire de la main gauche, d'où il tire avec le pouce et l'index de la main droite une hostie qu'il tient un peu élevée sur le ciboire sans en séparer la main, et s'étant tourné à droite vers les communiants au milieu de l'autel, les yeux arrêtés sur le saint sacrement qu'il tient entre ses mains, il dit tout haut : *Ecce Agnus Dei*, etc.; puis, s'inclinant un peu, il dit tout haut par trois fois : *Domine, non sum dignus*, etc.

8. Ensuite, sans rien dire, il s'approche de ceux qui doivent communier, commençant par le côté de l'Epître; il fait devant chacun d'eux le signe de la croix avec l'hostie sur le ciboire, tirant la première ligne de haut en bas, et faisant le travers de la croix en sorte que l'hostie ne passe point les limites du ciboire; il dit à chaque fois : *Corpus Domini nostri Jesu-Christi custodiat animam tuam in vitam æternam, amen*; faisant une inclination de tête à *Jesu Christi*, s'il n'est déjà incliné, et achevant ces paroles il donne le saint sacrement, ayant les trois derniers doigts de la main droite repliés en dedans. Il doit surtout prendre garde de ne pas tenir le ciboire devant la bouche des communiants, de peur qu'en respirant ils ne fassent tomber quelque hostie, et de ne pas retirer sa main que l'hostie ne soit entièrement dans la bouche de celui qui communie.

9. Dès que le diacre se retire au coin de l'Epître pour dire le *Confiteor*, les deux acolytes, le premier ayant pris la nappe de la communion, vont au milieu de l'autel faire une génuflexion, et s'étant un peu séparés, se mettent à genoux sur le plus bas degré, le premier au côté de l'Epître, et le second au côté de l'Evangile; après que le célébrant a dit *Indulgentiam*, ils montent sur le second degré; le premier donne au second le bout de la nappe de communion par devant les deux premiers qui doivent communier, sans la lui jeter de loin; puis ils se retirent aux deux coins du marchepied, se mettant à genoux sur le bord, la face tournée l'un vers l'autre, et tiennent ainsi la nappe étendue devant les communiants.

10. Un peu avant que le célébrant prenne le précieux sang, ceux du clergé qui doivent communier laissent leurs bonnets à leurs places, s'en vont sans saluer personne, devant l'autel, deux à deux, les mains jointes formant deux rangs au milieu du chœur, depuis les degrés de l'autel jusqu'au lutrin, où étant arrivés, ils se mettent tous en même temps à genoux, et s'ils ne peuvent tous se contenir dans cet espace, ceux qui restent se tiennent à genoux à leurs places, et suivent les autres; lorsque les derniers se sont avancés vers l'autel, les choristes ou chapiers passent les premiers, s'ils sont prêtres, ayant mis une étole pendante par-dessous leurs chapes; les prêtres suivent selon leur rang, revêtus de l'étole sur leurs surplis ou habits de chœur; après eux les diacres et les sous-diacres, ensuite les autres clercs. Si les chapiers n'étaient pas prêtres, ils passeraient après les prêtres, et devant les diacres et sous-diacres, quoiqu'ils ne fussent que clercs.

11. Pour la manière de recevoir la communion, on observe ce qui suit : 1° les deux ministres sacrés communient les premiers; pendant cette action, ils ont les mains étendues par dessous la nappe, la tête droite, les yeux modestement baissés, et avancent un peu la langue sur la lèvre d'en bas pour recevoir la sainte hostie, qu'ils tâchent d'avaler bientôt après sans répondre *Amen* au célébrant; puis, ayant fait une génuflexion ensemble au même lieu sur le bord du marchepied, sans faire aucune révérence au célébrant, le diacre passe au côté de l'Evangile, et le sous-diacre à celui de l'Epître, tous deux prenant en passant la nappe de la communion de la main de l'acolyte qui la tient, et la lui rendant aussitôt qu'ils sont montés sur le marchepied. Ils ne font point d'autre génuflexion en arrivant; mais ils assistent debout aux deux côtés du célébrant durant la communion, pendant laquelle le sous-diacre a toujours les mains jointes (s'il n'est nécessaire qu'il étende la nappe), et le diacre tient la patène de la main droite, sous le menton de ceux qui communient, ayant l'autre appuyée sur la poitrine. 2° Pendant que le diacre et le sous-diacre communient, tous ceux du clergé se lèvent, les deux plus proches de l'autel font une génuflexion sur le pavé près du dernier degré en même temps que le diacre et le sous-diacre la font sur le bord du marchepied; puis ils montent ensemble sur le second degré, et, s'étant mis à genoux sur le marchepied comme les précédents, ils reçoivent de la même façon la sainte hostie. 3° Aussitôt que les deux premiers ont communié, ils se lèvent sans faire de génuflexion sur le marchepied, se tournent en face l'un vers l'autre, et descendent sur le pavé en s'écartant pendant que les deux qui suivent immédiatement montent tout droit sur le second degré, où ils se mettent à genoux sur le marchepied pour communier, ayant fait un peu aupara-

vant la génuflexion sur le pavé comme les premiers, lesquels étant descendus en bas, font la génuflexion sur le pavé avec les deux suivants au milieu d'eux ; puis les deux qui ont communié s'en retournent au chœur à leurs places comme ils en sont venus, et les deux autres qui ont fait la génuflexion avec eux demeurent debout au bas des degrés, afin de monter aussitôt que les deux précédents qui sont à genoux sur le marche-pied en descendront après avoir communié ; et lorsque ceux-ci sont descendus, ils font, comme les premiers, la génuflexion sur le pavé avec les deux suivants qui se joignent au milieu d'eux, et se comportent, pour le reste de la manière susdite, comme font ensuite tous les autres. Pour comprendre en peu de mots toute cette cérémonie, il faut seulement remarquer qu'aussitôt que deux ont communié, et qu'ils se lèvent pour descendre, les deux premiers qui sont en bas, et qui doivent avoir fait la génuflexion sur le pavé, montent sur le même degré, et les deux autres qui suivent s'approchent de l'autel et font la génuflexion sur le pavé au milieu de ceux qui ont communié, et de cette façon le prêtre continue sans retard la communion du clergé. 4° Les ministres inférieurs de la messe, et ceux qui portent les flambeaux communient avant les autres clercs du chœur, immédiatement après ceux qui sont dans les ordres sacrés, et pour ce sujet quelques clercs du chœur viennent tenir la nappe et les flambeaux, pendant qu'ils viennent se ranger avec les autres pour communier, et ceux-ci vont reprendre la nappe et les flambeaux, après qu'ils ont communié et fait la génuflexion.

12. Si le célébrant doit communier le peuple, il descend pour cet effet au balustre, ayant le diacre à sa droite et le sous-diacre à sa gauche ; les acolytes tiennent la nappe devant ceux qui doivent communier, s'il est nécessaire ; les porte-flambeaux n'accompagnent pas le célébrant, mais demeurent à leurs places, et se tournent pour lors en face.

13. La communion étant achevée, le célébrant retourne au milieu de l'autel avec ses deux ministres à ses côtés, qui lèvent en montant le devant de ses vêtements ; et étant arrivé, il met le ciboire sur le corporal, frottant doucement le pouce et l'index de la droite dessus, pour faire tomber les fragments ; le diacre laisse la patène au même lieu ; puis tous trois font aussitôt la génuflexion ; les ministres sacrés changent de place, le sous-diacre passant au côté de l'Evangile, où il se met à genoux avec le célébrant et le diacre au côté de l'Epître, où il fait de nouveau la génuflexion. Ayant couvert le ciboire, il le met dans le tabernacle, fait une autre génuflexion ; s'étant relevé (le célébrant et le sous-diacre se levant en même temps que lui), il ferme à clef le tabernacle, met le calice au milieu du corporal et le découvre. Le célébrant étant retourné au milieu de l'autel, fait avec ses ministres la génuflexion à raison du saint sacrement. Le diacre et le sous-diacre changent de place, et font encore la génuflexion ; le célébrant fait aussitôt la purification du calice, et pour aller au côté de l'Epître recevoir la dernière ablution, il fait la génuflexion avec les deux ministres sacrés qui sont à ses côtés ; puis le sous-diacre s'en va au coin de l'Epître pour lui donner le vin et l'eau ; le diacre se tire un peu vers l'Evangile, où il se dispose à transporter le Missel, faisant à l'ordinaire une seule génuflexion à sa place derrière le célébrant, lorsque le célébrant la fait étant retourné au milieu de l'autel ; et le sous-diacre, ayant pris la pale, tâche de la faire en même temps sur le plus bas degré, pour aller ensuite accommoder le calice qu'il reporte comme à l'ordinaire sur la crédence, couvert seulement du purificatoire, de la patène et de la pale. Il prend sur la crédence le grand voile pour le mettre sur les épaules du célébrant (s'il n'y a point de maître des cérémonies), et revient à son côté gauche, faisant la génuflexion où il l'a faite en reportant le calice. Ceux qui tiennent la nappe de la communion la plient chacun de son côté, aussitôt que tous ont communié ; puis, ayant fait ensemble la génuflexion sur le pavé, ils se retirent à leurs places. Les céroféraires ne reportent point leurs flambeaux à la sacristie après la communion, mais demeurent à genoux jusqu'à la procession.

14. Remarquez qu'on doit observer les mêmes cérémonies les autres jours où il y a communion du clergé et du peuple pendant la messe solennelle, excepté ce qui suit. Après que le célébrant a pris le précieux sang, le sous-diacre couvre le calice de la pale, et change de place avec le diacre, faisant tous deux la génuflexion en passant et en arrivant au côté du célébrant, sans en faire au milieu ; le diacre, après avoir mis le calice un peu du côté de l'Evangile, ouvre d'abord le ciboire, et le reste se fait comme ci-dessus. Si les hosties étaient sur le corporal, et qu'il les fallût seulement mettre sur la patène (ce que l'on ne doit faire que lorsqu'elles sont en fort petit nombre), le célébrant les mettrait lui-même dessus, avec génuflexion avant et après, les ministres sacrés la faisant en même temps à ses côtés pour changer de place, s'il est nécessaire ; le diacre, ayant fait la seconde génuflexion à la droite du célébrant, descendrait aussitôt sur le second degré au côté de l'Epître pour y dire le *Confiteor*, etc. Quand le célébrant communie avec la patène, il est à propos qu'il tienne le pouce et l'index de la main gauche sur les petites hosties, de peur que quelqu'une ne tombe à terre. Si le diacre était passé auparavant au côté de l'Epître pour découvrir le calice au défaut du sous-diacre qui ne serait pas retourné du chœur assez tôt pour cela, ils n'auraient pas besoin de changer de place, le sous-diacre étant pour lors monté à son retour au côté de l'Evangile, comme il a été dit pour la messe solennelle.

15. S'il faut tirer le ciboire du tabernacle, le célébrant se retire un peu au côté de l'E-

vangile, ayant à sa gauche le sous-diacre debout, et tourné comme lui vers l'autel ; mais avant que de partir du milieu il fait une inclination de tête à la croix, ou une génuflexion s'il y avait des hosties consacrées sur l'autel, et cela en même temps que les deux ministres sacrés font leur seconde génuflexion à ses côtés lorsqu'ils changent de place. Ensuite le diacre met le calice un peu au delà du milieu du corporal vers le côté de l'Evangile, ouvre le tabernacle, fait une génuflexion (le célébrant et le sous-diacre se mettent en même temps à genoux au lieu où ils sont), puis il tire le ciboire, le découvre, fait encore la génuflexion, et se retire au côté de l'Epitre pour dire le *Confiteor* à la manière ordinaire. Cependant le célébrant, s'étant relevé dès que le diacre a fait la génuflexion après avoir ouvert le ciboire, demeure debout la face tournée vers le côté de l'Epitre, pendant le *Confiteor* du diacre; s'il y avait des hosties consacrées sur le corporal, qu'il fallût mettre dans le ciboire, le célébrant s'étant relevé les mettrait dedans, faisant la génuflexion avant et après, puis se tournerait vers le côté de l'Epitre.

16. Quand le diacre et le sous-diacre ne communient pas, le sous-diacre se relève avec le célébrant, se tient debout derrière lui sur le second degré du côté de l'Evangile, la face tournée vers le côté de l'Epitre sans s'incliner, pendant que le diacre dit le *Confiteor*, et après que le célébrant a dit *Indulgentiam*, etc., le diacre et le sous-diacre changent de place faisant génuflexion seulement au milieu l'un derrière l'autre sur le degré, et montent aussitôt auprès du célébrant : savoir, le diacre au côté de l'Evangile, et le sous-diacre à celui de l'Epitre, où ils demeurent tous deux médiocrement inclinés vers le saint sacrement, pendant que le célébrant dit : *Domine, non sum dignus*, le diacre seul frappant pour lors sa poitrine au nom de tous; puis il prend la patène pour s'en servir comme il est dit ci-dessus. Si le diacre communie sans le sous-diacre, après que le célébrant a dit *Indulgentiam*, il se met à genoux sur le marchepied au milieu, et le sous-diacre, faisant en même temps la génuflexion derrière lui, passe à la gauche du célébrant; si le sous-diacre communie sans le diacre, il se tient à genoux, comme il est dit ci-dessus, et le diacre faisant la génuflexion au milieu passe par devant lui, et va à la droite du célébrant.

17. Ceux du clergé qui ne doivent pas communier se tiennent debout à leurs places pendant le *Confiteor*; et lorsque le célébrant se tourne vers les communiants, disant : *Ecce Agnus Dei*, etc., ils se mettent à genoux aussi bien que les autres; et tous ceux qui sont au chœur, soit qu'ils aient communié ou non, demeurent en cette posture jusque sur la fin de la communion, auquel temps ils se relèvent pour chanter l'antienne appelée Communion.

§ 2. *De la procession au reposoir et des vêpres.*

18. Pendant que le sous-diacre reporte le calice sur la crédence, le célébrant et le diacre descendent sur le second degré, et le thuriféraire, ou (s'il se peut) deux thuriféraires s'étant avancés au côté droit du diacre, après avoir fait la génuflexion, le premier lui présente sa navette, et ensuite tous deux présentent leurs encensoirs au célébrant, qui, s'étant retiré un peu du côté de l'Evangile, met de l'encens dans les deux encensoirs sans le bénir, puis il se met à genoux avec ses ministres sur le marchepied; le diacre, en présentant la cuiller ou en la recevant, ne la baise point, ni la main du célébrant (ce qu'il observe toutes les fois qu'il lui présente quelque chose, ou la reçoit de lui lorsque le saint sacrement est exposé). Les deux thuriféraires ayant fait encore la génuflexion au côté de l'Epitre, le second va se mettre à genoux au côté de l'Evangile devant les marches *in plano*; le premier monte sur le second degré du côté de l'Epitre, se met à genoux, et donne son encensoir au diacre, qui le présente au célébrant; le célébrant encense de trois coups le saint sacrement, faisant avant et après une inclination profonde avec ses ministres, rend l'encensoir au diacre, et celui-ci au thuriféraire, lequel, après l'avoir reçu, descend au bas des marches du côté de l'Epitre, où il se met à genoux *in plano*. Après l'encensement, le sous-diacre ou le maître des cérémonies met le grand voile sur les épaules du célébrant; le diacre monte à l'autel, fait la génuflexion au saint sacrement, replie le devant du voile du calice sur la patène, et ayant pris le calice de la main droite par le nœud, et de la gauche par le pied, il le donne au célébrant, qui le reçoit à genoux, prenant le nœud de la main gauche, et le diacre ayant d'abord étendu les deux bouts du grand voile par dessus le calice les croisant l'un sur l'autre, le célébrant met la main droite par-dessus ; ensuite il se relève assisté du diacre et du sous-diacre, monte sur le marchepied, et se tourne du côté du peuple; le sous-diacre monte et se tourne vers lui sans quitter sa gauche, le diacre descend en même temps sur le second degré, et remonte sur le marchepied, se tournant avec eux sans quitter la droite du célébrant.

19. Pendant que le célébrant prend la dernière ablution, tous ceux du chœur allument leurs cierges; ceux du clergé ou autres selon la coutume des lieux, qui doivent porter le dais, l'apportent à l'endroit le plus commode, où ils puissent recevoir le célébrant.

20. Après que le célébrant a encensé le saint sacrement, les choristes entonnent l'hymne *Pange, lingua*, que le chœur poursuit; tous se lèvent en même temps que le célébrant monte sur le marchepied, et vont deux à deux au lieu du reposoir, après avoir fait à leur place la génuflexion au saint sacrement, ayant tous leurs cierges à la main; les plus jeunes passent les premiers, les deux chapiers marchent les derniers du chœur, et entonnent le commencement de chaque strophe de l'hymne; les acolytes avec leurs chandeliers vont après les chapiers, puis le thu-

riféraire ou les thuriféraires qui encensent par le chemin sans se tourner du côté du saint sacrement; ensuite le célébrant marche sous le dais, ayant le diacre à sa droite et le sous-diacre à sa gauche, qui ont les mains jointes, et qui l'aident en cas de besoin; les porte-flambeaux marchent de côté et d'autre du saint sacrement; si néanmoins le lieu était trop étroit, ils marcheraient immédiatement après les chapiers, et devant les acolytes. Les acolytes, les thuriféraires et les porte-flambeaux, avant que de sortir du sanctuaire, doivent faire deux à deux la génuflexion à deux genoux.

21. Le clergé arrivant au lieu du reposoir, les plus jeunes se séparent pour laisser passer entre eux la procession, s'arrêtent et se tournent en face; ceux qui les suivent se séparent de même, et s'arrêtent auprès d'eux, et ainsi successivement tout le reste du clergé, formant deux rangs jusqu'à l'autel, en sorte que les plus anciens et les chapiers en soient les plus proches; quand le célébrant passe au milieu d'eux, ils se mettent à genoux, la face tournée vers l'autel du reposoir; ceux qui portent le dais le laissent à l'entrée de la chapelle, en lieu commode; les porte-flambeaux se mettent à genoux de part et d'autre de l'autel, les acolytes et les deux thuriféraires se mettent aussi aux deux coins au bas des marches, le premier thuriféraire étant à la gauche du premier acolyte, et le second thuriféraire à la droite du second acolyte; le célébrant et ses ministres montent sur le second degré, le diacre se met d'abord à genoux au milieu du marchepied tourné vers le célébrant pour recevoir de lui le calice; le célébrant, après le lui avoir donné, se met à genoux sur le bord du marchepied; le sous-diacre lui ôte le voile de dessus les épaules et se met à genoux avec lui; le diacre ayant reçu le calice le porte sur l'autel, et après l'avoir mis respectueusement sur le corporal que le sacristain y a étendu avant la procession, il abaisse le petit voile qui était replié, fait la génuflexion et descend auprès du célébrant, qui se lève avec le sous-diacre, et met de l'encens dans l'encensoir; puis ils se mettent tous trois à genoux : le célébrant ayant reçu l'encensoir du diacre, encense de trois coups le saint sacrement; après l'encensement, le diacre reprend l'encensoir, et le rend au thuriféraire, puis monte à l'autel, fait une génuflexion, met le calice dans le lieu où il doit demeurer jusqu'au lendemain, sans ôter le voile qui le couvre, et sans le replier, fait de nouveau la génuflexion, et revient au côté du célébrant se mettre à genoux pour y prier avec lui pendant quelque temps. Quand le calice est dans le reposoir, ceux du chœur éteignent leurs cierges; les acolytes néanmoins n'éteignent pas les leurs, ni les céroféraires leurs flambeaux.

22. Le célébrant, ayant achevé sa prière, se lève avec ses ministres, descend au bas des marches, et fait avec eux la génuflexion; tous ceux du clergé se lèvent en même temps, et ayant fait la génuflexion au saint sacrement à leur place, ils s'en retournent au chœur dans le même ordre qu'ils sont venus; les thuriféraires néanmoins vont devant les porte-flambeaux, et le diacre et le sous-diacre marchent les mains jointes devant le célébrant, l'un devant l'autre; le sacristain ou quelque clerc pourra prendre les cierges de ceux du chœur à la sortie de la chapelle du reposoir; ceux du clergé entrant au chœur font la génuflexion deux à deux, et reprennent leurs places; les thuriféraires et les porte-flambeaux vont par le côté de l'Épître la faire devant l'autel, deux à deux, et reportent leurs encensoirs et leurs flambeaux à la sacristie; les acolytes qui les suivent se placent aux deux coins de l'autel au bas des marches, où le célébrant et ses ministres étant arrivés, ils font ensemble la génuflexion, après laquelle le célébrant monte à l'autel, et va au coin de l'Épître pour dire la Communion; les ministres sacrés se mettent derrière lui, les acolytes portent leurs chandeliers à la crédence, et y demeurent; les choristes ayant repris leurs places commencent l'antienne appelée Communion, que le chœur poursuit, après laquelle ils vont reporter leurs chapes à la sacristie.

23. Le chœur ayant achevé de chanter la Communion, le célébrant entonne au coin de l'Épître la première antienne des vêpres, et les poursuit à basse voix au même endroit, ou s'il veut il va s'asseoir pour les dire; un chantre du chœur commence le premier psaume, et le reste des vêpres se dit à l'ordinaire. Le chœur ayant achevé de chanter les psaumes, si le célébrant est assis, il retourne avec ses ministres au coin de l'Épître par le plus court chemin, où il entonne l'antienne du *Magnificat*, et il y demeure jusqu'à ce que le chœur ait répété l'antienne ayant à son côté droit ses ministres; puis il va au milieu de l'autel, le baise, et se tournant du côté du peuple, il dit : *Dominus vobiscum*, et poursuit le reste de la messe, se comportant en cela avec ses ministres comme aux autres messes, et s'en retourne à la sacristie à la manière ordinaire.

24. Remarquez que lorsqu'on doit se servir du même calice, dont on s'est servi à la messe pour mettre l'hostie qu'on doit réserver, le célébrant laisse sur le corporal la grande hostie jusqu'après la dernière ablution, après laquelle il fait une génuflexion avec ses ministres, et met sur la patène l'hostie consacrée, pendant quoi le sous-diacre essuie le calice ; tous trois font de nouveau la génuflexion, le célébrant met l'hostie dans le calice sans la toucher (s'il se peut); s'il reste quelques fragments, il les fait tomber dans le calice que le diacre couvre ensuite, et le reste se fait comme ci-dessus ; si le célébrant était obligé de toucher l'hostie ou les fragments pour les mettre dans le calice, il purifierait ses doigts dans le vase préparé à cet effet, et les essuierait avec le purificatoire.

25. Dans les églises où il n'y a qu'un prêtre, il observe les mêmes choses que ci-des-

sus, faisant lui-même ce qui est marqué pour le diacre et le sous-diacre, et qui ne peut pas être suppléé par les acolytes ou par le thuriféraire.

§ 3. *Du lavement des pieds qui se fait le jeudi saint*

26. Le lavement des pieds, qui dans l'église métropolitaine se fait le matin et après midi, se doit faire une fois dans les autres églises, ou le matin après l'office, ou après midi quand le lavement des autels est achevé. A cet effet on prépare dans une chapelle ou autre endroit commode, selon la coutume des lieux, un banc pour faire asseoir les pauvres ou ceux à qui on a coutume de laver les pieds, lesquels doivent seulement avoir le pied droit nu, et au devant du banc on met à terre des tapis, afin que l'officiant ne salisse pas ses ornements. L'autel doit être paré de blanc, et si dans le lieu il n'y avait point d'autel, on dresse une table en forme d'autel qu'on couvre d'une nappe sur laquelle on met un crucifix couvert d'un voile blanc, et deux chandeliers avec des cierges allumés, sur le coin de l'Epître; on met un Missel avec un coussin. Du côté de l'Evangile on prépare un pupitre sur lequel on met un autre Missel; du côté de l'Epître on dresse une petite table ou crédence, que l'on couvre d'une nappe, sur laquelle on met un bassin, une aiguière, une petite nappe pour ceindre le célébrant, et des serviettes pour essuyer ses mains et les pieds des pauvres. On tient aussi près de la crédence un seau d'eau chaude et un de froide avec des herbes odoriférantes.

27. Si le lavement des pieds se fait le matin, l'officiant étant retourné avec ses ministres à la sacristie après la messe, met bas sa chasuble et son manipule, et se revêt d'une chape de même couleur que son étole; le diacre et le sous-diacre mettent bas seulement leurs dalmatiques, puis sortent de la sacristie précédés de la croix et des deux acolytes, et vont au chœur la tête couverte, se découvrant toutefois en faisant la révérence à l'autel; les acolytes et le porte-croix ne saluent pas l'autel, mais vont sans s'arrêter au lieu où on doit faire le lavement des pieds; le clergé suit deux à deux faisant la révérence convenable à l'autel, et ensuite le célébrant précédé du diacre et du sous-diacre, tous trois ayant la tête couverte et les mains jointes.

28. Le clergé entrant dans la chapelle se partage de part et d'autre : le porte-croix va à la crédence, les acolytes se placent de côté et d'autre au bas de l'autel. L'officiant étant arrivé devant l'autel de la chapelle, donne son bonnet au diacre et fait la révérence convenable avec tous ses ministres, puis monte seul à l'autel, le baise et passe au coin de l'Epître, d'où il écoute l'Evangile tourné du côté du diacre, lequel ayant mis bas les bonnets, le va chanter accompagné du sous-diacre et des acolytes, celui-là se mettant derrière le pupitre, et ceux-ci aux deux côtés. Le diacre ne dit pas *Munda cor meum*, etc., et ne demande point de bénédiction, mais commence l'Evangile par ces paroles : *Sequentia sancti*, etc., qu'il chante au ton d'une leçon ou prophétie aussi bien que tout le reste de l'Evangile sans dire auparavant *Dominus vobiscum*, et sans que le chœur réponde *Gloria tibi, Domine*.

29. L'Evangile fini, le diacre laisse le livre sur le pupitre, et vient avec le sous-diacre et les acolytes faire la génuflexion devant l'autel, rangés en la même manière qu'ils étaient avant que d'aller chanter l'Evangile. L'officiant descend ensuite à la crédence, où le diacre, le sous-diacre et les acolytes vont aussi; ceux-ci ayant mis bas leurs chandeliers prennent d'abord, l'un le bassin et l'aiguière, et l'autre les serviettes, et ceux-là ayant aidé l'officiant à mettre bas son pluvial, le ceignent de la nappe ou linge préparé à cet effet; puis ils mettent bas leurs manipules et vont sans bonnets laver les pieds des pauvres, qui doivent être treize en nombre. L'officiant va se mettre à genoux au pied du premier pauvre, ayant le sous-diacre à sa droite avec l'acolyte, qui tient le bassin et l'aiguière, et à sa gauche le diacre, qui porte le linge pour essuyer. Le sous-diacre étant à genoux prend l'aiguière de la main droite, et tenant de la main gauche le pied droit du pauvre il verse de l'eau dessus, l'acolyte mettant le bassin dessous le pied; l'officiant le lave, puis l'essuie avec une des serviettes que le diacre, qui est aussi à genoux, lui présente, et ensuite il baise le pied sans faire aucun signe de croix dessus; il passe du premier pauvre au second, puis à tous les autres.

30. Pendant le lavement des pieds, le chœur, qui était debout pendant l'Evangile, s'assied et chante les antiennes et versets marqués dans le Missel; à la fin du lavement des pieds, il chante le répons *Felix Maria*, qui est après l'hymne *Tellus ac œthera*. L'officiant, ayant achevé le lavement des pieds, retourne à la crédence suivi de ses ministres, où, ayant mis bas le linge dont il était ceint, il lave ses mains, le sous-diacre lui donnant de l'eau sur un bassin, et le diacre lui présentant l'essuie-main; après quoi il reprend sa chape, monte à l'autel par le plus court chemin, s'arrête au coin de l'Epître et dit les trois dernières oraisons qui sont dans le Missel, sans dire *Dominus vobiscum*, le diacre et le sous-diacre étant derrière lui. On ne fait la bénédiction des pains azymes et on ne dit l'hymne *Tellus ac œthera* qu'après le lavement des autels.

31. Les oraisons achevées, il descend au bas de l'autel, le salue avec ses ministres, et après avoir reçu son bonnet du diacre, il s'en retourne à la sacristie précédé des acolytes, du sous-diacre et du diacre. Si ceux à qui on a lavé les pieds sont des pauvres, il faudra leur distribuer quelques aumônes.

32. Pendant que l'officiant dit ces dernières oraisons, le clergé se tient debout; après qu'elles sont dites, il salue l'officiant, en même temps qu'il passe pour retourner à la sacristie; dès qu'il a passé, tous se retirent, les plus anciens sortant les premiers.

33. L'office achevé, le sacristain, s'il est prêtre, ou un autre prêtre du clergé revêtu du surplis et de l'étole, va prendre le ciboire où sont les communions et où l'on doit aussi avoir mis la grande hostie qui était dans l'ostensoir, s'il y en avait une, puis, laissant le tabernacle ouvert, il porte le ciboire précédé de deux céroféraires avec des flambeaux allumés dans la chapelle où l'officiant a porté l'hostie consacrée, qu'on doit réserver pour l'office du lendemain, tâchant de le mettre en quelque endroit commode proche ou derrière le calice; puis il plie le corporal qui est sur l'autel du reposoir, et le met dans une bourse qu'il laisse sur l'autel pour le lendemain. Si on diffère le lavement des pieds après midi, il se fera immédiatement après le lavement des autels, comme il sera dit au § suivant.

§ 4. *Du lavement des autels et de la bénédiction des pains azymes.*

34. Après midi le sacristain a soin de déparer l'autel, le laissant sans aucun devant d'autel, ni aucune corniche autour, mais seulement couvert de ses nappes et du tapis; s'il y a un tabernacle, il ôte le pavillon blanc et le couvre d'un rouge, il prépare des linges sur la crédence pour ceindre ceux qui doivent laver l'autel; il prépare aussi de l'eau dans un seau et des éponges qu'il met sur la crédence, et du vin dans un vase; il prépare encore les pains azymes avec un bénitier, un Missel et une étole blanche pour les bénir, qu'il met aussi sur la crédence.

35. L'heure étant venue et le signal donné, le clergé va au chœur pendant que l'officiant, le diacre et le sous-diacre se revêtent à la sacristie de l'amict et de l'aube, lesquels ainsi revêtus vont au grand autel la tête couverte, où étant arrivés ils mettent bas leurs bonnets, le saluent, montent sur le marchepied, découvrent l'autel et le dépouillent de ses nappes, que le sacristain prend, et apporte incontinent à chacun un linge ou serviette pour se ceindre; il apporte aussi le seau d'eau et les éponges.

36. Chacun d'eux ayant pris une éponge, et l'ayant trempée dans l'eau, ils lavent ensemble la pierre de l'autel; pendant quoi ils doivent réciter alternativement les psaumes pénitentiaux. Après avoir lavé l'autel avec l'eau et l'avoir essuyé avec les éponges, ils y versent du vin, et le lavent avec la main sans l'essuyer; pendant quoi le chœur chante le répons *Circumdederunt me,* etc., et les Traits qui suivent comme il est marqué dans le Missel

37. Cela fait, ils vont à la crédence laver leurs mains et mettre bas les linges dont ils étaient ceints; puis au même lieu l'officiant prend une étole, fait la bénédiction des pains azymes en disant à basse voix l'oraison qui est marquée dans le Missel, à la fin de laquelle il les asperge d'eau bénite; ensuite ils prennent leurs bonnets, font la révérence à l'autel, et s'en vont à la sacristie.

38. Cependant le sacristain va présenter au chœur les pains azymes, commençant par les plus anciens, et ensuite il va les distribuer au peuple. Pendant la distribution, le chœur chante l'hymne *Tellus ac œthera,* comme au Missel, sans y ajouter le répons *Felix Maria.* Cela achevé, on commence complies, que l'on récite seulement d'une voix intelligible, comme on a fait aux petites heures; ensuite on dit matines ou ténèbres de la même manière que le jour précédent

39. Remarquez que si le lavement des pieds n'a pas été fait le matin, on le fait immédiatement après le lavement des autels, et avant la bénédiction des pains azymes, et en ce cas on prépare ces pains avec un bénitier, sur ou près de la crédence de la chapelle, où l'on va laver les pieds. L'officiant et ses ministres ayant lavé l'autel, et essuyé leurs mains, comme il est dit ci-dessus, s'en retournent à la sacristie, où ils se revêtent des mêmes ornements qui ont été dits au § précédent; puis ils viennent au chœur précédés du porte-croix et des acolytes, et vont avec le clergé à la chapelle où l'on doit laver les pieds, et font le lavement des pieds comme il a été dit au § précédent.

40. L'officiant ayant achevé de laver les pieds, et étant monté au coin de l'Épître avec ses ministres, y fait la bénédiction des pains azymes avant de chanter les trois dernières oraisons; on distribue ensuite les pains, pendant quoi le chœur chante l'hymne *Tellus ac œthera,* et le répons *Felix Maria* qui suit, après lesquels le célébrant dit les trois oraisons comme il est porté au Missel; ensuite il retourne à la sacristie avec ses ministres, et le clergé s'en va au chœur pour réciter complies.

§ 5. *De la manière dont cet office se fait dans les églises où il n'y a qu'un prêtre.*

41. Dans les églises où il n'y a qu'un prêtre, il se revêt comme ci-dessus de l'amict et de l'aube, et va laver l'autel lui seul, et le sacristain se comporte comme ci-dessus. S'il n'y a personne au chœur qui puisse chanter le répons *Circumdederunt* et les Traits qui suivent, on les récitera du moins d'une voix intelligible.

42. Là où la coutume est de laver les pieds aux pauvres (ce qui est fort à souhaiter que l'on fasse, du moins dans les lieux les plus considérables), le prêtre revêtu de l'amict, de l'aube, du manipule, de l'étole croisée devant la poitrine, et d'une chape, s'il y en a, va à la chapelle ou autre lieu où se doit faire le lavement des pieds, précédé de deux acolytes portant leurs chandeliers avec les cierges allumés, et d'un porte-croix, comme ci-dessus. Y étant arrivés, le porte-croix se range au côté de l'Épître près de la crédence, où il demeure debout tenant sa croix; les acolytes font la révérence à l'autel avec le célébrant, lequel monte à l'autel, le baise, et sans dire *Munda cor meum,* passe au coin de l'Évangile où il dit l'Évangile *Ante diem festum,* sans dire *Dominus vobiscum.* Après l'avoir achevé, il descend au bas de l'autel, puis il fait la révérence avec les acolytes, qui y sont demeurés debout pendant l'Évangile avec leurs chandeliers; ils

vont ensuite tous trois à la crédence, l'officiant met bas sa chape et son manipule, et les acolytes leurs chandeliers, puis l'officiant va laver les pieds des pauvres, aidé des acolytes qui suppléent à ce que le diacre et le sous diacre feraient. S'il n'y a personne au chœur pour chanter les antiennes et psaumes pendant le lavement des pieds, on les récitera du moins d'une voix intelligible, et en ce cas le célébrant ne fera aussi que réciter l'Evangile.

DU VENDREDI SAINT.

1. Le sacristain a soin de parer l'autel d'un pavillon et d'un devant d'autel rouge, et de mettre dessus des nappes, après l'avoir nettoyé et essuyé s'il y restait quelque humidité du jour précédent ; il met six chandeliers simples sur l'autel avec des cierges de cire jaune, et ne couvre la crédence que d'une petite nappe, sur laquelle il prépare un manipule et une chasuble rouge, des burettes, une bourse avec un corporal et un purificatoire dedans.

2. Il prépare aussi deux pupitres, sur lesquels il met des Missels pour chanter la Passion, comme pour le jour des Rameaux ; il prépare encore dans la sacristie la croix qui doit servir pour l'adoration, laquelle doit être couverte d'un voile noir.

3. L'heure étant venue, pendant que le chœur récite none, le célébrant et ses ministres se revêtent à la sacristie comme il est porté au Missel ; savoir, le célébrant de l'aube, du manipule, de l'étole et de la chape rouge ; le diacre de l'aube, du manipule, de l'étole et de la dalmatique rouge ; le sous-diacre du manipule et d'une tunique de même couleur. Etant ainsi revêtus, ils vont à l'autel précédés des deux acolytes, qui portent leurs chandeliers avec des cierges jaunes sans être allumés. Etant arrivés à l'autel, ils font la génuflexion à la croix, et le célébrant monte seul à l'autel, le baise au milieu et va au côté de l'Epître, où il dit à basse voix le répons : *Tenebræ factæ sunt*, la prophétie et le Trait jusqu'à l'*Oremus* ; le diacre et le sous-diacre vont derrière lui comme à l'ordinaire, et les acolytes vont mettre leurs chandeliers sur la crédence.

4. Cependant le chœur chante le répons *Tenebræ factæ sunt*, et ensuite un du chœur vient au pupitre, qui est près de l'autel du côté de l'Epître, où le répons étant achevé, il chante la leçon sans titre au ton des prophéties ; la leçon finie, le chœur chante le Trait, après lequel l'officiant étant toujours au côté de l'Epître chante *Oremus*, sans dire auparavant *Dominus vobiscum* ; puis le diacre fléchissant le genou dit : *Flectamus genua*, et tous, à la réserve du célébrant, fléchissent le genou ; le sous-diacre disant *Levate*, il se relève, et tous les autres avec lui. Le célébrant dit l'oraison les mains ouvertes, pendant laquelle le sous-diacre va faire la génuflexion au milieu de l'autel, et vient chanter l'Epître au lieu ordinaire, après laquelle il laisse le livre sur le pupitre, et ne va pas baiser la main du célébrant, mais il va incontinent porter le Missel du célébrant au côté de l'Evangile.

5. Après que le sous-diacre a achevé l'Epître et porté le Missel du célébrant au côté de l'Evangile, si le célébrant veut aller s'asseoir il y va à la manière ordinaire, sinon il passera au côté de l'Evangile pour chercher la Passion, et le diacre et le sous-diacre iront aussi chacun à leur pupitre pour la chercher.

6. Sur la fin du Trait, si le célébrant est assis, il va avec ses ministres faire la génuflexion au bas de l'autel, puis monte au côté de l'Evangile ; le diacre et le sous-diacre vont chacun à leur pupitre, où ils chantent la Passion comme le dimanche des Rameaux, excepté que le célébrant ne dit pas : *Jube, Domine, benedicere*, après *Munda cor meum*.

7. Le diacre, avant que de dire la partie de la Passion qui tient lieu de l'Evangile, va dire au milieu de l'autel, sur le plus bas degré : *Munda cor meum*, sans porter le Missel avec soi et sans demander la bénédiction ; puis il retourne à son pupitre pour chanter le reste de la Passion au ton de l'Evangile. Aussitôt que l'on s'est relevé de la prostration que l'on a faite à ces paroles, *Tradidit spiritum*, le sous-diacre passe à la gauche du célébrant, où il demeure jusqu'à ce qu'il ait achevé le reste de la Passion à basse voix, après quoi il prend le Missel, et le porte au coin de l'Epître, où le célébrant va aussi ; lorsque le diacre dit *Munda cor meum*, le sous-diacre et les acolytes ayant les mains jointes viennent se joindre à lui, et ayant fait ensemble la génuflexion, ils vont avec lui au côté de l'Evangile pour assister à ce qui reste à chanter de la Passion, comme ils assistent à l'Evangile de la messe des Morts. Pendant l'Evangile le célébrant se tourne du côté du diacre qui le chante ; quand il est achevé on ne porte point à baiser le livre au célébrant, mais on le laisse sur le pupitre ; le diacre et le sous-diacre vont faire de nouveau la génuflexion devant l'autel avec les acolytes, puis se mettent derrière le célébrant, et les acolytes s'en retournent à la crédence ; le célébrant commence aussitôt après l'Evangile les oraisons solennelles marquées dans le Missel par ces paroles : *Oremus, dilectissimi*, qui sont une invitation ou monition à l'oraison suivante, et pour ce sujet il les dit les mains jointes et d'un ton un peu plus élevé que les oraisons ; ce qu'il observe aux autres monitions.

8. Après cette monition, le célébrant chante *Oremus*, le diacre chante *Flectamus genua*, et tous se mettent à genoux, excepté le célébrant, qui dit l'oraison *Omnipotens*, etc., les mains étendues, après laquelle le sous-diacre dit : *Levate*, se relevant le premier. Les autres oraisons et monitions se disent de la même manière, excepté qu'après la monition pour les Juifs, on ne dit pas *Flectamus genua*.

9. Les oraisons finies, le diacre et le sous-diacre vont à la sacristie, prennent chacun

d'une main la croix qui doit servir à l'adoration, la portent au célébrant, et la lui présentent à genoux au coin de l'Epître pour l'adorer, comme il est marqué au Missel; le célébrant se met aussi à genoux sur le marchepied, et dit tout bas: *Ave, crux*; puis le diacre et le sous-diacre s'en retournent à la sacristie et y reportent la croix, pendant quoi les acolytes allument les cierges de l'autel et ceux de leurs chandeliers, et l'un d'eux porte le Missel au côté de l'Evangile; puis ils se tiennent tous deux auprès de la crédence; le diacre et le sous-diacre étant de retour de la sacristie, font la révérence à l'autel, passent au côté de l'Epître, et vont avec le célébrant à la crédence, où le diacre lui donne la chape; le sous-diacre lui donne le manipule, et le diacre la chasuble; le sous-diacre prend la bourse où sont le corporal et le purificatoire; puis ils viennent tous trois devant l'autel, font la génuflexion à la croix; le célébrant, sans dire *Introibo ad altare Dei*, commence d'abord le *Confiteor*, et les autres versets qui suivent jusqu'à *Oremus*, à quoi le diacre répond; le sous-diacre va pendant cela étendre le corporal sur l'autel, et met le purificatoire un peu du côté de l'Epître, après quoi il descend à la gauche du célébrant

10. Pendant que le prêtre dit le *Confiteor*, le sacristain ou autre a soin de tenir prêts des flambeaux et un grand voile ou écharpe dans le lieu du reposoir, à l'entrée duquel il prépare aussi le dais. Ceux du chœur se tiennent à genoux pendant le *Confiteor*, et on leur distribue les cierges sans les allumer.

11. Après que le célébrant a achevé le *Confiteor* et les autres versets, ceux du chœur se lèvent et vont deux à deux par le plus court chemin au lieu où le saint sacrement repose, faisant génuflexion avant de partir; les plus jeunes passent les premiers, chacun tient son cierge éteint à la main. Cependant un ou deux thuriféraires portant leurs navettes et leurs encensoirs pleins de feu, viennent avec les acolytes portant leurs chandeliers et cierges allumés se joindre aux côtés des ministres sacrés; où, ayant fait avec eux la génuflexion à la croix, ils vont au reposoir; les thuriféraires suivent ceux du chœur, ensuite les acolytes, puis les ministres sacrés et le célébrant l'un devant l'autre, les mains jointes et sans bonnet. Etant arrivés au lieu du reposoir, rangés comme le jour précédent, ils se mettent tous en même temps à genoux; le célébrant s'y met sur le premier degré avec ses ministres sacrés; étant ainsi à genoux, ils prient Dieu quelque temps, pendant quoi on allume les cierges; ceux qui doivent porter les flambeaux les prennent, les allument et se mettent de part et d'autre de l'autel. Le célébrant, après une courte prière, se lève avec ses ministres, et met de l'encens dans les encensoirs sans le bénir, le diacre lui présentant la cuiller et la navette sans rien baiser; ils se remettent à genoux, et le célébrant ayant reçu l'encensoir, encense de trois coups le saint sacrement, faisant avant et après avec ses ministres une inclination profonde. Après l'encensement, le sous-diacre prend le grand voile et l'étend sur les épaules du célébrant. Le diacre monte à l'autel, fait une génuflexion, étend le corporal qui est dans la bourse que le sacristain avait laissée sur l'autel le jour précédent, descend le calice de la main droite par le nœud, et de la gauche par le pied, et le donne au célébrant qui le prend par le nœud de la main gauche; le diacre ayant d'abord étendu les deux bouts du grand voile par-dessus le calice, le célébrant met la main droite dessus.

12. Le célébrant, ayant reçu le calice, se lève, aidé de ses ministres, et se tourne avec eux du côté du clergé, qui se lève en même temps, et, ayant fait la génuflexion tous ensemble, ils retournent au chœur par le plus long chemin, sans rien chanter; en entrant au chœur ils ne font point de génuflexion, mais ils vont se mettre à genoux à leurs places; les acolytes, les thuriféraires et les porte-flambeaux, ceux qui portent le dais, les ministres sacrés et le célébrant, observent les mêmes choses que le jour précédent lorsqu'on a apporté le saint sacrement au reposoir; ils passent par le côté droit du chœur pour aller au sanctuaire, où étant arrivés, les porte-flambeaux et les thuriféraires se séparent et se mettent à genoux de part et d'autre de l'autel; les acolytes vont droit à la crédence, où, après avoir mis bas leurs chandeliers, ils se mettent à genoux; ceux qui portent le dais s'arrêtent à l'entrée du sanctuaire, et le laissent entre les mains de quelques clercs de la sacristie, qui le reportent en son lieu. Le célébrant étant monté sur le second degré avec ses ministres, donne le calice au diacre, le diacre le reçoit et le met sur l'autel; le sous-diacre ôte l'écharpe, le célébrant encense le saint sacrement, comme ils ont fait le jour précédent, lorsqu'on a mis le calice sur l'autel du reposoir. Pendant que le diacre met le calice sur l'autel, le premier acolyte va prendre l'écharpe des mains du sous-diacre, faisant avant et après une génuflexion au milieu de l'autel, et il la met sur la crédence.

13. Après l'encensement, les deux thuriféraires reportent leurs encensoirs à la sacristie, faisant ensemble la génuflexion avant de partir; le célébrant monte à l'autel avec ses ministres, fait la génuflexion avec eux; le diacre ôte le voile du calice, et le donne au second acolyte, qui vient le prendre pour le porter à la crédence, faisant la génuflexion avant et après; le diacre ôte la patène et la pale de dessus le calice, le célébrant et ses ministres font de nouveau la génuflexion; puis le diacre ayant pris la patène entre ses mains et la tenant un peu élevée sur le corporal, le célébrant prend le calice, et fait glisser l'hostie dessus la patène sans la toucher, s'il se peut; ensuite, ayant remis le calice sur le corporal, il reçoit la patène du diacre, et met l'hostie devant le calice; il ne met pas la patène sous le corporal, mais il la laisse dessus un peu à côté, sans la couvrir du purificatoire, à

cause des fragments qui peuvent être restés. Si le célébrant avait touché l'hostie, il tiendrait les doigts qui l'ont touchée joints jusqu'à l'ablution.

14. Le diacre prend ensuite le calice sans le nettoyer au dedans avec le purificatoire. Il y met du vin et de l'eau autant qu'à l'ordinaire, le premier acolyte présentant les burettes; le célébrant ne bénit pas l'eau et ne consacre pas, mais ayant reçu d'abord le calice du diacre, il le met sur le corporal sans rien dire ni faire aucun signe de croix, et aussitôt après, ayant fait tous trois la génuflexion, le diacre et le sous-diacre se retirent derrière le célébrant, lequel prenant l'hostie, la tient de la main droite sur le calice qui est demeuré découvert, tenant de la gauche le nœud du calice; puis commence à chanter *Oremus, Præceptis*, etc., au ton férial. A ces paroles : *Sicut in cœlo*, il élève l'hostie, en sorte qu'elle puisse être vue des assistants, tenant toujours de la main gauche le calice sur le corporal; il doit dire fort lentement ces paroles : *Sicut in cœlo*, et à ces paroles, *et in terra*, il rabaisse l'hostie et la tient sur le calice comme auparavant, jusqu'à la fin du *Pater*.

15. Pendant que le prêtre élève l'hostie, le diacre et le sous-diacre se mettent à genoux sur le bord du marchepied, puis sur la fin du *Pater*, ils se relèvent et montent aux côtés du célébrant, et lorsque le célébrant a mis l'hostie sur le corporal, le diacre couvre le calice; puis ils font tous trois la génuflexion.

16. Après la génuflexion, le célébrant prend la patène, la met sous l'hostie, et dit : *Libera nos*, etc., à voix basse et les mains ouvertes. Avant de dire : *Per eumdem*, etc., il fait la génuflexion, prend l'hostie, et le diacre ayant découvert le calice, il divise l'hostie sur le calice comme à l'ordinaire, disant en même temps : *Per eumdem*, etc.

17. Lorsqu'il est arrivé à ces paroles : *Per omnia sæcula*, etc., il les chante comme à l'ordinaire, aussi bien que *Pax Domini*, etc., faisant les signes de croix avec la parcelle qu'il tient entre ses doigts, laquelle il met ensuite dans le calice sans rien dire.

18. Ensuite le diacre couvre le calice, et ayant tous trois fait la génuflexion, le diacre et le sous-diacre changent de place, faisant de nouveau la génuflexion en arrivant; le célébrant dit, les mains jointes sur l'autel, l'oraison *Perceptio*, et celle qui suit comme dans le Missel, après lesquelles ayant fait la génuflexion, il prend à l'ordinaire les deux parties de l'hostie, et les tenant de la main gauche sur la patène, il dit trois fois : *Domine, non sum dignus*, frappant sa poitrine; puis il dit : *Corpus Domini*, etc., en se signant avec l'hostie, et se communie; le sous-diacre découvre le calice quand il est temps, puis ils font tous trois la génuflexion, et le célébrant prend la particule avec le vin qui est dans le calice, sans rien dire ni se signer; ensuite il présente le calice, et reçoit du sous-diacre du vin pour le purifier, en disant l'oraison qui est dans le Missel : après cela il va au coin de l'Epître prendre l'ablution comme à l'ordinaire, disant : *Quod ore sumpsimus*. Le sous-diacre, ayant versé le vin et l'eau pour l'ablution, prend la pale et change de place avec le diacre, lequel transporte le livre fermé sur le coussin au côté de l'Epître, faisant tous deux, l'un derrière l'autre, la génuflexion seulement au milieu. Le second acolyte porte à l'ordinaire le voile du calice au côté de l'Evangile; le sous-diacre essuie le calice, et l'ayant couvert, il le porte sur la crédence; puis, s'étant joint au diacre, ils font ensemble la génuflexion à l'autel, et vont à la sacristie prendre la croix pour l'adoration; cependant le sacristain va étendre au côté de l'Evangile un tapis sur lequel il met un coussin pour reposer la croix.

19. En même temps que le diacre et le sous-diacre apportent la croix de la sacristie, laquelle ils tiennent chacun d'une main, deux chantres du chœur étant sortis de leurs places, vont se mettre à leur opposite. Le diacre et le sous-diacre ayant en vue l'autel, et en étant encore assez éloignés, se mettent à genoux, et chantent : *Popule meus*, etc., auxquels les deux chantres répondent : *Agios*, etc., étant aussi à genoux de l'autre côté de l'autel dans une égale distance.

20. Après que le diacre et le sous-diacre ont chanté *Popule meus*, etc., et que les chantres ont répondu *Agios*, etc., le chœur chante *Sanctus Deus*, etc.; pendant quoi le diacre et le sous-diacre, d'un côté, et les deux chantres de l'autre, s'approchent un peu de l'autel et se mettent de nouveau à genoux sur le pavé; puis ils chantent chacun à leur tour ce qui est marqué dans le Missel; ensuite ils se lèvent de leurs places et s'avancent pour une troisième fois proche de l'autel, et chantent à genoux ce qui est marqué dans le Missel.

21. Pendant que le chœur répond pour la troisième fois *Sanctus*, les chantres retournent à leurs places au chœur, et le diacre et le sous-diacre s'avancent jusqu'au plus haut degré de l'autel du côté de l'Epître, où, se mettant à genoux, ils présentent la croix au célébrant, qui, s'étant mis aussi à genoux, la prend, et, sans la découvrir, la salue par ces paroles : *Ave, crux gloriosissima*, etc.

22. Puis le célébrant, s'étant levé, découvre le bras droit de la croix, et l'élevant sans se tourner vers le peuple, il chante d'une voix médiocre : *Ecce lignum crucis*, le diacre et le sous-diacre demeurant à genoux au même lieu; le chœur répond : *In quo salus*, etc., et après qu'il a achevé le verset *Beati immaculati in via*, etc., qu'un chantre entonne, le célébrant découvre le bras gauche, et élevant de nouveau la croix sans sortir du coin de l'Epître, il chante d'un ton plus haut : *Ecce lignum crucis*, et le chœur ayant répondu comme à la première fois, le célébrant découvre entièrement la croix, et l'élevant pour une troisième fois, il chante d'un ton encore plus haut : *Ecce lignum crucis*, pendant que le chœur répond *In quo salus*, etc., il descend de l'autel avec la croix, et va

la poser respectueusement sur le coussin préparé du côté de l'Evangile, où le diacre et le sous-diacre l'accompagnent marchant à ses côtés, le sous-diacre portant le Missel.

23. Le célébrant ayant posé la croix se met à genoux devant et l'adore, disant la prière *Adoro te, Domine*, qui est dans le Missel, que le diacre et le sous-diacre tiennent ouvert devant lui, étant aussi à genoux ; puis il la baise avec respect, et s'étant relevé il va faire la génuflexion, et retourne au coin de l'Epître, s'il n'aime mieux aller s'asseoir au lieu ordinaire, pendant que le clergé vient à l'adoration.

24. Après que le célébrant s'est retiré, le diacre s'avance, baise la croix sans dire l'oraison *Adoro te, Domine*, se lève, fait la génuflexion, et s'en retourne auprès du célébrant ; ce que fait aussi le sous-diacre, qui reporte le Missel au coin de l'Epître.

25. Tous ceux du chœur viennent ensuite à l'adoration de la croix par le côté de l'Epître, successivement et l'un après l'autre, saluant le célébrant en passant, s'il est assis ; les plus anciens commencent les premiers de cette manière : le premier qui vient adorer la croix fait génuflexion à deux genoux à un pas de la croix ; s'étant relevé, il s'avance et se met à genoux pour baiser le pied du crucifix ; l'ayant baisé il se lève, fait la génuflexion, et s'en retourne au chœur par le côté de l'Evangile ; ceux qui le suivent font la même chose, observant de faire la génuflexion à un pas de la croix, pendant que celui qui les précède la baise. Les acolytes vont adorer la croix en leur rang, observant les mêmes cérémonies.

26. Ceux du chœur se tiennent à genoux dès qu'ils sont revenus de la procession, jusqu'à ce que le célébrant ait communié, après quoi ils s'asseyent jusqu'à ce que le diacre et le sous-diacre aient apporté la croix ; puis ils se lèvent et se tiennent debout tournés vers l'autel, dès que le diacre commence à chanter *Populo meus*, etc., et répondent lorsqu'il est temps : *Sanctus Deus*, etc., demeurant ainsi jusqu'à ce que le chœur ait achevé l'adoration ; pendant laquelle il chante les antiennes qui sont dans le Missel, avec l'hymne *Crux fidelis*, etc., qu'on répète jusqu'à ce que le clergé ait achevé d'adorer la croix.

27. Cela fait, le célébrant, s'il est assis, monte au coin de l'Epître, et commence l'antienne des vêpres *Calicem*, etc., observant les mêmes choses qu'aux vêpres du jour précédent, excepté néanmoins qu'il dit l'oraison *Respice*, etc., au coin de l'Epître sans dire *Dominus vobiscum*, ni avant ni après ; puis allant au milieu de l'autel il fait une inclination, et se tournant du côté du peuple sans dire *Placeat*, etc., ni baiser l'autel, dit ces paroles au ton de la bénédiction de la messe : *In nomine Patris, et Filii, et Spiritus sancti, recedite omnes cum pace*, formant le signe de la croix sur le peuple ; pendant cela le diacre et le sous-diacre se mettent à genoux sur le marchepied, le clergé et le peuple se mettant aussi à genoux.

28. Lorsqu'on chante vêpres, le peuple va faire l'adoration de la croix ; que s'il y venait une grande affluence de peuple qui incommodât le chœur, le sacristain, revêtu du surplis et de l'étole, ou un autre prêtre, pourrait porter la croix hors du chœur, à l'endroit le plus commode sur un coussin et tapis, comme elle était auparavant, et proche du coussin un plat ou bassin, pour recevoir l'oblation des fidèles, tâchant d'empêcher le désordre, ou il tient lui-même la croix et la présente à baiser au public à l'endroit du balustre ou autre lieu commode.

29. Le célébrant, après avoir béni le peuple, se retourne du côté de l'autel, et, ayant fait inclination, il descend au bas de l'autel entre le diacre et le sous-diacre, où les acolytes se viennent rendre avec leurs chandeliers ; et après avoir fait ensemble la génuflexion et pris leurs bonnets, ils s'en vont à la sacristie.

30. L'office étant achevé, le sacristain ou autre prêtre, revêtu du surplis et de l'étole, portant une bourse et un corporal dedans, précédé de deux céroféraires avec leurs flambeaux en main, va prendre le ciboire, qui était encore à la chapelle où l'on avait reposé la grande hostie, et le reporte dans le tabernacle.

De l'office du vendredi saint dans les églises où il n'y a qu'un prêtre.

31. Dans les églises où il n'y a qu'un prêtre, il met sur l'autel la bourse avec le corporal et un purificatoire dedans, il met aussi sur le coin de l'Epître la croix qui doit servir pour l'adoration ; il prépare du côté de l'Epître, sur une petite table ou crédence, sa chasuble avec le manipule ; il se revêt comme il est dit ci-dessus ; si néanmoins il n'y avait point de chapes, il suffira d'avoir l'étole croisée sur l'aube ; il fait aussi tout ce qui est marqué ci-dessus pour le célébrant lorsqu'il y a diacre et sous-diacre, suppléant de plus à leur office ; il chante lui-même la leçon après qu'on a chanté au chœur le répons *Tenebræ* ; il chante aussi *Flectamus genua*, fléchissant un seul genou, et se relevant d'abord ; ceux du chœur répondent *Levate* ; il chante seul la Passion, et après l'avoir achevée il repasse au coin de l'Epître pour chanter les oraisons solennelles, disant lui-même *Flectamus genua*, et ceux du chœur répondant *Levate* après les oraisons. Les acolytes viennent à l'ordinaire devant le célébrant avec leurs chandeliers, leurs cierges néanmoins n'étant pas allumés ; ils posent leurs chandeliers et se mettent à genoux aux deux coins de l'autel à l'ordinaire ; ils se tiennent debout en leur place pendant la Passion ; ils portent et rapportent le livre quand il est temps ; le premier peut chanter la première leçon au côté de l'Epître.

32. Les oraisons achevées, il prend la croix préparée pour l'adoration, et la tenant en ses mains il se met à genoux sans sortir du coin de l'Epître, et l'adore en disant à voix basse : *Ave, crux*, etc., comme au Missel ; puis la remet où il l'a prise et va étendre le

corporal au milieu de l'autel ; ensuite il descend par le plus court chemin au côté de l'Epître, où ayant mis bas sa chape il se revêt du manipule et de la chasuble, pendant quoi les acolytes allument les cierges de l'autel et ceux de leurs chandeliers ; puis il vient au bas de l'autel, où ayant fait la génuflexion à la croix il dit le *Confiteor*, et les versets, après lesquels il fait la génuflexion à l'autel, et va prendre le saint sacrement dans le lieu où il repose, précédé du thuriféraire et des deux acolytes avec leurs chandeliers et cierges allumés, observant les génuflexions et l'encensement qui sont marqués ci-dessus; avant de descendre le calice, il étend le corporal sur l'autel, et a soin qu'on allume au moins deux flambeaux pour l'accompagner en retournant.

33. Etant retourné au grand autel, il va poser le calice sur le corporal, et ayant fait la génuflexion il le découvre et continue l'office comme il est dit ci-dessus; il met l'encens dans l'encensoir, et, s'étant mis à genoux sur le bord du marchepied, il encense le saint sacrement de trois coups ; ayant rendu l'encensoir il remonte à l'autel, fait la génuflexion, découvre le calice et continue l'office comme il est dit ci-dessus ; après avoir pris l'ablution et remis le calice au milieu de l'autel, il passe au coin de l'Epître, prend de nouveau la croix, et la tenant en main il se met à genoux au même lieu, et chante *Popule meus*, etc.; deux chantres répondent *Agios*, etc., et tout le chœur répond *Sanctus*, etc.; il poursuit les autres versets et on lui répond de la même manière. Après avoir achevé le dernier verset il adore la croix en disant : *Ave, Crux*, etc.; puis s'étant levé il découvre la croix de la manière qu'il est dit ci-dessus, et va la poser pour être adorée, un des acolytes portant le Missel et le lui présentant pour dire la prière qui y est marquée. Pendant l'adoration on chante au chœur les antiennes et l'hymne marquées au Missel, après lesquelles le célébrant commence l'antienne des vêpres, et finit l'office comme il est dit ci-dessus.

DU SAMEDI SAINT.

1. L'autel sera paré d'ornements blancs, par dessus lesquels on mettra les ornements rouges qui y étaient le jour précédent, c'est-à-dire qu'il y aura un devant d'autel et un pavillon blanc, et un autre devant d'autel et un pavillon rouge par-dessus, qui ne sera guère attaché, afin de le pouvoir facilement ôter avant de commencer la messe.

2. Il y aura sur l'autel six chandeliers avec six cierges de cire blanche non allumés ; la lampe sera de nouveau préparée, afin qu'elle puisse être facilement allumée quand il faudra.

3. On prépare une crédence sur laquelle on met tout ce qu'on a coutume d'y mettre pour la messe solennelle, et de plus un bénitier avec l'aspersoir. On prépare du côté de l'Evangile un pupitre couvert d'un tapis et un Missel dessus; près du pupitre, du côté de l'autel, on prépare le cierge pascal sur un grand chandelier. Ce cierge doit être autant qu'il se peut de cire blanche, et avoir cinq trous en forme de croix, pour y mettre cinq grains d'encens. On prépare aussi du côté de l'Epître un pupitre nu pour chanter les prophéties. On prépare encore une petite table couverte d'une nappe près des degrés de l'autel au coin de l'Epître, sur laquelle on met un petit bassin ou coupe dans laquelle il doit y avoir cinq grains d'encens. Dans la sacristie on prépare les ornements rouges pour l'office dessus les ornements blancs pour la messe. Pendant qu'on dit les petites heures au chœur, le sacristain fait avec un fusil du feu nouveau dans la sacristie ou dans un autre lieu commode, il allume des charbons dans un réchaud, se servant pour cela d'allumettes ou d'autre petit bois combustible. Il remplit un réchaud de charbons allumés, ou autre vase, et le porte sur la petite table près du petit plat où sont les grains d'encens ; il y met aussi des allumettes, un cierge et des pincettes ; sur la fin de none, on éteint toutes les lumières et les lampes de l'église.

§ 1er. *De la bénédiction du cierge pascal.*

4. Pendant qu'on récite l'office au chœur, le célébrant se revêt d'une aube, d'un manipule, d'une étole et d'une chape rouges, et le diacre et le sous-diacre d'une aube, d'un manipule, d'une étole et d'une dalmatique rouges. Etant ainsi revêtus, dès que none est achevée ils sortent de la sacristie précédés du thuriféraire qui porte son encensoir vide, et de deux acolytes avec leurs cierges non allumés.

5. Etant arrivés à l'autel, ils font tous la génuflexion ; les acolytes se retirent à la crédence, où ils posent leurs chandeliers; le célébrant monte seul à l'autel, le baise et va au coin de l'Epître suivi du diacre et du sous-diacre ; là il fait la bénédiction du feu et des cinq grains d'encens, disant à voix basse les deux oraisons qui sont au Missel ; pendant la dernière oraison, le thuriféraire prend avec les pincettes les charbons bénits, et les met dans l'encensoir, puis s'approche du célébrant qui met de l'encens dans l'encensoir et le bénit à l'ordinaire, le diacre lui ayant donné la cuiller après avoir reçu la navette du thuriféraire.

6. L'encens bénit, le second acolyte apporte le bénitier et présente l'aspersoir au diacre qui le donne au célébrant avec les baisers ordinaires ; il asperge par trois fois les grains d'encens et ensuite le feu nouveau, au milieu, à droite et à gauche, disant à voix basse: *Asperges me*; ayant rendu l'aspersoir, il reçoit des mains du diacre l'encensoir, et encense de même façon par trois fois les grains d'encens bénits et le feu nouveau qui reste dans le réchaud ou cassolette ; aussitôt après, le premier acolyte prend une allumette et allume le cierge qui est sur la petite table avec le feu nouveau, et le second ayant remis le bénitier sur la crédence prend le petit plat où sont les grains d'encens ; le thuriféraire s'en retourne à la sacristie.

7. La bénédiction finie, le célébrant demeure au coin de l'Epître ; le diacre, le

sous-diacre et les deux acolytes (le premier portant de la main droite le cierge qu'il vient d'allumer, et le second les grains d'encens), se rangent au bas de l'autel où ils font la génuflexion, et vont tous quatre au lieu où on a coutume de chanter l'Evangile ; le sous-diacre se met à la gauche du diacre, et les acolytes de côté et d'autre, ayant tous la face tournée vers le livre.

8. Le diacre commence la bénédiction du cierge pascal en chantant *Exsultet*, comme il est noté dans le Missel; le célébrant se tourne de son côté les mains jointes pour l'écouter, comme il fait à l'Evangile de la messe; quand le diacre est arrivé à l'endroit où il faut mettre les grains d'encens dans le cierge, il cesse de chanter; le sous-diacre et le second acolyte passent à sa droite ; le sous-diacre prend le plat où sont les grains d'encens, les présente au diacre, qui, prenant les grains les uns après les autres, met le premier au plus haut trou, le second au milieu et le troisième au plus bas, le quatrième à la droite du cierge et le cinquième à la gauche ; s'il était besoin d'ôter le cierge de dessus le chandelier, le sous-diacre l'ôterait et le présenterait au diacre, et l'acolyte en ce cas lui présenterait aussi les grains d'encens.

9. Le second acolyte repasse au côté gauche du diacre, et le sous-diacre demeure à sa droite; le diacre poursuit l'*Exsultet*, et étant arrivé à l'endroit où il doit allumer le cierge pascal, il prend des mains du premier acolyte le cierge allumé qu'il tenait et en allume le cierge pascal que le sous-diacre lui présente; puis il continue à chanter. Le sous-diacre, ayant remis le cierge sur le chandelier, repasse à la gauche du diacre; le premier acolyte va allumer la lampe du chœur, avec le cierge qu'il tient en main, lorsque le diacre chante ces paroles : *Apis mater eduxit*; le sacristain incontinent après allume les autres lampes de l'Eglise, prenant du feu au même cierge.

10. Il est à remarquer que si le saint-siège ou celui de l'archevêché était vacant, on omettrait le nom propre du pape ou du prélat.

11. La bénédiction du cierge étant achevée, le diacre ferme le livre et le laisse sur le pupitre, puis va avec le sous-diacre et les acolytes faire la révérence devant l'autel, après laquelle les acolytes se retirent auprès de la crédence, et y ayant posé ce qu'ils tenaient, ils demeurent debout tournés vers l'autel ; le diacre et le sous-diacre passent au côté droit du célébrant, lequel récite les prophéties, et après chacune il va s'asseoir avec ses ministres, s'il le veut, et retourne à l'autel pour dire les oraisons, allant et retournant par le plus court chemin.

12. Pendant que le célébrant récite les prophéties et les Traits, il a les mains sur le livre, et pendant les oraisons il les tient étendues comme à la messe, lesquelles il chante sans dire *Dominus vobiscum*; le diacre et le sous-diacre, qui sont au côté droit du célébrant lorsqu'il dit les prophéties, se mettent derrière lui, chacun à sa place, lorsqu'il chante les oraisons.

13. Les prophéties se chantent par ceux du chœur sur un pupitre au lieu où on a coutume de chanter l'Epître; celui qui doit chanter la première, tenant son bonnet en main, vient la chanter au lieu destiné, faisant la révérence convenable à l'autel avant et après, ce qu'observent les autres qui doivent venir chanter après lui, les plus anciens commençant les premiers, si la coutume n'est pas contraire. Quand le nombre n'est pas suffisant, un seul en peut chanter deux ou trois ; pour ce qui est du nombre des prophéties, on observera ce qui est marqué dans le Missel; si on devait se servir du pupitre où le diacre a chanté l'*Exsultet*, il faudrait en ôter le tapis et le laisser nu.

14. Pendant la bénédiction du cierge, le chœur se tient debout, découvert et tourné vers le diacre; pendant les prophéties et les Traits il s'assied, et pendant les oraisons il se découvre, se lève et se tourne vers l'autel.

§ 2. *De la bénédiction des fonts.*

15. Dans les églises où il y a des fonts baptismaux, le sacristain aura soin dès le matin d'en ôter l'eau et de la mettre dans la piscine, en réservant néanmoins de cette eau dans un vase bien propre pour administrer le saint baptême, si la nécessité le requérait. Pendant que l'on dit les prophéties, le sacristain doit préparer une petite table près des fonts baptismaux, couverte d'une nappe, sur laquelle il met les saintes huiles, un bénitier vide avec un aspersoir, des serviettes pour essuyer les mains du célébrant, et préparer aussi près des fonts un pupitre et un Missel dessus.

16. Pendant que le célébrant dit les deux dernières oraisons, un clerc du chœur, ou celui qui doit servir de thuriféraire, va prendre le cierge pascal et se place devant l'autel; le porte-croix avec la croix vient se placer devant lui, les acolytes se mettent aux deux côtés du porte-croix ayant en main leurs chandeliers avec des cierges qu'ils allument au cierge pascal avant de partir. Les oraisons finies, le célébrant descend au bas de l'autel et se met à genoux avec ses ministres sur le plus bas degré, tous ceux du chœur se mettent aussi à genoux à leurs places, le porte-croix, les acolytes et celui qui porte le cierge pascal se tiennent debout; deux chantres commencent les grandes litanies, auxquels le chœur répond en répétant les mêmes versets (les autres litanies marquées dans le Missel n'étant principalement que pour la métropole); après qu'on a chanté et qu'on a répondu : *Sancta Maria, ora pro nobis*, et non plus tôt, tous se lèvent, et on va processionnellement aux fonts baptismaux ; le clerc qui porte le cierge pascal, part le premier, les deux acolytes et le porte-croix le suivent sans faire aucune révérence à l'autel, ceux du chœur suivent deux à deux, les plus jeunes les premiers, faisant une révérence convenable à l'autel; en dernier lieu, le célébrant, précédé du diacre et du sous-diacre, qui, après avoir

fait la révérence à l'autel, prennent leurs bonnets en main.

17. Etant arrivés aux fonts baptismaux, le porte-croix et les deux acolytes se placent, en sorte qu'ils soient à l'opposite du célébrant et que les fonts soient entre lui et eux, autant que le lieu le permettra ; le diacre se place à la droite du célébrant, et le sous-diacre à sa gauche; le clerc qui tient le cierge pascal se place à la droite du diacre, le clergé se range en cercle autour des fonts, ou se partage de part et d'autre.

18. Sur la fin des litanies le diacre prend le bonnet du célébrant et le donne avec le sien à un acolyte ; les litanies achevées, l'officiant chante *Pater noster*, disant le reste à basse voix, à la fin duquel il dit tout haut : *Et ne nos inducas*, etc.; après que le chœur a répondu *Sed libera*, il dit *Oremus* et chante l'oraison et la Préface qui suit, les mains jointes ; lorsqu'il forme les croix avec les mains dans l'eau, ou qu'il en jette hors du baptistère, le diacre lui soulève la chape et lui présente une serviette pour essuyer ses mains. Quand il doit mettre le cierge dans l'eau, le diacre l'ayant pris des mains du clerc qui le tenait, le lui présente, puis soulève la chape, ce que fait aussi le sous-diacre de son côté, s'il est nécessaire.

19. La Préface achevée, avant que le célébrant mette les saintes huiles dans l'eau, on met de l'eau bénite dans le bénitier qui était sur la crédence, et le célébrant ayant reçu l'aspersoir du diacre s'asperge, puis le diacre et le sous-diacre, ensuite le clergé ; après quoi il rend l'aspersoir au diacre, qui le rend au clerc de qui il l'a reçu. Un prêtre du chœur, revêtu du surplis et de l'étole, va asperger le peuple, accompagné d'un clerc portant le bénitier; pendant cela le sacristain a soin de prendre dans un seau de l'eau bénite pour la distribuer au peuple avant qu'on y mette les saintes huiles ; il en réserve encore pour les bénitiers de l'église, et pour faire l'aspersion à la messe du lendemain ; ensuite le célébrant met les saintes huiles dans l'eau des fonts et les fait fermer incontinent après, afin qu'on n'en prenne plus; puis il reçoit son bonnet.

20. Il est à remarquer que dans les églises où l'on n'a pas encore reçu les saintes huiles bénites le jeudi saint précédent, on ne se servira point des vieilles, mais on attendra qu'on ait reçu les nouvelles pour mettre le saint chrême dans l'eau qui vient d'être bénite, et en attendant on se servira, pour le baptême des enfants, de l'eau qui a été réservée dans le vase, comme il a été dit ci-dessus.

21. Cela étant achevé, tous s'en retournent au chœur de la même manière qu'ils en sont partis, et le célébrant ayant fait la révérence convenable à l'autel avec ses ministres, s'en retourne à la sacristie, pour se revêtir des ornements blancs pour la messe, et celui qui porte le cierge pascal va le remettre sur son chandelier ; les acolytes et le porte-croix vont à la sacristie sans faire la révérence à l'autel.

22. Dans les églises où il n'y a point de fonts baptismaux, on ne chante point le Trait : *Sicut cervus desiderat*, ni les deux oraisons suivantes ; mais d'abord, après l'oraison *Omnipotens sempiterne Deus, spes unica*, etc., le célébrant avec le diacre et le sous-diacre se met à genoux sur le plus bas degré de l'autel, où il récite à basse voix les mêmes litanies que l'on a dites allant à la bénédiction des fonts ; le chœur aussi se met à genoux, et deux chantres entonnent ces mêmes litanies, à quoi tout le clergé répond en répétant le même verset ; sur la fin des litanies on doit omettre ce verset : *Ut hos fontes consecrare*, etc., aussi bien que ce qui suit le dernier *Agnus Dei*.

23. Quand le chœur chante *Peccatores*, le célébrant se lève avec ses ministres; ils font la génuflexion à l'autel, et ayant reçu leurs bonnets ils se couvrent, vont à la sacristie précédés des acolytes avec leurs chandeliers, quittent leurs ornements rouges et en prennent des blancs pour la messe.

24. S'il n'y avait personne au chœur qui puisse chanter, le prêtre ferait ces bénédictions, dirait la messe et les vêpres à voix basse, ayant du moins un clerc pour lui répondre.

DE LA FÊTE DE PAQUES.

1. On dit en ce saint jour les matines, la messe et les vêpres très-solennellement; il n'y a rien néanmoins de particulier que ce qui suit.

2. A l'aspersion qui se fait au commencement de la messe, on se sert de l'eau des fonts qui a été réservée le jour précédent pour ce sujet, avant que les saintes huiles y soient mises; mais dans les églises où il n'y a point de fonts baptismaux, on bénit l'eau pour l'aspersion comme aux autres dimanches.

3. Là où la coutume est de bénir l'agneau pascal et autres choses comestibles, on les porte à l'église, et avant que le célébrant dise l'antienne de la Communion on les lui présente au coin de l'Epître, où il les bénit, en disant pour l'agneau pascal l'oraison portée dans le Missel à la fin de la messe de ce jour. Il se servira pour les autres choses de la bénédiction *Ad quodcumque comestibile*, qui est à la fin du Missel entre les autres bénédictions.

4. On commence les vêpres par les *Kyrie* au lieu de *Deus, in adjutorium*, on entonne l'antienne et les psaumes comme aux vêpres solennelles. Le verset *Hæc Dies* se chante par deux chantres revêtus de chape, et l'*Alleluia* avec son verset par deux des plus anciens du chœur au lutrin, ou au jubé selon la coutume; à leur défaut, par deux choristes sans quitter le lutrin.

5. Pendant le *Magnificat* on fait l'encensement, et le célébrant dit l'oraison à l'ordinaire, après laquelle le premier commence l'antienne *In Galilæam*, et le second choriste commence le psaume *Laudate, pueri*.

6. Dans les églises où il y a des fonts baptismaux, après qu'on a entonné le psaume

Laudate, tout le chœur y va processionnellement; le porte-croix, qui arrive au chœur avec sa croix, un peu avant qu'il faille partir, marche le premier entre les deux acolytes portant leurs chandeliers avec les cierges allumés; ceux du chœur suivent deux à deux, les plus jeunes les premiers. Lorsqu'ils sont arrivés aux fonts, le porte-croix et les acolytes se placent vers le haut des fonts, et tournent la face du côté du clergé, qui se sépare en deux de part et d'autre; et se tourne en face l'un contre l'autre; le célébrant demeure en bas vis-à-vis de la croix, ayant les choristes à ses côtés.

7. L'antienne *In Galilæam* étant répétée, l'officiant dit l'oraison, après laquelle ils vont tous au milieu de la nef chanter la mémoire de la croix devant le grand crucifix, se rangeant de même manière qu'ils étaient vers les fonts, le porte-croix étant à l'entrée du chœur et la face tournée vers le clergé.

8. Après que les acolytes ont chanté *Benedicamus Domino*, le célébrant commence complies par *Converte nos*, que le clergé poursuit en rentrant dans le chœur deux à deux; tous y reprennent leurs places après avoir fait la révérence à l'autel, et saluent le célébrant lorsqu'il passe, lequel, après avoir fait la révérence à l'autel, s'en retourne à la sacristie avec les choristes et les acolytes qui l'ont attendu au haut du chœur. Dès qu'on commence le *Gloria Patri*, tous s'arrêtent, et demeurent un peu inclinés vers l'autel jusqu'à *Sicut erat*.

9. Dans les églises où il n'y a point de fonts baptismaux, après qu'on a commencé l'antienne *In Galilæam*, tous sortent du chœur et s'en vont processionnellement au milieu de la nef; où ils se partagent et se tournent en face; le porte-croix s'arrête avec les acolytes à la porte du chœur les plus près du crucifix, les plus anciens passant toujours au plus bas lieu, et en dernier lieu le célébrant et les chapiers tournent tous trois la face vers le crucifix qui est au-dessus à l'entrée du chœur; là ils disent ce qui reste de vêpres, y font la mémoire de la croix, et le reste comme il vient d'être dit.

10. On observe pendant toute l'octave les mêmes cérémonies, excepté qu'il n'y a pas deux choristes à la messe ni aux vêpres, et qu'on n'y donne pas de l'encens, sinon au jour de Pâques et aux deux fêtes suivantes.

DU JOUR DES ROGATIONS.

1. Aux jours des Rogations dans les églises paroissiales et autres qui sont obligées de faire les processions établies par l'Eglise, on observera ce qui est porté dans la seconde partie du Rituel.

2. Il est à remarquer que ces trois jours on doit dire deux messes dans les églises collégiales, l'une conforme à l'office du jour, et l'autre des Rogations qui a pour Introït : *xaudivit*, etc. Dans les églises paroissiales ou autres où l'on fait procession, l'on dit seulement celle des Rogations, à moins qu'en l'un de ces jours il ne tombe la fête du patron; dans ce cas on dirait la messe du patron, et la procession des Rogations se ferait devant ou après vêpres. Dans les églises qui ne sont pas collégiales, et où l'on ne fait point de procession, on ne dit que la messe qui est conforme à l'office

DE LA VEILLE DE LA PENTECÔTE.

1. L'office se fait comme à la veille de Pâques, tant pour la bénédiction du feu nouveau et du cierge, que pour la bénédiction des fonts baptismaux, le chant des prophéties et la messe, excepté qu'avant qu'on commence les prophéties, le célébrant chante au coin de l'Epître l'oraison qui est après la bénédiction du cierge. Dans les églises où il n'y a qu'un prêtre il dit cette oraison après avoir pris la chape et être remonté à l'autel

2. Dans les églises où il n'y a point de fonts baptismaux, on dira les litanies avant la messe, de la même manière qu'il a été dit pour la veille de Pâques; la messe se dit comme aux jours solennels, excepté qu'on la commence par les *Kyrie*, n'y ayant point d'Introït.

CHOEUR

REPONSE A QUELQUES DIFFICULTÉS.
(Traité de l'Office divin, par Collet.)

On me prie de marquer ce qu'il faut faire, 1° lorsqu'on n'entend que confusément les versets que chante l'autre côté du chœur; 2° lorsqu'on ne peut arrêter la précipitation, qui fait qu'un chœur anticipe sur les versets de l'autre; 3° lorsqu'un voisin enrhumé tousse à vos oreilles, et vous empêche d'entendre; 4° lorsqu'un lecteur lit si bas, ou si mal qu'on ne l'entend presque pas, ou qu'il omet quelque chose.

Je ne puis dire bien précisément ce qu'il faut faire en ces différents cas, mais je puis bien dire ce que je tâcherais de faire avec le secours de Dieu.

Ad 1. Si je ne savais point assez ce que chante l'autre chœur, pour le suivre mentalement, j'aurais mon livre à la main, afin de ne rien perdre. Cela se peut faire sans grande incommodité. C'est l'usage des communautés bien réglées.

Ad 2. Je porterais modestement mes plaintes, 1° au chapitre; 2° en cas qu'elles n'y fussent pas écoutées, à l'évêque qui a droit de corriger les abus qui regardent le culte de Dieu; 3° si cela était inutile, et avant que cela réussît, je m'efforcerais, en parcourant rapidement des yeux ce que les autres psalmodient, de n'en rien manquer. S'il m'en échappait quelque chose, je me tiendrais tranquille. A l'impossible nul n'est tenu.

Ad 3. Je ferais la même chose que dans le premier cas, surtout si cela arrivait un peu fréquemment.

Ad 4. Je prendrais toujours mon livre, quand le tour du mauvais lecteur s'avancerait. Le plus court serait de ne s'en point servir qu'il n'eût appris à mieux lire.

On me demande encore, 1° si un chanoine qui ne sait point le plain-chant doit réciter les répons, les versets et les antiennes des deux chœurs; et si ne servant de rien en cette partie, il peut se servir du privilége du chœur, qui se contente d'écouter les leçons sans les lire en son particulier.

2° Si un chanoine qui sait son chant est obligé de descendre de sa stalle pour chanter la grand'messe au pupitre du chœur, lorsqu'il y a des semi-prébendes et vicaires, ou lorsque ce n'est pas l'usage.

3° Si un chanoine volontairement distrait pendant une partie considérable de la messe canoniale pèche mortellement, comme un fidèle qui le serait pendant une messe de dimanche ou de fête; et si, pour s'exempter de péché mortel, il peut regarder ce jour d'inattention comme une absence, et l'imputer sur les jours de vacance qu'il peut prendre.

4° Si pendant qu'un organiste ou qu'un maître de musique ennuient par leurs longueurs, un chanoine manque à son devoir s'il se distrait pendant ce temps, ayant dit tout bas ce que touche l'orgue ou ce que chante la musique.

J'aurais souhaité que celui qui consulte, et qui joint beaucoup de savoir à beaucoup de piété, m'eût au moins insinué ce qu'il pense de ces différents cas. Il sait combien j'aime à conformer ou à réformer mes idées sur celles des autres. Je vais lui dire mon sentiment en les soumettant au sien.

Ad 1. Je crois qu'il suffit à un chanoine d'écouter ce qu'il ne peut chanter. Je le louerai, si pour dédommager l'église de ce qu'il ne lui donne pas, il récite à voix basse; mais je ne vois pas de principe pour lui en faire une loi rigoureuse. Je crois cependant qu'il est obligé d'apprendre le chant, si cela lui est possible, parce que quand on doit la fin, on doit prendre les moyens qui sont nécessaires pour y parvenir

Ad 2. Dès qu'il est constant que les chanoines doivent, autant qu'ils le peuvent, faire l'office par eux-mêmes, et non par des substituts, ceux qui sont en état de chanter, doivent le faire, soit de leur place, au moyen d'un Graduel portatif, soit au lutrin. Bernard Vital, chanoine du Puy, dans un livre qu'il donna en 1647 (1), combat avec feu cette propositition de Layman (*Lib.* IV, *tract.* 2, *cap.* 6, *n.* 2) : *Mirum non est quod canonici a canendo abstineant, cum id multo decentius et magnificentius fiat a substitutis.* A l'autorité de ce théologien il oppose celle de Navarre, de Soto, de Fernandez, de Barbosa, et de *plusieurs autres bons auteurs, qui ne mettent point d'oreillers sous la tête des pécheurs, pour les endormir.*

Ad 3. Puisque la grand'messe fait une des principales parties de l'office canonial, on ne peut excuser de péché mortel celui qui s'y livre aux distractions dont parle l'exposé. S'il la changeait en œuvre de surérogation, comme on le suppose, je n'oserais pas en porter le même jugement. Cependant il ne pourrait être excusé de tout péché. *Age quod agis.*

Ad 4. Les jours d'orgue et de musique demandent plus de vigilance que les autres. J'y commencerais par dire tout bas le *Te deum*, le *Magnificat*, etc. Je tâcherais ensuite d'entrer dans les sentiments qu'inspire la musique, quand elle est décente et bien composée. Il y a des gens qu'elle enivre, en quelque sorte, du Saint-Esprit. *Et nunc adducite mihi psaltem* en est la preuve. On sait qu'elle faisait grande impression sur saint Augustin. Pourquoi nous touche-t-elle si peu? Est-ce précisément parce qu'elle dure longtemps? Non : c'est que souvent nous avons le cœur ailleurs. L'homme d'étude soupire après son cabinet; l'homme dissipé après une compagnie qui l'amuse, etc. Savoir si une confusion de voix et d'instruments conviennent bien les trois derniers jours de la semaine sainte; si un luth sied bien dans les mains de l'épouse, lorsque noyée dans la douleur, elle s'écrie avec Job : *Versa est in luctum cythara mea, et organum meum in vocem flentium* (*Job.* xxx, 31); ou avec Jérémie : *Versus est in luctum chorus noster* (*Thren.* v, 15); c'est une question qui ne me regarde pas

On me demande encore si un homme qui est abbé en titre d'une église séculière, et qui, à raison d'un canonicat attaché à son abbaye est sujet au chœur et à la pointe, et dont les prédécesseurs ont toujours résidé, est tenu à la résidence, ou s'il ne peut pas s'en tenir aux revenus de la mense abbatiale, pour en jouir comme d'un bénéfice simple, et abandonner ceux du canonicat.

Je réponds, 1° qu'un abbé, tant qu'il est chanoine, doit en faire les fonctions, et qu'il se perd s'il y manque; 2° qu'il ne peut désunir de sa propre autorité deux bénéfices, qui sont unis canoniquement, puisqu'il doit transmettre à ses successeurs ce qu'il a reçu de ceux qui l'ont précédé; 3° qu'il est très-douteux qu'en devenant simple abbé il fût dispensé de la résidence, parce que, s'il n'y a des preuves bien formellement contraires, il n'est *in rei veritate* qu'un prévôt ou un grand doyen, à qui l'usage ou la succession ont donné le nom d'abbé

Enfin on demande si un vicaire, ou un prêtre de paroisse, peut recevoir l'honoraire attaché à un enterrement ou à une messe d'obit, quoiqu'il n'y assiste pas.

Ma réponse, comme celle d'un savant grand vicaire, est qu'il le peut, pourvu qu'il ne soit absent que parce que sa santé ou les fonctions de son ministère qui l'appellent ailleurs ne lui permettent pas de se trouver avec les autres. L'intention des défunts n'est pas qu'un vicaire néglige les vivants, ou qu'il manque du nécessaire, parce qu'il sera obligé de voler à leur secours. Les bonnes œuvres qu'il fait alors, sont au profit de ceux qui lui procurent le moyen de les faire. Puis donc qu'on regarde comme présent un chanoine qui fait les affaires de son chapitre, etc., on peut bien

---

(1) *Le chanoine*, ou Traité du nom, dignité, office, vie et mœurs d'un chanoine... Au Puy, 1647. Voyez le livre in nomb. 78

regarder comme présent un prêtre habitué, qui fait celles de son église. Ce serait autre chose si, au lieu de s'associer à ses frères, il perdait le temps chez lui ou ailleurs. *Si quis non vult operari, nec manducet* (II Thess. III, 10.)

CLERC.
DE L'OFFICE DU CLERC ASSISTANT A L'ADMINISTRATION DES SACREMENTS.
(Résumé d'un grand nombre de Rituels, par Beuvelet.)

§ I. *Office du clerc assistant à l'administration du sacrement de baptême.*

1. Le clerc étant averti d'un baptême qui se doit faire, avant d'aller à l'église, lave ses mains (ce qu'il observe toutes les fois qu'il est appelé pour servir à quelque sacrement), se revêt de son surplis, et prend les clefs du baptistère.

2. Arrivé à l'église, il fait sa prière à genoux, allume un cierge, prend le Manuel avec l'aspersoir et l'eau bénite (aux lieux où l'on s'en sert), et va avec le prêtre à la porte de l'église. Y étant arrivé, il range les assistants dans l'ordre qui suit. Savoir : le parrain à la droite, et la marraine à la gauche, la sage-femme auprès de la marraine, et le reste des assistants derrière eux ; tous le visage tourné vers l'autel, ou vers le prêtre pendant toute la cérémonie.

3. Il prend garde que chacun soit dans la modestie, qu'on ne fasse point de bruit dans l'église, et empêche pour ce sujet, autant qu'il le peut, que les pauvres n'y entrent, et même que les parrain et marraine ne leur donnent rien dans l'église pour obvier aux irrévérences.

4. Toutes ces choses ainsi ordonnées, chacun étant en son rang, le clerc se place à la gauche du prêtre, tenant le Manuel ouvert devant lui, tournant les feuillets, quand il en est besoin, répondant *amen*, ou autre chose quand il est nécessaire, et faisant les inclinations avec lui.

5. Les exorcismes étant finis, il ouvre le baptistère, n'y laissant entrer que ceux qui doivent y être, il découvre les fonts, tire de l'armoire la coquille, les vases des saintes huiles, s'il est *in sacris*, les met auprès du prêtre, et puise l'eau dans le baptistère avec la coquille, qu'il tient toute prête pour la donner au prêtre.

6. Si on lave les mains, il ne souffre à personne de les laver sur la piscine, sinon au prêtre à cause des onctions.

7. La cérémonie étant achevée, il referme les fonts, remet les vases et la coquille dans l'armoire, et tire le registre des baptêmes, dans lequel le prêtre ayant écrit celui qui vient d'être fait, il le remet aussitôt en son lieu et l'enferme à la clef avec tout le reste.

Au baptême solennel

1. Si c'était un baptême solennel, il faudrait dresser une table, couverte d'une nappe blanche, sur laquelle on mettrait une croix, et au milieu les vases des saintes huiles ; le sel serait à droite avec le bénitier et l'aspersoir ; à gauche un bassin, une aiguière et une serviette, un chandelier à mettre le cierge ; et le petit chrémeau dans un bassin bien net, la coquille dedans, et le livre du baptistère.

2. Toutes ces choses seraient données par un cérémoniaire, à mesure qu'elles seraient nécessaires, *v. g.*, au commencement, un serait pour le livre, et un autre pour le cierge.

3. Après les exorcismes, un clerc *in sacris* serait pour les saintes huiles, un pour le cierge, un autre pour le chrémeau et la coquille, un autre pour donner à laver au prêtre seulement, non pas aux parrains ni aux marraines, et un autre pour le livre des baptistères et l'encrier.

4. Tous les clercs se pourraient partager, moitié à droite et moitié à gauche du célébrant ; il peut y en avoir sept employés, y compris le prêtre et le cérémoniaire.

5. Pour cette solennité on pourrait tapisser le baptistère seulement, et y mettre quelque tableau du baptême de Notre-Seigneur.

§ II. *Office du clerc assistant à l'administration du saint viatique aux malades.*

1. Le clerc arrivé à l'église, revêtu de son surplis, ayant fait sa prière, prépare le dais, la lanterne, et un cierge allumé dedans, la clochette, la bourse avec le corporal et le purificatoire, ainsi que le Manuel ou un extrait du Manuel de ce qu'il faut dire et faire, écrit sur une petite carte qu'il pourra mettre dans la bourse.

2. Toutes ces choses préparées, il assigne à chacun de ceux qui sont présents son office (s'il y a nombre de personnes qui y assistent), aux uns de porter le dais, aux autres de porter la lanterne, ou les flambeaux quand il y en a ; puis il présente l'étole au prêtre, et se met à genoux, tenant la bourse d'une main et la clochette de l'autre.

3. Le temps de sonner est premièrement quand le prêtre tire le saint ciboire ; secondement quand il donne la bénédiction, soit avant de partir, soit au retour de la visite ; troisièmement, tout le long du chemin, en allant et en revenant.

4. L'ordre pour sonner est de ne pas sonner continuellement, mais à diverses reprises par trois doubles tintées à chaque fois, ne mettant d'intervalle que le temps qu'il faut pour faire cinq ou six pas, sinon qu'il est à propos de redoubler les coups quand on arrive en des carrefours où il se fait beaucoup de bruit, et quand on entre en la maison du malade, pour avertir la venue du saint sacrement.

5. S'il y a plusieurs officiers ecclésiastiques, celui qui porte la clochette doit marcher le premier, et après lui ceux qui portent les flambeaux ou la lanterne, immédiatement devant le saint sacrement, tous en distance environ de trois pas, et non plus, récitant des psaumes alternativement.

6. Encore que le clerc doive marcher la vue baissée, il doit pourtant prendre garde que chacun dans la rue se mette à genoux et tête nue quand le saint sacrement passe,

faute de quoi il ne doit pas manquer de les avertir.

7. Etant arrivé à la chambre du malade, il pose la clochette près de la table préparée, tire le corporal, s'il est *in sacris*, ou le met tout prêt, afin que le prêtre le prenne en arrivant; il tire aussi le purificatoire et la feuille qu'il met devant lui; puis il lui présente l'aspersoir sans rien baiser, et porte l'eau bénite après lui, s'il en est besoin; ensuite il le reçoit et le remet en sa place; puis lui présente la feuille ou le Manuel, lui montrant avec le doigt ce qu'il faut dire.

8. Il a soin que le chemin soit libre depuis la table jusqu'au malade, et que les assistants soient tous à genoux vers le saint sacrement; et s'il est nécessaire d'éteindre le cierge qui est dans la lanterne, ou les flambeaux quand il y en a, il le faut toujours faire sous la cheminée ou à l'écart, en sorte que cela n'incommode point l'assistance.

9. Le prêtre lisant dans la feuille, le clerc la lui présente toujours; et quand le prêtre a exhorté le malade, il dit le *Confiteor*; puis il lui donne à laver, et ensuite prend un cierge pour l'accompagner.

10. Le malade étant communié, il présente du vin dans un verre pour purifier les doigts du prêtre, et le purificatoire pour les essuyer; puis le fait prendre au malade pour mieux avaler la sainte hostie, et jette le reste sous la cheminée, s'il y en a.

11. La cérémonie étant faite, il plie le corporal et le purificatoire, s'il est *in sacris*, et ayant tout remis dans la bourse et repris la clochette; il sort devant le prêtre.

12. Etant de retour à l'église, il se met à genoux, et sonne la clochette pendant que le prêtre resserre le saint ciboire; puis, ayant reçu l'étole du prêtre, il remet chaque chose en son lieu, la bourse, la clochette, le dais et la lanterne.

13. S'il arrive qu'il faille porter le saint sacrement pendant l'office public, comme la messe, le prône, la prédication ou la procession, il ne faut sonner que quand on est prêt à sortir de l'église, et cesser au retour quand on vient à rentrer.

De la communion plus solennelle.

1. Si on veut rendre l'action plus solennelle, ce sera par le nombre des ecclésiastiques et des luminaires.

2. Il peut y en avoir deux pour porter le dais, et deux, quatre, ou six, allant deux à deux, avec chacun un flambeau de cire blanche, partie devant, partie derrière le saint sacrement. Deux autres peuvent être employés, qui seront devant les flambeaux, l'un pour la clochette, et l'autre pour la bourse des corporaux et pour le Manuel.

3. S'il y a du clergé, il doit marcher selon l'ordre de la procession devant les flambeaux; et les deux clercs de la clochette et de la bourse iront les deux premiers et ne porteront point de cierge, encore que le reste du clergé en eût. S'il y a des laïques, ils marcheront après le saint sacrement, chacun un cierge en la main, s'il est possible.

4. Ceux qui portent les deux flambeaux étant arrivés à la chambre du malade doivent se ranger, la moitié d'un côté, et l'autre moitié de l'autre de la table, laissant le passage libre pour le prêtre et le clerc.

§ III. *Office du clerc assistant à l'administration du sacrement d'extrême-onction*

1. Le clerc arrivé à l'église, revêtu de son surplis, ayant fait sa prière, prend les clefs de l'armoire des saintes huiles, en tire l'étole violette, qu'il présente au prêtre; il prend le Manuel et une croix où il doit y avoir un crucifix en relief; le prêtre, ayant pris le vase des onctions, referme l'armoire, et en serre la clef jusqu'au retour.

2. Il marche devant le prêtre environ trois ou quatre pas, la tête couverte, portant la croix de la main droite, dont l'image soit tournée vers lui, et le Manuel sous son bras gauche.

3. Arrivé à la chambre du malade, il pose la croix et le Manuel sur la table préparée, celui-ci à gauche, et la croix à droite du vase des saintes huiles; puis il présente l'aspersoir au prêtre, comme à la communion, et les prières qui devancent les onctions étant finies, il lui donne à laver.

4. Lorsque le prêtre a besoin de lire dans le Manuel, soit pour les prières, soit pour les onctions, il tient toujours le livre ouvert devant lui, et lui montre du doigt l'endroit où il en est. Si l'on a besoin de lumière, il prend un cierge allumé et éclaire lui-même le prêtre, s'il se peut, donnant à quelqu'un des assistants, *in sacris* en ce cas, à tenir le bassin où le prêtre, après les onctions, met les flocons de filasse ou du coton. S'il est lui-même *in sacris*, il peut essuyer les onctions à mesure que le prêtre les fait.

5. Toutes les onctions étant faites, il jette dans le feu les flocons de filasse, et les fait consommer, ou s'il n'y a point de feu, il les rapporte à l'église; ensuite il donne à laver au prêtre comme auparavant, et l'eau reçue dans le bassin est jetée pareillement dans le feu ou dans quelque lieu à l'écart. Après quoi, quand le prêtre s'approche de nouveau du malade, il lui présente le livre pour dire les prières qui y sont marquées. Et la cérémonie étant toute achevée, il retourne à l'église dans le même ordre, et avec la même modestie qu'auparavant, récitant des psaumes en chemin pour les besoins du malade.

6. Etant de retour à l'église, il fait la génuflexion devant le saint sacrement, ouvre l'armoire, et le prêtre y ayant posé le vase des saintes huiles, il remet le livre, reçoit l'étole du prêtre, la remet en sa place et ferme l'armoire; puis, ayant remis les clefs au lieu ordinaire, il fait sa prière et s'en retourne.

§ IV. *Office du clerc assistant à la cérémonie des fiançailles.*

1. Le clerc arrivé à l'église revêtu de son surplis, ayant fait sa prière, présente l'étole au prêtre, laquelle doit être de couleur blanche; puis, prenant de la main gauche l'aspersoir et le bénitier, et le Rituel de la

droite, il conduit le prêtre où se fait d'ordinaire cette cérémonie, soit dans la nef, soit à la porte ou ailleurs.

2. Y étant arrivé, pendant que le prêtre fait sa prière, il place les assistants dans l'ordre qui suit : savoir, le fiancé à droite et la fiancée à gauche, les parents du garçon, s'il se peut, de son côté, et de même ceux de la fille de son côté, chacun selon l'ordre de la parenté, les plus proches les premiers, et les autres après; tous le visage tourné vers l'autel pendant toute la cérémonie.

3. La compagnie étant ainsi rangée, il recommande singulièrement la modestie, il les convie de se mettre en prière, laquelle étant finie, il s'approche du prêtre, et se place à sa droite ou à sa gauche, selon la plus grande commodité du lieu, pour tenir le livre ouvert devant lui quand il en est besoin.

4. Après ces paroles du prêtre : *Ego affido vos*, il lui présente l'aspersoir, et le reçoit incontinent après; puis, l'exhortation achevée (si le prêtre en fait une), s'étant mis derechef en prière avec l'assistance, il la congédie en paix, procure le silence à la sortie, et se retire avec le prêtre à la sacristie, où, ayant reçu l'étole, il la remet en sa place avec le Rituel, l'eau bénite et l'aspersoir.

§ V. *Office du clerc assistant à la cérémonie du mariage.*

1. Le clerc arrivé à l'église, revêtu de son surplis, ayant fait sa prière, présente l'étole au prêtre; puis, prenant un bénitier avec l'aspersoir, un bassin, le Manuel, avec les certificats, publications de bans et autres papiers concernant le mariage, il conduit le prêtre au lieu où se fait d'ordinaire cette cérémonie.

2. Y étant arrivé, il désigne et avertit trois ou quatre des plus notables et des plus proches parents pour signer sur le registre des mariages. Il range les assistants dans l'ordre qui a été dit aux fiançailles, et, la prière achevée, il se place à droite du prêtre, lui présente le livre, et reçoit des fiancés la bague et la pièce de monnaie, qu'il met dans le bassin pour les faire bénir.

3. Pour rendre la cérémonie plus majestueuse, on pourrait se servir d'un bassin d'argent ou autre vase précieux et le couvrir de quelque voile riche, sous lequel d'un côté serait la bague et de l'autre la pièce de monnaie, pour être bénites l'une après l'autre, ne découvrant à la fois que ce qui doit être bénit.

4. S'il n'y a point de bassin, il présente la bague et la pièce de monnaie l'une après l'autre, puis l'aspersoir pour les arroser d'eau bénite.

5. Pendant toute la cérémonie, il tient toujours le Rituel ouvert, excepté pendant l'exhortation, qu'il doit se retirer un peu derrière le prêtre. Il lui présente, quand il est temps, l'anneau le premier, puis la pièce de monnaie, pour les mettre aux mains du mari. La cérémonie faite, il retourne à la sacristie, pendant que les mariés se disposent pour entendre la messe.

Pour la messe des épousés.

1. Le clerc, outre les choses ordinaires pour la messe, doit faire provison, 1° de deux cierges de cire blanche qui n'aient point encore servi; 2° d'un voile, quand la bénédiction solennelle doit se faire, c'est-à-dire quand la nouvelle épousée n'a point encore été mariée; 3° d'un instrument de paix; 4° d'un second Missel, ou d'un Rituel; 5° d'eau bénite et d'un aspersoir.

2. Avant que de conduire le prêtre à l'autel, il assigne aux épousés la place qui leur aura été préparée selon la coutume des lieux, mettant le mari du côté de l'Epître, et la femme du côté de l'Evangile (on peut pour cela mettre un accoudoir et un tapis dessus, selon la condition des personnes, et, si ce n'est pas la saison, joncher les environs de fleurs). L'ornement dont on se sert à la messe doit être solennel, et de couleur blanche, s'il n'arrive ce jour-là quelque fête.

3. Pendant l'Epître de la messe, il allume les deux cierges qu'il avait préparés, et donne chacun le sien aux épousés pour le tenir depuis ce temps-là jusqu'à l'offrande.

4. Après l'Offertoire, le prêtre étant descendu au bas du balustre, il lui présente l'instrument de paix, invite les mariés d'approcher pour l'offrande, et, ayant reçu ce qu'ils auront présenté avec leurs cierges, il reprend des mains du prêtre l'instrument de paix qu'il met sur la crédence.

5. A ces paroles : *Nobis quoque peccatoribus*, il fait approcher les épousés du balustre (si la bénédiction solennelle doit se faire), et étend sur leur tête le grand voile préparé à cet effet, qui doit être tenu des deux bouts par deux clercs, s'il se peut, au moins par deux des plus modestes de la compagnie, jusqu'à ce que la Préface soit finie.

6. Cela fait, il prend de l'eau bénite et le Rituel, ou un Missel, qu'il présente ouvert au prêtre pour y réciter ou chanter la Préface; laquelle étant finie, il présente l'aspersoir sans rien baiser, et, l'ayant reçu incontinent après, il ôte le voile, et fait retourner les mariés en leur place, en toute modestie.

7. Pendant l'*Agnus Dei*, il se met à genoux sur le degré d'en haut, au côté droit du prêtre, pour lui représenter l'instrument de paix; quand le prêtre a dit : *Pax tecum*, le clerc baise la paix après lui, puis la porte à baiser aux épousés, au mari le premier, leur disant les mêmes paroles : *Pax tecum*, sans leur faire aucune révérence, sinon après avoir reçu la paix.

8. Aux lieux où se donne encore une bénédiction particulière, aux épousés avant *Ite missa est*, le clerc, pendant les oraisons, tient le livre tout prêt pour le lui présenter et lui montrer du doigt l'oraison qu'il doit dire.

9. Après la messe, il a le soin d'arrêter les témoins pour les faire signer sur le registre des mariages et avertir la compagnie de trois choses : 1° de se retirer en silence et en modestie; 2° de réserver de faire leurs aumônes hors de l'église, quand ils en ont à faire, pour éviter les irrévérences et le bruit que causent ordinairement les pauvres; 3° de se

préparer à la bénédiction du lit nuptial, qui doit se faire avant le dîner.

§ VI. *Office du clerc assistant à la bénédiction du lit nuptial.*

1. Le clerc qui accompagne le prêtre en cette cérémonie a soin de porter son surplis, une étole blanche, le Manuel et l'aspersoir, quand on craindrait de ne pas trouver d'eau bénite.

2. Arrivé en la chambre des épousés, pour bénir le lit nuptial, il se revêt de son surplis, présente l'étole au prêtre, prie de ne pas laisser entrer de jeunesse, qui se livre d'ordinaire à des irrévérences en ces occasions, mais seulement les plus proches parents et d'autres personnes raisonnables.

3. Cela fait, il place les nouveaux mariés proche le chevet du lit, les faisant demeurer debout, le visage tourné vers le prêtre, un peu éloignés l'un de l'autre, sans masque, sans gants, sans voile, mais la tête découverte en la même façon qu'à l'église.

4. Tout étant ainsi disposé, quand le prêtre est prêt de commencer la cérémonie, il lui présente l'aspersoir pour donner de l'eau bénite à la compagnie; puis, après l'avoir reçu, il lui présente le Manuel, et répond quand il est besoin.

5. La cérémonie étant achevée, il présente derechef l'aspersoir, comme au commencement, et puis sans s'arrêter il retourne au logis.

MAXIMES GÉNÉRALES A OBSERVER PAR LE CLERC QUI ASSISTE LE PRÊTRE EN L'ADMINISTRATION DES SACREMENTS.

1. Toutes les fois que le clerc présente l'étole au prêtre, il la baise premièrement au côté droit de la croix, puis la donne à baiser au prêtre et la lui met sur les épaules.

2. Toutes les fois qu'il présente l'aspersoir ou autre chose, il baise premièrement la chose qu'il présente, puis la main du prêtre, et en la recevant il fait le contraire, baisant la main du prêtre premièrement, puis la chose reçue.

3. Toutes les fois qu'il entre, ou qu'il sort de la sacristie, il fait toujours avec le prêtre une inclination au crucifix.

CONFIRMATION.
DU SACREMENT DE CONFIRMATION.
(Résumé d'un grand nombre de Rituels, par Bouvelet.)

§ I. DEVOIRS DU CURÉ EN CE QUI CONCERNE CE SACREMENT.

Quel doit être le soin du curé pour ce qui concerne le sacrement de confirmation?

Tout le soin d'un pasteur en ce point peut se rapporter à cinq ou six choses principales qu'il est obligé de faire quand il est averti de la venue de son évêque en sa paroisse, ou qu'il y a commodité de conduire autre part ceux de ses paroissiens qui ne sont pas confirmés.

Quelles sont-elles?

La première, c'est d'expliquer au peuple les avantages de ce sacrement et de lui en faire comprendre la nécessité, pour obliger ceux qui ne l'auraient pas encore reçu à se préparer pour le recevoir, menaçant les adultes négligents de les priver de la communion, faute de s'y disposer. Le Manuel de Rouen veut qu'au commencement du carême les curés et les prédicateurs en traitent dans leurs prônes et dans leurs sermons.

La seconde, c'est de leur imprimer un très-grand respect et de leur apprendre la manière de s'y disposer comme il faut, leur faisant entendre que plus ce sacrement est vénérable par la puissance de ses effets, auguste par la dignité de ceux qui en sont les dispensateurs, plus on doit avoir soin de se bien préparer à le recevoir.

Quels sont les autres devoirs du curé touchant ce sacrement?

La troisième chose qu'il doit faire, c'est de mener lui-même ses paroissiens à l'évêque, afin de l'informer des dispositions de chacun, et pour leur inspirer par sa présence la modestie et la dévotion que ses soins et les instructions leur auront imprimées. Et au cas qu'il ne le puisse en personne, il doit au moins les faire conduire par un prêtre, deux à deux, priant Dieu le long du chemin, les hommes et les garçons séparés des femmes et des filles. Enfin, s'il ne peut ni les conduire lui-même, ni les faire conduire par un prêtre à sa place, il doit au moins leur donner un billet de sa main.

La quatrième, c'est de tenir registre des confirmés en la forme de celui du baptême, pour y avoir recours en temps et lieu, y mettant le nom de leurs père et mère, leur âge, et ceux qui les auront présentés, sans exiger d'eux aucun salaire pour cela.

La dernière, c'est d'avoir soin, en cas que la confirmation se donne dans sa paroisse, que l'église soit ornée avec le plus d'appareil possible, et préparer toutes les choses nécessaires pour ce sacrement, comme l'explique le Manuel de saint Charles.

Quelle méthode faut-il tenir pour disposer ainsi ses paroissiens, et les instruire de ce qui vient d'être dit?

Il doit pour cela, quelques jours auparavant, indiquer des grands ou des petits catéchismes, selon la portée des personnes auxquelles il aura à parler. Nous allons donner ici un modèle qui pourra lui servir.

Instruction familière de la confirmation.

Qu'est-ce que la confirmation?

C'est un sacrement institué par Notre-Seigneur Jésus-Christ, dans lequel ceux qui ont été baptisés reçoivent une force spéciale pour défendre la foi, par l'imposition des mains de l'évêque et par l'onction du saint chrême.

Est-il nécessaire, pour être sauvé, de recevoir la confirmation?

Non, il ne l'est pas absolument, mais celui qui par mépris négligerait de la recevoir pécherait mortellement.

Que recevons-nous en ce sacrement?

Le Saint-Esprit, qui descend invisiblement dans nos âmes, et qui ensuite les remplit de ses grâces.

Quelles sont les effets du sacrement de confirmation?

1° Il nous donne la force et la hardiesse de faire profession de notre foi devant les tyrans, s'il en est besoin, de maintenir cette même foi parmi les hérétiques, les athées et les libertins, et de faire les actions chrétiennes sans crainte ni vergogne ; 2° il nous avance en la perfection chrétienne, en augmentant la grâce du baptême; 3° il imprime dans l'âme une certaine marque spirituelle appelée caractère, qui fait qu'on ne le peut recevoir qu'une fois.

A quel âge doit-on le recevoir ?
On permet aux enfants de sept ans de s'en approcher, pourvu qu'ils soient instruits des principes de la religion chrétienne, et qu'ils connaissent, selon la portée de leur esprit, la nature et les effets de ce sacrement.

Quel est le devoir des pères et mères en ce sacrement ?
De faire instruire leurs enfants, de les conduire et les présenter à l'évêque, et de veiller après sur leurs actions.

Dispositions qu'il faut apporter pour être confirmé (Voyez le § suivant)

Quelles dispositions requiert ce sacrement ?
Il y en a deux sortes, dont les unes regardent le corps, les autres l'âme.

Quelles sont les dispositions du corps ?
Il faut être honnêtement habillé, les mains, la face et le front lavés, avoir un bandeau, être bien modeste.

Quelles sont les dispositions de l'âme ?
N'avoir point de péché mortel, savoir son catéchisme, du moins les principaux mystères, et être bien dévot.

Que faut-il faire pour n'avoir pas de péché mortel quand on reçoit la confirmation ?
Il faut aller à confesse, ou bien avoir une contrition parfaite de ses péchés.

Ne faut-il pas d'autres dispositions ?
Il serait bon que ceux qui ont déjà communié communiassent ce jour-là, et que l'on fût à jeun, si l'on confirmait le matin.

Après avoir reçu la confirmation, que faut-il faire ?
Il faut attendre que l'évêque ait donné la bénédiction, puis se retirer pour remercier Dieu de la faveur qu'on a reçue, et en reconnaissance on pourrait encore communier le dimanche suivant, employer quelques jours à dire sept *Pater* et sept *Ave*, en mémoire des sept dons du Saint-Esprit, et en renouveler la mémoire tous les ans.

Cérémonies de la confirmation.

A qui appartient-il de donner le sacrement de confirmation ?
Il n'appartient qu'à l'évêque seul.

Que fait l'évêque en ce sacrement ?
Il fait un signe de croix avec du chrême sur le front du baptisé.

Qu'est-ce que le chrême ?
C'est une liqueur sacrée, composée d'huile d'olive et de baume, que l'évêque bénit le jour du jeudi saint avec plusieurs saintes cérémonies.

Que signifie l'huile d'olive ?
L'effusion du Saint-Esprit et l'abondance de sa grâce qui nous est communiquée dans ce sacrement.

Que signifie-t-elle encore ?
Que l'esprit du chrétien est un esprit de douceur et d'humilité.

Que signifie le baume ?
Que, comme l'on embaume les corps après la mort, ainsi nos âmes étant mortes au péché dans les eaux du baptême, sont embaumées du Saint-Esprit et de tous ses dons dans la confirmation, afin qu'elles ne puissent être corrompues par les mauvaises inclinations de notre nature et par les fausses maximes du monde.

Que signifie encore le baume ?
Que la vie du chrétien confirmé doit être si pure et si sainte, qu'il attire les pécheurs et les infidèles au service de Dieu par l'odeur de ses bons exemples.

Pourquoi cette onction sacrée se fait-elle en forme de croix ?
Pour nous apprendre que jamais nous n'aurons part à la gloire que Jésus-Christ possède dans le ciel, si nous ne participons aux souffrances et aux confusions qu'il a endurées pour nous sur la terre.

Pourquoi se fait-elle plutôt sur le front que sur aucune autre partie du corps ?
Pour nous apprendre l'estime qu'il nous faut faire de notre religion, et l'étroite obligation que nous avons d'en faire profession extérieure au péril de nos biens, de notre honneur et de notre propre vie.

Pourquoi l'évêque donne-t-il un soufflet sur la joue de celui qui est confirmé ?
C'est pour lui montrer qu'il doit être prêt à souffrir les affronts et les injures, pour l'amour et à l'exemple de Notre-Seigneur, sans user de vengeance.

Pourquoi l'évêque dit-il : La paix soit avec vous, en donnant le soufflet sur la joue du confirmé ?
Cela nous apprend que le meilleur moyen d'avoir la paix avec Dieu, avec le prochain et avec nous-mêmes, c'est d'être patient dans les souffrances.

Pourquoi met-on un bandeau au front du confirmé ?
Afin qu'il se souvienne mieux qu'il a reçu ce sacrement, qu'il soit soigneux de conserver la grâce qui lui a été donnée, et afin qu'il ne puisse porter la main au saint chrême.

Pourquoi a-t-on un parrain en ce sacrement ?
Pour apprendre que nous y venons comme des petits enfants faibles et débiles, et que nous avons besoin d'un bon maître qui nous enseigne et nous conduise dans la vie chrétienne.

Quel fruit pouvons-nous recueillir de cette instruction ?
1° Le soin paternel que Dieu prend de nous munir de si puissantes armes contre nos ennemis ; 2° l'affection que nous devons avoir pour recevoir ce sacrement et y présenter ceux qui sont sous notre conduite ; 3° le soin qu'il faut prendre de se rendre capable de le bien recevoir.

DICTIONNAIRE DES RITES SACRÉS. III.

§ II. DISPOSITIONS NÉCESSAIRES POUR S'APPROCHER DE CE SACREMENT.

Quelles sont les dispositions nécessaires pour s'approcher de ce sacrement?

Il y en a d'intérieures et d'extérieures.

Quelles sont les dispositions intérieures?

Il y en a deux : la première, c'est de la recevoir en grâce : voilà pourquoi le curé doit avertir que ceux qui ont leur conscience chargée de péché mortel sont obligés de se confesser, leur répétant souvent cette parole de l'Ecriture : Que le Saint-Esprit qui se donne en ce sacrement n'entrera jamais dans une âme esclave du péché. La seconde, c'est de faire quelque jeûne, quelque aumône, quelque prière extraordinaire ou quelque autre bonne œuvre à cette fin, et pour ceux qui sont capables de la sainte communion, double influence de grâces, leur âme se donne plus pleinement à Dieu.

Quelles sont les dispositions extérieures?

Premièrement, c'est de s'y présenter à jeun, s'il se peut; secondement, de se laver à l'endroit où l'onction sera appliquée, et se faire couper les cheveux d'une façon décente, en sorte qu'ils ne touchent pas sur le front; troisièmement, d'avoir en main un bandeau de toile blanche en triple de la largeur de trois doigts, ayant des cordons aux quatre extrémités, pour être lié commodément par derrière la tête, que l'on porte deux ou trois jours, jusqu'à ce qu'il soit ôté dans l'église paroissiale par la main d'un prêtre qui essuiera soigneusement l'endroit où l'onction du saint chrême aura été faite, avec le bandeau même trempé dans l'eau nette, qu'il versera dans un bassin, appliquant un peu de sel ou de mie de pain, jetant ensuite l'eau dans la piscine ou dans le cimetière, ôtant et brûlant le bandeau, à moins qu'il pût servir à quelque saint usage, comme à faire un purificatoire ou autre linge d'église; quatrièmement, d'avoir un parrain ou une marraine; cinquièmement, d'être dans un habit extérieur modeste, les hommes ne s'y présentant point, par exemple, avec une épée, ni les femmes vêtues immodestement; sixièmement, de se tenir à genoux, en attendant que l'évêque s'approche, les mains jointes, sans faire de bruit, mais priant Dieu qu'il veuille conférer tous les effets de ce sacrement.

Qu'y a-t-il à observer touchant les parrains et marraines?

1° Qu'ils ne soient ni pécheurs publics, ni hérétiques, ni excommuniés, mais tels que ceux du baptême; 2° qu'ils sachent qu'ils contractent affinité avec le confirmé et avec les père et mère de celui-ci, encore qu'ils ne lient pas le bandeau (cela s'entend s'ils sont confirmés eux-mêmes, car autrement il n'y aurait aucune affinité); 3° que les hommes ne présentent point les femmes, ni les femmes les hommes; 4° que les père et mère ne présentent point leur enfant, afin de ne se pas priver du droit réciproque de demander le devoir du mariage; 5° si c'est un enfant, que le parrain le tienne de la main droite, et s'il est avancé en âge, qu'il mette le pied gauche sur le pied droit de son parrain (S. Charles; Statuts de Grasse).

Mais si l'on ne peut trouver ce grand nombre de parrains ou de marraines qui serait nécessaire?

Il faut au moins (et plusieurs Manuels le recommandent, comme chose plus à propos pour éviter l'inconvénient des affinités spirituelles) que tous les hommes et les garçons d'une paroisse aient pour parrain commun quelque ecclésiastique ou séculier choisi par le curé, et toutes les personnes du sexe, quelque femme de piété et de vertu, aussi choisie par le curé, qui présentent chacun à l'évêque, et lui nomment les enfants qui s'approchent pour être confirmés.

DE ALLIGATIONE FASCIÆ POST TRIDUUM DEPONENDA.

(Ex Manual. Colon. et Ingolstad. desumpta.)

Accepto confirmationis sacramento ligatura ob sacri chrismatis reverentiam non statim deponatur, sed in tertium usque diem gestetur, ac tunc confirmatus per sacerdotem in fronte abluatur, hoc modo. Fundat patrinus vel alius aquam in pelvim, et sacerdos dicat sequentia.

℣ Adjutorium nostrum in nomine Domini;
℟ Qui fecit cœlum et terram.

℣ Sit nomen Domini benedictum, ℟ Ex hoc nunc et usque in sæculum.

Hinc mittat fasciam qua frons fuit ligata in aqua, et hujusmodi madida fascia frontem confirmati lavet, adhibitoque modico sale vel mica panis, et faciendo crucem, ita dicat :

Ab omni immunditia mentis et corporis mundet te Dominus noster Jesus Christus. In nomine Pa✝tris, et Filii, et Spiritus sancti. Amen.

Deinde addat :

Chrismatis ablutio sit tibi omnium peccatorum remissio, ut habeas vitam æternam in Christo Jesu Domino nostro. Amen.

Pax ✝ tecum. Vade in pace. Amen.

Facta ablutione, comburatur fascia et cineres mittantur in cœmeterium vel supra ossa mortuorum, nec non ipsa aqua.... Cavendum autem est ne in sterquilinium vel in cœnum aut alium immundum locum effundatur hæc aqua, ob sacri chrismatis reverentiam

CROSSE.

(Extrait du Cérémonial, l. I, c. 17.)

L'évêque se sert de la crosse ou bâton pastoral seulement dans son diocèse et dans les lieux où il est autorisé par l'ordinaire ou par une délégation du saint-siège, à faire des consécrations, des ordinations ou des bénédictions de personnes.

Il s'en sert dans toutes les processions; si le chemin est long, il fait porter la crosse immédiatement devant lui par un ministre choisi pour en avoir soin; ce ministre, qui peut être revêtu d'une chape, la portera des deux mains sans la poser à terre. En vertu d'une coutume particulière à quelque église, ou en vertu d'un privilége, on peut faire porter la crosse devant l'évêque par un dignitaire du chapitre. Quand le trajet de la procession est court, l'évêque peut la porter lui-même de la main gauche, mais seulement quand il a pris la chape et la mitre.

Il s'en sert aux vêpres pontificales, lorsque, revêtu de ses ornements, il va de l'autel à son siège et de son siège à l'autel, pendant qu'on chante *Magnificat* et pendant qu'il donne la bénédiction.

Il s'en sert à la messe pontificale, lorsque, revêtu de ses ornements, il va à l'autel, et lorsqu'il retourne au même lieu, c'est-à-dire à la chapelle où il s'est revêtu, ou bien à la sacristie. Il porte aussi la crosse toutes les fois qu'il va de l'autel à son siège ou de son siège à l'autel; pendant qu'on chante l'Evangile; lorsque; pendant la messe et à la fin, il donne une bénédiction solennelle, il la prend quand il commence à faire le signe de la croix, et non plus tôt; enfin, dans toutes les fonctions pontificales que l'évêque fait par lui-même, comme les ordinations, bénédictions, consécrations et autres de ce genre mentionnées chacune en son lieu, pourvu, comme on l'a déjà dit, que l'évêque ait la chape et la mitre, ou du moins la mitre et l'étole; car la mitre et le bâton pastoral sont deux marques de la dignité épiscopale qui vont de pair.

Il faut cependant excepter de cette règle les offices et les messes pour les défunts, où la crosse n'est pas d'usage. On voit à l'art. MESSE PONTIFICALE du Dictionnaire les fonctions du ministre qui a soin de la crosse.

D

DOULEURS DE MARIE.

Voy. au Dictionnaire l'art. PASSION.

PRIÈRES ET PRATIQUES DE PIÉTÉ EN L'HONNEUR DE NOTRE-DAME DE DOULEURS.

§ I. Indulgence accordée à tout fidèle qui récitera avec dévotion l'hymne *Stabat Mater* (1).

Cent jours d'indulgence chaque fois (2).

§ II. Indulgences accordées à perpétuité à tout fidèle qui récitera ou portera sur lui la couronne des sept douleurs de la sainte Vierge (3).

Nota. Deux souverains pontifes, Benoît XIII et Clément XII, ont accordé successivement de grandes indulgences à la couronne des sept douleurs. Comme le bref de Benoît XIII était perpétuel, Clément XII, en accordant des indulgences plus considérables, n'a pas supprimé celles accordées par son prédécesseur; il les a au contraire positivement confirmées dans la bulle même par laquelle il en accordait de nouvelles. En conséquence, nous donnons ici successivement les titres des indulgences accordées par ces deux papes. La couronne des sept douleurs jouit tout à la fois des indulgences contenues dans ces deux listes.

Indulgences accordées à perpétuité par Benoît XIII.

1° Indulgence de *deux cents jours* pour chaque *Pater* et pour chaque *Ave* de la couronne que l'on récitera *dans une église de l'ordre des servites de Marie*.

2° On peut gagner l'indulgence ci-dessus, *dans quelque lieu que ce soit*, les vendredis, tous les jours du carême, le jour de la fête des sept douleurs, et les jours de l'octave de cette fête.

3° Tous les autres jours, lorsqu'on récite la couronne hors des églises des servites, l'indulgence est seulement de *cent jours* pour chaque *Pater* et pour chaque *Ave*.

4° Indulgence de sept ans et sept quarantaines, *en outre des précédentes*, pour ceux qui, seuls ou avec d'autres, auront récité la couronne entière.

N. B. Pour gagner ces indulgences, il faut être vraiment contrit et *s'être confessé*, ou avoir au moins une ferme volonté de se confesser (4).

Indulgences accordées à perpétuité par Clément XII.

1° Indulgence plénière une fois le mois pour tout fidèle qui aura récité tous les jours du mois la susdite couronne, le jour où, s'étant confessé et ayant communié, il priera selon les intentions de l'Eglise.

2° Indulgence plénière une fois par an pour celui qui récite habituellement cette couronne quatre fois par semaine, pourvu qu'un jour de l'année, à son choix, il se confesse, communie et récite encore ce jour-là la couronne.

3° Indulgence de cent ans toutes les fois qu'on récitera la couronne des sept douleurs, étant vraiment contrit et *s'étant confessé*, ou du moins ayant la ferme résolution *de se confesser*.

4° Indulgence de cent cinquante ans pour tout fidèle qui, *s'étant confessé*, récitera cette couronne les dimanches, lundi, mercredi, vendredi et les jours des fêtes chômées.

5° Indulgence de deux cents ans pour tout fidèle qui, *étant vraiment contrit et s'étant confessé*, récitera la couronne et priera selon *les intentions de l'Eglise* (5).

---

(1) Nous ne donnons pas ici le *Stabat*, qui se trouve dans tous les livres d'office.—Cette hymne a été composée par le pape saint Grégoire le Grand, et par saint Bonaventure, selon quelques auteurs. Mais Benoît XIV, d'après de graves écrivains, l'attribue au savant pontife Innocent III. (*Raccolta*, etc., édit. de 1844.) (*Note de l'Editeur*.)

(2) Le vénérable Innocent XI, bref *Commissae nobis*, du 1er septembre 1681.

(3) Vers l'an 1233, sept hommes, également distingués par leur naissance et par leur piété, et que l'Eglise honore sous le titre des sept bienheureux fondateurs, quittèrent la ville de Florence où ils demeuraient, et se retirèrent dans une solitude voisine de Sienne. C'est là que, par suite d'une révélation de la sainte Vierge, ils instituèrent l'ordre des servites de Marie, qui devaient se livrer particulièrement à la méditation des cruelles douleurs de cette Reine des martyrs, et propager cette dévotion. La couronne des sept douleurs, qu'ils composèrent, leur parut un des moyens les plus propres à remplir ce but. Aussi firent ils tous leurs efforts pour la faire connaître, et les souverains pontifes y ont attaché les plus riches indulgences, afin d'engager les fidèles à la réciter souvent. Ces couronnes sont composées en l'honneur des sept douleurs principales de la sainte Vierge, de sept *Pater* et de sept *Io* sept *Ave, Maria*. On ajoute à la fin trois autres *Ave, Maria*, en l'honneur des larmes que versa la sainte Vierge.

(4) Benoît XIII, bref universel et perpétuel *Redemptoris*, du 26 septembre 1724. La confession hebdomadaire suffit pour gagner les indulgences ci-dessus et les suivantes, accordées par Clément XII sous la condition de la confession. (*Note de l'Editeur*.)

(5) Cette dernière condition n'est pas exprimée dans

6° Indulgence de dix ans pour tout fidèle qui récitera fréquemment cette couronne, chaque fois que, en en portant une avec lui, il fera quelque œuvre de piété spirituelle ou temporelle, soit en l'honneur de Notre-Seigneur Jésus-Christ, de la sainte Vierge ou de quelque saint, soit en faveur du prochain, ou qu'il récitera sept *Pater* ou sept *Ave* en l'honneur des douleurs de Marie (1).

N. B. Toutes les indulgences ci-dessus, tant celles accordées par Benoît XIII que celles dues à Clément XII, sont applicables aux âmes du purgatoire.

Pour les gagner, il est requis que les couronnes aient été bénites par les supérieurs des maisons de l'ordre des servites de Marie, ou par d'autres prêtres du même ordre qui en aient reçu le pouvoir spécial. Une fois qu'elles sont bénites, on ne peut plus ni les vendre ni les prêter à d'autres, dans le but de leur communiquer les indulgences; si on le fait, les couronnes perdent par cela seul toutes les indulgences qui y étaient attachées (2).

Enfin une condition de rigueur pour gagner les indulgences accordées à cette couronne, c'est de réfléchir, pendant sa récitation, aux sept principales douleurs de la sainte Vierge. Du reste, il n'est nullement nécessaire de s'astreindre aux formules que nous joignons ici pour aider à la piété des âmes pieuses.

MANIÈRE DE RÉCITER LA COURONNE.

Acte de contrition.

O mon unique et très-aimable Seigneur! me voici prosterné en votre divine présence, tout confus des outrages que je vous ai faits; je vous en demande pardon du fond de mon cœur, je m'en repens par amour pour vous, et, au souvenir de votre infinie bonté, je les déteste et je les abhorre plus que tous les maux. Que ne suis-je mort mille fois avant de vous avoir offensé! je suis résolu de perdre plutôt mille fois la vie que de vous offenser désormais. O Jésus crucifié! je me propose fermement de purifier mon âme dans votre sang précieux par le moyen de la confession sacramentelle.... Et vous, Vierge compatissante, Mère de miséricorde, refuge des pécheurs, demandez pour moi, en vertu de vos cruelles douleurs, le pardon de mes péchés, après lequel je soupire, tandis qu'en priant selon les intentions du souverain pontife pour gagner les indulgences attachées à votre couronne, j'espère obtenir la rémission des peines qu'ils m'ont méritées.

I. — Animé de cette confiance, je médite la première douleur de la bienheureuse Vierge, Mère de Dieu, lorsqu'elle présenta au temple son fils unique, et que le saint vieillard Siméon, le prenant dans ses bras, dit à cette divine Mère : Un glaive de douleurs percera votre âme; ce qui lui annonçait les souffrances et la mort de son Fils Jésus.

Un *Pater* et sept *Ave Maria*.

II. — La seconde douleur de la sainte Vierge fut l'obligation de se sauver en Egypte, pour se soustraire à la persécution du cruel Hérode qui cherchait son Fils bien-aimé, pour le faire mourir.

Un *Pater* et sept *Ave Maria*.

III. — La troisième douleur de la sainte Vierge fut, lorsqu'au temps de Pâques, s'étant rendue à Jérusalem avec saint Joseph et son fils bien-aimé Jésus, elle perdit à son retour ce divin Fils, et en pleura la perte pendant trois jours.

Un *Pater* et sept *Ave Maria*.

IV. — La quatrième douleur de la sainte Vierge fut de rencontrer son aimable fils Jésus portant une pesante croix sur ses épaules délicates, et montant au Calvaire pour y être crucifié.

Un *Pater* et sept *Ave Maria*.

V. — La cinquième douleur de la sainte Vierge fut de voir son Fils bien-aimé élevé sur la croix, tandis que le sang ruisselait de toutes les parties de son très-saint corps.

Un *Pater* et sept *Ave Maria*.

VI. — La sixième douleur de la sainte Vierge fut de recevoir entre ses bras le corps inanimé et percé d'une lance, de son Fils bien-aimé Jésus, lorsqu'il fut détaché de la croix.

Un *Pater* et sept *Ave Maria*.

VII. — La septième et dernière douleur de la sainte Vierge Marie, l'avocate spéciale de ses serviteurs et des malheureux pécheurs, fut de voir le corps de son divin Fils enfermé dans le tombeau.

Un *Pater* et sept *Ave Maria*.

Ici l'on récitera trois *Ave Maria* en l'honneur des larmes que répandit Marie pendant ses douleurs, pour obtenir par elle la grâce de pleurer nos péchés, et pour gagner les indulgences; puis l'on dira :

ỳ Priez pour nous, Vierge très-affligée;
ɼ Afin que nous soyons rendus dignes des promesses de Jésus-Christ.

Prions.

Nous vous supplions, Seigneur, que la bienheureuse Vierge Marie, votre sainte Mère, dont l'âme a été percée d'un glaive de douleurs au temps de votre passion, intercède pour nous auprès de votre bonté, maintenant et à l'heure de notre mort, vous qui vivez et régnez avec le Père et le Saint-Esprit, dans tous les siècles des siècles. Ainsi soit-il.

§ III. Indulgence plénière accordée à perpétuité à tout fidèle qui, *une fois par an*, le jour à son choix, *s'étant confessé et ayant communié*, fera *une heure d'exercices de piété* en l'honneur de la sainte Vierge de douleurs.

Il devra, pendant cette heure, méditer sur

---

l'ouvrage italien, quoiqu'elle le soit cependant formellement dans la bulle de Clément XII, ainsi que l'a vérifié le traducteur de l'édition italienne de 1851.

(*Note de l'Editeur.*)

(1) Clémen. XII, bulle *Unigeniti*, du 12 décembre 1734.

Toutes les indulgences ci-dessus ont été confirmées, au moyen de décrets de la sacrée congrégation des Indulgences, par Benoît XIV, le 16 janv. 1747, et par Clément XIII, le 15 mars 1763.

(2) Benoît XIII, bref du 26 septembre 1724, cité plus haut, col. 846, note 4.

les douleurs de Marie, ou réciter la couronne des sept douleurs, ou faire d'autres prières relatives à cette dévotion (1).

N. B. Cette indulgence est applicable aux âmes du purgatoire.

§ IV. Indulgence accordée à perpétuité à tout fidèle qui fera, *avec dévotion et en l'honneur du cœur affligé de Marie*, le pieux exercice suivant.

Trois cents jours d'indulgence pour chaque fois (2).

N. B. Cette indulgence est applicable aux âmes du purgatoire.

EXERCICE EN L'HONNEUR DE NOTRE-DAME DE DOULEURS.

℣ O Dieu, venez à mon aide. ℟ Seigneur, hâtez-vous de me secourir.

Gloire soit au Père, au Fils et au Saint-Esprit, etc.

I. — Je compatis, ô Marie, mère de douleurs, à l'affliction que votre cœur maternel ressentit lors de la prophétie du saint vieillard Siméon. Mère aimable, par votre cœur ainsi affligé, obtenez-moi la vertu d'humilité et le don de la crainte de Dieu. *Ave, Maria*, etc.

II. — Je compatis, Marie, mère de douleurs, aux peines qu'endura votre tendre cœur pendant le voyage et le séjour en Egypte. Mère aimable, par votre cœur si cruellement tourmenté, obtenez-moi la vertu de la générosité, surtout envers les pauvres, et le don piété. *Ave. Maria*, etc.

III. — Je compatis, Marie, mère de douleurs, aux inquiétudes de votre cœur maternel, lorsque vous perdîtes votre cher fils Jésus. Mère aimable, par votre cœur ainsi tourmenté, obtenez-moi la vertu de la chasteté et le don de science. *Ave, Maria*, etc.

IV. — Je compatis, Marie, mère de douleurs, à la consternation où plongea votre cœur maternel la rencontre de Jésus portant sa croix. Mère aimable, par votre cœur plein d'amour ainsi éprouvé, obtenez-moi la vertu de la patience et le don de force. *Ave*, etc.

V. — Je compatis, Marie, mère de douleurs, au martyre que souffrit votre cœur généreux lorsque vous fûtes présente à l'agonie de Jésus. Mère aimable, par votre cœur ainsi martyrisé, obtenez-moi la vertu de la tempérance et le don de conseil. *Ave, Maria*, etc.

VI. — Je compatis, Marie, mère de douleurs, à la blessure que fit à votre cœur compatissant la lance qui perça le côté et le très-aimable cœur de Jésus. Mère aimable, par votre cœur ainsi transpercé, obtenez-moi la vertu de la charité fraternelle et le don d'intelligence. *Ave, Maria*, etc.

VII. — Je compatis, Marie, mère de douleurs, aux angoisses que votre cœur éprouv lors de la sépulture de Jésus. Mère aimabl, par l'extrême douleur de votre saint cœu, obtenez-moi la vertu de la vigilance et le don de la sagesse. *Ave, Maria*, etc.

On termine par les verset et oraison que l'on trouvera plus haut, col. 848.

§ V. Indulgences accordées à perpétuité à tout fidèle qui récitera, *avec un cœur contrit*, sept *Ave Maria*, en ajoutant, après chacun d'eux, la strophe : *Sancta Mater, istud agas, Crucifixi fige plagas cordi meo valide* ; ou bien en français : *Sainte Mère, gravez les plaies de mon Sauveur au plus profond de mon cœur*.

1° Indulgence de trois cents jours une fois par jour.

2° Indulgence plénière une fois par mois pour celui qui fera tous les jours ce pieux exercice, le jour du mois où, s'étant confessé et ayant communié, il priera selon les intentions de l'Eglise (3).

N. B. Ces indulgences sont applicables aux âmes du purgatoire.

§ VI. Indulgences accordées à perpétuité à tout fidèle qui assistera aux exercices en l'honneur de Notre-Dame de douleurs, qui se feront, *pendant les dix derniers jours du carnaval*, dans quelque église, chapelle de couvent, de séminaire ou autres lieux pieux où l'on ait la coutume de se réunir pour prier (4).

1° Indulgence de trois cents jours chaque jour où l'on assistera à ces exercices.

2° Indulgence plénière pour celui qui aura assisté à ces exercices *ou moins pendant cinq jours*, pourvu qu'un des dix jours, à son choix, s'étant confessé et ayant communié, il prie selon les intentions de l'Eglise (5).

N. B. Ces indulgences sont applicables aux âmes du purgatoire.

§ VII. Indulgences accordées à perpétuité à tout fidèle qui, en public ou en particulier, consacrera une heure ou au moins une demi-heure, dans les intervalles de temps indiqués plus bas, à honorer l'affliction de la sainte Vierge après la mort de son divin Fils (6).

1° Indulgence plénière depuis le vendredi saint, à trois heures après midi, jusqu'au samedi saint à dix heures du matin (7). Tout

---

(1) Cette indulgence, accordée le 4 février 1736, par Clément XII, et, le 14 juillet 1757, par Benoît XIV, a été confirmée et rendue perpétuelle par Pie VI, le 8 juillet 1785.

(2) Pie VII, rescrit du 14 janvier 1815, qui se conserve dans la secrétairerie du cardinal-vicaire.

(3) Pie VII, bref universel et perpétuel du 1er décembre 1815, accordé à la demande de l'évêque d'Arezzo, et dont on conserve l'original dans les archives du chapitre de la cathédrale de cette ville.

(4) « Le temps du carnaval, » fait remarquer ici le pieux traducteur qui nous a précédé, « est celui où Dieu est le plus offensé par les péchés des hommes, qui renouvellent les souffrances de Jésus et les douleurs de Marie ; c'est ce qui a fait dire à un auteur italien célèbre, le P. Muzzarelli : *Les trois jours de la passion sont les jours du carnaval.* C'est aux âmes pieuses à dédommager, par leur ferveur, Jésus et Marie des outrages qu'ils reçoivent dans ces jours. Les paroles que nous avons citées, du P. Muzzarelli, sont tirées de la préface d'un petit livre excellent

qui a été traduit en français, et qui est intitulé : *Le Carnaval sanctifié par le souvenir des douleurs de Marie.* »

(*Note de l'Editeur.*)

(5) Pie VII, rescrit de la secrétairerie des Mémoires, du 9 décembre 1815, confirmé à perpétuité par un décret de la sacrée congrégation des Indulgences, du 18 juin 1822.

(6) La touchante dévotion qui consiste à tenir, pour ainsi dire, compagnie à Marie après la mort de son divin Fils, dans ces heures d'angoisse et de deuil où elle pleura Jésus jusqu'au moment de sa résurrection, prit naissance dans un couvent de Sicile. Elle s'introduisit ensuite à Rome ; et, depuis 18 5, elle s'y pratique en public dans plusieurs églises, et en particulier par un grand nombre de personnes pieuses. On doit espérer que les indulgences accordées par Pie VII contribueront à la propager de plus en plus.

(7) Ces heures correspondent à peu près à celles indiquées dans l'original, où elles sont comptées suivant l'usage italien. (*Note de l'Editeur.*)

fidèle qui, pendant ce temps, aura passé une heure ou une demi-heure à méditer sur les afflictions de Marie, ou bien à réciter la couronne des sept douleurs, ou à faire d'autres prières propres à cette dévotion, gagnera alors l'indulgence plénière si, après s'être confessé, il a déjà fait la communion pascale ; s'il ne l'a pas faite, il gagnera l'indulgence lorsqu'il remplira ce devoir (1).

2° Indulgence de trois cents jours pour quiconque pratiquera la même dévotion tous les autres vendredis, depuis trois heures après midi jusqu'à l'aurore du dimanche suivant.

3° Indulgence plénière pour tout fidèle qui aura pratiqué cette dévotion chaque semaine, pendant un mois, pourvu qu'il se confesse et communie un des derniers jours où il pratiquera cette dévotion, avant la fin du mois (2).

N. B. Ces indulgences sont applicables aux âmes du purgatoire.

EXCOMMUNICATION.

Voy. au Dictionnaire l'art. CENSURES.

---

(1) Il a été réglé que les pratiques de piété en l'honneur de Marie désolée se termineraient le samedi saint, avant dix heures du matin, pour se conformer aux intentions de l'Église, qui, dès cette heure, invite les fidèles à la joie de la résurrection.

(2) Pie VII, rescrits de la secrétairerie des Mémoires, du 25 février et du 21 mars 1815, confirmés à perpétuité par un décret de la sacrée congrégation des Indulgences, du 18 juin 1822.

L

LAMPE.

(Traité des SS. Mystères, par Collet.)

A l'article de la PRÉPARATION DE L'AUTEL (*Voy.* ce mot, n. 20), j'ai dit qu'il y a une très-étroite obligation d'entretenir nuit et jour une lampe allumée devant l'autel où repose le saint sacrement. Cette opinion a paru trop rigide à Querci, qui m'en a demandé la raison. Quarti, qui n'est point outré, va la donner pour moi. Voici ses propres termes (*Part.* I, *tit.* 20, *dub.* 11) :

Quinta difficultas : an extra tempus sacrificii debeat semper ardere lumen ante altare ubi servatur SS. sacramentum?

Resp. affirmative, ut patet ex communi et inviolabili consuetudine totius Ecclesiæ... Unde tenentur rectores ecclesiarum sub peccato mortali curare ut nunquam desit lumen ante SS. sacramentum, quia prædicta consuetudo vim legis obtinuit ex communi sensu fidelium, et a prælatis et a visitatoribus graviter puniuntur negligentes hunc ritum. Ita Barbosa de Officio parochi, cap. 20, n. 27; Quintanadvenas, tom. I, tract. 4; Emmanuel Sa, Victorellus, et alii quos citat et sequitur Diana. Videri etiam potest Durandus.... Suarez.

Colligitur 1°, si ex gravi negligentia rectoris ecclesiæ, vel ministri cui hæc cura commissa est, per notabile spatium, ex. gr., per integrum diem, lampas non sit accensa coram tabernaculo SS. sacramenti, committi ab eo peccatum mortale, et solum ratione parvitatis materiæ, erit peccatum veniale, ex. gr., si per horam circiter maneat exstincta.

Colligitur 2°, in aliquibus ecclesiis ruralibus, in quibus ob nimiam paupertatem hoc servari non potest, excusari quidem parochos a peccato mortali ob impotentiam, quandiu hæc durat : non tamen inde sequi consuetudinem secundum se non obligare sub peccato mortali.... quia aliud est legem non obligare, quod in casu nostro negamus, aliud est excusationem admittere ob impotentiam, quod concedimus; et contingit in aliis præceptis communiter, v. g., in præcepto audiendi sacrum, jejunandi, etc.

Me convenait-il d'aller contre des raisons si solides, et des autorités d'autant plus concluantes, qu'elles sont moins suspectes de rigorisme? Si je l'avais fait, de quel poids serait mon suffrage?

Mais, me dit-on, 1° il y a dans de certains pays bien des églises où la lampe ne brûle jamais que les jours de fête; 2° il y a apparence qu'elle ne doit son origine qu'au besoin de trouver commodément de la lumière pour offrir le sacrifice et réciter les offices.

Mais, puis-je dire à mon tour, il est sûr qu'il y a bien des pays où il y a de l'abus. L'ignorance et souvent l'avarice l'introduit; une espèce de bonne foi le conserve. Mais enfin, dès qu'on est sûr que ce n'est qu'un abus, ou même dès qu'il y a un doute bien fondé, il faut suivre une route opposée. Un curé ne cesse de le répéter aux autres, pourquoi ne se le dira-t-il pas à lui-même ?

La seconde difficulté n'est rien moins que décisive, 1° parce que ce n'est qu'une conjecture; 2° parce que cette conjecture même paraît fausse. Rien communément de plus aisé que de trouver de la lumière pour le service des églises où repose le saint sacrement, parce que d'ordinaire elles sont dans des lieux peuplés. Rien de plus difficile que d'en avoir dans des chapelles souvent très-isolées, et néanmoins de tout temps il y a une lampe dans les premières, et presque jamais dans les secondes. 3° La coutume, qui dûment autorisée à force de temps, peut changer la destination des choses. Dom Claude de Vert croyait que l'usage des cierges venait primitivement de l'obscurité des lieux où l'on était obligé de célébrer les saints mystères. Ceux qui pensent comme lui oseraient-ils célébrer en plein jour sans lumière? Je continue donc à croire, malgré la déférence que j'ai pour les talents supérieurs de celui qui m'écrit, qu'il faut s'en tenir au sentiment que j'ai proposé. J'en étais bien éloigné avant que d'avoir lu ceux qui ont traité la matière; mais il m'a semblé que leurs raisons devaient faire impression sur tout homme qui craint Dieu.

M

MISÉRICORDE (ŒUVRES DE).
(Indulgences authentiques.)

§ I. Indulgence accordée à perpétuité à tous les fidèles des deux sexes qui visiteront les malades dans les hôpitaux, les consoleront, les instruiront, les serviront ou feront pour eux d'autres œuvres de miséricorde.

Indulgence de cent jours pour chaque fois, pourvu qu'ils soient animés d'un véritable esprit de charité (1).

§ II. Indulgences accordées à perpétuité à tout fidèle qui, pour honorer tout particulièrement Jésus, Marie et Joseph, donnera à manger à trois pauvres, *avec un cœur contrit et repentant*.

(1) Pie VI, rescrit du cardinal-vicaire, du 28 février 1778, dans lequel le saint-père exhorte avec force les fidèles à visiter les hôpitaux et à y soulager les malades en leur rendant toute sorte de services spirituels et temporels.

1° Indulgence de sept ans et sept quarantaines, chaque fois.

2° Indulgence plénière lorsque, le même jour, s'étant confessé et ayant communié, on prie suivant les intentions de l'Eglise.

3° Indulgence de cent jours pour tous les domestiques du fidèle qui remplit cette œuvre de charité, pourvu qu'ils y contribuent par leurs services, ou même seulement par leur présence (2).

N. B. Ces indulgences sont applicables aux âmes du purgatoire.

(2) Ces indulgences, qui existaient avant le pape Pie VII, ont été confirmées et déclarées perpétuelles par ce souverain pontife, dans un rescrit de la sacrée congrégation des Indulgences, en date du 13 juin 1815, lequel est déposé dans la secrétairerie du cardinal-vicaire.

P

PAIX.
(Explication du P. Lebrun.)

§ I. De la prière *Domine Jesu Christe*, pour demander à Dieu la paix.

RUBRIQUES ET REMARQUES.

1. *Le prêtre, incliné, tenant les mains jointes sur l'autel et les yeux attachés au saint sacrement, dit à voix basse :* DOMINE JESU CHRISTE.

Cette prière n'était pas dans l'ordinaire du Missel romain, lorsque le Micrologue écrivait vers l'an 1090; mais elle était dans l'ancienne Messe d'Illyric vers l'an 900, et dans le Sacramentaire de Trèves du xᵉ siècle. Il y en a une plus courte dans plusieurs Missels manuscrits. On les disait quelquefois toutes les deux, et il y a aussi plusieurs Missels où l'on ne voit ni l'une ni l'autre.

2. *On ne dit pas aux messes des morts cette prière*, comme on ne dit pas non plus : *Dona nobis pacem*, parce que la paix que nous demandons pour l'Eglise ne convient pas aux morts.

EXPLICATION.

Domine Jesu Christe qui dixisti apostolis tuis : Pacem meam relinquo vobis, pacem meam do vobis, ne respicias peccata mea, sed fidem Ecclesiæ tuæ, eamque secundum voluntatem tuam pacificare et coadunare digneris. Qui vivis et regnas, Deus, per omnia sæcula sæculorum. Amen.

Seigneur Jésus-Christ, qui avez dit à vos apôtres : Je vous laisse la paix, je vous donne ma paix, n'ayez pas égard à mes péchés, mais à la foi de votre Eglise, et daignez la pacifier et la réunir selon votre volonté. Vous qui, étant Dieu, vivez et régnez dans tous les siècles des siècles. Ainsi soit-il.

DOMINE JESU CHRISTE, *Seigneur Jésus-Christ.* Christ veut dire oint ou sacré, et Jésus signifie Sauveur, comme nous l'avons dit ailleurs. Le divin Jésus est notre Seigneur, parce qu'il nous a rachetés par son sang, et il est Christ et Sauveur, parce qu'il a été oint et consacré de Dieu, son Père, pour nous mettre en liberté et nous donner la vie. Ces noms de Christ, de Sauveur et de Seigneur, lui ont été donnés par les anges au moment de sa naissance : *Il vous est né un Sauveur, qui est le Christ, le Seigneur* (Luc. II, 2). Et c'est à Jésus, comme Seigneur et Sauveur, que nous demandons tout ce qui nous est nécessaire pour le salut.

QUI DIXISTI APOSTOLIS... *Qui avez dit à vos apôtres : Je vous laisse la paix, je vous donne ma paix.* Le prêtre, qui vient de dire pour lui et pour tous les fidèles à Jésus-Christ : *Agneau de Dieu, ayez pitié de nous, donnez-nous la paix*, se sent pressé d'exposer à ce divin Sauveur que la paix doit être regardée comme le plus grand bien des chrétiens, puisqu'en donnant à ses apôtres les marques les plus vives de son amour, la veille de sa mort, il leur avait dit : *Je vous laisse la paix, je vous donne ma paix.*

Saint Augustin (1) nous a marqué la différence qu'on doit mettre entre la paix que Jésus-Christ laisse et la paix qu'il donne. La paix qu'il laisse est la paix que les hommes peuvent avoir par la grâce dans le cours de cette vie. C'est la paix qu'avaient les apôtres la veille de sa mort, lorsqu'il leur dit : *Vous êtes purs* (2), je vous laisse la paix : c'est un commencement de paix qui vient de la bonne conscience et de la joie que l'homme intérieur trouve dans la loi de Dieu. Cette joie fait notre paix : mais c'est une paix qui n'empêche pas tous les troubles; c'est une paix avec laquelle il faut combattre encore et dire souvent à Dieu : *Remettez-nous nos offenses.*

Outre cette paix que Jésus-Christ laisse à ses apôtres en leur disant : Je vous laisse la paix, il leur dit encore : Je vous donne ma paix, c'est-à-dire je vous l'assure pour l'éternité. Cette paix qu'il donne est celle qui exclut tout trouble; c'est la paix stable, par-

(1) Tract. 7, in Joan., n. 3 et 4.

(2) Vos mundi estis. *Joan.* XIII, 10.

faite et éternelle dont il jouit lui-même, et qu'il appelle pour ce sujet plus proprement sa paix : paix qu'il destine aux fidèles pour en jouir dans le ciel, et qu'il veut que nous demandions sans cesse. On est censé ne rien demander, quand on ne demande pas cette paix, qui nous mettra hors de toute atteinte et qui nous comblera d'une pleine joie. *Jusqu'à présent vous n'avez rien demandé*, dit Jésus-Christ, *demandez, afin que vous obteniez que votre joie soit pleine et parfaite* (1).

NE RESPICIAS PECCATA MEA. *Ne regardez pas mes péchés.* Les prières de la messe sont ordinairement communes aux prêtres et aux fidèles. Mais cette expression, *mes péchés*, fait voir que c'est ici une oraison que l'Eglise fait faire personnellement pour le prêtre, puisqu'il ne parle que de ses péchés, et nullement de ceux des assistants. C'est ce qui doit faire distinguer les prières personnelles du prêtre d'avec celles qu'il fait au nom des fidèles. Les prêtres à l'autel parlent toujours d'eux-mêmes avec des termes humiliants, et ils parlent au contraire des fidèles avec beaucoup d'estime.

Le prêtre se traite de serviteur indigne (2); *il se dit chargé de péchés sans nombre, d'iniquités et de crimes* (3), et il ne parle de sa personne qu'en disant *ma servitude* (4). Les assistants, au contraire, sont appelés les enfants de la famille (5); famille qu'il nomme avec respect le saint peuple (6). Et si dans un seul endroit le prêtre les met au nombre des pécheurs, en disant : *Nobis quoque peccatoribus*, il se frappe la poitrine, comme s'il était le seul coupable de toute l'assemblée; son humilité le porte à ne s'occuper que de ses fautes.

Le prêtre se trouve dans cette disposition, quand il fait la prière que nous expliquons, et qu'il dit : Seigneur, *n'ayez pas égard à mes fautes*, SED FIDEM ECCLESIÆ TUÆ, mais regardez la foi de votre Eglise. Il souhaiterait que ce fût l'Eglise seule pure et sainte qui marquât à Dieu ses empressements pour la paix. Il craint que ses péchés ne mettent quelque obstacle à la grâce qu'il demande; et il le prie, pour ce sujet, de n'avoir pas égard à ses péchés, mais à la foi de l'Eglise dont il est le ministre, afin qu'il lui donne cette paix tant désirée.

EAMQUE SECUNDUM VOLUNTATEM TUAM..... *Et daignez la purifier et la réunir selon votre volonté.* Nous avons souvent demandé la paix à la messe, et ici le prêtre demande pour l'Eglise à Jésus-Christ la paix qui est selon sa volonté. Or la paix qui est selon la volonté de Jésus-Christ est la paix stable dont il jouit, et qui doit *réunir* tous les membres de l'Eglise, *et coadunare*, comme il veut qu'ils soient unis entre eux et en Dieu (7), suivant la prière qu'il fit à son Père, après avoir dit à ses apôtres : *Je vous donne ma paix.*

QUI VIVIS ET REGNAS, DEUS. *Qui, étant Dieu, vivez et régnez.* Le prêtre demande cette grâce à Jésus-Christ, parce qu'il est Dieu, tout-puissant, et qu'il fait par conséquent tout ce que fait Dieu son Père, puisqu'il vit et règne avec lui dans tous les siècles des siècles.

§ II. *Des diverses manières de donner la paix.*

RUBRIQUE.

Si le prêtre doit donner la paix, il baise l'autel au milieu, et ensuite l'instrument qui lui est présenté par le ministre à genoux du côté de l'Epître.

Aux grandes messes le diacre baise l'autel en même temps que le prêtre, qui se tourne vers lui, approche sa joue gauche de celle du diacre, et l'embrasse en disant : Pax tecum. *Le diacre lui répond :* Et cum spiritu tuo, *et donne de même la paix au sous-diacre, qui va la donner pareillement à ceux du chœur,* Tit. X, n. 3 et 8.

REMARQUES.

1. *Le prêtre baise l'autel* pour recevoir la paix de Jésus-Christ. La Messe d'Illyric et le Sacramentaire de Trèves, où on lit la prière *Domine Jesu Christe*, marquent qu'en la commençant le prêtre baise l'autel. Quelques-uns au XII⁰ siècle, pour recevoir la paix plus immédiatement de Jésus-Christ, baisaient l'hostie, comme le dit Beleth (8), qui ajoute néanmoins que plusieurs jugeaient plus convenable de baiser l'autel et *le sépulcre*, c'est-à-dire la pierre sacrée où l'on enferme les reliques des saints. Durand, après Beleth, dit la même chose (9); et l'on voit, par un très-grand nombre de Missels (10), que la coutume de baiser l'hostie se répandit dans la plupart des églises de France et s'est conservée jusqu'au XVI⁰ siècle (11). En quelques-unes on baisait le calice (12), comme font encore les jacobins; en d'autres, comme les carmes, le

(1) Petite et accipie is, ut gaudium vestrum sit plenum. *Jo* u. xvi, 24.
(2) Ego indignus famulus tuus offero tibi pro innumerabilibus peccatis.
(3) Ab omnibus iniquitatibus meis, ut in me non remaneat scelerum macula.
(4) Obsequium servitutis meæ.
(5) Sed et cunctæ familiæ tuæ.
(6) Nos servi tui, et plebs tua sancta.
(7) Ut in nobis unum sint. *Joan.* xvii, 21.
(8) *De divin. Offic.*, c. 48.
(9) Ration. l. iii, c. 53.
(10) L'usage de baiser l'hostie est marqué dans un Pontifical de Narbonne du XIII⁰ siècle, dans un ancien Missel manuscrit d'Auxerre, dans les autres anciens imprimés de cette église, dans tous les anciens imprimés de Troyes, dans ceux de Chartres, expliqués en 1598 par M. de Thou, qui en était évêque, de Sens 1556 et 1573, dans tous ceux de Paris, jusqu'en 1715, et de Meaux, jusqu'en 1642, d'Arras de 1484, de Senlis 1486, de Toulouse 1490, d'Au-

tun 1495 et 1525, de Reims 1505, de Soissons 1516, de Besançon 1526, d'Aix 1527, de B auvais 1558, de Châlons-sur-Marne 1543, etc. Véritablement les constitutions de l'évêque de Salisbury en 1217, et ensuite dans celles de saint Edme, archevêque de Cantorbéry, cette pratique fut blâmée, parce qu'on a peut-être cru qu'il n'était pas assez respectueux de baiser le corps de Notre-Seigneur. Et il y a apparence que c'est cette raison qui a fait abolir cet usage au siècle passé.
(11) Le Miss I de l'abbaye de Saint-Remi de Reims imprimé en 1556, marque que le prêtre baisait l'hostie en disant : *Pax tua sit mihi, Christe.*
(12) Selon l'ancien Missel manuscrit d'Auxerre, aussi bien que celui de Narbonne, on baisait l'hostie et le calice. Selon les anciens imprimés de Narbonne en 1528 et 1576, on baisait l'hostie ou le calice. Selon les Missels de Saint-Arnoul de Metz en 1521, et de Vienne en 1519, on baisait l'hostie et le calice ; le calice seulement selon les Missels d'Utrecht de 1497 et 1540, de Cambrai 1527, et le Manuel de Pampelune 1506.

calice et le corporal ou la pale (1), c'est-à-dire les linges qui ont touché au corps de Jésus-Christ; en d'autres, le livre (2) qui le représente, et où l'on mettait une croix à la marge en cet endroit; en d'autres, la patène (3). Enfin, on est revenu presque partout à l'usage, qui s'est toujours conservé à Rome, de baiser l'autel, qui est le siége du corps de Jésus-Christ. C'est l'usage qui est marqué dans l'Ordinaire du Mont-Cassin, écrit vers l'an 1100, et que les chartreux ont toujours observé.

2. *Il baise l'autel au milieu.* C'était autrefois le milieu entre le calice et l'hostie qu'on plaçait l'un à droite et l'autre à gauche. Le xiv⁰ Ordre romain dit qu'on baisera un peu à gauche; c'était baiser l'autel tout auprès de l'hostie.

3. *Il baise l'instrument de paix qui lui est présenté par le ministre.* Il n'est point fait mention d'instrument de paix dans aucun Ordre romain avant la fin du xv⁰ siècle. Jusqu'alors la paix ne s'y donnait qu'en s'embrassant; et même dans le Cérémonial romain, imprimé pour la première fois en 1516, où il y a un chapitre exprès de la manière de donner la paix à la messe du pape, la paix ne se donne qu'en s'embrassant (*per osculum pacis*), quoiqu'il y ait des laïques qui la reçoivent et se la donnent mutuellement (4). Burchard, maître des cérémonies du pape à la fin du xv⁰ siècle, paraît être le premier qui ait mis dans l'*Ordo*, pour les messes basses, que le ministre à genoux présente au prêtre un instrument de paix à baiser. Il est dit dans cet *Ordo*, réimprimé à Rome en 1524, qu'après avoir présenté l'instrument de paix au prêtre, il va le présenter aux laïques et aux femmes mêmes. Paris de Crassis, qui, après Burchard, fut maître des cérémonies à Rome, sous les papes Jules II, Léon X, etc., jusque vers l'an 1525, parle (5) de l'usage de donner la paix par un instrument aux messes solennelles en quelques églises d'Italie; mais il ajoute que ce n'est pas là l'usage de l'Église de Rome et de plusieurs autres, et qu'on ne doit porter la paix avec un instrument qu'aux petits clercs, *pueris clericis*, au peuple, *populo vulgari*, et aux femmes, ce qui pouvait autoriser l'usage d'un instrument de paix aux messes basses (6).

4. *Aux grandes messes, le prêtre approche sa joue gauche de celle du diacre, et l'embrasse.* La paix donnée en se baisant a toujours été le signe d'une vraie amitié entre personnes égales, et c'est la manière dont se la donnaient autrefois les chrétiens qui se regardaient tous comme frères.

Toutes les personnes du même sexe se donnaient mutuellement le baiser de paix (7), les hommes de leur côté et les femmes du leur. C'était même la principale raison pour laquelle la place des hommes était séparée de celle des femmes, afin que ces baisers ne pussent être que des signes d'une charité toute pure et toute sainte.

Les apôtres avaient recommandé ce saint baiser (8), et l'on voit dans saint Augustin de quelle manière et pour quelle raison cela se faisait. « Après l'Oraison dominicale, dit-il, on dit: *La paix soit avec vous*, et les chrétiens se donnent les uns aux autres le saint baiser; ce n'est là qu'un signe de paix. Ce que les lèvres représentent doit avoir son effet dans la conscience, c'est-à-dire que, comme vos lèvres s'approchent de celles de votre frère, votre cœur doit se tenir uni à son cœur (9). »

L'Église a souvent demandé que cette cérémonie se fît saintement, et que l'union des lèvres, sur lesquelles les personnes sincères portent leur cœur, fût une image sensible de l'union de leurs cœurs et de leurs âmes. L'ancien Missel des Goths (10) et le Gallican (11), avant Charlemagne, demandaient que *le baiser qui se faisait sur les lèvres se fît dans l'âme et demeurât dans le fond du cœur.*

La coutume de s'embrasser n'a point varié jusqu'au milieu du xiii⁰ siècle; Beleth au xii⁰, et Durand au xiii⁰, en 1286, recommandent seulement que les hommes ne donnent pas la paix aux femmes, de peur de donner lieu à des pensées contre la pureté: ce qui porte à croire que les places des deux sexes n'étaient plus si exactement distinguées. Mais à l'égard des hommes, on y lit qu'ils se donnaient toujours la paix en se baisant (12). Durand ajoute que les moines ne se donnaient pas la paix, parce qu'ils se regardaient comme morts au monde (13). Ce que dit Durand a

---

(1) Le Manuel de Salisbury de 1555 marque qu'on baise les corporaux et le haut du calice, après y avoir fait toucher l'hostie: *Deinde sacerdos corporalia in dextera parte, et summitati in calicis corpore Dominico prius tactum.*

(2) On baisait l'antel et le livre, selon Biel, qui écrivait à Tubinge en 1488, et selon les Missels de Bâle de 1501, de Cologne 1509, de Munster 1520, et se ou deux Missels d'Aix-la-Chapelle du xiv⁰ et du xv⁰ siècle; le corporal et le livre, selon le Missel de Trèves de 1547.

(3) *Voy.* les Missels de Liége de 1502, de Saint-Ouen de Rouen 1521.

(4) « Deinde orator s Cæsaris laico vel prælato, et ille alteri oratori juxta eum stanti, et sic de aliis. » *Cærem.* l. iii, c. 5.

(5) Paris. Crass., *de Cær. card. et episc.* l. i, c. 30.

(6) Le Missel des jacobins de 1284 marque que le prêtre donne la paix à celui qui sert la messe, et non pas aux autres assistants, à moins que ce ne fût la coutume du pays, *In missis vero privatis, quæ non sunt de mortuis, detur pax f altri se vitori, sed aliis astantibus non detur, nisi consueti do patriæ teneat contrarium.* Alors les jacobins donnaient la paix *per osculum pacis*, comme on le verra plus bas. Chez les carmes, selon leur cérémonial de 1616, le prêtre baise un instrument de paix que le clerc lui présente: *Oratione finita, instrumentum pacis a ministro juxta ipsum, ex parte Ep stolæ inclinato, porrigatur, quod celebrans osculans, secreto orationem habete vinculum, etc., dicet.* (Cærem. lib. ii, rubr. 53.) Les carmes de France n'observent pas cet article. *Traité des Offices à l'usage de l'ordre*, en 1680, pag. 250.

(7) Constit. *apost.* l. ii, c. 77, et l. viii, c. 11.

(8) Salutate invicem *in osculo sancto. Rom.* xvi, 16.

(9) « *Post ipsam d citur, Pax vobiscum, et osculantur se christiani.* Pacis signum est, sicut ostendunt labia, fiat in conscientia. Id est, quomodo labia tua ad labia fratris tui accedunt, sic cor tuum a corde ejus non recedat. » Aug. serm. 227, al. 83.

(10) « Ut osculum quod in labiis datur, in cordibus non negatur. » Miss. Goth., miss. 11.

(11) « Pacem quam in labiis proferimus, in intimis teneamus visceribus. » Miss. Gallic.

(12) « Homines osculando, id est pacis signum sibi invicem dant. » Ration. l. iv, c. 53, n. 4.

(13) « Hinc est quod etiam inter monachos pax non datur, quia mundo mortui reputantur. » L. iv, c. 53, n. 8.

besoin de quelque distinction; car en son temps il y avait des moines et un grand nombre de religieux qui se donnaient la paix, et qui se la sont donnée encore longtemps après de la même manière que le clergé. Les moines de Cluny et du Mont-Cassin se la donnaient (1) aux fêtes solennelles. Ceux de l'abbaye de Saint-Bénigne de Dijon (2) avaient les mêmes usages. Selon les Us de Cîteaux (3) et les Constitutions des guillemites publiées et confirmées dans un chapitre général l'an 1279 (4), à toutes les messes conventuelles, les ministres de l'autel recevaient et se donnaient la paix par un baiser; et les dimanches, qui étaient les jours de communion, tous ceux qui communiaient la recevaient de même, et se la donnaient mutuellement. On voit aussi dans les statuts des Chartreux de l'an 1259 (5) que le diacre portait la paix au chœur, et on ne trouve chez eux la coutume de donner la paix avec un instrument, que dans leurs nouveaux statuts de 1368 (6). Tous les religieux qu'on appelle vulgairement les quatre Mendiants se donnaient aussi la paix par un baiser. Les franciscains et les augustins suivaient exactement le rite romain. Il paraît par l'ordinaire du Missel des carmes en 1514, et surtout par leur Cérémonial imprimé à Rome en 1616 (7), qu'ils se suivaient aussi en ce point. Mais aujourd'hui (8), dans la plupart des couvents de France, ils donnent la paix avec un instrument. Les jacobins, de même qu'au rite romain, se sont donné la paix par un baiser jusqu'au XVI° siècle (9). Alors il fut réglé que le prêtre baiserait la patène, et qu'on ferait baiser au chœur un instrument de paix. Voilà assez de religieux et de moines qui se donnaient la paix au temps de Durand. On en trouve pourtant quelques-uns qui justifient ce qu'il a dit. Les Constitutions de Grammont (10) marquent que la paix ne sera donnée qu'au diacre et au sous-diacre. A l'abbaye de Saint-Pons de Tomières (11), en Languedoc, outre le diacre et le sous-diacre, l'abbé ou quelqu'un en son absence recevait seul la paix (12). Les autres moines ne s'embrassaient point, et ils donnaient la raison que Durand a alléguée: qu'étant morts au monde, ils se comportaient à toutes les messes comme à celles des morts, où la paix ne se donne point. Cela a été suivi en plusieurs congrégations, de Bursfeld, de Chesal-Benoît, etc.; et c'est peut-être une des premières causes qui a déterminé les laïques à ne se plus donner la paix dans l'Eglise, ne voyant pas que ceux du chœur se la donnassent, et personne ne la leur portant. Une seconde cause est qu'en plusieurs églises, et surtout en celles des religieux, les places des deux sexes n'étant pas distinguées, les hommes se trouvant indifféremment auprès des femmes, on ne pouvait plus s'embrasser avec bienséance. C'est apparemment pour cette raison qu'au milieu du XIII° siècle on introduisit en Angleterre l'usage de donner la paix avec un instrument (13), qu'on appela l'osculatoire, la paix, la table de la paix, le symbole de la paix. Ce qui fut imité dans la suite en France, en Allemagne, en Italie et en Espagne.

Quoi qu'il en soit, le clergé seul, selon le rite romain, a conservé une partie de l'ancien usage en s'embrassant, et l'on s'est contenté de présenter au peuple l'osculatoire appelé la paix (14).

5. *Le prêtre donnant la paix dit:* Pax tecum, *la paix soit avec vous;* ou, selon l'ancien et le nouveau rite parisien: *Que la paix vous soit donnée, mon frère, et à la sainte Eglise de Dieu* (15). A quoi l'on ajoutait en plusieurs églises (16): *Ayez le lien de la paix et de la charité, pour être en état d'approcher des saints mystères.* Ce qui se dit encore à Sens (17), à Auxerre, à Laon, chez les carmes et chez les jacobins.

Comment, en effet, participer au sacrement d'union, de paix et d'amour, sans renouveler l'unité d'esprit dans le lien de la paix, qui nous a été si souvent recommandé? Sans

---

(1) Apud Marten., *de Rit. monach.* p. 187 et 188.
(2) *Id.*
(3) *Us. Cist.* c. 57.
(4) « Divertat os suum ad diaconum osculans eum, etc. Diebus vero Dominicis et festis, quibus solent fratres ad communionem ire, prior illorum qui voluerint communicare, veniens ad gradum, arcipiat a subdiacono pacem, etc. » *Ordin. mss. Guillelm.* tit. *de Pace.*
(5) Statut. ant. part. I, c. 43, n. 46.
(6) Sta ut. nov. part. I. c. 5, n. 14.
(7) Cæremon l. II, rubr. 6.
(8) *Traité des offices à l'usage de l'ordre,* en 1680, p. 351.
(9) Cela se voit dans les remarques sur l'ordinaire de l'ordre écrites à Salamanque en 1576, où on lit sur l'article de la paix: *Nota circa pacem dandam, quod antiquitus erat consuetudo dandi pacem per osculum pacis, et ita est intelligenda littera hæc. Sed jam in multis capitulis ordinatum est quod detur pax cum patena vel imagine aliqua, sicut patet in capitulo Salmanticæ cel. brato anno Domini 1551.* Annot. Joan. de Palencia in ordin. FF. Præd.
(10) Mss. Consuet. c. 129, ap. Marten. *Rit. monach.* p. 188.
(11) Erigée en évêché l'an 1318.
(12) Apud Marten., *ibid.*
(13) Dans les Constitutions synodales de Vautier Gray, évêque d'Yorck, vers l'an 1250 et 1252, on lit parmi les ornements d'église, qu'il faut avoir *osculatorium.* On lit aussi dans les statuts de Cantorbéry vers 1281, *osculatorium pacis;* dans le concile d'Oxford en 1287, *asser ad pacem;* dans le concile de Merton, vers l'an 1300, *tabulas pacis;* dans le synode de Bayeux, vers l'an 1300, *marmor deosculandum.* Concil. tom. XI.
(14) On a pourtant encore abandonné cet usage presque partout, à cause des disputes sur le rang, excitées à l'occasion d'une cérémonie qui devait servir à entretenir la paix.
On conserve en quelques paroisses un vestige de la paix donné aux laïques avant la communion, en la faisant baiser aux marguilliers et à ceux qui sont à la sainte table pour communier.
L'Ordinaire de Narbonne, écrit depuis près de deux cents ans, veut qu'on porte la paix aux laïques qui sont autour de l'autel, *circumstantibus,* aux clercs qui sont obligés de se tenir à la sacristie, et aux femmes dévotes, *devotis mulieribus.* (De Officio puerorum.)
(15) Pax tibi, frater, et Ecclesiæ sanctæ Dei.
(16) Selon les Missels de Cologne 1509, de Lunden 1514, de Munster et de Strasbourg 1520, d'Augsbourg 1555, de plusieurs autres d'Allemagne, de la province de Reims et de Cambrai.
(17) On lit dans le Missel de Sens 1575: *Osculato corpore Christi det osculum ad pacem, dicens: Pax tibi, frater, et Ecclesiæ sanctæ Dei. Clara voce dicat: Habete vinculum pacis et dilectionis, ut apti sitis sacrosanctis mysteriis Domini nostri Jesu Christi.* Le Missel de 1715 détaille ainsi cette rubrique: *Diaconus R. Et cum spiritu tuo, pater Dato osculo pacis celebrans semiversus ad ministros, clara voce dicit: Habete, etc.*

cette unité, non-seulement on ne peut pas communier, on ne peut pas même se joindre à l'oblation des fidèles, puisque Jésus-Christ nous a dit : *Si votre frère a quelque chose contre vous, laissez là votre don devant l'autel, et allez auparavant vous réconcilier avec votre frère.* Pour se conformer à cette parole du Sauveur, les églises d'Orient (1) ont marqué le baiser de paix au commencement de l'oblation, et l'on en usait de même dans les Gaules avant Charlemagne, comme on le voit dans le Missel des Goths et dans l'ancien Missel gallican, où l'oraison pour la paix est toujours marquée avant la Préface. Mais, à Rome et dans plusieurs autres églises latines, on avait jugé plus à propos de placer ce baiser de paix après l'Oraison dominicale, immédiatement avant la communion, afin, dit le pape Innocent Ier, qu'on confirme en cet endroit par le baiser tout ce qui a été dit et opéré pendant les saints mystères. Les églises de France, prenant le Missel romain, se conformèrent à cet usage. Le concile d'Aix-la-Chapelle (2), en 789, renouvela le décret du pape Innocent Ier, pour ne faire donner la paix qu'après la consécration. Le concile de Francfort, en 794 (3), ordonna expressément de ne la donner qu'en cet endroit de la messe,

et le concile de Mayence, en 813, recommanda de ne pas omettre cette cérémonie de la paix, non plus que celle de l'oblation, parce que la paix qu'on se donne est le signe de la concorde et de l'unanimité (4).

Faisons donc en esprit ce qui se faisait extérieurement lorsqu'on se donnait la paix. Quand le prêtre dit l'oraison pour la paix en finissant *l'Agnus Dei*, renouvelons l'amour pour nos frères, et attirons en nous par cet amour celui de Jésus-Christ, en qui nous ne pouvons vivre que par l'amour qu'il nous a tant recommandé.

PAPE.

Nous ne donnons point dans ce Dictionnaire de détails relatifs aux cérémonies augustes que l'Eglise catholique déploie à l'occasion de l'intronisation, du couronnement, des funérailles du souverain pontife : ce serait répéter ce que M. l'abbé Pascal a si bien traité dans les *Origines et raisons de la liturgie catholique*, qui forment le tome VIII de cette Encyclopédie. Nous nous contenterons donc de renvoyer les lecteurs à cette riche et savante publication : ils trouveront, sous les n°s 6, 7, 8 et 9 de l'article Pape, les documents les plus intéressants sur cette importante matière.

---

(1) Just. *Apol.* 2; Cyril. Jeros., catech. 5 myst.; *Constit. apost.* l. II et l. VIII; conc. Laodic. c. 19, Dionys. *Hier. Eccles.*
(2) Capitulo 53.
(3) « Ut confectis sacris mysteriis in missarum solemniis, omnes generaliter pacem ad invicem præbeant. » Can. 50.
(4) « Quia in ipsa pace vera unanimitas et concordia demonstratur. » Can. 44.

R

RUBRIQUES DU MISSEL.

On a vu au Dictionnaire, sous ce titre Rubriques, les règles du Missel romain qui sont amplement expliquées en divers articles, spécialement à l'article Messe. Le rite parisien et le rite lyonnais étant suivis dans un grand nombre d'Eglises de France, il fallait détailler un peu ce qui les concerne. On a vu, à l'art. Messe solennelle, à la fin, sous le titre *Variétés*, t. II, col. 609, les cérémonies du rite lyonnais. En voici les rubriques générales abrégées, suivies de celles du rite parisien, avec plusieurs de ses diverses modifications.

EXTRAIT DU MANUEL DES CÉRÉMONIES DE LYON A L'USAGE DU DIOCÈSE DE BELLEY 1825 (1).

DES RUBRIQUES GENERALES (2).

I. Dimanche. — Si l'office du dimanche le cède à un autre office, on fait mémoire du dimanche par les oraisons propres et l'Evangile à la fin, à toutes les messes privées, et à la grande, si elle est seule (3).

2. Dans les églises où l'on peut dire deux messes, la première est du dimanche avec la couleur qui lui convient, sans commémoraison de la fête ; la plus solennelle est de la fête, sans commémoraison du dimanche. A la fin des deux messes, on dit l'Evangile *In principio*. S'il y a quelques mémoires, on les fait à la première messe (4).

3. Les dimanches de l'avent et du carême, jusqu'à celui de Quasimodo inclusivement, ne le cèdent à aucune fête, même solennelle (5). Les dimanches de la Septuagésime, de la Sexagésime et de la Quinquagésime, admettent les grands solennels. En conséquence, on peut célébrer la fête du premier patron ces trois dimanches (6).

II. Féries et vigiles. — Aux féries de l'année et à celles de l'avent, on dit la messe du dimanche précédent, sans *Gloria in excelsis*

---

(1) Le Cérémonial publié à Lyon en 1838, a quelques différences que nous indiquons dans les notes qui se terminent par cette date (1838).
(2) Nous ne présenterons ici qu'un extrait des principales rubriques, et nous supprimerons un grand nombre d'exceptions dont elles sont en remêlées dans le Missel, et qui y répandent beaucoup d'obscurité. Il sera facile de suppléer à cette omission, parce que tout ce qu'il peut y avoir de propre à certains jours se trouve en son lieu, dans le Missel ou dans l'*Ordo*.
(3) Il faut excepter le dimanche dans l'octave de Noël, et le dimanche entre la Circoncision et l'Epiphanie ; car on omet entièrement la mémoire et l'office de ces deux dimanches (*Cérémonial de Lyon*, de 1838).
(4) Ceci ne doit s'entendre que des églises où l'on célèbre deux grand'messes, ou qui sont censées telles, comme les messes de paroisse ou de communauté, etc., quoiqu'elles ne soient pas chantées. *Prima missa, sive privata sit, sive cantu celebretur*, etc. Rubr. gener. cap. I, n. 3. *Ordo de Lyon*, 1784, et 1824. Bref de Paris, etc.
(5) Les trois derniers dimanches de l'avent admettent les grands et très-grands solennels (1838).
(6) Rubrique du Bréviaire, part. I, ch. 6, n. 3.

ni *Credo*, en quelque temps que ce soit. On dit l'*Alleluia* sans le Graduel, l'Épître et l'Évangile propres le mercredi et le vendredi.

2. Depuis la Septuagésime jusqu'au carême, on dit le Graduel, et l'on omet le Trait. L'Épître et l'Évangile sont propres les lundi, mercredi et vendredi.

3. Les féries majeures, telles que sont celles du carême, des Quatre-Temps, vigiles et Rogations, ont une messe propre; si l'on ne peut pas la dire, on fait mémoire de la férie par les oraisons propres et l'Évangile à la fin. S'il y a deux messes, la plus solennelle est de la fête, et l'autre de la férie, comme pour le dimanche.

4. Quand une vigile tombe le dimanche, on en dit la messe le samedi précédent (1). Si ce jour-là il se rencontre un semi-double mineur ou au-dessus, on fait mémoire de la férie par les oraisons et l'Évangile à la fin, où l'on dit deux messes.

III. FÊTES ET OCTAVES. — La messe est propre ou se prend au commun. On ne dit qu'une seule oraison aux semi-doubles mineurs et au-dessus, à moins qu'il n'y ait quelques commémoraisons à faire.

2. Aux fêtes solennelles, où l'on dit l'*Alleluia*, on récite la Prose, même aux messes privées; s'il n'y en a point de propre, on la prend à la fin du Missel.

3. Pendant l'octave, à moins qu'il ne soit marqué autrement, on dit la messe de la fête sans Prose ni *Credo*, mais avec le *Gloria in excelsis*, si le temps le permet.

4. Si, pendant l'octave, on dit la messe de quelque autre fête, on fait mémoire de l'octave par les oraisons seulement, et, si c'est le jour même de l'octave, par les oraisons et l'Évangile à la fin, pourvu que cet Évangile soit différent de celui de la fête.

IV. MESSE DE LA SAINTE VIERGE. — Tous les samedis de l'année, excepté le carême et les octaves, on fait l'office et l'on dit la messe *de beata Maria in Sabbato*, selon la diversité des temps, à moins qu'il ne se rencontre un semi-double mineur et au-dessus, une vigile ou les Quatre-Temps, ou que l'office du dimanche n'ait été anticipé au samedi.

2. Les samedis de l'avent, quoiqu'on ne fasse pas l'office de la sainte Vierge, on en dit néanmoins la messe avec mémoire du samedi.

3. Cette messe est du rite simple privilégié; *Gloria in excelsis* (2), si le temps le permet; suffrages des saints dans le temps où on le dit, en omettant ce qui est entre parenthèse; Graduel avec l'*Alleluia* ou le Trait; Préface propre.

V. MESSES VOTIVES. — C'est une règle générale, que la messe doit toujours s'accorder avec l'office, autant qu'il est possible. On ne doit pas s'écarter de cette règle, même les jours de férie ordinaire, sans avoir une raison qui doit être plus ou moins grave, selon la dignité de la fête que l'on célèbre (3).

2. On ne peut dire une messe votive sans permission, 1° les dimanches; 2° les semi-doubles majeurs et au-dessus; 3° pendant les octaves des très-grands solennels; 4° le mercredi des Cendres; 5° toute la semaine sainte; 6° les veilles de Noël, de l'Épiphanie, de l'Ascension, de la Pentecôte et du très-saint Sacrement.

3. On peut la dire tous les autres jours avec la commémoraison de la férie ou de la fête, même simple, dont on fait l'office ou mémoire dans l'office, à moins qu'on ne célèbre la messe votive solennellement.

4. Si, les jours empêchés, on doit dire une messe votive de fondation ou de dévotion, même pour une confrérie, on dira la messe du jour et non la votive, dont on fera seulement mémoire, et l'on omettra cette commémoraison à tous les solennels.

5. La messe du mariage se dit aux semi-doubles majeurs; mais aux doubles et autres fêtes supérieures, on dit la messe du jour avec l'oraison *de Sponsalibus* et la bénédiction des nouveaux mariés, s'ils sont dans le cas de la recevoir.

6. Lorsqu'on expose le très-saint sacrement, avec la permission de Monseigneur l'évêque, les jours où l'on ne peut dire une messe votive, on dit la messe du jour, et l'on fait la commémoraison du saint sacrement, après toutes les autres commémoraisons de précepte (4).

VI. MESSES DE MORT. — Les messes anniversaires ou quotidiennes, de fondation ou de dévotion, peuvent être dites ou chantées seulement les mêmes jours que les messes votives.

2. Lors même que le corps est présent, on ne peut dire une messe de mort les très-grands et les grands solennels, ni les trois derniers jours de la semaine sainte, quand même on pourrait dire deux messes; et le corps du défunt ne doit être inhumé en ces saints jours, autant que possible, qu'après que l'office du jour est terminé.

3. Les dimanches et les autres fêtes chômées par le peuple, on peut dire, même solennellement, la messe *in die obitus*, si le corps est présent et non inhumé, pourvu qu'il y ait deux messes, dont l'une, qui doit être chantée, sera du jour, et l'autre pour le défunt; autrement on ne le peut pas.

4. Si un double majeur, un dimanche et une messe de mort concouraient ensemble, le corps étant présent, il faudrait dire trois messes : l'une de la fête, l'autre du dimanche, et la troisième pour le défunt. Si l'on n'en pouvait dire que deux, l'une serait de la fête avec mémoire du dimanche, et l'autre pour le défunt.

5. Les autres jours empêchés et non chô-

---

(1) Excepté les vigiles de Noël et de l'Épiphanie, qui l'emportent sur le dimanche (1858).

(.) Excepté l'avent, et depuis la Septuagésime jusqu'à Pâques (1858).

(3) Le samedi des Quatre-Temps, en conférant les ordres, l'évêque dit toujours la messe de la férie, et non celle du saint qui peut tomber ce jour-là. *S. Rit. congr.*, 21 mart. 1744.

(4) D'après l'ancien rite lyonnais, cette commémoraison s'omet à toutes les messes même basses, aux solennels mineurs et au dessus (1858).

més, on peut dire une messe de mort, le corps présent, quoiqu'il n'y en ait qu'une seule.

6. On ne doit jamais dire une messe de mort, même le corps présent, sur l'autel où le saint sacrement est exposé ; s'il faut alors célébrer la messe pour un enterrement, on la dit hors du chœur, dans quelque chapelle, et si cela ne peut se faire, on doit auparavant renfermer le saint sacrement (1).

VII. GLORIA IN EXCELSIS. — On ne le dit point durant l'avent, ni depuis la Septuagésime jusqu'au samedi saint exclusivement. Hors ce temps, on le dit tous les dimanches, ainsi que les fêtes et les jours pendant les octaves qui sont semi-doubles et au-dessus ; mais jamais aux simples ni aux féries, à moins qu'il ne soit marqué autrement.

2. On ne le dit aux messes votives que lorsqu'il est marqué, à moins qu'on ne célèbre pour une cause grave et sous le rite solennel.

VIII. ORAISONS. — S'il y en a plusieurs, on les dit toutes sous une seule conclusion aux solennels. Aux doubles et au-dessous, on dit deux fois la grande conclusion, l'une après la première oraison, l'autre après la dernière, quel qu'en soit le nombre ; et l'on ne dit *Oremus* qu'avant la première et la seconde.

2. Aux féries des Quatre-Temps et autres, où l'on dit plusieurs oraisons, avec des leçons ou prophéties, on ne dit *Dominus vobiscum* et *Oremus* qu'avant la première, et seulement *Oremus* avant les oraisons intermédiaires, que l'on termine toujours par la grande conclusion, avant de dire la leçon suivante.

3. Si l'oraison est adressée à Dieu le Père, la conclusion est : *Per Dominum nostrum Jesum Christum*. Si elle s'adresse au Fils : *Qui vivis et regnas cum Deo Patre in unitate*. Si l'on fait mention du Fils au commencement de l'oraison, l'on dit : *Per eumdem Dominum*. Si c'est à la fin : *Qui tecum vivit et regnat*. Enfin, si l'on fait mention du Saint-Esprit dans l'oraison, l'on dit : *In unitate ejusdem Spiritus sancti*.

4. Les Secrètes et les Postcommunions se divisent en même nombre, dans le même ordre, de la même manière, et avec les mêmes conclusions que les Collectes, avec cette différence, qu'avant les Secrètes on ne dit point *Dominus vobiscum* ni *Oremus*.

5. Si les oraisons sont prises au commun, on dit la Secrète et la Postcommunion qui répondent au numéro de la Collecte ; mais si la Collecte seule est propre, on prend la Secrète et la Postcommunion qui sont les premières au commun.

6. Si la même oraison se rencontre deux fois dans une même messe, on en prend une autre au commun.

IX. COMMÉMORAISONS. — Aux petits solennels on ne fait mémoire d'un simple, d'une férie privilégiée et d'un jour pendant l'octave, qu'aux messes privées, et à la grande quand elle est seule.

2. Aux grands solennels on ne fait aucune mémoire d'un simple, même aux messes basses ; on ne fait mémoire d'un semi-double mineur qu'aux messes privées, et jamais à la grand'messe, quand même elle serait seule.

3. Aux très-grands solennels et aux grands solennels de Notre-Seigneur, on ne fait pas même mémoire d'un semi-double mineur aux messes privées ni à laudes (2).

4. Outre les commémoraisons occurrentes, on fait, selon la diversité des temps, les commémoraisons communes, qui sont, pour l'avent, l'oraison de l'incarnation et de la sainte Vierge ; dans le temps de la Nativité de Notre-Seigneur, l'oraison *de Virgine Deipara* ; pendant l'année, le suffrage des saints ; en carême, le suffrage des saints et l'oraison pour les pénitents ; dans le temps pascal, l'oraison de la croix ; aux Quatre-Temps, l'oraison pour les ordinands, comme il est marqué en son lieu dans le Missel.

5. On peut ajouter une oraison votive ou *ad libitum*, dans les messes privées, aux semi-doubles majeurs, excepté pendant les octaves des très-grands solennels ; aux semi-doubles mineurs et au-dessous, on peut en ajouter plusieurs, quel que soit le nombre des oraisons de précepte (3).

6. Les oraisons commandées par Monseigneur l'évêque, pour quelque nécessité occurrente, se disent à toutes les messes après celles de précepte, et avant toutes celles de dévotion ; on ne les dit pas aux fêtes solennelles, à moins qu'il ne soit ordonné autrement.

7. Voici l'ordre que l'on doit suivre dans les commémoraisons : la première est toujours celle de la fête ou du jour dont on ferait l'office ; les commémoraisons particulières de précepte précèdent les communes, et les communes précèdent les votives. On doit aussi avoir égard à l'ordre de la dignité, et faire mémoire de la sainte Trinité, du Saint-Esprit, du saint sacrement, de la croix, etc., avant les oraisons votives de la sainte Vierge ; des anges et de saint Jean-Baptiste avant les apôtres ; des apôtres avant les autres saints.

8. Quand on fait commémoraison d'une férie qui a une ou plusieurs leçons avant l'Epître, on prend pour mémoire seulement la première oraison de cette férie, et l'on omet les autres. Au contraire, s'il y a quelque commémoraison à faire en cette férie, on la fait après la dernière oraison du jour, immédiatement avant l'Epître.

9. Si l'on fait mémoire des défunts, dans les messes qui ne sont pas de *Requiem*, on met toujours cette commémoraison en dernier lieu.

---

(1) *Rit. miss. solemnis*, cap. 10, n. 12.
(2) *Rubr. Breviar.* p. 1, cap. 13, n. 2, 5 et 17.
(3) La rubrique du Missel ne permet de dire des oraisons votives qu'aux simples et aux féries, quoique ailleurs elle laisse libre de dire une messe votive aux semi-doubles mineurs. C'est pour faire disparaître cette contradiction qu'on a étendu jusqu'aux semi-doubles la permission de dire des oraisons *ad libitum*. Voy. le Bref ou *Ordo* de 1824 et des années précédentes.

10. Aux messes de mort on ne fait jamais de commémoraisons que pour les défunts.

11. Le jour de la grande et de la petite commémoraison de tous les fidèles trépassés, le jour de la mort ou de la sépulture du défunt, et dans toutes les autres messes de mort que l'on célèbre sous le rite solennel, on ne dit qu'une seule oraison : mais aux messes ordinaires on en dit trois.

X. Epître et Evangile. — Si l'Epître assignée pour le mercredi, le vendredi et quelquefois le lundi, ne peut se dire le jour marqué, on la dit le lendemain; et, si ce jour est empêché, on la dit la veille, de manière cependant que l'Epître du lundi se dise avant celle du mercredi, et celle-ci avant celle du vendredi, en omettant celles que l'on ne peut dire. Ainsi, si le lundi et le mardi sont empêchés, l'Epître propre du lundi se dira le mercredi suivant; et celle du mercredi, le jeudi; ou si le jeudi et le vendredi sont empêchés, l'Epître du mercredi sera anticipée au mardi, et celle du vendredi se dira le mercredi. Mais s'il n'y a qu'une seule férie libre, on dira l'Epître de cette férie en son jour, et l'on omettra les autres. On suit la même règle pour l'Evangile.

XI. Le Graduel et l'Alleluia se disent depuis la fête de la Trinité jusqu'à la Septuagésime, tous les dimanches et les fêtes semidoubles et au-dessus; mais aux fêtes simples et aux féries, où l'on reprend la messe du dimanche, on dit seulement l'*Alleluia* avec son verset, sans Graduel. Au contraire, depuis la Septuagésime jusqu'au carême, on dit seulement le Graduel sans *Alleluia* et et sans Trait, aux féries et aux simples; et alors on répète le premier verset du Graduel après le second : ce qu'on observe toutes les fois qu'on dit le Graduel seul.

2. Dans le temps pascal, aux fêtes simples, on omet le premier *Alleluia*, qui tient lieu de Graduel, et l'on dit seulement le second; mais aux féries, on dit le premier *Alleluia* du dimanche le lundi, le second le mardi, et ainsi alternativement.

XII. Le Trait se dit après le Graduel, au lieu de l'*Alleluia*, depuis la Septuagésime jusqu'au mercredi de la semaine sainte, les dimanches et les semi-doubles. On le dit aussi les lundis, mercredis et vendredis de carême; mais aux autres féries et aux simples, on dit seulement le Graduel.

2. Aux messes de mort, en tout temps on dit le Graduel avec le Trait.

XIII. La Prose se dit, même aux messes privées, à toutes les fêtes solennelles, où l'on dit l'*Alleluia*, dont elle est comme le neume ou la suite, *sequentia*; c'est pourquoi on ne dit point de Prose lorsqu'on dit le Trait, excepté aux messes solennelles des morts (1).

XIV. Credo. — On le dit tous les dimanches, les fêtes doubles et à toutes les messes votives que l'on célèbre solennellement par ordre de Monseigneur l'évêque, pour une cause grave et publique.

2. On ne le dit jamais aux messes de mort (2).

XV. Préface. — La Préface commune se dit tous les jours qui n'en ont pas une propre, soit à raison de la fête, soit à raison du temps.

2. On dit celle de la Trinité tous les dimanches, à moins qu'il ne soit marqué autrement; mais elle ne se dit jamais aux féries, quoiqu'on reprenne la messe du dimanche.

3. La Préface propre d'une fête se dit tous les jours pendant l'octave, même les dimanches et les fêtes qui s'y rencontrent, quoiqu'on ne fasse pas de l'octave, si cette fête a un *Communicantes* propre (ce qui a lieu aux cinq principales fêtes de Notre-Seigneur : Noël, l'Epiphanie, Pâques, l'Ascension, la Pentecôte). Mais si elle n'a pas un *Communicantes* propre, la Préface de la fête ne se dit que quand on fait de l'octave; autrement on dit la Préface propre de la fête occurrente, ou la commune; et si c'est un dimanche, celle de la Trinité.

Aux messes de mort on dit toujours la préface des défunts, avec le *Communicantes* et l'*Hanc igitur* ordinaires.

4. La Préface de tous les saints se dit à la fête et pendant l'octave des saints patrons, qui n'en n'ont point de propre.

5. Quand on dit deux messes, l'une de la fête, et l'autre du dimanche ou de la férie, la Préface de la fête ne se dit qu'à la messe de la fête ou de l'octave; à l'autre messe, on dit la Préface du temps ou celle qui est propre, ou la commune.

6. A la grand'messe la Préface se chante sur le chant solennel à tous les doubles mineurs et au-dessus; et sur le chant férial, à tous les semi-doubles majeurs et au-dessous.

XVI. Paix. — Le prêtre donne la paix après la première oraison qui précède la Communion, à la grand'messe, à la messe basse célébrée devant Monseigneur l'évêque, et à la messe de mariage, mais jamais à celles des morts.

XVII. Dernier Evangile. — Toutes les fois que l'on fait commémoraison d'un dimanche ou d'une vigile, ou d'une férie majeure qui a un Evangile propre (3), ou du jour de l'octave d'une fête dont l'Evangile est différent de celui de la fête, on dit cet Evangile propre, à la fin de la messe, au lieu de celui de saint Jean : ce qu'on observe aussi aux messes votives, mais jamais à celles des morts.

XVIII. Heure de la messe. — On peut dire la messe basse à toute heure, depuis l'aurore jusqu'à midi (4), et même plus tard

---

(1) C'est-à-dire, toutes les fois qu'on n'a dit qu'une oraison, ce qui a lieu... quand on fait un service avec absoute (1858).

(2) Selon le *Cérémonial de Besançon* de l'an 1680, le pain bénit ne doit être distribué au peuple qu'après le *Pater*.

(3) Evangile qu'on a lu à matines avec son homélie pour dernière leçon (1858). — Le nouveau Cérémonial se tait sur les autres cas.

(4) *Voyez* le Traité des SS. Myst., chap. II, § 2, ci-dessus, col. 711.

aux fériés de carême ; et le prêtre doit avoir dit au moins matines, s'il célèbre peu de temps après l'aurore ; autrement il doit aussi avoir dit laudes.

2. Dans les églises où l'on récite l'office canonial, la messe solennelle du jour se dit après tierce, et seulement après none les jours de jeûne, ou lorsqu'on dit à genoux les prières de l'office.

XIX. COULEUR DES ORNEMENTS. — Les ornements de l'autel, du célébrant et des ministres, doivent être de la couleur convenable à l'office et à la messe du jour, qui est marquée chaque jour dans l'*Ordo* (1). Pour les messes votives, on doit se conformer à la rubrique générale du Missel, chap. 11 (2).

2. Dans les églises où l'on n'a point d'ornements verts ou de couleur d'or, on peut se servir du blanc ; on peut aussi prendre le violet au lieu de la couleur cendrée qui est marquée pour les fériés de carême.

3. Si l'on dit la messe dans une église où l'on célèbre quelque fête, il convient de prendre des ornements de la couleur propre à cette fête, quoiqu'on fasse en particulier un office différent ou même supérieur. Si la fête qui se célèbre dans cette église est solennelle, surtout s'il y a concours de peuple, on doit se conformer à la couleur de l'Église, et dire la messe de la fête (3).

XX. QUALITÉ DES ORNEMENTS. — Le célébrant et les ministres prennent les ornements qui sont marqués à l'article qui les concerne.

2. Le diacre et le sous-diacre se servent de planètes ou chasubles, au lieu de la dalmatique et de la tunique : 1° aux messes de la férie et des vigiles que l'on célèbre après none ; 2° le second et le troisième dimanche de carême ; 3° le dimanche de la Passion. Mais le jeudi saint, le samedi saint et la veille de la Pentecôte, ils prennent la dalmatique et la tunique.

3. Le sous-diacre quitte la planète avant d'aller lire l'Épître, et le diacre avant d'aller demander la bénédiction pour l'Évangile, et ils ne la reprennent point ensuite.

4. Lorsqu'on n'a pas de planètes les jours désignés ci-dessus, le diacre officie seulement avec l'étole et le manipule, et le sous-diacre avec le manipule.

XXI. PRÉPARATION DE L'AUTEL. — Il doit y avoir sur l'autel où l'on célèbre une pierre sacrée qui renferme des reliques, et qui soit enveloppée d'une toile et placée dans une embrasure, à fleur de la table de l'autel, à l'endroit où l'on pose le calice.

2. L'autel doit être couvert de trois nappes bénites, ou au moins de deux, dont l'une est doublée ; et celle de dessus, autant que faire se peut, doit être pendante des deux côtés. Ces nappes doivent être de fil et non de coton ; de même que les aubes, surplis, purificatoires, pales, et surtout les corporaux (4).

3. Il doit toujours y avoir sur l'autel, excepté lorsque le saint sacrement est exposé, un tapis propre, que l'on enlève pour le temps de la messe, ou que l'on replie contre les gradins, de manière que la nappe de dessus paraisse à découvert.

4. On place sur le milieu de l'autel un crucifix bénit au pied duquel on met le carton appelé canon, et de côté et d'autre des chandeliers avec leurs cierges.

5. Il doit y avoir au moins six cierges allumés les dimanches, les doubles mineurs et autres fêtes supérieures ; quatre, ou au moins deux, aux semi-doubles, aux simples et aux fériés.

6. Les chandeliers sont placés sur les gradins et non sur la table de l'autel, où il ne doit y avoir que les choses nécessaires au sacrifice ou à l'ornement de l'autel. La décence exige, à plus forte raison, que le prêtre s'abstienne d'y rien placer qui soit relatif à son usage personnel.

7. On ne doit placer ni croix, ni reliques, sur l'autel où le saint sacrement est exposé publiquement (5).

8. Pour la grand'messe (6), on place de plus, du côté de l'Épître, un pupitre ou un coussin de la couleur du jour, avec un Missel ouvert ; on place aussi du même côté, mais plus près de la croix, l'instrument de paix.

9. Toutes les fêtes semi-doubles et au-dessus, et à toutes les messes que l'on célèbre sous le rite semi-double, on met au milieu de l'autel, sur un coussin de la couleur du jour, un livre orné de lames d'argent, contenant les saints Évangiles, que l'on appelle texte ; les autres jours, on ne le met pas.

10. On prépare aussi, du côté de l'Épître ou derrière l'autel, une crédence couverte d'une nappe blanche, sur laquelle on place, avant la messe, le calice avec la patène et une hostie, que l'on couvre d'un petit pavillon ou de la pale ; la bourse, dans laquelle il y a un purificatoire et un corporal plié ; les burettes avec le bassin et une serviette ; l'encensoir avec la navette ; deux flambeaux pour l'élévation.

(Les cérémonies de la messe basse selon le rite lyonnais différent peu des romaines. *Voy.* l'art. MESSE, où sont décrites les cérémonies de la messe solennelle, t. II, col. 609.)

---

(1) On ne doit jamais changer cette couleur sans une véritable nécessité. Il est même à désirer qu'on fasse cesser la coutume contractée pendant la Révolution, de se servir d'ornements de toute couleur, quelle que soit la fête, afin de ne pas faire la dépense nécessaire pour s'en procurer de conformes à la rubrique, et quelquefois uniquement pour s'épargner la peine d'en changer. *Ordonnances de Valence*, part. II, sect. 9.

(2) Quand on dit la messe dans sa propre église, et qu'il n'y a nul inconvénient ; mais quand la messe votive n'est pas *pro re grani*, on prend l'ornement qu'on trouve préparé, conforme à l'office de l'église où on célèbre (1838)

(3) S. Rit. congreg. 11 juin 1701.
(4) S. Rit. congreg. Romsée, tom. II, p. 154.
(5) La congrégation des Rites, par un décret du 14 mai 1707, avait ordonné de mettre un crucifix sur l'autel, lors même que le saint sacrement était exposé ; mais après un nouvel examen, elle a décidé, le 2 septembre 1741, que chaque église s'en tiendrait là-dessus à ses anciens usages. Or, l'usage de l'Église de Lyon est de ne point mettre de croix sur l'autel dans cette circonstance. *Rituel de Lyon*, part. I. *De l'exposition du saint sacrement.*
(6) *Ritus miss. sol.*, c. 1, VIII.

RUBRIQUES DU MISSEL PARISIEN,

Avec des notes extraites de plusieurs éditions et de plusieurs Missels un peu différents, indiqués comme il suit, par leur date :

(1728) Missel de Nevers.
(1772) — de Toulouse.
(1784) }
(1840) } de Vienne.
(1841) — de Paris.

Cette dernière édition a beaucoup de détails qu'il eût été trop long d'insérer dans les notes; on y a érigé en rubriques bien des choses qui ne sont ailleurs que des opinions de rubricistes; il suffit d'indiquer les endroits à ceux qui voudront les connaître davantage. Ce qui concerne la grand'messe est indiqué par des numéros. Les citations du Missel romain, marquées par des astérisques *, sont indiquées ainsi : Rom. Les différences des anciens Missels sont indiquées en divers articles de ce Dictionnaire, d'après le P. Lebrun.

RUBRICÆ GENERALES (1).

Missa dicitur secundum ordinem officii, de Dominica, vel feria, vel vigilia, vel festo, vel octava, vel de B. Maria in sabbato; et extra ordinem officii, votiva, vel pro defunctis.

DE DOMINICA.

CAPUT I.

1. *Missa in Dominica dicitur sicut propriis locis assignatur. In ea dicitur una tantum oratio, nisi aliqua commemoratio fieri debeat : tunc enim fit ut infra explicatur in rubrica de Collectis. Extra adventum et Septuagesimam dicitur Gloria in excelsis, et semper Credo.*

2. *Si officium non fiat de Dominica, in missa fit commemoratio Dominicæ per Collectam, Secretam, Postcommunionem, et Evangelium ejus in fine.*

3. *Ubi duæ missæ majores in Dominica dici solent, si officium sit de Dominica, ambæ erunt de Dominica; secus, minus solemnis erit de Dominica sine ulla commemoratione; solemnior autem, de festo sine commemoratione Dominicæ, nec legetur Evangelium Dominicæ in fine.*

Dominica Palmarum, ubi dicuntur duæ missæ, in ea quæ dicitur ante processionem, cantatur Evangelium Cum appropinquassent: cætera ut in missa solemniori.

DE FERIIS ET VIGILIIS.

CP. II.

1. *Missa de feria dicitur, quando non occurrit festum, vel octava, vel sabbatum, in quo fit de Beata. In feriis autem Quadragesimæ, Quatuor Temporum, Rogationum et Vigiliarum, si fiat de festo, vel de die octava, cantantur duæ missæ in ecclesia metropolitana et aliis præcipuis; una de festo aut octava post tertiam; alia de feria, extra Quadragesimam post sextam, in Quadragesima post nonam.*

2. *In vigiliis ordinariis et feriis Quatuor Temporum, vel feria secunda Rogationum, quæ occurrunt intra aliquam octavam, missa dicitur de vigilia, vel feriis supradictis, idque in choro, post sextam, cum commemoratione octavæ; præterquam intra octavas annualium, ac intra octavam Corporis Christi, in quibus (in ecclesiis præcipuis) cantantur duæ missæ: una de octava post tertiam, alia de vigilia aut feriis supradictis post sextam**, in aliisautem ecclesiis unica dicitur de octava post tertiam, cum commemoratione feriæ aut vigiliæ.*

3. *In feriis per annum dicitur missa Dominicæ præcedentis, sine Gloria in excelsis et sine Credo. In feriis tamen (2) quartis et sextis, loco Epistolæ et Evangelii Dominicæ, dicuntur Epistola et Evangelium iis feriis assignata, eo ordine qui infra in rubrica de Epistola.*

4. *In feriis adventus (exceptis sabbatis, ut infra), idem observatur, omisso tamen Alleluia cum suo versu.*

5. *In feriis a Dominica Septuagesimæ ad feriam quartam Cinerum, missa dicitur de Dominica, omisso Tractu et Credo (3) : quo tempore feriis etiam secundis Epistola et Evangelium proprium assignatur.*

6. *In feriis Quadragesimæ, Quatuor Temporum, ac Vigiliarum, habentur missæ propriæ, de quibus si non fiat officium, fit commemoratio ad missam, per orationes, et Evangelium in fine. At in ecclesiis præcipuis, una cantatur de festo sine commemoratione feriæ, altera de feria sine commemoratione festi (4).*

7. *In vigilia sancti Andreæ (etiamsi occurrat tempore adventus) missa dicitur de vigilia, licet officium sit de feria.*

---

(1) RUBRICÆ MISSALIS.
Sacerdos, priusquam sacris faciendis se accingat, nosse tenetur regulas seu leges quibus astringitur missæ celebratio, ut sit recta et legitima. His regulis peculiare nomen, scilicet *Rubricæ*, jampridem in Ecclesia latina inditum est ; tametsi vocabulum istud proprie compelit uni ex tribus, quibus illæ leges constant, partibus.

Pars prima complectitur generales regulas ad quarum normam missa ordinanda est, et quæ *Rubricæ* proprie nuncupantur.

In secunda explicantur ritus, seu cæremoniæ observandæ in missa.

In tertia notantur *Defectus*, quibus fit interdum ut non perficiatur sacrificium, vel illicite conficiatur (1841).

. (2) Secundis, quartis et sextis (1784).

(3) Exceptis diebus sabbati, in quibus dicitur missa de B. Maria, licet officium fuerit de feria (1728).

(4) In feriis Rogationum, si festum duplex et supra occurrat, missa major erit de festo (1728).

* *Rom.* Missa quotidie dicitur secundum ordinem officii : de festo duplici, vel semiduplici, vel simplici : de Dominica, etc.

Hic, ut caput rei, observandum est Romæ divinum officium in tres partes generatim distribui sicuti apud nos, sed sub hac voce *duplex* intelligendum esse quod in diœcesi Parisiensi, et in plerisque Galliæ diœcesibus vocatur *annuale, solemne* et *duplex*. Itaque in sequentibus notulis, si res postulat, quidquid, juxta ritum Ecclesiæ romanæ, *duplex* appellabitur, ad unum e nostris festis, seu annualibus, seu solemnibus, seu dubicibus spectabit. De semiduplici et simplici, de feriis et vigiliis, Romæ et Parisiis, voces crederm.

** *Rom.* Post nonam

8. *De vigiliis quæ occurrunt in Quatuor Temporibus, fit tantum commemoratio ; quod si ea die fint de festo et duæ missæ cantentur, commemoratio vigiliæ non fit ad missam de festo, sed ad missam de feria; in missis autem privatis commemoratio vigiliæ fit post commemorationem feriæ.*

DE FESTIS ET OCTAVIS.

CAP. III.

1. *Missa de festo dicitur ut habetur in proprio sanctorum; alias, de communi.*
2. *In ea dicitur* Gloria in excelsis, *exceptis festis Quinque Plagarum et Compassionis; idque extra proprias horum titulorum ecclesias.*
3. *Si sit festum semiduplex aut supra, dicitur unica oratio, nisi commemoratio facienda occurrat, quæ fiet ut notatur infra in propria rubrica* (1).
4. *Si sit solemne majus aut annuale et dicatur* Alleluia, *dicitur et Prosa, quæ, si desit in missa festi, invenietur ad calcem Missalis.*
5. *Per octavas, missa dicitur ut in die, nisi aliter propriis locis notetur. In iis semper dicitur* Gloria in excelsis (2).

DE MISSIS BEATÆ MARIÆ IN SABBATO, DE VOTIVIS, AC DEFUNCTORUM.

CAP. IV.

1. *Sabbatis in quibus fit officium de Beata, dicitur et missa de ipsa secundum varietatem temporum, ut in fine Missalis habetur.*
2. *In sabbatis Adventus, quamvis non fiat de Beata, dicitur tamen missa de ipsa cum commemoratione sabbati, excepto sabbato Quatuor Temporum, in quo missa dicitur de eo.*
3. *Triduo ante Pascha, in annualibus ac solemnibus* (3) *majoribus Domini, inter quæ hic censentur Annuntiatio, seu Incarnatio Verbi, Purificatio, seu Præsentatio Domini, et Anniversarium dedicationis* (4), *missa votiva nunquam dicitur, ne major quidem pro defunctis corpore præsente. Si qua autem præsente corpore defuncti seu defunciæ dicenda missa est, dicetur de die, absque commemoratione.*

In aliis solemnibus, in duplicibus, in omnibus Dominicis, intra hebdomadas Paschæ et Pentecostes, intra octavam Natalis Domini, et octavam sancti Sacramenti, in vigiliis festorum annualium, et Epiphaniæ, missa votiva

(1) In annualibus et solemnibus majoribus nulla fit commemoratio nisi de Dominica occurrente, etiam in missa privata, se is ne cantu (1840). In fes o Annun ietiouis fit commemeratio feriæ Quadrages. (*Ibid.*).
(2) Per octavas annualium Domi i, Prosa dicitur... Per alias omittetur, etiam in die octavæ, e in Domin ca infra octavam (1784). Dicetur in die octava et Dominica intra octavam solemnium majorum (1772). In diebus octavæ Corporis Christi, si occurrat dupl. maj. vel minus, missa solemnior, vel unica erit de octava (1840).
(3) Quocunque festo annuali et solemni majori, die quo fit solemnitas, si transferatur (1841).
(4) Et triduo ante Pascha, quanque tempore faciendæ sunt sepulturæ defunctorum, nisi advesperascente sole post completum officium (1784).
(5) Nisi de licentia D. episcopi dicantur duæ mis æ (1728).
(6) In Dominicis Adventus et Quadragesimæ in hebdomada majori et in hebdomada Paschæ commemoratio omittetur (1840); etiam de sponsalibus, in au uaibus et solemnibus majoribus (1840). Non omitt., ex decreto Pii VII confirmato die 7 januarii, 1781.
(7) Et ultimo triduo intra octavam ejusdem festi (1811).

DICTIONNAIRE DES RITES SACRÉS. III.

nulla dicitur (5), *nisi solum pro defunctis corpore præsente.*

Ubi vero diebus supra notatis dicenda esset missa, aut ex devotione, etiam cujuscunque confraternitatis, dicetur missa de die cum commemoratione votiva, quæ tamen commemoratio omittetur in annuali et solemni majori (6).

4. *Missa vero votiva major de sanctissimo sacramento qualibet feria quinta celebrari poterit; exceptis diebus festivatis a populo; excepta etiam feria quinta in Cœna Domini, feria quinta intra hebdomadas Paschæ et Pentecostes, die octava Ascensionis, vigilia et die octava Epiphaniæ, festis Inventionis et Exaltationis sanctæ crucis, Visitationis, Transfigurationis, et Coronæ Domini, ac vigilia Natalis Domini* (7); *in quibus diebus dicetur missa de die cum commemoratione sancti sacramenti.*

Nulla tamen fiet de eo commemoratio, in annualibus, solemnibus majoribus, feria quinta in Cœna Domini, et feria quinta hebdomadæ Paschæ.

Intra octavam autem Natalis Domini, quando feria quinta in ultimum triduum inciderit, dicetur tertia missa de Nativitate Domini, Parvulus, *cum Evangelio* Pastores ex secunda missa; *aut missa* Ipse invocabit me, *quando scilicet feria quinta fit officium de Dominica.*

5. *Aliis diebus, in quibus habetur missa de festo, etiam simplici, aut propria de feria, votivæ, aut pro defunctis, non dicuntur sine necessitate* (8).

6. *Iis autem diebus in quibus integre missa repetenda foret, vel de Dominica intra hebdomadam (excepto tamen Adventu), vel de festo intra octavam; votiva, aut pro defunctis, ex sola devotione dici potest etiam pro missa majori: quod tamen passim fieri non debet, nec sine rationabili causa*.

7. *Attendant autem præpositi ecclesiarum ut, quantum fieri poterit, missæ feriarum Quadragesimæ, Quatuor Temporum ac vigiliarum, in festis occurrentium, cum cantu celebrentur loco missarum circa eadem tempora pro defunctis ritu simplici fundatarum, aut ad hunc ritum superiorum permissu redactarum aut redigendarum, cum oratione*

(8) Sine rationabili causa (1784). Dici poterunt, etiam sine cantu, si sint pro primo, nono, trigesimo aut anniversario die post mortem vel exsequias, at celebrentur per novem dies continuos intuitu mort s aut anniversariorum, ext a dies de qu bus supra n 3 (1843).
Missa ut in commemoratione omnium defunctorum dicitur quando dicenda est pro omnibus defunctis; et tunc Prosa dici ur ad devotionem (*Ibid.*).
Mi sa ut in die obitus pontificis aut presbyteri dicitur quo ies agitur de iisdem, mutata oratione (*Ibid.*).
Missa ut in die obitus adulti non sacerdotis dicitur per annum integrum post mortem (*Ibid.*).
Quando solemniter cantatur ex mandato D. episcopi, unica dicitur oratio, etiam in missa quotidiana (*Ibid.*).
In diebus Dominicis et festivis a populo feriatis (et etiam nup r suppressis), ubi unica missa dicitur, missa *de Defunctis*, etiam cum cantu, et præsente corpore, celebrari non debet; sed ante vel post missam parochialem, celebrentur exsequiæ, et missa transferatur in diem viciniorem non impeditam (*ibid.*).

* *Rom.* Idem hisce verbis commendatur : « Quoad fieri potest, missa cum officio conveniat. »

28

pro iis defunctis; et id quidem in iis locis in quibus eæ feriarum missæ aliter non celebrarentur. Quod et de votivis pari ratione observandum cum commemoratione de iis. Quæ omnia in annuo cujusque ecclesiæ obituario exacte notentur (1).

DE COMMEMORATIONIBUS.

CAP. V.

1. *Commemoratio in missa fit per Collectam, Secretam et Postcommunionem* (2).

Additur et in fine missæ Evangelium ejus de quo fit memoria, si commemoratio sit de Dominica, aut vigilia, aut feria, quæ proprium Evangelium habeat, de quo lecta fuerit homilia in nocturno; aut die octava cujus Evangelium diversum sit ab Evangelio festi.

2. *Quotiescunque ad laudes facta est commemoratio, fit et in missa* (3); *excepta Dominica Palmarum*.

3. *In missis votivis* (ubi non cantatur missa de die) *fit commemoratio ejus de quo fit officium, etiamsi fiat de feria per annum* (4).

4. *Quando fit commemoratio feriæ quæ lectionem unam aut plures ante Epistolam habeat, pro commemoratione dicitur prima oratio feriæ, non vero ea quæ dicitur post Dominus vobiscum.*

5. *Commemorationes de officio præcedere debent omnes commemorationes votivas.*

6. *In votivis etiam commemorationibus servetur ordo dignitatis, ita ut fiat de sancta Trinitate, de Spiritu sancto, de sancto sacramento, de cruce, aut corona, aut plagis Domini, ante votivas B. Mariæ, de angelis ac de sancto Joanne Baptista, ante votivas apostolorum; et sic de aliis.*

7. *Inter commemorationes votivas numeratur, quæ aliquando a D. archiepiscopo præcipitur dicenda oratio pro aliqua occurrente necessitate. Ea autem fit post commemorationes quæ sunt de officio, etiam Beatæ in sabbato, et ante alias votivas.*

8. *Commemoratio pro defunctis non fit nisi* (5) *post commemorationes de officio, in missis quæ non sunt de defunctis.*

9. *In missis pro defunctis nulla unquam fit commemoratio nisi de defunctis.*

10. *Commemorationes occurrentes, quæ factæ fuerunt ad laudes, fiunt et ad missam eodem ordine* (6).

11. *Cum autem ad laudes factæ sunt commemorationes communes, quæ dicuntur suffragia, tunc pro suffragiis, extra tempus paschale, dicitur oratio* A cunctis : *tempore vero paschali, oratio de cruce,* Deus qui pro nobis Filium tuum; *at in ecclesiis sub B. Mariæ patrocinio dicatis, loco orationis* A cunctis, *dicitur de ipsa* Concede nos.

12. *Cum vero fit de Beata in sabbato, pro suffragio in missa, dicitur tempore paschali oratio de cruce; extra tempus paschale, de Spiritu sancto.*

13. *Si quid aliud ad commemorationes pertinere videatur, habetur in propriis rubricis de Collecta et de Evangelio in fine missæ, infra in paragraphis de partibus missæ.*

DE PARTIBUS MISSÆ.

CAP. VI.

Partes missæ duæ sunt :

Prima, ab initio ad finem Evangelii, seu concionis, si habeatur; et hæc est missa catechumenorum.

Secunda, ab inchoatione Symboli, vel si non dicatur, ab initio Offertorii ad dimissionem assistentium, et hæc est missa fidelium.

DE PRIMA PARTE MISSÆ.

§ I.

1. *Primæ parti missæ præmittitur psalmus* Judica, *et dicitur quotidie* (exceptis diebus qui infra) *cum versu* Introibo *ante et post, integre.*

2. *Tempore Passionis in missis de tempore* (7), *in missa de Compassione B. Mariæ, et in missis votivis de Cruce aut de Passione, omni vero tempore in missis pro defunctis, psalmus omittitur; et tunc dicto semel versu* Introibo, *immediate sequitur* Adjutorium, etc.

3. *Sabbato sancto dicitur psalmus* Judica *sine* Gloria Patri.

4. Confessio *sequitur ut in ordinario, præmisso* Adjutorium, *et subsequente* ỷ Deus tu conversus *cum sequentibus.*

5. *In confessione nullum nomen sancti additur, ne quidem patroni.*

6. Introitus *constat antiphona, versu de psalmo, cum* Gloria Patri *et* Sicut erat, *ac repetitione antiphonæ.*

7. *Tempore Passionis, in missis de Tempore, in missa de Compassione, et in missis votivis de Cruce aut de Passione; omni vero tempore in missis pro defunctis, omittitur* Gloria Patri *et* Sicut erat.

8. *In missis pro defunctis, loco* Gloria Patri, *dicitur* Requiem.

9. *Tempore paschali, exceptis missis pro defunctis, in fine antiphonæ ad Introitum additur bis* Alleluia.

10. Kyrie *dicitur alternatim; ter* Kyrie eleison; *ter* Christe eleison; *et iterum ter* Kyrie eleison.

11. Gloria in excelsis *dicitur in missis de die quando dictum est* Te Deum *ad officium, præterea, feria quinta in Cœna Domini et sabbato sancto.*

12. *Dicitur etiam in missis votivis de sancta Trinitate, de Spiritu sancto, de sanctissimo*

---

(1) Meminerint sacerdotes, ex S. R. C. decretis, indulgentias altaris privilegiati acquiri posse per missam de die, diebus impeditis juxta rubricas (1840).

(2) Fiunt commemorationes a rubricis præscriptæ, tam in missa majori quam in privata, nisi aliter notetur (1840). Fiet duntaxat unica commemoratio in missa majori; in privatis autem, secundum devotionem (1784).

(3) Exceptis Dominicis Adventus et Quadragesimæ (1784).

(4) Attamen missæ in nuptiis et in exsequiis parvulorum non admittunt commemorationes nisi de semiduplici et supra, ac de feria majori... Nec etiam de semiduplici commemorationes admittit missa votiva ritu solemni majori celebrata (1841).

(5) In penultimo loco (1728).

(6) In diebus intra octavam qui fiunt ritu semiduplici; item et in Dominica Intra ejusmodi octavam, non fit commemoratio de simplici occurrente, nisi sit vigilia aut feria Quatuor Temporum, cujus et Evangelium dicitur in fine missæ (1840).

(7) De Quinque Plagis (1784).

* Rom. Excipiuntur Dominica Palmarum et vigilia Pentecostes, in quibus nulla fit commemoratio etiam in missis privatis de festo simplici occurrente, licet facta sit in officio.

Nomine Jesu, de Jesu infante, de sancto Sacramento, de beata Maria, de Angelis, de Sanctis, in celebratione synodi et calendarum, pro eligendo praelato, in anniversario ordinationis D. archiepiscopi, pro gratiis Deo agendis, de sponsalibus, ac in exsequiis parvulorum (1). *In missis autem votivis de Cruce, aut de Plagis, seu de Passione, non dicitur nisi tempore paschali.*

In cæteris votivis, etiamsi Te Deum dictum sit eo die, non dicitur Gloria in excelsis; *nisi, pro re gravi, festivo ac solemni ritu celebretur* *.

13. COLLECTA *dicitur post præmissam salutationem* Dominus vobiscum, *et monitiunculam* Oremus, *cum levi pausa.*

Si dicatur Flectamus genua , *fit pausa flexis genibus* (2) *post hæc verba, ante* Levate.

Concluditur Collecta majori clausula Per Dominum, *aut simili, ut propriis locis notatur.*

14. *Si Collecta sequatur una, vel plures aliæ Collectæ* (3), *post conclusionem primæ iterum dicitur* Oremus, *et ad ultimam duntaxat fit integra conclusio; ad intermedias, si quæ sint, nulla* (4).

15. *Observandum autem quod orationum numerus in missa de die, etiam in feriis, sequitur numerum earum quæ dictæ sunt ad laudes; quo in numero non includuntur suffragia quæ fiunt in feriis et festis simplicibus ad laudes et ad vesperas. Excipiuntur sequentia:*

16. *In Adventu, quotidie (exceptis solemnibus minoribus et supra, ac sabbatis in quibus dicitur missa de Beata in Adventu) fit commemoratio de incarnatione per Collectam* Deus, qui de beatæ (5).

17. *A die secunda januarii* (6) *usque ad Præsentationem Domini (exceptis integra octava Epiphaniæ, festis solemnibus et supra, et sabbatis in quibus fit officium de Beata) ultimo loco dicitur oratio de Virgine Deipara.* Deus, qui salutis **.

18. *In feriis Quadragesimæ usque ad hebdomadam Passionis, dicitur oratio de beata Maria, vel de omnibus sanctis, ut suo loco notatur; et ultimo additur oratio pro pœnitentibus.*

19. *In feriis temporis paschalis, a Dominica in Albis depositis, usque ad Ascensionem exclusive, dicitur oratio de cruce* (7).

20. *Orationibus, quæ ex præscripto dicuntur, sacerdos in duplicibus et infra unam* (8) *addere poterit ad devotionem in missis majoribus; in privatis duas, vel plures.*

(1) Et in cæteris votivis quarum ritus est semiduplex aut supra, nisi aliter notetur (1841). In missis pro defunctis tanquam dicitur (1728).
(2) Genuflectendo (1841).
(3) Ad devotionem (1784).
(4) In solemnibus minoribus (majoribus, 1784) et supra, cum dicendæ sunt duæ or tiones, sub una tantum clausula terminabuntur, si plures, sub duabus ut supra (1841).
(5) Quando missa fit de aliquo sancto (exceptis solemnibus major. et supra), secunda oratio erit de feria (1784).
(6) Ab octava Epiphaniæ usque ad Septuagesimam (1784).
(7) In Quatuor Temporibus, ultima pro ordinandis (1772).
(8) Nullam (1784). In festis simplicibus et feriis communibus... si unica constant oratione, post suffragia addi-

21. *In Dominicis in quibus non fit de Dominica, fit commemoratio Dominicæ. Ubi autem cantantur duæ missæ, in ea quæ est de Dominica, nulla fit commemoratio, et in ea quæ est de festo, non fit commemoratio Dominicæ : si quæ autem eo die aliæ commemorationes occurrant, fiunt ad missam de festo.*

22. *Quando in feria majori occurrit semiduplex aut supra, in quo fit memoria de simplici, ubi cantantur duæ missæ, in missa de festo fit commemoratio de simplici, non de feria; in missa autem de feria nulla fit commemoratio.*

23. *Sabbatis in quibus fit de Beata, extra tempus paschale, dicitur secunda oratio de Spiritu sancto; si aliqua commemoratio occurrat, tertia dicitur de Spiritu sancto: cujus loco, tempore paschali, dicitur oratio de cruce.*

24. *Si in sabbato missa non dicatur de Beata, nec dicatur oratio* A cunctis, *fit commemoratio de Beata, exceptis duplicibus majoribus et supra.*

Excipiuntur sabbata a Dominica Passionis ad Dominicam in Albis, ac vigilia Pentecostes, item vigilia Natalis Domini.

25. *In missis votivis, nisi sint solemnes pro re gravi* (9), *secunda oratio dicitur de officio diei, etiamsi sit de feria per annum.*

26. *In commemorationibus faciendis, si eadem oratio bis occurrat, alia sumitur de communi.*

27. *Si prophetia ante Epistolam legenda sit, aut plures lectiones, commemorationes quæ occurrunt, non fiunt post orationem diei, sed immediate ante Epistolam.*

28. *Quando pro aliqua necessitate a D. archiepiscopo oratio addenda præcipitur, ea in duplicibus et infra semper dicitur; exceptis diebus in quibus non fieret commemoratio de simplici occurrente. At in annualibus ac solemnibus omittitur, nisi aliud expresse præceptum sit. In iisdem vero, ubi post majoris missæ communionem cantatum est* Domine, salvum, *etc., oratio pro rege Postcommunioni missæ sub una conclusione jungitur.*

Quibus autem diebus ea oratio votiva dicenda est, dicitur in omnibus, etiam votivis, missis, præter missas pro defunctis.

29. LECTIONES *quæ in aliquibus feriis Epistolam præcedunt, dicuntur cum suis Gradualibus aut Canticis vel Tractibus atque Collectis, ut propriis locis habentur.*

30. EPISTOLA *quotidie legitur cum titulo.*

31. *Epistolæ feriis quartis et sextis, interdum etiam secundis, assignatæ, si suis diebus dici nequeant, dicuntur propriori die sequenti:*

tur tertia ad placitum sacerdotis; si pluribus, nulla (1728).
Nullam, etiam i i feriis, addere poterit in missis majoribus; in privatis vero unam vel plures ad devotionem, sed tantum in duplicibus minoribus et infra, extra di s in quibus non fit commemoratio de simplici, scilicet 16-31 dec. Inter oct. 1 et 2 ord.nis, triduum Rogationum, Dominicæ Adventus et totum tempus Quadragesimæ (1840).
(9) Quando celebratur missa solemnis votiva pro re gravi, de mandato antistitis (1784).

* *Rom.* Dummodo non dicatur missa cum paramentis violaceis.
** *Rom.* Additur sæpius quam apud nos tertia oratio, vel pro Ecclesia, vel pro papa. Ibidem dantur festa semiduplicia, etiam in quadragesimali tempore; tunc 2ª oratio est de feria, 3º *A cunctis*, ut apud nos in commemorationibus.

si autem sequens sit impeditus, dicuntur propiori præcedenti; ita tamen ut Epistola feriæ secundæ dicatur ante Epistolam feriæ quartæ, et Epistola feriæ quartæ ante Epistolam feriæ sextæ, etiam extra proprium diem, posterioribus omissis (nisi suo die occurrant); quando non omnes dici possunt, puta, si quinta et sexta feria impeditæ sint, Epistola feriæ quartæ dicatur feria tertia, sextæ vero quarta: at si omnes feriæ impeditæ sint præter sextam, Epistola feriæ quartæ omnino omittatur, non vero sextæ, quæ suo die tum dicitur. Idem esto de Evangelio. Cum autem Dominica festo occupatur (1), *nec alia per hebdomadam superest feria præter quartam aut sextam, in ea ponitur Epistola Dominicæ, omissa propria Epistola; si vero feriæ quarta et quinta supersint, Epistola Dominicæ legetur feria quarta, feriæ quartæ quinta. Idem pariter esto de Evangelio. Quod intellige de iis solum ecclesiis in quibus dictæ non fuerunt duæ missæ, una de Dominica, altera de festo. Namque, ubi ipsa die Dominicæ dicta est missa de ea, leguntur Epistola et Evangelium feriæ, etiam in missis privatis.*

32. GRADUALE *sequitur Epistolam, et constat duobus versibus* *.

33. *A sabbato* in Albis *ad sabbatum Quatuor Temporum Pentecostes, pro Graduali dicitur bis* Alleluia, *deinde versus.*

34. *In missis pro defunctis Graduale semper dicitur.*

35. ALLELUIA *constat hac voce* Alleluia *bis repetita, versu, et iterum* Alleluia.

Dicitur a sabbato sancto ad Septuagesimam in omnibus Dominicis et festis etiam simplicibus, ac in feriis in quibus resumitur missa ex Dominica in qua dictum est Gloria in excelsis.

36. TRACTUS *dicitur.*

Loco Alleluia, *in festis a Septuagesima ad Palmas;*

POST Alleluia, *in vigilia Paschæ et Pentecostes;*

POST Gradual*, in Dominicis a Septuagesima ad Palmas: et in feriis secundis, quartis et sextis, a feria quarta Cinerum ad feriam quartam majoris hebdomadæ inclusive; in aliis autem feriis non dicitur;*

Solus vero inter Epistolam et Evangelium, in sabbatis Quatuor Temporum.

37. PROSA, *quæ et Sequentia, dicitur in annualibus et solemnibus majoribus, ac in omnibus missis, etiam votivis, quæ celebrantur ritu annuali aut solemni majori, a Paschate ad Septuagesimam; ac per octavas eorum cum fit de octava* (2). *Dicitur quoque in Dominicis intra octavas Domini, in Circumcisione; et ad missam in exsequiis parvulorum* (3); *at* Dominica in Albis *depositis non dicitur;*

---

(1) Tunc eo anno Epistolæ Dominicæ omittitur (1841).
(2) Per octavas annualium Domini... et Corporis Christi, quando dicitur missa de octava, propter expositionem SS. sacramenti... ea missa dicitur etiam si occurrat duplex majus vel minus (1784).
(3) Ad devotionem, sicut in aliis missis votivis gravi de causa, ritu ann. aut sol. maj. celebratis (1840).
(4) Si solemniter celebretur; nunquam autem in missa quotidiana (1841).
(5) In festis episcoporum provinciæ Viennensis (1784).

neque Dominica prima post Pentecosten.

Cantantur autem Prosæ loco pneumatis ultimi Alleluia : ** *quapropter cum dicitur* Tractus, *non dicitur Prosa.*

38. *In die commemorationis fidelium defunctorum, licet dicatur Tractus, Prosa tamen dicitur finito Tractu. Quod pariter ad devotionem celebrantis observari potest in omni missa pro defunctis* (4).

39. EVANGELIUM *legitur post præmissam salutationem* Dominus vobiscum, *etc., quam sequitur titulus* Sequentia, *vel* Initium sancti, *etc.*

De Evangeliis per hebdomadam, fit ut supra notatum est de Epistolis, articulo 31.

40. CONCIO, *si ad missam habenda sit, habetur post Evangelium.*

DE SECUNDA PARTE MISSÆ.

§ II.

SYMBOLUM Nicænum, Credo, *dicitur,*

1. *In omnibus Dominicis, etiam in missa de festo in iis occurrente in quo alias non diceretur; in tribus missis de Nativitate Domini, et per totam octavam;* *** *in Epiphania Domini et per octavam; feria quinta in Cœna Domini; tota hebdomada Paschæ; in Ascensione Domini et per octavam tantum; tota hebdomada Pentecostes; in festo Corporis Christi et per octavam, ac cæteris omnibus festis Domini, etiam Plagarum, Crucis, et Coronæ; et iis quæ aliquibus ecclesiis specialia esse possunt, et sicubi fit festum sancti Nominis Jesu;*

2. *In omnibus festis beatæ Mariæ, etiam in Compassione; in missa de Beata quæ dicitur in metropolitana quando linquitur officium parvum; at non dicitur in missis de Beata in sabbato, neque in feriis aut festis intra octavas festorum in Adventu occurrentium incidentibus, quo tamen tempore in die tantum octava dicitur;*

3. *In festis angelorum;*

4. *In festis apostolorum, evangelistarum, sanctæ Mariæ Magdalenæ; etiam in eorum festis secundariis;*

5. *In festis patronorum, etiam secundariorum; titularium, sancti Dionysii, etiam in ejus Inventione; sancti Marcelli, non autem in ejus translatione, nisi in metropolitana;*

6. *In festis sanctorum de quibus habentur reliquiæ insignes* (5);

7. *In festis doctorum, videlicet, Irenæi, Cypriani, Athanasii, Basilii, Gregorii Nazianzeni, Chrysostomi, Hilarii, Hieronymi, Ambrosii, Augustini, Leonis, Cæsarii, Gregorii papæ, Bernardi; item Thomæ Aquinatis et Bonaventuræ* (6):

8. *In festo omnium Sanctorum* (7);

9. *In Dedicatione et Anniversario Dedicationis;*

---

(6) Etiam in ritu semiduplici (1784).
(7) Et in veneratione SS. reliquiarum (1784).

* *Rom.* Additur, tempore paschali quando non dicitur Graduale, alius versus.
** *Rom.* Dicitur ultimum *Alleluia* post Sequentiam : alleluia omittitur in festo sanctorum Innocentium, nisi venerit in dominica.
*** *Rom.* Protrahitur usque ad diem tertiam januarii propter octavam quæ habetur sancti Joannis apostoli.

10. *Ac per octavas omnium supradictorum, cujuscunque sint gradus;*

11. *Item et in missis votivis solemnibus de sancto Sacramento* (1), *aut aliis quæ earum loco celebrantur, coram exposito eodem sancto sacramento;*

12. *Denique in omnibus missis votivis, quæ pro re gravi vel jussu D. archiepiscopi celebrantur ritu solemni* (2).

13. *Non dicitur in Nativitate sancti Joannis, nec in ejus Decollatione; nec in festis sanctorum Laurentii, Martini et Genovefæ, nec in aliis quibuscunque festis supra non designatis, nisi in propria ecclesia, vel nisi occurrant in Dominica, aut intra octavam in qua Credo dicatur, idque extra Adventum : aut etiam nisi missa feria quinta solemniter celebretur coram exposito sancto sacramento*.

14. *Nunquam dicitur in missis pro defunctis; semper autem ubi missa celebratur in exsequiis parvulorum.*

15. OFFERTORIUM *dicitur, præmisso Dominus vobiscum et Oremus.*

16. *Dicitur autem quotidie Offertorium, excepto biduo ante Pascha.*

17. *Tempore paschali additur in fine unicum Alleluia, ubi non habetur.*

19. SECRETÆ *dicuntur eodem numero, eodemque modo, quo Collectæ in principio missæ, excepto quod non præmittitur immediate Dominus vobiscum, neque Oremus, ne quidem ante secundam; sed postquam dictum est* Orate, fratres, etc., *et responsum est* Suscipiat, etc., *absolute incipiuntur Secretæ.*

19. *Cum assignatur aliqua oratio ex communi, Secreta sumitur numero Collectæ respondens : puta, si assignetur oratio, cui in missa pontificum numerus* 2 *apponitur, pro Secreta ea sumitur quæ eodem numero prænotatur.*

20. PRÆFATIO *dicitur ut in ordinario missæ.*

21. *Quæ propria est alicui tempori aut festo, dicitur etiam in Dominicis et festis intra id tempus, aut intra octavam festi occurrentibus, nisi festa hæc propriam Præfationem habeant* (3).

In festo (4) *sancti Joannis evangelistæ dicitur Præfatio de Nativitate Domini* (5).

In festo patroni, vel titularis, si propriam non habeat, et in ejusdem die octava, Præfatio dicitur de sanctis (6).

22. *Intra octavas in Adventu occurrentes dicitur Præfatio de Adventu, licet hæ octavæ propriam habeant : in die octava, propria dicitur* (7).

23. *Quando dicuntur duæ missæ, alia de festo, alia de feria aut Dominica, Præfatio festi aut octavæ non dicitur nisi in missa de festo ; in altera vero missa, dicitur Præfatio de tempore propria, vel communis.*

24. *In missis votivis Præfatio dicitur de Tempore, vel communis; exceptis missis de sancta Trinitate, in quibus Præfatio est de Trinitate; de Spiritu sancto, in quibus Præfatio de die Pentecostes ; de sancto Nomine Jesu, de Jesu infante, in quibus Præfatio de Incarnatione et Nativitate Domini; de Cruce et aliis ad passionem Domini spectantibus, in quibus Præfatio de Cruce; de sancto Sacramento, et pro reparatione injuriarum illatarum Christo in sancto sacramento, in quibus Præfatio feriæ v in Cœna Domini; de Beata, in quibus Præfatio ut in missa de Beata in sabbato ; de Apostolis, in quibus Præfatio de apostolis, de sancto Dionysio et sociis, in quibus Præfatio de eorum festo; de quibuscunque sanctis, in quibus Præfatio de festo eorumdem; ac denique de Sponsalibus, et pro gratiarum actione post partum prole vivente, in quibus Præfatio de Sponsalibus.*

25. *In exsequiis parvulorum Præfatio missæ est de Spiritu sancto. In omnibus missis pro defunctis, Præfatio propria* ''.

26. CANON *dicitur ut in ordinario.*

Communicantes *proprium assignatur quinque præcipuis Domini festivitatibus, videlicet : Paschæ et Pentecostes a sabbato ad sabbatum inclusive, Natalis autem, Ascensionis et Epiphaniæ Domini, in die et per octavam, etiam in festis intra octavam occurrentibus* (8).

Hanc igitur proprium *habetur in festis Paschæ et Pentecostes a sabbato ad sabbatum inclusive* (9).

27. *In Cœna Domini Canon dicitur ut habetur proprio loco.*

28. *In missis pro defunctis semper dicuntur* Communicantes *et* Hanc igitur *ordinaria.*

29. PATER *dicto, dicitur oratio* Libera nos.

30. *Si missa sit pontificalis* (10), *hic datur benedictio solemnis ut habetur in Benedictionali ; et tunc loco* PAX Domini, *pontifex dicit :* Et pax ejus sit semper vobiscum.

31. AGNUS DEI *dicitur quotidie, excepto biduo ante Pascha.*

32. *In missis pro defunctis, loco* Miserere nobis, *dicitur* Dona eis requiem; *et loco* Dona nobis pacem, *dicitur* Dona eis requiem sempiternam.

33. *Post Agnus Dei, sacerdos dicit tres orationes : post primam, in missa majori,*

---

(1) De SS. Trinitate, de D. N. Jesu Christo (1841).
(2) In celebratione synodi; pro eligendo prælato... in missa pro seipso sacerdote ; in renovatione promissionum baptismi (1841).
(3) In Dominica vero, si de ea dicitur missa, Præfatio erit de Tempore aut de Trinitate (1841); communis in Quadrag. (1728).
(4) Etiam intra ejus octavam, ubi est patronus (1841).
(5) Item S. Stephani, etc. (1841).
(6) Eadem dicitur in omnibus festis sanctorum, eorumque missis votivis quæ ritu solemni celebrantur, extra octavam Nativitatis Domini (1811).
(7) t.t in missis de octava (1841).—Dominica intra octavam patroni (extra Adventum et Septuagesimam) et diebus ac festis intra ejusdem octavam occurrentibus et propriam Præfationem non habentil.us, dicetur quæ solemnis habetur pro festo omnium Sanctorum (1810). Diebus intra octavam dicitur Præfatio de Tempore, si habetur; alioquin de sanctis (1784).
(8) Atque in nuptiis, necnon in exsequiis parvulorum, si de his missam celebrari contingat (1841).
(9) Item in consecratione episcopi (1841).
(10) Solemniter celebrata (1841).

*Rom. Dicitur in die octavarum sancti Joannis Baptistæ, sancti Laurentii, creationis et coronationis summi pontificis et anniversario ejusdem diei; item in die et anniversario electionis et consecrationis episcopi.

''Rom. Non datur, nisi Præfatio communis, pro defunctis

imo, ubi moris est, in privata, ac semper in missa de sponsalibus, dat pacem, dicens accipienti, seu signum pacis offerenti : Pax tibi, frater, etc. In missis autem pro defunctis, nec prima dicitur oratio, nec pax datur. Sabbato sancto, prima oratio dicitur, sed pax non datur.

34. COMMUNIO, id est antiphona ad Communionem, singulis diebus dicitur, excepto biduo ante Pascha ;

Sabbato ante Septuagesimam, et toto tempore paschali, in ejus fine additur unicum Alleluia, ubi non habetur.

35. POSTCOMMUNIO, eodem modo quo Collecta initio missæ.

36. Cum assignatur aliqua oratio ex communi, ea Postcommunio sumitur quæ numero Collectæ apposito respondet, ut supra explicatur articulo 19.

37. ITE MISSA EST dicitur cum dictum est Gloria in excelsis ; alias, dicitur Benedicamus Domino. In missis autem pro defunctis dicitur Requiescant in pace (1).

38. Post missam, dicto Placeat, dicitur Benedicat vos, nisi data fuerit benedictio solemnis ante Agnus Dei. In missis pro defunctis nunquam dicitur.

39. Completa missa recitatur ultimum Evangelium ; post missam majorem, redeundo in vestiarium vel in ipso vestiario ; post privatas, ad altare ad cornu Evangelii (2).

40. Quotiescunque in missa de die (3) fit commemoratio Dominicæ aut vigiliæ, aut feriæ proprium Evangelium habentis de quo in nocturno lecta sit homilia ; illud Evangelium legitur in fine missæ loco In principio ; quod et observatur cum fit commemoratio diei octavæ habentis Evangelium diversum ab Evangelio festi.

DE ORDINANDA MISSA

Ex superioribus rubricis.

CAP. VII.

1. Supradictis rubricis cognitis, si quis velit ordinare missam diei, recurrat ad proprium missarum de tempore ; vel de sanctis, secundum qualitatem officii. Si desit in proprio, recurrat ad commune.

2. Si fit de feria quæ propriam missam non habeat, dicatur missa præcedentis Dominicæ, sine Gloria in excelsis et sine Credo, cum Epistola et Evangelio ex hebdomada, si dicenda sint ; sin minus, ex Dominica. In feriis tamen temporis paschalis, (4) excepta secunda Rogationum, dicitur Gloria in excelsis. In feriis autem Adventus omittitur Alleluia cum suo versu, et a Dominica Septuagesimæ ad feriam quartam Cinerum, omittitur Tractus.

3. Si dicenda sit missa votiva, requiratur post commune sanctorum. Si desit, sumatur missa de sancto in proprio ; sin minus, in communi ; mutatis quæ natalitium aut simile quid designant, in vocem commemorationis aut similem. Si fiat de sancto aliquo, qui non possit facile revocari ad ullum ordinem sanctorum de quibus missæ habentur vel in proprio, vel in communi (idem dicatur de sancta), aut etiam de pluribus sanctis diversi ordinis ; sumatur missa ultimo loco posita inter votivas de sanctis.

4. Si orationes dicendæ sint pro aliqua necessitate, aut ad devotionem, requirantur in fine Missalis (5).

Si pro defunctis missa dicenda sit, invenietur post missas votivas. Si de defunctis facienda sit simplex commemoratio, Collectæ et cæteræ orationes reperientur post missas pro defunctis.

DE HORA CELEBRANDI MISSAM.

CAP. VIII.

1. Missa votiva et ordinaria pro defunctis cantatur post primam ; missa de die, etiam in feriis ordinariis*, post tertiam ; missa de feria in qua jejunatur aut in qua preces dicuntur ad officium flexis genibus, extra Quadragesimam, post sextam ; in Quadragesima post nonam.

2. Missa privata quacunque hora dici potest ab aurora ad meridiem (ac etiam tardius in feriis Quadragesimæ) ; dictis saltem a sacerdote nocturnis, si paulo post auroram celebret ; alias, dictis etiam saltem laudibus.

3. Si diversæ eodem die cantandæ sint missæ, missa votiva aut ordinaria pro defunctis dicitur post primam ; ea quæ de festo de quo fit officium, semper post tertiam ; missa autem de feria, de qua facta est commemoratio ad laudes, extra Quadragesimam post sextam, in Quadragesima post nonam.

4. Votivæ** pro re gravi, ac solemnes pro defunctis quacunque hora celebrari possunt (6).

DE COLORIBUS ORNAMENTORUM.

CAP. IX.

Ornamenta altaris, celebrantis et ministrorum, sint coloris convenientis officio ac missæ diei, secundum usum (7) Ecclesiæ Parisiensis, quæ his coloribus utitur :

1. Albo : sabbatis Adventus ad missam de Beata tantum ; feria quarta Quatuor Temporum Adventus, ad missam tantum ; a vigilia Nativitatis Domini inclusive ad Præsentationem Domini in omni officio de tempore extra Septuagesimam ; sabbato sancto in litaniis, benedictione cerei et fontis, ac in missa ; et ab illo die ad vigiliam Pentecostes in omni officio de Tempore, excepta feria secunda Rogationum ; in Transfiguratione Domini ; in Dedicatione ecclesiæ, et Anniversario Dedicationis, ac in Dedicatione altaris ; in vigilia Assumptionis, ac in omni officio de beata Maria, etiam Compassionis ; in festis angelorum ; in Nativitate sancti Joannis Baptistæ ; in principali festo sancti Joannis evangelistæ ;

---

(1) In numero plurali, etiam ubi missa dicitur pro unico defuncto (1840).
(2) Etiam in missa majori (1840).
(3) Vel etiam in votiva (1841).
(4) Excepto triduo Rogationum (1841°).
(5) Si missa celebretur ritu solemni majori aut supra, a Dominica in Albis ad Septuag. dicitur Prosa, quæ inter proprias aut communes seligatur in fine Missalis (1841).

(6) Ab aurora ad meridiem (1841).
(7) Secundum usum ecclesiarum (1784).

* Rom. In festis simplicibus et feriis per annum, dicta sexta. In aliis feriis, post nonam.
** Rom. Quia non correspondent officio, si solemniter celebrantur... cum populi frequentia, dicantur post nonam.

in Conversione sancti Pauli, in festo sancti Joseph; in festo sanctæ Mariæ Magdalenæ, in festo sanctorum Lazari, Mariæ et Marthæ (1), in festis sanctarum virginum non martyrum (2), in missa de sancto Nomine Jesu, de Jesu infante; pro sponso et sponsa; et in administratione baptismi, post primam unctionem; in missa quæ post mulieris partum celebratur pro gratiarum actione, ac in exsequiis parvulorum.

2. *Rubeo* : in officio quinque Plagarum Domini; feria quinta * in Cœna Domini, ad missam tantum; in vigilia Pentecostes, ad benedictionem fontium et missam tantum (ad officium enim adhibetur albus); in festo Pentecostes ac per hebdomadam, etiam in missis Quatuor Temporum ; in festo sanctæ Trinitatis; in festo Corporis Christi ac per octavam; in omni officio de tempore a Præsentatione Domini ad Septuagesimam, et a Trinitate ad Adventum, exceptis Dominicis intra octavas alium colorem habentes ; in festivitatibus sanctæ crucis, in susceptione sanctæ coronæ spineæ ; in festo omnium Sanctorum : in festo sanctarum reliquiarum; in Decollatione sancti Joannis Baptistæ; in natalitiis sanctorum Petri et Pauli, ac aliorum apostolorum et evangelistarum (3), excepto sancti Joannis evangelista; in festo sancti Joannis ante portam Latinam; in festo sancti Barnabæ; in Commemoratione sancti Pauli; in festo sancti Petri ad Vincula; in festo sanctorum Innocentium ; in quibuscunque festis martyrum, etiam virginum; in absolutione, feria quinta in Cœna Domini; in missis de sancta Trinitate; item cum cantatur *Te Deum*, pro gratiarum actione; *in missis de Spiritu sancto* ; *in celebratione synodi aut calendarum* ; in missis et processionibus de sancto sacramento etiam pro reparatione injuriarum; et in administratione sacri viatici ; *in missis de Passione, aut Cruce Domini, et similibus*; *de sanctis apostolorum discipulis ac ecclesiarum fundatoribus*; *de pluribus sanctis diversi ordinis*; *in missa pro gratiarum actione, excepta quæ post mulieris partum dicitur*; *in missa pro electione prælatorum, et in administratione sacramenti confirmationis*.

3. *Viridi* : *in festis pontificum, in pontificatu seu cathedra sancti Petri*; *in consecratione pontificum* (4), *et in missa anniversarii consecrationis eorum*.

4. *Violaceo* : in Adventu, excepta missa feriæ quartæ Quatuor Temporum ; a Septuage-

sima (5) ad feriam quartam Cinerum; feria secunda Rogationum; in missa processionis diei sancti Marci ac trium dierum Rogationum; in feriis Quatuor Temporum septembris; in vigiliis in quibus dicuntur preces flexis genibus; in festo sanctæ Mariæ Ægyptiæ et omnium pœnitentium ; in festis sanctorum Joachim et Annæ; in festo sancti Ludovici (6) ; ac in festis abbatum, monachorum et justorum, ac sanctarum mulierum; in missis pro quacunque necessitate; ad tollendum schisma ; contra infideles ; pro pace ; pro vitanda mortalitate; pro infirmis, et similibus ; et in administratione sacramenti extremæ unctionis.

5. *Cinericio* (7) : *a feria quarta Cinerum, ad missam sabbati ante Dominicam Passionis, inclusive, ac in missa pro remissione peccatorum*.

6. *Nigro* : ** a vesperis sabbati ante Dominicam Passionis ad vigiliam Paschæ post horas (8); item in recitatione septem psalmorum feria quarta in capite jejunii, ac in benedictione et impositione cinerum eodem die; præterea , in omnibus officiis ac missis defunctorum.

Qui habent ornamenta flava (jaunes) iis utantur in festis angelorum exemplo ecclesiæ metropolitanæ, quæ et hæc adhibet in octava Epiphaniæ;

Qui vero fulva (aurore) seu coloris aurei, ea adhibeant his diebus ac missis quæ in articulo de rubeo charactere non italico sed romano designantur (9) :

Qui autem cærulea (bleus), hæc in his festis adhibeant quæ in articulo de violaceo simili notantur charactere ;

At qui fusca (bruns) sive qui nigra cum orifrygiis rubeis, hæc apponant in officiis romano pariter charactere in articulo de nigro signatis.

DE QUALITATE ORNAMENTORUM.
CAP. X.

1. Ad benedictiones aquæ, cinerum, ramorum et cereorum, celebrans ornatur ut notatur propriis locis.

2. Ad missam, super amictum, albam cum cingulo, manipulum et stolam, sacerdos habet casulam.

Episcopus vero (10) super stolam, habet tunicellam, dalmaticam et casulam; super quam et D. archiepiscopus pallium habet.

3. Ornatus diaconi est amictus, alba cum cingulo, manipulus, stola transversa ab hu-

---

(1) In festis SS. doctorum qui non sunt pontifices, presbyterorum, abbatum, monachorum et justorum.. (1841).

(2) Sanctarum mulierum viduarum ; in consecratione episcopi, sed pro electo tantum; in missis pro Ecclesia; pro seipso sacerdote; in renovatione promissionum baptismi; in nuptis, nisi dicatur missa de die... (1841).

(3) Ac per eorum octavas, et etiam eorum vigiliis, si fiant ritu duplici... (1841).

(4) Sed pro consecrato e tantum, et assistentibus episcopis, modo dicatur missa votiva propria, non autem missa de die; tunc enim color diei convenien s adhibendus est (1841).

(5) Ad missam sabbati ante Dominicam Passionis ; sabbato sancto, et vigilia Pentecostes, ad lectiones seu prophetias tantum (1841).

(6) In festis presbyterorum (1772); in festis presbyterorum et laicorum, excepto S. Joachim, col. albus. In festis episcoporum, etc., col. viol. (1728).

(7) Qui habent cinericia, iis utantur ut hic notatur (1841).

(8) Præterquam in Compassione B. Mariæ, et feria quinta in Cœna Domini ad missam , etiam in missis votivis de Passione aut de Cruce, si quæ dicantur (1841).

(9) In ecclesiis in quibus sunt ornamenta auro inter texta, vel alia hujusmodi pretiosiora et splendidiora, eorum usus retinecatur in solemnioribus festis, perinde ac forent alba, rubea aut viridia (1841). Non licet uti colore flavo vel cæruleo in sacrificio missæ, et in expositione sancti sacramenti (Decr. S. C. 1833).

(10) Quando solemniter celebrat (1841).

* *Rom.* Feria ista albus color adhibetur, et contra violaceus in festo sanctorum Innocentium.

** *Rom.* Niger color obtinet tantum feria sexta in Parasceve ; cæterum ut ubivis in omnibus officiis et missis defunctorum.

mero sinistro infra brachium dextrum, et dalmatica quæ fimbriam habeat a parte lœva (1).

4. Ornatus subdiaconi est amictus, alba cum cingulo, manipulus et tunica (2).

5. Ubi est usus plagarum (3) ad amictum et albas, iis utuntur sacerdos, diaconus, subdiaconus et induti : non tamen in missis in quibus dalmaticæ et tunicæ non adhibentur (4).

6. In missis de feria, etiam vigiliarum, quæ celebrantur post sextam aut nonam, loco dalmaticæ et tunicæ, diaconus et subdiaconus utuntur planetis transversis crucem ex utraque parte habentibus super utrumque brachium : præterea diaconus super stolam habet orarium, quod genus est stolæ latioris (5).

Subdiaconus deponit planetam ante lectionem Epistolæ; et ea lecta resumit.

Diaconus vero antequam dicat Munda, deponit planetam, nec resumit nisi facta communione.

Ubi non habentur planetæ, supradictis diebus ministratur sine dalmatica et tunica.

A regula quæ supra, in metropolitana excipiuntur vigiliæ annualium, feria quarta Quatuor Temporum Adventus, feria quinta in Cœna Domini, ac feria sexta Parasceves, quibus diebus ministratur in tunicis.

7. Induti, qui in solemnibus minoribus et supra in ecclesiis præcipuis ministrant diacono et subdiacono, tunicis pariter utuntur.

8. Feria quinta in Cœna Domini ad missam, et ad Evangelium ante mandatum; (6) ac sabbato sancto ad præconium paschale, (7) diaconus induit dalmaticam, (8) subdiaconus tunicam.

Idem fit a diacono Dominica Palmarum ad Evangelium processionis.

9. Acolyti ministrantes sunt in amictu et alba cum cingulo ; aut saltem in superpellicio.

Eorum antiquior, cum crucem defert, habet cappam super albam; cum accipit patenam, in præcipuis ecclesiis habet soccum super albam, quem non deponit nisi reddita patena.

Ubi habentur cappæ hiemales laneæ, ceroferarii eas non deponunt nisi ante Evangelium, et peracta communione eas resumunt. Thuriferarii autem eas semper deponunt cum incensaturi sunt ; et post thurificationes, eas resumunt. Cruciger vero cappam laneam deponit ante delationem crucis ad Evangelium, et reddita patena ad Pater noster, socco deposito, eam resumit.

10. Lectores qui prophetias seu alias lectiones ante Epistolam legunt, amictu et alba cum cingulo induuntur (9).

Idem de eo vel iis qui Graduale vel Tractum post prophetias aut lectiones cantant.

Tractus tamen Sicut cervus sabbato sancto ac vigilia Pentecostes, et canticum Benedictus es in sabbatis Quatuor Temporum, non in albis, sed in cappis, cantatur, hoc a tribus, ille a duobus.

11. In præcipuis ecclesiis, qui chorum regunt, in semiduplicibus et supra, cappis induuntur.

Sic, et qui (10) in duplicibus et supra cantant Alleluia vel Tractum.

12. In solemnibus majoribus omnes de choro sunt in cappis ad processionem; in annualibus vero, etiam et ad missam (11).

Loco capparum, omnes pueri chori et acolyti ministrantes, tunicellis super albam induuntur, eo excepto qui crucem et patenam defert; quas et thuriferarii deponunt, cum incensaturi sunt chorum ad Agnus Dei; ceroferarii vero non deponunt.

DE PRÆPARATIONE ALTARIS.

CAP. XI.

1. Altare in quo missa celebranda est (12) opertum sit tribus mappis, ab episcopo vel alio habente potestatem benedictis (13);

Superiori, quantum fieri potest, ita oblonga, ut fere ad terram usque ab utraque parte æqualiter pendeat, duabus aliis brevioribus, vel una duplicata.

2. A parte anteriori (quin et posteriori, ubi scilicet altare medium est clerum inter et populum) ornatum sit paramento coloris officio convenientis (14).

3. Tapes (quo extra missarum solemnia, ac tempus quo expositum est sanctum sacramentum, altare debet semper esse ita opertum, ut totus fere superiorem mappam contegat) tunc temporis debet, vel amoveri, vel versus remotiorem altaris partem ita plicari, ut tota fere superior mappa appareat.

4. Super altare collocetur crux, (15) sintque candelabra hinc inde cum cereis, ita ut ad missam ardeant super majus altare cerei; in simplici, duo ; in semiduplici, quatuor; et sic gradatim : id est, in duplici minori, sex; in duplici majori, octo; in solemni minori, decem; in solemni majori, duodecim; in annuali, plusquam duodecim (16).

At in missis privatis, duo quacunque die sufficiunt.

---

(1) Tunica sicut dalmatica manicas habet clausas (1728).
(2) Amictus et albæ ex tela linea aut cannabina, non ex gossypio (coton) conficiantur (1841).
(3) (Dentelles) 1841.
(4) Nec tempore Passionis, nec in missis defunctorum (1841).
(5) Habet orarium, si sit consuetudo Ecclesiarum (1784).
—Rom. Utuntur planetis plicatis ante pectus ; quam planetam diaconus dimittit cum lecturus est Evangelium, ea que tunc super sinistrum humerum super stolam complicatur ; aut ponitur aliud genus stolæ latioris.
(6) Feria sexta in Parasceve ad prophetias et Passionem, necnon ad missam præsanctificatorum (1841).
(7) Et ea quæ sequuntur (1841).
(8) Cum stola et manipulo (1810).
(9) Sunt in superpelliciis (1728).
(10) In solemnibus (1841).

(11) In præcipuis Ecclesiis cantores, in duplicibus majoribus, saltem D. N. J C. et B. M. et supra, cappis seu pluvialia coloris festi induunt, ad numerum consuetum (1784). Pueri chori sunt semper in albis (1728).
(12) Debet esse lapideum, et ab episcopo consecratum ; vel saltem ara lapidea, pariter ab episcopo consecrata (1841 et Rom.).
(13) Ex lino vel cannabe confectis, nunquam autem ex gossypio (1841).
(14) Nisi altare sit marmoreum, vel auro, etc., ornatum (1841).
(15) Cum Christi in ea pendentis effigie (1841).
(16) In minoribus Ecclesiis, sex cerei ardeant in annualibus et solemnibus ; quatuor in duplicibus ; in cæteris duo (1841). In duplicibus et solemnibus minoribus quatuor (1784).

5. Si expositum sit sanctum sacramentum, ab altari crux amovebitur; et ardebunt cerei saltem sex.

6. Ad crucis pedem, vel retro, apponitur tabella, quæ canon dicitur.

In cornu autem Epistolæ, lectorile pro Missali supponendo, vel duo hinc inde minora pulvinaria coloris diei.

Præterea, pro missa majori, præparantur super altare (1), in cornu Epistolæ, codex Epistolarum; in cornu Evangelii, codex Evangeliorum cum pulvinari; et (ubi pax per osculum non datur) instrumenta pacis, a parte Epistolæ (2).

7. Credentia, in solemnibus minoribus et supra, ac quando exponitur sanctum sacramentum, pro missa majori a parte Epistolæ præparetur; quæ mappa operiatur; super quam calix parari debet cum purificatorio, patena, hostia, palla, velo et bursa in qua sit corporale plicatum. Ibidem ponuntur instrumenta pacis, mappa ad communionem, et urceoli cum bacili et manutergio: ubi commode fieri potest, decet urceolos esse in cupula, in bacili autem aquaria seu vas aliud aquæ ad lavandas manus sacerdotis ad psalmum Lavabo (3).

Præterea duo candelabra ceroferariorum, initio missæ (4).

RITUS IN MISSA SERVANDUS (5).

DE PRÆPARATIONE SACERDOTIS CELEBRATURI.

CAPUT I.

Sacerdos missam celebraturus, prævia confessione sacramentali, si indigeat, et saltem nocturnis (ac etiam, si sol ortus sit, laudibus) absolutis, orationi aliquantulum vacet, et preces inferius positas aut alias pro temporis opportunitate recitet.

Accedit ad vestiarium, perquirit missam in Missali, et signaculo ordinat ea quæ dicturus est.

Postea lavat manus, dicens: Da, Domine, ut supra in præparatione ad missam. Tum ipse, vel alius, præparat calicem (qui debet esse vel aureus, vel argenteus, aut saltem habere cuppam argenteam intus inauratam, et simul cum patena itidem inaurata, ab episcopo consecratus); super os ejus ponit purificatorium mundum; et super illud patenam cum hostia integra quam leviter extergit a fragmentis, si opus sit; et eam tegit palla linea, tum velo serico coloris paramentorum, et super velo ponit bursam ejusdem coloris, quæ corporale plicatum includat, quod ex lino tantum esse debet, nec serico vel auro in medio intextum, sed totum album (6), et ab episcopo vel alio habente facultatem simul cum palla benedictum.

Quibus ita dispositis, accedit ad ornamenta (quæ non debent esse lacera aut scissa, sed integra et decenter munda, et ab episcopo vel ab alio facultatem habente, benedicta), ubi calceatus pedibus, et indutus vestibus sibi convenientibus, quarum exterior saltem talum pedis attingat; (7) induit se supra vestes communes, dicens ad singula singulas orationes superius positas.

Ac primum accipiens amictum per extremitates ac chordulas, osculatur illum in medio ubi est crux, et ponit super caput (et æstate quidem, id est a Paschate ad octavam sancti Dionysii inclusive, mox supra collum declinat; hiemali autem tempore, id est ab octava sancti Dionysii usque ad Pascha exclusive, illo (8) caput operit), ejus vero chordulas ducit sub brachiis, et circumducens per dorsum, ante pectus reducit et ligat.

Tum alba induitur, et cingulo se cingit. Minister elevat albam supra cingulum circumcirca, ut recte pendeat et tegat vestes, ita ut ad latitudinem digiti, vel circiter, supra terram æqualiter fluat.

Sacerdos accipit manipulum, osculatur crucem in medio, et brachio sinistro imponit. Deinde ambabus manibus accipiens stolam, simili modo deosculatur, et imponit medium ejus collo; ac transversando eam ante pectus in modum crucis, ducit partem a sinistro humero pendentem, ad dextram; et partem a dextro humero pendentem, ad sinistram; sicque utramque stolæ partem extremitatibus cinguli hinc inde ipsi cingulo conjungit.

Si celebrans sit episcopus, non ducit stolam in modum crucis, sed sinit hinc inde utrasque extremitates pendere; et antequam accipiat stolam, accipit crucem pectoralem quam osculatur, et collo impositam sinit ante pectus chordulis pendere. Manipulum quoque non accipit ante stolam (nisi in missis defunctorum), sed accipit ad altare, cum dicit Indulgentiam; illumque prius osculatur.

Postremo sacerdos accipit casulam.

Si sit episcopus, et solemniter celebret, accipit tunicellam et dalmaticam, ante casulam.

DE INGRESSU SACERDOTIS AD ALTARE.

CAP. II.

Sacerdos omnibus paramentis indutus habens caput coopertum, amictu hieme, birreto æstate, accipit manu sinistra calicem ut supra præparatum, quem portat elevatum ante pectus, bursam manu dextra super calicem tenens (9), et facta inclinatione cruci, quæ in sacristia adesse debet, accedit ad altare, ministro cum Missali et aliis ad celebrandum necessariis (nisi ante fuerint præparata) præcedente. Procedit autem oculis demissis, incessu gravi, erecto corpore. Si contigerit eum transire ante altare majus, ante illud incli-

---

(1) Nisi ministrent et deferant codices induti (1841).
(2) In duplicibus (1841).
(3) Sacra pixis cum minoribus hostiis, quando ministranda est communio, et desunt in tabernaculo hostiæ consecratæ (1841).
(4) In Dominicis vero, et in duplicibus et infra, calix in medio altaris præparetur ante missam. Sedilia, in plano sanctuarii a parte Epistolæ collocentur; scilicet, faldistorium pro celebrante, et minora sedilia pro ministris; scamna pro indutis (1841).

(5) Cujusvis ecclesiæ erit pro modulo suo formam hic præscriptam sibi propriam facere (1784).
(6) Nisi crux pusilla in anteriori parte acu depicta sit; amylo leviter imbutum sit (1841).
(7) Deposito birreto simul et pileolo, induit se, etc. (1738).
(8) Nunquam autem pileolo (calotte), 1841. Et eo vestium collaria circumtegens, etc. (1725).
(9) Si calix super altare jam fuerit positus, manus jungit (1841).

nat; si ante altare ubi (1) *elevetur, vel ministretur sanctum sacramentum, genibus flexis et detecto e pite illud adoret, nec ante surgat uam sacerdos deposuerit calicem super corporale* (2).

Cum pervenerit ad altare, stans ante illius infimum gradum birretum in æstate ministro porrigit, et altari profunde inclinat; si autem in eo repositum sit sanctissimum sacramentum, genua flectit et profunde inclinat (3).

Tum ascendit ad medium altaris, ubi ad cornu Evangelii ponit calicem; extrahit corporale de bursa, quod extendit in medio altaris (4), *et super illud calicem velo coopertum collocat; bursam autem ad cornu Evangelii.*

Si est consecraturus plures hostias, quas ob majorem numerum patena capere non possit, locat eas super corporale ante calicem, aut in aliquo vase consecrato ponit eas (5) *pone calicem, et cooperculo operit.*

Accedit ad cornu Epistolæ, Missale aperit ad paginam Introitus missæ; deinde rediens ad medium altaris, facta cruci inclinatione, vertit se per dexteram, et descendit infra infimum gradum.

In missa majori, Missali aperto super altare, et aliis præparatis necessariis ut supra in capite de præparatione altaris dictum est, sacerdos procedit ad altare cum ministris: thure in solemnibus et supra prius in thuribulum immisso ac benedicto (6).

Dominicis ac festis a populo festivatis, sacerdos crucem defert, eam cum velo circa pedem tenens, et tunc detecto capite, etiam hieme omnes procedunt (7).

Hoc vero ordine proceditur ad altare:

In feriis, præcedit unus ceroferarius; aliis diebus, duo ceroferarii collaterales; sequuntur subdiaconus, diaconus et celebrans; unus post alium.

In solemnibus, thuriferarius manu dextra thuribulum cum igne; sinistra, naviculam cum thure gestans, præcedit ceroferarios: sequitur subdiaconus, tum diaconus, quisque medius inter duos indutos collaterales, ac demum celebrans.

In annualibus adduntur duo induti, quorum alter solus ante subdiaconum, alter ante diaconum progreditur (8).

Cum ante altare pervenerint, thuriferarius stat a parte Epistolæ, ceroferarii deponunt candelabra super credentia, vel super pavimento hinc inde, si credentia non adsit (9).

Sacerdos et ministri, ubi expositum est aut repositum servatur sanctum sacramentum, genua flectunt et profunde inclinant;

diaconus accipit crucem a sacerdote, et super altare defert.

In solemnibus minoribus et supra, celebrans osculatur librum Evangeliorum clausum, sibi a subdiacono oblatum, antequam incipiat: *In nomine Patris.*

Celebrans medius inter diaconum a dextris et subdiaconum a sinistris stantes, facit cum eis confessionem ut supra (10).

DE PRINCIPIO MISSÆ ET CONFESSIONE FACIENDA.

CAP. III.

Cum primum descenderit sacerdos infra gradum infimum altaris, convertit se ad altare; ubi stans in medio, junctis manibus ante pectus, extensis et junctis pariter digitis, et pollice dextro super sinistrum posito in modum crucis (quod semper servatur quando junguntur manus, præterquam post consecrationem); facta prius altari profunda inclinatione, vel si in eo sit sanctum sacramentum (11), *facta genibus flexis inclinatione, et producens manu dextra a fronte ad pectus signum crucis, dicit alta voce: In nomine Patris, etc.*

Postquam dixerit: In nomine Patris, non debet advertere quemcunque in alio altari celebrantem etiam sanctum sacramentum elevantem; sed prosequi usque ad finem: quod item observatur in missa majori, etiam a ministris.

Cum seipsum signat, semper sinistram ponit infra pectus; in aliis benedictionibus cum est ad altare, et benedicit oblata vel aliquid aliud, ponit eam super altare, nisi aliter notetur.

Seipsum benedicens, vertit ad se palmam manus dextræ, et omnibus illius digitis junctis et extensis, a fronte ad pectus, et ab humero sinistro ad dextrum, signum crucis format.

Si alios vel rem aliquam benedicit, parvum digitum vertit ad eum cui benedicit; ac benedicendo totam manum dextram extendit, omnibus illius digitis pariter junctis et extensis (12); *quod in omni benedictione observatur* (13).

Facto signo crucis ut supra, sacerdos iterum jungens manus ante pectus, dicit alta voce: Introibo ad altare Dei; *minister retro post eum ad sinistram genuflexus prosequitur:* Ad Deum qui lætificat juventutem meam.

Deinde sacerdos incipit, et prosequitur alternatim cum ministro vel ministris psalmum Judica me, Deus, si dicendus sit. *Cum dicit* Gloria Patri, *etc., caput inclinat.*

Repetita antiphona Introibo (vel, si non

---

(1) Expositum sit SS sacramentum (1841).
(2) Si SS. sacramentum resideat in tabernaculo, genuflectit non detecto capite (1840).
(3) Genuflectit in in imo gradu altaris (1810).
(4) Partem anteriorem ejus replicat, ne si forte sacræ particulæ in eo remanserint, a velo desuper pendente abripiantur (1841).
(5) Juxta calicem a sinistra parte (1841).
(6) Cruciger, cappa indutus, crucem majorem accipit, nisi illam, a reditu processionis, jam præ manibus habeat (1841). Thure, in duplicibus et supra immisso (1784).
(7) Ubi crux non defertur a celebrante, ipse caput birreto opertum habens, incedit junctis manibus; similiter diaconus et subdiaconus (1841, n. 151).

(8) Missa annualis ad solemnem, semiduplex vero ad duplicem referuntur (1841, n. 144).
(9) Cruciger crucem ad latus vel Epistolæ vel Evangelii collocat, in loco convenienti (1841, n. 152). *Sic per n. designatur infra rubricæ anni 1841, de missa solemni.*
(10) Attendat autem sacerdos quod mediocri voce pronuntianda sunt quæcunque alta voce i missa privata dici debent, iis exceptis quæ ab ipso cantantur (n. 151).
(11) Facta in infimo gradu altaris genuflexione, vel genibus flexis inclinatione facta, ipsi expositum (1840).
(12) Sinistra interim infra pectus posita, sive res benedicenda sit extra altare, sive super altari (1728).
(13) Maxime curare debet sacerdos, etc. *Voy.*, au Dictionnaire, art. RUBRIQUES, tit. 16, n. 2 (*Rom.* et 1841).

dicatur psalmus, antiphona semel dicta), dextra producens signum crucis a fronte ad pectus, dicit : Adjutorium nostrum.

Deinde junctis manibus, et profunde inclinatus dicit Confiteor Deo, *ut in ordine missæ. Cum dicit* Mea culpa, *ter pectus dextra manu percutit, sinistra infra pectus posita; nec erigit se, nisi cum a ministro vel ministris incipitur* Confiteor (1).

Facta a circumstantibus confessione, sacerdos dicit : Misereatur vestri, *etc. Deinde signans se signo crucis, dicit :* Indulgentiam, *etc. (Si sit episcopus, accipit manipulum, osculando illum in medio.)*

Inclinatus, junctis manibus prosequitur : Deus, tu conversus, *et quæ sequuntur in ordine missæ, alta voce usque ad orationem* Aufer a nobis, *exclusive : et cum dicit* Oremus, *extendit et jungit manus* (2).

IN MISSA MAJORI (3), celebrans, facto signo crucis cum ministris, facit confessionem ut supra : ad hæc autem verba, *vobis, fratres, et vos, fratres,* aliquantulum se convertit, primo ad diaconum, deinde ad subdiaconum.

Diaconus et subdiaconus, sacerdote se signante ad hæc verba, *In nomine Patris, etc., Adjutorium, etc.,* vel inclinante ad *Gloria Patri,* ipsi pariter se signant vel inclinant.

Stant dum sacerdos facit confessionem; et ad hæc verba, *Misereatur tui,* inclinati aliquantulum se convertunt ad sacerdotem.

Profunde inclinati faciunt confessionem, nec erigunt se, nisi post *Misereatur.* Ad hæc verba, *tibi, Pater,* et *te, Pater,* aliquantulum se convertunt ad sacerdotem : et dicentes *Mea culpa,* ter pectus percutiunt.

Ad *Indulgentiam,* stantes, se signant : et cum sacerdos dicit *Deus, tu conversus,* inclinant se mediocriter cum ipso; et ad *Oremus,* non disjungunt manus (4).

Ubi delata est crux a celebrante, ipse, dicto *Aufer a nobis,* antequam ascendat ad altare, oblatam a subdiacono crucem de altari osculatur dicens secreto : *Adoramus te, Christe,* etc., deinde ascendit celebrans ad medium altaris, et dicit : *Oramus te, Domine,* etc., more solito.

Interim quilibet minister altaris, nudo capite etiam hieme, crucem deosculatur a subdiacono, nudo etiam capite, oblatam, dicens : *Adoramus te, etc.* Postea subdiaconus ipse eam osculatur, et reponit super altare.

DE INTROITU, KYRIE ELEISON, ET GLORIA IN EXCELSIS.

CAP. IV.

Dicto Aufer a nobis, *sacerdos junctis manibus ascendit ad medium altaris, et ibi inclinatus, manibusque item junctis super eo*

positis *(ita ut digiti parvi duntaxat medium anterioris partis mensæ altaris tangant, pollice dextro super sinistrum in modum crucis posito : quod semper observatur cum manus junctæ super altare ponuntur), secreto dicit :* Oramus te. Domine, *etc.; cum dicit :* Quorum reliquiæ hic sunt, *osculatur altare in medio, manibus extensis æqualiter hinc inde super eo positis (quod semper servatur quando osculatur altare), sed post consecrationem pollices ab indicibus non disjunguntur* (5).

In omni deosculatione, sive altaris, sive libri, sive alterius rei, sacerdos non producit signum crucis, pollice vel manu, super id quod osculari debet.

Postquam osculatus est altare, accedit ad cornu Epistolæ, ubi stans versus altare, et producens a fronte ad pectus signum crucis, incipit alta voce Introitum, et prosequitur junctis manibus. Cum dicit Gloria Patri, *caput inclinat versus crucem* (6).

Cum repetit Introitum, *non signat se; quo repetito, accedit ad medium altaris, ubi* (7) *versus illud dicit eodem vocis tono* Kyrie, eleison, *alternatim cum ministro.*

Dicto ultimo Kyrie, *sacerdos manus extendens, elevansque usque ad humeros (quod in omni manuum elevatione observatur) incipit, si dicendum sit :* Gloria in excelsis; *cum dicit* Deo, *jungens manus, caput cruci inclinat; quo erecto, junctis manibus prosequitur usque ad finem. Cum dicit :* Adoramus te; Gratias agimus tibi ; *et,* Jesu Christe; Suscipe deprecationem nostram; *et iterum,* Jesu Christe; *caput inclinat. Cum dicit* Cum sancto Spiritu, *etc., seipsum a fronte ad pectus signat* (8).

IN MISSA MAJORI, in solemnibus minoribus et supra (9), post deosculationem crucis, ascendit celebrans cum diacono ad medium altaris ; ubi dicto *Oramus te, Domine,* et osculatus altare, ponit thus in thuribulo; ministrante diacono naviculam, et thuriferario thuribulum (10).

Diaconus parum inclinatus versus celebrantem, dicit : *Benedic, Pater reverende;* et osculatur cochlear vacuum ac manum celebrantis ante et post porrectionem cochlearis. Celebrans ter ponit thus in thuribulo *; et deposito cochleari, producens manu dextra signum crucis super thuribulum, thus benedicit, dicens : *Ab illo benedicaris in cujus honore cremaberis. Amen.* Postea diaconus, dimissa navicula, accipit thuribulum, et postquam osculatus fuerit catenularum summitatem, et manum dextram celebrantis, ipsi dat thuribulum.

Cum missa celebratur ad altare ubi asservatur sancta eucharistia **, eam celebrans

---

(1) Cum responderit *Amen* post *Misereatur* (1841).
(2) Tunc se erigit (1841).
(3) Diaconus defert parvam crucem... Salutant altare, deinde clerum (1728).
(4) Si episcopus sit præsens, incipit missam in intimo altaris gradu inter celebrantem a sinistris, et cæremoniarum magistrum a dextris, et facit confessionem ; quo peracta episcopus osculatur crucem, quam deinde osculatur celebrans qui ascendit ad altare, episcopo revertente ad sedem suam in choro (1728).
(5) Nec manus ponuntur extra corporale (1841).
(6) Si in Introitu proferat nomen D. Jesu, caput incli-

nat versus crucem ; si nomen beatæ Mariæ, vel sancti cujus est missa, caput inflectit versus librum (1841).
(7) Facta prius inclinatione cruci (1841).
(8) Et manus jungens dicit *Amen* (1841).
(9) In duplicibus et supra (1784).
(10) In missis quibus laicus ministrat, nulla fit thurificatio (n. 304).

* Rom. Dicens interim : *Ab illo,* etc.
** Rom. Accepto thuribulo antequam incipiat incensationem genuflectit ; quod item facit quotiescunque transit ante medium altaris (*Item* 1840).

in infimo gradu genuflexus triplici ductu incensat. Ubi vero sancta eucharistia non asservatur, crux a celebrante stante ter incensatur, et ante ac post incensationem profunda inclinatione salutatur. Hoc autem ritu post incensatam sanctam eucharistiam aut crucem celebrans incensat altare. Ter incensat versus candelabra a medio altaris ad cornu Epistolæ; ubi demissa manu thurificat altaris latus ab infima parte ad superiorem, bis ducto thuribulo; et regrediens versus medium altaris, elevans manum incensat ejus superficiem, ter ducens thuribulum usque ad medium: ubi facta cruci inclinatione, ter incensat versus candelabra usque ad cornu Evangelii; ubi demissa pariter manu, thurificat altaris latus ab infima parte ad superiorem, bis ducto thuribulo; et regrediens versus medium altaris, incensat ejus superficiem usque ad medium; deinde manu aliquantum demissa thurificat anteriorem ejus partem, seu frontem, ter ducens thuribulum a cornu Evangelii usque ad medium altaris: et facta cruci inclinatione, thurificat reliquam partem anteriorem usque ad cornu Epistolæ; ibi celebrans reddit thuribulum diacono, qui manum celebrantis et catenulas thuribuli osculatur; tum diaconus, ad cornu Evangelii super gradum inferiorem genuflexus, ter incensat celebrantem; et solus celebrans incensatur (1).

Diaconus et subdiaconus hinc inde assistant celebranti dum incensat, casulæ partem quæ est circa humeros et brachia aliquantulum elevantes manu; et cum transeunt ante medium altaris, semper profunde inclinant *.

Deinde celebrans, diacono a dextris ejus, subdiacono a dextris diaconi in modum hemicycli stantibus in cornu Epistolæ, legit Introitum, et alternatim cum ministris dicit *Kyrie, eleison* (2).

Intonat *Gloria in excelsis Deo*, in medio altaris, et interim diaconus et subdiaconus, unus post alium, stant a tergo celebrantis; postea ascendunt ad altare, et hinc inde diaconus a dextris, subdiaconus a sinistris, cum celebrante hymnum submissa voce prosequuntur usque ad finem. Quod etiam servatur cum sacerdos recitat Symbolum, *Credo in unum Deum*.

DE COLLECTA AC DE PROPHETIIS.

CAP. V.

Dicto Gloria in excelsis, *vel, si non dicatur, dicto* Kyrie, eleison, *sacerdos osculatur altare in medio, manibus super eo positis: tum illis ante pectus junctis, et oculis demissis ad terram, vertit se per dextram ad populum (si altare medium sit inter sacerdotem et populum, non vertit se)* (3), *et extendens ac jungens manus ante pectus, dicit alta voce:* Dominus vobiscum *(si sit episcopus, dicit hoc loco,* Pax vobis, *in missis in quibus dicitur* Gloria in excelsis; *in iis autem in quibus non dicitur, etiam episcopus dicit* Dominus vobiscum*).* Resp. Et cum spiritu tuo.

Junctis manibus revertitur per eamdem viam ad librum, ubi eas extendens, ac deinde jungens ante pectus, caputque cruci inclinans, dicit Oremus; *tum, interposita morula, extendit manus ante pectus (ita ut palma unius manus respiciat alteram, et digitis simul junctis, quorum summitas humerorum altitudinem distantiamque non excedat, quod in omni extensione manuum servatur).*

Extensis manibus dicit Collectam; *cum dicit* Per Dominum, aut Qui, *etc., convertit se ad crucem, et cum dicit* In unitate, *jungit manus***. *Si plures sint Collectæ, idem servatur ritus.*

Quoties profert nomen Jesu, *caput versus crucem inclinat; cum vero illud profert in lectione Evangelii, ad librum non ad crucem inclinat.*

Cum pronuntiatur nomen beatæ Mariæ vel sanctorum de quibus dicitur missa vel fit commemoratio (4), *caput inclinat versus librum.*

In Quatuor Temporibus vel alias, quando dicuntur plures Collectæ cum prophetiis, dicto Kyrie, (5) *sacerdos stans ad cornu Epistolæ, dicit* Oremus; Flectamus genua, *et genua flectit: et post moram ***, surgens, dicit* Levate, *deinde Collectam.*

Dum legit prophetias, tenet manus super altare, vel super oram libri, ut mox dicetur de Epistola (6).

In missa majori, cum dicuntur Dominus vobiscum *et Collectæ, diaconus et subdiaconus stant retro post celebrantem.*

Flectamus genua *dicitur a diacono, et omnes genua flectunt; facto autem silentio per aliquam morulam, idem **** dicit* Levate; *et surgunt omnes.*

Quando leguntur prophetiæ, singulæ a singulis lectoribus, amictu et alba cum cin-

(1) Si vero in altari fuerint reliquiæ (seu imagines sanctorum), incensata cruce, et facta ei reverentia, antequam discedat a medio altaris, primum incensat eas quæ a dextris sunt, id est a parte Evangelii, prope crucem, bis ducens thuribulum, et iterum facta cruci reverentia, similiter incensat bis alias, quæ sunt a sinistris, hoc est a parte Epistolæ; dein e prosequitur incensationem altaris ut supra, ter ducens thuribulum in unoquoque latere, etiamsi in eo essent plures reliquiæ (vel imagines), seu etiam plura vel pauciora candelabra (*Ita in ritu romano*).
Idem ponitur in Missali anni 1840.

(2) Deinde, si sedere velit, redit ad medium altaris... profunde inclinat cum ministris, et continuo, iisque præcedentibus, per gradus laterales Epistolæ accedit ad sedem suam (n. 139). Circa penultimum *Kyrie*, chorista accedente ut *Gloria in excelsis* annuntiet celebranti, omnes, & sedeant, caput detegunt; et statim surgentes, se vertunt ad choristam... Celebrans per planum vadit ad medium

altaris, etc. (n. 160).
(3) Quod etiam observat cum dicturus est *Orate, fratres... Ite, missa est*; et daturus benedictionem in fine missæ (1841).
(4) Vel nominatur papa (1841).
(5) Non osculatur altare, nec dicit *Dominus vobiscum*; sed reversus ad cornu Epistolæ, etc. (1841).
(6) Dum vertit folia Missalis, alteram manum ponit super altare (1841).

* *Rom.* Cum transeunt ante crucem, semper genuflectunt.
** *Rom.* Cum dicit: Per Dominum nostrum, jungit manus. Si aliter concluditur oratio,... cum dicit *in unitate*.
*** *Rom.* Sine mora surgens, eadem voce ministro respondente *Levate*.
**** *Rom.* Non a diacono, sed a subdiacono *Levate* decantatur.

gulo indutis, cantantur (1) ad aquilam chori; fiuntque, ante et post, inclinationes de quibus infra pro Epistola.

Intra hebdomadam Pentecostes, prophetiæ leguntur in ambone, cum amictu et alba plagulis ornatis.

Post quamlibet lectionem, versus quem puer cantat usque cadentiam ante finem, completur a choro (2).

In Quadragesima, duo versus Gradualis impositi ab uno puero ante aquilam a duobus choris alternatim canuntur.

Feria sexta in Parasceve, Tractus integri canuntur a duobus in albis inter aquilam et bancam.

Canticum *Benedictus es*, in sabbatis Quatuor Temporum, canitur a duobus in cappis ad rostrum aquilæ.

DE EPISTOLA, GRADUALI ET ALIIS USQUE AD OFFERTORIUM.

CAP. VI.

Finitis Collectis, sacerdos legit Epistolam alta voce, positis super oram libri, vel super altare, manibus; *qua finita minister respondet* Deo gratias, *quod etiam respondetur in fine lectionum, nisi aliter notetur. Prosequitur Graduale, Tractum (flectit genua ad* Adjuva nos *in* Quadragesima*) vel* Alleluia, *ac Sequentiam, si dicenda sint.*

Quibus dictis**, *minister portat Missale ad alteram partem altaris in cornu Evangelii : et dum transit ante medium altaris, caput cruci inclinat; Missale autem sic locat* (3) *ut infima libri ora medium altaris respiciat.*

Interim sacerdos vadit ad medium altaris, et junctis manibus, elevatis oculis et statim demissis, tum profonde inclinatus dicit secreto : Munda cor meum, etc ; Jube, Domine, benedicere ; Dominus s.t in corde meo, *etc.*, *ut in ordinario.*

Deinde vadit ad cornu Evangelii, ubi junctis manibus dicit alta voce Dominus vobiscum ; ꝶ Et cum spiritu tuo. *Tum pollice dextræ manus signo crucis signat initium textus Evangelii quod est lecturus* (4), *postea seipsum in fronte, ore et pectore, dicens* Sequentia *vel* Initium sancti Evangelii, *etc.* ꝶ Gloria tibi, Domine.

Junctis manibus legit Evangelium (5) ; *quo finito, minister respondet :* Laus tibi, Christe ; *et sacerdos osculatur textum Evangelii, dicens secreto :* Per evangelica dicta deleantur nostra delicta.

Dicto Evangelio, sacerdos in medio altaris versus crucem, elevans et extendens manus, incipit Credo, *si dicendum sit.*

Cum dicit In unum Deum, *jungit manus, et caput inclinat : quo erecto, junctis manibus, prosequitur usque ad finem.*

Cum dicit Jesum Christum, *caput inclinat.*

Cum dicit Et incarnatus est, *usque ad* Homo factus est, *inclusive, genuflectit.*

Cum dixit Simul adoratur, *caput inclinat.*

Cum dicit Et vitam venturi sæculi, amen, *signat se a fronte ad pectus* (6).

In missa majori, subdiaconus, cantato *Suscipe deprecationem nostram;* vel (si *Gloria in excelsis* non dicatur) inchoato *Kyrie*, accipit librum Epistolarum, defert illum clausum contra pectus, et facta altari inclinatione, (7) vadit ad aquilam chori, in feriis et simplicibus, ac in vigiliis, nisi Dominica celebrentur, aliis diebus, ad ambonem, vel alium locum unde commode audiri possit a populo pone bancam choristarum : præcedentibus, si sit solemne, duobus indutis ex æquo incedentibus ; si annuale, quatuor, binis et binis (8).

Si lecturus est ad aquilam, antequam illuc perveniat in medio chori inter altare et aquilam, conversus ad altare, profunde inclinat ; deinde, versa facie ad aquilam, chorum simili fere inclinatione salutat.

Si lecturus est in ambone, easdem inclinationes facit inter aquilam et infimam chori partem. Solus autem subdiaconus sic inclinat, non vero induti (9).

Cum autem, *Amen,* ad ultimam Collectam dictam est, subdiaconus nudo capite, versa facie ad altare, manibus super infimam libri oram positis, distincta voce cantat Epistolam, sedentibus omnibus.

Si nullus sit subdiaconus, Epistola cantatur a lectore (10) alba induto sine manipulo, vel saltem superpelliceo. Interim celebrans legit Epistolam et quæ sequuntur usque ad *Munda cor meum* exclusive, ut in missa privata, diacono a dextris stante et respondente in fine Epistolæ, *Deo gratias* (11).

Lecta in choro vel in ambone Epistola, subdiaconus redit ad altare, gestans librum ut prius, factis iisdem in locis inclinationibus, quas fecit antea.

Cum pervenerit ad infimum altaris gradum, facta ibi inclinatione ad altare, deinde ad celebrantem, ascendit, et librum ad cornu Epistolæ reponit. At in solemnibus minoribus et supra, post factam altari inclinationem, vadit ad celebrantem, et genuflexus ante il-

---

(1) Cantantur in medio chori per dignitates et canonicos vel alios de choro, ultima vero per præpositum, si adsit in sua cathedra (1784).

(2) Versus vel Tractus cantantur per cantores et alios presbyteros vel canonicos, vel habituatos ante pulpitum majus (1784).

(3) Sic locat ut posterior pars libri respiciat ipsum cornu altaris, et non ad parietem, sive ad partem ejus contra se directam (Rom. et 1841).

(4) Sinistra posita super oram libri... postea sinistram ponens infra pectus (1841).

(5) Inclinans versus librum ad nomen Jesu vel sanctorum, præterquam in festo cujusque evangelistæ, quando nomen illius profertur in titulo Evangelii (1841).

(6) Denique, dicens *Amen*, jungit manus (1840 et 1841).

(7) Vadit ad parvum lectorium chori, præcedentibus virgariis, si sit solemne (1772).

(8) Vadit cum uno vel duobus subdiaconis successive præcedentibus (1728).

(9) Si duo sint ambones, ut in metropolitana, Epistola legitur in eo qui est ad partem septentrionalem (n. 162).

(10) Non a diacono (1728).

(11) Qui deinde, si non præsto est subdiaconus, librum transfert ad alterum cornu, ubi celebrans lecturus est Evangelium (n. 164).

* *Rom.* Ita ut palmæ librum tangant, vel (ut placuerit) librum tenens.

** *Rom.* Sacerdos, si privatim celebret, ipsemet, seu minister portat, etc.

lum, manum, quam celebrans (coopertus si sedeat) super summitatem libri ponit, osculatur ; et ab eo signo crucis benedicetur.

Tum subdiaconus, deposito Epistolarum libro super altare ad cornu Epistolæ, librum missalem transfert ad cornu Evangelii, si nondum fuerit a diacono translatus ; et celebrans, dicto in medio altaris, *Munda cor meum*, etc., legit ut in missa privata Evangelium (quod non osculatur in fine), ipsi ministrante subdiacono, et diacono pone celebrantem stante (1).

Dicto Evangelio, celebrans redit ad medium altaris, et diaconus atque subdiaconus stant pone ipsum.

Si duo sint ambones, Epistola legitur in eo qui est ad partem septentrionalem.

Post Epistolam, (2) Graduale imponitur, choro prosequente; et versus ejus canitur, choro complente, in semiduplicibus et supra, a duobus qui regunt chorum in cappis ante aquilam; in simplicibus extra Septuagesimam, et in feriis per annum, a chorista in loco suo; in simplicibus a Septuagesima, a puero (chorista enim in iis Tractum cantat) ; at in feriis a die Cinerum ad feriam tertiam majoris hebdomadæ inclusive, Graduale et ejus versus imponuntur a puero, choro utrumque alternis prosequente; excepta tamen feria quarta ante Dominicam Passionis, in qua Graduali post prophetiam imposito a puero, Graduale quod sequitur Epistolam cantatur a chorista eo ritu qui per annum servatur; alius vero de superiori stallo, innuente eodem chorista, Tractum imponit.

Alleluia cum suo versu canitur in feriis (3) extra tempus paschale, a puero ante aquilam; in feriis tempore paschali, in simplicibus et semiduplicibus, a duobus pueris ibidem; in duplicibus minoribus, a duobus clericis in cappis ad rostrum aquilæ; in duplicibus majoribus et supra, ibidem, a quatuor clericis in cappis.

Hoc autem modo canitur : imponitur *Alleluia*, chorus repetit cum neumate; qui imposuit, canit versum usque ad cadentiam, chorus complet; resumitur *Alleluia* ab eo a quo impositum est, chorus prosequitur neuma. Loco neumatis, in solemnibus majoribus et annualibus, ac per eorum octavas (4) cum de iis fit, a Paschate ad Septuagesimam, canitur Prosa alternis choris, quam imponit unus e choristis, versa facie ad partis suæ chorum, sedente interim celebrante et ministris.

Tempore paschali, primum *Alleluia* dicitur eodem ritu quo Graduale.

Feria quarta Quatuor Temporum Pentecostes, *Alleluia*, quod dicitur loco Gradualis, post lectionem canitur a pueris in albis ante aquilam

In Quadragesima, Tractus *Domine, non secundum*, imponitur a chorista, choro ejusdem partis prosequente primum versum ; secundus versus canitur ab altero ; tertius ab utroque, stantibus omnibus versus altare, celebrante in infimo gradu altaris genuflexo (5).

Omnes alii Tractus (6) integre canuntur ab uno vel pluribus, hoc ordine : in simplicibus a chorista, suo loco ; in semiduplicibus et duplicibus, (7) a duobus clericis in cappis ante aquilam ; in solemnibus et annualibus, a quatuor in cappis ibidem.

Dominica prima Quadragesimæ, et Dominica Palmarum, quatuor in cappis stantes ante aquilam inter duos choristas, Tractum imponunt simul cum illis : cujus primus ac ultimus versus ab iis sex canitur, reliqui alternatim a binis et binis, inchoando a duobus qui sunt a parte dextra, prosequentibus deinde duobus mediis, postremo duobus de parte sinistra ; et sic vicissim.

Qui cantaverunt Tractum remanent in choro, ubi stantes in plano ab utraque parte prope sellam puerorum, conversi ad ambonem audiunt Evangelium ; quo lecto, factis ad orientem et ad occidentem inclinationibus, redeunt in vestiarium.

Cum D. archiepiscopus celebrat, choristæ cantato Graduali veniunt ad infimum gradum sanctuarii, ubi genuflexi benedictionem ab eo accipiunt ; idem fit ab iis qui cantaverunt *Alleluia*, iique tunc solitas inclinationes non faciunt. At qui Tractum cantaverunt, benedictionem non accipiunt.

Quandiu autem canitur *Alleluia* cum suo versu, vel Prosa seu Tractus cum dicuntur, missa fidelium significatur iisdem campanis quibus missa catechumenorum sub finem tertiæ.

Prope finem Gradualis, vel, cum cantatur Prosa, prope finem *Alleluia*, diaconus, nudo capite, etiam hieme, codice Evangelii in medio a laris collocato (celebrante interim sedente, vel, si sit ad altare, paululum a medio versus cornu Evangelii secedente)*, genuflexus in ora supremi gradus, dicit *Munda cor meum*; tum, accepto libro, accedit ad celebrantem, et genuflexus petit ab eo benedictionem dicendo : *Jube*, etc.(Celebrans stans versus eum dicit : *Dominus sit*, etc. (et in solemnibus minoribus et supra, manum super librum positam exterius porrigit diacono ut eam osculetur) ; continuo thuriferarius, pariter genuflexus a dextris diaconi, thus in navicula aperta benedicendum præsentat ce-

---

(1) Stante diacono a sinistris ejus, subdiacono autem a sinistris diaconi, ac utroque simul cum eo se signante, et respondente (n. 166).

(2) In duplicibus et supra pulsantur organa, et postea imponitur *Alleluia*, choro prosequente ; et in semiduplicibus Graduale imponitur a duobus presbyteris canonicis, ad hoc monitis per cantorem, in parvo lectorio (1784).

(3) In feriis et simplicibus a cantore ; in duplicibus et supra a duobus canonicis, vel quatuor, vel sex, secundum festi solemnitatem (1784).

(4) Per integras octavas annualium (1784), et solemnium majorum (1772).

(5) Vers. *Adjuva* dicitur semper in cantu musicato (1784).

(6) Cantantur in Dominicis, festis duplicibus et semiduplicibus secundum usum Ecclesiarum (1784).

(7) Duo primi versus a duobus præbendatis, ultimus vero, aliis omittendo, si plures sint, a duobus canonicis (1772).

* *Rom.* Celebrans imponit incensum in thuribulum (1840, in diœc. *Gratianop.*).

Subdiaconus incensum a thuriferario sibi in cochleari porrectum offert (si D. episcopus non est in choro) celebranti benedicendum, dicens : *Benedic, pater.* Celebrans stans benedicit, dicens : *Ab illo sancti † ficetur, in cujus honore cremabitur.* R. *Amen* (1728).

lebranti, dicens : *Benedic, pater;* celebrans illud benedicit, dicens : *Ab illo benedicaris*, etc.

Si dominus archiepiscopus celebret, diaconus, posito libro super altari, antequam dicat *Munda*, vadit ad dominum archiepiscopum via breviori, et coram eo genuflexus (thuriferario cum thuribulo pariter a dextris diaconi genuflexo), ministrat ei cochlear cum thure de navicula, dicens : *Benedic, pater reverende*, tum dominus archiepiscopus ter mittit thus in thuribulum, et reposito cochleari in navicula, faciens signum crucis super thuribulum, dicit : *Ab illo benedicaris*, etc. Diaconus autem longiori via regreditur ante altare, ubi dicto *Munda*, rursus vadit ad dominum archiepiscopum petiturus benedictionem ad Evangelium, et regreditur ad planum ante medium altaris.

Quo facto, proceditur ad Evangelium hoc ordine (1) :

Præcedit thuriferarius; in feriis et vigiliis solemnium minorum et infra, sequitur unus ceroferarius; in simplicibus et vigiliis solemnium majorum et annualium, duo ceroferarii; post quos, præcedente in semiduplicibus et supra crucigero, graditur subdiaconus tenens ambabus manibus ante pectus pulvinar coloris diei ; postremo diaconus codicem Evangelii gestans in manibus, transversim elevatum, dorso libri deorsum verso; in solemnibus minoribus et supra, omnes induti bini et bini præcedunt subdiaconum (2).

Hi omnes, facta altari, tum celebranti, si extra altare sit, inclinatione, progrediuntur per dextram chori partem, ita tamen ut qui bini procedunt, ceroferarii scilicet et induti, per utramque partem progrediantur.

Diaconus solus, ante et post lectionem Evangelii, easdem atque ibidem facit inclinationes quas subdiaconus fecit ante et post lectionem Epistolæ.

Cantat autem Evangelium, facie ad septentrionem seu lævam ecclesiæ partem conversa; in feriis, in simplicibus, in vigiliis quibuscunque, ac extra missarum solemnia, ad aquilam chori, quæ ideo sit volubilis, in semiduplicibus et supra, ad aquilam ambonis, aut, si ambo desit, ad pulpitum in loco convenienti prope chori portam paratum; si duo sint ambones, Evangelium legitur in eo qui est ad partem meridionalem.

Dum diaconus dicit *Initium* vel *Sequentia*, etc., thuriferarius ponit thus in thuribulo, et choro cantante *Gloria tibi, Domine*, diaconum trino ductu incensat (3).

Omnes conversi ad diaconum, stantes Evangelium audiunt : celebrans autem (qui privatim jam Evangelium recitavit) (4) stat inter medium altaris et cornu Epistolæ (5).

Diaconus, lecto Evangelio, redit ad altare nudo capite, etiam hieme, subdiacono præcedente (operto capite hieme) et codicem Evangelii clausum super pulvinar ante pectus deferente '.

Ubi pervenerunt omnes ad altare, diaconus et induti ei inclinant, ceroferarii deponunt candelabra, acolytus deponit crucem ad cornu Epistolæ, subdiaconus porrigit celebranti codicem apertum, et indicat ei textum Evangelii, dicens : *Hæc sunt verba sancta;* celebrans osculatur Evangelium, dicens : *Credo et confiteor ;* (6) et in solemnibus minoribus ac supra (7), ter incensatur a diacono genuflexo, ut initio missæ: interim subdiaconus librum refert ad cornu Evangelii cum debitis inclinationibus. Tum, hieme, diaconus amictu caput operit.

Cantato Evangelio, statim habetur concio, si habenda sit.

Post concionem, vel si non habetur, statim post Evangelium, sacerdos incipit *Credo*, si dicendum est; quod totus chorus simul, non alternatim, stantibus omnibus, prosequitur.

Cum cantatur (8) *Et incarnatus est*, etc., chorus vertit se ad altare; celebrans vero, si sedeat, deposito birreto æstivo tempore, hieme autem operto capite, inclinat cum ministris; si non sedeat, cum ministris genua flectit infimo altaris gradu. In tribus vero missis Nativitatis Domini, et in festo Annuntiationis, genua flectit prope sedem cum ministris.

Ad hæc verba, *simul adoratur* (deposito birreto in æstate) caput inclinat cum ministris.

In solemnibus minoribus et supra, diaconus immediate post hæc verba, *et homo factus est,* accepta bursa de credentia, eam paulo elevatam ambabus manibus defert ad altare via longiori ; inclinat celebranti, et cum ad altare infra infimum gradum pervenerit, profundius altari inclinat, tum ascendit, extrahit corporale, illud in medio altaris expandit, bursam ad cornu Evangelii deponit, et via breviori revertitur ad locum suum.

In solemnibus majoribus et annualibus, (9) cantato *et homo factus est*, subdiaconus, thuriferario præcedente, defert codicem Evange-

---

(1) In festis annualibus et solemnibus majoribus, Evangelium cantatur in ambone... Præcedunt virgarii (1784). Subdiaconus respondens indutus dalmatica, accipit crucem... (1772

(2) Ascendunt ad quartum gradum altaris, et ad latus sinistrum, seu in cornu Evangelii (1784).

(3) Diaconus trino ductu incensat librum Evangelii (1772 et 1840).

(4) Si sedeat, via breviori redit ad altare, dum finitur cantus in choro (n. 174).

(5) Dum cantatur Evangelium, nemini licet egredi e choro (1728).

(6) *Corde credo, et ore confiteor* (1728).

(7) In duplicibus majoribus et supra (1784).

(8) Cum cantatur pleno cantu *Et incarnatus est..*. ; si cantatur in musica, totus chorus deponit birretum (1784).

Ad verba *Et incarnatus est*, ministri sacri inclinant tantum, non genuflectunt (n. 176). Cum cantatur *Et incarnatus est....* si non sedeat, cum iisdem genua flectit in infimo altaris gradu (*Ibid.*)

Prosequitur chorus alternatim, vel cantatur a musica (1784). Cantatur integrum Symbolum a toto choro simul, non vero alternis (*Ibid. i i Ordinario*).

(9) Dum celebrans incensatur (1784).

* *Rom.* Subdiaconus ipse tenet librum Evangelii dum Evangelium decantatur a diacono. Diaconus vero, dicto *Sequentia aut Initium sancti Evangelii secundum*, etc., ter librum incensat in medio, a dextris et a sinistris, et ipse non incensatur. Cætera ut apud nos observantur.

lii clausum ad osculum choristis et aliis de choro, (1) primum a parte dextra, tam in superioribus quam inferioribus stallis; tum a parte sinistra, similiter; nulli inclinans ante, sed solum post; cuilibet dicit : *Hæc sunt verba sancta;* et ei quisque respondet : *Credo et confiteor;* interim thuriferarius subdiaconum ubique præcedens, choristas et chorum (2) incensat.

DE OFFERTORIO, ET ALIIS USQUE AD CANONEM EXCLUSIVE.

CAP. VII.

Dicto Symbolo, vel, si non dicatur, post Evangelium, sacerdos osculatur altare in medio, et, junctis manibus, vertit se per dextram ad populum; et extendens ac jungens manus dicit Dominus vobiscum ; *et per eamdem viam convertit se ad medium altaris, ubi extendens ac jungens manus caputque inclinans,* dicit Oremus ; *tum junctis manibus, paulo post dicit Offertorium.*

Dicto Offertorio, discooperit calicem, eumque ad cornu Epistolæ sistit, et manu dextra amovet pallam (3) ; *accipit patenam cum hostia, et ambabus manibus elevatam tenens, oculis sursum elevatis, et statim demissis,* dicit : Suscipe, sancte Pater, etc.

Si in vase fuerint hostiæ consecrandæ, antequam patenam accipiat, vas dextra discooperit.

Dicto Suscipe (4), *patenam utraque manu tenens, cum ea facit signum crucis super corporale, et ponit hostiam in medio anterioris partis corporalis, et patenam ad manum dextram, aliquantum sub corporali* (5).

Deinde in cornu Epistolæ accipit calicem, purificatorio (6) extergit, et sinistra tenens illius nodu n ac purificatorium (7) *accipit urceolum vini de manu ministri, et infundit vinum in calicem:* eodem modo tenens calicem, facit signum crucis super aquam, dicens : Deus, qui humanæ substantiæ, etc., *et infundens parum aquæ in calicem, prosequitur,* da nobis per hujus aquæ et vini mysterium, etc. (8).

Tum posito calice extra corporale, patenam purificatorio operit.

Stans in medio altaris accipit manu dextra calicem, et ambabus manibus elevatum tenens, videlicet sinistra pedem, dextra nodum infra cuppam, dicit : Offerimus tibi, Domine, etc., quo dicto, facit signum crucis cum calice super corporale, et in medio pone hostiam collocat et palla cooperit.

Junctis manibus super altare positis, aliquantulum inclinatus dicit secreto : In spiritu humilitatis, etc. Postea erectus, elevans oculos, manusque expandens et statim jungens (quod semper facit quando aliquid est benedicturus) dicit secreto : Veni, sanctificator, etc. ; cum dicit, et benedic, signat manu dextra unico signo simul super hostiam et calicem, sinistra posita super altare extra corporale (9).

Junctis manibus accedit ad cornu Epistolæ, ubi ministro aquam fundente lavat manus dicens : Lavabo, etc., et linteo eas tergit (10).

Postea manibus junctis revertitur ad medium altaris (11), ubi oculos elevans et statim demittens, manibus junctis super altare, aliquantulum inclinatus dicit secreto : Suscipe, sancta Trinitas, etc.; quo dicto, manibus hinc inde extensis, et super altare positis, osculatur illud in medio.

Tum junctis manibus, per dextram vertit se ad populum, et extendens ac jungens manus dicit voce aliquantulum elata, Orate, fratres, etc. (12), ac perficit circulum.

Ubi responsum est Suscipiat, etc., sacerdos dicit (13) Amen ; et manibus extensis dicit sine Oremus, Secretam. Cum dicit in unitate, jungit m nus.(Hiemali tempore(14), antequam dicat Secretam, declinat amictum super collum.)

In conclusione ultimæ Secretæ ad illa verba: Per omnia sæcula sæculorum, depositis super altare manibus hinc inde extensis, alta voce dicit Præfatione n.

Cum dicit Sursum corda, extendit et elevat manus (15) ; cum dicit Gratias agamus, jungit manus ; cum dicit Domino Deo nostro, oculos elevat, et statim caput inclinat. Postquam responsum fait: Dignum et justum est, elevatis et extensis manibus prosequitur Præfationem.

Cum dicit Sanctus, jungit manus et inclinatur paululum, ministro interim campanulam pulsante ; cum dicit : Benedictus qui venit in nomine Domini, etc., erigit se, et signat se signo crucis.

In missa majori (16), dicto Oremus, et dum celebrans legit privatim Offertorium, diaconus et subdiaconus accedunt ad altare in cornu Epistolæ (17) ; diaconus amovet calicem si est in altare ; vel, si est in credentia, accipit cum de manibus subdiaconi, qui illum velo coopertum, manu sinistra tenens, et alteram manum superponens velo, ne quid decidat, de credentia defert via breviori.

Caveat inprimis sacerdos ne sub quocunque prætextu oblationem anticipet, antequam chorus cantet Offertorium ; neve offerat panem et vinum ante susceptas cleri vel populi oblationes, quando suscipi ndæ erunt.

Cum igitur sit oblatio cleri aut populi, ce-

---

(1) Præposito et canonicis ex utraque parte chori (1772 et 1784), facta ante et post osculum genuflexione (*Ibid.*).
(2) Dum transit de choro ad chorum, omnes genuflectunt (1784).
(3) Quam erectam locat a dextris super corporale juxta tabernaculum (1841).
(4) Usque ad *Amen* (1841).
(5) Tum vas in quo sunt hostiæ cooperit (1841).
(6) Leviter (18.1).
(7) Ita ut pars ejus super pedem calicis usque ad mappam altaris defluat (1841).
(8) Reddito aquæ urceolo, indice manus dextræ accipiens purificatorium, cum eo tergit cuppam exterius et interius sic tamen ut purificatorium non deprimat usque ad
vinum, ne eo intingatur (1841).
(9) Sinistra pedem continens (1841).
(10) Cum dicit: *Gloria Patri,* manibus junctis caput versus crucem inclinat (1841).
(11) Diceus : *Sicut erat* (1841).
(12) Quo finito et non prius, perficit circulum (1841).
(13) Secreto (1841) *Rom.* Submissa voce.
(14) Si caput amictu operitur (1841).
(15) Usque ad pectus ; ad hæc, *Gratias agamus,* paulo altius elevat eas (1841).
(16) In præcipuis ecclesiis (1784).
(17) Et cruci profunde inclinant (n. 177).

Rom. Responso a ministro vel a circumstantibus... (alioquin per seipsum, dicens *sacrificium de manibus meis*).

lebrans, dum cantatur Offertorium a choro, facta prius altari inclinatione, descendit cum diacono, subdiacono et aliis ministris quibus opus est (1); et stans in medio infimi gradus altaris, aut ad cancellos si adsint, medius inter diaconum et subdiaconum, suscipit oblationes, et (2) patenam accedentibus porrigit ad osculum; sacerdotibus quidem, diaconis et subdiaconis, a parte concava; cæ'eris a convexa. Qui accedunt, inclinant se ante et post osculum. Si celebrans sit episcopus, sedet; et qui accedunt, facta ante et post inclinatione, annulum pontificalem flexis genibus osculantur.

Cum offertur panis benedicendus, celebrans eum benedicit ut habetur in ordinario missæ, et accepto aspergillo a diacono, ter panem aspergit aqua benedicta.

Post susceptas oblationes, celebrans redit cum ministris ad altare. Diaconus, qui calicem detexit (3), dat celebranti patenam cum hostia, prius osculando patenam et manum celebrantis; subdiaconus extergit calicem purificatorio; diaconus, accepto urceolo vini de manu subdiaconi, infundit vinum in calicem; subdiaconus interim urceolum aquæ exhibet celebranti, dicens (4) : *Benedic, pater reverende*; et infundit parum aquæ : celebrans vero, facto super calicem, dum aqua infunditur, signo crucis, dicit orationem : *Deus, qui humanæ*, etc. (5). Diaconus, osculando pedem calicis et celebrantis manum, porrigit calicem celebranti, ejusque pedem dextra manu sustentans, cum eo dicit : *Offerimus tibi, Domine*, etc., quem postea super altare positum diaconus palla cooperit.

Dicto *Veni, sanctificator*, celebrans genuflexus in ora infimi gradus altaris (ubi scilicet sacra asservatur eucharistia), medius inter diaconum et subdiaconum pariter genuflexos (posito prius thure in thuribulo a thuriferario, sine benedictione) ter incensat versus medium altaris; postea ipse stans inter medium altaris et cornu Evangelii, incensatur a diacono ante medium altaris genuflexo.

At in solemnibus minoribus et supra, celebrans ponit thus in thuribulo, ministrante diacono naviculam, et thuriferario thuribulum. Diaconus parum inclinatus versus celebrantem, dicit : *Benedic, pater reverende*, et osculatur cochlear ac manum celebrantis ante et post. Celebrans ter ponit thus in thuribulo, et deposito cochleari, producens manu dextra signum crucis super thuribulum, incensum benedicit, dicens : *Per intercessionem sancti archangeli*, etc. Postea diaconus, dimissa navicula, accipit thuribulum, et postquam osculatus fuerit catenularum summitatem, et manum dextram celebrantis, ipsi dat thuribulum. Celebrans, nullam tunc faciens cruci inclinationem incensat oblata, ter ducens thuribulum super calicem et hostiam simul in modum crucis; et ter circum calicem et hostiam, scilicet bis a dextra ad sinistram (ducens prius thuribulum versus crucem altaris), et semel a sinistra ad dextram; diacono interim pedem calicis tenente manu dextra; celebrans autem dicit interim : *Incensum istud*, etc. Tum celebrans sanctissimam eucharistiam aut crucem ter incensat et altare, ut dictum est supra initio missæ (assistentibus diacono et subdiacono), interim dicens : *Dirigatur, Domine, oratio mea*, etc., et cum incensatur crux, diaconus, si opus sit, amovet calicem, quem incensata cruce reponit. Cum reddit thuribulum diacono, dicit : *Accendat in nobis*, etc., et incensatur celebrans a diacono genuflexo triplici ductu, subdiacono interim a sinistris celebrantis versus diaconum stante (6).

In metropolitana, quotidie, etiam in feriis, facta incensatione ad altare, diaconus incensat reliquias (7) ac sacra olea; et ipse incensatur a thuriferario, antequam regrediatur in chorum.

(In eadem ecclesia, cum missa ad altare majus non celebratur [quod fit in feriis a Præsentatione Domini ad Adventum; exceptis feriis temporis paschalis, ac vigiliis annualium et solemnium majorum], celebrans nec incensat, nec incensatur; sed diaconus, cantato Evangelio, recta ad altare majus progreditur, in cujus infimo gradu genuflexus, triplici ductu incensat altare; tum progreditur ad reliquias et ad cætera quæ supra.)

Celebrans (dicto *Veni, sanctificator* et facta incensatione (8) si fieri debeat) lavat manus in cornu Epistolæ, dicens : *Lavabo*, etc., subdiacono dextra aquam fundente, et bacile sinistra sustinente, cum manutergio super brachium sinistrum (9).

Dicto *Orate, fratres*, etc., circumstantes cum ministris dicunt *Suscipiat*, etc. Interim diaconus Secretam indicat celebranti; et similiter in fine, ipsi Præfationem indicat.

In solemnibus minoribus et infra, postquam cantatum fuerit a choro : *Dignum et justum est*, thuriferarius, etiam in feriis, incensat choristas vel choristam, et clerum tam in superioribus stallis quam in inferioribus, ab utraque chori parte (10). At in so-

---

(1) Ceroferarii suggerunt, ubi opus est, alter aspergillum, alter bacile, vel aliud vas, ad suscipiendas oblationes (n. 179).

(2) Instrumentum pacis (1784).

(3) Si adsit pyxis cum hostiis consecrandis, illam detegit,... aliquantum elevatam dextra tene ,.. collocat pone calicem, vel paululum a parte Epistolæ, et illam cooperit (n. 180).

(4) Mediocri voce (n. 181).

(5) Subdiaconus, pacis instrumenta, si posita fuerint super credentiam, ab altero ceroferario accipit, iisque collocatis super altare, transit ad lævam celebrantis. Attendant autem ministri, quod quatuor latera celebrantis accedentes, vel ab uno ad alterum transeuntes, inclinare debeant in utroque latere, non in medio pone celebrantem. Contra, si ab uno altaris cornu ad alterum transeant, inclinant in medio, non in cornu; sed a consecratione usque ad factam communionem, genuflectunt (n. 181). Diaconus guttas quæ sparsæ intra calicem apparent purificatorio abstergit (n. 182).

(6) Diaconus triplici ductu antistitem vel præpositum incensat. Eo absente, incensat primum ex canonicis utriusque partis chori, incipiens per latus dextrum, duplici ductu, deinde cantores unico tantum ductu (1784).

(7) Tumulos episcoporum (172).

(8) In duplicibus majoribus (1784).

(9) Solusque ministrat ad lotionem manuum (n. 187).

(10) Parochus aut superior loci, si missæ intersit, stola ornatus, thurificatur ante choristas (n 189).

lemnibus majoribus et in annualibus, ubi codex Evangeliorum ad osculum delatus est, chorus non incensatur ad Præfationem (1).

Cum dicitur Præfatio, diaconus in medio gradu, subdiaconus in plano, stant retro post celebrantem; et paulo antequam dicatur *Sanctus*, accedunt ad altare, ubi hinc inde cum celebrante dicunt *Sanctus*, etc., usque ad Canonem; et signant se cum dicunt *Benedictus*.

Deinde diaconus accedit ad sinistram celebrantis (2), ipsi assistens dum dicit Canonem; subdiaconus vero transit ad dextram celebrantis, ubi patenam accipit de altari, deinde descendit infra infimum gradum retro post celebrantem.

Subdiaconus autem patenam dat acolyto qui (3), socco indutus super albam, exspectat ante medium altaris prope infimum gradum, tenens ante aperturam socci discum cum velo plicato et tenso, parato ad recipiendam patenam, quam subdiaconus a parte convexa offert acolyto ut osculetur; mox subdiaconus patenam tenens in partis concavæ ora osculatus, reponit in medio veli, parte concava ad pectus acolyti versa (4).

Tum acolytus extra planum sanctuarii descendens uno gradu, ibi in medio stans, manet usquedum in oratione Dominica in signum instantis communionis populo ostendatur; ad elevationem tamen genua flectit.

(In metropolitana, cum missa celebratur ad altare minus, postquam acolytus patenam accepit, illic non manet; sed progreditur ad gradus majoris altaris, ubi stat in plano prope infimum.)

DE CANONE MISSÆ, USQUE AD CONSECRATIONEM.

CAP. VIII.

Sacerdos, dicto Sanctus, *aliquantum elevat manus, oculisque elevatis et sine mora demissis, ac manibus junctis et super altare positis, profunde inclinatus incipit Canonem submissa voce*, dicens: Te igitur, etc., *ut in ordine missæ* (5).

Osculatur altare in medio priusquam dicat: Uti accepta habeas; *deinde erigit se et jungit manus. Cum dicit*, Hæc † dona, hæc † munera, hæc sancta † sacrificia, *dextra manu signat ter super host am et calicem simul* (6).

Extensis manibus prosequitur: Imprimis quæ tibi offerimus, *etc.*

Ubi dicit, Una cum famulo tuo papa nostro N., *exprimit nomen papæ; sede autem vacante, verba prædicta omittuntur.*

Ubi dicit, et antistite nostro N., *exprimit nomen domini archiepiscopi; sede autem vacante, hæc verba omittuntur.*

(*Dominus archiepiscopus* * *dicit*: Et me indigno servo tuo, quem gregi tuo præesse voluisti.)

Ubi dicit, et rege nostro N., *exprimit nomen regis.*

Cum dicit Memento, *elevans et jungens manus* (7), *demisso aliquantulum capite, Deo commendat vivos pro quibus orare intendit***.

Commemoratione vivorum facta, extensis manibus prosequitur, et omnium circumstantium, etc.

Similiter prosequitur Communicantes, *ut cum dicit* Jesu Christi, *caput inclinat; cum in Canone nominat* (8) *sanctum die ejus festo, etiamsi de eo fiat tantum memoria, caput inclinat; in conclusione, quando dicit*: Per eumdem, *jungit manus.*

Cum dicit: Hanc igitur oblationem, *expandit manus* (9) *simul super hostiam et calicem, usque ad hæc verba*: Per Christum; *tunc enim jungit manus, et sic prosequitur*: Quam oblationem tu, Deus, in omnibus quæsumus. *Cum dicit* benedictam †, ascriptam †, ratam †, *signat ter super hostiam et calicem simul.*

Cum dicit, ut nobis corpus, separatim signat semel super hostiam tantum, et cum dicit, et sanguis, *semel super calicem; deinde elevans et jungens manus, prosequitur*, fiat dilectissimi Filii tui Domini nostri Jesu Christi (10), *et inclinans caput, extergit pollices et indices super corporali, et dicit*: Qui pridie quam pateretur, *et accipiens hostiam pollice et indice utriusque manus, dicit,* accepit panem in sanctas ac venerabiles manus suas; *elevansque ad cœlum oculos, et statim demittens, dicit*: Et elevatis oculis in cœlum ad te Deum Patrem suum omnipotentem, *caputque inclinans dicit,* tibi gratias agens; *et tenens hostiam inter pollicem et indicem sinistræ manus, dextra facit signum crucis super eam dicens*: Benedixit, *etc.*

Cubitis super altare positis, capite demisso, distincte, reverenter (11) *et submissa voce, profert verba consecrationis super hostiam* (*quam indicibus et pollicibus tenet, reliquis digitis junctis et extensis*) *et simul super omnes, si plures sint consecrandæ, dicendo*: Hoc est enim corpus meum, *quibus prolatis, genuflexus hostiam adorat.*

Tum se erigens, elevat in altum hostiam, et intentis in eam oculis (*quod et in elevatione calicis facit*), *populo reverenter ostendit adorandam; et mox sola manu dextra ipsam reverenter reponit super corporali; et deinceps pollices et indices non disjungit, nisi quando hostiam consecratam tangit, usque ad ablutionem digitorum post communionem.*

Reposita hostia, genuflexus ipsam veneratur (12).

---

(1) Eo quod ad Symbolum fuerit incensatus (n. 273).
(2) Paulo antequam dicatur *Sanctus* (1728).
(3) Cappa indutus (n. 191) cruciger.
(4) Subdiaconus patenam elevatam tenet, ope tam ex tremitate veli, ab Offertorio usque ad finem orationis Dominicæ (*Rom*. et 1784).
(5) Monet Missale Dominicanorum celebrantem ne digitis quibus tangere debere sacramentum corporis Christi tangat folia Missalis, sed quidlibet aliud; proindeque debeat agere mediantibus aliis digitis (*Romsé*, t. IV).
(6) Sinistra super altare extra corporale posita (1841).
(7) Ad illa verba, *famularumque tuarum*, jungens manus extollit eas usque ad mentum (1841).

(8) Profert nomen B. Mariæ, vel, etc. (1841).
(9) Dextro pollice supra sinistrum decussato, ita ut palmæ sint apertæ versus pallam (1841). *Rom.* Versus ac supra calicem et hostiam.
(10) Hic si sint hostiæ consecrandæ in pyxide, eam aperit (1841). *Rom.* Antequam accipiat hostiam.
(11) Et secreto, uno tenore (1841).
(12) Et si fuerint consecratæ hostiæ in pyxide, eam cooperit (1841 et *Rom.*).

* *Rom*. Summus autem pontifex, cum celebrat, etc.
** *Rom*. Quorum nomina, si vult, secreto commemoret.

Voy. *Rubriques*, art. Messe bas. e, au Dictionnaire.

Dum sacerdos elevat hostiam, minister manu sinistra elevat infimam oram posterioris partis casulæ ne casula sacerdotem impediat in elevatione brachiorum (quod et facit in elevatione calicis), et manu dextra pulsat campanulam ad elevationem, continuate, quousque sacerdos incipiat deponere hostiam super corporali, et similiter postmodum ad elevationem calicis.*

Sacerdos adorata hostia surgit et discooperit calicem, in quem, si opus sit, excutit digitos, ne particulæ hostiæ digitis adhæreant (quod totics facit quoties eam tetigerit), et stans dicit Simili modo*, et ambabus manibus accipiens calicem juxta nodum infra cuppam, et aliquantulum illum elevans ac statim deponens, dicit, accipiens et hunc præclarum calicem, etc., cum dicit:* Item tibi gratias agens, caput inclinat*; cum dicit:* Benedixit*, sinistra calicem infra cuppam tenens, dextra signat super eum, et prosequens:* Deditque discipulis*, etc., et ambabus manibus tenens calicem, videlicet sinistra pedem, dextra nodum infra cuppam, cubitis super altare positis, et capite demisso, profert distincte, reverenter (1) et submissa voce, verba consecrationis sanguinis:* Hic est enim calix*, etc.*

Quibus dictis reponit calicem super corporali, et prosequens, Hæc quotiescunque feceritis*, etc., genuflexus sanguinem adorat. Tum se erigit, et accipiens calicem cum sanguine ambabus manibus ut prius, elevat eum et ostendit populo adorandum: mox ipsum reverenter reponit super corporali, et manu dextra palla cooperit (2) ac genuflexus veneratur.*

IN MISSA MAJORI (3), *initio Canonis afferuntur duæ faces a totidem acolytis in solemnibus minoribus et supra, quatuor), iique, tenentes faces, genuflexi manent usque post eam elevationem quæ orationem Dominicam immediate præcedit (4).*

Cum celebrans dicit: Quam oblationem*, diaconus a cornu Epistolæ, subdiaconus a cornu Evangelii (vel induti si adsint), reducunt cortinas, si quæ sint; deinde diaconus accedit ad dextram celebrantis, subdiaconus autem ad sinistram, et ibi in ora supremi gradus genibus flexis, cum sacra hostia elevatur, infimam oram posterioris partis casulæ paulo elevant (5).*

Reposita sacra hostia, et facta a celebrante genuflexione, diaconus simul cum eo se erigit, detegit calicem, statimque iterum genuflectit; tum redit ad oram supremi gradus, ubi flexis genibus elevat iterum cum subdiacono posteriorem casulæ partem. Statim ac calix fuerit elevatus, diaconus ac subdiaconus se erigunt; diaconus calicem palla cooperit; tum facta simul cum celebrante genuflexione, cortinas expandunt (nisi adsint induti qui hoc peragant).

Cum elevatur sacra hostia, thuriferarius in cornu Epistolæ genuflexus, continuo incensat; similiter cum calix elevatur (6).

Post elevationem calicis, diaconus redit ad librum, subdiaconus vero in planum retro post celebrantem, et faciunt genuflexionem accedendo et recedendo a lateribus celebrantis, usque post factam communionem (7).

DE RELIQUO CANONE POST CONSECRATIONEM USQUE AD ORATIONEM DOMINICAM.

CAP. IX.

Reposito calice, sacerdos stans extensis manibus dicit submissa voce*:* Unde et memores*, etc.*

Jungit manus ante pectus cum dicit: De tuis donis ac datis*; et cum dicit:* Hostiam † puram, hostiam † sanctam, hostiam † immaculatam*, manu sinistra posita super corporali, dextera signat ter super hostiam et calicem simul; tum semel super hostiam, et semel super calicem, dicens:* Panem † sanctum vitæ æternæ, et calicem † salutis perpetuæ*.*

Extensis manibus prosequitur: Supra quæ propitio*, etc.*

Cum dicit: Supplices te rogamus*, inclinat se ante medium altaris, manibus junctis super illo positis: osculatur altare in medio dicens:* Ex hac altaris participatione*, manibus hinc inde super corporali positis. Cum dicit:* Sacrosanctum Filii tui*, jungit manus, et dextra signans semel super hostiam et semel super calicem, sinistra super corporali posita, dicit:* Corpus † et sanguinem † sumpserimus*; et cum dicit:* Omni benedictione † cœlesti*, seipsum signat a fronte ad pectus signo crucis, sinistra infra pectus posita.*

Cum dicit: Per eumdem*, jungit manus.*

Cum dicit: Memento*, etc., elevans et jungens manus, Deo commendat defunctos (8) pro quibus orare intendit.*

Qua commemoratione facta, extensis ante pectus manibus prosequitur: Ipsis, Domine*, etc., et in fine ad* Per eumdem*, jungit manus et caput inclinat.*

Voce paulo elatiori dicit: Nobis quoque peccatoribus*, et dextra manu pectus percutit, sinistra posita super corporali. Manibus extensis prosequitur submissa voce,* famulis, tuis*, etc.*

Jungens manus ante pectus, dicit: Per

---

(1) Continue et secreto (1841). *Rom.* Profert attente, continuate et secreto.
(2) Sinistra pedem continens ob effusionis periculum, quod observat usque ad facta a communionem (1841).
(3) Quando canitatur supplici confess one, chorus genua flectit usque ad Præceptis salutaribus moniti (1728).
(4) Caveat celebrans ne verba consecrationis proferat, ac sacramentum elevet, antequam finiatur cantus in choro (n. 194).
(5) Elevat diaconus (1784). Acolyti, in semiduplicibus et infra, imponunt hymnum O salutaris hostia (1772).
(6) In missa simplici, thuriferarius omnia peragit ut in duplicibus (n. 228). In solemnibus majoribus et annualibus... thuribularii vadunt ad utrumque latus altaris (1772).

In duplicibus et supra, thuriferarius incensat (1728).
(7) Profundam semper faciunt SS. sacramento inclinationem; nunquam vero genuflexionem, nisi tunc temporis contingat ipsum celebrantem genuflectere (1728). Subdiaconus genuflexus semper remanet usque ad tertiam elevationem (Ibid.).
(8) Manibus... usque ad faciem elevatis et intentis oculis ad sacramentum super altare (*Rom.* et 1841), et capite parum demisso (1841).
Maxime eos pro quibus, etc. (1723).

* *Rom.* Ter ad unamquamque elevationem, vel continuate.
** *Rom.* secreto.

Christum Dominum nostrum, per quem hæc omnia, Domine, semper bona creas; *deinde manu dextra ter signans super hostiam et calicem simul, dicit:* Sanctificas †, vivificas†, benedicis † et præstas nobis.

Discooperit manu dextra calicem, et genuflectit; tum se erigit, et reverenter accipit hostiam inter pollicem et indicem dextræ manus, et cum ea super calicem, quem manu sinistra tenet circa nodum infra cuppam, signat ter a labro ad labrum dicens: Per † ipsum, et cum † ipso, et in † ipso; *et similiter cum hostia signat bis inter calicem et pectus, incipiens a labro calicis, et dicit,* est tibi Deo Patri † omnipotenti in unitate Spiritus † sancti.

Deinde tenens manu dextra hostiam super calicem, sinistra calicem, elevat eum aliquantulum simul cum hostia (1), *dicens,* omnis honor, *etc., cujus elevationis signum datur pulsatione campanulæ, et statim utrumque deponens, hostiam collocat super corporali; et si opus sit, digitos excutit in calicem, ac pollices et indices ut prius jungens, calicem palla cooperit, et genuflectit.*

In missa majori, ad hæc verba, *omni benedictione*, diaconus se signat cum celebrante; cum quo et pectus percutit ad *Nobis quoque peccatoribus;* quod et reliqui ministri similiter observant (2).

Paulo ante *Per quem hæc omnia*, diaconus ad sinistram celebrantis facta genuflexione, subdiaconus vero in plano, inclinatione, vadunt ad cortinas (nisi adsint induti), diaconus quidem a parte Epistolæ, subdiaconus vero a parte Evangelii, et eas reducunt.

Tum accedunt ad celebrantem (3), genuflectentes; et postquam celebrans tertio signaverit, diaconus calicem detegit, et genuflectunt cum celebrante; atque, ipso corpus et sanguinem Christi simul elevante, caput profunde inclinant. Per diaconum retecto calice, rursus cum celebrante genuflectunt, expandunt cortinas (si non adsint induti), et unus post alium stant post celebrantem.

DE ORATIONE DOMINICA ET ALIIS USQUE AD FACTAM COMMUNIONEM.

CAP. X.

Sacerdos, cooperto calice, adoratoque sancto sacramento, erigit se, et manibus extensis hinc inde super corporali, dicit alta voce: Per omnia sæcula sæculorum; *et cum dicit* Oremus, *jungit manus, caput inclinans.*

Cum incipit Pater noster, *expandit manus, et* (4) *prosequitur usque ad finem; respondet minister:* Sed libera nos a malo, *et sacerdos submissa voce dicit* Amen.

Manu dextra (pollice et indice non disjunctis) patenam aliquantulum purificatorio extergens, eam accipit inter indicem et medium digitos; quam tenens super altare erectam, sinistra super corporali posita, dicit submissa voce: Libera nos, *etc.*

Cum dicit: Da propitius pacem, *seipsum patena signat* (5) *a fronte ad pectus, manu sinistra infra pectus posita; deinde patenam osculatur, et prosequens,* ut ope misericordiæ tuæ, *etc., submittit patenam hostiæ.*

Discooperit calicem, et genuflexus sanctissimum sacramentum adorat; tum se erigens, accipit hostiam inter pollicem et indicem dextræ manus, et adjunctis pollice et indice sinistræ manus, eam super calicem tenens, reverenter frangit per medium, dicens: Per eumdem Dominum nostrum Jesum (6) Christum Filium tuum, *et mediam partem, quam inter pollicem et indicem dextræ manus tenet, ponit super patenam: de alia media, quam sinistra manu tenet, frangit cum pollice et indice dextræ manus particulam, prosequens:* Qui tecum vivit et regnat, *etc., et eam inter ipsos dextræ manus pollicem et indicem retinens, partem majorem, quam sinistra tenet, adjungit mediæ super patenam positæ, dicens,* in unitate Spiritus sancti Deus; *et particulam, quam in dextra retinuit, tenens super calicem (quem sinistra per nodum infra cuppam tenet), alta voce* (7) *dicit* Per omnia sæcula sæculorum.

Postquam responsum est Amen (8), *cum ipsa particula signans ter a labro ad labrum calicis, dicit:* Pax Domini sit semper vobiscum, *respondetur:* Et cum spiritu tuo; *tum particulam immittit in calicem, dicens secreto* Hæc commixtio, *etc.*

Deinde pollices et indices super calicem aliquantulum excutit, tum jungit.

Calicem palla cooperit, et genuflexus sanctissimum sacramentum adorat.

Surgit, et junctis manibus ante pectus, capite inclinato, dicit alta voce: Agnus Dei, qui tollis peccata mundi, *et dextra percutiens pectus, sinistra super corporali posita, dicit* miserere nobis; *et deinde non jungit manus, sed iterum percutit pectus, cum dicit secundo* miserere nobis; *quod et tertio facit, cum dicit* dona nobis pacem.

Manibus junctis super altare positis, oculisque ad sanctissimum sacramentum intentis, inclinatus dicit submissa voce: Domine Jesu Christe, *etc.*

Qua oratione finita, si est daturus pacem, osculatur altare in medio; et ei statim instrumentum pacis porrigitur ad osculandum a ministro ad ipsius dextram genuflexo, et dicit**: Pax tibi, frater, et Ecclesiæ sanctæ Dei. *Minister respondet:* Et cum spiritu tuo.

In missis pro defunctis non percutit pectus ad Agnus Dei, *nec dicit primam orationem* Domine Jesu Christe, *nec dat pacem.*

Dictis secreto orationibus Domine Jesu Christe, Fili Dei vivi, *et* Perceptio corporis tui, *genuflectens sanctissimum sacramentum*

---

(1) Et ostendit populo, dicens, etc. (1728).
(2) Ad orationem *Supplices te rogamus*, diaconus non se inclinat (n. 195).
(3) Ita opportune, ut ad verba, *et præstas nobis*, diaconus pallam a calice amoveat, subdiaconus libri folium vertat, si opus est (n. 196).
(4) Stans oculis ad sacramentum intentis. *Rom.*
(5) Ad illa verba, *Petro et Pau*o (1841). Vide Messe basse, hoc loco.
(6) Caput inclinat (1841).
(7) Intelligibili voce. *Rom.*
(8) In missa pontificali et pro sponsis (1784), reposita particula super patenam, datur benedictio (1772, etc.)

* *Rom* secreto.
** *Rom.* Pax tecum.

adorat, et se erigens dicit secreto : Panem cœlestem, etc.

Quo dicto, dextra manu accipit reverenter de patena ambas partes hostiæ, et collocat inter pollicem et indicem sinistræ manus, quibus patenam inter eumdem indicem et medium digitos supponit, et eadem manu sinistra tenens partes hostiæ super patenam, parum inclinatus, dextera tribus vicibus percutit pectus, interim dicens ter voce paulum elata : Domine, non sum dignus, etc. (1).

Tum ex sinistra accipit ambas partes hostiæ (2) inter pollicem et indicem dextræ manus, et cum illa supra patenam signat seipsum signo crucis (ita tamen ut hostia non egrediatur limites patenæ), dicens secreto : Corpus Domini, etc.

Et se inclinans, cubitis super altare positis, reverenter easdem ambas partes sumit : quibus sumptis, deponit patenam super corporali, et erigens se junctis indicibus et pollicibus, manus quoque jungit (3), et aliquantulum moratur in meditatione sanctissimi sacramenti.

Deinde disjunctis manibus dicit secreto : Quid retribuam Domino pro omnibus quæ retribuit mihi? Tum discooperit calicem, genuflectit, surgit, et cum patena colligit fragmenta si quæ sint; patenam quoque diligenter cum pollice et indice dextræ manus super calicem, et ipsos digitos, ne quid fragmentorum in eis remaneat, extergit.

Si vero super corporali sint hostiæ consecratæ reservandæ, facta prius genuflexione reponit eas in vas ad hoc ordinatum, et diligenter advertit ne vel minimum fragmentum remaneat super corporali; si quod reliquum fuerit, reponit in calicem.

Post extersionem patenæ, junctis pollicibus et indicibus, calicem dextra manu infra nodum cuppæ accipit, sinistra patenam, dicens secreto, Calicem salutaris, etc., et signans se signo crucis cum calice, dicit secreto : Sanguis Domini nostri, etc., et manu sinistra supponens patenam calici, reverenter sumit totum sanguinem cum particula in calice posita (4).

Tum dicit secreto : Quod ore sumpsimus, etc., et super altare porrigit calicem ministro in cornu Epistolæ, et, vino per eum in calicem infuso, se purificat (5).

Deinde (6) vino et aqua abluit pollices et indices super calicem, quos abstergit purificatorio, interim dicens secreto, Corpus tuum, Domine, etc. Ablutionem sumit, et extergit os et calicem purificatorio.

Quo facto, purificatorium extendit super calicem, et desuper ponit patenam ac super patena pallam, et plicato corporali quod reponit in bursa, cooperit cali-

(1) Et secreto toties prosequitur, ut in res, etc. (1841, ut Rom.). Tum erigens se (1841).
(2) Una parte alteri superposita (1728).
(3) Ante faciem (Rom.); excussis indicibus et pollicibus super patenam (1841).
(4) Deinde sumpto sanguine, et ministrata communione, si qui sint communicandi, vas vel pyxis in tabernaculum obscuratur (1841).
(5) Per eamdem calicis partem qua sanguinem sumpsit, supponens patenam calici (1841).
(6) Sacerdos, relicta patena super corporale, vadit ad cornu Epistolæ,... et reversus ad medium altaris, etc. (1841).

cem velo, et collocat in medio altaris.

Si qui sint sacram communionem accepturi, sacerdos, post sumption m sanguinis, antequam vinum infundatur in calicem ad purificationem, tecto palla calice, et facta genuflexione, ponat particulas consecratas super patenam [nisi antea positæ fuerint in pyxide (7)] ad communionem administrandam.

Interim minister mappam porrigit communicaturis, et facit confessionem (8).

Tum sacerdos iterum genuflectit, et manibus junctis (9) vertens se ad populum in cornu Evangelii, dicit : Misereatur (10), et Indulgentiam, etc., et manu dextra facit signum crucis super eos.

Postea genuflectens, accipit manu sinistra pyxidem seu patenam cum sanctissimo sacramento, dextra vero sumit unam hostiam vel unam particulam, quam inter pollicem et indicem tenet aliquantulum elevatam super pyxidem seu patenam, et conversus ad communicaturos dicit in medio altaris (11) : Ecce Agnus Dei, ecce qui tollit peccata mundi. Deinde dicit : Domine, non sum dignus, etc.

Quibus verbis tertio repetitis, accedit ad eorum dextram, hoc est ad partem Epistolæ, et unicuique porrigit sanctissimum sacramentum, faciens cum eo signum crucis super pyxidem vel patenam, et simul dicens : Corpus Domini nostri Jesu Christi; qui accepturus est respondet Amen, et sacerdos prosequitur, custodiat animam tuam in vitam æternam (12).

Si non sit sufficiens hostiarum numerus, dividantur a sacerdote (13).

Postquam omnes communicaverint, revertitur ad altare, nihil dicens; et non dat eis benedictionem.

Si particulæ positæ erant super corporali, colligit fragmenta cum patena, si quæ sint, et in calicem mittit.

Deinde dicit secreto : Quod ore sumpsimus, etc., et infuso in calicem vino, se purificat; et alia facit ut supra.

Secundum consuetudinem locorum, minister dextra manu tenens vas cum vino et aqua, sinistra vero mappulam, porrigit illud iis qui communicaverunt, et mappulam ut os abstergant.

Si in altari remaneant particulæ in pyxide usque ad finem missæ, sacerdos genuflectit quotiescunque accedit vel recedit a medio altaris, vel transit ante sanctissimum sacramentum: et cum dicturus est : Dominus vobiscum, non vertit se ad populum in medio altaris, ne terga vertat sanctissimo sacramento, sed a parte Evangelii; et ibidem dat benedictionem, circulum non perficiendo.

In missa majori, cum incipitur Pater no-

(7) Seu calice (Rom.). In aliquo vase (1841).
(8) Alta voce dicens : Confiteor, etc. (1841).
(9) Semiversus (1841).
(10) Misereatur vestri, etiamsi unicus esset communicaturus (1841).
(11) Alta voce (1841).
(12) Amen (1728).
(13) Redeat sacerdos ad altare, ubi residuas hostias in tres, ad summum, particulas dividat, quas singulis distribuet, una saltem reservata, si sit ecclesia cui competat eucharistiæ asservandæ jus aut privilegium (1841).

Vitetur tamen, quantum fieri potest, ista divisio, providendo ne desint hostiæ (1840).

ter, subdiaconus recipit patenam cum velo ab acolyto, eamque tenet elevatam et discoopertam (1), manu sua dextra cooperta et involuta dicto velo, ita ut pars interior patenæ ad partem Evangelii vertatur.

Cum dicitur : *Panem nostrum quotidianum da nobis hodie*, eam diacono porrigit, velum vero tradit acolyto.

Diaconus vero eam nudam inter pollicem et indicem manus dextræ, usque ad finem Dominicæ orationis elevatam tenet (2)

Cum cantatur : *Et ne nos*, ascendit ad dexteram celebrantis, ubi facta cum subdiacono genuflexione, patenam purificatorio extersam osculatur, et genuflexus dat celebranti (3).

Dum celebrans submittit patenam hostiæ, diaconus detegit calicem ; et immissa in eum a celebrante particula, iterum illum tegit, cum celebrante genuflectens ac surgens.

Diaconus et subdiaconus inclinati versus sanctissimum sacramentum ter dicunt cum celebrante ; *Agnus Dei*, manu dextra junctis digitis ter pectus percutientes, sinistra interim infra pectus posita.

Dum celebrans dicit primam orationem : *Domine Jesu Christe*, diaconus accipit unum aut duo pacis instrumenta, et cum celebrans osculaturus est altare, simul cum eo osculatur illud extra corporale, et flexis genibus offert ei instrumentum pacis ad osculum, et mox ab eodem dicente : *Pax tibi, frater, et Ecclesiæ sanctæ Dei*, accipit pacem, respondens ; *Et cum spiritu tuo*.

Surgit diaconus, et sub diacono a sinistris celebrantis stanti dat pacem porrigendo ei instrumentum, dicens : *Pax tecum* ; non ante sed post inclinans (4).

Deinde accepto de altari alio pacis instrumento, præbet ambo instrumenta duobus acolytis ad osculandum, dicens cuilibet : *Pax tecum*, et quilibet respondet : *Et cum spiritu tuo* ; tum inversa tradit ipsis per ansam, et ab eis sibi statim oblata osculatur, prius quod ad lævam, deinde quod ad dextram, cuilibet dicenti : *Pax tecum*, respondet : *Et cum spiritu tuo* (5).

Inde transit ad sinistram celebrantis, ubi genuflexione facta ei ministrat ad librum.

Subdiaconus autem, cum osculatus fuerit instrumentum, genuflectit ; et dum diaconus accedit ad sinistram celebrantis, ipse transit ad dexteram, ubi iterum genuflectit.

Acolyti, accepta pace, eam deferunt ad chorum, duobus thuriferariis ipsos sequentibus, qui incensant choristas (6) et clerum

ab utraque parte ; instrumentum pacis porrigunt eodem tempore choristis et singulis de clero, dicentes singulis : *Pax tecum* ; nec inclinantes nisi post oblatam pacem ; quilibet de clero omni tempore nudo capite pacem recipit, et dicit : *Et cum spiritu tuo*.

Acolytus qui prius absolvit, alterum exspectat in planochori, stans in extrema parte sedis puerorum chori, versa facie ad alteram chori partem, ut deinde simul redeant ad altare.

Diaconus et subdiaconus ad hæc verba (7) : *Domine, non sum dignus*, etc., se inclinant versus sanctissimum sacramentum, usquedum sacerdos hostiam sumpserit.

Cum celebrans dicit : *Quid retribuam Domino*, subdiaconus detegit calicem, et ipse ac diaconus genuflectunt cum celebrante ; tum inclinant usque post sumptionem sanguinis.

Si sacra communio administranda sit (8), subdiaconus tecto palla calice transit ad lævam celebrantis, diaconus ad dextram ; ibique facta genuflexione (si hostiæ sint in pyxide, diaconus eam in medio corporalis collocat ; et genuflectit) recedit ad partem Epistolæ (9), subdiaconus vero ad partem Evangelii, ubi inclinati versus celebrantem, junctis manibus diaconus dicit mediocri voce: *Confiteor*, et subdiaconus similiter, sed submissa voce

Celebrans dicit : *Misereatur* et *Indulgentiam*, et cætera, ut supra pro missis sine cantu notatur.

Interim duo acolyti mappam præbent communicaturis, qui flexis genibus, tenentes mappam utraque manu, recipiunt sacram communionem, et mox surgunt.

Si quis sacerdos sit communicaturus, ipse accedat stola ornatus (10).

Postea diaconus, secundum consuetudinem locorum, accepto de credentia calice vel alio vase cum vino modica aqua mixto, et accepta mappula manu sinistra, accedit ad sinistram celebrantis, factaque genuflexione, illud præbet omnibus qui communicaverunt, etiam laicis; et mappulam ministrat cuilibet ad tergendum os; et identidem altera lintcoli parte labia vasis extergit. Subdiaconus vero accepta de altari patena accedit ad dexteram celebrantis ; factaque genuflexione, assistit ei sacram communionem præbenti, submittens patenam ori communionem accipientium.

Ubi moris non est vas a diacono porrigi eis qui communicaverunt, subdiaconus a sinistris celebrantis assistit ei communionem præbenti ; ipse autem diaconus ad dextram cele-

---

(1) In signum instantis communionis (n. 197).
(2) Diaconus, remoto velo ex patena, illam capit de manu subdiaconi (1784).
(3) Illam inserit inter indicem et medium digitos dextræ celebrantis (n. 198).
(4) Sibi mutuo inclinant mediocriter (n. 201).
(5) Subdiaconus defert pacem canonicis...; thuriferarius, primo cantoribus..., deinde acolytis (1784).
(6) Si sint in sacro ordine constituti (n. 202).
(7) Cum eo dicunt, sed ipsi submissa voce (n. 203)
(8) Non debet differri post missam; non enim hoc fit sine magna rituum ecclesiasticorum perturbatione (172).
Ordo postulat ut communio populi fiat intra missam (1810).
(9) Si autem pyxis e tabernaculo extrahenda sit, cele-

brans et subdiaconus, cooperto prius et amoto calice, genua flectunt in ora supremi gradus, aliquantum ad cornu Evangelii recedentes. Diaconus aperit tabernaculum, genuflectit, sacram pyxidem extrahit, in medio corporalis deponit, clausoque ostio tabernaculi, aperit pyxidem; statim celebrante et subdiacono assurgentibus, cum eis genuflectit (n. 204).
(10) Post choristas (n. 204).
* *Rom.* Diaconus exspectat pacem, et a celebrante dicente hæc tantum verba : *Pax tecum*, complexus, accipit pacem sinist. is genis sibi invicem appropinquantibus, et ei respondet : *Et cum spiritu tuo*. Quam quidem pacem diaconus similiter dat subdiacono quem acolytus comitatur, vadit ad clerum et eadem forma pacem dat singulis, habita, ut par est, dignitatis cujusque ratione.

brantis submittit patenam ori communionem accipientium. Caveant vero ministri ne terga vertant sanctissimo sacramento.

Dum autem communio administratur, interim in choro (1) cantatur antiphona quæ dicitur Communio.

Facta communione, celebrans redit ad altare cum ministris, deponit pyxidem super altare, diaconus similiter calicem seu vas super credentiam, et subdiaconus patenam super corporale. Diaconus cooperit pyxidem, et transit ad librum.

Subdiaconus transit ad dextram celebrantis, ubi discooperit calicem, et celebrans immittit particulas seu fragmenta in calicem, si quæ sint.

Deinde porrigit calicem subdiacono, qui accepto urceolo ab acolyto, vinum infundit; mox urceolum aquæ accipiens, vinum et aquam infundit super pollices et indices celebrantis, et reddit urceolos acolyto.

DE COMMUNIONE ET ORATIONIBUS POST COMMUNIONEM.

CAP. XI.

Dum sacerdos, sumpta oblatione, calicem in altari collocat, Missale defertur per ministrum ad cornu Epistolæ.

Deinde sacerdos junctis manibus legit antiphonam quæ dicitur Communio.

Tum vadit ad medium altaris, et illud osculatur; vertit se ad populum per dextram, et dicit: Dominus vobiscum, *et per eamdem viam redit ad librum, dicit orationes post communionem eisdem modo, numero et ordine, quibus dictæ sunt Collectæ.*

Quibus finitis claudit librum (2), *et jungens manus ante pectus, revertitur ad medium altaris, ubi illud osculatus, vertit se ad populum, et dicit* : Dominus vobiscum.

Et junctis manibus versus populum, dicit (si dicendum est) : Ite, missa est; *et per eamdem viam revertitur ad altare.*

Si non dicatur Ite, missa est, *convertitur ad altare et junctis manibus dicit* : Benedicamus Domino.

In missis pro defunctis eodem modo stans versus altare dicit : Requiescant in pace. *Nunquam autem* Requiescat, *in singulari.*

In Quadragesima, in missis de feria, postquam sacerdos dixit orationes quæ sunt post communionem, cum solitis conclusionibus, antequam dicat : Dominus vobiscum, *eodem loco ante librum dicit* : Oremus. Humiliate capita vestra Deo, *caput inclinans; et extensis manibus subjungit orationem super populum; qua finita osculatur altare, et vertens se ad populum dicit* : Dominus vobiscum, *et alia ut supra.*

IN MISSA MAJORI, *ablutione sumpta, celebrans cooperit caput amictu, hiemali tempore, quod et faciunt ministri.*

Diaconus transfert librum cum pulvinari ad cornu Epistolæ;

Subdiaconus vero velum cum palla, ad cornu Evangelii : et uterque inclinat ante medium altaris transeundo.

Celebrans, dicta Communione, osculatur altare in medio, et versus populum cantat : Dominus vobiscum; *redit ad librum, ubi cantat orationes competentes.*

Quibus finitis osculatur altare in medio, et cantat, Dominus vobiscum; *et submissa voce indicit diacono,* Ite, missa est, *vel* Benedicamus, *vel* Requiescat, *etc.*

Diaconus stat retro post celebrantem cum cantat orationes; et accedit ac recedit de medio altaris simul cum celebrante.

Subdiaconus autem statim post ablutionem extergit calicem purificatorio, eique patenam et pallam superimponit; et plicato corporali quod reponit in bursa, velo cooperit calicem, et bursam desuper aptat; et super bursa, instrumenta pacis; tum ea defert in sacrarium seu conditorium, præcedenti us ceroferariis et indutis si adsint (3).

Tum redit ad altare in plano retro post diaconum.

Diaconus ante medium altaris in secundo gradu stans, postquam celebrans cantavit ultimum Dominus vobiscum, *et ipsi indixit,* Ite, missa est : *inclinat, et conversus* (4) *ad populum cantat nudo capite et junctis manibus* : Ite, missa est (5).

Si cantet Benedicamus, *aut* Requiescat in pace, *non se vertit.*

DE BENEDICTIONE IN FINE MISSÆ ET EVANGELIO SANCTI JOANNIS.

CAP. XII.

Dicto Ite, missa est, *vel* Benedicamus, *ut supra, sacerdos ante medium altaris junctis manibus super eo, inclinatus dicit secreto* : Placeat tibi, sancta Trinitas, *etc.*

Deinde extensis manibus super altare positis, ipsum in medio osculatur : tum erigens se, stans adhuc versus illud, elevat oculos et manus, quas extendit, et ungit, caputque inclinans dicit : Benedicat vos omnipotens Deus.

Et junctis manibus, ac demissis oculis, vertens se per dextram ad populum, extensa manu dextra, junctisque digitis, et manu sinistra ad pectus posita, benedicit populo dicens : Pater et Filius † et Spiritus sanctus. ℞ Amen (6).

Circulum perficiens vadit ad cornu Evangelii, ubi dicto Dominus vobiscum, *pollce dextro, signans primum signo crucis altare seu textum, deinde frontem, os et pectus, dicit* : Initium sancti Evangelii, *etc., vel* Sequentia, *ut dictum est in rubricis generalibus* (7); *deinde junctis manibus legit Evangelium* In principio erat Verbum, *vel aliud ut convenit.*

---

(1) Post communionem cleri (n. 210), aut populi (1784, 1840).
(2) Nisi pro lege.do ultimo Evangelio ad cornu Evangelii sit transferendum (1841).
(3) In annualibus et solemnibus majoribus defert ad credentiam, aut tradit sacristæ deferendum in vestiarium calicem; cæteris vero diebus eo loca in medio altari (1728).
(4) Conversus diaconus cum su. diacono ad clerum (1728).

(5) Vel *Benedicamus*, etc. Interim celebrans, perfecto circulo, etc., ut infra (1728).
(6) Episcopus ter benedicit populo (1841).
(7) Postquam minister responderit *Gloria tibi, Domine...* legit, etc. (1841).

* *Rom,* Diaconus, in missa majori, vertens se ad populum, dicit : *Humiliate*, etc.

Cum dicit, Et Verbum caro factum est, genuflectit versus cornu Evangelii; et surgens prosequitur ut prius : quo finito, minister respondet Deo gratias.

In missa majori, celebrans benedicit populo; vel alta vel submissa voce secundum consuetudinem locorum : at dominus archiepiscopus non benedicit (1).

Diaconus interim versus celebrantem paulo ad cornu Epistolæ, et subdiaconus ad cornu Evangelii, stantes, mediocriter inclinant (2).

Data benedictione, celebrans (3) accepta cruce descendit in planum cum ministris, ubi flexis genibus profunde inclinant;

Mox surgunt, ac in vestiarium redeunt eodem modo et ordine quo accesserunt ad altare.

Celebrans redeundo in vestiarium * recitat Evangelium *In principio erat Verbum*, si dicendum sit. Cum autem hoc Evangelium recitat, nudo capite incedit.

Cum in vestiarium celebrans et ministri pervenerint, inclinant cruci, quæ est in sacrario, deinde celebrans crucem deponit, et recitat Evangelium si proprium sit, ac sacras vestes exuit cum ministris.

DE OFFICIO CHORISTARUM IN MISSA.

CAP. XIII.

Choristæ (*nudo semper capite in æstate*) *per chorum ambulant*, ad *Introitum*, Kyrie, Gloria in excelsis, Alleluia *cum versu*, et *Prosam*, *postquam diaconus ad ambonem ascenderit*, ad *Credo*, *postquam diaconus de ambone descenderit, et cantatum fuerit* Et incarnatus est. *Præterea ad Offertorium*, *cum cantatur* Sanctus, *ad antiphonam quæ dicitur* Communio (4).

Sedent cum toto choro ad Epistolam, *cooperto capite, omni tempore; et ad Graduale, si illius versum non cantent ; usque dum diaconus ad Evangelium progrediatur.*

Quando ambulandum non est aut sedendum, stant ad bancam, nudo capite in æstate; similiter quotiescunque chorus vertit se ad altare, ipsi deambulationem intermittunt, et stant ad bancam (5).

Dum cantatur Evangelium stant cum toto choro versus diaconum; at cum respondetur: Gloria tibi, Domine, *vertunt se ad altare.*

Genua flectunt ad elevationem sanctissimi sacramenti, pone bancam.

In feriis Quadragesimæ, quas duplex et supra non sequitur, genua flectunt a cantato Sanctus *usque ad primum* Agnus Dei *exclusive.*

Primus chorista, genuflexus super infimum

gradum altaris, annuntiat celebranti initium hymni Gloria in excelsis ; *non autem annuntiat* Credo (6).

DE MISSA PRO DEFUNCTIS.

CAP. XIV.

In missa de defunctis sacerdos non signat se ad Introitum, sed manu dextra extensa producit signum crucis super librum, sinistra interim super librum posita (7).

Non osculatur librum in fine Evangelii, nec dicit Per evangelica dicta.

Non benedicitur aqua in calicem fundenda.

Ad Agnus Dei, *non percutitur pectus ; nec pax datur* (8).

Non datur benedictio ; sed dicto Placeat, *sacerdos osculatus altare dicit :* In principio (9).

In missa majori, *celebrans non defert crucem ad altare.*

Subdiaconus non porrigit celebranti codicem Evangelii ad osculandum.

Celebrans non incensat altare ante Introitum.

Finita Epistola non dat manum ad osculandum, nec benedicit subdiaconum.

Diaconus ante Evangelium dicit *Munda cor meum* de more, sed non dicit *Jube;* nec petit benedictionem, nec manum celebrantis osculatur.

Ad Evangelium, thus non defertur (10).

Ad versum *Pie Jesu Domine*, celebrans genua flectit ad oram supremi gradus.

In fine Evangelii celebrans non osculatur codicem Evangelii.

Subdiaconus antequam infundat aquam in calicem, non dicit : *Benedic*, *Pater ;* nec offert celebranti ad benedicendum.

Ministri, cum aliquid porrigunt celebranti, aut recipiunt ab eo, rem tradendam aut acceptam non osculantur, nec manum celebrantis.

Si missa celebretur ritu solemni, celebrans incensat oblata et altare, et ipse solus incensatur a diacono.

Si fiat oblatio cleri et populi, celebrans, dum porrigit patenam ad osculum, dicit accedentibus : *Requiescat in pace ;* singuli respondent : Amen.

DE MISSA CORAM SANCTISSIMO SACRAMENTO EXPOSITO.

CAP. XV (11).

Sacerdos in missa privata coram sanctissimo sacramento observat quæ sequuntur.

Caput detegit cum ad cancellos altaris pervenerit.

---

(1) Cruciger, induta cappa in vestiario, procedit ad phare, crucem accipit, et in medio sistit se infra gradus sanctuarii, ad quem ceroferarii, assumptis candelabris, mox se jungunt (n. 215).

(2) Genuflectunt in cradella seu primo gradu (1784).

(3) Circulum perficiens vadit ad cornu Evangelii... Cum dicit : *Et Verbum caro factum est*, genuflectit.... factis iterum inclinatione et genuflexione per diaconum et subdiaconum, redit, etc. (1784). Recitat *De profundis* et dat absolutionem ad portam chori (Ibid.). Eundo recitat Evang. (*In ordin. seu canone missæ.*)

(4) Deambulantes autem, modesto semper, gravi et nusquam præcipiti gressu incedant (n. 376).

(5) Caveant autem huc illucve in chorum discurrere, et per alios potius quam per se faciant, si quid agendum oc-

currat quod ad eorum munus non pertinet (n. 573).

(6) Regulæ multo plures dantur in novis rubricis anni 1841. Longius esset eas hic exscribere. Sufficiat loca indicasse.

(7) Super altare (*Decr. S. C.* 1816).

(8) Datur communio intra missam, ut in aliis missis (1841).

(9) Vel recedit (1784 *in ordinario*).

(10) Nec luminaria (1784).

(11) Ad altare in quo patenter expositum est SS. sacramentum, nunquam celebretur missa defunctorum. Super illud autem per missam ardeant sex saltem cerei (1841).

* Hic mos Romæ non obtinet, nec in multis Galliæ diœcesibus.

In infimo gradu altaris utrumque genu flectit, caput inclinans.

Deposito calice in cornu Evangelii, genuflectit.

Aptato corporali et calice, genuflectit et accedit ad Missale in cornu Epistolæ.

Rediens ad medium, genuflectit, et aliquantulum a medio recedens, verso ad cornu Evangelii dorso, descendit in planum; ibique facta genuflexione (1), erectus missam incipit.

Cum ascendit ad altare, genuflectit ante et post Oramus te, Domine.

Genuflectit :

Ante Kyrie, eleison ;

Quoties vertit se ad populum, postquam osculatus est altare : tum dorso ad cornu Evangelii verso, stans facie semiversa ad populum, dicit Dominus vobiscum.

Iterum genuflectit in medio, et redit ad librum.

Genuflectit :

Ante et post Munda cor meum ;

Ante Credo ;

Post oblationem hostiæ, antequam accedat ad cornu Epistolæ, et vinum et aquam infundat in calicem;

In medium reversus, ante oblationem calicis;

Ante et post lotionem manuum, quas lavat extra cornu Epistolæ, et faciem ita convertens ad populum, ut dorsum non vertat sanctissimo sacramento ;

Ante Orate, fratres ; quod quidem sacerdos dicit eodem ritu et loco, quo, Dominus vobiscum ; deinde non perficiens circulum redit ad medium ubi iterum genuflectit.

Genuflectit :

Post sumptam purificationem, et accepto calice digitos abluit more solito ; tum reposito calice, et tersis digitis, redit ad medium, ubi iterum genuflexione facta, ablutionem sumit ;

Aptato calice antequam e medio recedat lecturus communionem.

Qua lecta redit ad medium altaris (2), quod osculatur, deinde genuflectit ac dicit Dominus vobiscum.

Iterum genuflectit, et in cornu Epistolæ dicit orationes post communionem.

Redit ad medium altaris, quod osculatur, et dicit Dominus vobiscum et continuo Ite, missa est, facta ante et post genuflexione.

Si dicendum sit Benedicamus Domino, genuflectit post Dominus vobiscum.

Daturus benedictionem osculatur altare, et dicto Benedicat vos omnipotens Deus, genuflectit ; et a parte Evangelii stans semiversus, benedicit populo; nec perficit circulum, neque iterum accedit ad medium aut genuflectit, sed conversus ad altare incipit Evangelium (3).

Cum dicit : Et Verbum caro factum est, genuflectit aliquantulum versus sanctissimum sacramentum.

Antequam calicem accipiat, genuflectit, et accepto calice recedens ad cornu Evangelii, descendit nudo capite, et genuflexione in infimo gradu facta utroque genu, ut ante missam, caput extra cancellos operit.

IN MISSA MAJORI, celebrans eundo ad altare non defert crucem (4).

Dicto *Oramus te, Domine*, et postquam osculatus est altare, sine alia genuflexione benedicit thus ut in aliis missis, sed sine osculo cochlearis manusve aut catenarum thuribuli.

Deinde cum diacono a dextris et subdiacono a sinistris ad oram supremi gradus altaris genuflexus, accepto de manibus diaconi thuribulo, sine osculis, sanctissimum sacramentum triplici ductu thurificat, ante et post profunde inclinans, omnibus circumstantibus ministris interim genuflexis ; tum surgens, et facta genuflexione altare thurificat de more, semper genuflectens dum transit ante sanctissimum sacramentum.

Cum incensandus est celebrans, reddit thuribulum diacono, descendit aliquantulum extra altare in cornu Epistolæ in secundum gradum, ubi stans versa facie ad populum, cavens ne terga vertat sanctissimo sacramento ; a diacono genuflexo incensatur de more; postea rediens ad altare per eamdem viam, nulla genuflexione facta, Introitum legit.

Eodem modo incensatur post oblatorum et altaris thurificationem ; quæ oblata incensat de more sine genuflexione; quibus incensatis, incensat sanctissimum sacramentum flexis genibus, et altare ut supra.

Ubi incensatur, ibi lavat manus, facie ad populum versa.

Diaconus et subdiaconus eodem modo se gerunt ac celebrans in genuflexionibus et cæteris. Abstinent se ab osculis rei tradendæ et acceptæ, ac manus celebrantis.

Quoties celebrans accedit ad medium altaris vel recedit a medio, etiam ut se convertat ad populum, vel quando transit ante medium, diaconus et subdiaconus cum eo genuflectunt, manent tamen in medio, etiam dum celebrans paululum recedit versus cornu Evangelii ut se convertat ad populum.

Deinde si redeat ad cornu Epistolæ, eum sequuntur, facta in medio genuflexione. Sed cum ascendunt ad altare dicturi cum eo, *Gloria in excelsis* vel *Credo*, au quid aliud acturi, genuflectunt tantum in accessu prope altare.

Diaconus, cum cantat *Ite, missa est*, stat paululum versus cornu Evangelii ; et genuflectit ante et post.

Cæterum ad altare ubi expositum est sanctissimum sacramentum, etsi, præter missam pro defunctis, celebrari possit missa quæcunque, etiam ferialis, graviori tamen mensura et lento cantu ; tamen unica seu præcipua major semper celebrabitur sub cantu (nisi Dominica sit) saltem duplicis majoris, ac ritu solemni ; iisdem propter

---

(1) Facta, genibus flexis, profunda inclinatione (1841).
(2) Genuflectit, deinde osculatur altare (1841).
(3) Dicendo *Initium* vel *Sequentia*, signet textum a ministro oblatum, non autem altare (1841).

(4) Celebrans et ministri accedentes ad altare, solum SS. sacramentum salutant, non vero chorum; et post Epistolam non vadunt ad sedilia, sed semper stant ad altare (1723).

solemnitatem ac reverentiam sanctissimi sacramenti observatis quæ observanda essent in missa diei Dominicæ. Sic feria II et III post Quinquagesimam, si missa unica major seu præcipua sit de feria, cantabitur in ea Tractus et *Credo*.

Si habeatur concio, veletur sanctissimum sacramentum (1).

DE MISSA QUÆ CELEBRATUR CORAM DOMINO ARCHIEPISCOPO (2).

CAP. XVI.

Omnia fiunt ut in missa ordinaria, præter ea quæ sequuntur (3).

Sacerdos procedens ad altare, et transiens ante D. archiepiscopum, mediocriter ei inclinat cooperto capite, si deferat calicem; si non deferat, nudo capite profunde inclinat.

Aptato calice in altare, et Missali aperto, descendit; et stans infra infimum gradum, conversus ad D. archiepiscopum, ei profunde inclinat.

Versus ad altare, exhibita prius debita reverentia (4)*, missam incipit*.

In confessione ubi dicitur, et vobis, fratres, vos fratres, dicit tibi Pater, te Pater, D. archiepiscopo profunde inclinans.

Lecto Evangelio, liber defertur a ministro ad D. archiepiscopum ut ipsum osculetur, quem et sacerdos postea osculatur (5).

Dicto Placeat, sacerdos dicit : Benedicat vos omnipotens Deus; *et inclinatione facta D. archiepiscopo, ad aliam partem paululum conversus, prosequitur* Pater et Filius † et Spiritus sanctus.

Antequam discedat ab infimo gradu, profunde inclinat D. archiepiscopo.

IN MISSA MAJORI (6), diaconus processurus ad Evangelium non petit benedictionem a celebrante, nec thuriferarius, sed ambo accedunt ad D. archiepiscopum, a quo flexis genibus solitam benedictionem petunt.

Cantato Evangelio, subdiaconus codicem Evangelii apertum porrigit D. archiepiscopo ad osculum (7), cui postea inclinat; diaconus autem stans triplici ductu cum incensat, facta ante et post inclinatione; deinde subdiaconus porrigit celebranti codicem ad osculandum.

Postquam subdiaconus (ac unusquisque indutorum ad altare remanentium, si adsint) osculatus fuerit instrumentum pacis, diaconus, præcedentibus duobus pueris seu clericulis, ac duobus thuriferariis, illud defert ad D. archiepiscopum ut osculetur; et post osculum, ei inclinat; tum duo thuriferarii D. archiepiscopum triplici ductu simul incensant.

Eodem in loco diaconus (data pace indutis qui adfuerint) porrigit unum e pacis instrumentis uni e pueris ad osculum, tum inversum ei præbet per ansam; alterum alteri similiter; ii vero, unus post alterum, utrumque instrumentum diacono ad osculum porrigunt; et statim, diacono ad altare redeunte, ipsi ad chorum deferunt (8).

Dicto *Ite, missa est*, vel *Benedicamus*, celebrans non dicit *Benedicat vos*; sed convertit se ad D. archiepiscopum, qui dat benedictionem.

Idem ritus observatur, si adsit episcopus indutus epomide, præter benedictionem in fine missæ, quæ tunc datur a celebrante more solito.

Si plures adsint episcopi induti rochetto et mosetta, antiquior ex eis solus benedicit diaconum et incensum ad Evangelium. Singulis vero suo ordine porrigitur codex Evangeliorum ac instrumentum pacis ad osculum; et incensantur singuli triplici ductu.

MONITUM.

Rubrica de defectibus in hoc præcipue differt a romana, quod si sacerdos advertat tantum post commixtionem particulæ hostiæ vinum non fuisse positum in calice, sed aquam, ipsam non effundat, sed vinum apponat in majori quantitate, si haberi possit. Alioquin, aqua deponatur in aliquod vas mundum, ita tamen ut parum illius aquæ cum particula in calice remaneat, et aqua in vase deposita sumetur in ablutione. Voy. art. INCIDENTS.

osculum archidiaconis antistiti assistentibus; postea ad chorum, ut dictum est. Celebrans non incipit *Credo*, nisi post osculum.

Postquam diaconus imposuerit vinum in calice, subdiaconus in cornu Epistolæ elevat ampullam aquæ versus D. antistitem, dicens : *Benedicite, Pater*, etc.

Celebrans incensat oblata et altare, et ipse postea incensatur duplici ductu a diacono, thure semper prius a D. antistite benedicto (1784).

(8) Celebrans osculatur altare, deinde instrumentum pacis seu patenam, quam diaconus defert ad D. ep scopum, ut eam osculetur; ante et post osculum ei inclinat diaconus (1728).

* *Rom.* Exspectat sacerdos ab episcopo incipiendi signum, exhibita ipsi ante et post debita reverentia. Præscribitur insuper idem ceremoniale coram cardinali ubique, coram legato sedis apostolicæ in loco suæ legationis, coram patriarcha et archiep s opo in ipsorum provinciis; secus non exhibetur a sacerdote nisi solita et ubique episcopis debita reverenti.

---

(1) A quacunque ecclesia ubi expositum est SS sacramentum, nunquam processionaliter egrediendum est, nisi cum solemniter defertur (1724).

(2) Antistite (1784), vel aliis episcopis (1728).

(3) Si missa celebretur coram SS. sacramento exposito, sacerdos non inclinat D. archiep scopo, nisi ad confessionem initio missæ, et ante benedictionem in fine (1841).

(4) Inclinatione scilicet profunda coram SS. sacramento, alias mediocri (1728).

(5) Postquam sacerdos imposuerit vinum in calice, elevat ampullam aquæ versus D. antistitem, dicens : *Benedicite, Pater reverende* (1784). *Benedic, Pater reverendissime* (1810).

(6) D. antistes incipit... et peragit ea quæ sunt celebrantis propria. Dicto *Indulgentiam*, recedit versus sedem suam cum archidiaconis (1784). Finita Epistola, subdiaconus accedit ad D. antistitem, etc (*Ibid.*).

Dum cantatur *Kyrie eleison*, subdiaconus vadit ad D. archiepiscopum, et offert ei aquam in urceolo ad benedicendum; et cantata Epistola ille ab eo benedicitur (1728).

(7) Cui ante et post inclinat (1728) · porrigitque illum ad

S

SACRAMENTAUX.

Les sacramentaux ont tant de liaison avec tout ce qui tient au culte divin, que nous croyons devoir en rappeler ici l'usage et les fruits.

On entend par sacramentaux certains objets bénits, certaines prières, certaines cérémonies qui effacent les péchés véniels et produisent une grâce particulière en faveur de ceux qui en font usage avec foi, et surtout avec une douleur sincère de leurs péchés.

Azor, dans ses *Institutions morales*, l. IV, c. 11, prétend que cette rémission des péchés véniels est produite *ex opere operato*, toutes les fois qu'on fait un usage religieux des sacramentaux, parce que cet acte de religion renferme implicitement la douleur des péchés, et que l'Eglise a reçu le pouvoir de remettre les péchés véniels hors du sacrement de pénitence, aussi bien que la peine due aux péchés, en vertu de ces paroles de Jésus-Christ : *Quorum remiseritis peccata remittuntur eis*; et de celles-ci : *Tout ce que vous aurez délié sur la terre sera délié dans le ciel*. Il tâche encore de le prouver par un décret du pape Alexandre I**er**. Mais l'opinion contraire est plus commune et *plus vraie*, d'après saint Alphonse de Liguori, par conséquent la seule admissible selon cet auteur, dont la doctrine a été déclarée par le saint-siége exempte de censure. C'est donc *ex opere operantis*, comme disent les théologiens, c'est-à-dire par les dispositions personnelles, que les sacramentaux remettent les péchés véniels; mais en vertu des prières de l'Eglise qui les a institués et sanctifiés, ils produisent une grâce plus efficace et plus abondante que d'autres bonnes œuvres. L'Eglise le demande, et elle mérite toujours d'être exaucée, puisqu'elle ne fait qu'un même corps avec les saints qui sont dans le ciel, et avec Jésus-Christ, le Saint des saints, qui d'ailleurs a promis d'exaucer les prières de la société chrétienne, réunie en son nom.

On divise les sacramentaux en plusieurs classes différentes, comprises dans ce vers latin :

Orans, tinctus, edens, confessus, dans, benedicens.

Voy. la Somme de saint Thomas, III**e** partie, quest. 87; la Théologie de Sylvius, t. IV, quest. 87, art. 3; le P. Théophile Reynaud, t. XVI.

Orans. Toutes les prières faites dans nos temples, lorsqu'ils sont bénits, mais surtout lorsqu'ils sont consacrés par l'évêque, toutes les prières faites au nom de l'Eglise et en union avec elle, comme la messe, les vêpres, les cérémonies et les prières qui sont liées avec l'administration des sacrements, etc., ont plus d'efficacité que les prières qu'on fait dans sa maison ou en particulier.

L'Oraison Dominicale est aussi plus efficace que toute autre, même quand on la récite en particulier; il en est de même de la prière qu'on fait en se frappant la poitrine, à l'exemple du publicain (*S. Aug.*, *Enchirid.*, cap. 71; *epist.* 108). Le *Sacrosanctæ*, qu'on dit à la fin de l'office, est particulièrement destiné à obtenir la rémission des fautes commises par fragilité pendant la récitation. L'office même, selon quelques auteurs, a pour l'Eglise qui le prescrit un effet indépendant des dispositions de celui qui le récite.

Tinctus. L'eau bénite a une vertu particulière pour effacer les fautes journalières, pour éloigner l'esprit tentateur et augmenter les grâces actuelles. On rapporte à ce genre l'imposition des cendres et les onctions qui se font avec les saintes huiles.

Edens, s'entend du pain bénit dont l'usage est très-ancien dans l'Eglise et très-répandu dans les paroisses, mais qu'on pratique souvent avec peu de fruit, faute d'instruction ou d'attention. Pour que le pain bénit produise dans l'âme les grâces que l'Eglise demande en le bénissant, il faut le manger avec respect et avec foi; il n'est pas nécessaire cependant de le manger dans l'église. Par le mot *edens*, Azor entend aussi la sainte eucharistie.

Confessus. C'est le *Confiteor Deo omnipotenti*, etc., quand on le dit au commencement de la messe, ou à l'office de prime, ou à celui de complies, dans les lieux où l'on récite le Bréviaire romain; c'est aussi l'absolution générale que donne le prêtre avant la communion, l'absoute du mercredi des Cendres et du jeudi saint, etc. (*Voy.* le Rituel de Belley.)

Dans, désigne l'aumône; mais sous ce nom il faut entendre toutes les œuvres de miséricorde spirituelles et corporelles. Ainsi, apprendre à prier Dieu, enseigner le catéchisme, visiter les malades, les pauvres, les prisonniers, consoler les affligés, sont autant de bonnes œuvres qui, outre leur mérite intrinsèque, en ont un qui leur est communiqué par les prières de l'Eglise (*Voy.* Ferraris, *Biblioth. can.*, verbo *Peccatum veniale*, n. 59).

Benedicens. On entend par là, avant tout, la bénédiction du saint sacrement, ensuite la bénédiction de l'évêque et celle du prêtre, quand il est en fonctions, par exemple, à la fin de la messe ou quand il a donné la communion, etc.; on entend également tous les objets bénits *ex officio* (c'est-à-dire avec le surplis, l'étole et les prières indiquées dans le Rituel ou le Missel), tels que les cierges, les rameaux, les ornements sacerdotaux, les habits religieux, les scapulaires, les croix, les médailles, etc.

La bénédiction des évêques renferme toujours une grâce plus éminente, même lorsqu'ils ne sont pas en fonctions, et c'est sans doute de là qu'est venu le pieux usage de se mettre à genoux lorsqu'ils passent, même dans les rues; c'est aussi une des raisons pour lesquelles les prêtres ne bénissent ni l'encens, ni l'eau, ni aucun autre objet, en présence de l'évêque, sans son approbation. (*Voy.* le Rituel de Belley.)

La congrégation des Rites a décidé que l'étole ne doit être employée que pour les sacrements et les sacramentaux; on peut donc mettre de ce nombre toutes les fonctions pour lesquelles l'étole est prescrite. La même congrégation a aussi déclaré en 1609 qu'un prêtre peut bénir dans les villages ceux qui le demandent, mais non tous ceux qui sont à leur passage, à la manière des évêques. *In pagis, non per vias more episcoporum.*

A ces sacramentaux Azor ajoute le jeûne, et M. Devie le signe de la croix.

Quoique les sacramentaux ne remettent pas les péchés véniels *ex opere operato*, parce que la contrition est nécessaire pour cet effet, ils peuvent bien obtenir des grâces prévenantes et d'autres que l'Eglise demande dans ses prières, comme d'éloigner le démon par les exorcismes, de préserver des tempêtes par le son des cloches, etc. *Voy.* saint Alphonse de Liguori, l. vi.

SAINTS.

C'est bien dans un dictionnaire de rites et de cérémonies, c'est-à-dire, de choses toutes saintes, et destinées à former des saints, que l'on doit trouver les noms de tous ceux que l'Eglise connaît pour tels, et permet ou ordonne d'honorer comme tels. On a besoin de connaître ces noms, pour ne pas en donner d'autres aux personnes que l'on baptise. Il faut encore connaître le jour que l'Eglise a destiné à leur culte. Le Martyrologe romain offre cette double indication pour un grand nombre des saints connus; on l'a reproduit ici tel qu'il a été revu et complété par Benoît XIV, et rendu encore beaucoup plus étendu au moyen du Martyrologe universel de l'abbé Chastelain publié en 1823, et de quelques nouvelles additions puisées dans Godescard, et dans la dernière édition du Martyrologe romain, faite à Malines en 1846. On trouverait difficilement un catalogue plus complet que celui-ci. On a donné à l'article CANONISATION la marche suivie actuellement dans l'Eglise pour admettre quelqu'un au nombre des saints.

Nous nous sommes attachés à indiquer suffisamment chacun d'eux, pour que le lecteur puisse avoir recours aux diverses Vies des saints, dans le cas où il désirerait obtenir plus de documents.

Ab. signifie *Abbé*. M. *Martyr*. Mrs *Martyre*. M. av. d'aut. *Martyr avec d'autres*. C. *Confesseur*. Dioc. *Diocèse*. Arch. *Archevêque*. Ev. *Evêque*. Anach. *Anachorète*. Bienh. *Bienheureux*. Vénér. *Vénérable*. Er. *Ermite*. Solit. *Solitaire*. Pr. *Prêtre*. Diac. *Diacre*. Evêq. rég. *Evêque régionnaire*. Ve *Vierge*. Hon. *Honoré*. Le m. q. *Le même que*

CATALOGUE GÉNÉRAL

DES SAINTS, SAINTES, MARTYRS, CONFESSEURS, BIENHEUREUX, VÉNÉRABLES, ANACHORÈTES, SOLITAIRES, RECLUS ET RECLUSES, HONORÉS PAR LES CHRÉTIENS SUR TOUTE LA SURFACE DE LA TERRE.

A

Aalez (Vén.) relig., 23 mai.
Aanor (la Bienh.) mère de Guillaume de Seigneley, Ev. d'Auxerre, puis de Paris.
Aaron d'Angleterre, 1er juil.
Aaron, Abbé, 22 juin.
Aaron d'Auxerre (le Vén.), 13 fév.
Aaron le grand prêtre, 1er juil.
Abachum, 19 janv. et 17 fév.
Abadir, M. à Antinoë, 22 sept.
Abaide, Conf. 31 oct.
Abashade, Abbé, M., 23 déc.
Abbacyr ou Appacare, 31 janv.
Abbain, Abbé en Irlande, 27 oct.
Abbande ou Abbas (Vén.) IVe abbé du Mont-Coryphe.
Abbon d'Auxerre (le Bienh.), 3 déc.
Abbon de Fleury (le Vén.), 13 nov.
Abbon de Metz, 15 avril.
Abdas d'Afrique, M., 31 mars.
Abdas de Bethcascar, M., 16 mai.
Abdas de Perse, l'Ancien, M. avec 18 autres.
Abdas de Perse, le Jeune, Ev. M. sous Isdegerdes, vers. 400.
Abdecalaas, Pr. M., 5 et 21 avril.
Abdias, Prophète, 14 juin et 19 nov.
Abdièse de Bethcascar, le même qu'Abdas, 16 mai.
Abdièse le Diacre, M., 22 avril et 10 oct.
Abdon, M. à Rome, 30 juil.
Abéblicane, 19 nov.
Abel de Reims, 5 août.
Abel, le premier des justes, invoqué dans les litanies pour les agonisants, 28 déc.
Abéluze, 15 janv.
Aherce, Ev. d'Hiérapolis, 22 oct.
Abet. *Voyez* Abit.
Abias, mentionné par saint Epiphane, comme patron d'une église paroissiale d'Alexandrie.
Abibe d'Alexandrie, 6 sept.
Abibe d'Edesse, 15 nov.
Abibe d'Egypte, 22 oct.
Abibe de Perse, M., 27 mars.
Abibion (le Vén.), l'un des fondateurs du monast. du Mont-Coryphe.
Abibon, 3 août et 18 déc.
Abilaude, 10 mars.
Abile, le même que Mile, évêq. d'Alexandrie, 22 fév. et 29 août.
Abit ou Abet, hon. au dioc. de Le car, dont une paroisse porte son nom,
Ablebert, le même qu'Emebert, 15 janv.
Abondance d'Afrique, M., 1er mars.
Abondance de Rome, M., 16 sept.
Abondance de Thessalonique, 27 fév.
Abondance, Vierge à Spolète, 26 déc.
Abonde de Baëce, M., 14 déc.
Abonde de Côme, 2 avril.
Abonde de Cordoue, Pr., 11 juil.
Abonde d'Etrurie, 16 sept.
Abonde de Rome, 26 août.
Abonde de Sassovio, 10 déc.
Abonde de Thess., le même qu'Abondance, 27 fév.
Abonde le Mansionnaire, 14 avril.
Abraamim, Évêque et Martyr, 5 fév.
Abrace, 9 déc.
Abraham d'Auvergne, 15 juin.
Abraham d'Ethiopie, 10 août.
Abraham de Paratome, Solit. au dioc. d'Antioche.
Abraham de Mégasyrien (le Vén.), disciple de saint Ephrem le Diacre, mort vers 400.
Abraham le Patriarche, 9 oct.
Abraham le Solitaire, 16 mars et 27 oct.
Abrame, Ev. d'Arbèle, 4 fév.
Abramès, Ev. de Carrhes, 14 fév.
Abratée, 16 avril.
Abre de Grenoble, 11 déc.
Abre d'Hermopolis, 15 mars.
Abre, honorée à Poitiers, 15 déc.
Abreha, roi d'Ethiopie, le même qu'Aïzan, 1er oct.
Abriact, patron d'un village de France dans le Quercy.
Abril, invoquée dans les anciennes litanies des religieuses de Notre-Dame de Soissons.
Abrosine, M. avec saint Miles, 22 avril.
Absade, Prêtre, 19 janv.

Abs, Vierge,	25 août.
Absalon, M.,	2 mars.
Abseode, M.,	29 juil.
Abudème, M.,	15 juil.
Abundius, IVe Evêque de Como, qui fut envoyé en Orient par le pape St. Léon pour combattre l'erreur d'Eutychès, et mourut en 469.	
Abyce,	24 août.
Acace d'Arménie, Prêtre,	27 nov.
Acace de Bithynie, M.,	28 avril.
Acace d'Emet, Ev.,	9 avril.
Acace (le Vén.), Ev. de Mélitine en Arménie, mort vers 440.	
Acace de Milet, M.,	28 juil.
Ac..ce de Sébaste,	9 mars.
Acace de Syrie,	29, 31 mars et 5 nov.
Acadou, hon. à Saint-Outrille de Bourges.	
Acafoxe, M.,	10 sept.
Acaïque,	15 juin.
Acaire, Ev. de Noyon,	27 nov.
Acas, enfant,	11 juin.
Acathe, M.,	8 mai.
Acauhe, Ab.,	23 janv.
Acca, Ev. d'Augustald,	20 oct.
Accie (la Vén.), mentionnée par Catherinot.	
Accurse, de l'ord. de Saint-François,	16 janv.
Acepsimas, Ev., M.,	22 avril, 14 mars et 10 oct.
Acepsime, Solitaire,	3 nov.
Aceste.	
Achaire, Ev. de Noyon et de Tournay, mort dans le VIIe siècle.	
Achart, Moine de Jumièges,	15 sept.
Ache, M., hon. à Amiens,	1er mai.
Achéry, honoré en Alsace, mentionné dans la Chronique de Sénone.	
Acheul, M., hon. à Amiens av. St. Ache,	1er mai.
Achillas, Ev. d'Alexandrie,	7 nov.
Achille de Larisse,	15 mai.
Achillée d'Orient,	17 janv.
Achillée de Rome. M.,	12 mai.
Achillée de Valence, M.,	23 avril.
Achilles (le Vén.), Ab. d'un monast. en Egypte.	
Acindyne de Perse, dont on fait la fête le 2 novembre.	
Acindyne, ou Aquidan, ou Akidan, patron de l'église des Vénitiens à Constantinople, dont les fêtes se célébraient les 20 avril et 22 août.	
Acisclè, M. à Cordoue avec sa sœur,	17 nov.
Acras, M. en Egypte,	8 juin.
Acrates,	10 août.
Acrosie,	29 juin.
Actinée, honorée à Volterre	16 juin.
Acuce, M. avec six autres,	19 sept.
Accurse, Martyr au Maroc,	16 janv.
Acute, Mre en Afrique,	3 janv.
Acutine, Mre av. Darius et 77 aut.,	12 avril.
Acylin, un des 12 Scillitains,	17 juil.
Acyndine d'Asie. Voyez Acindyne.	
Acyndine de Perse. Voyez Acindyne.	
Acyre, patron d'une église près de Melun.	
Adalbaud, Duc, M.,	2 fév.
Adalbéron d'Augsbourg (Vén.),	12 juin.
Adalbéron (Vén.), Ev. de Metz,	13 nov. et 14 déc.
Adalbéron de Virsbourg,	6 octob.
Adalbert, Ev. de Prague,	23 avril.
Adalbert, Ev. de Trente,	27 mars.
Adaldague, Apôtre du Nord et Archev. de Brême, mort en 988.	
Adalric.	
Adalseinde (Vén.), fille de sainte Rictrude,	24 déc.
Adam de la Trappe (le Bienh.),	7 mai.
Adam de Saint-Sabin,	16 mai.
Adam, le prem. homme, canonisé dans le livre de la Sagesse.	
Adamnan, (Bienh.), Abbé en Ecosse,	23 sept.
Adaucte d'Afrique, le même qu'Audact,	24 oct.
Adaucte de Phrygie, M.,	7 fév. et 3 oct.
Adaucte de Rome, M.,	30 août.

Adauque, le m. qu'Adaucte de Phrygie,	7 fév. et 3 oct.
Adax, M. avec d'autres,	9 juill.
Adegrin, Moine de Baume.	
Adélaïde. Voyez Aliz.	
Adélaïde de Bergame, veuve,	27 juin.
Adélaïde de Vilich,	5 fév.
Adélaïde, Impératrice,	16 déc.
Adélaire, Ev. d'Ersford, M.,	5 juin.
Adelard, Ab. de Corbie,	2 janv.
Adelbert,	25 juin.
Adelbert, Ier du nom Ev. de Côme,	3 juin.
Adelbert, IIe du nom, XVIe Ev. de Côme, mort en 628.	
Adelbert ou Emebert, Ev. de Cambrai, mort vers 633.	
Adelbert, Ev. de Prague,	23 avril.
Adèle, Abb. de Palazzo en Italie.	
Adelgisius, Ev. de Novarre, en 840.	
Adelhard, XVIIe Ev. de Mayence.	
Adelin de Berzy.	
Adelin de Hainaut,	27 juin.
Adelinde. Abb. en Allemagne,	21 août.
Adelmar, Moine du Mont-Cassin,	24 mars.
Adelme, Ev. de Sherborne,	25 mai.
Adelphe de Metz,	29 août.
Adelphe de Remiremont,	11 sept.
Adelrad ou Aderald. Archid. de Troyes.	
Adelvive (la Vén.), mère du célèbre Poppon, Abbé de Stavelo; morte vers 1000.	
Adelward, Ev. de Verden, vers 930.	
Adenée.	
Adenête, Abbé au Mans,	4 déc.
Adéodat (le Bienh.), Pape,	26 juin.
Aderit (le Bienh.), Ev. de Ravenne,	27 sept.
Adier, martyrisé par les Vandales dans le dioc. de Reims, et dont on trouva des reliques dans le XIe siècle.	
Adile, Vierge en Brabant,	30 juin.
Adjésus ou Hébedjésus, M. en Perse,	16 mai.
Adjole, Abbesse de l'ord. de Saint-Benoît.	
Adjute, un des frères mineurs,	16 janv.
Adjuteur d'Afrique, M.,	17 et 18 déc.
Adjuteur d'Auvergne, le m. qu'Ajudou,	26 juin.
Adjuteur de Bénévent,	19 nov.
Adjuteur de Cave,	16 déc.
Adjuteur de Tiron, le m. qu'Ajoutre,	30 avril.
Adjuteur l'Africain, prédic. en Italie,	1er sept.
Adjutory, patron d'un village de France près de Confolens.	
Adole, Solit. du mont des Olives.	
Adolf, Ev. d'Osnabruck,	11 fév.
Adolfe, M. av. St. Boniface et 51 aut.,	5 juin.
Adon, Ev. de Vienne en Dauphiné,	16 déc.
Adramas, M. en Egypte,	23 juin.
Adranique,	3 janv.
Adraste, M. av. Carise et aut.,	1er mars.
Adrauts, Chorév. au dioc. de Sens, et patr. d'une par. au dioc. de Chartres.	
Adresse, patron d'un village de son nom, près du Havre.	
Adrianite M. à Césène,	21 juil.
Adrias, M. à Rome,	2 et 9 déc.
Adrien Bécan, Prémontré,	9 juil.
Adrien d'Alexandrie, M. av. 2 aut.,	17 mai.
Adrien d'Argyropolis (Vén.),	26 août.
Adrien d'Assendelf, M. en Hollande,	24 déc.
Adrien, Ier Evêque de Fermo.	
Adrien de Maie, Ev. en Ecosse.	
Adrien de Manganée, M. à Césarée,	5 mars.
Adrien de Nicomédie,	4 mars et 8 sept.
Adrien de Niridan,	9 janv.
Adrien de Tarse, M. av. d'aut.	3 juil.
Adrien-Tisserand, Jéronymite, M.,	25 nov.
Adrien de Vintershove (le Bienh.),	19 mars.
Adrien, Martyr en Ecosse,	4 mars.
Adrien, Pape, IIIe du nom,	8 juil.
Adrier, hon. en Combraille,	3 mars.
Adulfe d'Auxerre,	13 nov.
Adulfe de Cordoue, M. av. son frère	27 sept.

Adamade (Ste), 29 nov.
Adventeur, M. à Turin, 20 nov.
Aéce de Barcelone, 14 août.
Aéce de Sébaste, 9 mars.
Aéce le Patrice, M. d'Amorio, 6 mars.
Aemilian, 1er Évêque de Trèves, M. sous les empereurs Maximien et Dioclétien.
Aéthère, Ev. d'Auxerre.
Afran, patron d'une église au dioc. de Cahors.
Afre de Brescia, veuve, Mre, 24 mai.
Afre de Candie, Mre, 9 oct.
Afre, Mre en Espagne, 5, 12 août et 18 déc.
Affre, patron d'un village de son nom, dans le Quercy.
Africain, M. en Afrique, 10 avril.
Afrique ou Africain, Ev. de Cominges, 1er mai.
Afrodise d'Alexandrie, 30 avril.
Afrodise de Béziers, 22 mars.
Afrodise de Tarse, M. avec 3 aut., 28 avril.
Afrodise, le Grolier, M., 1er sept.
Agabe de Novarre, 10 sept.
Agabus, prophète, 13 fév.
Agadrème, la même qu'Angadrème, 14 oct.
Agamond, Moine de Croyland, M., 25 sept.
Agape de Cirthe, Ev. M. av. sept. aut. 27 avril.
Agape d'Édesse, fils de Ste Basse, M., 21 août.
Agape de Gaze, M., 19 août et 20 nov.
Agape de Nicomédie, M., 28 déc.
Agape de Palestine, M. av. d'aut., 24 mars.
Agape de Rome, fils de saint Eustache, 20 sept. et 1er nov.
Agape, M. à Sébaste, 2 nov.
Agape de Tarse, Lecteur, M. av. 3 aut., 28 avril.
Agape de Trèves, Vierge, 8 août.
Agape de Terni, M. av. 18 aut., 15 fév.
Agape de Thessal., Vierge, M., 1er et 3 avril.
Agape de Vérone, 4 août.
Agapet de Ravenne, 16 mars.
Agapet, Pape, 17 avril et 20 sept.
Agapit (le Bienh.), fond. de l'abbaye de Maixent, vers 500.
Agapit de Palestine, M., 18 août.
Agapit de Rome, M. av. 5 aut., 6 août.
Agapit d'Ukraine, Moine, 1er juin.
Agapius, Xe Évêque de Vérone.
Agas, M. en Perse sous Sapor, en 346.
Agathange, M. à Ancyre, 23 janvier, 31 mars et 5 nov.
Agathe d'Angleterre.
Agathe de Carinthie, femme mariée.
Agathe, Vierge, Mre à Catane, 5 fév.
Agathemère, M. en Mysie, 3 avril.
Agathimbre, Ev. de Metz, 12 mai.
Agathin, M. à Synnade avec d'aut., 20 sept.
Agathocle, Martyre, 17 sept.
Agathodore de Chersonèse, Ev. et M., 4 mars.
Agathodore de Pergame, esclave, M., 13 avril.
Agathon de Sicile, M., 5 juil.
Agathon d'Ethiopie, M. av. sa famille, 4 sept.
Agathon d'Hoste, Ev., près de l'île de Lipari.
Agathon le Gendarme, M., 7 déc.
Agathon le Solitaire.
Agathon l'Exorciste, M. à Alexandrie, 14 fév.
Agathon, Pape, 10 janv. et 1er déc.
Agathonique, patron d'une ancienne église de Constantinople, bâtie par Constantin et restaurée par Justinien.
Agathonique, M. à Lilybée, 22 août.
Agathonique de Carthage, veuve, Mre, 10 août.
Agathonique de Pergame, Mre, 13 avril.
Agathope, 23 déc.
Agathopodes d'Antioche, M., 25 avril.
Agathopodes de Thess, M., 4 avril.
Agétrue, la m. que Gertrude de Nivelle, 17 mars.
Aggée, Martyr, 4 janv.
Aggée le Proph., 4 juil. et 16 déc.
Aggias, un des 40 Martyrs, 9 mars.
Agibold, honoré à Bobbio, en Italie.

Agil, patron d'un village de son nom, près de Mondoubleau.
Agibert (le Vén.), Ev. de Paris, 11 oct.
Agilbert, Roi d'une province d'Angleterre, honoré comme M. en ce royaume.
Agilée, M. en Afrique, 23 janv. et 15 oct.
Agilolf, 1er Ev. de Cologne, 31 mars.
Agiric, Ev. de Verdun, le m. que saint Airi, 1er déc.
Aglaé, 8 mai.
Agliber., Ev. d'Angers, mort vers 700, honoré à Saint-Sierge.
Aglibert de Creteil, M., 25 juin.
Agmer, Ev. de Senlis, 7 nov.
Agnan d'Alexandrie, le m. qu'Anien, 16 nov.
Agnan d'Antioche, le m. qu'Annèse, 10 nov.
Agnan de Besançon, 5 sept.
Agnan de Chartres, 10 juin et 7 déc.
Agnan d'Orléans, 17 nov.
Agnan de Périgueux, le m. que Chignan.
Agnat, Martyr, 17 août.
Ague, patron de deux villages de son nom, en Franche-Comté et en Languedoc.
Agnebaut, 6 juin.
Agnel, Abbé, 14 déc.
Agnès, M., Mre à Rome, 21 et 28 janv.
Agnès d'Assise, Vierge, 16 nov.
Agnès de Bohême (la Vén.), princesse, 6 mars.
Agnès de Jésus (la Vén.), 19 oct.
Agnès de Moncèle (la Vén.), 28 août.
Agnès de Mont-Pulcien (la Bienh.), 20 avril.
Agnès de Poitiers, V., 13 mai.
Agnet, patron d'un village de France, dans les Landes.
Agnin, patron d'un village de France, en Dauphiné.
Agoard, M. à Créteil, 24 juin.
Agobard, le m. qu'Agnebaut, 6 juin.
Agofroy (le Vén.), frère de St. Leufroy, que l'on trouve qualifié de saint dans les manuscrits de l'abbaye de la Croix en Normandie.
Agolin, Concellite de Saint-Astier, honoré en Auvergne, en Périgord, en Saintonge, sous le nom de St. Agulin, et en Languedoc, sous les noms de St. Agulis et Aiglis.
Agon, Ev., hon. à Poitiers, 18 août.
Agrat, de Vienne en Dauph., 14 oct.
Agrèce, Ev. de Trèves, 13 janv.
Agrève, invoqué aux anciennes litanies des religieuses de Notre-Dame de Soissons.
Agrève de Vivarais, Ev. du Puy, 1er fév.
Agrice, Ev. d'Orange, omis par Robert de Langres et par Scévole de Sainte-Marthe.
Agrice de Sens, 13 juin.
Agricolas, Ev. de Maëstricht, successeur de St. Servais, mort en 503.
Agricole d'Avignon, le même qu'Agrique, 2 sept.
Agricole de Boulogne, M., 4 et 27 nov.
Agricole de Nevers, le même qu'Arille, 26 fév.
Agricole de Pannonie, M., 3 déc.
Agricole de Ravenne, M. avec trois autres; 16 déc.
Agrinier, dont une église du diocèse de Viviers porte le nom.
Agripan ou St. Agrive. Voyez ce dernier nom.
Agrippin d'Autun, 1er janv.
Agrippin de Côme, 17 juin.
Agrippin de Naples, le même que St. Arpin, 9 nov.
Agrippin de Sirmich et ses compagnons, M., 15 juill.
Agrippine de Corbie, 24 mai.
Agrippine de Sicile, Mre, 23 juin.
Agrique, Ev. d'Avignon, 2 sept.
Agrive, patron d'un village en Languedoc.
Aguebaut, Ev. de Lyon, 6 juin.
Aguilberte, Veuve, Ab. de Joarre, 11 août.
Agulin, le même qu'Agolin.
Agulis, le même qu'Agolin.
Ahon, patron d'un village près de Bordeaux.
Aicon ou St. Eidon, Ev. de Meissen, en 993.
Aidan, Ev. de Lindisfarne, 31 août.
Aidaine, Pénitent, 27 déc.

Ail, la même qu'Austrégiède, 14 juin et 9 oct.
Aiglis, le même qu'Agolin.
Aignan, patron de plusieurs villages de son nom, en France.
Aigne, patron d'un village de son nom, près de Bergerac.
Aigny, patron d'un village de son nom, en Berri.
Aigons, patron d'un village de son nom, près de Draguignan.
Aigulfe, Archev. de Bourges, 22 mai.
Aigulin, patron d'un village de son nom près de Coutras.
Ail, patron d'un village de son nom, près de Brie.
Ailbée, Irlandais, 30 déc.
Aillein, 24 ju l!.
Aimare (le Bienh.), III⁰ Ab. de Cluny.
Aimé Ronconi (le Bienh.), 8 mai.
Aimée, sœur de Ste Houe, 22 sept.
Aimon ou Annon, Ev. de Worms, mort en 974.
Aimmée, la même que Talide, 5 janv.
Ainguis, 11 mars.
Aion, Ab. de Lérins, 3 sept.
Aiplonay, Ev. de Valence, 5 oct.
Airy de Tours, 11 avril.
Airy de Verdun, 1ᵉʳ déc.
Aithalas, M. en Perse, 22 avril, 10 oct. et 11 déc.
Aizan, Roi d'Ethiopie, 1ᵉʳ oct.
Ajax, Solitaire en Orient.
Ajax. Voyez Eante.
Ajoutre, Moine de Tiron, 30 avril.
Ajudou, hon. à Clermont, 26 juin.
Ajut, de l'ordre de Saint-François. M., 16 janv.
Akidan ou Aquidan. Voyez Acindyne.
Alacrin, 5 janv.
Alain de Courlay, 27 déc.
Alain de Lavaur, le même qu'Elan, 25 nov.
Alain (le Vén.), 16 juill.
Alaman (le Vén.), moine du Mont-Cassin, mort vers 1089, mentionné par Arnold Vion et par Hugues Ménard.
Alaphion ou Malachion, mentionné par Sozomène, honoré autrefois d'un culte public en Palestine, surtout à Asalée où il était né.
Alard, le même qu'Adelard, 2 janv.
Alarin (le Bienh.), Ev. d'Albe, 21 juill.
Alausie, la même que Ste Eulalie, 12 fév.
Alauzie, patron d'un village de son nom, en Quercy.
Albain de Ravenne, M., 16 mars.
Alban de Mayence, 21 juin et 1ᵉʳ déc.
Alban le Solitaire, M. avec St. Dominique de Burrano.
Albans d'Angleterre, M., 22 juin.
Albergat (le Vén.), Ev. de Bologne, 10 mai.
Albéric (le Vén.), le même qu'Aubery, Ab. de Citeaux, 26 janv.
Albérique, Solitaire, 29 août.
Albéron de Liège (le Vén.), 1ᵉʳ janv.
Albéron de Verdun (le Vén.), 2 nov.
Albert Adalbatibas, Carme, 7 août.
Albert de Bergame (le Bienh.), laboureur, 13 mai.
Albert Besuce (le Vén.), Solit., 5 sept.
Albert de Crémone, 7 mai.
Albert de Ferrare, 14 août.
Albert de Gambron, 29 déc.
Albert de Jérusalem (le Bienh.), 14 sept.
Albert de Liège (le Vén.), 21 et 23 nov.
Albert de Lodi, 4 juil.
Albert de Montecorvino, 5 avril.
Albert de Pontide, 1ᵉʳ sept.
Albert de Riga (le Vén.), 1ᵉʳ juin.
Albert de Savène, 20 mai.
Albert de Sarzane (le Vén.), 15 août.
Albert le Grand (le Vén.), 15 nov.
Albien (le Vén.), natif d'Ancyre en Galatie, religieux près de Constantinople, puis pèlerin de Jérusalem, et enfin Solitaire au désert de Nitrie en Thébaïde, mort dans le vᵉ siècle.
Albin ou St. Aubin, 1ᵉʳ Evêque de Vaison, Martyr.

Albin d'Embrun, hon. à N.-D. de la Grasse.
Albin de Tomières, hon. à Saint-Pons, 23 oct.
Albin, VIᵉ Ev. de Verceil, vivait en 435.
Albine, Mᵐᵉ à Formies, 16 et 31 déc.
Alboflède, fille de Clovis, et la Bienheureuse Alboflède, sœur de ce monarque.
Alboin de Brixen, 5 fév.
Albouin Vitta (le Bienh.), Ev. de Burabourg en Hesse, mort vers 769.
Albric (le Bienh.), 5 et 21 août.
Albuin, le même qu'Alboin de Brixen, 5 fév.
Alby, patron d'un village de son nom, en Languedoc.
Alcas, Ev. de Toul, 28 sept.
Alchmond, prince de Northumberland, 19 mars.
Alcmond, Ev. en Angleterre, 7 sept.
Alcibiade, un des 47 M. de Lyon, 2 juin.
Alcime Avit, Ev. de Vienne, 5 fév.
Alcuin (le Vén.), Diacre, 19 mai.
Alcuin (le Bienh.), Abbé de Ferrières.
Ald, hon. à Pavie, 10 janv.
Alde, honorée à Paris, 18 nov.
Aldegonde de Dronghen, Vierge, 20 juin.
Aldegonde de Maubeuge, Abbesse, 30 janv.
Aldegonde, fille de Ste Bert l'e.
Aldemare (le Vén.), Diacre, moine du Mont-Cassin, abbé de St.-Laurent de Capoue, puis de Ste-Euphémie au d. ché de Bénévent, mort dans le xiᵉ siècle.
Alderald, Archid. de Troyes, 20 oct.
Aldetrude, Vierge, hon. à Gand.
Aldobrand de Bagnorea, 22 août.
Aldobrand de Fossombrone, 1ᵉʳ mai.
Aldobrandesca (la Vén.), hon. à Sienne, 26 août.
Aldobrandin (le Bienheureux), le même que Pierre L'Ignée, 8 janv.
Aldric de Sens, 6 juin et 10 oct.
Aldric du Mans, 7 janv.
Alcaume, le même qu'Elémes 30 janv.
Alef, 6 mars.
Alène, Veuve, Mᵐᵉ, 19 juin.
Alerau, dit le Sage, dont on trouve le culte établi en Irlande dans le viiiᵉ siècle, et continué jusqu'au xiiᵉ.
Alès, 14 déc.
Alette (la Bienh.), mère de saint Bernard, 1ᵉʳ sept.
Aleu, le même qu'Aloge, 28 sept.
Alexandra de Paphlagonie, Mᵐᵉ à Amid avec d'autres, 18 mai.
Alexandra (la Bienh.), Recluse; mentionnée par Pallade.
Alexandre d'Afrique, 9 fév.
Alexandre d'Alexandrie, 26 fév. et 17 avril.
Alexandre d'Apamée, M., 10 mars,
Alexandre de Bergame, M., 26 août.
Alexandre de Bithynie, M. à Nicomédie avec d'autres.
Alexandre de Césarée, M. avec d'autres, 28 mars.
Alexandre de Cilicie, 20 mai.
Alexandre de Coire, 5 oct.
Alexandre de Constantinople, Evêque, 28 août
Alexandre de Corinthe, M., 24 nov.
Alexandre de Dryzi, arc. M., 24 nov.
Alexandre de Fermo, Ev. M., 11 janv.
Alexandre de Fiesoli, 6 juin.
Alexandre de Foigny (le Vén.), convers de l'ordre de Citeaux.
Alexandre de Gaza, M., 24 mars.
Alexandre de Grèce, Ev. M., 22 oct.
Alexandre d'Egypte, M. à Alexandrie, 9 juillet.
Alexandre de Jérusalem, 30 janv.
Alexandre de Lyon, M. avec d'autres, 6, 23 et 24 avril.
Alexandre de Modon, M. avec d'autres, 14 mai.
Alexandre de Mont-Artre, 4 fév.
Alexandre de Nicée, M., 9 juin.
Alexandre de Nicomédie, M., 17 oct.
Alexandre de Nyon, 6 juin.
Alexandre de Palestine, M., 28 mars,
Alexandre de Pannonie, M., 27 mars,
Alexandre de Perge, M., 1ᵉʳ août.

Alexandre de Phrygie, M.,	28 juillet.
Alexandre de Rieti,	11 août.
Alexandre de Rome, fils de Ste Félicité,	10 juillet.
Alexandre de Sébaste, un des 40 M.,	9 mars.
Alexandre de Thessalonique, M.,	7 et 9 nov.
Alexandre de Vérone,	4 juin.
Alexandre et Juste, Martyrs,	26 fév.
Alexandre, IVe Ev. de Fiesoli, obtint d'Autharis, roi des Lombards, de grands priviléges pour son Eglise.	
A'exandre l'Acémète,	5 et 15 janv.
Alexandre l'Alexandrin, M.,	12 déc.
Alexandre l'Auvergnat, mentionné par saint Grégoire de Tours, qui le qualifie de Religieux.	
Alexandre le Charbonnier,	11 août.
Alexandre le Forgeron, M. av. d'aut.,	28 sept.
Alexandre l'Egyptien, M. av. d'aut.,	24 mars.
Alexandre l'Etrusque, M.,	21 sept. et 26 nov.
Alexandre le Phrygien,	2 juin.
Alexandre le Soldat, M.,	2 et 3 mai.
Alexandre, M. à Alexandrie,	30 oct. et 12 déc.
Alexandre, M. à Constance,	5 octob.
Alexandre Ier, Pape,	17 mars et 3 mai.
Alexandre Sauli (le Bienh.),	23 avril.
Alexandre, un des 48 M. de Lyon,	2 juin.
Alexion, Prédic. évang. natif de Berthagathon, dont parle Sozomène.	
Alexis de Constantinople, M.,	9 août.
Alexis Falconieri (le Bienh.), Servite,	17 fév.
Alexis de Kiovie, Ev.,	12 fév.
Alexis du Mont-Aventin,	17 juillet.
Alexis le Martyr, et ses comp.,	7 mai.
Aleyde de Scharenbeck (la Bienh.), Religieuse de l'ordre de Cîteaux.	
Alfane (le Vén.), Ev. de Salerne,	9 oct.
Alfard (le Bienh.), hon. autref. comme M. en Danemark ; mort vers 1055.	
Alfier, de l'ordre de Cluny,	12 avril.
Alfonse, Ev. d'Astorga.	
Alfred (le Vén.), Roi en Angl.,	28 oct.
Alfrède (la Bienh.), nommée sainte par Polydore-Virgile,	2 août.
Alfride, Ev. d'Hildesheim,	15 sept.
Alfrid, Ev. de Munster, mort en 849.	
Algen, dont il y a une égl. en Bretagne.	
Algis, Ev. de Novare,	6 oct.
Algive, Reine en Angleterre,	30 juin.
Algot (le Bienh.),	17 janv. et 3 octob.
Aller, hon. à Val-Richer près de Lisieux au dioc. de Bayeux.	
Aligerne (le Vén.), Ab. du Mont-Cassin, nommé Bienh. par quelq. auteurs.	
Aliprand, Ab. de St.-Augustin de Pavie de l'ord. de St.-Benoît ; mort dans le viiie siècle.	
Alithe (le Vén.), Ev. de Cahors, loué par le prêtre Paulin dans St. Grégoire de Tours, nommé St. Atéthius par un auteur moderne.	
Alix la Bourgote (la Bienh.),	29 juin.
Aliz de Scarembec (la Bienh.),	11 juin.
Aliz de Vilich, la même qu'Adélaïde,	5 fév.
Allais,	14 déc.
Allemand ou Alman,	4 avril.
Allode, Moine du monast. de St.-Germain d'Auxerre, et Ev. de la même ville.	
Allois (le Bienh.), loué dans la Vie des Pères. On le croit frère de saint Jean le Nain.	
Allon, patron d'une chapelle dans l'église cathéd. de Saint-Pol de Léon.	
Allore, Ev. de Quimper.	
Alloueste, patron d'une église en Bretagne.	
Allyre, Ev. de Clermont,	5 juin et 7 juill.
Almair, Martyr.	
Almaque, M. à Rome,	1er janv.
Almède, patronne d'une église,	1er août.
Almer de Chartres,	16 mai.
Almer du Maine,	11 sept.
Alméride, M. avec St. Aste,	23 mai.
Almir, moine.	

Alnée, Solita're,	11 sept.
Alnoth de Stöve,	25 nov.
Alnot le Bon, le m. qu'Egelnoth,	30 oct.
Alo, le même que St. Eloy,	30 nov. et 1er déc.
Alode, le m. qu'Aloge,	28 sept.
Alodie, Veuve, Martyre,	22 oct.
Alof, Martyr.	
Aloge, Ev. d'Auxerre,	28 sept.
Aloin, Abbé,	4 juin.
Aloir, Ev. de Quimper,	27 oct.
Aloph, Martyr,	16 oct.
Alovestre, hon. au dioc. de Vannes.	
Alozio, patron d'un village près Tortone.	
Alpert, Prêtre,	5 sept.
Alphanus Ier, XLIIIe Ev. de Salerne.	
Alphe, forgeron, Pisidiote,	28 sept.
Alphée d'Asmanuje,	18 nov.
Alphée de Palestine,	17 nov.
Alphies, Martyr,	10 mai.
Alphonse, Archev. d'Embrun, siégeait, à ce que l'on croit, l'an 600.	
Alphonse de Ligorio, Ev.,	2 août.
Alphonse Rodrigues (le Bienh.),	30 oct.
Alpien, Prêtre.	
Alpin de Châlons,	7 sept.
Alpin de Lyon,	15 sept.
Alpinien, hon. à Limoges,	30 juin.
Alpinien, Pr., hon. en Berry,	26 avril.
Alred, de l'ordre de Cîteaux,	12 janv.
Alrich (le Bienh.), Archev. de Cantorbéry,	28 août.
Alrune (la Bienh.), Comtesse,	27 déc.
Althée, Ev. de Sion, en 799.	
Althée (le Bienh.), Abbé de St.-Maurice en Valais, mort en 1080.	
Altigien, Martyr,	23 août.
Altin de Sens.	
Altin de Verceil,	16 mars.
Altman, Ev. de Passau,	8 août.
Alton, Abbé en Bavière,	9 fév. et 5 sept.
Altrude, Abbesse de Maubeuge,	25 fév.
Alubert, Chorév. de Saint-Gregoire d'Utrecht, mort vers 789.	
Aluige, le même que St. Louis.	
Alvard (le Vén.), Ev. de Ferden en Saxe.	
Alvard, patron d'une ville de son nom près d'Aubusson.	
Alveide, Veuve,	22 mai.
Alvère, Vierge en Périgord,	9 mars.
Alvier et St. Sébastien, dont on trouva les corps à Fossano en Piémont, en 1427, avec une inscription qui les mettait au nombre des Thébains.	
Alvold (le Vén.), Evêque,	25 mars.
Alyon, patron d'une église paroissiale au diocèse d'Agen.	
Alype (le Vén.), Ev. de Tagaste,	15 août.
Alype le Cionite,	26 nov.
Alype le Martyr,	27 mai.
Alzon (le Bienh.), Abbé, en 1100, du chapitre noble de Brioude.	
Amable d'Afrique, Martyr,	20 juillet.
Amable, Curé de Riom, 11 juin, 19 oct. et 1er nov.	
Amace ou St. Amé, IIIe Ev. d'Avignon.	
Amadour,	20 août.
Amalaire (le Vén.),	10 juin.
Amalberge, Veuve,	10 juill.
Amalbert de Beauvoisie, hon. à Saint-Pierre aux Bois.	
Amalbert (le Vén.), nommé *saint* dans son épitaphe à Saint-Pierre-le-Vif de Sens.	
Amalberte ou Madelberte, Abbesse de Maubeuge,	18 sept.
Amance de Côme,	8 avril.
Amance de la Voie-Salaire, M.,	10 juin.
Amance de Nicée, M.,	9 juin.
Amance de Nyon, M.,	6 juin.
Amance de Rome, M.,	10 et 11 fév.
Amance de Tiferne, Prêtre,	26 sept.
Amance, Ev. de Trois-Châteaux, mort dans le ve siècle.	

Amance de Vintershode, Diacre,	19 mars.
Amancet, patron d'un village en Languedoc.	
Amand de Bedun, Solitaire en Argonne, dont il y a des reliques à l'Hôtel-Dieu de Reims.	
Amand de Bordeaux,	18 juin.
Amand de Gisalbe,	6 avril.
Amand de Lérins,	18 nov.
Amand de Limoges, il eut saint Junien le Reclus pour disciple.	
Amand de Strasbourg,	6 fév. et 26 oct.
Amand de Rennes,	13 et 14 nov.
Amand Ier, Abbé de Moissac.	
Amand II, Ve Ev. de Worms.	
Amand et saint Donimolène.	
Amandis, hon. à Clermont,	7 nov.
Anians de Chartres,	16 mai.
Amant, IIIe Ev. de Còmo, mort en 448.	
Amant de Rodez,	4 nov.
Amarand, Abbé de Moissac, Evêque d'Alby, après 698.	
Amaranthe,	7 nov.
Amarin, M. à Rome,	20 juil.
Amase, Ev. de Thiano,	21 janv.
Amasuind (le Vén.), Abbé,	22 déc.
Amat (le Bienh.), Pèlerin, protecteur de Saludez près de Rimini.	
Amat, Evêque de Nosque,	31 août.
Amat, Ev. de Sion, et Abbé d'Agaune, mort en 716.	
Amat, Archevêque de Sens.	
Amate (la Vén.), de l'ordre de Saint-Dominique, morte dans le xiiie siècle.	
Amateur d'Autun,	26 nov.
Amateur de Cordoue, M.,	30 avril.
Amatre, Evêque d'Auxerre,	1er mai.
Ambase,	31 août.
Ambert, Ier Abbé de Moissac,	30 sept.
Ambique, M. à Nicomédie,	3 déc.
Ambreuil, patron d'un village près de Senecey.	
Ambroge (le Bienh.), Moine de Saint-Savin de Plaisance, où l'on honore ses reliques.	
Ambrois de l'Ile-Barbe,	2 nov.
Ambrois de Sery, Ev. de Cahors,	16 oct.
Ambroise-Autpert (le Bienh.),	19 juil.
Ambroise de Milan,	4 avril et 7 déc.
Ambroise de Saint-Sidoine,	20 mars.
Ambroise de Sens,	3 sept. et 3 oct.
Ambroise le Camaloule (le Bienh.);	20 nov.
Ambroise le Centurion,	26 août.
Ambroise le Diacre,	17 mars.
Ambroise, IIIe Ev. de Saintes.	
Ambrosignan ou Ambrosinien,	1er sept.
Ame, Vierge à Joinville,	24 sept.
Amé, Archev. de Sens,	13 sept., 28 et 29 avril.
Amédée (le Bienh.), Duc de Savoie,	30 mars.
Amelberge, Ve,	10 juillet et 12 déc.
Amèle, M. avec Amique,	12 oct.
Amet, Prêtre,	13 sept.
Amic de Lyon,	14 juillet.
Amice (la Vén.), inhumée à Saint-Pol-de-Léon, où elle est honorée.	
Amidéi (le Bienh.),	18 avril.
Amin (le Bienh.) Berruyer.	
Amique d'Avellane,	2 nov.
Amique de Mortare,	12 oct.
Ammatalide, la même que Talide.	
Ammie (la Bienh.),	31 août.
Ammien, M.,	4 sept.
Ammon d'Alexandrie,	8 sept.
Ammon d'Egypte, M.,	10 sept.
Ammon d'Ethiopie, M.,	4 sept.
Ammon d'Héraclée, M.,	1er sept.
Ammon de Membrèse, M.,	9 févr.
Ammon de Nitrie, Solit.,	2 et 4 oct.
Ammon, un des 57 M. d'Egypte,	16 janv.
Ammon le Soldat, M. à Alexandrie,	1er juin et 20 déc.
Ammon, IIe Ev. de Toul.	
Ammonarium, Mre à Alexandrie,	12 déc.
Ammonathante (le Vén.), Ab. près de Péluse, dont parle M. Cotelier, dans son ouvrage intitulé les Monuments de l'Eglise grecque.	
Ammone d'Alexandrie,	26 nov.
Ammone d'Egypte, un des 37 M.,	16 janv.
Ammone de Pont, M. avec Mosée,	18 janv.
Ammone de Tome, Solit.,	15 mai.
Ammone le Décollé, M.,	14 fév.
Ammone l'Enfant, M.,	12 fév.
Ammone le Parote (le Vén.), un des quatre Grands-Frères.	
Ammone le Tabénisiote (le Vén.), qui avait trois mille moines sous sa conduite en Egypte, mentionné comme saint, par Rufin, Pallade et Sozomène.	
Ammonique, M.,	31 janvier.
Ammonius de Cypre, M.,	9 fév.
Ammonius de Libye, M.,	26 mars.
Ammoys (le Vén.), loué dans la Vie des Pères.	
Amolvin, Chorév. à Lobes,	7 fév.
Amon, Ev. de Toul, le m. qu'Aymon,	23 oct.
Amone, M. en Ethiopie,	4 sept.
Amont, patron d'un village dans le Béarn.	
Amos, Prophète,	31 mars.
Amour, le Diacre,	8 oct.
Amour, le Martyr,	9 août.
Ampamon, compagnon de Victur,	17 et 18 déc.
Ampèle d'Afrique, Confes.,	11 fév.
Amp. le de Gênes, Solit.,	4 oct.
Ampèle de Messine, M.,	20 nov.
Ampèle de Milan,	8 fév.
Amphibas,	23 juin.
Amphien, M.,	2 avril.
Amphiloque de Lycaonie,	23 nov.
Amphiloque d'Illyrie. M.,	27 mars.
Amphion (le Bienh.), Ev.,	12 juin.
Ampliat le Disciple,	31 oct.
Ampliat le Martyr,	26 fév.
Ampode, M.;	14 oct.
Amulwin, Ab. de Lobes.	
Amun (le Vén.), loué par Pallade; nommé Ammon par Rufin, dans la Vie des Pères.	
Anaclet, Pape, M.,	26 avril et 13 juil.
Ananias, M. à Arbèle,	1er déc.
Ananie de Babylone,	16 déc.
Ananie de Damas,	1er oct.
Ananie de Perse, Prêtre, M.,	5 et 21 avril.
Ananie, M. en Phénicie avec 8 autres.	
St. Anargyre. Ce mot signifie sans argent; et on entend par les SS. Anargyres, St. Côme et St. Damien, qui n'en prenaient point de leurs malades. Or, ce nom n'est pas celui d'un saint proprement dit, mais il sert seulement à désigner sa qualité.	
Anastaise, la même qu'Anastase de Palmarole,	25 déc.
Anastase d'Antinoë, M.,	6 et 9 janv.
Anastase d'Antioche, Ev., M.,	21 déc.
Anastase de Brescia,	20 mai.
Anastase de Camerin (le Vén.) et ses compagnons,	11 mai.
Anastase de Cordoue, M.,	14 juin.
Anastase de Doide, Solit.,	16 oct.
Anastase, de Nicée, M.,	19 déc.
Anastase de Pavie, IIe du nom,	30 mai.
Anastase de Pentumes,	11 janv.
Anastase de Perse, ainsi surnommé du lieu de son premier exil, fut disciple de saint Maxime l'Homologète.	
Anastase de Sens,	7 janv.
Anastase de Stégran, le même qu'Astrique,	12 nov.
Anastase de Terni,	17 août.
Anastase de Troja,	12 sept.
Anastase l'Apocrisaire,	13 août et 11 oct.
Anastase l'Archimandrite,	13 août et 24 juillet.
Anastase de Toulon,	7 sept.
Anastase le Greffier, M,	21 août.
Anastase le Sinaïte, Pr.,	20 et 21 avril.

Anastase (le Vén.), dit le Prêcheur, fils d'un prêtre du magicien. Saint Pierre Damien en fait beaucoup d'éloges.
Anastase Magundat, Moine, M., 22 janv.
Anastase, M^{re} en l'île de Palmarole, 25 déc.
Anastase Ier (le Vén.), Pape, 27 avril et 8 sept.
Anastase, Patr. d'Antioche, 21 avril.
Anasta-e, Prêtre, 11 oct. et 25 déc.
Anastasie de Palmarole, la m. qu'Anastase, M. en l'île de Palmarole, 25 déc.
Anastasie de Rome, M^{re}, 15 avril.
Anastasie l'Ancienne, M^{re}, 28 octob.
Anastasie la Patricienne, 10 mars.
Anastasone (sainte), 18 juill.
Anathalon, Ier Ev. de Milan, 24 et 25 sept.
Anathase d'Alexandrie, M., 9 fév.
Anatoile, le m. qu'Anatole de Salins, 3 fév.
Anatole de Laodicée, 3 juill.
Anatole de Nicée, M., 20 nov.
Anatole de Salins, Ev., 3 fév.
Anatolie, M. avec d'aut., 9 juill.
Anatolom, M^{re} en Syrie, 20 mars.
Anaxanont (le Vén.), Moine de la Laure de Pharan, dont parle Jean Moschus.
Anazar, hon. à Coresham, le m. que Nazaire de Rome, 12 juin.
And, hon. vers Lyon, le même que St. Abonde de Rome.
Audelin, patron d'un village en Nivernais.
Audeol, Sous Diac., M., 1er mai et 3 août.
Audeux, patron d'un village en Bourgogne.
And-che, M. à Saulieu, 24 sept.
Andovère, Reine de France, épouse de Chilpéric Ier.
André, apôtre, 30 nov.
André Avelin, 10 nov.
André Catranio. Voy. Catranio.
André Corsini, 4 fév., 6 et 30 janv.
André Datti (le Bienh.), 3 sept.
André d'Alexandrie, M. av. aut., 6 sept.
André de Barisy (le Vén.), success. de St. Amand de Maëstricht, dans le gouvernement de son monastère; il mourut vers 700.
André de Baudiment (le Vén.), 10 déc.
André de Chio (le Vén.), 29 mai.
André de Choa, Moine, 11 juill.
André de Crète, Ev., 4 juill.
André de Crète, 17 oct. et 28 nov.
André de Florence (le Vén.), 2 fév.
André de Gultenstein, Ev. de Prague, M. en 1224.
André de Jérusalem (le Bienh.), patron d'une Chapelle de l'église paroissiale de la Chaussière en Anjou.
André de Lampsaque, M. 15 mai.
André de Lydie, M., 29 août et 29 sept.
André de Montréal (le Bienh.), 11 avril.
André de Pesquière (le Vén.) de l'ord. de St.-Dominique, mort en 1480.
André de Spel (le Bienh.), 3 juin.
André de Strumes (le Vén.), le même qu'André le Ligurien, 10 mars.
André de Vaubrun (le Vén.), 5 janv.
André, IVe Ev. de Fondi, dont parle St. Grégoire.
André, VIe Ev. de Florence, en 407.
André Goulafre (le Bienh.), 24 juin.
André Hibernou (le Bienh.), 18 avril.
André le Calybite, M., 17 oct.
André le Lay, martyrisé par les Turcs, mention. par Georges de Trébizonde et par Canisius en son traité des Corruptions de la parole de Dieu.
André le Ligurien (le Vén.), 10 mars.
André le Scot, 22 août.
André le Stratoire, M., 12 juill.
André le Tribun, M., 19 août.
André, M. en Afrique, av. d'aut., 23 sept.
André, Moine en Ethiopie, 11 juill.
André Salus (le Vén.), 28 mai.
André Suirad, 16 juill.

Andrieu, patr. d'un villag. en Rouergue.
Androïne, M^{re} en Grèce, 3 nov.
Andronic, patr. d'un vill. en Guienne.
Andronin, dont il y a une relique à St.-Victor de Paris.
Andronique d'Ephèse, Moine, 11 oct.
Andronique le Romain, 17 mai.
Andronique le Soldat, M., 6 sept.
Andronique l'Orfèvre, 22 juil. et 9 oct.
Andronix, dont il y a une église au diocèse de Bordeaux.
Andropélage, M^{re}, 6 sept.
Ancet, M. à Corinthe, 10 mars.
Anecie, M. à Césarée, 27 juin.
Anéghe, la même qu'Ognie,
Aneinclet, le m. que Clet, 13 juill. et 26 avril.
Anême, Ev. de Poitiers, 3 déc.
Anempodiste, M. en Perse, 2 nov.
Anèse, M. av. aut., 31 mars.
Anfroy (le Bienh.), 3 mai.
Angadrème, V. uve, Abb., 27 mars et 14 octob.
Agarème, Abbesse d'Arluc, près d'Antibes.
Ange d'Acri (le Bienh.), 30 oct.
Ange d'Alicante (le Bienh.), 5 mai.
Ange de Ceute, 8 et 13 oct.
Ange de Cingoli, 13 juin.
Ange de Cavasio (le Bienh.), 12 avril.
Ange de Fourcy, 6 fév.
Ange de Massache, 8 mai.
Ange, M., 14 mai.
Angeau, qui donne le nom à une église paroiss. du diocèse d'Angoulême.
Angeaud, patron d'un vill. dans l'Aunis.
Angel, patron de plusieurs villages de France.
Angelaume, le m. qu'Angelême, 7 juil.
Angèle de Bohème (la Vénér.), 6 juil.
Angèle de Foligny (la Bienh.), 4 janv.
Angèle Mérici, Vierge, 27 janv. et 31 mai.
Angelê e, 7 juil.
Angeline de Corbara, 22 déc.
Angeline de Foligny (la Bienh.), V.. différente de la Bienh. Angèle.
Ange.ine la Tiercaire, Veuve, 30 mars.
A ges gardiens (la fête des SS.), 2 oct.
Angilbert, le même qu'Inglevert, 18 fév.
Anguerran de Gorze, 9 sept.
Anguerran de St.-Riquier, 9 déc.
Anguerran l'Apocrisaire (Vén.), 25 déc.
Anian, Archev. de Besançon en 370.
Anice Lucine (la Bienh.), qui donna la sépulture à saint Sébast en; elle est nommée sainte par Notker.
Anicet de Nicomédie, M. 12 août.
Anicet, Pape, 17 avril.
Anien, Ev. d'Alexandrie, 25 avril et 16 nov.
Anien, M. en Bavière, 15 nov.
Animaïde, Martyre, 26 mars.
Aminas, Solit., 10 fév., 16 et 18 mars.
Anincat, Reclus, 30 juin.
Anne, honorée comme mère de la sainte Vierge, 26 et 28 juill.
Anne de Constantinople, 29 oct.
Anne de Gothie, M^{re}, 26 mars.
Anne d'Eleana, mère de Samuel, 5 oct.
Anne de Melun, 15 août.
Anne de Perse, Martyre, 20 nov.
Anne la Martyre, 22 oct.
Anne la Prophétesse, Veuve, 1er sept. et 8 oct.
Annemond, Abbé en Poitou, 9 juil.
Annesse, Diacre, 10 nov.
Annibal, honoré comme martyr à St-Etienne d'Auxerre.
Anno (le Bienh.), Ev., 24 déc.
Annolet, le m. q. Tannoley, 1er déc.
Annon de Cologne, 4 déc.
Annon de Vérone, 23 mai.
Annonciation de la très-sainte Vierge, 25 mars.
Anonyme, Curé de la Barre, 27 oct.
Anoré, honoré en Ethiopie, 15 sept.

Anqniete (le Bienh.),	9 juin.
Ansalogue (le Vén.),	1er fév.
Ansan, M. à Rome,	2 sept.
Ansan, M. à Sienne,	1er déc.
Ansbaud,	12 juil.
Ausbert, deuxième Abbé de Moissac au VIIe siècle.	
Ausbert, Év. de Rouen,	9 fév.
Auscaire,	3 fév.
Ansegise,	20 juil.
Ansegise, Abbé de Fontenelles.	
Anselme, Arch. de Cantorbéry,	21 avril.
Anselme, Abbé d'Aisnay, vivait en 546.	
Anselme de Badage, le m. qu'Auselme de Mantoue,	18 mars.
Anselme de Mantoue,	18 mars.
Anselme de Mugnon,	24 avril.
Anselme de Nonandole,	3 mars.
Ansery, Ev. de Soissons,	5 sept.
Ansevin,	13 mars.
Ansillon, Moine de Lagny,	11 oct.
Ansolf (le Bienh.),	7 août.
Ansologue,	1er fév.
Anstaise, le m. qu'Anastase de Sens,	7 janv.
Anstrulphe, Abbé,	17 sept.
Ansuere, M.	15 juil.
Ansure, Ev. d'Orense,	26 janv.
Ansur, M. à Cadonac,	16 oct.
Antége, Ev. de Langres,	14 nov.
Antel, Ev. de Besançon,	16 juin.
Antelink, patron d'un village aux Pays-Bas.	
Antères, Pape, M.,	3 janv.
Anthelme,	26 juin.
Anthème, Évêque de Poitiers,	3 déc.
Anthème, patron d'un village en Auvergne.	
Anthéon de Phrygie,	14 juin.
Anthéon, M. en Afrique,	26 mai.
Anthès, Martyre,	28 août.
Anthet, patron d'un village en Quercy.	
Anthie, Martyre.	18 avril.
Anthille, Vierge,	24 sept.
Anth'me d'Eges, M.,	27 sept.
Anthime de Nicomédie,	27 avril.
Anthime de Sabine,	11 mai.
Anthot, patron d'un village en Bourgogne.	
Anth'se de Constantinople, V.,	27 juil.
Anthuse de Grèce, Mre,	22 fév.
Anthuse de Tarse (Sainte),	22 août.
Anthuse la Jeune, Mre,	27 août.
Antide, ou Antibe, Abbé de Brantome.	
Antide, le m. qu'Antel,	16 juin.
Antigone, M. à Rome avec trois autres,	27 fév.
Antigone, M. en Afrique,	16 nov.
Antime, IIe Ev. de Terni, mort en 176.	
Antimonde, Ev. de Toul,	en 588.
Antimonde ou Aumonde, Ev. de Terouanne, mort dans le VIe siècle.	
Antiogue, M.,	13 déc.
Antioque de Lyon,	15 oct.
Antioque de Palestine (le Bienh.), M.,	21 mai.
Antioque le Laurite (Vén.), Moine de St-Sabas, mort dans le VIe siècle.	
Antioque le Médecin, M.,	15 juil.
Antioque, M., frère de saint Platon d'Ancyra.	
Antipas, M.,	11 avril.
Antipater, Ev. de Bostres,	13 juin.
Antoine, Abbé, patriarche des Cénobites,	17 janv.
Antoino Gauleus,	12 fév.
Antoine d'Afrique, M.,	25 sept.
Antoine d'Alexandrie, M.,	9 août.
Antoine d'Ancyre, M.,	7 nov.
Antoine d'Antinoë, M.,	6 et 9 janv.
Antoine d'Arzingue, M.,	15 mars.
Antoine de Girace,	25 août.
Antoine de Hornarc, M.,	9 juil.
Antoine de Lérins, Moine,	28 déc.
Antoine de Milan, le m. qu'Antonin,	31 oct.
Antoine de Montichan (Vén.),	30 avril.

Antoine de Nicopolis, M.,	10 juil.
Antoine de Padoue,	28 mars et 13 juin.
Antoine de Rome, (Vén.),	15 déc.
Antoine de Stroncone (le Bienh.),	7 fév.
Antoine de Tamoï, Ev.,	7 avril.
Antoine de Verf,	9 juil.
Antoine Deyan, M. av. aut.,	5 fév.
Antoine du Rocher, Sol.,	4 mai.
Antoine de Scaure (le Bienh.),	17 janv.
Antoine Fatati (le Vén.),	9 janv.
Antoine Nagrot, Martyr,	26 avril.
Antoine Primaldi, Martyr,	14 août.
Antoine le Caloyer, le m. qu'Antoine de Girace ci-dessus nommé.	
Antoine le Hongrois (Vén.),	13 mai.
Antoine le Pèlerin (le Bienh.),	1er fév.
Antoine le Quien,	15 sept.
Antoine M. à Saint-Ravaque,	3 oct.
Antoine, M. à Wilna,	14 avril.
Antoine, Moine du Mont-Athos,	10 juil.
Antoine, Dominicain (le Bienh.),	27 juil.
Antoine Raveh, hon. par les Ethiopiens, le	20 fév.
Antolein. M. en Auvergne,	6 fév.
Antonie de Cirthe, M.,	29 avril.
Antonie de Lyon, Mre,	2 juin.
Antoine de Nicomédie,	4 mai.
Antonin, Archev. de Florence,	2 et 10 mai.
Antonin d'Asie, M.,	20 avril.
Antonin de Campanie, M.,	6 juill.
Antonin de la Voie Salaire, M.,	26 avril.
Antonin de Marseille,	13 octob.
Antonin de Meaux,	30 sept.
Antonin de Milan,	31 octob.
Antonin de Nicomédie, M.,	27 avril.
Antonin de Palestine, M.,	13 nov.
Antonin de Pamiez, M.,	2 et 3 sept.
Antonin de Plaisance, M.,	4 juill. et 30 sept.
Antonin de Rome, M.,	29 juill.
Antonin de Sorrente,	13 et 14 fév.
Antonin du Chemin d'Aurèle, Mart.,	22 août.
Antonine de Céo, Martyre,	1er mars et 12 juin.
Antonine, Mre avec saint Alexandre,	2 et 3 mai.
Antost, patron d'une église au diocèse d'Autan.	
Anub Bissoï, M.,	13 juin.
Anub d'Egypte, Solit.,	6 juin.
Anuph (le Vén.), Solit. près le Nil.	
Anyse (le Vén.), Ev. de Thessalonique,	30 déc.
Anyse, Mre à Thessalonique,	30 déc.
Aod, Ev. régionnaire,	10 nov.
Aon ou Haoult, patron d'un village en Vivarais.	
Aoust, patron d'un village en Berry.	
Aoust, Prêtre.	
Apellès,	22 avril et 10 sept.
Apellès (le Vén.), Solit. près d'Acoris en Egypte, mentionné par Rufin, Sozomène et Nicéphore.	
Aphien, M.,	5 avril.
Aphraates, Solit.;	29 janv. et 7 avril.
Aphrodise de Cilicie,	21 juin.
Aphrodise, qu'il ne faut pas confondre avec Euphrose,	11 mars.
Aphrondise, dont les reliques sont à Saint-Florentin en Champagne, où on l'honore comme Martyr.	
Aphthone (le Vén.), de l'ordre de St-Pacôme.	
Aphtone de Perse, M.;	2 nov.
Aphtone, Martyr,	25 mai.
Aphtane le Tabennisiote.	
Apodème, un des dix-huit M. de Saragosse,	16 avril.
Apolin, M. en Egypte,	5 sept.
Apollinaire, Archev. de Bourges,	6 oct.
Apollinaire d'Afrique, M.,	21 juin.
Apollinaire de Mont-Cassin (le Vén.),	27 nov.
Apollinaire de Ravenne,	23 juill.
Apollinaire de Reims, M.,	23 août.
Apollinaire de Trieste,	6 déc.
Apollinaire de Valence,	5 oct.
Apollinaire d'Hiérapolis,	7 fév.
Apollinaire, Vierge,	5 janv.

Apollinard, patron de deux villages en Auvergne et en Forez.
Apolline, Vierge, M^{re}, 8 et 9 fév.
Apollo, Apôtre, 8 déc.
Apollo, Ev. en Orient, 10 juin.
Apollo, M. avec deux autres, 21 avril.
Apollone d'Alexandrie, M., 10 avril.
Apollone d'Antinoë, Diacre, M., 8 mars.
Apollone de Brescia, 7 juill.
Apollone de Campanie, M., 6 juill.
Apollone d'Egypte, M., 5 juin.
Apollone de Terni, M., 14 fév.
Apollone d'Icône, 10 juill.
Apollone et Euphème, M^{rs}., 1er mai.
Apollone le Pragmateute (Vén.), Solitaire en Nitrie.
Apollone le Sénateur, M., 18 avril.
Apollone, M. à Rome, 25 juill.
Apollone (le Vén.), pourvoyeur des Solitaires de Nitrie, loué par Pall de et Sozomène.
Apollonius M. avec Joseph et autres, 19 mars.
Apollos, Abbé, 25 janv.
Aponal, le même qu'Apollinaire de Ravenne, 23 juill.
Apothème, Ev. d'Angers, 20 nov.
Saint Apôtre, église de Rome, en l'honneur des SS. Apôtres.
Appacare, M. à Alexandrie, 31 janv.
Appie, pour Archippe, 22 nov.
Appien, M. avec d'autres, 20 déc.
Appe, invoquée dans les anciennes Litanies anglicanes données par dom Mabillon, dans ses Analectes.
Apre, patron d'un village en Périgord.
Apre, Prêtre, honoré autrefois à Genève, 4 déc.
April de Nicomédie, M., 18 mars.
April de Porto, le même que Manril, 22 août.
Aprincie, la même que Ste. Prèce, 22 juin.
Aproculus, VIe Ev. de Brindes, en 552.
Apronceule, le même qu'Evrouil, 14 mai.
Apronie ou Evronie, Vierge.
Apronien, M., 2 fév.
Apruncule, Archev. de Trèves, mort en 532.
Apsade, Prêtre, 19 janv.
Apsée, Diacre, M., 11 déc.
Apselame, M. à Césarée, 11 janv.
Apsèle (le Vén.), 4 août.
Aptar, Ev. de Metz, 21 janv.
Apthe, la même qu'Agathe, 5 fév.
Aptône, Ev. d'Angoulême, 26 oct.
Apuan, 6 nov.
Apulée, M. à Rome, 7 oct.
Aquereau, patron d'une église au diocèse de Langres.
Aquitan, 20 avril.
Aquif (le Vén.), Abbé de Saint-Maurice, dit Athin par Scévole de Sainte-Marthe.
Aquilas, et non pas saint Asclas, 23 janv. et 20 mai.
Aquile de Cordone, 8 et 14 juill.
Aquile de Philadelphie, M. avec d'autres, 1er août.
Aquile de Phrygie, M., 25 mars.
Aquilin d'Afrique, M., 4 janv.
Aquilin de Fossombrone, M., 4 fév.
Aquilin de Milan, Pr. M., 29 janv.
Aquilin de Nyon, M. avec d'autres, 17 mai.
Aquilin d'Evreux, 15 fév. et 19 oct.
Aquilin d'Isaurie, M., 16 mai.
Aquilin, Ev. de Cologne, en 237.
Aquilin le Concellite, le même qu'Agol, honoré en Auvergne.
Aquiline de Giblet, Veuve, M^{re}, 13 juin.
Aquiline de Lycie, M^{re}, 24 juillet.
Aquilon, 19 oct.
Arabie, M^{re} avec d'autres, 12 mars.
Aragonde, honorée autrefois en Champagne, la même que sainte Radegonde.
Araille, patron de plusieurs villages de France.
Arateur, Ev. de Verdun, dont les religieuses de Saint-Maur de Verdun honoraient les reliques, avec celles de St. Salvin et celles de St. Maur; il mourut en 220.

Araton, un des 37 Martyrs d'Egypte, 16 janv.
Arator, le même qu'Arateur ci-dessus.
Arban, honoré en Forez, le même qu'Urbain, 25 mai.
Arbaud honoré en Bretagne.
Arbogaste, Ev. de Strasbourg, 21 juillet.
Arbon, M., 5 mai.
Arbuez, 17 sept.
Arbur, M. avec d'autres, 12 avril.
Arcade d'Afrique, M., 15 nov.
Arcade de Bourges, Ev., 1er août.
Arcade de Chersonèse, M., 4 mars.
Arcade de Cypre, Ev. de Trémithonte.
Arcade, M. en Mauritanie, 12 janv.
Arcan, Ermite, 1er sept.
Arcangèle (le Vén.), 25 janv.
Archange (Saint-), église de Constantinople, en l'honneur des SS. Archanges, dont les principaux sont St. Michel, St. Gabriel et St. Raphael.
Archelas de Grèce, M., 4 mars.
Archelas d'Ostie, M., 23 août.
Archelaus, Ev. de Cascar, 2 déc.
Archimime pour Archimime, 29 mars.
Archippe, 20 mars.
Archonce, Confesseur.
Arcise, 18 mars, 28 août et 29 oct.
Arconce, M. à Capoue, 5 sept.
Arcons, Ev. de Viviers, 8 janv.
Arcantie, Ev. de Vienne.
Ardaing, Abbé de Tournus, 11 fév.
Ardalion, 14, 24 avril et 25 août.
Ardemius, XVe Abbé de Lérins.
Ardon, Smaragde, M ine d'Aniane, 7 mars.
Ard, Ev. de Nevers, 16 nov.
Ardapale, honorée à Saint-Hubert com. veuve de Cologne.
Arece, M. avec Dacien, 4 juin.
Aregle, 17 mars.
Arès, 14 et 19 déc.
Arèse, M. avec d'autres, 10 juin.
Arétas de Nageran, M., 24 oct.
Arétas de Rome, M., 1 oct.
Arey, patron d'un village en Dauphiné.
Arez, honoré à Montpellier, 17 mai.
Argée, M. avec deux frères, 2 janv.
Argenis, Martyre, 13 juin.
Argy oir, Moine, 28 juin.
Ariabé, Martyre à Nicée.
Ariadné, M. en Phrygie, 17 et 18 sept.
Ariald, Diacre, 27 et 28 juin.
Aribert, Ev. de Tortone, 5 mai.
Arien, M., 8 mars.
Ariène, honorée en Ethiopie, la même qu'Irène de Thessalonique.
Arige, Ev. de Gap, 1er mai.
Arille, Ev. de Nevers, 26 fév.
Arion, M. à Sebaste, 22 mars.
Aristarque, 4 août.
Ariste de Bérithe, 24 avril.
Ariste d'Ethiopie, 19 sept.
Ariste de Syrie, Ev., 5 sept.
Arste, Ev. de Ratzbourg, en 1060.
Aristée de Capoue, M., 5 sept.
Aristide, 21 août.
Aristion, 22 fév. et 17 oct.
Aristobule, 15 et 16 mars.
Aristocles, Prêtre, M., 23 juin.
Ariston de Campanie, M., 2 juillet.
Ariston de Rome, M., 15 déc.
Aristonique, M., 19 avril.
Arius (le Vén.), Ev. de Pétra, 20 juin.
Armahel, Ev. de Dol.
Armand, de l'ordre de Citeaux, 27 oct.
Armel, le même qu'Ermel.
Armengaud (le Vén.), 27 avril.
Armentaire d'Antibe, 30 janv.
Armentaire de Pavie, Ev., 30 janv.
Armentaire ou Hermentaire, Ev. du Puy.

Armogaste, Confesseur,	29 mars.
Armolo, le même qu'Hermolé,	27 juillet.
Armon, hon. à Castet, dioc. de Lescar.	
Arnac, patron d'un village en Roussillon.	
Arnald (le Vén.), Abbé de Ste-Justine de Padoue.	
Arnalt ou Arnaud de Metz, Ev.,	9 octob.
Arnold de Juiers,	18 juil.
Arn ld de Mayence,	1er juil.
Arnon, comte d'Eugsée, Ev. de Wurzbourg, tué en 891.	
Arnou de Chisoing	29 janv.
Arnou de Toul,	15 nov.
Arnou d'Ouare,	3 octob.
Arnou d'Yveline,	18 juil.
Arnou, Ev. de Gap, au xie siècle, 7 fév. et 19 sept.	
Arnoul, Abbé de Saint-Père en Vallée.	
Arnoul de Metz,	16 août.
Arnoul, Ev. de Soissons,	15 août.
Arnoul, Martyr près de Reims.	
Arnoul, Moine de Villers en Brabant.	
Arnoulf, M. près de Paris, et époux de Ste Scariberge.	
Arnton, Ev de Virsbourg,	13 juil.
Arcastre, Prêtre.	
Aroman ou Arromand, patron de deux villages en Gascogne et en Bigorre.	
Aronce, M. en Lucanie,	27 août.
Arpin, Ev. de Naples,	9 nov.
Arpine, Ev. d'Atelle,	24 mai.
Arpolin, M.,	5 sept.
Arpotes, Co fess.,	5 juil.
Ar ylas, M.,	26 mars.
Arquebe de Dioloues (le Vén.), Moine en Egypte, mort vers 400, dont parle Cassien.	
Arquebe de Panephyse (le Vén.), Solit. durant 37 ans, puis Ev. de Panephyse en Egypte, mort vers 400.	
Arquelaïde, Ve, Mre,	18 janv.
Arquelaüs d'Afrique, M.,	5 mai.
Arquelaüs de Mésopotamie (le Vén.),	26 déc.
Arquinime, Confess. ,	29 mars.
Arroumex, patron d'une égl. en Quercy.	
Arruch, marqué au Trésor de l'Intercession des Saints,	
Arsace, Solit.;	16 et 24 août.
Arsaledes,	9 janv.
Arsène de Corfou, Ev.,	19 janv.
Arsène le Grand, Solit.,	8 mai et 19 juil.
Arsene, pr Ater,	30 oct. et 14 déc.
Arsion (le Vén.), Solit. au Mont de Nitrie, mentionné par Nicéphore après Putubaste.	
Arsise (le Vén.), qualifié de Saint et de Grand, par Pallade, et nommé Arsèse par Nicephore.	
Artaxes,	9 janv.
Artémas,	30 octob.
Artème, Archev. de Sens,	25 avril.
Artème d'Antioche (le Vén.),	20 oct.
Artème de Clermont,	24 janv.
Artemdore,	9 sept.
Artemis,	17 octob.
Artémon de Laodicée , M.,	8 octob.
Arthand, Ev. de Belley,	6 octob.
Artumon de Pisidie,	24 mars.
Arthélaïde, veuve,	3 mars.
Arthème de Moncel, le m. qu'Artemis,	17 oct.
Arthème de Rome, M.,	6 juin.
Arthème de Sens,	28 avril.
Arthemèse, patron d'un vill. en Quercy.	
Artulas, M.,	18 déc.
Arthongatne, Veuve,	23 fév. et 7 juill.
Aruse, M. avec d'aut.,	21 août.
Arve,	25 mai.
Arvoin, Ev. de Bangor au Pays de Galles.	
Aruspique, M. avec d'aut.,	16 nov.
Asaph, Ev.,	1er mai.
Ascaran,	16 mars.
Asceline, qui apporta de Cologne à Boulancourt, diocèse de Troyes, les chefs des saintes martyres Foi, Espérance et Charité. Elle mourut en 1195.	
Aschiron, M. av. 5 soldats,	1er juin.
Asclas, dit Sabin, M.,	21 et 23 janv.
Asclepas, Ev., do t une égl. portait le nom, près de Gaza en Palestine.	
Asclèpe de Limoges,	25 déc.
Asclèpe (le Vén.), Solit. près de Cyr en Syrie.	
Asclepiades, Ev. d'Antioche,	18 oct.
Asclepiodates de Nicomédie, Martyr,	6 mars.
Asclepiodote, M. ;	3 juill.
Asclepiodote, M. à Andrinople,	15 et 16 sept.
Asclipe,	2 janv.
Ascole (le Bienh.), Ev. de Thess.,	30 déc.
Aselle (la Bienh.), Vierge,	6 déc.
Asker (le Vén.), M.,	25 sept.
Asimon, Ev. de Coire,	19 janv.
Asomate. On appelle Saints Asomates les Saints sans corps, tels que les archanges et les anges. Il y avait près de Constantinople une église sous l'invocation des SS. Asomates, que Crusius et Léonclave nomment St. Asomate.	
Aspais, Ev. d'Eause, en 549.	
Aspais, hon. à Melun,	1er janv.
Aspédie, M.,	14 déc.
Aspren, Ev. de Naples,	3 août.
Assaire, patron d'une église en Saintonge.	
Asse, le m. que St. Asaphe,	1er mai.
Asscle, patron d'un village en Languedoc.	
Assise, patronne d'un village près de Meun.	
Assitronine, hon. à Rome, le même que St. Saturnin le Vieillard.	
Assomption de la sainte Vierge,	15 août.
Aste d'Afrique, M.,	23 mai.
Aste de Duras, Ev., M.,	6 juill.
Asté, Veuve, Mre,	20 nov.
Asted, IIIe Ab. de Terasson au dioc. de Sarlat.	
Astère d'Arach (le Vén.) Ev.,	10 juin.
Astère de Cilicie, M.	23 août.
Astère de Syrie, M.,	20 mai.
Astère d'Ostie, Pr.,	21 oct.
Astère (le Vén.), Homifiaste, métropolitain d'Amasée au Pont,	30 oct.
Astère, Sénateur, M.,	3 mars.
Astérie, Ve, Martyre,	10 août.
Astier,	20 avril.
Aston, M.,	8 juil.
Astrique, Ev.,	12 nov.
Asture, Ev. de Tolède, nommé Saint par St. Ildefonse.	
Asuaire (le Bienh.), Ab. de Lézat au dioc. de Rieux.	
Asyncrite,	8 avril.
Atale, Vierge,	3 déc.
Ater, M.,	14 déc.
Athanase d'Alexandrie,	2 mai.
Athanase d'Ethiopie, M.,	
Athanase de Jérusalem (le Vén.),	5 juill.
Athanase de Compostelle, Prédic. Evangélique.	
Athanase de Midicion, Moine,	26 oct.
Athanase de Modon, Ev.	31 janv.
Athanase, Moine,	2 déc.
A hanase de Naples,	15 juill.
Athanase de Paulopètre,	22 fév.
Athanase de Sébaste,	9 mars.
Athanase de Tarse,	22 août.
Athanase de Trébizonde,	5 juill.
Athanase l'Ecroueur,	3 janv.
Athanase le Lecteur,	23 juin.
Athanasie du Canope, Martyre,	31 janv.
Athanasie de Timie, Veuve,	15 août.
Athanasie l'Orfévresse,	22 juillet et 9 oct.
Athanasée, Ev.,	12 juillet.
Athelfert (le Vén.), Archev.,	20 nov.
Athénée, M.,	31 mars.
Athenodore de Mésopot.,	11 nov. et 7 déc.
Athénodore de Pont,	9 fév. et 18 oct.
Athénogène, M. dans le Pont,	18 janv.

Athénogènes, Chorev., M.,	16 juillet.
Athracte, Veuve,	11 août.
Athournis, le même que St. Sernin,	29 nov.
Athré, Abbé,	8 juin.
Atrasesse, Martyre,	14 nov.
Atrien, M.,	1er mars.
Attale, Abbé de Lérins.	
Attale de Bobbio,	10 mars.
Attale de Catane, M.,	31 déc.
Attale de Lyon, M.,	2 juin.
Attale de Nyon, M.,	4 juin.
Attale de Palestine, M.,	21 août.
Attale le Thaumaturge,	6 juin.
Attalein, Diacre, M.,	6 juillet.
Atte, M.,	1er août.
Attilan, Ev.,	5 oct.
Attique de Constantinople,	8 janv.
Attique de Phrygie, M.,	6 nov.
Atton (le Bienh.),Moine,	22 mai.
Atzhéha, frère de saint Aïzan, Roi d'Ethiopie.	
Auban, patron de deux villages de son nom, en Dauphiné et en Provence.	
Aubert de Cambrai,	5 et 13 déc.
Aubert de Landevenec,	1er fév.
Aubert, Ev. d'Avranches,	10 sept.
Aubery (le Vén.), le même qu'Aubry et qu'Alberic,	26 janv.
Aubeu, Solit.,	21 nov.
Auberge, Veuve,	7 juillet.
Aubignan, patron d'une église au diocèse de Saint-Pons.	
Aubin de Tomières, le même qu'Albin.	
Aubin, Ev. d'Angers,	1er mars.
Aubrinx,	2 janv.
Aubry (le Vén.), le même qu'Albéric,	26 janv.
Aucte, M.,	7 nov.
Auctor, Ev. de Metz,	10 août.
Audact, Pr., M.,	24 oct.
Audacte, Martyre,	28 mars.
Audard ou Théodard, Archev. de Narbonne,	1er mai.
Audax, M.,	9 juillet.
Aude, la même qu'Alde,	18 nov.
Audence, hon. à Milan,	24 nov.
Audence de Tolède, Ev.,	5 déc.
Audence le Sénateur,	26 nov.
Auderic (le Vén.), Ab. de St-Claude.	
Audert, hon. au diocèse de Viviers.	
Audifax, M.,	19 janv.
Audouin, Ev. du Mans,	20 janv. et 20 août.
Audrie, Reine d'Angleterre,	23 juin.
Aufide, M.,	16 oct.
Aulidie, Martyre à Milan,	6 mai.
Auge (Sainte),	14 mai.
Augebert,	18 oct.
Augence, M.,	12 janv.
Auger, Ev. de Brême,	15 mai.
Augias, le même qu'Elzéar,	27 sept.
Augis,	2 juin.
Augure,	21 janv.
Auguste d'Afrique, le m. qu'Augustin de Capoue,	1er sept.
Auguste de Nicomédie, M.,	7 mai.
Auguste, honorée en Marche Trévisane,	27 mars.
Auguste ou St. Oust, Abbé.	
Augustin d'Angleterre, Evêque,	25, 26 mai et 6 sept.
Augustin de Capoue, C.,	1er sept.
Augustin de Gazothe (le Vén.),	3 août.
Augustin de Nicomédie, M.,	7 mai.
Augustin, M. avec d'autres,	16 nov.
Augustin Muzzinghi (le Bienh.),	18 juillet.
Augustin Novello, Religieux,	28 avril.
Aulaire ou Aulaie, la m. q. Ste. Eulalie de Barcelone,	12 fév.
Aulaire, patron d'un village de son nom, en Limousin.	
Aulais ou St. Aulaye, patron de plusieurs villages de son nom, en Saintonge et en Périgord.	
Aularie, patron d'un village de son nom, en Quercy.	
Aulde, patron d'un village près la Ferté-sous-Jouarre.	
Aule de Londres, Evêque,	7 fév.
Aule de Viviers,	29 avr.
Aulin, patron d'un village de son nom, en Languedoc.	
Auloue, patron d'un village de son nom, près de Condom.	
Aulucet,	12 nov.
Aumely, patron d'un village de son nom, près de Nérac.	
Aumont (Vén.), 1er Ev. de Terouanne, sacré par saint Remy.	
Aunaire, Ev. d'Auxerre,	25 sept.
Aunes, patron d'un village de son nom, en Languedoc.	
Aunis, patron d'un village de son nom, en Gascogne.	
Aunobert de Séez, Ev.,	16 mai.
Aunobert de Sens, Ev.,	3 sept.
Aupert d'Avranches,	10 juin.
Aupert de Bénévent (le Vén.), Abbé,	19 juil.
Aupre, patron d'un village de son nom, en Dauphiné.	
Aure de Cordoue, Veuve, Martyre,	19 juil.
Aure de Paris, Veuve, Abbesse,	4 et 5 sept.
Aure d'Ostie, Veuve, Martyre,	4 août.
Aurée, M. avec d'autres,	16 juin.
Aurèle, Abbé de Mici.	
Aurèle d'Anthedon, honoré autrefois d'un culte public en Palestine, comme le dit Sozomène.	
Aurèle d'Ariarathe, Ev.,	9 nov.
Aurèle d'Arménie, Ev., dont le corps honoré autrefois à Verceil, fut porté depuis à Hirsauge, au diocèse de Spire.	
Aurèle de Carthage,	20 juil.
Aurèle de Cordoue,	27 juil. et 20 oct.
Aurèle ou Aureil de Quercy, patron d'une église au diocèse de Cahors.	
Aurèle d'Anagny, Vierge,	25 sept.
Aurèle de Strasbourg, Vierge,	15 oct.
Aurèle 1er (le Vénér.), Ev. du Puy, mentionné par saint Grégoire de Tours.	
Aurèle II, Ev. du Puy, mort en 595.	
Aurèle, Ev., M. en Asie,	12 nov.
Aurélie, fille de Hugues-Capet.	
Aurélie, Romaine,	2 déc.
Aurélien, Abbé et restaurateur d'Aisnay, ensuite Archev. de Lyon.	
Aurélien d'Arles,	16 juin.
Aurélien de Limoges,	6 mai.
Aurélien de Nicomédie, Martyr,	29 et 30 mars.
Aurélien (le Vén.), Ev. de Lyon,	4 juil.
Aurence ou Aurens, patron d'un village de son nom, en Gascogne.	
Aurie (la Bienh.),	11 mars.
Aurigue, M. avec d'autres,	2 janv.
Aurin, patron d'un village de son nom, en Picardie.	
Auron, patron d'un village de son nom, en Bretagne.	
Ausane,	19 fév.
Ausbert ou Authert, Ev. d'Avranches,	16 juin.
Ausemoy, le m. qu'Ausone,	22 mai.
Ausgène, M. en Egypte,	31 déc.
Ausile, Ev. de Fréjus, M. en 482.	
Ausone, premier évêque d'Angoulême,	22 mai.
Ausony, le m. q. le précédent.	
Auspice de Toul, honoré à Saint-Mansuy.	
Auspice, Ev. d'Apt, M.,	2 août.
Auspice, Ev. de Toul,	8 juil.
Auspice, Ev. de Trèves, et M. en 143.	
Aussans, hon. vers l'Estarrac.	
Aussille, honorée à Thil,	4 sept.
Austier (le Vén.), Ev. de Périgueux, mis au rang des plus saints évêques de son temps, par l'auteur de la Vie de saint Géry de Cahors.	
Austinde ou Austeinde, Arch. d'Auch, mort en 1068.	
Austrebert, Ev. de Vienne,	1er et 5 juin.
Austreberte, Vierge,	10 fév.
Austregilde,	9 oct.
Austriclinien, hon. à Limoges,	30 juin.
Austriclinien, Prêtre,	5 oct.

Austrille, patron d'une église de son nom, dans la Haute-Marche.
Austrude, Abbesse à Laon, 17 oct.
Austrulf, Abbé, 14 sept.
Autaire, 26 avril.
Autal, Ev., 7 sept.
Autbert (le Bienh.), Ev. de Cambrai, 13 sept.
Autbert, Ev. de Seulis, mort en 685.
Aute, le même qu'Ut.
Autonome, Ev., 12 sept.
Autor II, Archev. de Trèves, mort en 427.
Autor 1er, Ev. de Trèves, l'an 245.
Auvent, patron d'un village de son nom, en Limousin.
Auxane, Ev. de Milan, 3 sept.
Auxence de Mopsueste (le Vén.), 18 déc.
Auxence de Nicopolis, M., 13 déc.
Auxence de Phrygie, M., 28 juil.
Auxence de Scope, Abbé, 14, 15 fév. et 17 avril.
Auxibe, Ev. de Solles, 17 et 19 fév.
Auxien de Nice (le Vén.), nommé *saint* en quelques manuscrits.
Auxile, M. avec d'autres, 21 nov.
Auxilien, honoré comme M. en Saissefontaine, au diocèse de Langres.
Auxone (le Vén.), transporta le siége d'Albe à Viviers.
Auxonie (le Vén.), le même que le précédent.
Avace, honorée à Bellune, 20 juin.
Avangour, patron d'un village de son nom en Poitou.
Avaugourg, honorée en Lorraine, la même que Ste. Valburge, 25 fév.
Ave de Denein (la Bienh.), 19 avril.
Ave (la Vén.), épouse de Sigismond, roi de Pologne, morte en 1598.
Ave, patron d'un village de son nom en Bretagne.
Aveline, honorée à Sens, 28 fév.
Avent, M. en Syrie, 15 fév.
Aventeur, M. à Turin, 20 nov.
Aventin de Châteaudun, 4 fév.
Aventin, disciple de saint Thomas de Cantorbéry.
Aventin, Ermite,
Aventin d'Oze, 4 fév.
Aventin ou Advent (le Vén.), que quelques-uns nomment *saint*, Ev. de Chartres.
Avertin (le Bienh.), Carme, 25 fév.
Avertin, Diacre, 5 mai.
Avit, Abbé de Mici.
Avit d'Afrique, 27 janv.
Avit d'Auxerre, 3 mai.
Avit de Clermont, le Jeune, 21 janv.
Avit de Clermont, l'Ancien, 21 août.
Avit de Laucais, Moine en Poitou, se retira à Mauroy en Périgord, ensuite à Rufec avec un Solitaire nommé *Secondin*.
Avit d'Orléans, Abbé, 17 juin et 19 déc.
Avit de Périgord, 22 mars.
Avit du Perche, le même qu'Avit d'Orléans, 17 juin et 19 déc.
Avit, XIIIe Ev. de Mayence.
Avit, Ev. de Vienne en Dauphiné. *Voy*. Alcime, 5 fév.
Avite, *dite* Bienheureuse par Pallade.
Avitien, Arch. de Rouen.
Avoge, Conles., hon. en Ultonie.
Avoie, le même que saint Avit du Perche, 17 juin.
Avoie (la Bienh.), Veuve, 14 avril.
Avole, le même que Nabors de Rome, 12 juin.
Avole ou Avold, Ev. de Clermont, hon. à Saint-Allyre.
Avond, le même qu'Abonde de Rome, 26 août.
Avon, hon. en Lorraine, le même que saint Avol, 12 juin.
Avouère, hon. près de Saint-Prest au diocèse de Chartres.
Avre, le même qu'Abre de Grenoble, 11 déc.
Avy, Abbé de Châteaudun, vers 520.
Ay, patron d'un village de son nom dans l'Orléanais.
Aybert, Bénéd. en Hainaut, 7 avril.
Aybert, Prêtre, Reclus bénédictin.
Aye, comtesse de Haynaut, 18 avril.
Aythée, la même qu'Elvé, 12 sept.
Aylerain, surnommé le Sage, Irlandais.
Ayleths, dont il y a eu une église au Comté d'Essex en Angleterre.
Ayme de Mède, mentionné ci-après avec saint Bermond, son frère.
Aymon, hon. à Villiers-le-Sec, 23 oct.
Ayran, Moine de la Fontaine de Bèze en Bourgogne, martyrisé en 888 par les Normands.
Azadanes, Diacre, Martyr, 22 avril et 10 oct.
Azades, M. en Perse, 22 avril et 10 oct.
Azarias, un des trois enfants de la fournaise, 16 déc.
Azarie, dont il y a une chapelle à Glane, au diocèse de Laon.
Azarie, Prophète en Judée, 3 fév.
Azas et autres soldats, Martyrs, 19 nov.
Azirien, M. en Ethiopie, 31 oct.
Azoud, Abbé de Solignac, dont une église porte le nom au diocèse du Puy.

B

Babel, coopérateur des travaux de saint Clars.
Babion, patron de Biron en Saintonge.
Babolein, Ab. près de Paris, 26 juin.
Babylas d'Antioche, 24 janv.
Babylas de Tarse (le Vén.) autref. comédien, mentionné par Jean Mosch en son Pré spirituel.
Bachlas, invoqué dans les anciennes Litanies anglicanes.
Bachtisoes, M. en Perse, 15 mai.
Bachylle, Ev. de Corinthe.
Bacle, Ev. de Sorrento, 29 janv. et 29 août.
Bacq, M. en Comagène, 7 octob.
Bacq, le Jeune, M. sous un calife des Arabes.
Baculus, le même que Bacle.
Badème, Abbé en Perse, 8 avril.
Badilon, Ab. en Hainaut, 8 oct.
Badon, Ev., 22 juin.
Badour, hon. à Ainay, 19 août.
Baducing, le m. que Benoît-Biscop, 12 janv.
Baefs, le m. que St. Bavon, 1er octob.
Bafrobit, M. à Milan, 6 mai.
Bagne, Religieux, 5 juin.
Baiche, Relig. persane, 20 nov.
Bain, Ev. de Terouanne, 20 juin.
Baine, (le Vén.), Anglais, Moine de Saint-Vandrille en Normandie, mort en 740.
Bal, patron d'une égl. dépendant de Saint-Victor de Marseille.
Balbin, patron d'une ville de son nom.
Balbine, Vierge à Rome, 31 mars.
Balde (la Vé.). Abbesse, 9 déc.
Balderic ou Baudry, Abbé de Mont-Falcon, fils de Sigebert, roi d'Austrasie.
Baldomer ou Galmier, Sous-diac. à Lyon.
Bâle, Solit., 15 octob. et 26 nov.
Balley, Moine en Bretagne, 12 juill.
Balon, hon. en Connacie, 5 sept.
Balsamie, patronne d'une église à Reims, 14 nov.
Balsême ou Baussenge, M.
Balsème (le Vén.), neveu de St. Bâle, mort vers 650.
Baltramin, Abb. de Lure, en Franche-Comté.
Bandier, patron d'un vill. de son nom en Lorraine.
Bandriz, Ev. de Soissons, 1er août.
Banon, hon. à Trèves, 1er juill.
Baomir, Religieux.
Bapte, M. en Pisidie, 10 fév.
Baptiste, le même que Pierre-Baptiste.
Barain, patron d'un vill. de son nom, en Franche-Comté.
Barachise, M. en Perse, 29 mars.
Baracted, M. à Spolète, 9 oct.
Baradat, Moine en Syrie, 22 fév.
Barale, enfant, M., 15 fév. 17 et 18 nov.
Baraque, hon. comme Mart. à Blois, 21 sept.
Barbalage, Mre., 5 mars.

SUPPLEMENT AU DICTIONNAIRE DES CÉRÉMONIES ET DES RITES SACRÉS.

Barbant, patron d'un village de son nom en Limousin.
Barbarigue, honoré en la Marche d'Ancône.
Barbarin, Prêtre, 2 juin.
Barbary, Abbé, 25 nov.
Barbasymes ou Barbasin, Ev. et M. en Perse, en 346.
Barbat, Ev. de Bénévent, 19 fév.
Barbatien, Prêtre à Ravenne, 31 déc.
Barbe Avrillot (la Vén.), 18 avril.
Barbe, M^{re} à Nicomédie, 4 et 16 déc.
Barbre, M., 14 mai.
Bard, patron d'un village de son nom, près d'Aubusson.
Bardol, Ab. de Bobbio, 19 août.
Bardomien, M. en Asie, 25 sept.
Bardon, Archev. de Mayence, 10 juin.
Bardoux, patron d'un village de son nom, en Dauphiné, peut-être le m. que St. Baudile.
Barhadbesciabas, 21 juill.
Barique, M., 6 nov.
Barlaam, M. à Césarée, 16 et 19 nov.
Barlaam et Josaphat, M^{rs}., 27 nov.
Barmier, patron d'une église au diocèse du Mans.
Barnabé, apôtre, 11 juin et 17 déc.
Barnard, Ev. de Vienne en Dauphiné 23 janv.
Barnet (le Vén.), Irlandais, mentionné par Ferrarius et Camerarius.
Barocas, serviteur de St. Porphyre de Gaze, puis son diacre.
Barose, Martyr, 12 mai.
Baront, hon. à Pistoie, 25 mars.
Bars, hon. au diocèse de Comminges.
Bars, patron d'un village de son nom, près de Lectoure.
Barsabas, M. en Perse, 11 déc.
Barsabias, Abbé, 20 octob.
Barsanuphe, Solit., 6 fév.
Barses, Ev. d'Edesse, 30 janv. et 15 oct.
Barsimée, Ev. d'Edesse, 30 janv.
Barsonor, 13 sept.
Barsumas, dont les Arméniens honorent les reliques en la ville de Sis.
Barsuse, Confesseur en Ethiopie, 9 déc.
Barte, Ev. de Vaison, 6 oct.
Barthe de Bardez (Ste.), 24 mars.
Barthélemy, apôtre, 24 et 25 août.
Barthélemy d'Anglure (Vén.), 18 mars.
Barthélemy d'Arménie, 15 août.
Barthélemy de Bragance, 23 oct., 1er juill.
Barthélemy de Farno, 24 juin.
Barthélemy des Martyrs (le Bienh.), 16 juill.
Barthélemy Picquerey (le Vén.), Prêtre à Cherbourg.
Barthélemy, compagnon de St. Nil, 11 nov.
Barthole (le Vén.), Servite, mort au duché d'Urbin, vers 1300.
Bartholomée (la Bienh.), hon. à Milan, 19 mai.
Barthole de Pougibonz (le Bienh.), 13 déc.
Baruc, M., 17 avril.
Baruch, Prophète, 28 sept.
Barula, le même que Barale, 15 fév.
Barypsabas, Solit., 10 sept.
Bas, Ev. de Nice, 15 déc.
Baségé, hon. à Venise. C'est St. Basile.
Baseille (Ste), dont une ville porte le nom en Guienne.
Basenda, Ev. et M., 7 juill.
Basènes, la même que Foy, 1er août.
Basien, hon. à Constantinople, 10 oct.
Basile, Ev. d'Aix, en Provence, après l'an 449.
Basile d'Alexandrie, 17 mai.
Basile d'Ancyre, 28 juin.
Basile de Bologne, 6 mars.
Basile de Calabre, 11 sept.
Basile 1er, Ev. de Carthagène, M. en 57.
Basile de Chersonèse, 4 mars.
Basile de Constantinople, 28 nov.
Basile de Crète, 1er fév.

Basile de Luna, Ev. de Sarzane, 29 oct.
Basile de Paros, 12 avril.
Basile, père de St. Basile le Grand, 30 mai.
Basile de Scythopolis, 6 juill.
Basile, défenseur du culte des Images, 27 fév.
Basile le Grand, Père de l'Eglise, 1er janv., 31 mars. et 14 juin.
Basile le Jeune, Solit., 26 mars.
Basile, M. avec St. Bon, 11 février et 1er août.
Basilée d'Afrique, 23 mai.
Basilée d'Amasée, 28 mars.
Basilée d'Antioche, 21 et 27 nov.
Basilée de Rome, 2 mars.
Basilide d'Alexandrie, 30 juin et 2 juill.
Basilide de Crète, 28 déc.
Basilides de Rome, 10 juin.
Basilides le Soldat, 12 juin.
Basilie, M^{re}., 19 mars et 22 avril.
Basilien, M. à Laodicée, 18 déc.
Basilisque de Comanes, 7 janv. et 3 mars.
Basilisque de Cumiales, 22 mai et 21 juill.
Basilisque, M. av. d'aut., 20 nov.
Basilisse, épouse de St. Julien, 9 janv.
Basilisse de Corinthe, 16 avril.
Basilisse de Galatie, 22 et 26 mars.
Basilisse de Nicomédie, 3 sept.
Basilisse de Rome, 15 avril.
Basilisse de Trèves, 5 déc.
Basille d'Alex. M^{re}., 17 mai.
Basille de Sirmich (Ste), 29 août.
Basin, hon. au dioc. de Gand, 14 juill.
Basin, Ev. de Trèves, 4 mars.
Basle, patron d'un village de son nom, près de Reims.
Baslemont, patron d'un village de son nom, en Lorraine.
Basoes, 6 mars.
Bason, hon. à Laon, 7 mai.
Basse d'Afrique, M. en 250, patronne d'une égl. paroiss. à Chalcedoine, mentionnée par Théodore le Lecteur.
Basse d'Alexandrie, 14 fév.
Basse, M. à Héraclée, 20 nov.
Basse de Vescove, 11 mai.
Basse d'Apamée (Ste), 6 mars.
Basse d'Edesse, 21 août.
Basse (la Vén.) Abbesse à Jérusalem, mentionnée par Cyrille de Scythopolis et par Bollandus.
Basse de Rome (Ste), 20 nov.
Bassien d'Afrique, 9 déc.
Bassien de Lodi, 19 janv.
Bassien le Lecteur, 14 fév.
Bassille, M. à Rome, 20 mai et 22 sept.
Bassus, Ev. et M., loué par saint Chrysostome.
Bastame, M. d'Egypte, 16 janv.
Bastammon, M. d'Egypte, 16 janv.
Batalan, M. en Ethiopie, 12 janv.
Batalan, M., 13 juill.
Batas, M. en Mésopotamie, 1er mai.
Batatzun, Abbé en Ethiopie, 11 juin.
Bathilde, Reine de France, 26 et 30 janv.
Battiste (le Vén.), Ev. de Gênes.
Bavon, patron de Gand, 1er oct.
Baudacaire, Moine de Bobbio.
Baudegonde (la Bienh.), Abbesse de Notre-Dame de Saintes, nommée sainte par Raban.
Baudel, patron de deux villages de son nom près de Bourges et de Mayenne.
Baudelien, 10 nov.
Baudile, patron de Neuilly, 20 mai.
Baudinie, 2 janv.
Baudin, Ev. de Tours, 7 nov.
Baudouin de Laon, 8 janv.
Baudouin (le Bienh.), Cardinal, Archevêque de Pise.
Baudouin de Riéti (Bienh.), 11 août.
Baudouin (le Bienh.), Abbé en Angleterre, 31 déc.
Baudour la m. q. Bathilde, 30 janv.

Baudran (le Vén.), restaurateur du monastère de Lure, en Franche-Comté.
Baudré, Prêtre en Ecosse, 6 mars.
Baudry, frère de Ste. Beuve, 8 et 12 oct.
Baudry de Sombernon, dont les reliques sont à Ogny au dioc. d'Autun, 8 juil. et 16 oct.
Baule d'Egypte, 27 sept.
Baule le Juste, hon. en Ethiopie, 4 oct.
Baulize, patron d'un village de son nom, en Rouergue.
Bault, patron de deux villages de son nom, en Touraine.
Baumard, le m. q. Baumez.
Baumer, hon. au Perche, 3 nov.
Baumez, Sol. au Maine, 4 août.
Bauson, hon. à Rome, au VIe siècle.
Baussenge, 15 août.
Bauzeil, patron d'un village de son nom, près de Pamiers.
Bauzel, patron d'un village de son nom, près de Lauzerte.
Bauzely, patron d'un village de son nom, en Rouergue.
Bauzile, patron de plusieurs villages de son nom, en Gévaudan, en Quercy et en Languedoc.
Bauzire ou Beauzire, patron de plusieurs villages de son nom, en Languedoc et en Auvergne.
Bayon, patron d'un village de son nom, près de Draguignan.
Baythénée, (le Vén.), abbé de Ily en Irlande, successeur de St. Colm, mort en 601.
Bazalote, hon. chez les Ethiopiens, 6 juin.
Bé (le Vén.), Abbé en Egypte, loué par Pallade, Rufin et Sozomène.
Bean, Ev. en Ecosse, 16 déc.
Beat, premier Evêque de Constance.
Beat, Anachorète, 8 mai.
Beat, Apôtre de la Suisse, et premier Evêque de Lausanne ; il était disciple de St. Pierre.
Beate, Mre en Afrique, 8 mars.
Beate, V. à Sens, 29 juin.
Béatrice Casate (la Bienh.), 16 mars.
Béatrice d'Este (la Bienh.), 10 mai.
Béatrix, Mre à Rome, 29 janv.
Beaucul, patron d'un village de son nom, près de Poligny.
Beaudry, patron d'un village de son nom, près de Soissons.
Beaussant, patron d'un village de son nom, près de Toul.
Beauzel, patron d'un village de son nom, près d'Agen.
Bébée, Mre, 29 janv. et 5 sept.
Bébien, patron d'un village de son nom, près de Toulouse.
Behnuda, hon. par les Ethiop., 9 fév.
Bécan (le Vén.), Irlandais.
Bécan le Prémontré. Voy. Adrien Bécan.
Bédard, dont il y a une église au diocèse de Rodez.
Bède le Jeune, Moine en Italie, 10 avril.
Bède (le Vén.), 25 et 27 mai.
Bée d'Egremont, V., 6 sept.
Bée de Northumberland, V., 31 oct.
Béenam, M. en Perse, 10 déc.
Bégée, Ab. en Egypte, 23 déc.
Bègue, Duchesse de Brabant, fondatrice des Béguines.
Beggue, Veuve, 17 déc.
Béhy, hon. au dioc. de Léon en Bretagne
Beimas, hon. par les Ethiop., 2 juillet.
Beinvenut de Recanati, 27 juin.
Beinvenut de Scotivoles, 22 mars.
Bel, patron d'un village de son nom, près Lyon.
Belana, hon. par les Ethiop., 5 juil.
Bélaphe, M. en Egypte, 5 oct.
Bélatien, hon. par les Ethiop., 5 fév.
Bellende, Religieuse, 3 fév.
Bellin, Ev. de Padoue, 26 nov
Belline, V., 8 sept.
Bellique et Miton, Mrs, 4 mai.

Bellique et Persée, Mrs, 21 juin.
Beltrame, Ab. de Lure en 945.
Beltran (le Vén.), Augustin, 1er juin.
Bembas (le Vén.), dont il y avait des reliques aux Petits-Augustins de Paris.
Bénard, honoré au diocèse de Metz, 15 juillet.
Bénazers, hon. au dioc. de Nîmes.
Bencherive, fils d'un duc d'Aquitaine, et fondateur, en 685, de la célèbre abbaye de Montierender près de Vassy.
Bendolin, honoré à Forvic en Lombardie, mentionné dans la Chronique de la Novalèse.
Bénédet d'Albengua, 12 fév.
Bénédet de Campanie, 23 et 31 mars.
Bénédet d'Isernia, 4 mai.
Bénédet de Milan, 11 mars.
Bénédet d'Otricoli, 26 juin.
Bénédette (la Vén.), Abbesse, 16 mars.
Bénédicte de Rome (la Vén.), 6 mai.
Bénédicte (la Vén.), première Abbesse de Torcn près du Maseich, fille de St. Anfroy, morte dans le XIe siècle.
Bénédime, M. à Athènes, 15 mai.
Bénézet, hon. à Avignon, 14 avril.
Bénéa, Arch., 9 nov.
Bénigne d'Armach, 19 nov.
Bénigne et Bennago, 26 juillet.
Bénigne et Bévagne, 6 juin.
Bénigne de Dijon, 27 fév., 26 avril ; 1er, 3 et 24 nov.
Bénigne de Glasseimbourg, Solit. en Angleterre.
Bénigne de Milan, 20 nov. et 12 déc.
Bénigne, Ev. du Puy.
Bénigne de Saint-Vandrille, 20 mars.
Bénigne de Todi, 13 fév.
Bénigne de Tomes, 3 avril.
Bénigne de Touraine, 23 oct.
Bénigne de Vôge, 22 juillet.
Bénigne d'Utrecht, 28 juin.
Bénigne, Religieuse de Citeaux, 20 juin.
Bénilde, Mre à Cordone, 15 juin.
Bénin, patron de plusieurs villages de son nom en France.
Bénincase (le Vén.), 9 mai.
Benjamin d'Elim, massacré par les Sarrasins.
Benjamin (le Vén.), Anachorète de Nitrie, nommé Bienh. par Pallade.
Benjamin de Perse, M., 31 mars.
Bennon, Ev. de Meissen, 16 juin.
Benoît, Ab. du Mont-Cassin, 21 mars et 11 juillet.
Benoît-Biscop, 12 janv.
Benoît d'Aniane, 11 et 12 fév.
Benoît, Ev. d'Albe en Italie, en 679.
Benoît d'Angers, 15 juillet.
Benoît de Brennove (le Vén.), 12 nov.
Benoît, XXIe Ev. de Como, en 692.
Benoît de Compite, Curé de St.-Gènes de Compite au dioc. de Lucques en Toscane, mort dans le XIIe siècle.
Ben it du Four-Chaud, le m. q. Bénédet de Campanie.
Benoît, premier Evêque d'Isernia.
Benoît de Macerne, 1 et 22 oct.
Benoît Ripsus, XLIe Evêque de Milan.
Benoît de Vag, Sol. en Hongrie, massacré par des voleurs, mort dans le XIe siècle.
Benoît le Camaldule, (le Bienh.), tué vers l'an 1000, avec trois autres du même ordre.
Benoît II, Pape, 25 mars et 7 mai.
Benoît XI, Pape (ajouté par Benoît XIV), 7 juillet.
Benoît le Noir, à Parme, 3 avril.
Benoîte de Rome, Religieuse, 4 janv.
Benoite d'Origny, 8 oct.
Benoite ou Beate, V. au dioc. de Sens.
Benu, M., 15 janv.
Berach, Abbé en Irlande, 15 fév.
Berain ou Beren, patron de plusieurs villages de son nom, en France.

Beraire, Ev. du Mans, 17 oct.
Berard d'Abruzze, (le Bienh.), 3 nov.
Berard de Maroc, 16 janv.
Berbin la , Moine à Jérusalem.
Bercaire, Abbé, 26 mars et 16 oct.
Bercam, Ev., 6 avril.
Bereng, M. en Touraine, 25 oct.
Berenger, hon. à Saint-Papoul, 26 mai.
Berlone, 27 fév.
Bergis, Abbé, 2 oct.
Bergonzly, dont il y a une église à Sales, en Quercy.
Berier le m. q. Beraire, 17 oct.
Beril, Ev. de Catane, 21 mars.
Berkert, Sol., 16 déc.
Berière, hon. à St.-Guilein, en Hainaut.
Bermond, fondateur de l'abbaye des religieuses de Saint-Victor de Mède, entre Milan et Côme, mort vers 800.
Bermond d'Yrache, 8 mars.
Bernard de Clairvaux, Doct. de l'Egl., 20 août.
Bernard-Bucko, Ev. d'Halberstadt, tué l'an 1088.
Bernard Calvoin. *Voyez* Calvoin, 16 oct.
Bernard d'Arce, 14 oct.
Bernard de Capoue, Ev. de Carinola, 12 mars.
Bernard (le Bienh.), de Corlion, Capucin., 14 janv.
Bernard de Die.
Bernard de Menthon, 28 mai et 15 juin.
Bernard d'Offida, (le Bienh.), 11 sept.
Bernard de Parme, 4 déc.
Bernard de Quintavalle, (le Vén.), premier religieux de l'ordre de Saint-François.
Bernard, abbé de Tiron (le Bienh.), 14, 22 et 25 avril.
Bernard (le Bienh.), 15 juil.
Bernard de Vic, le m. q. Benard.
Beruard de Vienne, le m. q. Barnard.
Bernard le Pénitent, 19 avril.
Bernard Ptolomée, 21 août.
Bernardin de Feltre, (le Bienh.), 29 sept.
Bernardin de Sienne, 18 et 20 mai.
Bernardine, du tiers ordre de Saint-François, 21 sept.
Bernier, mort au dioc. de Salerne, vers 980.
Bernig, le m. q. St. Bénigne, 1er nov.
Bernon, Instit. de Cluny, 13 janv.
Bernon, Abbé de Baume-les-Messieurs, près Besançon, en 927.
Bernon, le m. q. Brunon, Apôtre des Vandales.
Bernoul, Ev. d'Utrecht, 19 juil.
Bernouard, Ev. d'Hildesheim, 26 oct. et 26 nov.
Bernouf, 24 mars.
Beronique pour Bernice, 14 avril et 19 oct.
Bertaire, le m. q. Berthier de Menou, 6 juil.
Bertaut, 16 juin.
Berte de Bardes, Abbesse de l'ordre de Vallombreuse, 24 mars.
Berteaume, hon. en Angleterre, 9 sept.
Berteric, Arch. de Vienne.
Berthevin, hon. à Lisieux, 8 sept.
Berthaule, Ermite.
Berthe d'Avenay, Abbesse, 1er mai.
Berthe de Blangis, Abbesse, 4 juil.
Berthe de Marbais, Abbesse (la Bienh.), 18 juil.
Berthaise, patron du prieuré de Senois, au dioc. de Soisson.
Berthevin, patron de plusieurs villages de son nom, en France,
Berthier de Menou, 6 juil.
Berthier du Mont-Cassin, 22 oct.
Berthilon, (le Ven.), abbé de Saint-Bénigne de Dijon, mort vers 820.
Berthoald ou Berthaud, Ve Ev. de Cambrai.
Bertican, XXIIe Ev. de Brescia.
Bertille, mère de Ste Vautrue et de Ste Aldegonde.
Bertille de Chelles, Abbesse, 4 et 5 nov.
Berille de Mareuil, V., 3 janv.
Bertillon, Abbé de Saint-Bénigne.

Bertin, Abbé en Artois, 5 sept.
Pertoare, hon. à Bourges, 4 déc.
Bertold de Parme, 21 oct.
Bertold, Prieur du Mont-Carmel, 29 mars.
Bertold, (le Vén.), IIIe Abbé d'Engelberg en Suisse.
Bertoul, Abbé de Renty, 5 fév.
Bertran de Fermo (le Bienh.), de l'ordre dit des Ermites de Saint-Augustin, mort en 1490.
Bertran du Mans, 30 juin.
Bertrand d'Aquilée, (le Vén.), 6 juin.
Bertrand de Comminges, 15 et 16 oct.
Bertrand de Granselve, 14 nov.
Bertrude, Reine de France, épouse de Clotaire II.
Bertuin, Ev., 11 nov.
Bertulien, l'un des M. de Cologne, dont il y a des reliques au Pont-Aux-Dames en Brie.
Beriulphe, Ev. de Troyes, en 812.
Bervait, hon. en Basse-Bretagne.
Bes, Ev. d'Ast, 1 déc.
Besas, M. à Alexandrie, 27 fév. et 30 oct.
Besoire, dont les reliques sont conservées à St.-Calès de Blois.
Bessarion, Sol., 20 fév. et 17 juin.
Besse, Martyre, 18 déc.
Bessoi, Solitaire, 2 juil.
Betaume, dont le tombeau était hon. dans l'église de Saint-Guthlac de Croyland, en Angleterre.
Betra, abbé, 5 fév.
Bets, 22 avril.
Bette, Prédicateur évang., 14 août.
Betton, Ev. d'Auxerre, 24 fév.
Bevignates, Moine, 14 mai.
Beunon, Abbé au pays de Galles, 21 avril.
Beury, hon. en Bourgogne, 8 juil.
Beuve, Abbesse à Reims, 24 avril.
Beuvon, hon. à Pavie, 2 janv. et 22 mai.
Biage, Ev. de Vérone, 22 juin.
Bianor, M. en Isaurie, 10 juil.
Biat, hon. à Vendôme, 9 mai.
Bibienne, Mre à Rome, 2 déc.
Bibliade, M. à Lyon, 2 juin.
Bicor, M. en Perse, 22 avril et 10 oct.
Bidon, Prêtre, 1 janv.
Bié de Touraine, 25 oct.
Bié de Vendôme, le m. q. Biat.
Biee ou Bié, 19 fév.
Bien, 28 août.
Bienvenue Bojano, (la Bienh.), Vierge, 29 oct.
Bietre, Ev. de Bourges, 5 août.
Bifamon, Abbé, 22 janv.
Bihan, dont il y a une église en Bretagne.
Bihy ou Bichy, hon. au dioc. de Léon, en Espagne. *Voyez* Behy.
Bilfrid, hon. en Angleterre, 6 sept.
Bilhilde, honorée à Mayence, 27 nov.
Billy, Ev. de Vannes, 24 juin.
Bilt, le m. qu'Hippolyte le Geôlier, 13 août.
Birin, Ev. de Dorcester, 5 déc.
Birstain, Ev. de Wincester, 4 nov.
Bi-oé, M. en Ethiopie, 23 juin.
Bisoës, Sol. en Egypte, 30 juil.
Bistamione, la m. qu'Elpide, 4 juin.
Bizoard, dont on voyait la châsse au château de Blois, dans l'église priorale de Saint-Calès.
Blaan, Ev. des Pictes, 10 août.
Blain ou Blin, patron d'un bourg de son nom, en Champagne.
Blaise de Sébaste, Ev. 3 fév.
Blaise de Vérules, 29 nov.
Blaise, XXIe Ev. de Vérone,
Blaithmac, Irlandais, 6 déc.
Blanc ou Blain, Abbé, 10 août
Blancard, patron d'un village de son nom, en Gascogne.
Blancas, honoré vers l'Astarrac.
Blanchard, Confesseur, 10 mars.
Blanchart, 12 mai.

Blanche, patronne d'un village de son nom, en Quercy.
Blande de Rome, M^re,   10 mai.
Blande (la Vén.), consacrée à J.-C. par saint Eleuthère de Tournay, morte vers 550.
Blandelin, le même que St. Baudille,   20 mai.
Blandin, hon. en Brie,   1er mai.
Blandine, patronne de deux villages de son nom, en Dauphiné et en Poitou.
Blandine, Vierge et Martyre à Lyon,   2 juin.
Blaste, M. à Rome,   17 juin.
Blau, patron d'une commanderie au diocèse d'Oléron.
Blidou, Moine de Bobbio,   2 janv.
Blidran, Ev. de Vienne,   22 janv.
Blier, hon. en Brie,   11 juin.
Blimond, Abbé,   5 janv.
Blinlivet, Ev. de Vannes,   7 nov.
Boadin, Irlandais.
Boaire, Ev. de Chartres,   2 août.
Boal, hon. comme M.,   16 avril.
Bobin,   31 janv.
Bobolin, Ev. de Vienne,   26 mai.
Bochres, M. en Perse en 346.
Bodin, honoré dans une église de Champagne.
Bodolf, Abbé en Angleterre,   9 mars.
Bodon, Evêque,   11 sept.
Boëce (le Vén.), Patrice, dit le *Philosophe*, célèbre par ses écrits, injustement exécuté à Pavie par l'ordre du roi Théodoric, en 524,   23 oct.
Boes, patron d'un village de son nom près d'Orthez.
Bozomile (le Vén.), Archev.,   10 juin.
Boils, le même que Baudille,   20 mai.
Boing, patron d'un village de son nom, en Lorraine.
Bois, patron de deux villages de son nom, en Béarn et dans la Bresse.
Boisil, Prieur,   23 fév.
Boisle,   9 sept.
Boissonnade (le Vén.), Curé de Saint-André de l'Encise, Martyr.
Boithazates, M. en Perse,   20 nov.
Bolcain, Ev. en Irlande,   20 fév.
Bold,   30 juin
Bomel, patron d'une église au diocèse du Puy.
Bomer, patron de deux villages de son nom, en Normandie et en Bourbonnais.
Bommercat, hon. à Ferrare,   19 juin.
Bon, hon. à Rome,   27 fév.
Bon, Martyr, près de Rome,   11 fév. et 1er août.
Bon ou Bonet, Ev. de Clermont,   15 janv.
Bonajuncta, Servite,   31 août.
Bonal, M.,   8 fév.
Bonaventure, Cardinal,   14 et 15 juil.
Bonaventure-Baduaire de Pérague (le Vén.), Général des Augustins, puis Cardinal du titre de Sainte-Cécile, tué d'un coup de flèche à Rome sur le pont Saint-Ange, en 1389.
Bonaventure Bonacorsi (le Bienh.),   14 déc.
Bonaventure de Meaco, le même que Venture.
Bonaventure de Potenza (le Bienh.),   26 oct.
Bond, hon. près de Sens,   29 oct.
Bonein de Boulogne,   30 août.
Bonfils (le Bienh.), Général des Servites, 1er janv.
Boniface d'Adrumète (le Vén.),   30 août.
Boniface de Capse,   2 juil. et 17 août.
Boniface de Ferento (le Bienh.),   14 mai.
Boniface (le Bienh.), Ev. de Lausanne,   1 fév.
Boniface de Mayence,   5 juin.
Boniface de Prusse, le même que St. Brun.
Boniface, Ev. de Saint-Paul-Trois-Châteaux,   24 déc.
Boniface de Sibide,   6 déc.
Boniface de Tarse,   14 et 26 mai.
Boniface, M. à Trèves avec ses compagnons.
Boniface, Evêque, vers l'an 650,   14 mars.
Boniface, Ev. d'Utrecht, M. en 754.
Boniface, M. sous les Vandales,   6 déc.
Boniface 1er, Pape,   25 oct., 4 sept. et 25 déc.

Boniface IV, Pape,   7, 8 et 25 mai
Bonin de Pavie,   15 mai.
Bonite, Vierge,   16 oct.
Bonizect, hon. en Poitou,   23 oct.
Bon zelle (la Bienh.),   6 mai.
Bonne de Pise, Vierge,   29 mai.
Bonne de Trévise, Vierge,   12 sept.
Bonnet, patron de plusieurs villages de son nom, en Provence, en Bourbonnais, en Poitou, en Auvergne et en Dauphiné.
Bonnot, patron d'un village de son nom, en Nivernois.
Bonose, Archev. de Trèves, mort en 358.
Bonose, M. en Asie,   21 août et 20 sept.
Bonose, la même que Ste Venouse,   15 juil.
Bont, Ev. de Clermont, le m. que Bonet,   15 janv.
Borysse, Prince,   27 juil.
Bosa, Diacre, M. avec St. Boniface de Mayence,   5 juin.
Bosa d'York,   2 nov.
Boson (le Vén.), Général des Chartreux,   4 mars et 4 déc.
Botthien, dont le corps est honoré à Saint-Vincent de Léon.
Botulphe ou Botholf, Abbé en Angleterre,   17 juin.
Botvid, M. en Suède,   28 juil.
Bouchard, Ev. de Worms, mort en 1026.
Boudon (le Vén.), Archid. d'Evreux,   31 août.
Bouise, patron d'une église près Sancerre.
Boulogne, honorée comme Vierge et Martyre,   16 oct.
Bourbaz, Martyr,   17 mai.
Bourgin,   17 nov.
Bouton, le même que Bodolf,   9 mars.
Bouty, patron d'un prieuré au diocèse de Poitiers.
Bouy, honoré à Issoudun, le même apparemment que Bouise.
Bracaire, patron de l'église collégiale de Châteauvillain, au diocèse de Langres.
Brain,   18 mai.
Braix, patron d'un village de son nom, en Alsace.
Brancas, Ev. de Taormine,   3 avril.
Branches, patron d'un village de son nom, en Berry et en Bourgogne.
Brandain ou Braudan,   16 mai.
Branvalatre, invoqué aux anciennes Litanies anglicanes, entre St. Meloir et St. Patrice.
Braque, hon. en Auvergne,   9 fév.
Braule, Ev. de Saragosse,   18 et 26 mars.
Bravy, Abbé en Combraille,   15 sept.
Bredan, honoré à Tréguier le 5 juin, le même que St. Brandain,   16 mai.
Bregouin, Ev. de Cantorbéry,   27 août.
Brendain de Biorre,   29 nov.
Brès, patron de plusieurs villages de son nom, en Languedoc et en Gascogne.
Bressen, patron de plusieurs villages de son nom, en Languedoc, en Quercy et en Franche-Comté.
Bretannion, Ev. en Scythie,   25 janv.
Bretoch, moine de Saint-Magloire de Léhon, près de Dinan en Bretagne.
Bretoin, Ev. de Trèves,   5 mai.
Brevalarz, hon. en Bretagne, le même que St. Brandain de Cluainfert,   16 mai.
Brevein, patron d'une église au diocèse de Nantes.
Brey, patron de l'église du Château de Palue, au diocèse de Sarlat.
Briach ou Briac, Abbé,   17 déc.
Brial, patron d'une église en Bretagne.
Briand, Ev. de Cluainfert,   4 mai.
Briaviris, honoré en Angleterre.
Brice de Martole,   9 juil.
Brice de Tours,   13 nov.
Brien, Evêque,   30 avril, 1er et 18 mai.
Brigide de Fiesoles, Vierge irlandaise.
Brigide de Nogent,   3 juil.

SUPPLEMENT AU DICTIONNAIRE DES CEREMONIES ET DES RITES SACRES.

Brigide, ou Brigitte de Suède, 23 juil. et 8 oct.
Brigide d'Irlande, 1er fév.
Brigitte, hon. en Touraine,
Brindan, invoqué aux anciennes Litanies anglicanes entre St. Patrice et St. Carnache.
St. Bris, dont une église porte le nom, à deux lieues de Cognac.
Brisson, le même que Brice de Tours.
Brithvold, Evêque, 22 janv.
Brithun, Abbé, 15 mai.
Brivaud, Ev. de Cantorbéry, 9 janv.
Brix, honoré en Angleterre, le même que Brice de Tours.
Brixe, M. près de Ninove, 12 nov.
Brocan, honoré en Angleterre, 7 mai.
Brocard (le Vén.), Prieur du Mont-Carmel, 2 sept.
Broin ou Broing, patron de plusieurs villages de France.
Bron, Evêque en Irlande, 8 juin.
Bronaladre, ou Broaladre, ou Brolady, patron d'un village de son nom en Bretag e.
Brommat, dont il y a une église au diocèse de Rhodez.
Brun, dit St. Boniface, 14 fév. et 19 juin.
Bruno, Evêque de Segni, 18 juil. et 31 août.
Bruno, Instit. des Chartreux, 6 oct.
Brunon ou Bernon, Apôtre des Vandales, Evêque de Mecklembourg. mort en 1195.
Brunon de Cologne (le Vén.), 11 oct.
Brunon de Lubec, 11 nov.
Brunon de Paris (le Vén.), 30 mars.
Brunon de Prusse, le même que Brun.
Brunon de Virsbourg, 17 et 27 mai.
Brussie, honorée autrefois en Attique.
Bry, Martyr en Auxerrois, 26 mai.
Brynolf, Evêque en Suède, 6 fév.
Bributzique, M. d'Amorio, 6 mars.
Budok, Evêque de Vannes, 9 déc.
Budoce, Evêque de Dol.
Bucil, patron d'un village de son nom, en Dauphiné.
Boële, honoré à Saint-Avol, 18 déc.
Burgue (la Vén.), morte vers 740, dont on a une lettre à Saint-Boniface de Mayence. Voyez Edburge.
Buguer (le Bienh.), nommé saint par St. Anselme.
Bunète, patronne d'une église en Berry.
Buolaie, patronne d'une chapelle au prieuré de Chasseraie, diocèse de Luçon.
Burcard, Ev. de Virsbourg, 2 fév. et 14 oct.
Burchard (le Vén.), Archev. de Vienne, 19 août.
Buriens, Vierge irlandaise, 29 mai.
Busiris, honoré à Ancyre, 21 janv
Buzeu, Abbé de Dol, 19 nov.
Bysse, Martyr à Laodicée, 28 juil.
Byze (le Vén.), Moine de Maraton, en Cilicie, à qui St. Chrysostome écrivit du lieu de son exil.

C

Cachiamo, hon. en Italie.
Cade, Ev. hon. à Bourges, 28 déc.
Cadelubce, Ev. de Cracovie, 8 fév.
Cadeold, Archev. de Vienne en Dauphiné, 14 janv.
Cado, Ev. de Bénévent, 24 janv et 1er nov.
Cadroas, Ab. de Va-sor.
Cadroël, Ab. de Saint-Clément, 6 mars.
Caduchan, Ev. de Benchor, 17 juin.
Caïdoc (le Vén.), Pr. irlandais, Prédicateur évangélique.
Caïe, Voyez Caïus.
Caïe, M. avec St. Celer, 28 fév.
Cailan, premier Ev. de Downe en Irlande, à la fin du 5e siècle.
Caïole, Mre en Afrique, 3 mars.
Caïus d'Alexandrie, 3 et 4 oct.
Caïus d'Apamée, 10 mars.
Caïus de Corinthe, 4 oct.

Caïus de Mélitine, 19 avril.
Caïus de Messine, 20 nov.
Caïus, Ev. de Milan, 27 sept.
Caïus de Mysie, M. avec deux autres, 4 j. nv.
Caïus de Nangasach, M. du Japon, 5 fév.
Caïus de Nicomédie. M. avec autres, 21 oct.
Caïus de Saverne, M. avec autres, 28 août.
Caïus de Saragosse, M., 16 avril.
Caïus de Sébaste, un des 40 M., 9 mars.
Caïus le Palatin, 4 mars.
Caïus, Pape, 22 avril.
Caïus. Voyez Corsique, 30 juin.
Calais ou Caritaf, Abbé d'Anisole et patron de plusieurs villes ou bourgs de France qui portent son nom.
Calamandre, hon. en Catalogne, 5 fév.
Calan, titulaire d'une église en Abruzze, qui est mentionnée dans la bulle d'Alexandre III, de l'an 1117.
Calatrique, M. avec autres, 17 déc.
Caleb, le même qu'Elesbaan, 15 mai et 27 oct.
Caléfacie, 12 août.
Caléfaie (le Vén.), nommée sainte dans les manuscrits des religieuses de Saint-Ausony d'Angoulême.
Calendion, 15 et 20 nov.
Calepode, M. à Rome, 22 avril et 10 mai.
Calers, Ev. de Chartres, 4 sept. et 8 oct.
Calès, Ab. d'Anille, 1er juillet.
Calide, Mre, 16 avril.
Calmer, Ev. de Milan, 31 juillet.
Calione, Ev. de Note.
Calix, patron d'une paroisse près de Bagnères.
Calixte d'Hornain, patron d'un village de France près de Douai.
Callach (le Vén.), Ev. d'Armagh, 1er avril.
Callicélade, dont Suidas a vu une Vie écrite.
Callinique d'Apollonie, 28 janv.
Callinique de Bithynie, 14 déc.
Callinique de Gangres, 29 juillet.
Callinique, Martyre en Galatie, 22 et 26 mars.
Calliope, M. à Pompéiopolis, 7 avril.
Calliope, Mre en Grèce, 8 juin.
Calliste de Corinthe, 16 avril.
Calliste, Ev. de Todi, 14 août.
Calliste le Turmarque, 6 mars.
Calliste, Pape, 14 oct.
Callisthène, 4 oct.
Callistrate, 26 et 27 sept.
Calixte ou Calliste. Voyez ces divers noms.
Calixte, Mre à Syracuse, 25 avril et 2 sept.
Calmon, fondateur du monastère de Carmery.
Calocer de Brescia, 18 avril et 19 mars.
Calocer de Ravenne, 11 fév. et 16 janv.
Calocer de Rome, 19 mai.
Caloger, Solit., 18 juin.
Calvion (le Bienh.), Ev. de Vich, 16 oct.
Calupan, 3 mars.
Camélien, Ev. de Troyes, 22 mars.
Camelle, Vierge, 16 sept.
Camérin, M. en Sardaigne, 21 août.
Camille de Lellis, 18 et 14 juillet.
Camille de Milan, 2 et 10 juin.
Camille, Vierge en Auxerrois, 3 mars.
Camille Battiste de Varanes (la Vén.), Abbesse de Sainte-Claire de Camérin, morte vers 1527.
Camione (Ste), dont il y a une église au diocèse de Laon.
Cammen, Abbé, 25 mars.
Canadet, patron d'un village de Provence.
Canat. Voyez Cannat.
Cance, M. près d'Aquilée, 31 mai.
Cance, hon. à Florence, 26 nov.
Cande ou Candide, hon. à Ruel.
Candide d'Afrique, 15 déc.
Candide d'Agaune, 22 sept.
Candide d'Alexandrie, 11 mars.
Candide de Maëstricht, le même que Candre, 1er déc.

Candide de Rome, M. avec trois autres, 2 fév.
Candide, M. à Rome, 3 oct.
Candide de Sébaste, un des 40 M., 9 mars.
Candide, M. en Afrique avec autres, 3 janv.
Candide d'Artemas, M. avec sa fille, 6 juin.
Candide de Carthage, M^{re}, 20 sept.
Candide de Naples, la Jeune 4 sept.
Candide de Naples, l'Ancienne, 4 sept.
Candide de Rome, M^{re}, 1er déc.
Candide de Sainte-Praxède, 29 août.
Candidien, M., 10 nov.
Candre, Ev. Région'., hon. à Rouen, 1er déc.
Cane, patron d'un village de France près de Condom.
Canides, M., 10 juin.
Canion, patron de Cirence, 25 mai.
Canion, hon. avec St. Prisque, 1er sept.
Cannat, Ev. de Marseille, 15 oct.
Cannère, V. en Irlande, 28 janv.
Cannoalt, Ev. de Laon, 4 sept.
Canoc, Abbé, 18 nov.
Consione, titulaire d'une église mentionnée dans une bulle d'Innocent III.
Can-tirel, hon. en Bretagne.
Cantianille, M^{re}, 31 mai.
Cantide, M., 5 août.
Cant dien, M., 5 août.
Cantien, M., 31 mai.
Canut, 7 et 19 janv. et 10 juillet.
Canut-Lavard, 6 janv. et 10 juillet.
Capilée, M., 15 fév.
Capitolin, M., 7 mars.
Capitoline, M^{re}, 27 oct.
Capit n, Ev. en Orient, 4 mars et 22 déc.
Capiton de Talgue, M., 27 juin.
Capiton et Menée, M^{rs}., 24 juillet.
Capiton et Pamphile, M^{rs}., 10 août.
Caprais d'Agen, 6 et 20 et oct.
Caprais de Lérins, 1er juin.
Capreole, Evêque, honoré autrefois à Carthage.
Caradec, dont il y a deux paroisses en Bretagne.
Caralampe, 10 fév.
Caralampodes, Martyr, 30 mai.
Caralippe, Martyr, 28 avril.
Carasume, Martyr, 5 fév.
Carême, V. au diocèse d'Alby, 7 sept.
Careuec, Abbé, 16 mai.
Careuc, patron d'un village de son nom en Bretagne.
Cariesse, M^{re}, 16 avril.
Cariette, patronne d'un village du Languedoc.
Carine, M^{re}, 7 nov.
Carion, Solitaire, 24 nov.
Cariple.
Carise de Corinthe, Martyr, 16 avril.
Carise, M^{re}, avec autres, 1er mars.
Carissime, Vierge.
Caritaine, Martyre, 12 juin.
Carite, Martyr en Grèce, 28 janv.
Caritine, Vierge, 5 oct.
Cariton, 28 sept.
Cariton de Grèce, 3 sept.
Cariton de Rome, 12 juin.
Carluf, dont les reliques sont honorées à Notre-Dame de Mantes.
Carlaix, patron d'un village près de Saint-Maixent.
Carloman, Duc des Français, oncle de Charlemagne.
Carloman (le Vén.), Moine du Mont-Cassin, 17 août.
Carmery, 19 août.
Carmondique, Recluse, 10 sept.
Carnach, invoqué aux anciennes Litanies anglicanes.
Carné, hon. en Bretagne, 15 nov.
Caro, Solitaire, 26 juillet.
Carpe, Evêque de Thyatire, 13 avril.
Carpe, disciple de saint Paul, 13 oct.
Carpon, 14 oct.
Carpophore d'Aquilée, 20 août.
Carpophore de Capoue, 27 août.
Carpophore de Como, 7 août.

Carpophore de Rome, 8 nov.
Carpophore, Martyr avec St. Abonde, 10 déc.
Carpophore, IIIe Evêque de Séville.
Cartaud, Ev. de Tarente, 10 mai et 8 mars.
Cartère de Cappadoce, 8 janv.
Cartère, Martyr à Sébaste, 2 nov.
Cas, hon. au diocèse de Saint-Brieuc.
Casail, Abbé en Sicile, 2 mars.
Casarie, Vierge, 8 déc.
Casate (la Bienh.), 16 mars.
Casdoé, Martyr en Perse, 29 sept.
Casilde, hon. en Espagne, 9 avril.
Casimir, prince de Pologne, 4 mars.
Casine, la même que Carine, 7 nov.
Casse de Bonn, 10 oct.
Casse de Côme, 7 août.
Casse de Damas, 20 juillet.
Casse de Nicomédie, 6 mars.
Cassian, patron d'un village de son nom, en Languedoc.
Cassien, Martyr à Rome, 1er déc.
Cassien d'Autun, 5 août.
Cassien de Celerne, 26 mars.
Cassien de Marseille, 23 juillet.
Cassien de Todi, le même peut-être que le suivant, 13 août.
Cassien d'Imola, 13 août.
Cassien, IIe Evêque d'Hortat, en 363.
Cassien, IIIe Ev. de Todi, mort en 304.
Cassien, Ev. de Brixen, mort en 509.
Cassien le Greffier, 3 déc.
Cassin, dont il y a une Egl. en Savoie.
Cassine, la même que Carine, 7 nov.
Cassiodore, M. en Calabre, 14 sept.
Cassius, M. en Auvergne, 15 mai.
Cassius, M. de Narni, 29 juin.
Cassy, le même que le précédent.
Cast, patron d'une église au diocèse de Saint-Brieuc.
Caste d'Afrique, 22 mai.
Caste, premier Ev. de Calvi, M. en 66.
Caste de Capoue, 6 oct.
Caste de Milan, 9 mai.
Caste de Sinuesse, 1er juillet.
Caste de Talgue, 4 sept.
Castel, dont il y a une église au diocèse de Montpellier.
Casteret, patron d'un prieuré dépendant de la Seauve au diocèse de Bordeaux.
Castiat, patron d'un village de son nom, près de Die.
Castin, honoré au diocèse de Lescar.
Castoire, le même que Castor de Tarse.
Castole, le même que le précédent.
Castor d'Afrique, 28 déc.
Castor d'Apt, 20 et 21 sept.
Castor de Cardon, 13 fév.
Castor de Nicomédie, 6 mars.
Castor de Tarse, 28 mars et 27 avril.
Castore Gabrielli (la Bienh.), Veuve, 14 juin.
Castorin, Evêque de Trois-Châteaux, 24 déc.
Castorius, 7 et 17 juillet et 8 nov.
Castrense, Ev. d'Afrique, 11 fév.
Castrense, M. avec St. Prisque, 1er sept.
Castritien, Ev. de Milan, 1er déc.
Castule d'Afrique, 12 janv.
Castule de Rome, 30 nov.
Castule de Syrie, 15 fév.
Castule de Terni, 15 fév.
Castule, M. près de Rome, 26 mars.
Castule, M. avec St. Bon, 11 fév. et 1er août.
Castule, M^{re} à Capoue, 25 janv.
Cat, M. d'Afrique, 19 janv.
Catalde, IIe Ev. de Tarente, vers le 6e siècle.
Catas, le même que St. Cartaud.
Catel, Ev., 19 janv.
Caterval, 10 nov.
Catherine, inh. au mont Sinaï, 25 nov.
Catherine de Cardone (la Vén.), 11 et 12 mai.

Catherine Gravel (la Vén.), 25 juill.
Catherine de Gênes (la Vén.), 14 sept.
Catherine de Palauce (la Vén.), 6 avril.
Catherine Matthéi (la Bienh.), 6 sept.
Catherine de Ricci, 13 fév.
Catherine de Sienne, 29 et 30 avril.
Catherine de Suède, 24 mars.
Catherine de Vigri (la Bienh.), 9 mars.
Catherine, Veuve, 22 mars.
Catherine Thomas, V. (la Bienh.), 28 juillet.
Cathnail, le m. que Cazou, 24 janv.
Caton, M. en Afrique, 28 déc.
Catranio (le Bienh.) de l'ordre de Saint-Dominique, prieur du couvent de Pérouse, martyrisé par les Tartares à Capha, près le Pont-Euxin, vers 1390.
Catule, Mre en Afrique, 24 mars.
Catulin de Carthage, 15 juill.
Catun, laboureur, 1er août.
Caurien, mentionné par Mombritius.
Causte, 16 janv.
Caustin, hon. à Vannes, 11 octob.
Caylan, Ev. de Downe, mort vers 623.
Cayran, patron d'un village de son nom, près de Marmande.
Cazow, hon. en Angleterre, 24 janv.
Ceadde, Ev. 2 mars.
Cécard, Ev., 16 juin.
Cécile d'Afrique, 14 mai.
Cécile de Carthage, 3 juin.
Cécile d'Elvire, 1er fév.
Cécile, Vierge et M., 22 nov.
Cécile de Remiremont (la Bienh.), 12 août.
Cécile de Ponçonas (la Bienh.). institutrice des Bernardines réformées du Dauphiné.
Cécilien, M. de Saragosse, 16 avril.
Cécilienne, M. en Afrique, 16 fév.
Cedde, Ev. en Angl., 7 janv. et 26 oct.
Cedrène, Ev. d'Alexandrie, 15 juin.
Céfronie, la même que Febronie.
Celer, M. à Alexandrie, 28 fév.
Celerin, Confesseur de la foi, 3 fév.
Celerin ou Serenic, Solit., mort près de Séez, vers 669.
Celerine, M. en Afrique, 3 fév.
Celering du Maine. Voyez Selering.
Céleste, Ev. de Metz, 14 octob.
Célestin d'Alexandrie, 2 mai.
Célestin de Grèce, 25 mai.
Célestin 1er, Pape, 6 avril et 19 juill.
Célestin V, le même que St. Pierre Célestin, 19 mai.
Celicy, hon. au diocèse de Lectoure.
Celien d'Afrique, 15 déc.
Celien de Trieste, 10 mai.
Céline, Vierge à Meaux, 21 oct.
Cénie, Veuve à Reims, 16 et 21 oct.
Cels, patron de deux villages de son nom en Quercy et en Languedoc.
Celse d'Antinoé, 6 janv.
Celse d'Armagh (le Bienh.), 1er avril.
Celse d'Irlande, 6 avril.
Celse, VIIe Ev. de Mayence, Martyr.
Celse de Milan, 28 juillet.
Celse de Pouzol, 5 nov.
Celse de Trèves, 4 janv.
Celse pour Gelase, 21 nov.
Celse (la Bienh.), nièce de Ste Bellande.
Celsin de Laon, 25 octob.
Celsin de Toul, le même peut-être que Celse de Trèves.
Celvulf, 15 janv.
Cème, titulaire d'une église dépendant de St.-Victor de Marseille, qui subsistait en 1115.
Cemon, 11 fév.
Cenac, patron d'un village en Périgord.
Cenéré, patron d'un village de son nom, près de Mayenne.
Cenery, patron de deux villages en Normandie.

Censoir, le même que le suivant.
Censure, Ev. d'Auxerre, 10 juin.
Centolle, Mre à Burgos, 13 août.
Ceols, patron d'un village de son nom, près d'Henrichemont.
Ceran, Ev. de Paris, 27 et 28 sept.
Ceras, Ev. de Grenoble, 6 juin.
Cerbon, Ev. de Véronne, 10 oct.
Cerboney, Evêque de Populonia, 10 et 17 oct.
Cere, patron d'un village de son nom, près de Rouen.
Céré, Ev. d'Eause, 24 avril.
Cercal de Rome, 10 juin.
Cereal le Soldat, 14 sept.
Cereal. Voy. Céler, 28 fév.
Cereas, M. en Afrique, 16 oct.
Ceremone, M. à Nicomédie, 11 avril.
Cergues, patron d'une église de son nom, près de Genève.
Cerile, honoré de temps immémorial dans une égl. en Berri.
Cerin, Prêtre, 11 octob.
Cerneu. Voy. Serneu.
Cernin, patron de plusieurs villages de son nom, en Périgord, Auvergne et Limousin.
Ceronne, Vierge, 15 nov.
Cerotte, patronne d'un village de son nom, près de Mortagne.
Césaire d'Arabisse, 28 déc.
Césaire d'Arles, 27 août.
Césaire de Cappadoce, 5 nov.
Césaire, Ev. de Clermont.
Césaire de Damas, 1er nov.
Césaire de Terracine, 1er nov.
Césaire le Martyr, 20 avril.
Césaire le Questeur, 25 fév. et 9 mars.
Césaire, Abbesse à Arles, 12 janv.
Césaire, la même que Ste. Césaire d'Arles.
César de Bus (le Bienh.), 15 mars.
Césarie, Martyre, 25 mars.
Césarienne, Martyre, 24 juil.
Céside, Prêtre, 31 août.
Ceslas (le Vén.), de l'ordre de Saint-Dominique, mort vers 1265, honoré en Bohême.
Cestiers, patron d'un village de son nom, en Limousin.
Céthée, dit St. Pélerin, 15 juin.
Céthée, Ev. d'Amiterne, mort vers 600.
Cétomerin, Ev. de Léon en Bretagne, mort vers 600.
Cezadre, Ev. de Limoges, 15 nov.
Cezert, patron d'un village de son nom en Languedoc.
Chabraix, patron d'un village près d'Aubusson.
Chadoind, Ev., 20 août.
Chadoust, le même que Sadoth, 19 oct.
Chafre, Ab. en Velay, 19 oct.
Chaffrey, patron d'un village de son nom, près de Briançon.
Chagnoald, Ev. de Laon, 6 sept.
Chairbre, Ab. en Irlande, 1er nov.
Chalier, hon. en Berry et en Gascogne, 23 nov.
Chamans ou Chamant, Moine, 25 juin.
Chamaran, patron d'un village de son nom, en Quercy.
Chamas, patron d'un village de son nom, en Provence.
Chamassy, patron d'un village de son nom, en Périgord.
Chamaz, le même qu'Amant de Rhodez.
Chameaux, patron d'un village de son nom, en Languedoc.
Champ, patron d'un village de son nom, près Belley.
Chapte, honorée en Provence.
Charité, Vierge, 1er août.
Charlat (le Bienh.), 21 juill.
Charlemagne, roi, 28 janv., 27 juillet et 28 août.
Charles Borromée, 4 nov.
Charles de Châtillon (le Bienh.), 29 sept.
Charles le Bon (le Vén.), 2 mars.
Charles de Rumane (le Vén.), 7 sept.

Charles Grégoire (le Bienh.), 20 sept.
Charles Spinola. *Voy*. Spinola.
Charles, Ab. de Villers.
Chartier, Prêtre, 1er fév.
Chartres, patron d'un village de son nom, près de Mirebeau.
Chastier, Ev. de Périgueux, qui souscrivit au IIe concile de Mâcon, mort vers 587.
Chaumond, Ev. de Lyon, 28 sept.
Chebée, Sol. au pays de Galles.
Chef ou Cherf ou Theudère, Abbé et patron d'un bourg et d'une abbaye de son nom, en Dauphiné, 29 octob.
Chelidoine, M. à Saragosse, 3 mars.
Chelidoine, V., 13 oct.
Chelindre, honorée autrefois près d'Utrecht, comme Vierge et Martyre.
Chelirs, Ev., 25 sept. et 25 oct.
Chely, patron de plusieurs villages de son nom, en Rouergue et en Auvergne.
Cheremon d'Alexandrie, 3 oct.
Cheremon de Nilopolis, 22 déc.
Cheremon, Solitaire à Panephyse en Egypte, mentionné par Cassien qui vivait de son temps.
Cherf. *Voy*. Chef.
Cheron, hon. à Chartres et dans plusieurs provinces de France, où il existe des villages de son nom, 28 mai.
Cherubin, de l'ordre de St.-François, 3 août.
Chevrais, patron d'un village de son nom, près d'Ilesson.
Chevreuil, le m. q. Capréole.
Chevriez le m. q. St. Caprais, 20 oct.
Chignan, IIe évêque de Périgueux ; c'est le même que St. Agnan, dont le nom s'est corrompu en celui de Chignan ; il est patron d'un village de son nom, en Languedoc.
Chignes, patron d'un village de son nom, en Quercy.
Chiliein, hon. à Meaux, 13 nov.
Chilmegisile, IIIe Ev. de Lausane, en 521.
Chimas, le m. qu'Amand de Bordeaux.
Chmoia, M. au Japon, 5 fév.
Chionie, Martyre, 1er et 3 avril.
Chlon, Ev. de Metz, 8 juin.
Chrauding, Abbé de Beaulieu.
Chremes, Abbé, 6 nov.
Chrepold, Ev. ; 12 mai.
Chrest, M. en Afrique, 18 déc.
Chrestophore le m. q. Chrysophore.
Chrestus, 1er du nom, IIe Ev. de Syracuse, M., en 90.
Chrétien d'Auxerre, 24 avril.
Chrétienne de Sainte-Croix (la Bienh.) 18 fév.
Christ, patron d'un village de son nom, en Picardie.
Christal, patron d'un village de son nom, près de Privas.
Christantien, M., 13 mai.
Christan ou Christaud, patron de plusieurs villages de son nom, en Gascogne et en Languedoc.
Christe, Martyre, 4 juin.
Christète, Martyre, 27 oct.
Christie, patronne de deux villages de son nom, en Gascogne.
Christien d'Auxerre, (le Bienh.), 22 nov.
Christien de Chateney, (le Bienh.), Solitaire au dioc. de Tours, puis Moine de l'ordre de Citeaux.
Christien de Douai, hon. en cette ville le lendemain de Pâques.
Christien, (le Vén.), Abbé de Saint-Germain à Auxerre.
Christien le M., 4 déc.
Christienne de Bretagne, Religieuse, sœur de saint Hervé.
Christienne de Dendremonde, 7 sept.
Christin, Moine, 12 nov.
Christine de Perse, 13 mars.
Christine de Stomble, 6 nov.
Christine de Toscane, 24 juil.

Christine de Visconti, (la Bienh.), 14 fév.
Christine l'Admirable, 23 juin.
Christine, hon. à Monceaux.
Christodule, Abbé, 16 mars.
Christol, patron de plusieurs villages de son nom, en Languedoc, en Provence et en Forez.
Christoly, patron de deux villages de son nom, en Guienne.
Christophe d'Aphuse, Abbé, le m. que St. Macaire de Pélécètes.
Christophe de Cahors, (le Vén.), 31 oct.
Christophe de Cordoue, 20 août.
Christophe de Lycie, 25 juil.
Christophe le Sabaïte, 11 avril.
Christophe Scazen, (le Vén.), 24 déc.
Chromace d'Aquilée, (le Bienh.), 2 déc.
Chromace, M. à Rome, 11 août.
Chrone de Nitrie, (le Vén.) prêtre qui interprétait en grec ce que St. Antoine disait en égyptien, mort vers 360.
Chrone de Phénix, (le Vén.), près lequel demeuraient plus de 180 Sol., mort en 365. Il ne faut pas le confondre avec le précédent.
Chrysanthe de Pavie, 15 mai.
Chrysanthe de Rome, 25 oct.
Chrysanthien d'Aquilée, 17 fév.
Chrysaphus, premier Ev. de Sisteron, en 452.
Chryseuil, 7 fév.
Chryside, la m. qu'Aure d'Ostie.
Chrysogone d'Aquilée, 24 nov.
Chrysophore, M. en Asie, 20 avril.
Chrysostome. *Voyez* Jean Chrysostome.
Chrysotele, M. en Perse, 22 avril.
Chrystol. *Voyez* Christol.
Chrystoly. *Voyez* Christoly.
Chrystophe. *Voyez* Christophe.
Chumale, 27 sept.
Cibard, patron de plusieurs villages de son nom, en Périgord et en Angoumois.
Cibarnean, patron du village de son nom, près de Rouillac.
Cibranet, patron d'un village de son nom, en Périgord.
Cidroine, patron d'un village près Joigny.
Cierge, patron d'un village près de Tournon, et d'un autre, en Languedoc.
Ciergues le m. q. Cyr, 16 juin.
Ciers, patron de plusieurs villages en Guyenne et en Angoumois.
Cifertrève, patron d'un village de son nom, en Nivernois.
Cingoga, M. au Japon, 10 sept.
Cindée de Side, 11 juil.
Cindée le Laboureur, 1er août.
Cinname, M., 25 juin.
Ciprien, *Voyez* Cyprien.
Cir, *Voyez* Cyr.
Cirat, dont il y a une église au diocèse de Clermont.
Circoncision de N. S. G. C., 1er janv.
Cirgue, patron de plusieurs villages de son nom, en Languedoc et en Auvergne.
Ciriac, patron d'un village de son nom, près de Lavaur.
Cirice, patron de plusieurs villages de son nom, en Agenois, en Rouergue et en Quercy.
Cirie, patron d'un village de son nom, en Rouergue.
Cirq, patron de plusieurs villages de son nom, en Quercy, en Languedoc et en Rouergue.
Ciry, patron de deux villages de son nom, près de Gourdon.
Cisel, M. en Sardaigne, 21 août.
Cisse, le même que Clisse.
Ciste, M. en Ethiopie, 12 nov.
Citaf, honoré autrefois en Angleterre.
Citroine, patron d'un village près de Louden, 19 nov.
Civran ou Cyvran, patron d'un village de son nom, en Berri.

Cizy, patron de Rieux,	16 août.	Cléonique, Martyr à Comanes,	3 mars.
Clair de Loudun,	28 août.	Cléopâtre, Religeuse,	20 octob.
Clair de Nantes,	1er et 10 oct.	Cléophas, disciple de N.-S.,	25 sept.
Clair de Salingestadt, (le Bienh.),	1er fév.	Cler, Martyr à Antioche,	7 janv.
Clair de Tours, (le Bienh.),	8 nov.	Cleridone, la même que Chélidoine.	
Clair de Vexin,	4 nov.	Clet de Tivoli,	24 octob.
Clair de Vienne,	1re et 2 janv.	Clet, Pape,	26 avril et 13 juillet.
Clair, M.,	18 juil.	Cligne,	30 mars.
Claire, Abbesse de Saint-Damien d'Assise,	12 août.	Climène, Martyr en Égypte,	5 juin.
Claire Gambacorte,	17 avril.	Clin, M. dont il y a eu des reliques à Trévoux et à Tournus.	
Claire d'Auvergne.			
Claire de Lieu-N.-D., (la Bienh.),	4 août.	Clisse ou Cisse, Prêtre, mort et inhumé en l'île de Croyland.	
Claire de Montefalco,	18 août.		
Claire de Rimini (la Bienh.),	10 fév.	Clitanc, Roi en Angl.,	19 août.
Clarens de Vienne,	25 avril.	Closseinde (la Vén.), Abbesse,	30 juin.
Clare, honorée en Auvergne, la même que Ste Claire.		Clotaire,	7 avril.
Clare ou Clar de Lectoure,	1er juin.	Clotilde, Reine de France,	3 juin.
Classique, M. en Afrique,	18 fév.	Clotsinde, la m. q. Closseinde.	
Clatée, Ev. de Brescia,	4 juin.	Clou, Évêque de Metz,	11 déc.
Claud, patron de deux villages de son nom, en Angoumois et en Périgord.		Cloud, Prince,	7 sept.
		Cloyer, le m. q. Clotaire,	7 avril.
Claude d'Alexandrie,	30 avril.	Cluni, patron d'un village près de Brisach.	
Claude de Besançon,	12 janv. et 6 et 7 juin.	Cocca, Irlandais.	
Claude de Byzance,	3 juin.	Cocquée, nourrice de St. Queran et de Ste Lidanie, honorée en Irlande.	
Claude de Diospolis, le m. que Claudien d'Égypte,	25 fév.		
		Codrat d'Anatolie, le m. q. saint Quadrat d'Orient,	26 mars.
Claude d'Eges,	23 août.		
Claude de Léon,	20 oct.	Codrat de Corinthe,	10 mars.
Claude de Meynau. Voyez St. Glaur.		Codrat d'Hermopolis,	7 et 9 mai.
Claude de Rome,	26 avril 7 juil. et 8 oct.	Codre,	22 mai.
Claude de Saintes, (le Vén.), Ev. d'Évreux, mort en 1591.		Cœcilius, 1er Évêque de Grenade; M.	
		Coëngein, Abbé en Irlande,	3 juin.
Claude de Sébaste,	9 mars.	Cofutelle, Ermite,	4 avril.
Claude de Syrie,	20 mars.	Cohière ou Coyère, patronne d'un village de son nom, près de Ste-Menehould,	1er août.
Claude de Troyes, le m. q. Claudien,	21 juil.		
Claude de Vienne,	1er juin.	Coïndre, Évêque en Irlande,	17 nov.
Claude d'Orient, le m. q. Claudique,	3 déc.	Coinnon (le Vén.), mort en 1694, honoré à Meaux.	
Claude d'Ostie,	18 fév.	Coême, Martyr,	8 fév.
Claude le Geôlier,	8 nov. et 7 et 17 juil.	Colaphin, Évêque de Quidalet en Bretagne, ville détruite aujourd'hui, et dont le siège fut transporté à Saint-Malo.	
Claude le Tribun, M. à Rome,	3 déc.		
Claude-Bernard (le Vén.),	23 mars.		
Claude-Martin (le Vén.), Moine,	9 août.	Colette, Réformatrice des Clarisses,	6 mars.
Claude, fondateur de monastères,	29 sept.	Colette, Abbesse du monastère de Sainte-Claire d'Aigueperse.	
Claude d'Éthiopie, Martyre,	2 janv.		
Claude de Galatie, Veuve,	18 mai.	Collaeth ou Colleath, Evêque,	3 mai.
Claude de Paphlagonie, Martyre,	18 et 20 mars.	Collagie (la Bienh.), Vierge de l'ordre de la Mercy, morte dans le xive siècle, nommée sainte par Zumel, en la Vie du bienheureux Pierre Nolasque.	
Claudien de Bithynie,	6 mars.		
Claudien d'Égypte,	25 fév.		
Claudien de Nicomédie,	5 avril.	Collard, le m. q. Collaeth,	3 mai.
Claudien de Perse, le m. que St. Batas,	1er et 5 mai.	Collien (le Vén.), Chanoine,	20 sept.
Claudien de Trente,	6 mars.	Colluth de Grèce,	14 mai.
Claudien de Troyes,	21 juil.	Colluth d'Égypte,	16 janv.
Claudien, M. av. St. Victor,	6 mars.	Colluth de Thébaïde,	19 mai.
Claudique, M. en Orient,	3 déc.	Colman d'Auriche,	13 oct.
Clémence d'Hohemberg, (la Vén.),	21 mars.	Colman de Momonie,	4 nov.
Clément Alexandrin,	4 déc.	Colman de Vurtzbourg,	8 juillet.
Clément Collien. Voyez Collien.		Colman Elo, Abbé,	26 sept.
Clément d'Ancyre,	23 janv.	Colmanel, Évêque irlandais.	
Clément d'Aquilée,	15 juin.	Colme de Hy,	7 et 9 juin.
Clément de Cordoue,	27 juin.	Colme, Évêque,	6 juin.
Clément de Lodi,	17 oct.	Colme de Tymlaglasse,	13 déc.
Clément de Lyon,	20 janv.	Colobe, Écrivain de la Vie de saint Paëse.	
Clément, 1er Évêque de Metz, disciple de St. Pierre, et oncle de St. Clément, Pape, Martyr à Rome, sous Domitien,	en 96.	Colombain de Gand,	15 fév.
		Colomban, Abbé de Bobbio,	31 août et 21 nov.
		Colomban de Lagénie, Évêque.	
Clément de Tivoli,	27 juin.	Colombe de Cordoue, Vierge et Martyre,	17 sept.
Clément, Évêque de Trèves,	en 190.	Colombe de Riéti (la Vén.),	20 mai.
Clément de Volterre,	8 juin.	Colombe de Sens,	17, 30 et 31 déc.
Clément le Consul,	9 nov.	Colombé, dont une église paroissiale, en Angoumois, porte le nom.	
Clément, Pape,	10 sept. et 21 et 23 novembre.		
Clémentien, M. en Afrique,	17 déc.	Colombié, honoré à Quimperlé, peut-être le même que St. Colomban.	
Clémentienne, honorée à Carthage,	17 déc.		
Clémentin, martyr, patron de l'église de Coussay, au diocèse de la Rochelle et de celle de Givré, au diocèse de Poitiers,	14 nov.	Colombin, Abbé de Lure, en Franche-Comté.	
		Colombin le Jésuate,	31 juillet.
Cleph, le même que St. Gleb,	5 sept.	Colombine, honorée dans une église du diocèse de Saintes.	
Cléomènes, Martyr de Crète,	23 déc.	Colomière, la m. q. Ste Colombine.	

Colomme, patronne d'un village de son nom, près d'Oléron.
Colonkill, le m. q. Colme de Hy.
Coloquil, Confesseur, 16 mars.
Colvandre, dont le corps est honoré près de Rome.
Combgal, Abbé, 10 mai.
Comède (la Vén.), Pénitente, convertie par l'exemple du comédien Babylas, selon Jean Mosch, contemporain.
Côme. *Voyez* Cosme.
Commun, honoré à Toscanelle, 8 fév.
Company (le Vén.), Général de la Merci.
Conac, patron d'un village de son nom, au pays de Foix.
Conas, honoré par les Ethiopiens, 19 fév.
Conces, Martyr à Sirmich, 9 avril.
Concesse, Martyr av. St. Apollone d'Alexandre.
Concesse, Martyre à Carthage, 8 avril.
Conchinne, sœur de St. Mannu, 13 mars.
Concord, honoré à Chambéry, 4 juin.
Concorde, Evêque d'Arles, en 374.
Concorde de Nicomédie, 2 sept.
Concorde de Ravenne, 16 déc.
Concorde de Spolète, 1er janv.
Concorde de Rome, Martyre, 23 fév. et 13 août.
Concorz, Evêque de Saintes, 25 fév.
Condé, Solitaire, 14 mai et 20 oct.
Condède, moine de Fontenelles.
Cône, Moine, 3 juin.
Conec, patron d'un village de son nom, en Bretagne.
Congar, Solitaire en Angleterre, et patron d'un village de son nom, en Bretagne.
Conocain, Evêque de Quimper, 15 oct.
Conon, le m. q. Conrad d'Urzich.
Conon de Bidane, 5 mars.
Conon de Nese, 28 mars.
Conon de Penthucla, 19 fév.
Conon d'Icone, 29 mai.
Conon, Evêque, 26 janv.
Conon le Jardinier, 6 et 8 mars, et 26 fév.
Conrad, Abbé, 31 sept.
Conrad de Constance, 26 nov.
Conrad d'Engelbet, 2 mai.
Conrad de Macoms, 7 août.
Conrad Miliani (le Bienh.), 19 avril.
Conrad de Noi (le Bienh.), 19 fév.
Conrad d'Urzich (le Bienh.), 1er juin.
Conrad, Evêque d'Achonri, 9 août.
Conrand, Evêque, 14 fév.
Consolate de Gênes, Vierge, 5 déc.
Consolate de Rège, 6 sept.
Consorce, Vierge, 22 juin.
Constable, Abbé, 17 fév.
Constance d'Ancône (le Vén.), 23 sept.
Constance d'Aquino, 1er sept.
Constance, Evêque de Brixen, mort en 645.
Constance de Capri, 14 mai.
Constance de Gap, le m. q. Constantin.
Constance (le Vén.), Evêque de Lore.
Constance de Pérouse, 29 janv.
Constance de Rome, 30 nov.
Constance de Saluces, 18 sept.
Constance des Marses, 26 août.
Constance de Trèves, 5 oct.
Constance, Martyre à Nocera, 19 sept.
Constant d'Afrique, 5 janv.
Constant de Coire, Martyr avec autres, 5 oct.
Constant de Constance, 5 oct.
Constant de Fabiano (le Bienh.), 25 mai.
Constant de Pérouse, le m. q. Constance.
Constant, XIIIe Evêque de Verceil en 530.
Constantien, honoré à Bretenil, 1er déc.
Constantin de Bove, 2 mai.
Constantin de Carthage, 11 mars.
Constantin de Gap, 12 avril.
Constantin d'Ephèse, 27 juillet.
Constantin le Drongaire, 6 mars.

Constantin le Philosophe, le même que Cyrille de Moravie, 9 mars.
Constantin, Solitaire.
Consul, Evêque de Como, 2 juil.
Contard, Pèlerin, 28 août.
Contest, Evêque de Bayeux, 19 janv.
Copage, mère de St. Tugal, honorée en Basse-Bretagne.
Coppen (le Vén.), Martyr, 2 juin.
Copre, hon. chez les Grecs, 24 sept.
Coprès d'Alexandrie, 9 juil.
Coprès (le Vén.), Solitaire en Thébaïde.
Coque, Vierge en Irlande, 6 juin.
Coran, hon. dans un canton du diocèse de Langres.
Corbican, Irlandais, 26 juin.
Corbinien, Evêque, 8 sept.
Corbré, Evêque en Irlande, 6 mars.
Corcaie, sœur de St. Finan, 21 juillet.
Corcodème, le m. q. Courcoudème.
Cordule (la Vén.), hon. à Cologne, 22 oct.
Corèbe (le Vén.), 18 avril.
Corentin, Evêque de Quimper, 1er mai, 15 sept. et 12 déc.
Cormach, Abbé, 21 juin.
Cormeil, dont une église porte le nom au diocèse de Puy, en un lieu nommé l'Etoile.
Corneille de Catane, 31 déc.
Corne Ile de Vic, 9 juil.
Corneille (le Vén.), Evêque d'Imola, en Italie, mort dans le Ve siècle.
Corneille le Centurion, 2 fév.
Corne Ile le Martyr, 24 sept.
Corneille-Musius (le Bienh.), 10 déc.
Corneille, Pape, 14 et 16 sept.
Cornélie, Martyre avec autres, 31 mars.
Cornelis, honoré à Aix-la-Chapelle, le même que St. Corneille, Pape, 14 sept.
Cornibou (le Vén.), 30 juin.
Cornier, patron d'un village de son nom, près Tinchebray.
Corona, que Bernard Guidonis nomme Evêque en ses Saints du Limousin.
Corsique, Prêtre, 30 juin.
Coruscat, hon. en Berri.
Coscone, Martyr, 2 sept.
Cosme de Calcédoine, 18 avril.
Cosme de Crète, 2 sept.
Cosme de Maïume, 14 oct.
Cosme et Damien, 27 sept.
Cosme Zaquiya, M. au Japon, 5 fév.
Cosmée, hon. à Gravedone, en Lombardie.
Cot, Martyr près d'Auxerre, 26 mai.
Cotolas, hon. en Egypte, 19 sept.
Cottide, M. en Cappadoce, 6 sept.
Coturne, Martyr en Syrie, 15 fév.
Cotye, Martyr en Campanie, 6 juil.
Cotylas, M. en Egypte, 23 et 25 juin.
Couat, patron de deux villages de son nom, en Languedoc.
Coubes, patron d'une église du diocèse de Bordeaux.
Coudeluc, Prêtre, 6 nov.
Couet, patron d'un village de son nom, près Coutances.
Couhoyarn, hon. à Redon, 15 et 25 janv.
Coulitz, patron d'un village de son nom, près Châteaulin.
Coulomb, patron de deux villages de son nom, en Bretagne.
Courcodème, Diacre, 4 et 18 mai.
Couronne d'épines de N.-S. (la réception de la Ste), 11 et 18 août.
Couronné, Martyre en Syrie, 14 mai.
Couroux, hon. autrefois à Bourdieu.
Coust, patron de deux villages de son nom, en Auvergne.

DICTIONNAIRE DES RITES SACRÉS. III.

Coutant, patron de plus'eurs villages de son nom, en Augoumois et en Aunis.
Couvoyon, Abbé, 5 janv. et 28 déc.
Coyère. *Voyez* Cohière.
Crabary, patron d'un village de son nom, près de Condom.
Crapasy, patron d'un village de son nom, en Rouergue, l. m. q. Caprais.
Craphaïlde, Martyre, 12 nov.
Craton, Martyr à Rome, 15 fév.
Creac ou Creat, patron de deux villages de son nom, en Gascogne et en Roussillon.
Crédule, Africaine, morte de faim en prison.
Crémence, hon. à Saragosse, 16 avril.
Crépin et Crépinien, Martyrs à Soissons, 25 oct.
Crèple, M. av. St. Restitut, 10 juin.
Crescence de Lucanie, 15 juin.
Crescence de Paris, Vierge, dont parle St. Grégoire de Tours.
Crescence de Cicile, M^{re}, 4 juin.
Crescens d'Afrique, 29 déc.
Crescens de Florence, 19 avril.
Crescens de Padoue (le Vén.), 29 nov.
Crescens de Pérouse, 14 sept.
Crescens de Trèves, 5 oct. et 12 déc.
Crescent de Cordoue, 27 juin.
Crescent de Corinthe, 10 mars.
Crescent de G latie (le Vén.), 27 juin.
Crescent, IIe du nom, IIIe évêque de Mayence.
Crescent de Myre, 15 et 15 avril.
Crescent d'E uitane, 28 nov.
Crescent de Tomes, 1er sept.
Crescent, M. av. Dioscoride, 28 mai.
Crescent de Vienne, 29 déc.
Crescentien d'Afrique, 13 juin.
Crescentien d'Augsbourg, M., 12 août.
Crescentien de Campanie, 2 juill.
Crescentien de Carthage, 14 sept.
Crescentien de Rome, 24 nov.
Crescentien de Sardaigne, 31 mai.
Crescentien de Tiferne, 1er juin.
Crescentien *de Via Lata*, Martyr à Rome, 16 mars.
Crescentien le Confesseur, 28 nov.
Crescentienne, M^{re} à Rome, 5 mai.
Crescention, Martyr à Rome, 17 sept.
Cresci, patron d'une église au diocèse de Fiesoli.
Crescin, Evêque de Vérone, 30 déc.
Crescone, un des compagnons de St. Menalippe, 23 fév.
Cresconius, Evêque, 28 nov.
Crespic, dont il y a une église au diocèse de Rodez.
Crespin de Viterbe (le Bienh.), 23 mai.
Cresque, hon. à Florence, 23 oct.
Cressie, honorée au diocèse d'Auch.
Cricinus, VIIe Evêque de Vérone, vers le milieu du IVe siècle.
Cricq, patron de cinq villages de son nom, en Gascogne et en Guienne.
Crie, patron de deux vi ages de son nom, en Gascogne, le m. peut-être que le précédent.
Crison, Martyr en Afrique, 21 juin.
Crispe de Corinthe, 4 oct.
Crispe de Pali perne, 27 juin.
Crispe de Rome, 18 août.
Crispien, Martyr à Rome, 27 juin.
Crispin d'Afrique, 1er juin.
Crispin d'Ecija, 19 nov.
Crispin de Pavie, 7 janv.
Crispin de Ravenne, 18 juin.
Crispin, 3 déc.
Crispin, Martyr avec St. Marcellin, 20 nov.
Crispine, Martyre, 5 déc.
Crispule de Sardaigne, 30 mai.
Crispule d'Espagne, 10 juin.
Cronan de Roscrée, 28 avril.
Cronan, le m. que St. Mochua, Abbé en Irlande, 1er janv.

Cronan, martyrisé vers 800 avec ses moines par des Danois païens.
Cronidas, M. en Illyrie, 27 mars.
Cronion, le même que St. Eune, 27 fév. et 30 oct.
Croates, M. av. deux autres, 21 avril.
Crotold, Evêque de Worms, avant St. Rupert.
Cuanna ou Cuanne, Abbé en Irlande, 4 fév.
Cucley. *Voyez* Kucley.
Cuculat, Martyr, 15 fév. et 25 juillet.
Cudion, Martyr, 9 mars.
Cuimin, Evêque, 12 déc.
Culline, Ev. de Fréjus, 13 fév.
Culmace, Martyr à Arezzo, 19 juin.
Cumen, hon. en Irlande, 12 janv.
Cumien, Ev. hon. à Bobbio, 19 août.
Cunégonde, Impératrice, 3 mars et 24 juillet.
Cunere, V^e et M^{re}, 12 juin et 28 oct.
Cunfol, patron d'une église en Bretagne.
Cunialt. *Voyez* Kunialt.
Cunibert, Ev. de Cologne, 12 nov.
Cunigonde, honorée dans l'ordre de Saint-François, 24 juill.
Cunin, dit le Long, Confess., 11 nov.
Cunisse de Diesse (la Vén.), 6 mars.
Cunisse d'Eichsel, Vierge, 2 mai.
Cuny, le m. q. St. Quirin le Tribun.
Curonoté, Ev. d'Icône, 12 sept.
Cusinet, dont on a des reliques à Saint-Victor de Paris.
Cuthbert, Ev. de Lindisfarne, 20 mars.
Cuthburge, Abbesse, 31 août.
Cuthias, Martyr à Ostie, 18 fév.
Cuthmain, hon. au pays de Caux, 8 fév.
Cy, patron de Limerzel au diocèse de Vannes et de deux autres villages de son nom, en Nivernois et en Brie.
Cybar ou Cybardeau. *Voyez* Cibar.
Cyde, Vierge.
Cyneray, titulaire d'une égl. priorale au diocèse de Poitiers.
Cynille, Ev. de Fréjus, vers 400.
Cyprien de Brescia, 21 avril, 14 juin et 2 juillet.
Cyprien de Carthage, Martyr, 14 et 16 sept.
Cyprien de Corinthe, 10 mars.
Cyprien de Nicomédie, 26 sept. et 2 oct.
Cyprien de Périgord, le même que St. Subran, 9 déc.
Cyprien de Toulon, 3 oct.
Cyprien d'Unisibir, 12 oct.
Cyprille, la m. q. Cyrille de Libye, 5 juillet.
Cyprius, VIIIe Ev. de Brindes.
Cyr de Manuthée, 31 janv.
Cyr de Tarse, enfant, 16 juin et 15 juill.
Cyr, Martyr avec Ste Julitte sa mère.
Cyrac, patron d'un village de son nom au pays de Foix.
Cyran, fondateur de l'abbaye qui porte son nom, de l'ordre de St.-Benoît, situés sur la Claise dans la Brenne, mort vers 655.
Cyre de Bérée (la Vén.), 3 août.
Cyre de Pales inc, 6 juin.
Cyriace, IVe Ev. de Mayence.
Cyriacite, Martyre, 16 mars.
Cyriaque d'Achaïe, 12 janv.
Cyriaque d'Afrique, 21 juin.
Cyriaque d'Alexandrie, 31 janv.
Cyriaque d'Ancône, le même que Quiriace de Provence.
Cyriaque d'Augsbourg, le même que Quiriaque.
Cyriaque de Corinthe, 20 juill.
Cyriaque d'Egypte, 16 janv.
Cyriaque, IVe Evêque de Lodi, dans le Ve siècle.
Cyriaque de Malgue, 18 juin.
Cyriaque de Nicée, 19 déc.
Cyriaque de Nicomédie, 7 avril.
Cyriaque de Pamphylie, 2 mai.
Cyriaque de Pérouse, 1er et 5 juin et 9 août.
Cyriaque de Rome, 16 mars et 8 août.

Cyriaque de Satales, 24 juin.
Cyriaque de Sébaste, 15 juill.
Cyriaque de Tomes, 20 juin.
Cyriaque de Trèves, le même que Quiriaque de Tabenne.
Cyriaque de Zéganée, 14 juin.
Cyriaque et Exupère, Martyrs, 22 mai.
Cyriaque l'Acolyte, 6 sept.
Cyriaque l'Anachorète, 29 sept.
Cyriaque le Laboureur, 1er août.
Cyriaque d'Hellespont (la Vén.), 19 mai.
Cyriaque d'Orient (la Vén.), 20 mars.
Cyriaque du Champ-Veran, Veuve, 21 et 23 août.
Cyriaque de Mégalomartyre, 7 juill.
Cyrie, Martyre à Aquilée, 17 juin.
Cyrienne, Martyre, 1er nov.
Cyrille d'Afrique, 8 mars.
Cyrille d'Alexandrie, 28 janv. et 28 juin.
Cyrille d'Antioche, 22 juill.
Cyrille de Cappadoce, 29 mai.
Cyrille de Goryne, 9 juill.
Cyrille d'Egypte, 9 juill.
Cyrille de Jérusalem, 18 mars.
Cyrille de Mont-Carmel, 6 mars.
Cyrille de Moravie, 9 mars.
Cyrille de Nicomédie, 8 mars.
Cyrille d'Olmutz, Evêque, patrice romain, mort en 871.
Cyrille de Rome, 1er août.
Cyrille de Sébaste, 9 mars.
Cyrille de Syrie, 20 mars.
Cyrille de Tomes, 1er août.
Cyrille de Trèves, 19 mai.
Cyrille du Liban, Diacre, 29 mars.
Cyrille et Anastasie, 28 oct.
Cyrille et Photius, 4 mars.
Cyrille et Prime, 2 octob.
Cyrille le Drongaire le même app. que Constantin.
Cyrille de Libye, Martyre, 5 juill.
Cyrille de Rome, 28 octob.
Cyrin d'Alexandrie, 15 sept.
Cyrin d'Aurée, 12 juin.
Cyrin de Rome, 26 avril.
Cyrin de Sicile, 10 mai.
Cyrin, Martyr près de Rome, 24 mars.
Cyrin d'Hellespont, 3 janv.
Cyrin d'Alexandrie, 14 fév.
Cyrion de Sébastes, 9 mars.
Cyrus, Ev. de Carthage, 14 juill.
Cys (la Vén. Madeleine de), Hollandaise, veuve d'Adrien de Combé, institutrice des Pastorines, morte à Paris en 1692. On célèbre sa fête le 16 juin.
Cythard, Ab. de l'ord. de Cîteaux, 5 janv.
Cythin, Martyr à Carthage, 17 juill.
Gyvran, hon. en Poitou et patron d'un village de son nom, près d'Argenton, 14 juin.

D

Dabert, Ev. de Bourges, 19 janv.
Dace d'Afrique, M., 27 janv.
Dace de Damas, M., 1er nov.
Dace de Milan, Evêque, 14 janv.
Dachac, martyrisé en Palestine par les Mahométans, vers 789.
Dacien de Rome, M., 4 juin.
Dacien de Smyrne, M., 27 fév.
Daconna, 6 sept.
Dadas d'Ozobie, M., 13 et 28 avril.
Dadon, premier Abbé de Conque.
Dafrose, Martyre à Rome, 4 janv.
Dagaiphe, M., 23 mars.
Dagamond, dixième Abbé du monast. de St.-Oyend, aujourd'hui St.-Claude.
Dagan (Vén.), 13 sept.
Dagée, Evêque, 18 août.
Dagile (la Vén.), femme d'un des celleriers du roi Hunéric.

Dagile, Martyre av. aut., 13 juill.
Dagobert II, Roi d'Austrasie, 2 sept. et 23 déc.
Dairchille, le m. q. Moling, 17 juin.
Dallain (le Vén.), 29 janv.
Dalmace, Abbé, 5 août.
Dalmace-Monner (le Vén.), 24 sept.
Dalmace ou Dalmasy, Ev. de Rodez en 535, et patron de plusieurs villages de son nom, en Rouergue.
Dalmas de Pavie, Ev. M., 5 déc.
Dalmas de Rodez, le même que Dalmace, 13 nov.
Dalmaze, patron de deux villages de son nom, en Languedoc.
Dalouarn ou Dalouern, dont il y a une église en Bretagne.
Damarin, Abbé, M., 25 janv.
Damas, Martyr, 28 août.
Damase, Pape, 11 et 12 déc.
Damian, patron de plusieurs villages de son nom, en Italie.
Damiates, 7 août.
Damien d'Abruzze, M., 16 mai.
Damien d'Afrique, M., 12 fév.
Damien d'Angleterre, mort vers 200. *Voyez* Fugace.
Damien d'Antioche, M., 16 août.
Damien de Pavie, 13 mars et 12 avril.
Damien l'Anargyre, M., 27 sept.
Damienne, hon. autrefois à Jérusalem.
Danacles, Martyr, 16 janv.
Danaé, martyrisée sous Domitien, mentionnée par St. Clément, Pape, en son Epitre aux Corinthiens.
Danchy, M., *Voyez* Thomas, 5 fév.
Dange, Prêtre, 12 mai.
Daniel, Ev. de Galles, 23 nov.
Daniel de Cente, M., 8 et 13 oct.
Daniel de Gérarmont (Vén.), 20 janv.
Daniel de Gironne, 24 avril.
Daniel d'Egypte, M., 16 fév.
Daniel de Nicopolis, M., 10 juill.
Daniel de Padoue, M., 3 janv.
Daniel de Villiers, 26 déc.
Daniel le Misogènes, 11 janv.
Daniel le Prophète, 21 juill.
Daniel le Stylite, 11 déc.
Dape, Prêtre, 20 nov.
Dapime, Martyr, 6 juil.
Darèce (Ste), 19 juil.
Darerque, Vierge, 6 juil.
Darie, Martyre, 25 oct. et 1er déc.
Darius, pour Darie, la m. q. la précédente, 19 déc.
Darius et ses compagnons, Martyrs en 404, dont on trouva les corps, en démolissant un autel dans l'église collégiale de Sainte-Marie *in Via Lata* à Rome.
Darius Sirtille, M. av. 77 aut., 12 avril.
Darude, abbé en Ethiopie, 21 déc.
Dase de Dorostore, Ev. M., 20 nov.
Dase de Nicomédie, M. av. aut., 21 oct.
Dasias, 30 août.
Dath, Evêque, 3 juil.
Datif d'Afrique, Confesseur, 11 févr.
Datif de Badée, 10 sept.
Dative, Africaine, 6 déc.
Dau, patron d'un village de son nom, près de Figeac.
Daudas, Martyr, 7 mars.
Daulin, Evêque, 24 déc.
Dauline, Veuve, 27 sept. et 26 nov.
Daulé, Evêque, 1er août.
Daumes, patron d'un village de son nom, en Querey.
Daunis, patron d'une église au dioc. de Chartres.
Dausas, Ev. de Bizades, 9 avril.
David de Bourges, 17 juin.
David de Menève, 1er mars.
David de Scandinavie, 15 juil.
David de Thessalonique, 26 juin.
David, IIe Ev. de St.-David, oncle du grand Arthur.
David, Martyr en Russie, 24 juil.
David, Roi d'Ecosse, 24 mai.

David, Roi de Judée,	29 déc.
Davin,	3 juin.
Daye, patron d'une église au pays de Cornouaille, en Angleterre.	
Dé, le même que Moëg.	
Décence, Martyr,	28 oct.
Déclan, Evêque,	24 et 25 juillet.
Décorat, Martyr, mentionné aux actes de Ste Sophie, dans Montbritius.	
Décorose, Evêque de Capoue,	15 fév.
Décron, Martyr à Sébaste,	22 mars.
Décuman, Solitaire,	27 août.
Déel, Abbé,	18 janv.
Défendant, Martyr,	2 janv.
Défridoc, patron d'une église en Bretagne.	
Degana, Prêtre,	11 sept.
Dègue,	16 août.
Deï, patron d'une église au diocèse de Quimper.	
Dekise,	18 déc.
Delfin, le même que Dauphin,	24 déc.
Delphine, la même que Dauphine,	26 nov.
Delmare, dont il y a eu une église dans l'Abruzze ; elle est mentionnée dans une bulle d'Innocent III.	
Delis, dont il y a une église en Picardie.	
Delouan, titulaire d'une église en Bretagne.	
Démand (Vén.), Evêque de Londres.	
Demes, Martyr en Grèce,	12 avril.
Démètre d'Afrique, Martyr,	14 août.
Démètre d'Antioche, Ev., M.,	10 nov.
Démètre de Constantinople, M.,	9 août.
Démètre de Danube, M.,	15 nov.
Démètre de Fragalate, ainsi surnommé d'un monastère de Sicile.	
Démètre de Gap,	25 oct.
Démètre de Tasilèce,	1er avril.
Démètre de Thessalonique,	8 oct.
Démètre de Vérules, Martyr,	29 nov.
Démètre le Diacre, Martyr,	9 avril.
Démètre le Scévophylace,	25 janvier.
Démètre, M. à Ostie,	21 nov. et 22 déc.
Démétriade (la Vén.), Vierge de Carthage, louée par St. Jérôme et par St. Augustin, morte vers 450.	
Démétrie, Vierge,	21 juin.
Démétrius (Vén.), Evêq. de Pessinonte, en Galatie.	
Démétrius, premier Evêque de Gap.	
Démocrite, M. à Synnade,	31 juillet.
Den s Aréopagite, Ev. de Paris, selon le Martyrologe et le Bréviaire romains, M.,	9 oct.
Denis d'Afrique, Martyr,	27 fév.
Denis d'Alexandrie, 31 août, 14 sept., 3 oct. et 17 nov.	
Denis d'Aquilée, Martyr,	16 mars.
Denis d'Arménie, Martyr,	8 fév.
Denis d'Augsbourg,	26 fév.
Denis de Bysance, Martyr,	3 juin.
Denis de Corinthe,	8 avril.
Denis de Grouchine,	1er juin.
Denis de Milan,	25 mai.
Denis de Nicomédie, Martyr,	16 mars.
Denis de Perge, M.,	19 avril et 20 sept.
Denis d'Ephèse, un des 7 Dormants,	27 juillet.
Denis de Phrygie, Martyr,	20 sept.
Denis d'Ephyre, Martyr,	10 mars.
Denis de Rome,	12 mai.
Denis de Synnade, Martyr,	31 juill.
Denis de Turace, Martyr,	20 nov.
Denis de Tivoli,	18 juill.
Denis de Vienne,	8 et 9 mai.
Denis, 2e des 37 M. d'Egypte,	16 janv.
Denis, 1er Evêque d'Albe, en Italie, puis de Milan, en 357.	
Denis, XVe Evêque de Mayence.	
Denis le Chartreux (Vén.),	12 mars.
Denis le Lecteur, Martyr,	6 sept.
Denis le Phénicien, Martyr,	24 mars.
Denis le Pourvoyeur, Martyr av. aut,	24 mars.
Denis, Pape,	26 déc.
Deniscourt, patron d'un village de son nom, près de Beauvais.	
Denise d'Afrique,	6 déc.
Denise d'Alexandrie, Martyre,	12 déc.
Denise de Lampsaque, Martyre,	15 mai.
Denise d'Ethiopie,	8 avril.
Denœuf, patron d'un village de son nom, près Montreuil-sur-mer.	
Denoal ou Denouat, patron d'une église en Bretagne.	
Dentelin,	16 mars.
Déodat de Lagny. Voyez Dié,	3 fév.
Déodat de Nevers, le m. q. Dié de Vôge,	19 juin.
Déodat de Nole,	27 juin.
Déodat de Sore, Martyr,	27 sep.
Déodat de Vienne. Voyez Dié,	15 oct.
Déogoumidas (le Bienh.), Prêtre, Martyr à Constance,	5 nov.
Déogratias, Evêq. de Carthage, 5 janv. et 22 mars.	
Déotile (la Vén.), 1re Abbesse de Blangy, près d'Hesdin, morte vers 750.	
Deppe, Vierge, Martyre,	26 juin.
Derma, Solitaire,	15 mai.
Dermice, Irlandais ; il y a eu plusieurs églises de son nom en Irlande.	
Derphute, Martyre,	20 mars.
Déséry ou Dézéry, patron d'un village de son nom, près d'Ussel, et d'un autre près d'Uzès.	
Designat (le Vén.),	13 janv.
Désigné, Evêq. de Maëstricht, mort en 508.	
Desir, le même que Didier de Langres,	23 mai.
Desirat, Evêque de Clermont,	11 fév.
Desiré de Besançon,	27 juillet.
Desiré de Bourges,	8 mai.
Desiré de Châlons, le même que Dirié,	30 avril.
D sué de Fontenelles,	18 déc
Desiré, Evêque de Clermont, mort en 594.	
Désiré (le Vén.), Evêque de Verdun, mentionné par St. Grégoire de Tours, mort vers 540.	
Déusdédit de Brescia,	10 déc.
Déusdédit de Cantorbéry,	30 juin.
Déusdédit de Mont-Cassin,	9 oct.
Déusdédit de Rome (Vén.),	10 août.
Déusdédit, Pape,	26 janv. et 8 nov.
Deyan, Martyr,	5 fév.
Diane (la Bienh.), Dominic.,	10 juin.
D cée, Confess.,	21 oct.
Dictyn, Evêque d'Astorga,	2 juin.
Dicul, Solitaire,	11 fév.
Didace, Religieux de l'ordre de Saint-François,	27 mai, 13 nov.
Dide (la Vén.), Abbesse de Saint-Pierre de Lyon, morte dans le VIIIe siècle,	
Dide d'Asie, Martyre,	17 nov.
Dide, Martyre à Alexandrie,	26 nov.
Didier d'Auxerre,	27 oct.
Didier de Brene,	19 oct.
Didier de Chemmon, Reclus.	
Didier de Forcalquier (le Vén.), Chartreux, puis Evêque de Die.	
Didier de Langres, Martyr,	23 mai.
Didier de Pistoie,	25 mars.
Didier de Poussoles, Martyr,	19 sept.
Didier de Rennes, Martyr,	18 sept.
Didier de Vienne, Eveque, Martyr, 11 fév., 23 mai et 10 août.	
Didier, Evêque de Cahors,	15 nov.
Didyme d'Alexandrie, M.,	28 avril.
Didyme d'Egypte, Martyr,	16 janv.
Didyme de Syrie, Martyr,	11 sept.
Didyme (le Vén.), célèbre par sa sainteté et son grand savoir, était surnommé l'Aveugle.	
Die d'Alexandrie, Martyr sous Maximien d'Aza.	
Die de Césarée,	12 juillet.
Die le Thaumaturge,	19 juillet.
Dié de Blaisois,	24 avril.
Dié de Lagny,	3 fév.
Dié de Vienne,	15 oct.

Dié ou Diey de Vôge, Evêq., 19 juin.
Die, qui a donné son nom à un bourg, sur la Loire, près de Chambord, et qui est tout autre que St. Dié, Evêq. de Nevers.
Diegne, 12 nov.
Diel, Abbé de Lure, 18 janv.
Dierry (Vén.), le même que Thierri, Evêque de Metz.
Dietrin ou St. Thiagrin, Evêque d'Halberstadt, mort en 841.
Diethgher (Vén.), Evêq. de Metz, 29 avril.
Dieudonné, Evêq. de Rodez, avant 509.
Diezy, patron de deux villages de son nom, en Auvergne.
Digne, brûlée pour J.-C., 5 et 12 août.
Digne de Cordoue, Veuve, M., 14 juin.
Digne de Rome, Veuve, M., 22 sept.
Digne de Todi, Vierge, 11 août.
Dimade, 5 sept.
Diman, Evêque de Connerth, en Irlande.
Dimenche, le même que St. Dominique.
Dimeze, Martyr, 21 juillet.
Dimidrien, Evêque de Vérone, 15 mai.
Dinach, Religieuse, Martyre, 20 nov.
Diuevant, 11 août.
Diocle (le Vén.), nommé *saint* par quelques modernes, fut 30 ans dans une grotte, près d'Antinoé, en Egypte.
Dioclèce, Martyr avec Florent, 16 mai.
Dioclès, Martyr, 24 mai.
Dioclétien, le même que Dioclèce.
Diodole, M. avec 6 autres, 31 mars.
Diodore de Campanie, M., 6 juillet.
Diodore de Carie, Martyr, 3 mai.
Diodore de Pamphylie, M., 26 fév.
Diodore de Phénicie, crucifié, 13 juin.
Diodore de Rome, Prêtre, M., 17 janv. et 1er déc.
Diodore de Syrie, Martyr, 11 sept.
Diodore de Tarse (le Bienh.), dont il y a eu un culte en Cilicie.
Diogard, patron d'une église au dioc. d'Agen.
Diogènes d'Artois, honoré au diocèse d'Arras.
Diogènes de Macédoine, Martyr, 6 avril.
Diogènes de Péparèthe, le même que Théogènes d'Hellespont.
Diogènes de Rome, Martyr av. Blaste, 17 juin.
Diogénien (le Vén.), Evêque d'Alby, loué par le prêtre Paulin, dans saint Grégoire de Tours, mort vers 428.
Diomèdes de Grèce, Martyr, 2 sept.
Diomèdes de Syrie, Martyr, 11 sept.
Diomèdes le Médecin, Martyr, 9 juin et 16 août.
Diomèdes, Martyr avec sainte Théodote et d'autres, 3 juillet.
Dion, Martyr avec d'autres, 6 juillet.
Dionas, Martyr, 14 mars.
Dionathée, 9 mars.
Dionès, patron d'une église au diocèse de Tulle.
Dionizy, patron d'un village de son nom, près de Nimes.
Diontyras, 3 déc.
Dioscore d'Alexandrie, Martyr, 20 août.
Dioscore d'Egypte, Martyr, 25 fév.
Dioscore des Trente-Sept, M., 16 janv.
Dioscore et Justinien, Martyrs, 17 déc.
Dioscore le Lecteur, Martyr, 18 mai.
Dioscore l'Enfant, M. à Alexandrie, 14 déc.
Dioscoride de Rome, Mar.yr, 28 mai.
Dioscorides de Smyrne, 10 mai.
Dirade, Abbé en Irlande.
Dircé, martyrisée sous Domitien, comme le marque le Pape Clément, en sa lettre aux Corinthiens.
Dircil, invoqué aux anciennes Litanies anglicanes.
Dirić, Prêtre reclus, 30 avril.
Disbot, Pèlerin, 8 juillet et 8 sept.
Disciole, Veuve, Religieuse, 13 mars.
Discin, hon. au dioc. de Vannes, le m. q. Disans.

Disier, le m. q. Didier de Langres, 23 mai.
Ditmar, ou Dudelin, 1er Evêque de Brandebourg, tué en 972.
Ditmard, Evêque de Minden, mort en 1206.
Divitien, Evêque de Soissons, 5 oct.
Divute (Ste), 27 janv.
Divy, 1er mai.
Dizans, Evêque de Saintes, 25 juin.
Dizant, le même que le précédent.
Dizier, 25 mars.
Do, patron d'une église en Bretagne.
Dobrative, qu'il ne faut pas confondre avec une des compagnes de Ste Ursule.
Dodard, Evêque de Maëstricht, 10 sept.
Dode d'Estarrac, patronne d'une église.
Dode de Reims, Abbesse, 24 avril.
Dode, Vierge, 28 sept.
Dodolène, Archev. de Vienne, 1er avril.
Dodolin, le m. q. le précéd., 1er avril.
Dodon, de l'ord. de Prémont., 30 mars.
Dodon de Thiérache, 28 oct.
Dodon, hon. en Astarrac dans l'église de son nom.
Dodon le Martyr, 7 avril.
Doëdre patron d'une église en France.
Dogmaël, le même que Tuël, 14 juin.
Dolay, patron d'un village de son nom, en Bretagne.
Dolet, hon. au diocèse de Vannes.
Dolus, patron d'un village de son nom, près de Payrac en Quercy.
Domaingard, Ev., 21 mars.
Domaine (la Vén.), femme de St. Germer, nommée *sainte* dans quelques églises particulières.
Domard, dont il y a des reliques à Notre-Dame de Mantes; mort vers 589.
Dôme, le même que Tannoley.
Domèce, hon. par les Grecs, 23 mars.
Domèce, Persan, Martyr, 7 août.
Domenec, le même que St. Dominique.
Domet, patron d'un village de son nom près d'Aubusson.
Domice d'Afrique, Martyr, 29 déc.
Domice d'Amiens, 23 oct.
Domice de Syrie, Martyr, 5 juill.
Domice, Martyre en Thrace, 28 déc.
Dominateur, Ev. de Brescia, 5 nov.
Domineul, patron d'un village de son nom, près de St.-Malo; c'est peut-être le même que St. Dominique.
Domingue, 12 mai.
Domini, Solitaire.
Dominique d'Afrique le même que Domice, 29 déc.
Dominique de Brescia, 20 déc.
Dominique de Burano, Martyr avec St. Alban le Solitaire.
Dominique de Carracède, Bénédictin, puis Solit. près de Léon en Espagne, mort vers 1160.
Dominique de la Calçade, le même que Domingue, 12 mai.
Dominique de Silos, 20 déc.
Dominique de Sore, 22 janv.
Dominique d'Ossery, le même que Modonnoc.
Dominique IIe Ev. de Cambrai, mort vers l'an 551.
Dominique l'Encuirassé, 14 oct.
Dominique Sarasin Voy. Sarasin.
Dominique, Solitaire à Constantinople, 8 janv.
Dominique, Veuve, Martyre, 6 juill.
Dominique, Vierge de Como, 18 mai.
Domitian, Evêque de Cologne et de Maëstricht, patron de la ville de Huy, mort en 571.
Domitien d'Ancyre, Martyr, 28 déc.
Domitien d'Arabie, Martyr, 1er août.
Domitien de Châlons, 9 août.
Domitien de Hainaut, Solit., 22 juin.
Domitien de Maëstricht, 7 mai.
Domitien de Milstat, le m. q. Tuitien, 5 fév.

Domitien de Sébaste, Martyr, 9 mars.
Domitien de Vaubron, 1er juill.
Domitien le Tuteur, 10 janv.
Domitille, Vierge, Martyre, 7 mai.
Domitrio, honoré en Abruzze.
Domne d'Antioche, 2 janv.
Domne de Cent, Ec-se, Martyr, 8 et 13 oct.
Domne de Sébaste, Martyr, 9 mars.
Domne de Syrie, Martyr, 20 mars.
Domne de Vienne, le m. q. Donnin, 5 nov.
Domne, Veuve, M. à Nicomédie, 28 déc.
Domnève (Ste).
Domniate, Martyre, 14 sept.
Domnicelle, Martyre, 11 nov.
Domnin d'Avrilly, le m. q. Donnin. 16 juill.
Domnin de Digne, le m. q. Donnis, 13 fév.
Domnin de Grèce, Martyr, 21 mars.
Domnin de Macédoine M., 30 mars.
Domnin de Palestine, Martyr, 5 nov.
Domnin de Parmesan, le m. q. Donnin, 9 oct.
Domnin de Plaisance, 15 mai.
Domnin de Thessalonique, M., 1er oct.
Domnin de Vienne, le m. q. Donnin, 5 nov.
Domnine d'Anazarbe, 12 oct.
Domnine de Cilicie, Martyre, 25 août.
Domnine de Syrie, Martyre, 14 avr.
Domnine la Maronite, Solitaire en Syrie, mentionnée par Théodoret, morte vers 420.
Domnion, M. à Antioche, 4 oct.
Domnion de Bergame, Mart., 16 juill.
Domnion de Rome, 28 déc.
Domnion de Salone, le m. q St. Donge, 7 mai.
Domnique, Recluse, 8 janv.
Domnole de Vienne, 16 juin.
Domnole du Mans, 16 mai et 1er déc.
Domnolène, compagnon de St. Amand.
Domus, patron d'un village de son nom, près de Fréjus.
Don, martyrisé par les Vandales, hon. à Saint-Mansuy de Toul, où est son corps.
Donach, Moine, dont Jean Costa a écrit la vie.
Donan, Ab. en Ecosse, mort en 1010; il y avait dans la ville d'Aberdone une église qui portait son nom.
Donan, patron d'un village en Bretagne.
Donat d'Afrique, mentionné dans une Lettre à St. Célerin.
Donat d'Adrumète, un des 12 frères, M., 1er sept.
Donat d'Alexandrie, M. avec d'autres, 30 déc.
Donat d'Antioche, 23 août et 15 nov.
Donat d'Arezzo, Martyr, 7 août.
Donat d'Avignon, honoré en cette ville comme simple Confesseur.
Donat de Besançon 23 juill.
Donat de Capone, Martyr, 5 sept.
Donat de Cappadoce, Martyr, 21 mai.
Donat de Carthage, Martyr, 25 janv.
Donat de Fossembrone, M., 4 fév.
Donat de Lémé é, Martyr, 9 fév.
Donat de Luns, Abbé, 19 août.
Donat de Nicomédie, Martyr, 30 av.
Donat de Sangdone, Diac. M., 21 août.
Donat de Syrie, Martyr, 24 déc.
Donat d'Eurée, 30 av. et 29 oct.
Donat et Hermogènes, Mart., 12 déc.
Donat et Janvier, Martyrs, 17 avril.
Donat et Papias, Martyrs, 11 juillet.
Donat et Rufin, Martyrs, 6 et 7 avr.l.
Donat et Rusticien, Martyrs, 31 oct.
Donat et Saturnin, Martyrs, 10 nov.
Donat et Secondien, Martyrs, 17 fév.
Donat (le Vén), Evêque de Valence en Espagne, mort vers l'an 600, dont on a deux lettres, l'une à Licinien, Ev. de Carthagène, et l'autre à un Evêque d'Hurbieu.
Donat l'Alexandrin, Martyr, 10 avril.
Donat l'Ecossais, Ev. de Fiesoli, 22 oct.

Donat, M. à Trèves avec d'aut., 3 oct.
Donat, Martyr av. St. Léon et autres, 1er mars.
Donat, M. en Afrique, av. Juste, 25 fév.
Donate de Rome, Martyre, 31 déc.
Donate de Scillie, Martyre, 17 juill.
Donate de Via Lata, Martyre, 16 mars.
Donatelle, Martyre, 1er mars.
Donateur, Martyr, av. d'autres, 19 mai.
Donatien de Châlons, 7 août.
Donatien de Nantes, Martyr, 24 mai.
Donatien de Reims, le m. q. Donas, 24 mai, 30 août et 14 oct.
Donatien de Vibiane, Ev. 6 sept.
Donatif, M., comp. de St. Théon, 26 fév.
Donatille, Martyre, 30 juill.
Dongal, patron d'une église en Bretagne.
Donge, Evêque de Sabine, 11 avr. et 7 mai.
Donne, disciple de St. Patrice.
Donnis, Evêque, 13 fév.
Donorce, Ev. en Ecosse, 20 août.
Donstan, Evêque, 19 mai.
Donuine. Voyez Domnine de Cilicie.
Donus ou Domnus, Pape, mort en 678, honoré les 13 mars et 10 avril.
Dor, Evêque de Bénévent, 20 nov.
Doraie, Vierge, 1er fév.
Dorothée, Abbé, 5 juin.
Dorothée d'Alexandrie, que les ariens firent exposer aux bêtes sous le préfet Tatien.
Dorothée d'Alexandrie, mentionné par Rufin.
Dorothée d'Antinoë (Vén.), Prêtre, à qui Mélanie la Jeune envoya une somme d'argent pour distribuer aux solitaires des environs d'Antinoë.
Dorothée d'Antioche (le B enh.), 5 juin.
Dorothée de Césarée, M., 28 mars
Dorothée de Tyr, M., 9 oct
Dorothée l'Archimandrite (Vén.), Abbé d'un monastère entre Gaza et Maïume.
Dorothée, le Chambellan, 11 mars et 9 sept.
Dorothée le Jeune (le Vén.), Moine de Gennes en Paphlagonie, mort dans le XIe siècle.
Dorothée le Thébain (le Vén.), dont Pallade fait mention.
Dorothée, Martyre, à Aquilée, 3 et 19 sept.
Dorothée (la Vén.), Vierge d'Arles.
Dorothée, hon. en Prusse, 25 juin.
Dorothée, V, Mme à Alexandrie, 6 fév.
Dorothée, V, Mme à Césarée, 6 fev.
Dorymédon, Martyre, 19 sept.
Dos, patron d'un village de son nom, près d'Orthès.
Dosas, Martyr, 20 août.
Dosithée (le Vén.), Moine de Saint-Seride en Palestine.
Dotton, Abbé, 9 avril.
Douain, Prêtre, 11 nov.
Duaclin, 8 juill.
Doucis, Evêque d'Agen, 16 oct.
Dougoal ou Dougal, titulaire d'une église en Bretagne.
Doulchard, patron d'un village de son nom près de Bourges; on l'appelle aussi St. Douchard ou Dulcard.
Dournin, patron d'un village de son nom en Auvergne.
Drausin, Ev. de Soissons, 5 mars.
Drel, titulaire d'une église au dioc. de Vannes.
Dreux, le m. q Drogon et Druon, 16 avril.
Drieuls, Ev., 10 déc.
Dioctovée, Abbé, 10 mars.
Droëlt, Ev. d'Auxerre, 8 nov.
Druside, Martyr, 14 déc.
Drouant, le m. q. Droëlt.
Dreux de Douzy, M., 20 sept.
Drozèle, Martyre, 22 sept.
Druon, 16 avril.
Drusus, Martyr, 4 déc.

Druthmar (le Bienh.), Abbé de Corvey, en Saxe.
Dubdalethée, 2 juin.
Dubitat, M., en Afrique, 17 nov.
Dubrice, Évêque, 14 nov.
Ducocan, patron d'un ancien monastère près de Cleguerec en Bretagne.
Dulas, Martyr, 15 juin.
Dulcide, le m. q. Doucis, 15 oct.
Dulcissime, Vierge, M., 16 sept.
Dumathée, 12 janv.
Duminy, Solitaire, 13 nov.
Duscelius ou Cœlius, IV⁰ Ev. de Verceil, siégea en 415.
Duthac, Ev. en Ecosse, 9 mars.
Duvian, le m. q. Damien d'Angleterre.
Duzéry, patron d'un village de son nom, en Languedoc.
Dympne, Veuve, Mʳᵉ, 15 et 30 mai.
Dyname (le Vén.), Ev. d'Angoulême, loué par le prêtre Paulin dans St. Grégoire de Tours, mort vers 425.

E

Eanflède, Reine de Northumberland en Angleterre, morte vers 700, petite fille de St. Edilbert, gendre de Cherebert, roi de Paris.
Eanne ou Easne, Ev., 1ᵉʳ nov.
Eante, le même qu'Ajax.
Eate, Ev. de Lindisfarne, 26 oct.
Ebbe, et ses compagnes, Martyres, 2 avril.
Ebbes ou Ebbon, Arch. de Sens, 13 fév. et 27 août.
Ebert, Ev. de Lindisfarne, 6 mai.
Ebertran (le Vén.), Abbé de Saint-Quentin, disciple de St. Mommelin, Evêque de Noyon, mort vers 700.
Ebidobius, XXVIᵉ Abbé de Lérins.
Ebles, patron d'un village de son nom, en Auvergne.
Eboras, M. en Perse, 13 nov.
Ehremont, patron de deux villages de son nom, en Normandie.
Ebrigisile, Ev. de Meaux, 31 août.
Ebrulf, Abbé.
Ecain, Ev. en Irlande, 11 fév.
Ecclèse, Ev. de Ravenne, 27 juil.
Ecdice de Sébaste, 9 mars.
Erd.ce de Vienne, 23 oct.
Eclenard, Irlandais, dont les reliques sont dans une châsse, à St.-Nicaise de Reims.
Ecomène, M. d'Égypte, 16 janv.
Edburge (la Vén.), surnommée Buggue, Anglaise, morte vers 740, dont on a une lettre à St. Boniface de Mayence. Voyez Buggue.
Edburge, prince d'Angleterre, 15 juin.
Edburge de Thanet, 13 déc.
Ede, dont il y a des reliques à Thryme au comté de Meath, en Lagénie.
Edesbald, Abbé de Dunes.
Edèse, M. à Alexandrie, 8 avril.
Edibe, Évêque de Soissons, 10 déc.
Ediele, Arch. de Vienne.
Edigne (la Bienh.), hon. en Bavière, 26 fév.
Edigre, Martyre, 26 fév.
Edilbert, roi de Kent, 24 fév.
Edilflède, Anglaise, 12 déc.
Ediste, M. à Ravenne, 16 sept.
Edithe, Religieuse,
Edmer (le Vén.), Moine de l'ordre de Cluny, abbé de Saint-Athans, puis Évêque de St.-André en Ecosse.
Edmond Stuart (le Vén.), Chanoine, mort en 1550.
Edmond, Roi d'Angleterre, 29 avril, 20 et 22 nov.
Edmond, Arch. de Cantorbéry, 9 juin et 16 nov.
Edouard le Conf., Roi d'Angleterre, 5 janv. et 13 oct.
Edouard le Martyr, Roi d'Angleterre, 18 mars.
Edulf, Évêque, hon. à St.-Clément de Metz.
Edvin, Roi de Northumberland, 4 et 12 oct.

Edvold, honoré en Bretagne.
Efflan, Prince irlandais, hon. en Bretagne, 6 nov.
Efrique, Ev. de Comminges, 1ᵉʳ mai.
Egai, le m. q. St. Agapit, 18 août.
Egbert, Moine à Hy, 24 avril.
Egherct de Trèves, 9 déc.
Egdune, M. à Nicomédie, 12 mars.
Egèce, Ev. hon. en Rouergue, 3 nov.
Egelinde, épouse de St. Florien.
Egelnoth, Ev. de Cantorbéry, 30 oct.
Egelred, M. à Cloyland, 25 sept.
Egemoin, Voyez Hegemoin, 8 janv.
Egias, invoqué dans les anciennes Litanies de Notre-Dame de Soissons.
Egil, Evêque de Sens.
Eglas, le m. qu'Egias.
Eglentine (Ste).
Egobille, Martyr, 11 oct.
Egrève, patron d'un village de son nom, en Dauphiné.
Egrile, M. à Césarée en Capp., 2 nov.
Eguigner, Martyr, 14 déc.
Egvin, Évêque de Worcester, 11 janv. et 30 déc.
Ehan, le m. que Théan, 7 janv.
Ehan, patron d'une église en Bretagne.
Ehelo, patron d'une église au diocèse de St.-Brieuc.
Eigil (le Vén.), IV⁰ abbé de Fulde, mort en 822.
Eimbethe, Vierge, 16 sept.
Einard, Solitaire, 25 mars.
Einard, Abbé, 18 mai.
El, Abbé, en Brie, 30 août.
Elade, Ev. d'Auxerre, 8 mai.
Elafs, Ev. de Châlons, 19 août.
Elan, Abbé hon. à Lavaur, 25 nov.
Elaph, M. en Afrique, 23 juin.
Elase, le même qu'Elafs, 19 août.
Ele (la Bienh.), Comtesse de Salisbery, 1ᵉʳ fév.
Eleazarum, Martyre à Lyon, 23 août.
Electran, IV⁰ Ev. de Rennes.
Eleemon (le Vén.), Moine à Ancyre.
Elèmes, Moine de la Chaise-Dieu, 30 janvier.
Eléonore, Mart. en Irlande, 29 déc.
Elesbaan, roi d'Ethiopie, 15 mai et 27 oct.
Eleucade, Ev. de Ravenne, 14 fév.
Eleuse, Martyr, 7 avril.
Eleusippe, M. hon. à Langres, 17 janv.
Eleuthère Alexis, le même qu'Alexis de Kiovie.
Eleuthère, honoré à Naples, 21 mai et 6 sept.
Eleuthère d'Arque, le même que Lothier, 29 mai.
Eleuthère d'Auxerre, 16 et 26 août.
Eleuthère de Byzance, 4 août et 15 déc.
Eleuthère de Constantinople (le Vén.), 20 fév.
Eleuthère de Nicomédie, 2 octobre.
Eleuthère de Paris, 9 octobre.
Eleuthère de Tournay, 20 fév.
Eleuthère d'Illyrie, 18 avril.
Eleuthère, Mart. en Orient, 3 oct.
Eleuthère et Léonides, Mart., 8 août.
Eleuthère, Pape, 26 mai et 6 sept.
Etevare, honoré à St.-Riquier.
Elfège, Ev. de Cantorbéry, 19 avril.
Elfège, Ev. de Winchester, 12 mars.
Elfget, Mart. à Croyland, 25 sept.
Elflède, Abbesse en Angleterre, 8 fév. et 29 oct.
Elgive, Reine d'Angleterre, 30 juin.
Eliab. hon. par les Éthiopiens, 2 déc.
Elie d'Aminoé (le Vén.), Ermite en Thébaïde, loué par Pallade, Rufin, Sozomène, Cassiodore et Nicéphore.
Elie d'Axe, tué par les Sarrasins.
Elie d'Ascalon, 14 et 19 déc.
Elie Bonal. Voyez Bonal.
Elie (le Vén.), 1ᵉʳ Abbé de Conques en Rouergue.
Elie de Cordoue, Martyr, 17 avril.
Elie de Galatre, 11 sept.
Elie d'Égypte, Martyr en Palestine, 16 février.
Elie de Gethrabbi, Martyr, 20 nov.
Elie de Jérusalem, 4 et 18 juillet.

Elie de Perse, 27 mars.
Elie, Évêque de Sion, vers 903.
Elie, Solitaire, 21 mars.
Elie de Saint-Eutyme (le Vén.), Abbé d'une laure en Palestine.
Elie de Saint-Pantaléon, Abbé à Cologne, 12 avril
Elie, honoré en Calabre, 19 juillet.
Elie de Tomes, 27 mai.
Elie de l'Héliopolite, Martyr à Damas, 1er février.
Elie (la Bienh.), Abbesse à Trèves, 20 juin.
Eliers, Patron d'un village de son nom en Normandie.
Eliphe, le même qu'Aloph, 16 oct.
Elis, honoré au diocèse de Chartres, le même que le précédent.
Elisabeth, mère de St.-Jean Baptiste, 10 févr. et 5 nov.
Elisabeth Achlin, (la Bienh.), 5 déc.
Elisabeth de Bude (la Bienh.), dite Ste-Reine, 6 mai.
Elisabeth de Chelles.
Elisabeth de Portugal, 4 et 8 juillet.
Elisabeth de Sconange (la Bienh.), 18 juin.
Elisabeth de Hongrie, 19 nov.
Elisabeth la Martyre, 22 oct.
Elisabeth (la Vén.), Solitaire.
Elisabeth, fondatrice de l'abbaye de Rosoy, au diocèse de Sens.
Elisabeth Piccinardi (la Bienh.), 19 février.
Elisabeth la Thaumaturge, 24 avril.
Elisée, Prophète en Palestine, 14 juin.
Elix, patron de plusieurs villages de son nom, en Languedoc et en Gascogne.
Elleher, Martyr avec St Boniface de Mayence, 5 juin.
Ellier, patron de trois villages de son nom en Normandie, en Anjou et au Maine.
Elme, Évêque de Formies, 2 et 3 juin.
Elmer, honoré près de Marienbourg, 27 août.
Eloph, le même qu'Eliphe et Aloph, 16 oct.
Eloque, Moine de Lagny, 3 déc.
Elouarn, patron d'une église en Bretagne, 4 août.
Eloy, Évêque de Noyon, 30 nov. et 1er déc.
Elpède, Martyre de Myon, 2 juin.
Elpide de Brioude, 16 juillet.
Elpide de Chersonèse, 4 mars.
Elpide de la Marche, le même que Lupède.
Elpide de Lyon, 1er juin et 2 sept.
Elpide (le Vén.), Prêtre cappadocien, solitaire à Jéricho, mort vers 400, mentionné par Pallade.
Elpide, hon. av. St. Prisque, 1er sept.
Elpide le Sénateur, 15 et 16 nov.
Elpide, Vierge, 5 nov.
Elpidéphore, M. en Perse, 2 nov.
Elpimen, honoré en Poitou, 26 avril.
Elques-Liau-Kama (le Vén.), 22 mars.
Elrich, 6 fév.
Elsaire, Moine, 5 juin
Elurion (le Vén.), Solitaire en Egypte.
Elvare, la même qu'Elevare, 28 mars.
Elvé, Évêque en Irlande, 12 sept.
Elvide, le même que St. Arpine, 24 mai.
Elzear de Sabran, 18 juin et 27 sept.
Emanche, le même que St. Ymas, 3 janv.
Emar, Évêque de Rochester, 10 juin.
Emcan, le même qu'Amans de Chartres, 16 mai.
Eme. Voyez Esme.
Emeberi, Évêque, 15 janv. et 8 oct.
Emele, M. à Alexandrie, 17 août.
Emere, Abbé de Bagnoles, 27 janv.
Emérence, la même qu'Eméren'enne ci-après.
Émérentienne, Martyre à Rome, 23 janv.
Emeri, Martyr avec d'autres, 29 nov.
Emérite, honorée à Coire, capitale des Grisons.
Emérite de Rome, Vierge, 22 sept.
Emery, Prince de Hongrie, 4 nov.
Emétère, Martyr en Espagne, 3 mars.
Emilas, Diacre, Martyr à Cordoue, 15 sept.

Emile d'Afrique, 22 mai.
Emile de Capone, 6 oct.
Emile de Ravenne, 18 juin.
Emile de Sardaigne, 28 mai.
Emile le Médecin, 6 déc.
Emiliand ou Emilan, patron d'un village de son nom, près d'Autun.
Emilie Bicchieri (la Bienh.), Vierge, 17 août.
Emilie, Martyre à Lyon, 2 juin.
Emilien d'Afrique, le même qu'Emile le Médecin.
Emilien d'Arménie, 8 fév.
Emilien de Cyzique, 8 août.
Emilien de Dorostore, 18 juill.
Emilien de Guienne, le m. q. saint Emilion, 16 nov.
Emilien de Lagny, le même que saint Ymelin, 10 mars.
Emilien de Numidie, 29 avril.
Emilien de Ponsat, mentionné par St. Grégoire de Tours en la Vie des Pères
Emilien de Redon, 11 oct.
Emilien de Trevi, 28 janv.
Emilien, Ev. de Valence en Dauphiné, 8 mai, autrefois 12 sept.
Emilien de Verceil, 11 sept.
Emilien de Vergeye, 12 nov.
Emilien le Soumasque (le Vén.), 8 fév.
Emilien l'Homologètes, 8 janv.
Emilien, Solitaire, 12 nov.
Emilien, M. sous les Vandales, 6 déc.
Emilienne, Martyre à Rome, 30 juin.
Emilienne (la Vén.), tante de St. Grégoire, Pape, 5 janv.
Emilion, Abbé près de Bordeaux, 16 nov.
Emilis, Solitaire en Egypte.
Emmanuel (la Vén.), de l'ordre de Citeaux, 27 fév.
Emmanuel, M. en Orient, 26 mars.
Emmélie (la Vén.), mère de St. Basile le Grand, 30 mai.
Emmeran, hon. à Ratisbonne, 22 sept.
Emmérentienne, 22 et 25 janv.
Emmon (le Vén.), Evêque de Sens, mort en 675, mentionné par Clarius, Odoran et Bède.
Emond, Roi en Angleterre, 9 juin et 20 nov.
Emond Stuart (le Bienh.), Chanoine, Martyr en 1530.
Emraïle, la même que Ste Méraële, 9 janv.
Emygde, Evêque d'Ascoli, 8 août.
En, patron d'un village de son nom en Bourgogne.
Enan, patron d'une église en Bretagne.
Enard, le même qu'Einard.
Encratide, la même que Ste Engrasse, 16 avril.
Endée, Abbé en Irlande, 21 mars.
Eneco, Abbé, ajouté au Martyrol. par Benoît XIV, 1er juin.
Enée (le Bienh.), Evêque de Paris, mort vers 872.
Enée (le Bienh.), Abbé de Cluainnic-Nois, en Irlande, nommé saint en la Vie de Ste Yte.
Enèse (le Vén.), Solitaire à Jéricho.
Eneu. Voyez Esneu.
Engaut, hon. à Saint-Sauve de Montreuil.
Engelbert (le Vén.), Evêque de Cologne, 7 nov.
Engelmer, hon. en Bavière, 14 janv.
Englemond, Abbé, 21 juin.
Engrace, patronne d'un village de son nom, près de Mauléon. C'est la même que Engrasse, Martyre à Saragosse, 16 avril et 24 août.
Engurran. Voyez Anguerran.
Enguerran (le Bienh.), Evêque de Cambrai, 12 oct.
Enime, la même que Ste Ermie, 6 oct.
Enimie, Solitaire, fille de Clotaire II, roi de France.
Enkuamasjam, honoré en Ethiopie, 25 sept.
Ennathante, la même que Ste Manatho, 15 nov.
Ennemond, patron d'un village de son nom dans le Bourbonnais, le m. que Chaumond.
Ennogat, Evêque en Bretagne, 17 juil.
Ens, mort vers 555, dont il y a une église au Kent, en Angleterre.

Ensvide, Abbesse, 12 sept.
Euchée, honoré par les Ethiopiens, 10 août.
Euy, patron d'un village de son nom, en Normandie.
Eoa n, Solitaire, 11 fév.
Eoban, Evêque, Martyr avec saint Boniface, Archevêque de Mayence, en 755.
Eold, Evêque de Vienne, 7 juill.
Eone ou Fou, honoré à Arles, 30 août.
Epacóry, Martyre, 27 sept.
Epagathe, Martyr de Lyon, 2 juin.
Epain de Touraine, 25 oct.
Epaphras, Martyr à Rome, 19 juillet.
Epaphrodite, dont parle St. Paul, 17 mai et 7 déc.
Epaphrodite de Terracine, 22 mars.
Epargne, Martyre avec St. Domèce, 23 mars.
Eparque, Abbé, 1er juillet.
Epesin, le même que Pitin, 2 oct.
Ephénique, Martyr à Milan, 9 mai.
Ephrem de Chersonèse, 4 mars.
Ephrem d'Edesse, 1er fév. et 9 juil.
Ephrem de Leuce, 24 janv.
Ephyse, Martyr en Sardaigne, 15 janv.
Epicaride, la même qu'Epacory, 27 sept.
Epictète d'Afrique, 24 janv.
Epictète de Porto, 22 août.
Epictète de Scythie, 8 juillet.
Epictète d'Espagne, 23 mai.
Epictète le Sarmentier, 9 janv.
Epigmène, le même que Pigmène de Rome, 24 mars, 25 et 28 avril.
Epimaque, Martyr, honoré chez les Ethiopiens, 31 oct.
Epimaque, Martyr à Alexandrie, 30 oct. et 12 déc.
Epin de Vôge, 1er août.
Epion, Martyr, 28 fév.
Epiphaine, Princesse, 6 oct.
Epiphane d'Afrique, 6 et 7 avril.
Epiphane de Bénévent.
Epiphane de Pavie, 21 janv.
Epiphane de Salamine, 12 mai.
Epiphane, Martyre en Sicile, 12 juillet.
Epiphanie (la fête de), 6 janv.
Epipode de Lyon, 6, 22 et 24 avril.
Epistème, Martyr à Emèse, 5 nov.
Epitace, le même qu'Epictète d'Espagne, 23 mai.
Eplèce, le même qu'Explède, 27 juillet.
Eolone, Martyr à Antioche, 24 janv.
Eponyque (le Vén.), qui mit sous la conduite de St. Pacôme le monastère de Chénoborque, dont il était supérieur.
Eppon, M. à Mékelbourg, 7 j in.
Eptade, Martyr, 22 août.
Equice, Abbé, 7 mars et 11 août.
Erard, honoré à Ratisbonne, 8 janv.
Erasme d'Antioche, 25 nov.
Erasme de Formia, 2 et 3 juin.
Erasme, Mre à Aquilée, 3 et 19 sept.
Eraste de Corinthe, 26 juillet.
Erblond ou Erblon, patron de plusieurs villages de son nom, en Bretagne et en Anjou.
Ercambert, 25 déc.
Ercantrude (la Vén.), Religieuse, 14 mai.
Erconvald, Ev. de Londres, 30 avril.
Ercie, le même que St. Yriez, 25 avril.
Erembert, Abbé, 11 sept.
Erembert, Ev. de Toulouse, 14 mai.
Erembert, Ev. de Minden, mort en 805.
Eremberte, V. en Boulenois, 8 juillet.
Eremfroy, le même que le Vén. Ezon.
Erène (la Vén.), Solitaire.
Erentruy, Abbesse de Nomberg, 30 juin.
Ereptiole (le Vén.), 1er Evêque de Coutances, nommé saint aux deux Galli e Christiana.
Eresvide honorée au dioc. de Meaux, 1er sept.
Ergaite, Religieuse en Irlande, 8 janvier.
Erhard, Evêque de Ratisbonne, mort en 698.

Eric, Roi de Suède, 18 mai.
Eric, Moine à Auxerre.
Eric, 1er Ev. de Sleswich, en 957.
Erigue (le Vén.), Pèlerin, mort en 1415, dont le corps est honoré à Pérouse, dans l'église paroissiale de de St.-André.
Erinchard, Prieur, 24 sept.
Erine, la même qu'Irène de Thessalonique.
Erkembode, Evêque de Terouanne, 12 avril.
Erlembaud (le Vén.), infatigable antagoniste des ecclésiastiques simoniaques et concubinaires de Milan, mort en 1076, qualifié *Défenseur de l'Eglise* par le pape Alexandre II.
Erluphe, Evêque de Verden, tué en 880.
Erme, Evêque, hon. à Lobes, 25 avril.
Ermel, hon ré en Bretagne, 16 août.
Ermelinde, V. en Brabant, 29 oct.
Ermemburge, Abbesse, 19 nov.
Ermenfred, Abbé de Cusance.
Ern enfroy, Abbé en Ecosse, 25 sept.
Ermengarde, Duchesse de Bretagne, 25 sept.
Ermenilde, Reine, 13 fév.
Ermenold, I. m. q. St. Erme, 25 avril.
Ermenold, Abbé de Pris'ing, 6 janv.
Ermentrude (la Vén.), de l'ordre de Citeaux, 29 mai.
Ermie, Vierge, 6 oct.
Ermin, le même qu'Erme, 25 avril.
Ernée, Abbé au Maine.
Ernest, Abbé en Souabe, 7 nov.
Ernié, Confesseur, 9 août.
Ernieu, le même qu'Irénée de Lyon.
Eron, Martyr d'Egypte, 16 janv.
Erothéide, Martyre en Capp., 27 oct.
Erotide, Martyre, 6 oct.
Erphon, Ev. de Munster, 9 nov.
Erqueimbodon, Evêque de Terouanne, 12 avril.
Erré ou Errey, patron d'un église au diocèse de Quimper.
Erry, Moine de Saint-Germain d'Auxerre, 24 juin.
Erth, dont il y a une église dans la Cornouaille, en Angleterre.
Ervares, dont il y a une église et un village en Combraille près d'Herman.
Esas, Martyr en Egypte, 23 juin.
Esceux, honoré à Auch, le même que St. Celse de Milan, 28 juil.
Escobille, patron d'un village de son nom près de Dourdan.
Escouvillon, Moine, 16 avril.
Escuiphle, Abbé en Bretagne, dont les reliques sont honorées dans une église de Paris.
Esdras, 13 juil.
Eski, Ev. en Suède, 10 avril et 12 juin.
Esme, Arch. de Cantorbéry, 16 nov.
Esme Guérin (le Bienh.), Martyr à Donzy, 20 sept.
Esnard, le même qu'Einard.
Esneu, hon. autrefois à York, 19 oct.
Esope (le Bienh.), enfant, 9 sept.
Espain. *Voyez* Epain.
Espérance, Vierge, 26 avril.
Espre, Martyr av. aut. 2 mai.
Essouvré, Evêque de Coutances.
Estef ou Estephe, patron de deux villages de son nom, en Guienne et en Périgord.
Ester, patron d'un village de son nom, en Provence.
Esiève, M. en Espagne, 21 nov.
Esteven, patron d'un village de son nom, près de S.-Palais.
Estiez, patron d'une église en Provence.
Estrevin, Abbé de Vermouth, 7 mars.
Etern, Evêque d'Evreux, 15 juil., 13 août et 1er sept.
Ethbin, Abbé, 19 oct.
Ethelbert et Etheldred, Princes anglais, 17 oct.
Ethelbert, Roi des Est-Angles, 20 mai.
Ethelbert, Roi de Kent, 24 fév.
Ethelburge, Abbesse en Angleterre, 11 oct.

Etheldrède, hon. à Croyland, 23 oct.
Ethelder the ou Alfrède, Vierge, 2 août.
Ethelred, Roi d'Angleterre, 4 mai.
Et elvide, Reine en Angl., 20 juil.
Ethelvold, Moine de Ripon et Prêtre, puis Solitaire après St. Cuthbert dans l'Ile de Farne, comme le rapporte Bède en son Histoire d'Angleterre, mort vers 700.
Ethelvold, Evêque de Winchester, 1er août.
Ether, Arch. de Bourges, mort vers 307.
Ethère d'Auxerre, 27 juil.
Ethère de Chersonèse, 4 et 6 mars.
Ethère de Vienne, 14 juin.
Ethère le Martyr, 18 juin.
Ethérée, Ev. d'Osmo, 25 fév.
Etherman, Ev. en Ecosse, 21 déc.
E ble, la m. qu'Adélaïde, Imp., 16 déc.
Ethuise, la m. que Thuise, 2 avril.
Etienne, premier Diacre et premier Martyr, 3 août, 18 et 26 déc.
Étienne d'Afrique, 5 déc.
Etienne d'Antioche, (le Bienh.), 25 avril.
Etienne d'Apt, 6 nov.
Etienne de Bayeux, 25 oct.
Etienne de Bourges, (le Bienh.), 15 janv.
Etienne de Cajas, 29 oct.
Etienne de Calabre, 5 juil.
Etienne de Catane, 31 déc.
Etienne de Châtillon (Vén.), 7 sept.
Etienne de Chenolacq, 14 janv.
Et enne de Citeaux, le m. qu'Harding, 28 mars et 17 avril.
Etienne de Die (le Bienh.), le m. qu'Etienne de Châtillon.
Etienne de Grammont, 8 fév.
Etienne d'Egypte, 1er avril.
Etienne de Hongrie, Roi, 15 et 20 août et 2 sept.
Etienne de Lyon, 13 fév.
Etienne (le Vén.) Abbé de la Chaise-Dieu, 29 mars.
Etienne de Muret, le m. qu'Etienne de Grammont.
Etienne de Nicomédie, 27 avril.
Etie ne de Nyon, 17 sept.
Etienne de Pisidie, 22 nov.
Etienne de Riéti (le Vén.), 15 fév.
Etienne de Rome, 11 juil.
Etienne, Sous-Diacre, Martyr à Rome, 6 août.
Etienne de Sens. Archidiacre.
Etienne d'Helsingland, 2 juin.
Etienne d'Obazine, (le Ven.), 27 avril.
Etienne le Jeune, Martyr à Const. ntinople, 28 nov
Etienne (le Vén.), Moine de la laure des Eliotes.
Etienne l'Ermite, mort près de Pontigny.
Etienne, mort dans le commencement du IXe siècle.
Etienne le Paracémomène, 27 fév.
Etienne le Poë é, 27 oct.
Etienne le Syncelle, 17 mai.
Etienne le Thaumaturge, 13 juil.
Etienne, Pape, 1er du nom, 2 août.
Etienne IX, Pape, 29 mars.
Etienne Rabache, (le Bienh.). Voyez Rabache.
Etton, le même que Zé.
Eubert, Chorévêque, 1er fév.
Eubiotas, 18 déc.
Eubule, Martyr à Césarée, en Palestine, 5 et 7 mars.
Eubule, mère de St. Pantaléon, 30 mars.
Eucade, Moine, 25 janv.
Eucaire de Liverdun, 27 oct.
Eucaire de Trèves, 8 déc.
Eucariste, Martyr en Campanie, 12 oct.
Eucarpe d'Asie, 25 sept.
Eucarpe de Nicomédie, le m. qu'Eucarpion.
Eucarpe de Paphlagonie, 7 sept.
Eucarpion, Martyr, 18 mars.
Euchaire, 1er du nom, Evêque de Maëstricht, mort en 529.
Euchaire, IIe du nom, Ev. de Maëstricht, mort en 558.

Eucher de Lyon, 16 nov.
Eucher, Evêque de Viviers.
Eucher, IIe du nom, Ev. de Lyon, 16 juil.
Eucher d'Orléans, 20 fév.
Euclée, Martyr, 1er août.
Eudald ou Eudelbe, Martyr, 11 mai.
Eudes, Ev. en Catalogne, 30 juin.
Eudes (le Vén.), oncle de St. Chafre.
Eudoce, Pénitente, 1er mars.
Eudocime, Confesseur, 31 juil.
Eudon, Abbé de Chaumillac, 20 nov.
Eudoxe de Mélitine, 5 sept.
Eudoxe, hon. en Ethiopie, 14 sept.
Eudoxe de Sébaste, 2 nov.
Eudoxie, Martyre, 31 janv.
Euflam, Solitaire en Bretagne, le m. qu'Efflan.
Eufraise, Evêque de Clermont, mort vers 515.
Eufrone, Arch. de Tours.
Eufroy, Moine à A-t, 11 oct.
Eugamire, invoquée aux anciennes Litanies de Notre-Dame de Soissons.
Eugandre, hon. par les Ethiopiens, 10 mars.
Eugende. Voyez Oyend.
Eugène d'Afrique, 4 janv.
Eugène d'Arabie, 23 janv. et 20 déc.
Eugène d'Arménie, 13 déc.
Eugène de Bithynie, M. à Nicomédie, 12 mars.
Eugène de Cappadoce, 6 sept.
Eugène de Carthage, 13 juil. et 6 sept.
Eugène de Chersonèse, 4 mars.
Eugène de Cordoue, 27 juin et 18 juil.
Eugène de Damas, 25 sept.
Eugène de Deuil, 15 nov.
Eugène de Florence, 17 nov.
Eugène de Magher, 25 août.
Eugène de Milan, 30 déc.
Eugène de Néocésarée, 24 janv.
Eugène de Nicomédie, 17 mars.
Eugène de Rome, 20 juil.
Eugène de Syrie, 20 mars.
Eu ène de Tolède, 13 nov.
Eugène de Trébizonde, 21 janv.
Eugène, Martyr avec St. Apollone, 23 juil.
Eugène, Pape, 31 mai et 2 juin.
Eugène d'Afrique, 3 janv.
Eugénie de Rome, 25 déc.
Eugé ie du Mans, la même qu'Ouine.
Eugénie, Abbesse de St.-Cesaire.
Eugénie, Vierge, 16 sept.
Eugénien, M. à Autun, 8 janv.
Eugraphe, M. à Alexandrie, 10 déc.
Eulien ou Euillin, hon. en Champagne, 15 fév.
Eulade, Ev. de Nevers, 26 août.
Eulail, le même qu'Eulade de Nevers.
Eulale (le Vén.), Ev. de Syracuse en Sicile, mort vers 540.
Eulalie, Abbesse de St.-Césaire.
Eulalie de Barcelone, 12 fév.
Eulalie de Lentini, 27 août.
Euldie de Merida, 10 déc.
Eulampe, Martyr, 3 juil.
Eulampe et Eulampie, Martyrs, 10 oct.
Eulode, M. en Espagne, 21 août.
Euloge d'Alexandrie, 13 sept.
Euloge (le Vén.), IIe Evêque d'Amiens.
Euloge de Constantinople, 3 juil.
Euloge de Cordoue, 11 mars.
Euloge d'Edesse, 5 mai.
Euloge d'Egypte (le Vén.), Prêtre, loué par Rufin et dans l'Histoire Tripartite.
Euloge l'Hospitalier, 27 avril.
Eumène, Ev. de Gortyne, 18 sept.
Eunan, 1er Ev. de Rapchot, en U tonie.
Eune, Martyr à Alexandrie, 27 fév. et 30 oct.
Eunicien, Martyr de Crète, 23 déc.
Eunobe, hon. en Ethiopie, 20 sept
Eunoïque, un des 40 Martyrs, 9 mars

Eunomie, M. av. aut., 5 et 12 août.
Eunomie d'Orient, martyrisée avec S. Marcion et Ste Sophie.
Eunuce, Évêque de Noyon, 10 sept.
Eunucule de Marseille, M., 1er mars.
Eunucule de Nicomédie, 11 mars.
Euperge, 14 mars.
Ephaize, patron d'un village de son nom, en Champagne.
Euphèbe, le même qu'Ottem, 25 mai.
Euphême, Martyr en Orient, 1er mai.
Euthémie d'Aquilée, 3 et 19 sept.
Euphémie, Abbesse de St.-Césaire.
Euphémie de Chalcédoine, 16 sept.
Euphémie de Dezze (la Vén.), 17 juin.
Euphémie de Paphlagonie, 18 et 20 mars.
Euphémie d'Éthiopie, 6 juin.
Euphémie la Crucifiée, 11 juillet.
Eubraie, Ev. de Clermont, 11 janv. et 15 mai.
Euphraise, Abbesse, morte vers 840.
Euphrase de Corfou, 29 avril.
Euphrase de Lactorg, 15 mai.
Euphrasie d'Amid, 18 et 20 mars.
Euphrasie d'Ancyre, Vierge, 18 mai.
Euphrasie de Thébaïde, 13 mars, 24 et 25 juillet.
Euphrène, le même qu'Euphrone d'Autun.
Euphroine ou Euphrone, Évêque de Tours, 4 août.
Euphrone ou Eufrone d'Autun, 3 août.
Euphrose, martyr à Thessalonique, 14 mars.
Euphrosin de Nicomédie, 1er janv.
Euphrosyne de l'Anzano, 5 nov.
Euphrosyn d'Orient, 6 mars.
Euphrosyne d'Alexandrie, 1er janvier et 11 fév.
Euphrosyne de Terracine, 7 mai.
Eupie, Évêque de Como, 11 oct.
Euple de Grèce, 30 mai.
Euple de Sicile, 12 août.
Eupore, Martyr de Crète, 23 déc.
Eupraxe, la même qu'Euphrasie de Thèbes.
Euprèpe d'Eges, 27 sept.
Euprèpe de Vérone, 21 août.
Euprépie, Mre à Augsbourg, 21 août.
Euprépites, Martyr à Rome, 30 nov.
Eurexe, Veuve, à qui on envoya de Rome le corps de Ste Agrippine, sous l'empire de Valérien et Gallien, dit Octave Cajetan.
Eupsyque de Cappadoce, 9 avril et 7 sept.
Eupsyque de Palestine, condamné aux mines.
Eupsyque de Phenne.
Eupsyque (le Vén.), Évêque de Tyanes, l'un des Pères du 1er concile de Nicée.
Eupure, Vierge, 16 mai.
Euras, Martyr en Grèce.
Eurice, le même qu'Ysis, 27 nov.
Eurielle, sœur de la princesse Cléorprust de Bretagne.
Eurose, Vierge d'Aquitaine, 25 juin.
Eurige, le même qu'Eusèbe de Verceil.
Eusane, hon. en Abruzze, 7 juillet.
Eusèbe d'Afrique, 5 mars.
Eusèbe d'Alexandrie, 3 oct.
Eusèbe d'Andrinople, 22 oct.
Eusèbe d'Asque, 15 fév.
Eusèbe d'Auxerre.
Eusèbe, Archevêque de Besançon, mort en 313.
Eusèbe de Boulogne (le Vén.), 26 sept.
Eusèbe, Ev. de Cahors, au vie siècle.
Eusèbe de Cappadoce, 21 juin.
Eusèbe de Carrhes (le Vén.), Solitaire, loué par Sozomène.
Eusèbe de Cibales, 28 avril.
Eusèbe de Como, 20 mai.
Eusèbe de Corfou, brûlé pour la foi.
Eusèbe de Crémone, 5 mars et 19 oct.
Eusèbe de Fano, 18 avril.
Eusèbe de Gaze, 8 sept.
Eusèbe de Laodicée, 4 oct.

Eusèbe, Évêque de Mâcon, dans le vie siècle.
Eusèbe de Milan, 12 août.
Eusèbe, de Mont-Coryphe, 23 janv.
Eusèbe de Nicomédie, 24 avril.
Eusèbe de Phénicie, 21 sept.
Eusèbe de Plaisance, 24 sept.
Eusèbe, le même que Sébis, 25 août.
Eusèbe de Rome, 14 août.
Eusèbe de St.-Gall (le Bienh.), 31 janv.
Eusèbe de Samosate, 21 et 22 juin.
Eusèbe de Sigores, Solitaire, loué par Sozomène.
Eusèbe de Syrie, Martyr, 14 août.
Eusèbe de Tarse, Martyr, 28 avril.
Eusèbe de Terracine, 5 nov.
Eusèbe de Thole, Sinaïte, tué par les Sarrasins.
Eusèbe de Trois Châteaux, 23 mars.
Eusèbe de Ve ce, Évêque, nommé saint dans le Chartrier de Saint-Maurice, en Valais.
Eusèbe de Verceil, 1er août et 16 déc.
Eusèbe et Marcel, Martyrs à Rome, 20 oct. et 2 déc.
Eusèbe, Pape, (le Vén.), 26 sept.
Eusébie, Vierge et M., 29 oct.
Eusébie, Abbesse de St.-Sauveur de Marseille en 751.
Eusébiotes, Martyr, 27 mai.
Eusebone (le Vén.), Coabbé avec le vénérable Abibion.
Eusée, hon. en Piémont, 8 fév.
Eusice, Ermite, 28 avril et 27 nov.
Eusigne, Soldat, 5 août.
Eusoge, patron d'un village de son nom près de Joigny.
Eusoie, la même qu'Ysoie.
Euspice, Abbé de Mici, 15 déc.
Euspice, mort à Paris, 14 juin.
Eusquemon, Évêque de Lampsaque, 14 mars.
Eustache d'Afrique. Voyez Eusirale.
Eustache de Nicée. Voyez Eustathe.
Eustache, M. à Rome av. sa femme et ses fils, 20 sept. et 1er nov.
Eustache de Syrie, mis pour Eustathe d'Égypte, 12 oct.
Eustache, Ev. de Tours, 19 sept.
Eustache, M. à Wilna, 14 avril.
Eustade, Ev. de Bourges, 31 déc.
Eustade de Dijon.
Eustadiole, Abbesse à Bourges, 8 juin.
Eustase de Luxeu, 29 mars et 31 août.
Eustase de Naples, 17 nov.
Eustathe d'Ancyre, 28 juil.
Eustathe d'Antioche, 20 fév. et 10 jul.
Eustathe d'Égypte, Martyr, 12 oct.
Eustathe de Haram, 14 mars.
Eustathe de Nicée, 20 nov.
Eustaze d'Auch, 31 déc.
Eustère, Ev. de Salerne, 19 oct. et 14 nov.
Eustère, dont il y avait une église à Rome hors la ville qui, en 1331, fut donnée aux Servites.
Eustoche, Ev. de Tours, 19 sept.
Eustoche, M. à Ancyre, 23 juin.
Eustochium, fille de Ste Paule, 28 sept.
Eustochium, pour Eustache, 2 nov.
Eustole, M. à Nicomédie, 7 juin.
Eustolie, Vierge, 9 nov.
Eustoque, Martyr av. aut., 16 nov.
Eustorge de Nicomède, 11 août.
Eustorge, 1er du nom, Ev. de Milan, 18 sept.
Eustorge, IIe du nom, Ev. de Milan, 6 juin.
Eustose, Martyr d'Afrique, 10 nov.
Eustrace, 9 janv.
Eustrate d'Arménie, 13 déc.
Eustrate de Suffète, 28 nov.
Euthec, Martyr av. aut., 7 mai.
Euthyme d'Alexandrie, 5 mars.
Euthyme de Nicomédie, 24 déc.
Euthyme de Sardes, 11 mars et 26 déc.
Euthyme le Grand, 20 janv.

Euthyme le Jeune,	2 janv.	Eve, honorée à Breux,	6 sept.
Euthyme le Romain,	29 août.	Eve d'Abitine, Martyre,	30 août.
Euthyme le Thaumaturge, Évêque de Madytes en Hellespont, dont la vie a été écrite par Grégoire de Chypre, Archevêque de Constantinople.		Evelle (le Bienh.),	11 mai.
		Evelpiste, M. à Rome,	12 juin.
		Evence de Ceneda,	8 fév.
Eutice, le m. que St. Benoît d'Aniane,	11 fév.	Evence de Rome,	3 mai.
Eutice, Ab. près Besançon, au IXe siècle.		Event, Évêque d'Autun,	12 sept.
Eutique, Martyr à Rome,	4 fév.	Evergile, Évêque de Cologne,	24 oct. et 14 sept.
Eutosie, martyrisée, dit-on, dans le IXe siècle.		Everilde, hon. en Angleterre,	9 juil.
Eutrope d'Andrinople,	11 fév.	Evermar ou Evermer, M.,	1er mai.
Eutrope de Comanes,	3 mars.	Evermod (le Bienh.), Ev. de Ratzbourg,	17 fév.
Eutrope d'Orange,	27 mai.	Evesque, patron d'une église près de Quimperlé.	
Eutrope, Ev. de Saintes,	30 avril.	Evide,	13 juin.
Eutrope d'Hisclée,	15 juil.	Evilase, M. à Cyzique,	20 sept.
Eutrope le Chantre,	12 janv.	Evode d'Antioche,	6 mai.
Eutropie d'Alexandrie,	30 oct.	Evode de Nicée,	29 juil. et 2 août.
Eutropie d'Auvergne,	15 et 26 sept.	Evode, M. avec Honorius,	19 juin.
Eutropie d'Espagne, Martyre,	5 et 12 août.	Evode du Puy, le m. qu'Evozy,	11 nov.
Eutropie de Palmyre,	15 juin.	Evode de Rouen, le même qu'Yvet.	
Eutrope de Reims,	14 déc.	Evode de Syracuse,	25 avril et 2 sept.
Eutyche d'Ancyre,	28 déc.	Evodius ou Vosy, XXVIIe Abbé de Lérins.	
Eutyche d'Asie,	24 août.	Evozy, Ev. du Puy,	12 nov.
Eutyche de Carrhes,	14 mars.	Evrande, patron d'une église en Agenois.	
Eutyche de Como,	5 juin.	Evrard de Ch soing,	16 déc.
Eutyche de Constantinople,	6 avril.	Evrard d'Einsidlem,	14 août.
Eutyche de Ferentino,	15 avril.	Evrard de Morimond (le Vén.),	22 mai.
Eutyche de Mauritanie,	21 mai.	Evrard, Ev. de Salzbourg,	22 juin.
Eutyche de Nyon,	4 juin.	Evrard de Schaffhouse (le Bienh.),	7 avril.
Eutyche de Pouzzoles,	19 sept.	Évrard (le Bienh.), Arch.,	1er fév.
Eutyche de Rome,	4 fév.	Evrard de Staleck (le Bienh.),	30 nov.
Eutyche de Sébaste,	9 mars.	Evre, Ev. de Toul,	15 sept.
Eutyche de Sicile,	5 oct.	Evremond, Abbé de Fontenay,	10 juin.
Eutyche d'Espagne,	21 nov.	Evrols, Abbé de St.-Fuscien,	25 et 26 juil.
Eutyche de Thrace,	29 sept.	Evronie, Vierge,	15 juil.
Eutychiane, Dame romaine, Martyre, dont les reliques ont été apportées de Rome à Valence, en Dauphiné, en 1847.		Evrou, Abbé,	29 déc.
		Evronil, Ev. de Clermont,	14 mai.
		Ewaldes, frères. Voyez Evald.	
Eutychien de Byzance,	2 sept.	Exacustade,	27 juil.
Eutychien de Campanie,	2 juil.	Exanthe, M. à Côme,	7 août.
Eutychien de Grèce,	19 août.	Exorapée.	
Eutychien de Nicodémie,	15 et 17 août.	Expédit, M. à Mélitine,	19 avril.
Eutychien d'Espagne,	12 et 13 nov.	Expergence, M. en Sicile,	4 juin.
Eutychien, Pape,	8 déc.	Explèce, Ev. de Metz,	30 juil.
Eutyque de Mérida,	11 déc.	Extricat, M. à Rome,	3 juin.
Eutyque de Nicomédie,	15 mars.	Exupérance de Côme,	22 juin.
Eutyque de Norse,	25 mai.	Exupérance de Spolète,	30 déc.
Eutyque de Phenne,	26 mars.	Exupérance, M. av. St. Bou,	11 fév. et 1er août.
Eutyque l'Estauromène,	2 sept.	Exupère d'Agaune,	22 sept.
Eutyquez de Ponce,	15 avril.	Exupère d'Attalie,	2 mai.
Eutyquez de Sébaste,	9 mars.	Exupère de Bayeux,	1er août.
Eutyquez le Martyr,	2 juil.	Exupère, Ev. de Cahors,	en 359.
Euverte, Ev. d'Orléans,	7 sept.	Exupère de Côme, le même qu'Exupérance,	22 juin.
Evagre de Constantinople (le Bienh.),	6 mars.	Exupère, ou Exupérat, ou Exupérance, Ev. de Coutances.	
Evagre de Fai, dont les reliques attirent un grand concours de monde près Châteauneuf.		Exupère, Ev. de Dié.	
		Exupère de Ravenne,	30 mai.
Evagre de Rome, Martyr,	12 oct.	Exupère de Syrie,	20 mars.
Evagre de Scythie,	3 avril.	Exupère de Toulouse,	14 juin et 28 sept.
Evagre de Syrie,	12 oct.	Exupère de Vienne,	19 nov.
Evagre de Tomes,	1er oct.	Exupérie, Martyre à Rome,	26 juil.
Evald le Blond et Evald le Brun, M. en Saxe,	3 oct.	Eyrard, patron d'un village de son nom, en Guienne.	
Evance ou Ovan, Ev. d'Autun, et qui a donné son nom à une chapelle dédiée sous son invocation.		Ezéchias, Roi de Judée,	28 août.
		Ezéchiel, Prophète,	10 avril.
Evance, Ev. de Vienne,	3 fév.	Ezéléide, V. en Angleterre,	7 mai.
Evandre, dont il y avait une église abbatiale à Constantinople.		Ezélinde, V. en Angleterre,	7 juin.
		Ezon, Comte palatin,	21 mai.
Evandre (Ste), dont une église priorale porte le nom au diocèse d'Agen.			
Evangèle, M. à Alexandrie.		# F	
Evanthius, Ev. de Mende,	en 541.		
Evareste, qui fit bâtir à Constantinople le monastère de Cucorote,	mort vers 825.	Fabien de Catane,	31 déc.
		Fabien de Sylvarolle,	18 oct.
		Fabien, Pape, M. à Rome,	20 janv.
Evariste de Crète,	23 déc.	Fabio de Vesove,	11 mai.
Evariste de Palestine,	14 oct.	Fabiole (la Vén.),	27 déc.
Evariste, Pape,	26 oct.	Fabiwlde, M. à Césarée,	31 juil.
Evarzet, patron d'un village de son nom, en Bretagne.		Fabricien, M. en Espagne,	22 août.
		Face (le Bienh.),	18 janv.
Evase (le Bienh.), Ev. de Brescia,	2 déc.	Fachnan, Abbé en Irlande,	14 août.

Facile, le même que Fazion, 7 sept.
Facondin de Rimini, 2 sept.
Facondin d'Ombrie, 28 août.
Facteur (le Vénérable), de l'ordre de Saint-François. 23 déc.
Fagan, le même que Fugace.
Fagond, le même que Hagun, 27 nov.
Faile, hon. en Connacie, 5 mars.
Faine, Vierge en Irlande, 1er janv.
Falcôni (le Bienh.), Ab. de Case, 6 juin.
St. Fal., ou Fale ou Phal, 16 mai.
Falconieri (la Bienh.), Servite.
Falmy, honoré au diocèse d'Alby.
Fatton-Pimen (le Bienh.), Confesseur, sous Dioclétien.
Famien, Moine de l'ordre de Citeaux, 8 août.
Familas, M. à Cordoue, 13 janv.
Fantin. Voyez Phantin.
Faraïlde, la même que Fréaude, 4 janv.
Faranan, Ev. d'Armach, 30 avril.
Fare, 26 oct.
Fare, Abbes-e en Brie, 3 avr., 10 mai et 7 déc.
Fargeau, Martyr à Besançon, 16 juin.
Fargeol ou Fargol, paren d'un village de son nom, près de Montluçon; c'est peut-être le même que St. Fargeau.
Faria, honoré par les Coptes, 22 mars.
Farman, le m. que Firmin et Firmien.
Faron, Evêque de Meaux, 28 oct.
Fascile, le même que Fazion, 7 sept.
Fastrade (le Bienh.), Abbé, 21 avril.
Fathlée, Abbé, honoré en Irlande.
Fatimal, honoré au diocèse de Viviers.
Faucon, Evêque de Maëstricht, mort en 532.
Faucon, E. de Verden, Martyr, en 810.
Fauques. Solitaire, 13 janv. et 9 août.
Fauste, Martyr, 16 juil.
Fauste d'Abitine, 11 et 12 fév.
Fauste d'Alexandrie, 16 juill., 6 se, t., 3 et 4 oct., 19 et 26 nov.
Fauste d'Antioche, 8 sept.
Fauste de Byzance, 12 juil.
Fauste de Constantinople, 3 août.
Fauste de Cordoue, 13 oct. et 9 nov.
Fauste de Milan, 7 août.
Fauste de Riez, 28 sept.
Fauste de Rome, 9 juin.
Fauste de Saragosse, 15 et 16 avril.
Fauste de Tarbe, 28 sept.
Fauste du Latium, 1er août.
Fauste, M. ailleurs qu'en Sicile, 5 oct.
Fauste pour Feste ou Fusque, 24 juin.
Fauste, Martyr avec Marcellin, 20 nov.
Fauste, honorée à Rome, 19 déc.
Fauste de Cyzique, Vierge, 20 sept.
Fauste, honorée en Armagnac, 4 janv.
Faustien, M. à Corfou, 29 avril.
Faustin d'Afrique, 15 déc.
Faustin de Balistaire, 16 mars.
Faustin de Cavaillon, 20 mai.
Faustin de Pérouse, 1er et 5 juin et 9 août.
Faustin de Porto, 29 juil.
Faustin de Rome, 22 mai.
Faustin de Todi, 29 juil.
Faustin et Jovite, M. à Brescia, 15 fév.
Faustin, Ev. de Brescia, 16 fév.
Faustin ou Faustine, Martyr, 17 fév.
Faustine de Como, 15 janv.
Faustine et Florienne, 9 juil.
Faustinien, Ev. de Bologne, 26 fév.
Fazion, hon. en Poitou; le même que Fascile.
Febronie, Vierge, Martyre, 25 juin.
Feine ou Feyre, patronne d'un village de son nom dans la Marche.
Felan, hon. en Irlande, 20 juin.
Fele, Evêque de Spel, 16 juin.
Félice, Martyr en Sardaigne, 28 mai.

Félice, Martyre avec d'autres, 14 mai.
Félicien, martyr avec St. Victor.
Félicien d'Afrique, 30 janv.
Félicien de Foligny, 4 janv. et 20 oct.
Félicien de Lucanie, 29 oct.
Félicien de Numeuthe, 9 juin.
Félicien de Ravenne, 11 nov.
Félicien, Martyr à Vienne, 19 nov.
Félicien de Rome, 2 fév.
Félicien de Vage, 29 oct.
Félicienne, Martyre, 20 juin.
Félicissime d'Afrique, 26 oct.
Félicissime de Campanie, 2 juil.
Félicissime de Nicomédie, 14 mars.
Félicissime de Nocera, 15 juil.
Félicissime de Péruse, 24 nov.
Félicissime de Rome, 6 août.
Félicissime de Todi, 26 mai.
Félicissime de Verno, 12 août.
Félicissime, Martyr avec St. Secondia, 13 sept.
Félicissime d'Afrique, Martyre, 5 mai.
Félicissime de Falere, 12 août.
Félicité d'Afrique, Martyre, 8 m rs.
Félicité d'Ardée, 5 juin.
Félicité de Carthage, 7 mars.
Félicité de Rome, 10 juil. et 23 nov.
Féricule, Vierge, Mre, 14 fév. et 15 juin, et 5 oct.
Félien ou Félion, le même que St. Félix de Gironne, 1er août.
Félimy, Ev. en Angleterre, 2 et 6 août.
Félin, Soldat, 1er juin.
Félion, Martyr à Tarse, 10 mai.
Félix d'Abbir, 7 et 12 oct.
Félix d'Abitine, 11 et 12 fév., et 30 août.
Félix d'Adrumète, 28 nov.
Félix d'Afrique, 29 juil.
Félix d'Alexandrie, 26 fév.
Félix d'Apollonie, 17 juin.
Félix d'Aquilée, 16 mars et 1 juin.
Félix d'Auxerre, 5 sept.
Félix d'Azois, 18 oct.
Félix de Bajule, 10 sept.
Félix de Balistaire, 16 mars.
Félix de Bologne, 4 déc.
Félix de Bourdieu, 27 juin.
Félix de Bourges, 1er janv.
Félix de Brescia, 23 fév.
Félix de Campanie, 2 juil.
Félix de Cantalice, 18 mai.
Félix de Côme, 14 juil. et 8 oct.
Félix de Cordoue, 27 juin.
Félix de Donvic, 8 mars.
Félix d'Ecane, 1er sept.
Félix de Frislaër, 8 juin.
Félix de Gênes, 9 juil.
Félix de Gironne, 18 mars et 1er août.
Félix de Jaconastre, 18 mai.
Félix de Lucanie, 27 août.
Félix de Marseille, 1er mars.
Félix de Metz, 1er du nom, 21 fév.
Félix de Metz, II du nom, 22 déc.
Félix de Milan, 12 et 24 avril, 10 et 12 mai.
Félix de Names, 7 juil.
Félix de Nicomédie, 27 juil.
Félix, Ev. de Nîmes.
Félix de Nocera, 19 sept.
Félix de Nole, 14 janv., 27 juil. et 15 nov.
Félix de Palsperne, 27 juin.
Félix de Pavie, 15 juil.
Félix de Pistoie, 25 août.
Félix de Porto, 22 août.
Félix de Ravenne, 18 juin.
Félix de Rome, 10 juil.
Félix (le Vén.), Abbé de Ruis en Bretagne, et restaurateur de la discipline de ce monastère, mort vers 1005.
Félix de Saldule, 10 avril.

Félix de Saragosse, frère de St. Ot, Solitaire près Saint-Jean de la Pègne.	
Félix de Sardaigne,	28 mai.
Félix de Saubeu, M. près Autun,	24 sept.
Félix de Scilite,	17 juil.
Félix de Sévile,	2 mai.
Félix de Siponte,	25 juil.
Félix de Sutri,	23 juin.
Félix de Terracine,	5 nov.
Félix de Tubare, le même que Félix de Tubzoque.	
Félix de Toscane,	11 sept.
Félix de Trèves,	11 avril.
Félix de Tubzoque,	30 août et 24 oct.
Félix de Tunis,	6 nov.
Félix de Valence,	23 avril.
Félix de Valois,	4 et 20 nov.
Félix de Verno,	12 août.
Félix de Vérone,	19 juil. et 2 août.
Félix de Vicence,	11 juin et 14 août.
Félix d'Héraclée,	7 janv.
Félix d'Isirie,	24 mai.
Félix d'Utines,	10 sept.
Félix d'Uzale,	16 mai.
Félix, M., mentionné avec St. Properce.	
Félix, Martyr en Orient,	3 déc.
Félix, M. avec Ardoche et Thyrse.	
Félix et Adaucte, Martyrs,	30 août.
Félix et autres, M. en Afrique,	5 déc.
Félix, M. avec St. Calendion,	20 nov.
Félix et Diodole,	31 mars.
Félix, M. avec St. Fortunat et St. Achillée.	
Félix et Luciole, Martyrs en Afrique,	3 mars.
Félix et trente autres Martyrs,	15 nov.
Félix et Victor,	9 fév.
Félix et vingt autres Martyrs,	23 mars.
Félix l'Africain,	3 fév.
Félix, un des fils de Ste Félicité,	10 juil.
Félix le Courbe (le Bienh.),	6 nov.
Félix, Martyr à Rome,	10 mai.
Félix, Martyr en Afrique,	10 juil.
Félix le Diacre, le même que Félix de Gironne.	
Félix le Moine, Martyr à Cordoue,	14 juin.
Félix, honoré à Alexandrie,	21 avril.
Félix le Semaxe, Martyr en Afrique,	9 janv.
Félix le Soldat, le même que Félin,	1er juin.
Félix Vialard, Ev. de Châlons,	10 mai.
Félix I er, Pape,	30 mai et 29 déc.
Félix II, Pape,	29 juil. et 20 nov.
Félix, III, Pape,	30 janv. et 25 fév.
Félix IV, Pape,	30 janv. et 25 sept.
Fenelle, dont une église prévôtale du diocèse de Limoges, unie à l'évêché de Tulle, porte le nom.	
Fens, évêque de Padoue,	16 nov.
Fequin, Abbé en Irlande,	20 janv.
Fercinte, honorée à Lurey,	13 nov.
Ferdinand de Castille,	30 mai.
Ferdinand de Portugal (le Bienh.),	5 juin.
Ferful, honoré en Irlande.	
Fergéol, le m. que St. Ferjus.	
Fergeon, Martyr à Besançon,	16 juin.
Fergeux ou Ferjeux, patron de plusieurs villages de son nom, en Champagne et en Franche-Comté.	
Fergnan, Abbé de Hy, honoré autrefois en Ecosse.	
Ferjeu, honoré à Gionches.	
Ferjus, Evêque de Grenoble,	16 janv.
Ferme, patron d'une abbaye en Basadois.	
Ferme, Evêque de Venasque, patron d'un village de son nom, en Guienne.	
Fermier ou Frémier, Martyr.	
Fermus, le même que Firmin d'Usez.	11 oct.
Fernand, Evêque de Cajaso,	27 juin.
Fernas, honoré autrefois en Irlande, loué dans la vie de St. Colm.	
Fernin, dont il y a une église en Blaisois.	
Ferréol de Besançon, le même que Fargeau et Fergeon,	16 juin.
Ferréol de Limoges,	mort vers 597.
Ferréol de Vienne,	18 sept.
Ferréol d'Usez,	4 janv. et 18 sept.
Ferréol, patron une d'une église en Limousin.	
Ferruce, Martyr à Mayence,	28 oct.
Feste de Pouzzoles,	19 sept.
Feste de Rome, le même que Fauste,	24 juin.
Feste de Toscane,	21 déc.
Feu, le même que Félix de Bourges,	1er janv.
Fene, la même que Félice.	
Fiachra, Abbé en Lagénie.	
Fiècre, Solitaire, près de Meaux,	30 août.
Fibice, Evêque de Trèves,	5 nov.
Fidan, Evêque de Coire,	14 nov.
Fidèle d'Afrique,	23 mars.
Fidèle de Côme,	28 oct.
Fidèle d'Edesse,	21 août.
Fidèle de Sigmaringen,	24 avril.
Fidence de Padoue,	16 nov.
Fidence de Todi,	27 sept.
Fidence d'Hippone,	15 nov.
Fidentien, Martyr en Afrique,	15 nov.
Fidol ou Fale, Abbé de Saint-Aventin.	
Fiel, patron d'un village de son nom, près de Guéret.	
Fièque, Evêque en Lagénie,	12 oct.
Filau, Abbé en Ecosse,	9 janv.
Filbert ou Philibert, patron d'un village de son nom, près de Brétigny.	
Fimbar, Evêque de Corc,	25 sept.
Finan, qui de moine ce Saint Colmkill de Hy en Ecosse, fut fait Evêque de Lindisfarne.	
Finan de Magble, Evêque en Irlande,	10 sept.
Fine, Vierge en Toscane,	12 mars.
Fingène (le Vén.), Abbé de Saint-Vannes, à Verdun; mort en 1004.	
Finian ou Lobhar,	16 mars.
Finnien, Evêque en Irlande,	12 déc.
Finsèque, Vierge, honorée en Lagénie,	13 oct.
Fintan, Prêtre en Irlande,	17 fév. et 21 oct.
For, Evêque d'Emonia,	27 oct.
Firmain l'Abbé, le même que Firmien.	
Firmat d'Auxerre, Diacre,	5 oct.
Firmat de Mantillé,	24 avril.
Firme d'Afrique,	3 janv.
Firme de Bithynie,	11 mars.
Firme de Carthage, mort en prison.	
Firme de Nicomédie,	11 mars et 6 avril.
Firme de Rome,	2 fév.
Firme de Satales,	24 juin.
Firme de Tagaste,	31 juillet.
Firme de Vérone,	9 août.
Firme d'Orient,	1er juin.
Firmien, Abbé de Saint-Savin,	11 mars.
Firmilien, Evêque de Césarée,	28 oct.
Firmin d'Amiens, le Confesseur,	1er sept.
Firmin, 1er Evêque d'Amiens, Martyr,	25 sept.
Firmin d'Arménie,	24 juin.
Firmin de Gévaudan,	14 janv.
Firmin, Evêque de Mende,	14 janv.
Firmin, Evêque de Metz,	27 juillet et 18 août.
Firmin, Abbé de Mubach, mort en 758.	
Firmin de Toul, Evêque de Verdun, le même que Pirm.	
Firmin, IIe du nom, Evêque de Viviers.	
Firmine Cési (la Vén.),	7 juin.
Firmine, Martyre à Amélie,	24 nov.
Firmy, patron d'un village de son nom en Rouergue.	
Fivetein, Moine de Redon,	11 déc.
Flaceau, qu'on trouve qualifié de chapelain des religieuses de Sainte-Ecolasse.	
Flacque, Martyr à Todi,	1er sept.
Flaive de Châlons,	30 avril.
Flaive de Marcilly,	18 déc.
Flaive, la même que Flavie d'Auxerre,	5 oct.
Flamidien, Martyr en Roussillon,	25 déc.
Flamien, évêque en Irlande,	18 déc.
Flamine, honorée à Divaise,	2 mai.
Flanne, Abbé à Armagh,	24 avril.

Flave de Nicomédie,	7 mai.
Flave de Sébaste,	9 mars.
Flavie d'Auxerre,	5 oct.
Flavie Domitille,	7 mai.
Flavien d'Afrique,	24 fév.
Flavien d'Antioche,	21 fév. et 26 sept.
Flavien d'Avellin,	10 juin.
Flavien d'Autun,	23 août.
Flavien de Civita-Vecchia,	28 et 30 janv.
Flavien de Constantinople,	18 fév.
Flavien, Évêque du Puy.	
Flavien de Tilmoque, Évêque d'Antioche. XIe du nom,	4 et 18 juillet.
Flavien de Toulon,	19 août.
Flavien de Verceil,	25 nov.
Flavien le Diacre,	25 mai.
Flavien le Solitaire,	16 fév.
Flavien, pour Fabien, Martyr à Rome,	22 déc.
Flavienne, pour Flavie, Vierge à Auxerre,	5 oct.
Flavius Clément, Martyr,	22 juin.
Flavne ou Flazue, patronne d'une église en Bretagne.	
Flavy, patron d'un village de son nom en Champagne.	
Flé de Thessalonique,	1er juin.
Flérich, Curé près d'Alost.	
Fleur ou Fleuriens, dont il y a une église en Querey.	
Fleury, la même que Floride,	15 nov.
Flieu, Évêque de Rouen,	23 août.
Flins, patron d'un village de son nom en Lorraine.	
Flix, le même que Félix de Gironne,	1er août.
Flobarde ou Floberde, honorée en Brie,	2 avril.
Flocel, enfant, Martyr à Autun,	17 sept.
Flochel, patron d'un village de son nom en Artois.	
Flor, Évêque d'Emonia,	27 oct.
Flore de Nicomédie,	26 oct.
Flore d'Illyrie,	18 août.
Flore, honorée en Quercy,	11 juin.
Flore, dont il y a une église près de Billon en Auvergne.	
Flore de Beaulieu (la Vén.), de l'ordre de Saint-Jean de Jérusalem.	
Flore de Cordoue,	24 nov.
Flore de Rome,	29 juille.
Florence ou Florent de Séville,	23 fév.
Florence ou Florentine, Vierge,	20 juin.
Florence de Céseron,	10 nov.
Florence de Combé,	1er déc.
Florence de Sévill, la même que Florentine d'Ecije.	
Florent de Bourges,	12 déc.
Florent, Diacre, Martyr,	14 déc.
Florent de Bonne,	10 oct.
Florent de Cahors (le Vén.).	
Florent de Carthage,	15 juillet.
Florent de Corse,	2 mai.
Florent de Foligny,	1er juin.
Florent de Glonne,	22 sept.
Florent de Pérouse,	1er, 5 juin et 9 août.
Florent de Reims,	14 déc.
Florent, Évêque de Sion, Martyr en 411.	
Florent de Siponte,	25 juillet.
Florent de Strasbourg,	7 nov.
Florent de Thessalonique,	13 oct.
Florent de Tongres,	16 oct.
Florent de Trichateau,	27 oct.
Florent de Vienne,	3 janvier.
Florent d'Orange,	17 oct.
Florent d'Osimo,	16 mai.
Florentien, Évêque en Numidie,	28 nov.
Florentin d'Amboise,	1er déc.
Florentin d'Ares,	12 avril.
Florentin d'Avellino,	10 juin.
Florentin de Boney,	24 oct.
Florentin de Suin,	27 sept.
Florentin, Évêque de Trèves, et Martyr en 309.	
Florentine d'Ecije (la Bienh.),	1er sept.
Florentine de Sisteron,	31 août.
Floret ou Florez,	1er juillet.
Floribert de Gand,	1er nov.
Floribert de Liége,	25 avril.
Floribert de Stavelo, peut-être le même que le précédent.	
Floride, Évêque,	13 nov.
Floride d'Afrique,	18 janv.
Floride de Dijon, Religieuse, mentionnée par St. Grégoire de Tours.	
Florien d'Eleuthéropolis,	17 déc.
Florien de Lorch, Martyr,	4 mai.
Florienne, Vierge, Martyre,	9 juillet.
Florin, honoré à Sconange,	17 nov.
Florine, Vierge, honorée en Auvergne,	1er mai.
Floris, patron d'un village de son nom, près de Béthune.	
Florus de Catane,	31 déc.
Florus (le Vén.), Chanoine et écolâtre de Lyon, augmentateur du Martyrologe de Bède; mort vers 836.	
Florus d'Ostie,	22 déc.
Flotard, le même que St. Frezaud,	4 sept.
Flou, Évêque d'Orléans,	2 fév.
Flour, Évêque de Lodève,	1er et 3 nov.
Floxel, ou Flosel, ou Flaceau, patron d'un village de son nom, près de Valognes.	
Foi, Vierge,	6 oct.
Foignan, Foillan ou Follain, frère de St. Fur y,	31 oct.
Folcuin ou Folquin, Évêque de Terouanne,	14 déc.
Foltaire, honoré comme évêque aux Machabées de Cologne, où les religieuses conservaient de ses reliques.	
Fongon, honoré en Espagne.	
Fons, patron d'un village de son nom en Dauphiné.	
Fontaine, patron d'un village de son nom près de Saint-Avold.	
Fontan, Abbé,	17 fév.
Forannain ou Foranne, Abbé de Vassor,	30 avril.
Forgel, le même que Ferréol de Vienne.	
Forgeot, patron d'un village de son nom, près d'Autun.	
Forget, patron d'un village de son nom, près de Versailles.	
Forgeux ou Forjeux, patron de deux villages de son nom en Lyonnais et en Forez. C'est peut être le même que St. Fergeux.	
Forkern, Évêque en Lagénie,	11 oct.
Formier, honoré en la Marche d'Ancône.	
Fort, patron de plusieurs villages de son nom, en France.	
Fort Gabrielli (le Bienh.),	9 mai.
Fortnier (le Bienh.), Martyr avec Raimond-Scriptoris,	29 mai.
For unade, Martyre, honorée dans le Limousin.	
Fortunat d'Adrumète,	21 fév.
Fortunat d'Afrique,	3 mars.
Fortunat d'Alexandrie,	21 avril.
Fortunat d'Antioche,	26 fév.
Fortunat d'Aquilée,	11 juin.
Fortunat de Campanie,	12 oct.
Fortunat de Fano,	8 juin.
Fortunat de Grèce,	15 juin.
Fortunat de Naples,	14 juin.
Fortunat de Pavie,	5 mai.
Fortunat de Poitiers,	14 déc.
Fortunat de Rome,	2 fév.
Fortunat de Salerne,	28 août.
Fortunat de Sirmich,	5 juil.
Fortunat de Smyrne,	9 janv.
Fortunat de Todi,	50 août et 14 oct.
Fortunat de Valence,	23 avril.
Fortunat de Venose,	24 oct.
Fortunat de Verno,	18 juin.
Fortunat d'Ombrie,	1er juin.
Fortunat, Martyr avec Crescentien,	13 juin.
Fortunat, Martyr avec Hermogènes,	25 août.
Fortunat, M. avec Marcien,	17 avril.
Fortunat l'Africain,	15 déc.
Fortunat le Diacre,	12 juil.

Fortunate, Martyre en Orient,	14 oct.	Frédéric (le Bienh.), Curé près d'Alost,	13 sept.
Fortunatien de Bénévent,	23 août.	Frédéric (le Bienh.), Abbé de Mariengast,	5 mars.
Fortunatien le Lecteur, le même que Fortunat de Venose.		Frédéric d'Hirsauge (le Bienh.),	8 mai.
		Frédéric d'Utrecht,	18 juil.
Fortune, morte de faim en prison, à Carthage.		Frédéric (le Bienh.), Prévôt de Saint-Vaast d'Arras,	6 janvier.
Fortuné, Evêque en Italie,	18 juin.		
Fortunée, la même que Fortunate,	14 oct.	Frédien, Evêque de Lucques,	18 mars et 18 nov.
Fortunion d'Afrique, mort de faim en prison.		Frégane, patron d'un village de son nom, en Bretagne.	
Fortunion de Thessalonique,	27 fév.		
Fortunion, M. avec Janvier,	17 fév.	Frégaut, Prêtre,	17 juil.
Foucaut (le Vén.), Evêque d'Auxerre,	15 mars.	Freigne, patron d'un village de son nom, près de Ruffec.	
Foulques, Abbé,	10 oct.		
Foulques d'Aquino,	22 mai.	Freimbau. Voyez Fraimbaut.	
Foulques de Marseille,	25 déc.	Fréjoux, patron d'un village de son nom, en Limousin.	
Foulques de Neuilly (le Bienh.),	2 mars.		
Foulques de Pavie,	26 oct.	Fréjus, Evêque de Grenoble,	16 janv.
Foulques (le Bienh.), Abbé de Saint-Bertin, dans le IXe siècle, devint Archevêque de Reims,	10 juin.	Frémin, Ev. de Verdun, mort en 500.	
		Fremis, le même que Firmin,	25 sept.
Foulques de Ravenne.		Frémond, patron d'un village de son nom, en Normandie.	
Foy d'Agen. Voy z Foi,	6 oct.		
Foy de Rome, la même que Piste,	1er août.	Frénin, Evêque de Metz,	27 juil. et 18 août.
Fracan, patron d'une paroisse au diocèse de Saint-Bieuc.		Frénir, le même que Fraique,	30 août.
		Frescende, V. (la Bienh.),	30 juin.
Fragaire, patron d'une église au diocèse de Coutances.		Frévir, patron d'une église, au diocèse de Poitiers.	
Fraide, patron d'un village de son nom, en Provence,	21 sept.	Frévisse, Vierge,	19 oct.
		Freulain de Léon,	1er et 6 oct.
Fraigne, hon. en Angoumois,	30 août.	Freulain de Péronne,	31 oct.
Fraimbaut, le même que Freimbant ou Frambourd.		Frézal ou Frézaud, Ev. de Mende,	4 sept.
Fiajon, hon. au diocèse de Comminges.		Friard, Solitaire,	1er août.
Frambolt ou Frambaud, Ev. de Bayeux.		Fruchous, Ev. de Tarragone,	21 janv.
Framenze, Comtesse,	17 mai.	Frichoux, patron de deux villages de son nom, en Languedoc.	
Franc d'Abbruzze, Solitaire,	5 juin.		
Franc de Calabre,	5 déc.	Frideric (le Vén.), comte de Verdun, puis Moine à Saint-Vannes, et enfin prévôt de Saint-Vaast d'Arras, mort en 1022. Voyez Frédéric de Verdun,	6 janv.
Franc de Sienne,	11 déc.		
Francaire, hon. en Poitou,	21 sept.		
Franchy, hon. en Nivernois,	16 mai.		
Francisque Servitesse en Italie,	4 juin.	Fridoin, Abbé,	6 mars.
Francisquine (la Bienh.),	6 fév.	Frigeon ou Frigion, patron d'un village de son nom, en Limousin. C'est le même que Frayon, selon Chastelain.	
François d'Assise,	4 oct.		
François de Borgia,	30 sept. et 10 oct.		
François Carracciolo,	4 juin.	Friou, hon. en Saintonge,	4 août.
François de Heronimo ou Girolamo,	11 mai.	Frise, hon. à Auch,	16 janv.
François de la Livre,	22 avril.	Fritestan, Ev. de Winchester, mort en 923, hon. en Angleterre.	
François de Langlade,	15 juillet.		
François de Mexco,	5 fév.	Froalei gue, Ev. de Coïmbre, en Portugal.	
François de Péril,	15 mars.	Frobert, Abbé,	1er et 8 janv.
François de Paule,	2 avril.	Frobert ou Flobert, Abbé de Troyes,	31 déc.
François Palu (le Vén.), Evêque d'Héliopolis,	29 oct.	Frodoald, Ev. de Mende,	12 sept.
		Frogène, dont on trouve des marques de culte dans un canton du diocèse de Séez.	
François de Posada (le Bienh.),	20 sept.		
François de Sales,	29 janv. et 28 déc.	Froïlan, Ev. de Léon, le même que Freulain.	
François Solano,	20 et 24 juil.	Froile, mère de St. Froïlan, Ev. de Léon, hon. d'un culte public à Lugo en Galice, morte vers 1000.	
François d'Estain, Ev. de Rodez,	1er nov.		
Franc is Leblanc,	5 fév.		
François Régis. Voyez Régis,	16 juin.	Fromineus, Archevêque de Besançon,	en 390.
François Tarlat. Voyez Tarlat.		Fromond,	24 oct.
François Xavier,	2 et 3 déc.	Front, Evêque de Périgueux,	25 oct.
Françoise d'Amboise (la Bienh.),	28 sept.	Frontase, hon. com. M. en Périgord,	2 janv. et 28 avril.
Françoise des Oblates,	9 mars.		
Françoise Pollalion (la Vén.),	4 août.	Frontignan, M. hon. à Albe,	6 oct.
Francon, Archev. d'Aix en Provence,	vers 555.	Fronton de Nitrie,	14 avril.
Franque, le même que Franc de Calabre.		Fronton de Saragosse,	16 avril.
Franque Cistercienne,	25 avril.	Frou, Solit. en Champagne,	22 avril.
Fraterne, Evêque d'Auxerre,	9 juil. et 29 sept.	Frovin (le Vén.), IIe Abbé d'Engelberg, au canton d'Underwald, en Suisse, mort vers 1169.	
Frayon. Voyez Frajon.			
Freyous ou Fré, Abbé en Irlande,	2 déc.	Fruchon, patron d'un village de son nom, en Languedoc.	
Fréaude, honorée à Gand.			
Fréarle, honorée en Lorraine,	4 janv.	Fruct, mort de faim en prison à Carthage.	
Frécice, dont on honore les reliques à Rome.		Fructueuse, la même que Fructuose.	
Frecor, Moine de Saint-Riquier, hon. autrefois en Ponthieu.		Fructueux de Brague,	16 avril.
		Fructueux de Butrague,	25 oct.
Fredebert d'Agen,	26 juillet.	Fructueux de Tarragone,	21 janv.
Fredebert d'Angleterre,	23 déc.	Fructule, Martyr en Afrique,	18 fév.
Fredeger, martyrisé par les Danois près de Lyre.		Fructuose, Mre à Antioche,	23 août.
Frédéric de Liège,	27 avril.	Frudoque, Vierge en Ecosse,	13 oct.
Frédéric de Verdun (le Bienh.),	6 janv.	Frumence d'Afrique,	23 mars.

Frumence d'Ethiopie, 27 oct. et 14 déc.
Frutos, hon. à Sigovie, 25 oct.
Frutteux, patron d'une église au diocèse d'Alby.
Fugace, que Bède dit avoir été envoyé dans la Grande-Bretagne avec un autre, nommé Damien, par le pape Éleuthère, pour la conversion du roi Lucius et de son peuple, mort vers 200.
Fulbert de Chartres (le Bienh.), 10 avril.
Fulbert, Solit. en Gâtinois, 2 août.
Fulhevin, dont il y avait des reliques à la Sainte-Chapelle de Paris.
Fulcran, Evêque de Lodève, 13 fév.
Fulgence d'Atino, 29 sept.
Fulgence de Ruspe, 1er janv.
Fulgence d'Otricoli, 3 déc.
Fulgent, patron de deux villages de son nom en Normandie et en Poitou.
Fulgose, hon. en Égypte, 20 déc.
Fulrad, Abbé de Saint-Denis, 16 juill.
Funier, honoré autrefois dans une église d'Anjou.
Fuscien, Martyr à Amiens, 11 déc.
Fuscule, Evêque en Afrique, 6 sept.
Fusque, Vierge, 13 fév.

G

Gaatho, Princesse gothe, lapidée pour Jésus-Christ, avec un laïque nommé Thyella.
Gabdelas, Martyr avec sa famille, 29 sept.
Gabin de Rome, Prêtre, Martyr, 19 fév.
Gabin de Sardaigne, Martyr, 30 mai.
Gabine, Ev. invoqué aux Litanies de Nantes.
Gabrajoannes, 23 nov.
Gabra-Menfeskedde, 1er mars.
Gabriel, Archange, 26 mars et 13 juill.
Gabriel de Jérusalem, Abbé, 26 janv.
Gabriel de Nangasach, un des Martyrs de Japon, 5 fév.
Gabriel-Maria (le Vén.), le même que Gilbert-Nicolaï, 27 août.
Gabriel, martyrisé par les Bulgares, vers 800.
Gabuce (le Vén.), Prêtre théatin, qui a écrit la Vie du bienh. pape Pie V.
Gadanes (le Vén.), Solitaire près le Jourdain, en Palestine, mentionné par Pallade.
Gaddiabes, M. sous Sapor, en 346.
Gaëtan, 7 août.
Gaie, Martyr avec Gaien, 5 mai.
Gaien de Darée, Martyr, 5 mai.
Gaien d'Éphèse, Martyr, 16 mai.
Gaien le Martyr, 2 oct.
Gaien ou Gaion, M. d'Illyrie, 10 avril.
Gaienne, Martyr, 27 sept.
Gaius, Martyr avec autres, 4 mars.
Gal d'Arbon, Abbé, 16 oct.
Gal de Clermont, 1er juil.
Gal d'Ote (le Vén.), 5 oct.
Gal le Consul (le Bienh.), 22 fév.
Galaction, Martyr, 22 juin.
Galactoire, Evêque de Lescars, Martyr, 27 juin.
Galan, Martyr, 15 nov.
Galatas, Martyr, 19 avril.
Galation, Martyr, 5 nov.
Galdin, Archev. de Milan, 18 avril.
Galdry, 16 oct.
Galée, Martyr, 24 janv.
Galène, 16 avril.
Gallard de Vérone, 30 avril.
Galgan, Solitaire, 3 déc.
Gallindon, le même que Prudence de Troyes.
Gail ou St. Gaudence, Evêque de Constance, 16 oct.
Galle de Clermont (la Vén.), 31 mai.
Galle de Rome, Veuve, 6 avril et 3 oct.
Galle, Vierge de Valence en Dauphiné; 24 avril, autrefois 16 nov. Voyez le supplément au Brev. rom. par M. de Catellan, Ev. de Valence, 1714.
Gallican, Martyr 25 juin.
Gallicin, Evêque de Bordeaux, et martyr en 475.

Galliote (le Vén.), 14 juin.
Gallique, Martyr, 7 mai.
Gallon, Martyr, 16 fév.
Gallone, Martyr, 11 juin.
Galmier ou Baldomer, Sous-Diacre, 27 fév.
Gam, hon. à St.-Hubert de Bretigny dans la chapelle dite des Balances.
Gamaliel, 3 août et 18 déc.
Gamelbert, 27 janv.
Gan ou Gand, 26 mai.
Gandalique, Martyr, 22 juin.
Gaudeurs, patron d'Arson, prieuré dépendant de Saint-Jean d'Angely.
Gangolphe, dont il y avait une église collégiale à Mayence.
Ganthon, patron d'un village de son nom en Bretagne.
Gaon, religieux, 24 juil.
Garcias, Abbé en Espagne.
Garcias l'Indien. Voyez Gonçales, 5 fév.
Garembert, Abbé, 31 déc.
Garga, Abbé, 13 mai.
Gargile, Martyr, 24 sept.
Garibald, Ev. de Ratisbonne, 8 janv.
Garima, Abbé, 11 juin.
Garlace, 20 janv.
Garnier de Dijon (le Vén.), prévôt de Saint-Etienne.
Garnier d'Obervezel, 19 avril.
Garsende d'Alphante (la Vén.), gouvernante de St. Elzéar, inhumée à Apt en Provence.
Gaspard Bon, Religieux, 4 juil.
Gast, le même que Vaast, 6 fév.
Gastien, patron d'un village en Normandie.
Gaston de Renty (le Vén.), 24 avril.
Gaston l'Hospitalier (le Vén.), qui donna commencement à l'ordre de Saint-Antoine de Viennois; il mourut vers l'an 1200.
Gatien, évêque de Tours, 18 déc.
Gaubain, patron d'une église en Bretagne.
Gaubert, Abbé, 2 mai.
Gauburge, la même que Valburge, 25 fév.
Gaucher, 9 avril.
Gaud de Marseille (le Vén.), 23 mai.
Gaud d'Évreux, 31 janv.
Gaudant, patron d'un village de son nom en Dauphiné.
Gaudens ou Gaudens de Comminges, le même que Goins, 30 sept.
Gaudence, Archev. de Guesne en Pologne, frère de St. Adalbert de Prague, mort en 1009.
Gaudence d'Arezzo, Martyr, 19 juin.
Gaudence de Brescia, 25 oct.
Gaudence de Fiesoles, Prêtre et Moine.
Gaudence de Novare, 22 janv. et 3 fév.
Gaudence de Rimini, Ev., M., 14 oct.
Gaudence de Vérone, 12 fév.
Gaudence, Ev. d'Arbo, 1er juin.
Gaudence, V., Mme à Rome, 30 août.
Gaudens, hon. à Saint-Ange en Limousin.
Gaudenie, patron d'un village de son nom, en Languedoc.
Gaudin, Evêque de Soissons, 11 fév.
Gaudiose de Brescia, 7 mars.
Gaudiose de Descoron, Ev., 3 nov.
Gaudiose de Salerne, Ev., 26 et 28 oct.
Gaudrand (le Vén.), le même que Godran, 6 août.
Gaulas (le Vén.), Ev. de Brescia, 3 déc.
Gaulière, Martyr, 31 mai.
Gault, Ev. de Marseille (le Vén.), 23 mai.
Gaultier. Voyez Gauthier.
Gausbert de Cahors, 10 déc.
Gausbert de Monsalvy, Solit., 27 mai.
Gausont, Martyr, av. d'aut., à Talgue, en Espagne.
Gauthier Abbé de l'Esterpe, 11 mai.
Gauthier de Lodi, 22 juil.
Gauthier de Pontoise, 8 avril et 5 mai.

Gauthier de Quincy (le Vén.), Ev., 15 oct.
Gauthier de Saint-Vandrille (le Vén.).
Gauthier de Serviliano, Abbé, 4 juin.
Gauthier (le Vén.), Solitaire à Saint-Hermagou, au diocèse de Vicence, mort en 1060.
Gauthier, Solitaire, 30 mai.
Gauze, hon. en Quercy.
Gauzeins ou Gauzens, le même que Gaudens, 30 sept.
Gauzelin, Evêque de Toul, 7 sept.
Gavin, M., mentionné av. St. Propt.
Gayran, le même que St. Cayran.
Geaumer, Sous-Diacre.
Gébard, 1er du nom, Evêque de Constance (le Vén.), 27 août.
Gébard de Salzbourg (le Vén.), 16 juin.
Gebern, M. à Kivremont, 30 mai.
Gebertrude, morte vers 720, hon. de temps immémorial à Remiremont, sans qu'on y sache le jour de sa mort.
Gebhard, IIe du nom, comte de Bregentz, Ev. de Constance, mort en 996.
Gebhard, IIIe du nom, duc de Zœringhen, Evêq. de Constance, mort en 1110.
Gebizon, Moine du Mont-Cassin, 21 oct.
Gédéon, Arch. de Besançon, en 793.
Gédéon, Gouverneur des Israélites, 1er sept. et 12 déc.
Gedouin de Dol, 27 et 30 janv.
Gedroce (le Vén.), le même que Godroy, ci-après.
Gégar, duc de Syrie, 9 août.
Gein, 16 mai.
Gelais ou St. Gelase, Evêque de Poitiers, 26 août.
Gelase (le Vén.), Abbé, soutint le concile de Chalcédoine contre Théodose.
Gelase de Crète, Martyr, 23 déc.
Gelase de Fossombrone, M., 4 fév.
Gelase de Plaisance, le même que Giorz, 4 fév.
Gelase, Pape, 8 sept. et 21 nov.
Gelasin, Martyr, 27 fév.
Gelesvinte, Reine de France.
Gelin, patron d'une église au diocèse de Tours.
Gelvas, 8 avril.
Gelven, patron d'un village de son nom en Bretagne.
Gely, patron d'un village de son nom en Languedoc.
Gemac, patron d'une église au diocèse de Sarlat.
Gemble, 4 fév.
Gemel, 10 déc.
Gemelle, Martyr, 15 fév.
Gemellien, Martyr avec Gemelle, 15 fév.
Gemine, Moine, 9 oct.
Geminien de Modène, 31 janv.
Geminien de Rome, Martyr, 16 sept.
Geminus d'Afrique, Martyr, 4 juin.
Geminus de Fossombrone, M., 4 fév.
Gemme d'Afrique, Martyr, 20 avril.
Gemme d'Aquitaine, que l'on croit Veuve et Martyre.
Gemme de Sulmone, Veuve recluse, 24 avril et 13 mai.
Genard, patron d'un village de son nom en Poitou.
Gence, Martyr en Espagne, 29 mai.
Gence, patron d'un village de son nom en Limousin.
Gendreux, le même que Generoux, 10 juil.
Gendulf, Evêque, 13 nov.
Gène, hon. à Moissac, 3 mai.
Génébaud, Evêque, 5 sept.
Généfort, le même que Cucufat, 15 fév. et 25 juil.
Général, Martyr, 14 sept.
Généreuse, Martyre, 17 juil.
Généreux de Syrie, Martyr, 15 fév.
Généreux de Tivoli, 17 juil.
Généroux, Ab. de St. Join, 19 juil.
Genès, Archev. de Lyon, mort dans le VIIe siècle.
Genès, Comte d'Auvergne, 5 juin.

Genès d'Arles, le même que Geniez, 25 août.
Genès de Chelles, Ev. de Lyon, 1er nov.
Genès, Ev. de Clermont, 3 juin.
Genès de Rome, le même que Genès le Comédien.
Genès le Comédien, 25 et 26 août.
Genès le Greffier, le même que Geniez, 25 août.
Genès le Néophyte, 28 oct.
Genèse, 11 oct.
Genésie ou Genèse 8 juin.
Genest de Beaulieu, 30 avril.
Genest de Fontenelle, 3 nov.
Genethle, Evêque, 7 mai.
Génevé, Evêque, 29 juil.
Geneviève des Ardents, 26 nov.
Geneviève, patronne de Paris, 3 janv.
Genf, ou Gengol, ou Gengou, ou Gengoul he, ou Gengoult, ou Gengoulx. Il y a en France sous son invocation des villages sous divers noms, 11 mai.
Genialis, premier Ev. de Cavaillon.
Genie, ou Eugène, ou Hygin, Martyr et Confesseur.
Geniez, M. à Arles, 25 août et 16 déc.
Genis, le même que le précédent.
Genitou, M. avec trois autres, 25 oct.
Genitour, 30 oct.
Gennade d'Astorga, 25 mai.
Gennade, Abbé de Fontenelle, 6 avril.
Gennade d'Uzales, Martyr, 16 mai.
Gennard, Abbé de St.-Gilles, en Languedoc.
Gennare, le même que Janvier de Naples.
Genoin, Evêque, 5 sept.
Genois, patron d'un village de son nom, près de Courtray.
Genot, le même que Zénobe de Rome.
Genou, Ev. de Cahors, 8 fév.
Genou ou Genoux, Evêque, 17 janv.
Genou ou Genulphe, Abbé de Strade.
Gens, le même que Gein, 16 mai.
Gentien, Martyr, 8 mai et 11 déc.
Gentil (le Bienh.) Martyr, 5 sept.
Geoffroy de Nho, restaurateur du monastère de Chalar.
Geofroy, Ev. du Mans, 3 août.
Geoire ou St. Joire, patron d'un village de son nom en Dauphiné.
Saints Geomes. On désigne par ce nom les SS. Jumeaux, Speusippe, Eleusippe et Mélasippe, honorés en l'église cathédrale de Langres, et patrons du village connu sous le nom de Saint-Geomes, ou Saints-Geomes, près de cette dernière ville.
Georges, Archev. de Diboli, martyrisé par les Bulgares, vers 820.
Georges d'Amastris, 21 fév.
Georges de Bethléem, M., 27 juil. et 20 oct.
Georges de Conques (le Vén.), Ev., 9 nov.
Georges de Crémone, 16 août.
Georges de Lycie, Martyr, 23 avril.
Georges de Mételin, Martyr, 7 avril.
Georges de Nicomédie, 30 déc.
Georges de Pisidie, 9 avril.
Georges de Vienne, 2 nov.
Georges du Puy, 10 nov.
Georges, Ev. de Lodève.
Georges le Cozébite, 8 janv.
Georges le Juste (le Vén.), 3 août.
Georges le Limniote, M., 24 août.
Georges le Néophane, c'est-à-dire le Moderne, dont on honorait le tombeau à Constantinople.
Georges Nicolase, Voyez Nicolase.
Georgie, Vierge, 15 fév.
Geours, patron de deux villages de son nom près de Dax.
Geprat, patron d'une église au diocèse de Périgueux.
Gérac, patron d'un village de son nom en Périgord.
Gérald, Ev. de Beziers, mort en 1123.
Gérald, Ev. de Mayo, 13 mars.
Gérame (le Bienh.), Moine de l'ordre de Saint-Basile en Calabre

Géran d'Egypte, Solitaire,	24 juin.
Géran de Soissons, Evêque,	28 juil.
Gérand de Lédal, hon. en Agenais.	
Gérard, Abbé de Saint-Bertin, succéda à Arnoul, en 944.	
Gérard, Abbé de Saint-Guillain, mort	en 959.
Gérard d'Angers,	4 nov.
Gérard de Brogne,	3 et 22 oct.
Gérard de Chonad, Martyr,	23 fév. et 24 sept.
Gérard de Fosseneuve (le Bienh.), Abbé de Clairvaux, M.,	13 juin et 16 oct.
Gérard de la Seauve, Abbé,	5 avril.
Gérard de Lucanie, Evêque,	30 oct.
Gérard de Sinigaille, le même que Ghirard ci-après.	
Gérard de Toul, le même aussi que Ghirard.	
Gérard de Valence,	30 déc.
Gérard (le Bienh.), Evêque de Constance,	27 août.
Gérard, Ev. de Vélétri,	7 déc.
Gérard (le Vén.), Instituteur de l'ordre de Saint-Jean de Jérusalem, mort	en 1120.
Gérard le Teinturier,	6 juin.
Gérard-Mécaty (le Vén.),	8 juin.
Gérardesque (la Bienh.), Veuve du tiers ordre des Camaldules, morte	vers 1240.
Gérasime de Calabre,	24 juin.
Gérasime de Palestine,	5 mars.
Gérasme, Reine, honorée par les religieuses des Machabées de Cologne.	
Gérard (le Bienh.), Abbé de Clairvaux, le même que Gérard de Fosseneuve,	16 oct.
Géraud, premier abbé de la Sauve, diocèse de Bordeaux, mort	en 1095.
Géraud d'Aurillac,	13 oct.
Géraud de Quercy, Arch	5 déc.
Géraud de Sales (le Bienh.), fondateur de l'Abbaye de Dalon au diocèse de Limoges.	
Géraud, ou Giraud, ou Gérard, ordonné Ev. de Mâcon,	en 836.
Gerbaud, Ev. de Bayeux,	7 déc.
Gerbaud, Ev. de Châlons-sur-Saône,	12 juin.
Gerbert, Abbé,	4 sept.
Gerbrand (le Vén.), Abbé,	13 oct.
Gerburge, Veuve, Abbesse,	24 juil.
Gere de Lunel,	25 mai.
Gere le Camaldule,	5 août.
Géréon, Martyr,	10 oct.
Géret, hon. à Auribert, dioc. de Dax.	
Geretran, Ev. de Bayeux,	
Gerétrude, Veuve,	6 déc.
Gerfride, Ev. de Munster, mort	en 839.
Gerfroy, maître de St. Fivetien dans la vie spirituelle.	
Géri, Laïque (le Bienh.),	25 mai.
Gérion, patron d'un village de son nom près de Jemmapes.	
Gerkin (le Vén.),	25 juil.
Gerlac, Ermite.	
Gerlac, Soldat,	5 janv.
Gerland, Evêque,	25 fév.
Germain d'Alexandrie, M.,	2 mai.
Germain d'Auxerre,	26 et 31 juil.
Germain de Besançon,	11 oct.
Germain de Capoue,	30 oct.
Germain de Cappadoce, M.,	3 nov.
Germain de Constantinople,	12 mai.
Germain de Cosimtre, Hégumène en Thrace.	
Germain de Duras, M.,	7 juil.
Germain de Granfels, le même que St. Germain ci-après.	
Germain de Palestine, M.,	13 nov.
Germain de Paris,	28 mai.
Germain de Péradame,	6 sept.
Germain de Pésaro, M.,	28 oct.
Germain de Senarpont, Ev.,	2 mai.
Germain de Taloire, Prieur du monastère de ce nom, au diocèse de Genève, mort	vers 1050.
Germain de Tarse, Martyr,	5 juil.

Germain de Tivoli,	27 juin.
Germain d'Hibernie, le même que Jarmans,	3 juil.
Germain d'Ossone, M.,	23 oct.
Germain, Martyr d'Amiens.	
Germaine d'Afrique, Mre,	19 janv.
Germaine de Bar, Mre,	1er oct.
German, Martyr,	21 fév.
Germanique, M.,	19 janv. et 19 mars.
Germer, Abbé de Flay,	24 sept
Germi, patron d'un village de son nom en Gascogne.	
Germier, Ev. de Toulouse,	16 mai.
Germier, patron d'une église au diocèse de Castres.	
Gérold de Crémone,	7 oct.
Gérold de Frisee, le même que Gérolt ci-après.	
Gérold de Souabe,	2 sept.
Gérolt, Solitaire,	10 avril.
Géron, Arch. de Cologne,	28 juin.
Géronce d'Afrique, Martyr,	19 janv.
Géronce de Cailli, Evêque,	9 mai.
Géronce de Milan,	5 mai.
Géronce de Talco, Evêque,	25 août.
Géronce, patron d'un village de son nom en Auvergne.	
Géronte, Martyr,	9 déc.
Gérou, Martyr,	21 sept.
Gerrold ou Giroal, Abbé,	14 juin.
Gertran (le Vén.), Evêque de Bayeux, nommé saint aux Missionnaires.	
Gertrude, Abbesse,	15 et 17 nov.
Gertrude de Carlebourg, dotatrice du monastère de Neustad, en Franconie.	
Gertrude de l'Ost,	6 janv.
Gertrude de Marsfeld (la Bienh.),	12 nov.
Gertrude de Nivelle, Veuve,	17 mars.
Gertrude de Prémontré (la Vén.),	13 août.
Gertrude de Valduley, honorée comme Martyre, le lendemain de l'Ascension, à Valduley en Argonne.	
Gertruy, la même que Gertrude de Nivelle.	
Gervais, Arch. de Besançon,	en 680.
Gervais, Martyr à Milan,	19 juin.
Gervaise,	6 juillet.
Gervase, honoré à Pavie,	15 mai.
Gervaud, hon. autrefois à Clermont	
Gervin, Abbé d'Aldembourg.	
Gervin, Abbé de St.-Riquier	3 mars.
Gervolt, Abbé de St.-Vandrille, mort en 787.	
Géry, Evêque de Cahors,	15 nov.
Géry, honoré à Carignan,	
Géry, Evêque de Cambrai,	11 août.
Géry, patron de plusieurs villages de son nom, en France.	
Geyrat, patron d'un village de son nom, en Périgord.	
Gézelin, Solitaire,	6 août.
Gézelin (le Bienh.). Voyez Srocelin.	
Ghani, le même qu'Agape et que Charité,	1er août,
Chèvre, Prêtre,	6 juillet.
Ghillin, honoré près de Bruges.	
Ghin, dont il y a une église paroissiale au diocèse de Tournay.	
Girard,	6 nov.
Ghislain. Voyez St. Guislain.	
Gibitrude, Veuve,	26 oct.
Gibrien, Ermite.	
Gibrien ou Gibrion, Prêtre,	8 mai,
Giers, le m. q. St. Georges,	23 avril.
Gighel, Roi,	16 déc.
Gilbert, Abbé de Saint-Jean-Baptiste de Valenciennes, mort	en 1182.
Gilbert d'Ecosse, Evêque,	1er avril.
Gilbert de Meaux,	13 fév.
Gilbert de Neuffons,	6 juin et 3 oct.
Gilbert de Sempringam,	4 fév.
Gilbert, fondateur du monastère de Neuf Fontaines, mort	en 1152.
Gilbert Nicolaï (le Vén.)	27 août
Gildard, Prêtre,	

Gildas, Abbé de Ruis, 29 janv. et 27 sept.
Gildau, l'Albanien, 29 janv.
Gilduin ou Gédouin, Chanoine de Dol en Bretagne.
Gilgen, dont il y a une église abbatiale à Nuremberg, et une autre près de Ratisbonne.
Gilide, patron d'une église au diocèse de Cahors.
Gilin, patron de l'église de Saint-Gilin-de-Ras, à trois lieues de Grenoble.
Gilisaire (le Vén.), Aumônier de Saint-Rupert, mort vers 769.
Gilles, Abbé, 1er sept.
Gilles d'Assise (le Vén.), Religieux, 22 avril.
Gille de Tyr (le Bienh.), 23 avril.
Gilles de Vaozole (le Vén.), 14 mai.
Gilmer, 16 sept.
Gimburgie, patronne d'une église au diocèse de Lyon.
Gimier, le même que Guimer ci-après.
Ginac, honoré au diocèse d'Autun.
Ginglie te, patronne d'un village en Italie.
Gingurien, 27 sept.
Giorz, 4 fév.
Gioste, Martyr, 25 août.
Girard, Evêque de Vélétri, 7 déc.
Girard, Moine de Saint-Aubin.
Giraud, Evêque de Mâcon, 29 mai.
Girie ou Givice, patron d'un village de son nom en Rouergue.
Giron, le même que Géréon, honoré au diocèse de Nantes.
Girons, le même que le suivant, 6 mai.
Giroux, 6 mai.
Gisèle (la Vén.), Veuve, 7 mai.
Gisse, 6 août.
Gittée, Martyre, 1er mars.
Giuliani (la Bienh.), Vierge, 9 juillet.
Givay, patron d'une église près de Mirabel, au diocèse de Cahors.
Gladie, patron d'un village de son nom, près d'Orthez.
Clairac ou Gleyras, patron d'un village de son nom, près de Bergerac.
Glauz, Martyr, honoré à Meynau, diocèse de Besançon, le même que Glauz.
Glaphire, Vierge, 13 janv.
Glastien, Evêque, 28 janv.
Glauz, M., dont le corps a été conservé à Meynau, diocèse de Besançon.
Gleb, 5 sept.
Glen, patron d'un village de son nom près de Moncontour.
Gloriose, Mre avec autres, 26 juillet.
Gloriose, Prêtre, 5 fév.
Glossine, Veuve, Abbesse, 25 juillet.
Glycère de Milan, 20 sept.
Glycère de Nicomédie, 21 déc.
Glycère, Martyre, 13 mai.
Glycerie, Martyr avec autres, 22 oct.
Gnoffe, Solitaire, 16 avril.
Gó, patron d'un village de son nom au diocèse d'Auch.
Goar, le même que Guèvre, 6 juillet.
Goau, Evêque, 6 juin.
Goazec, patron d'un village de son nom en Bretagne.
Gobain, Prêtre, Martyr, 20 juin.
Gobalt (le Vén.), Evêque de Ratisbonne, mort vers 769.
Gobert d'Aspremont, 20 août.
Gobert, 25 nov.
Gobnate, Veuve, Abbesse, 10 fév.
Gobrien, Evêque de Vannes, 3 et 16 nov.
Gocle, 8 oct.
Godard d'Adule, 25 fév.
Godard de Rouen, 8 juin.
Godard d'Hildesheim, 4 mai.
Godebert, Evêque d'Angers, mort vers 767. Il est honoré à Saint-Sierge, le 6 mars.
Godeberte, Veuve, 11 avril.
Godeberte, Vierge, 11 avril.
Godefroy d'Amiens, 8 oct. et 8 nov.
Godefroy de Cappen-Berg, 13 janv.
Godefroy de Dunes, Martyr, 9 juillet.
Godefroy de Mervelles, Martyr, 9 juil et.
Godefroy de Westphalie (le Bienh.).
Godegranc de Metz (le Vén.), 6 mars.
Godegranc de Séez, 3 sept.
Godeliève ou Godolève, Martyre, 13 avril et 6 juillet.
Godescalc, le même que Gotheşcalc.
Godin, 1er sept.
Godine, 1er oct.
Godeleine, la même que Ste Godeliève, 5 et 6 juill.
Godon de Metz, le m. q. Gon, 8 mai.
Godon, Moine de Volvic.
Godon ou Gaon, Abbé d'Augie.
Godouin, Abbé de Stavelo, diocèse de Liége.
Godrand, Evêque de Saintes, 6 août.
Godremond, Evêque, 1er fév.
Godrick, le même que Gorry 21 mai.
Godroy (la Bienh.), 4 mai.
Goële, la même que Gudule, 8 janv.
Goéry, Evêque de Metz, en 654.
Goguet, honoré à Isaut, diocèse de Comminges.
Gohard, Evêque de Nantes, 24 juin.
Goiles, patron d'une église au diocèse d'Agen.
Golinduch, M. avec d'autres 3 juillet.
Golinduch, Persane, 11 juillet.
Gomard ou Gommer, 11 oct.
Gombaud, Abbé, 19 déc.
Gombert de Sénone, E., 1er mars.
Gombert d'Oldenzel, 29 avril.
Gombert ou Hunbert, ou Hunibert, Ev. de Wurtsbourg, 11 mars.
Gomez, Pr. M., 13 janv.
Gon. Voyez St. Gand, 26 mai.
Gon, Ev. de Metz, 8 mai.
Gonçales Garcias, M., 5 fév.
Gonçales Oroso, Ev. de Corimbre, en Portugal.
Gond, patron d'un village de son nom, près de Zézaune.
Gondanile, natif du Maine, dont on honore les reliques à Paderborn.
Gondebert, le m. que Gombert de Sénone.
Gondecher, M. avec St. Boniface, 5 juin.
Gondelbert, Martyr.
Gondelé, 29 mars.
Gondène, Veuve, Martyre, 18 juil.
Gondolf, Ev. de Metz, 6 sept.
Gondon de Berri, 17 juin.
Gondon de Maëstricht, 26 juil.
Gondouin, 30 oct.
Gondron, patron d'un village de son nom en Bretagne.
Gondulf, M. avec aut., 16 juin.
Gondulphe, Ev. de Maëstricht, mort en 617.
Gonlay, patron d'un village de son nom en Bretagne.
Gonnery, Pr., 4 avril.
Gonsalou, Solit., 5 nov.
Gonsalve, le m. que Gonzales ci-après, 1er nov.
Gontard, Religieux, 26 nov.
Gonthier (le Vén.), 13 sept.
Gonthier, Solitaire, 9 oct.
Gonthiern, le m. que Gotthiern, 29 juin.
Gonthilde, Abbé, 8 déc.
Gonthilde (le Vén.), 21 fév.
Gontran, Roi, 28 mars.
Gonzales, de l'ordre de Saint-Dominique, 10 janv.
Gonzales, Ev. de Modonédo, 1er nov.
Gor, patron d'un village de son nom, près de Roquefort dans les Landes.
Gorde, Martyr, 3 janv.
Gordien de Nyon, M., 17 sept.
Gordien de Rome, 10 mai.
Gorge, Martyr, 5 juin.
Gorgon de Bithynie, 11 mars et 9 sept.
Gorgon de Gorze, M. en Italie.
Gorgon de Marmoutier, M. à Rome.

Gorgon de Sébaste, M., 9 mars.
Gorgone, M. av. aut., 2 sept.
Gorgonie, 9 déc.
Gorman, 8 août.
Gorry, Solitaire, 21 mai.
Gortunien, M., 2 avril.
Gosbert, Ev. d'Offenbourg en Souabe.
Goslin (le Bienh.), Moine de Saint-Soluteur de Turin, mort en 1061.
Gosvin, Abbé, 9 oct.
Gotalme, 26 juil.
Gothard, comte de Scheyren, Evêque d'Hildesheim, mort en 1038.
Gothard, le m. que Godard d'Adule, 25 fév.
Gothard, IXᵉ Ev. de Mayence.
Gothescale, prince de Mékelbourg.
Gotthiern, Abbé, 29 juin.
Gottliebs, Abbé, 7 juin.
Goudène. V., Mʳᵉ, 18 juil.
Goudon, Ev. de Maëstricht, 26 juil.
Gouens, patron d'un village de son nom en Bretagne.
Gouffier (Vén.), le m. q. Vilfère, 11 déc.
Gouffin, Moine, 12 juil.
Goulafre (le Vén), Curé de Bernay, 24 juin.
Goulay, patron d'une église au dioc. de Saint-Malo.
Goule, la m. que Ste Gudule, 8 janv.
Gourçon, patron d'un village de son nom, près de Ruffec.
Gourdaine, Solit., 16 oct.
Gourdain, Martyr, 28 juin.
Gourdinel, le m. que St. Gourdaine, 16 oct.
Gourgon, patron de deux villages de son nom, en Berri et en Normandie.
Gourgue, hon. en Condomois.
Gourt, dont il y a une relique à St.-Victor de Paris.
Goussaut, le m. que Consalou, patron d'un village de son nom, en Limousin.
Goustans, hon. en Poitou, 27 nov.
Gouvry, patron d'un village de son nom, en Bretagne.
Gozien, hon. en Basse-Bretagne.
Gozy, dont il y a une église au dioc. de Cahors.
Grace, le même qu'Encratide.
Gracilien, Martyr à Falère, 12 août.
Graël, dont la vie était représentée dans une tapisserie de Charles le Sage, comme le marque M. l'Abbé de Choisy.
Gramace, Evêque de Salerne, 11 oct.
Gramas, Evêque de Metz, 25 avril.
Grane, Martyr avec St. Apollone d'Alexandrie, 10 avril.
Graoul (le Bienh.), Abbé, 6 mars.
Grapasy, le même que St. Caprais, 20 oct.
Graphe, Martyr, 22 juin.
Gras, Evêque, 7 sept.
Grat, Confesseur, 14 mai.
Grat d'Aoust, le m. q. Gras, 7 sept.
Grat de Carthage, 5 mai.
Grat de Châlons, 8 oct.
Grat, Martyr à Cadonac, 16 oct.
Grat, Martyr avec d'autres, 5 sept.
Grate, Veuve, 1ᵉʳ mai et 25 août.
Gratien, Martyr, 23 oct.
Gratien, Ev. de Toulon, M. en 472.
Gratinien, Soldat, Mart., 1ᵉʳ juin.
Gratus de Lacédémone, Ev. d'Aost.
Grauls, 11 oct.
Gravé, patron d'un village de son nom, en Bretagne.
Grebold, le même que Gerbaud.
Grecinienne, 16 juin.
Grée, hon. au diocèse d'Amiens.
Grégoire Coustereau (Vén.), 20 sept.
Grégoire d'Acride, 5 janv.
Grégoire d'Afrique, Martyr, 5 mai.
Grégoire d'Antioche (Vén), mort en 593, nommé saint par André de Crète.
Grégoire d'Arménie, 30 sept.
Grégoire d'Auxerre, 19 déc.
Grégoire de Cardaillac (Vén.), Abbé de Notre-Dame d'Obazine, au dioc. de Tulles.
Grégoire de Fragalate, honoré comme Evêque et Martyr.
Gregoire de Gergenti, 23 nov.
Grégoire de Langres, 4 janv
Grégoire d'Elvire, 24 avril.
Grégoire de Nazianze le fils, 25, 30 janvier et 9 mai.
Grégoire de Nazianze le père, 1ᵉʳ janv.
Grégoire de Nysse, 10 janv., 9 mars, 14 oct. et 22 nov.
Grégoire de Rohe, Martyr, 27 fév.
Grégoire de Spolète, M., 23 et 24 déc.
Grégoire de Tours, 17 nov.
Grégoire de Veroucq (Vén.), 4 mai.
Grégoire d'Ostie (honoré au diocèse de Pampelune.
Grégoire d'Utrecht, 25 août.
Grégoire le Bétique, le même que St. Grégoire d'Elvire.
Grégoire le Décapolite, 20 nov.
Grégoire le Grand, Pape, 12 mars et 3 sept.
Grégoire II (Vén.), Pape, 17 janv., 11, 12 et 13 fév.
Grégoire III (Vén.), 10 et 28 nov.
Grégoire V (le Bienh.), 18 fév.
Grégoire VII, 25 mai.
Grégoire X, Pape, 16 janv.
Grégoire le Rhinotmète, le même que Grégoire de Gergenti.
Grégoire l'Illuminateur, le même que Grégoire d'Arménie.
Grégoire Lopez (le Bienh.), Solitaire 20 juillet.
Grégoire le Thaumaturge, Ev., 17 nov.
Grégoire-Louis-Barbadigo (Bienh.), 15 juin.
Grégorie, Vierge, 23 janv.
Greffe, patron d'un village de son nom, près de Tartas.
Grémont.
Grésinde, la même, a ce que l'on croit, que Ste Glossine, 25 juill.
Griede, patron d'un village de son nom en Gascogne.
Grimbaud, Moine, 8 juillet.
Grinkétule, Martyr, 25 sept.
Grimoald de Pontecorvo, 29 sept.
Grimoald de Zauchie, M., 16 juillet.
Grodemond, Evêque, 1ᵉʳ fév.
Grong, patron d'un village en Angoumois.
Grons, le même que le précédent.
Grotald de Vorms.
Guaifier (le Bienh.), Moine de Mont-Cassin, mort vers 1089.
Guavin, Ev. de Sion, Mart. en 901.
Gube, l'un des neuf coopérateurs de St. Frumence dans la prédication de l'Evangile en Ethiopie, mort vers 368.
Gude, Abbesse de Faverney.
Gudélie, Martyre, 29 sept.
Gudilanes, 8 sept.
Gudule, Vierge, 8 janv.
Gudwal, IIᵉ Ev. de Saint-Malo, 6 juin.
Guedien, invoqué aux anciennes Litanies anglicanes, publiées par dom Mabillon, et dont les reliques sont à Quimperlé, en Basse-Bretagne.
Guen, que les Bretons honorent comme mère de St. Guingalois.
Guenard, 11 oct.
Guenaud ou Guénaut, Abbé, 3 nov.
Guenégan, le même que Conocain, 15 oct.
Guenizon, Moine, 26 mai.
Guenoch, Evêque, 13 avril.
Guenole, ou Guenuce, ou St. Evenuce, Evêque de Quimper.
Guéou, Evêque de Cambrai avant St. Géry
Guerdin, Abbé, 27 oct.

Guerce, disc. de Tugal, 17 fév.
Guerembaut, 10 nov.
Guerfroy, Chanoinesse, 14 août.
Guerin (Vén.), Abbé d'Igny, 19 août.
Guerin d'Autecombe, Ev. de Sion, 6 janv.
Guerin de Corvey, 26 sept.
Guerin Foscarier, Cardinal. Ev., 6 fév.
Guerin le Comte (Vén.), 25 août et 2 oct.
Guerle, Abbé au dioc. de Pampelune.
Guerry, dont une église de la Cornouaille en Angleterre porte le nom.
Guétenoc, hon. en Basse-Bretagne.
Guévroc ou Kyrec, Abbé en Bretagne, honoré en Irlande.
G i (le Bienh.), Ev. d'Auxerre, 6 janv.
Guibert, Ier Abbé de Gemblours, 23 mai.
Guiborat, Reclus, 2 mai.
Guibrande, Veuve, 3 juill.
Guidon ou Viton, Ev. d'Aqui, 2 juin et 4 juil.
Guidon d'Andreleo, 12 mai et 12 sept.
Guiémat, le m. que Quiémat.
Guignaf, invoqué aux anciennes Litanies anglicanes.
Guigon, hon. en Basse-Bretagne.
Guil, honoré à Madrid.
Guilein, honoré en Hainaut, 9 oct.
Guilhem, c'est le même que St. Guillaume, duc d'Aquitaine, patron d'une ville de son nom en Languedoc.
Guillaume de Bourges, 10 janv.
Guillaume de Cardaillac (Vén.), 15 fév.
Guillaume de Danemark, 6 avril.
Guillaume de Dijon (Vén.), 1er janv.
Guillaume de Gonde (le Bienh.), M., 4 sept.
Guillaume de Laon, 10 sept.
Guillaume de l'Olive (Vén.), Prêtre et Solitaire, mort en 1241.
Guillaume de Malval, Solit., 10 fév.
Guillaume de Mont-Vierge, 25 juin.
Guillaume de Narouse, 18 mai.
Guillaume de Norwick, Martyr, 24 mars.
Guillaume de Polizzo, le même que Gnoffe, 16 avril.
Guillaume de Pontoise, 10 mai.
Guillaume de Roschild, Evêque, 16 janv. et 2 sept.
Guillaume de Toulouse (le Bienh.).
Guillaume d'Hirsauge (Vén.), 4 juil.
Guillaume d'Orange, Solit. au Val-St.-Jame du dioc. de Como, mort dans le XIe siècle.
Guillaume d'York, 18 déc.
Guillaume Firmé.
Guillaume le Martyr (le Bienh.), de l'ordre de la Merci, massacré par les Maures.
Guillaume l'Enfant (Bienh.), M., 21 avril.
Guillaume ou Guilhelm, premier duc d'Aquitaine, 10 fév. et 28 mai.
Guillaume Pichon, Ev., 29 juill.
Guillaume Tempier (Vén.), 29 mars.
Guillebaut, 7 juill.
Guillec, 7 mars.
Guillemache (le Bienh.), le m. que le B. Petron.
Guillemar, honoré à Corbeil, au dioc. de Paris.
Guillemette Faussard (Vén.), Recluse, 20 déc.
Guillou, Ev. d'Iria, en Gallice.
Guimaraz, Ev. d'Orenza, en Gallice.
Guimer, Evêque, 13 fév.
Guimers, Abbé, 10 déc.
Guimon, Ev. de Brême, 21 oct.
Guin, Ev. de Vannes, 19 août.
Guindolf, dont il y a une église à Aussone au dioc. de Reims.
Guinfroie, Vierge, 3 nov.
Guingallois, Abbé, 3 mars.
Guinganton, Abbé au dioc. de Vannes, honoré le 28 nov. à Saint-Maurille d'Angers, avec les autres saints dont cette église possède des reliques.
Guinoux, honoré en Bretagne.
Guinoux, patron d'un village de son nom en Bretagne.

Guinthin, Bavarrois.
Guiomard, patron d'un village de son nom en Bretagne.
Guion de Cassure, 23 nov.
Guion de Citeaux (Vén.), 20 mai.
Guion de Spire, Abbé, 31 mars.
Guion des Vaux (Vén.), 10 août.
Guirad (Vén.), Abbé, 5 oct.
Guiral, patron d'un village de son nom en Languedoc.
Guiraud, Evêque, 5 nov.
Guireuil, patron d'une église, au dioc. de Saint-Malo.
Guiron, Evêque, 8 mai.
Guirons, le m. que St. Giroux, 6 mai.
Guisitan, honoré, à ce que l'on croit, en Sardaigne.
Guislain ou Ghislain, qui fonda en 637 la célèbre Abbaye de la Celle-St.-Pierre-Dugobert, en la ville de *Gislenopolis*, qui depuis a retenu le nom de Saint-Guislain, près Mons.
Guisy, patron de Péronne.
Guivrée, le m. que Ste Guiborat.
Gulmier, *Voyez* St. Galmier.
Gumbert, Arch. de Sens, mort en 778.
Gumery, patron d'une église au dioc. de Clermont.
Gundebert (le Bienh.), Abbé de St. Pierre de Solignac, ordre de Saint-Benoit, au dioc. de Limoges.
Gunifort, M., 22 août.
Guoeznou, le m. que Guoisnou.
Gurgile, Martyr, 28 sept.
Gurie, Martyr, 15 nov.
Gurran, dont il y a une église dans la Cornouaille, en Angleterre.
Gurthiern ou Gunthiern, Abbé, 3 juil.
Gury, Ev. de Metz, 19 sept.
Gutéro, honoré en Espagne.
Guthagon, 3 juill.
Guthlac, frère de Ste Pègue, 11 avril.
Guy d'Auxerre (Ven.), 6 janv.
Guy de Barvich (Vén.), Comte.
Guy de Cortone (le Bienh.), 12 juin.
Guy de Donorato, 20 mai.
Guy de Lucanie, Martyr, 15 juin.
Guy (Vén.), fondateur de l'Abbaye de Vicogne de l'or. de Prémontré, près de Valenciennes. Il vivait en 1147.
Gy, patron d'un village de son nom près de Gex.

H

Habacuc, Prophète, 15 janv.
Haberne (le Vén.), le m. qu'Herbern, 30 octob.
Habet-Deum, Martyr, 13 juill. et 28 nov.
Habide, M. à Samosate, 9 déc.
Habrille (la Bienh.), 30 janv.
Habrille, honorée en quelques endroits d'Allemagne.
Hadelin, Prêtre, 3 fév.
Hadulf, Ev. de Cambrai, 19 mai.
Hadumar (le Vén.), Ev. de Paderborn.
Hagan (le Bienh.).
Hagiodule, Abbé de Saint-Gérasime en Palestine, dont parle Jean Mosch en son Pré spirituel.
Hagion (le Vén.), Abbé et Solitaire au Mont de Nitrie, en Egypte, nommé *saint* par Pallade.
Hahavrat, dont une église du diocèse de Viviers porte le nom.
Haïmanot, *Voyez* Tecla Haïmanot.
Haligaire (le Bienh.), Ev. de Cambrai, 25 juin.
Halloie, Vierge, 2 fév.
Halvard, honoré en Norwége, 14 mai.
Hamon (le Vén.), Moine de Savigny.
Hamond, diacre, Martyr, 5 juin.
Hand, le même qu'Abonde de Lyon.
Hannuyé (le Vén.), Ev. de Lisieux, 12 août.
Haoule, hon. par les Ethiopiens, 28 fév.
Haon ou Aon, ou Haould, patron de plusieurs villages de son nom, en Auvergne et en Forez.
Haram, le m. que St. Jérôme, 30 sept.
Harding, le m. qu'Etienne de Citeaux, 28 mars.

Hardouin de Rimini,	15 août.
Hardouin du Mans,	20 août.
Harduin de Fontenelle,	20 avril.
Hariolf, Evêque de Langres,	13 août.
Harman de Brixen,	23 déc.
Harnul, honoré en Basse-Bretagne.	
Harruc, Ev. de Verden, Martyr	en 830.
Hartman, Ev. de Brixen, mort	en 1165.
Harvich, Ev. de Salzbourg, mort	vers 1009.
Hasèque (la Bienh.), Vierge,	26 janv.
Hatelvulf, Moine et Martyr,	5 juin.
Hatemer (le Bienh.), Ev. de Paderborn.	
Hathebrand (le Bienh.), Ab. de l'ordre de Citeaux,	30 juill.
Haude, honorée comme Vierge et Martyre dans une église de Bretagne.	
Havence, Moine,	7 juin.
Havoie, Duchesse,	15 et 17 oct.
Haymar (le Vén.), Ev. d'Auxerre, au VIIIe siècle.	
Héant, patron d'un village de son nom en Forez.	
Hedde, Evêque d'Angleterre,	7 juill.
Hedvige ou Havoie,	15 et 17 oct.
Hegathraces, M. av. d'autres	26 mars.
Hegemoin, honoré à Autun,	8 janv.
Hegesipe, Martyr à Rome,	7 avril.
Heimerad (le Bienh.), hon. en Saxe,	28 juin.
Heire, honoré à Auxerre,	24 juin.
Helain ou Helan, Prêtre,	7 oct.
Helconide, Martyre,	28 mai.
Heldrad, Abbé de Novalèse,	13 mars.
Hélein (le Vén.), Moine en Égypte.	
Héleine, Solitaire,	4 mai.
Helen ou Hélin, patron d'un village de son nom en Bretagne.	
Hélène d'Auxerre, Vierge,	22 mai.
Hélène de Burgos,	13 juin.
Hélène Duglioli (la Bienh.), Veuve,	23 sept.
Hélène de Scoduc (la Bienh.),	30 juill.
Hélène (la Bienh.),	23 avril.
Hélène de Troyes,	4 mai.
Hélène, Impératrice, 24 fév. et 18 août. Un reliquaire renfermant le corps de cette sainte a été déposé le 18 novembre 1820, en vertu d'un mandement de S. Em. le cardinal de Talleyrand-Périgord, Archev. de Paris, dans l'église de Saint-Leu, en la chapelle de l'Archiconfrérie royale du *Saint-Sépulcre de Jérusalem*. Voyez Olga.	
Héliade, Abbesse à Trèves.	
Hélie de Saint Pantaléon,	12 avril.
Hélie, Evêque de Lyon.	
Hélien, Martyr,	9 mars.
Hélienne, Vierge,	18 et 20 avril.
Hélier,	16 juill.
Héliménas ou Hélimènes, M.,	22 avril.
Hélinvard, Evêque de Minden,	16 déc.
Héliodore d'Afrique,	6 mai.
Héliodore de Byzance,	3 juill.
Héliodore, Martyr avec Dosas,	20 août.
Héliodore de Pamphylie,	19 et 21 nov.
Héliodore de Phrygie,	13 juill.
Héliodore de Pisidie,	28 sept.
Héliodore le Dalmate (le Bienh.), Ev. d'Altino,	3 juill.
Hélion, Martyr à Tarse,	3 juill.
Hélis, la même qu'Elpide,	1er août.
Hellade d'Auxerre,	8 mai.
Hellade de Corinthe,	28 mai.
Hellade de Libye,	8 janv.
Hellade de Tolède (le Bienh.),	18 fév.
Hellade, Martyr en Orient,	24 janv.
Hellade le Martyr,	27 mai.
Hellanique, Ev. en Égypte,	23 déc.
Helles (le Vén.), Solitaire en Égypte.	
Hellouin (le Vén.),	28 août.
Helmetrude (la Bienh.),	31 mai.
Heltru, Vierge,	27 sept.
Helvert, le même qu'Hélier,	16 juill.
Hemme, honorée en Carinthie,	28 juin.
Hendrie, décapité en Suède,	en 1055.
Hénedine, M^{re} en Sardaigne,	14 mai.
Henri de Châteaumarcey,	14 juill.
Henri de Treviso (le Bienh.),	10 juin.
Henri, Emp.,	2 mars, 14 et 15 juill.
Henri, Ermite,	16 janv.
Henri, Abbé de Saint-Bernard,	21 mars.
Henri Suson (le Bienh.),	25 janv.
Henri d'Upsal,	13 déc.
Henrick de Vissembourg,	29 juin.
Héraclas, Ev. d'Alexandrie,	14 juill. et 4 déc.
Héracle d'Athènes,	15 mai.
Héracle de Carthage,	11 mars.
Héracle de Nyon	17 mai.
Héracle de Sens,	8 juin.
Héracle de Tody,	26 mai.
Héraclé le Martyr,	2 mars.
Héraclée, Martyr en Thrace,	29 sept.
Héracléemon, Solitaire,	2 déc.
Héraclidas, M. en Nicomédie,	26 oct.
Héraclide d'Alexandrie, M.,	28 juin.
Héraclide, Ev. de Tamasse,	17 sept.
Héraclie, morte en Égypte,	13 sept.
Héraclien, Evêque de Pesaro,	9 déc.
Héraclim, Archev. de Sens,	9 juill.
Héraclius d'Afrique,	1er sept.
Héraclius d'Athènes, le même que Héracle ci-devant.	
Héraclius de Sébaste	9 mars.
Héraclius le Soldat,	22 oct.
Héraïde, Martyre,	4 mars.
Héral, patron d'une église au diocèse de Léon.	
Hérard,	13 nov.
Herbaud, patron d'une église, en Bretagne.	
Herbert (le Vén.), Ev. de Tours,	30 oct.
Herbert de Conse,	20 août.
Herbert (le Vén.), Solitaire au comté de Namur, mort dans le XIIIe siècle.	
Herbland, hon. à Bagneux près Paris.	
Herblin, patron d'un village de son nom près de Nantes.	
Herblond, Abbé d'Aindre,	25 mars et 25 nov.
Herculan de Brescia,	12 août.
Herculan de Pérouse,	1er mars et 7 nov.
Herculan de Piégao, Observantin	
Herculan de Porto,	5 sept.
Herculan, Soldat, M. à Rome,	25 sept.
Herdelande, Vierge.	
Hérédine (Ste)	11 fév.
Hérem ou Hérent, patron d'un village de son nom en Auvergne.	
Hérène, mort de faim en prison, mentionné dans une lettre à St. Célérin	
Hérenie, M^{re} en Afrique,	8 mars.
Hérenin, dont il y a une église au diocèse de Clermont.	
Héresvide (la Vén.), honorée près Paris,	23 sept.
Herfroy (le Vén.), Ev. d'Auxerre,	23 oct.
Héribalt (le Bienh.), Ev. d'Auxerre,	25 avril
Héribaud, Solitaire.	
Héribert, Archev. de Cologne,	16 mars
Héric, Moine d'Auxerre.	
Hériger, XIe Evêque de Mayence, et Martyr.	
Hérine, honorée près d'Otrante, à Leccé, où il y a une église de son nom.	
Herie,	16 mai.
Herlembaud. *Voyez* Erlembaud	
Herlinde, Abbesse d'Eike,	12 oct.
Herlue ou Herluque (la Vén.), Vierge, morte en 1142, honorée en Souabe, mentionnée par Paul d'Hernried, écrivain de la vie du pape Grégoire VII.	
Herluin, Abbé du Bec.	
Hermagoras, Ev. d'Aquilée,	12 juill.
Herman (le Bienh.), dit Joseph, Prémontré,	3 et 7 avril.
Hermand, patron d'un village de son nom, en Poitou.	
Hermas de Lycie, le même qu'Hermée	4 nov.
Hermas le Disciple,	9 mai.

Hermes, M., avec autres,	18 août.	Hiéronides, M. à Alexandrie,	12 sept.
Hermée, Prêtre,	4 nov.	Hiéroequemon, Moine à Jérusalem.	
Hermel, Martyr,	3 août.	Highald, Abbé,	13 août.
Hermeland, Abbé d'Aindre.		Hilaire d'Aquilée,	16 mars.
Hermenfroy. Voyez Ermenfroy.		Hilaire d'Arles,	5 mai.
Hermengaud (le Bienh.),	1er et 3 nov.	Hilaire de Besançon (le Bienh.),	22 juill.
Hermenigilde de Galice (le Bienh.),	5 nov.	Hilaire de Carcassonne,	3 juin.
Hermenigilde, Prince, M.,	13 avril et 24 mars.	Hilaire de Javoux,	25 sept.
Herment, honoré en Poitou, le même qu'Hermès de Rome.		Hilaire, Ve Ev. de Mayence, M.	
		Hilaire, Ev. de Mende,	25 oct.
Hermès d'Afrique, Martyr,	2 nov.	Hilaire de Poitiers,	13 janv.
Hermès de Bodon, Martyr,	4 janv.	Hilaire de Sirmich,	9 avril.
Hermès de Marseille,	1er mars.	Hilaire de Toulouse,	20 mai
Hermès de Rome,	28 août.	Hilaire de Viterbe,	3 nov.
Hermès, M. à Andrinople	22 oct.	Hilaire, hon. au Mans;	1er juill.
Hermès, l'Exorciste,	31 déc.	Hilaire, Martyr avec St. Florentin.	
Hermias, M. à Comanes,	31 mai,	Hilaire (le Vén.), Sénateur, inhumé à Dijon avec Ste Quiète, sa femme, en un même tombeau, mentionné par St. Grégoire de Tours.	
Hermier, Prieur de Saint-Vandrille.			
Hermine, Martyr à Trévi,	28 janv.		
Hermione, hon. à Ephèse,	4 sept.	Hilare, Pape	21 fév. et 10 sept.
Hermippe, M. à Nicomédie,	27 juill.	Hilarie, mère de St. Afre.	5 et 21 août.
Hermocrates, M. à Nicomédie,	27 juill.	Hilarie, Martyre avec autres,	31 déc.
Hermogènes d'Afrique,	6 déc.	Hilarie de Rome,	3 déc.
Hermogènes d'Alexandrie,	10 déc.	Hilarie d'Ethiopie,	16 janv.
Hermogènes d'Antioche	17 avril.	Hilarien, hon. en Rouergue,	15 juin.
Hermogènes d'Arménie,	19 avril.	Hilarien de Trevi,	28 janv.
Hermogènes de Mysie,	25 août.	Hilarin d'Afrique,	3 janv.
Hermogènes de Sicile,	25 avril et 2 sept.	Hilarin d'Arezzo,	16 juill. et 7 août.
Hermogènes, M. avec autres,	12 déc.	Hilarin, Moine,	25 août.
Hermolas, Prêtre,	27 juill.	Hilarion de Cypre,	21 oct. et 23 déc.
Hermolé, hon. à Chartres, le m. que le précédent.		Hilarion de Pélécètes,	28 mars.
Hermon, Ev. de Jérusalem,	7 mars.	Hilarion le Jeune,	6 juin.
Hermyle, Martyr,	13 janv.	Hilarion le Martyr,	12 juill.
Hernin, Solitaire,	7 mai.	Hilde, Abbesse,	18 nov.
Herodion, Disciple de St. Paul,	28 mars et 8 avril.	Hildebert (le Vén.), Abbé de St.-Vandrille, en Normandie, mort	en 700.
Héroïde, la même qu'Héraïde.			
Héron d'Alexandrie,	13 déc.	Hildebert, Abbé et Martyr,	4 avril.
Héron d'Antioche,	17 oct.	Hildebert de Gand,	1er déc.
Héron le Néophyte,	28 juin.	Hildebert ou Emebert (Vén.),	1er juin.
Hérondine (la Vén.),	25 juill.	Hildebert du Mans,	18 déc.
Héros d'Antioche, le même que Héron,	17 oct.	Hildebert (le Bienh.), Archev. de Tours.	
Héros d'Arles. Ev. au IVe siècle.			
		Hildebrand, M. en Frise,	5 juin.
Héros de Satales,	24 juin.	Hildebrand, Ev., Martyr avec St. Boniface, Archev. de Mayence,	en 755.
Herruc, Ev. de Ferden,	15 juill.		
Hersuinte (la Vén.), Religieuse de Toren, qui depuis a été un chapitre de chanoinesses au pays de Liége, morte vers 1029.		Hildeburge (la Bienh.),	3 juin.
		Hildegaire, Archev. de Cologne, tué	en 753.
		Hildegarde de Mont-St.-Rupert,	17 sept.
Hervag, Abbé,	12 déc.	Hildegarde (la Bienh.), reine de France, l'une des épouses de Charlemagne.	
Hervé de Chalonne,	17 juil.		
Hervé (le Bienh.), Chanoine de Saint-Martin de Tours,	16 avril.	Hildegarde de Stein (la Bienh.), veuve, morte en	1024.
Hervé ou Hervien, hon. en Bretagne,	17 juin.	Hildegonde, de l'Ordre de Prém.,	6 fév.
Hery, patron d'une église au diocèse de Cahors.		Hildegonde, Religieuse,	20 avril.
Hesperius, Ev. de Metz,	en 535.	Hildegrin, Ev. de Châlons,	19 juin.
Hesterpin, Abbé, le même qu'Estrevin.		Hildelite, Abbesse,	24 mars.
Hésyque d'Antioche,	10 mai et 18 nov.	Hildeman, Ev. de Beauvais,	11 déc.
Hésyque d'Antrape, Solitaire en Bithynie, mort vers 789.		Hildemargue, Abbesse,	19 juin.
		Hildevert, Abbé d'Arouaise,	13 janv.
Hésyque de Duras,	7 juill.	Hildevert, Ev. de Meaux,	27 mai.
Hésyque de Garghèze, le même que St. Hisque.		Hilduart, Ev. de Toul,	29 déc.
Hésyque de Grèce,	2 sept.	Hilier ou Hillier,	27 sept.
Hésyque d'Egypte,	26 nov.	Hiler, M. av. St. Prex,	16 oct.
Hésyque de Jérusalem,	28 mars.	Hilles, dont il y a une égl. près de la forêt de Mayenne.	
Hésyque de Mélitine,	7 nov.	Hilloine, hon. en Flandre,	7 janv.
Hésyque de Mysie,	5 juin.	Hiltrude, Vierge, recluse.	
Hésyque de Palestine,	3 oct.	Hillut, Abbé en Angleterre,	6 nov.
Hésyque de Sébaste,	9 mars.	Himer, patron d'un village de son nom en Normandie.	
Hésyque de Tharse,	3 juill.	Himier,	12 nov.
Héviennend, hon. à la Sainte-Chapelle de Paris.		Himitières, patron d'un village de son nom près de Lons-le-Saulnier.	
Hideuil, hon. près de Saint-Malo, dans une église de son nom.			
		Himmelin, Confesseur.	
Hidulf, hon. à Lobes,	23 juin.	Hioram, M. au Japon,	10 juin.
Hidulphe, Arch. de Trèves, et fondateur de l'abbaye de Moyen-Moutiers,		Hipabé, Moine à Jérusalem.	
		Hippaque, M. à Samosate,	9 déc.
Hiérax d'Arménie,	7 nov.	Hippée, M. d'Egypte	10 janv.
Hiérax de Rome,	12 juin.	Hippolyte d'Afrique,	23 fév.
Hiéron, le même qu'Hiérax d'Arménie.		Hippolyte d'Alexandrie,	31 janv.

Hippolyte d'Antioche,	30 janv.
Hippolyte, Martyr, hon. à Plaisance,	30 janv.
Hippolyte de Fossombrone,	2 fév.
Hippolyte, Ev., M. en Italie	29 janv.
Hippolyte d'Ostie,	13 août.
Hippolyte du Belley,	20 nov.
Hippolyte Galentini (le Bienh.),	20 mars.
Hippolyte l'Ascète,	2 et 9 déc.
Hippolyte le Geôlier,	13 août.
Hippolyte le Nonne, M.	22 août.
Hippolyte, M. avec St. Félix,	3 fév.
Hisque, Prédicateur évangéliste, 15 mai et 1er mars.	
Hitbert ou Hildebert, Abbé, mort au IXe siècle., 14 mars.	
Hoarzon, Ev. de Léon,	19 nov.
Hob, dont il y a une église dans le Devonshire, en Angleterre.	
Hoger (le Bienh.), honoré à Corvey,	20 déc.
Hoïlde, la même que Houe,	30 avril.
Holdé, Prophétesse,	10 avril.
Hombaud, Ev. d'Auxerre,	20 oct.
Homberge ou Hombeline (la Vén.), sœur de St. Bernard, Bénédictine,	21 août.
Hombert de Hoëlmahem,	20 nov.
Hombert de Maroiles,	25 mars.
Homobon, honoré à Crémone,	6 juil. et 13 nov.
Hondres, patron d'un village de son nom, en Dauphiné. C'est le même que St. Honoré.	
Honesta (la Vén.), sœur de deux martyrs, honorée en Picardie.	
Honeste, hon. au diocèse de Paris, 16 fév. et 25 sept.	
Honfroy, Ev. de Terouanne,	8 mars.
Honger, Ev. d'Utrecht,	22 déc.
Honnon, Ev. de Sens,	19 déc.
Honoire, hon. en Poitou,	9 janv.
Honorat d'Afrique,	29 déc.
Honorat d'Arles,	16, 20 janv. et 15 mai.
Honorat de Fondi (le Vén.),	16 janv.
Honorat de Lucanie,	28 août.
Honorat (le Vén.), Ev. de Marseille, mort vers 500.	
Honorat de Milan,	8 et 24 fév.
Honorat de Toulouse,	16 et 24 déc.
Honorat de Verceil,	28 oct.
Honorat d'Ostie,	22 déc.
Honorate de Carthage,	11 fév.
Honorate de Pavie, Vierge,	11 janv.
Honoré, Ev. d'Amiens,	16 mai.
Honoré, hon. à Paris,	15 sept.
Honorée, Vierge et Martyre, patronne de Bar-sur-Aube.	
Honorine, Vierge et Martyre, 27 et 28 fév., et 19 juin.	
Honorius d'Alexandrie,	30 déc.
Honorius de Brescia,	24 avril.
Honorius de Cantorbéry,	30 sept.
Honorius de Rome,	19 juin.
Honorius le Martyr,	21 nov.
Honulfe, Evêque de Sens, le même qu'Honnon.	
Hor, l'Abbé, le même qu'Or d'Egypte.	
Hor le Martyr,	6 janv.
Hormisdas de Perse,	8 août.
Hormisdas de Trèves	5 oct.
Hormisdas, Pape,	6 août et 30 avril.
Horprèse, Mart. d'Egypte,	16 janv.
Horrès, Mart. à Nicée,	13 mars.
Hortase, Mart. à Alexandrie,	18 mai.
Hortense, Evêque,	11 janv.
Hortulan, Mart. avec autres,	28 nov.
Hortun (le Bienh.), roi de Navarre, puis Moine à Saint-Sauveur de Leyre.	
Hospice, le même que Sospis,	21 mai.
Houardon, le même qu'Hoarzon,	19 nov.
Houe, Vierge,	30 avril et 22 sept.
Houthou (le Bienh.), Chartreux,	4 mai.
Hoylde, Vierge.	
Hubert ou Huebert de Bretigny, fils du seigneur de Bretigny, honoré au diocèse de Soissons.	
Hubert de Liége,	30 mai, 3 et 5 nov.
Hugolin (le Bienh.), de l'ordre des Ermites de Saint-Augustin,	21 mars.
Hugolin de Cento,	8 et 13 oct.
Hugolin-Magalotti (le Bienh.),	11 déc.
Hugolin de Mantoue,	21 mars.
Hugoline (la Bienh.), Vierge,	8 août.
Hugon, Prêtre,	8 oct.
Hugues (le Bienh.), Religieux,	27 juillet.
Hugues d'Aucy,	20 avril.
Hugues d'Autun, Moine.	
Hugues l'Auxerrois, enfant martyrisé par les Juifs.	
Hugues de Bonnevaux (le Vén.),	1er avril.
Hugues de Cluny,	28 et 29 avril.
Hugues, Abbé de Fontenelle, mort	en 730.
Hugues de Grenoble	1 et 11 avril.
Hugues de Lincoln,	27 août et 17 nov.
Hugues de Mâcon, Evêque d'Auxerre,	10 oct.
Hugues de Montaigu,	10 août.
Hugues de Rouen (le Bienh.), ancien Ev. de Paris et de Bayeux,	9 avril.
Hugues de Jovinien (le Vén.), Religieux de Saint-Laurent en Lions.	
Hugues de Saint-Victor,	5 et 11 juillet.
Hugues de Semur ou Hugues de Montaigu.	
Hugues de Volterre,	8 sept.
Hugues le Pèlerin,	6 juill.
Hulbrit, Sol. en Irlande,	24 avril.
Hulprecht, honoré près de Fribourg, en Brisgau.	
Humat, le même que Numat.	
Humbert de Mirabeau (le Bienh.), Ev. de Valence	
Humbert, Solitaire,	6 sept.
Humbert, Abbé de Maroilles.	
Humilienne, hon. à Florence,	19 mai.
Humilité, Abbesse,	22 mai.
Hunou (le Bienh.), Prêtre, qui inhuma St. Audrie, hon. à Ely en Angleterre, mort	vers 687.
Hunegonde, Vierge,	25 août.
Hunfroi, Ev. de Terouanne, élu Abbé de Saint-Bertin	en 864.
Huras, M. en Ethiopie,	25 oct.
Hurugue ou Huruges, patron d'un village de son nom dans le Mâconnais.	
Huyergnove,	16 juin.
Hyacinthe d'Amastride,	17 juill.
Hyacinthe de Lucanie,	29 oct.
Hyacinthe (Ste) de Mariscott, Vierge.	30 janv.
Hyacinthe de Pologne, le même que Jacinthe.	
Hyacinthe de Porto,	26 juil.
Hyacinthe de Rome,	10 fév.
Hyacinthe des Sabins,	sept.
Hyacinthe le Chambellan,	3 juil.
Hyacinthe le Jumeau,	11 sept.
Hybistion, Abbé en Egypte, loué en la Vie des Pères.	
Hydre, honorée en Egypte,	8 déc.
Hygin, Pape,	11 janvier.
Hymère, Ev. d'Amélie,	17 juin.
Hymnemode, premier Abbé de Saint-Maurice en Valais, hon. près de Salins en Franche-Comté.	
Hypace de Byzance,	3 juin.
Hypace de Chalcedoine,	17 juin.
Hypace de Gangres,	14 nov.
Hypace de Geth,	14 janv.
Hypace de Lydie,	29 août et 20 sept.
Hypace le Tribun,	18 juin.
Hyperique (le Vén), mentionné par Rufin et le père Combefix.	
Hypolistre, hon. à Atripelde,	13 fév.

I

Iasime.	4 fév.
Ibars, honoré près de Pamiers, et patron d'un village qui porte son nom. On croit que c'est le même que St. Cybar,	1er juillet.
Ibistion,	26 août.
Icard, honoré près d'Avignon.	
Icélie (la Vén.), nommée *sainte* par Cyrille de Scythopolis.	

SUPPLÉMENT AU DICTIONNAIRE DES CÉRÉMONIES ET DES RITES SACRÉS.

Idabergue, Veuve, 20 juillet.
Ide d'Argensoles (la Bienh.), 25 mars.
Ide de Gand, Vierge, 20 juin.
Ide de Lorraine, Comtesse, 13 avril.
Ide de Louvain (la Vén.), Religieuse de l'ordre de Citeaux près Malines, morte vers 1300.
Ide de Nivelle (la Bienh.), 16 déc.
Ide de Westphalie, Veuve, 4 sept.
Ideburge ou Idubergue (la Bienh.), la même que Ide, 8 mai.
Idesbaud (le Bienh.), 18 avril.
Ideul ou Ideuc, patron d'un village de son nom en Bretagne.
Idinaël, dont on honore les reliques à Quimperlé en Bretagne.
Idiunet, patron d'une paroisse près de Quimper.
Ie, Martyre, 4 août.
Igest, patron de deux villages de son nom en Rouergue.
Iglur, patron d'une église en Bretagne
Ignace d'Afrique, Martyr 3 fév.
Ignace de Bathyriac, 27 sept.
Ignace de Constantinople, 1er fév. et 25 oct.
Ignace de Loyola, 30 et 31 juillet.
Ignace, XIVe Evêque de Mayence et Martyr.
Ignace le Martyr, Evêque d'Antioche, 1er fév. et 20 déc.
Ignan, patron d'un village de son nom en Languedoc.
Ignat, patron d'un village de son nom en Auvergne.
Ignes, patron d'un village de son nom en Rouergue.
Igneuc, patron d'un village de son nom en Bretagne. On le nomme aussi *Igneurc.*
Ignis, patron d'un village de son nom, près de Vesoul.
Ignoroc, Evêque de Vannes. On croit qu'il est le même que St. *Igneuc.*
Ingy, honoré dans le Mâconnais.
Ijalute, 11 janv.
Ière ou Isère, Ev. de Mende, en 628.
Ildaure (la B enh.), 20 déc.
Ildefonse, Evêque, 23 janv.
Ilher, Evêque régionnaire, honoré à Saint-Donas de Bruges.
Illan, patron d'une église au diocèse de Saint Brieuc.
Illide, patron d'un village de son nom près d'Aurillac.
Illpise, patron d'un village de son nom en Auvergne.
Illuminat de la Marche, 11 mai.
Illuminat de Montalbano, juillet.
Illuminate, Vierge, 29 nov.
Imar. *Voyez Ymar.*
Imbe t ou Imbers, patron de plusieurs villages de son nom en France.
Imelda Lambertini (la Bienh.), Vierge, 16 sept.
Imelde (la Bienh.), Veuve, 12 mai
Imier, patron d'un village de son nom en Alsace.
Immémod. *Voyez Hymnémode.*
Imoges, patron d'un village de son nom près de Reims.
Impère (Sainte), 6 sept.
Inachus. *Voyez Ynigo.*
Inciscole, Martyr, 29 avril.
Indalèce, 15 mai.
Indalèce, Evêque d'Urci, 30 avril.
Indes, Martyr à Nicomédie, 18 déc.
Indract, Martyr, 5 fév.
Infroy, Evêque de Cavaillon, honoré dans l'église métropolitaine de Saint-Trophime d'Arles.
Ingaud, dont les reliques sont à Saint-Sauve de Montreuil.
Ingènes, Martyr, 1er juin et 20 déc.
Ingénu, Martyr, 20 fév.
Ingenuin, Evêque de Brixen, mort en 595.
Inglevert, Abbé, 18 fév.
Injurieux de Clermont en Auvergne, 25 mai.
Injuriose, Abbé de Saint-Ovend, aujourd'hui Saint-Claude

Innocence de Ravenne, la même que la suivante.
Innocence de Rimini, Vierge, 16 sept.
Innocents (la fête des Saints), 28 déc.
Innocent d'Afrique, Martyr, 7 mai.
Innocent d'Athènes, Martyr, 17 juin.
Innocent de Merida, 21 juin.
Innocent de Sirmich, 4 juillet.
Innocent de Ternade, Martyr, 22 sept.
Innocent de Tortone, 17 avril.
Innocent du Mans, 19 juin.
Innocent de Mégalodore, Solitaire au Mont des Olives.
Innocent, Pape, 12 mars, 28 juillet.
Invelte, Vierge, 15 avril.
Invention de la Sainte-Croix, 3 mai.
Ione, Martyre, 14 nov.
Ionille, Martyre, 17 janv.
Iphigénie (la Bienh.), 21 sept.
Iraée, Martyr, 30 oct.
Iraïde, Veuve, Martyre, 22 sept.
Irénarque, Martyr, 27 nov.
Irène de Constantinople, 3 août.
Irène de Cypre, Martyre, 17 et 18 sept.
Irène de Portugal, Veuve, 20 oct.
Irène de Thessalonique, 1er, 3, 5 avril et 5 mai.
Irénée de Libye, 26 mars.
Irénée de Lyon, 28 juin et 25 août.
Irénée de Quiouse, Diacre, 3 juill.
Irénée de Sirmich, 25 mars et 6 avril.
Irénée de Thessalonique, 1er avril et 5 mai.
Irénée et Abonde, Martyrs, 26 août.
Irénée et Antoine, Martyrs, 15 déc.
Irénée et Zotique, Martyrs, 10 fév.
Irénée le Diacre, Martyr, 22 août.
Irénion (le Vén.), 16 déc.
Irlide, patron d'un village de son nom près de Trévoux.
Irmengarde (la Vén.), Veuve, 4 sept.
Irmine, Vierge, 24 déc.
Irmonz, 28 janv.
Irtel, le même que Lulle, *ci-apres.*
Isaac Badasie, 10 sept.
Isaac d'Adiabe, le même, dit-on, qu'Isaac de Perse.
Isaac d'Afrique, Martyr, 27 août.
Isaac d'Asmanuje, 18 nov.
Isaac de Brennove, 12 nov.
Isaac de Bysance, Martyr, 10 déc.
Isaac de Constantinople, 27 mars et 26 mai.
Isaac de Cordoue, Martyr, 3 juin.
Isaac de Cypre, Evêque, Mart., 21 sept.
Isaac de Grèce, Martyr, 21 avril.
Isaac de Pergame, Martyr, 13 avril.
Isaac de Perse, M., 15 mai et 30 nov.
Isaac de Salaël, Sinaïte, tué par les Sarrasins après le 14 janvier.
Isaac de Spolète, 11 avril.
Isaac le Patriarche, fils d'Abraham.
Isaac le Solitaire, 27 mars.
Isabelle (la Bienh.), sœur de St. Louis, 22, 23 fév., 31 août, 12 sept.
Isace, le même qu'Isaac de Grèce.
Isaïe Boner (le Vénér.), Augustin à Casimirie en Pologne, nommé *Bienheu eux* dans les Eloges des saints titulaires du diocèse de Cracovie, imprimés en 1617.
Isaïe d'Egypte, Soldat, M., 16 fév.
Isaïe le Prophète, 6 juill.
Isaïe le Sinaïte, Martyr avec Sabas et trente-six autres.
Isaïe le Solitaire, mentionné par Rufin et par Pallade.
Isarn. *Voyez Ysarn.*
Isarn, Abbé de Saint-Victor de Marseille, en 1040.
Isaure, Diacre à Athènes, 17 juin,
Isfred, Evêque, 3 juill.
Isfrid (le Bienh.), Ev. de Ratzbourg 15 juin.
Isidore d'Alexandrie, 14 déc.

Isidore d'Antioche (le Vén.),	2 janv.
Isidore de Boulogne,	18 sept.
Isidore de Chio, M.,	5 fév., 14 et 15 mai.
Isidore de Cordoue,	17 avril.
Isidore de Nitrie (le Vén.), Ev.,	2 janv.
Isidore de Péluse,	4 fév.
Isidore de Scété, Solitaire,	15 janv.
Isidore de Séville,	4 avril.
Isidore d'Héliopolis, Martyr,	10 juill.
Isidore le Laboureur,	10, 15 mai et 30 nov.
Isidore le Xénodoque, Prêtre de l'Egl. d'Alexandrie, où il avait le soin de l'hôpital des Pèlerins.	
Isidore, Martyr à Sentini,	17 avril.
Isique, IIe du nom, Archev. de Vienne.	
Isinger, Ev. de Verden.	
Isle, patron d'un village de son nom près de Lav l.	
Islef ou Islaw, Évêque régionnaire en Irlande, qui instruisit St. Ogmond des vérités de la foi.	
Isluc ou Islue, patron d'une église dans la Cornouaille en Angleterre.	
Ismaël d'Angleterre, patr. de quelques églises de ce royaume.	
Ismaël de Perse,	17 juin.
Isme et St. Imidon, Moines de Taloire, au diocèse de Genève, morts	vers 1050.
Isméon, ou Ismidon, Ev. de Die,	28 sept.
Ismidas, Archev. d'Embrun, rebâtit, dit-on, l'église de Notre-Dame, en 1007.	
Ismier, le même qu'Isméon, Ev. de Die.	
Isquyrion le Colonel, Martyr,	1er juin, 20 et 22 déc.
Isquyrion l'Évêque,	25 nov.
Israel (le Bienh.), Chanoine,	22 déc.
Ithamare, le même qu'Emar,	10 juin.
Ithérie, Évêque de Nevers,	8 juill.
Ithiers, dont il y a une église dans la Cornouaille en Angleterre.	
Itte, Ivette ou Ivette, Veuve,	18 mai.
Ityère, Moine,	31 juill.
Ivarch. Voyez Yvarch.	
Ives, Confesseur,	27 oct.
Izaire, patron d'un village de son nom, en Rouergue.	
Izans. Voyez Yzans.	

J

Jacinthe,	15 et 16 août.
Jacob de Toul,	23 juin.
Jacob le Patriarche, fils d'Isaac et de Rebecca.	
Jacqueline (la Vén.), sœur d'un comte de la Pouille.	
Jacques, Archev. d'Embrun, vivait	en 460.
Jacques d'Adiabe, Martyr,	22 avril et 10 oct.
Jacques de Cabiron (le Vén.), Martyr,	17 mars.
Jacques de Cyr, disciple de St. Mâcon.	
Jacques de Constantinople, M.,	9 août.
Jacques de la Marche (le Vén.),	28 nov.
Jacques de Lambes, Diacre,	30 avril,
Jacques de Lavine (le Bienh.),	20 sept.
Jacques de Nisibe, 13 janv., 11 et 15 juill. et 31 oct.	
Jacques de Mésopotamie, Ermite,	6 août.
Jacques de Padoue,	1er avril.
Jacques de Saint-Galgan (le Vén.),	30 mai.
Jacques des Blanchons (le Vén.)	15 août.
Jacques de Sessy,	19 nov.
Jacques d'Esclavonie,	20 avril.
Jacques de Soto (le Bienh.), de l'ordre de la Merci, martyrisé avec St. Raymond.	
Jacques de Tarantai-e.	
Jacques d'Ethiopie, M.,	10 août.
Jacques de Vitry, Ev.,	30 avril.
Jacques d'Old (le Vén.), du tiers ordre de Saint-François, mort en 1404, honoré à Lodi.	
Jacques de Voragine, Arch.,	14 juillet.
Jacques d'Ulm (le Bienh.),	12 oct.
Jaques de Strépar (le Bienh.),	1er juin.
Jaques du Carmel,	28 janv.
Jacques Kisaï, Jésuite	5 fév.
Jacques Lacope,	9 juil.
Jacques L'Alleman (le Vén.),	11 oct.
Jacques l'Ascète,	15 sept.
Jacques le Jeune,	24 mars.
Jacques le Majeur,	12 avril et 25 juill.
Jacques le Mineur, Apôtre,	1er mai.
Jaques le Reclus (le Vén.), qui fit ouvrir deux fois sa cellule pour y recevoir Théodoret, son Evêque, mort	vers 400.
Jacques le Syrien, Maronite.	
Jacques le Télotes, Martyr,	1er nov.
Jacques l'Ypère,	26 nov.
Jacques l'Intercis,	27 nov.
Jacques, M. à Samosate,	9 déc.
Jacques Philippe,	25 mai.
Jacques Salomon (le Vén.),	31 mai.
Jacut, le même que Jaygout,	8 fév.
Jacut, patron de plusieurs villages de son nom en Bretagne.	
Jadère, Evêque	10 sept.
Jafroy,	7 sept.
Jagu, le même que Jacut,	8 fév.
Jagunier, honoré au dioc. de Vannes	
Jaime, le même que Dègue,	12 nov.
Jajurien, Sénateur,	25 mai.
Jale ou Jalle, Vierge,	1er fév.
Jaler, patron d'un village de son nom près de Fécamp.	
Jamblique,	27 juil.
Jambres ou saint Janvre, honoré près de Saint-Malo.	
James, le même que Jacques le Majeur.	
Jannic (le Vén.),	15 déc.
Janvier d'Abitine,	11 fév.
Janvier d'Afrique,	. et 15 déc.
Janvier d'Arménie, M.,	11 juil.
Janvier de Cordoue, Martyr,	13 oct. et 5 nov.
Janvier de Corfou, M.,	29 avril.
Janvier de Marseille, M.,	1er mars.
Janvier de Mauritanie, M.,	2 déc.
Janvier de Naples,	21 avril et 19 sept.
Janvier de Nicomédie, M.,	17 mars.
Janvier de Phrygie, M.,	6 nov.
Janvier de Rome, M.,	10 juil.
Janvier de Tivoli,	27 juin et 17 juil.
Janvier de Torres,	25 oct.
Janvier de Vénose, M.,	24 oct.
Janvier d'Héraclée, M.,	7 janv.
Janvier et Maxime, M^{rs},	8 avril.
Janvier et Persée, M^{rs},	21 juin.
Janvier, 1er Ev. de Viviers,	
Janvier l'Africain, M. avec d'autres,	10 juil.
Janvier le Scillitain, M.,	17 juil.
Janvier le Sous-Diacre, M. avec d'autres,	6 août.
Janvier, M. en Afrique avec d'autres,	19 janv.
Janvière, M^{re} à Nicomédie,	27 juil.
Janvière, M^{re} à Porto,	2 mars.
Janvière, Vierge d'Eugubio,	
Janvrin, patron d'un village de son nom en Berri.	
Jaona, honoré en Basse-Bretagne,	2 mars.
Jaquelbert, patron d'une église entre Boulogne et Calais.	
Jaquême, le même que Jacques le Majeur.	
Jared,	6 mai.
Jarlatée, Evêque,	26 déc.
Jarlogue, Moine, M.,	17 avril.
Jarmans, Evêque,	3 juil.
Jarnetin (le Vén.),	1er janv.
Jason de Rome, M.,	3 déc.
Jason de Trieste, Martyr avec d'autres,	10 mai.
Jason pour Mnason,	12 juil.
Jason (le Vén.), Thessalonicien, mentionné aux actes des Apôtres, mort dans le 1er siècle.	
Jassaï, roi d'Ethiopie,	6 sept.
Javrin, honoré en Berry.	
Jaxilée (le Bienh.), Prêtre de Reims, martyrisé en 1589 à Oxford, par les hérétiques.	
Jaygout, le même que saint Jagu,	8 fév.
Jean 1er, Abbé de Bonneval,	5 oct.

Jean (le Bienh.), premier Abbé de Notre-Dame de Cantinpré.
Jean Ange Porro (le Bienh.), 25 oct.
Jean Arminio (le Vén.), 11 mai.
Jean-Baptiste, 18, 24 fév., 10 avril, 24 juin, 1er juil. et 29 août.
Jean-Baptiste de la Conception (le Bienh.), 14 fév.
Jean-Baptiste Gault, le même que Gaud de Marseille, 25 mars.
Jean Bonvisi (le Vén.), Franciscain de Sainte-Marie les Anges à Assise, mort en 1472.
Jean Calybite, 15 janv.
Jean Cama, 21 déc.
Jean (le Bienh.), Camaldule, tué vers 1000, par des voleurs en Pologne, avec Benoît et deux jeunes garçons qui les servaient.
Jean Camillus Bonus, Arch. de Milan, 10 janv.
Jean Chevau (le Vén.), M. 20 sept.
Jean Chimoia, 5 fév.
Jean Chrysostome, 27 janv., 14, 18 sept.
Jean Climaque, 30 mars.
Jean Colombini, 31 juil.
Jean d'Acquarole, 1er avril et 22 juin.
Jean d'Adiabène, Martyr en Perse, en 346.
Jean d'Afrique, M., 25 sept.
Jean Damascène, 6 et 8 mai.
Jean d'Arménie, le même que Macaire de Cypre, 11 déc.
Jean d'Artois, Berger.
Jean d'Asmanuje, M., 18 nov.
Jean d'Atres, Solitaire en Aragon.
Jean d'Autun, pour Jean d'Hagulstald.
Jean d'Auxerre (le Vén.), 21 janv.
Jean de Bergame, Ev., 11 déc.
Jean de Beverley, Ev., 7 mai.
Jean de Bizane, 9 nov.
Jean de Brennove, M. avec d'autres, 12 nov.
Jean de Bidlinghton, 10 oct.
Jean de Cachefront (le Vén.), le même que Jean de Sourdis.
Jean de Calume, Moine en Égypte.
Jean de Calame, Moine en Égypte.
Jean de Capistran, 23 oct.
Jean de Caramole (le Vén.), 26 août.
Jean de Césarée, Martyr, dont il y avait une église paroissiale, dite Saint-Jean de Théorère, dans Constantinople.
Jean de Châlons, canonisé par le pape Jean VIII.
Jean de Cologne, M., 9 juil.
Jean de Constantinople, 9 août.
Jean de Cordoue (le Bienh.), différent du compagnon de saint Adulfe.
Jean de Cybistre, le même que Jean du Puits.
Jean de Dieu, 8 mars.
Jean de Dioique (le Vén.), Solitaire en Égypte sur le bord de la Méditerranée, mentionné par Rufin.
Jean d'Edesse, 21 juil.
Jean d'Éphèse, Martyr, 21 juil.
Jean d'Ethiopie, Martyr, 10 août.
Jean d'Étrurie, Martyr, 21 déc.
Jean de Ferrare (le Vén.), 24 juil.
Jean de Gand (le Vén.), 29 sept.
Jean de Gorze (le Vén.), 27 fév.
Jean de Grenade (le Bienh.), de l'ordre de la Merci, provincial de Castille, massacré par les Maures.
Jean de la Barrière (le Vén.), 25 avril.
Jean de la Croix (le Bienh.), 14 nov. et 14 déc.
Jean de la Grille, 1er et 3 fév.
Jean Liceis, 14 nov.
Jean de Lodi, Évêque, 7 sept.
Jean de l'ordre de Citeaux, Ev. d'Upsal, tué en 1188.
Jean de l'Orthie, 2 juin.
Jean de Lucignan, le même que Mathée.
Jean de Manuthé, Martyr, 31 janv.
Jean de Matha (le Bienh.), 8 fév. et 17 déc.
Jean de Mathéra, 20 juin.
Jean de Mède (le Vén.), 26 sept.
Jean de Mékelbourg (le Bienh.), 10 nov.
Jean de Montmirel (le Vén.), 29 sept.
Jean de Naples, IVe du nom, le même que Jean d'Acquarole.
Jean de Nicomédie, M., 7 sept.
Jean de Parasème, Solitaire à Ptolémaïde en Phénicie, mentionné par Jean Mosch.
Jean de Parme, le même que saint Juan.
Jean de Parme, Franciscain, 20 mars.
Jean de Pérouse (le Bienh.), Mart., 3 sept.
Jean de Pavie, 27 août.
Jean de Perchiniano, 21 nov.
Jean de Perse (le Vén.), Solitaire en Arabie.
Jean de Pinnes, le même que Jean de Pyr.
Jean de Pomuc, Martyr, 29 avril.
Jean de Pont, Martyr, 27 août.
Jean de Poro, Solitaire à Tuy, en Gallice.
Jean de Prado, 24 mai.
Jean de Pyr, 19 mars.
Jean de Ravenne, IIe du nom, 12 janv.
Jean de Réomay, 28 janv.
Jean de Rethre (le Bienh.), 2 août.
Jean de Ribera (le Bienh.), Archevêque, 6 janv.
Jean de Rome, Martyr, 16 sept.
Jean de Roussel, Solitaire, 25 août.
Jean de Rousbroc (le Vén.), 2 déc.
Jean de Sahagun, le même que Jean Gonçalez, 11, 12 juin.
Jean de Salerne (le Bienh.), nommé saint par Vossius, 9 août.
Jean de Scété, loué par Cassien au ve livre de ses Institutions, mort vers 400.
Jean de Sébaste, 9 mars.
Jean de Sijute, 17 nov.
Jean de Sourdis, Ev., 16 mars.
Jean de Spolète, Ev., 19 sept.
Jean de Syrie, le même que Jean de Pyr.
Jean de Thiange (le Vén.), 25 juil.
Jean de Tomes, le même que Jean de Pont.
Jean de Terouanne, 27 janv.
Jean, Ev. de Valence en Dauphiné, 26 avril.
Jean de Varneton, Ev., 27 janv.
Jean de Vendière (le Vén.), le même que Jean de Gorze.
Jean de Vérone, 6 juin.
Jean de Voge, le même que Jean le Jumeau.
Jean d'Hagulstadt, Ev., 29 oct.
Jean d'Ognies, (le Vén.), plus connu sous le nom de Nivelle, mort en 1233.
Jean d'Ostrevie, Martyr, 9 juil.
Jean d'Oxyrinque, Solitaire, 3 déc.
Jean du Houssey le Vén.), Reclus, 3 août.
Jean de Kenty, prêtre, 20 oct.
Jean Dominici, 10 juin.
Jean du Moutier, 27 juin et 15 juil.
Jean du Puits, 30 mars.
Jean du Scaure, 17 janv.
Jean et Paul, Mrs à Rome, 26 juin.
Jean Ier, Ev. de Cambrai, mort en 879.
Jean, Ev. de Monte-Marrano, 17 août.
Jean Fischer, 22 juin.
Jean François de St.-Michel, M., 5 fév.
Jean François Régis, 16 juin et 31 déc.
Jean Galbert, 12 juil.
Jean Gonçalez, le m. que Jean Sahagun.
Jean, bon. près de Spolète, 19 mars.
Jean-Joseph de la Croix, 5 mars.
Jean l'Abstinent (le Vén.), Solitaire de la Haute-Thébaïde, mort dans le ive siècle, mentionné par Rufin et Pallade.
Jean l'Adiabène, Martyr en Perse en 536.
Jean l'Africain, M. av. aut., 3 déc.
Jean l'Agneau (le Vén.), Évêque, 25 juil.
Jean l'Ange (le Vén.), 24 oct.
Jean l'Angelopte, Évêque, 7 juil.
Jean l'Aumônier, Évêque, 23 janv., 9 avril, 11 nov.

Jean le Berger (le Vén.), honoré à Monchy-le-Pieux, en Artois.
Jean le Bon, de Mantoue (le Bienh.), 23 oct. et 23 nov.
Jean le Bon, de Milan, le m. que St. Camille.
Jean le Calybite, 15 janv.
Jean le Camaldule, 10 nov.
Jean le Comte (le Vén.), 15 nov.
Jean le Cozébyte, 5 oct.
Jean le Décapolite, 27 avril.
Jean l'Egyptien, Martyr avec aut., 4 mai, 20 sept.
Jean le Jeune, Martyr, 4 sept.
Jean le Jumeau, 2 juil.
Jean le Lycopolite, 27 mars.
Jean le Maronite (le Vén.), communément Jean Maron, mort vers 650.
Jean le Martyr, qui souffrit en Perse avec 346 autres.
Jean le Misogype, 26 déc.
Jean le Myrophore, 27 juin.
Jean le Nain, 15 sept. et 17 oct.
Jean l'Ensevelisseur, M., 18 août.
Jean le Paléolaurite, 19 avril.
Jean le Persan, Ev. M., 1er nov.
Jean l'Epirote, M., 18 avril.
Jean de Psichaïte, 25 mai.
Jean le Scribe, le m. que Jean d'Acquarole, 1er avril et 22 juin.
Jean le Silencieux, Evêque, 13 mai.
Jean le Sinaïte, 14 janv.
Jean le Tauroscythe, 26 juin.
Jean le Thaumaturge, 5 déc.
Jean l'Evangéliste, 6 mai et 27 déc.
Jean l'Ermite, le m. que Jean le Lycopolite.
Jean l'Isaurien, 18 avril.
Jean l'Orc, Ev. de Como, 3 avril.
Jean Macaire (le Vén.), 11 déc.
Jean Marc, 27 déc.
Jean Marinon (le Bienh.), 15 déc.
Jean, M. à Cordoue av. Adulfe, 27 sept.
Jean, M. à Wilna, 14 avril.
Jean, M. av. St. Cyr, 31 janv.
Jean, Martyr avec St. Bon, 11 fév., 1er nov.
Jean Matthieu (le Vén.), le m. que Jean de Lucignan.
Jean Michel (le Vén.), Ev., 12 sept.
Jean Mignard (le Bienh.), 20 sept.
Jean Mosch, auteur du Pré spirituel. Il était compagnon de voyage de St. Sophrone, patriarche de Jérusalem. Il mourut à Rome, en 620.
Jean Népomucène, 19 mai.
Jean, Pape, 18 et 27 mai.
Jean Parent (le Bienh.), Martyr, 7 août.
Jean, Prêtre, Martyr, 25 juin.
Jean Rixtel (le Vén.). Voyez Rixtel.
Jean Scot, Ev. de Mecklembourg, Martyr en 1066.
Jean Sogn, Martyr, 5 fév.
Jean 1er, surnommé le Blanc, Ve Ev. de Rennes.
Jean Terzon, dit le Port, Solitaire, honoré à Tuy.
Jean Théreste, 24 fév. et 24 juin.
Jean Tribun, martyrisé par les Bulgares, vers 820.
Jean Vespignano, 4 juil.
Jeanne de Cuzas, 24 mai.
Jeanne de Fontéquiose (la Bienh.), 16 janv.
Jeanne de la Croix (la Bienh.), Franciscaine.
Jeanne de Portugal (la Vén.), 12 mai.
Jeanne de Valais (la Vén.), 4 fév.
Jeanne-Françoise Frémiot, 21, 23 août et 13 déc.
Jeanne-Marie Bononi, Vierge, 1er mars.
Jeanne Soderini (la Bienh.), Vierge, 1er sept.
Jeannet, patron d'un village de son nom en Provence.
Jeaume, patron d'un village de son nom en Provence.
Jectras, 6 mai.
Jeune, 20 mai.
Jérémie d'Egypte, M., 10 fév.

Jérémie de Macédoine, 17 juin.
Jérémie de Raïthu, Martyr, 14 janv. 28 déc.
Jérémie de Saint-Cyprien, M. 15 sept.
Jérémie le Vieillard, M., 7 juin.
Jérémie, Prophète, 1er mai.
Jéroche, 2 juil.
Jérôme, un des quatre Pères de l'Eglise latine, 30 sept.
Jérôme de Nevers, 5 oct.
Jérôme de Pavie, 22 juil.
Jérôme de Vert, 9 juil.
Jérôme Emiliani (Vén.), 8 fév. 20 juil.
Jéron, Prêtre, 17 août.
Jerothée (Vén.) 4 oct.
Jésu (le Bienh.), fils de Sirach.
Jésus-le-Juste, mentionné dans l'Epître aux Colossiens.
Jésus. Voyez Josué.
Jeunes, patron d'un village de son nom en Auvergne.
Jeure ou Jeures, patron de plusieurs villages de son nom en Auvergne.
Joachim de Sienne, 16 avril.
Joachim l'Abbé (Vén.), 30 mars.
Joachim le Servite (Vén.), 6 avril.
Joachim, père de la Ste Vierge, 18, 20 mars et 26 juill., et le dimanche après le 15 août.
Joachim Sacquier. Voyez Sacquier.
Joaire, dont il y a une église en Bretagne.
Joannice, Reclus, 4 oct.
Joathas, 22 mai.
Job, 10 mai.
Jocond, Martyr, 14 déc.
Joconde, Evêque d'Aost, 30 déc.
Joconde, la m. que Juconde de Nicomédie.
Jodors, le même que St. Godard d'Aoust.
Joel, 13 juil., 24 sept. et 18 oct.
Jogond, le même que Joconde, Ev. d'Aost
Jole, Abbé de Landevenec
Jole, Solitaire, 9 juin.
Jomes, patron d'une église près de Taillebourg, en Saintonge.
Jonas de Bobbio (le Vén.), Moine de la règle de St. Colomban.
Jonas de Perse, Martyr 29 mars.
Jonas de Russie (Vén.), 15 juin.
Jonas le Prophète, 21 sept.
Jonas le Tabennisiote (Vén.), 11 fév.
Jonas de Marchiennes, 1er août.
Jordy, patron d'un village de son nom en Rouergue.
Jore, 26 juill.
Jorio, Evêque en Sardaigne.
Jort, patron d'une église en Saintonge.
Josaphat de Polock, Evêque, 12 nov.
Josaphat et Barlaam (Bienh.), 27 nov.
Josbert (le Bienh.), 29 nov.
Josceran, Moine de Cruas en Vivarais.
Joscion (Vén.), Moine, 30 nov.
Joseph, époux de la Ste Vierge, 19 mars et 20 avril.
Joseph Anquiète (Vén.). Voy. Anquiète.
Joseph Barsabas, 20 juil.
Joseph Casalanz, 27 août.
Joseph d'Afrique, Martyr, 19 mars.
Joseph d'Alexandrie, le même que Josippe.
Joseph d'Antioche, Diacre, 15 fév.
Joseph d'Arimathie, 17 mars et 31 juill.
Joseph de Cupertin, 18 sept.
Joseph de Léonissa, 4 fév.
Joseph de Paméphyse (Vén.), Solitaire, loué par Cassien.
Joseph de Perse, Martyr, 20 nov.
Joseph de Samarie, 20 mars.
Joseph de Scytopolis, 22 juill.
Joseph de Steinfeld (Vén.), le même que Herman.
Joseph de Thèbes, 20 juin.
Joseph de Thessalonique, 14 juillet.

Joseph le Juste, le même que Joseph Barsabas.
Joseph le patriarche, fils de Jacob, dont on honorait autrefois les reliques à Constantinople, le 2 oct.
Joseph le Prêtre, Martyr, 22 avril.
Joseph l'Hymnographe, 3 avril.
Joseph Marie Tommasi (le Bienh.), 1er janv.
Joseph Oriol, Prêtre (le Bienh.), 22 mars.
Josippe, Martyr, 21 mars.
Josse, Prêtre, Solitaire, 13 déc.
Josserand. *Voyez* Josceran.
Josué, successeur de Moïse, 1er sept.
Jotte, la même qu'Otte.
Jouan, ou Jouvent, ou Jouent, patron d'une église au diocèse de Limoges.
Jouannet, patron d'un village de son nom près de Mont-de-Marsan.
Jouéry, *Voyez* Juéry.
Jouin, frère de St. Maximin, Évêque de Trèves.
Jouin ou Jouvin, 1er juin.
Jourdain (Vén.), 13 fév.
Jovien, Sous-Diacre à Auxerre.
Jovin de Bourgogne, 25, 26 mars.
Jovin de Rome, Martyr, 2 mars
Jovin, Évêq. de Trente, en 78.
Jovin ou Juvin, confess. en Champagne.
Jovinien d'Auxerre, 5 mai.
Jovinien de Trèves, 5 oct.
Jovite, Mart. à Brescia, 15 fév.
Juan, Abbé, 22 mai.
Jubin (Vén.), 18 avril.
Jubrien, le même que Gibrien, 8 mai.
Juconde d'Emilie, 25 nov.
Juconde de Nicomédie, Mre, 27 juillet.
Jucondien, Martyr, 4 juillet.
Jucondin, Martyr, 21 juillet.
Jude, *dit* autrement Thadée, 28 oct.
Judicaël, Roi, 16 déc.
Judith de Béthulie (la Vén.), 27 sept.
Judith de Milan, Martyre, 6 mai.
Judoce ou Judore, patron d'un village de son nom près de Dinan, peut-être le même que St. Judule.
Judule, ancien Abbé de Landevenec.
Juers, le même que St. Georges, 23 avril.
Juery, patron d'une église au diocèse d'Alby.
Jugle, patron d'une église en Bretagne.
Jugond d'Afrique, Martyr, 9 janv.
Jugond de Boulogne, 14 nov.
Jugond de Reims, 14 déc.
Juino, patron d'une église au diocèse de Luçon en Poitou.
Juire, le même que le précédent.
Jule, Veuve et Martyre, 21 juillet.
Jules d'Acfabase, 19 sept.
Jules d'Afrique, Martyr, 19 janv.
Jules d'Angleterre, le m. que Juls.
Jules de Lyon, Martyr, 2 juin.
Jules de Mysie, M., 27 mai et 15 juin.
Jules de Nicomédie, Martyr, 3 déc.
Jules de Novare, 31 janv.
Jules de Numidie, Martyr, 5 déc.
Jules d'Espagne, Martyr, 21 août.
Jules d'Éthiopie, Martyr, 22 oct.
Jules de Thrace, Martyr, 20 déc.
Jules l'Africain, Martyr, 26 avril.
Jules le Sénateur, Martyr, 19 août.
Jules, Pape, 12 avril.
Juliane, Martyre.
Julie d'Afrique, Martyre, 2 fév.
Julie de Carthage, Martyre, 15 juil.
Julie de Corse, Veuve, 22 mai.
Julie della Rena (la Bienh.), Recluse, 20 déc.
Julie de Lisbonne, 1er oct.
Julie de Lyon, 2 juin.
Julie de Mérida, Veuve, 10 déc.
Julie de Nicomédie, Martyre, 27 juil.
Julie de Sicile, Martyre, 4 juin.

Julie de Troyes, la même que Jule.
Julie d'Egypte, 29 juil.
Julie d'Euphratèse, Vierge, 7 oct.
Julien, Apôtre du Béarn, et premier Év. de Lescar, en 407.
Julien d'Afrique, Martyr. 19 fév.
Julien d'Alexandrie, Martyr, 12 fév.
Julien d'Anazarbe, Solit. en Cilicie.
Julien d'Antioche, 22 juin.
Julien de Beauvais, Martyr, 8 janv.
Julien de Brioude, Martyr, 28 août.
Julien de Candaule, Martyr, 4 sept.
Julien de Cappadoce, Martyr, 16 et 17 fév.
Julien de Carmille, Martyr, 23 mars.
Julien de Carthage, le m. que Julien l'Indulgent.
Julien de Cilicie, Martyr, 14 fév., 16 mars et 21 juin.
Julien de Constantinople, M., 9 août.
Julien de Cordoue, Martyr, 27 juin.
Julien de Couenque, 23 janv.
Julien de Damas, Martyr, 20 juillet.
Julien de Fano.
Julien de Galatie, Martyr, 13 sept.
Julien de Godiano, que l'on croit avoir été Diacre de Novare.
Julien d'Éges, le même que Julien de Cilicie.
Julien de la Font-Juste, fondateur du monastère de Chalivois, mort vers 1140.
Julien de Lodi, Évêque, 12 oct.
Julien de Mésopotamie, 6 juil.
Julien de Nicomédie, 16 mars.
Julien de Pérouse, Martyr, av. aut., 1er juin.
Julien de Rome, Martyr, 7 août.
Julien de Sore, Martyr, 27 janv.
Julien de Syrie, M., 12 et 25 août.
Julien de Tarse, Martyr, 21 juin.
Julien de Terracine, Martyr, 1er nov.
Julien de Tivoli, 18 juil.
Julien de Tolède, 6 et 8 mars.
Julien de Vienne, 30 sept.
Julien de Vintershove.
Julien d'Espagne, Martyr av. aut., 21 août.
Julien d'Héliopolis, 9 juin.
Julien d'Istrie, 22 juin.
Julien de Saint-Augustin (le Bienh.), 8 avril.
Julien du Mans, Év., 9 et 27 janv.
Julien, Évêque d'Apamée, 9 déc.
Julien, IVe Évêque de Troyes, mort en 350.
Julien Grangier (le Bienh.), Martyr, 20 sept.
Julien le Cephalothrauste's, M., 2 sept.
Julien le Cyonite, le même que Julien le Stylite.
Jul en l'Hospitalier, Martyr, 6 et 7 janv.; 9 et 13 fév.
Julien l'Indulgent, Martyr, 24 fév. et 23 mai.
Julien le Stylite, dont parle Jean Mosch.
Julien, Martyr à Alexandrie, 27 fév. et 30 oct.
Julien Sabas, 14 janv. et 18 oct.
Julienne, Abbesse de St.-Césaire
Julienne d'Afrique, Martyre, 27 janv.
Julienne d'Augsbourg, Mre, 12 août.
Julienne de Bithynie, Mre, 29 mars.
Julienne de Boulogne, 7 fév.
Julienne de Cateldo (Vén.), Veuve, 1er sept.
Julienne de Cilicie, Martyre, 1er nov.
Julienne de Florence, la même que Julienne de Boulogne.
Julienne de Lycie, Martyre, 18 août.
Julienne de Mont-Cornillo (la Bienh.), 5 avril.
Julienne de Nicomédie, Vierge, 16 fév. et 21 mars.
Julienne de Palestine, Mre, 17 août.
Julienne de Paphlagonie, 18, 20 mars.
Julienne de Pavilly, Veuve, 11 oct.
Julienne de Pétrée, 22 juin.
Julienne de Pérusèle (la Vén.), 15 août.
Julienne de Rome, Martyre, 16 mars.
Julienne de Turin, hon. à Saint-Soluteur.
Julienne d'Hohenvart (la Vén.), Vierge dont le corps était honoré par les religieuses du monastère d'Hohenvart au dioc. d'Augsbourg.

Julienne Falconiéri, 19 juin.
Juliette, patronne de deux villages de son nom en Rouergue et en Languedoc.
Julitte d'Ancyre, Martyre, 18 mai.
Julitte de Cappadoce, M^{re}, 30 juil.
Julitte de Tarse, Martyre, 1er, 16 juin et 15 juil.
Juis, Martyr, 1er juil.
Jumal, patron d'une église au diocèse de Saint-Malo.
Jumahel ou Junême, Ev. de Dol.
Junien, Abbé de Mairé.
Junien de Limoges, Reclus, 16 oct. et 15 nov.
Junien de Poitou, 13 août.
Jure, patron d'un village de son nom près de Metz.
Jurson, patron d'un village de son nom près de Digne.
Jusippe, Martyr, 16 fév.
Just, Archevêque de Besançon en 362.
Just d'Alcala, Martyr, 6 août.
Just de Baëce, Martyr, 14 déc.
Just de Beauvoisis, Martyr, 18 oct.
Just de Berry, 14 juil., 3 nov.
Just du Limousin, 27 oct.
Just de Lyon, 2 sept. et 14 oct.
Just de Quidalet, 25 août.
Just de Saint-Allyre, 21 oct.
Just de Saint-Claude, 7 juillet.
Just de Vienne, 6 mai.
Just (Vén.), IIe Ev. d'Avignon, mort vers 400.
Just, Ev. en Espagne, 28 mai.
Just, Ev. de Saint-Paul-Trois-Châteaux, et Martyr.
Just, hon. en Poitou, 26 nov.
Juste d'Afrique, Martyr, 25 fév.
Juste d'Alexandrie, Martyr, 28 fév.
Juste d'Angleterre, 10 nov.
Juste de Campanie, Martyr, 2 juil.
Juste de Clermont (Vén.), 16 fév.
Juste de Rome, Martyr, 14 juil.
Juste de Volterre, 19 avril et 5 juil.
Juste d'Abruzze, Martyre, 30 juillet.
Juste de Carthage, Martyre, 15 juil.
Juste Sardaigne, Martyre, 14 mai.
Juste de Séville (Ste), 19 et 20 juil.
Juste de Siponte, Martyre, 1er août.
Juste, Ev. de Jérusalem, 24 nov.
Juste, IIe Ev. de Langres, depuis 220 jusqu'en 250.
Juste, Mart. à Trieste, 2 nov.
Juste, Mart. à Troyes, 21 juil.
Juste (la Bienh.), Vierge, 22 déc.
Justien, Ev. de Verceil, 21 mars.
Justin d'Amiterne, 31 déc.
Justin d'Armagnac, le m. q. le suivant.
Justin de Barrége, 1er mai.
Justin de Cordoue, Mart., 27 juin.
Justin de Louvre, Mart., 1er août.
Justin de Montreuil, 4 août.
Justin de Perdiac, le m. que Justin de Barrége.
Justin de Poitiers, 1er sept.
Justin de Quiéti, 1er janv.
Justin de Rome, Mart., 17 sept.
Justin de Sers, le même q. Justin de Barrége.
Justin ou Juste, Evêque, 2 sept.
Justin de Trèves, M., oct. et 12 déc.
Justin, enfant, Martyr.
Justin, Ier Ev. de Tarbes.
Justin, Ev. de Rennes.
Justin le Philosophe, Martyr, 13 avril, 1er et 12 juin.
Justin le Solitaire, patron d'une église au diocèse de Tréguier, prédécesseur de St. Efflan dans son ermitage.
Justine d'Arezzo (la Vén.), 12 mars.
Justine de Mayence, Martyre, 16 juin.
Justine de Padoue, Veuve, 7 oct. et 30 nov.
Justine de Sardaigne, M^{re}, 14 mai.
Justine de Trieste, Martyre, 13 juil.
Justine, Martyre à Nicomédie, 26 sept. et 2 oct.
Justinian, Ev. de Verceil, 21 mars.
Justinien et Dioscore, Mart., 17 déc.

Justinien et Gallique, Mart., 7 m d.
Justinien de Limoges, 16 juil.
Juihvàre, hon. comme Vierge et Mart. en Bretagne.
Juste, Veuve, Recluse, 22 déc.
Juvat, patron d'un village de son nom en Bretagne.
Juvénal de Jérusalem, 2 juil.
Juvénal de Narni, 3 mai, 7 août.
Juvénal le Martyr, 7 mai.
Juvence d'Afrique, Mart. 1er juin.
Juvence d'Antioche, l. m. q. Javentin.
Juvence de Pavie, l. m. qu'Evence de Cénéda,
8 fév., 12 sept.
Juventin, Mart., 25 janv. et 5 sep.
Juvin de Dormois, 3 oct.
Juvin d'Ephèse, Mart., 16 mai.
Juvin, Ermite.
Juvine, Ev. de Vence, mentionné dans la Vie de saint Véran.
Juzel patron d'une église en Bretagne.

K

Ke, le Solitaire, 5 et 7 oct.
Kèbe, 8 nov.
Keinclin, marqué au Trésor de l'intercession des Saints.
Keintegern, Ev. de Glasgow, 13 janv.
Keintegerne (Sainte) 7 janv.
Kellac, Evêque, 1er mai.
Kellum, dont il y avait autrefois une église en Angleterre.
Kennain, 24 nov.
Kenelm, Martyr, 17 juil.
Kennoque, Vierge, 13 mars.
Kenny, 11 oct.
Kere, Abbesse 16 oct.
Kermaster, patron d'une église en Bretagne.
Kétil, Confesseur, 27 sept.
Kétil, hon. autrefois aux îles Britanniques.
Kevo, autrefois patron d'une église en Angleterre.
Keverne, honoré en Angleterre. Il ne faut pas le confondre avec Keve.
Keyne, Vierge, 8 oct.
Kiéran, Ev., 5 mars.
Kilien d'Artois, le même que Chilein.
Kilien de Wurzbourg, l. m. q. Kuln.
Kilien, Ev., hon. à Aubigny, 13 nov.
Kineth, 1er août.
Kinnie, Vierge, 1er fév.
Kirreque, Vierge 5 nov.
Kisaï. Voyez Jacques Kisaï.
Kostka. Voyez Stanislas.
Kucley, Mart., 24 avril.
Kuln, Ev., 8 juil.
Kumalt (le Vén.), Chapelain de St.-Rupert, mentionné par Canisius, au VIe tome de son Antiquæ Lectionis.
Kyneburge, Vierge, 6 mars.
Kynesvide, Vierge, 31 janv.
Kyneth. Voyez Kineth.
Kyngue, Vierge, veuve, 14 juil.
Kyrec. Voyez Guéroc.
Kyriapople (le Bienh.), M. à Smyrne, en 1643.

L

Labre (Benoît-Joseph), né au diocèse de Boulogne-sur-Mer, le 26 mars 1748, montra dès sa plus tendre jeunesse une grande piété, fut à Rome en 1776, et y vécut d'aumônes; à sa mort, arrivée le 6 avril 1783, son tombeau attira une foule de fidèles, et il fut béatifié par Pie VI le 13 mars 1792.
Lactein, Abbé en Lagénie, 19 mars.
Lactentien, hon. en Berry dans une église de son nom.
Ladislas de Gieluove (le B.), 4 mai.

Ladislas de Hongrie, 27 juin et 30 juil.
Ladre, hon. à Autun, l. m. q. Lazare.
Lager, patron de deux villages de son nom en Languedoc et en Lyonnais.
Laidgenne, Moine en Irlande, 12 janv.
Lain, Ev. de Séez, 20 juin.
Lamain, patron d'un village de son nom près de Poligny.
Lamalisse, 2 mars.
Laman, hon. en Franche-Comté, 23 nov.
Lambert de Cheminon, Solitaire au diocèse de Châlons, en Champagne.
Lamb rt de Saint-Guilein, Prêtre.
Lambert de Lyon, 14 avril.
Lambert de Mæstricht, 17 sept.
Lambert, hon. à Saragosse, 16 avril et 19 juin.
Lambert Péloguin, ou Lambert de Baudun, Evêque de Vence, 26 mai et 26 juin.
Lamberte, Vierge, hon. à Saint-Jean de Conches.
Lancelot l. m. q. Ladislas, 30 juil.
Lancie, Martyre au Pont, 18 août.
Land, 5 mai.
Landelin, Abbé de Crépin en Hainaut, 15 juin.
Landelin, Abbé de Lobes, 18 juil.
Landeol (le B.), Ev. de Tarbes, 31 janv.
Landi, M. à Bassanello, près d'Otricoli.
Landoald, hon. à Gand, 19 mars.
Landrades, Abbesse, 8 juil.
Landon ou Laudon, Evêque de Reims, 16 janv.
Landric, Abbé en Hainaut, .7 avril.
Landrice (le Vén.), Ev. de Séez, 16 juil.
Landry. Ev. de Paris, 10 juin.
Landulf (le Vén.), hon. comme Ev. à Lodi, 9 juil.
Landulfe, Ev. d'Ast (le Vén.), 7 juin.
Landulfe, Ev. d'Evreux.
Landy. Voyez Landi.
Lanes, patron d'une église au diocèse de Coutances.
Lanfranc de Cantorbéry, 28 mai et 3 juil.
Lanfranc de Pavie, 25 juin.
Lange, patron d'un village de son nom en Champagne.
Langis, l. m. q. St. Longits.
Lanne ou Lannes, patron d'un village de son nom près de Tarbes.
Lanneuc ou Lanneaux, patron d'un village de son nom, en Bretagne.
Lanselot, l. m. q. Ladislas de Hongrie.
Laodice, Martyr.
Laon, dont il y avait un monastère au diocèse de Poitiers.
Large d'Aquilée, 16 mars.
Large de Rome, 16 mars et 8 août.
Largion, M. avec St.-Quiriaque, 12 août.
Lary, l. m. q. St. Hilaire de Carcassonne.
Lascien, Ev. dont on ne connaît pas le siége.
Lasse, M. en Afrique, 9 fév.
Lassie, Vierge en Irlande, 19 avril.
Latin, Ev. de Brescia, 24 mars.
Latron (le Vén.), Ev. de Laon, nommé saint par Flodoard, mort dans le vie siècle.
Lattier, patron d'un village de son nom, en Dauphiné.
Latuin ou Luin, Evêque en Normandie, 19 janv.
Laud, patron d'un village de son nom en Picardie.
Laudon ou Liudon, Ev. de Constance en Souabe, d'autres disent de Coutances en Normandie.
Laudon (le Vén.), Abbé de St.-Vandrille, mort vers 738.
Laumer, hon. à Chartres, 19 janv.
Laur. Abbé.
Laure, Mart., 18 août.
Laure, Martyre avec autres, 1er juin.
Laurence, hon. à Ancône, 1er et 8 oct.
Laurens, Ev. de Milan,. 25 juil.
Laurent, Archidiacre, 10 et 17 août.
Laurent d'Afrique, 28 sept.
Laurent de Brindes (le Bienh.), Capucin, 7 juil.

Laurent de Cantorbéry, 2 fév.
Laurent de Dublin, 14 nov.
Laurent de Fossombrone, 2 fév.
Laurent de Frazanone, 30 déc.
Laurent, disciple des Apôtres, premier Ev. de Lorch ou de Passaw, au premier siècle.
Laurent de Novare, 30 avril.
Laurent de Sipunto, 7 fév.
Laurent de Sollago (le Bienh.), 17 déc.
Laurent Justinien, 8 janv. et 5 sept.
Laurent l'Illuminateur, ancien Evêque de la Sabine.
Laurentin, M. avec St. Celerin, 3 fév.
Laurien, Ev. de Séville, 4 juil.
Laurienne, honorée à Corbie, 21 mai.
Lauthain, Abbé de Baune-les-Messieurs près Besançon, au vie siècle.
Lauzon (le Bienh.), Moine, 1er avril.
Lavier, 27 nov.
Lazare de Milan, 11 fév. et 14 mars.
Lazare de Perse, 27 mars.
Lazare de Trieste, 1er avril.
Lazare le Peintre, 23 février et 17 nov.
Lazare, ressuscité par Notre-Seigneur, 28 juil., 1er sept. et 17 déc.
Léandre de Séville, 27 fév. et 13 mars.
Léandre de Smyrne, 27 fév.
Lebwin ou Lewin, patron de Deventer, 12 nov.
Ledard, patron d'Echery, au diocèse d'Avranches. On pense que c'est le même que St. Lethard ou Leuthard.
Lée, Prêtre, 14 fév.
Lée (la Vén.), 22 mars.
Léger, Ev. d'Autun, 2 oct.
Léger, Pr. au dioc. de Châlons, 24 avril.
Legonce, de Metz, le m. q. Léonce.
Legonce, Ev. de Clermont.
Leguo, dont il y a une église au diocèse de Mende.
Lehire. Voyez Eleuthère de Tournay.
Lelius, M. à Tagne, 27 juin.
Lemps, 1er août.
Lence, dont il y avait une église dans l'Abruzze, mentionnée dans une bulle d'Alexandre III, de l'an 1175.
Lene, honorée en Auvergne, 5 nov.
Lénogésile, Prêtre.
Léobard, Reclus.
Léobon, Solitaire, 13 oct.
Léocade ou Léocadie, Vierge, 9 déc.
Léocrice, Vierge, 15 mars.
Léodère, hon. à Thyl-sur-Arouy, au diocèse d'Autun.
Léodovald, Ev. d'Avranches dans le vie siècle
Léofronne, Abbesse, 30 juil.
Léomaie, la même que Néomaie.
Léomer, patron d'un village de son nom près Montmorillon.
Léon Carasume. Voyez Carasume.
Léon. Voyez Liey
Léon d'Afrique, 1er mars.
Léon de Ceute, 8 et 13 oct.
Léon de Lampourdan, l'un des patrons de Bayonne.
Léon de Lucques (le Vén.), IIe Abbé de Cave.
Léon de Lycie, Martyr, 18 août.
Léon, Abbé de Mantenay
Léon de Sens, 15 et 22 avril.
Léon (le B.), Ab. de Saint Bertin, en 1138.
Léon, Ev. de Nicée, martyrisé par les Bulgares vers 820.
Léon, tribun, martyrisé par les Bulgares vers 820.
Léon, M. avec saint Parégoire, 7 fév.
Léon, M. à Talgue, 30 juin.
Léon le Thaumaturge, 20 fév.
Léon-Luc, l. m. q. Luc de Corillon.
Léon le Grand, Pape, 1er du nom, 11 avril, 30 oct., 4 et 10 nov.
Léon II, Pape, 25 mai et 28 juin

Léon III, Pape,	11 et 12 juin.
Léon IV, Pape,	17 juil.
Léon IX, Pape,	19 avril.
Léonard, Solit. en Limousin,	6 nov.
Léonard de Cave (le Vén.),	18 août.
Léonard, Abbé de Chelles en Berri.	
Léonard de Port-Maurice, (le Bienh.),	27 nov.
Léonard de Vendeuvre, l. m. q. St. Lonart.	
Léonard le Camaldule (le Vén.), convers à Camaldoli, mort vers 1250.	
Léonce d'Afr., Ev. d'Hippone,	4 mai.
Léonce d'Alexandrie,	12 sept.
Léonce d'Aquilée,	20 août.
Léonce d'Arménie,	10 juil.
Léonce d'Autun,	1er juil.
Léonce de Bithynie,	24 avril.
Léonce de Carthage, mort un jour de l'Ascension, dont St. Augustin fit le panégyrique le jour de sa fête.	
Léonce, M. avec St. Cosme,	27 sept.
Léonce, Ev. de Césarée,	13 janv.
Léonce de Constantinople,	9 août.
Léonce de Fréjus,	16 nov. et 1er déc.
Léonce d'Egypte,	15 sept.
Léonce de Pamphylie,	1er août.
Léonce de Phénicie,	18 juin.
Léonce de Rome,	11 juil.
Léonce de Saintes,	19 et 22 mars.
Léonce de Sébaste,	9 mars.
Léonce d'Ethiopie,	26 mai.
Léonce de Trèves,	18 fév.
Léonce l'Ancien, Ev. de Bordeaux,	21 août.
Léonce le Jeune, Ev. de Bordeaux,	15 nov.
Léonce, Martyre,	6 déc.
Léonide, Martyre à Palmyre,	15 juin.
Léonides d'Alexandrie,	22 avril.
Léonides d'Antinoé,	28 janv. et 1er mars.
Léonides de Corinthe,	16 avril.
Léonides et Arator,	22 avril.
Léonides et Eleuthère,	8 août.
Léonides le Cataphlecte, M.,	2 sept.
Léonien, Abbé,	15 nov.
Léonille, honorée à Langres,	17 janv.
Léonor, Ev. régionnaire,	1er juil.
Léontien, Ev. de Coutances, nommé saint par Robert de Langres.	
Léontin, Martyr à Perge, le même que Léonce de Pamphylie.	
Léontine, la même que Léonce,	6 déc.
Léopard d'Aix-la-Chapelle,	30 sept.
Léopard, Moine de Bobbio, dont les reliques furent enchâssées en 1433.	
Léopard d'Osimo,	7 nov.
Léopardin, Moine,	7 oct.
Léopold d'Autriche,	15 nov.
Léotade, Evêque d'Auch,	23 oct.
Léothéric (le Bienh.), Moine,	14 sept.
Léovigilde, M. à Cordoue,	20 août.
Léry, Prêtre,	30 sept.
Lesmon, Solitaire en Ecosse,	9 déc.
Létance,	17 juil.
Létard, Ev. de Senlis,	24 fév. et 7 mai.
Lete, Evêque de Neptis,	6 et 24 sept.
Léthard. Voyez Létard.	
Lethvin, Martyr à Croyland,	25 sept.
Létoius (le Vén.), Evêque de Mélitine.	
Létus, le même que Liède.	
Leu, Evêque de Sens,	25 avril et 1er sept.
Leu, Ev. de Bayeux,	1er août.
Leucade, honoré en Berri,	9 nov.
Leuce d'Alexandrie,	11 janv.
Leuce de Bithynie,	28 janv. et 14 déc.
Leuces de Brindes,	8 et 11 janv.
Leucie, patron d'un village de son nom, près de Narbonne.	
Leucon, Evêque de Troyes en 670.	
Leudvin,	11 sept.
Leufroy, Abbé,	21 juin.
Leuphérine ou Leuphrine, patronne de deux villages de son nom, en Bretagne et en Saintonge.	
Leutgarde, Cistercienne,	13 et 16 juin.
Leuvart, Abbé,	31 déc.
Lévange, Evêque. de Senlis,	19 oct.
Lévange, Ev. de Soissons, mort	en 513.
Lévien, Evêque régionnaire, dont les reliques furent apportées de Bretagne à Paris,	en 965.
Lévien (le Vén.), de Pérouse,	18 oct.
Lévienne (Ste),	21 et 22 juillet.
Lézer, Prêtre,	24 avril.
Lézin, Ev. d'Angers,	13 fév. et 1er nov.
Liafdag, Evêque de Ripen en Danemark, mort vers	980.
Liaukama. Voyez Elques.	
Libanos, Abbé,	23 déc.
Libarie, Vierge et Martyre.	
Libèce, honorée en Touraine.	
Libéral, honoré à Trévise,	27 avril.
Libérale, Vierge,	18 janv.
Libérat d'Amphitrée,	20 déc.
Libérat de Capse,	2 juillet et 17 août.
Libérat, Archev. d'Embrun,	en 920.
Libérat, Médecin,	23 mars.
Libérate, Vierge,	18 janv.
Libérateur, M. à Bénévent,	15 mai.
Liberd de Marmoutier,	18 janv. et 15 fév.
Libère de Ravenne,	29 avril et 30 déc.
Libère, Pape,	24 sept.
Libérien, Martyr à Rome,	12 juin.
Libert. Voyez Liberd,	18 janv.
Libert de Saint-Tron,	14 juin.
Liberté, Vierge, dont les reliques se voyaient à la Piscine-sous-Chaumont en Retelois.	
Libesse ou Loubasse, Abbé en Touraine,	18 et 28 juillet.
Libie, Martyre à Palmyre,	15 juin.
Libier. Voyez Livier.	
Libière. Voyez Livière.	
Libiscus, Martyr à Paris,	14 oct.
Liboire, évêque du Mans,	28 mai, 9 juin et 23 juil.
Libotz (le Vén.), sacré évêque de Russie, par Adalgag, archevêque de Brême, mort	en 961.
Libral, le même que Livrau.	
Libre, Vierge,	21 avril.
Librici, dont une église et un village portent le nom en Sicile.	
Lican, honoré en Ethiopie,	24 nov.
Licandre, Martyr,	17 juin.
Licar. Voyez Lizier.	
Licère, Evêque de Lérida,	27 août.
Licérie, Martyre.	
Licière, Vierge,	6 janv.
Licinius, Martyr à Como,	7 août.
Lidanie, patronne d'un monastère de filles en Irlande.	
Lide, patron d'une église mentionnée dans une bulle pour Tournus.	
Lidoire, Archev. de Tours,	13 sept
Liduvine ou Lidwine, honorée à Bruxelles,	14 avril.
Lié, Moine de Mici,	
Lié de Pluviers,	5 nov.
Lié de Savins,	7 juin.
Liébaut (le Vén.), Evêque d'Avranches, mort vers 589, mentionné par Robert de Langres et Messieurs de Sainte-Marthe.	
Liébaut d'Orléans,	11 août.
Lièbe, Abbesse,	28 sept.
Liébert. (le Vén.), Ev. de Cambrai,	22 juin et 28 sept.
Liède, Martyr à Dax,	1er sept.
Liéfroy. Voyez Leufroy.	
Liénard, le m. que St. Léonard de Limoges.	
Liène de Melun,	12 nov.
Liène de Poitiers,	1er fév.
Liens, patron d'une église au dioc. d'Alby.	

DICTIONNAIRE DES RITES SACRÉS. III. 33

Liénuère, hon. à Beaumont, 1er juil.
Lietbert, Ev. de Cambrai, mort en 1076.
Lieu, Ev. régionnaire, 1er mars.
Lieu, hon. dans les diocèses d'Alby et de Lavaur, où il y a des églises de son nom.
Lieue, patron du prieuré de Vrille, au diocèse de la Rochelle.
Lienrade. *Voyez* Ste. Livrade.
Lieutauud, Abbé de Moissac, vers 680.
Liévin, M. en Flandre, 12 nov.
Liévizon, Ev. de Brême, 4 janv.
Liey, hon. au dioc. de Troyes, 25 mai.
Lifard de Gonnelieu, 4 fév.
Lifard de Meun, 3 juin.
Lifouin, 12 nov.
Ligaire ou Liguaire, Ev. de Saintes, 13 nov.
Ligoire, Mart., 13 sept.
Ligorio. *Voyez* Alphonse.
Lilieuse, Martyre à Cordoue, 27 juil.
Liliole, Abbesse de Saint-Césaire, en 574
Limbagne ou Limbanie, Cypriote, 16 août.
Limin, honoré en Anjou, le m. que Linguin.
Limnée, Solitaire, 22 fév.
Lin, Pape, 23 sept. et 26 nov.
Linaud, patron d'une église au dioc. d'Agen.
Lince (le Bienh.), Moine du Mont-Cassin, instituteur du monastère d'Albanette.
Lindan, Abbé, 2 juil.
Lindrue, Vierge, 22 sept.
Linguin, M. en Auvergne, 29 mars.
Lintru ou Lintrude, Vierge.
Lio, hon. à Venise, le m. que Léon, Pape.
Liobé, la m. que Lièbe.
Liolin, Ev. de Padoue, 24 nov.
Lions, dont il y a une église au dioc. d'Alby.
Lioubère, hon. à Poitiers, la m. peut-être que Lièbe, 7 fév.
Liperche, hon. au dioc. de Chartres, 16 avril.
Liphary ou Liphard, 14 juin.
Liry, patron d'une église au dioc. de Saint-Malo.
Lis, patron d'une église vers l'Astarrac.
Lisaine, honorée à Castelnau.
Lisier. *Voyez* Lizier.
Lisold, hon. à Breteuil, 6 avril.
Lithard, hon. en Toscane, 9 juil.
Littée, Ev. en Afrique, 10 sept.
Liutfroy, Ev. de Pavie, 8 mars.
Livertin (le Vén.), disciple du bienheureux Honorat de Fondi.
Livète, honorée en Limousin, 23 sept.
Livier, M., hon. à Metz, 25 nov.
Livière, honorée en Lorraine, 8 et 12 oct.
Livrade, honorée en Agenois, 23 fév.
Livrau, Arch. d'Embrun, 21 nov.
Liz, patron d'une église en Bretagne.
Lizaigne, patronne d'un village de son nom, près d'Is-oudun.
Lizier, Ev. de Couserans, 7 août.
Lo, Ev. de Coutances, 21 et 22 sept.
Lobedave, hon. en Prusse, 9 oct.
Locher, nommé *saint* dans une bulle du Pape Lucius III, adressée à Renaud, Ev. d'Isernia.
Loevan, disciple de St. Tugdal.
Lolion l'Ancien, 20 mars.
Lolion le Jeune, 27 avril.
Lollien, M. à Samosate, 9 déc.
Lomain, Ev. en Irlande, 17 fév.
Lombrose, Vierge, 1er nov.
Lomer, patron de deux villages de son nom, en Bourbonnais; c'est peut-être le m. que St. Léomer.
Lonart, Solitaire, 15 oct.
Longils, Abbé de Boisselière.
Longin d'Afrique, 2 mai.
Longin d'Arménie, 24 juin.
Longin, M. à Cés. en Capp. 1er sept.
Longin de Marseille, 21 juil.
Longin de Nicomédie. 24 avril.

Longin, Ev. de Viviers, IIe du nom.
Longis, Abbé au Mans, 13 janv. et 2 avril.
Longis de Cappadoce, 15 mars.
Lop, hon. à Joarre, le m. que St. Leu, 1er sept.
Lor, Abbé de St.-Julien de Tours, 1er oct.
Lorge, M. av. autres, 2 mars.
Lormel, patron d'une église au dioc. de St.-Brieuc.
Lors, patron d'un prieuré et d'une paroisse au dioc. de la Rochelle.
Lotaire, Comte, M. en Saxe, 2 fév.
Lotein, Prêtre et Moine, 1er nov.
Lothier, 29 mai.
Lou, M. av. Epain, 25 oct.
Louant ou Louent, patron d'un village de son nom, près de Chinon, 25 janv.
Loubèce (Ste), dont une église porte le nom, près de Libourne,
Loubers, M. à Saragosse, 28 juin.
Louboir, dont une abbaye portait le nom, au diocèse d'Aire.
Loudain, hon. près de Strasbourg, 12 fév.
Louet, patron de plusieurs villages de son nom en France.
Louève, Reine, hon. à Senlis, 29 oct.
Louis Alemand (le Bienh.), Cardinal, 20 sept.
Louis Bertrand, 9 oct.
Louis de Blois (le Bienh.), 7 janv.
Louis de Cordoue, 30 avril.
Louis de Gonzague, Jésuite, 21 juin.
Louis de Grenade, 31 déc.
Louis, fils de Charles II, roi de Sicile, Evêque de Pamiers, mort sur la fin du XIIIe siècle.
Louis de Marseille, le même que Louis de Toulouse.
Louis (le Bienh.), 16 sept.
Louis de Nangasach, 5 fév.
Louis de Toulouse, 19 août et 10 nov.
Louis, Roi de France, 25 août.
Louise (la Bienh.), dite des Albertons, 31 janv.
Loul d'Evreux, 13 août.
Loumaze, la même que Léomaie.
Loup d'Angers, 17 oct.
Loup de Bayeux, 28 mai et 25 oct.
Loup de Bergame, 9 juin.
Loup de Bourgogne, 16 juin.
Loup de Cappadoce, 14 oct.
Loup de Châlons, 27 janv.
Loup de Limoges, 22 mai.
Loup, Evêque de Lyon, 25 sept.
Loup, Evêque de Ratisbonne, Apôtre de l'Esclavonie, Martyr en 489.
Loup de Sens, 1er sept.
Loup de Soissons, 19 oct.
Loup de Troyes, 29 juil.
Loup de Vérone, Evêque, 2 déc.
Loup l'Esclave, le m. que St. Luppe.
Lourgesil, le m. q. St. Longils, 2 avril.
Louthain ou Louthiern, Ev. régionnaire en Bretagne, hon. à Paris.
Louthiers, Abbé en Connacie, 28 avril.
Louvant, Abbé de Saint-Privat.
Louvèce, la même que Loubèce.
Louveins, Curé, 13 oct.
Louvent, 22 oct.
Loyer, Evêque de Séez, 15 juin.
Lubaie, Abbé en Touraine, 25 janv.
Lubin, Evêque de Chartres, 14 mars et 15 sept.
Luc Casail. *Voyez* Casail.
Luc d'Armento, 13 oct.
Luc, Abbé en Calabre, 1er mars.
Luc de Perse, Martyr, 22 avril
Luc de Plaisance, Moine de Saint-Savin.
Luc l'Evangéliste, 18 oct.
Luc l'Ancien, 6 nov.
Luc le Jeune, 7 fév.
Luc le Stylite, 11 déc.
Luc pour Lucius, 10 sept.
Lucain, hon. à Paris, 5 août et 30 oct.

Lucan, Ev. de Brixen, mort	en 424.
Lucan, Ev. hon. à Bellune,	20 juillet.
Lucar, Evêque en Sardaigne,	2 mai.
Lucas,	13 sept.
Lucas de Carbone, le même que Luc d'Harmento.	
Lucas de Stère, le m. q. Luc le Jeune.	
Lucas d'Ethna, le m. q. Luc l'Ancien.	
Lucas (le Bienh.), Moine de St.-Savin de Plaisance, où l'on honore ses reliques.	
Luce (le Vén.), de l'ordre de Saint-François, 15 avril.	
Luce, Pape,	4 mars.
Luce d'Andrinople,	11 fév.
Luce Annœus, Evêque de Mayence, Martyr	en 344.
Luce, Evêque d'Orange et Martyr dans les premiers siècles.	
Luce, Martyr,	23 mai.
Luce, M. av. St. Némésien,	10 sept.
Luce, Vierge et Martyre,	13 déc.
Luce de Narni, Relig euse,	15 nov.
Lucée, Vierge et Martyre,	24 et 25 juin.
Lucence, Vierge, dont la châsse est à Provins, en l'église collégiale de Saint-Quiriace.	
Lucidas, M. en Afrique,	3 janv.
Lucide, Evêque de Vérone,	26 avril et 31 oct.
Lucie de Campanie, Martyre,	6 juil.
Lucie d'Ecosse, Vierge,	20 sept.
Lucie de Rome,	16 sept.
Lucie de Thessalonique, la même que Lucée.	
Lucie de Valcadare (la Vén.),	12 janv.
Lucien d'Afrique,	13 janv.
Lucien d'Antioche,	7 janv.
Lucien d'Arménie, Martyr, dont il y a des reliques à Messine.	
Lucien de Beauvais,	8 janv.
Lucien de Duras,	7 juil.
Lucien de Nicomédie,	26 oct.
Lucien de Rome,	20 mai.
Lucien de Sardaigne,	28 mai.
Lucien de Tomes,	27 mai.
Lucien de Tripoli,	24 déc.
Lucien IIe du nom, Ev. de Viviers.	
Lucien l'Africain,	1er fév.
Lucieuse, Martyre,	27 fév.
Lucifer, Ev. de Caillari,	2 et 20 mai.
Lucil, évêque de Vérone,	31 oct.
Lucille d'Afrique, Mre,	16 fév.
Lucille de Campo-Vaccino, Martyre,	25 août et 31 oct.
Lucille de Rome, Martyre,	29 juil.
Lucillien, M. à Byzance,	3 juin.
Lucin, en Lucanie,	29 oct.
Lucine, (Ste)	30 juin.
Luciole, M. en Afrique,	3 mars.
Lucitas, M. à Madaure,	4 juil.
Lucius d'Afrique,	15 déc.
Lucius d'Alexandrie,	3 oct.
Lucius de Cappadoce,	2 mars.
Lucius de Carthage,	24 fév., 25 mai et 18 oct.
Lucius de Coire,	3 déc.
Lucius de Cyrène,	6 mai.
Lucius de Glocester,	3 déc.
Lucius de Lucanie,	29 oct.
Lucius de Membrèse ;	10 sept.
Lucius de Nicomédie,	15 mars.
Lucius, M. à Rome,	25 oct.
Lucius de Terni,	15 fév.
Lucius de None, Solitaire, près d'Alexandrie.	
Lucius l'Apostolique, le m. que Luc,	22 avril et 10 sept.
Lucius le Martyr,	8 et 18 fév.
Lucius le Romain,	1er déc.
Lucius le Sénateur,	20 août.
Lucius le Tierçaire, le m. que Luce (le Vén.),	15 avril.
Lucrèce, Vierge, Mre en Espagne,	23 nov.
Ludan, patron d'un village de son nom, en Alsace.	
Ludard, hon. à Soissons,	28 oct.
Ludevich (le Vén.), Comte,	24 sept.
Lugder, Ev. de Munster,	26 mars.
Ludmille, Duchesse de Bohême,	16 sept.
Ludolf de Corvey,	13 août.
Ludolf de Raizebourg,	29 mars.
Ludolf (le Bienh.), Ev. d'Urbin,	20 janv.
Ludre, hon. en Berri,	1er nov.
Luftotde, Vierge,	22 janv.
Lugesne, patron d'un village de son nom, en Champagne.	
Lugil, Abbé,	4 août.
Lugle et Luglien,	23 oct.
Lugnzon, hon. en Suisse,	13 juil.
Luidhard, le m. que Letard,	7 mai.
Luitburge, Vierge,	30 déc.
Luitpurge (la Bienh.), Religieuse,	28 fév.
Luitprand, Prêtre à Milan,	6 janv.
Luitwin, Ev. de Trèves,	29 sept.
Lul ou Lille, Arch. de Mayence,	15 oct. et 1er nov.
Lumague (la Bienh.),	4 sept.
Lumier, Ev. de Châlons,	30 sept.
Lumine, honoré au dioc. de Nantes.	
Luminé, patron d'une église en Bretagne.	
Luminose, louée par St. Ennode,	9 mai.
Lunaire ou Léonore, honorée en Bretagne.	
Lunaise, honorée en Berri.	
Lupède, Abbé,	2 sept.
Luperce, patron d'un village de son nom, au dioc. de Chartres.	
Lupère, Ev. de Vérone,	15 nov.
Luperque de Léon,	30 oct.
Luperque de Saragosse,	16 avril.
Lupicin, Abbé de Condat,	21 mars.
Lupicin de Lyon,	3 fév.
Lupicin de Vérone,	22 et 31 mai.
Lupicin de Vienne,	14 déc.
Lupien,	1er juil.
Lupin, hon. à Carcassonne,	30 avril.
Lupite, Vierge en Irlande,	27 sept.
Luppe, M. à Sirmich,	23 août.
Luquèse (le Bienh.), du tiers ordre de Saint-François, mort près de Pontgibons, en Toscane.	
Lurech, Ev. en Irlande,	17 fév.
Lutgarde, Religieuse cistercienne.	
Luthard, Comte, hon. à Clèves,	15 sept.
Lutice, hon. à Rome, par ses reliques.	
Lutwin. Voyez Luitwin.	
Luxan, le m. que Lucan.	
Luxore, M.,	21 août.
Luz, patron d'une église en Bretagne.	
Ly, hon. en Champagne,	14 sept.
Lybose, Evêque et Martyr,	24 déc.
Lycarion, M. à Hermopolis,	7 juin.
Lyde, M. sous Daza,	27 déc.
Lydie (la Vén.),	3 août.
Lydie l'Illyrienne,	27 mars.
Lys, patron d'un village de son nom en Languedoc.	
Lysimaque, Martyr,	9 mars.

M

Maarès, Martyr en Perse, sous Sapor,	en 346.
Mabile (la Vén.), de la maison de Simiane, morte à Apt.	
Mabyn, patron d'une église dans la Cornouaille en Angleterre.	
Macaire d'Alexandrie,	2 janv.
Macaire d'Arménie,	5 sept.
Macaire de Comminges, le même que Macary.	
Macaire de Cypre (le Bienh.), Roi,	11 déc.
Macaire d'Ecosse,	12 nov.
Macaire de Gand,	10 avril.
Macaire d'Egypte, Abbé,	1er, 2 et 15 janvier.
Macaire de Jérusalem,	10 mars, 13 août.
Macaire de Lyon,	2 juin.
Macaire de Pélécètes,	1er avril.

Macaire de Pétra, 20 juin.
Macaire de Phrygie, Martyr, 18 juill.
Macaire de Ravenne, le même que Martyre de Ravenne.
Macaire de Syrie, Martyr, 12 août.
Macaire (le Vén.) de Wurzbourg, 1er Abbé de St.-Kilien, mort vers 1100.
Macaire d'Oasis, M., 25 janv. et 20 déc.
Macaire le Martyr., 6 sept.
Macaire le Sinaïte, massacré par les Sarrasins, après le 14 janvier.
Macaire, Martyr à Rome, 28 fév.
Macaire. *Voyez* Macar.
Macalin, le même que Macalein.
Macaone, Mre avec autres, 15 déc.
Macar, M. à Alexandrie, 30 oct., 8 déc.
Macarie, Martyre, 8 avril.
Macarty, Irlandais.
Macary, Evêque, 1er mai.
Maccalein, 21 janv.
Maccarthin, Evêque, 15 août.
Macduach, Solitaire, 27 oct.
Macé, Cordelier en Berri.
Macédo, Martyr, 27 mars.
Macédon, le même que Macédo.
Macédone de Comopolis, M., 12 sept.
Macédone de Constantinople, 25 avril.
Macédone de Nicomédie, 13 mars.
Macédone le Critophage, 24 janv.
Machaud, Evêque, 25 avril.
Maclaud. *Voyez* Malo.
Maclonge. *Voyez* Malo.
Maclou. *Voyez* Malo.
Macnez, 13 juillet.
Macnise, Ev. de Connerthe, 5 sept.
Macolde (la Vén.), 15 mars.
Macor, Martyr, 17 avril.
Macorat, Martyr, 4 août.
Macoux. *Voyez* Malo.
Macre, Martyre, 6 janv., 2 mars, 31 mai, 11 juin.
Macrine (la Bienh.), aïeule de St. Basile, 14 janvier.
Macrine d'Espagne, compagne de Ste-Péchinne, hon. à Saint-Maur de Paris.
Macrine, sœur de St. Basile, 19 juill.
Macrire, hon. com. Ev. par les Bénédictines des Machabées de Cologne.
Macrobe d'Afrique, Martyr, 16 fév.
Macrobe de Damas, M., 20 juillet.
Macrobe de Scythis, M., 13 sept.
Macrobe, Martyr, 15 déc.
Mactaflède, la même que Maflée, 13 mars.
Macuda, patron d'une église en Momonie.
Macull, Evêque, 25 avril.
Madeleine. *Voyez* Marie-Magdeleine.
Madelgode, patronne du Vigeois en Limousin.
Maden, patron d'un village de son nom en Bretagne.
Madernien, Evêq. de Reims, 30 avril.
Madir, Martyr, 3 mars.
Madulf, invoqué aux Litanies de Nantes.
Mafalde (la Bienh.), Reine, 7 août.
Mafaude (la Vén.), 2 mai.
Maflée (la Vén.), 13 mars.
Magdalètes, Martyr, 12 juin.
Magdalve, Evêque de Verdun, mort en 762.
Magdégisile, Ermite.
Magdeleine-Albrici (la Vén.), Abbesse de Brunat, près de Côme, morte en 1465.
Magdeleine de Pazzy, 25 mai.
Magdeleine Panatieri (la Bienh.), Vierge, 14 oct.
Magder, Abbé, 28 août.
Magin, Martyr, 25, 29 août.
Magine, Martyr, 3 déc.
Magloire, Evêque, 24 oct.
Magnance ou Magnence, 26 nov.
Magne d'Avignon, 18 août.
Magne de Favaltère, Martyr, 19 août.
Magne de Fossombone, 4 févr.

Magne de Milan, 1er et 5 nov.
Magne de Rome, Martyr, 6 août.
Magne de Terni, 15 fév.
Magne d'Oderzo, 6 oct.
Magne, Martyr, 1er janv.
Magnerice, Archevêque de Trèves, mort en 595.
Magnier, patron d'un village de son nom en Auvergne.
Magnisse, le m. que Macnice, 3 sept.
Magorien, 15 mars.
Maguessaque, 10 mars.
Mahârite, la même que Marguerite.
Maharsapor, Martyr, 27 nov.
Mahaut (Ste), 14 mars.
Mahé (le Vén.), 12 nov.
Mahoul, patron d'une église au diocèse de Saint-Brieuc, le même que St. Malo.
Mahout, le même que St. Malo.
Maian, hon. en Bretagne.
Maiben, 23 janv.
Maieul, Abbé, 11 mai.
Maigneric, Ev. de Trèves, 25 juill.
Maigrin ou Mégrin, 17 sept.
Maillard (le Vén.), 11 mai, 11 avril.
Maimbeuf, 16 oct.
Maime ou Maxime, patron de plusieurs villages de son nom, en Provence, en Périgord, en Rouergue et en Bretagne.
Mainaud, le m. q. Maing de Fuessen.
Mainbode, Martyr.
Mainfroy (le Vén.), 27 jan.
Maing d'Ancyre, Martyr, 4 sep.
Maing de Fuessen, 6 sept.
Maing des Orcades, 16 avril.
Mainier ou Maynier, patron d'une église au diocèse de Sarlat.
Maire ou Mary, ou May.
Maisençol, le m. q. Maxentiole.
Maixence. *Voyez* Messence.
Maixent, le m. q. Messent.
Majas, 1er juin.
Majeure, 11 fév.
Major, Martyr, 15 fév.
Majorin, le m. q. Malerin.
Majorique, Martyr, 6 déc.
Malachie d'Irlande, 2 et 3 nov.
Malachie le Prophète, 14 fév.
Malachion. *Voyez* Ataphion.
Malard (Vén.). Ev. de Chartres, mort vers 663.
Malcalène, Abbé de Vassor.
Malch de Maronie, 21 oct.
Malch de Palestine, M., 28 mars.
Malch d'Ephèse, le m. q. Jamblique.
Malchie, Vierge, Martyre, 20 nov.
Malcolme (le Vén.), Roi d'Ecosse, en 1097, honoré à l'Escurial, près de Madrid.
Malée, Solitaire, 16 oct.
Malerin, Ev. d'Acqui, 17 juin.
Malmon ou Melmon, successeur de St. Malo, dont une église de Bretagne porte le nom.
Malo, qu'on pense être le même que St. Maclaud, ou Maclou, ou Maclonge, ou Macoux, ou Mahoul, ou Mahout; il y a en France, sous ces divers noms, des villes, bourgs et villages, où il est honoré le 15 novembre.
Malon, patron d'un village de son nom en Bretagne.
Malou, Prêtre, 20 déc.
Malque, la m. q. Malchie.
Malrube, Ermite, 27 août.
Maltin, patron d'une église de Shropshire en Angleterre.
Maluel, honoré près d'Annonay, en Vivarais.
Maman, patron d'un village de son nom en Dauphiné.
Mame, Martyre, 20 nov.
Mamelthe. *Voyez* Mammelthe.

Mamert d'Auxerre,	38 mars, 20 avril.
Mamert de Vienne,	11 mai.
Mamertin, le m. q. Mamert d'Auxerre.	
Mamès, patron du diocèse de Langres,	17 août.
Mamet ou Mammès, hon. à Ravenne.	
Mamet, patron de plusieurs villages de son nom, en Périgord, en Auvergne et en Languedoc.	
Mamiel, hon. dans un canton du diocèse d'Amiens.	
Mamilien, Evêque,	16 juin.
Mamillan, Martyr,	12 mars.
Mamille, honorée autrefois près de Jérusalem.	
Mamille ou Manille, M.,	8 mars.
Mammaire, M. en Numidie,	10 juin.
Mammaire, M. en Phrygie,	6 nov.
Mamme, Martyr,	29 avril.
Mammelithe, Martyre,	5 et 17 oct.
Mammère, Martyr,	14 mars.
Mamurre, Martyre,	28 fév.
Mamyque, Martyre,	26 mars.
Man.	
Manahen,	24 mai.
Manaride, Diaconesse, honorée autrefois près de Gaza en Palestine.	
Manat, le m. q. Namase,	17 nov.
Manaho, Vierge, Martyre,	13 nov.
Manços,	15 et 21 mai.
Mandales, Martyr,	10 juin.
Mandé ou Meen, Solitaire,	18 nov.
Mandèle,	16 août.
Mandrier, patron d'un village de son nom en Provence.	
Mane, Evêque,	3 sept.
Manère, patron d'un village de son nom en Agenois.	
Manetto, Servite (le Bienh.),	20 août.
Mauge. Voyez Menge.	
Mangors. Voyez Mengors.	
Manue ou Menue, Vierge,	3 oct.
Mannée, Martyr,	27 août.
Mannel, patron d'une église au diocèse de Périgueux.	
Mans, comme on dit à Abbeville, ou Masse, comme on dit à Boulogne-sur-Mer, dont le corps fut trouvé à Vime, en 954.	
Mansuet d'Alexandrie,	30 déc.
Mansuet d'Asulène, Evêque,	6 déc.
Mansuet de Milan (Vén.),	19 fév.
Mansuet de Toul. Voyez Mansuy.	
Mansuet d'Urice, M.,	28 nov.
Mansuet, Ev. de Trèves,	l'an 175.
Mansuy, Ev. de Toul,	3 sept.
Manuel, Arch.,	20 et 22 janv.
Manuel, Martyr,	19 juin.
Manvieux, Ev. de Bayeux,	28 mai.
Manze, honorée en l'île de Corse.	
Mappalique, Martyr,	17 avril.
Mapril, Martyr,	22 août.
Mar, Ev. de Trèves,	26 janv.
Marane, Recluse,	3 août.
Marbedon,	11 sept.
Marc l'Evangéliste,	24 mars, 25 avril.
Marc d'Afrique,	15 déc.
Marc d'Antioche, M.,	16 nov.
Marc d'Aréthuse,	29 mars.
Marc d'Atine,	28 avril.
Marc de Campanie,	1er sept.
Marc de Cellies (Vén.), Solitaire, mentionné par Pallade.	
Marc de Figline,	25 déc.
Marc d'Egypte, Solitaire,	5 mars.
Marc de Jérusalem,	22 oct.
Marc de Lucère,	14 juin.
Marc de Monte-Massico, le m. q. Marce.	
Marc de Mont-Thracès, Solitaire, en Libye.	
Marc de Nicée,	13 mars.
Marc de Phénicie, le m. q. Jean Marc.	
Marc de Pisidie,	22 nov.
Marc d'Eques,	13 oct.
Marc de Sinaï (Vén.), Moine, disciple du Vénérable Gérard.	
Marc de Sorrente, M.,	19 mars.
Marc de Trieste, Diacre,	10 mai.
Marc et Marcellien, Mrs,	18 juin.
Marc et Marcien, Mrs,	4 oct.
Marc et Mucien, Mrs,	3 juill.
Marc et Robustien, Mrs,	31 août.
Marc et Rufinien, Mrs,	16 nov.
Marc, Ev. de Trèves,	l'an 274.
Marc le Berger, M.,	21 et 28 sept.
Marc le Sinaïte, massacré par les Sarrasins, après le 14 janv.	
Marc le Sourd,	2 janv.
Marc, M. à Saint-Calendion,	20 nov.
Marc, Pape,	7 oct.
Marean, patron d'un village de son nom en Bretagne.	
Marce de Monte-Massico, le m. q. Marce.	
Marce de Palestine, Mre,	5 et 6 juin.
Marce de Sicile, la m. q. Marcie de Syracuse.	
Marce, 1er Evêque de Die.	
Marce, hon. en Campanie.	21 oct.
Marceau, M.,	29 juin.
Marceaumes,	14 juill.
Marcel, Arch. de Bourges, mort	en 337.
Marcel d'Afrique, M.,	19 fév.
Marcel d'Apamée,	11 août.
Marcel d'Argenton, le m. q. Marceau.	
Marcel de Capoue, M.,	6 oct.
Marcel de Châlons, M.,	4 sept.
Marcel de Cordoue, M.,	27 juin.
Marcel de Die,	9 avril.
Marcel de Numidie (Vén.),	26 nov.
Marcel de Paris,	1er et 3 nov.
Marcel de Trèves,	4 sept.
Marcel et Apulée, Mrs,	7 oct.
Marcel l'Alcémète,	29 déc.
Marcel le Centurion,	30 oct.
Marcel le Diacre, M.,	20 oct., 2 déc.
Marcel, M. à Saint-Elpide,	16 nov.
Marcel, Pape,	16 janv., 26 avril.
Marcelin, Ev. d'Ancône,	9 janv.
Marceline, Vierge,	17 juill.
Marcelle d'Alexandrie, Mre,	28 juin.
Marcelle de Rome, Veuve,	31 janv.
Marcellein, Evêque,	13 mai.
Marcellien d'Altin, Solitaire.	
Marcellien d'Auxerre, le m. q. Marcellein.	
Marcellien de Rome,	18 juin.
Marcellien de Tivoli,	29 mai.
Marcellien de Toscane,	9 août.
Marcellien de Touraine,	25 oct.
Marcellin de Carthage (Vén.),	6 avril et 13 sept.
Marcellin de Cordoue, M.,	27 juin.
Marcellin de Deventer, le même que Marceaumes.	
Marcellin d'Embrun,	13, 20 avril.
Marcellin de Ravenne,	5 oct.
Marcellin de Rome,	2 juin.
Marcellin de Vellay,	7 juin.
Marcellin d'Ombrie, Martyr,	1er juin, 9 août.
Marcellin et Macrobe, Mrs,	7 mai.
Marcellin et Satule, Mrs,	2 avril.
Marcellin, Ev. du Puy,	8 juin.
Marcellin, l'Enfant, M.,	2 janv.
Marcellin le Tribun,	27 août.
Marcellin, M. avec aut.,	20 nov.
Marcellin, Pape, le m. q. Marcel.	
Marcellose, Martyre,	20 mai.
Marcesine (Ste).	
Marcet, patron d'un village de son nom en Languedoc.	
Marcie d'Afrique, Mre,	3 mars.
Marcie de Campanie, Mre,	2 juill.
Marcie de Césarée, la m. q. Marce de Palestine.	

Marcie de Syracuse, M^{re},	21 juin.	Marie d'Antioche, Vierge,	29 mai.
Marcien d'Afrique, M.,	4 janv.	Marie d'Aquilée, Martyre,	17 juin.
Marcien d'Apt,	23 et 25 août.	Marie de Béthanie,	15, 19 janv. et 29 juill.
Marcien de Bénévent, Evêque de Fricento.		Marie de Carthage,	11 fév.
Marcien de Calcide, Solitaire, loué par Théodoret.		Marie de Cerveillon (la Bienh.), Vierge,	20 sept.
Marcien de Cyr,	2 nov.	Marie de Cordoue, M^{re},	24 nov.
Marcien d'Egypte,	15 juin.	Marie de Cypre (la Bienh.),	29 juin.
Marcien de l'Antiphonète,	9 août.	Marie de la Cabèse (la Bienh.),	8 sept.
Marcien de Nicomédie, M.,	26 oct.	Marie de Maillé (la Vén.),	28 mars.
Marcien de Pampelune,	30 juin.	Marie de Néocôre, Martyre,	1er nov.
Marcien de Ravenne,	22 mai.	Marie de Suburre, Martyre,	2 déc.
Marcien de Syracuse,	14 juin.	Marie de Tarse (la Vén.), Pénitente à Eges en Cilicie, mentionnée par Jean Mosch, en son Pré spirituel.	
Marcien de Thrace,	10 nov.		
Marcien de Tortone,	27 fév., 6 et 27 mars.		
Marcien d'Etrurie, M.,	16 sept.	Marie d'Ognies (la Vén.),	23 juin.
Marcien de Vénafre,	17 juin.	Marie Egyptienne,	31 mars, 2, 9 et 29 avril.
Marcien d'Héraclée, M.,	26 mars.	Marie Jacobé, la m. q. Marie Cléophé.	
Marcien d'Icone, M.,	11 juill.	Marie la Patricienne, M^{re},	9 août.
Marcien le Chantre, M.,	25 oct.	Marie l'Ellendigre (la Bienh.),	18 juin.
Marcien l'Egyptien, M.,	4 oct.	Marie l'Hellespontine,	29 oct.
Marcien l'Exocatacèle,	10 janv.	Marie Lumague (la Vén.),	4 sept.
Marcienne d'Alby, Vierge,	5 nov.	Marie-Magdeleine,	22 juil.
Marcienne de Grèce (la Bienh.),	24 mai.	Marie-Magdeleine de Pazzi,	27 mai.
Marcienne de Mauritanie, Vierge, 9 janv., 11 et 12 juill.		Marie Soccos (la Vén.), de l'ordre de la Merci, honorée dans une église de Barcelone.	
Marcienne de Pont, V.,	18 août.	Marie Suyreau, Abbesse,	10 déc.
Marcilien, patron d'une paroisse à Venise.		Marie Victoire Fornari, Veuve (la Bienh.)	12 sept.
Marcion, martyrisé avec Ste Eunomie et Ste Sophie.		Marien d'Afrique, M.,	11 juill.
		Marien d'Auxerre,	20 avril.
Marcouli, patron d'une commanderie de Malte en Italie.		Marien de Combraille, le même que Margeain.	
		Marien de Mauritanie, M.,	17 oct.
Marcolin (le Bienh.), Dominicain,	24 janv.	Marien de Ratisbonne (Vén.),	9 fév. et 4 juil.
Marcôre, hon. près de St.-Bertrand de Comminges.		Marien le Lecteur, M.,	30 avril.
Marcou ou Marcouf,	1er mai.	Marin d'Afrique, M.,	10 juil.
Marcuola, le m. que St. Hermogore.		Marin d'Anazarbe, M.,	8 août.
Marcy, patron de Loudéon en Saintonge; on croit que c'est le même que Mars d'Auvergne, 13 avril.		Marin d'Auxerre, Ev.,	4 août.
		Marin de Grislet, hon. au dioc. de Ratisbonne.	
Mard, ou Mars, ou Marz, le même que St. Médard.		Marin de Lérins.	
Mardaire, Martyr,	13 déc.	Marin de Maurienne,	24 nov.
Mardalée, Abbé,	16 mai.	Marin de Rimini,	3 et 4 sept.
Mardoine d'Axe, M.,	24 janv.	Marin de Scandic, Ev.,	16 juil.
Mardoine de Nicomédie, M.,	23 déc.	Marin de Tomes, M.,	5 juil.
Mareabdes, le m. que Mariabdes.		Marin, Ermite.	
Maréas de Perse, Evêque, Martyr,	22 av. 10 oct.	Marin, (le Vén.), Evêque d'Arles, mort vers 320.	
Maréas de Nicomédie,	12 mars.	Marin, IIe évêque de Mayence.	
Marecq, honoré près de Montdidier.		Marin le Sénateur,	29 déc.
Marême, Vierge,	22 nov.	Marin le Soldat, M.,	3 mars.
Marès de Netes, Abbé,	25 janv.	Marin, M., en Bavière,	15 nov.
Marès de Perse, M.,	27 mars.	Marine d'Alexandrie, 8 fév., 18 juin, 17 juill. et 4 déc.	
Margeain,	10 août et 19 sept.		
Margets, patron d'une église au dioc. d'Herford, en Angleterre.		Marine de Gallice,	18 juil.
		Marine Escobar (la Vén.),	9 juin.
Marguerite, Vierge et martyre,	13 et 20 juill.	Marine Vallarine, (la Vén.),	18 juin.
Marguerite d'Arbouze (la Vén.),	16 août.	Marinien de Rome, M., 17 janv. et 1er déc.	
Marguerite de Cortone (la Vén.),	23 fév.	Marinien, hon. près de Ravenne.	
Marguerite d'Ecosse,	10 juin, 16 nov.	Maris le Persan, le même que Marius de Catabisse.	
Marguerite de Florence (la Bienh.),	26 août.	Maris (le Vén.), Sarrasin, Moine sous Euthyme, qui le convertit; mort vers l'an 430.	
Marguerite de Louvain (la Bienh.), V. et M., 2 sept.			
Marguerite de Médole (la Bienh.),	13 avril.	Marius d'Avenches,	31 déc.
Marguerite de Mellame (la Vén.),	23 janv.	Marius de Catabisse, Martyr,	19 janv.
Marguerite de Nevers, (la Vén.),	5 sept.	Marius de Lausane, le même que Marius d'Avenches.	
Marguerite de Savoie (la Bienh.),	23 nov.		
Marguerite de Septempéda (la Bienh.),	27 août.	Marius de Nicomédie, Mart.,	12 mars.
Marguerite de Hongrie (la Vén.),	18 et 28 janv.	Marius le Capitaine, martyrisé à Rome sous l'empereur Adrien.	
Marguerite l'Anglaise (la Vén.), honorée en Velay.			
Mariabdes, Martyr,	9 avril.	Marmène, Martyre,	29 mai.
Marian, Solitaire.		Marnoch, honoré en Irlande,	30 déc.
Marianne d'Assyrie, Vierge,	17 fév.	Marole, Evêque de Milan,	23 avril.
Marie-Anne de Jésus (la Bienh.), Vierge,	27 avril.	Maron le Martyr,	15 avril.
Marianne de Perse, Vierge,	9 juin.	Maron le Solitaire,	9, 14 fév. et 14 déc.
Marie, la très-sainte Vierge, 16 janvier et 15 août.		Marosas (le Vén.), originaire de Néchels, Moine de Mont-Coryphe, près d'Antioche.	
Marie Baguèse (la Vén.),	28 mai.		
Marie Bonneau (la Vén.), Veuve,	24 mars.	Marotas, Martyr en Perse,	27 mars.
Marie Cléophé,	9 avril et 19 juin.	Maroye, la même que Marie d'Ognies.	
Marie Consolatrice,	1er août.	Marquard (le Vén.), de l'ordre de Saint-François, mort en 1337.	
Marie d'Ajofrin (la Vén.),	17 juill.		
Marie d'Alexandrie, Vierge,	18 juin.	Marquard le Prémontré (le Vén.),	6 mai.

Marriz, patron d'une église en Bretagne.
Mars d'Ascalon, le même qu'Arès.
Mars d'Auvergne, Abbé, 13 avril.
Mars de Bais, 21 juin.
Marsale, Martyr, 29 avril.
Marsau, Abbé, 24 oct.
Marse d'Auxerrois, 4 oct.
Martane, 2 et 10 oct.
Marthe, Hôtesse de Notre-Seigneur, 29 juill. et 17 oct.
Marthe d'Astorga, V., 22 et 23 fév.
Marthe de Catabisse, Martyre, 19 janv.
Marthe de Cologne, 20 et 21 oct.
Marthe d'Egypte, Martyre, 24 juin.
Marthe de Monembase (la Vén.), Religieuse péloponnésiote.
Marthe, mère de St. Siméon Stylite le Jeune, 5 juill.
Martial d'Afrique, Martyr, 3 janv.
Martial d'Ardée, 5 juin.
Martial de Cordoue M., 13 oct. et 9 nov.
Martial de Limoges, 30 juin et 1er juill.
Martial de Nicomédie, M., 13 mars.
Martial de Pétra, Martyr, 16 fév.
Martial de Poitiers, le même que Marsau.
Martial de Porto, Martyr, 22 août.
Martial de Rome, 10 juill.
Martial de Saragosse, Martyr, 16 avril.
Martial de Sirmich, Martyr, 15 juill.
Martial de Spolète, 4 juin.
Martial de Staius.
Martial de Tomes, Martyr, 27 mai.
Martial et Antigone, Martyrs, 16 nov.
Martial et Miton, 4 mai.
Martial l'Africain, Martyr, 28 sept.
Martial le Confesseur, mentionné dans la lettre de Lucien à St. Célerin.
Martial le Martyr, 15 nov.
Martien, Abbé.
Martignant, patron d'un village de son nom près de Montluçon.
Martin, IIIe abbé de Saint-Jouis, diocèse de Poitiers.
Martin Candide, Ev. de Chartres.
Martin (le Bienh.), Cardinal.
Martin d'Afrique, Martyr, 3 déc.
Martin d'Aguirre, 5 fév.
Martin d'Alexandrie, Martyr, 30 avril.
Martin d'Armorique, hon. en Basse-Bretagne.
Martin de Brive, 9 août.
Martin de Corbie, 26 nov.
Martin de Dume, 20 mars.
Martin de Porras (le Vén.), 3 nov.
Martin de Saintes, le m. que le suiv.
Martin de Saugnes, 7 et 8 mai et 7 déc.
Martin de Saure, 31 janv.
Martin de Tongres, 21 juin.
Martin de Tours, 11 nov.
Martin de Trèves, 19 juill.
Martin de Vertou, 24 oct.
Martin de Vienne, 1er juillet.
Martin d'Ilort, 26 sept.
Martin, disciple de St. Martin de Tours, Abbé de l'Ile-Barbe, ensuite Archevêque de Lyon.
Martin, 1er du nom, VIe Evêque de Mayence.
Martin, IIe du nom, Ev. de Mayence, mort en 378.
Martin, IIe du nom, Ev. de Trèves, en 510.
Martin le Seul, le même que Martin de Vertou.
Martin le Voyageur, le même que Martin de Saugnes.
Martin l'Heptacémète, le même que Martinien d'Ephèse, 27 juill.
Martin-Mathias, 5 fév.
Martin, Pape, 16 sept. et 12 nov.
Martine, Veuve, Mre, 1er et 30 janv.
Martinien de Como, 3 sept.
Martinien de Milan, 2 janv. et 29 déc.
Martinien d'Ephèse, 27 juill.
Martinien de Turin, Martyr, 8 déc.

Martinien, Ermite en Palestine, 13 fév.
Martinien et ses compag, Mrs, 9 déc.
Martinien l'Armurier, Martyr, 16 oct.
Martinien de Rome, M., 2 juill.
Martory, Martyr, 29 mai.
Martyre d'Abruzze.
Martyre de Comminges.
Martyre de Ravenne, M., 18 et 20 juin.
Martyre le Sous-Diacre, M., 25 octob.
Martyrie, Martyre, 21 mai.
Marus, Archev. de Trèves, en 465.
Marutas Evêque, 4 déc.
Marvart, Moine, 27 fév.
Mary-de-Val-Benoit, le même que May, 27 janv.
Mary de Mauriac, Solitaire, 8 juin.
Marz de Soissons, le m. que St. Médard.
Masme, Martyr, 12 juin.
Mason le m. que Mausone, 1er nov.
Maspicien, IIIe Evêque d'Albe, siège transféré à Viviers.
Masré, patron d'un village de son nom, près de Montauban.
Massarie, Martyre, 17 déc.
Masse, le même que St. Mans.
Massède, Martyr en Afrique, 21 fév.
Massire, patron d'une église, au dioc. de Luçon.
Massylitains, les m. q. les Maxulitains.
Mastride, Vierge.
Matelin, le m. q. St. Mathurin, 1er nov.
Matère, Martyr, 15 déc.
Materne de Milan, 18 juill.
Materne de Trèves, 18 juill., 14 sept. et 23 oct.
Materne, Martyre, 2 juin.
Maternien, Evêque de Reims, 30 av.
Mathias, Apôtre, 24 fév.
Mathias de Cadan (le Bienh.), 11 mars.
Mathias de Jérusalem, Ev. M., 30 janv.
Mathie, patronne de Troyes, 7 mai.
Mathieu, Apôtre, 20 et 21 sept.
Mathieu-Grégoire, 20 sept.
Mathieu l'Ascète, 18 sept.
Mathieu l'Ermite, 28 juill.
Mathilde (la Vén.), 4 nov.
Mathoé (le Vén.), Solitaire, ordonné prêtre à Magdol près de Péluse en Egypte.
Matre ou Martre, patron d'un village de son nom en Quercy.
Matrienne, honorée près d'Alby.
Matrone d'Ancyre, Vierge, 18, 20 mars.
Matrone d'Antioche, Martyre, 16 nov.
Matrone d'Asie, Martyre, 12 sept.
Matrone de Constantinople, 9 nov.
Matrone de Paphlagonie, 18 mai.
Matrone de Tarse, Martyre, 20 mai.
Matrone de Thessalonique, Martyre, 15 mars.
Matronien, Solitaire, 14 déc.
Matthéo (le Vén.), 11 juin.
Matthieu Carrieri (le Bienh.), 7 oct.
Matur, Martyr avec autres, 2 juin.
Maturin, 1er et 9 nov.
Matutine, Martyre, 27 mars.
Maubert de Bourges, mort vers 911.
Maubert, patron d'une église à Reignac, diocèse de Bordeaux.
Mauberte, Vierge, 7 sept.
Maudé, patron d'un village de son nom en Bretagne.
Maudon, patron d'un village de son nom en Bretagne.
Manfroy, Chorévêque, honoré en Quercy, 4 oct.
Maugand, patron d'un village de son nom en Bretagne.
Mauger de Lagny, 9 avril.
Mauger de Soignies, le m. q. Vincent.
Mauguille, Solitaire, 30 mai.
Maullet, honoré au dioc. d'Uzès.
Maur, Abbé, 15 janv.

Maur de Biseilles, Martyr,	27 juill.
Maur de Césène,	20 janv.
Maur de Plaisance,	13 sept.
Maur de Reims, Martyr,	22 août.
Maur de Rome, Martyr,	1er août.
Maur de Verdun,	8 nov.
Maur de Vérone,	21 nov.
Maur de Hongrie, Év.,	4 déc.
Maur d'Istrie, Martyr,	21, 22 nov.
Maur l'Ermite (le Vén.), dont le corps est honoré à Huy, dans l'église de St. Jean l'Evangéliste, mort en 680.	
Maur le Romain, Martyr,	5 déc.
Maur le Soldat, le même que Maurus.	
Maure de Beauvoisis, Vierge,	12 nov.
Maure de l'Archipel, Vierge,	30 nov.
Maure de Ravenne, Martyre,	13 fév.
Maure de Thébaïde,	3 mai, 19 déc.
Maure de Touraine, Martyre, 14 juill., 25 oct. et 12 nov.	
Maure de Troyes, Vierge,	21 sept.
Maurèle de Ferrare, le même peut-être que le suivant.	
Maurèle d'Imola,	6 mai.
Maurice, Abbé,	5 oct.
Maurice d'Agaune,	22 sept.
Maurice d'Apamée, Martyr,	27 déc.
Maurice d'Arménie, Martyr,	10 juill.
Maurice de Favarin (le Bienh.),	20 mars.
Maurice de Kernoët (le Bienh.),	20 sept.
Maurice de Pignerol,	24 avril.
Maurice de Hongrie (le Vén.), mentionné par Gérard Vossius.	
Mauris, Religieux de l'ordre de Citeaux,	30 sept.
Mauricille, Év. de Milan,	31 mars.
Maurille d'Angers,	13 sept.
Maurille de Chartres,	16 mars.
Maurille de Rouen,	9 août et 13 sept.
Maurin, patron d'un village de son nom dans l'Agenois.	
Mauronce, Abbé,	9 janv.
Mauront, Evêque,	18 oct.
Mauronte, Abbé de Merghem	
Maurenie, le m. q. Morent de Bruel.	
Maurule, Martyr,	12 nov.
Maurus, Soldat, Martyr,	29 janv.
Mausime, Prêtre, en Syrie,	23 janv.
Mausone, Év. de Mérida,	1er nov.
Mauvé, Év. de Verdun,	4 oct.
Mauvis, le même que le précédent.	
Mauxe ou Maxme, et St. Vénérand, Martyrs.	
Mavile (le Bienh.), Martyr,	4 janv. et 11 mai.
Maws, Moine irlandais,	2 sept.
Maxelende, Vierge, Martyre,	13 nov.
Maxence, le même que Maxens.	
Maxence (Ste),	30 avril.
Maxens, Martyr à Trèves,	5 oct. et 12 déc.
Maxentiole, le m. q. Mezenceul,	
Maxime d'Abie, Diacre,	20 oct.
Maxime d'Acquigny, le m. q. St. Meu.	
Maxime d'Afrique (le Vén.), auteur d'un comput ecclésiastique donné dans l'Uranologe du P. Pétau.	
Maxime d'Alexandrie,	9 avril et 27 déc.
Maxime d'Andrinople,	15 et 16 sept.
Maxime d'Antioche,	25 janv.
Maxime d'Apamée,	16 sept. et 30 oct.
Maxime d'Asie,	30 avril, 14 mai et 28 sept.
Maxime d'Avignon, dont les reliques sont en une châsse d'argent sur le grand autel de Notre-Dame de Doms, à Avignon ; on l'honore comme Év. du lieu.	
Maxime d'Auvergne,	15 mai.
Maxime de Brescia, le m. q. Masme.	
Maxime de Byzance,	8 mai.
Maxime de Cappadoce,	10 nov.
Maxime de Capse,	17 août, et 2 juill.
Maxime de Constantinople, le m. q. Maximien.	

Maxime de Cumes,	18 fév.
Maxime de Damas,	20 juill.
Maxime de Grèce,	30 avril.
Maxime d'Egypte,	27 avril.
Maxime de Jérusalem,	5 mai.
Maxime de Mayence,	18 nov.
Maxime de Mauritanie,	11 avril.
Maxime de Naples,	11 juin et 2 juill.
Maxime de Nole,	15 janv. et 7 fév.
Maxime de Padoue,	2 août.
Maxime de Pavie,	8 janv.
Maxime de Perse,	15 avril.
Maxime de Riez,	27 nov.
Maxime de Rome,	10 mai et 25 oct.
Maxime de Sirmich,	15 juill.
Maxime d'Espagne,	20 nov.
Maxime de Taormine,	12 janv.
Maxime de Turin,	25 juin.
Maxime, M. à Venise,	10 oct.
Maxime de Vérone (le Bienh.),	29 mai.
Maxime de Vescove,	11 mai et 19 oct.
Maxime de Vienne,	2 janv.
Maxime de Vime, le m. que Masse et que Mans.	
Maxime d'Illyrie,	18 août.
Maxime, M. av. quatre aut.,	18 fév.
Maxime d'Ostie,	23 août.
Maxime d'Osobie,	13 et 28 avril.
Maxime l'Africain,	10 avril et 28 oct.
Maxime l'Alexandrin,	9 juin.
Maxime l'Architecte, le m. q. Maxime d'Illyrie.	
Maxime le Camérier,	14 avril.
Maxime le Damascène,	25 sept.
Maxime le Grec,	15 sept.
Maxime le Greffier,	20 janv. et 2 déc.
Maxime le Massylitain,	22 juil.
Maxime le Prêtre, M. à Rome,	19 nov.
Maxime, Martyr avec autre,	4 sept.
Maxime l'Homologète,	13 août.
Maxime et Janvier, Mrs en Afrique,	8 avril.
Maxime, M. avec Moïse,	25 nov.
Maxime d'Afrique, Vierge,	16 oct.
Maxime d'Auxerre, Vierge, dont le corps est dans l'abbaye de Saint-Germain, dans un tombeau qui est sous l'autel de la chapelle de Saint-Optat.	
Maxime de Caillan, Vierge,	16 mai.
Maxime de Lisbonne, Mre,	1er oct.
Maxime de Rascas.	
Mrxme de Rome, Martyre,	2 sept.
Maxime de Sirmich,	26 mars.
Maxime de Tubierbe, Mre,	30 juillet.
Maxime l'Africaine,	8 avril.
Maximien d'Afrique,	27 août.
Maximien de Bagaie (le Vén.),	3 oct.
Maximien de Constantinople,	12 avril et 12 oct.
Maximien de Nole, le m. q. Maxime,	7 fév.
Maximien d'Éphèse,	27 juill.
Maximien de Syracuse (le Bienh.),	9 juin.
Maximien l'Herculien, le m. que Maximilien d'Antioche.	
Maximilien d'Afrique,	12 mars.
Maximilien d'Antioche,	21 août et 20 sept.
Maximilien de Lorc,	12 et 29 oct.
Maximilien de Pedène,	1er sept.
Maximilien de Thébeste, le m. q. Mamillan.	
Maximilien l'Heptacémète, le m. que Maximilien d'Éphèse.	
Maximilienne, mentionnée par Alexandre III, en 1173.	
Maximin d'Aix,	8 juin.
Maximin, Arch. de Besançon mort en 292.	
Maximin de Billon,	2 janv.
Maximin ou Mémin, Evêque de Poitiers.	
Maximin de Riez. *Voyez* Maxime.	
Maximin, IIIe Évêque de Strasbourg.	
Maximin de Tongres,	20 juin.
Maximin de Trèves,	12 et 29 sept.
Maximinien, Evêque de Ravenne,	21 et 22 fev.
Maxire, le m. q. Massire.	

Maxire, patron d'un village de son nom, près de Niort.
May, Abbé, 27 janv.
Mayme. Voyez Maime.
Maynard de Livonie (le Bienh.), 14 août.
Maynard, dont il y a eu une église au comté d'Herford en Angleterre.
Maynier, dont il y a eu une église au diocèse de Sarlat.
Mazaire, patron de l'église priorale et paroissiale de Bernay, au diocèse de Saintes.
Mazeran, patron de l'église priorale de Broc, au diocèse de Clermont.
Mazote, honorée en Ecosse, 21 août.
Méach, hon. en Bigorre.
Méard. Voyez Médard.
Méaudan, 7 fév.
Mechtilde d'Ecosse (la Vén.), 12 avril.
Mechtilde de Diezze, 30 mai.
Mechtilde de Spanheim, 26 fév.
Mechtonile, honorée à E'chsel, près de Bâle, avec les reliques de Ste Cunisse et de Ste Guibrande.
Médard, Evêque de Noyon, 8 juin et 15 oct.
Médiers, patron d'un village de son nom en Languedoc.
Médilame, Vierge, 17 sept.
Médique, hon. à Otricoli, 25 juin.
Médrain, hon. en Irlande, 7 juil. et 2 oct.
Médule, M. avec autres, 25 janv.
Médulfe, Ermite.
Méen. Voyez Mein.
Méenolf, le m. q. Meinon. 5 oct.
Meggin, 1er déc.
Mégingaud, Evêque de Vurzbourg, mort vers 870.
Mégrin, patron d'un village de son nom, près de Jonzac.
Meille, hon. au diocèse d'Auch.
Mein, Abbé en Bretagne, 21 juin.
Meingaud, Comte, 8 fév.
Meinon, Diacre, 5 oct.
Meinrard, Ermite, 21 janv.
Meinverc, Evêque de Paderborn, 5 juin.
Mel, Evêque en Irlande, disciple de St. Patrice.
Mélage, Martyr, 8 mars.
Méain, patron d'un village de son nom en Normandie.
Mélaine de Moutier-la-Celle.
Mélaine, Ev. de Rennes, 6 janv. et 6 nov.
Mélair ou Méloir, 4 oct.
Mélan, Evêque, 16 janv.
Mélanie, Evêque de Viviers.
Mélanie la Jeune, 31 déc.
Mélanie l'Ancienne, 7 janv. et 8 juin.
Mélasippe d'Ancyre, 7 nov.
Mélasippe de Langres, 17 janv.
Mélancy, hon. au diocèse de Viviers.
Melch, Evêque d'Ardashad, en Irlande.
Melchiade, Pape, 10 janv. et 10 déc.
Melchisédech, 12 avril.
Meldas, Martyr.
Meldégace, M. à Terracine, 1er nov.
Meldéoc, hon. autrefois près de Vannes.
Mèle, hon. par les Ethiopiens, 23 avril.
Mélèce de Chypre, 21 sept.
Mélèce de Spolète, 16 déc.
Mélèce le Colonel, 24 mai.
Mélèce le Grand, Evêque d'Antioche, 12 fév. et 4 déc.
Méléré, Abbé en Auvergne, 22 juillet.
Mélian, Comte de Cornouaille, patron de plusieurs églises en Bretagne.
Mélissène, M. d'Amorio, 6 mars.
Méluine, M. en Thrace, 15 et 16 sept.
Méliton (le Vén.), Evêque de Sardes, 1er avril.
Melle, Abbesse en Irlande, 9 mars.
Mellit, Evêque de Cantorbéry, 24 avril.
Mellyn, patron d'une église dans la Cornouaille en Angleterre.

Melmon. Voyez Malmon.
Méloir, 4 oct.
Mélon, Evêque de Rouen, 1er et 2 oct.
Même de Chinon. Voyez Maime ou Mesme, 20 août.
Même de Vienne, 2 janv.
Même, hon. près de Dourdan, 7 mai.
Mémemien, patron d'une église paroissiale du doyenné de Bray, en Beauvoisis.
Memesse, Vierge.
Mémi ou Menge, Evêque de Châlons-sur-Marne, mort vers 290.
Mémiers, M. en Champagne, 7 sept.
Mémin ou Maximin, Evêque de Poitiers.
Mémin, Abbé près d'Orléans, 15 déc.
Memmie, Martyre à Rome, 16 mars.
Memnon de Thrace, 20 août.
Memnon l'Hégumène, 28 avril.
Mémoire, M. avec autres.
Mémor, dont les reliques avaient été mises sous un autel à Barry, dans la Pouille, avant l'an 1091.
Mémorien, prêtre à Auxerre sous saint Optat.
Ménalippe, Martyr en Asie, 23 fév. et 2 sept.
Ménalque, 6 avril.
Ménandre, de Philadelphie, 1er août.
Ménandre de Pruse, 28 avril.
Ménas de Byzance, 12 juil.
Ménas de Constantinople, 25 août.
Ménas de l'Hebdome, 1er août.
Ménas le Callicelade, 10 déc.
Ménas le Mégalomartyr, le m. q. Ménée de Cotyée.
Ménaud, le m. q. Maing de Fuessen.
Mendrie, hon. à Toulon, 19 août.
Ménédème, M. avec autres, 18 mai et 5 sept.
Ménée de Grèce, 24 jul.
Ménée, le même que Ménas, 1er août.
Ménéhould, Vierge, 22 sept. et 14 oct.
Ménélante, Martyr en Afrique, 25 fév.
Ménèle, Abbé de Mélat.
Ménésidée, M. à Alexandrie, 14 juil.
Ménévou, patron de Béuil, près Joinville.
Menge, Evêque de Châlons, 5 août.
Mengors, Comte de Gueldres, 19 déc.
Ménier (le Vén.), Abbé en Saxe, 26 sept.
Méning, M. en Hellespont, 15 mars.
Menjol, Martyr.
Mennas de Constantinople, le m. q. Ménas.
Mennas des Samnites, 11 nov.
Menne d'Alexandrie, le m. que Ménas le Callicélade.
Menne de Cotyée, Martyr, 11 nov.
Menne, Martyr en Libye, 11 nov.
Ménodore, Vierge, Martyre en Bithynie, 10 sept.
Ménoir, hon. en Bretagne, le même peut-être que Méloir.
Ménolappe, M. à Nicomédie, 2 sept.
Ménou, Evêque, 12 juil.
Menric, Chanoine de Lubeck, fondateur du monastère des religieuses de Fronneberg en Westphalie au XIIIe siècle.
Mer, patron de plusieurs villages de son nom en Limousin.
Méraut, Abbé, 23 fév.
Merce, Africain, 12 janv.
Mercure d'Afrique, 6 mars.
Mercure de Bénévent, 14 et 15 juin.
Mercure de Cappadoce, 25 nov.
Mercure de Sicile, M. avec autres, 10 déc.
Mercurial, Evêque de Forly, 23 mai et 30 avril.
Mercurie, Vierge et Martyre, 30 oct et 12 déc.
Mère, Vierge et Martyre.
Mérence, la même qu'Emérentienne.
Mériadec, Evêque de Vannes, 7 juin.
Mérole du Maine (le Bienh.), 18 mars.
Mérole (le Vén.), Moine à Rome, 21 janv.
Mérovée, Moine de Bobbio.
Merre ou Mitre, Martyr, 13 nov.
Merry, Abbé d'Autun.
Merry, Abbé à Paris, 22 janv., 29 et 31 août, et 2 sept.

Mérule (la Bienh.), 17 janv.
Mervé, le même qu'Hervé l'Exorciste.
Mervou, patron d'un village de son nom en Bretagne.
Messaline, hon. à Foligny, 23 janv.
Messauge, hon. avec St. Epain, 25 oct.
Messelin, honoré à Tarbes, 24 mai.
Messence, hon. en Beauvaisis, 20 nov.
Messent, Prêtre en Poitou, 26 juin.
Messien, M. près de Beauvais, 8 janv.
Mesme, Solitaire, 20 août.
Mesmin ou Maximin, Abbé de Micy.
Métel, M. à Néocésarée, 24 janv.
Méthode de Constantinople, 14 juin.
Méthode, Ier du nom, Evêque d'Olmutz, mort en 840.
Méthode, IIe du nom, comme Evêque d'Olmutz, en 861.
Méthode de Patare, 20 juin.
Méthode de Tyr, 18 sept.
Métran, Martyr à Alexandrie, 31 janv.
Mètre, M. avec Ste Apolline, 3 fév.
Métrobe de Rome, 24 déc.
Métrobe d'Orient, 3 déc.
Métrodore, Vierge, 10 sept.
Métron, Prêtre à Vérone, 8 mai.
Métrophanes, Ev. de Byzance, 4 juin.
Métropile ou Métropole, Evêque de Trèves, 8 oct.
Meu, bon. au dioc. d'Evreux, 25 mai.
Meudan, le même que Méaudan.
Meure, Martyr à Gaza, 19 déc.
Mézard, le même que Mars, honoré au diocèse de Lectoure.
Mézenceuil, hon. en Anjou, 17 déc.
M ani (le Vén.), 8 fév.
Micalle, Martyr à Sébaste, 9 mars.
Micaud, patron d'un village de son nom, près Châlons-sur-Saône.
Michée le Morasthite, 21 avril.
Michée l'Ephraïmite, 5 janv.
Michel, Archange, 8 mai. 29 sept. et 16 oct.
Michel-Cosaqui, M. au Japon, 5 fév.
Michel, Diacre, 9 déc.
Michel, Evêque de Saint-Paul-Trois-Châteaux, 24 déc.
Michel des Saints, Trinitaire, 5 juillet.
Michel de Synnade, 23 mai.
Michel d'Ettingen, 26 mars.
Michel l'Aragave, 11 oct.
Michel (le Vén.), Camaldule, 21 et 23 janv.
Michel le Noblets (le Vén.), premier Missionnaire de la Basse-Bretagne, qui avait été novice aux Jacobins de Morlaix.
M chelle, Veuve, 19 juin.
M.comer, Prêtre, 30 avril.
Midrane, dont l'ancienne église donne le nom à un des faubourgs de Bayeux.
Mide (Ste) ou Ite, Abbesse en Irlande, 15 nov.
Mie, Ermite, 16 mai.
Miel ou Mihiel, le même que St. Michel, Archange.
Mieu, patron d'une église au dioc. de Dol en Bretagne.
Migdoine, Martyr, 23 déc.
Mignon, Martyr à Madaauze, 4 juillet.
Migèce, honoré autrefois au diocèse de Besançon.
Miger, Archevêque de Besançon.
Miggènes, Martyr à Ephèse, 16 mai.
Miggin, Martyr avec Victor, 4 déc.
Miky, Martyr au Japon, 5 fév.
Milburge, Princesse anglaise, 23 fév.
Mildrède, Princesse, 13 juillet.
Mildrède, Vierge et Abbesse, 20 fév.
Miles, Evêque de Suze, 22 avril.
Milet, Archevêque de Trèves, 19 sept.
Miley, Martyr à Vilna, 14 janv.
Milgule, V. en Angleterre, 17 janv.
Milhan, Curé en Aragon, 12 nov.
Milice, dont une église porte le nom à Brillac vers le Limousin.
Millan, hon. au diocèse de Tréguier, 5 nov.
Millefort, patron de l'église de la Bouvaque, près d'Abbeville.

Milles, Evêque en Perse, M., 10 nov.
Million ou Emilion, hon. en Poitou.
Millory (le Bienh.), 26 mars.
Milon de Bénévent, 23 fév.
Milon de Fontenelles (le Vén.), Anglais, Moine de Saint-Vandrille, mort vers 750.
Milon de Terouanne, 16 juillet.
Mime, Martyr avec autres, 31 oct.
Minalie, Martyre avec autres, 12 avril.
Minause (le Vén.), successeur de St. Lupicin, à l'abbaye de Saint-Claude.
Mindé (le Vén.), premier Abbé de Ménat en Auvergne.
Mindine, Martyre à Tody, 26 mai.
Minère, Martyr à Nyon, 17 mai.
Minerf, Martyr à Lyon, 23 août.
Minervin, Martyr à Catane, 31 déc.
Minge, le même que Menge.
Minias, Martyr à Tomes, 9 juillet.
Miniat, Martyr à Florence, 25 oct.
Minnain, Archev. en Ecosse, 1er mars.
Minyer, dont il y a eu une église dans la Cornouaille en Angleterre.
Mion, hon. en Auvergne, 1er juin.
Mir (le Bienh.), Solitaire à Sorigue, près le lac de Côme.
Miran, patron d'un village de son nom, près de Barbesieux.
Mirlourirain, hon. à Reims, 18 mai.
Miroclètes, Ev. de Milan, 30 nov. et 3 déc.
Miron. Voyez Myron.
Misach, le même qu'Azarias, 24 avril et 16 déc.
Missurien, Martyr en Afrique, 27 janv.
Miton, Martyr en Afrique, 4 mai.
Mitre, hon. à Aix en Provence, 13 nov.
Mnason, Disciple de J.-C., 12 juill.
Mnésithée, Martyr à Perge, 1er août.
Moach, dont il y a une église aux confins de Bretagne et de Normandie, mentionnée dans une bulle du pape Adrien IV.
Mobay, Moine de Cluaimmicnoïs en Irlande, sous St. Quéran, mort vers 589.
Moce d'Adiabe, Martyr sous Sapor, en 346.
Moce de Byzance, 11 et 13 mai.
Moch, Martyr, 9 juillet.
Mochtée, Ev. de Lumague, 24 mars et 29 août.
Mochua, le même que St. Cronan, Abbé en Irlande, 1er janv.
Mocolmoc, Evêque de Dromore, 7 juin.
Moeonna, honoré en Irlande, 9 nov.
Mocullée, Irlandais, 12 juin.
Modan, Abbé en Ecosse, 4 fév.
Mode (la Vén.), Religieuse de Joarre, morte vers 680.
Modérat d'Auxerre, 5 sept.
Modérat, Evêque de Vérone, 23 août.
Modeste d'Afrique, Martyr, 12 janv.
Modeste d'Alexandrie, 12 fév.
Modeste de Bénévent, 12 fév. et 2 oct.
Modeste de Carthage, 12 fév.
Modeste de Césarone, 10 nov.
Modeste de Jérusalem, 16 déc.
Modeste de Lucanie, 15 juin.
Modeste de Trèves, 24 fév.
Modeste de Nicomédie, 13 mars.
Modeste de Remiremont, Religieuse, 6 oct.
Modeste d'Oéren, Religieuse, 4 nov.
Modestin, hon. à Avellino, 14 fév. et 10 juin
Modette, Veuve, 31 mai.
Modoald, Arch. de Trèves, 12 mai.
Modonoc, Irlandais, 13 fév.
Modovène, Abbesse en Angleterre, 4 et 5 juillet.
Moëg, Evêque en Irlande, 31 janv.
Mogoldobonorco, Evêque, 19 fév.
Moico, Martyre sous Vinguric, 26 mars.
Moirans, patron d'un village de son nom en Dauphiné, appelé S. Jean de Moirans,
Moïse d'Arabie.

Moïse d'Axume, 4 août.
Moïse, Martyr en Égypte, 25 juin.
Moïse de Ferma, 23 août.
Moïse de Pharan, Moine, 14 janv. et 28 déc.
Moïse de Rome, 25 nov.
Moïse le Législateur, 4 sept.
Moïse le Martyr, 14 fév.
Moïse le Pénitent, 28 août.
Moïsètes, Martyr en Afrique, 18 déc.
Mokelloc, honoré en Irlande, 26 mars,
Molac, Confesseur, en Irlande, 20 janv.
Molasse, Évêque régionnaire en Irlande, 18 avril.
Molendion, Martyr en Afrique, 19 janv.
Molf, hon. au diocèse de Nantes.
Molibée, Évêque en Irlande, 18 fév.
Moling, Évêque en Irlande, 7 et 17 juin.
Molonasche, Évêque, 25 juin.
Moly, patron d'un village de son nom, près Guérande.
Momble, Abbé de Fleury, 8 août.
Momble, Moine de St.-Pierre de Lagny, près Paris. 18 nov.
Mommelein, Évêque de Noyon, 16 oct.
Mommolin, Abbé de St.-Bertin.
Mommolin, le même que Momble, 8 août.
Monas, Évêque de Milan, 25 mars et 12 oct.
Monaud, Martyre en Arménie, 15 mars.
Moucain, Abbé, 1er janv.
Mondolf, Évêque de Maëstricht, 26 juillet.
Mondry, Évêque, 10 mai.
Monegonde, morte à Tours, 2 juillet.
Monice, Martyre avec autres, 16 avril.
Monique, mère de saint Augustin, 4 mai.
Moniteur, Évêque d'Orléans, 10 nov.
Monnan, Martyr, 1er mars.
Monolappe, le même que Ménolappe.
Monon, Irlandais, 18 oct.
Monorgue, Martyr à Nyon, 17 mai.
Monrod, Moine, hon. en Bretagne.
Montaigu (le Bienh.), Abbé en 1256, du chapitre noble de Brioude.
Montain, Solitaire, 20 sept.
Montaine, Abbesse, 1er oct.
Montan d'Afrique, 24 fév. et 23 mai.
Montan, hon. comme Martyre à Abbeville, 20 sept.
Montan de Sirmich, 26 mars.
Montan de Tarse, 3 juil.
Montan de Terracine, 17 juin.
Montan de Vivarais, 9 nov.
Monulphe, Ev. de Maëstricht, patron de la ville de Dinan, mort en 610.
Moran de Rennes, 16 mars et 22 oct.
Moran, Moine de Cluny, 3 juin.
Morbed, Abbé en Basse-Bretagne.
Morbiole (le Vén.), hon. à Bologne, 28 oct.
More de Benhor, Mre, 27 nov.
Moreil, Prêtre au d:oc. de Troyes, 21 mai.
Morence, 31 août.
Morent, Abbé en Flandre, 4 mai.
Moret, le m. q. St. Maur de Reims, 22 août.
Morge, le m. q. St. Maurice, 22 sept.
Morgeain, Moine, 11 oct.
Morieu, patron d'un prieuré au diocèse de Limoges.
Morige, le m. peut-être qu'Albert de Sarzane, 15 août.
Morillon (le Vén.), Ev. de Cahors, mentionné par St. Grégoire de Tours.
Morin d'Agenois, 25 nov.
Morin d'Auxerre, 4 août.
Morin de Cologne, 10 juin.
Morin de Nivernois, 9 nov.
Morique (le Bienh.), Religieux, 30 mars.
Moriz, h. en Bretagne, le m. apparemment que Maurice.
Morus. Voy. Thomas.
Mosacre, Irlandais.
Mosce, le m. q. Meu.
Moscée, patron d'une église dans la Cornouaille.
Moscent, Martyr, 12 janv.
Mosée, M. au Pont, 18 janv.

Moses, M. avec autres, 25 juin.
Mou, l. m. q. Molf, hon. au diocèse de Vannes.
Mouan, patron d'une église en Bretagne.
Moucherat (le Vén.), 17 janv.
Mouchoëmoc, Abbé, 13 mars.
Movein (le Vén.), mort vers 530, nommé *saint* en quelques manuscrits.
Moze, dont une église de la Cornouaille en Angleterre a porté le nom.
Moyse. Voyez Moïse.
Moyse, Ev. de Trèves, l'an 202.
Muce de Byzance, l. m. q. Muce.
Muce de Cordule, 22 avril.
Mucien de Grèce, 3 juil.
Mucien de Nicée, 9 juin.
Muin, Évêque, 18 déc.
Munde ou Mond, Abbé en Ecosse, 15 avril.
Munion, Pénitent en Espagne.
Munnes, invoquée aux Litanies anglicanes du viie sièc.
Munnu, Abbé en Ecosse, 21 oct.
Mura, Abbé en Ultonie, 12 mars.
Muredach, Ev. en Irlande, 1er sept.
Muris, patron de plusieurs villages de son nom en Dauphiné, peut-être le m. q. St. Meurre ou Meuris, 19 déc.
Muritte (Ste), 13 juil.
Muse (la Vén.), louée par St. Grégoire le Grand.
Musée, hon. à Marseille, 4 sept.
Musius (le Bienh.), Martyr, 10 déc.
Musone, M. à Néocésarée, 24 janv.
Musque, Martyre avec Cyrie, 17 juin.
Muste, Vierge, 4 juil.
Mustule, Martyr, 5 juin.
Muthues (le Vén.), Abbé de Cellies en Thébaïde, mort vers 400.
Mutien, Martyr à Césarée, 19 nov.
Mygdone, M. à Nicomédie, 12 mars.
Mygdone, le m. peut-être qu'Egdune.
Myley, Martyr, 14 janv.
Myrogènes (le Vén.), Moine du monastère des Tours en Palestine, mentionné par Jean Mosch.
Myron d'Achaïe, 17 août.
Myron de Crète, 8 août.
Myrope, Martyre, 13 juil. et 2 déc.

N

Naamas, Diacre à Rodez, 2 nov.
Naamas, Archev. de Vienne, 17 nov.
Nabor de Milan, 12 et 24 avril, 10 et 12 juil.
Nabor de Rome, 12 juin.
Nacaron, 8 janv.
Nahum, un des douze petits prophètes, 1er déc.
Naile, le m. q. Noël l'Abbé.
Naillac, patron d'une église priorale au diocèse de Cahors.
Naixant, patron d'un village de son nom, près de Bergerac.
Namace, VIIIe Evêque de Clermont, mort en 461, mentionné par Grégoire de Tours.
Namas de Rodez. Voyez Naamas.
Namas de Vienne. Voyez Naamas.
Namphanion, M. à Madaure, 4 juil.
Namphase, le m. q. Nauphary.
Nanthier (le Bienh.), Abbé, 30 oct.
Nantuin ou Nantouin, hon. à Freissengen, 7 août.
Napoléon, M. à Alexandrie, 15 août.
Narceau, dont il y a une église en Bretagne.
Narcisse, Ev. d'Augsbourg, au iiie siècle.
Narcisse, M. en Espagne, 18 mars et 5 août.
Narcisse de Gironne, 28 août.
Narcisse de Jérusalem, 7 août et 29 oct.
Narcisse de Rome, 17 sept.
Narcisse de Tomes, 2 janv.
Narcisse le Romain, 31 oct.
Narne, Ev. de Bergame, 27 août.
Narsée, M. à Alexandrie, 15 juil.

Narses, M. av. St. Sosithée, 30 nov. et 10 déc.
Narsètes, M. en Perse, 27 mars.
Narzales, 17 juil.
Nascence, patron d'une commanderie de l'ordre de St.-Jean de Jérusalem.
Nassade, hon. en Ultonie 26 oct.
Nat, M. av. St. Gaien, 2 oct.
Natal de Casal, 21 août.
Natal de Milan, 14 mai.
Natal d'Ossorie, le m. q. Noël.
Natalaine ou Nataline, patronne d'un village de son nom, près de Sarlat.
Natalie de Cordoue, la même que Sabigothon.
Natalie de Rome, 1er déc.
Natalique, M. en Afrique, 1er déc.
Nathanaël, l'Apôtre, l. m. q. St. Barthélemy, 22 avr.
Nathanaël (le Vén.), ancien Solitaire, mort en 573.
Nathyra (le Vén.), Ev. de Pharan, qui avait été disciple de l'abbé Sylvain et abbé du monastère du Mont-Sinaï, loué au Ve livre de la Vie des Pères du Désert, mort vers 580.
Naucrace, Moine, 18 avril.
Nauphary, 12 nov.
Naval, M. à Ravenne, 16 déc.
Navaret (le Bien.), M. du Japon, 1er juin.
Navige, dont il y a une relique dans l'église cathédrale d'Auxerre; elle est qualifiée de *martyre* dans l'inscription mise sur le reliquaire.
Navit, Ev. de Trèves, 7 juil.
Nazaire, Ev. de Campo-d'Istria, 19 juin.
Nazaire de Milan, 28 juil.
Nazaire de Rome, 12 juin.
Néade, hon. en Orient, 16 mai.
Néarque, hon. en Orient, 22 avril.
Nébride (le Vén.), Ev. d'Egare, 9 fév.
Nectaire, Confesseur, 9 déc.
Nectaire d'Autun, 13 sept.
Nectaire d'Auvergne, le même que Nétère.
Nectaire de Néocésarée, 22 août.
Nectaire de Vienne, 1er août.
Needs, Moine, 31 juil.
Négriste, hon. à Rome, à St.-Martin-des-Monts.
Némaginde, Irlandaise.
Néman, Irlandais, ami de St. Féquin.
Némèse, Confesseur, 1er août.
Némèse d'Alexandrie, 10 sept.
Némèse de Cordoue, 27 juin.
Némèse de Chypre, 20 fév.
Némèse de Rome, 25 août et 31 oct.
Némèse de Liévin, le même que Lemps.
Némésien de Carthage, 19 déc.
Némésien de Thubune, 10 sept.
Némésion, Martyr, 19 déc.
Némorat, M. en Egypte, 5 sept.
Nennie, Abbé en Hibernie, 16 janv.
Nennoque, Vierge, 4 juin.
Néompie, Vierge, 13 janv.
Néomède, 17 fév.
Néomise, Vierge, 25 sept.
Néon de Corfou, 27 et 28 avril.
Néon d'Eges, 23 août.
Néon de Mauromile, 15 juil.
Néon de Nicomédie, 24 avril.
Néon de Pisidie, 21 et 28 sept.
Néon de Rome, 2 déc.
Néon d'Orbal, 17 janv.
Néonile, 28 oct.
Néophyte de Darée, 5 mai.
Néophyte de Nicée, 20 janv.
phyte, Martyr, 7 dé.
Néophyte de Lentini, M^{re}, 17 avril.
Néophyte de Limpurg, 4 janv.
Néopiste ou Négriste, V. et M^{re}, dont le corps fut porté à St.-Martin-des-Monts, avec ceux de quatre autres saintes, par le pape Serge II.
Néopole, Martyr, honoré à Alexandrie, 2 mai.
Néostère, M. à Alexandrie, 8 sept.

Néot, Anachorète, 28 oct.
Népésin, le m. q. Némèse de Rome, 25 août.
Néphalie (la Vén.), Solitaire au mont Ida, près de Gnosse en Candie, morte en 825.
Népotien d'Altino, 11 mai.
Népotien de Clermont, 22 oct.
Ner, M. en Afrique, 16 nov.
Nère de Sienne (Ste), 25 déc.
Nérée d'Afrique, 16 oct.
Nérée de Rome, 12 mai.
Nerlin.
Nerses, M. en Perse, 20 nov.
Nervé, patron d'une église en Bretagne.
Nèse, M. en Grèce, 27 fév.
Nessan, Prêtre irlandais, 1er déc.
Nestabe, M. à Gaza, 8 sept.
Nestéros (le Vén.), Solitaire, ami de St. Antoine, le même apparemment que visitèrent Cassien et Germain à Pannephyse en Egypte.
Nestor de Bithynie, 11 avril.
Nestor de Chersonèse, 4 mars.
Nestor de Chypre, 7 mars.
Nestor de Gaza, 8 sept.
Nestor de Nicomédie, 12 mars.
Nestor de Perge, 26 et 28 fév.
Nestor de Side, Evêque, 27 fév.
Nestor de Thessalonique, 8 oct.
Nétère, le même que Nectaire d'Auvergne.
Nétesse, honorée à Autun, 25 déc.
Néthelme, Ev. régionnaire en Ecosse, 8 janv.
Névolon (le Bienh.), 27 juill.
Nic d'Aquin,
Nic de Besons, 18 avril.
Nicaise (le Vén.), Ev. de Die, qui assista au concile de Nicée.
Nicaise de Heze, 9 juil.
Nicaise de Reims, 14 déc.
Nicaise de Rouen, 1er oct.
Nicaise de Vexin, le même ue Nigaise, 11 oct.
Nicandre d'Ardée, 5 juin.
Nicandre d'Egypte, 15 mars.
Nicandre de Mélitine, 7 nov.
Nicandre de Messine, 19 sept.
Nicandre de Myre, 4 nov.
Nicandre de Venafre, le même que Licanare.
Nicanor de Chypre, 10 janv.
Nicanor d'Egypte, 5 juin.
Nicarète, Vierge, 27 déc.
Nicary, dont il y a une chapelle au diocèse de Sarlat.
Nicée de Corinthe, Martyre, 16 avril.
Nicé d'Orient, Martyre, 24 et 25 avril.
Nicéas, M. à Antioche, 29 août.
Nicée, Ev. de Remisianne, 7 janv. et 22 juin.
Nicène, dont il y a une église à Rome, comme on le voit dans l'Itinéraire de Jacques Gaëtan, écrit au XIVe siècle.
Nicéphore d'Afrique, 1er mars.
Nicéphore d'Antioche, 9 février et 15 mars.
Nicéphore, 13 mars et 2 juin.
Nicéphore d'Egypte, 25 fév.
Nicéphore de Midicion, 4 mai.
Nicéphore d'Istrie, 3 déc.
Nicéphore d'Orient, 17 avril.
Nicérate. *Voyez* Nicarète.
Nicet, Ev. de Trèves, 5 déc.
Nicet, Arch. de Vienne.
Nicétas, Abbé en Bithynie, 3 avril et 18 déc.
Nicétas d'Apolloniade, 20 mars.
Nicétas de Chalécédoine, 28 mai.
Nicétas de Midicion, 3 avril et 18 déc.
Nicétas de Remisianne, le même que Nicée.
Nicétas le Goth, 15 sep.
Nicétas le Patrice, 6 oct.
Nicète, Martyre en Lycie, 24 juill.
Nicié de Trèves, le même que Nicet.
Nico, Martyr en Sicile, 23 mai.
Nicodème de Caphargamala, 3 août.

Nicodème de Gérache,	23 août.
Nicolas Bony (le Bienh.), Martyr à Donzy,	20 sept.
Nicolas Albergati,	5 mars et 9 mai.
Nicolas Albergat, Evêque (le Bienh.),	10 mai.
Nicolas d'Aquin.	
Nicolas, Archimandrite de Stude,	4 fév.
Nicolas de Ceute,	8 et 13 oct.
Nicolas de Flue, (le B enh.),	21 mars.
Nicolas de Fourche (le Vén.),	29 sept.
Nicolas de Longobardi (le Bienh.),	3 fév.
Nicolas de Myre,	9 mai et 6 déc.
Nicolas de Tolentino,	10 sept.
Nicolas de Vardagrèle (le Bienh.),	7 août.
Nicolas, Abbé de Vaucelles, mort dans le XIIe siècle.	
Nicolas le Pèlerin,	2 ju'n.
Nicolas, Pape,	12 et 13 nov.
Nicolas Pieque. Voyez Picque.	
Nicolas Popel. Voyez Popel.	
Nicolas le Bienh.), martyrisé à Oxford, en 1589 par les hérétiques.	
Nicolas von der Flüe, Ermite,	22 mars.
Nicomède, Martyr à Rome,	15 sept.
Nicomède, Martyr, hon. dans le Frioul,	17 fév.
Nicon de Pisidie,	21 et 28 sept.
Nicon de Taormine, le même que Nico.	
Nicon, M. en Phrygie,	13 juil.
Nicon le Métanoïte,	26 nov.
Nicon, hon. à Constantinople,	30 déc.
Nicose (la Vén.), Pénit., mentionnée par Jean Mo ch, en son Pré spirituel.	
Nicostrate le Greffier,	7, 17 juill. et 8 nov.
Nicostrate le Tribun,	21 mai.
Nidgaire ou Néodegaire, Ev. d'Augsbourg, 15 avril.	
Niel, patron d'une églie au diocèse de Saint-Brieuc.	
Niel ou Nielli (le Bienh.), Abbé de Notre-Dame-Bonnaigue, mort dans le XIIIe siècle.	
Nigaise, Martyr,	11 oct.
Nigthon, patron d'une église en Cornouaille.	
Nil de Grotta-Ferrata,	26 sept.
Nil d'Egypte,	20 fév. et 17 sept.
Nil, M. av. Tyrannion,	20 fév.
Nil le Sage, Sinaïte,	12 nov.
Nilammon, Reclus en Egypte,	6 janv.
Ninge, Martyre à Augsbourg,	12 août.
Ninias ou Ninien, Evêque,	16 sept.
Ninnide, Abbé en Irlande, mort	vers 1150.
Ninnoc ou Ninnoque, Religieuse, la même que Nennoque.	
Ninvée (Ste), dont il y a une église en Basse-Bretagne.	
Nisteron (le Vén.), Abbé, surnommé le Grand, ami de saint Antoine, mort vers 350, loué au IVe livre de la Vie des Pères.	
Nitasse, honorée à Auxerre,	25 déc.
Nithgaire, Ev. d'Augsbourg, le même que Nidgaire.	
Nivard, Ev. de Reims,	1er sept.
Nizier de Besançon,	8 fév.
Nizier de Lyon,	2 avril.
Nizier de Trèves, le m. q. Nicié,	5 déc.
Nizier de Vienne,	5 mai.
Nizilon, M. à Vilna,	31 déc.
Noan, patron d'une église en Bretagne.	
Nob, Abbé en Ethiopie,	17 juin.
Noël, Abbé en Irlande,	27 janv.
Noëlle, la même que Sabigothon,	27 juillet.
Noëman, Irlandais, contemporain de St. Féquin.	
Nof, hon. en Quercy.	
Noflète, Vierge,	2 mars et 1er déc.
Noguette, honorée en Bretagne.	
Noine, hon. en Espagne,	14 août.
Noiole. Voyez Noyale.	
Noint, Abbé,	22 oct.
Noitburge, Vierge,	31 oct.
Nolasque. Voyez Pierre Nolasque.	
Nolf, honoré près de Vannes,	
Noly, dont il y a une église de son nom en France.	
Nomadie, honorée en Poitou,	14 janv.
Nominande, Martyre à Rome,	31 déc.
Nomius ou Nummius.	
Non, hon. près de Villepreux,	8 ju'l.
Nonce, hon. à Vazor,	10 oct.
Nondinaire, M. en Afrique,	16 fév.
None, honorée à Morbec, où on la nomme sainte de temps immémorial.	
Nonnat. Voyez Raymond-Nonnat.	
Nonne, Ev. en Syrie,	8 oct. et 2 déc.
Nonne de Nicomédie, M.,	16 mars.
Nonne, mère de St. Grégoire de Nazianze, 5 août.	
Nonnose, Abbé,	19 août et 2 sept.
Norbert, Evêque,	6 juin.
Nortylas (le Vén.), IVe Ev. de Ferden, en Saxe.	
Norves, ou Norvez, patron d'un village de son nom en Bretagne.	
Nostrien (le Vén.), Ev. de Naples,	16 août.
Notburge, Veuve,	26 janv.
Notger, Ev. de Liége, Abbé de St.-Gal, mort en 1007.	
Nothelme, Ev. de Cantorbéry,	17 oct.
Notker Labéon (le Vén.),	28 juillet.
Notker le Bening (le Vén.),	15 déc.
Notker le Petit-Bègue,	6 avril.
Nofker, Moine,	19 mai.
Notre-Dame de la Merci,	1er août, et 24 sept.
Notre-Dame de la Crèche,	16 août.
Nouage, dont il y a une église en Bretagne.	
Nouan, patron d'une église en Bretagne.	
Novat, frère de Ste Praxède,	20 juin.
Novatien, M. à Cordoue,	27 juin.
Noyale ou Noyole, patronne de Pontivy, 30 mai.	
Noziez, dont il y a une église très-ancienne vers l'Astarrac.	
Numat, Martyr,	2 juin.
Numérien, Ev. de Trèves,	5 juil.
Numidique, Prêtre de Carthage,	9 août.
Nunèque, Martyre,	16 avril.
Nunilon, Vierge et Martyre,	22 oct.
Nurtile, patron d'une église au diocèse de Vienne en Dauphiné.	
Nymphas, disciple de St. Paul,	28 fév.
Nymphe, Vierge,	12 nov.
Nymphodore de Bithynie, Martyre,	10 sept.
Nymphodore de Nicée, M^{re},	13 mars.

O

Oan, patron d'une église en Bretagne.	
Obdule, Vierge à Tolède,	5 sept.
Obice,	4 fév.
Oblas, patron d'un village de son nom en Dauphiné.	
Obole, Martyr,	25 juil.
Obloud, patron d'une église au diocèse de Reims.	
Océan de Caudaule,	4 sept.
Océan de Nicomédie,	18 sept.
Océan de Rome (le Vén.), mentionné par St. Jérôme.	
Octave d'Afrique,	28 déc.
Octave de Thessalonique,	1er juin.
Octave de Turin,	20 nov.
Octave l'Africain,	1er nov.
Octavien, Martyr.	13 juil.
Octavien de Carthage,	22 mars.
Octavien, Prêtre, Solitaire,	5 sept.
Octubre, M. à Lyon,	2 juin.
Odde, honorée en Lorraine,	16 fév.
Odde, Duchesse d'Aquitaine,	16 et 23 oct.
Oddin Barotto,	22 juill.
Ode d'Ariano, le même qu'Othon,	23 mars.
Ode de Reux, Vierge,	27 nov.
Oderic, le même qu'Odoric, honoré dans le Frioul.	
Oderise (le Vén.), Abbé du Mont-Cassin,	2 déc.
Odes de Cluny,	8 et 19 nov.
Odescalc, Ev. de Vigevane,	7 mai.
Odilard, Ev. de Nantes,	14 sept.
Odile ou Odillon, Abbé de Cluny, 1er janv. et 31 déc.

Odille, Vierge, 13 déc.
Odiilon de Stavelo, Abbé de ce lieu, mort en 954.
Odoard (le Vén.), Ev. de Cambrai, 19 juin.
Odobert.
Odolf, Chanoine d'Utrecht, 12 juin.
Odon de Bel, Moine, 2 juin.
Odon de Cluny, le même qu'Odes.
Odon (le Vén.), Reclus près de Tivoli, 14 janv.
Odon d'Urgel, le même qu'Eudes, 30 juin et 7 juil.
Odon, Ev. de Cantorbéry, 4 juil.
Odon (le Bienh.), Ev. de Cambrai, 19 juin.
Odorat, patron d'une église au diocèse de Limoges.
Odoric, 14 janv.
Odrade, Vierge, 3 nov.
Odrain, hon. en Irlande, 19 fév.
Oduvald, Abbé en Ecosse, 26 mai.
Odvin, Prêtre, 24 juin.
Oeuillin, le même qu'Euillin.
Ofilocée, Ev. en Angleterre, 2 juil.
Offange, ou Offenge, ou Ophenge, la même que Ste Euphémie de Chalcédoine.
Offe d'Amiens, la même qu'Ulphe.
Offe (la Vén.), Abbesse de St.-Pierre de Bénévent, morte vers 1070, mentionnée par le pape Victor III, en ses Dialogues, et par saint Pierre Damien, dans une de ses lettres.
Ofiem, Ev. de Naples, 23 mai.
Oger de Hollande, 10 sept.
Oger de St.-Riquier, 5 fév.
Oger (le Vén.), Abbé d'un monastère de l'ordre de Cîteaux, au diocèse de Verceil.
Ogmond, Ev. en Islande, 3 mars.
Ognie, épouse du seigneur Adalsque, honorée près de Dijon, morte dans le VIIIe siècle.
Oidilvald (le Vén.), Prêtre, Solitaire en l'île de Farno.
Oine, honorée au diocèse de Soissons, 25 déc.
Olaguer, le même qu'Olleguer.
Olaille, la même qu'Eulalie de Barcelone.
Olave, Roi de Norwège, 29 juil.
Olbert (le Bienh.), 14 juil.
Olbien le Confesseur, 23 mai.
Olbien le Pontife, 4 mai.
Oldrad, Ev. de Pavie. Voyez Pierre Oldrad.
Oldrade (Ste), 3 nov.
Oldrovansky, le même que Jacinthe, 15 août.
Olga ou Hélène, Reine, 11 juil.
Olive d'Anagny, Vierge, 3 juin.
Olive de Brescia, la même qu'Olive de Salo.
Olive de Chaumont, Vierge, 3 fév.
Olive de Palerme, Mᵉ, 10 juin.
Olive de Salo, Mᵉ, 5 mars.
Olive, dont il y a une église au comté de Suffolk.
Olivier, 27 mai.
Olle, Vierge, 9 oct.
Olleguer (le Bienh.), Ev. de Barcelone, 6 mars.
Olon, le même qu'Odile.
Olympe de Rome, 26 juil.
Olympe de Thrace, 12 juin.
Olympe, dont il y avait une église abbatiale près de Constantinople.
Olympiade, Vierge, 25 juil. et 17 déc.
Olympiades d'Amélie, 1er déc.
Olympiades de Perse, 15 avril.
Ombre, hon. vers la Franche-Comté.
Omer, Ev. de Terouanne, 9 sept.
Omérande (Ste), dont il y a une église abbatiale en Agenois.
Onam, M. en Perse, 20 nov.
Ondulphe, 18 juil.
Onésime de Pouzzoles, 31 juil.
Onésime de Soissons, 13 mai.
Onésime le Disciple, 16 fév.
Onésiphore, disciple de St. Paul, 6 sept.
Onfroy (le Bienh.), martyrisé en 1589 par les hérétiques à Oxford, avec trois autres.
Onnein, Moine de Saint-Mein, 9 sept.
Onnoulé, hon. à Limoges, 25 juin.
Onobert, Ev. de Sens, 28 sept.
Onoflète, la même que Noflète.
Onufre, Solit. en Egypte, 12 juin.
Onzinie, dont il y a une église au diocèse de Mende.
Opile, Diacre à Plaisance, 1er oct.
Opillon, dont il y a des reliques à Plaisance en Lombardie, dans l'église de Saint-Antonin.
Opportune, Abbesse de Montreuil.
Opportune, Abbesse au diocèse de Séez, 22 avril.
Optat, d'Auxerre, 31 août.
Optat d'Eause, mort dans le IVe siècle.
Optat de Milève (le Vén.), 4 juin.
Optat de Saragosse, 16 avril.
Optatien, Ev. de Brescia, 14 juil.
Opton (le Vén.), Convers de l'ordre de Cîteaux, à Hemmerode.
Oradoux, patron de deux villages de son nom, près d'Aubusson; c'est le même que St. Adrier, mentionné au 3 mars.
Orazer, dont il y a une église au diocèse de Nantes.
Orbaine, Martyre, 12 fév.
Orban, Martyr, 2 avril.
Or le Grec, M. avec d'autres, 22 août.
Or l'Egyptien, 7 août et 12 nov.
Orence, M. à Satales. 24 juin.
Orens, Ev. d'Auch, 1er mai.
Oreste, M. en Arménie, 13 déc.
Oreste de Ravenne, 12 oct.
Orestes de Cappadoce, 9 nov.
Orfit, dont le corps est honoré à Canthienne près d'Eugube.
Orgague (le Bienh.), de l'ordre de Prémontré, 8 av.
Oricle, Martyr, 18 nov.
Origny, patron d'un village de son nom, près de Château-Gonthier.
Orille, honoré à Chabris, le même qu'Outrille.
Oringue, Vierge, 4 janv.
Orion d'Alexandrie, 17 août.
Orion d'Egypte, 16 janv.
Orion, M. avec St. Nemèse, 10 sept.
Orland de Médicis (le Vén.), 15 sept.
Oron, M. en Campanie, 6 juil.
Oronce de Granolles, 22 janv.
Oronce d'Otrante, 1er Evêque de Lèches.
Oronte, M. en Ethiopie, 3 sept.
Oropsides, M. chez les Grecs. 22 août.
Ors, Ev. de Fano, 15 mai.
Orsane, Moine de Luxeuil, 20 déc.
Orse de Périgord, le m. que St. Ours.
Orse de Salzène, 5 mai.
Orseline, Vierge, 7 avril.
Orséole, Doge de Venise, 10 janv.
Orsièse (le Vén.), ou, comme écrit Gennade de Marseille, Oresièse qui, d'Abbé de Chenobose en Thébaïde, fut fait général de l'ordre des Tabennisiotes.
Ortaire, Abbé, 15 avril.
Osanne de Joarre (la Vén.), Religieuse.
Osanne de Mantoue, Vierge, 18 juin.
Osanne d'Hoveden, sœur du roi Osred, honorée autrefois à Hoveden en Northumberland.
Osée, Prophète, 4 juil.
Osias, 18 nov.
Osithe, Vierge et Martyre, 7 oct
Osketule.
Osmanne, honorée à Saint-Denis, en France, 9 sept.
Osmond, Ev. de Salisbury, 4 déc.
Osse, honorée à Constantinople, 8 nov.
Ost, dont une église porte le nom vers l'Estarrac.
Ostent, Arch. d'Auch, 25 sept.
Ostien, Prêtre, 30 juin.
Ostrebert, Ev. de Vienne, 5 juin.
Osvald, Arch. d'York, 28 fév.
Osvin, Roi de Northumberland, 20 août.
Oswald, Roi d'Angleterre, 5 avril.
Ot, frère de St. Félix de Saragosse, 29 mai.

Otger, Moine de St.-Faron.
Othenon, Prémontré, 2 janv.
Othilde, Religieuse, 16 nov.
Othmar, Abbé, 25 oct. et 16 nov.
Othon, Sol taire, 23 mars.
Othon de Bamberg, 30 juin et 2 juil.
Othon de Maroc, 16 janv.
Othrain, hon. en Irlande, 2 oct.
Otrée (le Vén.), Ev. de Mélitine, mentionné par Fleury et Baillet.
Otte, honorée en Prusse, 5 mai.
Ou d'Arcies, 22 janv.
Ou de Châteauroux, Ev. de Bourges, 22 mai.
Ouanne, honoré en Poitou, le même qu'Eanne.
Ouarlux, hon. à Amiens, 20 nov.
Ouchard, le même que St. Doulchard.
Oud, hon. au diocèse de Gironne, 17 juil.
Oudard.
Oudon, hon. en Lorraine, 18 déc.
Ouen, Ev. de Rouen, 24 et 25 août.
Ouflay, le même que Valfroie, 7 juil. et 21 oct.
Ougean, le même qu'Odillon.
Ouid, hon. à Brague, 3 juin.
Ouignan, hon. près de Montdidier.
Ouil, le même qu'Aule de Londres.
Ouine, Vierge, invoquée par les sourds, à cause de son nom.
Oulle, patron d'un village de son nom, en Alsace.
Oulph, patron d'un village de son nom, près de Merry-sur-Seine.
Ours d'Auxerre, le même qu'Urse.
Ours de Fano, 15 mai.
Ours de Loches, 18 et 28 juil.
Ours de Ravenne, 13 avril.
Ours de Tarentaise, 1er fév.
Ours de Toul, hon. à Saint-Mansuy.
Ours de Troyes, le même qu'Urs.
Ours, M. à Soleure, 3 sept.
Oury (le Bienh.), Ev. de Die, à qui Pierre le Vénérable, abbé de Cluny, dédia son écrit contre l'hérésie de Pierre de Bruys. Il mourut en 1145.
Out de Bourges, 7 oct.
Outrille, Ev. de Bourges, 20 mai.
Ouvroie, patron d'une église en Auvergne.
Ovin, Moine, 26 juil.
Oye, hon. à Merida, 11 déc.
Oyend, Abbé au diocèse de Lyon, 1er janv.

P

Paban, patron d'une église en Bretagne.
Pabut, le même que Tugal.
Pacat, hon. à Nantes, le même que Phocas le Jardinier.
Pache (le Vén.), de l'ordre de Saint-François, 7 juin.
Pachnum (le Vén.), Tabennisiote.
Pacien, Ev. de Barcelone, 9 mars.
Pacifique de Lens (le Vén.), 10 juil.
Pacifique Ramota, de l'ordre de Saint-François, mort en 1482, hon. en Sardaigne, 25 sept.
Pacome, Ev. d'Egypte, 26 nov.
Pacôme, Instituteur des Tabennisiotes, 9 et 14 mai.
Pacte, Mre à Nicomédie, 13 mars.
Padern, Ev. de Vannes, 15 avril.
Pades, M. avec aut., 29 avril.
Paer, le même que Paterne, Ev. d'Avranches.
Paëse.
Paësides, M. à Césarée, 24 mars.
Pair, le m. que Paterne, Ev. d'Avranches.
Paixant, patron d'un village de son nom, en Poitou.
Pal, patron de plusieurs villages de son nom, en Velay et en Auvergne.
Palais ou Pallas, Ev. de Bourges, 10 mai
Palais ou Pallade, Ev. de Saintes, 7 oct.
Palasis, dont une église et un village, en Limousin, portent le nom.
Palatiate, honorée à Osimo, 8 juil. et 8 oct.

Palatin d'Afrique, 5 mars.
Palatin d'Antioche, 30 mai.
Palay, Martyr, 26 juin.
Paldon, Abbé, 11 oct.
Palémon, Tabennisiote, 11 janv., 11 juin et 14 mai.
Palingènes, Mart. en Egypte, 23 juin.
Pallade d'Egypte, 23 juin.
Pallade de Syrie, 28 janv
Pallade de Saintes. Voyez Palais.
Pallade d'Ilibernie, 6 juillet.
Palladie, Vierge.
Pallaie, honorée en Auxerrois, 8 oct.
Pallais d'Auxerre, 10 avril.
Palmace, Mart. à Rome, 10 mai.
Palmas, Mart. à Trèves, 5 oct.
Palphètre, M. à Nicomédie, 24 fév.
Palpier, patron d'un prieuré dépendant de la Chaise-Dieu, au diocèse du Puy.
Pambon de Jérusalem, Moine.
Pambon de Nitrie, 18 juil.
Pammache (le Vén.), 30 août.
Pammos, le m. q. Pambon de Nitrie.
Pamphalon, M. à Chalcédoine, 17 mai.
Pamphamer, Martyr, 17 mai.
Pamphile de Capoue, 7 sept.
Pamphile de Césarée, 16 fév. et 1 juin.
Pamphile de Grèce, 12 août.
Pamphile, Ev., hon. à Sulmone, 28 avril.
Pamphile de Rome, 21 sept.
Pamphylien, M. à Nicomédie, 17 mars.
Pampine, le m. q. Papyre de Trèves.
Pampir, le m. q. Panther.
Panacée, Vierge, 1er mai.
Pancaire, M. à Nicomédie, 19 mars.
Pancrace, Arch. de Besançon, mort en 356.
Pancrace, Mart. à Rome, 12 mai.
Pancré, patron d'un village de son nom, en Lorraine.
Pandeillon ou Pandelon, patron d'un village de son nom, près de Dax; c'est le même que saint Pantaléon.
Pandione, la même que Panduine.
Pantrothe (le Bienh.), Ev. de Cracovie, 21 sept.
Panduine, Vierge, 26 août.
Panephyse, Martyre, 8 sept.
Pangolf (le Vén.), IIe Abbé de Fulde, mort en 815.
Panse, M. en Egypte, 16 janv.
Pansemne, Pénitente, 10 juin.
Pansophe, M. à Alexandrie, 15 janv.
Pantagapa, Martyre, le m. q. Parthagape, 2 sept.
Pantagathe, Ev. de Vienne en Dauphiné, 17 avril.
Pantale, Ev. de Bâle, 12 oct.
Pantaléemon, hon. à Bizeilles, 27 juil.
Pantaléon, ou Pandeillon, ou Pandelon, ou Pantaly, ou Patalydaus; il est hon. sous ces divers noms, en plusieurs villages de France, 27 juil.
Pantaléonte, hon. en Ethiopie, 5 oct.
Pantalus, Ev. de Bâle, Martyr en 258, compagnon de Ste Ursule.
Pantaly, le m. que Pantaléon.
Pantalydans, le m. que Pantaléon.
Pantène, Martyr à Alexandrie, 7 juil.
Panther, M. d'Egypte, 16 janv.
Papas d'Afrique, 2 nov.
Papas d'Egypte, 16 janv. et 9 fév.
Papas de Lycaonie, 16 mars.
Papas de Perse, M. sous Sapor.
Paphnuce Cephala (le Vén.), mort dans le IVe siècle, mentionné dans l'Histoire Lausiaque.
Paphnuce d'Egypte (le Vén.), 24 sept.
Paphnuce le Buffle (le Vén.), Prêtre de Scété, mentionné par Cassien, mort dans le IVe siècle.
Paphnuce, Ev. de Thèbes, 11 sept.
Paphnuce l'Héracléote (le Vén.), qui convertit sainte Thaïs, mort vers 350.
Paphnuce l'Hiéromartyr, 19 avril.
Papias, Martyr, 28 juin.

Papias d'Afrique, 11 juin.
Papias de Carthage, 25 janv.
Papias d'Egypte, 25 fév.
Papias d'Hiérapolis, 22 fév.
Papias de Perge, 26 fév.
Papias de Rome, 29 janv.
Papias de Thébaïde, 16 janv.
Papien, M. à Alexandrie, 30 déc.
Papien M. en Campanie, 6 juil.
Papille, le m. que Papias d'Afrique.
Papin, M. en Arménie, honoré à Melasse, près Messine.
Papinien, Ev. en Afrique, 28 nov.
Paple, louée par saint Grégoire de Tours.
Papolein, Abbé de Stavelo, successeur de saint Godouin.
Papoul, M. hon. en Languedoc, 3 nov.
Pappacarbon. *Voyez* Pierre Pappacarbon.
Pappole (Vén.), Ev. de Metz, 21 nov.
Papuce, dont il y a des reliques, à Paris, au Val-de-Grâce.
Papule, la même que Paple.
Papyle, Diacre, 13 avril.
Papylin, Martyr en Orient, 16 mai.
Papyre de Nicomédie, 24 oct.
Papyre de Trèves, 5 oct.
Paqueste, *nom vulgaire* de Ste Pascase.
Paquier, Ev. de Nantes, 10 juil.
Pàquiez, Ev. de Vienne, 22 fév.
Parace, Ev. du Mans.
Paracode, Arch. de Vienne en Dauphiné, 1er janv.
Paragoire, M. en Corse, 7 sept.
Paragoire, honoré à Milhau.
Paragrus, M. à Samosate, 9 déc.
Paramon, M. av. aut., 29 nov.
Parascève de Grèce, Mre, 26 juillet.
Parascève d'Orient, Martyre, 20 mars.
Pard, patron de la cathédrale de Larino, 26 mai.
Pardou, ou Pardoux, Abbé de Guéret. 6 oct.
Pare, Martyr à Troyes, 21 janv.
Paregoire, Martyr en Lycie, 18 fév. et 30 juin.
Parence, Ev. d'Orvieto, 21 mai.
Parent, Martyr à Hippone, 15 nov.
Paretoles, dont il y avait une église à quatre milles de Bethléem, en 1040.
Parfait, martyr, 18 avril.
Pargoire. *Voyez* Paragoire,
Paris, Ev. de Theano, 5 août.
Parise (le Vén.), Camaldule, 11 juin.
Parmenas, un des 7 prem. diacres, 23 janv.
Parmène, Martyr en Perse, 22 avril.
Parode, Pr., martyrisé par les Bulgares, vers 900.
Parre ou Patrocle, Martyr.
Parrize, disc. de St. Pourcain, 24 août.
Parthagape, Martyre, 2 sept.
Parthée, Martyr en Corse, 7 sept.
Parthein, hon. en Franche-Comté.
Parthempée, Martyr, 7 sept.
Parthène de Rome, 18 avril et 19 mai.
Parthène de Tarse, 3 juillet.
Parthène, Ev. de Lampsaque, 7 fév.
Pascal-Baylon, 17 mai.
Pascal de Jaen, le m. q. Pierre Pascal.
Pascal, Pape, 11 et 14 mai.
Pascase d'Afrique, 12 et 13 nov.
Pascase de Rome, 31 mai.
Pascase de Vienne, le m. q. Pàquiez.
Pascase Radbert, le m. q. Rabert.
Pascase ou Pascasie, honorée à Dijon, 9 janv.
Pascaire, XXIIe Ev. de Nantes.
Pasicrate, M. à Dorostore, 25 mai.
Passarion, Chorévèque en Palestine, maître de saint Euthyme en la vie spirituelle, mort vers 460.
Passi (le Bienh.),
Pasteur de Narbonne, 6 août.
Pasteur de Nicomédie, 29 mars.
Pasteur d'Orléans, (le Vén.), 30 mars.
Pasteur, Prêtre à Rome, 26 juil.

Pastolase de Cologne, dont le corps était honoré par les religieuses des Machabées de Cologne, comme d'un Evêque Martyr.
Pastolase de Hongrie, Ev. d'Agrie.
Pastour, le m. q. Pasteur de Narbonne.
Patape, solitaire, 8 déc.
Patère, Ev. de Brescia, 21 fév.
Patermuthe d'Egypte, pénitent dont il y a eu une église à Rome, qui était une des soixante-trois églises filiales du chapitre de Saint-Laurent de Damase, 9 juil.
Patermuthe de Palestine, 17, 19 sept.
Paterne d'Avranches, le m. q. Poirs.
Paterne de Bilbao, Ev. d'Eause, 28 sept.
Paterne, IIe Ev. de Constance.
Paterne de Fondi, 21 août.
Paterne de Paterborn (le Bienh.), 10 avril.
Paterne, Moine de St.-Pierre-le-Vif.
Paterne de Sergines, 12 nov.
Paterne de Vannes, le même que Paderne.
Paternien de Bologne, 12 juil.
Paternien de Fano, le même que le précédent.
Patience, M. en Espagne, 1er mai.
Patient, Evêque de Lyon, 11 sept.
Patient de Metz, 8 janv.
Patier, le même que Paterne d'Avranches.
Patin, Martyr avec Darius, 12 avril.
Patorien, honoré comme Evêque en la cathédrale de Rieti.
Patralie, honorée à l'Abbaye de Saint-Guilein en Hainaut, comme Vierge et Martyre.
Patrice d'Auvergne, 16 mars.
Patrice de Bayeux, dont il y a une église au faubourg de cette ville, où on le croit Evêque après saint Loup.
Patrice de Lisieux, 1er nov.
Patrice de Nivernais, le même que Parrize.
Patrice de Pruse, 28 avril et 19 mai
Patrice de Naples, Vierge, 25 août.
Patrice de Nicomédie, Martyre, 13 mars.
Patrice de Trèves, M., le même que Pampine.
Patrice d'Hibernie, 17 mars.
Patrice, Vierge, 25 août.
Patrobas, disciple de saint Paul, 4 nov.
Patrocle de Colmier, 19 nov.
Patrocle de Grenoble (le Vén.), hon. à Saint-Denis en France, par ses reliques apportées, dit-on, de Toulouse.
Patrocle de Troyes, le même que Parc.
Patthon, Evêque de Ferden, 30 mars.
Patus, Chanoine de Meaux, 3 oct.
Paugolf (le Bienh.), IIe Abbé de Fulde.
Paul, Apôtre des gentils, 29 juin.
Paul d'Afrique, Martyr en 250.
Paul d'Alexandrie, 9 fév.
Paul d'Anasarbe (le Vén.), Moine de la laure de Pharan, mentionné par Jean Mosch.
Paul d'Antioche, 29 août.
Paul d'Arrezzo (le Bienh.), Cardinal, 17 juin.
Paul d'Autun, 1er juin.
Paul de Béique, 17 avril.
Paul de Brescia, 29 avril.
Paul de Burse, 7 mars.
Paul de Byzance, 3 juin.
Paul de Carthage, 6 mars.
Paul de Cléopatride, 24 juin.
Paul de Constantinople, 7 juin et 6 nov.
Paul de Cordoue, 17 avril.
Paul de Corinthe, 10 mars.
Paul de Chypre, 17 mars.
Paul de Damas, 25 sep.
Paul d'Egypte, 16 janv.
Paul de la Maréote, le même peut-être que Paul d'Alexandrie. 5 oct.
Paul de Lampsaque, 15 mai.
Paul de Latre, Solit. en Asie, 15 déc.
Paul de Léon. *Voyez* Pol, 12 mars.

Paul de Narbonne,	22 mars et 12 déc.
Paul de Nicée,	19 déc.
Paul de Nyon,	16 et 17 mai.
Paul de Palestine,	25 juil.
Paul de Perse, Martyr en Perse, sous Sapor, en 346.	
Paul de Pétra, M.,	14 janv. et 21 déc.
Paul de Porto,	24 fév. et 2 mars.
Paul de Ptolémaïde,	17 août.
Paul de Rome,	28 mai.
Paul, M. à Rome avec St. Lucius,	8 fév.
Paul de Saint-Zoile, Diacre,	20 juil.
Paul de Sens,	5 juill.
Paul, M. en Palestine,	16 fév. et 1er mars.
Paul de Syrie,	20 mars.
Paul de Terulle,	19 janv.
Paul de Tomes,	20 juin.
Paul de Trois-Châteaux,	1er fév.
Paul de Verdun,	8 fév.
Paul, M. avec Jean son frère,	26 juin.
Paul, Ermite,	10 et 15 janv.
Paul Ivarch. *Voyez* Yvarch.	
Paul le Céleustes,	3 juill.
Paul le Légiste (le Vén.), de l'ordre de Saint-Dominique.	
Paul le Romain, M. avec autres,	24 déc.
Paul le Simple, Solit.,	7 mars et 16 juin.
Paul le Sinaïte,	14 janv.
Paul le Solitaire (le Vén.), qui alla visiter St. Anuph, avec deux autres, trois jours avant la mort de ce Saint, loué par Rufin et par Pallade.	
Paul Miky. *Voyez* Miky.	
Paul Susuqui. *Voyez* Susuqui.	
Paul, Pape,	21 et 28 juin.
Paule de Bethléem, Martyre,	26 janv. et 22 juin.
Paule de Bysance, Martyre,	5 juin.
Paule, Martyre à Carthage,	10 août.
Paule de Damas, Martyre,	20 juill.
Paule de Malque, Martyre,	18 juin.
Paulenan, dont il y a des reliques à Quimperlé, en Basse-Bretagne.	
Paulien, honoré en Velay,	14 fév.
Paulille d'Afrique (le Bienh.),	3 nov.
Paulille de Nicomédie, le même que Paul de Nicée.	
Paulin d'Aquilée,	11 et 28 janv.
Paulin d'Athènes,	15 mai.
Paulin, Archev. de Besançon, mort	en 311.
Paulin de Brescia, le même que Paul,	29 avril.
Paulin de Capone,	10 oct.
Paulin, Ev. de Cologne, Martyr	en 170.
Paulin de Lucques,	12 juill.
Paulin de Nole,	22 juin.
Paulin de Nyon,	16 et 17 mai.
Paulin de Pavie,	15 mai.
Paulin de Sinigaille,	4 mai.
Paulin de Todi,	26 mai.
Paulin de Trèves,	13 mai et 31 août.
Paulin d'York,	10 oct.
Paulin le Diacre,	4 mai et 8 juill.
Paulin le Jeune, Ev. de Nole,	10 sept.
Pauline Adrias, Martyre à Rome,	2 déc.
Pauline d'Arthème, Martyre,	6 juin.
Pauline de Rome, Martyre avec autres,	31 déc.
Pauline de Thuringe (la Vén.),	14 mars.
Paulinien, dont le corps est honoré à Rome, dans la petite église chrismale de Saint-Venance.	
Paupre (le Vén.), Evêque de Bourges,	vers 380.
Pausicaque, Ev. de Synnade,	13 mai.
Pauside, Mart. à Césarée, en Palestine,	24 mars.
Pausilype, Martyr en Thrace,	15 avril.
Pausirion, Martyr,	24 janv.
Pavas ou Pavace, Ev. du Mans,	24 juill.
Pavin, Abbé au Mans,	15 nov.
Pavon (le Bienh.), de l'ordre de Saint-Dominique,	9 avril.
Paxent, M., honoré à Paris,	5 août et 23 sept.
Payence, dont il y a une église au diocèse de Saint-Flour.	
Payet, dont il y a une église priorale au diocèse de Limoges.	
Pazanne ou Pazanne, patronne d'un village de son nom, près de Machecoul. On croit que c'est la même que Ste Pechinne,	16 et 24 juin.
Pé, patron de plusieurs villages de son nom, en Languedoc, en Guienne et en Bigorre. C'est le même que l'apôtre St. Pierre.	
Pée, la même que Ste Pègue.	
Péel, dont il y a une église au diocèse de Saint-Malo.	
Péen, dont il y a une église en Bretagne.	
Péesse, fils d'un marchand espagnol, et frère d'un nommé Isaïe, mentionné par St. Pambon et par Pallade.	
Pégase (le Vén.), Evêque de Périgueux, nommé entre les plus grands Evêques de France par le prêtre Paulin dans St. Grégoire de Tours.	
Pégasien, le même que l'égase de Périgueux.	
Pègue, Vierge anglaise,	8 janv.
Pélade, Evêque d'Embrun,	7 janv.
Pélage de Constance, le même que Palay.	
Pélage de Laodicée (le Vén.),	25 mars.
Pélage d'Irie, Evêque de cette ville, dont le siège est présentement à Compostelle.	
Pélage, Martyr,	26 juin.
Pélage et Fauste, Martyrs,	5 octob.
Pélgie, Martyre à Antioche. Il y avait à Constantinople une église de son nom, où l'on célébrait sa fête le	10 juin.
Pélagie d'Antioche,	9 juin et 19 oct.
Pélagie de Limoges (la Vén.), mère de St. Yriez, nommée sainte par Bernard Guidonis.	
Pélagie de Nicopolis,	11 juill.
Pélagie de Phrygie, la même peut-être que la suivante.	
Pélagie de Tarse, Martyre,	4 mai.
Pélazie la Pénitente,	8 mars et 8 oct.
Pelay, Martyr,	28 août.
Pelée, Ev. M.,	20 fév., 17 et 19 sept.
Pélégrin, le même que Céthée.	
Pélerin, 1er Evêque d'Auxerre,	16 mai.
Pélerin, Solitaire,	18 nov.
Pélin, Evêque de Brindes,	5 déc.
Pellegrini, Ermite,	1er août.
Peloguin, le même que Lambert de Vence,	26 mai.
Péluse, Martyr,	7 avril.
Pemat, patron d'une église dépendante de Saint-Victor de Marseille, située en un lieu du diocèse d'Aix, qui se nommait *Roscet*, et qui subsistait en 1113.	
Pémon, Solitaire,	27 août.
Pennique, Martyr,	3 janv.
Pentact, dont il y avait une chapelle à Saint-Victor de Paris.	
Péon, M. avec six autres,	12 juin.
Pépin (le bienh.), Maire du Palais,	21 fév.
Per, le même que Perc.	
Pérave ou Péravy, honoré dans les dioc. de Saintes et d'Orléans.	
Perc, dont il y a une église au diocèse de Saint-Malo.	
Perchery,	22 fév.
Père, le même que St. Pierre,	29 juin.
Pérégrin d'Athènes, Martyr,	17 juin.
Pérégrin d'Auxerre, le même que Pélerin.	
Pérégrin de Durazzo, M.,	7 juillet.
Pérégrin de Lyon, Prêtre,	28 juil.
Pérégrin de Rome, Martyr,	25 août.
Pérégrin de Thessalonique,	5 mai.
Pérégrin du Maine, Martyr,	4 août.
Pérégrin le Servite,	1er mai.
Pergentin, Martyr,	3 juin.
Périal, patron d'une église au diocèse de Valence, en Dauphiné.	
Perpet de Tours,	8 avril et 30 déc.
Perpet, Ev. de Maëstricht,	4 nov.
Perpets, le même que le précédent.	

Perpétue, Archevêque de Tours.
Perpétue (la Vén.), 4 août
Perrain, invoqué aux Litanies anglicanes, usitées dès le viie siècle, données par dom Mabillon, au IIe tome de ses Analectes.
Perrenelle, Prieure d'Aubeterre, 13 juillet et 3 oct
Perreuze, Solitaire, 4 juin
Perrier, patron d'une église en Picardie.
Perrine, la même que Pétronille.
Perronnelle, la même aussi que Pétronille.
Persée, Martyr, 21 juin.
Persévérance, Martyr, 3 juin.
Persévérande, la même que Ste Puzanne, 26 juin.
Pérussette, la même que Praxède, 21 juill.
Pessève, patron d'un village de son nom, près de Lectoure.
Péthèque, 16 janv.
Pétran, patron d'une église en Bretagne.
Pétron (le Bienh.), 29 mai.
Pétronax, Abbé, 6 mai.
Pétrone de Bologne, 4 oct.
Pétrone de Die, 10 janv.
Pétrone de Vérone (le Vén.), 6 sept.
Pétrone le Chartreux (le Bienh.), le même que Pétron.
Pétrone le Tabennisiote (Vén.), 22 mai.
Pétronille, Abbesse d'Aubeterre.
Pétronille, Vierge à Rome, 31 mai.
Péver, patron d'un village de son nom en Bretagne.
Peyre, le même que St. Pierre, 29 juin.
Peyriat, honoré au dioc. de Mirepoix.
Peyron, patron d'un village de son nom, près de Condom.
Pez ou St. Pé, le même que St. Pierre l'Apôtre.
Pézersky, Prêtre, 10 juillet.
Phaïne, Veuve, Martyre, 18 mai.
Phalètre ou Phalère, 23 nov.
Phalier, le même que le précédent.
Phal ou St. Fal, 16 mai.
Phan, 20 fév.
Phantin, 30 août.
Pharmuthe, 11 avril.
Pharnace, Martyr, 24 juin.
Phaule, Confesseur, 2 juillet.
Phébade ou St. Sebade, Ev. d'Agen, mort en 392.
Phébé (Ste), 3 sept.
Phébus, 15 fév.
Phelippes. Voyez Philippe.
Phengont, Martyr, 7 sept.
Pherbuthe, Vierge, 5 avril.
Phiary, Evêque d'Agen, 25 avril.
Philadelphe d'Asie, 2 sept.
Philadelphe de Sicile, 10 mai.
Philagre, Evêque et Martyr en Chypre, selon les Ménées, où il est marqué avec deux autres, dits aussi Martyrs et Evêques en Sicile.
Philagre (le Vén.), Solitaire près de Jérusalem, mentionné au vie livre de la Vie des Pères.
Philappien, M. avec autres, 30 janv.
Philaret le Laboureur, 1er déc.
Philaret, Moine de Saint-Basile, 6 avril.
Philastre, Ev. de Brescia, 18 juillet.
Philbert, Ab. de Jumièges, 20, 22 août.
Philéas, Ev., Martyr, 18 mai, 26 nov.
Philémon de Colosses, 22 nov.
Philémon de Grèce, M., 21 mars.
Philémon le Ménétrier, M., 8 mars, 6 juillet et 14 nov.
Philet, Martyr, 27 mars.
Phileter.
Phileter, M. à Nicomédie, 19 mai.
Philgas, Martyr, 26 mars.
Philbert, honoré dans le diocèse d'Apt, le dimanche dans l'octave de l'Assomption.
Philibert, le même que Philbert.
Philippe, Apôtre, 1er mai.

Philippe Benice, Servite, 22, 23 août.
Philippe Berruyer, 9 janv.
Philippe d'Alexandrie, M., 15 juill.
Philippe d'Apamée, M., 26 juill.
Philippe d'Argyron, 12 mai.
Philippe de Chanteliman, 15 oct.
Philippe de Fermo, Evêque, 22 oct.
Philippe de Gortyne, 11 avril.
Philippe de Jérusalem, 4 août.
Philippe de Mantoue (Vén.), de l'ordre des Ermites de Saint-Augustin, mort en 1306.
Philippe de Néry, 21 et 26 mai.
Philippe de Nicomédie, Martyr, 15, 17 août.
Philippe de Phrygie, M., 28 juillet.
Philippe de Rome, 10 juillet.
Philippe des Cases, 5 fév.
Philippe de Vienne, 28 nov.
Philippe de Zelle, le même que Philips, 4 mai.
Philippe d'Héraclée, M., 22 oct.
Philippe d'Oslin, le même que Philips.
Philippe l'Aposphage, 3 mai, 2 sept.
Philippe le Diacre, 6 juin.
Philippe le Préfet, Martyr, 13 sept.
Philippe, Martyr à Perge, 20 sept.
Philippe (la Vén.), Religieuse, 25 juill.
Philippin (le Bienh.), 25 avril.
Philips. Voyez Philippe de Zelle.
Philocale, Martyr, 21 mars.
Philocarpe, Martyr, 21 mars.
Philoctimon, 9 mars.
Philogone, Evêque, 20 déc.
Philogne, 4 nov.
Philomène d'Ancyre, M., 29 nov.
Philomène de Thrace, M., 14 nov.
Philomène, Vierge, 5 juillet.
Philomène, V. et Martyre, 19 août.
Philomore de Galatie, Confesseur de la foi, sous Julien l'Apostat, mentionné au chapitre 113 de l'Histoire Lausiaque.
Philon d'Antioche, Diacre, 25 avril.
Philon de Nicomédie, M., 11 avril.
Philonille, 11 oct.
Philorome de Galatie, le même que Philomore.
Philorome d'Egypte, 4 fév., 18 mai.
Philothée d'Egypte, 11 janv.
Philothée de Myrmique, 15 sept.
Philothée de Palestine, 5 nov.
Philothée, M. à Samosate, 9 déc.
Phlégont, 8 avril.
Phocas d'Antioche, 5 mars.
Phocas de Vienne, 14 juillet.
Phocas le Jardinier, 21 déc.
Phoce, Martyr, 9 août.
Phorbin, 4 avril.
Phortasse (le Vén.), Abbé, célèbre dans les monuments de l'Eglise grecque, pour sa résignation à la volonté de Dieu.
Phostère, Abbé, 5 janv.
Photas de Constantinople, 6 juin.
Photide, Martyre, 20 mars.
Photin, M. à Apamée, 18 juill.
Photin, M. à Nicomédie, 12 août.
Photine, Martyre, 20 mars.
Photium, Martyre, 20 mars.
Phronyme, Evêque de Metz, le même que St. Frenin.
Phylance, la même que Pilence.
Piale, Martyre, 14 déc.
Piammon (le Vén.), Prêtre, Abbé des solitaires de Diolque en Egypte, mort vers 400. Rufin et Sozomène en font un grand éloge.
Piamon, Vierge, 3 mars.
Piat, Prêtre, Martyr, 1er, 29 oct.
Picho. Voyez Guillaume Pichon.
Picque, Martyr, 9 juillet.
Pie, Diacre, Martyr, 19 sept.
Pie Ier, Pape, 11 juillet.

Pie V, Pape, 1er et 5 mai.
Pie, Martyr, 19 janv.
Picins ou Pience, Evêque, 13 mars.
Pienche, Vierge, 11 oct.
Piénon, patron d'une chapelle à Saint-Gilles de Soulans, dioc. de Luçon.
Piérius, prêtre, 4 nov.
Pierre, Apôtre, 29 juin.
Pierre, Martyr du Maroc, 16 janv.
Pierre Acotanto, Laïque, 6 sept.
Pierre de Caputio, 22 oct.
Pierre Apselame, M., 1er, 11 janv.
Pierre Balsame, 1er janv.
Pierre Baptiste, 5 fév.
Pierre Célestin, Pape, 19 mai.
Pierre Chrysologue, 2 et 4 déc.
Pierre d'Afrique, Martyr, 14 mars.
Pierre d'Alcantara, 18 et 19 oct.
Pierre d'Alexandrie, 26 nov.
Pierre d'Ambleteuse, le même que Doroverne.
Pierre Damien, 22 et 23 fév.
Pierre d'Anée, le même qu'Apselame, 11 janv.
Pierre d'Antioche, 17 avril.
Pierre de Ardues, Mart., 17 sept.
Pierre d'Asche, M., 9 juil.
Pierre d'Aule, le même qu'Apselame.
Pierre de Bahouc, 11 mars.
Pierre de Bérulle (le Vén.), 2 oct.
Pierre de Bélard (le Bienh.), M., 28 juil.
Pierre de Bourbon (le Vén.), 5 sept.
Pierre de Brague, le même que Pierre de Rade.
Pierre de Camérate (le Vén.), de l'ordre des Ermites de Saint-Augustin, mort dans le XIVe siècle.
Pierre de Capitoliade, M., 4 oct.
Pierre de Cardegna, Martyr, 6 août.
Pierre de Castelnau (le Vén.), M., 16 fév. et 5 mars.
Pierre de Champ-Véran, M., 19 juin.
Pierre de Chavanon, 8 sept.
Pierre de Cluny, le même que Pierre le Vénérable.
Pierre de Compostelle, 10 sept.
Pierre de Constantinople, 28 nov.
Pierre de Cordoue, M., 30 avril.
Pierre d'Ecyge, Martyr, 7 juin.
Pierre de Doroverne (le Vén.), 6 juin.
Pierre de Galatie, 9 oct.
Pierre d'Egypte, Martyr, 11 janv.
Pierre de Juilly (le Bienh.), 23 juin.
Pierre de Kiovie, 21 déc.
Pierre de Lampsaque, Martyr, 15 mai.
Pierre de l'Antiphonète, 9 août.
Pierre de la Voie-Salaire, 25 oct.
Pierre de Luxembourg (le Bienh.), 2 et 5 juil.
Pierre de Maïume, 9 et 24 fév.
Pierre de Maroc, 16 janv.
Pierre de Metz, 27 sept.
Pierre de Moliano (le Vén.), 25 juil.
Pierre de Montepiano (le Vén.), 12 avril.
Pierre de Mont-Caprara, 10 juil.
Pierre de Moreruèle, Abbé en Espagne, mort dans le XIIe siècle.
Pierre de Moron, le même que Pierre Célestin.
Pierre de Naples (le Vén.), mort en 872.
Pierre de Nicomédie, 12 mars.
Pierre de Palerme (le Bienh.), 10 mars.
Pierre de Pavie, le même qu'Oldrad.
Pierre de Philadelphie, M., 1er août.
Pierre de Pise (le Vén.), 1er et 17 juin.
Pierre de Pont, le même que Pierre de Tomes.
Pierre de Pontigny (le Vén.), 9 janv.
Pierre de Rade, Evêque, 26 avril.
Pierre de Ribe, que l'on croit Evêque d'Irie, siége transféré à Compostelle.
Pierre de Roussillon (le Bienh.), de l'ordre de la Merci, massacré par les Maures pour la foi.
Pierre de Salucoles, hon. à Verceil.
Pierre de Sébaste, 9 janv. et 26 mars.

Pierre de Séville, Martyr, 8 oct.
Pierre des Honests (le Vén.), 29 mars.
Pierre de Sienne, 16 mars et 3 avril.
Pierre de Soles, 2 janv.
Pierre de Sosso, (le Bienh.), M., 3 sept.
Pierre de Spolète, Evêque de cette ville.
Pierre de Taposiris, 3 oct.
Pierre de Tarentaise, 3 et 8 mai.
Pierre d'Ethiopie, Martyr, 4 sept.
Pierre de Tomes, Martyr, 27 avril.
Pierre de Trévi, 30 août.
Pierre d'Eygag, 19 juin.
Pierre d'Hellespont, le même que Pierre de Lampsaque.
Pierre d'Igny (le Vén.), 29 oct.
Pierre d'Imola (le Bienh.), 5 oct.
Pierre d'Osmo, 2 août.
Pierre d'Oviez (le Vén.), disciple de St. François, mort en 1216.
Pierre du Barc, 1er nov.
Pierre, Evêque d'Apt, au VIIIe siècle.
Pierre, Evêque dans la Morée, 3 mai.
Pierre (le Vén.), Evêque de Tournay, 19 juin.
Pierre, Evêque, martyrisé par les Bulgares, vers 820.
Pierre-Ferdinand, Jéronymite,
Pierre-Fourrier, (le Vén.), 9 déc. et 7 juil.
Pierre Galgalin (le Bienh.), 28 mai.
Pierre-Guillemache, le même que le bienheureux Pétron, Chartreux.
Pierre, Inquisiteur et Martyr en 1252.
Pierre-Jérémie (le Vén.), Religieux de l'ordre de Saint-Dominique, au couvent de Sainte-Zite à Palerme, mort en 1451.
Pierre l'Africain, Martyr, 9 déc.
Pierre l'Anachorète, 12 sept.
Pierre l'Apocrisiaire, Ev., 3 août.
Pierre l'Ascète, le même qu'Apselame.
Pierre l'Athonite, 12 juin.
Pierre le Biothanate, Martyr, 29 mai.
Pierre le Clidophylace, martyrisé en Phénicie avec un prêtre nommé Ananie et sept soldats.
Pierre le Galate, 1er fév.
Pierre le Grec, 23 sept.
Pierre l'Egyptien, 23 janv.
Pierre le Patrice, 1er juil.
Pierre le Pyone (le Vén.), mentionné au Ve livre de la Vie des Pères.
Pierre l'Ermite (le Vén.), 8 juil.
Pierre le Romain, 7 août.
Pierre le Sémiophore, inhumé à Constantinople.
Pierre le Télonéaire, 20 janv.
Pierre le Vénérable, le même que Pierre Maurice.
Pierre l'Exorciste, Martyr, 2 juin.
Pierre l'Ignée, 8 janv. et 8 fév.
Pierre, Martyr, 6 et 29 avril.
Pierre Maurice de Mont-Boissier (le Vén.), 25 déc.
Pierre-Nolasque (le Bienh.), 31 janv. et 25 déc.
Pierre-Oldrad, 7 mai.
Pierre-Pappacarbon, 4 mars.
Pierre-Pascal, 23 oct. et 6 déc.
Pierre-Pétron (le Bienh.), Chartreux. Voyez Pétron.
Pierre-Ragot (le Vén.). Voyez Ragot.
Pierre-Régalali, 30 mars et 13 mai.
Pierre-Thomas (Vén.), 6 et 29 janv.
Pierre-Xuquexir. Voyez Xuquexir.
Piginève.
Pigmène d'Autun, 31 oct.
Pigmène de Rome, 18 et 24 mars.
Pilence, Martyre, 18 août.
Pilingot (le Vén.), 1er juin.
Pimène, Confesseur, dont le corps était honoré au monastère de Casalegas, en 684, comme on peut le voir dans le XIIe concile de Tolède.
Piménion.
Piney, patron d'une église en Vivarais.

Pinien (Vén.),	31 déc.	Polychrone de Selec,	17 fév.
Pinien (le Bienh.), époux de Ste Mélanie la Jeune, mort	en 435.	Polychrone de Syrie (Vén.), loué comme *saint* par Théodoret son évêque, mort	vers l'an 410.
Pinuce,	16 janv.	Polyclet, Martyr,	30 déc.
Pinuphe, Prêtre,	27 nov.	Polyène de Bithynie, M.,	28 avril.
Pinyte, Evêque,	10 oct.	Polyène de Rome, M.,	18 août.
Pion, Prêtre,	12 oct.	Polyeucte d'Arménie, M.,	7, 9 janv. et 13 fév.
Pione, Martyr,	1er fév. et 5 déc.	Polyeucte de Cappadoce,	21 mai.
Pior,	17 juin.	Polyeucte, Patriarche de Constantinople, mort en	970.
Pipe,	7 oct.		
Pipérion, Martyr,	11 mars.	Polyme, Diacre,	9 mai.
Pipion, Diacre, Ermite.		Polyxène (Ste),	23 sept.
Pipoy, le même qu'Epipoy.		Pome, Vierge,	27 juin.
Pique, le même que Picque.		Pompain de Poitou, l. m. peut-être q. l'un des Pompins.	
Pirain,	2 mai.	Pompée d'Afrique, Martyr,	10 avril.
Pirrone (la Vén.),	16 mars.	Pompée d'Anden.	
Pisinion,	25 fév.	Pompée de Duras, Martyr,	7 juil.
Pisiaur,	23 avril.	Pompée de Pavie,	14 déc.
Piste, Vierge, Martyre,	1er août, et 17 sept.	Pompée d'Huy, l. m. q. Pope.	
Pistéramon (Vén.), Abbé en Egypte.		Pompéien.	
Pitin, Martyr,	2 oct.	Pompeye, une des Martyres de Lyon,	2 juin.
Pityrum, le même que Pyotère.		Pompidien, Ev. d'Eause, siége transféré à Auch, mort dans le ive siècle.	
Piton, patron d'une église au diocèse de Cambrai.			
Pityrion d'Athènes (Vén.), institua des moines hospitaliers à Athènes. Nicéphore en fait mention.		Pompien,	22 juin.
		Pompin d'Afrique, Martyr,	18 déc.
Pityrion d'Egypte (Vén.), Abbé, disciple de St. Antoine, mort vers 380, visité par Rufin et par Pallade.		Pompin de Syrie, Martyr,	15 fév.
		Pompoigne ou Pompogne, patronne d'une église en Condomois.	
Placide de Cilicie, Martyr,	11 oct.	Pompone, Ev. de Naples,	14 mai.
Placide de Rodio (le Bienh.),	8 juin.	Pomponie (Ste),	11 fév.
Placide de Sicile, Martyr,	5 oct.	Pompose, Vierge, Martyre,	19 sept.
Placide l'Apostolin (le Bienh.),	5 juin.	Ponce (Bienh.), Abbé de Cluny.	
Placidie, Vierge,	11 oct.	Ponce, Abbé de Saint André d'Avignon,	26 mars.
Plaisir ou Plaisis, honoré en Berri et en Bourbonnais.	1er sept.	Ponce, Diacre de St.-Cyprien,	8 mars.
		Ponce, honorée à Châlons-sur-Marne,	27 juin.
Plait,	6 mai.	Ponce, Vierge, Abbesse,	20 mai.
Plamphagon, Martyr,	6 mars.	Pons d'Avignon, le même q. Ponce, Abbé de Saint-André d'Avignon.	
Plancher, patron d'un village de son nom, près de Granville.			
Plantaire, patron d'un village de son nom en Berri.		Pons de Sise,	26 nov.
		Pons de Tomières, M.,	11 et 14 mai.
Platon d'Ancyre, Martyr,	22 juil. et 18 nov.	Pontien de Catane, Martyr,	31 déc.
Platon le Martyr,	2 oct.	Pontien, Martyr avec autres,	25 août.
Platon le Studite,	18 mars et 4 avril.	Pontien de Rome, Martyr,	2 déc.
Platonide, Martyre,	6 avril.	Pontien de Spolète,	19 janv.
Plaute, Martyr,	29 sept.	Pontien le Romain, Martyr,	11 déc.
Plautille (Ste),	20 mai.	Pontien, Pape,	13 août, 30 oct., 19 nov.
Pléchaume, le même que le suivant.		Pontime, Martyr,	18 août.
Pléchelme, Evêque,	15 juil.	Pontique, Martyr,	2 juin.
Plèse, un des trente-sept M. d'Egypte,	16 janv.	Pope, Curé près d'Huy.	
Plutarque, Martyr,	28 juin.	Popel, Martyr,	9 juil.
Poëme, Martyr,	9 fév.	Poplie, la m. q. Publie.	
Poëntal, Martyr,	29 mars.	Poplien, Martyr,	2 nov.
Poge, Ev. de Florence,	28 mai.	Popon d'Autriche (Vén.),	16 juin.
Pohan, patron d'un village de son nom en Bretagne.		Poppon de Marchiennes (Vén.),	25 janv.
		Poppon, Evêque de Seswich, mort	en 1129.
Poins ou Point, le même que Pons d'Avignon,	26 mars.	Porcaire, Abbé de Lérins,	12 oct.
		Porcaire, honorée à Sens,	8 oct.
Poir ou Poix, le même que St. Paterne, Evêq. d'Avranches.		Porchaire, Abbé,	31 mai.
		Porphyre de Palestine, Mart.,	16 fév.
Pol de Léon,	12 mars.	Porphyre de Gaza,	26 fév.
Pole, Martyr,	21 mai.	Porphyre d'Ephèse, Martyr,	4 nov.
Polémius, XXVIIIe Abbé de Lérins.		Porphyre de Rome,	20 août.
Polentaine, Martyre,	15 juil.	Porphyre d'Ombrie, Mart.,	4 mai.
Polignan, le même que Paulenan.		Porphyre le Comédien, M.,	15 sept.
Pollence, Martyre,	9 déc.	Porphyre le Flagellé,	6 sept.
Pollène, Vierge,	8 oct.	Porphyre, M. av. Caralampe,	10 fév.
Pollion, Martyr,	28 avril.	Porquier, patron d'une église au diocèse de Montauban.	
Polten, le même qu'Hippolyte le Geôlier.			
Polyane, Evêque,	10 sept.	Port, Martyr,	31 mai.
Polycarpe d'Antioche,	7 déc.	Portentien, Martyr.	
Polycarpe d'Arménie,	23 fév.	Portioncule (Dédicace de la),	2 août.
Polycarpe de Perse,	24 avril.	Posidone (Vén.), Egyptien, Solitaire à Porphyrite, nommé *saint* par Pallade.	
Polycarpe de Rome,	23 fév.		
Polycarpe de Smyrne, M., 26 janv., 23 fév., 26 mars et 27 avril.		Pusinne,	12 fév.
		Possesseur d'Afrique, Martyr,	3 janv.
Polycarpe, Ev. d'Arles, au viie siècle.		Possesseur de Verdun,	4 mai.
Polychrone de Nicée,	7 oct.	Possesseur (le Vén.), Ev. de Coutances, nommé	

saint par Robert de Langres et par l'abbé Fleury dans son Histoire ecclésiastique.
Possidius (Vén.), 17 mai.
Possidoine, 16 mai.
Possin, Martyr, 6 mai.
Posthumienne, Martyre, 2 juin.
Pot, patron d'un village de son nom au diocèse d'Auch.
Potamie, Martyr, 20 fév.
Potamie, Martyre, 5 déc.
Potamienne, Martyre, 28 juin.
Potamion d'Égypte, 28 mai.
Potamion de Sicile, Ev., 29 janv.
Potamion d'Égypte, 16 janv.
Potamon d'Alexandrie, 18 mai.
Potan, patron d'une église en Bretagne.
Potent, 7 déc.
Potentien, Martyr, 19 oct. et 31 déc.
Potentienne, Vierge, 19 mai.
Potentin, Solitaire à Cardon sur la Moselle.
Pothin, 1er Ev. de Lyon, M., 2 juin.
Potide, dont il y a des reliques à St-Victor de Paris.
Potit, Martyr, 13 janv.
Pou, le m. peut-être que St. Pol de Léon.
Pouange, 31 janv.
Pourçain, 24 nov.
Puy, hon. au Pertois, diocèse de Châlons.
Pozan, 17 juin.
Pozanne ou Pazanne, l. même q. Péchinne. 24 et 26 j in.
Pragmace, Ev. d'Autun, 20 et 22 nov.
Prancher, patron d'un village de son nom, près de Mirecourt.
Praxède, Vierge, 21 juil.
Prèce (Ste), 22 juin.
Précieux sang de Jésus-Christ, 9 janv.
Précorde, Prêtre,
Précorz, 1er fév.
Prédo, patron d'une église au diocèse de Nantes.
Préminole, Abbesse de Saint-Césaire.
Prémon, hon. au diocèse de Toul.
Prépe, patron d'Averdun au diocèse de Mende.
Prépédigne, Martyre, 18 fév.
Préside, Évêque, 6 sept.
Prestable, Martyr, 15 mai.
Prétextat de Rome, M., 11 déc.
Prétextat de Rouen (Vén.), 24 fév. et 14 avril.
Preuil, Ev. d'Autun, 3 et 4 nov.
Preuilly, patron d'une église, près de Saint-Pallais-des-Combes, au diocèse de Saintes.
Preuts, Evêque, 6 nov.
Preuve (Ste), dont il y a une paroisse près de Laon.
Preuve, Vierge, 5 s pt.
Prex, l. m. q Bry, 26 mai.
Prex, M. av. Hilier, 16 oct.
Priage, honoré en Toscane.
Priam de Sardaigne, 28 mai.
Priant, dont il y a une église au diocèse de Chartres, dans le doyenné de Mantos.
Pricaise, ancien titulaire d'une église abbatiale de l'ordre de Cîteaux, au diocèse d'Agen
Priest, l. m. q. St. Prix.
Prilidien, Martyr, 24 janv.
Primaël, 15 mai.
Primase, Ev. en Afrique.
Prime d'Afrique, 21 juin.
Prime d'Antioche, 2 oct.
Prime d'Ascalon, le m. que Prome.
Prime d'Autun, Ev., 1er nov.
Prime, M. dans l'Hellespont, 3 janv.
Prime de Léméle, 9 fév.
Prime de Rome, 9 juin.
Prime de Trieste, 10 mai.
Prime, M. av. Rogat en Afrique, 7 nov.
Prime d'Afrique, Mre, 1er déc.
Prime de Carthage, Martyre.
Prime d'Ostie, que l'on qualifie de Martyre.

Primice, Martyr à Rome.
Primice pour Primitif, ou plutôt pour Publicien, 9 déc.
Primice, la m. que Primitive d'Aquapendente.
Primien d'Afrique, 29 déc.
Primien de Nicomédie, 1er janv.
Primitif de Cappadoce, 2 mars.
Primitif de Cordoue, 27 juin.
Primitif de Galice, 27 nov.
Primitif de Rome, 10 juin.
Primitif de Saragosse, 16 avril.
Primitif, M. avec St. Bon, 11 fév. et 1er août.
Primitive, M. à Rome, 24 fév.
Primitive d'Aquapendente, Martyre, 23 juil.
Princes, Ev. de Soissons, 25 sept.
Principe, Ev. du Mans, 16 sept.
Principie de Ravenne, Martyre, 11 nov.
Principie de Rome, mentionnée par St. Jérôme.
Principie, mère de St. Cybar, honorée à Thémolac.
Principin de Bourbonnais, 12 nov.
Principin de Touraine, 25 oct.
Priscien de Rome, 12 oct.
Priscien de Palestine, 14 oct.
Priscille, femme d'Aquile, 16 et 18 janv. et 8 juil.
Priscillien, M. à Rome, 4 janv.
Priscus ou Prisque, Archev. de Lyon, mort dans le VIe siècle.
Prisque d'Afrique, 1er sept.
Prisque d'Auxerre, 26 mai.
Prisque de Capoue, 1er sept.
Prisque de Grèce, 20 sept.
Prisque, Ev. de Nocera, 9 mai.
Prisque de Palestine, 28 mars.
Prisque de Rome, Prêtre, M., 4 janv.
Prisque de Tomes, 1er oct.
Prisque, M avec St. Cot.
Prisque, Mre à Rome, 12 janv.
Privat de Mende, 21 août.
Privat de Purygie, 20 sept.
Privat (le Bienh.), Moine de Saint-Savin de Plaisance.
Privat de Rome, 23 sept.
Privé, patron de plusieurs villages de son nom, en Nivernais et en Bourbonnais.
Prix, Ev. de Clermont, 25 janv.
Probas, Prêtre, 1er juin.
Probat, M. en Afrique, 28 déc.
Probe d'Afrique, 12 et 15 nov.
Probe d'Ascalon, 4 et 9 déc.
Probe de Byzance, 19 déc.
Probe de Cilicie, 11 oct.
Probe de Gaëte, 6 oct.
Probe de Ravenne, 10 nov.
Probe de Riéti, 15 mars.
Probe de Vérone, 12 janv.
Probien, fils de Franco et de Périculose, Évêque de Bourges, mentionné par St. Grégoire de Tours et par St. Fortunat.
Processe, M. à Rome, 2 juil.
Procle de Rethrambe, Sinaïte, tué par les Sarrasins.
Procle de Constantinople, 24 oct.
Procle, Martyre en Auvergne, 13 oct.
Procope de Bohême, 1er avril.
Procope de Palestine, 7 juin et 8 juil.
Procope de Taormine,
Procope le Décapolite, 27 fév.
Procore, M. à Antioche, 9 avril.
Procul d'Autun, le m. que Preuil,
Procul l'Architecte, M. à Byzance.
Procule l'Évêque, honoré à Bologne en Italie, avec St. Procule le Soldat.
Procule de Narni, 1er déc.
Procule de Pouzzoles, 19 sept.
Procule de Terni, 14 fév., 2, 12, 14 et 18 avril.
Procule de Vérone, 23 mars et 9 déc.
Procule, Archev. de Vienne.
Procule d'Illyrie, 18 août.
Procule d'Ombrie, 1er janv.
Procule, Martyr, 12 juil.

Procule le Soldat, 1er juin.
Projectice, M. à Bergame, 18 août.
Projet, Ev. d'Imola, 25 sept.
Promade, le même que Prome.
Promaise ou Promâse, Abbé près de Forcalquier en Provence, où une église fut dédiée sous son nom le 17 septembre 1035.
Prome, M. à Ascalon, 14, 15 et 19 déc.
Prompce (Ste).
Properce, Martyr avec Félix.
Propt, Martyr avec St. Gavin.
Prosdoce, Martyre en Syrie, 4 oct.
Prosdocime, Ev. de Padoue, 7 nov.
Prosérie, M. en Syrie, 12 oct.
Prosper d'Aquitaine (le Vén.), Laïque, célèbre par ses écrits sur la grâce.
Prosper d'Orléans, 29 juil.
Prosper de Reggio, 25 juin et 25 nov.
Prosper, premier Ev. de Riez au ve siècle, qu'il ne faut pas confondre avec Prosper d'Aquitaine.
Prosper le Confesseur, 25 déc.
Protade, Ev. de Besançon, 10 fév.
Protage, Ev. de Milan, 24 nov.
Protais, M. à Cologne, 4 août.
Protais, Ev. de Milan, le même que Protage.
Protais, M. à Milan, 19 juin.
Protaise, Ev. de Lausanne, 6 nov.
Protaise, Vierge et Martyre, 20 mai.
Protase, Reclus à Combronde en Auvergne, mentionné par St. Grégoire de Tours, en la Vie de St. Pourçain.
Prote d'Aquilée, 31 mai.
Prote de Rome, 11 sept.
Prote de Sardaigne, 25 oct.
Prote, Vierge, dont il y a des reliques à St.-Germain d'Auxerre, depuis plusieurs siècles.
Protère, Ev. d'Alexandrie, 28 fév. et 28 mars.
Prothée, M. d'Egypte, 16 janv.
Protion, hon. par les Grecs, 12 avril.
Protoctète, Confesseur de la Foi, à qui Origène dédia son *Exhortation au Martyre*, mort vers 250.
Protogène, Ev. de Carrhes, 5 et 6 mai.
Protolyque, M. à Alexandrie, 14 fév.
Prouent ou Prouents, honoré en Poitou, où il y a un village de son nom, 6 oct.
Provin, Ev. de Côme, 8 mars.
Provolo, honoré à Venise, le même que Procule d'Illyrie.
Prudence de Phrygie, 28 juil.
Prudence (le Vén.), 14 nov.
Prudence, M. hon. à Besc en Bourgogne.
Prudence de Taraçone, 28 avril.
Prudence de Troyes, 6 et 28 avril.
Prudence, Vierge à Côme, 6 mai.
Prudent de Nicomédie *pour* Prudence de Numidie.
Pruye, Abbesse, mentionnée dans la grande Chronique de Flandre.
Pruzas, dont il y a une église au diocèse du Puy.
Psaes, Moine de Raïthu en Arabie, 14 janv. et 26 déc.
Psalmode, Ermite.
Psentaëse, de l'ordre de Saint-Pacôme.
Psoës (le Vén.), de l'ordre de Saint-Pacôme.
Ptolémaque, Martyr, 10 oct.
Ptolémée d'Egypte, 8 juin.
Ptolomée d'Alexandrie, 1er juin, 30 oct. et 20 déc.
Ptolomée de Memphis, 4 août.
Ptolomée de Nepet, 24 août.
Ptolomée de Rome, 19 oct.
Ptolomée d'Olivet (le Bienh.). *Voyez* Bernard Ptolomée.
Publicien, M. en Afrique, 9 déc.
Publie, Abbé en Syrie, 25 janv.
Publie, Abbesse à Antioche, 9 oct.
Publius d'Afrique, 19 fév.
Publius, M. en Asie, 12 nov.
Publius de Saragosse, 16 avril.
Publius, Abbé, Solitaire près de Zeugma sur l'Euphrate, mentionné par Théodoret, mort vers 369.
Publius l'Africain, 31 janv.
Publius d'Athènes, 21 janv.
Publius, honoré à Constantinople avec Afrique et Térence.
Pudent de Numidie, 29 avril.
Pudent de Rome (le Vén.), 19 mai.
Puerat, patron d'Ymebert, au diocèse de Nevers.
Puitz. *Voyez* Puy.
Pulchrone, Ev. de Verdun, 30 avril.
Pulchère, le même que Mouchoémoc.
Pulchérie, Impératrice, 18 fév. et 10 sept.
Pulverine, honorée en Berri.
Pumice, Vierge, 27 juil.
Pupille ou Pupule, M. av. d'aut., 28 fév.
Purgean, le même que Pourçain
Pusice, M. en Perse, 5 et 21 avril.
Pusinne, Vierge, 23 avril et 22 sept.
Putuphasies (le Vén.), Solitaire au mont de Nitrie en Egypte, nommé *saint* par Pallade, mentionné par Sozomène, mort vers 360.
Puy, dont deux églises portent le nom vers l'Astarrae.
Py, dont il y a une église en Bretagne.
Pynnok, patron d'une église dans la Cornouaille en Angleterrre.
Pyotère (le Vén.), Solitaire en Porphyrite, nommé *saint* Pitirum par Pallade.
Pyrmin, hon. au dioc. de Trèves, 3 nov.
Pyrrhus, Evêque, 1er juin.

Q

Quadragésime (le Bienh.), 26 oct.
Quadrat d'Afrique, 26 mai
Quadrat d'Athènes (le Bienh.), 26 mai.
Quadrat de Corinthe, 10 mars.
Quadrat de Magnésie, 21 sept.
Quadrat de Trani, 21 août.
Quadrat d'Hermopolis, 7 et 9 mai.
Quadrat d'Orient, le même que Codrat d'Anatolie.
Quadrat l'Africain, loué par St. Augustin, 26 mai et 21 août.
Quadrat l'Apologiste, 26 mai.
Quaize, patron d'un village de son nom en Nivernais.
Quart d'Afrique, 17 et 18 mai.
Quart de Rome, 6 août.
Quart, M. avec St. Quint, 10 mai.
Quart: le Disciple, 5 nov.
Quarte, Martyre à Lyon, 2 juin.
Quarille, Martyre à Sorrento, 19 mars.
Quartillosie, Africaine, 24 fév.
Quay, patron de plusieurs villages de son nom en Bretagne.
Qué, hon. en Bretagne, 1er oct.
Queliudre, honorée autrefois à Utrecht.
Quénins ou Quénis, Evêque de Vaison, 15 fév.
Quentin, M. en Vermandois, 31 oct.
Quéran, Abbé en Irlande, 9 sept.
Querlin (le Vén.), Solitaire, 11 oct.
Quiémat, Evêque de Trèves, 6 nov.
Quiète, honorée à Dijon, 28 nov.
Quillain ou Quillien, patron d'un village de son nom en Franche-Comté.
Quillerie, patron d'un village de son nom, près de Tarascon.
Quince, Martyr à Capoue, 5 sept.
Quindée, Martyr à Axiopolis; on fait sa fête le 9 mai.
Quingèse, Martyr, 5 déc.
Quinibert, Curé en Hainaut, 18 mai.
Quinide ou Quinis, qu'on croit être le même que St. Quénins, Evêque de Vaison.
Quint d'Abitime, 11 fév.
Quint d'Afrique, 4 janv.
Quint de Carthage, 24 fév. et 24 mai.
Quint de Lucanie, 29 oct.
Quint (le Vén.), Evêque de Nole, nommé *saint* dans l'*Italia sacra* d'Ughel.

Quint, M. avec Quart,	10 mai.
Quint de Sorrento,	19 mars.
Quint, M. avec Simplice,	18 déc.
Quint le Thaumaturge,	12 mai.
Quintase, hon. autrefois à Carthage,	10 oct.
Quinte, la m. que Cointe, ci-devant	
Quintien d'Afrique, le même que Quint de Carthage.	
Quintien d'Arménie,	1er avril.
Quintien de Catane,	31 déc.
Quintien, IVe Evêque de Couserans.	
Quintien de Rodez, Ev. de Clermont,	14 juin, 10 et 13 nov.
Quintil, M. avec St. Capitolin,	7 mars.
Quintil, Evêque et Martyr,	8 mars.
Quintilien de Paris (le Bienh.), dit aussi Quintinien,	12 fév.
Quintilien de Saragosse,	16 avril.
Quintilien de Séleucie,	16 nov.
Quintilien. M. avec Dadas,	13 et 28 avril.
Quintille (le Vén.), Ev. d'Auxerre, mort vers 800, nommé Bienheureux dans les manuscrits de Saint-Germain, où il avait été Abbé.	
Quintille de Sorrento,	19 mars.
Quintin, IIe Ev. d'Apt,	en 400.
Quintin, M., hon. à Meaux,	4 oct.
Quintinien, M. en Afrique,	14 juin.
Quintinien d'Arménie, le même que Quintien, du	1er avril.
Quintinien de Paris, le m. que Quintilien, du 12 fév.	
Quirègue, Ev. de Tolède,	29 nov.
Quiret, patron d'un village de son nom, près de Pamiers, peut-être le même que St. Quirègue ci-dessus.	
Quirice, hon. à Ancône,	1er et 4 mai.
Quiriaque d'Augsbourg,	12 août.
Quiriaque de Corinthe,	29 sept.
Quiriaque de Trèves,	6 mars.
Quiriaque d'Ostie (Ste)	23 août.
Quirico, le même que St. Cyriaque de Pérouse.	
Quiril (le Vén.), à qui les Religieuses des Machabées de Cologne rendent quelque sorte de culte.	
Quiril ou Quirille de Maëstricht,	30 avril.
Quiril de Nicomédie, le même que Quintil.	
Quirille, Vierge,	15 mai.
Quirin de Gany, le même que Cerin.	
Quirin de Nicomédie,	12 mars.
Quirin, Ev. de Lorch et d'Aquilée, M.	en 308.
Quirin de Sisceg,	4 juin.
Quirin, M. près de Rome,	24 et 25 mars.
Quirin de Tivoli,	4 juin.
Quirin le Tribun,	30 mars.
Quitère, Vierge, Martyre,	22 mai.
Quiterie, patron d'un village de son nom, près de Toulouse.	
Quitterie, patronne de plusieurs villages de son nom, en Languedoc et en Agenois; c'est la même que Ste Quitère, hon.	le 22 mai.
Quoamate, Martyr en Galice,	15 avril.
Quodvultdéus, Evêque de Carthage, 8 janv. et 26 oct.	
Quodvultdéus, M. av. autres,	28 nov.

R

Raban (le Bienh.), Archevêque de Mayence,	4 fév.
Rabert, Abbé de Corbie,	26 avril.
Rabier, patron d'une église en Périgord,	25 août.
Rabulas, Abbé,	19 fév.
Racat, invoqué dans le rang des Confesseurs, aux anciennes Litanies anglicanes, données par dom Mabillon en ses Analectes.	
Raco, ou Rachot, ou Roques, patron d'un prieuré de Cluny.	
Raconis, Ev. d'Autun, le même que le précédent.	
Rachilde, Vierge,	23 nov.
Radb d, Ev. d'Utrecht,	29 nov.
Radegonde de Chelles, Vierge,	29 janv.
Radegonde de Combraille, honorée à Libersac.	

Radegonde de Poitiers, Reine de France,	30 janv et 13 août.
Rafaël ou Raffau. Voyez Raphaël.	
Rafe, Ev.,	12 mars.
Rafique, martyrisée avec cinq de ses fils, sous un préfet nommé Dina.	
Ragenfrède, Abbesse de Denain.	
Ragnobert ou Renobert, Evêque de Bayeux, mort dans le viie siècle.	
Ragomé, le m. que Rigomer.	
Ragot (le Bienh.), Curé au Mans,	13 mai.
Raimbert, le même que Renobert.	
Rainfroy, Archid. à Rennes,	18 sept.
Raingarde (la Bienh.),	24 juin.
Raintran (le Vén.), Ev. d'Avranches.	
Rambert, M. en Bresse,	13 juin et 15 juil.
Rambien, patron d'un prieuré, en Nivernais.	
Ramée, patronne d'un village de son nom, près de Mirambeau.	
Ramensvide, honorée à Astère, au dioc. de Namur.	
Ramezy ou Remèze, Ev. de Gap,	3 fév.
Ramir, M. av. autres,	13 mars.
Ramissaire ou Remissaire, Evêq. de Nimes, en 638.	
Ramota (le Bienh.), Franciscain, mort en Sardaigne.	
Ramuold (le Vén.), Abbé de Saint-Emmeran de Ratisbonne, que Ferrarius et d'autres modernes ont de leur autorité mis au rang des Saints.	
Randaut, M. près de Bâle,	21 fév.
Rane, dont il y a eu une église en Angleterre, au pays de Sommerset.	
Raoul d'Afflighem (le Bienh.),	30 avril.
Raoul de la Futaie, hon. à Rennes	16 août.
Raoul de Vaucelle (le Vén.),	30 déc.
Raoul (le Bienh.), 1er Abbé de Château, de l'ordre de Prémontré,	en 1164.
Raphaël, nommé aussi Rafaël, ou Raffau : c'est l'archange Raphaël, dont on fait la fête les 12 et 19 sept., 20 oct. et 20 nov.	
Rascas (Voyez Maxime de).	
Rase, M. dont Boniface IV mit le corps sous l'autel de la Rotonde.	
Rase, Evêque,	12 mars.
Rasson, le même que Rats, ci-après.	
Rastragène, honorée à Coincy,	12 mai.
Rasyphe, M. à Rome,	23 juil.
Ratfrid, M. près de Groningue,	5 déc.
Rathbod, Ev. d'Utrecht,	29 nov.
Ratien, patron d'une église en Bretagne.	
Ratites, Martyr à Sirmich,	8 janv.
Rats, Moine à Verthen,	17 juin.
Rauls, Ev. hon. à Nantes,	14 mars.
Raurava, M. en Ethiopie,	3 sept.
Ravajat (le Bienh.), M.,	8 août.
Ravan et St. Rasyphe, hon. au dioc. de Bayeux.	
Ravaque, M. en Nubie,	3 oct.
Ravel (le Bienh.), Ev. de Ferrare,	4 juil.
Ravenose, honorée en Sicile,	8 déc.
Raverein, Ev. de Séez,	3 fév.
Raymo, Ev. d'Halberstadt,	17 mars.
Raymond de Balbastro,	21 juin.
Raymond, Instit. de l'ordre de Calatrava,	1er et 23 janv.
Raymond de Pegnafort,	6 et 23 janv.
Raymond de Plaisance,	28 juil.
Raymond de Rochefort.	
Raymond de Toulouse,	4 juil.
Raymond le Martyr, de l'ordre de la Merci (différent de St. Raymond Nonnat), martyrisé par les Barbares avec le Bienh. Jacques de Soto.	
Raymond Nonnat,	26 et 31 août.
Raymond Scriptoris,	29 mai et 9 nov.
Raynaud Concoregius de Milan (le Bienh.), 18 août.	
Raynier d'Auxerre (le Vén.), 1er Abbé de Saint-Marien.	
Rayner (le Vén.), Evêque de Bâle, ancien Moine de Luxeu.	
Raynier de Bourg-Saint-Sépulcre,	1er nov.
Raynier de Clairvaux,	11 juin.

Raynier de Forconio, 30 déc.
Raynier de Pise, 17 juin.
Raynuce (le Vén.), 8 juin.
Rentre, M. en Afrique, 27 janv.
Recombe, M. d'Égypte, 16 janv.
Recoubrat, anc. en patron de la cathédrale de Nice.
Rédempt (le Vén.), Ev. de Ferentino, 8 avril.
Rédempte, Vierge à Rome, 23 juil.
Rédigonde, Vierge, 29 janv.
Réductule, Martyre en Afrique, 18 déc.
Référendaire, dont un village de Champagne porte le nom.
Reflent, M. à Tarse, 10 mai.
Refroie, Abbesse de Denain, 8 oct.
Régalad, hon. en Espagne, 30 mars et 15 mai.
Régensvide, Vierge, 15 juill.
Régimbert (le Vén.), Abbé de Saint Vilbrord, 3 déc.
Réginbald, Comte de Dillingen, Ev. de Spire, mort en 1039.
Régiole, Martyre, 30 août.
Régis, Jésuite. *Voy.* St. François.
Règle, patron d'un village de son nom, près d'Amboise. C'est peut-être le même que St. Rieul.
Régratien, patron d'une église, près la Rochelle.
Reimbaut, Ev. de Spire, 3 oct.
Reine d'Alise, Vierge, 17 et 22 mars, et 7 sept.
Reine de Denain, 1er juillet.
Reinelde, Vierge, 16 juillet.
Reingarde, Religieuse.
Reinofle, Vierge, 14 juillet.
Reinold l'Architecte, hon. comme Martyr à Cologne.
Reliques (Fête des Saintes), 8 nov.
Remacle, Ev. de Maëstricht, 3 sept.
Rembert, Ev. de Brême, 4 fév. et 11 juin.
Remède ou Remi, Ve Ev. de Gap, au vie siècle.
Remède ou Remi, Archev. de Bourges, mort en 584.
Remez ou Remezaire, Ev. de Nîmes, qui souscrivit au ive concile de Tolède.
Remezaire ou Remissaire, le même que Ramissaire.
Remeze, le même que Ramezy.
Remiré, Solitaire, 8 déc.
Remo, Ev. de Gênes, 13 oct.
Remy de Lyon, 28 oct.
Remy de Reims, 13 janv. et 1er oct.
Remy de Rouen, 19 janv.
Remy, Evêque de Strasbourg, mort en 803.
Renan, Solitaire, 1er juin.
Renat, Ev. de Sorrento, 6 oct.
Renaud, Ev. de Ravenne, 18 août.
Renaud de Mont-d'Orme, 24 janv.
Renaud de Nocéra, 9 fév.
Renaud (le Bienh.), de l'ordre de Sainte-Brigide, martyrisé par les hérétiques à Londres en 1535.
René, Ev. de Maëstricht, mort en 512.
René, honoré à Angers, 12 nov.
Renée, Martyre, honorée à Saint-Etienne d'Auxerre.
Renelle, Abbesse, 6 fév.
Renier, le même que Raynier de Pise.
Renobert, Ev. de Bayeux, 16 mai et 21 août.
Renon, honoré en Artois, 27 mai, 9 nov.
Renouard, patron d'une église dépendante de Saint-Michel en l'Erm.
Renovat, Ev. de Merida, 31 mars.
Renule, Abbesse, 6 fév. et 12 oct.
Réole, Ev. de Reims, 25 nov.
Réole, Martyre à Populonia, 1er sept.
Repaire, patron d'une église dans la Bresse.
Réparat, Diacre, 21 oct.
Réparate ou Réparade, Martyre en Palestine, 8 oct.
Repert, Ev. de Worms, 24 sept.
Rephaire, Ev. de Coutances, 18 nov.
Réposit, M., 29 août, 1er sept.
Respectat, M. av. aut, 20 juillet.
Respice, M. à Nicée, 10 nov.
Restitue, la même que Restitute de Sore.
Re-titut d'Antioche, 23 août et 15 nov.
Restitut de Carthage, 29 août et 9 déc.

Restitut de Rome, 29 mai.
Restitut d'Espagne, 10 juin.
Restitut de Trois-Châteaux. *Voy.* le bréviaire de St.-Paul-Trois-Châteaux.
Restitut, Prêtre du dioc. d'Hippone, martyrisé, en 412, par es Circoncellions, mentionné au iiie livre de St. Augustin contre Cresconius.
Restitute de Naples, Martyre, 17 mai.
Restitute de Sore, Martyre, 27 mai.
Retice, Ev. d'Autun, 15 mai.
Révérend, honoré en Touraine, 12 sept.
Révérien, Ev. d'Autun, le même que St. Riran, 1er juin.
Reversat, M. à Frugères, 26 juillet.
Revocat de Carthage, 7 mars.
Revocat de Smyrne, 9 janv.
Revocate, Martyre en Achaïe, 6 fév.
Reynier (le Bienh.), Capucin, 4 nov.
Rhaïde, Martyre à Alexandrie, 28 juin.
Rhétice, IIIe Ev. d'Autun, mort en 334.
Rhodien, Martyr en Grèce, 20 mars.
Rhodopien, Martyr en Carie, 3 mai.
Riacat, marqué au rang des Confesseurs dans les anciennes Litanies anglicanes, publiées par dom Mabillon, en ses Analectes.
Ribert, Chorévêque en Ponthieu, 15 sept.
Ribier, Moine de Saint-Claude, 19 déc.
Ricard, Evêque d'Andria, 9 juin.
Richard d'Alvert (le Vén.), 30 déc.
Richard de Chichester, 3 avril.
Richard de Lucques, 21 août, 7 fév.
Richard de Pontoise, 25 et 30 mars.
Richard, Abbé de Saint-Vannes, 14 juin.
Richard de Tilly (le Bienh.), 22 sept.
Richard de Viche, le m. que Richard de Chichester.
Richarde, Reine de France, 18 sept.
Richilde, Vierge, 22 août.
Richze, Reine de Pologne, 21 mars.
Ricomir, Solitaire, 17 janv.
Ricrude, Abbesse, 12 mai.
Ricuvère (la Vén.), inhumée à Prémontré, au cimetière des pauvres, en 1136.
Rieu, Moine en Bretagne, 12 fév.
Rieul, Evêque d'Arles, 3 mars.
Rieul, Evêque de Senlis, 30 mars, 23 avril et 15 juil.
Rigalatz, patron d'une église au diocèse de Quimper.
Rigaud, honoré au diocèse de Mâcon, 7 oct.
Rigo, honoré à Trévise, 10 juin.
Rigobert, Ev. de Reims, 4 janv.
Rigomer, Ev. de Meaux, 28 nov.
Rigomer, Prêtre, 24 août.
Rimail, le même que Remacle.
Rimault, le même que Rombaud, 24 juin.
Rimay, patron d'un village de son nom, près de Vendôme.
Rinalt, 7 mai et 28 août.
Rioc, Abbé en Irlande, 1er août.
Riok, Anachorète, 12 fév.
Rion, Moine de Redon, 14 août.
Riosisme ou Riotisme, Ev. de Rennes.
Riou, le même que St. Rieu.
Ripsime, Martyre en Perse, 26 et 29 sept.
Riquier, Abbé en Ponthieu, 26 avril.
Riran, patron d'un village de son nom, près de Roanne : c'est le même que St. Révérien du 1er juin.
Risal, honoré au diocèse de Vannes.
Rite, Religieuse, 22 mai.
Rival ou Riwoal, patron de Tréselan, au diocèse de Tréguier, peut-être le même que St. Roalin.
Rivein, le même que Rion.
Rixe, 6 juillet.
Rixfrid, Evêque, 5 oct.
Rixius, le même que Rixe.
Rixtel, Martyr, 25 nov.
Roalin, Ev. de Tréguier après St. Tugal, mort vers 600.
Robert d'Ablagel (le Vén.), Evêque de Bayeux, mort en 1231.

Robert d'Arbrissel, 24 et 25 fév.
Robert de Font-Morigny (le Vén.), Religieux d'une grande sainteté, mort dans le xııe siècle.
Robert de la Chaise-Dieu, 3, 17 et 24 avril.
Robert de Mataillane, 6 déc.
Robert (le Vén.), Abbé de Métaplane, 2 déc.
Robert de Molême, 29 avril et 21 mars.
Robert de Neumynstre, 7 juin.
Robert Droux (le Vén.), 20 sept.
Robert le Salentin (le Vén.), 18 juillet.
Robert, Roi, 20 juillet.
Robi., patron d'une église en Bretagne.
Robustien, Martyr en Italie, 24 mai et 31 août.
Roch, invoqué en temps de peste, 16 août.
Roche (Ste), dont une église priorale du diocèse d'Agen portait le nom.
Rodène, honorée dans un canton du Berri.
Roding ou Rouin, Abbé de Beaulieu, en Argonne.
Rodoald, Evêque de Pavie, 12 oct.
Rodolfe de Berne, 17 avril.
Rodolfe (le Vén.), IVe du nom, Roi de Bourgogne, mort en 1049, canonisé, si on croit Lazius en sa Généalogie d'Autriche.
Rodolfe de Nantes (le Vén.).
Rodolfe de Vallombreuse, 12 nov.
Rodolfe d'Eugube, 26 juin.
Rodrigue, Martyr à Cordoue, 13 mars.
Rodruc, Vierge, 22 juin.
Roffoline de Villeneuve (Ste).
Rogat de Capse, Martyr à Carthage, 2 juil. et 17 août.
Rogat, Martyr en Afrique, 28 mars.
Rogat de Rome, Martyr avec d'autres, 10 juin.
Rogat et Castor, Martyrs, 28 déc.
Rogat et Catule, Martyrs, 24 mars.
Rogat et Prime, Martyrs, 7 nov. et 1er déc.
Rogat, Martyr avec un autre Rogat, 8 mars.
Rogat, Martyr à Rome, 1er déc.
Rogat et Zotique, Martyrs, 12 janv.
Rogate, Martyre à Lyon, 2 juin.
Rogatien d'Afrique, 3 janv.
Rogatien de Carthage, 26 oct.
Rogatien de Nantes, 24 mai.
Rogatien, pour Rogat ou Rogate, 28 déc.
Rogeil, Martyr à Cordoue, 16 sept.
Roger, Ev. de Cannes, 15 oct. et 30 déc.
Roger d'Ellan (le Bienh.), 4 janv.
Roger de Meyr (le Vén.), 8 août.
Roger (le Bienh.), disc. de St. François et frère lai de son ordre, mort dans le xıııe siècle, mentionné par Molan, par Artus du Moutier, par Possevin et par Ferrarius, 5 mars.
Roger de Truis-Fontaines, 23 avril.
Roger le Fort, Archev. de Bourges, mort en 1367.
Roguil, Ev. de Forlimpopoli, 18 juillet.
Rohaut, le même que St. Ruaut.
Roils, Evêque de Bourges, 22 juin.
Roimbaud, le même que Rombaud.
Roks, patron d'une ancienne église au Sussex, 14 nov.
Rolende, Vierge.
Rolland d'Arles, inhumé à Saint-Honorat.
Rolland de Quésery, 16 janv.
Rolland Hébert. Voy. Hébert, 21 juin.
Rolleinde, Vierge, 13 mai.
Rollin (le Vén.), Abbé de Saint-Pierre-le-Vif, à Sens.
Romadouze, le même que Romaize.
Romain d'Antioche, 17 nov.
Romain d'Auxerre, 6 oct.
Romain d'Asmanuje, 18 nov.
Romain de Blaye, 24 nov.
Romain de Cilicie, 27 nov.
Romain, Abbé de Condat.
Romain de Fondruye, Abbé, 22 mai.
Romain d'Egypte, 16 janv.
Romain de Jou, Abbé, 28 fév.
Romain de Metz, 13 avril.
Romain de Népet, 24 août.
Romain de Reims, successeur de St. Remy.

Romain de Rome, 9 août.
Romain de Rouen, 23 oct.
Romain de Syrie, 16 fév.
Romain du Mans, 7 nov.
Romain, M. à Constantinople, 1er oct.
Romain, Martyr en Russie, 24 juil.
Romain, Martyr à Samosate, 9 déc.
Romaine de Beauvais, 3 octob.
Romaine de Todi, Vierge, 23 fév.
Romaize, hon. en Berri, 25 août.
Romard, patron du prieuré de Châtelaillon, au diocèse de la Rochelle.
Romaré, honoré en Poitou, 16 janv.
Romaric, Abbé de Remiremont, 8 déc.
Romas, Martyr en Perse, sous Sapor, en 346.
Rombaud, Ev. de Dublin, 24 juin et 1er juill.
Romble, honoré en Berri, 25 déc.
Rome, hon. à Toulouse, le même que Romaize.
Romée, patron d'une égl. à Florence, 4 mars.
Romez, le même que Remy de Lyon.
Romolo, Ev. de Fiésoles, 6 juill.
Romon, patron d'Andeney en Bourgogne.
Romphaire, Ev. de Coutances, 19 nov.
Romuald, instit. des Camaldules, 7 fév. et 19 juin.
Romule de Frioul, 17 fév.
Romule le Palatin, 5 sept.
Romule, honoré à Rome, 24 juin et 23 juill.
Romulus, M. à Césarée en Palestine, 24 mars.
Ronan, Ermite.
Ronne (le Vén.), honoré à Lisbonne, 12 mai.
Ronvold, enfant, honoré autrefois près de Buckingham en Angleterre.
Roques, Ev. d'Autun, 25 janv.
Rorice (le Vén.), 1er du nom, Ev. de Limoges, mort vers 500.
Rosade (la Vén.), 29 nov.
Rosalie, Vierge à Palerme, 4 sept.
Rose, Evêque en Afrique, 16 mai.
Rose de Lima, Vierge, 24 et 30 août.
Rose, Religieuse de Chelles, 13 déc.
Rose de Viterbe, 8 mars et 4 sept.
Rosemonde (la Vén.), mère de St. Ajoutre de Vernon, morte vers 1100.
Rosius, hon. avec St. Prisque, 1er sept.
Rosnata (le Bienh.), Prémontré, 14 juill.
Rosseline, Vierge, 17 janv.
Ressòre, M. en Sardaigne, 21 août.
Rostaing (le Bienh.), Arch. d'Arles, 23 juill.
Rosule, M., dit-on, près de Carthage, 14 sept.
Rosule, Mre, hon. autrefois en Valachie, 15 mai.
Rot, Martyr, 4 mars.
Rothad (le Bienh.), Ev. de Cambrai, 20 sept. et 14 oct.
Rotilla ou Rotilla, Evêque de Verden, en 825.
Rotonde, Vierge.
Rougay, patron d'une église au diocèse de Léon en Bretagne.
Rouin, Abbé de Beaulieu, 17 sept.
Rouls, le même que Roils.
Routris, le même que Rustique de Clermont.
Roux (le Bienh.), M. avec François de l'Anglade, 25 juillet.
Rozeind, Ev. de Dume, 1er mars.
Ruain, Abbé en Irlande, 15 avril.
Ruaut, Ev. de Vannes, 22 oct.
Rubien, Ev. de Como, 10 nov. et 16 déc.
Rudolfe (le Bienh.), IIe Abbé de Vallombreuse, mort vers 1200.
Ruf, Martyr à Philadelphie, 1er août.
Ruf, Martyr à Mélitine, 19 avril.
Ruf d'Avignon, 12 et 14 nov.
Ruf de Campanie, 27 août.
Ruf de Capoue, M., le même peut-être que le précédent, 27 août.
Ruf de Damas, 25 sept.
Ruf de Macédoine, 18 déc.
Ruf de Metz, 7 nov.

SUPPLÉMENT AU DICTIONNAIRE DES CEREMONIES ET DES RITES SACRES.

Ruf de Rome, 28 nov.
Ruf l'Apostolique, 21 nov.
Rufe, le même que Ruf de Macédoine.
Rufère, Martyr avec St. Valère.
Rufil, le même que Roguil.
Rufin d'Afrique, 7 avril.
Rufin d'Ancyre, 4 sept.
Rufin d'Angleterre, M. avec Vulfade.
Rufin d'Antioche, 16 fév.
Rufin d'Assise, 30 juill.
Rufin de Capoue, le même que Ruf de Campanie, 26 et 27 août.
Rufin de Grèce, 9 sept.
Rufin de Mantoue, 19 août.
Rufin de Rome, 28 fév.
Rufin, M. avec Silon et Alexandre, 11 août.
Rufin, Martyr avec Valère, 14 juin.
Rufin de Syracuse, 21 juin.
Rufin l'Africain, le même que Rufinien d'Afrique.
Rufine de Cappadoce (la Vén.), 31 août.
Rufine de Rome, Martyre, 10 juill.
Rufine, Mar yre en Espagne, 20 juill.
Rufinien d'Afrique, 16 nov.
Rufinien de Bayeux (le Vén.), 5 sept.
Rufinien, qu'Epictète, Evêque arien de Civita-Vecchia fit courir si longtemps devant son char, que ses veines se rompirent, et il perdit tout son sang par la bouche, ce qui arriva en 355.
Rufinien, Ev. de Bayeux, 1er août.
Rufs, le même que Ruf de Metz.
Rugin, Martyr à Nicomédie, 12 mars.
Ruith rd, Moine en Allemagne, 25 oct.
Ruithard, marqué dans un livre intitulé : *Trésor de l'intercession des Saints.*
Rumasile, hon. près de Solignac en Limousin, où il était Abbé.
Rumon, Evêque hon. en Angleterre, 4 janv.
Rumold, ou Rumwold, Ev., 1er juill.
Rupert, duc de Bingen, 15 mai.
Ruriee. *Voyez* Rorice.
Rustic de Trèves. *Voyez* Rustique.
Rusticain, Evêque de Brescia, 5 janv.
Rustice, le même que St. Rustique de Narbonne.
Rusticien, Martyr avec Donat, 31 oct.
Rus, le même que Ruf d'Avignon.
Rusticule, Abbesse à Arles, 11 août.
Rustique de Carthage, 2 juillet et 17 août.
Rustique de Clermont, 24 sept.
Rustique de Lyon, 19 juillet.
Rustique de Narbonne, 26 oct.
Rustique de Nicomédie, 10 mars.
Rustique de Paris, 9 oct.
Rustique de Trèves, 14 oct.
Rustique de Vallombreuse (le Bienh.), 12 mars.
Rustique de Vérone, 9 août.
Rustique, Evêque de Viviers.
Rustique d'Orient, le même peut-être que de Paris, 3 oct.
Rustique, Vierge et Martyre près de Rome, 31 déc.
Rutule, Martyr à Sabarie, 4 juin.
Ruthard (le Vén.), 25 oct.
Ruthbert, XVIe Evêque de Mayence.
Ruthère, XIIe Evêque de Mayence, et Martyr.
Rutile d'Afrique, le même que Rutule, 2 août.
Rutile, Martyr à Sabarie, 4 juin.
Rutule, Martyr avec autres, 18 fév.
Rutule, Martyre en Ethiopie, 2 janv.

S

Sabace, M. à Antioche, 19 sept.
Sabas, Abbé en Palestine, 5 déc.
Sabas de Perse, 27 mars.
Sabas, M. à Rome, 24 avril.
Sabas, M. en Valachie, 12 avril.
Sabas le Sinaïte, 28 déc.
Sabel, ambassadeur de Perse, Martyr, 17 juin.
Sabéle, honorée en Ethiopie, 28 déc.

Sabigothon, Martyre à Cordoue, 27 juill.
Sabin d'Adiabe, M. sous Sapor, en 316.
Sabin d'Assise, 7 et 30 déc.
Sabin, hon. à Bari, 9 fév.
Sabin de Damas, 20 juill.
Sabin, pour Abre. *Voyez* Abre d'Hermopolis.
Sabin, pour Segond. *Voyez* Segond de Carthage.
Sabine d'Avila, Martyre, 27 oct.
Sabine de Rome, Martyre 29 août.
Sabinien de Cordoue, 7 juin.
Sabinien de Damas, 25 sept.
Sabinien de Lucanie, 27 août.
Sabinien le Diacre, 23 déc.
Sabithe, la m. que Noële, 27 juill.
Sabore, Ev. en Perse, 20 nov.
Sacerdon, M. au Japon, 5 fév.
Sacre, Martyr, 5 juin.
Sacrepe, Martyr, 14 déc.
Sadoc (le Bienh.), Martyr, 2 juin.
Sadoth, Ev. de Salec, 20 fév. et 19 oct.
Sadre, le m. que Cez dre, 15 nov.
Saens, Abbé, 14 nov.
Saflier, honoré en Sologne, 6 sept.
Saflorein, le même que St. Syphorien.
Sagar, Ev. de Laodicée, 6 oct.
Sagittaire, patron de l'église de Montier-Lélin, en Limousin.
Sainin de Meaux, 22 sept. et 11 oct.
Sainin de Verdun, le même peut-être que le précédent.
Saints (la fête de tous les), 1er nov.
Saire, Solitaire au diocèse de Rouen, 14 mai et 28 oct.
Saires, Curé à Câteau-Cambrésis, 23 nov.
Sais, Martyr en Orient, 5 janv.
Salaberge, Abbesse à Laon, 22 sept.
Salaire de Lune, 22 oct.
Salaire de Strasbourg.
Salamanes, Prêtre, 17 fév.
Salamas, le même que saint Frumence.
Salaphte (Ste), qui a eu un culte à Gaza, morte vers 440.
Salathiel, M. en Arabie, 14 janv. et 28 déc.
Salf, patron de l'église d'un monastère de l'Abruzze, mentionné dans une bulle d'Alexandre III, de l'an 1173.
Salluste (le Vén.), Ev. d'Agen, mentionné dans la Vie de saint Géry.
Sallustie, Mre à Rome, 14 sept.
Sallustien, hon. en Sardaigne, 8 juin.
Salman, Prêtre, hon. au diocèse de Namur, 21 juin.
Salmon, Pèlerin, honoré à Aix-la-Chapelle.
Salomé de Zébédée, 22 oct.
Salomé l'Ascètre, hon. par les Ethiopiens, 1er mai.
Saomée, Duchesse de Sandomir, 27 nov.
Salomon (le Vén.), qui fut cinquante ans dans une grotte près d'Antinoé en Egypte; mort vers 400.
Salomon de Bretagne, 25 juin.
Salomon de Cordoue, 13 mars.
Salomon de Gennes, pour Salone de Genève.
Salon, patron d'une église en Catalogne.
Salonas, M., hon. par les Grecs, 23 mai.
Salone, Ev. de Genève, 28 sept.
Salse, M. en Afrique, 28 mai.
Saluse, Abbé en Ethiopie, 27 sept.
Salutaire de Carthage, 13 juill.
Salvador (le Bienh.), Récollet, 18 mars.
Salvateur d'Afrique, 18 déc.
Salvateur de Bellune, 3 janv.
Salve d'Afrique, 11 janv.
Salve d'Amiens, le même que Sauve, 11 janv. et 28 oct.
Salve, patron d'une église à Florence, servie par les Vallombreux.
Salvien (le Vén.), Prêtre de Marseille, mort vers 497, que M. du Saussay fait Evêque, quoiqu'il ne l'ait jamais été.
Salviez, Prêtre de Marseille et Père de l'Eglise, vivait dans le ve siècle.

Salvin, Év. de Verdun, mort	en 188.
Salvin, II° Év. de Mâcon,	10 sept.
Salvin de Vérone,	12 sept. et 12 oct.
Salvy, Év. d'Alby, le m. q. Sauge,	10 sept. et 30 nov.
Samonas, Martyr,	15 nov.
Samson de Dol,	5 août.
Samuel de Calmue,	4 déc.
Samuel de Constantinople,	17 juin.
Samuel de Ceute,	8 et 13 oct.
Samuel, M. en Palestine,	16 fév.
Sanaé, Martyre,	4 juil.
Sanche de Corolles (la Bienh.),	25 juil.
Sanche de Portugal (la Vén.),	13 mars.
Sanchez de Burgos,	6 août.
Sanchez de Cordoue,	5 juin.
Sancieu, hon. comme M. à Sens,	6 sept.
Sancte, M. à Lyon,	2 juin.
Sanctin, Prêtre de Saint-Optat d'Auxerre, mort	vers 518.
Sanctin de Meaux. Voyez Saintin.	
Sanctin de Senlis. Voyez Santin.	
Sanctule (le Vén.), Prêtre de Norse, loué par saint Grégoire, Pape, mort dans le VI° siècle.	
Sandale, M. à Cordoue,	3 sept.
Sandou d'Aussone,	20 oct.
Sandou, ou Sandoux de Vienne, le même que Drieuls.	
Sandraz, Abbé,	24 août.
Sané, hon. en Bretagne,	6 mars.
Sano, M. avec d'autres, le même qu'Eusane.	
Sanson de Dol. Voyez Samson.	
Sanson l'Hospitalier,	27 juin.
Santin, Év. de Senlis,	5 janv.
Santuce, Abbesse,	21 mars.
Sapargue, Martyr avec deux autres,	3 oct.
Sapidique, Martyr,	7 déc.
Sapience, la même que Sophie de Rome.	
Sapor, Év. en Perse, M. avec St. Isaac,	30 nov.
Sara d'Ecbatane, femme de Tobie, honorée à Pavie.	
Sara de Perse, Martyre,	10 déc.
Sara de Scété, Vierge,	13 juil.
Sara d'Ur (la Bienh.), femme d'Abraham,	19 mai.
Sarasin, nommé Dominique au baptême, massacré par les Mahométans en 974, à Simanque au royaume de Léon.	
Sard,	16 nov.
Sardont ou Sardos, Év. de Limoges,	5 mai.
Sare, le même que Saires.	
Sarmatas d'Égypte,	16 janv.
Sarmatas de Thébaïde,	11 oct.
Sarmatas de Thrace,	26 mars.
Sarmate, le même que Sarmatas de Thébaïde.	
Satore, Martyr,	29 août et 1er sept.
Satule, M. avec d'autres,	30 mars et 2 avril.
Satur d'Afrique,	29 mars.
Satur de Carthage,	7 mars.
Satur de Rome,	20 juil.
Satur l'Africain,	29 déc.
Saturien, M. avec d'autres,	16 oct.
Saturne, M. à Nicomédie,	6 mars.
Saturne (le Vén.), Prêtre d'Auxerre, qui alla au-devant du corps de St. Germain qu'on rapportait de Ravenne.	
Saturnin d'Abitine,	11 fév.
Saturnin d'Achaïe,	6 fév.
Saturnin d'Adrumète,	21 fév.
Saturnin d'Afrique,	22 mars.
Saturnin d'Alexandrie,	2 mai.
Saturnin, M. à Alexandrie,	31 janv. et 15 août.
Saturnin d'Antioche,	21 et 27 nov.
Saturnin de Capoue,	6 oct.
Saturnin de Cappadoce,	14 oct.
Saturnin de Carthage,	7 mars.
Saturnin de Corfou,	29 avril.
Saturnin de Crète,	23 déc.
Saturnin de Die.	
Saturnin de Duras,	7 juil.
Saturnin d'Égypte,	5 sept.
Saturnin de Nicomédie,	29 mars.
Saturnin de Porto,	22 août.
Saturnin de Rome,	1 déc.
Saturnin de Sardaigne,	5 août et 30 oct.
Saturnin de Terni,	15 fév.
Saturnin de Tertulle,	19 janv.
Saturnin de Thébaïde,	16 janv.
Saturnin de Toulouse,	29 nov.
Saturnin de Vérone,	7 avril.
Saturnin du Pétrée,	22 juin.
Saturnin et Bellique, Martyrs,	21 juin.
Saturnin et Donat,	10 nov.
Saturnin et Honorat,	29 déc.
Saturnin et Nérée,	16 oct.
Saturnin et Polycarpe,	31 janv.
Saturnin, M. avec sainte Félicité,	5 juin.
Saturnin l'Africain, Martyr avec autres,	24 mai.
Saturnin l'Alexandrin,	10 avril.
Saturnin le Vieillard,	29 nov.
Saturnine, Vierge hon. en Artois,	20 mai et 4 juin.
Saturnine, Mre avec trois autres,	21 juin.
Satyre de Campanie,	6 juil.
Satyre de Milan,	17 sept.
Satyre le Martyr,	12 janv.
Sauf ou Saud, Abbé,	10 fév.
Saulieu, dont il y a une église en Picardie.	
Sauge ou Saulge d'Alby, Solitaire,	10 sept. et 30 nov.
Sauge ou Saulge de Valenciennes,	26 juin.
Saül, Martyr en Éthiopie,	3 sept.
Saule, Mre à Cologne,	20 et 21 oct.
Saumay, Solitaire en Limousin,	8 mars.
Sauny, dont il y a une église au diocèse de Viviers.	
Saury, patron d'un village de son nom en Auvergne.	
Sauvan ou Souvain, Martyr hon. près d'Aubusson,	22 sept. et 16 oct.
Sauve ou Salvi, Évêque d'Albi,	en 574.
Sauve, Évêque d'Amiens,	28 oct.
Sauve, Évêque d'Angoulême,	26 juin.
Sauveur. Voy. St. Salvateur et St. Salvador.	
Souvié, patron d'une église en Berri.	
Save, Martyr en Éthiopie,	5 sept.
Savin de Brescia,	2 juil.
Savin de Lavedan,	9 oct.
Savin de Plaisance,	11 déc.
Savin de Poitou,	11 juil.
Savin, Sous-Diacre,	25 sept.
Savine, Vierge à Troyes,	29 janv.
Savinien de Chaumillac	8 juin.
Savinien de Sens,	19 oct. et 31 déc.
Savinien de Troyes,	24 et 29 janv.
Saviol, patron d'un village de son nom, près de Civray.	
Savione.	
Savournin, patron d'un village de son nom en Provence.	
Savournis, le même que Sernin.	
Sazan, le même que Sezan.	
Sbignée, Martyr à Cracovie,	10 déc.
Scagen (le Bienh.), M. à Delf,	24 déc.
Scamberge, épouse de saint Arnoul,	2 oct.
Scarpatie, hon. autrefois à Saint-Victor de Paris.	
Schervaut, Martyr avec autres,	5 juin.
Schetzeln, le même que Scocelin.	
Scholastique, sœur de St. Benoît.	10 fév.
Scocelin (le Bienh.), en allemand Schetzeln, Solitaire en la forêt de Gronenwald, au diocèse de Trèves, mort	vers 1140.
Scolasse, patron d'un village de son nom en Normandie.	
Scophile, le même qu'Esculphe.	
Scopilion d'Auxerre (le Vén.).	
Scopilion de Lansie (le Bienh.), nommé *saint* par Fortunat.	
Scothin, patron d'une église en Lagénie,	2 janv.
Scrutaire, Évêque du Puy,	12 nov.
Scubilion, le même qu'Escouvillon,	16 avril.
Sébald, Prince,	19 août.
Sébaste, hon. dans une église en Berri.	

Sébastie, Martyre à Sirmich,	4 juil.
Sébastien d'Apparizio (le Bienh.),	25 fév.
Sébastien d'Arménie,	8 fév.
Sébastien et St. Alvier, dont on trouva les corps en janvier 1427, à Fossano en Piémont.	
Sébastien Maggi, Dominicain,	16 déc.
Sébastien de Rome,	20 janv.
Sébastien, M. avec autres,	20 mars.
Sébastien Wafré (le Bienh.),	30 déc.
Sébastienne de Grèce,	7 juin.
Sébastienne de Thrace,	16 sept.
Sébaud, Evêque de Trèves,	26 nov.
Sebbe, Roi d'Angleterre,	29 août.
Sébé, hon. en Gascogne,	1er nov.
Sébis, Martyr à Rome,	25 août.
Séboas, Martyr en Perse,	13 nov.
Second. *Voy.* Segond.	
Secondaire, Martyr avec aut.,	2 oct.
Seconde. *Voy.* Segonde.	
Secondel, Solit. en Bretagne,	29 avril.
Secondien d'Afrique,	15 mai.
Secondien de Toscane	9 août.
Secondien et Donat,	17 fév.
Secondien le Martyr, le même que Secondaire,	2 oct.
Secondille, Diacre,	1er août.
Secondille d'Afrique,	1er mars.
Secondille d'Alexandrie, Mre,	28 fév.
Secondille de Porto, Martyre,	2 mars.
Secondin d'Adrumète,	21 fév.
Secondin d'Afrique,	18 fév.
Secondin, Martyr en Pouille,	15 sept.
Secondin d'Armagh,	27 nov.
Secondin de Campanie,	1er sept.
Secondin de Capoue,	8 déc.
Secondin de Cirthe,	29 avril.
Secondin de Cordoue,	21 mai.
Secondin de Rome,	16 mars.
Secondin de Sinuesse,	1er juil.
Secondin de Sure,	15 nov.
Secondin, Martyr à Troyes,	24 juil.
Secondin, Ev. de Troja,	11 fév.
Secondine, Martyre à Anagni,	15 janv.
Secondole de Carthage,	7 mars.
Secondole de Mauritanie,	24 mars.
Secondole, la m. que Secondille, de Porto,	2 mars.
Secret ou Sret, le m. que St. Serneu,	22 et 23 fév.
Secur d'Alexandrie,	30 déc.
Secur de Mauritanie,	2 déc.
Secuteur, M. à Chalcédoine,	13 avril.
Sedat (le Vén.), auteur d'un sermon sur les calendes de janvier, et d'une homélie sur l'Epiphanie, mort vers 660.	
Sedophe, Martyre à Tomes,	5 juil.
Sédule, Abbé près de Dublin,	12 fév.
Sedulphe, Archevêque de Vienne.	
Segal, patron d'une église au diocèse de Quimper-Corentin.	
Segin, patron d'un village de son nom en Bretagne.	
Segond d'Afrique,	15 nov.
Segond d'Amélie,	1er juin.
Segond d'Ast,	29 et 30 mars.
Segond d'Avila,	2 et 15 mai.
Segond de Carthage,	25 janv.
Segond de Como,	7 août.
Segond de Mauritanie, le même que Secondole.	
Segond de Nicée,	19 déc.
Segond de Sirmich,	15 juil.
Segond de Synnade,	31 juil.
Segond de Vintimille,	26 août.
Segond, Martyr avec autres,	20 nov.
Segond et Segondien,	2 oct.
Segond l'Africain,	29 déc.
Segond le Sarmentice, Martyr en Afrique,	9 janv.
Segonde de Phrygie, Martyre,	24 juil.
Segonde de Rome, Vierge,	10 juil.
Segonde, Martyre à Carthage,	17 juil.
Segonde de Tuburbe, Martyre,	30 juil.
Segondien, le m. q. Secondaire,	2 oct.
Segondin, dont Gayfier de Salerne, Moine de Mont-Cassin, a écrit la vie.	
Segoulaine, Abbesse de Troclar.	
Segrauz, mère de St. Léger,	4 août.
Seirette, la même que la précédente.	
Seguier, le même que Sicaire,	26 mars.
Seguin (le Vén.), Abbé,	13 juil.
Seine, Abbé en Bourgogne,	19 sept.
Selering, le même que Senery,	7 mai.
Selè e, le même que le suivant.	
Selenque d'Alexandrie,	12 sept.
Seleuque de Cappadoce,	16 fév.
Seleuque de Galatie,	15 sept.
Seleuque de Syrie,	24 mars.
Seleuque, Martyr,	25 mai.
Selléniades, M. en Egypte,	5 juin.
Selve, Evêque de Toulouse,	31 mai.
Sembeethes, M. av. Zanitas,	2 mars.
Senchein, Ev. de Nantes,	16 et 17 juin.
Séméias, Prophète,	8 janv.
Sempronius,	29 mai.
Senac ou Cenac, patron d'un village de son nom en Périgord.	
Senain, Evêque,	1er mars.
Sénan, Ev.,	8 mars.
Sénan, Solit. au pays de Galles, où il y a plusieurs églises de son nom.	
Sénateur d'Albano,	26 sept.
Sénateur d'Avranches, le m. q. Sinier,	18 sept.
Sénateur de Calabre, M.,	14 sept.
Sénateur de Milan,	28 mai.
Senary, le m. q. Nazaire de Milan.	
Senaud,	21 janv.
Sence,	25 mai.
Sendre, le m. q. Sinier,	18 sept.
Sénécien (Vén.), IIe Ev. de Bourges, mort dans le IIIe siècle, mentionné par Robert de Langres et Catherinot.	
Sénécion, Martyr,	2 juin.
Senentine, invoquée aux anciennes Litanies anglicanes, publiées par dom Mabillon en ses Analectes.	
Senery,	7 mai.
Senèse de Richenauve,	9 avril.
Senèse, dont le corps fut trouvé dans une église de Saint-Pierre qu'on démolissait dans un faubourg de Lucques, en 1513.	
Senet, patron d'une église au diocèse de Luçon.	
Senier, patron de deux villages de son nom en Normandie.	
Senieur, qu'on pense avoir été Ev. de Pise en Toscane.	
Sennen, Martyr,	30 juil.
Senoch, Abbé en Touraine,	24 déc.
Senoch de Loches,	24 oct.
Senoch d'Irlande,	11 déc.
Senode, Ab. près de Lycos en Egypte, mort vers 500.	
Sénorine, Abbesse,	22 avril.
Senou, le m. q. Senoch de Loches.	
Senuphe, solitaire, mentionné aux actes des SS. Martyrs Cyr et Jean.	
Seny, le m. q. Sernis,	19 sept.
Septime de Capse,	2 juil. et 17 août.
Septime de Vénose,	24 oct.
Septime de Vivarais.	
Septime d'Iésie.	
Septime, Evêque de Viviers.	
Septimie d'Afrique, honorée avec St. Flavien.	
Septimie de Tuburbe, Martyre,	30 juil.
Septimin,	29 août et 1er sept.
Séquohard, hon. près de Saint-Quentin.	
Séraus, hon. au diocèse de Vannes.	
Séraphin (le Bienh.), Capucin,	12 oct.
Séraphine,	29 juil.
Serapie, Martyre,	29 juil.
Sérapion d'Alexandrie,	21 mars.

Sérapion d'Antioche, 30 oct.
Sérapion d'Arsinoé, Abbé, 21 mars.
Sérapion de Diospolis, 25 fév.
Sérapion de la Merci (Vén.), nommé *bienheureux* par Zumel dans la vie du Bienh. Pierre-Nolasque.
Sérapion d'Ephèse 27 juil.
Sérapion de Pont, 27 août.
Sérapion de Romanie, 18 août.
Sérapion de Syrie, M. 20 mars.
Sérapion l'Alexandrin, 15 sept.
Sérapion le Catacremniste, 14 nov.
Sérapion le Catapontiste, 12 sept.
Sérapion le Cécauméne, 16 janv.
Sérapion le Lecteur, 26 mars.
Sérapion le M tyr et aut., 28 fév.
Sérapion le Scholastique (Vén.), 21 mars.
Sérapion le Sindronite, 21 mars, 22 mai.
Sérapion l'Eucerycte, 16 janv.
Sérapion, Mart., 18 août et 7 sept.
Sérapion, Martyr, 5 juil.
Sérapion, M. avec Ste Apolline, 9 fév. et 14 nov.
Séraule, Vierge, 22 juin.
Seray, honoré au diocèse de Viviers.
Serdot, Ev. de Lyon, 12 sept.
Séré, ou Seret, ou Secret, le m. que Serneu, 22 et 23 fév.
Sérecin, invoqué aux anciennes Litanies anglicanes.
Serein d'Alexandrie, 28 juin.
Serein de Namur, Chorévèque.
Serein de Nicomédie, M., 17 mars.
Serein de Sirmich, le m. peut-être que Serneu. 22 et 23 fév.
Serein, hon. en Champagne, 2 oct.
Serein, Ev. de Marseille, 2 août.
Serène d'Aquitaine, une des compagnes, dit-on, de Ste Péphine et de Ste Quitère, honorée à l'Eterp.
Serène de Rome (Ste) 16 août.
Serène de Spolète (Ste), 30 janv.
Serène de Tarse, Martyre, 3 juil.
Serf de Capse, M., 2 juil. et 17 août.
Serf de Tuburbe, M., 6 et 7 déc.
Serfle, Martyr, 24 mai.
Serge de Bizeilles, M., 27 juil.
Serge de Cappadoce, M., 24 fév.
Serge de Constantinople, 13 mai.
Serge de Rasaphe, le m. q. Sierge, 7 oct.
Serge le Caloyer, Abbé de l'ordre de Saint-Basile, hon. près de Moscou, 25 sept.
Serge, Pape, sept., 14 août.
Séricien, Martyr avec autres, 19 avril.
Séride, Ab. en Palestine, mort vers 400.
Séridon, 2 janv.
Seriez, le même qu'Arige, 1er mai.
Serle (le Vén.), Abbé, 3 mars.
Serné ou Sérened, Solitaire, 7 mai.
Serneu, Martyr, 22 et 23 fév.
Sernin, le m. q. Saturnin de Toulouse.
Sernis, 19 sep.
Séronne. *Voyez* Céronne.
Sérote, la même que Séraute, 22 juin.
Sérotin, Diacre, Martyr, 22 sept.
Sérotine, Martyre, 31 déc.
Servais, Ev. de Maëstricht, 13 mai.
Servan de Galles, 1er juil.
Servand d'Eause, fut vingt-trois ans évêque, et mourut dans le IVe siècle.
Servand d'Ossone, Martyr, 23 oct.
Servand, Evêque d'Irie, dont le siège fut transféré à Compostelle.
Servile, le même que Serfle, 24 mai.
Servilien de Rome, Martyr, 20 avril.
Servilien de Smyrne, Martyr, 27 fév.
Servin, patron de la Barde, au diocèse de Sarlat.
Serviodéo, Martyr, 16 sept.
Servule d'Adrumète, Martyr, 21 fév.
Servule de Vérone, 26 fév.
Servule le Pauvre, 23 déc.

Servy, patron de l'Hérin, au diocèse de Sarlat.
Séry, patron d'une église au diocèse de Cahors.
Séthride, Abbesse de Faremoutier.
Seuste, Martyr, 29 janv.
Sévard, le même que Siviard, 1er mars.
Sève, Martyr, 22 août.
Séver, patron d'une abbaye de ce nom, au diocèse de Coutances.
Séver, Evêque, 28 fév.
Sévère de Berzkouki, Ev. de Prague, mort en 1067.
Sévère d'Agde, Abbé, 25 août.
Sévère d'Alexandrie, le même que Sécur, 2 et 30 déc.
Sévère d'Anterdoio, 15 fév., 1er oct.
Sévère de Barcelone, 6 nov.
Sévère de Byze, Martyr, 20 août.
Sévère de Caianc, 24 mars.
Sévère de Césène, 6 juil.
Sévère de Cotentin, hon. à Rouen.
Sévère de Gascogne, le même que Sébé, 1er nov.
Sévère de Mauritanie, Martyr, 2 déc.
Sévère du Mont-Cassin, 20 juil.
Sévère de Montefalco, 25 oct.
Sévère de Naples, 30 avril.
Sévère de Ravenne, 1er janv. et 1er fév.
Sévère de Rome, Martyr, 8 nov.
Sévère de Rostang, 1er août.
Sévère de Thrace, Martyr, 22 oct.
Sévère de Trèves, 15 oct.
Sévère de Vienne, 8 août.
Sévère d'Orviet, le même que Sévère d'Anterdoio.
Sévère l'Alexandrin, Martyr, 11 janv.
Sévère l'Héracléote, 23 oct.
Sévère-Sulpice, le même que Sulpice-Sévère.
Sévère de Berri, la même peut-être que l'une des suivantes.
Sévère de Civita-Vecchia, V., 29 janv.
Sévère, cœur de St. Modoald, Vierge, 20 juil.
Sévérien de Bithynie, Martyr, 20 avril.
Sévérien de Mauritanie, M., 23 janv.
Sévérien de Palestine, Martyr, 21 fév.
Sévérien de Rome, un des quatre couronnés, 8 nov.
Sévérien de Sébaste, 9 mars.
Sévérien, Evêque de Mende, 26 janv.
Sévérien le Soldat, Martyr, 7, 9 sept.
Séverin, Abbé d'Agaune.
Severin de Biorre, le même que Sévère de Rostang.
Séverin de Bordeaux, le même que Surin, 21, 23 et 28 oct.
Séverin de Campanie, Martyr, 6 juil.
Séverin de Cologne, 11 fév. et 23 oct.
Séverin de Como, Martyr, 7 août.
Séverin de Corse, Martyr, 7 sept.
Séverin de Paris, Reclus, 23, 24 et 27 nov.
Séverin de Percy, Moine, 16 juin
Séverin de Septempéda, 8 janv. et 26 avril
Séverin des Noriques, Abbé, 8 janv.
Séverin de Tivoli, 1er nov.
Séverin de Trèves, 21 déc.
Séverin, 1er Evêque de Vienne en Autriche, en 405, 8 juin.
Séverin, honoré à Paris, 11 fév.
Séverin, Martyr à Vienne, 19 nov.
Séverine, dont une métropole porte le nom au royaume de Naples.
Sevetre, Abbé, 15 avril.
Sévic, patron du prieuré de Taillebourg, au diocèse de Saintes.
Sévilon, Ve Evêque de Verden.
Sévin, 11 juil.
Sévitien ou Sénicien, Archevêque de Bourges, mort vers 296.
Sévold, honoré à Abbeville, 2 nov.
Sévold, honoré en Ponthieu, 2 déc.
Sévold, Moine de Saint-Valery.
Sexburge, Veuve, 6 juil.
Sexte, IIe Ev. de Valence, Mar

Sexte, M. à Catane,	31 déc.	Siméon Noé (le Bienh.), Catéchumène, fut martyrisé à onze ans par son propre père,	en 1694.
Sézan (Vén.), frère de St. Aizan, Roi d'Ethiopie.			
Siagre, Evêque,	25 mai.	Siméon, Reclus.	
Siard (le Bienh.),	13 nov.	Siméon Stylite,	5 janv., 2 sept.
Sibournet, patron d'un village de son nom, dans l'Agenois.		Similien, Ev. de Nantes,	16 juin.
		Similien, qu'il ne faut pas confondre avec St. Semblin, Abbé de Taurac en Bretagne : monastère ruiné.	
Sibrand, Prémontré, Abbé de Mariengard.			
Sibylline (la Bienh.),	19 mars.		
Sicaire de Carbonblanc (le Bienh.), de l'ordre de Cîteaux, mort	en 1162.	Simon de Crépy (Bienh.), Comte,	29 sept.
		Simon (Bienh.), Ermite Camaldule,	17 sept.
Sicaire de Lyon,	26 mars.	Simon (Bienh.), hon. à Wilna,	27 mars.
Sicaire, dont il y a trois églises au dioc. de Périgueux, n'est pas le même, dit-on, que Sicaire de Lyon.		Simon de Roxas (le Bienh.),	28 sept.
		Simon l'Adelphotée, le même que Siméon de Jérusalem.	
Sicaire, Vierge,	2 fév.		
Sice et trois aut., Martyrs à Girone.		Simon Ballachi (le Vén.), Dominicain,	5 nov.
Sicimode, M. av. aut.,	29 mai.	Simon le Cananéen, Ap.,	28 oct.
Sidieu, patron d'une église au dioc. de Luçon, dépendante de Marmoutiers.		Simon l'Enfant, le m. q. Siméon de Trente.	
		Simon Stoc (le Bienh.),	16 mars et 15 août.
Sidoine Apollinaire, Evêque,	21 et 23 août.	Simon Zélotes, le même que Simon le Cananéen.	
Sidoine de Jablines, le même que St. Saens, 14 nov.		Simper (le Bienh.), Evêque,	13 oct.
Sidoine ou Chilidoine, Evêque d'Aix en Provence,	en 403.	Simphorien. Voyez Symphorien.	
		Simples, hon. à Tours,	1er mars.
Sidrach, le m. qu'Ananie de Babylone,	24 avril, 16 déc.	Simplice d'Afrique, M.,	18 déc.
		Simplice d'Autun,	24 juin.
Sidroin,	11 juil.	Simplice de Bourges,	14 juin.
Sidroine, M.,	11 juil. et 8 sept.	Simplice de Brones,	21 juin.
Sière, hon. au Val-Mazarin, en Sicile.		Simplice de Pannonie, M.,	8 nov.
Sierge,	7 oct.	Simplice de Phausine, M.,	15 mai.
Siffrein ou Sifred,	27 nov.	Simplice de Poitou, hon. comme M. à Saint-Hilaire-le-Grand, à Poitiers.	
Siffroi ou St. Sifrein, Ev. de Carpentras,	en 536.		
Sifroy, Ev. de Vexieu,	15 fév.	Simplice de Rome,	29 juil.
Sigbercht (le Vén.), Roi d'Est-Anglie, avant Anna, père de Ste Aubierge de Faremoutier.		Simplice des Marses, M.,	26 août.
		Simplice de Tours, le m. q. Simple,	1er mars.
Sigebert, hon. au dioc. de Coire,	11 juil.	Simplice de Vérone,	20 nov.
Sigebert, Roi d'Austrasie,	1er fév.	Simplice le Sénateur, M.,	10 mai.
Sigebert, Roi d'Est-Anglie,	17 sept.	Simplice ou St. Simplide, Archev. de Vienne, invoqué aux Litanies du bréviaire de Vienne, en Dauphiné, parmi les saints Ev. de cette Eglise.	
Sigfrid (le Vén.),	22 août.		
Sigillinde (la Bienh.),	30 août.		
Siginnon, hon. au dioc. de Quimper.		Simplice, Pape et Confesseur,	2 mars.
Sigisbaud de Metz,	26 oct.	Simplicien de Catane, M.,	31 déc.
Sigisbaud de Séez,	7 juil.	Simplicien de Milan,	13 et 16 août.
Sigismond d'Hirsauge (le Vén.),	24 janv.	Simplicien de Poitiers, M.,	31 mai.
Sigismond, Roi des Bourguignons,	1er mai.	Simplides, Evêque,	11 fév.
Sigolin, Abbé de Stavelo, mort	en 695.	Sina, Martyr,	10 nov. et 22 avril.
Sigouleine, Veuve,	24 juil.	Sinice, Evêque de Reims,	1er sept.
Sigrade, la m. que Segrauz,	4 août.	Sinice, Evêque de Soissons.	
Sigues, Evêque,	10 fév.	Sinier, Evêque,	18 et 26 sept.
Siguinin, le m. peut-être que Siginnon.		Sinieux, qui a donné son nom à une église paroissiale de l'Archiprêtré de Rouillac en Angoumois.	
Silain, Martyr,	2 janv.		
Silaire, patron de Saint-Silaire-des-Bois, dioc. de Nantes.		Sintran,	6 déc.
		Sione, martyrisé par les Bulgares, mort vers 910.	
Silas,	13 juil.	Siran, et non pas Cyran, Abbé,	4 déc.
Silaüs, Evêque de Lucques,	21 mai.	Sire de Perse, Vierge, Martyre,	28 fév.
Silon, Martyr,	11 août.	Sire de Rilly. Voyez Syre.	
Silvain. Voyez Sylvain.		Sirenat, le même, dit-on, que Serneu,	22 fév.
Silvestre, Evêque de Châlons,	20 nov.	Sirice, Pape,	26 nov.
Simaur, patron d'une église paroissiale au diocèse de Luçon, et d'un prieuré en Saintonge, dépendant de St.-Jean-d'Angély.		Siroine, Martyr,	20 août.
		Sirtille, Martyre,	12 avril.
		Sisebut, Abbé,	15 mars.
Simbert, Ev. d'Augsbourg et Abbé de Murbach, mort	en 809.	Sisenand, Martyr	16 juil.
		Sisinne d'Altain,	14 juil.
Siméon Béhor, M.,	10 déc.	Sisinne d'Anague, M.,	29 mai.
Siméon d'Arménie,	14 avril.	Sisinne de Rome, M.,	29 nov.
Siméon d'Auxerrois, mentionné par Aimon.		Sisinne de Sébaste,	9 mars.
Siméon de Jérusalem, M.,	18 fév.	Sisinne d'Hellespont, M.,	23 nov.
Siméon de Metz, Ev.,	16 fév.	Sisinne d'Osimo, M.,	11 mai.
Siméon de Perse, M.,	5 avril, 15 mai.	Sisinne (le Vén.), né esclave en Cappadoce où ayant été ordonné prêtre, il gouverna deux communautés, comme on le voit dans l'Histoire Lausiaque de Pallade.	
Siméon de Syracuse,	1er juin.		
Siméon de Trente,	24 mars.		
Siméon d'Afamarie,	2 déc.		
Siméon l'Ancien, Abbé,	26 janv.	Sisoès de Calamon, Solitaire,	4 juil.
Siméon le Jonbaphée, M.,	5, 21 avril.	Sisoès de Pétra (Vén.), Solitaire, dit aussi Sisoï.	
Siméon le Juste,	8 oct.	Sisoès le Thébain, le m. q. Sisoès de Calamon.	
Siméon le Laboureur,	1er juil.	Sisoï, le m. q. Sisoès de Pétra.	
Siméon le Moine,	27 juil.	Sissétrude (Ste),	7 mai.
Siméon le Jeune,	5 janv. et 24 mai.	Siviard, Abbé,	1er mars.
Siméon Métaphraste (le Vén.),	28 nov.	Sixte 1er, Archevêque de Reims.	

Sixte, Evêque de Soissons.
Sixte, Pape, 3 et 6 avril.
Sizin, patron d'une église près la tour d'Agnane, en Provence.
Smaragde de Nicomédie, M., 12 mars.
Smaragde de Rome, Martyr, 16 mars et 8 août.
Smaragde de Sébaste, 9 mars.
Snacre, Evêque du Puy, 12 nov.
Soan, M. au Japon. *Voyez* Jean, 5 fév.
Sobel, Martyr, 5 août.
Socrates d'Albion, M., 17 sept.
Socrates de Perge, M., 19 avril et 20 sept.
Socrèce, Martyr, 24 mars.
Sodelve, Vierge, 10 nov.
Sodon, Martyr, 25 janv.
Sol, hon. au royaume de Navarre.
Solaire, Evêque de Strasbourg, selon Guillemans dans son Commentaire des Evêques de cette ville.
Solan, le m. q. Souleine.
Solange. *Voyez* Soulenge.
Soleine. *Voyez* Souleine.
Soline (Ste), 17 oct.
Solocanes, Martyr, 17 mai.
Sologne ou Solonge.
Solon, Martyr, 17 fév.
Soluteur d'Afrique, M., 26 mars.
Soluteur de Carthage, M., 6 mars.
Soluteur de Ravenne, M., 13 nov.
Soluteur de Turin, 20 nov.
Sombergue, Relig. de Bobbio, où son corps est hon.
Sommine, Martyr, 8 juil.
Sopâtre (Ste), 9 nov.
Sophias, le m. q. St. Cado, Evêque de Bénévent, 24 janv. et 1er nov.
Sophie de Cypre, Martyre, 17 sept.
Sophie de Fermo, Vierge, 30 avril.
Sophie de Rome, Veuve, 1er août et 30 sept.
Sophie d'Ethiopie, Reine, 27 juil.
Sophie de Thrace, Veuve, 4 juin.
Sophie, Martyre avec St. Marcion et Ste Eunonie.
Sophie la Thérapeute, Martyre, 22 mai.
Sophonie, Prophète, 3 déc.
Sophrone de Cypre, 8 déc.
Sophrone de Jérusalem, 11 mars.
Sophrone, Xe Evêque de Mayence.
Sophronie de Tarente (Ste).
Sophronie (la Vén.), Solitaire.
Sore, 1er Abbé de Terrasson au diocèse de Sarlat, mort en 580.
Sore, Ermite.
Soreth (Vén.), 1er août.
Sorlin, le m. q. St. Sernin, St. Sornin ou Saturnin de Toulouse, 29 nov.
Sornin, le m. q. St. Sernin, 29 nov.
Sosandre, Martyr en Galatie.
Sosie ou Sosy, Diacre, 19 et 23 sept.
Sosipâtre, 25 juin.
Sosithée, Martyr, 10 déc.
Sospirs, Reclus, 21 mai.
Sostegno (le Bienh.), 3 mai.
Sosthènes de Chalcédoine, Martyr, 10 sept.
Sosthènes, disciple de saint Paul, 28 nov.
Sosyme, Evêque d'Augsbourg, mort en 608.
Sotel (le Bienh.), Martyr, 25 août.
Soter de Pavie, 15 mai.
Soter de Trèves, Martyr, 5 oct.
Soter, Pape, 22 avril.
Sotère, la même que Sure et Zuarde, 10 fév.
Sothée, Vierge, 1er avril.
Soucin, Evêque de Toul.
Soucy, 6 mars.
Souèdre, Evêque de Munster, 19 nov.
Sonf..., Abbé, 25 sept.
Sou...., Evêque de Chartres, 24 et 25 sept.
Soulenge ou Soulange, Vierge, 10 mai.
Souline, patronne d'une église paroissiale en Saintonge.

Soupplex ou Souplet, Ev., 9 fév.
Sour, Solitaire, 1er fév.
Soussin, Prêtre, 25 oct.
Souvain, 22 sept.
Soux, 7 août.
Sezont, Martyr, 7 sept.
Space, 10 nov.
Spé de Spolète, 23 nov.
Spé de Harlesbourg, honoré autrefois à Aix-la-Chapelle, le même peut-être que le précédent.
Spécieuse, Vierge, 18 juin.
Spécieux, Moine, 15 mars.
Spéciose, Martyr, 11 juil.
Spérande, Abbé à Eugubio.
Spérande, Abbé sous la règle de St. Benoît, 15 janv.
Spérande, Bénédictine, 11 sept.
Spérat, 17 juil.
Spère, Evêque de Metz, 23 août.
Spère, Vierge, 12 oct.
Spes, Abbé, 28 mars.
Spensippe, 17 janv.
Sphern, le même que Syphorien.
Spin, 1er août.
Spinelle, Martyre, 27 juin.
Spinola (le Bienh.), 10 sept.
Spire de Metz, le même que Spère, 23 août.
Spire, Evêque, 1er août.
Spiridion, Evêque, 14 déc.
Spissime, Martyr, 7 juin.
Spolécosthènes, Martyr, 7 janv.
Sponsaire ou Sponsaire, honorée à Saint-Riquier; on dit qu'elle était compagne de Ste Macre.
Stable, Evêque de Clermont, 1er janv.
Stace, Confesseur de la foi sous Décius.
Stactée de Cordoue, 27 juin.
Stactée de Rome, 28 sept.
Stan, le même que Stapin.
Stanislas de Cracovie, Martyr, 7 et 8 mai.
Stanislas d'Opérove, 22 avril.
Stanislas Kostka, 15 août et 13 nov.
Stapin, 6 août.
Staquys, 31 oct.
Stat, honoré à Venise, le même qu'Eustache.
Statien, Martyr, 17 juillet.
Stature, le même que Stace.
Statulien, Martyr avec autres, 3 janv.
Stéphanas, 15 juin.
Stercace, 17 juillet.
Stertée, le même que Stactée de Rome, 28 sept.
Stempan, le même qu'Etienne d'Helsingland.
Stéphanide, Martyr, 19 juillet.
Stéphanie (Ste), 18 sept.
Stéphanie Quinzani, Vierge, 16 janv.
Stile, Vierge, 19 juillet.
Stin, le même que St. Etienne.
Stolbrand, Martyr, 4 mars.
Stratège de Grèce, Martyr, 19 août.
Stratège de Tarse, Martyr, 3 juillet.
Stratoclien, le même qu'Austriclinien.
Straton d'Alexandrie, Martyr, 12 sept.
Straton de Nicomédie, Martyr, 15 et 17 août.
Straton, Martyr, 9 sept.
Stratonice, Martyre, 16 mars.
Stratonique de Ptolémaïde, 17 août.
Stratonique de Singidone, 13 janv.
Sturmes, Abbé, 17 déc.
Stylien, pour Alype le Cionite, 26 nov.
Styriaque, pour Styrace, Martyr, 2 nov.
Suacre, le même que Soacre.
Suale, Prêtre, 2 déc.
Suard, la même que Sure et que Sotère.
Subran, Abbé, 9 déc.
Sabrein, le même que St. Cyprien de Nicomédie.
Succés, Martyr, 9 déc.
Successe d'Afrique, M., 28 mars.
Successe de Saragosse, M., 16 avril.
Successe de Tertulle, Ev., M., 19 janv.

Suédère, Ev. de Munster, mort en 1005.
Suéritlas, Martyr, 26 mars.
Suibert l'Ancien, 1er mars.
Suibert le Jeune, 30 avril.
Suibnée, Abbé de Hy en Ecosse.
Suillac, Abbé, 1er oct. et 8 nov.
Suirad, Solitaire, 16 juil.
Suitbert, premier Evêque de Verden, mort vers 800.
Sulcan, le même que Solocanes, 17 mai.
Sulfau, le même que Suillac, 8 nov.
Sulio, Abbé.
Sulphorin.
Sulpice de Baie, 27 janv.
Sulpice, Ev. de Bayeux, tué par les Danois, en 844.
Sulpice, Evêque de Mæstricht, mort en 519.
Sulpice, Evêque de Saint-Paul-Trois-Châteaux, 24 déc.
Sulpice le Débonnaire, 19 janv.
Sulpice le Martyr, et Servilien, 20 avril.
Sulpice le Sévère (le Vén.), 29 janv.
Sulpice-Sévère, ou Sévère-Sulpice, 29 janv.
Sumène, honorée à Rome à Sainte-Marie de Cosmedin.
Sunivergue, Vierge, hon. à Bobbio.
Supery ou Supéri, 26 juin.
Supporine (Ste), 24 août.
Suran, Abbé, M., 24 janv. et 14 mars.
Sure, Martyre à Rome, 10 fév.
Surgues, patron d'une église et d'un village au pays de Gex.
Surin, Evêque de Bordeaux, 21 oct.
Susanne, Abbesse de St.-Césaire.
Susanne de Babylone (la Vén.), 25 janv.
Susanne d'Eleuthéropolis, 15 déc.
Susanne de Pers⸱, Martyre, 20 nov.
Susanne de Rome, Vierge, Mre, 11 août.
Susanne de Tabie (la Vén.), 24 mai.
Susanne la Martyre, 20 sept. et 12 fév.
Susnée, Martyr, 21 avril.
Suson. Voy. Henri Suson.
Susuqui, Martyr au Japon, 5 fév.
Svithun, Evêque, 2 et 15 juil.
Syagre, Evêque d'Autun, 27 août.
Sygrade, la même que Ste Segrauz, 4 août.
Sylvain d'Afrique, 8 mars.
Sylvain d'Ancyre, 4 sept.
Sylvain de Concorde, 18 fév.
Sylvain de Crémone, 26 janv.
Sylvain de Gaza, 4 mai et 5 nov.
Sylvain (le Bienh.), XXIe Abbé de Lérins.
Sylvain de Levrou, le même que Souvain, 17 et 22 sept.
Sylvain d'Emèse, 6 fév.
Sylvain de Pisidie, 10 juil.
Sylvain de Rome, M. avec ses frères, 10 juil.
Sylvain, M. à Rome avec Ste Crescentienne, 5 mai.
Sylvain de Sébaste, 17 juil.
Sylvain des Gaules, le même peut-être que Silas, 30 juil.
Sylvain de Terracine, 10 fév.
Sylvain de Troade (le Bienh.), 2 déc.
Sylvain d'Istrie, 24 mai.
Sylvain, M. avec Tyrannion, 20 fév.
Sylvain et Tusque, 27 juin.
Sylvanie (la Vén.), Vierge, sœur de Rufin, préfet d'Orient.
Sylve, Ev. de Toulouse. Voyez Selve.
Sylve, Martyr à Nicomédie, 15 mars.
Sylvère, Pape, 20 juin.
Sylvestre de Besançon, 10 mai.
Sylvestre de Châlons, 20 nov.
Sylvestre de Troine, 2 janv.
Sylvestre Gozzolini, 26 nov.
Sylvestre, Abbé de Réomé.
Sylvestre (le Vén.), Camaldule, 9 juin.
Sylvestre, Pape, 31 déc.
Sylvie de Brescia, la même peut-être que Sylvanie.
Sylvie de Rome, 3 nov.
Sylvieu, hon. au dioc. de Langres, 13 oct.
Sylvin d'Auchy, 15 et 17 fév.
Sylvin de Brescia, 28 sept.

Sylvin de Levroux.
Sylvin de Vérone, le même peut-être que Salvin, 12 sept.
Sylvius d'Alexandrie, 21 avril.
Sylvius de Lyon, 2 juin.
Sylvius de Toulouse, le même que Selve, 31 mai.
Symmaque le Patrice (le Vén.), exécuté à Ravenne, sur un faux soupçon de manque de fidélité, par l'ordre du roi Théodoric, mort en 526.
Symmaque (le Bienh.), Pape, 19 juil.
Symmètre, Prêtre, M. à Rome, 26 mai.
Symphorien d'Afrique, M., 3 fév.
Symphorien d'Autun, le même que Syphorien.
Symphorien de Catane, 31 déc.
Symphorien d'Ostie, 7 et 17 juill. et 8 nov.
Symphorose de Campanie, Mre, 2 juil.
Symphorose de Rome, Mre, 18 juil.
Symphrone, Martyr à Rome, 26 juil.
Symphronien, Mart., invoqué dans de très anciennes Litanies aux messes de Saint-Benoît-sur-Loire, différent de St. Syphorien qui y est aussi.
Synche, honorée autrefois en Irlande.
Syncletique, Religieuse, 5 janv.
Syndard, Abbé, 18 sept.
Syndime, Martyr en Asie, 19 déc.
Synèse de Nicomédie, 4 janv. et 21 mai.
Synèse le Lecteur, M. à Rome, 12 déc.
Synthyche (Ste), 22 juil.
Syphorien, M. à Autun, 21 et 22 août.
Syque, Martyr à Antioche, 30 mai.
Syr de Gênes, 29 juin.
Syr de Pavie, 12 sept. et 7 déc.
Syr (le Vén.), Anachorète, qui, avec les solitaires Paul et Isaie, comme on lit dans Rufin, alla visiter St. Anulph peu avant sa mort, mentionné aussi par Pallade.
Syre de Rilly, honorée en Champagne, 8 juin.
Syriaque de Malaca, le même que Cyriaque de Malgue.
Syrice d'Adrumète, Martyr, 21 fév.

T

Tabbès ou St. Abbès, honoré au promontoire de son nom, dans l'Ecosse méridionale.
Tabracas, le même que Trabate, 30 oct.
Tadee, Abbé de Landevenec, Martyr.
Taiac, patron d'un ancien monastère au diocèse de Quimper.
Taie, dont il y avait des reliques aux Ursulines de Paris.
Talide, Abbesse en Thessalie, 5 janv.
Tammare, 16 janv. et 1er sept.
Tanche, Vierge et Mre, 10 oct.
Tanco, Ev. de Ferden en Basse-Saxe.
Tancon, Ev. et Martyr, 17 fév.
Tanguy ou Tanneguy, Abbé de Saint-Mahé, 12 mars et 18 nov.
Tannoley, Ev. du Mans, 16 mai et 1er déc.
Tapapel (le Vén.), de l'ordre de Saint-Dominique, mort dans le xve siècle. Son corps est honoré sous un autel à Savillan en Piémont.
Taraise, Arch. de Constantinople, 25 fév.
Taraque, M. à Anazarbe, 11 oct.
Tarbe, M. en Perse, 22 avril.
Tarbule, la même que Pherbuthe, 5 et 22 avril.
Tarile, Prêtre, dont le corps est honoré à Zara, près de Venise.
Tarlat (le Vén.), hon. à Sienne, 15 mai.
Tarsice, Vierge en Rouergue, 15 janv.
Tarsitte ou Tarsitie, Vierge.
Tason, Abbé, 11 oct.
Tasse, M. à Milan, 6 mai.
Tassillon, Moine de Jumièges.
Tête, petite-fille de Cherebert, roi de Paris, 8 sept.
Tatie ou Tatye, Martyre en Ethiopie, 11 nov.
Tatier de Phrygie, 12 sept.
Tatien Dulas. Voy. Dulas, 15 juin.

Tatien, M. avec Saint-Hilaire,	16 mars.
Tatienne, Martyre,	12 janv.
Tatien, M. en Isaurie,	24 août.
Taton, Abbé,	11 déc.
Tatte, Mre à Damas,	25 sept.
Tatvin, Solitaire,	3 juil.
Tatvin, Ev. de Cantorbéry,	30 juil.
Taurète, Vierge,	1er mai.
Taurin (le Vén.), Ev. d'Eause, mort	vers 500.
Taurin d'Egypte,	5 sept.
Taurin de Porto,	5 sept.
Taurin d'Evreux,	11 août.
Taution, M. en Macédoine,	7 nov.
Taussans, que l'on croit le même que St. Aussans.	
Taxiarque.	
Teath, dont il y a eu une église dans la Cornouaille, en Angleterre.	
Tébrède, Abbesse,	11 déc.
Técelin (le Vén.), père de St. Bernard,	11 avril.
Tecla-Haïmanot,	20 déc.
Teclahawarjat,	23 nov.
Téclan,	1er déc.
Tecmède, Martyre,	2 juin.
Télémaque (le Bienh.), Solitaire d'Orient, qui du temps d'Honorius, voulant empêcher des gladiateurs de combattre dans un divertissement public, fut lapidé par les spectateurs.	
Téliou, Ev. en Angleterre,	9 fév.
Télipte, ou Tellerpte, Mre,	27 janv.
Telme, le même que Pierre Gonçales,	15 avril.
Telme, de l'ordre de Saint-Dominique,	1er avril.
Tempier (le Vén.). Voyez Guillaume Tempier.	
Ténénan, Ev. de Léon en Bretagne,	16 juil.
Ténestine, Religieuse au Mans,	26 août.
Tentide, Religieuse en Perse,	20 nov.
Terce, mentionné dans l'Epître aux Romains.	
Terce d'Afrique, Confesseur sous Huneric,	6 déc.
Térence d'Afrique,	10 avril.
Térence d'Alexandrie,	30 avril.
Térence de Faïence,	30 juill.
Térence de Grèce,	28 oct.
Térence, Ev. d'Icône,	21 juin.
Térence de Metz,	28 sept. et 28 oct.
Térence de Pesaure.	24 sept.
Téren e de Todi,	27 sept.
Térence, honorée en Berri.	
Térentien, Ev. de Todi,	1er sept.
Téréthien, patron d'un ancien monastère au diocèse de Quimper.	
Téride, Prêtre, neveu de St. Césaire d'Arles.	
Ternace (le Vén.), Ev. de Besançon.	
Ternaise, le même que Ternace.	
Ternan, Ev. en Ecosse,	12 juin.
Ternoc.	
Terre (Sainte); il y a une paroisse de ce nom en Guyenne.	
Terrède, Ev. de Gap,	1er et 3 fév.
Tertius, M. sous les Vandales,	6 déc.
Tertulle, Vierge,	29 avril.
Tertullien, Ev. de Bologne,	27 avril.
Tertullin, M. près de Rome,	4 août.
Tethvin, Moine en Bretagne,	11 janv.
Tétrade, Ev. de Bourges,	16 fév.
Tétrique d'Ecan, le m. que Trety.	
Tétrique (le Vén.), Ev. de Langres, nommé saint par Grégoire de Tours, et loué par Fortunat en son épitaphe.	
Teste, Abbesse en Angleterre,	17 déc.
Teutèle, hon. près d'Assise,	12 mai.
Teuton (le Vén.), Abbé,	13 sept.
Tézelin (le Vén.),	23 mai.
Thaddée, le même que Jude,	28 oct.
Thaïs, Pénitente en Egypte,	8 oct.
Thalalée, le même que Thalélée le Médecin, 20 mai.	
Thalasse, Solitaire à Tillime, au dioc. de Cyr en Syrie.	
Thalaze,	30 oct.
Thale, M. en Carie,	11 mars.

Thalélée, Solitaire en Syrie,	27 fév.
Thalélée, le Médecin,	20 mai.
Thalélée (le Vén.), l'Ericlaute, c'est-à-dire toujours pleurant, Cilicien, mentionné par Jean Mosch.	
Thamel pour Thatuel. Voyez Thatuel.	
Tharaise. Voyez Taraise.	
Tharaque. Voyez Taraque.	
Tharaste, la m. qu'Athracte,	11 août.
Tharial, patron d'une église au diocèse de Saint-Malo.	
Tharsice d'Alexandrie,	31 janv.
Tharsice l'Acolyte,	15 août.
Tharsille, tante de St. Grégoire,	24 déc.
Thatée, hon. autrefois en Irlande.	
Thatuel, M. à Edesse,	4 sept.
Thaumast, Ev., hon. à Poitiers,	1er janv.
Théagènes, Martyr,	3 oct.
Théau, hon. à Paris,	7 janv.
Thècle d'Adrumète,	30 août.
Thècle d'Afrique, Mre,	13 juin.
Thècle d'Alexandrie,	6 sept.
Thècle d'Antioche, Mre,	1er juin.
Thècle d'Aquilée,	3 et 19 sept.
Thècle de Gaza,	19 août.
Thècle de Kisinghen, Abbesse,	15 oct.
Thècle de Perse, Martyre,	20 nov.
Thècle d'Icône, Martyre,	23 sept.
Thècle pour Théole,	25 et 26 mars.
Thécret, Ev. de Bourges, mort	vers 330.
Thécuse, Mre à Ancyre,	18 mai.
Thée, Mre en Palestine,	25 juil. et 19 déc.
Thégonec, patron d'une église paroissiale au diocèse de Léon en Espagne.	
Théhan, honoré au diocèse de Saint-Malo, le même que Théau, orfèvre à Paris.	
Théion, Martyr,	1er fév.
Thelchide, Abbesse de Joarre,	10 oct.
Thélesphore, Pape,	5 janv.
Thélo, patron d'un village de son nom, en Bretagne.	
Thelvold, Ev. de Lindisfarne,	12 fév.
Thémiste, M. à Rome,	24 déc.
Thémistocles, M. en Lycie,	21 déc.
Thenne, mère de saint Keintegern,	18 juill.
Théobald, Camaldule,	1er juin.
Théobald, hon. à Albe,	27 mai.
Théobald de Mondovy (le Bienh.),	1er juin.
Théobald, Ermite,	1er juill.
Théobald, hon. au diocèse de Limoges,	6 nov.
Théoclène, M., hon. en Grèce,	3 oct.
Théoctiste, M. à Nicomédie,	26 sept. et 2 oct.
Théoctiste, M. à Alexandrie,	6 sept.
Théoctiste le Solitaire (le Vén.),	3 sept.
Théoctiste de Canope, Mre,	31 janv.
Théoctiste de Paros,	9 et 10 nov.
Théodald, Moine de Bobbio,	31 août.
Théodard, le m. que Dodart,	10 sept.
Théodard ou St. Audard, Archev. de Narbonne,	1er mai.
Théodat, Archev. de Vienne.	
Théodechilde, Reine,	28 juin.
Théodefrid, Abbé de Corbie.	
Théodemir, M. à Cordoue,	25 juill.
Théodemir, Abbé de Saint-Mesmin,	9 nov.
Théodeste, Martyre en Afrique,	24 avril.
Théodicien, hon. en Ethiopie,	7 mars.
Théodique, née à Bonnebourg en Hesse, morte à Marsebourg, diocèse de Mayence.	
Théodis, patronne d'une des trente anciennes chapelles souterraines de Saint-Honorat d'Arles.	
Théodoire, le même que Théodore d'Antioche,	29 mars.
Théodole, Evêque,	16 août.
Théodome,	9 mai, 8 août.
Théodora, Martyre,	13 mars.
Théodore (le Vén.) Abbé de Croiland,	25 sept.
Théodore d'Alexandrie, Martyre,	28 avril.
Théodore d'Afrique, Martyr,	23 avril.

Théodore d'Amasée, le m. que Téron.
Théodore d'Anastasiopolis, le m. que le Sicéote.
Théodore d'Andrinople, M., 15 et 16 sept.
Théodore d'Antioche, M., 29 mars.
Théodore d'Apamée, M., 18 et 26 juill.
Théodore d'Astaque, M., 18 mai et 5 sept.
Théodore de Boulogne, 5 mai.
Théodore de Candaule, M., 4 sept.
Théodore de Cantorbéry, 19 sept.
Théodore de Cappadoce, M., 19 mars.
Théodore de Celles (le Vén.), 17 août.
Théodore de Compostelle, Prédicateur évangélique.
Théodore de Constantinople, le même que Théodore d'Astaque.
Théodore de Cyrène, le même que Théodras.
Théodore de Dombébrige, le m. que Théodome.
Théodore d'Égypte, Év., M., 26 nov.
Théodore de Latapole, le même que l'Hagiasmène.
Théodore de Libye, Év., M., 6 avril.
Théodore d'Emden, M., 9 juill.
Théodore de Milan (le Vén.), 28 mars.
Théodore de Nitrie (le Bienh.), 7 janv.
Théodore de Pavie, 19 mars et 20 mai.
Théodore de Perge, M., 20 sept.
Théodore de Pherme (le Vén.), Abbé en Égypte, loué au V° livre de la Vie des Pères.
Théodore de Rome, 29 juill.
Théodore de Syrie, M., 14 déc.
Théodore de Taberne, le même que Théodore l'Hagiasmène.
Théodore de Terracine, Vierge, Martyre, 7 mai.
Théodore d'Éthiopie, Roi, 20 juin.
Théodore de Thrace, M., 15 avril.
Théodore de Touraine, le même que Tridoire.
Théodore de Vérone, 19 sept.
Théodore d'Héraclée, le même que le Stratélate.
Théodore d'Uttembourg, le même que Théodule de Rome.
Théodore du Nose, Solitaire à neuf milles d'Alexandrie.
Théodore, Év. de Marseille, 2 janv.
Théodore la Myroblite, 5 avril.
Théodore la Pénitente, 11 sept.
Théodore la Romaine, 17 sept.
Théodore le Cratère, un des quarante-deux Martyrs, sous les Sarrasins, en 848, mentionnés au 6 mars.
Théodore le Grapt, Confesseur, 27 déc.
Théodore le Mansionnaire (le Vén.), 26 déc.
Théodore le Mansur (le Vén.), exilé par Léon l'Isaurique pour le Culte des saintes Images, mort vers 740.
Théodore le Sanctifié, le même que Théodore l'Hagiasmène.
Théodore le Sicéote, Év., 22 avril.
Théodore le Stratélate, M., 7 fév.
Théodore le Syrien, M., 7 déc.
Théodore le Téron, M., 9 nov.
Théodore l'Hagiasmène, Abbé, 27 avril et 28 déc.
Théodore l'Impératrice, 11 fév.
Théodore, M. à Alexandrie, 2 sept.
Théodore, M. avec St. Bon, 11 fév. et 1er août.
Théodore, Pape, 13 mai.
Théodore, sœur de St. Hermès, 1er avril.
Théodore Studite, 11 et 12 nov.
Théodore Trichinas, Solitaire, 20 avril.
Théodoret (le Bienh.), Év. de Cyr, mort en 458.
Théodorit, Abbé d'Utique.
Théodose, patron d. sez, 28 oct. et 28 nov.
Théodose d'Asie, M., 26 mars.
Théodose d'Auxerre, 17 juill.
Théodose de Rome, M., 25 oct.
Théodose de Vaison, 25 oct.
Théodose le Cénobiarque, 11 janv.
Théodose le Chevelu, Abbé de Mont-Eceuil, monastère de Cilicie. Jean Mosch rappo te ses miracles en son Pré spirituel.
Théodose, Mre à Césarée en Palestine.

Théodosie d'Amid, Mre, 18 et 20 mars.
Théodosie de Canope, Mre, 31 janv.
Théodosie de Grèce, Martyre, 23 mars.
Théodosie de Palestine (Ste), 29 mai.
Théodosie de Tyr, la même que Thuise, 2 avril.
Théodosie du Dexiocrate, Religieuse, 18 juil.
Théodota, Martyre, 22 oct.
Théodote d'Afrique, M., 4 janv.
Théodote de Cappadoce (Vén.), 31 août.
Théodote de Cypre, 17 janv.
Théodote de Grèce, Martyre, 17 mai.
Théodote de Laodicée (la Vén.), 2 nov.
Théodote de Nitrie, 7 janv.
Théodote de Scythie, Martyr, 5 juil.
Théodote de Thrace, Martyr, 14 nov.
Théodote, M. à Ancyre, 18 et 25 mai.
Théodote, Martyre à Constantinople, 17 juil.
Théodote, Martyr, 3 juil.
Théodote, Martyre à Nicée, 29 juil. et 2 août.
Théodote, Mre à Nicomédie, 2 sept.
Théodote, mère de St. Côme, 2 janv.
Théodras, Évêque, Martyr, 4 juil.
Théodule d'Afrique, le même que Diodole, 31 mars.
Théodule d'Alexandrie, M. avec d'autres.
Théodule d'Antioche, le même que Théodoire.
Théodule d'Attalie, M., 2 mai.
Théodule de Comopolis, M., 12 sept.
Théodule de Corinthe, M., 20 juil.
Théodule de Crète, 23 déc.
Théodule de Palestine, 16 et 17 fév.
Théodule de Phénicie, 18 juin.
Théodule de Phrygie, le même que de Comopolis.
Théodule de Rome, 17 mars et 3 mai.
Théodule de Sébaste, 9 mars.
Théodule de Sion, le même que Théodole, 16 août.
Théodule de Syrie, Martyr, 28 nov.
Théodule du Latium, Mart., 26 juil.
Théodule le Cypriot, 3 déc.
Théodule le Lecteur, 4 avril.
Théodule le Sacristain, Prêtre, fils de St. Nil le Sage.
Théodule le Sinaïte, 14 janv.
Théodule le Stylite, 28 mai.
Théodulphe de Bobbio, Abbé, 20 juin.
Théodulphe de Lobes, Abbé, 24 juin.
Théodulphe de Reims, le même que Thiou, 1er mai.
Théodulphe, honoré à Trèves.
Théo-dulphe ou Thiou, Abbé du Mont-d'Hor.
Théofred ou Chaffre, Ab. de Carmery, le même sans doute que le suivant.
Théofrède ou Théoffrey, patron de deux villages de son nom, en Franche-Comté et en Vivarais.
Théogènes de Laodicée, 26 janv.
Théogènes, Év. Martyr, 3 janv.
Théognie, honorée près de Syracuse.
Théogone, Martyr, 21 août.
Théoïde, Martyr, 5 janv.
Théole, Martyre, 25 mars.
Théomèdes, Martyr, 26 mai.
Théon d'Afrique, Martyr, 28 juin.
Théon d'Oxyrhinque (le Vén.), Solitaire, puis Abbé en Égypte, loué par Pallade, Cassiodore, Rufin, Sozomène.
Théonas d'Alexandrie, 5 janv., 23 août et 28 déc.
Théonas d'Asie, Martyr, 22 août.
Théonas d'Égypte (le Vén.), le même que Thiou d'Oxyrhinque.
Théonas pour Synèse, Voyez Synèse de Nicomédie.
Théoneste d'Ahin, Martyr, 30 oct.
Théoneste de Vercel, le même peut êtr. que le précédent, 20 nov.
Théonille, Martyre, 23 août.
Théonitas, 16 janv. et 9 fév.
Théopempte, le même que Théopompe, 3 et 4 janv.
Théophanes (le Vén.) de Civita-Vecchia, loué par St. Grégoire, Pape.
Théophanes de Grèce, 9 sept.
Théophane le Chambellan, M., 4 déc.

Théophanes le Grapt, Evêque,	27 déc.	Thielman, le même que St. Théau.	
Théophanes le Mégalagrite, Abbé,	12 mars.	Thiémon ou Dietmon,	28 sept.
Théophanes le Reclus, qui convertit Ste Pansemne		Thierry, Ab. du Mont-d'Ilor,	1er juil.
Théophanon, patronne d'une ancienne église de Constantinople,	16 déc.	Thierry, Ab. de Saint-Hubert,	24 août.
		Thierry d'Andaine, Abbé,	25 août.
Théophile d'Alexandrie,	23 fév.	Thierry de Cambrai (le Vén.),	5 août.
Théophile d'Antioche,	13 oct. et 6 déc	Thierry de Matonville, Abbé,	1er août.
Théophile de Brescia (l· Vén.),	27 avril.	Thierry, Ev. de Munster, tué	en 880.
Théophile de Cappadoce, M.,	3 nov.	Thierry, Ev. d'Orléans.	27 janv.
Théophile de Césarée (le Vén.),	5 mars.	Thiers, le même que St. Théodore le Téron.	
Théophile de Constantinople,	2 oct.	Thieteld, Vierge,	50 janv.
Théophile de Grèce, M.,	23 juil.	Thifroy (le Vén.),	9 oct.
Théophile d'Egypte, Martyr,	8 sept.	Thilherth, Evêque,	7 sept.
Théophile de Libye, M.,	8 janv.	Thillin, le même que St. Théau.	
Théophile de Nicomédie, le même que Théophylacte.		Thiou de Reims, Abbé,	1er mai.
Théophile de Palestine, Confesseur, dont parle Eusèbe.		Thitoin,	18 fév.
		Thiódard, Evêque,	1er mai.
Théophile de Phrygie, M.,	28 juil.	Thois ou Thoys, et, selon d'autres. Thory ; il y a une paroisse de ce nom en Bretagne.	
Théophile de Sébaste,	9 mars.		
Théophile l'Avocat, Martyr.	6 fév.	Thomaïde, Martyre,	14 avril.
Théophile le Carsianiste, l'un des 42 Martyrs, sous les Sarrasins, en 848, mentionnés au	6 mars.	Thomas, Apôtre,	21 déc.
		Thomas-Danchy. Voyez Xico.	
Théophile le Préteur, M.,	22 juil.	Thomas d'Antioche,	18 nov.
Théophile le Soldat, Martyr,	1er juin, 20 déc.	Thomas d'Aquin,	7 mars et 18 juil.
Théophile, Martyre,	28 déc.	Thomas d'Asmanuje, Martyr,	18 nov.
Théophylacte, Evêque,	8 mars.	Thomas de Cantorbéry, M.,	29 déc.
Théopiste, Martyr,	20 sept. et 1er nov.	Thomas de Constantinople,	20 mars.
Théopiste, Martyre, femme du précédent,	20 sept. et 1er nov.	Thomas de Cori, Religieux,	28 fév.
		Thomas (le Bienh.), Servite,	21 juil.
Théopompe, Martyr,	3 et 4 janv.	Thomas Bellacio (le Bienh.),	29 oct.
Théoprepe,	22 août.	Thomas d'Egypte, -	20 juin.
Théoprépides, Martyr,	27 mars.	Thomas de Malée,	7 juil.
Théorithgide, la même que Thergite.	24 déc.	Thomas de Maurienne (le Vén.), 10 sept. et 10 déc.	
Théosébie (la Vénérable), épouse de St. Grégoire de Nysse.		Thomas de Riéti (le Vén.),	31 oct.
		Thomas de Saint-Victor (le Vén.),	17 et 29 août.
Théostéricte,	17 mars.	Thomas de Sarlat. V. Pierrre-Thomas.	
Théote, la même que Théodote de Nicomédie.		Thomas de Tolentino, M.,	1er avril.
Théotecne, Martyr,	3 oct.	Thomas de Villeneuve,	8, 18 et 22 sept.
Théotérie, la même que Theutère,	5 mai.	Thomas-Elie (le Vén.),	19 oct.
Théotime de Palestine,	5 nov.	Thomas, Evêque d'Herford,	2 oct.
Théotime de Rome,	24 déc.	Thomas-Morus, Martyr,	6 juil.
Théotime de Scythie, Evêque,	20 avril.	Thomas, un des 26 Martyrs du Japon,	5 fév.
Théotône, le même que Thitoin,	8 fév.	Thomasel (le Vén.),	17 mars.
Théotique, Martyr,	8 mars.	Thomé, patron d'un village de son nom, en Vivarais.	
Théozone, Martyr,	17 juil.	Thonan, patron d'un village de son nom, en Bretagne.	
Thérapion,	16 juil.	Thone, Martyr,	10 janv.
Thérapont, Martyr,	27 mai.	Thonille (Ste),	25 août.
Thérein, inhumé dans la ville de Bosre.		Thorette, patronne d'un village de son nom, près de Bourges.	
Thérème. Voyez Térence.			
Thérèse, Vierge,	15 oct.	Thovy. Voyez Thois.	
Thérèse de Bézar (la Bienh.),	28 juil.	Thraséas, Martyr,	5 oct.
Thérèse (la Bienh.),	15 juil.	Thrason, Martyr,	11 déc.
Thérèse (la Vén.), Reine de Léon,	17 juin.	Thuise, la même que Ste Théodosie de Constantinople, dont on honorait les reliques à Montiérender, en Champagne. C'est aussi la même que Ste Ethuise,	2 avril.
Thérésie, épouse de St. Valfrid de Redun.			
Thérin, Martyr,	6 mai.		
Therme,	5 avril.		
Théside, Martyr,	1er avril.	Thurial, patron d'un village de son nom, en Bretagne.	
Thespèse de Cappadoce, M.,	1er juin.	Thurien, Evêque de Dol.	
Thespèse de Nicée, Martyr,	20 nov.	Thyella, lapidé pour la foi.	
Thessalonice, Martyre,	7 nov.	Thyerse. Voyez Thyrse de Saulieu.	
Theudère, le même que St. Chef.		Thyrce, Martyr en Bithynie,	14 déc.
Theusétas,	13 mars.	Thyrse de Milet, M.,	24, 28, 31 janv.
Theutère, Vierge,	5 mai.	Thyrse de Saulieu, Martyr à Autun,	24 sept.
Thévis, patron d'une église en Normandie.		Thyrse de Synnade, M.,	31 juillet.
Thiadmer,	17 mai.	Thyrse de Trèves, Martyr,	4 oct.
Thiarmail, Evêque régionnaire.		Tibère,	18 sept.
Thibalt, le même que Théobald de Mondovi.		Tiberge, le même que St. Tubéry.	
Thibaud, Abbé,	8 juil.	Tiburce de Rome, Martyr.	14 avril.
Thibaud, Chanoine de Dorat.		Tiburce des Deux-Lauriers, Martyr,	11 août.
Thibaud, Ermite.		Tiburce des Sabins, Martyr,	9 sept.
Thibaut de Marly,	8 déc.	Ticiave, invoquée aux anciennes Litanies anglicanes.	
Thibaut de Provins,	30 juin et 1er juil.	Tigernach, Evêque,	4 avril.
Thibaut de Vienne,	21 mai.	Tilbe,	3 déc.
Thibéry, patron d'un village de son nom, en Languedoc, c'est peut-être le même que St. Thierry.		Tillon ou Théau, Moine de Solignac.	
Thiébaut. Voyez Thibaut.		Timarée, Martyr,	27 juin.
Thiel, le même que Tyel.		Timolas, Martyr,	24 mars.
		Timoléon, Martyr,	19 déc.

Timon, Diacre, Martyr,	19 avril.	Trivier, Moine,	16 janv.
Timothée d'Antioche, Martyr,	8 sept.	Troade, M. en Asie,	2 mars et 28 déc.
Timothée de Bénhor, Martyr,	1er nov.	Troas, honoré à Venise, le m. que St. Gervais.	
Timothée de Burse, Martyr,	10 juin.	Troé, hon. en Nivernais,	17 oct.
Timothée de Gaza, Martyr,	19 août, 19 déc.	Trogue, Ev. M. av. aut.,	19 sept.
Timothée de Macédoine, M.,	6 avril.	Trojan, Ev. de Saintes,	30 nov.
Timothée de Mauritanie, M.,	21 mai.	Tron ou Trond, Prêtre,	23 nov.
Timothée d'Ephèse,	24 janv., 31 mars.	Troncin, hon. comme M. à Crépy, en Valois.	
Timothée de Reims, M.,	23 août.	Tronquets, Ev. de Trois-Châteaux,	30 janv.
Timothée de Rome, Martyr,	22 mai.	Tronvin, Ev. en Ecosse,	10 fév.
Timothée de Thébaïde, M.,	3 mai.	Tropes, M. à Pise,	29 avril.
Timothée d'Ostie, Martyr,	22 août.	Trophime d'Arles,	30 sept. et 29 déc.
Timothée et Apollinai e, Martyrs.		Trophime de Carie,	11 mars.
Tinidor, le m. q. Ténénan,	16 juil.	Trophime de Sinnade,	18 et 19 sept.
Tisserand (le Vén.). Voy. Adrien.		Trophime, M. av. Eucarpion,	18 mars.
Tite de Crète,	4 janv.	Trophime, M. av. Theghile,	23 juil.
Tite le Diacre, M. à Rome,	16 août.	Trophime, disciple de St. Paul,	14 avril.
Tituoës, hon. en Egypte,	26 août.	Trophime ou Trophin, Mre à Lyon,	2 juin.
Titien de Brescia,	3 mars.	Trophimène, Mre en Sicile,	5 nov.
Titien de Lodi,	1er mai.	Tretteins, le m. que Droctovée.	
Titien d'Oderzo,	16 janv.	Trudbert ou Trudpert, M. honoré à Fribourg.	
Tobie de Jérusalem, Evêque,	17 sept.	Trudon ou Tron, Confesseur.	
Tobie de Sébaste,	2 nov.	Truphume, le m. q. Trophime d'Arles.	
Tobie, le Père (le Vén.),	12 sept.	Truyen, le m. que Tron.	
Tobie, le Fils (le Vén.), hon. à Pavie,	19 sept.	Tryphène de Cyzique, Mre,	31 janv.
Toel, hon. en Bretagne,	14 juin.	Tryphèue d'Icone,	10 nov.
Toninnan, invoqué aux anciennes Litanies anglic nes.		Tryphon d'Afrique,	4 janv.
Tonnolein, le m. qu'Ounoule.		Tryphon d'Alexandrie,	3 juil.
Torel, hon. en Toscane,	16 mars.	Tryphon de Constantinople,	19 avril.
Torète, patronne d'une église au dioc. de Bourges, la même que Thorette.		Tryphon de Nicée,	1er fév. et 10 nov.
		Tryphonie, honorée à Rome,	18 oct.
Torive d'Astorga,	15 avril.	Tryphose, mentionnée par St. Paul,	10 nov.
Torive de Lima,	23 mars et 27 avril.	Tubéri ou Tyberge, ou Tubéry, M. près d'Agde,	10 nov.
Torive le Solitaire,	11 nov.		
Torphin, Ev. en Norwège,	8 janv.	Tuce, Solitaire,	9 sept.
Torquat, Ev. de Saint-Paul-Trois-Châteaux.		Tucenge, le m. que St. Homebon,	13 nov.
Torquat, Préd. évang.,	15 mai et 14 juin.	Tudec ou Tudy, hon. en Bretagne,	9 mai.
Toscaine (Sainte),	14 juil.	Tudin, Abbé.	
Toste, dit Barthélemy ('e Vén.), Solitaire,	24 juin.	Tugal, hon. à Tréguier,	30 nov.
Totnan, M. à Wurtsbourg,	8 juil.	Tugean ou Tujan, hon. en Bretagne,	1er fév.
Touchart, hon. en Berry.	23 oct.	Tuitien, duc de Carinthie,	5 fév.
Toussain (Tussanus), de l'ordre de St.-Benoît,	25 nov.	Tulle ou Tullie, Vierge,	5 oct.
Toussaint (Fé e de la),	1er nov.	Turbon le Greffier, M.,	17 janv.
Toy, patron d'un prieuré dépendant de la Seauve, au dioc. de Bordeaux.		Turiaf, Ev. hon. à Paris,	13 juil.
		Turibe, Ev. du Mans,	16 avril.
Tozon, Ev. d'Augsbourg,	16 janv.	Turkétul (le Vén.), Abbé en Angleterre,	11 juil.
Tranquille, Abbé,	15 mars.	Turnus, M. en Afrique,	9 déc.
Tranquillin, M. à Rome,	6 juil.	Turpin (le Vén.), Ev. de Limoges,	26 juil.
Transfiguration de Notre-Seigneur,	6 août.	Turribe, Archevêque de Lim·,	27 avril.
Trasar, Abbé de Saint-Vandrille, mort	vers 815.	Tusque, Martyr,	27 juin.
Trèche, le m. peut-être que Troé.		Tusque, honorée à Vérone,	10 juil.
Trégarec, hon. à Léon, en Bretagne.		Tutilon (le Bienh.), Moine,	28 mars.
Treille ou Traille, patron d'une église en Gascogne.		Tuton, hon. à Bénévent.	
Trélody ou Trélaudie, ou Trelu, patron de l'Esparre, Guyenne.		Tychique, disciple de saint Paul,	29 avril.
		Tycon, Ev. d'Amathonte,	16 juin.
Trémeur ou Trémoré, hon. à Saint-Magloire à Paris,	8 nov.	Tyel, hon. à Yvrée,	25 oct.
		Tygre, honoré à Constantinople,	12 janv.
Trénet, patron d'une église vers l'Estarrac.		Tygride, Arch. de Clermont,	16 fév.
Trésain, Prêtre en Champagne,	7 fév.	Tygride (la Vén.), Abbesse,	22 nov.
Tréty, Ev. d'Auxerre,	18 mars et 12 avril.	Tygrin, M. en Syrie,	20 mars.
Tribunée, M. en Pamphylie,	2 mars.	Tynas, surnommé le Bon, que Ferrarius croit Ecossais.	
Tricard, patron d'un village de son nom, près Calais.			
Tridoire, M. en Touraine,	25 oct.	Tyors, patron d'un village de son nom, en Gascogne.	
Triduaine, invoquée à Aberdone,	8 oct.	Typograles, M. à Césène,	21 juil.
Trie, patron d'un village de son nom, en Périgord.		Tyrannion, Ev. de Tyr,	20 fév.
Trièse, honorée à Poitiers et à Rhodez,	9 juin.	Tyrse, patron de Sisteron.	
Triget, honoré en Berry.			
Trimoel, patron de deux villages de son nom, en Bretagne.			
Trinit, patron d'un village de son nom, en Provence.			
Triphine, mère de S. Tremoré, invoquée aux anciennes Litanies d'Angleterre.		Ubald, Evêque d'Eugube,	16 mai.
		Ubaldesque, Religieuse,	28 mai.
Triphine de Sicile, Mre,	5 juil.	Udalric, Evêque de Lausanne,	en 780.
Triphylle, Ev. en Chypre,	13 juin.	Udalric, le même qu'Uldarich.	
Tripode, M. à Rome,	10 juin.	Udégèbe, Vierge,	28 juin.
Tritous, patron d'un village de son nom, en Languedoc.		Udevolte (la Vén.), Cistercienne,	12 août.
		Udger, Evêque de Munster,	26 mars.

Ugolin Zéphirina,	22 mars.
Uguccione (le Bienh.),	3 mai.
Uladimir, le même que Wladimir.	
Ulbert, hon. au dioc. d'Anvers,	22 oct.
Uldarich, hon. à Brisach,	10 juill.
Uldric (le Bienh.), doyen de Grenoble, mort en 1145.	
Ulface ou Ulphace, Solitaire,	9 sept.
Ulfin, Évêque de Die,	20 mars.
Ulfric, Prêtre en Angleterre,	17 fév.
Ulfrid ou Wolfrid, Évêque en Suède,	18 janv.
Ulgis, Abbé de Lobes.	
Ulmer. Voyez Vilmer.	
Ulpe, un des M. de Lyon,	2 juin.
Ulphe, Vierge.	
Ulphobert (le Bienh.), Évêque de Coutances.	
Ulpien, Martyr près de Tyr,	3 avril.
Ulric, Moine de Cluny.	
Ulrich, Martyr à Croyland,	25 sept.
Ulrich, Évêque,	4 juill.
Ultain, Abbé, honoré à Péronne,	1er mai et 31 oct.
Ultrogothe, Reine de France,	23 déc.
Uniac, patron d'un village de son nom, en Bretagne.	
Unizand, dont quatre églises portent le nom au seul diocèse de Luçon.	
Unnes, Archev. d'Hambourg,	21 oct.
Unnon, le même que le précédent.	
Urain ou St. Veran, Ev. de Cavaillon,	19 oct.
Urbain d'Afrique,	8 mars.
Urbain d'Antioche,	24 janv.
Urbain de Campanie,	2 juill.
Urbain de Constantinople. Voyez urbase.	
Urbain de Girbe, Évêque,	28 nov.
Urbain de Langres,	23 janv. et 2 avril.
Urbain de Quiéti,	23 nov.
Urbain de Rome,	31 oct.
Urbain de Saragosse,	16 avril.
Urbain de Theano,	6 et 7 déc.
Urbain, Pape, 1er du nom,	25 mai.
Urbain V, Pape,	19 déc.
Urbaine, Martyre,	12 fév.
Urbary, patron d'un village de son nom, près de Lectoure.	
Urbase, M. av. aut.,	18 mai et 5 sept.
Urbice de Bordeaux,	15 déc.
Urbice, Ev. de Clermont,	3 avril.
Urbice, Solit. en Aragon,	15 déc.
Urbice de Metz,	20 mars.
Urbice de Meun,	30 mai
Urbique, le même qu'Urbice de Clermont.	
Urcice ou Urcisse, patron de plusieurs villages de son nom, en Quercy, en Auvergne et en Languedoc.	
Urciscène, Évêque de Pavie,	21 juin.
Urelez, patron d'une église en Bretagne, le même qu'Urloux.	
Urgent, honoré autrefois à Paris, à Saint-Etienne-le-Vieux, près Notre-Dame.	
Uriol, patron d'une église au diocèse de Saint-Malo.	
Urielle, patronne d'un village de son nom en Bretagne.	
Urloux, Abbé de Quimperlé,	25 août.
Urpasien, M. à Nicomédie,	13 mars.
Urs, Évêque de Troyes,	25 juill.
Ursane, Moine de Luxeu,	20 déc.
Urscin de Cure,	23 août.
Urse, Évêque d'Auxerre,	30 juill.
Ursice de Montauban.	
Ursice d'Illyrie,	14 août.
Ursicin de Brescia (le Vén.),	1 déc.
Ursicin de Cahors, le même qu'Ursize,	13 déc.
Ursicin, Ev. de Coire, mort	en 772.
Ursicin de Cure. Voyez Urscin.	
Ursicin de Luxeu, le même qu'Ursane,	20 déc.
Ursicin, Ev. de Maëstricht, mort	en 506.
Ursicin de Ravenne,	5 sept.
Ursicin de Sens,	24 juill.
Ursicin le médecin, Martyr,	19 juin.
Ursin de Bourges,	9 nov. et 29 déc.
Ursin de Suisse, le même qu'Ursane,	20 déc.
Ursinien (le Vén.), Évêque d'Auch.	
Ursion de Soleurre, le même qu'Ourse,	30 sept.
Ursion, Moine en Champagne,	29 sept.
Ursize, Évêque de Cahors,	13 déc.
Ursmer, Abbé de Lobes,	18, 19 avril.
Ursule (la Vén.), Théatine,	20 oct.
Ursule de Cologne, Mre,	21 oct.
Usage, patron de deux villages de son nom en Champagne et en Bourgogne.	
Usthasat, M. en Perse,	4 et 21 avril.
Ustre, le même qu'Ajudou,	26 juin.
Ut, Martyr en Afrique,	24 mars.
Utin, patron d'un village de son nom en Champagne.	
Uton, hon. en Bavière,	3 oct.
Uze, patron d'un village de son nom en Dauphiné.	

V

Vaast, patron de plusieurs villes, bourgs et villages de son nom, en France et aux Pays-Bas,	6 fév.
Vacace, Martyr en Egypte,	5 oct.
Vaccare, Moine, M. avec Boniface,	5 juin.
Vaise, hon. en Saintonge,	16 avril.
Valabonse, M. à Cordoue,	7 juin.
Valbert, le même que Gaubert,	2 mai, 31 août.
Valburge, Abbesse, en Allemagne,	25 fév. et 1er mai.
Valcabade (le B.enh.),	19 fév.
Valdane, dont il y a une église au dioc. de Mende.	
Valdrade, la même que Vaudrée.	
Valens d'Afrique,	18 janv.
Valens, époux de Ste Césair, fut Ev. d'Avignon,	en 537.
Valens, M. en Galatie.	
Valens de Sébaste, M.,	9 mars.
Valens de Tunis, M.,	1er sept.
Valens d'Italy, M. aux confins de Galatie.	
Valens, Ev. M. av. 3 aut.,	21 mai.
Valens le Diacre, M.,	16 fév., 1er juin.
Valens pour Vales. Voyez Vales.	
Valent, hon. à Vérone,	26 juill.
Valentien, Xe Ev. de Coire.	
Valentin d'Abruzze,	16 mai.
Valentin d'Afrique,	13 nov.
Valenti, Ev. de Carcassonne.	
Valentin, 1er Ev. de Carpentras, et M.	
Valentin de Gênes,	2 mai.
Valentin de Passau,	7 janv. et 29 oct.
Valentin, Ev. de Strasbourg.	
Valentin, hon. à Rome,	14 fév.
Valentin de Tongres, hon. à Trèves,	16 juill.
Valentin de Viterbe,	3 nov.
Valentin, M. à Ravenne, avec Félicien et Victorin.	11 nov.
Valentin le Mestre de camp, M. à Ravenne,	16 déc.
Valentin, M. à Ravenne, avec Soluteur et Victor,	13 nov.
Valentin, Confesseur,	4 juill. et 29 oct.
Valentine, Martyre à Gaza,	25 juill.
Valentinien de Lucanie,	20 août.
Valentinien de Salerne,	3 nov.
Valentinin, M. à Dorostore,	25 mai.
Valère d'Afrique,	16 nov.
Valère d'Ancyre,	15 sept.
Valère de Couserans. Voyez Valier.	
Valère de Langres, le même que Valier de Molone.	
Valère de Saragosse,	28 janv.
Valère de Sébaste,	9 mars.
Valère de Soissons,	14 juin.
Valère de Sorrento,	16 janv.
Valère de Trèves,	29 jan.
Valère de Viviers, le même que Valier d'Orsoles.	
Valère ou Valière de Chambon, Vierge et Martyre,	9 et 10 déc.
Valère de Milan (la Vén.),	28 avril.
Valère de Palestine, Martyre avec Cyre,	5 et 6 juin.

Valéric ou Vaulri, Ermite.
Valérie, la même que Valère de Palestine.
Valérie, Ev. de Viviers.
Valérien d'Abbonza, 28 nov. et 15 déc.
Valérien d'Alexandrie, 12 sept.
Valérien d'Antioche, 25 août et 15 nov.
Valérien d'Aquilée, 27 nov.
Valérien, Ev. d'Auxerre, 7 mai.
Valérien de Cimiez, 23 juill.
Valérien de Forli, 4 mai.
Valérien, M. à Nyon, 17 sept.
Valérien, M. à Tournus, 4 et 15 sept.
Valérien de Rome, 14 avril.
Valérienne d'Aquilée, Martyre, 17 juin.
Valérienne, dite aussi Ste Valière, Vierge, morte dans le viii° siècle.
Valérienne d'Hippone, 15 nov.
Valery, Abbé, 1er avril et 12 déc.
Vales, hon. à Auxerre, 21 mai.
Valfrid, Martyr, 3 déc.
Valfroie, Solitaire, 7 juill. et 21 oct.
Valfroy, Abbé en Toscane, 15 fév.
Valger, hon. en Westphalie, 16 nov.
Valher. Voyez Vauhir.
Valier de Couserans, 5 juill.
Valier de Molôme, 22 oct.
Valier de Viviers, 22 janv.
Valière de Chambon. Voyez Valez.
Valière de Gonnelieu, hon orée à Saint-Quentin.
Valimbert, le même que St. Garembert.
Valoy, le même que Guingalois, 9 juill.
Valsian, hon. en Bretagne, le même que Volstain.
Valters, Martyr avec autres, 9 juill.
Vambert, Curé, Martyr, 26 juin.
Vamnes, Martyr en Perse, 15 août.
Vandaley ou Vandelein ou Vandeln, Abbé de Tuley, 21 oct.
Vandon, Abbé de Saint-Vandrille. 17 avril.
Vandrille, Abbé au dioc. de Rouen, 22 juil.
Vaneng. 9 janv.
Vanne, le même que St. Viton, Evêque de Verdun, 9 nov.
Vanon, hon. à Condé, 1er oct.
Varadat, le même que St. Baradat.
Varaon, honoré dans la province de Beyra, en Portugal.
Vare, Soldat égyptien, 19 oct.
Varen ou Varent ou Varang, le même que St. Vaneng.
Varique d'Afrique, 15 nov.
Varique et Victorin, Martyrs, 5 oct.
Vas de Casal, évêque d'Ast, 1er déc.
Vast d'Arras. Voyez Waast.
Vastrade (Ste), 21 juill.
Vaterlaud (le Bienh.), Curé en Hollande, 11 déc.
Vaubert, le même que Gaubert, 2 mai.
Vaubouer ou Vaubourg ou Valburge (Ste), 25 fév.
Vaudrée, Abbesse à Metz, 5 mai.
Vaudrue, Veuve à Mons, 9 avril.
Vaufroy (le Bienh.), Ev. de Bayeux, tué en 859.
Vauhir Martyr. 23 juin.
Vaulry ou Vaury, hon. en Berri, 10 janv.
Vauthier de Dorkam, Martyr avec autres, 5 juin.
Vauthier du Langrois, le même que Gauthier de Quincy.
Vautrude, fondatrice des Chanoinesses de Mons.
Vedard, Evêque régionnaire en Rouergue, 1er mars.
Vedulfe, IIIe Evêque de Cambrai, mort dans le vie siècle.
Vée, la même que Bée d'Egremont, 6 sept.
Veel, le même que Vital de Boulogne.
Veerle, la même que Freaude, 4 janv.
Vègue. Voyez Bée d'Egremont.
Veindre, le même que Vénère de Sarzane.
Veland, Martyr en Isaurie, 5 mars
Vène, Moine en l'Ile de Ré, 12 fév.
Vellé, patron d'une église au diocèse de Léon, en Bretagne.

Venance de Camerino, 13 mai
Venance de Modon, 30 mai
Venance de Viviers, 1er du nom, 5 août
Venance-Fortunat, Ev. de Poitiers, 14 déc.
Venant d'Artois, 10 oct.
Venant de Berri, 11 et 13 oct.
Venant, 1er du nom, Ev. de Viviers. Voyez Venance.
Venant, IIIe du nom, Ev. de Viviers.
Venceslas, duc de Bohême, 28 sept.
Vendel ou Wendel, patron d'un village de son nom, au dioc. de Trèves.
Vendimien, Solitaire, 1er fév.
Vendrède ou Vendrude, Vierge, hon. autrefois à Ely, en Angleterre.
Venec, hon. en Bretagne. 5 nov.
Vénéride, la m. que Quinfroie.
Vénérand. Ev. de Clermont, 18 janv. 21 nov. et 24 déc.
Vénérand de Troyes, 14 nov.
Vénérand, Martyre, 14 nov.
Vénère de Milan, 4 mai.
Vénère de Sarzane, 11 et 13 sept.
Vénère de Tivoli (le Vén.), Ermite Camaldule.
Vénère de Galatie, la même peut-être que Venerande.
Vénère de Gerache, 28 juil.
Vénère, invoquée aux anciennes Litanies de Sens; elle est particulièrement honorée à Lecce, au royaume de Naples.
Vénérie, M. avec autres, 6 nov.
Vénétique, hon. dans la Morée.
Véneuse, Martyre à Porto, 15 juill.
Vennes. Voyez Vanne.
Venoux, Ev. de Trèves, 17 fév.
Venture de Méco, 5 fév.
Venture de Spel, 30 avril.
Venture, honorée près d'Avignon, 24 avril.
Vénuste d'Afrique, 6 mai.
Vénuste, Ev. d'Adge, vers 405.
Vénuste de Cordoue, 27 juin.
Vénuste de Rome, 2 mai.
Venuste l'Africain, mentionné dans une lettre à St. Célérin.
Vénustien, Martyr à Assise. 30 déc.
Véomade, Archev. de Trèves, mort en 781.
Ver de Salerne. 23 oct.
Ver de Vienne, l'Ancien, 1er août.
Ver de Vienne, IIe du nom, 13 janv.
Véran d'Arbeingue, le m. que Vrain.
Véran de Cavaillon, le même que Vrain.
Véran Evêque de Châlons-sur-Saône, 11 nov.
Véran, Evêque de Lyon, 11 nov.
Véran de Vence, 9 sept. et 11 nov.
Verbourg, Vierge, 3 fév.
Verda, M. dont on fait la fête le 21 fév.
Verdel, patron d'une église paroissiale au diocèse du Puy, dépendante de la Chaise-Dieu.
Verdienne (la Bienh.), Vierge, 1er fév.
Vérécin, Martyr avec d'autres, 6 nov.
Vérédème, Evêque d'Avignon, 17 juin.
Vérédème, Solitaire, 20 et 23 août.
Vérène, Vierge en Suisse. 1er sept.
Verge, patronne d'un village de son nom, près de Thouars.
Vergoing, Evêque de Vérone, 22 oct.
Vérien, Martyr en Toscane, 9 août.
Vérissime, M. à Lisbonne, 1er oct.
Vernagal (le Bienh.), Camaldule. 20 avril.
Vernier, hon. à Auxerre, le même que Garnier d'Obervesel.
Vernir, honoré en Auvergne.
Vérocien, M. à Césarée en Cappadoce, 22 nov.
Vérol ou Vorle, Prêtre.
Véron, honoré à Saint-Vaudru de Mons, 30 mars.
Vérone, Vierge à Louvain. 29 août.
Véronique de Julianis (Ste), Vierge, 9 juill.

Véronique (la Bienh.), Vierge,	13 janv.	Victor de Nyon,	17 mai.
Versanophe, M. en Egypte,	23 juill.	Victor de Palestine,	20 mars.
Vert, patron d'un village de son nom, près de Brioude.		Victor de Plaisance,	6 déc.
		Victor de Ravenne,	13 nov.
Vertunien, Solitaire,	30 sept.	Victor de Rome,	15 déc.
Vérule, Martyr en Afrique,	21 fév.	Victor de Sébaste,	17 et 24 juill.
Vestine, Martyre,	17 juill.	Victor de Moxies,	6 mars.
Vet, honoré à Cariothie,	15 juin.	Victor de Soleurre,	30 sept.
Vétérin, honoré à Tournus,	23 fév.	Victor de Syrie,	14 mai.
Vette, dit Epagathe. *Voyez* Epagathe.		Victor de Vite (le Vén.), Ev.,	23 août.
Vétukis, honoré en Ethiopie,	24 août.	Victor d'Héraclée,	1er avril.
Vétule, Martyre en Grèce,	15 juin.	Victor, Martyr avec Janvier,	9 fév.
Véture, Martyr,	17 juill.	Victor, Martyr avec Calendion,	20 nov.
Veule, honoré en Limousin,	15 oct.	Victor, Martyr avec Donnin,	30 mars.
Vézians, Martyr, près de Rieux,	8 sept.	Victor, Martyr avec Martin,	3 déc.
Véziguey, honoré en Forez.		Victor, Martyr avec Miggin,	4 déc.
Vial, Solitaire,	16 oct.	Victor, Martyr avec Primien,	29 déc.
Viance ou Viantz,	2 janv.	Victor, Martyr avec Poplien,	2 nov.
Viateur de Bergame,	1er janv et 14 déc.	Victor, Martyr avec Rogat,	28 déc.
Viateur de Calabre,	14 sept.	Victor, Martyr avec Saturnin,	26 mars.
Viateur de Lyon,	21 oct.	Victor, Martyr avec Trophime,	5 déc.
Viator, Archev. de Bourges,	5 août.	Victor, Martyr avec Victorin,	6 mars.
Viatre de Franche-Comté,	9 août.	Victor, Martyr avec Victur,	17 et 18 déc.
Viatre de Sologne,	29 mai.	Victor l'Africain,	10 mars.
Viau, le même que Vial.		Victor le Bithynien,	3 déc.
Vibaud (le Vén.), Evêque d'Auxerre,	12 mai.	Victor le Prêtre, M. en Afrique,	24 fév.
Vibice, Archev. de Trèves,	en 527.	Victor le Prisonnier, mort vers 250, mention. dans une lettre à St. Célerin	
Vibien, un des 40 Martyrs,	9 mars.		
Vichert, Martyr à Fostland en Frise.		Victor le Syrien,	15 fév.
Vicelin, Ev. d'Aldembourg,	12 et 22 déc.	Victor Taraque. *Voyez* Taraque,	11 oct.
Vicine, Evêque de Sarsine,	28 août.	Victor, 1er du nom, Pape,	20 avril et 20 juill.
Vichterp d'Augsbourg,	18 avril.	Victor, IIIe du nom, Pape,	15 sept.
Vichterp (le Vén.), 1er Evêque de Ratisbonne, nommé Saint par Bruschias et par Bucelin.		Victore, patron de Villars en Saintonge, le même apparemment que Vertunien.	
Victoire de Cappadoce, M.,	21 mai.	Victorègue, Martyr,	30 oct.
Victoire de Léon, le m. que Victorèque.		Victorie, Martyre en Afrique,	20 mai.
Victoire d'Abitine,	11 fév.	Victorien d'Abitine,	11 fév.
Victoire d'Afrique,	18 et 29 oct.	Victorien d'Adrumète,	25 mars.
Victoire de Cordoue,	17 nov.	Victorien, honoré en Aragon,	12 janv.
Victoire de Culuse, la m. que Victrice.		Victorien d'Isaurie,	16 mai.
Victoire de Nicomédie,	24 oct.	Victorien des Marses,	26 août.
Victoire de Plaisance, Vierge, Abbesse.		Victorin d'Abitine,	11 fév.
Victoire de Rome, Martyre,	23 déc.	Victorin d'Afrique, M.,	2 et 18 déc.
Victoire, Vierge, Martyre,	7 déc.	Victorin d'Amiterne, Ev.,	5 sept.
Victoire d'Hippone, Martyre,	15 nov.	Victorin d'Assise, M.,	12 juin.
Victoire, sœur de Ste. Anatolie,	9 juill.	Victorin d'Auvergne, M.,	15 mai.
Victoire Fornate (la Bienh.),	5 déc.	Victorin de Camérino,	8 juin.
Victor d'Afrique,	2 nov.	Victorin de Coutilan, M.,	24 juil.
Victor d'Agaune,	22 sept.	Victorin de Diospolis, M.,	24, 25 fév.
Victor d'Alexandrie,	31 janv. et 17 mai.	Victorin de Macédoine, M.,	31 oct.
Victor d'Arcies, le même que Vittre.		Victorin de Mauritanie, M.,	2 déc.
Victor, Ev. d'Arles et Martyr,	en 266.	Victorin de Nicomédie, M.,	27 mars.
Victor d'Asie,	20 avril.	Victorin de Pertaw,	2 nov.
Victor d'Asmanuje,	18 nov.	Victorin de Ponce, M.,	15 nov.
Victor d'Assur,	10 sept.	Victorin de Ravenne, M.,	11 nov.
Victor de Bithynie,	6 mars.	Victorin de Rome, M.,	7 juil.
Victor de Brague,	12 avril.	Victorin des quatre Couronnés, M.,	8 nov.
Victor de Chalcédoine,	10 sept.	Victorin et Alciatre, Mrs,	21 fév.
Victor de Cambon,	13 et 31 août.	Victorin et Aute, Mrs,	24 mars.
Victor de Campanie,	8 juill.	Victorin et Fauste, Mrs,	5 oct.
Victor de Capoue (le Vén.),	2 avril et 17 oct.	Victorin et Honorat, Mrs,	18 janv.
Victor de Carthage,	14 sept.	Victorin et Satur, Mrs,	14 janv.
Victor, Martyr en Espagne,	26 août.	Victorin et Saturnin, Mrs,	28 fév.
Victor de Cologne,	10 oct.	Victorin et Second, Mrs,	28 juin.
Victor de Corinthe,	25 fév.	Victorin et Victor, Mrs,	6 mars.
Victor de Granoles,	22 janv.	Victorin, hon. à Nantes,	29 sept.
Victor d'Egypte,	1er avril.	Victorin l'Africain, mort de faim en prison,	en 250
Victor de Lusitanie,	16 sept.	Victorin le Captif.	
Victor, Ve Evêque du Mans.		Victorin le Confesseur,	6 mars.
Victor de Marseille,	21 juill.	Victorine, Martyre,	26 nov.
Victor de Mauritanie,	17 oct.	Victorique d'Afrique, Martyr,	17 avril.
Victor, Martyr à Mérida,	24 juill.	Victorique d'Amiens, le m. que Victory.	
Victor de Milan,	8 mai.	Victorique de Léon, le m. que Victorègue.	
Victor de Mouson,	4 mars.	Victorique de Salone, M.,	18 avril.
Victor de Naples, le Martyr,		Victorique de Syrie, M.,	20 mars.
Victor, Evêque de Naples,	8 fév.	Victorique de Tabraque, M. av. aut., 24 fév., 23 mai et 8 oct.	
Victor de Nicomédie,	17 mars.		

SUPPLEMENT AU DICTIONNAIRE DES CEREMONIES ET DES RITES SACRES.

Victorius, VIe Ev. du Mans.
Victory, Martyr, 11 déc.
Victour, Ev. du Mans, 25 août.
Victrice, Evêque, 7 août.
Victrice, Confesseur sous les Vandales.
Victur d'Afrique, M., 1er mars.
Victur l'Africain, M. av. aut., 18 déc.
Victurien, Martyr, 16 mars.
Victurin, *Voyez* Victorin, 5 oct.
Victurnien, le m. que Vertunien, 30 sept.
Vidal, le m. que Vital de Ravenne, 28 avril.
Vidou, patron d'un village de son nom, près de Mont-de-Marsan.
Vie, 5 juin.
Vie ou Voug, Ermite.
Viergue (Ste). 7 janv.
Vigbert, Abbé en Allemagne, 13 juil.
Vigien (le Vén.), 4 janv.
Vigile d'Auxerre, M., 11 mars.
Vigile de Brescia (le Vén.), 26 sept.
Vigile de Trente, 31 janv., 26 juin.
Vignevalé, le m. que Guingalois.
Vigor, Ev. de Bayeux, 1er nov.
Vihen, 20 avril.
Vilfen, Moine, 11 déc.
Vilfétrude, la m. que la suivante.
Vilfétruit, Vierge, 23 nov.
Vilfrid le Jeune, Ev., 29 avril.
Vilgeforte, Vierge, 20 juil.
Villams, 8 juin.
Villan, Ev. (le Bienh.), 7 mai.
Villana Botti (la Bienh.), 28 fév.
Villane (la Vén.), que la Bienheureuse Gérardesque du tiers ordre des camaldules vit dans un songe, priant pour la ville de Pise.
Villebert (le Vén.), 11 sept.
Villique, Evêque, 17 avril.
Vilmer ou Ulmer, Abbé, 17 juin, 20 juillet.
Villicaire, Arch. de Vienne.
Vime, hon. au dioc. de Ratisbonne,
Vimin ou Vinien, Ev., 21 janv.
Vinard, le m. que Guénard.
Vincence, Martyre, 16 nov.
Vincent, Abbé de Hautmont, ou Haultemont, mort en 677.
Vincent, Apôtre et 1er Evêque du dioc. d'Acas.
Vincent d'Afrique, M., 27 janv.
Vincent d'Agen, M., 7 et 9 juin.
Vincent d'Avila, M., 27 oct.
Vincent de Bevagna, Ev., 6 juin.
Vincent de Carthage, M., 1er fév.
Vincent de Collioure, 22 janv., 19 avril.
Vincent de Cortone, Martyr, 16 mai.
Vincent de Dax, Martyr, 1er sept.
Vincent de Foligny,
Vincent de Léon, Abbé, 11 mars, 11 sept.
Vincent de Lérins (le Vén.), 24 mai, 1er juin.
Vincent de N.-D. de Nazareth
Vincent de Paule, 19 juillet, 27 sept.
Vincent de Porto, Martyr, 24 mai.
Vincent de Prétextat, 6 août.
Vincent de Saragosse, 22 janv.
Vincent de Soignies, le même que Mauget, 14 juillet.
Vincent, Evêque de Digne, assista au concile de Valence, en 374. On célèbre la translation de son chef, 5 juillet.
Vincent, Evêque de Troyes, en 527.
Vincent-Ferrier, 13 mars, 5 avril.
Vincent Kaldubek, Ev., 16 mars.
Vincent, Martyr à Rome, 24 juil.
Vincentien, Solitaire,
Vincienne, Vierge. 11 sept.
Vincule ou Vincent, Ev. de Soissons,
Vindémial, Evêque, 1er fév. et 2 mai.
Vindicien, Ev. de Cambrai, 11 mars.
Vindonius, 1er sept.
Vinebaut, Abbé, 6 avril.

Vinemer, le même que Vilmer, 17 juin.
Vinfroy, le même que Boniface de Mayence.
Vinien. *Voyez* Vimin.
Vinnou, patron d'une église de la Cornouaille en Angleterre.
Vinoch, Abbé.
Vintillas, 23 déc.
Vintrung, Martyr, 5 juin.
Violant (le Vén.), 28 déc.
Viole, Vierge, Martyre, 3 mai.
Viot, le même que B être.
Viotre, Martyr, 9 août.
Virgile d'Arles, 5 mars et 10 oct.
Virgile de Salzbourg, 27 nov.
Virien, honoré à Saintes.
Viron, le même que Guiron, 8 mai.
Visence, invoqué aux anciennes Litanies de N.-D. de Soissons.
Visitano, Espagnol.
Visse, Vierge, Martyre, 12 avril.
Vistan, 1er juin.
Vistremond, Martyr, 7 juin.
Vit, ou St. Wit ou St. Weit, le même que St. Guy, 15 juin.
Vital d'Adrumète, 29 août, 1er sept.
Vital d'Afrique, Martyr, 6 janv.
Vital d'Alexandrie, 21 avril.
Vital de Bastie, 31 mai.
Vital de Boulogne, M., 4, 27 nov.
Vital de Campanie, Martyr, 2 juillet.
Vital de Cappadoce, Martyr, 3 nov.
Vita de Rappolié, Abbé, 9 mars.
Vital de Ravenne, Martyr, 28 avril.
Vital de Retz, le m. q. Vial, 16 oct.
Vital de Rome, un des fils de Félicité, 10 juillet.
Vital de Salsbourg, 20 oct.
Vital de Savigny, 16 sept.
Vital de Sébaste, Martyr, 9 mars.
Vital de Smyrne, Martyr, 9 janv.
Vital de Vélinan, le même que Vital d'Adrumète.
Vital le Thébain, 22 sept.
Vital, Martyr sur le chemin d'Ardée, 14 fév.
Vital, un des Frères Mineurs, 16 janv.
Vitale, Martyr à Corfou avec d'autres.
Vitale, Martyre avec autres, 2 janv.
Vitalien d'Afrique, Martyr, 10 janv.
Vitalien de Capoue, 16 juillet.
Vitalien, Pape, 27 janv., 30 déc.
Vitaline ou Vitu'ine, Vierge, 21 fév.
Vitalique, Martyr, 4 sept.
Vitburge (Ste), 8 juillet.
Vitesind, Martyr, 15 mai.
Vithburge (la Vén.), Anglaise, Recluse à Rome, morte vers 755. Elle est mentionnée dans une lettre de la vénérable Buggue à St. Boniface de Mayence.
Vithburge d'Estangle, sœur de Ste Aubierge, 17 mars.
Vithgaire (le Bienh.), Ev. d'Augsbourg.
Viton, Evêque en Ecosse, 8 mai.
Viton, ou St. Vanne, Ev. de Verdun, 9 nov.
Vity, patron d'une église au diocèse de Clermont.
Vivald, Solitaire, 1er mai.
Vivant, Prêtre, Solitaire, 13 juin.
Vivence, IXe Archevêque de Reims.
Vivence, honorée à Cologne, 17 mars.
Vivent de Biède, 11 déc.
Vivent de Reims, 7 sept.
Viventien, Martyr, 4 août.
Viventiole, Ev. de Lyon, 12 juillet.
Viveul, 13 janv.
Vivien d'Autécombe (le Vén.), 20 mai.
Vivien ou Bibien de Saintes, 28 août.
Vivine, Bénédictine, 17 déc.
Vivrède, la même que Guihorat, 2 mai.
Vodoal, le même que Voël.
Voël, Moine de Soissons, 5 fév.

Vahy, *Voyez* Vauhir.		Willhelme, Archev. de Bourges,	10 janv.
Voir, dont un village porte le nom, en Bourbonnais.		Willhelme, Arch. d'Evora,	8 juin.
Voix (Ste), qui a donné son nom à un prieuré de l'ordre de Fontevraud, au diocèse de Reims.		Willibrord, Evêque d'Utrecht,	7 nov.
		Winebaud, Abbé de Saint-Loup de Troyes. *Voy.* St. Vinebaut,	6 avril
Volbodon (le Vén.), Ev. de Liége,	20, 25 avril.	Winnin, le même que St. Finien, Evêque en Irlande, honoré le 10 septembre.	
Volcuin, Curé,	13 nov.		
Volfère, Archevêque de Vienne.			
Volfgang, Evêque,	31 oct.	Winnoc, Abbé de Wormouth,	6 nov.
Volfhelme (le Vén.), 1er fév., 22 avril et 22 mai.		Winnon ou Unnon, Archev. d'Hambourg, mort en 1536.	
Volfred, martyrisé en Suède, en 1028, pour avoir brisé l'idole du faux dieu Torstan. On croit que c'est le même que St. Vrieu.		Wladimir ou Vladimir, honoré avec St. Romain et St. David, le 24 juillet.	
Volodimer,	15 juillet.	Wulstan, Evêque,	19 janv.
Volquin, *Voyez* Volcuin.		Wunebaut, Abbé de Heindisheim,	18 déc.
Volstain, Ev. de Vorcester,	19 janv.		
Volusien, Archev. de Tours,	18 janv.	**X**	
Vonedulf (le Vén.), doyen de l'église collégiale d'Anderlech, près de Bruxelles, mort vers 1000.		Xandre, ou Candre, ou Xendre, patron d'une église dépendante de St.-Michel en l'Erm.	
Vorle,	17 juin.	Xanthe, un des 40 Martyrs,	9 mars.
Vosi, Abbé de Saint-Manlieu, ordre de Saint-Benoît.		Xanthias (le Vén.), qui avait une cellule au désert de Scété.	
Vot, le même qu'Ot.	29 mai.		
Vouga ou Vougay, le même que Vie,	5 juin.	Xantin, titulaire d'une église au diocèse de Limoges.	
Voy, le même qu'Evozy,	12 nov.	Xantippe (la Vén.),	23 sept.
Vozy, le même que le précédent.		Xenat, dont les reliques étaient à Saint-Vincent de Viviers.	
Vrain, Evêque,	19 oct., 11 nov.		
Vreland, le même que Fernand.		Xendre. *Voyez* Xandre.	
Vrieu, patron d'une église près de Quillebœuf, en Normandie.		Xène, Vierge, Abbesse en Carie,	24 jan.
		Xénophon, Moine en Palestine,	26 jan.
Vrine, le même que Vérédême.		Xico, Martyr au Japon,	5 fév.
Vroy, honoré près de Montdidier.		Xire (la Vén.), Recluse à Evora,	13 mars.
Vuillam, Martyr,	25 mars.	Xiste ou Xist. *Voyez* Xy te ou Sixte.	
Vuillams, Archev. d'York,	8 juin.	Xoïe (le Vén.), Abbé dans la Thébaïde, mentionné aux monuments de l'Eglise grecque.	
Vuilleume, le même que Guillaume de Pontoise.			
Vulbas, patron d'un village de son nom, près d'Ambérieux.		Xuquéxir, Martyr du Japon,	9 fév.
Vulfade, M. en Angleterre avec Rufin.		Xyste d'Afrique,	5 juin.
Vulfard, honoré à Tulle.		Xyste de Reims,	1er sept.
Vulfilde, Vierge,	9 déc.	Xyste de Syrie,	15 fév.
Vulfin, Evêque de Die,	en 800.	Xyste Ier, Pape,	6 avril et 6 août.
Vulflix, Curé,	7 juin.	Xyste II, Pape,	6 août.
Vulfly, le même que le précédent.		Xyste III, Pape,	28 mars et 24 juil.
Vulfran, Evêque de Sens,	20 mars.		
Vulfroed, honoré près de Léon, le même peut-être que Vrieu.		**Y**	
Vulgis de Bins, Ab. de Lobes,	4 fév.	Y, Vicomte,	30 août.
Vulgis de Troênes,	1er oct.	Yagen, ou Yaguein, ou Yaguen, patron d'un village de son nom, au diocèse de Dax.	
Vulmer, Abbé de Samer.			
Vulphly ou Vulphy, Curé de Rue.		Ybars, le même que St. Cybar, honoré à Pamiers.	
Vulsin, Ab. de Westminster,	8 janv.	Ybergue, Vierge,	24 mai.
Vulvin, le même que Golvein,	1er juill.	Yde de Toggembourg,	3 nov.
Vycvane, Archev. d'York,	26 août.	Ydeuc, patron d'un village de son nom, en Bretagne.	
Vylgaine. *Voyez* Vilgaine.		Ye, honorée en Angleterre,	25 janv.
		Ye, pour Agathe,	5 fév.
W		Yème, patronne d'une église au diocèse de Chartres.	
Waast. *Voyez* Vaast.		Yépez (le Bienh.), le m. que le Bienh. Jean de la Croix,	24 déc.
Waismare, Abbé de Saint-Bertin, mort	en 744.		
Walbert, époux de Ste Berulle.		Ygeau ou Yger, patron d'une église au diocèse de Saint-Malo.	
Walène, le même que St. Walthen.			
Walstan, hon. en Angleterre,	30 mai.	Ygest, titulaire d'une église au diocèse de Rodez.	
Walthen, Abbé en Ecosse,	3 et 9 août.	Yglary, le m. q. St. Hilaire,	13 janv.
Waltheof, le même que St. Walthen.		Ygoine, Evêque de Mauricnne, mort dans le VIIIe siècle, mentionné par Frédégaire.	
Wambert, Martyr.			
Wandon, Abbé de Fontenelles.		Ylpize,	16 juil.
Wasnulfe ou Wasnon, honoré en Haynaut,	1er oct.	Ymar, fondateur de Saint-Pierre d'Armagh.	
Wendel. *Voyez* Vendel.		Ymas,	3 janv.
Werenfrid,	14 août.	Ymelin,	10 mars.
Werner ou Wernher, Martyr,	18 avril.	Ymer, le m. q. St. Himier,	12 nov.
Widger, Evêque d'Augsbourg, mort	en 902.	Ynigo,	1er juin.
Wiels an de Worchester, dont on fait la fête le	19 janvier.	Yaise, le même qu'Yved.	
Wighert, Abbé de Fritzlart,	13 août.	Yolaine (Ste),	17 janv.
Wilfrid, Evêque d'York,	24 avril et 12 octob.	Yolend (la Vén.),	17 déc.
Wilgain, hon. à Arras,	2 nov.	Yon, Martyr,	5 août et 22 sept.
Willebad de Danemark, M.,	9 juill.	Yors, patron d'une église au diocèse d'Ausch.	
Willebald, Apôtre de la Saxe, dont on fait la fête le 8 novembre.		Yphenge, la même qu'Ophenge.	
		Ypipoy, Martyr,	22 avril.
		Yral, patron d'une église au diocèse de Mende.	
		Yrcaumes, le m. qu'Erasme,	3 juin.

SUPPLÉMENT AU DICTIONNAIRE DES CÉRÉMONIES ET DES RITES SACRÉS.

Yriel, patron d'une église en Poitou.
Yrieux ou St. Ared, II° Abbé de Terrasson : u diocèse de Sarlat.
Yriez, Abbé, 25 août.
Yrmond, le même que Chaumond.
Y.an ou Ysant, patron de deux villages de son nom, en Guienne.
Ysarn, Abbé, 24 sept.
Ysary, le m. que St. Yriez, 25 août.
Ysère, le même que le précédent.
Yscry, Ev. de Javoux, 4 déc.
Ysice le Grand, Evêque, 16 mars.
Ysice II, Evêque, 12 nov.
Ysis, Abbé de Celles, 28 avril, 27 nov.
Ysoie, Abbesse, 16 mars.
Yte, Vierge, 14 janv.
Ythaine, patron d'un village de son nom, en Bourgogne ; c'est peut-être le même que St. Ythier.
Ythamares, le même qu'Emar.
Ythier de Bourges (le Vén.), mort vers 507.
Ythier de Nevers, 25 juin.
Yumer, patron d'une église dont parle St. Fortunat.
Yurmin, frère d'Adolphe, Roi d'Estangle, et de Ste Aubierge, Abbesse de Faremoutier, en Brie.
Yvan de Bohême, Solitaire près de Prague.
Yvan de Provence (le Vén.), Prêtre, 8 octob.
Yved, Ev. de Rouen, 6, 8 et 12 oct.
Yves de Chartres (le Vén.), 20 mai et 23 déc.
Yves de Perse, Evêque, 25 avril.
Yves (le Vén.), Ev. de Rennes, 20 sept.
Yves, Official de Tréguier, 19 mai.
Yvette, Veuve, 13 janv.
Yvieu, Breton, 6 octob.
Yvoine, patron d'une église en Auvergne.
Yvoize, le même qu'Yved et qu'Yoise.
Yvolfan, dont les reliques sont honorées à Saint-Zein de Vérone.
Yvon, 10 juin.
Yvore, Ev. en Irlande, 25 avril.
Yvry, patron d'un village de son nom en Bretagne.
Yxte, Vierge, honorée au diocèse de Constance, 25 juil.
Yzernay, patron d'un prieuré en Poitou.

Z

Zacarie de Nicomédie, 10 juin.
Zacarie de Vienne, 26 mai.
Zacarie, 17 nov.
Zacarie le Grand Prêtre, 7 fév.
Zacarie le Prophète, 6 sept.
Zacarie, Evêque de Jérusalem, 21 fév.
Zacarie, Pape, 3, 14 et 15 mars.
Zacarie, Père de St. Jean, 5 nov.
Zacharje. Voyez Zacarie.
Zachée d'Asmanuje, 18 nov.
Zachée, M. à Césarée, en Palestine, 17 nov.
Zachée de Jérusalem, 23 août.
Zachée (le Vén.), Tabennisiote, Moine sous St. Pacôme.
Zaine, Mre en Ethiopie, 21 oct.
Zambdas, Ev. de Jérusalem, 19 fév.
Zame. Ev. de Bologne, 24 janv.
Zanitas, Martyr en Perse, 27 mars.
Zaquiya. Voyez Cosme Zaquiya.
Zarbel, M. à Edesse, 29 janv. et 5 sept.
Zatte, Mre en Afrique, 28 déc.

Zé, hon. en Hainaut, 10 juil.
Zebin, Père spirituel de St. Maron.
Zebinas de Palestine, Martyr, 13 nov.
Zebinas (le Vén.), mentionné comme *saint* par Théodoret.
Zein, hon. à Vérone, le même que Zénon de Vérone.
Zelande, Titulaire d'une chapelle à l'Esparre, au diocèse de Bordeaux.
Zelotes, Martyr en Afrique, 6 déc.
Zénaïde de Thessalie, Martyre, 11 oct.
Zénaïde la Thaumaturge, 5 et 6 juin.
Zénas, M. en Arabie, 23 juin.
Zénobe de Cilicie, 30 oct.
Zénobe de Fiesoles, mort au x° siècle.
Zénobe de Florence, 25 mai et 20 oct.
Zénobe de Rome, 24 déc.
Zénobe de Sidon, 20 fév. et 20 oct.
Zénobie, Martyre en Cilicie, 30 oct.
Zénon d'Alexandrie, 1er juin et 20 déc.
Zénon d'Antioche, 16 fév.
Zénon d'Ardée, 14 fév.
Zénon d'Arménie, 5 sept.
Zénon d'Asie, 20 avril.
Zénon de Bithynie, 2 sept.
Zénon de Diospolis, 27 sep.
Zénon de Gaza, 8 sept.
Zénon de Grèce, 3 sept.
Zénon d'Egypte, 15 juillet.
Zénon de Lydie, 27 avril.
Zénon de Maïume (le Vén.), 26 déc.
Zénon de Nicomédie, 22 déc.
Zénon de Palestine, 19 juin.
Zénon de Rabath, 23 juin.
Zénon de Rome, 9 juillet.
Zénon de Tômes, 9 juillet.
Zénon de Trieste, 13 juillet.
Zénon de Vérone, 12 avril et 8 déc.
Zénon, Solitaire en Syrie, 10 fév.
Zénon, Martyr, 5 avril.
Zénon le Thaumaturge, 28 janv.
Zéphyre, Martyr à Antioche, 21 nov.
Zéphirin, Pape, 26 août et 20 déc.
Zet, Martyr, 22 nov.
Zétique, Martyr de Crète, 23 déc.
Zétule, M. en Pamphylie, 28 mai.
Ziddin, Martyr à Cordoue, 27 juin.
Zime, Prêtre, dont le corps est honoré à Gristet, près Ratisbonne.
Zite, Vierge à Lucques, 27 avril.
Zitonat,
Zoce, Prêtre, Martyr, 16 fév.
Zoé d'Attalie, Martyre, 2 mai.
Zoé de Rome, Martyre, 5 juillet.
Zoel, Martyr en Istrie, 24 mai.
Zoïle d'Aquilée, 27 déc.
Zoïle de Cordoue, 27 juin.
Zophore, Martyr à Césarée en Cappadoce, 19 nov.
Zosime d'Antioche, 14 déc.
Zosime de Carthage, 11 mars.
Zosime de Cilicie, 3 janv.
Zosime de Damasie, le même que Denis d'Augsbourg.
Zoueque (le Vén.), dont le nom de baptême était Guillaume, massier de l'église d'Alexandrie de la Palle, c'est-à-dire administrateur de cette cathédrale, mort en 1377.

SAINTS MYSTÈRES.

Innocent III (1) a laissé parmi ses écrits un traité *De sacro altaris Mysterio*, qui le met au rang des plus profonds liturgistes du moyen âge. C'est le témoignage que lui rend D. Guéranger, dans ses *Institutions liturgiques*, t. I*er*, chap. 11. Il ajoute : « Cet ouvrage, vraiment digne de son illustre auteur, n'a pas eu d'édition depuis celle d'Anvers, en 1540 ; aussi est-il devenu presque impossible à trouver aujourd'hui. Il serait à désirer qu'on entreprît une édition complète des OEuvres de ce grand pape. » Il est vrai que l'ouvrage dont il s'agit a été réimprimé en 1845 ; mais il n'en est pas moins digne de figurer ici. Excellent pour l'intelligence des rites et des cérémonies en usage dans l'Eglise, quant à la célébration du plus auguste de nos mystères, il fournira une matière abondante aux méditations des ministres sacrés et aux instructions qu'on peut adresser aux fidèles sur chaque partie de la messe, conformément aux recommandations du concile de Trente. L'expérience a démontré que ces sortes d'instructions sont très-utiles et très-intéressantes ; il importe donc de trouver ici réuni, d'après un auteur si distingué, ce qui est épars dans plusieurs articles de ce Dictionnaire, et de plus grands détails donnés par cet illustre pontife. Mais ces détails précieux aux yeux de la foi et de la piété, surtout dans les siècles de foi, pourraient perdre quelque chose de leur mérite, s'ils étaient présentés en langue vulgaire dans un siècle de rationalisme comme le nôtre. Nous donnons donc cet ouvrage tel qu'il est sorti de la plume de son savant auteur.

(1) Innocent III, élu pape en 1198, mort en 1216, avec la réputation du plus savant homme et du plus habile jurisconsulte de son siècle, est un des plus grands pontifes qui aient illustré le siége de saint Pierre. Il a laissé un grand nombre d'ouvrages qui ont été recueillis à Cologne en 1552 et 1576, in-fol., à Venise en 1578. Les principaux sont des discours, des homélies, un commentaire sur les sept psaumes de la pénitence, des traités de morale et de controverse ; un traité en trois livres *De contemptu mundi, sive de miseria hominis*, dont il existe plusieurs éditions, une entre autres de Paris, 1645, in-18. D. Baluze a publié en 1680 les *Lettres* de ce pape, en 2 vol. in-fol. Elles sont intéressantes pour la morale et pour la discipline. Innocent III est encore auteur de la prose *Veni, sancte Spiritus*, que des écrivains ont attribué sans fondement à Robert, roi de France. Il passe aussi pour avoir composé l'*Ave, mundi spes, Maria*, et le *Stabat mater dolorosa*, que d'autres attribuent à Jacopone de Todi, et quelques-uns à saint Grégoire. *Voy.* la note 1 de la col. 845, *supra*.

INNOCENTII III DE SACRO ALTARIS MYSTERIO
LIBRI SEX.

INDEX CAPITUM.

LIBER PRIMUS.

Caput primum. De sex ordinibus clericorum.
Cap. II. — De primiceriis et cantoribus.
Cap. III. — De acolytis, quod sit eorum ministerium.
Cap. IV. — De subdiaconibus.
Cap. V. — De diaconibus.
Cap. VI. — De minoribus et majoribus sacerdotibus.
Cap. VII. — De significatione nominum episcopi et presbyt.
Cap. VIII. — De primatu romani pontificis.
Cap. IX. — De convenientia et differentia potestatum inter episcopos et presbyteros.
Cap. X. — De communibus et specialibus indumentis pontificum et sacerdotum.
Cap. XI. — De legalibus indumentis secundum historiam.
Cap. XII. — De typo legalium indumentorum secundum allegoriam.
Cap. XIII. — De vestibus legalibus secundum tropologiam.
Cap. XIV. — De linea.
Cap. XV. — De zona.
Cap. XVI. — De tunica.
Cap. XVII. — De malagranatis et tintinnabulis aureis.
Cap. XVIII. De superhumerali.
Cap. XIX. — De duabus oris.
Cap. XX. — De lapidibus onychinis.
Cap. XXI. — De duodecim nominibus filiorum Israel.
Cap. XXII. — De duabus catenulis.
Cap. XXIII. — De duobus uncinis.
Cap. XXIV. — De rationali.
Cap. XXV. — De quadratura rationalis, et duplici ate.
Cap. XXVI. — De quatuor ordinibus lapidum.
Cap. XXVII. — De duodecim lapidibus.
Cap. XXVIII. — De cidari.
Cap. XXIX. — De lamina aurea.
Cap. XXX. — De nomine Domini tetragrammaton.
Cap. XXXI. — De varietate operis.
Cap. XXXII. — De quatuor coloribus.
Cap. XXXIII. — De vestibus evangelici sacerdotis.
Cap. XXXIV. — De pontificalibus indumentis, secundum quod Christo conveniunt.
Cap. XXXV. — De amictu.
Cap. XXXVI. — De alba.
Cap. XXXVII. — De cingulo et succinctorio.
Cap. XXXVIII. — De stola.
Cap. XXXIX. — De tunica.
Cap. XL. — De dalmatica.
Cap. XLI. — De chirotecis.
Cap. XLII. — De planeta, ubi etiam agitur de anteriori et posteriori parte planetae.
Cap. XLIII. — De manipulo.
Cap. XLIV. — De mitra.
Cap. XLV. — De baculo.
Cap. XLVI. — De annulo.
Cap. XLVII — De quinque psalmis.
Cap. XLVIII. — De pontificibus indumentis, secundum quod membris conveniunt, ubi agitur de caligis et sandalis
Cap. XLIX. — De ablutione manuum.
Cap. L. — De amictu, ubi agitur de duobus vasculis, quibus amictus ante pectus ligatur.
Cap. LI. — De alba.
Cap. LII. — Quare romanus pontifex post albam orale, et post orale crucem assumat.
Cap. LIII. — De stola.
Cap. LIV. — De tunica.
Cap. LV. — De dalmatica.
Cap. LVI. — De chirotecis.
Cap. LVII. — De planeta.
Cap. LVIII. — De manipulo.
Cap. LIX. — De mitra.
Cap. LX. — De annulo.
Cap. LXI. — De baculo, et quare summus pontifex pastorali virga non utitur.
Cap. LXII. — De pallio, ubi materia et forma secundum mysterium exponuntur.
Cap. LXIII. — De armatura virtutum.
Cap. LXIV. — De quatuor coloribus principalibus, quibus secundum proprietates dierum vestes sunt distinguendae.

LIBER SECUNDUS.

Cap. I. — De accessu pontificis ad altare.
Cap. II. — De presbytero et diacono qui deducunt pontificem hinc inde.
Cap. III. — De subdiacono qui praecedit, clausum portans codicem Evangelii.
Cap. VI. — De duobus diaconis, qui ducunt pontificem.
Cap. VII. — De mappula quae portatur super pontificem, quatuor baculis colligata.

Cap. IV. — De pontifice qui pervenit ad altare.
Cap. V. — De processione rom. pontific. a secretario ad altare.
Cap. VIII. — De cereis et incenso.
Cap. IX. — De igne quem manipulo stuppæ pontifex apponit in choro.
Cap. X. — De primicerio, qui pontificis dextrum humerum osculatur.
Cap. XI. — De tribus sacerdotibus qui coram altari reverenter inclinant, os et pectus pontificis osculantes.
Cap. XII. — De processionis dispositione.
Cap. XIII. — De confessione et pectoris tunsione, in qua tria notantur, ictus, tactus et sonus.
Cap. XIV. — De incenso, quod sacerdos repræsentat in capsula, et episcopus apponit thuribulo.
Cap. XV. — De triplici osculo, scil. oris, altaris et pectoris.
Cap. XVI. — De thurificatione, qua pontifex incensat altare et sacerdo-episcopum.
Cap. XVII. — De forma thuribuli, et de duplici causa thurificandi, spirituali et litterali.
Cap. XVIII. — De antiphona quæ dicitur ad Introitum, et cur ipsa repetitur, interposita gloria Trinitatis, et quis eam cantari constituit.
Cap. XIX. — De Kyrie eleison, et quare novies decantatur et quare sex vicibus dicitur Kyrie eleison, et tribus Christe eleison.
Cap. XX. — De Gloria in excelsis, et de triplici pace, et quis hymnum angelicum cantari ad missam constituit.
Cap. XXI. — De candelabris et cruce, quæ super medio collocantur altaris.
Cap. XXII. — De situ orandi.
Cap. XXIII. — De salutatione majoris et minoris ad populum, et de revelatione capitis cum oratur.
Cap. XXIV. — Utrum sacerdos non minus quam duobus præsentibus debeat celebrare.
Cap. XXV. — De oratione et conclusione.
Cap. XXVI. — Quare orationes dicuntur Collectæ, et quot in missa dicendæ.
Cap. XXVII. — De extensione manuum sacerdotis in missa.
Cap. XXVIII. — De Epistola quæ præmittitur Evangelio.
Cap. XXIX. — De reverentia quam subdiaconus exhibet episcopo post Epistolam.
Cap. XXX. — De Graduali.
Cap. XXXI. — De Alleluia.
Cap. XXXII. — De versu, qualis esse debeat, et qualiter interponatur.
Cap. XXXIII. — De sacerdotis sessu, dum Epistola legitur, et Gradu ale cantatur.
Cap. XXXIV. — De mutatione sacerdotis, ab una parte altaris ad aliam, cum lecturus est Evangelium.
Cap. XXXV. — Quare diaconus qui lecturus est Evangelium dextram pontificis osculatur.
Cap. XXXVI. — Quando manus et pedes summi pontificis debent osculari.
Cap. XXXVII. — De bened. quam diaconus petit et accipit.
Cap. XXXVIII. — De susceptione cod. Evangeli de altari.
Cap. XXXIX. — De his qui præcedunt diaconum cum cereis et incenso.
Cap. XL. — Qualiter subdiaconus in eundo sequitur, et in redeundo præcedit referens Evangelium.
Cap. XLI. — Quare diaconus per unam partem ascendit in pulpitum, et per aliam descendit.
Cap. XLII. — Quare versus aquilonem legitur Evangelium.
Cap. XLIII. — De crucis mysterio, et de ejus effectibus.
Cap. XLIV. — Quomodo signum crucis sit exprimendum.
Cap. XLV. — De salutatione quæ præmittitur Evangelio.
Cap. XLVI. — De præeminentia Evangelii.
Cap. XLVII. — Quare post Evangelium liber et thuribulum a Episcoporum reportantur.
Cap. XLVIII. — De Symbolo quod post Evangelium cantatur.
Cap. XLIX. — De duodecim partibus utriusque Symboli, tam Apostolici quam Constantinopolitani.
Cap. L. — Quibus diebus Symbolum sit dicendum in missa.
Cap. LI. — A quibus Symbolum sit cantandum.
Cap. LII. — De Offertorio.
Cap. LIII. — De silentio post Offertorium.
Cap. LIV. — De ablutione manuum ante sacrificium.
Cap. LV. — De corporalibus, et quare una pars extenditur et altera complicatur.
Cap. LVI. — De os latis et incenso, et quare sacerdos te tio circumducit et reducit incensum, et quare totum und que incensator altare.
Cap. LVII. — De modo et ordine sacrificium offerendi.
Cap. LVIII. — De patena super quam panis offertur.
Cap. LIX. — De sacerdotis inclinatione.
Cap. LX. — De Præfatione.
Cap. LXI. — De expositione Præfationis.

LIBER TERTIUS.

Cap. I. — De silentio post Præfationem.

Cap. II. — De his quorum memoria colitur in secreta.
Cap. III. — De tribus signis quæ fiunt super oblatam et calicem.
Cap. IV. — De tribus sacrificiis Ecclesiæ.
Cap. V. — Pro quibus sacrificium offeratur.
Cap. VI. — In quo loco debeant vivorum nomina recitari.
Cap. VII. — De tribus bonis pro quibus sacrificium laudis offertur temporalibus, spiritualibus et æternis.
Cap. VIII. — Quod sacrificium altaris æqualiter offertur toti Trinitati.
Cap. IX. — De trina commemoratione sanctorum, quæ fit in Canone.
Cap. X. — Quare non fit commemoratio confessorum in Can.
Cap. XI. — Quod sacrificium soli Deo offerendum sit, unde distinguuntur duæ species servitutis.
Cap. XII. — De quinque signis quæ fiunt secundo super oblatam et calicem, et de Christi venditione; de persona venditoris et ementis, et de venditis.

LIBER QUARTUS.

Cap. I. — De sacramento eucharistiæ.
Cap. II. — De diversis figuris eucharistiæ, quæ præcesserunt in veteri Testamento.
Cap. III. — Quare sacramentum corporis et sanguinis constitutum est sub specie panis et vini.
Cap. IV. — De azymo et fermentato pane.
Cap. V. — De tribus verbis quæ formæ consecrationis videntur adjecta.
Cap. VI. — Quomodo Christus confecit, et sub qua forma.
Cap. VII. — De veri a e corporis et sanguinis Christi sub specie panis et vini.
Cap. VIII. — Quod sub tota forma totum corpus existit.
Cap. IX. — De fractione, quare fractio fiat et a tritio.
Cap. X. — De confessione Berengarii.
Cap. XI. — Quid etiam a mure comeditur, cum sacramentum corroditur.
Cap. XII. — Quale corpus Christus dedit in cœna.
Cap. XIII. — Utrum Judas accepit eucharistiam.
Cap. XIV. — De duobus modis eucharistiam comedendi.
Cap. XV. — Quid fiat de corpore Christi, postquam fuerit sumptum et comestum.
Cap. XVI. — Quid si secessus aut vomitus post solam eucharistiæ perceptionem veniat.
Cap. XVII. — Quando fiat transsubstantiatio.
Cap. XVIII. — De forma verborum.
Cap. XIX. — Utrum panis transsubstantietur in Christum.
Cap. XX. — De modo transsubstantiationis.
Cap. XXI. — Cur eucharistia sub duplici specie consecratur.
Cap. XXII. — Utrum panis sine vino, vel vinum sine pane valeat consecrari.
Cap. XXIII. — Quæritur utrum necessitate cogente, vel casu intercedente, sola panis materia possit in eucharistiam consecrari.
Cap. XXIV. — Cautela quando sacerdos post consecrationem invent prætermissum vinum.
Cap. XXV. — De diversis sacerdotibus super eamdem hostiam celebrantibus.
Cap. XXVI. — De hora institutionis.
Cap. XXVII. — Quod corpus Christi totum est in pluribus locis simul.
Cap. XXVIII. — Quare sanguis Christi dicatur novum Testamentum.
Cap. XXIX. — Utrum aqua cum vino convertatur in sanguinem.
Cap. XXX. — Utrum Christus resurgens sanguinem resumpsit quem effudit in cruce.
Cap. XXXI. — De vino post consecrationem admixto.
Cap. XXXII. — Utrum vinum sine aqua consecretur in sanguinem.
Cap. XXXIII. — Utrum fermentatum transsubstantietur.
Cap. XXXIV. — Quare sub alia specie sumitur Eucharistia.
Cap. XXXV. — Quod sacramentum altaris simul est veritas et figura.
Cap. XXXVI. — De sacramento et re sacramenti.
Cap. XXXVII. — Quod species panis et vini duabus ex causis intelligitur sacramentum.
Cap. XXXVIII. — Utrum forma panis et vini, vel species accidentis et veritas corporis divisa sint sacramenta.
Cap. XXXIX. — De distinctione signorum, ubi ostenditur, quod sacramentum active et passive dicitur.
Cap. XL. — Quod sacramentum consistit in tribus, in rebus, factis et verbis.
Cap. XLI. — Quod sanguis Christi dupliciter intelligitur in remissionem peccatorum effusus.
Cap. XLII. — Quid sumptio eucharistiæ non est nimium differenda.
Cap. XLIII. — Quod sacramentum altaris est commemoratio mortis Christi.
Cap. XLIV. — De diversis causis institutionis.

LIBER QUINTUS.

Cap. I.—De signis quæ tertio loco fiunt super oblatam et calicem.
Cap. II.—Quare post consecrationem signa super eucharistiam fiunt.
Cap. III.—De figuris Novi Testamenti quæ præcesserunt in Veteri Testamento.
Cap. IV.—De signis quæ quarto loco fiunt super oblatam et calicem.
Cap. V.—De ministerio angelorum qui semper in sacrificio præsentes existunt.
Cap. VI.—De secunda commemoratione sanctorum.
Cap. VII.—De signis quæ quinto loco fiunt super corpus et sanguinem, et in latere calicis.
Cap. VIII.—De extensione manuum Salvatoris in cruce.
Cap. IX.—De tribus cruciatibus quos Christus sustinuit.
Cap. X.—De aqua et sang. quæ de latere Christi fluxerunt.
Cap. XI.—De scissione veli.
Cap. XII.—De sepultura Christi et sacrificii exaltatione.
Cap. XIII.—Ostenditur quare diaconus mensam alta.is et armum pontificis osculatur.
Cap. XIV.—Epilogus de numero et ratione signorum quæ fiunt super oblatam et calicem.
Cap. XV.—De vocis expressione et pectoris tunsione.
Cap. XVI.—De oratione Dominica, ubi agitur de dignitate orationis et ad quid valet.
Cap. XVII.—De numero et ordine petitionum.
Cap. XVIII.—De adaptatione septem petitionum et septem donorum.
Cap. XIX.—De captatione benevolentiæ.
Cap. XX.—De triplici malo a quo petimus liberari.
Cap. XXI.—De diversis tentationibus, in quas petimus non induci.
Cap. XXII.—De tribus debitis, quæ petimus nobis dimitti.
Cap. XXIII.—De quinque panibus quos petimus in bis dari.
Cap. XXIV.—De voluntate Dei, quam in terra sicut in cælo fieri postulamus.
Cap. XXV.—De regno Dei, quod petimus advenire.
Cap. XXVI.—De sanctificatione nominis.
Cap. XXVII.—De duplici ordine.
Cap. XXVIII.—De silentio post orationem Dominicam.

LIBER SEXTUS.

Cap. I.—De resumpti ne patenæ quam sacerdos accipiens osculatur.
Cap II.—De fractione hostiæ, cujus particulam sacerdos mittit in calicem.
Cap. III.—Quid significent partes illæ quæ fiunt de sacrificio.
Cap. IV.—De agnus Dei.
Cap. V.—De osculo pacis.
Cap. VI.—De diversis osculis quæ dantur in missa.
Cap. VII.—Quare epis opus subdiaconum et diaconum communicat.
Cap. VIII.—De ablutione manuum post eucharistiæ sumptionem.
Cap. IX.—Quod roma us Pontifex alium in communicando morem ol servat.
Cap. X.—De Postcommunione.
Cap. XI.—De oratione novissima.
Cap. XII.—Unde dicitur missa.
Cap. XIII.—Quare sacerdos pontificis humerum osculatur.
Cap. XIV.—De benedictione novissima.
Libelli conclusio.

LIBER PRIMUS.

Tria sunt in quibus præcipue divina lex consistit: mandata, promissa et sacramenta. In mandatis est meritum, in promissis est præmium, in sacramentis est adjutorium. Sacramentis enim ad utrumque juvamur, et ad exsequendum mandatum, et ad obtinendum promissum. Verum inter omnia sacramenta, illud constat esse præcipuum, quod in officio missæ supra mensam altaris sacratissime celebratur : i lud Ecclesiæ repræsentans convivium, in quo filio reverteni pater occidit vitulum saginatum, panem vitæ proponens, et vinum quod miscuit Sapientia (*Luc.* xv ; *Joan.* vi ; *Proverb.* ix). Hoc autem officium ipse Christus instituit, cum hæredibus suis novum condidit testamentum, disponens eis regnum, sicut Pater suus sibi disposuit, ut super mensam ejus edant et bibant in regno suo, quod Ecclesia consecravit. *Cœnantibus enim illis accepit Jesus panem, et gratias agens, benedixit ac fregit deditque discipulis suis dicens* : Accipite et comedite ; Hoc est corpus meum quod pro vobis tradetur ; hoc facite in meam commemorationem (*Luc.* xxii ; *Matth.* xxvi ; *Marc.* xiv). Hac igitur institutione formati cœperunt apostoli sacrosanctum mysterium frequentare, eam, quam Christus expresserat, et formam servantes in verbis, et materiam tenentes in rebus. Sicut Apostolus Corinthiis protestatur : *Ego*, inquit, *accepi a Domino, quod et tradidi vobis ; quoniam Dominus Jesus in qua nocte tradebatur, accepit panem et benedixit* (1 *Corinth.* xi). Primus ergo beatus Petrus apostolus missam Antiochiæ dicitur celebrasse, in qua tres tantum orationes in primordio nascentis Ecclesiæ dicebantur. Cætera vero diversis temporibus et a diversis personis leguntur adjecta, prout christianæ religionis cultu crescente, visa sunt decentius convenire.

Hoc enim officium tam provida reperitur ordinatione esse dispositum, ut quæ per Christum gesta sunt et in Christum, ex magna parte contineat, ex quo Christus de cœlo descendit, usque dum ascendit in cœlum ; et ea tam verbis quam signis admirabili quadam specie repræsentat. Ipsum autem officium consistit in quatuor : in personis, operibus, verbis, et rebus. Tres autem sunt ordines personarum : celebrantes, ministrantes, et circumstantes. Tres operum species : gestus, actus et motus. Tres diversitates verborum : orationes ; modulationes et lectiones. Tres rerum materies : ornamenta, instrumenta et elementa. Hæc omnia divinis sunt plena mysteriis, ac singula cœlesti dulcedine redundantia ; si tamen diligentem habeant inspectorem, qui norit sugere mel de petra, oleumque de saxo durissimo. *Quis autem novi ordinem cœli, et ponit rationes ejus in terra ? Puteus enim altus est, et in quo hauriam aquam vas non habeo, nisi porrigat ille qui dat omnibus affluenter et non improperat, ut inter medium montium transeuntem hauriam aquam in gaudio de fontibus Salvatoris. Pulsans ergo pulsabo, si forte clavis David aperire dignetur, ut introducat me rex in cellam vinariam*, in qua mihi supernum demonstret exemplar, quod Moysi fuit in monte monstratum, quatenus sacrosanctum altaris officium eo valeam revelante disserere, qui *linguas infantium facit esse disertas, cujus spiritus ubi vult spirat, dividens singulis prout vult*, ad laudem et gloriam Trinitatis, ad profectum et utilitatem legentium, ad meorum veniam et indulgentiam peccatorum. Si quid ergo dignum in hoc reperietur opusculo, divinægratiæ penitus ascribatur ; nam *omne datum optimum et omne donum perfectum, desursum est, descendens a Patre luminum (Jacob.* 1). Si quid indignum, insufficientiæ deputetur humanæ ; nam corpus quod corrumpitur aggravat animam, et deprimit terrena inhabitatio sensum multa cogitantem. Consuetudinem autem apostolicæ sedis, non illam quam olim legitur habuisse, sed eam quam nunc habere dignoscitur prosequendam disposui, quæ disponente Domino cæterarum Ecclesiarum mater est et magistra.

CAPUT PRIMUM. — *De sex ordinibus clericorum.*

Cum apostolicæ sedis Antistes celebriter agit missarum solemnia, sex habet secum ordines clericorum, id est episcopos, presbyteros, diacones, subdiacones, acolytos et cantores, ipso numeri sacramento perfectionem hujus officii manifestans. Senarius enim numerus est perfectus, eo quod redditur ex suis partibus aggregatis. Unde sexto die perfecit Deus cœlum et terram et omnem ornatum eorum, et cum in plenitudine temporis sexta venisset ætate, sexta quoque die, sub hora sexta, genus redemit humanum. Sed et sex ordines ministrorum legimus in Veteri Testamento : Pontifices, sacerdotes, levitas, nathinneos, janitores et psaltes, quos ex majori parte distinxit Artaxerces in epistola quam Esdræ scribæ direxit : *Notum,* inquit, *facimus de universis sacerdotibus et levitis, cantoribus, janitoribus, nathinneis et ministris domus Dei ut eis vectigal et tributum et annona nullatenus imponatur* (I *Esdr.* VII).

CAP. II. — *De primiceriis et cantoribus.*

David prophetarum eximius, volens cultum Dei solemnius ampliare, cantores instituit, qui coram arca fœderis Domini musicis instrumentis et modulatis vocibus decantarent, inter quos præcipui fuerunt Heman, Asaph et Hethan ; sed omnium primus Heman, cujus vicem nunc in Ecclesia obtinet primicerius, qui cantoribus est prælatus ; unde legitur in Paralipomenon : *Isti sunt quos constituit David super cantores domus Domini, stantes juxta ordinem suum in ministerio, de filiis Caath, Heman cantor filius Joel, et a dextris ejus Asaph filius Barachiæ, ad sinistram autem Ethan filius Chusi* (I *Paralip.* VI). Debent ergo cantores consonis vocibus et suavi modulatione concinere, quatenus animos audientium ad devotionem Dei valeant excitare.

CAP. III. — *De acolytis, quod sit corum ministerium.*

Acolyti vero, qui latine Ceroferarii nuncupantur, ab Aaron et filiis ejus ministerii sui sumere possunt exemplum. Scriptum est enim in Exodo : *Præcipe filiis Aaron, ut offerant oleum de arboribus olivarum purissimum, piloque contusum, ut ardeat lucerna semper in tabernaculo testimonii, et collocabunt eam Aaron et filii ejus, et usque mane luceat coram Domino* (*Exod.* XXVII). Quod ergo tunc sacerdotes agebant, hoc nunc acolyti faciunt in ministerio lucernarum. Multa quippe non solum in Novo, sed et in Veteri Testamento legi Moysi superaddita legimus et mutata. Unde David in libro Paralipomenon dixisse narratur : *Non erit officii levitarum, ut ultra portent tabernaculum et omnia vasa ejus ad ministrandum* (I *Paral.* XXIII). Acolyti cereos ferunt accensos dum legitur Evangelium, non ut tenebras aeris illuminent, sed ut proximis opera lucis ostendant. Hoc officium Dominus testatur se habere, cum dicit : *Ego sum lux mundi : qui sequitur me, non ambulat in tenebris, sed habebit lumen vitæ* (*Joan.* VIII).

CAP. IV. — *De subdiaconibus.*

Subdiacones nathinneorum vices in Ecclesia repræsentant. De quibus in Esdra legitur, quod *David dederat nathinneos ad ministeria levitarum* (I *Esdr.* VIII). Unde græce dicuntur, *hypodiacones,* ex quorum ordine fuit ille Nathanael, quem Dominus in Evangelio commendavit : *Ecce vere Israelita, in quo dolus non est* (*Joan.* I). Nathinnei vero dicuntur, id est, in humilitate Domino servientes. De quibus recte Patribus placuit, ut qui sacra mysteria contrectant, legem continentiæ debeant observare. Sicut scriptum est in propheta : *Mundamini qui fertis vasa Domini* (*Isai.,* LII). Horum officio Dominus uti dignatus est, quando facta cum discipulis cœna, mittens aquam in pelvim, lavit pedes discipulorum, et linteo quo erat præcinctus, extersit.

CAP. V. — *De diaconibus.*

Ordo diaconorum a tribu Levi sumpsit exordium. Unde Dominus ad Moysen locutus est, dicens : *Applica tribum Levi, et fac stare in conspectu Aaron sacerdotis, et ministrent ei et excubent, et observent quidquid ad cultum pertinet multitudinis coram tabernaculo testimonii, et custodiant vasa tabernaculi in ministerio servientes* (*Num.* III). A viginti quinque annis et supra, jussi sunt in tabernaculo servire, ad omnia portanda robusti qui possent arcam fœderis, mensam propositionis et vasa tabernaculi deportare. Quod et in Novo Testamento recolitur, cum diaconibus supra sinistrum humerum stola imponitur ; et in diebus jejunii supra eumdem humerum casula complicatur. Quia quidquid laboris in hac vita sufferimus, tanquam in sinistra portamus, donec a sinistra transeamus in dextram, in qua requiem habeamus. Hinc etiam diaconi cardinales mensam Lateranensis altaris supra humeros suos in die cœnæ deportant, et reportant in sabbato. Semper ipsi summum pontificem velut arcam fœderis levitæ portantes. Cæterum in Novo Testamento sumpsit initium ab apostolis, qui septem viros boni testimonii, plenos Spiritu sancto, diacones elegerunt, oratione præmissa, per impositionem manuum ordinantes. Hi sunt in Apocalypsi septem angeli tuba canentes ; hi septem candelabra aurea ; hi voces tonitruorum, qui pacem annuntiant, prædicant Evangelium, mensam componunt, offerunt eucharistiam et cætera. Quæ licet humiliter, tamen excellenter ad eorum spectant ministerium. Hoc officium Christus exercuit, quando post cœnam sacramenta confecta propriis manibus dispensavit, et cum dormientes excitavit apostolos ad orandum. *Vigilate,* inquit, *et orate, ut non intretis in tentationem* (*Matth.* XXVI ; *Luc.* XXII).

CAP. VI. — *De minorib*[*us*] *et majoribus sacerdotibus.*

Sacerdotalis ordinis institutio a veteri Lege sumpsit originem, secundum quod legitur

Dominus Moysi præcepisse: *Applica*, inquit, *Aaron fratrem tuum ad te cum suis filiis, de medio filiorum Israel, ut sacerdotio fungantur mihi* (*Exod*. XXVIII). Verumtamen ante legem sacerdotes fuisse leguntur (*Gen*. XIV; *Hebr*. VII). Unde Melchisedech sacerdos Dei altissimi legitur exstitisse, cui decimas ex omnibus spoliis, tanquam sacerdoti Abraham persolvit. Erant autem mul i minores sacerdotes, quos Nazareos communiter appellabant. Unus autem erat summus sacerdos, quem vocabant specialiter Arabarchum. Porro David XXIV sacerdotes instituit, XVI de Eleazar et VIII de Ythamar, quibus tamen omnibus unum præfecit, quem statuit principem sacerdotum (I *Paral*. XXIV) Singulis autem per sortes vicis suæ divisit hebdomadas, quarum octava provenit Abiæ, de cujus genere Zacharias, pater Joannis Baptistæ, descendit. Verum in Novo Testamento Christus ipse majores et minores sacerdotes instituit, scilicet XII apostolos et LXXII discipulos, quos præmittebat binos in omnem civitatem et locum quo erat ipse venturus (*Luc*. I; *Matth*. X; *Luc*. X). Sicut enim pontifices summos Moyses regendis populis in Lege præfecit, sed ad corum societatis et operis adjutorium, sequentis ordinis viros, et secundæ dignitatis eleg t. Nam in Eleazaro et Ythamar filiis Aaron, paternæ transfudit plenitudinis abundantiam, ut ad hostias salutares et frequentioris officii sacramenta, ministerium sufficeret sacerdotum. Et in eremo per LXX virorum prudentium mentes Moysi spiritum propagavit (*Num*. XI). Quibus ille usus in populo, innumerabiles multitudines facile gubernaret. Sic et Christus apostolis suis discipulos addidit, quibus illi suis prædicationibus totum orbem impleverunt. Apostolorum itaque vices, majores obtinuerunt sacerdotes, id est episcopi; discipulorum vero minores, id est presbyteri.

CAP. VII. — *De significatione nominum episcopi et presbyteri.*

Nomen episcopi plus sonat oneris quam honoris. Episcopus, græce superintendens interpretatur latine speculatoris gerens officium. Juxta quod Dominus inquit prophetæ: *Fili hominis, speculatorem dedi te domui Israel, ut plebi sibi commissæ non negligenter incumbat, sed diligenter prospiciat* (*Ezech*. III). Ob hoc, inquit Apostolus, *qui episcopatum desiderat bonum opus desiderat*. (I *Timoth*. III). Non dicit honorem, sed opus, quoniam episcopus, non tam ut præsit quam ut prosit eligitur. Presbyter autem non ab ætate dicitur, sed a prudentia. Presbyter enim græce, latine senior intelligitur. Senectus enim venerabilis est, non diuturna, nec annorum numero computata, sed cani sensus sunt hominis, et ætas senectutis vita immaculata (*Sap*. IV). Nam Dominus inquit ad Moysen: *Congrega mihi septuaginta viros de senioribus Israel, quos tu nosti, quod senes populi sint et magistri* (*Num*. XI).

CAP. VIII. — *De primatu romani pontificis.*

Omnibus enim apostolis Christus unum præposuit, videlicet Petrum, cui totius Ecclesiæ principatum, et ante passionem, et circa passionem, et post passionem commisit. Ante passionem, cum dixit: *Tu es Petrus, et super hanc petram ædificabo Ecclesiam meam, et portæ inferi non prævalebunt adversus eam, et tibi dabo claves regni cœlorum* (*Matth*. XVI.) Licet enim universis apostolis communiter dixerit: *Quorum remiseritis peccata, remittuntur eis; et quorum retinueritis, retenta sunt* (*Joan*. XX), principaliter tamen Petro concessit: *Quodcunque ligaveris super terram, erit ligatum et in cœlis*. Petrus ergo potest ligare cæteros, sed ligari non potest a cæteris. Nam et illis particulariter dictum est: *Quorum remiseritis peccata, remittuntur eis*. Huic autem universaliter dicitur: *Quodcunque ligaveris*, etc. Circa passionem vero, cum pluraliter dixisset de omnibus: *Simon, ecce Satanas expetivit vos, ut cribraret sicut triticum* (*Luc*. XXII). Singulariter tamen pro Petro subjunxit: *Ego autem pro te rogavi, ut non deficiat fides tua*. Statimque præcepit: *Et tu aliquando conversus confirma fratres tuos*. Ad Petrum igitur tanquam ad magistrum pertinet cæteros confirmare, cujus fides in nulla tentatione defecit. Fides enim apostolicæ sedis super firmam petram stabili soliditate fundata, nullis unquam errorum sordibus potuit inquinari. Sed absque ruga manens et macula, pro necessitate temporum, a cæteris maculas detersit errorum. Post passionem autem cum tertio quæsisset a Petro: *Simon Joannis, diligis me plus his?* et ille tertio respondisset: *Domine, tu scis, quia amo te*; tertioque præcepit: *Pasce oves meas*; statimque subjunxit: *Sequere me*. Petrus enim secutus est Christum, non solum genere martyrii, sed et in ordine magisterii. Quod Christus ostendit cum ait: *Tu vocaberis Cephas* (*Joan*. I). Licet enim Cephas secundum unam linguam interpretetur *Petrus*, secundum alteram vero exponitur *caput*; nam sicut caput habet plenitudinem sensuum in se, cætera vero membra partem recipiunt plenitudinis, ita cæteri sacerdotes vocati sunt in partem sollicitudinis, sed summus pontifex assumptus est in plenitudinem potestatis. Hinc est quod non sine magni mysterii sacramento, cum Christus universos interrogasset apostolos: *Vos autem quem me esse dicitis?* solus Petrus, quasi primus et potior, respondit pro omnibus: *Tu es Christus Filius Dei vivi* (*Matth*. XVI). Cumque timore periculi cunctis simul exterrerentur apostoli, solus Petrus descendit intrepidus, ut super undas maris ad Dominum ambularet. Et cum multi discipulorum abiissent retro, dicentes: *Durus est hic sermo*, dixit Jesus ad duodecim: *Nunquid et vos vultis abire?* Respondit Simon Petrus: *Domine, ad quem ibimus? verba vitæ æternæ habes, et nos credimus et cognovimus quia tu es Christus Filius Dei* (*Matth*. X III). Cumque Jesus respexisset discipulos, ait Simoni Petro: *Si in te peccaverit frater tuus, vade et corripe eum inter te et ipsum*. Cui cum Petrus dixisset: *Domine, quoties peccabit in me frater meus, et dimittam ei? usque septies?*

respondit illi Jesus : *Non dico tibi usque septies, sed usque septuagies septies.* Et cum omnes apostoli fugam arriperent, solus Petrus educens gladium, percussit servum Pontificis, et dextram ejus abscidit auriculam. Cumque post resurrectionem alii discipuli navigio venissent ad Dominum, Petrus succingens se, misit in mare, ut inter undas ad ipsum accederet (*Joan.* xxi). Quapropter Christus, cum resurrexisset a mortuis, prius se Petro quam cæteris ostendit apostolis : quia, secundum Apostolum, *visus est Cephæ, post hoc undecim. Deinde visus est plus quam quingentis fratribus simul* (I Cor. xv).

CAP. IX. — *De convenientia et differentia potestatum inter episcopos et presbyteros.*

Differt autem inter episcopos et presbyteros, quod ad omnes sacerdotes communiter pertinet, catechizare, baptizare, prædicare, conficere, solvere et ligare. Sed specialiter ad pontifices spectat clericos ordinare, virgines benedicere, pontifices consecrare, manus imponere, basilicas dedicare, degradandos deponere, synodos celebrare, chrisma conficere, et vasa consecrare. Unguntur autem manus presbyteris ab episcopo, ut cognoscant hoc sacramento se per Spiritum sanctum suscipere gratiam consecrandi. Unde cum eas ungit episcopus dicit : *Consecrare et sanctificare digneris, Domine, manus istas, per istam unctionem et nostram benedictionem; ut quæcunque consecraverint, consecrentur; et quæcunque benedixerint, benedicantur in nomine Domini.* Unguntur etiam manus presbyteris, ut opera misericordiæ pro viribus ad omnes debeant exercere. Per manus enim opera, per oleum misericordia designatur. Unde Samaritanus, appropians vulnerato, vinum superinfudit et oleum (*Luc.* x). Verumtamen majores et minores sacerdotes communiter in quibusdam vices gerunt summi pontificis, id est, Christi, dum pro peccatis obsecrant, et peccatores per pœnitentiam reconciliant. Unde dixit Apostolus : *Deus erat in Christo, mundum reconcilians sibi, et posuit in nobis verbum reconciliationis. Pro Christo ergo legatione fungimur, tanquam Deo exhortante per nos. Obsecramus ergo vos pro Christo, reconciliamini Deo.* Mediatores enim sunt sacerdotes inter Deum et homines, dum præcepta Dei deferunt prædicando, et vota populi Deo porrigunt supplicando. Quocirca tales debent existere sacerdotes, ut et Deo sint grati, et hominibus sint accepti. Nam, ut inquit Apostolus, *Mediator non est unius* (*Galat.* III). Discordes enim reconciliare non potest qui simul utrique societatis et amicitiæ vinculo non est concors. Si enim is qui displicet, ad intercedendum mitti ur, irati animus ad deteriora provocatur. Hi post invocationem sancti Spiritus super utrumque humerum stolam accipiunt, ut ex hoc intelligant se per arma justitiæ a dextris et a sinistris esse munitos, quatenus nec adversis frangantur, nec prosperis eleventur. Unde cum stolam accipiunt, dicit illis episcopus : *Accipite jugum Domini, jugum enim ejus suave est, et onus ejus leve; suave in prosperis, leve in adversis.* Accipiunt quoque calicem et patenam de manu pontificis, quatenus his instrumentis potestatem se accepisse agnoscant, placabiles hostias offerendi. Unde cum hæc episcopus tribuit : *Accipite,* inquit, *potestatem offerendi sacrificium Deo, missamque celebrandi tam pro vivis quam pro defunctis in nomine Domini.* Officio sacerdotis usus est Dominus Jesus Christus, quando post cœnam panem et vinum in corpus et sanguinem suum divina virtute convertit. *Accipite,* inquit, *et comedite, hoc est corpus meum; hoc facite in meam commemorationem* (*Matth.* xxvi). Excellentius enim usus est hoc officio, cum pro peccatis humani generis seipsum in ara crucis obtulit, idem ipse sacerdos et hostia.

CAP. X. — *De communibus et specialibus indumentis pontificum et sacerdotum.*

Hæc autem communitas et specialitas potestatum inter episcopos et presbyteros, ipso numero communium et specialium vestium designatur. Sex enim sunt indumenta communia presbyteris et episcopis, videlicet, amictus, alba, cingulus, stola, manipulus et planeta. Quia munia sex sunt, quibus communis presbyterorum et episcoporum potestas consistit, videlicet, catechizare, baptizare, prædicare, conficere, solvere et ligare. Novem autem sunt ornamenta pontificum specialia, videlicet, caligæ, sandalia, succinctorium, tunica, dalmatica, mitra et chirothecæ, annulus et baculus : quia munia novem sunt, in quibus specialis episcoporum potestas consistit, videlicet, clericos ordinare, virgines benedicere, pontifices consecrare, manus imponere, basilicas dedicare, degradandos deponere, synodos celebrare, chrisma conficere, vestes et vasa consecrare. Pallium autem, quod metropolitanorum et primatum et patriarcharum est proprium, privilegiatam obtinere dignitatem. Hoc ergo tam in Novo quam in Veteri Testamento legitur constitutum, ut pontifices præter communes vestes habeant speciales. Sed ibi erant quatuor communes et quatuor speciales; hic autem sex sunt communes; novem autem speciales. Id enim mystica ratio postulabat. Nam illa data sunt carnalibus et mundanis : hæc autem data sunt spiritualibus et perfectis. Qua ternarius enim convenit carni propter quatuor humores, et mundo propter quatuor elementa. Senarius autem perfectis, quia numerus est perfectus, qui redditur suis partibus aggregatis. Unde sexto die perfecit Deus cœlum et terram, et omnem ornatum eorum. Novenarius spiritualibus, quia novem sunt ordines angelorum, qui secundum prophetam per novem species lapidum designantur. Quindecim ergo sunt ornamenta pontificis, quindecim gradus virtutum ipso numero designantia, quot cantica graduum Psalmista distinxt. Vestes enim sacerdotis virtutes significant, quibus debent sacerdotes ornari, secundum illud propheticum : *Sacerdotes tui induantur justitia, et sancti tui exsultent* (*Psal.* CXXXI).

CAP. XI. — *De legalibus indumentis secundum historiam.*

Quatuor erant indumenta legalia, tam minoribus sacerdotibus quam principi sacerdotum communia (*Exod.* XXVIII). Primum dicebatur *manathasim*, quod græce, hebraice et latine femoralia dici potest, de bysso retorta contextum. Secundum *cathemone*, quod nos lineam sive subuculam, sed Moyses *abanee* appellavit. Hebræi vero discentes a Babyloniis, *emissane* vocaverunt, eratque byssinum et duplex. Tertium balteus, id est, zonalis cingulus, latus quasi digitis quatuor, sic reticulatus, ut quasi pellis viperea videretur, contextum de bysso, cocco, purpura et hyacintho. Quartum tiara, quod Hebræi *manephei*, nos autem infulam appellamus, a cidari, id est, mitra pontificali plurimum differens, quasi formam rotundæ cassidis repræsentans. Super hæc, quatuor propriis indumentis pontifex utebatur. Primum erat tunica hyacinthina, quam Hebræus dixit *nathir*, græce dicitur *poderis*, latine *talaris*. Habebat autem pro fimbriis malagranata cum tintinnabulis aureis, intercalari modo disposita, ut audiretur sonus cum pontifex ingrederetur sanctuarium, ne forte moreretur. Secundum erat ephod, id est, superhumerale, de quatuor prædictis coloribus auroque contextum, sine manicis, ad modum colobii, habens aperturam in pectore quadram, ad magnitudinem palmi. In qua logion ejusdem mensuræ inserebatur, in cujus parte superiori, videlicet super humeros, infibulati erant auro duo lapides onychini, quibus duodecim nomina filiorum Israel erant insculpta, sex in uno, et sex in altero, quo ante Samuel et David induti leguntur. Ephod aliud erat lineum, et proprie quidem *ephotar* dicebatur. Tertium hebraice dicebatur *heusen*, Græce *logion*, latine *rationale* vocatur, quadrangulum duplex, de quatuor prædictis coloribus auroque contextum, habens duodecim lapides per ordines quatuor. In primo sardium, topasium et smaragdum. In secundo carbunculum, saphirum et jaspidem. In tertio ligurium, achatem, et amethystum. In quarto chrysolitum, onychinum, et berillum. In quibus erant scripta duodecim nomina filiorum Israel. In singulis singula. Erant autem in eo scripta hæc duo nomina *purim* et *tynim*, id est, veritas et doctrina. Inserebatur autem logion superhumerali, id est superiori parte per duos annulos et duas catenulas aureas, immissas duobus uncinis, qui sub duobus prædictis onychinis, in superhumerali continebantur, infixi ab inferiori parte per duos annulos aureos cum duobus vittis hyacinthinis colligabantur ephod. Ultimum capitis ornamentum erat cidaris, id est, mitra in acutum procedens, habens circulum aureum cum malagranatis et floribus. De qua super frontem pendebat aurea lamina, quam petalum dicunt, ad modum lunæ dimidiæ. In qua scriptum erat *Agios Adonai*, id est, sanctum nomen Domini tetragrammaton, id est, quatuor litterarum, *He, Iod, Het, Vau*. Ne vero cum movebatur pontifex, moveretur et lamina, colligabatur vitta hyacinthina perspicua, quæ summitates posterius diffundebat. Noster autem pontifex pro femoralibus habet sandalia, pro linea albam, pro balteo cingulum, pro podere tunicam, pro ephod amictum de dalmatica vel stolam, pro logio pallium, pro cidari mitram, pro lamina crucem. Et quædam ex his diversam habent formam ab illis, secundum figuram eamdem.

CAP. XII. — *De typo legalium indumentorum secundum allegoriam.*

His vestibus ornatus pontifex, totius orbis præferebat imaginem : femoralia namque byssina congrue terram figurabant, quia byssus de terra procedit. Balteus cum vittis et vasculis circumvolutionem Oceani designabant. Tunica hyacinthina ipso colore aera præferebat. Per tintinnabula sonitus tonitruorum. Per malagranata coruscationes et fulgura figurabantur. Quatuor minoris sacerdotis et quatuor summi pontificis indumenta quatuor microcosmi et quatuor megacosmi partes ipso numero designabant, id est, quatuor humores et quatuor elementa. Ephod sua varietate cœlum sidereum ostendebat. Quod autem erat aurum intextum coloribus, figurabat quod calor vitalis penetrat universa. Duo lapides onychini, solem et lunam, vel duo hemisphæria denotabant; duodecim gemmæ pectorales, duodecim signa in Zodiaco præferebant. Rationale, quod erat in medio, quia ratione plena sunt universa, quæ terrena cœlestibus hærent. Imo ratio terrenorum et temporum caloris et frigoris, et duplex inter utrumque temperies, de cœli cursu et ratione descendit. Per annulos, catenulas et uncinos, elementorum, humorum et temporum colligamenta signantur. Cidaris cœlum empyreum, lamina superposita Deum signabat omnibus præsidentem. Hanc allegoriam libri Sapientiæ confirmat auctoritas : *In veste poderis quam habebat* (Dominus), *totus erat orbis terrarum, et parentum magnalia in quatuor ordinibus lapidum erant sculpta, et magnificentia tua in diademate capitis illius sculpta erat* (*Sap.* XVIII).

CAP. XIII. — *De vestibus legalibus secundum tropologiam.*

His indumentis legalibus sacerdos induebatur, hoc ordine : lotis prius manibus et pedibus, induebat manathasim, id est, femoralia, figurans quod sacerdos mundatis operibus et affectibus, lacrymis pœnitentiæ debet assumere continentiam, ut offerat hostiam immaculatam, sanctam, Deo placentem. Noster autem pontifex, qui jugem debet habere continentiam, non induit in sacrificio femoralia, sed sandalia. Ac si dicatur : *Qui lotus est, non indiget nisi ut pedes lavet, t est mundus totus* (*Joan.* XIII).

CAP. XIV. — *De linea.*

Secundo induebatur cathemone, id est, linea, significans quod sacerdos debet induere innocentiam, ut quod sibi non vult fieri, alii ne faciat. Linum enim propter candorem significat innocentiam, secundum illud : *Omni tempore vestimenta tua sint candida* (*Eccles.* IX).

Cap. XV. — *De zona*

Tertio, cingebat se balteo, significans castitatem, qua circa lumbos debet accingi, ut restringat concupiscentiam. Unde Veritas ait: *Sint lumbi vestri præcincti et lucernæ vestræ ardentes in manibus vestris* (*Luc.* XII).

Cap. XVI. — *De tunica.*

Quarto, induebat tunicam poderem, id est talarem, significans quod pontifex debet inducre perseverantiam, quia *qui perseveraverit usque in finem, hic salvus erit*. Per talum enim propter extremitatem perseverantia designatur, secundum illud : *Ipsa conteret caput tuum; et tu insidiaberis calcaneo ejus* (*Gen.* III).

Cap. XVII. — *De malagranatis et tintinnabulis aureis.*

Dependebant autem pro fimbriis malagranata cum tintinnabulis aureis. Per malagranatum intelligitur operatio. Per tintinnabulum aureum prædicatio. Quæ duo debent in sacerdote conjungi, ne sine illis ingrediens sanctuarium, moriatur. *Cœpit* enim *Jesus facere et docere*, sacerdotibus relinquens exemplum, ut sequantur vestigia ejus qui peccatum non fecit, ut sit honestas in conversatione. *Nec inventus est dolus in ore ejus*, ut sit veritas in prædicatione.

Cap XVIII. — *De superhumerali.*

Quinto, induebat ephod, id est, superhumerale, significans quod pontifex debet inducre patientiam, ut in patientia sua possideat animam suam. Humeris enim supportamus, secundum illud : *Supposuit humerum suum ad portandum; factusque est tributis serviens* (*Gen.* XLIX).

Cap. XIX. — *De duabus oris.*

Habebat autem duas oras conjunctas in utroque latere, significans quod pontifex debet habere arma justitiæ a dextris et a sinistris, ut non erigatur prosperis, nec deprimatur adversis.

Cap. XX. — *De duobus onychinis.*

Habebat et duos lapides onychinos insertos humeris, in quibus erant sculpta duodecim nomina filiorum Israel, sex in uno, et sex in altero. Per duos onychinos significatur veritas et sinceritas : veritas per claritatem, sinceritas per soliditatem; per filios Israel significantur sancta desideria et sancta opera, secundum illud : *Maledictus homo qui non reliquerit semen in Israel* (*Deut.* VII)! Per senarium significatur perfectio, pro eo quod Deus sexto die perfecit cœlum et terram et omnem ornatum eorum.

Cap. XXI. — *De duodecim nominibus filiorum Israel.*

Quod autem sex nomina filiorum Israel sculpta erant in uno lapide, et sex in altero, significabant quod desideria sacerdotis et opera perfici debent, *non in fermento malitiæ et nequitiæ, sed in azymis sinceritatis et veritatis* (I *Cor.* VIII), ut sinceritas formet intentionem, et veritas finem.

Cap. XXII. — *De duabus catenulis*

Habebat et duas catenulas auri purissimi, sibi invicem cohærentes, quæ duobus inserebantur uncinis : significans quod pontifex debet habere duos caritatis affectus, ad Deum scilicet et ad proximum. De quibus præcipitur : *Diliges Dominum Deum tuum ex toto corde tuo, et proximum sicut teipsum* (*Deut.* VI). Sicut enim aurum præeminet universis metallis, ita caritas extollitur universis virtutibus. De qua dicit Apostolus : *Horum major est caritas* (I *Cor.* XIII).

Cap. XXIII. — *De duobus uncinis.*

Duo uncini sunt intentio et finis quibus catenulæ inseruntur, ut tam Deum quam proximum diligat : Deum propter seipsum, proximum propter Deum; *ex puro corde et conscientia bona, et fide non ficta* (1 *Tim.* v).

Cap. XXIV. — *De rationali.*

Sexto induebatur logion, id est, rationa'e, significans, quod pontifex debet induere discretionem, per quam discernat inter lucem et tenebras, inter dextram et sinistram, quia *non est conventio lucis ad tenebras, neque Christi ad Belial.*

Cap. XXV. — *De quadratura rationalis et duplicitate.*

Erat autem rationale quadrangulum, significans quod pontifex debet discernere inter quatuor : inter verum et falsum, ne deviet in credendis, et inter bonum et malum, ne deviet in agendis. Erat et duplex, quia debet discernere pro duobus, pro se videlicet et pro populo : ne *si cœcus cœcum duxerit, ambo in foveam cadant* (*Matth.* XV).

Cap. XXVI. — *De quatuor ordinibus lapidum.*

Habebat et quatuor ordines lapidum, significans quod pontifex debet habere quatuor principales virtutes, justitiam, fortitudinem, prudentiam et temperantiam.

Cap. XXVII. — *De duodecim lapidibus.*

In singulis ordinibus autem habebat tres lapides, significans quod pontifex in primo debet habere fidem, spem et caritatem; in secundo modestiam et mansuetudinem et benignitatem; in tertio pacem, misericordiam et largitatem; in quarto vigilantiam, sollicitudinem et longanimitatem. Per lapides enim figurantur virtutes, secundum illud : *Alius superædificat aurum, argentum, lapides pretiosos* (I *Cor.* III).

Cap. XXVIII. — *De cidari.*

Supremum capitis ornamentum erat cidaris vel tiara, quam ultimo pontifex assumebat, significans humilitatem, de qua Dominus ait : *Omnis qui se exaltat humiliabitur, et qui se humiliat exaltabitur* (*Luc.* XVIII). Hanc autem gestabat in capite, significans quod pontifex debet gerere humilitatem in mente, exemplo capitis nostri sic dicentis : *Discite a me quia mitis sum et humilis corde*. Per caput enim mens intelligitur, secundum illud :

Unge caput tuum, et faciem tuam lava (Matth. vi).

CAP. XXIX. — *De lamina aurea.*

De cidari dependebat a fronte lamina aurea, significans sapientiam qua præcellere debet pontifex, secundum illud : *Caput ejus aurum optimum (Cant.* v).

CAP. XXX. — *De nomine Domini tetragrammaton.*

In qua quidem lamina erat scriptum nomen Domini tetragrammaton, id est, quatuor litterarum : *He, Iod, Het, Vau*, id est, principium passionis vitæ istius, ac si diceretur apertius : Ille, cujus pontifex iste gerit personam, scilicet Christus, est principium, id est, auctor vitæ passionis, id est, vitæ restauratæ per passionem, quia mortem nostram moriendo destruxit, et vitam resurgendo reparavit.

CAP. XXXI. — *De varietate operis.*

Erant autem hæc indumenta pro majori parte contexta opere polymito, id est vario, propter varietatem virtutum. De qua dicit Psalmographus : *Astitit regina a dextris tuis in vestitu deaurato, circumdata varietate (Psal.* XLIV).

CAP. XXXII. — *De quatuor coloribus.*

Contexta vero erant de quatuor pretiosis coloribus : purpura, cocco, bysso, hyacintho. Per purpuram regiæ dignitatis significatur pontificalis potestas, quæ via regia debet incedere, ne declinet ad dexteram vel deviet ad sinistram, ne liget dignos, aut solvat indignos. Per coccum coloris ignei, qui ex bis tinctus fuisse narratur, significatur pontificalis doctrina, quæ sicut ignis lucere debet et urere. Lucere debet per promissionem, ut : *Omnis qui reliquerit domum aut patrem et matrem, centuplum accipiet, et vitam æternam possidebit (Matth.* XIX). Urere debet per comminationem, ut : *Omnis arbor quæ non facit fructum bonum excidetur et in ignem mittetur (Matth.* VII). Per byssum candoris eximii significatur præclaritas famæ, quæ debet esse retorta, ut pontifex habeat bonum testimonium, secundum Apostolum, et ab his qui sunt intus, et ab his qui sunt foris. Per hyacinthum coloris ærei signatur serenitas conscientiæ, quam intra se pontifex debet habere, secundum quod dicit Apostolus : *Gloria nostra hæc est, testimonium conscientiæ nostræ* (II *Cor.* 1).

CAP. XXXIII. — *De vestibus evangelici sacerdotis.*

Vestes autem evangelici sacerdotis aliud designant in capite, aliud figurant in membris. Nam et caput et membra sacerdotis nomine nuncupantur. Ad caput enim dicit Psalmographus : *Tu es sacerdos in æternum, secundum ordinem Melchisedech (Psal.* X). Ad membra vero dicit Apostolus : *Vos estis genus electum, regule sacerdotium* (I *Petr.* II). Prius enim exponenda sunt eorum mysteria juxta quod capiti congruunt, ac demum secundum quod membris conveniunt.

CAP. XXXIV. — *De pontificalibus indumentis, secundum quod Christo conveniunt.*

Pontifex ergo in altaris officio capitis sui Christi, cujus est membrum, repræsentans personam, dum pedibus assuerit sandalia, illud incarnationis Dominicæ insinuat calciamentum, de quo Dominus inquit in psalmo : *In Idumæam extendam calciamentum meum (Psal.* LIX), id est, in gentibus notani faciam incarnationem meam. Venit enim ad nos calceata Divinitas, ut pro nobis Dei Filius sacerdotio fungeretur. Per ligulas quibus ipsa pedibus sandalia constringuntur, illud idem accipimus, quod per corrigiam calciamenti Joannes Baptista signavit, cum ait : *Cujus non sum dignus corrigiam calciamenti solvere (Matth.* III). Unionem ergo ineffabilem, copulamque indissolubilem, quibus Verbi divinitas se carni nostræ conjunxit, per sandaliorum corrigias intelligimus. Mediantibus vero caligis pedes sandaliis conjunguntur, quoniam anima mediante carni Divinitas est conjuncta. Sicut enim pes corpus sustentat, ita Divinitas mundum gubernat. Unde ait Psalmographus : *Adorate scabellum pedum ejus, quoniam sanctum est (Psal.* XCVIII).

CAP. XXXV. — *De amictu, ubi redditur ratio, cur idem in Christo per calciamentum pedum, et per amictum capitis designatur.*

Amictus autem quo sacerdos caput obnubit, illud significat quod in Apocalypsi describitur : *Angelum Dei fortem descendisse de cœlo, amictum nube (Apoc.* X); et in Isaia : *Ecce Dominus ascendet super nubem candidam (Isai.* XIX). Veniens autem ad salutationem mundi Dei Filius, magni consilii Angelus, amictus est nube, dum deitatem abscondit in carne. Nam *caput viri Christus, caput Christi Deus* (I *Cor.* 11). Hoc ergo carnis latibulum amictus sacerdotis significat. Quod per illam sindonem expressius designatur, qua summus pontifex caput obducit. Et pulchre quidem, quod per calciamentum pedum, hoc ipsum per amictum capitis designatur : quia Divinitas in carne latuit, et per carnem innotuit. Nam cum *notus esset in Judæa Deus, et in Israel magnum nomen ejus, in Idumæam extendit calciamentum suum, et ante conspectum gentium revelavit justitiam suam (Psal.* XCVII).

CAP. XXXVI. — *De alba.*

Alba lineum vestimentum, longissime distans a tunicis pelliceis, quæ de mortuis animalibus fiunt, quibus Adam vestitus est post peccatum, novitatem vitæ significat, quam Christus habuit, et docuit, et tribuit ex baptismo, de qua dicit Apostolus : *Exuite veterem hominem cum actibus suis, et induite novum hominem qui secundum Deum creatus est (Ephes.* IV). Nam et in transfiguratione *resplenduit facies ejus sicut sol, et vestimenta ejus sunt facta alba sicut nix.* Semper enim vestimenta Christi munda fuerunt et candida, quia peccatum non fecit, nec inventus est dolus in lingua ejus.

Cap. XXXVII. — De cingulo et succinctorio.

Zona sacerdotis illud significat quod Joannes apostolus ait : *Conversus vidi similem Filio hominis, præcinctum ad mamillas zona aurea* (*Apoc.* i). Per zonam auream perfecta Christi caritas designatur, quam dicit Apostolus , *supereminentem scientiæ caritatem Christi, ferventem in corde, radiantem in opere* (*Ephes.* iii). Cujus succinctorium illud significat, quod Isaias de Christo loquens, prædixit : *Erit justitia cingulum lumborum ejus, et fides cinctorium renum ejus* (*Isaiæ* ii). Nam justus Dominus, et justitias dilexit, æquitatem vidit vultus ejus. Fidelis Dominus in omnibus verbis suis, et sanctus in omnibus operibus suis. Duæ summitates illius, duæ sunt partes naturalis justitiæ, quam Christus fecit et docuit : *Quod tibi non vis fieri, alii ne feceris ; sed quæcunque vultis ut faciant vobis homines, et vos facile illis.*

Cap. XXXVIII. — De stola.

Stola quæ super amictum collo sacerdotis incumbit, obedientiam et servitutem significat, quam Dominus omnium propter salutem suorum subivit. Nam *cum in forma Dei esset, non rapinam arbitratus est esse se æqualem Deo. Exinanivit sripsum, formam servi accipiens, factus est obediens usque ad mortem, mortem autem crucis* (*Philip.* ii). Causam quippe mortalitatis nec contraxit origine, nec commisit in opere, quia quod non rapuit, hoc exolvit. Dedit enim illi calicem pater non Judæi, amore, non ira ; voluntate, non necessitate ; gratia, non vindicta. Hic est ille Jacob qui parens præcepto patris Isaac et consilio matris Rebeccæ servivit Laban, ut Rachel et Liam duceret in conjugium.

Cap. XXXIX. — De tunica.

Tunica poderis, quæ hyacinthini coloris erat in veteri sacerdotio, tintinnabulis et malis punicis ab inferiori parte procedentibus, ut pontifex totus vocalis incederet, cœlestem Christi doctrinam insinuat, cujus notitiam habuerunt omnes quibus Deus per prophetam ait : *In montem excelsum ascende tu, qui evangelizas Sion* (*Isai.* xl). Præcipue tamen hanc habuit tunicam evangelicæ textrix doctrinæ, sapientia Dei Jesus Christus, et dedit illam apostolis suis. *Omnia*, inquit, *quæcunque audivi a Patre meo, nota feci vobis* (*Joan.* xix). Hanc ergo significavit illa tunica Domini quam milites scindere noluerunt, eo quod esset inconsutilis, desuper contexta per totum: damnum fore maximum existimantes, si qui doctrinam evangelicam hæresibus scindere moliantur.

Cap. XL. — De dalmatica.

Super hanc tunicam pontifex vestit dalmaticam, quæ sui forma largam misericordiam Christi significat, quam ipse præ cæteris et docuit et impendit. *Estote*, inquit, *misericordes, sicut et Pater vester misericors est. Beati namque misericordes, quoniam ipsi misericordiam consequentur* (*Luc.* vi ; *Matth.* v). *Judicium vero sine misericordia fiet ei qui non facit misericordiam, quia misericordia superexaltat judicium. Ergo dimittite, et dimittetur vobis. Sicque*, inquit, *orabitis : Dimitte nobis debita nostra, sicut et nos dimittimus debitoribus nostris.* Hic est ergo Samaritanus ille proximus noster, qui fecit nobiscum misericordiam, superinfundens vulneribus nostris vinum et oleum. Nam *per viscera misericordiæ suæ visitavit nos Oriens ex alto. Qui non ex operibus justitiæ quæ fecimus nos, sed secundum misericordiam suam salvos nos fecit.* Qui pro peccatoribus venit, ut de peccatis veniam indulgeret. *Misericordiam*, inquit, *volo, et non sacrificium* (*Matth.* ix).

Cap. XLI. — De chirothecis.

Chirothecæ sunt hædorum pelliculæ, quas Jacob manibus Rebecca circumdedit, ut pilosæ manus majoris similitudinem exprimerent (*Gen.* xxvii). Pellis hædi similitudo peccati, quam Rebecca mater, id est, Spiritus sancti gratia, manibus veri Jacob, operibus Christi circumdedit ; ut similitudinem majoris, id est, prioris Adæ Christus exprimeret. Christus enim similitudinem peccati sine peccato suscepit, ut incarnationis mysterium diabolo celaretur (*Rom.* viii). Nam ad similitudinem peccatorum esuriit, sitivit, doluit et expavit, dormivit et laboravit. Unde *cum jejunasset quadraginta diebus et quadraginta noctibus, postea esuriit. Accedens ad eum diabolus*, eum ad similitudinem prioris Adæ tentavit. Sed qui primum vicerat, eisdem modis victus est a secundo.

Cap. XLII. — De planeta, ubi etiam agitur de anteriori et posteriori parte planetæ.

Casula magni sacerdotis est universalis Ecclesia, de qua dicit Apostolus : *Quotquot in Christo baptizati estis, Christum induistis* (*Galat.* iii). Hæc est illud Aaron vestimentum, cujus in oram descendit unguentum : sed a capite descendit in barbam, et a barba descendit in oram (*Psal.* cxxxii) ; quoniam de plenitudine spiritus ejus nos omnes accepimus, primum apostoli, postmodum cæteri. Quod autem casula, cum unica sit et integra, extensione manuum in anteriorem et posteriorem partem quodammodo dividitur, designat et antiquam Ecclesiam, quæ passionem Christi præcessit, et novam, quæ passionem Christi subsequitur. Nam et *qui præibant et qui sequebantur clamabant, dicentes : Hosanna Filio David. Benedictus qui venit in nomine Domini.*

Cap. XLIII. — De manipulo.

Quod sacerdos manipulum portat in læva, designat quod Christus bravium obtinebat in via. Per manipulum enim præmium designatur, juxta quod legitur : *Venientes autem venient cum exsultatione, portantes manipulos suos* (*Psal.* cxxv). Per lævam vita præsens accipitur , secundum quod scriptum est : *Læva ejus sub capite meo, et dextra illius amplexabitur me* (*Cant.* ii). Christus autem simul fruebatur et merebatur : fruebatur in patria, merebatur in via ; nam simul et bravium comprehendebat, et stadium præcurrebat, quia simul erat et in patria et in via. *Nemo*, inquit, *ascendit in cœ-*

lum, nisi qui de cœlo descendit, Filius hominis qui est in cœlo (Joan. III).

Cap. XLIV. — *De mitra.*

Mitra pontificis illud significat, quod propheta loquens de Filio dicit ad Patrem : *Gloria et honore coronasti eum, Domine, et constituisti eum super opera manuum tuarum (Psal.* VIII). Hoc est illud nomen *quod est super omne nomen, ut in nomine Jesu omne genu flectatur, cœlestium, terrestrium et infernorum (Philip.* II). Nam et in aurea lamina cidaris pontificalis sculptum erat nomen Domini tetragrammaton, cujus mysterium superius prælibavimus. Per mitram ergo capitis Christi summam illam honorificentiam intelligimus, quæ propter divinitatem debetur humanitati. Nam propter pedem adoratur scabellum : *Adorate,* inquit, *scabellum pedum ejus, quoniam sanctum est (Psal.* XCVIII).

Cap. XLV. — *De baculo.*

Virga pontificis Christi potestatem significat, de qua dicit Psalmista : *Virga directionis virga regni tui; quia dilexisti justitiam et odisti iniquitatem, propterea unxit te Deus, Deus tuus (Psal.* XLIV). Et alibi dicit : *Reges eos in virga ferrea (Psal.* II). Directio ferri rigorem significat æquitatis, quia Christus tanquam vas figuli confringet peccatores. Verum potestas Christi non solum virga, sed et baculus est, quia non solum corripit, sed et sustentat. Unde Psalmista : *Virga tua et baculus tuus ipsa me consolata sunt (Psal.* XXII).

Cap. XLVI. — *De annulo.*

Annulus digiti donum Spiritus sancti significat : digitus enim articulatus atque distinctus, Spiritum sanctum insinuat, secundum illud : *Digitus Dei est hic.* Et alibi : *Si ego in digito Dei ejicio dæmonia (Exod.* VIII ; *Luc.* XI). Annulus aureus et rotundus perfectionem donorum ejus significat, quam sine mensura Christus accepit, quoniam in eo plenitudo divinitatis habitat corporaliter : nam qui de cœlo venit, super omnes est; cui Deus non dedit spiritum ad mensuram : *Super quem videris Spiritum,* inquit, *sanctum descendentem et manentem, hic est qui baptizat in Spiritu sancto (Joan.* I). Nam *requiescit super eum spiritus sapientiæ et intellectus;* ipse vero de plenitudine sua differentes donationes distribuit. *Alii,* secundum Apostolum, *datur sermo scientiæ, alii gratia sanitatum, alii operatio virtutum* (I *Cor.* XII ; *Ephes.* IV). Quod et visibilis pontifex imitatur, alios in Ecclesia constituens sacerdotes, alios diaconos, alios subdiaconos, et hujusmodi.

Cap. XLVII. — *De quinque psalmis.*

Celebraturus episcopus missarum solemnia, quosdam psalmos et orationes præmittit, secundum exhortationem Psalmistæ dicentis : *Præoccupemus faciem ejus in confessione, et in psalmis jubilemus ei (Psal.* XCIV). Dicit autem hos psa mos : *Quam dilecta,* (LXXXIII), *Benedixisti* (LXXXIV), *Inclina* (LXXXV), *Credidi* (CXV), *De profundis* (CXXIX), ut quidquid immundum quinque sensuum transgressione commisit, quinque psalmorum oratione detergat. Quædam enim continentur in ipsis quæ recte conveniunt celebraturis altaris mysterium et eucharistiæ sacramentum. In primo : *Concupivit et defecit anima mea in atria Domini... Altaria tua, Domine virtutum, rex meus et Deus meus... Domine, Deus virtutum, exaudi orationem meam, auribus percipe, Deus Jacob... Protector noster, aspice, Deus, et respice in faciem Christi tui...* In secundo : *Converte nos, Deus salutaris noster, et averte iram tuam a nobis... Nunquid in æternum irasceris nobis?... Ostende nobis, Domine, misericordiam tuam, et salutare tuum da nobis... Verumtamen prope timentes eum salutare ipsius, ut inhabitet gloria in terra nostra...* In tertio : *Auribus percipe, Domine, orationem meam, et intende voci deprecationis meæ..... Omnes gentes quascunque fecisti venient et adorabunt coram te, Domine... Confitebor tibi, Domine, Deus meus, in toto corde meo, et glorificabo nomen tuum in æternum...* In quarto : *Calicem salutaris accipiam, et nomen Domini invocabo.... Dirupisti, Domine, vincula mea, tibi sacrificabo hostiam laudis, et nomen Domini invocabo... Vota mea Domino reddam in conspectu omnis populi ejus, in atriis domus Domini, in medio tui, Jerusalem...* In quinto : *Fiant aures tuæ intendentes in vocem deprecationis meæ... Sustinuit anima mea in verbo ejus, speravit anima mea in Domino. Quia apud Dominum misericordia, et copiosa apud eum redemptio.* Orationes vero quas addit manifeste pertinent ad impetrandam cordis et corporis munditiam et munimen.

Cap. XLVIII. — *De pontificalibus indumentis, secundum quod membris conveniunt ; ubi agitur de caligis et sandaliis.*

Inter hæc, pedes pontificis, in præparatione Evangelii et pacis, et caligis et sandaliis calciantur, quorum pulchritudinem admirabatur propheta cum diceret : *Quam speciosi sunt pedes evangelizantium bona (Isai.* LII) ! Sandalia vero de subtus integram habent soleam, desuper autem corium fenestratum, quia gressus prædicatoris debent et subtus esse muniti, ne polluantur terrenis ; secundum illud : *Excutite pulverem de pedibus vestris (Matth.* X), et sursum aperti, quatenus ad cognoscenda cœlestia revelentur ; secundum illud propheticum : *Revela oculos meos, et considerabo mirabilia de lege tua (Psal.* CXVIII). Quod autem sandalia quibusdam locis aperta, quibusdam clausa sunt, designat quod evangelica prædicatio nec omnibus debet revelari, nec omnibus debet abscondi, sicut scriptum est : *Vobis datum est nosse mysterium regni Dei, cæteris autem in parabolis. Nolite sanctum dare canibus, nec margaritas spargatis ante porcos (Luc.* VIII ; *Matth.* XIII). Prius autem caligis induitur, usque ad genua protensis ibique constrictis, quod prædicator pedibus suis rectos facere gressus et genua debilia reparare debet. Nam *qui fecerit et docuerit, hic magnus vocabitur in regno cœlorum.*

Cap. XLIX. — *De ablutione manuum*

Deinde corporaliter lavat manus, ut spiritualiter mundet actus, auctoritate Psalmistæ dicentis : *Lavabo inter innocentes manus meas, et circumdabo altare tuum, Domine* (*Psal.* xxv). Non enim divina sacramenta lutum manuum contaminat, sed *si quis indigne manducat et bibit, judicium sibi manducat et bibit*; quia *non lotis manibus manducare, non coinquinat hominem ; quæ vero procedunt de ore et de corde exeunt, ea coinquinant hominem, cogitationes malæ, homicidia, furta, fornicationes, falsa testimonia, blasphemiæ: hæc sunt quæ coinquinant hominem.* Unde sollicite satagendum est, ut non tam exteriora manuum quam interiora mentium inquinamenta purgentur.

Cap. L. — *De amictu, ubi agitur de duobus vasculis, quibus amictus ante pectus ligatur.*

Lotis itaque manibus assumit amictum, qui super humeros circumquaque diffunditur, per quem operum fortitudo significatur. Humeri quippe fortes sunt ad opera peragenda, secundum illud patriarchæ Jacob : *Supponit humerum ad portandum, et factus est tributis serviens* (*Gen.* xlix). Duo vasculi quibus amictus ante pectus ligatur, signant intentionem et finem, quibus informandum est opus, ne fiat *in fermento malitiæ et nequitiæ, sed in azymis sinceritatis et veritatis* (*I Cor.* v). Sacerdos enim non debet otiosus existere, sed bonis operibus insistere et insudare, secundum illud quod Apostolus ait ad Timotheum : *Labora sicut bonus miles Jesu Christi* (*II Tim.* ii).

Cap. LI. — *De alba.*

Alba membris corporis convenienter aptata nihil superfluum aut dissolutum in vita sacerdotis esse debere demonstrat. Hæc ob speciem candoris designat munditiam, secundum quod legitur : *Omni tempore vestimenta tua sint candida* (*Eccle.* ix). Fit autem de rsso vel de lino; propter quod scriptum est : *Byssinum sunt justificationes sanctorum* (*Apoc.* xix). Sicut enim byssus vel linum candorem quem ex natura non habet, multis tunsionibus attritum, per artem acquirit, sic et hominis caro munditiam, quam non obtinet per naturam, multis castigationibus macerata, sortitur per gratiam. Unde sacerdos, secundum Apostolum, *castigat corpus suum et in servitutem redigit, ne forte cum aliis prædicet, ipse reprobus fiat* (*I Cor.* ix). Hæc vestis in veteri sacerdotio stricta fuisse describitur, propter spiritum servitutis in timore; in novo larga est, propter spiritum adoptionis in libertate. Quod autem aurifrigium habet, et gemmata est in diversis locis, et variis operibus ad decorem, illud insinuat quod Propheta dicit in psalmo : *Astitit regina a dextris tuis in vestitu deaurato, circumdata varietate* (*Psal.* xliv). Debet autem alba circa lumbos zona præcingi, ut castitas sacerdotis nullis incentivorum stimulis dissolvatur. Unde : *Sint lumbi vestri præcincti et lucernæ ardentes in manibus vestris* (*Luc.* xii); et :

Virtus ejus in lumbis ejus, et fortitudo illius in umbilico ventris ejus (*Job* xl). Debent ergo lumbi præcingi per continentiam ; debent et subcingi per abstinentiam : quoniam *hoc genus dæmonii non ejicitur nisi in oratione et jejunio* (*Matth.* xvii). Hinc etiam Apostolus ait : *State succincti lumbos in veritate* (*Ephes.* vi).

Cap. LII. — *Quare romanus pontifex post albam orale, et post orale crucem assumat.*

Romanus autem episcopus post albam et cingulum assumit orale, quod circa caput involvit, et replicat super humeros, legalis pontificis ordinem sequens, qui post lineam strictam et zonam induebat ephod, id est, superhumerale, cujus locum modo tenet amictus. Et quia signo crucis auri lamina cessit, pro lamina, quam pontifex ille gerebat in fronte, pontifex iste crucem gerit in pectore : nam mysterium quod in quatuor litteris aureis lamina continebat, in quatuor partibus forma crucis explicuit ; juxta quod inquit Apostolus : *Ut comprehendatis cum omnibus sanctis quæ sit longitudo et latitudo et sublimitas et profundum.* Ideoque romanus pontifex crucem quamdam insertam catenulis a collo suspensam sibi statuit ante pectus, ut sacramentum quod ille tunc præferebat in fronte, hic autem recondat in pectore, cum *corde creditur ad justitiam, ore autem confessio fit ad salutem* (*Rom.* x).

Cap. LIII. — *De stola.*

Insuper stolam, quæ alio modo vocatur orarium, super collum sibi sacerdos imponit, ut jugum Domini se suscepisse significet ; quæ a collo per anteriora descendens, dextrum et sinistrum latus adornat, quia per arma justitiæ a dextris et a sinistris, id est, prosperis et adversis, sacerdos debet esse munitus ; stola quippe significat sapientiam vel patientiam, de qua scriptum habetur : *Patientia vobis necessaria est, ut reportetis promissiones* (*Hebr.* x); et iterum : *In patientia vestra possidebitis animas vestras* (*Luc.* xxi). Hinc est ergo quod stola cum zona nexibus quibusdam colligatur, quia virtutes virtutibus sociantur, ne aliquo tentationis moveantur impulsu. Debet autem sacerdos, secundum decretum Bracchariensis concilii (*Can.* 3), de uno eodemque orario cervicem pariter et utrumque humerum premens, signum crucis in pectore suo præparare. Si quis autem aliter egerit, excommunicationi debitæ subjacebit. Nisi forte quis dixerit hoc decretum per contrariam Ecclesiæ Romanæ consuetudinem abrogatum.

Cap. LIV. — *De tunica.*

Deinde pontifex induit tunicam poderem, id est talarem, significantem perseverantiam Unde Joseph inter fratres suos talarem tunicam habuisse describitur. Cum vero cæteræ virtutes currant in stadio, perseverantia tamen accipit bravium : quoniam *qui perseveraverit usque in finem, hic salvus erit.* Unde præcipitur : *Esto fidelis usque ad mortem, et dabo tibi coronam vitæ.* Habebat autem hæc vestis in veteri sacerdotio, pro fimbriis mala punica, cum tintinnabulis aureis, quorum supra mysterium exposuimus.

CAP. LV. — *De dalmatica.*

Super hanc tunicam episcopus vestit dalmaticam, sic dictam eo quod in Dalmatia fuit reperta. Quæ sui forma figurat largitatem, quia largas habet manicas et protensas. Unde secundum Apostolum : *Oportet episcopum non esse turpis lucri cupidum, sed hospitalem* (*Tim.* III). Non ergo manum habeat ad dandum collectam et ad recipiendum porrectam, sed illud efficiat quod propheta suadet : *Frange esurienti panem tuum, et egenos vagosque duc in domum tuam* (*Isai.* LVIII). *Cum videris nudum, operi eum, et carnem tuam ne despexeris.* Ob hoc forte specialiter utuntur diaconi dalmaticis, quod principaliter electi sunt ab apostolis, ut mensis ex officio ministrarent (*Act.* VI). Debet autem dalmatica habere duas lineas coccineas, hinc inde, ante et retro, a summo usque deorsum : ut pontifex habeat fervorem caritatis ad Deum et ad proximum, in prosperis et adversis, juxta Veteris et Novi Testamenti præceptum, quod est : *Diliges Dominum Deum tuum ex toto corde tuo, et proximum sicut teipsum.* Unde Joannes : *Carissimi, non novum mandatum scribo vobis, sed mandatum vetus, quod habuistis ab initio* (*Joan.* II). Atque iterum : *Mandatum novum scribo vobis.* In sinistro quoque latere dalmatica fimbrias habere solet, id est, sollicitudines activæ vitæ signantes, quas episcopus debet habere pro subditis ; juxta quod dicit Apostolus : *Præter illa quæ extrinsecus sunt instantia mea quotidiana sollicitudo omnium Ecclesiarum* (II *Cor.* XI).

CAP. LVI. — *De chirothecis.*

Quia vero plerique bonum opus quod faciunt inani favore corrumpunt, statim episcopus manus operit chirothecis, ut *nesciat sinistra sua quid faciat dextra sua* (*Matth.* VI). Per chirothecam ergo congrue cautela designatur, qua sic facit opus in publico, quod intentionem contineat in occulto. Nam, etsi Dominus dixerit : *Luceat lux vestra coram hominibus, ut videant opera vestra bona, et glorificent Patrem vestrum qui in cœlis est* (*Matth.* V), propter hoc chirotheca circulum aureum desuper habet, ipse tamen præcepit : *Attendite ne justitiam vestram faciatis coram hominibus, ut videamini ab eis; alioquin mercedem non habebitis apud Patrem vestrum qui in cœlis est* (*Matth.* VI).

CAP. LVII. — *De planeta.*

Postremo super vestes induit casulam vel p.anetam quæ significat caritatem. *Caritas* enim *operit multitudinem peccatorum,* de qua dicit Apostolus : *Adhuc excellentiorem viam vobis demonstro: si linguis hominum loquar et angelorum, caritatem autem non habuero, factus sum velut æs sonans et cimbalum tinniens* (*Petr.* IV ; *Cor.* XIII). Et hæc est vestis nuptialis de qua loquitur Dominus in Evangelio: *Amice, quomodo huc intrasti, non habens vestem nuptialem* (*Matth.* XXII) ? Quod autem amictus super os planetæ revolvitur, innuit quod omne opus bonum debet ad caritatem referri. Nam *finis præcepti est caritas de corde puro, et conscientia bona, et fide non ficta* (I *Tim.* I). Quod autem extensione manuum in anteriorem et posteriorem partem dividitur, significat duo brachia caritatis, ad Deum scilicet et ad proximum. *Diliges,* inquit, *Dominum Deum tuum ex toto corde tuo, et proximum tuum sicut teipsum. In his duobus mandatis pendet tota lex et prophetæ.* Latitudo planetæ significat latitudinem caritatis, quæ usque ad inimicos extenditur. Unde: *Latum mandatum tuum nimis* (Psal. CXVIII).

CAP. LVIII. — *De manipulo*

Cæterum, quia mentibus bene compositis et divino cultui mancipatis sæpe subrepit acedia, quæ quodam torpore reddit animum dormientem, dicente Psalmista : *Dormitavit anima mea præ tædio* (Psal. CXVIII), in sinistra manu quædam apponitur mappula, quæ manipulus vel sudarium appellatur, qua sudorem mentis abstergat, et soporem cordis excutiat, ut depulso tædio vel torpore, bonis operibus diligenter invigilet. Per manipulum ergo vigilantia designatur, de qua Dominus ait : *Vigilate, quia nescitis qua hora Dominus vester venturus sit* (*Matth.,* XXIV). Unde sponsa dicit in Canticis : *Ego dormio, et cor meum vigilat* (*Cant.* V).

CAP. LIX. — *De mitra.*

Mitra pontificis scientiam utriusque Testamenti significat: nam duo cornua duo sunt Testamenta, duæ fimbriæ spiritus et littera. Circulus aureus, qui anteriorem et posteriorem partem complectitur, indicat quod *omnis scriba doctus in regno cœlorum de thesauro suo nova profert et vetera* (*Matth.* XIII.). Caveat ergo diligens episcopus ne prius velit esse magister quam norit esse discipulus, ne *si cæcus cæcum duxerit, ambo in foveam cadunt.* Scriptum est enim in Propheta: *Quia tu scientiam repulisti, ego te repellam, ne sacerdotio fungaris mihi* (*Oseæ* IV).

CAP. LX. — *De annulo.*

Annulus est fidei sacramentum in quo Christus sponsam suam sanctam Ecclesiam subarrhavit, ut ipsa de se dicere valeat : *Annulo suo subarrhavit me Dominus meus,* id est, Christus. Cujus custodes et pædagogi sunt episcopi et prælati, annulum pro signo ferentes in testimonium. De quibus sponsa dicit in Canticis : *Invenerunt me vigiles qui custodiunt civitatem* (*Cant.* V). Hunc annulum dedit pater filio revertenti, secundum illud: *Date annulum in manum ejus* (*Luc.* XV).

CAP. LXI. — *De baculo, et quare summus pontifex pastorali virga non utitur.*

Baculus correptionem significat pastoralem, propter quod a consecratore dicitur consecrato: *Accipe baculum pastoralitatis.* Et de quo dicit Apostolus : *In virga veniam ad vos* (*Cor.* IV). Quod autem est acutus in fine, rectus in medio, retortus in summo, designat quod pontifex debet per eam pungere pigros, regere debiles, colligere vagos. Quod uno carmine versificator quidam expressit.

Collige, sustenta, stimula, vaga, morbida, lenta.

Romanus autem pontifex pastorali virga non utitur, pro eo quod B. Petrus apostolus baculum suum misit Euchario primo episcopo Treverorum, quem cum Vacerio et Materno ad prædicandum Evangelium genti Teutonicæ destinavit. Cui successit in episcopatu Maternus, quo baculo sancti Petri de morte fuerat suscitatus. Quem baculum usque hodie cum magna veneratione Treverensis servat Ecclesia.

CAP. LXII. — *De pallio, ubi materia et forma secundum mysterium exponuntur.*

Pallium quo majores utuntur episcopi significat disciplinam qua seipsos et subditos archiepiscopi debent regere. Per hanc acquiritur torques aurea, quam legitime certantes accipiunt, de qua dicit Salomon in Parabolis: *Audi, fili mi, disciplinam patris tui, et ne dimittas legem matris tuæ, ut addatur gratia capiti tuo, et torques collo tuo* (*Prov.* I). Fit enim pallium de candida lana contextum, habens desuper circulum humeros constringentem, et duas lineas ab utraque parte dependentes. Quatuor autem cruces purpureas, ante, et retro, et a dextris, et a sinistris; sed a sinistris est duplex, et simplex a dextris. Hæc omnia moralibus sunt imbuta mysteriis, et divinis gravida sacramentis. Nam, ut Scriptura testatur: *In thesauris sapientiæ significatio disciplinæ* (*Eccles.* I). In lana quippe notatur asperitas, in candore benignitas designatur. Nam ecclesiastica disciplina contra rebelles et obstinatos severitatem exercet, sed erga pœnitentes et humiles exhibet pietatem. Propter quod de lana non cujuslibet animalis, sed ovis tantum efficitur, quæ mansuetum est animal. Unde Propheta: *Tanquam ovis ad occisionem ductus est, et quasi agnus coram tondente se obmutuit, et non aperuit os suum* (*Isa.* LIII). Hinc est quod illius semivivi vulneribus, quem Samaritanus duxit in stabulum, et vinum adhibetur et oleum, ut per vinum mordeantur vulnera, et per oleum foveantur; quatenus sanandis vulneribus præest, in vino morsum severitatis adhibet, in oleo mollitiem pietatis. Hoc nimirum et per arcam tabernaculi designatur, in qua cum tabulis virga continetur et manna; quoniam in mente rectoris cum Scripturæ scientia debet esse virga districtionis, et manna dulcedinis, ut severitas immoderate non sæviat, et pietas plus quam expedit non indulgeat. Circulus pallii, per quem humeri constringuntur, est timor Domini, per quem opera coercentur, ne vel ad illicita defluant, vel ad superflua relaxentur; quoniam disciplina sinistram cohibet ab illicitis formidine pœnæ, dextram vero temperat a superfluis amore justitiæ. *Beatus ergo vir qui semper est pavidus.* Nam, juxta sententiam Sapientis: *Timor Domini peccatum repellit; qui vero sine timore existit, justificari non poterit* (*Prov.* XXVIII). Hinc est ergo quod pallium et ante pectus et super humeros frequenter aptatur. Quatuor cruces purpureæ sunt quatuor virtutes politiæ : justitia, fortitudo, prudentia, temperantia; quæ nisi crucis Christi sanguine purpurentur, frustra sibi virtutis nomen usurpant, et ad veram beatitudinis gloriam non perducunt. Unde Dominus inquit apostolis : *Nisi abundaverit justitia vestra plus quam scribarum et pharisæorum, non intrabitis in regnum cœlorum* (*Matth.* V). Hæc est purpura regis vincta canalibus, quam Salomon commemorat in Canticis canticorum (*Cant.* VII). Is ergo qui gloria pallii decoratur, si cupit esse quod dicitur, in anteriori parte debet habere justitiam, ut reddat unicuique quod suum est; prudentiam in posteriori, ut caveat quod unicuique nocivum est; fortitudinem a sinistris, ut eum adversa non deprimant; temperantiam a dextris, ut eum prospera non extollant. Duæ lineæ, quarum una post dorsum, et altera progreditur ante pectus, activam et contemplativam vitam significant. Quas ita debet exercere prælatus, ut exemplo Moysi nunc in montem ascendat et ibi philosophetur cum Domino, nunc ad castra descendat, et ibi necessitatibus immineat populorum, provisurus attentius, ut cum sæpe se dederit aliis, interdum se sibi restituat : quatenus et cum Martha circa frequens satagat ministerium, et cum Maria verbum audiat Salvatoris. Utraque tamen gravat inferius, quia *corpus quod corrumpitur, gravat animam, et deprimit terrena inhabitatio sensum multa cogitantem.* Quapropter et pallium duplex est in sinistra, et simplex in dextra, quia vita præsens, quæ pro sinistra accipitur, multis est subjecta molestiis ; sed vita futura, quæ per dextram designatur, in una semper collecta quiete est : quod Veritas ipsa designavit, cum intulit : *Martha, Martha, sollicita es et turbaris erga plurima. Porro unum est necessarium: Maria optimam partem elegit, quæ non auferetur ab ea in æternum* (*Luc.* X). Pallium duplex in sinistro, quatenus ad toleradas vitæ præsentis molestias prælatus fortis existat. Simplex in dextra, quatenus ad obtinendam vitæ futuræ quietem, toto suspiret affectu, juxta verbum psalmistæ dicentis : *Unam petii a Domino, hanc requiram, ut inhabitem in domo Domini omnibus diebus vitæ meæ* (*Psal.* XXVI). Tres autem acus, quæ pallio infiguntur ante pectus super humerum et post tergum, designant compassionem proximi, administrationem officii, districtionemque judicii : quarum prima pungit animum per dolorem, secunda per laborem, tertia per terrorem. Prima pungebat Apostolum, cum dicebat : *Quis infirmatur, et ego non infirmor? quis scandalizatur, et ego non uror* (II *Cor.* XI)? Secunda est præter illa quæ extrinsecus sunt : *Instantia mea quotidiana sollicitudo omnium Ecclesiarum.* Tertia, si *justus vix salvabitur, impius et peccator ubi parebunt?* Super dextrum humerum non infigitur acus, quoniam in æterna quiete nullus est afflictionis aculeus, nullus stimulus punctionis. *Absterget enim Deus omnem lacrymam ab oculis eorum, et jam non erit amplius neque luctus, neque clamor; sed nec ullus dolor, quoniam priora transierunt.* Acus est aurea, sed inferius est acuta, et superius rotunda, lapidem continens pretiosum, quia nimirum bonus pastor propter curam ovium in terris affligitur, sed in cœlis æternaliter coronatur, ubi pretiosam illam margaritam habebit, de qua Dominus ait in Evangelio : *Simile est regnum cœlorum homini negotiatori quærenti bonas margaritas. Inventa autem una pretiosa margarita, abiit et vendidit omnia quæ habuit, et emit eam* (*Matth.* XIII). Dicitur autem pallium plenitudo pontificalis officii, quoniam in ipso et cum ipso confertur pontificalis officii plenitudo. Nam antequam metropolitanus pallio decoretur, non debet clericos ordinare, pontifices consecrare, vel ecclesias dedicare, nec archiepiscopus appellari.

CAP. LXIII. — *De armatura virtutum.*

Ista sunt arma quæ pontifex debet induere, contra spirituales nequitias pugnaturus : nam, ut inquit Apostolus, *arma militiæ nostræ non sunt carnalia, sed ad destructionem munitionum potentia Deo* (II *Cor.* x); de quibus idem Apostolus in alia dicit Epistola : *Induite vos armaturam Dei, ut possitis stare adversus insidias diaboli. State ergo succincti lumbos vestros in veritate, et induti lorica justitiæ, et calciati pedes in præparationem Evangelii pacis, in omnibus sumentes scutum fidei, quo possitis omnia tela nequissimi ignea exstinguere; et galeam salutis assumite, et gladium spiritus, quod est verbum Dei* (*Ephes.* VI). Provideat ergo diligenter episcopus, et attendat sacerdos studiose, ut signum sine significato non ferat, ut vestem sine virtute non portet, ne forte similis sit sepulcro deforis dealbato, intus autem omni pleno spurcitia. Quisquis autem sacris indumentis ornatur, et honestis moribus non induitur, quanto venerabilior apparet hominibus, tanto indignior redditur apud Deum. Pontificalem itaque gloriam jam honor non commendat vestium, sed splendor animarum; quoniam et illa quæ quondam carnalibus blandiebantur obtutibus, ea potius quæ in ipsis erant intelligenda poscebant : ut quidquid illa velamina in fulgore auri et in nitore gemmarum, et in multimodi operis varietate signabant, hoc jam in moribus actibusque clarescat. Quod et apud veteres venerantiam ipsa significationum species obtineret, et apud nos certiora sint experimenta rerum, quam ænigmata figurarum. Tunc enim *valles abundant frumento, cum arietes ovium sunt induti* (*Psal.* LXIV).

CAP. LXIV. — *De quatuor coloribus principalibus quibus secundum proprietates dierum vestes sunt distinguendæ.*

Quatuor autem sunt principales colores, quibus secundum proprietates dierum sacras vestes Ecclesia Romana distinguit, albus, rubeus, niger et viridis. Nam et in legalibus indumentis quatuor colores fuisse leguntur : byssus et purpura, hyacinthus et coccus (*Exod.* XXVIII). Albis induitur vestimentis in festivitatibus confessorum et virginum. Rubeis in solemnitatibus apostolorum et martyrum. Hinc sponsa dicit in Canticis : *Dilectus meus candidus et rubicundus, electus ex millibus* (*Cant.* V). Candidus in confessoribus et virginibus, rubicundus in martyribus et apostolis : hi et illi sunt flores rosarum et lilia convallium. Albis indumentis igitur utendum est in festivitatibus confessorum et virginum, propter integritatem et innocentiam. Nam *candidi facti sunt Nazarei ejus, et ambulant semper cum eo in albis. Virgines* enim *sunt, et sequuntur Agnum quocunque ierit.* Propter eam causam utendum est albis in solemnitatibus angelorum. De quorum nitore Dominus ait ad Luciferum : *Ubi eras, cum me laudarent astra matutina* (*Job* XXXVIII)? In Nativitate Salvatoris et Præcursoris, quoniam uterque natus est mundus, id est, carens originali peccato. *Ascendit* enim *Dominus super nubem levem*, id est, sumpsit carnem a peccatis immunem, *et intravit Ægyptum*, id est, venit in mundum, juxta quod angelus ait ad Virginem : *Spiritus sanctus superveniet in te, et virtus Altissimi obumbrabit tibi. Ideoque quod nascetur ex te, Sanctum, vocabitur Filius Dei* (*Luc.* I). Joannes autem etsi fuit conceptus in peccato, fuit tamen sanctificatus in utero, secundum illud propheticum : *Antequam exires de vulva, sanctificavi te* (*Jerem.* I) : nam et angelus ait ad Zachariam : *Spiritu sancto replebitur adhuc ex utero matris suæ* (*Luc.* I). In Epiphania, propter splendorem stellæ quæ magos adduxit, secundum illud propheticum : *Et ambulabunt gentes in lumine tuo, et reges in splendore ortus tui* (*Isai.* LX). In Ypopanti (1), propter puritatem Mariæ, quæ juxta canticum Simeonis obtulit *lumen ad revelationem gentium et gloriam plebis suæ Israel.* In Cœna Domini, propter confectionem chrismatis, quod ad mundationem animæ consecratur. Nam et evangelica lectio munditiam principaliter in illa solemnitate commendat. *Qui lotus est*, inquit, *non indiget, nisi ut pedes lavet, et est mundus totus* (*Joan.* XIII); et iterum : *Si non lavero te, non habebis partem mecum.* In resurrectione, propter angelum testem et nuntium resurrectionis, qui apparuit stola candida coopertus, de quo dicit Matthæus quod *erat aspectus ejus sicut fulgur, et vestimentum ejus sicut nix* (*Matth.* XXVIII). In Ascensione, propter nubem candidam in qua Christus ascendit. Nam et *duo viri steterunt juxta illos in vestibus albis, qui et dixerunt : Viri Galilæi, quid statis aspicientes in cœlum* (*Act.* I)? Illud autem non otiose notandum est, quod licet in consecratione pontificalibus indumentis sit utendum, consecrantibus scilicet et ministris (nam consecrandus semper albis utitur), qualia secundum proprietates diei conveniunt, in dedicatione tamen Ecclesiæ semper utendum est albis, quocunque dierum dedicatio celebretur :

---

(1) Ypopan'i ou Ypapanti, du grec Ὑπαπαντή, est un mot qui servait à exprimer la fête de la Purification de la sainte Vierge, parce qu'en ce jour Anne la Prophétesse et le vieillard Siméon vinrent avec empressement à la rencontre du Sauveur et de sa sainte mère. On peut consulter à ce sujet le Glossaire de Du Cange et les notes de Hugues Ménard sur le Sacramentaire de saint Grégoire le Grand. *Voy.* aussi Durand, *Rationale divin. offic.* lib. VII. ÉDIT.

quoniam in consecratione pontificis cantatur missa diei, sed in dedicatione basilicæ Dedicationis missa cantatur. Nam et Ecclesia virgineo nomine nuncupatur, secundum illud Apostoli : *Despondi enim vos uni viro virginem castam exhibere Christo (Cor. xi).* De qua sponsus dicit in Canticis : *Tota pulchra es, amica mea, et macula non est in te. Veni de Libano, sponsa mea, veni de Libano, veni, coronaberis (Cant. iv).*

Rubeis autem utendum est indumentis in solemnitatibus apostolorum et martyrum, propter sanguinem passionis, quem pri Christo fuderunt : nam *ipsi sunt qui venerun ex magna tribulatione, et laverunt stola suas in sanguine Agni (Apoc. vii).* In fest Crucis, de qua Christus pro nobis sanguinem suum fudit. Unde Propheta : *Quare rubrur est vestimentum tuum, sicut calcantium in torculari (Isai. LXIII)?* In Pentecoste, propter sancti Spiritus fervorem qui super apostolos in linguis igneis apparuit. Nam *apparuerunt illis dispertitæ linguæ tanquam ignis, seditque supra singulos eorum Spiritus sanctus.* Unde Propheta : *Misit de cœlo ignem in ossibus meis (Thren. 1).* Licet autem in apostolorum Petri et Pauli martyrio rubeis sit utendum, in Conversione tamen et Cathedra utendum est albis. Sicut licet in Nativitate Joannis sit abis utendum, in decollatione tamen ipsius utendum est rubeis. Cum autem illius festivitas celebratur, qui simul est martyr et virgo, martyrium præfertur virginitati, quia signum est perfectissimæ caritatis, juxta quod Veritas ait : *Majorem caritatem nemo habet quam ut animam suam ponat quis pro amicis suis (Joan. xv).* Quapropter in commemoratione omnium sanctorum quidam rubeis utuntur indumentis. Alii vero, ut curia romana, candidis : cum non tantum in eadem, sed et de eadem, solemnitate dicat Ecclesia, quia sancti, secundum Apocalypsim Joannis, *stabant in conspectu Agni, amicti stolis albis, et palmæ in manibus eorum (Apoc. vii).*

Nigris autem indumentis utendum est in die afflictionis et abstinentiæ pro peccatis et pro defunctis : ab Adventu scilicet usque ad Natalis vigiliam, et a Septuagesima usque ad sabbatum Paschæ. Sponsa quippe dicit in Canticis : *Nigra sum, sed formosa, filiæ Jerusalem, sicut tabernacula Cedar, sicut pellis Salomonis. Nolite me considerare, quod fusca sim, quia decoloravit me sol (Cant. i).* In Innocentum autem die, quidam nigris, alii vero rubeis indumentis utendum esse contendunt : illi propter tristitiam, quia *vox in Rama audita est, ploratus et ululatus multus, Rachel plorans filios suos, et noluit consolari, quia non sunt (Jerem. xxxi).* Nam propter eamdem causam cantica lætitiæ subticentur, et non in aurifrigio mitra defertur. Isti propter martyrium, quod principaliter commemorans inquit Ecclesia : *Sub throno Dei omnes sancti clamabant : Vindica sanguinem nostrum qui effusus est, Deus noster (Apoc. vi).* Propter tristitiam ergo, quam et silentium innuit lætitiæ canticorum, mitra quæ defertur non est aurifrigio insignita,

sed propter martyrium rubeis est indumentis utendum. Hodie utimur violaceis, sicut in *Lætare Hierusalem*, propter lætitiam quam aurea rosa significat. Romanus pontifex portat mitram aurifrigio insignitam, sed propter abstinentiam nigris, imo violaceis utitur indumentis.

Restat ergo quod in diebus ferialibus et communibus, viridibus sit utendum, quia viridis color medius est inter albedinem et nigredinem et ruborem. Hic color exprimitur, ubi dicitur : *Cypri cum nardo, et nardus cum croco (Cant. iv).* Ad hos quatuor cæteri referuntur. Ad rubeum colorem coccineus, ad nigrum violaceus, ad viridem croceus : quamvis nonnulli rosas ad martyres, crocum ad confessores, lilium ad virgines referant.

LIBER SECUNDUS.

CAPUT PRIMUM. — *De accessu pontificis ad altare.*

His indumentis ornatus episcopus ad altare procedit, duobus eum ducentibus hinc inde, sacerdote videlicet et levita, subdiacono præcedente, qui clausum portat codicem Evangelii, donec episcopus ad altare perveniat, ibique codicem osculatur apertum. Hæc omnia divinis plena sunt sacramentis : episcopus enim illum in se repræsentat pontificem, de quo dicit Apostolus : *Christus assistens pontifex futurorum bonorum per amplius et perfectius tabernaculum non manufactum, id est, non hujus creationis (Hebr. ix).*

CAP. II. — *De presbytero et diacono qui deducunt pontificem hinc inde.*

Sacerdos et levita significant legem et prophetiam, secundum illud quod Dominus ipse proponit in parabola sauciati, quia *sacerdos quidam descendit eadem via, et viso illo præterivit; similiter et levita.* Moyses et Elias in figura legis et prophetiæ *apparuerunt in monte cum Christo loquentes (Matth. xvii).* Sacerdos ergo et levita ducunt episcopum, quia lex et prophetia Christum annuntiaverunt et promiserunt. Moyses enim inquit in lege : *Prophetam suscitavit nobis Deus de fratribus nostris ; ipsum tanquam me audietis (Deut. xviii).* Et Isaias : *Ecce veniet Propheta magnus, et ipse renovabit Hierusalem (Isaiæ LXVI).*

CAP. III. — *De subdiacono qui præcedit, clausum portans codicem Evangelii.*

Subdiaconus qui præcedit, Joannem Baptistam significat, qui *præcessit Christum in virtute Eliæ*, parare Domino plebem perfectam. Hic ante pontificem portat codicem Evangelii, quia Joannes ante Christum prædicationem evangelicam inchoavit : *Pœnitentiam, inquit, agite, appropinquabit enim regnum cœlorum (Matth. iii).* Quod autem liber clausus tenetur, donec pontifex ad altare perveniat, et tunc aperitur, hoc insinuat quod in Apocalypsi describitur : *Quoniam nemo inventus est dignus aperire librum qui scriptus erat intus et foris, et signatus sigillis septem, nisi leo de tribu Juda, radix*

David, qui *librum aperuit, et septem ejus sigilla solvit* (*Apoc.* v). Per altare signatur Ecclesia, juxta quod Dominus dixit in Exodo : *Si altare lapideum feceris mihi, non œdificabis illud de sectis lapidibus* (*Exod.* xx). Quod sectionem lapidum prohibet in altari, divisionem fidelium reprobat, ne Ecclesia dividatur per errores et schismata.

CAP. IV. — *De pontifice qui pervenit ad altare.*

Tunc ergo liber aperitur, cum episcopus pervenit ad altare, quoniam ubi Christus primitivam apostolorum congregavit Ecclesiam, docens et prædicans, Scripturæ mysteria revelavit. *Vobis*, inquit, *datum est nosse mysterium regni Dei ; cæteris autem in parabolis.* Unde post resurrectionem *aperuit illis sensum, ut intelligerent Scripturas*. Rectius ergo facit episcopus, cum ipsemet aperit librum Evangelii, quamvis et per ministros suos Christus patefecerit mysteria Scripturarum. Quod episcopus codicem Evangelii osculatur, insinuat quod Christus pacem in Evangelio prædicavit. *Pacem meam*, inquit, *do vobis; pacem relinquo vobis : non quomodo mundus dat, ego do vobis* (*Joan.* xiv).

CAP. V. — *De processione romani pontificis a secretario ad altare.*

Cum autem stationalis solemnitas celebratur, Romanus pontifex cum sex præfatis ordinibus a secretario processionaliter ad altare progreditur, designans quod *Christus exivit a Patre, et venit in mundum.* Hic autem processionis ordo generationis Christi seriem repræsentat, quam Matthæus evangelista describit , in qua sex inveniuntur ordines personarum a quibus Christus secundum carnem traxit originem, in mundum processit : patriarchæ videlicet et prophetæ, reges et principes , pastores et duces, Abraham patriarcha , David propheta , Salomon rex, Salmon princeps, Judas pastor, Zorobabel dux.

CAP. VI. — *De duobus diaconis qui ducunt pontificem.*

Duo diaconi qui ducunt pontificem designant Abraham et David, quibus facta est incarnationis Christi repromissio : nam illi promissum est : *In semine tuo benedicentur omnes gentes* (*Gen.* xxii); isti pollicitum : *De fructu ventris tui ponam super sedem tuam* (*Psal.* cxxxi). Propter quod evangelista signanter hos duos in generatione Christi præmisit. *Liber*, inquit, *generationis Jesu Christi filii David, filii Abraham* (*Matth.* 1). Isti sunt duæ columnæ quas verus pacificus in vestibulo templi posuit ante ostium, quas ambit funiculus duodecim cubitorum, id est, quos fides duodecim apostolorum complectitur, de quorum medio Christus ostium aperitur credentibus.

CAP. VII. — *De mappula quæ portatur super pontificem, quatuor baculis colligata.*

Quatuor autem ministri super pontificem ferunt mappulam quatuor baculis colligatam, propter quod ipsi ministri mappularii nuncupantur. Mappula, quæ diversis imaginibus est figurata, sacram Scripturam signat, quæ multis mysteriis est insignita. Hæc quatuor baculis super pontificem portatur extensa, quia sacra Scriptura quatuor modis super Christum fertur exposita, secundum historiam, secundum allegoriam, secundum tropologiam et anagogen. Hic est fluvius paradisi, qui *quatuor in capita divisus progreditur* (*Gen.* ii). Hic est mensa propositionis, quæ *quatuor pedibus elevata substitit* (*Exod.* xxv). Hæc autem super pontificem extensa portatur, ut is venisse monstretur, quem lex scripserat et prophetæ. Nam *ipsemet incipiens Christus a Moyse et prophetis, interpretabatur in omnibus Scripturis, quæ de ipso erant.* Propter quod alibi dicit : *Si crederetis Moysi, crederetis et mihi, ille enim de me scripsit.*

CAP. VIII. — *De cereis et incenso*

Et ideo præferuntur duo lumina cum incenso , quia lex et prophetæ cum psalmis Christi pronuntiaverunt adventum, Christo attestante, qui ait : *Necesse est impleri omnia quæ scripta sunt in lege Moysi et prophetis et psalmis de me* (*Luc.* xxiv). In majoribus autem solemnitatibus septem candelabra coram pontifice deferuntur, per quod illud ostenditur, quod Joannes in Apocalypsi describit (*Apoc.* i) : *Conversus*, inquit, *vidi septem candelabra aurea, et in medio septem candelabrorum aureorum similem Filio hominis vestitum podere* : ut ille per hoc advenire monstretur, super quem requievit Spiritus gratiæ septiformis, secundum vaticinium Isaiæ : *Egredietur*, inquit, *virga de radice Jesse, et flos de radice ejus ascendet , et requiescet super eum spiritus Domini, spiritus sapientiæ et intellectus, spiritus consilii et fortitudinis, spiritus scientiæ et pietatis, et replebit eum spiritus timoris Domini* (*Isai.* xi).

CAP. IX. — *De igne quem manipulo stuppæ pontifex apponit in choro.*

In quibusdam basilicis circa medium chori manipulus stuppæ super columnam appenditur, cui pontifex ignem apponit, ut in conspectu populi subito comburatur. Per hoc secundum adventum commemorans, in quo Christus judicabit vivos et mortuos et sæculum per ignem. Nam *ignis in conspectu ejus exardescet, et in circuitu ejus tempestas valida* (*Psal.* xvii). Ne quis ergo male securus existat, qui per primum blanditur, per secundum exterret : quia qui judicandus venit in primo, judicaturus veniet in secundo ; vel potius, quia, secundum apostolum Jacobum, *vita nostra vapor est ad modicum parens* (*Jacob.* iv). Pontifex ignem apponit in stuppam, ne forte qui gloriosus incedit, in temporali gloria delectetur. Nam *omnis caro fenum, et omnis gloria ejus quasi flos feni* (*Isai.* xl).

CAP. X. — *De primicerio , qui pontificis dextrum humerum osculatur.*

Cum autem pontifex appropinquat altari, primicerius scholæ cantorum accedens, dextrum ipsius humerum coram astantibus osculatur : quia cum Christus nasceretur in mundo, angelus ille cum quo facta est cœlestis militiæ multitudo laudantium Deum, nativitatem ejus pastoribus patefecit. De quo dicit propheta : *Puer natus est nobis, et filius datus est nobis* (*Isai.* IX).

CAP. XI. — *De tribus sacerdotibus qui coram altari reverenter inclinant, os et pectus pontificis osculantes.*

Tres sacerdotes qui pontifici venienti coram altari reverenter occurrunt, et inclinantes os ejus osculantur et pectus, tres illos magos signant, qui venerunt Hierosolymam, dicentes : *Ubi est qui natus est rex Judæorum* (*Matth.* II)? *Et procidentes adoraverunt inventum, et apertis thesauris suis, obtulerunt ei munera, aurum, thus et myrrham.* Per geminum osculum, geminam in Christo naturam confitentur, divinam scilicet et humanam : divinam quasi latentem in pectore, humanam quasi patentem in ore, quas quoque per oblata munera magi mystice figurarunt. Osculum enim est signum reverentiæ, juxta quod Esther summitatem virgæ regis legitur osculata (*Esth.* V).

CAP. XII. — *De processionis dispositione.*

Disponitur autem ista processio velut castrorum acies ordinata. Nam et majores et fortiores, quasi custodes exercitus, præveniunt et sequuntur. Minores, quasi debiliores, colliguntur in medio; præcedunt episcopi et presbyteri, subsequuntur pontifex et diaconi, colliguntur in medio subdiaconi et acolyti. Cantores quasi tubicines præcedunt exercitum, ut eum ad prælium contra dæmones excitent et invitent. De quo prælio inquit Apostolus : *Non est nobis colluctatio adversus carnem et sanguinem, sed adversus principes et potestates, adversus mundi rectores tenebrarum harum, contra spiritualia nequitiæ in cælestibus* (*Ephes.* VI). Unde : *Buccinate in næomenia tuba, in die insigni solemnitatis vestræ* (*Psal.* LXXX). Crux ergo quasi regale vexillum præmittitur et præfertur, ut fugiant qui oderunt eum a facie ejus. *Nobis ergo absit gloriari nisi in cruce Domini nostri Jesu Christi, per quem mundus nobis crucifixus est, et nos mundo crucifigi debemus* (*Gal.* VI).

CAP. XIII. — *De confessione et pectoris tunsione, in qua tria notantur, ictus, tactus et sonus.*

Quia justus vero in principio sermonis accusator est sui, pontifex ad altare perveniens, et ad seipsum revertens, antequam ordiatur sacrum officium, de peccatis suis cum astantibus confitetur, psalmum illum præmittens, qui manifeste per totum sibi ad hoc dignoscitur pertinere et convenire : *Judica me, Deus* (*Psal.* XLII), ut discretus a gente non sancta, et ab homine liberatus iniquo, ad altare Dei dignus introeat. Illud autem in hac confessione notandum est, quia non (ut quidam minus provide faciunt) in specie, sed in genere confitenda sunt peccata, quoniam ista confessio non est occulta, sed manifesta. Percutimus autem pectus, cum confitemur peccata, quatenus exemplo publicani, qui percutiebat pectus suum dicens : *Domine, propitius esto mihi peccatori* (*Luc* XVIII), justificati descendamus in domum. In percussione tria sunt, ictus, sonus et tactus : per quæ signantur illa tria quæ sunt in vera pœnitentia necessaria, videlicet cordis contritio, oris confessio et operis satisfactio : nam sicut tribus modis peccamus, scilicet, corde cogitando, ore loquendo, et opere perpetrando, ita tribus modis pœnitere debemus, scilicet corde per dolorem, ore per pudorem, et opere per laborem.

CAP. XIV.—*De incenso, quod sacerdos repræsentat in capsula, et episcopus apponit thuribulo*

Ingressurus ergo pontifex ad altare, incensum apponit thuribulo, per hoc illud insinuans, quod *angelus venit et stetit ante altare habens thuribulum aureum, quod implevit de igne altaris, et data sunt ei incensa multa, ut daret de orationibus sanctorum* (*Apoc.* VIII). Angelus enim Christus, thuribulum aureum corpus immaculatum, altare Ecclesia, ignis caritas, incensum oratio, secundum illud propheticum : *Dirigatur oratio mea* (*Psal.* CXL). Venit ergo angelus, id est Christus, stetit ante altare, id est, in conspectu Ecclesiæ, habens thuribulum aureum, id est, corpus immaculatum, plenum igne, id est, caritate, et data sunt ei incensa multa a fidelibus, id est, orationes, ut daret, id est, præsentaret eas Patri, de orationibus sanctorum, non dicit orationes, quia Christus non omnes orationes exaudit, sed de omnibus illis quæ pertinent ad salutem. Unde cum Paulus ter rogasset Dominum ut ab eo stimulum carnis auferret, respondit ei Dominus : *Sufficit tibi gratia mea ; nam virtus in infirmitate perficitur* (I *Cor.* XII). Episcopus ergo thus apponit thuribulo, quia Christus orationem inspirat animo, ut per ipsum offeratur incensum dignum in odorem suavitatis ; ipse nos prævenit in benedictione dulcedinis, ut ejus donum sit nostrum meritum, quia non accipit nisi quod tribuit. *Sine me*, inquit, *nihil potestis facere ; quia palmes non potest ferre fructum a semetipso, nisi manserit in vite* (*Joan.* XV). Sacerdos ante incensum repræsentat episcopo, quia lex illud pretiosum thymiama confecit, quod in odorem suavitatis offertur Altissimo, de quo Dominus subdit in Exodo : *Talem compositionem non facietis in usus vestros, quia sanctum est Domino* (*Exod.* XXX). Homo quicunque similem fecerit, ut odore illius perfruatur peribit de populis suis. Fuerunt qui dicerent quod si thuribulum descendat ab altari, tunc aliud ibi thus sine benedictione ponendum est, et hominibus offerendum, tanquam illud spectat ad latriam, istud ad duliam. Melius tamen secundum spiritum quam secundum litteram intelligitur. Nam *littera occidit, spiritus autem vivificat* (II *Cor.* III).

CAP. XV. — *De triplici osculo, videlicet oris, altaris et pectoris.*

Tunc accedens episcopus ad altare, osculatur sacrum altare, significans quod Christus adveniens sanctam sibi copulavit Ecclesiam, secundum illud epithalamium : *Osculetur me osculo oris sui* (*Cant.* I). In osculo siquidem os ori conjungitur. Et in Christo non solum humanitas est unita divinitati, verum etiam sponsa sponso est copulata, secundum illud propheticum : *Quasi sponsam decoravit me corona, et quasi sponsam ornavit me monilibus* (*Isai.* LXI). Unde Joannes : *Qui habet sponsam sponsus est* (*Joan.* III). Nam *in sole posuit tabernaculum suum, et ipse tanquam sponsus procedens de thalamo suo* (*Psal.* XLIV). Deinde conversus episcopus osculatur diaconos, ut ostendat pacem illam in adventu Christi venisse, quam prophetae promiserant. Unde David : *Orietur in diebus ejus justitia et abundantia pacis, donec extollatur luna* (*Psal.* LXXI). Alius iterum propheta : *Pax erit in terra nostra cum venerit* (*Jerem.* XXIII). Et ideo Christo nascente, vox intonuit angelorum : *Et in terra pax hominibus bonae voluntatis.* Osculum enim quandoque pacem signat; juxta quod dicit Apostolus : *Salutate vos invicem in osculo sancto ; Deus autem pacis sit cum omnibus vobis* (*Rom.* XVI). Diaconus ergo statim inclinans osculatur pectus episcopi, designans quod inspiratione divina prophetae praedixerunt pacem futuram. Nam et Joannes supra pectus Christi recumbens, Evangelii fluenta de ipso sacro dominici pectoris fonte potavit.

CAP. XVI. — *De thurificatione qua pontifex incensat altare et sacerdos episcopum.*

Episcopus ergo thuribulum accipiens a diacono sacrum incensat altare : quia Christus corpus assumens, de genere prophetarum, factus ex semine David secundum carnem, suis orationibus fovet Ecclesiam, secundum quod orat in Evangelio : *Pater sancte, ego pro eis rogo, et non tantum pro eis, sed pro illis qui credituri sunt per verbum eorum* (*Joan.* XVII). Quod autem diaconus thuribulum recipit ut incenset episcopo, moraliter instruit quod si digne volumus incensum orationis offerre, thuribulum incarnationis debemus tenere. Nam sine fide Mediatoris homines Deo placere non possunt, sed juxta verbum promissionis ipsius : Si quid petierint credentes in oratione accipient; per thuribulum enim verbum accipitur incarnatum.

CAP. XVII. — *De forma thuribuli, et de duplici causa thurificandi, spirituali et litterali.*

Nam sicut in thuribulo pars superior et inferior tribus catenulis uniuntur, ita tres in Christo sunt uniones, quibus divinitas et humanitas conjunguntur : unio carnis ad animam, unio divinitatis ad carnem, et unio divinitatis ad animam. Quidam autem quartam unionem assignant, videlicet deitatis ad compositum ex anima simul et carne. Nam et quaedam thuribula quatuor habent catenulas. De hoc thuribulo Moyses specialiter inquit ad Aaron : *Tolle thuribulum, et hausto igne de altari, mitte incensum desuper* (*Num.* XVI). Praeter mysticam rationem, ob hoc etiam incensatur altare, quatenus ab eo omnis daemonis nequitia propellatur. Fumus enim incensi valere creditur ad daemones effugandos. Unde cum Tobias interrogasset angelum, quod remedium haberent ea quae de pisce jusserat servari, respondit : *Cordis ejus particulam si super carbones pones, fumus ejus omne genus daemoniorum extricat* (*Tob.* VI).

CAP. XVIII. — *De antiphona quae dicitur ad Introitum, et cur ipsa repetitur, interposita gloria Trinitatis, et quis eam cantari constituit.*

Interea chorus concinit antiphonam ad Introitum, quam repetit, interposita gloria Trinitatis. Porro sicut Introitus sacerdotis adventum Christi signat, sic antiphona quae dicitur ad Introitum, desiderium adventus ejus signat; de quo Dominus inquit apostolis : *Multi reges et prophetae voluerunt videre quae vos videtis, et non viderunt, et audire quae auditis, et non audierunt* (*Matth.* XIII). Chorus ergo dilatat animam suam et in jubilo cantat Introitum : quoniam prophetae, patriarchae, reges et sacerdotes omnesque fideles adventum Christi cum magno desiderio exspectabant, clamantes et implorantes : *Emitte Agnum, Domine, dominatorem terrae, de petra deserti ad montem filiae Sion. Veni, Domine, et noli tardare, relaxa facinora plebis tuae Israel* (*Isai.* XVI). Hinc ergo Simeon ille justus et senex benedixit et dixit : *Nunc dimittis servum tuum, Domine, secundum verbum tuum in pace : quia viderunt oculi mei salutare tuum* (*Luc.* II). Ex eorum ergo persona cantatur Introitus, per quos Christus intravit in mundum ; juxta quod Apostolus : *Et cum introducit primogenitum in orbem dicit : Et adorent eum omnes angeli ejus* (*Hebr.* I). Antiphonae repetitio multiplicationem clamoris insinuat. Unde propheta : *Manda remanda, exspecta et reexspecta, modicum ibi, modicum ibi* (*Isai.* XXVIII). *Si moram fecerit, exspecta eum, quia veniens veniet, et non tardabit.* Interpositio gloriae designat captationem benevolentiae ; ut enim quod exspectabant facilius obtinerent, ad totam Trinitatem cum glorificatione cantabant : *Ostende nobis, Domine, misericordiam tuam, et salutare tuum da nobis* (*Psal.* LXXXIV). *Qui sedes super Cherubin, appare coram Ephraim, Benjamin et Manasse.* Quorum tandem clamorem Spiritus sanctus exaudivit, ungens cum oblectatione prae consortibus suis ; et ad evangelizandum pauperibus destinavit, secundum quod ipse Filius per prophetam testatur : *Spiritus Domini super me, eo quod unxit me, ad evangelizandum pauperibus misit me* (*Isai.* LXI). Hoc ergo desiderium antiquorum Introitus praesentat, non secundum intellectum litterae, sed jubilo cantilenae. Coelestinus papa constituit ut psalmi David et ante sacrificium canerentur antiphonatim ex omnibus, quod antea non fiebat, sed Epistola tantum et Evangelium legebantur. Excerpti sunt ergo de psalmis Introitus, Gradualia quoque ac Offertoria, necnon Communiones, quae cum modulatione coeperunt ad missam in Ecclesia romana cantari. Antiphona graece, latine dicitur vox reciproca, quia duo chori reciprocando vicissim melodiarum cantus alternant.

CAP. XIX. — *De Kyrie eleison, et quare novies decantatur, et quare sex vicibus dicitur Kyrie eleison, et tribus Christe eleison.*

Cum ergo jam tempus plenitudinis, et annus benignitatis advenerit, sicut prædictum fuerat a psalmista : *Tu exsurgens misereberis Sion, quia venit tempus miserendi ejus* (*Psal.* ci), congrue chorus tunc concinendo subjungit *Kyrie eleison*, quod interpretatur : *Domine, miserere.* Unde propheta : *Domine, miserere ejus et exaudi* (*Isai.* xxxiii). Dicit autem hic novies, contra novem genera peccatorum. Est enim peccatum originale, mortale et veniale. hoc est, serpens, mulier et vir. Serpens enim, id est, concupiscentia, suggerit originaliter; mulier, id est, delectatio, comedit venialiter; vir, id est, ratio, consentit mortaliter. Item est peccatum cogitationis, locutionis et perpetrationis : cogitationis in corde, locutionis in ore, perpetrationis in opere; hoc est, mors in domo, mors in porta, mors in monumento. Rursus est peccatum fragilitatis, simplicitatis et malignitatis : fragilitatis per impotentiam, simplicitatis per ignorantiam, malignitatis per invidentiam : hoc est, peccatum in Patrem, peccatum in Filium, peccatum in Spiritum sanctum. Et ideo chorus dicit ter ad Patrem *Kyrie eleison*, ter ad Filium *Christe eleison*, ter ad Spiritum sanctum *Kyrie eleison.* Sed ad Patrem et Spiritum sanctum sub eodem tantum vocabulo : quia Pater et Spiritus sanctus sunt ejusdem naturæ tantum; ad Filium vero sub alio, quia Filius, etsi sit ejusdem naturæ cum illis, est tamen etiam alterius, ut geminæ gigas substantiæ. Vel ideo dicitur novies, ut ordo decimus ex hominibus reparatus novem associetur ordinibus angelorum. Beatus Gregorius *Kyrie eleison* ad missam cantari præcepit a clero, quod apud Græcos ab omni populo cantabatur.

CAP. XX. — *De gloria in excelsis, et de triplici pace, et quis hymnum angelicum cantari ad missam constituit.*

Mox sequitur hymnus angelicus, temporali Christi nativitati perhibens testimonium, quem ille primus inchoando pronuntiat, qui Angelum magni consilii repræsentat. Chorus autem concinendo prosequitur, quia *subito facta est cum angelo multitudo militiæ cœlestis laudantium et dicentium : Gloria in altissimis Deo, et in terra pax hominibus bonæ voluntatis* (*Luc.* ii). Hymnus iste, non tantum est angelorum, sed hominum congratulantium, quod mulier illa quæ perdiderat dragmam decimam, jam lucernam accendat ut dragmam perditam inveniret (*Luc.* xv). Et pastor, dimissis nonaginta novem ovibus in deserto, jam venerat ut quæreret centesimam ovem quam amiserat. Ante nativitatem enim Christi, tres erant inimicitiarum parietes : primus inter Deum et hominem; secundus inter angelum et hominem; tertius inter hominem et hominem : homo namque per inobedientiam Creatorem offenderat, per suum casum restaurationem angelicam impedierat, per varios ritus se ab homine separavit. Judæus namque cæremonias excolebat. Gentilis idololatriam exercebat, utrisque ritus alterius displiceba'. Sed veniens pax vera, *fecit utraque unum, destruxit inimicitiarum macerias, et concurrentes parietes in se angulari lapide copulavit, ut* de cætero unum esset ovile et unus pastor. Abstulit ergo pe catum, et reconciliavit hominem Deo. Reparavit casum, et reconciliavit hominem Deo et angelo. Destruxit ritus, et reconciliavit hominem homini. *Restauravit* ergo, secundum Apostolum, *quæ in cœlis et quæ in terris sunt* (*Coloss.* i). Et ob hæc cœlestis militiæ multitudo psallebat : *Gloria in excelsis,* id est, in angelis, *Deo; et in terra pax Judæis hominibus* et gentilibus *bonæ voluntatis.* Hinc est etiam quod angelus loquitur et congaudet pastoribus, quia pax est inter homines et angelos reformata. Nascitur Deus homo, quia pax est inter Deum et hominem restaurata ; nascitur in præsepi bovis et asini, quia pax est inter homines et homines reparata. Per bovem enim Judaicus, per asinum gentilis populus figuratur, secundum illud : *Cognovit bos possessorem suum, et asinus præsepe domini sui* (*Isai.* i). Symmachus papa constituit tam die Dominico quam natalitiis martyrum *Gloria in excelsis* ad missam cantari; quem hymnum Telesphorus IX a B. Petro ad missam nocturnam NatalisDomini (quam idem constituit) cantari præceperat. Et in eo, ea quæ sequuntur, verba angelorum adjecit. Quanquam a pluribus asseratur quod ea beatus Hilarius Pictaviensis adjecerit.

CAP. XXI. — *De candelabris et cruce, quæ super medio collocantur altaris.*

Ad significandum itaque gaudium duorum populorum, de nativitate Christi lætantium, in cornibus altaris duo sunt constituta candelabra, quæ mediante cruce, faculas ferunt accensas. Angelus enim pastoribus inquit : *Annuntio vobis gaudium magnum, quod erit omni populo, quia natus est vobis Salvator* (*Luc.* ii). Hic est verus Isaac, qui risus interpretatur (*Gen.* xxi) Lumen autem candelabri, fides est populi; nam ad Judaicum populum inquit propheta : *Surge, illuminare, Hierusalem, quia venit lumen tuum, et gloria Domini super te orta est* (*Isai.* lx). Ad populum vero gentilem dicit Apostolus : *Eratis aliquando tenebræ, nunc autem lux in Domino* (*Ephes.* v). Nam et in ortu Christi nova stella magis apparuit, secundum vaticinium Balaam : *Orietur*, inquit, *stella ex Jacob, et consurget virga ex Israel* (*Num.* xxiv). Inter duo candelabra in altari crux collocatur media, quoniam inter duos populos Christus in Ecclesia mediator existit, lapis angularis, qui fecit utraque unum. Ad quem pastores a Judæa, et magi ab Oriente venerunt.

CAP. XXII. — *De situ orandi.*

Pontifex oraturus ad sedem ascendit, et stans Collectam pronuntiat, quam libro legit aperto : quia, secundum evangelica testimonia, *venit Jesus in Nazareth; ubi erat nutritus, et intravit secundum consuetudinem diei sab-*

bati in synagogam, et surrexit legere. Et traditus est ei liber Isaiæ prophetæ, quem ut revolvit, invenit locum ubi erat scriptum : Spiritus Domini super me, propter quod unxit me (Isai. LXI). Et cum plicuisset librum, reddidit ministro, et sedit. Porro, secundum consuetudinem aliorum episcoporum, cum episcopus orat, ad dextram consistit altaris : in hoc illud signans quod fuerat prophetatum : Deus ab austro veniet (Habac. III). Et quoniam ea quæ sunt læta signantur per dextram, ea quæ sunt tristia, per sinistram; idcirco pontifex ad dextram partem altaris primum accedit, ut gaudium Dominicæ nativitatis ostendat; deinde post Evangelium ad sinistram convertitur, ut tristitiam passionis insinuet. Sed iterum redit ad dextram, ut gaudium resurrectionis annuntiet. Hoc ipsum Ezechiel in descriptione quatuor animalium figuravit : *Facies, inquit, hominis et facies leonis a dextris ipsorum quatuor*. Per hominem quippe nativitas, per leonem resurrectio, per bovem immolatio designatur. Et ideo facies hominis et facies leonis erant a dextris ; *facies autem vituli erat a sinistris*, quia nativitas et resurrectio gaudium intulerunt, passio vero tristitiam inspiravit, propter quod ipse dicebat : *Tristis est anima mea usque ad mortem* (Matth. XXVI). Debet ergo sacerdos versus orientem orare, quia *visitavit nos Oriens ex ulto*. De quo legitur : *Ecce vir Oriens nomen ejus* (Zach. VI); cujus argumentum in libro Sapientiæ reperitur : *Oportet*, inquit, *ad lucis orientem adorare* (Sap. XVI); non quia divina majestas localiter in oriente consistat, quæ tamen essentialiter est ubique : *Cœlum*, inquit, *et terram ego imple"*; sed quia timentibus Deum *orietur Sol justitiæ* qui *illuminat omnem hominem in hunc mundum venientem*. Nam et templum Salomonis et tabernaculum Moysi legitur ad orientem ostium habuisse. Magister in historiam libri Regum : Quia sub Veteri Testamento ingressus templi erat ab oriente in occidentem, ad significandum, quia omnes ante Christi passionem tendebant ad occasum, id est, ad infernum post mortem; nunc vero fit ingressus in templum ab occidente in orientem, ad figurandum ortum nostrum et ascensum ad glori m. In illis autem ecclesiis quæ habent ostium ab occidente, sacerdos coram altari consistens ut adoret ad orientem, semper in salutatione se convertit ad populum, excepto præfationis et fractionis articulo, cum orationibus totus intentus, et cor habet sursum ad Dominum, et eucharistiæ peragit sacramentum.

Cap. XXIII. — *De salutatione majoris et minoris ad populum; et de revelatione capitis cum oratur.*

Oraturus episcopus mitram deponit, quia vir, secundum Apostolum, revelato capite debet orare, quatenus inter ipsum et Deum nullum malitiæ sit velamen, ut revelata facie, Domini gloriam contempletur (Cor. XI). Pontifex ergo salutationem præmittit ad populum, dicens : *Pax vobis*, illius utens eulogio, cujus fungitur pontificio. Minor autem sacerdos cum salutat populum, ait : *Dominus vobiscum*; quod utique verbum Booz legitur dixisse messoribus, quod intelligitur Booz quoque figuram Salvatoris ex ressisse : quia Ruth Moabiticam duxit uxorem (Ruth. II). Chorus autem utrique respondit : *Et cum spiritu tuo*. Ut autem episcopus ostendat se Christi vicarium, prima vice dicit · *Pax vobis;* quoniam hæc fuit prima vox Christi ad discipulos, cum eis post resurrectionem apparuit. Ad instar vero sacerdotum cæ erorum dicit postea : *Dominus vobiscum*, ut se unum ex ipsis ostendat. Cæterum septem vicibus populus salutatur in missa, quatenus exclusis septem vitiis capitalibus, suscipiat gratiam septiformem.

Cap. XXIV. — *Utrum sacerdos non minus quam duobus præsentibus debeat celebrare.*

Statutum est autem in sacris canonibus ut nullus presbyterorum missarum solemnia celebrare præsumat, nisi duobus præsentibus, sibique respondentibus, ipse tertius habeatur : quia cum pluraliter ab eo dicitur : *Dominus vobiscum*, et illud in Secretis : *Orate pro me*, apertissime convenit ut illius salutationi respondeatur a pluribus. Verum aliud est necessitatis articulus, et aliud religionis contemptus. Pie quoque credendum est, et sacris auctoritatibus comprobatur, quod angeli Dei comites assistant orantibus, secundum illud propheticum : *In conspectu angelorum psallam tibi* (Psal. CXXXVII). Et angelus ad Tobiam : *Quando orabas cum lacrymis, ego obtuli orationem tuam Domino* (Tob. XII). Sed et in Canone continetur : *Supplices te rogamus, omnipotens Deus, jube hæc perferri per manus angeli tui sancti in sublime altare tuum*. Sane quilibet homo habet angelum suum ad custodiam. Unde legitur in Actibus apostolorum, quod cum puella, quæ cucurrit ad ostium, Petri nuntiaret adventum, dicebant : *Angelus ejus est;* et Dominus loquens in Evangelio de parvulis, ait : *Angeli eorum semper vident faciem Patris* (Matth. XVIII). Illos igitur habemus in oratione participes, quos habebimus in glorificatione consortes.

Cap. XXV. — *De oratione et conclusione.*

Salutatione præmissa, per quam auditores eddantur attenti, subdit orationes quæ designantur in Apocalypsi per fumum aromatum qui ascendit in conspectu Domini de manu angeli (Apoc. VIII). Christus enim verus homo passioni propter nos destinatus, cujus illa vox est : *Holocausta et pro delicto non postulasti; tunc dixi : Ecce venio* (Psal. XXXIX), semper unitum sibi Verbum pro nobis orabat; qui secundum Apostolum, *in diebus carnis suæ preces supplicationesque ad Deum, qui salvum illum facere posset a morte, cum clamore valido et lacrymis offerens exauditus est in omnibus pro sua reverentia.* Quod autem in fine orationis subjungitur : *Per Dominum nostrum Jesum Christum*, illud signal quod ipse dicit in Evangelio : *Quidquid petieritis Patrem in nomine meo, fiet vob s* (Joan. XV). Non enim per aliam viam ad nos æterna Dei beneficia possunt devenire, quam per eum *qui est mediator Dei et hominum, homo Christus Jesus;* sicut per mediantem cristallum mutuamus ignem in escam suppositam in sole longinquo. Sumptum est autem de Epistola ad Romanos : *Gloriamur,* inquit, *in Deo per Dominum nostrum Jesum Christum.* Illud autem quod sequitur, *qui tecum vivit et regnat in unitate Spiritus sancti Deus,* ita potest simpliciter, sed non imprudenter intelligi, *qui cum Patre vivit et regnat in unitate Spiritus sancti Deus,* id est, una cum sancto Spiritu. Nam Pater et Filius et Spiritus sanctus sunt unus Deus ; vel *in unitate Spiritus sancti,* id est, in Spiritu sancto, qui est unitas Patris et Filii, amor et connexio utriusque. *Per omnia sœcula sœculorum,* hoc consecutive antonomatice, sicut Cantica canticorum. *Amen* optantis vel affirmantis ostendit affectum, nam in fine psalmorum ubi dicimus, *fiat, fiat,* Hæbreus dicit, *amen, amen.* Et Christus in Evangelio sæpe dicit : *Amen, amen dico vobis,* hoc est, verum, verum dico vobis, secundum illud quod alibi dicit : *Sit sermo vester, est, est* (*Matth.* v). Respicit ergo vel ad formam orationis, ut quod oratur optetur ; vel ad modum conclusionis, ut quod concluditur affirmetur, verbi gratia, cum sacerdos orat : *Da nobis quæsumus, Domine, salutem mentis et corporis,* populus optando respondet : *Amen,* id est, fiat. Vel cum sacerdos concludit, *qui tecum vivit et regnat in unitate Spiritus sancti Deus, per omnia sœcula sœculorum,* populus affirmando respondit : *Amen,* id est, verum est.

Cap. XXVI. — *Quare orationes dicuntur Collectæ, et quot in missa dicendæ.*

Orationes quæ circa principium missæ dicuntur Collectæ vocantur, eo quod sacerdos qui fungitur ad Deum legatione pro populo, petitiones omnium in eis colligat et concludat. Proprie tamen Collectæ dicuntur, quæ super collectam populi fiunt, dum colligitur populus, ut ad stationem faciendam, de una ecclesia procedant ad alteram. Orationum vero plures et varii fuerunt auctores, et in tantum earumdem numerus et diversitas excrescebat, quod octavum Africanum concilium, cui B. Augustinus interfuit, ita constituit : « Nullæ preces vel orationes vel missæ, vel præfationes, vel commendationes, vel manus impositiones dicantur, nisi in concilio fuerint approbatæ. » Nam et Gelasius papa tam a se quam ab aliis compositas preces dicitur ordinasse. Beatus autem Gregorius seclusis his quæ nimia vel incongrua videbantur, rationabilia coadunavit, et congrua multa per se necessaria superaddens. Quidam vero modum et ordinem excedentes, in tantum orationes multiplicant, ut auditoribus suis tædium generent et fastidium ; cum econtra Dominus dicat in Evangelio : *Cum oratis, nolite multum loqui, sicut faciunt ethnici, putant enim se in multiloquio exaudiri* (*Matth.* vi). Unde cum ei dixissent apostoli : *Domine, doce nos orare,* compendiosam orationem eos edocuit : *Pater noster qui es in cœlis* (*Luc.* xi). Hujus ergo orationis formam sequentes sacerdotes in missa septenarium numerum non excedant. Nam Christus septem petitionibus omnia corporis et animæ necessaria comprehendit : quia Deus numero impari gaudet, summopere quidem observant ut impares dicant orationes in missa, vel unam, vel tres, vel quinque, vel septem : unam vel tres, propter unitatis sacramentum vel mysterium Trinitatis; quinque vel septem, propter quinquepartitam Domini passionem, vel spiritum gratiæ septiformis : Deus enim divisionem et discordiam detestatur. Unde cum cæterorum dierum operibus benedixit, operibus secundæ diei benedixisse non legitur, quia binarius numerus ab unitate recedit, et ab eo cæteri divisibiles numeri sortiuntur originem.

Cap. XXVII. — *De extensione manuum sacerdotis in missa.*

Stans ergo pontifex ad orandum, manus elevat et extendit, astantibus hinc inde ministris, qui manus ejus sustentant, sacerdote coram eo tenente sacramentarium. Lex quippe istud sacramentum insinuat. Legitur enim in Exodo, quod cum Israel pugnaret adversus Amalec in deserto, *Moyses ascendit in verticem collis, cumque levaret Moyses manus, vincebat Israel. Si autem paululum remisisset, Amalec superabat. Aaron et Hur sustentabant manus ejus ex utraque parte. Et factum est ut manus ejus non lassarentur, usque ad solis occasum ; fugavitque Josue Amalec et populum ejus in ore gladii* (*Exod.* xvii). Propter hoc ergo sacerdos extendit manus in missa cum orat : nam et Christus cum expandisset manus in cruce, pro persecutoribus oravit et dixit : *Pater, dimitte illis, quia nesciunt quid faciunt* (*Luc.* xxiii), moraliter instruens, quia Christus semper paratus est recipere pœnitentes ; juxta quod ipse promisit : *Omne quod venit ad me, non ejiciam foras* (*Joan.* vi). Cum autem verus Moyses, id est, Christus elevat manus, id est, impendit auxilium et solatium, vincit Israel, id est, Ecclesia : nam *si Deus pro nobis, quis contra nos?* Sin autem paululum manus remittit, id est, si peccatis exigentibus subtrahit auxilium et solatium, superat Amalec, id est, diabolus, quia *non est volentis, neque currentis, sed Dei miserentis.* Quia vero Christus promisit Ecclesiæ : *Ecce ego vobiscum sum usque ad consummationem sæculi* (*Matth.* vii), ob hoc Aaron, id est, mons fortitudinis, et Hur, id est, ignis caritatis, sustentant manus ipsius, ut in fortitudine ferat auxilium, et ex caritate solatium, ne manus ejus lassentur usque ad solis occasum, id est, usque ad finem mundi. Sicque Josue duce, id est, Christo ductore, Israel fugat Amalec et populum ejus, id est, Ecclesia, superat diabolum et exercitum dæmonum in ore gladii, id est, per virtutem orationis. Gladius enim est verbum Dei. Si quis ergo vult orationis virtute superare diabolum, debet elevare manus, id est, actus ad Deum, ut ejus conversatio sit in cœlis. Unde *demissas manus erigite, et genua labilia roborate.* Nam *elevatio manuum est sacrificium vespertinum. Bona est oratio cum jejunio et eleemosyna. Fides autem sine operibus mortua est. Levemus ergo puras manus sine disceptatione, quærentes quæ sursum sunt, non quæ super terram, ubi Christus est in dextra Dei sedens.*

Cap. XXVIII. — *De Epistola quæ præmittitur Evangelio.*

Epistola quæ præmittitur Evangelio præcursoris designat officium, quod Joannes ante Christum exercuit, qui *præivit ante faciem Domini parare vias ejus.* Sicut ipse statur: *Ego vox clamantis in deserto: Parate viam Domini* (Joan. 1). Joannes ergo quasi subdiaconus fuit, id est, subminister illius qui de se dicit: *Non veni ministrari, sed ministrare.* Lex enim quasi pædagogus, infantem Dei populum per manum Moysi custodiendum suscipiens, illius adventum docuit exspectare, quem eidem populo jam adulto, per os digitumque Joannis præsentem in carne monstravit, unde eum ducens sequeretur ad regnum. *Ecce,* inquit, *Agnus Dei, ecce qui tollit peccata mundi* (Joan. 1). Præcessit namque lex Evangelium, sicut umbra lucem, virga spiritum, timor caritatem, initium perfectionem, dominantis præceptum amantis consilium. Nam *lex per Moysen data, gratia et veritas per Jesum Christum facta est.* Epistola vero vox legis est, suam imperfectionem Joannis testimonio profitentis et ad perfectionem evangelicam transmittentis. *Hic est,* inquit, *de quo dixi vobis: Qui post me venit, ante me factus est, cujus non sum dignus corrigiam calciamenti solvere; me oportet minui, illum autem crescere. Non erat ille lux, sed ut testimonium perhiberet de lumine. Erat lux vera quæ illuminat omnem hominem venientem in hunc mundum.* Lex quippe neminem duxit ad perfectionem. Hinc est ergo quod subdiaconum legentem Epistolam unus acolytus comitatur, diaconum vero legentem Evangelium, tam subdiaconus quam acolyti comitantur; quia prædicationem Joannis pauci secuti sunt, sed prædicationem Evangelii plurimi susceperunt. Unde discipuli leguntur dixisse Joanni: *Rabbi, qui erat tecum trans Jordanem, cui testimonium perhibuisti, ecce hic baptizat, et omnes veniunt ad eum* (Joan. III). *Ut ergo cognovit Jesus, quia pharisæi audierunt quod Jesus plures discipulos facit quam Joannes, reliquit Judæam.* Quia vero Joannes fuit limes præcedentium et sequentium, medius inter apostolos et prophetas, nam *lex et prophetæ usque ad Joannem,* et ex eo regnum Dei evangelizatur, et omnis in illud vim facit, ideo nec Epistola semper legitur de prophetis, nec semper de apostolis, sed interdum sumitur de Veteri Testamento, interdum de Novo; quia Joannes, cujus vocem repræsentat Epistola, cum antiquis prædixit Christum venturum: *Qui post me venit, ante me factus est.* Et cum modernis Christum ostendit præsentem: *Ecce Agnus Dei qui tollit peccata mundi.* Epistola vero græce, latine supermissio vel superrogatio nuncupatur, quod nomen bene congruit litteris apostolicis, quæ superrogatæ sunt Evangelio, de quibus frequentius leguntur Epistolæ. Apostolicus enim ordo per illum stabularium intelligitur, cui Samaritanus commisit hominem a latronibus spoliatum, vulneratum et semivivum relictum, proferens duos denarios, et dicens ei: *Curam illius habe, et quodcunque superogaveris, ego cum rediero, reddam tibi* (Luc. x).

Cap. XXIX. — *De reverentia quam subdiaconus exhibet episcopo post Epistolam.*

Quod autem subdiaconus cum acolyto ad sacerdotem post lectam Epistolam accedit, illud insinuat, quod *Joannes cum audisset in vinculis opera Christi, mittens duos ex discipulis suis, ait illi: Tu es qui venturus es, an alium exspectamus* (Matth. xi)? ut per visa miracula Christum jam venisse cognoscerent. Unde respondens Jesus, ait illis: *Euntes renuntiate Joanni quæ vidistis et audistis: cæci vident, claudi ambulant, leprosi mundantur, surdi audiunt, mortui resurgunt, pauperes evangelizantur.* Et quia dextra Domini fecit virtutem, ideo subdiaconus osculatur sacerdotis dextram: quia vero per visa miracula cognovit hunc esse de quo magister prædixerat: *Qui post me venit, ante me factus est, cujus non sum dignus corrigiam calciamenti solvere,* pronus ad pedes, calciamentum Romani pontificis osculatur. Sacerdos vero subdiaconum benedicit, quia Christus commendavit Joannem: *Quid,* inquit, *existis in desertum videre? prophetam? Etiam dico vobis, et plusquam prophetam. Amen dico vobis, inter natos mulierum non surrexit major Joanne Baptista.* Subdiaconus ergo post finem, sed diaconus ante principium lectionis ad sacerdotem accedit, et exhibet reverentiam, quia lex accepit finem in Christo, sed Evangelium originem sumpsit ab ipso. Nam *lex et prophetæ usque ad Joannem,* Evangelium et apostoli post Joannem.

Cap. XXX. — *De Graduali.*

Verum quia Joannes pœnitentiam prædicabat: *Pœnitentiam,* inquit, *agite, appropinquabit enim regnum cœlorum;* et iterum: *Facite dignos fructus pœnitentiæ,* merito post Epistolam Graduale consequitur, quod pœnitentiæ lamentum insinuat. Propter quod in diebus Pentecostes tollitur de officio, quia illi videlicet futurum in regno Dei felicem statum significat, quando jam area Christi ventilabro quod est in manu ejus purgata, grana reponentur in horreo felicitatis æternæ. Dicitur autem Graduale a gradibus humilitatis, ut pote illi conveniens, qui necdum ascendit de virtute in virtutem, sed adhuc in valle lacrymarum positus, jam tum ascensiones in corde disponit. Rectius ergo faciunt, qui Graduale non festivis aut modulationis vocibus efferunt, sed quasi cantum gravem et asperum simpliciter potius et lamentabiliter canunt. Potest autem responsorium illud quod Graduale vocatur, ad vocationem apostolorum referri, quando Christo vocante: *Venite post me,* ipsi non tantummodo verbo, sed opere responderunt, quia *relictis omnibus secuti sunt eum;* et ideo Graduale cantatur, quoniam apostoli gradiebantur post Dominum, discipuli post magistrum. Post Epistolam ergo Graduale cantatur, quia post prædicationem Joannis discipuli sunt secuti Christum, sicut Joannes evangelista describit : *Stabat*, inquit, *Joannes et discipuli ejus duo, et respiciens Jesum ambulantem dicit : Ecce Agnus Dei, ecce qui tollit peccata mundi ; et audierunt eum discipuli duo loquentem, et secuti sunt Jesum* (Joan. I). *Erat autem Andræus frater Simonis Petri, unus ex duobus qui audierunt a Joanne, et secuti eum fuerant.* Hoc Graduale cantavit cum invenit fratrem suum Simonem, et dicit ei : *Invenimus Messiam, quod est interpretatum Christus, et adduxit eum ad Jesum.* Philippus quoque Graduale cantavit, cum invenit Nathanaelem, et dicit ei : *Quem scripsit Moyses in lege, et prophetæ, invenimus Jesum filium Joseph a Nazareth ; veni et vide.*

CAP. XXXI. — *De Alleluia.*

Post luctum sequitur consolatio, nam *beati qui lugent, quoniam ipsi consolabuntur ;* et ideo post Graduale cantatur *Alleluia*, quod significat ineffabile gaudium angelorum et hominum in æterna felicitate lætantium, hoc est, semper laudare Deum. Nam *beati qui habitant in domo tua, Domine ; in sæcula sæculorum laudabunt te. In voce exsultationis et confessionis sonus epulantis.* (*Psal.* LXXXIII). Quid sit alleluia, CXII psalmus exponit, cui cum *Alleluia* præmittatur in titulo, statim psalmus exponendo titulum incipit : *Laudate, pueri, Dominum.* Hoc ineffabile gaudium vitæ præsentis inopia nullatenus habere meretur, sed prægustans illud spe, sitit et esurit quod gustaverit, donec spes mutetur in rem, et fides in speciem. Quapropter hoc nomen Hebraicum in interpretatum remansit, ut peregrinum ab hac vita gaudium, peregrinum quoque vocabulum signaret potius quam exprimeret. Cujus mysterium, velut quoddam gaudii stillicidium, de divitiis supernæ Hierusalem, primum in mentem patriarcharum et prophetarum, post in apostolorum ora plenius per Spiritum sanctum delapsum est. Quoniam igitur *Alleluia* futuræ beatitudinis quasi proprium est vocabulum, jure magis eo tempore frequentatur, quo Christus resurgens beatitudinis spem nobis tribuit et meritum. Ut autem aliis temporibus caneretur ad missam, olim Ecclesiæ Romanæ consuetudo non erat, sed a beato Gregorio constitutum, imo potius restauratum est. Nam a tempore Damasi papæ, cum prius fuisset, eadem consuetudo defecerat. Denique cum de his et quibusdam aliis quosdam murmurare sentiret, tanquam Constantinopolitanæ Ecclesiæ consuetudinem sequeretur, non est dedignatus reddere rationem, dicens : Nos in nullo horum aliam Ecclesiam secuti sumus. Nam ut *Alleluia* non diceretur, de Hierosolymorum Ecclesia ex beati Hieronymi traditione tempore beatæ memoriæ Damasi papæ traditur tractum, et ideo in hoc magis illam consuetudinem amputavimus, quæ hic a Græcis tradita fuerat. Canimus ergo *Alleluia* post Graduale, canticum lætitiæ post luctum pœnitentiæ, summopere volentes exprimere magnitudinem consolationis quæ reposita est lugentibus, jubilantes potius quam canentes, unamque brevem digni sermonis syllabam in plures neumas protrahimus, ut jucundo auditu mens attonita repleatur, et rapiatur illuc ubi semper erit vita sine morte, dies sine nocte, certe sine forte, jucunditas sine dolore, securitas sine timore, tranquillitas sine labore, fortitudo sine debilitate, rectitudo sine perversitate, pulchritudo sine deformitate, veritas sine fallacia, felicitas sine miseria. Potest tamen *Alleluia* referri ad exsultationem eorum qui de miraculis Christi gaudebant laudantes Dominum, et dicentes : *Quia vidimus mirabilia hodie, et quia visitavit Dominus plebem suam* (*Luc.* V et VII). Tunc enim cantabatur in jubilo *Alleluia*, cum omnis plebs ut vidit dedit laudem Deo, et omnis populus gaudebat in universis quæ gloriose fiebant ab eo. Nam et *septuaginta duo reversi sunt cum gaudio dicentes : Domine, et dæmonia subjiciuntur nobis in nomine tuo.* Hinc est quod a Septuagesima usque ad Pascha non cantatur *Alleluia*, quia tempore tristitiæ non debet carmen lætitiæ decantari, secundum illud propheticum : *Quomodo cantabimus canticum Domini in terra aliena* (*Psal.* CXXXIX)? Septuagesima namque tempus Babylonicæ captivitatis repræsentat spiritualiter, in qua super flumina Babylonis sedentes et flentes in salicibus organa suspenderunt. Canitur autem Tractus, qui cum asperitate vocum, tum prolixitate verborum miseriam præsentis incolatus insinuat. De qua dicit Psalmista : *Heu mihi ! incolatus meus prolongatus est, habitavi cum habitantibus Cedar ; multum incola fuit anima mea* (*Psal.* CXIX).

CAP. XXXII. — *De versu qualis esse debeat, et qualiter interponatur.*

Quod autem interposito versu bis *Alleluia* cantatur, designat quod interjecta lætitia, sancti geminam lætificationis stolam accipient, mentis et carnis, sive cordis et corporis: nam secundum stolam mentis, *exsultabunt sancti in gloria, lætabuntur in cubilibus suis* (*Psal.* CXLIX). Secundum stolam carnis, *fulgebunt justi et tanquam scintillæ in arundineto discurrent* (*Sap.* III). Versus ergo nihil sinistrum aut triste, sed totum jucundum et dulce debet sonare, quales sunt : *Dominus regnavit, decorem indutus est ; Dominus regnavit, exsultet terra ; Jubilate Deo ; Justus ut palma florebit, quoniam absterget Deus omnem lacrymam ab oculis sanctorum, et jam non erit amplius neque luctus, neque clamor, sed nec ullus dolor, quoniam priora transierunt.* Hoc ipsum significat, quod in quibusdam ecclesiis Sequentia post *Alleluia* cantatur, suavi jubilo dulcique canore. Notandum est autem quod in officio missæ, trium linguarum concurrit diversitas, ut *omnis lingua confiteatur quia Dominus Jesus Christus in gloria Dei est Patris.* Quod et titulus crucis ostendit, qui scriptus fuit litteris hebraicis, græcis et latinis : *Jesus Nazarenus rex Judæorum* (*Joan.* XIX).

Cap. XXXIII. — *De sacerdotis sessu, dum Epistola legitur et Graduale cantatur.*

Hactenus tacitus sedebat sacerdos, illud insinuans quod, prædicante Joanne, Christus quodammodo tacebat, quia non prædicabat aperte. Sed, ut tradit Evangelista, *Postquam traditus fuit Joannes, venit Jesus in Galilæam prædicans Evangelium regni Dei (Marc.* 1); vel quia sedere victoris est, sessio sacerdotis Christi victoriam signat, qui post jejunium vicit diabolum : nam *reliquit eum tentator, et accesserunt angeli et ministrabant ei (Matth.* iv).

Cap. XXXIV. — *De mutatione sacerdotis, ab una parte altaris ad aliam, cum lecturus est Evangelium.*

His ergo rite præmissis, sacerdos ad sinistram partem altaris accedens pronuntiat Evangelium, significans quod *Christus non venit vocare justos, sed peccatores ad pœnitentiam,* juxta quod ipse docet in Evangelio, quia *non indigent qui sani sunt medico, sed qui male habent (Matth.* ix); per dextram enim justi, per sinistram peccatores figurantur. Propter quod Dominus quidem in judicio *statuet oves a dextris, hœdos autem a sinistris*. Quidam tamen in hoc loco dixerunt quod ideo sacerdos in principio missæ consistit ad dextram, cum autem pronuntiat Evangelium convertitur ad sinistram, et circa finem iterum redit ad dextram, quia cultus fidei primo fuit in populo Judæorum, deinde transivit ad gentes, et circa finem iterum revertetur ad Judæos, ad prædicationem Enoch et Eliæ, qui *convertent corda patrum in filios, quoniam in diebus illis salvabitur Juda, et reliquiæ Israel salvæ fient (Malach.* iv). Sed cum sacerdos, qui pronuntiat Evangelium, ipsius Christi repræsentet personam, et Christus non prædicaverit gentibus, sed Judæis, juxta quod ipse dicit in Evangelio : *Non sum missus nisi ad oves quæ perierant domus Israel (Matth.* xv), utrum illud recte dicatur, prudens auditor advertat.

Cap. XXXV. — *Quare diaconus qui lecturus est Evangelium dextram pontificis osculatur.*

Porro cum episcopus celebrat, omnia solemnius peraguntur. Diaconus enim, dextra pontificis osculata, codicem Evangelii suscipiens de altari, benedictionem postulat ab episcopo, qua data procedit ad pulpitum, præcedentibus ceroferariis, qui faculas ferunt accensas et thuribulum cum incenso. Jam figura mutatur : nam diaconus, qui prius repræsentabat prophetam, modo repræsentat evangelistam. Inquit enim : *Lex et prophetæ usque ad Joannem, ex eo regnum cœlorum evangelizatur (Matth.* xi). *Puteus altus est*, sed si fuerit diligenter eruditus vel eruderatus, *hauriemus aquam in gaudio de fontibus Salvatoris.* Diaconus ergo dextram pontificis osculatur, quia prædicator evangelizare debet pro gloria sempiterna, pro qua sponsa dicit in Canticis : *Dextra illius amplexabitur me (Cant.* 1). Nam et angelus qui resurrectionis gloriam venerat nuntiare sedebat ad dextram, stola candida coopertus (Marc. xvi). Licet ergo, secundum Apostolum : *Qui seminant spiritualia, metere possunt carnalia* (1 *Cor.* ix), non est tamen seminandum pro carnalibus et terrenis, sed pro spiritualibus et æternis. Nam *qui seminat in benedictionibus, de benedictionibus et metet* vitam æternam. Mercenarius enim est qui de prædicationis officio non quærit præmium sempiternum, sed commodum temporale.

Cap. XXXVI. — *Quando manus et pedes summi pontificis debeant osculari.*

Cæterum subdiaconus vel diaconus non manus, sed pedes romani pontificis osculatur, ut et summo pontifici summam exhibeat reverentiam, et eum illius ostendat vicarium esse, cujus pedes osculabatur *mulier quæ fuit in civitate peccatrix (Luc.* vii). Adorandum est enim scabellum pedum ejus, quoniam sanctum est, cujus pedes mulieres tenentes resurgentem a mortuis adoraverunt. Generaliter autem nemo debet manus summi pontificis osculari, nisi cum de manibus ejus aliquid accipit, vel cum ad manus ejus aliquid tribuit, ut ostendatur quod ex utraque debemus ei gratias exhibere : quia sicut semper dat propria, sic nunquam recipit aliena. Ipse vero præter oblationem panis nullam aliam oblationem manibus tangit, nisi quæ pro defunctis offertur. Quam ideo manibus accipit, ut eorum suggillet errorem qui dogmatizant eleemosynas non valere defunctis. Panem vero tangit propter reverentiam sacrificii quod ex pane conficitur, et quia vicarius est illius qui de se dicit : *Ego sum panis vivus, qui de cœlo descendi (Joan.* vi). Cæteras autem oblationes ad pedes accipit, propter illud quod in Actibus apostolorum habetur, quoniam *offerebant pretia eorum quæ vendebantur, et ponebant ante pedes apostolorum (Act.* iv).

Cap. XXXVII. — *De benedictione quam diaconus petit et accipit.*

Suscipiens ergo diaconus codicem Evangelii, benedictionem postulat ab episcopo, quia nullus debet prædicare nisi mittatur, secundum illud Apostoli : *Quomodo prædicabunt, nisi prius mittantur (* Rom. x)? Et Dominus inquit apostolis : *Messis quidem multa, operarii autem pauci. Rogate ergo dominum messis, ut mittat operarios in messem suam (Luc.* x). Isaias quoque, cum audisset vocem Domini dicentis : *Quem mittam? Et quis ibit ex vobis?* respondit : *Ecce ego, mitte me. Dixitque Dominus : Vade, et dices populo huic : Audite audientes (Isai.* vi). Pontifex ergo visibiliter benedicit diacono qui lecturus est Evangelium, quod non fecit subdiacono qui lecturus erat Epistolam : quia Christus invisibilis manens, legem et prophetas, quæ per Epistolam significantur, invisibiliter misit et docuit. *Euntes*, inquit, *prædicate dicentes : Appropinquabit regnum cœlorum.* Sed postquam *in terris visus est, et cum hominibus conversatus est,* apostolos et evangelistas visibiliter misit. *Illi autem egressi circuibant castella, evangelizantes et curantes ubique* (*Luc.* IX).

CAP. XXXVIII. — *De susceptione codicis Evangelii de altari.*

Textus Evangelii sumitur de altari, quia de Sion exivit lex, et verbum Domini de Hierusalem, non utique lex Mosaica, quæ quondam exierat de monte Sinai, sed evangelica lex, de qua dicit Propheta : *Ecce dies venient, dicit Dominus, et conservabo testamentum novum super domum Israel, et super domum Juda, non secundum testamentum quod dedi patribus eorum, cum educerem eos de terra Ægypti ; sed dabo leges meas in mentes eorum, et in corde eorum superscribam eas, et ero illis in Deum, et ipsi erunt mihi in populum* (*Jerem.* XXXI) : Lex quippe Mosaica scripta fuit in tabulis lapideis ; sed lex evangelica scribitur in tabulis cordis digito Dei. Nam illa dabatur habentibus cor lapideum ; sed hæc datur obedientibus, sicut ipse dicit in psalmis : *Populus quem non cognovi servivit mihi, in auditu auris obedivit mihi* (*Psal.* XVII).

CAP. XXXIX. — *De his qui præcedunt diaconum cum cereis et incenso.*

Diaconus præmittit ceroferarios cum faculis et incenso, quia prædicator debet ex se odorem bonæ opinionis emittere, secundum illud Apostoli : *Christi bonus odor sumus Deo, in omni loco* (II *Cor.* II). Nam cujus vita despicitur, restat ut ejus prædicatio contemnatur, et dicitur : *Medice, cura teipsum. Ejice primum trabem de oculo tuo, et tunc ejicies festucam de oculo fratris tui* (*Matth.* VII). Debet etiam desiderium et gaudium in cordibus auditorum accendere, quatenus et libenter audiant et granter obediant. Quis autem non desiderat bonum nuntium, et de bono nuntio quis non gaudeat ? Evangelium enim bonum nuntium ipsa sui nominis interpretatione signat. Vel per hoc quod episcopus duos præmittit acolytos ante diaconum qui lecturus est Evangelium portantes cereos et incensum, notatur quod Christus præmittebat binos ante faciem suam, in omnem civitatem et locum, quo ipse erat venturus, præferentes coruscationes miraculorum et odorem virtutum. Unde reversi dixerunt : *Domine, in nomine tuo dæmonia subjiciuntur nobis* (*Luc.* X). Facies enim Christi convenienter hic intelliguntur apostoli, qui formam doctrinæ suæ populis ostendebant ; propter quod ipsis aiebat : *Qui vos recipit me recipit.* Vel ideo librum evangelicum præcedunt thuribulum et candelabrum, quia doctrinam Christi virtus et fama præibant, Evangelista testante : *Exivit Jesus in virtute spiritus in Galilæam, et fama exivit in universam regionem de illo, et ipse docebat in synagogis eorum* (*Luc.* IV).

CAP. XL. — *Qualiter subdiaconus in eundo sequitur, et in redeundo præcedit referens Evangelium.*

Diaconus præcedit ut doctor, subdiaconus autem sequitur ut auditor. Ille præcedit ut prædicet, iste sequitur ut ministret ; quia dignus est operarius mercede sua. Secundum quod Dominus in lege præcipit : *Non claudes os bovis triturantis* (*Deut.* XXV). Post vero lectionem subdiaconus quasi sufficienter edoctus præcedit referens Evangelium, quoniam mercedem Evangelii de sua ministratione reportat ; secundum illud quod ipse Dominus promisit in Evangelio : *Qui recipit prophetam in nomine prophetæ, mercedem prophetæ recipiet* (*Matth.* X). Quem ideo præmittit diaconus ad episcopum, ut ostendat fructum prædicationis referre, de quo Dominus jusserat : *Posui vos ut eatis et fructum afferatis, et fructus vester maneat* (*Joan.* XV). In quibusdam tamen ecclesiis subdiaconus præcedit diaconum, ferens pulvillum, quem libro supponat ut mollitter sedeat. Per pulvillum qui fesso supponitur ad quietem, signatur vitæ solatium, ut videlicet auditores, quasi pro mercede laboris prædicanti sibi necessaria subministrent ; nam, ut inquit Apostolus : *Qui altari deserviunt, cum altari participantur* (I *Cor.* IX).

CAP. XLI. — *Quare diaconus per unam partem ascendit in pulpitum, et per aliam descendit.*

Procedit ergo diaconus cum silentio, nihil ferens præter codicem Evangelii, propter illud quod Dominus ipse præcepit : *Neminem salutaveritis, et nihil tuleritis in via* (*Matth.* X). Subdiaconus autem per unam viam, et diaconus per aliam ascendit in pulpitum : quoniam ille docendo, iste discendo procedit in augmentum scientiæ ; vel quia ministrator per meritum operis, et prædicator per meritum oris progreditur in augmentum justitiæ, de quo dicit Psalmista : *Justitia tua sicut montes Dei* (*Psal.* XXXV). Sed per eamdem viam revertuntur ad præsulem, quia per finalem perseverantiam pertingitur ad præmium, sicut Dominus ait : *Qui perseveraverit usque in finem, hic salvus erit* (*Matth.* X) ; et quia prædicatio non sufficit sine opere, *cœpit enim Jesus facere et docere*, idcirco prædicator accesserat, vel ideo diaconus qui lecturus est Evangelium, ab una parte progreditur, et ab altera parte regreditur : quoniam apostoli prius prædicavere Judæis, et postea gentilibus prædicavere ; secundum quod inquiunt ad Judæos : *Quia repulsistis verbum Dei, et indignos vos fecistis, ecce convertimur ad gentes* (*Act.* XIII).

CAP. XLII. — *Quare versus aquilonem legitur Evangelium.*

Diaconus ergo in ambonem ascendit, ut annuntiet Evangelium, secundum illud propheticum : *Super montem excelsum ascende tu, qui evangelizas Sion ; exalta in fortitudine vocem tuam* (*Isai.* XL). Et Dominus inquit in Evangelio : *Quod dico vobis in tenebris, dicite in lumine ; et quod in aure auditis, prædicate super tecta* (*Matth.* X). Nam et ipse Dominus ascendit in montem, ut Evangelium prædicaret, et operiens os suum, docebat discipulos suos, dicens : *Beati pauperes spiritu, quoniam ipsorum est regnum cœlorum.* Faciem autem suam versus aquilonem apponit, ut ostendat prædicationem

Christi contra eum specialiter dirigi qui ait : *Ponam sedem meam ad aquilonem, et ero similis Altissimo (Isai.* xiv): nam, secundum prophetam, *ab aquilone pandatur omne malum super habitatores terrae (Jerem.* i). Adversus ergo aquilonem legitur Evangelium, ut aquilo surgat et auster adveniat, id est, ut diabolus fugiat, et Spiritus sanctus accedat. Unde diaconus munit se signaculo crucis, ne diabolus qui bonis insidiatur operibus, tollat ei devotionem de corde, vel sermonem de ore. Sacerdos itaque vel diaconus cum lecturus est Evangelium, signare se debet in fronte, signare se debet in ore, signare se debet in pectore; ac si dicat : Ego crucem Christi non erubesco, sed corde credo quod ore praedico. *Praedicamus,* inquit Apostolus , *Jesum Christum , et hunc crucifixum : Judaeis quidem scandalum, gentibus autem stultitiam. Nos autem gloriari oportet in cruce Domini nostri Jesu Christi, in quo est salus* (l *Cor.* i; *Gal.* vi) : quia Dominus inquit in Evangelio : *Qui me erubuerit et meos sermones, hunc Filius hominis erubescet, cum venerit in majestate sua, et Patris, et sanctorum angelorum (Luc.* ix). Debet etiam signare librum et osculari. Librum osculatur diaconus vel presbyter, dicto Evangelio, et non prius, quasi dicat : Hic est liber Crucifixi, per quem reconciliationem accepimus.

CAP. XLIII. — *De crucis mysterio, et de multiplici ejus effectu.*

Quam profundum est crucis mysterium ! quam arduum est sacramentum ! Legitur enim quod Moyses ad mandatum Domini serpentem ereum erexit aeneum pro signo, quem aspicientes qui percussi fuerant a serpentibus sanabantur, quod ipse Christus exponens in Evangelio, inquit : *Sicut Moyses exaltavit serpentem in deserto, ita exaltari oportet Filium hominis, ut omnis qui credit in ipso non pereat (Joan.* III). Legitur etiam quod cum Joseph applicuisset Manassen et Ephraim ad Jacob, statuens majorem ad dextram, et minorem ad sinistram, ut eis secundum ordinem benediceret Jacob, ille vero manus commutans, id est, in modum crucis cancellans, dextram posuit super caput Ephraim minoris, et sinistram super caput Manasse majoris, et dixit : *Angelus qui eruit me de cunctis malis, benedicat pueris istis (Genes.* XLVIII). Ezechiel autem *audivit Dominum dicentem ad virum vestitum lineis, habentem atramentarium scriptoris ad renes: Transi per medium civitatis, et signa Thau in frontibus virorum dolentium et gementium (Ezech.* IX). Post hoc dicit septem viris : *Transite per mediam civitatem, et percutite omnem super quem non videritis Thau.* Nemini parcet oculus vester. Joannes quoque *vidit angelum ascendentem ab ortu solis, habentem signum Dei vivi, et clamavit voce magna quatuor angelis quibus datum est nocere terrae et mari, dicens : Nolite nocere terrae et mari, neque arboribus, quoadusque signemus servos Dei nostri in frontibus eorum (Apocal.* VII). Hinc est, cum Dominus percuteret Aegyptiorum primogenita, domos Hebraeorum absque laesione transcendit, eo quod sanguinem in superliminari et in utroque poste vidisset; dum Moyses manus tenebat extensas, Israel pugnans Amalec superabat ; lignum missum in Marath aquas dulcoravit amaras ; et ad lignum missum in Jordanem ferrum quod ceciderat enatavit. Hoc est lignum vitae in medio paradisi, de quo Sapiens protestatur : *Benedictum lignum per quod fit justitia, quoniam regnavit a ligno Deus. Etenim correxit orbem terrae , qui non commovebitur (Sap.* XIV). *Qui dixerunt : Morte turpissima condemnemus eum, nescierunt sacramenta Dei. Non comprehenderunt quae sit latitudo et longitudo, quae sit sublimitas et profundum.* Crux ergo sanitatem restituit , benedictionem impendit, discernit a perfidis , liberat a periculis , hostes expellit, victores constituit. Crux mysterium fidei, firmamentum spei, clavis scientiae, forma justitiae, magnificentia regum, gloria sacerdotum, inopum sustentatio, pauperum consolatio, caecorum dux, claudorum baculus, spes desperatorum, resurrectio mortuorum.

CAP. XLIV. — *Quomodo signum crucis sit exprimendum.*

Est autem signum crucis tribus digitis exprimendum, quia sub invocatione Trinitatis imprimitur, de qua dicit Propheta : *Quis appendit tribus digitis molem terrae (Isa.* XL), ita quod de superiori descendit ad inferius, et a dextra transeat ad sinistram, quia Christus de coelo descendit in terram, et a Judaeis transivit ad gentes. Quidam tamen signum crucis a sinistra producunt in dextram, quia de miseria transire debemus ad gloriam, sicut et Christus transivit de morte ad vitam, et de inferno ad paradisum, praesertim ut seipsos et alios uno eodemque pariter modo consignent. Constat autem quod cum super alios signum crucis imprimimus, ipsos a sinistris consignamus in dextram. Verum si diligenter attendas, etiam super alios signum crucis a dextra producimus in sinistram, quia non consignamus eos quasi vertentes dorsum, sed quasi faciem praesentantes.

CAP. XLV. — *De salutatione quae praemittitur Evangelio.*

Diaconus ergo in ambone consistens salutat populum, dicens : *Dominus vobiscum,* illud observans quod Dominus jusserat : *In quamcunque domum intraveritis , primum dicite: Pax huic domui (Matth.* X). Stans ergo populus, quod ante non fecerat cum Epistola legeretur, devotus et attentus, respondet : *Et cum spiritu tuo.* Statimque diaconus, ut eos benevolos reddat et dociles, subdit : *Sequentia sancti Evangelii;* sed et ipsi cum reverentia et honore respondent : *Gloria tibi, Domine,* glorificantes Dominum qui miserit eis verbum salutis, sicut in Actibus apostolorum habetur : *Et glorificaverunt Dominum, dicentes : Ergo et gentibus dedit Deus poenitentiam ad vitam (Act.* XI).

CAP. XLVI. — *De praeeminentia Evangelii.*

Sane sicut caput praeeminet corpori, et ei

cætera membra subserviunt, sic Evangelium toti officio præcellit, et ei cæteræ partes intellectuali ratione consentiunt. Hoc est Verbum verbi, sermo sermonis, sapientia sapientiæ : Verbum verbi, quod *erat in principio apud Deum, omnia per ipsum facta sunt, et sine ipso factum est nihil;* sermo sermonis, qui *venit a regalibus sedibus, insimulatum portans imperium, vivus, efficax, et penetrabilior omni gladio ancipiti (Sap.* xviii) ; sapientia sapientiæ, quæ *attingit a fine usque ad finem fortiter, et disponit universa suaviter.* Paradisus deliciarum, hortus aromatum, cella vinaria, cœnaculum vitæ, mensa propositionis, quadriga Aminadab, turris David, gazophylacium templi, thesaurus patrisfamilias. Hic est *fons hortorum, puteus aquarum viventium, quæ fluunt impetu de Libano (Cant.* iv). Quocirca diaconus corde purum, ore mundum, opere castum se studeat exhibere, quatenus sacrosanctum Evangelium possit digne proferre, quia puteus aquarum viventium, id est, evangelica prædicatio non fluit impetu, id est, libere, nisi de Libano, id est, de corde casto et ore candido. Non enim est speciosa laus in ore peccatoris. Sed peccatori dicit Deus : *Quare tu enarras justitias meas, et quare assumis testamentum meum per os tuum (Psal.* xlix)? Hic jam non loquitur Moyses, qui *ab heri et nudius tertius non loquens est,* sed *impeditioris et tardioris linguæ factus est* ex quo Dominum loquentem sibi audivit. Hic non loquitur Isaias, qui de se dicit : *Væ mihi quia tacui, quia vir pollutus labiis ego sum (Isai.* vi)! Hic non loquitur Jeremias, cum dicit : *A a a, Domine Deus, nescio loqui, quia puer ego sum (Jerem.* 1). Sed hic loquitur Pater in Filio, *quem constituit hæredem universorum, per quem fecit et sæcula (Hebr.* 1).

Cap. XLVII. — *Quare post Evangelium liber et thuribulum ad episcopum reportantur.*

Evangelio perlecto, liber et thuribulum ad episcopum reportantur, quoniam ad eum omnia bona sunt referenda a quo cuncta procedunt. Unde multi psalmorum intitulantur : *In finem psalmus David ,* quia Christus est finis consummans, sed non consumens, alpha et omega, primus et novissimus, initium et finis. Episcopus ergo thus odorat, et codicem osculatur, quia Christus quod inspiravit et docuit, hic approbat et acceptat. Deus enim nihil accipit, nisi quod efficit ; nec remunerat, nisi quod donat; quia sicut cuncta quæ facit, sunt bona, sic nulla sunt bona, nisi quæ facit. Nam *vidit Deus cuncta quæ fecerat, et erant valde bona.*

Cap. XLVIII. — *De Symbolo quod post Evangelium cantatur.*

Quia vero corde creditur ad justitiam, ore autem confessio fit ad salutem, ut ostendat Ecclesia quod Evangelii verbum corde recepit, mox fidei Symbolum ore decantat, quod tamen episcopus incipit, ut significet quod omne bonum a Christo procedat. Nam *omne datum optimum et omne donum perfectum desursum est, descendens a Patre luminum (Jacob.* 1). Quocirca ne musicus ille cœlestis diceret : *Cantavimus vobis, et non saltastis,* chorus catholicus evangelicæ doctrinæ consona voce respondet, et solemni tripudio fidem catholicam profitetur. Symbolum autem græce, latine sonat indicium vel collatio : tum quia fidei plenam indicat regulam et perfectam rationem, tum quia simul in unum continet articulos fidei. Traditur enim quod postquam apostoli sanctum Paraclitum acceperunt, cum jam forent ad prædicandum Evangelium profecturi, conferentes in unum super articulos fidei , statuerunt ut sicut omnes erant in fide concordes, sic omnes unam fidem concorditer prædicarent, et ideo Symbolum componentes, unusquisque bolum, id est, particulam unam apposuit. Unde secundum apostolorum catalogum duodecim particulas dignoscitur continere. Symbolum ergo post Evangelium, fidem post prædicationem ostendit. Unde Joannes : *Hæc eo loquente, multi crediderunt in eum (Joan.* vii). Nam et secundum Apostolum *fides ex auditu, auditus autem per verbum Christi (Rom.* x). Damasus autem constituit ut Symbolum cantetur ad missam, ex decreto sanctæ universalis synodi apud Constantinopolim celebratæ.

Cap. XLIX. — *De duodecim partibus utriusque Symboli, tam Apostolici quam Constantinopolitani.*

Credo in Deum patrem omnipotentem, creatorem cœli et terræ. (Petrus.)
Et in Jesum Christum Filium ejus unicum Dominum nostrum. (Andræas.)
Qui conceptus est de Spiritu sancto, natus ex Maria Virgine. (Jacobus.)
Passus sub Pontio Pilato, crucifixus, mortuus et sepultus. (Joannes.)
Descendit ad inferos, tertia die resurrexit a mortuis. (Philippus.)
Ascendit ad cœlos, sedet ad dexteram Dei patris omnipotentis. (Bartholomæus.)
Inde venturus est judicare vivos et mortuos. (Thomas.)
Credo in Spiritum sanctum. (Matthæus.)
Sanctam Ecclesiam catholicam, sanctorum communionem. (Jacobus Minor.)
Remissionem peccatorum. (Simon.)
Carnis resurrectionem (Thadæus.)
Et vitam æternam. Amen. (Matthias.)

Constantinopolitanum quoque symbolum dignoscitur continere duodecim clausulas :
Credo in unum Deum.
Et in unum Dominum Jesum Christum.
Qui propter nos homines.
Crucifixus etiam pro nobis.
Passus et sepultus est.
Et resurrexit tertia die.
Ascendit in cœlum.
Et iterum venturus est cum gloria.
Et in Spiritum sanctum.
Et unam sanctam catholicam.
Exspecto resurrectionem mortuorum.
Et vitam venturi sæculi.

Isti sunt duodecim panes qui recentes et calidi super mensam propositionis coram

Domino ponebantur. Hæc sunt dona quæ principes tribuum in consecratione altaris duodecim obtulere diebus. Duodenarius enim numerus multipliciter est consecratus : in xii apostolis, in xii prophetis, in xii patriarchis, in xii exploratoribus, in xii principibus, in xii tribubus, in xii fontibus, in xii lapidibus, in xii sedibus, in xii horis, in xii mensibus, in xii annis, in xii signis, in xii stellis, in xii gemmis, in xii portis, in xii angulis, in xii fundamentis, in xii virgis, in xii cubitis, in xii cophinis, in xii phialis, in xii acetabulis, in xii mortariolis, in xii bobus, in xii leunculis, in xii arietibus. Est autem numerus superabundans, constans ex duobus senariis signantibus perfectionem cogitationis et operis, sive mentis et corporis. Ex ternario multiplicato per quaternarium, et quaternario per ternarium, signantibus fidem individuæ Trinitatis, et quatuor Evangeliorum doctrinam, sive tres virtutes theologicas, et quatuor virtutes politicas. Hic numerus ex suis partibus aggregatis excrescit in sedenarium, qui constat ex denario et senario, mandatorum exsecutionem significans : quia decem sunt legis mandata, quæ sex diebus exsequimur, excrescentes in caritatis perfectionem, quæ secundum Apostolum xvi proprietates habere dignoscitur : *Charitas*, inquit, *patiens est, benigna est, non æmulatur, non agit perperam, non inflatur, non est ambitiosa, non quærit quæ sua sunt, non rritatur, non cogitat malum, non gaudet super iniquitate, congaudet autem veritati; omnia suffert, omnia credit, omnia sperat, omnia sustinet; caritas nunquam excidit* (I *Cor.* xiii).

Cap. L.—*Quibus diebus Symbolum sit dicendum in missa.*

Symbolum autem in illis tantum solemnitatibus cantari debet ad missam, de quibus aliqua mentio fit in Symbolo, videlicet omnibus diebus Dominicis, Natalis Domini, Epiphania Domini, Cœna Domini, Pascha, Ascensione, Pentecoste, omnibus festivitatibus B. Mariæ, sanctæ Crucis, Angelorum, Apostolorum, dedicationibus ecclesiarum, et commemoratione omnium Sanctorum, quanquam et ipsa sit Dedicationis festivitas; infra octavas Natalis Domini, excepta die Innocentium, in qua cantica lætitiæ subticentur: tum quia *vox in Rama audita est, ploratus et ululatus multus, Rachel plorans filios suos;* tum quia innocentes descenderunt ad inferos; tum etiam quia non loquendo, sed moriendo confessi sunt. In octava tamen cantantur cantica lætitiæ, propter resurrectionis gloriam, quam octava signat. Infra octavas Epiphaniæ, Paschæ, Ascensionis, Pentecostes, apostolorum Petri et Pauli, et Assumptionis Virginis Mariæ. Unde licet in Nativitate sancti Joannis Baptistæ et festivitate sancti Laurentii Symbolum non cantetur, in octavis eorum tamen cantatur, eo quod infra octavas apostolorum et Assumptionis adveniant, et ob hoc in octavis sancti Joannis præfatio de apostolis, et in octavis sancti Laurentii præfatio de Assumptione cantatur.

Horum omnium commemoratio fit in Symbolo, quorumdam tamen obscure, ut Epiphaniæ, quæ est festum baptismatis, de quo continetur in Symbolo : *Confiteor unum baptisma;* Cœnæ Domini, quæ est solemnitas Eucharistiæ, ad quam respicit illud quod in Symbolo continetur : *Sanctorum communionem;* angelorum, qui nomine cœli debent intelligi cum in Symbolo dicitur : *Creatorem vel factorem cœli et terræ,* secundum illud : *In principio creavit Deus cœlum et terram;* id est naturam angelicam et humanam; quibusdam tamen videtur in festivitatibus angelorum non esse Symbolum decantandum, eo quod angeli nunquam habuerunt fidem, sed speciem, non credentes, sed agnoscentes; Dedicationis ecclesiarum, ad quam respicit illud : *Sanctam Ecclesiam catholicam :* tunc enim (ut infra dicam) sanctificatur catholica Ecclesia, cum dedicatur. Ad octavas respicit resurrectio mortuorum, de qua continetur in Symbolo : *Exspecto resurrectionem mortuorum.* In festo tamen Agnetis secundo Symbolum non cantatur, quia licet celebretur, non tamen est festum octavæ. Unde nec in Calendario scribitur, nec in ecclesia pronuntiatur octava. Quidam non absurde singulis diebus paschalibus, sicut omnibus diebus Dominicis Symbolum cantant, a die Resurrectionis usque ad festum Ascensionis. Quidam etiam in festivitate sanctæ Mariæ Magdalenæ, dicentes illam apostolorum apostolam, Symbolum cantant. In capella proprie cantatur, pro eo quod ipsa proprie vel prima resurrectionis gaudium apostolis nuntiavit. De quibusdam tamen mentio fit in Symbolo, in quorum commemoratione Symbolum non cantatur, ut passionis et sepulturæ, quoniam illorum dierum officium aliorum officiorum regulam non sectatur.

Cap. LI.—*A quibus Symbolum sit cantandum.*

Quia vero Christus non venit prædicare gentibus, sed Judæis, juxta quod ipse dixit in Evangelio : *Non sum missus nisi ad oves quæ perierant domus Israel;* unde præcepit apostolis : *In viam gentium ne abieritis, et in civitatem Samaritanorum non intraveritis,* donec post resurrectionem præcepit eisdem : *Euntes in mundum universum, prædicate Evangelium omni creaturæ* (*Marc.* xvi), idcirco romano pontifice solemniter celebrante, Symbolum fidei non cantores in choro, sed subdiacones ad altare decantant, ipsi et generaliter ad universa respondent, usque dum pontifex dicit : *Pax Domini sit semper vobiscum;* quoniam usque post Christi resurrectionem, sola Judæorum Ecclesia, quæ per subdiacones designatur, qui sursum ad altare consistunt, *corde credidit ad justitiam, ore autem confessa est ad salutem.* Sed ex tunc cantores in choro respondent, et universa decantant, quia post resurrectionem Ecclesia gentium, quam cantores designant, qui deorsum in choro consistunt, fidem Christi recepit, et laudum præconia Salvatori persolvit. Inter Evangelium tamen et sacrificium chorus concinit Offertorium, quoniam inter prædicationem et passionem gentilitas fide votum offerens decantavit, quando *mulier Chananea de finibus Tyri et Sidonis egressa clamavit, et dixit: Miserere mei, Domine, fili David: filia mea a dæmonio male vexatur; hujus tandem fidem commendans Dominus ait: O mulier! magna est fides tua; fiat tibi sicut vis* (Matth. xv).

Cap. LII. — *De Offertorio.*

Dicturus sacerdos: *Oremus*, præmittit: *Dominus vobiscum*, quia nisi nobiscum sit Dominus, ad salutem nostram orare non possumus. Statim autem canitur Offertorium, trahens nomen ab offerendo, quia dum Offertorium cantatur, sacerdos accipit oblationes a populis vel hostias a ministris. *Hilarem enim datorem diligit Deus* (II Cor. ix). Ordo conveniens, ut post prædicationem sequatur fides in corde, laus in ore, fructus in opere: fides in Symbolo, laus in Offertorio, fructus in sacrificio. Quapropter offerenda cantatur, quia sacrificium laudis offertur. Unde psalmus: *Circuibo et immolabo in tabernaculo ejus hostiam jubilationis; cantabo et psalmum dicam Domino* (Psal. xx); et in Paralipomenon: *Cum offerrent holocausta, cœperunt laudes canere Domino, et in diversis organis, quæ David rex compererat, concrepare.*

Cap. LIII. — *De silentio post Offertorium.*

Post hæc sacerdos silentium et solitudinem expetit, instante memoria Dominicæ passionis, illud insinuans, quod *Jesus jam non palam ambulabat apud Judæos, cum cogitarent eum interficere; sed abiit in regionem juxta desertum in civitate quæ dicitur Ephrem, et ibi morabatur cum discipulis suis. Collegerunt ergo pontifices et pharisæi consilium, et dicebant: Quid facimus? quia hic homo multa signa facit; si dimittimus eum sic, omnes credent in eum, et venient Romani, et tollent nostrum locum et gentem. Unus autem ex illis, Caiphas nomine, cum esset pontifex anni illius, dixit eis: Vos nescitis quidquam, nec cogitatis quia expedit vobis ut unus homo pro populo moriatur, et non tota gens pereat. Ab illo ergo die cogitaverunt, ut interficerent eum.* Silentium ergo sacerdotis latibulum Christi signat.

Cap. LIV. — *De ablutione manuum antequam sacrificium offeratur.*

Notandum vero quod cum sacerdos dixisset, *Oremus*, non statim orationem subjungit, sed antequam ad altare procedat, manus abluit, quatenus lotis manibus oblationem accipiat, incensum offerat, et orationem effundat. Scriptum est enim in Exodo: *Facies labium æneum, ponesque illud in tabernaculum testimonii ad altare, et missa aqua lavabunt in ea Aaron et filii ejus manus suas et pedes, quando ingressuri sunt in tabernaculum testimonii, et quando accessuri sunt ad altare* (Exod. xxv). Cum ergo manus suas lavisset episcopus ingressurus tabernaculum, tunc iterum manus abluit, cum accessurus est ad altare, ut magis magisque mundatus offerat hostiam immaculatam sanctam, Deo placentem. Unde Psalmista, cum esset mundatus, petebat amplius emundari: *Amplius lava me ab injustitia mea, et a delicto meo munda me* (Psal. xviii). Sacerdos igitur hostiam oblaturus, debet conscientiam lavare lacrymis pœnitentiæ, secundum illud: *Lavabo per singulas noctes lectum meum, lacrymis meis stratum meum rigabo* (Ps. vi). Nam et Christus antequam verum et unicum sacrificium in ara crucis offerret, in resurrectione Lazari lacrymas effudit miseratus, Evangelista testante: *Jesus infremuit spiritu, turbavit semetipsum et lacrymatus est* (Joan. xi).

Cap. LV. — *De corporalibus, et quare una pars extenditur et altera complicatur.*

Interim vero diaconus corporales pallas super altare disponit, quæ significant linteamina quibus involutum fuit corpus Jesu. Pars autem quæ plicata ponitur super calicem signat sudarium, quod fuerat super caput ejus separatim involutum in unum locum. De his itaque tantum reperitur in canone: Consulto omnium constituimus ut sacrificium altaris non in serico panno aut intincto quisquam celebrare præsumat, sed in puro lineo, ab episcopo consecrato, terreno scilicet lino procreato atque contexto, sicut corpus Domini nostri Jesu Christi in sindone linea munda sepultum fuit. Potest tamen et in his aliud figurari: duplex est enim palla, quæ dicitur corporalis, una quam diaconus super altare totam extendit, altera quam super calicem plicatam imponit. Pars extensa signat fidem, pars plicata signat intellectum. Hic enim mysterium credi debet, sed comprehendi non valet, ut fides habeat meritum, cui humana ratio non præbet experimentum. Credamus ergo de corde puro, conscientia bona et fide non ficta. Sed non præsumamus discutere, quia defecerunt scrutantes scrutinio. Scriptum est enim: *quia perscrutator majestatis opprimetur a gloria* (Prov. xxv). Nam qui dixerunt: *Durus est hic sermo, et quis potest illum audire? abierunt retro, et jam non ambulabant cum Christo.*

Cap. LVI. — *De oblatis et incenso, et quare sacerdos tertio circumducit et reducit incensum, et quare totum undique incensatur altare.*

Tunc exsurgens sacerdos ad altare procedit, ubi mysticam oblationem accipit a ministris; illud insinuans, quod Joannes evangelista describit: *Jesus ante sex dies Paschæ venit in Bethaniam, ubi fuerat Lazarus mortuus, quem suscitavit Jesus. Fecerunt autem ei cœnam ibi, et Martha ministrabat* (Joan. xii). Oblatione suscepta, statim adoletur incensum, per quod illud innuitur quod statim per evangelistam subjicitur: *Maria ergo accepit libram unguenti nardi pistici pretiosi, et unxit pedes Jesu, et domus impleta est ex odore unguenti.* Quod autem sacerdos tertio superducit et circumducit incensum, designat quod Maria ter exhibuit et adhibuit unguentum circa corpus Jesu: primo cum unxit pedes ipsius in domo Simonis pharisæi; secundo cum in domo Simonis leprosi super caput ejus unguentum effudit; tertio cum emit aromata ut veniens ungeret Jesum, jam positum in sepulcro. Voluntas enim pro facto reputatur, cum et per ipsam non steterit quominus expleverit quod incœpit. Quod undique totum incensatur altare, designat quod factum illud totam undique respargit Ecclesiam, sicut Dominus ipse testatur : *Amen dico vobis, ubicunque prædicatum fuerit hoc Evangelium in toto mundo, dicetur quod hoc fecit in memoriam ejus (Matth.* xxvi). Moraliter autem incensum devotionis adolendum est in thuribulo cordis, igne caritatis, ut odorem suavitatis emittat. De quo dicit Scriptura : *Fungi sacerdotio, et habere laudem in nomine ipsius, et offerre illi incensum dignum in odorem suavitatis (Eccli.* xLv). Hoc enim incensum sacerdos accipit, id est, Christus acceptat, et incensat ex eo sacrificium et altare.

CAP. LVII. — *De modo et ordine sacrificium offerendi.*

Verum libet adhuc oblationis mysterium explicare. Subdiaconus enim calicem præparat, panem et vinum in illo disponens, quia nimirum lex, quæ per subdiaconum hic congrue designatur, hujus oblationis mysterium præsignavit, docens quod *Melchisedech rex Salem protulit panem et vinum. Erat enim Dei sacerdos Altissimi.* Quod exponens Propheta, dicit ad Christum : *Tu es sacerdos in æternum, secundum ordinem Melchisedech (Psal.* CIX). Diaconus autem calicem præparatum accipiens, in altari componit, quoniam Evangelium, cujus est figura diaconus, hujus sacrificii ritum commendavit Ecclesiæ, quam per altare supra diximus figurari. Prius tamen diaconus patenam cum hostia tradit episcopo, quam episcopus ipse super altare disponit, insinuans quod ipsemet Christus hoc sacramentum primum instituit, et Ecclesiæ tradidit celebrandum, dicens : *Hoc est enim corpus meum, quod pro vobis tradetur; hoc facite in meam commemorationem.* Episcopus aquam vino commiscet in calice, quia Christus populum reconciliavit in morte. Scriptum est enim quod *aquæ multæ sunt populi multi (Apoc.* xvii). Christus autem sanguinem suum effudit pro populo, sicut ipse testatur : *Hic est sanguis meus Novi Testamenti, qui pro multis effundetur in remissionem peccatorum.* Et de latere Christi simul *exivit sanguis et aqua :* quatenus nec Christus sit sine populo, nec populus sine Christo; quia cum aqua cum vino miscetur, Christus et populus adunantur. Verum hoc quoque mysterium lex Mosaica figurat, sicut exponit Apostolus dicens : *Bibebant autem de spirituali consequente eos petra* (I *Cor.* x); *petra autem erat Christus.* Quapropter ampullam cum aqua subdiaconus tradit episcopo, quam episcopus fundit in calicem, ut sicut aqua non separatur a vino, sic nunquam populus separetur a Christo. Calix ponitur ad dextrum latus oblatæ, quasi sanguinem suscepturus, qui de latere Christi dextro creditur vel cernitur profluxisse. Nam sicut panis in corpus, ita profecto vinum transsubstantiatur in sanguinem. Porro cum sacerdos accipit patenam et urceolum, calicem et thuribulum, patenam cum hostia, urceolum cum aqua,

calicem cum vino, thuribulum cum incenso, efficit super ea crucis signaculum, ut per crucis virtutem omnem diabolicæ malignitatis fraudem effugiat, ne contra sacerdotem vel sacrificium aliquo modo prævaleat; ob hoc etiam in modum crucis superducit et circumducit incensum et sacrificium ad altare, quatenus et crucis signaculo et thuris incenso diabolicæ fraudis malignitas extricetur, sicut prædiximus et ostendimus ad id utrumque valere.

CAP. LVIII. — *De patena super quam sacrificium panis offertur.*

Patena dicitur a patendo; cor latum et amplum signat. Super hanc patenam, id est, super latitudinem charitatis, sacrificium justitiæ debet offerri, ut holocaustum animæ pingue fiat. Hanc latitudinem cordis apostoli habebant, cum Petrus aiebat : *Et si oportuerit me mori tecum, non te negabo. Similiter et omnes discipuli* Christo *dixerunt.* Propter quod Dominus intulit, dicens : *Spiritus quidem promptus est, caro autem infirma (Matth.* xxvi). Sed latitudo cordis ab eis aufugit et latuit, cum omnes discipuli relicto magistro fugerunt et latuerunt. Et ideo post susceptam oblatam sacerdos abscondit sub corporali patenam, vel ab altari remotam subdiaconus retro continet involutam, per quod discipulorum fuga vel latibulum designatur, quidum verum sacrificium offerretur, fugerunt relicto Christo, et latuerunt sicut eis ipse prædixerat : *Omnes vos scandalum patiemini in me in hac nocte. Scriptum est enim : Percutiam pastorem, et dispergentur oves gregis; postquam autem surrexero, præcedam vos in Galilæam.* Et ideo sacerdos Dominicæ resurrectionis annuntiaturus eulogium, resumit patenam, quia *cum esset sero die illo una sabbatorum et fores essent clausæ, ubi erant discipuli congregati propter metum Judæorum, venit Jesus, et stans in medio dixit eis : Pax vobis;* resumens oves quæ trepidantes aufugerunt.

CAP. LIX. — *De sacerdotis inclinatione.*

Tunc sacerdos inclinans orat primum pro se, deinde pro populo, monens ut populus oret pro ipso. *Orate,* inquit, *pro me, fratres. Debemus* enim *pro invicem orare,* secundum Apostolum, *ut salvemur (Jacob.* v). Nam et Dominus inquit in Evangelio : *Amen dico vobis, quia si duo vel tres consenserint de omni re super terram quamcunque petierint, fiet eis a Patre meo qui est in cœlis (Matth.* xviii). Oravit autem et Christus primum pro se, deinde pro populo, dicens : *Pater, venit hora, clarifica Filium tuum, ut et Filius tuus clarificet te. Pater sancte, serva eos quos dedisti mihi, ut sint unum, sicut et nos (Joan.* xvii). Per hoc autem quod sacerdos inclinat se, humiliationem Christi signat, qui *exinanivit semetipsum, formam servi accipiens, factus obediens usque ad mortem, mortem autem crucis 'Phil.* II). Nunc tandem sacerdos dicit orationem quam intermisit, quia tunc demum Christus rediit Hierosolymam ad domum orationis quam ad tempus deseruerat, cum secesserat in Ephrem. Sic enim habetur in Evangelio : *Cum venisset Jesus Hierosolymam, intravit in templum Dei, et ejecit vendentes et ementes de templo, dicens : Domus mea domus orationis vocabitur (Matth.* xxi).

CAP. LX. — *De Præfatione.*

Quia vero iterum jam palam ambulabat Jesus, ita quo l in crastinum *turba multa quæ conveneral ad diem festum, cum audissent quia Jesus venit Hierosolymam, acceperunt ramos palmarum, et obviam processerunt, clamantes : Hosanna! Benedictus qui venit in nomine Domini rex Israel (Joan.* xii). Levat ergo sacerdos manus et vocem, dicendo palam : *Per omnia sæcula sæculorum.* Finis orationis est principium Præfationis, per quod sacerdos insinuat quod Christus est lapis angularis, qui fecit utraque unum Judæos continens et gentiles, ut sit unum ovile et unus pastor. Unde post laudem Judæorum evangelista describit fidem gentilium. *Erant*, inquit, *gentiles quidam ex his qui ascenderunt ut adorarent in die festo ; hi rogaverunt Philippum, dicentes : Domine, volumus Jesum videre.* Dicturus autem sacerdos orationem dignissimam, præmittit salutationem, optans nos tales existere, cum quibus Dominus manere dignetur, et illud nobiscum celebrare convivium, ad quod *mulier attulit alabastrum unguenti nardi pistici pretiosi, et illud effudit super caput Domini recumbentis.* Unde statim sacerdos subjungit : *Sursum corda.* Chorusque subjungit : *Habemus ad Dominum,* ut Ecclesia, sicut vere mulier unguentaria, sursum ad ipsam Verbi divinitatem cor elevet, et illu l caput æquale Deo Patri fide contingens, unguento catholicæ confessionis perungat. Cujus sane præconium sacerdos prosequitur dicens : *Gratias agamus Domino Deo nostro.* Chorusque respondet : *Dignum et justum est.* Gratias enim debemus referre omnipotenti Deo per Christum Dominum nostrum : credentes et confitentes quod per ipsum majestatem ejus laudant angeli, adorant dominationes, tremunt potestates. Nimirum hoc divinitatis arcanum ejus unguentum effundere, quod ex evangelici pigmenti medulla Joannes evangelista confecit : *In principio erat Verbum, et Verbum erat apud Deum, et Deus erat Verbum. Omnia per ipsum facta sunt, et sine ipso factum est nihil.* Hoc sacræ confessionis præconium sacerdos ita recte concludit Ecclesia, ut cum angelis et hominibus decantent hunc devoti pectoris hymnum : *Sanctus, sanctus, sanctus.* Oratio ista, vel hymnus partim angelorum, partim hominum verba complectitur ; legitur enim in Isaia quod Seraphim clamabant alter ad alterum, et dicebant : *Sanctus, sanctus, sanctus, Dominus Deus exercituum : plena est omnis terra gloria ejus (Isai.* vi). Legitur quoque in Evangelio quod *qui præibant et sequebantur, clamabant, dicentes : Hosanna Filio David! Benedictus qui venit in nomine Domini! Hosanna in altissimis (Matth.* xxi). Vox angelorum trinitatis et unitatis in Deo commendat arcanum ; vox hominum divinitatis et humanitatis in Christo personat sacramentum. Potest tamen Præfationis officium ad illud referri, quod Jesus ascendit in cœnaculum magnum stratum In quo multa locutus est cum discipulis suis, et gratias agens, hymnum retulit Deo Patri, quem Joannes evangelista describit, usquedum egressus esset trans torrentem Cedron, de quo dicit Matthæus : *Et hymno dicto, exierunt in montem Oliveti (Matth.* xxvi). Gelasius Papa tractus et hymnos composuit, et sacramentorum Præfationes cauto et elimato sermone dictavit. Sixtus autem hymnum *Sanctus, sanctus, sanctus,* cantari constituit.

CAP. LXI. — *De expositione Præfationis.*

Monet ergo sacerdos ut corda sursum habeamus ad Dominum, secundum exhortationem Apostoli dicentis : *Quæ sursum sunt sapite, et non quæ super terram (Coloss.* iii). Nam *ubi est thesaurus tuus, ibi et cor tuum.* Multi quidem dum ore loquuntur cœlestia, corde meditantur terrena, quibus Dominus improperat per prophetam : *Populus hic me labiis honorat, cor autem eorum longe est a me (Isai.* xxix). In qualibet ergo oratione peccatum est, sed in ista periculum, cor habere divisum ab ore, os habere divisum a corde. Nam qui semetipsum non audit, Deus illum non exaudit. Chorus ergo respondens profitetur se sacerdotis monita suscepisse, cum ait : *Habemus ad Dominum.* Diligenter ergo provideat, ne cor habens deorsum ad sæculum, Spiritui sancto damnabiliter mentiatur. Sacerdos postquam attentos reddidit et devotos, hortatur ut gratias agamus Domino Deo nostro. Quoniam ipse est Deus, id est, creator ; ipse est Dominus, id est, redemptor ; ipse enim est noster Jesus, id est, salvator. Tunc erit verissime noster, cum erit omnia in omnibus, id est, sufficientia singulorum. Ipse est ergo Deus qui de nihilo nos creavit ; ipse est Dominus, qui sanguine suo nos redemit ; ipse est noster, qui sui munere nos salvabit. Qui creando nobis dedit naturam, qui redimendo dedit gratiam, et salvando dabit gloriam. Chorus ergo respondens sacerdotis verbum approbat et afirmat. *Dignum,* inquit, *et justum est. Dignum* quantum ad Dominum, quia ipse est Dominus Deus noster ; *justum* est, quantum ad nos, quia nos sumus populus ejus, et oves pascuæ ejus. *Vere dignum et justum est, æquum et salutare, nos tibi semper...* Dignum, quia nos mera voluntate fecisti ; justum, quia nos mera misericordia redemisti ; æquum, quia gratuito nos justificas ; salutare, quia nos perpetuo glorificas. *Agere gratias tibi, Domine sancte, ubique, Pater omnipotens, æterne Deus.* Unde Psalmista : *In omni loco dominationis ejus, benedic, anima mea, Domino (Psal.* cii) ; et iterum : *Benedicam Dominum in omni tempore : semper laus ejus in ore meo (Psal.* xxxiii). *Per Christum Dominum nostrum.* Advocatum enim habemus apud Patrem Jesum Christum Dominum justum, *qui interpellat pro nobis, et ipse est propitiatio pro peccatis nostris, qui exauditur in omnibus pro sua reverentia.* Per eum ergo quasi per mediatorem laudes efferimus. Per eum quasi per advocatum gratias exhibemus. *Per quem majestatem tuam laudant angeli, adorant dominationes, tremunt potestates.* Per illum itaque laudant, adorant et tremunt, per quem omnia facta sunt, per quem omnes spirituum ordines sunt creati. Nam dixit Deus : *Fiat lux, et facta est lux.* Verbo dixit, et verbo fecit, quia *verbo Domini cœli firmati sunt.* Et *in principio erat Verbum, et Verbum erat apud Deum. Omnia per ipsum facta sunt, et sine ipso factum est nihil.* Laudant; unde Psalmista : *Laudate eum, omnes angeli ejus (Psal.* CXLVIII). Adorant; unde Esdras : *Exercitus cœli te adorant (Esdr.* XIX). Tremunt; unde Job : *Columnæ cœli contremiscunt et pavent adventum jus (Job* XXVI). Tremere vero dicuntur, non metu formidinis, cum sint perfecte beati, sed admirationis affectu, vel obedientiæ famulatu, cum secundum Apostolum : *Omnes sunt administratorii spiritus in ministerium destinati (Hebr.* 1). Cœli dicuntur laudare, quia laudis præstant materiam; unde Propheta : *Cœli cœlorum et aquæ quæ super cœlos sunt laudent nomen Domini (Isai.* LXVI); vel per cœlos hic thronos accepit, quia Dominus ait : *Cœlum mihi sedes est.* Seraphin ardens vel succendens interpretatur, eo quod præ cæteris ardent et succenduntur in charitate. Reperitur autem hoc nomen et neutrum et masculinum. Sed neutraliter terminatur in N, ut in hoc loco beata seraphin. Masculine terminatur in M, ut in Propheta : *Seraphim clamabant, alter ad alterum (Isai.* VI). Verum cum novem sint ordines angelorum, quare, tribus exclusis, tantum sex in Præfatione ponuntur? An non illi cum cæteris majestatem divinam glorificant et adorant? Absit : nam virtutes cœlorum, omnes comprehendunt. Unde Psalmista : *Verbo Domini cœli firmati sunt, et spiritu oris ejus omnis virtus eorum (Psal.* XXXII); et iterum: *Dominus virtutum ipse est rex gloriæ (Psal.* XXIII); vel forte occulta, tamen certa provisum est ratione. Dionysius quippe tres esse tradit ordines angelorum, trinos in singulis ponens, ut similitudo trinitatis eis insinuetur impressa (*De cœlesti Hierarchia*). Sunt enim tres ordines superiores, tres inferiores, tres medii : superiores, seraphin, cherubin, throni; medii, dominationes, principatus, potestates; inferiores, virtutes, archangeli, angeli. De singulis autem hic ordo medius subtrahitur, de superioribus cherubin, de mediis principatus, de inferioribus autem archangeli. Quia ad comparationem Trinitatis æternæ (cujus majestas hic præcipue commendatur) omnis alia trinitas diminuta reperitur et imperfecta. Nam quis in nubibus æquabitur Domino? Aut *quis similis erit Deo inter filios Dei (Psal.* LXXXVIII)? Quoddam enim increatæ Trinitatis vestigium relucet in omnibus creaturis, tam in angelo quam in homine, quam in mundo. Nam ad angelum inquit Propheta : *Tu signaculum similitudinis ;enus sapientiæ, et perfectus decore (Ezech.,* XXVIII). De homine dicit Scriptura : *Fecit Deus hominem ad imaginem et similitudinem suam (Gen.,* I). De mundo dicit Apostolus : *Invisibilia Dei per ea quæ facta sunt a creatura mundi conspiciuntur intellecta (Rom.* 1). Quælibet autem trinitas, sive spiritualis in angelo, sive corporalis in mundo, sive spiritualis et corporalis in homine, similitudinem quamdam divinæ Trinitatis ostendit, ipsius tamen similitudinis non perficit veritatem. Deus enim est spiritus increatus, immensus, incommutabilis, summe potens, summe sapiens, summe bonus. Increatus, quia non incepit in tempore vel ex tempore ; immensus, quia non circumscribitur loco ; incommutabilis, quia non variatur affectu ; summe potens, cui nihil est impossibile ; summe sapiens, cui nihil est ignorantiæ ; summe bonus, cui nihil est invidentiæ: *A quo omnia, in quo omnia, per quem omnia (Rom.* II); a quo sunt potenter creata ; per quem omnia sunt sapienter formata ; in quo omnia sunt diligenter conservata : creata per potentiam, formata per sapientiam, conservata per diligentiam ; creata per potentiam, Patrem causam efficientem ; per sapientiam, Filium causam afficientem ; per diligentiam, Spiritum sanctum causam perficientem. *Tres enim sunt qui dant testimonium in cœlo, Pater, Verbum et Spiritus sanctus, et hi tres unum sunt* (I *Joan.* V); tres personaliter, sua quisque vocatione distinctus. Pater generatione, Verbum filiatione, Spiritus sanctus processione, unum essentialiter. Totum omnes quod singuli natura, potentia, voluntate, et omnino quidquid secundum substantiam prædicatur. Hanc æternam et individuam Trinitatem *laudant angeli, adorant dominationes, tremunt potestates. Cum quibus et nostras voces...* Duas enim omnipotens Deus rationabiles condidit naturas, angelicam et humanam, quæ laudibus divinis insisterent, et ei gratiarum actiones redderent, quas dum pari voto concelebrant, tanquam superiores et inferiores chordæ in cœlesti cithara sociantur. De qua dicit Joannes : *Et audivi vocem citharœdorum citharizantium in citharis suis, et cantabant quasi canticum novum (Apoc.,* XIV). *Supplici confessione,* quasi non superba præsumptione, sed humili laude *dicentes : Sanctus, sanctus, sanctus, Dominus Deus Sabaoth.* Ter dicitur *Sanctus,* et semel *Deus* dicitur, ut trinitatis et unitatis mysterium comprobetur. Hoc non solum seraphin clamabant, sub excelso Dei solio secundum prophetam, sed et quatuor animalia, secundum Apocalypsim in circuitu sedis, requiem non habebant die ac nocte dicentia : *Sanctus, sanctus, sanctus, Dominus Deus omnipotens (Apoc.* IV). Sanctus dicitur. id est, sanctificans, non autem sanctificatus. Unde *sancti estote, quia ego sanctus sum Dominus Deus vester.* Sanctus Pater, dic ute Filio : *Pater, sanctifica eos, in veritate quos dedisti mihi, quia tu sanctus es.* Sanctus Filius, angelo te-tante : *Quod nascetur ex te sanctum, vocabitur Filius Dei.* Sanctus Spiritus, Christo ducente : *Accipite Spiritum sanctum; quorum remiseritis peccata, remittuntur eis.* Dicitur autem *Dominus Deus Sabaoth,* id est, Dominus exercituum, videlicet angelorum et hominum, quorum terribilis ut castrorum acies est ordinata : tot enim exercitus habet Deus in terra, quot sunt ordines in Ecclesia : tot habet in cœlis, quot ordines sunt in angelis. *Pleni sunt cœli et terra gloria tua.* Nomine cœlorum et terræ, angeli et homines, divina pleni gratia, perhibentur, vel ad litteram cœlum et terra gloria divina replentur, quia divinitas est ubique. Unde Propheta: *Si ascendero in cœlum, tu illic es; si descendero ad infernum, ades* (*Psal.* cxxxviii). Super omnia non elatus, subter omnia non prostratus, intra omnia non inclusus, extra omnia non exclusus. Unde reperitur in Job: *Excelsior cœlo est, et quid facies? Profundior inferno, et unde cognosces? Longior terra mensura ejus, et altior mari* (*Job* xi). Quia vero necessarium est ad æternam salutem incarnationis mysterium confiteri, recte subjungitur: *Benedictus qui venit in nomine Domini. Ego*, inquit, *veni in nomine Patris mei;* nomen Patris est Filius, de quo dicit Propheta: *Ecce nomen Domini venit de longinquo* (*Isai.* xxx). *Osanna in excelsis.* Verbum hebræum est, quod signat, salva obsecro, compositum ex *osi*, quod est salva, et *anna*, quod est interjectio obsecrantis; vel *osi* et *anna* duæ sunt dictiones per eclipsim prolatæ. Bis autem dicitur *Osanna*, propter duas partes salutis, quæ sunt stola mentis et stola carnis, quibus sancti beatificantur in gloria. Hic laudis versiculus in psalmo cxvii reperitur. Quod enim turbæ dixerunt, *Osanna*, hoc est quod ibi dicitur: O Domine! salvum me fac, et eisdem verbis subjungitur: *Benedictus qui venit in nomine Domini.*

LIBER TERTIUS.

CAPUT PRIMUM. — *De silentio post Præfationem.*

Post acclamatum præconium, sequitur secretum silentium : nam, ut Joannes evangelista describit, ubi Jesus honorifice fuit receptus a turbis, cum palmis et laudibus, *abiit et abscondit se ab eis* (*Joan.* xii), non utique trepidantis formidine, sed dispensantis officio, quia nondum venerat hora ejus, quæ postquam advenit, spontaneus ad passionem accessit. *Surgite*, inquit, *eamus; ecce appropinquat qui me tradet. Oblatus est enim quia ipse voluit* (*Isai.* liii); unde cum cohors et ministri venissent cum laternis et facibus et armis, ut comprehenderent illum, *sciens Jesus omnia quæ ventura erant super eum, processit et dixit eis: Quem quæritis? Responderunt ei: Jesum Nazarenum; dicit eis: Ego sum* (*Joan.* xviii). Illud ergo latibulum Christi hoc secretum silentium repræsentat, in quo, cessante verborum tumultu, sola dirigitur ad Deum intenta devotio. Tunc enim sacerdos debet intrare in cubiculum cordis, et, ostio sensuum intercluso, Deum Patrem orare, non multiloquio, sicut ethnici faciunt, qui putant multiloquio exaudiri, sed in corde puro, et conscientia bona, et fide non ficta (I *Tim.* i). Deus enim non est exauditor vocis, sed cordis, nec est admonendus clamoribus, quia renum est scrutator et cordium (*Jerem.* xvii). Quod Anna, typum gerens Ecclesiæ, legitur observasse, quæ non petitione clamosa, sed tacita devotione impetravit quæ petiit. Scriptum est enim in libro Regum, quod *Anna loquebatur in corde suo, tantumque labia illius commovebantur, et vox penitus non audiebatur* (I *Reg.* i). Item in Psalmis: *Dicite in cordibus vestris, et in cubilibus vestris compungimini* (*Psal.* iv). *Spiritus est Deus, et eos qui adorant in spiritu et veritate oportet adorare* (*Joan.*, iv). Ne vero muscæ morientes perdant suavitatem unguenti, flabello spiritus abigantur. Quatenus auster adveniens perflet hortum, ut aromata fluant; hoc est, ne importunæ cogitationes tollant devotionem orationis, inspiratione gratiæ repellantur. Quatenus Spiritus sanctus accedens mentem fecundet, ut virtutes abundent. Cæterum, ne sacrosancta verba vilescerent, dum omnes pene per usum ipsa scientes, in plateis et vicis, aliisque locis incongruis decantarent, decrevit Ecclesia ut hæc obsecratio quæ Secreta censetur, a sacerdote secrete dicatur, unde fertur quod cum ante consuetudinem quæ postmodum inolevit, quidam pastores ea decantarent in agro, divinitus sunt percussi.

CAP. II. — *De his quorum memoria colitur in Secreta.*

In Secreta recolitur memoria passionis, videlicet eorum quæ gesta sunt per hebdomadam ante paschalem, a decima luna primi mensis, quando Jesus adiit Hierosolymam, usque ad septimam decimam quando resurrexit a mortuis. Propter quod inter Præfationem et Canonem in plerisque Sacramentariis imago Christi depingitur, ut non solum intellectus litteræ, verum etiam aspectus picturæ memoriam Dominicæ passionis inspiret. Et forte divina factum est providentia, licet humana non sit industria procuratum, ut ab ea littera T Canon inciperet; quæ sui forma signum crucis ostendit et exprimit in figura. T namque mysterium crucis insinuat, dicente Domino per prophetam: *Signa Thau in frontibus virorum dolentium et gementium* (*Ezech.*, ix).

CAP. III. — *De tribus signis quæ fiunt super oblatam et calicem.*

TE IGITUR, CLEMENTISSIME PATER. Eadem die qua laudes a turbis Christo sunt acclamatæ, videlicet decima luna primi mensis, quando secundum legem typicus agnus in domos Hebræorum inferebatur, verus Agnus ingressus est Hierosolymam, et a nequissimis lanistis obsessus, multis insidiis quærebatur ad mortem. Traditus est autem a tribus, a Deo, a Juda, a Judæo. De prima traditione dicit Apostolus : *Proprio Filio suo non pepercit Deus, sed pro nobis omnibus tradidit illum*. De secunda scribitur in Matthæo : *Quærebat Judas opportunitatem ut eum traderet.* De tertia legitur in Joanne : *Gens tua et pontifices tui tradiderunt te mihi* (*Joan.* xviii). Prima fuit ex gratia, quia *dilexit nos, et tradidit semetipsum pro nobis.* Secunda ex avaritia, quia *constituerunt ei triginta argenteos: et exinde quærebat opportunitatem ut traderet eum sine turbis.* Tertia ex invidia : *sciebat enim Pilatus quod* ex invidia tradidissent eum. Deus ergo tradidit illum ex dono, Judas pro munere, Judæus in sacrificium illibatum, quod utique, non Judæi libare, sed gentes; quoniam *ablatum est regnum a Judæis, et datum est genti facienti fructus ejus*. Ad hoc igitur designandum, sacerdos facit tres cruces super oblatam et calic m, dum dicit : HÆC DONA, HÆC MUNERA, HEC SANCTA SACRIFICIA ILLIBATA; commemorans illam traditionem quam Deus fecit ex dono, Judas pro munere, Judæus in sacrificium illibatum : singuli tamen ad mortem, mortem autem crucis; nam licet diversa fuerunt operantia, tamen unum et idem exstitit operatum. Hæc trina traditio tunc incœpit, cum Filius ex Dei Patris decreto, et ex consilio Spiritus sancti, necnon ex proprio beneplacito veniens Hierosolymam, semetipsum exposuit passioni, qui cum venisset, ibidem exposuit ad quid venisset. *Nisi granum frumenti cadens in terram mortuum fuerit, ipsum solum manet : si autem mortuum fuerit, multum fructum affert. Et ego si exaltatus fuero de terra, omnia traham ad meipsum (Joan.* XII). Hoc autem dicebat, significans qua morte esset moriturus; vel potius quia indivisa sunt opera Trinitatis, potest referri totum ad individuam Trinitatem, quæ tota tradidit Christum in mortem, ut tota per Christum redimeret nos a morte. Donum enim est dantis, munus accipientis, sacrificium offerentis. Et Pater dedit, Filius obtulit, Spiritus sanctus accepit. Hinc ergo dicit Apostolus : *Christus per sanctum Spiritum semetipsum obtulit Deo immaculatum (Hebr.* IX). Singuli tamen obtulerunt, et dederunt et acceperunt. Sed ad distinctionem dicitur Pater dedisse propter auctoritatem, Filius obtulisse propter humanitatem, Spiritus sanctus accepisse propter benignitatem. O liberalis gratia, liberalitas gratiosa! Quod Deus dedit in donum, hoc accepit a nobis in munus, eadem enim sacrificia dona sunt simul et munera. Dona sunt nobis collata, munera sunt a nobis oblata. Nam quæ sacris offeruntur altaribus, et munera nuncupantur et dona. Unde Dominus inquit in Evangelio : *Si offers munus tuum ad altare, vade prius reconciliari fratri tuo (Matth.* V). Et Apostolus de pontifice, *ut offerat dona et sacrificia pro peccatis*. Daniel quoque dixit ad Balthasar : *Munera tua tibi sint, et dona tua alteri da (Dan.* V). Sermonum igitur inculcatio, præ devotionis est excitatio vel ineffabilis commendatio sacramenti. Non enim unum aliquod invenitur vocabulum, quod tantum sacramentum digne valeat appellare, nisi quod græce dicitur Eucharistia, quod exponitur bona gratia. Dicuntur autem pluraliter dona, munera, sacrificia, quia panis et vinum antequam consecrentur, et diversæ sunt species substantiarum, et diversæ specierum substantiæ. Sed ubi consecratio cœlestis accesserit, species quidem remanent, sed substantiæ convertuntur, ita quod diversa sunt continentia, sed unicum est contentum. Nam idem sub utraque specie continetur, licet non in idem utraque substantia convertatur, sicut infra planius et plenius osten letur. Dicuntur et sancta et illibata, quia panis et vinum significant sacrosanctum corpus et immaculatum sanguinem Jesu Christi. Non enim dicuntur illibata, quasi nondum gustata; sed potius ill bata dicuntur, id est immaculata. quæ sine macula cord s et corporis oportet offerri, quatenus cor ab iniquita e purgetur, et corpus ab immunditia. Quoniam, ut inquit Apostolus, *quicunque manducaverit panem vel biberit cal.cem Domini indigne, reus erit corporis et sanguinis Domini. Probet autem seipsum homo, et sic de pane illo edat et de calice bibat. Qui autem manducat et bibit indigne, judicium sibi manducat et bibit, non dijudicans corpus Domini. Ideo multi sunt infirmi et imbecilles, et dormiunt multi* (I Cor. II).

CAP. IV. — *De tribus sacrificiis ecclesiæ.*

Porro tria sunt Ecclesiæ sacrificia, quæ significata sunt in Veteri Testamento per propitiatorium, thuribulum et altare, videlicet sacrificium pœnitentiæ, sacrificium justitiæ, et sacrificium Eucharistiæ. De primo ait Psalmista : *Sacrificium Deo spiritus contribulatus (Psal.* L). De secundo : *Tunc acceptabis sacrificium justitiæ*. De tertio : *Tibi sacrificabo hostiam laudis (Psal.* CXV). Super altare caro mactatur, infra thuribulum thus adoletur, ad propitiatorium sanguis infertur. Caro mactatur in contritione, thus adoletur in devotione, sanguis infertur pro redemptione super altare corporis, infra thuribulum cordis, ad propitiatorium Dei Patris. In sacrificiis illis panis et vinum et aqua spiritualiter offeruntur. In sacrificio pœnitentiæ vinum doloris et compunctionis, aqua mœroris et plorationis, panis laboris et afflictionis : doloris in corde, mœro is in ore, labo is in opere. In sacrificio justitiæ panis fortitudinis et constantiæ, vinum rectitudinis et prudentiæ, aqua mansuetudinis et temperantiæ : fortitudinis inter adversa, rectitudinis inter iniqua, mansuetudinis inter proba. In sacrificio Eucharistiæ panis unitatis, vinum charitatis, aqua fidelitatis : panis pro corpore, vinum pro anima, et aqua pro populo, sicut infra planius et plenius ostenditur. Inter hæc sacrificia, primum educit, secundum deducit, tertium autem inducit. Educit incipientes, deducit proficientes, inducit perficientes ex Ægypto per desertum in patriam : ex Egypto confusionis, per desertum peregrinationis, in patriam glorificationis. Hæc tria sacrificia sacerdos offert in missa : primum in confessione; secundum in Præfatione, tertium in actione : nam et tria sunt quæ, secundum Prophetam, Deus requirit ab homine : *Diligere misericordiam, facere judicium, et sollici um ambulare cum Deo (Mich.* VI). Diligat ergo misericordiam qui vult offerre sacrificium pœnitentiæ; faciat judicium qui vult offerre sacrificium justitiæ; cum Deo ambulet sollicitus qui vult offerre sacrificium Eucharistiæ.

CAP. V. — *Pro quibus sacrificium offeratur.*

IN PRIMIS IGITUR.... Hic primo investigandum occurrit quibus videlicet et pro quibus, qualiter et quare sacrificium laudis debeamus offerre. Quæ quatuor ex ipso Canone possumus evidenter advertere. *Quibus*, soli Deo scilicet et individuæ Trinitati. *Pro quibus*, pro Ecclesia sancta catholica, videlicet pro omnibus orthodoxis. *Qualiter*, in unitate fidei, videlicet in communione sanctorum. *Quare*, pro beneficiis temporalibus et spiritualibus et æternis, sed omnibus propter Deum. Primum notatur cum dicitur : TIBI REDDUNT VOTA SUA ÆTERNO DEO VIVO ET VERO ; secundum : PRO ECCLESIA TUA SANCTA CATHOLICA ; tertium ; COMMUNICANTES ET MEMORIAM AGENTES ; quartum ; PRO REDEMPTIONE ANIMARUM SUARUM, PRO SPE SALUTIS ET INCOLUMITATIS SUÆ. Sacrificium ergo laudis offertur et generaliter pro cunctis, et specialiter pro quibusdam prælatis et subditis, ibi : UNA CUM FAMULO TUO PAPA NOSTRO, ET OMNIBUS ORTHODOXIS. Pro viris et mulieribus ibi astantibus : MEMENTO, DOMINE, FAMULORUM FAMULARUMQUE TUARUM. Pro sacerdotibus et astantibus ibi : ET OMNIUM CIRCUMSTANTIUM. Et qui tibi offerunt hoc sacrificium; pro nobis et nostris, ibi, pro se suisque omnibus. IN PRIMIS, id est, principaliter, OFFERIMUS TIBI PRO ECCLESIA SANCTA TUA CATHOLICA, id est universali toto orbe terrarum diffusa, sed fidei sacramentis unita, QUAM PACIFICARE DIGNERIS, ut pacem habeat ab hæreticis et schismaticis. ET ADUNARE, quæ dispersa est inter paganos et perfidos, quam etiam CUSTODIRE DIGNERIS a vitiis et dæmoniis, et REGERE in prosperis et adversis. Idipsum tamen videtur esse pacificare, coadunare, custodire et regere. Tunc enim pacificat, cum fidelium mentes adunat, ut per Spiritum sanctum charitate diffusa, multitudinis credentium sit cor unum et anima una. Tunc custodit, cum inter mundi pericula regit, ut de sancto mittens auxilium, eam de Sion tueatur. Licet enim septem in Apocalypsi scribantur ecclesiæ, una tamen in Canticis est columba, nam *Sapientia ædificavit sibi domum, excidit columnas septem ;* una ergo est Ecclesia, septem ordinibus distributa, vel septem charismatibus insignita, quam ille pacificat et adunat. Ille custodit et regit, qui propter ipsius regimen et munimen unum præposuit universis, ut omnes ab uno, sicut corpus a capite gubernentur. Pro quo statim oratur : UNA CUM FAMULO TUO PAPA NOSTRO. Unde constat, ut inquit Pelagius, ab universo orbe separatos esse, qui qualibet dissensione inter sacra mysteria apostolici pontificis memoriam secundum consuetudinem non frequentant. Qui vero non sunt de romana diœcesi, pro suo quoque dicuntur orare pontifice. Quatenus unitatem spiritus in vinculo pacis observent. Orandum etiam esse pro principe Apostolus docet ad Timotheum : *Obsecro*, inquit, *primum omnium fieri obsecrationes, orationes, postulationes, gratiarum actiones, pro omnibus hominibus, pro regibus*, *et pro omnibus qui in sublimitate sunt constituti, ut quietam et tranquillam vitam agamus in omni pietate et castitate* (I Tim. II). Sicut enim sunt duæ vitæ, cœlestis videlicet et terrena, una qua spiritus vivit ex Deo, altera qua caro vivit ex spiritu ; sed utraque vita nutritur, ut possit subsistere, cœlestis spiritualibus, et terrena carnalibus, ita sunt duæ potestates, ecclesiastica et mundana : una quæ moderatur spiritualia, et alia moderatur carnalia. Ista per clericos, illa per laicos, ut ista vacet cœlestibus quantum ad animam, et illa terrenis quantum ad corpus. Post utramque potestatem, orandum est, pro omnibus orthodoxis, quæ sub utraque fidem catholicam et apostolicam venerantur et colunt. Orthodoxi quasi recte gloriosi dicuntur, qui Deum rectæ fidei confessione glorificant. Licet autem unus tantum offerat sacrificium pluraliter tamen dicit, OFFERIMUS, quia sacerdos non tantum in sua, sed in totius Ecclesiæ persona sacrificat. Quapropter in sacramento corporis Christi nihil a bono majus, nihil a malo minus perficitur sacerdote, dummodo sacerdos cum cæteris in area consistat, et formam observet traditam a columba : quia non in merito sacerdotis, sed in verbo conficitur creatoris. Non ergo sacerdotis iniquitas effectum impedit sacramenti, sicut nec infirmitas medici virtutem medicinæ corrumpit. Quamvis igitur opus operans aliquando sit immundum, semper tamen opus operatum est mundum. Sed sicut omnia sunt munda mundis, sic omnia sunt immunda immundis. Malus ergo cum vitam accipit, mortem incurrit. Sic econtra, bonus cum mortem sustinet, vitam acquirit. Nam *qui manducat indigne, judicium sibi manducat.*

CAP. VI. — *In quo loco debeant vivorum nomina recitari.*

MEMENTO FAMULORUM FAMULARUMQUE TUARUM ET OMNIUM CIRCUMSTANTIUM. Ex hac junctura verborum manifeste conjicitur quod hic quasi quidam sit locus ubi sacerdos specialiter quos voluerit debeat nominare. Vivorum tamen nomina hic debet recensere, quoniam in sequentibus locus occurret ubi defunctorum poterit agere memoriam specialem. Hinc evidenter apparet quam sanctum sit ac salubre missarum interesse mysteriis, cum sacrificium eucharistiæ pro circumstantibus offeratur specialius. Unde cautum est in canonibus quod omnes fideles qui conveniunt in sacris solemnitatibus ad ecclesiam, Scripturas apostolorum et Evangelium audiant (*De consecratione* dist. 1, c. *Omnes fideles*); qui vero non perseveraverint usque dum missa peragatur, velut inquietudines ecclesiæ commoventes, convenit communione privari. Verum cum Dominus nihil ignoret, nec alicujus valeat oblivisci, quid est quod petimus ut Deus nostri meminerit? Porro Deus dicitur scire quos approbat. Unde : *Novit Dominus qui sunt ejus*. Et dicitur nescire quos reprobat. Unde : *Non novi vos*. Rursus dicitur oblivisci malorum, cum malus ad bonum convertitur. Unde : *Si impius egerit pœnitentiam, omnium iniquitatum ejus non recordabor* (*Ezech.* XVIII). Et dicitur oblivisci bonorum, cum bonus ad malum pervertitur. Unde : *Si justus a justitia se averterit, omnes justitias ejus non recordabor*. Deus quandoque ergo recordatur ad misericordiam; unde : *Memento mei, Deus, quia ventus est vita mea* (*Job* VII); quandoque recordatur ad puniendum; unde : *Memento, Domine, filiorum Edom in die Hierusalem* (*Psal.* cxxxvi). Ergo petimus ut non tantum meminerit, sed hic petimus ut nostri misereatur, secundum illud : *Reminiscere miserationum tuarum, Domine, et misericordiarum tuarum, quæ a sæculo sunt* (*Psal.* xxiv). QUORUM TIBI FIDES COGNITA EST, ET NOTA DEVOTIO; quasi : Qui propitiaris fidelibus et devotis, qui solus vides in conscientiis, qui recte credant et devote te diligant, utpote renum scrutator et cordium, Deus scientiarum Dominus, occultus omnium occultorum perscrutator. In cujus conspectu nulla creatura est invisibilis. PRO QUIBUS TIBI OFFERIMUS, VEL QUI TIBI OFFERUNT; quasi : Memento, Domine, eorum pro quibus offerimus, sed et sacerdotum qui offerunt. Cum enim sacerdos offert pro populo, nihilominus et pro se; vel ideo dicit *pro quibus offerimus, vel qui tibi offerunt*, quia non solum offerunt sacerdotes, sed et universi fideles. Nam quod specialiter adimpletur ministerio sacerdotum, hoc universaliter agitur voto fidelium. Dicitur autem sacrificium laudis, secundum illud Apostoli : *Quidquid facitis, omnia in laudem Dei agite, ut Deus laudetur in vobis* (*Coloss.* iii). Vel sacrificium laudis dicitur, quia cum Deo quidquam offerimus, sua sibi reddimus, non nostra largimur. Unde : *Si esuriero, non dicam tibi : Meus est orbis terræ, et plenitudo ejus.* Ergo immola Deo *sacrificium laudis, et redde Altissimo vota tua* (*Psal.* xlix). Vel potius sacrificium laudis dicitur, quia propter hoc maxime Deum laudare debemus, quia non solum se dedit pro nobis in pretium, sed etiam se dedit nobis in cibum, ut per pretium redimeret nos a morte, per cibum ut aleret nos ad vitam. Unde : *Qui manducat me vivet propter me* (*Joan.* vi). PRO SE SUISQUE OMNIBUS, videlicet consanguineis vel affinibus, familiaribus vel amicis. Licet enim diligere teneamur etiam inimicis, secundum illud : *Diligite inimicos vestros*, servare tamen debemus ordinem charitatis, secundum illud : *Introduxit me rex in cellam vinariam, et ordinavit in me charitatem.* Nam et Apostolus ait : *Dum tempus habemus operemur bonum ad omnes, maxime autem ad domesticos fidei* (*Gal.* vi).

CAP. VII. — *De tribus bonis pro quibus sacrificium laudis offertur, temporalibus, spiritualibus et æternis.*

PRO REDEMPTIONE ANIMARUM SUARUM. Quasi : Non pro temporali lucro et appetitu terreno, sed pro spe salutis et incolumitatis, id est, pro salute vel incolumitate sperata, *spe namque salvi facti sumus*, pro salute mentis et incolumitate corporis. Nam utraque sanitas est ab illo qui dicit : *Salus populi ego sum* (*Isai.* li). Verum utraque sanitas provenit ex redemptione animæ, id est, remissione peccati, sicut econtra, de reatu peccati procedit infirmitas utriusque, juxta sententiam Veritatis : *Ecce sanus*, inquit, *factus es; jam noli peccare, ne deterius tibi aliquid contingat* (*Joan.* v). Porro tria sunt hominis bona, corporalia, spiritualia, et æterna, videlicet, infima, media et suprema, pro quibus sacerdos dicit se offerre. Pro corporalibus, id est, pro incolumitate. Pro spiritualibus, id est, pro redemptione. Pro æternis, id est, pro salute Nam et Dominus docet nos pro his tribus orare. Pro æternis; unde : *Adveniat regnum tuum.* Pro spiritualibus, unde : *Fiat voluntas tua, sicut in cœlo et in terra.* Pro corporalibus; unde : *Panem nostrum da nobis quotidianum.* Offerimus ergo sacrificium pro æternis, ut dentur nobis in præmium; pro spiritualibus, ut dentur nobis ad meritum; pro corporalibus, ut dentur nobis ad adminiculum, ut per hæc et ista perveniamus ad illa. Aliquando non offerimus Deo sacrificium nisi propter seipsum, quia ipse est Dominus Deus noster; unde propheta : *Confitemini Domino quoniam bonus* (*Psal.* cxvii). Verum cum dicat Apostolus, quod *virtus in infirmitate perficitur;* et iterum : *Cum infirmor tunc potens sum* (II *Cor.* xii), quid est quod pro corporis incolumitate sacrificium laudis offerimus? ut conservata nobis sanitate vel reddita, gratiarum actiones in Ecclesia referamus.

CAP. VIII. — *Quod sacrificium altaris æqualiter offertur toti Trinitati.*

TIBI REDDUNT VOTA SUA, cum nostra donemus et aliena reddamus. Quomodo vota si sua sunt reddunt et non potius donant?'Vel si reddunt, quomodo sua sunt et non potius aliena? Sane votum bonum et hominis est et Dei, sed Dei propter auctoritatem gratiæ, hominis propter libertatem arbitrii. Propter quod dicit Apostolus : *Non autem ego, sed gratia Dei mecum* (1 *Cor.* xv); et iterum : *Coadjutores Dei sumus.* ÆTERNO DEO VIVO ET VERO. Dii namque dicuntur homines et dæmones et imagines, sed homines adoptive, dæmiones usurpative, imagines nuncupative. Per adoptionem, ut ibi : *Ego dixi : Dii estis, et filii Excelsi omnes* (*Psal.* lxxxi); per usurpationem, ut ibi : *Omnes dii gentium dæmonia* (*Psal.* xcv); per nuncupationem, ut ibi : *Appellaverunt deos opera manuum hominum* (*Sap.* xiii). Primi sunt veri et vivi, nec æterni; secundi sunt vivi, sed nec æterni, nec veri; tertii nec sunt veri, nec æterni, nec vivi. Sed ille solus est æternus, vivus et verus, imo veritas et vita et æternitas, qui est Deus per essentiam, qui de se dicit: *Ego sum Deus, et non est alius præter me* (*Isai.* xlv). Licet autem hæc obsecratio specialiter dirigatur ad Patrem, propter auctoritatem principii, nam et Filius ita docet nos orare : *Pater noster, qui es in cœlis;* propter hoc in principio Canonis dicitur : *Te igitur, clementissime Pater, per Jesum Christum Filium tuum Dominum nostrum supplices rogamus et petimus;* æqualiter tamen individuæ Trinitati sacrificium laudis offertur tam Patri quam Filio quam utriusque Spiritui; quorum sicut indivisibilis est majestas, sic indivisibilis adoratio. Juxta quod Veritas docet : *Veri adoratores adorabunt Patrem in Spiritu et veritate.* Nam qui Deum satagit veraciter adorare, Patrem adoret in Spiritu sancto et veritate, id est, Filio, quia Pater essentialiter est in Filio, et Filius naturaliter in Patre, Spiritus sanctus substantialiter in utroque, secundum illud: *Ego in Patre et Pater in me est (Joan.* xiv et xvii). Quapropter illa possunt non indiscrete distingui, cum dicitur, æterno Deo, vivo et vero, ut quod est commune secundum essentiam approprietur propter notitiam. Æternitas Patri, ratione principii, quia Pater a nullo est, et omnia sunt ab eo, Filius per generationem, Spiritus sanctus per processionem, cætera per creationem. Veritas Filio qui de se dicit: *Ego sum veritas (Joan.* xiv); et de quo psalmus dicit: *Veritas de terra orta est(Psalm.* lxxxiv) Vita Spiritui sancto, sicut habetur in Symbolo: *Credo in Spiritum sanctum Dominum et vivificantem, qui ex Patre Filioque procedit.* Totius igitur individuæ Trinitatis indivisa est adoratio, quæ principaliter exhibetur in sacrificio.

Cap. IX. — *De trina commemoratione sanctorum, quæ fit in Canone.*

Communicantes.... Secreta quæ secundum diversos et Canon et Actio nuncupatur, non tota simul ab uno, sed paulatim a pluribus, ex eo quoque perpenditur fuisse composita, quod ter in ea sanctorum commemoratio repetitur, licet hoc ipsum pervenerit ad laudem et gloriam Trinitatis. In secunda quippe commemoratione supplentur qui de primitivis sanctis deesse videbantur in prima. Verum in ea commemoratione quæ fit ante consecrationem corporis Christi, postulatur sanctorum suffragium. In ea vero quæ post consecrationem corporis Christi, sanctorum consortium imploratur, quia nimirum antequam corpus Christi quod est universalis Ecclesia consecretur, id est, antequam regnum adveniat, necessarium est nobis in via sanctorum suffragium, ut meritis eorum et precibus divinæ protectionis muniamur auxilio. Sed ubi corpus Christi fuerit consecratum, id est, ubi regnum advenerit, assequemur in patria sanctorum consortium, ut societatem et partem cum sanctis apostolis et martyribus habeamus. In via quippe communicamus sanctis per fidem, quam ipsi habuerunt et nos habemus. Nos enim fidem habemus et spem, illi speciem habent et rem; nos percurrimus stadium, illi possident bravium; nos pugnamus in via, illi triumphant in patria. Communicamus igitur et memoriam veneramur apostolorum et martyrum et præcipue gloriosæ Dei genitricis virginis Mariæ, ut eorum suffragio de fide perducamur ad speciem, de stadio veniamus ad bravium, de via transeamus ad patriam. In hac quidem commemoratione sanctorum, illud observat Ecclesia, quod antiquitas consuevit agere ut in orationibus suis recolat Patrum memoriam, quatenus eorum meritis suffragantibus facilius obtineat quod implorat. Sic Moyses pro peccante populo intercedens patrum memoriam interposuit: *Recordare Abraham, Isaac, Israel, servorum tuorum (Exod.* xxxii). Sic Azarias orasse legitur in fornace: *Ne, quæsumus, auferas misericordiam tuam a nobis, Domine Deus noster, propter Abraham dilectum tuum, et Isaac servum tuum, et Israel sanctum tuum (Dan* iii). Multum enim merita Patrum filiis suffragantur. Unde cum Ezechias divinum auxilium postularet, audivit: *Protegam urbem hanc, et servabo eam propter me et propter David servum meum* (IV *Reg.* xix); et alibi: *Ecce ego scindam regnum de manu Salomonis, veruntamen una tribus remanebit ei propter servum meum David, ut remaneat lucerna David servi mei coram me in Hierusalem cunctis diebus* (III *Reg.* xi); unde: *Propter David servum tuum non avertas faciem Christi tui (Psal.*cxxxi). Et quoniam extra unitatem Ecclesiæ non est locus offerendi sacrificium unitatis, ideo sanctorum memoriæ communicamus in sacrificio, quatenus in communione sanctorum sacrificium offeramus. Nam sicut unus panis ex multis granis, ita et unum corpus ex multis membris. Sic ex multis fidelibus una constat Ecclesia. Scriptum est enim: *Alienigena non vescetur ex eis, quoniam sancta sunt.* Et ideo solum illum ad esum hujus agni assumimus, qui nostræ conjunctus est domui, videlicet omnem domesticum fidei a principe usque ad plebem, a populo usque ad publicanum.

Cap. X. — *Quare non fit commemoratio confessorum in Canone.*

Illud autem oportet inquiri, cur in Canone nulla sit commemoratio confessorum, cum inter sanctos eorum memoriam magnifice veneretur Ecclesia? Sed ad hoc potest probabiliter responderi, quod Canon prius fuit editus quam memoriam sanctorum confessorum Ecclesia celebraret: nam omnes fere sancti qui commemorantur in Canone præcesserunt Silvestrum, præter Joannem et Paulum, Marcellinum et Petrum, qui proximo successerunt. Ecclesia vero post tempus beati Silvestri cœpit sanctorum confessorum memoriam venerari: nam et sedes episcopales, quæ juxta dispositionem beati Petri apostoli sunt in civitatibus singulis antiquitus constructæ, non in memoria confessorum, sed ad honorem apostolorum et martyrum, et præcipue beatæ Virginis, veterum devotio dedicavit. Nam et in ecclesiasticis reperitur historiis quod sanctus Bonifacius, qui quartus a beato Gregorio romanæ urbis episcopatum tenebat, suis precibus a Phoca Cæsare impetravit donari Ecclesiæ Christi templum Romæ, quod ab antiquis Pantheon antea vocabatur; in quo eliminata omni spurcitia fecit ecclesiam Dei genitricis atque omnium martyrum Christi. Canon autem ex eo conjicitur præcessisse, quod apostolorum catalogus non ita reperitur in eo dispositus, sicut in emendatioribus codicibus reperitur. In prioribus enim editionibus ut inquit Hieronymus, non solum evangelistarum mutatus est ordo, sed etiam verborum ac sententiarum erat confusa commixtio. Traditur autem quod Gelasius papa, quinquagesimus primus a beato Petro, qui fuit post Silvestrum per clx annos, Canonem principaliter ordinavit. Sed ut beatus Gregorius asserit in Registro, Scholasticus illam orationem composuit, quæ super eucharistiam dicitur in Secreta.

Cap. XI. — *Quod sacrificium soli Deo offerendum sit, unde distinguuntur duæ species servitutis.*

HANC IGITUR OBLATIONEM SERVITUTIS NOSTRÆ. Duæ sunt species servitutis, una quæ debetur soli Deo creatori, et dicitur latria ; et altera quæ creaturis impenditur, et dicitur dulia. Utramque speciem determinat Dominus , dicens : *Reddite quæ sunt Cæsaris Cæsari, et quæ sunt Dei Deo* (*Matth.* xxii). Ad latriam pertinent templa , altaria, acerdotia, sacrificia, et hujusmodi, quæ sunt soli Deo exhibenda, qui glorificatur in consilio sanctorum magnus et metuendus super omnes qui in circuitu ejus sunt (*Psal.* LXXXVIII). Non enim sanctis, ad honorem Dei, sed Deo potius ad honorem sanctorum dedicantur templa, consecrantur altaria, sacerdotia statuuntur, sacrificia offeruntur, ne forte si secus agatur, non theosebia, sed idololatria committatur. Hinc ergo Deus in lege præcepit : *Dominum Deum tuum adorabis et illi soli servies*, et soli Deo servitutem adorationis impendes.

DIESQUE NOSTROS IN TUA PACE DISPONAS. Beatus Gregorius has tres orationes in Canone dicitur addidisse, videlicet : *Dies nostros in tua pace dispone*, per eum qui pro nobis est traditus in manus eorum qui pacem oderunt ; *ab æterna damnatione nos eripi*, per eum qui pro nobis morte temporali damnatus est ; *et in electorum grege numerari*, per eum qui pro nobis deputatus est cum iniquis. Est autem pax peccatorum et pax justorum, pax temporis et pax æternitatis. Porro pax temporis interdum conceditur bonis et malis ; sed pax æternitatis nunquam dabitur nisi bonis, quia *non est pax impiis, dicit Dom nus*. De pace peccatorum dicit Psalmista : *Zelavi in peccatoribus pacem peccatorum videns* (*Psal.* LXXII). Adversus hanc pacem Dominus inquit in Evangelio : *Non veni mittere pacem, sed gladium* (*Matth.* x). De pace justorum dicit Apostolus: *Fructus spiritus est caritas, gaudium, pax, patientia* (*Gal.* v). Hanc pacem Dominus reliquit apostolis dicens : *Pacem relinquo vobis* (*Joan.* xiv). De pace temporis inquit Propheta : *Orietur in diebus ejus justitia, et abundantia pacis* (*Psal.* LXXI). Hanc pacem incessanter petit Ecclesia : *Da pacem in diebus nostris, quia non est alius qui pugnet pro nobis, nisi tu Deus noster*. De pace æternitatis Dominus dixit apostolis : *Pacem meam do vobis ; non quomodo mundus dat ego do vobis* (*Joan.* xiv). Hæc, secundum Prophetam, pax super pacem, de qua dicit Psalmista : *In pace in idipsum dormiam et requiescam* (*Psal.* iv). Propter hanc triplicem pacem ter oramus in missa : *Dies nostros in tua pace disponas ; da propitius pacem in diebus nostris ; dona nobis pacem ;* ut de pace temporis, per pacem pectoris, transeamus ad pacem æternitatis. Ob hoc etiam sacerdos ter in missa osculatur altare , in principio, in medio, in fine.

Cap XII. — *De quinque signis quæ fiunt secundo super oblatam et calicem, et de Christi venditione ; de persona venditoris et venditi et ementis.*

QUAM OBLATIONEM.. Quarta feria Judas unus ex duodecim, a diabolo supplantatus, immane sacrilegium perpetravit, dum Filium Dei pro triginta siclis argenteis vendidit pharisæis, in recompensationem damni quod incurrerat propter effusionem unguenti : *Quare hoc unguentum non veniit trecentis denariis, et datum est egenis ?* Dixit autem hoc, non quia de egenis pertinebat ad eum, sed quia fur erat et loculos habens, ea quæ mittebantur portabat. Quilibet autem argenteus valebat decem denarios usuales, et ita damnum unguenti, quod valuerat ccc denarios , triginta recompensavit argenteis. Si vero dicamus argenteos denarios fuisse usuales, dicemus quod Judas vendidit Christum quasi vile mancipium triginta denariis, qui sunt decima trecentorum denariorum quod valuerat unguentum, propter quod Dominus despective loquitur per prophetam : *Appenderunt mercedem meam triginta argenteis, quo appreciatus sum ab eis* (*Zach.* ii). Ad designandum ergo pretii quantitatem quo Christus est venditus, sacerdos hic facit tres cruces communiter super oblatam et calicem, cum dicit : BENEDICTAM , ADSCRIPTAM , RATAM. Nam et trecenta pariter et triginta multiplicationem suscipiunt a ternario. Postmodum autem ad designandum venditionem et emptionem , duas cruces imprimit sigillatim, unam super oblatam, et aliam super calicem, cum dicit : FIAT CORPUS ET SANGUIS ; quasi diceret : Ita venditio fuit maledicta , proscripta , irrita, iniqua et detestabilis ; sed tu , Deus, hanc oblationem digneris facere benedictam, adscriptam, ratam, rationa ilem et acceptabilem. Judas enim dilexit maledictionem , et venit ei, et noluit benedictionem, et prolongabitur ab eo. Sed tu, Deus, digneris hanc o lationem facere adscriptam, per quam nos inter electos adscribas. Judas se laqueo suspendit, et episcopatum ejus accepit alter ; sed tu, Deus, hanc oblationem digneris facere rationabilem, per quam rationabile fiat nostræ servitutis obsequium. Judas reddidit mala pro bonis, et odium pro dilectione retribuit ; sed tu, Deus, hanc oblationem digneris facere acceptabi em, per quam nos tibi reddas acceptos. Ideo sacerdos facit tres cruces communiter super oblatam et calicem, quia Christus communiter tria egit circa panem et vinum, *accepit, benedixit, et dedit*. Postmodum unam crucem facit specialiter super oblatam, quia dixit : *Comedite : hoc est corpus meum* ; et alteram facit specialiter super calicem, quia dixit : *Bibite ; hic est sanguis meus*. Et secundum hunc sensum recte subjungitur : QUI PRIDIE QUAM PATERETUR ; vel potius, quia Judas vendidit Christum ad crucifigendum sacerdotibus, scribis et pharisæis, idcirco sacerdos ad notandum communiter tres emptores, facit tres cruces communiter super oblatam et calicem, dum dicit : *Benedictam, adscriptam, et ratam*. Ad notandum vero discrete venditorem et venditum, facit duas cruces discrete, super oblatam et calicem, cum dicit : *Ut fiat corpus et sanguis*. Petimus ergo hanc oblationem, ut Deus faciat benedictam, adscriptam et ratam, ut eam consecret, approbet et confirmet in rationabilem hostiam et acceptabile sacrificium, ut ita nobis, id est, ad nostram salutem panis fiat corpus, et vinum sanguis dilectissimi Filii Dei Domini nostri Jesu Christi. Vel oramus ut Deus hanc oblationem facere dignetur adscriptam, id est, talem quæ de memoria sua nulla possit oblivione deleri, et ratam, id est, talem quæ de memoria sua nulla possit mutatione convelli. Rationabilem autem eam fieri deposcimus, id est, talem quæ divinæ rationi conveniat. Refert enim inter rationabile et rationale, quia rationab'le dicitur quod de ratione procedit; et rationale, quod utitur ratione. Vel oblationem ita, quam tu Deus digneris in omnibus facere benedictam, hoc est, transferre in eam hostiam, quæ est in omnibus benedicta, adscripta, rata, rationabilis et acceptabilis. Benedicta dicitur hostia salutaris, id est, ab omni causa maledictionis immunis tam originali quam actuali, tam criminali quam veniali. Sicut Elisabeth inquit ad Virginem: *Benedictus fructus ventris tui* (*Luc.* 1). Adscripta dicitur, id est, figuris et scripturis veteribus designata, tam in agno paschali quam in manna cœlesti, tam in Isaac immolando quam in Abel immolato. Quoniam, ut inquit Joannes, *hic est Agnus qui occisus est ab origine mundi.* Rata dicitur, quasi non transitoria, sicut vetus quæ recessit et nova successit, sed quæ permanet in æternum secundum ordinem Melchisedech. Rationabilis dicitur, quasi non pecoralis, sicut erat legalis, quæ *sanguine taurorum et hircorum non poterat a peccato mundare; sed quæ sanguine proprio conscientias emundat ab operibus mortuis.* Acceptabilis dicitur, quasi non illa de qua dicit Propheta: *Sacrificium et oblationem noluisti* (*Psal.* XXXIX), sed sicut Dominus ait: *Sacrificium laudis honorabit me* (*Psal.* XLIX). Secundum hanc expositionem recte subjungitur: UT FIAT CORPUS ET SANGUIS DILECTISSIMI FILII TUI DOMINI NOSTRI JESU CHRISTI.

LIBER QUARTUS.

CAPUT PRIMUM. — *De sacramento eucharistiæ.*

Ecce nunc ad summum sacramenti verticem accedentes, cum ad ipsum cor divini sacrificii penetramus, quidquid conamur exprimere, vix ullius apparet esse momenti, deficit lingua, sermo disparet, superatur ingenium, opprimitur intellectus. *Quis enim novit ordinem cœli, et ponit rationes ejus in terra?* Sed pulsemus ad ostium, si forte clavis David aperire dignetur, ut commodet nobis tres panes amicus, qui maxime erunt huic convivio necessarii. Fides enim petit et accipit vitam, spes quærit et invenit viam, caritas pulsat et aperit veritatem. Is enim est vi *i*, *veritas et vita* (*Joan.* XIV). QUI PRIDIE QUAM PATERETUR.

C·v. II. — *De diversis figuris eucharistiæ, quæ præcesserunt in Veteri Testamento.*

Quintadecima die mensis primi, qui tunc exstitit sexta feria, passus Dominus est, et præcedente nocte, videlicet quarta decima luna primi mensis ad vesperam, ut legis figuras impleret, post typicum pascha corporis et sanguinis sui sacramentum instituit, et Ecclesiæ tradidit frequentandum. Sic enim fuerat præfiguratum in Exodo: *Decima die mensis primi tollat unusquisque agnum per familias et domos suas, et servabit eum usque ad quartam decimam diem mensis hujus, immolabitque eum universa multitudo filiorum Israel ad vesperam, et sument de sanguine agni, et ponent supra utrumque postem, et in superliminaribus domorum in quibus comedent illum, et edent nocte illa carnes assas ig i et azymos panes cum lactucis agrestibus.* Et post pauca: *Est enim phase, id est, transitus Domini* (*Exod.* XII). Transitum istum J annes evangelista determinat, dicens: *Ante diem festum Paschæ, sciens Jesus quia venit hora ejus ut transeat de hoc mundo ad Patrem, cum dilexisset suos qui erant in mundo, in finem dilexit eos, et facta cœna complevit ea quæ fuerant figurata* (*Joan.* XIII). Ægyptus est mundus, exterminator diabolus, agnus Christus, sanguis agni passio Christi, domus animarum corpora, superliminare domus cogitationum corda : ista sanguine tingimus per passionis fidem;illa sanguine tingimus per passionis imitationem, signum crucis intus et foris opponentes contra adversarias aereas potestates; denique carnes agni comedimus cum in sacramento verum corpus Christi suscipimus, et azymos panes, id est, sincera opera, cum lactucis agrestibus, id est, amaritudine pœnitentiæ. Sicut enim manna fuit datum Hebræis post transitum maris Rubri jam submersis Ægyptiis, sic eucharistia datur Christianis post ablutionem baptismi jam deletis peccatis, ut per baptismum mundemur a malo, per eucharistiam servemur in bono. Nam sicut manna populum illum per vastitatem inviæ solitudinis ad terram promissionis perduxit, sic eucharistia populum istum per incolatum vitæ præsentis ad patriam paradisi perducit. Unde recte viaticum appellatur, quia reficiens in via, ducit ad patriam. Sane quod in manna præcessit, in eucharistia consumatur : nam quantamlibet quisque partem accipit, totam percipit eucharistiam, sicut evenit de manna, quia nec qui plus collegerat habuit amplius, nec qui minus paraverat reperit minus. Hanc ergo præfigurabat panis ille cœlestis, de quo Sapiens protestatur : *Panem de cœlo præstitit sine labore, omne delectamentum in se habentem et omnis saporis suavitatem* (*Sap.* XVI). Quod de so quasi Christus exponens : *Ego sum,* inquit, *panis vivus, qui de cœlo descendi* (*Joan.* VI). *Si quis manducaverit ex hoc pane, vivet in æternum. Et panis quem ego dabo, caro mea est pro mundi vita.* Hinc ergo Apostolus ait: *Nolo vos ignorare, fratres, quia omnes patres nostri eamdem escam spiritualem manducaverunt, et omnes eumdem potum spiritualem biberunt. Bibebant autem de spirituali consequente eos petra. Petra autem erat Christus* (I *Cor.* X).

Cap. III. — *Quare sacramentum corporis et sanguinis constitutum est sub specie panis et vini.*

Accepit panem. Sacrificii ritum Melchisedech primus legitur celebrasse, offerens panem et vinum; *erat enim sacerdos Dei altissimi* (*Genes.* xiv). Unde David inquit ad Christum : *Tu es sacerdos in æternum secundum ordinem Melchisedech* (*Psal.* cix). Sacrificium ergo evangelicum præcessit legale, non solum dignitate, sed etiam tempore, sicut Apostolus plenius ostendit in Epistola ad Hebræos (*Hebr.* vii). Ideo vero panem et vinum in sacrificium corporis et sanguinis sui Christus instituit, quia sicut præ cæteris cibis et potibus corporalibus *panis cor hominis confirmat, et vinum lætificat cor hominis* (*Psal.* ciii), ita corpus et sanguis Christi præ cæteris cibis et potibus spiritualibus interiorem hominem reficiunt et saginant. Unde : *Poculum tuum inebrians quam præclarum est* (*Psal.* xxii)! In his enim duobus plena consistit et perfecta refectio, sicut ipse testatur : *Caro mea vere est cibus, et sanguis meus vere est potus* (*Joan.* xii). Panis autem debet esse de frumento, et vinum de vite, quia Christus semetipsum comparavit frumento, cum ait : *Nisi granum frumenti cadens in terram mortuum fuerit, ipsum solum manet*, et viti, cum dixit : *Ego sum vitis vera*. Porro nec racemus uvæ, nec granum frumenti debet offerri, nisi vel expressum in vinum, vel redactum in panem, quia Christus et panem se dedit, et frumento se comparat. Quia vero Christus accepit panem et calicem in sanctas ac venerabiles manus suas, et sacerdos exemplo Christi panem et calicem in manus accipiens, utrumque per se crucis signaculo benedicit, cum tamen sacerdos plures simul benedicit oblatas, unam pro omnibus in manibus accipit : namque in unum Christi corpus omnes simul hostiæ convertuntur.

Cap. IV. — *De azymo et fermentato pane.*

Panis autem non fermentatus, sed azymus debet offerri in sacrificium, tum ratione facti, tum etiam ratione mysterii. Sic enim legitur præceptum in Exodo : *Primo mense, quarta decima die, ad vesperam comedetis azyma. Septem diebus fermentatum non invenietur in domibus vestris : qui comederit fermentatum, peribit anima ejus de cœtu Israel, tam de advenis quam de indigenis terræ. Omne fermentatum non comedetis; in cunctis habitaculis vestris edetis azyma* (*Exod.* xii). Cum ergo Christus quarta decima die mensis ad vesperam cœnaverit cum discipulis, et agnum paschalem comederit, et utique ritu legali cum azymis panibus et lactucis agrestibus, constat quod ea hora fermentatum non inveniebatur in domibus Hebræorum, et ita panem azymum in corpus suum sine dubio conservavit. Fermentum enim corruptionem signat, Apostolo testante, qui dicit : *Modicum fermenti totam massam corrumpit* (1 *Cor.* v). Ut ergo nihil corruptum sive corrumpens, sed totum sincerum atque sincerans in hoc esse sacramento monstretur, non fermentatum, sed azymum consecramus : nam, secundum Apostolum, *Pascha nostrum immolatus est Christus. Itaque epulemur non in fermento veteri, neque in fermento malitiæ et nequitiæ, sed in azymis sinceritatis et veritatis.* Græci autem in suo pertinaces errore, de fermentato conficiunt, asserentes in Parasceve lunam quartam decimam exstitisse, in qua verus Agnus est immolatus, ut legis impleretur figura. Dominus ergo ea die se passurum esse prænoscens, præcedente vespera necessitate anticipavit comedere pascha, quia tunc poterat comedi fermentatum, et ipsi corpus Domini de fermento conficiunt. Nam et Joannes evangelista testatur quod ante diem festum paschæ Jesus cum apostolis nocte cœnavit; dicit etiam Judæos in Parasceve non intrasse prætorium, ut non contaminarentur, sed comederent pascha (*Joan.* xvii et xviii). Sabbatum quoque post crucem, magnum diem sabbati nominavit, quod dici non solet, nisi cum sabbato festum concurrat. Et Lucas ait quod mulieres in Parasceve paraverunt unguenta, quod eis in die festo facere non liceret (*Luc.* xxiii). Matthæus quoque describit quod principes sacerdotum et seniores populi disposuerant Christum occidere, sed *non in die festo, ne forte tumultus fieret in populo.* Porro quæ dicta sunt, eorum assertioni non consonant, si sane fuerint intellecta. Pascha namque dicitur dies, solemnitas, agnus et hora. Dies ut ibi : *Appropinquat dies festus azymorum qui dicitur Pascha* (*Luc.* xxii); solemnitas ut ibi : *Ante diem festum Paschæ* (*Joan.* xiii); agnus ut ibi : *Ubi vis paremus tibi comedere pascha* (*Matth.* xiv)? hora ut ibi : *Scitis quia post biduum Pascha fiet* (*Matth.* xxvi). Dies autem festus paschalis erat quinta decima luna secundum illud : *Et in quinta decima die solemnitatem celebrabitis altissimo Domino* (*Levit.* xxiii); nam quarta decima non erat solemnis nisi tantum ad vesperam. Ante diem festum hunc Dominus pascha cum apostolis celebravit : nam, ut inquit Matthæus, *prima die azymorum accesserunt discipuli ad Jesum, dicentes : Ubi vis paremus tibi comedere pascha? Et vespere facto discubuit cum duodecim.* Marcus autem primum diem azymorum determinat, dicens : *Quando pascha immolabant* (*Marc.* iv); et Lucas : *In qua necesse erat occidi pascha* (*Luc.* xxii). Constat ergo quia Christus cum apostolis ea die fecit pascha, quod necessario fiebat ex lege, scilicet quarta decima luna primi mensis ad vesperam. Hoc enim incunctanter poterit invenire, qui tabulam computi percurrerit diligenter. Diem magnum sabbati nominabant in tribus solemnitatibus hebdomadalibus, quocunque septem dierum contingeret : nam omnes erant solemnes, et si non adeo sicut primus et ultimus, sed ad edendum azyma septem diebus oportebat eos omnes existere mundos. Unde quolibet septem dierum non poterant introire prætorium, ne contaminarentur, sed comederunt pascha, id est, in pascha. Vel nomine paschæ possunt et azyma designari. Quod autem mulieres die festo Parasceve dicuntur unguenta parasse, non obest, quia non erat sub lege, sed sub gratia. Verumtamen Lucas ait quia sabbato siluerunt secundum mandatum. Sed et mandatum erat in lege, quod in diebus azymorum prima et ultima nihil operis facerent, exceptis his quæ pertinent ad vescendum. Præterea nemo tunc etiam volentibus emere vendidisset aromata, ut venientes ungerent Jesum. Ut ergo nihil dubietatis remaneat, Lucas reducatur ad Marcum, ut intelligatur quia mulieres revertentes paraverunt secundum Lucam aromata et unguenta, non tunc, sed, secundum Marcum, cum sabbatum pertransisset. Quid si longe ante paraverant, quia frequenter audierant Dominum in proximo venturum? Nonne Magdalena jam parasse videtur, et per inspirationem præoccupasse mysterium unctionis, teste Veritate, quæ dixit: *Mittens hoc unguentum in corpus meum, ad sepeliendum me fecit (Matth.* xxvi)? Et iterum: *Sinite illam, ut in die sepulturæ meæ servet illud (Joan.* xii). Sed unguentum quod prius inceperat, postea consummavit. Porro dispositio sacerdotum dispositioni Dei prævalere non potuit, qui disposuerat ut verus Agnus in diebus paschalibus immolaretur, et sicut typicus agnus quarta decima luna primi mensis comedebatur in nocte a Judæis, ita verum Agnum discipuli eadem hora comederunt vivum. Et si verum esset quod Græci de luna contendunt, credendum tamen est ita ritum legis in hoc sicut in aliis Dominum observasse, qui non venit legem solvere, sed adimplere, *natus de muliere, factus sub lege, ut eos qui sub lege erant redimeret (Gal.* iv). Sed ipsi rursum opponunt quia, cum veritas venit, figura cessavit, et evanuit umbra cum lumen effulsit. Cum ergo ad nostrum pascha pervenerit est, quæ præcesserunt in typo cessaverunt, secundum illud: *Novis supervenientibus, vetera projicietis (Levit.* xxvi); et Apostolus ait: *Vetera transierunt, ecce nova facta sunt omnia* (II Cor. v); et ideo Christus verum pascha confecit sine lactucis agrestibus, sic et absque panibus azymis, ne veterem ritum in novo sacrificio retineret, ac per hoc nos judaizare doceret: nam ratum æque pariter erat in lege præceptum: *Edent,* inquit, *car es nocte illa assas igni, et azymos panes cum lactucis agrestibus.* Sciendum ergo quia non omnes antiquæ legis consuetudines abjecit Ecclesia, sed quasdam provida consideratione retinuit; unde sponsa dicit ad sponsum in Canticis canticorum: *Omnia poma nova et vetera, dilecte mi, servari tibi.* Adhuc enim faciem plenæ lunæ observat ne pascha celebretur in defectu; adhuc conficit oleum unctionis, et thus suavitatis incendit; adhuc solvit decimas et primitias; adhuc habet candelabrum, et lucernas, et vestes, et vasa, et pontifices, et levitas. Nam si propterea repudiandum est azymum, quia lex illud admisit, pari ratione repudietur fermentum, quia lex statuit in Levitico: *Offerent panes fermentatos,* cum hostia gratiarum, quæ offertur pro pac ficis. Item *in Pentecoste offeretis panes primitiarum de duabus decimis similæ fermentatæ.* Non solum de constitutionibus legalibus, verum etiam de scriptis gentilium libenter assumit Ecclesia, si quid in eis probe dictum vel factum agnoscit, et tanquam mulieris captivæ resecat ungues, pilosque superfluos, ut ab aliena superfluitate mundata, thalamum veritatis digna sit introire; legales ergo consuetudines non penitus sunt abolitæ, neque contrariis supervenientibus sunt destructæ, sed interdum in melius commutatæ. Nam cum Deus circumcisionem mutavit, non superduxit contrarium, id est præputium, sed protulit melius, id est, baptismum, quia *circumcisio nihil est, neque præputium aliquid valet,* ut dicit Apostolus ; *sed fides quæ per dilec·ionem operatur (Galat.* v). At azymum et fermentum penitus sunt opposita, sicut immediata contraria : non ergo decebat ut Deus tanquam sibi contrarius abjiceret azymum, et assumeret fermentatum, quasi minus bonum præferret. Nec illud valere putandum est, quod dicunt ideo se fermentatum offerre, quia fermentatum, ut aiunt, Spiritus sancti fervorem signat, quod superveniente corpus Christi de Virginis carne conceptum est, sicut angelus prædixerat : *Spiritus superveniet in te, et virtus Altissimi obumbrabit tibi. Ideoque et quod nascetur ex te sanctum vocabitur Filius Dei,* trahentes hanc significationem fermenti ex illa parabola evange ica : *Simile est regnum cœlorum fermento, quod acc pit mulier, et abscondit in farinæ satis tribus, donec fermentatum est totum.* Nam et fermentum manifeste signat tumorem uteri virginalis, et vinculum unionis. Porro multo religiosius insinuat quod secundum Apostolum de massa peccatrice corpus sine peccato suscepit, tanquam de fermentato susceperit azymum, et ut inter Christum et populum ita malitiæ et nequitiæ nihil inters t, sicut inter frumentum et aquam in azymo nihil veteris massæ vel alienæ corruptionis intervenit. Nam per frumentum Christus, per aquam populus designatur, secundum illud : *Nisi granum frumenti cadens in terram mortuum fuerit, ipsum solum manet (Joan.* xii) : et i.lud : *Beati qui seminatis super aquas (Isai.* xxxii). Aqua sine fermento, mixta frumento, designat populum sine peccato, Christo conjunctum. Quanquam et illud valeat designare, quia sicut azymus panis de pura massa, sine fermento conficitur, ita corpus Christi de illibata Virgine sine peccato conceptum est. Cæterum d solum Latinis sufficeret contra Græcos, qu a Constantinopolitanam Ecclesiam hæreseon corruptio fermentavit, ut non solum hæreticos, verum etiam hæresiarchas, produceret. Romanam autem Ecclesiam su per apostolicæ fidei petram, stabili soliditate fundatam, nulla prorsus hæreticæ pravitatis procella potuit conquassare. Sed illud semper integra fide servavit, quod ab ipsis accepit apostolis, qui præsentialiter eam sacris vel instituere doctrinis, et ecclesia·tici ritus regulam docu re. Ab ipsis ergo beatis apostolis Petro et Paulo, quos et vivos habuit, et defunctos custodit, hunc sacrificii ritum accepit, quem hactenus inviolabili cultu servavit. Græci vero postquam tunicam Domini inconsutilem divi erunt, ut perpetuæ divisionis scandalum interponerent, sacrificii ritum temere mutavere, quos Leo IX per epistolam ad imperatorem Constantinopolitanum directam super variis confutavit hæresibus. Qui Latinos inter cætera *azymitas* vocabant, cum ipsi verius *fermentarii* nuncupentur.

CAP. V. — *De tribus verbis quæ formæ consecrationis videntur adjecta.*

ELEVATIS OCULIS IN COELUM. Tria quidem hic commemorantur in Canone, quæ nullus evangelistarum describit, videlicet elevatis oculis in cœlum, æterni testamenti, mysterium fidei. Quis ergo tantæ præsumptionis exstitit et audaciæ, ut hoc de corde suo tentaverit interponere? Sane formam istam verborum ab ipso Christo acceperunt apostoli, et ab ipsis apostolis accepit Ecclesia. Multa quippe tam de verbis quam de factis dominicis prætermiserunt evangelistæ, quæ tamen apostoli suppleverunt, ut est illud quod Apostolus dicit in Epistola ad Corinthios : *Visus est plusquam quingentis fratribus simul; deinde visus est et Jacobo; novissime omnium tanquam abortivo visus est et mihi* (I *Cor.* xv). Nam inter ipsos quædam omittuntur ab uno, quæ supplentur ab alio; unde cum tres evangelistæ commemorant : *Hoc est corpus meum*, solus Lucas adjecit, *quod pro vobis tradetur*. Et cum Matthæus et Marcus dicant *pro multis*, Lucas dicit *pro vobis*; sed Matthæus addit, *in remissionem peccatorum;* et tamen ea quæ adduntur in C nonne possunt ex aliis locis Evangelii comprobari. Joannes enim Lazari suscitationem describens, testatur quod *Jesus elevatis sursum oculis, dixit : Pater, gratias ago tibi, quoniam audisti me (Joan.* xi) Idem alibi dicit : *Hæc locutus est Jesus, et sublevatis oculis in cœlum, dixit : Pater, clarifica Filium tuum.* Si enim tunc in cœlum oculos levavit ad Patrem, cum animam Lazari revocabat ad corpus, quanto magis credendum est quod tunc oculos in cœlum levarit ad Patrem, cum panem et vinum in corpus et sanguinem proprium convertebat! Utrobique tamen hoc ad nostram instructionem agebat; unde et nos oculos cordis ad terram non deprimamus, sed elevemus in cœlum, si quod oramus, volumus impetrare. GRATIAS AGENS. Hinc quoque colligitur unde sacrificium laudis dicatur, quia Christus gratias agens, illud instituit; gratias autem non pro se, sed pro nobis, id est, pro reparatione hominum sic futura.

CAP. VI. — *Quomodo Christus confecit, et sub qua forma.*

BENEDIXIT. Cum ad prolationem verborum istorum : *Hoc est corpus meum, hic est sanguis meus,* sacerdos conficiat, credibile judicatur quod et Christus eadem verba dicendo confecit. Porro quidam dixerunt quod Christus confecit, cum benedixit, litteram construentes hoc ordine : *Accepit panem, benedixit,* subaudiendum est dicens : *Hoc est corpus meum; et tunc fregit, et dedit, et ait : Accipite et comedite;* et iteravit : *Hoc est corpus meum*. Prius ergo protulit illa verba, ut eis vim conficiendi tribueret, deinde protulit eadem, ut apostolos formam conficiendi doceret. Alii vero dixerunt quod et sacramentum confecit et formam instituit post benedictionem, cum dixit : *Hoc est corpus meum,* intelligentes illam benedictionem fuisse vel aliquod signum quod super panem impressit, vel aliquod verbum quod super panem expressit. Quibus illud videtur obsistere, quod prius fregerit quam dixerit : *Hoc est corpus meum.* Nec etiam est credibile quod prius dederit quam confecerit. Sane dici potest quod Christus virtute divina confecit, et postea formam expressit sub qua posteri benedicerent : ipse namque per se virtute propria benedixit, nos autem ex illa virtute quam indidit verbis.

CAP. VII. — *De veritate corporis et sanguinis Christi sub specie panis et vini.*

Cum enim sacerdos illa Christi verba pronuntiat : *Hoc est corpus meum, et hic est sanguis meus,* panis et vinum in carnem et sanguinem convertuntur, illa verbi vi tute, qua *Verbum caro factum est, et habitavit in nobis;* qua dixit : *Et facta sunt, ipse mandavit, et creata sunt;* qua feminam mutavit in statuam, et virgam convertit in colubrum; qua fontes mutavit in sanguinem, et aquam convertit in vinum. Nam si verbum Eliæ potuit ignem de cœlo deponere, verbum Christi non potuit panem in carnem mutare? Quis hoc audeat opinari de illo cui nullum verbum est impossibile, *per quem omnia facta sunt; et sine quo factum est nihil?* Certe majus est creare quod non est, quam mutare quod est. Ac longe majus quod non est de nihilo procreare, quam quod est in aliud transmutare. Illud autem nemo quidem dubitet, et de hoc aliquis dubitabit? Absit omnino. Incomparabiliter majus est, quod Deus ita factus est homo, quod non desiit esse Deus, quam quod panis ita fit caro quod desinit esse panis. Illud per incarnationem semel est factum, istud per consecrationem jugiter fit. Sed dixerit aliquis : Certus sum omnino quod valet, sed non sum certus aliquomodo quod velit. Advertat ergo quod Christus cum accepisset panem, *benedixit, et dixit : Hoc est corpus meum*. Veritas hoc dixit, et ideo verum est omnino quod dixit. Quod ergo panis fuerat cum accepit, corpus suum erat cum dedit. Panis itaque mutatus erat in corpus ipsius, et similiter vinum in sanguinem. Non enim, ut hæreticus sapit, sed desipit, ita deb t intelligi, quod Dominus ait : *Hoc est corpus meum,* id est, hoc signat corpus meum, sicut quod dicit Apostolus : *Petra autem erat Christus,* id est, Petra significabat Christum (I *Cor.* x). Hoc enim potius dixisset de agno paschali quam de azymo pane : nam paschalis agnus absque dubio figurabat corpus Dominicum, sed azymus panis opus sincerum. Sicut enim Joannes Baptista, quod dixerat : *Ecce agnus Dei qui tollit peccata mundi (Joan.* 1), sic et Christus quod dixerat : *Hoc est corpus meum (Luc.* xxii), per adjunctum determinavit, *quod pro vobis tradetur.* Sicut ergo corpus Christi veraciter tradebatur, ita vere demonstrabatur, non in figura, quæ jam cessaverat, sed in veritate, quæ jam advenerat. Sane cum litigarent Judæi ad invicem dicentes : *Quomodo hic poterit carnem suam dare nobis ad manducandum* (Joan. vi)? dixit illis Jesus : *Amen amen dico vobis, nisi manducaveritis carnem Filii hominis, et biberitis ejus sanguinem, non habebitis vitam in vobis. Qui manducat carnem meam, et bibit sanguinem meum, habet vitam æternam.* Ideo dicit : *Amen amen,* id est, in veritate in veritate, ut non figurative, sed vere intelligatur quod dixit : *Nisi manducaveritis carnem,* etc., et ad majorem veritatis expressionem adjungit : *Caro mea vere est cibus, et sanguis meus vere est potus.* Ego vero, quia vitam æternam habere desidero, carnem Christi veraciter comedo, et sanguinem ejus veraciter bibo : illam utique carnem quam traxit de Virgine, et illum sanguinem quem fudit in cruce. Ego credo corde et ore confiteor, quod ipsum Dominum nostrum Jesum Christum in hoc sacramento manduco, fretus auctoritate qua dicitur : *Qui manducat carnem meam, vivet propter me.* Non enim cum manducatur, per partes dividitur, nec laceratur sub sacramento, sicut caro quæ venditur in macello, sed et illæsus sumitur et integer manducatur. Vivit manducatus quia surrexit occisus ; manducatus non moritur, quia resurrexit non moriturus. *Christus* enim *resurgens ex mortuis, jam non moritur, mors illi ultra non dominabitur ; quod enim mortuus est peccato, mortuus est semel ; quod autem vivit, vivit Deo* (Rom. vi). Sicut enim vidua Sareptana quotidie comedebat, et nunquam diminuebat farinam de hydria, et oleum de lechyto (III *Reg.* xvii), sic universalis Ecclesia quotidie sumit et nunquam consumit carnem et sanguinem Jesu Christi, sub diversa specie sacramenti. Sicut ergo corpus Christi quotidie manducatur, et non deficit nec decrescit, ita panis quotidie transit in corpus Christi, sed ipsum corpus nec in aliquo proficit nec accrescit. Non enim de pane vel de vino materialiter formatur caro vel sanguis, sed materia panis vel vini mutatur in substantiam carnis et sanguinis, nec adjicitur aliquid corpori, sed transsubstantiatur in corpus.

Cap. VIII. — *Quod sub tota forma totum corpus existit.*

Verum an partes in partes, an totum in totum, an totale transeat in totale, novit ille qui facit. Ego quod residuum est igni comburo. Nam credere jubemur, discutere prohibemur. Si tamen quærentis instet improbitas, ego salva fide concesserim quod totalis panis in totale corpus convertitur, ita quod nulla pars panis transit in aliquam partem corporis. Reor autem, salva fidei majestate, quod ubi panis est consecratus, sub tota specie, totum corpus existit. Sicut enim miraculose tam magnum corpus sub tam parva forma concluditur, ita miraculose totum corpus in singulis partibus continetur ; quod inde conjicio, quoniam in quotcunque partes species dividantur, sub singulis partibus totus est Christus, totus in magno, totus in parvo, totus in integro, totus in fracto. Scio tamen quod dicitur a quibusdam, quod quandiu species panis integra perseverat, sub totali specie totale corpus existit ; ubi vero dividitur in singulis divisionibus incipit esse totum. Sicut in speculo dum est integrum una tantum apparet inspicientis imago ; sed eo fracto tot apparent imagines quot sunt in eo fracturæ. Porro cum Deus illam virtutem verbis contulerit, ut ad prolationem eorum corpus Dominicum incipiat esse sub specie sacramenti, nec illa verba proferantur in fractione, diligenter attendant, et ipsi respondeant, unde corpus Christi quod ante fractionem non in singulis partibus erat totum, sed sub totali specie totaliter existebat, post fractionem in singulas partes quodammodo secedit et incipit esse singulatim in singulis partibus quod integraliter erat in integro. Licet autem corpus Dominicum sit in loco locale, quæritur tamen utrum in sacramento sit locatum localiter, id est, utrum faciat localem distantiam, et an habeat localem situm, ut dici debeat quia jacet, sedet aut stat ? Sed et alia multa circa præsentem articulum possunt inquiri, quæ melius est intacta relinquere, quam temere definire : nam *bestia quæ tetigerit montem lapidabitur* (*Exod.* xix) ; tutius est in talibus citra rationem subsistere, quam ultra rationem excedere, ne forte, quod absit, ossa regis Idumææ redigantur in cinerem (*Amos* ii).

Cap. IX. — *De fractione, ubi dicitur quare fractio fiat et attritio.*

Fregit. Solet a multis inquiri, sed a paucis intelligi quid Christus tunc in mensa fregit, et quid sacerdos in altari nunc frangit. Fuerunt qui dicerent quod sicut post consecrationem vera panis remanent accidentia, sic et vera panis substantia, quia sicut subjectum non potest sine accidentibus existere, sic accidentia non possunt existere sine subjecto (1). Accidentis esse non est aliud quam inesse ; sed panis et vini substantiis permanentibus, ad prolationem illorum verborum, *Corpus et sanguis Christi,* veraciter incipiunt esse sub illis, ita quod sub eisdem accidentibus utrumque vere sumitur panis et caro, vinum et sanguis, quorum alterum probat sensus, rel quum credit fides. Hi dicunt quod substantia panis frangitur et atteritur, inducentes ad hoc illud quod dicit Apostolus : *Panis quem frangimus ;* et Lucas : *Una sabbati cum convenissemus ad frangendum panem.* Hi facile solvunt quæstionem illam, qua quæritur quid a mure comeditur, cum sacramentum corroditur : comeditur, secundum illos, illa panis substantia, sub qua corpus Christi esse mox desinit. Porro qualem significandi modum habet nomen accidentis in physica facultate, talem exi-

---

(1) Reprobata est hæc opinio sub hoc pontifice in concilio Lateranensi, ut patet ex tract. *de Summa Trinit. et Fid. cath.* Et longe ante reprobata fuit a S. Ambrosio.

stendi modum habet accidens nominis in theologica veritate. Nam sicut hoc nomen *album* significat accidens in substantia, id est, in adjacentia, sed hoc nomen *albedo* significat accidens sine subjecto, id est, in existentia ; sic ante consecrationem accidens est in subjecto, quoniam existit in alio ; sed post consecrationem accidens est sine subjecto, quoniam ex stit per se : transit enim substantia, sed remanent accidentia. Nec dicitur accidens in vi participii, sed accipiendum est in vi nominis : sicut enim ibi substantia corporis est ubi forma corporis non videtur, sic ibi forma panis videtur, ubi substantia panis non est ; nec est alius ibi panis nisi caro Christi, quæ nomine panis aliquando designatur, juxta quod Dominus ait : *Panis quem ego dabo, caro mea est pro mundi vita* (Joan. VI) ; et Apostolus : *Quotiescunque manducabitis panem hunc et calicem bibetis*. Non enim debemus quærere naturam in gratia, neque consuetudinem in miraculo. Non solum accidentales, verum etiam naturales proprietates remanere videntur, ut paneitas quæ saturando famem expellit, et vinitas quæ satiando sitim exstinguit. Dicamus ergo quod forma panis frangitur et atteritur, sed corpus Christi sumitur et comeditur, videlicet quæ notant corruptionem referentes ad formam panis, ea vero quæ notant acceptionem ad corpus Christi.

CAP. ... — *De confessione Berengarii.*

Berengarius quippe suspectus habebatur de hæresi, et ne remaneret anguis in herba, ad majorem expressionem coram Nicolao papa multisque præsulibus est confessus panem et vinum, quæ in altari ponuntur, post consecrationem, non solum sacramentum, sed etiam verum corpus et sanguinem Christi esse, et sensualiter non solum sacramentum, sed etiam in veritate manibus sacerdotum tractari et frangi, etiam fidelium dentibus atteri. Non autem corpus Christi vel in partes dividitur, vel dentibus laceratur, cum sit immortale et impassibile. Sed in qua re fiat fractio vel attritio B. Augustinus ostendit, dicens : Quando Christus manducatur, reficit et non deficit. Nec quando manducamus de illo partem facimus, quod quidem in sacramento sic fit : nam et Christus carnalem sensum discipulorum redarguit, qui putabant carnem ejus sicut aliam carnem dividendam in partes et morsibus lacerandam. Dicitur autem forma panis, non quod sit, sed quod fuit, sicut dicebatur Simon leprosus, non quod talis existeret, sed quod talis exstiterat.

CAP. XI. — *Quid etiam a mure comeditur, cum sacramentum corroditur.*

Si vero quæratur quid a mure comeditur, cum sacramentum corroditur, vel quid inciperatur cum sacramentum crematur, respondetur quod sicut miraculose substantia panis convertitur, cum corpus Dominicum incipit esse sub sacramento, sic quodammodo miraculose revertitur, cum ipsum ibi desinit esse, non quod illa panis substantia revertatur quod transivit in carnem, sed quod ejus loco alius miraculose creatur, quamvis hujus accidentia sine subjecto possunt sic corrodi, sicut edi. Hic obstante miraculo falso trahitur argumentum a conjugatis vel conjunctis, sicut alibi trahitur falso a contrariis. Est enim hic color et sapor, quantitas et qualitas, cum nihil alterutro sit coloratum aut sapidum, quantum aut quale. Miraculum quippe vincit naturam, et legi detrahit dispensatio. Sane in natura Dei est trinitas personarum, videlicet Pater et Filius et Spiritus sanctus. In hypostasi Filii est substantiarum trinitas, videlicet deitas, corpus et anima. In sacramento corporis est trinitas specierum, videlicet panis, vinum et aqua. In natura Dei nec est accidens in substantia, nec substantia in accidente. In hypostasi Filii est accidens in substantia, et substantia in accidente. In sacramento corporis accidens non est in substantia, sed substantia consistit sub accidente.

CAP. XII. — *Quale corpus Christus dedit in cœna.*

DEDIT. Quæri solet quale corpus suum Christus dedit in cœna, mortale an immortale, passibile an impassibile, ac cætera quæ ad hanc pertinent quæstionem. Ego divina sacramenta magis veneranda quam discutienda profiteor, simplicitati fidei ratus sufficere, si dicatur quod tale dedit quale voluit, et rursus quale dederit ipse novit. Fuerunt tamen qui dicerent quod sicut idem veraciter ipse erat qui dabat et qui dabatur, ita in eo quod dabatur erat immortalis et impassibilis ; sicut visibiliter gestabat, et invisibiliter gestabatur : invisibiliter quantum ad formam corporis, non quantum ad speciem sacramenti : nam in eo quod gestabat, quod erat apparebat ; in eo vero quod gestabatur, quod erat ipse non videbatur, quia forma panis et vini velabat formam carnis et sanguinis. Hic est ille verus David, qui coram Achis rege Geth manibus suis ferebatur (I *Reg.* XXI), quoniam immortalis dabatur, incorruptibilis edebatur. Hi scilicet, pro facto concedunt, posito quod pars aliqua sacramenti per triduum mortis Christi reservata fuisset, idem corpus simul et jacebat mortuum in sepulcro, et manebat vivum sub sacramento. In ara crucis patiebatur, et sub forma panis non lædebatur. Sed quoniam incredibile judicatur, ut secundum eamdem naturam simul esset mortalis et immortalis, quod tamen congruebat ei secundum eamdem personam, fuerunt alii qui dixerunt quod Christus mortalis utique fuit, sed voluntate non necessitate : in eo quippe quod immunis erat ab omni culpa, liber erat ab omni pœna, ut nihil morti deberet, pro eo quod peccati nihil haberet ; sustinuit tamen sponte mortalitatem, quia mortem sustinere volebat ; quia si mortalitatem non suscepisset, omnino mori non potuisse. Ut ergo probaret quod mortalis erat, non necessitate, sed voluntate, quando voluit mortalitatem deposuit, et immortalitatem recepit. Legitur enim in Evangelio quod cum Judæi duxissent Jesum usque ad supercilium montis, ut eum præcipitarent, ipse transiens per medium illorum ibat (*Luc.* IV). Cum esset ducendus, teneri se sicut passibilem tolerabat : sed cum esset præcipitandus, sicut impassibilis per medium transibat. Quatuor enim sunt glorificati corporis propriæ qualitates, videlicet claritas, subtilitas, agilitas et impassibilitas. De quibus legitur : *Fulgebunt justi et tanquam scintillæ in arundineto discurrent, et absterget Deus omnem lacrymam ab oculis sanctorum, et jam non erit amplius neque luctus, neque clamor* (*Sap.* III; *Apoc.* VII et XXI). Hinc etiam Dominus inquit in Evangelio : *Mensuram bonam et confertam et coagitatam et supereffluentem reddent in sinum vestrum* (*Luc.* VI). Singula sibi Christus singulatim accepit antequam resurgens a mortuis naturam glorificati corporis induisset : subtilitatem cum nasceretur ex Virgine ; claritatem, cum transfiguraretur in monte ; agilitatem, cum incederet super mare; impassibilitatem cum manducaretur in cœna. Sicut enim signum passibilitatis exhibuit in corpore immortali, cum post resurrectionem ostendit manus et latus, sic in corpore mortali signum impassibilitatis, cum carnem et sanguinem ante passionem exhibuit. Potest tamen salva fide concedi quod tale dedit quale tunc habuit, mortale videlicet et passibile : non quod posset pati in sacramento, sed quod sub sacramento poterat pati. Nunc autem sumitur a nobis immortale et impassibile. Nec tamen majorem habet nunc efficaciam, sicut nec majorem potentiam. Quod ergo passibilis edebatur, et tamen non lædebatur, non erat humanæ naturæ, sed divinæ potentiæ, qua valebat quidquid omnino volebat.

Cap. XIII. — *Utrum Judas accepit eucharistiam.*

Dedit discipulis suis. Dubitari solet utrum Judas cum aliis acceperit eucharistiam. Lucas enim ostendit Judam interfuisse cum aliis, quem statim post calicem traditorem commemorat, dicens : *Hic est calix novi Testamenti in sanguine meo, qui pro vobis effundetur. Verumtamen ecce manus tradentis me, mecum est in mensa* (*Luc.* XXII). Quotquot autem interfuerunt eucharistiam acceperunt, Marco attestante, qui ait : *Et biberunt ex illo omnes* (*Marc.* XIV); juxta quod Christus ipse præceperat, teste Matthæo : *Bibite ex hoc omnes* (*Matth.* XXVI); et contra Judam non interfuisse probatur : nam secundum Matthæum statim dixit Jesus bibentibus calicem : *Non bibam amodo de genimine vitis, usque in diem illum, cum illud bibam vobiscum novum in regno Patris mei.* Judas ergo non aderat, qui cum eo non erat bibiturus in regno. Bibentium quoque nullum excipiens ait, *pro vobis effundetur ;* sed aliorum multos excepit, cum inquit, *pro multis effundetur in remissionem peccatorum.* Unde cum secundum Joannem Christus dixisset apostolis : *Beati eritis si feceritis ea,* statim excepit : *Non de omnibus dico, ego scio quos elegerim.* Et iterum : *Vos mundi estis, sed non omnes.* Quid ergo est nobis in hoc casu tenendum ?

Illud forte sine præjudicio aliorum, quod Joannes insinuat, quia cum Judas accepisset buccellam panis, exivit continuo, erat enim nox. Christus autem post alios cibos tradidit eucharistiam. Quod autem Lucas post calicem commemorat traditorem, per recapitulationem potest intelligi : quia sæpe fit in sacra Scriptura, ut quod prius factum fuerat, posterius enarretur, sicut Matthæus commemorat, biduo ante Pascha alabastrum unguenti, quod secundum Joannem ante sex dies Paschæ mulier effudit in domo Simonis leprosi. Concesso autem quod Judas acceperit eucharistiam, quod expositorum plerique concedunt, quærendum est qua ratione medicus salutaris medicinam dabat ægroto, quam ei sciebat esse mortiferam ? Sciebat enim quod *qui manducat indigne, judicium sibi manducat.* An si suo docet exemplo, quod sacerdos non debet illi communionem negare, cujus crimen, etsi sibi sit notum, non tamen Ecclesiæ manifestum, ne forte non sit corrector, sed proditor ? Unde cautum reperitur in canone : Non prohibeat dispensator Domini pingues terræ mensam Domini manducare ; sed moneat exactorem timere. Sit ita, si nihil quod est melius valeat responderi. Porro cum minus malum sit reddi suspectum de crimine quam committere crimen, et de duobus malis, si alterum urget, minus sit eligendum, cur discretus sacerdos non neget eucharistiam criminoso, quatenus minus malum incurrat, ut majus evitet, id est ut reddatur suspectus, ne manducet indigne ? Sane cum nemo debet vitium mortale committere, ne proximus aliud mortale committat, eligendum est potius sacerdoti non prodere peccatorem, quam ut ille non peccet, sed ille potius debet eligere ut abstinendo reddatur suspectus , quam communicando manducet indigne. Si vero quæratur utrum Christus ad bonum an ad malum eucharistiam Judæ tradiderit ; et quidem non videtur ad bonum dedisse, ne sua fraudatus sit intentione, qui, teste propheta, *fecit universa quæ voluit* (*Psal.* CXIII); Judas enim non ad bonum sed ad malum accepit, sed nec ad malum dedisse videtur, quia Christus non est auctor malorum, sed ultor, respondere verissime potest quod si propositio intentionem denotet vel affectum, cum dicitur, dedit ad malum, falsa est propositio. Si autem consecutionem insinuat vel effectum, vera est. Quia vero Christus buccellam intinctam Judæ porrexit, unde constitutum est ab Ecclesia ut eucharistia non detur intincta, constitutum est nihilominus et pro hæresi exstirpanda, quæ dogmatizavit Christum sub neutra specie totum existere, sed sub utraque simul existere totum. Nec debet intelligi, quod sub buccella panis intincta Christus eucharistiam dederit traditori, sed per buccellam intinctam atque porrectam, suum denique traditorem expressit, fortassis per panis intinctionem illius significans fictionem.

Cap. XIV. — *De duobus modis eucharistiam comedendi.*

Accipite et manducate. Non est intelligendum quod sumptum corpus de manu Domini sibi discipuli ministrarent, sed qui consecravit et ministravit ac si diceret : Comedite, iterumque comedite, utramque hujus sacramenti comestionem insinuans. Dupliciter enim corpus Christi comeditur, quia dupliciter intelligitur : verum, quod de Virgine traxit et in cruce pependit, et mysticum, quod est Ecclesia Christi spiritu vegetata. De vero corpore Dominus ait : *Hoc est corpus meum quod pro vobis tradetur* (*Luc.* xxii). De mystico dicit Apostolus : *Unus panis et unum corpus multi sumus* (I *Cor.* x). Verum corpus Chris'i comeditur sacramentaliter, id est, sub specie ; mysticum autem comeditur spiritualiter, id est, in fide , sub specie panis, in fide cordis. De comestione sacramentali Dominus ait : *Accipite et comedite, hoc est corpus meum quod pro vobis tradetur, hoc facite in meam commemorationem*. Hoc modo tam boni quam mali corpus Christi manducant. Sed soli boni comedunt ad salutem, mali vero comedunt ad judicium. Nisi enim mali corpus Christi comederent, non dixisset Apostolus : *Qui manducat indigne, judicium sibi manducat et bibit, non dijudicans corpus Domini* (I *Cor.* xi). Nam et Judas traditur cum aliis eucharistiam accepisse. De spirituali comestione Dominus ait : *Nisi manducaveritis carnem Filii hominis, et biberitis ejus sanguinem, non habebitis vitam in vobis*. Hoc modo corpus Christi soli boni comedunt ; unde : *Qui manducat carnem meam et bibit sanguinem meum, in me manet et ego in eo* (I *Joan.* iv) : *nam qui manet in caritate, in Deo manet, et Deus in eo*. Unde : Quid paras dentem et ventrem? Crede et manducasti. Qui credit in Deum, comedit ipsum , qui incorporatur Christo per fidem, id est, membrum ejus efficitur, vel in unitate corporis ejus firmius solidatur. Alibi quod manducatur, incorporatur ; et qui manducat, incorporat ; hic autem quod manducatur incorporat , et qui manducat incorporatur. Utrumque modum Christus edendi insinuat, ubi dicit : *Spiritus est qui vivificat , caro non prodest quidquam* (*Joan.* vi), quia caro Christi nisi spirituaiiter comedatur, non ad salutem, sed ad judicium manducatur.

CAP. XV. — *Quid fiat de corpore Christi, postquam fuerit sumptum et comestum*.

Fortassis cogitatio adhuc pulsat animum, quærens quid fiat de corpore Christi, postquam sumptum fuerit et comestum? Tales sunt cogitationes mortalium, ut vix quiescere velint in his maxime quæ quærenda non sunt. Audi consilium Sapientis : *Altiora te ne quæsieris, et fortiora te ne scruteris ; sed quæ præcepit tibi Deus, illa tu semper cogita, et in pluribus operibus ejus ne fueris curiosus* (*Eccle.* iii). Si vero præsentia quæritur corporalis, in cœlo quæratur, ubi Christus est in dextera Dei sedens. Ad tempus tamen præsentiam exhibuit corporalem, ut ad spiritualem præsentiam invitaret. Cum sa-

(1) Hic deesse videtur particula quædam , forsitan ta *ad succiernam corruptibilitatem refertur.*

cramentum tenetur, comeditur et gustatur, Christus corporaliter adest in visu , in tactu, et in sapore, quandiu corporalis sensus afficitur, corporalis præsentia non aufertur, postquam in percipiendo sensus deficit corporalis. Deinceps non est quærenda corporalis præsentia, sed spiritualis est retinenda. Dispensatione completa , Christus de ore transit ad cor. Me'ius est enim ut procedat in mentem, quam ut descendat in ventrem. Cibus est non carnis, sed animæ. Venit ut comedatur, non ut consumatur : ut gustetur, non ut incorporetur. Ore comeditur, sed stomacho non digeritur. Reficit animum, sed non effluit in secessum. Illud ergo sane debet intelligi, quod Dominus ait : *Omne quod in os intrat, in ventrem vadit, et in secessum emittitur* (*Matth.* xv) ; cum constet illud fuisse dictum non de spirituali cibo, sed de carnali.

CAP. XVI. — *Quid si secessus aut vomitus post solam eucharistiæ perceptionem eveniat*.

Quod si forte secessus vel fluxus aut vomitus post solam eucharistiæ perceptionem evenerit, ex accidentibus et humoribus generatur, cum inter humores absque cujuslibet cibi materia vel effluant in secessum, vel emittantur ad vomitum. Cum ergo post dispensationis officium aliquid iterato sentitur (1); in hoc ergo species ad proprietatem famulatur, ut veritas similitudinis ubique servetur. Nam in quo simil tudo deficeret, in eo sacramentum non esset, sed ibi se proderet, et fidei locum auferret, neque jam crederetur quod ita fieri non oportet. Itaque quantum ad nos servat per omnia corruptibilis cibi similitudinem, sed quantum ad se, non amittit inviolabilis corporis veritatem. Species quandoque corroditur vel maculatur, sed veritas nunquam corrumpitur aut coinquinatur. Si quando tale quid videris, noli timere sibi, sed esto sollicitus tibi ne tu male lædaris si male credideris. Si vero quæratur utrum Christus localiter descendat de cœlo, vel ascendat in cœlum, cum exhibet a t subtrahit præsentiam corporalem, an aliter incipiat vel desinat esse sub specie sacramenti, respondeo non oportere nos in talibus curiosos existere, ne plusquam possumus præsumamus, et non comprehendamus. Salubre consilium dedit Apostolus : *Non plus sapere quam oportet sapere, sed sapere ad sobrietatem* (*Rom.* xii). Ego nescio quomodo Christus accedit, sed et quomodo recedit ignoro ; novit ille qui nihil ignorat

CAP. XVII. — *Quando fiat transsubstantiatio*.

HOC EST ENIM CORPUS MEUM. Si ad prolationem istorum verborum, *hoc est corpus meum*, panis mutatur in corpus ; et ad prolationem istorum verborum, *hic est sanguis meus*, vinum mutatur in sanguinem, cum prius proferantur ista verba quam illa, prius ergo mutatur panis in corpus quam vinum in sanguinem. Nunquid enim corpus est sine sanguine, vel sanguis sine corpore? Propterea dicitur a quibusdam quod cum totum

supplenda : *Non ad corporis aut sanguinis veritatem, sed*

est dictum, totum est factum, nolentes vel non valentes ipsius conversionis determinare momentum. Alii dicunt et bene, quod licet ad prolationem præcedentium panis a natura mutetur in corpus, et ad prolationem sequentium vinum præterea mutetur in sanguinem, nunquam tamen corpus est sine sanguine, vel sanguis est sine corpore, sicut neutrum est sine anima, sed sub forma panis sanguis existit in corpore, per mutationem panis in co pus; et e converso. Non quod panis in sanguinem, vel vinum mutetur in corpus, sed quia neutrum potest existere sine reliquo. Est ergo sanguis sub speciebus pan s, non ex vi sacramenti, sed ex naturali concomitantia, secundum fratrem Egidium. Sed quæritur quid demonstravit Christus cum dixit : *Hoc est corpus meum?* non panem, quia de pane non erat ver. m quod corpus ejus existeret, nec corpus quia nondum illa verba protulerat, ad quorum prolationem panem mutavit in corpus. Quid ergo? Simitis objectio fit a logicis, cum dicitur : Hoc vivum est mortuum, posito quod in prolatione subjecti sit vivum, et in prolatione prædicati sit mortuum. Sed quantum distat ortus ab occasu, tantum refert inter miraculum et naturam. Ab hujus ergo quæstionis laqueo facile se absolvit qui dicit quod Christus tunc confecit, cum benedixit. Nam si opponatur de sacerdote qui tunc consecrat, cum illa verba pronuntiat, respondetur quod sacerdos nihil demonstrat cum idis verbis non utatur enuntiative, sed recitative. Quemadmodum et Christus ait : *Ego sum vitis vera; ego sum lux mundi*, et innumera talia. Sed rursus quæritur quid demonstravit cum dixit : *Manducate ex hoc omnes?* Licet in nullo quatuor evangelistarum hoc legatur de corpore, sed tantum de sanguine : *Bibite ex hoc omnes.* Cum enim jam panem fregisset, si demonstrabat aliquid fragmentorum, illud non debebant omnes comedere, cum singulis singula distribueret. Si demonstrabat corpus, non poterat ex isto, sed illud comedere, quia corpus Christi non manducatur per partes, sed integrum. Sane, secundum regulam Tyconii debet intelligi (1), qua frequenter in sacra Scriptura videtur agi de uno, sed agitur de diversis, ut est illud : *Benedixit, fregit et dedit*, benedixit panem, formam fregit, et dedit corpus. Eodem modo cum dixit : *Manducate ex hoc omnes*, pronomen ostendit integrum corpus, et præpositio innuit formam divisam, ut iste sit sensus : Comedite hoc corpus integrum sub forma divisa ; nam sola forma per partes dividitur, et totum corpus integrum manducatur. Simili modo potest intelligi, quod subjunxit : *Hoc est corpus meum*, id est, illud quod præbeo sub hac forma.

CAP. XVIII. — *De forma verborum.*

Quæritur etiam utrum additio vel subtractio, transpositio vel mutatio, si forte fit in illa forma verborum quam Christus ex-pressit, effectum consecrationis impediat, an non? Ut si dicatur addendo : Hoc est corpus meum quod assumpsi de Virgine; vel subtrahendo : Hoc est corpus; vel transponendo : Corpus meum hoc est ; vel interponendo : Hoc est utique corpus meum; sive mutando : Hoc est corpus Jesu. Sane fecit Deus hominem rectum, sed ipse se infinitis miscuit quæstionibus. His itaque prætermissis, quæ quandoque subvertunt animum, magis quam ædificent, illud pro certo sciatur, quod graviter peccat qui quodlibet horum quomodolibet attentaverit, maxime si formam intendat mutare, vel hæresim introducere, quia forma verborum quam Christus expressit per omnia illibata debet servari, quamvis secundum Philosophum nomina et verba transposita idem significent, nec utile per inutile vitietur.

CAP. XIX. — *Utrum panis transsubstantietur in Christum.*

Porro cum panis transsubstantietur in corpus itaque rationale animatum, videtur quod panis transsubstantietur in hominem, et pari ratione in Christum transsubstantietur, et ita in Creatorem. Sic ergo creatura quotidie fit Creator. Quidam voluerunt asseruere quod panis transsubstantiatur in Christum, non tamen in Creatorem, quia Christus dicitur secundum naturam humanam, secundum quam panis transsubstantiatur in ipsum. Nam sicut dicitur Christus manducari, quia corpus ejus comeditur, ita panis credendus est in ipsum mutari, quoniam in corpus ejus convertitur. *Ego sum*, inquit, *panis vivus, qui de cœlo descendi, et panis quem ego dabo caro mea est pro mundi vita* (*Joan*. VI). Christus igitur seipsum et carnem suam nomine panis appellat, ut ostendat ex hoc, quod panis sicut vere mutatur in carnem ipsius, ita vere mutatur in ipsum. Ego tamen sicut in aliis, ita pariter in hoc divina sacramenta magis veneranda quam discutienda profiteor. Scriptum est enim : *Non comedetis ex eo crudum quid, nec coctum aqua, sed assum igni* (*Exod*. XII). Etsi secundum vim inferentiæ non sequatur quod si panis transsubstantiatur in corpus humanum, ideo panis transsubstantietur in homineu, quia non homo, sed hominis pars est corpus.

CAP. XX. — *De modo transsubstantiationis.*

Quæritur autem utrum ante consecrationem sit concedendum, panis erit corpus Christi, vel post consecrationem, id quod panis fuit, est corpus Christi. Quod inde videtur, quoniam qui sacerdos fit, erit sacerdos, et qui sacerdos est factus, sacerdos est. Similiter quod corpus fit, erit corpus, et quod corpus est factum, est corpus. Quis enim dixerit, quod hoc sit illud, si nunquam hoc erit illud? Tradit etiam Augustinus, ante consecrationem panem esse et vinum quod natura formavit, post consecrationem vero carnem et sanguinem, quod benedictio consecravit; et Ambrosius in hæc verba : Quod

---

(1) De septum regulis Tyconii vide S. Augustin. *de Doctrina Christiana*, lib. III, circa finem.

erat panis ante consecrationem, jam est corpus Christi post consecrationem; nam etsi panis nec erit corpus Christi, nec aliud, panis ibi nihil erit, et ita panis annihilatur; ergo nec fit corpus Christi, nec aliud. Si vero dicatur quod panis erit corpus Christi, statim infertur aliud fore corpus Christi, quod nec fuit natum, nec passum, nec mortuum, nec sepultum, demonstratis quoque diversis panibus, oportebit concedi, quod hoc etiam illud erit idem, et non est idem; hoc igitur fiet illud, rursus si hoc erit panis, et non est corpus Jesu, quod est penitus impossibile. Præterea si id quod fuit panis est corpus Christi, profecto corpus Christi est illud quod fuit panis; ergo corpus Christi vel fuit, vel est panis. Diversa et innumerabilia talia possent inferri, quæ penitus a veritate discordant. Propter hæc et alia quæ circa præsentem articulum subtiliter magis quam utiliter possent inquiri, non desunt qui dicunt quod ea ratione dicitur panis mutari, vel converti, seu transsubstantiari, sive transire in corpus Christi, quod corpus Christi sub eisdem accidentibus loco panis incipit esse, sicut dicitur a grammaticis, quod A mutatur in B cum a præsenti formatur præteritum, *ago*, *egi*, quia loco hujus litteræ A ponitur hæc littera E. Quidam autem expresse dixerunt, quod ipsa panis essentia vere mutatur in corporis Christi substantiam, nec redigitur panis in nihilum, quia desinit esse quod fuit, sed mutatur in aliud, quoniam incipit esse quod non fuit. Fit autem ipsa conversio non secundum unionem sed secundum transitionem, quia nequaquam essentia essentiæ accedit in augmentum, ut per id quod accedit id ad quod accedit majus aliquid fiat, sed id quod accedit sit unum cum eo ad quod accedit. Nec corpus accipit esse panis, sed panis accipit esse corpus, quia panis transit in corpus, non corpus in panem. Cum ergo concluditur, quoniam aliud erit corpus Christi, quod nec fuit natum, nec passum, si relato fiat ad prædicatum, est falsum; si vero ad subjectum, est verum, sed inde non provenit. Ergo corpus Christi nec fuit natum, nec passum, sicut non sequitur, aliquid erat pater, quod nec genuit, nec spiravit, ergo nec pater genuit, nec spiravit. Quod autem infertur, hoc et illud erunt idem, et non sunt idem, hoc igitur fiet illud, non provenit, sed ita rectius inferretur, hoc ergo fiet aliquid quod illud erit: sicut pater et filius sunt idem, non tamen pater est filius, sed id quod est filius. Licet autem hoc erit illud, nunquam tamen erit verum hoc esse illud, quoniam hoc desinit esse hoc, et incipiet esse illud. Sicut sanum erit ægrum, nunquam tamen erit verum sanum esse ægrum: quia sanum desinit esse sanum, et incipiet esse ægrum. Quamvis etiam id quod fuit panis sit corpus Christi, non tamen corpus Christi est aliquid quod fuit panis, quoniam id quod fuit panis est aliud omnino quam fuit; sed corpus Christi est omnino idem quod fuit. Sicut iniquum quod fuit Saulus est Paulus, non tamen Paulus est iniquum, quod fuit Saulus. Quod enim secundum naturam contingit in accidentibus, hoc secundum miraculum accidit in naturis. Est autem duplex conversio, substantialis videlicet et formalis: nam sicut aliquando forma convertitur sine substantia, sic interdum substantia convertitur sine forma, nonnunquam utraque cum altera. Substantia vero quandoque convertitur in id quod fit et non erat ut virga in colubrum, et tunc forma convertitur cum substantia. Quandoque convertitur in id quod erat et non fit, ut panis in eucharistiam, et tunc substantia convertitur sine forma. Sed desinamus scrutari scrutinium, quoniam *perscrutator majestatis opprimetur a gloria*: nam *accedit homo ad cor altum, et exaltabitur Deus*. Sicut ineffabilis est illa unio qua Deus factus est homo, sic ineffabilis est illa conversio qua panis fit caro. Non tamen ita panis dicendus est incarnari, quia panis fit caro: nam verbum manens quod ita erat, factum est caro; quod carnem assumpsit, non transivit in carnem, sed panis desinens esse quod erat, ita fit caro, quod transit in carnem, non assumit carnem.

CAP. XXI. — *Cur eucharistia sub duplici specie consecratur.*

Simili modo licet sub alterutra specie sumatur utrumque, id est corpus et sanguis, utraque tamen species consecratur, et neutra superfluit, ut ostendatur quod Christus humanam naturam totam assumpsit, ut totam redimeret. Panis enim refertur ad carnem, et vinum ad animam, quia vinum sanguinem operatur, in quo sedes est animæ. Moyses quippe testatur quod caro pro corpore, sanguis autem offertur pro anima. Unde legitur in Levitico: *Anima carnis in sanguine est* (*Levit.* xvii), quocirca panis et vinum in sacrificio offeruntur, quod valet ad tuitionem carnis et animæ, ne si sub alterutra specie tantum sumeretur, ad alterius tantum putaretur pertinere salutem. Et quamvis sub specie panis sanguis sumatur cum corpore, et sub specie vini corpus sumatur cum sanguine, tamen nec sanguis sub specie panis, nec corpus sub specie vini bibitur, et comeditur, quia sicut nec sanguis comeditur nec corpus bibitur, ita neutrum sub specie panis bibitur, aut sub specie vini comeditur; etsi concessibile videatur quod corpus bibendo, aut sanguis comedendo sumatur. Est ergo modus sumendi carnem et sanguinem, quo neutrum manducatur et bibitur.

CAP. XXII. — *Utrum panis sine vino, vel vinum sine pane valeat consecrari.*

Sed quæritur utrum panis sine vino, vel vinum sine pane, non dico debeat, sed valeat consecrari; cum enim ad prolationem istorum verborum: *Hoc est corpus meum*, panis mutetur in carnem, et ad prolationem illorum verborum: *Hic est sanguis meus*, vinum mutetur in sanguinem, si post prolationem istorum, et ante prolationem illorum, impedimentum accidat sacerdoti quo minus procedere valeat, videtur ergo quod panis sit mutatus in carnem, vino in sanguinem non mutato. Quid ergo judicabitis in hoc articulo faciendum? an alius sacerdos totum repetet a principio, et sic super panem iterabitur consecratio? an ab eo tantum loco incipiet, in quo sacerdos ille dimisit, et sic divideretur mysterium unitatis? De hoc ita statutum legitur in concilio Toletano : « Censuimus convenire, ut cum a sacerdotibus missarum tempore mysteria consecrantur, si aegritudinis cujuslibet accidat eventus, quo coeptum nequeat consecrationis explere mysterium, sit liberum episcopo vel presbytero alteri, consecrationem exsequi coepti officii, ut praecedentibus libenter alii pro complemento succedant (VII, can. 2). » Porro cum inter theologos de tempore consecrationis sit diversa sententia, quibusdam dicentibus quod cum totum est dictum, totum est factum; aliis autem dicentibus quod panis ante mutatur in corpus, et postea vinum mutatur in sanguinem, plerique tutius procedentes affirmant quod alius sacerdos consecrationem repetere debet atque perficere, quoniam (ut tradit auctoritas) non dicitur iteratum quod nescitur ante esse factum. Verum ne ulla fiat iteratio, vel divisio sacramenti, nec aliquis scrupulus erroris vel dubitationis remaneat, consultius et tutius judicatur ut illa talis oblatio studiosissime recondatur, et super aliam totum officium celebretur.

CAP. XXIII. — *Quaeritur utrum, necessitate cogente, vel casu intercedente, sola panis materia possit in eucharistiam consecrari.*

Et si vinum inveniri non possit, vel aliquo casu defuerit, quaeritur utrum, necessitate cogente vel casu intercedente, sola panis materia possit in eucharistiam consecrari, sicut sub sola panis specie debet eucharistia reservari? Sunt sane qui dicunt quod cum verbum et elementum efficiant sacramentum, nec forma verborum vel materia rerum quas Christus expressit mutari potest sive dimidiari : quia sicut vinum sine pane, sic panis sine vino minime consecratur, cum utrumque sit de substantia sacramenti unde sive aqua pro vino mittatur in calicem, sive ordeum pro frumento formetur in panem, sicut neutrum per se, sic neutrum cum alio transsubstantiatur in carnem, aut mutatur in sanguinem. Nam si panis sine vino, vel vinum sine pane, mutari posset in carnem aut in sanguinem, in his regionibus in quibus alterutrum inveniri non potest, licite posset alterum sine altero consecrari. Minus enim ignorantia quam necessitas, vel negligentia quam difficultas excusat. Alii vero dicunt quod cum Christus prius convertit panem in carnem et postea vinum mutavit in sanguinem, sicut evangelicae lectionis textus ostendit, et sine vino panem, et sine pane vinum consecrari contingit. Graviter tamen offendit, qui negligenter aut ignoranter alterutram speciem praetermittit: gravius qui scienter aut sponte, maxime si formam intendit mutare, vel haeresim introducere.

CAP. XXIV. — *Cautela quando sacerdos post consecrationem invenit praetermissum vinum.*

Quid ergo faciendum est sacerdoti, qui post consecrationem vinum comperiat praetermissum? Dicunt aliqui quod vinum apponere debet, et super illud solummodo consecrationem repetere; alii, quod apposito vino panem consecratum, sicut in die Parasceves debet immittere, sicque sumere sacrificium. Ego vero semper in dubiis quod tutius est judico praeferendum.

CAP. XXV. — *De diversis sacerdotibus super eamdem hostiam celebrantibus.*

Cum autem interdum multi sacerdotes concelebrent, si forte non omnes simul consecratoria verba pronuntient, quaeritur an ille solus conficiat qui primus pronuntiat? Quid ergo caeteri faciunt, an iterant sacramentum? Poterit ergo contingere quod ille non conficit qui celebrat principaliter, et ille conficiet qui secundario celebrabit, et sic pia celebrantis intentio defraudabitur? Sane dici potest, et probabiliter responderi, quod sive prius, sive posterius proferant sacerdotes, referri debet eorum intentio ad instans prolationis episcopi, cui principaliter celebranti concelebrant, et tunc omnes simul consecrant, et conficiunt. Quanquam nonnulli consentiant, quod qui prius pronuntiat, ille consecrat; nec aliorum defraudatur intentio, quia factum est quod intendebatur. Consueverunt autem presbyteri cardinales romanum circumstare pontificem, et cum eo pariter celebrare, cumque consummatum est sacrificium de manu ejus communionem recipere, significantes apostolos, qui cum Domino pariter discumbentes sacram de manu ejus eucharistiam acceperunt, et in eo quod ipsi concelebrant, ostendunt apostolos tunc a Domino ritum hujus sacrificii didicisse.

CAP. XXVI. — *De hora institutionis.*

POSTQUAM COENATUM EST. Quarta decima luna primi mensis ad vesperam Christus secundum legis typum pascha cum apostolis celebravit, de quo cum dixisset : *Desiderio desiravi hoc pascha manducare vobiscum antequam patiar* (*Exod.* XII; *Luc.* XXII), cur hoc dixerit statim ostendit, ut scilicet veteri paschae imponens finem, novum paschae substitueret sacramentum. *Accipiens enim panem, benedixit ac fregit, deditque discipulis suis dicens : Accipite et comedite, hoc est enim corpus meum quod pro vobis tradetur. Similiter et calicem, postquam coenavit, dicens : Bibite ex hoc omnes; hic est sanguis meus novi Testamenti qui pro vobis et pro multis effundetur in remissionem peccatorum. Hoc facite in meam commemorationem.* Hac ergo constitutione formati celebramus jugiter per mysterium, quod semel offerebatur in pretium. Nam ubi veritas venit, figura cessavit, et signum est sublatum de medio, cum jam non erat res aliqua quae futura significaretur, sed quae praesens perciperetur; mansit tamen figura, donec fuit in veritate completum, quod in similitudine prius erat exhibitum. Ob id etiam Christus corpus et sanguinem suum post cœnam dedit apostolis, ut hoc sacramentum velut ultimum testatoris mandatum arctius memoriæ commendarent. Unde novissimum condens hæredibus testamentum : *Vos*, inquit, *estis qui mecum permansistis in tentationibus meis; et ego dispono vobis regnum, sicut Pater meus mihi disposuit, ut edatis et bibatis super mensam meam in regno meo* (*Luc.* XXII). Patet ergo cum primam acceperunt apostoli eucharistiam, non eos accepisse jejunos. Non ideo tamen est calumniandum Ecclesiæ, quod a jejunis semper accipiatur. Placuit enim Spiritui sancto ut in honorem tanti sacramenti prius in os Christiani Dominicum corpus intraret, sicut ubique mos iste servatur (1). Non enim quia post cibos Dominus dedit, ideo pransi vel cœnati debent illud accipere, quemadmodum illi faciebant, quos arguit Apostolus, dicens : *Convenientibus vobis in unum jam non est dominicam cœnam manducare; unusquisque suam cœnam præsumit ad manducandum, et alius quidem esurit, alius ebrius est* (I *Cor.* XI). Salvator ergo præscriptis ex causis post cœnam tradidit eucharistiam, quo autem deinde ordine sumeretur, disponendum apostolis reservavit.

CAP. XXVII. — *Quod corpus Christi totum est in pluribus locis simul.*

ACCIPIENS ET HUNC PRÆCLARUM CALICEM. Continens metonymice ponitur pro contento: nam et unus et idem, et tunc et nunc, et hic et alibi sacrificatur ab omnibus, totus in cœlo, et totus in altari, simul et sedet ad dexteram Patris et manet sub specie sacramenti. Miraris quod verbum Dei juxta sacramenti virtutem totum simul in diversis locis existit; et non miraris quod verbum hominis juxta vocis naturam totum est simul in auribus diversorum. Quid quæris naturam in Christi corpore, cum præter naturam sit ipse natus de Virgine? Sic ergo Christus in diversis locis est unus, sicut in diversis partibus totus. Quod autem vinum in calice consecraverit, patet ex eo quod ipse subjunxit : *Non bibam amodo de hoc genimine vitis.*

CAP. XXVIII. — *Quare sanguis Christi dicatur novum Testamentum.*

HIC EST SANGUIS NOVI ET ÆTERNI TESTAMENTI. Vetus Testamentum, quod hircorum fuit et vitulorum sanguine dedicatum, promittebat homini temporalia; novum autem, quod fuit Christi sanguine consecratum, promittit æterna; et ideo Testamentum illud fuit vetus et transitorium, hoc autem novum est et æternum. Vel inde probatur æternum, id est, perpetuum, unde novum asseritur, id est, ultimum. Novissimum enim hominis Testamentum immobile perseverat, quia testatoris firmatur morte, juxta quod docet Apostolus : *Testamentum*, inquit, *in mortuis confirmatum est; alioquin nondum valet, dum vivit qui testatus est* (*Hebr.* IX). Porro Testamentum dicitur non solum scriptura, sed et promissio, quemadmodum dicit Apostolus : *Ideo novi Testamenti mediator est, ut repromissionem accipiant, qui vocati sunt, æternæ hæreditatis.* Et secundum hunc modum dicitur : *Hic est sanguis meus novi et æterni Testamenti*, id est, confirmator novæ et æternæ promissionis, sicut Dominus ipse promittit : *Qui manducat carnem meam, et bibit meum sanguinem, habet vitam æternam* (*Joan.* VI). Unde nec primum Testamentum, ut inquit Apostolus, *sine sanguine dedicatum est.* Lecto enim universo legis mandato, Moyses accipiens sanguinem hircorum et vitulorum, ipsum quoque librum et omnem populum aspersit dicens : *Hic est sanguis novi Testamenti, quod mandavit ad vos Deus* (*Exod.* XXIV). Ecce quam proprie Moyses verba prædixit, quibus Christus usus est in cœna.

CAP. XXIX. — *Utrum aqua cum vino convertatur in sanguinem.*

Sed quæritur utrum aqua cum vino convertatur in sanguinem? Si convertitur, ergo sacramentum sanguinis est, imo populi; nam aquæ multæ sunt populi multi, et ob hoc aqua vino miscetur, ut Christo populus adunetur : nam de latere Christi exivit sanguis et aqua. Si non convertitur, ubi post consecrationem existit? et quomodo separatur a vino, cui fuerat in unum commixta? Præterea non solum sanguinem exhibet sacerdos in hoc sacramento, si post consecrationem aqua pura permanserit; post unam ergo sumptionem iterum eadem die communicare non debet, ac si prius aquam bibisset. Nam idcirco sacerdos postquam profudit, eodem die iterum non sacrificat, quia vinum purum assumit. An forte sicut vinum mutatur in sacramentum redemptionis, sic et aqua transit in sacramentum ablutionis, quæ de latere Christi pariter effluxerunt. Quis hoc audeat definire? Illud omnino nefas est opinari, quod quidam dicere præsumpserunt, videlicet aquam in flegma converti : nam et de latere Christi non aquam, sed humorem aquaticum, id est flegma, mentiuntur exivisse, non attendentes quod de latere Christi duo præcipua Ecclesiæ sacramenta fluxerunt, videlicet et sacramentum redemptionis in sanguine, et sacramentum regenerationis in aqua. Non enim baptizamur in flegmate, sed in aqua, juxta sententiam Evangelii : *Nisi quis renatus fuerit ex aqua et Spiritu sancto, non intrabit in regnum Dei* (*Joan.* III). Quibusdam vero non absurdum videtur quod aqua cum vino transit in sanguinem, ea videlicet ratione, quod aqua per admixtionem transit in vinum, et vinum per consecrationem transit in sanguinem. Quis enim ambigat aquam in vinum transire, cum multo vino modicum infunditur aquæ? Alioquin tota vini substantia propter guttam aquæ mutatur, ut quoddam fiat ex illis confusum, quod nec sit aqua nec vinum. Sic ergo tota fontis vel fluminis aqua propter modicam vini stillam in confectionis speciem mutaretur, nec panis ille posset in eu-

---

(1) *Vide* S. Augustinum, epistola ad Januarium.

charistiam consecrari, qui factus est de frumento cui forte mixtum fuerat unum granum hordei vel avenæ. Quid autem si plus apponatur aquæ quam vini, erit irritum sacramentum? Oportet quidem quod tantum vini ibi ponatur, quod aqua commixtum saporem vini retineat. Licet autem diligenti studio vinum optimum sit quærendum, ut sacrificium offeratur, vitium tamen vini non maculat munditiam sacramenti. Quocirca sive vinum novum, quod dicitur mustum, sive vinum acidum, quod appellatur acetum, in sacrificium offeratur, sacramentum conficitur et divinitus consecratur.

CAP. XXX. — *Utrum Christus resurgens sanguinem resumpsit quem effudit in cruce.*

Jam et illud inquiratur, utrum Christus resurgens a mortuis, sanguinem illum resumpsit quem effudit in cruce. Si enim capillus de capite vestro non perit, quanto magis sanguis ille non periit qui fuit de veritate naturæ! Quid ergo de circumcisione præputii vel umbilici præcisione dicetur? an in resurrectione Christi similiter rediit, ad veritatem humanæ substantiæ? Creditur enim in Lateranensi basilica, scilicet in sancto sanctorum conservari; licet a quibusdam dicatur quod præputium Christi fuit in Hierusalem delatum ab angelo, Carolo Magno qui sustulit illud et posuit Aquisgrani; sed post a Carolo Calvo positum est in ecclesia Salvatoris apud Carosium: melius est tamen Deo totum committere, quam aliud temere diffinire.

CAP. XXXI. — *De vino post consecrationem admixto.*

Si vero post calicis consecrationem aliud vinum mittatur in calicem, illud quidem non transit in sanguinem, nec sanguini commiscetur, sed accidentibus prioris vini commixtum corpori, quod sub eis latet, undique circumfunditur, non madidans circumfusum. Ipsa tamen accidentia unum appositum videntur afficere, quod inde conjicitur, quia si aqua pura fuerit apposita, vini saporem assumit. Contingit accidentia permutare subjectum, sicut subjectum contingit accidentia permutare. Cedit quippe natura miraculo, et virtus supra consuetudinem operatur. Quidam autem voluerunt astruere, quod sicut aqua pura per aquæ benedictæ contactum efficitur benedicta, sic vinum per sacramenti contactum efficitur consecratum, et transit in sanguinem, quorum assertioni ratio minime suffragatur.

CAP. XXXII. — *Utrum vinum sine aqua consecretur in sanguinem.*

Quæritur autem an irritum sit quod geritur, si forte prætermittitur aqua. Cautum est enim in canone quod non potest calix Domini aqua sola esse, neque vinum solum, nisi utrumque misceatur (*De Consecr. dist.* 2, c. 1, 2 et 3); et Cyprianus: « Calix Domini non est aqua sola, neque vinum solum, sicut neque corpus Domini potest esse farina sola, nisi fuerit utrumque adunatum, et panis unius compage solidatum. » Hoc quidam constanter affirmant, dicentes quod sicut aqua sine vino consecrari non potest, sic vinum sine aqua transsubstantiari non potest, quia de latere Christi simul utrumque manavit. Alii vero concedunt quod si quisquam non intendens hæresim introducere, oblivione vel ignorantia prætermiserit aquam, ille quidem vehementer est corripiendus et graviter, non tamen fit irritum sacramentum. Quod ergo prædictum est, hoc est, verum vinum solum offerri non posse, determinari debet, quia recipit exceptionem, hoc modo: non potest nisi fiat simpliciter vel ignoranter; vel non potest, id est, non debet, quia non dicitur posse fieri, quod de jure non fit: nam et Græcorum Ecclesia dicitur aquam non apponere sacramento. Ait enim Cyprianus: « Si quis de antecessoribus nostris vel ignoranter vel simpliciter non observaverit, quod nos Dominus exemplo facere vel magisterio docuit, potest simplicitati ejus indulgentia Domini venia concedi, nobis vero non potest ignosci, qui nunc a Domino instructi sumus, ut calicem Domini cum vino mixtum, secundum quod Dominus obtulit, offeramus. Hinc ergo colligitur quod vinum aqua mixtum Christus in cœna discipulis tradidit (*In Epist. lib.* II, epist. 3).

CAP. XXXIII. — *Utrum fermentatum transsubstantietur.*

Quæritur autem utrum qui fermentatum sacrificat sacrificium conficiat, præsertim si negligenter vel ignoranter hoc faciat? Superius enim sufficienter ostensum est quod Christus azymum consecravit, cum sacramentum instituit. Sed adhuc multi sacrificant de fermentato, quibus tanquam vere catholicis Ecclesia romana communicat. Verum hæc quæstio melius solvenda differtur, ut alias competentius solvatur.

CAP. XXXIV. — *Quare sub alia specie sumitur eucharistia.*

Tribus autem ex causis sacramentum corporis et sanguinis sui Christus sub alia specie sumendum instituit, ad augendum meritum, ad fovendum sensum, ad vitandum ridiculum: ad augendum meritum, quoniam aliud ibi cernitur, et aliud esse creditur, ut fides habeat meritum, cui humana ratio non præbet experimentum; ad fovendum sensum, ne abhorreret animus quod cerneret oculus, quia non consuevimus carnem crudam comedere, vel sanguinem humanum potare; ad vitandum ridiculum, ne insultaret paganus, cum id ageret Christianus, ut ita veritas adsit et ridiculum desit. Ad hoc ergo Christus sub specie principalis edulii sumendam proposuit eucharistiam, ut sensus foveretur in uno, et fides ædificaretur in altero. Fovetur enim sensus in uno, dum solita percipit; ædificatur fides in altero, dum in eo quod videt quale sit illud quod non videt agnoscit proponitur autem species panis et vini, quatenus in sumptione corporis et sanguinis Christi doceatur esse perfecta refectio; plena quippe refectio cibus et potus est. Cibi autem et potus, panis et vini est principaliter substantia

CAP. XXXV. — *Quod sacramentum altaris simul est veritas et figura.*

MYSTERIUM FIDEI. Ex h's aliisque Scripturæ verbis, quidam munimentum erroris ducere putaverunt, dicentes in sacramento altaris veritatem corporis et sanguinis Christi non esse, sed imaginem tantum et speciem et figuram, pro eo quod Scriptura memoret aliquoties id quod in altari suscipitur, esse sacramentum et mysterium et exemplum: qui profecto laqueum erroris incurrunt, quia nec sacramenta Dei reverenter suscipiunt, nec auctoritates Scripturæ convenienter intelligunt, nescientes Scripturas neque virtutem Dei. Quid enim? nunquid ideo sacramentum altaris veritas non est, quia figura est? Ergo nec mors Christi veritas est, quia figura est. Et resurrectio Christi veritas non est, quia figura est. Nam et mortem et resurrectionem Christi figuram et imaginem et similitudinem esse manifeste declarat Apostolus dicens: *Christus mortuus est pro delictis nostris, et resurrexit propter justificationem nostram* (Rom. IV); et Petrus apostolus: *Christus passus est pro nobis, vobis relinquens exemplum, ut sequamini ves igia ejus* (I Pe.r. II). Ergo mors Christi exemplum fu.t, ut peccato moriamur, et resurrectio ejus exemplum fuit, ut just tiæ v vamus. Nunquid ideo veritas non fuit? ergo Christus vere mortuus non fuit, et vere non resurrexit, si mors ejus vel resu:recto ejus vera non fuit? absit. Nam propheta de ipso prædixit: *Vere languores nostros ipse tulit, et dolores nostros ipse portavit* (Isai. LIII). Altaris ergo sacramentum est et veritas et figura.

CAP. XXXVI. — *De sacramento et re sacramenti.*

Tria quippe in hoc sacramento sunt discreta, videlicet forma visibilis, veritas corporis, et virtus spiritualis. Forma panis et vini, veritas carnis et sanguinis, virtus unitatis et caritatis. Primum oculo cernitur, secundum animo creditur, tertium corde percipitur. Primum est sacramentum, et non res, secundum est sacramentum et res, tertium est res et non sacramentum. Sed primum est sacramentum geminæ rei, tertium vero res gemini sacramenti, secundum autem est sacramentum unius, et res alterius. Nam forma panis utramque carnem Christi significat, id est, veram et mysticam. Sed veram carnem et continet et significat. Mysticam vero significat, sed non continet. Sicut unus panis ex multis granis conficitur, et unum vinum ex diversis acinis confluit, sic corpus Christi ex multis membris componitur, et unitas ecclesiastica ex diversis consistit : in prædestinatis, vocatis, justificatis et glorificatis. Nam quos prædestinavit hos et vocavit, et quos vocavit hos et justificavit. Propter quod dicit Apostolus : *Unus panis et unum corpus multi sumus* (I Cor. X). In cujus rei typo facta est arca Domini *de lignis Cethim quæ sunt imputribilia, et albæ spinæ s millima* (Exod. XXV). Unum autem in quantum liquet et rubet, sim l tudinem sanguinis significat; in quantum calet et redolet, proprietatem caritatis significat et ostendit. Nam vinum et sanguinem operatur, et excitat caritatem, quia cor bibentis exhilarat et dilatat. Patet ergo quod substantia corporis et sanguinis Christi est sacramentum et res, sed alterius sacramenti res, et alterius rei sacramentum. Est enim res primi, quia significatur et continetur a primo, videlicet a forma visibili, et est sacramentum tertii, quia significat et efficit tertium, videlicet unitatem ecclesiasticam. Illud ergo sane debet intelligi quod Dominus ait : *Pauperes semper habetis vobiscum, me autem non semper habebitis.* Ne videretur esse contrarium illi, quod alibi dicit : *Ecce ego vobiscum sum omnibus diebus usque ad consummationem sæculi* (Matth. XXVI). Christum enim habemus nobiscum, sub divini specie sacramenti, et non semper habemus nobiscum in propria forma personæ. Dicitur ergo mysterium fidei, quoniam aliud ibi cernitur, et aliud creditur. Cernitur species panis et vini, et creditur veritas carnis et sanguinis Domini. Quod autem hic dicitur mysterium fidei, alibi dicitur spiritus et vita. Spiritus enim est mysterium, secundum illud : *Littera occidit, spiritus autem vivificat* (II Cor. III). Fides est vita, secundum illud : *Justus ex fide vivit.* Hinc ergo Dominus ait : *Verba quæ locutus sum vobis, spiritus et vita sunt* (Joan. VI).

CAP. XXXVII. — *Quod species panis et vini duabus ex causis intelligitur sacramentum.*

Verum cum consecratio perficiat sacramentum, et post consecrationem non sit panis in altari aut vinum, quis panis est corporis, aut quod vinum est sanguinis sacramentum? Si dicatur quod panis qui fuit, vel vinum quod exstitit, profecto nec illud est corporis, nec illud e.t sanguinis sacramentum, quia panis transivit in corpus, et vinum transivit in sanguinem. Si vero dicatur quod species quæ remansit, illa quidem nec consistit ex granis, nec confluit ex acinis, quoniam ex his non provenit accidens, sed substantia; quam ergo similitudinem assignabimus inter sacramentum rei, et rem sacramenti? Nam si sacramenta non haberent similitudinem rerum quarum sunt sacramenta, non dicerentur proprie sacramenta, sicut sacramentum baptismi, quod est ablutio carnis exterior, similitudinem habet significati, quod est ablutio mentis interior. Sane sacramentum istud in hoc geri! similitudinem corporis, in quo panis similitudinem repræsentat. Species ergo panis sacramentum est corporis, non solum ratione rei significatæ, verum etiam ratione contentæ.

CAP. XXXVIII. — *Utrum forma panis et vini, vel species accidentis et veritas corporis div sa sint sacramenta.*

Sed quæritur utrum species panis et veritas corporis unum sunt sacramentum, an diversa sunt sacramenta? Scriptum est enim : *Perficiant in nobis tua, quæsumus, sacramenta quod continent;* sed et alibi legitur : *Præsta* ut hoc tui corporis et sanguinis sacramentum non sit nobis reatus ad pœnam; præterea cum eamdem rem sanctam significent, videtur quod sit idem sacramentum. Sed cum diversa sint signa, videtur quod diversa sunt sacramenta. Sunt sane qui dicunt quod forma panis et vini sunt unum sacramentum, non propter unum significatum, sed propter unum contentum : species autem panis et veritas corporis sunt unum sacramentum, non propter unum contentum, sed propter unum significatum; hi debent concedere quod sicut diversæ res propter idem significatum idem sunt sacramentum sic eadem res propter diversa significata diversa sunt sacramenta. Quibus objicitur quod si species panis et veritas corporis idem sunt sacramentum, cum species panis sacramentum sit corporis, ergo veritas corporis idem est sacramentum, et ita sacramentum est sui. Non provenit, quia species panis est quoddam sacramentum, quod est veritas corporis, et est quoddam quod non est illa, quoniam est duo significata diversa. Alii vero dicunt quod sive sint diversa significata, sive diversa sint significantia, semper diversa sunt sacramenta. Quos oportet concedere quod in altari ad minus sunt quatuor sacramenta, videlicet species panis, et species vini, veritas carnis et veritas sanguinis. Præterea, cum panis et vini diversa sint accidentia, ut sapor, odor, pondus et color, quantitas et figura, videtur quod singula per se sint varia sacramenta. Nam qua ratione potius unum quam aliud dicendum est sacramentum? Sed cujus rei sacramentum est odor aut sapor? Potest non incongrue responderi quia omnia simul accepta sunt unum eucharistiæ sacramentum, eo quod nullum sacramentum totum significet per se, sed omnia simul panis speciem repræsentant, quæ corpus Christi continet et significat.

Cap. XXXIX. — *De distinctione signorum, ubi ostenditur quod sacramentum active et passive dicitur.*

Signorum autem alia sunt naturalia, et alia positiva. Naturalia sunt, quæ secundum naturam significant. Quorum quædam sunt quæ per antecedens significant consequens, ut rubore vespertino significatur serenitas matutina. Alia sunt quæ per consequens significant antecedens, ut fumo vel cinere significatur ignis. Positiva sunt illa quæ secundum impositionem significant, quorum alia sunt signum rei sacræ, ut serpens æneus erectus in eremo (*Num.* xxi). Alia sunt signa rei non sacræ, ut arcus triumphalis erectus in bivio. Signorum rei sacræ, alia sunt sacra, ut baptismus, alia non sacra, ut agnus paschalis. Sacra sunt signa Novi Testamenti, non sacra Veteris. Quamvis enim utraque sint signa rei sacræ, id est rem sacram significantia, non tamen utraque sunt sacra signa, id est, justificantia. Licet nonnulli dixerunt legalia justificasse. Hæc est enim differentia inter legalia et inter evangelica sacramenta, quod illa significabant tantum et non justificabant, hæc autem significant et justificant. Verum quandoque large, quandoque stricte sacramentum accipitur : large, secundum quod omne signum rei sacræ, sive sit sacrum, dicitur sacramentum, unde signa legalia sacramenta dicuntur; stricte, secundum quod sacrum solummodo signum dicitur sacramentum. Sacramentum autem et active et passive dicitur, quasi sacrum signans, vel sacrum signatum : nam nomine sacramenti quandoque signum rei, quandoque res signi varie nuncupatur, secundum quod sacramentum accipitur pro re signi; sacramentum dicitur a sacro et secreto, quasi sacrum secretum. Species ergo panis dicitur sacramentum active, id est, sacrum significans; unitas autem Ecclesiæ dicitur sacramentum passive, id est, sacrum signatum. Corpus Domini cum utroque modo dicitur sacramentum, id est, sacrum significans, et sacrum signatum.

Cap. XL. — *Quod sacramentum consistit in tribus, in rebus, factis et verbis.*

Sacramentum vero consistit in tribus, rebus, factis et verbis, secundum proprietatem, similitudinem et interpretationem. Leo namque secundum proprietatem designat diabolum. Unde : *Adversarius vester diabolus tanquam leo rugiens circuit, quærens quem devoret* (1 *Petr.* v). Seminare secundum similitudinem significat prædicare. Unde : *Exiit qui seminat seminare semen suum, et aliud cecidit in terram bonam, aliud supra petram, aliud inter spinas* (*Luc.* viii). Emmanuel secundum interpretationem significat Christum. Unde : *Vocabitur nomen ejus Emmanuel, quod interpretatur nobiscum Deus* (*Matth.* i). Res, ut aqua baptismi, vel aqua; factum, ut signaculum crucis; verbum, ut invocatio Trinitatis. Singula reperiuntur in hoc excellentissimo sacramento : res, id est, corpus et sanguis; factum, id est, esus et potus; verbum : *Hoc est corpus meum; hic est sanguis meus.*

Cap. XLI. — *Quod sanguis Christi dupliciter intelligitur in remissionem peccatorum effusus.*

Qui pro multis effundetur in remissionem peccatorum. Pro solis prædestinatis effusus est, quantum ad efficientiam. Sed pro cunctis hominibus est effusus quantum ad sufficientiam. Effusio quippe sanguinis justi pro injustis tam fuit dives ad pretium, ut si universitas crederet in redemptionem, nullum omnino diaboli vincula retinerent. Peccatum autem duobus modis remittitur, quoad meritum culpæ et quoad debitum pœnæ. Meritum culpæ remittitur per sanguinis fidem, qua justificamur a culpa; debitum pœnæ remittitur per sanguinis pretium, quo redempti sumus a pœna. *Omnes enim quasi oves erravimus, unusquisque in viam suam declinavit. Et Dominus posuit in eo iniquitates omnium nostrum. Vulneratus est propter iniquitates nostras, attritus est propter scelera nostra; disciplina pacis nostræ super eum, et livore ejus sanati sumus. Vere languores nostros ipse tulit, et dolores nostros ipse portavit* (*Isai.* LIII). Quia ergo justus injuste punitus, injusti juste sunt liberati. Assumpsit enim pœnam in se pro omnibus, ut daret per se gratiam universis.

CAP. XLII. — *Quod sumptio eucharistiæ non est nimium differenda.*

HÆC QUOTIESCUNQUE FECERITIS. In perceptione corporis et sanguinis Christi magna est nobis adhibenda discretio. Cavendum est enim ne si nimium differatur, mortis periculum incurratur, Domino protestante : *Nisi manducaveritis carnem Filii hominis, et biberitis ejus sanguinem, non habebitis vitam in vobis.* Si vero quis indigne suscipiat, judicium damnationis incurrat, Apostolo testante : *Qui manducat et bibit indigne, judicium sibi manducat et bibit.* Ideoque juxta vocem ejusdem Apostoli : *Probet seipsum homo, et sic de pane illo edat et de calice bibat* (I *Cor.* XI). Ingens itaque nobis videtur vel indicitur bene vivendi necessitas, ne corpus Domini vel indigne sumendo sumamus judicium, vel sumere cessando nihilominus incurramus periculum. Necessario quippe sumendus est agnus, ut a vastante angelo protegamur, nec ex re possumus de Ægypto nisi celebrando phase paschalem agnum edamus. Dixerit ergo quispiam communicandum esse quotidie ; dixerit alius quotidie communicandum non esse ; faciat unusquisque quod pie crediderit faciendum. Non enim litigaverunt ad invicem, nec alter alteri se præposuit Zachæus et ille centurio, cum alter eorum gaudens in domo sua Christum recepit, et alter eorum dixit : *Domine, non sum dignus ut intres sub tectum meum* (*Luc.* XIX ; *Matth.* VIII). Audi quid super hoc sentiat Augustinus : Quotidie, inquit, eucharistiam recipere, nec laudo nec vitupero, omnibus diebus tamen Dominicis hortor. Si tamen mens in affectu peccandi est, gravari magis dico eucharistiæ perceptione, quam purificari. Et licet quis peccato mordeatur, si tamen peccandi de cætero non habeat voluntatem, et satisfaciat lacrymis et orationibus, securus accedat. Sed hoc de illo loquor, quem mortalia peccata non gravant. Cautum est enim in canone quod si non frequentius, saltem ter in anno omnes communicent, qui nolunt ecclesiasticis carrere liminibus : in Pascha, Pentecoste et Natali.

CAP. XLIII. — *Quod sacramentum altaris est commemoratio mortis Christi.*

IN MEI MEMORIAM FACIATIS. In hoc sacramento nobis quotidie mortis Christi memoria renovatur, sicut Apostolus determinat dicens : *Quotiescunque manducaveritis panem hunc, et biberitis calicem, mortem Domini annuntiabitis donec veniat.* Propter quod ipse dicebat apostolis : *Hoc facite in meam commemorationem.* Hanc ultimam sui memoriam Dominus nobis dereliquit, quemadmodum si quis peregre proficiscens aliquod pignus ei quem diligit derelinquat, ut quoties tunc illud aspexerit ipsius debeat amicitias memorari, quoniam is si perfecte dilexerit, absque magno fletu vel desiderio nequit illud aspicere. Ideoque hoc Salvator instituit sacramentum, ut quia venerat ejus hora qua de mundo transiret ad Patrem, quia verum erat quod dicebat apostolis : *Quo ego vado, vos non potestis venire* (*Joan.* XIII). Nam et Petro dicenti : *Domine, quo vadis?* respondit : *Quo ego vado, me sequi non potes.* Competentem illis hæreditatem proscribens, visibilem sui memoriam commendarat. *Hoc,* inquit, *facite in meam commemorationem.* Non enim solum Scripturarum commemorationem ad hoc sufficere judicabat, qui lethargicum venerat ægrotum sanare. Quanta namque pars nostri capit illud quod in Evangelio optimis unguentis fragrat, antidotum, *Verbum, quod erat in principio apud Deum, per quem omnia facta sunt,* quodque *caro factum est, et habitavit in nobis !* Nam illud quidem ruminare, medela salubris est, super mel et favum, dulcis faucibus animæ diligentis. Sed tantus cibus valde paucorum, et solius mentis pabulum, quo tunc anima plenissime satiabitur, cum verbum ipsum in æterna felicitate gustabit. At ille qui corpus assumpsit et animam, ut sanaret et animam et corpus, pigmenta sua provida caritatis arte composuit, quibus lethargicam mentem ægroti renovata quotidie suæ salutis commemoratione percelleret, et edentulam, id est sine dentibus plebem (quæ verbum antiquum et æternum principium, quasi solidum cibum ruminare non poterat) hoc dulcissimo confecto liquamine in panis et vini sacramento consuefaceret sorbillare.

CAP. XLV. — *De diversis causis institutionis.*

Sapientia Dei, quam per visibilia manifestat, volens evidenter ostendere quod ipsa cibus est animarum, quod carnem assumptam proposuit in edulium, ut per humanam humanitatis invitaret ad gustum divinitatis, de quo dicit Psalmista : *Gustate et videte quoniam suavis est Dominus* (*Psal.* XXXIII) ; totum ergo Christus se exhibet nobis in cibum, ut sicut divinitate nos reficit, quam spiritualiter gustamus corde, ita nos humanitate reficiat, quam corporaliter ore comedimus, ut ita de visibilibus ad invisibilia, de temporalibus ad æterna, de terrenis ad cœlestia, de humanis ad divina nos transferat. *Ego sum,* inquit, *panis vivus qui de cœlo descendit* (*Joan.* VI). Ecce cibus divinitatis ; et, *panis quem ego dabo, caro mea est.* Ecce cibus humanitatis. Panis igitur angelorum factus est cibus hominum, secundum illud propheticum : *Panem angelorum manducavit homo* (*Psal.* LXXVII) ; quatenus qui secundum animam cibum divinitatis accipimus, etiam secundum carnem cibum humanitatis sumamus, quoniam sicut anima rationalis et caro unus est homo, ita Deus et homo unus est Christus ; et quia homo per gustum mortem incurrit, per gustum quoque vitam acquirit, quatenus unde mors oriebatur, inde vita resurgeret. Dictum est quippe de illo : *Quacunque die comederis, morte morieris* (*Genes.* III). Dicitur autem de isto : *Si quis manducaverit ex hoc pane, vivet in æternum* (*Joan.* VI). Cibus ille mortalis pependit in ligno scientiæ boni et mali. Cibus iste vitalis pependit in ligno vitæ, quod est in medio paradisi. Illud fuit lignum inobedientiæ ad quod homo manus extendit, ut fieret sicut Deus, juxta quod illi serpens promiserat : *Eritis sicut dii, scientes bonum et malum.* Istud autem lignum est obedientiæ, in quo Deus manus extendit; et factus est homo, juxta quod dicit Apostolus : *Exinanivit semetipsum, formam servi accipiens, in similitudinem hominum factus, et habitu inventus ut homo ; factus obediens usque ad mortem, mortem autem crucis (Philip.* II). Ut ergo suam erga nos caritatem ostenderet, et nostram erga se caritatem accenderet, qui dedit se pro nobis in pretium, ipse tribuit se nobis in cibum, ac per-pretium se dedit pro nobis in mortem, et per cibum se tribuit nobis ad vitam, ut mortem nostram sua morte perimeret, et vitam nostram sua vita nutriret. Panis iste, si digne manducatur, impinguat ; et calix iste, si digne bibitur, inebriat, non corpus sed cor, non ventrem sed mentem. Unde : *Poculum tuum inebrians quam præclarum est (Psal.* XXII)! Per hujus ergo sacramenti virtutem universæ virtutes augentur, et omnium gratiarum fructus exuberant. Is enim in hoc sacramento sumitur totus et integer, qui est fons et origo totius virtutis et gratiæ. Per crucis mysterium eripuit nos a potest te peccati ; per eucharistiæ sacramentum liberat nos a voluntate peccandi : nam eucharistia si digne sumatur, a malo liberat, et confirmat in bono, venialia delet et cavet mortalia. Unde cum præmittimus in oratione Dominica : *Panem nostrum ἐπιούσιον*, id est supersubstantialem, *da nobis hodie*, statim adjungimus : *et dimitte nobis debita nostra; et ne nos inducas in tentationem. Sed libera nos a malo. Amen.* Quia per panem istum cœlestem liberamur a malis præteritis, præsentibus, futuris. Dedit ergo nobis hoc sacramentum salutis, ut quia nos quotidie peccamus, et ipse jam mori non potest ; per hoc sacramentum, quod in memoria mortis ejus accipimus, remissionem peccatorum quotidie consequamur. Non enim solum lavit nos a peccatis nostris in sanguine suo, quando sanguinem suum fudit pro nobis in crucis patibulo, verum etiam quotidie nos lavat a peccatis nostris in sanguine suo, quando ejus sanguinem nos accipimus in calicis poculo. Ascensurus ergo Christus ad Patrem, quia promisit apostolis eorumque sequacibus : *Vobiscum ero cunctis diebus usque ad consummationem sæculi,* voluit remanere cum illis non solum per inhabitantem gratiam, nec per divinam tantum essentiam, verum etiam per corporalem præsentiam. Et ideo istud sacramentum instituit, in quo præsens est nobiscum, sub alia quidem forma, sed in propria vere substantia. Congruum erat enim ut Deus, qui hominem quem plasmavit, fecit ad imaginem et similitudinem suam, expressius insigniret. Disposuit ergo cœlestis altitudo consilii, sicut tres sunt personæ in unitate substantiæ, Pater, Verbum et Spiritus, ita tres essent substantiæ in unitate personæ, divinitas, corpus et anima. Cum ergo Christus secundum naturam divinam tribus modis in rebus existeret, loca-

liter in cœlo, personaliter in Verbo, sacramentaliter in altari ; sicut enim secundum divinitatem totus essentialiter est in omnibus rebus, ita secundum humanitatem totus sacramentaliter est in pluribus locis, hujus sacramenti virtute possibile fit ut qui de terra sunt in cœlum ascendant. Ait ipse enim Salvator : *Nemo ascendit in cœlum, nisi qui de cœlo descendit, Filius hominis, qui est in cœlo (Joan.* III). Unus et idem est Filius Dei, qui de cœlo descendit, filius hominis qui ascendit in cœlum, Christus Jesus, cui tanquam suo capiti cuncta membra corporis annectuntur, omnes qui per fidem hujus sacramenti servant unitatem spiritus in vinculo pacis. Et sicut unum corpus, una persona, unus Christus cum suis membris in cœlum ascendit, dicitque gratulabundus gloriosam Deo repræsentans Ecclesiam : *Hoc nunc os ex ossibus meis, et caro de carne mea; et* ostendens secum illa in unam convenisse personam. *Erunt,* inquit, *duo in carne una.* Hoc autem, ut inquit Apostolus, *magnum sacramentum est in Christo et in Eccl. sua (Eph.* V.), quod Eucharistia simul efficit et figurat, secundum quod Dominus ait : *Qui manducat meam carnem et bibit meum sanguinem, in me manet et ego in eo.* Per id ergo quod suscipit ipse de nostro, accipimus ipsi de suo, tam insolubili nexu conjungimur, ut qui est unum cum Patre per ineffabilem unitatem, fiat unum nobiscum per admirabilem unionem, ac per hoc, ipso communiter mediante, cum Patre unum efficimur. *Pater sancte,* inquit, *serva eos in nomine tuo, quos dedisti mihi, ut sint unum sicut nos. Non pro eis autem rogo tantum, sed et pro illis qui credituri sunt per Verbum eorum in me, ut et ipsi in nobis unum sint, et mundus credat quia tu me misisti (Joan.* XVII). Rogat unitas pro unione, Verbum cum Patre unum est in natura, homo cum Verbo unum est in persona, membra sunt unum cum capite. Primum est in justitia, postmodum autem in gloria, quoniam *qui adhæret Deo, unus Spiritus est cum eo (Cor.* VI). Ut ergo justitia unum sint, *cognoscat mundus quia tu me misisti ;* ut autem et gloria unum sint, *volo ut ubi ego sum, et illi sint mecum, ut videant claritatem quam dedisti mihi, quia dilexisti me ante constitutionem mundi.*

LIBER QUINTUS.

CAPUT PRIMUM. — *De signis quæ tertio loco fiunt super oblatam et calicem.*

UNDE ET MEMORES. Quia Dominus ipse præceperat ut in sui memoriam hoc faceremus, idcirco tria ibi commemoranda proposuit Ecclesia, scilicet, ejus beatam passionem, nec non ab inferis resurrectionem, sed et in cœlos gloriosam ascensionem. Quorum primum, id est passio, excitat caritatem ; secundum, id est resurrectio, corroborat fidem; tertium, id est ascensio, lætificat spem. Quid enim magis in nobis caritatem accendit, quam quod *proprio Filio suo non pepercit Deus, sed pro nobis omnibus tradidit illum? Christus* autem *pro nobis factus est obediens* usque ad mortem, mortem autem crucis. Quid in nobis magis fidem confirmat, quam quod *Christus resurrexit a mortuis, primitiæ dormientium?* Quoniam quidem *per hominem mors, et per hominem resurrectio mortuorum. Sicut et in Adam omnes moriuntur, ita et in Christo omnes vivificabuntur.* Quid magis in nobis amplificat spem, quam quod *Christus ascendens in altum captivam duxit captivitatem, dedit dona hominibus,* ut ubi est ipse, illic sit et minister ipsius ? Quia vero dicit Ecclesia memorem se Dominicæ passionis, statim acerbiorem speciem illius passionis commemorat, recolens in quinque crucibus quinque plagas. Deinde per partes Dominicæ passionis prosequitur, sicut subsequens expositio declarabit. Abhinc igitur usque dum corporale desuper calicem removetur, Domini passio memoratur. Nam ubi dicit sacerdos : *Hostiam puram, hostiam sanctam, hostiam immaculatam, panem sanctum vitæ æternæ, et calicem salutis perpetuæ,* quinarium crucis signaculum imprimit super oblatam et calicem, significans illa viventis petræ foramina, in quibus residet immaculata columba fructuose nidificans. Cum inter prædicta crucis quinque signacula, quinque dilecti sui plagas, videlicet duas manuum, totidem pedum, et unam lateris, fida tenet et contemplatur memoria. Tres autem sacerdos communiter facit super oblatam et calicem, quoniam in tribus verbis utrumque pariter intelligitur. Nunquam enim in crucis signaculo panis separatur a calice, nisi cum separatim nominatur in canone. Verum erecta pars crucis solummodo super panem, transversa vero usque super calicem debet protendi, quoniam erecta pars crucis corpus Christi sustinuit, et brachia transversa distendit.

Cap. II. — *Quare post consecrationem signa super eucharistiam fiunt.*

Hinc oritur quæstio non prætereunda silentio ; cum enim plene et perfecte sit consecratio celebrata (nam materia panis et vini jam transivit in substantiam carnis et sanguinis), quare super eucharistiam benedictam et plenissime consecratam adhuc benedictionis signum imprimitur, aut aliud verbum consecrationis profertur. Imo talia quædam subjunguntur in Canone, quæ videntur innuere quod nondum sit transsubstantiatio consummata. Ego super hac quæstione vellem potius doceri quam dicere, magisque referre quam proferre sententiam. Verum quia nihil a majoribus aliquid dictum super hac re potui reperire, dicam salva fide quod sentio, sine præjudicio sententiæ melioris. In Canone siquidem aliud verba significant, et aliud signa prætendunt. Verba namque principaliter spectant ad eucharistiam consecrandam, signa vero principaliter ad historiam recolendam: nam verbis utimur ad consecrandum panem et vinum in corpus et sanguinem Jesu Christi ; signis utimur ad recolendum ea quæ per hebdomadam ante Pascha gesta sunt circa Christum. Patet ergo, quantum ad ordinem eu-

charistiæ consecrandæ, quod capitulum istud : *Qui pridie quam pateretur,* in fine Canonis subjici debuisset, quoniam in eo consecratio consummatur. Sed quoniam impedisset ordinem historiæ recolendæ, quia quod fuit gestum in medio, poneretur in fine, providus Canonis ordinator, ut ordinem servaret historiæ, quasi quadam necessitate compulsus, capitulum istud : *Qui pridie quam pateretur,* quasi cor Canonis, in medio collocavit, ut quæ sequuntur intelligantur præcedere, secundum illam figuram, qua sæpe fit, ut quæ narratione succedunt, intellectu præcedunt ; vel potius, ut tam litteræ quam historiæ suus ordo servetur. Dicatur itaque quod signa pertinent ad historiam recolendam. Sed verba non pertinent ad eucharistiam consecrandam, imo pertinent ad eucharistiam consecratam hoc modo : *Nos tui servi,* videlicet sacerdotes, *et plebs tua sancta,* scilicet populus Christianus (nam quod populus agit voto, sacerdotes peragunt mysterio), *offerimus præclaræ majestati tuæ,* id est præ cæteris claræ. Nam si *justi fulgebunt sicut sol in regno Patris eorum,* quanto clarius divina præfulget majestas ! *De tuis donis,* id est de frugibus segetum, quantum ad panem qui consecratus est in carnem ; *ac datis,* id est, de frugibus arborum, quantum ad vinum quod est consecratum in sanguinem ; de his, inquam, et illis, offerimus *hostiam puram, hostiam sanctam, hostiam immaculatam,* id est eucharistiam, immunem ab omni culpa vel peccato originali, veniali, et criminali ; vel puram quantum ad cogitationem, et sanctam quantum ad locutionem, immaculatam quantum ad operationem, quia *peccatum non fecit, nec est inventus dolus in ore ejus.* Hoc est, *panem sanctum,* id est sanctificantem, datorem *vitæ æternæ,* quantum ad stolam carnis, *et calicem salutis perpetuæ,* quantum ad stolam animæ. Secundum illud : *Ego sum panis vivus qui de cœlo descendi. Si quis manducaverit ex hoc pane vivet in æternum* (Joan. VI). *Supra quæ propitio,* Domine, nobis tuo *sereno vultu,* id est placabili respectu *digneris respicere.* Non quod vultus ejus mutetur aliquando ; sed tunc Deus illuminat suum vultum super nos et serenat, cum misericordiam suam super nos exhibet et declarat, secundum illud Psalmistæ : *Illuminet vultum suum super nos, et misereatur nostri* (Psal. LXVI).

Cap. III. — *De figuris Novi Testamenti quæ præcesserunt in Veteri Testamento.*

SICUTI ACCEPTA HABERE DIGNATUS EST MUNERA ABEL........ Adverbium istud *sicuti* similitudinem innuit, non exprimit quantitatem. Multo quippe acceptius est hoc sacrificium, quam quod obtulit Abel, quod obtulit Abraham, quod obtulit Melchisedech. Videtur enim amplius res quam umbra, veritas quam figura. Ipsam ergo similitudinem magis quam quantitatem debemus attendere. Similes ergo offerendo sumus Abel, si recte quidem offerentes, recte nihilominus dividamus, quod quia Cain non egit, peccavit (Gen. IV). Sua namque recte, cui debebat, obtulit Deo, sed retinuit sibi seipsum, et cor suum auferens Deo, male divisit. Abel autem acceptam Deo justus in corde obtulit holocaustum, quia non se sibi retinuit, sed Deo se totum subdidit et impendit. Et ideo *respexit Deus ad Abel et ad munera ejus; ad Cain autem et ad ejus munera non respexit.* Prius respexit ad Abel, et postea respexit ad munera, quia non offerens placuit a muneribus, sed munera placuerunt ab offerente. Similiter Abraham e:regia fide totum se prius offerebat Altissimo, et propterea cum sua duceret offerenda, placidas hostias offerebat, quod ut nos scientes imitaremur, patrios ab illo Deus exegit affectus: *Tolle,* inquit, *filium tuum unigenitum quem diligis Isaac, et offer illum in holocaustum super unum montium quem dixero tibi* (Gen. XXII), statimque promptum et obedientem invenit, imo nobis ostendit. Melchisedech quoque, nisi se prius acceptum Deo sa rificium obtulisset, futurorum causas minime prævidisset, quarum intuitu mysticum panis et vini primus obtulit sacrificium. *Erat enim Dei sacerdos Altissimi.* Nos ergo assistentes ad offerendum, si recte dividimus, prius nos ipsos in sacrificium offeramus, arietinam proterviam, feritatem taurinam, hircinamque luxur.am jugulantes. Juxta quod in Psalmo cantavimus: *Holocausta medullata offeram tibi cum incenso arietum, offeram tibi boves cum hircis* (Psal. LXV). Ac deinde sicut munus Abel, sicut sacrificium Abrahæ, sicut hostiam Melchisedech, vota nostra Dominus acceptabit. Verum non solum offerentibus, sed etiam in ipsis oblationibus debemus similitudinem intueri. Nam ii a vetera sacrificia, hoc novum sacrificium figurabant. Quid enim per munus Abel offerentis de primogenitis gregis nisi Christus exprimitur *primogenitus in multis fratribus* (Rom. VIII)? Quia sicut Abel invidiose fuit interfectus a fratre, sic ipse malitiose fuit occisus a populo Judæorum. Nam secundum Apocalypsim Joannis: *Ipse est agnus qui occisus est ab origine mundi* (Apoc. XIII). Quid per sacrificium Abrahæ dilectum et unicum filium offerentis, nisi passio Domini designatur? de quo dicit Apostolus: *Dilecto filio suo non pepercit Deus, sed pro nobis omnibus tradidit illum* (Rom. VIII; Matth. III et XVII). *Hic est,* inquit, *filius meus dilectus, in quo mihi bene complacui.* Oblatio vero Melchisedech tam proprie novum sacrificium præsignavit, ut inde prædictum sit: *Tu es sacerdos in æternum secundum ordinem Melchisedech* (Psal. CIX); qui *per omnia, secundum Apostolum, assimilatus filio Dei, manet sacerdos in perpetuum* (Hebr. VII). Abel dicitur puer, non t m a pueritia, quam a puritate, secundum illud: *Ecce puer meus electus quem elegi, posui super ipsum spiritum meum.* Abraham dicitur patriarcha, non tam Israelit cæ plebis quam populi Christiani: illius per carnem, hujusque per fidem, secundum illud: *Non ultra vocabitur nomen tuum Abram, sed appellaberis Abraham, quia patrem multarum gentium constitui te.* Melchisedech interpreta-

(1) Gregor. Papæ lib. IV *Dial.*, c. 58.

tus est *rex justitiæ*, deinde *rex Salem*, id est pacis, propter illud quod legitur: *Orietur in diebus ejus justitia et abundantia pacis, donec auferatur luna* (Psal. LXXI). *Sanctum sacrificium, immaculatam hostiam;* hoc addidit in Canone Leo Papa.

CAP. IV. — *De signis quæ quarto loco fiunt super oblatam et calicem.*

SUPPLICES TE ROGAMUS..... Dicto hymno post cœnam *exiit Jesus in montem Oliveti trans torrentem Cedron, et progressus pusillum procidit in faciem suam orans et dicens: Pater, si fieri potest, transfer hunc calicem a me. Sed et secundo et tertio abiit, et oravit eumdem sermonem dicens. Et factus in agonia prolixius orabat, et factus est sudor ejus sicut guttæ sanguinis decurrentis in terram. Tunc venit ad discipulos suos, dicens: Surgite, eamus, ecce appropinquat qui me tradet. Traditor autem dedit eis signum, dicens: Quem osculatus fuero, ipse est, tenete eum; et confestim accedens, osculatus est eum.* Jesus igitur quia procidit orans et dicens: *Pater, si fieri potest,* sacerdos inclinans orat dicens: *Supplices te rogamus,* per osculum altaris repræsentans osculum proditoris. Quia vero factus in agonia prolixius orabat tertio dicens sermonem eumdem, sacerdos facit tres cruces, primam et secundam distincte super oblatam et calicem dicendo: *Sacrosanctum Filii tui corpus et sanguinem,* tertio signando seipsum in faciem, cum dicit: *Omni benedictione cælesti et gratia repleamur,* forte propter sudorem corporis crucem imprimens super corpus, et propter guttas sanguinis crucem imprimens super sanguinem, et quia procidit in faciem suam orans, imprimit sibi crucem in facie. Vel potius per duas cruces quas facit sacerdos super corpus et sanguinem, designantur vincula et flagella: vincula, quibus ligatum est corpus; flagella, quibus ictus est sanguis ejus. Nam de vinculis legitur: *Ministri Judæorum comprehenderunt Jesum, et ligaverunt, et vincientes duxerunt et tradiderunt Pilato* (Marc. XV). De flagellis legitur: *Apprehendit Pilatus Jesum, et flagellavit* (Joan. XIX); *cujus livore sanati sumus.* Per tertiam vero crucem quam sacerdos sibi in faciem facit recolitur illud, quia *exspuebant in faciem ejus, et alapas in faciem ei dabant, et velantes faciem ejus, dicebant: Prophetiza nobis, Christe, quis est qui te percussit.*

CAP. V. — *De ministerio angelorum qui semper in sacrificio præsentes existunt.*

JUBE HÆC PERFERRI PER MANUS.... Tantæ sunt profunditatis hæc verba, ut intellectus humanus vix ea sufficiat penetrare. Nam et B. Gregorius tanti sacramenti dignus interpres quodam in loco de illis tanquam de re ineffabili pene ineffabiliter loquens: « Quis, inquit, fidelium habere dubium possit in ipsa immolationis hora ad sacerdotis vocem cœlos aperiri, et in Jesu Christi mysterio angelorum choros adesse, summis ima sociari, id est terrena cœlestibus jungi, unum quid ex invisibilibus et visibilibus fieri (1). » Idem alibi dicit: « Uno eodemque tempore ac momento et in cœlo rapitur ministerio angelorum consociandum corpori Christi, et ante oculos sacerdotis in altari videtur. » Salvo tamen occulto cœlestis oraculi sacramento possunt hæc verba licet simplicius, tamen securius sic intelligi : *Jube hæc*, vota fidelium videlicet et preces, *perferri per manus sancti angeli*, hoc est per ministerium angelorum, secundum illud quod ait Angelus ad Tobiam : *Quando orabas cum lacrymis, ego obtuli orationem tuam Domino* (*Tob.* xii). *In sublime altare tuum*, hoc est in conspectum divinæ majestatis tuæ. Porro, sicut beatus Augustinus determinat, non dicitur angelus orationes nostras offerre Deo, quasi tunc primo Deus noverit quid velimus, quia *Deus omnia novit antequam fiant*, sed quia necesse habet rationalis creatura temporales causas ad æternitatem referre, sive petendo quid erga se fiat, sive consulendo quid faciat, ut quod Deo jubente implendum esse cognoverit, hoc nobis vel evidenter vel latenter reportet. Hinc etiam evidenter apparet, quod angeli semper in sacrificio præsentes existunt vel assistunt. Multiplex autem a'tare legitur in Scripturis, superius et inferius, interius et exterius. Quodlibet autem est duplex. Nam altare superius est Dei Trinitas, de quo legitur : *Non ascendas ad altare meum per gradus* (*Exod.* xx). Est et altare superius triumphans Ecclesia, de qua dicitur : *Tunc imponent super altare tuum vitulos* (*Psal.* l). Altare inferius est Ecclesia militans, de quo dicitur : *Si altare lapideum feceris mihi, non ædificabis illud de sectis lapidibus* (*Exod.* xx). Est et altare inferius mensa templi, de qua dicitur : *Constituite diem solemnem in condensis, usque ad cornu altaris* (*Psal.* cxvii). Altare interius est cor mundum, de quo præcipitur : *Ignis in altari meo semper ardebit* (*Levit.* vi). Est et altare interius fides incarnationis, de qua jubetur : *Altare de terra facietis mihi*. Altare exterius, ara crucis, hoc est altare holocausti, super quod cremabatur sacrificium vespertinum. Est et altare exterius ecclesiastica sacramenta, de quibus scriptum est : *Altaria tua, Domine virtutum* (*Psal.* lxxxiii). Quæ vero sint illa quæ petit in sublime altare perferri, determinat subdens : *ut quotquot.....*

MEMENTO, DOMINE... Orat pia mater Ecclesia, non solum pro vivis, sed etiam pro defunctis, et eos sacræ oblationis intercessione commendat, certissime credens, quod sanguis ille pretiosus, qui pro multis effusus est in remissionem peccatorum, non solum ad salutem viventium, verum etiam ad absolutionem valeat defunctorum, *qui cum signo fidei procedunt ad Dominum*, non quod ibi sit fides aut spes, ubi species est et res. Nam *fides evacuatur, caritas autem nunquam excidit*, sed signum fidei pro charactere Christianitatis accipitur, quo fideles ab infidelibus discernuntur, secundum illud : *Audivi numerum signatorum, centum quadraginta quatuor millia signati ex omni tribu filiorum Israel* (*Apoc.* vii). *Et dormiunt in somno pacis* ; secundum illud : *In pace in idipsum dormiam et requiescam* (*Psal.* iv). Frequenter enim sacra Scriptura defunctos dormientes appellat,

pro eo quod sicut dormientes evigilant, ita defuncti resurgent ; propter quod dicit Apostolus : *Nolo vos ignorare de dormientibus, ut non contristemini sicut et cæteri qui spem non habent* (1 *Thes.* iv). Et Dominus inquit in Evangelio : *Lazarus amicus noster dormit* (*Joan.* xi). *Ipsis, Domine, et omnibus in Christo quiescentibus*. In hoc loco sacerdos, quorum maluerit, defunctorum debet agere memoriam specialem. *Locum refrigerii*, in quo non est ardor pœnarum ; *lucis*, in quo non est obscuritas tenebrarum ; *et pacis*, in quo non est conflictus pœnarum. Nam *absterget Deus omnem lacrymam ab oculis sanctorum* (*Apoc.* xxi). Sed *delectabuntur in multitudine pacis*, complacebunt coram Domino in lumine viventium (*Psal.* lv).

NOBIS QUOQUE PECCATORIBUS. Nam *si dixerimus quia peccatum non habemus, nosipsos seducimus, et veritas in nobis non est*. Licet enim omni tempore nos debemus ex corde recognoscere peccatores, præcipue cum pro remissione peccatorum sacrosanctum mysterium celebratur. *De multitudine miserationum tuarum sperantibus*, juxta quod inquit Psalmista : *Secundum multitudinem miserationum tuarum, Domine, dele iniquitatem meam* (*Psal.* l). Una tantum est Dei misericordia, non aliud quidem quod ipse misericors. Sed multi sunt ejus affectus qui miserationes dicuntur. Unde : *Reminiscere miserationum tuarum, Domine, et misericordiarum tuarum quæ a sæculo sunt*. Porro, cum ipse Deus sit omnia in omnibus salus et præmium et gloria singulorum : *Salus*, inquit, *populi ego sum*, quid est quod dicitur : *Partem aliquam e: societatem donare digneris*, tanquam non omnes sint unum eumdem denarium accepturi ? Sane licet unum et idem sit præmium singulorum, videlicet ipse Deus, in cujus cognitione salus æterna consistit, secundum illud quod ipse dicit in Evangelio : *Hæc est vita æterna, quod cognoscant te verum Deum et quem misisti Jesum Christum* (*Joan.* xvii), tamen secundum differentiam meritorum, alii plus, alii minus divina visione fruuntur. Nam *stella differt a stella in claritate*; propter quod ipse Dominus ait : *In domo Patris mei mansiones multæ sunt* (*Joan.* xiv). Sicut unus est sol, cujus lumine participant universi, alii plus, alii minus, secundum differentiam intuentium.

CAP. VI. — *De secunda commemoratione sanctorum.*

CUM JOANNE, STEPHANO, MATTHIA, BARNABA. In hac secunda commemoratione sanctorum ex magna parte supplentur, qui de primitivis sanctis deesse videbantur in prima. Sed qualiter Joannes repetitur, et Stephanus sociatus Joanni præmittitur Matthiæ ac Barnabæ ? Sane Joannes in prima commemoratione disponitur, et cum aliis numeratur propter dignitatem apostolatus. In hac autem commemoratione repetitur, et cum Stephano sociatur, propter privilegium cœlibatus. *Virgines enim sunt, et sequuntur Agnum quocunque ierit*, et propterea cæteris præmittuntur. Virginitas enim Joannis inde maxime commendatur, quia Christus in cruce matrem discipulo virginem virgini commendavit : *Ex illa hora accepit eam discipulus in suam* (*Joan.* XIX). Stephani vero virginitas ex eo maxime commendatur, quia ipse est qui ab apostolis deputatus est ad ministerium viduarum, et in hoc quod feminis est præpositus testimonium meruerit sincerissimæ castitatis (*Act.* VI). Posset autem non evangelista, sed Baptista Joannes intelligi, nisi præmitteretur, *cum tuis sanctis apostolis ac martyribus.* Unde conjicitur quod apostoli tantum ac martyres subnotentur, quamvis Joannes Baptista merito inter martyres possit numerari. *Non æstimator meriti,* quia non secundum exigentiam meritorum retribuis, sed minus puniendo, vel magis remunerando, quam quisque meruerit. Unde : *Non secundum peccata nostra facias nobis* (*Psal.* CII ; *Luc.* VI). Et alibi : *Mensuram bonam, confertam et coagitatam et supereffluentem dabunt in sinum vestrum.*

CAP. VII. *De signis quæ quinto loco fiunt super corpus et sanguinem, et in latere calicis.*

PER QUEM HÆC OMNIA, DOMINE, SEMPER BONA CREAS. Nam *per eum omnia facta sunt, et sine ipso factum est nihil. Et vidit Deus cuncta quæ fecerat, et erant valde bona.* Creas ergo condendo naturam, et sanctificas consecrando materiam, vivificas transsubstantiando creaturam, et benedicis accumulando gratiam. Est autem simplex pronominis demonstratio, sicut tempus verbi confusum. Nam præsens confusum præsentis non tenet usum. *Hæc* enim *omnia,* id est panem et vinum et aquam, *semper bona creas,* secundum causas primordiales, et *sanctificas,* secundum causas sacramentales, et *vivificas,* ut transeant in carnem et sanguinem, et *benedicis,* ut conferant caritatem et unitatem. *Per ipsum* tanquam per mediatorem, *cum ipso* tanquam cum æquali, *in ipso* tanquam in consubstantiali. In Patre quippe notatur auctoritas, in Filio æqualitas, in Spiritu sancto communitas. Auctoritas in Patre propter principium, æqualitas in Filio propter medium, communitas in Spiritu sancto propter consortium. Tertia et sexta hora crucifixus est Dominus ; hora tertia linguis Judæorum, quod narrat Marcus (*Marc.* XV); hora sexta manibus gentilium, quod narrat Joannes (*Joan.* XIX) ; et circa horam nonam *inclinato capite tradidit spiritum* (*Luc.* XXIII). Ad recolendam vero crucifixionem, quæ hora tertia facta est linguis Judæorum ter clamantium : *Crucifige, crucifige eum!* Et rursus : *Tolle, tolle, crucifige eum!* sacerdos facit tres cruces super oblatam et calicem, cum dicit : *Sanctificas, vivificas, et benedicis.* Ad recolendam vero crucifixionem, quæ post intervallum trium horarum facta est manibus gentilium (milites enim crucifixerunt Jesum), sacerdos iterum facit tres cruces cum hostia super calicem dicendo : *Per ipsum, et cum ipso, et in ipso.* Postmodum autem ad designandam divisionem carnis et animæ Domini morientis facit duas cruces in ore calicis cum dicit : *Tibi Deo Patri omnipotenti, in unitate Spiritus sancti.* Cum enim in Christo tres sunt unitæ substantiæ, videlicet divinitas, corpus et anima, duæ tantum, id est corpus et anima fuerunt in morte divisæ. Nam divinitas a neutra est divisa, et separata, propterea non tribus crucibus, sed duabus mors Domini designatur.

CAP. VIII. — *De extensione manuum Salvatoris in cruce.*

Sacerdos igitur super mensam altaris manus extendit, quia Christus super aram crucis manus expandit secundum illud propheticum : *Expandi manus meas ad populum non credentem mihi* (*Isai.* LXV); subtilius tamen atque profundius hoc possumus figurare.

CAP. IX. — *De tribus cruciatibus quos Christus sustinuit.*

Tres quippe cruces significant tres cruciatus quos Christus in cruce sustinuit, videlicet passionem, propassionem et compassionem, passionem in corpore, propassionem in mente, compassionem in corde. De passione corporis ait Dominus per prophetam : *O vos omnes qui transitis per viam, attendite et videte si est dolor sicut dolor meus. Foderunt manus meas et pedes meos, et dinumeraverunt omnia ossa mea* (*Thren.* I ; *Psal.* XXI). De propassione mentis Dominus inquit apostolis : *Tristis est anima mea usque ad mortem. Cœpit Jesus pavere et tædere, cœpit contristari et mœstus esse* (*Matth.* XXVI ; *Marc.* XIV). Ex compassione cordis pro crucifixoribus oravit ad Patrem : *Pater,* inquit, *ignosce illis, quia nesciunt quid faciunt* (*Luc.* XXIII). *Si enim cognovissent, nunquam Dominum gloriæ crucifixissent.* Ideo vero sacerdos facit has tres cruces cum hostia super calicem, quia Christus sustinuit hujusmodi cruciatus in corpore super patibulum ; per calicem enim passio designatur, secundum illud quod ipse Dominus ait : *Domine Pater, si fieri potest, transeat a me calix iste* (*Matth.* XXVI).

CAP. X. — *De aqua et sanguine quæ de latere Christi fluxerunt.*

Duæ vero cruces quas facit sacerdos in latere calicis designant duo sacramenta quæ de latere Domini profluxerunt, videlicet aqua regenerationis, et sanguis redemptionis, juxta testimonium Joannis dicentis : *Unus militum lancea latus ejus aperuit, et continuo exivit sanguis et aqua* (*Joan.* XIX).

CAP. XI. — *De scissione veli.*

Corporale desuper calicem removetur, quia *velum templi scissum est a summo usque deorsum.* Imo quod de illo scriptum fuerat, hactenus clausum erat, sicut dicitur de quibusdam : *Et illud verbum erat abscondium ab eis;* ubi consummatum, etiam revelatum est: nam lignum missum in Marath, aquas dulcoravit amaras (*Exod.* XV).

Cap. XII. — *De sepultura Christi et sacrificii exaltatione.*

Tunc accedit diaconus et exaltat aliquantulum sacrificium de altari, quod tam ipse quam sacerdos deponit : quia venit Joseph de Arimathia, venit et Nicodemus, et impetratum a Pilato corpus Jesu deponentes sepelierunt. Et quia ille advolvit saxum magnum ad ostium monumenti, diaconus super os calicis corporale reponit.

Cap. XIII. — *Ostenditur quare diaconus mensam altaris et armum pontificis osculatur.*

Quia vero *in pace factus est locus ejus*, diaconus osculatur mensam altaris et quia *factus est principatus super humerum ejus*, diaconus armum pontificis osculatur, ut in utraque significet Christum, et quievisse post mortem, et vicisse post mortem, juxta quod ipse prædixit in Psalmo : *In pace in idipsum dormiam et requiescam* (*Psal.* IV) ; et alibi : *O mors! ero mors tua; morsus tuus ero, inferne* (*Oseæ*. XIII). Christus enim per mortem triumphavit de morte : nam quia *factus est obediens usque ad mortem, mortem autem crucis*, idcirco *Deus exaltavit illum*. Hoc ipsum figuravit quod Christus sibi crucem super humerum bajulavit.

Cap. XIV. — *Epilogus de numero et ratione signorum quæ fiunt super oblatam et calicem.*

Sacrificium itaque septem vicibus signatur in Canone : prima vice ter, ubi dicit : *Hæc dona, hæc munera, hæc sancta sacrificia illibata*, propter ternam Christi traditionem, quæ facta est a Deo, a Juda, a Judæo. Secunda vice quinquies, ubi dicitur : *Quam oblationem tu, Deus, digneris facere benedictam, adscriptam, ratam; ut fiat corpus et sanguis*, propter quinque personas, venditoris, venditi et emptorum, videlicet sacerdotum, et scribarum, et phariseorum. Tertia vice bis, ubi dicitur : *Accipiens Jesus panem, benedixit ac fregit, deditque discipulis. Similiter et hunc præclarum calicem. Item tibi gratias agens benedixit* : propter benedictionem panis qui transsubstantiatur in carnem, et vinum quod transsubstantiatur in sanguinem. Quarta vice quinquies, ubi dicitur : *Hostiam puram, hostiam sanctam, hostiam immaculatam, panem sanctum vitæ æternæ, et calicem salutis perpetuæ;* propter quinque diversas plagas, duas manuum, totidemque pedum, et unam lateris. Quinta vice bis, ubi dicitur : *Sacrosanctum Filii tui corpus et sanguinem;* propter vincula quibus ligatum est corpus, et flagella quibus allisus est sanguis. Sexta vice ter, ubi dicitur : *Sanctificas, vivificas et benedicis;* propter crucifixionem quæ facta est hora tertia linguis Judæorum, ter clamantium *Crucifige eum*. Septima vice quinquies, ubi dicitur : *Per ipsum, et cum ipso, et in ipso est tibi Deo Patri omnipotenti, in unitate Spiritus sancti.* Ter super calicem, propter tres cruciatus quos Christus sustinuit : passionis, propassionis et compassionis. Et bis in latere calicis, propter aquam et sanguinem quæ de latere Christi fluxerunt. Inter has septem vices sacrificium signatur vicibus duabus bis, et duabus vicibus ter, et duabus vicibus quinquies, septima bis et ter, simul omnibus quinquies quinque, quæ sunt simul viginti quinque, qui numerus per se ductus semper in seipsum reducitur, si ducatur in infinitum. Quantumlibet enim multiplicetur eucharistiæ sacramentum, semper est idem sacrificium. In hoc etiam sacramento, quinque sensus corporis exercentur, visus, auditus, odoratus, gustus et tactus : circa colorem, saporem, odorem, fractionem et sumptionem. Si tamen caro procedat in spiritum, quia *spiritus est qui vivificat, caro non prodest quidquam.* Unde quinque sensus animæ spirituales exuberent, visus intelligentiæ, auditus obedientiæ, odoratus discretionis, gustus delectationis et tactus operis. De quibus reperitur in Evangelio : *Domine, quinque talenta tradidisti mihi, ecce alia quinque superlucratus sum* (*Matth.* XXV). Sed et binarius et ternarius bene congruunt sacramento : binarius, propter carnem et sanguinem ; ternarius, propter panem et vinum et aquam : binarius, propter duplicem modum edendi, sacramentalem sub specie panis, et spiritualem in fide cordis; ternarius, propter tria quæ sunt in hoc sacramento discreta, videlicet forma visibilis, veritas corporis, et virtus spiritualis. Forma panis et vini, veritas carnis et sanguinis, et virtus unitatis et caritatis, ut ita ternarius per binarium, id est fides Trinitatis per dilectionem Dei et proximi operetur (1).

Cap. XV. — *De vocis expressione et pectoris tunsione.*

Non solum autem crucis impressio, verum etiam vocis expressio, quæ gesta sunt juxta crucem, insinuat ; cum enim ad id ventum est : *Nobis quoque peccatoribus famulis tuis*, sacerdos paululum expressa voce percusso pectore silentium interrumpit, repræsentans contritionem et confessionem latronis, in illo passionis Dominicæ articulo increpantis alterum et dicentis : *Nos digna factis recipimus, hic vero nihil mali gessit ;* et dicebat ad Jesum : *Domine, memento mei dum veneris in regnum tuum;* propter quod dixit illi Jesus : *Amen dico tibi, hodie mecum eris in paradiso* (*Luc.* XXIII). Vel per exaltationem vocis et percussionem pectoris exprimitur illud quod *Centurio et qui cum eo erant, visis his quæ fiebant, timuerunt valde, dicentes : Vere Filius Dei erat iste* (*Matth.* XXVII); *et omnis turba quæ simul aderant ad spectaculum istud percutientes pectora sua revertebantur.* Quia *Jesus vero clamans voce magna, tradidit spiritum*, levat sacerdos vocem dicendo : *Per omnia sæcula sæculorum.* Et quia mulieres lamentabantur flentes Dominum, chorus quasi lamentando respondit : *Amen*. Repræsentans fideles qui Dominum trito corde

---

(1) *Vide* Lebrun, *Explication littérale des cérémonies de la messe*, Préface, tom. I de ce Dictionnaire, art. CÉRÉMONIES.

lamentabantur ac lugebant, vel quondam Abel invidi fratris furore parentes ejus lamentabantur occisum. Jesus ergo *voce magna clamavit : Pater, in manus tuas commendo spiritum meum*, et sacerdos elevata voce pronuntiat : *Pater noster, qui es in cœlis.*

CAP. XVI. — *De oratione Dominica, ubi agitur de dignitate orationis, et ad quid valet.*

Hæc oratio multis ex causis cæteris orationibus antecellit, auctoritate doctoris, brevitate sermonis, sufficientia petitionum et fecunditate mysteriorum. Auctoritate doctoris, quæ fuit ipsius ore prolata. *Os enim Domini locutum est.* Brevitate sermonis, quia facile dicitur et profertur. *Cum*, inquit, *oratis, nolite multum loqui, sicut ethnici faciunt* (*Matth.* vi). Sufficientia petitionum, quoniam utriusque vitæ continet necessaria. Pietas enim *promissionem habet vitæ quæ nunc est et futuræ.* Fecunditate mysteriorum, quoniam immensa continet sacramenta. Pertransibunt enim plurimi, et multiplex erit scientia. Scit autem Dominus, quid velimus, sed vult nos orare vocaliter pro excitanda devotione. Quia quod facit flatus carboni, hoc facit pronuntiatio devotioni. Unde : *Ad ipsum ore clamavi, et exaltavi sub lingua mea* (*Psal.* LXV). Pro aliorum instructione, ut cortina cortinam trahat, et qui audit, dicat : *Veni.* Unde : *Lux vestra luceat coram hominibus* (*Matth.* v). Pro linguæ obsequio, ut quod lingua peccamus, satisfaciamus lingua. Unde : *Sicut exhibuistis membra vestra servire iniquitati ad iniquitatem, ita exhibeatis ea servire justitiæ in sanctificationem* (*Rom.* vi). Pro rei petendæ obtentione, quia facilius obtinetur quod instantius postulatur. Unde : *Petite et accipietis, pulsate et aperietur vobis* (*Matth.* vii). Pro impetratæ rei custodia, quia quod sæpius requiritur, diligentius custoditur. Unde : *Tene quod habes, ne alius accipiat coronam tuam* (*Apoc.* iii). Oratur autem et pro bonis adipiscendis, et pro malis vitandis : pro bonis temporalibus, spiritualibus et æternis; pro malis præteritis, præsentibus et futuris. De bonis æternis : *Adveniat regnum tuum;* de spiritualibus : *Fiat voluntas tua sicut in cœlo et in terra;* de temporalibus : *Panem nostrum quotidianum da nobis hodie.* Æterna petuntur in præmium, spiritualia petuntur in meritum, temporalia petuntur in sustentaculum. De malis præteritis : *Dimitte nobis debita nostra;* de præsentibus : *Libera nos a malo;* de futuris : *Ne nos inducas in tentationem.* Præterita sunt dolenda, præsentia sunt vincenda, futura sunt præcavenda.

CAP. XVII. — *De numero et ordine petitionum.*

Septem sunt petitiones orationis Dominicæ præter captationem benevolentiæ, quarum tres primæ spectant ad patriam, tres ultimæ ad viam. Media vero pertinet ad utramque. Porro tres primæ succedunt ordine temporis, sed præcedunt ordine dignitatis. Tres ultimæ succedunt ordine dignitatis, sed præcedunt ordine temporis. Dominus autem in oratione secutus est ordinem dignitatis qui est artificialis, ut de majoribus ad minora descendat. Doctores in expositione sequuntur ordinem temporis, qui est naturalis, ut de minoribus ad majora conscendant, vel de temporalibus ad æterna.

CAP. XVIII. — *De adaptatione septem petitionum et septem donorum.*

Fit autem hic adaptatio septem petitionum et septem donorum, septem virtutum et septem beatitudinum, contra septem vitia capitalia : nam dona petitionibus, virtutes donis, et beatitudines virtutibus obtinentur. Septem dona sunt ista : sapientia, intellectus, consilium, fortitudo, scientia, pietas et timor, de quibus inquit Propheta : *Requiescet super eum spiritus Domini, spiritus sapientiæ et intellectus, spiritus consilii et fortitudinis, spiritus scientiæ et pietatis, et replebit eum spiritus timoris Domini* (*Isai.* xi). Septem autem virtutes sunt hæc : paupertas spiritus, mansuetudo, luctus, esuries justitiæ, misericordia, munditia cordis et pax. Septem autem beatitudines istæ sunt : Regnum cœlorum, possessio terræ, consolatio, saturitas, misericordiæ consecutio, visio Dei, et filiatio Dei. De quibus conjunctim ait Dominus : *Beati pauperes spiritu, quoniam ipsorum est regnum cœlorum. Beati mites, quoniam ipsi possidebunt terram. Beati qui lugent, quoniam ipsi consolabuntur. Beati qui esuriunt et sitiunt justitiam, quoniam ipsi saturabuntur. Beati misericordes, quoniam misericordiam consequentur. Beati mundo corde, quoniam Deum videbunt. Beati pacifici, quoniam filii Dei vocabuntur* (*Matth.* v). Hæc autem sunt septem vitia principalia : Inanis gloria, ira, invidia, acedia, avaritia, gula, luxuria. Quæ significata fuerunt in septem populis qui terram Israel promissam tenebant, videlicet : Hethæus, Gergezæus, Amorrhæus, Chananæus, Pherezæus, Hevæus, et Jebusæus (*Deut.* vii) Homo igitur est ægrotus, et Deus medicus ; vitia sunt languores, et petitiones sunt planctus ; dona sunt antidota, et virtutes sunt sanitates ; beatitudines vero sunt felicitates et gaudia.

CAP. XIX. — *De captatione benevolentiæ.*

PATER NOSTER, QUI ES IN CŒLIS... Deus generaliter et specialiter et singulariter dicitur Pater. Deus est Pater generaliter omnium per creationem, specialiter justorum per adoptionem, singulariter Christi per generationem. Per creationem, ut ibi : *Flecto genua mea ad Dominum Patrem omnipotentem, a quo omnis paternitas in cœlo et in terra nominatur* (*Ephes.* iii). Per adoptionem ut ibi : *Si vos, cum sitis mali, nostis bona data dare filiis vestris, quanto magis Pater vester de cœlo dabit spiritum bonum petentibus se* (*Luc.* xi)? Per generationem, ut ibi : *Nemo novit Filium nisi Pater, neque Patrem nisi Filius, et cui voluerit Filius revelare.* (*Matth.* xi). Per hoc quod dicit : *Pater noster qui es in cœlis*, dehortatur nos a duobus : a superbia, ne dicamus, Pater mi, repræsentantes proprium quod est commune ; ab indignitate, ne reddamur indigni tanto Patri qui consistit in cœlis. Deus igitur solius Christi

Pater est per naturam, cui soli licet competenter dicere: Pater mi; fidelium autem Pater per gratiam, quibus competit dicere: Pater noster. Ille dicit: *Pater mi, si possibile est, transfer hunc calicem a me;* isti dicunt: *Pater noster, qui es in coelis, sanctificetur nomen tuum.* Hinc ipsemet dicit: *Vado ad Patrem meum et Patrem vestrum.* Meum per naturam, vestrum per gratiam. Hortatur etiam nos ad duo: ad servandam gratiam adoptionis, cum dicit, *Pater;* et unionem fraternitatis, cum ait, *noster.* Benevolentia vero captatur a tribus, a persona cognitoris, petitoris et assessoris. Cognitor enim est Deus, petitor homo, assessor est angelus. A persona cognitoris cum ait, *Pater;* petitoris, cum ait, *noster;* assessoris cum ait, *qui es in coelis,* id est, in angelis vel in sanctis, de quibus habetur: *Coeli enarrant gloriam Dei* (Psal. XVIII). Unde nobis spes tribuitur, ut sanctos nos faciat vel in coelis, id est, in secreto majestatis divinae, per quod datur fiducia obtinendi donum occultum, quod *nec oculus vidit, nec auris audivit, nec in cor hominis ascendit.* Dat ergo fiduciam impetrandi bonum. Non dicit: Domine, cui servitur in timore, sed Pater, cui servitur amore, quasi diceret: Pater es; vis quia in coelis es, potes ergo nos liberare a malo.

CAP. XX. — *De triplici malo a quo petimus liberari.*

Triplex est malum a quo petimus liberari, innatum, additum et inflictum. Primum contrahimus, secundum committimus, tertium sustinemus. Primum est originale, secundum actuale, tertium poenale. Malum autem vitamus per spiritum timoris: nam, ut inquit Scriptura, *timor Domini peccatum expellit* (Eccle. I). Porro triplex est timor quo cessamus a malo, servilis, initialis et filialis. Timore servili cessamus a malo formidine poenae; filiali timore cessamus a malo amore justitiae; initiali timore cessamus a malo, partim formidine poenae, partim amore justitiae. Servilis timor est incipientium, initialis est proficientium, filialis est perficientium. Quasi diceretur: Da nobis spiritum timoris et paupertatem spiritus, ut per spiritum timoris vitemus mala, per paupertatem spiritus abdicemus bona, quatenus exclusis vitiis et contemptis terrenis habeamus aeterna, scilicet regnum coelorum, quod Lucifer et primi parentes per inanem gloriam amiserunt, a qua nos retrahunt timor, spiritus paupertas et veritas. Duo vero sunt bona quae paupertate spiritus abdicamus, interiora videlicet et exteriora: interiora, de illis corde non praesumendo; exteriora, cor illis non apponendo, secundum illud: *Divitiae si affluant, nolite cor apponere* (Psal. LXI). Illis ergo compressis, ne praesumamus, vel istis despectis ne deficiamus; regnum coelorum consequimur, secundum illud: *Beati pauperes spiritu, quoniam ipsorum est regnum coelorum,* quod daemones et homines per inanem gloriam amiserunt, illi Dei similitudinem, isti Dei scientiam inaniter apponendo; Lucifer enim dixit: *Ascendam in coelum, et ponam sedem meam ad aquilonem, et ero similis Altissimo* (Isa. XIV). Primis autem parentibus dictum est: *Eritis sicut dii, scientes bonum et malum.*

CAP. XXI. — *De diversis tentationibus, in quas petimus non induci.*

NE NOS INDUCAS IN TENTATIONEM. Tentat Deus, tentat homo, tentat diabolus. Deus tentat ut probet, homo tentat ut sciat, diabolus tentat ut fallat. De primo legitur: *Tentavit Deus Abraham* (Genes. XXII ; de secundo dicitur: *Tenta nos, obsecro, diebus decem* (Dan. I); de tertio legitur: *Cur tentavit Satanas cor tuum* (Act. V)? Porro duobus modis tentamur, interius et exterius: interius per delectationem, exterius per suggestionem. Verum interior tentatio parum efficit, et exterior multum proficit, si non consentiatur, sed resistatur. Scriptum est enim: *Tentatio vos non apprehendat, nisi humana* (I Cor. X); rursus: *Beatus vir qui suffert tentationem, quoniam cum probatus fuerit, accipiet coronam vitae* (Jacob. I). Cum ergo citra consensum tentamur, ducimur in tentationem; cum consentimus, in tentationem inducimur, sicut piscis arte capturam in rete ducitur. Cum autem inducitur, capitur et tenetur, tunc impletur quod Jacobus apostolus ait: *Unusquisque tentatur a concupiscentia sua abstractus et illectus; deinde cum concupiscentia conceperit, parit peccatum; peccatum vero cum consummatum fuerit, generat mortem* (Jacob. I). Porro cum idem apostolus dicat quia *Deus est intentator malorum,* quid est quod petimus ne Deus nos in tentationem inducat? Sed Deus quodammodo tentat, et Deus quodammodo non tentat. Tentat ut probet, secundum illud: *Proba me, Deus, et tenta cor meum* (Psal. XXV). Non tentat ut fallat, secundum illud: *Deus neminem tentat* (Jacob. I). Petimus ergo ne Deus nos in tentationem inducat, id est, ne permittat induci, sicut dicitur: *Quia non est malum in civitate quod Dominus non faciat* (Amos III), id est, fieri non permittat. Scriptum est enim: *Fidelis est Deus, qui non patietur vos tentari supra id quod potestis* (I Cor. X); quasi, da nobis spiritum pietatis, et mansuetudinem spiritus, ut per spiritum pietatis vincamus tentationem, exercendo nos ad pietatem; et per mansuetudinem spiritus vincamus iram, non reddendo malum pro malo, ut ita possideamus terram viventium, quam per spiritum pietatis et mansuetudinis obtinebimus. Nam *pietas promissionem habet vitae quae nunc est, et futurae;* et, *Beati mites, quoniam ipsi possidebunt terram.* Unde Psalmista: *Mansueti possidebunt terram, et delectabuntur in multitudine pacis* (Psal. XXVI).

CAP. XXII. — *De tribus debitis quae petimus nobis dimitti.*

Debita dicuntur peccata, quae nos debitores poenae constituunt. Non enim hic agitur de debitis pecuniarum, sed de debitis offensarum. Tria vero sunt debita quae petimus nobis dimitti, videlicet peccatum in Deum, peccatum in proximum, et peccatum in nosipsos. Unde : *Peccavimus cum patribus nostris*, in Deum; *injuste egimus*, in proximum; *iniquitatem fecimus*, in nosipsos. Sed quia peccamus in Deum, idcirco petimus ut ipse dimittat nobis debita nostra; quia peccamus in proximos, ideo petimus ut dimittat nobis sicut et nos dimittimus debitoribus nostris. Hoc pacto et ea cautione nobis debita dimittuntur, si nos debitoribus dimittimus; alioquin etiam dimissa revocantur in debitum, secundum illud : *Serve nequam, omne debitum dimisi tibi, quoniam rogasti me : nonne ergo oportuit et te misereri conservo tuo, sicut et ego tui misertus sum? Et iratus dominus ejus tradidit eum tortoribus, quoadusque redderet universum debitum* (*Matth.* XVIII). *Sic et Pater meus cœlestis faciet vobis, si non dimiseritis unusquisque fratri suo de cordibus suis*. Ut ergo Dominus evidenter ostenderet quod nullus totius orationis fructus est, nisi debitoribus dimittamus, in fine subjunxit ad omnia : *Si dimiseritis hominibus peccata eorum, dimittet vobis Pater vester cœlestis delicta vestra* (*Matth.* VI). His ergo qui debitoribus non dimittunt, hæc oratio non videtur prodesse, quin imo videtur obesse : nam qui sic petit sibi dimitti, sicut debitoribus suis ipse dimittit, profecto si non dimittit ipse debitoribus suis, videtur petere ut sibi non dimittatur. Quid ergo debet illi dimittere, qui nec satisfacere vult, nec veniam postulare? Sane distinguendum est inter perfectum et imperfectum. Is qui viam perfectionis arripuit, debet etiam non petenti veniam omnimodis indulgere. Qui vero nondum perfectionis votum assumpsit, tenetur quidem rancorem cordis deponere, sed non tenetur satisfactionem debitam condonare : quanquam omnes teneamur universaliter diligere inimicos nostros, et benefacere his qui oderunt nos, et orare pro persequentibus et calumniantibus nos (*Luc.* VI); quia vero sunt culpæ in quibus culpa est, relaxare vindictam. Et si peccatum in nos teneamur dimittere, peccatum tamen in Deum et peccatum in proximum debemus punire. Quisquis ergo laborat odio, vel invidia, gravatur magis hac oratione quam adjuvetur, nisi forte jam propositum habeat dimittendi. Verumtamen non in sua quisque, sed in totius Ecclesiæ persona videtur orare. Unde non dicit: Dimitte mihi debita mea, sicut ego dimitto debitoribus meis, sed dicit : *Dimitte nobis debita nostra, sicut et nos dimittimus debitoribus nostris*. Quidam tamen etiam volunt intelligi : *Dimitte nobis....*, id est, sic dimitte nobis, *debita nostra*, ut et nos dimittamus debitoribus nostris; quasi : Da nobis donum et scientiam, et luctum, et virtutem, quatenus tam nostra quam aliena peccata cognoscamus et defleamus, ut nobis debita nostra dimittas, et ita consolationem habebimus adversus invidiam, quæ facit hominem de alieno bono tabescere. Per scientiam enim et luctum in præsenti remissionem accipimus, et in futuro consolationem habebimus, juxta quod legitur : *A delicto meo munda me, quoniam iniquitatem meam ego cognosco* (*Psal.* L); et : *Beati qui lugent, quoniam ipsi consolabuntur* (*Matth.* V). Luctus autem distinguitur in irriguum superius et inferius, quæ Caleph Axæ filiæ suæ dedit in dotem (*Josue* XV) : inferius, pro peccatis tam nostris quam alienis; unde : *Quis infirmatur, et ego non infirmor? quis scandalizatur, et ego non uror* (II *Cor.* XI)? superius, pro incolatu vitæ præsentis, et desiderio vitæ cœlestis. Unde : *Cupio dissolvi, et esse cum Christo* (*Philip.* I). Sed *heu mihi! quia incolatus meus prolongatus est* (*Psal.* CXIX).

CAP. XXIII. — *De quinque panibus quos petimus nobis dari.*

PANEM NOSTRUM.... Quinque panes sunt nobis necessarii, quatuor in via, et quintus in patria : corporalis, spiritualis, doctrinalis, sacramentalis et æternalis. Corporalis vero ad sustentationem, spiritualis ad informationem, doctrinalis ad eruditionem, sacramentalis ad expiationem, æternalis ad fruitionem. De primo : *Non in solo pane vivit homo* (*Matth.* IV); de secundo : *Amice, commoda mihi tres panes* (*Luc.* XI); de tertio : *Venite, comedite panem meum* (*Prov.* IX); de quarto : *Qui panem Domini manducat indigne, reus erit corporis Domini* (1 *Cor.* XI); de quinto : *Ego sum panis vivus qui de cœlo descendi* (*Joan.* VI). Cum enim homo fuerit liberatus a malo, cum vicerit tentationes, cum fuerint dimissa peccata, necessarius est ei spiritus fortitudinis, ne præmium exspectando deficiat. Et ideo dicit : *Panem nostrum quotidianum da nobis*, id est, nobis quotidie necessarium. Alioquin quod nostrum esset, no is dari non posset, nisi prius desineret esse nostrum. *Da nobis hodie*, quasi dicat : Da nobis spiritum fortitudinis, qui multiplici pane roboret animam, ne deficiamus in præsenti, esuriendo justitiam, per quam expellentes acediam plena justitia saturabimur in futuro. secundum illud : *Beati qui esuriunt et sitiunt justitiam, quoniam ipsi saturabuntur* (*Matth.* V). Matthæus dicit, *panem nostrum supersubstantialem*, quod duobus modis potest intelligi : vel ut una sit dictio, vel ut duæ sint dictiones, quasi dicamus : *Panem da nobis supersubstantialem*, id est, Christum, qui est supersubstantialis, id est, super omnes substantias, qui panis est in altari. Vel ita : *Da nobis panem nostrum*, id est, Christum, qui proprius cibus est fidelium, et hoc super panem, id est, præter panem substantialem, id est, necessarium ad sustentationem, quasi dicat : Da nobis nostrum panem, mentis et corporis. Lucas dicit : *Panem nostrum quotidianum*, quod tam de corporali quam de sacramentali pane potest intelligi, videlicet de viatico. Græcus habet ἐπιούσιον, quod interpretatur supersubstantialem; Hebræus vero *sogolla*, quod interpretatur egregium, vel peculiarem; ob forte Lucas videns Matthæum *sogolla* dixisse, quod sonat peculiarem, dixit quotidianum. Græcus autem interpres Matthæi, quia vidit eum dixisse *sogolla*, quod sonat egregium, dicit ἐπιούσιον, id est, supersubstantialem.

Cap. XXIV. — *De voluntate Dei, quam in terra sicut in cœlo fieri postulamus.*

FIAT VOLUNTAS TUA. Voluntas Dei dupliciter intelligitur, et beneplacitum Dei æternum, et signum beneplaciti temporale. Beneplacitum Dei semper impletur; unde : *Voluntati ejus quis resistet (Rom.* IX)? Et : *Omnia quæcunque voluit Dominus fecit in cœlo et in terra (Psal.* CXIII). Signa beneplaciti quinque sunt : Præceptio, prohibitio, promissio, consilium et operatio; unde : *Magna opera Domini, exquisita in omnes voluntates ejus.* Hæc non semper implentur, sed ut impleantur oratur : *Fiat voluntas tua,* id est, opere compleatur, quod præcipis, quod consulis, quod suades; quia non sufficit voluntas ubi adest facultas. *Sicut in cœlo et in terra,* id est, sicut in angelis, ita in hominibus; vel sicut in perfectis, ita et in conversis; vel sicut in Christo, ita et in Ecclesia; vel sicut in mente, ita pariter et in carne, ut caro non concupiscat adversus spiritum, secundum illud : *Cor meum et caro mea exsultaverunt in Deum vivum (Psal.* LXXXIII). Quasi dicat : Da nobis spiritum consilii, ut faciamus voluntatem tuam, maxime misericordiam quæ perimit avaritiam, quatenus misericordiam consequamur, secundum illud : *Beati misericordes, quoniam ipsi misericordiam consequentur (Matth.* V). Sicut enim avaritia consistit in acquirendo et retinendo, ita misericordia consistit in dando et dimittendo. Hujus petitionis et aliarum duarum impletio inchoatur in via, et consummatur in patria. Ibi nihil velle poterimus, nisi quod Deum velle sciemus; tunc diligemus Deum ex toto corde, et ex tota mente, et ex tota anima. Ex corde, id est, intellectu, diligemus Filium, ex toto, id est, sine errore; ex mente, id est, memoria, diligemus Patrem, tota, id est, sine oblivione; ex anima, id est, voluntate, diligemus Spiritum sanctum, tota, id est, sine contrarietate; Patrem potentiam, Filium sapientiam, Spiritum sanctum benignitatem.

Cap. XXV. — *De regno Dei, quod petimus advenire.*

ADVENIAT REGNUM TUUM. Regnum Dei dicitur militans Ecclesia, quia regitur, et triumphans Ecclesia, quia regnat. Item regnum Dei dicitur et gratia fidei et gloria speciei. Rursus regnum Dei dicitur intellectus Scripturæ et locus patriæ. De regno militantis Ecclesiæ scriptum est : *Exibunt angeli messores, et colligent de regno ejus omnia scandala (Matth.* XIII). De regno triumphantis Ecclesiæ reperitur : *Venient et recumbent cum Abraham, Isaac et Jacob in regno cœlorum (Matth.* VIII). De regno fidei dicit Scriptura : *Regnum Dei intra vos est (Luc.* XVII). De regno speciei Dominus ait : *Percipite regnum quod vobis paratum est ab origine mundi (Matth.* XXV). De regno Scripturæ legitur : *Auferetur a vobis regnum Dei, et dabitur genti facienti fructus ejus (Matth.* XXI). De regno patriæ reperitur : *Fulgebunt justi sicut sol in regno Patris eorum (Matth.* XIII). Sed et ipse Christus dicitur regnum Dei, secundum illud : *Si ego in digito Dei ejicio dæmonia, profecto pervenit in vos regnum Dei (Matth.* XIV). *Adveniat* igitur *regnum tuum,* id est, veniat regnum ad regnum, militans ad triumphans; regnum tuum adveniat, id est, ad videndum te veniat, ut regnum fidei ad regnum transeat speciei, quoniam *hæc est vita æterna, ut cognoscant te solum verum Deum, et quem misisti Jesum Christum;* quasi diceret : Da nobis spiritum intellectus, quo mundati corde intelligamus te in præsenti regnare per fidem, ut in futuro te videamus regnantem in nobis per speciem (*Joan.* XII); quod est contra gulam, de qua dicit propheta : *Quia vinum et ebrietas aufert cor (Oseæ* IV). Tunc cognoscemus sicut et cogniti sumus, videntes non per speculum in ænigmate; sed *tunc facie ad faciem videbimus Deum deorum in Sion* (I *Cor.* XIII).

Cap. XXVI. — *De sanctificatione nominis.*

SANCTIFICETUR NOMEN TUUM. Nomen patris quatuor sanctificatur modis in filiis, duobus in via, et duobus in patria : in via per efficientiam et perseverantiam; in patria per consummationem et ostensionem. In via namque nomen patris sanctificatur in filiis, quando sanctificationis effectum operatur in eis, vel quando sanctificatio quam acceperunt in nomine patris perseverat in illis. In patria vero nomen patris sanctificatur in filiis, quia sancitur et confirmatur in eis, ut nunquam possint a filiationis gratia separari. Hic est enim quasi mobile nomen patris in filiis. Nam et Judas quandoque fuit filius, quandoque non fuit. Pro qua possibilitate manendi dixit Apostolus : *Castigo corpus meum et in servitutem redigo, ne forte cum aliis prædicavero, ipse reprobus efficiar* (I *Cor.* IX). Ibique nomen patris sanctificatur in filiis, quia tales ibi sunt filii, in quibus Spiritus sanctus apparet, tunc erunt manifesti qui nunc sunt occulti, secundum illud : *Nos insensati vitam illorum æstimabamus insaniam, et fuisse sine honore; ecce quomodo computati sunt inter filios Dei, et inter sanctos sors illorum est (Sap.* V)! Quasi dicat : Da nobis spiritum sapientiæ, prout dicitur a sapore, id est, jucunditatem æternam, ut gustemus quam suavis est Dominus, generantem in nobis pacem, id est, motuum interiorum quietem, ut caro non concupiscat adversus spiritum, quia non est pax ossibus a facie peccatorum, ut ita sanctificetur nomen tuum, id est pater in filiis, quatenus in præsenti difficile, in futuro nequaquam a filiationis gratia separentur. Quod est manifeste contra luxuriam, qua qui laborat non jucundatur in Deo, id est, pacem Dei non habet; filius Dei non est, sed jumento assimilatur, quia *quasi jumentum in stercore suo computrescit (Joel),*

Cap. XXVII. — *De duplici ordine.*

Verum duplex est ordo notandus in oratione Dominica, unus in descendendo, qui concordat cum donis, et alter in ascendendo, qui concordat vel convenit cum virtutibus. Dona namque de summis ad ima descendunt. Unde : *Requiescet super eum spiritus sapientiæ et intellectus (Isai.* XI; *Job.* VII). Homo quidem multis malis circumdatus primo petit ut liberetur a malo; quia vero *tentatio est vita hominis super terram*, liberatus a malo, petit ut in tentationem non inducatur; et quia dum in hac vita consistit semper est in aliquo peccato, *nam si dixerimus quod peccatum non habemus, nosipsos seducimus, et veritas in nobis non est* (I Joan. I), ideo petit ut debita dimittantur. Cum autem fuerit liberatus a malo, cum vicerit tentationes, cum debita fuerint dimissa, quia per se stare non potest, ne diu exspectando deficiat, petit ut sibi panis quotidianus donetur. Deinde cum fuerit liberatus a malis et roboratus in bonis, petit ut fiat voluntas Dei, sicut in cœlo et in terra: quæ quoniam in hac vita perfecte fieri non potest, mox petit ut regnum adveniat, in quo nomen Patris sanctificetur in filiis, ut nunquam de cætero possint a sanctificatione separari. Amen. Hebræus unum ex his tribus ponit in fine, *Amen salem*, quæ sonant, vere, semper, pacem. Beatus Gregorius orationem Dominicam post Canonem super hostiam censuit recitari.

Cap. XXVIII. — *De silentio post orationem Dominicam.*

Quod hinc sequitur secrete, silentium innuit Dominicæ sepulturæ, mediante sabbato, quo Dominus in sepulcro quievit. Unde Luca testante: *Mulieres quæ paraverant unguenta, sabbato quidem siluerunt secundum mandatum* (Luc. XXIII). Sed qui in sepulcro secundum carnem quievit, secundum animam descendit ad inferos, ut fortior superveniens fortem spoliaret armatum. Tunc ergo momordit infernum, *ut educeret suos vinctos de lacu in quo non erat aqua, liberans eos a malis præteritis, præsentibus et futuris* (Zach. IX), et dans eis pacem perpetuam, in qua sunt semper et a peccato liberi, et a perturbatione securi. Hæc oratio: *Libera nos...*, dicitur embolismus, et est expositio novissimæ petitionis orationis Dominicæ.

LIBER SEXTUS.

Caput primum. — *De resumptione patenæ, quam sacerdos accipiens osculatur.*

Post passionis tristitiam, ad resurrectionis gaudium pervenitur, secundum illud quod legitur: *Ad vesperum demorabitur fletus, et ad matutinum lætitia* (Psal. XXIX). Subdiaconus quidem et diaconus repræsentant patenam, quam sacerdos accipiens osculatur, et cum ea signum crucis sibi facit in facie. Hi tam numero quam obsequio sanctas illas mulieres significant, de quibus narrat evangelista Matthæus quod *vespere sabbati quæ lucescit in prima sabbati venit Maria Magdalena et altera Maria videre sepulcrum* (Matth. XXVIII). Præsentantes patenam, id est, cor patens latitudine caritatis, in obsequium sepulturæ, juxta quod legitur quia *mulieres emerunt aromata, ut venientes ungerent Jesum; et valde mane una sabbatorum veniunt ad monumentum, orto jam sole; et dicebant ad invicem: Quis revolvet nobis lapidem ab ostio monumenti* (Marc. XVI)? Hanc ergo patenam, id est, cor amplum latitudine caritatis sacerdos accipit, id est, Christus acceptat. Quia vero crucifixus ardenti desiderio quærebatur, juxta quod angelus inquit mulieribus: *Scio quod Jesum quæritis crucifixum* (Matth. XXVIII), idcirco crux ejus cum patena signatur in facie sacerdotis, statimque sacerdos osculatur patenam, ostendens quod Christus confestim impleverit desiderium mulierum; mox enim occurrit illis, dicens: *Avete*. Quæ *procidentes tenuerunt pedes ejus, et adoraverunt*; haud dubium quin pedes fuerint osculatæ.

Cap. II. — *De fractione hostiæ, cujus particulam sacerdos mittit in calicem.*

Tunc sacerdos frangit hostiam in tres partes, et duabus extra calicem reservatis, cum alia signum crucis ter efficit supra calicem, de cujus ore diaconus removerat corporale, et a ta voce dicendo: *Pax Domini sit semper vobiscum*, particulam hostiæ dimittit in calicem. Frangit igitur sacerdos hostiam, et in fractione panis Dominum cognoscamus, sicut illi duo discipuli Domini cognoverunt, quibus ipso die resurrectionis Jesus apparuit in Emmaus transeuntibus. Commixtio panis et vini designat unionem carnis et animæ, quæ in resurrectione Christi denuo sunt unitæ: nam, ut prædictum est, panis ad carnem, et vinum refertur ad animam. Et ideo ter signum crucis producitur cum hostia super calicem, quia virtus Trinitatis animam crucifixi reduxit ad carnem, ne derelinqueret animam ejus in inferno, nec daret carnem ejus videre corruptionem; juxta quod ipse dicit in Psalmo: *Ego dormivi et somnum cæpi, et exsurrexi, quoniam Dominus suscepit me* (Psal. XV et III). Ideo tres cruces fiunt cum hostia super os calicis, quia tres mulieres quærebant crucifixum ad ostium monumenti. Unde: *Quid quæritis viventem cum mortuis?* Os ergo calicis in hoc loco significat ostium monumenti, de quo diaconus removet corporale, designans quod *angelus Domini revolvit lapidem ab ostio monumenti*. Illud sane debet intelligi, quod dicit sacerdos, cum hostiam mittit in calicem: *Fiat*, inquit, *commixtio corporis et sanguinis Domini*. Quod utique referendum est ad species panis et vini, quibus continetur corpus et sanguis.

Cap. III. — *Quid significent partes illæ quæ fiunt de sacrificio.*

Quid autem illæ partes significent, Sergius papa determinat, dicens: « Triforme est corpus Christi: pars oblatæ in calicem missa, corpus Christi quod jam resurrexit, monstrat; pars comesta, ambulans adhuc super terram; pars in altari usque ad finem remanens, corpus jacens in sepulcro, quia usque ad finem sæculi sanctorum corpora in sepulcro erunt. » Potest et aliter hoc mysterium explanari: est enim corpus Christi universalis Ecclesia, scilicet caput cum membris, juxta quod dicit Apostolus: *Unus panis et unum corpus multi sumus*. Et inveniuntur in isto corpore quasi tres partes, ex quibus totum corpus consistit: una pars est ipsum caput, videlicet Christus, qui et caput est et pars corporis; altera pars sunt illi quorum corpora requiescunt in tumulis, et animæ regnant cum Christo. Et sunt quasi simul hæc duæ partes, videlicet caput, et hæc pars corporis altera, sicut scriptum est : *Ubicunque fuerit corpus, illuc congregabuntur et aquilæ* (*Matth.* xxiv). Propterea in altari duæ partes seorsum extra calicem reservantur, quasi extra passionem, quæ per calicem designatur. Christus enim *resurgens a mortuis, jam non moritur, mors illi ultra non dominabitur* (*Rom.* vi). Et : *Qui cum ipso sunt sancti, non esurient amplius, neque sitient, neque cadet super illos sol, neque ullus æstus, quoniam priora transierunt* (*Apoc.* vii et xxi). Tertia pars in calicem ponitur, significans eos qui adhuc in passione consistunt, donec de hac vita migrantes, ad caput suum transeant, nec moriantur amplius, neque ullatenus patiantur.

Cap. IV. — *De* Agnus Dei.

Non solum autem per signa, sed etiam per verba resurrectionis gaudium intimatur. Sacerdos enim alta voce pronuntians : *Pax Domini sit semper vobiscum*, insinuat quod *die illo una sabbatorum venit Jesus et stetit in medio discipulorum suorum, et dixit eis : Pax vobis.* Quia vero Jesus statim ut salutavit apostolos, dedit eis potestatem remittendi peccata : *Quorum*, inquit, *remiseritis peccata, remittuntur eis, et quorum retinueritis retenta sunt* (*Jo* n. xx), idcirco chorus clamat ad ipsum et postulat : *Agnus Dei, qui tollis peccata mundi, miserere nobis.* Lavit enim nos a peccatis nostris in sanguine suo. Agnus græce dicitur ab ἀμνὸς, quod est pium, latine ab agnoscendo; quoniam in magno grege solo balatu matrem agnoscit. Christus autem in ara crucis, et Patrem agnovit et Matrem : Patrem obedientia, Matrem cura. Ibique pius obtulit se pro nobis. Et ob hoc in altaris immolatione ter dicitur *Agnus Dei*, quasi : Agne, qui agnovisti Patrem, miserere nobis; pie, qui redemisti mundum, da nobis pacem. Porro, secundum consuetudinem antiquam scholæ cantorum, quam adhuc ipsi conservant, et in pluribus servatur ecclesiis, ut in Lateranensi nullatenus variatur, sed tribus vicibus uniformiter dicitur *Miserere nobis*, propter tria genera peccatorum, quæ petimus nobis remitti, cogitationis, locutionis et actionis : cogitationis in corde, locutionis in ore, actionis in opere. Vel propter tres ordines fi elium in Ecclesia, qui sunt Noe, Daniel et Job, quos Ezechiel vidit in visione salvandos (*Ezech.* xiv); et secundum parabolam evangelicam *duo sunt in lecto, duo sunt in agro, et duo in mola, quorum unus assumetur, et alter relinquetur* (*Matth.* xxiv). Postmodum autem multis et variis adversitatibus et terroribus Ecclesiæ ingruentibus, cœpit ad Dominum clamare de tribulatione : *Dona nobis pacem.* Et ut clamor ejus facilius audiretur, in ipsa duxit immolationis hora clamandum. Hæc tamen varietas non discrepat a consuetudine Veteris Testamenti, ubi cum secundo reperitur : *Parce, Domine, parce populo tuo*, tertio variatur : *Et ne des hæreditatem tuam in opprobrium* (*Joel* ii). Dicamus ergo : *Miserere nobis*, quantum ad animam; item *Miserere nobis*, quantum ad carnem; *dona nobis pacem*, prop'er utramque; ut habeamus pacem pectoris spiritualem, et pacem corporis temporalem. Sergius autem papa statuit ut inter communicandum *Agnus Dei* a clero cantetur.

Cap. V. — *De osculo pacis.*

Postquam Dominus salutavit apostolos, iterum dixit : *Pax vobis*, ostendens quod non solum debemus habere pacem in ore, verum etiam pacem debemus habere in pectore, ne simus de illis qui loquuntur pacem cum proximo suo, mala autem in cordibus eorum (*Psal.* xxvii). Ideo cum hoc dixisset apostolis, *insufflavit et ait : Accipite Spiritum sanctum.* Ad quod utique designandum sacerdos præbet osculum oris ministro, qui reverenter inclinans, pectus osculatur ipsius, et planetam extendit, ut per pacis osculum attendatur caritas, quam planetam supra diximus designare. Quia ergo *caritas Dei diffunditur in cordibus nostris per Spiritum sanctum qui datus est nobis*, ideo pacis osculum per universos fideles diffunditur in Ecclesia. Nam et Apostolus admonet, *salutare nos invicem in osculo sancto.* In primitiva quidem Ecclesia singulis diebus qui celebrationi missarum intererant, communicare solebant; sed crescente multitudine fidelium, traditur institutum ut tantum diebus communicarent Dominicis. Postmodum autem quia nec hoc potuit observari, tertia secuta est institutio, ut ter saltem in anno quilibet Christianus debeat accipere eucharistiam, hoc invento remedio, ut singulis diebus osculum pacis daretur pro mysterio unitatis. Quia vero per immolationem hostiæ salutaris dimissis peccatis reconciliamur Altissimo, recte pacis osculum decrevit Ecclesia, cum pro peccatis immolatur hostia salutaris. Innocentius autem papa primus aliam causam assignat (*Ad Decentium, c.* 1). « Pacem, inquit, asseris ante consecrata mysteria quosdam populis imperare, vel sibi sacerdotes inter se tradere, cum post omnia quæ aperire non debeo, pax necessario sit indicenda, per quam constet populum ad omnia quæ mysteriis aguntur atque in ecclesia celebrantur præbuisse consensum, ac finita esse pacis concludentis signaculo demonstrentur. »

Cap. VI. — *De diversis osculis quæ dantur in missa.*

Osculum in sacra Scriptura significat unionem, caritatem, pacem et reverentiam. De osculo unionis sponsa dicit in Canticis : *Osculetur me osculo oris sui* (*Cant.* i). De osculo caritatis Isaac inquit ad filium suum : *Accede ad me, et da mihi osculum, fili mi* (*Gen.* xxvii). De osculo pacis dicit Apostolus in Epistolis : *Salutate vos invicem in osculo sancto.* De osculo reverentiæ inquit Dominus ad Simonem : *Osculum mihi non dedisti* (*Rom.* xvi; *Luc.* vii). *Hæc autem ex quo intravi, non cessavit osculari pedes meos.* Ad designandum ergo tres uniones in Christo, sacerdos ter osculatur altare, videlicet unionem divinitatis ad animam, divinitatis ad carnem, et carnis ad animam, vel unionem qua unita est Christo humana natura, sancta Ecclesia, et fidelis anima. Ad significandum triplicem pacem, temporalem, spiritualem et æternalem, episcopus solemniter celebrans ter osculatur ministrum vel ministros semel, et secundo diaconum, et tertio sacerdotem. Ad notandum quoque duorum testamentorum concordiam, episcopus duabus vicibus codicem osculatur, quia rota continetur in medio rotæ, et duo Cherubin sese respiciunt versis vultibus in propitiatorium. Ad notandum caritatem, sacerdos osculatur patenam, quæ designat cor patens ad altitudinem caritatis. Unde: *Nonne cor nostrum ardens erat in nobis, dum loqueretur in via* (*Luc.* XXIV)? In signum reverentiæ diaconus et subdiaconus pedes et manus summi pontificis osculantur, pedes subdiaconus osculatur, post lectam Epistolam. Et diaconus ante legendum Evangelium manum osculatur, offerens ampullam cum aqua, calicem cum vino; et subdiaconus offerens patenam cum hostia, thuribulum cum incenso, uterque vero de manu pontificis accipiens eucharistiam: illud qu que vacare non creditur a mysterio, quod summus pontifex a ministro septem modis accipit osculum: ad os, ad pectus, ad humerum, ad manus, ad brachia, ad pedes, ad genua; expressum mysterium, sed alias exprimendum.

CAP. VII. — *Quare episcopus subdiaconum et diaconum communicat.*

Tunc episcopus communicat cum ministris, insinuans quod Christus post resurrectionem manducavit cum discipulis : nam *convescens præcepit eis ab Hierosolymis ne discederent*. Quod autem unam partem accipiens, reliquas ministris impendit, illud insinuat, quod Lucas evangelista commemorat, quia *Jesus accipiens panem manducavit coram suis discipulis, sumensque reliquias dedit illis*. Et quoniam, eodem evangelista testante : *Jesus accipiens panem, ac fregit et porrigebat illis*, quorum cor ardens erat in eis, idcirco pontifex integram eucharistiæ medietatem accipiens super patenam, frangit in partes, et eas porrigit ministris comedendas.

CAP. VIII. — *De ablutione manuum post eucharistiæ sumptionem.*

Post sumptum eucharistiæ sacrificium sacerdos abluit et perfundit manus, ne quid incaute remaneat ex contactu divinissimi sacramenti, non quod quidquam immundum ex contactu sacramenti contraxerit, sed ut suam potius indignitatem commemoret, qui se judicavit tantis sacramentis celebrandis indignum; secundum quod Dominus ait : *Cum omnia bona feceritis, dicite: Servi inutiles sumus* (*Luc.* XVII); indignum quidem existeret, ut manus quæ corpus incorruptibile tractaverunt, corpus corruptibile contingant, donec studiose laventur. Ablutionis autem aqua debet in locum mundum diffundi honeste, ut altitudo sacramenti reverentius honoretur. Trina vero sacerdotis ablutio, quæ fit in principio, in medio, in fine, designat mundationem cogitationis, locutionis et actionis; vel purgationem originalis peccati, criminalis et venialis, sive quod agitur per ignorantiam, negligentiam et industriam, ad quorum emundationem offertur sacrificium salutare. Hæc tamen ablutio potest referri ad ablutionem baptismi, cujus formam Christus post resurrectionem instituit. *Euntes*, inquit, *docete omnes gentes, baptizantes eos in nomine Patris, et Filii, et Spiritus sancti. Qui crediderit et baptizatus fuerit salvus erit* (*Matth.* XXVIII; *Marc.* XVI).

CAP. IX. — *Quod romanus pontifex alium in communicando morem observat.*

Ut autem in perceptione corporis et sanguinis Christi nulla possit fallacia suboriri, sed in utroque perceptionis veritas evidenter appareat, summus pontifex non statim particulam hostiæ dimittit in calicem, sed eam post trinum crucis signaculum in patenam reponit, et post osculum pacis ad sedem ascendens, ibi consistens, universis cernentibus partem majorem suscipit oblatæ de patena quam ei diaconus repræsentat, ipsamque videntibus dividens, unamque particulam sumens, aliam mittit in calicem, quem tenet coram ipso subdiaconus, de quo sanguinem haurit cum calamo. Deinde particulam unam cum osculo tradit diacono, aliamque subdiacono sine osculo, quem ad altare ministrantem et calicem diaconus osculatur. Et tunc subdiaconus particulam dimissam in calice sumit cum sanguine. Hujus rei causam, non allegoricam, sed historicam a nonnullis audivi, quam quia nunquam in authentico scripto potui reperire, melius reticendam censui quam temere asserendam. Et licet non omnium quæ a majoribus introducta sunt ratio reddi possit, reor tamen quod in his profunda lateant sacramenta : romanus pontifex ideo non communicat ub frangit, sed ad altare frangit et ad sedem communicat, quia Christus in Emmaus coram duobus discipulis fregit; in Hierusalem coram undecim apostolis manducavit. In Emmaus fregisse legitur, sed manducasse non legitur; in Hierusalem non legitur fregisse, sed legitur comedisse. Ministri repræsentant pontifici oblatam et calicem, quia discipuli obtulerunt Christo partem piscis assi et favum mellis. Pars piscis assi corpus Domini crucifixi, qui fuit in ara crucis assatus, favus mellis sanguis Christi, super mel et favum dulcis faucibus animæ diligentis. Ad notandum vero distinctionem inter sacros ordines et non sacros, diaconus et qui superioris sunt ordinis, cum percipiunt eucharistiam, osculum suscipiunt ab episcopo; acolytus et qui sunt inferiorum ordinum non suscipiunt. Subdiaconus vero, quia character hujusmodi quondam inter non sacros, nunc autem inter sacros ordines reputatur, in perceptione corporis non suscipit osculum a pontifice, sed in perceptione sanguinis suscipit osculum a diacono, ut qui non in sacris sunt minus, et qui in sacris sunt amplius honorentur. Quamvis in hoc et mystica possit assignari ratio.

Cap. X. — *De Postcommunione.*

Antiphona quæ post communionem concinitur, apostolorum gaudium de Christi resurrectione significat, secundum illud quod legitur, quod *gavisi sunt discipuli viso Domino, et præ gaudio mirabantur* (Joan. xx). Quod autem reciprocando cantatur, insinuat quod discipuli resurrectionis gaudium sibi mutuo nuntiabant; unde duo discipuli cum invenissent undecim congregatos, et eos qui cum ipsis erant, dicentes : *Quia resurrexit Dominus vere, et apparuit Simoni, et ipsi narrabant quæ gesta erant in via, et quomodo cognoverunt eum in fractione panis.* Hæc est ergo dies quam fecit Dominus, exsultemus et lætemur in ea (Psal. cxvii).

Cap. XI. — *De oratione novissima.*

Peracto orationis mysterio, pontifex cum ministris ad altare procedit, et altare deosculans elevatis manibus ultimam orationem exsequitur : benedictionem illam significans quam Christus ascensurus in cœlum legitur dixisse discipulis suis. Nam et Lucas commemorat : *Eduxit eos foras in Bethaniam, et elevatis manibus, benedixit eos. Et factum est cum benedixisset illis, recessit ab eis, et ferebatur in cœlum.* Unde post salutationem novissimam quam sacerdos facit ad populum, diaconus alta voce pronuntiat : *Ite, missa est,* repræsentans illud quod dictum est ad apostolos : *Hic Jesus qui assumptus est a vobis in cœlum* (Act. 1). Chorus autem qui Deo gratias gratulando respondet, imitatur apostolos qui *adorantes regressi sunt in Hierusalem cum gaudio magno, et erant semper in templo laudantes et benedicentes Deum.* Et ad hoc respicit quod in diebus profestis dicitur : *Benedicamus Domino; Deo gratias,* statimque hymnus et psalmi illi dicuntur : *Benedicite et Laudate.* Notandum vero quod Christus post resurrectionem bis legitur salutasse discipulos dicens : *Pax vobis,* in signum duplicis pacis, videlicet pectoris et æternitatis, quæ secundum prophetam est pax super pacem, de qua Dominus inquit apostolis : *Pacem relinquo vobis, pacem meam do vobis.* Hanc duplicem pacem per duplex osculum sacerdos insinuat, cum prius osculatur ministrum, et postea altare.

Cap. XII. — *Unde dicitur missa.*

Missa dicitur et ministerium et mysterium, id est, officium quod profertur et sacrificium quod offertur. Officium vero dividitur in missam catechumenorum et fidelium missam. Missa catechumenorum est ab Introitu usque post Offertorium ; et dicitur missa ab emittendo, quia tempore quo sacerdos incipit eucharistiam consecrare, catechumeni foras de ecclesia emittuntur. Perlecto siquidem Evangelio, diaconus clamare solebat : *Si quis catechumenus adest, exeat foras.* Catechumeni sacris mysteriis interesse non debent, quæ non nisi baptizatis fidelibus committuntur. Sicut de quibusdam, qui catechumenorum et nondum renatorum typum gerebant. Scriptum est enim: *Ipse autem Jesus non credebat se illis* (Joan. ii). Missa fidelium est ab Offertorio usque post Communionem. Et dicitur missa a dimittendo, quia tunc ad propria fidelis quisque dimittitur. Constitutum est enim in Aureliensi concilio ut cum ad celebrandas missas in Dei nomine convenitur, populus non ante discedat quam missæ solemnitas compleatur (Can. 22). Totum autem officium dicitur missa, quasi transmissio, quod populus fidelis per ministerium sacerdotis (qui fungitur ministerio mediatoris inter Deum et homines) preces et supplicationes et vota transmittat Altissimo. Ipsum vero sacrificium, id est, hostia missa vocatur, quasi transmissa : primum nobis a Patre ut esset nobiscum, postea Patri a nobis ut intercedat pro nobis ad ipsum ; primum nobis a Patre per incarnationem, postea Patri a nobis per passionem. Et in sacramento primum nobis a Patre per sanctificationem, post a Patri a nobis per oblationem. Hæc est sola sufficiens et idonea missio seu legatio ad solvendas inter Deum et homines inimicitias et offensas. Cum ergo diaconus ait : *Ite, missa est,* idem est ac si diceret : Redite ad propria, quia oblata est hostia salutaris.

Cap. XIII. — *Quare sacerdos pontificis humerum osculatur.*

Oratione finita sacerdos qui assistit episcopo mensam altaris et armum pontificis dextrum osculatur, ostendens hunc esse illum pontificem qui secundum legem figurate dextrum armum separare debet de hostiis salutaribus vel pacificis (Levit. vi et viii). Sane per humerum exprimitur principatus, secundum illud propheticum : *Et factus est principatus super humerum ejus* (Isai. ix). Principatum vero Salvatoris expressit vox angelica, prophetica et legalis. Angelus enim inquit ad Virginem : *Dabit ei Dominus sedem David patris ejus, et regnabit in domo Jacob in æternum, et regni ejus non erit finis* (Luc. 1). Propheta dicit in psalmis : *Sedes tua in sæculum sæculi, virga recta et virga regni tui; propterea unxit te Deus oleo lætitiæ præ consortibus tuis* (Psal. xliv). Moyses inquit in lege : *Lætamini simul, cœli, cum eo, et adorent eum omnes angeli Dei* (Deut. xxxii). Ad quod designandum, tres humerum pontificis in signum reverentiæ osculantur : primicerius in principio, diaconus in medio, sacerdos in fine.

Cap. XIV. — *De benedictione novissima.*

Ultima benedictio quam facit episcopus super populum, missionem Spiritus sancti significat, quem de cœlo misit Dominus in apostolos, juxta quod eis ipse promisit : *Accipietis, inquit, virtutem supervenientis Spiritus sancti in vos* (Act. 1). Hæc benedictio per verbum oris et signum crucis exprimitur : quoniam illa missio per sonum aeris et linguam ignis innotuit, juxta quod legitur : *Factus est repente de cœlo sonus tanquam advenientis spiritus vehementis. Et apparuerunt illis dispertitæ linguæ tanquam ignis....* Licet autem Spiritus sanctus specialiter missus fuerit in apostolos, quia tamen indivisa sunt opera Trinitatis, missionem illam tota fuit Trinitas operata ; ideoque benedictionem istam facit episcopus in nomine Trinitatis, auctoritate

Psalmistæ dicentis : *Benedicat nos Deus, Deus noster, benedicat nos Deus* (*Psal.* LXVI). Benedictionis formam legis expressit auctoritas, Domino dicente per Moysen : *Invocabis nomen meum super filios Israel, et ego Dominus benedicam* (*Num.* VI).

LIBELLI CONCLUSIO.

Nemo cum expositionem istam audierit, hoc sacrificium sufficienter æstimet expositum : ne forte cum opus humanum extulerit, divinum extenuet sacramentum. In hoc enim officio tot et tanta sunt involuta mysteria, ut nemo, nisi per unctionem edoctus, ea sufficiat explicare. *Quis enim novit ordinem cœli, et ponet rationes ejus in terra* (*Job* XXXVIII) ? Nam *perscrutator majestatis opprimetur a gloria* (*Prov.* XXV). Ego quippe non prævalens lippientibus oculis solem in rota conspicere, tanti mysterii majestatem, quasi per speculum in ænigmate, mihi visus sum intueri, nec penetrans ad interiora cœnaculi, sed præ foribus assidens in vestibulo, feci diligenter ut potui, non sufficienter ut volui : præsertim cum ex officio, tot causarum sim impeditus incursibus, tot negotiorum nexibus irretitus, ut infra breve temporis spatium, nec ad meditandum otium, nec ad dictandum quiverim nancisci quietem. Et quidem minor in singulis, divisus ad singula vix potui meditata dictare, nedum meditando concipere. Quocirca non solum benignum imploro lectorem, verum etiam desidero liberum correctorem, hanc solam apud homines hujus opusculi mercedem exspectans, ut apud misericordem judicem pro meis peccatis devotas orationes effundant, qui perfecte cognoscit qua cordis intentione tractatum istum exegerim, et si non mullis, saltem aliquibus, aut etiam mihi soli vel in modico profuturum. Quia vero Canonem missæ particulatim exposui, ne quid additum, vel subtractum, seu transpositum videatur, ut legentibus ipsius expositionis plenior pateat intellectus, totum continue censui subscribendum.

FINITO LIBRO
SIT LAUS ET GLORIA
CHRISTO.

SERVANT.

DIFFICULTÉS SUR LE SERVANT.
(Traité des SS. Mystères, de Collet.)

1. *Le prêtre doit avoir un servant.* — 2. *Cas où cette règle n'a pas lieu.* — 3. *Peut-on, dans le besoin, admettre une femme à servir la messe?* — 4. *Négligence de bien des prêtres à former des ministres qui servent bien la messe.* — 5. *Faute des jeunes clercs qui cèdent à des laïques le droit et l'honneur de la servir.*

1. Le point que nous devons traiter ici regarde le *servant* de messe. On est assez d'accord sur tout ce qui le concerne. Et premièrement on convient qu'il en faut un. Les papes et les conciles (1) l'ont ainsi réglé, et ils ont eu raison de le faire. Le prêtre adresse quelquefois la parole aux assistants ; il faut donc qu'il y ait au moins une ou deux personnes qui lui répondent au nom des autres. De plus il lave ses mains, il prend des ablutions, et il ne peut faire décemment l'un et l'autre sans le ministère de quelqu'un qui le serve. La pratique uniforme de toute l'Église est un nouveau motif qui l'y engage : elle a force de loi, et il est reçu qu'on ne pourrait sans péché mortel s'en écarter, à moins que de pressantes raisons ne déterminassent au parti contraire.

2. Or, les raisons qu'un prêtre peut avoir de célébrer sans ministre sont, 1° la nécessité de consacrer une hostie pour se procurer ou pour procurer à un autre la participation du saint viatique (2) ; 2° le cas de faire entendre la messe à une paroisse, qui murmurera si elle a le malheur de la perdre ; 3° lorsque, le sacrifice étant déjà avancé, celui qui servait le célébrant se retire et le laisse seul à l'autel. Merati et quelques autres disent qu'il n'est pas nécessaire que le prêtre soit déjà au Canon.

Quelques-uns ont ajouté qu'un prêtre peut célébrer seul, soit pour ne pas manquer la messe un jour de fête ou de dimanche, soit pour n'être pas privé d'un honoraire dont il a besoin, soit lorsqu'un attrait particulier le conduit, à l'exemple du saint Précurseur, dans un désert où il n'a de compagnie que ce le des oiseaux ou des bêtes féroces. Mais Sylvius doute, et nous doutons comme lui, que la première de ces raisons soit suffisante ; la seconde ne pourrait avoir lieu que dans le cas d'un besoin extraordinaire, dont il y a peu d'exemples ; la troisième n'est qu'une belle chimère : la première loi d'une dévotion solide est de ne point se mettre hors d'état d'obéir aux lois. Ainsi le nouveau solitaire aurait besoin, pour célébrer seul, d'une dispense du pape, et je doute fort qu'elle lui fût accordée, quoique la chose ne soit pas sans exemple, ainsi que le remarque le cardinal Bona (3).

3. A défaut d'homme on ne pourrait se servir à l'autel du ministère d'une femme. Les conciles l'ont très-justement défendu (4). Le tentateur en profiterait pour semer le trouble dans un lieu et dans une action où, s'il était possible, la paix et la pureté des anges ne seraient point de trop. Ainsi, dans les cas pressants dont nous avons fait l'énumération au numéro précédent, il vaudrait mieux célébrer seul que de se faire servir par une personne du sexe. Celle-ci pourrait cependant répondre d'un lieu éloigné, puisque les religieuses le font dans une grande partie du sacrifice ; mais il faudrait que le prêtre, ou

---

(1) « Definivit sanctum concilium ut nullus presbyter solus præsumat missam celebrare. » Concil. Nonnet. apud Yven. p. III, c. 70. « Non enim solus presbyter missarum solemnia vel alia divina officia potest sine ministri suffragio celebrare. » Alexand. III, cap. 6, *de Filiis presbyt.*
(2) Sylvius, p. III, cap. 83, art. 5. Benedictus XIV, *Tract. de Sacrif.*

(3) Bona, lib. I *Rerum Liturgic.*, cap. 13. Stephanus Eduensis *de Sacr. Altar.*, cap. 13, et alii apud Nat. Alexand. lib. II, c. 6, art. 5.
(4) « Prohibendum est ut nulla femina ad altare præsumat accedere, aut presbytero ministrare. » Concil. Moguntin. an. 812. Exstat, cap. 1, *de Cohabit. cleric. et mulier.*

se servit lui-même, ou se fit servir par un homme, et alors il ne faut pas des raisons aussi fortes pour célébrer qu'il en faut pour le faire sans répondant, ainsi que l'observe le cardinal Lugo.

Il y a deux petites remarques à faire sur ces cas, qui sont assez rares, et que je sais cependant être arrivés. La première, qu'un prêtre à qui une femme répondrait ne doit rien changer, ni dans le *Confiteor*, ni à l'*Orate, fratres*: le sens de ces paroles est général et non limité aux personnes qui répondent; la seconde, que si on craignait le scandale du peuple, il serait bon de l'avertir, en deux ou trois mots, qu'on ne fait rien qui ne soit permis dans le cas de nécessité, et surtout qu'on ne fait approcher de l'autel, pour le service immédiat du prêtre, que ceux à qui il est permis de s'en approcher. Après tout, le prêtre, avec un peu de patience de sa part et d'ennui du côté des assistants, pourrait suggérer à un jeune homme tout ce qu'il aurait à répondre, ainsi que le remarquent Suarez et Merati (1).

4. Une chose qui mérite beaucoup d'attention, et à laquelle on en fait très-peu, c'est de former dans les paroisses des personnes qui répondent et qui servent la messe d'une manière pieuse, distincte et décente. On ne trouve dans les trois quarts des églises, pour aider le prêtre dans la plus auguste fonction qui fut jamais, que des jeunes gens sans gravité, sans modestie, sans attention, et qui de plus estropient tellement toutes leurs paroles, qu'il n'est pas possible d'y rien comprendre. Ils sont déjà à la moitié du second verset, que le célébrant n'a pas encore fini le premier, et au dernier *Kyrie eleison*, qu'il n'est pas encore arrivé au milieu de l'autel, où il doit seulement le commencer. Une pareille négligence sera sans doute jugée: mais ne sera-t-elle pas plus sur le compte d'un curé ou d'un vicaire, que sur celui d'un enfant qui croit bien faire, parce qu'on ne l'a jamais averti qu'il fait mal?

5. Une autre chose sur laquelle on doit gémir, c'est de voir de jeunes ecclésiastiques sacrifier sans peine au premier venu, et souvent à des gens de la lie du peuple, le droit qu'ils ont de servir la messe, préférablement aux séculiers. Une fonction que les anges leur disputeraient volontiers n'est-elle donc à leurs yeux qu'une vile et déshonorante occupation? Croient-ils, je parle le vif et impétueux langage du vertueux M. Bourdoise, croient-ils que le Fils de Dieu ne soit pas d'assez bonne maison pour avoir un domestique revêtu de ses livrées, qui le serve au moins dans le mystère de son amour? A Dieu ne plaise qu'aucun d'eux ait de si injurieux sentiments de celui devant qui les rois de la terre ne sont que des majestés en idée et des néants superbes. Mais pourquoi donc démentent-ils leur foi par une conduite qui n'y répond pas?

J'ajouterai ici que lorsqu'un ecclésiastique, revêtu d'un surplis, sert la messe, il doit à l'Offertoire prendre le voile de la main du célébrant et le plier, non en partie sur le corporal, comme font quelques prêtres mal-avisés, mais à côté. Les clercs du diocèse de Paris sont dans cet usage, et Merati, qui savait bien les cérémonies romaines, veut qu'on l'observe partout. *Minister*, ce sont ses paroles, *si est clericus cum, cotta plicet velum, non vero sacerdos celebrans* (2).

TRONE.

C'est ainsi qu'on nomme communément le siége d'un évêque qui est permanent dans son église cathédrale, et qu'on peut ériger momentanément ailleurs.

DU TRÔNE ÉPISCOPAL.
(Extrait du Cérémonial des évêques, l. i, c. 13.)

1. Le siége de l'évêque, près de l'autel, est placé de diverses manières, selon la diversité des autels. Car l'autel peut être placé sous la tribune, au milieu, assez loin du mur pour que le chœur soit dans cet espace; dans ce cas, le siége ou trône sera adhérent au mur à l'opposé de l'autel, de manière que l'évêque y étant assis voie directement le milieu de l'autel, ayant à droite et à gauche les siéges des chanoines.

2. Si le chœur est au milieu de l'église, et l'autel adhérent au mur, ou très-peu éloigné, le siége de l'évêque devra être placé au côté de l'Evangile.

3. Dans les deux cas on doit y monter par trois degrés couverts d'étoffes ou de tapis. Il sera en forme de siége élevé, soit en bois, soit en marbre ou autre matière, comme une chaire immobile, ainsi qu'on en voit dans beaucoup d'anciennes églises. Ce trône doit être couvert et orné d'une étoffe en soie de même couleur que les autres ornements, non pas en drap d'or, si l'évêque n'est pas cardinal. On pourra suspendre au-dessus une ombrelle ou baldaquin, de même étoffe et même couleur, pourvu qu'il y en ait un semblable ou plus riche sur l'autel, à moins qu'il n'y eût au-dessus de l'autel un tabernacle suspendu et élevé, en marbre ou en pierre; car dans ce cas ce serait superflu et difficile de placer un baldaquin. L'évêque se servira de ce siége quand il célébrera solennellement lui-même à vêpres et à la messe. S'il assiste seulement à la messe non solennelle, à matines ou aux autres heures, et que le chœur soit au milieu de l'église, devant l'autel, il pourra s'y placer à un siége disposé pour lui et permanent, plus ou moins éloigné de l'autel, selon la coutume de l'église. Mais si le chœur est sous la tribune, il pourra être au trône qui s'y trouve placé comme on l'a dit, sans distinction d'offices solennels ou non solennels.

4. Si un cardinal de la sainte Eglise romaine, légat ou non, assistait à l'office divin, sa place est le siége épiscopal, tel qu'on vient de le décrire; si l'évêque célèbre, il aura pour siége un fauteuil au côté de l'Epître; s'il ne célèbre pas, et que le chœur

---

(1) Suarez, d sp. 87; Merati, part. ii, tit. 2, num. 5.

(2) Merati, part. ii, tit. 7, num. 2.

soit dans l'enceinte de l'autel, sous la tribune, il siégera au côté le plus digne du chœur.

5. Si l'évêque était aussi cardinal, et que le légat fût au côté de l'Evangile, l'évêque-cardinal, s'il ne célèbre pas, se placera au même côté, sur le pavé, près du légat, et les sièges seront semblables.

6. Le même ordre sera observé s'il y a plusieurs cardinaux, pourvu que l'évêque-cardinal soit le dernier de tous, et s'il est célébrant, sa place est au fauteuil, comme on l'a dit.

7. Si le légat était au siége épiscopal, sous la tribune, l'évêque-cardinal, et les autres cardinaux, s'il y en a, seront assis près du légat, comme on vient de le dire; un simple évêque serait assis ou à l'opposé, sur un siége plus bas, ou au côté le plus digne du chœur, ou au fauteuil, selon la situation du chœur, et selon qu'il célèbre ou ne célèbre pas, comme on l'a dit du cas où un cardinal légat ou non légat est présent.

8. Si l'évêque est cardinal, et qu'il y ait un autre ou plusieurs cardinaux non légats, ils pourront tous être assis au côté de l'Evangile, au lieu ordinaire du trône, sur des sièges semblables, ou au côté le plus digne du chœur, quand il est sous la tribune, pourvu que le cardinal-évêque soit le dernier de tous. Celui-ci déférera les fonctions épiscopales au cardinal présent, et s'il y en a plusieurs, au plus digne. S'il s'y refuse, l'évêque-cardinal pourra faire toutes ses fonctions, et, à la fin, s'approcher de l'autel pour bénir le peuple, ou bien déférer tout cela au célébrant.

9. Un métropolitain, en l'absence d'un légat et de tout autre cardinal, aura son siège au côté de l'Epître, orné comme le siège épiscopal; les autres évêques siégeront au lieu le plus digne après l'évêque diocésain, avant tous les chanoines. Les abbés diocésains bénis, ayant l'usage de la mitre et de la crosse, occuperont une place convenable, au jugement de l'évêque qui la fixera selon sa prudence, pourvu qu'ils ne soient pas au-dessus des chanoines, ni parmi eux.

10. Les nonces apostoliques, dans le lieu où ils ont le pouvoir de légat, auront un siège séparé et orné, comme on l'a dit du métropolitain; ils recevront les honneurs avant l'évêque du lieu, s'il ne célèbre pas; mais ils ne seront pas au siège qui lui est propre. Quant aux autres nonces apostoliques, sans pouvoir de légat, ou dans un lieu où ils n'ont pas ce pouvoir, si pendant le voyage ils se trouvent dans des églises cathédrales ou métropolitaines, ils occuperont le siège le plus digne et le plus élevé du chœur, et recevront les honneurs immédiatement après l'évêque; dans les processions et autres fonctions semblables, ils auront la prééminence ou le pas sur tous les protonotaires et sur les chanoines.

11. Un visiteur apostolique, s'il est évêque, siégera comme un nonce non légat; si un tel nonce était présent, il lui céderait le pas, et siégerait après lui.

12. On placera un vicaire général selon la coutume des diverses églises: les protonotaires apostoliques non-participants après les abbés; avant ceux-ci, s'ils sont participants; après les protonotaires viennent les généraux d'ordres, ensuite les autres prélats apostoliques.

13. Les nobles, les laïques distingués, les magistrats, les princes, quelle que soit leur grandeur et l'ancienneté de leur noblesse, doivent avoir des sièges plus ou moins ornés, selon leur dignité, placés hors du chœur et du presbytère, selon la prescription des saints canons et la louable discipline introduite dès l'origine du christianisme ou suivie depuis longtemps.

ARTICLES SUPPLÉMENTAIRES.

ANGELUS.

Nous avons dit (tome Ier, col. 103) que dans le carême on récite l'*Angelus* debout le samedi à midi, parce que l'heure des vêpres est avant midi. C'est en effet ce qu'enseigne Mgr Bouvier dans son traité des Indulgences, 6e édition, p. 210, 2e partie, chap. 8. Le Cérémonial de Lyon de l'an 1838 dit aussi, n. 1332: « Les samedis de carême, on le récite debout à midi, parce que le temps des premières vêpres est commencé. » Cependant ce même Cérémonial cite le *Raccolta* ou Recueil d'indulgences dont nous avons donné la traduction (*Voy.* l'art. MARIE, § V), qui ne parle que du soir du samedi, pendant toute l'année: *Incominciando dai primi vespri; cioè della sera del sabbato*. De plus, le *Cérémonial selon le rite romain*, imprimé à Dijon en 1847, dédié à Mgr l'évêque de Langres, et revêtu de son approbation, dit expressément que pendant le carême (sans excepter le samedi) l'antienne *Ave, Regina* à vêpres, comme l'*Angelus* à midi, doit se dire à genoux. Il cite, à l'appui de son assertion, une collection de décrets authentiques publiée à Rome sous la date de 1841. Il semble que du moins il faut excepter le samedi saint à midi, parce que le temps pascal et l'octave de Pâques sont déjà commencés, le dimanche suivant ne faisant pas partie de cette octave. Le recueil d'indulgences que nous venons de citer dit en effet que « pendant le temps pascal, c'est-à-dire (ajoute-t-il) depuis le samedi saint à midi, jusqu'à midi du samedi avant la fête de la très-sainte Trinité, on dit le *Regina cœli* debout. » Quant aux autres samedis du carême, la chose n'est peut-être pas incontestable; on ne donne la date d'aucun décret à ce sujet; mais l'indulgence n'étant accordée qu'à ceux qui récitent à genoux hors des dimanches et du temps pascal, il est plus sûr de remplir cette condition même les samedis du carême à midi, excepté le samedi saint.

En 1831 on a demandé à la congrégation des Rites à quelle heure du samedi commencent les premières vêpres du dimanche, soit en carême, soit dans les autres temps; elle a répondu : *Consulantur theologi*. On peut donc s'en rapporter aux théologiens à ce sujet. Voilà pour les premières vêpres; mais quant aux secondes, elle a répondu que leur temps se termine avec le crépuscule du soir, comme quand il s'agit des indulgences. « Il paraît, dit Mgr Bouvier à l'endroit cité, que si on dit l'*Angelus* après le dernier crépuscule, on doit être à genoux, parce que le dimanche est censé fini; mais d'un autre côté, si le dimanche est fini, comment gagne-t-on encore l'indulgence? Je crois que dans toutes les communautés on le dit debout le dimanche au soir, quelque avancée que soit l'heure. » Voici quelque chose à l'appui de cette pratique. Si on récite quelque office du dimanche après le coucher du soleil, on ne doit pas se mettre à genoux pour l'antienne de la sainte Vierge, tandis qu'on s'y mettrait si l'on récitait l'office du lendemain. La Congrégation l'a déclaré le même jour, 12 novembre 1831 (*Collectio decret.*, n. 4520, ad q. 45); elle déclare cependant, dans la même réponse, que le temps des indulgences fixées à un certain jour se termine avec le crépuscule du soir; de sorte que « si on sonnait avant la fin du crépuscule, ce serait le plus sûr, ajoute le même auteur; il n'y aurait plus de doute, ni sur l'indulgence, ni sur la manière de réciter l'*Angelus*. »

ENFANTS DE CHŒUR.

« Autrefois les clercs de chaque église servaient exclusivement de ministres aux messes qui s'y célébraient; et il serait bien désirable qu'un ministère si saint pût toujours être rempli par de vrais clercs revêtus de surplis. Mais puisque ce point de discipline ancienne est devenu impraticable, et qu'il est aujourd'hui d'usage général de suppléer au défaut des clercs par des enfants de chœur, il est du devoir des prêtres de faire comprendre à ceux-ci l'importance des fonctions saintes que l'Eglise consent à leur laisser remplir, et de veiller à ce qu'ils s'en acquittent toujours dignement. Il est honteux pour la religion, et affligeant pour la foi, de voir autour des autels des enfants sans piété, sans modestie..... Il n'est pas de pasteur qui, avec de la bonne volonté et de la persévérance, ne puisse avoir quelques enfants formés à bien servir la messe. » (*Extrait du Cérémonial de Langres, de l'an* 1847, p. 111.)

Quant à leur habit de chœur, la rubrique du Missel viennois, 1re partie, ch. 10, n. 8, indique l'aube et le cordon ou le surplis. *Acolyti ministrantes in ecclesiis sunt clerici superpelliciis induti, vel pueri chori alba et cingulo induti, sive superpelliciis*. Dans chaque localité on doit se conformer aux règles diocésaines, s'il en existe à ce sujet.

Dans les articles de notre Dictionnaire qui ont rapport aux petites églises, *Voy.* CENDRES, CIERGES, JEUDI SAINT, MESSE CHANTÉE, RAMEAUX, SAMEDI SAINT, VENDREDI SAINT, nous avons supposé, d'après Benoît XIII, de vrais clercs à qui on permet de toucher les vases sacrés; il ne faudrait pas étendre cette permission à ceux qui ne sont pas de vrais clercs, sans une autorisation expresse de l'ordinaire.

Il n'est pas permis aux acolytes d'être couverts d'une calotte quand ils assistent avec des chandeliers pendant qu'on chante l'Evangile. Ainsi l'a déclaré la congrégation des Rites, le 6 mai 1673. Les enfants de chœur ne doivent pas non plus la porter depuis le moment du *Sanctus* jusqu'à la communion inclusivement (*Cérém. de Langres*); à plus forte raison pendant que le saint sacrement est exposé.

IMAGES.

Dans les offices funèbres, il ne doit y avoir aucune image de morts, ni des croix blanches sur les ornements noirs de l'autel, du célébrant, des ministres, des livres et des sièges (*Cærem. episc.*, l. II, c. 11, n. 1).

JEUNE.

Le souverain pontife Pie IX a ordonné, le 7 mai 1847, par une réponse de la congrégation des Rites à Mgr l'évêque de Valence, que le jeûne de la veille de S. Pierre restât fixé au 28 juin.

MESSE SOLENNELLE.

Nous donnons ci-après le tableau de la MESSE SOLENNELLE selon le rite romain. Ce tableau est extrait du Cérémonial de Langres publié en 1847 par M. l'abbé Favrel. Il sera très-utile d'en avoir un exemplaire affiché à la sacristie ou ailleurs.

ORDINATIONS.

Voy. t. II, *col.* 1038, *note* (4). Malgré les raisons indiquées dans cette note, il est d'usage à Rome et ailleurs qu'on ait déjà la tonsure quand on se présente pour la recevoir; de cette manière, les tonsurés et tous les autres portent les marques de leur ordre aussitôt qu'ils l'ont reçu.

Voy. encore, t. II *du Dictionnaire*, *col.* 1068, *note* La congrégation a décidé tout récemment que l'imposition des mains ne doit pas être continuée pendant l'oraison *Exaudi nos*, parce que le Pontifical ne le prescrit pas.

Voy. même article, col. 1089. Il est d'usage à Rome qu'on réponde *libenter*, en acceptant la pénitence; on peut se borner à une inclination (*Réponse de la S. C.*, 1847).

TABLEAU DES ACTIONS DIVERSES ET DE LA POSITION SIMULTANÉE DES MINISTRES

PARTIE DE LA MESSE.	CÉLÉBRANT.	DIACRE.	SOUS-DIACRE.
Salut à la sacristie (a).	En face de la croix.	A la droite du célébrant.	A la gauche du célébrant.
En allant à l'autel (c).	Le dernier de tous.	Devant le célébrant.	Devant le diacre.
Salut au chœur et à l'autel.	Au milieu	A droite du célébrant.	A gauche du célébrant.
Pendant l'Introïbo, etc.	Au bas des degrés.	A droite, un peu derrière.	A gauche, un peu derrière.
Lorsqu'on monte à l'autel.	Baise l'autel.	Fait la génuflexion (e).	Fait la génuflexion (e).
Bénédiction de l'encens (f).	Met et bénit l'encens.	Tient la navette et présente la cuiller.	Se retire un peu vers la droite du célébrant.
Encensement de l'autel (g). Encensement du Célébrant.	Sans rien dire. Placé l'épaule gauche vers l'autel.	Lève la chasuble à droite. Encense le célébrant.	Lève la chasuble à gauche. A gauche du diacre.
Introït. Si l'on s'assied (i). Intonation du Gloria et du Credo.	Lit l'Introït et dit *Kyrie*. A la banquette.	A droite du célébrant (h). A droite du célébrant. Derrière le célébrant.	A droite du diacre (h). A gauche du célébrant. Derrière le diacre.
Récitation du Gloria et du Credo	. . . .	A droite du célébrant.	A gauche du célébrant.
Pendant les Oraisons.	. . . .	Derrière le célébrant.	Derrière le diacre.
Pendant l'Épître.	Lit l'Épître, le Graduel, etc.	A droite du célébrant.	Chante l'Épître.
Après l'Épître.	Bénit le sous-diacre, et va dire *Munda cor meum*.	Reste au même lieu, *in cornu Epistolæ*.	Reçoit la bénédiction, et porte le Missel.
Pendant que le prêtre lit l'Évangile.	. . . .	Reçoit le livre du cérémoniaire, le porte sur l'autel.	A gauche du célébrant.
Salut à l'autel avant le chant de l'Évangile.	Reste au milieu de l'autel.	Au bas des degrés, au milieu.	A gauche du diacre.
Pendant le chant de l'Évangile.	Un peu sur le côté de l'Épître, tourné vers le diacre.	Au lieu où doit se chanter l'Évangile.	Tenant le livre vis-à-vis le diacre.
Retour à l'autel, après le chant de l'Évangile.	Dans la même position, baise le livre, et est encensé.	Encense le célébrant, puis fait la génuflexion sur son degré.	Porte le livre à baiser au célébrant, puis fait la génuflexion en même temps que le diacre.
A l'Offertoire, lorsque le prêtre dit *Oremus* (k).	. . . .	Monte à la droite du célébrant, verse le vin en temps convenable.	Va chercher le calice, fait bénir et verse l'eau, prend la patène (l).
Encensement du prêtre.	Placé l'épaule gauche vers l'autel.	Encense le prêtre.	Tient la patène (l).
Au Lavabo.	. . . .	Va, pendant ce temps, faire l'encensement du chœur.	Tient la patène (m).
Au Sanctus (n).	. . . .	A droite du célébrant.	A gauche du célébrant.
A *Te igitur*. A *Quam oblationem*.	. . . .	Passe près du livre. Passe à droite, où il se met à genoux.	Descend en sa place (o). Se met à genoux sur le degré devant lui, ou bien va encenser (p).
Pendant la consécration	. . . .	A genoux, levant la chasuble ; la 2e élévation finie, il repasse auprès du livre.	Se lève après la 2e élévation.
A *Per quem omnia*.	. . . .	Passe à droite, et, au commencement du *Pater*, se met derrière le célébrant.	Toujours en sa même place.
A *Dimitte nobis*.	. . . .	Monte à droite du prêtre.	Porte la patène, quitte l'écharpe, revient à sa place.
A l'*Agnus Dei*.	. . . .	A droite du célébrant.	A gauche du célébrant, où il est monté à *Pax Domini*.
Après la première Oraison.	Donne la paix au diacre.	Reçoit la paix, la donne au sous-diacre, passe auprès du livre.	Reçoit la paix du diacre, la porte au chœur.
Après la paix donnée au chœur.	. . . .	Reste auprès du livre jusqu'après les ablutions, s'il n'y a pas communion (r).	Se place à droite du célébrant, découvre le calice, verse les ablutions (r).
Après les ablutions.	. . . .	Porte le Missel au côté de l'Épître, se met derrière le célébrant.	Passe au côté de l'Évangile, essuie le calice, le porte à la crédence.
Aux dernières Oraisons. A la bénédiction du prêtre.	. . . .	Derrière le célébrant. A genoux sur le bord du marchepied, un peu du côté de l'Épître.	Derrière le diacre. A genoux sur le bord du marchepied, à gauche du diacre.
Pendant le dernier Évangile.	. . . .	S'approche de la gauche du célébrant, un peu en arrière.	A la gauche du célébrant, tient le carton.

DE L'AUTEL DANS LES DIFFÉRENTES PARTIES DE LA MESSE SOLENNELLE.

CÉRÉMONIAIRE.	ACOLYTES.	THURIFÉRAIRE.	OBSERVATIONS.
A la droite du diacre (b).	Un peu derrière les ministres: le 1ᵉʳ à droite du cérém., le 2ᵉ à gauche du sous-d.	A gauche du 1ᵉʳ acolyte.	(a) Avant d'aller à l'autel et au retour de la messe, on se place de même.
Devant le sous-diacre.	De front devant les ministres sacrés.	Le 1ᵉʳ seul avec l'encensoir (d) ou les mains jointes.	(b) Le cérémoniaire n'a pas toujours de place fixe ; nous indiquons celle qu'il peut occuper convenablement.
A droite du diacre.	Le 1ᵉʳ à droite du cérémoniaire, le 2ᵉ à gauche du sous-diacre.	A gauche du 1ᵉʳ acolyte.	(c) On est placé de même pour aller à l'autel ou pour en revenir.
In cornu Epistolæ.	A genoux à la crédence.	A genoux in cornu Epistolæ, s'il a l'encensoir ; secus, à la crédence.	(d) La rubrique ne prescrit de bénir l'encens que quand il y a une vraie procession, la croix en tête.
Monte pour faire bénir l'encens (e).	Se lèvent.	Monte pour faire bénir l'encens (e).	(e) S'il n'y a pas encensement avant l'Introït, le diacre et le sous-diacre ne montent pas, ils se mettent aussitôt unus post alium. Le thuriféraire ne monte pas non plus. Mais le cérémoniaire monte également pour assister à l'Introït.
Donne la navette au diacre, et soutient au besoin l'encensoir.	. . . .	Donne la navette au cérémoniaire, et présente l'encensoir ouvert.	
Ote le Missel.	. . . .	Reste in cornu Epistolæ.	
Au coin de l'Epître, non loin du livre.	. . . .	A droite du diacre.	(f) Les ministres de l'autel se placent de la même manière, et font la même chose toutes les fois que le prêtre bénit l'encens.
Près du livre.	. . . .	Reporte l'encensoir.	
Debout à droite du diacre.	Peuvent s'asseoir.	Peut s'asseoir.	
In cornu Epistolæ.	Debout.	Debout.	(g) On fait de même l'encensement de l'Offertoire, si ce n'est que le célébrant dit les prières prescrites par la rubrique, et que le sous-diacre tient la patène.
Ibidem.	Item.	Item.	
Près du livre, et pendant la dernière, donne le livre au sous-diacre.	Item.	Item.	(h) Le diacre et le sous-diacre restent ainsi en demi-cercle à la droite du célébrant jusqu'à ce qu'il retourne au milieu ou qu'il aille s'asseoir.
Aide le sous-diacre à tenir le livre.	Item.	Item.	
Se met à genoux comme le sous-diacre, reçoit de lui le Missel.	. . . .	. . . .	(i) Toutes les fois que le prêtre va s'asseoir, ce qu'il fait aussi pendant le Gloria, le Credo, et quelquefois pendant le trait ou la prose, il y va per breviorem. S'il va s'asseoir étant déjà au coin de l'Epître, il salue seulement la croix ; mais s'il y va directement du milieu de l'autel, comme au Gloria et au Credo, il fait la génuflexion lorsque le saint Sacrement est dans le tabernacle. Il revient généralement à l'autel per longiorem.
Remet, quand il en est temps, le livre au diacre.	. . . .	. . . .	
Un peu derrière le sous-d., à gauche du thuriféraire.	Derrière le thuriféraire.	Derrière le diacre.	
A droite du diacre.	Le 1ᵉʳ à droite, le 2ᵉ à gauche du sous-diacre.	A gauche du diacre.	
Fait la génuflexion entre les acolytes, et va recevoir le livre du sous-diacre.	Font la génuflexion, et retournent à leurs places.	Reste à côté du diacre pendant qu'il encense le célébrant, puis fait la génuflexion en même temps que lui.	(k) Pendant le Dominus vobiscum, le diacre et le sous-diacre sont toujours devant le milieu de l'autel, unus post alium.
Accompagne le sous-diacre, et lui met l'écharpe.	Le 1ᵉʳ porte les burettes, le 2ᵉ plie le voile.	Se tient prêt avec l'encensoir in cornu Epistolæ.	(l) Si le sous-diacre ne doit pas tenir la patène, pendant l'oblation du calice il passe à la gauche du célébrant ; il l'accompagne pendant l'encensement, et se met à la gauche du diacre pendant que celui-ci encense le célébrant.
Ote le livre et reste auprès.	Viennent à l'autel avec la burette d'eau, le plat, le lav.	A gauche du diacre.	
Auprès du livre	Le 1ᵉʳ présente le manuterge, le 2ᵉ verse l'eau (m).	Accompagne le diacre pour l'encensement, à sa gauche, un peu derrière lui.	(m) Si le sous-diacre ne tient pas la patène, c'est lui qui présente le manuterge, et alors le premier acolyte verse l'eau.
Se rend in cornu Epistolæ.	Vont prendre des flambeaux.	Encense le diacre, puis les acolytes, enfin le peuple. Renouvelle au besoin le feu.	
In cornu Epistolæ.			
A genoux au coin de l'Epître.	A genoux in plano.	In plano au coin de l'Epître.	(n) Lorsque le diacre revient d'encenser le chœur, il se place derrière le célébrant. Le sous-diacre ne tenant pas la patène, reste au bas des degrés, où il est encensé par le diacre.
A Nobis quoque peccatoribus, monte à gauche du diacre.	. . . .	Encense, si ce n'est le sous-diacre (p).	
Prend la place du diacre près du livre, y reste jusqu'à l'Agnus Dei.	Après la petite élévation, reportent leurs flambeaux (q).	Reporte l'encensoir à la sacristie (q).	(o) Lors même que le sous-diacre ne tiendrait pas la patène au Canon, il descendrait en sa place, sur le dernier degré ou tout à fait en bas.
. . . .	Le 1ᵉʳ, s'il ne porte un flambeau, ôte l'écharpe.	Ote l'écharpe, à défaut de l'acolyte.	
Descend in plano, et attend le sous-diacre qui doit porter la paix.	. . . .	. . . .	(p) Si le sous-diacre ne tient pas la patène, c'est lui qui doit encenser à l'élévation : pour cela il va se placer in cornu Epistolæ sur le dernier degré.
Porte la paix conjointement avec le sous-diacre.	. . . .	. . . .	
Donne la paix aux clercs qui sont à la crédence.	Le 1ᵉʳ porte les burettes.	Remplace les acolytes s'ils sont absents pour reporter leurs flambeaux.	(q) A moins qu'on n'ait reporté les flambeaux et la patène immédiatement après la consécration ; si l'on doit donner la communion à la messe, on garde les flambeaux.
In cornu Epistolæ.	Le 2ᵉ porte, en temps convenable, le voile au côté de l'Evangile.		
Près du livre	Debout.	Debout.	(r) S'il y a communion du clergé ou des fidèles, après que le prêtre a pris le précieux sang, le diacre passe à droite, et le sous-d. à gauche. Et, après la communion, le diacre, ayant replacé le ciboire dans le tabernacle, laisse de nouveau la patène au diacre. Pendant que le diacre tire le saint ciboire et le replace, le célébrant et le sous-d. sont à genoux du côté de l'Evangile.
A genoux in plano.	A genoux.	A genoux.	
Vient devant l'autel pour Verbum caro.	Prennent leurs chandeliers, viennent devant l'autel pour Verbum caro.	S'approche de l'autel à gauche du 1ᵉʳ acolyte.	

PASSION.

1° La Passion peut-elle être chantée par des sous-diacres ou par des laïques le dimanche des Rameaux?

RÉPONSE. On voit dans le commentaire de Catalan sur le Cérémonial du pape, livre II, titre 1er, chap. 29, § 4, que jusqu'au XVe siècle un seul diacre chantait la Passion, commençant selon l'usage par ces mots *Dominus vobiscum*. On voit, dans ce même Cérémonial, chap. 40, que trois chantres, selon l'usage, chanteront la Passion, si le cardinal-diacre ne veut pas la chanter. L'usage s'étant établi, dans une église d'Espagne, de faire chanter la Passion non-seulement par des sous-diacres, mais encore par des laïques, souvent des hommes mariés, contre la disposition du Cérémonial romain, qui prescrit, livre II, chap. 21, à ceux qui doivent chanter la Passion, d'avoir l'amict, l'aube, le cordon, le manipule et l'étole, ce qui n'appartient qu'aux diacres, la congrégation des Rites a déclaré que ces coutumes, contraires aux rubriques et aux opinions de ceux qui les ont expliquées, ne sont pas des coutumes louables, mais plutôt des abus scandaleux, ordonnant les de les supprimer entièrement. Le décret est du 16 janvier 1677. (*Collection de Gardellini*, n° 2659, 8e question.) Il faut donc des diacres ou des prêtres pour chanter la Passion.

2° Mais comment faire si on en manque?

RÉPONSE. Gavantus et Bauldry répondent que le diacre qui sert à la messe la chante en entier à deux reprises, en distinguant la dernière partie qui le concerne personnellement, et la chantant comme cela lui est prescrit. Cependant Merati préfère l'usage où sont, dit-il, un grand nombre d'Églises, de partager le chant de la Passion entre le célébrant, qui représente Jésus-Christ; le diacre, qui fait la fonction d'historien; et le sous-diacre, qui représente le peuple, parce qu'il serait difficile au diacre de chanter tout, et qu'il ne pourrait convenablement jouer trois rôles. Cavalieri approuve cette opinion de Merati, contraire à celle de Gavantus et de Bauldry, et Romsée dit qu'elle est en usage dans la Belgique. Si on célèbre la messe sans ministres sacrés, Bauldry dit encore qu'un diacre, revêtu de ses ornements, chante la Passion jusqu'à la partie destinée au diacre de l'autel, qui est chantée par le célébrant. Il y a donc variété d'opinions et d'usages sur ce sujet. Mais le décret cité plus haut exclut les sous-diacres du chant de la Passion. Le Dictionnaire des cérémonies, art. RAMEAUX, titre 3°, y est conforme. Le Missel romain attribue au célébrant et au diacre le chant de la Passion.

3° Quelle doit être la couleur des ornements de ceux qui chantent la Passion le dimanche des Rameaux?

RÉPONSE. Le 13e Ordre romain, qui est un Cérémonial publié par ordre du pape Grégoire X, parlant du dimanche des Rameaux, dit que l'Église gallicane se sert de la couleur rouge, mais que l'Église romaine prend des ornements violets. Le cérémonial du pape du XVe siècle blâme l'usage qui consistait à donner la couleur blanche à celui qui fait la fonction d'évangéliste, la couleur rouge à celui qui représente Jésus-Christ. Burchart se plaint de l'usage de ces différentes couleurs, qu'il attribuait à la légèreté du sacristain, parlant des cérémonies papales des années 1636, 1638 et 1639; il dit qu'en 1640 il réussit à faire céder le sacristain aux maîtres des cérémonies; en 1659, l'un d'eux seulement avait eu une étole rouge à défaut de violette. Maintenant la couleur violette est déterminée par le Cérémonial des évêques, l. II, chap. 21, n° 14. Le vendredi saint, on ne se sert que de la couleur noire pour le chant de la Passion (*Ibid.*, c. 23, n. 16).

Le célébrant la récite du côté de l'Épître quand on la chante du côté de l'Évangile, afin de pouvoir se tourner vers ce côté-là, et parce qu'il serait trop long pour lui de la dire en entier avant qu'on la chante, comme il fait à l'Évangile d'une messe ordinaire.

PAVILLON.

Le Rituel romain, dans son préambule sur le sacrement de l'Eucharistie, dit que le curé doit avoir soin de conserver les particules consacrées dans un vase bien fermé, et recouvert d'un voile blanc, que nous appelons pavillon. Dans les églises où il est d'usage de recouvrir ainsi le ciboire, il faut, pour donner la communion, ôter d'abord le pavillon, que l'on place sur la nappe, puis le couvercle que l'on place sur le corporal. (*Cérém. de Langres*, p. 53 et 164.) La raison de l'une et l'autre règle, c'est le danger d'entraîner ou de laisser tomber des particules consacrées hors du corporal.

Le même Rituel suppose le tabernacle convert aussi de son pavillon, sans autre chose : *Hoc autem tabernaculum conopæo decenter opertum, atque ab omni alia re vacuum.* «Il n'est jamais noir, dit le Cérémonial précité, p. 259; aux offices des morts il est violet.» Les autres décorations de l'autel peuvent être de couleur noire.(*Cér. des év.*, l. II, ch.11, n.1).

PURIFICATION.

Voy. CIERGES.

ROGATIONS.

A l'article LITANIES, nous avons parlé de la procession qui a lieu le 25 avril et les trois jours qui précèdent l'Ascension, qu'on appelle Rogations. Nous ajouterons ici une réponse de la congrégation des Rites à la question suivante:

A la fête de saint Marc, et lorsqu'on célèbre une fête ou au jour des Rogations, dans les lieux où on ne chante qu'une messe, peut-on chanter la messe de la fête préférablement à celle des Rogations, afin que le peuple puisse vaquer plus tôt à ses travaux?

Elle a répondu, le 5 mai 1736, qu'il est *plus convenable* de faire la procession après none, et de chanter ensuite la messe des Rogations.

Alors on a demandé *pro gratia* de pouvoir chanter la messe des Rogations avant l'office du jour, afin que le peuple qui vient en foule le matin à l'église puisse vaquer à ses travaux. La sacrée Congrégation a répondu, le 23 juillet 1736, qu'elle accordait cette grâce, et qu'on pourrait chanter la messe des Rogations avant la procession, pour la commodité du peuple.

« On voit donc, dit à ce sujet le Cérémonial de Langres, p. 50, qu'en général, s'il n'y a qu'une messe ces jours-là, c'est celle des litanies qu'il faut dire. Mais si la fête de saint Marc tombait le dimanche *in Albis*, nous croyons qu'il faudrait dire la messe du dimanche ; si elle tombait un dimanche non privilégié, nous pensons qu'il faudrait dire la messe de la fête. La sacrée Congrégation n'a rien positivement commandé ; le *convenientius* semble nous laisser la latitude de notre interprétation. »

STALLE.

Le Cérémonial romain suppose toujours des bancs pour l'usage du chœur. Mais en France on a des sièges appelés stalles, qu'on élève et qu'on abaisse à volonté. Dans beaucoup d'églises on n'abaisse le siège que pendant l'Épître, et dans toutes les autres circonstances où l'on doit être assis, c'est seulement sur la *miséricorde* qu'on s'appuie. Cette manière d'appliquer les règles du Cérémonial à de graves inconvénients : 1° on ne voit pas sur quoi on se fonde pour distinguer deux manières de s'asseoir, et déterminer les moments où l'on adoptera l'une plutôt que l'autre ; 2° lorsqu'on est seulement appuyé sur la *miséricorde*, on n'est point véritablement assis, et on est confondu avec ceux qui sont debout ; 3° il suit de là que la différence des positions n'est pas assez marquée. « Nous croyons donc, dit le Cérémonial de Langres, p. 129, que la *miséricorde* n'est que pour servir d'appui, au besoin, à ceux qui sont debout en chœur, mais que toutes les fois que l'on doit s'asseoir, il faut le faire sur le siège abaissé. C'est ainsi que Mgr l'évêque de Langres a interprété et fait suivre dans sa cathédrale les dispositions du Cérémonial sur cet article. Cette mesure a établi dans le chœur une grande uniformité, et produit un effet d'une imposante gravité. » Il serait bien louable de ne s'appuyer que sur la *miséricorde* pendant que le saint sacrement est exposé ; mais il faudrait l'uniformité dans tout le chœur.

TABAC.

A l'article JEUNE, nous avons traité, d'après Collet, de l'usage du tabac par rapport au jeûne qui doit précéder la réception de l'Eucharistie. Nous avons mentionné les défenses faites par un pape et deux conciles. « Il faut avouer, dit le Cérémonial de Langres, p. 131, que ces sévères prohibitions n'ont pas été faites seulement à cause des inconvénients qu'offre en lui-même l'usage du tabac, mais encore à raison de ce qu'avait d'odieux et de choquant une pratique qui était surtout celle des soldats ou de gens trop peu honorables. Aujourd'hui ces raisons n'ont plus la même force, et les ordonnances en question ne font pas loi pour nous ; néanmoins il est bon de se les rappeler pour régler sagement sa conduite sur ce point ; on doit au moins sentir combien il serait inconvenant que le tabac devînt un lien de politesse frivole et mondaine, dans un temps et un lieu où l'on parle à Dieu au nom de l'Église, et où l'on doit éviter avec le plus grand soin tout ce qui peut distraire de ce grave et sérieux exercice, et présenter aux fidèles un sujet de mauvaise édification. » L'usage de s'offrir du tabac l'un à l'autre est mis par Baldeschi, maître des cérémonies de Saint-Pierre de Rome, au nombre des choses qui pourraient marquer de la légèreté ou quelque défaut de respect, et dont il dit que ceux qui sont au chœur doivent bien se garder.

TÉNÈBRES.

Voy. au Dictionnaire l'art. OFFICE DE TÉNÈBRES.

TABLES
MÉTHODIQUES
DU
DICTIONNAIRE DES CÉRÉMONIES ET DES RITES SACRÉS.

Les cérémonies et les rites sacrés sont contenus dans le Bréviaire, le Missel, le Rituel, le Cérémonial, le Pontifical et le Martyrologe ; les tables suivantes serviront à trouver les matières relatives à chacun de ces livres liturgiques.

(Quand il faut recourir au Supplément, cela est indiqué par la lettre S.)

PREMIÈRE TABLE.
MATIÈRES RELATIVES AU BRÉVIAIRE.

[*Les articles indiqués ici sont désignés dans le Dictionnaire par ces mots :* Traité de l'Office divin par Collet.]

PREMIÈRE PARTIE.
De la récitation de l'office en particulier.
Voyez OFFICE DIVIN.
CHAPITRE I. Définition de l'office divin. *Ibid.*

CHAP. II. Des personnes obligées à l'office. *Voy.* OFF. DIV.
§ 1. De l'obligation des clercs. *Voy.* CLERCS.
§ 2. De l'obligation des bénéficiers. *Voy.* BÉNÉFICIERS, S.
§ 3. De l'obligation des religieux. *Voy.* OFFICE D VIN.

Chap. III. De quel Bréviaire l'on doit se servir.
Voy. Office divin.
Chap. IV. Quel office il faut réciter. *Ibid.*
Chap. V. Du temps où l'on doit réciter l'office. *Ibid.*
Chap. VI. De l'ordre et de la continuité de l'office. *Ibid.*
Chap. VII. Des conditions de la récitation de l'office. *Ib.*
§ 1. Il faut dire l'office distinctement et entièrement. *Ib.*
§ 2. Il faut dire l'office avec piété. *Ibid.*
§ 3. Il faut dire l'office avec attention. *Ibid.*
Chap. VIII. Des causes qui exemptent de l'office. *Ibid.*
Chap. IX. Des peines de ceux qui ont manqué à l'office. *Ib.*

SECONDE PARTIE.

De l'office public. *Voy.* Office divin.
Chap. I. Combien il est important que l'office public se fasse avec piété et décence. *Ibid.*

Chap. II. De l'obligation des chanoines par rapport à l'office en général. *Voy.* Chanoines.
Chap. III. De l'obligation des chanoines par rapport à certains offices. *Ibid.*
Chap. IV. Des causes qui exemptent de la résidence. *Ib.*
Chap. V. Suite de la même matière. *Ibid.*
Chap. VI. Des peines, soit d'un chanoine qui manque à l'office, soit de ceux qui le favorisent. *Ibid.*
Chap. VII. Des moyens d'exciter et de nourrir sa ferveur dans les offices publics. *Voy.* Ferveur.
§ 1. Défauts qu'un chanoine doit éviter. *Ibid.*
§ 2. Moyens et pratiques pour entretenir dans un chanoine l'esprit de prière. *Ibid.*
Réponse à quelques difficultés. *Voy.* Chœur, S.

L'Eglise a souvent fait entrer des psaumes, des hymnes et des cantiques dans les prières qu'elle a consacrées. Voici la table de ceux qu'on trouve épars dans cet ouvrage.

INDEX PSALMORUM.

Psalmi.	Tom.	Col.
119 Ad Dominum cum tribularer.	I,	1154
122 Ad te levavi oculos meos.	I,	267
Idem.	II,	318
28 Afferte Domino, filii Dei.	I,	216; 892
118 Beati immaculati in via.	II,	702
127 Beati omnes qui timent Dominum.	I,	254
31 Beati quorum remissæ sunt.	I,	37; 1059
33 Benedicam Dominum in omni tempore.	I,	1236
102 Benedic, anima mea, Domino, et omnia.	III,	40
115 Benedictus Dominus Deus meus.	I,	261
84 Benedixisti, Domine, terram tuam.	II,	1248
91 Bonum est confiteri Domino.	I,	152; 1080
95 Cantate Domino canticum novum; cantate.	III,	49
149 Cantate Domino canticum novum ; laus ejus.	I,	1075
117 Confitemini Domino, quoniam... Dicat nunc.	II,	701
15 Conserva me, Domine, quoniam speravi in te.	II,	158
Idem.	III,	53
129 De profundis clamavi ad te, Domine.	I,	40; 1040
62 Deus, Deus meus, ad te de luce vigilo.	I,	1093
21 Deus, Deus meus, respice in me.	I,	1358
69 Deus, in adjutorium meum intende.	I,	883
53 Deus, in nomine tuo salvum me fac.	I,	887
66 Deus misereatur nostri.	I,	471; 837
43 Deus noster refugium et virtus.	I,	136; 1084
78 Deus, venerunt gentes in hæreditatem tuam.	III,	45
8 Domine, Deus noster.	I,	213
142 Domine, exaudi orationem meam ; auribus.	I,	41; 1042
101 Domine, exaudi orationem meam, et clamor.	I,	39; 1041
6 Domine, ne in furore tuo..... Miserere.	I,	37; 1038
37 Domine, ne in furore tuo... Quoniam.	I,	38; 1039
5 Domine, quid multiplicati sunt.	I,	1359
23 Domini est terra, et plenitudo ejus.	I,	1192
Idem.	I,	991
22 Dominus regit me.	III,	59
132 Ecce quam bonum.	I,	29; 245; 1516
44 Eructavit cor meum verbum bonum.	I,	151; 1082
19 Exaudiat te Dominus in die tribulationis.	II,	192
80 Exsultate Deo adjutori nostro.	II,	258
67 Exsurgat Deus, et dissipentur.	I,	54; 1089
86 Fundamenta ejus in montibus sanctis.	I,	1145
Idem.	II,	259
85 Inclina, Domine, aurem tuam.	I,	888
Idem.	II,	160
125 In convertendo Dominus.	II,	517
10 In Domino confido.	I,	1359
30 In te, Domine, speravi... in justitia.	I,	1357
63 Jubilate Deo, omnis terra ; psalmum.	III,	47

Psalmi.	Tom.	Col.
99 Jubilate Deo, omnis terra; servite.	III,	49
54 Judica, Domine, nocentes me.	I,	1376
42 Judica me, Deus, et discerne.	I,	875; 1057
121 Lætatus sum in his.	I,	1146
113 Lauda, anima mea, Dominum.	I,	890
147 Lauda, Jerusalem, Dominum.	I,	1085
Idem.	III,	38
148 Laudate Dominum de cœlis.	I,	891
150 Laudate Dominum in sanctis ejus.	I,	1075
113 Laudate Dominum, omnes gentes.	III,	50
146 Laudate Dominum, quoniam bonus.	I,	890
112 Laudate, pueri, Dominum.	I,	1192
120 Levavi oculos meos in montes.	I,	1154
47 Magnus Dominus et laudabilis.	I,	28
56 Miserere mei, Deus, miserere mei.	I,	887
55 Miserere mei, Deus, quoniam.	II,	1239
50 Miserere mei, Deus, secundum.	I,	39; 837; 1049
126 Nisi Dominus ædificaverit domum.	I,	1143
46 Omnes gentes, plaudite manibus.	II,	257
83 Quam dilecta tabernacula tua.	I,	130; 1133
41 Quemadmodum desiderat cervus.	I,	216
90 Qui habitat in adjutorio Altissimi.	I,	1061
Idem.	II,	161
128 Sæpe expugnaverunt me.	II,	194
68 Salvum me fac, Deus.	II,	193
94 Venite, exsultemus Domino.	I,	1060
12 Usquequo, Domine.	I,	1340
Idem.	II,	194

Index canticorum.

	Tom.	Col.
Benedicite, omnia opera.	I,	1194
Benedictus Dominus.	I,	1050
Idem.	II,	183
Idem.	III,	50
Magnificat anima mea.	I,	267
Idem.	II,	345

Index hymnorum.

	Tom.	Col.
Adoro te.	III,	33
Æterne rex.	III,	54
Belli tumultus.	II,	1252
Dei qui gratiam.	II,	260
Jesu, nostra redemptio.	III,	51
Jesu, rex admirabilis.	II,	195
O gloriosa virginum.	II,	747
Pange, lingua... corporis.	III,	29
Sacris solemniis.	III,	30
Salutis humanæ sator.	III,	51
Te Deum.	I,	1418
Te splendor.	III,	603
Veni, Creator.	I,	1147, 1209
Idem.	II,	107
Verbum supernum.	III,	50
Vexilla regis.	III,	501

Litanies des saints.	I, 1140; II,	1055
Psaumes pénitentiaux.	I,	37; 1058
Symbole de saint Athanase.	I,	1334

DEUXIÈME TABLE.

MATIÈRES RELATIVES AU MISSEL.

Voy. Saints Mystères, au Supplément.

[*Les articles indiqués ici sont désignés dans le Dictionnaire par ces mots :* Explication du P. Lebrun.]

Préface.—I. Excellence du sacrifice de la messe. *Voy.* Cérémonies.
II. Origine de la variété dans les prières et dans les cérémonies. *Ibid.*
III. Comment l'Ordinaire a été entre les mains du peuple. Nécessité de l'expliquer. *Ibid.*
IV. Combien il importe d'expliquer les cérémonies. *Ib.*
V. Défauts des auteurs qui ont donné des explications mystiques. *Ibid.*
VI. Ce qu'il faut observer pour éviter les défauts des prétendus mystiques et des p étendus littéraux. *Ibid.*

EXPLICATION DES PRIÈRES ET DES CÉRÉMONIES DE LA MESSE.

Des noms et des parties de la messe. *Voy.* Messe.
Différents noms donnés à la messe dans les premiers siècles. *Ibid.*
Origine du mot de messe. *Ibid.*
Haute idée que le mot de messe donne du sacrifice. *Ib.*
Ce qu'on entend par messe solennelle, haute, grande, privée, basse ou petite. *Ibid.*

DU SACRIFICE ET DES PRÉPARATIONS PRESCRITES POUR L'OFFRIR.

Article I. La nécessité du sacrifice dans tous les temps, la cessation de ceux de l'ancienne loi, et l'excellence de l'unique sacrifice de Jésus-Christ sur la croix et sur nos autels, qui renferme tous les autres et qui ne cessera jamais. *Voy.* Sacrifice.
I. Nécessité du sacrifice intérieur et extérieur. *Ibid.*
II. Sacrifices offerts depuis le commencement du monde. *Ibid.*
III. Quatre fins de sacrifice. *Ibid.*
IV. Pourquoi différents sacrifices, l'holocauste, l'hostie pour le péché et les pacifiques. *Ibid.*
V. Sacrifices désagréables dans la vue du Rédempteur. *Ibid.*
VI. Le mauvais esprit des pharisiens et des sadducéens fait rejeter les sacrifices. *Ibid.*
VII. Jésus-Christ annonce un nouveau sacrifice. *Ibid.*
VIII. Accomplissement de la prophétie de Malachie. *Ib.*
IX. Dieu demandait le «corps de Jésus-Christ pour sacrifice. *Ibid.*
X. Jésus-Christ s'offre et met fin aux figures. *Ibid.*
XI. Jésus-Christ renferme tout ce qu'on peut considérer dans les sacrifices : prêtre et victime sur la croix. *Ibid.*
XII. Raisons de l'institution de l'eucharistie. *Ibid.*
XIII. Exercice du pouvoir suprême et du sa erdoce de Jésus-Christ. *Ibid.*
XIV. Sacrifice de l'eucharistie, le même que celui de la croix. *Ibid.*
XV. Réunion de tous les mystères dans l'eucharistie. *Ibid.*
XVI. Même sacrifice qu'aux mystères glorieux. *Ibid.*
XVII. Toutes les conditions des victimes dans l'eucharistie : l'acceptation, l'oblation à Dieu, l'immolation, la consomption de la victime. L'eucharistie est toute pour Dieu et toute pour les hommes. *Ibid.*
XVIII. Comment le sacrifice de l'eucharistie est holocauste. *Ibid.*
XIX. Comment il remplit l'idée de tous les autres sacrifices. *Ibid.*
XX. Toute l'Eglise est unie à Jésus-Christ dans son sacrifice. *Ibid.*
XXI. L'Eglise offre et est offerte. *Ibid.*
Art. II. Comment les fidèles doivent se préparer pour assister à la messe avec fruit. *Voy.* Préparation.
I. La bonne vie. *Ibid.*
II. Le désir d'aller au pied de l'autel comme lieu de notre conso'ation. *Ibid.*
III. La componction et le recueillement. *Ibid.*
IV. Avoir en vue de s'offrir à Dieu. *Ibid.*
V. La confiance en la miséricorde de Dieu. *Ibid.*
Art. III. De la préparation particulière des prêtres marquée dans les rubriques.—Explication du mot *rubrique. Ib.*
Première rubrique et remarque touchant la préparation particulière du prêtre. *Ibid.*
Art. IV. De la préparation extérieure par les ornements particuliers. *Ibid.*
Rubrique et remarques, où l'on montre l'origine des habits sacerdotaux ; et pourquoi l'Eglise veut que le prêtre prenne des habits particuliers pour être à la messe. *Ibid.*
§ 1. De l'amict, de l'aube, de la ceinture, du manipule, de l'étole et de la chasuble, dont les papes et les conciles veulent que les prêtres soient revêtus pour dire la messe. Antiquité des prières qu'on dit en prenant ces ornements. *Voy.* Préparation.

L'amict, l'aube, la ceinture. *Voyez* ces mots au *Suppl.*
Observation sur le mouchoir, qu'on a substitué au manipule. L'étole. La chasuble. *Voy.* Manipule, Etole, Chasuble.
§ 2. Des habits particuliers des diacres, l'étole et la dalmatique. *Voy.* Diacres.
§ 3. Des habits particuliers des sous-diacres, la tunique et le manipule. *Voy.* Sous-Diacres.
§ 4. Des couleurs différentes dont l'Eglise se sert en diverses fêtes. *Voy.* Couleurs.
Art. V. Des cierges qu'on allume pour la messe. D'où vient qu'on en allume en plein jour. Origine de cet usage. *Voy.* Cierges.
Art. VI. De l'eau bénite dont on fait l'aspersion le dimanche avant la messe. *Voy.* Eau bénite.
§ 1. De la manière de faire l'eau bénite, et de ses effets. D'où vient qu'on met du sel dans l'eau, et qu'on fait des exorcismes sur l'un et sur l'autre. *Voy.* Aspersion.
§ 2. De l'aspersion de l'autel et des assistants, et des prières qui l'accompagnent. *Ibid.*
Art. VII. De la procession qui se fait le dimanche avant la messe. *Voy.* Procession.
Art. VIII. De la sortie de la sacristie pour aller à l'autel. *Voy.* Sortie.
Rubrique et remarques sur l'ordre prescrit de s'habiller à la sacristie, de marcher gravement et de ne pas dire la messe seul. *Ibid.*

PREMIÈRE PARTIE DE LA MESSE.

La préparation publique au bas de l'autel.

Article I. Ce que contient cette préparation, son origine et son antiquité. *Voy.* Commencement de la messe.
Art. II. Commencement de la messe par le signe de la croix. Rubrique et remarques sur l'usage d'avoir la tête découverte ; sur la permission de porter la calotte ou la perruque ; sur les diverses manières de faire le signe de la croix ; et les raisons de commencer par ce signe. *Ibid.*
Art. III. De l'antienne *Introibo* et du psaume *Judica me, Deus*. Rubriques et remarques sur la posture et la fonction de ceux qui servent la messe; sur l'origine de l'antienne. Depuis quel temps on dit le *Judica* ; d'où vient qu'on l'omet aux messes des morts. *Ibid.*
§ 1. D'où est venu l'usage de dire le verset *Introibo*, et quel sens l'ancienne Eglise lui a donné. *Ibid.*
§ 2. De l'auteur, du sujet et du sens littéral du psaume *Judica me, Deus*. *Ibid.*
§ 3. Explication du psaume *Judica me, Deus*, par rapport aux chrétiens et à leurs églises. *Ibid.*
Répétition du verset *Introibo*. *Ibid.*
Art. IV. Le *Confiteor*. Rubriques et remarques. *Ibid.*
Explication. *Ibid.*
Art. V. Le *Confiteor* du peuple, et le *Misereatur* que le prêtre et le peuple se disent mutuellement. *Ibid.*
Art. VI. Prières du peuple pour obtenir la rémission des péchés. *Ibid.*
Art. VII. De la prière *Aufer a nobis*, en montant à l'autel. Rubriques et remarques. *Ibid.*
Explication. *Ibid.*
Art. VIII. De la prière *Oramus te, Domine*, et du baiser de l'autel. *Voy.* Oramus.
Explication. *Ibid.*
Art. IX. De l'encensement aux messes solennelles. Rubrique et remarque, où l'on expose les raisons et l'origine de l'encensement. *Voy.* Encensement.

DEUXIÈME PARTIE DE LA MESSE.

Des prières et des instructions depuis l'entrée du prêtre à l'autel jusqu'à l'oblation.

Article I. L'Introït de la messe. Rubrique et remarques sur le côté droit et gauche de l'autel ; sur le lieu, le nom, la composition et la répétition de l'Introït.
Voyez Introït

Art. II. Le *Kyrie eleison*. Rubrique et remarque sur l'ordre et le nombre des *Kyrie*, et sur le lieu de les dire. *Voy.* Kyrie.
Explication et origine du *Kyrie*. *Ibid*.

Art. III. Le *Gloria in excelsis*. *Voy.* Gloria.
§ 1. L'antiquité de cette hymne; qui en est l'auteur, et depuis quand les prêtres la disent à la messe. *Ibid*.
§ 2. Rubrique et remarques touchant les messes auxquelles on dit ou l'on omet le *Gloria in excelsis*. *Ibid*.
§ 3. Rubrique et remarques touchant la manière de dire le *Gloria in excelsis*. *Ibid*.
§ 4. Explication du *Gloria in excelsis*. *Ibid*.

Art. IV. Le *Dominus vobiscum* et la Collecte. *Ibid*.
Rubrique et remarques sur le lieu d'où le prêtre salue; sur l'antiquité et le sens de cette salutation; pourquoi les évêques, et non les prêtres, disent *Pax vobis*; et sur la manière de tenir les mains en saluant ou en priant. *Ibid*.
Explication de la Collecte. *Voy.* Collecte.
L'origine et l'explication de l'*Amen*. *Voy.* Amen, S.

Art. V. L'origine et l'explication du Graduel, du Trait, de l'*Alleluia*, des Neumes et des Proses. *Voy.* Graduel.
L'*Alleluia*. *Voy.* Alleluia, S.
Les Neumes. *Voy.* Neumes.
Des Proses: leur origine et leurs auteurs. *Voy.* Proses.

Art. VI. L'Epître. — Rubrique. *Voy.* Epître.
§ 1. Remarques. A qui il convient de lire l'Épître, et comment le prêtre doit la réciter à la messe. *Ibid*.
§ 2. Remarques sur l'origine, le nom, l'ordre et la variété des Épîtres, et sur la manière de les lire et de les écouter. *Ibid*.

Art. VII. L'Evangile. On l'a toujours lu à la messe après l'Épître. *Voy.* Evangile.
§ 1. Des préparations pour lire l'Evangile; du livre que le diacre met et reprend à l'autel; de la prière *Munda cor meum*; et de la bénédiction qu'il demande et qu'il reçoit. Rubrique et remarques. *Ibid*.
Explication du *Munda cor meum*. *Ibid*.
Explication du *Jube, domne, benedicere*. *Ibid*.
§ 2. De la solennité avec laquelle on porte et on chante l'Evangile aux grandes messes. De l'encens et des cierges. Du lieu où le diacre se place, et de la situation des assistants. Rubrique. *Ibid*.
Explication et remarques. *Ibid*.
§ 3. De l'usage d'encenser le livre et de le présenter à baiser. *Ibid*.
§ 4. De ce qui s'observe également aux messes hautes ou basses touchant l'Evangile, et des dispositions pour le lire et l'écouter avec fruit. *Ibid*.
§ 5. Explication des paroles, *Per evangelica dicta*, et comment l'Evangile peut effacer les péchés. *Ibid*.

Art. VIII. Le *Credo* ou le symbole de la foi. *Voy.* Symbole.
§ 1. Ce que c'est que le symbole; d'où vient la différence des divers symboles qu'on récite dans l'Eglise; pourquoi et depuis quand l'on dit à la messe celui de Constantinople. *Ibid*.
§ 2. Rubrique et remarques touchant les jours auxquels on dit le *Credo*. *Ibid*.
§ 3. Rubrique et remarques touchant le lieu et la manière de dire le *Credo*. *Ibid*.
§ 4. Le symbole de Nicée et de Constantinople, avec leurs différences marquées. *Ibid*.
Explication. *Ibid*.
Première partie du symbole. Du Père et de la création.*Ib.*
Seconde partie du symbole. Du Fils de Dieu et de la rédemption.
Troisième partie du symbole. Du Saint-Esprit et de la sanctification. *Ibid*.
Remarques sur le signe de la croix que le prêtre fait à la fin du *Credo*. *Ibid*.

TROISIÈME PARTIE DE LA MESSE.

Le commencement du sacrifice, ou l'oblation.

Article I. Commencement de l'oblation; distinction entre la messe des catéchumènes et celle des fidèles. *Voy.* Oblation.

Art. II. L'Offertoire. *Voy.* Offertoire.

Art. III. De l'offrande du peuple, et de l'endroit de la messe où elle a été placée. *Voy.* Offrande.

Art. IV. Du pain bénit appelé eulogie. *Voy.* Pain bénit.

Art. V. De la matière du sacrifice. Quel doit être le pain que le prêtre offre à l'autel, et depuis quand on se sert de pain azyme. *Voy.* Oblation.

Art. VI. Des cérémonies et des prières qui accompagnent l'oblation du pain et du vin à l'autel. Origine des prières qui précèdent la Secrète. *Ibid*
§ 1. Rubrique et remarques sur le corporal, la pale, la patène et l'hostie. *Ibid*.
§ 2. Prière en offrant le pain. *Ibid*.
Explication. *Ibid*.
Signe de croix avec la patène *Ibid*.
§ 3. Mélange de l'eau et du vin dans le calice. Rubrique.
— Remarques sur l'origine et les raisons du mélange de l'eau et du vin; sur la bénédiction de l'eau, et sur la quantité qu'il en faut mettre. *Ibid*.
Prière en mettant de l'eau dans le calice. *Ibid*.
Explication. *Ibid*.
§ 4. L'oblation du calice. Rubrique. *Ibid*.
Remarques. *Ibid*.
De la prière *Offerimus*, etc, en offrant le calice. *Ibid*.
Explication. *Ibid*.
§ 5. Rubrique touchant la patène aux grandes messes. *Ib*.
Remarques sur l'usage de tirer la patène de l'autel pour la faire tenir par le sous-diacre ou par un clerc. Variétés de plusieurs églises sur ce point. Pourquoi on la montre en certains jours plutôt qu'en d'autres. *Ibid*.
§ 6. L'oblation des fidèles. Rubrique et remarque sur la prière *In spiritu humilitatis*. *Ibid*.
Explication. *Ibid*.
§ 7. Invocation du Saint-Esprit. *Voy.* Invocation.
Rubrique et remarques. *Ibid*.
Explication. *Ibid*.

Art. VII. De l'encensement qu'on fait pendant l'oblation aux grandes messes. Origine de l'encensement des oblations. *Voy.* Encensement.
Rubrique et explication des mots *Benedicite, pater reverende*. *Ibid*.
Explication de la prière que le prêtre fait pour bénir l'encens. *Ibid*.
Explication des prières qui accompagnent l'encensement de l'autel. *Ibid*.
De l'encensement du prêtre et des assistants. *Ibid*.
L'encensement des reliques. *Ibid*.

Art. VIII. Lavement des doigts. *Voy.* Lavabo.
§ 1. Rubrique et remarques. *Ibid*.
§ 2. Du psaume *Lavabo*. Introduction à ce psaume. Savoir si ces paroles que dit le prêtre: *Je suis entré avec mon innocence*, s'accordent avec l'humilité chrétienne. *Ib.*
Règles de la vraie humilité. *Ibid*.
Explication du psaume *Lavabo*. *Ibid*.

Art. IX. De la prière *Suscipe, sancta Trinitas*, où l'on voit une nouvelle oblation ou de nouveaux motifs du sacrifice en mémoire des mystères de Jésus-Christ en l'honneur des saints. Rubrique et remarques. *Voy.* Suscipe.
Explication. *Ibid*.
Comment offrir le sacrifice de Jésus-Christ à l'honneur des saints. Explication des vérités qui lèvent toutes les difficultés sur ce point. *Ibid*.

Art. X. L'*Orate fratres*. *Voy.* Orate.
§ 1. Rubrique et remarques. *Ibid*.
§ 2. Les motifs de l'invitation à prier, et la réponse du peuple. *Ibid*.
Explication du *Suscipiat*. *Ibid*.

Art. XI. La Secrète. Rubrique, remarques et explication. *Ibid*.

QUATRIÈME PARTIE DE LA MESSE.

Le Canon, ou la règle de la consécration, précédée de la Préface.

Article I. De la Préface. *Voy.* Préface.
§ 1. Du nom, de l'antiquité et du nombre des Préfaces. *Ib.*
§ 2. Rubrique et remarques sur la Préface. *Ibid*.
§ 3. Explication de la Préface ordinaire. *Ibid*.
§ 4. Le *Sanctus*. *Voy.* Sanctus.
Rubrique et remarques. *Ibi*
Explication du *Sanctus*. *Ibid*.
§ 5. Le *Benedictus*. *Voy.* Benedictus, S.
Rubrique, remarques et explication. *Ibid*.

Art. II. De la prière *Te igitur*, qui est le commencement du Canon. *Voy.* Te igitur.
§ 1. Le nom, l'antiquité et l'excellence du Canon. *Ibid*.
§ 2. Rubrique et remarques sur les gestes du prêtre, sur le baiser de l'autel et sur les signes de croix qu'il fait. *Ibid*.
§ 3. Explication de la prière *Te igitur*, qui comprend

l'oblation du sacrifice pour l'Eglise, le pape, l'évêque, le roi et tous les fidèles. *Voy.* TE IGITUR.

ART. III. Premier *Memento*, où l'on prie pour les bienfaiteurs de l'Eglise vivants, et pour tous ceux qui assistent avec dévotion à la messe. Rubrique et remarques.
Voy. MEMENTO.
Explication du *Memento*. *Ibid.*

ART. IV. La communion et la mémoire des saints.
Voy. COMMUNICANTES.
§ 1. Explication des mots *Infra actionem*, qui précèdent la prière *Communicantes*. *Ibid.*
§ 2. Rubrique et remarques. *Ibid.*
§ 3. Explication de la prière *Communicantes*. *Ibid.*

ART. V. De la prière *Hanc igitur*. Rubriques et remarques. *Voy.* HANC IGITUR.
Explication de la prière *Hanc igitur*. *Ibid.*

ART. VI. De la prière *Quam oblationem*. *Voy.* ces mots.
§ 1. Observation sur cette prière et sur les paroles de la consécration. *Ibid.*
§ 2. Rubrique et remarques sur les cérémonies qui accompagnent les mots, *benedictam, adscriptam*, etc. *Ibid.*
§ 3. Explication de la prière *Quam oblationem*, où l'on demande à Dieu que notre oblation lui soit agréable, et que les dons offerts soient faits pour nous le corps et le sang de Jésus-Christ. *Ibid.*

ART. VII. De la consécration de l'hostie. *Voy.* CONSÉCRATION.
§ 1. Rubrique et remarques. *Ibid.*
§ 2. Explication des paroles de l'institution et de la consécration de l'Eucharistie. *Ibid.*

ART. VIII. De l'adoration et de l'élévation de l'hostie. Rubrique et remarques. *Voy.* ÉLÉVATION.
Adoration de l'Eucharistie dans tous les siècles. *Ibid.*
Origine de l'élévation et de l'adoration de l'Eucharistie après les paroles de la consécration dans l'Eglise latine. *Ibid.*

ART. IX. De la consécration du calice. *Voy.* CONSÉCRATION.

ART. X. De l'adoration et élévation du calice. Rubrique et remarques. *Voy.* ÉLÉVATION.

ART. XI. — De la prière *Unde et memores*. *Voy.* ces mots.
§ 1. Rubrique et remarques sur la situation du prêtre et sur les signes de croix qu'il fait sur l'hostie et sur le calice. *Ibid.*
§ 2. Explication de la prière *Unde et memores*, où est renouvelée la mémoire des mystères de Jésus-Christ en offrant le sacrifice à Dieu son Père. *Ibid.*

ART. XII. — De la prière *Supra quæ*, pour demander que notre oblation soit favorablement reçue, comme l'ont été celles d'Abel, d'Abraham et de Melchisédech. *Voyez* SUPRA QUÆ.

ART. XIII. De la prière *Supplices te rogamus*. *Voy.* SUPPLICES.
§ 1. Rubrique et remarques. *Ibid.*
§ 2. Explication de la prière *Supplices te rogamus*. *Ibid.*

ART. XIV. Commémoration pour les morts. Rubrique et remarques. *Voy.* MEMENTO.
Explication du *Memento* des morts. *Ibid.*

ART. XV. La dernière oraison du Canon, *Nobis quoque peccatoribus*. Rubrique et remarques. *Voy.* NOBIS.
Explication. *Ibid.*

ART. XVI. Conclusion du Canon par ces mots : *Per quem hæc omnia*, etc. Rubrique et remarques sur les trois premiers signes de croix. *Voy.* TE IGITUR.
Rubrique et remarques sur les derniers signes de croix du Canon, et sur la petite élévation de l'hostie et du calice. *Ibid.*

CINQUIÈME PARTIE DE LA MESSE.
La préparation à la communion.

ART. I. De l'oraison Dominicale. *Voy.* ces mots.
§ 1. Ancien usage de dire cette oraison pour se préparer à la communion. *Ibid.*
§ 2. Préface du *Pater*. *Ibid.*
§ 3. Explication du *Pater*. *Ibid.*
§ 4. Explication des trois premières demandes du *Pater*. *Ibid.*
§ 5. Explication des quatres dernières demandes du *Pater*. *Ibid.*
§ 6. Rubrique et remarques sur ce que le peuple dit, *Sed libera nos a malo*, et le prêtre répond, *Amen*. *Ibid.*

ART. II. De la prière *Libera nos, quæsumus*. *Voy.* LIBERA.
§ 1. Rubrique et remarques sur la patène. *Ibid.*
§ 2. Explication de l'oraison *Libera nos*, où l'on demande d'être délivré de toute sorte de maux, et spécialement de la guerre, comme d'une source de péchés et de troubles.
Voy. LIBERA.

ART. III. La fraction de l'hostie. *Voy.* FRACTION.
Rubrique et remarques. *Ibid.*

ART. IV. Du souhait de la paix que le prêtre fait en disant, *Pax Domini*. *Voy.* PAX DOMINI.
Explication et remarques. *Ibid.*

ART. V. De la prière *Hæc commixtio*. D'où vient qu'on met une portion de l'hostie dans le calice, et des mystères que ce mélange renferme. Rubrique. *Ibid.*
Explication. *Ibid.*

ART. VI. L'*Agnus Dei*. Rubrique et remarques. *Voy.* AGNUS DEI, S.
Explication de l'*Agnus Dei*. *Ibid.*

ART. VII. De la paix. *Voy.* COMMUNION.
§ 1. De la prière *Domine Jesu Christe*, pour demander à Dieu la paix. *Ibid.*
§ 2. Des diverses manières de donner la paix. Rubrique et remarques. *Ibid.*

ART. VIII. Des oraisons pour la communion. *Ibid.*
§ 1. Explication de la prière *Perceptio corporis*, pour demander à Jésus-Christ, par la réception de son corps, la grâce d'être délivré de tous les maux de l'âme, de suivre inviolablement ses préceptes et de n'être jamais séparé de lui. *Ibid.*
§ 2. Explication de la prière *Perceptio corporis*, pour demander à Jésus-Christ que son corps soit un préservatif contre les péchés mortels, et un remède salutaire pour les véniels. *Ibid.*
§ 3. Observations sur ce que les deux oraisons pour la communion, et la précédente pour la paix s'adressent à Jésus-Christ, et sur la variété des conclusions. *Ibid.*

ART. IX. De la communion du prêtre. *Ibid.*
§ 1. De la réception du corps de Jésus-Christ. Rubrique et explication. *Ibid.*
§ 2. De la réception du sang de Jésus-Christ. Rubrique et explication. *Ibid.*
§ 3. De l'ablution et des prières *Quod ore sumpsimus*, et *Corpus tuum, Domine*, qui l'accompagnent. Rubrique et explication. *Voy.* PURIFICATION.

ART. X. De la communion du peuple. *Voy.* COMMUNION.
§ 1. Rubrique et remarques sur le temps auquel on doit communier. *Ibid.*
§ 2. Rubrique et remarques sur le *Confiteor* qu'on dit avant la communion. *Ibid.*
§ 3. Rubrique et remarques sur ce que dit le prêtre en donnant la communion *Ibid.*
§ 4. Rubrique et remarques sur le vin et l'eau présentés aux communiants. *Ibid.*

SIXIÈME PARTIE DE LA MESSE.
L'action de grâces.

ARTICLE I. De l'antienne appelée Communion, et de l'oraison qu'on nomme Postcommunion. *Voy.* POSTCOMMUNION.

ART. II. De l'*Ite missa est*. *Voy.* ces mots.
§ 1. L'explication, l'antiquité de l'*Ite missa est*, et la manière de le dire. *Ibid.*
§ 2. Rubrique et remarques touchant les jours auxquels on dit l'*Ite missa est*. *Ibid.*
§ 3. Réflexions qu'on faisait au IXe siècle sur *Ite missa est*, où la messe finissait alors, et de la réponse *Deo gratias*. *Ibid.*

ART. III. Additions à la messe introduites par la dévotion des prêtres et du peuple, autorisées ensuite par l'Eglise, et premièrement de la prière *Placeat*. *Voy.* PLACEAT.
Rubrique et explication. *Ibid.*

ART. IV. — De la dernière bénédiction. *Voy.* BÉNÉDICTION, S.
§ 1. Rubrique. *Ibid.*
Explication et remarques. *Ibid.*
§ 2. Origine, antiquité et variété de la dernière bénédiction de la messe. *Ibid.*

ART. V. L'Evangile de saint Jean. *Voy.* ÉVANGILE.
§ 1. Rubrique et remarques. *Ibid.*
§ 2. Origine et antiquité de la récitation de l'Evangile de saint Jean à la fin de la messe. *Ibid.*
§ 3. Explication de l'Evangile de saint Jean. *Ibid.*

N. B. 1° Les matières relatives à la messe traitées par Collet sont indiquées à l'art. MYSTÈRES.

2° Le détail des cérémonies est à l'art. MESSE, et sous les noms des différents ministres qui y sont employés et mentionnés ci-après dans la table suivante.

TROISIÈME TABLE.

MATIÈRES RELATIVES AU CÉRÉMONIAL

Voy. Acolytes. Aspersion. Assistant. Avent. Baldaquin. Bénédiction. Carême. Célébrant. Cendres. Cérémoniaire. Cérémonial. Chant. Chœur. Clergés. Décoration. Diacre. Encensement. Enterrement Eucharistie. Honneurs. Jeudi saint. Litanies. Matines. Messe. Ministre. Mitre. Noël. Office des morts. Office des Ténèbres. Office pontifical. Organiste. Paix. *Pallium.* Pâques. Prédication. Rameaux. Processions. Sacristain. Samedi saint. Servant. Siége. Trône S. Vêpres. Visite.

QUATRIÈME TABLE.

MATIÈRES RELATIVES AU RITUEL.

Voy. Rituel, Manuel, et ce qui suit.
Voy. aussi Processions, Bénédictions, Exorcismes, Censures, Enterrement, Livres, Peuple.

[Les articles indiqués ici sont désignés dans le Dictionnaire par ces mots : Résumé d'un grand nombre de Rituels, par Beuvelet.]

De l'administration des sacrements en général. *Voyez* Sacrements.

DU SACREMENT DE BAPTÊME.

§ 1. De la matière du baptême. *Voy.* Baptême, S.
§ 2. De la forme du baptême. *Ibid.*
§ 3. Du ministre du baptême. *Ibid.*
§ 4. Des personnes capables de recevoir le baptême. *Ib.*
§ 5. Des parrains. *Voy.* Parrains.
§ 6. Du temps et du lieu où l'on peut donner le baptême. *Voy.* Baptême, S.
§ 7. Des choses nécessaires pour administrer le sacrement de baptême. *Ibid.*
§ 8. Du registre des baptêmes. *Ibid.*
§ 9. Des cérémonies du baptême, et leurs significations. *Ibid.*
Cérémonies précédentes. *Ibid.*
Cérémonies concomitantes. *Ibid.*
Cérémonies subséquentes. *Ibid.*
§ 10 Cérémonies qui se faisaient anciennement après le baptême. *Ibid.*
§ 11. De la manière d'administrer le sacrement de baptême. *Ibid.*
§ 12. De la bénédiction ou purification des femmes après leurs couches. *Ibid.*

DU SACREMENT DE CONFIRMATION.

§ 1. Le soin du curé touchant ce sacrement. *Voy.* Confirmation, S.
§ 2. Dispositions requises pour le recevoir. *Ibid.*
De alligatione fasciæ post triduum deponendo. *Ibid.*
Du catéchisme. *Voy.* Catéchisme, S.

DU SACREMENT DE PÉNITENCE.

§ 1. Des défauts qui peuvent rendre une confession nulle, tant de la part du confesseur que du côté des pénitents. *Voy.* Pénitence.
Sect. I. Des défauts essentiels de la part du pénitent qui peuvent rendre la confession nulle. *Ibid.*
Sect. II. Des défauts essentiels de la part du confesseur qui rend nulle la confession nulle. *Ibid.*
§ 2 De la pratique du sacrement de pénitence. *Ibid.*
Sect. I. Des dispositions nécessaires aux confesseurs pour s'acquitter comme il faut de leur ministère. *Ibid.*
Sect. II. De la bonté du confesseur. *Ibid.*
Sect. III. De la prudence du confesseur. *Ibid.*
1° De la prudence du confesseur dans les interrogations qu'il doit faire. *Ibid.*
2° De la prudence du confesseur dans les cas auxquels il faut différer ou refuser l'absolution. *Ibid.*
3° De la prudence du confesseur dans l'imposition des pénitences. *Ibid.*
4° De la prudence et adresse du confesseur à traiter avec les pénitents conformément à leurs dispositions et conditions différentes. *Ibid.*
Sect. IV. De la discrétion du confesseur, ou du sceau de la confession. *Ibid.*
Sect. V. De la science du confesseur. *Ibid.*

Sect. VI. Dispositions prochaines pour entendre les confessions. *Voy.* Pénitence.
Sect. VII. Des dispositions extérieures du confesseur et du pénitent. *Ibid.*

DU SACREMENT DE L'EUCHARISTIE.

§ 1. Du soin du curé touchant ce sacrement. *Voy.* Eucharistie.
§ 2. Des cérémonies extérieures à observer en la sainte communion. *Ibid.*
§ 3. De la communion pascale. *Ibid.*
§ 4. De la manière d'administrer la sainte communion de l'Église. *Ibid.*
§ 5. De la communion des malades. Avis généraux. *Ibid.*
§ 6. De la manière d'administrer la sainte communion aux malades. *Ibid.*
§ 7. De la manière d'administrer la sainte communion aux ecclésiastiques malades. *Ibid.*

DU SACREMENT DE L'EXTRÊME-ONCTION.

§ 1. De la nature et des effets de ce sacrement. *Voy.* Infirmes, Mourants.
§ 2. De la matière de ce sacrement. *Ibid.*
§ 3. De la forme de ce sacrement. *Ibid.*
§ 4. Des dispositions nécessaires pour recevoir ce sacrement. *Ibid.*
§ 5. De la manière d'administrer ce sacrement. *Ibid.*
§ 6. Explication des cérémonies de l'extrême-onction. *Ib.*

DU SACREMENT DE L'ORDRE.

Voy. Ordre, Ordinations.

DU SACREMENT DE MARIAGE

§ 1. Des empêchements du mariage. *Voy.* Mariage.
§ 2. Dessolennités requises au sacrement de mariage. *Ib.*
§ 3. De la célébration du mariage. *Ibid.*
§ 4. Temps permis pour se marier. *Ibid.*
§ 5. De la cérémonie actuelle du mariage. *Ibid.*
§ 6. Du registre des mariages, et des attestations qu'il faut donner en ces occasions. *Voy.* Formules.
§ 7. Explication des cérémonies du mariage. *Voy.* Mariage.
1° Cérémonies qui précèdent. *Ibid.*
2° Cérémonies qui accompagnent. *Ibid.*
3° Cérémonies qui suivent. *Ibid.*
De la bénédiction du lit. *Ibid.*

DE L'OFFICE DU CLERC ASSISTANT A L'ADMINISTRATION DES SACREMENTS.

§ 1. Office du clerc assistant à l'administration du sacrement de baptême. *Voy.* Clerc, S.
§ 2. Office du clerc assistant à l'administration du saint viatique aux malades. *Ibid.*
§ 3. Office du clerc assistant à l'administration du sacrement d'extrême onction. *Ibid.*
§ 4. Office du clerc assistant à la cérémonie des fiançailles. *Ibid.*
§ 5. Office du clerc assistant à la cérémonie du mariage. *Ibid.*
§ 6. Office du clerc assistant à la bénédiction du lit nuptial. *Ibid.*

CINQUIÈME TABLE.

MATIÈRES RELATIVES AU PONTIFICAL.

(Cette table est à la fin de l'article Pontifical.)

SIXIÈME TABLE.

MATIÈRES RELATIVES AUX INDULGENCES.

Voy. INDULGENCES, RECUEIL.

[*Les articles indiqués ici sont désignés dans le Dictionnaire par ces mots :* Indulgences authentiques.]

Indulgences accordées aux membres de la pieuse union du Sacré-Cœur de Jésus (*Supplément au Recueil d'Indulg.*). *Voy.* SACRÉ-CŒUR.
Instruction sur les saintes indulgences. *Voy.* INDULGENCES.
Prières pour les fins de l'Église. *Ibid.*
Acte d'offrande des actions, pour le matin. *Ibid.*
Calendrier perpétuel des indulgences. *Ibid.*
Liste de trente pratiques de piété, à chacune desquelles est attachée une indulgence plénière par mois. *Ibid.*
Liste de huit indulgences plénières à l'article de la mort. *Ibid.*

PREMIÈRE PARTIE.

Prières et pratiques de piété en l'honneur des trois personnes divines.

SAINTE TRINITÉ.

I. Le *Trisagium*, Saint, Saint, Saint. *Voy.* TRINITÉ.
II. Sept *Gloria Patri* et un *Ave Maria* à réciter trois fois le jour, en union des trois personnes. *Ibid.*
III. Trois *Gloria Patri* à réciter trois fois le jour. *Ibid.*
IV. Prières de remercîment à la sainte Trinité, pour les glorieux privilèges qu'elle a accordés à la sainte Vierge dans son Assomption. *Ibid.*
V. Trois offrandes à la sainte Trinité, pour obtenir une bonne mort. *Ibid.*

DIEU.

I. Actes de foi, d'espérance et de charité. *Voy.* DIEU.
II. Louanges en l'honneur du saint Nom de Dieu. *Ibid.*
III. Couronne de l'amour de Dieu. *Ibid.*
IV. Prières et demandes. *Ibid.*
V. Oraison *Pie ate tua*. *Ibid.*
VI. Oraison jaculatoire de résignation à la volonté de Dieu. *Ibid.*

JÉSUS-CHRIST.

I. Invocations en l'honneur du saint Nom de Jésus. *Voy.* JÉSUS-CHRIST.
II. Hymnes et psaumes en l'honneur du saint Nom. *Ib.*
III. Couronne ou chapelet de Notre-Seigneur Jésus-Christ. *Ibid.*
IV. Oraisons jaculatoires pour obtenir une bonne mort. *Ib.*

JÉSUS ENFANT.

I. Neuvaine en préparation à la fête de Noël. *Voy.* JÉSUS ENFANT.
II. Autre neuvaine à faire dans le cours de l'année. *Ib.*
III. Offices du jour de Noël. *Ibid.*
IV. Prières en l'honneur des douze mystères de la sainte enfance. *Ibid.*

PASSION DE N.-S. JÉSUS-CHRIST.

I. *Via Crucis*, ou chemin de la croix. *Voy.* PASSION.
II. Exercice de piété en l'honneur des sept paroles de Jésus-Christ en croix. *Ibid.*
III. Dévotion des trois heures d'agonie de Notre-Seigneur, pour le vendredi. *Ibid.*
IV. Prières en l'honneur des cinq plaies de Notre-Seigneur Jésus-Christ. *Ibid.*
V. Couronne ou chapelet des cinq Plaies. *Ibid.*
VI. Oraison en l'honneur de la passion et de la mort de Notre-Seigneur Jésus-Christ. *Ibid.*
VII. Prière, *Me voici*, etc., à réciter devant un crucifix. *Ibid.*

PRÉCIEUX SANG DE N.-S. J.-C.

I. Couronne ou chapelet du précieux Sang. *Voy.* SANG.
II. Les sept offrandes du précieux Sang au Père éternel. *Ibid.*
III. Aspirations en l'honneur du précieux Sang. *Ibid.*
IV. Courte offrande du précieux Sang au Père éternel. *Ibid.*
V. Autre offrande du précieux Sang. *Ibid.*

SAINT-SACREMENT.

I. Exercice pour la veille, le jour et l'octave de la Fête-Dieu. *Voy.* SACREMENT (Saint).
II. Une heure d'exercices de piété les jeudis, en l'honneur de l'institution du sacrement de l'eucharistie. *Ibid.*
III. S'approcher de la sainte table à certains jours. *Ibid.*
IV. Adorer Jésus-Christ au son de la cloche qui annonce l'élévation de la messe paroissiale, d'une messe chantée, etc. *Ibid.*
V. Accompagner le saint viatique chez les malades. *Voy.* SACREMENT (Saint).
VI. Adorer le saint sacrement pendant les oraisons des quarante heures ou dans le tombeau, les jeudi et vendredi saints. *Ibid.*
VII. L'adorer de même lorsqu'il est exposé pendant les derniers jours du carnaval. *Ibid.*
VIII. Prière *Respice, Domine*, à réciter devant le saint sacrement. *Ibid.*
IX. Hymne *Pange, lingua*, et *Tantum ergo*. *Ibid.*
X. Oraison jaculatoire en l'honneur du saint sacrement. *Ibid.*
XI. Actes d'adoration et de réparation. *Ibid.*
XII. Amende honorable au saint sacrement. *Ibid.*
XIII. Prière au saint sacrement : *Voilà donc, ô mon bien-aimé Jésus!* *Ibid.*

SACRÉ CŒUR DE JÉSUS.

I. Exercice pour le jour de la fête du Sacré-Cœur. *Voy.* SACRÉ-CŒUR.
II. Visiter l'image du sacré cœur dans une église publique. *Ibid.*
III. Courte offrande au sacré cœur de Jésus. *Ibid.*
IV. Prières au sacré cœur. *Ibid.*
V. Couronne du sacré cœur de Jésus. *Ibid.*

LE SAINT-ESPRIT.

I. Hymne *Veni, Creator*, et prose *Veni, Sancte Spiritus*. *Voy.* ESPRIT (Saint).

DEUXIÈME PARTIE.

Prières et pratiques de piété en l'honneur de la très-sainte Vierge Marie, des anges et des saints.

LA TRÈS-SAINTE VIERGE.

I. Office de la Vierge. *Voy.* MARIE.
II. Rosaire et chapelet. *Ibid.*
III. Chapelet dit de sainte Brigitte. *Ibid.*
IV. Litanies de la sainte Vierge. *Ibid.*
V. L'*Angelus Domini* au son de la cloche. *Ibid.*
VI. Réciter le matin, le *Salve, Regina*, et, le soir, le *Sub tuum præsidium*, avec versets, etc. *Ibid.*
VII. Oraisons jaculatoires en l'honneur de l'immaculée Conception. *Ibid.*
VIII. Les cinq psaumes en l'honneur du saint nom de Marie. *Ibid.*
IX. Exercice en l'honneur de la sainte Vierge, qui se fait du 29 novembre au 25 décembre. *Ibid.*
X. Prière au saint cœur de Marie. *Ibid.*
XI. Prières à la sainte Vierge pour chaque jour de la semaine. *Ibid.*
XII. Prière : O sainte Vierge Marie, etc., avec trois *Salve, Regina*. *Ibid.*
XIII. Autre prière avec trois *Ave, Maria*. *Ibid.*
XIV. Trois petites prières à la sainte Vierge. *Ibid.*
XV. Courte prière en l'honneur de la sainte Vierge et de sainte Anne. *Ibid.*
XVI. Consacrer tout le mois de mai à l'honneur de la sainte Vierge. *Ibid.*

NOTRE-DAME DE DOULEURS.

I. La prose *Stabat mater*. *Voy.* DOULEURS, S.
II. Couronne ou chapelet des Sept-Douleurs de la sainte Vierge. *Ibid.*
III. Une heure d'exercices de piété en l'honneur de Notre-Dame de Douleurs. *Ibid.*
IV. Petit exercice en l'honneur des Douleurs de Marie. *Ibid.*
V. Dire sept fois l'*Ave, Maria* et la strophe *Sancta mater*, etc. *Ibid.*
VI. Exercices de piété pour les dix derniers jours du carnaval. *Ibid.*
VII. Exercice de piété en l'honneur des Douleurs de Marie, pour le vendredi et le samedi saints. *Ibid.*

NEUVAINES.

I. Neuvaine pour la fête de la Conception. *Voy.* NEUVAINES.
II. — — de la Nativité. *Ibid.*
III. — — de l'Annonciation. *Ibid.*
IV. — — de la Purification. *Ibid.*
V. — — de l'Assomption. *Ibid.*

LES SAINTS ANGES.

I. Hymne *Te splendor* en l'honneur de l'archange saint Michel. *Voy.* Anges, S.
II. Courte prière au saint ange gardien. *Ibid.*

SAINT JOSEPH.

I. Les cinq psaumes en l'honneur du nom de saint Joseph. *Voy.* Joseph.
II. Répons *Quicunque* en l'honneur de saint Joseph. *Ib.*
III. Exercice de piété en l'honneur des sept douleurs et des sept allégresses de saint Joseph. *Ibid.*

LES SS. APÔTRES PIERRE ET PAUL.

I. Prière aux saints apôtres Pierre et Paul. *Voy.* Apôtres.
II. Répons en l'honneur de saint Pierre. *Ibid.*
III. Répons en l'honneur de saint Paul. *Ibid.*

SAINT PIE V, PAPE.

Hymne : *Belli tumultus ingruit.* *Voy.* Pie V (*Saint*).

SAINT FRANÇOIS DE PAULE.

Dévotion des treize vendredis. *Voy.* François de Paule.

SAINT LOUIS DE GONZAGUE.

I. Exercice pour le jour de la fête de saint Louis de Gonzague. *Voy.* Gonzague (*Saint*).
II. Exercices de piété en l'honneur de saint Louis de Gonzague, pendant les six dimanches qui précèdent sa fête, ou six autres dimanches consécutifs dans le cours de l'année. *Ibid.*
III. Prière à saint Louis de Gonzague. *Ibid.*

SAINT STANISLAS KOTSKA.

Divers exercices de piété en l'honneur de saint Stanislas. *Voy.* Stanislas (*Saint*).

TROISIÈME PARTIE.

Prières et pratiques de piété relatives à divers objets.

LES AGONISANTS.

Trois *Pater* en l'honneur de l'agonie de Jésus-Christ, et trois *Ave* en l'honneur des douleurs de Marie, à réciter pour les agonisants. *Voy.* Mort.

PRÉPARATION A LA MORT.

I. Les Litanies de la bonne mort. *Voy.* Mort.
II. Oraisons et antiennes pour être délivré des morts subites. *Ibid.*
III. De l'indulgence plénière à l'article de la mort. *Ibid.*

LES AMES DU PURGATOIRE.

I. L'office des morts. *Voy.* Purgatoire.
II. Le psaume *De profundis* à réciter le soir. *Voy.* Purgatoire.
III. Cinq *Pater* et cinq *Ave* avec versets, etc. *Ibid.*
IV. Prières pour les âmes du purgatoire, pour chaque jour de la semaine. *Ibid.*
V. Toutes les indulgences leur sont applicables pendant l'année sainte. *Ibid.*

PSAUMES.

Récitation des psaumes graduels et de ceux de la pénitence. *Voy.* Psaumes.

ORAISON MENTALE.

I. Faire chaque jour une demi-heure ou un quart d'heure de méditation. *Voy.* Méditation.
II. Enseigner aux autres ou apprendre soi-même la manière de faire la méditation. *Ibid.*

DOCTRINE CHRÉTIENNE.

L'enseigner aux autres ou l'apprendre soi-même. *Voy.* Doctrine.

ÉVANGILE.

Assister, les jours de dimanches et de fêtes, à l'explication de l'Évangile. *Voy.* Évangile.

ŒUVRES DE MISÉRICORDE.

I. Visiter les malades des hôpitaux, etc. *Voy.* Miséricorde, S.
II. Nourrir trois pauvres en l'honneur de Jésus, Marie et Joseph. *Ibid.*

CROIX, ROSAIRES, CHAPELETS, ETC.

Croix, crucifix, rosaires, chapelets, médailles et petites statues, bénits par N. S. P. le pape ; et croix, rosaires et chapelets qui ont touché les lieux saints de Jérusalem. *Voy.* Bénits (*Objets*), S.

APPENDICE POUR LES PRÊTRES.

I. Prière à réciter avant la sainte messe. *Voy.* Prêtres.
II. Autre prière à saint Joseph, à réciter avant la sainte messe. *Ibid.*
III. Autre prière à saint Joseph : *Virginum custos*, etc. *Ib.*
IV. Oraison *Sacrosanctæ*, etc., à réciter après l'office divin, ou après celui de la sainte Vierge. *Ibid.*
Décret d'approbation de la sacrée congrégation des Indulgences. *Voy.* Indulgences, à la fin de l'article.

Nous ajouterons ici une concession toute récente. Le 11 décembre 1847, Sa Sainteté Pie IX a daigné attacher 300 jours d'indulgence à la récitation de la prière *Memorare, o piissima Virgo*, etc., et accorder une indulgence plénière par mois pour ceux qui l'ont récitée pendant un mois, aux conditions ordinaires de confession, communion, etc.

SEPTIÈME TABLE.
MATIÈRES RELATIVES AU MARTYROLOGE.

Voy. les articles Saints, S., Canonization, Calendrier.

ERRATA et ADDENDA.

Vol. I.— Col. 522, lig. 56, *au lieu de* : aufertur, et quando, *lisez* : aufertur (excepto casu primi accessus ad ecclesiam, ut supra cap. 2, n. 5), et quando..
Col. 529, ligne dern., *au lieu de* : mitra, quintus, *lisez* : mitra (qui quatuor, si adsit consuetudo, induantur etiam pluvialibus) : quintus...
Col. 556, lig. 46, *au lieu de* : colore, ponuntur, *lisez* : colore, vel parvo legili argenteo, aut ligneo (affabre tamen elaborato), ponuntur...
Col. 557, lig. 39, *au lieu de* : possit; quo, *lisez* : possit, ut sup. cap. 11, n. 12; quo...
Col. 853, après la lig. 23, *ajoutez* : Quant à l'usage de la matière stéarique, il ne paraît pas admissible dans les cas où la rubrique suppose de la cire ; car la congrégation des Rites a répondu : *Consulant rubricas*, le 16 septembre 1843. *Voy.* Journal des fabriques, sept. 1846.
Col. 945, lig. 50, *aux mots* de la main droite une des hosties, *ajoutez la note suivante* :
Dextra vero sumit unam particulam quam inter pollicem et indicem tenet aliquantulum elevatam... et conversus, etc. *Rubr. miss. tit.* 10, n. 6. — On voit qu'il faut l'élever avant de se tourner, et la tenir ainsi, en disant : *Ecce Agnus Dei*, etc. M. Caron avait supposé qu'on l'élève en disant : *Ecce Agnus Dei* ; il a reconnu que cela n'est pas enseigné par les auteurs, et, dans une réponse qu'il m'a faite, il a dit qu'il profiterait de mon observation dans une nouvelle édition.

FIN DU TROISIÈME ET DERNIER VOLUME.

Imprimerie MIGNE, au Petit-Montrouge.

www.ingramcontent.com/pod-product-compliance
Lightning Source LLC
Chambersburg PA
CBHW071155230426
43668CB00009B/958